中国公路学会桥梁和结构工程分会

2011年

全国桥梁学术会议

论文集

主办单位 中国公路学会桥梁和结构工程分会
嘉绍跨江大桥工程建设指挥部

协办单位 中交公路规划设计院有限公司
中铁大桥局股份有限公司
中交第二航务工程局有限公司
中交第二公路工程局有限公司
广东省长大公路工程有限公司
中铁山桥集团有限公司
武船重型工程有限公司

人民交通出版社
China Communications Press

内 容 提 要

本书为中国公路学会桥梁和结构工程分会2011年全国桥梁学术会议论文集。全书共分四个部分：规划与设计、施工与控制、结构分析与试验研究、检测与加固。

本书可供国内外桥梁专业人员工作和学习时参考使用。

图书在版编目(CIP)数据

中国公路学会桥梁和结构工程分会2011年全国桥梁学术会议论文集 / 中国公路学会桥梁和结构工程分会编. -- 北京：人民交通出版社，2011.10

ISBN 978-7-114-09403-3

Ⅰ. ①中… Ⅱ. ①中… Ⅲ. ①桥梁工程-学术会议-文集 Ⅳ. ①U44-53

中国版本图书馆CIP数据核字(2011)第191090号

书　　名：中国公路学会桥梁和结构工程分会2011年全国桥梁学术会议论文集
著 作 者：中国公路学会桥梁和结构工程分会
责任编辑：张征宇
出版发行：人民交通出版社
地　　址：(100011)北京市朝阳区安定门外外馆斜街3号
网　　址：http://www.ccpress.com.cn
销售电话：(010)59757969、59757973
总 经 销：人民交通出版社发行部
经　　销：各地新华书店
印　　刷：北京市凯鑫彩色印刷有限公司
开　　本：880×1230　1/16
印　　张：67.75
字　　数：2026千
版　　次：2011年10月第1版
印　　次：2011年10月第1次印刷
书　　号：ISBN 978-7-114-09403-3
定　　价：180.00元

中国公路学会桥梁和结构工程分会

2011年全国桥梁学术会议论文集

编　委　会

目　录

I　规划与设计

II 施工与控制

III 结构分析与试验研究

IV 检测与加固

I 规划与设计

1. 嘉绍大桥关键技术研究

钟 海
(嘉绍跨江大桥工程建设指挥部)

摘 要 嘉绍大桥关键技术研究依托嘉绍大桥工程，开展设计理论、施工技术、管养技术和安全减灾技术的全面研究，解决在强潮流急、河床变化剧烈水域建设特大型桥梁和大跨超长多塔斜拉桥的关键技术问题，提出并解决刚性铰结构设计与制造关键技术问题。

关键词 嘉绍大桥 多塔斜拉桥 刚性铰 强涌潮急流河段

一、嘉绍大桥工程介绍

嘉绍大桥是嘉兴至绍兴跨江公路通道跨越天然屏障钱塘江河口段的一座特大型桥梁(图1)，是沈阳至海口国家高速公路常熟至台州并行线的组成部分，是嘉荫至南平国家重点公路的重要组成部分，也是浙江省公路水运交通规划2003年~2020年“两纵、两横、十八连、三绕、三通道”的第二个通道。项目北起乍嘉苏高速公路南湖互通，南接杭甬高速公路和上三高速公路交叉处的沽渚枢纽。线路全长69.462km(其中，嘉绍大桥长10.137km)，概算总投资139.8亿元(其中，嘉绍大桥为63.5亿元)。项目建成后可将沪杭高速公路、乍嘉苏高速公路、杭浦高速公路、杭甬高速公路和上三高速公路等便捷地连接起来，对完善国道、省道网络具有重大意义；同时必将对长江三角洲经济一体化和产业结构调整升级起到极大的促进作用，社会经济效益显著。

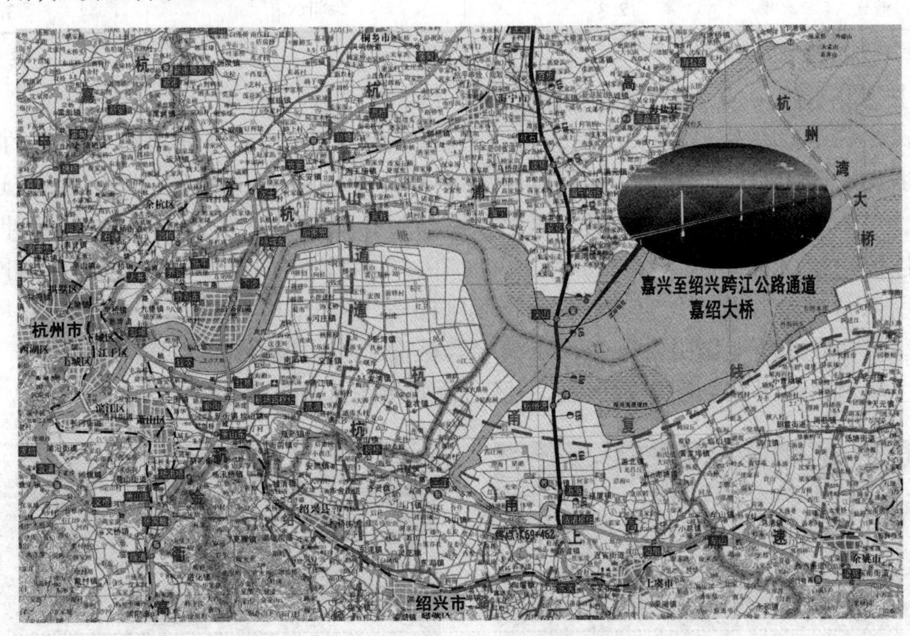

图1 嘉绍大桥地理位置图

嘉绍大桥的主要技术标准如下：

(1)公路等级：双向八车道高速公路，桥梁宽度为40.5m(不含布索区)。

(2)设计速度：100km/h。

(3)最大纵坡：≤4%。

(4)桥面横坡:2%。

(5)汽车荷载等级:公路-I级。

(6)设计基准期:100年。

(7)地震基本烈度:VI度。

(8)抗风设计标准:运营阶段设计重现期为100年。离常水位10m高处,100年重现期的10min平均年最大风速为39.3m/s。

(9)通航净空尺度:依据交通运输部交水发[2006]17号文《关于嘉兴至绍兴高速公路跨杭州湾大桥通航净空尺度和技术要求的批复》,通航净空尺度要求见表1。最高通航水位采用20年一遇设计,高潮位7.36m(1985国家高程基准)。

通航净空尺度一览表(单位:m) 表1

航道名称		代表船型	航道类型	通航净空尺度	
				净宽	净高
主航道	主通航孔	3 000t级集装箱船	双向	335	32.5
			单向	180	32.5
	边通航孔	1 000t级集装箱船	单向	160	25.5
北副通航孔		500t级杂货船	单向	66	13.5

(10)船舶撞击力标准:依据"嘉兴至绍兴跨江公路通道杭州湾大桥船舶撞击数模分析及基础防撞研究报告",大桥船舶撞击力设计标准见表2。

船舶撞击力标准 表2

桥墩	横桥向船撞力(MN)	桥墩	横桥向船撞力(MN)
主通航孔主墩	35.0	副通航孔主墩	9.5
主通航孔辅助墩	14.9	副通航孔过渡墩	8.8
主通航孔过渡墩	12.3	非通航孔	3.52

注:表中为未设置防撞设施前的船舶撞击力。

(11)其他技术指标按交通运输部颁《公路工程技术标准》(JTG B01—2003)执行。

根据交通运输部交公路发[2008]360号文《关于嘉兴至绍兴跨江公路通道初步设计的批复》和浙江省交通运输厅浙交复[2009]136号文《关于嘉绍大桥刚性铰技术设计的批复》,本项目主航道桥采用70+200+5×428+200+70=2 680m独柱六塔四索面分幅钢箱梁斜拉桥方案,主桥跨中设置伸缩缝,伸缩缝处主梁采用刚性铰构造;北副航道桥采用桥跨布置为70+2×120+70=380m变截面连续刚构桥;南、北水中区引桥采用70m跨径等截面预应力混凝土连续刚构桥,下部结构采用单桩独柱形式,基础采用3.8m大直径钻孔灌注桩;南、北陆地区引桥采用50m跨径等截面预应力混凝土连续箱梁。

嘉绍大桥主航道桥效果图如图2所示,水中区引桥效果图如图3所示。

图2 嘉绍大桥主航道桥效果图

图3 嘉绍大桥水中区引桥效果图

二、嘉绍大桥的工程特点与技术难点

钱塘江是浙江省第一大河，发源于安徽省黄山，流经安徽、浙江二省。钱塘江大潮是发生在杭州湾（钱塘江的河口段）的一种涌潮，被誉为“天下第一潮”。由于杭州湾是一个外宽内窄的大喇叭口，出海口宽达100km，澉浦附近缩小到20km左右，到了盐官，落潮时江面宽只有3km，每到涨潮，江中一下吞进大量海水，向上游推进时，由于河道突然变窄，潮水涌积，酿成高潮。加上澉浦以西水下存在一巨大沙洲，河床的平均水深由杭州湾的20m左右迅速减小到2～3m，形成一道“门坎”，入内的潮水受阻，后浪赶上前浪，形成直立的“水墙”（即涌潮）。钱塘江大潮是世界最著名的涌潮。

早在公元1世纪，东汉的王充就已指出：“涛之兴也，与月学道理”。国际地理学界将钱塘江与南美亚马逊河、南亚恒河并列为“世界三大强涌潮河流”，如图4所示。

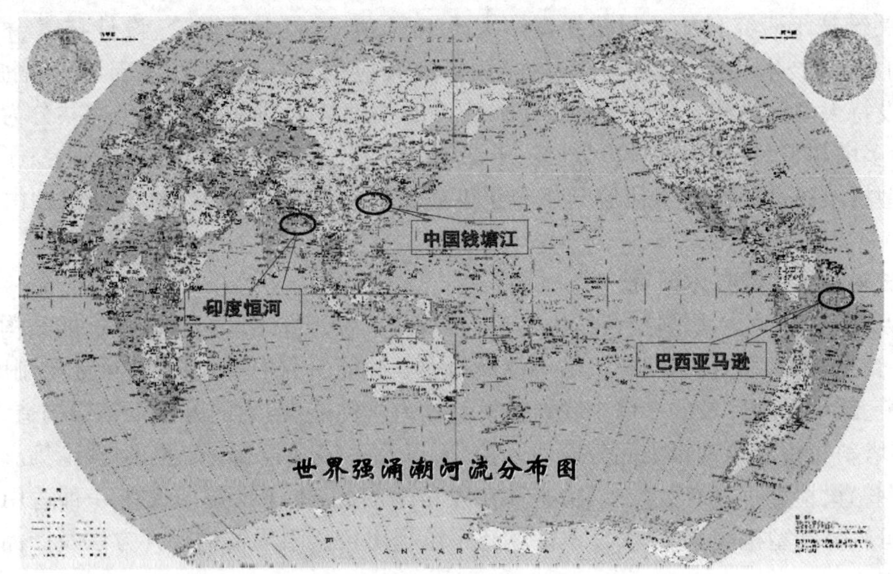

图4 世界强涌潮河流分布示意图

嘉绍大桥桥址所处的钱塘江河口段正是钱塘江潮发展壮大的位置，河床宽浅，潮强流急，涌潮汹涌，主槽摆幅大，冲刷很深，自然条件复杂，工程规模浩大。根据本项目自然条件，结合大桥功能和建设期安排要求，嘉绍大桥在建设条件方面具有以下四个方面的特点和挑战：

（1）河床宽浅、潮强流急、涌潮汹涌。具体水文要素：大潮汛期间的涌潮潮头高度可达2.6m，最大潮差近9m，平均潮差6.44m；实测最大流速达6.65m/s，垂线平均最大流速为5.37m/s，测点最大落潮流速为4.40m/s，垂线平均最大流速为3.70m/s；落潮流历时又显著地长于涨潮流历时，落潮流历时在7h29min至8h39min之间，涨潮流历时仅在3h28min至4h56min之间；涌潮作用力大，最大涌潮压力可达7.5t/m^2。

（2）河床底质起动流速低，冲刷严重，根据河床冲刷研究成果，主航道桥索塔处最大冲深可达-37m，承载力和稳定性差。河床变化幅度大，深槽摆幅达到2.3km左右。

（3）两岸滩涂发育，低潮位时两岸滩涂较宽，施工作业条件受到极大的限制。

（4）水域桥梁长度达9km，受海洋性环境及泥沙冲蚀影响，结构容易受到腐蚀。

针对上述四个方面的工程特点，嘉绍大桥在建设过程中主要面临以下工程技术难点：

（1）由于钱江涌潮是世界难得的自然奇观，为了保护并减少对其影响，浙江省水利厅浙水函[2007]6号文要求大桥结构的阻水面积要控制在5%以内。这对大桥桥型方案选择和结构设计提出了很高的要求，也给大桥设计施工增加了很大的技术难度。

（2）由于深槽摆幅很大，达到2.3km，致使主航道桥规模很大，经过对建设条件、结构的经济合理性的综合比较，并经交通运输部的批准，主航道桥在世界上首次采用了主跨428m，跨中带刚性铰的六塔斜拉桥方案，桥梁总长2 680m，是目前世界上规模最大的多塔斜拉桥，具有结构复杂和技术含量高的特点。

(3)要克服恶劣水文条件给大桥施工带来的影响，需要通过设计创新，采用与本桥建设条件适应性好且实施风险小的桥梁结构形式。靠结构设计创新与施工技术进步来降低施工风险。如水中区引桥下部结构采用单桩独柱，上部结构采用墩梁固结等截面连续刚构，中间墩顶设横系梁的结构形式。

(4)大桥水域属于海洋性环境，泥沙含量大，需要采取特殊的结构耐久性措施，以实现大桥100年设计基准期的要求。

三、项目主要研究内容

嘉绍大桥关键技术研究科研项目依托嘉绍大桥工程，拟开展设计理论、设计技术、材料技术、施工技术、设备能力、管养技术和安全减灾技术的全面研究和应用，力求解决在河床宽浅、潮强流急、河床变化剧烈水域建设特大型桥梁和大跨度多塔斜拉桥建设的关键技术问题。项目研究共分为三个子课题进行：子课题1为多塔超长斜拉桥关键技术研究；子课题2为刚性铰结构的关键技术研究；子课题3为强涌潮急流河段大型桥梁建设关键技术研究。每个子课题又分为四个分课题，每个分课题由若干研究要点组成。

1. 多塔超长斜拉桥关键技术研究

本子课题以嘉绍大桥的六塔斜拉桥结构为工程背景，系统研究多塔超长斜拉桥的结构设计与力学性能、施工控制及管理养护关键技术问题。结构设计与力学性能研究内容包括：主梁竖向刚度问题、长主梁温度问题及对策、跨中设刚性铰的多塔多联斜拉桥结构力学性能、四索面分幅钢箱梁构造设计、多塔斜拉桥抗震性能、多塔斜拉桥分幅钢箱梁涡激振动及控制，以及多塔斜拉桥施工控制理论等。嘉绍大桥主航道桥采用常规钢箱梁检查车具有数量多、检查存在死角等问题，本子课题研发了一种适用于多塔斜拉桥分幅钢箱梁的可转体新型检查车。此外，本课题还系统提出桥梁阻尼器的设计方法及产品验收标准。具体研究内容见表3。

子课题1——多塔超长斜拉桥关键技术研究 表3

分课题	研究要点	
分课题1.1：多塔斜拉桥结构体系与力学性能研究	1	多塔斜拉桥主梁竖向刚度问题研究
	2	多塔超长斜拉桥长主梁温度变形影响及对策
	3	多塔斜拉桥主梁跨中设刚性铰的力学性能
	4	四索面分幅钢箱梁力学性能研究
分课题1.2：多塔斜拉桥抗震、抗风性能研究	1	多塔超长斜拉桥抗震性能研究
	2	多塔斜拉桥分幅钢箱梁涡激振动及控制
	3	桥梁阻尼器设计指南及产品验收标准研究
分课题1.3：多塔斜拉桥施工控制关键技术研究	1	多塔斜拉桥体系转换及合龙工艺优化
	2	四索面斜拉桥索力优化策略
	3	四索面钢箱梁及横梁安装施工控制
分课题1.4：多塔斜拉桥维修养护关键设备研发	1	检查车轨道系统设计
	2	检查车驱动及安全保护系统设计
	3	检查车跑合试验及调试

2. 刚性铰结构的关键技术研究

刚性铰是解决嘉绍大桥主航道桥长主梁温度变形问题的创新性关键构造。通过子课题1的研究,将刚性铰在多塔斜拉桥中的总体力学性能进行了分析,并获得了刚性铰构造的边界受力情况。子课题2在子课题1的研究基础上研究刚性铰的细节构造设计、耐久性设计、关键设备研发(包括刚性铰专用支座、特殊单元多向变位伸缩缝、降温隔热系统、伸缩节等),并对刚性铰的制造安装和养护维修技术做系统研究。具体研究内容见表4。

子课题2——刚性铰结构的关键技术研究 表4

分课题	研究要点	
分课题2.1:刚性铰构造创新设计	1	刚性铰构造设计与力学性能分析
	2	刚性铰耐久性设计
分课题2.2:刚性铰关键设备研发	1	刚性铰专用支座
	2	刚性铰伸缩缝
	3	刚性铰降温隔热除湿系统
分课题2.3:刚性铰制造与安装技术	1	刚性铰制造技术
	2	刚性铰现场安装精度保证系统
分课题2.4:刚性铰养护维修技术	1	刚性铰健康监测系统研究
	2	刚性铰检查、维护手册编制

3. 强涌潮急流河段大型桥梁建设关键技术研究

嘉绍大桥所处的钱塘江河口段河床宽浅,潮强流急,涌潮汹涌,主槽摆幅大,冲刷很深,因此桥梁结构施工面临巨大挑战。本子课题在研究桥位钱塘江河口段的水文、地质特点基础上,开展强涌潮急流河段大型桥梁建设关键技术研究。重点解决①强涌潮急流河段大型钢围堰的沉放控制技术;②强涌潮急流河段主航道桥钢箱梁运输架设关键技术;③单桩独柱结构创新关键技术问题。其中单桩独柱关键技术包括:单桩独柱结构体系研究、超大直径钻孔桩设计施工成套技术研究、强潮水域桥墩抗冲磨安全性研究、单桩独柱结构防撞设计等几个方面,涵盖结构体系设计、施工关键技术、耐久性、减灾等,使研究成果成为一个完整的体系。具体研究内容见表5。

子课题3——强涌潮急流河段大型桥梁建设关键技术研究 表5

分课题	研究要点	
分课题3.1:水文地质专题研究	1	钱塘江河口段水文特性研究
	2	钱塘江河口段地质特征研究
分课题3.2:强涌潮急流河段双壁钢围堰沉放控制技术	1	钢围堰沉放导向装置设计
	2	钢围堰同步沉放控制
	3	钢围堰沉放纠偏技术
分课题3.3:强涌潮急流河段钢箱梁运输架设关键技术	1	强涌潮急流河段钢箱梁运输
	2	强涌潮急流河段钢箱梁架设
分课题3.4:单桩独柱结构创新关键技术研究	1	单桩独柱结构受力体系研究
	2	超大直径钻孔桩设计施工成套技术
	3	单桩独柱刚构桥墩顶结构施工关键技术研究
	4	单桩独柱结构抗冲磨研究
	5	单桩独柱结构防撞性能研究
	6	单桩独柱结构抗震性能研究

四、结　语

嘉绍大桥关键技术研究科研项目依托于嘉绍大桥工程，项目研究共分为三个子课题进行：子课题1为多塔超长斜拉桥关键技术研究；子课题2为刚性铰结构的关键技术研究；子课题3为强涌潮急流河段大型桥梁建设关键技术研究。三个子课题研究内容均具有显著的创新性，成果不仅直接应用于嘉绍大桥的设计、施工和运营管理，而且对我国其他在建或拟建跨海长桥及有关复杂建设条件下桥梁的建设都有借鉴和指导意义。

参考文献

[1] Rudolf Bergerman, Michael Schlaich, Ting Kau Bridge Hong Kong[J]. Structural Engineering International 1996, (6).

[2] Don W. bergman, Dusan Radojevic, Hisham ibrahim. The Golden Ears Bridge In vancouver, BC[J]. Structures Congress 2008.

[3] Michel Virlogeux, Recent Evolution Of Cable-Stayed Bridges[J]. Engineering Structures, 1999, (21).

[4] 王伯惠. 斜拉桥结构发展和中国经验[M]. 北京：人民交通出版社，2003.

[5] 王应良，高宗余. 欧美桥梁设计思想[M]. 北京：中国铁道出版社，2008.

[6] 尼尔斯J. 吉姆辛. 缆索支承桥梁[M]. 北京：人民交通出版社，2002.

2. 嘉绍大桥设计创新

王仁贵　孟凡超　吴伟胜　林道锦
（中交公路规划设计院有限公司）

摘　要　嘉绍大桥长10.137km，其中主桥长2.68km，是世界上最大规模的多塔斜拉桥。受河床宽浅、涌潮汹涌、潮强流急、主槽摆幅大、冲淤剧烈等特殊建设条件制约，大桥在设计过程中进行了多项设计创新，以最大限度地降低工程实施的风险，收效良好。

关键词　嘉绍大桥　设计　创新

一、工 程 概 况

嘉绍大桥是嘉兴至绍兴跨江公路通道跨越天然屏障钱塘江河口段的一座特大型桥梁，是《国家高速公路网规划（草案）》中沈阳至海口高速公路常熟至台州并行线的重要组成部分，也是浙江省公路水运交通规划（2003～2020年）"两纵、两横、十八连、三绕、三通道"中的第二个通道，如图1所示。

嘉绍大桥向北接嘉兴至苏州高速公路、沪杭高速公路、杭浦高速公路，向南接上虞至三门高速公路、杭甬高速公路等，是纵贯长江三角洲南北的重要通道之一，在国家高速公路网中占有重要地位。

嘉绍大桥东距杭州湾跨海大桥约50km，西距杭州下沙大桥（钱江六桥）约60km，处于杭州湾经济带的中部，北起海宁凤凰山脚的尖山围垦区，横跨钱塘江河口尖山河段，直达上虞九六丘围垦区，总长10.137km，包括北岸陆地区引桥、北岸跨堤引桥、北岸水中区引桥、北副航道桥、中引桥、主航道桥、南岸水中区引桥、南岸跨堤引桥、南岸陆地区引桥等。

二、主要技术标准

嘉绍大桥采用的主要技术标准如下：

（1）公路等级：双向8车道高速公路，桥梁宽度为40.5m，即右侧护栏2×0.5m，紧急停车带2×

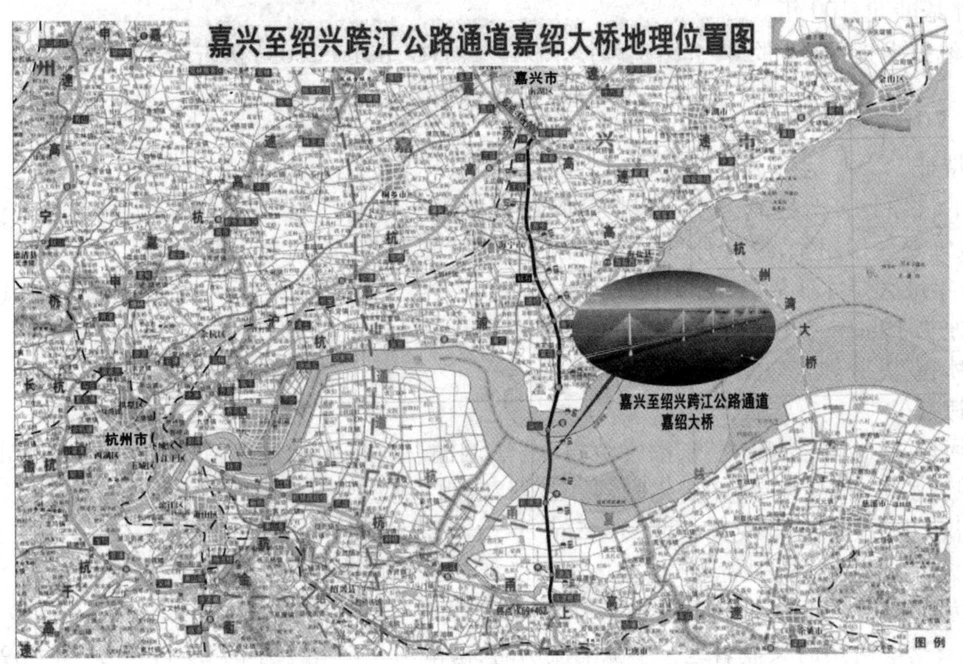

图1 嘉绍大桥地理位置图

3.00m,行车道2×(4×3.75)m,左侧路缘带2×0.75m,中央分隔带2.0m。

(2)设计速度:100km/h。

(3)最大纵坡:≤4%,桥面横坡:2%。

(4)汽车荷载等级:公路—I级。

(5)地震基本烈度为VI度。

(6)抗风设计标准:常水位10m高处百年一遇10分钟最大平均风速为39.3m/s。

(7)最高通航水位:高潮位7.36m(1985国家高程基准)。通航净空尺度见表1。

通航净空尺度一览表(单位:m) 表1

航道名称		代表船型	航道类型	通航净空尺度	
				净宽	净高
主航道	主通航孔	3 000t级集装箱船	双向	335	32.5
			单向	180	32.5
	边通航孔	1 000t级集装箱船	单向	160	25.5
北副航道		500t级杂货船	单向	66	13.5

(8)船舶撞击力标准:大桥船舶撞击力见表2。

船舶撞击力标准 表2

桥墩	横桥向船撞力(MN)	桥墩	横桥向船撞力(MN)
主通航孔主墩	35.0	副通航孔主墩	9.5
主通航孔辅助墩	14.9	副通航孔过渡墩	8.8
主通航孔过渡墩	12.3	非通航孔	3.52

注:①表中为未设置防撞设施前的船舶撞击力;

②顺桥向船舶撞击力取横桥向的50%。

(9)设计基准期:100年。

(10)其他技术指标:按部颁《公路工程技术标准》(JTG B01—2003)执行。

三、自 然 条 件

1. 气象特征

桥址处的气象特征为四季分明、雨量充沛、温暖湿润。年均气温16℃左右,极端最高气温40.0℃左右,极端最低气温-12.4℃,最冷月(1月)平均气温3.8℃,最热月(7月)平均气温28.7℃。年均降雨量为1 485mm,年最大降水1 949mm,年最少降水975mm。年平均相对湿度约80%。年平均风速2.7m/s,实测最大风速为19m/s,桥位处离常水位10m高处百年一遇最大风速39.3m/s。主要灾害性天气有热带气旋、台风、冰雹、龙卷风、雾、雷、暴雪、暴雨等。

2. 水文特征

钱塘江河口尖山河段河床宽浅、潮强流急、涌潮汹涌。桥区水域涨落潮流路分歧,河床底质颗粒较细,加上上游来水丰、枯变化,河床变化剧烈。钱塘江河口潮汐属半日潮港性质。2003年5月桥址断面短期观测情况,观测期实测最高潮位5.45m,平均高潮位4.02m;最低潮位-3.15m,平均低潮位-2.41m;最大潮差8.59m,平均潮差6.44m。2007年9月桥位断面连续半个月段多点观测表明,测点最大涨潮流速为6.65m/s,垂线平均最大流速为5.37m/s,测点最大落潮流速为4.40m/s,垂线平均最大流速为3.70m/s;落潮流历时又显著地长于涨潮流历时,落潮流历时在7小时29分至8小时39分之间,涨潮流历时仅在3h28min至4h56min之间;桥址断面流速的平面分布总体上以涨潮流北强南弱、落潮流南强北弱为特征。

尖山河段是举世闻名的钱塘江涌潮生成、成长的水域。在现势地形条件下,桥址断面上涌潮出现的时间呈先北后南的特征,在大潮汛时,涌潮潮高可达2.6m。桥址断面水体含盐度高低随潮汛大小相应发生变化,大潮期断面含盐度最高为7.408‰,中潮期最高为7.225‰,小潮期为6.348‰。

桥址南岸实施新围海堤后,南股涨潮流会沿南岸上溯,在走南河势下的桥位断面形态如图2所示;当桥位上游河势发生分汊时,深泓会有所摆动,桥位断面预测形态如图2所示。近3年的建设期内深泓实际摆动较图2更为剧烈。

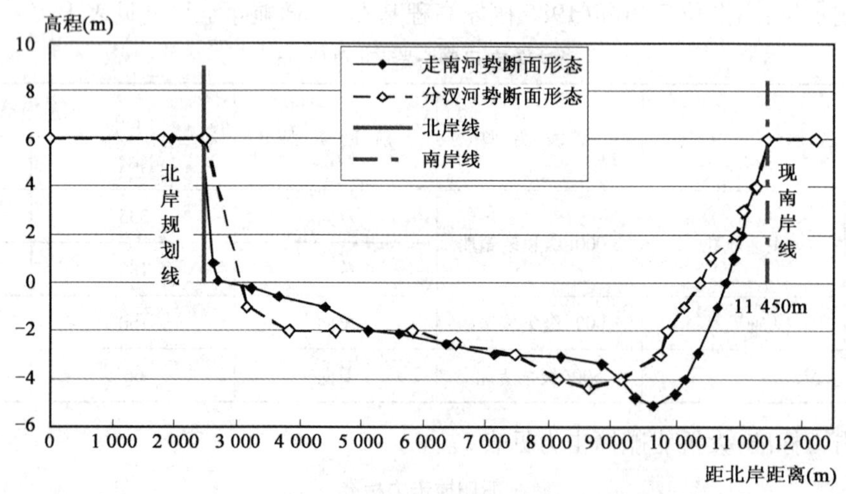

图2　南岸实施规划线后预测桥位断面形态图

3. 工程地质及地质构造

(1)桥址处两岸均有滩涂发育,北岸滩涂宽约3km,南岸滩涂宽约1.5km,河床呈不对称U形分布,河床底最低高程约-5m。

(2)桥位区域、场地稳定性较好,未发现全新活动断裂发育迹象,适宜建桥。

(3)桥位区抗震设防烈度为6度,设计基本地震加速度值为0.05g;场地土类型为软弱场地土,建筑场地类别为Ⅳ类。

(4)桥址区地层岩性上部为较厚的第四纪松散沉积物地层,下伏白垩系下统(K1)泥质粉砂岩、砂砾岩风化层,自上而下为:冲海积黄色~黄灰色亚砂土、粉砂,松散~中密,厚度10.90~26.50m。冲湖积、冲海积淤泥质亚黏土、软塑状亚黏土,厚度16.20~23.00m。灰黄色粉砂、细砂夹亚黏土、亚砂土,厚度4.50~17.20m。冲湖积亚黏土、黏土、冲积相灰色密实粉细砂,厚2.00~17.60m。冲积相细砂、中粗砂、圆砾、卵石,厚度24.40~45.00m。白垩系下统(K1)岩性为泥质粉砂岩、砂砾岩风化层,顶板埋深101.40~129.20m,顶板高程-131.52~-102.31m,南浅北深。

四、主要工程特点

(1)工程规模大、建设标准高。桥长达10km多,按双向8车道高速公路标准建设。

(2)自然条件差。水文、气象和工程地质条件复杂,尤其是桥区水文条件十分复杂,钱塘江涌潮影响特别大。涌潮汹涌,最大涌潮潮头高达2.6m;潮强流急,断面设计平均流速7.5m/s;涨落潮流路分歧,河床质为易冲易淤的细粉砂,造成河床冲淤变化剧烈,主槽摆幅达2.3km;而且高低潮位相差大,达9m左右。中、下部工程地质条件较好,有较好的持力层,基岩埋深88~129m,基岩面以上普遍存在一层9.2~29m厚的卵石层;但浅部亚砂土易发生潜蚀和液化作用,承载力和稳定性差,易冲易淤,其下分布有一薄层含有机质的密实粉细砂。

(3)施工条件差,制约因素多。两岸滩涂发育,低潮位时两岸滩涂较宽、水深不到2m,水域作业受涌潮和水深浅影响大。大型施工船机设备无法进入施工现场有效作业,施工作业条件受到限制。

(4)建设工期紧。根据工可批复,工期仅4年,而桥区水域年有效作业时间仅120天,北岸5km水中区引桥仅一个工作面。

(5)结构耐久性要求高。大桥处于海洋性环境,受海水影响,结构容易受到腐蚀。

五、总体设计原则

由于大桥建设环境十分特殊,大桥技术含量高,建设难点多,因此,在大桥总体设计时,尤其是桥型方案选择时,充分考虑大桥的建设条件和工程特点,提出以下总体设计原则:

(1)贯彻"安全、实用、美观、经济、环保"的技术方针,积极采用新技术、新工艺、新材料和先进设备,因地制宜地选择工程方案,最大限度地减小下部及基础规模,简化施工工序,减小结构阻水面积,降低施工风险和工程造价。

(2)将大型化、工厂化、装配化的预制安装方案作为研究、确定大桥桥型方案的指导思想,有针对性地开发或引进适合本桥建设特点的大型起吊及安装架设设备。

(3)重视景观设计,力求总体平、纵线形完美结合、结构造型新颖独特,对涌潮的影响降到最低限度。

(4)工程方案选择应充分考虑施工条件,充分重视施工方案研究和施工组织设计,以提高工效,缩短施工工期,降低施工风险。

(5)根据桥位处特定的建设条件,采取相应的结构安全措施和施工安全对策,确保大桥建设安全和桥梁使用期间安全。

六、总 体 设 计

嘉绍大桥总体设计时须考虑以下控制因素:主航道与北副航道的通航要求、深槽宽度与摆幅、结构阻水率≤5%、对涌潮影响降到最低、海堤、桥台填土高度等。同时须解决好以下技术难点:①克服恶劣水文条件给大桥施工带来的影响,降低施工风险;②建设工期4年,建设环境特殊,滩涂和涌潮加大了施工组织难度;③保护钱江涌潮,结构阻水面积≤5%,给设计、施工带来了很大难度;④深槽摆幅很大,需要采用428m跨中带刚性铰的六塔斜拉桥方案,以满足通航要求。

1. 平面线形设计

大桥平面线形设计主要控制因素：与两岸接线的衔接点、两岸现状及规划大堤、北副航道的习惯航道、主航道、水域流场分布、路线线形指标等。

根据嘉绍大桥水文数值模型补充计算的涨、落急流矢图以及测流成果，对桥轴线进行了适当调整，以使其与水流基本垂直，如图3所示。

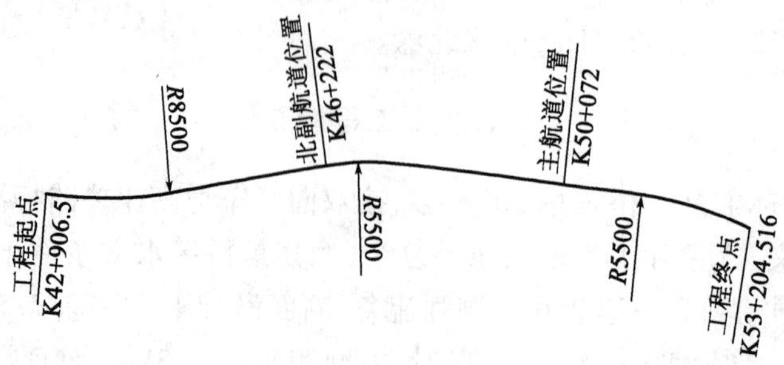

图3 大桥平面线形

2. 纵断面线形设计

大桥纵断面线形设计的主要控制因素有：两岸接线路基填土高度、两岸规划大堤堤顶行车净空、主航道通航净高、北副航道通航净高、水域设计高潮位、波浪高度、涌潮的潮头高度等，同时在主航道桥考虑到河床变迁带来主槽摆动的幅度和主槽宽度等因素，如图4所示。

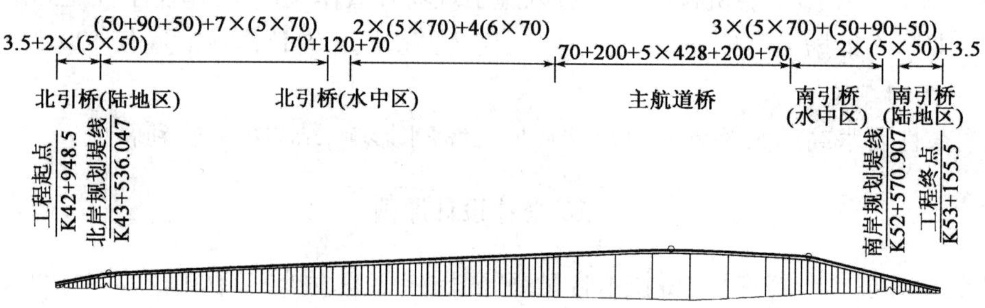

图4 大桥纵断面线形（尺寸单位：m）

3. 大桥桥跨布置

综合考虑各控制因素和功能要求，大桥桥跨布置如表3和图5所示。

嘉绍大桥桥型总体布置一览表 表3

位　置	起讫桩号(m)	工程长度(m)	桥跨布置(m)	结构形式	规　模
北引桥(陆地区)	K43+261.500～K43+765.000	503.5	3.5+2×(5×50)	预应力混凝土连续箱梁	10孔50m梁
北引桥(水中区)	K43+765.000～K48+975.000	5 210	(50+90+70)+4×(5×70)+3×(5×70)+(70+2×120+70)+5×(5×70)+(6×70)	预应力混凝土连续刚构	66孔70m梁+跨堤引桥+北副航道桥
主航道桥	K48+975.000～K51+655.000	2 680	70+200+5×428+200+70	分幅独柱型六塔斜拉桥	六塔斜拉桥
南引桥(水中区)	K51+655.000～K52+895.000	1 240	7×70+(70+120+70)+(4×70)+(70+90+50)	预应力混凝土连续刚构	11孔70m梁+跨规划大堤引桥+跨大堤引桥
南引桥(陆地区)	K52+895.000～K53+398.500	503.5	2×(5×50)+3.5	预应力混凝土连续箱梁	10孔50m梁

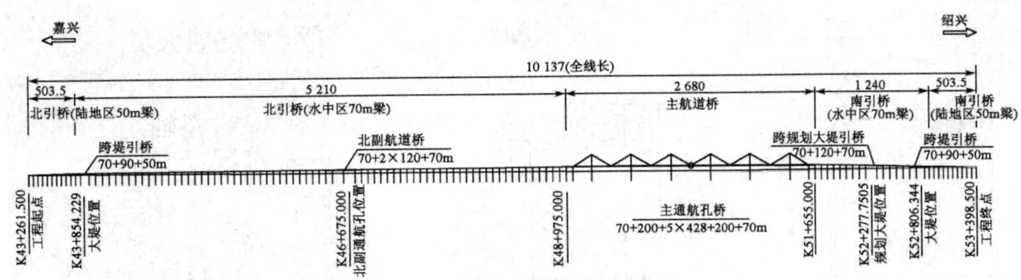

图5 桥型布置概略图(尺寸单位:m)

七、结构设计

1.主航道桥

(1)桥型布置

主航道桥采用中跨跨中带刚性铰的六塔独柱分幅钢箱梁斜拉桥,桥跨布置为70+200+5×428+200+70=2 680m,如图6所示。

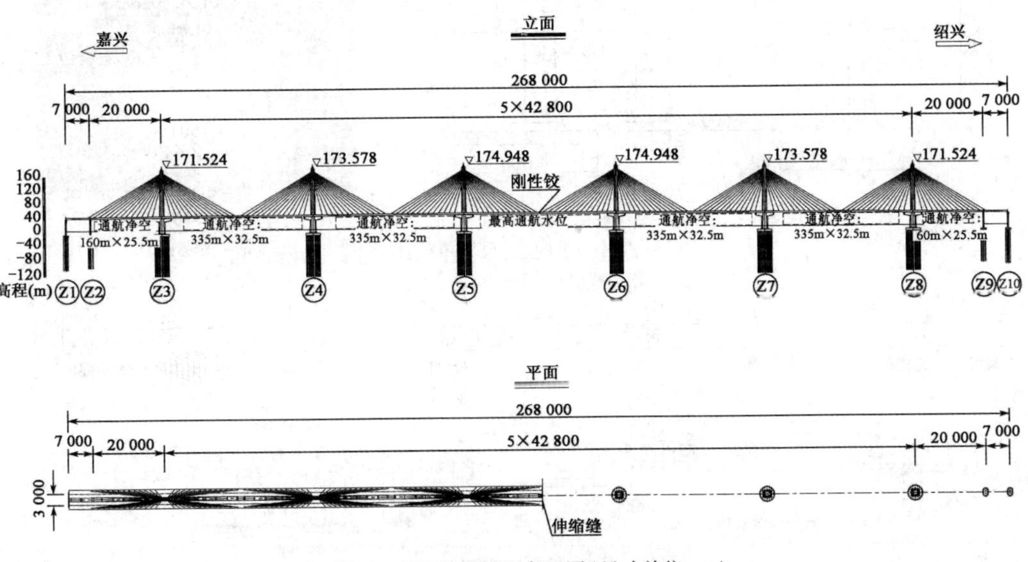

图6 主航道桥桥型布置图(尺寸单位:cm)

(2)索塔及基础

独柱型索塔总高度为169.964 ~173.174m。为增加索塔景观效果,索塔顶部设置塔冠,高9.00m。根据受力和总体刚度需要,索塔设置箱形断面"X"形支承托架如图7所示。

(3)过渡墩与辅助墩

过渡墩与辅助墩均采用独柱型墩身,墩顶设横梁的T字形结构,以提高抗船撞能力和景观效果。

(4)主梁

主梁采用分幅形式,单幅主梁为抗风性能好、整体性强、造型美观的封闭式流线形钢箱梁,两幅主梁中心间距30m,净距9.8m。箱梁外侧设置风嘴,内侧设置斜拉索检修道。梁高4.0m,单幅梁宽24m,两幅梁总宽55.6m。全桥每隔60m设置一道3m宽的箱形横梁,箱形横梁之间对应横隔板位置设置一道工字形小横梁,如图8所示。

嘉绍大桥主梁连续长度达2 680m,为解决长主梁的温度变形问题,全桥在两个中塔之间的主梁跨中位置设置伸缩缝,伸缩缝处钢箱梁内部设置刚性铰构造。刚性铰释放钢箱梁两端的纵向相对位移,约束主梁两端的竖向、横向及转角相对变形。受力上刚性铰不承受两端主梁的轴力,但是能承受主梁竖向弯矩剪力、侧向弯矩剪力以及扭矩,如图9所示。

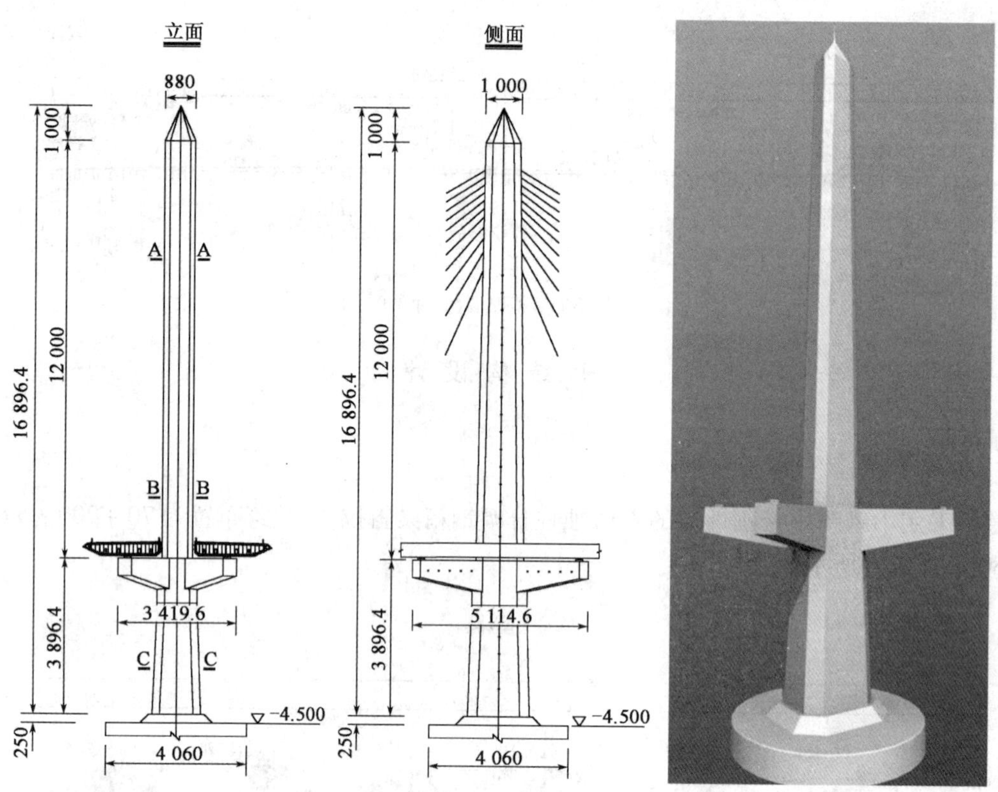

图7　索塔一般构造(尺寸单位:cm)

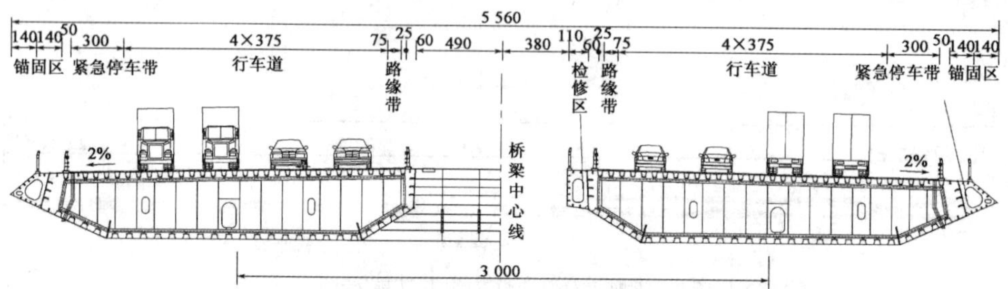

图8　分幅钢箱梁一般构造(尺寸单位:cm)

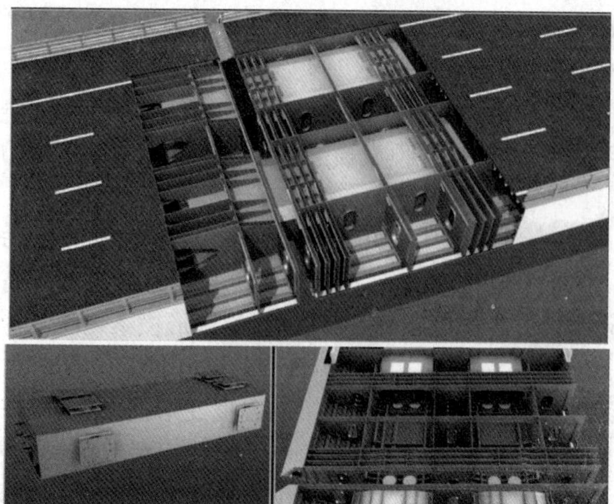

图9　刚性铰效果图

(5)斜拉索

斜拉索为四索面,采用1 670MPa平行钢丝,塔端和梁端均采用钢锚箱构造。张拉端设在梁端,但为了便于调索,塔端亦具备张拉条件。在塔端四索面共用一个锚箱,如图10所示。

(6)主航道桥效果图

独柱索塔整体造型新颖且富有丰富的文化内涵,造型美观、独具一格,整体造型气势磅礴,建筑风格与江南水乡独有的地域情怀相呼应,如图11所示。

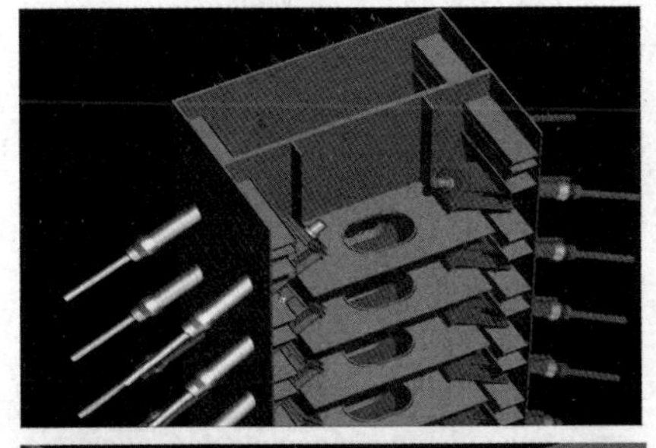

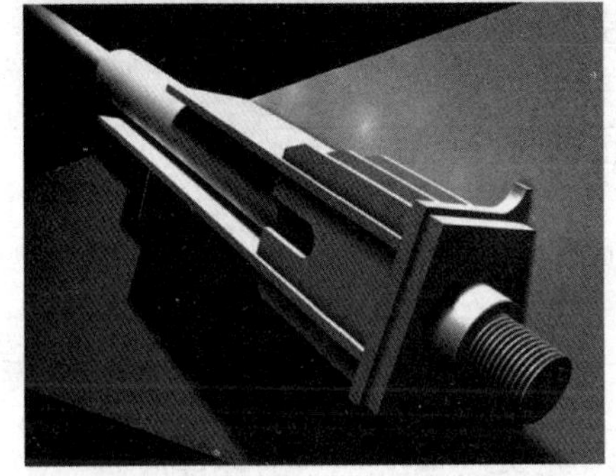

图10 斜拉索塔端与梁端钢锚箱构造

图11 主航道桥效果图

2. 北副航道桥

(1)桥型布置

在水中区北引桥区间设置北副航道桥。为与两侧的70m跨径水中区引桥协调相接,并满足66×13.5m的双向通航净空,同时亦考虑经济性等方面的要求,桥跨布置设计为70m+2×120m+70m变截面预应力混凝土连续刚构,如图12所示。

(2)下部结构

主墩采用墩顶横桥向展开的实心片墩,墩身断面为倒圆角的矩形断面。过渡墩采用墩顶双向展开的实心片墩,墩身断面为倒圆角的矩形断面。

(3)上部结构

上部结构为变截面预应力混凝土连续刚构,箱梁横向采用单箱双室斜腹板截面型式,分左右两幅布置。每幅箱梁顶宽为19.8m。箱梁由主墩墩顶处6.8m梁高过渡到跨中或梁端附近4.0m梁高,如图13所示。

3. 水中区引桥

南、北岸水中区引桥为70m跨径的等截面预应力混凝土连续刚构,北岸在北副航道桥两侧布置4×(5×70)、3×(5×70)、5×(5×70)和6×70共13联66孔70m梁,上部结构采用节段预制悬臂拼装法进行施工,南岸在跨规划大堤引桥两侧布置7×70m和4×70m共两联11孔70m梁,上部结构采用对称悬臂现浇法施工。南北岸水中区引桥下部结构均为单桩独柱式墩身和基础,如图14所示。

(1)下部结构

主墩及过渡墩均采用独柱型墩身,墩身与桩基础之间为单桩独柱形式。桩基础均采用直径为3.8m的大直径钻孔灌注桩。

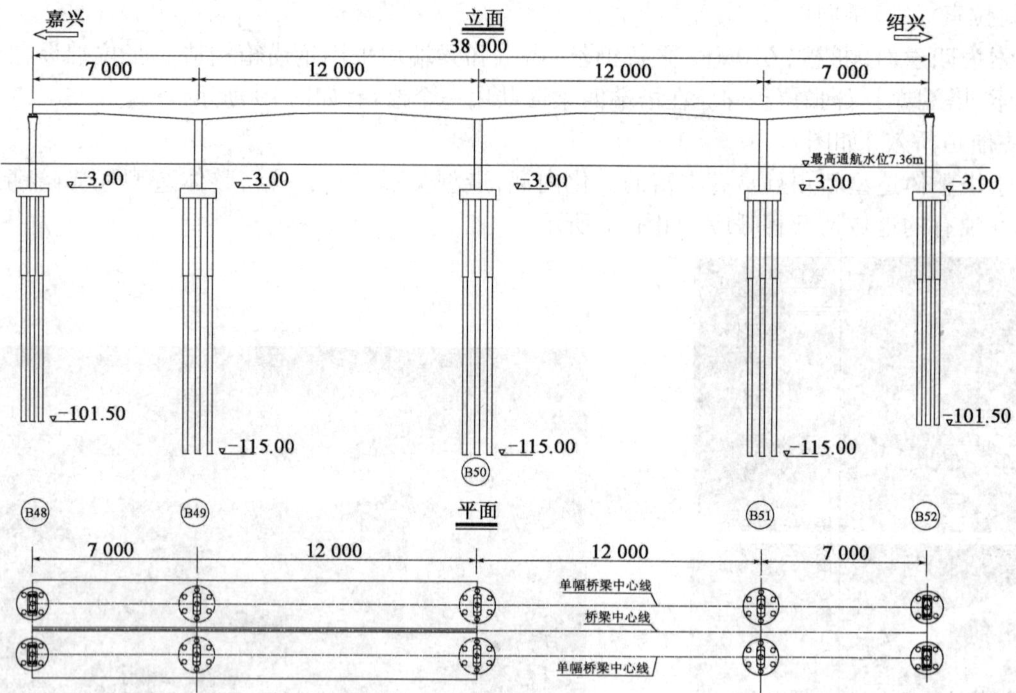

图12　北副航道桥桥型布置图(尺寸单位:cm)

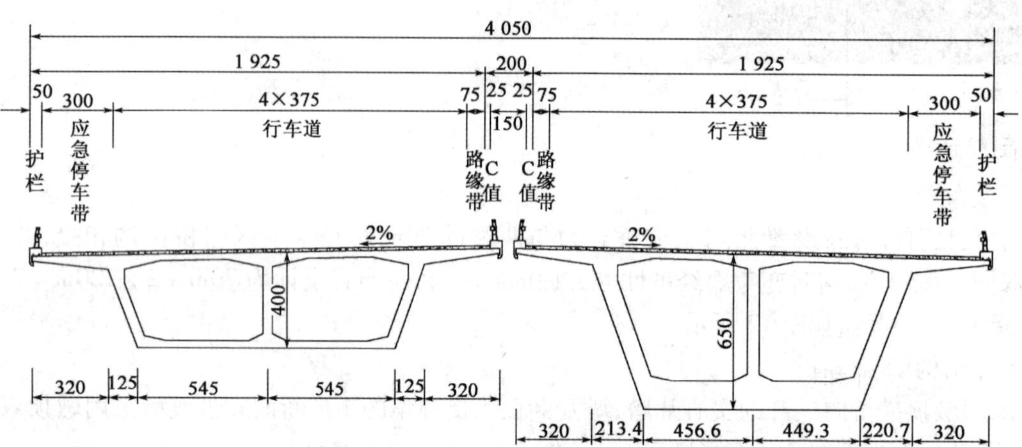

图13　北副航道桥上部结构一般构造(尺寸单位:cm)

图14　水中区引桥效果图

主墩采用墩顶横桥向展开的圆柱型墩身。根据墩高变化，墩底断面直径分别为3.6m、3.4m、3.1m。桩顶高程为-3.0m，单桩桩长114~110m。

过渡墩采用墩顶双向展开的圆柱型墩身，根据墩高变化，墩底断面直径分别为3.6m、3.4m、3.1m。单桩桩长112~110m，如图15所示。

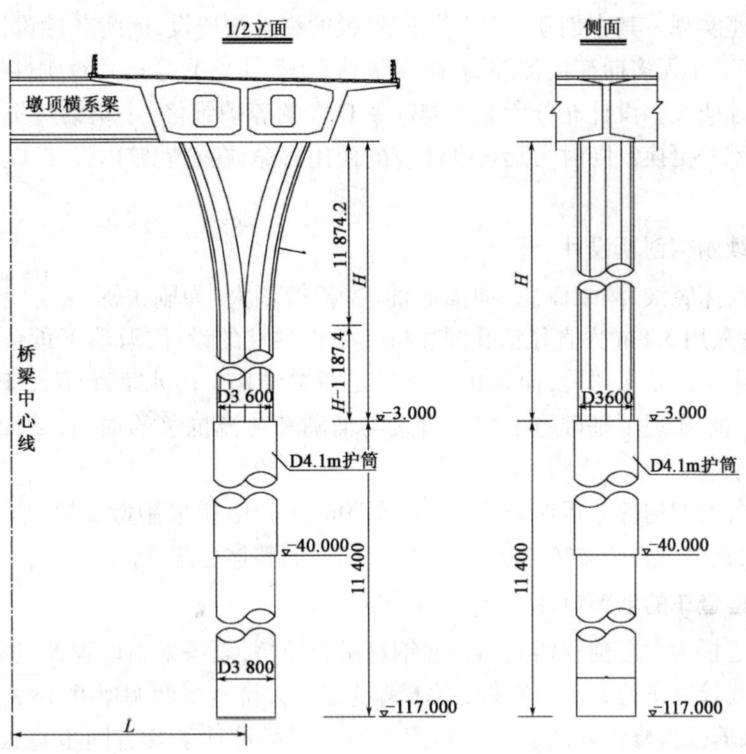

图15 水中区引桥单桩独柱下部结构一般构造(尺寸单位:mm)

(2)上部结构

箱梁采用单箱双室斜腹板箱梁形式。梁高为4.0m，箱梁顶板宽19.80m，底板宽10.9m。在两幅桥中间墩墩顶处箱梁间设置横向系梁连接，使两幅桥形成横向横框架，以增加桥梁上下部整体结构的横向整体性和稳定性。

4.陆地区引桥

在南、北岸大堤外设置陆地区引桥，考虑经济性等方面的要求，桥跨布置设计为2联5×50m等截面预应力混凝土连续梁型式，如图16所示。

图16 陆地区引桥效果图

八、设 计 创 新

1.主桥桥型方案创新设计

为了满足嘉绍大桥主槽达2.3km的巨大摆幅下的通航要求，创新地设计了经济性好、建设条件适应性好、技术含量高的主航道桥：即采用(70+200+5×428+200+70)m=2 680m六塔独柱分幅四索面钢箱梁斜拉桥。该桥型创造性地设置索塔X形托架，很好地解决了多塔斜拉桥的主梁刚度问题；通过在主航道桥的中跨跨中位置设置刚性铰构造，很好地解决了超长主梁的巨大温度变形威胁到索塔结构的受力安全的技术难题；通过采用分幅四索面钢箱梁减轻了钢箱梁节段的运输吊装重量，实现了宽浅涌潮河段乘潮运输钢箱梁节段的技术难题。

2. 刚性铰创新设计

为解决长主梁温度变形问题,嘉绍大桥在主桥跨中设置了刚性铰。刚性铰通过大箱梁套小箱梁构造实现释放主梁两端的纵向相对位移,约束主梁两端的竖向、横向及转角相对变形。受力上刚性铰不承受两端主梁的轴力,但是能承受主梁竖向弯矩、剪力、侧向弯矩、剪力以及扭矩。刚性铰功能主要是通过刚性铰专用支座实现。其中创新设计包括刚性铰的细节构造设计、耐久性设计、关键设备研发(包括刚性铰专用支座、特殊单元多向变位伸缩缝、降温隔热系统、伸缩节等),并对刚性铰的制造安装和养护维修技术做了系统设计研究。设计充分考虑了刚性铰日常的养护维修,小箱梁可拆除,在特殊情况下可对内部构造进行彻底维修更换。同时为延长刚性铰的使用寿命,在刚性铰内设置了具有限力功能的微动阻尼器。

3. 单桩独柱连续刚构创新设计

针对嘉绍大桥河床宽浅、潮强流急、涌潮汹涌、主槽摆幅大、冲刷很深、自然条件极其复杂的工程特点,对水中区的引桥采用3.8m大直径钻孔灌注桩的单桩独柱的设计,取消了承台,不仅避开了巨大涌潮作用力对基础施工带来的施工风险,而且也可以满足桥梁结构总阻水面积不大于5%的要求,大大降低了工程造价,效益显著,实现了基础施工避开直接与涌潮和急流抗争的局面,从而实现了从“靠天吃饭”到“按计划推进”的转变。

由于水上不具备大型构件的运输条件,水中区70m跨径引桥采用墩梁固结的节段预制拼装连续刚构方案,并在墩顶设置横梁将两幅桥连接起来,增加结构的整体稳定性。

4. 钢箱梁过墩检查车的创新设计

嘉绍大桥主航道桥为六塔独柱四索面分幅钢箱梁斜拉桥,索塔采用设置X托架的独柱型索塔。传统梁底单跨悬挂移动式检查车检查范围有限,不能满足嘉绍大桥全桥两幅梁共18跨及索塔X托架区域钢箱梁、横梁的维护保养及检修作业的要求。嘉绍大桥钢箱梁设计了具有同步直线行走、变轨过塔(墩)、左右幅钢箱梁横向移动功能的专用检查车。通过桥梁检查车,可以为嘉绍大桥钢箱梁底面、翼缘及X托架区域各结构进行全面的检查、修理,为桥梁安全提供保障。工作效率高、检测范围大、无死角,负载满足养护要求、综合成本低,且不影响交通。

九、结　　语

本文粗浅地介绍了嘉绍大桥的创新设计,可为我国特大型桥梁因地制宜的选择建设方案提供参考,疏漏之处,恳请广大同仁批评指正。

3. 嘉绍大桥钢箱梁的设计与施工

林道锦　王仁贵　孟凡超　吴伟胜
(中交公路规划设计院有限公司)

摘　要　嘉绍大桥主航道桥为70m+200m+5×428m+200m+70m=2 680m的六塔独柱四索面钢箱梁斜拉桥。钢箱梁宽度55.6m,桥梁总长2 680m,桥面最大纵坡为0.45%,上部结构总用钢量为7.7万吨,是目前世界上规模最大的多塔斜拉桥。嘉绍大桥采用的分幅箱梁结构主要特点:单幅主梁宽度更宽,达到24m;左右幅箱的间距大,达到9.8m;拉索为四索面形式,左右幅梁受力相对独立;全桥跨中采用刚性铰构造。本文介绍了嘉绍大桥的钢箱梁构造设计以及施工方案,包括无索区梁段架设、四索面钢箱梁悬臂拼装、多塔斜拉桥钢箱梁合龙方案等。

关键词　钢箱梁　刚性铰　四索面　合龙

一、概　　述

嘉绍大桥桥址所处的钱塘江河口段河床宽浅，潮强流急，涌潮汹涌，主槽摆幅大，冲刷很深，自然条件复杂，工程规模浩大。为了控制下部结构的阻水率，同时适应涨落潮不同的水流方向，索塔采用独柱形，上部结构为左右分幅的四索面钢箱梁。为适应深槽摆动幅度大的建设条件，主航道桥采用主跨428m，跨中带伸缩缝和刚性铰构造的六塔斜拉桥。桥型布置图如图1所示。嘉绍大桥钢箱梁宽度55.6m，桥梁总长2 680m，桥面最大纵坡为0.45%，上部结构总用钢量为7.7万吨，是目前世界上规模最大的多塔斜拉桥。

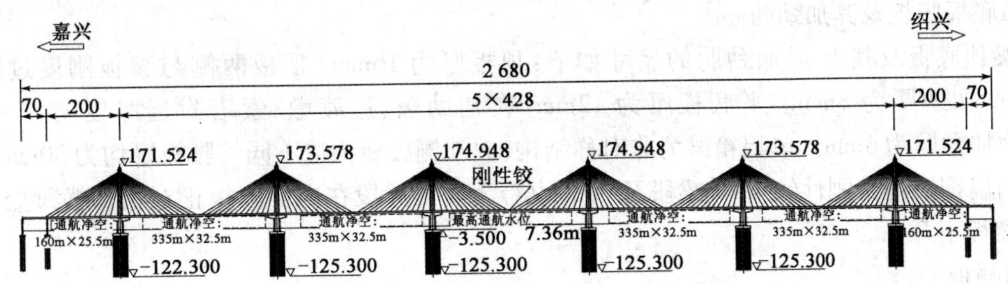

图1　嘉绍大桥主航道桥桥型布置图(尺寸单位：m)

目前国内桥梁建设实践中，根据两个行车方向将钢箱梁设计成分体箱梁形式的桥有江东大桥、西堠门大桥、上海长江大桥等，嘉绍大桥采用的分体箱梁结构区别于以往结构的特殊之处在于：①单幅主梁宽度更宽，达到24m；②左右幅箱的间距大，达到9.8m；③拉索为四索面形式，左右幅梁受力相对独立；④全桥跨中采用刚性铰构造。这种主梁形式在结构的受特性、横梁的受力特点及布置方式、横梁施工方法等方面与以往类似结构存在较大的差异。本文对嘉绍大桥钢箱梁的设计与施工进行介绍。

二、结 构 体 系

嘉绍大桥钢箱梁按两个行车道方向分为两幅独立的箱梁，单幅箱梁两侧各设有斜拉索锚固点，斜拉索在塔端共用一个锚箱，两幅箱梁之间间隔一个梁段设置横梁进行连接。单幅箱梁在索塔托架处采用纵向双排支座结构体系，即钢箱梁在索塔两侧布置两排竖向支座，单个索塔共有2×2=4个双向滑动支座。

全桥在两个次边塔(Z4、Z7索塔)设置塔梁顺桥向限位支座，在静动力荷载下约束塔梁顺桥向相对位移，其余索塔的塔梁顺桥向设置四套黏滞阻尼器，在静力荷载下不约束塔梁顺桥向相对变形，而在动力荷载下可对结构动力响应进行耗能。

在全桥的跨中位置(Z5与Z6索塔之间的跨中位置)两幅钢箱梁各设置一道伸缩缝，伸缩缝处钢箱梁内部采用刚性铰构造，刚性铰释放两侧钢箱梁的纵向相对变形，但约束两侧钢箱梁之间的相对弯曲、扭转、剪切等变形。刚性铰小箱梁与滑动大箱梁之间设置阻尼器，对刚性铰伸缩缝两端主梁的相对动载响应进行耗能。

三、钢箱梁设计

1.钢箱梁基本构造设计

钢箱梁采用分幅形式，单幅箱梁为栓焊流线形扁平钢箱梁，外侧全梁段设置风嘴，内侧除70m边跨和索塔无索区外其余设置斜拉索检修道。梁高4.0m(箱梁内侧内尺寸)，单幅梁宽24m(含风嘴及斜拉索检修道)，两幅梁间横梁长9.8m，全幅总宽55.6m。如图2所示。

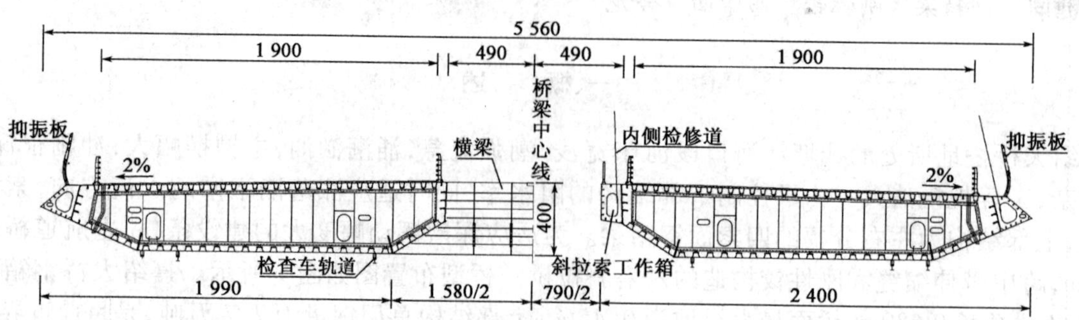

图2　嘉绍大桥钢箱梁一般构造图(尺寸单位:cm)

(1)顶底板腹板及其加劲肋

钢箱梁顶底板及其U形加劲肋的尺寸如下:顶板厚为16mm(顶板两侧与腹板刚度过渡,板厚为20mm),U肋加劲厚为8mm。平底板厚为12mm,在辅助墩、过渡墩、索塔附近厚度增大为16mm和20mm,U肋加劲厚为6mm。单幅箱梁为非对称结构,内外侧腹板构造不同。腹板厚均为30mm,采用厚度为20mm的扁钢加劲。刚性铰J2类梁段及70m边跨无索区梁段在内侧腹板正对箱形横梁处设置人孔,其余位置腹板不开孔。

(2)横隔板

单幅钢箱梁内部设置实腹式横隔板,标准间距为3.0m,横隔板厚为12mm(靠近斜拉索及横梁腹板侧局部加厚至16mm),索塔、辅助墩及过渡墩竖向支座连接架处横隔板局部加厚至32mm、30mm和20mm,端隔板厚16mm。标准横隔板采用搭接构造,斜拉索锚箱、支座连接架位置受力较大的横隔板,采用整板构造。横隔板设有一个梁内检查车人孔,一个行走人孔及三个强弱电管线孔。

(3)横梁主要构造及尺寸

两幅箱梁之间间距9.8m,部分梁段在两幅梁之间设置横梁。跨中部分间隔一个梁段设置一道箱形横梁和工字形横梁,梁端梁段为加强两幅梁之间的横向联系,设置两道箱形横梁。标准箱形横梁宽度3.0m,端横梁宽度3.23m(腹板中心间距)。根据梁段制作需要横梁构造分为两个部分:即横梁端头和横梁中段。横梁端头部分的顶板和底板与箱梁顶板和底板作为整板制作,横梁中段为了方便现场安装做成倒梯形,对于箱形横梁上下长度为1.7m和1.5m,对于工字形横梁上下长度为3.5m和3.3m。如图3所示。

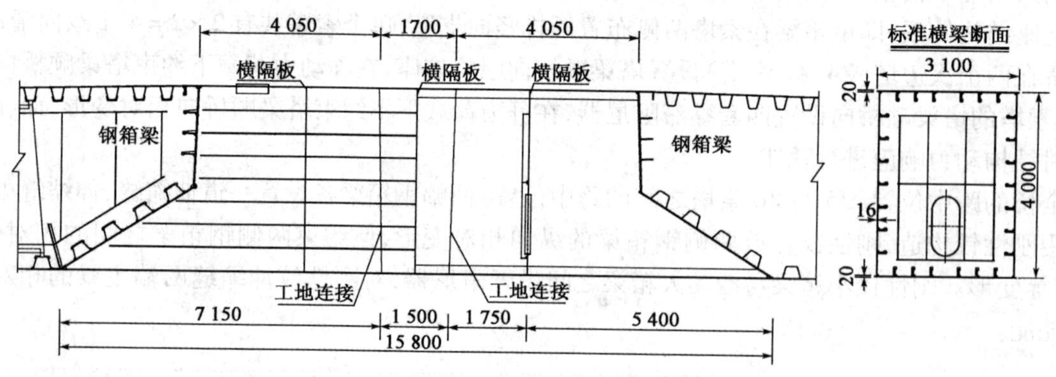

图3　箱形横梁一般构造(尺寸单位:mm)

横梁中段和横梁端头之间对于箱形横梁工地连接采用焊接,对于工字形横梁采用高强螺栓工地连接。如图4所示。横梁腹板均与钢箱梁横隔板位置对应,箱形横梁及工字形横梁顶及底板板厚度20mm,腹板厚度16mm(设支座处横梁中段腹板厚度增大为20mm),箱形横梁内部设置横隔板,厚度为10mm。

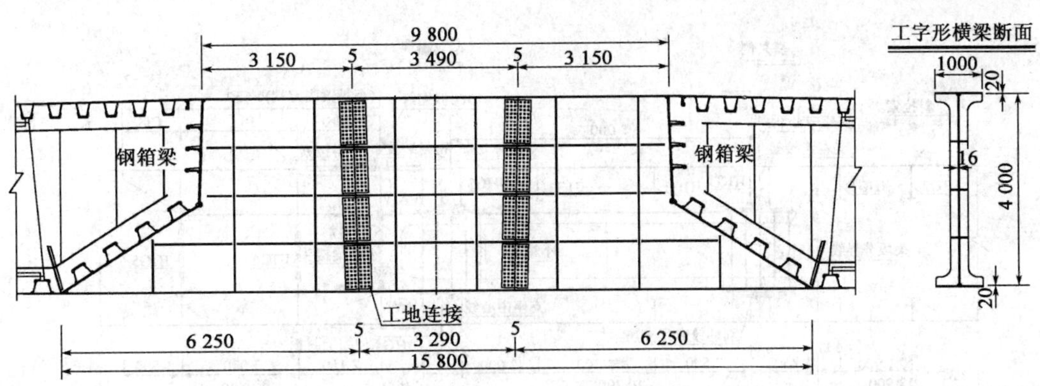

图4 工字形横梁一般构造(尺寸单位:mm)

(4)风障及抗风抑振板

为提高全桥的行车安全性,主航道桥在索塔区附近两幅主梁的内侧防撞护栏上设置风障,风障构造分为立柱和障条,为全钢结构。障条与立柱之间通过螺栓连接。风障立柱通过高强螺栓固定在防撞护栏立柱上。标准风障高度为4.0m,并逐渐过渡为3.24m和2.48m。

根据风洞试验结果,为控制分幅钢箱梁的涡激振动,在风嘴侧检修道栏杆上设置抑振板,抑振板高度为2.9m。抑振板立柱间距2m,采用工字形截面与风嘴顶板焊接,在风嘴内部设置局部加劲。风障立柱及抑振板立柱与栏杆立柱之间通过高强螺栓连接。障条与立柱之间通过普通六角头螺栓连接。

(5)压重构造

全桥压重布置分为三个区:索塔压重区、辅助墩压重区和跨中压重区。索塔压重区和辅助墩压重区在六个索塔两侧钢箱梁支座附近以及辅助墩墩顶附近梁段内施加压重,以确保在施工过程和正常运营荷载下,索塔及辅助墩支座不出现上拔力。由于在钢箱梁梁悬臂施工过程中,中间塔(Z4~Z7塔)两侧无辅助墩和过渡墩可利用,钢箱梁在跨中(Z4与Z5塔及Z6与Z7塔之间)合龙段相邻梁段设置跨中区压重构造,以实现对索塔成桥内力状态的调整。

2. 钢箱梁梁段划分

根据构造及施工架设的需要,全桥钢箱梁除刚性铰外划分为A~J共13种类型梁段。各梁段均为分幅结构形式。对于不设横梁梁段分为左右幅两部分预制,设置横梁梁段分为左右幅和横梁三部分预制。全桥共计374个梁段(单幅),71个箱形横梁以及32道工字形横梁。

标准梁段长度15.0m,边跨梁段最大吊装重261.93t(H类梁段,单幅),悬臂施工最大吊装重对于Z5塔中跨侧为222.69t(J3梁段,单幅),Z6塔中跨侧为265.27t(J1梁段,单幅),其余塔为219.93t(G类梁段,单幅),刚性铰合龙梁段最大吊装重374.05t(J2类梁段,单幅),其余合龙梁段吊重119.02t(J类梁段,单幅),横梁除了B2类梁段吊装重27.23t,跨中部分箱形横梁吊装重18.45t,工字形小横梁吊装重7.92t。

钢箱梁梁段间连接除顶板U肋采用高强度螺栓连接外,其余板件均采取熔透对接焊的连接形式。横梁中段与横梁端头之间采用高强螺栓连接。风嘴不参与钢箱梁受力,风嘴梁段之间预留6mm理论间隙,顶板及腹板处缝隙通过密封胶密封。

3. 刚性铰设计

刚性铰将在钢箱梁跨中位置断开,其基本构造是在一侧钢箱梁内部放置小箱梁,小箱梁一端固定在另一侧钢箱梁上,另一端自由。外部大箱梁通过横隔板,在小箱梁两端提供与外部大箱梁接触的支点,通过这些支点,约束刚性铰位置钢箱梁的竖向弯矩和剪切、侧向弯矩和剪切以及扭转变形,将钢箱梁的弯矩、扭转和剪切受力转换为小箱梁和外部大箱梁之间的支反力。刚性铰构造主要的基本组成为:小箱梁、小箱梁固定端、外套大箱梁、竖向及侧向支座。刚性铰分为J1、J2、J3三个梁段类型预制,小箱梁固定端位于J1类梁段,小箱梁及外套大箱梁放在J2类梁段,小箱梁检修区位于J3类梁段。如图5所示。

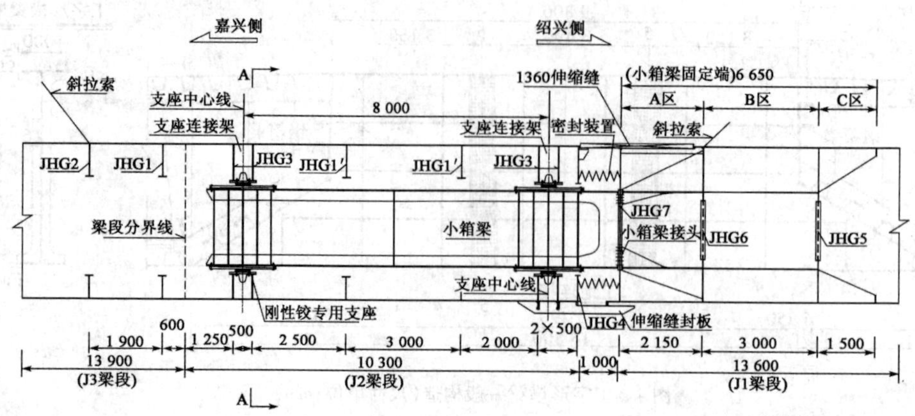

图5 工字形横梁一般构造(尺寸单位:mm)

4. 钢箱梁防腐涂装体系

根据结构耐久性要求,梁体钢构件外表面在国内外首次采用电弧喷锌铝合金+氟碳面漆的防腐体系。钢构件各部位表面的具体涂装方案见表1。

嘉绍大桥主航道桥钢箱梁主要构件涂装方案一览表　　表1

部　位	涂装用料	道　数	厚　度
钢箱梁外表面(除桥面)、外部检查车轨道、斜拉索锚箱、工地连接	二次表面处理Sa3.0级,Rz:60~100μm		
	电弧喷锌铝合金		150μm
	环氧封闭底漆	2道	
	环氧云铁中间漆	1道	100μm
	氟碳树脂面漆	2道	70μm
钢箱梁内部(布置除湿系统,相对湿度小于45%)	二次表面处理Sa2.5级,Rz:40~80μm		
	环氧富锌底漆	1道	50μm
	环氧厚浆漆	1道	125μm
紧急停车带桥面板	二次表面处理Sa3.0级,Rz:60~100μm		
	电弧喷锌铝合金		150μm
	环氧封闭底漆	2道	

四、钢箱梁施工

1. 无索区梁段架设

索塔周边梁段及70m边跨梁段为无索区梁段,该区域梁段架设利用支架进行节段拼装。首先在无索区梁段范围搭设支架,然后将梁段通过设置在两幅梁之间的变幅式桥面吊机进行吊装,并在支架上进行梁段工地连接,最后安装钢箱梁索塔压重区压重。在桥面上拼装桥面吊机,准备进行梁段悬臂拼装。索塔悬臂拼装前须安装塔梁临时约束(Z4、Z7索塔的塔梁约束直接利用塔梁纵向支座)。

2. 标准梁段对称悬臂拼装

本桥钢箱梁为分幅形式,部分梁段中间设置横梁,部分梁段中间无横梁。如图6所示。全部梁段左右幅箱梁段均采用独立吊装方式,中间设置临时横梁。永久横梁中间段在左右幅箱梁安装到位后安装。梁段临时横向连接的作用之一是悬臂拼装过程调节两幅梁之间的间距;其二是对于不设横梁梁段,可以用于抵消斜拉索张拉产生的水平分力。梁段临时横向连接设置在左右幅梁段内侧斜拉索工作箱之间,构造上分为三部分,两端采用直径为700mm,壁厚为12mm的Q235B钢管,中间钢管直径为740mm,中间钢管外套于端部钢管。

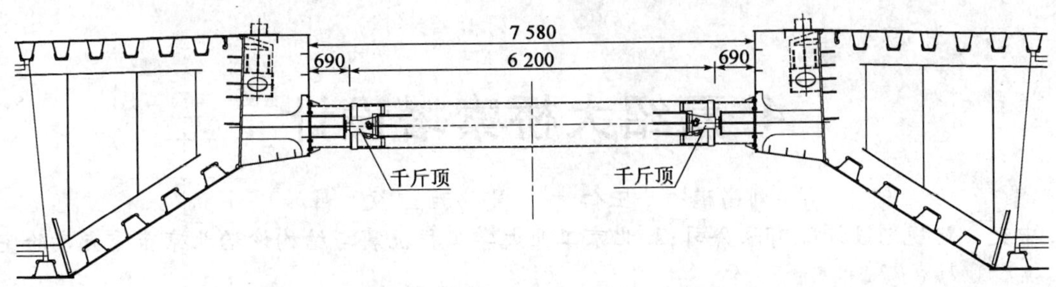

图6 临时横梁一般构造(尺寸单位:mm)

标准梁段对称悬臂拼装具体次序为:

(1)横桥向将左右幅钢箱梁同步起吊,按照监控指令调整左右幅梁各自空间姿态到位,安装临时匹配件,梁段接头环焊及高强螺栓安装完成。

(2)利用临时横向连接千斤顶调节两幅梁间间距,并固定。

(3)第一次同步张拉横向 4 根斜拉索。

(4)吊机前移,第二次同步张拉横向 4 根斜拉索。

(5)对于设置横梁的梁段,安装横梁与左右幅钢箱梁之间的临时匹配件,然后完成横梁工地连接安装。

钢箱梁节段悬臂拼装主要难点:考虑到桥位所处的钱塘江水域特殊的水文条件,钢箱梁节段通过船舶乘潮运输到桥位后,必须在有限的高平潮期间内将梁段起吊完毕,使运梁船舶能顺利退出。根据本项目适航试验专题研究成果,船舶定位、吊点安装、起吊作业的时间必须控制在 50min 以内,否则只能等待下一次高潮期间进行梁段吊装;各个索塔在对称悬臂拼装时除了要确保索塔两侧钢箱梁对称施工,还要确保横向两幅钢箱梁节段同步到位,以保证施工过程索塔的稳定性和受力安全性。

3. 钢箱梁合龙

嘉绍大桥为六塔斜拉桥,全桥共有 7 个合龙点,采用两两合龙的方案分 4 个阶段完成。如图 7 所示。

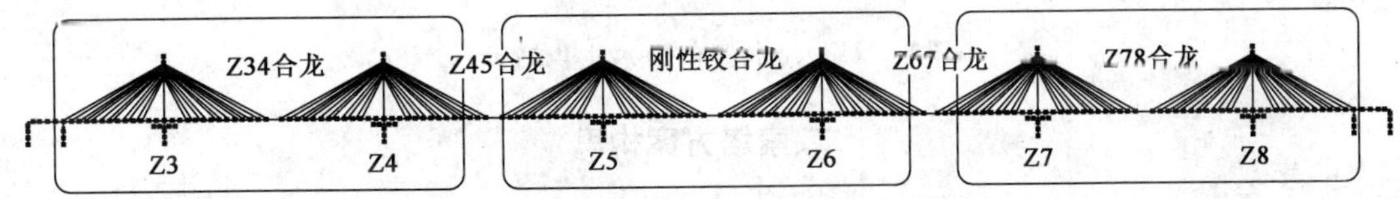

图7 嘉绍大桥钢箱梁合龙方案

第一阶段:Z3、Z8 塔两侧梁段悬臂施工至 Z2、Z9 辅助墩时,钢箱梁与 70m 边跨共两个合龙点完成合龙。

第二阶段:Z3 塔与 Z4 塔,Z7 塔与 Z8 塔之间的钢箱梁完成合龙,该阶段也是两个合龙点,合龙后随即拆除 Z3 及 Z8 塔的塔梁临时约束。

第三阶段:Z5 塔与 Z6 塔之间的钢箱梁,即刚性铰 J2 类梁段完成合龙,本阶段完成一个合龙点。

第四阶段:Z4 塔与 Z5 塔间及 Z6 塔与 Z7 塔间的钢箱梁完成合龙,本阶段为两个合龙点,合龙后随即拆除 Z5 及 Z6 塔的塔梁临时约束。

第二和第三阶段合龙施工时,为平衡索塔受力,调节索塔成桥内力状态,需在合龙梁段焊接前在索塔另一悬臂端根据施工监控指令要求安装钢箱梁跨中区压重。

五、结 语

嘉绍大桥由于桥址处特殊的建设条件,主航道桥采用主跨 428m,跨中带伸缩缝和刚性铰构造的六塔斜拉桥。索塔采用独柱形,上部结构为左右分幅的四索面钢箱梁。嘉绍大桥采用的分幅箱梁结构主要特点:单幅主梁宽度更宽,达到 24m;左右幅箱的间距大,达到 9.8m;拉索为四索面形式,左右幅梁受力相对独立;全桥跨中采用刚性铰构造。根据六塔斜拉桥的结构特点,在设计过程中选择了适合于多塔斜拉桥的结构体系,同时根据现场施工条件,针对性的进行横梁构造设计,并选择合两两合龙的多塔斜拉桥合龙次序。

4.嘉绍大桥索塔设计

刘昌鹏[1,2] 王仁贵[1] 吴伟胜[1] 文 峰[1]
(1.中交公路规划设计院有限公司;2.北京工业大学工程抗震与结构诊治北京市重点实验室)

摘 要 根据嘉绍大桥景观、受力、造价、对建设条件的适应性等综合考虑,将独柱型索塔方案作为实施方案。本文结合索塔设计过程,比较全面介绍了索塔方案设计、主要构造及计算分析等内容,特别对"X"形支承托架和单箱双室钢锚箱给予重点介绍。

关键词 独柱型索塔 "X"形支承托架 单箱双室钢锚箱

一、概 述

嘉兴至绍兴跨江公路通道嘉绍大桥是嘉兴至绍兴跨江公路通道跨越天然屏障钱塘江河口段的一座特大型桥梁,所处的钱塘江水域建设条件特殊,索塔和基础形式的选择要最大限度地减少对钱塘江涌潮等水文条件的影响,为适应河床摆幅的要求,主航道桥采用70m+200m+5×428m+200m+70m=2 680m的六塔斜拉桥,如图1所示。

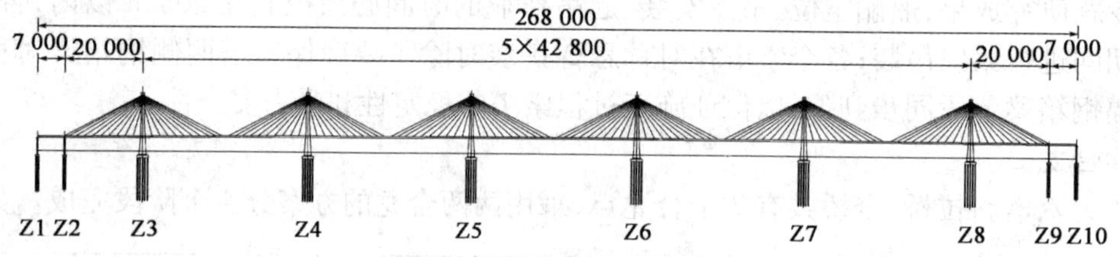

图1 嘉绍大桥桥跨布置(尺寸单位:cm)

二、索塔方案构思

根据总体设计的思路和原则以及对项目建设条件的综合分析,对嘉绍大桥提出了4种不同索塔造型的设计方案。如图2所示。

a)花瓶型索塔方案

b)独柱型索塔方案

c)钻石型索塔方案

d)灯笼型索塔方案

图2 索塔方案展示

经过景观、受力、造价、对建设条件的适应性等综合考虑，将独柱型索塔方案作为实施方案，该方案造型简洁现代，受力明确，造价低，而且最大限度地减少对钱塘江涌潮等水文条件的影响。

三、索 塔 设 计

索塔采用独柱型索塔，包括塔柱、托架、钢锚箱、塔冠以及索塔附属设施，采用C50混凝土。塔柱底面高程为 -2.000m，塔顶高程为168.964~172.174m，索塔总高度为170.964~174.174m。如图3、图4所示。

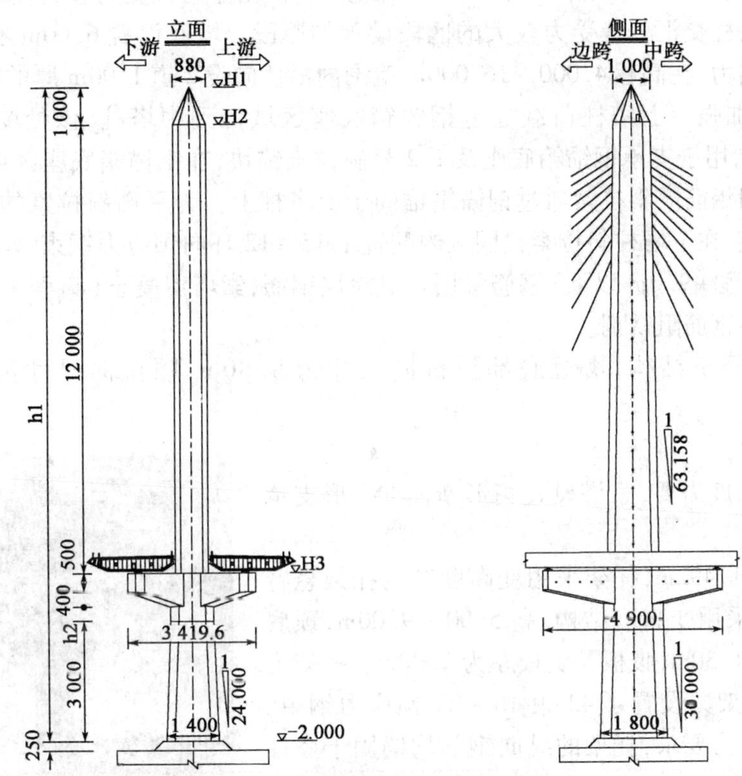

图3　索塔构造(尺寸单位:cm)

图4　施工过程中的索塔

索塔的整体造型以及各部分的断面形式既考虑了自身受力和全桥总体刚度要求，又考虑了景观的要求，同时尽可能方便施工。通过分析计算，在动、静载作用下，索塔结构满足受力及稳定性要求。

下、中塔柱为普通钢筋混凝土结构，上塔柱、托架为预应力混凝土结构。

1. 塔柱设计

下塔柱从塔柱底至托架顶面的高度为40.964~44.174m，中塔柱从托架顶面至钢锚箱底座的高度为93.90m，上塔柱从钢锚箱底座至塔冠底的高度为26.10m。下塔柱下部横桥向外侧面的斜率为1/24.0，下塔柱上部、中塔柱、上塔柱横桥向外侧面均为直线段；下塔柱下部顺桥向外侧面的斜率为1/30.0，下塔柱上部顺桥向外侧面为直线段，中塔柱、上塔柱顺桥向外侧面的斜率均为1/63.158。上塔柱中间设钢锚箱，钢锚箱横桥向宽4.00m，顺桥向宽7.60m，高22.60m。

塔柱采用空心箱形断面：上塔柱断面尺寸由10.00m×8.80m向下渐变至10.826m×8.80m，壁厚为1.228～1.613m（顺桥向）和1.10m（横桥向）；中塔柱断面尺寸由11.036m×8.80m向下渐变至13.80m×8.80m，壁厚为1.80m（顺桥向）和1.40m（横桥向）；下塔柱断面尺寸由16.00m×11.50m向下渐变至18.00m×14.00m壁厚为2.00m（顺桥向）和1.60m（横桥向）。由于塔柱受力较为复杂，塔柱在托架处设计成实心段，在托架、塔柱交汇处等受力较大的区段设置加厚段。塔底设置6.00m实心段，且为保证下塔柱能够抵抗船舶撞击力，在高程4.000～16.000m范围内横桥向设2道1.00m厚的隔板、顺桥向设2道1.00厚的加劲肋予以加强。上塔柱荷载通过钢锚箱底座区域传到中塔柱，该处受力比较复杂，设了5.76m实心段予以加强，用于支承钢锚箱底座及1、2号斜拉索锚块，在钢锚箱底座区域设置预应力，预应力钢筋采用精轧螺纹粗钢筋。斜拉索通过钢锚箱锚固于上塔柱上。为平衡斜拉索的水平分力和增强混凝土塔柱与钢锚箱连接，在上塔柱斜拉索锚固区内配置了15－12环向预应力钢束。为保证结构耐久性，索塔浪溅区及以下（高程+9.0m以下）钢筋采用环氧涂层钢筋，索塔混凝土（高程+9.0m以下）掺加复合氨基醇类多功能活性钢筋阻锈剂。

塔冠采用钢筋混凝土结构，塔冠底部横桥向尺寸为8.80m，顺桥向尺寸为10.00m，壁厚为0.4m。

2. 托架设计

根据受力和总体刚度需要，索塔设置箱形断面“X”形支承托架。如图5所示。

托架悬臂长度为21.492m，托架采用变高度结构托架悬臂长度为21.492m，托架采用变高度结构，高5.00～9.00m，顶底板宽4.60m，顶板厚为1.30m，腹板及底板厚为1.00m。托架为预应力混凝土结构，托架共设置了42束15－22预应力钢束。为满足托架与塔柱间受力要求，托架的纵向钢筋均锚固于塔柱内，预应力钢束锚固于托架的中部和端部。

图5　“X”形支承托架

3. 钢锚箱设计

钢锚箱为斜拉索锚固结构，设置于上塔柱中间，第3～12对斜拉索锚固在钢锚箱上，第1、2对斜拉索直接锚固在混凝土底座上。如图6所示。钢锚箱断面尺寸为7.60m（顺桥向）×4.00m（横桥向），共分为10节，每节高度因索距和斜拉索角度而不同，最小节段高2.00m，最大节段高2.70m，钢锚箱最下端通过钢框架支承锚固在混凝土底座上，钢框架高0.70m，钢锚箱、钢框架节段内各板件间采用焊接连接，钢锚箱节段之间以及钢锚箱与钢框架之间均采用高强度螺栓连接。钢锚箱与钢框架总高度为22.60m。钢锚箱和钢框架最大吊装重量均不超过44.0t。

钢锚箱为单箱双室结构，其构件主要有：顺桥向拉板、端部承压板、腹板、锚下承压板、锚垫板、加劲肋、工作平台等构件组成。其中顺桥向拉板主要承担斜拉索水平拉力，其两侧拉板和中间拉板的板厚分别为40mm、50mm。为增加钢锚箱钢板的竖向稳定性，顺桥向拉板外侧焊有竖向加劲肋，两端与混凝土塔壁相连，相连处表面焊有剪力钉；端部承压板与混凝土塔壁相连，板厚40mm，宽4100mm，表面焊有剪力钉。索力通过腹板传递至顺桥向拉板上，腹板厚48mm，高度随斜拉索角度不同而变化，腹板两侧焊有加劲肋；锚下承压板厚为40mm；锚垫板厚为80mm；工作平台钢板厚为8mm。

钢框架为单箱双室结构，其构件主要有顺桥向拉板、端部及底部承压板、加劲肋等构件组成。

钢锚箱、钢框架与混凝土塔柱之间连接构件为剪力钉。

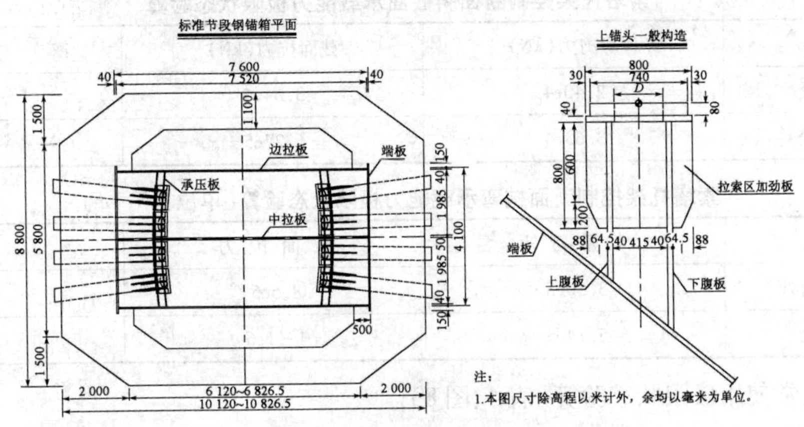

图6 钢锚箱一般构造示意

四、结构计算

1. 索塔总体分析

(1)计算模型及作用

采用空间模型,同时考虑索塔的横桥向和顺桥向受力,并提取索塔各关键截面的内力进行相关的分析。索塔分析模型如图7所示。

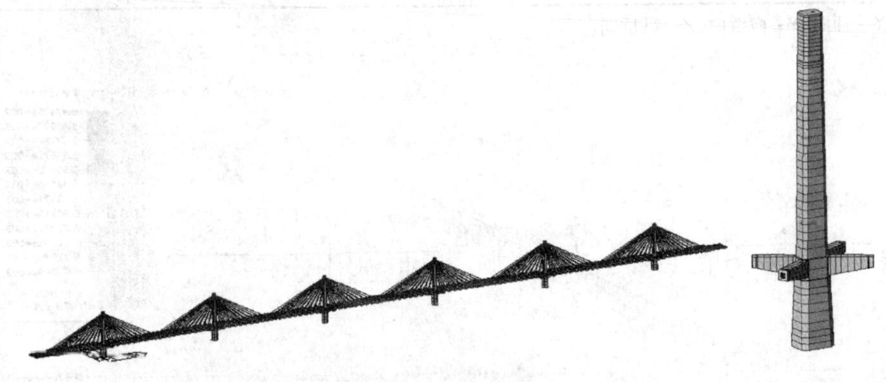

图7 索塔分析模型

作用效应包括:永久作用、汽车荷载、温度作用、风荷载、支座摩阻力、汽车制动力、波流力、船舶撞击作用、地震作用等作用产生的作用效应,并根据规范要求进行了不同作用组合计算。

(2)主要计算结果

根据规范对索塔各部分进行了相应的设计验算。

①持久状况承载能力极限状态验算(表1~表3)

索塔塔柱主要控制断面承载能力极限状态验算(单位:kN·m) 表1

断面位置	最不利作用组合	N	M_y	M_z	抗力	抗力/1.1轴力
中塔柱距根部3m处	N_{max}	-3.84E+05	8.21E+05	5.14E+02	-1.15E+06	2.72
	M_{ymax}	-3.66E+05	2.06E+06	1.21E+03	-7.27E+05	1.81
	M_{zmax}	-2.92E+05	2.78E+05	5.14E+05	-1.08E+06	3.36
中塔柱根部	N_{max}	-3.90E+05	8.44E+05	5.24E+02	-1.44E+06	3.36
	M_{ymax}	-3.72E+05	2.12E+06	1.21E+03	-8.62E+05	2.11
	M_{zmax}	-2.97E+05	2.80E+05	5.53E+05	-1.30E+06	3.98

注:局部坐标系 X-轴向,Y-横桥向,Z-纵桥向。

索塔托架控制断面斜截面承载能力极限状态验算 表2

位　　置	计算剪力(kN)	截面抗力(kN)	安全系数
索塔托架支座处	2.40e4	3.64e4	1.38
索塔托架根部处	3.63e4	6.27e5	1.57

索塔托架控制断面抗弯承载能力极限状态验算(单位:kN·m) 表3

位　　置	计算弯矩	截面抗力	安全系数
索塔托架根部导角处	3.50e5	8.5e5	2.21
索塔托架根部处	5.14e5	1.11e6	1.96

②持久状况正常使用极限状态验算(表4、图8)

索塔塔柱主要控制断面裂缝宽度验算 表4

断面位置	最不利作用组合	N(kN)	M_y(kN·m)	M_z(kN·m)	W_{fk}(mm)
中塔柱距根部3m处	N_{min}	-2.85E+05	4.74E+05	7.86E+02	0.12
	M_{ymax}	-3.00E+05	1.32E+06	1.08E+03	0.14
	M_{zmax}	-2.96E+05	5.20E+05	2.48E+05	0.1
中塔柱根部	N_{min}	-2.90E+05	4.86E+05	7.77E+02	0.11
	M_{ymax}	-3.05E+05	1.36E+06	1.08E+03	0.13
	M_{zmax}	-3.06E+05	5.11E+05	2.60E+05	0.09

注:局部坐标系 X—轴向,Y—横桥向,Z—纵桥向。

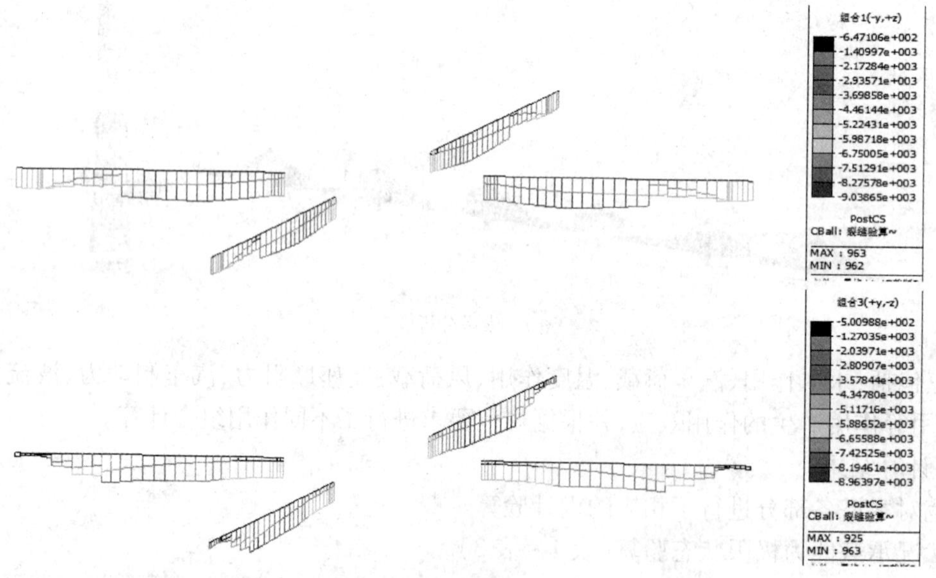

图8　最不利作用组合下索塔托架各断面 $\sigma_{st}-0.80\sigma_{pc}$ 验算结果图

索塔各部分的设计验算都满足规范要求。

2. 斜拉索锚固区局部分析

在进行有限元建模时,采用空间计算程序ansys对其进行计算分析。在进行计算分析时,取由上到下6个节段钢锚箱进行了分析。计算分析时采用的作用组合如下:

组合一:结构自重+索力+环形预应力

组合二:结构自重+索力+环形预应力+体系升温

组合三:结构自重+索力+环形预应力+混凝土收缩+体系降温

锚固区主要结构应力图如图9所示。

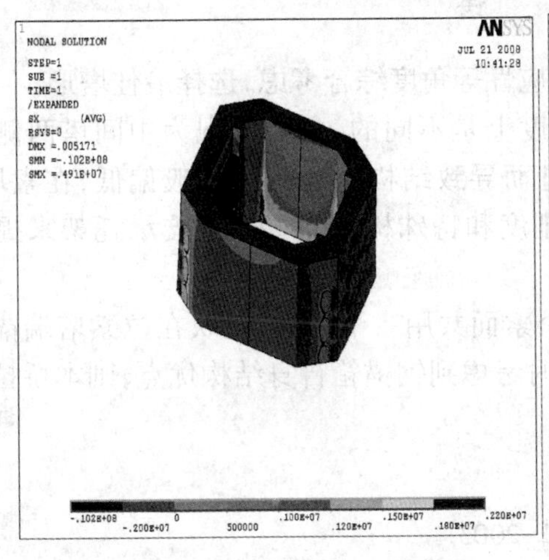

a)最不利组合作用下混凝土纵向应力图

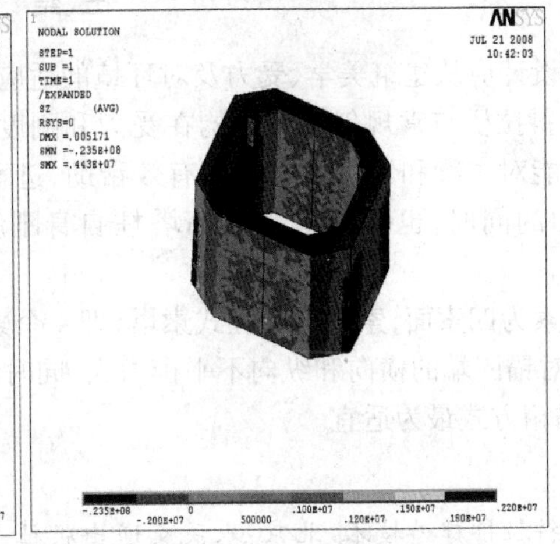

b)最不利组合作用下混凝土纵向应力图

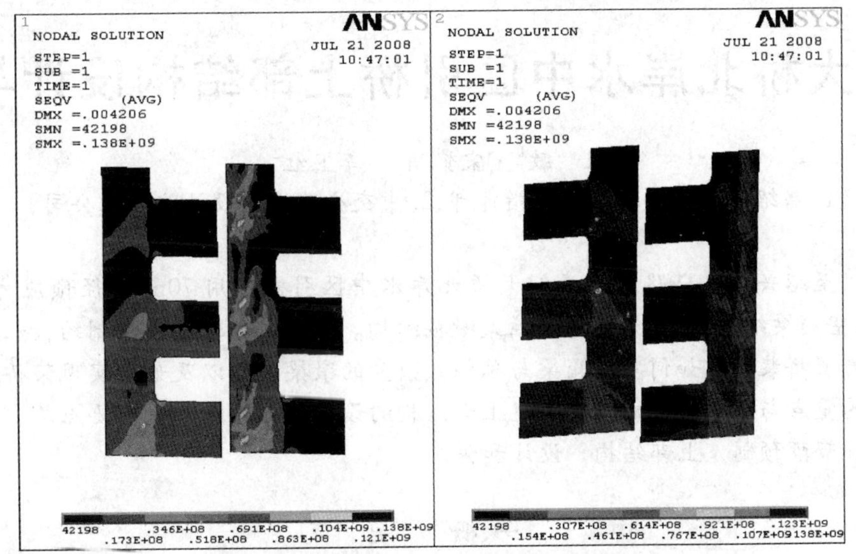

c)最不利组合作用下纵向拉板von-Miscs应力图

图9 锚固区主要结构应力图

索塔斜拉索锚固区各构件应力值如表5所示。

钢锚箱各构件最不利位置处应力值(MPa) 表5

作用组合	组合一	组合二	组合三
塔壁混凝土纵向应力	0.8~1.0	1.2~1.5	1.8~2.2
塔壁混凝土横向应力	0.8~1.0	1.2~1.6	1.8~2.2
锚下承压板 Mises 应力	50~70	50~70	50~70
纵向拉板 Mises 应力	60~70	65~75	70~80
纵向拉板纵向应力	40~60	40~60	40~60
端部承压板 Mises 应力	35~40	35~45	50~60
加劲肋 Mises 应力	95~111	95~111	95~112
上侧腹板 Mises 应力	90~101	90~102	90~103
下侧腹板 Mises 应力	90~102	90~103	90~103

有分析结果可知,索塔锚固区受力安全,配置的环向预应力是合理有效的。

五、结　　语

（1）索塔设计应从建筑美学、受力及对环境的适应性等角度综合考虑，选择最佳塔形。

（2）多塔斜拉桥与常规斜拉桥结构在受力和刚度上是不同的，主要表现为中间塔两侧均无辅助墩和过渡墩，不能对主梁和索塔刚度提供有效帮助，进而导致结构总体刚度一般偏低，在索塔设计时，在考虑自身受力的同时，也需要适当提高塔柱自身刚度和特殊构造如"X"型支承托架来提高结构总体刚度。

（3）斜拉索为四索面，索塔为独柱式索塔，即4个索面共用一个塔柱，反映在拉索塔端锚固受力上的特点是，拉索对锚固端的横向和纵向不平衡力大，同时考虑到钢锚箱自身结构优点，则本桥拉索塔端锚固构造采用钢锚箱方式最为适宜。

参考文献

[1] 陈明宪. 斜拉桥建造技术. 北京：人民交通出版社，2003.

5. 嘉绍大桥北岸水中区引桥上部结构设计与施工

张　敏[1]　宋黎明[2]　季卫红[2]

（1. 嘉绍跨江大桥工程建设指挥部；2. 中交公路规划设计院有限公司）

摘　要　嘉兴至绍兴跨江公路通道嘉绍大桥北岸水中区引桥采用70m跨径预应力混凝土连续刚构，上部为单箱双室箱梁结构，下部为单桩独柱式墩桩结构。鉴于现场环境条件制约，施工方案采用节段预制、梁上运梁、悬臂拼装法。如何实现箱梁与独柱式墩身的墩梁固结以及如何实现架桥机水上施工，是本工程需要解决的重点与难点。本文着重阐述上部结构的设计特点和施工技术要点。

关键词　70m节段预制　上部结构　设计和施工

一、概　　况

嘉兴至绍兴跨江公路通道嘉绍大桥是沈阳至海口高速公路常熟至台州并行线的组成部分和跨越钱塘江的关键性工程。主航道桥采用六塔斜拉桥，跨径布置为70m + 200m + 5m × 428m + 200m + 70m = 2 680m；北副航道桥采用70m + 2m × 120m + 70m = 380m连续刚构。北岸水中区引桥为70m跨径的等梁高预应力混凝土连续刚构，除与主航道桥相接为6 × 70m联长，其余均为5 × 70m标准联。下部结构为单桩独柱式墩身和基础。北岸水中区引桥均采用节段预制悬臂拼装法进行施工。标准联的桥型布置图如图1、图2所示。

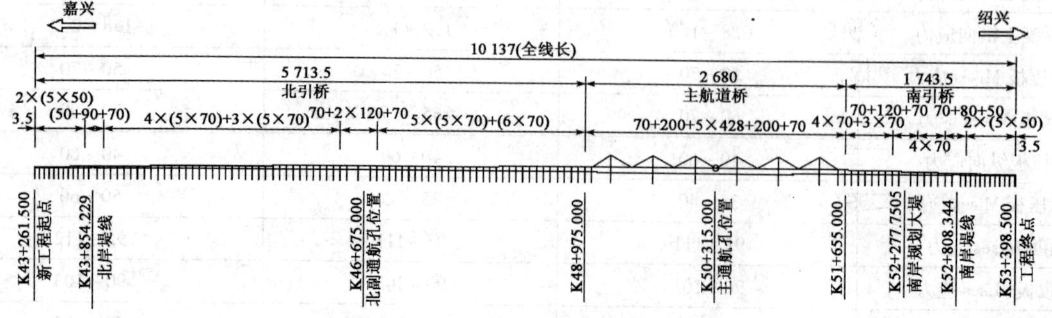

图1　全桥概略布置图（尺寸单位：m）

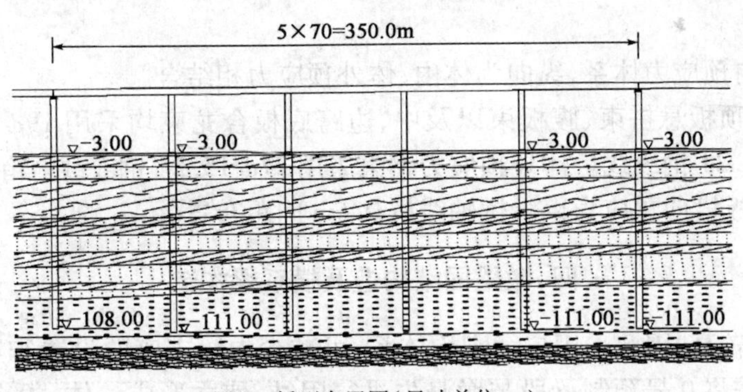

图2 桥型布置图(尺寸单位:m)

二、技术标准

(1)道路等级:双向八车道高速公路;

(2)设计速度:跨江段100km/h;

(3)桥面宽度:40.5m;

(4)汽车荷载等级:公路—I级;

(5)通航净空尺度:按照交通部交水发[2006]17号文执行;

(6)其他技术指标:符合《公路工程技术标准》(JTG B01—2003)的规定。

三、构造说明

1.纵向梁段划分

综合考虑提梁站起吊、运梁车运输以及架桥机拼装等各环节施工设备的承载能力,将每个预制节段的重量控制在120t以内。边跨和中跨的节段预制长度划分情况如图3所示。

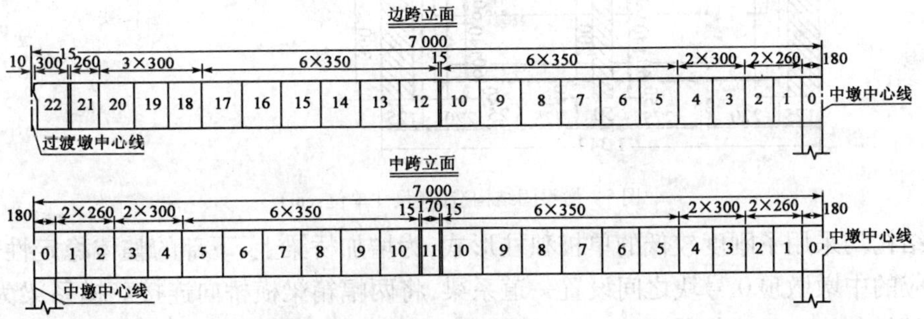

图3 节段划分示意图(尺寸单位:cm)

2.横向截面尺寸

箱梁采用单箱双室斜腹板箱梁形式。梁高为4.0m,全桥等高,箱梁顶板宽19.8m,底板宽10.9m,翼缘悬臂长为3.2m。在墩顶设3.6m厚中横隔梁,梁端设端横隔梁,其他位置均不设横隔梁。箱梁顶面设有2%横坡,采用箱梁腹板高度变化形成,箱梁底板下缘横向保持水平。如图4所示。

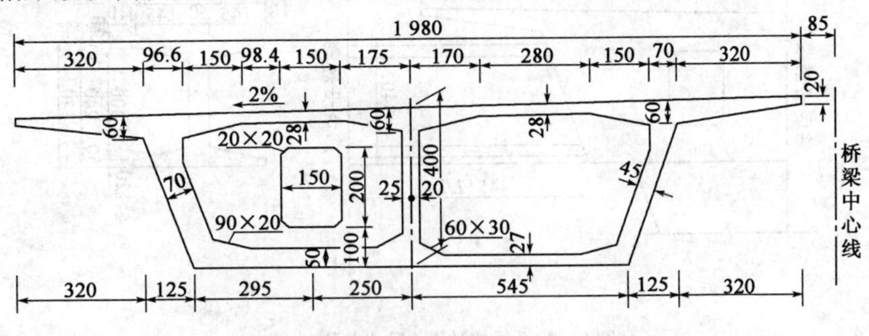

图4 半幅箱梁横断面图(尺寸单位:cm)

3. 预应力体系

箱梁采用纵、横双向预应力体系，纵向为体内、体外预应力相结合。

箱梁体内纵向对称顶板悬拼束、腹板束以及中、边跨底板合龙束均采用19ϕ^j15.24钢绞线，中、边跨顶板合龙束采用16ϕ^j15.24钢绞线。体外预应力钢束采用27ϕ^j15.24钢绞线。箱梁顶板横向预应力束采用3ϕ^j15.24钢绞线，顶板横向预应力束沿桥轴线按0.6m间距布置。

四、墩梁固结构造及横系梁构造

水中区引桥墩身均较高，因此采用连续刚构体系，可减少中墩支座的设置和后期的维护工作。在悬拼一个中墩的T构前，需将0号预制梁段与墩身先进行固结，使之形成一体。0号预制节段顶板和底板为部分预制：顶板在每个箱室正上方预留一个混凝土浇筑孔，作为后期现场二次浇筑的通道；底板预制部分为两道一米高的横梁，并在横梁两端底部开槽，便于墩身主筋伸进箱梁，预留足够的锚固长度。预制节段通过架桥机吊装至墩顶就位后，通过顶板预留孔浇筑横隔板混凝土，与墩身形成固结。如图5所示。

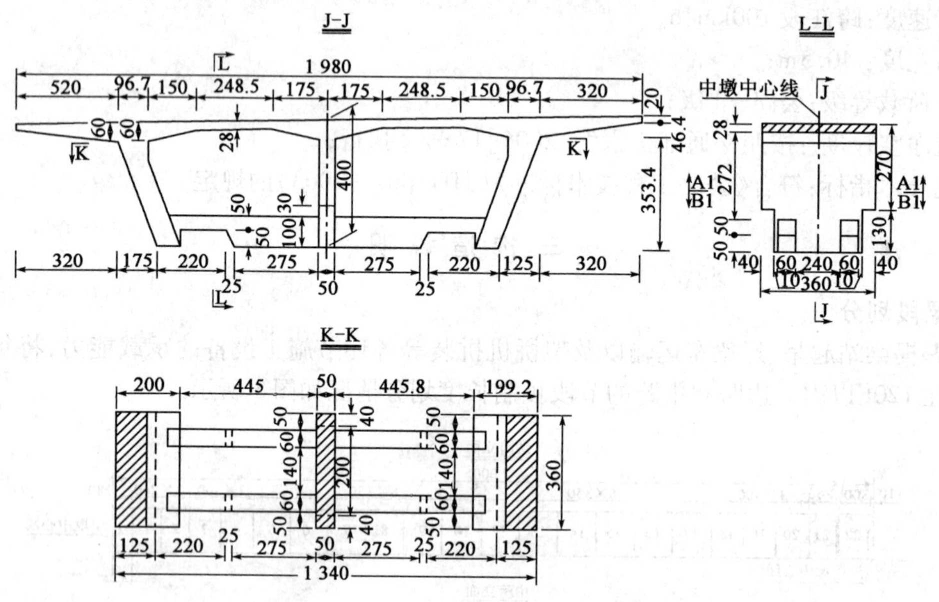

图5　墩梁固结构造图(尺寸单位:cm)

由于下部结构均采用了刚度较低的单桩独柱形式，为增加桥梁上、下部的整体稳定性和抗震性能，在左右幅箱梁对应的中墩墩顶0号块之间设置一道系梁，将两幅箱梁横桥向连接。横系梁为钢筋混凝土构件，截面为工字形，其构造尺寸与墩顶预制梁段尺寸相衔接。施工过程中，横系梁需在墩顶0号块完成二次浇筑之后即现场浇筑，尽早将左右幅箱梁形成框架，以减小悬拼过程中不平衡弯矩对墩身造成的荷载压力。横系梁构造如图6所示。

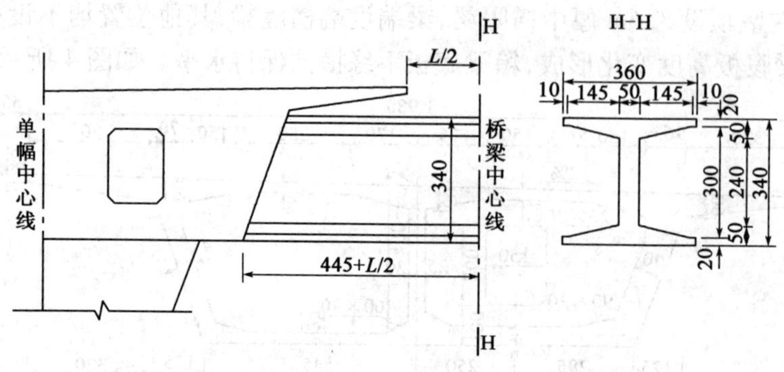

图6　横系梁构造图(尺寸单位:cm)

五、施 工 方 案

1. 施工流程介绍

受桥位处潮位、水深及流速等自然条件影响，现场浇筑上部结构存在较大难度，且施工精度受到一定制约。北岸水中区引桥长度达到4.62km，规模较大，上部箱梁采用节段预制对称悬臂拼装的施工方案，利用梁上运梁和架桥机进行预制梁段的运输和拼装。装配化预制及拼装的工法可优化施工组织安排，加快施工进度，提高箱梁制造精度和质量。下面简要介绍下第一联的施工流程(图7～图11)。

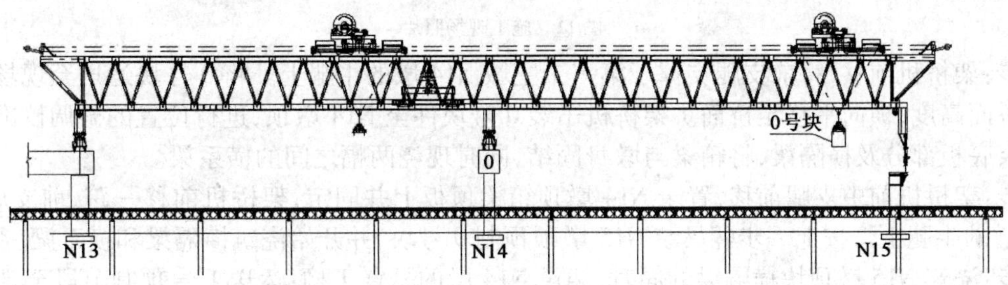

图7 施工流程示意(一)

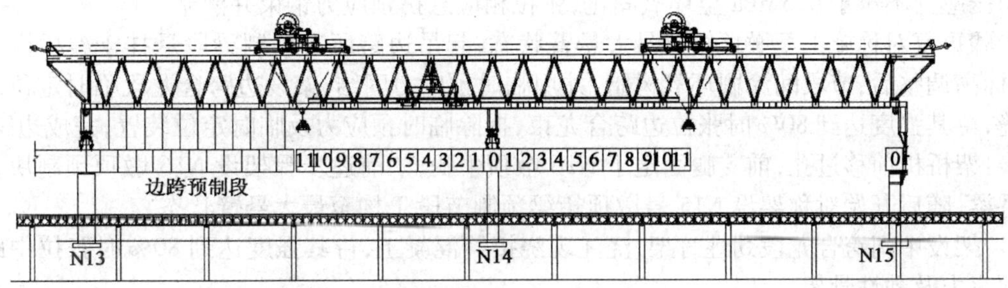

图8 施工流程示意(二)

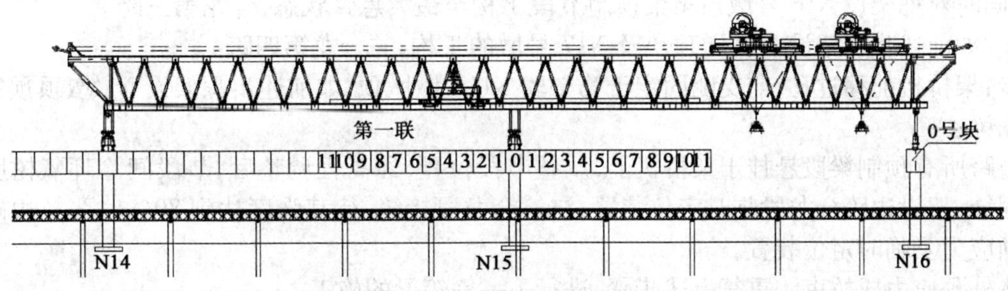

图9 施工流程示意(三)

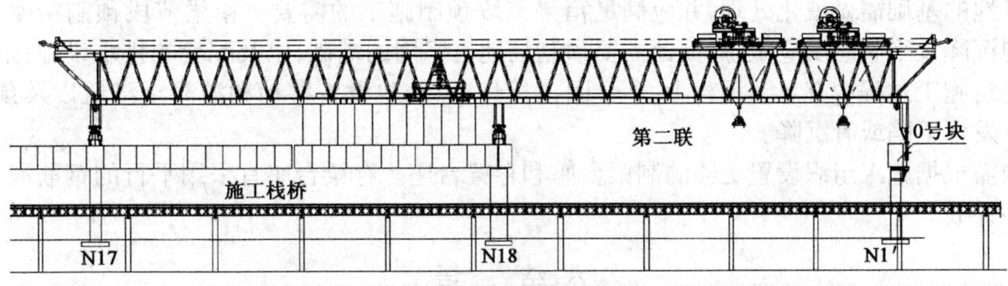

图10 施工流程示意(四)

第一步：在离过渡墩N13墩约10m的跨堤引桥边跨设置提梁站，将架桥机构件运至现场，通过提梁站提升到桥面并进行现场拼装。

图11　施工现场照片

第二步:架桥机前移,将前支腿支撑于第一个主墩N14墩的牛腿上。将0号块运送至现场,通过提梁站提升到桥面高度,横向平移至桥面。架桥机吊装0号块件至N14墩顶,进行位置的微调校准就位,现浇箱梁的剩余底板部分及横隔梁,将箱梁与墩身固结,同时现浇两幅之间的横系梁。

第三步:架桥机前中支腿前移,置于N14墩顶箱梁顶板上并固定,架桥机前移一跨,前支腿置于下一中墩N15墩的牛腿上。按上一步骤吊装N15墩顶预制0号块,并开始浇筑横隔梁和横系梁。

第四步:浇筑N15墩顶块横隔梁的同时,架设N14墩的悬臂T构:运送1号预制节段至现场,提梁站提梁到桥面,经运梁台车喂送至架桥机,架桥机起吊节段就位,接缝间满涂环氧树脂,张拉临时预应力筋,保证接缝间压应力不小于0.3MPa至环氧固化,张拉相应悬拼预应力钢束并灌浆。

按此步骤重复对称施工至墩顶箱梁最大悬臂状态,起吊边跨所有预制梁段悬挂于架桥机上,调整节段位置,经标高调整后,节段间涂刷环氧树脂,并用临时预应力固结,架设边跨合龙段临时定位装置,浇筑合龙段接缝,待其强度达到80%时张拉边跨合龙束,拆除临时预应力及临时定位装置,完成边跨合龙。

第五步:架桥机前移过孔,前支腿固定于N16墩顶牛腿,如前述步骤架设N16墩顶预制块,并浇筑横隔梁及横系梁,随后开始对称架设N15号墩顶箱梁预制节段T构至最大悬臂状态。

第六步:架设中间跨合龙段劲性骨架,浇注现浇接缝混凝土,待其强度达到80%时张拉中跨合龙束,拆除临时预应力及劲性骨架。

第七步:架桥机前移过孔,前支腿固定于N17墩顶,如前述步骤架设N17过渡墩顶预制块,并开始浇筑横隔梁,同时对称架设N16号墩顶箱梁预制节段T构至最大悬臂状态,合龙第三跨。

第八步:如前述步骤架设N18墩顶块及N17号墩的T构,并合龙第四跨。

第九步:架桥机前移过孔,前支腿固定于第二联N1′中墩墩顶,如前述步骤架设N1′墩顶预制块,并开始浇筑横隔梁。

起吊边跨所有预制梁段悬挂于架桥机上,调整节段位置,经高程调整后,节段间涂环氧树脂,并用临时预应力固结,架设边跨合龙段临时定位装置,浇筑合龙段接缝,待其强度达到80%时张拉边跨合龙束,拆除临时预应力及临时定位装置。

张拉体外预应力成桥束。重复上述步骤,进行下一联箱梁的施工。

2. 预制场地处理

预制场地的基础需做硬化处理,并应满足箱梁节段预制施工的需要。箱梁节段预制精度要求高,对地基不均匀沉降及平整度反应敏感,因此需要预制场地有坚固的基础,以及配套的排水设施;地基需在混凝土箱梁浇筑施工过程中有足够承载力,不会因模板移动、养生设备移动和混凝土浇筑以及预制好节段重量作用下发生下陷或者沉降。

场地内需根据施工组织设置足够的制梁台座和存梁台座。存梁台座宜采用平行的钢筋混凝土枕梁,按架梁顺序存放。

六、结　语

北岸水中区引桥采用了5跨和6跨一联的等跨70m预应力混凝土连续刚构体系,同时通过横系梁将左右幅相连接,受力较复杂,通过计算分析,调整预应力束的布置,优化结构尺寸,使结构中施工阶段及运营阶段的受力均处于较好状态,达到了安全、经济、美观的设计目的。

6. 嘉绍大桥水中区引桥下部单桩独柱结构体系设计

伏首圣[1] 王加升[2] 王仁贵[1] 宋卫国[2]
(1. 中交公路规划设计院有限公司;2. 嘉绍跨江大桥工程建设指挥部)

摘 要 由于建设条件的特殊性,嘉绍大桥70m跨径水中区引桥采用没有承台构造、墩柱和大直径桩直接连接的单桩独柱下部结构方案。针对单桩独柱结构的受力特点,嘉绍大桥水中区引桥在结构体系设计上采取了如下措施:①墩顶横桥向展开,主墩采用墩梁固结构造;②横桥向两幅桥之间主墩墩顶主梁之间设置"工"字形截面混凝土横系梁。通过以上措施,同一联两幅桥主梁和下部结构之间纵向、横向均形成受力性能较好的框架体系,水中区引桥施工和运营期间结构的安全性和行车舒适性均可得到有效的保证。

关键词 嘉绍大桥 单桩独柱 大直径钻孔灌注桩

一、概 述

嘉绍大桥南、北岸水中区引桥全长超过6 km,按双向8车道高速公路设计。上部结构采用70m跨径的等截面预应力混凝土连续刚构,上下行分幅布置,单幅梁宽20m,跨径布置为5×70m及7×70m。北岸水中区引桥上部结构施工方案为阶段预制拼装,南岸水中区上部结构施工方案为挂篮现浇。为适应建设条件特点,下部结构采用了单桩独柱的结构形式,基础采用ϕ3.8m大直径钻孔灌注桩,单桩最长桩长111m,为超大直径超长桩。

二、建设条件特点

嘉绍大桥水中区引桥建设条件有以下特点:

(1)桥位处河床宽浅、潮强流急,涌潮最大流速可达9.0~10.0m/s。

(2)河床变化幅度大,冲淤剧烈,引桥墩位处300年一遇最低冲刷高程为-27.5m。

(3)桥位处潮汐为不规则半日潮,平均潮差超过6m,最大潮差近9m。

(4)涌潮作用力大,最大涌潮压力可达75 kN/m^2。

(5)引桥区域内滩涂发育,施工作业条件受到很大的限制,水上有效作业时间极为有限,大型船机设备难以为大桥施工提供有效服务,引桥下部结构需依托栈桥施工。

(6)为保护钱塘江涌潮奇观,水利部门要求建桥后河床断面压缩率小于5%,基础结构形式及尺寸受到很大限制。

(7)钻孔灌注桩是唯一合理可行的桩基础形式,并且由于桥位处基岩埋深大、强度低,桩基础只能采用摩擦桩且桩长较长。

三、水中区引桥下部结构形式选择

我国已建或在建的长大跨海桥梁水中区引桥基础多采用群桩基础+承台+墩柱的结构形式,桩基础采用打入式钢管桩或钻孔灌注桩,承台一般采用采用高桩承台,如东海大桥、杭州湾大桥、金塘大桥等。

本桥因为建设条件的特殊性,对于滩涂和浅水区,打桩船难以进入;对于深水区,由于涨落潮潮差大,加上涌潮汹涌,施工安全的保障难度大;且低潮位时满足打桩船吃水深度的区域极为有限,故不适宜采用打入式钢管桩,钻孔灌注桩为唯一适用的基础形式。桩基础施工采用依托施工栈桥搭设的施工平台进行施工。

对于下部结构，本桥如果采用常规的群桩基础+承台+片墩的结构形式，承台施工将面临很大困难，具体原因如下：

(1)为满足5%河床断面压缩率的要求，承台顶面要设置到河床原始泥面以下(高程-3.0m左右)。

(2)承台施工需要采用无底双薄壁钢围堰作为挡水结构，因为冲刷和潮差的原因，围堰高度将超过20m，在波浪力和涌潮力的作用下，围堰易发生倾覆、变形，施工难度和风险均较大。

(3)全桥水中区引桥共150个墩柱。围堰施工一旦出现问题，处理难度大且将极为耗时，大桥总体工期难以得到保证。

(4)钢围堰循环利用率低，承台顶面以下钢围堰难以拆除，施工用钢量大，经济性差。

如果一个结构施工困难，最好的解决办法就是取消它。根据这一思路，水中区引桥下部结构最终采用了单桩独柱方案。该方案的最大特点就是取消承台构造，采用圆形墩柱和大直径桩基础直接连接。

对于本桥，与群桩基础+承台+片墩的结构形式相比较，单桩独柱结构具有以下优点：

(1)因为没有承台构造，故无承台施工工序，有效地规避了施工风险，极好地适应了桥位处特殊的建设条件，施工工期容易得到保证。

(2)高潮位以下墩身施工可以利用桩基施工钢护筒作为施工挡水结构，巧妙地解决了水位变化区墩柱施工的问题。

(3)圆形墩柱结构尺寸小，故阻水面积小，对建设条件适应性好。

(4)经济性好，工程造价比群桩基础节约近30%。

(5)结构新颖，墩身外观简洁、优美，景观效果好。

与常规的群桩基础+承台+片墩的结构形式相比较，单桩独柱结构刚度相对较小。本桥纵桥向为连续刚构结构体系，主墩墩梁固结，因此下部结构纵桥向受力性能较好，但横桥向结构受力和稳定性不易保证，对于高墩区引桥，这一问题更为突出。因此本桥根据单桩独柱下部结构的特点，有针对性的进行了横桥向结构体系设计。

四、结构体系设计

1. 单桩独柱结构设计要点

水中区引桥下部结构主墩及过渡墩均采用独柱型墩身，墩身与桩基础之间为单桩独柱形式，具体构造如图1所示(以墩身直径3.6m中墩为例)。

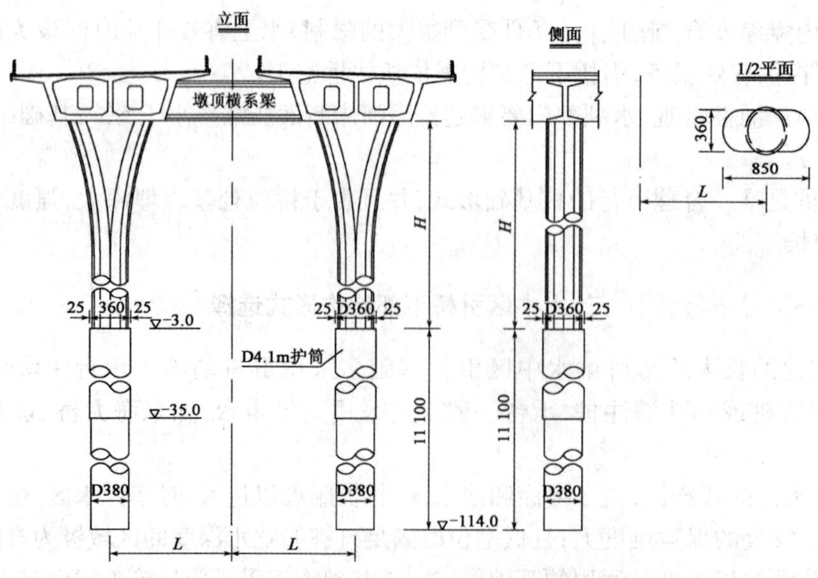

图1 单桩独柱下部结构一般构造(尺寸单位:cm)

桩基础采用直径3.8m的大直径钻孔灌注桩，单桩桩长105～111m，均按摩擦桩设计，桩端持力层为中风化砂岩层、圆砾层或卵石层。对于桩端持力层为圆砾层和卵石层的桩基础，采用"U"管法进行桩端后注浆。桩基础采用C30海工水下混凝土。考虑到桩基钢筋笼直径较大，横向易变形，故采用不等边角钢加工的圆环作为钢筋笼的加强钢筋。

桩基施工钢护筒内径为ϕ4.1m。为满足桩基钻孔施工需要，钢护筒底口高程设为－35m；考虑墩柱施工挡水的需要，钢护筒顶口高程设为＋10m。钢护筒下部15m范围壁厚32mm，采用Q345C钢；其余部分壁厚27mm，采用Q235A钢。

桩基础采用C30海工水下混凝土。考虑到桩基钢筋笼直径较大，横向易变形，故采用不等边角钢加工的圆环作为钢筋笼的加强钢筋。

考虑到单桩独柱结构对基础倾斜度偏差比较敏感，桩基础钢护筒倾斜度要求小于0.5%，钻孔桩倾斜度要求小于0.5%，钻孔桩桩顶中心位置偏差按5cm控制。

主墩采用圆柱形墩，墩顶横桥向展开以方便实现墩梁固结，墩顶处墩身横桥向宽度8.5m。为方便设置支座，过渡墩采用墩顶双向展开的圆柱型墩身，墩顶断面尺寸为10.0m×4.0m。根据墩高变化，中墩及过渡墩墩底断面直径分别为3.6m、3.4m、3.1m。全桥墩高变化范围20.3～42.2m。考虑到独柱墩对倾斜度偏差比较敏感，墩身垂直度要求小于0.2%，同时墩身各截面中心位置与设计位置偏差按10mm控制。

墩柱采用C40海工混凝土。为保证墩梁的有效固结，主墩墩顶以下3m范围内墩身混凝土采用C50海工混凝土。为保证结构耐久性，墩身浪贱区及以下(高程＋9.0m以下)钢筋采用环氧涂层钢筋。

2. 墩顶横系梁设计

由上所述，因为单桩独柱下部结构刚度相对较小，因此横桥向结构受力和稳定性不易保证。经计算分析，如不在横桥向结构体系上采取措施，成桥阶段，在活载和横桥向风载作用下，下部结构横桥向结构受力及稳定性难以满足要求。

因此，根据本桥为上下行分幅布置的情况，横桥向，在中墩顶两幅主梁之间设置了刚性混凝土横系梁。这样，同一联两幅桥主梁和下部结构之间纵向、横向均形成受力性能较好的框架体系，桥梁上、下部结构在施工和运营期间的安全性和稳定性均得到了有效的保证。南岸水中区引桥现场照片如图2所示。

混凝土横系梁采用工字形截面，为钢筋混凝土结构，采用C55海工混凝土。根据横桥向两幅主梁之间间距变化情况，横系梁长度为10.6～19.1m。横系梁宽3.6m，高3.4m，腹板厚度0.5m，翼缘端部厚度0.2m，根部厚度0.5m，具体结构尺寸如图3所示。

图2　南岸水中区引桥现场照片

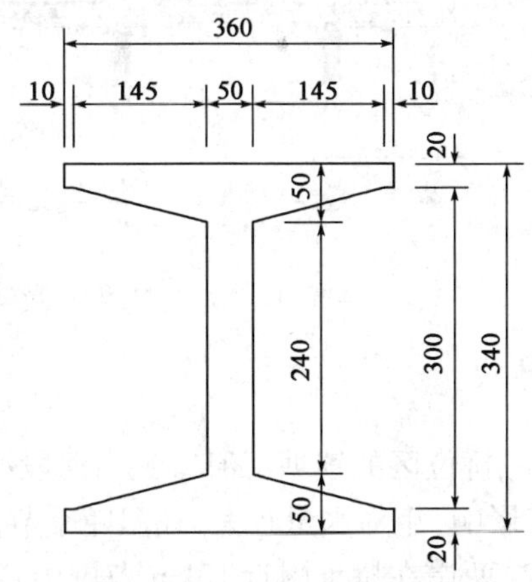

图3　混凝土横系梁断面图(尺寸单位：cm)

对于北岸水中区引桥，要求在墩顶0号块固结施工完成后即进行横系梁的现浇施工；对于南岸水中区引桥，要求横系梁与墩顶0号块同步现浇施工。

五、结　语

因为建设条件的特殊性，嘉绍大桥水中区引桥下部结构采用了单桩独柱的结构形式，基础采用了超大直径超长桩；为了满足下部结构的横桥向受力需要，横桥向在中墩顶两幅主梁之间设置了刚性混凝土横系梁。结构体系设计新颖、独特。本文内容可为今后同类桥梁设计及施工提供有益的参考。

7. 强涌潮区大型钻孔平台的设计

谭立心　罗超云　杨　勇

（广东省长大公路工程有限公司）

摘　要　嘉绍跨江大桥施工环境恶劣，潮强流急，冲刷严重。影响钻孔平台使用的因素繁多。本文简要介绍在钱塘江强涌潮水域施工的嘉绍跨江大桥主桥钻孔平台的设计思路和过程，为其他类似水域桥梁钻孔平台的设计提供借鉴和参考。

关键词　强涌潮　钻孔平台　简支导向架　设计

一、工 程 概 述

嘉绍跨江大桥北起海宁尖山围垦区，跨钱塘江水域，至上虞九六围垦区，全长10.137km，采用双向8车道高速公路标准。主桥为70m + 200m + 5 × 428m + 200m + 70m = 2 680m的六塔独柱四索面钢箱梁斜拉桥。主塔桥墩采用群桩基础，中塔每个主墩下设32根直径ϕ2.5m的钻孔灌注桩，桩长113m；边塔每个主墩下设30根直径ϕ2.5m的钻孔灌注桩，桩长108m。设计要求钻孔桩钢护筒壁厚20mm，内径2.8m，每条长45m，重约64t。主墩承台均为圆形承台，中塔几何尺寸为ϕ40.6 ×6m、边塔几何尺寸为ϕ39 ×6m，承台顶面高程 -4.5m。如图1所示。

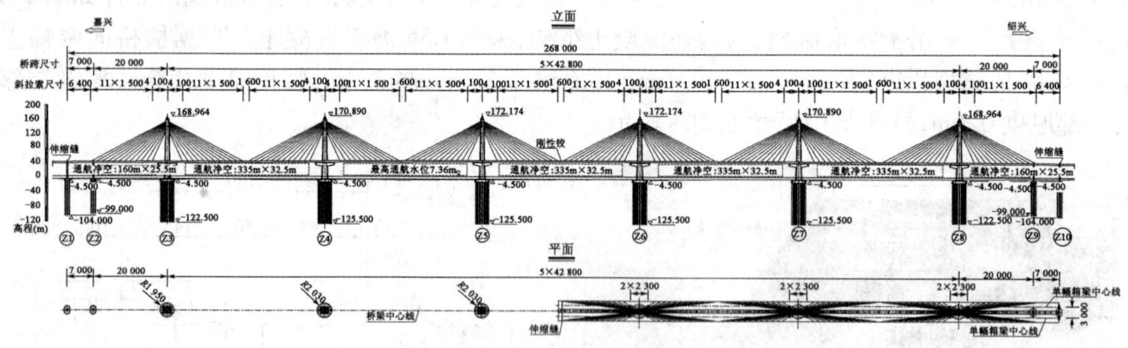

图1　嘉绍跨江大桥主桥桥型布置图（尺寸单位：cm）

二、工 程 特 点

（1）桥位区的钱塘江河口尖山河段河床宽浅、潮强流急、涌潮汹涌、冲刷严重、作业时间短，兼有灾害性天气影响，年降水量较大，气温随季节变化明显，冬季出现极低气温，施工条件恶劣。

（2）两岸在桥址附近10km范围内均无合适下海码头，受涌潮和水深条件的制约，且河势变化剧烈，大型船机设备难以为大桥施工提供有效服务，因此钻孔平台施工也要因地制宜，在总体方案上必须考虑利用平台上的大吨位履带吊分片、逐跨进行施工。

（3）进场需利用北岸临时栈桥施工，施工区域相邻标段多，要求采取严密的交通组织和协调以及安全措施。

(4)桩基钢护筒单根长45m,重达64t,平均入土深度30m,设计要求垂直度1/200,平面偏差允许5cm,在如此恶劣的施工环境下,施工控制技术难度大,要求工艺设计必须合理。

(5)钻孔灌注桩长达113m;承台采用深埋形式,直径大,混凝土方量多;上部构造中每个塔周钢箱梁共有12块,支架体积庞大;因此在平台设计中必须考虑后续工序之间的相互影响,便于施工。

三、设 计 原 则

主桥钻孔平台设计的主要原则如下:

(1)桥位区的尖山河段是钱塘江河口潮波变形最激烈的河段,也是举世闻名的钱塘江涌潮生成、成长的水域。2003年5月桥址处现场观测到的涌潮最大高度约为1.2m。在现势地形条件下,2007年9月桥址断面上在大潮汛时实测涌潮潮高达到2.5m。除此之外桥位区还受台风暴潮、寒潮和洪水影响。因此,在如此恶劣的条件下,钻孔平台设计必须考虑能承受大吨位钢护筒下放、钻机钻孔施工及水流、台风、波浪、涌潮冲击等荷载,同时能满足冲刷要求。

(2)由于桥位区涨落潮明显,潮差大,平潮时间短,作业时间极少,因此平台结构设计必须满足施工简单,连接快速的要求,尽量减少单桩渡潮的风险。

(3)平台分为辅助平台和钻孔平台两部分。辅助平台由钢管桩支撑,在满足施工需要的前提下尽量减少面积;钻孔平台充分利用桩基钢护筒入土深,单桩稳定性好,受力大的特点,由钢护筒支撑。

(4)在功能上,施工平台是海上生产、生活的基地。必须要为钢护筒下放、桩基础、承台、索塔等施工提供工作平台和生活场所,并作为设备、材料临时堆放场地。

(5)在施工方面,根据现场条件,辅助平台采用100t履带吊逐跨搭设,钻孔平台中的钢护筒采用简支导向架配合WD120桅杆吊和100t履带吊下放。

四、设计参数的确定

由于桥位处的特殊水文条件,拟建桥址处无长期潮位观测站,仅2003年5月在桥址断面有短期潮位和流速观测资料。为了充分把握基础数据,为设计提供依据,通过对浙江省水利河口研究院、浙江省重点实验室潮汐泥沙试验基地提供的《涌潮作用力模型试验研究》、《桥墩局部冲刷模型试验研究报告》以及浙江省河海测绘院提供的《水文补充测验报告》的详细研究分析,并实地走访了当地渔民和海宁市水文站,确定的参数如表1所列。

钻孔平台设计参数取值　　表1

序　号	参 数 项 目	参数取值及依据
1	设计标准	5年
2	平台高程	+10.0m
3	设计水位	20年一遇设计通航水位+7.36m;实测最高潮位+5.45m,最低潮位-3.15m,最大潮差8.59m
4	设计流速	验算单桩施工取最大流速4.67m/s,验算平台整体稳定性取最大流速6.65m/s
5	设计波高	正常工作:$H=1.6$m,$T=6.1$s;抗台状态:$H=2.4$m,$T=6.1$s
6	涌潮作用	5年一遇涌潮高度2.5m,涌潮压力60kPa,涌潮作用力作用在低水位以上1倍涌潮高度范围内
7	设计风速	重现期30年,离常水位10m高度30年一遇最大平均风速$V_{10}=36.2$m/s
8	允许冲刷	冲刷:取10m,起冲高程为原泥面。原泥面高程为-5.56m
9	控制荷载	辅助平台:履带-100;钻孔平台:钻机起钻荷载-120t

五、计算工况及结果分析

根据钻孔施工平台的施工工艺、水文条件以及使用期间可能出现的台风侵袭,平台设计确定了以下

4种工况(均考虑冲刷10m)：

(1)单桩稳定性验算；

(2)辅助平台未形成整体时有100t履带吊作业；

(3)辅助平台搭设完成单独正常工作时(2台100t履带吊利用筒支导向架下放钢护筒)；

(4)辅助平台单独抵抗台风时(停止施工作业,履带吊撤出辅助平台)。

通过用midas/civil建模计算,计算结果显示工况3(图2、图3)最为不利,即在平台冲刷达到10m,正好遇到涨潮,涌潮迎面冲击平台,水流速度达到6.65m/s,2台100t履带吊在平台上抬吊护筒,钢护筒首节重45t,导向架自重30t。此时平台的各构件应力及整体位移达到最大,整体模型及计算结果如表2所列。

钻孔平台各构件计算结果(工况3) 表2

验算内容	ϕ1 000 × δ12mm钢管桩	ϕ426 × δ6mm横联	ϕ325 × δ6mm弦杆
最大位移(cm)	17	17	17
最大应力(MPa)	145	122	109
稳定性系数	8.8		

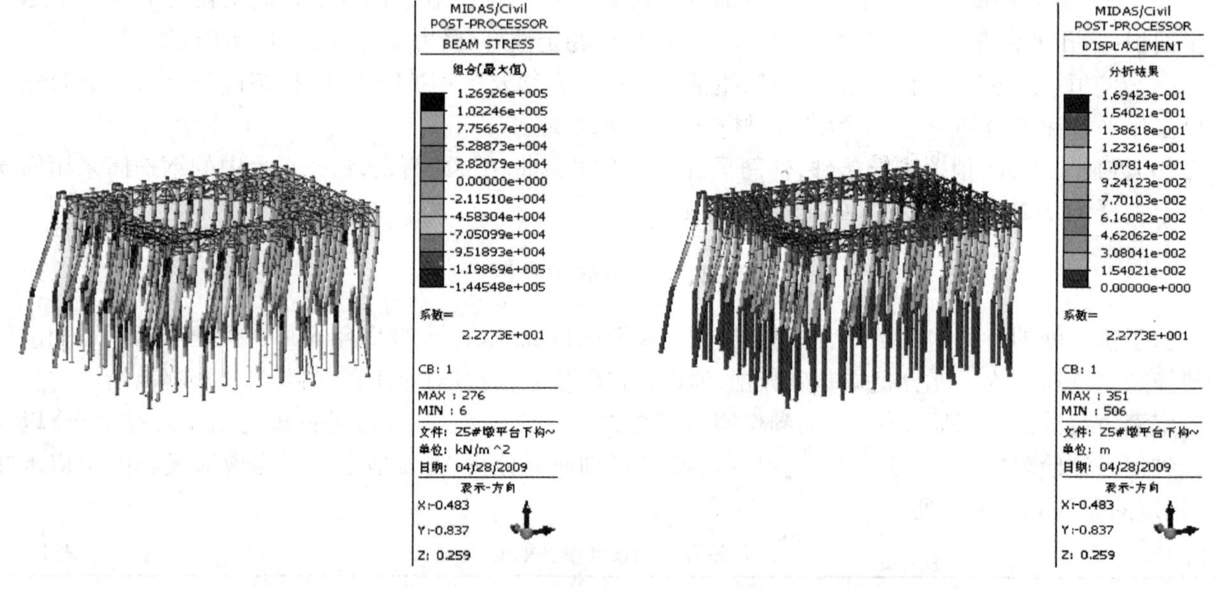

图2 工况3整体应力　　图3 工况3整体变形

从计算结果和模型分析,整体位移和最大应力基本满足要求,但整体位移稍偏大,因此在设计中明确,当施工期最大冲刷深度超过6m时即采取冲刷防护措施,防止冲刷过大超过10m,影响平台结构安全。

由于钢管桩是主要的受力结构,而桥位处的水质含盐度高,尤其在潮位变动区海水对钢结构具有强腐蚀性,因此,为了结构安全,在设计文件中明确对钢管桩在最大冲刷面以上的外表面必须进行防腐处理。

六、平台与辅助设施结构设计

1.辅助平台

辅助平台由直径ϕ1 000 × δ12mm钢管桩支承,单桩桩长40m,为了抵抗强大的水流力和涌潮作用力,增设12条斜桩。钢管桩间用ϕ426 × δ6mm和ϕ325 × δ6mm钢管焊成的桁片焊接连接。平台承重梁为102号或45号贝雷支撑架联结的单层三排贝雷片主梁,垫梁采用双拼HM588 × 30型钢,平台分布梁为

I25a 工字钢,间距 1.5m,I25a 工字钢顶面二次分配梁为 I12.6 型工字钢,间距 30cm,平台顶面平铺厚 δ8mm 钢板。

2. 钻孔平台

钻孔区平台利用 φ2 800 × δ20mm 桩基钢护筒支承,钢护筒间用 φ600 × δ8mm 的钢管连成整体结构兼作连通管,平台承重梁为 HM588 × 30 型钢,支承在钢护筒的牛腿上,钢护筒牛腿为双拼 I45a 工字钢,长 60cm,分布梁为 I25a 工字钢,间距 50cm,平台面板 δ8mm 钢板。桩基础施工完成后拆除相应钻孔区平台,利用辅助平台进行承台钢围堰施工,剩余钻孔平台作为围堰封底平台。辅助平台一直服务到全桥施工完成。

3. WD120 桅杆吊基础

钢护筒下放、桩基础施工和围堰拼装下放等主要起重设备为 WD120 桅杆吊。该桅杆吊力矩 2 500t · m,55m 臂长时最大起重能力 800kN。桅杆吊基础由直径 φ1 200 × δ14mm 钢管桩支承,单桩桩长 48m,钢管桩间用 φ800 × δ10mm 和 φ600 × δ8mm 钢管焊成的桁片焊接连接。

4. 导向架

导向架主体设计为钢管桁架结构,长 24m,主体宽 5.1m,有效高度为 3.6m,构件组成为底梁、立柱、横向联系、斜撑及限位装置。桁架主管均为 φ630 × δ8mm 钢管,横向联系及斜撑均为 φ325 × δ6mm 钢管,底梁为双拼 HM588 型钢。在架体上、下端各设置一层限位装置,一个孔位利用 8 个 20t 千斤顶配合滚轮作为限位调节装置。

为减少简支导向架的跨度,保证下放钢护筒的需要,在平台中间插打一排钢管桩(图 4、图 5),搭设一条临时走道,作为护筒下放的临时通道和导向架支撑点,护筒下放完成后及时拆除。

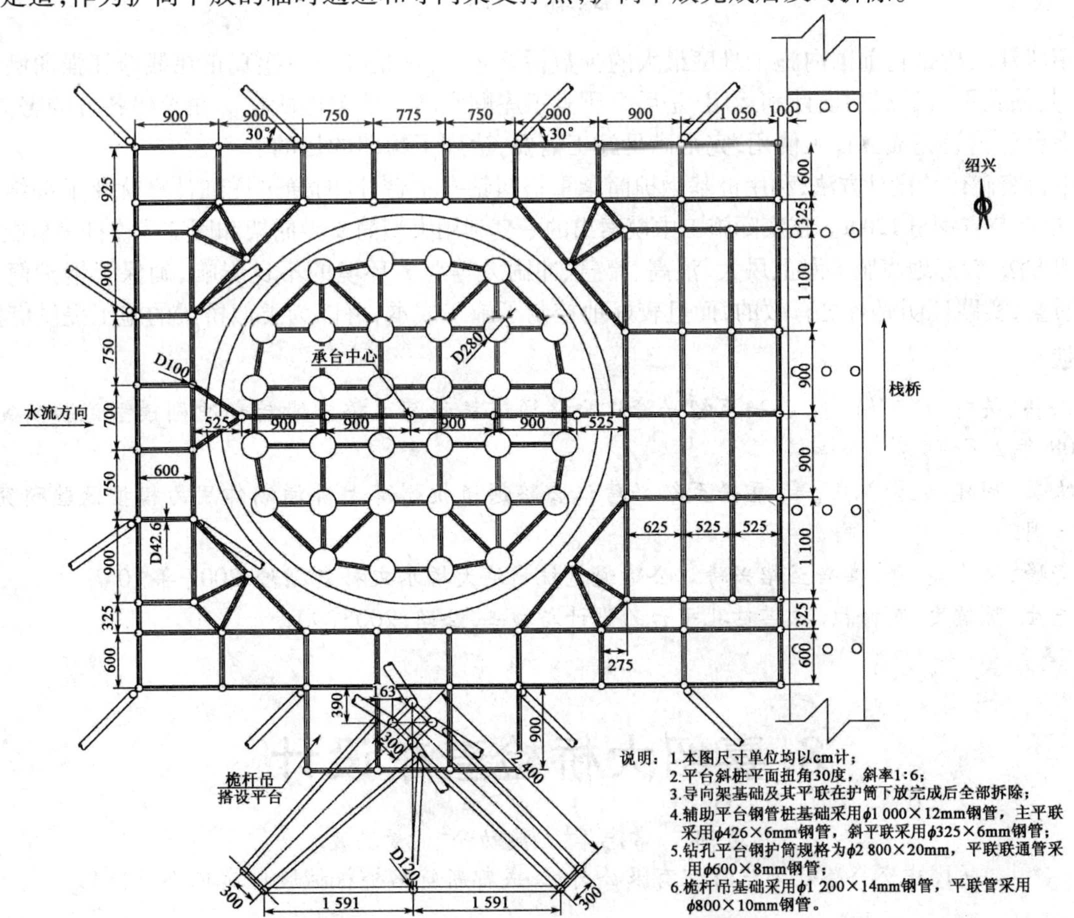

图 4 主墩钻孔平台钢管桩桩位平面布置图

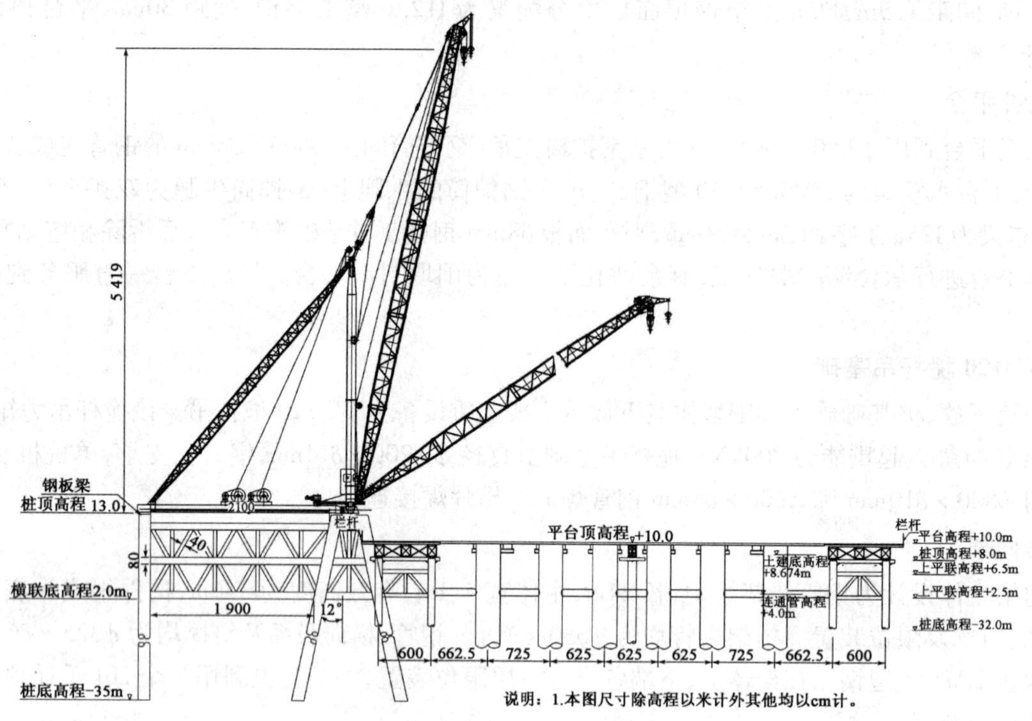

图5 主墩钻孔平台结构立面布置图

七、结　　语

嘉绍跨江大桥是目前国内施工难度最大的少数桥梁之一，也是唯一一座真正在钱塘江强涌潮区施工的桥梁，其钻孔平台的成功设计和运用，是后续所有工序顺利施工的关键所在。在参建各方的努力下，目前所有平台已搭设完成并投入使用，完全满足施工需要，达到了预期的目的。

该平台突破传统设计方法，利用桩基钢护筒承重搭建钻孔平台，同时通过详细计算优化上部结构和桩位布置，单墩节省钢材1200t。在实际施工中摸索出的一套利用大型简支导向架和固定式桅杆吊机配合下放钢护筒的方法，较好地克服了海上风大、浪高、流急、冲刷大等恶劣环境的不良影响，确保了钢护筒下放的进度和质量，实践证明是行之有效的，而且较好地控制了施工成本，可以为类似桥梁的施工提供借鉴。

参考文献

[1] 韩海骞，吴辉，郦丽娟，等. 嘉兴至绍兴跨江公路通道杭州湾大桥桥墩局部冲刷模型试验研究报告. 2008年2月.

[2] 杨火其，周建炯，金凯良，等. 嘉兴至绍兴跨江公路通道杭州湾大桥涌潮作用力模型试验研究. 2008年3月.

[3] 沈尧峰，何文亮，等. 嘉兴至绍兴跨江公路通道杭州湾大桥水文补充测验. 2007年10月.

[4] 李志生，陈儒发，彭修权. 主塔钻孔平台的设计与施工. 公路. 2005(9).

8. 嘉绍大桥检查车设计

林道锦[1]　常志军[1]　熊劲松[2]　董洪波[2]
（1. 中交公路规划设计院有限公司；2. 成都新筑路桥机械股份有限公司）

摘　要　嘉绍大桥主桥为全长2 680m的六塔分幅钢箱梁斜拉桥，索塔采用设置X托架的独柱型索塔。检查车工作原理包括沿轨道同步直线行走、变轨过墩(X 托架)、X 托架内部检查、左右幅箱梁之间的移动、升降小车在桁架内移动及升降等。

关键词　检查车　变轨　转体　过塔(墩)

一、前　　言

嘉绍大桥主桥为全长 2 680m 的六塔独柱分幅钢箱梁斜拉桥，索塔采用设置 X 托架的独柱型索塔，全桥跨中设置伸缩缝和刚性铰构造，是目前世界上最长最宽的多塔斜拉桥。

为实现对钢箱梁的养护维修，钢箱梁外部设置了专用检查车。该检查车主要功能可对大桥下面各结构进行全面的检查、修理，为桥梁安全提供保障。检修内容包括构件是否扭曲变形、局部损伤；铆钉和螺栓有无松动、脱落和断裂，节点是否滑动、错裂；焊缝边缘有无裂纹或脱开；油漆层有无裂纹、起皮、脱落，构件有无锈蚀，外围设施是否工作正常等。

桥梁检查车一般包括汽车底盘路面移动式检查车和桥下悬挂式检查车。传统桥梁检查车若应用于嘉绍大桥将存在以下问题：①交通影响大：路面移动式对桥梁进行检测，势必对路面交通、桥梁的通航孔进行交通封闭，影响交通，工作效率低；②安全度较低：现有的单跨悬挂式检查车多制作精度低，结构简单，存在有安全隐患；③检测范围小：由于由于索塔设置 X 形托架，现有的办法很难对桥梁的每一部分进行检测，只能选择有代表性的部分进行检查，这样也就无法检查到桥梁的全部现状，影响对桥梁的整体质量评估；④检查车数量多，成本高：全桥两幅梁共 18 跨，采用传统检查车，则检查车的数量要达到 20 台。同时在连续检查时，需要从一个检查车转移到另外一个检查车，会使检查效率大大降低。

为解决传统检查车存在的问题，针对嘉绍大桥的结构特点，为其设计了专用检修设备。该检查车为桥下悬挂式检查车，设计具有同步直线行走、变轨过塔(墩)等功能。

二、检查车工作原理

检查车工作原理包括沿轨道同步直线行走、变轨过墩(X 托架)、X 托架内部检查、左右幅箱梁之间的移动、升降小车在桁架内移动及升降等。

(1)同步直线行走：通过 PLC 程序控制使左右行走小车行走同步，当左右小车不同步造成工作台桁架偏移时，通过回转支撑处设置的角位移同步传感器使左右行走小车行走速度在毫秒级时间内实现自动纠正，左右行走小车的角位移偏差临界值小于 0.5°。

(2)变轨过墩(X 托架)：从一跨到另一跨的变轨设计大致归纳为以下动作：

①变轨前转体：直线行走状态，单边行走小车 A 首先进入旋转轨道，在行走回转机构驱动作用下，该旋转轨道及行走小车 A 实现 90°回转并与横向轨道对接。

②转向变轨：转体后，在左右行走小车共同驱动作用下，行走小车 B 通过纵向主轨道，行走小车 A 通过横向轨道从一侧移动到另外一侧的纵向辅助轨道上。

③变轨后转体：转向变轨后，行走小车 A 进入辅助轨道的旋转轨道上，在行走回转机构驱动作用下，该旋转轨道及行走小车 A 继续实现 90°回转并与纵向辅助轨道对接。

④过墩(X 托架)：在左右行走小车共同驱动作用下，检查车从桥墩 X 托架侧边通过并移动到另一跨箱梁下方。

⑤变轨复原：重复转体及变轨动作，检查车复原到直线运动状态。

将检查车的转体、变轨和还原动作进行排列组合，可实现 X 托架内部检查、左右幅箱梁之间的移动及各盲区的检修。如图 1、图 2 所示。

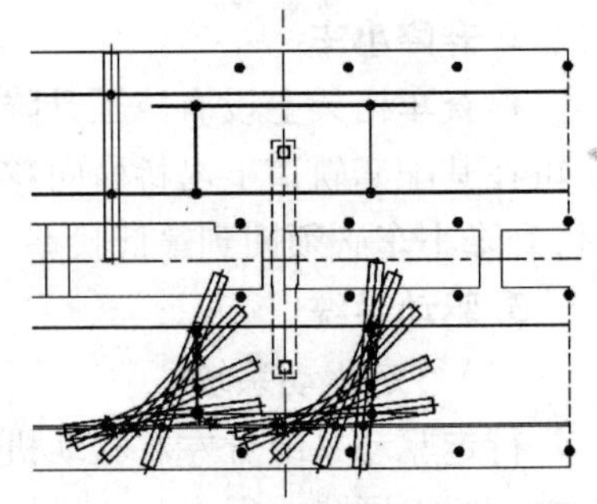

图 1　检查车过墩动作示意图

(3)升降小车在桁架内移动及升降：辅助升降小车位于工作平台两端，通过液压马达驱动齿轮齿条使其在工作平台上横向行走，工作人员进入升降平台后可实现升降操作，实现对梁体翼缘及内侧面检查。

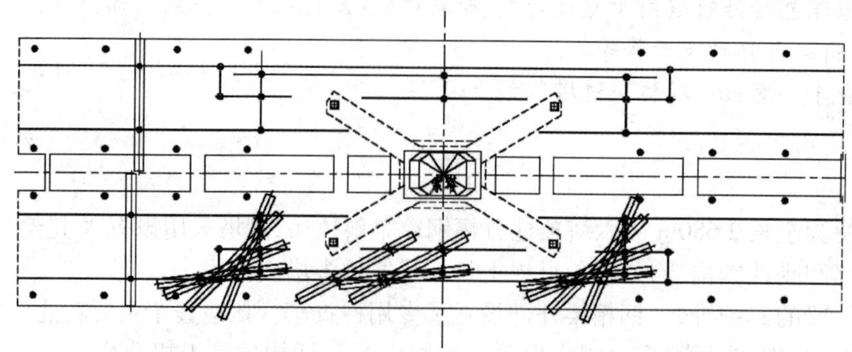

图2 检查车过X托架及托架内盲区检查动作示意图

三、检查车结构设计

根据钢箱梁的结构形式，检查车采用悬挂式吊车方案，即驱动机构通过钢轮倒置于H型钢轨道上，桁架梁与驱动机构通过门架连接在一起，在电机的驱动下运行。检查车主要由桁架系统、升降小车、驱动系统、电气控制系统、轨道系统等组成。如图3所示。

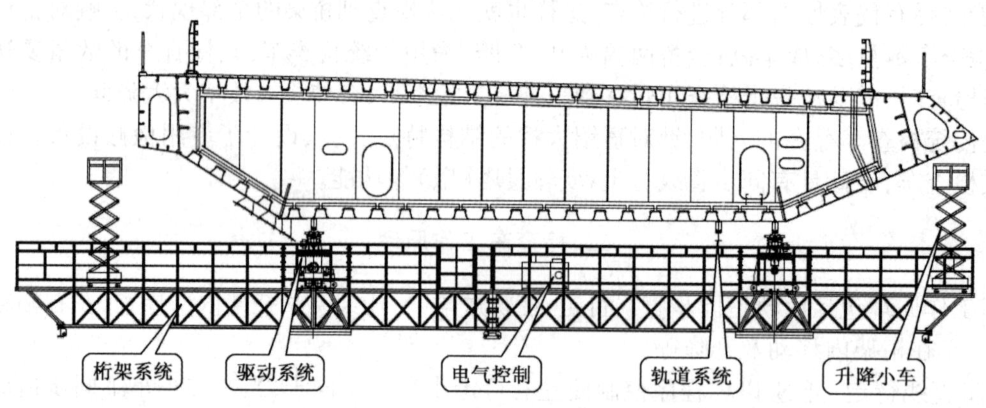

图3 检查车一般构造示意图

1. 桁架系统

桁架系统主要由桁架梁和栏杆组成，全部采用高强度航空铝合金材料。桁架梁主要承受自重、操作人员和维护检查器具物品等荷载。桁架梁高1 150mm，采用100mm×100mm×5mm的铝合金方管作为上下弦杆、50mm×50mm×5mm的铝合金方管作为腹杆组成的桁架。为提高横向刚度，两侧桁架的上下弦杆之间采用横撑连接。在桁架顶部铺设4mm厚的菱形花纹铝合金板，便于人员通行、检查和维护，同时提高了车架整体稳定性。桁架梁上部设有1300mm高的栏杆，栏杆材料为50mm×50mm×5mm的铝合金方管，通过螺栓与桁架梁的直腹杆连接在一起。

2. 升降小车

检查车桁架上设有液压升降小车，以检查单幅钢箱梁两侧面及两幅钢箱梁之间的横梁部位。升降小车可在其配套轨道上沿桥横向移动。升降小车工作时，检查车的纵向运动会被锁定；检查车在纵向移动时，升降小车必须回到最低状态。

3. 驱动系统

（1）行走驱动系统

行走驱动系统分左右驱动机构。单边驱动机构可单独控制并驱动行走，也可同时控制，通过PLC控制左右行走同步。行走驱动机构主要由钢轮、齿轮箱、电机、减速机、支架和回转机构所组成。行走时由电机驱动减速机及齿轮箱工作，通过齿轮传动，带动3组6个钢轮同时驱动，从而实现行检查车的前进、后退及变轨转向。

单边行走驱动机构通过支架及滚动轮机构使桁架相对龙门架可在一定范围内横向移动，用以消除左右两侧轨道安装误差及转向变轨时对检查车的影响。

(2)回转驱动系统

回转驱动系统包括左右回转驱动机构，主要由驱动电机、变速机构、回转支承及驱动连接架组成。需要变轨时，行走驱动机构进入旋转轨道，回转驱动系统带动行走机构在旋转轨道上实现左右90°回转运动。如图4所示。

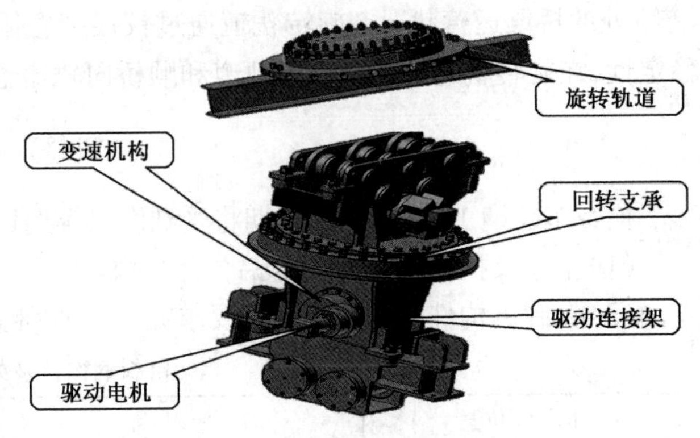

图4 回转驱动系统构造示意图

4. 制动系统

检查车左右驱动机构均装有多重制动系统。当检查车需要制动时，首先可通过磁滞电机自锁装置实现行走轮制动，其次在断电后通过两个对称的电磁制动器自动抱紧轨道型钢而达到制动目的，停车检查时也可使用手制动系统进行制动，检查车停靠时使用驻车固定。

(1)电机制动原理：驱动行走的磁滞电机自带制动装置，停车时电机断电且自动制动，行进时自动打开。

(2)电磁制动器制动原理：电磁制动器位于行走轨道两侧，对称安装于驱动箱壁板上，当行走停止时，电磁制动器断电，在制动器内置弹簧力作用下，通过活塞杆顶推摩擦片使其与轨道腹板摩擦制动；行走时，在电磁力作用下压缩制动弹簧，使制动活塞缩回，从而使摩擦片自动脱开轨道。

(3)手动制动原理：转动手轮，通过丝杠顶推摩擦盘，使摩擦盘压迫轨道底面，通过摩擦盘的制动片与轨道底面摩擦制动。当停止检查车时，使用手制动系统固定检查车；当检查车准备行走时，打开手制动系统，使其与轨道脱开。

(4)驻车固定：检查车长时间停靠时，使用铁链分别连接左右门架与桥梁X托架固定，以防止意外情况发生。

5. 电气控制系统

驱动控制系统包括全自动电控驱动和人力机械驱动两种。全自动电控驱动作为主驱动，主要由动力系统(锂电池)、执行元件(电机)、逆变器、控制元件及附件等组成。人力机械驱动由手摇机构、省力装置及过渡连接架组成，代替以上电力装置及电控部分。

正常工作时全部操作为电气驱动，手控驱动作为辅助驱动，在电气系统失效时作为紧急备用。工作人员通过线控装置对检查装置遥控，实现检查车无级变速行走、制动、变轨转向，升降小车行走及升降等动作控制。

电气控制系统对检查车的各个动作设有信号指示灯，并在检查车的各个部位安装照明设施。

梁外检查车首次采用锂电池组作为动力，体现了低碳、环保、无污染、人性化的设计理念。锂电池组的续航能力可达到10h。

6. 轨道系统

嘉绍大桥左、右幅梁底分别安装有纵向主行走轨道、横向辅助轨道、纵向辅助轨道、旋转轨道，供检查车悬挂及行走。梁外检查车的轨道采用HM250×175mm的H型钢，通过连接座、接头座与钢箱梁连接，接头座同时用以轨道之间的连接。旋转轨道及与之相连的轨道采用Q420D钢材，其余轨道采用Q345D钢材。

在过渡墩、辅助墩及桥塔附近设有旋转轨道，以使检查车可以绕开桥塔(墩)行走，并方便检查桥塔

(墩)处的桥梁运营状况。旋转轨道通过铰接装置固定于钢桥下,并可自由回转。为增加横桥向轨道的稳定性,在旋转轨道处的横桥向轨道和顺桥向轨道上部设置14号工字钢连接件。

四、防 腐 设 计

检查车长期工作于海面,长期将受到海风等腐蚀,检查车防腐设计需达到以下标准:

(1)桁架及护栏全部为航空铝合金结构。

(2)自制钢构件及外购件涂装要求如表1所列。

自制钢构件及外购件涂装要求　表1

部　位	涂装用料	道　数	厚　度
除铝合金桁架以外的所有钢构件、外购件表面	梁外检查车轨道系统、驱动机构的各外露非加工面等	喷砂除锈(Sa2.5)	
	无机硅酸锌车间底漆	1道	25μm
	二次表面处理Sa3.0级,Rz:60~100μm		
	电弧喷锌铝合金		150μm
	环氧封闭底漆	2道	渗入涂层孔隙中,不计厚度
	环氧云铁中间漆	1道	100μm
	氟碳树脂面漆(工厂)	1道	35μm
	氟碳树脂面漆(工地)	1道	35μm

(3)电气用电缆支架、电线槽、线管等采用热浸镀锌防腐,镀锌量≥350g/m^2。

(4)螺栓、螺母等标准件全部采用锌铬涂层工艺。

五、安 全 设 计

检查车作为高空作业设备,安全须作为设计第一要素,主要包括:检查车结构安全、功能动作安全及主动防护。考虑实际承重及动载荷要求,检查车结构安全系数大于2,超载安全系数大于1.5,风载安全系数大于1.2,工作时抗风8级,停靠时20级;行走及回转动作除考虑有足够驱动力,同时考虑手动机械驱动作为辅助驱动;由于行走装置为悬挂结构,行走安全设计要同时考虑多重制动、行走过程的平衡稳定、轨道安装的安装误差、悬空探测保护装置、轨道机械限位保护、防撞机构等;电控系统需设计柔性启动与刹停、安全控制电压、意外情况的控制按钮等;主动安全要考虑各种警报系统及意外时立即实停车功能。

六、结　　语

嘉绍大桥检查车根据嘉绍大桥的结构特点,在充分考虑检查车结构强度、安全、防腐、检查范围及经济性等前提下,为其设计的专用检修设备。该检查车的使用对桥梁寿命及承载能力的定期研究预测、桥梁锈蚀或裂纹等缺陷的快速修复等具有重要意义,对桥梁长期安全使用提供了有力保证。

9.嘉绍大桥测量控制关键技术

倪建夏　范　杰　闵开伟

(嘉绍跨江大桥工程建设指挥部)

摘　要　本文是对嘉绍大桥在施工期关键测量控制技术的概要总结,介绍了大桥施工期关键控制技术的主要内容和解决方法。其中,部分内容为基础性测量工作,对保证大桥施工期整体位置的正确控制,并监测其施工期的位置变化(沉降和位移)具有重要意义,另有部分内容为创新性工作,对进一步提高测量技术水平,保证测量工作质量,提高测量工作效率具有现实意义。

关键词 嘉绍跨江大桥 测量控制 关键技术

一、概 述

嘉绍大桥是沈海高速常熟至台州并行线的组成部分,大桥北起嘉兴的尖山开发区,南至绍兴的沥海经济开发区,跨江段全长10.207km。全桥分北岸陆地区引桥、北岸水中区引桥、主航道桥、南岸水中区引桥、南岸陆地区引桥5个部分。其中,主航道桥为六塔独柱分幅钢箱梁斜拉桥,南、北岸水中区引桥采用70m跨径的等截面预应力混凝土连续刚构桥,下部结构为大直径单桩独柱式墩身和基础。

大桥的结构形式和高技术质量标准,对大桥施工期的测量控制工作提出了新的更高要求。针对这一要求,及时明确并解决大桥施工期的关键测量技术,是参与大桥建设的测量人员必须认真面对的首要问题。

二、测量控制关键技术

1. 首级施工控制网的布设

首级控制网是大桥建设的基础,为工程施工期的测量控制和营运期的变形监测提供基准依据。大桥首级施工控制网包括:首级平面控制网及首级高程控制网。

首级控制网点在南北岸各布设5个,计10个控制点。每个平面控制点保持与两个以上相邻点通视,控制网的边长控制在1~3km范围内。同时,在南岸埋设一个83m深层基岩水准标石,北岸埋设一个浅层基岩水准点。在测区附近选取浙江省两个C级GPS点,和10个大桥首级B级控制点组成平面控制网,用GPS方法施测。高程控制网由布设的12个控制点组成,该网以国家一等水准精度检测、联测,两岸高程控制网的联测在上游江面较窄处采用二等跨江高程传递测量联测。大桥首级控制网采用的平面坐标基准分别为:地心坐标系;1954北京坐标系;工程独立坐标系;大桥施工坐标系。采用的高程基准为:1985国家高程基准。首级控制网采用的精度指标为:首级控制网最弱边相对中误差≤1/150 000;桥轴线相对中误差≤1/60万;桥位首级控制网各相邻点点位中误差不大于±8mm;高程控制网桥位首级控制网各相邻点高程中误差不大于±10mm。

各施工单位的所有测量工作均以首级控制网为依据,即在首级控制网的基础上,布设满足各自标段内施工控制的一、二级加密网。

由于控制网观测墩基本位于钱塘江边的围垦田中,地基均不稳固。为保证大桥施工期测量控制工作质量,根据《嘉绍跨江大桥专用施工技术规范》的要求,由大桥测控中心负责对首级测量控制网进行每6个月一次的定期复测。

2. 建立独立的施工坐标系统

在实际应用中,在标准带上投影的国家统一坐标系统往往不能满足工程施工的精度需要,当施工区域离中央子午线较远时,容易使投影变形超限。这就需要通过建立独立坐标系的方法,来减少投影变形,将投影变形控制在允许的范围之内。

嘉绍大桥桥轴线约在东经120°46′的位置上,偏离120°的中央子午线较远。为此,嘉绍大桥建立了专用的工程独立坐标系。将中央子午线移至桥位区中心120°46′,再采用克氏椭球高斯投影平面独立坐标系统,保持与54坐标系有严密的换算关系,并将投影面大地高提高到70m,形成大桥独立的施工坐标系。大桥施工期,所有测量成果均最终均采用此坐标系。

3. 建立统一的全天候CORS运营系统

嘉绍大桥CORS系统,由两个参考站、系统管理中心、用户数据中心等部分组成,如图1所示。

嘉绍大桥CORS系统由测控中心负责建设和运营维护。系统建成后,测控中心对系统的主要技术指标进行了测试。测试的主要项目包括:系统定位精度测试、时间可用性测试、空间可用性测试、RTK定位时效性测试、系统兼容性测试,测试结果如表1所示。

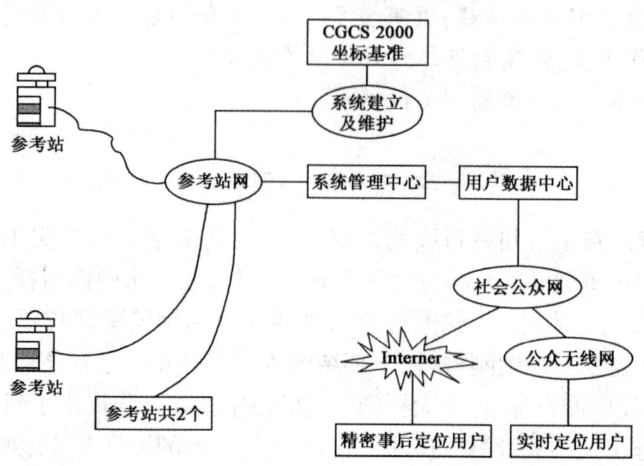

图1 CORS 网络系统结构示意图

CORS 系统主要技术指标 表1

项 目	内 容	技 术 指 标	
系统精度（国家2000大地坐标系）	参考站坐标相对精度	1.0×10^{-7}	
	快速或实时定位	水平≤3cm	大地高≤5cm
	事后相对定位	水平≤1cm	大地高≤2cm
系统可用性	时间可用性	95.0%（1天内）	
	空间可用性	事后相对定位≥95%	
		快速或实时定位:≥95%（可获取实时差分信号范围）	
完好性	报警时间	<6秒	
	误报概率	< 0.3%	
兼容性	兼容各类型接收机	通过采用国际标准原始数据格式（RINEX 格式）和实时差分改正数据 RTCM、CMR 等格式，与各类 GPS 接收机和后处理软件兼容	

测试结果表明，本系统建设符合设计要求，可以为大桥建设提供服务。

4. 实现海上精密水准的贯通测量

嘉绍大桥全长10.207km，水中区无高等级的高程控制点，仅靠两岸的首级高程控制点不能满足远离岸边施工区域的高程控制精度。为此，合理规范的布设全桥高程贯通点，对保证工程施工精度具有重要意义。嘉绍大桥采用全栈桥施工，这给布设水中区贯通点创造了有利条件，指挥部测控中心经过资料分析，确定在B25、B40、B52、B66、B80、Z4、Z6、Z8、N11号等桥墩处的位置布设高程贯通加密控制点，共9个，点间距约1 000m。

贯通点基础采用不同口径钢管桩的内、外插打结构。其中，外侧管桩与栈桥固定连接，测量平台搭设在外管上。内侧管桩自由段不与外侧管桩相连，以尽量减少因栈桥的振动对内管桩的影响。贯通点设置在内侧管桩的顶部，设有强制对中装置。贯通点的结构如图2所示。

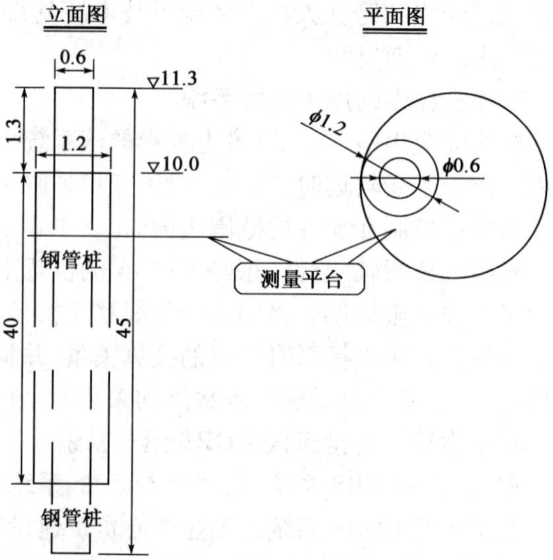

立面图 平面图

图2 贯通加密控制点搭设结构设计示意图（尺寸单位:m）

由于加密点位于钱塘江中，考虑到潮水等自然条件的影响，贯通加密点也将定期复测。复测周期与首级控制网同步，定为每6个月一次。也即在首级控制网复测的时同时，将贯通加密网一并联测。

5. 开展全桥统一的施工期沉降观测工作

历史经验表明，在大桥施工期，对施工实体进行沉降观测是必需的。通过沉降观测，了解大桥施工期的沉降情况，掌握沉降规律，研究沉降趋势，同时也为大桥建成后的健康运营监测提供基础数据资料。因此，指挥部要求各施工单位在各自的施工标段范围内，开展工程施工期的沉降观测。

沉降观测的基准点，陆地区使用首级网点，海中区使用贯通加密点。工作基点和沉降观测点，要求点位要稳定，方便观测。起始的沉降观测，要求落实到每个墩身。其中，陆地引桥区埋设在高出地面50cm左右的桥墩内侧为宜，水中区埋设在方便各施工阶段观测的位置，在主塔的每个塔座适宜位置上布置4个观测点。埋设的沉降观测点要方便各施工阶段的观测要求，特别要考虑到施工过程中可能的破坏或遮挡等，避免影响观测的连续进行。

沉降观测采用二等水准测量的要求观测，技术要求按照《国家一、二等水准测量规范》执行。所用仪器设备性能要稳定，观测人员要相对固定，观测路线、尺位、程序和方法要固定，观测时的环境条件要基本一致。以上措施在客观上能尽量减少观测误差的不稳定性，使所测的结果具有统一的趋向性，保证各次复测结果与首次观测的结果具有可比性，能真实的反映沉降规律。

大桥墩身的沉降观测对时间有严格的限制条件，特别是首次观测必须及时进行，要求在墩身施工完成后，箱梁架设前的首次负载之前进行首次沉降观测。其他各阶段的复测，根据工程进展情况定期进行，不得漏测或补测。沉降观测的周期正常情况下每个月3次，在负载变化后应及时观测。每次外业观测工作结束后，要及时整理观测资料，编制《沉降观测计算表》，绘制《沉降观测曲线图》。按时上报测量成果。箱梁施工完成后，再及时将观测点上移至桥面上。

6. 嘉绍大桥双参考站 CORS 系统的精度改进及检核研究

目前连续运行参考站系统观测站大多采用三基站或多基站的方式来建站，进而能形成控制网。这种多观测站构建成网的方式（即 CORS 系统 VRS 网络 RTK）使得控制区域广，定位精度高。一般来说，这种参考站系统至少需要3个或以上固定参考站，投入成本比较大。

嘉绍大桥的 CORS 系统，根据指挥部的招标文件的要求，只在大桥两端（相距约11.2km）建设了两个固定参考站，以满足大桥施工期的测量控制需求。这种双基站 CORS 系统的形式，即不同于单基站模式，也不同于多基站（3个或以上基站）的 CORS 系统模式，是一种介于单基站和多基站之间的一种模式，但其工作模式类似于多基站的 VRS 网络 RTK，与单基站完全不同。

理论上，双基站 CORS 系统的网型强度及精度均要比多基站 CORS 系统低，但它对于类似嘉绍大桥这类线型工程项目的施工控制又应当是可行的。由于连续观测基站的造价高和运营维护费用高，在保证精度的同时，减少系统的基站数量，能有效节约 COSR 系统的建设和维护成本。因此，采用双 CORS 连续观测站替代多基站 CORS 系统，是本项目研究的实际意义所在。

GPS 测量的精度受到多方面因素的影响，比如固体潮、星历误差、接收机钟差、电离层延迟、对流层延迟、多路径效应、周跳等。消除或消弱上述误差的影响，是提高 GPS 的测量精度最根本的方法。采用合理的测量方式与方法，也是一种改进测量精度的有效方法。为有计划、有重点地开展项目的研制工作，根据项目的总体内容和要求，将本项目分解为双频动态模糊度确定方法的理论研究、新的数据发布及监测方式的系统控制中心的构建、基于双参考站数据的 RTK 手簿软件编制及开发3个子项目，进行前期的平行研制和后期的优化整合。目前本项目已研制完成，并将在近期报省交通厅验收。

7. 测绘资料多源动态管理系统研究

嘉绍大桥工程量大，参建单位多，作业面广，测量文件资料也相对较多。这对测量文件资料的管理也提出了新的要求。如何结合先进的管理模式，利用先进的计算机网络技术，提高对测量文件资料的管理质量，是大桥测量技术人员应当认真研究的课题。随着网络应用的普及和网络技术的日趋成熟，网络被越来越多地应用到了大型工程的建设当中，也给改进测量工作的文件资料管理，带来了新的机遇。设计和建立一套适用范围广、易操作的网络化管理系统是很有必要的,也是可行的。测绘资料多源动态管理系统是基于B/S模式的数据集成管理系统,在建立专门的数据服务器并挂接网络后,用户可以通过网页浏览器访问提供的对应服务,完成资料数据的上传、管理、录入、查询等功能。这样,就可以把整个工程的测量资料进行统一,并分类归档,可以方便了随时查询。系统的研究成功,必将是特大型工程建设中,测量文件资料管理工作的又一次进步。本项目的研究工作目前正在有序地进行中。

三、结　　语

嘉绍大桥开工两年来,由于准确把握了大桥建设期的关键测量控制要点,并积极加以解决,从技术层面上,在保证了测量工作无差错的同时,进一步提高了测量控制工作的质量和效率。嘉绍大桥施工进程才过去了一半,后续的工作还很繁重。全桥测量人员将始终保持科学的工作态度和严谨的工作作风,以高昂的姿态迎接后续的各项挑战,确保测量控制工作质量在大桥施工建设的全过程中,始终优质无差错,为大桥建设争创国优鲁班奖作出应有的贡献。

10. 大连湾跨海工程简介

许春荣　童育强　朱　斌
(中交公路规划设计院有限公司)

摘　要　本文从项目概况、主要技术标准、主要建设条件、项目的总体设计等方面全面介绍了大连湾跨海交通工程工程可行性研究阶段的主要研究成果,并重点论述了海中桥梁、海中隧道与海中人工岛的主要工程方案。

关键词　大连湾　跨海交通工程　跨海桥梁　沉管隧道

一、概　　述

1. 项目地理位置

大连市地处欧亚大陆东岸,我国东北辽东半岛最南端,东濒黄海,西临渤海,是我国重要的港口、贸易、工业、旅游城市。

拟建大连湾跨海交通工程穿越黄海侧大连湾,连接大连市市区与金州新区。项目起于大连湾南岸中山区四十二中学附近的解放路,经中南路、大岭、台子山至滨海北路,在黄白咀入海,穿越大连湾,由金州新区西海屯登陆,经滨海路、金马路、东北大街后,终点与9号路相接。如图1所示。

图1　项目地理位置

2. 技术标准

根据交通量预测结果,考虑到跨海通道资源的紧缺和改扩建工程的难度,本项目按近期双向6车道,远期双向8车道(不设紧急停车带)的城市快速路标准建设。具体技术标准如下:

(1)道路等级:城市快速路;

(2)车道数:近期双向6车道,远期双向8车道(不设紧急停车带);

(3)设计速度:80km/h;

(4)设计基准期:100 年;

(5)设计荷载:公路—I 级;

(6)路基宽度:整体式路基 34.5m,分离式路基 17.25m,跨海桥梁 34m,如图 2 所示;

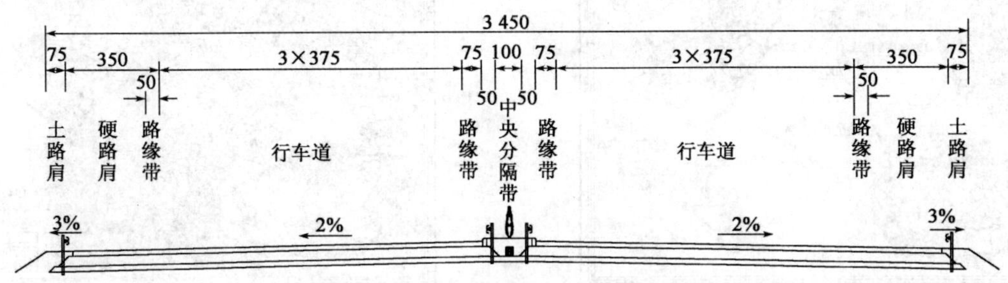

图 2　路基标准断面(尺寸单位:cm)

(7)隧道建筑限界:单洞宽 17.25m,高 5.0m;

(8)抗震设防标准:抗震设防烈度 7 度(海中和南岸基岩地震动峰值加速度 0.10g,北岸基岩地震动峰值加速度 0.15g);

(9)抗风设计标准:100 年一遇设计基本风速 38m/s;

(10)航空限高:180m。

二、主要建设条件

1. 气象

桥区属于具有海洋性特点的暖温带大陆性季风气候,受西风带和副热带天气系统的影响,气候复杂,灾害天气频繁,强对流天气出现的频率较内陆地区明显增多。

大连年平均气温 10.9℃,极端最高气温 35.3℃,极端最低气温 -21.1℃;多年平均相对湿度为 68%;累年平均降水量为 617.6mm;大雾年平均日数 39 天。大连多年平均风速为 4.9m/s,最大风速 34m/s,全年风向以 N 风为主,SE 风次之,风向具有明显的季节变化。

2. 水文

大连湾海域属非正规半日潮流海区,多年最高潮位 +2.841m,多年最低潮位 -2.819m,平均潮差 2.08m。大连湾海域的海流以潮流占绝对优势,涨潮流略强于落潮流,涨、落潮流历时基本相当。大连湾湾口实测最大表层流速为 80 ~ 112cm/s,湾底表层流速一般在 30 ~ 40cm/s。

大连湾主浪向为 SW 向,出现的频率为 14.5%,次主浪向为 S 向,其频率为 11.0%。ENW-S-WSW 向波浪是控制该海域的主要动力。拟建人工岛 100 年重现期 $H_{1\%}$ 大波约为 7.5m,拟建大桥 100 年重现期 $H_{1\%}$ 大波约为 7.8m。

大连湾海水表层温度多年平均值为 11.2℃,多年各月平均值以 8 月最高,为 22.2℃,以 2 月最低,为 1.3℃。湾内结冰期为 1 月初至 3 月初,冰厚一般为 5 ~ 20cm,多分布在沿岸浅水区域。

3. 海床演变

大连湾原始状态是典型的基岩港湾式海岸,经多年的人工开发,目前大连湾周边多为人工海岸,没有河流注入。湾内的泥沙来源主要是大气降尘、地表雨水及外海潮流携沙入海,但其量不大。大连湾内潮流、风、波浪和径流对泥沙运移动力很小,泥沙运动极不活跃。大连湾海床长期稳定,泥沙淤积甚微。如图 3、图 4 所示。

4. 通航

大连湾内现状主要有 3 个人工主航道(图 5),自北向南依次为:大连湾航道、甘井子航道和大港航道。根据《大连港总体规划》,大连湾航道宽度 170m,设计水深 12m;甘井子航道宽度 290m,设计水深 14m;大港航道宽度 270m,设计水深 12.0m。

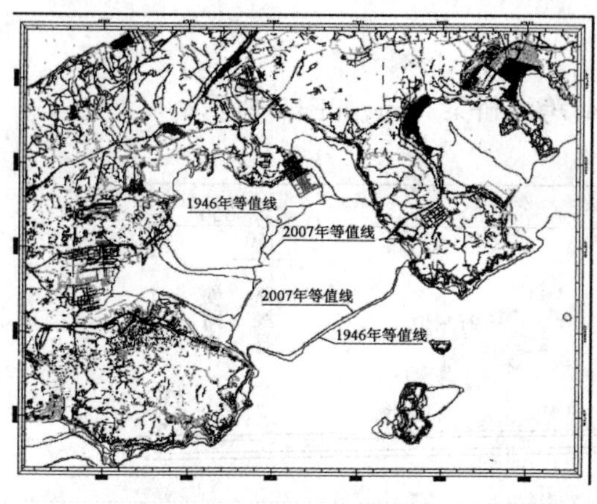

图3 1946年和2007年海底地形等值线

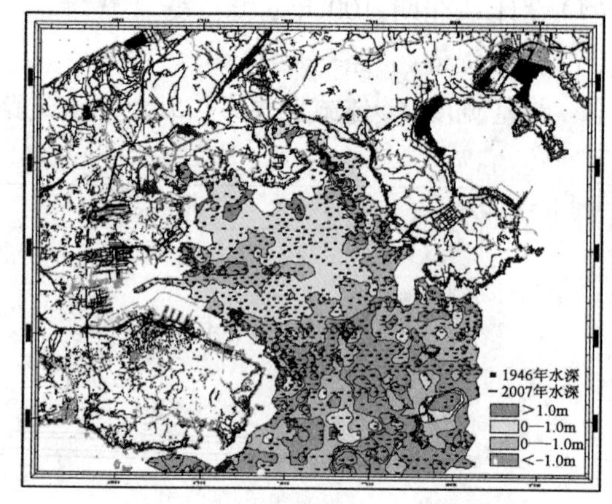

图4 1946～2007年底床冲淤变化等值线

由于大连湾内西岸制造企业生产的钻井平台、浮式生产储油船、葫芦岛门座等产品部分高度超过170m，考虑湾内通航需求，对大连湾内航道布局进行了调整(图6)，超高的船舶及工业产品在隧道上方通航，大连湾航道主通航孔通航净空尺寸为350m×52m。

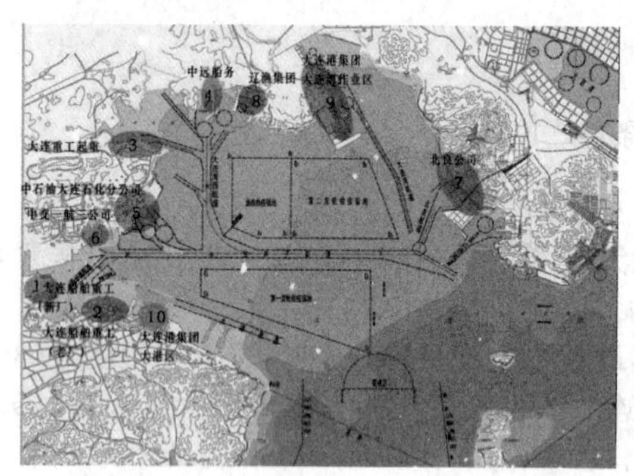

图5 大连湾水域规划

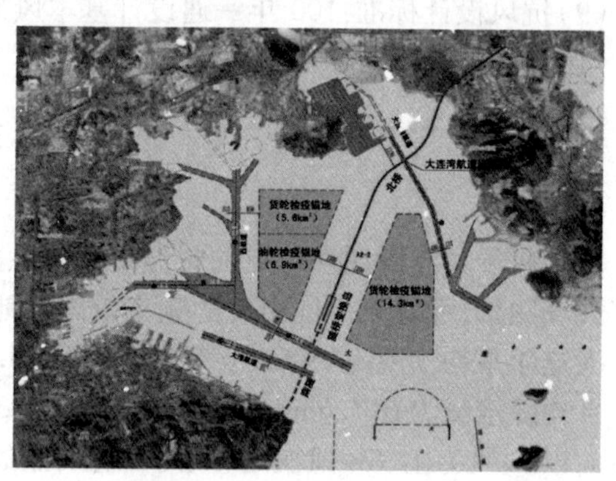

图6 大连湾水域调整方案

5. 工程地质

项目区所在地层主要为第四系松散沉积物、震旦系甘井子组、长岭子组和青白口系桥头组基岩以及辉绿岩脉，根据地质时代、成因类型、岩性特征及其物理力学指标等划分为12大层组。其中①～④层为第四系沉积物，①层主要为填土和第四纪全新世海积的淤泥、淤泥质土，②层为第四纪晚更新世冲洪积的黏性土，局部夹薄层的砂性土层，③层为第四纪晚更新世冲积层，岩性主要为碎石、卵石及砂性土层，④层为第四系残坡积物，⑤层为基岩中最新的辉绿岩脉，穿插于板岩、白云质灰岩中；其下为⑥～⑧层的震旦系甘井子组的砂质泥岩、白云质灰岩及泥灰岩，震旦系长岭子组的岩性以灰岩、泥质板岩为主，为⑨～⑩层，⑪～⑫层为最底部的青白口系桥头组的石英岩、钙质板岩。如图7所示。

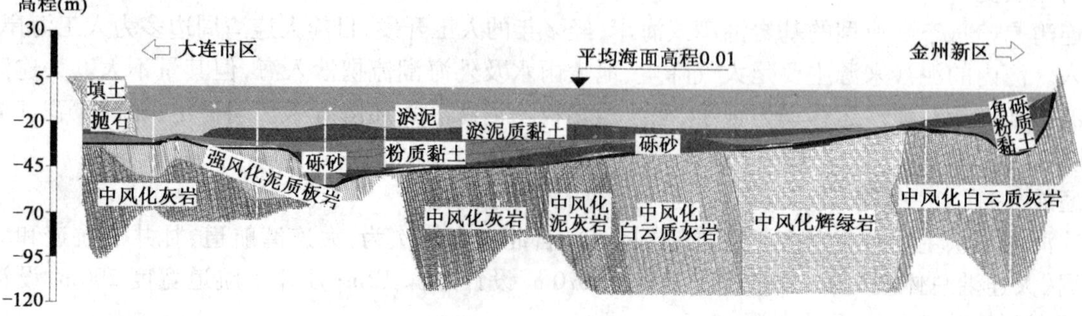

图7 大连湾海域地质剖面

6. 地震

根据《中国地震动参数区划图》(2001 年),项目所在区域位于华北地震区的东北部,主要涉及华北地震区郯庐地震带,该地震带未来 50 ~ 100 年的地震活动水平趋势为“调整阶段,积累阶段水平”。对场址有影响的历史地震和现代地震,主要发生在郯庐地震带的营潍断裂带及其分支断裂,如金州断裂和海城河断裂上。

近场区内断裂构造比较发育,按断裂走向可划分为近东西向、北东向和北西向三组,其中规模较大的有金州断裂、大和尚山山前断裂、柞树岚-王家村断裂、苏家屯断裂和土城子盆地边界断裂等,均为晚更新世或以前的活动断裂,全新世未见活动迹象。

三、海中工程主要工程方案

本项目路线全长 24.374km,其中海中部分长 15.37km。海中部分包括大连湾特大桥一座,总长 9 910m,其中大连湾航道桥采用主跨 420m 的双塔叠合梁斜拉桥方案,非通航孔桥总长 7 910m,采用叠合梁连续梁方案,陆域引桥和岛桥结合部桥梁总长 1 120m,采用混凝土连续梁方案;海底隧道一座,总长 4 860m,采用沉管法隧道方案;海中桥隧转换人工岛一处,占海面积 0.49 平方公里。如图 8 所示。

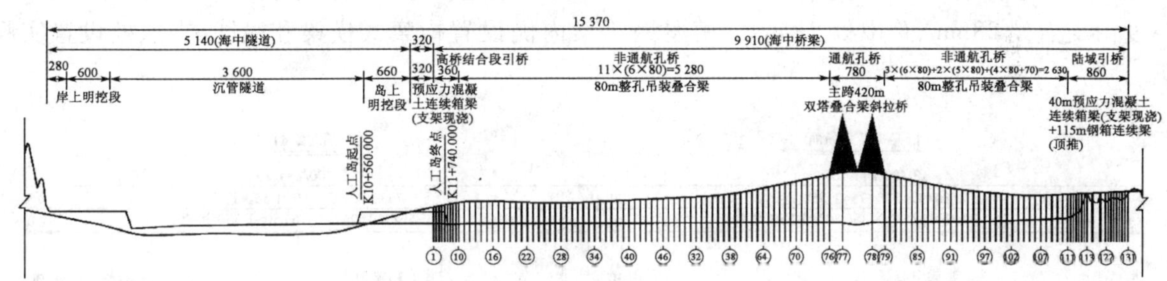

图 8 海中工程总体布置(尺寸单位:m)

1. 大连湾航道桥

大连湾航道桥采用双塔三跨组合梁斜拉桥方案,桥跨布置为 180m + 420m + 180m = 780m,边中跨比 0.43,采用半漂浮体系,并在索塔处设置纵向阻尼限位装置。如图 9 所示。

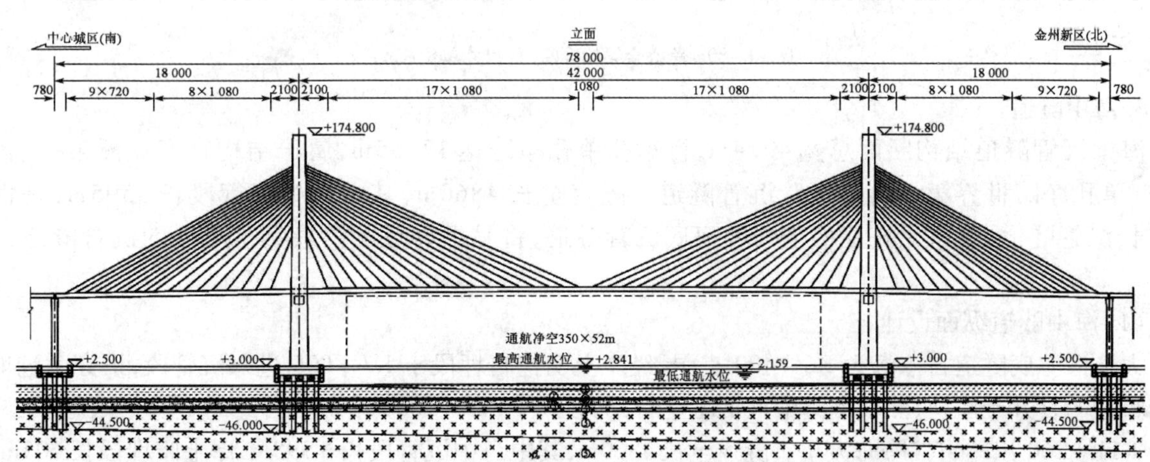

图 9 大连湾航道桥桥型布置(尺寸单位:cm)

主塔采用 C50 混凝土,塔高 171.8m。索塔基础采用 32 根 D2.8m 钻孔灌注桩,承台为整体式承台,平面尺寸 30m × 72m,基础防撞推荐采用直接连接于索塔承台的弹性变形钢套箱加护舷方式的方案。

主梁采用双边主梁组合梁,全宽 36.5m,节段标准长度 10.8m,边跨尾索区节段为 7.2m,主梁沿纵向每 3.6m 设置一道横梁,横梁之间设置 3 道小纵梁,边主梁、横梁、小纵梁三者连接成为稳定的梁格体系。斜拉索索塔锚固采用钢锚梁方案,索梁锚固采用锚拉板方案。

2. 非通航孔桥

随着我国海上桥梁建桥技术的快速发展,建设经验的不断积累,更加注重对海洋自然环境的保护,减少建桥对通航的影响,展望世界跨海桥梁的发展方向,我国跨海大桥的建设应具有一定的前瞻性,海中非通航孔桥梁向大跨径方向发展是必然趋势。

根据本项目建桥条件,控制非通航孔桥基础设计的主要为风浪、船撞等因素,跨径改变引起的支座反力变化并非是基础规模大小的决定性因素。桥位区航道锚地密布,小型船舶随意穿行,且船舶偏离航道、走锚概率较大。通过增大非通航孔桥跨径,减少海中基础数量,既可满足小型船舶从非通航孔桥通行,降低主通航孔桥通航密度,减少船舶撞击的风险,又能提高单个桥墩抗撞能力,就受力合理性、经济性及缩短工期等方面而言均是合理的。

因此,综合分析本项目的建设条件,考虑结构受力的合理性、结构的经济性、海上施工的便捷性和海中桥梁的耐久性等因素,经多方案综合比较,推荐非通航孔桥采用80m跨径的等截面叠合连续梁。如图10所示。主梁采用单箱单室的钢—混叠合梁结构,顶部为混凝土桥面板,下设槽型钢箱梁,钢箱梁通过设置顶板剪力钉群与桥面板形成整体截面,共同受力。钢箱梁部分梁高3.7m,混凝土桥面板中央厚28cm,悬臂端厚20cm,梗掖处加厚至50cm。支点附近钢箱梁底板厚度28mm,跨中为32mm;腹板厚度由支点处28mm,跨中处18mm。槽型钢箱梁内侧设置桁架式横梁和横肋,支点处设置实腹式横梁。

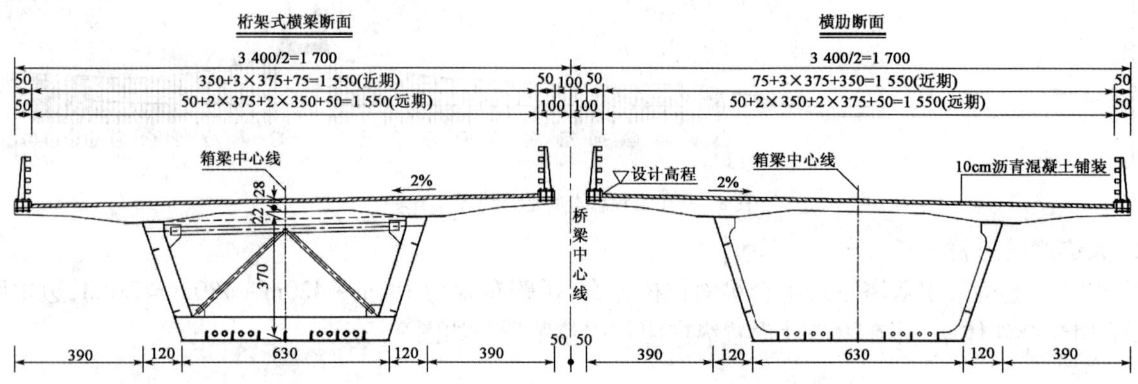

图10 80m跨叠合梁标准断面(尺寸单位:cm)

3. 海中隧道

海中沉管隧道结构断面总宽43.4m,行车孔单孔净跨达17.55m,属于结构宽度亚洲第一、世界第三,单孔净跨世界第一的超大跨沉管隧道。隧道全长4860m,其中海中沉管段长3595m,是世界第二长沉管隧道,仅次于在建的港珠澳海底沉管隧道,将是世界范围内最具挑战性的沉管隧道工程之一。

(1)海中隧道纵面设计

大连湾海底隧道自东海头K6+400进洞,经岸上明挖暗埋段于K7+005进入沉管段,下穿大港航道和调整后的甘井子航道,然后在海中人工岛登陆,沉管段于K10+600结束。后经岛上明挖暗埋段、敞开段于K11+260出隧道接跨海大桥。隧道全长4860m,其中海中沉管段长3 595m,岸上暗埋段长605m,岛上暗埋段长300m,岛上敞开段长360m。隧道纵断面线形采用"W"型布置,进出口最大纵坡为±2.95%,最小纵坡为±0.3%。如图11所示。

(2)海中隧道横断面设计

隧道建筑限界宽17.25m、高5m,路面横坡2%。管节横断面采用两孔单管廊布置,两侧为行车道孔,中间管廊分为三层,上部为排烟道、中间为安全通道、底部空间用于布置市政管线及隧道运营电缆设施。如图12所示。

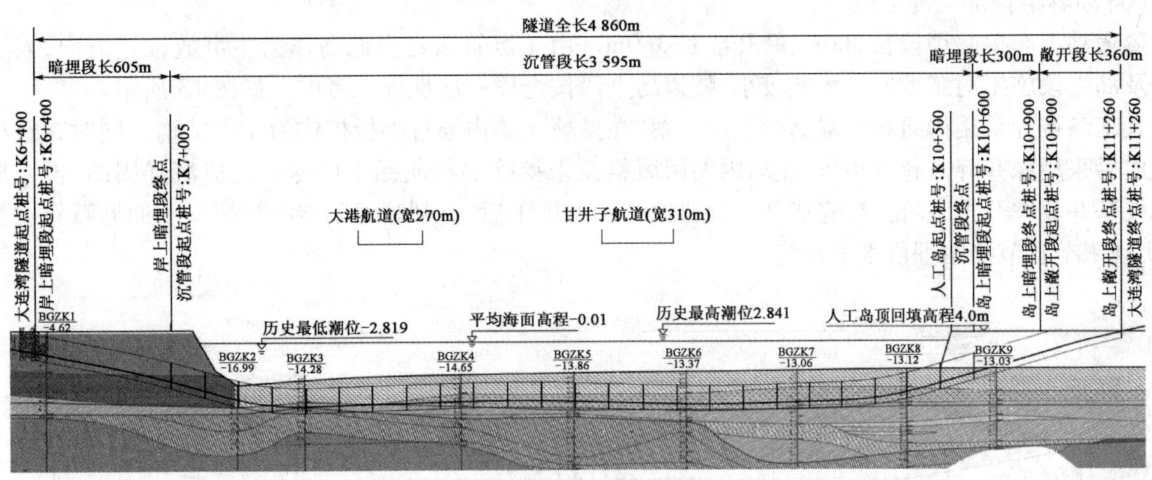

图11 隧道纵断面布置

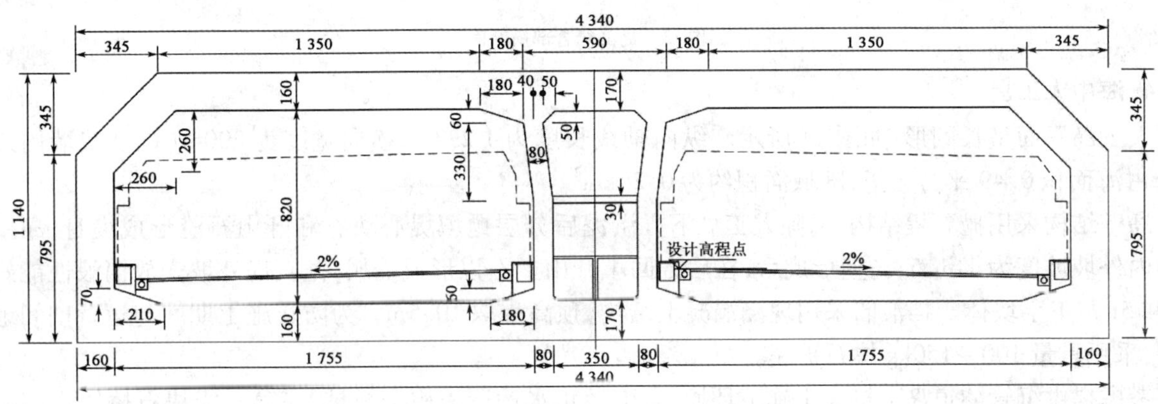

图12 管节横断面布置(尺寸单位:cm)

(3)沉管管节设计

隧道沉管段全长3 595m,经综合比选,采用长度为150m的节段式管节,工厂化预制拼装。综合考虑管节模数化制作、模板系统适应性及沉管最终接头设置等因素,沉管管节划分方案为:19×150m+145m+(5+2+143)m+3×150m(由岸向岛),共24个管节。每个管节按照8个节段考虑,节段长18.75m,全断面一次性浇筑混凝土约3 345m^3。

管节接头方案采用GINA止水带和OMEGA止水带两道防水,部分接头设置纵向限位拉杆。管节接头允许一定的转动与位移,剪切键采用钢剪切键。节段接头方案采用可注浆式止水带和OMEGA止水带两道防水,剪切键采用混凝土剪切键。

(4)沉管隧道基础

本项目沉管隧道大部分区段基底位于条件相对较好的全(强)风化泥质板岩、黏土、砂土层,地基沉降较小,此区段推荐采用天然地基+碎石垫层基础或者碎石换填+碎石垫层基础。

而岛头及岸边段由于沉管标高抬升,基底位于软弱的淤泥或淤泥质黏土地层,天然地基沉降较大,故此区段采用桩基础+碎石垫层基础或者局部碎石换填+碎石垫层基础方案。

(5)岸边接头与岸上段

为保证岸边明挖结构与沉管隧道起始段地基刚度的平稳过渡,减少差异沉降,岸边接头段基础采用钻孔灌注桩基础,桩基直径1.2m。沉管岸边接头方案从安全可靠性、技术复杂程度及工程量等方面综合考虑,推荐格构型地连墙重力式挡墙护岸结构。

(6)岛隧结合部与岛上段

隧道岛上明挖暗埋段长300m,敞开段长360m。由于沉管段自岸向岛作为主沉放推进方向,人工岛筑岛及岛上段施工对工期安排影响较小,隧道岛上段按全段一次性施工考虑。如图13所示。

人工岛推荐采用抛石斜坡堤岛壁围护方案,在抛填土体内插打钢板桩作为止水结构。同时在筑岛施工完成后采用深井降水超载预压,使岛内的回填料及未挖除的粉质黏土层尽快完成沉降固结,再在岛上施工桩基并放坡开挖基坑。在完成岛上段隧道结构的施工后,打开暗埋段与沉管接口部的抛石斜坡堤围堰,实现末节管节与暗埋段水下对接。

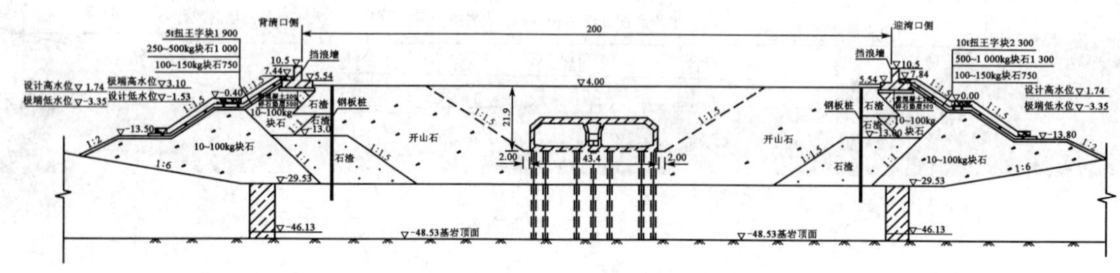

图13　岛隧结合部横断面

4. 海中人工岛

人工岛平面呈长圆形,如图14所示。纵向轴线长度为1 233m,横向宽度为200m(以挡浪墙内边线计),占海面积0.49平方公里,陆域面积约为0.26km^2。

岛壁结构采用抛石堤结构,清除人工岛下方淤泥后分层抛填堤心块石和开山石渣形成堤身,岛壁结构的内外坡坡度为1:1.5,岛壁形成后,在后方回填开山土石以形成陆域,抛石堤外坡安放消浪性能好的10t和5t扭王字块体。挡浪墙采用现浇混凝土结构,顶高程取10.5m。为防止施工期间与运营期间地基冲刷,采用重量100~150kg块石护底。

考虑提供沉管隧道岛上接头干施工环境,人工岛止水构造采用钢板桩,在第一级块石棱体内侧抛填第二级开山石渣作为稳桩材料,在开山石渣上施打钢板桩至下卧粉质黏土层,随后抛填第三级堤心料至堤顶,并对钢板桩形成围护、形成堤身。

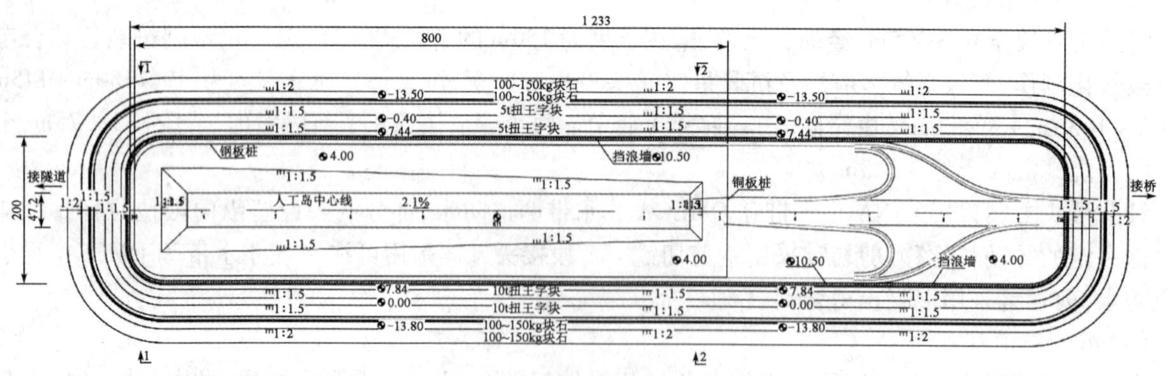

图14　人工岛平面(尺寸单位:m)

四、结　　语

大连湾跨海交通工程是大连市城市交通总体规划中快速路网的重要组成部分,有利于加强大连市区与金州新区之间的交通联系,改善大连市城市快速路网结构。目前该项目处于工程可行性研究阶段,根据工可研究成果,本项目的总工期约为5年,估算建安费162亿元。

11. 崇启大桥主桥上部结构设计

许春荣 王志诚 朱 斌 孔庆凯 魏乐永
(中交公路规划设计院有限公司)

摘 要 崇启大桥位于长江入海口处跨越长江北支,水文、地质、气象条件十分复杂,设计具有一定的难度。本文首先对结构体系、边跨长度、支点梁高、横隔板、梁段划分等关键问题进行分析,在综合桥位处各方面的因素基础上,主桥采用 102m + 4 × 185m + 102m = 944m 的 6 跨变截面钢连续梁桥,其跨径和联长均居国内同类桥型首位。最后简要介绍了结构的总体、局部、稳定、疲劳、剪力滞等的验算,抗风及耐久性研究结论。崇启大桥跨江大桥主桥上部结构的设计具有一定的创新价值,对国内其他桥梁设计有一定的参考和借鉴价值。

关键词 崇启大桥 主桥 上部结构 钢箱梁 设计

一、概 述

崇启大桥是国家高速公路网规划中上海至西安国家高速公路的重要组成部分,起自上海崇明岛陈家镇,止于江苏省启东市北,全长约52km,江苏段约22km,上海段长约30km,其中长江大桥长约7.2km。本文主要针对江苏段内的崇启大桥跨江大桥主桥进行叙述。

1. 气象、水文及冲刷

崇启大桥地处长江入海口的北支,春夏季主导风向为东南风,秋冬季主导风向为西北风,每年受台风影响月份为 5 ~ 11 月,历年极大风速 26m/s。历年极端最高气温 38.3℃,历年极端最低气温 -10.8℃,年平均气温 15.1℃,1 月平均气温 3.0℃,7 月平均气温 27.3℃。年平均降雨量 1 086.5mm,年平均降雨日 125 天。年平均雾日 31.9 天,年平均雷暴日 30.6 天。

北支以涨潮动力为主,汛期涨潮量比落潮量大 3 倍左右,在大潮期间存在北支涨潮流倒灌南支现象,且较为严重。桥位区为不规则半日潮,潮周期平均为 12 小时 25 分。设计最高通航水位取 20 年一遇最高潮位 +4.31m,最底潮位 -2.41m。由于桥区范围的沿北岸的涨潮流长期存在,加上上游落潮流走向偏北,使桥区沿北岸前沿 400 ~ 2 000m 主深槽长期存在,与岸线基本平行,深槽稳定,有利于桥梁工程通航孔布置。

桥轴线处河床一般冲刷约 2.2m。300 年一遇局部冲刷 12.2m。

2. 工程地质

根据地质时代、成因类型自上而下划分为如下工程地质层:①粉质黏土(Q_4^{al});①-1 块石(Q_4^{me});②淤泥及淤泥质粉质黏土(Q_4^{al});③粉细砂(Q_4^{al});③-1 砂夹粉质黏土(Q_4^{al});③-2 粉土(Q_4^{al});④粉质黏土及黏土(Q_4^{al});④-1 淤泥质粉质黏土夹砂(Q_4^{al});④-2 粉土(Q_4^{al});④-3 粉质黏土夹砂(Q_4^{al});④-4 粉细砂(Q_4^{al});⑤砂夹粉质黏土(Q_4^{al});⑤-1 粉细砂(Q_4^{al});⑤-2 粉土(Q_4^{al});⑤-3 粉质黏土夹砂(Q_4^{al});⑤-4 粉质黏土(Q_4^{al});⑤-5 砂夹淤泥质粉质黏土(Q_4^{al});⑥粉细砂(Q_4^{al});⑥-1 中砂(Q_4^{al});⑥-2 砂夹粉质黏土(Q_4^{al});⑥-3 粉土(Q_4^{al});⑥-4 粉质黏土(Q_4^{al});⑦粉细砂(Q_3^{al});⑦-1 中粗砾砂(Q_3^{al});⑦-2 粉质黏土(Q_3^{al})。

3. 航运

根据航道部门的长江干流航道发展规划,结合长江口综合整治目标,提出北支长江口近期(2010 年)和远景(2020 年)的航道治理目标,近期航道治理目标是:北支航道通航 500 ~ 1 000t 船舶;远景治理目标为:北支航道标准进一步提高,达到通航 1 000 ~ 3 000t 船舶的航道标准。

4. 主要技术标准

(1)公路等级:双向6车道高速公路;

(2)计算行车速度:100 km/h;

(3)桥梁结构设计基准期:100年;

(4)车辆荷载等级:公路—I级;

(5)桥面净空及标准横断面:桥梁标准宽度:33m,净空高度为5m;

(6)纵坡:≤3%;

(7)横坡:2%;

(8)抗震设防标准:地震基本烈度Ⅵ度,按Ⅶ度设防。

(9)设计基准风速:41.1m/s;

(10)设计洪水频率:300年一遇;

(11)通航净空尺度:单孔单向通航152×28.5m,通航航路不少于4个;

(12)船舶撞击力标准:横桥向主墩24.5MN、过渡墩16.2MN;顺桥向船撞力为横桥向船撞力的一半。

综合考虑多跨钢连续梁桥在质量控制、耐久性、对通航水域变化的适应性、对基础的适应性、施工工期的保证性等因素,主桥采用主跨185m的6跨钢连续梁桥。

二、结 构 设 计

由于大跨度钢连续箱梁在国内可参考的资料及实桥较少,下文重点介绍结构体系、边跨长度、支点梁高、横隔板、梁段划分等的设计。

1. 结构体系

本桥可选择的结构体系主要有:

①连续梁体系,中间墩设置固定支座,其他墩均设置纵向滑动支座。

②刚构—连续梁体系,全桥中间三个墩采用墩梁固结,其他墩设置纵向滑动支座。

③刚构体系,全桥主墩均采用墩梁固结。

若刚构—连续梁体系和刚构体系采用墩梁固结,在温度荷载作用下,墩顶会产生很大的剪力和弯矩,而墩顶竖向荷载较小,墩梁固结处的钢混结合段构造设计困难,桥梁运营过程中易产生裂缝,尤其在长江出海口,空气中盐雾含量较高,不利于结构防腐,降低结构的耐久性。且钢混结合段一旦出现问题,较难修复。对于连续梁体系,由于本方案上部为钢梁,自重较混凝土梁轻,支座规格相对不大。并且通过设置抗震支座来抵抗地震荷载的作用。

综上所述,主桥推荐采用连续梁体系,中间墩设置固定支座,其他主墩与过渡墩均设置纵向滑动支座。

2. 边跨长度确定

钢箱梁为薄壁结构,自重较轻,刚度较小,在边跨长度的选择上应力求满足刚度要求,同时兼顾边中跨比例协调、施工设备现状和边墩不出现负反力。在国外已建成的大跨钢连续梁桥中,边中跨比大多在0.5~0.65之间,除结构受力要求外,也取决于桥位所在的地势地貌。崇启通道北支大桥桥位地势开阔,河床较为平坦,边跨跨径不受地理条件影响,因此主要从结构受力合理性方面进行边跨长度比较。保持中跨跨径185m不变,边跨跨径分别取92.5m、95m、102、110m,边中跨比涵盖了0.5~0.595,进行内力、刚度及支反力的比较,分析结果表明:随边跨长度的增加,靠近边跨的主2号墩墩顶主梁弯矩增大,距离边跨较远的主梁截面弯矩变化较小。随边跨长度的增加,主桥次边跨、中跨挠度增大,过渡墩位置主梁梁端转角增大,刚度变小。随边跨长度的增加,过渡墩墩顶支反力增大。考虑最不利活载偏载影响后,边跨采用102m方案单个支座最小压力储备约350kN,当边跨长度为95m时,单个支座最小压力储备仅为5t。据此,主桥边跨长度采用102m。

3. 支点梁高确定

由钢连续梁桥设计资料统计中不难看出，根部梁高与中跨跨径的比值基本上在1/21～1/28范围内，由于钢箱梁自重较轻，这个比值较常规预应力混凝土连续刚构桥的1/16～1/20小。对于三跨钢连续梁来说，根部梁高在上述范围内时，结构板厚适宜，应力适中，同时结构刚度能够满足设计要求。但对于多跨钢连续梁桥而言，结构内力及应力与三跨钢连续梁相差不多，但其结构刚度随着主跨的增多逐渐下降。表1为不同孔跨数量对主梁刚度影响表。

不同孔跨数量主梁刚度对比 表1

布跨方案(m)	中跨挠度(m)			梁端转角(rad‰)	
	下挠	上挠	挠跨比	上拱转角位移	下挠转角位移
102+4×185+102	-0.2498	0.1780	1/741	-2.68	3.62
102+3×185+102	-0.2329	0.1712	1/794	-2.65	3.56
102+2×185+102	-0.2113	0.1285	1/876	-2.53	3.48
102+1×185+102	-0.1969	0.0808	1/940	-2.40	3.15

结果表明，随着孔跨数量的增大，结构的刚度明显的降低，原因是多跨连续梁的活载隔跨加载效应随着孔跨数量的增多，引起了更大的活载挠度。因此对于多跨钢连续梁来说，结构刚度成为控制设计的主要因素之一，在同等刚度条件下，梁高较三跨连续梁更高。

为选取合适梁高，分别从结构内力、应力及刚度三个方面对墩顶梁高、跨中梁高、梁高变化曲线进行了比较，设计阶段详细比较了墩顶梁高从8～9m，跨中梁高从4.5～5.0m，梁高分别按照1.6次、1.8次、2次抛物线变化，结构的内力、应力及刚度变化情况。

结果表明，增加跨中梁高对提高结构刚度来说效率最高，而增加墩顶梁高对减小墩顶位置梁底应力效率最高。梁段抛物线变化幂次可以提高结构刚度，但对减小墩顶及跨中截面应力效率较低。

当墩顶梁高为9m时，主要组合作用下墩顶梁段底板压应力达121.2MPa，在附加组合作用下，最大压应力达138.5MPa，此时底板最大板厚40mm。若降低墩顶梁高，则底板板厚需进一步加大，厚板效应将更加明显。因此根部梁高推荐采用9.0m。

当跨中梁高为4.8m时，主要组合作用下跨中顶板最大压应力达104MPa，跨中底板拉应力达122.9MPa，在附加组合作用下，最大压应力达127.2MPa，最大拉应力为152.0MPa，此时跨中底板最大板厚36mm，若降低跨中梁高，则底板厚度需加厚。

梁高曲线按照2次抛物线变化，可以减小1/4跨位置的梁高，使梁体变得轻巧、美观。

因此根部梁高推荐采用9.0m，高跨比1/20.6，跨中梁高采用4.8m，高跨比1/38.5，边跨梁高采用3.5m，梁高按照二次抛物线变化。

4. 横隔板

横隔板间距及刚度对于正交异性钢桥面板钢箱梁受力性能影响主要有以下三个方面：

(1)可以有效地保持箱梁的截面形状，减少偏心荷载作用下由于截面畸变而产生的位移、纵向畸变正应力、横向弯曲畸变应力，改善荷载横向分布。因此钢箱梁横隔板或横联的位置和刚度(尺寸)决定了钢箱梁畸变应力的大小。如果横隔板的位置和尺寸能够控制钢箱梁畸变应力较小，受扭转荷载的钢箱梁就可以采用纯扭转或弯曲扭转(约束扭转)理论的薄壁结构理论来分析。

(2)兼作上、下翼缘的横向加劲肋以及腹板的竖向加劲肋，因此横隔板的设置间距往往是横向加劲肋和竖向加劲肋设置间距的整数倍，而从板件局部稳定设计的角度出发，横肋间距及刚度是决定钢箱梁板件局部屈曲的重要控制参数。

(3)上翼缘横肋间距对正交异性钢桥面板及铺装的耐久性有着相当重要的影响。正交异性钢桥面板承载能力相当大，控制设计的往往是铺装层耐久性对其提出的刚度要求。另外，纵肋与横隔板/横肋间的焊接连接(包括交叉处的弧形缺口)部位是钢桥面板最易发生疲劳裂纹的部位，合适的横肋/横隔板间距可避免这类裂纹的发生。因此,横隔板的间距(与U形肋匹配)是这些问题的主要影响因素之一。

基于上述三方面因素,设计阶段详细计算比较了不同横隔板间距及横隔板类型的影响,结合分析计算结果,横隔板标准间距5.6m,两道横隔板之间设置一道横肋,横隔板采用实腹式和框架式两种构造,在支点处及边跨端部横隔板采用实腹式横隔板,其余部位采用框架式,框架式横隔板中设置V形或X形横撑,如图1和图2所示。

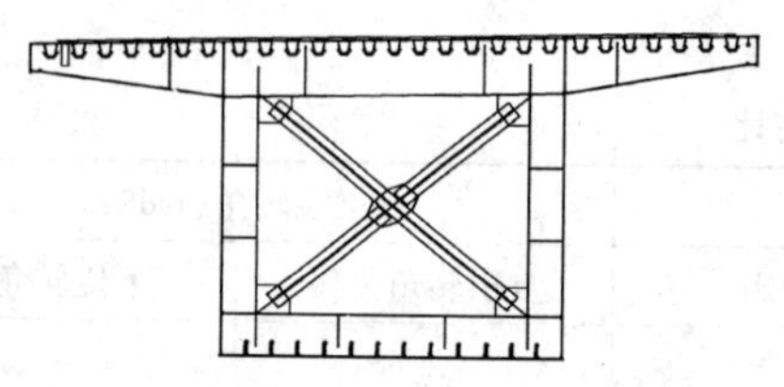

图1 X形横隔板标准横断面

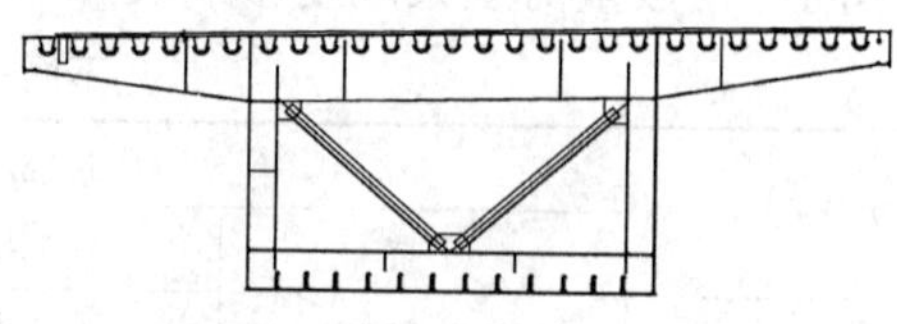

图2 V形横隔板标准横断面

5. 梁段划分

为减少现场焊接工作量,加快施工进度,主梁架设采用大节段吊装方案。根据国内已有的加工、运输能力,吊装设备情况,在确保结构受力基本不变的前提下,拟定了以下两种节段划分方案,进行技术及经济性比选。

节段划分方案一,如图3所示。将一幅主梁划分为边跨段、墩顶段、跨中段三种类型共11个梁段,梁段最大吊装重量为11 250kN(不包括吊索具等重量),最长节段长93.2m。该方案梁段重量和长度均较小,梁段加工、运输和吊装难度较小。但若采用该方案,施工时每幅桥需设置5个临时墩,施工周期较长。节段划分方案一吊装方式示意如图4所示。

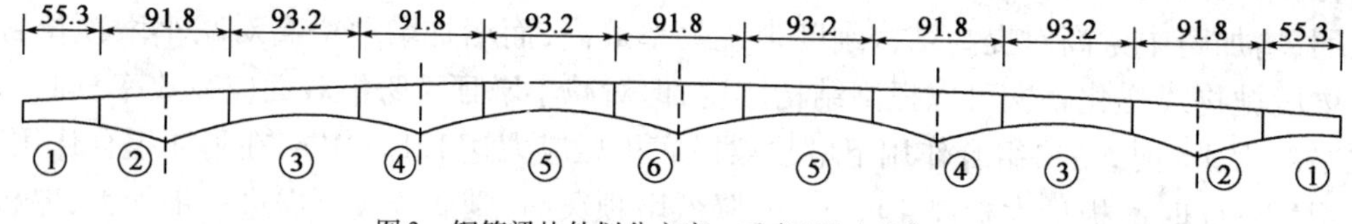

图3 钢箱梁块件划分方案一示意(尺寸单位:m)

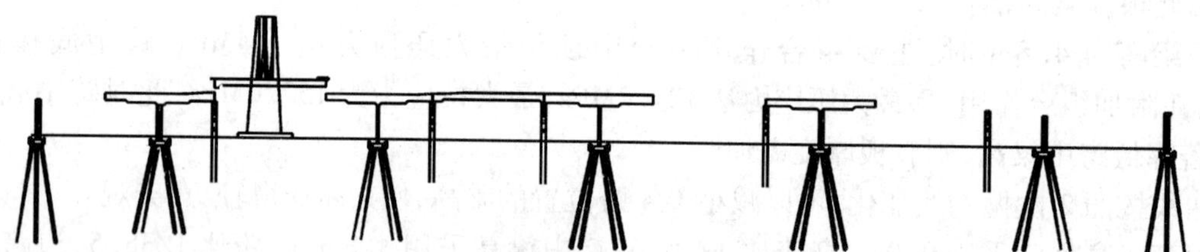

图4 梁段吊装方案一示意

节段划分方案二,如图5所示。将一幅主梁划分为6个梁段,吊装梁段重量最大为2200t(不包括吊索具等重量),梁段长度最大为185m,就起吊重量而言国内大型浮吊可以满足施工要求。架设顺序为从自启东侧依次至崇明侧结束,合龙段为一道现场接缝,这样便利了施工调位和施工控制,减少了现场施工风险,该方案最大的优点是架设过程中不需设置临时墩,同时能减少工地连接工作量,缩短施工工期(约为方案一的一半工期)。但由于梁段最长达185m,对梁段加工的组拼、存放场地要求较高,梁段下水及运输难度较大。为保证梁段吊装过程中安全性和受力的均匀性,需要采用2台浮吊起吊,吊装过程中需注意两台大型浮吊的协调同步性。节段划分方案二吊装方式如图6所示。

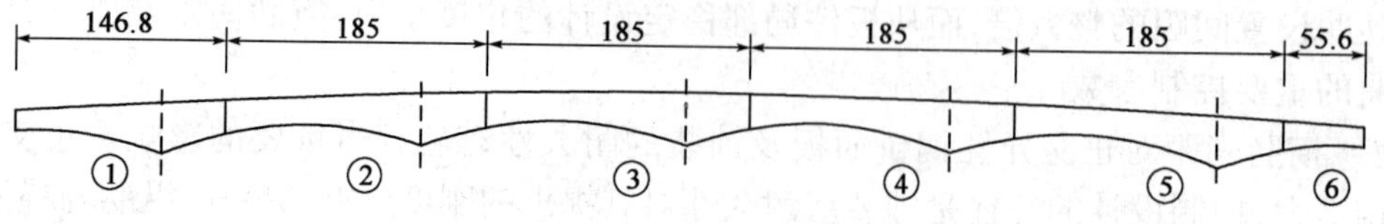

图5 钢箱梁块件划分方案二示意(尺寸单位:m)

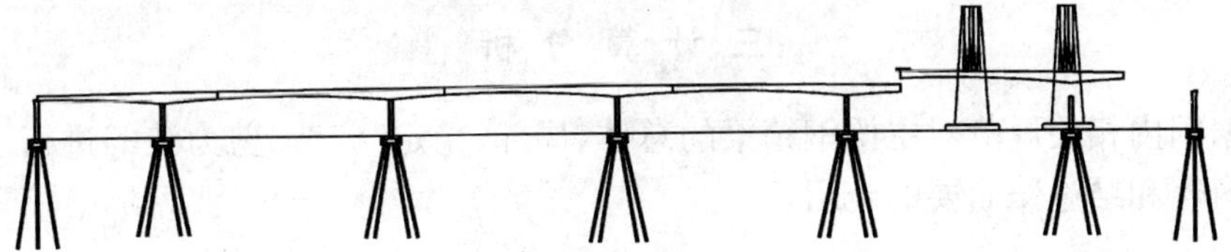

图6 梁段吊装方案二示意

表2为梁段划分方案综合比较表。从表中可以看出,两个方案均具有可行性,方案二工期短、工地连接少、抗对恶劣气候条件的能力较强,该方案较方案一具有较多的优点。最终推荐方案二的架设方案。并依此结合受力板厚需要、加工单位厂内加工条件等对大节段内进行进行小节段划分。

节段划分方案综合比较 表2

名 称	节段划分方案一	节段划分方案二
节段数量	11	6
最大节段长度	93.2m	185m
最大单幅节段重量	1 125t	2 200t
架设所需浮吊吨位	1 600t	1 600t、2 200t
施工工期	约4个月	约2个月
是否需要设置临时墩	共需设置10个临时墩	不需要
节段组拼、存放、运输	相对难度小	相对难度较大

6. 构造综述

综合上述,崇启大桥主桥采用102m+4×185m+102m=944m六跨钢连续梁桥,边中跨比约为0.55,上下行分幅布置。其跨径和联长均居国内同类桥型首位。桥跨布置如图7所示。主梁采用双幅变截面直腹板钢连续箱梁,顶板为正交异性板结构。全桥梁宽33.2m。钢箱梁边跨端部梁高3.5m,中跨跨中梁高4.8m,主墩处根部梁高9.0m,铅垂方向梁高按二次抛物线变化,根部梁高与中跨跨径比值为1/20.6。钢箱梁单幅梁宽16.1m,箱体宽度7.5m。主梁横断面如图8所示。

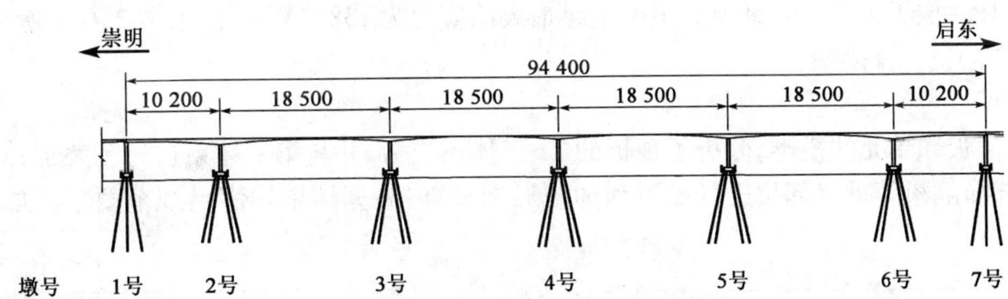

图7 桥跨布置(尺寸单位:cm)

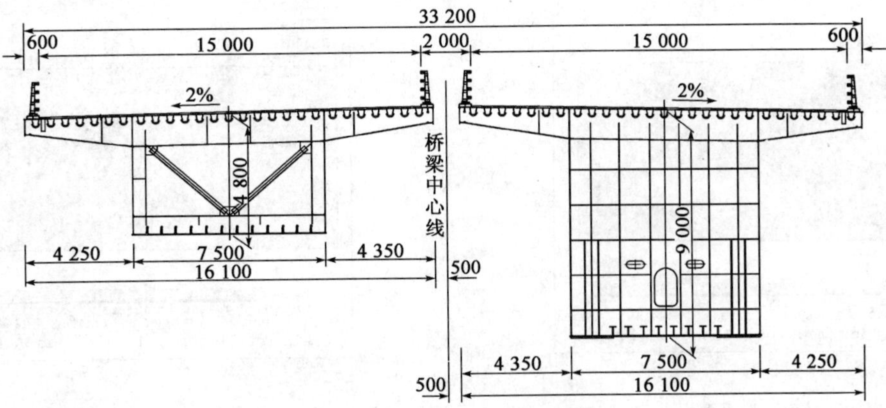

图8 主梁标准横断面(尺寸单位:mm)

三、计 算 分 析

设计过程根据国内相关规范对主桥钢箱梁的总体、局部、稳定、疲劳、剪力滞等进行了详细设计计算。下文对主要计算内容和结论作简要的介绍。

1. 总体计算

根据规范，建立全桥有限元模型，并详细模拟了施工过程、施工荷载、边界条件等。如图9所示。

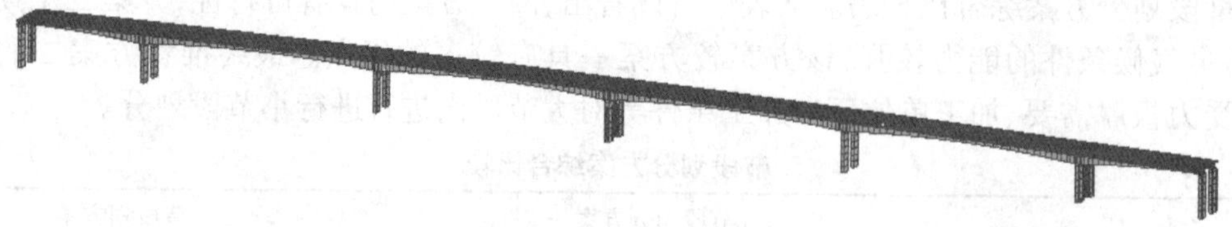

图9 全桥有限元模型

桥梁在汽车荷载作用下的最大向下竖向挠度为281mm < $L/600$，满足规范要求。如图10所示。

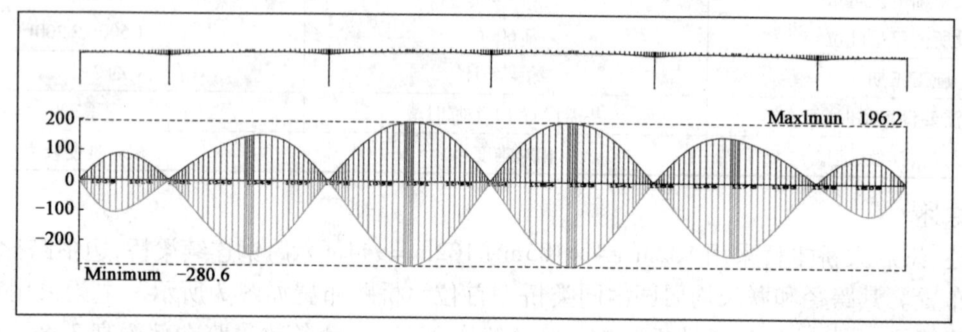

图10 活载作用下主梁竖向挠度包络图(尺寸单位:m)

附加组合(恒载+活载+风+温度)作用下主梁上缘最大压应力为133.5MPa，位于主跨跨中；最大拉应力为135.5MPa，位于主3、5号墩顶。主梁下缘最大压应力为138.2MPa，位于主2、6号墩顶；最大拉应力为149.4MPa，位于主跨跨中。

2. 局部计算

建立了全桥板翘单元的模型，分析了顶板的二、三体系应力，并与第一体系进行了叠加；对支座部位、挑臂位置、端部横隔板等重点部位进行最不利加载局部验算，验算结果均满足规范要求。如图11、图12所示。

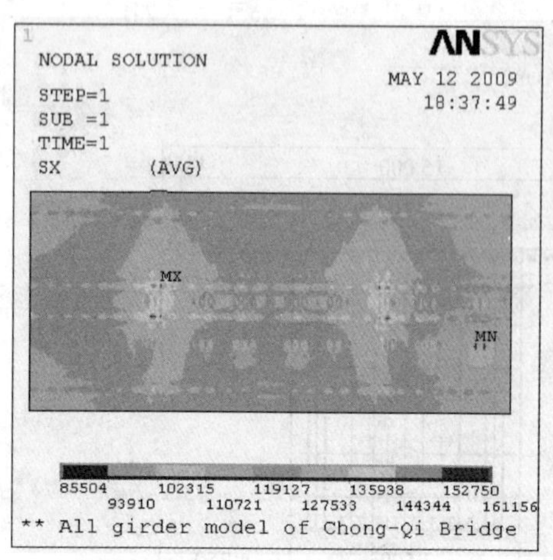

图11 主3墩中心截面顶板纵向应力SX(kN/m^2)

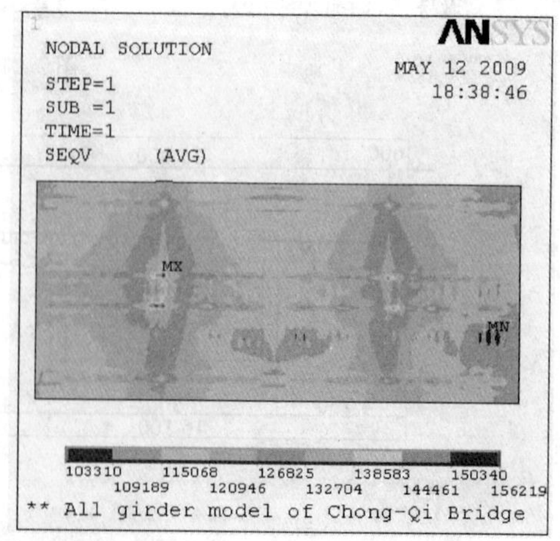

图12 主3墩中心截面顶板MISES应力(kN/m^2)

计算结果表明:一、二、三体系叠加分析后顶板纵向应力较第一体系提高了30MPa左右,各控制截面最大纵向应力161mPa,最大等效应力156MPa,均能满足规范要求。

支承处横隔板局部竖向应力、mises应力如图13、图14所示,由图可知,横隔板局部最大竖向应力158MPa,最大MISES应力141MPa。

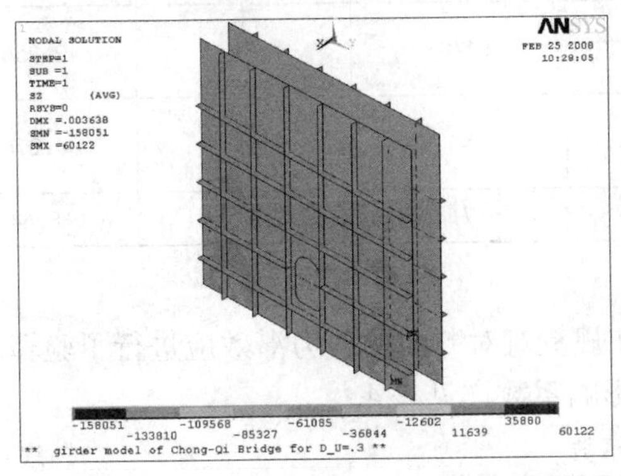

图13 支承横隔板竖向应力SZ(kN/m²)

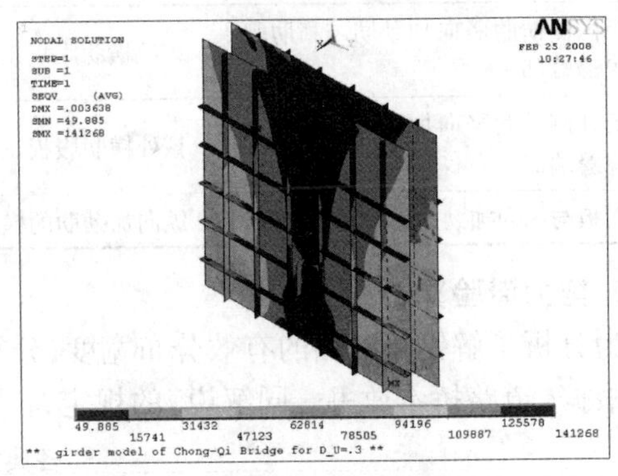

图14 支承横隔板MISES应力(kN/m²)

3. 稳定验算

根据总体及局部受力需要,确定了顶板、底板、腹板、横隔板等主要尺寸。为防止结构发生屈曲失稳定,了解板件的承载力,结合国内外相关规范,计算了腹板、横隔板、底板加劲肋的最小刚度要求,并通过有限元计算分析了主要构件的稳定,弹性稳定均满足要求。如图15、图16所示。

图15 横隔板一阶失稳模态($n=19.7$)

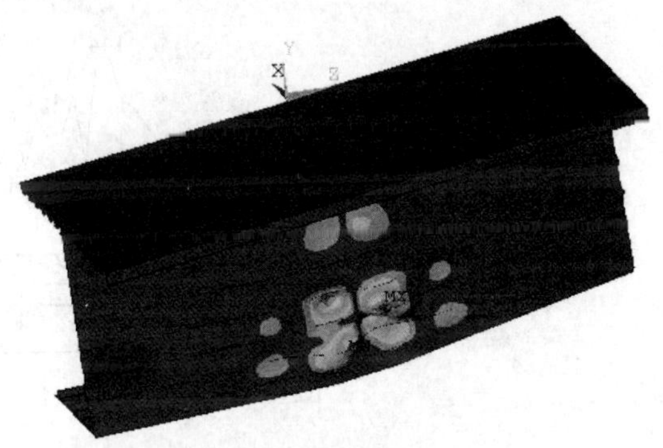

图16 腹板一阶失稳模态($n=9.8$)

4. 疲劳验算

为验证结构的抗疲劳性能,基于Miner线性累积损伤法则,采用细节等级分类及相应于各细节的$S\sim N$曲线(即基于名义应力幅的疲劳验算)方法,进行结构的疲劳验算,表3数据表明,各部位应力历程中的最大应力幅值均小于其对应构造细节$S\sim N$曲线的500万次常幅疲劳限。不需要再根据Miner准则进行更详细的损伤分析。可见就崇启大桥钢桥面(正交异性板)的设计而言,其抗疲劳性能是充分的。

崇启大桥正交异性桥面板疲劳验算 表3

疲劳验算位置	验算应力	EC3:200万次疲劳强度(MPa)	EC3:常幅疲劳限(MPa)	最大应力幅值(MPa)
纵肋与桥面板角接焊缝处(纵肋正弯距最大处)	纵肋上翼缘应力	100	74	10
横肋腹板与纵肋连接焊缝端部(纵肋负弯距最大处)	该处纵肋纵向应力	80	59	7.12
两纵肋间横肋腹板弧形缺口处最薄弱截面(横梁横向弯距最大处)	纵向加劲肋过横肋处横肋腹板弧形缺口处最薄弱截面应力	71	52.3	44.56
纵向加劲肋工地HTB接头/钢衬垫板焊接时	该处纵向正应力	112/71	83/52	35.688

续上表

疲劳验算位置	验算应力	EC3:200万次疲劳强度(MPa)	EC3:常幅疲劳限(MPa)	最大应力幅值(MPa)
横肋腹板与横肋下翼缘角焊缝处	该处横肋腹板正应力	112/100	83/74	16.136
腹板内侧横肋竖向加劲肋与横肋腹板角焊缝端部	该处横肋腹板正应力	80	59	2.256
腹板外侧横肋竖向加劲肋与横肋腹板角焊缝端部	该处横肋腹板正应力	80	59	4.216
桥面板与纵向加劲肋纵向角焊缝处	纵向加劲肋的横向面外弯曲应力	71	52	8.64

5. 剪力滞验算

为分析了解钢箱断面的有效分布宽度,分别用有限元和规范对对断面的剪力滞效应进行了验算。根据《道路桥示放书·同解说》的规定,各截面剪力滞影响系数详见表4。

各典型断面剪力滞系数

表4

位置	过渡墩支点	主2号墩支点	主3号墩支点	主跨跨中
上翼缘	1.0	1.14	1.11	1.0
下翼缘	1.0	1.13	1.10	1.0

选择主3号墩通过有限元模型来验证上述剪力滞效应计算结果,计算显示剪力滞系数为1.14,与按照《道路桥示放书·同解说》计算结果相比较为接近。如图17所示。

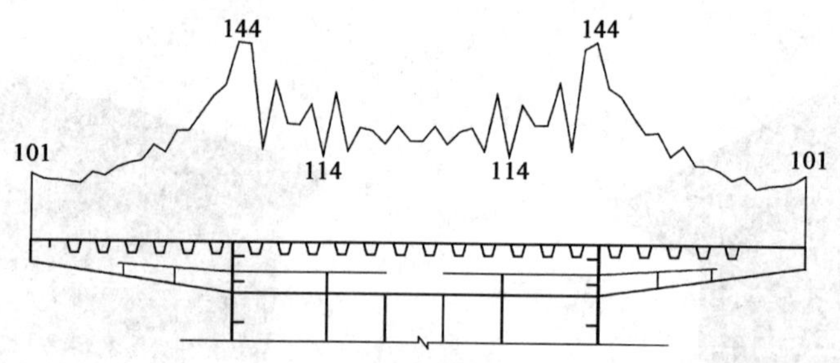

图17　主3号墩主要组合下主梁顶板拉应力 Ansys 计算结果(MPa)

四、抗 风 研 究

1. 风洞试验

崇启大桥桥位处于台风经常登陆地区,且钢结构对于风作用的敏感性较强。分离桥面之间也存在着相互干扰的效应。因此针对崇启大桥进行抗风性能研究是非常必要的。如图18所示。数值计算及风洞实验结果表明:

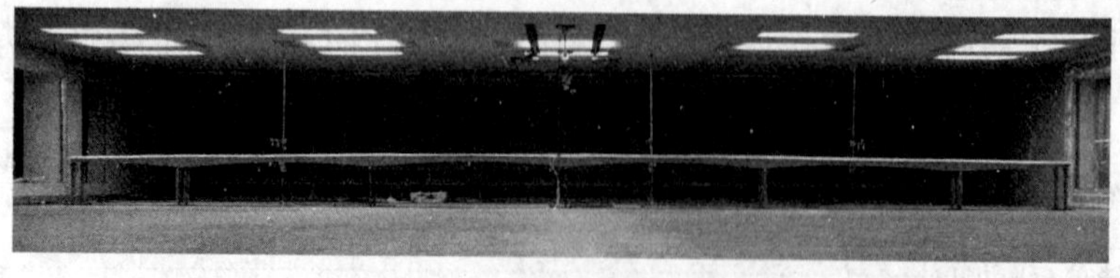

图18　全桥气弹模型全景立面图

(1)数值分析发现,成桥和施工状态的驰振临界风速均大于驰振检验风速。在均匀流场下进行了驰振测试,试验表明成桥状态相应于实桥风速70m/s范围内没有发现驰振现象。因此,崇启大桥在自然风场条件下发生驰振的可能性很小。

(2)对于类似崇启大桥的连续钢箱梁结构,由于结构振动形态主要是竖向振动,扭转参与的影响较小,因此不存在颤振稳定性问题。

(3)风洞试验结果表明，对于0°攻角情况下，主桥的竖向涡振以中间的两跨振动比较明显，对于中间的两跨共有两个明显的涡振区，第一个涡振区对应于实桥风速15～27m/s，迎风侧的主梁竖向涡振先于背风侧主梁，在阻尼比0.3%时最大振幅达93mm。第二个涡振区对应于实桥风速30～35m/s左右，迎风侧主梁竖向涡振明显，在阻尼比0.3%时最大振幅达144mm；对于+3°攻角情况下，在阻尼比0.3%左右时，背风侧主桥的竖向涡振更加强烈。相对于0°攻角的情况，发生最大涡振的风速略有变化，但振幅相应也大幅增加，第一个涡振区最大振幅为141mm，后一个涡振区振幅达299mm；增加阻尼对减弱或抑制涡振具有明显的效果。当阻尼由0.3%量级提高到0.5%量级，涡振振幅明显减小，进一步增大阻尼比到1.15%左右时，基本上消除了0°及+3°攻角情况下的第一和第二个涡振区。

(4)在紊流场下进行了抖振试验，通过试验可以发现：在成桥状态，设计基准风速49.4m/s下，上游第三跨跨中主梁竖向抖振位移方差为56.88mm、下游为42.11mm；上游第三跨跨中主梁侧向抖振位移方差为6.5mm，下游为6.10mm。当桥面风速为25m/s时，上游第三跨跨中主梁竖向抖振位移方差为15.4mm、下游为11.8mm；上游第三跨跨中主梁侧向抖振位移方差为3.2mm、下游为2.5mm。

2. 抗风设计

针对发生涡振的可能性，考虑桥面设置导流板等主动防风措施对美观的影响，方案采用TMD(Tuned Mass Damper，质量调谐阻尼器)制振措施。

五、耐久性设计

考虑崇启大桥近海洋环境，对防腐耐久性提出了更高的要求。

1. 涂装设计条件

(1)大气环境腐蚀等级：C5-2(严重/海湾)。

(2)钢箱梁周围的孔洞均进行封堵，箱内设置抽湿系统，相对湿度控制在55%以下。

(3)桥面铺装层采用环氧沥青混凝土热铺装，铺装温度约230℃，桥面板下侧温度约160℃。

(4)景观要求：钢箱梁外侧的面漆应具有较优的耐候性(保光泽性、保色性和自洁性等)。色相应与周边环境相协调。

(5)结构要求：构造上应避免滞水、积尘部位；所有钢材棱角部位应倒圆，$r \geq 2$mm。

(6)维修要求：为便于维修中涂膜检查，钢箱梁内侧面漆宜选用浅灰色。

2. 涂装设计寿命及要求

(1)钢箱梁外侧涂装设计寿命≥25年，面漆耐候性(保光泽性、保色性)寿命≥25年。

(2)钢箱梁内侧涂装设计寿命≥50年。

(3)桥面板上侧涂膜耐温性≥250℃，钢桥面板下侧涂膜耐温性≥160℃。

综合上述设计条件和要求，采用涂装体系如表5所列。

钢箱梁涂装体系 表5

结构部位	涂装体系	膜厚(μm)	涂装道数	施工场地
钢箱梁上外表面(桥面)	扫砂			加工厂
	环氧厚浆漆(Penguard Midcoat)	40	1	
钢箱梁外表面(包括U肋手孔位置的U肋内表面和路缘石)	二次喷砂处理 Sa2.5 RZ 40～80μm			拼装场
	无机富锌底漆(Resist 86)	80	1	
	环氧封闭漆(Penguard Tie Coat 100)			
	环氧云铁中间漆(Penguard Express MIO)	100+100	2	
	氟树脂面漆(Hardtop F10)	30+25	2	
钢箱梁体内表面梁内检修道	二次喷砂处理 Sa2.5 RZ40～80μm			
	环氧厚浆漆(Penguard Midcoat)	80+80	2	

续上表

<table>
<tr><th>结构部位</th><th colspan="2">涂装体系</th><th>膜厚(μm)</th><th>涂装道数</th><th>施工场地</th></tr>
<tr><td rowspan="5">主桥和引桥墩顶检修平台、钢结构护栏、灯座、主桥泄水管等附属构件</td><td colspan="2">喷砂处理 Sa 2.5 RZ 40～80μm</td><td></td><td></td><td rowspan="7">拼装场</td></tr>
<tr><td colspan="2">无机富锌底漆(Resist 86)</td><td>75</td><td>1</td></tr>
<tr><td colspan="2">环氧封闭漆(Penguard Tie Coat 100)</td><td></td><td></td></tr>
<tr><td colspan="2">环氧云铁中间漆(Penguard Express MIO)</td><td>80+80</td><td>2</td></tr>
<tr><td colspan="2">聚氨脂面漆(Hardtop XP)</td><td>40+40</td><td>2</td></tr>
<tr><td rowspan="2">高强度螺栓接合面</td><td colspan="2">二次喷砂处理 Sa3.0 RZ 40～80μm</td><td></td><td></td></tr>
<tr><td colspan="2">无机富锌防锈防滑涂料</td><td>80</td><td>1</td></tr>
<tr><td rowspan="2">环焊缝内表面</td><td colspan="2">打磨至 St3</td><td></td><td></td><td rowspan="6">拼装场</td></tr>
<tr><td colspan="2">环氧厚浆漆(Penguard Midcoat)</td><td>80+80</td><td>2</td></tr>
<tr><td rowspan="4">环焊缝外表面</td><td colspan="2">喷砂除锈 Sa2.5 RZ 40～80μm</td><td></td><td></td></tr>
<tr><td colspan="2">环氧富锌底漆(Barrier77CN)</td><td>75</td><td>1</td></tr>
<tr><td colspan="2">环氧云铁中间漆(Penguard Express MIO)</td><td>100+100</td><td>2</td></tr>
<tr><td colspan="2">氟树脂面漆(Hardtop F10)</td><td>30+25</td><td>2</td></tr>
<tr><td rowspan="5">高强螺栓施拧后栓接外露面部位</td><td colspan="2">螺栓头除油、打磨至 St3,拼接板拉毛</td><td></td><td></td><td rowspan="5">拼装场及桥址</td></tr>
<tr><td>内表面</td><td>环氧厚浆漆(Penguard Midcoat)</td><td>80+80</td><td>2</td></tr>
<tr><td rowspan="3">外表面</td><td>环氧富锌底漆(Barrier77CN)(仅螺栓头和螺母垫圈)</td><td>75</td><td>2</td></tr>
<tr><td>环氧云铁中间漆(Penguard Express MIO)</td><td>100+100</td><td></td></tr>
<tr><td>氟树脂面漆(Hardtop F10)</td><td>30+25</td><td>2</td></tr>
</table>

六、结　语

崇启大桥位于江海交汇之处,水文、地质、气象条件十分复杂,上部结构采用102m+4×185m+102m=944m的钢连续箱梁桥,其主跨和联长均居国内首位,设计具有一定的难度。本文详细叙述了桥型方案思考、结构设计、计算、抗风、耐久性等内容。崇启大桥跨江大桥主桥上部结构施工图设计与2009年7月完成,2011年2月完成全部上部结构架设,施工过程非常顺利。

崇启大桥跨江大桥主桥上部结构的成功设计施工为国内大跨度钢连续箱梁作了一定的技术储备和探索,为国内大跨钢连续箱梁在海湾地区及运输条件较佳的位置的应用起到了一定的推广作用,也对其他钢结构箱梁桥有一定的参考和借鉴价值。

参考文献

[1] 中华人民共和国行业标准. JTG D60—2004. 公路桥涵设计通用规范[S]. 北京:人民交通出版社,2004.

[2] 中华人民共和国行业标准. JTG 025—86. 公路桥涵钢结构及木结构设计规范[S]. 北京:人民交通出版社,1988.

[3] 日本道桥示放书. 北京:日本道路学会,平成8年12月.

[4] 崇启大桥初步设计. 中交公路规划设计院有限公司,2008.

[5] 崇启大桥上部结构施工图设计. 中交公路规划设计院有限公司,2009.

[6] 崇启大桥关键技术专题. 中交公路规划设计院有限公司,中国铁道科学研究院,2009.

[7] 崇启大桥抗风专题. 中交公路规划设计院有限公司,西南交通大学,2010.

12. 崇启大桥主桥下部结构设计

王志诚 许春荣 朱 斌
(中交公路规划设计院有限公司)

摘 要 崇启大桥位于长江入海口处跨越长江北支,跨江大桥全长4 544m,其中主桥长944m,采用102m+4×185m+102m的六跨变截面钢连续梁桥,其跨径和联长均居国内同类桥型首位。大桥位于江海交汇之处,水文、地质、气象条件十分复杂,下部结构设计具有一定的难度。本文介绍设计过程对技术方案的一些思考;在综合考虑各方面因素的基础上,主桥下部结构采用直径*D*1.6m的钢管打入桩,并详细叙述了结构设计、计算、耐久性、试桩等内容。崇启大桥跨江大桥主桥下部结构的设计对国内其他桥梁有一定的参考和借鉴价值。

关键词 崇启大桥 主桥 下部结构 钢管桩 设计

一、概 述

崇启大桥是国家高速公路网规划中上海至西安国家高速公路的重要组成部分,起自上海崇明岛陈家镇,止于江苏省启东市北,全长约52km,江苏段约22km,上海段长约30km,其中长江大桥长约7.2km。本文主要针对江苏段内的崇启大桥跨江大桥主桥进行叙述。

1. 气象及水文

崇启大桥地处长江入海口的北支,春夏季主导风向为东南风,秋冬季主导风向为西北风,每年受台风影响月份为5~11月,历年极大风速26m/s。历年极端最高气温38.3℃,历年极端最低气温-10.8℃,年平均气温15.1℃,1月平均气温3.0℃,7月平均气温27.3℃。年平均降雨量1 086.5mm,年平均降雨日125天。年平均雾日31.9天,年平均雷暴日30.6天。

北支以涨潮动力为主,汛期涨潮量比落潮量大3倍左右,在大潮期间存在北支涨潮流倒灌南支现象,且较为严重。桥位区为不规则半日潮,潮周期平均为12小时25分,涨潮动力大于落潮,设计最高通航水位取20年一遇最高潮位+4.31m,最底潮位-2.41m。

2. 工程地质

根据地质时代、成因类型自上而下划分为如下工程地质层:①粉质黏土(Q_4^{al});①-1块石(Q_4^{me});②淤泥及淤泥质粉质黏土(Q_4^{al});③粉细砂(Q_4^{al});③-1砂夹粉质黏土(Q_4^{al});③-2粉土(Q_4^{al});④粉质黏土及黏土(Q_4^{al});④-1淤泥质粉质黏土夹砂(Q_4^{al});④-2粉土(Q_4^{al});④-3粉质黏土夹砂(Q_4^{al});④-4粉细砂(Q_4^{al});⑤砂夹粉质黏土(Q_4^{al});⑤-1粉细砂(Q_4^{al});⑤-2粉土(Q_4^{al});⑤-3粉质黏土夹砂(Q_4^{al});⑤-4粉质黏土(Q_4^{al});⑤-5砂夹淤泥质粉质黏土(Q_4^{al});⑥粉细砂(Q_4^{al});⑥-1中砂(Q_4^{al});⑥-2砂夹粉质黏土(Q_4^{al});⑥-3粉土(Q_4^{al});⑥-4粉质黏土(Q_4^{al});⑦粉细砂(Q_3^{al});⑦-1中粗砾砂(Q_3^{al});⑦-2粉质黏土(Q_3^{al})。

3. 冲刷

一般冲刷是由大桥建设压缩过水断面引起桥区水流调整而产生的桥下断面普遍冲刷。桥轴线处河床一般冲刷约2.2m。300年一遇局部冲刷12.2m。

4. 航运

根据航道部门的长江干流航道发展规划,结合长江口综合整治目标,提出北支长江口近期(2010年)和远景(2020年)的航道治理目标,近期航道治理目标是:北支航道通航500~1 000t船舶;远景治理目标为:北支航道标准进一步提高,达到通航1 000~3 000t船舶的航道标准。

5. 主要技术标准

(1)公路等级:双向六车道高速公路;

(2)计算行车速度:100km/h;

(3)桥梁结构设计基准期:100年;

(4)车辆荷载等级:公路—I级;

(5)桥面净空及标准横断面:桥梁标准宽度:33m,净空高度为5m;

(6)纵坡:≤3%;

(7)横坡:2%;

(8)抗震设防标准:地震基本烈度VI度,按VII度设防,抗震设防标准见表1,表中不仅包括设防地震的概率水平,还明确了桥梁的结构性能要求和校核目标。

抗震设防标准 表1

设防地震概率水平	结构性能要求	结构校核目标
P1:50年10%(重现期475年)	主结构完好无损,桥墩接近或刚进入屈服	桥墩校核承载能力极限状态
P2:50年3%(重现期1500年)	桥墩利用延性抗震、群桩基础在弹性范围内工作、支座正常工作	桥墩校核延性能力,钢管桩基础校核应力,固定支座校核强度、滑动支座校核位移

(9)设计基准风速:41.1m/s;

(10)设计洪水频率:300年一遇;

(11)通航净空尺度:单孔单向通航152m×28.5m,通航航路不少于4个;

(12)船舶撞击力标准:横桥向主墩24.5MN、过渡墩16.2MN;顺桥向船撞力为横桥向船撞力的一半。

考虑多跨钢连续梁桥在质量控制、耐久性、对通航水域变化的适应性、对基础的适应性、施工工期的保证性等方面有较明显的优势,主桥采用102m+4×185m+102m=944m六跨钢连续梁桥,边中跨比约为0.55,上下行分幅布置。其跨径和联长均居国内同类桥型首位。桥跨布置如图1所示。

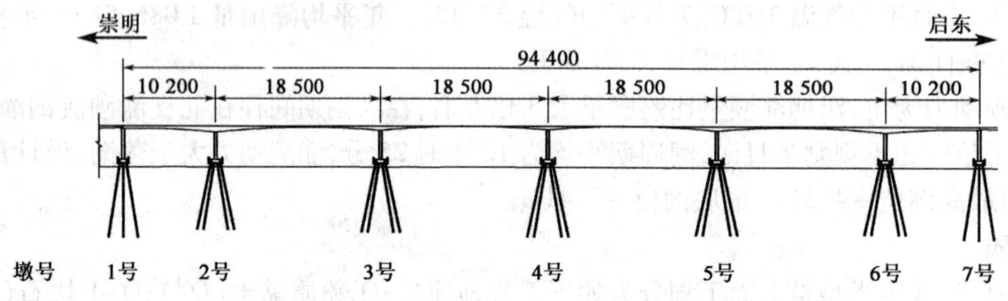

图1 桥跨布置(尺寸单位:cm)

二、方案比选

为优化技术方案,分别对预制墩身和现浇墩身、钢管打入桩和钻孔灌注桩进行技术和经济性方面比选。

1. 墩身

适合本桥位处的墩身施工方案有现浇和预制两种,综合比较见表2。

墩身施工方案比较 表2

项　目	现浇墩身	预制墩身
经济性	经济	规模不是很大,不够经济
施工周期	一般	较短
自然条件影响	受自然影响大	受自然影响小

续上表

项　目	现 浇 墩 身	预 制 墩 身
机具设备	一般施工单位都具备	需设陆上预制厂、码头、水上起吊船、运输驳船，需具备水深、航道等条件，湿接缝的施工要求承台标高必须相应提高
质量保证	工艺成熟，质量有保证	构件工厂预制，质量有保证
推荐意见	推荐	不推荐

从上表可知，两种施工方法均可行，各有利弊，但从施工成熟、安全、可靠的角度出发，考虑到本桥的具体情况和有利于施工单位参与建设，采用现浇施工方案。

2. 桩基

由于桥位区基岩埋藏深，覆盖层厚度300m以上，地基承载力较差，因此主航道桥基础只能采用摩擦桩基础。根据工程地质勘察报告，基础持力层以粉质黏土、粉细砂和中粗砾砂为主，其标准贯入击数基本都在65以内，在地质条件上适宜采用打入桩方案，而且桥位区的水深一般在5m以上，能够满足打桩船的工作水深，因此初步设计阶段对钢管打入桩和钻孔灌注桩两种基础方案进行同深度比选。

由于在船撞及地震荷载作用下承台底弯矩较大，钢管打入桩方案主墩桩基为32根D1.6m钢管打入桩，材质为Q345-C，桩基采用行列式布置，构造如图2所示，桩尖土层为密实细砂层；钻孔灌注桩方案主墩桩基为15根D2.5m钻孔桩，采用行列式布置，桩尖土层为密实粉砂层、密实(粉)细砂层和密实中砂层；桩基均采用C35水下混凝土。详细构造如图3所示。

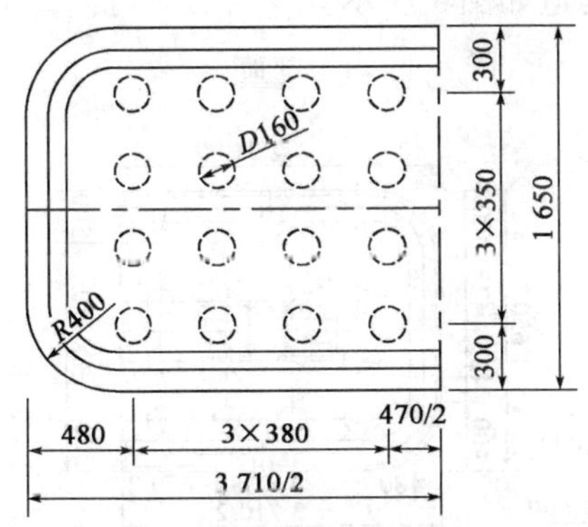

图2　钢管打入桩方案基础构造(尺寸单位:cm)

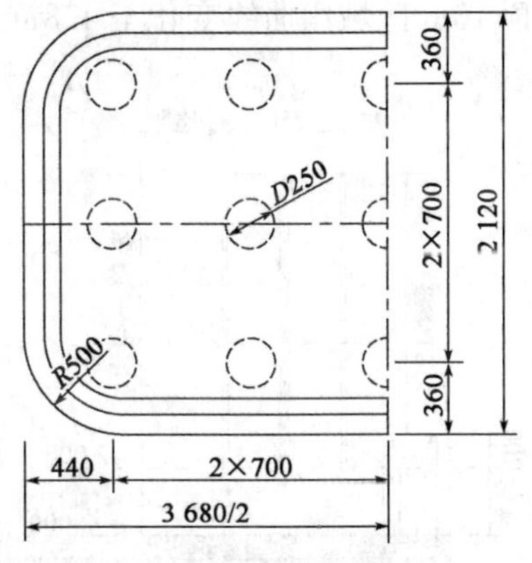

图3　钻孔灌注桩方案基础构造(尺寸单位:cm)

在国内外，钢管打入桩基础和钻孔灌注桩基础均是成熟的基础型式，具有丰富的设计和施工经验。表3对两种基础方案从设计、施工、耐久性和建安费4个方面进行了详细的比较。

钢管打入桩、混凝土钻孔灌注桩比较　　表3

桩　型		钢管打入桩方案	钻孔灌注桩方案
设计	基桩数量	主桥:D1.6m×85m、208根	主桥:D2.5m×94m、95根
	钢材用量	528 60t	296 43t(含钢护筒数量)
	受力性能	采用斜桩，对抵抗船撞力、地震荷载的水平力较为有利；抗弯能力强	抗弯能力较差，抗压性能较好
施工	施工工效	每天打入5~6根桩	3天可完成一根D1.5m钻孔桩施工 6天可完成一根D2.5m钻孔桩施工
	施工质量	桩身工厂预制，打入时采用高程和贯入度控制，施工质量有保证	施工工艺成熟，施工质量有保证
	施工设备	大型打桩船	需搭设临时施工平台和栈桥，以及直径2.5m的钻机
	施工风险	施工工序少，事故率低	施工工序较多，存在塌孔、断桩等施工风险

续上表

桩　型	钢管打入桩方案	钻孔灌注桩方案
耐久性	钢管桩需要采取特殊防护措施,如涂装、电化学防腐	桩基钢筋需要防护,如采用环氧钢筋或在混凝土中添加阻锈剂
全桥建安费	159 874 万元	156 496 万元
推荐意见	推荐	不推荐

从减小现场工作量、提高工程质量、降低施工风险的角度出发,在建安费增加不多的情况下,基础采用钢管打入桩方案。

三、结 构 设 计

在综合考虑气象、水文、地质、冲刷、船撞、地震、质量、工期、造价等多因素的基础上,崇启大桥主桥基础采用直径为1.6m的钢管打入桩。主墩、过渡墩分别采用32、24根钢管桩,桩长74~85m,根据受力及钢材预留腐蚀余量的需要,钢管桩根据壁厚不同分成两节,主墩钢管桩上节长度为37m,壁厚28mm,下节壁厚22mm;过渡墩钢管桩上节长度为37m,壁厚25mm,下节壁厚22mm;倾角均不大于1/6且均按照摩擦桩设计。主墩与过渡墩承台均采用整体式承台,承台顶高程2.0m,底高程-2.0m。主墩墩身采用矩形倒圆角实心墩,墩身尺寸为7.7m(横桥向)×3.0m(顺桥向)。过渡墩墩身采用矩形倒圆角花瓶形实心墩。过渡墩墩底尺寸为6.0m(横桥向)×3.0m(顺桥向),在墩顶7m范围内横桥向曲线变化至7.7m,顺桥向在墩顶10m区域内曲线变化至4.8m。主墩及基础一般构造如图4所示。

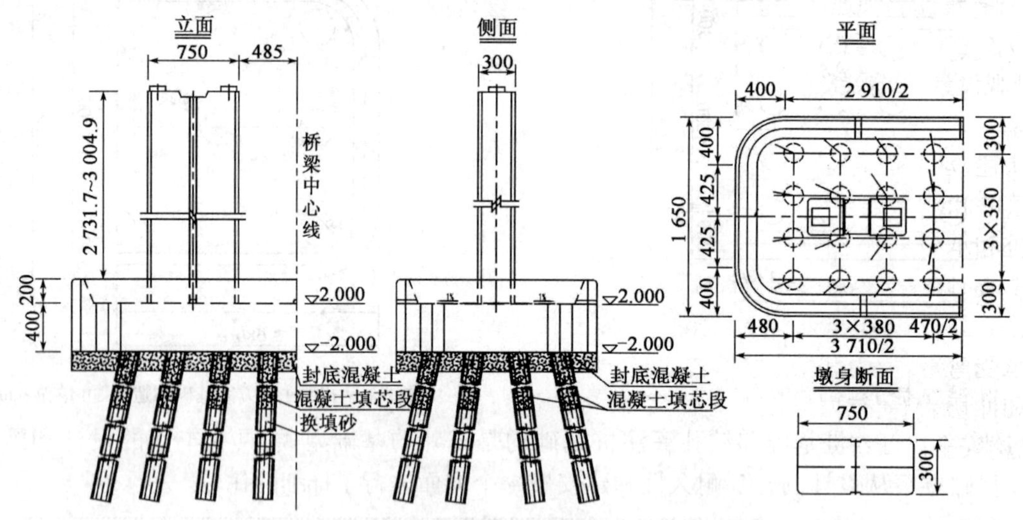

图4　主墩墩身及基础一般构造(尺寸单位:cm)

下文主要就设计过程中承台高程的确定、钢管桩和承台的连接设计两方面进行叙述。

1.承台高程的确定

桥位处平均最高潮位3.58m,平均最低潮位-1.80m。承台厚度4m。对于承台底高程的确定主要考虑以下三个方面:

(1)防止船舶撞击:由于地震荷载较大,目前的基础规模已能够抵抗3 000t级海轮(远期防撞代表船型)的撞击荷载,因此本桥考虑一步到位,按照3 000t级海轮船撞标准采用自身抗撞方案,防撞的重点在于避免船舶直接撞击墩身或者桩基。

结构设计中适当增加桩基边缘距离承台边缘的距离至4m,并在承台顶四周加设1.5m厚防撞挡墙。在最高通航水位工况下,当承台顶高程设计为+2.0m时,考虑2m高的防撞墙,3 000吨级无球艏海轮首先撞击挡墙,船头不直接碰撞墩身,确保主桥基础安全,如图5所示。在最低通航水位工况下,当承台底

高程设计为 -2.0m 时，考虑 1.6m 封底混凝土的厚度，3 000t 级有球艏海轮的船头首先撞击挡墙，球艏不碰撞桩身，确保主桥基础安全，如图 6 所示。

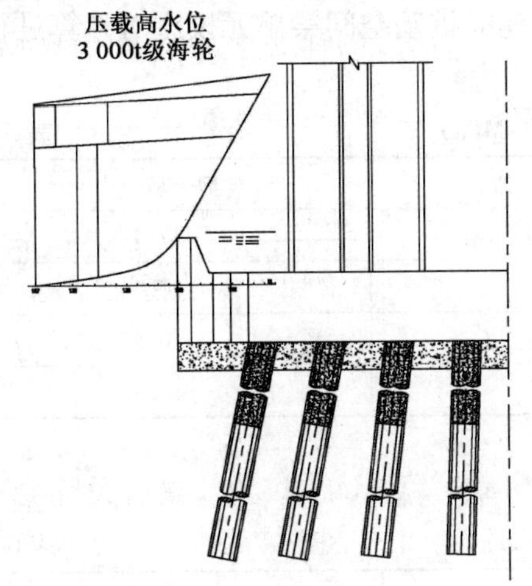

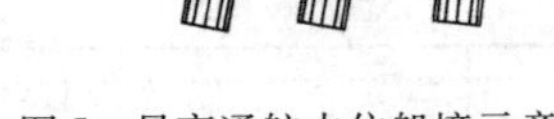

图5 最高通航水位船撞示意

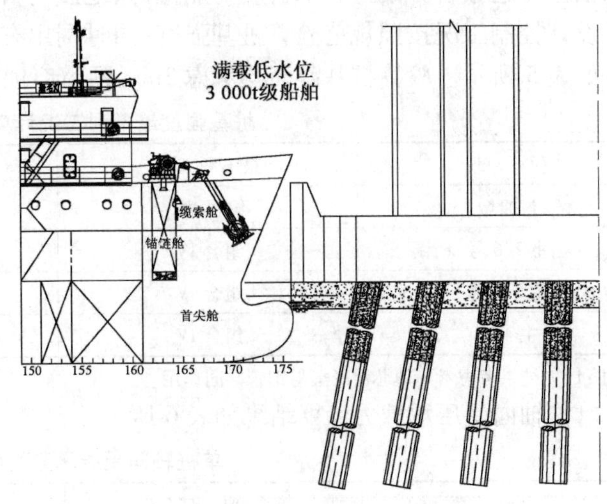

图6 最低通航水位船撞示意

将来若有 3 000t 级以上更大型船舶通航，可在主墩承台上、下游建立独立防撞墩，或在承台周边设计橡胶护舷或漂浮防撞缓冲设施，发生撞击时以消耗部分能量，并保护承台挡墙外表混凝土不被撞损。并进一步加强桥区船舶航行监控，以确保主桥基础安全。

(2)基础防腐：根据《港口工程桩基规范》的规定，水位变动区和水下区的分界线为设计低水位减1.0m。在水下区，钢管桩的腐蚀速度要明显小于水位变动区，本桥水位变动区和水下区分界线高程为 -2.8m。承台底高程设计为 -2.0m，考虑封底混凝土厚度，钢管桩完全位于水下区，更加有利于钢管桩防腐。

(3)景观设计：当承台底高程设计为 -2.0m 时，在设计低水位时，桩基不露出水面，从景观上考虑，也较为美观。

终上所述，承台底高程设计为 -2.0m，承台顶高程 +2.0m。

2. 钢管桩和承台连接

钢管桩和承台二者之间的连接是本桥设计关键部位。为实现钢管桩和承台之间的刚度过渡，钢管桩深入承台 1.2m 的高度，并再承台底面以下现浇 5m 高度填芯混凝土；为达到钢管桩与混凝土的共同作用，钢管桩内、外设置剪力环，以保证其与混凝土黏结的可靠性。

桩顶承受弯矩、剪力和轴向力作用，根据《港口工程桩基规范》，分别验算轴向压力作用下桩顶混凝土的挤压和冲切、轴向拉力作用下抗拉承载力、水平剪力与弯矩作用下桩侧混凝土的挤压应力均满足规范要求，结构安全可靠。

四、计 算 分 析

1. 荷载及荷载组合

根据《公路桥涵设计通用规范》和《公路桥涵地基与基础设计规范》，下部结构主要荷载及荷载组合如表 4 所示。

基础计算荷载组合 表 4

组 合 I	主 要 组 合	恒载 + 活载 + 支座沉降
组合 II	附加组合	恒载 + 活载 + 支座沉降 + 运营风 + 温度 + 支座摩阻 + 船撞(顺)
组合 III		恒载 + 百年风(顺向)
组合 IV		恒载 + 活载 + 支座沉降 + 运营风 + 温度 + 船撞(横)
组合 V		恒载 + 百年风(横)
组合 VI	偶然组合	恒载 + 地震(顺)
组合 VII		恒载 + 地震(横)

2. 计算结果

根据专题报告分别计算承台底的船撞力、地震力等分项荷载。将其与总体计算各分项结果相组合，选择设计控制工况按照规范验算桩基强度，同时利用有限元软件建立桩基空间梁单元模型对计算进行复核。如表5所示。验算桩基截面均考虑3mm预留腐蚀厚度。

桩基强度最不利工况计算结果(单位:MPa) 表5

荷载	最不利工况	正应力	剪应力
过渡墩	组合VII	112.4	17.9
主2、6号	组合IV	111.9	10.4
主3、5号	组合IV	113.9	10.5
主4号	组合IV	113.2	10.5

注:计算结果考虑考虑填芯混凝土与钢管共同作用。

单桩轴向受压承载力计算结果如表6所示。

单桩轴向受压承载力(单位:kN·m) 表6

墩号	桩长	主要组合		附加组合		偶然组合	
		最大轴力	单桩承载力	最大轴力	单桩承载力	最大轴力	单桩承载力
1号	83	5 415	9 826	7 953	12 283	11 504	12 774
2号	74	5 355	7 692	8 327	9 615	8 782	10 000
3号	77	5 770	8 104	8 962	10 130	9 229	10 535
4号	82	5 648	8 465	9 512	10 581	9 290	11 005
5号	80	5 770	8 023	8 962	10 029	9 229	10 430
6号	79	5 355	7 701	8 327	9 626	8 782	10 011
7号	85	5 415	9 699	7 953	12 124	11 504	12 609

计算结果显示:主墩与过渡墩再最不利工况下正应力和剪应力均小于容许应力;最大轴力均小于单桩轴向受压承载力,结构安全。承台、墩身的极限承载力、裂缝宽度按规范验算也均满足要求。

五、耐久性研究

崇启大桥桥位处于长江入海口,水中氯离子、空气中盐雾含量均较高,耐久性设计就显得非常必要和关键。设计过程在充分调研已建桥梁的的基础上,对下部结构不同部分提出了具体的耐久性要求。桩基通过预留腐蚀厚度、环氧粉末涂层和牺牲阳极的阴极保护相结合防腐方案;承台及墩身采用高性能混凝土并对混凝土保护层厚度进行明确要求。

1. 混凝土结构

对于承台、墩身等混凝土结构,除了采用高性能混凝土外,对浪溅区和水位变动区范围内的承台、墩身根据试验结果,在混凝土内添加适量的钢筋阻锈剂,在保证施工质量和原材料品质的前提下,使混凝土结构的整体耐久性达到耐久性要求。同时,为减缓氯离子渗透至钢筋表面,桥梁混凝土结构各部位的混凝土保护层厚度应严格按照表7中的要求设置。

混凝土保护层厚度 表7

结构类别	部位	保护层厚度(mm)
现浇墩身	钢筋	75
承台	钢筋	90

注:上表中混凝土保护层厚度均指主钢筋表面至混凝土表面的距离。

2. 钢管桩

钢管桩伸入承台部分的距桩顶1m范围不需进行防腐涂装,在距桩顶1~37m范围内,涂敷加强型双层环氧粉末涂层,涂层厚度不小于 800μm,桩身其余部位涂敷普通单层环氧粉末涂层,涂层厚度不小于 300μm。环氧粉末涂层技术指标应满足《熔融结合环氧粉末涂料的防腐蚀涂装》(GB/T 18593—2001)的要求,并按照《色漆和清漆耐中性盐雾性能的测定》(GB/T 1771—1991)进行耐盐雾性能测试,并达到"最好"等级。

通过现场观测,崇启大桥全年 11 月、12 月、1 月、2 月、3 月 5 个多月的时间,桥址水域水质电阻率接近纯海水的电阻率,可以界定为枯水期;全年 7 月和 8 月近 2 个月时间,桥址水质平均电阻率明显高于其他月份的水质电阻率,而且低平潮的水质电阻率明显高于高平潮,说明长江淡水大量流入该水域,可以界定为丰水期。众所周知,牺牲阳极的阴极保护方案适用于较低电阻率的海水环境,为验证牺牲阳极的阴极保护方案在崇启大桥桥位处的可行性和有效性,从 2009 年 10 月 ~2010 年 10 月进行现场阴极保护试验。试验表明,全年 12 个月高平潮期间,无论是枯水期还是丰水期,测得钢管桩保护电位,全面达标,处于良好保护状态。而低平潮期间,全年仅有一个月的时间(7 月 ~8 月)钢管桩保护电位为 -0.82 ~ -0.84V,处于欠保护状态,考虑阴极膜的作用,钢管桩丰水期低潮位同样可取得良好的保护效果,其余 11 个月时间里,钢管桩保护电位均负于 -0.85V,达到了完全保护。据此,崇启大桥选用牺牲阳极的阴极保护措施方案,并委托专业单位进行设计施工。

六、试　　桩

为合理选择桩基持力层,确定桩尖高程和基桩承载力,选择合理的桩型和桩长,为桩基设计参数的确定和沉桩设备及沉桩工艺的选择提供实测依据。本桥在主 5 号墩附近进行了试桩,试桩采用 *D*160 钢管桩,桩长 87m;分别进行高应变检测和静载荷试验。

试验结果表明,在桥位区域地质条件下,采用 *D*160 锤沉桩时,所有试验用桩均能沉到设计高程,最后振击贯入度小于 4mm,桩型和桩长选择合理;通过高应变动测和静载试验所得极限承载力、各土层分层摩阻力和桩尖端阻力验证了地质参数和钢管桩设计承载力,桩底高程和桩底持力层选择较为合理;高应变动测和静载试验的对比成果,为工程实施过程中高应变测试控制桩的承载力提供了参考。试桩也对沉桩设备的选择和沉桩工艺的制定提供实测依据。

七、结　　语

崇启大桥跨江大桥主桥下部结构施工图设计与 2009 年 1 月完成,2009 年 3 月至 2010 年 7 月完成全部下部结构施工,施工过程非常顺利。

崇启大桥位于江海交汇之处,水文、地质、气象条件十分复杂,下部结构设计具有一定的难度。本文介绍设计过程对技术方案的一些思考;在综合考虑各方面因素的基础上,主桥下部结构采用直径 D1.6m 的钢管打入桩,并详细叙述了结构设计、计算、耐久性、试桩等内容。崇启大桥跨江大桥主桥下部结构的设计对国内其他桥梁有一定的参考和借鉴价值。

参考文献

[1] 中华人民共和国行业标准. JTG D60—2004. 公路桥涵设计通用规范[S]. 北京:人民交通出版社,2004.

[2] 中华人民共和国行业标准. JTG D63—2007. 公路桥涵地基与基础设计规范[S]. 北京:人民交通出版社,2007.

[3] 中华人民共和国行业标准. JTG 254—98. 港口工程桩基规范[S]. 北京:人民交通出版社,1998.

[4] 崇启大桥初步设计. 中交公路规划设计院有限公司,2008.

[5] 崇启大桥下部结构施工图设计. 中交公路规划设计院有限公司,2009.

[6] 崇启大桥船撞专题. 中交公路规划设计院有限公司,2009.

[7] 崇启大桥钢管桩牺牲阳极阴极保护技术报告. 中国船舶重工集团第七二五研究所,2009.

[8] 崇启大桥试桩专题. 中交公路规划设计院有限公司,2009.

13. 四川泸州黄舣长江大桥主桥桥型方案研究

周登燕　曾　宇　王梓夫　王晓冬　李卫红
（中交公路规划设计院有限公司）

摘　要　黄舣长江大桥是成自泸赤高速公路上跨越长江的一座特大桥梁，本文从建设条件出发，详细研究了适合本桥特点的桥型方案，并对各桥型方案设计进行了介绍。

关键词　黄舣长江大桥　桥型方案　研究　高低塔斜拉桥　悬索桥

一、工 程 概 述

四川泸州黄舣长江大桥是成都—自贡—泸州—赤水高速公路上跨越长江的一座特大桥梁，桥位位于泸州市江阳区黄舣镇，距上游的泸州泰安长江大桥约3km，距下游宜泸渝高速公路波司登长江大桥约35km。桥位示意如图1所示。

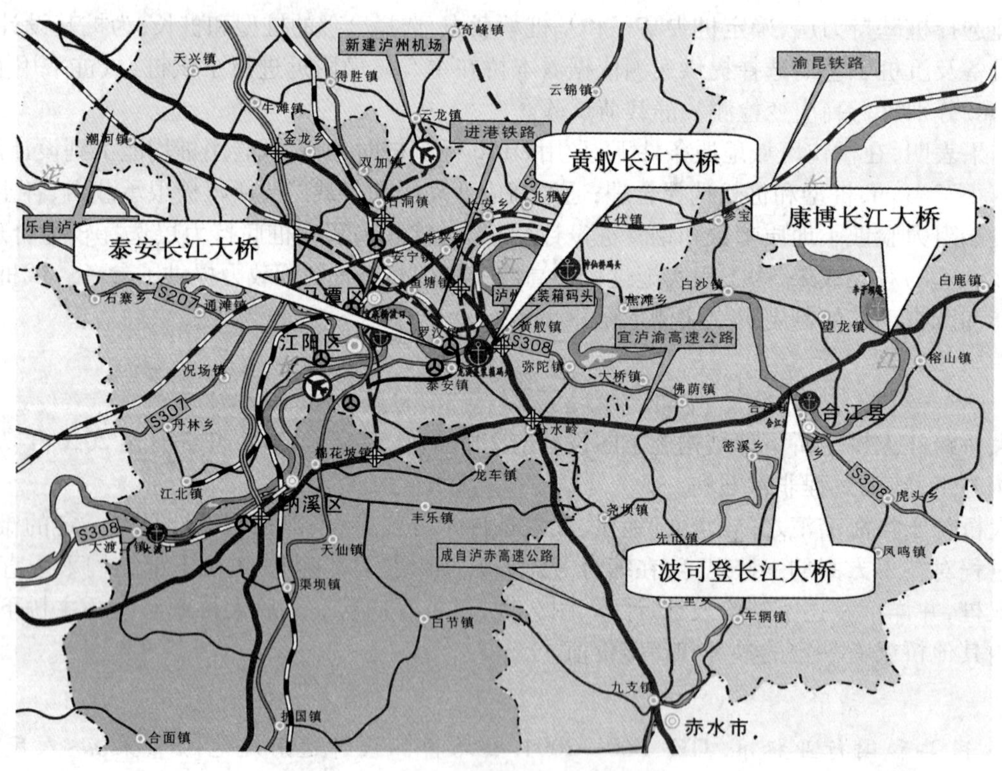

图1　桥位示意图

二、主要技术标准

1. 道路等级：四车道山岭重丘区高速公路；
2. 设计速度：80km/h；
3. 最大纵坡：≤2%；桥面横坡：2%；
4. 设计荷载：公路—I级；
5. 设计洪水频率：1/300；设计最高、低通航水位：239.36m、219.92m（黄海高程）；

6. 设计通航净空：单孔双向通航，净宽不小于392m，通航净高不小于18m；

7. 设计基本风速：V_{10} = 24.4m/s（重现期100年）；

8. 地震动峰值加速度：0.05g；地震动反应谱特征周期值为0.35s；

9. 船舶撞击力：横桥向撞击作用1 400kN，顺桥向撞击作用1 100kN；

10. 温度效应：体系整体升降温取值为：钢结构部分体系升温25℃，体系降温26℃；混凝土结构部分体系升温12.5℃，体系降温18℃；日照温差：按部颁规范取值。

三、建 设 条 件

1. 气象

泸州市属亚热带湿润气候区，年平均气温17.5～18.0℃，最冷月（1月）平均气温7℃左右，最热月（7月）平均温度27.5℃，多年平均降水量976～1 184mm，多年平均相对湿度76.8%～83%。

2. 水文

桥位处长江宽约700m，河流开阔，曲流发育，其流量明显受大气降水控制，最大为6、7、8月，最枯为12、1、2月，年平均流量为8 500m^3/s。

桥位水位情况如下（黄海高程）：洪水位：241.82m（300年一遇），枯水位：219.92m，施工水位：227.52m（5年一遇，10月至次年5月最高水位）。

3. 地形、地貌

桥位区为长江河谷，长江在此由西南流向东北；河谷走向较平直，呈中老年期河谷地貌，长江北岸地貌形态为丘陵，沿江发育陡坎，岸滩不发育，为泥岩、砂岩质陡岸；南岸地势较缓，河漫滩发育，宽约200余米。

4. 工程地质条件

桥位区位于四川盆地南缘，褶皱开阔宽缓，所属构造部位为中兴场背斜南翼，轴部出露侏罗系中统砂溪庙组砂岩、泥岩，未发现断裂断裂通过迹象。

沿线地表主要分布有第四系冲积层淤泥、砂夹卵石、残坡积层的粉质黏土，以及下伏侏罗系中统沙溪庙组的泥岩和砂岩。

四、方 案 构 思

1. 跨径选择

桥位处河槽北岸为山势陡峭的山体，南岸为地势平缓的浅滩，呈偏向一侧的斜“V”字形，深水区近北岸侧。最低通航水位时河床宽度约为440m，最高通航水位时河床宽度约为859m，施工水位时河床宽度约为595m。根据交通运输部《关于成都—自贡—泸州高速公路黄舣长江大桥通航净空尺度和技术要求的批复》意见：鉴于桥区水流夹角和横向流速均接近或达到《内河通航标准》规定的上限，在通航水域中不应设置墩柱，并预留足够的安全距离，在拟定桥梁跨径时主要考虑以下因素：①通航桥孔基本跨越洪、中、枯水期船舶航线；②最低通航水位时，水中不设置桥墩；③施工水位时，为降低施工难度和减小施工风险，主墩处施工水深不大于10m；④从通航、船撞、水文、景观、地形等方面考虑选择合适的边中跨比例。

综合考虑上述因素，经认真分析和深入比选，选择主跨520m的桥跨布置方案作为拟建桥梁的桥跨布置方案，以便给航道调整留有余地，降低船舶撞击桥墩的几率，减小结构物对水流流态的影响。

2. 桥型选择

综合地形、地质、景观以及国外内同等规模桥梁建设经验，拟将斜拉桥方案及悬索桥方案作为满足主跨520m要求的合理可行桥梁方案。考虑目前国内外桥梁建设的实际水平以及桥梁工程方案的涵盖性，斜拉桥和悬索桥为该跨径合理可行的桥型方案，另外，由于主跨跨径达到了520m，主梁宜考虑采用钢结构断面形式。

由于桥位处江面在全年大部分时间里基本与主跨范围重合，两岸边跨均不利于钢结构主梁的运输和吊装，因此，边跨主梁形式考虑选用混凝土主梁方案，减小施工难度及临时设施的投入，降低工程造价。

综上所述，本桥主桥考虑采用非对称布置的高低塔混合梁斜拉桥方案和单跨吊悬索桥方案。

五、桥型方案设计

初步设计阶段，黄舣长江大桥主桥共提出钢箱梁混合梁斜拉桥方案、叠合梁混合梁斜拉桥方案以及单跨吊钢箱梁悬索桥方案三个方案进行综合经济技术比较，主桥桥型方案一览表见表1。

主桥桥型方案一览表

表1

桥型方案	桥跨布置
方案一： 主跨520m斜拉桥(中跨钢箱梁、边跨混凝土梁)	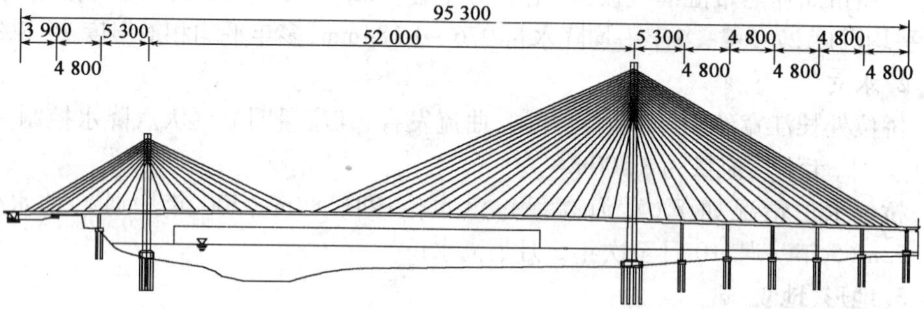 95 300 3 900　5 300　52 000　5 300　4 800　4 800 4 800　4 800　4 800　4 800
方案二： 主跨520m斜拉桥(中跨叠合梁、边跨混凝土梁)	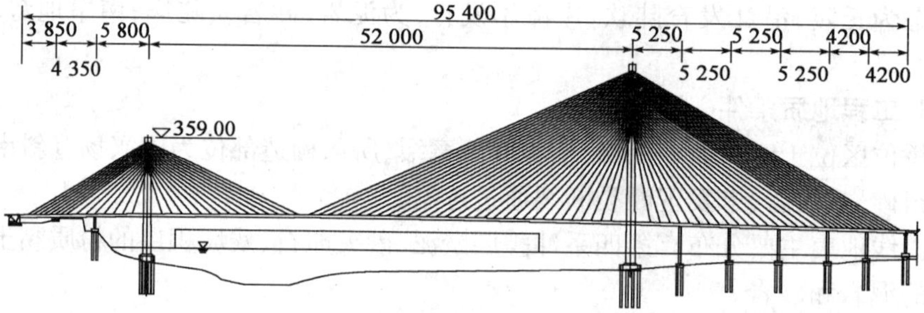 95 400 3 850　5 800　52 000　5 250　5 250　4200 4 350　5 250　5 250　4200 359.00
方案三： 主跨520m悬索桥(中跨钢箱梁、边跨混凝土T梁)	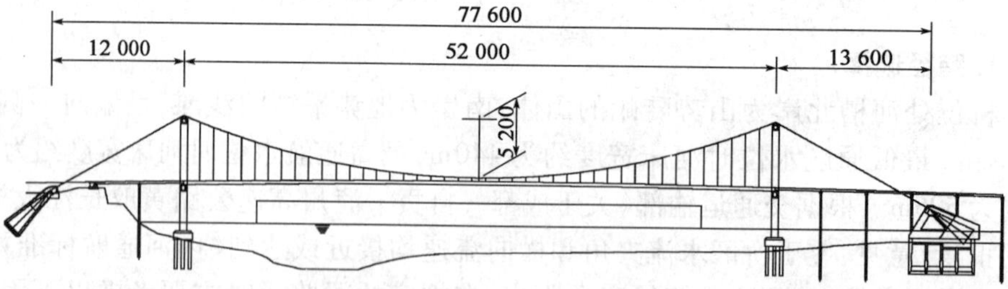 77 600 12 000　52 000　13 600 5 200

1. 钢箱梁混合梁高低塔斜拉桥方案

(1)桥跨布置及横断面

桥跨布置为39m+48m+53m+520m+53m+5×48mm，总长953m。中跨为钢箱梁，边跨为混凝土箱梁，钢混结合段位于中跨距离索塔12m位置，建成效果图如图2所示。

图2　混合梁高低塔斜拉桥方案建成效果图

主梁采用整幅桥面布置，横断面布置为双向4车道，两侧各设人行通道及拉索区，主梁宽度31m。

(2)结构支承体系

采用半飘浮体系，主梁索塔处设置两个双向滑动支座，横向设置两个抗风支座，辅助墩、过渡墩及桥台处主梁均设置双向支座。为满足抗震要求,在过渡墩及桥台处设置横向抗风支座。

(3)索塔及基础

北岸索塔处距离崖顶距离仅有100多米,南岸为地势平坦的滩涂,地势的不对称性非常显著,适宜在靠近山崖处做矮小塔型,以尽量减小北岸边跨跨径,减少边跨位于陆地上造成的桥梁不协调性,另一侧滩涂位置放置高耸的索塔,突出塔形的巍峨、挺拔。高低塔非对称斜拉桥与地势配合较好,造型新颖、美观。

由于本桥地处酒城泸州,桥梁南岸为泸州洒城工业园区,为体现泸州酒城文化理念,索塔造型设计为酒瓶状。

索塔采用C50混凝土。高塔塔高210m,桥面以上高174m,低塔塔高123.5m,桥面以上高89m,考虑抗风、抗震和施工等方面的要求,索塔采用下塔柱分离,上塔柱内收的酒瓶型塔型,经过优化,索塔造型上用圆曲线取代折角,使高低塔都显得更加柔美生动,互相呼应,以达到更加协调的景观效果。塔柱均采用箱型断面,具体构造构造尺寸如图3所示。

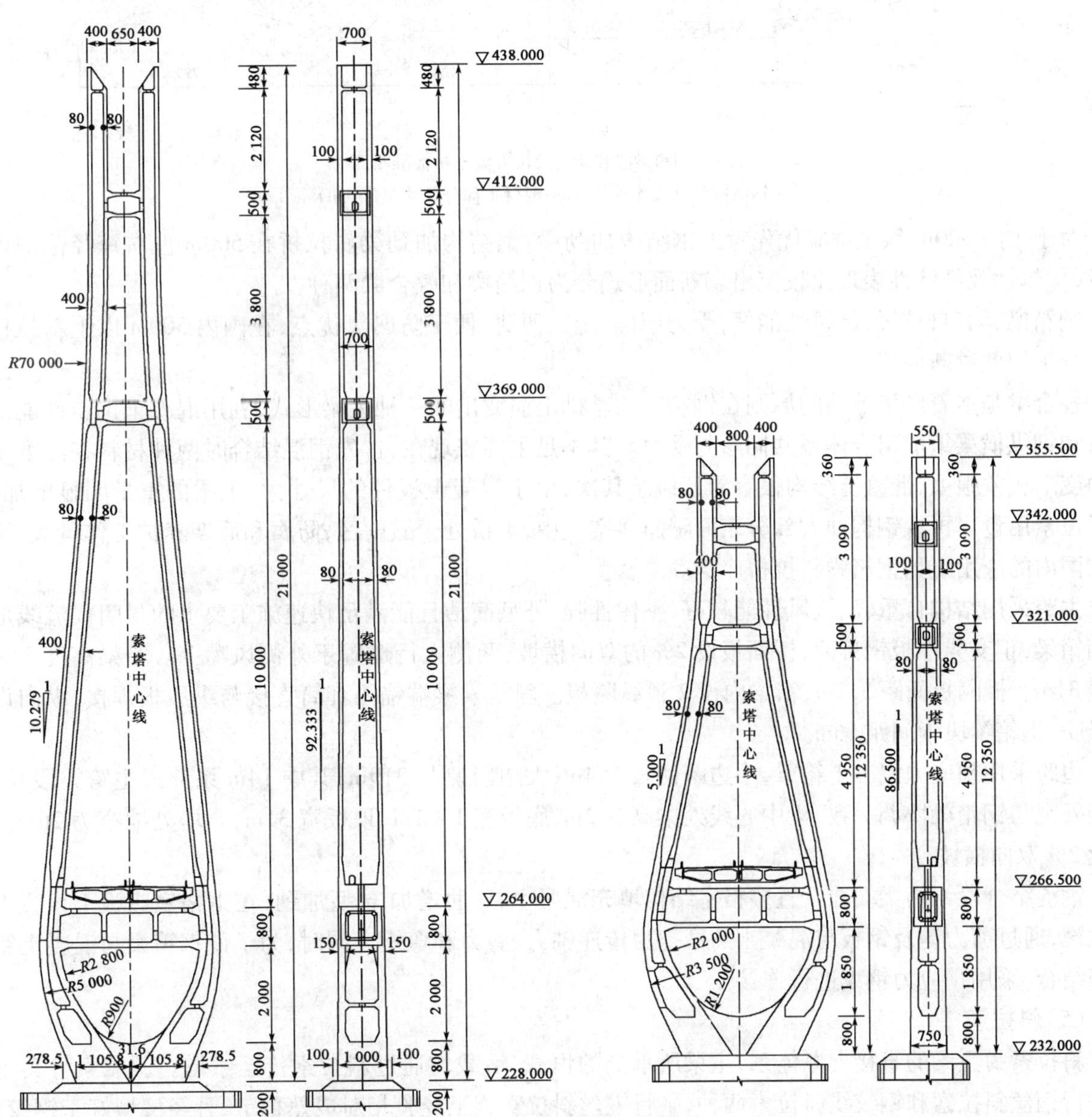

图3 混合梁高低塔斜拉桥方案索塔构造(尺寸单位:cm)

本桥承台低水位时位于岸上,高水位时位于水中。承台基础外形的选择应尽可能采用阻水面积小的方案,承台形状迎水面尽可能采用两端圆形或圆形,这样有利于抵抗涌潮作用力,方便钢围堰的制作和下沉。为配合索塔的宝瓶造型,同时尽量优化桩基根数,采用两端圆形承台。

高塔基础采用24根直径2.5m的钻孔灌注桩,承台平面尺寸45.14m×22.95m,高6.0m。矮塔基础采用16根直径2.5m的钻孔灌注桩,承台平面尺寸36.0m×16.5m,高6.0m。

(4)主梁

中跨及边跨主梁构造如图4所示。

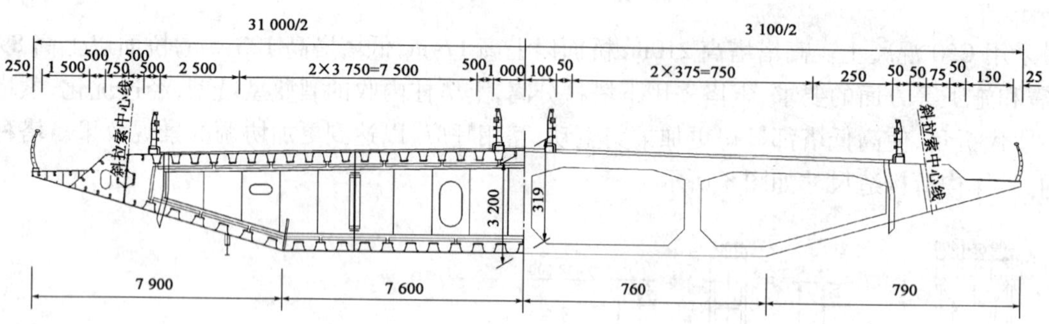

图4 钢箱梁混合梁斜拉桥方案主桥标准断面

(钢结构部分尺寸单位:mm;混凝土部分尺寸单位:cm)

对于主跨520m斜拉桥应优先考虑钢结构加劲梁,钢结构加劲梁斜拉桥在500m左右跨径范围内较常见,优越性及经济性表现比较突出。断面形式分为钢箱梁和叠合梁两种。

钢箱梁具有自重轻,抗风性能好,受力明确,施工便捷,便于防腐等优点,在国内500m以上斜拉桥中大部分采用此种断面形式。

叠合梁是本着经济节约的原则在钢箱梁的基础上演变出的一种主梁形式,利用混凝土抗压性能好的特点和钢纵横梁组成组合体系共同参与受力。其不足主要表现在,首先钢混结合时两种材料在温度变化下的变形相差很大,混凝土结构很容易开裂。其次,由于混凝土板件的尺寸大,主梁的重量明显增加,增加了拉索用量。再次钢构件大部分表面曝露在空气中,本桥处于酸雨区,防腐和后期养护工作量大,该桥型在国内的应用不如钢箱梁斜拉桥广泛。

主跨采用结构自重轻、抗风性能较好、整体性强、外型简洁且能满足快速施工要求的封闭式流线形扁平钢箱梁,正交异性板钢桥面,桥面板设2%的双向横坡,两侧人行道置于外侧风嘴上。箱梁高度3.2m,全宽31m。横隔板间距3.2m,箱梁内设2道纵隔板。斜拉索梁端锚固套筒直接与纵腹板焊接,纵向设置加强肋,钢箱梁段索间距16m。

边跨采用预应力混凝土箱梁,小边跨侧长154m,大边跨侧长319m,其中14m系伸入主跨梁段长度。箱梁外观与钢箱梁协调一致,梁中心线处梁高3.2m,底板宽14.1m,顶板宽31m,索塔处缩窄为26m。桥面设2%双向横坡。

钢混结合段钢箱梁端部设置多格室结构填充混凝土,U肋增加π型加劲,在钢格室腹板上设置PBL剪力键,通过剪力键及钢板与混凝土的摩擦力传递轴力、剪力和弯矩。同时,为了使钢箱梁与混凝土箱梁紧密结合,采用预应力钢束进行连接。

(5)斜拉索

斜拉索为主梁的直接支撑体系,主梁所承受的恒载、活载均通过斜拉索传至索塔。斜拉索种类主要有平行钢丝斜拉索和钢绞线斜拉索两种,平行钢丝斜拉索施工经验相对成熟稳定,且经济型好于钢绞线,本桥斜拉索采用平行钢丝斜拉索。详见表2。

斜拉索比较 表2

规格项目	钢绞线斜拉索	平行钢丝斜拉索
技术成熟程度	国内应用历史比平行钢丝索短,技术更新快,国外应用较平行钢丝索更普遍	30年的广泛应用,较成熟的生产工艺,国内多数斜拉桥采用,有专业化的制索工厂
强度	可达到1860MPa	可达到1670MPa
刚度	抗挠曲性能好于平行钢丝索	抗挠曲性能稍弱于钢绞线索
振动效应	外径较大,静风荷载引起的阻力大。索股受力均匀度略差,索股间相对独立,风致振动效应不明显。PE外套压制螺旋线或凹坑,抑制风雨振	外径较小,静风荷载引起的阻力小。钢丝受力均匀,整体性能好,风致振动效应明显。PE外套压制螺旋线或凹坑,抑制风雨振
安装工艺及周期	可逐根安装和张拉,每个运输、安装和张拉的单位相对较小,采用轻型设备即可完成,要求的张拉空间亦较小,但安装次数多。施工周期较长	整根一次安装和张拉,但运输、安装和张拉需要大卷筒、大型设备和重型千斤顶才能完成。施工周期较短
抗疲劳性能	应力幅可达250MPa,疲劳次数为2×10^6次	应力幅200MPa,疲劳次数为2×10^6次
调整索力	可使用小吨位千斤顶,单股张拉,亦可使用大吨位千斤顶,整索张拉	需使用大吨位千斤顶,整索张拉
比较意见	比较	推荐

为保证斜拉索具有足够的安全性、耐久性,本桥斜拉索设计采用工厂生产的挤包双层PE护层的扭绞型成品高强平行钢丝拉索。斜拉索上端分别锚固于两个塔柱上,下端锚固于主梁钢锚箱上,其中北塔有20对拉索,南塔共42对拉索,全桥共62对索。根据受力大小共分6类,钢丝根数分别为91、121、151、187、211、241 6种类型。

(6)斜拉索塔端锚固构造

索塔的拉索锚固段是将一个斜拉索的局部集中力安全、均匀地传递到塔柱的重要受力构造,索塔处通常有三种锚固方式可以选择,详见表3。

斜拉索塔端锚固方式比较 表3

项目	钢锚箱	钢锚梁	环向预应力
构造简图	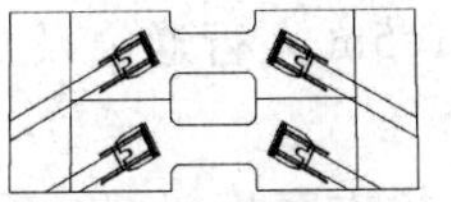 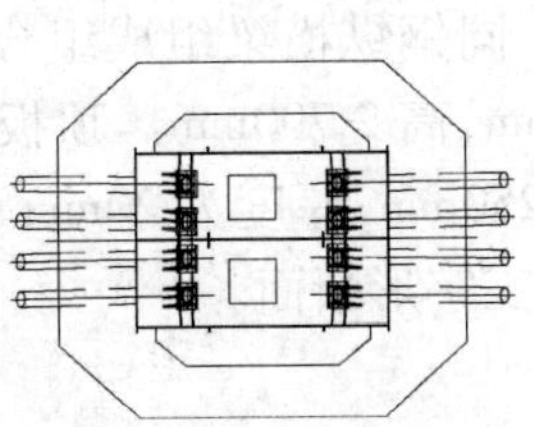	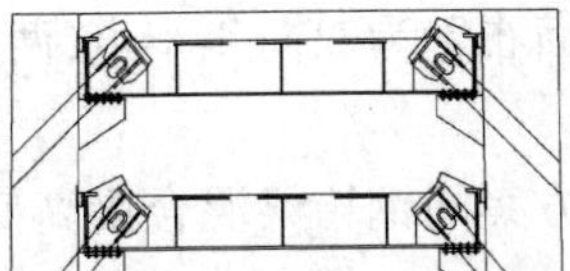 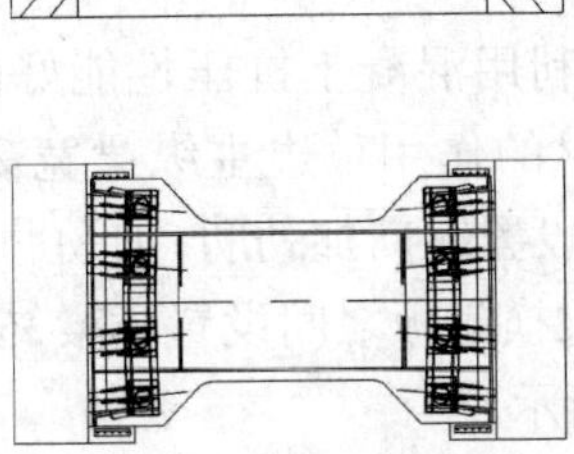	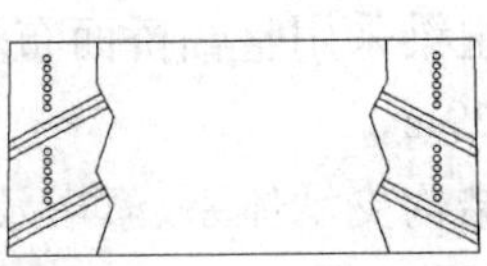 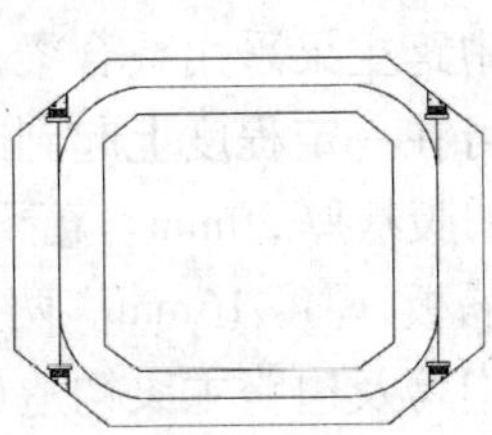

续上表

项　　目	钢　锚　箱	钢　锚　梁	环向预应力
受力机理	塔柱两侧拉索的水平分力通过锚箱的竖直及水平钢板来平衡,部分不平衡水平力由塔柱承受,竖直分力通过锚箱两侧竖直钢板的剪力键传递到塔柱混凝土中	锚固钢横梁本身是独立的构件,支撑于塔柱内侧牛腿上,平衡两侧拉索的大部分水平分力,部分不平衡水平分力通过横梁下支撑的摩阻力和水平限位装置传递至塔壁。拉索的竖直分力传递至塔柱内侧牛腿	上塔柱锚固区段除参与全桥整体受力,将拉索锚固集中力传递至塔壁,为防止开裂,平衡塔壁的拉应力,在其周边施加环向平面预应力
塔柱受力影响	平衡水平力锚箱承受,不平衡水平力塔柱整体承受。从塔柱受力效果及国外工程实践看,钢锚箱方案较优	平衡水平力锚梁承受,不平衡水平力一侧塔柱壁承受。从塔柱受力效果及国外工程实践看,钢锚梁方案良好	水平力由一侧塔柱壁承受。从塔柱受力效果及国外工程实践看,环向预应力方案一般
安装精度	钢锚箱在工厂预制完成,容易控制锚固点的位置和角度;现场仅需控制塔柱混凝土基座高程	工厂完成钢锚梁制作,确定锚垫板位置,现场施工对每组牛腿位置均需精确定位	锚固系统全部在现场完成,由于在高空作业,锚垫板的角度及位置控制较难
施工要求	对吊装能力有一定要求,钢锚箱在浇筑上塔柱前采用焊接拼装,施工较为方便,且在国内外经验较多	对吊装能力有一定要求,钢锚梁的安装在塔柱施工完成后,对塔柱内部空间有要求,安装不很方便	主要施工难点是需要多次张拉预应力,高空浇筑混凝土锚固构造也有一定难度
后期养护	钢结构暴露部分在塔内,养护较为方便	钢结构暴露部分在塔内,养护较为方便	仅锚头需养护
工程实例	多多诺大桥 诺曼底大桥 杭州湾跨海大桥 苏通长江大桥	安娜雪丝桥 南浦大桥 金塘大桥	杨浦大桥 南京二桥 军山大桥
费用	较高	较高	较低
比较意见	比较方案	推荐方案	比较方案

经综合比较,本桥斜拉索的塔端锚固方式推荐采用钢锚梁方式。

2. 叠合梁混合梁高低塔斜拉桥方案

(1)桥跨布置及横断面

桥跨布置为38.5m+43.5m+58m+520m+4×52.5m+2×42m,总长954m。中跨为叠合梁,边跨为混凝土梁,钢混结合段位于中跨靠近索塔位置。

主梁采用整幅桥面布置,横断面布置为双向4车道,两侧各设1.5m人行通道及0.75m拉索区,主梁宽度29m。

结构支承体系、索塔及基础等方案同钢箱梁混合梁高低塔斜拉桥方案相似,此处不再赘述。

(2)主梁

中跨主梁采用叠合梁,叠合梁利用混凝土抗压性能好的特点同钢纵横梁组成组合体系共同参与受力。可在一定程度上起到节约钢材的作用。边主纵梁宽2 400mm,高2 700mm。顶板厚20mm,底板厚30mm,腹板厚20mm。箱梁内侧均设置纵向加劲肋,加劲肋高度250mm,厚度为20mm。纵向每3.5m设置横隔板,厚度16mm。两边主纵梁横隔板之间设置横梁,横梁为工字形断面。

中跨及边跨主梁构造如图5所示。

在纵梁横梁组成的框架上分别搭设混凝土桥面板。桥面板采用预应力混凝土板,标准厚度25cm,在纵横梁支撑处厚度增为40cm。

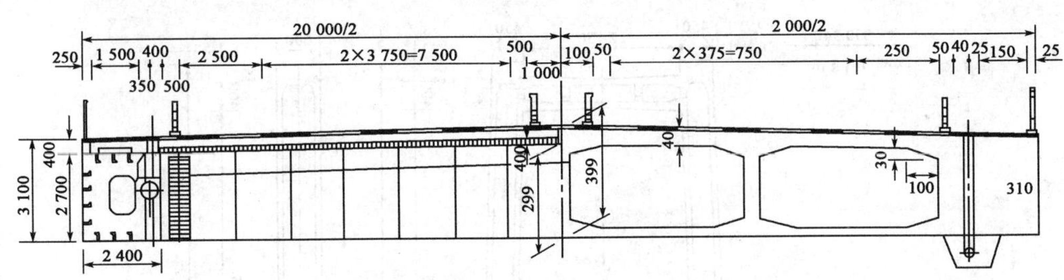

图5 叠合梁混合梁高低塔斜拉桥方案主桥标准断面

（钢结构部分尺寸单位：mm；混凝土部分尺寸单位：cm）

边跨采用预应力混凝土箱梁，小边跨侧长148.75m，其中8.75m系伸入主跨梁段长度，大边跨侧长308m，其中13.75m系伸入主跨梁段长度。箱梁外观与钢箱梁协调一致，翼缘梁高3.1m。桥面设2%双向横坡。

钢混结合段设计原理与构造处理同钢箱梁混合梁高低塔斜拉桥方案类似，此处不再赘述。

（3）斜拉索

本桥斜拉索设计采用工厂生产的挤包双层PE护层的扭绞型成品高强平行钢丝拉索，全桥共计94对（矮塔30对，高塔64对）。根据受力大小，钢丝根数最小73、最大313。

3. 单跨吊钢箱梁悬索桥方案

（1）总体布置

主桥主缆跨度布置为120m + 520m + 136m，矢跨比1/10，边中跨比为0.231（北）、0.262（南）。加劲梁采用扁平流线型钢箱梁，标准索距为12m。本方案建成效果图如图6所示。

图6 单跨吊钢箱梁悬索桥方案建成效果图

（2）结构支承体系

对于加劲梁，在两个桥塔处各设置竖向支座、横向抗风支座。对于主缆，通过主索鞍支撑于南北桥塔塔顶，缆、鞍、塔之间不相互滑动；通过散索鞍分散锚固于南、北锚碇。

（3）索塔及基础

索塔桩基采用9根D2.5m钻孔桩。承台为矩形，平面尺寸16.5m×16.5m，厚6m。

桥塔采用门式框架结构，设3道横梁。塔柱截面采用矩形截面，横桥向由4.5m渐变到5.65m，顺桥向宽度为6m。北塔高度101.34m，南塔塔高105.34m，桥面以上均高55.6m。构造尺寸如图7所示。

（4）锚碇

北锚碇位于北岸手爬岩上，下部岩体工程地质性质好，一般呈大块状或整体状结构。采用隧道锚方案，由于前方有隆起的山脊，既可以利用山脊抵挡主缆传递到锚碇的巨大拉力，又可以利用锚塞体作用减少山体开挖量，这对增加安全度以及减小锚碇的工程量极为有利。隧道锚方案由锚体、锚室及前支墩组成。锚体长度28m，散索点至前锚面22m，前锚面尺寸11.0m×10.0m，后锚面18.0m×16.0m。

南锚碇位于南岸浅滩区，地面高程230.307m，运营期间，锚碇在水中，基岩埋深约为30m以上。由于基岩埋置较深，考虑到锚碇基础须落于弱、微风化岩体中，一般的地下连续墙基础施工难度较大、风险较高，因此南锚碇采用沉井基础重力式锚碇方案。沉井基础总体轮廓尺寸为长58m，宽50m，高32m，标准壁厚2.1m，隔墙厚度1.6~2.4m。沉井共分8节，除首节为钢壳混凝土外，余7段均为钢筋混凝土沉井。封底厚度为10m。锚体顺桥向长度为62m，横桥向前趾宽10m。主缆索股散索长度22m。

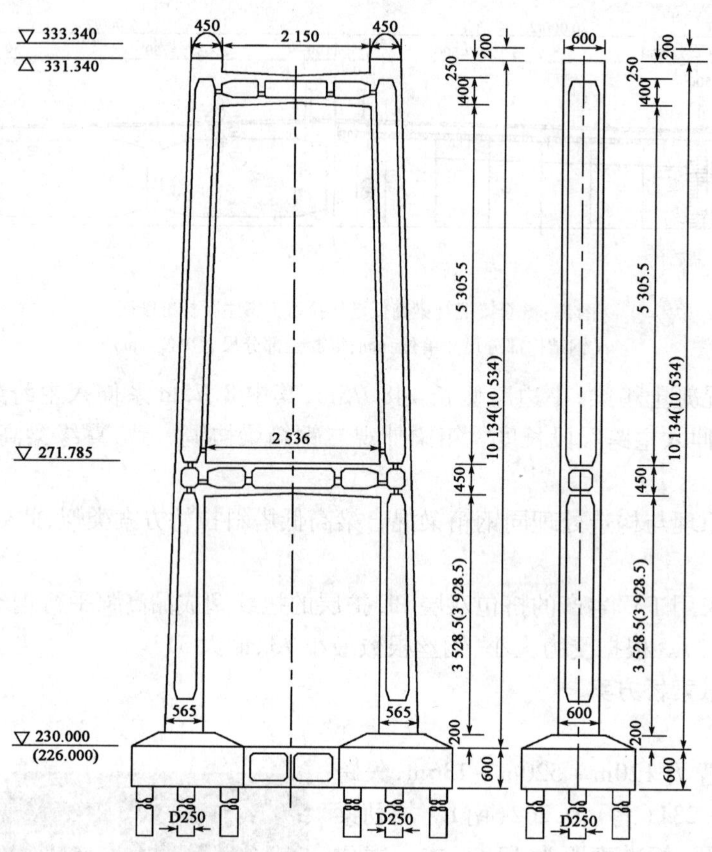

图7 单跨吊悬索桥方案索塔构造(尺寸单位:cm)

锚碇锚固为前锚式预应力钢绞线锚固系统,由索股锚固连接构造和预应力钢束锚固构造组成。索股锚固连接构造有拉杆及其组件、连接器组成。主缆均采用单索股锚固方式,北锚碇锚固长度25m,南锚碇锚固长度20m。如图8所示。

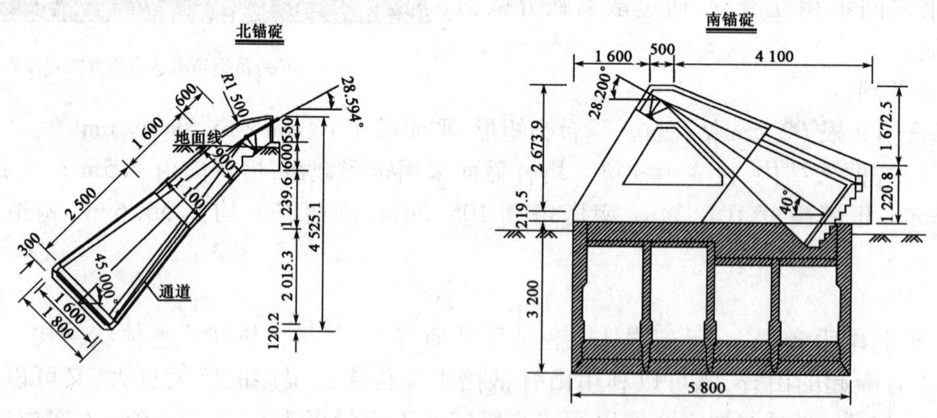

图8 单跨吊钢箱梁悬索桥方案锚碇一般构造(尺寸单位:cm)

(5)缆索系统

全桥共两根主缆,塔顶缆中心距为26m,锚碇散索鞍处缆中心距为29m。主缆采用预制平行钢丝索股法(PPWS)制作。主缆由50股通长索组成,北边跨和南边跨各增设2股背索,背索均锚固在塔顶主索鞍上。每根预制索股由相互平行的127丝、直径5.05mm的镀锌高强钢丝组成,钢丝的标准强度为1670MPa。主缆空隙率索夹内取17%,索夹外取19%。索股两端设套筒式热铸锚。

吊索采用直径5.1mm、标准强度为1670MPa的平行钢丝索股(PWS)每吊点设两根吊索,上下端均采用销接式,锚头采用热铸锚。吊索长度大于20m时,吊索中部设置减震架。

主索鞍及散索鞍采用铸焊混合结构。

(6)加劲梁

对于主跨520m跨径的悬索桥,钢箱梁和钢桁梁均可采用。钢箱梁具有用钢量少,自重轻,施工便捷等优点,且钢箱梁已能满足结构抗风性能的要求。另外,采用钢桁梁,由于结构外露面积大,造成后期维护工作量巨大,相比于钢箱梁经济性较差。桥位处钢箱梁运输、吊装均较不存在问题,因此,主梁推荐采用正交异性板流线型扁平钢箱梁,梁高3m,宽(含风嘴)31.5m,吊索间距12m,每隔3m设一道横隔板。桥面铺装采用环氧沥青混凝土,厚度5.5cm。如图9所示。

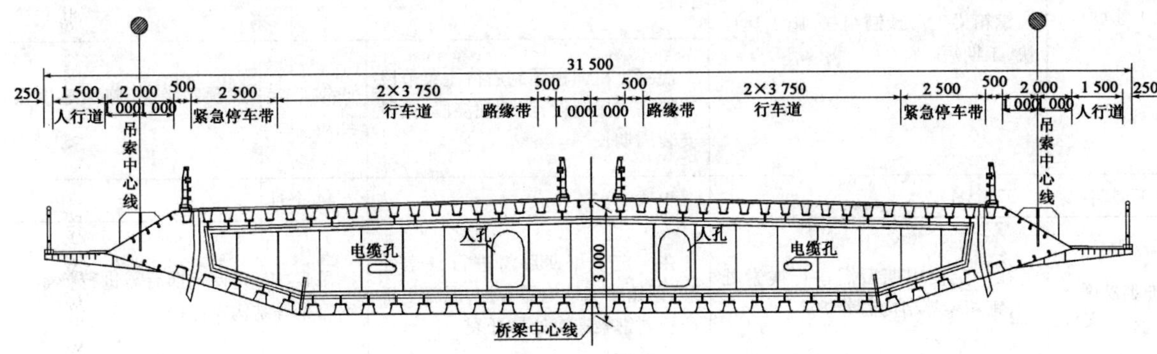

图9　单跨吊钢箱梁悬索桥方案主梁标准横断面(尺寸单位:mm)

钢箱梁与吊索间通过耳板连接,耳板设置于两道横隔板之间。

六、桥型方案比较

初步设计阶段,对黄舣长江大桥的3个方案从技术可行性、施工方案、施工难易程度、养护难易程度以及工程造价等方面进行了综合比较和研究,最终选择39m+48m+53m+520m+53m+5×48m钢箱梁混合梁高低塔斜拉桥方案作为初步设计阶段推荐方案,桥型方案比较表见表4。

桥型方案比较表　　表4

<table>
<tr><td colspan="2">桥型方案</td><td>39+48+53+520+53+5×48(m)钢箱梁混合梁高低塔斜拉桥方案</td><td>38.5+43.5+58+520+4×52.5+2×42(m)叠合梁混合梁高低塔斜拉桥方案</td><td>120+520+136(m)单跨吊钢箱梁悬索桥方案</td></tr>
<tr><td rowspan="2">主梁</td><td>中跨</td><td>钢箱梁</td><td>叠合梁</td><td>钢箱梁</td></tr>
<tr><td>边跨</td><td>混凝土箱梁</td><td>混凝土箱梁</td><td>引桥T梁</td></tr>
<tr><td colspan="2">技术可行性</td><td colspan="2">水上部分施工难度小,国内外已有同类结构的成熟经验,设计和施工技术成熟可行,围水设施制作施工已有一定的实践经验</td><td>锚碇施工难度较高,南锚碇沉井基础施工风险较大</td></tr>
<tr><td colspan="2" rowspan="5">施工方案要点</td><td colspan="3">主塔基础需做围水设施,保证高底水位期间基础均在干处施工;塔身采用爬模或翻模施工</td></tr>
<tr><td colspan="2">混凝土梁搭设支架施工</td><td>北锚碇采用隧洞开挖方式施工/南锚碇采用沉井分层接高开挖下沉的方法施工</td></tr>
<tr><td rowspan="2">钢锚梁、钢箱梁采用工厂制作组拼,现场桥面吊装施工</td><td>钢锚梁、钢纵横梁工厂制作组拼,现场分段吊装拼接</td><td>吊装索鞍,搭设猫道,架设主缆</td></tr>
<tr><td>混凝土桥面板在预制场预制摆放,主梁拼装完毕后安装</td><td>钢箱梁采用工厂制作组拼,现场缆载吊机吊装施工</td></tr>
</table>

续上表

桥 型 方 案	39 +48 +53 +520 +53 +5 ×48(m) 钢箱梁混合梁高低塔斜拉桥方案	38.5 +43.5 +58 +520 +4 ×52.5 +2 ×42(m)叠合梁混合梁高低塔斜拉桥方案	120 +520 +136(m) 单跨吊钢箱梁悬索桥方案
施工难度	均为常规施工，难度较小		锚碇施工难度较大，主缆施工较复杂
施工速度	索塔施工方便、快速		
	钢箱梁工厂预制组拼，施工速度快，工期短	钢梁工厂预制，现场分段拼接。但梁段比方案一多出50%，工期稍长	锚碇施工工期长，相对方案一增加了主缆施工周期
		混凝土桥面板预制后待主梁节段连接完成后铺设，浇筑现浇段，梁段安装周期长	钢箱梁工厂预制组拼，施工速度快，工期短
施工周期	37个月	40个月	44个月
养护难易度	在一定使用期后需进行换索处理，钢箱梁等结构需养护	在一定使用期后需进行换索处理，钢箱梁等结构需养护，混凝土桥面板同钢梁连接处易开裂	吊索在一定使用期后需进行换索处理，钢箱梁等结构需养护
建安费	4.38亿	4.66亿	5.56亿
比较结论	推荐方案	比较方案	比较方案

14. 宁波象山港公路大桥总体设计

易绍平　高　剑　张　伟
(中交公路规划设计院有限公司)

摘　要　宁波象山港公路大桥是浙江省沿海高速公路跨越象山湾的特大桥。本文主要介绍大桥的项目概况、主要技术标准、桥型方案及桥跨布置、关键结构、耐久性设计和景观设计等有关情况。大桥于2009年1月开工，计划于2012年12月竣工通车。

关键词　宁波象山港公路大桥　总体设计

一、概　　况

宁波象山港公路大桥是浙江省沿海高速公路的重要组成部分，也是宁波市所辖象山县通往宁波市区公路的一条最便捷的交通通道。它的兴建将同江至三亚国道主干线、宁波绕城高速公路与现有的象西线、沿海中线、盛宁线等多条地方性公路连接，形成宁波重要的交通圈，并进一步扩大了干线公路的辐射范围，极大的改善了宁波市重要经济区象山县的交通设施环境，为象山县的经济腾飞和宁波市，乃至浙江省整体经济发展具有重要的意义。大桥桥址北岸为宁波市鄞州区，南岸为宁波市象山县。桥址处海湾顺直，水势平缓。常水位期海面宽度达6 300m。象山港公路大桥工程由主桥、引桥组成，其中主桥采用688m的双塔双索面钢箱梁斜拉桥，长度1 376m；北引桥长度4 063.5m，南引桥长度1 321.5m，大桥总长6 761m。如图1所示。

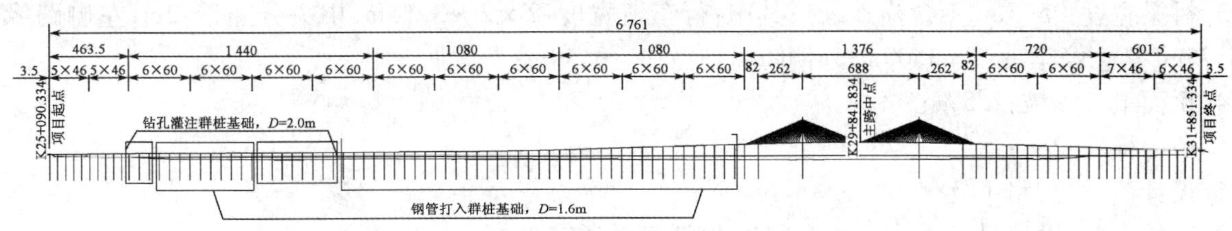

图1 宁波象山港公路大桥总体布置图(尺寸单位:m)

二、自 然 条 件

1. 地形地貌

象山港为一长条形状的海湾,深入内陆,向北东东向展布,长约70多公里。桥位区海域开阔,约4.4~8.7km,海水深10~30m。大桥两岸为低山丘陵构造,波状起伏,海拔高程一般为30~150m,最高234.4m(庄溪大山)。

大桥北岸起点的上游为鹰龙山电厂,下游为横山汽渡码头,两处控制点间距为800m,起点选择距离横山汽渡码头约350m处;南岸终点的上游为军事管辖区,下游为在建的五千吨级战备码头,两处控制点间距为850m,终点选择距离五千吨级战备码头约450m处。大桥桥位轴线满足相关限制距离要求。

2. 水文特征

采用1985国家高程基准,桥位处实测最高潮位4.52m,实测最低潮位-2.88m,平均高潮位1.87m,平均低潮位-1.17m,平均海平面0.23m,最大潮差5.65m,最小潮差0.19m,平均潮差3.08m。百年一遇平均最大涨潮流速为1.49m/s,最大落潮流速为1.66m/s。大桥主桥轴线的法线与海湾水流的夹角为4度。

3. 气象特征

桥位区年平均气温在16.9℃左右;极端最高气温北岸鄞州为39.5℃,南岸象山为38.7℃,均出现在7月;极端最低气温北岸鄞州为-8.8℃,南岸象山为-6.9℃,均出现在1月。鄞州最热月7月的平均气温为28.2℃,最冷月1月的平均气温分别4.7℃。象山最热的7月平均气温为27.8℃;最冷的1月平均气温为6.0℃。桥位区附近年平均降雨量为1 530.3mm;有记录的最多年降雨量为1 809.0mm,最少年降雨量为1 101.6mm。

针对象山港的风环境复杂,在工程可行性研究阶段开展了《象山港公路大桥风参数专题研究》和《象山港公路大桥梯度风速观测专题研究》,观测期一直到大桥通车为止。专题研究报告的主要研究成果,象山港公路大桥的设计风速为46.5m/s。

4. 通航标准

桥位处海湾顺直,主通航孔位于象山侧。象山港湾内目前建有比较完善的码头仅有宁海县的强蛟3 000吨级煤码头,年设计吞吐量30万吨。未来象山港规划将建设一批燃煤火力发电厂码头,其代表船型近期3.5万吨散货船,远期为5万吨散货船。根据航道管理部门要求,大桥主通航孔设计应满足通行5万吨散货船,同时辅助通航孔兼具通行3 000吨级散货船的标准。

5. 工程地质

桥位处地质覆盖层较深,主要为软塑~硬塑状粉质粘土、中密~密实状砂层、含黏性土角砾、细砂、卵石。主墩73号墩100m以下为坚硬的中风化凝灰岩;主墩74号墩80m以下为坚硬的中风化凝灰岩,单轴平均饱和抗压强度达20MPa以上。桥址区域内与场址关系密切的有岱山—黄岩活动断裂带、长兴—奉化活动断裂带和象山港断裂;上述断裂带均产状稳定,破坏性较小。根据地震安评专项报告,大桥地震基本烈度为6度,按7度标准设防。

三、主要技术标准

1. 道路等级:双向四车道高速公路;

2. 行车速度:100km/h;

3. 桥梁宽度:25.5m(不含锚索区);其中:行车道宽度:2×2×3.75m,中央分隔带:2m,左侧路缘带:2×0.75m,紧急停车带:2×3.00m,外侧防撞护拦:2×0.50m;

4. 桥面最大纵坡:2.5%;

5. 桥面横坡:2%;

6. 设计荷载:公路-I级;

7. 通航水位:设计最高通航水位4.64m,设计最低通航水位-2.37m;

8. 通航净空:通航净高按照设计最高通航水位起算,主通航孔双向通航净空为448×53m,单向通航净空为248×53m。辅助通航孔双向通航净空为193×24m,单向通航净空为117m×24m;

9. 地震基本烈度:6度;

10. 船舶撞击力(表1)

船舶撞击力　　表1

桥　孔	跨度(m)	顺水方向船撞力(kN)	垂直水流方向船撞力(kN)
主墩	688	98 000	49 000
辅助墩	262	32 000	16 000
过渡墩	82	22 000	11 000
引桥	60	2 350	1 175

四、桥型方案及桥跨布置

1. 主航道桥

根据桥位区水文、气象和地质等自然条件及通航航运、军事限制等功能性建设要求,主桥主通航孔跨度选择688m,该大跨度适合桥型为斜拉桥方案。设计重点对方案一双塔双索面钢箱梁斜拉桥(82m+262m+688m+262m+82m)和方案二双塔双索面叠合梁斜拉桥(76m+268m+688m+268m+76m)进行了同等深度的技术经济比较,综合考虑大桥建设工期、施工条件和结构耐久性以及造价等因素,推荐采用5跨连续双塔钢箱梁斜拉桥方案。

主航道桥桥面高程由主通航孔控制,为保证大桥立面造型美观及有利于线形控制,竖曲线以主桥中心线对称布置,圆曲线半径27 520m。平面线形直线布置。如图2所示。

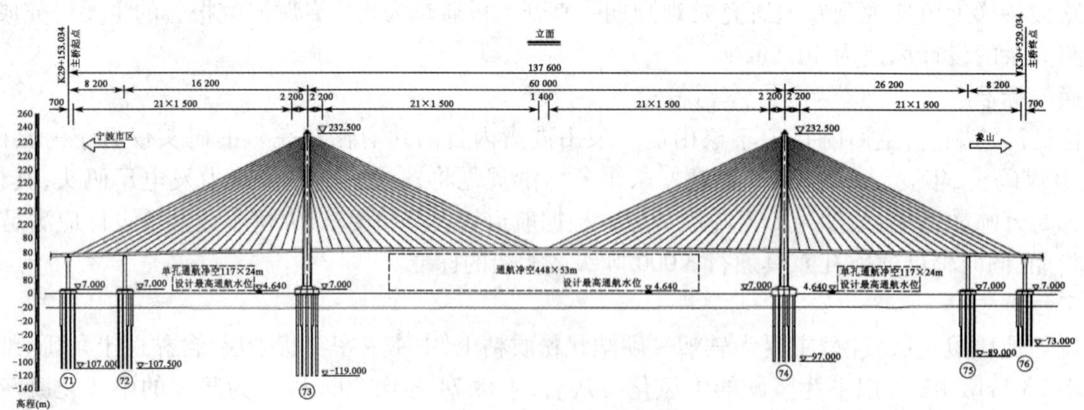

图2　主桥桥型布置

2. 南、北引桥

根据通航论证专题报告,深水区引桥无通航要求。从经济合理性考虑,上部结构的跨径宜采用中、小跨径;50m引桥跨径过小与主桥大跨及整体规模不协调,且墩柱林立,势必造成桥轴过水断面紧缩;而80m引桥需要做成变截面连续梁,起吊重量大,施工设备要求高。考虑到桥位地质条件基岩埋藏较深,设计深水区引桥选择60m和70m跨径进行同等深度的技术经济比较后,结合建设工期、施工条件、对海洋环境的影响等因素，推荐采用 60m 整孔吊装预应力混凝土箱梁方案。如图 3 所示。

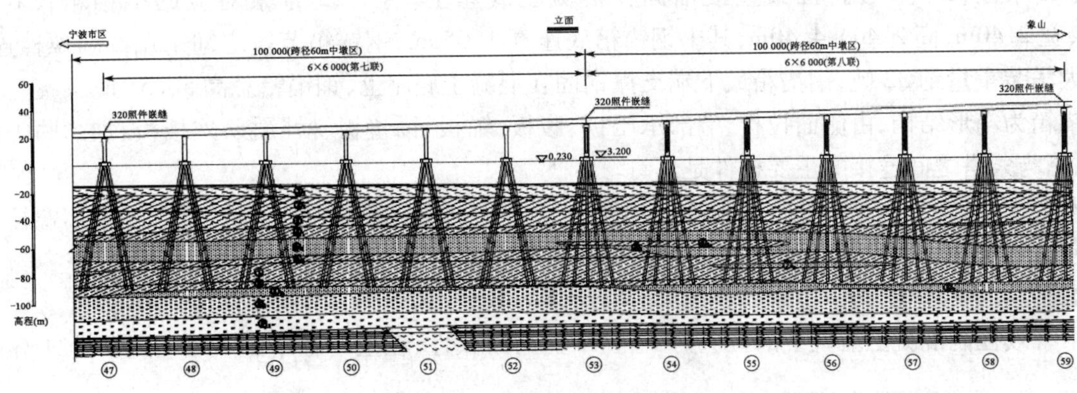

图 3 深水区引桥桥型布置

浅滩区及陆域引桥北岸跨越沿海中线、疏港路和大堤，南岸跨越象山县道。设计对方案一与深水区 60m 跨径相连的引桥采用 46m 跨径和方案二与深水区 70m 跨径相连的引桥采用 50m 跨径，进行同等深度的技术经济比较，推荐采用 46m 移动模架预应力混凝土箱梁方案。如图 4 所示。

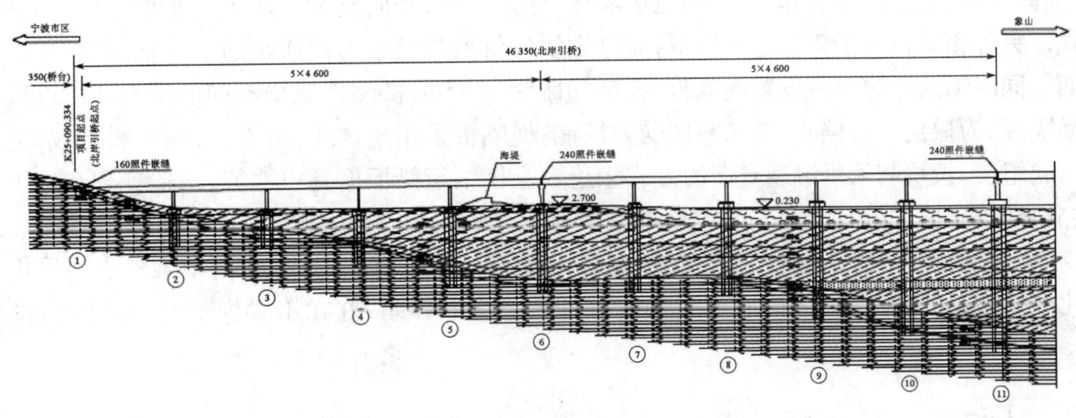

图 4 浅滩区及陆域引桥桥型布置

五、结 构 设 计

1. 主航道桥

(1)索塔及基础

主 73 号和主 74 号墩基础为索塔基础，设计考虑了三种方案，分别是钢套箱加钻孔桩基础、钢围堰加钻孔桩基础和钢沉井基础，通过同等深度的技术经济综合比较，推荐采用钢套箱加钻孔桩基础，每个主墩基础设置 41 根直径为 3～2.7m 的变直径钻孔灌注桩，主 73 号墩桩长为 120m，主 74 号墩桩长为 98m。钻孔桩按嵌岩桩设计，钢护筒壁厚 25mm，在偶然荷载作用下，考虑钢护筒的共同用力。承台呈八边形，平面尺寸 63m×35m，厚度 6m，顶面高程 +7.0m，底面高程 +1.0m。

混凝土索塔采用钻石形。塔柱底面高程为 7.0m，塔顶高程为 236.5m，索塔总高度为 225.5m。索塔包括塔柱、横梁以及附属设施。索塔整体造型以及各部分的断面形式考虑了受力、风阻系数以及景观方面的要求，同时尽可能方便施工。下、中塔柱为普通钢筋混凝土结构，上塔柱、上中塔柱结合段及横梁为预应力混凝土结构。

索塔上塔柱由于承受斜拉索巨大的竖向分力和横桥向和顺桥向的水平分力。锚固区构造设计对钢锚箱、钢锚梁和环向预应力三种方案进行同等深度分析比较，最终考虑到大桥海洋性环境对耐久性的要求，采用了配置部分预应力钢束的钢锚箱方案。

钢锚箱设置在上塔柱中，第4～22号斜拉索锚固在钢锚箱上，设钢锚箱底座及4～22号索对应的钢锚箱，共20节段，1～3号斜拉索直接锚固在混凝土底座上。4～22号索对应的钢锚箱长6.179～7.280m，宽2.40m，高2.40～4.40m，其中钢锚箱底座高1.050m，钢锚箱节段之间采用高强螺栓连接，钢锚箱最大吊装重量约32吨；钢锚箱最下端支撑锚固在混凝土底座上，钢锚箱总高56.55m。

钢锚箱为箱形结构，由侧面拉板、端部承压板、腹板、锚板、锚垫板、横隔板、连接板、加劲肋等构件组成；钢锚箱与索塔之间连接的主要构件是焊钉。

为安装方便，斜拉索套筒分两段制造，预留段在工厂中与钢锚箱焊接，另一段在工地采用螺栓与该预留段连接。

考虑到索塔中环境，钢锚箱采用表面重防腐涂装的方法进行防腐。

为了有效控制混凝土塔壁中的拉应力，增强结构的耐久性，在上塔柱中配置了12Φs15.24环向应力钢绞线。

(2)钢箱梁和斜拉索

主梁采用扁平封闭流线形钢箱梁，主要钢材均采用Q345D高强度结构钢；其中外腹板受锚固复杂应力的要求，采用抗撕裂性能较好的Q345DZ15钢种；主梁外挂风嘴和内部压重及锚箱套管构造均采用Q235C高强度结构钢。钢箱梁标准梁段长度15m，中心梁高3.5m，全截面梁宽34m(含锚固区)，高宽比1∶9.7。如图5所示。箱梁内横向设置两道纵隔板，除索塔区、竖向支承和压重区采用实腹板式外，余均为桁架式。另外箱梁设置了2道边纵腹板，通过钢锚箱将斜拉索索力传递给边纵腹板，然后传至整个钢箱梁断面。同时纵向一定间距设置横隔板，标准间距为3.75m；横隔板根据不同的受力区域设置了不同板厚的横隔板，为避免搭接偏心、提高整体受力性能，横隔板采用整体式，由上、下两块板组成，上板与顶板单元一起组装，板块间采用熔透对接的方式相连。全桥钢箱梁根据受力性能、构造处理和施工工序等要求，共分99个梁段进行制造和安装。标准梁段利用桥面吊机进行吊装，桥面吊机的前后支点距离为15m，自重为93.4t，最大起吊重量约233t。为了保证钢箱梁的防腐蚀耐久性，钢箱梁外表面采用大功率二次雾化电弧喷铝的防腐体系，内表面采用传统的油漆涂装体系，并在箱梁内部封闭空间内设置抽湿系统。

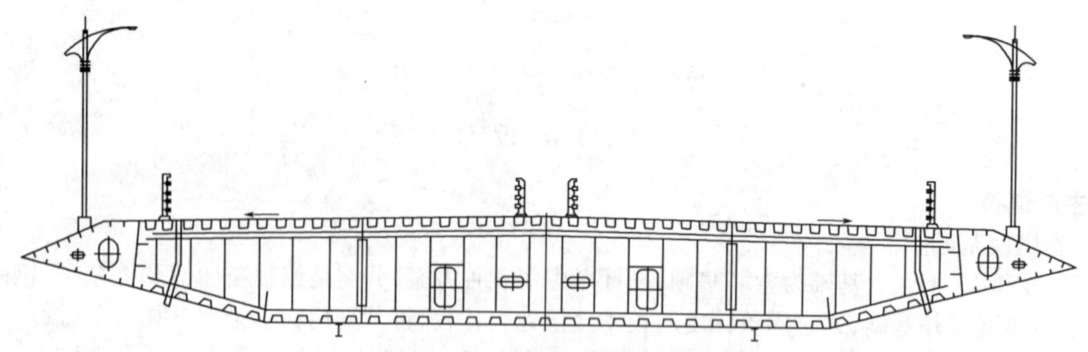

图5　钢箱梁标准横断面构造

由于桥址区的设计风速达到46.5m/s，大桥的抗风稳定性显得尤为重要。设计期间通过对钢箱梁节段模型(最大双悬臂和最大单悬臂)以及全桥模型(合龙和运营阶段)风洞试验研究表明，无论在施工阶段还是在通车运营期间，钢箱梁的颤振临界风速均大于颤振检验风速，而且在低风速情况下也不会发现明显的涡激共振，保证了钢箱梁设计优越的抗风性能。

斜拉索采用1670MPa高强度平行钢丝成品索，全桥共4×22×2=176根，最长索376m，最大索型规格PES7-211，单根最大重量26.3t。根据拉索受力的不同，选用PES7-91、PES7-109、PES7-121、PES7-139、PES7-151、PES7-187、PES7-211七种规格。根据主桥斜拉索减振有关专题研究结论，为使拉索的风、雨激振和涡激振动得到抑制，采用阻尼器加螺旋线的综合减振措施。

2. 深水区引桥

上部结构为双幅、单箱单室等跨60m预应力混凝土连续箱梁，按照全预应力混凝土结构设计。箱梁上缘宽度为12.13m，通过调整两侧腹板高度不同形成桥面2%横坡，箱梁中心高度为3.5m，高跨比为1:17.14。

下部墩身均采用薄壁式墩身，实体圆端形断面。墩身横桥向宽度均为5m，顺桥方向宽度根据不同的墩高，分别为2.0m、2.4m和3.2m。

基础承台采用整体式菱形承台，平面尺寸为22.25m×8.5m，厚度为3.0m。根据配置不同的墩高，每个基础下设12根或16根直径为1.6m的打入式钢管桩基础。

3. 浅水区引桥

上部结构为双幅、单箱单室等跨46m预应力混凝土连续箱梁，按照全预应力混凝土结构设计。北岸及南岸引桥分别位于半径为2500m及2300m的平面圆曲线上，左幅箱梁均设置了2%的横坡超高。箱梁上缘宽度为12.13m，箱梁中心高度为2.7m，高跨比为1:17.04。

下部墩身均采用薄壁式墩身，实体圆端形断面。墩身横桥向宽度均为5m，顺桥方向宽度根据不同的墩高，分别为1.4m和2.2m。

基础承台采用分离式菱形承台，平面尺寸为8.2m×6.4m，厚度为2.5m。每个基础下设4根直径为1.5m混凝土钻孔灌注桩，按嵌岩桩进行设计，桩底进入中风化的深度不小于3m。

六、耐久性设计

1. 混凝土结构的耐久性设计

对混凝土桥墩、箱梁、承台等不可更换又难以恢复的构件，设计使用寿命不小于100年。钢筋混凝土构件在正常使用状态下的容许裂缝宽度满足规范要求；全预应力混凝土受弯构件在正常使用状态下不出现拉应力，最不利荷载作用下的最大主拉应力控制在规范容许范围。混凝土结构以提高其材料本身耐久性为根本措施，可采用高性能混凝土并根据结构和环境的具体情况采取其它补充措施达到防腐设计要求。具体措施为增加钢筋净保护层厚度、对外露钢筋采用环氧涂层钢筋、对混凝土外表面、进行防腐涂装、加强混凝土的养生等措施。

2. 钢结构的耐久性设计

钢结构采用两种防腐体系：重防蚀体系和以大功率二次雾化电弧喷铝的长寿命防腐体系。

重防蚀体系是由富锌类底涂层和中涂层及面涂层构成的复合型防腐体系。采用富锌涂层的目的主要是利用它对钢铁基体的电化学保护作用以及隔离介质的屏障实行保护。大桥索塔钢锚箱内表面、风嘴内表面（未配抽湿设施）采用重防蚀体系。

大功率二次雾化电弧喷铝的长寿命防腐体系是同时利用铝在自然环境中优良的耐蚀性以及其对钢铁基体具有优良电化学保护作用，这种双重作用来实行高效、长寿命保护目的。大桥钢箱梁主体、风嘴及钢锚箱外表面采用电弧喷铝防护体系。

七、景 观 设 计

宁波象山港公路大桥地处美丽的象山湾，海洋经济特色显著，百里黄金海岸，三面环绕的广阔海域，都赋予这方净土以独特的“海派文化”，所以跨海大桥工程对景观要求显得较为独特。而对于斜拉桥来说，最能赋予寓意和体现造型的是索塔。本桥索塔在塔形选择、上下分割和塔柱断面处理以及承台顶高程确定等方面均融入了景观设计要求。此外，主航道桥钢箱梁外表面涂装、斜拉索护套和防撞护栏的色彩搭配，以及夜景照明设施、桥头名牌等方面也做了和谐统一的造型设计。

八、结　语

宁波象山港公路大桥主航道桥主跨跨径688m,为国内外已建或在建同类型的斜拉桥跨径的前10名,同时也是浙江省在建规模最大的斜拉桥工程。大桥特殊地域条件下46.5m/s的设计风速,为国内在建桥梁设计风速之最。复杂的建设条件下,设计进行了多方案的综合比较,开展了一系列抗风、抗震专题研究,过程中不断优化桥型构造,在保证结构安全的前提下,方便施工节省工程造价。大桥跨越海湾线形优美,造型俊秀,成为宁波城市名片的亮丽的一瞥。

大桥于2009年1月开工,截至2011年7月,已基本完成了浅滩区和陆域的46m预应力混凝土连续箱梁上、下部结构施工。海域60m整孔吊装预应力混凝土连续箱梁的下部结构施工已全部完成,上部结构近100片梁的吊装(共144片梁)完毕,预计今年底将按期完成剩余60m梁的吊装。主桥各墩身及基础顺利浇筑施工,索塔已进入上塔柱施工阶段,预期今年底封顶。目前在大桥各方建设者的共同努力下,明年年底将能顺利建成通车。

15.泉州湾跨海大桥工程总体设计

宋　晖　程德林　刘昌鹏
(中交公路规划设计院有限公司)

摘　要　泉州湾跨海大桥工程路线全长26.7km,其中泉州湾跨海大桥桥长12.45km,横跨泉州湾,建设条件较为复杂,属于耐久性和景观性要求高的海上长桥。通过对主引桥的方案构思和比较分析,确定了全桥的采用方案。主桥桥型方案为双塔分幅组合梁斜拉桥,跨径布置为70+130+400+130+70(m)=800m,引桥为预应力混凝土连续箱梁结构。

关键词　泉州湾跨海大桥　总体设计

一、概　述

泉州市地处福建省东南部,与台湾隔海相望,北距福州197km,南距厦门104km,是海峡西岸经济区的三大中心城市之一,为集科工贸旅港为一体的滨海新城市,是国家重点开发的闽南厦漳泉三角区的重要组成部分。

泉州湾跨海大桥工程起于晋江南塘,与泉州市环城高速公路晋江至石狮段相接,在石狮蚶江跨越泉州湾,经惠安秀涂、张坂,终于塔埔,与泉州市环城高速公路南惠支线相接。如图1所示。

二、建设条件

1.气象

工程位于沿海高风速带,热带气旋(台风)是影响大桥的主要灾害性天气,风速大、风况复杂,崇武站全年大于8级风日数47.7天(3秒),最多达84天。

泉州市年平均气温20℃,极端最高气温36.7℃,极端最高气温-0.3℃,最热月平均气温27.4℃,最冷月平均气温12℃。

2.水文

工程海区的潮流性质为正规半日潮,呈往复流特征。石湖潮位站平均潮位0.22m,最高潮位3.36m,平均高潮位为2.52m,最低潮位-2.85m,平均低潮位为-1.90m,平均潮差4.41m,最大潮差5.78m。平均潮位下普遍水深1.4~5.7m,最大水深7.8m。

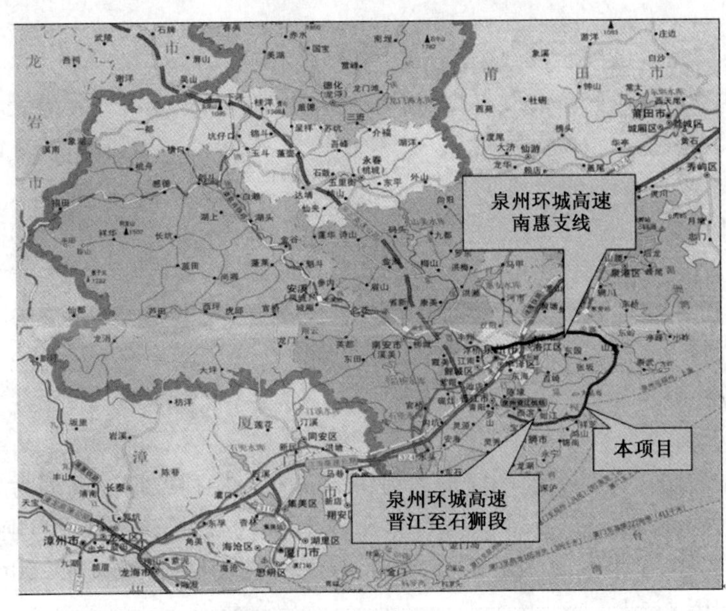

图1 项目地理位置

桥址区设计高水位为3.23m，设计低水位为-2.53m。100年一遇极端高水位设计波高3.38~3.98m。

3. 地质

工程位于晋江和洛阳江的出海口，地势西北高东南低，北高南低，往海域逐渐降低。陆域为冲海积平原地貌，南岸地形平坦，相对高差较小。北岸地势波状起伏，发育剥蚀残丘、台地夹丘间谷地、冲洪积平原等地貌。海域属河口—基岩湾，秀涂侧海岸为基岩海岸、蚶江侧海岸属淤泥海岸。

桥位区基岩埋深浅，覆盖层薄厚不均。下伏基岩为花岗岩且分布全桥位区。

桥梁基础形式宜选用嵌岩桩，桩型宜采用钻孔灌注桩，以$⑥_4$中风化花岗岩、$⑥_5$微风化花岗岩作为桩端持力层。

海水对混凝土结构具结晶类中腐蚀性、具结晶分解复合类强腐蚀性；对钢筋混凝土结构中钢筋在长期浸水条件下具弱腐蚀性、在干湿交替的条件下具强腐蚀性。

三、工 程 特 点

1. 建设条件较为复杂

位于我国的沿海高风速带，热带气旋是影响大桥的主要灾害性天气，风速大、风况复杂；最大潮差近6m；地震基本烈度为VII度。

2. 耐久性要求高

处于海洋环境中，海洋大气及海水具有很强的腐蚀性。

3. 海上长桥

海上桥梁长度达10km，对大桥的建设提出了严峻的挑战，无论是结构安全、还是施工和运营期安全，始终是值得高度关注的问题。

4. 景观要求较高

横跨泉州湾的大桥是泉州市的门户，桥型方案应具有独特性、标志性和技术先进性。

四、主要技术标准

1. 公路等级：高速公路。

2. 设计行车速度：100km/h。

3. 行车道宽：蚶江互通~秀涂互通路段双向八车道，其余双向六车道。

(1)桥梁

八车道(0.5m+18.25m+0.75m)×2+2.0m(中央分隔带)=41m

六车道(0.5m+14.50m+0.75m)×2+2.0m(中央分隔带)=33.5m

(2)路基宽度:33.5m。

4. 设计荷载

(1)构造物:公路-I级。

(2)路面:BZZ-100kN。

5. 通航水位(1985国家高程基准)

设计最高通航水位:4.30m

设计最低通航水位:-3.42m

6. 船舶撞击力

(1)主桥横桥向:设置防撞设施后船舶撞击力为34.5MN,集中荷载撞击高程为2.63m。

(2)引桥横桥向:平均高潮位+2.52m下水深大于等于4m的引桥桥墩按500吨级1m/s漂流撞击考虑,船撞力为3MN;平均高潮位下水深大于0.6m小于4m的其他引桥桥墩按照200t空驳船漂流1m/s撞击考虑,船撞力为1.27MN。

(3)主引顺桥向:按相应横桥向船舶撞击力的50%考虑。

7. 设计基准期:100年

8. 地震:地震基本烈度为VII度

9. 风参数

(1)运营阶段:重现期100年,基本风速为34m/s,设计风速为39.9m/s。

(2)施工阶段:重现期20年,基本风速为29.9m/s,设计风速为35.1m/s。

(3)风速随高度变化模式$\left(U_{\mathrm{d}} = U_{10}\left(\frac{z}{z_{10}}\right)^{\alpha}\right)$中的桥位场地幂指数$\alpha=0.12$。

10. 设计水位及设计波高

(1)桥梁设计水位采用300年一遇潮位:高水位4.79m(1985国家高程基准)。

(2)路基设计水位采用100年一遇潮位:高水位4.57m(1985国家高程基准)。

(3)桥梁墩身基础结构计算采用100年一遇波浪和水流作用进行计算。

五、路线总体设计

1. 项目起终点

本项目是泉州环城公路的一部分(泉州环城三期),起点与泉州环城高速公路晋江至石狮段(泉州环城二期)相连接,终点与泉州市环城高速公路南惠支线(泉州环城一期)的塔埔枢纽互通相接。目前泉州环城高速公路晋江至石狮段及南惠支线均在建设中,本项目起终点明确。如图2所示。

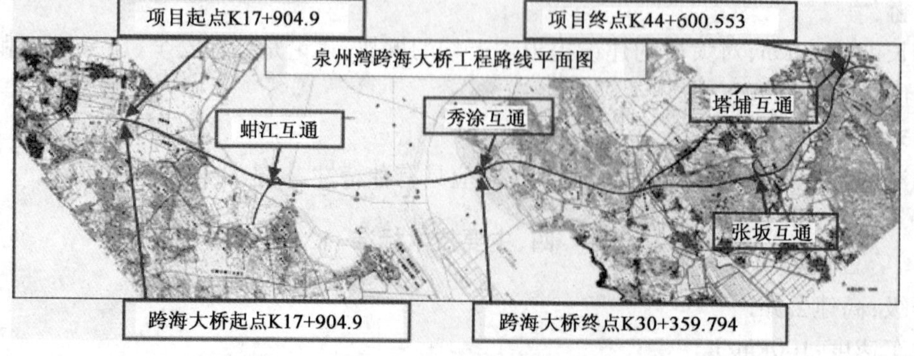

图2 路线总体方案图

2. 路线指标

(1)平面设计

本项目路线全长26.696km,全线共设13个平曲线交点,平均每公里交点数0.487个,平曲线总长15.730km,占路线全长的58.923%。平曲线最大半径5 520m(1处),最小半径1 140m(1处),最大直线长度3 577.69m,同向曲线间最小直线长度3 577.69m,反向曲线间最小直线长度253.767m。

(2)纵断面设计

本项目全线设置了25个变坡点,平均每公里变坡0.936次,竖曲线长度11.723km,占路线全长的43.914%。其中最大纵坡2.5%/1处,最小纵坡0.3%/2处,最短坡长400.553m/1处,最小竖曲线半径凸形16 000m/3处,凹形15000m/1处。

3. 路线交叉

本项目设置互通式立体交叉4处(表1),设置分离式立交2座。设置通道8处,天桥1座。

互通立交一览表　表1

序号	互通名称	交叉桩号	间距(km)	互通形式	交叉方式	被交路名称及等级
1	蚶江互通	K23+295.844		单喇叭A形	主线上跨	蚶江大道、二级
2	秀涂互通	K30+205.939	6.91	单喇叭B形	主线上跨	沿海大通道、城市道路
3	张坂互通	K39+280	8.97	单喇叭A形	主线下跨	县道355、二级
4	塔埔互通	K44+277.6	4.99	直连式T形枢纽	主线下穿	南惠高速、高速

4. 管理、养护与服务设施

本项目设置监控分中心1处,匝道收费站3处。见表2。

沿线设施建设规模　表2

序号	设施名称	建筑规模		
		车道数(入/出)	建筑面积(m^2)	占地总面积(亩)
1	蚶江收费站	4/8	1 600	11.2
2	秀涂收费站	3/7	1 400	9.8
3	蚶江监控分中心	—	4 000	25
4	张坂收费站	3/6	1 300	9.1
5	合计	—	8 300	55.1

六、跨海大桥总体设计

1. 线形方案

(1)平面

工程平面线形海域部分受桥轴线控制、陆域部分受路线走廊带控制。

①南岸陆地区引桥。南岸陆地区引桥2.732km,由于路线较短,并且受起点环城二期的新塘互通、九十二旅军队用地、雪上沟河道、十三师军队用地及水头村限制,路线方案单一。如图3所示。

②海域部分桥梁。海域部分桥轴线主要受登陆点、湿地保护区及航道的控制。

a. 大桥登陆点

南岸登陆点受本工程起点控制,两者间距离2.72km,顺接泉州环城高速公路晋江至石狮段后,南岸登陆点位于石狮的水头村西侧。

北岸登陆点则受路线走廊带控制,位于秀涂的顶宫村与下宫村之间。

b. 湿地保护区和航道

工可桥位法线与航道夹角达20°、与水流夹角见表3,交通运输部及国家发改委审查时,均提出下阶

图3 南岸陆地区引桥路线方案图

段应尽量减小夹角,为此调整桥轴线。推荐桥轴线法线从白屿岛南侧经过,与航道斜交角减小至15.7°,与水流夹角见表3,均有改善。桥轴线未经过白屿岛,也避免了岛屿部分须采用不同于南侧海域引桥的工法问题,减少了一种工法,简化了施工工序。

流向与桥轴线夹角表 表3

序号	位置		初设线位流向与桥线夹角(°)		工可线位流向与桥线夹角(°)	
	*X*坐标	*Y*坐标	涨急	落急	涨急	落急
1	502 754.9	2 746 319.6	55.37	56.23	57.38	58.01
2	503 438.4	2 747 211.0	82.24	79.26	77.37	76.90
3	503 659.8	2 747 498.5	88.45	86.85	71.77	83.62
4	503 824.2	2 747 717.6	83.43	87.14	75.44	83.02
5	504 093.4	274 8071.1	74.38	77.18	80.74	83.19

除推荐线位外还探讨过两个线位方案,比较线位一虽然角度较小,为9.0 °,平曲线半径仅2 000多米,指标太低,且经过白屿岛;比较线位二与航道夹角为14.156 °,但北岸登陆点附近拆迁量大。因此采用了推荐线位。平面线位比较如图4所示。

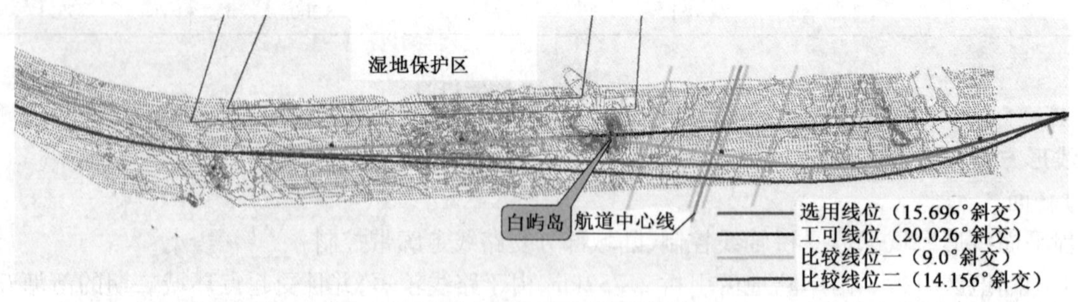

图4 平面线位比较图

③平面指标。经对工可线位调整后,最终跨海大桥全长12.451km,共设3个平曲线交点,平均每公里交点数0.241个,平曲线总长5.832km,占路线全长的46.84%。平曲线最大半径5 520m(1处),最小半径4 010m(1处),最大直线长度3 577.691m,同向曲线间最小直线长度3 577.691m,反向曲线间最小直线长度2 969.705m。

(2)纵断面

纵断面设计则在满足通航净高、大桥设计高水位及上部结构耐久性要求、现有及规划道路通车净高的前提下,采用均衡连续指标,尽量采用满足视觉需要的竖曲线半径值,保证行车安全、舒适。

①跨海大桥主桥两侧采用2%的纵坡。

②跨海大桥设置了8个变坡点，平均每公里变坡0.643次，竖曲线长度3.473km，占路线全长的27.893%。其中最大纵坡2%/2处，最小纵坡0.3%/4处，最短坡长650m/1处。最小竖曲线半径凸形20 000m/1处；凹形20 000m/4处。

(3)大桥梁底控制高程确定

主桥、水中区引桥的梁底高程确定原则不同，主桥需满足通航要求，梁底控制高程主要取决于设计最高通航水位、通航净高、检查车高度、挠度值及富裕高度；水中区引桥为保证上部结构耐久性，梁体、支座不让波浪溅湿，梁底高程根据300年一遇极端高水位、100年一遇浪高、支座高度、挠度值及富裕高度确定。具体高程(1985国家高程基准)如下：

$$H_{主桥梁底控制高程} = H_{最高通航水位} + H_{通航净高} + H_{检查车高度} + H_{挠度值及富裕高度} = (4.30 + 44.57 + 3.05 + 0.6)\text{m} = 52.52\text{m}$$

$$H_{引桥梁底控制高程} = H_{极端高水位} + H_{浪高} + H_{支座高度} + H_{挠度值及富裕高度} = (4.79 + 2.36 \sim 3.35 + 0.3 + 1)\text{m} = 8.45 \sim 9.44\text{m}$$

(4)承台高程确定

主桥承台的高程根据防撞要求确定，按照船舶避免撞到塔柱、墩身和桩身的原则，确定主桥承台顶高程为+5.5m。

水中区引桥考虑到施工难度、工程造价及景观效果，确定承台底高程为-1.4m，保证平均低潮位时，桩不露出水面。根据水文统计资料，一个月内白天(7:00~19:00)露桩天数约9天，露桩时间不超过2小时，一个月的其余时段白天不露桩。

陆地区引桥承台顶高程设在地面线以下50cm。

2. 主桥桥型方案

(1)主跨跨径

主要考虑满足通航要求，按照交通运输部的批复，主跨跨径400m可满足通航要求。

(2)桥型方案比较

主跨跨径400m，可选择的桥型主要有斜拉桥、自锚式悬索桥、拱桥。

①斜拉桥方案：采用钢箱梁、组合梁方案，板件在工厂预制，组拼场组拼成主梁节段，海运至桥位吊装，受风、浪、流影响小，现场工作量小，作业时间短，施工风险较小。后期斜拉索可检测、可更换，结构耐久性有保证，建设条件适应性较好。

②自锚式悬索桥方案：由于结构受力需要，加劲梁需要十分强大，以抵抗巨大的水平缆力，因而跨径受到限制，400m跨径对该桥型而言，已属于大跨径。施工时需要用支架先将梁架设完成才能架设缆索系统，对通航将造成一定程度的影响；构件多、工序繁杂，大桥又处在海域中央，施工条件受到很大限制，现场作业时间较长，施工受风、浪、流影响大；后期维护工作量大，结构刚度小，对建设条件的适应能力最差，且造价昂贵。

③拱桥方案：受到地形地质条件限制，拱桥只能采用无推力系杆拱式结构。与自锚式悬索桥类似，构件较多、工序繁杂，现场作业时间长，施工风险较大，后期养护工作量也很大，对建设条件的适应性也比较差。但在经济性方面具有一定的优势。

综上所述，从建设条件和施工安全角度考虑，拱桥可以考虑，斜拉桥更为合适。为此，对主桥提出5个桥型方案：双塔分幅组合梁斜拉桥(三柱式门形塔)、双塔整幅斜拉桥、独塔整幅斜拉桥、独塔分幅斜拉桥和分幅组合梁系杆拱桥。从结构受力、刚度、稳定性、施工难易程度及建设条件的适宜性方面进行比较。

对5种方案桥型进行比较，见表4。

主桥桥型方案综合比较及推荐方案

表4

项目＼方案		方案一	方案二	方案三	方案四	方案五
跨径及结构型式		70+130+400+130+70=800m双塔斜拉桥	70+130+400+130+70=800m双塔斜拉桥	120+200+400=720m独塔斜拉桥	120+200+400=720m独塔斜拉桥	2×70+400+2×70=680m系杆拱桥
结构	主梁	分幅组合梁	整幅钢箱梁	整幅钢箱梁	分幅钢箱梁	分幅组合梁
	索塔	三柱式门形塔	凯旋门塔	灯笼形塔	风帆形塔	—
对建设条件适应性		符合桥位处气象、水文、地质、地震和航运的要求	符合桥位处气象、水文、地质、地震和航运的要求	符合桥位处气象、水文、地质、地震和航运的要求	符合桥位处气象、水文、地质、地震和航运的要求	符合桥位处气象、水文、地震和航运的要求，但受地形地质条件限制，其建设条件适应性较差
使用功能满足程度		主跨跨径满足通航净宽要求，对航道适应性好	主跨跨径满足通航净宽要求，对航道适应性好	主跨跨径满足通航净宽要求，但主跨侧的过渡墩抵抗船撞能力弱，因而设防难度及规模大	主跨跨径满足通航净宽要求，但主跨侧的过渡墩抵抗船撞能力弱，因而设防难度及规模大	主跨跨径满足通航净宽要求，但主墩抵抗船撞能力弱，因而设防难度及规模大
技术难度和技术可行性		建成的组合梁斜拉桥跨度已达到605m，其设计理论和技术手段成熟，施工经验丰富	建成的钢箱梁斜拉桥跨度已达到1 088m，其设计理论和技术手段成熟，施工经验丰富	建成的钢箱梁斜拉桥跨度已达到1 088m，其设计理论和技术手段成熟，施工经验丰富	建成的钢箱梁斜拉桥跨度已达到1 088m，其设计理论和技术手段成熟，施工经验丰富	建成的系杆拱桥跨度已达到552m，其设计理论和技术手段成熟，施工经验丰富
抗灾能力		抗风、抗震能力较好	抗风、抗震能力较好	抗风能力较好、抗震能力差	抗风能力较好、抗震能力较差	抗风能力较好、抗震和防船撞能力较差
难易程度及工期		现场需现浇混凝土桥面板接缝，工期较短	制造、运输难度相对较大，制造和安装精度控制要求相对较高，施工方便，工期短	制造、运输难度相对较大，制造和安装精度控制要求相对较高，施工方便，工期长	制造、运输及安装难度较小，施工方便。但悬臂施工期长，施工期安全风险大	构件多，工序繁杂，工期长，施工期安全风险大
后期维修养护		混凝土桥面板铺装减少了后期维修养护费用	钢桥面铺装后期维修养护费用高	钢桥面铺装后期维修养护费用高	钢桥面铺装后期维修养护费用高	混凝土桥面板铺装减少了后期维修养护费用
美学效果		三柱式门形塔古香古韵，整体造型简洁干练，富有现代感 	凯旋门形索简洁大方，线条分明，视觉冲击力强 	灯笼形塔似凌波仙子，造型简洁明了，通透明亮 	风帆形塔似航海船帆，气势磅礴 	造型常规，特点不鲜明 
比较结论		推荐	比较	比较	比较	比较

经综合比较:拱桥方案构件多,工序繁杂,现场作业时间长,施工风险大,其建设条件适应性比较差,可比性差;独塔整幅和分幅斜拉桥造价高,海上作业时间长,施工风险高,可比性较差;两个双塔斜拉桥方案相比较,分幅组合梁方案虽然海上作业时间稍长(约长1个月),但幅宽窄,制造、运输和安装方面较优,造价亦较低,尤其是桥面铺装与混凝土结构相同,避免了钢桥面铺装的问题。而因此主桥推荐采用双塔分幅组合梁斜拉桥(三柱式门形塔)。

3. 主桥结构设计

主桥桥型方案为双塔分幅组合梁斜拉桥,跨径布置为(70+130+400+130+70)m=800m(图5)。桥面位于$R=20000$m、切线长$T=400$m、外矢距$E=4$m的圆弧竖曲线上,最大纵坡为2%。顶板设2%单向横坡,利用主梁内外侧高度差来实现,主梁底板保持水平。

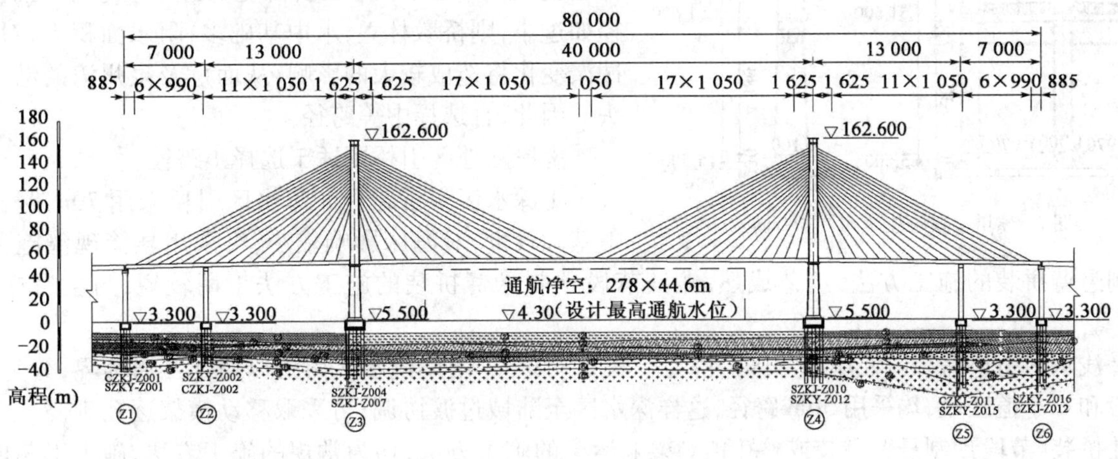

图5 桥型布置(尺寸单位:cm)

(1)主梁及斜拉索

主梁采用分幅型式,单幅主梁为抗风性能好、造型美观的PK式流线形扁平组合梁(图6),除索塔处主梁外,两侧均设置风嘴。两幅梁全宽56.49m(含风嘴),单幅梁含风嘴宽27.41m(含风嘴)、不含风嘴顶板宽23.85m,梁高3.5m(单幅箱梁中心线处),其中钢梁中心线处梁高3.1m。

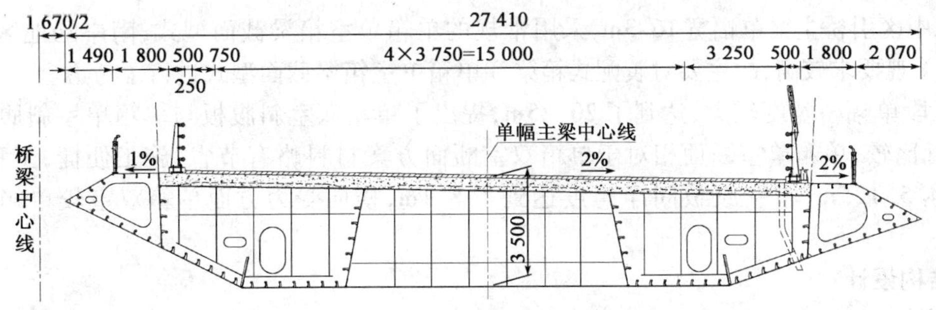

图6 主梁标准横断面(尺寸单位:mm)

混凝土桥面板分为预制板与现浇两部分制作。桥面板全宽20.918m,标准厚度28cm,在箱梁纵腹板及横隔板上翼缘处加厚至40cm。

斜拉索与主梁之间锚固构造采用锚拉板形式。斜拉索采用抗拉标准强度为1670MPa平行钢丝斜拉索。

(2)索塔

索塔采用三柱式门形索塔(图7),包括塔座、塔柱、横梁、塔冠、装饰块、钢锚梁及牛腿等。塔座底面高程5.500m,塔顶高程162.600m,索塔总高度157.100m。

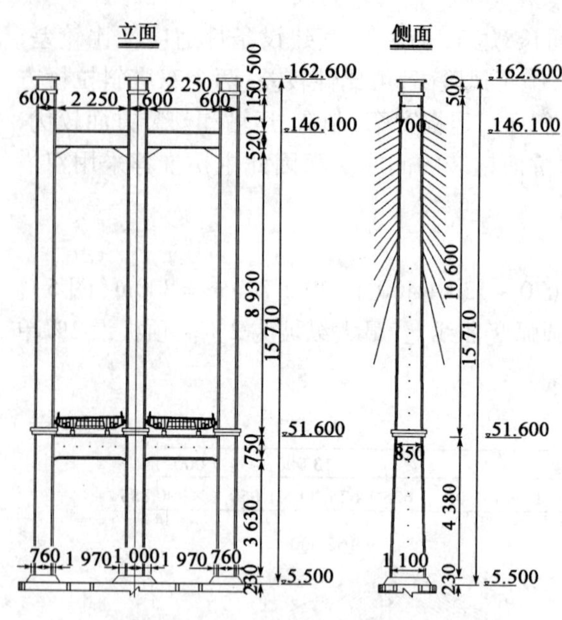

图7 索塔一般构造(尺寸单位:mm)

(3)基础

索塔基础承台倒圆角的矩形截面,边塔柱与中塔柱分承台设计,承台之间通过两根系梁连接,承台厚度为6.0m。边塔柱承台下设9根直径2.5m钻孔灌注桩,中塔柱承台下设15根直径2.5m钻孔灌注桩,均按嵌岩桩设计。

4. 引桥桥型方案

(1)跨径选择

引桥适宜的基础型式是嵌岩桩,基础工程造价低,这样也就决定了中、小跨径引桥更为经济。水中区引桥跨径如过小,则桥墩林立,水中基础多,阻水面积大,对海床冲淤变化将造成较大的影响,从而危及泉州湾的港口、码头。因此,宜选择中等跨径。

南岸陆地区引桥则适于选择小跨径。

①深水区引桥跨径。深水区引桥采用70m跨径,水中基础较少,对海床影响较小;可采用挂篮现浇施工、节段预制悬臂拼装的施工方法,工艺成熟,尤其节段预制悬臂拼装的施工方法工期较短,与主桥亦匹配协调。

②浅水区引桥跨径。北岸浅水区引桥为一联6×50m。南岸浅水区引桥以蚶江互通为界,分为8车道区段和6车道区段,均采用50m跨径,这样深水区至陆域过渡协调;可采取移动模架逐孔现浇、节段预制逐孔拼装、节段预制悬臂拼装或整孔预制梁上运梁的施工方法,均为常规的施工方法,施工工艺成熟。节段预制工法和整孔预制梁上运梁的施工方法施工速度快。

(2)结构体系

因桥址区地震动参数较大导致结构地震响应较大,故水中区引桥均采用预应力混凝土连续梁结构。

(3)断面型式

引桥均采用分离式箱梁结构,单幅施工方便、质量有保证。

(4)断面方案

6车道水中区引桥主梁单幅宽16.3m,采用常规的单箱单室箱梁截面型式;南岸陆地区引桥位于较发达地区,对美观要求较高,故主要对装配式箱梁和单箱单室箱梁截面型式进行了考虑。

8车道区段单幅桥宽度较大,达到了20.25m,提出了单箱双室斜腹板与单箱单室斜腹板两种箱梁断面形式进行比较,单箱单室断面相对于单箱双室断面方案材料略有节省,施工便捷,工程造价稍低,但悬臂长度达5.125m,箱室腹板间净跨度达到了8.1m,横向受力方面单箱双室较单箱单室断面更合理。

5. 引桥结构设计

具体的桥跨布置情况如表5、表6所示。

南引桥桥跨布置一览表

表5

项目	南引桥					
	南岸陆地区引桥	跨省道201段	南岸浅水区引桥(六车道)	蚶江互通主线桥	南岸浅水区引桥(八车道)	南岸深水区引桥
桥跨(m)	30、40	35~62	50	50	50	70
长度(m)	2 732.094	左幅:181 右幅:231	左幅:1 950 右幅:1 900	1 200	1 050	2 450

北引桥桥跨布置一览表 表6

项 目	北 引 桥		
	北岸深水区引桥	北岸浅水区引桥(8 车道)	秀涂互通主线桥
桥跨(m)	70	50	45.6、50
长度(m)	1050	300	741.8

(1)南、北岸深水区引桥

采用单箱双室斜腹板箱梁型式。梁高4.0m,箱梁顶板宽20.05m,底板宽10.9m,翼缘悬臂长为3.325m。顶板厚为28cm。预制箱梁节段及现浇横隔梁材料采用C55混凝土,现浇湿接缝采用C55早强微胀混凝土。箱梁采用纵、横双向预应力体系。下部结构为双柱式花瓶墩身+承台+群桩基础型式。

(2)南岸浅水区引桥(8车道)

箱梁采用单箱双室斜腹板箱梁型式。梁高3.0m,箱梁顶板宽20.05m,底板宽11.64m,内外侧翼缘悬臂长分别为3.289m和3.287m。顶板厚为28cm。预制箱梁节段及现浇横隔梁材料采用C55混凝土,现浇湿接缝采用C55早强微胀混凝土。箱梁采用纵、横双向预应力体系。下部结构为双柱式花瓶墩身+承台+群桩基础型式。

(3)北岸浅水区引桥(8车道)

箱梁采用单箱双室斜腹板断面形式。箱梁梁高为3m,翼缘悬臂长两侧分别为3.287m和3.289m。跨中顶板厚为28cm,底板厚为27cm。箱梁采用纵、横双向预应力体系。下部结构为双柱式花瓶墩身+承台+群桩基础型式。

(4)南岸浅水区引桥(6车道)

箱梁采用单箱单室斜腹板箱梁型式。梁高3.0m,箱梁顶板宽16.3m,底板宽7.4m,翼缘悬臂长为3.53m。顶板厚为28cm。箱梁采用纵、横双向预应力体系。采用节段预制整孔拼装施工方案。下部结构为双柱式花瓶墩身+承台+群桩基础型式。

(5)互通区主线桥

采用单箱单室箱梁及由单箱双室变为单箱三室或者四室斜腹板的等高变宽箱梁断面形式。单箱单室箱梁中心梁高3m。箱梁采用纵、横双向预应力体系。下部结构为双柱式花瓶墩身+承台+群桩基础型式。

6.施工方案

施工方案紧紧围绕减少海上施工时间、降低施工风险的目标拟定。

(1)基础采用全栈桥施工,变海上施工为陆地施工。

(2)主桥主梁采用整梁段预制、桥面吊机安装的施工方法,梁段间采用干拼连接。

(3)引桥因桥址处缺少场地,均未采用整孔预制工法。深水区70m跨径引桥采用节段预制悬臂拼装施工方案;浅水区50m跨径引桥采用节段预制整孔拼装施工方案;互通区主线桥近岸、处于有掩护海域,加之基岩埋深浅、地质条件好,因此逐跨支架现浇施工方案。

七、结 语

泉州湾跨海大桥工程是海峡西岸经济区高速公路网的组成部分,是福建省有史以来规模最大的跨海交通基础设施工程。本文扼要介绍了工程的概况,目前已基本完成开工前的准备工作。建设过程中还将遇到一些技术问题(科研、设计、施工、试验等),希望能得到国内外桥梁界的大力支持和帮助。

16. 九江新长江大桥设计和南主塔基础施工

吴宝诗
(江西省交通设计院)

摘　要　九江新长江大桥是为江西为主建设的第一座长江大桥,斜拉桥主跨818m,居世界已建同类桥梁第6。设计和施工中面临着桥型方案、南主塔基础、北岸深水基础、钢箱梁、超宽混凝土箱梁、钢混结合段、斜拉主塔、钢桥面铺装等多项关键技术和挑战,特别是南主塔基础是国内首次建设在长江大堤上的大型桥梁基础。

关键词　九江新长江大桥　设计　南主塔基础施工

一、工 程 概 况

九江新长江大桥(九江长江公路大桥,简称九江二桥)是五纵七横国道主干线京福高速和国高网福银高速跨长江的关键工程,是继九江长江公铁两用桥之后的江西首座高速公路跨长江大桥。大桥连接江西省九江市与湖北省黄梅县,于九江老桥上游10.8km处的九江城西港区东侧跨越长江。

图1　九江新长江大桥

工程路线全长25.2km,起点位于南九高速九江县七里湖路段,终点接黄小高速黄梅县小池口收费站,其中江西岸南引道8.5km,湖北岸北引道8.2km,跨长江公路大桥桥长8 462m,其中主桥斜拉桥长1 405m,主跨818m,是国内继苏通大桥、昂船洲大桥和鄂东大桥之后第4大跨径,居世界已建同类桥梁第6。如图1所示。

九江新长江大桥2004年7月开始前期工作,2009年1月和8月,国家发改委和交通运输部分别批复项目可研报告和初步设计,2009年10月工程开工,预计2013年10月建成通车。该项目的建设对完善全国和江西、湖北两省高速公路网,拉动区域经济快速发展和加快"环鄱阳湖经济圈"和"西部大开发"的战略实施都将起到重要的作用。

二、主要技术标准

(1)九江岸起点至湖北岸引道分路互通为双向6车道高速公路,路基宽33.5m;分路互通至终点段为双向4车道高速公路,路基宽26m;设计车速100km/h。

(2)桥梁结构设计基准期100年;跨江大桥斜拉桥主桥宽38.9m(含风嘴);副孔、引桥宽33.5m;南北引道桥梁宽度同路基。主桥通航净空主通航孔单孔双向航道1-600m×24m,副通航孔单孔单向航道1-200m×24m,备用小轮通道单孔单向航道1-100m×18m。主桥船舶撞击力通航孔主墩横桥向33.4mN,纵桥向16.7MN;通航孔辅助墩横桥向22MNMN,纵桥向11MN;通航孔过渡墩横桥向20MN,纵桥向10MN。

(3)设计荷载等级为公路-I级;设计洪水频率1/300(特大桥)和1/100(大、中、小桥及路基);地震基本烈度为VI度,采取Ⅶ度设防;桥位设计基本风速:30.1m/s。

三、自然地理条件

1. 地形地貌

九江新长江大桥路线走向大致为由南往北,桥址位于长江中下游的九江水道中段,河道微弯,两岸筑堤防工程,岸线稳定,堤距2.1~2.6km不等;北岸漫滩宽缓,南岸河岸较陡;河道内深槽位置基本固定偏九江岸一侧,河槽最低高程约-13m,设计水位时对应水深20m以上的河面宽度约1 100m。

桥址区地貌以河流Ⅰ级阶地、河漫滩和河床为主;南岸江西九江地势略有起伏,见有山丘和众多湖泊,沟渠纵横,塘堰广布,为岗地地貌,地面最大高差近50m;北岸湖北黄梅地势平坦,为河流冲积平原地貌,高程14.0~18.0m。

2. 气象、水文

桥位处属亚热带季风气候区,气温温和、雨量充沛、季节变化明显,最高月平均气温33.0℃,最低月平均气温4℃,历年极端最高气温41.2℃,历年极端最低气温-18.9℃。年平均降水量1 347~1 440mm。4~6月降水量约占全年降水量的48%,多年平均风速2.0~3.1m/s,年最大风速7.7~20.0m/s。

桥位处多年平均水位为11.66m,历年最高水位为21.14m,最低水位为4.94m,多年平均流量为23 500m^3/s,最大流量为75 000m^3/s,多年平均径流量为7 416亿m^3。经计算,桥位300年一遇设计洪水位22.92m,20年一遇最高通航水位21.75m,重现期10年98%年保证率的最低通航水位5.38m。

3. 工程地质

大桥沿线主要为第四纪地层所覆盖,地表未见断裂构造。桥址区无全新活动性断裂通过,地震活动水平不高,场地相对稳定。桥位河床基础地质构造基本上沿河床水流方向发育,覆盖层主要为粉质黏土、淤泥质土、粉土、砂类土、砾石土、圆砾土等,厚度18~59m,下伏基岩为泥质砂岩、砾岩、灰岩;局部存在岩溶、断裂破碎带、岸坡失稳等不良地质,两岸浅部存在局部可液化砂土及欠固结软土,对大桥基础稳定有一定影响。

四、总 体 设 计

1. 桥型方案

为满足通航要求,设计选择了斜拉桥和悬索桥进行比较。由于桥位处江面宽,通航净空偏九江岸,使得悬索桥北侧锚碇需设置于长江内漫滩上,技术处理困难,经济性差,缺乏竞争力。

设计主要选择不同跨径的斜拉桥进行比较,并对南主塔墩的位置进行了充分的认证。根据通航要求在河床深槽处布置净宽不小于600m的主通航孔,在主通航孔北侧布置200m辅助通航孔,以覆盖全部有效通航水域。初设主要方案南主塔位于九江永安大堤坡脚以北20m处,岩性以灰岩为主,岩溶较发育,存在隐伏溶槽,北侧有一宽大U型灰岩溶槽;如主跨整体北移,则南主塔将置于深水主航道上,对通航不利,北主塔又将进入泥质粉砂岩和砾岩间断裂破碎带位置;同时河床研究试验显示主桥南主塔局部冲刷深度15~16m,冲刷半径40余米,对永安大堤稳定有较大威胁。

经综合分析,设计将斜拉桥九江岸南主塔墩置于永安大堤迎水面二坡道上,基础持力层为砾岩,浅层局部溶洞;北主塔墩置于离断裂破碎带80m外的均匀泥质粉砂岩中,采用主跨为818m的6跨不对称混合梁斜拉桥覆盖主航道。如图2所示。

南主塔位置南移后,避开了地质不良区域,为九江航道和九江岸深水港区创造了良好的通航净空,避免了船只与南主塔墩的撞击,减少了建桥对行洪条件的影响和对永安大堤的危害;虽跨径较大,但南主塔位置地势平坦,地面标高为18.5m,高于长江九江段常水位13m,全年大部分时间可以旱地施工,降低了南主塔施工难度,经济上合理,施工上安全;同时北主塔地质条件良好,全桥总体上经济性较好。

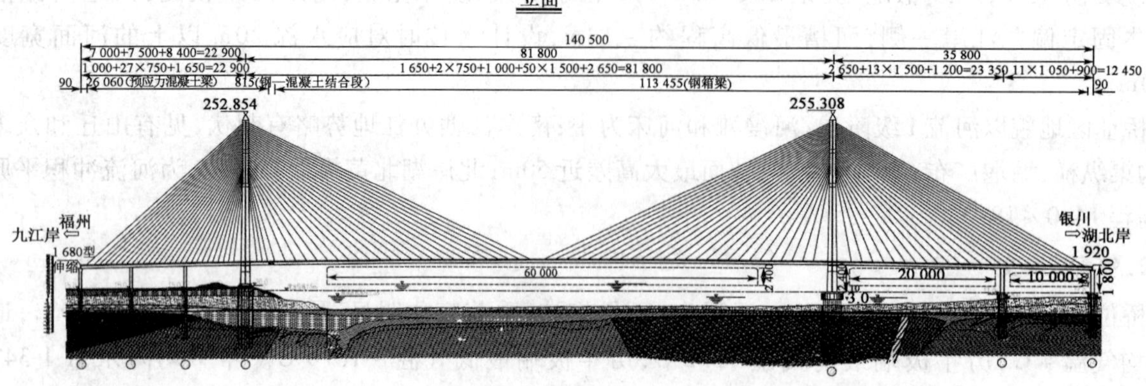

图2　斜拉桥主桥布置图(尺寸单位:cm)

2. 主桥设计

九江新长江大桥主桥结构为6跨不对称混合梁斜拉桥，桥长1405m，跨度组合为(70+75+84)m+818m+(233.5+124.5)m；南边跨总跨度为229m，设置2个辅助墩和1个过渡墩，南边中跨比为0.280；北边跨总跨度为358m，设置1个辅助墩和1个过渡墩，北边中跨比为0.438。主桥采用密索半漂浮结构体系，在索塔横梁与主梁间设置支座和纵向冲击荷载阻尼约束装置，索塔与主梁侧设置横向抗风支座。

混合结构组成为：0.9m(南过渡墩伸缩缝)+260.6m(南岸混凝土梁段)+8.15m(结合段)+1 134.45m(钢箱梁段)+0.9m(北过渡墩伸缩缝)。南边跨和主跨南索塔附近为混凝土主梁，主跨大部分与北边跨为钢箱梁。

主桥路线设计平面线型为直线，桥面横坡为双向2%，无超高；南岸引桥、北岸副孔桥和引桥均位于半径4 000m的平曲线上。主桥纵坡采用人字坡，上坡为2.2%，下坡为-1.6%，竖曲线半径R=29 000m。

(1)钢箱梁

钢箱梁采用扁平型闭合箱形截面钢箱梁，钢箱梁含风嘴顶板全宽38.9m，不含风嘴顶板宽34.9m，中心线处梁高3.6m；梁内设置两道纵隔板，采用实腹板和桁架两种类型；梁内每隔3.75m设一道实腹式横隔板，共13种类型312块。全部钢箱梁分为15种梁段类型，81个梁段；标准节段长15m；北辅助墩区域至北过渡墩之间的钢箱梁段进行了压重。钢箱梁采用预制拼装法施工，采用浮吊和桥面吊机起吊和放置梁段，梁段最大起吊重量约490t。如图3所示。

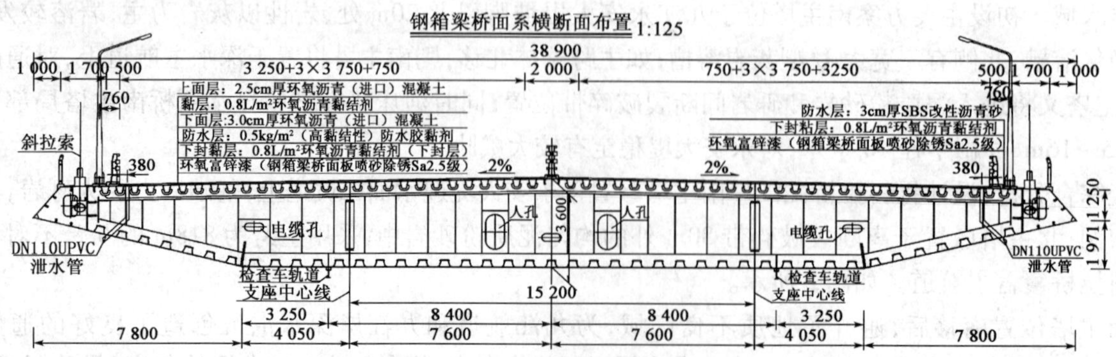

图3　主桥钢箱梁横断面图(尺寸单位:mm)

钢箱梁在材料选用、结构构造、施工方法、防腐涂装、检修与检测等方面进行了耐久性设计；对钢箱梁外露表面主要采用大功率电弧喷铝(≥180μm)，电弧喷涂改性环氧封闭漆，环氧云铁中间漆(≥1 ×

120μm)和高档氟碳树脂面漆(≥2×40μm),内表面采用环氧富锌漆、厚浆漆等,并加强了检测检修设备和除湿设备等,防腐寿命50年以上。

(2)混凝土箱梁

混凝土箱梁长260.6m,包含南边跨3孔混凝土箱梁228.1m,并伸入主跨32.5m后,通过8.15m钢混结合段与主桥钢箱梁相接。

混凝土箱梁截面与钢箱梁一致,采用单箱三室扁平型闭合箱形截面,综合性能较优,同时有利于主梁结构受力的传递。标准断面宽度38.9m(图4)。梁中心线处梁高3.6m,风嘴宽度1.0m。索塔中心线两侧各6.5m范围内梁宽度为34.9m。混凝土箱梁标准断面顶板厚30cm,底板厚28cm;梁内每隔3.75m设置一道40cm厚横隔板;与钢箱梁对应设两道50cm厚纵隔板。在箱梁顶板设置高130cm,宽30cm的4片次梁;底板相应设置高80cm,宽30cm的4片次梁。

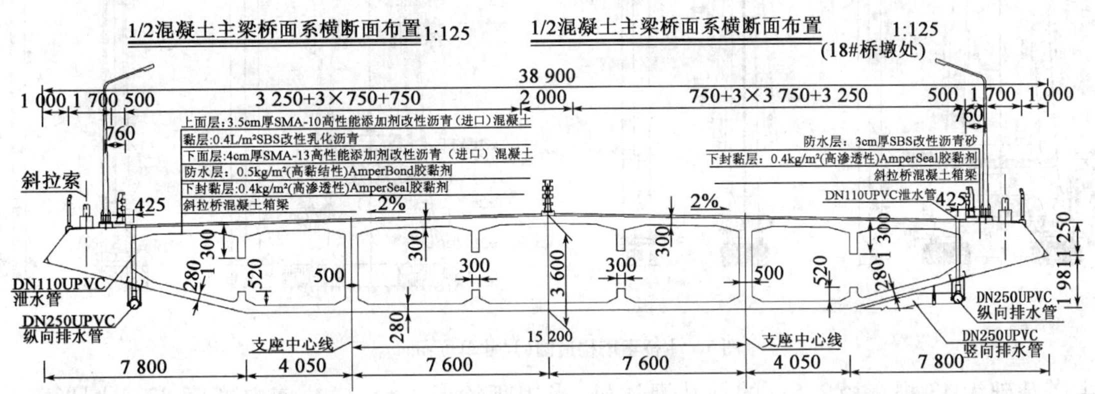

图4 主桥混凝土箱梁横断面图(尺寸单位:mm)

混凝土箱梁自梁端开始纵向分成4个施工梁段和3个湿接缝,采用C55高性能混凝土在支墩支架上现浇。

(3)钢混结合段

钢—混凝土结合段采用部分填充混凝土的后承压板式,连接处钢箱梁端部为多格室结构,在孔内填充聚丙烯纤维混凝土与混凝土箱梁连接成为一个整体,为使多格室部分的钢板与填充的混凝十结合密实,在钢板上设置了圆柱头栓钉和PBL剪力键,并用预应力钢束和预应力钢筋将钢箱梁和混凝土箱梁连成整体。钢混结合段混凝土部分采用C55聚丙烯纤维混凝土浇筑,设置纵横向预应力;钢结构部分采用和钢箱梁相同钢材制作。

(4)主塔

设计过程中,对主塔的造型进行了多方案比选,最终选用了梯形结构的H形混凝土主塔方案,采用稍向内倾斜的塔柱和三根横梁。塔身外形挺拔,稳定感强;塔型结构简洁,比例协调,总体造型美观,在国内已建斜拉桥中属首次。如图5所示。

南主塔从承台顶面起高230.8m,北主塔从承台顶面起高242.3m,桥面以上主塔高均为201.6m,高跨比为0.246。索塔横桥向塔柱斜率为1/6~1/56分段变化,塔柱宽5.8~12m;顺桥向索塔为I形,塔柱宽8.8~13.6m,中下塔柱斜率约为1/60。塔内设置检修爬梯、电梯、索塔防雷系统、航空障碍灯及景观设施等。

(5)主塔基础

南主塔基础采用28根直径2.8m的钻孔灌注桩,承台为左右分离两个带圆弧切角的矩形承台,矩形边长为22.5×22.5m,承台高度8m,每个承台下布置14根直径2.8m的钻孔灌注桩,桩长从地面起长86m,按端承桩设计。

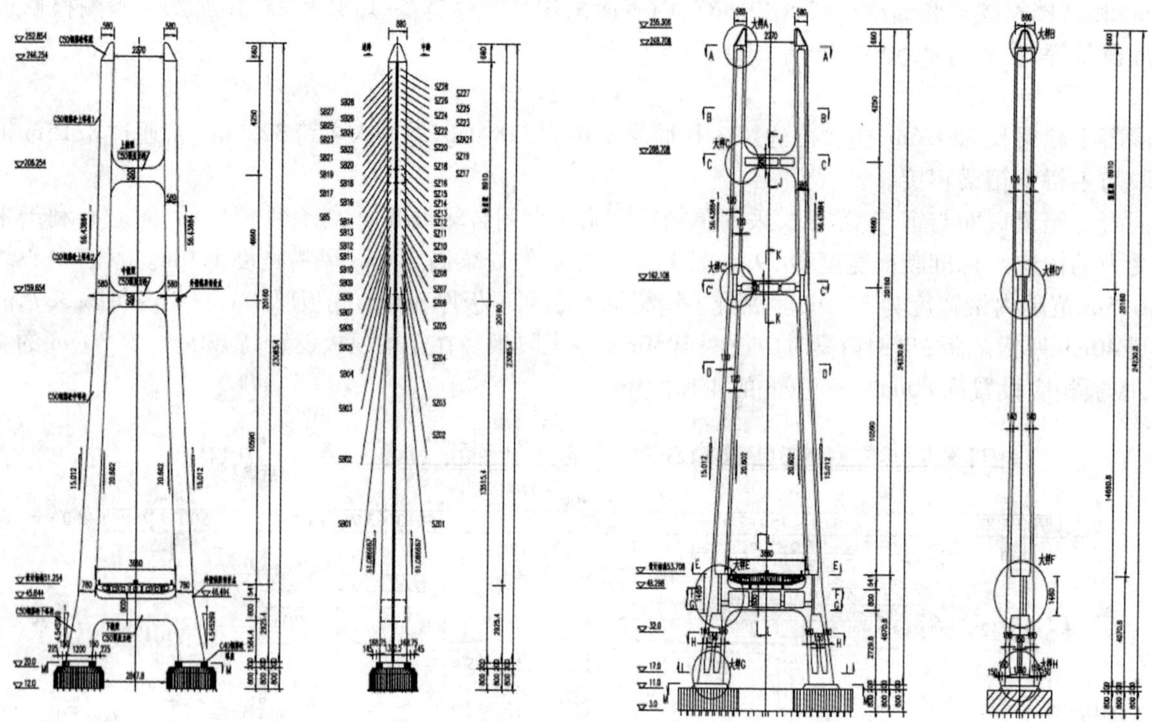

图5 主桥索塔构造图(尺寸单位:mm)

北主塔基础为43根直径2.5m的钻孔灌注桩,采用哑铃形承台,横桥向总宽度82m,圆形部分直径30m,系梁宽度14m,为提高承台刚度及防撞能力,系梁与承台高度均为8m,承台顶高程11.0m,设计桩长从承台顶面起为96m,按摩擦桩设计。

(6)拉索和锚固

主桥设置108对216根斜拉索,采用空间扇形双索面布置,南塔两侧各28对索,北塔两侧各26对索。斜拉索采用7mm镀锌高强度、低松弛钢丝平行钢丝斜拉索,抗拉强度标准值1 670MPa。索塔上拉索采用带钢牛腿的钢锚梁锚固方式;钢箱梁处斜拉索的锚固方式采用钢锚箱连接,混凝土箱梁斜拉索锚固方式采用梁体两侧设锚固块锚固;锚具采用PESM7冷铸锚,两端张拉;最长拉索无应力长度为442.287m,单根最大重量为36.135t。

斜拉索在塔上设减振器、在梁上设外置阻尼器以及气动措施减小振动;采用双层护套防腐体系,内层采用黑色聚乙烯防护套,外层采用彩色聚乙烯防护套,拉索护套和锚具连接处间隙采用填充材料封堵,确保封闭、防水渗入,以保证斜拉索在50年设计寿命。

(7)桥面铺装

钢桥面铺装采用黏结性、韧性好;高温稳定性、低温抗裂性好;抗车辙、抗剥落、腐蚀和不易产生裂缝;收缩系数小,温度敏感性小,重量轻,能与钢板紧密结合成为整体,变形协调一致的双层环氧沥青混凝土;混凝土箱梁桥面铺装采用3.5cm+4cm厚掺入高性能添加剂双层SMA改性沥青混凝土,同时开展施工工艺和防水体系的研究以确保桥面质量。

(8)健康监测系统

主桥设置健康监测系统,对桥梁施工及运营期的结构响应与行为以及桥梁所处的工作环境进行实时监测,评估桥梁结构的健康状态,为桥梁的施工、运营管理与维护提供科学依据,确保大桥的施工和运营安全。

(9)景观照明

南岸引桥和1 405m的斜拉主桥设置景观照明,斜拉索和斜拉塔采用彩色大功率投光灯照明形成彩色光影，箱梁侧面采用白色投光灯照明显示蓝色光影，桥面路灯采用有斜拉桥和九江文化特色的定制造型灯柱，配以新型节能光源路灯。如图6所示。

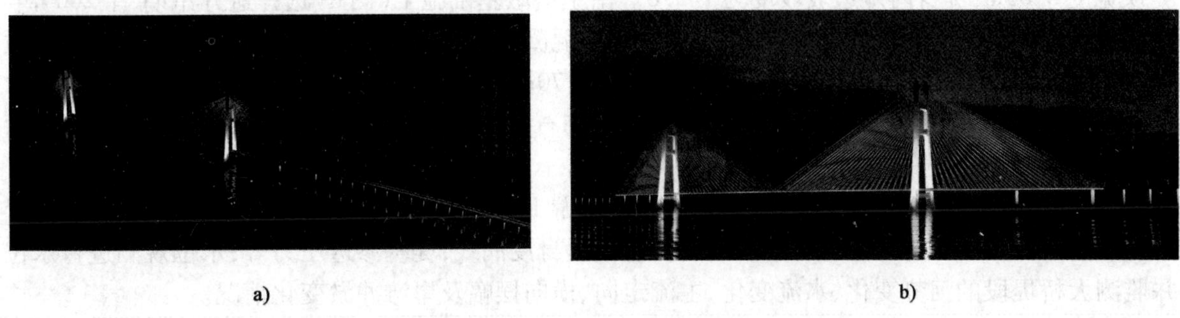

图6 主桥景观照明渲染图

五、南主塔基础施工

1. 安全论证

永安大堤是九江市长江干流堤防的一部分，1998年长江洪水期间，桥位下游3km处长江永安大堤决口。南主塔基础位于永安大堤内侧平台上，基础中心线距离九江永安堤中心线42m，采用28根直径2.8m的钻孔灌注桩；承台为左右分离带圆弧的方形承台，边长为22.5×22.5m，承台高度8m。大桥施工和营运阶段，桩基和承台施工对大堤渗流和稳定有一定影响，是九江桥最具争议的关键性技术和安全问题。南主塔基础施工防护剖面图如图7所示。

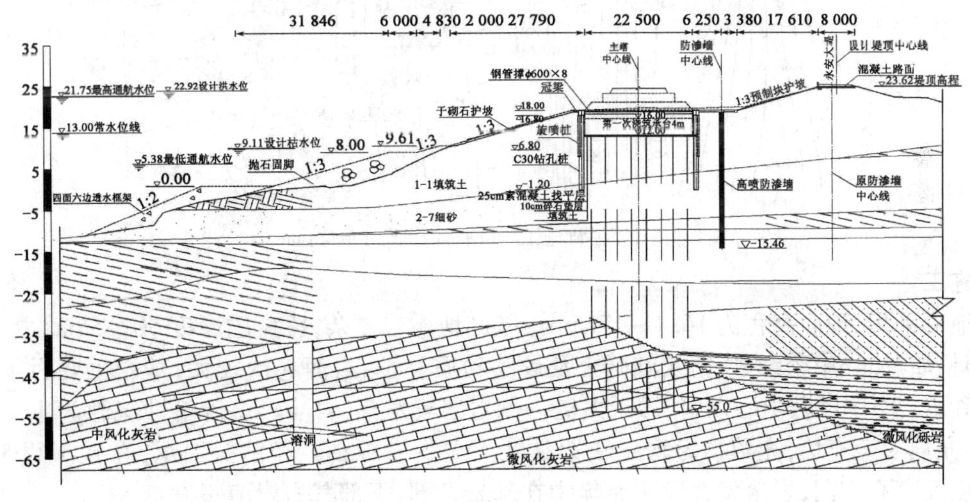

图7 南主塔基础施工防护剖面图（尺寸单位：mm）

大桥前期工作中编制了《九江长江公路大桥南塔桥墩对永安堤影响专题报告》，论证了南主塔桥墩放置在永安大堤内侧平台上的可行性。经分析、研究和计算，大桥所在位置永安大堤堤防满足稳定渗流期和水位骤降期岸坡抗滑稳定要求。大桥实施后，对南主塔墩处永安堤岸坡有一定影响，通过采用护坡、护岸工程和封闭防渗墙护墩措施，可以减少南主塔墩建设引起的岸坡冲刷，避免因桩基和承台与周围土体间存在裂缝而产生的堤防渗透稳定问题；南主塔桥墩施工后，边坡形状未发生变化，仅在堤内外增加桥桩，由于桥桩有抗滑作用，对大堤边坡稳定有利。

设计中进行了施工和营运阶段大桥的"安全风险评估"，对基础施工进行堤防边坡稳定分析，提出了有效的边坡防护和基坑开挖防护方案，增加了大桥施工期和营运期的南主塔附近永安大堤的长期监测设施，并获得长江水利委和交通运输部批复。

2. 大堤防护

长江九江段永安大堤1998～2002年采取抛石固岸，干砌石固岸、抛四面体等防护方式进行了全面治理，堤顶宽度8.00m，堤身内外边坡坡度为1:3.0。南主塔墩基础施工（图8）选择避开汛期，于2009年10月开始，并采取了有效防渗措施：在堤身设置高压喷射混凝土防渗墙，防渗墙深度穿透细砂层嵌入粉质黏土层内；平面上与永安堤原防渗墙体相连；在大桥上游70m，下游130m共200m范围内永安大堤常水位以上采用混凝土预制块护坡，常水位至枯水位采用干砌石护岸，枯水位以下采用抛石及混凝土四面六边透水框架固脚并设6m宽的平台。

大桥施工和营运时在大桥中心线及大桥中心线下游100m处2个断面设观察水准工作基点；设置位移观测、渗漏观测及水位观测等项目。渗漏观测包括堤身浸润线，堤基渗透压力等；水位观测进行水位观测，并监测大桥堤段的河势变化、水流变化、主流走向、横向摆幅及岸滩冲淤变化情况。

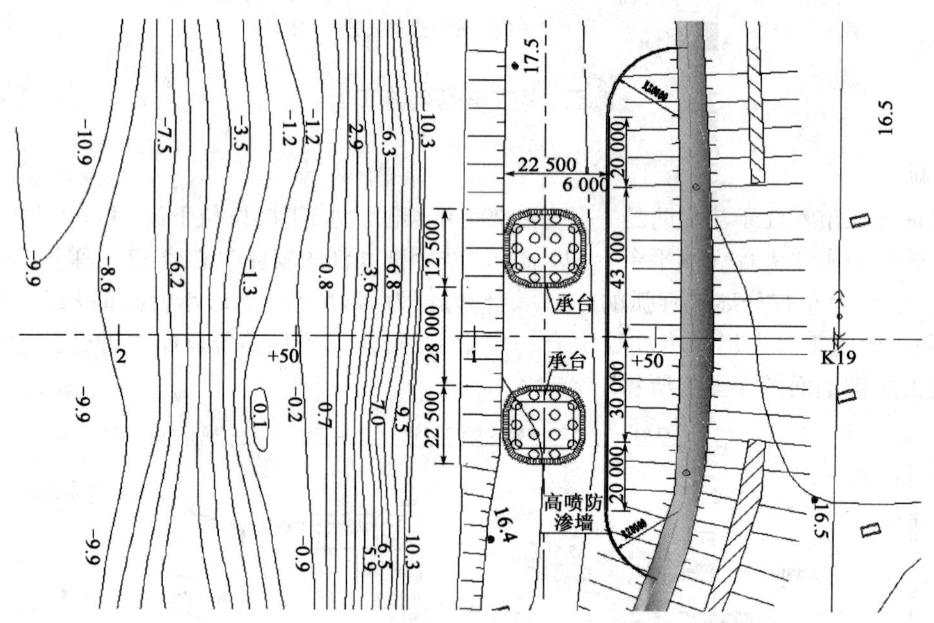

图8　南主塔基础施工防护平面图（尺寸单位：mm）

3. 桩基施工

南主塔地形平坦，地面高程为16.4～17.5m。基础地质较复杂，覆盖层厚度50～55m；主要为第四系填筑土、软塑粉质黏土、中密细砂、密实圆砾土及硬塑粉质黏土，岩面起伏较大，基岩主要为灰质角砾岩、含砾泥质粉砂岩；南主塔墩中心以南、靠近大堤一侧岩溶较发育，岩溶形态以溶蚀缝隙为主，溶蚀深度有限，缝隙内半充填～全充填，充填物为软～硬塑黏性土夹少量砾石。经钻探揭示，在孔深约55～70m范围内不同程度发育有空洞，岩溶发育段主要集中在基岩上部，下部基岩岩溶不发育。

南主塔基础承台高度8m，承台顶高程20.0m，周边地面标高18m，为增加美观效果，出露地面以上2m承台，纵横向尺寸向内缩1.5m。每个承台下布置14根直径2.8m的钻孔灌注桩，桩长86m，桩基在承台下成梅花形布置，按端承桩设计，要求桩底位置有不小于6m的完整微风化基岩。如图9所示。

2009年10月，南主塔基础开始施工，采用多台钻机，间隔钻孔，所有桩基均不同程度发现溶洞，施工单位采用抛土、石回填，钢护筒跟进，混凝土填充法等多种方式处理，克服了地质复杂，作业面小、工期紧等困难，在近7个月的日夜施工中，没有发生大的穿孔、塌孔事故，2010年5月全部桩基按设计要求在一个枯水季节顺利完成；施工同期完成永安大堤堤身上深34m防渗墙165m，大护岸抛石4万余方。

4. 承台施工

按设计要求，南主塔承台需在永安大堤二坡平台上开挖两个500余平方米7m深的大坑，开挖时大堤的安全和稳定至关重要。为确保施工和堤防安全，设计采用地下连续桩墙的方式对承台基坑进行稳定和渗漏防护。在南塔承台开挖前，以直径1m的连排钢筋混凝土钻孔桩作为承台基坑开挖挡土受力结构，

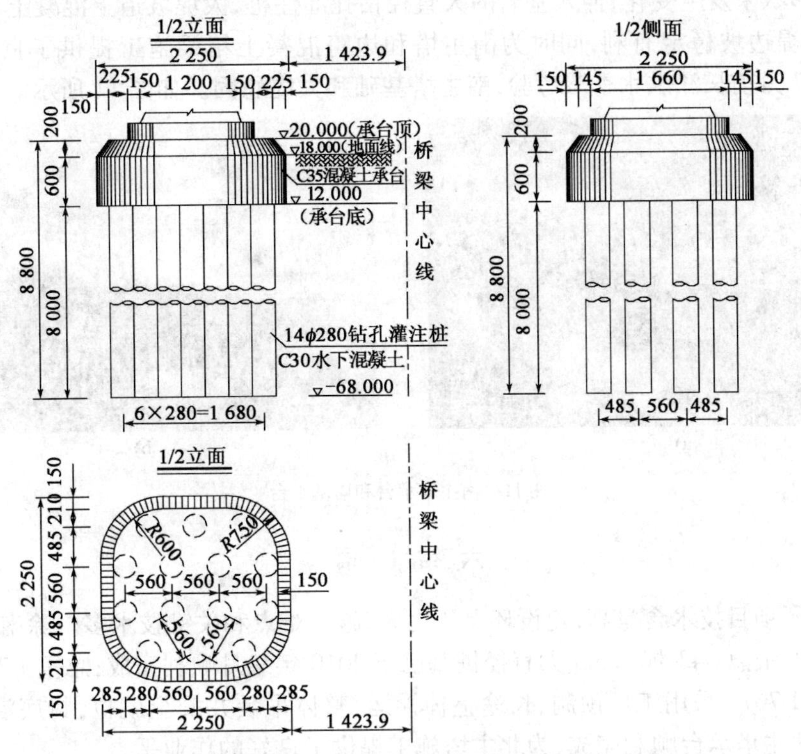

图9　南主塔基础布置(尺寸单位:mm)

在钻孔灌注桩间旋喷桩作为止水措施;钻孔灌注桩桩顶设高1.2m、宽1.5m钢筋混凝土冠梁,冠梁内四角采用Φ600×8钢管支撑,形成牢固混凝土围墙后开挖施工承台。设计计算承台开挖时支护桩位移仅3.3mm。施工中加强观察,除大堤观察外,还包括支护结构侧向位移、基坑顶沉降和位移、基坑周边地面沉降等,与设计基本吻合。如图10所示。

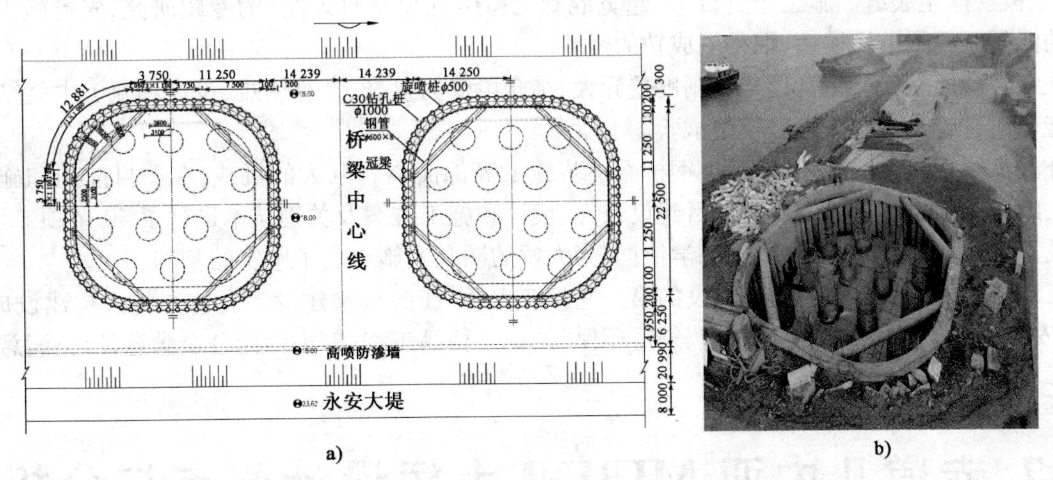

图10　南主塔基础承台开挖防护平面(尺寸单位:mm)

2010年9月南主塔承台支护桩开始施工,在完成152根钻孔支护桩、152根旋喷止水桩和冠梁后,顺利开挖承台基坑,浇筑承台混凝土。2010年12月南主塔基础全部完成,在永安大堤内二坡道上形成了平整牢固的混凝土平台,并继续对在大桥上下游200m范围重新采用混凝土预制块铺砌护坡。

九江新长江大桥南塔基础28根2.8m大直径钻孔桩在长江大堤位置穿越岩溶区,基础承台施工在长江大堤二坡道上开挖7m,安全风险极大。由于大堤防护,桩基钻孔、承台开挖措施合理有效,南主塔基础施工没有发生桩基瘫孔和大堤渗漏等不良事件;施工监测显示大堤稳固,基本上没有发生位移。南主塔基础施工后，边坡形状未发生变化，伸入基岩的大直径钻孔灌注桩，大堤坡道上混凝土平台和混凝土预制块护坡对防洪和大堤边坡稳定有利，同时为南主塔和边跨混凝土箱梁施工提供了良好的工作场地；经2010年和2011年7月前长江洪水季节考验，南主塔基础和大堤稳固。如图11所示。

a)

b)

图11　南主塔承台和塔基平台

六、结　语

九江新长江大桥项目技术含量高，建设环保压力大，施工难点和关键技术多。除南主塔基础外，北主塔基础处水深、风大、浪急；43根2.5m大直径桩基已于2010年9月顺利完成；总重1 767t的长江中上游最大的钢套箱总重1 767t，采用工厂预制、长途整体浮运、整体吊装并安全就位，封底混凝土一次性浇筑成功；2011年1月北主塔承台顺利完成，为北主塔施工提供了良好的作业平台。

大桥索塔为江西在建的最高建筑，为江西北大门的标志型建筑，塔柱抗风与静力稳定矛盾突出。施工采用C50混凝土滑模浇筑，高空泵送工艺，需严格控制塔柱几何线性；保证高空泵送混凝土高性能、耐久性和外观质量；防止塔柱开裂；桥塔施工面临严峻挑战。目前南北主塔施工进展顺利，已到1/4塔高。

南边跨混凝土箱梁为国内特大型混合梁斜拉桥首次采用的超宽整体式混凝土箱梁，箱梁肋距大，箱壁薄，纵横钢筋和预应力密集，受力复杂；受现浇支架，高强度混凝土材料配合比、浇筑工艺、收缩和温度影响；施工极易产生裂缝。施工中进行了“超宽混凝土箱梁抗裂及耐久性”的专题研究，先行施工了10m长1:1的混凝土箱梁节段模型，取得了成功的经验。

钢混结合段两端箱梁结构形式和刚度差异大，结合段受力复杂，计算困难，设计和施工中就结合段受力和性能专门进行了专题研究和模型试验。

此外九江桥钢箱梁的制作和架设，钢桥面铺装施工等都面临着巨大的挑战，在项目前期和施工过程中，设计、施工和项目管理单位针对项目建设条件、设计和施工方案及关键技术进行了40余项专题研究，为大桥设计、施工方案的确定提供了科学依据，为大桥的顺利实施奠定了坚实的基础。

九江新长江大桥是以江西为主建设的第一座长江大桥，江西桥梁建设者有信心将大桥建设成为“技术先进、安全可靠、适用耐久、经济合理、舒适环保”的优质精品工程，努力做到公众满意，历史满意。

17. 赤道几内亚MIBINI大桥设计要点与分析

阮　坤　孙　宁
（中交集团北京建达道桥咨询有限公司）

摘　要　赤道几内亚MIBINI大桥主桥为120m＋120m独塔双索面预应力混凝土斜拉桥，本文简要介绍了主桥的设计特点，并详细分析了本桥的关键构造之一索塔锚固区的受力特点。

关键词　斜拉桥　主塔　索塔锚固区　环向预应力　应力云图

一、概　　述

1.工程概况

MIBINI大桥跨越赤道几内亚共和国最大的河流WELE河，毗邻该河的大西洋入海口，桥梁全长1 087m（图1），是该国第一座预应力混凝土斜拉桥。主桥采用120m＋120m独塔双索面预应力混凝土斜拉桥；引桥采用30m先简支后连续预制混凝土T梁，其中北岸引桥长600m，南岸引桥长210m。

2.技术标准

（1）设计荷载：公路-Ⅰ级；

（2）行车道数：双向双车道；

（3）桥面宽度：2（人行道＋锚索区）＋2×4.5（行车道）＋2（锚索区＋人行道），总宽13m；

（4）设计速度：60km/h；

（5）通航净空（表1）

图1　MIBINI大桥效果图

MIBINI大桥通航净空　　表1

航道等级	代表船型	主桥通航孔跨径（m）	通航净宽（m）	通航净高（m）	设计最高通航水位（m）	设计最低通航水位（m）
内河Ⅱ（2）	2 000T内河船舶	120	105	18.0	▽12.000	▽10.000

（6）设计风速：14m/s。

二、设计要点

1.总体设计

本桥设计时，充分考虑了工程所在地的建设条件，在满足景观要求的同时，尽量做到经济适用。主桥跨径根据通航净宽和双向通航的要求选择了120m，由于是独塔，结构体系选用塔梁固结，墩梁分离的形式。根据景观要求主塔选用了倒Y型结构。

桥下水位主要受到附近大西洋的潮汐控制，桥面高程由最高通航水位和通航净高控制。主塔承台考虑按最低水位不露桩，最高水位不淹没承台控制，保证塔身和桩基不直接受到船舶撞击。

考虑到本桥仅设置两个车道双向形式，设置单索面会影响桥面在交通事故等紧急情况下的通行能力，故本桥采用了双索面的布置形式。相应主梁采用预应力混凝土“Π”型梁结构，以方便斜拉索锚固于纵梁底面。

为减少现场穿索施工的难度，斜拉索采用按（GB/T 18365—2001）标准生产的高强度低应力防腐平行钢丝斜拉索。斜拉索采用扇形布置，梁上间距8m，塔上间距为1.5m、2m，全桥共设拉索26对，倾角从27.9°至66.5°。

2.耐久性设计

本桥距离河流入海口很近，环境具有腐蚀性，因此耐久性设计也是设计的一个重点。本设计遵循《公路工程混凝土结构防腐蚀技术规范》（JTG/T B07-01—2006），主要从以下5个方面进行控制：

（1）裂缝、保护层及胶凝材料的控制（表2）

裂缝、保护层及胶凝材料的控制　　表2

项目 / 部位	裂缝（mm）	混凝土保护层（mm）	耐久性混凝土强度等级	水胶比范围	胶凝材料用量范围（kg/m^3）	84d抗氯离子渗透系数（$\times10^{-12}m^2/s$）
梁	0.15	40	C45	0.30～0.35	440～480	≤1.5
塔	0.20	60	C45	0.30～0.35	440～480	≤1.5
盖梁	0.15	55	C40	0.33～0.38	400～440	≤1.5

续上表

项目 部位	裂缝(mm)	混凝土保护层(mm)	耐久性混凝土强度等级	水胶比范围	胶凝材料用量范围(kg/m³)	84d抗氯离子渗透系数($\times10^{-12}m^2/s$)
墩柱	0.15	60	C40	0.33~0.38	380~440	≤2.5
承台	0.15	70	C30	0.33~0.38	380~440	≤3.0
桩基	0.20	80	C30	0.33~0.38	380~440	≤3.0

(2)预应力锚固端的耐久性措施

锚头封罩采用具有较高耐磨性和耐老化能力的塑料封罩。封罩内填充使用与管道灌浆相同的，具有补充收缩或具有微膨胀的水泥基灌浆材料进行有效封堵。锚固端封端层采用细石混凝土，其胶凝材料组成与箱梁混凝土配合比相同，水胶比不大于0.4，并掺入适量的膨胀剂，以保证其结合面的封锚效果。

(3)斜拉桥拉索防腐

斜拉索采用PESFD低应力防腐斜拉索，平行钢丝采用外镀锌工艺、外涂油脂。该索体采用双层HDPE防护，双层HDPE之间设置隔离层。当斜拉索受静载作用时，外层HDPE能有效地释放应力，使得外层HDPE始终处于较低应力状态下工作，有效地解决HDPE应力开裂问题；索体钢丝内注防腐油脂，全封闭防腐，杜绝因毛细作用和意外的进水造成索体钢丝的腐蚀，提高斜拉索的耐久性。

(4)支座耐久性措施

支座采用耐蚀球型钢支座，钢材采用耐候钢，在本工程海洋性环境下，使用寿命不低于50年，技术指标符合《球形支座技术条件》(GB/T 17955—2000)的要求。

(5)混凝土和钢筋的防腐措施

水泥的氯离子含量要求低于0.03%，总含碱量(包括所有原材料)不超过1.8kg/m³。拌和水内不得含有影响水泥正常凝结与硬化的有害杂质及油脂、糖类、游离酸类、碱、盐、有机物或其他有害物质。不得采用海水、污水和pH值小于5的酸性水，水中的氯离子含量应不大于200mg/L，硫酸盐含量(按SO_4^{2-}计)应不大于500mg/L。钢筋阻锈剂采用复合型防腐阻锈剂，掺量为水泥重量的2%。

3. 主塔设计

(1)主塔结构尺寸

主塔结构高81.447m，分为上塔柱、中塔柱和下塔柱，其中上塔柱高30.5m，中塔柱高29.447m，下塔柱高21.5m。塔柱采用空心矩形截面(图2)，顺桥向塔壁厚1.1m，横桥向塔壁厚0.8m。塔柱顺桥向宽6m；上塔柱横桥向宽4.5m，中塔柱横桥向宽3.0m，下塔柱横桥向宽3.0~6.0m，塔身四角设置半径为20cm的圆角。塔壁预埋斜拉索钢套管，并对应设置锚固块，每排锚固块上下各设置两根环向预应力钢束。在距离承台顶16.5m的位置，下塔柱与中塔柱之间设置下横梁，横梁高5.0m，顺桥向宽5.6m，空心矩形断面。

主塔承台为哑铃型，承台高度为4.0m，平面尺寸为2-11.2m×11.2m，两承台之间采用系梁连接，系梁顺桥向宽5.0m。主塔基础采用钻孔嵌岩桩，桩底嵌入微风化泥岩层，桩径2.0m，共计2×9根对称布置，桩尖嵌入微风化岩层深度为10m。

(2)主塔设计思路和难点

本桥主塔结构的拟定考虑以下几个因素：①总体设计需要采用双索面和倒Y型的主塔形式；②斜拉桥的塔高和跨径的合理比例(一般宜为1/4~1/7，本桥采用1/4)；③斜拉索在横桥向上要求有足够大的水平夹角，不能侵入行车净空；④上塔柱内部要有足够的空间，保证千斤顶张拉的操作空间；⑤塔柱截面尺寸满足受力要求；⑥主塔基础桩基需能承受纵桥向和横桥向的弯矩；⑦下横梁需要同时起到锚固纵向主梁和约束塔柱横向变形的作用。

本桥为塔梁固结体系，下横梁是连接主塔和主梁的关键结构和设计难点。因为本桥主塔采用倒Y型

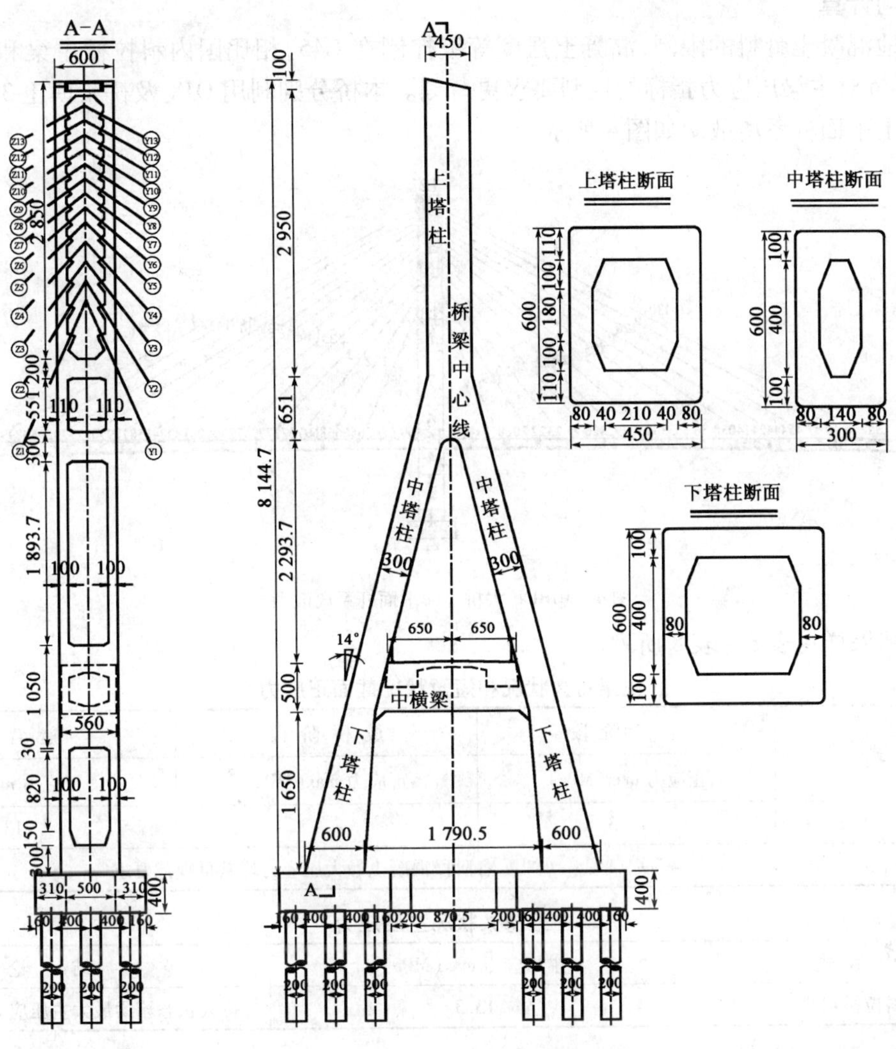

图2 主塔一般构造图(尺寸单位:cm)

结构,中塔柱水平倾角达76°,塔柱重力和斜拉索传递的竖向力必然会产生一个水平分力,故下横梁必须采用预应力混凝土结构,以抵抗较大的水平拉力。经计算,下横梁共配置了20束ϕ15.2－16的钢绞线,按预应力A类构件设计,预应力含量23.6kg/m^3。如图3所示。

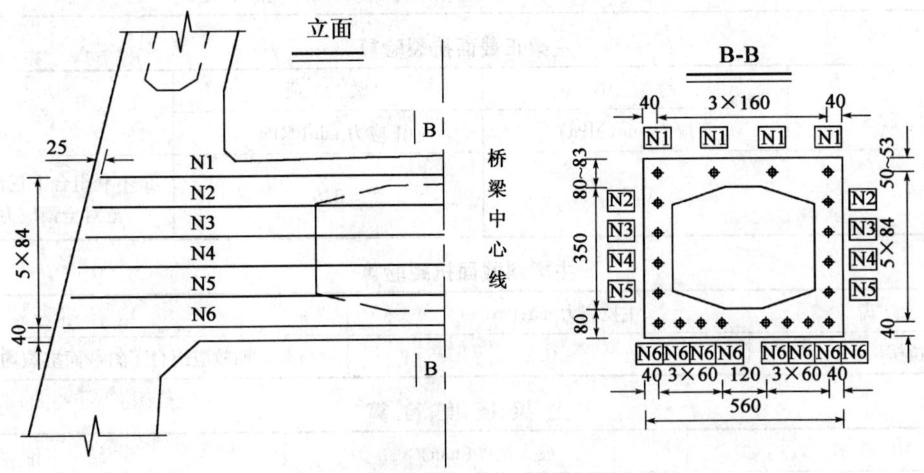

图3 主塔下横梁预应力钢束布置(尺寸单位:cm)

4. 主桥纵向计算

考虑到当地混凝土骨料的限制，混凝土强度等级控制在C45，相比国内斜拉桥主梁和主塔普遍采用C50混凝土，本桥对主梁压应力指标的控制要求更苛刻。本桥分别利用QJX及桥梁博士3.2进行建模型计算。桥梁博士平面杆系离散图如图4所示。

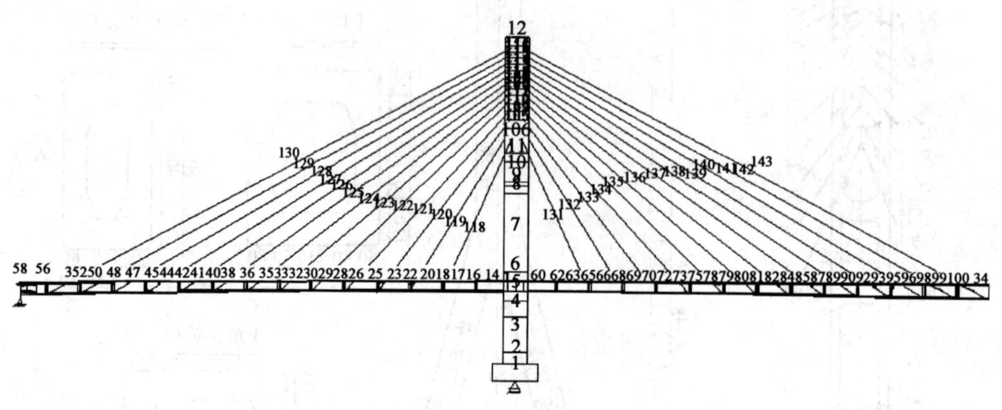

图4 MIBINI大桥桥博平面杆系离散图

主梁计算结果详见表3～表8所列。

主梁持久状况和短暂状况截面正应力 表3

结构形式	施工阶段	成桥阶段	运营阶段
	正应力max(MPa)	正应力max(MPa)	正应力max(MPa)
斜拉桥	18.3	8.9	13.3
结论	各阶段混凝土最大压应力均满足规范要求		

主梁持久状况主压应力 表4

结构形式	主压应力max(MPa)	结论
斜拉桥	13.3	持久状态箱梁最大主压应力满足规范要求

主梁承载能力 表5

结构形式	跨中		墩顶	
	弯矩(kN·m)	强度(kN·m)	弯矩(kN·m)	强度(kN·m)
斜拉桥	104 029	112 726	-89 065	-121 273
结论	主梁的承载能力满足规范要求			

主梁正截面抗裂验算 表6

结构形式	跨中	墩顶	结论
	正应力min(MPa)	正应力min(MPa)	
斜拉桥	0.3	0.6	最不利组合下正截面抗裂满足规范对全预应力构件的要求

主梁斜截面抗裂验算 表7

结构形式	主拉应力max(MPa)	结论
斜拉桥	-0.2	荷载短期效应组合下斜截面抗裂均满足规范要求

主梁挠度验算 表8

结构形式	最大挠度(mm)	结论
斜拉桥	120.8	主梁最大挠度满足规范要求

三、主塔拉索锚固区设计

1. 设计思路与难点

斜拉桥主塔的拉索锚固部位，是将一个拉索的局部集中力，安全、均匀地传递到塔柱的重要受力构造。斜拉桥的总体布置和设计指导思想是主塔保持恒载条件下基本平衡，以受压为主，仅出现很小的弯矩。在活载、风荷载的作用下，大部分为小偏心受压或为大偏心受压状态，故结构往往在满足最小含筋率的用钢量并在局部部位加强处理后，一般就可以满足设计要求。拉索锚固区段内，上述结构总体的内力，如轴力、弯矩、剪力、扭矩，往往不会控制塔柱的断面尺寸和配筋。但在拉索锚固区的局部范围内，由于拉索强大的集中力作用、孔洞的削弱、局部受力、应力集中的现象普遍存在，因此综合考虑结构受力、构造要求和施工工艺来进行结构布置、构造处理、受力分析是至关重要的。目前混凝土塔常用的拉索锚固构造的布置形式，主要有如图5所示的几种类型。

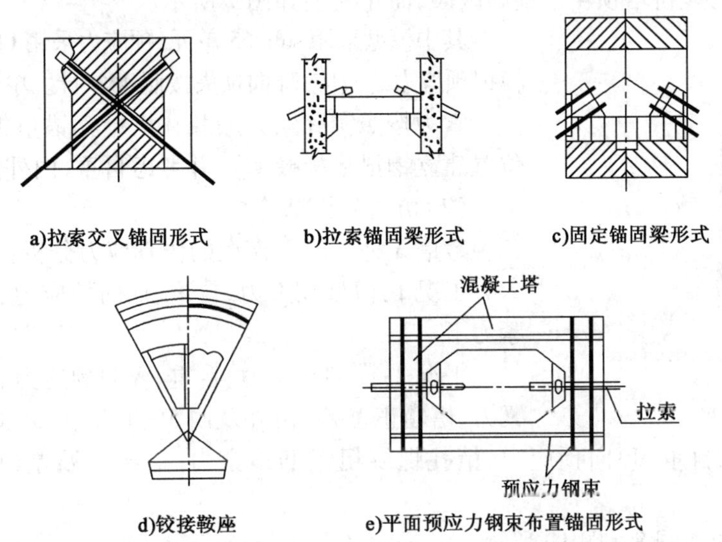

图5 拉索锚固构造布置形式

本节着重分析平面预应力钢束布置锚固形式，当塔柱采用混凝土空心断面时，采用塔壁平面预应力钢束布置的锚固形式，以预应力钢束产生的外力，来平衡拉索的索力产生于塔壁内产生的内力。平面预应力钢束的布置形式可采取“井”字预应力(或“井”字精扎螺纹粗钢筋)与环向预应力等多种形式。

由于索塔是独塔双索面的形式，故主塔锚固区截面中采用4个齿板锚固方式，这种形式在国内独塔截面中并不常见，也是本桥的难点之一。

MIBINI大桥的主塔锚固形式为：对主塔顶部9个锚固节段，各采用4对15-19的环向预应力钢绞线；对主塔底部4个锚固节段，各采用4对15-12的环向预应力钢绞线。其中对于顺桥向塔壁内侧各采用J32精扎螺纹粗钢筋进行加强。

预应力平面形式如图6所示。

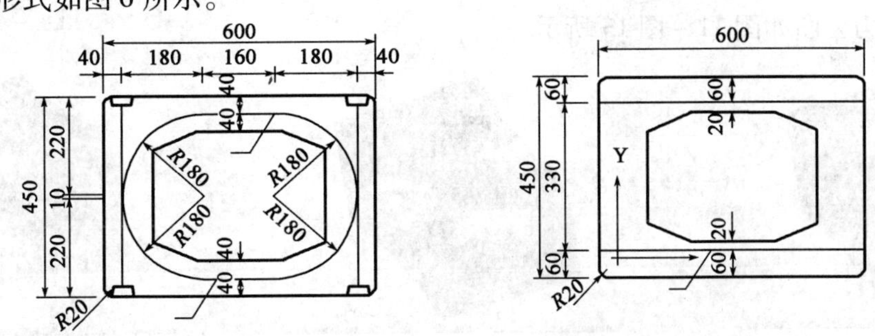

图6 预应力平面形式(尺寸单位:cm)

2. 环向预应力损失的特点

在公路桥梁规范中，对预应力钢筋（高强钢丝和钢绞线）的最小曲率半径要求为4m。预应力结构中的相关设计参数（如管道摩阻系数、管道偏差系数等）均据此进行要求。对小半径大吨位的预应力钢筋，由于曲率半径的减小，预应力钢筋对管道的径向力将增大（$q=N/R$）。在这种情况下，预应力钢筋与孔道间将不再是点接触，有嵌入孔道的趋势，摩擦系数将有较大的增加。此时若按规范所给的K、μ值计算，则预应力钢筋的应力和伸长量就会不合理。另外，在短束的情况下，锚下变形及锚具回缩量与预应力钢筋长度相比不可忽视，预应力的损失较大。如果考虑预应力钢筋回缩时管道的负摩阻效应，锚下的预应力将损失较大。因此，对小半径短束的预应力结构，结构的预应力永存应力分析与常规预应力结构有较大的差异。

笔者参考相关论文[1]~[3]，对于上述小半径环向预应力损失，大概损失值在40% ~50%之间。

3. 模型节段仿真应力分析

（1）模型建立

对于MIBINI大桥，对该桥塔顶4个锚固区段，简化模型如图7所示。

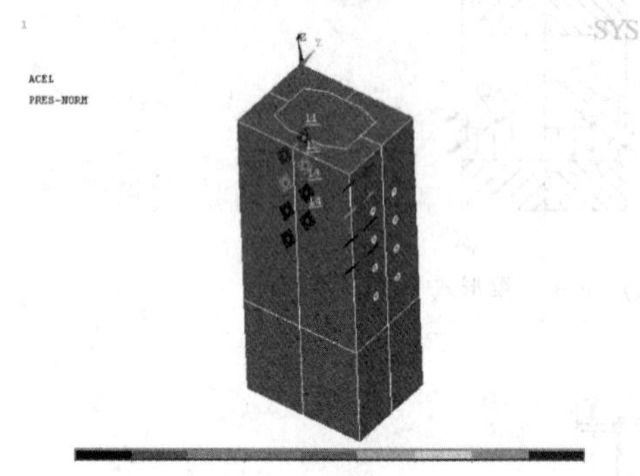

图7　简化模型

其中模型采用solid65单元，预应力采用LINK10，并附加初应变模拟预应力的效应，环向损失按照40%计。单元采用耦合模式。

索力按照实际索力加载在塔壁钢锚垫板上（模型已按实际位置建立钢锚垫板模型），并考虑自重，内外温差±5℃。

（2）仿真分析结论

考虑3种工况下模型的仿真应力分析：

工况1：模型在索力、自重、环向预应力、精扎螺纹粗钢筋预紧力下。

工况2：模型在索力、自重、环向预应力、精扎螺纹粗钢筋预紧力、塔箱正温差（由外及内5°、3.5°、1.5°、0°变化）下。

工况3：模型在索力、自重、环向预应力、精扎螺纹粗钢筋预紧力、塔箱负温差（由外及内0°、1.5°、3.5°、5°变化）下。

工况1下的应力云图如图8~图10所示。

图8　顺桥向应力云图

图9　横桥向应力云图

图10　竖桥向应力云图

结论：①塔壁顺桥向拉应力很小，最不利达到0.5MPa；塔壁于塔顶交界处应力集中达到1.6MPa。②塔壁横桥向应力，红色区域为-1.25~1.38MPa。③塔壁竖桥向应力，除了第一个锚垫块与塔壁处出现应力集中（图中MX红色区域）外，拉应力小于2.3MPa。

工况2下的应力云图如图11~图13所示。

图11　顺桥向应力云图

图12　横桥向应力云图

图13　竖桥向应力云图

结论:①塔壁上顺桥向拉应力很小,最不利达到 0.27MPa。塔壁于塔顶交界处应力集中达到 1.4MPa。②塔壁横桥向应力,红色区域为 -1.32 ~ 1.3MPa。③塔壁竖桥向应力,除了第一个锚垫块与塔壁处出现应力集中(图中 MX 红色区域)外,拉应力小于 2.2MPa。

工况 3 下的应力云图如图 14 ~ 图 16 所示。

图 14　顺桥向应力云图

图 15　横桥向应力云图

图 16　竖桥向应力云图

结论:①塔壁上顺桥向拉应力很小,均小于 1.54MPa。塔壁于塔顶交界处应力集中达到 2.7MPa。②塔壁横桥向应力,红色区域为 -0.2 ~ 2.48MPa。③塔壁竖桥向应力,除了部分出现应力集中(图中 MX 红色区域)外,拉应力小于 2.0MPa。

四、结论与建议

作为赤道几内亚共和国一项标志性工程,MIBINI 大桥兼顾安全、耐久、实用、美观的要求。本文简要介绍该桥结构形式及设计特点,并着重介绍作为塔梁连接的关键节点索塔锚固区的受力特点及防真分析。

对于 MIBINI 大桥的主塔锚固区,提出如下几条建议:

(1)预张拉 25%σ_k,然后将钢绞线放松,对克服钢绞线的不均匀受力是有利的。

(2)由于小半径环向预应力钢绞线存在着受力的不均匀性,建议设计张拉控制应力取 0.65 ~ 0.70 倍的抗拉强度,同时不宜采用超张拉。

(3)由于影响索塔小半径环向预应力钢绞线伸长量的因素很多,索塔锚固区环向预应力的张拉,建议以张拉力控制为主,以伸长量校核为辅。

(4)本桥采用环向预应力与精扎粗钢筋交叉张拉施工,注意相互影响及施工混凝土密实,保证各个钢筋充分发挥作用。

参考文献

[1] 周立平. 斜拉桥索塔锚固区应力分析. 长安大学硕士学位论文,2005(6).

[2] 刘应贵. 环向预应力体系在索塔中的应用及试验研究. 西南交通大学硕士学位论文,2003.

[3] 徐国平,易绍平,刘明虎,黄洁林. 索塔锚固区环向预应力钢绞线张拉伸长量的试验研究. 公路. 2001(10).

18. 三塔斜拉—自锚式悬索连续协作体系桥方案设计

杨建武　丁　燕　商岸帆　张　峰　任有锋　张　和

(中国水电顾问集团西北勘察设计研究院)

摘　要　为了满足功能和景观并重的需要,本文提出了斜拉—自锚式悬索连续协作体系桥梁这种新颖的桥型方案。针对跨越汉江的汉中市西二环大桥,提出了 25 + 90 + 162.5 + 162.5 + 90 + 25(m) =

555m的三塔斜拉—自锚式悬索连续协作体系桥梁方案。该桥型结构新颖、刚柔并济、外形美观,兼备了斜拉桥和自锚式悬索桥的优点。针对依托工程,对设计方案、施工方案、设计与施工关键技术进行性了初步的研究。

关键词　斜拉—自锚式悬索协作体系桥　设计方案　施工方法　关键技术

一、引　　言

随着对桥梁结构体系不断创新的追求,桥梁结构自身的力学美和结构的新颖越来越受到桥梁工作者的重视[1]。特别是在大跨径桥梁建设中,缆索承重桥的体系演变和跨度突破是其中最引人注目的成就之一。对于200~500m跨径范围的桥梁,缆索承重桥都极具竞争力,对于主跨超过500 m的特大跨径桥梁,更是缆索承重桥的天下。斜拉桥与悬索桥都具有卓越的跨越能力和高耸的桥塔,宏伟壮观,富于震撼力和标志效用。如果说悬索桥妩媚纤巧,斜拉桥则是刚强有力,而斜拉—悬索协作体系桥正是将其合二为一,充分体现了斜拉桥与悬索桥结构的刚与柔的结合美[2]。

目前斜拉—悬索协作体系桥梁在实际工程中应用还很少,大多数还停留在方案设计阶段。所提出的方案大多为地锚体系,需要庞大的锚碇,由于受地形条件,施工技术和工程造价等因素的限制,在实际工程中很难实施。本文依托汉中市西二环大桥建设工程,提出三塔斜拉—自锚式悬索协作体系桥型方案,它是由两座自锚式悬索—斜拉桥组合桥及一座斜拉桥组成的复杂协作连续体系,其结构美观、新颖,具有强烈的现代感和时代气息,并具有标志性建筑的景观功能。属于国内首创的新型桥梁体系。

二、桥型方案比选

规划建设的西二环大桥位于汉中市城市规划的城西核心区,是西二环环线工程中连接汉江两岸的重要桥梁,是完善规划中路网交通的重要通道。考虑汉江通航等级和地形条件的限制,对桥梁主跨跨度和桥下净空要求较高。根据桥址区地形地貌,桥址区河道宽约705m,河道宽阔平坦,要求航道净高不小于5m,通航孔宽不小于30m。若采用大跨度连续梁或连续刚构桥,会大大压缩河道净空。因此可考虑选用梁高较低的悬索桥和斜拉桥方案。

结合汉中市西二环大桥的具体情况和要求,提出了三种设计方案,方案比较分析如表1。

西二环大桥桥型方案比选　　表1

项目＼方案	双塔斜拉桥	三塔斜拉桥	三塔斜拉—自锚式悬索桥
桥长(m)	140+275+140=555	97.5+180+180+97.5=555	25+90+162.5+162.5+90+25=555
主桥构造	双塔斜拉结构,主梁采用预制箱梁	三塔斜拉桥结构,主梁采用现浇箱梁	三塔斜拉结合悬索结构,主梁采用现浇箱梁和钢—混结合梁
桥塔结构	主塔:H形	三塔均为直立式两塔柱塔	主塔:内倾H形 边塔:椭圆型带副拱拱门
桥梁特点	H形桥塔与桥宽、桥墩高度比例协调,完美。大桥跨度较大,整体气势宏伟,和谐美丽,与开阔水面、周围景观协调统一	三塔错落有致,桥型活泼,三塔及斜拉结构整体如山峦叠嶂,与远山、近水、倒影、绿堤、蓝天相映成趣,给人一种“山水印象”	充满阳刚积极向上的中塔结合两个柔美的边塔,两者交相呼应,刚柔并济,完美诠释了斜拉桥刚柔相合的原本含义。斜拉索与悬索结构的相互结合,结构新颖独特,使整座桥梁和谐完美,美丽大方
施工方法	悬拼拼装,逐步张拉斜拉索施工	悬臂浇筑,逐步张拉斜拉索施工	以支架法为主,斜拉部分与斜拉—自锚式悬索部分先独立成桥,然后进行合龙并体系转换

三塔斜拉—自锚式悬索协作体系桥方案相比其他两种方案主要特点有:①在静力性能方面,斜拉—悬索协作体系大大增强了结构的整体稳定性,并采用自锚体系避免了修建庞大昂贵的锚碇;②在动力性能方面,由于斜拉桥具有比悬索桥大得多的抗风稳定性,因而协作体系具有较强的抗风性能,而悬索桥的柔性好,对整个桥梁的地震响应又十分有利[6];③悬索段主梁采用钢—混结合梁可增加主梁截面刚度,提高主梁自振频率,减小主梁挠度;结合梁混凝土受压翼缘增加了梁的侧向刚度,可防止主梁使用荷载下的扭曲失稳;与混凝土梁相比可以减小截面高度,加快施工速度;与钢梁相比可节省20% ~40%的钢材[7];④三塔斜拉—自锚式悬索协作体系桥施工过程中斜拉桥与悬索桥的施工相对独立,互不干扰,大大缩短了施工周期;⑤三塔斜拉—自锚式悬索协作体系桥主塔刚劲挺拔,边塔柔美灵秀,充分体现了刚与柔的完美结合。桥塔造型独特,斜拉索与悬索结合技术先进,与区域景观完美融合。因此,通过比较分析和优化设计,最终确定三塔斜拉—自锚式悬索协作体系桥作为汉中市西二环大桥的最终设计方案。推荐设计方案渲染图如图1所示。

图1 西二环大桥全桥鸟瞰图

三、设 计 方 案

1. 总体布置

汉中市西二环大桥主桥为三塔斜拉—自锚式悬索协作体系桥,分为斜拉索体系段与斜拉—自锚式悬索结合体系段。主塔为钢筋混凝土H形塔,采用塔梁墩固结形式。副塔为钢箱混凝土拱形塔,采用塔墩固结,塔梁分离结构形式。主桥跨径组合为:25m(边跨自锚段)+90m(悬索段)+2×162.5m(斜拉索区段)+90m(悬索段)+25m(边跨自锚段)=555m。边、中跨比为0.55。主梁纵向设置双向1.5%纵坡,在桥梁主塔处设置$R=3\ 000$m的竖曲线。桥梁总宽度为40m,双向6车道,单车道宽度为3.75m,机动车道总宽度为23.5m。主桥两侧索区隔离带宽各2.5m,非机动车道宽各3.5m,人行道宽各2.25m。总体布置如图2所示。

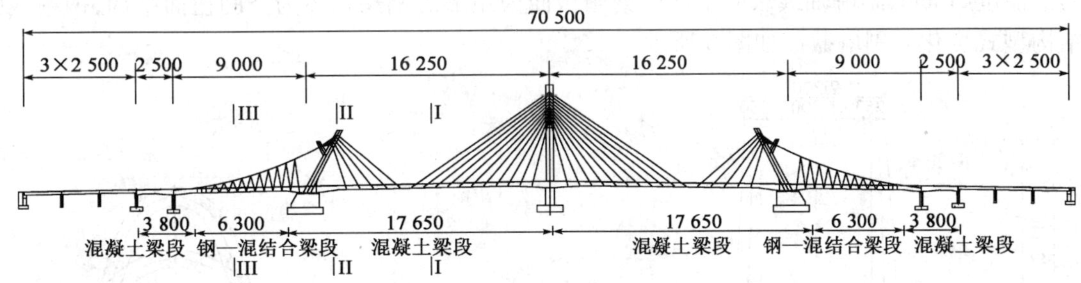

图2 西二环大桥总体布置(尺寸单位:cm)

2. 主梁

主梁采用箱梁结构,沿纵桥向分为扁平预应力混凝土箱梁和钢—混结合梁两种形式。边跨自锚段、斜拉桥段和副塔背索段及变截面处均为预应力混凝土箱梁,共长(38+176.5)×2=429 m,梁高变化为2.5~4.0m。悬索段为扁平钢—混结合箱梁,长度为63×2=126 m,梁高2.5 m。桥面设有2%的双向横坡。为增加主梁整体刚度,共设置混凝土横梁109道。其中,支撑处横梁7道,吊杆处横梁4道,斜拉索处横梁32道,一般横梁66道。主梁截面如图3、图4所示。

3. 主塔

斜拉段桥塔(主塔)为H形塔,塔上斜拉索锚固区为预应力混凝土结构,其余为钢筋混凝土结构,桥面以上塔高60m,桥面以下墩高11m。塔中设一道预应力混凝土横梁,横梁采用箱形断面,高3.5m,宽4.6m,壁厚0.8m。索塔上塔柱锚索区塔身布置"井"字型体内预应力束,以平衡由斜拉索引起的局部应

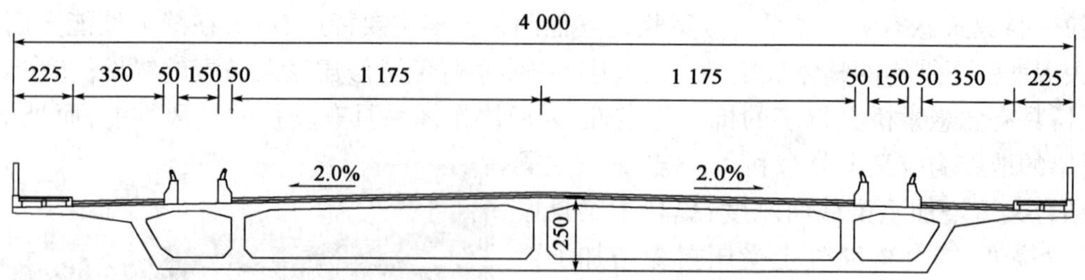

图3 主塔斜拉及副塔背索段混凝土加劲梁示意(Ⅰ-Ⅰ截面)(尺寸单位:cm)

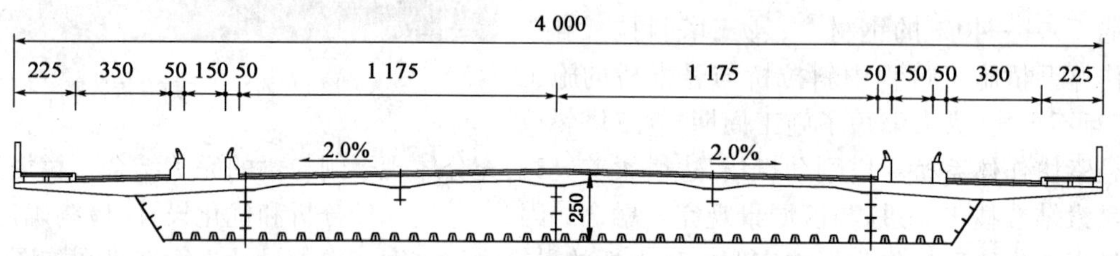

图4 悬索段钢—混结合梁示意(Ⅲ-Ⅲ截面)(尺寸单位:cm)

力。塔壁每侧共设置11个锚块,锚块内预埋斜拉索套筒,斜拉索穿过套筒直接锚固于塔身锚块之上。主塔截面如图5所示。

4. 副塔

采用拱形桥塔,桥塔轴线水平倾角60°,以体现桥梁刚柔并济的整体美感。考虑到施工工艺难度,副塔结构形式为钢箱混凝土结构。在桥塔高度的选择应考虑梁端主缆锚固力的合理分配,确定一个合理的塔高与主跨之比,以实现加劲梁梁端轴压力与上拔力的合理比例。国内外已建和正在建设的几座独塔自锚式悬索桥,塔高(桥面以上)与主跨之比为0.27~0.40。考虑到桥梁构造需要和结构的合理受力,该桥取塔高(桥面以上至主缆锚固点)为31m,桥塔高(桥面以上)与主跨之比为0.33,塔轴线内高度(斜高)为50.0m。副塔制造以节段为单元,副塔轴线平面内预埋段长4.354m,钢箱箱体钢板厚度32mm、竖向及环向加劲肋板厚度20mm,副塔轴线法向平面内钢箱截面为矩形。钢箱箱体为空间扭面结构,钢箱截面按空间扭面结构型式变化。副塔截面如图6所示。

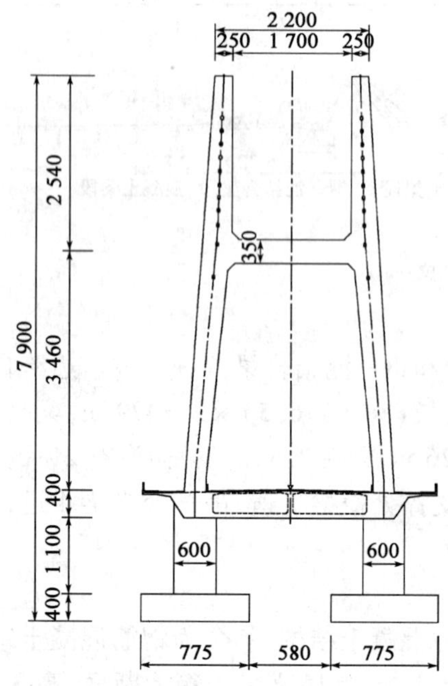

图5 斜拉桥主塔立面示意(尺寸单位:cm)

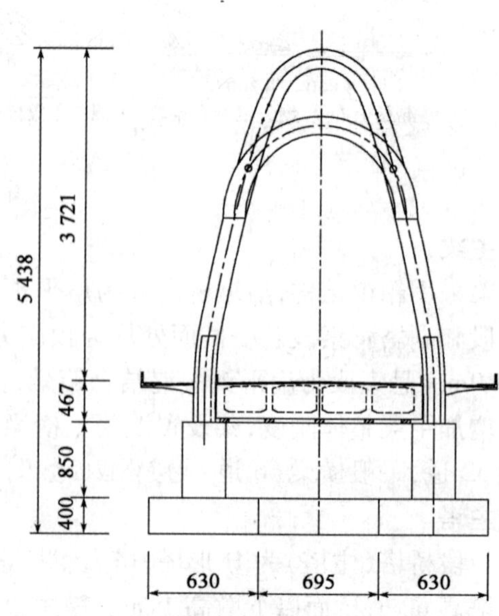

图6 副塔构造示意(尺寸单位:cm)

5. 斜拉索

斜拉桥部分采用扇形索面,全桥共设 22 对斜拉索,梁上索距 8 m ,塔上索距为 1.3m。斜拉索采用 OVM250 系列钢绞线拉索,钢绞线应力幅不小于 250MPa,外包 PE 索套,钢丝抗拉强度 1600MPa。为改善拉索的振动状况,在斜拉索的下部增设永磁调节式磁流变阻尼器。

6. 主缆、背索和吊杆

自锚式悬索部分采用双缆面,全桥共 4 根主缆,每根主缆由 7 股股索组成,每股含 397 根 Φ7mm 镀锌高强平行钢丝,索股构成正六边形,紧缆后主缆成圆形。主梁端部设置散索套和锚固区,主缆通过设置在次塔处的散索套后散成 7 股,锚固于副塔上。成桥状态主缆垂跨比为 1/24。斜拉背索一端锚固于副塔,另一端锚固于主梁上。斜拉背索采用 349 根 Φ7mm 环氧涂层平行钢丝成品索,全桥共 20 根,梁上间距为 9m。吊杆采用销铰式,全桥共设 52 个吊点,其中斜吊索吊点 40 个,每个吊点设两根吊索,成 V 形布置。刚性吊杆吊点 12 个,每个吊点设一根吊杆。斜吊索采用 PES7E-73 成品索,索体由 73 根 Φ7mm 环氧涂层平行钢丝组成;钢吊杆采用直径 Φ140mm 的钢拉杆。

7. 锚固系统

锚固系统是悬吊体系结构的重要组成部分,它直接影响到缆索的受力和结构安全。锚固系统的设计应注意:保证连接的可靠和安全,避免锚固结构应力集中,各构件受力明确,使强大的集中力在加劲梁中迅速分散;保证加劲梁安全,主缆在两端的锚固结构应该尽量减少,避免对加劲梁的削弱以及对主要受力构件的切断;保证锚固区设置合理有效的构造来平衡主缆的竖向分力,配重的设置应尽量靠近锚点以提高效率;防止局部破坏,加强锚固结构附近的桥面板、腹板、地板等构件。锚固结构不仅要设计合理,还要考虑加工工艺水平和施工与养护等因素。

8. 基础

主塔基础采用群桩基础,每个塔基下设置一个 16.5m×15.5m×4m 的矩形承台;每个矩形承台下布置 14 根 ϕ1.8m 的钻孔灌注桩,桩长为 45m。副塔下部结构采用实体墩塔柱形式,实体墩之间由钢筋混凝土横墙联系,横墙上部设置铅芯橡胶支座支撑桥面系主梁。承台及系梁下部共布置 36 根直径 1.8m 的钻孔灌注桩,单桩桩长均为 45m。主缆入梁锚固处桥墩采用实体墩,墩长 27.7m,宽 2m,高 8.5m。承台下设置 10 根直径 1.8m 钻孔灌注桩,桩长 35m。顺桥向桩距 4.5m,横桥向桩距 6.25m。

四、施 工 方 案

1. 施工步骤

三塔斜拉—自锚式悬索协作体系桥是一种结构新颖的桥型,施工方法的选取直接关系到桥梁结构能否安全的建成和保证受力性能符合设计要求。一般自锚式悬索桥均采用“先梁后缆”的施工方法,即主梁在临时支架上安装或浇筑完毕,再悬挂主缆,张拉吊杆,使主梁脱模。由于本桥是斜拉体系与斜拉—自锚式组合体系的再次组合,体系异常复杂,施工体系转换频繁,控制因素众多,对施工方案要求极高。根据多个施工方案的优化必选,最终确定依据桥塔将结构分为三个部分,分别为两个斜拉—自锚式悬索组合结构部分与斜拉结构部分,将副塔处塔梁临时固结,首先完成三部分的独立成桥状态,然后进行主梁合龙并进行体系转换,释放临时约束,施工桥面系达到成桥状态。西二环大桥主要施工步骤如下:

(1)主塔和副塔独立支架施工。

(2)支架法安装钢—混结合梁,并支架现浇其余混凝土箱梁,预留中跨合龙段,张拉主塔、副塔处主梁腹板钢束。

(3)完成斜拉部分双悬臂状态,并脱架。

(4)在副塔处塔梁临时固结,悬挂主缆,张拉背索及悬索段斜吊杆,并脱架。

(5)调整索力,使合龙段左右高程相等,线形达到设计要求。

(6)在合龙段箱梁底板施加水平顶推力,现浇合龙段。

(7)解除临时约束,同时撤去顶推力,完成体系转换。

(8)张拉纵向的预应力钢束和合龙段钢束。

(9)进行桥面系施工。

2. 设计与施工关键技术

由于结构体系复杂,施工步骤较多,结构内力状态在整个施工过程中变化较大,存在诸多控制性要素、施工阶段和特殊构造。

(1)副塔处塔梁临时锚固与释放

本桥采用先三部分独立成桥,然后合龙并实施体系转换,再达到成桥状态的基本步骤。在斜拉—自锚式悬索部分独立成桥时,由于主梁与副塔水平无约束,张拉吊索将导致主梁水平滑移。因此,必须首先进行副塔与主梁的临时固结,然后进行吊索与背索张拉并达到该部分的独立成桥状态。此时,主梁与副塔之间存在巨大的水平力,由临时固结构造承担。当斜拉部分完成张拉并达到其独立成桥状态后,进行主梁合拢段施工,并逐步释放副塔处水平临时约束,使得悬索巨大的水平分力能够传递至主跨斜拉部分。由于吊索张拉引起的主梁水平力巨大,该临时约束的锚固与释放将是该桥梁设计和施工的技术难点。

(2)斜吊杆张拉步骤的设计与优化

斜拉—自锚式悬索部分独立施工时,由于副塔两侧构造不同,以便为斜拉背索构造,一边为悬索构造,因此,副塔受力比较复杂。且斜吊杆张拉中施加与控制都远大于直吊杆,因此,施工工艺要求高。吊索的张拉过程中,主要的控制因素有:副塔塔顶水平变位、副塔塔底纵向弯矩、斜吊索索力安全性控制、背索索力安全性控制、副塔处临时构造安全性控制等。因此,需要通过多个张拉方案的设计与优化,结合控制目标,选择最有设计方案。

(3)扁平宽箱梁横梁设计方法

本桥梁主梁宽度达到40m,横桥向两排拉索间距达到26m,梁高仅为2.5~4.0m,横梁必须采用预应力混凝土结构。且由于纵桥向拉索间距不同,主梁梁高变化,墩梁连接于支撑型式不同,造成横梁构造复杂,结构型式众多。因此,横梁的设计计算与一般桥梁不同,不能采用一般的横梁计算方法。需要采用空间预应力梁格系进行精心设计,才能保证预应力横梁在施工与正常使用阶段内力均符合设计要求,保证主梁结构的安全与耐久性。

(4)主缆入梁及入塔锚固构造

主缆在正常使用阶段最大缆力达到48180kN,因此,对主梁锚固构造设计要求较高。锚固系统的设计应注意:保证连接的可靠和安全,避免锚固结构应力集中,各构件受力明确,使强大的集中力在加劲梁中迅速分散;保证锚固体的刚度,避免引起影响安全和使用的变形;保证加劲梁安全,主缆在两端的锚固结构应该尽量减少,避免对加劲梁的削弱以及对主要受力构件的切断;保证锚固区设置合理有效的构造来平衡主缆的竖向分力,配重的设置应尽量靠近锚点以提高效率;防止局部破坏,加强锚固结构附近的桥面板、腹板、底板等构件。总之,锚固结构不仅要设计合理,还要注意考虑加工工艺水平和施工与养护等因素。

(5)主梁合龙工艺的优化设计

当斜拉部分与斜拉—自锚式悬索组合部分独立成桥状态建立后,即进行主梁合龙工艺。这是本桥施工的关键环节。主梁的合龙伴随着副塔临时约束的释放,此时,不仅主缆巨大的水平分力逐步作用于合龙段与斜拉桥主梁,而且由于临时约束的接触,副塔处体系装换产生的不平衡水平分离和弯矩将传递至副塔基础,使得副塔与基础的受力达到最不利状态。为减小临时约束释放的难度,在副塔基础受力允许的前提下,可考虑主梁合龙采用适当顶推工艺,以改善施工过程主梁受力。

五、结　语

与一般的斜拉—自锚式悬索桥梁不同,本文提出的三塔斜拉—自锚式悬索协作体系桥作为一种全新的结构体系,属于多结构体系高度耦合,设计、计算、施工及控制难度均较大。但作为城市地标性建筑,具有结构新颖、刚柔并济、外形美观等优点,在城市桥梁中极具竞争力。本文以汉中市西二环大桥为工程背景,对该桥型的设计方案、施工方案、设计与施工关键技术进行性了初步的研究,给出了初步设计方案、施工方案及主要的设计施工关键,针对该桥型的设计与施工具体细节问题还有待进一步研究。

参考文献

[1] 胡建华. 自锚式悬索桥结构体系的创新设计[J]. 北京交通大学学报,2006,30(增刊):111-119.

[2] 徐风云,陈德荣. 桥梁审美原理[M]. 北京:人民交通出版社,2007.

[3] 张哲,朱巍志,王会利. 自锚式斜拉—悬索协作体系桥的方案设计[J]. 桥梁建设,2009,(4):50-53.

[4] 王会利. 自锚式斜拉—悬索协作体系桥结构性能分析与实验研究[D]. 大连:大连理工大学,2006.

[5] 中华人民共和国行业标准. JTG/T D65-01—2007,公路斜拉桥设计细则[S]. 北京:人民交通出版社,2007.

[6] 许福友,张哲,黄才良等. 斜拉—悬吊体系桥工程应用及特点分析[J]. 中外公路,2009,29(1):98-101.

[7] 刘少华. 钢—混凝土结合梁桥施工阶段受力性能研究[D]. 北京:北京交通大学,2008.

19. 江阴市新沟河大桥设计

李秉南　何初生
(东南大学建筑设计研究院交通分院)

摘　要　江阴市新沟河大桥桥梁全长757.04m,其中主桥为双索面混凝土自锚式悬索桥,主跨100m,两侧引桥为等截面预应力混凝土连续箱梁。主桥自锚式悬索桥采用了增设协作跨的五跨结构,结构体系新颖;加劲梁采用纵梁为箱形断面的格子梁体系,受力合理;桥塔采用"h"形钢筋混凝土框架结构,造型设计上融合了徽派建筑和江南园林的元素,突破了传统的桥梁建筑风格。本文介绍了该桥主桥的结构设计和主要特色。

关键词　自锚式悬索桥　桥梁设计　设计特色　景观

一、工 程 概 况

江阴市新沟河大桥为江阴市S340(芙蓉大道西段-Ⅱ)工程中的一座大桥。该路线西起常州龙虎塘,东接江阴澄南大道西端,沿线主要经过璜土镇、申港镇、夏港镇。其中新沟河是沿线跨越的一条主要河流,原为六级航道,现规划升级为三级航道。线位处老桥桥宽、高程、跨径均不符合航道、交通功能要求,需拆除重建。

二、桥址区自然条件

1. 气象条件

江阴市气候属亚热带湿润季风气候,具有四季分明,温暖湿润,热量丰富,雨量充沛的特点。全年无霜期210~220天之多,年平均气温15.3℃,年降水量900~1 100mm,并且多集中在7、8、9三个月。

2. 地形地貌

桥址区处于长江冲积平原,地形开阔平坦,无滑坡、崩塌、地面坍塌等不良地质作用。新沟河两岸为江南民居建筑。

3. 地质构造

沿线地貌单元单一,岩土层类别较多。沿线基岩面叠宕起伏,第四系覆盖层厚度大。场地岩土层表层为填筑土,其下为第四系全新统(Q4)冲积层。

4. 水文特征

浅层地下水类型主要为松散岩类孔隙潜水,水位埋深0.10~2.60m。主要含水层较浅,水量较小,渗透性一般,水位变化主要受大气降水及河水的侧向补给影响。

5. 地震效应

桥址区无活动断裂通过,稳定性好。据《中国地震动参数区划图》(GB 18306—2001),桥址区抗震设防烈度为Ⅵ度,设计地震分组第一组,设计基本地震加速度为0.05g。

三、主要技术标准

(1)道路等级:一级公路;

(2)设计速度:100km/h;

(3)荷载等级:公路-Ⅰ级;人群荷载3.5kN/m^2;

(4)桥面总宽:主桥38.5m,引桥36m;

(5)桥梁最大纵坡:2.5%,竖曲线半径10 000m;

(6)桥面横坡:行车道双向横坡2.0%,人行道横坡向内侧1%;

(7)通航标准:三级航道,通航净宽70m,通航净高7m;

(8)地震动峰值加速度为0.05g。

四、结 构 设 计

1. 总体布置

新沟河大桥为直线桥,桥位与航道中心线交角为87.48°,斜桥正做。东西侧纵坡分别为2.5%,采用凸形竖曲线,曲线半径为10 000m。大桥全长757.04m,桥梁起讫桩号K17+006.18~K17+763.22,跨径布置为3×30m+4×30m+(30+40+100+40+30)m+4×30m+2×(3×30m)。其中主桥为(30+40+100+40+30)m混凝土自锚式悬索桥,西引桥为3×30m+4×30m两联预应力混凝土连续箱梁,东引桥为4×30m+2×(3×30m)三联预应力混凝土连续箱梁。主桥立面布置如图1所示。

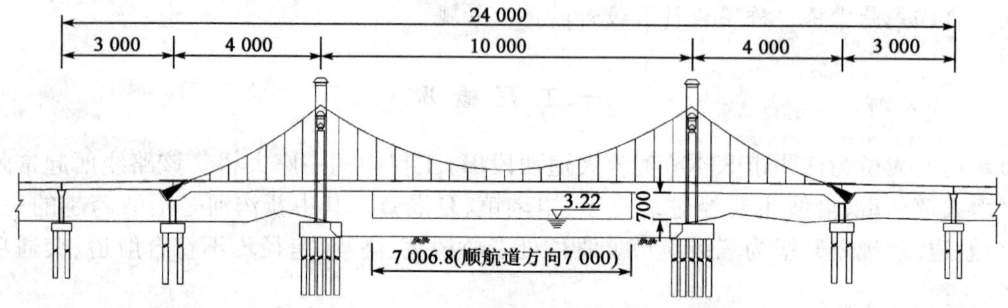

图1　主桥立面布置图(尺寸单位:cm)

2. 主桥结构设计

(1)结构体系

主桥采用双索面混凝土自锚式悬索桥,主跨为100m,边跨40m,协作跨30m,全长240m,桥面在协作跨端由38.5m变宽到36m。两根主缆线型呈抛物线型,主跨矢跨比1/5.852,矢高17.089m,边跨矢高2.352m,主缆横向间距26.75m,主缆选用预制平行钢丝索股(PPWS)编排而成,两端锚固于加劲梁端横梁内。吊索纵向基本间距5.0m,上端与主缆上索夹相连,下面锚固于横梁内。加劲梁为预应力混凝土结构,5跨连续,梁高2.7m;主塔为钢筋混凝土结构,桥面以上塔高22.1m;塔墩固结,塔梁分离。

(2)加劲梁

主桥加劲梁为现浇混凝土箱梁,中心梁高270cm,顶板厚25cm,共设两道箱形截面纵梁,纵梁在塔柱处开口供主塔塔柱穿过;加劲梁纵梁箱室宽475cm,腹板厚60cm,底板厚30cm,腹板内设纵向预应力束。每根吊索下设横梁,横梁为T形断面,中心梁高270cm,外侧悬臂端部高120cm,腹板厚28cm,内设横向预应力束,在吊索通过处厚度为70cm,悬臂段厚36cm;横梁纵向基本间距5m,与吊索一一对应。另外每个主塔两侧各设一道,全桥共计35道横梁。主桥边跨两端设强大的端横梁用于锚固主缆并作为压重,端横梁高5.0m,长8.8m,为预应力混凝土实体结构;为锚固主缆,端横梁上需设预留槽口,布置散索鞍及导向管、锚垫板等,吊索张拉完成后予以封闭;锚固构造处受力复杂,设竖向预应力予以加强。协作跨采用双箱多室的预应力混凝土箱梁,作用是改善加劲梁受力性能,并有利于主缆锚固系统的防腐保护。如图2所示。

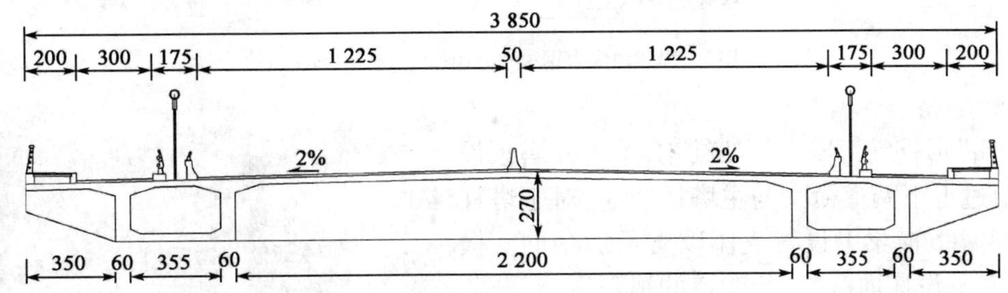

图2 加劲梁标准横断面(尺寸单位:cm)

(3)主塔和基础

主塔为"h"形钢筋混凝土框架结构,塔柱包括塔顶设索鞍的主塔柱和起稳定作用的辅塔柱,主塔柱桥面以上高22.1m,全高32.3m;辅塔柱全高24.5m。两个塔柱均为角部倒角的矩形混凝土实心断面,主塔柱断面尺寸300cm×175cm,辅塔柱断面尺寸200cm×120cm;主塔柱柱顶设空心装饰段。塔上共设两道横梁,上横梁设于索鞍底处,为弧形变高度矩形断面,尺寸从跨中120cm×150cm渐变至根部120cm×288cm。下横梁为120cm×180cm矩形断面,内侧伸出牛腿用以安放支座支撑加劲梁。

主塔承台为一个八边形,整体长14.794m,两端宽5.943m,中间宽11.5m,厚4.0m。每个承台下设10根Φ150cm钻孔灌注桩。

(4)主缆和吊索

大桥主缆共两根,每根由30-91Φ5.3mm预制平行(PPWS)钢丝索编排而成,钢丝为高强镀锌钢丝,钢丝强度1 670MPa。主缆空隙率指标:索夹处为16%,索夹外为18%。主缆采用冷铸锚锚固体系,每个索股两端各设一个锚头,锚头工厂制造。主缆经过散索套后,呈辐射状分散开,穿过各自导管分别锚于加劲梁底锚箱横梁上。

吊索基本间距为5m。普通吊索采用由109Φ7高强镀锌钢丝组成的成品索,标准强度为1 670MPa,双层PE保护层,冷铸锚锚固体系,全桥共62根。吊索上端与索夹采用叉耳板销接,下端采用冷铸镦头锚锚于横梁底部,从梁底张拉。为保护吊索,除采用双层PE保护层外,在桥面上2.5m高度内外套不锈钢管,并在与主梁结合处设防水罩,预埋导管内设防腐油脂,下锚头加保护罩并注防腐油脂。

3. 主桥施工步骤

主桥采用先架梁、后挂缆的施工顺序。主要施工步骤为:桩基础、承台施工→桥墩和主桥主塔施工→支架现浇混凝土加劲梁,张拉纵梁预应力→安装主缆,调整空缆线形,紧缆机紧缆,张拉横梁预应力→安装索夹及吊索,分组张拉吊索→主缆缠丝及防腐→施工桥面铺装及附属设施,调整吊索索力。

五、设 计 特 色

1. 结构体系新颖

混凝土自锚式悬索桥大多采用三跨结构,新沟河大桥主桥采用了增设协作跨的五跨结构,这种结构体系可以增加主桥的结构刚度,有利于主缆的锚固处理和防腐,并且使桥梁立面过渡更加平顺。

2. 加劲梁受力合理

加劲梁采用纵梁为箱形断面的格子梁体系,箱型断面增强了纵梁的抗弯性能,增强桥梁的整体刚度,同时避免纵梁因缆索体系过柔而出现开裂。纵梁内布置少量预应力钢束,调节跨中和支点处的应力状态,使纵梁受力更趋合理。如图3所示。

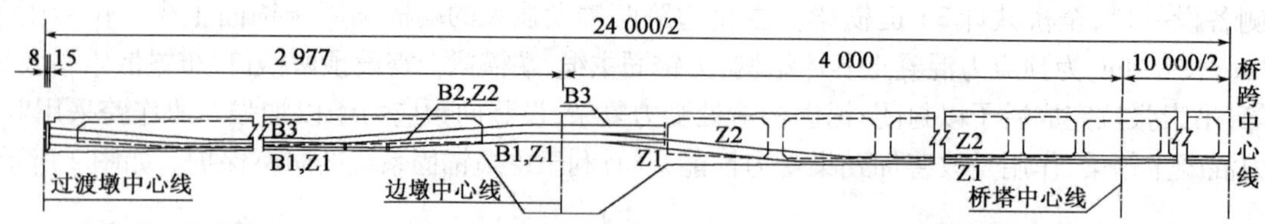

图3 纵梁预应力钢束布置图(尺寸单位:cm)

3. 桥塔设计独特

桥塔采用“h”形钢筋混凝土框架结构,主塔柱塔顶设索鞍,辅塔柱通过上下两道横梁与主塔柱相连,对主塔柱起稳定作用,同时下横梁上设置支座以支承加劲肋。横向两个桥塔之间不设横向联系,行车道的视野更加开阔。如图4所示。

江阴市是一座具有悠久历史文化底蕴的历史文化名城,桥塔造型设计融合了徽派建筑的马头墙、小青瓦和江南园林的漏窗等元素,使大桥与周边粉墙黛瓦的苏南民居相协调,实现了古典建筑文化元素和现代桥梁建筑风格的协调融合。

图4 大桥实景照片

参考文献

[1] 张哲. 混凝土自锚式悬索桥. 北京:人民交通出版社,2005.

20. 宁波市外滩大桥设计

马 骉 葛竞辉 张俊杰
(上海市政工程设计研究总院(集团)有限公司)

摘 要 宁波市外滩大桥由于其特殊的地理位置,主桥采用主跨225m的独塔四索面异型斜拉桥结构,跨径布置自西向东为主跨225m+边跨82m+30m。主桥为分离式双箱断面,索塔采用三角形结构,主梁两侧向下悬挑伸出曲线的人行桥。外滩大桥的结构设计是在建筑造型选定下的一次大胆尝试,外滩大桥的结构体系、主要构件和关键节点构造、施工方案等方面均具有独特之处,实现了力学与美学的结合统一,相关内容可供工程人员在类似结构的工程实践中参考。

关键词 外滩大桥 斜拉桥 钢结构

一、工程概况

外滩大桥位于宁波市甬江桥下游江北区与江东区交界处。桥址为宁波市中心城的核心地带,根据城市总体规划,大桥的建设对宁波市的交通系统建设具有重要意义,将极大地改善三江口中心城区的交通状况,为促进城市的发展创造更好的条件。同时不言而喻的是,该桥的造型对于竖立宁波市城市形象具有极为重要的意义。工程地理位置如图1所示。

外滩大桥全长1 040.74m。主桥采用独塔四索面异型斜拉桥结构,跨径布置自西向东为主跨225m+边跨82m+30m。主桥为分离式双箱断面,单幅标准桥宽21.4m,双向6车道,并通行非机动车道和行人。远期可将非机动车道改为机动车道,即为双向8车道。引桥采用预应力混凝土箱梁结构,上下行分离式两幅桥,标准断面全宽33m。如图2所示。

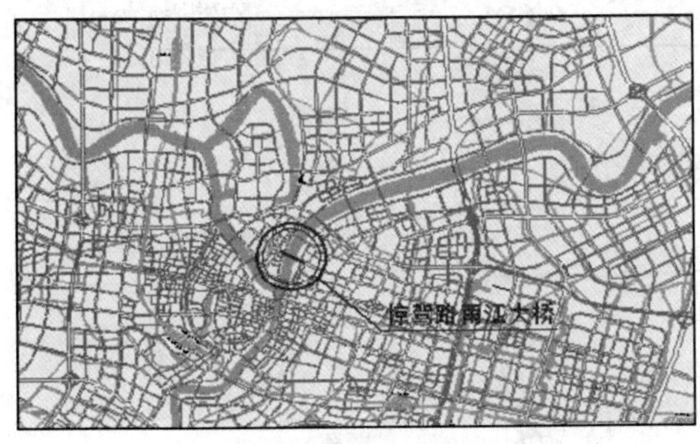

图1　外滩大桥地理位置图

图2　外滩大桥效果图

二、设计技术标准

(1)道路等级:城市主干路。

(2)设计车速:50km/h。

(3)设计荷载:汽车荷载:城-A 级;人群荷载按《城市桥梁设计荷载标准》(CJJ 77—98)相关规定取用。

(4)主桥桥面宽度

采用分离式断面,单侧桥宽 4.0m(人行道及栏杆)+1.9m(拉索区及防撞护栏)+3.0m(非机动车道)+0.5m(机非分隔带)+11.5m(机动车道)+0.5m(防撞栏杆)=21.4m。中央分隔带宽 1.0~11.6m。主梁下悬挑人行桥宽度:3.0m(人行道及栏杆)。

(5)基本风速:U_{10}=31.3m/s。

(6)抗震要求:地震基本烈度 Ⅵ 度,采用二水准设防、二阶段设计方法。

(7)设计洪水位:按照 300 年一遇洪水位设计。

(8)通航要求:通航标准为内河 1 000t 级,设计通航高潮位 1.83m,通航净空 10m,航道净宽 90m。

三、主桥总体设计

1. 建筑造型和结构体系(设计构思)

外滩大桥采用独塔四索面异型斜拉桥,与甬江航道的不对称性相协调,主塔向江东侧倾斜,并用一根强大的钢质拉杆从甬江东岸拉住,拉杆与主塔构成稳定而醒目的三角形体系,通过斜拉索悬吊起整个桥体,给人以强大的震撼力。另外,主梁两侧向下悬挑伸出曲线的人行桥直接延伸到江边的休闲公园里,使桥梁与两岸景观的衔接恰到好处。

与桥址区甬江主航道偏向西岸侧对应,外滩大桥主桥采用独塔四索面异型斜拉桥结构,全钢结构,跨径布置自西向东为主跨 225m+边跨 82m+30m=337m。甬江中靠东侧浅滩处设一主墩,与索塔固结,边墩均在岸上。主跨也是不对称于整个江面,其中心与主航道中心对齐。总体布置图如图 3 所示。

主梁采用分离式钢箱梁,通过横梁连为整体。江东侧主梁两侧向下悬挑伸出曲线的人行桥。

索塔采用三角形斜塔结构,向江东侧倾斜,位于主梁中间。前塔柱从塔头分出两肢倾斜向下延伸,在桥面处与主梁固结,通过主梁后,竖直向下与主墩固结。水平杆连接前塔柱下端和后斜杆尾端,后斜杆与前塔柱相交于塔头,锚固于边跨主梁间的横梁上,将塔头强大的拉索拉力转化为边跨主梁轴向压力。后斜杆穿过横梁后,向下延伸与两水平杆相交于后锚点。后斜杆产生的强大上拔力由两部分来平衡。恒载产生的上拔力通过边跨尾端主梁及横梁、部分后斜杆以及后锚点内的混凝土压重来平衡;活载及温度等其他荷载产生的上拔力通过设置预应力锚固的后锚点承台来平衡。斜拉索在塔上锚固于前塔柱塔头部分,梁上锚固于内外两侧腹板。

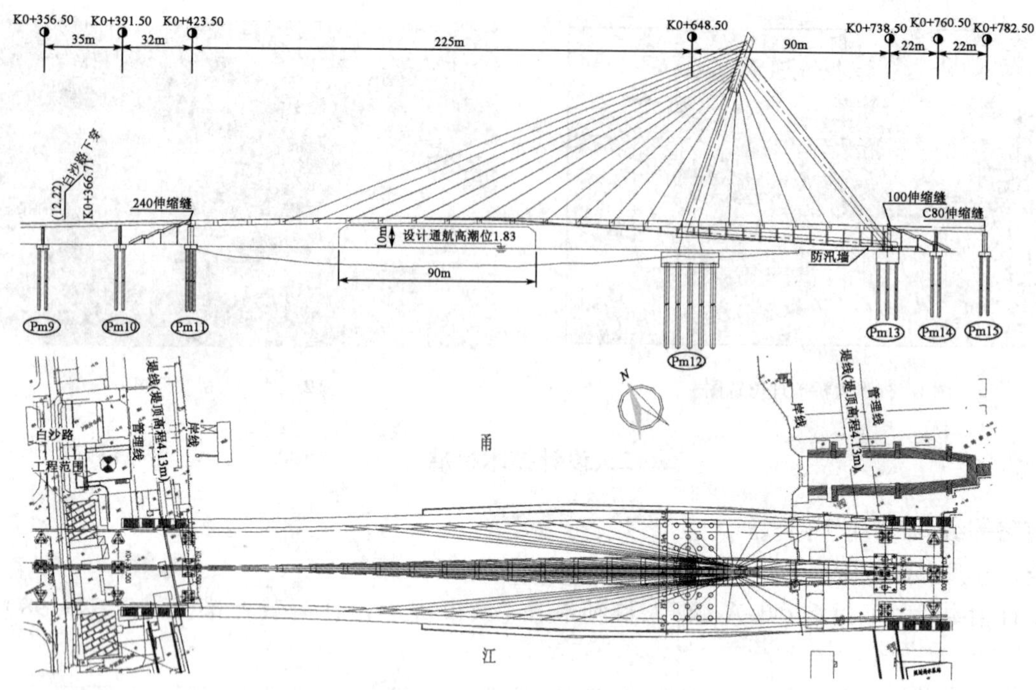

图3 外滩大桥总体布置图(尺寸单位:m)

图4 主塔构造示意图

2. 上部结构设计

(1)索塔设计

主桥索塔采用三角形斜塔全钢结构,主塔位于两幅分离式主梁的中间位置。主塔结构由以下4部分组成:前塔柱、上塔头锚固区、后斜杆、水平杆。构造示意图如图4所示。索塔钢材除水平杆外的厚板均采用可焊接性能较好的S355N细晶粒钢。水平杆以及钢梁均采用Q345q-D钢材。

前塔柱由分离的双肢塔柱组成,从中墩固接处竖直向上穿过中横梁后倾斜延伸,双肢相交于上塔头锚固区的底部。每肢塔柱采用全焊接箱形截面,单箱单室截面。主截面在边跨一侧与附加截面通过焊接形成凸型断面。前塔柱主截面箱宽3 100 ~ 2 057mm,高5 300 ~ 4 200mm。顶板厚50 ~ 70mm,底板厚40 ~ 60mm,腹板厚40 ~ 60mm。面板纵向加劲均采用I字肋、横向设横隔板和环向加劲。为丰富塔柱造型效果,增设有附加箱,箱宽1 100 ~ 800mm,高1 500 ~ 500mm。

上塔头锚固区为前塔柱的延伸,为斜拉索的锚固区段,采用全焊接三箱四室截面。其中两侧钢箱在底端与前塔柱连接而形成连续传力体系。两侧边箱宽2 057 ~ 1 200mm,高4 200 ~ 3 844mm。顶板厚50 ~ 70mm、底板厚40 ~ 60mm,腹板厚40 ~ 60mm。中箱宽2 600mm,高5 200 ~ 4 775mm。顶、底板厚度50 ~ 60mm,腹板厚40 ~ 60mm。钢箱内设置纵、横向加劲及横隔板。

后斜杆上端与塔头锚固区相接,向下延伸交于主梁端横梁并与之形成整体。后斜杆为全焊接箱形截面,在与塔头锚固区连接的刚域区段内采用单箱双室截面,其余区段为单箱单室断面。后斜杆箱宽2 500 ~ 1 800mm,高5 000 ~ 3 500mm。顶板厚40 ~ 70mm、底板厚40mm,腹板厚40 ~ 50mm。钢箱内设置纵、横向加劲和横隔板。

水平杆由分离的双肢组成,连接与中墩固接处的前塔柱,以及后斜杆延伸处的后锚点。单肢水平杆采用单箱单室截面,主截面在顶板上连接一附加箱室,形成凸型断面。水平杆主截面箱宽2 500 ~ 1 800mm,高3 500 ~ 2 400m。顶底板、腹板厚均为14mm。钢箱内设置纵、横向加劲和横隔板。附加箱宽1 100 ~ 800mm,高800mm。

三角形索塔用钢量共计3008t，指标为209kg/m^2。

(2)主梁设计

主梁采用分离式扁平钢箱梁，通过横梁连为整体，梁高2.4m，单侧箱宽17.1m，计入人行道挑臂总宽21.4m。主梁中央分隔带采用三次抛物线型从塔梁固结处11.6m渐变到1.0m。横梁标准间距15m。江东侧主梁下悬挑曲线人行桥。主梁横断面布置如图5所示。

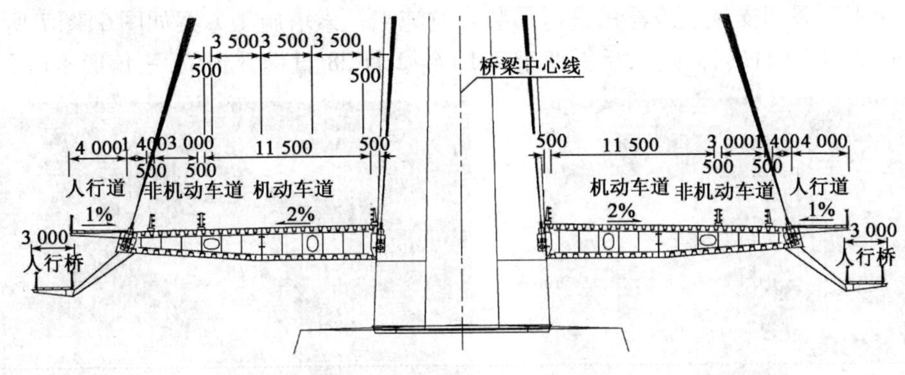

图5　主梁横断面布置(尺寸单位:mm)

顶板根据受力需要采用14~25mm厚的钢板。顶板采用8mm厚的U型加劲肋。底板采用12~25mm厚钢板。底板采用6mm厚U型加劲肋。腹板厚度20~30mm。钢箱梁内设置一道纵隔腹板。

上下行分离式箱梁之间设置箱形横梁连接，横梁标准间距15m，标准截面高2.4m，腹板中心距宽2~2.5m。横梁顶、底板厚度与对应的主梁节段顶底板厚度一致。

钢箱内横梁处对应设横隔板，标准节段两横梁间横隔板间距3.25m。

斜拉索拉力通过侧锚箱的锚固板传递给主梁腹板，锚固采用锚箱式构造，锚箱与主梁腹板焊接。内侧锚箱位于横梁内，外侧锚箱位于风嘴内，锚固于外腹板。除了边跨外挂索为梁上张拉外，其余拉索梁上为固定端。

(3)人行道、人行桥设计

外滩大桥人行系统包括人行道和人行桥两部分。人行道标准宽度4m，主桥全桥范围内布置。人行桥标准宽度3m。从主梁下缘或外侧悬挑出来至大桥东岸一直延伸到主跨桥面。桥面纵坡5.85%，间隔7.5m设置一个宽1.5m平台，平台间坡度7.31%。人行道、桥均采用悬臂工字形钢梁，顺桥轴方向采用箱形纵梁连接各悬臂。上翼缘叠放工字形小纵梁，在小纵梁上翼缘铺设铝合金桥面。人行道与人行桥的平面曲线通过调整小纵梁与挑臂的夹角实现。

钢梁以及人行道、人行桥用钢量共计7 606t，指标为527kg/m^2。

(4)拉索设计

全桥共64根斜拉索，梁上标准索距为15m，为空间四索面。根据拉索锚固的位置，分为内侧索和外侧索。根据索力的不同，拉索采用PES7-73~283共计8种规格。索塔、索梁锚固系统除了0号索以及边跨外侧1~4号索塔上锚固采用外挂耳板外，均采用钢锚箱锚固形式。锚具采用冷铸锚。斜拉索采用高强度镀锌平行钢丝索股，钢丝强度1 670MPa。

3. 下部结构设计

Pm12主墩位于甬江东岸侧的浅水区，为减少对河床冲淤影响，承台埋入河床以下，墩身采用圆端形截面钢筋混凝土实体墩。墩高9.0m，墩顶与索塔前塔柱塔底固结。承台采用矩形承台，承台顶高程为-1.5m，长×宽×高为40.0m×22.0m×5.0m，封底混凝土厚1.5m。桩基采用ϕ1 800mm钻孔灌注桩，共45根，桩尖高程-85.5m，桩基持力层为⑩-2层圆砾，桩长79.2m。钻孔灌注桩采用桩底后注浆工艺，利用声测管兼做注浆管。承台施工采用钢板桩围堰现浇施工。

四、主桥施工方法

由于外滩大桥主桥索塔采用异型的三角形结构,因此,其施工方法不同于常规。

索塔施工时,水平杆采用支架法施工,用龙门吊机吊运就位,前塔柱采用"竖拼竖转"法施工,后斜杆采用"先卧拼后整体提升"法施工;尾跨钢箱梁采用支架法进行安装,中跨有索区钢箱采用桥面吊机逐段进行安装,中跨无索区采用支架法或浮吊进行吊装合龙施工。索塔施工方案如图6、图7所示。其中前塔柱竖转于2010年2月10日转体到位,后斜杆于2010年2月28日提升到位,三角形索塔顺利合龙。

图6 前塔柱竖拼、后斜杆卧拼施工

图7 前塔柱竖转和后斜杆整体提升施工

五、主桥设计施工的关键技术研究

外滩大桥属于特大型全钢结构异型斜拉桥,结构体系、线型均较为复杂,设计和施工难度均较大,为确保该桥的结构安全、设计合理和建设顺利,在设计和施工过程中开展了如下相关专题的研究及试验项目:

(1)主桥抗震抗风研究。

(2)关键节点应力分析与模型试验。外滩大桥采用不对称结构——带支撑斜杆的无背索斜拉桥结构方案,该桥结构新颖,受力复杂,尤其是塔梁固结、塔墩固结节点、上塔头、后斜杆与横梁、后斜杆与水平杆等5个相交节点等部位,承受着巨大的弯、剪、扭联合作用,而且传力及构造复杂。为进一步优化和深化关键节点等构造的设计,确保大桥的质量和安全,特进行了以下5个专题研究:①上塔头受力机理、合理构造分析研究;②后锚点塔梁、水平杆连接及锚固体系性能研究;③塔梁固结节点受力性能分析研究;④后斜杆连接构造疲劳试验研究;⑤前塔柱与上塔头连接段局部稳定和极限承载力试验研究。

(3)主桥施工监控。外滩大桥主桥施工过程控制的难点主要有以下几点:①索塔为三角形结构,采用现场焊接拼装,转体施工,体系转换工序多,索塔杆件均需进行预抛高,拼装以及合龙精度要求高;②主梁采用分离式双主梁断面,平面为抛物线线形,4个索面,主跨安装过程精度要求高,索力控制较为关键;③主跨跨径大,钢梁梁高小,结构较柔,竖向线形控制难度高;④后锚点平衡压重的施工工序及重量分布与主跨梁段的安装,索力张拉密切相关。

(4)船撞风险评估及防撞设置研究。外滩大桥主桥索塔为三角形结构,其水平杆从江中主墩处一直延伸至岸上。人行桥从边跨主梁下悬挑出来,逐步延伸至主跨桥面。水平杆和人行桥均存在被江中过往船只撞击,带来严重后果的风险。因此需对本桥船撞风险进行评估,并进行防撞设施的研究和实施。主要研究内容包括以下几点:①桥位处甬江段通航船舶船型及其吨位调查;②结合通航条件、水利条件研究船撞风险和发生形式;③根据前述资料和结论进行防撞设施的布置和形式研究。

(5)三角形索塔的安装施工工艺研究。

六、结 语

如何通过对结构受力体系和构造的设计优化,最大限度地满足建筑师的理念,力求力学与美学的结合统一,将是未来城市桥梁设计的发展方向之一。外滩大桥的结构设计是在建筑造型选定下的一次大胆尝试,该桥的设计和施工难度对桥梁工程师来说是一次挑战,同时也是一次积累。外滩大桥主桥于2008年6月开工建设;2009年5月开始索塔和边跨主梁钢结构安装施工;2010年年底大桥建成通车。

21. 石家庄滹沱河特大桥主桥设计

王燕伟[1] 薛麦云[1] 李恒旺[2]
(1. 中国公路工程咨询集团公司;2. 中交公路规划设计院有限公司)

摘 要 滹沱河特大桥主桥是一座中承式钢管混凝土提篮拱桥,主拱净跨径为200m,桥宽51.6m,宽跨比为1/3.876,是目前特大桥中最宽的拱桥,仅采用两片桁架拱肋。主拱肋架设采用竖转方法施工。本文着重介绍滹沱河大桥主桥的总体设计,以期为同类工程提供参考。

关键词 中承式钢管混凝土提篮拱桥 总体设计 竖转施工

钢管混凝土在结构形式上能将钢材和混凝土有机地结合在一起;在受力上,它能借助内填混凝土提高钢管的局部稳定性,同时,通过钢管对混凝土的紧箍力作用提高核心混凝土的承载力,使核心混凝土处于三向受压状态,从而使核心混凝土具有更高的抗压能力和变形能力。在施工方面,钢管混凝拱桥可利用空心钢管作为劲性骨架甚至模板,施工吊装重量轻,进度快。由于在材料和施工方法上的优越性,将这种结构应用于以受压为主的拱桥是十分合理的,因而成为大跨度桥梁中颇具竞争力的桥型,同时又具有相当程度的美观效应。

一、工 程 概 况

张石高速公路石家庄北出口支线工程是石家庄市区到正定机场的一条迎宾大道。在K4+367.96~K6+946.04处跨越滹沱河,全桥长2578.08m。南水北调中线总干渠在K6+012处以倒虹吸形式穿过滹沱河,路线与南水北调交角29°,采用40m+200m+40m钢管混凝土中承式提篮系杆拱跨越。这一跨度在河北省内位居首位,堪称"河北第一跨"。桥面宽度51.6m,在同等跨度的钢管混凝土拱桥中,为全国之最。边跨仅为中跨的0.2倍,减短了主桥桥长,降低了工程造价。如图1所示。

二、设 计 标 准

(1)设计车速:快车道100km/h,慢车道40km/h;

(2)桥面宽度:主桥整体式断面桥宽51.6m:2×(0.5m土路肩+2.5m硬路肩+3.5m慢车道+0.5m路缘带+4.55m隔离带+0.75m路缘带+3×3.75m行车道+0.75m路缘带+1.5m中央分隔带);

(3)设计荷载:公路-I级;

(4)桥面铺装:快车道10cm沥青混凝土+12cmC40防水混凝土;慢车道9cm沥青混凝土+12cmC40防水混

图1 滹沱河大桥主桥效果图

凝土;

(5)设计地震烈度:地震动峰值加速度0.10g,基本烈度VII度;

(6)洪水频率:1/300。

三、总 体 设 计

1.主桥结构及技术特点

滹沱河大桥主桥设计为40m+200m+40m三跨连续自锚中承式钢管混凝土系杆拱桥,边跨、主跨拱脚均固结于拱座,边跨曲梁与边墩之间设置轴向活动盆式支座,在两边跨端部之间设置钢铰线系杆,通过边拱拱肋平衡主拱拱肋所产生的水平推力。主桥桥型总体布置如图2所示。

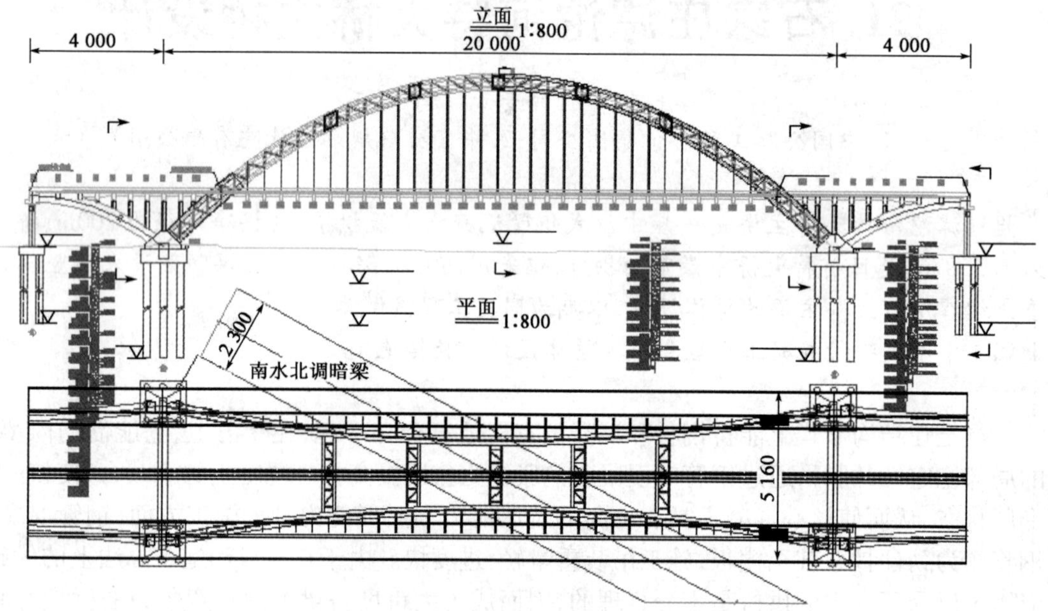

图2 滹沱河大桥主桥桥型布置图(单位:mm)

其结构上的最大特点是充分发挥了材料的性能:以抗压能力高的钢管混凝土作为拱肋,以抗拉能力强的高强钢铰线作为系杆,通过边拱肋的重量,随着施工加载顺序逐步张拉系杆中的预应力束以平衡主拱所产生的水平推力,最终形成对拱座基础只有较小水平推力的拱桥。这就大大降低了由于巨大不平衡拱推力增加的基础费用,从而使拱座基础变得较为轻巧。

2.主拱拱肋

主拱拱肋为钢管混凝土桁架。拱肋向桥轴中心线斜倾,倾角为78°34′3″,为空间曲线形式,以增强结构本身的稳定性和抗震性。计算跨径200m,计算矢高50m,拱圈的矢跨比为1/4。主拱拱轴水平投影为悬链线,拱轴系数 $m=1.347$。横断面全宽51.6m,横向在侧分带内布置两榀拱肋,每榀拱肋为4-φ1200mm钢管。4根钢管组成平行四边形断面,用缀板(每弦间),腹杆(两弦间)连接。在第一根吊杆至拱脚段的主拱肋为外包混凝土截面及边拱肋为混凝土截面,采用C50号混凝土,主拱肋为高5m、宽2.8m的平行四边形截面,边拱肋为高3.5m、宽3.232m平行四边形截面。两道主拱肋之间设有5道H型横撑,混凝土边拱肋之间采用预应力混凝土横撑。如图3所示。

3.系杆、吊杆

系杆采用OVMXGK15-31型可换式钢绞线成品索,索体采用B型环氧喷涂钢绞线(或度锌钢绞线)成品索,双层HDPE防护,内层HDPE为无黏结筋结构。在预埋钢管段增加耐磨胶管,提高系杆的抗磨性能。两端锚于边拱肋端部,中间通过导轮架支撑在横梁上,用钢箱进行保护。系杆采用0.46f_{pk}的控制张拉应力,安全系数为2.17。

吊杆采用OVMLZM7-127Ⅰ(标准段)和OVMLZM7-211Ⅰ(用于靠近拱肋的一根最短吊杆)型成品吊

杆体系,本身含有球形支座结构,能够适应桥面的温度及其他变形。吊杆上端锚固在拱肋上弦,下端锚于横梁底部。吊杆的安全系数为3.5,最外侧一根为3。

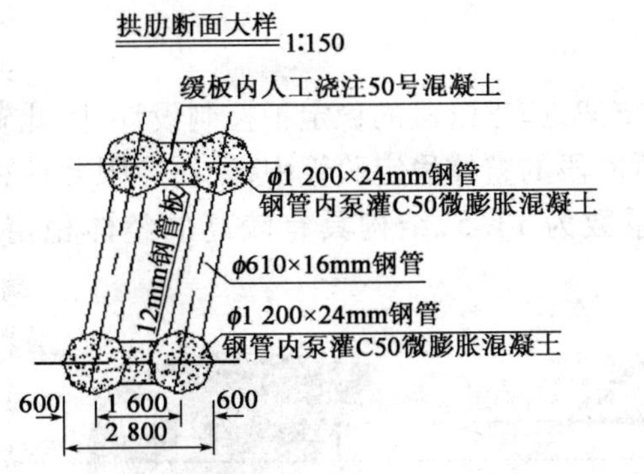

图3 拱肋断面图

4. 桥面系

主桥行车道系由普通钢筋混凝土Π形梁组成,板高45cm(辅道板高46cm),采用先简支后连续结构,纵桥向、横桥向均设置现浇段。Π形梁上面加铺12cm厚现浇混凝土。横梁采用钢横梁,箱形截面,最大梁高2.2m,顶面与桥面横坡相同。横梁、桥面板、纵梁、桥面铺装形成一个整体结构。

行车道板在拱肋与桥面相交处设伸缩缝,为SCF240型伸缩缝,在主桥、引桥相接处设D80型伸缩缝。

5. 拱座基础

每个拱座设置左、右两个承台,承台厚度为4m,平面尺寸为13.8m×13.8m。承台顶面设四棱台拱座,高度为5.758m。左右两个承台由断面为3m×4.5m的箱型系梁相连,箱型断面腹板厚度为50cm,顶板厚度为60cm。为了克服拱脚产生的横向推力,梁内设置预应力钢束,并且锚于拱座及承台外侧面。基础采用群桩,每个承台底由9根ϕ200cm的钻孔灌注桩组成,一个拱座下共有18根桩。

过渡墩采用柱式墩,墩柱直径为180cm。基础采用双排桩,桩径为180cm。

四、结构计算分析

主跨、边跨、系杆及主墩为一整体结构,这4部分相互影响、相互依存,选取精确合理的计算模式非常重要,在选取力学模式中,将主跨、边跨、系杆及主拱墩、桩基模拟为一个整体结构。采用桥梁结构通用分析软件对结构进行了施工及成桥状态的静、动力特性和稳定性分析。施工加载计算阶段完全模拟施工加载状态,计算中计入施工过程拱肋的弹性压缩、混凝土的收缩徐变、温度、恒活载等因素的影响。

1. 主桥静力分析

按照施工顺序分35个阶段进行施工阶段结构计算,根据应力叠加法计算各构件的累加应力,并和汽车基本可变荷载及拱座位移、温度变化等附加荷载进行组合,以此进行主要受力构件(拱肋)的承载能力验算。拱座位移按沉降2cm计算。温度分别按整体升温20℃和整体降温25℃计算。主桥稳定计算采用空间分析程序进行了分析。

本次分析采用桥梁通用分析软件进行计算,建立空间桥梁模型,除系杆外均按梁单元模拟,共用节点4 021个,划分单元6 508个,材料12种、截面44种。全桥的计算模型(图4)计算内容考虑了平联板的影响,以及各个施工阶段的内力、应力、位移。

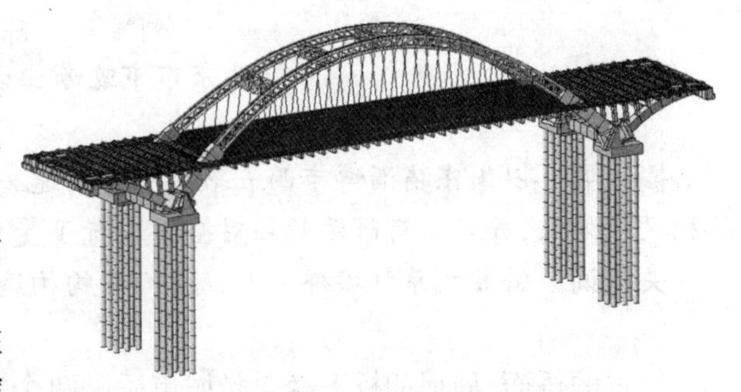

图4 全桥实体模型图

钢管内灌注的混凝土采用C50膨胀混凝土,灌注后立即封闭钢管,属保水养护,根据有关文献其收缩应变值约为一般大气养护条件的一半,徐变系数采用潮湿大气条件中的徐变系数，其他参数采用规范规定的标准数值。主拱肋成桥初期钢管应力基本可控制在134MPa以内，营运后期钢管应力可控制在162MPa以内，考虑施工方案可能采取竖转方式，应力控制指标较低。

2. 主桥稳定性分析

由于主拱肋采用在支架上施工，成拱后拆除支架，施工阶段的稳定不控制设计，因此施工图设计按一次成桥验算成桥状态稳定性。在施工阶段与成桥阶段的整体稳定验算中，采用有限元计算一类稳定的稳定系数与失稳模态，主桥整体结构的弹性稳定系数为13.5，结构具有较高的整体稳定安全度，如图5所示。

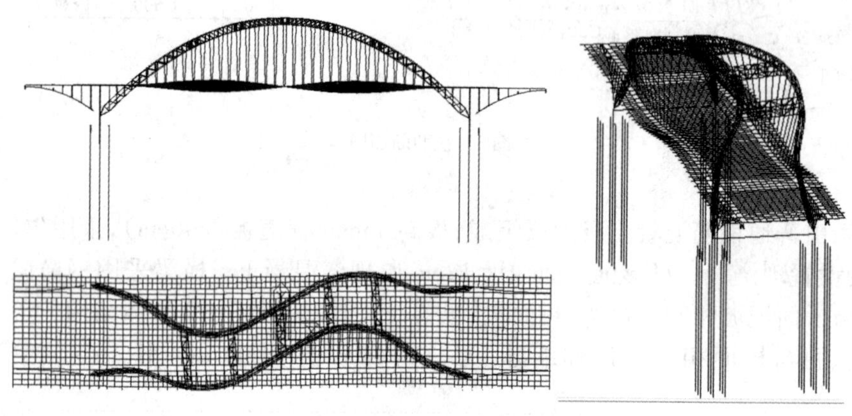

图5　一阶稳定（稳定系数13.5）

五、结　　语

滹沱河大桥主桥单从跨径来看，在钢管混凝土系杆拱桥中属于中等跨径，但作为市区桥梁，桥宽达51.6m在大跨径桥梁中比较少见。本桥仅采用两榀拱肋简化了横向布置，结合纵桥向飞燕式提篮拱结构，使整个桥梁的整体效果显得轻盈、简洁而美观。

参考文献

[1] 张石高速公路石家庄北出口支线工程滹沱河特大桥两阶段施工图设计. 2009.
[2] 陈宝春. 钢管混凝土拱桥实例集(一)[M]. 北京：人民交通出版社，2002.
[3] 赖泉水，张靖，傅韵芬，等. 三山西大桥主桥设计简介[J]. 桥梁建设，1995(4).
[4] 陆宝春. 钢管混凝土拱桥发展综述[M]. 北京：桥梁建设，1997.

22. 下承式无推力斜靠式系杆拱桥设计

刘　勇　陈桂英　胡达和
（北京市市政专业设计院有限责任公司）

摘　要　以山东省淄博市西五路跨济青高速公路主桥为例，介绍了下承式无推力斜靠式系杆拱桥的结构设计方法，并采用有限元软件对全桥进行了受力分析。

关键词　斜靠式系杆拱桥　无推力　结构构造　受力分析

超宽的桥面、局促的桥下净空是城市桥梁两个突出的特点。常规下承式系杆拱桥，主拱之间设置风撑，对于超宽的桥面，压抑感太强；桥上主体结构相对局促的桥下空间来说体量太大，上下部不协调，显得

“头重脚轻”。斜靠式下承式系杆拱桥由4榀拱肋组成,中间2榀为平行拱肋,两侧各布设1榀倾斜的稳定拱。该种桥型取消了主拱间的风撑,将稳定拱斜置在主拱上形成“人”字空间稳定体系,结构新颖、造型美观,集功能与景观于一身,能很好地解决城市桥梁的两个问题。

下面以山东省淄博市西五路跨济青高速公路主桥为例,介绍斜靠式系杆拱桥的受力特点及设计要点。如图1所示。

图1 效果图

一、结 构 设 计

1. 总体布置

山东省淄博市西五路跨济青高速公路主桥为4榀拱肋(2榀主拱+2榀稳定拱)的斜靠式下承式系杆拱桥(图2、图3),桥面总宽34m,其中行车道宽24m,两侧人行道和栏杆各5m。主桥理论计算跨径110m,主拱及稳定拱拱轴线均为自身平面内的二次抛物线,其中主拱计算矢高23.07m,拱面以两理论起拱点连线为轴,向桥外旋转1°,矢跨比1/4.77;稳定拱计算矢高23.423m,拱面以两理论起拱点连线为轴,向桥内旋转10°,矢跨比1/4.7。主拱之间不设横撑,稳定拱与主拱在人行道上方构成“人”字造型。

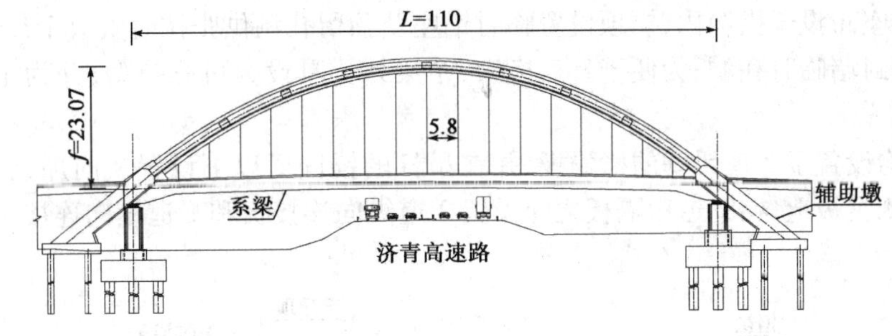

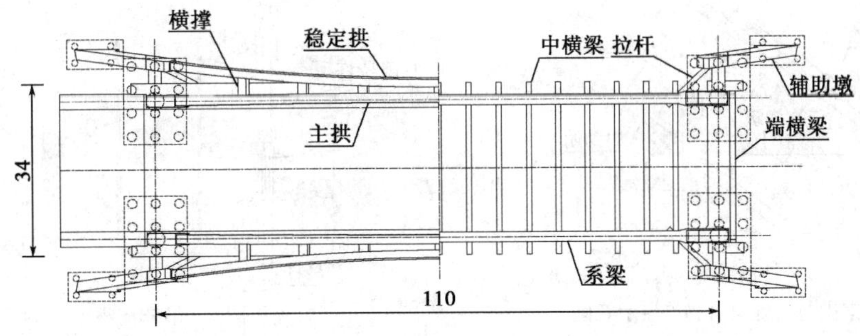

图2 总体布置图(尺寸单位:m)

2. 结构体系

已建成的斜靠式拱桥主要有两种结构形式:一种是主拱采用无推力体系,稳定拱采用有推力体系,这种形式适合地质条件较好的地区,否则需花费庞大费用来解决稳定拱水平推力问题;另一种为主拱、稳定拱均采用无推力体系,这种形式适合地质较差的地区,但如何解决主拱与稳定拱之间的变形协调问题是关键[1]。鉴于当地地质条件较差,该桥采用无推力受力体系。

图3 横断面图(尺寸单位:m)

该桥结构具有以下特点:

(1)通过采用在主拱下设置强大系梁的方式来克服恒载、活载产生的水平推力。

(2)通过设置强大的端横梁及采取在稳定拱与主拱系梁之间设置拉杆的方式解决主拱与稳定拱之间的变形协调问题。

(3)主拱向外倾斜1°,稳定拱向内倾斜10°,主拱与稳定拱之间通过横撑联系。

(4)该桥在拱梁结合处采用装饰性延伸实现了结构外观的连续性,使桥上桥下浑然一体,充分展示了拱的曲线美。

3. 结构部件

(1)主拱及稳定拱

主拱采用变高度钢箱断面,拱箱宽1.8m,拱脚处拱箱高3.2m,拱顶处拱箱高2.7m;稳定拱采用钢箱断面,拱箱宽1.5m,高1.5m。

钢拱与拱脚混凝土之间采用设置高强螺栓和钢混连接段的模式进行连接。在钢拱与混凝土连接面处设置厚50mm的主承压板,接头500mm区域内在拱壁内外侧设置加密加劲肋,加劲肋厚度为25mm。同时,通过M22高强螺杆施加预应力使混凝土结构与钢拱箱紧密连接。钢拱与混凝土拱脚连接示意图如图4所示。

(2)吊杆

主拱面内共设置吊杆17对,纵向间距5.8m,向外倾角1°。吊杆采用双层PE平行钢丝成品吊杆,标准强度1 670MPa,共有PES(C)7-109及PES(C)7-121两种规格。

施工期间济青高速公路不能中断交通,吊杆的张拉端只能布设于拱顶,但考虑到锚座布设于拱顶有碍美观,该桥将锚座布设于拱箱内,拱顶设置临时锚座及预留孔洞供张拉时安放千斤顶,待吊杆施工完毕后拆除临时锚座,封堵临时孔洞;为便于日后换索,系梁处锚具设为可张拉型,并为千斤顶布设预留条件(图5)。

每根吊杆处均设置了2道铅垂的横隔板,并在吊杆的锚固面以下设置横向加劲肋,以支撑吊杆并将此反力传递到两侧腹板上,在2道横隔板之间设置2道纵向连接板和1道横向连接板以方便支撑反力的扩散。

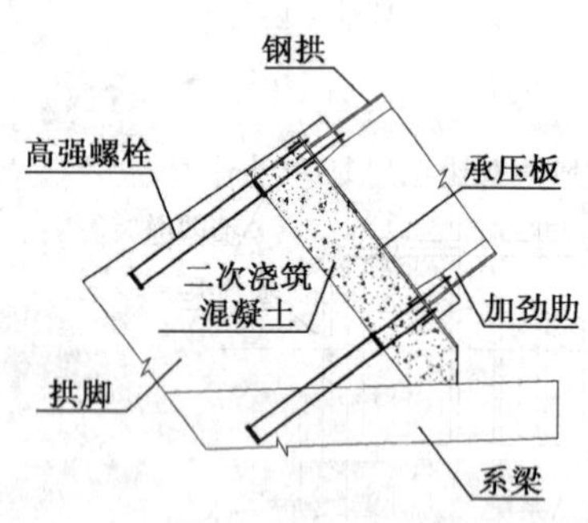

图4 钢拱与混凝土拱脚连接示意图

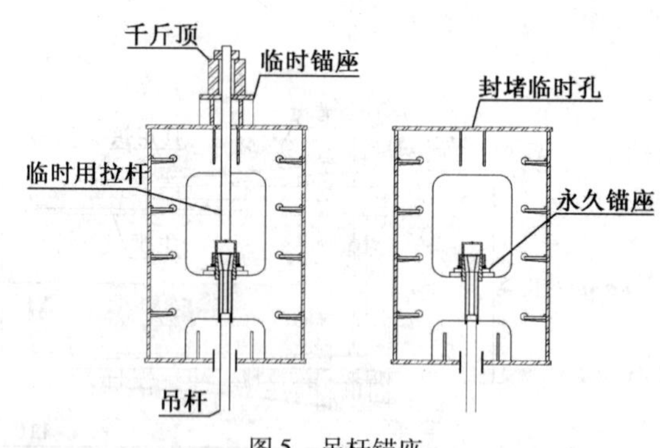

图5 吊杆锚座

(3)主拱系梁

为平衡主拱的水平推力,该桥采用预应力混凝土系梁。混凝土强度等级C50,标准截面形式为箱型,高2.5m,宽2m,顶板厚0.25m,腹板厚0.5m。拱脚附近系梁设为实体截面,高4m,宽2.8m。系梁采用体内预应力模式,每个系梁内设14束15ϕ^s15.20钢束及12束19ϕ^s15.20钢束,两端张拉,共分两批张拉到位。

(4)中横梁及端横梁

中横梁及端横梁均为预应力混凝土结构,混凝土强度等级C50。其中中横梁截面形式为箱型,宽1m,高度2.3~2.48m,底面水平,顶面双向1.5%横坡,如图6所示。

端横梁截面形式为箱型,宽4.3m,高3.6m,顶、底面设双向1.5%横坡,引桥侧设置牛腿,引桥直接搭设在牛腿上。稳定拱与系梁之间截面形式为变高度的实体截面,宽2.5m,高度2.2~3.6m。端横梁结构示意图如图7所示。

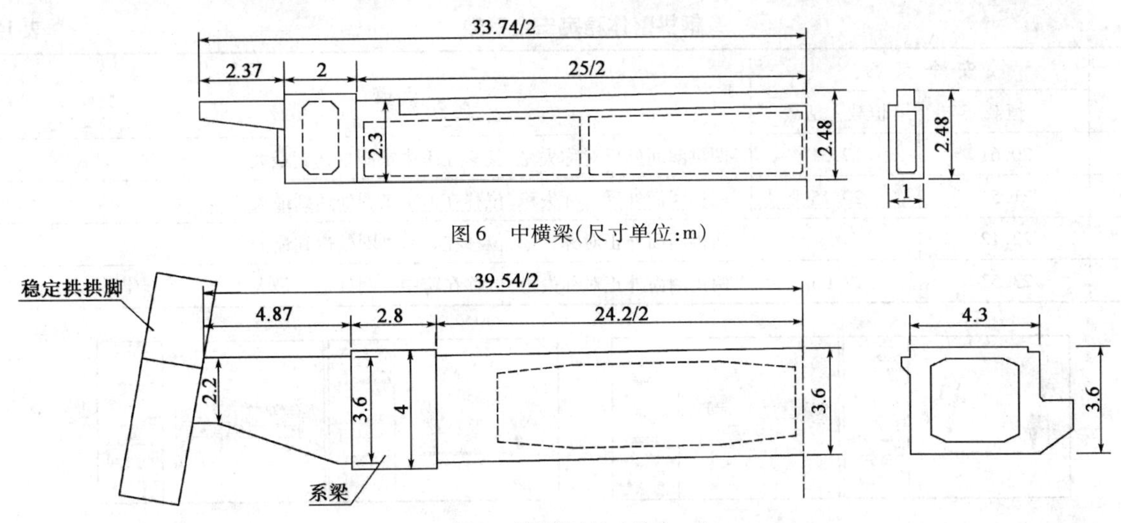

图6 中横梁(尺寸单位:m)

图7 端横梁(尺寸单位:m)

(5)稳定拱拉杆

为平衡稳定拱产生的水平推力,在稳定拱拱脚与第1根中横梁和系梁交点处设置拉杆,如图8所示。拉杆为预应力混凝土结构,混凝土强度等级C50,截面形式为实体截面,宽1m,高1.5m。每个拉杆内设4束$15\phi^{s}15.20$钢束,两端张拉,一次张拉到位。

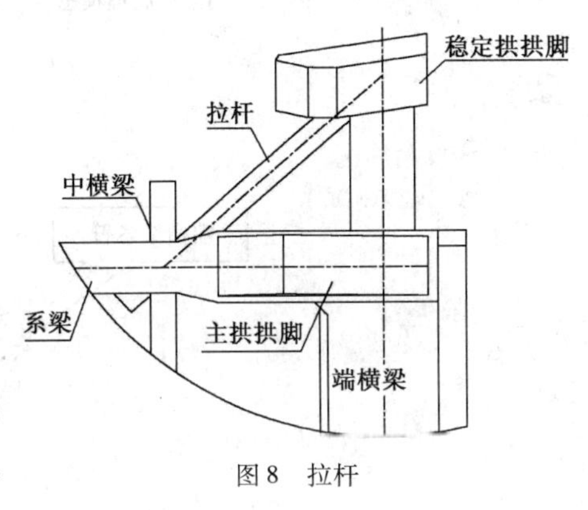

图8 拉杆

(6)桥面板

现浇桥面板连续布置于预制小纵梁上,形成T型截面。其中预制小纵梁为倒梯形截面,顶宽0.4m,底宽0.3m,高0.4m,现浇桥面板厚0.2m。

二、受 力 分 析

1.静力计算

采用MIDAS Civil2006有限元软件进行计算,全桥共165个梁单元,148个节点。

施工阶段可分为:浇筑系梁及横梁、张拉系梁第1批预应力索、安装拱圈、安装并张拉吊杆、拆除支架、安装小纵梁、张拉系梁第1批预应力索、现浇桥面板、桥面系施工。

综合考虑恒载、活载、预应力、混凝土收缩与徐变、风荷载、温度变化影响等因素,分析上述几种载荷组合作用下主拱及稳定拱的截面应力,得到主拱及稳定拱的受力特点:

(1)由于稳定拱斜靠在主拱上,其自重全靠主拱承担,致使钢拱内外侧应力呈现不均匀性即内侧应力大于外侧应力。从部位来看,拱顶处内外侧正应力基本相同,拱脚处相差30%左右。

(2)主拱整个截面处于受压状态,最大压应力位于拱脚截面内侧下缘,数值为128MPa。

(3)稳定拱拱脚处外侧下缘出现18.6MPa拉应力。

经过计算分析,全桥运营阶段钢结构及预应力混凝土结构均满足规范相关条款。

2.整体稳定性分析

对全桥进行稳定性分析,计算结果表明结构线性失稳特征值均大于工程安全稳定系数4,结构安全。详见表1和图9所示。

3.拱脚节点受力分析

主拱拱脚节点位于端横梁(带牛腿单箱单室截面)、端横梁悬臂(矩形截面)、系梁(矩形截面)、主拱交汇处,为固结节点,其有限元模型如图10所示。

钢拱整体稳定安全系数 表1

编号	安全系数		模态
	恒载	恒载+活载	
1	20.61	19.31	两拱圈面外反对称失稳,位移在跨中拱圈处达到最大
2	21.54	20.15	两拱圈面外反对称失稳,位移在1/4拱圈处达到最大
3	22.12	20.7	两拱圈面外正对称失稳,位移在1/4拱圈处达到最大
4	23.53	22.03	两拱圈面外正对称失稳,位移在跨中拱圈处达到最大

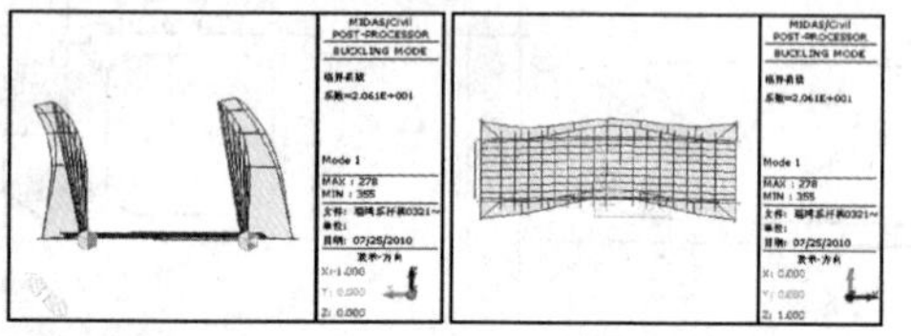

a)第一屈曲模态

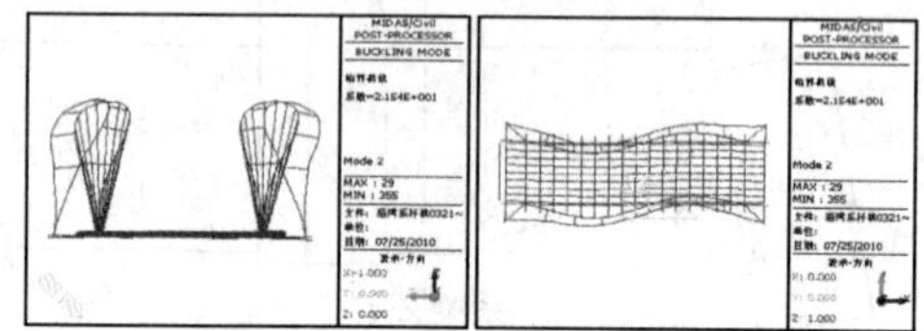

b)第二屈曲模态

图9 整体稳定屈曲模态

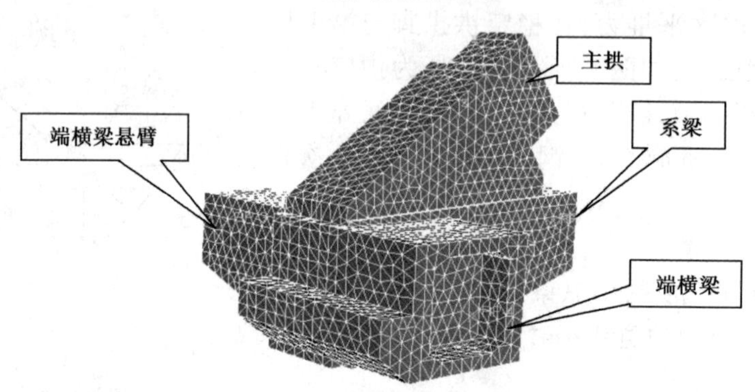

图10 主拱拱脚有限元模型

有限元分析结果表明,除边界、支座及预应力锚点处出现应力集中外,拱脚节点内部应力不大,最大主拉应力为0.25MPa,最大主压应力为3MPa,如图11、图12所示。

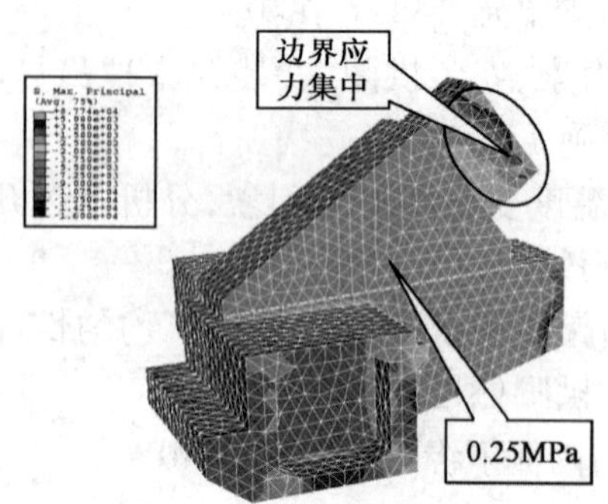

图11 主拉应力云图(kPa)

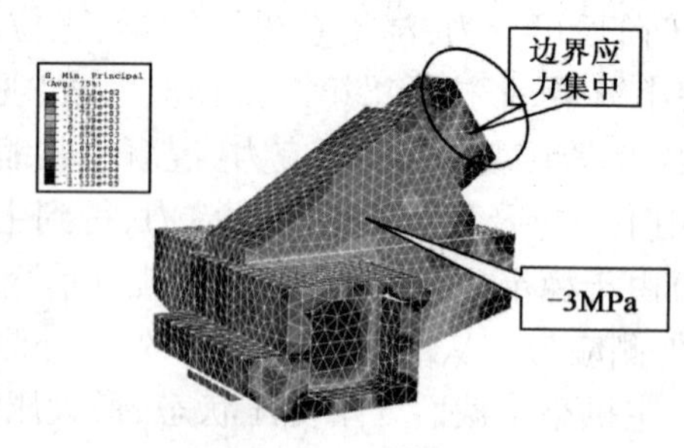

图12 主压应力云图(kPa)

应力集中现象在预应力锚点处最为明显,考虑到在有限元模型中,预应力值是等效成单个节点集中力作用在计算模型上,而实际结构中锚头下有锚垫板、钢筋网片等分散应力的措施,所以实际应力集中现象不会像有限元分析中表现的那么突出,构件是安全的。

4. 钢拱与混凝土拱脚连接处受力分析

钢拱与混凝土拱脚接头是该桥最重要的部位之一,该接头将钢拱的力传递给系梁,承担着较大的压力及反复弯矩,其设计的合理性直接影响到大桥的使用状态及结构安全。该桥采用先进的全截面完全承压式方式进行连接,将钢拱的内力有效地传递给系梁。如图13所示。

分析结果表明，钢箱应力经过钢拱箱与承压板结合处布设的大量加劲肋及承压板分散后，到达混凝土上的应力均处于受压状态，其中桥内侧的压应力较外侧大，4 个角点的应力较其余部位大。桥内侧下缘角点应力 -13MPa，桥内侧上缘角点应力为 -10MPa，桥外侧下缘角点应力 -8MPa，桥外侧上缘角点应力 -5MPa，如图 14 所示。

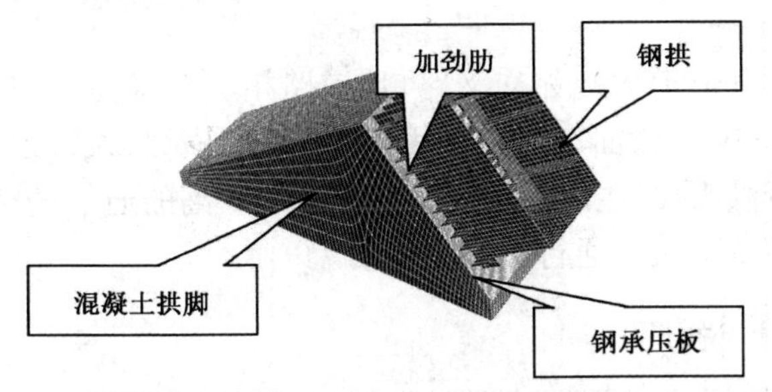

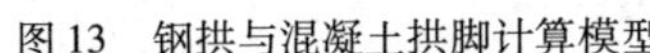

图 13 钢拱与混凝土拱脚计算模型

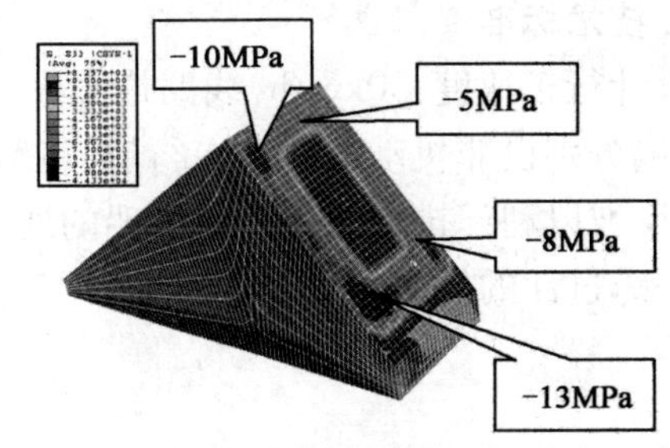

图 14 拱脚混凝土表面应力

从以上分析结果可见，各部分应力均小于规范规定限值，构件安全。

三、结 语

较以往的斜靠式系杆拱桥，本桥的创新点在于取消了斜靠的稳定拱处吊杆，使桥面显得更为通透明亮，本文对该类型桥梁的设计关键点——主拱与稳定拱变形协调、混凝土拱脚节点受力性能以及钢拱与混凝土拱脚连接性能进行了简要介绍，希望能对这种类型桥梁的发展与推广有所参考。

参考文献

[1] 肖汝城，孙海涛，贾丽君，等. 斜靠式拱桥[J]. 上海公路，2004(4):22-26.

23. 江苏昆山黑龙江路桥设计与施工

刘小飞 乔云强 吴后伟

（林同棪国际工程咨询（中国）有限公司）

摘 要 黑龙江路桥是跨越昆山市区娄江的一座景观要求较高的城市桥梁，桥型采用拱梁组合结构体系，以适应桥位处环境和景观设计要求。本文介绍了黑龙江路桥的总体设计情况和桥梁施工特点，通过对该工程的技术总结和延伸探讨，希冀对类似条件下桥梁的设计与施工起到借鉴作用。

关键词 拱梁组合体系 景观桥梁 设计 施工

一、概 述

黑龙江路桥位于昆山市区南北向交通次干道黑龙江路中段，跨越娄江。娄江原为昆山南侧的一条Ⅵ级航道，重新规划后将其定位为旅游观光河道，因此黑龙江路桥在满足过江交通功能的同时，也需桥梁方案适应环境景观方面的要求。

二、基 本 资 料

1. 建设条件

桥梁跨越娄江，是娄江汇入青阳港前的最后一座桥梁。作为连接娄江两岸交通出行的通道工程，也是旅游观光河道端头上的景观节点，工程建设本着“安全、美观、适用、经济”的设计原则，采用造型现代、理念创新、技术成熟的桥型结构，服务周边居民和河上旅游观光的双重需求。

昆山市属于长江三角洲冲积平原，场区地貌形态单一，水系发育，河道宽约60m。地质条件为软土地基，根据钻探揭示的地层分布，主要由淤泥、黏土、粉砂、粉土、细砂等土层构成，在90m以浅范围内无岩层分布。场地抗震设防烈度为7度（第一组），不存在可液化土层，20m以浅主要由黏性土和砂性土组成，场地类别为微III类。

2. 技术标准

设计行车速度：30km/h，线路最大纵坡：3.30%；由于桥梁毗邻交叉路口，道路拓宽布置为双向6车道，两侧分别设非机动车道和人行道，道路红线宽度33m。桥面车行道采用1.5%双向横坡，人行道设置2%的反坡以利于排水。为满足游船的通行要求和行洪需要，主跨需满足10m宽2.5m高的通航净空，并采用一跨过江的桥跨布置形式，同时桥头位置需满足桥下人行通行的净高要求。

三、设 计 说 明

1. 设计构思

为保持娄江滨江区域的良好景观视野，跨江桥梁建筑多以平桥结构为主，黑龙江路桥方案延续了区位桥梁的整体设计风格，以轻盈的身姿、良好的跨越感一跨过江，与周边环境协调融入，功能和景观的结合效果较优。结合两端道路接线条件、桥下通航及行人要求和河道行洪需要，并考虑桥梁景观的因素，桥梁采用13.5m+59m+13.5m跨径布置的上承式拱梁组合体系。桥梁方案效果图如图1所示。

图1　黑龙江路桥方案效果图

2. 桥梁结构

桥型在立面布置上采用矢跨比1/12.7的坦拱和主梁共同承受荷载，横断面布置采用单向多室的混凝土箱梁，梁高1.2m，拱圈宽8m，拱圈与主梁间通过间距约5m的斜向支撑连接。如图2所示。

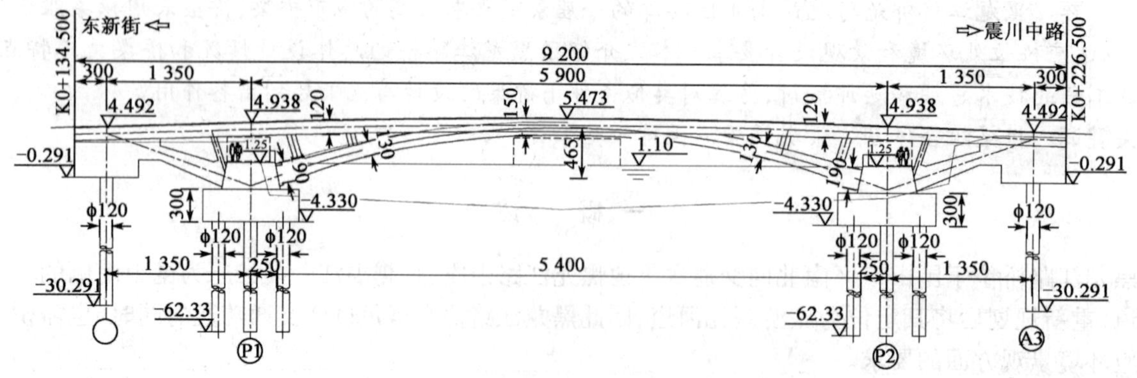

图2　桥型布置图（尺寸单位：cm）

为进一步获得桥下游船和行人良好的通行视野，采用宽梁窄拱的设计思路，主梁采用单侧7m大悬臂的结构形式，33m宽的主梁与8m窄拱之间通过立面宽0.8m的斜腿支撑进行连接，使船上游人和桥下行人在桥下视野通透，拥有更舒适的通行体验。如图3所示。

桥梁设计的特点除了宽梁窄拱、斜腿支撑之外，无推力自平衡体系（图4）的设计也是一大亮点。软土地基的地质条件若采用有推力体系，将会产生较多的地基处理费用，造成结构体系的不合理和结构造价的不可控。设计采用的桥梁方案通过拱圈和边跨主拱平衡臂及主梁形成稳定的三角支撑，将拱圈的水平推力有效转化为下部结构的竖向力，并在边跨设置压重块以平衡主、边跨的不均等荷载，保证恒载作用下拱脚的无推力状态。

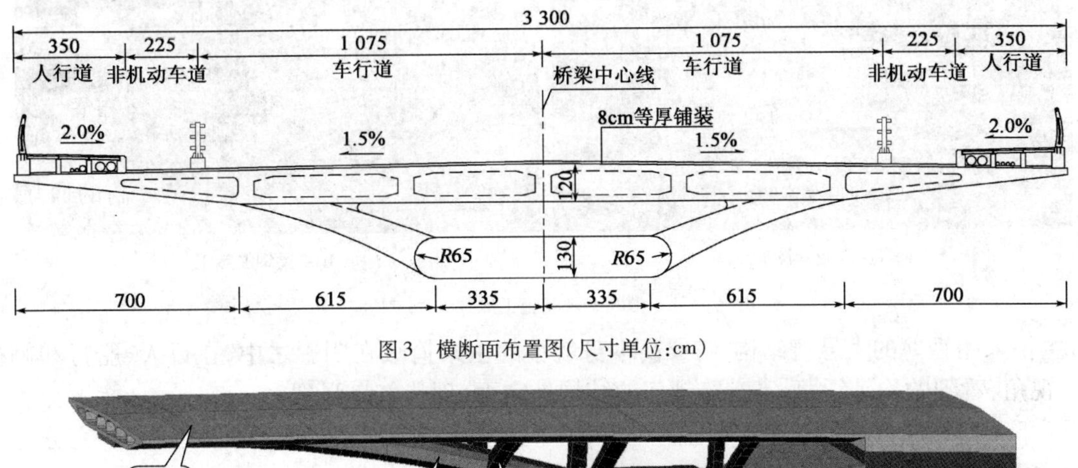

图3 横断面布置图(尺寸单位:cm)

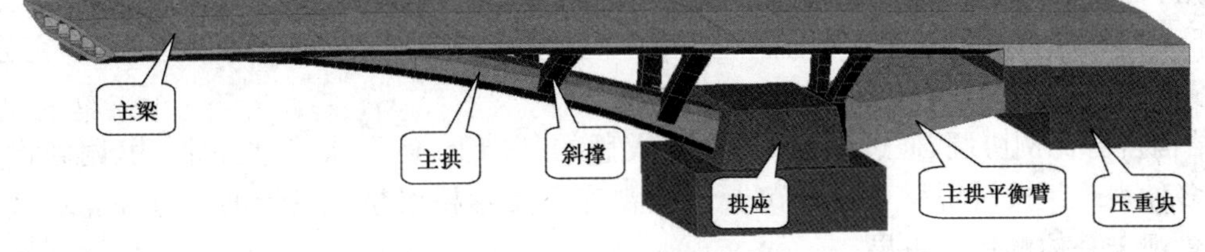

图4 无推力自平衡体系

3. 桥梁施工

桥梁采用支架现浇工艺，根据桥梁设计的特点，由边跨向中跨对称施工，先浇筑施工完成自平衡体系，张拉部分预应力，后浇筑中间合龙段，张拉通长束形成整体，最后拆除施工支架，形成拱梁共同承载的桥梁体系。主要施工流程如图5所示。拱座施工与主梁施工现场如图6所示。

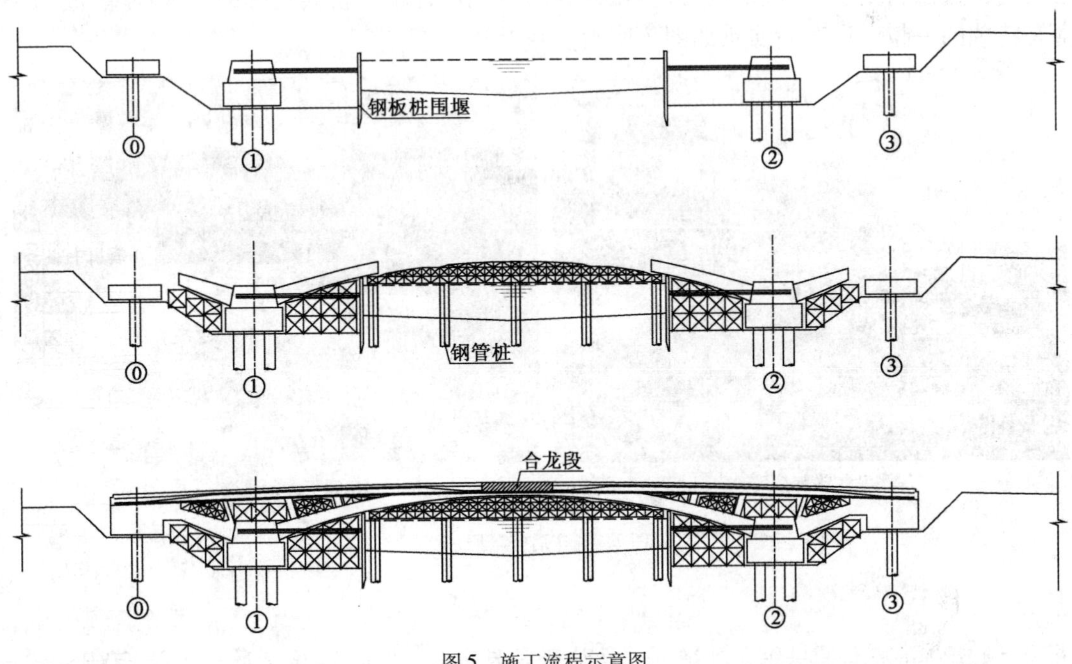

图5 施工流程示意图

4. 景观设计

将桥梁的景观设计和结构设计两者融合起来考虑，是体现桥梁景观的固有的、本质的、内在的方式，是桥梁景观设计最有力的表现方式。本桥通过对结构构件尺寸和外形比例的优化比选，对结构景观设计进行了充分考虑。

a)拱座混凝土浇筑

b)主梁钢筋施工

图6　现场施工照片

（1）主桥采用轻薄的大悬臂结构，将梁高本身就小的主梁掩藏在阴影之中，在行人、船行和侧视的车行等多个视角，看到的均是纤薄、富有跨越感的结构外露面，现代气息强烈。

（2）桥下人行和船行视角空间的镂空处理，更多的考虑了旅游观光河道的使用要求，充分体现了人性化设计思路。

（3）在结构自身比例协调、通过结构展现桥梁美感的基础上，运用涂装、亮化照明、附属设计、及桥头景观绿化等多种表现手段对桥梁景观细节进行完善，充分展示桥梁景观设计的特点和亮点，使桥梁呈现出融功能和景观于一体的良好效果。

四、结　　语

将结构与景观协调融合的尝试，在昆山黑龙江路桥项目建设中取得了较好的实践效果。经过业主、设计、施工、监理等相关单位的共同努力，该桥已于2010年8月建成通车。良好的设计和施工不仅满足了周边居民的交通出行要求，环境协调、人性化处理的景观设计也让桥梁更好的融入环境，成为娄江景观河道上富有特色的一景。通车后实景如图7所示。

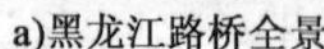
a)黑龙江路桥全景

b)桥下人行通道

图7　通车后实景照片

参考文献

[1] 金成棣.预应力混凝土梁拱组合桥梁——设计研究与实践.北京:人民交通出版社,2001.
[2] 易云焜.梁拱组合体系设计理论关键问题研究〔博士学位论文〕.上海:同济大学,2010.

24. 桥梁美观和结构创新

王伯惠

摘　要　本文回顾了近期国内外桥梁创新和美观的发展概况，从中总结出一些经验教训，并对今后提出意见和建议。

关键词　桥梁创新　桥梁美观

一、导　　论

好美是人的天性。随着社会经济的发展，生活水平的提高，人们对美的要求也越来越高，当前我国经济交通建设大规模发展前进，对桥梁的美观越来越重视和强调，而且也已经修建出很多堪与世界媲美的宏伟美观的桥梁建筑来，但也出现一些不顾其他、唯美追求的倾向。

悠扬悦耳的音乐是听觉的享受，美观的建筑包括桥梁建筑是视觉的享受，这种属于感官的感觉可能人各不同，例如音乐有人喜欢古典音乐，有人喜欢流行歌曲，美观更是燕瘦环肥，各有所好，但评价一个客观事物的美丑总还是有些规律可循的。坊间可以看到很多关于桥梁美学的宏篇巨著，提出了很多高深玄奥的理论。笔者对桥梁美学没有专门研究，这里只凭自己的感觉谈一些粗浅认识，刍荛之议，谨供参考。

事物美观可以概括为两大类：一类是主要供观赏的事物，如花卉、绘画、雕塑、艺术品、工艺品、装饰品等，此类一般皆以美观为第一要义；第二类是实用品，大者如房屋建筑、桥梁道路，小者如衣帽鞋袜，以及日用品杯、碗、梳、包等，此类一般皆以实用为第一要义。有时观赏品也有实用价值，如一些花卉可采集香精或供药用，一些实用品也用装饰品来提高本身的美感，如桥栏刻石狮、桥端设桥头堡之类，但各自的第一要义仍是不变的。桥梁是美观的载体，桥之不良，美将焉附？一座好的桥梁首先必须是适用的、技术上合格的桥梁，其次才能谈到如何美化。

作为实用品的桥梁，大家所公认的也是国家规范所明确规定的其建筑原则是安全、适用、耐久、经济、和美观。前三者涵盖材料（品类、强度）、结构（构造、造型）等，属于技术问题，因此上述五方面又可概括简化为技术、经济、美观三要素，实际上这三者是一个矛盾的统一体，很多情况下要求技术先进而又建筑美观就要增加造价，另外一些情况下为了追求美观往往牺牲一些技术利益，但最后还是必须多耗资金去挽回那些技术上的损失，结果还是经济问题。这对于更多强调美观的中、小型城市桥，尤其人行桥，由于规模小，多耗资金较少，有时还是可行的，但对于大型桥梁则必须慎重。在国外常有先请建筑师提出桥梁方案（这种方案往往技术上不甚合理）再由桥梁工程师去设计落实，往往带来极大困难和浪费，一些著名的桥梁设计大师如瑞士的C·梅恩（Christian Menn）即曾对主管业主“在桥梁设计竞赛中让建筑师充当与工程师同等甚至更高一等的角色”的作法提出了批评意见[1]。

按传统方法桥梁可分为梁桥、拱桥、悬索桥和斜拉桥4类，就结构造型来说后3类桥型本身就较为美观，尤其拱桥和斜拉桥有更广阔的造型变化和美化的空间。

目前国内另一热点议题为创新。我国一百余年来饱受帝国主义侵略压榨，技术落后，近二、三十年来才集中力量搞经济建设，取得了巨大的成就和进步，但总的来说仍然还落后地发达国家。当前统一的认识是缺乏创新，国内外认为创新可分为3个层次：

（1）原始创新：即首创，或独创，这是最高的层次。

（2）集成创新：几个新技术集合开发一个崭新的技术。

(3)引进、消化、吸收再创新,在别人的新技术基础上加以改进再上一层楼,这是跟踪型的,最低的层次。中国科学院和教育部门的领导都指出:目前中国各行各业包括桥梁建筑技术的发展基本上都处于这个状态和层次,桥梁美观方面也不例外。

桥梁创新包括多个方面,为便于今后的急起直追,这里试先从桥梁结构创新方面来对现代国内外桥梁的发展作一些回顾和探讨。

二、国内外桥梁结构创新简况

在前述的4大基本桥型中,梁桥、拱桥、悬索桥都是自古已有的,而现代斜拉桥这个桥型则是近代德国Dischinger于1956年才首次创建的,当时建成的瑞典Strumsund桥,钢板梁主跨182m,双塔、双索面、稀索。这个桥型一出现,就引起了世界各国桥梁界的重视,纷纷仿效、推广、改进,它的主要特征是:

(1)用高强钢丝直接悬挂主梁,省去了悬索桥庞大硕长的主缆,大大提高了全桥的刚度。

(2)拉索直接锚在主梁上,开创了自锚式的作法,省去了悬索桥庞大的锚碇,极大地节约了造价,方便了施工,缩短了工期。

(3)紧接着1962年意大利的Morandi开发了主跨235m的委内瑞拉Marccaibo混凝土斜拉桥,尔后大量兴起,斜拉索为混凝土主梁提供了有利的免费预应力。

(4)1967年德国Homberg开发了密索体系斜拉桥Fredrich Ebert桥,使斜拉桥发展成为一个更为成熟完善的桥型。密索使拉索构造简化,锚头变得轻型,主梁受多组密布的拉索支承,节间间距减少,梁高大大减薄,甚至可达跨径的$\frac{1}{200}\sim\frac{1}{250}$或更小,重量减轻,节省大量主梁和拉索费用,而且使主梁变成更为纤秀美观。

(5)为中等跨径250~700m桥梁提供了一个经济合理的新桥型。以后的发展证明,小跨径桥在许多情况下采用斜拉桥也是经济合理的,而大跨径桥当前的实践已达到1 000m以上(我国苏通长江大桥,主跨1 088m,2008年)。

(6)高耸的索塔配以两侧纤细张紧的钢丝索,给人以崭新的宏伟壮丽而又挺拔有力的印象。

因此,斜拉桥本身就是人类20世纪对建桥所作出的一个最伟大的创新,这个创新是集技术、经济和美观于一身的崭新的新桥型,提出后就得到世界广泛的认可而得到蓬勃发展。此外,斜拉桥三大分部单元主梁、索塔、钢丝索皆有广泛的改进和美化的空间,使这种桥型能适应多种多样的客观条件和主观要求,发展变化,丰富多彩。诸如双塔改为独塔和多塔,双柱塔改为独柱塔,垂直塔改为倾斜塔,直线塔改为折线塔,双索面改为单索面和多索面,平索面改为弯或扭曲索面,有背索改为无背索,单斜索改为交叉索以及索网等,各皆成为一个分部的创新结构,并获得新的经济和美观效益,真所谓琳琅满目,美不胜收,请详见有关资料[2],兹不赘述。

这里想提出的是:我们这一代人亲身经历了这个技术、经济和美观都十分优越的新的第四类桥型的发生和发展过程,为什么在我们国家就提不出来?这里就不得不考虑到主客观环境和条件了。总的说来,现代斜拉桥是在三大建桥先进技术:高强钢丝(材料)、电算(设计)、悬臂施工法(施工)相结合的基础上开发成功的(从这个意义上说也是一种集成创新),只有在欧洲这样有深厚的建桥历史文化积淀、有发达的现代科技基础的气候和土壤条件下才能出现。相形之下,1956年我国刚刚在100多年的外战、内战的破坏下获得休养生息,我国当时建桥还处木桥、石拱桥的水平,要想提出斜拉桥桥型,就像要我国在康熙年间产生一个牛顿这样的人物一样,是根本不可能的。

下面就近年来笔者认为最值得称誉的国外几个斜拉桥创新作一些介绍:

首先,是瑞士Menn设计建造的Ganter桥,主跨174m,1980年,如图1所示。该桥在技术上一次就开创了两种斜拉桥的新结构型式:矮塔斜拉桥和板拉桥,又是弯桥,而且有较好的经济效益,同时刚劲简洁的外形与周遭的山谷环境配合十分协调优美。

其次也是瑞士Menn设计建造的Suniberg桥,5孔4塔主跨140m,处于半径500m的曲线上,1998

年建成,如图 2 所示。除为矮塔外,技术上又有三项创新:①塔是墩的向上延伸,塔墩合一;②塔采用空间四柱向外弯曲张开的花萼形,将主梁夹在其中,塔身只高出主梁 14m,只为跨径的 1/10,采用极小的拉索倾斜度 1∶5;③主梁用两边仅厚 0.8m 的混凝土梁,中为厚 0.32m 的混凝土薄板(塔处增厚至 0.40m),十分轻型纤秀。此桥造型新颖,座落在山谷中与周围农村田园阳光相融合,给人以协调的美感和现代技术的成就感,在几个竞标方案中脱颖而出,建成后成为该处的旅游渡假圣地的一个显著标志。

图 1 瑞士 Ganter 桥(主跨 174m,1980)

图 2 瑞士 Suniberg 桥(主跨 140m,1998)

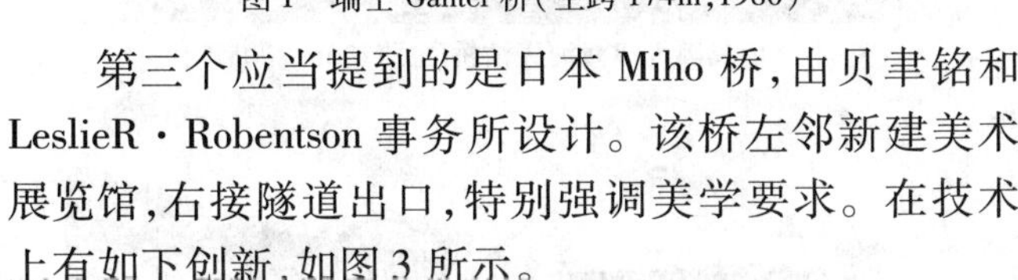

第三个应当提到的是日本 Miho 桥,由贝聿铭和 LeslieR · Robentson 事务所设计。该桥左邻新建美术展览馆,右接隧道出口,特别强调美学要求。在技术上有如下创新,如图 3 所示。

(1)索塔邻近隧道洞口,采用椭圆形,向跨中倾斜,背索全部锚固在马蹄形洞口上,通过转向装置接连到洞口 8m 长段的预应力索将斜拉索力传到隧道底板上。44 根背索形成一个放射状筒形,使桥梁似乎成为隧道的继续,美观别致,构思巧妙。

图 3 日本 Miho 桥(主跨 114m,1996)

(2)主梁总长 114m,斜拉段只有 54m,无索段长达 60m,比斜拉段还要长,采用三角形的反斜拉式梁极好地解决了问题。反斜拉索和跨中那根正斜拉索倾斜度基本一致,看起来有如一根通长的直索,十分壮丽。

(3)主梁车行道宽 7.5m,加两侧人行道总宽11.25m,中间主车道采用厚壁高强(KHP-60)钢管(Φ267.4)空间三角形断面,高 2.0m。桁架上弦焊钢管向两侧悬出 1.875m 以支承人行道,拉索锚固在悬臂两端部,并由斜索杆连接到梁底三角桁架的顶点,以传达索力,这个钢管和索杆组成的桁架十分轻型而又强劲,表面厚涂银色金属涂料以突显全桥的金属材质感[2]。

在我国,从改革开放迄今近 30 年的发展过程已修建 200 余座斜拉桥,是世界上修建斜拉桥最多的国家,并已建成世界最大跨径 1 088m 的江苏苏通桥,在结构创新方面,斜拉—撑架协作桥(湖南大学)、斜拉桁架桥(同济大学)、斜拉—悬索协作桥——贵州乌江大桥(重庆交通学院)、钢管混凝土斜拉桥——广东南海紫洞桥(四川交通科研所),以及玻璃钢人行斜拉桥(重庆交通学院)等,从技术和美观两方面皆各有特色和贡献[2]。

这里还要补充另一座结构和美观皆臻上乘的厦门大学后门人行天桥,2002 年建成。该桥跨越厦门环岛路海军码头 ~ 白城段,紧接白城沙滩和湖黑山炮台旅游区,采用一根椭圆形变截面钢斜塔,单索面吊支弯坡形斜拉桥;两侧桥台直线跨径 72.2m,曲线梁长约 136m,桥宽 3.75m,两侧有各宽 0.5m 的推自行车道。钢塔向后倾角 1∶10,正高 35.046m;主梁为不对称钢箱梁,高 1.0m,桥面铺装了 1.5cm 厚的聚氨脂橡胶;拉索采用了可调节索长的构造体系,可在营运后期调节索长(图 4),桥下净空

≥5.0m，桥面两侧因纵坡较大，设置了人行踏步。该桥构思巧妙新颖，技术精尖，结构合理，造型优美、简洁，足与前述国外诸名桥媲美。遗憾的是，国内对该桥甚少报道。该桥由中交公路规划设计院周山水、杨晓滨设计[3]。

图4　厦门大学后门弯坡斜拉人行天桥

（桥台直线跨72.2m，梁曲线长约136m，2002）

a)英国蝴蝶桥

b)我国天津海河大沽桥(主跨106m,2005年)

c)我国广西南宁大桥(主跨300m,2009年)

图5　外倾双拱圈桥

在另一桥型拱桥方面，它本身就有美观的结构造型，创新的空间也较为广阔，近年较著名的在国内外有：

（1）双拱圈内倾靠拢，特称提篮型，加强了拱圈的稳定性，并增美观，德国Leonhardt设计建造的Fehmarnsund海峡桥，1963年，开创了一个下承式拱桥的新型式，后来得到普遍的推广。我国也修建多座，最著名者为上海卢浦桥，主跨550钢箱拱，上海市政设计院设计，2003年建成。

（2）双拱圈都外倾，而且拱间不设横系梁，英国首先建成一座，名为蝴蝶拱，挪威、日本偶有修建，我国近几年则发展了两座大型者：一为天津海河大沽桥，主跨106m，两片拱大小不一，外倾角不对称，建于2005年；另一为广西南宁大桥，主跨300m，建于2009年。

（3）1995年台湾高屏溪桥方案竞选时即有一公司提出以单拱圈斜跨主梁下吊140m主跨+2×240m边跨的斜拉桥方案[2]，当时笔者称为（斜）拱式索塔，归类于斜拉桥，实则是斜拉与拱的协作体系。次年1996年英国C. Wikinson和J. Eyre设计事务所设计建成曼彻斯特的Hulme桥，单拱圈斜跨河道，两侧放射出拉索悬吊下穿的梁面，取得很好的美观效果[4]。1997年西班牙著名建筑师S. Calatrava设计建成Campo Volantin步行桥，长71m，由倾斜单拱斜跨弯梁，两侧吊索分呈弯曲和弯扭面，给人以清新的情趣。接着英国上述事务所于2000年又设计了Gateshead千禧桥，单拱圈外倾正跨河道，悬吊一个水平弯曲的人行桥，跨径105m，整个体系可绕底部一个转轴向后旋转约36°直到原来倾斜的拉索变成水平为止，以开启弯人行桥高近25m，供船支通过[4]。日本东京羽田机场跨线桥则以垂直于下穿线的单拱肋悬吊下穿线,台湾也建成类似的梅罗汐桥,我国建成了张家口通泰桥[6],拱圈跨径180m,单室箱宽7.04m,高3.8m,以19.5°角斜斜跨下穿的钢箱弯桥长190m,梁高3m,吊索28根。如图6所示。

a)英国曼彻斯特Hulme桥(1996)

b)西班牙C·Volantin步行桥(1997)

c)英国Gateshead千禧桥(跨径105m)

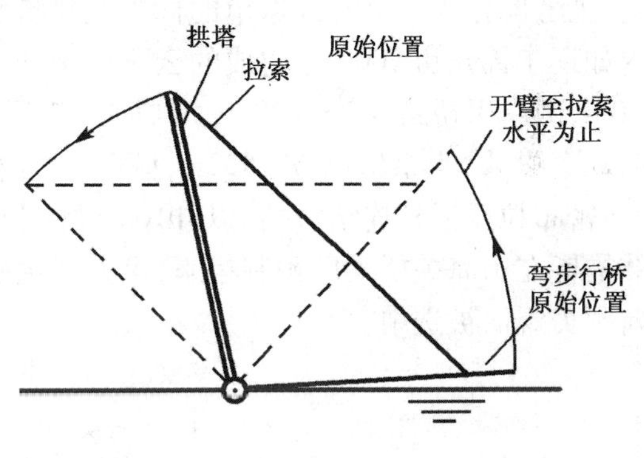

d)

图6 单拱圈桥

在悬索桥桥型方面近年较著的创新有伦敦班克瑟(Bankside)的千禧桥,建于2000年,是1894年伦敦塔桥建成100多年以后另一座跨越泰晤士河的新人行桥,连结北岸古老的圣保罗教堂和南岸新建的现代美术馆,要求限制桥高,不要影响圣保罗教堂的景观。设计者著名的Foster和A·Caro公司把它设计成一座特殊矮平结构,如图7所示,在Y形桥墩两侧伸出强大的V臂,顶端高出桥面,每侧上挂四根特制的高强封闭钢绞线缆索(Locking strand cable),薄板人行桥面两侧伸出悬臂挂在缆索上[4]。缆索呈悬链线形,略带纵坡的人行桥时在缆索之上,时在缆索之下。设计者称这也是一种悬索桥。笔者认为,类似拱桥一样,如果把一般的悬索桥称为下承式悬索桥的话,则悬带桥可称为上承式悬索桥,此桥则为中承式悬索桥。该桥主跨162m,建成后为伦敦那一片旅游区添加了一道优异的风景线。

图7 伦敦Bankside千禧桥(主跨160m,全长320m人行桥)

三、关于原始创新

上面简略概述了近年国内外若干主要的桥梁结构创新实例,从中可以总结出一些经验和教训,供今后我们大力开展桥梁创新的参考。

首先谈原始创新。桥梁或其分部原始创新就须与旧有形式决裂,在符合技术先进、经济合理的条件下另闯新路,另辟蹊径,别开生面,别出心裁。这里我们发现,许多情况下,“反其道而行之”往往就会开发出许多新的成果来,如斜张桥领域的稀索变密索,就是一个极为成功的范例,把初生的斜拉桥推进到了更为成熟的阶段。又如双塔变独塔,双柱塔变单柱塔,双索面变单索面,高塔变矮塔,都能形成斜拉桥的另一子类型,在许多情况下取得经济、美观的双丰收效果,同时打破了“要新技术和美观就得多花钱”的传统观念。又如拱桥领域,把原来平行的双拱肋向中心倾斜形成提篮拱,既保证了拱肋的稳定性,又节省了拱上原有的横系梁,而且十分美观。这些都应属于最高一级的顶级的原始创新。

在另一些情况下,“反其道而行之”就未必技术上完全合理。例如为了美观,将直立塔变斜塔,这使塔两侧原来就不平衡的拉力越发加重,如塔身向边跨方向倾斜时情况稍好,如向河跨倾斜则情况更坏,为此就须加强塔身和一侧拉索来作弥补。直线塔改为折线塔,有背索改为无背索,情况也类似。又如拱桥,两侧拱圈,不向跨中倾斜反而向外侧倾斜,而且取消拱上横系梁,技术上显著不合理,为此就必须采取措施进行弥补,从而多耗资金。这类应属于次级原始创新,对一些小规模桥梁和人行桥尚可考虑,大型者必须慎重。为此,为了美观而须增加造价应当有一个“度”。在欧、美发达国家通常认为对于中、小桥梁增加5% ~20%是可以接受的。例如前述荷兰鹿特丹折线塔斜拉桥,有资料介绍其造价超过其他方案约20%,但业主考虑作为一个海港城市的标志性建筑而接受了这个方案。

国内如辽宁锦州市2009年建成的云飞南街小凌河桥(图8),以独塔跨径108m+92m跨河,双边箱钢梁宽30m,两岸引桥跨径25~30m,共17孔,双混凝土箱连续梁,宽27m,桥全长665m,投资1.34亿元。索塔采用双套拱式,大拱塔高65.522m,倾倒8°,内拱塔高54.266m,倾倒15°,使相互交叉,侧面看成X形,两者间密布拉压系杆连结,拱脚以Φ100锚栓和预应力螺纹粗钢筋与基础连接,塔身为八边形钢箱。全桥钢结构皆在山海关桥梁厂预制运来,该方案主桥造价1.17万元/m^2,全桥造价高出其他方案不大,但以塔形新颖美观而被选中。

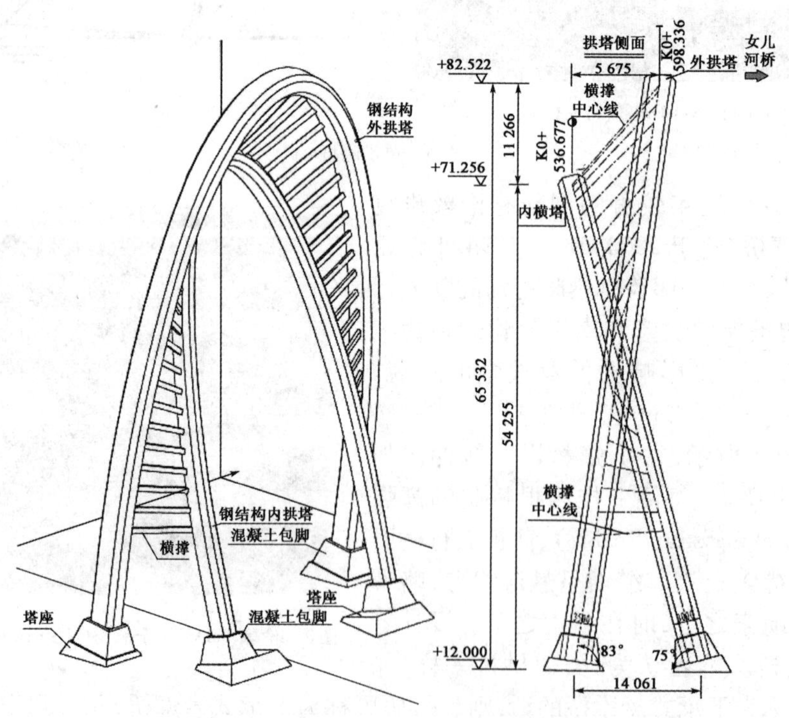

图8　辽宁锦州云飞南街小凌河桥斜拉桥“双套拱”索塔(2009)

另一值得一提的是2002年澳门第三大桥西湾大桥的方案。当时我国振华海湾工程公司(交通部系统)和香港一个美国公司联合投标,由一美国建筑师提出总体方案,广州交通部四航局设计院桥梁所具体设计,邀我审核设计和将成果译成英文。该桥要求双层交通,上层通行六线汽车,下层两线轻轨和两线汽车,以保台风期间仍能正常运行。海域平均水深3~8m,潮差最大2.83m,通航净宽150m,净高28m。建筑师提出的总体方案是主桥连续9孔正反倒置的拱桥,中孔跨径199.9m,象征澳门1999年回归,两边逐次减小为99、79、59、49m，正反倒置，表现两边两拱肋各一条龙欢腾飞舞，在中孔拱顶饰以龙头和莲花，表示四龙拱莲花之意，代表中华文化。拱桥部分总长771.9m，两端接49m标准跨3+15孔引桥，总长1 653.9m。9拱和各跨皆带9字，寓意澳门为博彩业城市，九为博彩的大吉数字。建筑师并称“此桥型为世界独一无二”(图9)，并经公司领导层同意。设计在落实时考虑正、倒拱肋一受压一受拉的特点，为了全“龙”连续，采用了国内流行的钢管混凝土拱肋方案，主梁也用钢管混凝土空间桁架与上、下混凝土板的组合梁，全高8m，以供双层通车，可以先梁后拱，顶推法施工。边孔也为同高的这种组合梁。这是一个能比较好地落实建筑师意图的合理方案(上官兴总工提出)。开标后铁道部大桥局以主桥110m+180m+110m的混凝土箱梁斜拉桥、引桥60m跨箱梁连续梁，低价6亿元中标。美化特点是：斜拉桥因主梁既宽又重，故用了分离双箱式，相应索塔设三柱三索面；三柱间塔顶横梁下缘作成弧形，自然地形成英文字母M，代表澳门(英文名Macan)，也代表澳门回归祖国(Mother Land)(图10)。这是一个十分巧妙的构思，不加丝毫附加设施，利用结构本身就达到美观和人文的效果。振华公司方案落选的主要原因是造价高出20%还多，这是由于：

(1)作为一个外国建筑师能根据中国文化和当地人文历史特征提出舞龙的方案并以9作为跨径基数，固然是难能可贵的，但连续9孔跨径各变的正反拱主桥显然大大增加了结构的复杂性，而且必须采用钢结构。

(2)行车要求双层共10车道，梁高需8m以上，当地海域水深3~8m，除通航孔外，其余孔经济跨径应在80m以上，有些小拱孔用8m梁高已足，上再加拱肋已是多余的。边拱跨径已逐减到49m，两端引桥跨径不宜大于中间主桥，最大也只能用到49m，共长18×49=882m，梁高8m，“杀鸡用牛刀”也形成浪费。

应当提到：澳门评标委员会公开、公平、公正的正直态度和澳门政府不随意乱花纳税人的钱的优良作风更是值得国内其他各地学习的。

最后一种所谓“创新”是不顾技术和经济要求，随心所欲，为新而新，故作新奇，标新立异，自命美观。这样偏离技术合理性越远，必然花钱越多，实话实说，这种“花大钱买美观”很难认为是“创新”，如认为是，也仅是最低级的创新。

2004年广东佛山一个公园里一座步行桥设计招标，要求景观(图11)。某投标单位提出路线设一弯道，以弯斜拉桥主跨305m跨河，两边于弯道的内、外侧各设一后倾的斜塔用双索面吊住钢箱主梁，跨径65m+305m+65m，两侧混凝土引桥，60m+50m，全长655m，宽8m，标价6 000万元。佛山友人将方案示意图传真与我征求意见，我提出：①弯斜拉桥合理塔位应在弯道内侧或外侧，斜塔合理倾斜方向应向前或向后，应首先论证清楚。此方案同一弯道内、外侧各设一后倾塔，显然一个合理另一必然不合理，徒使主梁受力复杂化，例如跨中必然承受很大扭矩，难于处理。②小小步行桥设双索面似无必要。③人为的设置弯道弯桥来追求美观必然浪费，两端步道弯曲、直线过河，不也可以吗？④设计投标常有压价竞标情况，复杂结构宜以施工估价为准。后来据了解评标会意见争论很大，建议初选两个方案进一步优化设计和造价。优化后此方案造价增至8 150万元，折算跨河弯斜拉桥造价达2.04万元/m^2。后交施工单位报价须1.2亿元。一个公园步行桥花费上亿，市政府也感困难，再加委托一单位作风洞试验也通不过，因而放弃，至今未建。

前述广西南宁桥，主桥分离外倾拱(图5c)跨长300.5m，下穿一桥面宽35m，在半径1 500m弯道上，两进拱肋外倾不对称，分别为69.72°/66.54°，拱的桥面以下为混凝土箱，以上为钢箱。桥主梁为扁平钢箱，用吊索吊在拱肋上，拱肋外倾靠主梁吊力来平衡[5][6]。引桥长434m，引道508.27m，工程总长1 314.77m，造价6亿元。如果按高估价引道1亿元/公里计，引桥6 000元/m^2计，算得主桥造价约4.35万元/m^2，与同时期的类似工程相比：2008年湖北支井河大桥，钢管混凝土拱，跨径430m，总长545.54m，桥宽24m，造价1.44亿元[5]，主桥合1.28万元/m^2；2006年广东平桥，钢箱拱与连续梁协作体系，主跨300m，边跨2×49.1=98.2m，主桥长398.2m，两端混凝土连续引桥2×(43.5+46.4)m=179.8m，全桥总长578m，桥宽8车道48.6m，造价2.9亿元[5]，主桥造价也只有1.23万元/m^2。南宁桥造价竟然高3.5倍还多，令人吃惊，不知该桥是否通过评标？如评标，别桥标价如何？

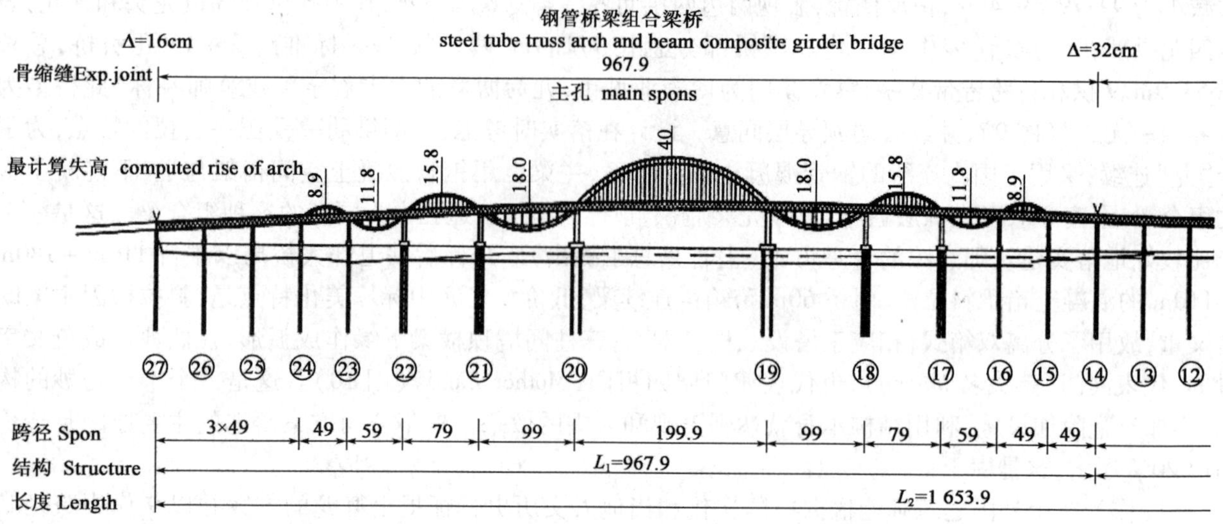

a)侧视图

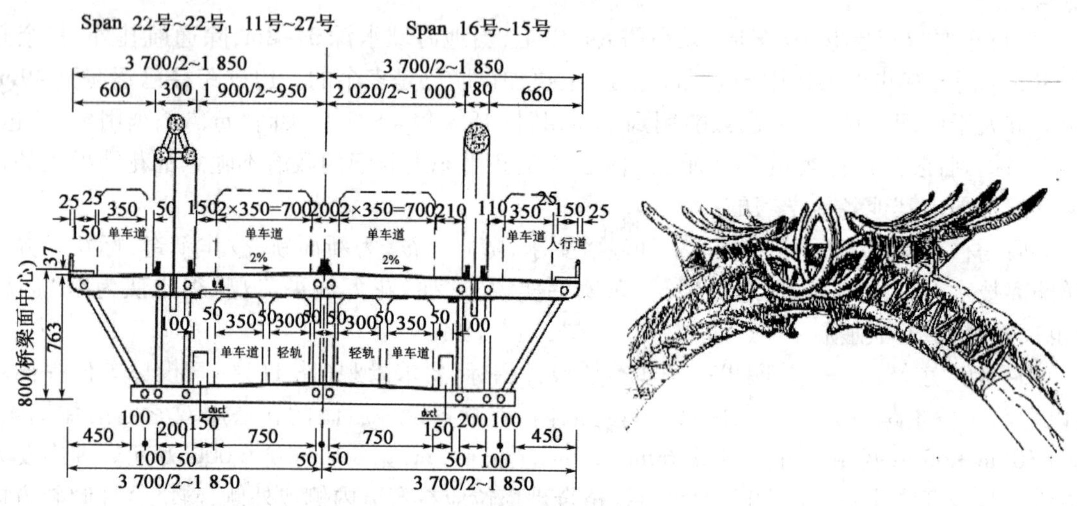

b)主梁横断图

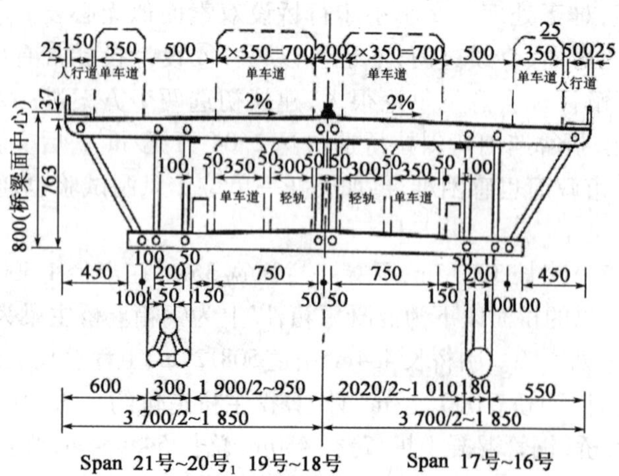

c)中孔拱顶装饰四龙捧莲花

图9 澳门三桥振华竞标方案

图10 澳门三桥中标方案(铁道大桥局设计院)

图11 广东佛山公园某步行桥投标方案(2004年)

类似情况如天津海河大沽桥,主跨106m,全长154m,宽30m,2005年,采用两个高差悬殊达一倍多(39/19m)而又向外倾斜各异(1:3/1:2.5)的钢箱拱肋吊住钢箱桥面,桥面两侧密布悬出5.5m的镂空梁,外建不对称形河中观景平台,大小拱侧最大宽处各为11/8.5m[5]。本来一个正交直线过河的桥,故意采用两个外倾而又大小、倾斜皆不一的极度不对称拱肋来追求美观,连带两侧观景台也大、小不一,功能也不一(城市桥梁过桥来回人流量基本是相同的),由此引起严重的结构力学缺陷必须另行弥补,结果工程造价达1.6亿元,把镂空梁、观景平台面积都包括在内,达2.16万元/m^2,为类似桥梁的2倍多。仅管设计者介绍"大拱东倾,象征太阳,小拱西倾,象征月亮"如何美妙,恕笔者愚钝,我过桥时看到左右拱肋大小不一而又歪斜不对称,小拱似乎自己都站立不稳,需要外加扶持的奇特布置时,除了新异外首先感到的是十分别扭,永远也不会联想到太阳和月亮上去的(图5、图6)。

四、关于集成创新

前已谈到,现代斜拉桥整个桥型就是三大高技术的集成创新,这种创新是比较困难的,若干年甚至数百年才能一遇,其他科技、工、农业产品也是如此。分析发现,桥梁内部,两种以上桥型相互协作常是集成创新的有效途径,在科学技术发展史上也常看到这样的例子:两种学科的相交叉结合就派生出一个新的学科来,如生物化学、医疗机械学等之类。在桥梁方面斜拉桥与其他轿型的协作,发展最为广泛,这在资料〔2〕中已有详细的叙述,前面也有简要的介绍,这里不再重复。

近年新的发展,如前面提到的以拱肋斜跨或横跨主梁并用拉索吊起主梁,就可认为是斜拉桥与拱桥两种体系协作的实例,拱肋由直立变倾斜,主梁由直线变弯曲,则是其近一步发展。近期这种例子很多,可以说是丰富多彩。由此可见,从两种甚至更多种结构体系协作的思路来发掘桥梁创新,当会有很大的发展前景。

图12示辽宁沈阳浑南新区一新建小桥长白岛桥,2009年建成。由于桥宽甚大,在桥一端设一横跨拱肋,再顺桥中线架一顺桥向半拱肋上悬拉索以加强甚长的横系梁,花费不多,却也收到一定的技术和美观效果,而且不落俗套,别开生面,甚有启发意义,由省交通设计院设计。

国内近年开发的另一重要成果是自锚式悬索桥和斜拉桥协作桥,采用了近年国内多有修建的自锚式悬索桥的优点,较以前的斜拉~悬索桥又前进了一步,取消了庞大的锚碇,主缆锚固在主梁的两端。大连理工大学张哲教授近年研究和开发了这种桥型的设计理论和施工细节,并于2005年建成庄河县建设桥(图13),桥跨41.6m+100m+41.6m=183.2m,主梁为实心边加劲梁,中心高2.17m[7]。这种桥的施工一般须先梁后索,在适宜的桥位条件下很有发展前景。

有的专家提到天津大沽慈海桥,左、右半幅桥之间夹建一座摩天轮供人游乐,新颖而美观。愚意这不能算作是桥梁协作创新,只是把一个与桥梁毫不相干的娱乐设施硬放在一起,既与桥梁结构改进无所关连,又非桥头堡或栏柱雕狮子那样的装饰品,而且影响桥上交通和安全。据介绍,这是一个日本设计事务所提出的方案,这样"好"的方案没有在日本行得通,却在中国建成,倒是值得我们深思了。

图12 沈阳浑南新区长白岛桥(2009)

图13 辽宁庄河建设桥(自锚悬索桥和斜拉桥协作体系大连理工大学设计,2005)

五、关于引进、消化、吸收再创新

在引进别人(包括国内外)先进技术、先进经验时,可有三种情况,一般都是学习推广,最好的就是这里所提的消化、吸收、再创新或推陈出新,而最坏的则是照搬照套、摹仿、抄袭、拾人牙慧。这里有一个如何界别推广和摹仿的问题。简单说来,基本的、一般的,谁去作也会那样作,以及在许多情况下都可广泛采用的结构形式就属于推广的,如悬索桥、斜拉桥的门型塔、以及斜拉桥的花瓶形、钻石形、宝塔形塔、矮塔、密索等等,初提出者为创新,后采用者皆属推广。但是,一些特殊情况下的特殊形式,后采用者就是摹仿。当摹仿时应当说明原来出处,否则就会陷于抄袭甚至剽窃。

1995年,笔者在广州虎门咨询公司工作期间,参与评审湛江海湾大桥投标方案,一单位报来斜拉桥双菱形并在一起的索塔方案,这种特殊形式一看就是照般美国Houston桥塔的造型,一审就被淘汰。

再创新一个很好的实例是斜拉桥的折线形塔。1996年荷兰鹿特丹市首先创建成折线形塔之后,得到国际业界普遍的好评。它首次打破索塔必须用直柱的传统,使人们觉悟到也可采用非直柱的其他形状,继起跟踪创新者有日本滨名湖斜拉桥的曲线形塔(也建成于1996年)和荷兰Zwolla桥的叶片形塔(1998),后者是为了尽量使桥塔侧表面积扩大以满足增大塔的亮度的美学要求,同时取消了背索后的结构力学需要,并为此将塔后侧改成抛物线形以适应力流的形状。边孔是一宽18m的开启桥,塔身后侧下面留一缺口,以使开启桥开启时钢梁收入缺口内。这个缺口进一步增加了这个桥塔的观赏功能(图14)。

还应提到的近期(2008年)建成的以色列耶路撒冷的折线形,后倾、无背索独斜塔斜拉桥(图15)。单跨主梁悬出160m,纤细索塔高118m。很多人赞誉它那强劲有力的标志性特征,称为“大卫的竖琴”,是耶城居民的显赫伴侣。此桥亦为西班牙名建筑师S·Calatrava设计。[10]

这几座桥后者皆在前者的基础上有质的变化,在技术、经济或美观方面有新的提高和效益,故得以称之为创新。

这里存在的问题是:数目的增减、形状的大小、尺寸的涨缩,是否是创新?这就要视具体情况进行具体分析,只有当技术含量、经济效益有所提高,美观有所增进,才能称为创新。对于美观,不能只凭提出者的美妙阐述,而必须作客观的实事求是的判别。

根据上述,拉索由稀变密,索塔由高变矮,由双塔变独塔或三塔,都是重大的创新。但由三塔变四塔、五塔以及更多,就不能都是创新了,法国Milliu斜拉桥之得奖并不完全由于它是七塔(现在已有八塔的),还由于其他的技术贡献,如204m的高墩,新开发的顶推施工法,塔柱就地预制、起立施工等。

另如椭圆形斜拉桥索塔(图16),早在1997年日本Miho美术馆桥就已建成,该桥拉索锚于隧道马蹄形洞口,将索塔顺理成章的作成椭圆形,十分顺适自然而又美观。2000年广州虎门咨询公司制定琼州海峡跨海斜拉桥概念设计时曾提出立椭圆形方案[2]。立柱变成椭圆,造型固然美观,但受力大大不利,设计、制造、施工皆大大复杂化。近期我们看见福建三明市新建台江桥,采用立椭圆索塔,就应认为是摹仿,该桥技术、经济情况不详。

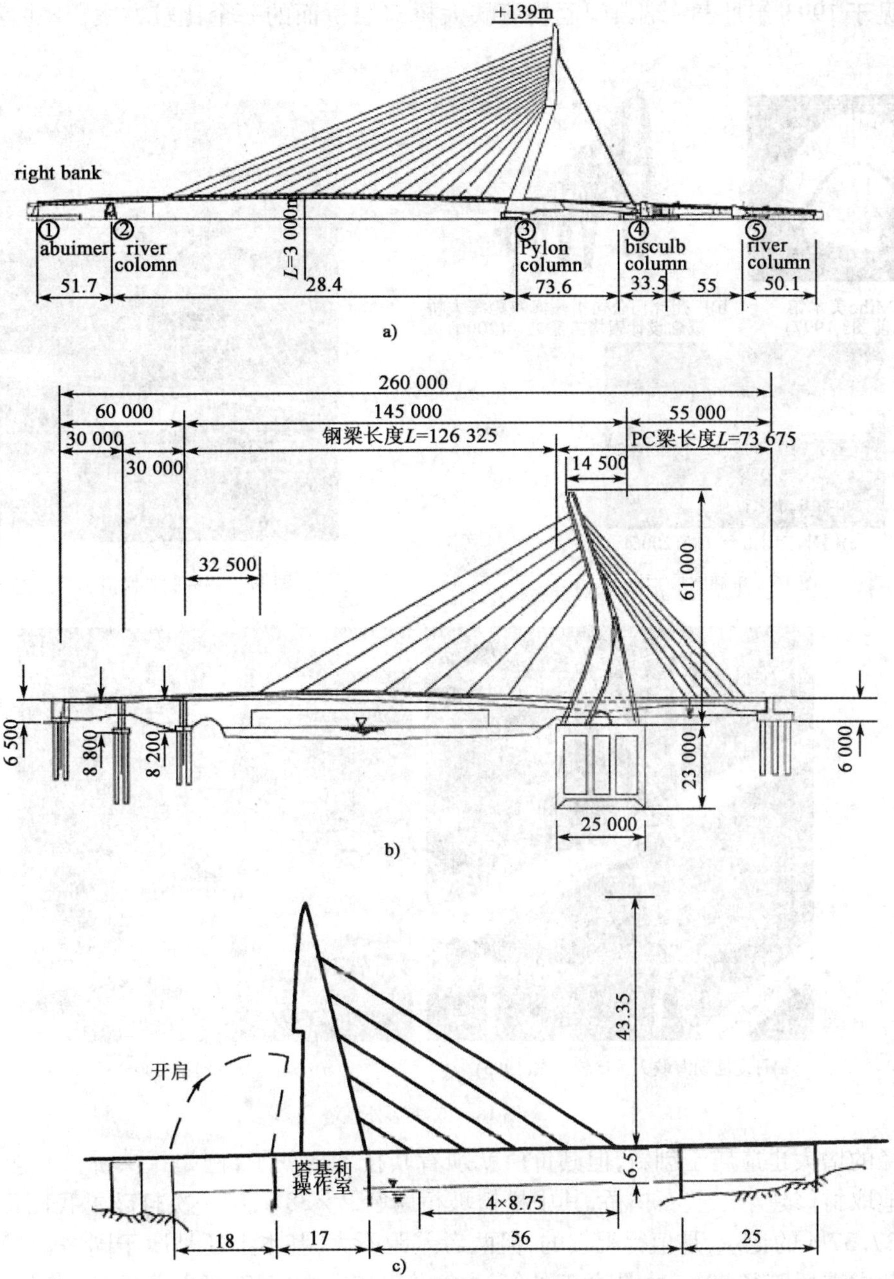

图 14 非直柱形的斜拉桥索塔

2008 年辽宁沈阳新建一座跨浑河的三好桥(图 17),主桥混凝土梁斜拉桥,独塔主跨 100m,边跨 35m,全长 270m。边跨为 10 + 19 孔跨径 35m 混凝土连续梁。斜拉桥索塔采用钢箱双椭圆斜置,较上述单椭圆增加一个,称为百合型,美观有所增进,但造价亦随之增高,全桥投资 2.5 亿元,折算主桥造价 1.42 万元/m^2,较类似的前述锦州小凌河桥还超出 21.4%。

一个值得比较的是另一座沈阳浑河桥,建于 2006 年,双 A 形外倾塔,侧视为 V 形,跨径 200m,桥宽 7m,塔高46.87m,塔柱皆直线形,挺拔清秀,受力明确,混凝土即可解决问题,无需用昂贵的钢箱,造价大大降低,由大连理工大学设计。

图 15 以色列耶路撒冷桥(2008)

这种塔型曾见于1993年丹麦－瑞典间厄勒海峡大桥双层桥面的一个比较方案[9]，主跨500m，但未实现（图18）。

a)日本Miho美术馆
(参见前图3,1997)

b)广州虎门公司雷州海峡跨海大桥
概念设计索塔方案之一(2000)

c)福建三明市台江桥(2006)

图16　单椭圆形索塔

图17　双椭圆外倾塔（辽宁沈阳三好桥，2008）

a)丹麦厄勒海峡大桥比较方案(1993)

b)沈阳鸟岛浑河桥(2006)

图18　双A形外倾塔

桥梁跨径的增大也应属于创新，但其价值就须看其技术成就了，例如石拱桥，20世纪50年代修建宝成铁路时就地取材修建了一些石拱桥，其中松树坡桥跨径2×38m，第一次打破了我国历史上最大石拱桥赵州桥跨径37.37m的记录，是值得祝贺的，但两者差距不大，基本上还是属于同一数量级的。以后1959年湖南省的黄虎港桥跨径60m，才是真正的第一个里程碑。1960年河南龙门桥，跨径90m，平世界纪录（德国Plaun桥），1961年云南长虹桥，112.5m，突破百米大关，1972年四川九溪沟桥116m，1989年湖南乌巢河桥120m，1999年山西丹河桥146m，保持了世界最大跨径的纪录，这些都是我国桥梁的骄傲。这些桥建成时都很低调谦诚，从来未见自己大吹大擂和各种传媒大哄大吵的情况。桥梁跨径是桥位客观条件和技术经济对比后的产物，需要大时就得大，无须回避。1997年湖北荆江长江大桥方案讨论，初步方案混凝土斜拉桥500m，笔者力主550m，除更利于排洪外还可顺便取得世界第一。后因审批方意图而未实现，失掉这次良好的机会，至今仍以为憾。但如不符合客观条件而刻意求大，势必造成浪费。如果本来就不是最大，却外加几个约束条件就成了世界第一、亚洲第一或中国第一、亚洲第二等等，自己给自己戴上几个光环就毫无意义了。

六、结　语

本文概谈我国当前桥梁结构的创新和美观，重点在美观，主要意见是：

（1）桥梁创新和美观必须要离弃原来传统的、正规的套路，别辟新径。新径主要有“反其道而行之”

(原始创新)和“不同结构相协作”(集成创新)两方面,而前者最为普遍。既然反离正规,大多情况下会在技术有所丧失,为此必须采取措施进行弥补,从而多耗资金,实质上就是“花钱买美观”。这种多花钱应在可以接受的范围之内,应当有个“度”,发达国家常限制在造价的5% ~20%之内,我们是发展中国家,应当远低于此。我国对各地政府官员花钱缺少体制如议会之类的约束和群众监督,许多官员尤其城市官员往往为了创造政绩,在选定桥梁方案时不惜“花大钱买美观”,技术评委们往往也因考虑关系,或唯上唯权,而不坚持原则,这种风气应当扭转。

(2)我国目前还基本处于跟踪型创新阶段,有许多则只是引进推广,而无创新。这里要区别“推广”和“抄袭”的界线,尤其在美观方面,对一个特殊的造型(通常这类“美学”创造是不申请专利的,由于一看就明,也无法专利的)就不只是“推广”的问题了,引用时必须注明来历及原作者,一以对原作者知识产权的尊重,同时也表示自己(或公司)的谦实和诚信作风。如果把一个外国新鲜特殊的造型搬到中国来,不予注明反而大肆自我吹嘘,好像是自己的新创,那就会沦于抄袭甚至剽窃,和蒙骗国人了。当然也可能有各自独立思考、创新同一事物的情况,学术史上也有此种实例(如德国的莱布尼兹和英国的牛顿几乎同时发明了微积分学),如果这样应应予以注明。

此外,还拟提出几点建议:

(1)一个创新的桥梁结构不会是十全十美的,应当容许存在缺憾。第一座现代斜拉桥瑞典的Strumsund桥,采用的稀索体系不久就被密索取代,美观上也称不上考究,但仍然是一个伟大的创新,受到桥梁专家们的慧眼识珠而迅速改进、发展。2000年建成的伦敦千禧桥,6月开放当天数万人潮涌上桥参观,桥体发生严重左右摇晃,48小时之后乃将桥关闭。早在1850年法国翁热(Angers)市索恩(Saone)河悬索桥当500军队齐步上桥时引起桥梁晃动,直使一根生锈的后缆索从根部脱落而致桥梁塌毁,死亡250人,当时专家研究是由于士兵步伐与桥梁自振频率合拍引起共振造成,因此规定以后士兵过桥不得齐步,必须便步。这次不是整齐而是混乱的人群上桥也引起晃动,又经欧、美专家研究,得出了一个“集体同步”的理论,后来采用措施,增设加固件和一个可感知振动、防止人们“锁定”初始摆动的组合减振器,以及在行人密集情况下能阻遏共振的大型调谐减振器,花费500万英磅,在封闭20个月之后再度开放。2006年,这座桥仍然被国际桥协评为“杰出工程奖”。在我国,早期的双曲拱出来之后轰动一时,后来因为其本身结构整体性不强,再加设计、施工不严格,发生普遍裂纹变形,就一下子一律停建。实际上后来发展出来的肋波合一的飞鸟式拱肋和薄壳式拱肋等就解决了整体性问题,是完全可以继续修建下去发挥它的固有优点的。又如近期1993年贵州省建成的跨径240m的南盘江桥,首次在世界上实现斜拉-悬索协作体系桥梁,是一个国际水平的成就,但以后却默默无闻,国内很多谈论桥梁创新的文献都很少提到它,据说是因为混凝土主梁出现了一些裂纹。实际上大跨混凝土梁桥出现裂纹是国内外都十分普遍的、可以弥补的现象。和上述千禧桥出现问题后封闭交通加固补救,20个月后才开放,仍然得了国际杰出工程奖,对比之下,我们不是缺少点什么吗?

(2)在评选和奖励优秀桥梁工程时,不但要注视大中桥,还不要忽视小桥。不但要衡量创新和美观,还必须衡量经济,作到创新、美观、经济三不误。一些求美桥梁,由于可能偏离技术甚远,要花费资金弥补,在城市小型桥梁包括步行桥上较易实现。城市常因要求景观,而且财政较为富裕,容易接受这笔为美而外加的资金。近年国际投票评选了世界15座最美的桥梁,其中3座为城市小型桥梁。前面介绍的我国厦门那道跨街弯坡步行斜拉桥,技术、美观、经济皆属上乘,但建成后却默默无闻,可能建造者本人(单位)认为小桥,不值得一提,不作自我宣传,外界也未予以应有的重视和发掘造成的。2009年国际桥协会上,德国莱茵河上一座跨径230m的中承式钢拱人行桥三国桥(Tri-Countries Bridge),采用一正一斜的两拱肋以获得好的建筑视觉效果,同时结构合理作到“难以再进行任何优化的程度”,在此基础上再尽可能多的节省每平米的用钢量,作到每平米造价只1 050欧元[8](合人民币9 581元),只为欧洲同类桥梁造价的三分之一(现今中国同类桥梁造价也比这高得多)。该桥击败了众多强劲的竞争对手,荣获该年度的杰出结构奖。这对我们的启发是:①技术、美观、经济三不误是完全可以作到的;②众多发达国家并不是就会大手大脚乱花钱,他们也是十分崇尚和鼓励节约,如果我们能在评奖中增加"经济"这一要素,可以遏制近年来国内桥梁造价越来越高,有些甚至高得十分离谱的不良现象,也帮助人们走出"要想美观就得大把花钱"的认识误区,同时提醒桥梁人员重视经济问题,改进历来总结和介绍桥梁工程只谈技术、美观、不分析经济造价的习惯偏向。

(3)建议我国土木、公路、铁路、市政等专业系统的桥梁和结构工程学会联合组织起来,分工合作,进行国内外现代重要桥梁文献和信息的翻译交流工作,以促进我国尽快地走向桥梁强国。既然我国尚处于跟踪型发展阶段,就应紧跟急追,力求超前。但因我国地域广大,从业人员繁多,许多地方的桥梁工作人员,尤其设计人员看不到外文资料或者不谙外(英)语,而现在各地交通科研部门多从事监理工作,其情报研究机构形同虚设。为了弥补这个缺陷,各专业系统桥梁和结构学会是最适当的机构,如果能联合组织起来,一方面分工翻译国外重要桥梁有关技术资料向全国各地交流,既可避免一文重复翻译浪费人力物力,又可及时使众多的桥梁技术人员都能接触到国外一手资料,以便都能投入到消化、吸收再创新的行列中来,发挥才华,共创丰收;另一方面,帮助国内各地一些不谙外语的桥梁工作者把他们作出的有价值的桥梁成果以及国内重要桥梁建设信息翻译成外文推荐给国外相关杂志,以加强相互交流了解。上述工作可以采用非营利性的有偿服务方法以利开展,这样将会加快促进我国的桥梁创新。在这方面日本作得最为出色。1995年日本当获知荷兰开始修建折线型塔的鹿特丹桥时,受到启发,回来就设计曲线型塔的滨名桥,赶在1996年与鹿特丹桥同时建成。1994年,日本工程师在一次桥梁学会上听到法国工程师 Virlogeux 介绍当时在建的最大跨径856m的诺曼底斜拉桥之后,回来就把已经开工的跨径890m悬索桥多多罗桥改成斜拉桥,藉口是原来悬索桥的锚碇要开拓山坡,影响环境景观,结果在1999年建成,超过诺曼底桥成为世界第一大跨径斜拉桥。这样经过二十多年的持续努力,日本就成功地进入了世界桥梁强国。在我国,建国初期交通系统曾有交通科技情报网的组织,在道路翻译防治等方面曾取得很好作用,可惜文革以后就告瓦解。铁道部大桥局设计研究院情报室曾大量及时翻译英、日文等桥隧资料,油印出版,已故的严国敏工程师对此作出很大贡献,可惜多限内部交流,甚少外传。

最后,对于桥梁创新我们应充满信心。我国古代、现代在桥梁方面都有许多世界一流的贡献。古代如隋朝赵州桥的敞肩坦拱,是世界公认的;宋朝清明上河图上描绘的虹桥—构思奇巧的梁架拱,是空前绝后的(因为今后不会再发展木桥了)。现代我国在石拱桥跨径上的开拓,双曲拱引起的拱桥横断面的革命,钢管混凝土桥在我国桥梁上的蓬勃发展,都是外国所不及的或所无的。和国画和京剧一样,正是我们的民族特色,不能因为外国没有就不算数。我们应当有自己独立的国格和器识,我们没有资格自豪,但也不能丧失信心。

注:本文所提各桥梁工程主桥单位(m^2)造价皆为笔者根据原介绍资料所称工程总造价近似折算所得,与实际容有出入,希鉴。

参考文献

[1] C. Menn 著. 黄黎丽译. 美学和桥梁设计. 原载《SEI》Mey. 铁道部大桥局勘设院英文情报资料选译,1996.

[2] 王伯惠. 斜拉桥结构发展和中国经验(上). 北京:人民交通出版社,2003.

[3] 周山水,杨晓滨. 厦门环道路海军码头至白城段桥梁设计. 海威姆预应力技术,2003(4).

[4]〔英〕马修·威尔斯著. 张慧,黎楠译. 世界著名桥梁设计. 北京:中国建筑工业出版社,2003.

[5] 中国公路学会桥梁和结构分会编. 面向创新的中国桥梁. 北京:人民交通出版社出版,2009.

[6] 楼庄鸿,王国亮. 我国钢拱桥. 2009年度学术论文集,建达道桥咨询公司出版,2009.

[7] 张哲. 自锚式斜拉桥—悬索桥协作体系桥. 北京:大连理工大学出版社,2009.

[8] 于抒霞,张萍.解码国际桥协之评奖标准——两任国际桥协副主席项海帆、葛耀君访谈.桥梁.2010(6).

[9] 唐寰澄.世界著名海峡交通工程.北京:中国铁道出版社,2004.

[10] 英 Dan · Cruikshanks: Bridges: Heroic Designs that changed the world, Published by Collins, London,2010.

25.大型桥梁工程推动下的设计方法及过程

陈艾荣

(同济大学桥梁工程系)

摘 要 改革开发以来,我国桥梁建设事业取得了飞速的发展。拱桥、悬索桥和斜拉桥等各种桥型都迈入了世界前列。然而,成就的背后也蕴藏了诸多的问题和不足。屡见不鲜的桥梁事故暴露出我国桥梁建设在设计理论、规范标准以及养护管理等方面的不足。面对着机遇和挑战,唯有在设计、施工、运营等各方面大胆采用新技术新方法,才能使我国桥梁建设事业突破传统设计思想的禁锢,获得长期健康的发展。本文简要介绍了作者及其带领的研究团队近些年来的研究工作,既包括方法层面的基于给定寿命的桥梁设计方法与过程,也包括工具层面的耐久性数值模拟、找型以及 CFD 等分析工具的开发,还包括应用层面的设计方法与分析工具在苏通大桥、泰州长江大桥以及杭州湾跨海大桥等大型工程中的应用。

关键词 桥梁 给定寿命 性能设计 耐久性 数值模拟技术

我国的桥梁建设先后经历了古代的光辉篇章、近代的停滞不前以及当代的飞速发展等多个阶段。设计精巧的赵州桥,构建巧妙的虎渡桥,气势恢宏的泸定桥集中展示了我国古代桥梁建造技术的高超。然而,由于我国近代历史上教育与技术理念的匮乏,导致整个我国社会裹足不前,桥梁建设成果非常有限。直至新中国成立,各行各业破陈立新,我国的桥梁建设也得到了初步发展,先后建成了武汉长江大桥和南京长江大桥等具有划时代意义的重要工程。改革开放之后,我国桥梁建设以惊人的速度取得了令人叹为观止的进步和成就,新的桥梁设计理念和施工工艺的引入,使得建设具备国际领先水平桥梁的可能成为现实,虎门大桥、万县长江大桥、江阴大桥、青马大桥等等标志性工程的落成表明我国已成为世界桥梁大国。随着21世纪的到来,我国桥梁得到了进一步的发展,所建桥梁的跨越能力日渐增强,最长的跨海大桥杭州湾跨海大桥,单跨最长的斜拉桥苏通大桥等大型桥梁工程相继建成,表明我国正由世界桥梁大国逐步成长为世界桥梁强国,如图1所示。

然而,面对我国桥梁建设事业的蓬勃发展,我们应当清醒的认识到未来发展之路中所面临的不足和局限。20世纪90年代后期,欧美等发达国家在二战结束后大量修建的基础设施在使用了40余年后,逐渐进入了养护维修的高峰期。除了数额惊人的维护经费让政府难以负担以外,养护维修工作队交通正常运营的影响更是造成了巨额间接损失,也使管理部门承担了巨大的舆论压力。这一问题在桥梁工程领域中尤其严重。与发达国家类似,我国的桥梁建设也必然会进入养护维修阶段,如何保证已建桥梁在整个生命期的各项性能满足既定要求,同时避免高额的维修费用,是目前亟待解决的问题。此外,桥梁跨径的日益增大也对设计方法提出了更高的要求。

面对着机遇与挑战,我们应当从设计理论与方法、数值工具、工程实践多个方面全面思考现有设计理论和方法的不足,并努力做到科学研究与产业的结合,注重创新产品的开发和应用,从而保证我国桥梁建设事业的健康发展。

a)赵州桥　b)虎门大桥辅航道桥　c)江阴大桥　d)苏通大桥

图1　我国各年代的著名桥梁

一、基于给定寿命的桥梁设计方法与过程

1. 基于给定寿命的桥梁设计主要过程

典型的桥梁寿命周期从规划开始,将经历桥位规划、方案设计、性能分析、详图设计、建造施工、管理养护、拆除/倒塌等几个阶段(图2a)。各个阶段的工作内容密切联系,相互影响。寿命周期理论的核心思想就是在实施具体的工程措施之前,将后续寿命周期中可能出现的各种问题和工程内容进行系统规划和全盘考虑,并以达到预期目标的最优(通常是成本最低)为目标。

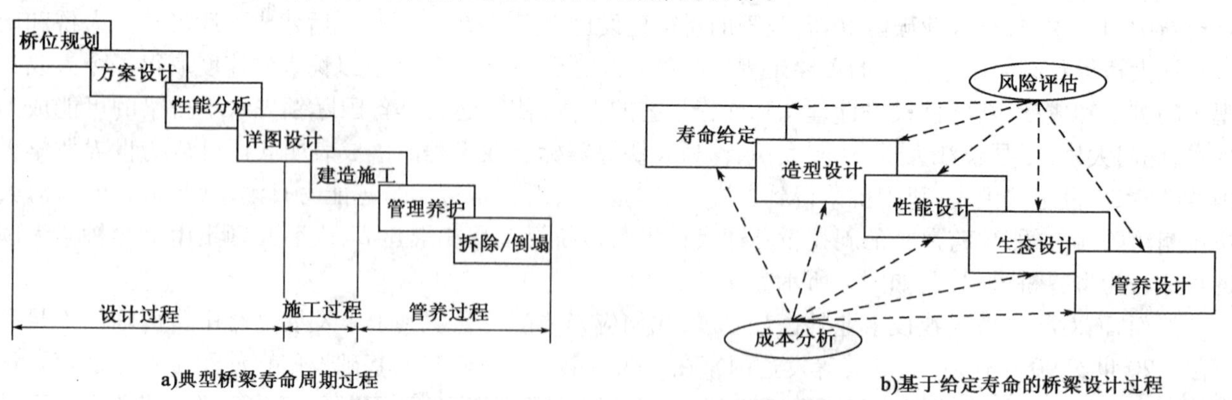

a)典型桥梁寿命周期过程　b)基于给定寿命的桥梁设计过程

图2　基于给定寿命的桥梁设计方法与过程

一直以来实用、经济、安全和美观作为我国公路桥梁设计的基本原则被明确在设计规范中。从寿命周期设计方法的角度,这些基本原则都应包含在设计要求,但仍不全面。从全寿命设计理念的角度,桥梁寿命周期的总体需求应主要包括使用需求、资金需求、文化需求以及生态需求4个部分。各部分需求的具体内容如图3所示。

综上所述,桥梁寿命周期设计过程可以概括为对寿命给定、造型设计、性能设计、生态设计、管养设计等5个设计过程和成本风险、风险评估两个主要的决策过程,如图2b)所示。

给定的结构寿命对于各个设计和决策过程都具有显著影响:决定了造型设计的考虑周期、决定了性能设计的目标和监测、影响了性能设计中的参数取值、决定了养护和维修的需要、确定了寿命周期成本分析的时间参数和风险评估的决策域。确定使用周期(即寿命)成为开展全寿命设计的首要任务和核心参数。因此,基于寿命周期理论的设计过程也可以称为给定结构寿命的设计过程。

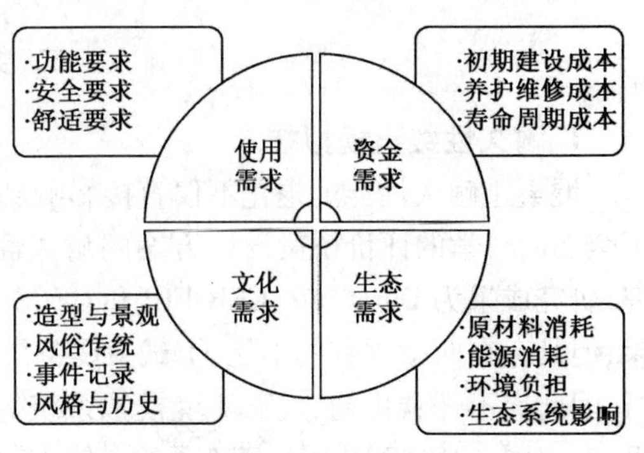

图3 桥梁寿命周期的总体需求

2. 基于性能的设计方法

基于性能的设计方法(Performance-Based Design)是近年来不断兴起的研究领域,并被广泛的视作未来结构设计的发展趋势。对于基于性能的设计有很多不同的定义,可以恰当的将其理解为一种用实际获得的结构性能目标来表达设计准则的方法。实际上,基于性能的设计方法就是要建立一种体系,在这个体系里结构性能能够被明确的描述,而业主或使用者也能够清晰地了解结构性能以及为维持这些性能所需付出的代价。这将极大地推动工程领域的创新、发展与国际化,并为设计人员提供更多的灵活性,同时还将成为消费者衡量建筑价值的重要指标。

基于性能的设计方法拓宽了传统极限状态设计方法的视角,其性能指标可以分别将安全、使用、耐久、疲劳以及不同结构需要考虑的特殊问题涵盖其中,并将结构性能表达为极端事件的发生概率和结构可靠度的函数,这将使设计者更容易的判别设计方案在具体性能上的差别,并根据不同的性能要求来进行差异化的结构设计。因此相比于传统设计方法,基于性能的设计更具有弹性,其设计成果也将更加契合业主的真实需求。

在基于性能的设计过程中,设计者可以根据不同的设计对象、不同的设计要求、乃至不同的设计阶段,选择不同的方法和工具进行结构设计及其结果的性能验证,最终使结构满足预期的性能目标。因此,基于性能的设计方法实际上可以理解为一种过程设计方法,即建立一种有效的设计框架,使之能够在不同性能目标和多重损失等级下广泛运用,在这 框架下,可以按照设计条件及阶段自由选用不同的计算方法与工具,在其指导下设计方法与评估方法相互结合,结构设计也由原有的"指标控制"过渡为"过程控制"。以上多样化的设计选择,将使得各种新形结构体系和材料的应用成为可能,同时促进新技术的引入和发展。

需要特别指出的是,未来基于性能的设计规范将着重说明结构应完成何种功能,而不再是详细地规定如何达成该目标,这既体现了性能设计有别于传统设计方法的过程设计思想,也是结构及相应设计方法多样化发展的必然结果。

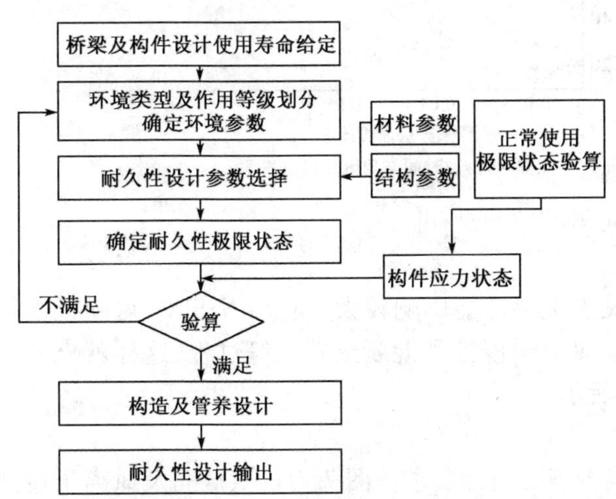

图4 混凝土桥梁耐久性设计过程

3. 混凝土桥梁耐久性设计过程

混凝土桥梁耐久性设计过程应以寿命周期理论为基础,并着重强调如下3点:①桥梁结构和构件的设计使用寿命是一个给定的过程,所有的后续耐久性设计都是围绕着这一给定寿命来进行的,体现出了基于性能的设计思想;②耐久性设计既要与结构设计相联系,同时又要保持一定的独立性。耐久性设计要考虑结构的受力状态;结构设计要考虑耐久性退化过程的时变性;③明确提出耐久性极限状态的概念,并将耐久性极限状态的验算提高到承载能力极限状态和正常使用极限状态验算的高度上。如图4所示。

二、数值工具的研发与应用

1. 耐久性数值模拟技术

混凝土耐久性能的退化不仅直接影响到桥梁的安全和使用性能,还会增加繁重的管理、维护负担。为了全面而科学的评价桥梁设计方案的耐久性能,国内外学者先后开展了大量关于混凝土耐久性的试验研究,研究成果为DuraCrete、CEB-FIP和CECS等规范的制定提供了科学依据。虽然试验研究取得了丰硕的成果,但其存在两个固有的不足:①试验设备昂贵。混凝土耐久性试验需要在一个比较稳定的环境条件下进行,因此离不开碳化箱、人工环境模拟系统等大型设备的支持,而这些设备的成本很高;②试验周期漫长。例如,美国AASHTO规定,氯离子的自然扩散试验需要进行90天。而某些现场暴露试验可能长达数年。

为了弥补试验研究的不足,近些年来国外掀起了一股研究混凝土耐久性数值模拟技术的热潮。该项技术的核心思想是建立描述混凝土结构耐久性退化过程的数学物理方程,确定方程中关键的计算参数,并采用适当的数值方法进行求解,最终得到与耐久性退化过程相关的物理量(一般为物质浓度)随时间变化的规律。

NSSCD(Numerical Simulation System of Concrete Durability)是由同济大学桥梁工程系陈艾荣教授领导的团队开发的一套用于模拟混凝土桥梁结构耐久性能退化的数值模拟系统。该系统包括材料和结构两个层次,每个层次又包含氯离子侵蚀、混凝土碳化、钢筋锈蚀和混凝土冻融4个模块,能够计算分析混凝土桥梁常见的耐久性退化过程。

(1)在构造细节优化方面的应用

角区混凝土由于同时受到两个方向上有害物质的侵蚀,因此其耐久性退化过程可能明显快于非角区混凝土。目前规范中对这个问题的考虑比较粗糙,例如CECS 220:2007中规定,角区混凝土的碳化系数是非角区的1.4倍。但实际上这个结果是与角区角度密切相关的。

利用NSSCD可以对不同角度的角区混凝土耐久性退化过程进行分析。图5是氯离子侵蚀过程的一个算例,为了更直观的表达角度对构件使用寿命的影响,可将数值分析结果与临界氯离子浓度进行对比,以确定钢筋开始发生锈蚀的时间,结果如图5d)所示,可以发现角区角度的变化确实对构件寿命有较大的影响。

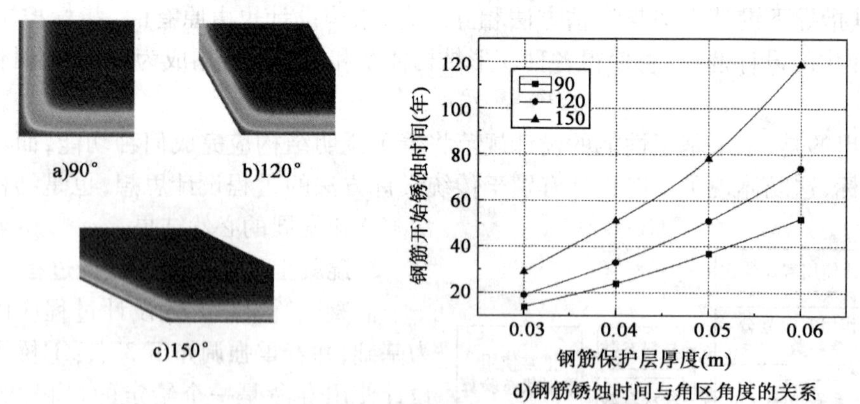

图5 NSSCD在角区耐久性退化分析中的应用

(2)在耐久性退化机理研究中的应用

骨料的渗透性远小于水泥浆,因此骨料用量对混凝土抗渗性能影响较大。利用NSSCD,可随机模拟出骨料在混凝土构件中的分布,进而在细观层面上计算氯离子侵蚀和混凝土碳化等过程,这样就充分考虑了骨料用量对混凝土构件耐久性能的影响。如图6所示。

(3)在耐久性评估方面的应用

利用NSSCD能够评价桥梁设计方案的耐久性能能否满足设计要求。图7为桥墩截面及氯离子侵蚀过程模拟。初始设计方案中,最外围受力钢筋的保护层厚度为3.5cm。为了判断该保护层厚度能否保证钢筋在100年的寿命期内不发生锈蚀,首先利用NSSCD计算了氯离子在该桥墩中的侵蚀过程,计算过程中采用 Monte Carlo 方法考虑了表面氯离子浓度的随机性。

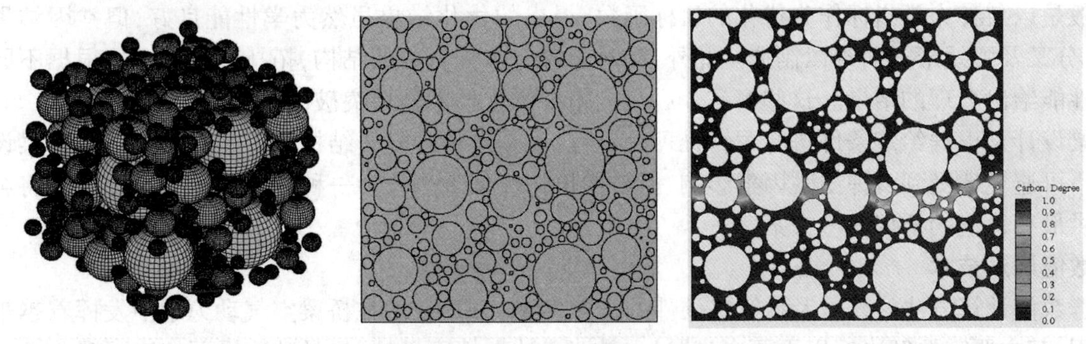

图 6 NSSCD 在细观层面耐久性退化模拟中的应用

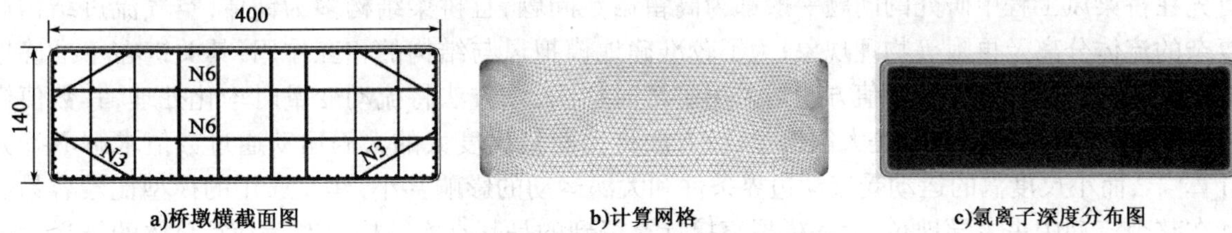

a)桥墩横截面图　b)计算网格　c)氯离子深度分布图

图 7 桥墩截面及氯离子侵蚀过程模拟

将截面内部实际氯离子浓度与临界氯离子浓度进行对比,从而得出不同时刻钢筋锈蚀的几率,并可根据结果对初始设计方案中的保护层厚度进行调整或者对受力钢筋进行特殊处理。

2. 结构找型技术

桥梁作为一种工程艺术作品,其结构与造型密切相关,并应该根据桥址环境、设计寿命和施工水平等各种给定条件理性地通过逻辑推理而来。现有桥梁设计过程中结构设计与造型设计通常相互分离,且设计中或主观随意或简单复制已有结构。因此,桥梁设计中迫切需要一种先进的桥梁找型方法,以在给定条件下合理推衍出结构与造型俱佳的设计方案。随着计算机辅助设计技术的发展,结构拓扑优化方法正逐步使这一想法变为可能。

结构拓扑优化方法起源于生物进化思想。自然界中各个物种通过自然选择的方式保留适应环境的有利基因而淘汰不适应环境的不良基因,并通过遗传的方式将亲代基因传递给子代,以实现生物的逐代进化。结构拓扑优化方法正是基于此,旨在通过逐步删除低效结构材料增加高效结构材料,以使结构拓扑形式不断进化最终实现一个连续空间内实体部分的最优分布。

目前结构拓扑优化技术已能实现二维平面和三维空间内的结构找型。图 8a)为按上承式拱桥边界条件进行三维拓扑优化的结果,图中可以看出现阶段拓扑优化结果已能清晰给出主拱圈形状。然而,拱上立柱倾斜且出现分叉,这给桥梁的施工带来困难,也与实际已建成桥梁的结构形式不符。虎门二桥桥塔的设计过程中也采用了拓扑优化的方法,如图 8b)所示。拓扑优化结果中两根主塔柱间通过四个 X 型斜撑相连,这种形式的桥塔不仅横向刚度大且塔柱与横梁间传力流畅。基于拓扑优化结果,对桥塔形式进行适当调整和细化后得出了概念设计的最终方案。

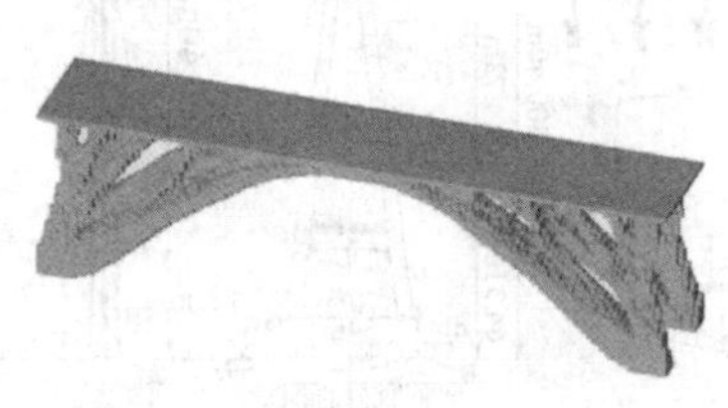

a)上承式拱桥找型

b)虎门二桥主塔找型

图 8 找型技术的实例与工程应用

结构拓扑优化方法在向实际桥梁设计推广的过程中,主要面临的问题是可制造性差。拓扑优化的过程中一般是以某种力学指标作为优化的目标函数,得出的优化结果虽然力学性能良好,但常因结果中出现倾斜、分叉及弧线形式而难以制造。此外,针对于含有多种材料的结构,拓扑优化还不能根据不同材料的受力性能给出合理的结果。这些都是今后结构拓扑优化技术需要突破的方向。

桥梁设计是根据给定条件进行逻辑推理的过程,也是设计师赋予结构灵魂的过程。虽然桥梁设计过程中会不可避免地受到多种主观因素影响,但结构拓扑优化方法作为一种计算机辅助设计手段将会为设计者提供最有价值的桥型参考方案。

3. 数值风洞技术

随着数值计算方法的改进及计算机硬件的飞速发展,CFD 技术在桥梁空气动力学中发挥着越来越显著的作用,其主要需要解决好以下两个难题:一是湍流的高精度模拟,二是动边界下的流固耦合求解。

首先在桥梁风工程中研究的问题一般都为高雷诺数问题,且桥梁结构多为钝体,空气流过结构后会产生复杂的流体分离及再附等物理现象;为了较准确地模拟风与结构的相互作用,其关键在于准确地模拟高雷诺数下的湍流。传统的数值方法多采用雷诺时均法,该方法将流动变量时均化处理,其数值模拟的精度有限;而更好的模拟方法是大涡模拟,该方法将比网格尺度大的大涡运动通过数值求解 N-S 方程直接计算[17],而小尺度涡的运动受流动边界条件和大涡运动的影响甚小,建立通用的模型比较容易。大涡运动在整个流动中占主导地位,大涡模拟直接计算得到的是其真实结构状态;因而,总体的结果对模型的不可靠性不敏感,计算精度能大大提高。

其次,大型桥梁的风振破坏通常表现为风致振动导致的发散型大位移大变形,例如桥梁断面的颤振现象。为了研究桥梁结构的风致振动,即桥梁结构与空气的流固耦合振动问题,需要引入动网格技术,来解决结构运动后的流场求解。常用的动网格方法弹簧近似法和弹性体法的网格变形能力较弱,在处理断面的大位移时容易导致动网格生成质量的下降,从而削弱数值模拟的效果,甚至出现网格畸变而使得求解失败。通过对已有的动网格方法进行改进,将桥面断面动边界相关的网格体积、网格夹角、边界距离等参数结合进去,从而大大提高了动态网格的生成质量及稳定性,适用于桥面结构的风致振动数值模拟。

三、大型桥梁工程中的应用

1. 苏通大桥的抗风问题

苏通大桥为国际首座主跨超越 1 000m 的斜拉桥,对于此类超大跨径斜拉桥,桥梁自身结构特点和所处风环境特征使得风的作用问题变得更为敏感和重要,风荷载往往成为结构设计的控制荷载。与之相适应,桥梁的动力特性、桥塔、主梁和斜拉索等主要构件静态气动力系数的确定,都应进行精细化研究,以确保结构设计的经济性;同时,为确保超大跨径斜拉桥的结构安全性,避免结构疲劳破坏,还应针对桥梁结构整体的颤振稳定性,桥塔驰振稳定性,主梁涡激共振和抖振响应,超长斜拉索的振动与减振,尤其是斜拉索的风雨激振和参数共振,以及桥面行车安全等一系列问题开展深入细致的研究。如图 9 所示。

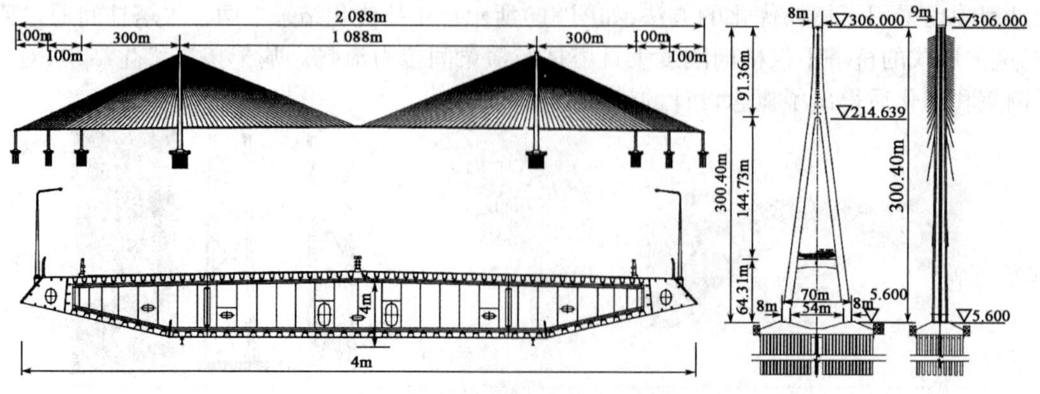

图9 苏通大桥总体布置、主梁标准横断面与桥塔布置

（1）CFD 技术在苏通大桥风荷载研究中的应用

大跨径斜拉桥风荷载的研究，从结构部件划分，可以从桥塔、主梁和斜拉索几个角度出发。对于桥塔风荷载，苏通大桥采用了数值风洞模拟技术，即计算流体动力学（computation fluid dynamic，CFD）技术。该方法的计算原理是采用离散涡数值方法求解桥梁断面在运动状态下的涡量场及速度场分布，并根据涡动力学理论获取作用在主梁断面上的气动力。通过数值模拟，可以得到桥塔迎风侧和背风侧塔柱的阻力系数、升力系数等等。研究表明，桥塔上的风荷载并不是在风偏角 0°或者 90°时最大，而是在某一个风偏角，如 45°或者 60°左右出现最大值。图 10a）为苏通大桥塔柱流场分布模拟结果。

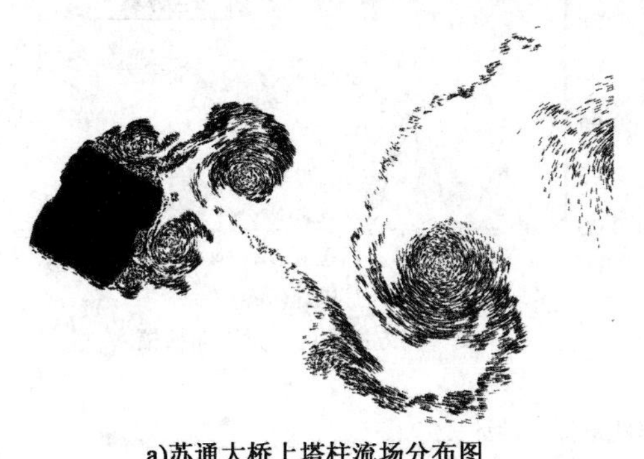

a)苏通大桥上塔柱流场分布图

b)CFD数值模拟斜拉索三维绕流流场

图 10　CFD 技术在苏通大桥风荷载研究中的应用

大跨度的斜拉桥一般倾向于采用纤细的箱梁和密索体系。桥梁跨度越大，风荷载的影响也越大，对于大跨度的斜拉桥，斜拉索和主梁的风荷载所占比例的大小也逐渐增大。随着斜拉桥跨度的加大，作用在斜拉索上的风荷载可能超过作用于梁上的风荷载。因此在大跨度斜拉桥中，对斜拉索上的风荷载进行研究并且将其控制在最小的范围内，具有十分重要的意义。

对于斜拉索风荷载的研究，苏通大桥的设计过程中，主要通过风洞试验手段结合数值风洞技术进行。风洞试验手段主要利用风洞测力天平进行拉索横风向和顺风向的风荷载测量，通过针对不同类型的拉索进行了大量的测力试验，测出了拉索风荷载阻力系数随拉索倾角的关系。为了进一步验证风洞试验结果，采用了 CFD 数值模拟技术进行了一个试验工况的验证，结果表明 CFD 和试验结果吻合较好，同时 CFD 还得出了很多试验所不能得到的现象和结论，如倾斜拉索的升力系数、拉索三维绕流现象。可见 CFD 和风洞试验相结合是确定超大跨径斜拉桥风荷载的有效手段。图 10b）为 CFD 数值模拟斜拉索三位绕流流场图。

（2）检修车轨道优化设计

对于超大跨径斜拉桥而言，主梁的涡激振动会引起较大的拉索参数共振以及疲劳问题。为了避免或降低涡激振动发生的可能性，在设计阶段需要研究主梁的涡激振动效应。苏通大桥主梁原设计方案在进行节段模型试验时发现有较大的涡激振动振幅。虽然该振幅没有超过允许值，但是为了最大限度地降低涡激振动振幅，进行了一系列降低涡激振动的气动措施研究。如图 11 所示。

通过研究表明，将检修轨道移到主梁底部中点能够抑制涡激振动的发生，然而该方案对于检修车的设计带来了很多不便。综合试验和 CFD 两方面的研究结果，最终采用将检修轨道内移 75cm 并增设导流板的设计方案。

2. 杭州湾跨海大桥的运营风安全及对策

沿海强风区长大桥梁建设是我国交通网络不断发展和完善的必然选择，然而，该类桥梁在大风天气的桥面行车安全是运营期急需关注和解决的重点问题之一。通过工程项目搭建平台、科研院所技术攻关、生产企业工艺革新等多方面有机结合，我国在这一领域实现了技术突破和自主创新。2008 年 5 月 1 日通车的杭州湾跨海大桥就是一个成功的案例。

杭州湾跨海大桥横跨杭州湾口，桥位属典型的亚热带季风气候区，是各种重大灾害性天气的多发地带，大桥有近 32km 完全暴露在海洋环境之中，大风天气对交通和行车安全构成严重威胁。为此，综合桥梁工程、交通工程、车辆工程和气象学等技术领域，开展了风对海上长桥行车安全的影响和对策的系列研究。如图12所示。

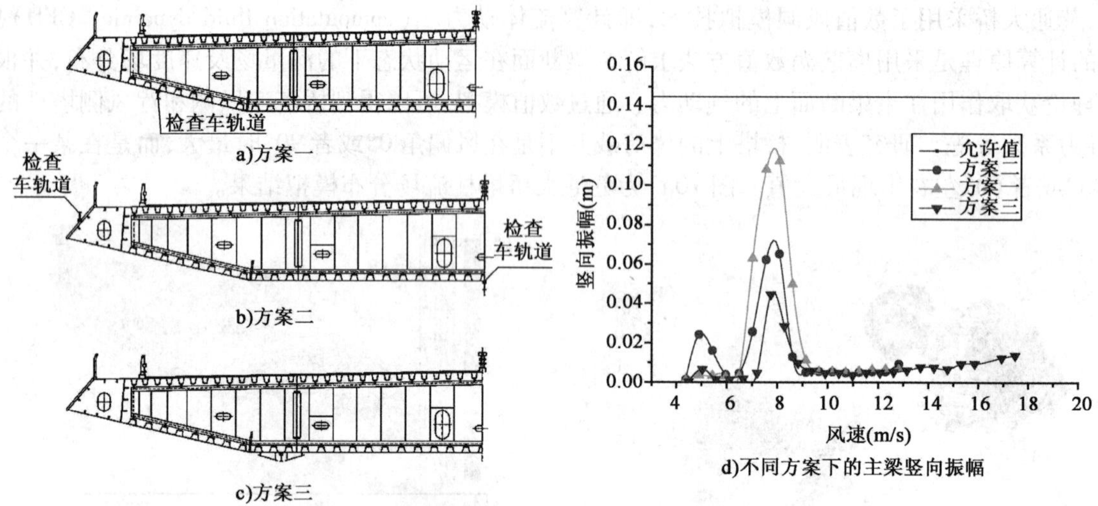

图11　苏通大桥检修车轨道优化设计

a)风洞试验

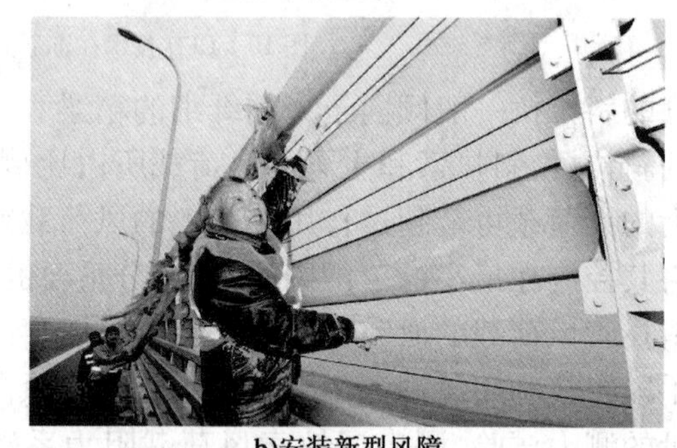

b)安装新型风障

图12　杭州湾跨海大桥的行车安全研究

在基础理论和技术方面，考虑桥面振动和绕流对汽车行驶安全的影响，建立了风—车—桥耦合振动和风—汽车动力响应分析模型，并提出了桥面风环境分布的基本特征及其对车辆气动力特性的影响规律。建立了基于风洞试验的迹线法、热线风速仪流速测定、高频天平车辆测力，以及对应的数值风洞模拟方法，用于研究风障与护栏对桥面风环境的影响，也可直接获得车辆桥面状态的气动力荷载。

在工程保障措施方面，提出了不同风障形式对桥面风环境影响的基本规律，确定了相应的风障设计方法和技术标准。杭州湾跨海大桥的风障形成有自主知识产权的发明专利2项，实用新型专利4项，发明了以聚碳酸酯树脂(PC)耐力板为主要原料的风障障条。该风障障条具有抗冲击好、透光率高、抗紫外线、质轻、隔音和阻燃效果好、使用寿命长等优点(10~20年)，特别适合用于桥梁挡风风障。

3. 泰州大桥中间塔鞍座的抗滑移问题

建设中的泰州长江公路大桥作为世界首座大跨径三塔悬索桥，存在特殊的中间塔鞍座抗滑安全问题，而如何防止主缆与鞍座在运营期内发生相对滑移也将是泰州桥设计过程中的关键之一。如图13所示。

图13　泰州长江公路大桥效果图

泰州桥中间塔鞍座抗滑问题的实质是通过设计保证由桥上车辆荷载所产生的主缆不平衡力小于鞍座与主缆间的最大静摩擦力，但现有规范对于这一问题的规定存在不足。规范所采用的车辆荷载模型基于极限状态建立，而用于评价鞍座抗滑安全性的计算公式则根据安全系数方法给定,二者在理论层面即存在差异,此外现有规范的车辆荷载采用基于影响线的最不利布置形式,其在桥梁真实运营中发生的概率非常低,以上原因都使得基于现有规范的设计不能反映鞍座与主缆间真实的工作状态,同时也导致设计结果趋于保守,为此尝试引入基于性能的设计思想进行中间塔鞍座的抗滑设计。如图 14 所示。

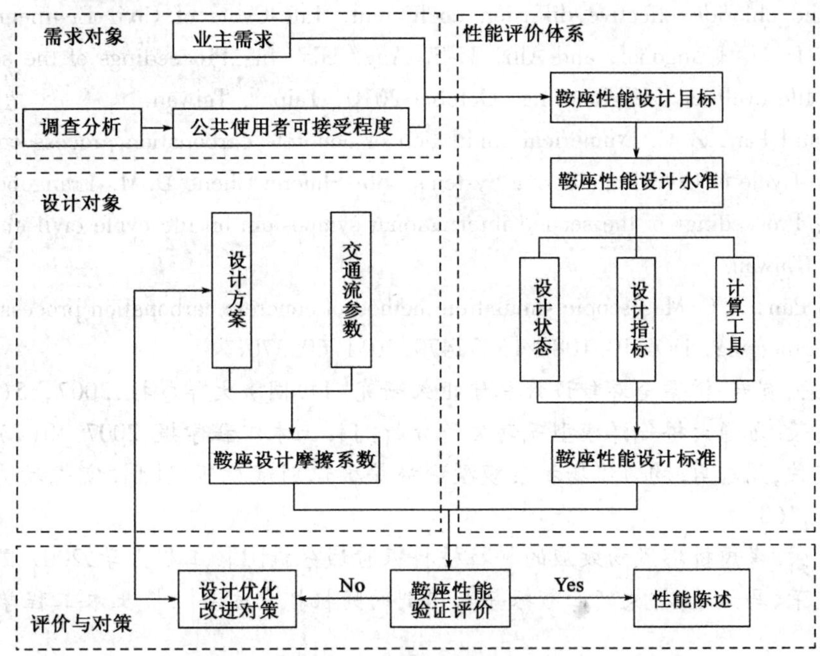

图 14 泰州长江公路大桥基于性能的中间塔鞍座设计流程

在基于性能的中间塔鞍座抗滑性能设计中,设计者依据公共使用者的可接受程度或业主的具体需求制定相应的鞍座抗滑目标,将其转化为目标失效概率等严谨的工程指标。

由于荷载效应的发生几率与其大小存在联系,可以根据荷载效应出现概率的不同划分出常规和极端两种设计状态,并在设计中赋予出现概率较高的常规设计状态以更加严格的目标可靠度。同时,鉴于鞍座抗滑问题的复杂性,在设计的任何阶段都全面而系统的考虑荷载水平等鞍座抗滑所涉及的诸多不确定因素,往往是过于困难以及不必要的。为此,根据初步设计、施工图设计、已有结构评估等不同阶段依次提高的精度需求,设定了三级别的性能设计水准,设计中通过适当的手段和工具考虑不同程度的不确定性影响,计算得到相应精度下可接受的设计结果,并赋予较低精度结果相对较高的设计安全储备。

在确定上述三水准两状态的具体要求后,设计者可以根据不同设计阶段的特殊需求选择不同的性能设计水准,采用合适的设计工具对不同的设计状态进行计算,并选用相应的设计标准进行性能验证从而确定合理的设计方案,最终的设计方案将能够明确陈述所能达到的性能水平。

四、结　语

本文回顾了我国桥梁建设事业在新中国成立、改革开发之后以及新世纪以来等各个阶段的发展历程以及取得的成就,同时指出了所面临的不足和局限。针对这些不足,简要介绍了作者及其带领的研究团队近些年来在设计理论和方法、分析工具的开发以及工程实践等多个方面的研究工作,以期为我国桥梁建设事业的长期健康发展做出自己的贡献。

参考文献

[1] 陈艾荣.基于给定结构寿命的桥梁设计过程[M].北京:人民交通出版社,2009.

[2] 陈艾荣,盛勇,钱锋.桥梁造型[M].北京:人民交通出版社,2005.

[3] 阮欣,陈艾荣,石雪飞.桥梁工程风险评估[M].北京:人民交通出版社,2008.

[4] 项海帆,陈艾荣.中国大桥[M].北京:人民交通出版社,2003.
[5] R. J. Ma, A. R. Chen. Determination of flutter derivatives by taut strip model. Journal of Wind Engineering and Industrial Aerodynamics, 2007, 95(6): 9-11.
[6] Pan, Z. C. and Chen, A. R. Numerical simulation of chloride diffusion process on meso-scale: effect of aggregate on the chloride effective diffusion coefficient. Life-Cycle of Civil Engineering Systems. Shi-Shuenn Chen, D. M. Frangopol, and Alfr. H-S. Ang. eds. In: Proceedings of the second international symposium on life-cycle civil engineering, October 2010, Taipai, Taiwan.
[7] Chen, A. R. and Pan, Z. C. Numerical simulation of concrete carbonation process coupled with cement hydration. Life-Cycle of Civil Engineering Systems. Shi-Shuenn Chen, D. M. Frangopol, and Alfr. H-S. Ang. eds. In: Proceedings of the second international symposium on life-cycle civil engineering, October 2010, Taipai, Taiwan.
[8] Ruan, X. and Pan, Z. C. Mesoscopic simulation method of concrete carbonation process. Structure and infrastructure Engineering, DOI:10.1080/15732479.2011.605370.
[9] 马军海,陈艾荣,贺君.桥梁全寿命设计总体框架研究[J].同济大学学报,2007,35(8):1003-1007.
[10] 许福友,陈艾荣.苏通大桥气弹模型气动失稳分析[J].土木工程学报,2007,40(7):44-48.
[11] 马如进,陈艾荣,周志勇.均匀流场拉条模型颤振导数识别试验研究[J].空气动力学学报,2006,19(2):147-151,168.
[12] 韩万水,陈艾荣.考虑桥塔风场效应的斜拉桥抖振时域分析[J].工程力学,2007,24(1):123-128.
[13] 许福友,陈艾荣,马如进.桥梁断面颤振导数识别的随机搜索方法[J].土木工程学报,2006,39(7):63-68.
[14] 陈艾荣,吴海军.关注桥梁设计中的安全性和耐久性[J].中国公路,2002(23):67-69.
[15] 胡峰强,陈艾荣.王达磊.山区桥梁桥址风环境试验研究[J].同济大学学报,2006,34(6):721-725.
[16] 艾辉林,陈艾荣.基于ALE格式的动网格方法数值模拟断面气动导数[J].工程力学,2009,26(7):211-215.
[17] 陈艾荣,艾辉林.计算桥梁空气动力学——大涡模拟[M].北京:人民交通出版社,2010.

26.江苏跨江公路大桥建设中的创新技术

彭德运
(中交公路规划设计院有限公司)

摘 要 江苏省多座跨江公路大桥的建设,积极采用新材料、新设备、新工艺,创造了多项中国第一、世界第一,建设中的创新技术在其他工程中被推广采用,为我国大跨径桥梁建设积累了宝贵经验。本文对江苏省跨江公路大桥建设中的创新技术作简要总结和回顾。

关键词 江苏 跨江公路大桥 创新技术

长江江苏段全长364km,江面宽阔,通航标准高,其上建桥具有很高的挑战性和技术难度。1960年南京大桥开工建设,掀开了江苏省跨江公路大桥建设的序幕。至2010年,江苏省于20世纪80年代规划的江阴大桥、南京二桥、润扬大桥、南京三桥、苏通大桥等5座跨江公路大桥先后建成通车,在新一轮的跨江交通发展规划中的泰州大桥、南京四桥等多座大型桥梁兴建。

江苏省多座跨江公路大桥的建设,不仅缓解了过江交通压力,加强了江南江北的交通和经济联系,而且在借鉴国内外先进建桥经验的基础上,自力更生,开拓创新,不断发展,积极采用新材料、新设备、新工艺,创造了多项中国第一、世界第一,建设中的创新技术在其他工程中被推广采用,为我国大跨径桥梁建设积累了宝贵经验。现将江苏省跨江公路大桥建设中的创新技术作简要总结和回顾。

一、几座主要跨江公路大桥概况

1. 江阴大桥

1994 年 11 月开工建设,于 1999 年 9 月建成通车。其主跨 1 385m,是我国第一座跨径超千米的悬索桥,建成时跨度位居中国第一、世界第四。位于软土地基上的北锚碇设计与施工是整个江阴大桥的关键技术,鉴于当时国内桥梁施工技术水平,采用了沉井法完成 69m × 51m 的大规模基础施工,169 股平行钢丝索股采用预应力锚固形式与重力式锚碇锚固[1]。

2. 南京二桥

1997 年 10 月开工建设,2001 年 3 月建成通车。南汊斜拉桥主跨 628m,建成时跨度位居国内第一,世界第三。南京二桥索塔深水基础采用双壁钢围堰 + 大直径钻孔桩基础组合结构形式,首次引进并成功应用了环氧沥青混凝土钢桥面铺装技术[2]。

3. 润扬大桥

2000 年 10 月开工建设,2005 年 4 月建成通车。主桥工程南汊采用悬索桥方案,主跨 1 490m,建成时跨度位居国内第一,世界第三;北汊为主跨 406m 的斜拉桥方案。润扬大桥悬索桥北锚碇基础采用地下连续墙支护、止水、开挖;南锚碇采用排桩支护、冻结围幕止水的基础开挖方案。主缆引进了"S"型钢丝缠丝和输干空气法除湿防腐方案[3]。

4. 南京三桥

2003 年 8 月开工建设,2005 年 10 月建成通车。主桥为 648m 主跨的斜拉桥,建成时跨度位居国内第一,世界第三。南京三桥北塔基础采用无底钢套箱围护施工,南塔哑铃形有底钢套箱采用整体浮运就位。采用的"人"字型的钢塔高 215 米,为国内首例;施工期还在索塔上成功应用了 TMD、TLD 减振装置[4]。

5. 苏通大桥

2003 年 6 月开工建设,2008 年 5 月建成通车。跨江公路大桥由主跨 1 088m 双塔双索面斜拉桥主桥、主跨 268m 连续刚构辅桥和 30m、50m 和 75m 跨径的连续梁桥引桥组成。苏通大桥是继杨浦大桥、诺曼底大桥以及多多罗大桥之后又一创造斜拉桥世界纪录的桥梁[5]。

苏通大桥在斜拉桥结构体系、风荷载及结构抗风性能研究方面取得了创新成果。主桥索塔深水基础施工采用的平台搭设和吊箱沉放技术、基础护底防冲的冲刷防护技术、超高索塔钢锚箱锚固技术、千米级斜拉桥施工控制技术等都取得了创新和突破。

二、创新技术总结与回顾

回顾江苏省跨江公路大桥建设历程,我们可以看到,这几座跨江公路大桥在其设计、施工的很多关键技术之中,采用了国内外已经获得的一些相当有价值的桥梁创新技术,如斜拉桥技术、流线型正交异性钢箱梁技术、索塔钢锚箱锚固技术、连续刚构挂篮悬臂浇筑技术、预应力混凝土节段预制和体外预应力技术等。

我们也发现,江苏省几座跨江公路大桥建设中,有些在新材料、新工艺等方面取得了原创性创新,还有些技术在引进、借鉴的基础上得到了优化和开拓,取得了消化吸收再创新和集成创新成果。如:①大跨径桥型的发展;②风荷载和空气动力问题研究;③基础施工工艺;④基础冲刷防护技术;⑤预制架设技术;⑥新材料、新设备的引进和研发等。

1. 大跨径桥型的发展

桥梁的跨度不是技术进步的唯一标志,但它是一项重要的标志。每一种桥型都有其适用的经济跨度范围,而且跨度的突破和推进是一个循序渐进且伴随着一定风险的过程。江苏几座跨江公路大桥的建设推动了大跨径桥型的不断发展,为其后的工程项目积累着宝贵的经验。

在江阴大桥规划建设初期,我国悬索桥建设水平刚刚达到 900m 级,斜拉桥也刚刚达到 600m 级。建设1 385m的江阴大桥实现了一跨过江,对于当时国内桥梁设计、施工是一个严峻的挑战,也促进了我国大跨径悬索桥建设技术的进步和创新,为润扬大桥、西堠门大桥等大跨径悬索桥建设提供了成功的范例。同时期日本建成了2 000m级的明石海峡大桥,进一步拓展了悬索桥的跨径应用范围。

斜拉桥相对悬索桥具有刚度大、经济指标优等特点,但跨越能力相对小一些。国内自主跨602m的杨浦大桥建成之后,先后建设了多座600m级的斜拉桥,包括南京二桥、南京三桥。国外同时期建成的斜拉桥跨径达到了800~900m级。虽然日本、丹麦、德国的桥梁工程师进行过900~1 300m跨径斜拉桥方案的研究工作,但这些千米级的斜拉桥方案都仅停留在研究和试设计阶段,20世纪人类未能建造跨径1 000m以上的斜拉桥。斜拉桥建造技术的难度和挑战随着跨度的变长而不断加大。随着跨度的增大,斜拉索越来越长,垂度的影响越来越大;主梁轴力越来越大,其压屈稳定性备受关注;同时随着跨度增大,悬臂长度越来越大,施工期间结构刚度变小,施工荷载及风的影响明显加大,施工控制要求也越来越高,在建设过程中存在很多技术难题和挑战。主跨1 088m的苏通大桥的开工建设,这标志着斜拉桥实现了千米级的突破,同时为将来的千米以上大跨径桥梁规划和方案比选提供了一个更具竞争力的桥型。如果现在再建一座江阴大桥,可能胜出的或许是一座斜拉桥了。

目前在建的泰州大桥采用3塔双跨悬索桥设计,该桥的建设必将拓展目前传统悬索桥的使用功能,为将来长大跨径多联悬索桥的越江跨海工程积累宝贵的建设经验。

随着材料科学和施工技术等不断发展,相信各种桥型的最大跨度还会有新的超越。

2. 风荷载和空气动力问题研究

1940年塔科马桥的风毁事故促进了桥梁风振理论和大跨径桥梁抗风设计的研究。随着跨径越来越大,风的影响越来越大。风荷载成为大跨径桥梁的控制因素,空气动力问题也变得更复杂,桥梁风洞试验技术已经成为大跨径桥梁建设的重要技术支撑。江苏省几座大跨径悬索桥和斜拉桥都进行了风洞试验,特别是苏通大桥采用理论分析、风洞试验、数值模拟和现场观测相结合的方法,在风参数研究、风荷载计算等方面越来越精细;对颤振、抖振、涡振等桥梁风致振动进行了深入研究,发现了一些新的现象,不仅确保结构的抗风安全,还采取了有效的减振措施,确保行车或施工的舒适性。

(1)风荷载

风荷载是大跨径桥梁设计的主要控制荷载之一,因此精确确定风荷载非常重要。苏通大桥采用基于离散涡方法的计算流体动力学(CFD)程序进行桥塔截面阻力系数的计算,确定了桥塔风荷载。对于斜拉索的风荷载研究采用1:1模型进行风洞试验,利用数值风洞和风洞试验相结合的手段,获得斜拉索阻力系数的大量数据,并提出斜拉索风荷载的简化计算公式,相关内容被编入我国《公路桥梁抗风设计规范》(JTG/T D60-01—2004)。由于近流线形闭口扁平箱型断面的风洞试验结果受到雷诺数效应的影响,苏通大桥初步设计阶段进行了1:50主梁节段模型试验,技术设计阶段进一步开展了大比例模型(1:13.5)高雷诺数下的主梁断面涡激共振及三分力特性试验研究和对比分析,发现苏通大桥主梁断面静气动力系数存在较明显的雷诺数效应,阻力系数随雷诺数的增加而下降,升力系数随雷诺数的增加而增大,以高雷诺数试验结果作为计算风荷载的依据比较合理[6]。

(2)空气动力问题研究

对于超大跨度桥梁,除结构的空气动力稳定性外,需要关注的还有超长斜拉索的振动和减振问题、桥塔和主梁的涡激共振问题等空气动力问题。

现行的颤振导数识别方法均基于节段刚体模型,不能完全满足大跨径桥梁抗风设计要求。通过全桥气弹模型试验识别颤振导数,可以考虑三维空间效应、多模态耦合效应以及由于大附加攻角、几何非线性等引起的各种非线性因素,对节段模型识别的结果进行一种校核。如润扬大桥设计阶段开展的主桥颤振稳定性研究,采用0.65m高的抗风稳定板,节段模型试验颤振临界风速为58.1m/s;而全桥气弹模型试验颤振临界风速为53.8m/s,不能满足颤振检验风速$[U_{cr}]$=54m/s的要求,因此将抗风稳定板高度调整为0.88m,颤振临界风速达到了55.1m/s,满足了稳定性要求[2]。苏通大桥开展了缩尺比例为1/185的全桥气弹模型风洞试验。在全桥气弹模型试验中观察到一种特殊振动现象。当风速达到某值时,苏通大桥气弹模型接近气动失稳的临界状态。竖弯、侧弯和扭转基本耦合为一种振动频率,频率介于零风速时一阶对称侧弯和一阶对称竖弯频率之间,并不像一般桥梁气弹模型在气动失稳时主要表现为主梁作扭转振动,而是主梁和拉索作侧向和竖向近似椭圆形运动,并伴有扭转振动。这一新的气动失稳现象的机理还有待进一步研究[6]。

涡激振动在低风速下很容易发生,且振幅之大足以影响行车安全。苏通大桥技术设计阶段高雷诺数模型试验发现 +3°攻角、均匀流场下主梁发生了明显的涡激共振现象。在详细设计阶段,通过同济大学基于有限元和离散涡方法的 CFD 计算流体动力学分析软件和丹麦 COWI 公司基于离散涡的 DVMFLOW 分析软件进行断面优化,结合风洞试验进一步优化了检修车轨道位置,将其布置于水平底板并在轨道两侧设置倾斜导流板。需要指出的是,涡激响应对于气动外形十分敏感,采用设置隔流平板、导流板、风嘴、调整检修轨道等气动措施虽对抑制涡振具有明显效果,但气动措施也可能引起其他振动如颤振响应的变化,应综合考虑,加之气动措施的机理尚不清楚,只能通过风洞试验或 CFD(计算流体动力学)计算来确定其效果[6]。

苏通大桥索塔为混凝土塔,自立状态缩尺模型风洞试验结果表明,在均匀流场和紊流场中没有发现明显的涡振现象,实际施工中也未发现涡振现象,实测阻尼比达到 2.2%。南京三桥为钢塔,极易发生涡振,因此南京三桥钢塔开展了多工况的风洞试验。试验分析表明,施工阶段有必要采取制振措施:①裸塔阶段(无塔吊)、低风速,易发生一阶顺桥向弯曲涡激共振;②钢塔节段 T16 ~ T21(有塔吊),也存在施工舒适性问题;③钢塔节段 T11 ~ T20 吊装过程,高风速下易发生主塔一阶顺桥弯曲 + 塔吊二阶顺桥弯曲涡激共振,引起塔及吊安全性问题。最后通过大量的计算和试验确定了施工阶段采用 TMD 和 TLD 措施进行抑振。根据现场实测的主塔结构频率,调节 TMD 弹簧的安装臂长或水箱的水深,使 TMD 或 TLD 的振动频率为施工状态时制振设计的优化频率[6]。

3. 基础施工工艺

由于江面宽阔,跨度大,基础位置水深深,造成江苏跨江公路大桥基础工程规模宏大。自江阴大桥以来,大跨径悬索桥、斜拉桥的索塔、锚碇基础方案在借鉴国内外工程的基础上不断发展创新,形成了多项创新技术,并在国内其他桥梁上推广应用。

(1)沉井基础

江阴大桥北锚位于软土地基上,覆盖层厚达 100m,采用沉井基础,沉井平面尺寸 69m × 51m,深度 58m。位于软土地基上的北锚碇设计与施工是整个江阴大桥的关键技术,鉴于当时国内桥梁施工技术水平,采用沉井法完成如此规模基础施工是一项很大的挑战,成功的实践为其他跨江公路大桥沉井基础的设计和施工积累了宝贵的经验。泰州大桥和南京四桥的桥墩和锚碇也成功的采用了沉井基础。泰州大桥中墩基础长 58.2m,宽 44.1m,深 76m;南京四桥北锚碇基础长 69m,宽 58m,深 52.8m。

(2)地下连续墙基础

润扬大桥悬索桥北锚碇基础采用地下连续墙围护,平面尺寸为 69m × 50m,基坑深 48m。地连墙墙体厚 1.2m,平均深度 53m,最大嵌岩深度达 6m,采用液压铣槽机和冲击钻开挖墙壁。随着基坑的逐层开挖,采用逆筑法逐段浇筑内衬及支护结构,直至基底。浇筑完底板混凝土后,回填填充混凝土形成基础。

润扬大桥悬索桥南锚设计阶段推荐的圆形地下连续墙基础方案未能为施工单位采用,但在阳逻大桥得到了成功应用,充分发挥了圆形结构的自支护优势。南京四桥南锚碇基础在此基础上进行了改进和优化,平面为两个外径 59m 组成的非完整圆和一道隔墙组成。

(3)排桩冻结法施工基础

润扬大桥悬索桥南锚碇采用排桩支护、冻结围幕止水的基础开挖方案。基础平面尺寸为 69m × 51m,深 29m。基础共有排桩 140 根,分布在基坑四周边上,排桩外侧布设冻结孔以形成冻结土帷幕止水。该工艺的实践为桥梁基础基坑开挖提供了一种新的可选方案。

(4)高桩承台群桩基础

长江江苏段江宽水深,高桩承台群桩基础在跨江多座大桥基础工程中应用。根据不同的桥位水深、地质等特点，几座桥梁的群桩基础及承台施工分别采用了多种施工工艺。

润扬大桥北塔群桩基础承台采用整体吊装钢吊箱进行施工。钢吊箱采用工厂预制、拼装，浮运到桥位后采用大型浮吊安装就位。

南京二桥则采用大型双壁钢围堰加钻孔灌注桩组合方案，双壁钢围堰能自浮于水中，结构刚性大，能承受较大的径向内外水压力，施工安全可靠，围堰内不设支撑，吸泥下沉和清基都很方便，可以及早封底以安全渡汛、抽水，渡洪基本上不受施工水位的限制。

南京三桥南塔位置水深51m，基础采用30根直径3m、100m深的钻孔灌注桩组成。承台施工借鉴日本海上钻探平台的构思，采用大型浮式钢套箱，既作为桩基水上施工平台，又是承台施工的围堰。南京三桥北塔基础采用无底钢套箱围护施工。

苏通大桥主墩基础采用131根$D2.85\text{m}/D2.5\text{m}$钻孔灌注桩，桩长为117m，承台为变厚度哑铃型(5～13.3m)，每个塔柱下承台平面尺寸为51.35m×48.1m，之间用厚度6m、平面尺寸为11.05m×28.1m的系梁连接。基础施工首次采用永久钢护筒支承钻孔施工平台，有效解决了施工水域35m水深、4.01m/s流速、28m局部冲刷深度下，常规钢管桩平台难以实施的难题，保证了平台的顺利搭设和使用安全。主墩承台施工采用钢吊箱围堰技术，钢吊箱平面面积5 500m^2，重6 180t，由于国内吊装设备的限制，经过施工方案比选，放弃了浮吊整体吊装的方案，采用了工厂预制、现场拼装、计算机控制液压千斤顶同步下放技术，成功实施了40台250t和350t千斤顶联动，下放位移同步性控制在1cm以内，在国内外首次实现水上超大钢吊箱使用液压千斤顶在复杂工况条件下的安全下放。

4.基础冲刷防护技术

由于长江江苏段河床多为砂土、砂质黏土等，墩位处河床土层抗冲性能较差，桥梁基础的建设会造成墩前下切水流和侧向绕流剧烈淘刷桥墩基础周边河床。江阴大桥、润扬大桥南汊桥基础位于岸上或岸边，冲刷影响很小；而南京二桥、三桥、润扬大桥北汊桥和苏通大桥主桥基础处于江中，河床冲刷问题比较突出，部分采取了冲刷防护措施。

南京二桥南、北主墩分别位于－12.5m和－29.0m河床处，主墩基础为钢围堰加桩基础，钢围堰的直径为36m，围堰封底高程分别为－48m、－57m。主墩基础工程完成后，先后经过1998年和1999年连续两年大洪水作用，局部冲刷较为明显。经调查，最大局部冲刷深度达20m，局部冲坑宽度和长度达220m×350m[7]。

润扬大桥北汊斜拉桥13#、14#桥墩位于镇扬河段世业洲北汊尾部深水区，桥墩采用钻孔桩群桩基础。2001年2月桥墩施工平台支撑桩施工前，桥基河床面高程－12.0m，2001年4月25日桥墩钻孔灌注施工后，桥基河床面高程冲刷至－16.7m，局部冲深4.7m。针对这一情况，于2001～2002年在局部冲刷处进行抛填恢复，其间共抛投块石40万方，沙袋7万方，抛填范围50×95m，抛填后的床面高程为－12.4m。至2003年1月，桥墩床面又冲深至高程－33.0m，最大冲深为18.0m，局部冲刷宽度和长度140m×200m。研究分析表明润扬大桥基础的局部冲刷部分是由桥墩引起的，部分是河势变化造成的南北汊分流比在减小的影响[7]。

苏通大桥位于长江河口地区，南北主墩处河床高程为－15m、－27m，受涨潮、落潮的双向流冲刷作用。在潮流的作用下，冲刷形态与单向流作用产生的迎水面深背水面浅的勺状冲坑有所不同，形成了首尾两端深中间浅的马鞍形。南北墩上游落潮最大冲坑深22.49m、23.66m，下游涨潮最大冲坑深18.43m、19.38m。由于局部冲刷深度较大且很不均匀，对施工期及运营期的基础安全构成了威胁。在试验研究和借鉴国内外先进经验的基础上，苏通大桥主墩基础冲刷防护设计采用护底防冲方案，防护结构采用反滤层和护面层结合的型式。反滤层由袋装砂和级配碎石构成，护面层采用块石。苏通大桥南北主墩累计抛投109万m^3，防护面积21万m^2，较好的解决了河床土质松软、冲刷严重的问题，永久防护为桩基安全施工创造了条件，保证了桩基在水流长期作用下的稳定状态，提高了大桥营运期间的基础安全储备。通过多波速跟踪和水下地形快速成图技术指导防护施工，成功解决了长江河口段深水区难以直观检测的难题，目前经定期监测，防护结构稳定，基本达到预期效果[7]。

5. 预制架设技术及钢混凝土组合结构

（1）钢箱梁等结构制造与架设

江阴大桥建设时，钢箱梁采用国外进口材料在国内组拼加工，其后修建的润扬大桥、苏通大桥钢箱梁板件均在桥梁厂加工，通过水上运输到江岸的拼装公司进行组拼、试拼装、涂装，然后浮运到桥位进行吊装、焊接。经过江苏几座大桥之后，目前几家钢结构企业已经积累了丰富的经验，在国内外市场具有了一定的竞争力。香港昂船洲大桥钢箱梁就是由国内桥梁厂承担制作。

一些临时钢结构工程也越来越多地采用在工厂预制。如高桩承台基础钢吊箱围堰施工，多采用工厂预制、拼装，浮运到桥位后采用大型浮吊安装就位。润扬大桥悬索桥北塔基础钢吊箱采用1 000t整体吊装，苏通大桥主桥辅墩、辅桥主墩基础施工中，多个吊箱围堰被采用，最大整体吊装吨位达1 600t。苏通大桥主墩承台施工采用的钢吊箱围堰更是重达6 180t，采用了工厂预制、现场拼装、千斤顶同步下放安装就位。

（2）混凝土梁预制架设

混凝土梁段预制技术使得桥梁节段成为工厂化产品，其制作过程在更易于控制的环境下完成，从而提高质量。苏通大桥引桥采用节段预制架桥机悬拼架设，充分利用短线匹配预制占用场地小、利于标准化、工厂化、模块化施工的特点，发挥架桥机机械化施工的优势，平均每天预制梁段1.5榀、平均每天架设2块的高工效，在质量、安全、环保和精度方面具有明显的优势，形成了一套短线节段预制、架桥机悬拼施工、施工几何精密控制的集成工法。该技术具有明显的优点和良好的应用前景，对于提高结构耐久性、促进桥梁建设的标准化、工厂化具有重要的意义。

（3）钢塔、钢混凝土组合塔

南京三桥采用的“人”字形的钢塔高215m，节段间采用栓接，北塔拼装历时3个月，南塔在北塔的经验基础上仅用时2个月就安装完成，为大桥早日建成通车节省了很多时间。下塔柱采用钢筋混凝土结构，钢混凝土之间采用开孔板连接件连接，保证了力的有效传递。

苏通大桥300m超高索塔采用钢筋混凝土桥塔，具有较好的抗风性能。上塔柱索塔锚固区作为索力传递的重要结构，在充分研究了预应力锚固方案和钢锚箱锚固方案后，苏通大桥最终选择了目前世界大跨斜拉桥倾向采用的、具有结构受力可靠、精度高、耐久性好、便于制作施工和检查维护等优点的钢锚箱方案。钢锚箱节段的划分考虑了吊装设备能力，节段之间采用栓接方式，简化了现场连接工作。通过苏通大桥的研究、实践，索塔锚固钢锚箱方案在国内多座大桥上得到了推广应用。

6. 新材料、新设备的引进和研发

苏通大桥斜拉索采用上海宝钢集团生产的盘条，在上海二钢抽拔成钢丝，镀锌后由江阴法尔胜新日铁制索有限公司编制成索股。上海宝钢通过微合金化技术，采用洁净钢冶炼技术和特殊控轧控冷技术，研制生产的B82MnQL盘条达到了国际先进水平，填补了国内生产空白。自主研发的1 770MPa的ϕ7.0mm镀锌钢丝斜拉索较以往1 670MPa级别不仅减轻了斜拉索自身重量，而且减小了斜拉索截面阻风面积，降低了风致荷载效应，节省了钢丝用量，节约了工程投资。

润扬大桥首次研制开发了新型大吨位液压提升式跨缆吊机，为我国大跨径悬索桥钢箱梁吊装积累了经验和设备，并在西堠门大桥施工中得到应用。

南京三桥引进的POTAIN MD3600塔吊，最大吊装高度315m，在索塔施工中发挥了重要的作用。苏通大桥对其进行了改造，进行钢锚箱施工和斜拉索挂设辅助施工。

三、结　　语

江苏省跨江公路大桥的建设，是在借鉴国内外先进建桥经验的基础上开拓和发展的。本文简要总结和回顾了江苏省跨江公路大桥建设的经验，在大跨径桥型的发展、风荷载和空气动力问题研究、基础施工工艺、基础冲刷防护技术、预制架设技术、新材料、新设备的引进和研发等方面取得的创新成果，为我国大跨径桥梁建设积累了宝贵经验，已经在国内其他工程中被推广采用。

参考文献

[1] 江苏省长江大桥建设指挥部. 江阴长江公路大桥建设技术总结. 北京:人民交通出版社,2000.10.
[2] 崔冰等. 南京长江第二大桥南汉桥创新成果. 桥梁,2005.4.
[3] 吴胜东. 润扬长江公路大桥建设. 北京:人民交通出版社,2006.5.
[4] 南京长江第三大桥建设指挥部. 南京长江第三大桥主桥技术总结. 北京:人民交通出版社,2005.10.
[5] 张喜刚等. 苏通大桥总体设计. 北京:科技出版社,2004.9.
[6] 苏通大桥斜拉桥抗风性能研究报告. 同济大学,2004.6.
[7] 高正荣等. 长江河口跨江公路大桥桥墩局部冲刷及防护研究. 北京:海洋出版社,2005.8.

27. 内河航道整治工程中桥梁改建方案

刘 伟 戴 捷 王立新
(江苏省交通规划设计院)

摘 要 本文结合江苏省近年大量内河航道整治工程中所涉及的众多桥梁改建工程设计、施工实践,简要介绍了平原水网地区航道桥梁改建的一般设计原则,并对克服城镇化区域桥位处建筑物密集、可供工程建设空间局促、原有道路交通流量大、地形条件复杂等问题采取的对策措施进行简要论述,为我省及国内其他地区类似航道整治过程中桥梁工程的建设提供更加合理的设计思路。

关键词 航道整治 桥梁 改建 设计

一、引 言

江苏省处于长江三角洲水网地区,是全国内河水运最为发达的省份之一,内河航道里程占全国的五分之一强,在省内综合运输体系中占有举足轻重的地位。内河水运具有运量大、耗能省、运价低、占地少、污染轻、安全好的独特优势,为促进国民经济和社会发展发挥了重要作用。但长期以来,由于受跨河桥梁较多、净空狭小以及土地资源相对紧张的制约,航道改造困难且等级普遍较低,不能较好地适应船舶大型化发展趋势,内河水运优势得不到充分发挥。

在刚刚结束的"十一五"期间,我省经过艰苦努力,初步形成通江达海、联网畅通的千吨级干线航道网。按照省政府、交通部联合下发的《江苏省干线航道网规划》,我省将在2020年前建成以长江、京杭运河为主轴,以通行1 000t级船舶的三级及以上航道为主体,形成"两纵四横"3 455km高等级航道组成的干线航道网。航道建设时间紧,任务重,工作难度大。尤其是我省位于东部沿海发达地区,城镇化程度高,跨河桥梁密度大,路网等级高,桥梁改建工程在整个航道整治工程中所占投资比重较大。如京杭运河常州市区段改线工程,全长约26km,总投资30多亿元,沿线桥梁11座,投资12亿元,桥梁工程占到航道整治工程总投资的40%左右;申张线整治里程48km,改建桥梁32座,建安费11.8亿元,占总建安费40%以上;锡澄运河整治里程37km,改建桥梁28座,建安费11.6亿元,也占到了总建安费的40%以上。

由此可见,桥梁改建工程在航道整治工程乃至整个综合运输体系的建设完善中,均具有非常重要的作用。针对航道桥梁改建工程特点,做好线位总体、桥梁结构、交通组织等设计,可以有效提高工程质量和施工效率,降低工程造价、维护成本及对周边道路交通与环境的影响。

二、线位及交通组织等总体方案的构思

航道桥梁改建工程应本着尽量减少对城镇街区景观的破坏及减少街坊的动迁量、节约有限土地资源的原则,一般情况下遵循原路或桥的路线走向,对不满足现行规范之处稍作调整即可。特别是老桥为双

幅断面时,可通过半幅通车半幅施工的方法,较好的解决施工期临时交通组织问题。如锡澄运河整治工程中的锡宜高速公路桥,横断面布置为0.5m边护栏+11m行车道+0.5m中护栏+2m间隙+0.5m中护栏+11m行车道+0.5m边护栏=26m,两幅桥分离布置,改造方案如下:①封闭南半幅桥梁,北半幅桥承担双向交通,采取局部交通管制措施;②南半幅拆除老桥建新桥;③南半幅桥建成通车,承担双向交通,封闭北半幅桥;④北半幅拆除老桥建新桥;⑤北半幅建成通车,南北幅各承担单向交通量。

若老桥为整幅断面,无法半幅拆除,严格意义的原位重建难以解决施工期的陆上交通问题,且在繁忙的高等级航道上搭设钢便桥临时沟通两岸的可行性也不大,则此时可考虑移位改建方案,即新建桥位于原桥位偏离一定距离,新桥施工期保留老桥以使交通不致中断,待新桥建成后再拆除。在京杭运河徐州顺堤河航道整治工程中,张谷山桥总宽8m,作为蔺家坝闸区、矿区、集镇唯一的东西向通道,车流量很大,且运载矿石、水泥的重型车辆居多,交通无法中断。实施时,将桥梁轴线在老桥基础上向北平移了8m,基本避开了老桥结构物,仅箱梁挑臂部分覆盖于老桥之上,由于纵断面抬高较多,施工时不阻断老桥通行,待新桥建成通车后再拆除老桥,既减少了土地的占用,也未影响到原有道路的畅通。

在某些限制因素较多的情况下,路线平面无法偏移,也无法分幅施工,此时仅就单座桥梁而言,已无法有效解决工程建设与陆上交通之间的矛盾,需结合工程总体进度安排及地方路网规划综合考虑。惠山杨家圩桥位于锡玉公路连续跨越锡澄运河及沪宁高速公路处,两主桥中心间距仅400m,因上跨高速公路桥梁的限制,运河改建桥梁平面线形无移动的可能性。同时运河与高速公路对地块的割裂效应严重,该桥又是无锡市惠山区范围内运河以西玉祁、前洲等乡镇与东岸惠山新城和无锡市区的唯一通道,交通异常繁忙,一旦封闭施工,将导致西岸乡镇形成无法进出的局面。惠山区本已在该桥以北2.5km处规划新建石幢桥,作为过境及大型车辆通道,老锡玉路作为城镇道路供沿线居民及单位使用。此次航道整治恰好提供了契机,将石幢桥一并付诸实施。在建设时序上,首先保证杨家圩桥的畅通,抓紧时间新建石幢桥,待石幢桥建成通车后,再进行杨家圩桥的改建,期间封闭交通1~2年,车辆经石幢桥绕行,通过路网调度的方法解决施工期交通组织问题。

船闸是航道工程的重要节点,跨闸公路桥梁的改建也因此成为整个桥梁改建工程的重要组成部分。因船闸工程体量较大,新建船闸的闸址选择往往较老闸在纵向及横向上均有数百米的偏移,这样老桥的接线一般位于新船闸引航道之上,此段航道宽度较大,常达百米以上甚至两三百米,且水中不能设墩。此时若维持原路线走向,桥梁跨径需一两百米,规模非常大,经济性明显较差。故跨闸桥梁的线位一般随新建船闸位置而定,将主跨下部结构落于闸首混凝土结构之上,可将跨径控制在仅二三十米左右,大幅降低工程造价,由此可能造成接线长度的增加和平面线形指标的降低,但从总体而言仍是非常经济的。

三、桥型的选择

江苏地区经济发达,城镇密集,工厂及房屋较多。因此,在桥型方案的选择上,要围绕各城镇发展规划,依据安全、适用、经济、美观的原则,尽量减少对城镇发展的影响。省内Ⅲ级航道整治工程一般最低要求通航净宽60m以上,净高7m,河口宽度70m以上,桥梁需一孔跨过通航水域,考虑主墩承台落在岸上,主孔跨径一般不低于80m;对于单边拓宽的航段以及航道中心线与桥梁中心线非正交的航段,主孔跨径还有所增加;对于航道改线段弯道处或与航道斜交角度大的桥梁,部分桥梁方案的主孔跨径大于100m。此种尺度的结构可选类型较多,系杆拱、连续梁、钢桁架、斜拉桥、矮塔斜拉桥等桥型均具有良好的适应性。为丰富航道沿线景观考虑,也可在一定情况下选择一些较为新颖的桥型。

1. 拱桥

拱式体系是一种古老的结构型式,拱以承受压力为主,对基础有水平推力,拱桥体系变化较多,立面上有上承式,中承式、下承式,断面上有平行肋拱、提篮拱拱肋,材料有混凝土、钢管、钢桁架,截面形式也有较多变化,同时由于拱桥是古老的桥型,经过适当处理,可与特定桥位处景观相协调。鉴于通航净空及软土地区地基抗推能力等限制,上承式及中承式拱桥工程规模大,一般不建议作过多考虑。下承式拱桥对地基基础不产生水平推力，外部为静定结构，对软土地基和基础沉降较为适应；更为重要的是它采用了下承式桥型结构和建筑高度较小的桥面系布置，桥梁总体规模小，在航道桥梁改建工程中，非常有利于引桥和引道接线降坡处理，与现有道路顺接方便，工程造价低。与钢管混凝土系杆拱桥相比，钢筋混凝土系杆拱桥造价更低；钢筋混凝土结构拱肋耐久性好，后期养护工作较小；现状航道通航等级较低时，有利于钢筋混凝土系杆拱桥采用少支架施工。若现状航道交通繁忙，船只众多，搭设支架对通航影响较大，则可考虑钢管混凝土系杆拱采用拖拉过河的施工方法。如图1所示。

a)

b)

图1 拱桥

2. 预应力混凝土连续梁

预应力混凝土连续梁（连续刚构）的优点在于外形简洁，线条流畅，结构刚度大、承载能力强、结构整体性好、行车舒适度高；缺点是结构高度大，对于等级航道上的主跨80～120m左右的桥梁，在满足通航净空要求的前提下，引桥较系杆拱长约200m左右。但预应力混凝土连续梁运营期维护成本较低，全寿命周期成本不一定高，在接线限制条件少，汽车超载频率较高的干线公路跨航道桥位，主桥优先考虑预应力混凝土连续梁方案。

3. 钢桁架梁

钢桁架梁在铁路桥上用的比较多，其结构轻巧，刚度较大，建筑高度小，可减少两侧引桥长度，且施工工期短，近年来在公路工程中也多有应用，如沪宁高速公路改扩建工程中有几处跨运河桥和京杭运河吴江段新运河桥采用该桥型，安全性和耐久性较好。老桥建成年代较新时，可只拆除老桥主桥，不改造引桥的桥位，通过降低桥面系结构高度而不改变路线竖曲线的方法抬高通航净高。如图2所示。

a)

b)

图2 钢桁架梁

4. 斜拉桥

斜拉桥作为一种拉索体系，比梁式桥的跨越能力更大，是大跨度桥梁的最主要桥型。斜拉桥是将桥面用许多拉索直接拉在桥塔上的一种桥梁，是由承压的塔，受拉的索和承弯的梁体组合起来的一种结构体系，其可看作是拉索代替支墩的多跨弹性支承连续梁，使梁体内弯矩减小，降低建筑高度，减轻了结构重量，节省了材料；且外型简洁，高耸有气势，充分体现现代气息，其建筑高度低，但综合造价略高。100m以上主跨的航道桥梁，采用独塔形式的斜拉桥，是比较合适的选择。

5. 矮塔斜拉桥

部分斜拉桥（矮塔斜拉桥）是介于连续梁桥和斜拉桥之间的一种桥型。与PC连续刚构箱梁桥相比，梁高较低；与斜拉桥相比，刚度较大，斜拉索应力幅减小，抗疲劳性能提高。经济性较好。如图3所示。

图3　矮塔斜拉桥

矮塔斜拉桥因为其造型大方气派，充分体现时代桥梁气息，由于梁体较薄、建筑高度较小，使得接线短，对通航影响小，结构刚度大，可有效减小跨中下挠，可与连续梁一样采用挂蓝悬臂施工，故矮塔斜拉桥便成为航道桥梁桥型选择之一。通过其桥塔造型变换以及斜拉索照明亮化，箱梁结构形式优化，更加有利于建成满足使用功能、美化环境的景观桥梁。此桥型施工难度较大，后期有一定的养护工作量。

航道桥梁几种基本桥型的方案比较如表1所列。

表1仅列举了常规情况下对航道整治工程适应性较好的几种桥梁结构形式，在具体实施过程中，由于各种因素的影响，往往会采取一些比较特殊的结构，需要结合桥址实际情况进行综合考虑。如京杭运河常州市区段改线工程11座运河桥梁型式多样、结构新颖，不仅广泛采用国内8种主流桥型，还在龙城大桥建设中首创新桥型，堪称“小型桥梁博物馆”，呈现“一桥一景”特色，体现“路、河、桥、林”相协调的桥梁布局，与航道工程一起，一举获得2009年度詹天佑奖和2010年度国家优质工程奖两项大奖，取得了良好的社会效益。其中部分桥梁图片如图4～图7所示。

图4　新龙大桥

图5　阳湖大桥

图6　钟楼大桥

图7　东方大桥

6.引桥

引桥方案选择的标准，其一是结构本身的经济性，结构应标准化、系列化，要求梁高小、结构轻、用料省。其二是施工的经济性，要求工艺成熟、机械简单、施工便捷快速，周期短。一般选用中小跨径的预应力混凝土空心板、预应力混凝土组合箱梁和现浇连续箱梁，力求经济，兼顾美观效果。城区段桥梁一般桥宽较大，考虑桥下通透性可采用30m跨左右预应力混凝土现浇箱梁或组合箱梁；集镇及农村可采用20m预应力混凝土空心板，当曲线半径较小使用预制结构有困难时可采用现浇箱梁。

四、构造物的布设

桥梁结构物的布设，首要应确保满足航道等级提高后对通航净空的要求。根据交通部相关文件的精神，“长江三角洲高等级航道网规划”内的航道通航净宽范围内通航净高不应小于7m，对于跨越限制性航

航道桥梁基本桥型方案比较

表1

桥型类型	结构特征	安全性	施工方案	经济性	适用性	美观性	综合比较	应用实例
系杆拱	外部静定，内部超静定	技术成熟，运行正常。个别桥梁吊杆断裂问题，技术上可以解决	少支架或拖拉过河无支架施工，不断航	规模较小指标6 500元/m^2	下承式结构，桥长合理，工程费用和规模不高，为内河建设者认可和常用的桥型。视野较开阔，行车舒适，城镇农村都适用	外型匀称，具有古典美，该桥型使用率高	技术经济指标佳，投资最省，拆迁最少，建桥期间不断航；对不均沉降适应能力较好；需定期养护，每隔5～7年采用油漆钢管防锈	京杭运河徐州八一大桥 连申线海安丹凤桥
连续梁	超静定结构	技术成熟，我省多座连续梁桥通车营运一切正常。几乎无甚养护工作	挂篮悬浇或有支架现浇，工艺较成熟	规模较大指标5 200元/m^2	费用和规模较系杆拱高出很多。刚度大，行车舒适，通视条件较好。汽车行驶为主、车流量大、重车较多的公路较适用	外型简洁明快，线型流畅，桥上视野开阔	投资额偏高；拆迁量较大；建桥期间不断航；对不均匀沉降有严格的要求予以控制；造型轻快流畅；几乎无日常养护	连申线海安新灶桥(G204) 徐州中运河310国道桥
矮塔斜拉桥	塔梁固结，超静定结构	福建漳州战备大桥于2001年建成通车，运行状况良好	挂篮悬臂施工，工艺成熟	规模适中指标7 850元/m^2	行车舒适同连续梁，城市道路较适用，相邻桥型过于单一化时采用本桥型可丰富航道全线景观作用	现代感强	结构刚度大，具有连续梁的优点；斜拉索需定期养护	常澄高速京杭运河大桥 连申线海安千禧桥
钢桁架梁	外部静定，内部超静定结构	沪宁高速改扩建工程中有几处跨运河桥采用该桥型，安全性和耐久性好	少支架或拖拉过河无支架施工，不断航	规模较小指标12 000元/m^2	建筑高度最低，工程规模略小于系杆拱，但主桥经济指标过高。桥上视野较系杆拱略差，行车舒适度同系杆拱	杆件繁多，有压抑感	主桥经济指标高；拆迁量小；建桥期间不断航；对不均沉降适应能力较好；杆件多，有压抑感；定期养护。施工工期短	京杭运河常州奔牛桥 京杭运河吴江新运河桥
斜拉桥	多次超静定结构	技术成熟，应用广泛。拉索定期养护，25～50年换索	悬拼或悬浇，调索技术要求高	规模略大指标9 500元/m^2	工程费用较高，具有时代气息，行车舒适度较系杆拱优，城镇或有景观要求者适用	桥型雄伟，造型美观，具时代气息	技术经济指标较连续梁和系杆拱高；拆迁量较小；施工不断航；拉索安装、调试有一定的要求；造型美观；定期养护，每隔20～25年有换拉索要求	京杭运河常州龙江路桥 京杭运河宿迁一号桥

道过河建筑物应一孔跨过通航水域,在设计最高通航水位的通航水域内不得建造构筑物,江浙沪范围内的其他四级及以上航道也参照此标准执行。在具体实施过程中,跨运河新改建桥梁主桥孔布设一般采用一孔过河,通航孔主墩设在驳岸墙后面,桥梁承台和航道驳岸可同时施工,承台可作为航道驳岸一部分,对于驳岸基础有桩基处理且先施工驳岸后施工桥梁的河段,桥梁主墩落在驳岸基础之外。

在航道整治的过程中,有部分老桥在短期内仍将保留使用,在河口较宽处的桥梁、桥墩也仍要保留在水中。而航道等级提高后,船舶航行的范围变大,使得水中桥墩较易受到碰撞。并且运河上老桥桥墩原有的防撞设计标准一般都很低(有的甚至未考虑),因此在航道改造后它们很有可能被过往船舶撞坏。故对暂时保留继续使用的桥梁,需增加防撞设施,提高结构安全度,同时也是对通行船舶安全的保护。对此,江苏省交通规划设计院曾进行过专题研究,详细内容参见《苏南运河桥梁桥墩防碰撞技术研究》,本文不再赘述。

五、结　语

进入"十二五"期间,我国内河航道整治工程正呈方兴未艾之势。航道涉及桥梁数量众多,地形地质条件各异,投资规模巨大,且随着社会经济文化的发展,沿线地方对航道桥梁的要求越来越高,对工程方案相应也提出了更加严格的要求。在设计阶段,综合规划、统筹考虑、兼顾水陆,提出合理的桥位、桥型、构筑物布置、交通组织方案,对节约投资、缩短工期、降低实施难度、化解地方矛盾均有着无可替代的先天性优势,值得设计人员对此作认真细致的研究。

参考文献

[1] 中华人民共和国行业标准. JTG D62—2004. 公路桥涵设计通用规范. 北京:人民交通出版社,2004.

[2] 中华人民共和国行业标准. GB 50139—2004. 内河通航标准. 北京:中国计划出版社,2004.

28. 部分斜拉桥发展与研究现状综述

杨　昀　齐铁东　杨　飞　刘殿元

(交通运输部公路科学研究院)

摘　要　部分斜拉桥自1988年法国工程师首次提出以来,在欧洲、日本、韩国和我国等世界各地均有应用,根据目前掌握的资料国外修建的部分斜拉桥有78座,我国有31座。本文介绍了部分斜拉桥国内外发展概况,综合分析了连续刚构桥、部分斜拉桥和一般斜拉桥的区别,从跨径布置、塔梁连接形式、主梁结构形式、斜拉索布置方式、索在塔上的锚固形式和主塔截面形式等方面论述了部分斜拉桥的结构特点,结合西部交通项目"山区曲线斜拉桥的设计与施工技术研究"的一些研究成果,抛砖引玉,希望能为相关工作者提供一些借鉴和参考。

关键词　部分斜拉桥　发展　研究　综述　结构形式

一、引　言

部分斜拉桥又称矮塔斜拉桥。所谓部分斜拉桥,是因为它外形似斜拉桥,外观上既有塔又有斜拉钢索,但在结构性能上,斜拉索仅分担部分荷载,还有相当部分的荷载由梁的受弯、受剪来承担,"部分斜拉"既源于斜拉桥的斜拉程度。又由于它的索塔比普通斜拉桥要低,故又称矮塔斜拉桥,现有文献中两种称呼都有,因部分斜拉桥定义更准确一些,故本文统一部分斜拉桥。本文是西部交通项目"山区曲线斜拉桥的设计与施工技术研究"中研究的第一部分,后续4篇文章:部分斜拉桥主塔适宜高度研究、曲线矮塔斜拉桥结构参数敏感性分析、曲线部分斜拉桥时变效应敏感性对比分析、弯箱梁桥面板受力特性分析等是"山区曲线斜拉桥的设计与施工技术研究"中各分项研究成果。

二、部分斜拉桥国内外发展现状

1988年法国工程师Jacgues Mathivat在设计位于法国西南的阿勒特·达雷(Arrêt darré)高架桥的替代方案时,首次明确地提出了部分斜拉桥的概念(图1)。1990年,德国的Antonie Naaman提出了一种组合体外预应力索桥,体外索的一部分伸出主梁之上,锚固在墩顶处主梁上的刚柱上。主梁为钢桁架梁,主梁架好后再在其上立模浇注上下混凝土顶板、底板。这种桥式通过加大偏心距来提高体外预应力的效率(图2)。部分斜拉桥在法国诞生之后,应用并不广泛,已建成的有法国的Pont de Saint-Rémy-de-Maurienne桥(图3),桥梁全长101m,单塔,两跨,跨径布置为52.5m+48.5m,主梁截面形式为U形,梁高2.15m。法国于2008年建成的Viaduc de la ravine des Trois-Bassins桥(图4),主桥全长349.2m,跨径布置为126m+104.4m+75.6m+43.2m,桥宽22m。

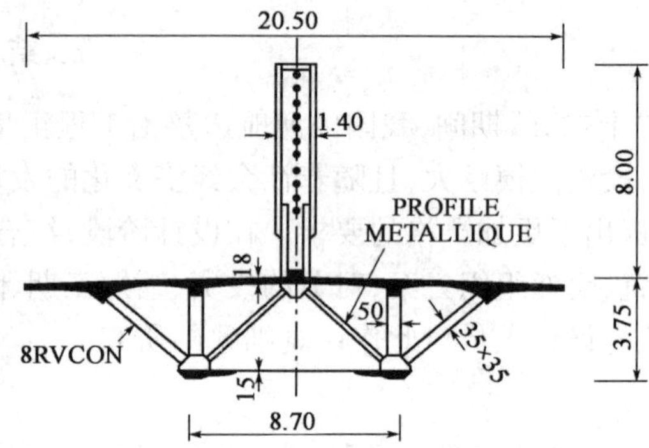

图1 Arrêt darré高架桥设计模型

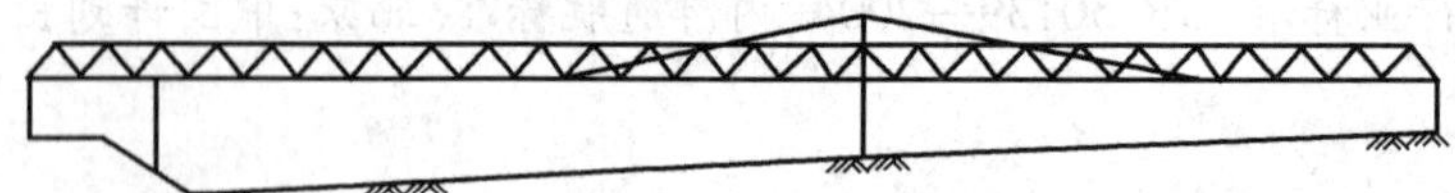

图2 德国的Antonie Naaman桥

图3 Pont de Saint-Rémy-de-Maurienne桥

图4 Viaduc de la ravine des Trois-Bassins桥

日本对部分斜拉桥高度重视,通过深入的研究,认为其在技术、经济和景观方面有很多优点,并将其付诸实践。1994年日本第一座真正意义上的部分斜拉桥小田原港(Odawara Blueway)桥(图5)建成了,其跨度为(74+122+74)m,桥面宽13.0m,双塔双索面,塔高10.7m,塔、梁、墩固结,拉索通过塔顶的鞍座后锚固在主梁上。其后这种桥在日本得到迅速发展,先后建成了屋代南、北铁路桥、冲原桥、蟹泽大桥、新唐柜大桥等。2001年,日本木曾川(Kiso)桥(图6)和揖斐川(Ibi)桥中首次引入单索面、混合梁、多塔的概念,标志着部分斜拉桥发展又达到一个新的高度。木曾川(Kiso)桥跨径布置分别为(160+3×275+160)m,靠近桥塔87.5m为预应力混凝土箱梁,跨中110m为钢箱梁,接头位置在上翼缘受压的正弯矩区段内。混合梁结构的采用,使得部分斜拉桥的跨径推进了一大步。

图5 小田原港(Odawara Blueway)桥

图6 木曾川(Kiso)桥

部分斜拉桥的应用在向大跨径方向推进的同时，也在向小跨径方面尝试。1999 年建成北海道 JR 新川高架桥主跨 59m，2000 年建成的大阪东南部的中的池桥跨径为(60.6+62.4)m，福岛县的高山沉桥主跨为 84.2m，秋田县的雪汉三号桥主跨为 71m。尽管这些小跨径的部分斜拉桥创新点不多，但其应用范围得到拓展。

近年来，日本又将体外预应力和波形钢腹板梁结合应用到部分斜拉桥中。2000 年建成的士狩大桥(图 7)是一座 4 塔的部分斜拉桥，跨径为(94+3×140+94)m，塔梁固结，桥宽 20.08m，塔高 10m。梁体预应力施加采用梁内体外索、大偏心连续体外索(连续拉索)、大偏心锚旋体外索(拉索)三种方式(图 8)，是一种尝试。同时该桥还首次使用反力分散型叠合橡胶支座，进行后期应变调整，消除支座变形。

图 7　士狩大桥

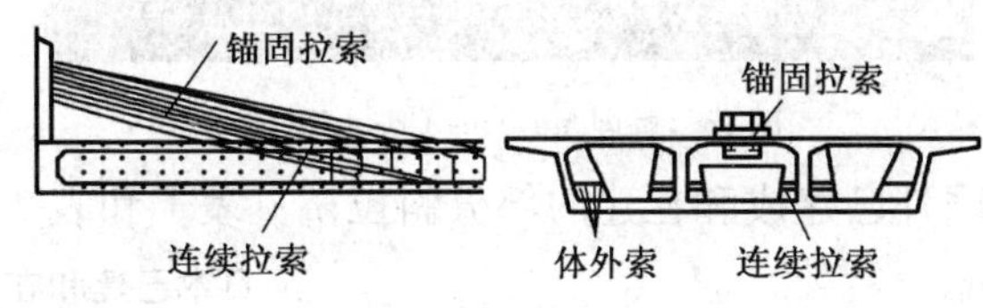

图 8　三种体外索布置

为了减轻结构重量，更好地发挥材料性能，日本在日见桥(图 9、图 10)和近江大乌桥中采用了波形钢腹板主梁和体外预应力索。这种复合结构具有施工容易、维修简单的特点，并具有良好的经济性能。

图 9　日见桥

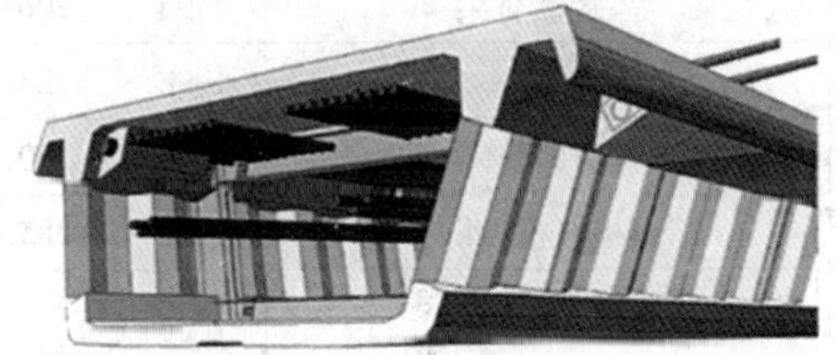

图 10　日见桥波形钢腹板主梁示意图

至 2010 年，日本已建成了这种桥梁 50 座(日本国内有 45 座，日本企业参与修建的海外部分斜拉桥 5 座)，桥梁跨度从初期的 122m 发展至 275m，桥宽从 13m 发展到 33m，主梁从单纯的预应力混凝土梁发展到波形钢腹板的结合梁。

日本于 1999～2009 年间还向国外援建 2nd Mandaue-Mactan Bridge(菲律宾)，Pakse Bridge (老挝)，New Koror-Babeldaop Bridge(帕劳群岛)，哈达赛桥(埃塞俄比亚)，拉德斯·拉·古莱特桥(突尼斯)等 5 座部分斜拉桥。

除日本之外，还有一些国家也陆续修建了部分斜拉桥，如瑞士 sunniberg 桥(图 11)，克罗地亚的 Homeland Bridge(图 12)，韩国的 Kack-HwaFirst Bridge、Pyung-Yeo 2 Bridge、Kum-Ga Bridge、Cho-Rack Bridge、

图 11　瑞士 sunniberg 桥

图 12　克罗地亚 Homeland Bridge

Keong-An Bridge、Muyoung Grand Bridge(图13)等,美国的新珍珠港大桥,巴西的Brazil-Peru Integration Bridge(图14)、Rio Branco Third Bridge,玻利维亚的Kantutani Bridge、Choqueyapu Bridge、Orkojahuira Bridge,突尼斯雷达斯.拉古莱特桥等。

图13 韩国Muyoung Grand Bridge

图14 巴西Brazil-Peru Integration Bridge

国外已建成和在建的部分斜拉桥见表1和表2。

日本已建和在建的矮塔斜拉桥 表1

序号	桥　名	竣工年度	桥长(m)	桥宽(m)	塔高(m)	主跨布置(m)
1	小田原港桥	1994	270.0	13	10.7	73.3+122.3+73.3
2	屋代南桥梁	1995	340.0	12.8	12.0	64.2+105.0×2+64.2
3	屋代北桥梁	1995	200.0	12.8	10.0	54.3+90.0+54.3
4	冲原桥	1998	323.0	12.8	16.0	65.4+180.0+76.4
5	翔鹰大桥(蟹泽大桥)	1998	380.0	17.5	22.1	99.3+180.0+99.3
6	唐柜新桥(西)	1998	285.0	11.5	12.0	74.1+140.0+69.1
7	唐柜新桥(东)	1998	260.0	11.5	12.0	66.1+120.0+72.1
8	第二曼达—麦克坦大桥(援建菲律宾)	1999	410.0	21	18.2	111.5+185.0+111.5
9	三谷川桥(三谷川第二桥)	1999	152.0	20.4	12.8	57.9+92.9
10	新川高架桥	1999	111.0	13.2	9.9	51.4+58.4
11	又喜纳大桥	2000	200.0	11.3	26.4	109.3+89.3
12	芦北大桥(佐敷大桥)	2000	225.0	11	12.3	60.8+105.0+57.5
13	雪泽3号桥	2000	177.1	15.8	11.3	70.3+71.0+34.4
14	揩上川水库一号桥	2000	110.0	9.2	16.5	84.2+84.2
15	夕原人行道桥	2000	132.0	5.4	10.0	37.5+51.0+42.5
16	巴色桥(援建老挝)	2000	1 380.0	14.6	15.0	70.0+102.0×9+123.0+143.0+91.5+34.5
17	士狩大桥	2001	610.0	23	10.0	94.0+140.0×3+94.0
18	中之池桥梁	2001	123.0	21.4	11.8	60.6+60.6
19	都田川桥	2001	268.0	19.91	20.0	133.0+133.0
20	保津桥	2001	368.0	15.3	10.0	33.0+50.0+76.0+100.0+76.0+31.1
21	木曾川桥	2001	1 145.0	33	30.0	160.0+275.0×3+160.0
22	揖斐川桥	2001	1 397.0	33	30.0	154.0+271.5×4+157.0
23	日本帕劳友好桥(援建帕劳群岛)	2001	412.7	11.6	27.0	82.0+247.0+82.0

续上表

序号	桥　名	竣工年度	桥长(m)	桥宽(m)	塔高(m)	主跨布置(m)
24	长者之桥(深浦大桥)	2002	294.0	13.7	8.5	62.1+90.0+66.0+45.0+29.1
25	后藤川大桥(指久保桥)	2002	230.3	11.33	22.0	114.0+114.0
26	飞鱼大桥	2002	386.0	25.8	13.0	38.0+45.0+90.0+130.0+80.5
27	界川桥梁	2003	182.9	12.5	9.3	55.3+70.0+55.3
28	红蜻蜓桥(新名西桥)	2004	294.32	19~23	16.5	88.34+122.34+81.22
29	日见梦大桥	2004	365.0	12.95	19.8	91.75+180.0+91.75
30	荒子川桥梁	2004	245.9	12.7	12.6	54.42+90.0+56.5+43.3
31	馆腰跨线桥	2004	113.0	19.14	10.5	56.3+55.3
32	三户望乡大桥	2005	400.0	13.45	25.0	99.25+200.0+99.25m
33	野井仓大桥	2005	273.0	10.0~12.4	11.1	62.2+135.0+74.2
34	北四番丁大衡线桥梁	2006	111.0	25.8	16.3	54.5+54.5
35	南筑桥	2006	248.0	20.55	11.0	68.05+110.0+68.05
36	里之城大桥	2006	186.0	11.75~14.75	8.0	54.9+77.0+52.9
37	朝雾大桥	2006	166.0	17.8	14.5	80.2+84.2
38	德之山八德桥	2006	503.0	8.2	22.5	139.7+220.0+139.7
39	近江大鸟桥(上行线)	2007	495.0	19.63	30.5	137.6+170.0+115.0+67.6
40	近江大鸟桥(下行线)	2007	505.0	19.63	30.5	152.6+160.0+75.0+90.0+72.6
41	筑川水库9号桥	2007	264.0	17.4	24.6	130.7+130.7
42	坂之街大桥(福岛大桥)	2007	104.6	20.8	8.0	29.9+43.0+29.9
43	埃塞俄比亚·哈达赛桥(援建埃塞俄比亚)	2008	285.0	12.4	14.181	69.15+145.0+69.15
44	平野高架桥	2008	133.0	8	11.7	33.4+63.0+33.4
45	三内丸山架道桥	2008	450.0	13.85	17.5	74.18+150.0+150.0+74.18
46	人野川桥梁	2009	286.0	11.3~12.4	15.0	29.0+113.0+113.0+29.0
47	拉德斯·拉·古莱特桥(援建突尼斯)	2009	260.0	23.5	20.0	70.0+120.0+70.0
48	梦翔大桥	2010	290.0	14.2	25.0	42.25+127.0+118.9
49	新横山桥	2010	232.6	11.5~12.2	40.0	88.2+142.0

国外已建和在建的矮塔斜拉桥(不含日本) 表2

序号	桥　名	竣工年度	桥长(m)	桥宽(m)	塔高(m)	主跨布置(m)
1	Pont de Saint-Rémy-de-Maurienne Bridge(法国)	1996	101	13.4	5.0	48.5+52.5
2	Viaduct de la ravine des Trois-Bassins Bridge(法国)	2008	374	22		18.6+126+104.4+75.6+43.2
3	Kack-Hwa First Bridge(韩国)	2006	270	31.1		55+115+100
4	Pyung-Yeo 2 Bridge(韩国)	2007	250	23.5	10.5	65+120+65
5	Gum-Ga Grand Bridge(韩国)	2007	795.6	23	8.85	85.35+5×125+85.25

续上表

序号	桥　　名	竣工年度	桥长(m)	桥宽(m)	塔高(m)	主跨布置(m)
6	Kum-Ga Bridge(韩国)	2008	795	23		85+5×125+85
7	Cho-Rack Bridge(韩国)	2008	530	14		70+3×130+70
8	Keong-An Bridge(韩国)	2009	270	30	16.25	70+130+70
9	Muyoung Grand Bridge(韩国)	2011	860			100+4×165+100
10	Sunniberg Bridge(瑞士)	1998	526	12.375	9.0	59+128+140+134+65
11	Poya Bridge 方案(瑞士)	1991			20	90+176+90
12	Save Homeland Bridge(克罗地亚)	2002	264		16.5	72+120+72
13	Q Bridge(美国)	2006	308.7		27	75.85+157+75.85
14	Brazil-Peru? Integration Bridge(巴西)	2005	240		22.5	65+110+65
15	Rio Branco Third Bridge(巴西)	2006	198		27.5	54+90+54
16	Kantutani Bridge(玻利维亚)	2010	233.5			55+113.5+55
17	Choqueyapu Bridge(玻利维亚)	2010	191.5			52.5+92.5+46.5
18	Orko jahuira Bridge(玻利维亚)	2010	221.9			53.4+103+65.5
19	Smuuli Bridge(爱沙尼亚)					42+85+42
20	North Arm Bridge(加拿大)	2008	562		21.4	52+139+180+139+52
21	Golden Ears Bridge(加拿大)	2009	968			121+3×242+121
22	Nymburk Bypass Bridge(捷克)	2007	531.6			35+4×41+132+4×41+35
23	Riga South Bridge(拉脱维亚)	2008	803	34.28	13.33	49.5+77+5×110+77+49.5
24	Puh Bridge(斯洛文尼亚)	2007	433		18.7	65+3×100+65
25	Deba River Bridge(西班牙)	2003	150	13.9		40+66+40
26	Second Thai-Lao Friendship Bridge(老挝)	2008	1600	12		4×110
27	Second Vivekananda Bridge(印度)	2008				55+7×110+55
28	Karnaphhuli Bridge(孟加拉国)	2009	950	24.47		75+4×200+75
29	Padma Bridge(孟加拉国)	2015	5400	25		90+29×180+90

我国的部分斜拉桥起步较晚。2000年建成的安徽芜湖长江大桥(图15)是一座钢桁梁的部分斜拉桥，双层桥面，上层行驶汽车，下层行驶火车，主桥为180m+312m+180m，是目前为止世界上跨度最大的部分斜拉桥，也是世界首次采用刚桁架梁作主梁；2001年建成的福建漳州战备大桥(图16)，主梁为预应力混凝土箱形梁，其孔跨径布置为(80.8+132+80.8)m，桥面宽27.0m，单索面，就其规模而言，在世界上亦名列前茅。

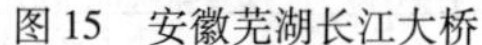
图15　安徽芜湖长江大桥

图16　福建漳州战备大桥

此后，部分斜拉桥在国内发展很快，先后建成了福建厦门同安银湖大桥(图17)、兰州小西湖黄河大桥(图18)、惠青黄河公路大桥、江珠高速公路荷麻溪大桥、北京峪道河大桥、辽宁沙河大桥、北京玉带河大桥、北京潮白河大桥、山西神仙河大桥、柳州三门江大桥、柳州静兰大桥等30多座部分斜拉桥，则标志着国内部分斜拉桥达到世界先进水平。台湾亦有建成有2座部分斜拉桥，为斗山二号高架桥（图19）和妈祖大桥（图20）。

图17 福建厦门同安银湖大桥

图18 兰州小西湖黄河大桥

图19 台湾斗山二号高架桥

图20 台湾妈祖大桥

国内已建成和在建的部分斜拉桥见表3。

国内已建和在建的矮塔斜拉桥 表3

序号	桥 名	竣工年度	桥长（m）	桥宽（m）	塔高（m）	主跨布置（m）
1	厦门同安银湖大桥	2002	160	27	30.25	80+80
2	湛河一桥		160	30	22.7	88+72
3	山西晋城仙神河大桥				49	131+136
4	山西大同十里河大桥		145	28.5	29	72.5+72.5
5	江苏吴淞江大桥		200.2	33	42.09	100.1+100.1
6	安徽芜湖长江大桥	2001	672	23.4	37.2	180+312+180
7	山西汾河特大桥		330	26	28.97	90+150+90
8	京杭运河宿迁南二环大桥		242	20	14	66+110+66
9	珠海江珠荷麻溪大桥	2005		28.3	39	125+230+125
10	江苏长兴西环跨线桥					39+88+39
11	常州东环公路京杭运河桥				31	70.2+120+70.2
12	惠青黄河公路大桥		486	20	30	133+220+133
13	广州沙湾大桥		523	34	25	137.5+248+137.5
14	山西汾阳离石高架桥			26	18	85+135+85
15	柳州三门江大桥			41	22.8	100+160+100
16	浙江德清英溪大桥		160	32.5	21.5	35+65+60
17	福建漳州战备大桥	1999	293.6	27	16.5	80.8+132+80.8
18	重庆嘉悦大桥			28	32.53	145+250+145
19	兰州小西湖黄河大桥	2003		27.5	17	81.2+136+81.2
20	江苏常州运河桥	2003			31	70.15+120+70.15
21	开封黄河二桥主桥		1 010	37.4	36	85+6×140+85

续上表

序号	桥　名	竣工年度	桥长(m)	桥宽(m)	塔高(m)	主跨布置(m)
22	北京峪道河大桥		300	12.2	15.3	30 + 60 + 120 + 60 + 30
23	潮白河大桥主桥			29.26	16.65	72 + 120 + 120 + 72
24	柳州静兰大桥		608	31	14.6	56 + 5 × 94.3 + 56
25	株洲湘江四桥		430	29		75 + 140 + 140 + 75
26	福州浦上大桥通航孔主桥		364	37.5	27	72 + 110 + 110 + 72
27	禹门口龙门黄河大桥			28	24.5	75 + 2 × 125 + 75
28	岐江河大桥				20.96	80.8 + 132 + 80.8
29	台湾斗山二号高架桥		1 460	28.55	18	85 + 4 × 140 + 85 + 85 + 4 × 140 + 85
30	台湾河曲高架桥		850	28.55	18	75 + 5 × 140 + 75
31	台湾妈祖大桥	2008	250	27		2 × 125

三、部分斜拉桥结构形式

1.部分斜拉桥与连续刚构桥和普通斜拉桥区别

一般在100m以下的中桥采用连续刚构桥结构形式的较多,200m以上采用一般斜拉桥形式的较为普遍,在100~200m跨度的桥梁,同时考虑经济性、施工性、城市标志性或景观的要求,采用介于连续刚构桥和一般斜拉桥之间的桥梁形式比较合适,即兼有梁桥和斜拉桥优点的部分斜拉桥。传统箱梁大都采用体内束张拉,当跨度增大时,要求钢束偏心量和截面高度增加,自重随之增加,此时,将钢束转移到箱梁体外是一种思路,当体外索偏心量较小时,恒载和使用荷载由拉索和主梁共同承担,即部分斜拉桥。体外索偏心量很大,恒载和使用荷载主要由拉索承担时,即斜拉桥,连续刚构桥、混凝土部分斜拉桥和一般混凝土斜拉桥结构参数对比见表4。

连续刚构桥、部分斜拉桥和一般混凝土斜拉桥对比　　表4

	连续刚构桥	混凝土部分斜拉桥	一般混凝土斜拉桥
结构形式	钢束位于梁内,偏心量小	钢束位于梁外,偏心量中	钢束位于梁外,偏心量大
结构特点	竖向荷载由主梁弯剪承受,截面尺寸随跨度增大迅速增大	竖向荷载由索竖向分力和主梁弯矩承受,二者按刚度比例分配	竖向荷载主要由索竖向分力承受
存在问题	运营后期跨中挠度大; 张拉合龙跨钢束时底板易崩裂	运营期跨中挠度小;由于有体外索,所以可以减少合龙段钢束数量;如果是曲线梁,则体外斜拉索提供抗扭能力更强	随索偏心量增大,主塔费用大大增加
最大跨度	重庆石板坡桥,主跨330m	木曾川桥(日本,2000年),主跨275m	Skarnsundet桥(挪威,1991年),主跨530m
边中跨比	0.55~0.58	0.54~0.63	0.4~0.45
索	体内钢束	(1)通过索大偏心布置,给主梁施加预应力; (2)因活载引起的应力变化小,疲劳影响小。应力变化幅度13~38MPa; (3)允许应力$f=0.6$fcu; (4)需验算预应力损失中的松弛引起的损失; (5)施工调索困难,很难通过调索改善主梁应力和位移; (6)拉索少,费用低; (7)为扇形式布索,在主跨跨中和塔根附近主梁有很大的无索区	(1)索支撑梁,主要产生竖向分力; (2)因活载引起应力变化大,需考虑疲劳,应力变化幅度为50~130MPa; (3)允许应力0.4fcu; (4)没有张拉预应力损失; (5)施工中可以调索,可以通过调索改善主梁应力和位移; (6)拉索多,费用高; (7)布索方式竖琴式、辐射式、扇形式,沿主塔均匀布索

续上表

	连续刚构桥	混凝土部分斜拉桥	一般混凝土斜拉桥
主梁	(1)承受所有荷载; (2)梁高为:L/16~L/20(支座),L/2.5~L/3.5(跨中); (3)梁高与跨度相关; (4)主梁刚度大,施工控制容易,费用高	(1)承受大部分上部荷载; (2)梁高为:L/35~L/45(支座),L/50~L/60(跨中) (3)梁高与跨度有关,介于斜拉桥和梁桥的梁高之间; (4)主梁刚度大,施工控制容易,费用较高	(1)承受索支撑点之间的荷载; (2)梁高为:L/50~L/100,2~2.5m; (3)梁高与跨度无太大关系; (4)主梁刚度小,施工控制复杂,费用低
主塔		(1)塔高与跨度比 L/8~L/15; (2)主要采用索鞍贯通式锚固; (3)塔低,费用低	(1)塔高与跨度 L/3~L/5; (2)主要采用分离式锚固; (3)塔高,费用高
基础	基础体量小	塔低,重心低,基础体量小	塔高,重心偏上,基础体量大

由部分斜拉桥的特点可知,在100~200m范围内,比较适合修建部分斜拉桥,如在山区曲线上的桥梁,曲线部分斜拉桥比曲线连续刚构桥相比具有抗扭刚度大,运营期跨中挠度小,中跨合龙段底板不易崩裂等优势。

2. 跨径布置

国内主要部分斜拉桥跨径布置统计如图21和图22所示。从统计数据可以看出,边中跨比对于单塔,一般为1,对于双塔和多塔边中跨比一般为0.54~0.63之间,对比连续刚构桥的边中跨比(0.55~0.58),混凝土斜拉桥的边中跨比(0.4~0.45)会发现,部分斜拉桥的边中跨比更接近于连续刚构桥,结构的受力特点也更接近于连续刚构桥。塔高与主跨比除一些单塔较小外,双塔和多塔一般在1/3.8~1/8.4之间。

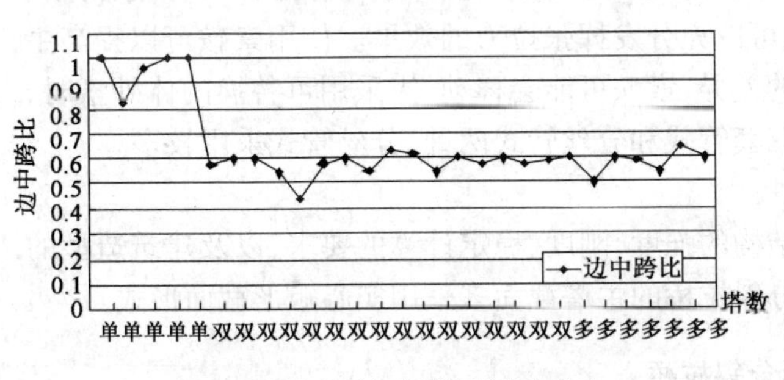

图21 国内主要部分斜拉桥边中跨比

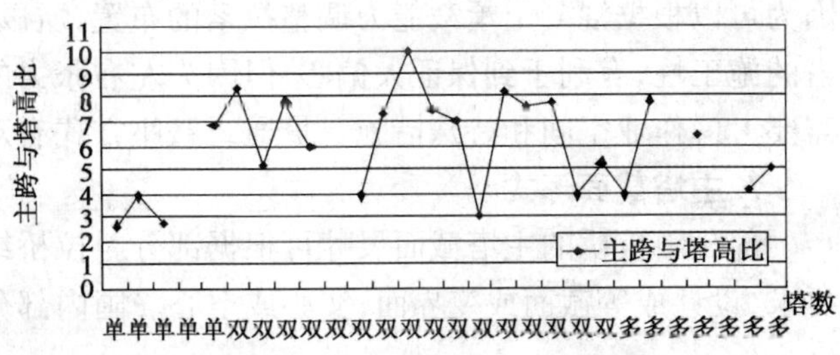

图22 国内主要部分斜拉桥主跨与塔高比

3. 塔梁连接形式

国内部分斜拉桥塔梁连接形式统计如图23所示。预应力混凝土部分斜拉桥主要采用墩塔梁固结(刚构体系)和塔梁固结,梁底设支座(支撑体系),采用漂浮或半漂浮体系的很少,其原因为部分混凝土斜拉桥不是密索体系,索的竖向拉力不足以提供主梁足够的竖向支撑,且主梁的重量较大,所以不宜采用漂浮或半漂浮体系。刚构体系的优点是整体刚度好,主梁和索塔的挠度小,同时由于混凝土部分斜拉桥主梁刚度较大且一般为变界面,在主梁根部截面较大,所以也可以很好的消化墩塔梁固结处的负弯矩,同时也节省了大吨位支座的费用,刚构体系在单塔和双塔部分斜拉桥上都有应用。塔梁固结,梁底设支座的结构体系在塔梁固结处弯矩较小,主梁受力也较均匀,同时由于部分斜拉桥主梁刚度较大,主塔较矮,所以也可以克服塔梁固结体系跨中和塔顶水平位移较大的缺点。此类体系在单塔和双塔部分斜拉桥上都用应用,其中双塔部分斜拉桥多采用此种体系。对于预应力混凝土部分斜拉桥可以采用墩塔梁固结体系或塔梁固结,梁底设支座的体系,推荐采用塔梁固结,梁底设支座的结构体系。

4. 主梁结构形式

国内主要部分斜拉桥主梁截面参数统计分析如图24所示。目前国内主要的部分斜拉桥主梁多采用单箱三室预应力混凝土结构,梁在塔根部的高跨比多在1/29~1/33之间,梁在跨中的高跨比多在1/50~

1/60 之间，顶板宽多在 26～33m 之间，底板宽度多在 11～20m 之间，悬臂长多在 3.5～5m 之间。

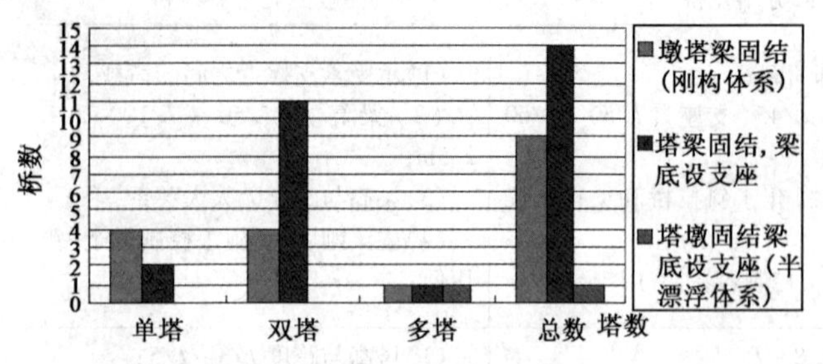

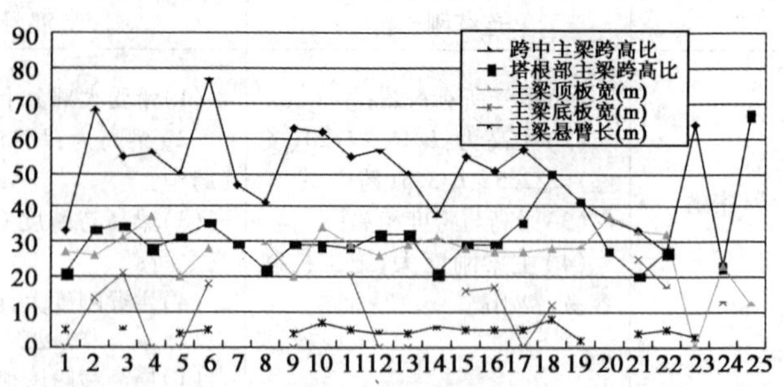

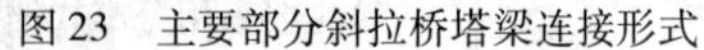

图 23　主要部分斜拉桥塔梁连接形式

图 24　国内主要部分斜拉桥主梁截面参数统计分析

5. 斜拉索布置形式

对于双塔部分斜拉桥斜拉桥，其斜拉索布置一般采用扇形索面，对于锚固在主梁中间的单索面部分斜拉桥考虑斜拉索的张拉和锚固方便，大都采用双排单索面，由于索面的形式与主梁和主塔的形式密切相关，故索面的布置，基本应服从主梁和主塔的结构形式要求。由于索塔不高，索在塔上的布置区域有限，使索在塔上的间距大都在 1m 左右，考虑斜拉索的倾角对索间距的影响，索在梁上的间距大都在 4m 左右，由此看来，索的间距一般不宜过大。

6. 索在塔上锚固形式

国内部分斜拉桥拉索在塔上锚固主要有贯通锚固方式和分离锚固方式两种，其中 80% 以上桥梁采用贯通锚固方式。贯通锚固方式鞍座构造型式是部分斜拉桥所特有的，鞍座相当于体外索的转向块，由于塔矮，各索都通过塔顶尽可能提高偏心矩和斜拉索倾角，鞍座锚固构造设置成双套管结构和分丝管结构，将来能对斜拉索整体更换，索塔两侧设置抗滑锚头，用于抵抗拉索产生的不均衡力，防止拉索滑动。因为可以根据混凝土承载能力调整拉索的布置，所以可以充分发挥张拉力的效果。使用索鞍可以提高主塔的施工性，有利于到保证大偏心，但因为左右张力的差异，索鞍可能会移动，当采用可替换的体外索时，需要考虑作业空间和特殊措施。贯通式鞍座方式有双套管式和分丝管式两种，分丝管式采用较多。

7. 主塔截面形式

部分斜拉桥的主塔截面尺寸可根据部分斜拉桥结构的强度、刚度、稳定计算的要求，以及建筑造型的要求，设计成等截面或变界面，实心或空心。国内部分斜拉桥的主塔截面多采用实心矩形截面形式。

四、曲线部分斜拉桥

目前已建或在建的矮塔斜拉桥基本都是直桥，曲线矮塔斜拉桥极少，根据资料，曲线矮塔斜拉桥目前有 5 座：①法国的 Pont de Saint-Rémy-de-Maurienne Bridge（1996 年），曲线半径为 500m；②瑞士的 sunniberg Bridge（1998 年），曲线半径为 500m；③日本的新唐柜桥（1998 年），曲线半径为 400m；④韩国的 Kack-Hwa First Bridge（2006 年），曲线半径为 900m；⑤韩国的 Pyung-Yeo 2 Bridge（2007 年），曲线半径为 820m。

在我国修建曲线部分斜拉桥可以很好的适应西南山岭重丘区地形和路线设计要求，借助体外斜拉钢索来抵抗结构因平面弯曲带来的扭转效应，曲线部分斜拉桥在同等跨度条件下的抗扭效果比连续刚构桥和一般斜拉桥都要好，同时还可以解决解决连续刚构桥目前普遍存在的两个问题：①通车运营后跨中下挠过大；②张拉中跨合龙钢束时跨中底板易崩裂。2011 年在贵州拟建一座曲线部分斜拉桥—龙井河大桥，主桥跨径布置为：86m + 160m + 86m，该桥平面位于平曲线上，平曲线半径 R = 850m，纵面位于 2.8% 的直线坡上，采用悬臂浇注施工方法。龙井河大桥的建立为部分斜拉桥在我国特别是山区应用提供了宝贵的经验。

五、结　　语

自 2000 年我国建成第一座部分斜拉桥芜湖长江大桥起，10 多年间部分斜拉桥在我国取得了长足的发展，积累了丰富的工程经验，本文统计分析了国内主要部分斜拉桥的设计参数，抛砖引玉，希望能为相关工作者提供一些借鉴和参考。

(1)部分斜拉桥跨径布置中边中跨比对于单塔,一般为1,对于双塔和多塔边中跨比一般为0.54~0.63之间,对比连续刚构桥的边中跨比(0.55~0.58),混凝土斜拉桥的边中跨比(0.4~0.45)会发现,部分斜拉桥的边中跨比更接近于连续刚构桥,结构的受力特点也更接近于连续刚构桥。

(2)部分斜拉桥不是密索体系,索的竖向拉力不足以提供主梁足够的竖向支撑,且主梁的重量较大,所以不宜采用漂浮或半漂浮体系,一般采用墩塔梁固结(刚构体系)和塔梁固结,梁底设支座(支撑体系)。

(3)部分斜拉桥主梁多采用单箱三室预应力混凝土结构,梁在塔根部的高跨比多在1/29~1/33之间,梁在跨中的高跨比多在1/50~1/60之间,顶板宽多在26~33m之间,底板宽度多在11~20m之间,悬壁长多在3.5~5m之间。

(4)双塔部分斜拉桥斜拉索布置一般采用扇形索面,对于锚固在主梁中间的单索面部分斜拉桥考虑斜拉索的张拉和锚固方便,大都采用双排单索面,索在塔上的间距大都在1m左右,考虑斜拉索的倾角对索间距的影响,索在梁上的间距大都在4m左右,索的间距一般不宜过大。

(5)部分斜拉桥拉索在塔上锚固主要有贯通锚固方式和分离锚固方式两种,其中80%以上桥梁采用贯通锚固方式,贯通式鞍座方式有双套管式和分丝管式两种,分丝管式采用较多。

(6)部分斜拉桥的主塔截面尺寸可根据部分斜拉桥结构的强度、刚度、稳定计算的要求,以及建筑造型的要求,设计成等截面或变界面,实心或空心,其中实心矩形截面采用较多。

(7)曲线部分斜拉桥由于斜拉索的存在,其抗扭效果比同等跨度的曲线连续刚构桥要好,可以克服连续刚构桥长期运营挠度过大等问题,更适合在我国西南山岭重丘区修建。

参考文献

[1] 四原.北陆新干线屋代南(北)桥的计画.桥梁[J](日),1993(2).
[2] 城野.西湘分干道世界初超剂量PC桥小田原港桥的设计与施工.桥梁[J](日),1994(5).
[3] 城野.西湘分干道世界初超剂量PC桥—小田原港桥的计画与设计.桥梁与基础[J](日),1992(12).
[4] 中川.冲原桥的的计画与设计.桥梁[J],1996(4).
[5] 梅原.北陆新干线屋代南(北)桥的设计与施工.预应力混凝土[J],1997(1).
[6] 杨鸿波.E-D桥梁结构概念设计[D].上海:同济大学硕士学位论文,2005.
[7] 渡边.土狩大桥的设计与施工[J].预应力混凝土(日),1997(3).
[8] 胡南译.瑞士Klostesr镇Sunniberg桥.国外公路,1997(5).
[9] Two New Bridges over Highway near Riga[C],RePort of LABSE Symposium on Metropolitan Habitats and Infrastructure,shanghai,China,2004.
[10] 陈从春.矮塔斜拉桥设计理论核心问题研究.上海:同济大学博士论文[D],2005(12).
[11] 辛学忠.芜湖长江大桥主跨312m斜拉刚度分析.中国铁道科学,2001(10).
[12] 曾广武,张士臣.芜湖长江大桥施工监控测试与评估.中国铁道科学,2001(10).
[13] 何新平.矮塔斜拉桥的设计.公路交通科技,2004(04).
[14] 蔡晓明,张立明,何欢.矮塔斜拉桥索鞍受力分析.公路交通科技,2006(05).
[15] 陈从春,傅工范,肖汝诚.矮塔斜拉桥箱形主梁空间应力分布研究.中南公路工程,2006(05).
[16] 余永强,李敏,陈亨锦.漳州战备大桥主桥设计.桥梁建设,2002(01).
[17] 汤少青,蔡文生,陈亨锦.漳州战备大桥总体设计.桥梁建设,2002(01).
[18] 蔡文生,周祖干,雷廷新.漳州战备大桥主桥施工概况.桥梁建设,2002(01).
[19] 张国泉.京杭运河宿迁南二环大桥工程总体设计.中外公路,2004(04).
[20] 杨耀铨,吴劲兵.禹门口黄河大桥设计.公路,2004(11).

29. 新型超大跨径斜拉桥的设计构思

邵旭东 胡 佳 赵 华
（湖南大学桥梁工程系）

摘 要 提出了一种跨径1500m左右斜拉桥的原创设计构思，其主要特点是将长索交叉并锚固于地锚，使长索不对主梁产生水平压力。研究表明该方案具有以下显著优势：①大幅度降低了斜拉索引起的主梁水平压力；②由于交叉索提供了双重竖向支撑，水平力相抵，因此长索倾角可以适当减小，塔高可以降至$L/5.5$左右；③交叉索有效提高了跨中区域的刚度；④长索在跨中区域形成索网结构，有效改善了长索的气动性能。

关键词 超大跨径 部分地锚 交叉索斜拉桥 设计构思

一、前 言

斜拉桥由于其跨越能力大、主梁高度小、造型优美等特点，在200～500m之间跨径被大量应用，但很长一段时间内，斜拉桥跨径都没有超过800m。苏通大桥、昂船洲大桥的顺利建成，说明斜拉桥在千米以上跨径仍然具有竞争力。不少专家学者提出了更大跨径斜拉桥的构思，其中包括F. Leonhardt曾提出1 800m跨径的设想、丹麦大贝尔特斜拉桥方案（主跨1 204m，COWI A/S）[1]；日本本四联络线的1 400m斜拉桥方案[2]；林元培提出的“建造1 600m的斜拉桥是十分现实的”[3]；张喜刚、陈艾荣等在苏通大桥设计的基础上，提出的主跨1 308m、1 500m、1 800m、2 100m的斜拉桥方案[4]。不过，斜拉桥要在更大跨度上得到应用，一些关键技术需要解决，在概念设计时就必须关注以下问题：①索塔区主梁轴压力大。斜拉索的水平分力使主梁大部分截面处于受压状态，随着跨径增大，水平分力经过累积，在索塔附近梁段形成巨大的轴压力，主梁抗压成为控制设计的因素。②跨中刚度小。随着跨度的增加，索塔、拉索对跨中梁段的约束减弱，结构刚度迅速降低。在超大跨径斜拉桥中，结构非线性影响更加速了刚度的降低。

斜拉桥跨径的突破，不能单纯依靠几何尺寸的放大。对超大跨径斜拉桥，如果采用常规的自锚形式，势必增加主梁截面积或增大梁高。文献[3]采取的方案，即为随着跨度增加而增高主梁。因为与增加板厚相比，增加梁高有助于主梁刚度的提高。然而对于超大跨径斜拉桥，体系刚度主要靠拉索提供。要保证斜拉索对主梁的有效竖向支承，必须保持较大的斜拉索倾角，因此索塔高度随之增加，且增加的高度相当可观。

综上所述，超大跨径斜拉桥面临的主要难题是主梁压力过大、跨中刚度偏小、塔柱过高等。

二、新型超大跨径斜拉桥的总体设计

为解决上述难题，提出了一种新型超大跨径斜拉桥的设计构思，即“部分地锚交叉索斜拉桥”。其总体思路是将长索一侧在跨中区域交叉，另一侧锚固于地锚，使长索不对主梁产生水平压力，并提供对跨中梁段的双重支承，跨中区域交叉索形成了索网结构，将有效改善拉索的气动性能，而地锚索更有效地约束了塔顶顺桥向的位移。

由于交叉索对主梁提供了双重支撑，而水平分力又相抵，因此长索倾角可以比常规斜拉桥长索倾角适当减小，从而降低索塔高度，本文算例中部分地锚交叉索斜拉桥高跨比为1/5.6，小于苏通大桥的1/4.7，与常规斜拉桥相比，降低塔高约48m。为了在施工和成桥状态交叉索不对主梁形成水平压力，施工过程中体系平衡如图1所示。

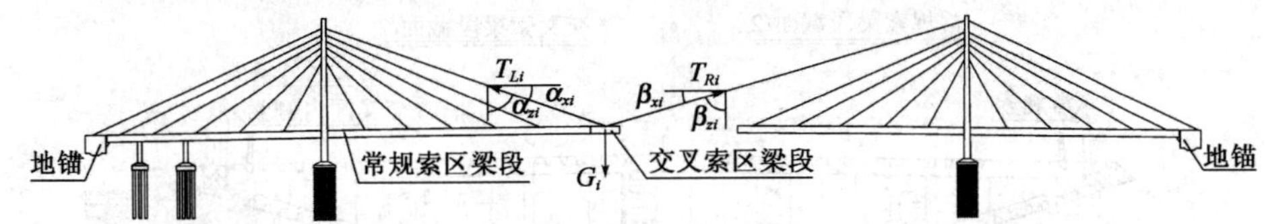

图1 体系平衡示意图

取交叉索区域梁段为隔离体,如图1所示。令:

$$T_{Li}\cos\alpha_{xi} = T_{Ri}\cos\beta_{xi} \tag{1}$$

$$T_{Li}\cos\alpha_{zi} + T_{Ri}\cos\beta_{zi} = G_i \tag{2}$$

从而得:

$$T_{Li} = \frac{G_i}{\cos\alpha_{zi} + \dfrac{\cos\alpha_{xi}\cos\beta_{zi}}{\cos\beta_{xi}}}, T_{Ri} = \frac{G_i}{\cos\beta_{zi} + \dfrac{\cos\beta_{xi}\cos\alpha_{zi}}{\cos\alpha_{xi}}} \tag{3}$$

式中:T_{Li}、T_{Ri}——交叉区梁段 i 左、右两侧交叉索梁端拉力;

G_i——交叉区梁段 i 重力;

α_{xi}、α_{zi}——交叉区梁段 i 左侧交叉索与跨度方向和高度方向夹角;

β_{xi}、β_{zi}——交叉区梁段 i 右侧交叉索与跨度方向和高度方向夹角。

$\cos\alpha_{xi}$、$\cos\alpha_{zi}$、$\cos\beta_{xi}$、$\cos\beta_{zi}$可按下式求得:

$$\cos\alpha_{xi} = \frac{\boldsymbol{X}\cdot\boldsymbol{L}_i}{|\boldsymbol{X}||\boldsymbol{L}_i|}, \cos\alpha_{zi} = \frac{\boldsymbol{Z}\cdot\boldsymbol{L}_i}{|\boldsymbol{Z}||\boldsymbol{L}_i|}, \cos\beta_{xi} = \frac{\boldsymbol{X}\cdot\boldsymbol{R}_i}{|\boldsymbol{X}||\boldsymbol{R}_i|}, \cos\beta_{zi} = \frac{\boldsymbol{Z}\cdot\boldsymbol{R}_i}{|\boldsymbol{Z}||\boldsymbol{R}_i|} \tag{4}$$

式中:$\boldsymbol{X}$、$\boldsymbol{Z}$——跨度方向、高度方向单位向量;

$\boldsymbol{L}_i$、$\boldsymbol{R}_i$——T_{Li}、T_{Ri} 方向向量。当由拉索两端锚固点的方向向量求 $\boldsymbol{L}_i$、$\boldsymbol{R}_i$ 时,要考虑拉索垂度修正。

可见,当拉索张拉力为式(3)时,梁段 i 水平力平衡,将不对其他主梁产生轴压力。

三、新型超大跨径斜拉桥的结构计算与对比

作为算例,本文中的部分地锚交叉索斜拉桥以某斜拉桥的主要设计参数为基础,主跨增至1 408m,采用双塔7跨布置:100m + 100m + 300m + 1 408m + 300m + 100m + 100m = 2 408m,主跨320m区段采用交叉索支承,如图2所示。桥面以上索塔高250.41m,采用倒Y形,下塔柱截面由8m×15m变化到8m×12.6m,上塔柱截面由16m×12.6m变化到8m×9m。拉索直径在0.08~0.125m之间,与交叉索对应的边跨拉索全部锚固于地锚。主梁采用钢箱梁,高4m,包括风嘴在内宽41m,主梁全桥连续,采用飘浮体系。主梁横截面如图3所示。交叉索在横截面上需错开布置,锚固于同一索塔的交叉索同时布置在主梁内侧或外侧。

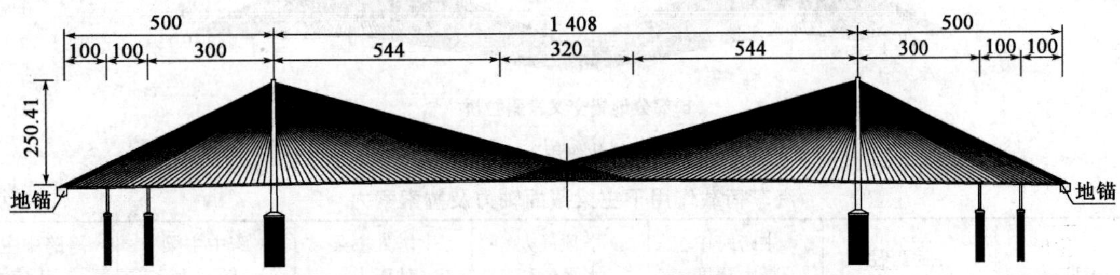

图2 部分地锚交叉索斜拉桥立面布置(尺寸单位:m)

建立了部分地锚交叉索斜拉桥有限元模型。为提高长拉索的刚度,交叉索区梁段布置100kN/m压重。为便于比较,同时按某斜拉桥主要尺寸建立了边跨相同跨径、主跨1 088m和1 408m的两个常规索斜拉桥模型。三个模型相同构件参数均保持一致,主梁为单主梁模型,索塔和桥墩采用梁单元,拉索在成桥阶段分析采用通过Ernst公式修正的等效桁架单元,施工阶段分析采用索单元模拟。

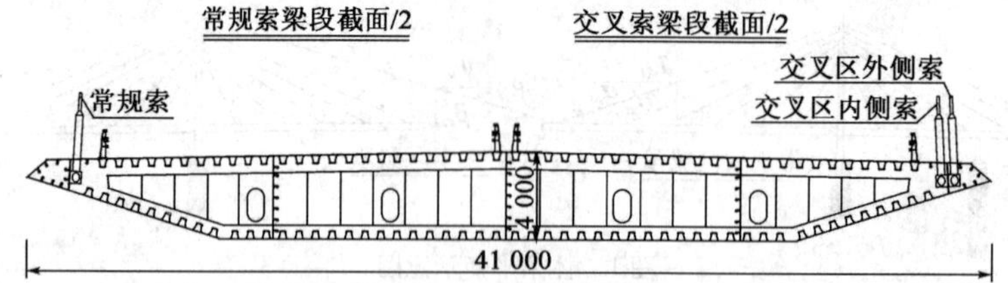

图3 主梁横截面布置(尺寸单位:mm)

1. 恒载作用下计算结果

恒载作用下主梁索塔区域和跨中截面轴力、最大索力结果如表1所示。

恒载作用下主梁截面轴力及拉索索力 表1

序号	类 型	主跨跨径(m)	索塔处主梁轴力(kN)	最大索力(kN)
1	交叉索斜拉桥	1 408	-228 257.9	7 064.9
2	常规索斜拉桥	1 088	-223 696.1	6 961.4
3	常规索斜拉桥	1 408	-311 621.0	7 098.9

从表1中可以看出,在跨径增大29.4%的情形下,恒载作用下交叉索斜拉桥与1 088m主跨常规索斜拉桥相比,在索塔处主梁轴力仅增大2%,如图4a)所示。最大索力仅增大1.5%,为最外侧地锚索。与同主跨径的常规索斜拉桥相比,交叉索斜拉桥所他出主梁轴力减小了27%。

图4 部分地锚交叉索斜拉桥主梁轴力图

2. 汽车荷载作用下部分地锚交叉索斜拉桥性能

汽车荷载作用下结构最大位移如图5所示,相应结构响应主要指标见表2。

图5 汽车荷载作用下最大位移图

汽车荷载作用下主梁截面轴力及拉索索力 表2

类 型	主跨跨径(m)	主跨跨中最大挠度(m)	塔顶最大水平位移(m)	索塔处主梁轴压力(kN)	跨中主梁轴拉力(kN)	跨中主梁正应力(MPa)
交叉索斜拉桥	1 408	-1.784	0.294	-27 899.8	10 050.2	45.9
常规索斜拉桥	1 088	-1.689	0.565	-31 087.4	2 368.4	42.8
常规索斜拉桥	1 408	-2.118	1.154	-57 144.8	3 293.5	48.3

由表2可知,汽车荷载作用下交叉索斜拉桥挠跨比为1/790,小于1 088m主跨常规索斜拉桥的1/640和1 408m主跨常规索斜拉桥的1/665。由于地锚索的约束,交叉索斜拉桥索塔顶端水平位移仅为1 088m主跨常规索斜拉桥的52%,为1 408m主跨常规索斜拉桥的25.5%。交叉索斜拉桥索塔处主梁轴压力为1 088m主跨常规索斜拉桥的89.7%,为1 408m主跨常规索斜拉桥的48.8%,可见交叉索对于减小活载引起的主梁轴压力有显著作用。从跨中主梁轴拉力可以看出,活载作用下交叉索斜拉桥跨中主梁对于减小索塔处主梁轴压力作用明显,如图4b)所示。活载引起的跨中主梁正应力,交叉索斜拉桥为同跨径常规索斜拉桥的95%左右。

四、施 工 方 法

部分地锚交叉索斜拉桥仍采用悬臂法施工,悬臂施工的关键技术是交叉索区段的主梁安装时,支撑主梁的双侧拉索水平分力应相等。根据这一原则,交叉区梁段吊装时应按计算同时张拉两侧拉索,跨至另一悬臂的交叉索架设时,可通过安装在桥面的牵引索引导至另侧悬臂锚固点,与交叉索对应的地锚索同时张拉。施工方法示意图如图6所示。

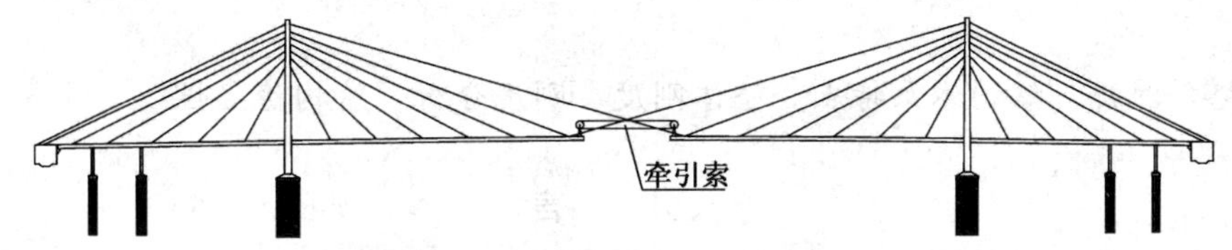

图6 交叉索斜拉桥施工方法示意图

五、地锚工程量估算

对部分地锚交叉索斜拉桥而言,由于增加了锚碇和交叉索,有必要对其工程量有初步了解。

全桥共布置4个锚碇。根据有限元分析,1.2倍恒载和1.4倍汽车荷载作用下单个地锚拉索合力为158 217kN,地锚索平均倾角25.5°,分解为水平荷载142 805kN,竖向荷载68 114kN。江阴长江大桥主跨1 385m,单根主缆设计荷载640MN,水平荷载550MN,竖向荷载327MN[8],可见交叉索斜拉桥锚碇规模约为同等跨度悬索桥的1/4左右。

六、结 语

部分地锚交叉索斜拉桥具有降低主梁水平压力、提高跨中刚度、降低塔高和改善长索气动性能的明显优势,是在千米以上跨径与悬索桥极具竞争力的桥型。对于超大跨径部分地锚交叉索斜拉桥的非线性影响、抗风和抗震性能等问题,还有待进一步研究。

参考文献

[1] 苗家武.超大跨度斜拉桥设计理论研究[D].上海:同济大学,2006.

[2] M. Nagai. Feasibility of a 1,400m span steel cable stayed bridge. [J] Journal of Bridge Engineering, ASCE, 2004,9/10

[3] 林元培.斜拉桥[M].北京:人民交通出版社,2001.

[4] 张喜刚,陈艾荣等.千米级斜拉桥——结构体系、性能与设计[M].北京:人民交通出版社,2010.

[5] 尼尔斯J.吉姆辛著.金增洪译.缆索支承桥梁[M].北京:人民交通出版社,2002.

[6] M Carter, S Hussain, et al. Design of the Forth Replacement Crossing, Scotland[J]. Bridge Engineering, ICE, 2010, 163(BE2):91-99.

[7] 中华人民共和国行业标准. JTG/T D65-1—2007.公路斜拉桥设计细则[S].北京:人民交通出版社,2007.

[8] 秦宝华.江阴长江大桥主缆施工技术[J].建筑施工,2001(1).

30. 多塔斜拉桥结构体系的现状与发展

曹珊珊　雷俊卿　李忠三
（北京交通大学土木建筑学院）

摘　要　国内外多塔斜拉桥的建设与发展的趋势，有桥塔数量不断增多，桥跨也在不断的增大。随之也带来了越来越多的结构体系的挑战和问题亟待研究：如多塔斜拉桥结构的整体刚度问题，结构的稳定问题，振动与制振问题等。本文在调研国内外多塔斜拉桥建设与研究的基础上，进行其结构特性的分析。研究对比分析了国内外的已建与在建的多塔斜拉桥的刚度提高的对策，归纳总结提高多塔斜拉桥体系整体刚度与稳定性的方法以及各种方法的适用条件。期望对多塔斜拉桥的建设与发展提供技术的参考.

关键词　多塔斜拉桥　结构体系特点　整体刚度　刚度分析　结构稳定性

一、引　言

三塔及三塔以上的斜拉桥，称为多塔斜拉桥，国内外也将其称作多跨斜拉桥。与常规的单塔和两塔斜拉桥相比，多塔斜拉桥在结构形式和力学行为上均有所不同。在结构形式上，多塔斜拉桥具有塔多、联长的布置形式特点；在结构的力学行为上，多塔斜拉桥的中间塔两侧既无辅助墩和过渡墩，也没有端锚索，对主梁和索塔刚度的控制将减弱，导致在活载作用下，多塔斜拉桥的斜拉索疲劳应力幅、塔底内力以及主梁挠度比常规斜拉桥要大得多。图1给出了六塔斜拉桥最外侧边塔塔底活载纵向弯矩影响线。

图1　六塔斜拉桥示意图

从图1中可见，外侧塔底纵向弯矩影响线范围包含了三个中跨和一个边跨，即响应的活载影响线幅度和范围增大，这是多塔斜拉桥的主梁挠度、斜拉索疲劳应力幅和塔身内力比常规斜拉桥要大得多的主要原因。因此，如何提高多塔斜拉桥的整体竖向刚度、实现桥梁的整体稳定、减少桥梁的振动、控制斜拉索疲劳应力幅度、满足索塔受力要求等是多塔斜拉桥结构设计与建设的关键技术。

二、国内外多塔斜拉桥的结构体系的刚度与稳定的分析

1. 三塔斜拉桥的刚度与稳定分析

经过国内外斜拉桥的相关资料调研分析，所修建的多塔斜拉桥大多数为三塔的结构型式，如Maracaibo桥、香港汀九桥、岳阳洞庭湖大桥和宜昌夷陵长江大桥等。下面以香港汀九桥和宜昌夷陵长江大桥为例，分析适合于三塔斜拉桥的加强刚度与稳定的方法。

香港汀九大桥如图2所示，是目前唯一一座采用倾斜加劲索来加大体系刚度的三塔斜拉桥。其中，塔设计成很柔的独柱形，中塔比边塔高37m，以加强审美效果。为增强塔的刚度，纵向在中塔顶部向桥面附近两边塔的根部设置加劲索，以控制中塔塔顶的变位，以提高结构的体系刚度。

这种方法属于设置加劲索的其中一种形式，另外还有在塔顶设置水平加劲索和跨中设置交错索等几种形式。塔间设置水平加劲索和倾斜加劲索，在理论上，能够使得中间塔塔顶受到的不平衡力最为有效的传递到刚度较大的构件上，对主梁和索塔的弯矩和挠度都有较为明显的控制作用。但实际中，存在两点问题：一方面对加劲效果影响较大的垂度问题在施工、运营阶段中很难控制，另一方面加劲索的存在降

低了斜拉索的简洁、明快感。这种做法国际还没先例,其合理性还需要时间的考验。

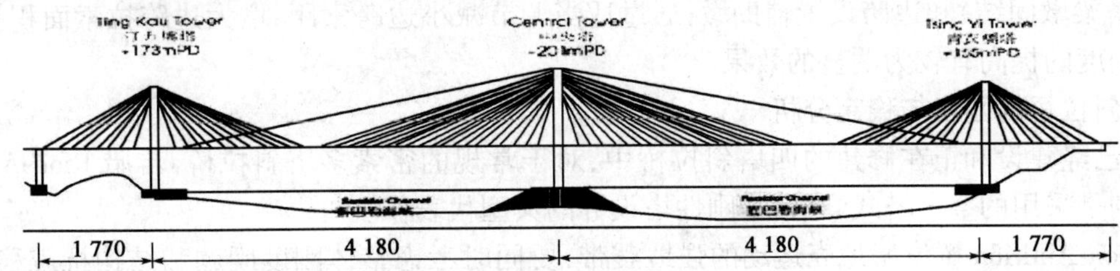

图2 香港汀九大桥纵向图

宜昌夷陵长江大桥为三塔单索面混凝土斜拉桥,为了提高结构刚度,设计者主要采取了以下两方面的措施:其一为加大塔、索、梁主要结构的刚度与稳定。增大索塔刚度尤其是中塔刚度可以简单有效地控制塔顶变位,进而可以降低主梁跨中的弯矩和变形,并能控制索塔塔中的压弯效应,达到提高整体刚度与稳定的目的,所以本桥中采用应用最广的中塔固结形式提高自身刚度;拉索刚度与主梁形式是控制全桥纵向刚度的两个要素,通常要综合考虑,才能合理有效地提高总体刚度。本桥中边跨索距由标准索距8m减小到5.5m,有效提高拉索的加劲效果;主梁采用混凝土梁,加大自重的同时也加大了桥梁的刚度和稳定性。其二是在边跨设置了两个辅助墩,将120m分为约40m的3跨,有效地控制了变形,邵长宇[4]的论文:夷陵长江大桥三塔斜拉桥结构体系及性能研究,在研究设置辅助墩对夷陵长江大桥的影响时,得出在设置两个辅助墩后,中塔塔根弯矩较原来降低35%,边塔塔根控制弯矩较原来降低58%,中塔顶位移较原来降低27%,边塔顶位移降幅较原来降低64%。可见,对于三塔斜拉桥,设置辅助墩对提高刚度与桥梁的稳定性的效果较为显著。

国内外三塔斜拉桥提高桥梁刚度与稳定性的方法对策,见表1所示。

国内外三塔斜拉桥的结构体系与特点 表1

序号	桥名	国家	主跨(m)	结构体系	加强结构刚度与稳定的方法	通车年份
1	Maracaibo 桥	委内瑞拉	236×2	混凝土梁	刚性塔,T构加挂梁体系(Morandi 体系)	1962
2	Polcevera 桥	意大利	202+210	混凝土梁	刚性塔,T构加挂梁体系(Morandi 体系)	1967
3	台北淡水光复桥	中国	134×2	混凝土梁	刚性塔,跨中设可转动伸缩铰(Morandi 体系)	1977
4	Mezcala 桥	墨西哥	311+300	结合梁,单索面半漂浮体系	塔墩固结,边跨设辅助墩	1993
5	屋代南桥	日本	105×2	PC箱梁	提高主梁刚度,采用部分斜拉桥	1995
6	香港汀九桥	中国	448+475	结合梁,漂浮体系	中塔塔顶增设纵向加劲索提高刚度	1998
7	岳阳洞庭湖大桥	中国	310+310	PC箱梁,漂浮体系	边跨索距由标准索距8m减小到6m;加大边跨拉索面积;适当增加主梁和中塔的刚度	2000
8	宜昌夷陵长江大桥	中国	348×2	PC箱梁,半漂浮体系	边跨索距由标准索距8m减小到5.5m;中塔塔梁墩固结,边跨设置两个辅助墩	2001
9	滨州黄河大桥	中国	300×2	PC箱梁,半漂浮体系	边跨索距由标准索距7.5m减小到6m;中塔处塔梁墩固结,边跨设置两个辅助墩	2004
10	潮白河大桥	中国	120×2	PC箱梁	中塔处塔梁墩固结,采用部分斜拉桥	2007
11	马鞍山长江公路大桥右汊	中国	260×2	PC箱梁,半漂浮体系	加大索塔刚度,边跨设置1个辅助墩	在建
12	武汉二七长江大桥	中国	616×2	结合梁	加大梁重和拉索面积,边跨增设2个辅助墩	在建
13	世丰大桥	韩国	220×2	PC箱梁,半漂浮体系	塔墩固结,增设辅助墩	在建

从表1中可以看出，对于三塔斜拉桥，最常使用的提高结构刚度与稳定性的措施，主要有增加中塔刚度（中塔处塔梁墩固结）和边跨设置辅助墩；通过适当调节减小边跨索距、增大边跨拉索面积提高拉索刚度，也会对刚度的提高有较为明显的效果。

2. 四塔斜拉桥的刚度与稳定分析

国内外已经建设和正在修建的四塔斜拉桥中，对于常规的密索多塔斜拉桥，希腊Rion-Antirion桥最具特色，特别是采用的金字塔式索塔，是刚性塔设计的典型代表作。

希腊Rion-Antirion桥位于地壳运动的强地震带，要同时考虑整体刚度问题和结构抗震稳定性问题，全桥跨径布置为(268+3×560+268)m，总长2 252m，是当时世界上最长的多塔斜拉桥。在索塔的设计中，为了克服在强地震时塔顶过大的水平位移和塔根的弯矩，采用了金字塔式的截面尺寸为4m×4m的四腿柱的空间框架塔形并设置抗震的阻尼器，一方面有效地提高了索塔的刚度，另一方面也保证在强地震时塔柱内仅发生塑性铰，基础和桥塔如图3所示。在主梁形式与拉索刚度配合方面，主梁采用结合梁形式，增加自重并加大刚度；拉索通过适当加大截面面积来提高自身刚度，两者相互协调，从而有效控制了结构体系的整体刚度。此外，主桥由于采用了全漂浮体系的连续结构，纵向位移基本不受约束，在主桥两端为纵向可摆动的钢排架。

a)　　b)

图3　希腊Rion-Antirion桥基础和桥塔

国内外四塔斜拉桥结构体系与特点见表2。

国内外四塔斜拉桥的结构体系与特点　　表2

序号	桥名	国家	主跨(m)	结构体系	加强结构刚度与稳定的方法	通车年份
1	Sunniberg桥	瑞士	128+140+134	PC箱梁	梁塔墩完全固结，桥台处无伸缩缝，采用部分斜拉桥	1998
2	木曾川桥	日本	275×3	结合梁	提高主梁刚度，采用部分斜拉桥	2001
3	Rion-Antirion桥	希腊	560×3	结合梁，双索面全漂浮体系	采用接近刚性塔的金字形塔4腿柱塔；加大梁重，加大拉索面积	2004
4	山东济阳黄河大桥	中国	195+216+195	PC箱梁	塔梁固结，塔墩分离体系，墩顶设支座，全桥设一处制动墩，采用部分斜拉桥	2008
5	金耳大桥	加拿大	242×3	结合梁，双索面	提高主梁刚度，索塔采用低高度H形截面	2009
6	赤石大桥	中国	380×3	PC箱梁，双索面，半漂浮体系	边塔支承，中塔塔梁墩固结	在建

从表2可以看出，对于四塔斜拉桥，提高结构体系刚度与稳定性的主要的措施有：增加中塔刚度如中塔处塔梁墩固结、选择合适的主梁截面形式、增大拉索面积以及采用部分斜拉桥等。

3. 四塔以上的多塔斜拉桥的刚度与稳定分析

四塔斜拉桥的设计与建造中，部分斜拉桥结构形式的优点已经有所体现，见表3。对于四塔以上的多塔斜拉桥，部分斜拉桥形式的优点体现得更为突出，如五塔的揖斐川桥、六塔的公铁两用桥郑新黄河大桥、七塔的开封黄河二桥等均采用了部分斜拉桥形式。下面以揖斐川桥为例，结合四塔的木曾川桥介绍部分斜拉桥对整体刚度地影响。

揖斐川桥与木曾川桥两桥均采用采用多塔结合梁及部分斜拉桥的结构型式。与其他斜拉桥相比，两座桥的塔高较矮，塔身结构简单；斜拉索应力变化幅度小，可采用较高的应力，一般情况下，斜拉桥拉索的应力为标准强度的0.4～0.45倍，而部分斜拉桥可用至0.5～0.6倍，从而减少钢材用量，降低造价；主梁抗弯刚度大；整体刚度大，变形小；对控制塔顶水平位移及梁的变位与稳定性也较为有利。根据对日本10座跨度为100～200m级的混凝土斜拉桥的统计，结果发现部分斜拉桥的斜拉索应力变动幅度只有斜拉桥的1/3左右。所以，对于中等跨径的多塔斜拉桥，部分斜拉桥形式是解决多塔斜拉桥整体刚度问题的优选方案。

对于常规的多塔斜拉桥形式，塔数的增加将会带来众多的挑战，目前在建的位于钱塘江河口段的嘉绍大桥为了降低对钱塘江的影响，采用六塔独柱式结构形式，全长2 680m，如图4所示。建成后将成为世界上最长的多塔斜拉桥。然而由此结构形式所带来的全桥结构体系的刚度与稳定问题以及长主梁温度效应问题尤为突出且富于挑战性。

针对独柱式索塔形式所带来的结构体系刚度与稳定的问题，设计者借鉴Morandi体系的原理，采取在塔处设置双支点的方案，对索塔两侧主梁受活载作用下的位移加以限制，使得由主梁传递到上塔柱的荷载比例降低，如图5所示。减小上塔柱的内力和变形，达到控制索塔刚度的目的。另外，该桥还在边跨设置一个辅助墩，约束边塔的变形，从而在一定程度上提高了结构的整体刚度，并增大了结构的整体稳定性。

图4 嘉绍大桥六塔斜拉桥的效果图

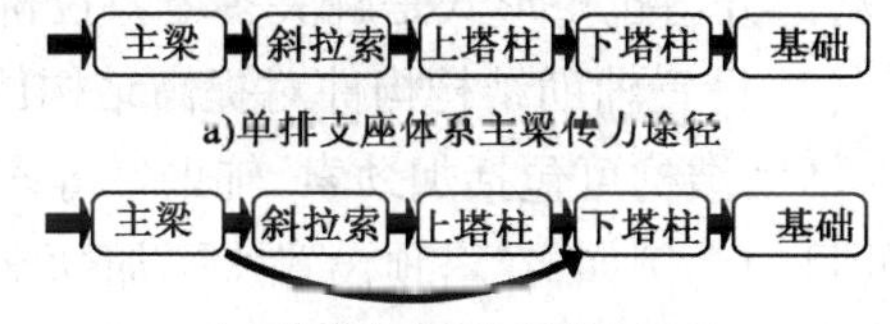

图5 单排支座体系和双排支座体系主梁传力途径比较

对于长主梁的温度效应问题，设计者受到美国Oakland海湾大桥引桥中刚性铰构造的启发，在全桥跨中设置伸缩缝，伸缩缝处主梁采用刚性铰构造，可以释放主梁两端的纵向相对位移，同时约束主梁两端的竖向、横向及转角相对变形，从而有效控制温度效应。

国内外四塔以上的多塔斜拉桥的结构体系与特点见表3。

国内外四塔以上斜拉桥的结构体系与特点 表3

序号	桥名	国家	主跨(m)	结构体系	加强结构刚度与稳定的方法	塔数	通车年份
1	揖斐川桥	日本	271.15×4	结合梁	提高主梁刚度，采用部分斜拉桥	5	2001
2	台湾斗山2号高架桥	中国	140×4	PC箱梁	部分斜拉桥	5	在建
3	郑新黄河大桥	中国	168×5	组合梁	部分斜拉桥	6	2010
4	嘉绍大桥	中国	428×5	钢箱梁，半漂浮体系	索塔与主梁间设双排支座，塔墩固结，设置辅助墩，全桥跨中设置一个钢芯刚性铰	6	在建
5	Millau Viaduct桥	法国	342×6	钢箱梁，塔墩间设双排支座，单索面	墩柱顶设计为双薄壁墩以适应纵向变位，增加主梁和主塔的刚度，塔梁固结	7	2004
6	开封黄河二桥	中国	140×6	PC箱梁	部分斜拉桥	7	2006

从表3中可以看出,对于四塔以上的多塔斜拉桥主要提高刚度与稳定性的措施是采用部分斜拉桥形式,特别对于铁路桥,如郑新黄河大桥,部分斜拉桥形式是最佳的选择。在边跨设置辅助墩只能约束边塔的变形,提高刚度与稳定性的能力有限。

三、提高多塔斜拉桥结构体系的整体刚度与稳定性的对策研究

提高多塔斜拉桥结构体系的整体刚度与稳定性的问题,主要从三方面入手,即:需要分别研究塔、索、梁的构件刚度,对提高结构整体刚度与稳定性的作用;采用部分斜拉桥结构体系,对整体刚度的作用;还有设置辅助结构对整体刚度的作用。

(1)塔、索、梁构件的刚度对高结构体系的整体刚度与稳定性的作用

索塔是斜拉桥非常重要的组成部分,塔顶的变位直接影响全桥的整体刚度,而塔顶的变位主要由荷载作用下塔顶位移,拉索自身伸缩引起的位移和主梁徐变引起的塔顶位移等组成。提高索塔刚度,控制塔顶位移;提高拉索刚度,控制在外荷载作用下拉索自身的伸缩;选择合适的主梁形式,减小主梁徐变效应,均可以提高结构体系的整体刚度与稳定性。

(2)采用部分斜拉桥结构体系对提高结构体系整体刚度与稳定性的作用

从结构的布置形式上看,部分斜拉桥有塔矮、梁刚、索布置集中的特点;从受力原理上看,它是以梁的受弯、受压和索的受拉来承受竖向荷载,斜拉索在对竖向荷载的抗力中只起部分作用而不是全部作用,其"部分"的程度与斜拉索刚度和主梁刚度的比值有关。由于受力分配没有常规斜拉桥集中,部分斜拉桥拉索应力变化幅度小;主梁抗弯刚度大;整体刚度大,变形小;对控制塔顶水平位移及梁的变位较为有利。所以,部分斜拉桥形式是解决多塔斜拉桥整体刚度问题的一种重要方法。

(3)设置辅助结构构件对提高结构体系整体刚度与稳定性的作用

辅助结构可包括加劲索、辅助墩等多种结构形式,在合理的位置设置辅助结构可以达到增加整体刚度的目的。例如,在塔顶设置水平加劲索,在塔顶与相邻塔底之间设置倾斜加劲索或者在各中间跨跨中设置交错索等均可以在一定程度上控制索塔刚度,进而提高整体刚度。再如,在边跨设置辅助墩,能在一定程度上降低多塔斜拉桥的塔顶水平位移、跨中挠度、跨中弯矩和塔根弯矩,达到提高结构刚度与稳定性的效果。

四、结　　语

通过对已有多塔斜拉桥结构体系的总体刚度与稳定性的对策的总结和归纳,可得到以下几点结论:

(1)增大斜拉桥索塔的刚度,特别是增大中间索塔的刚度,可以简单有效地控制索塔塔顶纵向水平位移,进而可以降低主梁的弯矩和变形,并能控制索塔塔中的压弯效应,达到提高结构整体刚度与稳定性的目的。

(2)增大斜拉桥拉索的刚度,对三塔斜拉桥适当增大边跨背索的横截面面积或减小边跨背索间距,配合主梁的形式;对四塔斜拉桥选取合适的主梁形式,并适当加大拉索面积,均可以较为明显地提高结构整体刚度与稳定性,达到经济有效的目的。

(3)对于三塔斜拉桥而言,设置边跨辅助墩在一定程度上可以较为明显的提高结构整体刚度与稳定性;对于四塔及四塔以上的斜拉桥,基本不采用设置边跨辅助墩来提高结构整体刚度与稳定性。

(4)对于中等跨径的多塔斜拉桥,特别是四塔及四塔以上的多塔斜拉桥,采用部分斜拉桥设计方案,是解决结构体系的总体刚度与稳定性问题的一种好方法与对策。

参考文献

[1] Junqing Lei, Lin Yu, THEORIES AND PRACTICES FOR 30 YEARS MODERN CABLE-STAYED BRIDGE CONSTRUCTIONS IN CHINA , The Hong Kong Institution of Engineers International Confer-

ence on Bridge Engineering - Challenges in the 21st Century, November 01 - 03, 2006

[2] 赵磊,雷俊卿. 矮塔斜拉桥主要结构参数分析,2006 全国桥梁学术会议论文集. 北京:人民交通出版社,2006.

[3] 王伯惠. 斜拉桥结构发展和中国经验(上)[M]. 北京:人民交通出版社,2004.

[4] 邵长宇. 夷陵长江大桥三塔斜拉桥结构体系及性能研究[J]. 工程力学,2000.

[5] 陈亨锦,王凯,李承根. 浅谈部分斜拉桥[J]. 桥梁建筑,2002.

[6] 喻梅,李乔. 结构布置对多塔斜拉桥力学行为的影响[J]. 桥梁建设,2004.

[7] 金立新,郭慧乾. 多塔斜拉桥发展综述[J],公路,2010.

[8] 楼庄鸿. 多孔斜拉桥[J]. 公路交通科技,2002.

31. 大跨径拱桥建造技术的发展

张　鸿[1,2]　胡冬勇[1,2]　罗自立[1,2]　杨炎华[1,2]　荀东亮[1,2]　周仁忠[1,2]

(1. 中交第二航务工程局有限公司;2. 长大桥梁建设施工技术交通行业重点实验室)

摘　要　随着高强优质新材料的发展、结构分析方法和计算机技术的应用、设计理论的不断完善、新的施工方法和工艺的使用,拱桥这一古老桥型的跨径记录被不断刷新,文章跟踪总结了世界前十大跨径拱桥。分析了拱桥的理论极限跨径,目前拱桥跨径正在向600m 冲刺。

文章总结了拱桥的施工技术,拱桥的施工可以根据不同的施工条件采用不同的施工方法,主要有支架施工法、缆索吊装法、平转法、竖转法、顶推法,以及几种方法综合应用的施工方法。

以我单位近年来施工的三座大跨径钢拱桥为例,分析了近年来大跨度拱桥施工技术的进展和创新。重庆朝天门长江大桥是目前世界上最大跨度的拱桥,采用拱梁吊机悬臂安装,并辅以斜拉扣挂系统和临时系杆进行施工;九堡大桥是世界上首座拱梁整体顶推的大跨度拱桥,设置临时墩,采用独有专利——步履式顶推系统从岸边向江中心三跨连拱整体顶推,目前整体顶推已经取得成功;明州大桥首次采用采用双肢中承式钢箱系杆拱桥。边跨三角区采用吊机施工,中跨采用缆索吊无支架施工,并辅以斜拉扣挂系统。三座大桥中有两座拱桥进入世界十大拱桥之列,它们桥型各异,其施工方法变化多样,体现了拱桥的多样性和适应性。文章对大跨径钢拱桥的施工具有借鉴意义。

关键词　大跨径拱桥　建造技术　创新　进展　朝天门大桥　九堡大桥　明州大桥

一、大跨径拱桥发展概况

拱桥是桥梁最基本的结构形式之一,已经过 2500 多年的发展。近年来,随着高强优质新材料的应用,结构分析方法和计算机技术的发展,设计理论的不断完善,新的施工方法和工艺的使用,使拱桥这一古老桥型的跨径记录被不断刷新,并重新进入到大跨径桥梁方案比选的竞争行列中来,在某些条件下与梁式桥和斜拉桥等桥型相比愈来愈有竞争力。

从经济角度来说,在现代大跨拱桥中,钢筋混凝土拱桥与钢—混凝土组合拱桥是最具竞争能力的两种桥型。评价拱桥的技术进步,跨径是重要指标之一,表 1 为世界前 10 大拱桥汇总。另外一些很有特色的桥如重庆菜园坝长江大桥(中承式钢桁提篮拱主跨 420m)、万县长江大桥(劲性骨架钢筋混凝土拱桥主跨 420m)、胡佛水坝大桥(上承式钢筋混凝土拱桥主跨 329m)没有列入其中。从中可以看出,大跨径钢拱桥以中承式桁架拱居多,材料以钢管混凝土、钢为主,且为自平衡的系杆拱桥为多,这应是未来大跨度拱桥的发展方向。

世界前10大拱桥(2011年5月) 表1

序号	桥名	跨径	型式	材料	国家
1	重庆朝天门大桥	552	中承式钢桁系杆拱	钢	中国
2	卢浦大桥	550	中承式钢箱提篮拱	钢	中国
3	新河谷桥(New River gorge)	518.2	上承式钢桁架拱	钢	美国
4	贝尔桥(bayonne)	510	中承式钢桁架拱	钢	美国
5	悉尼港桥	503	中承式钢桁架拱	钢	澳大利亚
6	卡特拉 Chenab 桥	480	上承式钢桁架拱	钢	印度
7	巫山长江大桥	460	中承式	钢管混凝土	中国
8	宁波明州大桥	450	中承式双肢系杆拱	钢	中国
9	湖北沪蓉西西支井河	430	上承式无铰拱	钢管混凝土	中国
10	广州新光大桥	428	中承式钢桁架拱	钢	中国

二、大跨径拱桥的极限跨径

受材料强度制约,并不能建造任意长大跨径的桥梁。那么,拱桥的极限跨径到底是多少,亦即当跨径超过多大限度时,在方案比选中就可放弃对该种桥型的考虑,这是桥梁设计者们十分关心的问题。

已经有学者对理想情况下拱桥的极限跨径进行了讨论[1]。其分析认为钢桁架拱桥的跨径可以达到660m,钢肋拱的跨径可以达到420m。另有一些学者如夏敏[2]等认为:在理想条件下,二次抛物拱轴线的极限跨径1911m(表2),悬链线拱轴线的极限跨径2 112m。

二次抛物线钢拱桥的极限跨径(单位:m) 表2

钢材	矢跨比					
	1/3	1/4	1/5	1/6	1/7	1/8
Q345	1 834	1 911	1 864	1 763	1 646	1 529

实际上,如果考虑稳定性、支撑构件以及几何非线性等因素,拱桥跨径达不到理论跨径。根据表1的实例,目前拱桥的跨径可以向600m冲刺。

三、大跨径拱桥施工技术的进展和创新

拱桥的施工可以根据不同的施工条件采用不同的施工方法,主要有支架施工法、缆索吊装法、平转法、竖转法、顶推法,以及几种方法综合应用的施工方法。

1. 支架施工法

有支架施工法就是在桥位处先按钢管拱肋的设计线形和预留拱度值,拼装好膺架,于膺架上就位拼装、焊接成拱的施工方法。膺架可以采用满堂式或分离式,或者两种方式相结合。支架施工法通常在拱肋离地面不高、桥下无水或水位不深、施工条件较好的情况下采用。

2. 缆索吊装施工法

缆索吊装施工法就是根据缆索吊机的吊装能力,将拱肋分段预制,由缆索吊机先将两拱脚段吊装就位,并用扣索将其固定,再依次吊装其余各段并与先吊段对接,直至吊装完毕。吊装时应跟踪监控,要求对位准确、焊接可靠、拱轴线形满足设计要求。缆索吊装法特别适合于跨越峡谷的大跨度拱桥的施工,拱肋及材料运输较为方便,索塔塔身也不需太高,较为经济。

3. 平转施工法

平转施工法就是将拱圈分为两个半拱,分别在两岸偏离桥位的位置,利用山体、岸坡或引桥的桥墩设置膺架,拼装拱肋和拱上立柱,形成半拱,然后水平转体就位,再拼装合龙段成拱。水平转体法施工的技术关键为球铰系统、转动牵引系统、平衡防倾系统等。

4. 竖转施工法

竖转施工法就是先在拱顶附近将主拱圈一分为二，并以拱趾为旋转中心，将设计拱轴线垂直向下旋转一定角度，将拱顶合龙端置于地面或浮船上，这样即可在较低的膺架上拼装两个半拱。待两半拱拼装完成后，由两副墩顶扒杆分别将其拉起，在空中对接合龙。竖转吊装的技术关键为旋转系统、起吊平衡系统和扒杆地锚系统等。

5. 顶推施工法

顶推施工法是采用拖拉或顶推方式，在滑板上，将拱桥水平顶推前进就位的一种方法，顶推施工法采用机械顶推的方法，不需要扣挂系统，能降低拱桥建设费用、降低了施工风险、提高了施工速度，使拱桥更快、更好、更多地修建。其他综合方法不再赘述。

四、重庆朝天门大桥施工技术

1. 大桥概况

重庆朝天门长江大桥[3]是目前世界上最大跨度的拱桥。位于重庆市朝天门港下游约 1.71km 处，西连江北城，东接南岸弹子石，全长 1.741km。主桥上部结构设计为三跨连续中承式钢桁系杆拱桥，跨径布置为 190m + 552m + 190m，双层桥面，上层为双向六车道和人行道，总宽 36m，下层中间为双线城市轨道交通，两侧各设一个 7m 宽的汽车车行道。

两桁拱肋中心距 29m，拱顶至拱脚高 142m，拱肋下弦线形为二次抛物线，矢高 128m，矢跨比 1/4.3125，中跨拱肋上弦也采用二次抛物线，与边跨上弦之间用 $R = 700\text{m}$ 的反向圆曲线过渡南北中支点各设两个 145 000kN 的球形铰支座，边支点各设两个 12 500kN 球形铰支座（图 1）。

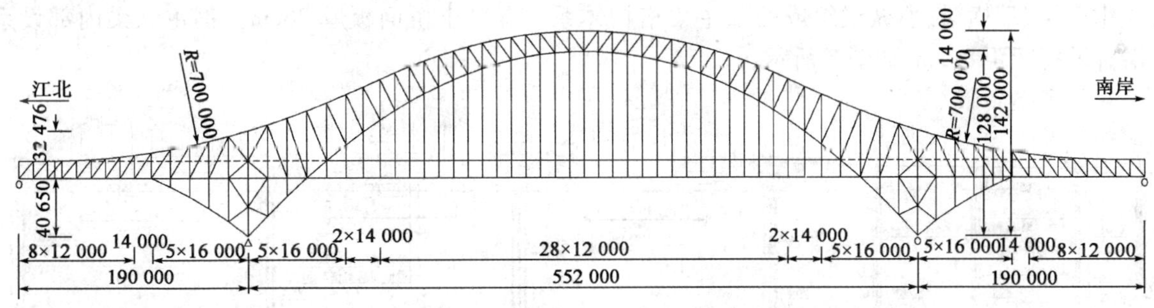

图 1 朝天门大桥主桥上部结构立面布置图（尺寸单位：mm）

2. 总体施工方案

朝天门大桥的总体施工方案[4]：

（1）钢桁构件按设计无应力长度在工厂加工制造，完成试拼装后，运输至施工现场，将杆件与前端节点板预拼成吊装单元，用拱上爬行架梁吊机安装。

（2）桁拱从两侧边支点向跨中悬臂拼装，为控制结构内力和安装线形，边跨钢桁梁安装时搭设三个临时墩支承，用布置在边墩旁的 10 000kN · m 塔吊作为起重设备在膺架上安装 1 号、2 号节间，安装调试拱上爬行架梁吊机，边跨其余节间的构件均用架梁吊机悬臂安装。

（3）中跨钢桁梁分三个阶段安装：第一阶段用架梁吊机悬臂安装 7 个节间的所有主结构构件，顶升边支点，强制脱空边跨临时墩，形成简支悬臂外伸梁的受力体系；第二阶段用架梁吊机悬臂安装中跨桁拱和吊杆，实现桁拱跨中无应力合龙后，安装临时系杆，形成内部带系杆拱的三跨连续梁受力体系；第三阶段用 900t · m 桥面吊机安装中跨永久系杆和桥面梁系。

（4）中跨桁拱悬臂安装过程中在中支座上弦节点处安装扣塔，设两对扣索，控制中跨悬臂安装过程中主结构内力和变形。

（5）借用中跨 2 个钢系杆节间构件，先安装在边支点外侧，与边跨 1 号、2 号永久节间一起构成压载布置区域，用预制混凝土块压载，平衡悬臂安装倾覆力矩，倾覆稳定系数大于 1.3。

(6)桁拱合龙后,在中跨下弦E17节点处安装临时系杆,形成系杆拱受力体系,安装中跨钢系杆,通过调整临时系杆拉力或者强迫南中支座位移的方式,实现钢系杆跨中无应力合龙。

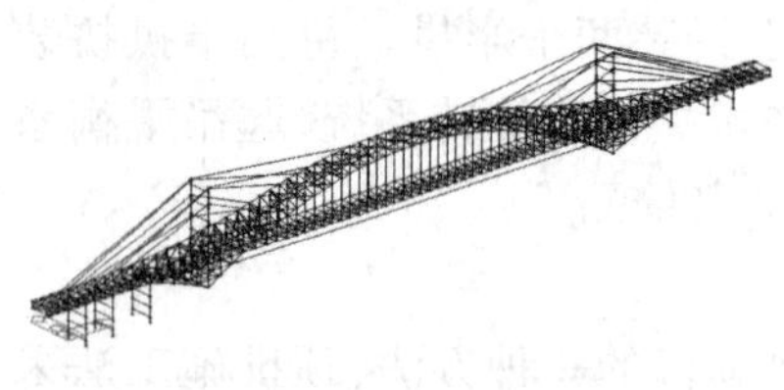

图2　朝天门大桥施工分析模型图

3. 施工分析

采用midas软件,对全桥建立空间有限元仿真模型,其中主桁杆件、主桁纵向联结系、主桁横向联结系和刚性系杆采用梁单元,吊杆单元、体外预应力束采用只受拉杆单元模拟,施工过程中的辅助措施临时系杆和扣塔斜拉索采用只受拉索单元模拟。如图2所示。具体计算结果及控制措施可参见文献[5]。

五、九堡大桥施工新技术

1. 九堡大桥概况

九堡大桥[6]属于杭州湾上规划建设的十座大桥之一,位于钱江二桥下游5km,钱江六桥上游8km。九堡大桥主桥为3跨钢混组合体系连续钢拱桥,跨径布置3×210m=630m。桥面标准宽31.5m,主桥桥面宽37.7m。

主桥上部结构为3×210m三孔连续结合梁—钢拱组合体系拱桥,为"V"形墩支撑,"V"形墩间长22m连续梁连接,单孔净支承跨径188m。拱肋系由主拱肋、副拱肋、主副拱肋之间的横向连杆以及拱顶横撑等构件组成。主拱肋外倾12°,立面矢高43.784m。副拱肋轴线为空间曲线,立面矢高33m。主拱采用矩形截面,宽2.2m,高3.2m;副拱采用方形截面,边长1.5m,主副拱肋之间的横向连杆采用圆钢管,间距8.5m。拱桥主梁为等截面钢—混凝土结合梁结构,全高4.5m,全宽37.7m。结合梁为主纵梁(闭口边拱梁)、中横梁、端横梁、小纵梁组成的双主梁格构体系。混凝土桥面板厚26cm。钢主纵梁内部设系杆索。拱桥吊杆间距8.5m,如图3所示。

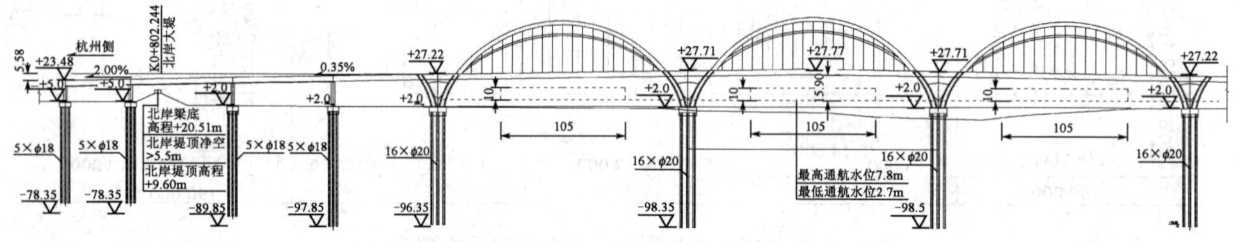

图3　九堡大桥主桥结构简图

2. 施工计算

采用ansys大型通用有限元软件[7]建模,根据主桥顶推过程顶推分析的最不利工况。主梁杆件结构采用BEAM188单元模拟;导梁横撑通过等效刚度采用BEAM4模拟。为了精确的模拟全桥顶推的过程,分析各个参数在顶推全过程中的变化规律,找出顶推过程中最不利工况的精确位置,对全桥进行每0.5m顶推的计算分析,全桥顶推总距离922m,计算工况1 860个。

根据计算,得到了顶推墩的反力时程曲线、主梁、主拱、导梁的应力和变形情况。主梁在顶推过程中的下缘最大弯应力为203MPa,上缘最大弯应力为163.97MPa。主拱最大弯应力为145MPa;后导梁在顶推过程中的最大竖向变形为33.41cm;前导梁在顶推过程中的最大竖向变形为38.79cm。

3. 九堡大桥主要施工方法

九堡大桥是世界上首座梁拱整体顶推的大跨度拱桥。其主要的施工工艺为:下部结构桩基、承台、墩身施工完成后,在后场陆地上搭设拼装支架平台,钢拱梁先梁后拱分节段在拼装平台上拼装成形,单孔钢拱梁拼装主要包括拱梁节点、主纵梁、小纵梁、端横梁、中横梁、主钢拱肋、副钢拱肋、连杆、临时撑杆。主副拱拼装完成后,安装临时支撑,拆除拱肋支架,采用顶推工艺将该孔钢拱梁顶推出拼装平台,然后拼装下一孔钢拱梁,再将其顶推出拼装平台,最后拼装第三孔钢拱梁。三孔钢拱梁全部拼装完成后,整体顶推到位。

(1)顶推路线的确定

主桥三跨钢拱梁为半径 90 000m 的竖曲线,为控制顶推时结构受力,主桥顶推施工选择半径为 90 000m的圆曲线为顶推路线。为减少顶推到位后的落梁高度,顶推施工时考虑支座垫石后浇,主墩各墩顶高程加顶推设备高度即为顶推时梁底高程,引桥墩旁支架、水上临时墩、陆上顶推墩等高程根据 90 000m的圆曲线半径调整高程。

(2)顶推设备

针对九堡大桥结构特点和三跨拱梁整体顶推,拖拉式顶推楔进式顶推设备系统均不能满足大桥工程要求,需研发新型顶推设备——步履式平移顶推系统(已经申请专利),该系统集合拖拉式顶推系统和楔进式顶推系统的优点,设备滑移面从主梁底部转到设备内部,实现完全的自平衡顶推;顶推设备具有竖向、顶推及横向调位三项调整系统;系统采用集中控制,实现高度自动化顶推施工。

九堡大桥钢拱梁安装采用整体多点顶推方式,沿桥方向布置顶推设备,顶推施工时在每个桥墩上对称布两套顶推装置进行顶推,顶推装置布置原则是在需要布置顶推设备的引桥墩及临时墩上每墩两套为一组,在墩顶的上、下游对称布置;主墩"V"型墩顶四套为一组,在墩顶的南、北向、上、下游各布置一套;主桥最多共 10 个桥墩(含 3 个临时墩)同时顶推,共需 20 套顶推装置。应对以下几个工况进行重点控制:导梁过墩;拱梁(/导梁)尾部离墩;主梁拱落梁控制;吊杆安装控制。

4. 九堡大桥施工的特点与难点

(1)拱梁起重结构件大,吨位重,起重高度高,吊装设备较难选择,通过门吊、塔吊及桥吊等方案对比,现在选择门吊为起吊设备。

(2)现场焊接量较大,现场拼装焊接工艺要求高,钢拱梁拱肋设计为空间扭曲线,加工制作难度大,线形难以控制。

(3)拱肋支架高约 70m,吊装困难,在拱肋及风荷载作用下,支架变形难以控制,拼装精确调位困难,安全风险大。

(4)三孔钢拱梁带拱整体顶推,国内尚无成熟施工经验可以借鉴,施工中的意外因素难以估计,顶推施工难度大。

(5)主跨跨径 210m,中间仅设计一个临时墩,引桥墩跨径也有 90m,顶推施工悬臂大,主梁受力复杂,应力大,各类变形难以有效控制,施工难度大,安全风险高;三跨带拱顶推重心高,顶推时易发生失稳,且顶推时间要遇台风季节,安全风险大

六、明州大桥施工技术

1. 明州大桥概况

明州大桥为城市快速干道,工程桩号 K3 + 558. 8 ~ K4 + 889. 23,线路长约 1. 33km,包括主桥、引桥及引道。其中主桥长 650m,跨径布置为 100m + 450m + 100m。箱形拱肋采用钢箱结构,加劲梁采用正交异性桥面板钢箱梁,主跨下肢拱矢跨比 1/5,加劲梁通过吊杆及立柱支承于拱肋之上,中跨加劲梁的两端支承于中跨拱梁交汇处的横梁上,端支承为纵向滑动支座,横向和纵向设置阻尼限位装置。边跨加劲梁分别在中跨和边跨的拱梁交汇处与拱肋固结。主桥两边跨端横梁之间布置水平拉索,以平衡中跨拱肋的水平推力。主桥结构总体布置如图 4 所示。

主桥采用双肢中承式钢箱系杆拱桥,在特大型桥梁中属首次采用,其外形独特,气势宏伟,标志性强。针对双肢拱桥的受力特点,在施工过程中通过对上下肢拱受力的主动调整和控制,改善优化了大桥在成桥状态下的受力性能。

2. 明州大桥施工方法

(1)三角区总体施工工艺

三角区拱肋及加劲梁采用支架拼装。拱肋内侧沿桥中轴线对称设置双线高栈桥,兼作构件滑移设施及加劲梁的拼装支架。构件在工厂加工制作后,船运至南北岸现场,由浮吊吊置于高栈桥滑移装置上。

拱肋、立柱、斜撑沿栈桥滑移到安装位置附近后，由履带吊或汽车吊安装就位；加劲梁、中横梁沿栈桥直接滑移到安装位置，利用千斤顶调整就位。

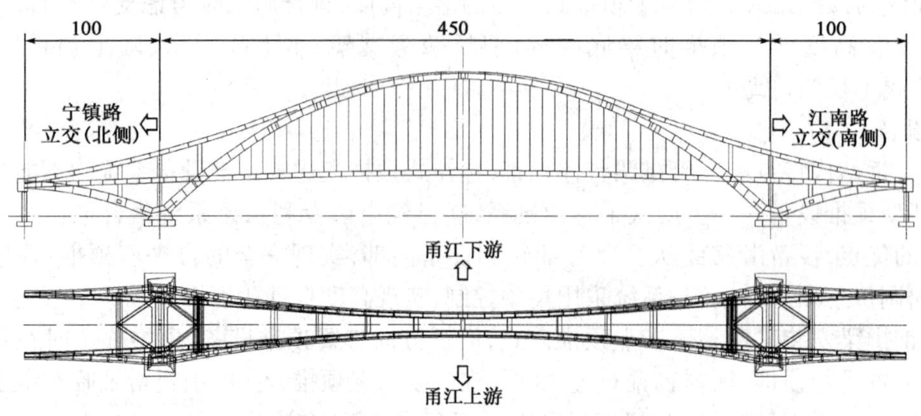

图4 主桥桥跨布置图(尺寸单位:m)

(2)中跨总体施工工艺

根据明州大桥的地理环境条件及大桥结构形式的特点，中跨拱肋吊装采用两塔单跨缆索吊装法[8]，辅以斜拉扣挂系统。

索塔采用索扣合一形式，全桥共设置2个临时索塔。采取150m + 450m + 150m跨径组合的缆索系统。采用两组独立的主缆索起重系统，主索总设计吊重能力2 200kN，主索设计矢跨比1/16。索塔及缆索系统均按照台风期20年一遇风速进行设计。

中跨拱肋及加劲梁均利用缆索吊装系统对称安装。无横撑拱肋节段采取单肋分别吊装，有横撑拱肋节段采取双肋吊装；拱肋吊装就位后及时挂设上下游风缆，并张拉扣索。

3. 明州大桥施工的特点和难点

主桥施工集拱桥、斜拉桥、悬索桥三种桥型施工工艺为一身，施工工艺复杂，结构体系转换频繁，技术难度大。主桥采用双肢钢箱提篮拱结构，空间关系交错，节点位置构造复杂。

边跨三角区主拱和桥面加劲梁采用支架法施工。三角区特殊构件多，包括尾端锚碇节段、端横梁、中跨拱梁结合段及中横梁等。由于三角区特殊构件体积、重量庞大，形态各异、空间位置交错，大型吊装设备使用又受限，构件只能水运到场，需经历卸船、拼装、转运、吊装、姿态调整、精确定位等过程，对临时结构、施工顺序、工艺措施提出了较高要求。

中跨主拱采用临时塔架的扣索法悬拼施工。由于航空限高150m，塔架的高度受限，扣锚索角度小，导致扣锚索索力和塔架受力增大。塔架规模庞大，总重超过6 000t。中跨主拱上下肢需同步安装，安装线形控制难度大。中跨主拱和桥面加劲梁采用400t缆索吊起吊、安装，它是目前国内在建最大吊重的缆索吊。

七、结　　语

文章分析了拱桥的理论极限跨径，跟踪总结了世界前10大跨径拱桥。目前拱桥跨径正在向600m冲刺。文章总结了拱桥的施工技术。

以我单位近年来施工的三座大跨径钢拱桥为例，分析了近年来大跨度拱桥施工技术的进展和创新。重庆朝天门长江大桥是目前世界上最大跨度的拱桥，采用拱梁吊机悬臂安装，并辅以斜拉扣挂系统和临时系杆进行施工；九堡大桥是世界上首座拱梁整体顶推的大跨度拱桥，设置临时墩，采用独有专利——步履式顶推系统从岸边向江中心三跨连拱整体顶推，目前整体顶推已经取得成功；明州大桥首次采用采用双肢中承式钢箱系杆拱桥。边跨三角区采用吊机施工，中跨采用缆索吊无支架施工，并辅以斜拉扣挂系统。三座大桥中有两座拱桥进入世界十大拱桥之列，它们桥型各异，其施工方法变化多样，体现了拱桥的多样性和适应性。文章对大跨径钢拱桥的施工具有借鉴意义。

参考文献

[1] 李晓辉,陈宝春.大跨径钢拱桥的发展[J].世界桥梁,2007,1:9-12.
[2] 夏敏.拱桥极限跨径研究[J].交通科技,2005,6(213):39-42.
[3] 荀东亮,武向东,邓吉海.朝天门大桥关键临时结构的施工与监控[J].钢结构,2010,3(25):72-75.
[4] 汪存书.朝天门长江大桥主桥上构总体施工方案比选[J].山西建筑,2009,3:316-317.
[5] 孙吉飚.特大跨钢桁系杆拱桥施工过程关键控制技术研究[D].重庆:重庆交通大学,2008:12-35.
[6] 邵长宇.九堡大桥组合结构桥梁的技术构思与特色[J].桥梁建设,2009,6:42-45.
[7] 傅琼阁,胡义新,姜保宋.九堡大桥主桥顶推施工控制分析[J].施工技术,2010,8:343-348(增刊).
[8] 周超舟,姚森.大跨度中承式双肢钢箱系杆提篮拱桥施工方案研究[J].桥梁建设,2008,6:53-56.

32. 我国钢筋混凝土拱桥

楼庄鸿　王国亮　庞志华
(北京公科固桥技术有限公司)

摘　要　本文在简述了新中国建立以来拱桥的发展历程后,结合中国拱桥图鉴的编制,着重叙述了我国的钢筋混凝土拱桥;在桥型中,论述了双曲拱、箱形(肋)拱、桁式组合拱、刚架拱、系杆拱及特殊拱;在施工方法上,论述了塔架扣挂悬臂施工法(悬拼及悬浇)、悬臂桁架施工法、转体施工法(平转及竖转)以及劲性骨架施工法,这些已形成了一套有我国特色的拱桥无支架施工方法。

关键词　钢筋混凝土拱　双曲拱　箱形拱　箱肋拱　桁架拱　桁式组合拱　刚架拱　系杆拱　异形拱　斜靠拱　塔架扣挂悬臂施工法　悬臂桁架施工法　转体施工法　劲性骨架施工法

一、引　言

新中国成立以后,桥梁建设得到了较迅速的发展。就拱桥而言,20世纪50年代开始,石拱桥得到了发展,60年代初跨径即突破了百米,至今最大的是跨径146m的山西晋城丹河新桥,居世界首位。

20世纪60年代起,钢筋混凝土拱桥得到了发展,60年代双曲拱兴起;70年代箱形拱得到了发展,同时桁架拱也开始采用;80年代又发展了桁式组合拱以及刚架拱。

从20世纪90年代开始,修建了钢管混凝土拱,目前最大者是正在建设的四川泸州合江长江一桥,跨径达530m;已建成的为跨径460m的巫山长江大桥,居世界首位。

从21世纪起,钢拱得到了较迅速的发展,目前最大的是跨径552m的重庆朝天门长江大桥,居世界首位。

近日,因参加中国拱桥图鉴中的钢筋混凝土拱桥的工作,以下仅就钢筋混凝土拱桥的桥型和施工方法两个问题进行叙述。

二、钢筋混凝土拱桥的桥型

钢筋混凝土拱桥的桥型,内容丰富,种类繁多,现讨论其主要者。

1. 双曲拱

20世纪60年代无锡从改造农桥而提出双曲拱,其拱圈由拱肋、拱波、拱板及横系梁所组成,在当时缺乏钢材及吊装设备的历史背景下,对农桥改造起了很大的推动作用。后来又发展用于公路桥梁甚至曾用于铁路桥梁。最大的双曲拱是河南前河大桥,跨径150m。跨径超过100m的有12座[7]。最长的双曲拱是湖南长沙湘江大桥,至今仍在完好地运营。

但是,由于双曲拱拱圈是由肋、波、板所组成,组合截面的整体性差,界面易开裂,耐久性也较差,随着钢材的丰富及吊装能力的加强，现该桥型已趋向不用，基本完成了其历史使命。

2. 箱形拱与箱肋拱

箱型拱是大跨径拱桥中用得最多的桥型。拱圈往往由若干个箱所组成。吊装完成后，各箱腹板间及顶板上浇筑整体混凝土，形成整体拱圈。为了减轻吊装重量，预制腹板往往做得很薄，甚至以开口箱进行吊装。原来有跨径自60～100m的箱形拱定型设计图。目前最大的箱形拱是跨径420m的重庆万县长江大桥，居钢筋混凝土拱桥跨径世界之最，如图1所示。

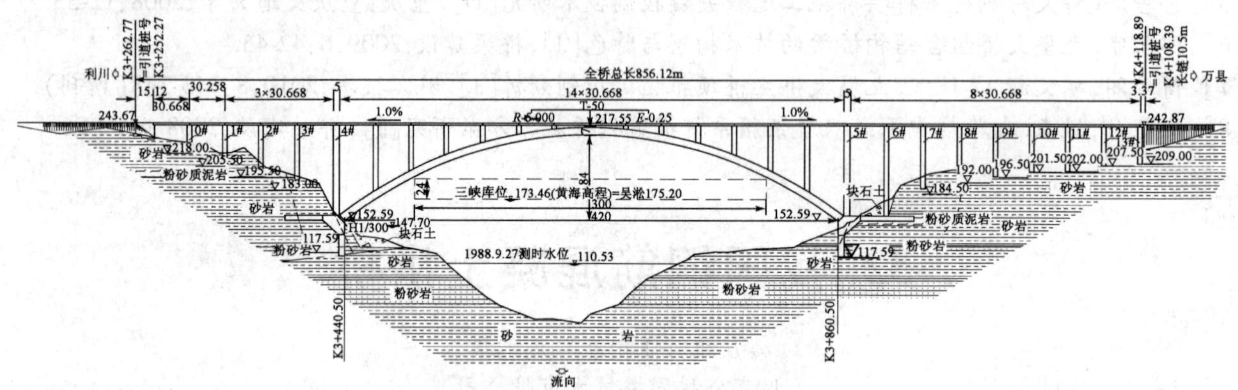

图1 重庆万县长江大桥(尺寸单位:m)

但是，箱形拱也存在一些缺点，就是腹板间浇筑的混凝土量较大，而这部分混凝土对拱承载能力的贡献相对较小。于是近年来出现了一种趋势，就是向箱肋拱发展，以减少腹板的总厚度。目前最大的箱肋拱是四川广元嘉陵江大桥[6]，跨径达350m，为上承式拱，拱圈由两个双室箱拱肋组成。如图2所示。

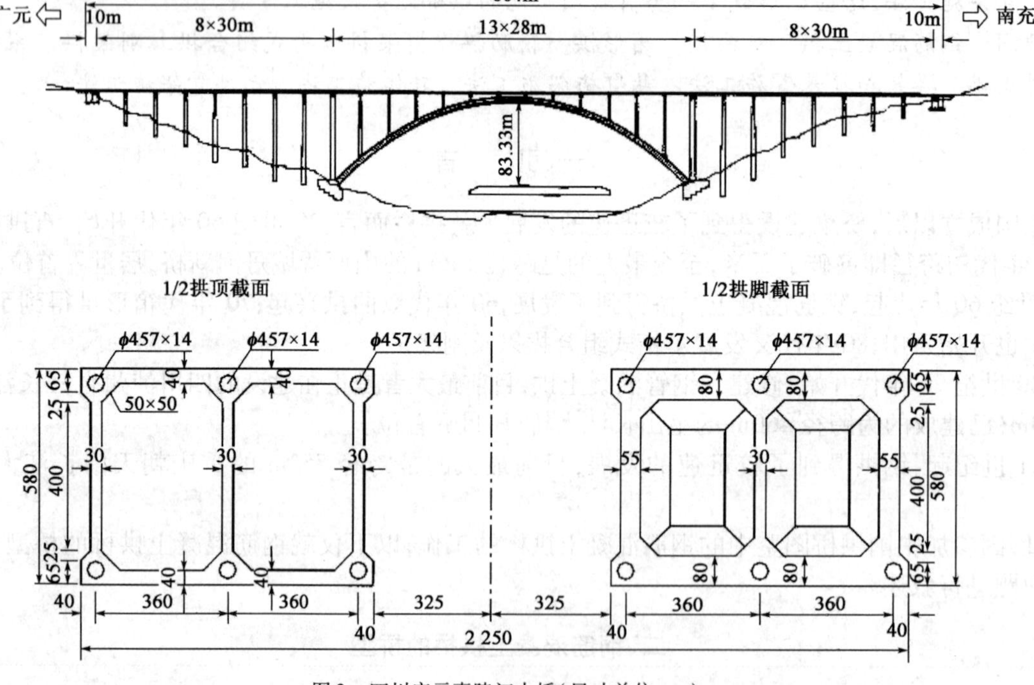

图2 四川广元嘉陵江大桥(尺寸单位:cm)

在较小跨径的钢筋混凝土拱桥中，也有采用工字形的拱肋，甚至是矩形肋和圆管形拱肋的，如盐源金河雅砻河大桥，跨径170m，采用工字形肋；跨径60m的成渝高速公路黑水函大桥，采用矩形拱肋；跨径35m的内蒙赤峰各各召桥，采用四条管形拱肋。

3. 桁架拱与桁式组合拱

桁架拱是一种轻型的拱桥，主拱圈由桁架拱片及横向连接杆件组成，上设桥面而成桥。后来也将桁架中的斜拉杆搞成预应力杆件。

在20世纪80年代，又将桁架拱发展为桁式组合拱，以适应大跨径的要求。桁片上下弦均为箱形截面，上弦分段张拉预应力束悬臂拼装桁片节段后，即安装上下弦杆的中室顶底板，形成三室箱，直至合龙。然后在约四分点附近的设计位置，解除上弦杆的预应力连接器，转换体系而成拱结构。目前最大的桁式组合拱是贵州江界河大桥，跨径达330m，如图3所示。跨径在150m及以上的已有17座。[8]

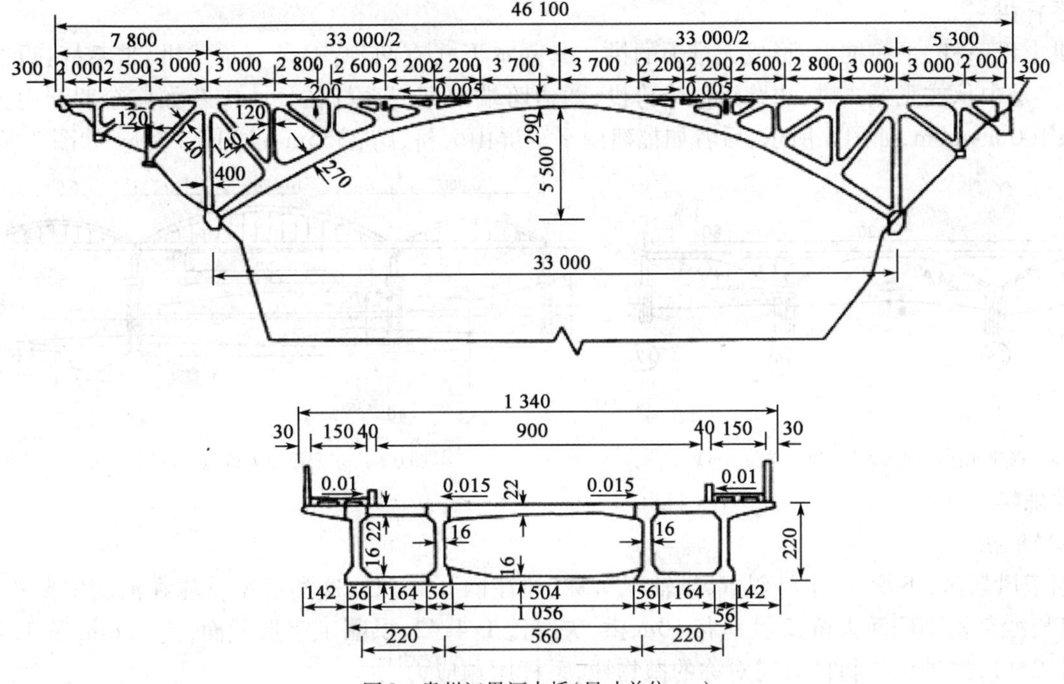

图3　贵州江界河大桥（尺寸单位：cm）

但是，由于桁架节点较多，节点较易开裂，耐久性及动力性能较差。尤其在跨径很大时，施工阶段内力很大。目前已趋向于少用。

4. 刚架拱

刚架拱也是一种轻型拱桥，主拱圈由包括拱腿、实腹段、斜撑与上弦的刚架拱片及横向连接件组成，上设桥面而成桥。与桁架拱比，杆件较少，较简洁，而适用跨径也相应减少。原来有30～60m的定型设计图。目前最大的刚架拱是跨径130m的江西太白大桥，采用平转法施工，如图4所示，最长的刚架拱是广东清远北江大桥，主桥8×70m（净跨），全长1 058.04m[17]。

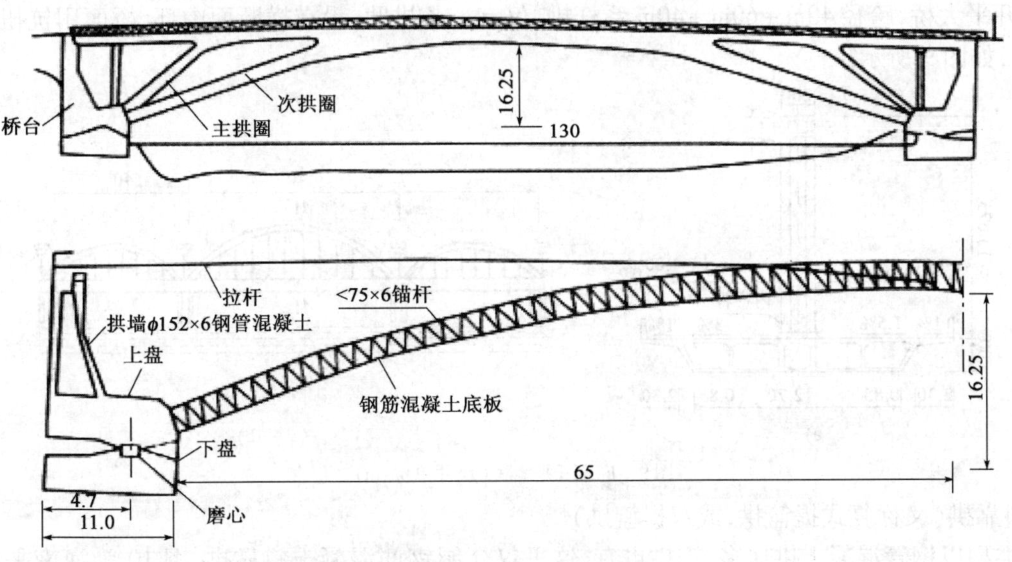

图4　江西太白大桥（尺寸单位：cm）

但是，刚架拱的上弦大小节点也较易出现裂缝，必须谨慎设计，加强节点。

福州尤溪洲闽江大桥则采用了空腹式刚架拱，如图5所示，跨径80m+120m+80m。与一般刚架拱比，取消了斜撑及墩上立柱，减少了节点；同时因空腹距离较大，布置了预应力。采用的施工方法，是设临时支墩，首先形成三角区，再悬臂施工[11]，这种新的尝试也获得了成功。

5. 系杆拱

在拱上设系杆，平衡推力，形成无推力的拱。其基本形式有两种：一是下承式拱，带系杆，设支座，放在墩上；二是中承式飞燕式拱，边跨近似半跨拱，两边跨端部间以系杆拉住。前者如广东罗浮山大桥，跨径60m+100m+60m，如图6所示，后者如福建南平玉屏山大桥，跨径55m+100m+55m，如图7所示。

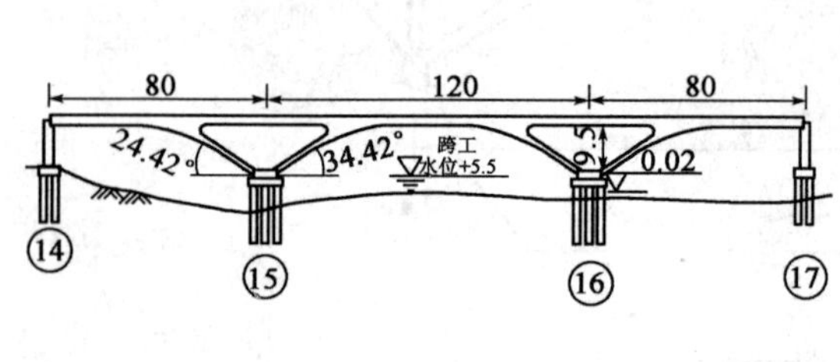

图5 福州尤溪洲闽江大桥(尺寸单位:cm)

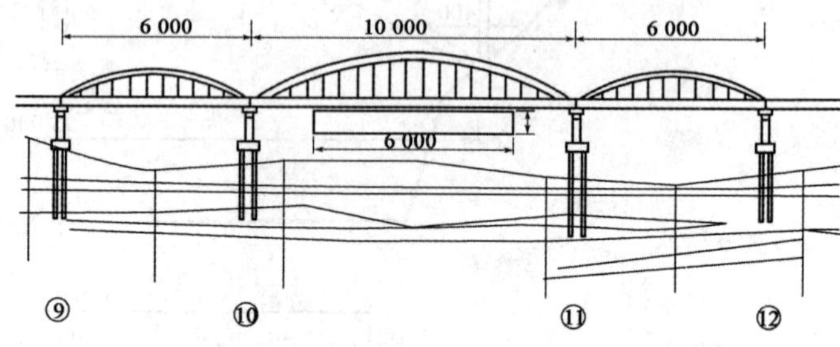

图6 广东罗浮山大桥(尺寸单位:cm)

6. 特殊拱

(1)异形拱

适用于风景区，下承式，吊杆斜置，拱轴不对称，往往两孔并列。这类桥型首先在河南安阳修建。图8为湖南长沙黄柏浏阳河大桥，2孔跨径60m拱，矢跨比1/4.42，拱圈工字形截面，高1.6m，宽1.2m。吊杆斜率1.25∶1，拱轴用与斜杆方向对称的抛物线，系杆用预应力[12]。

图7 福建南平玉屏山大桥

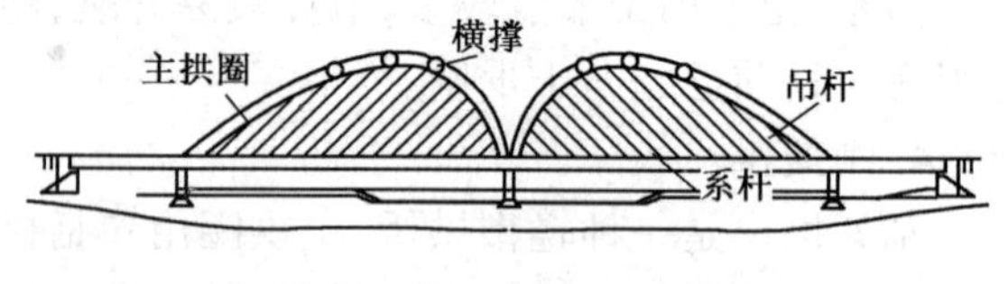

图8 湖南长沙黄柏浏阳河大桥

(2)单肋拱

广东开平大桥，跨径40m+60m+40m系杆拱，仅有一条拱肋，设在横断面中部，桥面用抗扭刚度较大的箱梁[16]，如图9所示。

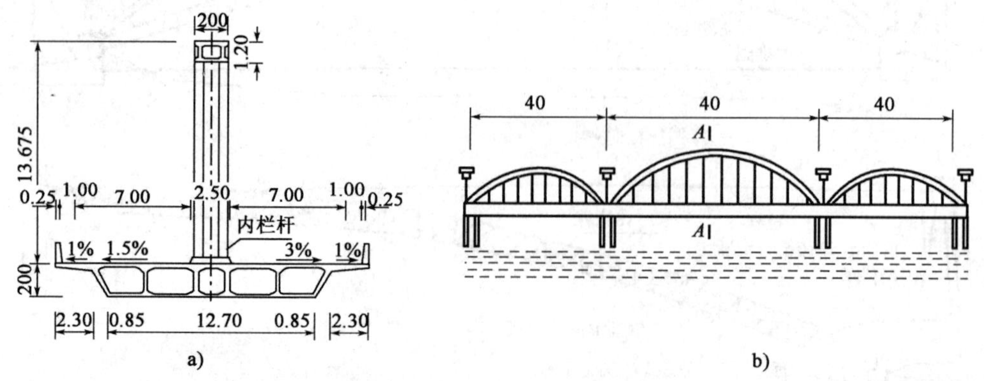

图9 广东开平大桥(尺寸单位:m)

(3)斜靠拱(又称复式提篮拱，或双提篮拱)

这种类型以钢管混凝土拱居多，钢拱也有，这里仅介绍钢筋混凝土斜靠拱，图10为河南平顶山市城东河路湛河大桥，每拱由内外两拱组成，内拱跨径120m，矢跨比1/4.44；外拱跨径92m，矢跨比1/2.8。拱轴均为抛物线。内拱向桥外侧倾斜 1°，外拱向内倾斜 8.007 5°，内外拱间用横隔梁连接，内拱间不设横撑。拱肋宽 1.5m，高 2.7m。桥面用梁格系，上设桥面板，吊杆间距 4m[13]。

复式拱肋有利于横向稳定及设景观平台，但会使构造复杂。

(4)尼尔森体系拱

所谓尼尔森体系是指中承式或下承式拱，采用交叉形吊杆者。图 11 为四川内江新龙坳大桥，为提篮拱，跨径 120m，矢跨比 1/4，拱肋高 3m，宽 2m，向内倾斜 12°，每道横梁设两根斜吊杆，其夹角为 45°。

图 10 河南平顶山市城东河路湛河大桥

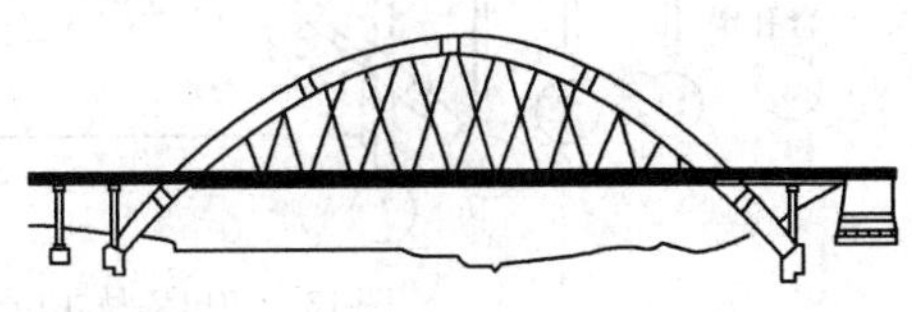

图 11 四川内江新龙坳大桥

三、钢筋混凝土拱的施工方法

大跨径拱桥的施工方法，是关系到拱桥方案能否成立，拱桥方案能否被采用的关键技术问题。无支架施工，应该是拱桥施工的发展方向。

我国采用满堂支架施工最著名的拱桥是河南许沟大桥，跨径 220m，由于跨越干沟，所以采用满堂支架施工。采用钢拱架施工的，有四川攀枝花 3006 大桥（新庄金沙江大桥），跨径 146m；后来又用在跨径 110m 的攀枝花 3005 大桥（荷花池金沙江大桥）以及跨径 170m 的 3007 大桥（宝鼎金沙江大桥）上。另一座湖南五强溪缆子湾大桥，跨径 133m，因五强溪水库开工，没有箱肋预制的场地，因此用单层贝雷架，上弦加短杆件作为拱架，并以斜拉索加劲，拼装预制拱段。第一条箱肋合拢后，即与拱架一起，共同承受其他箱肋重力。

以下介绍钢筋混凝土拱的无支架施工方法，这些施工方法当然也能用于钢拱和钢管混凝土拱上。

1. 塔架扣挂悬臂施工法

分悬拼和悬浇两类，以悬拼为主，一般是在墩台上安装塔架，以斜拉索扣挂预制拱段，直至合龙，这是用得最多的施工方法。一般采用三段或五段吊装合龙。而且在我国，多跨拱桥也往往采用这种方法进行，是我国特有的多跨拱桥施工方式。目前采用五段吊装的最大跨径拱桥，是跨径 150m 的四川马鸣溪大桥。吊重达 700kN。

在跨径更大时，或采用较宽的箱时，吊重很大，不得不采用多段吊装。1999 年在广西来宾磨东红水河大桥上，对 4 条宽达 2.6m 的分离箱肋，采用 28 段吊装，如图 12 所示。以后又在跨径 228m 的福建宁德天池大桥及跨径 195m 的贵州六圭河大桥上，采用多段吊装，先合龙两边箱，然后加浇中室箱的顶、底板，形成三室箱拱圈。宁德天池大桥边箱分 19 段吊装，六圭河大桥边箱分 20 段吊装。

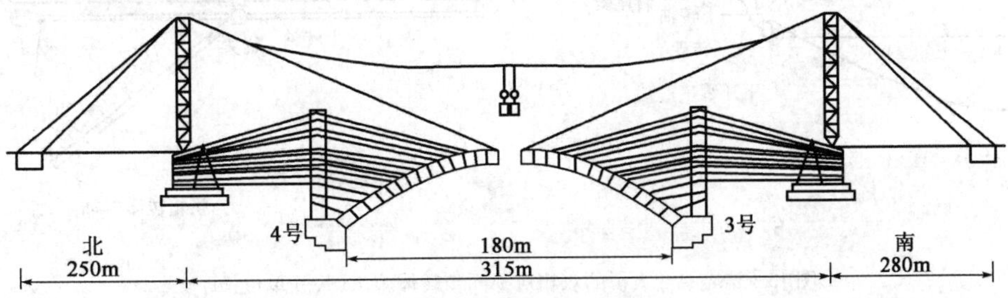

图 12 磨东大桥 28 段吊装（尺寸单位：m）

在跨径150m的四川攀枝花白沙沟大桥上，还采用了多段悬臂浇筑的施工方法，以挂篮悬浇23段中的20段，是我国第一座采用多段悬臂浇筑的拱桥[15]，如图13所示。

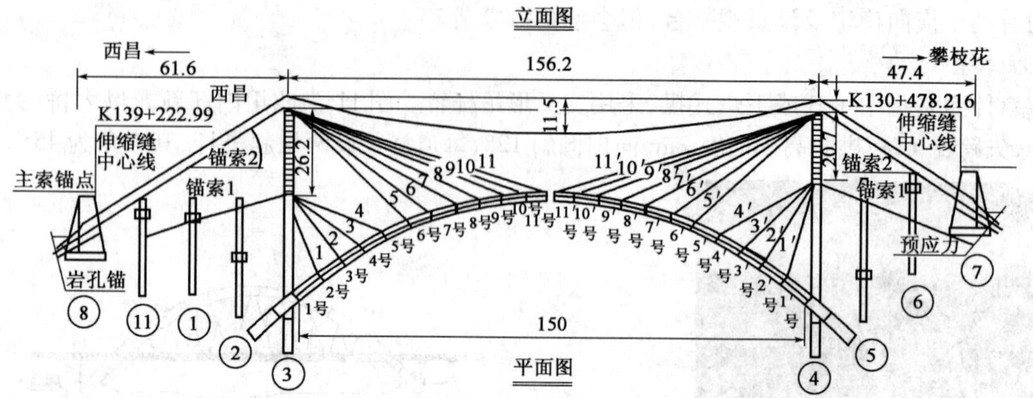

图13　四川攀枝花白沙沟大桥的多段悬臂浇筑（尺寸单位：m）

2. 悬臂桁架施工法[8]

多用于桁式组合拱，以人字扒杆吊装杆件，上弦杆施加预应力，直至合龙，然后，在上弦杆的某一部位，卸除预应力连接器，转换体系而成拱，如图14所示。

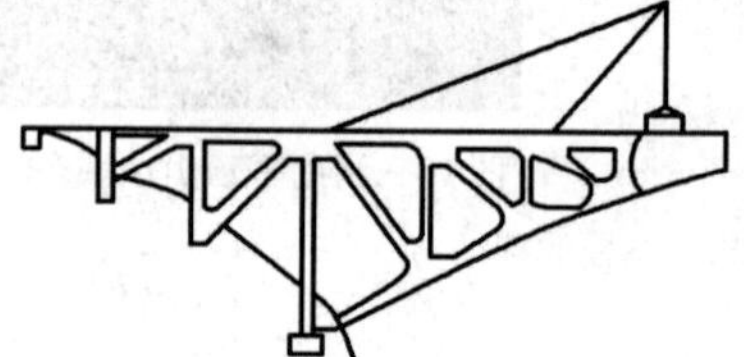

图14　悬臂桁架施工法

3. 转体施工法[9]

（1）平转施工法

主拱圈采用平转施工是我国首创。在两岸各制作半拱，平转就位合龙，可以最大限度地减少水上施工，并用简单的设备来修建大跨径拱。1977年，以设平衡重的转体施工方法，修建了跨径70m的四川遂宁建设大桥。1987年，在跨径122m的重庆巫山龙门大桥上实现了无平衡重转体施工。1988年，在跨径200m的涪陵乌江大桥上，采用了双箱对称同步转体施工。如图15所示。由有平衡重到无平衡重，以至双箱对称同步转体，是平转施工发展的三个阶段，其转动、锚固和位控体系均得到进一步的完善。

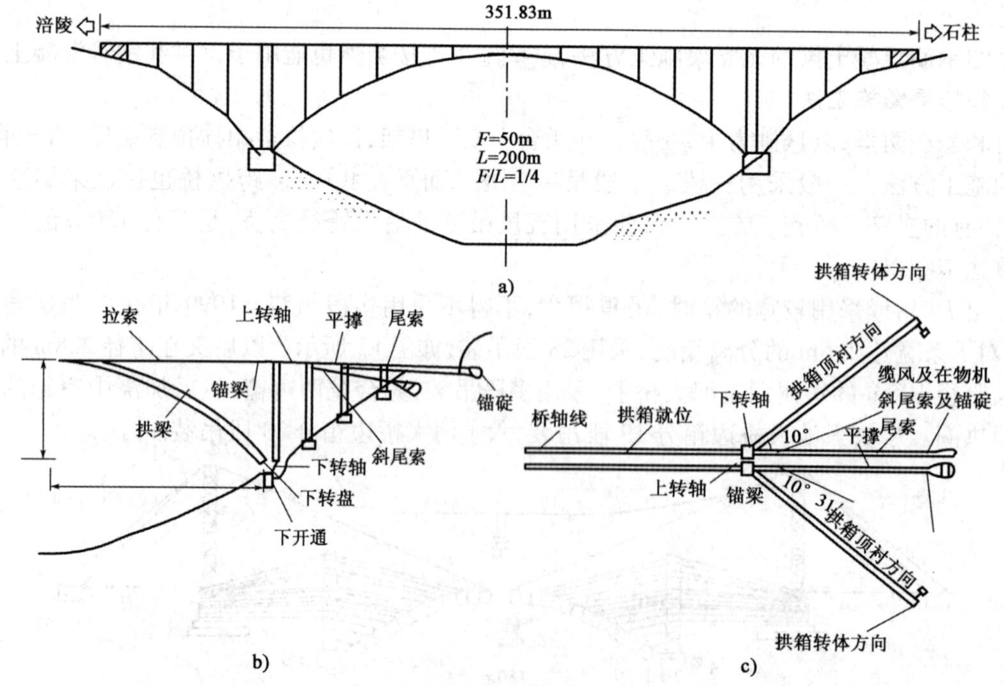

图15　涪陵乌江大桥的双箱对称同步转体施工（尺寸单位：m）

目前,平转施工方法,不仅在箱形拱上应用,而且还曾在双曲拱、桁架拱、刚架拱上应用过,也用在连续刚构及斜拉桥上。

(2)竖转施工法

往往在沟底搭架,修建两个半拱,拱脚设铰,向上转动,然后合龙、封铰。例如,跨径60m的四川杨家沟大桥,以及跨径60m的四川三滩沟大桥(刚架拱桥)。

4. 劲性骨架施工法

将型钢制成拱形劲性骨架,或在角隅处带有钢管的拱形劲性骨架,分段吊装合龙,形成劲性骨架拱,含钢管的灌注管的混凝土,然后搭设模板,分底板、腹板和顶板,分层浇筑拱圈混凝土(劲性骨架埋在混凝土中),形成拱圈。

该施工方法20世纪80年代引入我国,首先在跨径60m的辽宁蚂蚁沙大桥上应用,以后又在跨径156m的丹东沙河口大桥中承拱上采用。交通部又设科研课题,以宜宾小南门金沙江大桥为试验桥,跨径240m的中承拱。后来,又在跨径420m的重庆万县长江大桥及跨径312m的广西邕宁邕江大桥(中承拱)上应用,使这种施工方法更为成熟。

早期用劲性骨架法施工拱圈时,主拱圈的板件混凝土自拱脚至拱顶,连续浇筑,为防止劲性骨架失稳,需在$L/4 \sim 3L/4$区段,尤其是拱顶区段压重,随混凝土浇筑而卸载,施工控制不方便,而且拱的变形及应变大而反复,以致在某些桥上出现过劲性骨架的某些杆件局部失稳的情况,其预拱度为四分点附近最大的马鞍形。

在万县长江大桥及邕宁邕江大桥中改进了施工工艺。万县长江大桥钢管内压注混凝土的顺序是先中间,后两边;先下弦后上弦。拱箱混凝土的浇筑,分环顺序是先中箱,后边箱。每箱先底板,后腹板,再顶板。各环间混凝土均间隔一个龄期,使先浇筑的混凝土参与结构整体变力,共同承受新浇筑的混凝土重力。在每一环的浇筑过程中,将拱箱沿纵向等分为6段,设置6个工作面(边箱分8个工作面),对称同步地浇筑混凝土,最多允许一个工作段的快慢差别。因此浇筑中保证了骨架稳定,其挠度及应力比较均匀,完全避免了早期劲性骨架法的缺点,如图16所示。

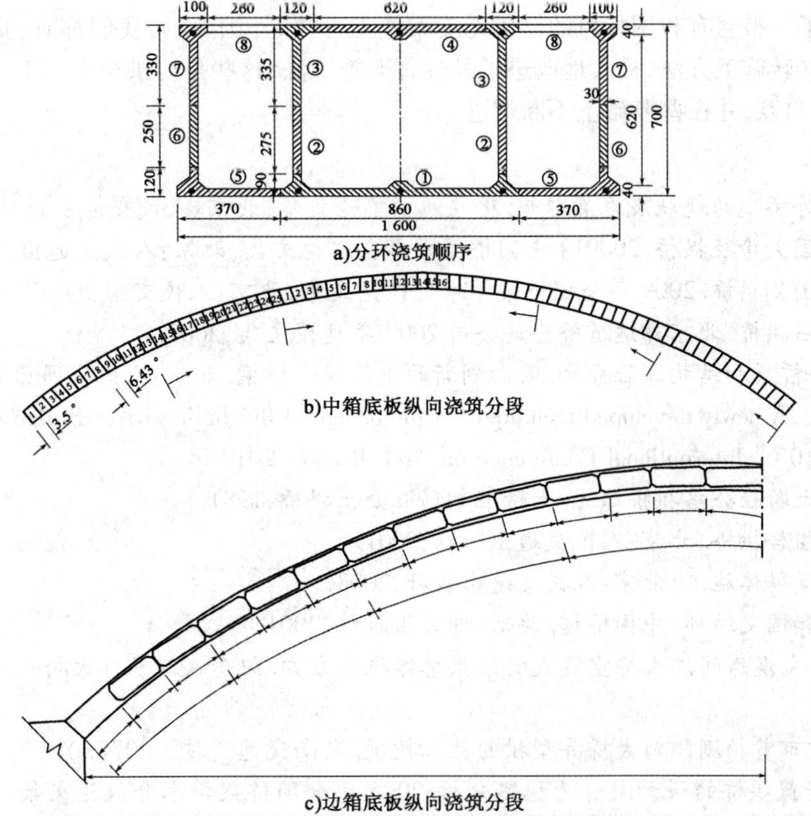

图16 万县长江大桥的拱箱混凝土浇筑顺序(尺寸单位:cm)

邕宁邕江大桥则是利用扣索，对劲性骨架施加拉力，把浇筑过程中出现的结构应力和变位调整和控制在设定的目标函数内，实现连续浇筑拱肋混凝土，大大减少了拱肋浇筑时间，对劲性骨架法的施工工艺，又作了进一步的完善。如图17所示。

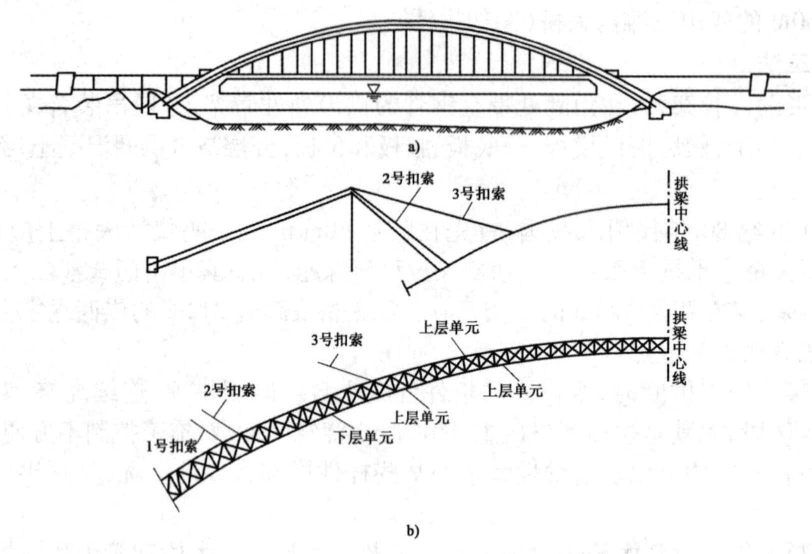

图17 邕宁邕江大桥的扣挂劲性骨架(尺寸单位:cm)

随着劲性骨架施工方法的完善，我国跨径150m以上的钢筋混凝土拱桥中，采用此方法的日益增多。

四、结　语

综上所述，我国的钢筋混凝土拱桥桥型品种很多，有双曲拱、箱形拱、桁架拱、刚架拱、系杆拱和特殊拱等，而且已形成了一整套有我国特色的拱桥无支架施工方法，外国有的，我们都有，我国把塔架扣挂法用于多跨，创造了平转施工方法，极大地改进了劲性骨架施工法，这些是对拱桥施工工艺作出的贡献和创新。我们应该为之自豪，并在些基础上不断前进。

参考文献

[1] 楼庄鸿. 国内外桥梁的现状及发展趋势. 楼庄鸿桥梁论文集，北京：人民交通出版社，2004.

[2] 楼庄鸿等. 中国大跨径拱桥. 2009年全国桥梁学术会议论文集，北京：人民交通出版社，2009.

[3] 楼庄鸿等. 中国钢拱桥. 2009年全国桥梁学术会议论文集，北京：人民交通出版社，2009.

[4] 楼庄鸿. 关于石拱桥. 北京建达道桥咨询公司2007年度论文集，2007.

[5] 中国公路学会桥梁和结构工程分会. 面向创新的中国现代桥梁. 北京：人民交通出版社，2009.

[6] Jian Liang etc. , A newly developed technique for the design of the Jialing River Bridge in Guangyuan (China), ARCH'10 6th International Conference on Arch Bridges 2010.

[7] 汤文杰. 国内大跨径公路拱桥综述. 大跨径钢筋混凝土拱桥，1981.

[8] 陈天本. 桁式组合拱桥. 北京：人民交通出版社，2001.

[9] 张联燕等. 桥梁转体施工. 北京：人民交通出版社，2003.

[10] 中华人民共和国交通部. 中国桥谱. 北京：外文出版社，2001.

[11] 陈长明. 福州尤溪州闽江大桥空腹式刚架拱总体施工方案. 纪念武汉长江大桥通车五十周年论文集锦(下).

[12] 刘耿等. 长沙市黄柏浏阳河大桥异型拱的施工控制. 湖南交通科技，2007(3).

[13] 王纯等. 双提篮拱桥的设计与静力稳定分析. 2005年全国桥梁学术会议论文集. 北京：人民交通出版社，2005.

[14] 张佐安等.攀枝花白沙沟大桥扣索钢绞线锚固系统的研制.2006年全国桥梁学术会议论文集.北京:人民交通出版社,2006.

[15] 梅尧坤等.单拱面预应力混凝土系杆拱桥设计简介.广东省桥梁工程学术会议论文集,1994.

33.波形钢腹板PC组合箱梁桥在我国的应用进展

曾 宇[1] 万 水[2]

(1.中交公路规划设计院有限公司;2.东南大学)

一、概 述

波形钢腹板PC组合箱梁作为一种新型的钢—混凝土组合结构,充分利用了混凝土抗压,波形钢腹板抗剪屈服强度高的优点,有效的将钢、混凝土两种材料结合起来,扬长避短,提高了材料的使用效率,是一种经济、合理、高效的结构形式。

波形钢腹板桥梁起源于1986年法国建成的Cognic桥,随后分别建成了Maupre桥、Asterix桥等。1993年开始,日本吸收推广此桥型,相继建成新开桥、本谷川桥、兴津川桥等。我国自1998年开始进行波形钢腹板PC组合箱梁力学特性研究,2002年开始进行桥梁的设计与建造工作。国内众多设计单位对这种箱梁结构的抗弯、抗剪、扭转与畸变、波形钢腹板参数设计、屈曲特性、抗剪连接件分析、桥面板的有效分布宽度、剪力滞效应、结构动力学特性等专题做过研究,取得了重要的进展,并在波形钢腹板PC组合桥梁的设计与建造方面取得了长足的进步。本文通过对一些典型实例,概述了这种结构桥梁在我国桥梁工程中的应用进展。

我国2005年以后建成和在建的波形钢腹板PC组合箱梁桥实例汇总,见表1所示。

我国波形钢腹板PC组合箱梁桥实例汇总 表1

序号	桥 名	桥跨(m)	箱 式	梁高(m)	施工方法	建成年份
1	江苏淮安长征桥	18.5+30.5+18.5	单箱单室	1.6	支架现浇	2005
2	河南光山泼河大桥	30	小箱梁	1.6	预制装配	2005
3	青海三道河桥	50	单箱双室	2.5	支架现浇	2006
4	重庆永川大堰河桥	25	单箱单室	1.6	支架现浇	2006
5	宁波甬新河桥	24+40+24			支架现浇	2006
6	山东东营银座桥	38.8	单箱单室	1.2~2.0	支架现浇	2007
7	河北邢台郭守敬桥等四座桥梁	17+35+17	单箱七室	1.8	支架现浇	2009
8	上海浦东中环线立交桥	45+45	单箱单室		支架现浇	2010
9	河南南乐卫河大桥	47+52+47	单箱三室	3.4	支架现浇	2010
10	山东鄄城黄河公路大桥	70+11×120+70	单箱单室	3.5~7.0	悬臂浇筑	2011
11	南京滁河大桥	56+96+56	单箱单室	3.0~6.5	悬臂浇筑	2011
12	南京玉春支线跨线桥	30+40+30	单箱单室	1.8	支架现浇	在建
13	广东鱼窝头桥	35+50+35	单箱单室		支架现浇	在建
14	新密溱水路无背索斜拉桥	30+70+30	单箱双室	2.5~3.5	支架现浇	在建
15	深圳平铁大桥	80+130+80	双单箱室	3.5~7.5	移动支架	在建
16	河南桃花峪黄河大桥	75+135+75	单箱单室	3.5~7.5	悬臂浇筑	在建
17	河北邢台紫金桥	88+156+88	单箱单室	4.2~9.0	移动支架	在建

二、已建成的波形钢腹板PC箱梁桥

我国在总结对波形钢腹板PC组合箱梁的力学特性和设计理论研究成果的基础上，建成了江苏淮安长征人行桥、河南光山泼河大桥、重庆永川的大堰河桥、青海三道河桥和宁波甬新河桥、山东东营银座人行桥等。这些桥梁的建设成功，为波形钢腹板PC组合箱梁在我国桥梁工程中的推广与应用，积累了宝贵的经验。

淮安长征人行桥(18.5m+30m+18.5m)由东南大学设计，于2005年1月竣工，是我国建成的第一座波形钢腹板PC组合箱梁人行桥。长征桥采用体外预应力配束，支架法施工。长征桥的钢腹板PC组合箱梁采用等截面斜腹板单箱单室断面，顶板宽7m，底板宽2.5m，梁高1.6m。采用支架现浇施工(图1)。

光山泼河桥(4×30m)是我国第一座装配式波形钢腹板PC连续箱梁公路桥，于2005年7月建成通车(图2)。

图1 淮安长征人行桥

图2 光山泼河公路桥

2007年在东营建成我国第一座变截面波形钢腹板PC组合箱梁人行桥，

2009年在河北邢台建成了4座单箱七室波形钢腹板PC组合箱梁桥。

2009年开始建设，2010年建成的卫河大桥是我国第一座波形钢腹板PC箱梁高速公路桥，双向6车道，桥面净宽2×15.25m，主桥为(47+52+47)m现浇等截面波形钢腹板PC连续箱梁，箱梁截面形式为单箱三室，由河南省交通规划勘察设计院有限责任公司设计(图3)。

山东鄄城黄河的特大桥由河南海威工程咨询有限公司设计，主桥采用分离式变截面波形钢腹板PC组合连续箱梁，跨径布置为(70+11×120+70)m，总长为1 460m，预计2011年建成(图4)。

图3 河南南乐卫河大桥

图4 山东鄄城黄河大桥

三、在建的波形钢腹板PC组合箱梁桥

2011年国内在建的主要有5座波形钢腹板PC组合箱梁桥：河南新密桥、江苏滁河桥、深圳平铁桥、江苏玉春桥和广东鱼窝头桥。

1. 新密桥

新密桥为河南省交通规划勘察设计院有限责任公司设计的我国第一座无背索波形钢腹板PC组合结构斜拉桥(图5，图6)，主桥跨径布置为30m+70m+30m，采用塔梁固结体系，独塔双索面无背索结构。它采用了分离式单箱双室波形钢腹板整体箱梁，桥面宽50m，设计纵坡为1.28%，车行道横坡为双向

1.5%,标准截面梁高2.5m(图7),墩塔固结部分为钢筋混凝土箱梁截面,梁高由2.5m渐变为3.5m(图7,图8)。对应拉索锚固位置设横梁,间距6m。波形钢腹板的波长1 600mm,波高220mm,直板段水平长度为430mm,斜板段水平长度为370mm,钢板厚度12mm,波形钢腹板及翼缘板等与大气环境接触的内外表面均进行了防腐涂装。

图5 新密桥效果图

图6 施工中的新密桥

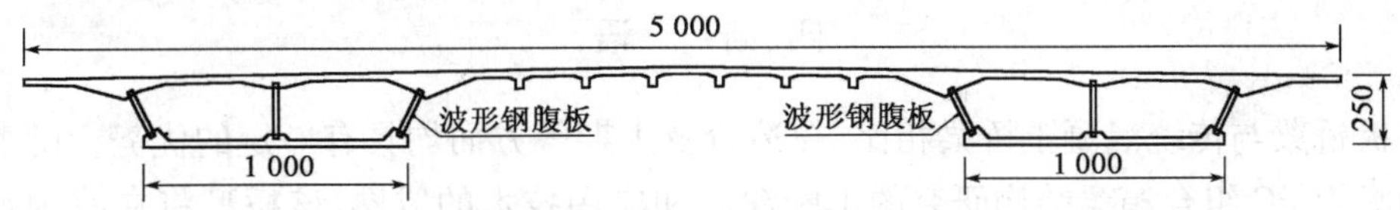

图7 新密桥主梁标准断面(单位:cm)

新密桥的波形钢腹板与顶板采用Twin-PBL连接件,开孔钢板开孔直径60mm,纵桥向间距150mm,贯穿钢筋采用直径为22mm的钢筋。波形钢腹板与底板用焊钉抗剪连接件连接,采用M22的普通焊钉。主塔为混凝土双柱双索面结构,高度54m,倾角59°,门式斜塔为预应力混凝土矩形截面,横桥向宽4m,顺桥向宽5m,桥面以上塔高54m,塔上索距6.32m。主墩采用造型优美的花瓶墩。

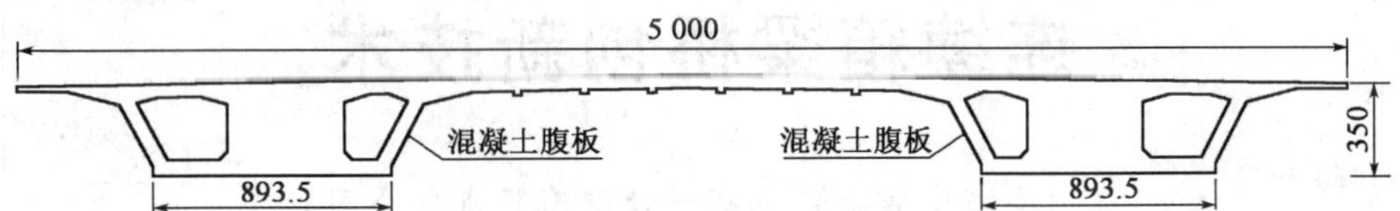

图8 新密桥塔梁墩固结处混凝土主梁断面(单位:cm)

2.江苏滁河大桥

滁河大桥为南京长江第四大桥北接线桥,由中交公路规划设计院有限公司设计。桥梁跨径布置为53m+96m+53m。采用悬臂浇筑的施工方法。桥梁上部结构为变截面波形钢腹板预应力混凝土箱梁(图9,图10)。

图9 滁河大桥效果图

图10 滁河大桥的施工

滁河大桥的单幅桥宽度为16.55m,箱梁底板宽度8m。跨中梁高3.00m,底板厚度28cm,根部梁高6.50m,底板厚度130cm。箱梁翼缘悬臂4.275m,悬臂端厚度18cm,悬臂根部厚度60cm。顶板除部分梁段加厚至60cm外,其余均为等厚30cm。箱梁在体外预应力钢束转向位置设置横隔板和转向块,隔板厚度50cm(图11,图12)。

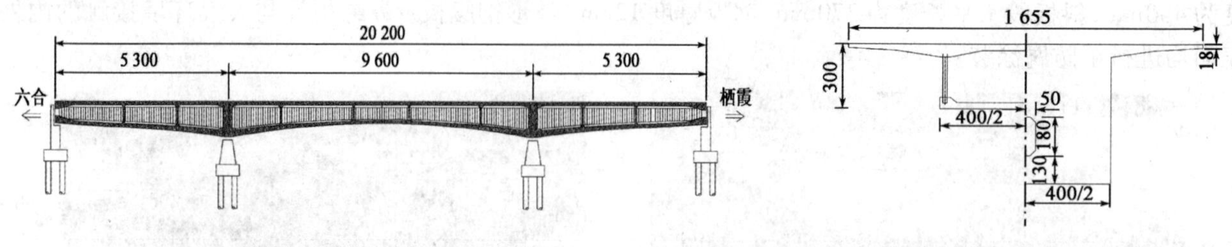

图11 滁河大桥立面图(尺寸单位:cm)　　图12 滁河大桥断面图(尺寸单位:cm)

波形钢腹板波形采用1600型,波高0.22m,水平面板宽0.43m,水平折角30.7°,弯折半径为15t(t为波形钢腹板厚度),波形钢腹板厚度采用10mm、14mm、16mm、18mm四种类型。波形钢腹板与顶板采用T-PBL抗剪连接件连接,与底板采用嵌入抗剪连接件连接,嵌入深度为280mm。

四、结　　语

波形钢腹板桥梁与传统混凝土桥梁相比,在造价及工期等方面均具有一定的优势。随着我国桥梁工作者对波形钢腹板PC组合箱梁结构研究的不断深入和应用技术的成熟,该桥型将在我国得到愈来愈广泛的应用。

34. 预制波形钢腹板PC工字梁构成连续箱梁桥创新技术

汤　意
(河南省交通规划勘察设计院有限责任公司)

摘　要　本文介绍了40~60m跨径的波形钢腹板PC连续箱梁由预制的波形钢腹板PC工字梁构成连续箱梁桥创新技术:即通过将波形钢腹板PC连续箱梁横断面先“化整为零”为两个波形钢腹板PC工字梁单元,再将预制的两两工字梁单元通过横向湿接缝连接“化零为整”形成波形钢腹板PC连续箱梁。

关键词　波形钢腹板PC工字梁　波形钢腹板PC连续箱梁　创新技术　应用

一、引　　言

钢—混凝土组合结构桥梁既能克服钢桥和混凝土桥梁的弱点,又能发挥各自优点,近二十年来得到了飞速的发展。根据法国1990~1993年所建桥梁上部结构的统计,公路组合结构桥梁在跨径30~110m范围内最有竞争力,在60~80m跨径范围内占有率达85%,有明显优势。在桥梁建设造价上,跨径40~80m范围内,钢—混组合梁比PC梁更经济,具有显著的推广应用价值。波形钢腹板PC组合箱梁是用波形钢板代替混凝土腹板形成的一种钢—混组合结构,它充分发挥了钢—混组合结构的优势:

(1)腹板采用波形钢板,减轻箱梁自重,相应减少了作用在下部结构的荷载,工程造价可降低10%~20%。

(2)可彻底解决混凝土箱梁腹板开裂问题,耐久性能好。

(3)由于波形钢腹板不抵抗轴向力的作用,所以能有效地对混凝土顶、底板施加预应力,改善了结构性能,充分发挥了钢材和混凝土材料的效率。

(4)施工快捷简便。由于采用波形钢腹板,免除了在混凝土腹板内预埋波纹管道的繁杂工艺,相应减少了钢筋和模板的拼装、拆除作业,缩短了施工工期。

(5)桥梁造型美观,抗震性能好。

1986 年法国建成了世界上第一座波形钢腹板 PC 组合箱梁桥——Cognac 高架桥。日本在 20 世纪 80 年代末从法国引进波形钢腹板 PC 组合箱梁桥技术,于 1993 年修建了其国内的第一座波形钢腹板 PC 简支梁桥——新开桥,随后又建造了银山御幸桥、本谷桥以及矢作川桥等一系列桥梁。使其由最初的简支梁发展到连续刚构、斜拉桥等,截面也由等高度发展为变高度。日本大力鼓励国内设计人员在主要高速公路中采用这种结构形式。目前,日本已建和在建的波形钢腹板 PC 组合箱梁桥已近 200 座。其他国家如挪威、委内瑞拉、德国以及韩国也将波形钢腹板 PC 组合箱梁结构这一结构应用于其桥梁建设中。

国内波形钢腹板组合梁桥起步较晚,但近年来发展较快,据不完全统计,截止到 2010 年底国内已建成了 13 座波形钢腹板 PC 组合箱梁桥(见表 1),在建 6 座波形钢腹板 PC 组合箱梁桥(见表 2)。2010 年 10 月河南省交通规划勘察设计院有限责任公司编写颁布了国内第一部《公路波形钢腹板预应力混凝土箱梁桥设计规范》(河南省地方标准 DB41/T 643—2010)。

国内已建成波形钢腹板 PC 组合箱梁桥 表 1

序号	桥 名	建成日期	结构形式
1	江苏淮安长征人行桥	2005	(18.5+30+18.5)m 波形钢腹板组合箱梁人行桥
2	河南光山泼河大桥	2005	4×30m 波形钢腹板组合连续箱梁
3	重庆永川大堰河桥	2006	25m 波形钢腹板简支梁
4	青海三道河桥	2006	50m 波形钢腹板简支梁
5	宁波甬新河桥	2006	部分波形钢腹板 PC 组合箱梁桥
6、7	山东东营银座桥 B 桥、C 桥	2007	变截面波形钢腹板组合箱梁人行桥
8~11	河北邢台郭守敬桥和钢铁路桥等 4 座桥	2009	(17+35+17)m 波形钢腹板组合箱梁桥
12	河北衡水大广高速 6 号桥	2010	4×25m 波形钢腹板组合箱梁桥
13	河南南乐大广高速卫河大桥	2010	52m 波形钢腹板连续箱梁桥

国内在建波形钢腹板 PC 组合箱梁桥 表 2

序号	桥 名	跨径布置(m)	桥面宽(m)	结构型式
1	鄄城黄河公路大桥	70+11×120+70	13.5	单箱单室连续梁桥
2	新密溱水路大桥	30+70+30	50	双单箱室无背索斜拉桥
3	深圳平铁大桥	80+130+80	27.5	双单箱室连续梁桥
4	深圳南山大桥	80+130+80	27.5	双单箱室连续梁桥
5	郑州桃花峪黄河大桥跨大堤桥	75+135+75	16.25	单箱单室连续梁桥
6	南京四桥滁河大桥	56+96+56	16	单箱单室连续梁桥

二、影响中等跨径波形钢腹板 PC 组合箱梁桥推广应用的技术因素

40~60m 跨径桥梁在我国应用广泛,40~60m 中等跨径钢—混组合结构桥梁比 PC 梁更经济,具有显著的经济和社会效益。但目前 40~60m 跨径波形钢腹板组合箱梁桥主要采用现浇箱梁或预制组合小箱

梁结构形式，影响了其经济性和推广应用的空间。

现有40～60m跨径波形钢腹板预应力混凝土箱梁采用现浇和预制安装两种施工方法。

采用现浇法搭设支架或采用悬臂浇筑法施工不能够实现箱梁构件的标准化和工厂化施工，现场作业及施工难度较大，施工周期长，同时底板混凝土和下连接件的结合部由于操作空间狭小，混凝土浇筑工作难度较大，可能会影响到组合结构结合部混凝土的施工质量和结构耐久性。

目前采用在预制厂标准化预制安装的波形钢腹板PC箱梁为40m跨径的组合小箱梁。为满足常规安装设备安装重量要求箱梁均采用组合小箱梁构件，虽然各工序和施工质量都有较好保证，但预制的波形钢腹板预应力混凝土小箱梁每片箱梁横向宽度小，腹板数量多，钢材用量大，经济性能降低；特别是随着预制箱梁跨径的增大，每片箱梁安装重量也随之增加，常规施工设备已很难满足安装要求。这些问题给该类结构的推广应用造成了一定的困难。

三、由预制的波形钢腹板PC工字梁构成的连续箱梁技术

为了更好发挥40～60m中等跨径波形钢腹板预应力混凝土箱梁的技术经济效益，并且能够标准化工厂化施工，我公司研发了一种由预制的波形钢腹板PC工字梁构成连续箱梁桥创新技术：即通过将波形钢腹板PC连续箱梁横断面先“化整为零”为两个波形钢腹板PC工字梁单元，再将预制的两两工字梁单元通过横向湿接缝连接“化零为整”形成波形钢腹板PC连续箱梁。

1. 技术特点

(1)预制的波形钢腹板PC工字梁单元经过纵、横向现浇混凝土连接，形成连续整体闭合箱梁，断面刚度相对较大，具有承载能力高、变形小、行车舒适的优点。

(2)波形钢腹板PC连续箱梁桥二期恒载和活载由形成的箱梁承担，预制的波形钢腹板PC工字梁仅需承担结构自重和施工荷载，故每片工字梁截面尺寸小，安装重量轻，常规施工设备就能满足安装要求。相应又扩大了波形钢腹板预应力混凝土箱梁跨径适用范围，具有独特的结构优势。

(3)结构关键部件波形钢腹板PC工字梁采用预制，通过现浇连接形成整体箱梁，实现了将波形钢腹板预应力混凝土箱梁化整为零施工，扩大了预制安装施工方法的应用范围，利于工厂化加工，有效保证了施工质量，加快了施工进度。波形钢腹板PC工字梁构件采用波形钢腹板组合结构，充分发挥了钢材和混凝土材料的使用效率，减少了混凝土量，节能环保，经济性好。

2. 实施方案

将多个波形钢腹板PC工字梁单元架设安装于桥梁墩台上后(图1)，将横桥向相邻波形钢腹板PC工字梁单元的预制混凝土顶板、预制混凝土底板、预制混凝土横梁或横隔板的横向钢筋与对应的现浇构件内钢筋固定连接后，通过在相邻预制混凝土顶板之间浇筑现浇混凝土顶板、在相邻预制混凝土底板之间浇筑现浇混凝土底板，在相邻预制混凝土横梁或横隔板之间浇筑现浇混凝土横梁或横隔板后即形成闭合箱梁(图2)，将相邻两孔闭合箱梁之间通过浇筑现浇混凝土纵梁连接，张拉并交叉锚固闭合箱梁内的体外预应力筋张拉，拆除临时支座，进行体系转换，形成连续箱梁(图3)。根据桥宽不同，桥横向可由单个或多个闭合箱梁构成，箱体间的连接方式和波形钢腹板PC工字梁单元间的连接方式基本相同。

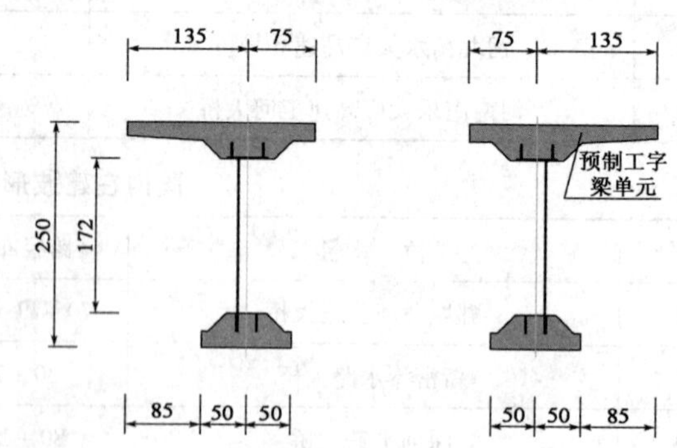

图1　横向两个波形钢腹板PC工字梁单元

我公司正在申报由预制波形钢腹板PC工字梁构成连续箱梁桥创新技术的国家发明专利，同时正在编制40～60m跨径波形钢腹板PC工字梁构成波形钢腹板连续箱梁设计通用图。

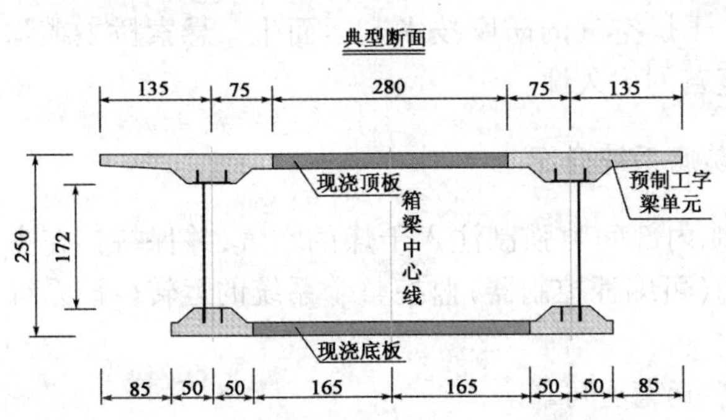

图2 横向两个波形钢腹板 PC 工字梁单元连接形成闭合箱梁

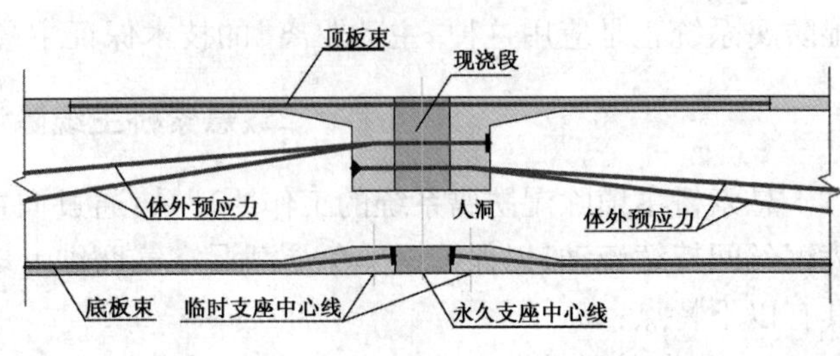

图3 现浇混凝土纵梁连接形成连续箱梁

四、结　语

波形钢腹板 PC 组合箱梁桥是一种经济、高效、环保、施工简便的桥梁形式,符合“安全、适用、经济、美观、耐久、环保”的设计原则。由预制的波形钢腹板 PC 工字梁构成波形钢腹板连续箱梁桥技术充分发挥了波形腹板 PC 箱梁结构的优势,具有受力性能好、材料利用率高、施工简便快捷、经济效益显著的特点,相信此项技术的推广应用必将打开波形钢腹板 PC 组合箱梁桥在我国中等跨径桥梁应用的发展空间,对我国中等跨度桥梁上部结构朝轻型化方向发展、提高桥梁的抗震性能,降低工程造价,实现桥梁建设节能降耗和可持续发展都具有重要的现实意义。

参考文献

[1] 万水,汤意,王劲松.波形钢腹板 PC 组合箱梁结构特点分析与试验研究[J].南京理工大学学报,2004(5).

[2] 刘玉擎.组合结构桥梁[M].北京:人民交通出版社,2005.

[3] 徐强,万水.波形钢腹板 PC 组合箱梁桥设计与应用[M].北京:人民交通出版社,2009.

[4] 史永吉,等.复合结构技术的发展及其在桥梁上的应用.桥梁,2010(6).

35.悬索桥主缆除湿防腐系统的设计

崔　冰[1]　刘泽欣[1]　李　鹏[2]

(1.中交公路规划设计院有限公司;2.蒙特空气处理设备(北京)有限公司)

摘　要　采用干燥空气对悬索桥主缆进行除湿是一种主缆防腐理念上的革新,它阻断了主缆钢丝腐蚀的源头,有效地保障了主缆的设计寿命,是一种比较可靠的主缆防腐技术。该技术在我国起步较晚,实桥应用屈指可数,设计方法积累不足。本文归纳了该技术的主要构成要素,并将其系统化、模块化,同时阐述了设计思路和方法,供工程技术人员参考。

关键词　悬索桥　主缆　除湿　防腐

一、前　言

作为悬索桥的关键受力构件,主缆承受全桥的主要荷载,其工作性能决定了全桥运营的安全性和耐久性。主缆的结构设计理论已比较成熟,运营的安全性问题基本已被解决。随着人们对结构耐久性的认识不断加深,主缆的防腐性能也愈加被重视。

传统的主缆防腐采用“涂装+封堵”的工艺,在表面形成封闭的保护套筒,从而防止大气中水分及其他腐蚀性物质与主缆钢丝直接接触。传统防腐方法的基本思路是“被动隔离”,当主缆内部已经出现腐蚀条件后,该方法将会失效。因此,一种向主缆内部注入干燥空气的防腐技术应运而生。悬索桥主缆除湿防腐系统正是应用这种"主动驱离"的技术保证主缆运营的耐久性。

二、悬索桥主缆除湿防腐系统介绍

悬索桥主缆除湿防腐系统的工作原理是:通过向主缆内部间隙强制注入干燥的空气,并保持其在主缆钢丝间持续流动,以保护钢丝免受潮湿空气腐蚀。PLC(可编程控制器)监控整个系统的运转。该系统具有以下特点:

(1)比传统的涂装工艺防腐效果更好,防护等级更高,运营更可靠。

(2)能去除施工期间遗存在主缆内的水分,充分减少腐蚀源。

(3)可以对主缆内部的防护和腐蚀状况进行监控,实时掌握系统防腐效果。

(4)相比传统的涂装方法,该系统后期维护费用较低,全寿命周期内的运营成本较低。

悬索桥主缆除湿防腐系统(图1)包括4个子系统:制备子系统、输送子系统、除湿子系统以及电气控制子系统。每个子系统包括若干功能模块,根据实际应用条件的变化可适当增减。电气控制子系统是整个系统运行的控制者,制备子系统、输送子系统、除湿子系统是除湿功能的实现者。

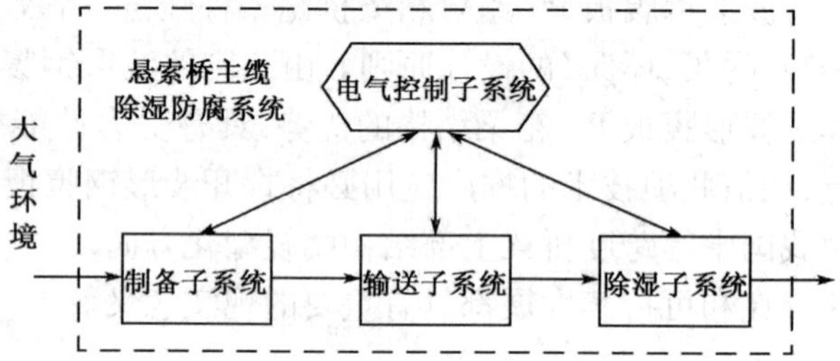

图1 悬索桥主缆除湿防腐系统工作流程图

1. 制备子系统

制备子系统是整个除湿防腐系统的基础,它将普通空气经过一系列处理,产生系统所需要的干燥空气并注入输送子系统。子系统包括:过滤、除湿、加压、降温等基本处理功能模块。为适应特殊低温地区应用,可增加前预热模块;为进一步降低能耗,可增加能量回收模块。

2. 输送子系统

输送子系统是制备子系统和除湿子系统之间的传输环节,它能够实现除湿所用干燥空气合理分配并稳定输入主缆内部。该子系统包括分配、传输、送气、排气等模块。输送子系统暴露于室外,长期承受风雨、紫外线的直接侵袭,需要重点解决输送的可靠性、密闭性和耐候性问题。为保证除湿效果,干燥空气沿主缆长度方向多点注入,输送子系统需要动态维持各输入点的气流平衡。

3. 除湿子系统

除湿子系统是主缆的除湿环节,在主缆内部的含湿区域工作。由输送子系统送来的干燥空气在主缆内部持续流动,与水分结合后被排入大气。在全桥施工完成后的初始阶段,可将施工期间遗留在主缆内的水分在一定时间内逐步排出,最终达到主缆内部长期保持封闭干燥,免受外界潮湿空气侵害的目的。除湿子系统的除湿要求决定了整个系统的设计等级。

4. 电气控制子系统

电气控制子系统是主缆除湿防腐系统正常运转的控制中枢,也是养管人员与系统交互的平台。此系统主要包括采集、传输、处理、显示、控制等模块。采集模块收集各测点的温度、压力、湿度并转换为电流信号经由传输模块送至处理模块,通过处理得出有价值的数据,为控制模块分析判断提供依据。设置显示模块可便于养管人员实时掌握系统运营状况。

三、悬索桥主缆除湿防腐系统设计

1. 设计思路及流程

主缆除湿防腐系统设计包括设定送气条件、总体设计和深入设计三个阶段。

(1)设定送气条件。以主缆长度、主缆直径和当地气候条件为依据,设定除湿所需干燥空气的温度、湿度、压力、送气量、除湿长度。

(2)总体设计。根据不同悬索桥的结构特点,确定各子系统的配置以及各部件的总体布置。

(3)深化设计。细化悬索桥主缆除湿防腐性能的各项具体要求,研究子系统各功能模块的应用和扩展,提出合理深入的设计方案。

2. 设定送气条件

(1)温度

Arrhenius 公式的一般规律认为:温度每上升 10℃,钢材锈蚀速度提高一倍。因此,向主缆内输送的干燥空气,如果温度过高可能会加速主缆钢丝的腐蚀,如果温度较低又需要加大降温设备的功率和能耗。因此,送气的温度需根据当地的平均气温与除湿系统的经济性能综合确定。通常可设为 35℃ ~40℃。

(2)湿度

根据日本本州四国连络桥公团实施的湿度与镀锌钢丝腐蚀量关系的实验研究,当相对湿度达到 60% 以上时镀锌层的腐蚀量将急剧增加。因此需要保证主缆钢丝所处环境的相对湿度低于 60%。

除湿所用干燥空气由送气罩送进主缆,直至由排气罩排出。由于温度降低、封闭性能等因素影响,空气湿度不可避免地升高。因此,为满足排气罩处主缆的相对湿度不超过 60%,干燥空气的送气湿度需要适当降低。可设计为不超过 45% RH。

(3)压力

干燥空气在流动过程中会有部分损失,主要包括:沿程阻力损失、随机泄露损失以及出入口阻力损失。为克服这些损失,实现持续流动,干燥空气需要具有一定压力。输入主缆的空气压力可取为 2kPa。如果送气压力过大则可能导致主缆涂装层、填缝材料膨胀或损坏。明石海峡大桥的实验研究表明,送气压力的上限不宜超过 3kPa。

(4)除湿长度

干燥空气的除湿长度与其在主缆内的流动距离一致。沿程阻力损失、随机泄露损失与流动距离成正比,流动距离越远,此两项阻力越大。受制于送气压力的上限,除湿长度不宜过长。除湿长度过短将会增加送气罩的设置数量,加大随机泄露的出现几率,提高系统的成本。见表 1 所列。

4 座日本悬索桥主缆除湿长度比较 表 1

桥　名	主缆直径(mm)	孔隙率(%)	最小除湿长度(m)	最大除湿长度(m)
来岛第一大桥	431	20	92	183
来岛第二大桥	653	20	109	143
来岛第三大桥	636	20	122	163
明石海峡大桥	1122	20	78	115

(5)送气量

初始运营阶段,主缆内含水分较多,除湿系统应实现在规定的时间内使主缆内部达到干燥状态,即最大除湿长度处的主缆内部相对湿度不超过 60%。干燥空气的送气量 W 可由下式计算:

$$W = (\gamma l)/(T\Delta(1 - x)^{l}) \tag{1}$$

式中:W——送气量;

γ——主缆单位长度含水率,γ = 主缆截面积 × 孔隙率 × 含水率;

l——主缆除湿长度;

T——除湿时间,可设为一年;

Δ——绝对湿度变化量;

x——送气损失率。

3. 总体设计

以送气条件为目标，总体设计首先确定系统的总体布置，然后明确子系统间的接口及其内部构成。

(1)总体布置设计

以悬索桥主缆的直径、长度、孔隙率和构造特点为依据，总体布置设计的内容主要包括：①制备子系统的数量和位置；②送、排气罩的数量和位置；③电气控制子系统的功能要求。

(2)制备子系统设计

一般采用极值法确定设备的最大功率，再通过极值区域拓展，找到可用设备的最小功率，最后，依据设计提出的最大保证率，选择合适规格的设备。

(3)输送子系统设计

输送子系统以输送管道为主，辅以流量、压力分配模块。为了将能耗降到最小，输送子系统的管路设计需要考虑摩擦阻力、局部阻力问题。

①摩擦阻力。空气在等截面圆形管道内流动时的摩擦阻力按式(2)计算。矩形风管的摩擦阻力计算可把矩形断面尺寸折算成相当的圆形风管直径。

$$P_m = (\lambda/D)\cdot(\rho v^2/2)\cdot l \tag{2}$$

式中：λ——摩擦阻力系数，通过实验获取；

v——管道内空气的平均流速；

ρ——空气的密度；

l——管道长度；

D——圆形管道内直径。

②局部阻力

当空气流动发生断面、流向变化或流量变化时都会产生局部阻力，其值可按式(3)计算。

$$Z = \xi v^2 \rho/2 \tag{3}$$

式中：ξ——局部阻力系数。

③输送管道布置

索塔和鞍室内部的管道布置可以沿程设置固定支架。沿主缆铺设可选择检修道扶手绳作为依托，将管道与扶手绳捆绑，既可以实现固定，又便于后期维护。

为保证管道输送的可靠，在长距离管道材料发生变化，弯头、测量仪器附近，需要设计伸缩软管，但软管对管道阻力和密封有负面影响，不宜过多设置。如果选用高分子材料管道，因其柔韧性远超过钢材料，可以不考虑长距离伸缩补偿。

(4)除湿子系统设计

除湿子系统与主缆紧密结合，受主缆的结构影响很大，在进行除湿子系统设计之前，必须确定的设计参数包括：主缆空气流通沿程阻力、索夹处局部阻力、主缆压入与排出阻力、主缆含水率、主缆渗透率等。这些参数与主缆的实际状态紧密联系。参数的获取通常以流体力学软件模拟计算为基础，得出经验公式后，通过实验测量结果加以修正。设计方法如下：

①主缆空气流通沿程阻力。因通风截面不规则，这里采用通用阻力公式进行计算：

$$P_m = (\lambda/4R_s)\cdot(\rho v^2/2)\cdot l \tag{4}$$

其中，λ、ρ、v、l 均与式(2)相同，R_s 为水力半径，计算公式如下：

$$R_s = f/P \tag{5}$$

式中：f——管道中充满流体的断面积；

P——湿周，即管道周长。

②索夹处局部阻力。索夹处的空隙率变小，变形不均匀的，主缆外围空隙变形较大，靠近中心处则基本不变，因此，索夹处局部阻力的数值计算较为复杂。设计计算可参考式(3)，局部阻力系数需要通过实

验获取。

③主缆压入与排出阻力。同属局部阻力的一部分，通过具体实验获得。

④主缆含水率。原始含水率占主缆总体积之比即为主缆含水率。主缆施工周期较长，受到雨、雪、雾、露的长时间作用，在封闭后，主缆内部会含有一定量的水分。不同的主缆封闭时间和季节，主缆含水率差异较大。总体设计阶段可取为孔隙率的 15%，即主缆体积的 3%。

⑤主缆渗透率。主缆渗透率与主缆的密封施工工艺紧密相关。据日本有关调查资料显示，白鸟大桥主缆渗透率的实测值为0.009 23。设计建议取为 1% ~2%。

(5)电气控制子系统设计

以硬件划分，电气控制子系统可以分为制备环节控制、输送环节控制、除湿环节控制，其中，除湿环节反馈给制备环节和输送环节，形成逻辑控制环，如图 2 所示。

以软件划分，子系统可以分为本机自动控制、现场其他控制、远程干预控制等，其中本机自动控制的安全级别最高，远程干预的级别最低，这样可以确保设备在第一时间进入保护程序，如图 3 所示。

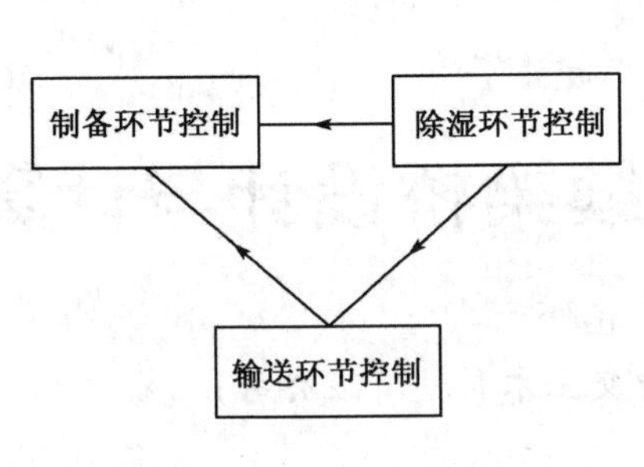

图 2 电气控制系统硬件部分工作流程图

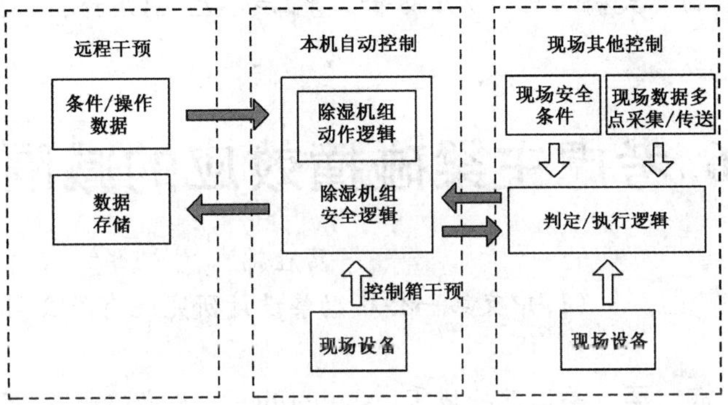

远程干预
条件/操作数据
数据存储
本机自动控制
除湿机组动作逻辑
除湿机组安全逻辑
控制箱干预
现场设备
现场其他控制
现场安全条件
现场数据多点采集/传送
判定/执行逻辑
现场设备

图 3 电气控制系统软件部分工作流程图

4. 深化设计思路

(1)节能设计思路

为降低悬索桥除湿防腐系统的运营成本，满足节能减排的要求，有必要采取节能的设计思路。影响本系统能耗的因素主要有系统运行时间和系统所需新风量。节能设计正是基于这两点展开，思路主要包括：

①制备子系统节能设计。准确分析全桥主缆的送气需求，选用低能耗的除湿设备；根据桥址气象特点，采用适当的降温模块；在满足系统的送气条件下，尽量降低干燥空气压力，减少加压模块能耗；合理利用热交换模块，以补偿能量损失。

②输送子系统节能设计。通过各采集模块的信息反馈，合理分配各输入点干燥空气的输送量。采取适应性好的封闭措施，确保输送过程不泄漏。

③电气控制子系统节能设计。根据采集到的内、外部环境参数，采用预设的优化程序，实时控制整个系统的运营状况与运营能力。

(2)耐久性设计思路

悬索桥除湿防腐系统主要设备置于索塔顶、主缆上，日常管理养护难度较大，且部分长期暴露于大气环境，采用耐久性的设计思路至关重要。深化设计可考虑以下方面：

①尽可能将各系统置于室内，如无法实现，则需要采用耐腐蚀的金属箱体保护。

②减少主缆上的输送管道设计长度，并且选用耐腐蚀、抗紫外线、抗疲劳能力强的管道。

③送、排气罩等所有外露钢材都需要作长效防腐处理。

四、结　语

与传统的方法不同,采用干燥空气除湿是悬索桥主缆防腐理念上革新。它从根本上消除了主缆钢丝产生腐蚀的原因,有效地保障了主缆的设计寿命,是一种比较可靠的主缆防腐技术。只要充分把握系统的设计要点,合理运用各模块的功能,主缆除湿防腐系统将会在悬索桥的建设以及修复中得到更广泛地应用。

参考文献

[1] Prevention of main cable corrosion by dehumidification. Matthew L Bloomstine, Ove Sørensen. The 5th International Cable-Supported Bridge Operators' Conference,2006.

[2] 来島海峡大橋主ケーブルの防食について. 平野信一,中村修. 土木学会第58回年次学術講演会,2003.

[3] ケーブル一般部の新防食工法. 平野信一. 橋梁と基礎,1999.

[4] 白鳥大橋のケーブル防食工事. 渋谷元,前川務,山地健次. 橋梁と基礎,1998.

36. 考虑主梁碰撞效应的减隔震连续梁桥设计与计算

葛胜锦[1]　熊治华[2]　翟敏刚[1]　高　山[2]

(1. 中交第一公路勘察设计研究院有限公司;2. 西安中交土木科技有限公司)

摘　要　美国北岭地震(Northbridge)、皮瑞塔地震、汶川地震等调研资料表明,伸缩缝处的破坏是桥梁主要震害之一。采用隔震设计的桥梁,其伸缩缝变形量不仅要根据温度变化计算,同时必须考虑由于相邻联桥之间的地形、几何线形(斜交)、刚度变化等因素,结合伸缩缝处在地震时出现的碰撞情况来设计变形量。使用隔震技术的桥梁如果仅从墩柱强度和延性出发而没有上部构造做相应配合,则其收效甚微。本文以乌鲁木齐绕城高速公路某桥作为背景,考虑地震情况下可能发生伸缩缝处的主梁碰撞效应,对与隔震技术配套使用的伸缩缝进行了动力时程分析和研究。通过对不同伸缩量的比较和不同地震强度等级下的计算,明确了伸缩缝的选择原则,同时对强震下桥梁结构的安全进行了评估分析,供工程技术人员参考。

关键词　隔震　桥梁伸缩缝　碰撞　动力时程　主梁

一、引　言

桥梁伸缩缝处的震害在美国北岭(Northbridge)、皮瑞塔、汶川地震中有着深刻教训[4]。汶川大地震中的庙子坪大桥引桥(4×50m简支T梁)采用了橡胶支座,在设计之初并未考虑主梁之间在强震作用下的碰撞效应,地震发生后桥墩虽然没有受到损伤,但第5跨伸缩缝处墩梁相对位移过大而落梁,由于主梁间的碰撞效应其伸缩缝处扶手、护栏、隔离带处严重破坏[2,5]。1989年Loma地震,旧金山—奥克兰大桥由于没有充分认识到地震作用下主梁间的相对位移过大导致预留的支撑面不够而造成落梁的事故[8]。日本是最早对伸缩缝处的主梁撞击震害进行研究的国家之一,早在1998年RobertJankowski等[9]对考虑行波效应的隔震桥梁伸缩缝主梁处碰撞进行了数学建模并计算,对不同伸缩缝间隙的情况下进行了对比。后来日本国内开始研发防止地震碰撞作用下顺桥向主梁脱落的机械装置。Felix. D等人[10]于2007年对一座斜弯高架桥使用防落梁装置进行了分析计算。

随着减隔震技术和理论在我国实际桥梁设计中的广泛应用,下部结构延性得到充分利用,隔震支座等装置充分发挥耗能作用,但随之而来的上部结构的位移控制问题也需得到合理解决,如何正确认识和处理主梁间在地震作用下的相对位移以及可能发生的碰撞成为隔震设计中的核心技术之一。公路桥梁抗震设计细则[1]规定：为防止主梁撞击和落梁，构造上采取梁端与盖梁的搭接长度至少为 $70+0.5L$（其中 L 为梁的计算跨径）、在梁端添加缓冲垫块、安装限位装置等措施。国内抗震设计一般在桥墩、桥台处设置横、纵向橡胶垫防震挡块，但是均为构造性的，国内规范没有条文对挡块配筋及构造设计进行规定。

本文以乌鲁木齐绕城高速某桥隔震设计为例，对伸缩缝的间隙量大小变化在不同地震等级下对碰撞效应的影响进行分析和研究，试图得出撞击力大小和关键控制因素，同时分析强震下不同计算方法对构件内力及配筋的影响，相关研究结果可作为工程技术人员进行桥梁构件细部设计的参考资料。

二、项 目 概 况

该桥采用双幅按照国内规范进行设计，计算模型选取左幅第 5 联至第 8 联，其上部结构为装配式先简支后连续预制预应力混凝土连续 T 梁，跨径组成为 4×50m+4×50m+4×50m+4×50m，全长 800m。单幅桥宽 16.65m，桥面净宽 15.65m。下部结构 16～32 号桥墩均采用薄壁墩（图 1），17～19 号墩采用墩梁固结（平均墩高为60～70m），其余均采用高阻尼橡胶隔震支座。左幅 16、20、24、28、32 号为过渡墩设置伸缩缝。本路线所处场地地震动峰值加速度为 0.2g，地震基本烈度为Ⅷ度，场地类型为Ⅱ类。桥墩截面及墩高见表 1（限于篇幅仅列出平均墩高），其中Ⅰ、Ⅱ类截面尺寸分别为 9.35×4.5m、9.35×3.5m。上部结构典型断面如图 2 所示。

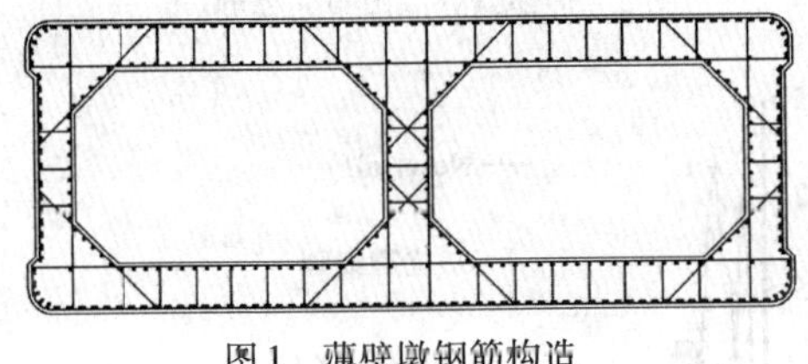

图 1 薄壁墩钢筋构造

薄壁墩构造尺寸 表 1

墩 号	平均墩高	截面类型
16～25	59.5m	Ⅰ
26～32	36.5m	Ⅱ

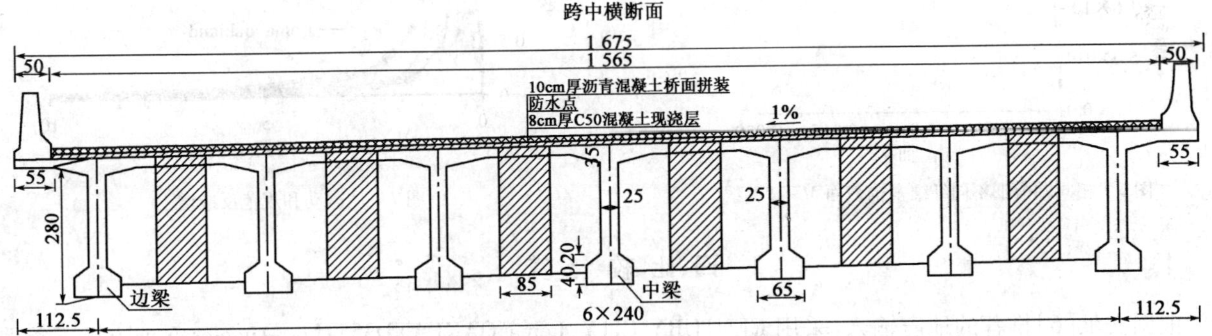

图 2 上部结构典型横断面（尺寸单位：cm）

三、计 算 模 型

本文使用 SAP2000 对桥梁进行动力非线性时程分析计算，简化模型及单元如图 3 所示。计算方法采用 Hiber-Huges-Taylor 直接积分法计算。上部结构采用鱼骨式分布质量模型，下部桩基础根据地质资料采用“m 法”考虑基础—土效应。对于高阻尼橡胶支座的计算模型本文采用 PlasticWen 滞回模型[11]描述支座地震时的力学响应。伸缩缝处使用美国加州交通部（Caltrans）推荐的 Gap 单元模拟过渡墩处在强震发生时可能产生的主梁碰撞效应[7]，根据文献[9]取 $k=8.58\times10^6$kN/m，Gap 单元构造以及其在伸缩缝处的使用分别如图 4 和图 5 所示。

31、32 号桥墩墩高分别为 35.5m、36.5m，这四联中这两个墩高最低，强震时将分担较大的地震力，故 E2 地震下在墩底设置塑性铰。本文分别对采取 Mander 核心混凝土的本构和 Caltrans[7] 的 P-M2-M3 纤维铰进行了对比。取一、二期恒载作用下的轴力 35 000kN，32 号桥墩的弯矩—曲率如图 6 所示。

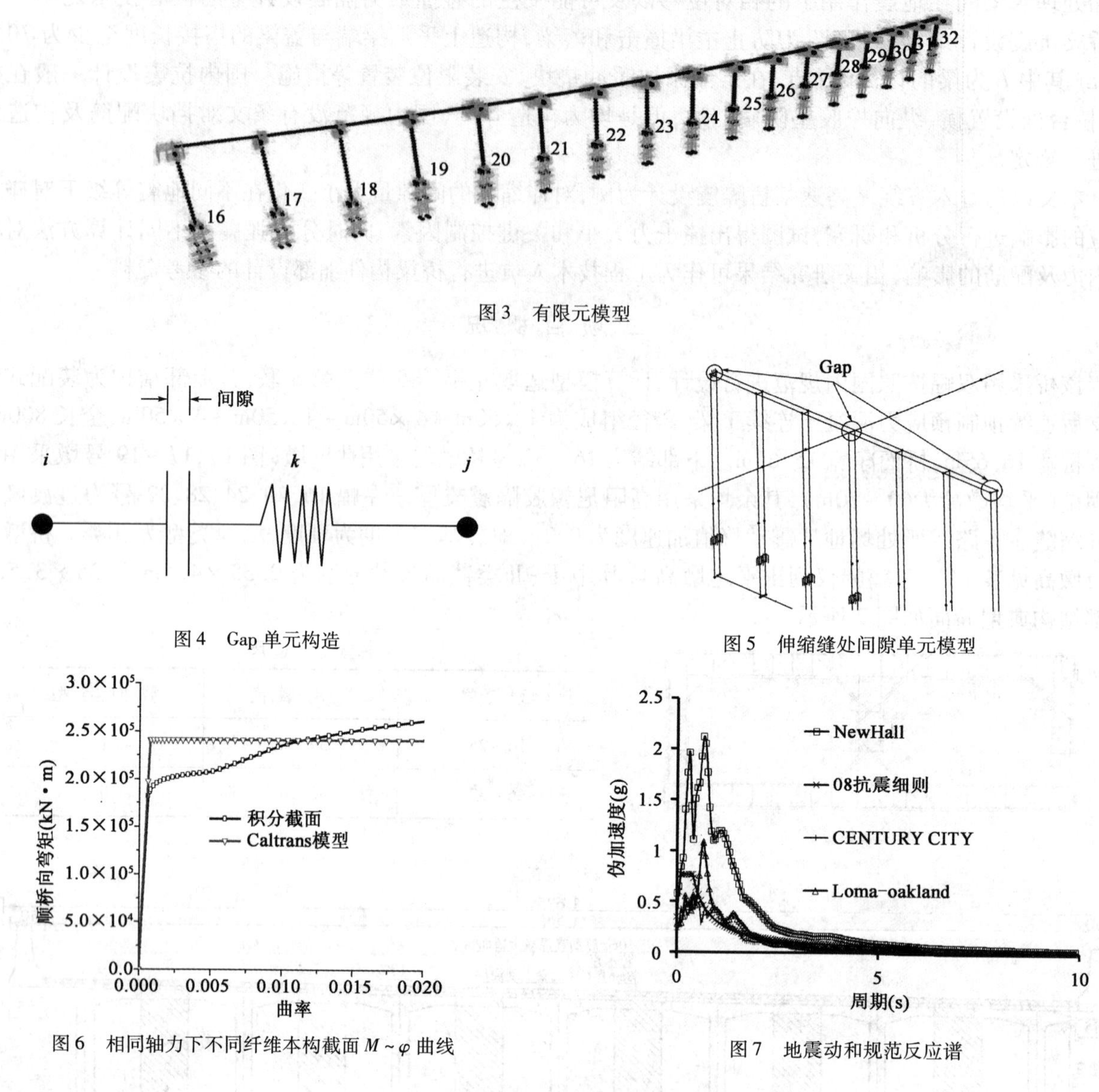

图3　有限元模型

图4　Gap单元构造

图5　伸缩缝处间隙单元模型

图6　相同轴力下不同纤维本构截面 $M \sim \varphi$ 曲线

图7　地震动和规范反应谱

四、比 较 计 算

根据文献[6]推荐的地震输入，采用CENTURY CITY，Loma OAKLAND35°，Los Angeles NewHall三条地震动记录，其反应谱[1]如图7所示，其动峰值加速度分别为212cm/s^{-2}、280cm/s^{-2}、572cm/s^{-2}。为了对比碰撞效应，本文分别计算了顺桥向采用不同间隙量的伸缩缝过渡墩处可能发生的撞击情况（δ代表伸缩缝的间隙量，单位：cm）。同时对于采用不同纤维塑性铰对于31、32号墩底的地震力反应进行了比较。

计算结果表明：在20号桥墩处，当大震发生时将会出现主梁频繁的碰撞现象（图8），在Century City震动下采用三种伸缩缝都没有出现碰撞现象，而当另外两条强度较大的地震作用下，20号过渡墩处均发生碰撞，当采用$\delta=20$的伸缩缝时的最大撞击力比$\delta=12$减小约85%。由于17～19号桥墩墩高均在60～70m，故均采用了墩梁固结控制地震时上部结构的位移，与之相邻联的墩高逐渐减小，且采用了隔震支座，故这两联的周期有一定的变化，这也是造成20号墩处在大震下主梁碰撞的主要原因。而如图9所示，24号墩的碰撞次数以及力都要比20号小。图10、图11表明在强震下位移量大的伸缩缝会可减小20号墩处撞击力，24号墩采用大位移伸缩缝时碰撞次数减小但撞击力增大。图12、图13分别给出了全桥在不同间隙量变化下合计的主梁撞击次数和最大撞击力的规律。当Loma地震动输入下，支座最大位移约为18cm（图14、图15），但在NewHall输入下，支座最大位移将达到约40cm，此时支座处基本破坏，保证盖梁至梁端足够的构造距离至关重要。从图6、图16、图17可以看出,Caltrans纤维模型的延性较Mander小,导致其算得的内力比Mander大,可见使用Caltrans模型验算截面配筋时安全系数高,但同时会低估结构的延性。通过表2列出了采用$\delta=12$的伸缩缝在不同地震强度下采用隔震设计的重要结果,可以看出隔震设计实现了对高墩的适当位移控制,对矮墩的强度保护。

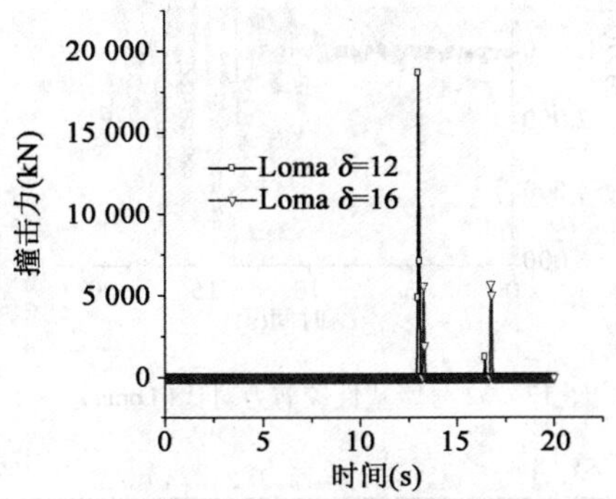

图8 20号墩不同伸缩缝主梁撞击力(Loma)

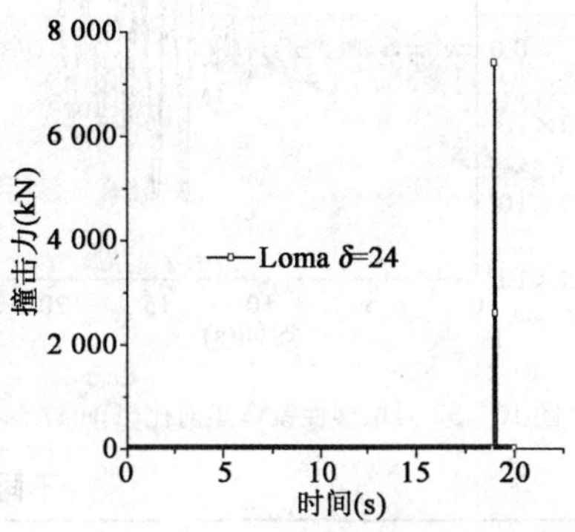

图9 24号墩主梁撞击力(Loma)

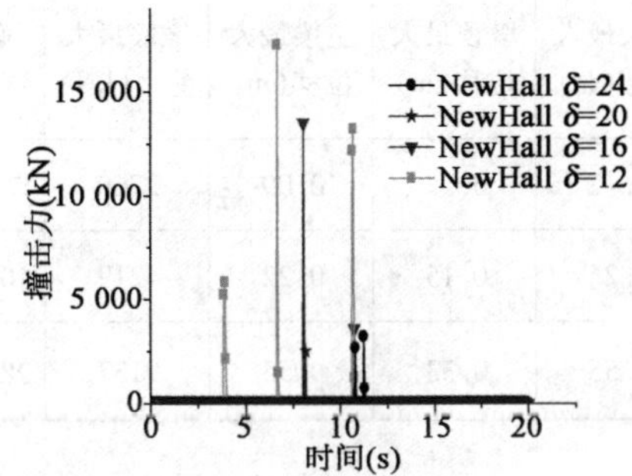

图10 20号墩不同伸缩缝主梁撞击力(NewHall)

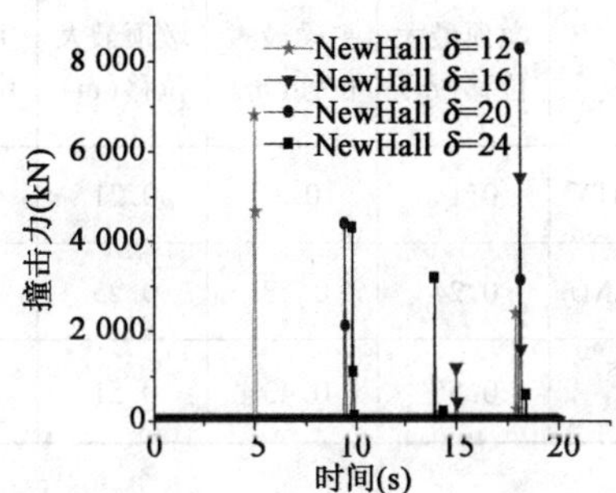

图11 24号墩处主梁撞击力(NewHall)

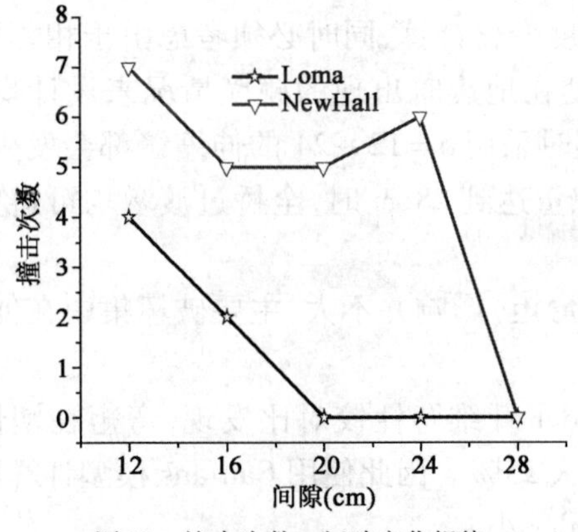

图12 撞击次数—间隙变化规律

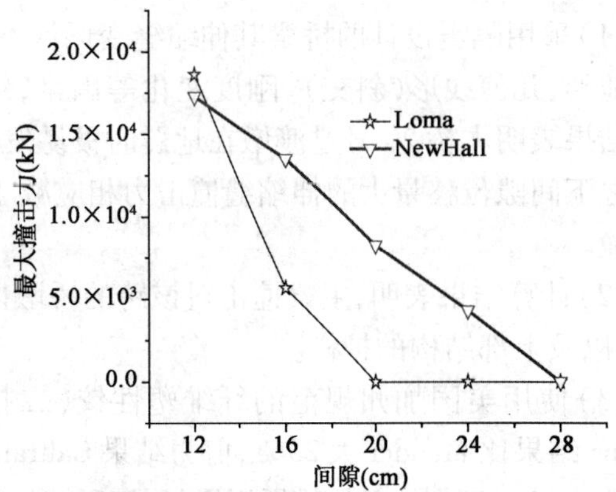

图13 最大撞击力—间隙变化规律

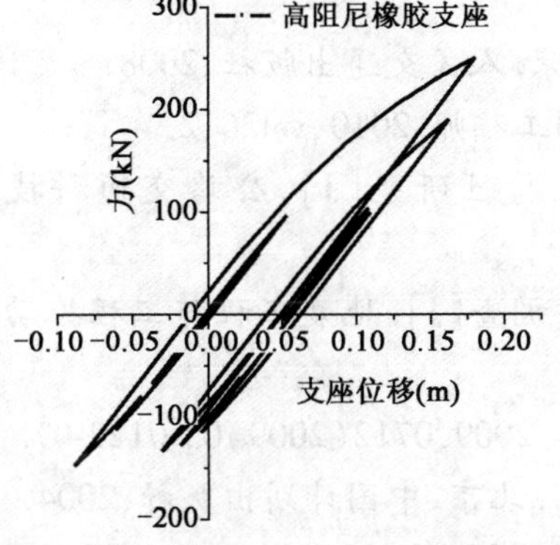

图14 21号墩处中梁支座力—位移曲线(Loma)

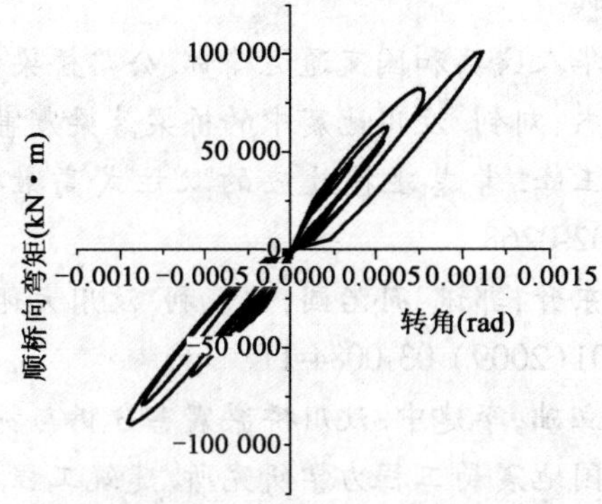

图15 32号墩塑性铰弯矩—转角曲线(Loma)

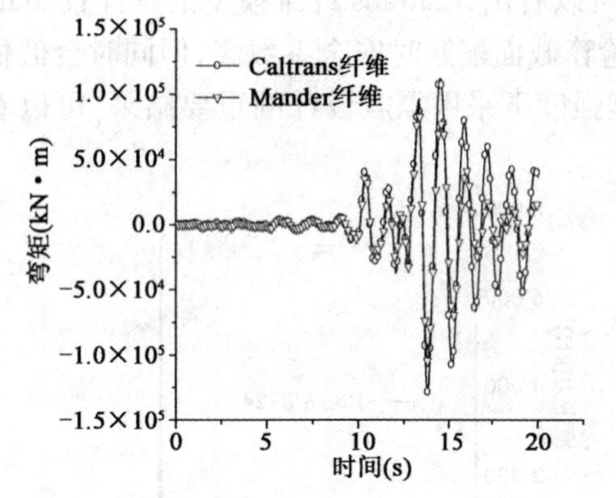

图16 32号墩塑性铰弯矩对比(Loma)

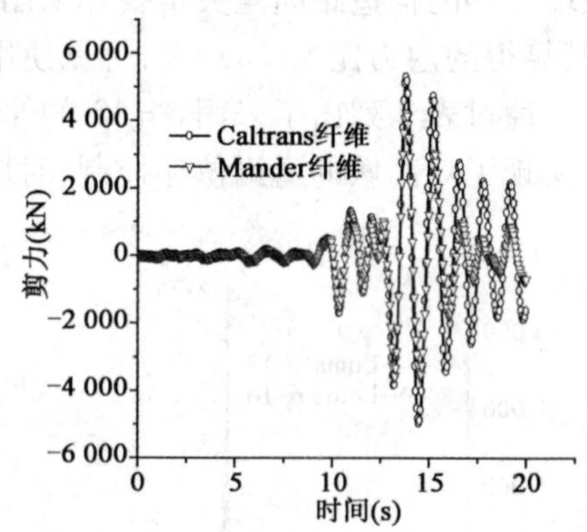

图17 32号墩塑性铰剪力对比(Loma)

不同地震强度下主要结果汇总 表2

墩号 / 地震波	16#		20#		24#		28#		32#	
	墩顶最大位移(m)	主梁最大位移(m)	墩顶最大位移(m)	主梁最大位移(m)	墩顶最大位移(m)	主梁最大位移(m)	墩顶最大位移(m)	主梁最大位移(m)	墩底最大剪力(kN)	墩底最大弯矩(kNm)
CENTURY CITY	0.14	0.1	0.21	0.12	0.17	0.12	0.15	0.09	2760	79.4×10^3
Loma OAKLAND	0.24	0.28	0.25	0.33	0.16	0.26	0.15	0.22	4219	100.9×10^3
Los Angeles NewHall	0.55	0.43	0.51	0.63	0.57	0.55	0.33	0.55	9137	287.1×10^3

五、结 语

(1)采用隔震设计的桥梁其伸缩缝变形量不仅要根据温度变化计算,同时必须考虑由于相邻联桥之间的地形、几何线形(斜交)、刚度变化等因素,结合伸缩缝处在地震时出现的碰撞情况来设计变形量。计算结果表明本桥20号过渡墩在地震时极易发生碰撞,强震时采用$\delta=12\sim24$的伸缩缝都会发生碰撞,相比之下间隙位移量大的伸缩缝撞击力相应减小。但当间隙量达到28cm时,全桥过渡墩均可避免主梁的碰撞。

(2)计算结果表明,主梁撞击对该跨的桥墩内力(剪力和弯矩)影响并不大,主要破坏集中在伸缩缝、支座、以及上部结构的护栏。

(3)使用美国加州规范的纤维塑性铰(二折线)与Mander纤维塑性铰对比发现,弯矩在塑性铰区Caltrans结果比Mander大23%,剪力结果Caltrans比Mander大25%。因此使用Caltrans模型计算配筋安全系数比Mander大,但是对桥墩墩柱的延性计算结果比Mander小。

参考文献

[1] 中华人民共和国交通运输部.公路桥梁抗震设计细则[S].北京.人民交通出版社,2008.

[2] 孟杰,刘钊.汶川地震中的桥梁落梁震害分析及启示[J].结构工程师.2010,vol26,2.

[3] 高玉峰.考虑碰撞效应的双柱式高墩桥梁非线性地震反应特性研究[J].公路交通科技.2011,1002-0268.

[4] 王东升,郭讯,孙治国,孟庆利.汶川大地震公路桥梁震害初步调查[J].地震工程与工程振动.2009,1301(2009)-03-0084-11.

[5] 范立础,李建中.汶川桥梁震害分析与抗震设计对策[J].公路.2009,0712(2009)05-0122-07.

[6] 中国地震局工程力学研究所.建筑工程抗震性态设计通则[S].北京.中国计划出版社,2004.

[7] Ady Aviram. Kevin R. Mackie. Guidelines for Nonlinear Analysis of Bridge Structures in California[R].

Pacific Earthquake Engineering Research Center. 2008, 2008-03.

[8] 王军文,李建中,范立础.桥梁结构地震碰撞效应及放落梁措施研究现状[J].公路交通科技,2007,0268(2007)05-0071-05.

[9] Robert Jankowski, Krzysztof Wilde, Yozo Fujino, Pounding of Superstructure Segments in Isolated Elevated Bridge During Earthquake [J]. Earthquake Engineering and Structural Dynamics. 1998, 487-502 (1998).

[10] Felix D. Ruiz Julian, Toshiro Hayashikawa, Takashi Obata. Seismic Performance of Isolated Curved Steel Viaducts Equipped with Deck Unseating Prevention Cable Restrainers. Jounal of Constructional Steel Research. Vol 63. 2007.

[11] Computers &Structures. CSI Analysis Reference Manual[M]. Berkley. California.

37. 采用新抗震规范进行常规桥梁的设计方法

曲春升 侯 满

(中交公路规划设计院有限公司)

摘 要 《公路桥梁抗震设计细则》颁布实施已经快3年了,但在具体的设计应用仍存在许多理解上的不足,本文结合某连续刚构桥的抗震设计,全文详述了按照新规范采用反应谱分析进行抗震设计的思路,对于常规桥梁的抗震设计有一定的指导意义。

关键词 连续刚构 特征值分析 延性设计 反应谱分析 塑性铰

一、引 言

2008年5月12日,印度洋板块向亚欧板块俯冲,造成青藏高原快速隆升导致地震。高原物质向东缓慢流动,在高原东缘沿龙门山构造带向东挤压,遇到四川盆地之下刚性地块的顽强阻挡,造成构造应力能量的长期积累,最终在龙门山北川—映秀地区突然释放,汶川遭遇8级强震猝然袭来。这次强震造成了巨大的破坏,桥梁的大量破坏导致了救援工作的延迟,主要表现在桥墩箍筋配置过弱导致剪切等脆性破坏,盖梁长度过短导致落梁等,这次震灾再次引起了全国范围内对地震设计的重视。2008年10月1日,交通运输部颁布了《公路桥梁抗震设计细则》(JTG/T B02-01—2008)(以下简称"新抗震规范"),首次提出了两水平设防、两阶段设计的思想。

二、抗震设计流程

桥梁的抗震设计应重视抗震概念设计,才能保证结构本身具有较好的抗震性能,具体可参考新抗震规范条款9.2。本文仅以某连续刚构为背景,详细介绍采用新抗震规范进行非特殊桥梁抗震设计的方法和思路。

采用新抗震规范进行设计的基本流程:

(1)首先依据新抗震规范表3.1.2的适用范围,确定桥梁的抗震设防类别。本桥主跨为140m,属于B类。

(2)新抗震规范表6.1.4中确立了抗震分析的计算方法,本桥按多振型反应谱法进行地震分析。

(3)先确定桥梁所在区域的设防烈度和地震动峰值加速度(新抗震规范表3.2.2),然后依据新抗震规范条款5.2确定反应谱曲线。本桥属于高速公路的桥梁,抗震重要性系数按新抗震规范表3.1.4-2中括号内取值;阻尼为按新抗震规范条款9.3.6取为0.05。图1为地震荷载反应谱曲线。

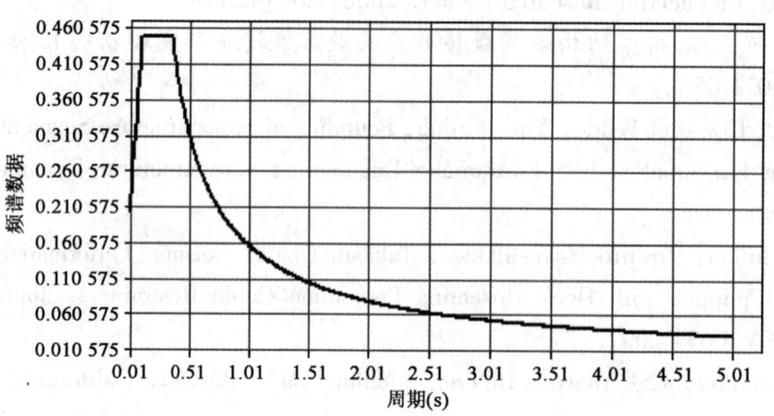

图 1　E1 地震荷载反应谱

(4)进行结构特征值分析和反应谱分析。

结构特征值分析不在于精细地模拟,而重点要真实、准确地反映结构质量、刚度、结构阻尼及边界条件。因此分析时,一定要进行二期荷载的质量转换,才能确保计算的精确。

(5)进行结构内力和变形验算。E1 地震下验算结构的内力,保证结构处于弹性;E2 地震作用下,验算结构内力是否满足,如不满足则按延性设计,进行位移验算。

三、动力特性分析

结构特征值分析(即模态分析)是结构动力分析的基础。本文采用 MIDAS/Civil 2006 建立空间有限元模型,主梁和基础(桥墩、承台和桩基)采用三维梁单元。为了真实模拟桩—土作用,假定土介质是线弹性的连续介质,等代土弹簧刚度由土介质的动力 m 值计算。

本文采用子空间迭代法进行模态分析,计算选取前 300 阶振型以保证反应谱分析在计算方向上有 90% 以上的参与质量,限于篇幅本文列出了前 10 阶的模态(表 1)和前 6 阶振型图(图 2 ~ 图 7 所示)。

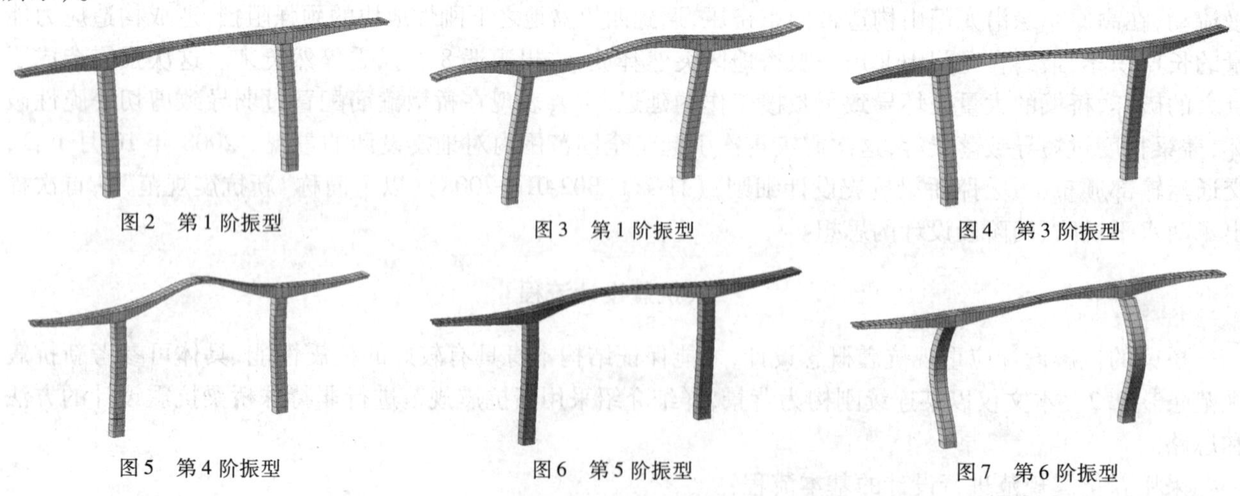

图 2　第 1 阶振型　　图 3　第 1 阶振型　　图 4　第 3 阶振型

图 5　第 4 阶振型　　图 6　第 5 阶振型　　图 7　第 6 阶振型

不同桥墩形式的前 10 阶结构自振模态　　表 1

模　态	频　率	周　期	振 型 描 述
1	0.294	3.407	桥墩 1 阶对称横向弯曲
2	0.475	2.105	桥墩 1 阶纵向弯曲
3	0.626	1.596	桥墩 1 阶反对称横向弯曲

续上表

模　态	频　率	周　期	振 型 描 述
4	1.159	0.863	主梁1阶对称竖弯
5	1.381	0.724	主梁1阶横弯
6	2.066	0.484	桥墩2阶反对称横向弯曲
7	2.067	0.484	桥墩2阶对称横向弯曲
8	2.079	0.481	主梁1阶反对称竖弯
9	2.316	0.432	主梁2阶对称竖弯
10	2.592	0.386	主梁2阶反对称竖弯

从表1中结构的前10阶振型可得到以下结论：

(1)本桥基频为0.294Hz,周期为3.407s,说明本桥刚度较大。

(2)本桥前10阶振型中第1、3、6和7阶为桥墩横向的振动,第2阶为桥墩纵向的振动,说明本桥横向刚度比纵向刚度弱。

(3)本桥前10阶中没有出现扭转振动,说明本桥扭转刚度较大。

四、地震反应谱分析及结构响应

依据《公路桥梁抗震设计细则》(JTG/T B02-01—2008)的规定,对于B类设防的桥梁,E1地震作用下结构不应发生损伤,即结构应处于弹性范围;E2地震作用下结构不至于倒塌,经临时加固可供维持应急交通。E2地震作用引入了能力保护原则,采用延性设计的方法,确保塑性铰在选定的位置出现,并且不发生剪切破坏的脆性破坏形式。

地震输入采用两种方式:①纵向+竖向;②横向+竖向,结构振型按CQC法进行组合,地震方向按SRSS法进行组合。按照恒载和地震荷载作用下的最不利情况进行组合,轴力组合为最小的恒载轴力和地震产生的最大轴力值之差,弯矩组合为恒载产生的弯矩与地震产生的弯矩的绝对值之和。

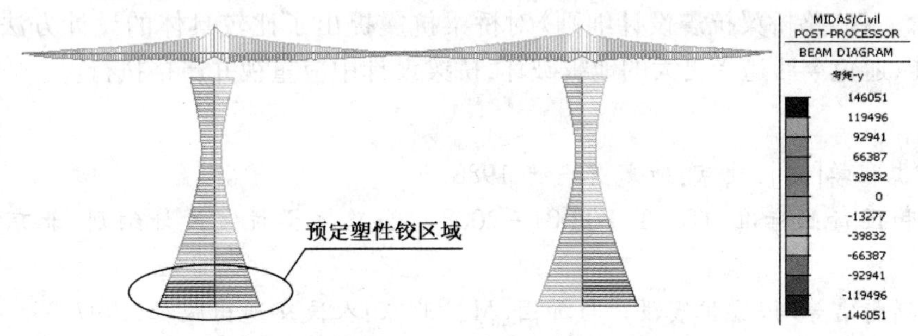

图8　结构E2地震作用下顺桥向弯矩包络图(kN·m)

从图8可看出,最大弯矩发生在桥墩底部,因此将墩底设定为塑性铰发生的区域。通过对桥墩控制断面进行 *P-M-Φ* 分析,得到相关断面的抗弯能力,从而进行抗震验算。在抗弯承载能力在E1荷载作用下取截面的初始屈服弯矩;在E2荷载作用下取等效屈服弯矩。

从表2可知,桥墩底部控制断面在E2地震荷载(纵向为主)作用下强度不够,常规的设计方法是加大截面尺寸和配置较多的纵向钢筋来解决强度的问题,显然这是不经济的,新抗震规范规定了E2地震作用下结构可出现有限损失但不倒塌,因此应按延性设计方法进行桥墩的抗震设计,本桥预先设定墩底位置在地震作用下出现塑性铰,然后进行位移验算,并按规范第8章节的"延性构造细节设计"进行桥墩钢筋的配置,在此不再赘述。

地震荷载作用下桥墩强度验算 表2

位置	荷载组合	结构内力			结构抗力		安全系数
		N	M_y	M_z	$M_{u,y}$	$M_{u,z}$	
墩顶	恒+(E1.X+Z)	82 260	348 894	0	1 264 741	0	3.63
	恒-(E1.X+Z)	99 268	-242 102	0	-1 066 761	0	4.41
	恒+(E1.Y+Z)	82 647	150 001	73 985	815 631	402 292	5.44
	恒-(E1.Y+Z)	98 882	-43 209	-73 985	-238 999	-409 228	5.53
	恒+(E2.X+Z)	76 308	555 743	0	798 880	0	1.44
	恒-(E2.X+Z)	105 221	-448 950	0	-1 795 801	0	4.00
	恒+(E2.Y+Z)	76 964	217 625	125 774	1 292 146	746 784	5.94
	恒-(E2.Y+Z)	104 565	-110 832	-125 774	-713 484	-809 671	6.44
墩底	恒+(E1.X+Z)	181 742	917 124	0	1 175 065	0	1.28
	恒-(E1.X+Z)	214 845	-635 402	0	-1 171 522	0	1.84
	恒+(E1.Y+Z)	182 181	246 319	422 868	469 545	806 092	1.91
	恒-(E1.Y+Z)	214 405	35 403	-422 868	68 594	-819 307	1.94
	恒+(E2.X+Z)	170 156	1 460 508	0	1 293 331	0	0.89
	恒-(E2.X+Z)	226 431	-1 178 786	0	-1 620 830	0	1.38
	恒+(E2.Y+Z)	170 903	320 139	718 876	350 152	786 270	1.09
	恒-(E2.Y+Z)	225 684	-38 417	-718 876	-72 032	-1 347 892	1.88

五、结　　语

桥梁结构应尽量避免在地震中发生剪切的脆性破坏，延性设计思想避免了这一情况的出现，目前部分设计单位对此认识不够重视，尤其表现在桥墩的箍筋配置较弱，而纵向钢筋配置较强。从日本、新西兰等地震多发国家的桥梁结构来看，箍筋的含筋率普遍比我国桥梁高，因此抗震设计的关键是要提高广大工程师的抗震概念。《公路桥梁抗震设计细则》对桥梁抗震提出了比较具体的设计方法，有助于提高我国桥梁的抗震性能，避免今后遭受更大的地震破坏，桥梁设计中应重视并严格执行。

参考文献

[1] 胡聿贤. 地震工程学[M]. 北京：地震出版社，1988.

[2] 中华人民共和国行业标准. JTG/T B02-01—2008 公路桥梁抗震设计细则. 北京：人民交通出版社，2008.

[3] M. J. N. 普瑞斯特雷等. 桥梁抗震设计与加固[M]. 北京：人民交通出版社，1997.

38. 福州长门特大桥初步设计阶段风险评估

张　杰[1]　樊鲁献[2]

(1. 中交公路规划设计院有限公司；2. 长安大学)

摘　要　结合目前公路桥隧工程安全风险评估的现状，以长门特大桥初步设计提出的两种桥型的设计方案为例，依托行业所颁布的指南、管理办法等相关制度文件，采取过程控制的方式，努力践行安全风险评估技术的宗旨，成功完成了该桥的初步设计阶段安全风险评估工作。结果表明，评估成果满足了安全风险评估技术针对性、客观性的要求,评估工作的工程效用良好,具有一定的示范作用和参考价值。

关键词 斜拉桥 悬索桥 初步设计阶段 风险评估过程控制

一、引 言

2010年9月1日,交通运输部批准实施了《公路桥梁和隧道工程设计安全风险评估指南》(以下简称《指南》)[1][2],使公路桥隧工程安全风险评估工作走上了更加规范化的道路。各省根据评估制度的要求,对处于初步设计阶段的具有开展安全风险评估需求的拟建项目,通过由承担设计任务的设计单位自行开展或委托第三方开展的方式,开展了具体的安全风险评估工作。

初步设计阶段安全风险评估提出了包括专家调查法在内的多个评估方法,但实际工程应用所面临的一个尖锐问题是如何进行有效的过程控制,如何深入理解有关指南、管理办法所约定的边界条件,从而使得评估成果更具针对性和客观性,实现应有的工程效用。

本文结合长门特大桥初步设计阶段安全风险评估的实施过程,来说明安全风险评估技术的工程应用过程[3]。

二、安全风险评估现状及评估体系

1. 评估现状

《指南》主要针对编制程序、编制依据、主要内容做了基本性的规定,既明确了该指南的基本原则以构成其骨架,又明确了贯彻基本原则的具体规则以构成其血肉,因此,从理论上说《指南》在具备了较强的可操作性的同时,也同时考虑了公路桥隧工程设计安全风险评估制度试行之初应保留的操作灵活性和拓展空间。

总体来说,当前我国公路桥隧工程安全风险评估总体形势稳定,通过安全风险分析、评估成果的汇报、评审以及技术交流等活动,工程建设安全风险评估理念已经逐渐深入人心,人们的风险意识越来越强,为提高工程建设安全性,提升工程建设安全风险管理水平打下了良好的基础。但也存在不同单位所完成的安全风险评估成果质量差异较大的情况,当然也存在着部分成果质量差强人意的情况。其原因当然是多方面的,但最主要的原因是个别承担任务(的)单位风险评估技术水平不足和工程技术力量薄弱的一种综合体现。

2. 评估方法

桥梁安全风险评估的方法比较多,《指南》也给出了5种相关的评估方法供工程应用过程中选择,但总的来说分为不外乎定性方法和定量方法两类。

专家调查法是《指南》推荐采用的方法,属于定性方法的范畴。实际上,其他的多种方法,比如指标体系法、层次分析法或事故树法等,无论是安全风险发生概率还是风险损失的判定,其本质上也都属于定性评估方法,都具有主观性,其估测风险等级的精确程度,以及业主和评审专家对估测风险等级的接受程度,很大程度上依赖于安全风险评估人员在估测方面的专业技术水平。

因此,基于此类方法开展相关的安全风险评估工作,保证评估成果针对性和客观性的核心在"人":消灭人为因素造成的三大敌人——成果粗糙、针对性不强、不负责任,从而减少安全风险评估技术人员执行过程中的不稳定因素,实现人员工作过程的可控性,培养习惯性过程控制的习惯,减少与安全风险评估宗旨背道而驰的成果出现。因此,长门特大桥初步设计阶段安全风险评估,就是采用了基于过程控制的专家调查法。

三、工程概况及设计方案

1. 工程简介

长特门大桥北接长门村,南接琅岐岛。跨越闽江,大桥处于闽江的下游,濒临闽江的入海口,桥址区东临东海,属福州绕城高速公路东南段工程S1合同段的控制性工程。桥位两岸属剥蚀丘陵台地间夹沟谷地貌,中间河谷地势较平缓,呈"U"形,拟建桥梁与斜坡坡向近于直交。桥址上覆第四系全新统长乐组冲海层(Q_{4c}^{al-m})、第四系坡积层(Q^{dl}),地表零星分布的新近耕植土(Q_4^{ml})厚度较薄。下伏基岩主要为燕山期晚期花岗岩(γ_5^3)。基岩完整性较好,有利于工程建设。桥位区在斜坡地带地下水贫乏,水文地质条件简单,区内海域部分海水及地下水对混凝土结构中的钢筋有强腐蚀性,对钢结构具有中等腐蚀性。陆域部分地表示及地下水对混凝土无腐蚀性,对混凝土结构中的钢筋无腐蚀性,对钢结构具有弱腐蚀性。

桥址区未见有活动性断裂构造通过,未见新活动构造发育地震基本烈度为Ⅵ度。桥址大部分地段基岩直接出露,为抗震有利地段,桥梁起点附近被第四系土层覆盖,为抗震不利地段。桥址区受台风影响频繁,闽江(马尾~外沙)航道定级为国家内河Ⅰ级航道并可通航2万吨级海轮。根据《福州港总体规划》,规划航道等级达到乘潮通航3万吨级船舶的标准。

2. 设计方案

长门特大桥初步设计阶段针对C2线位提出了4个主桥方案:主跨525m双塔双索面混合梁斜拉桥(方案一,推荐方案)、主跨475m双塔双索面混合梁斜拉桥(方案二)、主跨525m单跨双铰钢箱梁悬索桥(方案三)和主跨475m单跨双铰钢箱梁悬索桥(方案四),其中方案一与方案二、方案三与方案四构造基本相同,其区别主要体现是跨径大小方面,因此安全风险评估工作实际针对的评估对象为方案一和方案三,两个方案的总体布置图如图1、图2所示。

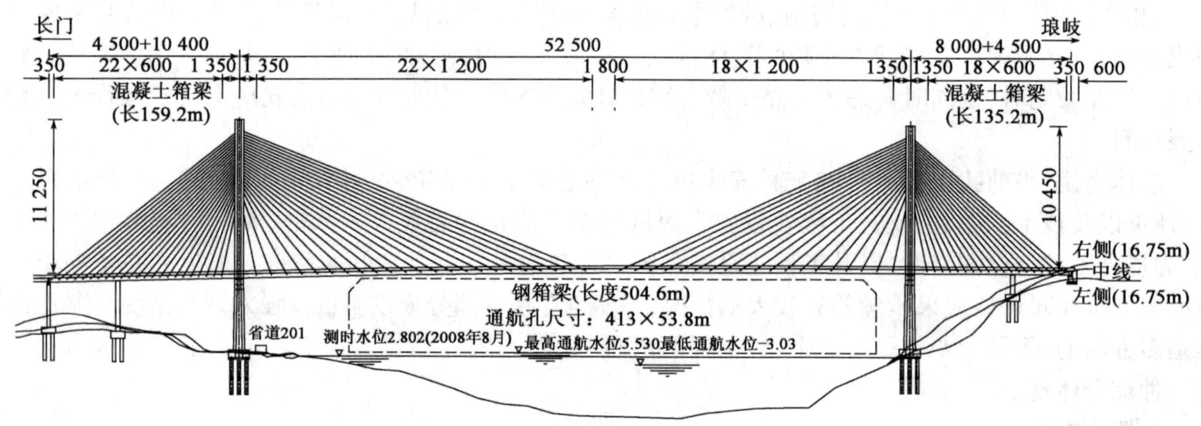

图1 方案一桥跨布置图(尺寸单位:cm)

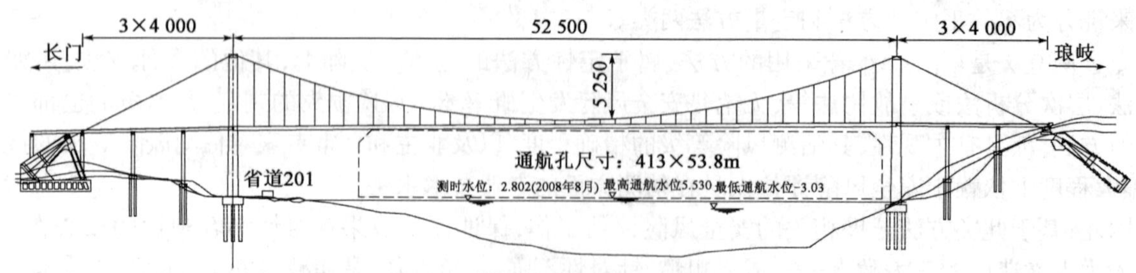

图2 方案三桥跨布置图(尺寸单位:cm)

长门特大桥各设计方案跨径均较大,技术复杂,施工工序多,具有相当大的难度,且桥址受到风速、潮差、地震、腐蚀环境、船舶通行等各种不利因素的影响,尤其是与本桥相关的一些重要技术问题(包括由于大风导致的结构抗风性能、行车安全、施工安全,宽幅混凝土主梁耐久性、隧道锚开挖等)和重要部位(索塔锚固方案、主梁钢—混结合段构造),存在一定的安全风险不确定性,因此,需要结合当前技术现状,考虑实际工程中可能出现的不利因素影响,评估项目现状条件下的风险程度,并提出相应的应对措施,为实施者进行科学决策提供依据,以减缓风险的发生,最大限度地减少风险预期导致的损失,提高工程安全性。

四、评估过程

1. 风险源识别

长门特大桥现场查看主要采取了3种方式：座谈、走访和实地考察，内容侧重在评估对象现场情况、周边路网实际情况包括道路荷载、运营灾害等，如图3、图4所示。所收集的资料包括本项目的设计图纸、评审或研讨会议记录、类似已建工程的成功经验和失败教训。

根据现场调研情况，收集了该桥建设条件、设计方案、施工技术等资料，并听取当地专家咨询意见，普查并汇总风险源。经进一步分析筛选出包括钢—混结合段构造开裂和钢箱梁最大悬臂状态的稳定等在内的13个方面主要风险源，并确认其存在方式、部位和产生的影响，从而完成风险源辨识环节。比如施工期风致灾害风险的产生的根源归纳为如下几个方面：①在主梁施工阶段，风对结构的影响非常明显，特别是大单悬臂状态（长门特大桥在施工阶段其悬臂长度最大达271.5m，且存在钢—混结合段，桥梁纵向、横向抗风稳定性均存在一定的不利影响）；②闽江口外每年的夏秋两季盛行台风，全年≥6级风天数约167天，≥8级风天数约25.3天；③悬臂施工安排在11月至来年5月，工期安排无法完全避开台风或大风期；④必然存在大悬臂状态与强风状态的耦合，将对该桥的施工安全造成不利影响，严重情况下可能造成钢箱梁折断或弯扭破坏。

图3 桥位附近路网重车通行情况

图4 闽江口现状

2. 风险估测与评价

在向专家发放征询意见书和等级调查表后，首先进行预调查；然后汇总征询结果，并将汇总结果反馈专家组；最后再收集反馈意见，并统计整理结果。

采用如下公式进行统计：

$$s_i = \frac{\sum_{j=1}^{n} B_j N_{ij}}{n}$$

式中：B_j——第j个专家的权值；

N_{ij}——第j个专家对第i个目标的判定结果；

n——专家总人数。

3. 风险等级汇总

双塔双索面钢—混斜拉桥方案：根据调查表统计结果，处于Ⅲ级风险水平的有2项（斜拉桥施工期风致失稳、钢—混结合段耐久性风险）。处于Ⅱ级风险水平的有11项（运营期行车安全、施工期船舶撞击风险、运营期船舶撞击风险、井字形预应力锚固风险、钢箱梁桥面铺装风险、钢箱梁桥腐蚀风险、宽幅混凝土主梁开裂事故、承台大体积混凝土施工事故、主梁支架施工事故、汽车重载通行引起桥梁破坏、结构设计技术缺陷），其余为Ⅰ级风险（主塔施工风险、火灾风险、跨线施工风险等）。

双塔钢箱梁悬索桥方案：根据调查表统计结果，处于Ⅲ级风险水平的有2项（悬索桥运营期和施工风致失稳、锚体开挖风险），处于Ⅱ级风险水平的有10项（运营期行车安全、施工期船舶撞击风险、运营期船舶撞击风险、锚定位置处滑坡、钢箱梁桥面铺装风险、钢箱梁桥腐蚀风险、锚碇开挖中斜坡稳定风险、锚体施工风险、汽车重载车辆通行引起桥梁破坏、结构设计技术风险),处于Ⅰ级风险(主塔施工风险、缆索系统施工风险、火灾风险、跨线施工风险等)。

从斜拉桥和悬索桥方案的风险等级对比来看,二者的主要风险基本是一致的,共同点在于强风的影响均较大,区别主要体现在风险水平相对较高的侧重点有所不同,斜拉桥方案主要侧重于结构风险的钢—混结合段耐久性风险,悬索桥方案主要侧重于锚体开挖风险。

500m左右跨径的斜拉桥和悬索桥方案设计、施工技术均较为成熟,风险可控性较强。本桥的斜拉桥方案和悬索桥方案的风险均以Ⅱ级风险为主,且从数量上来看比较接近,其中斜拉桥方案为11项,悬索桥方案略少,为10项。但悬索桥方案的钢桥面铺装层损毁风险虽然根据专家统计结果并未达到Ⅲ级水平,但处于Ⅱ+的程度,稍高于斜拉桥方案。

从两种桥型方案的风险角度进行比较,在初步设计设计阶段,两类桥梁方案的安全风险差别较小。其差别主要体现在运营阶段风致灾害风险方面,风险等级虽然同为Ⅲ级,但斜拉桥在成桥状态下刚度比悬索桥大,变形小,稳定性强,而相对轻柔的悬索桥在强风作用下,尤其是动力风的作用下,竖向抖动和横向摆动幅度相对较大,抗风稳定性差,因此风险发生概率相对斜拉桥高,需要采取特殊的应对措施才能将该风险进一步缓解,其运营期风致灾害风险要高于斜拉桥方案。

综合各方面的风险水平来说,两类桥型的风险是基本等同的。具体的方案比较还需根据工程造价进行经济角度的选择确定。

4. 风险应对措施

应对措施包括了两个大的方面:①当前设计方案所采取的应对措施;②进一步采取的应对措施。前者包含了当前设计文件中已经明确的应对措施、正常情况下施工和运营将会采取的一般性措施(与当前工程领域内技术水平相一致的符合一般规律的设计、施工、管养措施,即非额外或特殊采取的应对措施)两部分,后者是针对当前工程薄弱环节的安全风险水平,综合考虑前者对风险演变路径的缓解情况,在当前风险水平,所提出的进一步缓解、控制或转移风险的应对措施。

评估过程除能够发现工程建设过程中潜在的薄弱点,对工程建设安全发挥积极的效用外,还能够在此基础上,对建设工程的设计方案、结构构造,甚至于整体布置提出建议和意见,使建设工程更加完善、合理,并供决策参考。如长门特大桥在桥跨布置上由于两岸边跨跨径不等,出现高差不大的高低塔墩,不仅外观不甚美观,且受力不均衡,施工困难。从现场情况看,有条件将其调整为对称的桥型,因此提出了调整两边跨预应力混凝土箱梁跨径的建议。再如边跨跨径较大,施工时只设一个临时墩作为支架进行现浇,为加大边跨刚度和改善主边跨受力,提出了将临时墩改为永久辅助墩的建议。此外,由于当前设计方案中钢—混结合段这一重要构造型式过于陈旧,而在大桥的安全风险评估成果中提出了改用技术更为先进形式的建议等。

五、结 语

从公路桥隧安全风险评估技术在长门特大桥的具体工程应用来看,由于本桥安全风险评估成果不但符合工程实际,而且条理清晰,内容丰满,所以得到了业主和建设主管部门的认可。同时,长门特大桥初步设计阶段安全风险评估的成功实施,也为《指南》的具体实践探索、积累了一定的工程实际操作经验。

从行业整体来看,虽然成功开展安全风险评估工程应用的案例占据了主流,但失败的案例也时有可见。当然,并不能因为存在这样的并不完美的评估成果案例而否定公路桥隧工程安全风险评估制度的成功性。成功的案例告诉我们,公路桥隧工程安全风险评估工作,能够做好,在合适的人做合适事情的前提下,甚至于还可以做得更好;失败案例给我们的启示,是在取得成绩的同时,还不能志得意满,尤其是最近安全事故问题非常突出的情况下,尚需要我们继续努力,针对存在的问题,继续攻克难关,最终推动安全风险评估技术的进步,达到提高公路桥隧工程建设和运营安全性的目的。

参考文献

[1] 中华人民共和国交通运输部. 关于在初步设计阶段实行公路桥梁和隧道工程安全风险评估制度的通知(交公路发[2010]175号)[S]. 2010.

[2] 中交公路规划设计研究院有限公司. 公路桥梁和隧道工程设计安全评估指南(试用本)[R]北京:中交公路规划设计院有限公司,2008.

[3] 张杰,王珲光,等. 国道主干线福州绕城公路东南段初步设计阶段桥梁和隧道工程安全风险评估报告[R]. 北京:中交公路规划设计院有限公司,2011.

39. 上海公路桥梁限载标准的研究和制定

马广德

(上海兰德公路工程咨询设计有限公司)

摘　要　目前国内实施的两种桥梁限载方式各有利弊,通过普查上海公路上现有各种车辆荷载,结合有关法规、标准,通过计算提出一套基本涵盖现有车辆荷载的总重荷载标准,计入重车密度、桥梁技术状况等因数后,将该标准荷载效应与历史上37种设计荷载标准进行比较,从而制定上海公路桥梁限载标准,通过计算可查阅研究成果的表格、曲线或应用编制的软件得出不同跨径的相应限载吨位和内力,也可近似查阅偏安全而近似的对照表确定限载吨位。

关键词　限载标准　荷载效应　上海公路桥梁　车辆总重　轴重　重车密度

一、前　　言

根据国标《道路交通标志和标线》(GB 5768—2009)的要求,桥梁限载标志分为限制车辆总重或限制车辆轴重过桥的一种禁令标志,在保障桥梁安全、确保交通畅通方面起着重要的作用。各省、市的桥梁限载标志的设置大多是限制车辆总质量,也有限制轴重的,个别的有两种一起设置的。上海桥梁限载标志的设置采用限制车辆总质量。

对于限载标志的限载吨位,从交通运输部到各省市,包括本市公路管理部门,目前还没有与原桥设计荷载等级相关的设置标准和规范,公路管理部门只是根据自己的理解,大都是按照桥梁设计荷载的标准车总重作为限制总质量的限载吨位。新中国成立以来,我国公路桥梁的设计标准经过了多次变化,历年来各种桥梁设计荷载标准达37种之多,如何准确地选择限载吨位,合理地设置桥梁限载标志,长期以来一直困扰着公路管理部门。上海曾于1995年发布了《关于进一步明确桥梁限载标志和桥名牌设置要求的通知》将桥梁限载标志的吨位统一为30t、20t、15t、10t和6t共5种。但由于限载标志在管理上还存在如下问题:

(1)现行桥梁限载标志牌显示的桥梁吨位与设计荷载(包括验算荷载)间的相关性不明确。没有明确定义桥梁吨位是标准车还是加重车,也没有明确是一个车队还是其中一辆车。

(2)高速公路上不设限载标志。上海在高速公路中的桥梁设计荷载一般均为汽超-20,挂-120,但较上海的重车路线低(重车按特-300验算),目前均未设置限载标志,形成行车荷载无限制,可随意通行。

(3)上海的限载吨位数值涵盖各历史阶段的标准,同样数值其含意并不相同。

(4)不少乡村公路桥梁未经设计计算,由乡镇自行挂牌确定限载吨位,这些桥梁大多存在一定安全隐患,也可能具有一定的潜力。

桥梁限载管理中既存在大量结构计算的问题,也存在管理体制和管理方法的问题,从计算技术上分析,也难以找到一种能概括一个车辆总重或轴重来正确控制设计荷载的办法。

为了在确保行车安全,原上海市政工程管理局于2005年立项《规范桥梁限载标准的研究》,通过研究近似地采用一种限制车辆总重的标志,并建立一定规章制度相配合的管理方法。限载的数值既要涵盖上海日常行驶的绝大部分车型,也不能过于保守。

二、制定标准的技术路线与工作流程

1. 上海市现有出行车辆荷载调查

上海地方性桥梁限载标准的研究主要是针对上海出行车辆荷载的控制和管理,因此我们对全市各有关企业的现有车辆进行了普查,并参考外省市来沪车辆的部分资料,着重了解对影响桥梁荷载效应的轴重、轴距、轮距等数据。通过调查获得了上海主要运输车辆从15、20、30、40、50、55、60、60~350t各种车辆的数量、型号及其轴距、轴数、轮距等数据。

2. 搜集上海各历史阶段桥梁设计荷载标准的演变资料

共搜集了:建国前上海为租界时期:1956年交通部颁《公路工程设计准则》;1967年交通部颁布的《公路桥涵车辆荷载等级净空标准暂行规定》;1972年交通部颁布《公路工程技术标准》(试行);1981年交通部《公路工程技术标准》(JTJ 1—81);1993年中华人民共和国行业标准《城市桥梁设计准则》;1998年中华人民共和国行业标准《城市桥梁设计荷载标准》;2004年交通部颁布的《公路桥涵设计通用规范》。上海曾自行制定的特种荷载标准等37种荷载之多。

3. 各历史阶段桥梁设计荷载的效应计算及比较

根据收集到的设计荷载资料,考虑上海当前桥梁的结构形式中约有91.36%以上是简支梁结构,为简化计算,将各阶段设计荷载对简支梁各种跨径的荷载效应计算成表格并辅以曲线表达,共计算了37种荷载两种内力(弯矩和剪力),以1956年和2004年荷载标准为例,如图1、图2所示。

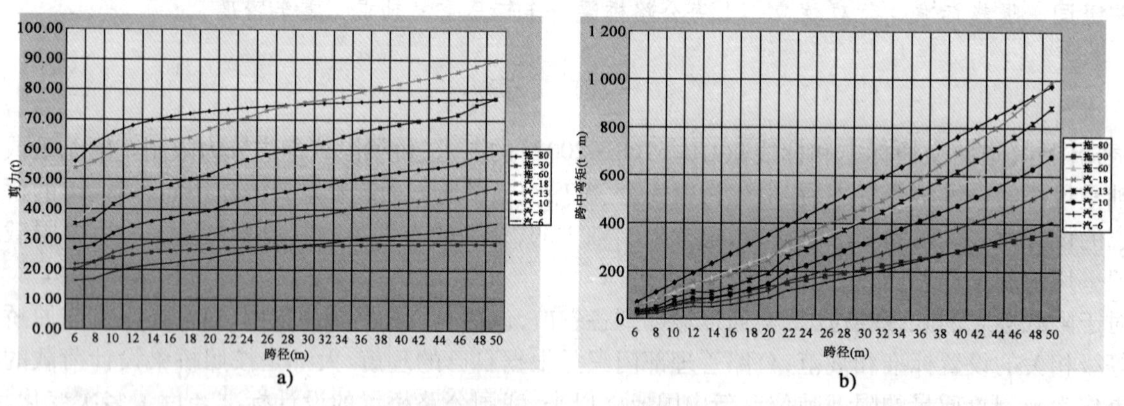

图1 1956年公路工程设计准则

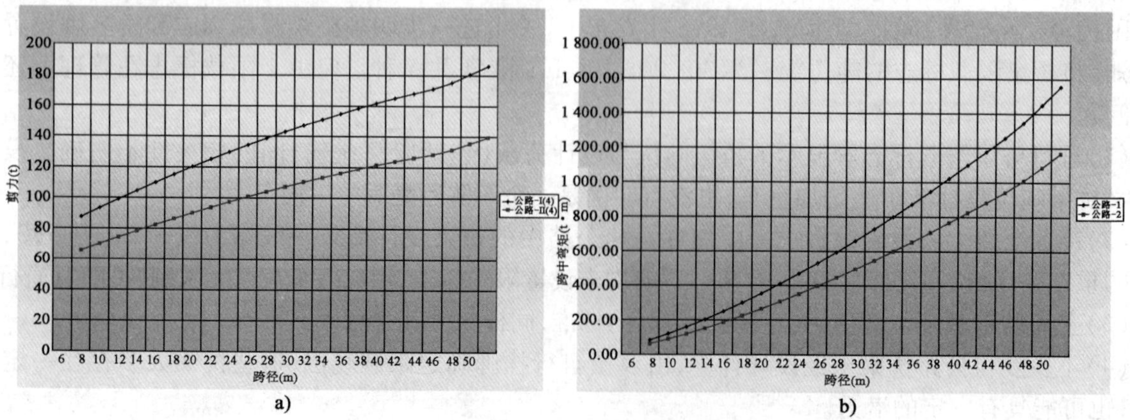

图2 2004年公路桥涵设计通用规范(四车道)

4. 总重限载吨位与轴重限载吨位的比较与取舍

(1)车辆荷载对桥梁的作用效应

车辆荷载作用在桥梁上的荷载效应与轴距、轴重和行驶车辆中的前一车辆与后一车辆的间距有关。单独限制一根轴载的重量和多轴的总重量,并不能保证桥梁的承载能力控制在总重限载吨位与轴重限载吨位的界限内。但精确的计算也难以找到一种涵盖所有荷载效应的限载标志的方法,更何况公路限载标志面对广大的车辆驾驶员不一定具备桥梁专业知识。因此交通部提出了影响车辆荷载效应较大的两项因数轴重和总重作为限载标志的内容,具体由各省市公路主管部门去决定如何设置。

(2)轴重限载标志和总重限载标志的利弊

车辆轴重确实是影响车辆荷载效应的主要因数,特别是重量较大的后轴,但紧邻的双轴、同一车辆的其他轴重和轴距以及紧随其后的另一车辆的前轴也将产生较大效应,一般货车车辆驾驶员对自己的车辆载重量和总重量是比较了解的,对每根满载轴重轴距并不十分了解,因此设置轴重标志需作相当大的宣传普及工作才能使限载管理工作取得实效。

总重限载标志简洁明了,易为广大货车驾驶员理解,但由于相同总重的货车,其各轴重的分配比例并不相同,不同的轴距,其荷载效应也不相同。因此总重限载也不能完全符合结构实际的受力分析。

现行两种限载标志的形式都不能严格符合实际受力状态,需要找到一种尽量接近实际受力状况而又易于操作的近似限载方式。

三、单车总重限载吨位分级标准的确定

1. 确定标准的原则

(1)为便于广大驾驶员理解执行限载标志,限载的方式以车辆总重控制。经过计算,制定一套不同的标准设计荷载吨位,对应于上海常见的不同的总重货车荷载标准车,该荷载标准是通过较全面调研,制定的一套基本上能涵盖上海常用车辆的标准荷载系列。

(2)限载标准的吨位必须符合国家强制性标准规定的《道路车辆外廓尺寸、轴荷及质量限值》(GB 1589—2004)和交通部、公安部、国家发展和改革委员会颁发的《关于进一步加强车辆超限超载集中治理工作的通知》的有关规定。

(3)限载标志对桥梁的荷载效应应考虑实际行驶在桥上车辆的数量随机性,即一般车辆密度和重车密度的影响。

(4)限载标志的管理办法应与现行法规相匹配,如《中华人民共和国公路法》、《超限运输车辆行驶公路管理规定》等。

(5)考虑上海和邻近省市现有车辆的荷载资料。以使标准荷载系列尽可能覆盖现有车辆。

(6)限载吨位的幅度拟定为6~55t,超过55t的车辆由于出行几率较少,重量较大应按《超限运输车辆行驶公路管理规定》办理,以确保行车安全。

2. 总重限载吨位分级标准的确定

根据上述制定标准的原则,在不违反国家有关部门法规的前提下制定单车的总重限载吨位分级标准如下图3所示。

3. 对现有车辆荷载的分析比较

根据收集到的资料,按15t以下、20t以下、30t以下、40t以下、55t以下分别与标准单车荷载进行比较,现举例以30t、40t两种标准单车荷载与现有车辆比较如图4、图5所示。

通过计算表明制定的单车标准荷载都能覆盖现行市面上的符合国家有关法规的车辆,个别超过标准荷载的车辆其总重已超过交通部、公安部、国家发展和改革委员会颁发的《关于进一步加强车辆超限超载集中治理工作的通知》的有关规定。如MAN50.604车型总重50t,由于该车型共4轴已超过《关于进一步加强车辆超限超载集中治理工作的通知》4轴车辆不得超过40t的规定,因此其荷载效应

虽超过总重 55t 的标准荷载，未能覆盖，但该车辆已属违规。运输单位必须调整其最大装载量，才能获准在公路上行驶，否则就属于违反交通法规，因此限载标准不照顾这些超标的车辆而提高标准荷载的数值。

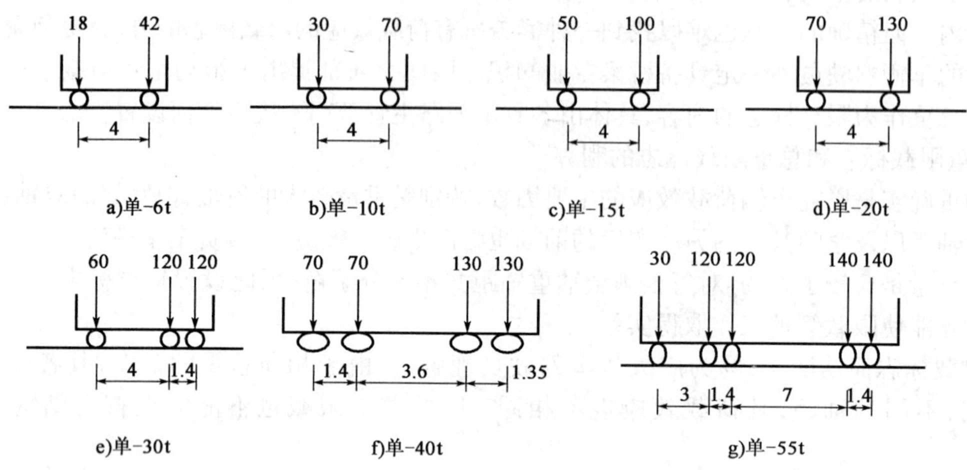

图 3　吨位分级标准

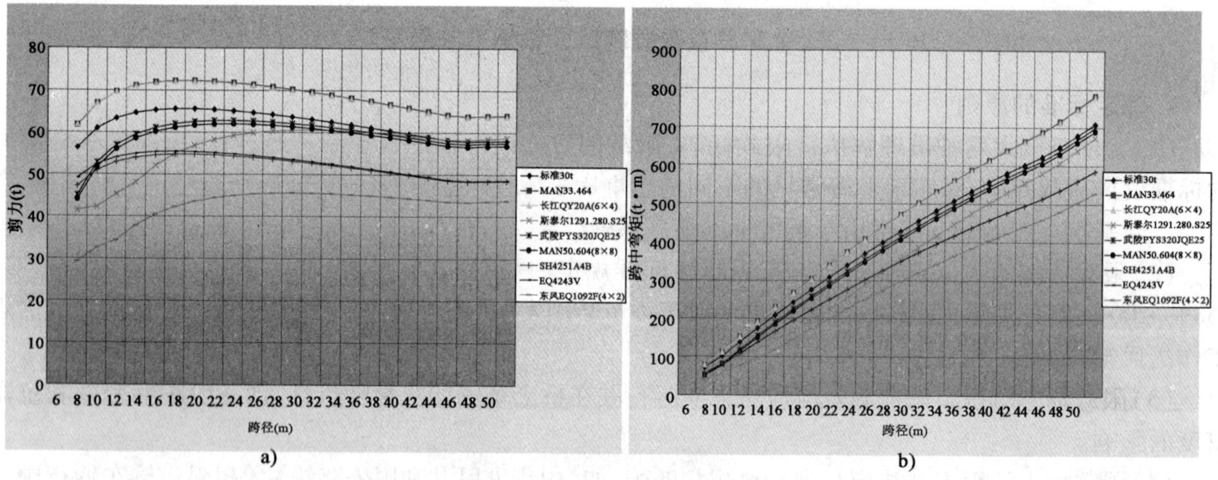

图 4　30t 车辆荷载效应比较表

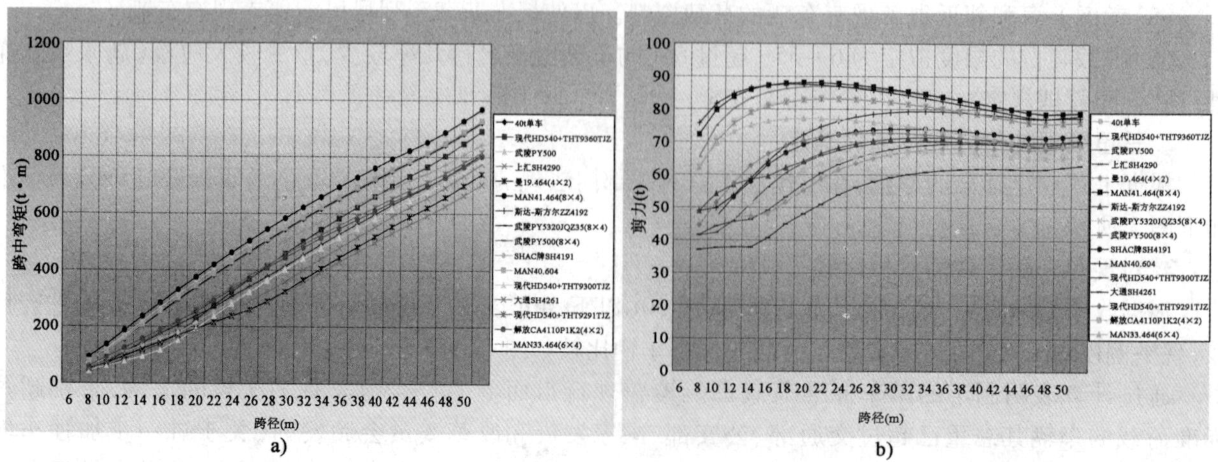

图 5　40t 车辆荷载效应比较表

四、影响桥梁限载吨位的因素

1. 桥梁跨径、宽度对桥梁荷载效应的影响

由于设计荷载标准和限载荷载标准的系列,其体系和排列组合均不一致,因此对不同桥梁跨径产生的荷载效应不呈线形关系,必须按不同跨径分别计算两种荷载的对桥梁的效应进行对照才能确定限载吨位,否则为偏于安全只能以各种跨径中最小的限载吨位确定为限载等级,造成资源浪费。

公路桥梁的荷载效应还不同于铁路和轨道交通,其主要差别是汽车荷载可以在桥面宽度范围内移动,桥梁设计规范规定了车辆荷载在横向的各种极限位置,计算时取其最不利位置的一片梁的荷载效应为依据。规范还规定了随着桥面车道数的增加其横向同时满布设计重车荷载的机率随之降低,并通过引入车道系数来进行折减。为简化计算并偏于安全统一按双车道计算。超过常规限载吨位的超重平板车运输车辆,根据国家公路法和上海市公路管理办法,在通行公路时必须向公路主管部门申请批准,且规定该超重车辆通行时必须对中行驶并限速 5km/h 和单车过桥,而 1993 年《城市桥梁设计准则》规定特种荷载是应按偏载设计验算的,经验算随着车道数的增加,二车道、三车道、三车道以上,以及有人行道共同受力时其横向缝补系数尚可减小,相应的荷载效应从 1∶1.27 ~ 1∶1.6,虽然计算表明原设计如按《城市桥梁设计准则》规定的特种车辆设计的桥梁,当对中行驶时,该桥梁存在一定的潜力可以利用。但由于重车过桥时,上海已有规定的管理办法,必须向公路管理部门办理申请手续,且特种车辆的规格、重量不一定与《城市桥梁设计准则》中的特种车辆相同,各种桥型结构也不尽相同,由公路桥梁专业部门根据实际车辆荷载和桥梁设计图,通过验算满足设计要求或进行必要加固后签发超重车辆过桥通行许可证。因此桥梁限载标志提供的计算数值不含特种车辆在内,所有超过限载吨位的特种车辆通行桥梁时,均须向公路主管部门中请超重车辆过桥通行许可证。

2. 重车密度和汽车列队组合对桥梁限载吨位的影响

实际行驶在公路上的车辆一般不一定是单车通过,因此制定的标准荷载应考虑车列,根据公路行驶的重车密度不同其荷载效应也不相同,且随着桥梁跨径的不同而不同。当跨径较小,只能进入一辆重车时,重车密度的增大不会对桥梁增加荷载效应;当跨径增大到可以进入 2 ~ 3 辆重车时,重车密度对桥梁增加的荷载效应,将随着桥梁跨径的增加而增加。

实际公路上行驶的车辆大部分不会是重车一辆紧接一辆的,交通部以往制定的荷载标准是一辆重车紧接的一辆是较重车轻的所谓标准车,然后隔一段距离再有一辆标准车,当重车密度不大时,这种规律比较符合实际,当重车密度较大时,其车队排列就不一定按此排列通行,相应的荷载效应也不会相同。且实际行驶的车辆完全可以根据其出行的需要,只要不超过限载标志的吨位都可以任意紧跟在规定的限载允许吨位车辆后面尾随而行;其相互间距也不一定按规范规定的间距排列,并不违反交通规则。因此必须对实际可能发生的情况进行分析研究,根据公路的使用功能、性质、现状和规划确定限载吨位。因此将标准汽车列队按重车密度的不同、车辆间距的不同、车辆吨位组合的不同情况分为 1 ~ 4 个方案制定各种汽车列队,从而计算各种跨径桥梁的荷载效应,然后与原设计的各种设计荷载标准进行比较得出可以通行的限载吨位。

以 40t 标准车为例排列,如图 6 所示。

40t 车辆荷载较大,紧跟重车后面可能的车辆吨位变化较多,因此考虑了 4 种重车密度方案。

密度一是考虑公路按重车密度较轻的一种排列,其标准重车后面紧跟的是一辆载重为 20t 的车辆,与标准重车间距为 10m。

密度二是考虑该公路重车密度较大的一种排列,其标准重车后面紧跟的也是相同吨位的标准重车。一般在该公路的交通流量中,货客车比例大于 0.25,货车中 40t 货车的比例大于等于 30% 时,宜采用该密度。

密度三是考虑该公路重车密度较大的一种排列,其标准重车后面紧跟的也是相同吨位的标准重车。

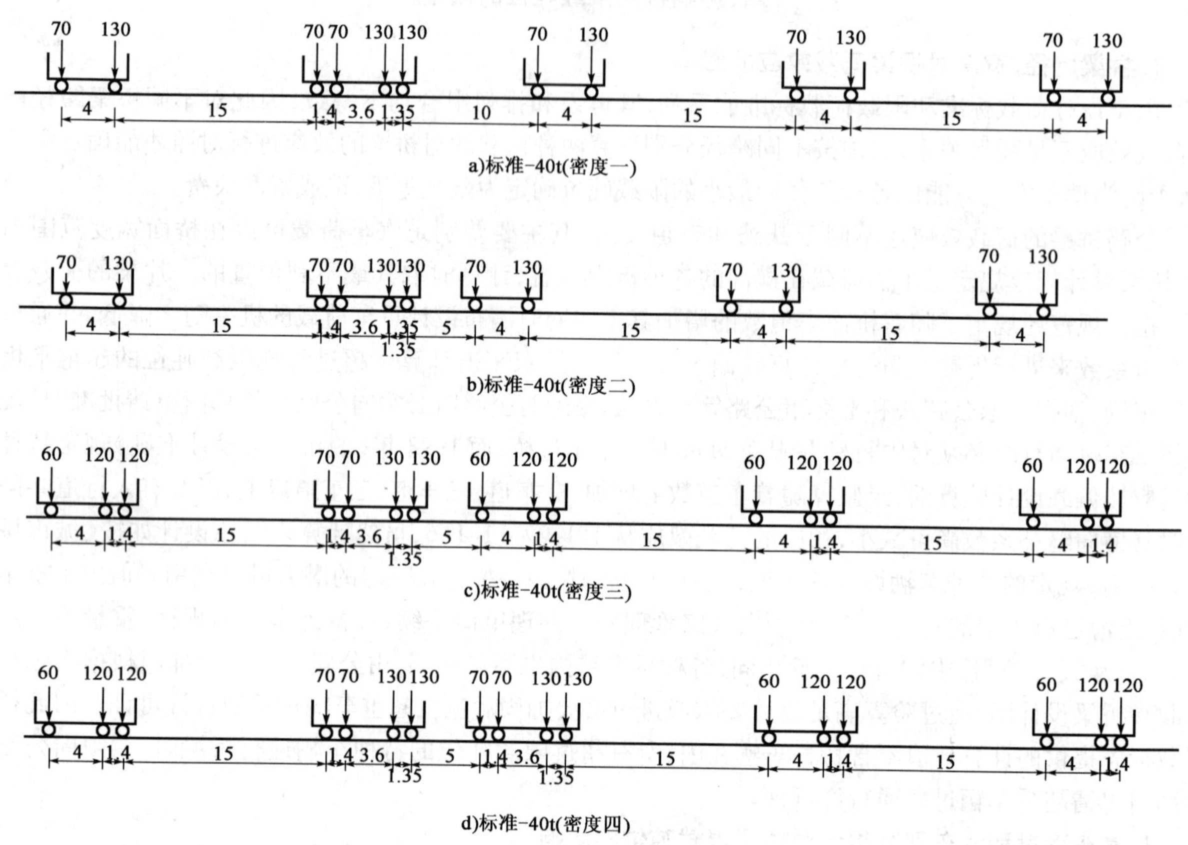

图6　40t标准车排列(尺寸单位:m)

一般在该公路的交通流量中,货客车比例大于0.25,货车中40t货车的比例大于等于60%时,宜采用该密度。

密度四是考虑该公路重车密度最大的一种排列,其标准重车后面紧跟的是相同吨位的标准重车。上海公路网中的重车路线均应采用该密度。下面以3种重车密度为例绘制曲线比较如图7所示。

3.桥梁技术状况对桥梁限载吨位的影响

上述限载吨位的确定和计算原则均假定该桥梁是符合设计要求,施工质量是合格的。实际上在使用中的桥梁养护技术状况是在不断变化的,公路养护部门必须随时掌握桥梁养护的动态技术状况及时调整限载吨位。

根据交通运输部颁布的《公路桥涵养护规范》桥梁总体技术状况分为5个等级,其中评定为4类标准的桥梁总体评价为:重要部件材料有大量严重缺损,裂缝宽度超限值,风化、剥落、露筋、锈蚀严重,或出现轻度功能性病害,且发展较快。结构变形小于或等于规范值,功能明显降低。次要部件有20%以上严重缺损,失去应有功能,严重影响正常交通;承载能力比原设计降低10%～25%。这类桥梁应按降低一级使用,严重时应关闭交通;评定为5类标准的桥梁,已属于危险状态,必须按危桥管理办法进行加固维修。应进行改建或重建,及时关闭交通。必要时应委托桥梁专业部门对该桥进行荷载试验以检验该桥实际承载能力,从而确定限载吨位。

五、不同结构形式和体系的考虑

经查阅上海市公路桥梁信息库,当时上报交通运输部的上海公路桥梁总数中属于简支梁结构的桥梁为总数的91.36%,属于连续梁结构的桥梁占总数的8.5%,斜拉桥和钢桁架桥各占总数的0.2%。

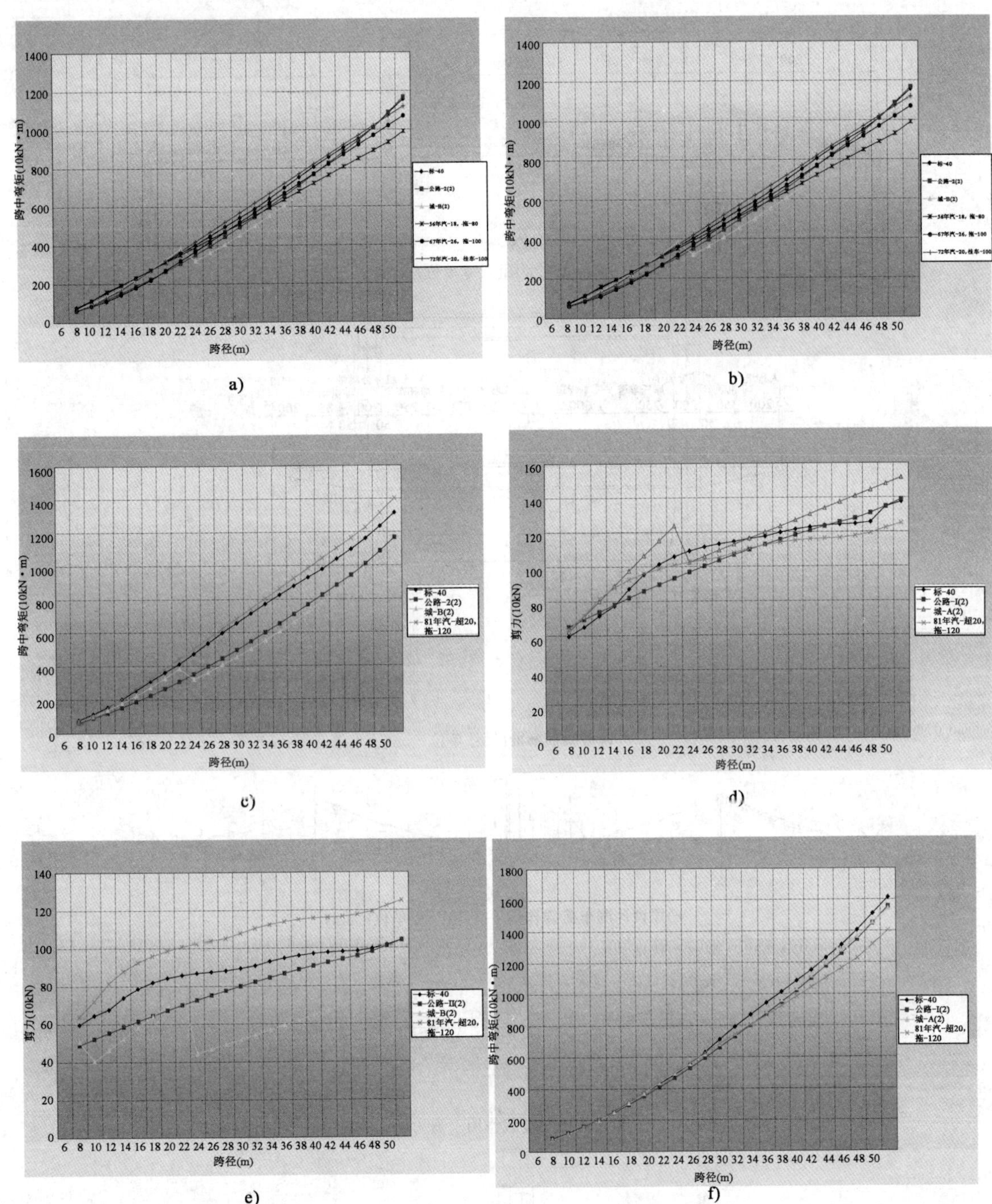

图7　3种重车密度曲线比较

简支梁结构所占比例最高，且荷载对简支梁结构的效应可近似地认为仅与桥梁跨径有关，与断面形式和构造尺寸无关。因此有条件编制一套荷载效应的表格或曲线，以供比较。

对于连续梁其荷载效应的变量与桥梁跨径、跨数、跨径比、变截面的变化情况等多项因数有关，因此难于编制一套可供比较的表格。且上海公路上已建成的连续梁桥、系杆拱桥、自锚悬索桥等特殊结构也屈指可数，需要确定限载吨位时，应查阅原设计图根据制定的标准系列荷载逐桥进行验算。如以施贤路油墩港桥为例，如图8所示。

上述计算结果表明，按30t标准（密度一）的限载荷载计算无论是弯矩和剪力均小于原设计荷载，能满足原设计荷载要求，因此限载吨位可确定为30t。

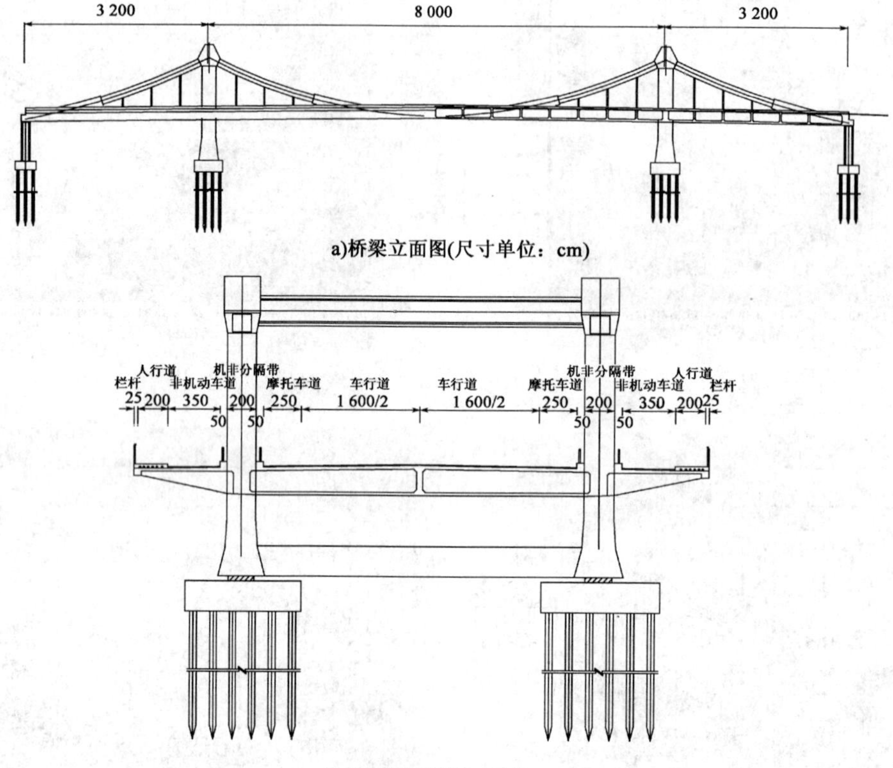

a)桥梁立面图(尺寸单位：cm)

b)桥梁横断面(尺寸单位：cm)

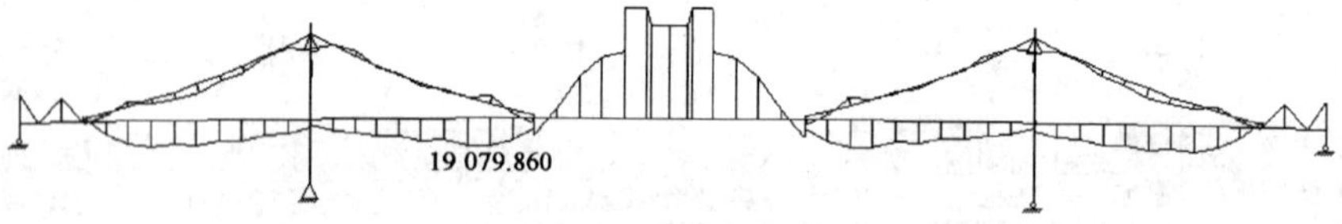

c)原设计汽车荷载作用下弯矩(尺寸单位：cm)

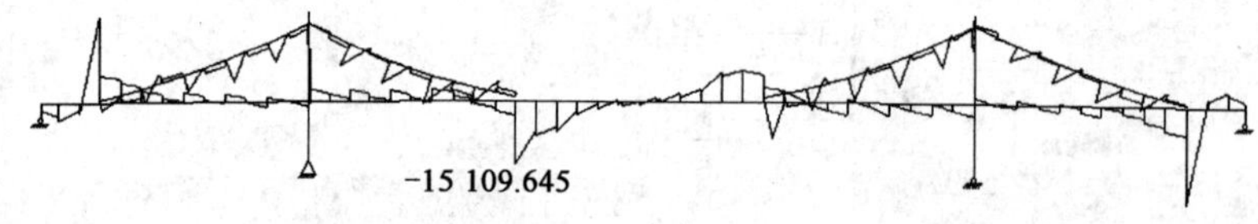

d)原设计汽车荷载作用下剪力

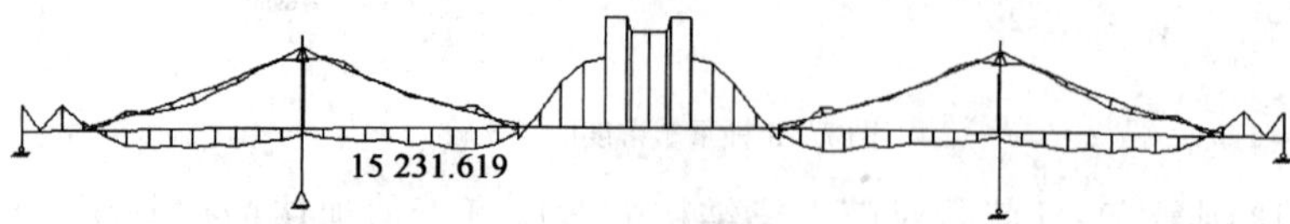

e)30t标准(密度一)荷载作用下弯矩

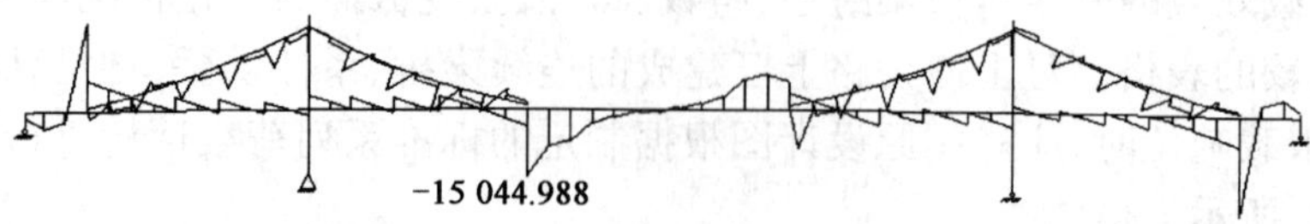

f)30t标准(密度一)荷载作用下剪力

图8　施贤路油墩港桥

六、管理人员容易掌握的计算软件

为了减轻桥梁管理部门的计算工作,便于掌握限载吨位的验算的方法,专门编制了不同跨径、不同原有设计荷载等级及不同重车密度的计算软件,只要输入跨径、输入原设计荷载等级、验算荷载等级(共有37种不同年代、不同等级的设计荷载标准)以及该路线段的重车密度(共有4种不同行车密度)就能自动输出限载吨位的数值,如果需要计算设计荷载作用下的内力(弯矩和剪力)和相应重车密度下的内力(弯矩和剪力)只需点击相应部位即能显示有关数据,以供桥梁管理工程师参考。软件操作界面示例如图9所示。

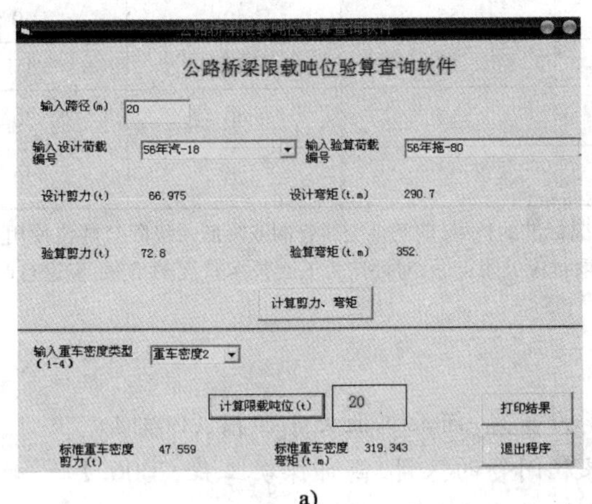

a)

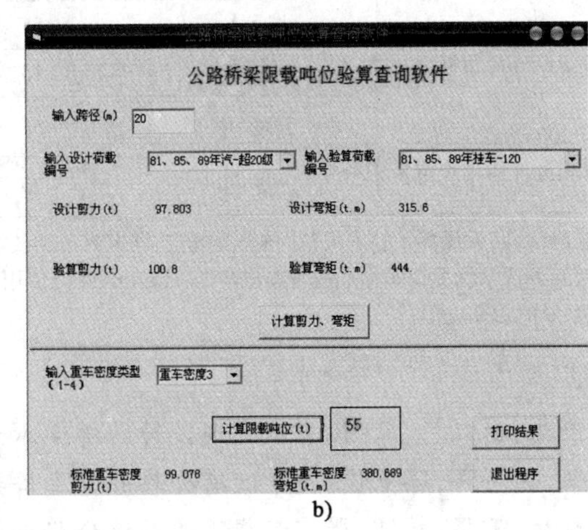

b)

图9 公路桥梁限载吨位验算查询界面

主管该地区的桥梁工程师,应该知道所辖范围不同路线的重车密度、桥梁养护的技术状况以及原设计的荷载等级(包括是那年建造的,设计荷载等级是什么),必要时根据技术状况予以降低限载等级。对于为数很少的特殊结构形式的特大跨境桥梁则应作专题验算。

七、近似的限载吨位对照表

根据上述计算的结果,为进一步偏于安全和简化计算,将各历史阶段的荷载标准取各种跨径的最不利值为基础,2007年原上海市市政工程管理局正式颁布的《上海公路桥梁限载标准》中列出了设计荷载和限载吨位对照表,见表1所列。

当计入跨径因数时可应用计算软件;需精确计算时计入桥梁宽度有利因数;需进一步挖潜时,查阅竣工图依据结构尺寸、配筋数量计算。根据需要以此循序提高计算精度。对照表则是偏安全和近似的方法,使一般驾驶人员都能有一个浅显的了解,以便更好地控制桥梁通行安全。

设计荷载和限载吨位对照表 表1

设计标准年份	设计荷载级别	密度一限载吨位(t)	密度二限载吨位(t)	密度三限载吨位(t)	密度四限载吨位(t)
1956年《公路工程设计准则》	汽-6	6			
	汽-8	10			
	汽-10	15	15		
	汽-13,拖-60	20	20		
	汽-18,拖-80	20	20		
1967年《公路桥涵车辆荷载及其净空标准暂行规定》	汽-10	6			
	汽-15,拖-60	15	15		
	汽-26,拖-100	20	20		

续上表

设计标准年份	设计荷载级别	密度一限载吨位(t)	密度二限载吨位(t)	密度三限载吨位(t)	密度四限载吨位(t)
1972年《公路工程技术标准》	汽-10	10	10		
	汽-15,挂-80	20	20		
	汽-20,挂-100	30	30		
	汽超-20,挂-120	55	55	40	30
	汽超-20,挂-120 上海特300	55	55	55	55
1998年《城市桥梁设计荷载标准》	城-A	55	55	40	40
	城-B	15	15	15	15
2004年《公路桥涵设计通用规范》	公路-I	55	55	40	30
	公路-II	20	20	20	20

注:根据《公路桥涵养护技术规范》的分类规定,评定为三类技术状况标准的桥梁,应酌情交通管制或降低一级限载吨位使用;对评定为四类技术状况评定标准的桥梁应降低一级限载吨位使用,严重时应关闭交通;对评定为五类技术状况的桥梁,应进行改建或重建,及时关闭交通。

参考文献

[1] 侯子义,白双信,等.按重载交通设计的桥梁承载能力研究.河北工业大学学报,2003.1.

[2] 沈平,王海洋,滕家俊.关于既有公路混凝土桥梁限载问题的探讨.西部探矿工程,2006.1.

[3] 林益恭,王强,舒翔.严重超载下的高速公路桥梁结构承载力状况分析.中外公路,2009.8.

[4] 上海科学技术情报研究所.《规范桥梁限载标准的研究》科技查新报告,2007.3.

[5] 上海市市政工程管理局.《规范桥梁限载标准的研究》科学技术成果鉴定证书(鉴字[2007]第023号).2007.3.

40. 基于创新理念的城市桥梁桥面防水技术和工程实践

穆祥纯

(北京市市政工程设计研究总院)

摘　要　本文全面回顾和总结了我国城市桥梁建设在21世纪前十年,从基于创新设计理念出发,在城市桥梁桥面防水技术的科技研发、工程实践和创新发展的相关情况,并对该领域的发展前景作出了展望,以期进一步引起人们的高度关注,推动祖国城市桥梁建设的健康和可持续发展,向世界桥梁建设强国的目标迈进。

关键词　创新理念　城市桥梁　桥面防水　工程实践　展望

一、引　言

众所周知,20世纪80年代中期以来,随着城市建设的蓬勃发展,我国各地相继兴建一大批城市道路和城市桥梁。经过一段时间的运营和维护,人们对城市桥梁桥面防水技术的研究逐渐提到议事日程上来。主要是城市桥梁桥面漏水对桥梁结构腐蚀十分严重,直接影响桥梁的正常使用寿命,并威胁到城市桥梁的安全,而业内对城市桥梁桥面防水工程缺乏统一的认识。此后的20多年来,国内许多设计和科研单位都在积极开展城市桥梁桥面防水技术的研究,但相当长时间内缺少相关的设计规范和技术规程。

进入21世纪以来,人们对此问题的科技研发有了突破性的进展。2010年7月1日由我院主编、中国建筑防水材料工业协会、中国化学建筑材料公司苏州防水材料研究设计所、北京市市政科学技术研究所等单位组成的编制组,经过5年的辛勤努力,共同编制了行业标准——《城市桥梁桥面防水工程技术规程》。该技术规程的正式颁布执行,系我国城市桥梁防水技术的一个显著进步和创新发展,也使今后城市桥梁桥面防水工程有章可循,将促进我国城市桥梁建设的健康发展。笔者于2004年应《中国建筑防水》杂志之约,写过一篇有关道桥防水的文章,该杂志社认为该论文较好,故而2011年2月再次邀请笔者撰写与此类似的文章,笔者以此文回馈读者。主要论述了基于创新理念的我国城市桥梁桥面防水技术和工程实践,以期进一步引起人们对该领域的关注。

二、城市桥梁桥面防水工程的发展沿革

近20年来通过对美国、加拿大、日本和西欧等发达国家进行城市桥梁建设专题考察笔者了解到,西方国家对桥梁防水问题历来十分重视,均有相关的规范和技术规程。上述各国的相关规范、规程明确规定:城市和公路桥梁必须设置桥面防水层,并从结构类型、面层材料、防水技术、施工方法、设计年限、使用性能、维修费用等做了详尽的规定。

譬如,早在20世纪20年代,丹麦、美国堪萨斯州就开始在钢筋混凝土桥上采用原始的防水层;到了20世纪50年代,发达国家大规模开展公路和城市桥梁建设,其桥面防水层亦得到广泛的应用。欧洲20世纪70年代将防水黏结层应用在桥面铺装上。德国在欧洲起步较早,20世纪60~70年代采用防水层,初期在混凝土桥面板上,采用冷底子油铺沥青卷材,并于80年代采用软化点极高的塑性改性沥青卷材。而英国1965年开始强制在钢筋混凝土桥设置防水系层。

美国1979年由联邦总审计长向呈送国会报告中,指出桥梁防水体系主要是保证混凝土耐久性,并认为设置防水层费用与效益比为1:2.75。20世纪70年代中后期,丹麦、美国、法国大多数欧洲国家,加拿大和美国近半数的省州都制定了桥面防水材料,标准和相关的设计施工规范。

与国外相比,我国对混凝土桥面防水研究相对滞后,桥面防水层设置不很明确。如1961版《公路桥涵设计规范》1041条"钢筋混凝土桥的桥面上应否设置防水层和设置哪一种防水层(防水混凝土、粉粒式或中粒式沥青混凝土铺装、沥青贴式防水层),应根据桥梁结构类型跨径大小、当地气候条件和设置的必要性等具体情况而定。"20世纪60~70年代,各地曾出现过油毡、沥青诸类防水材料。1974版《公路桥涵设计规范》1.33条规定"钢筋混凝土桥面与铺装之间是否应设防水层,应视当地气温、雨量、桥梁结构和桥面铺装的形式结合当地具体情况而定。简支梁桥可采用与桥面一次浇注的防水性水泥混凝土铺装层。在沥青混凝土铺装层下可不设防水层。桥面在主梁受负弯矩作用处应设置防水层。"

20世纪80年代我国的城市和公路桥梁相关技术规范中对桥梁桥面防水的要求,也只是提及一般采用桥面柔性铺装防水系统,其防水材料和施工工艺主要参照建筑屋面及地下工程等,尚未形成一套适合于评价和选用桥梁桥面柔性铺装防水材料的试验手段和性能指标。譬如,1989版《公路桥涵设计规范》1.7.4条规定"钢筋混凝土桥面板与铺装层之间是否要设置防水层,应视当地的气温、雨量、桥梁结构和桥面铺装的形式等具体情况确定。防水性水泥混凝土和沥青混凝土铺装层下可不设防水层,但桥面在主梁受负弯矩作用处应设置防水层。"而防水层主要采用阳离子乳化沥青的三油二布涂料、沥青油毛毡等材料。因此,由于我国大多数城市桥梁不做防水或防水不利造成桥梁出现桥面渗水、钢筋锈蚀、铺装层剥落、碱骨料反应、钢筋锈蚀而引起的混凝土胀裂等严重损坏问题,严重影响了桥梁的耐久性和正常使用寿命,以及行车的舒适性和安全性。

进入20世纪80年代后期,随着我国城市桥梁的大规模开展,不少桥梁工程采用了建筑防水卷材和阳离子乳化沥青涂料等防水材料,逐渐从单纯的屋面建筑防水材料发展到道桥运用的防水材料。特别是

进入90年代开始(北京从首都机场开始),由于APP改性沥青聚脂防水卷材的出现,鉴于其耐高温,抗老化,抗硌破的优良性能并经过试验研究和施工后的破损试验,并做了新的改进,发展成一种特有的"道桥专用防水卷材"。此后,道桥专用防水卷材相继在北京三环、四环和五环等城市立交桥梁中得到推广应用,其他省市也借鉴此做法。与此同时相应聚合物改性沥青涂料也因其具有优良的耐热、耐腐、较好的粘贴性能,在南方地区广泛采用。例如上海南浦大桥等。应该说,近20年来,防水卷材和防水涂料已经成为我国城市桥梁桥面防水层的主要材料。

笔者于2002年全国桥梁学术大会上撰写论文,针对城市桥梁桥面防水方面存在的问题,提出了以下相关建议:①亟须制定我国《城市桥梁防水工程设计规范》。针对当时不少设计人员对桥梁防水设计不够重视,对防水材料,特别是对一些新型防水材料缺乏全面系统了解的情况,在设计图纸上无细化的防水设计、无选材说明,往往造成设计上选材不当,降低了设计标准,影响桥梁使用寿命和耐久性。因此亟须编写有关标准和规范,对设计人员提出具体的技术要求,以体现设计为前提、为龙头的指导思想。②改进我国桥梁防水结构设计。应充分认识到桥梁结构自身防水功能是解决桥面漏水问题的症结所在。要重视加强和提高混凝土自防水功能,从混凝土材料的选择和施工技术方面进行研究。要提高混凝土本身的密实程度,抑制和减少混凝土内部孔隙的产生,堵塞和杜绝渗水的通道,使外部水分无法渗入材料的内部。同时对混凝土外加剂也应进行系统地研究。如目前桥梁施工多采用早强剂,产生大量水化热,增加混凝土干缩裂及徐变带来次应力影响等,对此应予以充分的重视。③要重视桥梁结构耐久性研究。在我国沿海地区,空气中含氯化钠成分较高,同时北方城市冬天消除桥面积雪采取洒盐方式,当桥梁混凝土结构开裂后,内部钢筋容易受氯离子侵蚀。因此应从总体上提高混凝土的品质,积极采用高性能混凝土,以达到桥梁结构高耐久性、高强度的目的。在结构构造设计上要充分考虑桥梁耐久性要求,提高结构的防水性能,也应重视和增加对现有混凝土桥梁的维修养护工作。④要重视桥梁结构防水材料的研究。积极研制和开发适合桥梁结构防水的专用的材料,开发出适应桥梁工作环境。应具有较高的强度和优良的防水性、延伸性、抗裂性,能适应车辆荷载、温度变化等作用下产生的变形功能;要具有良好的耐热、耐寒性能,能适应较大的温度变化;要具有良好的黏接性、抗剪切性和抗疲劳性,能使防水材料与桥梁主梁混凝土和桥面铺装间有可靠的连接;还应满足防水施工工艺简单、便于掌握、造价适中、运输和储存方便,并能确保防水质量。

在国内许多专家、学者的大力呼吁和共同努力下,我国桥梁设计规范2004版《公路桥梁设计通用规范》(JTG D60—2004)3.6.2条明确规定:"桥面铺装应设防水层。"

2004年经原国家建设部标准定额司批准,《城市桥梁桥面防水工程技术规程》正式立项,该技术规程将开始编制,将包括"设计、施工、检测"等内容,自此关于是否设置城市桥梁桥面防水的争论画上一个句号,标志着我国该领域的技术发展迈向一个新的高度。

三、桥面防水技术在设计理念上的创新和技术路线

我国2008版《城市桥梁设计通用规范》9.2.1条规定"桥面铺装应设防水层。"这在我国城市桥梁建设发展史上具有里程碑的意义,亦反映了新世纪以来我国城市桥梁桥面防水技术在设计理念上的创新。

2010版的《城市桥梁桥面防水工程技术规程》,全面反映和吸收了近些年来我国城市桥梁桥面防水技术在设计理念以及在防水技术和防水材料方面的科技研发和工程实践的创新成果。该《规程》明确了设置桥面防水层的原则;揭示了城市桥梁桥台防水的特点,以及《规程》适用的范围;规定了防水等级的划分。特别是对城市桥梁防水层材料选定作出了基本规定,明确了防水层的适用范围;并诠释了桥面防水应树立城市桥梁桥面防水系一个"系统"工程的理念,明确了该《规程》与其他规范、法规的关系。上述这些设计思想充分反映了近年来我国城市桥梁桥面防水技术在设计理念上的创新成果。

1.设置桥面防水层应反映的设计理念和技术路线

从《规程》编制组对近年来我国城市道路和桥梁大修工程的调研中发现,20世纪50~70年代建造的桥梁,70%的城市桥梁在使用期20~30年时就成为危桥,而且有水的部位损坏十分严重,因而“水”是影响桥梁耐久性的主要因素。其设计理念和技术路线主要反映在以下3点:

(1)水对钢筋和混凝土的腐蚀。水渗入混凝土裂缝后,由于水中含有大城市空气中的二氧化碳、二氧化硫,此类酸性化合物加速了碳化、酸化的过程,更由于北方化冰盐氯离子作用,引起钢筋表面的腐蚀反应,钢筋体积膨胀,导致混凝土开裂,保护层剥离,影响结构安全性和适用性。

(2)混凝土冻融循环破坏。水进入混凝土微孔中,正负温度交替作用,形成反复的冰胀压力,致使混凝土疲劳破坏,影响寿命。对于非冰冻地区,干湿交替水的作用,潮湿时水化物进入混凝土孔隙中生成的盐类溶液,当环境变干燥后浓度不断增加,最后饱和结晶产生晶体压力使混凝土破坏。

(3)混凝土碱骨料反应。这是混凝土的“癌症”,由于水的存在,再加上混凝土中的碱含量和活性骨料。三者既是这种“癌症”的必要条件又是充分条件,生成硅钙胶凝体后,因吸收水分使混凝土异常膨胀,破坏成粉末,无法修补。

2.国内外桥梁桥面防水层损坏的案例分析

从近年来对国内外城市桥梁损坏的实例可以看到桥面防水、排水的极端重要性,我们对这方面的案例进行了综合分析。

(1)北京市二环路立交桥梁

2002年北京市二环路改造时,曾对全线46座桥梁进行普查、检测。这些20世纪80~90年代修建的桥梁最长服务年限仅23年。大部分出现了桥面破损、凹凸不平、排水不畅、栏杆隔离带的混凝土剥落等病害,由于排水口和伸缩缝的破坏,水流渗透了附近的盖梁墩柱,梁端混凝土遭到破坏,主梁大多数出现水迹和石灰质冻结覆盖物。统计资料表明:①对主梁检测,混凝土开裂超过0.2~0.3mm的20座,占43%;②钢筋中度锈蚀的6座,占13%;③钢筋严重锈蚀,引起主梁开裂变形,建议更换主梁重建的2座,占5%。以上现象都是防水、排水不当造成的。

(2)北方城市某立交桥梁1

北方城市某立交桥梁1系1980年修建,1999年改建,不到20年使用期,改建时经权威部门检测:①上部结构:主梁漏水出现白斑,主横梁交叉开裂严重,伸缩缝漏水牛腿酥裂。②下部结构:墩顶竖向裂缝,根部融雪侵蚀,横向裂缝。③损坏等级:评定III级(损坏比较严重,需要补强),承载力旧桥折算系数0.85,结论:此桥“整体上不能长期使用”。

(3)北方城市某立交桥梁2

1984年修建,1998年改建共14年,经检测存在问题:①上部结构钢筋锈蚀、漏水,高强螺栓及垫圈生锈,削弱连接强度。②下部盖梁出现病态,表面腐蚀,水流经过之处,混凝土沿钢筋纵向出现裂缝,宽度0.2~2mm,表面白色沉积外漏,碳化深度23~30mm,含碱量5.2~14.6,超过2~3倍。以上现象是由于盐水腐蚀和北方寒冷地区冻融所致。结论为:拆除重建。

(4)国外桥梁损坏的案例

通过专题调研我们了解到,国外桥梁由于桥面防水层设置不利造成损坏的例子很多。譬如德国总结了由于人为和自然界的7种原因造成破坏,引起桥梁的修建和翻修,涉及了较高的费用,设计和修复的费用达到1与10之比。德国很重视防水层的质量,防水层做好桥梁寿命延长了,桥梁外观改善了,行车舒适度也增加了。为了提高桥梁耐久性,德国人的经验是必须堵截水源,桥面“防水”、“排水”工程是重要的技术内容。因此德国ZTV-BEL-B和DIN工业标准,针对不同的路面材料和桥梁基面,规定可以采用特殊专用的SBS(适合铺设温度为150~160℃的沥青混凝土或沥青玛筛脂碎石混合料),或APP(适合铺设温度240~250℃的沥青粗集料路面材料)卷材辅以环氧树脂基层处理剂(钢结构和混凝土结构的基层处理材料略有不同)。德国联邦政府对桥面防水的严格控制,对生产企业的特许制等措施,保证了桥面防水质量的可靠性和耐久性。如图1、图2所示。

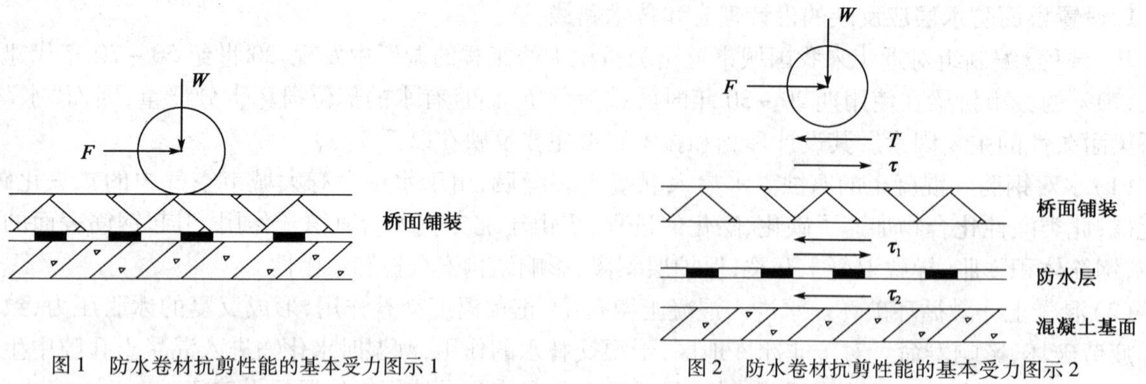

图1 防水卷材抗剪性能的基本受力图示1

图2 防水卷材抗剪性能的基本受力图示2

四、近年来桥面防水工程实践上的创新发展

1. 揭示桥面防水工程出现的新问题

2002年初陆续发现，从20世纪开始，许多城市桥梁桥面防水层卷材在使用中相继出现了新的问题，如防水卷材"错动"现象，防水涂料桥面沥青铺装的"酥裂"等等。

(1)首先是2000年5月首都国际机场的航站楼2号桥拐弯道处，桥面沥青铺装出现多道严重的垂直裂缝。

(2)其次是2002年8月，北京西四环，复兴路，紫竹院，丰台高架桥等处出现局部桥面铺装开裂，防水层错动，开裂位置都在重车道(外侧)，或桥面下坡处，时间在高温、雨季前后。

(3)最后是2003年5月发生在刚施工完不到一年的北京六环路上，多座桥面发生裂缝，其规律、情况和北京四环路出现的问题相似。

究其原因主要有：

(1)外因：水平荷载较大，超载下坡区。

(2)内因：①施工：混凝土基面平整度、粗糙度、干燥度、黏结度都很差，卷材按头铺设方法不对，抢工期、热熔施工不到位。②设计：防水层局部相互连接差，桥面渗水排除措施不当等。

与此同时，全国各地也发生了桥面防水层病害事故，如南方某城市一座城市桥梁，为全长1 000m的特大桥，2003年9月施工完成，次年4~5月份，由于防水层引起桥面铺装全部损坏，造成经济损失全部费用达2000万元。由于防水层出现了问题，由此带来的后果，不仅是经济上的损失，频繁的修复返工也对交通、桥梁使用带来不良的社会影响。

各地一系列事故引起了有关方面的广泛关注，如何总结经验教训，提高技术和管理水平，确保工程质量成为当务之急，工程界一致呼吁要规范好设计和施工，提高法制意识。因此2004年年初，在中国建筑防水协会、国家建材防水材料质检中心建议下，北京市市政工程设计研究总院向建设部标准定额司申请编制行业标准《城市桥梁桥面防水工程技术规程》，并获得批准，由我院主编，苏州防水材料研究所等5个单位参编。由设计、施工研究20多个单位参加，全国范围内，除北京以外，还有广州、重庆、兰州、沈阳等城市，代表了东北、西北、西南和南方等各个地区，即我国各地区的同业专家、学者均有代表参与了该规程的编制工作。

2. 提出城市桥梁桥面防水的对策

(1)揭示桥面防水的特点

从使用条件、施工条件和震动"疲劳"作用来分析和确定桥面防水的特点：

①使用条件：针对桥梁处于动态的工作状态，行车荷载行驶时除竖直向压力外，还有水平方向的制动力、离心力及下坡时轮载的水平分力作用到桥面上，当防水层受到较大的水平剪力，要求防水层具有较大的抗剪性能。

②施工条件：桥面防水层上有沥青混凝土铺装层，其施工时要高温摊铺、筑路机碾压，要求防水层有耐高温的能力和对压路机局部承压抗硌破的能力。

③震动"疲劳"作用：桥面车辆活载反复周期性的作用，因此桥面板结构的应力、变形、裂缝都是反复

周期性变化的，在混凝土的裂缝边缘，会有“应力集中”现象，会使裂缝扩大和增加，造成“裂缝累积的损伤”，这就是混凝土的“疲劳”作用，这也决定了防水层的选择不同于静载为主的其他结构。因此，不能完全照抄“屋面工程技术规范”，只能独立制定。

(2)确定桥面防水的适用范围

①桥面防水层其承受的车轮荷载为接触轮载。

②桥面铺装下为混凝土基面。

(3)制定相应的防水对策

①包括设计、施工和质量验收三个部分。

②应关注的重要内容：主要是防水等级的确定，材料的使用性能，基面层的要求，设计构造措施，施工检测内容。

③在《规程》明确规定了一条强制性条文(3.0.1条)“混凝土桥面铺装内应设防水层，桥面系应有完整的防水、排水系统。”

(4)规定防水等级的划分

①按桥梁分类，道路等级，环境类别三个方面划分为Ⅰ、Ⅱ两个等级。

②对Ⅰ、Ⅱ类防水分别提出了不同的使用年限(15年和10年)和不同的使用要求。

(5)制定桥面防水层选材的基本规定

①沥青混凝土铺装面层：采用防水卷材，防水涂料—柔性防水层，此类桥面铺装占90%以上。

②水泥混凝土铺装面层：采用渗透结晶型防水材料—刚性防水层，严禁使用卷材防水。

(6)规定防水层的适用范围

①柔性防水层的适用范围，应符合行业标准，主要从环境条件防水等级及其他要求(3.0.4条)。

②刚性防水层材料应符合相关行业标准(3.0.6～3.0.8条)

(7)将桥面防水作为一个“系统”工程

主要的防水对策是：防—排水功能；设计—施工—监测—养护整体环节；关于材料通用性能：其应用性能应符合综合要求；防水材料—结构亦是“系统”的防水理念。

(8)《规程》和其他规范、法规的关系

①该《规程》和《道桥用改性沥青防水卷材》(JC/T 974)，《道桥用防水涂料》(JC/T 975)标准是承上启下的作用。

②与《公路桥涵设计通用规范》(JTG/D 60)及《城市桥梁设计通用规范》(送审稿)相结合。

③和国家有关节能、环保、消防、安全、卫生要求法律法规一致。

④对新材料、新技术、新工艺按《建设工程勘察设计管理条例》(国务院293号令)第29条执行。

(9)桥面防水系统设计

①桥面防水系统设计的主要包括防水系统总体布置、防水材料选用原则、防水卷材的抗剪性能、其他防水材料、防水层的厚度和结构细部构造等。

在桥面防水系统设计上，主要应包括以下内容：防水等级、设防要求，防、排水设计，防水材料及其性能的确定，防、排水细部构造。

②在防水系统总体布置上应满足防—排水功能以及设计—施工—监测—养护整体环节。

③防水材料选用原则。

a. 桥梁结构形式：坡度、刚度、平面形式。

b. 环境条件、施工条件：有效温度、温度梯度、高温耐热、低温柔度、施工温度。

c. 材料选用要考虑材料性能的相容性和材料品质的优选性。

(10)关于防水卷材的抗剪性能

经过大量的科研工作，如今对防水卷材的抗剪性能有了全新的认识：

①车辆荷载作用在桥面上，除了竖向力以外，还有水平方向的力，如制定力、离心力等。

②车辆的水平力是通过车轮与桥台之间的摩擦力传递到桥面铺装及防水层上的，根据摩擦定律：

a. 水平力 F 作用下，其摩擦力大小和重量 W 与摩擦系数与 f 乘积成正比。

b. 当水平力小于摩擦力时，物体不动为静摩擦，此时摩擦力等于水平力 $T=F$。

c. 当水平力大于摩擦力时，物体滑动为动摩擦，此时摩擦力小于水平力，$T \leqslant W \times f$。因此可认为不管水平力大小，都可用一个最大的摩擦力值来包络。

③车辆荷载下，铺装和防水层的竖力情况用隔离体分析。

④用 Ansys 通用有限元软件分析：3×3 块单元模型，在 10kN 轮重作用于沥青面层上，着地面积 0.60×0.20，摩擦系数 $f=0.50$。

计算得出沥青铺装厚 8cm 时的层间剪应力，城 A 荷载折算值为 0.12mPa，相当于防水卷材 50℃时的抗剪强度。如图 1～图 3 所示。

(11) 防水卷材与防水涂料的性能对比

由于我国地域广阔，究竟在城市桥梁防水层中采用防水卷材还是防水涂料，或者采用其他形式的防水方式，近年来也不尽统一。但有一点是明确的，作为强制性条文已明确规定："混凝土桥面铺装内应设防水层，桥面系应有完整的防水、排水系统。"图 4 反映了防水卷材与防水涂料的性能对比情况。

近年来，我国一些防水材料的生产企业，秉承环保和低碳的理念，研制了适合我国道桥专用聚合物改性沥青防水涂料，其主要材料是以多种橡胶复合对沥青改性，涂膜干燥后保持橡胶的弹性，耐高温达 180℃，低温可达 -40℃，延伸率大于 800%，能经受桥面长期荷载积水抗压要求，防止渗水造成桥梁结构的损坏，确保桥梁结构的使用寿命。同时根据施工的要求，研制出具有自主知识产权的配套施工设备，亦促进了城市桥梁桥面防水技术和工程实践。

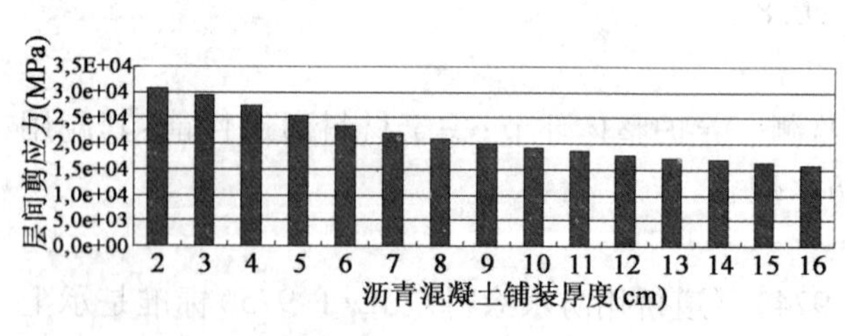

图 3 层间剪应力和沥青面层厚度关系曲线

桥面铺装面层
过渡层
桥面防水层(胎体增强层)
基层处理剂
混凝土整平层(嵌缝膏)
桥面板

材料 / 名称	防水卷材			防水涂料		
	SBS	APP(I),(II)	SBS自粘	PB(I),(II)	PU	JS
过渡层					√	
桥面防水层	√	√	√	√	√	√
胎体增强层				√		√
基层处理剂	√	√	√	√	√	√
混凝土整平层	√	√		√	√	

图 4 防水卷材与防水涂料的性能对比

五、展望和结语

1. 桥面防水技术的发展展望

综上所述，通过回顾和总结我国城市桥梁建设在 21 世纪前十年，从基于创新设计理念出发，在城市桥梁桥面防水技术科技研发以及工程实践创新发展的相关情况，越来越多的人们认识到，城市桥梁桥面防水与建筑屋面防水的最大不同之处是其特殊的动荷载及不利的外部工作环境，而桥梁防水不利将直接影响桥梁结构的安全性和使用寿命。近年来，围绕着新型防水卷材、桥面防水层厚度、其结构细部构造设计和施工，以及桥面防水层特殊部位的处理、渗水口、渗水管的设置等研究正在抓紧进行，并有了新的进展；同时，在防水涂料的研究上，本着节能和环保的理念，不断研究出新的产品。

同时将更加关注我国城市桥梁防水技术的标准化建设、防水材料研究，研制出新产品应具有良好的耐热、耐寒性能，能适应较大的温度变化；具有良好的黏接性、抗剪切性和抗疲劳性；并使桥梁防水材料与桥梁主梁混凝土找平层、桥面铺装间具有可靠的连接；满足防水施工工艺简单、便于掌握、造价适中、运输和储存方便，确保桥面防水质量；进一步发挥科研、材料、设计、施工、管理等各方面的共同作用，这些必将推动我国城市桥梁桥面防水技术和工程实践的健康发展。

2. 结语

展望我国城市桥梁建设的前景，在21世纪第二个10年中，以武汉鹦鹉洲长江大桥、港珠澳特大桥和超大型跨海大桥——青岛海湾大桥等一大批现代桥梁的陆续兴建，标志着我国将续写桥梁建设更加辉煌的篇章。我们应进一步关注城市桥梁桥面防水技术和工程实践的发展趋势，推动祖国城市桥梁建设的健康和可持续发展，向世界桥梁建设强国的目标迈进。

本文得到沈中治、张捷和刘庆仁教授级工程师的帮助，谨表谢意！

参考文献

[1] 穆祥纯. 城市桥梁结构防水技术的研究与应用. 第十五届全国桥梁学术会议论文集. 上海：同济大学出版社，2002(11).

[2] 穆祥纯. 近年来我国城市道路和桥梁结构防水技术的发展. 苏州：中国建筑防水 2004(6).

[3] 穆祥纯. 城市桥梁结构安全度和耐久性问题的研究. 第十六届全国桥梁学术会议论文集. 长沙：同济大学出版社，2004.

[4] 穆祥纯. 我国城市桥梁工程事故案例及其风险评价的对策研究. 北京：特种结构，2007(4).

41. 桥梁防水标准和现场检测

朱志远

（中国建筑材料科学研究总院苏州防水研究院）

一、概　　况

随着我国交通运输事业的发展，桥梁建设规模不断扩大，为了保护桥梁的使用寿命和防腐蚀，桥梁防水作为重要的功能作用越来越受到重视。冻融破坏、钢筋腐蚀、碱集料反应是混凝土最重要的三大耐久性问题，而水的渗入是造成桥梁破坏的最直接和最主要的原因之一。桥梁防水是保证混凝土桥面免遭破坏、延长使用寿命的必要措施。

目前桥梁防水材料主要包括防水涂料和防水卷材，包括了铁路桥梁和公路桥梁，钢桥面和混凝土桥面。目前对于钢桥面目前研究主要是环氧沥青类，本文涉及的是混凝土桥面。

在桥面防水应用中公路和铁路的要求存在差异，公路一般都需要在上面铺装沥青混凝土路面，铁路需要在上面铺设轨道板底座等设施，因此对防水材料的使用功能提出了不同的要求。

二、相关标准规范

桥梁防水的相关标准包括了防水材料产品标准，桥梁防水规范规程，相关技术规定等，具体见表1、表2。

防水材料产品标准　　表1

序　号	名　称	备　注
1	GB23446—2009《喷涂聚脲防水涂料》	铁路、公路
2	JC/T 974—2005《道桥用改性沥青防水卷材》	公路
3	JC/T 975—2005《道桥用防水涂料》	公路
4	JC/T 976—2005《道桥接缝用密封胶》	公路
5	《客运专线桥梁混凝土桥面暂行技术条件》	铁路
6	《客运专线铁路桥梁混凝土桥面喷涂聚脲防水层暂行技术条件》	铁路
7	JT/T 536—2004《路桥用塑性体(APP)沥青防水卷材》	公路
8	GB 18445—2001《水泥渗透性结晶防水材料》	公路

桥梁防水相关规范规程、技术规定

表2

序　号	名　称	备　注
1	JTG F80/1—2004《公路工程质量检验评定标准》	公路
2	JGJ/T 200—2010《喷涂聚脲防水工程技术规程》	
3	CJJ 139—2010《城市桥梁防水工程技术规程》	公路
4	《客运专线桥梁混凝土桥面暂行技术条件》	铁路
5	《客运专线铁路桥梁混凝土桥面喷涂聚脲防水层暂行技术条件》	铁路

三、公路防水材料

公路防水材料在混凝土桥面上需要与混凝土基层黏结可靠,同时需要与上面的铺装沥青混凝土黏结可靠,同时能够耐受铺装时的高温与碾压,在使用过程中在炎热和寒冷的季节都需要满足桥梁车辆行驶的震动变形及制动剪切,保持长久的防水性直至铺装层翻修。

对于白色路面一般采用刚性防水材料,如水泥渗透结晶型防水材料、混凝土防水剂等。

对于黑色路面采用的防水材料许多是沥青基产品,以便与铺装沥青混凝土的良好黏结,如SBS改性沥青防水卷材、APP改性沥青沥青防水卷材、自粘SBS改性沥青防水卷材、水乳型聚合物改性沥青防水涂料、热融型聚合物改性沥青防水涂料。也有一些非沥青基产品,如聚氨酯防水涂料、聚脲防水涂料、聚合物水泥防水涂料、环氧树脂防水涂料等,这些材料与上面的沥青铺装层不能直接黏结,需要设置黏结过度层,如砂粒、界面处理剂等。材料还需要具有较好的接缝变形能力、高的耐热性能、高温黏结和剪切性能、耐碾压硌破性能。除了一些材料本身具有较高的耐碾压硌破能力外(如聚脲防水涂料、高强聚氨酯防水涂料、环氧树脂防水涂料),通常都需要有增强胎基来抵御碾压硌破,如聚酯胎基、短切纤维等增强方式。

对于采用防水卷材与防水涂料,目前存在一些不同的争议,其中具体的比较见表3。但需要注意的是目前许多工程,为了满足规范要求设置防水层的规定,同时又强调不会损害沥青路面,采用在混凝土桥面涂覆一层沥青防水涂料,用量在0.5~1kg,相当于一层粘层油,根本不具有防水功能。防水卷材的高温剪切强度较低,需要更厚的沥青铺装层来降低剪切力,如何在防水和路面功能之间寻求平衡,需要做更多的工作。

防水涂料与防水卷材的性能比较

表3

项　目	卷　材	涂　料
防水层厚度	3~5mm	1.5~2.5 mm
施工方法	热融黏结	喷涂
与桥面板黏结	良好	好
与铺装层黏结	良好	好(沥青基)/差(高分子涂料)
抗裂性	好	较好
抗剪性能	一般	好
防水层状况	有搭接	连续膜
气候影响	小	大(低温、风大)
养护	无	需要(干燥)
厚度	容易控制保证	不容易控制保证
防水效果	防水效果能保证	防水效果不能保证
摊铺时防水层的损坏	无	需注意(需有增强层)

APP 改性沥青防水卷材，其耐热度很高，但存在不足，那就是低温性能和弹性没有 SBS 卷材好，由于 APP 是塑性体，没有 SBS 弹性体的良好弹性恢复性能，抗基层接缝疲劳变形比 SBS 卷材差，因此在北京的二环路大修过程中，发现有些卷材已表面开裂。此外为了防止反射裂缝，需要卷材有足够的弹性变形能力。因此通常情况下建议采用 SBS 改性沥青聚酯胎防水卷材，只有对于浇注式沥青，采用 APP 改性沥青聚酯胎防水卷材。

为了保证防水材料与混凝土桥面的黏结，需要对基面进行处理，通常采用抛丸处理，去除浮浆控制表面的粗糙度，以满足黏结和剪切的要求。其次需要涂覆基层处理剂，封闭基层，防止水汽上升影响黏结，此外渗透到基面中，提高与防水材料的黏结力，通常采用的基层处理剂主要是环氧树脂类和改性沥青类。

在公路规范中对于桥面防水只有一个简单的要求，具体要求及施工验收没有明确，为此制定了（CJJ 139—2010）《城市桥梁防水工程技术规程》，对桥梁防水的设计、材料、施工、验收提出具体的规定。其适用于基层为混凝土桥面板或整平层的城市桥梁混凝土桥面防水工程，根据桥梁的类别、所处地理位置、自然环境、所在道路等级、防水层使用年限划分为两个防水等级Ⅰ级（重要≥15 年）、Ⅱ级（一般≥10 年）。规定当桥面纵向或横向坡度大于 4% 时，不宜采用卷材防水层；不宜将防水卷材和防水涂料复合使用；当桥梁的平曲线半径小于或等于 60m 时，桥面防水宜采用防水涂料；对防水等级为Ⅰ级的桥梁，卷材防水层以上沥青混凝土面层的厚度不应小于 80mm。防水卷材及防水涂料的材料性能按《道桥用改性沥青防水卷材》JC/T974 及《道桥用防水涂料》JC/T975 的要求，其中聚氨酯防水涂料除应满足 JC/T975 的要求以外，还应满足固体含量不小于 98%、拉伸强度不小于 10MPa 的要求。

CJJ139 对防水层的厚度也提出了要求，见表 4、表 5。

防水卷材厚度要求 表 4

桥面防水等级	热熔型卷材防水（mm）	热熔胶型卷材防水（mm）	自黏型卷材防水（mm）
Ⅰ	4.5	3.5	—
Ⅱ	3.5	2.5	2.5

防水涂料厚度要求 表 5

<table>
<tr><td colspan="3" rowspan="2">材 料 类 型</td><td colspan="2">桥面防水等级</td></tr>
<tr><td>Ⅰ级</td><td>Ⅱ级</td></tr>
<tr><td rowspan="4">涂料厚度</td><td rowspan="2">聚合物改性沥青 PB（Ⅰ）PB（Ⅱ），mm</td><td>热熔型防水涂料</td><td>≥3.0</td><td rowspan="2">≥2.0</td></tr>
<tr><td>水性防水涂料</td><td>≥2.0</td></tr>
<tr><td>聚氨脂（PU）（固体含量≥98%），mm</td><td>—</td><td>≥1.5</td><td>≥1.0</td></tr>
<tr><td>聚合物水泥（JS），mm</td><td>—</td><td>—</td><td>≥2.0</td></tr>
<tr><td colspan="2">渗透结晶型防水涂料用量，g/m²</td><td></td><td>≥1 800</td><td>≥1 300</td></tr>
<tr><td colspan="2" rowspan="2">胎体增强材料用量，g/m²</td><td>聚酯无纺布</td><td>≥220</td><td>≥160</td></tr>
<tr><td>无碱玻璃纤维</td><td>≥300</td><td>≥200</td></tr>
</table>

CJJ139 对防水施工提出基层混凝土表面粗糙度处理宜采用抛丸打磨，当采用防水卷材时，基层混凝土表面的粗糙度应在 1.5～2.0 mm；当采用防水涂料时，基层混凝土表面的粗糙度应在 0.5～1.0 mm。当防水层施工时，因施工原因需在防水层表面另加设保护层及处理剂时，应在确定保护层及处理剂的材料前，进行沥青混凝土与保护层及处理剂间、保护层及处理剂与防水层间的黏结强度模拟试验。对卷材施工要求搭接缝部位应将热熔的改性沥青挤压溢出，溢出的改性沥青宽度应在 20mm 左右，并应均匀顺直封闭卷材的端面。在搭接缝部位，应将相互搭接的卷材压薄，相互搭接卷材压薄后的总厚度不得超过

单片卷材初始厚度的1.5倍,防止厚度太厚影响剪切性能。防水涂料施工宜多遍涂布,应保障固化时间间隔,增强胎基材料应与涂料黏结牢固。防水层上沥青混凝土的摊铺温度应与防水材料的耐热度相匹配。卷材防水层上沥青混凝土的摊铺温度应高于防水卷材的耐热度,但同时应小于170℃;涂料防水层上沥青混凝土的摊铺温度应低于防水涂料的耐热度。

四、铁路防水材料

铁路桥梁防水材料主要是针对有砟和无砟轨道的防水材料,目前有砟轨道系统主要采用防水卷材,包括氯化聚乙烯防水卷材和高聚物改性沥青防水卷材两类,无砟轨道系统主要采用防水涂料,包括:喷涂聚脲防水涂料、甲基丙烯酸甲酯(PMMA)防水涂料,目前主要采用聚脲防水涂料,在防水层上面设置隔离摩擦层和轨道板底座,电缆沟采用高强聚氨酯防水涂料。防水材料需要与桥面板黏结良好,具有较高的强度,耐振动与摩擦。

《客运专线桥梁混凝土桥面暂行技术条件》规定的桥面防水材料是氯化聚乙烯防水卷材和高聚物改性沥青防水卷材,其中的氯化聚乙烯防水卷材包括N类和L类,实际是EVA防水卷材,其与基层的黏结及搭接密实存在难度,目前采用高聚物改性沥青防水卷材更多,其主要技术要求见表6。

高聚物改性沥青防水卷材性能 表6

<table>
<tr><th>序号</th><th colspan="2">项目</th><th>指标</th><th>试验方法</th></tr>
<tr><td>1</td><td colspan="2">可溶物容量(g/m²)</td><td>3.5mm厚,≥2 400
4.5mm厚,≥3 100</td><td rowspan="2">GB18242</td></tr>
<tr><td>2</td><td colspan="2">耐热度</td><td>≥115℃</td></tr>
<tr><td>3</td><td colspan="2">拉力(纵横向)(N/cm)</td><td>≥210</td><td rowspan="5">GB18242</td></tr>
<tr><td>4</td><td colspan="2">最大拉力时延伸率(纵横向)(%)</td><td>≥50</td></tr>
<tr><td>5</td><td colspan="2">撕裂强度(N)</td><td>≥450</td></tr>
<tr><td>6</td><td colspan="2">低温弯折性</td><td>-30℃,无裂纹</td></tr>
<tr><td>7</td><td colspan="2">不透水性,0.4MPa,2h</td><td>不透水</td></tr>
<tr><td>8</td><td colspan="2">抗穿孔性</td><td>不渗水</td><td rowspan="4">GB12953</td></tr>
<tr><td>9</td><td colspan="2">剪切状态下的黏合性(N/mm)</td><td>≥10.0或卷材破坏</td></tr>
<tr><td>10</td><td colspan="2">保护层混凝土与防水卷材黏结强度(MPa)</td><td>≥0.5</td></tr>
<tr><td>11</td><td colspan="2">热处理尺寸变化率(纵、横向)(%)</td><td>±0.5</td></tr>
<tr><td>12</td><td colspan="2">接缝变形能力</td><td>10 000次循环无破坏</td><td>JC/T974</td></tr>
<tr><td rowspan="4">13</td><td rowspan="4">热老化处理</td><td>外观质量</td><td>无起泡、裂纹、黏结与孔洞</td><td rowspan="4">GB18244</td></tr>
<tr><td>拉力相对变化率(%)</td><td>±20</td></tr>
<tr><td>断裂伸长率相对变化率(%)</td><td>±20</td></tr>
<tr><td>低温弯折性</td><td>-25℃,无裂纹</td></tr>
<tr><td rowspan="3">14</td><td rowspan="3">耐化学侵蚀</td><td>拉力相对变化率(%)</td><td>±20</td><td rowspan="3">GB12953</td></tr>
<tr><td>断裂伸长率相对变化率(%)</td><td>±20</td></tr>
<tr><td>低温弯折性</td><td>-25℃,无裂纹</td></tr>
</table>

桥面施工应先在基层上涂刷高聚物改性沥青基层处理剂,每平方米用量约0.4kg。防水卷材通常纵向整长铺设,长度约33m或16.5m(每孔梁32m),采用多头喷灯热熔施工,搭接缝处应有自然溢出的熔融沥青,防水层铺贴完成后30min,即可浇筑保护层。保护层应采用C40细石聚丙烯腈纤维或聚丙烯纤维网高性能混凝土。有砟混凝土桥面道砟槽内保护层厚度不应小于60mm,道砟槽外及无碴混凝土桥面保护层厚度不应小于40mm。

《客运专线铁路桥梁混凝土桥面喷涂聚脲防水层暂行技术条件》规定了喷涂聚脲防水涂料及其施工配套材料底涂、腻子、搭接专用黏结剂、脂肪族聚氨酯面层等技术要求,其中聚脲防水涂料的要求见表7。

聚脲防水涂料要求 表7

<table>
<tr><th rowspan="2">序号</th><th rowspan="2" colspan="2">项目</th><th colspan="2">技术指标</th><th rowspan="2">试验方法</th></tr>
<tr><th colspan="2">聚脲弹性防水膜</th></tr>
<tr><td>1</td><td colspan="2">拉伸强度(MPa)</td><td colspan="2">≥16.0</td><td rowspan="7">GB/T16777</td></tr>
<tr><td>2</td><td rowspan="6">拉伸强度保持率</td><td>加热处理(%)</td><td colspan="2" rowspan="6">80~150</td></tr>
<tr><td>3</td><td>碱处理(%)</td></tr>
<tr><td>4</td><td>酸处理(%)</td></tr>
<tr><td>5</td><td>盐处理(%)</td></tr>
<tr><td>6</td><td>机油处理</td></tr>
<tr><td>7</td><td>荧光紫外老化(%)1 500h</td><td>GB/T18244</td></tr>
<tr><td>8</td><td rowspan="7">断裂伸长率</td><td>无处理(%)</td><td>(纯)聚脲≥400</td><td>聚氨酯(脲)≥450</td><td rowspan="6">GB/T16777</td></tr>
<tr><td>9</td><td>加热处理(%)</td><td colspan="2" rowspan="6">保持率90%以上</td></tr>
<tr><td>10</td><td>碱处理(%)</td></tr>
<tr><td>11</td><td>酸处理(%)</td></tr>
<tr><td>12</td><td>盐处理(%)</td></tr>
<tr><td>13</td><td>机油处理(%)</td></tr>
<tr><td>14</td><td>荧光紫外老化(%)1 500h</td><td>GB/T18244</td></tr>
<tr><td>15</td><td rowspan="7">低温弯折性</td><td>无处理</td><td colspan="2" rowspan="7">≤-40℃,无裂纹</td><td rowspan="6">GB/T16777</td></tr>
<tr><td>16</td><td>加热处理</td></tr>
<tr><td>17</td><td>碱处理</td></tr>
<tr><td>18</td><td>酸处理</td></tr>
<tr><td>19</td><td>盐处理</td></tr>
<tr><td>20</td><td>机油处理</td></tr>
<tr><td>21</td><td>荧光紫外老化,1 500h</td><td>GB/T18244</td></tr>
<tr><td>22</td><td colspan="2">耐碱性,饱和 $Ca(OH)_2$ 溶液,500h</td><td colspan="2">无开裂、无起泡、无剥落</td><td>GB/T9265</td></tr>
<tr><td>23</td><td colspan="2">凝胶时间</td><td colspan="2">≤45s</td><td>GB/T23446</td></tr>
<tr><td>24</td><td colspan="2">表干时间</td><td colspan="2">≤120s</td><td rowspan="6">GB/T16777</td></tr>
<tr><td>25</td><td colspan="2">不透水性 0.4MPa,2h</td><td colspan="2">不透水</td></tr>
<tr><td>26</td><td colspan="2">加热伸缩率(%)</td><td colspan="2">≥-1.0,≤1.0</td></tr>
<tr><td>27</td><td colspan="2">固体含量(%)</td><td colspan="2">≥98</td></tr>
<tr><td>28</td><td rowspan="2">与基层黏结强度(MPa)</td><td>干燥基层</td><td colspan="2" rowspan="2">≥2.5</td></tr>
<tr><td>29</td><td>潮湿基层</td></tr>
<tr><td>30</td><td colspan="2">与基层剥离强度(N/mm)</td><td colspan="2">≥6.0</td><td>GB/T2790</td></tr>
<tr><td>31</td><td colspan="2">直角撕裂强度(N/mm)</td><td colspan="2">≥60.0</td><td>GB/T529</td></tr>
<tr><td>32</td><td colspan="2">硬度(邵A)</td><td colspan="2">≥90</td><td>GB/T531</td></tr>
<tr><td>33</td><td colspan="2">耐冲击性,落锤高度100cm</td><td colspan="2">无裂纹、皱纹及剥落现象</td><td>GB/T1732</td></tr>
<tr><td>34</td><td colspan="2">耐磨性(阿克隆)cm^3/1.61km</td><td colspan="2">≤0.50</td><td>GB/T1689</td></tr>
<tr><td>35</td><td colspan="2">吸水率(%)</td><td colspan="2">≤5.0</td><td>GB/T 23446</td></tr>
<tr><td>36</td><td colspan="2">可行驶重载车辆时间</td><td colspan="2">24小时可承受接地比压0.6MPa</td><td>实测</td></tr>
</table>

喷涂聚脲固化速度快、强度高、对基层的渗透性差、高温高压施工容易产生气泡针孔。因此规定基层采用抛丸处理去除浮浆,控制表面粗糙度,然后涂布底涂和腻子,封闭基层的孔洞和湿气,提高涂料与基层的黏结力,然后喷涂聚脲,对于需要修补的部分采用手工修补聚脲,需要二次施工时,用搭接专用黏结剂处理聚脲表面,外露部分涂布脂肪族聚氨酯面层保护和装饰。

五、现 场 检 测

桥面防水是隐蔽工程,现场检测就非常重要,在(JTG F80/1—2004)中8.12.1规定防水层需要现场检测,具体要求见表8。

桥面防水层现场检测要求 表8

项 次	检 查 项 目	规定值或允许偏差	检查方法和频率
1	防水涂膜厚度(mm)	符合设计规定。设计未规定时,±0.1	测厚仪:每200m² 测4点或按材料用量推算
2	黏结强度(MPa)	不小于设计要求,且≥0.3(常温),≥0.2(气温≥35℃)	拉拔仪:每200m² 测4点(拉拔速度:10mm/min)
3	抗剪强度(MPa)	不小于设计要求,且≥0.4(常温),≥0.3(气温≥35℃)	剪切仪:1组3个(剪切速度:10mm/min)
4	剥离强度(N/mm)	不小于设计要求,且≥0.3(常温),≥0.2(气温≥35℃)	90°剥离仪:1组3个(剥离速度:100mm/min)
剥离强度仪适用于卷材类或加胎体涂膜类防水层			

在CJJ139中规定选用同一型号规格防水材料、采用同一种方式施工的桥面防水层且小于或等于10 000m²为一检验单元,其检测频率见表9,外观质量见表10。

检测单元的检测数量 表9

检测单元(m²)	防 水 等 级	
	I	II
≤1 000	5	3
1 000~5 000	5~10	3~7
5 000~10 000	10~15	7~10

防水层外观质量 表10

检 测 项 目	质 量 要 求		检 测 方 法
外观质量	卷材防水	(1)基层处理剂:涂刷均匀,漏刷面积不得超过总面积的0.1%,并应补刷; (2)防水层不得有空鼓、翘边、油迹、皱褶; (3)防水层和雨水口、伸缩缝、缘石衔接处应密封; (4)搭接缝部位应有宽为20mm左右溢出热熔的改性沥青痕迹,且相互搭接卷材压薄后的总厚度不得超过单片卷材初始厚度的1.5倍	全桥目测
	涂料防水	(1)涂刷均匀,漏刷面积不得超过总面积的0.1%。并应补刷; (2)不得有气泡、空鼓和翘边; (3)防水层和雨水口、伸缩缝、缘石衔接处应密封	

CJJ139对防水层性能的现场检测要求见表11,防水涂料涂料厚度,利用测厚仪进行量测,每一测点连续读取数据三次,取平均值。

防水层现场检测要求 表11

防水层表面温度(℃)	10	20	30	40	50
基层处理剂黏结强度(MPa)	0.45	0.40	0.35	0.30	0.25
涂料黏结强度(MPa)	0.40	0.35	0.30	0.25	0.20
卷材黏结强度(MPa)	0.35	0.30	0.25	0.20	0.15
涂料剪切强度(MPa)	1.00	0.50	0.30	0.20	0.15
卷材剪切强度(MPa)	1.00	0.50	0.30	0.15	0.10

水层与沥青混凝土层的强度检测为特大桥、桥梁坡度大于3%等对防水层有特殊要求的桥梁可选择进行的检测项目

《客运专线桥梁混凝土桥面暂行技术条件》规定防水涂料应涂刷均匀,无漏刷、无气泡。铺设完成后,用橡胶测厚仪检查涂层厚度,每孔梁检测10处。防水卷材的铺设应平整、无破损、无空鼓,搭接处及周边均不得翘起。保护层达到设计强度后,应钻取芯样进行混凝土与卷材或涂料的黏结强度检测,每孔梁检测3处,取样后的孔洞用聚氨酯防水涂料填满。

《客运专线铁路桥梁混凝土桥面喷涂聚脲防水层暂行技术条件》规定的防水层现场检测要求见表12。

聚脲防水层现场检测要求 表12

项　目	检测数量	技术要求	试验方法
底涂质量	全检	均匀,无漏涂和明显缺陷	目测检查
涂料厚度	轨道板下每间隔5m布设4个测点;其他区域每间隔5m布设4个测点,即轨道板中间布设2个、左右防护墙各布1个	底座板下喷涂聚脲弹性防水层厚度≥2.0mm,其他区域≥1.8mm	超声测厚仪 结合现场黏结强度测试,用游标卡尺测量
涂料黏结强度	在防水层施工7d后进行现场拉拔试验,每10孔梁(或每320m)随机抽取1孔(或连续的32m桥面)进行检测,每孔梁(或每32m)检测5处	平均值不小于2.5MPa	拉拔仪
涂料不透水性	每孔梁(或每32m)检测1处,将水注入带有刻度的玻璃管内,至570mm高度为止,每30s记录一次水位的高度,直至30min为止	不渗水	公路抗渗仪
面层厚度	每孔梁(或每32m)检测10处	不小于200μm	超声波测厚仪,厚度计
面层黏结强度	同涂料	平均值不小于2.5MPa	拉拔仪

通常防水材料的现场检测项目,基本包括外观、厚度(涂料)、黏结强度、剪切强度(公路)、剥离强度、不透水性。

厚度检测分为无损和破坏性检测,无损检测通常采用超声波测厚仪,但由于超声波测厚受密度、反射界面的影响,数据准确性不高,需要与其他检测方法相互验证,破坏性检测一般采用厚度计或游标卡尺,通常结合黏结等其他项目进行,避免过多的损伤防水层,但检测数量相对少,代表性不足。

黏结强度采用拉拔仪进行,拉拔头有方形和圆性,拉拔头黏结面积越大数据的边缘偏差越小,但涉及基面的平整度,一般直径不超过5mm。黏结强度试验结果受速度影响大,目前许多便携设备是手动或液压,速度控制不准确,建议采用电动试验设备。

剪切强度试验采用剪切试验仪,有两种试验方式:一种是将拉拔头黏结在防水层上,检测防水层与基面的剪切性能;另一种是将沥青混凝土用模具震实到防水层上,检测沥青混凝土、防水层、基层组合体的剪切强度,这种是与实际工程应用最相近的,但试验复杂,目前最常见的是试验防水层与基层的剪切

强度。

剥离强度试验采用电动剥离强度试验机，先将卷材或涂膜裁切成50mm宽的尺寸，拉起一端夹在试验机夹具中，90°剥离，在试验时用刀将试验面切割刀防水层与基面的界面上。

不透水性试验目前采用公路抗渗仪在防水层表面进行试验，根据试验情况来看，只要防水层没有表面缺陷，一般不会产生渗漏，出现渗漏基本在孔洞或搭接不密实处。对于公路防水，该方法不能反映防水层在沥青混凝土铺装碾压后的防水性。

六、结　语

我国道桥防水的历史还不长，对其研究在逐步深入，相信通过大家的共同努力，一定能使我国的道桥防水走上正确健康的发展轨道。不断研发满足工程应用的防水材料，同时完善相关的设计规程，开发相关的施工机具和施工工法，开展可靠有效的现场检测，提高桥梁防水工程的质量，保证道桥的设计使用寿命。

42. 城市高架结构层尺度比例美学研究

陈昊凡　丁建明
（东南大学）

摘　要　目前对于城市高架的设计大部分欠缺美学因素的考虑，使其尺度比例不和谐给人造成压抑感，也使城市景观受到影响。本文应用建筑美学的一些理念，对城市高架的结构层即上部结构梁和下部结构墩的尺度比例提出建议，分别从梁的尺度比例和墩的尺度比例两方面做了具体的讨论。最后，根据所提出的观点通过工程实例对城市高架的结构层尺度比例美学性质进行分析。

关键词　尺度比例　城市高架　结构层

随着社会经济高速发展与城市人口规模的迅速膨胀，我国百万以上人口的大城市有34个，其中超过300万人口的城市有8个，特大城市人口的增加和规模的不断扩大。使城市交通需求迅速增长，尽管近年来城市道路及车辆拥有量都有了大幅度的提高，但交通问题依然日益突出，表现为交通阻塞。为了缓解交通压力，城市中出现越来越多的高架道路。

1987年广州人民路第一条高架道路通车以来，我国许多城市相继建设了大量的高架道路。尽管人们对高架道路的看法不一，其中，高架道路的景观影响问题，常常引起人们的争论。期中，很多人对于高架的景观问题提出了看法：①城市高架体积庞大，与周围环境的不和谐，严重破坏了城市景观。②高架的各部分比例不协调，无美感可言。③在高架桥下感觉太过压抑等等。

目前对于城市高架的设计大多是以结构及功能设计为主，对于美学因素欠考虑，有种极端功能主义的倾向。所以我们可以看到，很多城市高架道路仅仅满足交通需求，没有任何美感可言，甚至在给人很强的压抑感和不和谐感。而且，目前国内外对于城市高架的美学研究都存在着一定的局限，没有形成一个成熟的理论体系指导工程实践。

本文借鉴建筑美学的一些基本理念，对城市高架的结构层的尺度比例提出几点建议。

一、尺度比例的概念

1. 尺度的定义

尺度与尺寸的概念是不一样的。在建筑学中，尺寸是反映一个建筑实体的实际大小的绝对的一个量，古人用的度量衡以及现在我们常用的米、分米、厘米等等都是尺寸[4~7]。尺度是反映建筑物的整体或局部给人感觉上的大小印象和其真实大小之间的关系问题，是人对于建筑的估计和衡量，因此它具有主观特性[1]。如图1法国埃菲尔铁塔和图2上海东方明珠电视塔，埃菲尔铁塔高324m，东方明珠电视塔468m，尺寸上东方明珠电视塔要占绝对优势，但是从尺度方面来看，而菲尔铁塔给人的感觉要高得多。

图1 埃菲尔铁塔

图2 东方明珠电视塔

2. 尺度的来源

建筑的尺度来自对比，因此建筑的尺度来源于建筑周围或者建筑自身的对比物。主要有以下3个方面[1~2]：

(1)环境参照

环境参照是建筑尺度的第一来源。当我们在观察一个建筑实体的时候，首先就会把它跟周围的地形地貌、其他建筑物、树木等进行参照，从而获得对建筑大小的印象。所以选取的参照物不同会影响到我们对于建筑实体的尺度大小。前面埃菲尔铁塔和东方明珠电视塔的例子就是因为周围环境的参照不同而产生的尺度上的差别。

(2)人体尺度

人体对建筑尺度的衡量包括两方面的意义：

一是指人体的物理尺寸和建筑的物理尺寸对比。人对于建筑实体的感知，尤其在人距建筑物较近处或是能够接触到建筑物的地方，总是以人的自身尺寸作为参照标准。比如说，对于单纯的一栋建筑的照片，我们没法估计它的大小，但是如果建筑旁边有人的话就一目了然了。

另一个方面，人体尺度的衡量是由人体物理尺寸决定的建筑元素的尺寸。这里人体尺度作为一个潜在的因素影响着建筑实体的尺度。比如说，一般来说门的高度大约是多少，门把手的位置大约在什么位置，栏杆的高度大约是多少，楼层的高度是多少等等，这些都是受人体尺度的影响。

所以说，良好的尺度应该是以人性尺度为标准的，过于巨大的尺度会令人产生恐惧感、压抑感。

(3)建筑材料

建筑表面的材料也经常成为我们判断建筑尺度的依据。比如说一堵墙的尺度我们可以凭借和墙面上砖的对比来得到一个大致概念，一个房子的屋顶我们可以用瓦片的尺度作为参照，这主要依赖与我们的常事和过去的经验。所以，对于一些过于庞大的建筑实体，可以将建筑表面划分成图案或者采用有机理的建筑材料，这不但使表面不过于单调，而且是建筑尺度更加接近宜人的尺度。

3. 比例的定义

而正如维特鲁威在《建筑十书》中所说，多种尺度的组合就产生了比例，只有好的比例关系才能形成良好的尺度关系。比例，简单地说就是物体的每一部分或构件与整体之间存在一种数字（倍数）关系，而且每一部分也与其他部分存在有一种数字(倍数)关系。

历史上曾经出现过建筑设计上的比例至上的时期，当时设计师们再建筑的长、款、高、厚度中寻找着各种比例的美学形式。文艺复兴时期，建筑师们根据比例的概念发展出利用控制线来辅佐构建一个建筑的理论。如图3所示，法国凯旋门就是利用圆、正三角形、矩形等一些具有数量关系的几何体的对角线或轴线等作为控制线。

在某种意义上，比例反映的是尺度的关系，比例是尺度的从属概念，尺度是比例的基础，比例是多种尺度的综合比较。

4. 比例的美学形式

在自然界或是人工环境中，一些具有良好的尺度比例关系的事物都给人一种美的感觉，比如：优美人体、挺拔树木、威严的山峰以及一些雄伟的建筑等等。在设计中，通常有以下几种尺度比例关系具有优美的效果

(1)黄金分割比[3]

黄金分割比起源于古希腊，它是所有比率中美的典范，为世界所公认。例如常见的一些产品包装箱、名片等都是以黄金分割比为基础的造型。构成黄金分割比，即将整体一分为二，较大部分与较小部分之比等于整体与较大部分之比，其比值为1:0.618或1.618:1，即长段为全段的0.618，0.618被公认为最具有审美意义的比例数字。上述比例是最能引起人的美感的比例，因此被称为黄金分割。

图3 凯旋门控制线

如何找出黄金分割比也很容易做到，如图4所示，在正方形*ABCD*的一条边*AB*的中点*E*作对边顶点*C*的连线*CE*，再以*C*为圆心，*CE*为半径做圆，交*AB*的延长线于*F*，则矩形*AFGD*为黄金矩形，其边*AF*与*GD*的比即黄金分割比。黄金分割比广泛存在于自然中，其实黄金分割比就来源于自然界或者说来源于我们人本身。人体的腰部即黄金分割点，成年人由足到腰部的距离和由腰部至头顶的距离的比大致是1.618；对于人的面部来说，人脸的长与宽的比大约是1.618；人的两眼间的距离与嘴的宽度的比大约也是1.618。所以，1.618的比例对人类的审美来说有一种天生的美感。

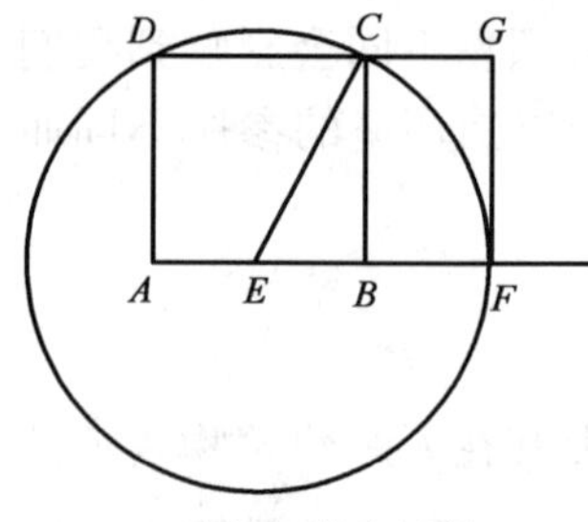

图4 黄金矩形

(2)整数比[3]

在工程设计中，经常用到的整数比有：1:1、2:3、3:4、5:8、8:13等。有这些整数比构成的矩形具有一种匀称的美和静态美，是意大利数学家列昂纳多·斐波那契创造的一个近似于黄金分割比例的数列比。在设计中，经常将连续的整数重复比2:3:5:8:13运用到连续的形态中，具有秩序感、渐变的动感。此外，1:6的比例也很早就在建筑美学中得到体现，古希腊人以男人的脚掌长度是身高的1/6应用到柱子的高度与直径的比值上，创立了多立克柱。以女人的脚掌长度与身高的关系1:10应用在柱子上，创造了爱奥尼柱。如图5所示，上海海关大楼的正门入口的4根希腊立克柱刚劲有力，显得阳刚之美。如图6所示，罗马祖国祭坛大量运用了爱奥尼柱，比例轻快，给人轻盈的美感。

图5 多立克柱

图6 爱奥尼柱

(3)平方根比[3]

以短边与长边之比为$1:\sqrt{x}$(x为大于2的正整数)构成的矩形即为平方根矩形。平方根矩形自古希腊以来一直是设计中重要的比例构成要素。$\sqrt{2}$矩形和$\sqrt{3}$矩形与黄金矩形相近，也比较符合人的视觉习惯。

二、城市高架结构层尺度比例

城市高架的结构层指的是高架的承重部分，它包括4个部分：上部结构、支座系统、下部结构和附属设施。上部结构主要是梁和桥面系（桥面铺装、排水、防撞墙和照明等），梁是承受外部荷载的主要结构；下部结构主要包括桥墩、桥台和基础，功能是支撑桥梁上部结构并把上部结构传来的荷载安全的传到地基基础上，以达到共同受力的目的；附属结构主要是伸缩缝、护坡等等。

本文主要针对4个部分中尺度比例感最强的两个部分即上部结构的梁和下部结构的墩柱做尺度比例的美学研究。

1. 梁的尺度比例

因为目前城市高架的梁主要应用箱梁比较多，所以本文针对箱梁的一些尺度比例进行研究。在箱梁的尺度比例中主要有两个美学因素：翼缘板与腹板的尺度比例、梁高与桥梁建筑高度的尺度比例，对这两个因素我们分别讨论。

（1）翼缘板与腹板尺度比例

翼缘板悬臂与腹板的尺度比例是箱梁尺度比例美学一个重要因素，翼缘板悬臂过长，会减小腹板的尺度感，会使得整个梁部呈现过于单薄，给观察者一种不安全感，这就违反了前面我们讨论过的高架美学的基本原则；如果翼缘板悬臂过短，会放大腹板的尺度感，使人在桥下的压抑感增强。所以对于翼缘板悬臂与腹板的尺度比例，我们做以下分析：

建筑尺度比例的整数比中，1∶1.618即黄金分割比是公认的最美的比例，做黄金矩形如图7所示。黄金比例之所以美，是因为其尺度比例最符合人的审美的基本心理——和谐。图中 $BF : AB = AB : AF = 1 : 1.618$，即较小部分比较大部分的比例等于较大部分比整个部分的比例。

箱梁截面从底面看划分为三个部分：翼缘板、腹板、翼缘板，其中两端翼缘板悬臂的宽度一样。将黄金比例的思想运用到箱梁的截面尺度比例上，需要探讨的就是这三个部分的和谐比例。腹板是较大的部分，翼缘板是较小的部分，所以翼缘板悬臂的尺度比腹板的尺度应该等于腹板的尺度比上梁宽的尺度，如图8a）所示，通过计算得到翼缘板悬臂∶腹板∶翼缘板悬臂＝1∶2∶1，这个比例刚好满足要求如图8b）所示。

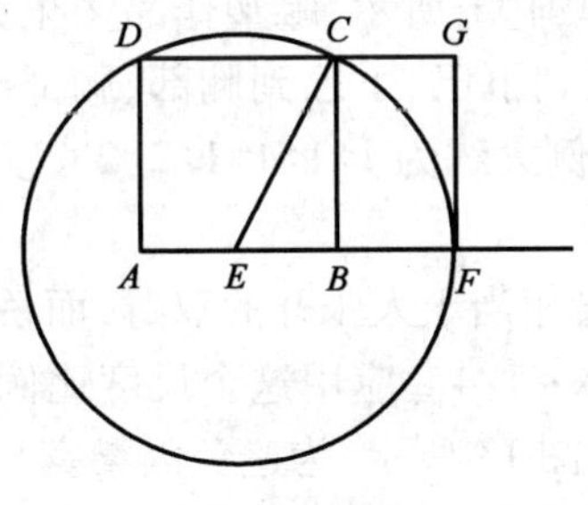

图7 黄金矩形

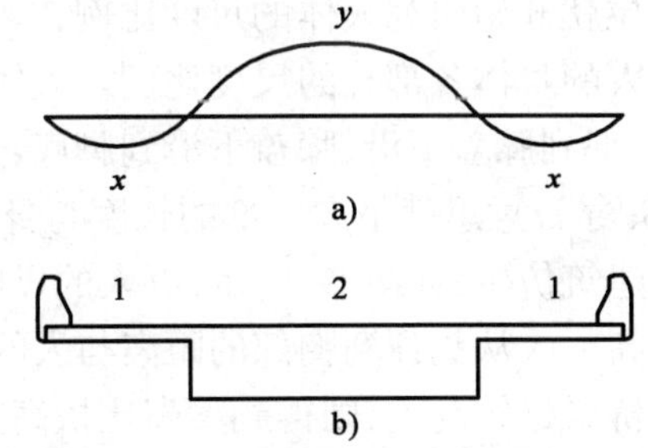

图8 翼缘板悬臂与腹板尺度比例

但是，这只是针对于宽度较小的梁而言，因为翼缘板悬臂的长度一般在1.5～4.5m之间，宽度过大的梁（比如双向六车道的梁大约为25m宽）不能保证1∶2∶1的比例，所以结合实际，对于宽度较大的梁，此比例需要重新考虑。

对于宽度较大的箱梁，可从中轴线将梁分成两个完全对称部分，利用建筑设计中最常用的平方根比对每个部分进行分析。平方根比的数学形式是：$1:\sqrt{2}$、$1:\sqrt{3}$、$1:\sqrt{4}$、$1:\sqrt{5}$等等，如图9以边长1作正方形 $ABGH$，以对角线 AH 为半径，A 为圆心作圆弧交 AB 延长线于 C，再依次以矩形对角线为半径，A 为圆心作圆弧交 AB 的延长线，则 AC、AD、AE、AF 分别为$\sqrt{2}$、$\sqrt{3}$、$\sqrt{4}$、$\sqrt{5}$。建筑师以$\sqrt{5}$作为设计的限制线，因为超过 $1:\sqrt{5}$的比例就不容易用视觉区分，所以在工程设计上 $1:\sqrt{5}$使用最多。以 $1:\sqrt{5}$来表示大尺寸箱梁的翼缘板悬臂与腹板宽度一半的尺度比例，得到整个梁的翼缘板悬臂与腹板宽度的比例为：$1:2\sqrt{5}$，考虑到实际工程的可操作性，近似地取1∶4～1∶5。

通过以上分析，对于宽度较小的箱梁（如8m宽）的翼缘板悬臂与腹板的尺度比例建议1:2，如图所示，匝道的宽度一般为8m，以1:2的比例得到2m宽的翼缘板悬臂和4m宽的腹板。对于宽度较大的箱梁（如13.75m或25.5m）建议最佳尺度比例为1:4～1:5。如果大于该比例，主要因素部分的尺度感会降低，导致腹板的尺度感减小，给人一种不稳定感；如果小于该比例，较小部分的尺度感会减弱，直至被忽略，导致腹板的尺度感加强，使桥下的压抑感增强。如图，当这个比例达到1:10时，翼缘板悬臂的尺度与腹板的尺度明显失衡，腹板过于庞大的尺度产生了严重的压抑感和不和谐感。

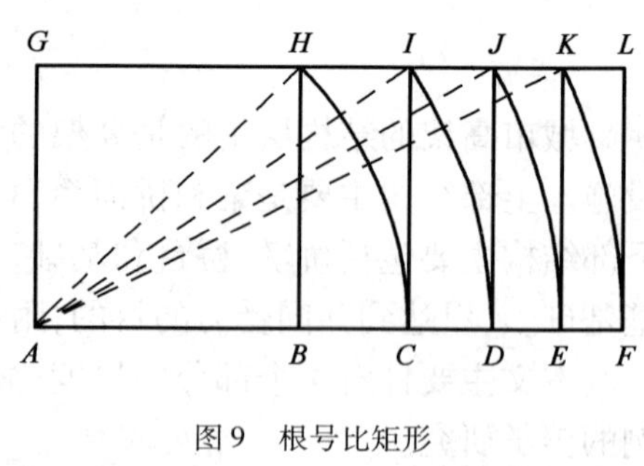

图9　根号比矩形

（2）梁高与桥梁高度尺度比例

梁高指的是梁的低面到梁顶部的距离。桥梁高度是桥上行车路面（或轨顶）标高至桥跨结构最下缘之间的距离。梁高与桥梁的跨度有关，一般来说梁高大约为桥跨的1/10～1/20。目前，对于桥梁的设计存在着误区，很多人一味地认为大跨度的桥梁美观，当然这也是有一定道理的，跨度大则墩柱少，桥下的视觉通透性好，但是这会带来梁高的不断加大，如果处理不当就会导致头重脚轻的结果，所以我们应该慎重考虑梁高与桥梁高度的尺度比例，这关系到桥梁的整体美学性质。

对于桥梁的审美主体——人来说，当我们审美时，在潜意识里会以人的尺度去观察事物，这是人的自然属性。比如，为什么黄金比例是公认的最美的比例？不只是因为其各个部分的比例让我们觉得和谐，根本原因是它是来自于我们人体的比例。如图10所示，这是达芬奇的作品《维特鲁威人》，他发现并提出了一些重要的人体绘画规律：人体充斥着黄金分割比，大约有13个黄金分割点：①肚脐：头顶——足底之分割点；②咽喉：头顶——肚脐之分割点；③膝关节：肚脐——足底之分割点；④肘关节：肩关节——中指尖之分割点等等。所以说，符合人的尺度的物我们才会觉得美，对于城市高架的审美我们也应该以人的尺度去评价其美学性质。

以人体的尺度比例去分析城市高架的梁高与桥梁高度的尺度比例。在公元前5世纪的希腊哲学家普罗塔哥拉就开始研究人体的尺度比例，“人是万物的尺度”。如图11所示，雕塑作品多里弗罗斯，它表现了正常人的身体各部分的尺度比例。人体分为6个部分：头顶到下巴、下巴到胸部、胸部到肚脐、肚脐到胯部、胯部到膝盖下沿、膝盖下沿到脚底，这6个部分的尺度比例大约为1:1:1:1:2:2[3]。所以我们常说的“八头身”，意思就是人头部的长度与身高的比值大约为1:8。

利用建筑仿生，如图12所示，以人的尺度去看城市高架，则梁相当于人张开的双臂，而桥梁高度相当于人的身高。人从头顶到胸部的距离与人的身高之比大约在1/5～1/4。应用这个尺度比例于城市高架的梁高比桥梁建筑高度，则得到梁高比桥高大约在1/5～1/4。如图13所示，为避免因梁宽与墩宽的不同组合而产生视觉上的干扰，以同一尺寸的箱梁和同一宽度的墩柱于不同桥高时的美学性质进行比较，容易看出在1/5或1/4时的比例时的桥梁美学性质最佳，因为该比例最接近人体的尺度比例，符合人类审

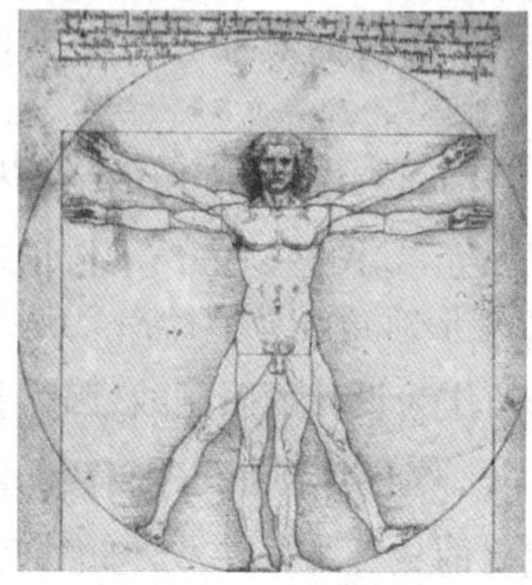
图10　维特鲁威人

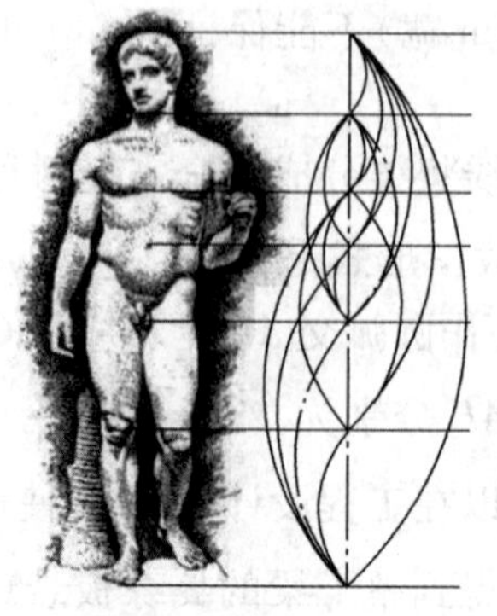
图11　雕塑多里弗罗斯

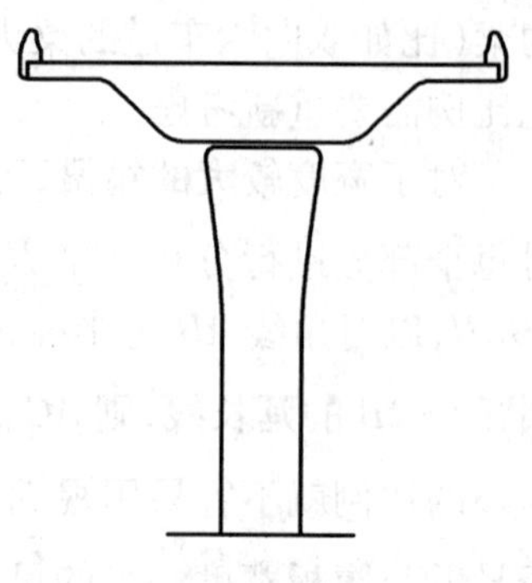
图12　建筑仿生

美的心理标准。当梁高与桥高的尺度比例小于该比例达到1/6时,梁部显得过于单薄,就相当于人的腿部过长而上身偏短,失去了和谐之美;当梁高与桥高的尺度比例大于1/4时,梁的厚重感加强,也不美观。所以,在设计时应该尽量靠近此比例。

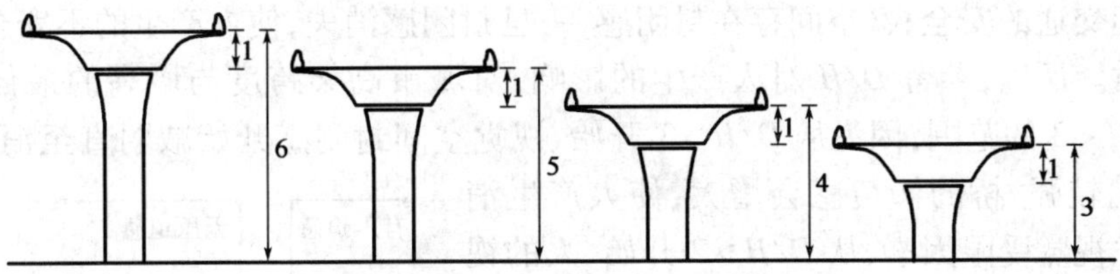

图13 梁高与桥梁高度的尺度比例

2. 墩的尺度比例

影响桥墩美学性质的尺度比例关系主要体现在两个方面:①墩高与桥跨的尺度比例;②墩宽与墩高的尺度比例。我们从美学的角度对这两点进行系统的研究。

(1)桥跨与墩高的尺度比例

当接近一座高架桥的时候,人的感官最先接受到的信息就桥下的视觉通透性,视觉通透性的好坏直接影响到人对于一座桥梁的美学评价。桥跨的大小是影响桥下视觉通透性的主要因素,随着桥跨的不断增大,桥梁侧向的墩柱数量不断增多,对视线的遮挡程度不断增加,这就会导致因视觉通透程度的降低而产生的心理紧张感加强,影响桥梁的景观价值。

但是,不能简单地认为大跨度就等于美观。当位于桥下的时候,人对于桥下这个封闭空间的感受主要来自于"两墩"和"一跨"组成的空间边界线,所以墩高和桥跨的尺度比例是这个空间的重要控制参数。当这个比例过小,如图14a)空间封闭感消失,桥跨的尺度感被放大,而墩的尺度感被缩小,使桥的倾覆感加大,给人一种不安全的心理感受;当这个比例过大时,如图14c)墩的尺度感被加强,而桥跨的尺度感减弱,影响了视觉的通透性,给人一种压抑的感觉。如图14b)合适的墩高与桥跨的尺度比例使桥梁显得轻盈、简洁、美观。

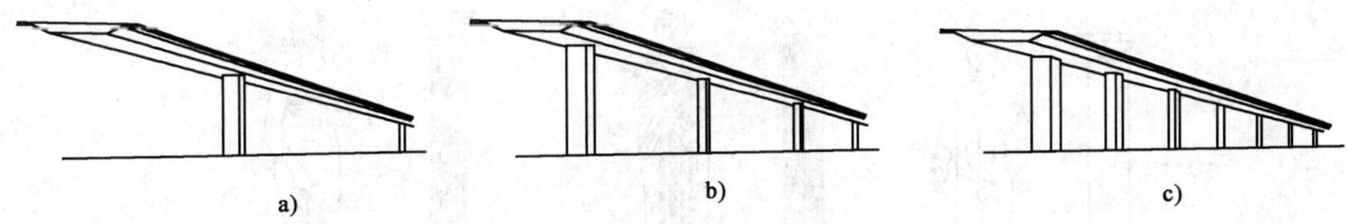

图14 墩高度与桥跨的不同尺度比例

要找到合适的高度与跨度尺度比例,首先引入一个D/H[1-2]的概念。D/H是日本建筑大师芦原义信在《街道的美学》中提出的,设街道的宽度为D,街道两侧的建筑高度为H,D/H分析的是不同的街道宽度与街道两侧建筑高度的尺度比例对人视觉上产生的心理反应,见表1。

D/H的心理感受 表1

D/H	街道特征
<1	视觉空间受限,压迫感较强,空间封闭
=1	视觉空间受限程度降低,压迫感减小,空间封闭
=2	视觉空间几乎不受限,几乎不产生压迫感,空间封闭感较强
=3	视觉空间不受限,无压迫感,空间封闭开始减弱
>4	空间封闭感消失

芦原义信认为的街道最佳 D/H 是1.3，但这个比例却不适用于城市高架的跨度和墩柱高度的最佳 D/H。对于街道而言，因为考虑到宽度对于人与人的交往产生的影响以及人与周围建筑产生的互动性，所以 D/H 不宜过大；而对于城市高架的美学性质来说，我们需要考虑两个方面：①视觉空间受限制程度尽量减小，视觉的通透程度高，视觉的通透程度关系到高架对人产生的压迫感，对于跨线部分，桥下的视觉通透性还关系到交通的安全；②空间存在封闭感，一旦封闭感消失，使人产生的不安全感就会影响到桥梁整体的美学性质。所以，参考 D/H 对人产生的影响，对城市高架跨度与墩高的最佳尺度比例进行选取：首先，选取 $D/H<3$ 的范围，因为从 $D/H>3$ 开始，视觉空间封闭感开始减弱直至消失，两桥墩的排斥感和空间离散感比较强，桥的倾覆感会增大，使人产生消极心理；然后，考虑视觉受限因素，从 $D/H>2$ 开始，人的视觉空间几乎不受限制，人几乎不产生的压迫感，仍然有向心的封闭空间感。综上分析，最后确定桥梁跨度与桥墩高度比例的合理范围是1∶2～1∶3。如图15所示，不同的墩高与桥跨的尺度比例。

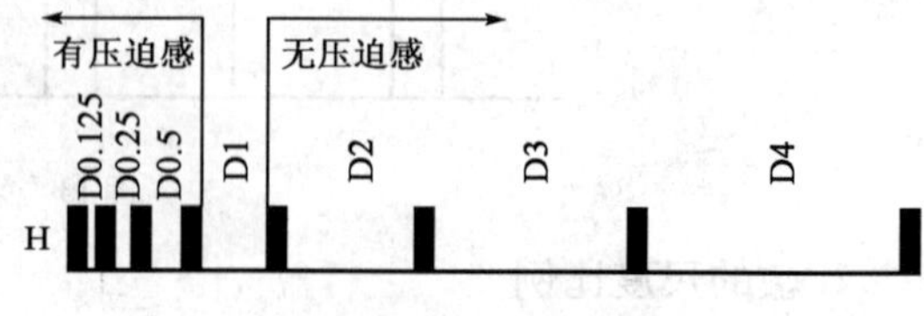

图15　桥墩高度与桥跨度的尺度比例

（2）墩宽与墩高的尺度比例

墩宽与墩高的尺度比例也是墩柱尺度比例的一个重要因素。从美学的角度考虑，这个比例如果不协调会影响到城市高架的景观：比如墩宽比墩高过大，墩柱呈现臃肿厚重感，而且墩宽较大会影响到侧向净空，使人产生压抑的情绪；墩宽比墩高过小，墩柱显得过于修长，给人容易折断的心理感受。所以，我们借鉴古典西方建筑的成功理念，选择合适的尺度比例。

在古典西方建筑中，人的尺度比例运用比较广泛，因为人对于尺度比例的审美是以自身的尺度比例作为参照物的。古希腊的三大柱式就是人体的尺度比例在建筑设计上的首次运用，是最原始的建筑仿生。建筑仿生是以生物界某些生物体功能组织和形象构成规律为研究对象，探寻自然界中科学合理的建造规律，并通过这些研究成果的运用来丰富和完善建筑的处理手法。比如，由瑞士设计师赫尔佐格设计的北京奥运会主场馆“鸟巢”，就是建筑仿生的运用。维特鲁威认为，“建筑是模仿自然之理，按照正确的性质根据自然真理归纳一切东西，并把它们运用到建筑中。”

古希腊的三大柱式：多立克柱、爱奥尼柱、科林斯柱，如图16所示。

图16　古希腊三大柱式

多立克柱是仿男体的柱式，其柱直径与柱高度的比例来源是男性的脚长度与身高的比例，大约为1/6。而后，又根据女体的特征创造了爱奥尼柱和科林斯柱，其直径与柱高的比例大约为1/10，为女性脚长度与身高的比例。由于尺度比例的不同，导致柱子风格的不同，多立克雄壮硬朗，而爱奥尼柱和科林斯柱修长纤细。

对于城市高架桥墩的宽度与高度的尺度比例，并不适合用多立克柱的1/6和爱奥尼柱或科林斯柱的1/10。因为无论是多立克柱还是爱奥尼柱都是四柱式、六柱式或八柱式等等，但是城市高架一般是单柱式或双柱式桥墩，而且桥梁高度不高，梁的尺度感明显大于墩柱的尺度感，若采用宽度与高度的比为1/6或1/10，桥墩会显得过于单薄。

采用古希腊三大柱式的设计理念，利用建筑仿生，对城市高架桥墩的宽度与高度的尺度比例进行研究,融入人体的尺度比例。前面我们讨论过人体的尺度比例,其中肩宽与身高的比大约在1∶4,将城市高架的桥墩仿生成人体,其宽度视为人体的肩宽,其高度视为人的身高,所以桥墩的宽度与高度合适的尺度比例为1∶4。这个比例比较接近于多立克柱的比例1∶6,呈现出一种敦实强壮的美感,如图17所示,1∶4的比例基本符合人体的尺度比例。

城市高架由于匝道较多,桥梁的高度不宜太高,墩柱的高度一般在7~8m左右,所以墩柱的宽度在1.7~2m左右比价适宜。对于墩身的美学修饰一般有两种,对墩身刻槽或者是加大顶部的宽度,这都可以减小或增加墩身尺度感,我们在设计时应尽量保证主线部分的墩柱宽度与高度的比例在1∶4左右,对于匝道或者是高架接地段的桥墩,可以同过一些美学修饰使其尺度感与主线部分基本保持一致。

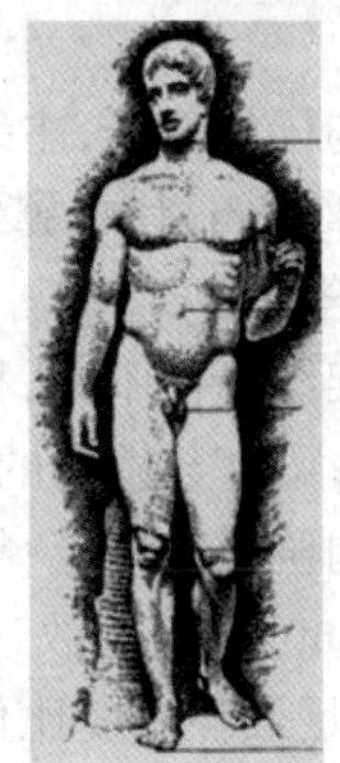
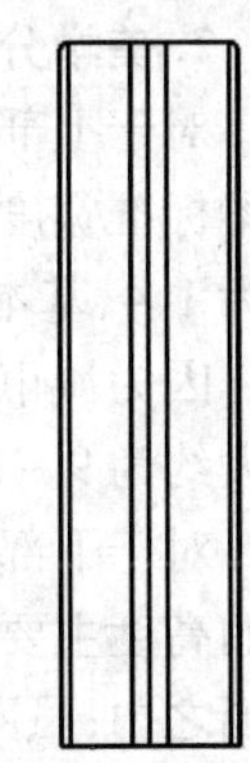
图17 墩柱的宽度与高度之比为1∶4

三、实 例 分 析

1.工程简介

昆山市中环快速化工程、外环快速化工程及放射性道路的建设工程,其中,中环南线长11.06km,高架城市快速路标准,地面城市主干路Ⅰ级。中环南线G312段主线以高架桥形式为主,仅在金蝶路及桃园路之间采用主、辅路形式。本项目功能兼顾对外交通和区内交通,结合现状及远期发展规划,景观需求有一定的要求。

根据道路总体设计,高架桥采用中间高架形式,全线共分为两段;第一段高架桥推荐方案起点位于东渔泾西侧,终点位于长江路立交东侧,桥梁全长6.595km;第二段高架桥起点位于青阳港东侧,终点位于玫瑰路东侧,与陆家立交主线桥相连接,桥梁全长2.366km。

(1)桥梁跨径选择

高架桥采用中间高架形式,全线共分为两段。桥梁标准跨径采用25~35m,部分跨径根据跨越构造物等因素适当调整。

(2)桥梁宽度

主线高架桥梁标准宽度为25.5m,横向布置为0.5m(护栏)+12m(行车道)+0.5m(中央隔离墩)+12m(行车道)+0.5m(护栏)。衔接菱形立交或其他立交匝道桥处加宽至43.5~45m,横向布置为0.5m(护栏)+21~21.75m(行车道)+0.5m(中央隔离墩)+21~21.75m(行车道)+0.5m(护栏)。两种宽度之间的高架桥采用变宽形式过渡。

(3)标准段桥梁上部结构形式

箱梁采用等高梁结构形式,横坡通过箱梁顶、底板共同倾斜形成。30m跨径梁高1.8m,35m跨径梁高2.0m,40m跨径梁高2.2m;箱梁外侧腹板采用斜腹式+倒圆弧形式,边腹板斜率为1∶1.5,圆弧半径2.5m。

25.5m宽箱梁采用整幅断面形式,悬臂长3.8m;顶板厚度25cm;跨中底板厚度22cm,支点附近厚度50cm,线性过渡;跨中腹板厚度45cm,支点附近厚度70cm,端横梁附近采用平行过渡形式,中横梁处采用线性过渡形式。每联箱梁在墩顶设置厚度为2.5m的中横梁,端部设厚度为1.8m的端横梁,其余部位不设置横梁。

(4)下部结构墩柱设计

主线桥墩采用双柱式Y型墩,单肢墩身宽2m,墩柱厚1.6m,墩顶向外延伸成弧线造型,墩柱顶部通过拱形横系梁连接称为整体;桥宽较宽处采用多柱式墩,即中墩与主线标准段桥墩相同形式,两侧加宽段采用花瓶式桥墩,该形式与匝道桥形式基本相同。桥墩墩底宽度2.5m,墩顶弧形加宽至3.5m,墩柱厚度1.6m。

2. 美学分析

对于上部结构梁的部分，主线斜腹板箱梁的边腹板斜率为1:1.5，近似等于黄金比例1:1.618，主线桥梁标准宽度为25.5m，其中翼缘板悬臂为3.8m，腹板宽度为17.9m，则翼缘板悬臂与腹板宽度的比大约为1:4，基本符合审美要求。

因为城市高架纵断面不大，桥墩的高度基本保持在7~8m，梁的高度大约在1.8~2.2m之间，桥的高度大约为9~10m，梁高与桥高的比大约为1:4~1:5，满足最佳尺度比例美学要求。

对于下部结构桥墩的部分，桥梁的跨径主要采用30m，少部分在35~40m，桥下净高至少为5.5m，墩柱的高度主要在8m左右，少数达到10~12m，则桥墩的高度与桥梁跨度之比大约为1:3，在1:4~1:3的范围之内；虽不满足最佳尺度比例1:2~1:3，但是视觉差别不大，基本在可以接受的范围以内；主线部分采用Y型双柱式墩，单肢墩身宽2m，厚度1.6m，所以墩柱的宽度与高度的比例大约为1:4，符合人体尺度比例的审美标准。

四、结　　语

通过以上建筑理念的分析和应用，从美学的角度考虑，分别对梁和墩的尺度比例做了美学的探讨，对城市高架的结构层的尺度比例提出建议，并通过工程实例的分析，对所提出的进行验证。

参考文献

[1] (日)芦原义信著. 尹培桐译. 外部空间设计[M]. 北京：中国工业出版社，1983.
[2] (日)芦原义信著. 尹培桐译. 街道的美学[M]. 武汉：华中理工大学出版社，1989.
[3] (美)弗朗西斯. D. K. 钦著；邹德侬译. 建筑形式空间和秩序[M]. 北京：中国建筑工业出版社，1987.
[4] 唐亚琳. 城市轨道交通高架桥的景观美学设计[J]. 都市快轨交通，2009，22(6)：48-52.
[5] 覃烨. 城市高架轨道交通景观分析理论与评价模型[D]. 成都：西南交通大学，2006.
[6] 徐恩亚. 城市立交景观设计初探[J]. 重庆大学学报，2006，25(6)：46-50.
[7] 王珏. 桥梁美学在城市高架道路中的应用[J]. 城市道桥与防洪，2007，2(2)：43-46.

43. 山区公路桥梁纵坡安全性设置研究

刘晓娣　冯　苠　赵君黎　翟慧娜
（中交公路规划设计院有限公司）

摘　要　我国交通事故死亡人数多年来高居世界第一，道路交通安全引起了社会的广泛关注，为此开展了一系列关于交通安全课题的研究，道路工程作为交通车辆的载体更成为主要的研究对象之一。作为道路工程上的主要构造物，桥梁结构对于道路交通安全的影响也不能完全忽略。在寒冷天气情况下桥面容易结冰常常引发交通事故成为交通事故的黑点。本文从行车安全的角度出发，根据云南省行驶车辆车型分析结果，对山区公路桥梁纵坡设置进行了研究。

关键词　山区　桥梁　纵坡　安全

一、引　　言

各国统计数据表明，公路上发生的交通事故，除驾驶员自身因素外，道路的几何特征对交通事故有一定程度的影响。从世界范围内看，我国公路的安全事故仍处于高发阶段，交通事故死亡人数多年来高居世界第一。作为道路工程上的主要构造物之一，桥梁结构对于道路交通安全的影响也不能完全忽略。

我国《公路桥涵设计通用规范》中规定：桥上及桥头引道的线形应与路线布设相互协调，各项技术指标应符合路线布设的规定。桥上纵坡不宜大于4%，桥头引道纵坡不宜大于5%；位于市镇混合交通繁忙处，桥上纵坡和桥头引道纵坡均不得大于3%。桥头两端引道线形应与桥上线形向配合。从多年来的应用情况看该规定是适宜的。

由于桥梁属于道路上结构构造物，并且绝大部分的桥梁属于中、小桥，其在路线长度范围内所占比例较小，因此对于一般中小桥梁来说其纵坡设计应符合路线设计技术指标，但是对于目前很多山区公路来说长大桥也时有出现，这时桥梁长度所占路线长度比例较大，其纵坡设计需同时考虑路线纵坡设计的相关因素影响。

二、基于安全性的山区公路纵坡和坡长研究

1. 山区公路行驶车辆研究

云南省作为西部地区，94%的面积为山地，省内90%以上的运输要靠汽车，公路网络较发达，山区道路约占90%以上，公路货运车型主要为3轴车，其交通与车辆特性对于本次研究非常具有典型性。

交通车辆调研收集到云南某高速2009年4月20日8点至27日9点连续7天的数据，数据表明该高速公路车辆车型中2轴车占车辆总数的81%，3、4轴货车各占7%，5、6轴货车共占5%（图1），总重低于20t的车辆占约80%（图2）。

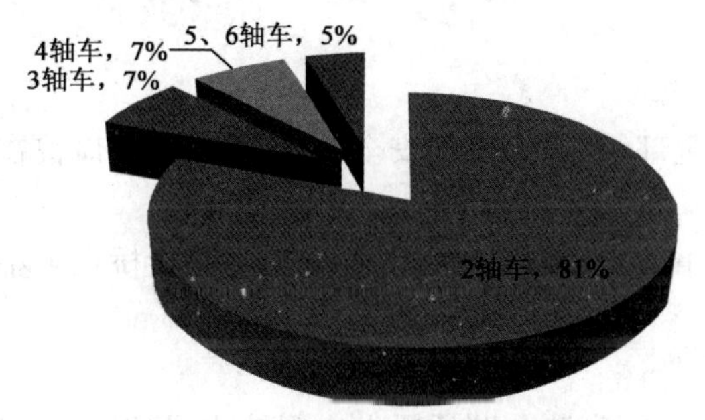

图1 云南某高速公路车型比例图

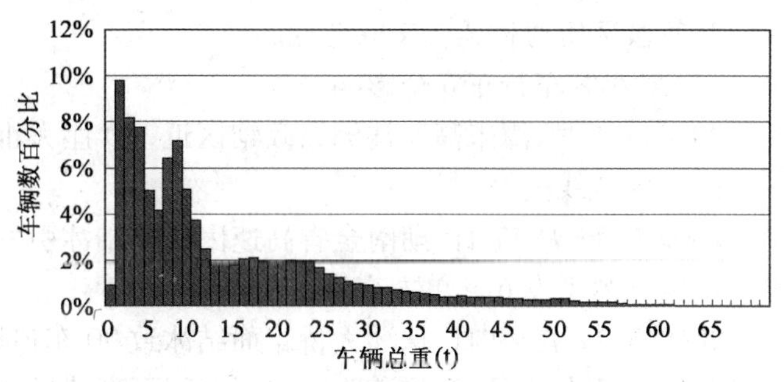

图2 车辆载重分布柱状图

2. 基于载重货车的坡度及坡长研究

根据车辆数据分析结果及调研资料，并结合未来一段时间载货车的发展趋势，可参考有关研究拟定额定载重12t的东风汽车EQ1228V19D2型载重货车作为用于纵坡设计的主导车型，其功率重量比为8.05kw/t。车辆的各项性能参数见表1。

载重汽车主导车型的参数表 表1

车 辆 型 号		EQ1228V19D2 载货车
整备质量(kg)		9 805
载质量(kg)		12 000
满载总质量(kg)		22 000
外部尺寸(mm)	总长	11 960
	总宽	2 470
	总高	3 090
最高车速(km/h)		90
最大爬坡度		28
发动机型号		玉柴 YC6A240-20
额定功率(kW)		177
功率重量比 P(kW/t)		8.05

根据以该类车型已开展的有关研究以及现行《公路工程技术标准》确定山区公路坡度和坡长建议值，见表2。

山区公路坡长限制建议值(m) 表2

设计车速(km/h)	纵坡坡度(%)					
	3.5	4	4.5	5	5.5	6
80	700	600	450	400	300	250
60	1 100	1 000	800	600	400	300

注:速度折减量 $\Delta V = 20km/h$。

三、山区公路桥梁纵坡安全性设置研究

1. 排水

桥梁纵坡设置主要目的是为迅速排除雨水,防止或减少雨水对铺装层的渗透,以保护行车道板延长桥梁的使用寿命,保持桥梁结构的安全耐久性。另外,桥面积水也会对行驶车辆造成一定影响,比如打滑等,致使车辆失稳、剐蹭、追尾等交通事故,不利于行车安全。

因此,如果仅仅针对桥梁结构来说,桥面上纵坡的设置应首先有利于排水,并且一般做成双向纵坡,在桥中心设置曲线,纵坡一般以不超过3%为宜。桥长小于50m时,通常当桥面纵坡大于2%即可满足排水要求;而桥长大于50m时,桥面纵坡应大于2%并且需另设泄水管以满足排水要求。

2. 气候环境对桥梁行车安全性的影响

(1)对小客车行车安全影响

2008年1月,潭耒高速株洲路政辖区近300座大小桥梁全部结冰,为确保安全,株洲段高速入口曾在一段时间内全线关停。

2009年11月17日,湖南全省高速因桥梁结冰引发交通事故10余起,仅常张高速善卷垸大桥在半小时内就因结冰引发6起单方交通事故。

2010年12月29日,株洲大桥路面结冰致90车追尾。

2011年1月2日,扬州道路结冰两车翻下高速导致两人丧命,高速公路桥梁上出现结冰,并引发了多起交通事故。

……

以上类似在寒冷或雨雪天气下由于桥面结冰造成交通安全事故非常普遍,桥梁对行车的安全性影响非常大。对于小客车和载货汽车行驶的安全性来讲,由于小客车速度快、重量轻、摩擦力小,更容易在短时间内造成车辆行驶打滑、车辆连环追尾等交通事故,尤其在高速公路和城市道路上桥梁更容易发生。小客车由于车速较一般货车更快,数量更大,因此此类事故发生几率更高,同时事故发生时往往造成交通拥堵,其造成的影响面更大。并且,与载货汽车的使用功能不同,由于小客车主要为人员乘坐之用,所以如果发生事故造成的人员伤亡可能会比载货汽车要大。

(2)对载货汽车行车安全影响

一般跑山区长途的货车会安装滴水刹车,因此,在气温比较低的情况下,水落到地面后很快就结成冰,由于大货车在上坡时车速很慢,滴到路面上的水就要比其他路面多,从而形成的冰面也就大。

由于桥梁较一般路段的路面更易结冰,所以,对于设有纵坡的桥梁来说,大货车滴水造成的桥面结冰情况会更加严重。而载货汽车速度慢、车重、摩擦力大等原因,较小客车相比更不易打滑造成事故,但是一旦发生车辆打滑,会使车辆偏离行驶方向,由于车重可能会撞断护栏翻落桥下,或者撞击其他行驶车辆。由于大货车的使用与小客车不同,因此,事故造成的人员伤亡一般会比小客车事故要轻,但是车载货物会有不同程度的损毁,会有一定的财产损失。

四、结　　语

1. 标准修订建议

(1)《公路工程技术标准》

对于可独立作为一段路线的长大桥梁,其纵坡设计应按路线纵坡坡度及坡长限制研究方法确定。

结合对云南省车辆调研数据及其分析结果,基于安全性考虑,建议《公路工程技术标准》中对山区公路纵坡坡度及坡长设计规定的由3轴额定载重12t的东风汽车EQ1228v19D2型载重货车作为主导车型确定,山区公路纵坡坡度及坡长限值见《公路工程技术标准》表4.1-1。

(2)《公路桥涵设计通用规范》

现行《公路桥涵设计通用规范》(JTG D60—2004)在保留目前对桥梁纵坡的规定的同时,建议增加条款如下:

①当桥上不设置排水系统时,其纵坡应设计为双向纵坡以满足排水要求。桥长小于50m时,桥面纵坡不宜小于2%;桥长大于50m时,应设置排水系统。

②对于所处气候环境恶劣地区的桥梁,其纵坡设计应考虑冬季结冰等因素的影响,不宜大于3%。

2.改善措施

(1)加强除冰

对于气候环境较差的山区公路桥梁,天气较冷时需及时清扫积雪,采取必要的保温措施预防桥面结冰,在桥面结冰后尽早采取相应的除冰措施,或对结冰桥面进行化冰处理。

(2)增强司机安全意识

我国现阶段交通安全的重点应在于提高驾驶人员的安全意识。在山区公路桥梁路面结冰的情况下,驾驶人员应减速行驶;加大行车间距;当车轮滑溜时,应采取正确的措施;集中精力、注意路况,谨慎驾驶。

(3)开展桥面不结冰研究

为避免桥梁纵坡在桥面结冰的情况引发交通事故,最根本的办法是进行桥梁不结冰技术或设备研究。在国外有使用地热对桥面铺装进行加热的研究。使用环保的地热将是一种特别经济又节省能源的方式。与喷洒融雪剂喷洒方式相比,其优点在于:除了在冬季对桥面铺装加热以避免结冰外,还可以在夏季对沥青混凝土进行冷却并以此降低车辙形成几率以及延长铺装的使用寿命,提高车辆在桥梁上行驶的安全性。

参考文献

[1] 中华人民共和国行业标准.JTG D60—2004 公路桥涵设计通用规范.北京:人民交通出版社,2004.

[2] 中华人民共和国行业标准.JTG B01—2003 公路工程技术标准.北京:人民交通出版社,2003.

[3] 范立础.桥梁工程.北京:人民交通出版社,1996.

[4] 王磊.山区公路陡坡路段增设爬坡车道的研究.硕士学位论文,山东大学,2010.

[5] 石飞荣.山区高速公路纵坡设计,硕士学位论文,长安大学,2000.

44.沈阳市四环路高坎浑河大桥景观构思设计

孔庆凯 陶诗君 华正阳 闫永伦

(中交公路规划设计院有限公司)

摘 要 沈阳市四环路高坎浑河大桥是沈阳四环路上的重要节点之一,是浑河景观带上未来的新地标性建筑,其景观意义十分重要。该桥主桥为主跨180m的四跨连续独塔自锚式钢箱梁悬索桥,全长456m。本文主要介绍该桥的景观构思设计。

关键词 沈阳市四环路 高坎浑河大桥 自锚式悬索桥 景观构思设计

一、景观定位

沈阳市四环路高坎浑河大桥位于规划沈抚新城核心地带,地处辽宁省未来的政治、文化中心,如何将本桥建成沈阳市新的地标性建筑，方案景观设计是其重中之重。浑河之上，本桥位上、下游已建成各种结构体系、各式景观特点的众多桥梁，可以说是一个颇具规模的桥梁博物馆，如表1所列。

浑河上已建主要桥梁一览　　表1

天湖大桥（抚顺）	永安桥（抚顺）

葛布桥（抚顺）	和平桥（抚顺）

鸟岛桥（沈阳）	长青桥（沈阳）

富民桥（沈阳）	三好桥（沈阳）

新建的四环路高坎浑河大桥要在众多造型优美的桥梁中，桥型方案既要推陈出新、优美新颖，又要复核经济合理性，其景观设计的难度之大，不言而喻。

哪里有景观设计的高要求，哪里就会产生美丽的灵感火花。沈阳市政府及规划委员会对此桥的设计方案十分重视，以景观设计为第一要义进行了方案征集和竞赛，最终我院设计的独塔自锚式悬索桥脱颖而出，这是设计师们的幸运和荣耀，同时这与辛勤的汗水和活跃的思维也是密不可分的。

二、灵感火花的闪现

一个工作日的下午，有位新买了汽车的同事，向其他同事咨询如何去除车内的异味，有人说要放一些吸附甲醛的碳包，有人说要经常将车的窗子留一点点的缝隙，有人说如果在春天的话还可以买一串白玉兰挂在车内，当听到这个主意的时候，大家的仿佛都能嗅到那白玉兰的清香，仿似余香犹在，令人陶然而醉。如图1所示。

这时有位同事说，如果我们设计一座白玉兰花造型的建筑，岂不是可以给开车途经那里看着那建筑的人们以清新怡人的感受？是啊，大家都议论了起来，有人说如果我们把桥塔设计成玉兰花的造型，那么站在河岸上和开车经过桥面的人们不就都可以仿佛嗅到白玉兰的清香了，那会是多么好的一个创意啊。这时正值浑河高坎桥的方案构思的关键时刻，这个提议一下子让我们眼前一亮，让我们看看美丽的玉兰花是怎样的形状吧。如图 2 所示。

图 1 一串清香的白玉兰花

a)

b)

图 2 美丽的含苞待放的白玉兰与紫玉兰

三、桥型方案的企划

玉兰，顾名思义，是像“玉”一样的兰花，纯若美玉，气如兰草，而“玉”给人的第一感觉便是圆润通灵。玉兰花是感恩的花卉，代表爱意，高洁，芬芳，纯洁，如果将索塔设计成玉兰花的形状，那么整座桥梁需要更多的配合桥塔体现圆润等多种感恩的主题，这时候独塔自锚式悬索桥便成了一个很好的选择，主缆对称中正、自然舒展，彰显了圆润，也呼应了“和谐”这个当今社会发展的主旋律。在此构思的指导下，我们对桥型方案进行了抽象企划，最终提出的方案建成设想图如图 3 所示。

图 3 沈阳市规划委员会会议选定的设计方案（日景）

当提出这个方案后，我们又发现，索塔在岸边的角度看上去，其形状又恰似一株火苗，以上设想图是日景，那么夜景不就可以打开照明设施烘托出一株炽烈的火苗吗？如图 4、图 5 所示。

图 4 沈阳市规划委员会会议选定的设计方案（夜景）

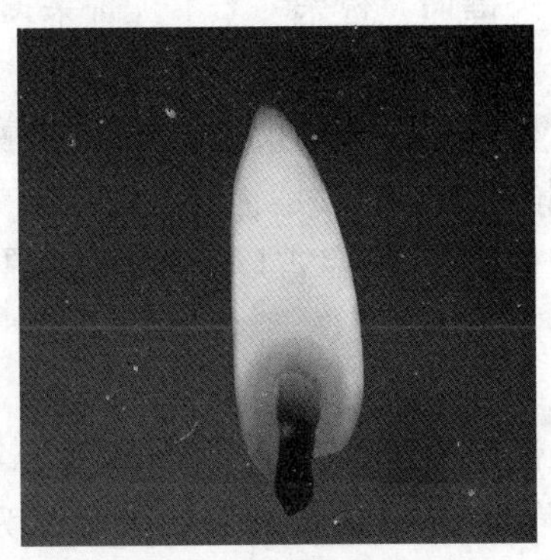

图 5 一株炽烈的火苗

日景圆润和谐,夜景炽烈热情,这不正寓意着沈阳市这个传统工业基地的当今的和谐与发展的热忱吗?

四、桥型方案构思的细化与延伸

辽宁省规划提出在沈阳市中心城区东侧,沈抚两市交界处建设沈抚新城,发展定位为:滨水生态智能港和生态宜居新城、国家级文化创意产业示范区和国际化的生态文化旅游区、沈阳经济区同城化发展的先导突破区。

沈抚新城的规划与发展还可以提炼为六个字来描述:"一带、两轴、六片"。一带:浑河景观带;两轴:新跨河桥纵向发展轴,107省道纵向发展轴;六区:高坎生态城、文化创意区、生态居住区、沈抚新城核心片区、创意、汽车文化、居住片区、新型产业片区。

本桥的设计恰似沈抚新城规划的立体展示:大桥主梁飞跨浑河,联系浑河生态景观带两岸,即寓意着"一带";两肢塔柱交汇融合象征着沈抚新城地区的两条纵向发展轴既各有特色又协调统一,即寓意着"两轴";塔肢间的六道横梁则如规划中的六个片区,即寓意着"六区",横梁如同"六区",发挥各自功能的同时将两轴紧密联系,形成一个和谐的整体。

五、结　　语

在桥梁设计和施工均已达到国际领先水平的中国,本桥无论从规模,还是从桥型来说,都是微不足道的。但是,它的设计定位就是一座市政的景观桥梁,在确保结构安全、经济适用的前提下,工程师们以发现生活的眼光,用心来考究桥梁的景观造型,这是桥梁设计工程师具有了建筑师的所具备的思想。

当桥梁不再仅仅是为了满足跨越的要求而修建的时候,那么,就让桥梁美丽起来!

45. 桥梁美学的起源与发展

张小葵
(湖南省高速公路管理局)

摘　要　桥梁不只是一门科学,更是一种艺术,桥梁美学,从古至今源远流长。古有赵州桥,美学价值已流传千年,文艺复兴则为欧洲桥梁建筑美学带来启蒙。本文还阐述了"20世纪国际最美桥梁评选"中获得提名的15座大桥以及天津大沽桥、南京长江第二大桥和湖南省矮寨特大悬索桥等桥梁的美学风格。

关键词　桥梁　艺术　桥梁美学

桥梁是一个城市的地标,是弹奏在蓝天白云下的交响乐,是大江大湖上跳跃的精灵。一座座为世人称颂的桥梁,不只是它的实用性与功效性,其艺术价值更长久流传。

桥梁美学,自古以来即有之,源远流长。

一、桥梁美学的起源

修建于隋代的赵州桥,距今已有1 400多年的历史,是桥梁美学的最早典范。它融功能、技术、经济、美观于一体,与四周景观合二为一。"这座桥不但坚固,而且美观。桥面两侧有石栏,栏板上雕刻着精美的图案:有的刻着两条相互缠绕的龙,嘴里吐出美丽的水花;有的刻着两条飞龙,前爪相互抵着,各自回首遥望;还有的刻着双龙戏珠。所有的龙似乎都在游动,真像活了一样”(《赵州桥》)。赵州桥无论巧妙绝伦的技术构思或艺术装饰都蕴涵着深厚的历史文化,其美学价值千年之后依然被传诵。

该桥1991年被美国土木工程学会评为国际土木工程里程碑建筑之一。如图1、图2所示。

图1　晨曦里的赵州桥

图2　春天里的赵州桥

散布在我国各地的民间桥梁,其美学价值也熠熠闪光。造型,或庄重、或轻盈,装饰,或细巧、或粗犷,尤其江南一带的小桥流水,借景造桥,由桥生景,巧夺天工。

在西方,桥梁美学则从文艺复兴时期开始兴起。当时西方摆脱了中世纪的消沉与制约,思想解放开始启蒙,建筑造型艺术与科学技术都开始萌芽。其桥梁建筑往往增加了很多雕饰,如位于布拉格的卡尔斯桥,德国维尔茨堡的美茵河桥,罗马的十二使徒桥等桥上都建有巴洛克风格的雕像。这些桥梁,在浪漫主义中蕴涵古典建筑美。

二、桥梁美学的发展

1. 当代桥梁美学的奠基

20世纪初,又涌现出不少杰出的工程师兼艺术家,他们使桥梁美学得到进一步推动。其中著名的钢筋混凝土桥先驱者,瑞士罗伯特. 梅拉尔特(Robert Mailart1872－1940),整体结构创始人,法国弗来西奈(Eugene Freyssinet1879－1962),预应力混凝土成功的创始者,他们都设计建造了多座经济合理、轻巧美观、简洁美丽的桥梁,为世界桥梁开辟了广阔的道路,也为现代的桥梁美学奠定了基础。

在生产力相对低下的“昨天”,建造一座简易的人行桥已属不易,就遑论其实用功能以外的艺术装饰和美学,但从古至今的桥梁先哲依然在有限的条件下孜孜不倦地追求桥梁之美。

而在今天,现代化的科学技术可为我们将“昨天”不敢设想的、最美好的设计变为现实,但很多桥梁工程师们为了赶任务,来不及细致构思,桥梁美学曾经一度面临衰落。

2. 当代桥梁美学的推动与“国际最美桥梁”的美学风格

在世纪之交1999年进行的“国际最美桥梁评选”给桥梁美学又一次带来曙光与推动。

最美桥梁评选,是国际桥梁和工程协会与英国《桥梁设计与工程杂志》(Bridge Design and Engineering)联合组织,从全世界100多个国家的上千座桥梁中遴选出15座荣获“20世纪最美桥梁”桂冠。这十五座绝美桥梁聚焦了全球目光,再次唤醒了工程师们对桥梁美学的感悟,在经济实用中,追求创新。使一座座精美的桥梁呈现在世人面前,或如闪电般的力度,或如仙子般优美的曲线,或如贝多芬交响乐般的天籁之声。这些桥梁之美学,影响长久而深远。

这些桥梁依次是:

(1)瑞士工程师R. Maillart于1930年设计的塞金纳特伯(Salginatobel)桥。这是一座跨谷的镰刀型上承式拱桥。建筑师们说:“在桥上漫步是一种真正的精神上的享受。你和高山、白云、蓝天那么靠近,它构成了阿尔卑斯山的一幅美妙的风景画。”如图3所示。

(2)瑞士工程师O. Ammann设计的美国旧金山的金门大桥(Golden Gate)(1937)名列第二。主梁采用钢桁梁,结构显得极为轻巧。全桥为金黄色,与水、天相互映衬,浑然一体。它造型优美,比例协调,是桥梁工程的一颗明珠,以至于本世纪的设计师们已无法超越了。如图4所示。

图3 瑞士Salginatobel桥

图4 美国旧金山的金门大桥

(3)法国工程师J. Muller设计的伯劳东纳桥(Brotonne)(1974)位居第三。尽管世界上有那么多美丽的斜拉桥,但这座跨度仅320m的单索面混凝土斜拉桥以其简洁、明快、协调的造型和刚柔相济的风范得到了一致的赞赏,如图5所示。

(4)德国克希兰姆(Kirchleim)跨线桥,J. Schlaich设计,1993年通车,梁体的流线形外形和弯矩图相似,给人以力度感,如图6所示。

(5)法国奥莱桥(Orly),S. Fregssinet设计,1958年通车,它那细致和优美的曲线给人以强烈的感受,如图7所示。

图5 法国Brotonne桥

图6 德国Kirchleim跨线桥

(6)土耳其博思波罗斯海峡一桥,F. Fox设计,1973年建成,这座由英国人设计的欧亚大桥是一座难忘的结构,如图8所示。

(7)瑞士太阳山桥(Sunniberg),C. Menn设计,1997年建成,它是一道优美的彩虹,桥梁建筑的精品,如图9所示。

(8)法国诺曼第桥(Normandie),M. Virlogeux设计,1994年建成,这座桥特别值得一提,100年以前,法国画家克劳德.莫奈曾绘制过诺曼底大桥的所在地,因使用了一种被称为印象主义的全新绘画风格而引起了争议,使这个地方名噪一时,现在该地的景色被新桥彻底地改变了。诺曼第桥是世界上第二大跨度的斜拉桥,主跨856m,为混合梁,其中624m为钢梁,其他为混凝土梁;该桥以其细长的结构和典雅的造型而著称,成为塞纳河上独特的风景线,它被建筑师们称为“一座和当地景观完美协调的斜拉桥”,如图10所示。

图7 法国 Orly 桥

图8 土耳其博思波罗斯海峡一桥

图9 瑞士 Sunniberg 桥

图10 法国 Normandie 桥

(9)日本多多罗桥,本四桥梁工团,1998 年建成,20 世纪最大跨度斜拉桥,具有东方神秘的美感,如图 11 所示。

(10)德国萨维林桥(Severins),G. Lohmer 设计,1959 年建成,最早的独塔斜拉桥,造型简洁优美,和科隆大教堂遥相辉映,如图 12 所示。

图11 日本多多罗桥

图12 德国 Severins 桥

(11)香港汀九桥(TingKauBridge),J. Schlaich 设计,1998 年建成,混合结构的杰作,艺术和技术的统一,如图 13 所示。

(12)瑞士甘特桥(Ganter),C. Menn 设计,主跨 174m,1980 年建造,建造师们称其为"一件真正的艺术品,一种创新的体系。"它在技术上一次开创了两种斜拉桥的新结构形式:矮塔斜拉桥和板拉桥,又是弯桥,而且有较好的经济效益,同时刚劲简洁的外形与周遭的山谷环境配合十分协调优美,如图 14 所示。

(13)澳大利亚悉尼港湾桥,F. Fox 设计,1932 年建成,一座能征服视觉,从任何角度都能带来美感的拱桥。它坐落在蓝天白云和深蓝的大海以及乳白色的歌剧院之间,是悉尼的标志,这座桥更有创意的是设置了爬梯,游人可以攀登到桥顶,如图 15 所示。

图13　香港汀九桥(Ting Kau Bridge)

图14　瑞士 Ganter 桥

(14)德国费马恩海峡桥(Fehmarnsund),1963 年建成,优美的提篮式拱和交叉的斜吊杆给人以空间稳定感,如图16所示。

图15　澳大利亚悉尼港湾桥

图16　德国 Fehmarnsund 桥

(15)丹麦大海带桥,COWI,1997 年建成,虽然不是20世纪最大跨度的悬索桥,但独特的桥塔和锚碇设计给人以深刻的印象,如图17所示。

图17　丹麦大海带桥

这些20世纪最美桥梁的聚焦,让桥梁美学打动工程师们的心灵,它们就像一曲又一曲的交响乐,回荡在很多大师的心底,极大地推进了桥梁美学的发展。项海凡院士曾多次以此为题,告诫年轻的工程师们“我们匆忙建成的大桥是否给人以美感是一个值得反思的问题。什么样的桥梁才是美的?”

除此之外,还有一些桥梁及其配套设施的美学精髓也值得我们铭记。

3. 其他典型桥梁范例

(1)巴西圣保罗奥利韦桥美学风格略谈

巴西圣保罗奥利韦尔桥,高138m,于2008年5月开始投入使用,是世界首座X型双道索桥。它的独特之处在于两条呈X型交叉的桥身和一座X型的支撑吊塔。它的景观设计造就了全桥璀璨夺目的效果,光与影的和谐使该桥拉索如长长的银链从天空中倾泻而下,疑似银河落九天,如图18所示。

(2)南京长江第二大桥美学风格略谈

这座距南京长江大桥11公路处的桥梁,完全由中国自主建设与管理。其南汊主桥为钢箱梁双塔双索面斜拉桥,主跨径628m,居当时同类桥型中“国内第一,世界第三”;这座桥,刚直的斜拉索,在中国的母亲河长江上张扬着大地的力量。它不仅主体结构达世界先进水平,其配套的景观设计也独树一帜,设有南汉主桥景观照明，南、北汉桥公园和八卦洲服务区。一系列配套设施使该大桥更为赏心悦目，集功效、实用与美观于一体。特别是坐落在长江中的八卦洲服务区，更使行人既饱览长江景色，又仰望大桥雄姿，如图 19 所示。

图 18 巴西圣保罗奥利韦尔悬索大桥

图 19 南京长江第二大桥

(3)天津大沽桥美学风格略谈

该桥为不对称拱设计，大拱为日，小拱为月，以达到日月同辉的效果，也象征中国社会的日新月异，林同炎中国国际公司做的初设，获 2006 年世界著名桥梁大奖——尤金·菲戈奖，如图 20 所示。

(4)湖南省矮寨特大悬索桥美学风格略谈

还有一座尚未完工的在建桥梁，笔者认为，在当代桥梁美学史上也值得留下一笔。它是湖南省矮寨特大悬索桥，大桥两索塔间跨度为 1176m，是目前世界上跨峡谷跨径最大的钢桁梁悬索桥，如图 21 所示。

这座桥，桥型设计比例恰当，特别与环境和谐统一。当时该桥(隧)方案备受争议，为跨越 300 多米深的德夯大峡谷，因地制宜采用悬索桥方案，不仅解决了该山区溶洞居多等地质上的难题，而且充分展示桥梁美学的魅力，该桥与俊美的大山交映生辉，而优美的悬索，把天空也衬托得温柔，已成为的当地一大景观与亮点，该桥方案当时由陈明宪先生决策与定夺。

图 20 天津大沽桥

图 21 湖南矮寨特大悬索桥效果图

三、结　　语

发现美、追求美，创造美，是人类文明的体现。优秀的桥梁建筑不仅揭示了人类社会的发展，也体现出人类智慧与伟大的创造力。桥梁，不只是交通运输上的构筑物，而是融合经济、实用与优美，体现社会文化与民俗风情的产物。

桥梁，或长横卧波，或静观闹市，或屹立在山林之中，桥梁美学，值得我们思考，值得我们铭刻在心，值得我们在创新的道路上不倦地追求。

参考文献

[1] 范立础.桥梁工程.北京:人民交通出版社,2001.
[2] 项海帆.桥梁的美学思考.同济大学演讲,2002.
[3] 邓文中.桥梁与艺术.湖南大学演讲,2011.
[4] 陈明宪.湖南桥梁建设的创新.《桥梁》杂志钢结构桥梁研讨会,2011.
[5] 桥梁设计与工程杂志(Bridge Designand Engineering).英国.1999年第四期.

II　施工与控制

46. 嘉绍大桥索塔下塔柱实心段大体积混凝土温控技术

桂炎德[1] 曾平喜[2] 房艳伟[3] 查 进[3]

(1. 嘉绍跨江大桥工程建设指挥部;2. 中交第二航务工程局有限公司;
3. 中交武汉港湾工程设计研究院有限公司)

摘 要 针对嘉绍大桥索塔下塔柱实心段结构截面尺寸大、混凝土胶凝材料用量多、水胶比低、施工过程中处理不当极易出现裂缝的特点,在混凝土温度场及温度应力场仿真计算的基础上,依据现场温度监控结果及时调整方案,通过水冷却并适当延长通水时间,有效的保温、保湿养护,延迟拆模时间,加强混凝土质量控制等措施,下塔柱实心段混凝土未出现有害温度裂缝,达到了预期的温度控制效果。

关键词 索塔 下塔柱实心段 大体积混凝土 温控

一、工 程 概 况

嘉绍大桥北起海宁尖山围垦区,跨钱塘江水域,至上虞九六围垦区,被称为“杭州湾第二通道”。大桥全长 10.137km,由主航道桥、北副航道桥、水中区引桥及陆地区引桥组成。其中主航道桥为 70m + 200m + 5 × 428m + 200m + 70m = 2 680m 六塔斜拉桥。索塔塔身采用独柱型构造,其下塔柱实心段截面尺寸自上由 16.0m × 11.5m 向下变化到 18.0m × 14.0m,高为 6m,外侧四周设 288cm × 216cm 倒角,如图 1 所示。混凝土方量约为 1400m^3,采用 C50 海工高性能混凝土。结构截面尺寸大,混凝土胶凝材料用量多,水胶比低,施工中处理不当极易造成较大的温度应力和自收缩应力,同时受干湿循环、温度因素影响,混凝土结构容易出现裂缝,且下塔柱实心段结构处于强涌潮、高潮差等条件下,部分位于浪溅区,混凝土一旦开裂,致使外界侵蚀介质极易穿过混凝土表面渗透到钢筋,导致钢筋截面减小、混凝土胀裂剥落,危及建筑物的正常运行[1,2]。

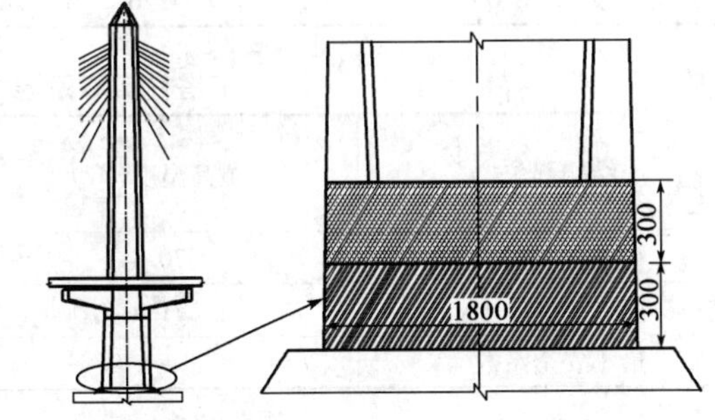

图 1 嘉绍大桥索塔下塔柱实心段构造图(尺寸单位:cm)

为保证混凝土施工质量,避免产生有害温度裂缝,确保大桥的使用寿命和运行安全,对索塔下塔柱实心段大体积混凝土进行了温度场及应力场仿真计算,根据计算结果制定了相应的温控方案,并依据方案及现场混凝土内部温度监测数据及时调整温控措施,以保证索塔下塔柱实心段混凝土的施工质量。

二、温控方案设计

1. 温度场及温度应力场仿真计算分析

结合下塔柱实心段的结构特点,同时考虑施工期间大气温度、养护方式、冷却水管降温、环境温度变化、外部约束条件以及混凝土徐变等复杂因素影响[3],依据实际工况确定相关计算参数,采用大型有限元分析软件对下塔柱实心段结构施工期间的温度场及温度应力场进行仿真计算。仿真计算依据及主要参数如下:下塔柱实心段高 6m,分两层(3m + 3m)进行浇筑;施工时间约在 9 ~ 10 月份,气温介于 18 ~ 24℃之间,混凝土浇筑温度按不超过 28℃计算;混凝土物理力学及热学参数依据现场配合比(表 1)进行计算并参考经验值(表2);第一层混凝土受2.5m厚C40塔座混凝土约束,计算时取塔座混凝土弹性模量为42.0GPa;施工采用22mm厚木模板,经热工计算其等效保温系数取为1 800kJ/m²·d·℃,混凝土表面散热系数取为1 200kJ/m²·d·℃;计算时考虑徐变对混凝土应力松弛作用,混凝土的徐变取值按经验数值模型,如下式所示:

$$C(t,\tau)=C_1(1+9.20\tau^{-0.45})(1-e^{-0.30(t-\tau)})+C_2(1+1.70\tau^{-0.45})(1-e^{-0.005(t-\tau)})$$

式中:$C_1=0.23/E_2$,$C_2=0.52/E_2$,E_2——最终弹模。下塔柱实心段混凝土施工期间内部温度包络图及温度应力仿真计算结果分别见图2及表3。

分析混凝土最高温度包络图及温度应力计算结果可知,下塔柱实心段混凝土内部温度较高、散热较慢,施工期间应加强冷却循环水系统管理,保证冷却效果。下塔柱实心段各龄期最小安全系数均较高(>1.3),但第一层混凝土与塔座混凝土交界处及第二层混凝土倒角内侧易出现应力集中,需着重加强对此位置的保温保湿养护。

图2　下塔柱实习段混凝土最高温度包络图

下塔柱实心段C50混凝土配合比　　表1

强度等级	配合比(kg/m³)							
	水泥	粉煤灰	矿粉	砂	碎石	水	减水剂	阻锈剂
C50	海螺P.II42.5	谏壁I级	万兴S95	赣江中砂	上虞东关	自来水	浙江五龙	—
	253	115	92	746	1 030	134	5.06	8.0

下塔柱实心段混凝土物理力学及热学参数　　表2

结构部位	劈裂抗拉强度(MPa)				终弹模(GPa)	热胀系数(1/℃)	导热系数(kJ/m·d·℃)	比热(kJ/kg·℃)	绝热温升(℃)
	3d	7d	28d	180d					
下塔柱实心段	2.00	3.40	4.20	4.50	45.0	8.0×10^{-6}	258.5	1.0	47.9

下塔柱实心段混凝土最高温度及温度应力结果　　表3

结构部位	最高温度(℃)	最大主拉应力(MPa)			
		3d	7d	28d	180d
第一层混凝土	70.4	1.28	1.79	2.59	2.54
第二层混凝土	71.4	1.48	1.40	1.57	1.46
最小安全系数	—	1.35	1.90	1.62	1.77

2.温控标准

依据温度场及温度应力场仿真计算结果,结合相关规范要求及以往工程经验,制定出索塔下塔柱实心段混凝土不产生有害温度裂缝的温控标准,其内容如下:①混凝土浇筑温度不宜高于28℃;②下塔柱实心段混凝土内部最高温度≤75℃;③混凝土内表温差不超过25℃;④混凝土降温速率不应大于3.0℃/d。

三、现场温度裂缝控制措施

1.通水冷却并适当延长通水时间

依据混凝土内部温度场仿真计算结果,下塔柱实心段混凝土每浇筑层各布设2层ϕ32mm的无缝钢质冷却水管,水平管间距为80cm,每套冷却水管长度不超过200m。冷却水管布置如图3所示。冷却水采用后场自来水,水温较恒定,约为20℃左右。进出水口集中布置,每层冷却水管设置一个分水器,以利于统一管理,分水器设置相应数量的独立水阀以控制各套水管冷却水流量。施工现场放置容积≥10m³的水箱,将自来水储于水箱中,用水泵泵入分水器,冷却出水回收至水箱循环使用,以避免冷却水的温度与混凝土内部温度之差超过25℃。同时委派专人管理调节每套冷却水管的流量,以控制不同部位的降温速率,防止温度梯度过大。混凝土浇筑前确保进行不少于半个小时的通水试验,查看水流量大小是否合适,发现管道漏水、阻水现象要及时修补至可正常工作。

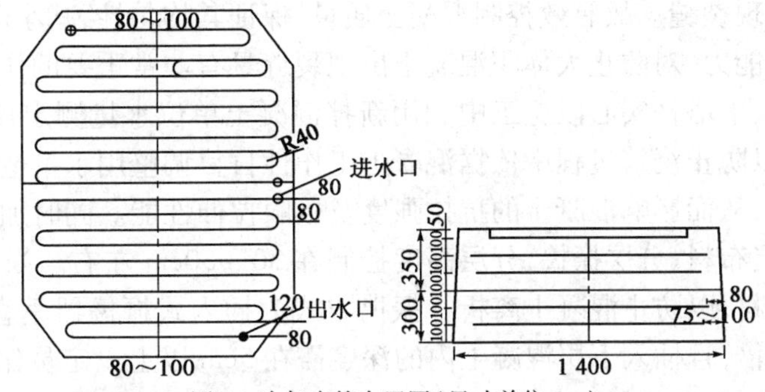

图3 冷却水管布置图(尺寸单位:cm)

混凝土浇筑到各层冷却水管高程后开始通水,升温时段采用较大通水流量以紊流状态冷却混凝土,降温时段适当减缓通水流速以层流状态冷却混凝土。因下塔柱实心段结构截面尺寸大,混凝土内部温度较高且散热较慢,而表面部位受环境影响温度下降快,极易形成较大的内表温差,故施工中改变以往达到温峰即停止通水的方式,采用冷却循环温水并延长通水时间至10天以上,增大混凝土内部降温速率,同时利用冷却水在混凝土内部的温度均化作用,以有效降低混凝土内表温差。图4为通冷却水5~12天的混凝土内部温度历时曲线,明显可以看出,通水5天停止后,混凝土内部降温速率减慢,小于表面部位降温速率,内表温差产生反弹并随时间不断增大,而通水12天则能保持混凝土内部与外部降温速率的一致性,内表温差基本维持在同一水平。

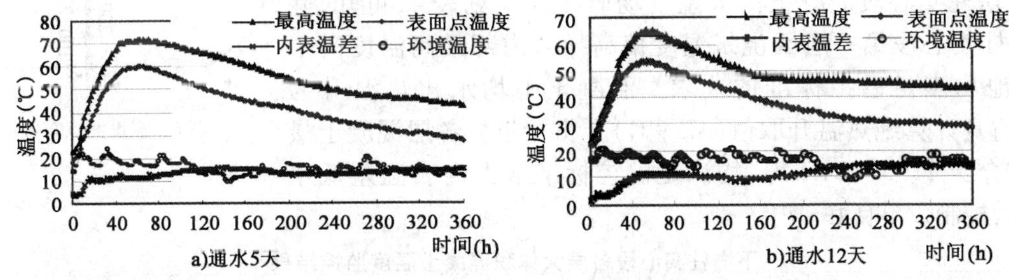

图4 混凝土内部温度历时曲线图

2. 延迟拆模时间

下塔柱实习段混凝土施工中使用22mm厚木模板,保温效果较好。但为提高施工进度,一般拆模时间较早,约为浇筑后的3~5天。为防止温度较高的混凝土表面暴露于低温环境后急剧降温,在内部混凝土约束下产生较大温度应力,施工中以混凝土断面均温与环境温度差值小于30℃方可拆模的准则,适当延迟了拆模时间,且拆模时选取一天中的高温时段,一方面使混凝土能够逐步平稳降温,减小表面温度与环境温度的差值,另一方面使混凝土抗拉强度得到充分发展,抵抗裂缝产生的能力不断增强[4]。

3. 保温、保湿养护

下塔柱实心段主要集中于11月、12月施工,昼夜温差较大,且不时有降温天气出现,为避免混凝土拆模后内表温差出现反弹,超过温控标准要求的25℃,参考《水运工程大体积混凝土温度裂缝控制技术规程》(JTS 202-1—2010)中混凝土保温层厚度计算公式,并结合实际工况,对混凝土保温方式进行了设计。即混凝土拆模后,结构侧面立即均匀喷涂养护液,之后覆盖塑料薄膜,阻止混凝土内部水分散失,以避免混凝土表面出现干燥收缩裂缝。同时在薄膜外覆盖两层土工布及一层帆布,如图5所示,以起到保温效果,防

图5 下塔柱实心段拆模后保温、保湿养护

止降温天气下混凝土遭受冷击和有效控制内表温差[5]。

4. 混凝土质量控制

众所周知,当混凝土结构受到的拉应力大于同龄期混凝土抗拉强度或受到的拉伸变形大于同龄期混凝土的极限拉伸值就会出现裂缝。故有效控制混凝土质量,保证其均匀性,减小薄弱区域出现的概率,增强混凝土抵抗裂缝产生的能力,对防止大体积混凝土出现裂缝具有非常重要的作用。结合嘉绍大桥主桥混凝土质量控制专项课题,下塔柱实心段施工中利用新拌混凝土单位水量测定仪(W-Checker)对混凝土拌和物用水量进行监控,以防止浇筑过程中依据混凝土工作性盲目调整用水量造成实际用水量与理论设计值之间产生的较大偏差,从而影响混凝土的抗拉强度及极限拉伸性能。同时加强混凝土施工过程中的布料及振捣控制,采取分层布料、分层振捣,分层高度控制在30~50cm左右。当混凝土自由倾落高度大于2m,浇筑时悬挂溜槽布料,以防止混凝土离析。振捣方式为插入式振捣器垂直点振,移动距离不能大于振捣器作用半径的1.5倍,且插入下层混凝土内的深度需在5cm以上。定员作业,防止漏振、欠振及过振现象,保证混凝土振捣密实,以确保混凝土的均匀性,尽量减小薄弱区域出现的概率。

四、现场温度检测

为了解下塔柱实心段混凝土内部温度分布规律从而及时调整温控措施,采用TR32-SD型现场定时自动测温记录仪对混凝土内部温度进行实时监测、记录。传感器为PN温度传感器。测点的布置按照重点突出、兼顾全局的原则,根据结构的对称性和温度变化的一般规律,以一侧的监测数据来指导另一侧施工。温度测点布置如图6所示。测温于混凝土覆盖测温点开始,并持续监测15天至温度基本稳定。

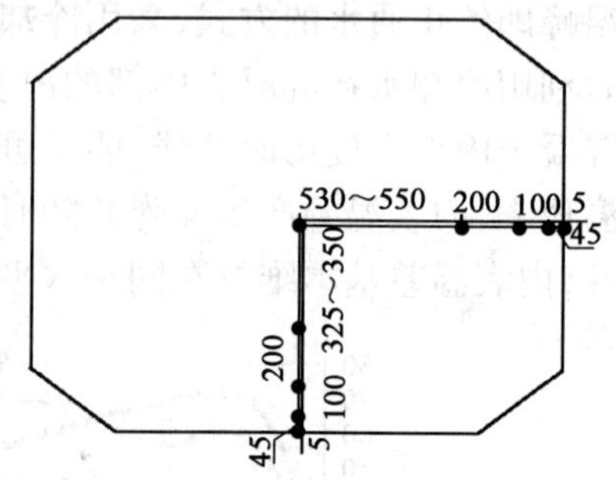

图6 温度测点布置示意图

主桥下塔柱实心段混凝土内部温度场监测结果见表4,可知,除Z3、Z7下塔柱实心段第一层因浇筑温度偏高导致内部最高温度高于75℃外,其他均满足温控标准的要求。混凝土平均水化热温升为48.1℃,与仿真计算绝热温升取值(47.9℃)非常接近。各层混凝土最大内表温差介于11.5~24.1℃,均满足温控标准最大内表温差低于25℃的要求,控制效果良好。

下塔柱实心段各层大体积混凝土温度监控结果 表4

结构部位	浇筑厚度(m)	平均浇筑温度(℃)	内部最高温度(℃)	水化热温升(℃)	最高温度出现时间(h)	最大内表温差(℃)
Z3下塔柱实心段一层	3.0	26.2	78.1	51.9	42	16.4
Z4下塔柱实心段一层	3.0	13.2	65.2	52.0	44	22.9
Z5下塔柱实心段一层	3.0	18.3	67.1	48.9	48	19.5
Z6下塔柱实心段一层	3.0	20.4	70.8	50.4	54	24.1
Z7下塔柱实心段一层	3.0	26.6	77.9	51.3	36	11.5
Z8下塔柱实心段一层	3.0	21.2	64.7	43.5	60	14.9
Z3下塔柱实心段二层	3.0	23.1	70.6	47.5	42	18.3
Z4下塔柱实心段二层	3.0	12.0	62.1	50.1	46	19.5
Z5下塔柱实心段二层	3.0	20.0	63.0	43.1	42	18.2
Z6下塔柱实心段二层	3.0	18.7	71.9	53.2	72	16.0
Z7下塔柱实心段二层	3.0	23.9	64.8	41.0	54	11.5
Z8下塔柱实心段二层	3.0	19.9	64.5	44.7	58	14.6

五、温控效果评价

嘉绍大桥索塔下塔柱实心段大体积混凝土施工历时两个多月，内部温度变化规律与仿真计算结果基本吻合。在各参建单位的共同努力下，依据现场监测温度数据不断优化温控方案，各项措施实施情况良好，混凝土内部最高温度和内表温差基本在温控标准范围内。经现场检查，除少量细微表面裂缝外，未出现有害温度裂缝，达到了预期的温控效果。

六、结 语

(1)结合下塔柱实心段的结构特点，同时考虑实际工况，对结构温度场及温度应力场进行仿真计算，并依据仿真计算结果制定相关温控标准，对现场温控防裂工作开展及温控措施的调整具有重要的指导作用。

(2)大体积混凝土内部埋设冷却水管通水降温能够有效降低混凝土温升，对于塔柱等高标号等级混凝土结构应改变以往达到温峰即停止通水的方式，适当延长通水时间，以增大混凝土内部降温速率，有效控制混凝土内表温差。

(3)低温季节施工的塔柱混凝土结构应严格控制拆模时间，利用木模板自身对混凝土进行保温养护，以减小拆模时表面温度与环境温度的差值，同时使混凝土抗拉强度得到充分发展，抵抗裂缝产生的能力不断增强。

(4)混凝土拆模后，表面喷涂养护液，继而依次覆盖塑料薄膜、两层土工布及帆布是一套针对塔柱施工非常简便、有效的保温、保湿措施。

(5)大体积混凝土施工期间，加强混凝土质量控制，保证混凝土质量及其均匀性，能够提高混凝土抵抗裂缝产生的能力，对防止裂缝的产生具有非常重要的作用。

参考文献

[1] 朱伯芳.大体积混凝土温度应力与温度控制[M].北京:中国电力出版社,1999.
[2] 王铁梦.工程结构裂缝控制[M].北京:中国建筑工业出版社,2004.
[3] 龚召熊.水工混凝土的温控与防裂[M].北京:中国水利水电出版社,1999.
[4] 杨碧华,李惠强.早龄期大体积混凝土温度应力与裂缝的关系[J].华中科技大学学报,2002,19(4):76-77.
[5] 施志勇,李欣然,陈德伟.鄂东长江大桥主塔下塔柱连接段温控分析[J].结构工程师,2009,25(2):62-66.

47. 嘉绍大桥主航道桥钢箱梁制造过程的几何控制

贾少敏 张育智 李 路 周 浩
(西南交通大学土木工程学院)

摘 要 嘉绍大桥主航道桥主梁中跨设置刚性铰，两幅主梁之间设置横梁连接，受力极其复杂，为确保高质量、高效率的建成，采用几何控制法进行施工控制，介绍了嘉绍大桥主航道桥钢箱梁制造过程的几何控制方法、要点及结果。

关键词 嘉绍大桥 钢箱梁制造 几何控制 制造线形

一、引 言

嘉绍大桥主航道桥为世界上首座六塔独柱四索面分幅钢箱斜拉桥，其跨径布置为 70m + 200m + 5 ×

428m + 200m + 70m = 2 680m。钢箱梁为两幅独立的箱梁,两幅梁之间设置横梁进行连接,其全幅总宽达55.6m,主梁中跨设置刚性铰构造。全桥共计374个梁段(单幅),标准梁段长15m。各主梁节段间(除顶板U肋)均采用对接焊的方式连接。组成箱梁的主要构件有底板、横隔板、腹板、顶板、U肋、板肋等,具体断面如图1所示。

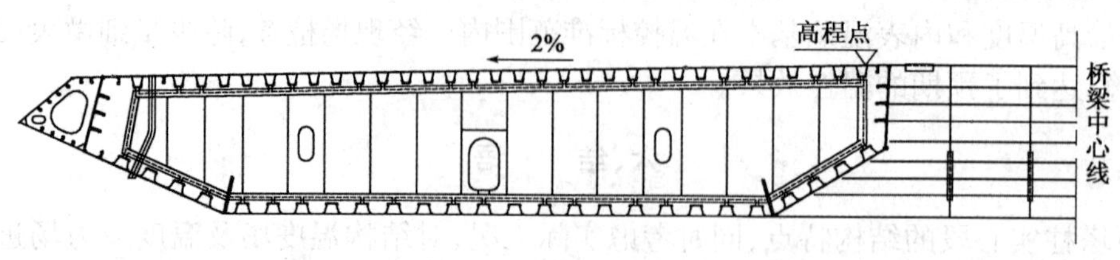

图1 主梁横断面图

嘉绍大桥作为世界上最长、最宽的多塔斜拉桥,具有跨度大、结构体系受力复杂的特点,其成桥的梁部线形和结构恒载内力受施工工序影响很大。此外由于各种因素(如材料的弹性模量、混凝土收缩徐变、结构自重、施工荷载、温度影响等)的随机影响,在测量等方面误差的影响,结构的原始理论设计值难以做到与实际测量值完全一致,两者之间会存在偏差,如不加以控制任其偏差累积,可能会导致安全事故。为确保嘉绍大桥在保障施工安全和建设高效率的条件下,获得最优的施工质量,嘉绍大桥采用了先进的控制理念——几何控制法。

几何控制是指通过在制造阶段精确控制构件的无应力尺寸与形状、在安装阶段精确控制结构的几何形态并辅以结构内力状态的控制来达到控制桥梁结构最终线形和内力状态的施工控制方法[1]。在实际监控中,为保证控制目标的实现,首先以准确的模拟计算为基础,提出构件无应力制造线形(制造尺寸)和无应力索长,进而严格控制构件制造尺寸和线形,并在安装过程中以主梁预拼装局部线形控制主梁安装线形,以斜拉索无应力长度控制结构整体线形,及时纠正施工误差,使每一阶段安装处于受控状态。通过控制主梁无应力线形、调整拼装位置、调整无应力索长等手段来确保主梁线形满足要求。

二、钢箱梁制造几何控制方法

制造过程的控制主要是针对钢主梁、塔柱钢锚箱和拉索等钢结构而言。钢结构制造过程中的控制要针对制造商确定采用已获批准的施工工艺,如钢主梁采用多节段连续匹配组装、预拼装同时完成的施工工艺等。由于存在不确定因素,无应力尺寸的制作可能会出现误差。制造过程的施工控制将会监测出误差并及时作出调整,根据对已制造桥梁构件的误差分析,可以在后续批次的钢主梁制造中采取进一步的改进措施减小这些误差。

1.钢箱梁制造精度要求

预拼装的测量高程与目标高程的偏差不大于12mm;节段长差值不超过±2mm;累积梁段长差值小于15mm;拉索处横隔板间距误差小于3mm。

2.钢箱梁制造过程几何控制思路

钢箱梁由众多构件组焊而成,要得到高精度的钢箱梁节段成品,必须对整个加工工程进行严格控制。钢箱梁制造主要几何控制思路如下:

(1)在制造过程中采用先进的焊接技术和机械加工技术,严格控制节段制造尺寸和拼接断面平整度。

(2)进行单阶段制造精密测量,在钢箱梁节段关键节点建立几何控制点,运用先进测量仪器和测量技术,精确测量各控制点之间的空间关系。并根据测结果修整钢箱梁节段,使其断面尺寸和空间形态满足精度要求。

(3)精确测量预拼装线形,利用单节段和预拼装测量结果,建立制造与安装一体化数学模型,指导现场安装控制。

3. 钢箱梁制造过程几何控制重点和主要参数

钢箱梁制造过程几何控制重点包括：

(1)组装、焊接及预拼装胎架刚度及线形的控制；

(2)横隔板制造精度及安装的控制；

(3)梁端钢锚箱制造精度和控制；

(4)检查预拼装几何线形误差；

(5)分析预拼装线形的误差情况并提供修正措施。

制造几何控制的主要参数包括：

(1)锚固点组件的位置和方位；

(2)锚固点位置横隔板的间距；

(3)已拼装梁段间的夹角；

(4)已拼装梁段的纵向累加无应力尺寸；

(5) 已成梁段横截面无应力尺寸。

4. 钢箱梁制造过程几何控制流程

根据上述几何控制思路、几何控制要点和主要参数制订钢箱梁制造和预拼装过程中的控制流程，如图2所示。

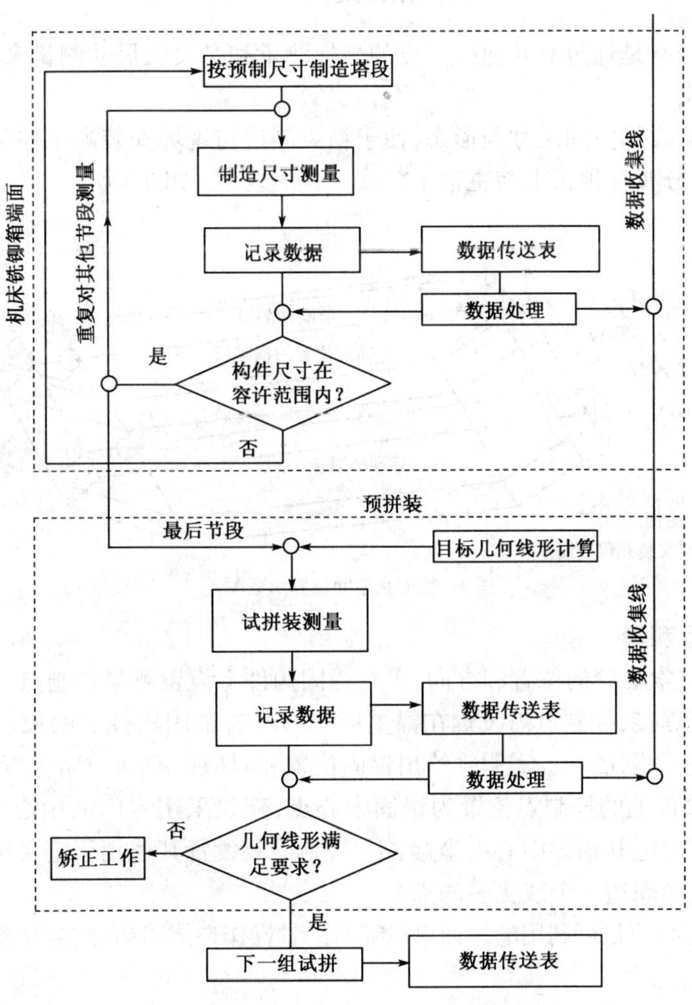

图2 钢箱梁制造和预拼装几何控制流程图

5. 数据收集和处理

利用顶板上的控制点将单个梁段制造测量的数据转换到预拼装时的局部坐标系中。需测量钢箱梁温度,以便将温度变化造成的误差从制造误差中分离出来。

所需测量资料如下:

(1)顶板和底板的控制点;

(2)相邻节段连接件附近的缝宽;

(3)钢箱梁平均温度;

(4)环境温度。

在测量节段缝宽之前,要在现场预先核实节段的目标几何线形。如果几何线形不能满足误差允许范围内的条件,必须首先对线形作出调整并重新进行测量,直到所有控制点的目标几何线形都达到误差允许范围内的条件时,迅速测量和记录节段间距,用作将来在现场焊接前的定位用。

利用测量资料计算如下构件线形:

(1)节段的总累积长度;

(2)锚固点位置;

(3)顶板的水平和竖直定线。

三、钢箱梁制造几何控制

制造过程中的几何控制是通过对几何控制点的坐标测量和必要的尺寸测量来实现的。

1. 几何控制点的定义

为准确评介钢箱梁节段的空间尺寸与形态,便于箱梁制造与现场安装测量控制。每幅钢箱梁节段设置6个基本几何控制点,分布在顶板上与主轴平行或垂直的线上,如图3所示。

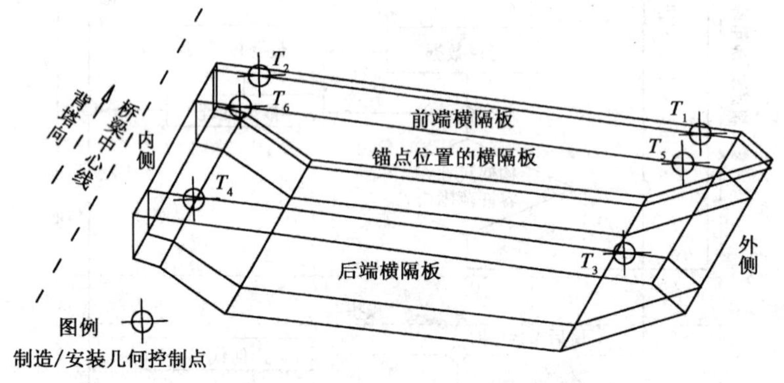

图3 控制点空间位置示意图

2. 钢箱梁上锚点位置测量

为了确定锚垫板和拉索套管的位置和方向,需在锚固构件上设置测量控制点。在承压板设置控制点(如果承压板已与锚垫板焊接,控制点需设置在锚垫板上),所有锚固构件上的控制点与顶板上的控制点在相同的局部坐标系下进行测量[2]。需明确给出锚固位置和对应的桥面拉索位置控制点(即图3中T_5、T_6点)的几何关系。锚垫板上的控制点位置为锚固中心点,建议采用专门的中心定位工艺板(只需要测量锚垫板中心一个点)以确定其锚固中心点坐标,不然,则需要设置其他用于定义拉索套管中心线的测量控制点(比如需要测量套筒周边3个或更多的点)。

测量时所有控制点都必须是可利用的。如果风嘴对测量操作造成障碍,则需在测量完成后才能安装。

3. 钢箱梁位置测量

需测量每个控制点在纵轴线方向各自到节段端部的距离。

4. 钢箱梁制造几何控制测量方法

(1)将全站仪置于首级控制点,在“局部”坐标系下测量预先标记好的控制点,进行钢箱梁外形测量,存储所有数据,测量结束后将这些数据进行后处理[3]。

(2)量取每个控制点顶板边缘的距离(沿纵轴线方向)。

(3)测量拉索套筒出口点(顶口)三维坐标,建议采用专门的中心定位工艺板(只需要测量中心一个点),以确定其中心坐标;不然,则需要测量套筒周边3点或更多的点。

(4)测量拉索套筒底口三维坐标,建议采用专门的中心定位工艺板(只需要测量中心一个点),以确定其中心坐标;不然,则需要测量套筒周边3点或更多的点。测量时,可采用坐于磁圈上的球形棱镜,但当视线角度与锚板面接近垂直时(偏差),采用反射片也是可行的。

在整个测量过程中必须监测钢箱梁温度。

四、钢箱梁预拼装几何控制

预拼装时,因箱梁制造环境较差,不确定因素增多,特别是多节段制造接近完成及完成以后,有许多隐蔽或半隐蔽的部位存在,给测试、验收带来一定的难度,为了保证钢主梁制造尺寸及线形满足施工控制的要求,需对预拼装阶段进行严格的控制[4]。

1. 预拼装主要目的与要求

(1)预拼装场地应有足够的刚度条件和支撑条件。预拼胎架必须保证预拼装主梁无应力要求,多点支撑、支撑力均匀、不产生附加变形。

(2)相邻节段的定位和建立节段间的相对位置,使接口焊缝宽度在横向的差异在容许范围内。

(3)验证能在容许误差范围内的主梁无应力尺寸。

(4)提供机械连接装置以固定预拼装的几何线形,以便能在安装过程中重现此预拼装线形。

(5)以高程控制确定接缝宽度。

(6)预拼装时必须保证左、右幅及横梁在纵、横、竖向三维方向的整体拼装,达到主梁无应力线形的要求。

(7)每一轮次预拼装的新加梁段数量不少于5个节段,即至少采用"5+1"的预拼装模式。

(8)前一轮次预拼装完成的最前面节段(至少1段)作为本次预拼的第一节段,但该节段必须"复位",即必须将其重新设置,进行复位测量,使其几何状态尽可能精确地接近上一轮次拼装结束时记录的水平。

(9)预拼装时必须要建立梁上钢锚箱锚点坐标与箱梁顶面控制点坐标之间的几何关系并进行测量。

(10)全部预拼测量必须在唯一的一个固定测量网中进行。

需要强调的是,预拼装的几何线形是主梁在无应力状态、基准温度摄氏+20℃、且没有温度梯度情况下的线形。预拼装线形已考虑了按制造商规定的焊缝宽度进行节段拼装的要求。无应力尺寸必须包括安装焊接收缩的容许值,需制造商提供焊缝宽度和预计的安装焊接收缩量。

2. 预拼装几何控制坐标系统规定

预拼装目标几何线形是全局无应力几何线形,制造商可将其转换到自建的相对坐标系以便进行预拼装,但土建现场应转换回施工控制专用的局部坐标系。施工控制专用坐标系(右手系)的定义为:

(1)坐标原点,纵向位于中跨跨中,横向位于桥轴线处,竖向位于黄海高程零高程处。

(2)坐标系统以桥轴线为X轴,以从嘉兴到绍兴的方向为X轴正方向。

Y轴沿横桥向,以从西(上游)到东(下游)的方向为Y轴正方向。

Z轴沿竖直方向,以竖直向上为正。

3. 预拼装时的温度效应处理

预拼装几何线形很大程度上取决于节段间的缝宽。由于温度变化,在预拼装过程中要将节段相互连接,保持节段间的缝宽不变。节段间的连接采用铰接,以便调整节段的高程。

支撑与梁段间为低摩擦力接触,允许梁段在温度变化时自由滑动。固定焊缝宽的临时装置需能满足由此产生的受力要求。

4. 预拼装时控制测量的要求

预拼装过程中的几何控制测量包括几何控制点的坐标测量和必要的尺寸测量。预拼装过程中使用的几何控制点和制造测量时的几何控制点是相同的。除了几何控制点的坐标测量外,沿横向连接缝的缝宽也要测量。

在预拼装时,测量顶板上四个几何控制点 T_1、T_2、T_3 和 T_4。对于几何控制点的位置,详见图3。

5. 预拼装时几何控制测量方法

(1)将全站仪置于首级控制点。

(2)准备好预拼装的目标几何线形数据。

(3)利用数学运算将目标几何线形旋转,使其与预拼装线形一致,选取需预拼装梁段的几何线形数据。

(4)将目标几何线形数据输入全站仪的内置数据卡中。

(5)将所有数据存储在全站仪内置PCMICIA数据卡。测量结束后下载这些数据,并进行大气温度效应的修正。

(6)收集在测量过程中的温度数据。

(7)计算所有观测点的三维坐标及偏差 Δx、Δy、Δz,并根据这些数据计算梁段间夹角。

(8)比较预拼装阶段的梁段间夹角和目标梁段间夹角。

(9)将测量而得的观测点 X、Y、Z 坐标与目标值进行比较,如果所有节段的线形在容许误差范围内,则不需对位置进行调整;如果高程超出允许误差范围,对偏差进行校正。

(10)如果节段水平线形超出容许误差范围,在不改变高程情况下,修正水平线形。

(11)当水平线形和高程偏差在容许范围内,利用机械量测工具(游标卡尺或楔形尺)测量在顶板和底板每一连接中心梁段间的间隙。

五、几何控制实现精度

北岸第一轮钢箱梁NBK1～NBK4以及Z3B10～Z3B12左、右两幅共14片梁段的工厂制造已经完成,实测线形和理论线形进行对比分析发现制造线形和理论线形吻合良好。

北岸第一轮主梁左幅梁段制造线形实测值和理论值的比较(内侧测点)如图4所示,图中对高程误差均作放大10倍处理。本轮制造线形测量工作是在23:00～次日凌晨2:00、钢箱梁梁体温度维持在22.1～23.0℃间且梁顶底板温差在2～3℃间进行的。考虑到测量时钢箱梁的温度与基准温度之间存在着一定的差距,因此,计算中对温度进行了必要的修正。

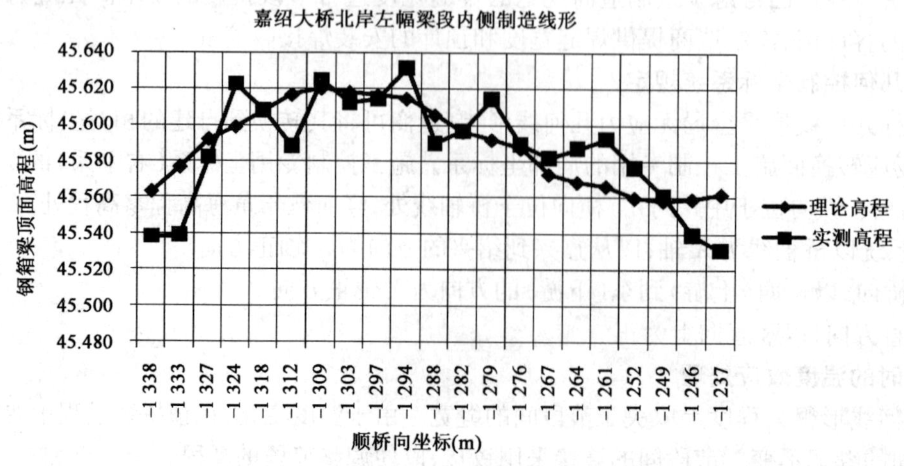

图4 北岸第一轮主梁左幅梁段制造线形比较(内侧测点)

可以看出,北岸左幅梁段内侧测点高程与理论高程相比,高低不一,最大绝对误差为3.8mm,位于点NBK1-L-T6,但最大值不超过容许值12mm,因此各测点的高程与理论高程的偏差均在《钢箱梁制造几何控制手册》的容许范围以内,与理论值吻合良好。

六、结　语

嘉绍大桥主梁采用分幅式钢箱梁,两幅梁之间设置横梁进行连接,其全幅总宽达55.6m,是目前世界上最宽的桥梁。主梁因其结构复杂,施工控制难度非常大。制造过程中所采用的几何控制精确地控制了构件的无应力尺寸与形状,保证了在容许误差范围内实现设计目标线形,为嘉绍大桥几何控制法的成功实施起到了关键性作用。

参考文献

[1] 李乔,卜一之,张清华.大跨度斜拉桥施工全过程几何控制概论与应用.成都:西南交通大学出版社,2010.

[2] 陈鸣.苏通长江大桥索塔钢锚箱制造几何控制[J].中外公路,2008,5.

[3] 徐良.苏通长江大桥钢箱梁制造几何控制三维基准网布设研究[J].城市勘测,2007.

[4] 李军平.南京长江第三大桥钢塔柱制作与安装技术[J].桥梁建设,2006,2.

48. 嘉绍大桥主航道桥索塔X托架施工技术特点

徐生根[1]　刘德清[2]　黄卫明[1]　王竞民[1]

(1.嘉绍跨江大桥工程建设指挥部;2.武汉桥梁建筑工程监理有限公司)

摘　要　嘉绍大桥主航道桥六个索塔采用液压爬模施工,在下塔柱顶部设置箱形断面“X”型支承托架,采用变高度结构。托架施工采用支撑在承台上的落地支架,主塔施工至托架位置时预埋托架钢筋并预留预应力管道,与中塔柱同步施工。主塔内托架部位的预应力管道及钢筋密集,预应力钢束锚固于托架的中部和端部,采用深埋锚工艺。通过制定科学合理的施工措施,有效地解决了施工难题。

关键词　索塔　X托架　技术特点

一、工 程 概 况

嘉绍大桥主航道桥为六塔独柱四索面分幅钢箱梁斜拉桥,跨径布置为70m+200m+5×428m+200m+70m=2 680m。索塔采用独柱型索塔,包括塔柱、托架、塔冠以及索塔附属设施。塔柱底面高程为-2.000m,塔顶高程为168.964～172.174m,索塔总高度为170.964～174.174m。

塔柱可分成四个部分,下塔柱、中塔柱、上塔柱及塔冠。下塔柱从塔柱底至托架顶面的高度为40.964～44.174m,中塔柱从托架顶面至钢锚箱底座的高度为93.90m,上塔柱从钢锚箱底座至塔冠底的高度为26.10m。为增加索塔景观效果,索塔顶部设置塔冠,塔冠高10m,为一锥形。钢锚箱横桥向宽4.00m,顺桥向宽7.60m,高22.60m,分10节安装。

主塔设置箱形断面“X”形支承托架,托架悬臂长度为21.492m。托架采用变高度结构,高5.00～9.00m,顶底板宽4.60m,顶板厚为1.30m,腹板及底板厚为1.00m。托架为预应力混凝土结构,托架共设置了42束15-22预应力钢束。

主航道桥索塔及“X”形托架总体布置图1、图2。

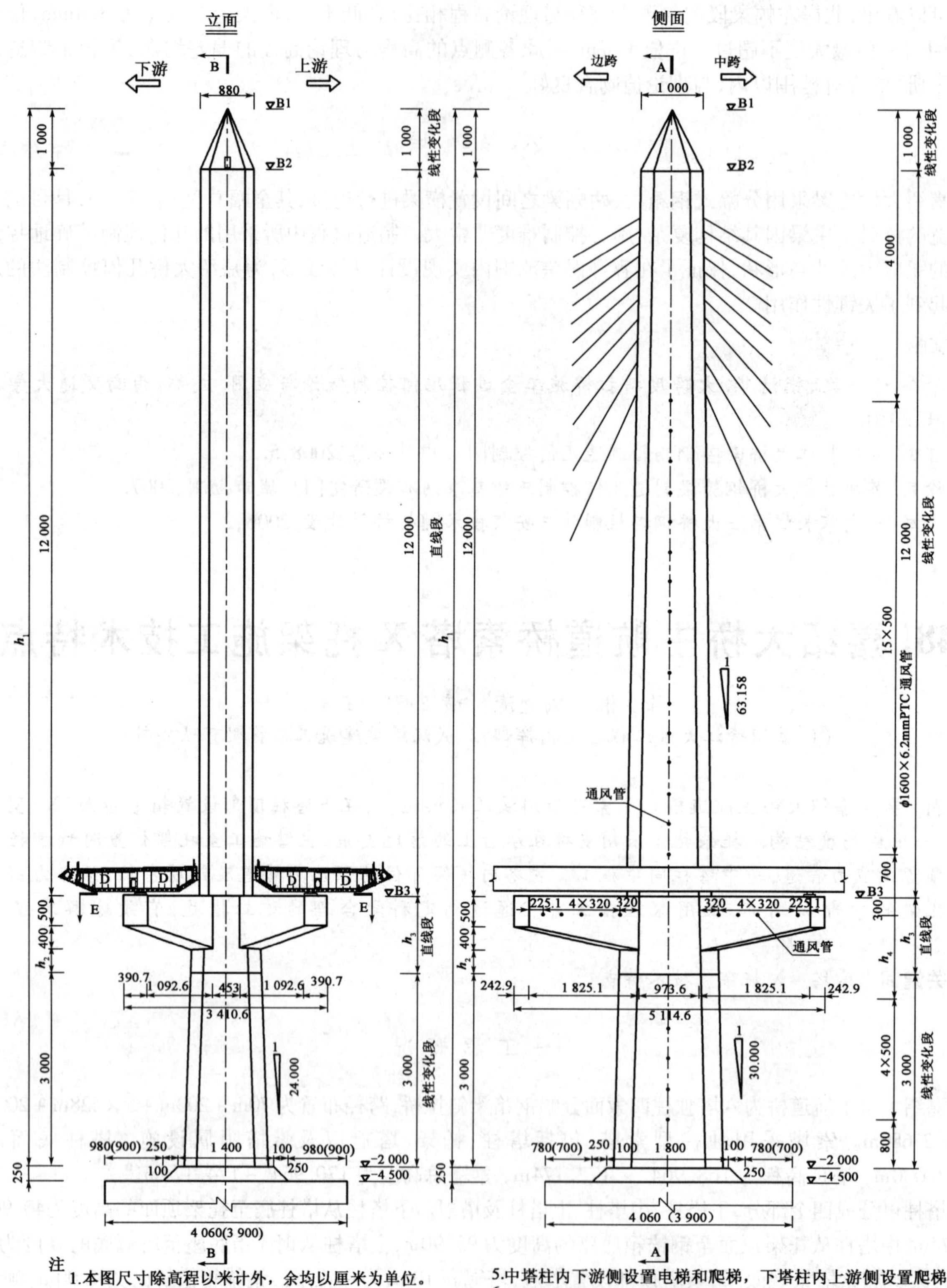

注

1.本图尺寸除高程以米计外，余均以厘米为单位。
2.图中参数值详见图“S2-2-1-008”。
3.A-A、B-B剖面详见图“S2-2-1-004”。
4.图中括号外尺寸为主桥Z4-Z7号索塔基础尺寸；括号内为主桥Z3、Z8号索塔基础尺寸，索塔编号详见图“S2-2-1-002”。
5.中塔柱内下游侧设置电梯和爬梯，下塔柱内上游侧设置爬梯。
6.下塔柱底部、托架每个室底部均设置一个泄水管，托架侧壁和塔柱横桥向外侧设置通风管，泄水管和通风管外径为160毫米，壁厚为6.2毫米的PVC管；所有通风管均由里朝外向下倾斜10°设置。通风管若与钢筋或预应力管道发生干扰，其位置可适当调整。
7.本图高程采用1985国家高程基准。

图1　主航道桥索塔总体布置图

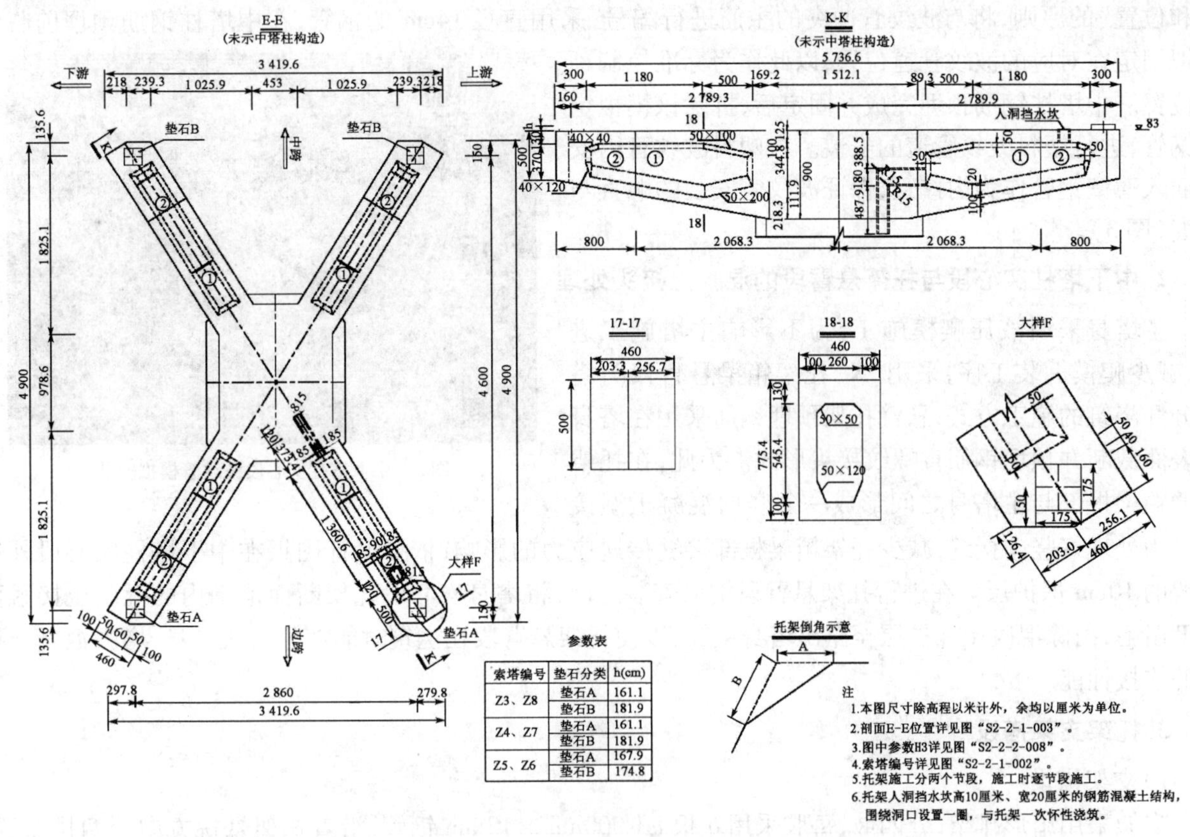

索塔编号	垫石分类	h(cm)
Z3、Z8	垫石A	161.1
	垫石B	181.9
Z4、Z7	垫石A	161.1
	垫石B	181.9
Z5、Z6	垫石A	167.9
	垫石B	174.8

图2 主航道桥索塔“X”形托架布置图

二、工 程 特 点

(1)桥位区的钱塘江河口尖山河段河床宽浅、潮强流急、涌潮汹涌，兼有灾害性天气影响，年降水量较大，气温随季节变化明显，冬季出现极低气温，施工条件恶劣，一年可作业天数少。根据总体工期安排，主塔及“X”形托架施工工期230天，工期紧张，施工难度大，要求科学合理安排。

(2)“X”形托架与中塔柱同时施工，工作面多，存在交叉作业，安全管理、材料及劳动力组织难度大，需要精心安排，认真组织。

(3)主塔施工采用液压爬模施工工艺，至托架位置时预埋托架钢筋并预留预应力管道，X形托架的四肢箱形预应力混凝土结构与中上塔柱同步施工。

(4)为满足托架与塔柱间受力要求，托架的纵向钢筋均锚固于塔柱内，预应力钢束穿过塔柱实心段，锚固于托架的中部和端部。为避免预应力锚具布置切断托架钢筋和景观需要，采用深埋锚工艺。

(5)预应力混凝土托架悬臂较长，考虑40m高度的钢管支架不均匀沉降问题，托架施工采用全部支撑在承台面上并悬挑的落地钢管支架，“X”形托架每肢各分三次对称浇筑完成。

三、“X”形托架施工技术特点

1. 中下塔柱实心段施工

中、下塔柱连接段为实心段，受力复杂，结构内部布置有塔身的结构钢筋，还有托架预埋钢筋、中塔柱预埋钢筋、下塔柱伸入的钢筋、托架预埋的预应力管道84根以及作为施工措施需要的冷却水管、劲性骨架、定位钢筋等，各种构件互相干扰，错综复杂，施工难度大。

为保证预应力施工质量，针对现场实际情况，按照“先确保预应力管道的精度，再保证竖向主筋的数量和位置”的原则，将与波纹管冲突的主筋进行编号，采用直径14cm的钢管，在中塔柱钢筋预埋前临时模拟固定在对应的波纹管道位置，以此作为标准控制预埋位置。中塔柱钢筋预埋完成并固定后，拆除该模拟定位钢管，进行塑料波纹管道的安装。在塑料波纹管内安装插入薄壁钢管作为内撑管，保证波纹管安装的顺直与刚度（图3）。

图3 中下塔柱实心段波纹管模拟安装

2. 中下塔柱实心段与托架悬臂段的混凝土接头处理

主塔身采用液压爬模施工，为不影响主塔施工进展，减少爬模拆装工序，采用“X”托架箱梁悬臂段与塔身分开浇筑的施工方式，悬臂托架预埋钢筋采用在塔身外表面截断并预埋钢筋直螺纹接头形式。为此，在托架悬臂箱梁根部与主塔身之间形成一条竖向混凝土湿接缝。为处理好竖向接缝，减少托架箱梁根部接缝传递应力的影响，依据设计图纸在中下塔柱实心段外侧预留的10cm保护层。在进行托架悬臂段钢筋安装之前，将塔身实心段托架断面范围内的混凝土接触面深度凿毛，凿除混凝土保护层至露出塔身主筋，以使托架悬臂段在浇筑时能部分嵌入塔身，增强混凝土接缝的连接性能。

3. 托架支架搭设

1）支架搭设

支架采用扇形排架，分四肢，每肢采用6根ϕ1 000mm×12mm钢管，沿着托架悬挑方向分两排布置，每排3根，均支撑在承台上。钢管桩间利用ϕ600mm×8mm平联连成整体。托架根部采用预埋牛腿受力。为增加整体稳定性及抵消水平力，支架通过平联拉杆与塔柱预埋件固定。托架在靠近塔柱侧利用预埋在塔柱中的双拼HN800型钢牛腿作为支撑（图4）。

支架垫梁为双拼HN800mm×30cm及HM588mm×30cm型钢，主承重梁为8排异形桁片，桁片间通过10号槽钢连接。桁片上分配梁为I12.6工字钢，根据荷载不同不等距布置。为了支架拆卸方便，在每根钢管桩顶设置一个200t钢砂箱。砂箱安装前按设计承载力预压，以避免托架施工时砂箱发生压缩，并用钢板将砂箱两部分焊接成整体，避免卸载后砂箱回弹。砂箱上安放2HM588横向承重梁，横向承重梁一共四道，均与托架中心线垂直。横向承重梁上设现浇平台，现浇平台采用7片三角钢桁架作为纵向承重梁；三角钢桁架上弦杆、下弦杆和竖腹杆均采用2［28a，斜腹杆采用2［16，三角钢桁架之间的剪刀撑及横向平联采用［10。桁架上弦杆顶部布置I12.6分布梁，间距分为0.25m和0.50m两种，分布梁上铺设模板。

计算软件选用MIDAS 7.8.0，选择两种最不利工况：工况一，支架及模板搭设完成，承受风荷载；工况二，托架混凝土浇筑完成，承受托架混凝土重力荷载。在两种最不利荷载工况下，支架构件的验算应力均在容许应力范围内。整个支架方案均通过了安全专项方案专家评审。

2）支架预压

预压是对支架的承载力、强度、刚度以及稳定性的全面检验，主要用以消除支架非弹性变形，并观测支架受力状态下的变形，防止因支架沉陷、刚度不足导致结构开裂，模板变形导致截面尺寸削弱。预压时对支架施加不少于1.1倍托架恒载重力。预压采用预先在承台内预埋锚固的锚固件，通过千斤顶连接拉杆在主承重梁上施加等效荷载反力的形式进行。

3）支架拆除

托架箱梁在预应力施工完毕并进行压浆封锚后即可拆除支架。卸载时，首先落载钢砂箱，所有砂箱要同时下降，让承重梁和底模等整体下降。砂箱卸载后，便可以把底模分布梁抽出，同时把钢模板

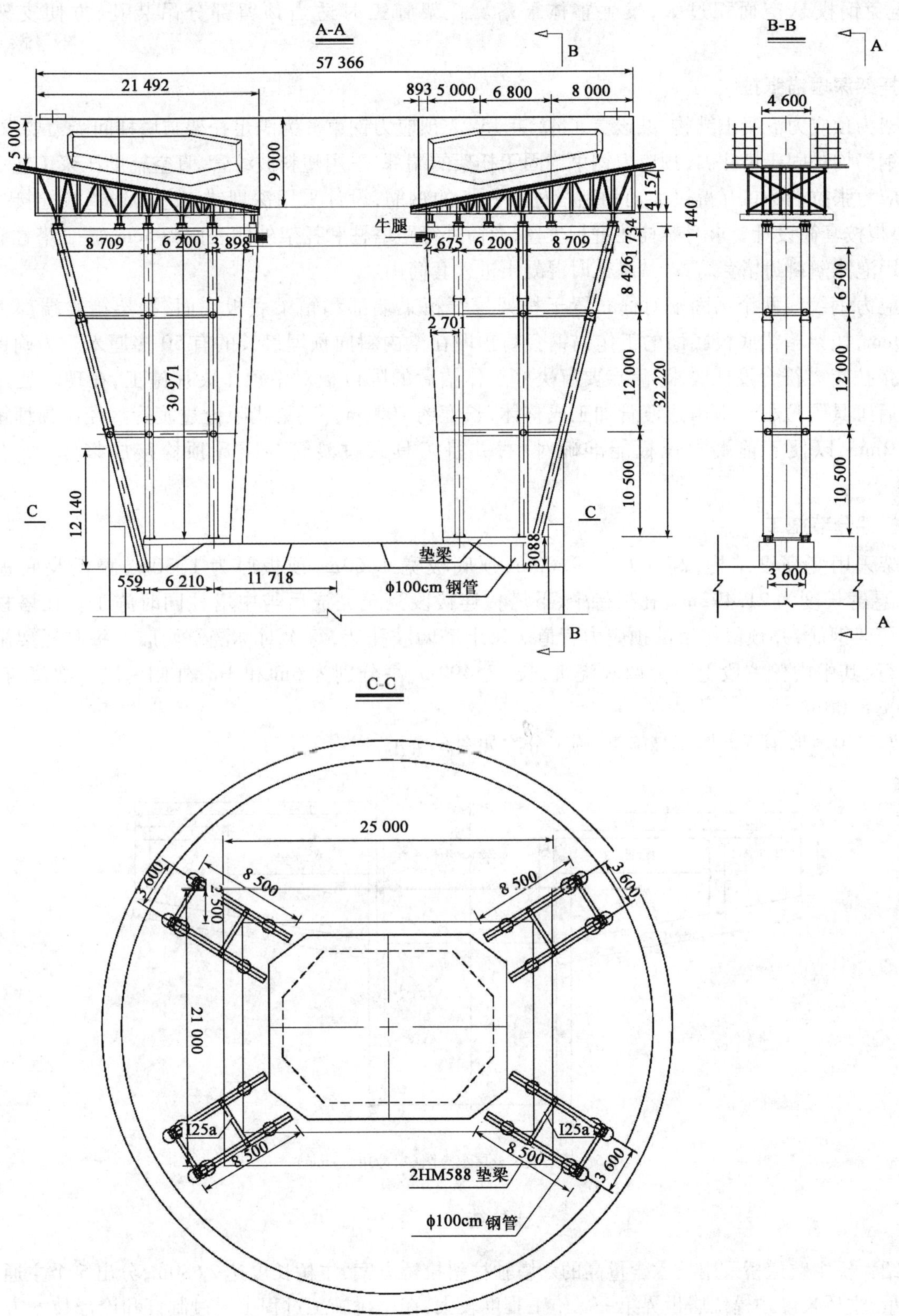

说明：1.图示单位为mm。

2. 钢管柱柱脚与承台预埋板进行焊接固定，承台钢管柱预埋板另见图。

图4　托架现浇支架总体图

抽出，避免钢模悬空面积过大，发生整体下落。托架施工时适当预留部分吊装孔，方便支架拆除工作。

4. 托架深埋锚张拉

托架为预应力混凝土结构，共设置了42束15-22预应力钢束。为满足托架与塔柱间受力要求，托架的纵向钢筋均锚固于塔柱内，预应力钢束锚固于托架的端部，采用塑料波纹管、真空辅助压浆工艺。为了避免预应力张拉端槽口开得过大而切断塔柱和托架的钢筋，设计采用深埋锚工艺即锚垫板栓接一段套筒，锚垫板按套筒设计要求对螺栓孔进行攻丝，套筒外缘距塔柱和托架外侧表面为5cm，施工塔柱和托架时预先用泡沫塑料封堵套筒，严禁施工时混凝土进入套筒内。

预应力钢绞线两个锚固端对称布置于托架悬臂箱梁端部和箱梁底板底面，托架箱梁端部工作锚埋深20cm，托架箱梁底板底面的工作锚钢套筒预埋在梁内斜向预埋最长的有50多厘米。为确保超长深埋锚张拉应力符合设计要求，重点要解决好工作锚后的限位板对中顶压夹片施工，在现场使用特种钢将锚后工具限位板与引申过渡管加工成整体，长度约100cm。工具式限位过渡管直径比预埋钢套管内径小2mm，以便于前端限位板能准确对中，并将工具式过渡管与千斤顶栓接成整体，便于施工操作。

5. 托架分节施工

托架采用变高度结构，高5.00～9.00m，顶底板宽4.60m，顶板厚为1.30m，腹板及底板厚为1.00m，悬臂长度为21.492m。托架待中、下塔柱连接段浇筑完成后与中塔柱同时施工。在塔柱施工时预埋托架钢筋，并预留托架的预应力管道。每个塔四肢托架，每次对称浇筑两肢。每肢托架施工分三段进行，其中内侧一段上下分两次浇筑，长13.492m，高分别为6m和3m；外侧一段一次浇筑完成；第二段长8.00m。

托架采用扇形钢管支架现浇施工，施工分次如图5所示。

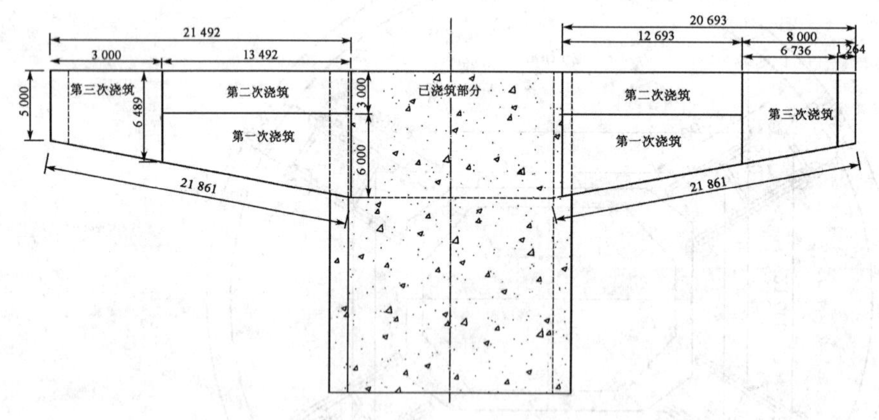

图5　托架浇筑分层示意图(尺寸单位:mm)

四、结　　语

嘉绍大桥主航道桥采用技术含量高的六塔独柱斜拉桥方案，主桥长度达2 680m，分出5个主通航道，索塔数量、主桥长度规模位居世界第一。施工难度较大，在主桥施工过程中通过制订和论证技术方案，不断采用新工艺新措施，以及对各工序中的特点和难点作预见性分析，较好地解决了施工难题，并为后续施工打下了良好基础。目前塔身已进入中塔柱和“X”托架施工，预计2012年中旬能够实现主桥合龙目标。

49. 几种承台施工方法在嘉绍大桥跨南岸规划堤引桥的应用

曾平喜 唐 衡 王 力 彭琳琳
（中交第二航务工程局有限公司）

摘 要 由于围垦工程提前施工，嘉绍大桥跨南岸规划堤引桥承台施工条件发生了极大变化，造成4个墩位水文、河床形态各不相同。本文介绍了钢吊箱、钢围堰、土围堰等施工方法在规划垮堤引桥的应用情况，比较了3种施工方法在钱塘江水域的适用条件。

关键词 嘉绍大桥 钢吊箱 钢围堰 土围堰

嘉绍大桥南岸跨规划大堤引桥基础采用分幅式承台结构。原设计有底钢吊箱进行承台施工。但由于规划大堤的填筑施工和提前合龙，造成了大堤附近的泥面和水文条件发生了剧烈变化。承台施工根据泥面和水文变化条件，综合选用了多种承台施工方法。

一、工程概况

1. 概述

嘉绍大桥跨南岸规划堤桥采用连续刚构结构形式，跨径布置为70m + 120m + 70m，墩号为N7 ~ N10，桥面采用分幅式单箱双室混凝土箱梁，其中N8号、N9号为主墩，N7号、N10号为过渡墩。桥型布置如图1。

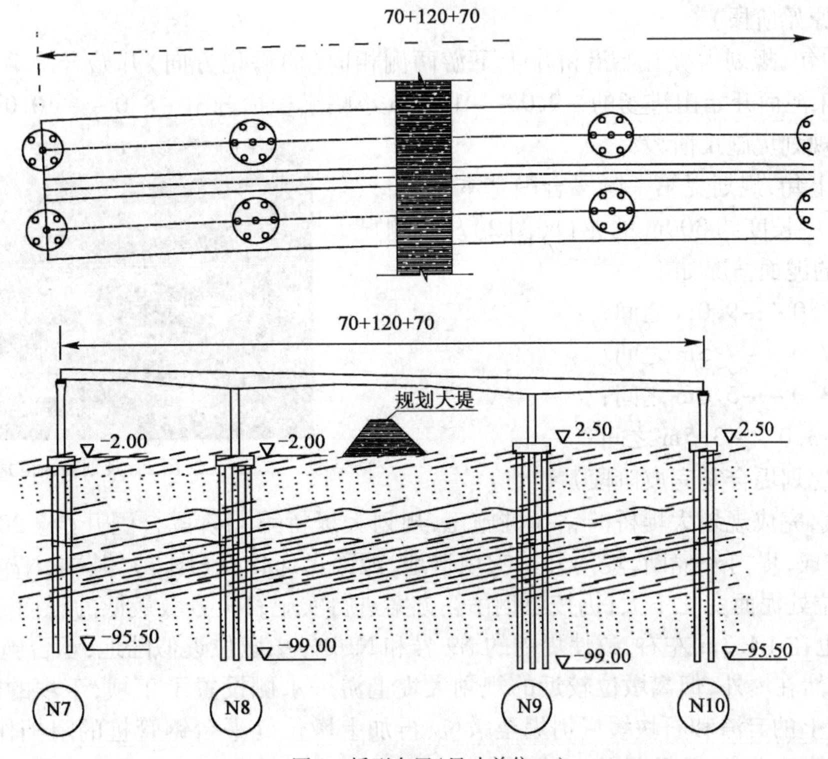

图1 桥型布置（尺寸单位：m）

桩基础采用群桩基础，承台采用对水流适应性较强的圆形分离式承台，各承台数据参数见表1。

N7～N10墩单个承台参数表

表1

序号	墩位	承台直径(m)	承台顶高程(m)	承台底高程(m)	承台厚度(m)	承台混凝土方量(m^3)
1	N7	11	-2	-5.5	3.5	332.6
2	N8	13.2	-2	-6	4	547.4
3	N9	13.2	2.5	-1.5	4	547.4
4	N10	11	2.5	-1	3.5	332.6

2. 水文地质条件

(1)桥位区的钱塘江河口尖山河段河床宽浅、潮强流急、涌潮汹涌。桥区水域涨落潮流路分歧，河床底质颗粒较细，起动流速低，易冲易淤，加上上游来水丰、枯变化，河床变化剧烈。

(2)尖山河段潮流为非正规半日浅海潮流，水流属往复流，但不对称性较明显，涨潮流大于落潮流。平均涨潮历时3h34min，平均落潮历时8h51min；测点最大涨潮流速为6.65m/s，测点最大落潮流速为4.40m/s。

(3)100年一遇设计涌潮高度为3.0m，5年一遇设计涌潮高度为2.5m。涌潮试验得到桥位附近涌潮流速可达9.0～10.0m/s。涌潮产生的水动力对桥墩建筑物的作用主要集中在低水位以上1倍涌潮高度范围内。

(4)由于跨规划大堤引桥的特殊性，使得N7、N8处于堤外，N9、N10处于堤内，前期预留龙口，N9、N10墩承台受冲刷作用，规划大堤合龙后河床将不再冲刷。

(5)桥位线第四系覆盖层南侧较薄，水域厚度为130～100m。承台处泥面为亚砂土，松散～中密，厚度10.90～26.50m；水域厚度较小，向两岸厚度逐渐变大。

3. 地质条件变化过程

地质状况变化大致分为3个阶段，即原始阶段、大堤施工阶段和大堤合龙完成阶段，各阶段详细情况如下：

1)第1阶段(原始阶段)

2009年5月中旬，规划大堤开始沿桥位上下游两侧相向(向桥位方向)开始合围填筑。根据早期观测的数据显示，河床泥面开始由进场的-9.0～-11.0m小幅淤积抬升至-8.0～-10.0m。

2)第2阶段(规划堤施工阶段)

2009年11月上旬，规划堤第一阶段合围基本完成，只在桥位下游侧预留一长度约300m的龙口(图2)。观测显示，此时各墩河床的泥面情况如下：

N7号墩 在-8.0～-9.0m之间；

N8号墩 在-7.0～-7.5m之间；

N9号墩 在-3.0～-5.0m之间；

N10号墩 在-3.0～-3.5m之间。

图2 规划堤预留龙口

3)第3阶段(规划堤合龙完成阶段)

2010年3月底，完成规划大堤桥的钻孔桩施工，规划大堤桥第二阶段合围开始。2010年4月中旬，最后的龙口合围完成，堤内外隔断，堤内开始吹填造地，泥面迅速抬升(图3)，其中，N7号墩离规划堤较远且处于水中，墩位处泥面变化不大，仍按原钢吊箱方案进行实施；N9号墩最低的泥面高程在+4.3m左右，N10泥面高程也在+4.3m左右，致使堤内的N9号和N10号墩墩位近似陆地，承台施工无法实施钢吊箱方案；N8号墩虽然在堤外，但离墩位较近的规划大堤上游来水侧设置了丁坝，丁坝的阻水和涨落潮的反复作用致使大堤上的宕渣和石块缓慢坍塌至墩位，再加上墩位处平台钢管桩的阻挡作用，致使规划堤和墩位之间的泥面南高北低，呈阶梯状，见图3。

根据图3可知,堤内的N9号和N10号墩按照干施工工艺进行实施,因该两墩靠近江边,地下水丰富,基坑开挖需辅以井点降水来确保坑壁的整体稳定性,基底顶面需低于承台底不少于50cm,以满足承台底层混凝土的浇筑厚度。垫层完成后,按陆地区干施工工艺,进行承台钢筋、模板和混凝土工程施工。

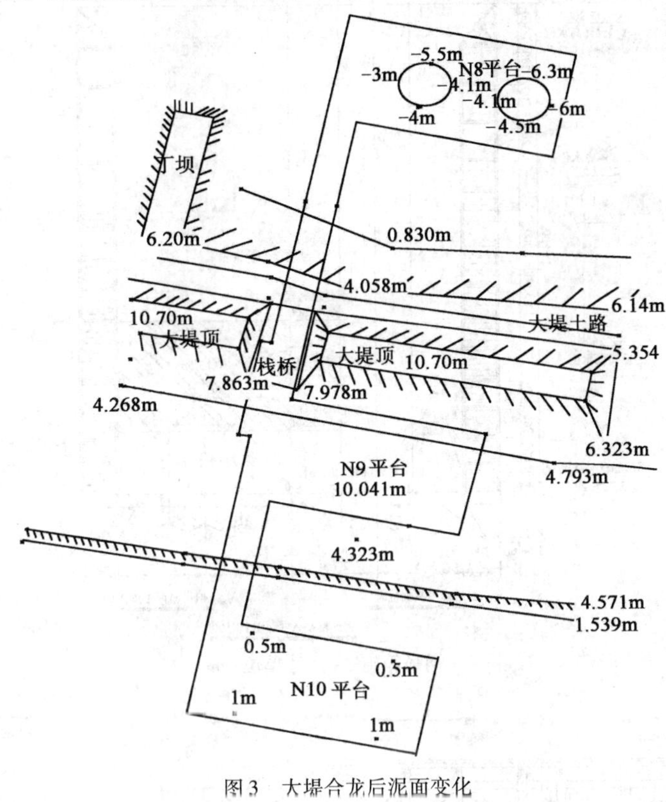

图3 大堤合龙后泥面变化

二、几种承台施工方法的应用情况

南岸跨规划堤引桥原计划采用有底钢吊箱进行施工。但由于规划大堤施工提前,水文和地质条件发生了变化。原有施工工艺已不能适应新的现场条件。经比选,跨规划堤引桥4个墩位处承台采用了3种施工工艺。其中,N7号过渡墩采用有底钢吊箱施工工艺,N8号主墩采用无底钢围堰施工工艺,N9号、N10号墩采用土围堰施工工艺。

1.钢吊箱的应用

根据规划堤施工阶段泥面变化观测数据,与表1数据对照可以看出,各墩泥面高程均低于承台设计底高程不少于2m,满足吊箱的安装空间需要;且墩位处因涨落潮有石块淤积(钢护筒沉放时可知石块淤积厚度约2m左右),无底钢围堰方案下沉困难。鉴于以上两点,N7号墩采用有底钢吊箱进行施工。

钢吊箱设计总重约为110t,桩基施工完成后,拆除护筒区与施工平台之间的联系,用80t履带吊拼装钢吊箱,并用4台千斤顶同步下放,辅以注水下沉,下放到设计位置后,迅速安装所有拉压杆,完成承台封底作业,再抽水进行承台钢筋、模板和混凝土施工(图4)。

综合考虑吊箱受力和钱塘江潮水情况,考虑吊箱下放时千斤顶始终受力,避免出现吊箱浮力大于吊箱自重工况的出现,故采取高潮位时下放。

施工过程按照设计方案进行施工。整个下放过程在一个潮水内完成,历时约4个小时,下放速度快,施工功效较高。

2.钢围堰的应用

龙口合龙后,N8号墩处于大堤外,但大堤围垦单位在离墩位较近的规划堤上游来水侧设置了丁坝,丁坝的阻水和涨落潮的反复作用致使大堤上的宕渣和石块缓慢坍塌至墩位,再加上墩位处平台钢管桩的阻挡作用,使得N8号墩处的泥面迅速抬升,且规划堤和墩位之间的泥面南高北低呈阶梯状(图5、图6)。

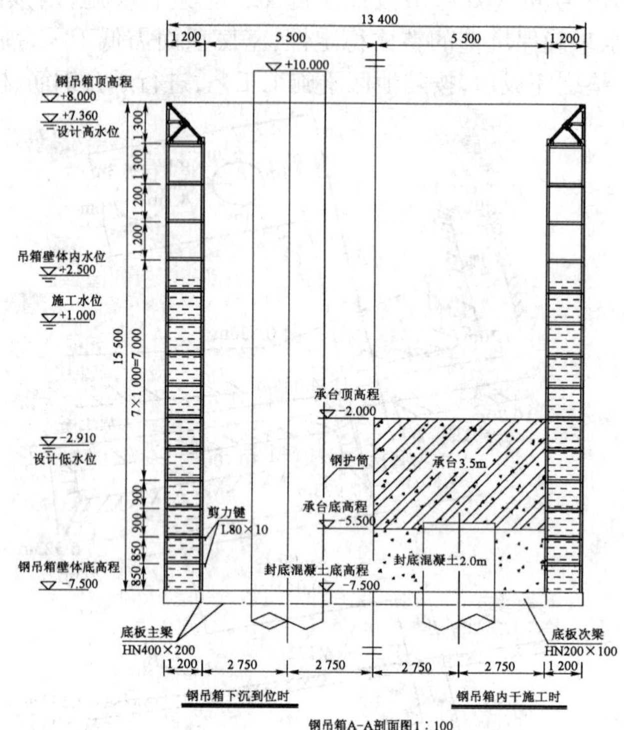

图4　钢吊箱施工(尺寸单位:mm)

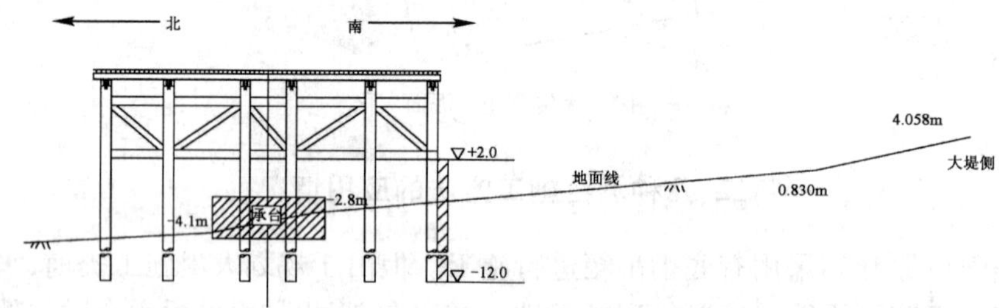

图5　规划堤桥N8号墩现阶段施工平台泥面观测纵断面图

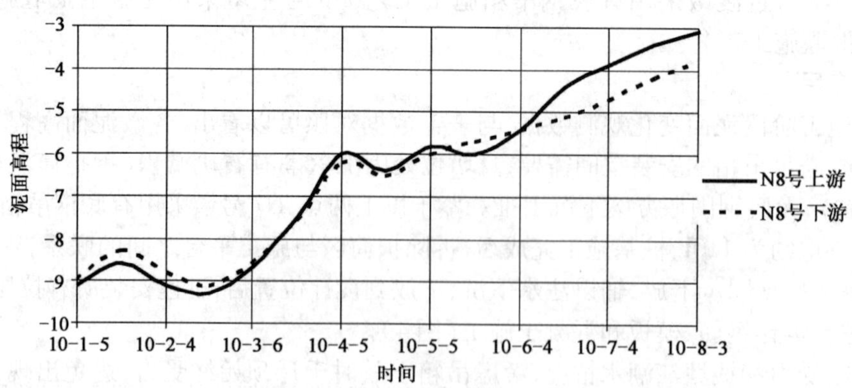

图6　规划堤桥N8号墩2010年1月至6月泥面变化曲线图

规划堤合龙完成阶段地质变化如图5中显示,N8号墩中心处泥面约-3m左右,且积石较多,有底钢吊箱无法实施。根据施工条件变化情况,将原有底钢吊箱施工方案变更为无底钢围堰施工。

钢围堰采用双壁无底结构,壁厚1m。将钢围堰内径按照设计承台直径13.2m设置,因墩位处存在大量大堤围垦石块,围堰刃脚角度相对较陡,按30°设计,并作适当的加强处理,以增大其刚度。钢围堰采取壁体注水、刃脚吸泥下沉,同时辅以人工水下探摸,辅助清理刃脚处块石的办法。钢围堰下沉到位后进行封底混凝土施工。

钢围堰下沉和混凝土浇筑示意图如图7、图8。

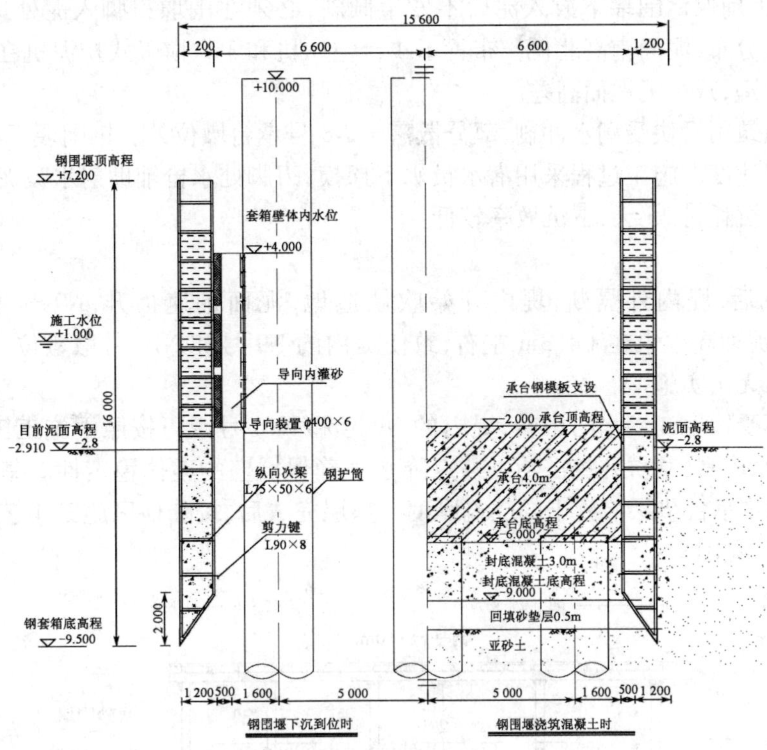

图7 钢围堰立面结构图(尺寸单位:mm)

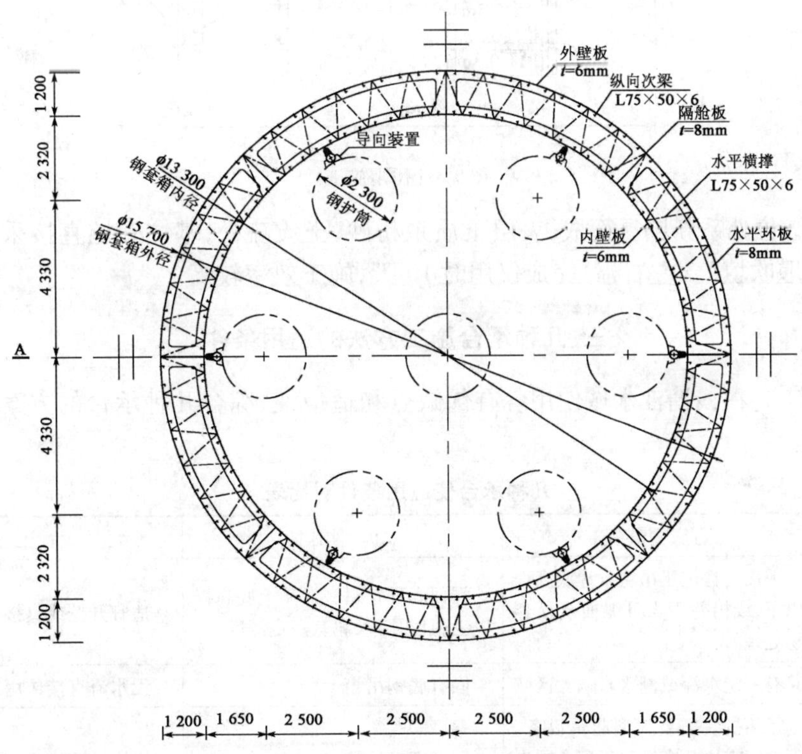

图8 无底钢围堰平面布置图(尺寸单位:mm)

由于钢吊箱外形尺寸较大、钢护筒数量较多,受到水流力和波浪的影响大,为了确保钢吊箱在就位时下口不至于向下游倾斜,在外侧护筒上设置导向限位装置,利用限位装置控制钢套箱下沉时的垂直度和平面精度。由于钢围堰与钢护筒间隙为1m,导向采用ϕ800mm×10mm钢管制作。钢管与钢护筒之间设置加劲撑，确保钢管与钢护筒连可靠。同时，在导向钢管内灌砂，以增加导向钢管的刚度。

钢围堰下放前，为确保钢围堰下放入泥后不发生倾斜，必须在围堰刃脚入泥处进行泥面找平处理。由于泥面呈现阶梯状分布，泥面南高北低。布置了4台空压机和3台搅吸式挖泥机在高潮位时在东、西、南侧进行了吸泥预处理，减小了泥面高差。

由于规划大堤填筑用石块受潮水冲刷，部分散落于N8号承台墩位处。钢围堰下沉时，刃脚处块石严重阻碍了钢围堰下沉速度。施工过程采用潜水员水下探摸，刃脚处水枪辅助射水吸泥等加快刃脚下沉速度。单个钢围堰仅下沉耗时25天，下沉效率较低。

3. 土围堰的应用

规划堤合龙完成后，堤内外隔断，堤内开始吹填造地，泥面迅速抬升，N9号墩最低的泥面高程在+4.3m左右，N10泥面高程也在+4.3m左右，致使堤内的N9号和N10号墩墩位近似陆地，原设计钢吊箱方案施工承台已无法实施。

由于堤内基本不受钱塘江潮水的影响，堤内的N9号和N10号墩可按照干施工工艺进行实施，因该两墩靠近江边，地下水丰富，基坑开挖需辅以井点降水来确保坑壁的整体稳定性。基底顶面需低于承台底不少于50cm，以满足承台垫层混凝土的浇筑厚度。垫层完成后，按陆地区施工工艺，进行承台钢筋、模板和混凝土工程施工，见图9。

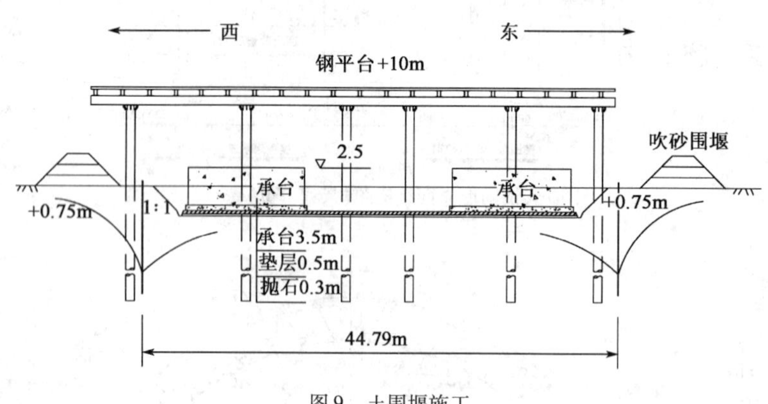

图9 土围堰施工

N9号、N10号墩位处系新围垦而成，表层土质系粉砂，土质疏松，基坑开挖直接采用吸砂泵完成，单个基坑吸砂和土围堰吹填(含左右幅)完成仅用时10天，施工效率较高。

三、几种承台施工方法的适用条件

几种承台施工工艺在钱塘江水域使用各有优缺点和适应性，综合几种承台的方案确定和实施过程，列表对比如表2。

几种承台使适用条件对比表 表2

种　类	有底钢吊箱	无底钢围堰	土　围　堰
地质条件	泥面高程位于吊箱设计底高程以下，或相差不大且泥面疏松容易处理	泥面高程在封底混凝土底高程以上，且刃脚入泥有一定深度	适宜开挖或直接抽砂
水文条件	有一定水深或潮水影响大区域	同有底钢吊箱	无水流直接作用或静水且水深不大
机械设备条件	吊箱拼装需要大型起重设备，下放时需要几台千斤顶配合同步下放	同有底钢吊箱	容许挖掘机或抽砂设备直接开挖
施工质量	吊箱下放质量容易控制	围堰下放受水文和地质条件影响，容易出现偏位	施工质量容易保证
施工工期	钢吊箱加工时间较长，但下放时间可控，总体工期可控	钢围堰加工时间较长，下沉过程工期不易控制，总体工期较长	工期短

续上表

	有底钢吊箱	无底钢围堰	土 围 堰
施工成本	吊箱采用钢结构,施工工程需大型起重设备配合,费用较高	同有底钢吊箱	无大型钢结构和起重设备,开挖费用较低
备注			一般需要辅以井点降水改善现场施工条件

四、结 语

南岸跨堤桥受客观条件限制,施工难度极大,施工历时较长。通过实际施工证明上述方案是可行的。有以下情况直接注意和借鉴:

(1)尽快吊箱封堵完成封堵。有底钢吊箱下放到位后,必须尽快进行钢护筒和钢吊箱间孔洞的封堵施工。本工程封堵采用潜水员平潮时水下推动钢吊箱底板预设的封堵板。由于单个钢吊箱内共4根钢护筒,封堵工程量不大,建议后续工程施工时,可适当增加潜水员数量,加快封堵效率,尽量在吊箱下放到位后一个平潮时段完成封堵施工,避免涨潮时泥沙进入钢吊箱内,造成封底施工时,混凝土夹砂而影响封底质量。

(2)掌握地质及变化情况。尤其进行钢围堰下沉时,应及时掌握泥面及地质情况,避免大块孤石造成钢围堰下沉困难和偏位。

(3)加强泥面监测。N8墩处于靠近大堤的河道内,受钱塘江强涌潮影响,钢围堰下沉过程中,北侧刃脚处泥面急剧降低,钢围堰下沉到位后,入泥仅1m。后采用砂袋抛填措施进行了加固,确保了钢围堰结构安全。后续施工中,应严格监测钢围堰埋深,及时防护。

参考文献

[1] 陈宁贤,吕贤良.大型钢吊箱围堰的带和阻碍提升和下放施工技术[J].铁道建筑,2009.1.
[2] 中交二航局.嘉绍大桥II合同段施工组织设计,2009.6.

50.嘉绍大桥主墩承台大体积混凝土无冷却水管温控技术研究

罗超云[1] 李志生[1] 周 立[1] 于长海[2] 宋卫国[2]
(1.广东省长大公路工程有限公司;2.嘉绍跨江大桥工程建设指挥部)

摘 要 嘉绍大桥处于海洋环境,承台为深埋式,混凝土耐久性要求高。主桥单个承台C30混凝土方量近8 000m³。本文从承台大体积混凝土配合比优化、原材料控制、浇筑过程控制及混凝土养护等方面进行了详细分析和总结,并通过实时的温度监测数据分析,达到了海洋环境下高性能超大体积混凝土在取消冷却水管的条件下保证温控质量的目标。

关键词 嘉绍大桥 高性能超大体积混凝土 取消冷却水管 温控

一、工 程 概 述

嘉绍大桥跨越钱塘江,主航道桥为主跨428m的六塔独柱四索面钢箱梁斜拉桥,大桥设计基准期100年。主桥主墩承台均为深埋式圆形承台,中塔承台几何尺寸为ϕ40.6m×6m,承台顶面高程-4.5m。承台混凝土为C30,分两次浇筑,第一次浇筑2.5m,约3 000m³,第二次浇筑3.5m,约5 000m³(图1)。

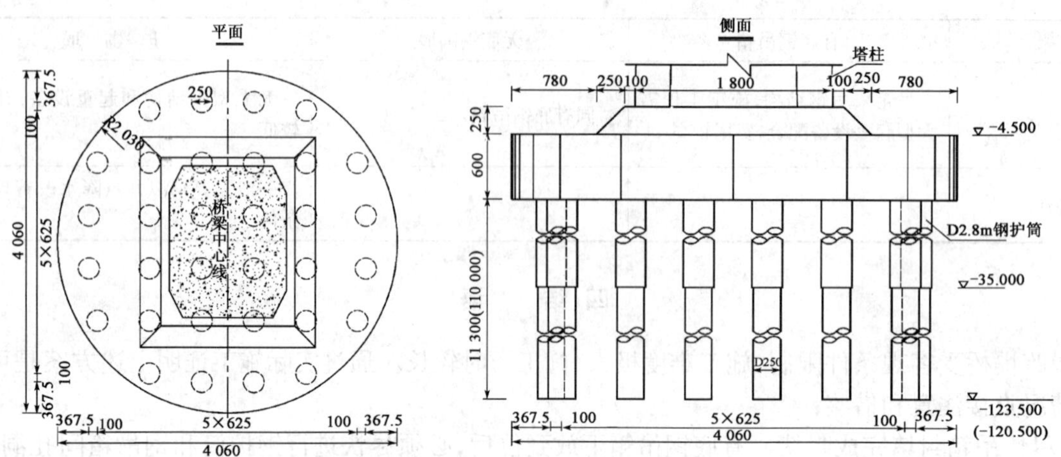

图1　嘉绍跨江大桥主桥基础布置图(尺寸单位:cm)

工程海域为非正规半日浅海潮流,水位每日两涨两落;最大潮差8.59m,平均潮差6.44m。河床原始高程-5.0m左右。依据浙江省水利河口研究院成果,桥位处涌潮高度2.5m,流速一般7.5m/s,最大可达9.0~10.0m/s。桥位区地表水发育,处于海水及海水浸入地区,且承台常年处于干湿交替状态。经取样分析,地表水pH值在8.03~8.30之间,Cl^-含量超过5 000mg/L,最大达到6 124mg/L,对钢筋混凝土结构中的钢筋有强腐蚀性,对钢结构为中腐蚀性。承台防裂要求高,温控施工难度大。

二、承台大体积混凝土温控施工的现状

1.材料耐久性等与防裂的矛盾日益突出

进入21世纪后,建筑施工技术飞速发展,各种新材料、新工艺、新技术不断涌现。在桥梁工程领域,明显的变化就是桥梁规模成倍增加,结构跨度不断突破,超大体积混凝土构件日趋增多,体量逐渐增大。桥梁基础所处的环境越来越恶劣,混凝土强度等级高,同时还要求结构混凝土抗氯离子渗透性好,水化热低,体积稳定性好,抗裂性能优异。

另一方面,由于混凝土构件设计强度等级的提高,水泥等胶凝材料的细度提高,各种外加剂的掺入,用水量的减少,使大体积混凝土施工过程中因水泥水化热产生的温度应力或由于混凝土干燥收缩产生的收缩应力引起混凝土体积变形而产生裂缝的防控问题更加突出。

2.大体积混凝土温控施工需解决的关键问题

大体积混凝土最严重的病害就是裂缝。裂缝不仅影响到结构的受力,还影响到结构的寿命。

大体积混凝土施工之所以开裂,主要是混凝土所承受的拉应力超过了本身的抗拉强度。为了控制大体积混凝土的温度裂缝,就必须尽最大可能从本质上减少水化热,降低混凝土本身的温度应力。

因此,大体积混凝土温控施工需解决的关键问题就在于:

(1)如何在确保强度、工作性能和耐久性的前提下,通过尽量减少水泥用量、采用低水化热水泥等措施降低水泥对大体积混凝土水化热的影响。

(2)采取有效措施,通过对环境、原材料、混凝土生产、运输、泵送等各个环节的温度控制,尽量减少外部热量对混凝土入模温度的影响。

(3)加强混凝土顶面和侧面的养护,确保混凝土构件在抗拉强度形成之前,内外温度尽可能一致,减少收缩裂纹的出现。

3.冷却水管在大体积混凝土温控施工中的利与弊

在一定时期内,大体积混凝土的温控主要靠在混凝土内部大量布置冷却水管,通过冷却水管利用循环水把混凝土水化产生的热量携带出来的方式进行温控。这种温控方法在某种意义上说确实起到了一

定程度的降温效果，但是随着技术的发展和对混凝土本质的认识深入，再加上大量的工程调查和检测表明，采用冷却水管方案进行温控施工时，仍存在如下弊端：

(1)冷却水管中的冷却水水温、流量控制复杂，水温过高，流量过慢，没有降温效果；水温过低，流速过快，则极易导致管壁周围的混凝土温差过大，产生大量收缩裂纹，对混凝土带来不利影响。

(2)冷却水管内后期压浆80%不能压密实，这就存在影响混凝土耐久性能的薄弱环节，特别对于海工高性能混凝土，当Cl^{-1}渗透进入混凝土内部后会立即引起钢筋锈蚀。

(3)通过计算分析及实际监测比较，是否通冷却水混凝土绝热温升差别仅2~3℃，降温效果有限。

因此针对高性能的海工耐久大体积混凝土，只有通过配合比的优化减少水泥用量，降低水化热，取消冷却水管，加强过程控制，从结构上提高耐久性能，才是发展的趋势。

三、嘉绍大桥主桥(北侧)承台大体积混凝土的温控措施

1.原材料优选及质量控制

在进行原材料的选择时遵循以下原则：

(1)选用发热量低的水泥。在大体积混凝土中，水泥水化热是决定混凝土绝热温升值的最重要和最直接的因素，选用发热量低的水泥可以降低水泥水化热，减小混凝土内外温差。

(2)选用级配好、空隙率小的集料。一方面集料本身的强度就远大于水泥胶体，另一方面，采用连续级配的集料，可以提高集料在混凝土中所占的体积，提高混凝土的密实性，并可以节约水泥降低水泥水化热和减少用水量。

(3)掺和料。大体积混凝土最好选用优质粉煤灰和矿粉作为掺和料。粉煤灰可提高混凝土的和易性，大大改善混凝土的工作性能和耐久性，取代水泥可以降低水化热，但粉煤灰的掺量较大时对早期强度影响较大。矿粉取代水泥，也可降低水化热，与粉煤灰比较还能提高早期强度。

为此嘉绍大桥主桥承台大体积混凝土选用以下原材料并进行质量控制：

(1)水泥：采用安徽“海螺”水泥有限公司生产的P.O42.5水泥。水泥散袋入场，使用温度不得超过50℃，否则要求水泥生产厂家放置一段时间后发货或在现场罐体外洒水降温。

(2)矿粉：浙江拓翔建材S95级灰，比表面积>400m^2/kg，实测比表面积为428m^2/kg，流动度比为98%，7天活性指数为81%，28天活性指数为101%。

(3)粉煤灰：浙江长兴电厂I级灰，需水量比为92%，细度为4.8%(筛余)，质量符合《用于水泥和混凝土中的粉煤灰》(GB 1596—91)的规定。

(4)砂：采用江西赣江中砂，含泥量≤1%，细度模数2.5~3.1，其他指标符合规范规定。

(5)石：德清下柏石场5~25mm连续级配碎石，压碎值≤16%，来源应稳定。石子必须分批检验并严格控制其含泥量不超过1.0%。如果达不到要求，必须用水冲洗合格后才能使用。

(6)外加剂：浙江五龙ZWL-A-IX缓凝高效减水剂，减水率为28.6%。外加剂分批检验，品质应稳定，如发现异常及时报告。

2.配合比设计及优化

水泥用量大小直接影响着承台混凝土的水化温升和温度裂缝，为此，采用密实骨架堆积法进行承台混凝土配合比设计，达到减少胶凝材料用量、提高混凝土耐久性和体积稳定性的目的。密实骨架堆积设计法不仅优化集料的组成级配，而且显著提高了混凝土材料的结构致密性，在保证混凝土具有良好工作性的条件下，最大限度地降低胶凝材料的用量进而提高混凝土的力学性能、耐久性和经济性。用密实骨架设计配合比，是通过寻求混凝土中的粗细骨料的最大密度来寻找最小空隙率。

在确定混凝土的初步基准配合比后，再采用矿粉超量取代部分水泥和粉煤灰，对密实骨架堆积法混凝土的配合比进行了多次优化调整，得到承台大体积C30混凝土的推荐配合比如表1所示。

承台C30混凝土推荐配合比 表1

编号	原材料用量(kg/m³)							塌落度(mm)		强度(MPa)	
	水泥	粉煤灰	矿粉	砂	碎石	外加剂	水	0h	1h	7d	28d
A	96	159	163	795	1 055	3.8	142	220	200	32.5	45.8

由表1可以看出,混凝土的工作性能和力学性能均满足C30混凝土的设计和施工要求。

同时,为了确定该配合比混凝土的长期性能和耐久性能,对其抗裂性、抗渗性、抗硫酸盐侵蚀和抗冻性能分别进行了研究。

抗裂性我国最新的《混凝土结构耐久性设计与施工指南》中推荐的笠井芳夫提出的混凝土(砂浆)早期抗裂性测试方法进行试验;抗渗性采用水压力试验和快速Cl^-渗透试验进行评价。

各项性能试验结果如表2~表5。

混凝土早期平板开裂观测结果 表2

初裂时间(h)	裂缝最大宽度(mm)	裂缝平均开裂面积(mm^2)	单位面积裂缝数目(根·m^{-2})	单位面积的总开裂面积(mm^2)	评定等级
5.7	0.17	1.61	136	186.2	Ⅲ

Cl^-扩散系数试验结果 表3

编　号	Cl^-扩散系数($\times10^{-12}m^2/s$)	
	28d	56d
A2	3.1	2.0

混凝土抗硫酸盐侵蚀试验结果 表4

编　号	抗压强度(MPa)		抗蚀系数
	对比件	侵蚀件	
C30	45.9	46.2	100.7%

承台C30混凝土抗冻试验结果 表5

检测项目	200次循环			300次循环		
	1	2	3	1	2	3
标准养护强度(MPa)	46.3	47.2	47.9	48.1	48.6	47.9
冻融循环后强度(MPa)	40.2	41.2	41.8	38.9	39.4	39.1
强度损失(%)	13.2	12.7	12.7	19.1	18.9	18.4
质量损失(%)	2.0	1.5	1.3	4.2	3.3	3.0
抗冻标号	F300					
试件外观	完整、无脱落碎块			完整、无脱落碎块		

试验结果表明,承台大体积混凝土采用表1所示配合比,混凝土抗渗等级达到P18,56天抗Cl^-渗透系数为$2.0\times10^{-12}m^2/s$,抗冻等级≥F300,其他各项指标也满足耐久性和稳定性的要求。

3.浇筑过程控制

混凝土出拌和机后,经运输、泵送入模、振捣等过程后浇筑温度控制在30℃以内。在每次混凝土开盘之前,试验室要量测水泥,砂、石、水的温度,专门记录,计算其出机温度,并估算浇筑温度。当浇筑温度超过上述控制标准时,必须利用夜间浇筑混凝土,在夜间20时以后开盘。炎热季节施工时应避免日光暴晒及混凝土在运输过程之中由于摩擦而导致混凝土温度升高。

必须严格控制混凝土原材料的温度;其中水泥的温度不得高于50℃;砂、石料采取遮阳措施,防止太阳直晒;石子不超过30℃,砂不超过32℃,粉煤灰不超过35℃;必要时须对石子采取冷水冲洗及风冷降温等措施(图2~图5)。

图2 砂、石料覆盖遮阳

图3 砂、石料洒水降温

图4 拌和水加冰

图5 混凝土运输车及泵管覆盖并洒水降温

4. 混凝土养护

各层混凝土浇筑完之后立即用湿麻袋覆盖混凝土表面进行养护,上层混凝土顶面待混凝土终凝后立即进行蓄水养护,蓄水深度10~20cm,蓄水时间4~5天。

覆盖和蓄水养护一方面避免了塑性收缩裂缝的出现,另一方面起到了保温的作用。

四、温度监测及实施效果

1. 温度监测方法

为做到信息化施工,真实反映并检验各层混凝土的温控效果,施工过程中对承台混凝土进行了相关温度监测。第一次混凝土浇筑厚度为2.5m,三层测点分别位于0.5m、1.25m、2m处;第二次混凝土浇筑厚度为3.5m,三层测点分别位于0.5m、1.75m、3m处,测点平面布置在距中心4.5m、9.5m、13.5m、16.5m、18.5m、19.5m、20m处,沿两垂直的半径方向布置。温度传感器为PN结温度传感器,温度检测仪采用PN-4C型数字多路自动巡回检测控制仪。

各项监测项目在混凝土浇筑后立即进行,连续不断。混凝土的温度监测,在升温阶段每隔2h巡回监测各点温度一次。到达峰值后每隔4h监测一次,持续5~8天,随着混凝土温度变化减小,逐渐延长监测间隔时间,直至温度变化基本稳定。

2. 温控标准

(1)混凝土绝热温升:30min内不超过30℃;

(2)混凝土内部温度不高于75℃;

(3)混凝土内表温差不超过25℃;

(4)混凝土允许最大降温速率不超过2.0℃/d。

3. 温控实施效果(以Z3主墩为例)

嘉绍大桥Z3主墩承台大体积混凝土第一层浇筑于2010年8月22日20时开始,至23日19时前完成,第二层浇筑于9月12日19时开始,至13日20时前完成浇筑,在未进行通水冷却的前提下,承台大体积混凝土施工质量优良，没有产生有害温度裂缝。

承台大体积混凝土第一次浇筑后升温阶段持续3天，最高温度68.2 ℃，断面最高平均温度66.7 ℃，最大内外温差19.8 ℃，28d抗压强度41.8MPa，28d劈裂抗拉强度3.3MPa；第二次浇筑后升温阶段持续3天，最高温度66.3 ℃，断面最高平均温度64.9 ℃，最大内外温差19.7 ℃，7d抗压强度23.6MPa，7d劈裂抗拉强度2.1MPa，相关试验及分析表明各层混凝土的抗拉强度均大于同龄期降温时产生的拉应力，具有较高的抗裂安全系数(图6、图7)。

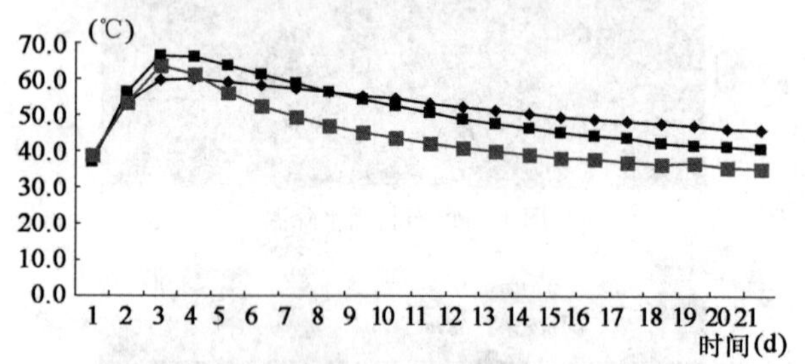

图6 Z3主墩承台大体积混凝土第一次浇筑各层测点温度经时曲线

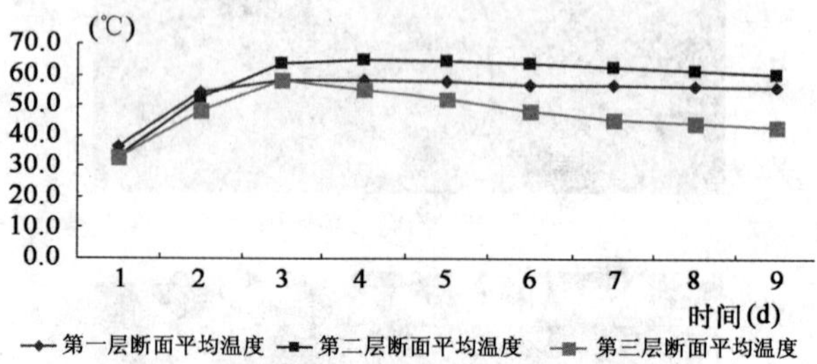

图7 Z3主墩承台大体积混凝土第二次浇筑各层测点温度经时曲线

五、结论及建议

通过嘉绍大桥主桥(北侧)主墩承台大体积混凝土的成功实施，笔者认为有以下几点可供借鉴：

(1)采用密实骨架堆积设计方法对承台大体积混凝土的配合比进行优化设计，利用高掺粉煤灰和矿粉取代部分水泥，可有效降低混凝土的水化温升，提高混凝土的耐久性能和长期力学性能。

(2)温控监测结果表明，通过优化配合比，控制施工过程及做好表面养护，大体积混凝土施工中可以取消冷却水管，达到经济节约、施工方便、保证质量的要求。

(3)施工前对水泥进行提前储存，对砂石等集料采取洒水及遮盖措施，给拌和水加冰，混凝土开盘选择在临近夜间或阴雨天气进行，这些措施可大幅度降低混凝土入模温度，保证温控效果。

(4)大体积混凝土采用顶面蓄水养护，可有效避免表面塑性收缩裂缝的出现。

(5)在仿真计算的基础上，结合海工混凝土施工规范和嘉绍大桥专用施工技术规范要求制定的混凝土在施工期内不产生有害温度裂缝的温控标准符合实际，可指导施工。

参考文献

[1] 中交公路规划设计院有限公司、江苏省水文地质工程地质勘察院等.嘉兴至绍兴跨江公路通道嘉绍大桥工程地质勘察中间报告(施工图设计阶段)，2009年10月.

[2] 中华人民共和国国家标准：大体积混凝土施工规范(GB 50496—2009)，2009年10月.

[3] 交通部公路科学研究院等.嘉绍大桥专用施工技术规范.2009年7月.

51. 嘉绍大桥直径3.8m钻孔桩施工技术研究

代强波[1] 周爱兵 丁 海[2] 杜校祥[2] 宋怀群[2]

(1.中铁大桥局集团有限公司；2 嘉绍跨江大桥工程建设指挥部)

摘 要 本文介绍了ϕ3.8m大直径钻孔灌注桩的钢护筒插打、成孔、钢筋笼安装及混凝土灌注施工工艺和实际效果，并将各工序中容易出现的问题及避免措施进行了阐述，为同类大孔径水上钻孔桩提供了宝贵经验。

关键词 钻孔桩 施工

一、概 述

自20世纪60年代钻孔灌注桩应用于我国的桥梁和港口建筑基础至今,钻孔灌注桩已达150m,最大桩径3m。目前有朝更大桩径发展的趋势。本文着重介绍目前国内桩径最大直径——$\phi3.8$m钻孔灌注桩施工工艺。

1. 工程概况

嘉兴至绍兴跨江公路通道嘉绍大桥第Ⅴ合同段北岸水中区引桥的起止里程为K43+975~K46+425,K46+805~K48+975,全长4480m,采用$\phi3.8$m单桩独柱墩形式,共65个墩,左右两幅布置,每墩1根,桩长105~111m,均为摩擦桩,单桩钢筋笼最大重量71.8t,永久钢护筒直径4.1m,底高程-35.0m,顶面高程与桩顶高程一致,最大重量94.04t,单桩混凝土最大方量1 318.4m^3。

2. 施工条件

1)地质条件

桥址区地层上部为较厚的沉积物地层,泥质粉砂岩、砂砾岩风化层,钻孔桩桩尖处于密实的圆砾、卵石层。

2)水文条件

桥址区潮流为不规则半日浅海潮,水流属往复流,平均高潮位4.02m,平均低潮位-2.41m,潮差6.43m。

二、钢护筒施工

1. 钢护筒长度及分节

根据钢结构加工车间设备起吊能力和现场实际施工情况,将钢护筒分为3节,底节长度为14m,重约42.9t(含刃脚加劲钢板重量);中节长度为14m,重约38.47t;顶节长度17.5m;重约49.1t。

2. 钢护筒下沉施工设备选择

1)钢护筒下沉起重设备

钢护筒下沉施工时,选用中联牌QUY160型160t履带式起重机作为主起重设备,QUY160型履带式起重机在作业半径为8m时最大起重能力为90t,可满足施工需求。

2)钢护筒下沉振动设备

根据图纸及相关资料计算,钢护筒下沉时桩周最大动摩阻力R=6 860kN,选用2台APE400型液压振动锤并联进行插打,振动打桩锤主要技术性能见表1。

APE400B振动打桩锤主要技术性能表 表1

序 号	项 目	单 位	APE 400B	APE 400B并联
1	偏心矩	N·cm	150 000	300 000
2	激振力	kN	3 203	6 406
3	振动频率	r/min	400~1 400	400~1 400
4	振幅	mm	32	30
5	悬挂重量	kg	28 577	47 200

钢护筒总重约130t,振动锤重约58t,故需要激振力为6 860-1 880=4 980kN,采用2台APE400型液压振动锤并联进行插打,2台APE400型液压振动锤并联最大激振力为:6 400kN>4 980kN,可满足施工要求。

三、钻 孔 施 工

1. 钻机选择

根据桩径、桩长及桥址区地层岩性,选用KTY4000型全液压动力头钻机成孔。KTY4000钻机采用动力头旋转钻具,配备恒压自动钻进系统,使用压缩空气气举反循环排渣,适用于大口径钻孔桩施工,具有扭矩大、成孔质量高的性能,可满足本工程施工需求。钻机性能参数详见表2。

KTY4000动力头钻机技术性能表 表2

主要项目		单位	参数
钻孔直径	岩层($\sigma_c \leq 120$MPa)	m	ϕ2.0~ϕ4.0
	岩层($\sigma_c \leq 200$MPa)	m	ϕ2.0~ϕ3.5
最大钻孔深度		m	130
排渣方式			气举反循环
动力头转速及扭拒	转速	r/min	0~6
	扭矩	kN·m	300
	转速	r/min	0~15
	扭矩	kN·m	120
总功率		kW	90×3+15=285
钻杆(通径×长度)		mm	ϕ300×3 000
钻杆单重		kg	1 498
外形尺寸		mm	7 380×7 470×8 160
钻具系统重量按133m计(不含钻头)		t	130

2. 钻孔施工

(1)钻孔前应对钻孔的各项准备工作进行检查,检查机械设备运转情况,开钻前应认真探查护筒内有无钢板、型钢等影响钻孔的异物,检查确认无异常后方可开钻。钻孔时应按设计资料及实际地质情况绘制地质剖面图。

(2)护筒底口部位钻进。护筒内泥浆指标满足要求后可向下钻进成孔,钻进到护筒底口部位时(底口上下各2m左右),使用气举反循环,小气量、轻压、慢转钻进成孔,需特别注意不要让钻头碰挂护筒底口。

(3)护筒外钻进成孔。钻头钻出护筒后,根据地层情况选择钻进参数,以确保孔壁的安全。

(4)钻孔时减压钻进,钻压不得超过钻具重力之和(扣除浮力)的80%,并保持重锤导向作用,保证成孔垂直度和孔形。

3. 泥浆制备

根据现场实际情况,在主栈桥下游侧设置泥浆管道与岸上的泥浆池相连。新开孔施工时,可抽用泥浆池中经过处理的泥浆施工,混凝土灌注时,泥浆通过管道输送至泥浆池处理循环利用。护筒内钻进时,利用原地层自然造浆,钻机至护筒底口以上2m时停止钻进,开始调整泥浆指标,向孔内投入膨润土、碳酸钠、羟甲基纤维素钠(PAC),现场调制泥浆,满足要求后开始向下钻进成孔。岸上泥浆池内有泥浆时,直接利用进行换浆。正常钻进时,每3~6h检测一次泥浆相对密度和黏度并及时调整。

4. 钻孔施工各重点环节的控制

1)护筒内外水头差控制

桥位处潮差较大,平均潮差超过6m,为防止塌孔,保持护筒内水头始终高于高潮位2.5m以上的位置,根据情况通过向孔内补充泥浆提高或者换浆排渣降低护筒内水头高度。

2)钻孔垂直度的控制

为了确保钻孔的垂直度,在钻头上设置配重及钻杆稳定器,使钻具在重力的作用下始终保持垂直向下,同时每天检查一次钻盘水平度和钻杆垂直度情况,发现异常及时调整。

5. 成孔质量检测

换浆清孔使泥浆指标达到验收标准后,拆除钻机钻杆,使用超声波孔壁测定仪测量,检查钻孔桩的孔径、孔深和倾斜度是否符合验收标准。经检查前期施工的42根桩成孔质量良好。表3为钻孔成孔质量验收标准。

钻孔桩成孔质量验收标准 表3

项目	允许偏差
孔的中心位置	50mm
孔径	不小于设计桩径
倾斜度	小于1/200桩长，且不大于500mm
孔深	不小于设计深度

四、钢筋笼施工

1. 钢筋笼加工场地布置

钢筋笼加工场地设置在生产区内，共布置3条生产线，采用长线法施工，现场配备2台26m跨32t龙门吊机。施工前对钢筋笼加工场地地面进行硬化处理，在处理好的地面上浇筑胎模基础，基础间距2.5m。在胎膜基础上安装钢结构胎模，使用经纬仪和水准仪控制其平面位置和高度。

2. 钢筋笼组成及分节

钢筋笼主筋为直径32mmII级钢筋，从桩顶向下50cm每隔2m设置一道∟90mm×56mm×6mm角钢加强箍。螺旋筋为直径10mm的I级钢筋，保护层厚度不小于75mm。每根桩设置4根声测管，并设置4组双回路压浆管及配套的端部压浆器。

钢筋笼按照单根钢筋12m的定尺长度分节吊装对接，共分为9节。主筋接头采用镦粗直螺纹连接器连接，其余钢筋接头采用焊接，钢筋笼主筋接头错开布置，相邻钢筋接头错开距离为1.2m。

3. 钻孔桩钢筋骨架质量验收标准

钻孔桩钢筋骨架质量验收标准详见表4。

钻孔桩钢筋骨架质量验收标准 表4

序号	项目	允许偏差	检验方法
1	受力钢筋间距	±20mm	尺量检查
2	箍筋间距或螺距	0，-20mm	尺量检查
3	钢筋骨架长度	±50mm	尺量检查
4	钢筋骨架直径	±10mm	尺量检查
5	保护层厚度	±10mm	尺量检查
6	钢筋弯起位置	±20mm	尺量检查

4. 钢筋笼下放施工

钢筋笼采用“钢筋笼悬挂环”进行下放。“钢筋笼悬挂环”由卡板和支撑圆环两部分组成，支撑圆环由两个半圆环通过螺栓连接成一个完整的圆环，卡板可在支撑圆环内前后抽动。安装钢筋笼时，将“钢筋笼悬挂环”安装固定在孔口钻孔平台顶面，将吊入孔内的钢筋笼通过加强后的加劲箍悬挂在“钢筋笼悬挂环”上，然后起吊下一节钢筋笼与其对接。

五、混凝土灌注施工

1. 二次清孔

导管安装完毕后，检查孔底沉渣厚度，使用测量绳测量孔深，与终孔时数据比较，沉渣厚度不得大于20cm，否则应进行二次清孔。二次清孔利用导管进行，在导管内插入高压风管，利用气举反循环进行清孔，高压风管长度80m，与钢丝绳捆绑下放，钢丝绳上安装压重型钢，防止高压风管重量过轻被压缩空气顶升上浮在导管内打卷堵管。

2. 混凝土的灌注

1）导管安装

桩身混凝土灌注采用外径为377mm壁厚8mm的快速卡口垂直提升导管。导管采用无缝钢管制作而成，底节长度6m，中间节长度3m，调整节长度1.0m、0.5m，总长度250m（一套作为备用）。

2）水下混凝土灌注

（1）首批混凝土灌注方量计算。首批混凝土的方量应能满足导管初次埋置深度大于等于1.5m和填充导管底部间隙的需要。首批混凝土的数量为：

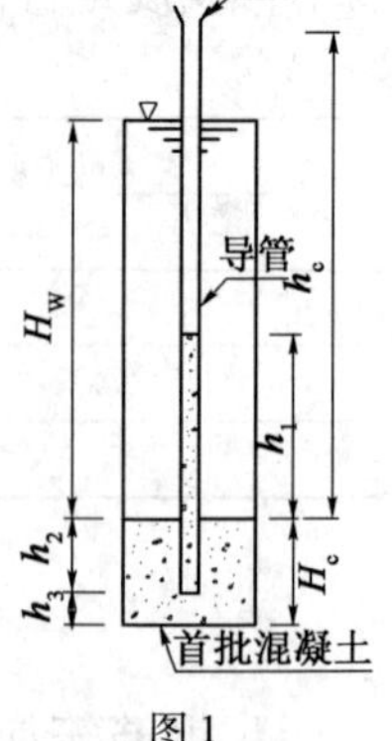

图1

$$V \geqslant \frac{\pi \times d^2}{4} \times h_1 + \frac{\pi \times D^2}{4} \times H_c$$（《公路桥涵施工技术规范》）

式中：V——首批混凝土所需方量（m^3）；

h_1——孔内混凝土面高度达到H_c时，导管内混凝土柱需要的高度（m）；$h_1 \geqslant \gamma_\omega \times H_\omega / \gamma_c$；

H_c——灌注首批混凝土时所需孔内混凝土面至孔底的高度（m），$H_c = h_2 + h_3$；

h_c——孔内混凝土面以上，导管内混凝土柱（计算至漏斗底口）高度（m）；$h_c \geqslant (P_0 \gamma_\omega \times H_\omega)/\gamma_c$；

H——孔内混凝土面以上泥浆深度（m）；

P_0——使导管内混凝土下落至导管底并将导管外的混凝土顶升时所需的超压力，钻孔灌注桩采用100～150kPa，桩径1m左右时取低限，2m左右时取高限；取150kPa；

D——井孔直径（m）；

d——导管内径，取0.361m；

γ_c——混凝土拌和物的重度，取24kN/m^3；

γ_ω——孔内泥浆的重度，10.3kN/m^3；

h_2——导管初次埋置深度，$h_2 \geqslant 1.5$m；

h_3——导管底端至钻孔底间隙，取0.5m。

（2）灌注混凝土前需在填充导管内安设泡沫隔水栓塞，待30m^3储料斗和3.5m^3漏斗储满混凝土后，开始“拔球”灌注水下混凝土。拔球后混凝土要连续灌注，不得停顿，保证整桩在混凝土初凝前灌注完成。

（3）混凝土灌注过程中要有专人测量混凝土面高程，正确计算导管在混凝土内的埋置深度。保证导管埋置深度适当，正确指挥导管的提升和拆除，保证埋置深度按4.0～6.0m进行控制，最大不超过10m。

3. 导管埋深控制

混凝土灌注过程中，沿钻孔桩四周设置4个观测点，定时测量混凝土面高程。导管埋深要求按4.0～6.0m进行控制，最大不超过10m。正常灌注阶段导管每次拆除1节3m标准节段。测量混凝土面高程时，同时了解已灌混凝土方量，用于判断所测混凝土灌注高度是否正确。

4. 桩顶高程控制

混凝土超灌高度为2m。在混凝土灌注完成后，即可用泥浆泵吸掉桩顶泥浆，待强度达2.5MPa以上后可采用人工凿除桩顶混凝土。桩顶混凝土达到10MPa以上后，采用气动工具凿毛，直至桩头混凝土密实无松散层，且凿除后的高程不得高于设计规定值。

5. 压浆管开塞

混凝土灌注完毕12h后24h内，使用高压水对孔底的压浆管开塞，防止包裹的混凝土强度过高无法裂开，同时对压浆管路供应循环水，通水时间不少于24h。

六、施工工艺实践效果

（1）通过对已经完成的ϕ3.8m钻孔灌注桩的客观总结，成桩质量检测结果为I类桩，桩身质量良好，施工周期较短。

（2）主要工序施工时间统计，经对前期已经完成的42根桩的施工记录资料进行整理统计，各主要工序施工时间如下：

表5

工　序	平均时间	工　序	平均时间	工　序	平均时间
钢护筒制作	5d	钢护筒沉放	2.5d	钢筋笼加工	4d
成孔施工	13d	钢筋笼下放	13.8h	水下混凝土灌注	11.8h

(3)施工中几处小细节大大提高了功效、保证了施工质量。

①混凝土灌注时,$30m^3$ 储料斗的运用。大储料斗的运用,不仅保证了拔球时混凝土储备量,而且在正常灌注过程中,即使拆除导管,也可将阀门关上保证两台地泵不间断输送混凝土,大大缩短了灌注时间,确保12小时内完成灌注任务。

②钢筋笼安装时,注意对声测管和压浆管的保护,且每下一节确保清水灌满并能流通,既保证了顺利初裂和桩底注浆要求,又利于成桩检测。截至目前未出现一例因声测管原因而导致初裂、压降或成桩检测困难的问题。

52. 强涌潮区钻孔灌注桩施工关键技术

文洁平　金　鹤　靳翠宏

(广东省长大公路工程有限公司)

摘　要　嘉绍跨江大桥主桥基础采用超长大直径摩擦桩基础,桩长达113m。桥址区地质情况复杂多变,且钱塘江潮强流急,水位落差大,要求有高效的钻孔灌注桩施工技术来确保桩基础施工的优质顺利进行。本文主要介绍嘉绍大桥主桥钻孔灌注桩施工中的钢护筒下放、设备选型、泥浆配制、快速成孔及意外问题处理等关键技术,为其他类似桥梁工程钻孔灌注桩施工提供借鉴和参考。

关键词　钻孔灌注桩　施工　关键技术

一、工程概述

本合同段共有直径2.5m的大直径桩114条,其中Z4号、Z5号索塔基础各设32根,Z3号索塔基础设30根,Z1号、Z2号墩各设10根。所有桩基均为摩擦桩,其中Z3~Z5号索塔基础桩顶高程均为-10.5m。桩端持力层为强风化砾砂岩,Z1号、Z2号墩桩基桩顶标高均为-9.0m,桩端持力层为圆砾层及卵石层,需采用"U"管法进行桩底后注浆。Z3~Z5号索塔基础单桩桩长分别为108m、113m、113m。Z1号、Z2号墩单桩桩长分别为92m、88m。

本合同段所有桩基采用回旋钻机气举反循环成孔,施工平台高程为+10.0m,河床面高程-6.0~-8.0m不等,桩基钢护筒内径2.8m,壁厚20mm,采用Q235A钢,钢护筒底高程为-35.0m。

二、地质情况简介

1. 工程地质

初勘揭示桥址区地层岩性上部为较厚的第四纪松散沉积物地层,下伏白垩系下统(K_1)泥质粉砂岩、砂砾岩风化层,自上而下为:

全新统上部(Q_4^3):主要为冲海积黄色~黄灰色亚砂土、粉砂,松散~中密,厚度10.90~26.50m。

全新统中部(Q_4^2):该层为冲湖积、冲海积淤泥质亚黏土、软塑状亚黏土,厚度16.20~23.00m。

上更新统上部(Q_3^2):该层为冲海积、海积物,岩性为灰黄色粉砂、细砂夹亚黏土、亚砂土,厚度4.50~17.20m。

上更新统下部(Q_3^1):上部为亚黏土、黏土,下部为冲积相灰色密实粉细砂,厚度6.70~17.60m。

中更新统上部(Q_2^2):具有上细下粗的二元结构,下部为冲积相细砂、中粗砂、圆砾、卵石,厚度24.40~45.00m,厚度10.30~11.80m。

白垩系下统(K_1):岩性为泥质粉砂岩、砂砾岩风化层,该层揭露顶板埋深101.40~129.20m。

值得注意的是,桥位区发育一层软土,即②1层淤泥质亚黏土。该层软土水域较厚,一般20~32m,两侧岸上较薄,厚5.0~11.0m,具含水量较大、压缩性高、强度低、灵敏、欠固结等典型的软土特征,为不良地质层(护筒脚所在层位)。

另桥位区发育的亚黏土、黏土层较厚,为制浆的材料,但也是桩基缩孔、糊钻的主要原因。为此,需在超前钻时取样试验以判断其制浆性能如何,以降低制浆成本,提高钻孔功效。

河床面以下约100m处(圆砾、卵石)所取土样,结构松散,无胶结材料,层厚较大,并且接近终孔高程,对泥浆护壁效果要求较高。

2. 水文地质

桥位区的钱塘江河口尖山河段河床宽浅、潮强流急、涌潮汹涌,最大水深10m左右,为非正规半日浅海潮流。水位每日两涨两落,水流属往复流,但不对称性较明显,涨潮流大于落潮流。桥址处无长期潮位观测站,依据桥址断面2003年5月短期观测资料,观测期实测最高潮位5.45m,平均高潮位4.02m;最低潮位-3.15m,平均低潮位-2.41m;最大潮差8.59m,平均潮差6.44m。

本区海水对混凝土具强腐蚀性,对钢结构具中等腐蚀,海水相对密度为1.01~1.027不等。

三、钢护筒下放施工

本合同段所有桩基钢护筒内径2.8m,壁厚20mm,长45 m,钢护筒底高程为-35.0m,顶高程为+10.0m,每条护筒共重64t(含加劲)。

桩护筒均采用Q235A型钢板卷制,平板车分节运输至施工现场,用120t桅杆吊或125t履带吊及100t履带吊辅助分节起吊,ICE-V360液压振动锤、导向架下放。根据导向架设计特点,参考桩位布置,为方便施工,从栈桥侧开始打设,由西往东下沉护筒,导向架定位一次可插打1~3根。

钢护筒施工按拟定顺序进行,选择当天高平潮及退潮流速较低的时间段下沉首节钢护筒。第一节钢护筒下放必须特别注意时机,最好能选择白天的高平潮,且风浪不要太大,有必要时,可以在平潮时用测绳吊一重物至水中,感觉流速(也可用流速仪)。

1. 导向系统测放复核

首先准确定位安装导向架并调水平,测量放样桩基中心顺桥向轴线,在顶推系统上测放出桩基中心点位后,将顶推装置临时固定。

2. 钢护筒起吊及对接

钢护筒顶吊耳穿钢丝绳及卡环,起重吊机缓慢起吊钢护筒,割除下口加劲内撑(需将护筒吊高离平台面1m左右,并在护筒脚下用型钢作板凳垫好),将护筒吊进导向架内。

钢护筒对接时用两台经纬仪监控对接护筒的垂直度,垂直度满足要求后先点焊固定,定型后再正式焊接。垂直度不符时,则用旋转钢护筒或适当割除一点坡口再重新开坡口的办法调节。垂直度的调整可通过导向架上的千斤顶调节,直到护筒轴线在一条直线上。焊接完成后在焊缝外加12块δ14mm钢板加劲。调节好限位,焊缝检查合格后即可进行振动下放工作。

3. 入土前垂直度微调

钢护筒起吊到导向架上相应孔位接长至28m(或在平台胎架上接长至28m)后,用两台经纬仪从两互相垂直的方向监控护筒垂直度满足要求后,将钢护筒缓缓垂直下沉至海床泥面,到深入泥面约1m左右后,测量并重新监控确认垂直度符合要求后桅杆吊快速松钩,保证护筒垂直下沉稳定。如入泥1m左右后垂直度不符合要求,则用千斤顶微调到符合要求后快速松钩下沉,直至护筒顶口下沉到高出导向架顶面1.5m左右进行顶节护筒的对接。如果靠护筒自重下放不到位,则用V360振动锤点振到位后再进行顶节护筒对接。

4. 振动下沉

钢护筒对接好并检查焊缝后，桅杆吊自行脱钩后再用桅杆吊把振动锤起吊到钢护筒顶面，使振动锤液压钳夹紧钢护筒壁。经全面检查无误后，让振动锤先点动，再连动。在下放过程中，需要持续监控钢护筒的垂直度，以取得数据指导下一根钢护筒的施工。每根钢护筒的下沉应一气呵成，不可中途停顿或较长时间间隙，以免桩周土恢复造成继续下沉困难。在振动下放过程中，需要持续监控及调节钢护筒的垂直度。钢护筒下沉时以高程控制，贯入度(5～10cm/min)复核。

钢护筒下放按倾斜率＜1/300；护筒顶面中心位置＜50mm控制(图1)。

图1 钢护筒下放施工照片

5. 钢护筒下放垂直度保证措施

(1)钢护筒选在水流较缓的平潮期间下放。

(2)护筒下放过程中，采用两台经纬仪从两垂直方向对护筒进行动态监控，以取得数据指导下一根钢护筒的施工。

(3)在导向架四周设置四台20t千斤顶随时调节钢护筒垂直度。

(4)首节自重入土1m时即采用顶推装置微调，通过复测后才允许再次下放。

(5)由于V360液压振动锤性能良好，不会产生偏振(液压钳保证)，故只需保证首节钢护筒入土垂直度，就能确保整条护筒下放的垂直度。

6. 钢护筒下放过程中保证护筒不变形的措施

(1)控制好振动锤转速及振动力。

(2)振动下沉一气呵成，中途不停顿，避免桩周土层在液化后重新固结，造成摩阻力增加，保证下沉顺利进行。

(3)对钢护筒底口2m范围内进行加劲；用16mm厚钢板将刃脚整段加强40cm，且设置刃脚减轻阻力，在离底口2m位置用20cm宽钢板条环向加劲。

四、设 备 选 型

针对本合同段桩基桩径大(ϕ2.5m)、地质情况复杂的特点，本工程分别采用嘉力臣TSAR RC-300、嘉力臣TSAR RC-400H液压反循环钻机、KP-3500型全液压回转钻机及ZSD-3000型钻机等共12台进行成孔施工，其中Z3～Z5各配置四台钻机同时施工，均采用气举反循环工艺。配套空气压缩站采用VHP750移动式空气压缩机，最大排气量20m^3/min，最大排气压力1.2MPa。配套泥浆处理站由ZX-250型泥浆处理器、排渣筒、旋流除砂器、泥浆泵(空压机配吸泥管)、钢护筒泥浆池、桩基护筒、及泥浆输送管道等组成优质高效的泥浆循环系统。其中，ZX-250型泥浆处理器最大泥浆处理能力为每小时250m^3，泥浆最小粒径75μm；旋流除砂器则利用容器内的泥浆旋流的动力离心作用，使较重的砂粒与较轻的泥浆分离，根据砂率大小可以调节开关以达到排砂(主要是细砂，考虑使用多个除砂器循环除砂)目的。

五、泥 浆 配 制

鉴于嘉兴至绍兴跨江公路通道桥位处施工条件恶劣，地质条件复杂，成孔要求高，同时为确保钻孔桩承载力，从桩基受力机理出发首先应要求孔壁泥皮薄以提高桩侧摩阻力；其次应要求孔底沉渣少，以提高桩端承载力，为此采用安全可靠、效率高、使用经验丰富的淡水造浆技术，并备海水造浆技术作为施工预案。各墩配套独立的泥浆循环系统，每个墩四台钻机同时钻进时，预计泥浆需求量为2 000m^{3}左右。

泥浆性能质量的好坏直接关系到成孔过程中是否出现坍孔以及涉及终孔后沉淀厚度、含砂率、比重等的问题，因此泥浆的配制选用适合的黏土(浙江安吉优质膨润土，集装箱存放)作为钻孔泥浆；必要时再掺以适量CMC羧基纤维素或$NaCO_3$纯碱等外加剂,保证自始至终达到泥浆性能稳定,沉淀极少,达到护壁效果好、成孔质量高的要求。并根据现场技术人员提供的配合比严格进行配制。桩基主要采用淡水造浆,所需泥浆用泥浆搅拌机(制浆混合漏斗配合空压机)统一拌制、储存再供入桩孔。本项目建立工地泥浆实验室,根据本项目大桥的实际情况,分析钱塘江口区域海水的水质和土质,选用适合的黏土和添加剂,调试配合比,配制性能稳定、沉淀少、护壁效果好、成孔质量高的淡水泥浆。

钻机就位开钻前,利用护筒泥浆制浆池的混合漏斗、搅拌桶、空压机、泥浆泵(吸泥机)及泥浆膨化池等设备按配比把优质黏土、CMC等外加剂制成优质泥浆,一部分可供桩位开钻,一部分储存在储浆池备用。如需调节钻孔过程中的泥浆性能指标,则加入纯碱等分散剂、CMC等提黏剂、降黏剂、钾盐防坍剂等外加剂进行调节,使泥浆性能指标达到可以防止孔内泥浆漏失,并方便钻进,不糊钻且易除砂。另外储浆池要储备浓泥浆$100m^3$以上,以便随时补充(表1)。

泥浆控制指标表

表1

施工状态	地层情况			钻机情况	泥浆性能指标 pH8~10,静切力1~2.5Pa,泥皮厚≤2mm/30min,失水率≤20ml/30min				
	地层描述	层底高程(m)	层厚(m)	转速(r/min)	相对密度	黏度(Pa·s)	含砂率(%)	胶体率(%)	备注
反循环钻进	1_1 亚砂土	-12.16	7	清水钻	—	—	—	—	海水
	1_2 粉砂	-16.06	3.90	清水钻	—	—	—	—	海水
	开孔前	-5.16	—	—	1.03~1.10	18~20	≤1	≥98	置换
	2_1 淤泥质亚黏土	-42.66	26.60	5~7	1.15~1.20	19~21	2~4	≥95	
	2_2 亚黏土	-49.66	7	5~7	1.20~1.30	19~21	2~4	≥95	
	3_3 粉砂	-59.66	10	5~7	1.20~1.30	19~21	2~4	≥95	
	4_2 亚黏土	-71.56	11.9	5~7	1.20~1.30	19~21	2~4	≥95	
	4_3 粉砂	-73.56	2	5~7	1.20~1.30	19~21	2~4	≥95	
	5_1 亚黏土	-81.06	7.5	5~7	1.20~1.30	19~21	2~4	≥95	
	5_2 亚黏土	-83.96	2.9	5~7	1.20~1.30	19~21	2~4	≥95	
	5_3 粉砂	-94.36	10.4	5~7	1.20~1.30	19~21	2~4	≥95	
	5_4 圆砾	-105.11	10.75	4~6	1.15~1.25	20~22	2~3	≥98	
	6_2 圆砾	-115.35	10.24	4~6	1.15~1.20	20~22	2~3	≥98	
	8_2 强风化砂砾岩	-129.77	14.42	3~5	1.13~1.15	18~20	2~3	≥98	
终孔	—	—	—	3~5	1.10~1.12	17~20	<2	>98	
一清	—	—	—	—	1.08~1.10	17~19	≤1.5	≥98	
二清	—	—	—	—	1.06~1.10	17~19	<1	>98	

六、成孔及意外情况处理

1. 快速成孔

成孔过程分为三个阶段:护筒内钻进阶段,土、砂、圆砾等地层内钻进阶段和风化岩地层阶段。

在钢护筒内成孔施工中,对合金刮刀钻头进行改装,在钻头四周均匀加设ϕ32mm钢丝绳,从孔口开始扫孔,一直扫到离护筒底口约1m处。在扫孔过程中,每根钻杆均需来回扫2~3次,确保护筒内壁的干净。每小时进尺控制在2~4m左右,孔内适当补充清水(图2)。

护筒底口以上1m至风化岩以上调换未安装钢丝绳的合金刮刀钻头。开钻时钻头反循环空转,启动泥浆循环系统,用储浆池内的新鲜优质泥浆置换孔内泥浆。在配置好的优质泥浆护壁下进行反循环减压钻进。在护筒口附近慢速钻进,形成稳定孔壁,每小时进尺控制在0.2~0.5m左右,钻头出护筒2~3m后恢复正常钻进。根据不同土层的特点,在钻孔过程中要及时调整护壁泥浆指标和钻进速度,每小时进尺0.5~1.5m。

风化岩地层采用进口镶齿牙轮钻头中速钻进，这样可以保证钻进效率，特别采用进口牙轮钻头后可以节省牙轮修理时间，缩短成孔时间。

图2 钻孔灌注桩成孔施工照片

2. 意外情况处理

塌孔、扩（缩）孔等事故往往是由于对地质情况研究不够，对护筒内外水头差、泥浆控制、不同地层的进尺速度等施工细节把握不到位等因素引起的。

1）塌孔

（1）表现现象：钻孔过程中，孔内水位突然下降，孔口冒水泡，钻机负荷明显增加。

（2）分析原因：泥浆性能不能满足维护孔壁泥皮作用；护筒内外水头压力差过大；松软砂层中，钻进速度太快。

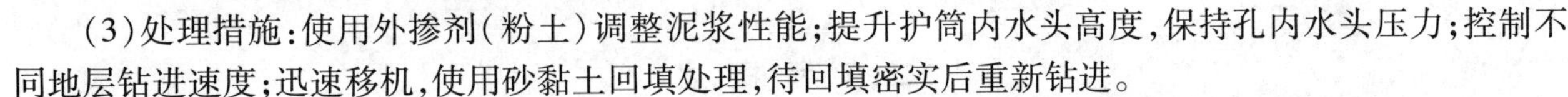

（3）处理措施：使用外掺剂（粉土）调整泥浆性能；提升护筒内水头高度，保持孔内水头压力；控制不同地层钻进速度；迅速移机，使用砂黏土回填处理，待回填密实后重新钻进。

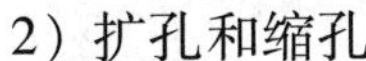

2）扩孔和缩孔

（1）表现现象：孔内水位缓慢下降（扩孔现象不是很明显）；钻头提拔不起；钢筋笼不能正常下放。

（2）分析原因：扩孔实质为轻度塌孔，为钻进过程中摆动幅度过大、钻进地层中泥浆护壁不良及地层中地下水影响；缩孔可能原因为钻头补焊不及、磨损过大及钻进地层中有软塑土膨胀。

（3）处理措施：（扩孔）控制钻进过程中钻头摆动幅度；调整泥浆性能，慢钻控制钻进速度；（缩孔）补焊钻头、重新钻进；调整泥浆性能（失水率及黏度），快钻慢进以保持孔壁稳定。

在嘉绍大桥桩基础施工过程中，曾出现 Z4－9 卡钻及 Z5－9 断钻杆的意外情况，究其原因均为钻头补焊不及时导致卡钻甚至断钻杆。出现意外情况后，立即调整泥浆性能，抢捞钻头，24 小时内排除了故障。

七、结　语

Ⅳ合同段共有直径 2.5m 的超长灌注桩 114 条，钢护筒下放倾斜率均 <1/300；护筒顶面中心位置 <50mm。钻孔灌注桩终孔后灌注前泥浆黏度均为 17～19s，相对密度 1.04～1.10，含砂率≤1%，胶体率≥98%，其中 60% 以上的桩基终孔泥浆胶体率达到 99% 以上。自 2009 年 8 月下放钢护筒至 2010 年 6 月桩基全部完工共耗时 10 个月，其中成孔快又好的桩基仅用了 6 天时间。经超声波检测，Ⅳ合同段的 114 根灌注桩成桩均为Ⅰ类桩。

在嘉绍大桥主桥钻孔灌注桩的实际施工中摸索出了一套适用于超长大直径摩擦桩基础，且地质情况复杂多变，潮强流急，水位落差大的桩基工程钢护筒下放、设备选型、泥浆配制、快速成孔及意外问题处理的施工技术方法，确保了桩基础施工的顺利进行和成孔、灌注质量，成桩质量效果明显，可以为类似桩基础施工提供借鉴。

53. 强潮区大型双壁钢围堰的沉放及精度控制

谭立心[1]　李嘉明[1]　陈　秀[1]　于长海[2]　张　牧[2]
（1. 广东省长大公路工程有限公司；2. 嘉绍跨江大桥工程建设指挥部）

摘　要　本文以嘉绍跨江大桥主墩双壁钢围堰施工为例，介绍了强涌潮条件下对双壁钢围堰下放过程中的平面位置、垂直度及吊点荷载的控制方法，并根据监控结果采取相应的措施对钢围堰姿态进行调整，确保双壁钢围堰的下放精度满足平面偏差≤10cm，垂直度≤1/300的规范要求。

关键词 双壁钢围堰 平面位置 垂直度 吊点荷载 监控 精度控制

一、引　言

随着科学技术的发展，桥梁深水基础的规模及施工难度越来越大，另一方面，解决深水基础施工的技术措施亦得到迅速的提高和发展。

嘉绍跨江大桥桥位处潮强流急，涌潮汹涌，冲淤剧烈，主航道桥基础采用深埋式承台，施工难度极大。经过全面、认真比选，承台采用无底双壁钢围堰施工工艺，钢围堰利用计算机同步控制下放入泥、多途径控制吸泥下沉的技术，通过计算机控制系统、定位导向系统及测量监控系统对钢围堰的平面位置、垂直度及吊点荷载在下放及下沉的全过程进行监控和调整，保证恶劣条件下下放的双壁钢围堰精度满足规范要求，成功解决了强涌潮水域大型双壁钢围堰下放的施工难题，为今后类似工程提供了经济、可靠、实用的施工技术。

二、工 程 概 述

嘉绍跨江大桥主航道桥为70 + 200 + 5 × 428 + 200 + 70 = 2 680m的六塔独柱四索面钢箱梁斜拉桥（图1）。主塔桥墩采用群桩基础。主墩承台均为深埋式圆形承台，中塔承台几何尺寸为ϕ40.6m × 6m，边塔承台几何尺寸为ϕ39m × 6m，承台顶面高程 - 4.5m。

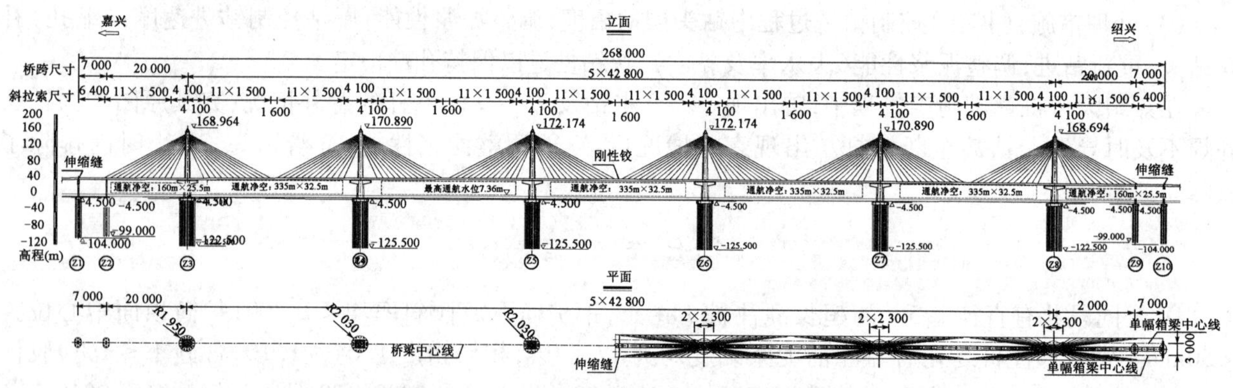

图1 嘉绍跨江大桥主桥桥型布置图(尺寸单位:mm)

嘉绍跨江大桥建设条件特殊，桥位所处的钱塘江河口尖山河段是世界三大强潮河口之首，桥址处无长期潮位观测站，依据桥址断面短期观测资料，观测期实测最大潮差8.59m。河床原始高程 - 5.0m左右。依据浙江省水利河口研究院成果，桥位处100年一遇设计涌潮高度为3.0m，5年一遇设计涌潮高度为2.5m。涌潮试验得到桥位附近涌潮流速可达9.0～10.0m/s。涌潮产生的水压力可达70kPa，施工期冲刷可达19m。

三、双壁钢围堰结构及形式

双壁钢围堰由内外壁板、竖向次梁、环向钢板、水平斜撑、隔舱板及其他附属工程组成。

钢围堰平面为圆形，内径40.6m，壁厚1.5m；双壁部分高24m，单壁部分高2.5m，总高度26.5m。综合运输、安装及拆除的因素，钢围堰竖向分节高度为7.5m + 12m + 4.5m + 2.5m，主墩围堰每节分成16块加工、安装。为了下放过程中方便配重，每两个隔仓通过密闭的隔仓板形成封闭隔仓。

钢围堰内共浇筑C20仓壁混凝土高13.5m，约2 400m^3。钢围堰的主体钢材均为Q235B钢，单个围堰钢结构重量810t，下放重量1 050t（图2）。

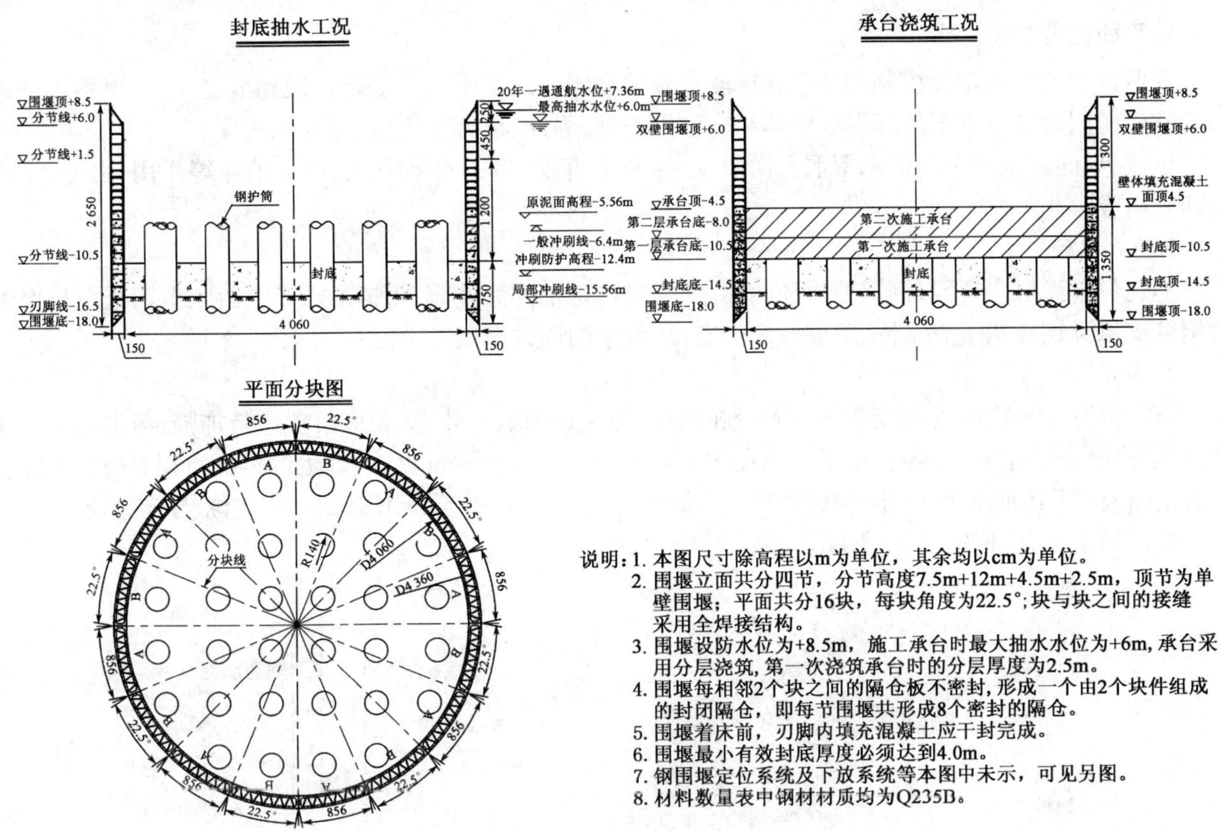

图2 主墩双壁钢围堰总体平面布置图

四、双壁钢围堰下放控制的难点

钢围堰在墩位处的拼装平台上拼成整体后由六台300t千斤顶通过计算机控制同步下放入泥，再利用吸泥设备吸泥下沉，同时注水及浇筑仓壁混凝土纠偏及辅助下沉。整个下放过程的难点如下：

(1)流速急，涌潮压力大。通过实测数据及计算分析，急流及波浪产生的水平力约9 000kN，涌潮冲击围堰产生的瞬时水平力约7 000kN。强大的水平荷载对钢护筒的安全、围堰的局部受力及平面位置的保证带来极大的挑战。

(2)潮差大。由于桥位处的特殊水文条件，大潮期间在短时间内（一般为3个小时）的潮差变化可达8m以上，由潮差变化引起的荷载变化超过16 000kN，如果不能有效、及时地进行加、卸载，很有可能造成承载系统垮塌，带来严重的质量、安全事故。

(3)冲淤剧烈。围堰入泥后，水流形态发生极大改变，局部冲刷大大增加。经过下放过程的实时测量，局部冲刷最深的一天达到4.2m，淤积最大的一天达到2.3m。严重的冲淤变化，导致围堰局部刃脚被掏空或围堰埋深大大增加，从而极有可能导致吊点荷载不均，围堰发生偏位，无法下沉或垂直度超标，施工无法进行。

五、双壁钢围堰的下放及精度控制

针对强涌潮区双壁钢围堰下放直接面对的各种困难，采取了有效的解决措施进行应对：

(1)通过定位、导向系统来控制平面偏位和垂直度，同时将水平荷载均匀传递到钢护筒群。

(2)通过计算机控制系统对吊点荷载的监控，来指导围堰舱壁内的加、卸载以及围堰内、外的吸泥，以避开潮差大、冲淤剧烈的影响。

(3)通过测量预报系统对围堰姿态进行分析、计算,对河床面进行测量,来验证定位、导向系统及计算机控制系统的工作是否正常,同时指导围堰的下放及纠偏施工。

1. 平面位置控制

双壁钢围堰平面位置控制的重点在于能有效地将强大的水平荷载进行传递和消能,在约束钢围堰的移动空间的同时又不至于破坏围堰壁体结构和钢护筒,为此,设计了定位、导向系统。

定位、导向系统兼有约束钢围堰平面位置、控制垂直度、传递水平荷载、缓冲消能等作用,由上、下定位两层组成。

1)上定位

上定位呈弧形,半径与钢围堰内径匹配,固定在桩基钢护筒外侧,根据吊点布置由三至四根钢护筒通过钢管支撑及钢板箱组成一体,形成一个上定位,每个围堰共有四个上定位。

2)下定位

下定位呈内凹弧形,半径与钢护筒外径相匹配,焊接在围堰壁体上,相应位置进行加强,与围堰形成整体,便于传递水平荷载。下定位位于下锚点的下方、刃脚以上约1.5m处,与邻近的钢护筒相对应。下定位随着钢围堰的下沉而下沉,下定位共布置8个,每两个下定位与一个上定位形成一组定位、导向系统。

钢围堰上、下定位见图3~图6。

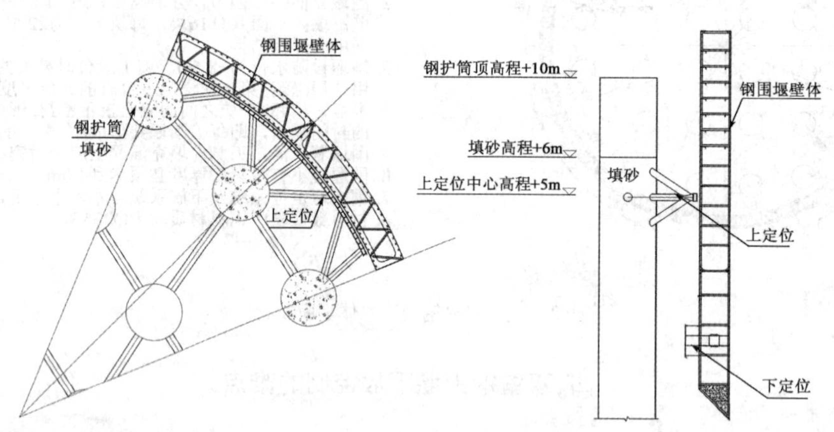

图3 钢围堰上定位平面及立面布置图

上、下定位外侧均固定一块3cm厚橡胶件,缓冲钢围堰及钢护筒承受的冲击力。上定位与钢围堰间以及下定位与钢护筒间的空隙均为5cm,以确保平面精度不超过10cm。另外,为保证钢护筒不被破坏,在相应的钢护筒内灌砂并振捣密实,增加钢护筒刚度。

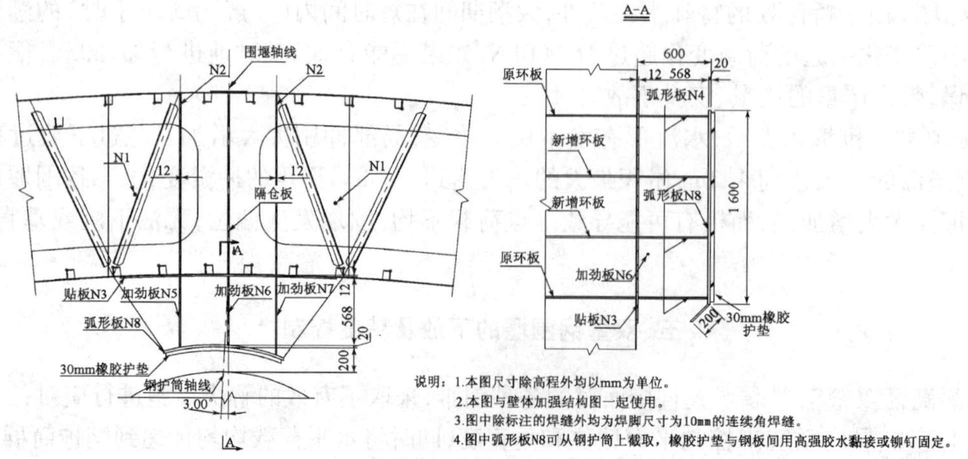

图4 钢围堰下定位平面及立面布置图

图5 钢围堰上定位布置

图6 钢围堰下定位布置

2. 吊点荷载控制

吊点荷载控制是钢围堰下放的核心环节,它不仅关系到钢围堰下放系统的安全,还可用于指导舱壁内注水、连通管开闭、仓壁混凝土浇筑以及辅助纠偏等。

吊点荷载控制由计算机控制系统完成。该系统主要由计算机控制中心(1个)、液压千斤顶(300t,6台)、液压泵站(2台)、行程传感器(6套)以及压力传感器(6套)组成。控制过程如下:

多台液压千斤顶受载、处于下放状态时,压力传感器将相应的千斤顶荷载信息传递到计算机控制中心,经计算机控制中心反馈后,技术员下达指令或系统自动下达指令,通过调节液压泵站的比例阀,控制油缸缩缸速度来实现合理分配下降荷载,达到控制吊点荷载的目的。由于液压系统调节线性度较好,荷载均衡调节对结构本体带来的附加荷载极小(图7)。

同样的原理,千斤顶下放时,各个行程传感器将对应的油缸伸缩量(即下放高度)传递到计算机控制中心,技术员可直观地从操作界面上了解到各个吊点的下放行程及同步性能(可精确到1mm),从而进行正确的决策(图8)。

图7 液压泵站

图8 计算机控制中心

另一方面,计算机控制中心对各个千斤顶既可实行联动,也可根据需要单独动作,从而更加灵活的实现了吊点荷载控制和行程控制(表1、图9)。

双壁钢围堰下放吊点荷载控制指标 表1

控制过程	控制部位	控制参数	处理措施
下沉过程	单个千斤顶索力 Q	$Q \geqslant 200$kN	<200kN时,停止下放,吸泥助沉
配重或退潮过程以及冲刷剧烈时	单个千斤顶索力 Q	$Q \leqslant 1\,500$kN	>1 500kN时,停止配重,或卸载,千斤顶下放

3. 测量监控

双壁钢围堰的下放及下沉均是一个动态的过程,围堰姿态及河床标高时刻变化,因此,必须建立测量监控系统,实时掌握各种参数,一方面验证平面位置及吊点荷载控制的有效程度,另一方面预测围堰姿态变化情况,同时指导吸泥及纠偏工作。

测量监控分两部分,一是围堰姿态(包括平面位置及垂直度)监控,二是河床标高监控。

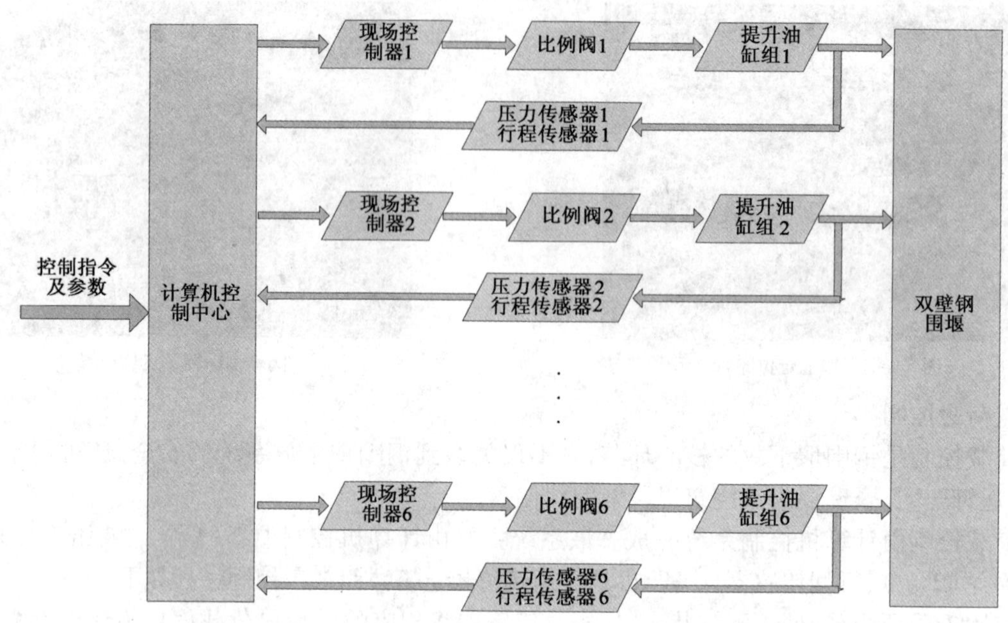

图9　双壁钢围堰下放动作同步控制及荷载均衡控制框图

围堰姿态监控通过放置在围堰中心的一台全站仪，测量围堰顶部四个不同方向的棱镜坐标变化来推算平面位置偏差及垂直度情况（图10、图11）。

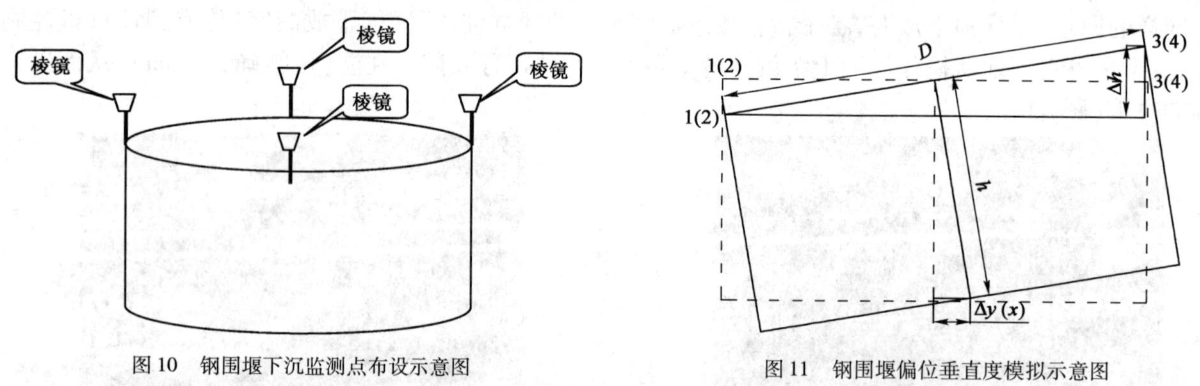

图10　钢围堰下沉监测点布设示意图　　　　图11　钢围堰偏位垂直度模拟示意图

河床高程采用SSH型超声波测深仪测量，高程监测点布设在钢围堰圆周区域处，共16个，内、外圈附近各均匀布置8个。河床高程监测的同时推算刃脚埋深。

测量监控频率：

（1）围堰全面入泥前，正式下放过程中，每下放1m，测量围堰顶四个点的三维坐标。

（2）围堰入泥时，必须全面测量，精确调整围堰姿态。

（3）围堰全面入泥后，每2小时测量一次，指导吸泥及纠偏。

（4）河床高程及刃脚埋深等每天测量4次。

4. 垂直度控制

双壁钢围堰的垂直度是衡量下放施工质量的重要指标之一。它的偏差大小不仅影响围堰的结构受力，严重的话还可能给下沉施工带来困难。

垂直度控制过程实质上就是一个不断纠偏的过程。控制的依据一是测量监控的结果，二是计算机控制中心反馈的行程传感器的结果。控制的方法一是充分利用吊点的荷载控制，在下沉多的一边适当伸缸，在下沉少的一边适当缩缸；二是充分利用配重，在吊点荷载允许的前提下，增加下沉慢的一边的重量，加速下沉；三是调整吸泥位置，利用吸泥来减小下沉阻力；四是通过定位、导向系统约束钢围堰，确保垂直度的偏差在可控的范围内。

六、结　语

嘉绍跨江大桥是唯一一座真正在钱塘江强涌潮区施工的桥梁，经过近半年的努力，主航道桥北侧(Z1-Z5墩)5个无底双壁钢围堰均经历天文大潮及汛期的考验，依次顺利下沉到位。

经业主、测控中心等多家单位检查，所有钢围堰在下沉到位后的平面偏差在5~8cm以内，垂直度在1/400以上，精度均优于《嘉绍大桥专用技术规范》要求。实践表明，针对强涌潮等特殊条件而采用的双壁钢围堰下放及精度控制措施有效、可靠，为恶劣环境下的深水基础施工提供了一种新的思路和方法。

参考文献

[1] 韩海骞，吴辉，郦丽娟，等.嘉兴至绍兴跨江公路通道杭州湾大桥桥墩局部冲刷模型试验研究报告. 2008年2月.

[2] 杨火其，周建炯，金凯良，等.嘉兴至绍兴跨江公路通道杭州湾大桥涌潮作用力模型试验研究. 2008年3月.

[3] 沈尧峰，何文亮，等.嘉兴至绍兴跨江公路通道杭州湾大桥水文补充测验. 2007年10月.

54. 吹砂围堰施工技术在嘉绍大桥的应用

杨　涛[1]　梁　震[1]　褚武越[2]　刘增永[2]　刘　毅[2]

(1. 路桥集团国际建设股份有限公司；2. 嘉绍跨江大桥工程建设指挥部)

摘　要　文章所述的吹砂土围堰常用于靠近河岸、浅水区施工，工艺施工方便、快捷，成本低。本文结合该工艺在嘉绍大桥南岸跨堤区引桥施工中的应用，介绍了吹砂土围堰在一定区域施工具有的优点和成功经验。

关键词　吹　砂　土围堰

一、引　言

嘉兴至绍兴跨江公路通道嘉绍大桥南岸跨堤引桥上部为(50+90+70)m预应力混凝土连续箱梁桥，下部为实心片墩，承台采用圆形承台，承台下设ϕ1.8m的钻孔灌注桩。

桥址所处的钱塘江河口尖山河段河床宽浅、潮强流急、涌潮汹涌。桥区水域涨落潮流路分歧，河床底质颗粒较细，起动流速低，易冲易淤，河床变化剧烈。依据桥址断面2003年5月短期观测资料，观测期间实测最高潮位为+5.45m，平均潮位4.02m，最低潮位-3.15m，平均低潮位-2.41m，最大潮差8.59m，平均潮差6.44m。100年一遇设计涌潮高度为3.0m，5年一遇设计涌潮高度为2.5m。桥址河床从上往下依次为粉土、粉砂和淤泥质粉质黏土。

二、工艺的提出

按照原投标方案，对于水中墩施工，拟采用钢围堰或钢板桩施工，但根据水中墩所处位置，采用上述施工难度较大，不可预见性因素较多，具体如下：

(1)水中墩所处位置靠近栈桥桥台，河床底在施工栈桥时抛填了大量片石，钢围堰、钢板桩沉设难度较大。如在下沉过程中碰到大块孤石，处理难度大，且围堰能不能顺利完成直接影响到后面承台、墩身施工，其质量出现问题则影响承台施工安全性，从而影响施工工期。

(2)施工周期长。

(3)潮汐涨落对河床的冲刷较大，不可预见性因素较多。

三、工艺的可行性分析

我们通过实地勘察、计算分析,并经多方调研、咨询和讨论,认定土围堰方案可行,施工质量、安全有充分的保障。依据如下:

(1)水中墩水位不深,根据观测,平均为3.5m,且与大堤距离较低,便于砂袋围堰施工。

(2)砂袋围堰工艺,在邻近的钱塘江九桥和钱塘江八桥施工中已经先后采用,方便、快捷和节约工期的效果非常明显。而作为本合同工程的再次采用,其意义大不相同,我们将认真考虑和分析嘉绍大桥所处钱塘江特有的潮流冲击影响,将这一工艺技术更加深入地应用、改进、总结和推广。

四、施工工艺介绍

1. 准备阶段

前对工程水中墩承台的施工,我们多次组织公司、协作方有经验的专家和技术人员到场踏勘、指导,在充分考虑和分析各种实际因素影响的基础上,放弃了最初的双壁钢套箱方案和第二次的钢板桩围堰方案,并最终确定了吹砂围堰工艺方案。

2. 围堰实施阶段

(1)测量放样。在围堰施工前测量对围堰区域关键点进行放样,确定围堰内边线。确保围堰符合作业空间要求。

(2)吹砂设备就位。吹砂设备布置在距离围堰放样线外侧约20m处,以确保围堰的安全。

(3)尼龙编织袋铺设和袋内吹砂。编织袋铺设时严格按照测量放样的围堰边线进行铺设。在铺设好编织袋后接好管子向编织袋内注入砂、水混合物,水从编织袋的孔隙排出,砂则留在编织袋内,直至整个编织袋被砂填充满。在完成一层后随即进行下一层的施工。每层砂袋外侧(迎水面)均按照1: 0.875的坡度收拢,如此循环直到设计高程。

3. 围堰内施工阶段

围堰完成后,对围堰内进行清淤、井点降水、基坑开挖、抛填宕渣找平,将围堰内施工转换为常规陆地区施工,最后采用常规工艺施工承台钢筋、混凝土。

五、工艺过程克服的难题及采取的措施

1. 施工可操作性

吹砂围堰施工先通过简易浮桥将编织袋按原设计方位准确定位,再将连接污水泵的水管的另一端穿入编织袋内,然后用高压水枪将选好的砂性土冲成水泥浆,再通过污水泵将水泥浆吹进特制的编织袋里。当砂在编织袋内渐渐沉淀之后,编织袋就会沿着设定好的位置慢慢沉至河床。当编织袋尘满砂粒之后,再换一只重复同样的工序,这样完成一层大约高0.5m左右,就这样一层一层叠加起来就形成了围堰。然后在围堰内进行清淤、井点降水、基坑开挖、抛填片石找平,将围堰内施工转换为常规陆地区施工,并最后采用常规工艺施工承台钢筋、混凝土(图1)。

2. 抗冲刷稳定性

针对本工程特点,其围堰高度约7.3m,且地基土质条件较差,河床下为软弱土层,承载力较低,采用T形斜坡断面稳定性较强。土料用量虽然较大,但可就地就近取材(图1)。

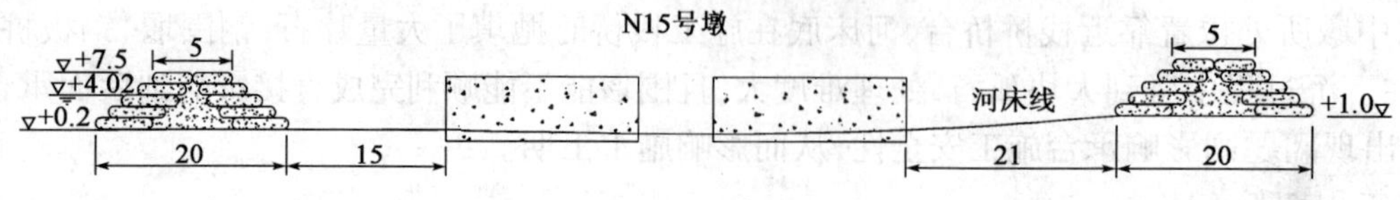

图1 吹砂筑堰(尺寸单位:m)

由于处于钱塘江中,不利于基础清淤和基础的清理,可能会产生沉降,施工时围堰高度要预留一定沉降量。

3. 防水渗透性

由于聚乙烯、聚丙烯等土工织物具有较高的强度和抗腐能力,砂土袋又具有一定的防水性、力学强度,能不同程度地起到隔离和加筋增强的作用。

为确保吹砂围堰的防水效果,桥址附近必须要有含砂量在70%左右的砂性土作为填筑材料。

六、研究取得的成效

1. 吹砂围堰方案的经济成效

15 号墩采用钢板桩围堰与吹砂围堰施工节约费用:345 660 元(表 1)。

15 号墩围堰成本对比表 表 1

15 号墩钢板桩围堰施工费用

名　称	型号	单位	工程量	单价	合价(元)
钢板桩打拔人工费	21 ×0.4	根	230	3 000	690 000
钢板桩租金	21 ×0.4	m/月	4 830	0.7	202 860
钢围囹施工		t	27	1 000	27 000
小计					919 860

15 号墩土围堰施工费用

名　称	单位	工程量	单价	合价(元)	
吹砂围堰施工	m	261	2 200	574 200	
				574 200	

该工程采用吹砂围堰的方案后,18 天即完成 15 号墩位围堰工程,比采用钢套箱围堰和钢板桩围堰方案最少快 1 个月且节省工程费用。用吹砂围堰施工方案进行 15 号墩、17 号墩、18 号墩承台施工比用钢板桩围堰施工节约成本合计 601 636 元。

2. 研究成效

通过对吹砂围堰研究后实施,我部的水中墩承台施工取得了明显的效果(表 2)。

施 工 效 果 表 表 2

项　目	施工可操作性	抗冲刷稳定性	防水渗透性
吹砂围堰	吹砂围堰所用砂现场现取、操作简单、易行	吹砂围堰抗冲刷稳定性良好	吹砂围堰结合井点降水施工防水渗透效果良好
结论	嘉绍跨江大桥吹砂围堰结合井点降水施工的效果很好,达到了预期目标		

七、工艺推广的意义

近年来,随着路桥行业设计施工技术的革新和进步,越来越多的跨越大江、大河和深水海峡的“高、新、特、大、难”桥梁不断涌现和建设通车。作为水中基础施工的工艺方案,钢套箱围堰、双壁钢围堰和钢板桩围堰已经应视成为主流的围堰施工措施,土石围堰、砂袋围堰由于其自身的局限性(不适用于深水区作业)逐渐被舍弃,甚至于已经成为建筑行业实力竞争的牺牲品(很多施工企业为了彰显技术实力、增加竞争力，在施工中往往片面的、盲目地追求高新技术的应用）。但是，换一个角度来讲，土石围堰在江河、湖泊、海洋靠近陆地区、浅水区和季节性枯水河流断面作业的应用方面还是有着独特的优势，尤其是经过工艺改良后的砂袋围堰，稳固性、抗渗性和适应性不断增强。它们具有就地取材、施工工艺简单、工期短、投资小、拆除方便、不污染环境等优点。土围堰实景见图2。

图2　土围堰实景

55.嘉绍大桥钢箱梁预拼装技术研究

王作臣　邢宪伟　李　铭　邵天吉
（中铁山桥集团有限公司）

摘　要　本文根据几何控制法理论，对嘉绍大桥钢箱梁总拼时梁段间接口匹配匀顺、梁段预拼装线形的控制等关键技术进行讨论和研究。

关键词　嘉绍大桥　钢箱梁　几何控制　关键技术

一、工 程 简 介

大跨度桥梁是国民经济和社会发展的重要基础设施，也是交通行业新技术集中应用与创新的综合体现。经济建设的高速发展对重大交通基础设施建设不断提出新要求。北起嘉兴海宁，南接绍兴上虞的嘉绍大桥采用典型的斜拉桥设计，主航道桥为世界上首座六塔柱四索面分幅钢箱梁斜拉桥，其跨径为70＋200＋5×428＋200＋70＝2 680m，钢箱梁按两个行车道方向分为两幅独立的箱梁，单幅箱梁两侧各设有斜拉索锚固点，为栓焊流线型扁平钢箱梁，梁高4.0m，单幅梁宽24m，两幅梁间横梁长9.8m，全幅总宽55.6m，全桥钢箱梁除刚性铰外划分为A～J共13种类型梁段，共计374个梁段（单幅），71个箱形横梁以及32道工字形横梁（图1）。

嘉绍大桥的建设将大大缩短杭州湾两岸的时空距离，对长三角经济一体化和产业结构调整升级起到极大的促进作用，社会经济效益显著。

二、嘉绍大桥钢箱梁预拼装技术解析

嘉绍大桥为独特的连续五跨，双幅四索面设计，同时按照行车道方向分为两幅独立箱梁，部分箱梁之间还有不同形式的横梁连接，这一造型的桥梁，在国内还是首创。独特的钢箱梁结构形式也是首次出现，如何保证嘉绍大桥钢箱梁、中间横梁连接等构造特点以及制造、预拼精度要求是一项新的挑战（图2）。

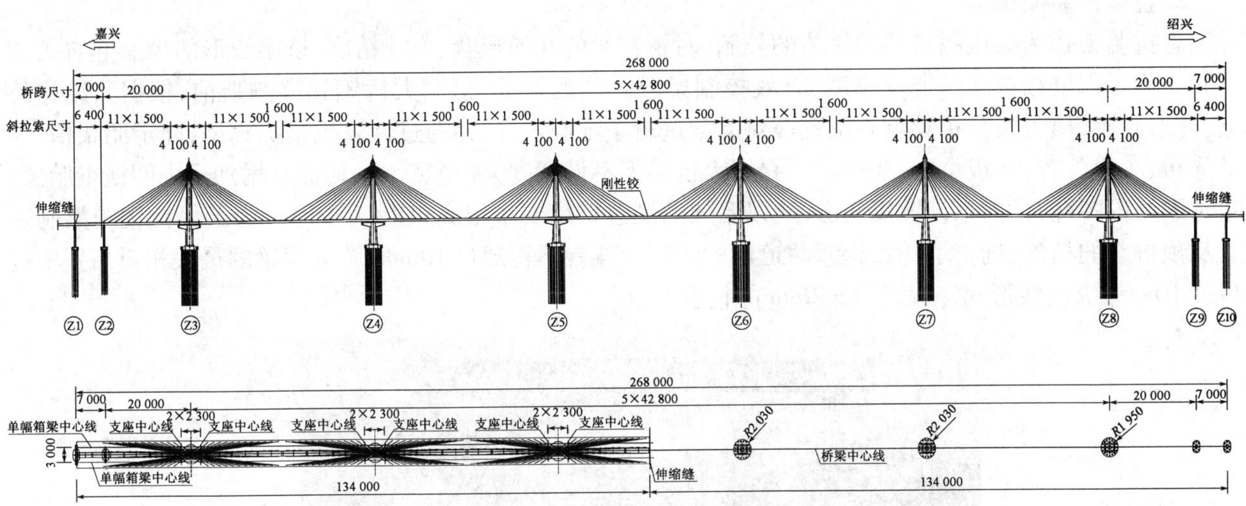

图1 嘉绍大桥总体布置图(尺寸单位:mm)

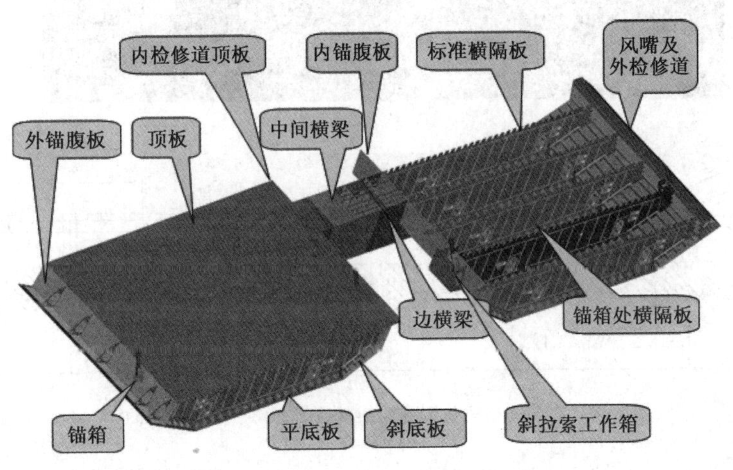

图2 钢箱梁整体效果图

1. 计算机模拟

由于嘉绍桥钢箱梁制造采用多梁段连续匹配,组装、焊接、预拼装一次完成的工艺,所以在制造开始前,根据监控单位给定的顶、底板单元长度、梁段间角度、高程以及根据温度变化、配切量确定的工艺间隙、梁段摆放位置等数据在计算机上进行钢箱梁无应力制造线形 1:1 模拟,通过模拟可以得到钢箱梁各位置高程、各板单元定位尺寸、隔板倾斜量、各板单元的精确位置等指导钢箱梁制造及预拼装的重要数据(图3)。

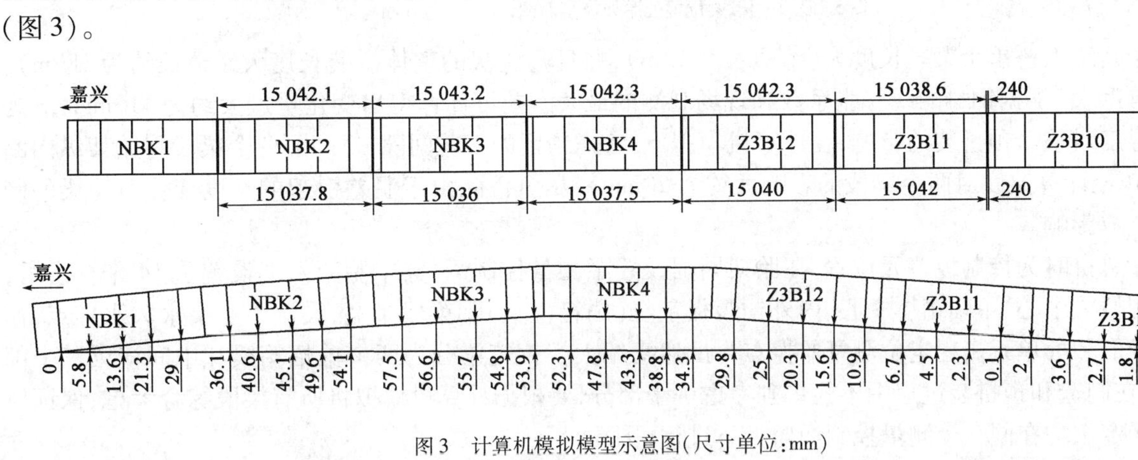

嘉兴
15 042.1 15 043.2 15 042.3 15 042.3 15 038.6 240
NBK1 NBK2 NBK3 NBK4 Z3B12 Z3B11 Z3B10
15 037.8 15 036 15 037.5 15 040 15 042 240

嘉兴
NBK1 NBK2 NBK3 NBK4 Z3B12 Z3B11 Z3B10
0 5.8 13.6 21.3 29 36.1 40.6 45.1 49.6 54.1 57.5 56.6 55.7 54.8 53.9 52.3 47.8 43.3 38.8 34.3 29.8 25 20.3 15.6 10.9 6.7 4.5 2.3 0.1 2 3.6 2.7 1.8 0.9 0

图3 计算机模拟模型示意图(尺寸单位:mm)

2. 整体拼装胎架

总拼胎架作为梁段制造及预拼装的外胎，对钢箱梁的几何形状、尺寸精度、桥梁线形的控制起着关键作用。为了保证板单元的定位精度，有效控制梁段拼装的尺寸，嘉绍大桥钢箱梁制造前，根据其结构特点、外形轮廓、横隔板分布及重心位置等对胎架进行了精心设计，并通过计算机模拟模型，确定胎架横、纵梁分布、车道位置、牙板位置、线性等。嘉绍大桥胎架不但宽度大（全宽56m），而且增加了中间横梁胎架，同时因结构特殊，横向不设置反变形，所以胎架的制造精度要求很高（图4、图5）。为了保证钢箱梁制造以及预拼装的精度，确定了任意相邻两道横梁的间距偏差不得超过10mm，胎架横梁的最大相对高差不得超过10mm，纵向线形允许偏差为±2mm的精度要求。

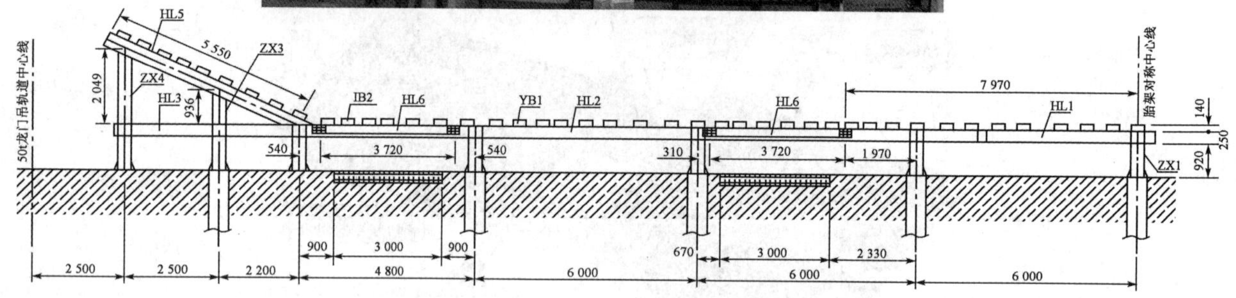

图4 有中间横梁位置处胎架横截面图（尺寸单位：mm）

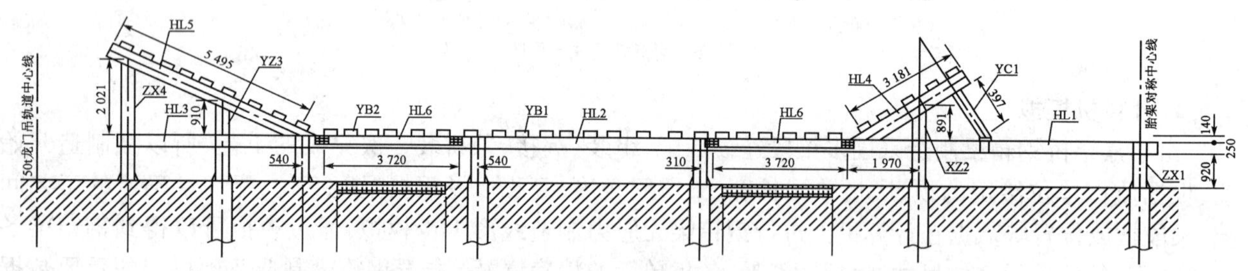

图5 无中间横梁位置处胎架横截面图（尺寸单位：mm）

由于嘉绍大桥单个梁段长度大（节段长度15m），并且每轮次的整体拼装长度大（最长约为189m），温度影响巨大（根据钢材的线膨胀系数和现场观测的最大温差可计算得出变化量最大约为110mm）。为了消除温度对整个预拼装的影响，在计算机模拟下，考虑预留的工艺间隙，每间隔两个梁段将胎架纵向断开30mm（经计算温度对两个梁段的影响大约为20mm），尽量消除由于温差引起的长度变化对箱梁的制造精度造成影响。

梁段总拼时为控制板单元位置，在胎架周围设置了测量控制网，其中胎架两端设置了14个标志塔，分别控制桥梁中心、单幅箱体中心、内外锚腹板定位（锚箱位置）和梁段半宽；设置了4个永久水准点，作为胎架线形和板单元高程定位测量监控点。虽然嘉绍大桥钢箱梁分为两个单幅箱梁和中间横梁三个部分，但是在制造和预拼装过程中不能单独考虑一个部分，要根据计算机模拟将所有梁段综合考虑，保证所有板单元定位均在同一个测量控制网监控下进行（图6）。

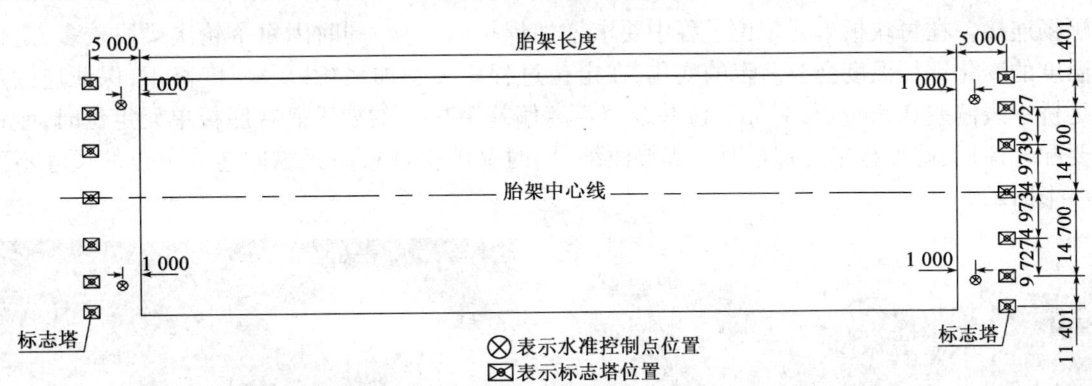

图6 测量控制网平面布置图(尺寸单位:mm)

3. 板单元两拼

由于每次焊接都会造成焊接收缩,对梁段制造以及预拼装精度都会造成影响,而且嘉绍大桥结构复杂,焊接量大,为了减少钢箱梁拼装过程中在总拼胎架上的焊接量,提高制造精度,增加工作效率,同时也为了更好的保证板单元平面度,嘉绍大桥顶、底板单元两拼后再进行整体拼装。这样就将整体拼装胎架上的顶、底板对接的工作量减少了一半。由于板单元对接采用的是单面焊双面成型的焊接技术,所以在组装时除了要预留横向焊接收缩量外,还要设置一定的反变形量(根据板厚设置反变形),用以抵消焊接产生的下凹角变形,这样既可以减少焊后火焰矫正工作量,保证板面平面度,同时又可以减小焊接造成的梁段两侧起翘(表1、图7)。

不同板厚反变形设置量 表1

序 号	板厚(mm)	反变形设置量(mm)	备 注
1	12	22	板厚越大反变形设置越大
2	16	26	
3	20	30	

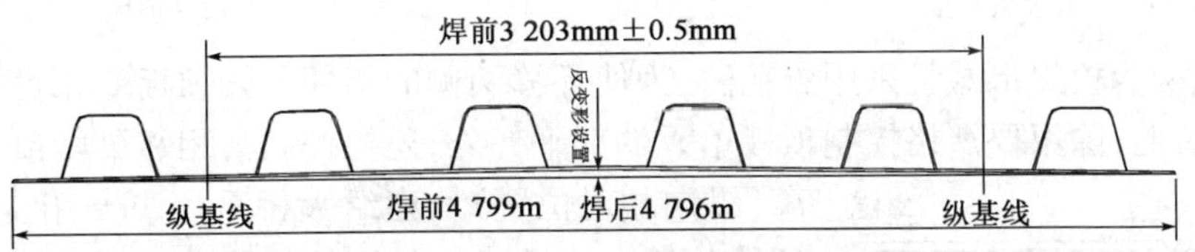

图7 对接焊缝反变形及焊接收缩量设置示意图

4. 钢箱梁制造与预拼装

由于嘉绍大桥钢箱梁制造采用在带线形的拼装胎架上,以板块单元的三维全过程匹配组焊来保证梁段间接口匹配和连接质量,从而实现钢箱梁桥上架设连接线形顺畅,所以每一次的精确定位都是一次预拼装过程,每块板单元的精确定位都要在计算机模拟数据以及测量控制网的监控下进行。

1)顶、底板单元连续定位

嘉绍大桥板单元制造时,在规定位置设置了横、纵基线,作为梁段定位基线(图8)。

梁段拼装时,首先进行中心板单元定位,即采用经纬仪、测量标志塔、定位基线以及计算机模拟得到的定位基线间距离,连续确定所有梁段中心顶、底板单元精确位置(底板单元与胎架用刚性码固定),作为其他板单元定位基准。为了保证周边板单元的横、纵方向定位均以中心板单元横纵基线为基准,要求板单元定位从中心向两边依次完成,这种匹配定位方法能够保证梁段所有U形肋和其他内

图8 板单元横、纵基线示意图

部结构顺畅连接。在每块板单元定位过程中要求增加焊接收缩量,同时因每个轮次梁段较多,定位时随着环境温度的变化钢板温度会有一定的变化,在定位过程中要增加尺长以及温度修正,保证连续定位的精度满足桥中线偏差0.5mm,板单元定位基线间距离偏差±2mm的要求。在底板单元定位时,刚性码与柔性码要配合使用,确保板单元焊接时的焊接收缩,同时又能保证板单元纵向连续定位的尺寸不发生变化(图9~图12)。

图9　中心底板定位

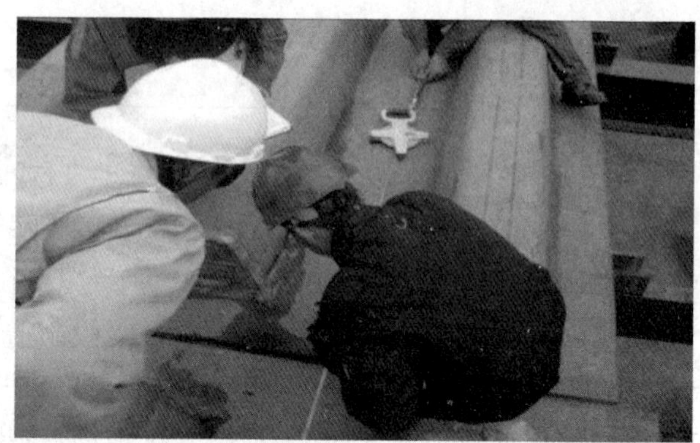

图10　底板间距测量

图11　中心顶板定位

图12　顶板间距测量

因嘉绍大桥顶板为栓接形式且采用先孔法,为使环缝两侧的相邻梁段顶板U形肋都能用标准拼接板连接,顶板单元定位时,除了要严格控制顶板单元端部平齐外,还要控制与相邻梁段顶板U形肋端孔的距离(纵向相对位置)。嘉绍大桥采用了专用工艺拼接板,在梁段顶板单元定位时用工艺拼接板临时连接纵向相邻的顶板单元,通过控制顶板单元的相对位置,即可控制整条环缝上所有顶板U形肋的纵向位置,从而基本上实现环缝U形肋的标准拼接板连接,保证环缝栓孔连接质量,实现了梁段间顶板U形肋拼装板的互换性。既保证质量,又方便生产,同时大大提高了生产效率(图13)。

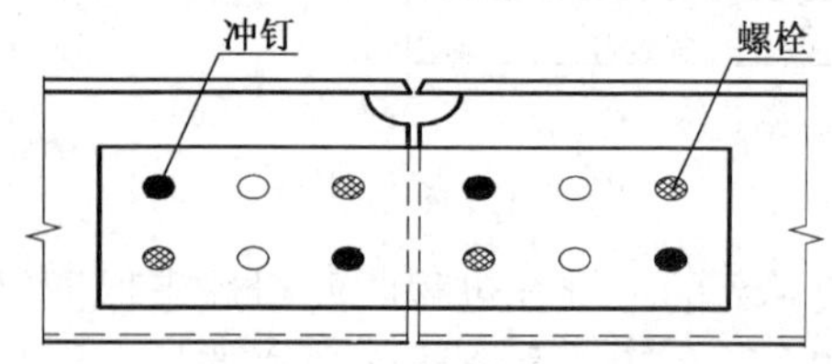

图13　顶板单元工艺拼接板定位

在底板单元精确定位的过程中,要保持底板单元和胎架密贴,为了确保底板线形符合监控给定线形,底板焊接全部完成后,要进行全线高程检查与复核(允许偏差±2mm),对于相邻控制点高程超差处,要进行微调,保证线形顺畅(图14、图15)。

2)横隔板单元连续定位

嘉绍大桥横隔板分多种,以对接方式接宽。隔板拼装应从基准梁段开始,按照由近及远、由中间向两边的顺序进行。搭接式横隔板组装时,在底板接板上焊接横隔板落位码,搭接隔板要求全部落入落位码内,并与横隔板搭接板密贴,检查横隔板上边缘的横向坡度;整体式横隔板组装时,边横隔板单元横向定位要以顶板U肋槽中线间距为基准并适当考虑横隔板立对接焊接收缩量影响。重点控制横隔板间距及与箱梁底板的垂直度，因梁段有线形，所以在拼装时应特别注意隔板的倾斜量，根据计算机模拟，采用吊线锤的方法保证倾斜量的准确（图16、图17）。

图14 完成定位的底板单元

图15 高程调整

图16 隔板精确定位

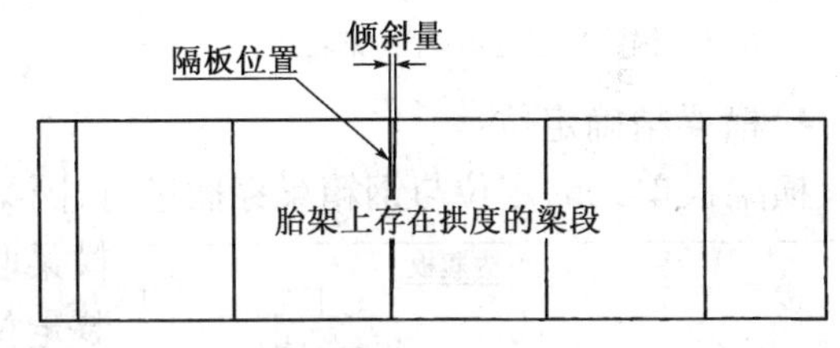

图17 隔板倾斜量示意图

3）锚腹板单元精确定位

在钢箱梁制造前，为了简化制造程序，提高定位精度，斜拉索的钢箱梁梁端锚固——锚箱与锚腹板组成一个整体模块。因锚箱的空间位置决定了成桥后斜拉索的长度、角度，且锚腹板是主要受力构件，所以在钢箱梁长线法制造过程中对锚腹板这个重要模块的定位精度要求非常高。为了提高定位精度，减少焊接对腹板单元精确定位的影响，将腹板单元的定位分为两次进行。

（1）第一次定位。底板线形调整合格后，以每一轮次基准梁段的中心底板定位基线为基准，根据梁段间锚箱的纵向间距，做好锚腹板模块纵向定位（最大偏差不允许超过2mm）。在此过程中要注意，因梁段有线形与水平面存在夹角，故此锚箱纵向定位基准面垂直于斜底板而不是垂直于水平面。使用仪器所找到的模块纵向定位基准面是与水平面垂直的铅垂面，因平底板与斜底板有约1.7m左右的高差，所以与实际锚箱纵向中心定位基准面产生了一定的偏移量，要在实际操作前通过计算机模拟进行补偿。横向定位根据测量标志塔补偿温度修正量进行，锚箱横、纵定位基准面放线都要避开日照的影响，且完毕后要利用钢尺连续复核基线间距离，保证准确无误（图18、图19）。

经检测横、纵向定位无误后，开始进行角度调整，利用经纬仪与钢尺将腹板角度调整转化为距离调整，既测量锚腹板上边缘与标志塔之间的水平距离 A，A = 理论值 + 根据不同焊接形式预留的焊接收缩量（3～6mm）+ 温度修正。同时要求左右两幅箱梁腹板单元纵向错位不大于2mm。

（2）第二次定位。边顶板组焊前，进行锚腹板模块的第二次定位。此时除边顶板外的顶板焊接以及顶板与横隔板焊接都已进行完毕，焊接收缩产生的变化基本全部显现，更有利于模块定位精度的把握，以便有效地控制焊接变形和减小焊接残余应力。此时主要是对第一次控制中的锚腹板模块角度做最后的验证，即保证锚腹板的角度同时也控制钢箱梁的宽度。

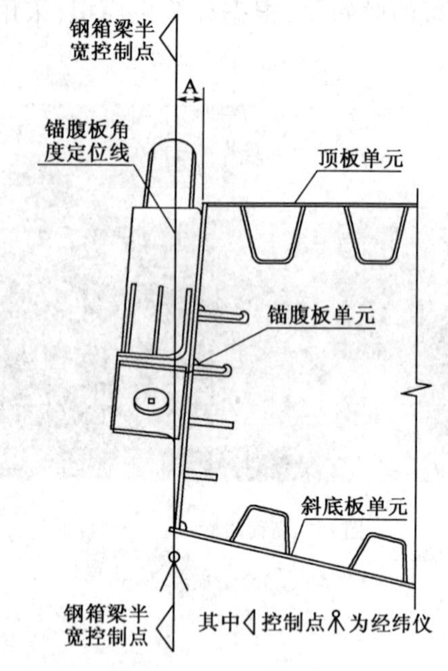

图18 锚腹板定位示意图(钢箱梁局部)

图19 锚腹板单元定位

4)横梁精确定位

横梁板单元的定位与钢箱梁穿插进行,因梁段分为左右两幅以及横梁,在组装定位时应将两幅箱梁、横梁联系起来进行,不得只考虑单幅箱梁或者单个横梁进行组装定位,以保证箱梁以及横梁间的匹配性(图20)。

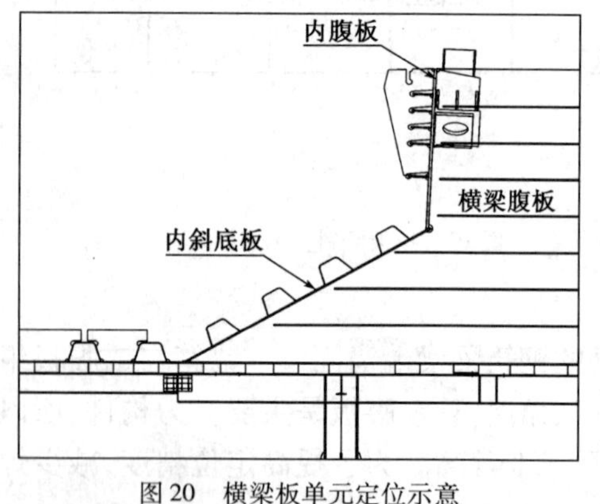

图20 横梁板单元定位示意

中间横梁底板单元定位完成后用刚性码固定,确保其不发生位移。组装端横梁底板单元时,以中间横梁底板单元中心线为定位基线,预留2.5mm焊接收缩量,同时箱梁内斜底板与内腹板要求在横梁底板、隔板、腹板,完成后进行定位。由于有横梁的钢箱梁的胎架在内斜底板位置不能设置斜支撑,所以,首先定位横梁底板、隔板、腹板,既能在内斜底板定位时起到支撑作用,减少变形,同时也能避免横梁腹板后装造成的定位困难。

5)焊接控制

嘉绍大桥钢箱梁制造过程中,横向没有预留反变形量,所以在焊接顺序上进行了一定的改进,确保箱梁线形。

(1)内、外斜底板定位、打码应在日出前或者阴天进行,如在日出前或阴天使用码板将平、斜底板单元连接成为整体,则可任何时段打码。避免因温度变化造成的膨胀、收缩对焊接间隙或者斜底板定位造成影响。

(2)隔板组焊时,要先进行横隔板的立位对接焊缝(此时边隔板与底板接板用活码定位,不得进行点焊和焊接),然后焊接横隔板与底板焊缝,但不得焊接边隔板与斜底板的焊缝,此部分仅能用活码组装定位,该焊缝在所有顶板单元组焊完成之后,边顶板组焊前完成,以减小节段内部的应力,控制好锚腹板的线形。

(3)腹板单元第一次定位完成后,焊接腹板与斜底板间的坡口角焊缝。内、外腹板与横隔板之间只能用活马连接,不得进行点焊和焊接。

(4)顶板焊接,应先进行纵向对接的焊接,顶板单元高程定位须在日出前或者阴天进行,顶板上的接板与隔板焊接需在日出前、阴天或者仓内隔板与顶板温差不大时进行,以减小因焊接前顶板、隔板温度影响量不同,焊接后造成对线性的不利影响。

(5)腹板第二次定位完成后,进行腹板与隔板以及隔板与斜底板的焊接。

以上5点控制,不但有效地避免了钢箱梁的起翘,很好地保证了线形,而且最大限度地减小了焊接残余应力。

三、检 测 结 果

按照以上工艺完成的嘉绍大桥钢箱梁,预拼装精度高,质量好,经现场检测制造线形进偏差在+4.5~-4.3mm之间(允许偏差-5~+25mm),标准拼接板的互换率达到91.2%,其他检测项点也均满足制造规则的要求,很好地完成了嘉绍大桥钢箱梁的制造与预拼装。以第一轮为例,检测数据见表2~表5。

梁段间顶板U肋孔群间距实测 表2

位 置	L 侧						R 侧					
梁段接口	NBK1+NBK2	NBK2+NBK3	NBK3+NBK4	NBK4+Z3B12	Z3B12+Z3B11	Z3B11+Z3B10	NBK1+NBK2	NBK2+NBK3	NBK3+NBK4	NBK4+Z3B12	Z3B12+Z3B11	Z3B11+Z3B10
每道接口拼板总数(块)	134	134	134	134	134	134	134	134	134	134	134	134
合计(块)	1 608											
标准拼板(孔中心距110mm)数量(块)	126	130	122	126	118	122	118	130	122	126	118	118
标准拼板所占百分比	94%	97%	91%	94%	88%	91%	88%	97%	91%	94%	88%	88%
平均数	91.8%											
其他拼接板数量(块)(112mm—115mm)、(106mm—108mm)	8	4	12	8	16	12	16	4	12	8	16	16
其他拼板所占百分比	6%	3%	9%	6%	12%	9%	12%	3%	9%	6%	12%	12%
平均	8.2%											

嘉绍大桥线形偏差汇总表(允许偏差为-5~+25mm)(单位:mm) 表3

梁段号	左 侧						右 侧					
	外腹板理论高程	实测值	差值	内腹板理论高程	实测值	差值	外腹板理论高程	实测值	差值	内腹板理论高程	实测值	差值
NBK1	3 606	3 610	4	4 020	4 017.5	-2.5	3 606	3 604	-2	4 020	4 020	0
	3 619.6	3 622	2.4	4 033.6	4 030	-3.6	3 619.6	3 623	3.4	4 033.6	4 033	-0.6
	3 635	3 638	3	4 049	4 049	0	3 635	3 635	0	4 049	4 050	1
NBK2	3 642.1	3 642	-0.1	4 056.1	4 057	0.9	3 642.1	3 645	2.9	4 056.1	4 055	-1.1
	3 651.1	3 653	1.9	4 065.1	4 064	-1.1	3 651.1	3 652	0.9	4 065.1	4 065	-0.1
	3 660.1	3 661	0.9	4 074.1	4 071	-3.1	3 660.1	3 658	-2.1	4 074.1	4075	0.9
NBK3	3 663.5	3 666	2.5	4 077.5	4 077	-0.5	3 663.5	3 668	4.5	4 077.5	4 081	3.5
	3 661.7	3 663	1.3	4 075.7	4 073	-2.7	3 661.7	3 665	3.3	4 075.7	4 076	0.3
	3 659.9	3 663	3.1	4 073.9	4 072	-1.9	3 659.9	3 664	4.1	4 073.9	4 074	0.1

续上表

梁段号	左侧						右侧					
	外腹板理论高程	实测值	差值	内腹板理论高程	实测值	差值	外腹板理论高程	实测值	差值	内腹板理论高程	实测值	差值
NBK4	3 658.3	3 662	3.7	4 072.3	4 072	−0.3	3 658.3	3 662	3.7	4 072.3	4 074	1.7
	3 649.3	3 650	0.7	4 063.3	4 060	−3.3	3 649.3	3 649	−0.3	4 063.3	4 066	2.7
	3 640.3	3 638	−2.3	4 054.3	4 053	−1.3	3 640.3	3 638	−2.3	4 054.3	4 055	0.7
Z3B12	3 635.8	3 632	−3.8	4 049.8	4 050	0.2	3 635.8	3 637	1.2	4 049.8	4 053	3.2
	3 631	3 628	−3	4 045	4 043	−2	3 631	3 635	4	4 045	4 047	2
	3 616.9	3 617	0.1	4 030.9	4 029	−1.9	3 616.9	3 621	4.1	4 030.9	4 035	4.1
Z3B11	3 612.7	3 611	−1.7	4 026.7	4 024	2.7	3 612.7	3 617	4.3	4 026.7	4 031	4.3
	3 610.5	3 615	4.5	4 024.5	4 023	−1.5	3 610.5	3 610	−0.5	4 024.5	4 029	4.5
	3 604	3 606	2	4 018	4 016	−2	3 604	3 607	3	4 018	4 021	3
Z3B10	3 602.4	3 603	0.6	4 016.4	4 013	−3.4	3 602.4	3 606	3.6	4 016.4	4 017	0.6
	3 603.3	3 600	−3.3	4 017.3	4 013	−4.3	3 603.3	3 605	1.7	4 017.3	4 018	0.7
	3 606	3 608	2	4 020	4 017	−3	3 606	3 610	4	4 020	4 023	3

嘉绍大桥检测项目及结果汇总表(1)(单位:mm) 表4

序号	梁段号/项目	Z3B10		Z3B11		Z3B12		NBK4		NBK3		NBK2		NBK1	
1	允许偏差	±2													
2	顶板理论长度	14 995		14 995		14 996		14 998		14 999		14 998		14 678	
3	顶板实测长度与差值	14 997 14 996	+2 +1	14 996 14 993	+1 −2	14 998 14 997	+2 +1	14 999 15 000	+1 +2	15 000 14 998	+1 −1	14 999 14 997	+1 −1	14 679 14 677	+1 −1
4	底板理论长度	14 999.5		14 998		14 996		14 993.5		14 992		14 994		14 679	
5	底板实测长度与差值	14 999 15 000	−0.5 +0.5	14 999 14 997	+1 −1	14 997 14 996	+1 0	14 995 14 993	+1.5 −0.5	14 994 14 991	+2 −1	14 995 14 992	+1 −2	14 678 14 679	−1 0

嘉绍大桥检测项目及结果汇总表(2)(单位:mm) 表5

序号	项目		理论尺寸(mm)	允许偏差	实测尺寸						
					Z3B10	Z3B11	Z3B12	NBK4	NBK3	NBK2	NBK1
1	宽度	梁段宽度	23 022	±4	23 024(+2) 23 025(+3)	23 024(+2) 23 022(0)	23 023(+1) 23 024(+2)	23 024(+2) 23 021(−1)	23 025(+3) 23 024(+2)	23 024(+2) 23 020(−2)	23 021(−1) 23 024(+2)
2	梁高	梁中心高	3 804	±2	3 805(+1) 3 803(−1)	3 805(+1) 3 803(−1)	3 805(+1) 3 804(0)	3 805(+1) 3 803(−1)	3 803(−1) 3 802(−2)	3 802(−2) 3 804(0)	3 806(+2) 3 803(−1)
3	横断面对角线差		18 059 17 952	≤4	18 059(0) 18 062(+3) 17 950(−2) 17 954(+2)	18 058(−1) 18 060(+1) 17 952(0) 17 954(+2)	18 059(0) 18 062(+3) 17 953(+1) 17 955(+3)	18 057(−2) 18 056(−3) 17 950(−2) 17 954(+2)	18 061(+2) 18 062(+3) 17 955(+3) 17 955(+3)	18 057(−2) 18 058(−1) 17 950(−2) 17 953(+1)	18 060(+1) 18 056(−3) 17 954(+2) 17 954(+2)
4	吊点中心横距		20 731	±4	20 734(+3) 20 732(+1)	20 733(+2) 20 734(+3)	20 734(+3) 20 730(−1)	—	—	—	—
5	吊点左右高程相对差		—	≤4	2、1	1、2	1、2	—	—	—	—
6	吊点纵向错位		—	≤2	2、1	2、2	1、1	—	—	—	—
7	旁弯		—	≤5	2、3	2、3	2、2	2、2	2、3	2、3	2、3

注:括号内为偏差。

四、结　语

根据我国交通发展总体规划，我国公路建设将形成以高速公路为主的国道主干线，这将跨越很多江河、海湾，随着嘉绍大桥钢箱梁制造技术的研究及成功运用，必将为以后建设的大型桥梁钢箱梁施工提供有益的借鉴。

56. 嘉绍大桥顶板单元制作工艺改进和焊缝优化

李小松　苗芙蓉　胡广瑞
（中铁山桥集团有限公司）

摘　要　介绍嘉绍大桥钢箱梁顶板结构特点，结合生产实际情况确定制造工艺过程，以确保制作质量。

关键词　嘉绍大桥　斜拉桥　钢箱梁　顶板　制作工艺　焊缝

一、工 程 简 介

嘉绍大桥主航道桥为世界上首座六塔柱四索面分幅钢箱梁斜拉桥，其跨径为 70 + 200 + 5 × 428 + 200 + 70 = 2680m。钢箱梁按两个行车道方向分为两幅独立的箱梁，单幅箱梁两侧各设有斜拉索锚固点，斜拉索在塔端共用一个锚箱，两幅箱梁之间间隔一个梁段设置横梁进行连接。索塔采用独柱型，上塔柱为内置钢锚箱外包预应力混凝土构造。

嘉绍大桥钢箱梁采用分幅形式，单幅箱梁为栓焊流线型扁平钢箱梁，钢箱梁梁高 4.0m（箱梁内侧内尺寸），单幅梁宽 24m（含风嘴及斜拉索检修道），两幅梁间横梁长 9.8m，全幅总宽 55.6m。桥面板横坡 2%。钢箱梁由顶板、底板（包括斜底板）、横隔板、横梁、锚箱、腹板、风嘴及检修道等组成。钢箱梁梁段间连接除顶板 U 形肋采用高强度螺栓连接外，其余板件均采用熔透对接焊的连接形式。钢箱梁主体采用材质为 Q345D 钢板。

二、顶板单元制造工艺

1. 顶板单元结构特点、制造技术难点

（1）顶板设计上采用了 16mm、20mm 两种厚度，不同厚度之间的对接需要加工过渡坡。

（2）U 形肋在对应横隔板位置有一道 U 肋内隔板，在组装时要精确预留焊接收缩量，确保位置正确。

（3）本桥设计中，梁段间顶板 U 形肋连接采用高强度螺栓，这对顶板单元的制造精度提出了更严格的要求，需要通过精确预留焊接收缩量、控制焊接方向和焊接顺序，从而使板单元焊后的极边孔距控制在允许偏差之内。

2. 顶板单元的划分

在满足《技术规范》和设计要求的前提下，综合考虑供料、运输及批量生产等因素，尽可能将板单元尺寸做大，以减少其种类和数量及拼接工作量，见图 1（仅示半幅）。

3. 顶板单元的半成品加工

（1）钢板进厂复验合格后，全部预处理线进行处理。

（2）顶板使用样条号料，严格控制长宽尺寸，并注意坡口尺寸、方向及成对关系。

（3）顶板长度方向预留二次切头量 25mm，且精切下料，同时切出坡口。有过渡坡的顶板，需要画线、铣斜坡，之后焰切坡口。

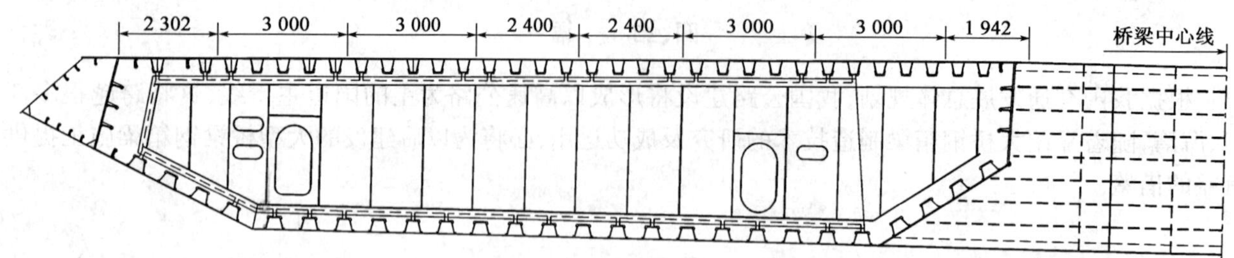

图1 顶板单元划分图(尺寸单位:mm)

(4)顶板单元用U形肋,根据板厚的不同,划分为A、B、B1、C、D、E型,其制造按照"赶平 → 预处理 → 号料 → 焰切 → 调直 → 铣边→ 铣头→ 卡样 → 钻孔→滚坡口 → 修整 → 压型 → 修型 →焰切手孔、过焊孔→磨手孔、过焊孔"共16道主要工序进行。

在U肋制作过程中,采用先钻孔后压型的方法。其中,U形肋原板经赶平去应力后,采用三台半自动小车焰切破料;调直采用机械压紧的办法修整直线弯曲超出预留加工量的U形肋板料(为防止造成板面不平,尽可能少采用火焰调直的方法);铣边、头是在20m铣边机上加工U形肋边缘,采用吃刀量较大的粗加工,之后用吃刀量≤2.5mm的精加工,以消除加工后的残余变形;顶板U形肋螺栓孔采用机械样板钻制,有效地保证了极边孔距;滚坡口采用双台滚倒角机床进行坡口加工工序,其质量稳定效率高;压型采用双台连动数控折弯机(型号:2—PPEB640/80.20m 2×640t)进行折弯成型,由于此工序是U形肋生产的关键工序,因此压型前对全长直线度>4mm的U形肋板料采用多点三角形火焰修整,而全长直线度≤4mm的U形肋板料,可直接用安装在数控折弯机上的自制顶直机构在折弯成型前瞬间手工顶直校正;修型采用平锤修打(为防止破坏表面涂装,尽可能不采用火焰修整),主要修整上口直线度和两肢局部不平度,修型结束后,在其槽内侧底漆损伤部位补涂车间底漆;压型后,定位端用油漆作标记,标记涂在U形肋两外侧面,同时对U形肋标识类型。全部U形肋生产过程的吊运转跨采用托盘吊运(压型工序采用电磁吸盘吊具上下U形肋)。

4.顶板单元的组装工艺

(1)组装前必须熟悉图纸和工艺,认真核对零件编号、外形尺寸和坡口,核查平面度、直线度等各种偏差,确认符合图纸和工艺要求后方可组装。

(2)组装前必须彻底清除待焊区的浮锈、底漆、油污和水分等有害物。

(3)U形肋钻孔后组焊U形肋内隔板、端封头板,焊后对底漆损伤部位补涂车间底漆。

(4)将顶板坡口朝下置于无马组装胎上,将顶板基准头(有坡口端)和基准边与胎型的定位挡靠严。

(5)画U形肋孔定位线(横基线)、纵基线:将预先刻在无马组装胎平台上的U形肋孔定位线返到顶板上,作为横基线,确认无误后在两端各打三个样冲眼。用组装胎上的纵向定位冲将顶板两端各打上三个样冲眼,作为纵基线。

(6)U形肋端头以孔定位用无马组装胎组装,其端部和横隔板位置必须用无马组装胎卡具压紧,严格控制相邻U形肋的间距。

(7)顶板单元的首件组装完成后,必须严格检查U形肋的各个定位尺寸,合格后方可进行后续的组装。

(8)组装后,用样冲在基准头与基准边相交一角处打上工单号、板单元号、生产序列号。

(9)在旋转式板单元反变形船位焊接胎上焊接U形肋,焊接前必须用全部卡具将底板卡紧,不得漏拧或欠拧。板单元焊后待温度降至室温时方可松卡出胎。板单元出入胎时,应注意不要撞坏卡具的螺纹。

(10)U形肋与顶板组、焊、修后,需要钻孔的顶板单元以横、纵基线为基准画线、钻孔。

(11)U形肋与顶板的角焊缝需进行磁粉探伤,探伤范围为U肋两端各1m,探伤比例100%。

(12)板单元修整后,对油漆脱落的部位补涂车间底漆(图2)。

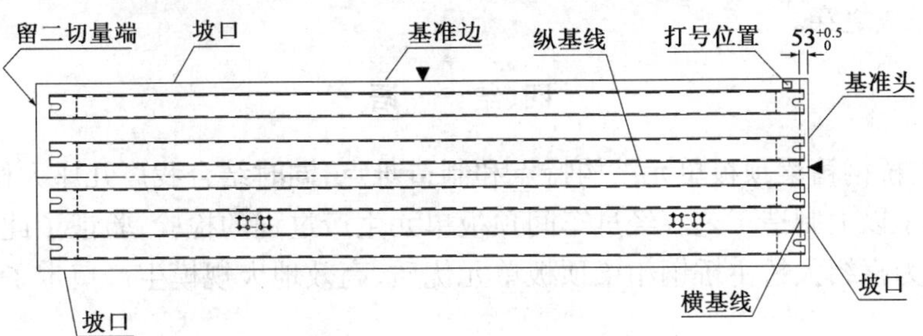

图2 顶板单元示意图

三、焊 缝 优 化

1.焊接工艺

由于顶板厚度不大,且只在一侧有U肋,属于不对称焊接构件,除了横向收缩变形和纵向收缩变形外,还有角变形。因此,在顶板单元组装焊接过程中优先采用焊接热输入量小的CO_2气体保护自动焊,并且通过焊前预置反变形和合理的焊接顺序(图3)来实现焊接变形的控制。U形肋与顶板间坡口角焊缝的焊接方法、焊接设备及焊接材料见表1。

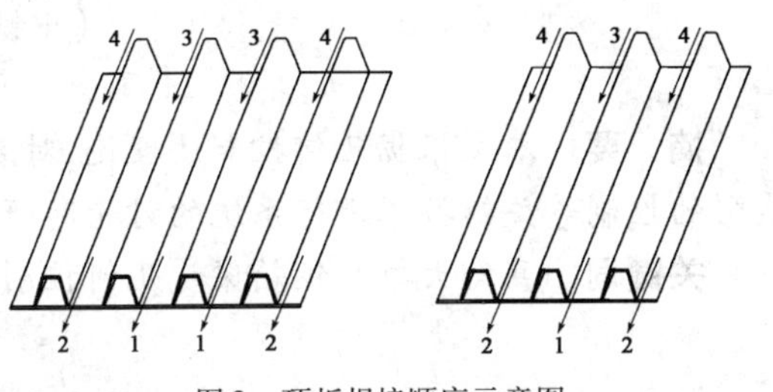

图3 顶板焊接顺序示意图

U肋与顶板间坡口角焊缝的焊接方法、焊接设备及焊接材料 表1

适 用 范 围	焊 接 方 法	焊 接 材 料	焊 接 设 备
定位焊	焊条电弧焊或CO_2气体保护焊	E5015(ϕ4mm) ER50-6(ϕ1.2mm)	KR500等
U肋与顶板坡口角焊缝	CO_2气体保护焊	E501T-1(ϕ1.2mm)	KR500等配CS—2、CS—4或CS—5等跟踪器
U肋内封端板角焊缝	CO_2气体保护焊	E501T-1(ϕ1.2mm)	KR500等

2.焊接时容易出现的问题及工艺优化措施

(1)组装时,定位焊缝容易出现裂纹。

针对定位焊容易出现裂纹,组装前要将焊缝两侧20~30mm范围内铁锈、油污及预涂底漆打磨干净,露出金属光泽;定位焊缝的长度应严格控制,不得低于规定长度;延长熄弧处停留时间,将熄弧处填满;有预热要求的,定位焊前一定要按照规定预热。对已经出现的裂纹应打磨干净,应采用磁粉检测,严重时可将定位焊缝刨掉,并在其附近重新定位焊。

(2)焊缝处成型不好。

成形好坏是焊缝外观质量的重要标志。为此,U肋组装以后,在焊接前就对定位焊进行打磨,在两端打磨出过渡斜坡;根据U肋的厚度、坡口形式及预置反变形角度,确定合理的反变形翻转胎架倾斜角度;严格控制焊接参数,包括焊接电流、电压及速度等。

(3)达不到根部熔透的要求。

根据熔透深度选择合理的焊接参数,选用合理的焊接枪倾角以及焊丝长度,这主要受焊工实际操作经验和水平的影响。

(4)根部容易焊漏或烧穿。

在CO_2气体保护自动焊过程中,操作者必须随时观察电弧状态、位置和自动焊小车的行进,并及时调整焊接电流、电压及速度等焊接参数;组装时严格控制焊缝根部间隙,使其在合理的范围内,以确保U肋角焊缝根部不被焊漏或烧穿。

四、结　　语

针对嘉绍大桥主桥钢箱梁顶板单元结构特点和制造难点,同时结合我厂几座大桥钢箱梁顶板单元制造的成功经验,制定了以上制造工艺。经过车间顶板单元生产过程的检验,验证了此工艺流程的合理性、适用性及可操作性,为嘉绍大桥主桥钢箱梁顶板单元优质、高效地大规模生产奠定了基础。

57. 嘉绍大桥钢箱梁制作的几何控制法关键技术

苗芙蓉　胡广瑞　娄玉春　魏云祥
(中铁山桥集团有限公司)

摘　要　本文根据几何控制法理论,对嘉绍大桥板单元尺寸控制、梁段间接口匹配匀顺、梁段预拼装线形的控制等关键技术进行系统的讨论和研究。

关键词　嘉绍大桥　钢箱梁　几何控制　关键技术

一、工 程 概 况

嘉绍大桥主航道桥为世界上首座六塔柱四索面分幅钢箱梁斜拉桥,其跨径为70+200+5×428+200+70=2 680m,是目前世界为世界最长最宽的多塔斜拉桥,见图1。

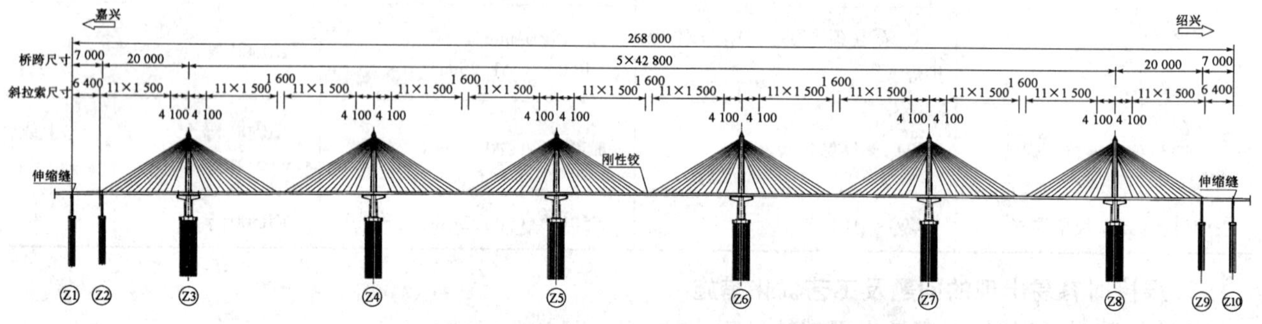

图1　嘉绍大桥主航道桥全桥布置图(尺寸单位:mm)

钢箱梁按两个行车道方向分为两幅独立的箱梁,单幅箱梁为正交异性板栓焊流线型扁平钢箱梁,箱梁两侧各设有斜拉索锚固点,两幅箱梁之间间隔一个梁段设置横梁进行连接。钢箱梁梁高4.0m(箱梁内侧内尺寸),单幅梁宽24m(含风嘴及斜拉索检修道),两幅梁间横梁长9.8m,全幅总宽55.6m。梁段间工地连接除顶板U形肋和部分横梁采用高强度螺栓连接外,其他部分均为焊接。每一个双幅梁段由顶板、底板、锚腹板、锚箱、横隔板、边横梁、中间横梁、边横梁、风嘴及检修道等组成,见图2。

二、钢箱梁制作几何控制法的关键技术问题

钢箱梁为正交异性板全焊结构,梁段焊缝多、焊接变形大,两幅箱梁之间间隔一个梁段设置横梁,无横梁的梁段缺少相应联系,梁段尺寸和制作线形控制难度大。嘉绍大桥施工监控采用了几何控制法,对钢箱梁制造精度和数据管理提出了更高的要求,因此钢箱梁制造工艺必须适应几何控制法的需要。

几何控制是指通过精确控制结构构件的无应力尺寸与形状来达到控制桥梁结构最终线形的一种控制方法。对于钢箱梁制作而言,主要对以下几个方面提出了严格要求:

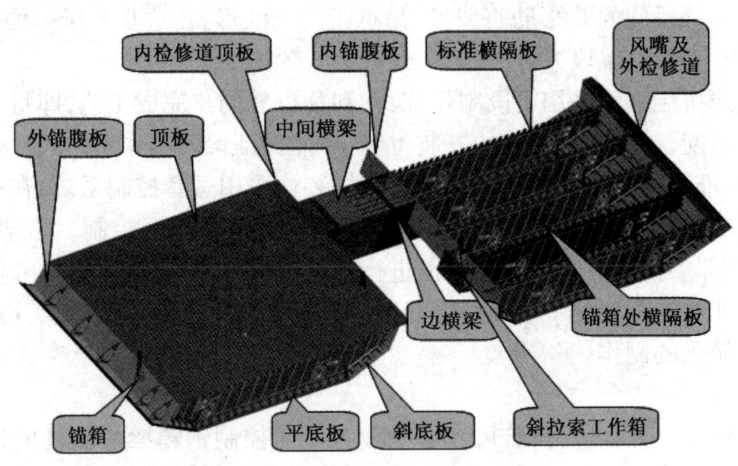

图2　嘉绍大桥钢箱梁直观图

(1)板单元尺寸控制的准确性;

(2)钢箱梁段尺寸控制在允许范围内;

(3)梁段间接口匹配匀顺;

(4)梁段预拼装线形与设计线形一致。

这些要求能否做到,是关系到几何控制法能否成功运用和必须解决的关键技术问题。

三、钢箱梁制作几何控制法的关键工艺

1.板单元尺寸制作中关键技术问题的控制与研究

从钢箱梁设计图转化为施工图入手,在板单元理论尺寸的基础上,考虑焊缝焊接时工艺间隙、焊接收缩量、钢箱梁纵向压缩量、钢箱梁线形与温度变化等等因素对板单元尺寸的综合影响,精确修正板单元的下料长度和宽度。

顶板U形肋及其拼接板采用先孔法制造,顶、底板单元U形肋采用自动定位组装胎进行定位组装,对于U形肋带有螺栓孔的顶板单元,利用风动自动定位装置,严格控制U形肋纵、横向位置;U形肋与顶(底)板的焊接,其熔透深度要求不小于U形肋板厚的80%。为减小焊接变形及焊后火焰修整量,在板单元反变形焊接胎上进行船位焊接,既保证了焊缝的熔透深度,又保证了板单元焊后的平面度。

为保证板单元U形肋间距满足横隔板要求,除采用上述的工艺、工装外,还采用了专用样板检查控制横隔板位置的U形肋间距,样板自由落入率达到100%。

嘉绍大桥钢箱梁传力系统采用了锚索结构。斜拉索锚箱位于腹板外侧,采用全熔透角焊缝与腹板进行连接。锚箱为主要受力结构,其位置尺寸精度控制是钢箱梁制作的一个难题。这个问题经过反复论证,最终研究确定采取了分块、分步组焊的办法。即先把承压板、锚固板和加劲板在平台上组焊一起形成锚箱块体,块体组焊完成后,机加工承压板断面完成锚箱块体制作。锚箱块体检验合格后,采用精确画线的方法,与已完成内侧劲板焊接的腹板单元进行组焊。焊接过程中,采用焊、修结合的方式,时刻控制变形情况。锚箱采取分块、分步组焊的工艺经过实际验证,很好地控制锚箱角度偏差。

2.组焊过程中关键技术问题的控制与研究

1)梁段三维全过程匹配拼装制造

目前国内外大多数公路钢箱梁桥制作是采用单段短线拼装法,即单节段制作完成后再进行预拼装。

先在胎架上完成梁段制作，然后转运至预拼装场地，再用千斤顶逐段调整梁段空间位置进行梁段预拼装。预拼装时不仅要调整相邻梁段间的U形肋直线度、吊点距离和线形，在这几个指标均达到要求时，再进行梁段接口配切，上述工作完成后，梁段方可下胎。

嘉绍大桥钢箱梁长线拼装技术采用梁段制作、匹配和预拼装同步完成工艺，即每一块板单元安装时，均应与相邻板单元进行匹配，并准确控制它的安装位置，才能保证梁段制作整体尺寸合格。因此，在施工胎架周围，布置了一套精准的控制网。胎架制作和梁段拼装均采用一套控制系统，在梁段拼装过程中，每块板单元都在同一控制网内采用同一基准进行高程、纵向、横向三维位置控制。胎架上所有梁段拼装顺序和步骤都是相同的，相邻梁段的对应板单元均需进行匹配定位，以单块板单元尺寸保梁段整体尺寸，这样相邻梁段接口自然就能够顺利匹配了。以局部保整体的匹配制作方法既方便实用，又准确灵活，非常适合这种正交异性板钢箱梁的制作。

2）关键板单元定位

整体拼装为露天作业，环境温度对拼装尺寸影响较大。为控制钢箱梁拼装精度，减少温差对板单元定位精度的影响，关键板单元如中间底（顶）板单元、斜底板单元及锚腹板单元的定位组装在温度较为恒定的日出前、阴天或晚上时段进行。需要注意的是钢箱梁的设计基准温度为20℃，对于靠标志塔上标志线来定位的横向尺寸，均要根据测量定位作业时的实际温度与设计温度之差增减补偿量，补偿的数值根据温差和钢材的线膨胀系数计算。定位完毕后要利用钢尺连续复核基线间距离，保证准确无误。

3）梁段焊接变形控制与研究

嘉绍大桥梁段为全焊正交异性板结构，内部焊接量很大，每次焊接都会产生一定的焊接收缩量，这些收缩量会影响梁段的最终几何尺寸。

由于板单元对接采用的是单面焊双面成型的焊接工艺，所以在组装时除了要预留横向焊接收缩量外，还要预留竖向的焊接变形工艺补偿量，用以抵消板单元单面接受焊接线能量产生的下凹角变形（图3），这样既可以减少焊后火焰矫正工作量，又可以保证板面平面度。根据不同板厚设置$f_1=20\sim40$mm的反变形，板单元越厚，反变形补偿量值越大。

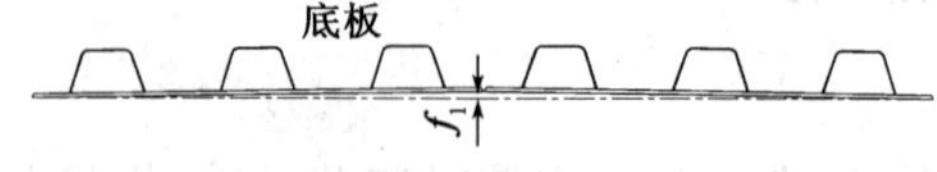

图3　底板平对接焊接反变形补偿

锚腹板作为结构主要受力板件，锚腹板的角度和位置精度都显得尤为重要，因此锚腹板测量定位分两步进行，底板、斜底板组焊完成后进行锚腹板第一次定位，测量定位时依据标志塔的基准线，再考虑焊接收缩量影响，预加工补偿量$f_2=3$mm。组焊完横隔板后再进行锚腹板二次定位，再根据横隔板与锚腹板的焊接形式预加工补偿量$f_3=3\sim6$mm（图4），普通角焊缝取3mm，熔透角焊缝取6mm。

梁段的竖向高度最大仅为4m，由于焊缝长度较短，焊接产生的竖向变形较小，根据以往的经验，综合考虑其他次要焊缝和修整等因素，决定在横隔板高度上增加4mm，作为竖向焊接收缩量的补偿。

梁段拼装在露天环境下进行，环境温度对梁段尺寸影响较大，当温度与设计基准温度20℃不同时需进行补偿。在施工过程中针对各种不同情况对所放线尺寸进行温度补偿修正，温度对钢板的影响补偿数值根据钢材的线膨胀系数计算。放线尺寸=地标尺寸+温度补偿量Δ，当实际温度高于设计基准温度时Δ取正值，反之取负值。

4）实现三级监控梁段拼装线形

设计图纸中提供的是梁段的理论长度，顶板、底板和腹板长度是相等的。而设计成桥线形是具有一定曲率半径的竖曲线，这就要求梁段制作时，顶、底板不能按等长考虑。因此，梁段制作前，应首先解决顶、底板的长度差值问题。根据设计给出的梁段长度参数和施工监控给出的相邻梁段间的夹角，通过在计算机上1:1放样，可以直接测得梁段顶、底板差值（图5）。

梁段1:1线形放样完成后，根据总拼胎架长度，确定生产轮次长度，然后实测每轮梁段的所有横隔板处底板线形值，作为梁段拼装纵向基准线形（图6）。这个线形通过胎架横梁上设置不同的牙板高度实现的（图7），胎架横梁设置在梁段每道隔板位置的下方。

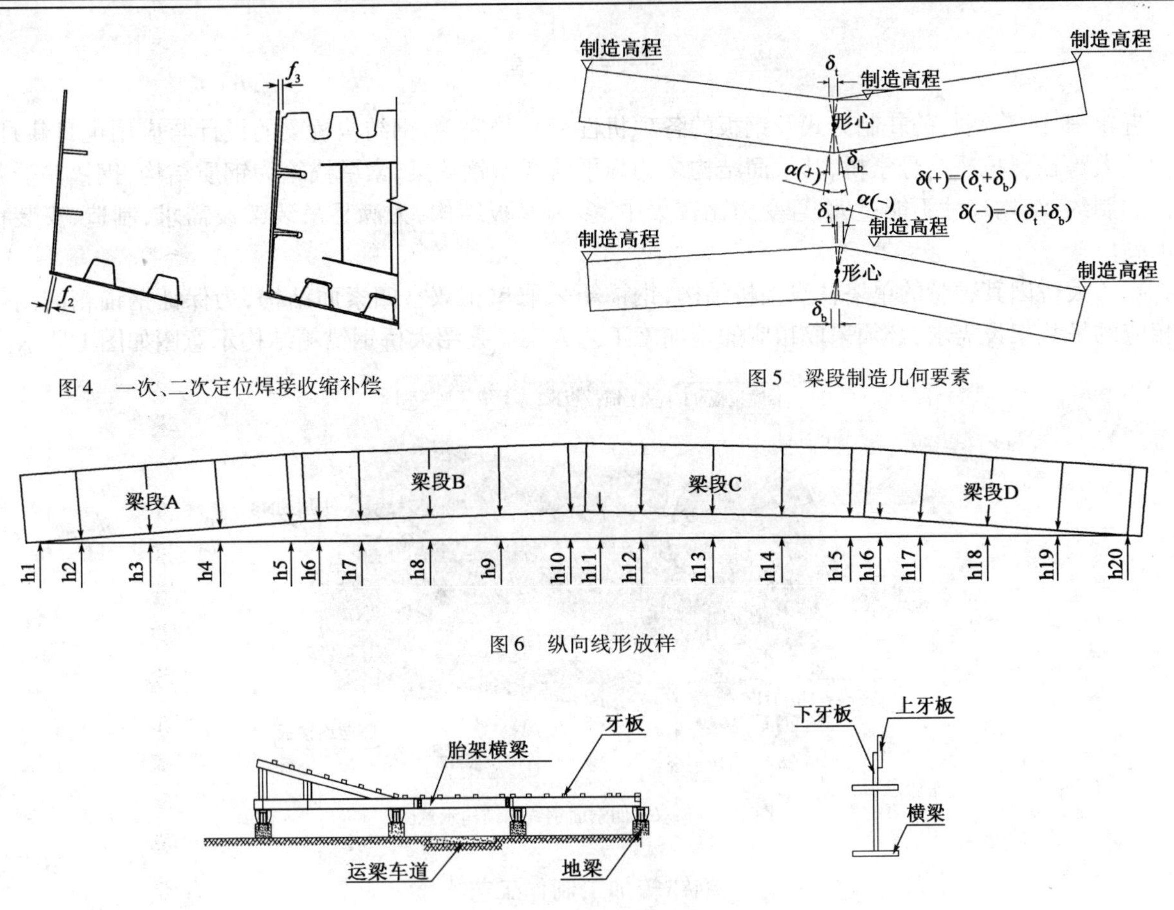

图4　一次、二次定位焊接收缩补偿

图5　梁段制造几何要素

图6　纵向线形放样

图7　胎架线形牙板设置

为了能实时监控并修正梁段纵向拼装线形，分别在拼装完底板、横隔板、顶板时设立停止点，每个停止点都检测梁段实际制造线形并与理论拼装线形比较，对偏差较大的点在下一工序中予以适当补偿。

四、结　　语

综上所述，从板单元制造开始严格控制板单元的尺寸精度，钢箱梁段拼装过程中，严格控制板单元定位精度，保证梁段的几何尺寸准确，预拼装保证接口匹配精度和线形等全过程匹配组装，并将钢箱梁制作和预拼装一次完成的工艺，利用精密测量仪器对组拼全过程进行监控，采集钢箱梁上每一个控制点的三维坐标，为几何控制法提供完整、精确的监测数据。

58. 单箱双室四索面钢锚箱加工制作工艺研究

伍鲲鹏[1]　蔡　峰[1]　杨　跃[1]　郭　勇[2]

(1. 武船重型工程有限公司；2. 嘉绍跨江大桥工程建设指挥部)

摘　要　嘉绍大桥为世界首座独柱双幅四索面六塔连续斜拉桥，索塔钢锚箱采用单箱双室四索面结构，制造、安装要求高。针对钢锚箱结构和精度要求，进行了加工工艺分析，并制订了专项机加工工艺方案。为同类型钢锚箱的制造积累经验。

关键词　单箱双室四索面　精度要求　机加工工艺

一、引　　言

近年来，随着钢材的轧制方式及钢板的各项机性能日趋完善，钢结构桥梁的设计与应用也日新月异，特别是大跨径斜拉桥与悬索桥，其桥面结构多为扁平流线型钢箱梁，索塔锚箱为钢质结构，钢锚箱受各种条件的制约，结构尺寸不能过大，且受力比较集中，多为厚板结构，为满足吊装架设需求，制造、安装精度要求高。

嘉绍大桥因其独特的单塔柱双幅桥结构，钢锚箱采取单箱双室四索面结构，为保证钢锚箱的制作满足相应的吊装架设需求，必须采取相应的精加工工艺方案。嘉绍大桥钢锚箱结构示意图如图1所示。

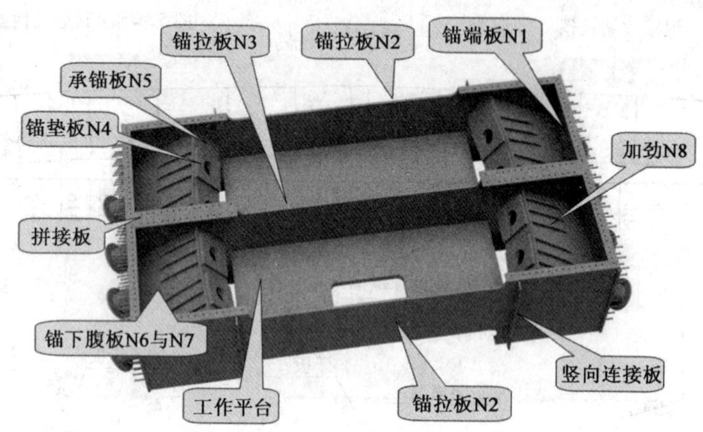

图1　单箱双室四索面钢锚箱结构示意图

二、钢锚箱加工制作工艺方案

桥索塔钢锚箱为全桥关键受力构件，使用的钢板较厚，熔透焊缝多，焊接工作量大，制造精度要求高。为满足设计和相关规范要求，根据其结构特点，采取如下制造工艺方案：

(1)零件采用精密切割下料，下料尺寸补偿焊接、矫正收缩量和机加切削量。零件主要受力方向与板材轧制方向一致，保证关键受力构件不接料。

(2)锚箱部件采用立装法组装，形成整体后采用小规范分散对称焊接，控制焊接变形。焊后对锚箱部件进行机械加工，确保锚箱部件的尺寸精度。

(3)钢锚箱节段组装采用“3+1”匹配制造，卧装法组装，形成整体后重点检查断面的几何精度特别是锚箱的空间位置。在焊接过程中利用行车进行翻身，焊后对重要焊缝的焊趾进行锤击处理。节段翻身焊接后再次进行二次匹配，并整体绘制修正中轴线和机加工端口基准线。

(4)钢锚箱节段端面采用大型数控铣镗床进行端平面加工，保证其端面精度。

(5)钢锚箱节段预拼装采用在厂内支撑平台上进行“4+1”立拼装，检测断面接触率和钢锚箱垂直度、高度、错边量、锚点间距等。

三、钢箱零件的下料与加工

1. 零件放样

钢锚箱零件均采用数据切割机床精密切割下料，零件放样时考虑预留机加工余量、焊接矫正收缩量以及焊接坡口间隙等。

2. 零件下料与加工

零件数控下料时，受到切割火焰热量的影响，特别是焊接坡口开制，零件单边受热，零件的精度会受到影响。为保证钢锚箱的制作精度，增加一道机加工工序对提高零件的尺寸精度是有益的。部分零件机加工示意如图2。

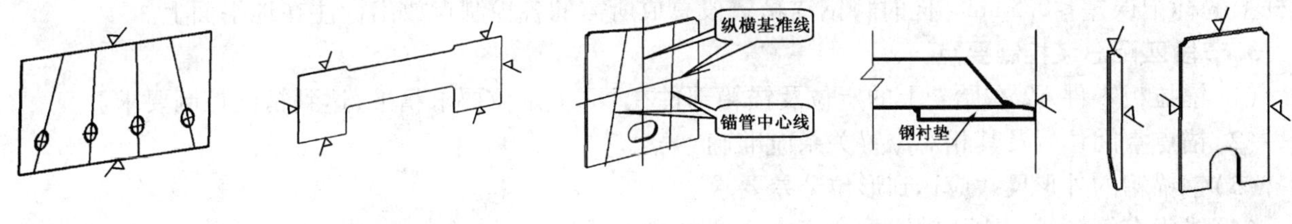

图 2

为保证锚垫板零件N4与锚头锚具的贴合度，进行了表面机加工处理。承锚板零件N5为弯曲零件，采用数控油压机进行压弯，用专用样板进行检查。加工示意图如图3、图4所示。

图3 锚垫板零件N4铣面示意

图4 承锚板零件油压折弯示意

四、锚箱部件装焊与加工

锚箱部件是钢锚箱的重要构造部分，锚箱部件的加工制作精度直接影响到整个钢锚箱节段的装配精度，而锚箱部件又为厚板焊接，均需要在整体尺寸上预放适量的焊接收缩量以及机加工余量。

锚箱部件的组装焊接主要控制部件的焊接变形和外形尺寸。锚箱部件的组装与加工示意如图5。

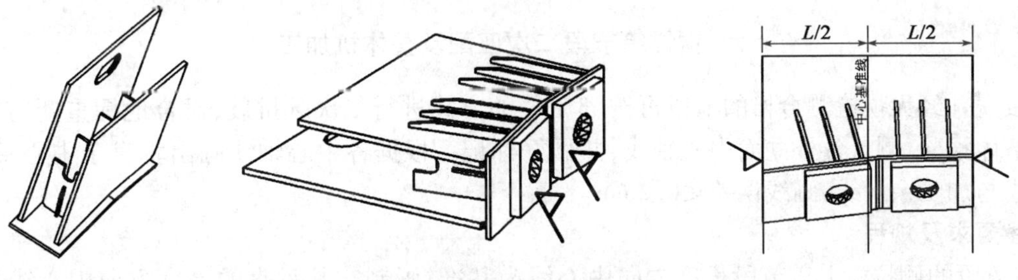

图5 锚箱部件装配与加工示意

五、钢锚箱节段匹配总成制作

1. 钢锚箱节段匹配总成工艺原则

为保证嘉绍大桥钢锚箱节段桥位吊装与架设需求，确保加工制造过程中外观尺寸符合设计要求。针对单箱双室四索面独特的结构特点，制订了专项加工工艺方案：

(1)钢锚箱节段采用“3+1”卧拼方式进行匹配制造；

(2)制作专用支撑作为内胎结构，增强钢锚箱的刚度，减小不规则变形；

(3)根据规定的焊接顺序进行焊接；

(4)节段焊接完成后，进行二次卧装匹配，安装锚索套管，并重新修正中心轴线与上下节段接触面的加工基准线；

(5)利用数控铣床对节段上面端面进行铣平面加工，确保立拼装时节段间的断面接触率≥30%。

2. 匹配总装胎架的制作

在钢锚箱制作前进行匹配总装胎架的架设，胎架除满足相应的刚度和强度要求外，还应满足相应的精度要求，组装承载面模板平面度误差≤1mm。在胎架外架设一高度样杆，标记出中心线和半宽线，高度样杆上的标记误差≤0.5mm。同时将钢锚箱节段总成所需的各控制点放出标注在地平面上。

3. 节段匹配总装控制要点

(1)锚拉板零件N2在胎架上的定位及锚箱部件在N2上定位要求精准,达到精度控制要求。

(2)锚点空间位置及其相对位置关系应准确。

(3)钢锚箱的外形尺寸应达到形位公差要求。

(4)锚索套管轴线与锚孔轴线重合度应达到要求。

4. 节段匹配总装流程

以一侧拉板N2为胎架,装配下层两端锚座部件和工字钢零件N12→安装拉板N3,同时增加临时支撑→按照地标宽度线和基准端口线装配两侧端部承压板N1→焊接拉板N3与端部承压板N1被上层锚座部件遮盖的部分→装配上层的锚座部件及N12→对准地标基准安装另一侧拉板N2,同时增加临时支撑→焊接钢锚箱节段→装配并焊接节段间的拼接板及其他零件。

锚拉板定位画线与锚箱部件装配示意如图6。

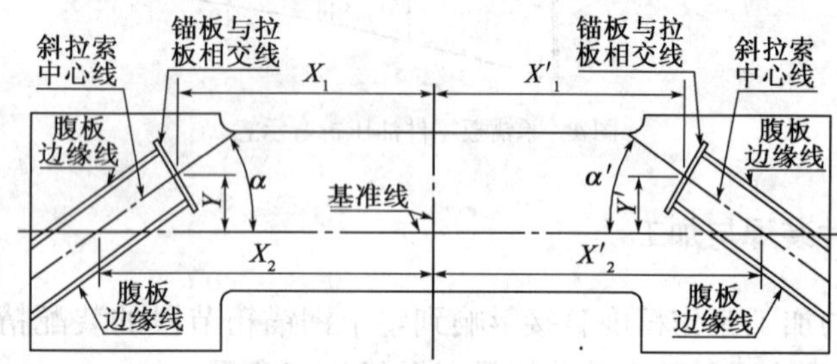

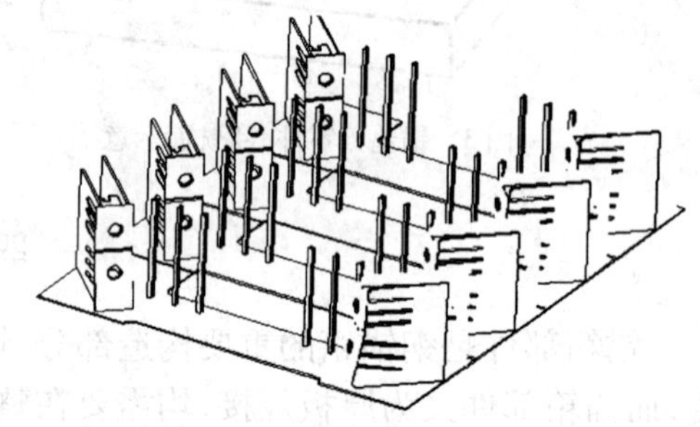

图6 锚拉板零件定位画线与锚箱部件的匹配装配示意

六、钢锚箱节段二次匹配及整体机加工

将焊接完并经无损检测合格的节段再按“3+1”的方式进行二次卧拼装,对合地标重新定位;二次卧拼装节段整体报验,测量各外立面中心轴线,并做好标记。根据各中心轴线画出垂直于中心轴线的上下端面基准线与加工余量线,画线误差≤0.2mm。

1. 画线要求及规程

(1)在节段的侧拉板上以节段长度方向中心线为基准,画制与其垂直的高度方向中心线,使用激光经纬仪配合,并将高度中心线延伸到端封板上,形成加工基准参照面。

(2)以高度中心线为基准在侧拉板上部连接板板厚方向画节段上部的机加工基准线,并在侧拉板上画上部检查线。

(3)以节段上部的机加工基准线为基准画节段下部的机加工基准线与下部检查线。

2. 加工要求

钢锚箱卧态装夹,加工端面朝向刀盘,如图7所示。

(1)加工前,校核所画机加工基准线与长度方向中心线的垂直度,根据偏差,机加工人员可修正高度方向中心线,并做样冲标识。

(2)校核上、下部连板的机加工基准线,确保上、下连接板均有加工量后方可铣面。

(3)根据所画机加工基准线先对锚箱上部连板进行铣面加工,然后以已加工面为基准面对下部连接板进行铣面加工。

钢锚箱节段在数控落地铣床上进行上、下端面机加工,保证安装时上下相邻节段的中心垂直度及端面接触率符合设计要求。

图7 钢筋箱节段装夹定位

七、钢锚箱节段立拼装

单个钢锚箱节段在进行端面铣面加工后，还需要进行立拼装。立拼装的主要目的：

(1)节段拼接板匹配制孔；

(2)检查节段端口间密贴度、垂直度，安装节段间定位组件；

(3)检查对接后直线性和拼装高度，并对直线性和拼装高度的误差进行修正，防止误差积累。

1. 立拼装胎架的制作

钢锚箱节段的立拼装胎架不同于节段匹配总成胎架，除满足刚度和强度要求外，还要保证立拼装胎架上表面的水平误差≤0.25mm 的精度要求(机加工保证)，从而确保节段立拼时中轴线垂直度误差 $H/4\,000$的精度要求(H 为立拼装总高度)。

2. 立拼装工艺基本流程

下层钢锚箱节段先上立拼装胎架定位，采用激光经纬仪检查定位后各端面平面度与水平度→固定钢锚箱节段→重新复核各立面轴线→复核节段顶面高程与平面度→第二节段定位→检查两节段端面贴合情况，锚管、锚垫板角度及高度、垂直度偏差→用定位销固定并配制节段间的连接孔群→依此继续吊装其余节段→每轮次节段立拼完成后，再次检测整体尺寸和各端面平面度，要求四壁错边量≤2mm(以桥轴向塔壁为主)，端面金属接触率≥30%(以0.04mm 塞尺插入深度≤1/3 板厚)。节端立拼装示意见图 8，实物照片见图 9。

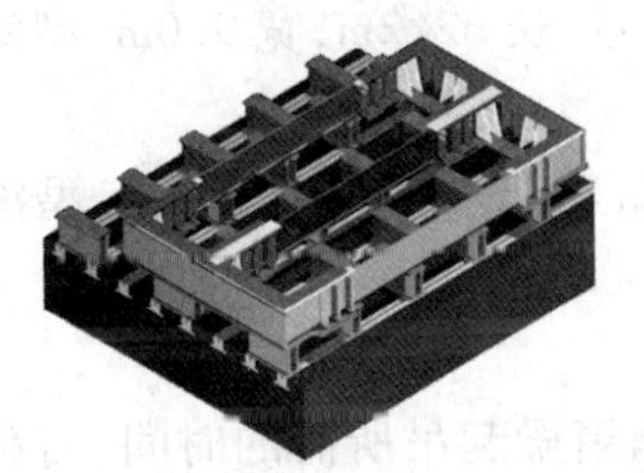

图 8 钢锚箱节段立拼示意

图 9 钢锚箱节段立拼装实物照片

八、结 语

嘉绍大桥单箱双室四索面钢锚箱经过各专项工艺保障，提高了整体节段装配与成型精度，通过立拼装实测验证，顺桥向垂直度误差≤$H/6\,000$(H 为立拼装节段总高度)，横桥向垂直度误差≤$H/4\,000$，节段间断面接触率≥30%，节段错边量≤4mm，满足钢锚箱节段各项吊装与架设精度要求。

通过此类钢锚箱节段制作的顺利实施，验证了各专项工艺是可行的，为同类产品的制作提供经验借鉴。

59. 嘉绍大桥钢箱梁节段船舶运输适航试验研究

黄修生[1] 阮家顺[1] 伍鲲鹏[1] 孔 云[2]

(1. 武船重型工程有限公司；2. 嘉绍跨江大桥工程建设指挥部)

摘 要 根据钢箱梁悬臂吊装架设要求进行了适航试验，结合桥位处潮位、涌潮、水流和水下地形等特点，确定了钢箱梁节段船舶运输适航条件和时机，解决了复杂条件下钢箱梁节段运输问题，可供其他桥梁钢箱梁节段运输时参考。

关键词 钢箱梁节段 运输 适航条件

一、引　　言

嘉绍大桥的主航道桥为 $70+200+5\times428+200+70=2680$m 的六塔独柱四索面钢箱梁斜拉桥。嘉绍大桥钢箱梁总长2680m，共分374个梁段，单幅钢箱梁标准节段长15m，重量约为190t，支座附近局部单幅梁段重约220t，单幅刚性铰合龙段重300t。

桥位处于钱塘江河口尖山河段河床宽且浅、潮强流急。桥位水域涨落潮流路分歧，河床底质颗粒较细，加之上游来水的流量变化较大，河床变化无常。由于钢箱梁节段体积和重量均较大，无法通过栈桥运输，只能通过船舶运输进行吊装。桥位恶劣的水文、地质条件对钢箱梁船舶运输、船舶定位有较大影响，且无成熟的经验可借鉴。针对桥位水文、地理特点，进行了适航试验。

试验的目的是根据桥位潮位、涌潮、水流和水下地形等特点，确定钢箱梁节段船舶运输的适航条件和时机，确保嘉绍大桥的顺利架设。

二、试 验 条 件

1. 试验用船舶型号及技术参数

(1)运输船："澎湃号"系列姊妹船，总长81m，船长79m，船宽13.4m，型深3.5m，空载吃水0.8m，参考载重量1 800t，功率510kW，首锚有 2×800 kg霍尔锚，链长各6节，锚链直径为 $\phi25$mm。

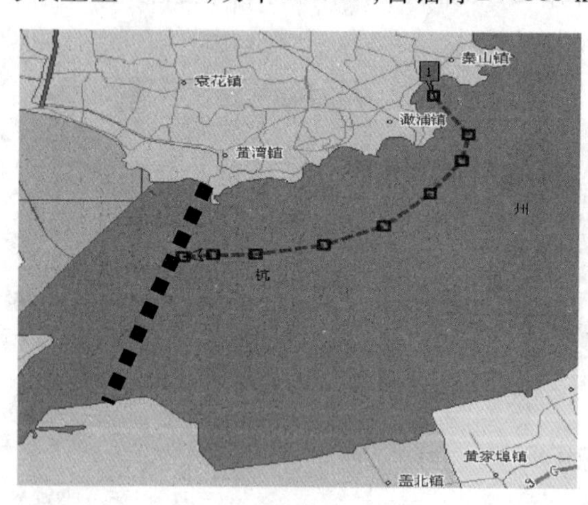

图1　候潮锚地位置

(2)定位船："东风拖8号"长38m，宽14.3m，型深4.2m，吃水2.8m，功率为1176kW(1600HP)。

(3)绞锚艇：浙杭海工9号，长32.2m，宽9.0m，型深2.8m，吃水1.5m。

(4)测量艇："海工5号"，船长32.0m，宽6.0m，型深3.0m，吃水1.5m。

2. 候潮锚地选择

根据桥位的涌潮特点，钢箱梁起吊所需的时间，需利用高潮将钢箱梁节段运输到桥位。因此，锚地应选择在离桥位不远，且相对安全的锚地。根据实地考察，锚地选定在白塔山锚地，锚地到桥位约40km，航行时间约为2小时，见图1。

三、试验方案与试验过程

1. 试验方案

实船模拟试验，根据钢箱梁的重量和外形尺寸选择一条运输船舶在南通港进行配载，配载重量为 2×300t(覆盖 2×190t 梁段吊装的要求)，航行到白塔山锚地抛锚候潮。高潮前运输船进入桥位施工区，利用高平潮及之前一小时左右水流较平缓的有利时机，在7个桥孔位置，对运输船进行定位试验，分别用二种定位方法——船舶自己的锚泊设备和利用抛定位锚——进行了适航试验，考察高、中、低潮不同潮位、不同作业位置、不同气候条件等作业环境对运梁船舶定位作业的影响。根据试验结果，确定钢箱梁船舶运输的适航条件和时机。

2. 试验过程

根据试验方案，首先用测量艇从锚地到桥址，测量沿途航道的水深和桥址处南岸至北岸的水深，并在桥址处抛锚定位50min。第一步，运输船舶进行空载航行，测量沿途航道水深及桥址处水深和潮流速度，在桥址作业区抛锚船舶定位60min。第二步，运输船舶在配载600t和700t的状态下，分六个航次，从白塔山锚地出发航行至桥址，在桥址处不同的作业区分别用上述二种船舶定位方法进行了适航试验。

试验时间为9月7日以后，运输船、辅助船和试验设备等提前进入白塔山候潮锚地待命。

第一阶段适航试验共航行4次，2次空载、2次配载和二种船舶定位方法的适航试验，基本掌握了航道、水文、水深、潮汐情况，在全年最小高潮(2008年9月10日)运输船舶和作业船舶都能从锚地安全航行至桥址，并能从桥址安全地返回锚地。抛锚定位达到了预期效果，用抛定位锚方法进行船舶定位，定位锚的放置和绞起可在当天完成，在桥址处船舶定位时间在50~60min，满足拟定钢箱梁吊装作业时间不超过50min的要求。经过专家评审，建议选择潮汐较大、天气状况较恶劣的时间里进行适航试验。

根据专家的建议及在第一阶段适航试验的基础上，进行了第二阶段的4次适航试验。第二阶段选在大、中潮时进行配载适航试验，掌握了潮汐，航道情况、利用运输船舶所配备的锚泊设备完成了运输船舶在桥址作业点的定位，利用抛定位锚同样也完成了运输船舶在桥址作业点的定位，在桥址定位时间在60~90min，可保证吊装作业时间。

四、试验分析

1. 试验时间选择

嘉绍大桥钢箱梁节段吊装安排在白天进行，通过2008年全年白天高潮潮汐(以杭州湾乍浦潮汐为依据，见表1)的分析，全年最小高潮和最大高潮分别在9、10月，最小高潮只有4.11m，最大高潮高达7.03m。根据适航试验要求分别选择不同潮期进行了第二阶段试验。

表1

2008年白天高潮潮汐统计

月 份	1	2	3	4	5	6	7	8	9	10	11	12
最大高潮(cm)	635	628	622	610	613	646	614	662	695	703	690	673
最小高潮(cm)	482	463	470	460	497	506	463	428	411	412	432	473

2. 启航时间选择

由于从锚地到桥址航道水深受潮汐的影响，只有在潮位达到一定的高度时，运输船舶才能从锚地出发航行至桥址。根据潮汐的涨落来确定从锚地启航的时间。

第一次至第八次试航时间与潮汐变化的关联图见图2。

第一次至第八次试航情况统计见表2。

表2

试航情况统计

航次	潮 情	启航时间涨潮后	航道水深(m)	桥位水深(m)	到达桥位时间	船舶定位时水流速度(m/s)	船舶定位方法	船舶定位稳定性
1	大潮	3小时	未记录	未记录	高平潮	0.33	抛艏锚	稳定性好
2	小潮	3小时	未记录	未记录	高平潮	0.33	抛艏锚	稳定性好
3	小潮	2小时	未记录	未记录	高平潮前期	0.764	抛定位锚	稳定性好
4	小潮	1小时10分	未记录	未记录	涨潮阶段	1.54	抛艏锚	稳定性好
5	中大潮	3小时	5.76~7.42	5.7~6.1	高平潮后期	0.214	抛艏锚	稳定性好
6	大潮	3小时	6.2~7.5	6.8~7.2	高平潮	0.728	抛艏锚	稳定性好
7	大潮	3小时	6.7~7.5	6.7~7.0	高平潮	0.566	抛定位锚	稳定性好
8	大潮	3小时	7.1~7.6	7.1~7.4	高平潮	0.643	抛艏锚	稳定性好

从图2和表2分析，启航时间在涨潮2小时后是比较合适的，启航时间早了，船舶到达桥址时的潮流速度较大，船舶定位锚链(缆绳)受力较大，船舶定位稳定性相对较差，船舶在吊装点处停留时间较长；若启航时间推迟，船舶到达桥址时潮流速度虽较小，有利于船舶定位，但若当时机把握不当，在吊装过程中可能会退潮，潮流方向改变，不利于船舶定位的稳定。所以启航时间在涨潮2小时是适宜的。

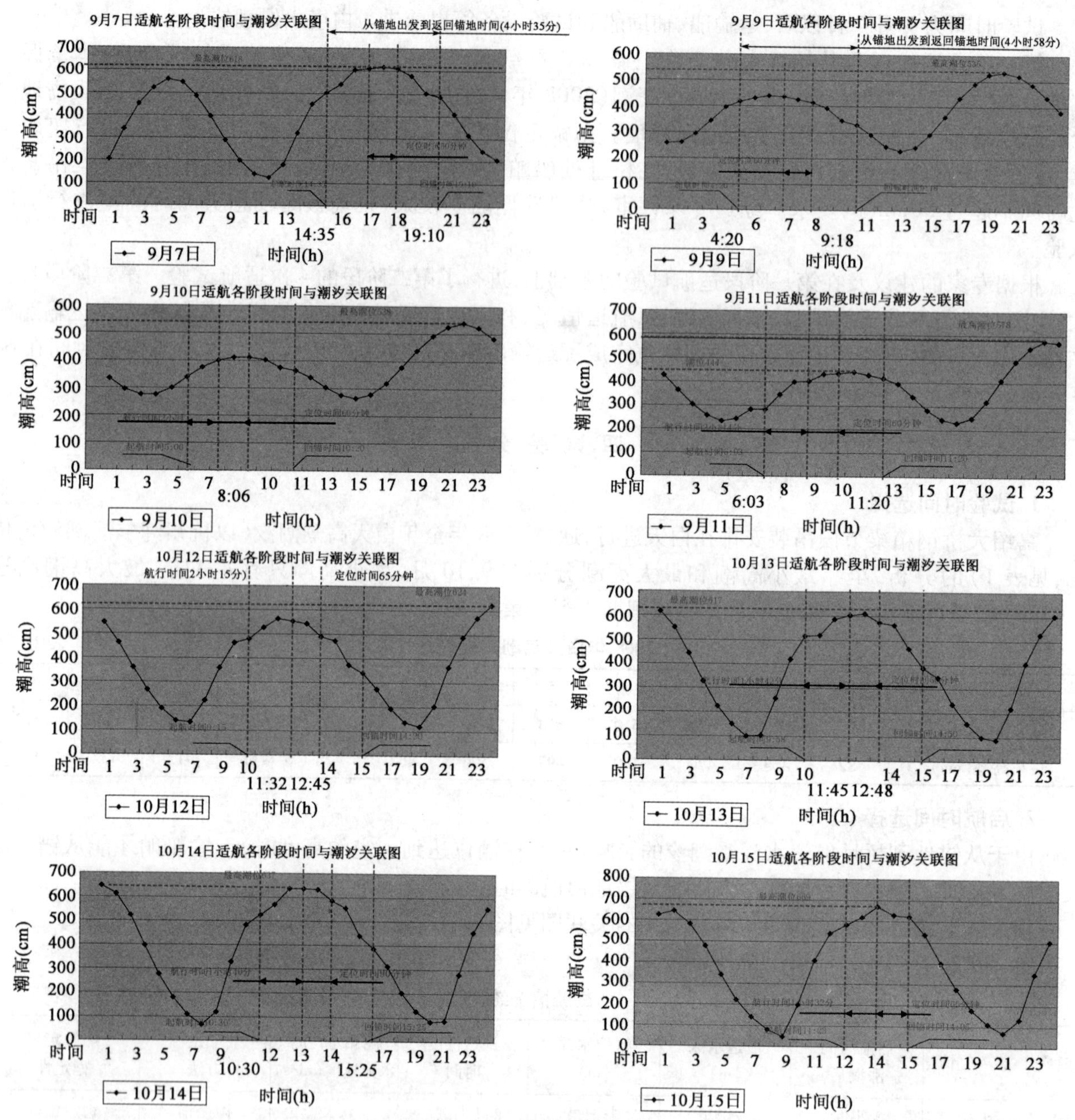

图2　试航时间与潮汐变化的关联图

3. 船舶定位方法

通过八个航次的适航试验,两个空载航次,六个重载航次,采用了二种船舶定位方法,一是利用运输船舶自身的锚泊设备,即抛艏锚定位方法,二是利用绞锚艇协助定位。

通过试验这两种定位方法都能使运输船舶顺利定位,且定位效果都很好。

第一种利用运输船舶本身的锚泊设备抛锚定位的方法,具有操作方便,抛锚简便、快速;定位快、起锚方便、快速。此方法在两次空载和四次重载试验中,船舶定位后未发生走锚、位移,船舶无大幅度左右摇摆。当船舶在吊装点需要前后微调时,只需收放锚链并加以主机配合便可完成,船舶位置调整方便。

第二种定位利用抛地锚的方法,需要绞锚艇配合,将锚预先抛在定位点,待运输船舶到达后,将缆绳牵引至运输船舶进行定位,定位时间略长,定位复杂,但船舶定位效果好,定位锚抓力大。运输船舶返航后,需绞锚艇将地锚绞起。进行点多吊装时,需要多艘绞锚艇配合方能在潮期完成作业,当运输船舶需要微调时，过程较烦琐。如果发生弃锚情况，弃锚有碍航可能，对运输和作业船舶存在潜在威胁。

通过以上分析，采用第一种定位方法较适宜些，但需配套一艘功率在1176kW左右，适应该航区（特别是航道水深）的拖轮辅助定位和护航，确保船舶航行定位。

4. 航线及航道选择

通过八次适航试验，在涨潮2小时左右后，从白塔山锚地到桥址处，经秦山、澉浦、到尖山的航线满足船舶作业要求。该航线上没有渔场和围网养殖，无大型的捕捞作业，只有零星的小型渔船进行短时间的捕捞活动，对船舶的航行安全没有威胁。该航线适合多艘船舶同时航行，相互间没有影响，在可航行时间内，沿途航道水深一般在4m以上，满足运输船舶航运和多点吊装作业要求。

5. 运输船舶桥址处定位时间

通过八次适航试验，作业船舶在桥址定位时间第一航次是50min；第二航次是60min；第三航次是60min；第四航次是60min；第五航次是65min；第六航次是60min；第七航次是90min；第八航次是65min。在桥址处运输船舶定位时间在50～90min间，测量艇、绞锚艇在桥址处定位时间最长达180min（3h），满足钢箱梁吊装作业时间不超过50min的要求。

6. 潮汐潮流

通过八次适航试验，从第二航次开始到第八航次，进行了七次测量，每次航行均对对潮汐潮流、水深进行了不间断的测量，测得最大潮流速度为2.12m/s；测得最小潮流速度为0.04m/s，在船舶定位期间，平均最大潮流速度为1.34m/s；平均最小潮流速度为0.33m/s，平均潮流速度为0.655m/s。此潮流速度对船舶定位无影响。

7. 船舶搁浅

通过八个航次的试验，船舶搁浅应可避免，如在规定的时间不能完成吊装任务，应立即中止作业。通过八个航次的试验和对航道的了解，从桥址作业区到达安全的航道水域约为18km，即从桥址作业区到澉浦锚地的距离，如果船舶全速航行，只需约1小时就可达到安全水域。澉浦锚地水域在最低潮位时，最浅的水深也有3.5m，航行为顺流（退潮期）方向，所以运输船舶和作业船舶是不会有搁浅的可能。在八个航次的试验过程中，拖轮、绞锚艇和测量艇较运输船舶提前半小时启航，返航时晚半小时，未有搁浅的现象。在第五航次试验中，测量艇比运输船舶晚返航约2h，也未有搁浅。第七航次试验中在桥址处定位90min后（是拟定作业时间50min的1.8倍），测量艇、绞锚艇晚运输船舶半小时返航，也未有发生搁浅，所以船舶在吊装作业区按时完成作业，及时返航，搁浅是不可能发生的，也是完全可避免的。

8. 气候

通过八个航次的试验，走访和询问该海域有丰富航海经验的船长，在大雨、大雾能见度较低、当风速大于浦氏6级时，应停止施工作业。

9. 船舶锚抓力

由于在试验中没有遇到6级以上大风和水流速度超过2.5m/s的情况，因此我们对此工况进行了运输船舶锚抓力计算，运输船舶的锚抓力是能满足要求的。

10. 船舶抗风能力

由于在试验中没有遇到6级以上大风的天气，因此我们对此工况进行了船舶抗风能力计算，计算结果船舶在装载两个钢箱梁节段时，可抵抗蒲氏6级风力，满足工况要求。

11. 船舶稳性计算

船舶的稳性关系到船舶运输的安全，针对船舶在风力6级的工况下运输状态，对船舶运输时的四种工况，即满载出港、满载到港、空载出港、空载到港进行了稳性计算。计算结果船舶在风力6级，四种运输工况情况下，船舶的稳性是满足要求的。

五、结　　语

（1）采用船舶运输方式运输嘉绍大桥钢箱梁节段到桥址是可行的，运输船舶“进得去、稳得住、出得来”。

（2）运输作业船舶的主尺度条件：

①所有到桥址处作业的船舶实际吃水均应≤3.0m，确保船舶作业安全。

②运梁船舶载重量应≥800t，载荷甲板尺寸应≥55×13.5m（长×宽）。

③优先选择自航船舶运输钢箱梁。

④拖轮主机功率至少≥1 200kW。

⑤绞锚艇、测量艇应熟悉本水域情况。

（3）船舶从锚地到桥址的启航时机：

①在涨潮2小时左右启航（以乍浦潮汐为准），或当乍浦潮高≥3.4m时船舶可从锚地启航。

②风速≤13.8m/s，即风级浦氏6级以下，船舶可从锚地启航。

③能见度≥200m，船舶可从锚地启航。

④潮流速度≤3.7m/s船舶可从锚地启航。

60. 锌铝合金涂层在嘉绍大桥钢箱梁防腐涂装施工中的应用

万贵章　赵振宇　周克忠
（镇江蓝舶工程科技有限公司）

摘　要　通过对电弧喷铝及富锌底漆、热喷涂锌、铝与锌铝合金对比，分析了电弧喷涂锌铝合金涂装方案的特点，阐述了电弧喷涂锌铝合金施工工艺、验收标准及质量控制。通过工艺试验，指出在钢箱梁防腐蚀施工中，电弧喷涂锌铝合金具有更高的性能比和质量保证。

关键词　大桥　钢箱梁　电弧喷铝　锌铝合金

一、工 程 介 绍

嘉兴至绍兴跨江公路通道起自嘉兴（秀洲），接常熟经苏州至嘉兴高速公路，于黄湾跨钱塘江，止于绍兴沽渚，接杭甬和上三高速公路，全长69.462km。嘉绍大桥由主航道桥、北副航道桥、水中区引桥及陆地区引桥组成。其中主航道桥为独柱型六塔斜拉桥，四索面分离钢箱梁形式，单幅梁宽24m（含风嘴及斜拉索检修道），两幅梁间横梁长9.8m，全幅总宽55.6m。

二、电弧喷涂锌铝合金涂层特点

1. 电弧喷涂与富锌底漆比较

钢结构涂装体系底层防腐常用富锌底漆或电弧喷涂。

采用富锌底漆涂装，漆膜不能彻底阻止空气中的水和氧气浸透，并且高分子材料存在“老化现象”，从而导致漆层产生裂纹、鼓泡和粉化。一旦漆层出现裂纹、剥块，钢结构表面会很快被腐蚀并迅速蔓延。普通防锈漆涂装防腐体系有效保护期较短，即使使用最新的价格昂贵的进口油漆涂装防护，油漆膜厚度大于200μm，其理论防护寿命也超不过20年，而且必须经常进行维护。

电弧喷涂涂层与基体结合牢固，涂层寿命长，长期经济效益好；工艺灵活，适用于重要的大型及难于维护的钢结构的长效防护,且可现场施工;电弧喷涂层与油漆封闭层间存在最佳协同效应,封闭后的涂层耐蚀寿命不是电弧喷涂寿命与封闭涂层寿命简单相加,而是二者之和的1.5~2.3倍,这是世界公认的最佳协同效应。

重防腐涂层失效维修每隔15年一次,必须采用喷砂除去钢构件表面旧漆皮和疏松锈蚀物,然后重新涂刷多道油漆(很多结构死角无法维修,可能会成为影响钢构件寿命的严重腐蚀点),砂子回收和环保达标困难,作业难度大,维修费用高昂。即使在油漆层完全失效前就进行每隔2~3年涂刷面漆,也不可能保证钢构件防腐长久有效,因为底漆耐老化时间是有限的,最终漆膜会脆化脱落,避免不了油漆层的完全失效。[1]

2. 电弧喷涂锌、铝与锌铝合金

在腐蚀介质中,锌或铝涂层作为阳极,提供可靠的阴极保护作用。另一方面,它们存在于钢铁基体与腐蚀介质之问起机械保护作用。锌涂层和铝涂层在许多方面有相似的性质,但也有各自的特点。

锌涂层在基体上结合状况好、易于喷涂;涂层内的气孔与氧化物含量较低,在腐蚀介质中,可以对钢铁基体起积极的保护作用;耐中性或碱性腐蚀能力强。

铝涂层含有相对多的氧化物,并且涂层的硬度高于锌涂层,抗腐蚀、冲蚀性能优于锌涂层。在pH值显酸性的介质中其耐蚀性也好于锌涂层。

一般来说,在同样腐蚀条件下,同样厚度的铝涂层比同样厚度的锌涂层有更长的使用寿命。铝的密度为2.7g/cm^3,锌的密度是7.1g/cm^3。锌的密度近似为铝的三倍。欲获得同样厚度的涂层,铝的用量仅为锌的三分之一。但铝涂层的最大缺点是:由于涂层内存在较多的氧化物和孔隙,当涂层较薄和封孔不当时,经常会出现泛黄锈蚀现象。

通过电弧喷涂,将锌铝合金丝作为电弧的两根熔化极,喷出后便得到锌铝合金涂层。锌铝合金涂层的化学性能和力学性能二者兼而有之。

锌铝涂层电化学性能介于锌涂层和铝涂层之间近于锌涂层,对钢铁起到很好的阴极保护;力学性能介于锌涂层和铝涂层之间,近于铝涂层,有较高的硬度和抗冲击能力。

三、锌铝合金涂层施工工艺

1. 绕丝

电弧喷涂前首先进行锌铝合金丝/铝丝的盘丝,盘丝要求丝盘和绕丝机的中轴要同心,绕丝机尽量靠近丝盘,绕丝中要丝与丝紧挨着,不要有压、折、弯等情况发生。

2. 人员配备

每套电弧喷涂设备配备两名喷涂操作工,操作工穿戴好劳保用品,呼吸供气正常后进入涂装车间操作,其中一名操作喷涂枪进行喷涂,另一名照看喷涂机并配合操作工工作。

3. 喷涂施工

喷涂开始时首先先合上喷涂机电源,打开喷涂机供气开关,调节电流和电压到要求的工艺参数,喷枪对着非喷涂面试喷,喷涂正常后再对需喷涂面进行正式喷涂。工艺参数调试按下述数据进行:

压缩空气(无油、无水)	≥0.55MPa
工作电流	300~600A
电压	28~34V
喷距	120~200mm
喷角	尽可能90°,但不得小于65°
搭接	1/3,交叉

当喷涂完毕后停止喷涂,关闭气源,拉下电源开关。喷后清除金属涂层大熔滴等缺陷,自检、专检合格后报监理验收。

四、电弧喷涂锌铝合金涂层质量验收标准

电弧喷涂锌铝合金涂层质量验收标准见表1。

锌铝合金涂层质量验收标准 表1

工序	检测项目	检测手段	检验要求	检测数量	标准/记录
电弧喷锌铝合金	膜厚	磁性测厚仪	150μm	每$10m^2$测量5个点,每个点附近侧三次,取平均值	GB/T11374-89
	外观	目视	涂层细密、均匀,无杂质、裂缝等损伤面	全面	记录表
	结合力强度	拉开法	≥5.0MPa	符合设计要求	GB/T9793

五、电弧喷涂锌铝合金涂层原料质量控制

1.锌铝合金丝的采购

从专业生产企业采购合格锌铝合金丝,质量应符合《热喷涂 火焰和电弧喷涂用线材、棒材和芯材 分类 供货技术文件》(GB/T 12608—2003)要求。

2.锌铝合金丝的验收入库

仓库保管员应对进库前的锌铝合金丝验证其合格证、质保书,检查是否与相应合格样品相同,相同时方可入库并按规定及时抽样送检,合格后方可使用。

锌铝合金丝应存放在专用库房内,库房应防止漏水。

材料的存储期间应保证其质量,若在出库使用前发现材料质量有变化,应停止使用,并及时究其原因,更换合格材料方可投入使用。

六、电弧喷涂锌铝合金检测

试板检测结果列于表2和图1。

电弧喷涂锌铝合金层检测结果表 表2

膜厚(μm)	孔隙率(%)	附着力(MPa)	中性盐雾试验(h)
159	0	12.5	72h无异常
157	0	13.9	72h无异常
167	0	13.2	72h无异常

检测结果	
检测项目	检测结果
孔隙率	无贯穿孔隙
中性盐雾试验	经72小时中性盐雾试验，试样表面未发生鼓泡、红锈、剥落等缺陷。

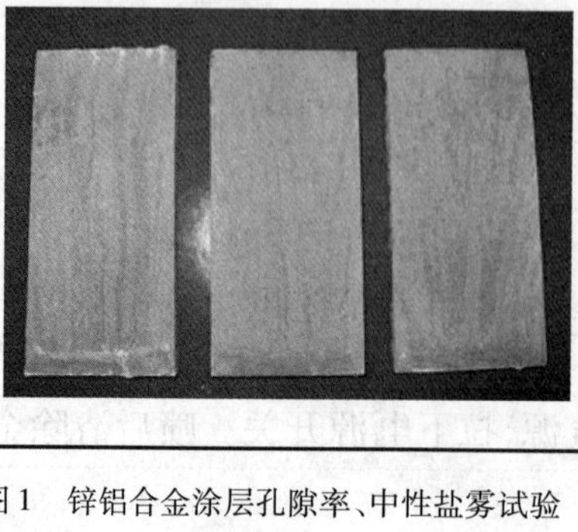

图1 锌铝合金涂层孔隙率、中性盐雾试验

七、分析与比较

1. 锌铝合金涂层与铝涂层孔隙率比较

电弧喷涂涂层均有一定孔隙。涂层中贯通孔隙会导致金属基体与外界环境相通，腐蚀介质容易渗透至基体界面，发生局部腐蚀，降低涂层耐蚀性。因此，表面孔隙率越小越好。

电弧喷铝层孔隙率比锌铝合金涂层大。铝与氧的亲和力很大，能与空气中的氧反应，在表面很快生成一层薄而致密、具有自愈合能力的 $A1_2O_3$ 氧化膜。随着时间的延长或大气湿度的增加，这层氧化膜厚度增大。因此，铝在大气中具有良好的耐蚀性。但在有大量氯离子存在的环境下（如海洋环境中），氧化膜将氯离子吸附在表面，氯离子就会取代膜中的氧形成易溶于水的氯化物，从而使保护膜的结构遭到破坏，产生孔隙，腐蚀介质就可能渗入内部，加速铝的腐蚀[2]。

电弧喷铝层对点蚀及机械损伤敏感。随着腐蚀深入，腐蚀产物附着在涂层与机体之间，随着量的增大，铝层对机体的物理隔绝作用越来越明显，但是其阴极保护作用会降低。腐蚀介质及腐蚀产物增多后，有缝隙腐蚀倾向，可能会使涂层在机体与铝层间形成“空壳”或涂层脱落。

2. 盐雾试验比较

电弧喷铝层与锌铝合金层在中性盐雾盐雾试验（72h）均无异常。

3. 综合性能比较

锌涂层的长处为电化学保护性能，即阴极保护性能较好。其短处为锌涂层的腐蚀速率较快，形成氧化锌及氯化锌较快，流失较快，从而使用年限较短。因此，通常设计 30 年时间的涂层需要近 300μm 的厚度。同时，在施工雾化过程中会形成大量的 ZnO，对人体及环境带来直接的伤害。原材料成本也相对较高。

铝涂层的长处为电化学保护性能较好，具有长效的防腐性能，但与锌铝涂层比较，阴性保护性能就相应差些。铝涂层的施工缺点为，表面处理铝材的硬度较大，对基材纯净度要求高，并且对粗糙度要求更高。同时，因涂层相对硬，使空隙率较大。同样涂层在经过盐雾 500h 的状态下，铝涂层与钢铁结合部处会有锈蚀发生。其次，铝涂层的附着力不如锌涂层高。

锌铝合金涂层充分取用了两者的长处，即阴极保护性能的优点和长效保护之优点。锌铝伪合金电弧喷涂形成涂层后，其成分由纯锌相、纯铝相及一些锌铝合金相组成。涂层中铝微粒之间构成网状硬构架，锌填充其间，在腐蚀环境下，因锌腐蚀电位较低，锌先发生腐蚀，锌的阴极保护既保护了钢铁也保护了铝层；锌牺牲后的产物填充涂层间隙，锌牺牲后铝继续发挥作用，同时铝层的网状结构阻止了锌的腐蚀生成物氯化锌、氧化锌的聚集和大块流失，而且锌的氧化物会把铝的小孔堵住，这样使进入伪合金层的介质减少了，锌腐蚀也少了，从而延长了钢结构的保护时间。

通过涂层孔隙率及中性盐雾实验可表明，锌铝合金孔隙率低，综合性能较好。

八、结　　语

通过对锌铝合金的综合性能分析、对比，其作为重防腐配套体系的底涂层被广泛应用于国内大型钢结构桥梁防腐蚀工程，具有更高的性能比和质量保证，其涂装工艺和质量控制方法也日趋成熟，具有广泛的应用价值和前景。

参考文献

[1] 王延东，杨笑，宇，洪伟，等. 荆岳大桥钢箱梁油漆与电弧喷铝涂装方案对比[J]. 表面技术，2009(2)：81～83.

[2] 王真，宋刚，刘黎明，等. 铝合金电弧喷涂纯铝涂层的耐蚀性能[J]. 材料保护，2008(7)：61～65.

61. 嘉绍大桥多塔斜拉桥合理成桥与施工状态确定的合二为一法

李传习 廖龙辉 张玉平
(长沙理工大学)

摘 要 本文以主跨428m的六塔斜拉桥——嘉绍大桥为依托工程,针对斜拉桥合理成桥状态和合理施工状态传统确定方法(先确定合理成桥状态,再确定施工状态)计算工作量较大和不闭合的不足,研究提出了斜拉桥合理成桥状态与合理施工状态确定的合二为一法。按照提出的方法,计算确定了依托工程的合理施工状态和合理成桥状态,并探讨了合龙顺序改变对合理施工状态和合理成桥状态的影响。依托工程的算例表明:斜拉桥合理成桥与合理施工状态确定的合二为一法思路清晰、简单方便、结果合理;不同合龙方案所得到的合理成桥状态差别不大(即内力差别不大,成桥线形必须也必然完全一致),但对主梁就位高程有较大影响。

关键词 多塔斜拉桥 合理成桥状态 合理施工状态 合二为一法 合龙顺序

一、引 言

斜拉桥合理状态的确定包括合理成桥状态的确定与合理施工状态的确定,目前一般先按一次成桥的方法确定合理成桥状态,再以确定的合理成桥状态为目标,根据定好的施工工序确定合理施工状态[1-4]。显然,上述传统的以合理成桥状态为目标的合理施工状态确定方法,如倒拆法、正装-倒拆迭代法以及无应力法,都存在不闭合的问题。因为按一次成桥的方法确定的合理成桥状态,没有考虑具体节段施工过程,因而其确定的成桥恒载内力状态只能作为实际存在分阶段形成与体系变化的桥梁的一个不能完全实现且无需完全实现的目标。再者,斜拉桥的合理施工状态和合理成桥状态的解是一个范围,而不是单一的状态。

另外,多塔斜拉桥也迎来了发展高峰。多塔斜拉桥设计鼻祖是意大利 Ricardo Morandi 教授,他提出了著名的 Morandi 体系[5],随后,Gimsing、Leonhardt 、Schlaich 和 Michel Virlogeux 、Jacques Combault 等对多塔斜拉桥进行了多年的概念设计。20 世纪末、21 世纪初,多座多塔斜拉桥相继建成和开工建设,如:1998 建成的香港汀九桥[6]、2000 建成的岳阳洞庭湖大桥[7]、2004 建成的法国米约高架桥[8];目前正在建设的浙江嘉绍大桥[9-10]、武汉二七长江大桥[11]、马鞍山长江公路大桥右汊主桥[11]、韩国世丰大桥[11]等。

基于以上两方面的考虑,本文以嘉绍大桥六塔斜拉桥为背景,提出了斜拉桥合理成桥状态与施工状态确定合二为一的思想。其基本思路为:事先给定成桥状态下控制参数(主梁、主塔截面应力值、主塔塔顶偏位、斜拉索应力值及幅值等)的期望值或容许范围,利用恒载平衡法初定斜拉索初张力,基于定好的施工工序与索力初值建立施工过程的有限元模型,利用正装迭代法初调索力,使其各施工工况内力状态均满足设计要求,然后以上步结果为基础综合考虑活载以及多塔斜拉桥的结构特点进行成桥状态的调整(主要调整索力、调整压重方式),使其在各施工阶段中及运营阶段下的控制参数均达到期望值或在允许范围之内,从而同时确定合理成桥状态与合理施工状态。

二、工 程 概 况

嘉绍大桥主航道桥为世界上首座六塔独柱四索面分幅钢箱梁斜拉桥,其跨径布置为 70 + 200 + 5 × 428 + 200 + 70 = 2 680m,主塔高度为 168. 964 ~ 172. 174m,从边塔至中塔逐步增高。索塔采用钻石形索塔,塔柱采用空心箱形断面,根据受力和总体刚度需要,索塔设置箱形断面"X"形支承托架,托架单悬臂长度为21.017m。托架采用变高度结构,高5.00~9.00m。主梁截面采用栓焊流线型扁平钢箱梁,标准梁段长15m,高4.0m,单幅梁宽24m(含风嘴及斜拉索检修道),两幅梁间横梁长9.8m,全幅总宽55.6m。全桥共设置576根斜拉索,各梁段(单幅)内外分别张拉一根斜拉索,每个塔左右分别有48根索。斜拉索采用抗拉标准强度为1670MPa的平行钢丝。跨中处设置刚性铰构造,如图1所示,用以减少温度对主梁内力的影响,释放两侧钢箱梁的纵向相对变形,同时约束两侧钢箱梁之间的相对弯曲、扭转、剪切等变形。

本文根据嘉绍大桥的结构体系、施工工艺与顺序特点建立了考虑施工过程的平面有限元模型。其中:用梁单元模拟主梁和主塔,用索单元模拟斜拉索;塔柱单元划分综合考虑其每段浇筑高度、截面变化和拉索锚固点位置确定,主梁单元划分综合考虑其吊装长度、拉索及吊车在主梁上的锚固点位置确定,主梁、主塔与斜拉索的联系处则通过刚臂单元连接。吊车重力通过施加节点荷载来体现,横隔板重力及钢箱梁各附属结构重力通过在对应单元上施加均布荷载体现。各材料弹性模量、膨胀系数及重度均取规范值。全桥离散为1 368个节点,1 402个单元,其中主梁共362个单元,主塔共258个单元,斜拉索共144个单元(单元编号从左至右依次为609~752),计算简图如图2所示。

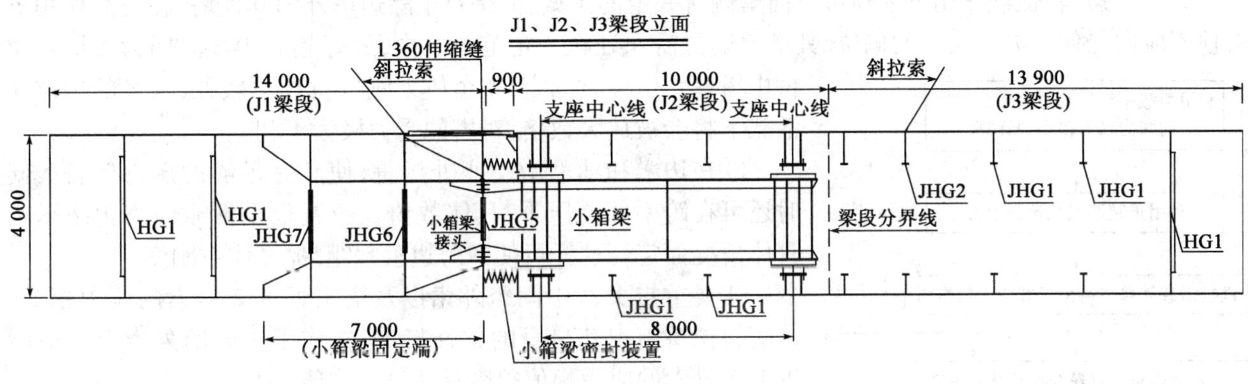

图1 刚性铰示意图(尺寸单位:mm)

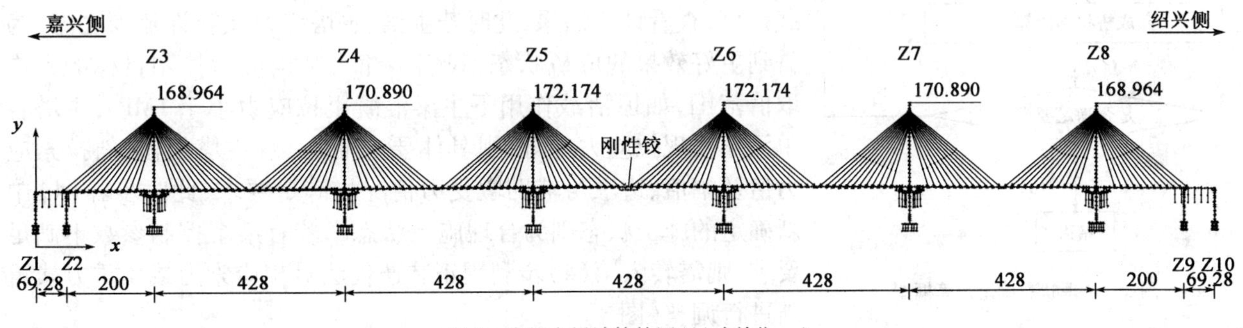

图2 嘉绍大桥计算简图(尺寸单位:m)

三、多塔斜拉桥合理成桥与施工状态确定的合二为一法

1.确定方法与计算步骤

基于确定合理成桥状态与施工状态合二为一的思想,预先给定各控制参数的期望值,在多塔斜拉桥结构尺寸、施工工序初步拟定后,按以下几步进行合理状态的确定:

(1)利用恒载平衡法初定索力并作为各索力的初张力代入模型进行正装计算。此方法求的索力基本满足短索索力小、长索索力大的特征,但以此索力确定的各施工状态很难全部符合要求且所得的成桥状态难以达到理想状态,需根据计算结果进行索力修正。

(2)索力调整。查看步骤(1)的计算结果,检查各施工阶段应力、内力是否在预定的容许范围之内,若满足则转步骤(3),若不满足则利用正装迭代法(以达到预定参数值为目标)求出需调整的索力值代入模型重新进行正装计算,如此循环直至每个施工阶段单元应力、内力都在预定的容许范围之内。为加快迭代的收敛速度,此次调索的控制参数值与个数适当放宽,可仅考虑各单元应力值的满足状况,其中又以拉应力控制为重点。利用此步调整后的最终索力初张值进行正装计算便可得到一个初步的施工状态以及与之相对应的成桥状态,以此求得的施工状态可以满足结构施工中的安全,但以此各个施工工序累积而确定的成桥状态不一定是完全合理的,同时没有考虑活载的作用影响,因此有必要在以后步骤中对其进行一定的调整。

(3)活载计算。对步骤(2)中得到的成桥状态进行活载计算,综合考虑各种最不利组合的受力情况,得到主梁、主塔在活载作用下的应力包络图。

(4)成桥状态调整。计入活载的影响对步骤(2)中确定的成桥状态进行调整,得到一个更加合理的恒载成桥状态。

在调整的过程中我们要关注以下几点:

①索力值不应有过大的调整。调整的目标应该是使梁、塔的内力尽量均匀,不应有应力突变的地方。索力值也尽量使短索到长索呈递增趋势。

②对于边塔,恒载作用下塔顶可以向岸侧有一定的预偏,但是对于除边塔外的其他塔,在恒载作用下塔顶不应向任何一方有较大的偏位,其塔顶偏位需保证在一定范围之内,最好趋向于零。因为多塔斜拉桥中塔柱无边锚索固定,整个体系刚度也相对较低,其塔的偏位在活载下将会被放大数倍,对塔的受力极为不利。

③在边墩和辅助墩支座处压重,使其有足够的压力储备。同时还可在跨中部位压重,具体数值及位置根据活载应力包络图及具体情况而定。这样可使中跨边索紧绷,提高体系刚度。

④要重点关注中间跨外索以及塔附近1、2号索的应力幅值。多塔斜拉桥由于其自身的柔性特点,造成了中间跨外索以及塔附近1、2号索的应力幅值很容易超过允许值。

(5)成桥状态检验。对步骤(4)中确定的恒载成桥状态进行活载计算,查看计算结果,此时若主梁、主塔应力在容许范围之内(为得到更好效果的成桥状态,我们可缩小结构应力控制目标的允许取值范围,如恒活载作用下主梁混凝土拉应力小于1MPa,主塔各单元不出现拉应力等等,视具体要求而定)且主塔偏位、斜拉索应力值及幅值、边墩与辅助墩受力情况均满足要求,此时步骤(4)中新确定的施工状态则为合理施工状态。若有某个控制参数不满足要求,则需转入第(4)步利用正装迭代法对相应索力或压重方式重新进行调整(图3)。

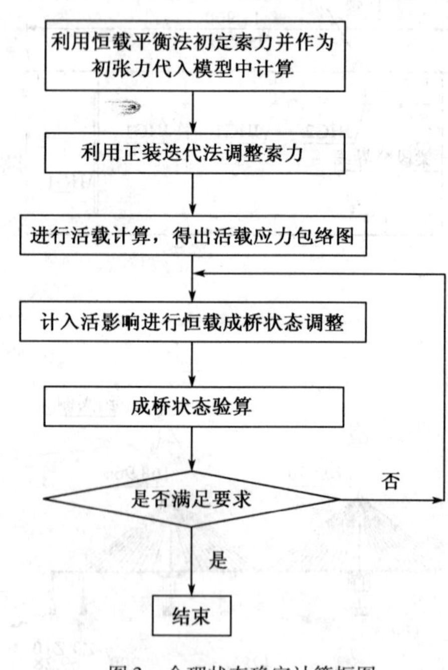

图3 合理状态确定计算框图

2. 计算实例

按表1的施工工序(设计方案)建立嘉绍大桥考虑施工过程的平面杆系有限元模型。在该有限元模型中,全桥主梁共有362各单元,主塔共有258个单元,斜拉索共计144根(同一梁段的4根索统一考虑,模型中单根斜拉索面积为对应4根斜拉索面积之和)。在预先给定的期望值中,主塔拉应力不超过1.5MPa,主塔压应力不超过20MPa,主梁拉、压应力均不超过150MPa,斜拉索拉应力为670MPa,斜拉索应力幅值为200MPa,边墩即辅助墩以及索塔支座有足够的压应力储备,以在施工过程中及正常运营阶段不出现拉应力为目标。

按上节所述步骤与方法、表1的施工工序,上述应力控制值通过计算可确定斜拉索各次张拉索力(图4中的索力值均是各斜拉索一次张拉中的第二步张拉所达到的值),进而可得塔、梁施工阶段与运营阶段应力包络图如图5~图10所示(文中仅给出最具代表性的Z5塔、Z6塔的应力包络图,下同)。

嘉绍大桥总体计算施工工序表(设计方案) 表1

施工步	施工内容	施工步	施工内容
1	索塔(Z3~Z8)、辅助墩和过渡墩等的桩基础施工	113~117	11号梁段吊装及相应斜拉索张拉:1.起吊钢箱梁Z11、B11;2.焊接、单元生成;3.第一次张拉NZ11、NB11;4.吊机前移;5.第二次张拉NZ11、NB11
2	各墩、塔等的承台施工		
3~6	过渡墩、辅助墩等的墩身施工及支座安装		
7~24	下塔柱及托架施工	118~122	12号梁段吊装及相应斜拉索张拉:1.起吊钢箱梁Z12、B12;2.焊接、单元生成;3.第一次张拉NZ12、NB12(边跨对应梁段已生成,只需张拉对应的斜拉索;4.吊机前移;5.第二次张拉NZ12、NB12
25~39	中塔柱施工		
40~49	上塔柱施工、边跨70m梁段支架拼装		
50~56	索塔周边梁段支架拼装		
57	索塔周边梁段永久压重及施加临时约束(固结)	123~127	Z5、Z6塔间合龙:1.吊机起吊J2梁段见图1,同时在Z5(嘉)、Z6(绍)塔主梁跨中区分别压重125kN/m、140kN/m;2.J2梁段生成无重单元;3.Z5、Z6塔间合龙J2梁段与小箱梁之间的特殊节点信息生成;4.吊车脱钩:去吊机处施加的集中荷载,合龙段施加均布荷载;5.拆除Z5(绍)、Z6(嘉)塔的吊机
58	安装桥面吊机		
59~63	1号梁段吊装及相应斜拉索张拉:1.起吊钢箱梁Z1、B1;2.焊接、单元生成;3.第一次张拉NZ1、NB1;4.吊机前移;5.第二次张拉NZ1、NB1		
64~68	2号梁段吊装及相应斜拉索张拉:1.起吊钢箱梁Z2、B2;2.焊接、单元生成;3.第一次张拉NZ2、NB2;4.吊机前移;5.第二次张拉NZ2、NB2	128~131	Z3、Z4塔之间与Z7、Z8塔之间分别合龙:1.吊机起吊、同时分别在Z4(绍)、Z7(嘉)塔的跨中压重42kN/m、35kN/m;2、Z3、Z4塔之间Z7、Z8塔之间合龙(形成无重单元);3.吊机脱钩:去吊机处施加集中荷载,在合龙段加均布荷载,4.拆除Z3、Z8塔的塔梁临时约束(仅保留竖向约束)、拆除Z3(绍)、Z8(嘉)、Z4(嘉)与Z7(绍)塔之间的吊机
69~104	3~9号梁段吊装及相应斜拉索张拉(具体步骤见1、2号梁段吊装)		
105~109	10号梁段吊装及相应斜拉索张拉:边跨为合龙段施工,其具体步骤为:1、起吊钢箱梁B10;2、B10与B9、B11焊接,B10单元生成;3、第一次张拉NB10;4、第二次张拉NB10,其吊机不前移,直接拆除,次边跨Z10号梁段施工除第2步仅与Z9焊接外,其余施工步均与边跨B10对称施工。其余各塔两侧的10号梁段施工具体步骤均与1号梁段相同。	132~136	Z4、Z5塔之间与Z6、Z7塔之间分别合龙:1.吊机起吊;2.Z4、Z5塔之间Z6、Z7塔之间合龙(形成无重单元);3.吊机脱钩:去吊机处施加的集中荷载,合龙段加均布荷载;4.拆除Z5、Z6塔的塔梁临时约束(仅保留竖向约束),拆除Z4、Z7塔的塔梁临时约束(保留水平与竖向的约束);5.拆除Z4(绍)与、Z7(嘉)塔的吊机
110	边跨吊机[Z3(嘉侧)、Z8(绍侧)]拆除	137	加二期恒载
111	解除边跨梁段水平方向约束		
112	安装辅助墩区压重		

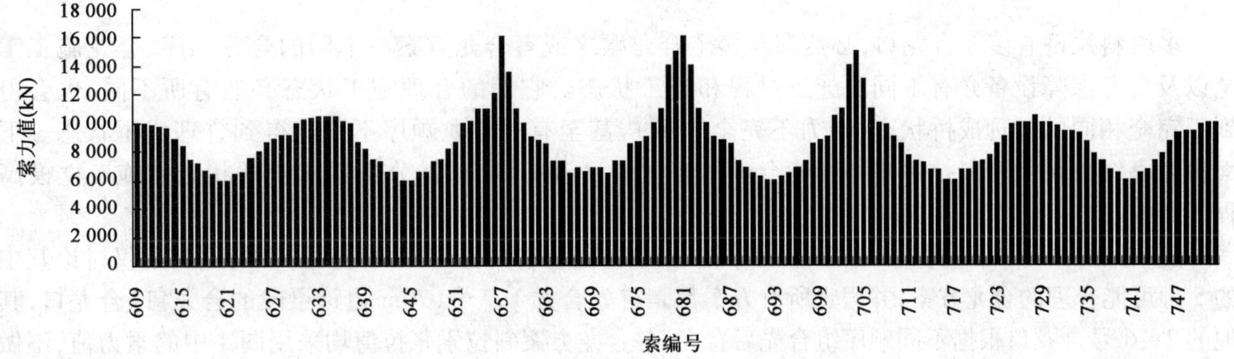

图4 各斜拉索第二步张拉索力值

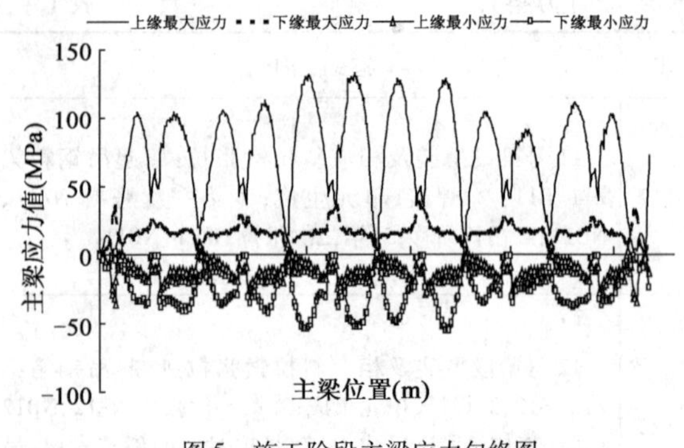

图 5　施工阶段主梁应力包络图

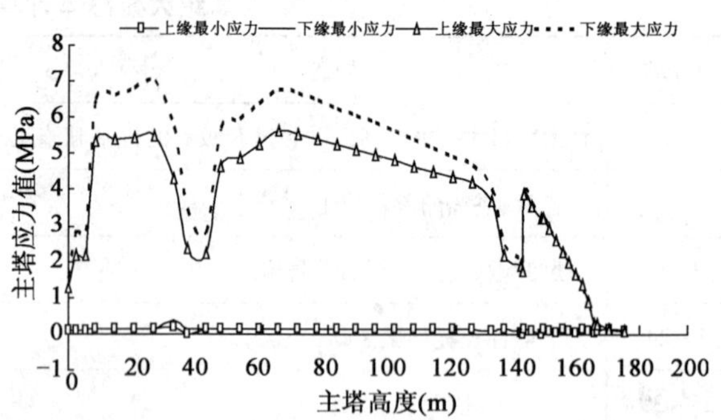

图 6　施工阶段 Z5 塔应力包络图

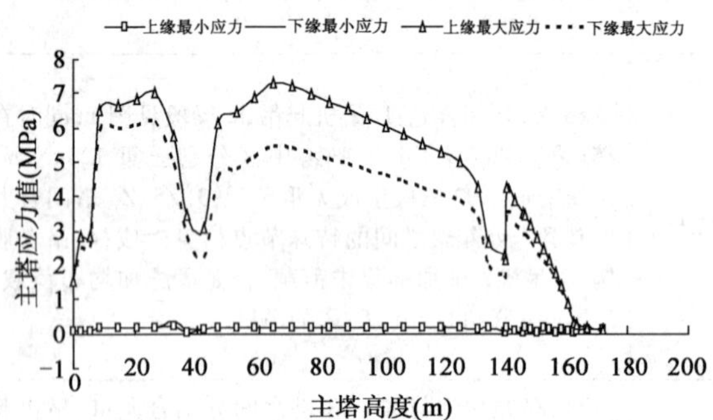

图 7　施工阶段 Z6 塔应力包络图

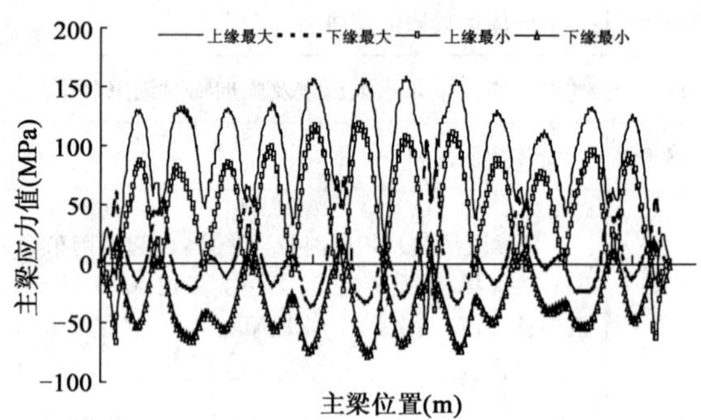

图 8　运营阶段主梁应力包络图

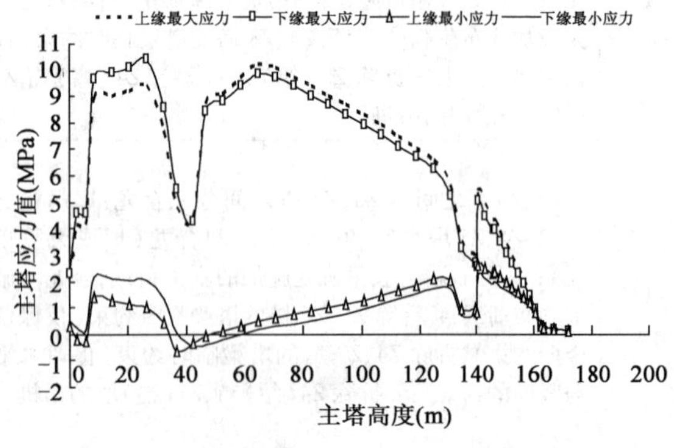

图 9　Z5 塔运营阶段应力包络图

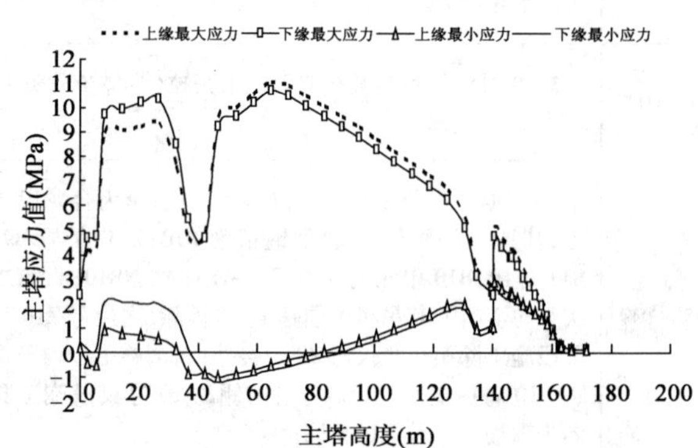

图 10　Z6 塔运营阶段应力包络图

由图 5 ~ 图 10 可知，在施工阶段与运营阶段，主梁、主塔及索的应力值均满足设计要求。证明了本章提出的把确定合理成桥状态与确定合理施工状态合二为一的方法是可行的。

四、多塔斜拉桥合龙方案及其对合理成桥状态与施工状态的影响

多塔斜拉桥有多个合龙口，必然存在多个合龙顺序或者合龙方案。不同的合龙顺序、合龙施工工艺以及合龙保障设备必有不同的施工过程和施工状态。它们的合理施工状态必然有所不同，也会得到不完全相同的合理成桥状态（内力不完全一致），甚至有的合龙顺序不可能得到合理成桥状态。下面将对嘉绍大桥六塔斜拉桥多种可能合理的合龙顺序进行研究，并分析其对成桥状态和施工立模高程的影响。

嘉绍大桥共 7 个合龙段，如图 11 所示，合龙方案众多，本文基于方便与可行性的原则上仅讨论其中的 5 种可能合理的合龙方案，并假定所有方案都是首先合龙 1、7 号（70m 边跨梁段的合龙口）合龙口，其他的 2 ~ 6 号合龙口根据不同顺序组合先后合龙，各合龙方案斜拉索张拉值均采用图 4 中的索力值，不做调整（以下合龙方案中 ZX 塔（嘉）表是 ZX 塔嘉兴侧的主梁，ZX 塔（绍）表是 ZX 塔绍兴侧的主梁）。

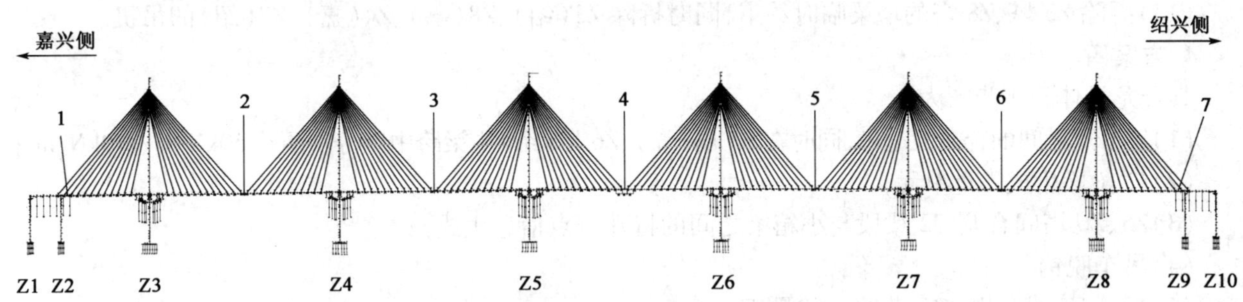

图11 嘉绍大桥合龙段布置图

1. 方案一(设计方案)

其合龙具体施工步骤见表1中的25~27三步。

2. 方案二

其合龙具体施工步骤为:

(1)Z3、Z4塔与Z7、Z8塔之间合龙段起吊,并在Z4塔(绍)、Z7塔(嘉)分别压重20kN/m、0kN/m;

(2)Z3、Z4塔之间Z7、Z8塔之间合龙(形成无重单元);

(3)吊机脱钩(通过去吊机处施加的集中荷载同时合龙段施加均布荷载模拟,下同);

(4)拆除Z3、Z8塔的塔梁临时约束,拆除Z3塔(绍)、Z8塔(嘉)、Z4塔(嘉)与Z7塔(绍)的吊机;

(5)Z4、Z5塔与Z6、Z7塔之间合龙段起吊,分别在Z5塔(嘉)、Z6塔(绍)跨中区压重175kN/m与240kN/m;

(6)Z4、Z5塔与Z6、Z7塔之间合龙(形成无重单元);

(7)吊机脱钩;

(8)拆除Z4塔(绍)、Z5塔(嘉)、Z6塔(绍)、Z7塔(嘉)的吊机;

(9)Z5、Z6塔之间的合龙段起吊;

(10)J2梁段生成无重单元;

(11)Z5、Z6塔间合龙(J2梁段与小箱梁之间的特殊节点信息生成);

(12)吊车脱钩;

(13)拆除Z5塔(绍)、Z6塔(嘉)的吊机与Z5塔、Z6塔的塔梁临时约束。

3. 方案三

其合龙具体施工步骤为:

(1)Z4与Z5塔、Z6与Z7塔之间的合龙段起吊,在Z4塔(绍)、Z5(嘉)塔、Z6(绍)塔、Z7(嘉)塔跨中区分别压重20kN/m、175kN/m、240kN/m、0kN/m;

(2)Z4、Z5塔与Z6、Z7塔之间合龙(形成无重单元);

(3)吊机脱钩;

(4)拆除Z4塔(绍)、Z5(嘉)、Z6(绍)、Z7塔(嘉)的吊机;

(5)Z5、Z6塔之间的合龙段起吊;

(6)J2梁段生成无重单元;

(7)Z5、Z6塔间合龙(J2梁段与小箱梁之间的特殊节点信息生成);

(8)吊车脱钩;

(9)拆除Z5塔(绍)、Z6塔(嘉)的吊机同时拆除Z5塔、Z6塔的塔梁临时约束;

(10)Z3塔与Z4塔、Z7塔、Z8塔之间的合龙段起吊;

(11)Z3、Z4塔之间Z7、Z8塔之间合龙(形成无重单元);

(12)吊机脱钩;

(13)拆除Z3塔、Z8塔的塔梁临时约束,同时拆除Z3(绍)、Z8(嘉)、Z4(嘉)、Z7(绍)的吊机。

4.方案四

其合龙具体施工步骤为:

(1)Z5、Z6塔间的合龙段起吊,同时在Z5塔(嘉)、Z6塔(绍)主梁跨中区分别压重50kN/m、110kN/m;

(2)J2梁段生成无重单元;

(3)Z5、Z6塔间合龙(J2梁段与小箱梁之间的特殊节点信息生成);

(4)吊车脱钩;

(5)拆除Z5塔(绍)、Z6塔(嘉)的吊机;

(6)Z4、Z5塔与Z6、Z7塔之间的合龙段同时起吊并分别在Z4塔(绍)、Z7塔(嘉)跨中区分别压重42kN/m、25kN/m;

(7)Z4、Z5塔与Z6、Z7塔之间合龙(形成无重单元);

(8)吊机脱钩;

(9)拆除Z5塔与Z6塔的临时固结装置,拆除Z4塔(绍)、Z7塔(嘉)、Z5塔(嘉)、Z6塔(绍)的吊机;

(10)Z3塔与Z4塔、Z7塔与Z8塔之间的合龙段起吊;

(11)Z3、Z4塔之间Z7、Z8塔之间合龙(形成无重单元);

(12)吊机脱钩;

(13)拆除Z3塔(绍)、Z8塔(嘉)、Z4塔(嘉)、Z7塔(绍侧)的吊机以及拆除Z3塔、Z8塔的临时固结。

5.方案五

其合龙具体施工步骤为:

(1)Z4塔与Z5塔、Z6塔与Z7塔之间的合龙段起吊,在Z4塔(绍侧)、Z5塔(嘉)、Z6塔(绍)、Z7塔(嘉)跨中区分别压重45kN/m、155kN/m、225kN/m、0kN/m;

(2)Z4、Z5塔与Z6、Z7塔之间合龙(形成无重单元);

(3)吊机脱钩;

(4)拆除Z4塔(绍)、Z5塔(嘉)、Z6塔(绍)、Z7塔(嘉)的吊机;

(5)Z3塔与Z4塔、Z7塔与Z8塔之间的合龙段同时起吊;

(6)Z3、Z4塔之间Z7、Z8塔之间合龙(形成无重单元);

(7)吊机脱钩;

(8)拆除Z3塔(绍)、Z8塔(嘉)、Z4塔(嘉)、Z7塔(绍)的吊机同时拆除Z3塔、Z8塔的临时固结装置;

(9)Z5塔与Z6塔之间的合龙段起吊;

(10)J2梁段生成无重单元;

(11)Z5、Z6塔间合龙(J2梁段与小箱梁之间的特殊节点信息生成);

(12)吊车脱钩;

(13)拆除Z5塔、Z6塔的临时固结,拆除Z5塔(绍)、Z6塔(嘉)的吊机。

在斜拉索各根次张拉索力不变(图4)的前提下,按上述5种合龙顺序计算所得施工阶段最不利应力结果、运营阶段最不利组合应力计算结果、对安装就位高程影响,见表2、表3和图12。

施工阶段各合龙方案有关控制参数极值 表2

控制参数 \ 合龙方案	设计方案	合龙方案二	合龙方案三	合龙方案四	合龙方案五
Z5塔上(下)缘最小应力	0.02	0.02	0.02	0.02	0.02
Z5塔上(下)缘最大应力	6.0	6.4	6.3	6.9	6.4

续上表

控制参数 \ 合龙方案	设计方案	合龙方案二	合龙方案三	合龙方案四	合龙方案五
Z6 塔上(下)缘最小应力	0.02	0.02	0.02	0.02	0.02
Z6 塔上(下)缘最大应力	6.0	5.9	5.8	6.0	5.9
主梁上(下)缘最小应力	-54	-55	-54.5	-60.3	-55.2
主梁上(下)缘最大应力	130.2	131.8	132.5	138.1	130.2
斜拉索最大拉应力值	664	664	663	663	657
斜拉索应力幅值	190	189	193	191	187

运营阶段各合龙方案有关控制参数极值　表 3

控制参数 \ 合龙方案	设计方案	合龙方案二	合龙方案三	合龙方案四	合龙方案五
Z5 塔上(下)缘最小应力	-0.8	-0.7	-0.7	-0.5	-0.6
Z5 塔上(下)缘最大应力	10.8	10.5	10.1	10.3	10.3
Z6 塔上(下)缘最小应力	-1.10	-0.86	-0.91	-0.92	-0.95
Z6 塔上(下)缘最大应力	11	11.2	10.9	11.0	11.1
主梁上(下)缘最小应力	-68	-69.2	-68.2	-60.3	-76.1
主梁上(下)缘最大应力	150	158	157	160.1	160
斜拉索最大拉应力值	-654	-643	-633	-627	-638
斜拉索应力幅值	177	179	179	179	179

注:表中正表示压应力,负表示拉应力;图中数值单位均为 MPa。

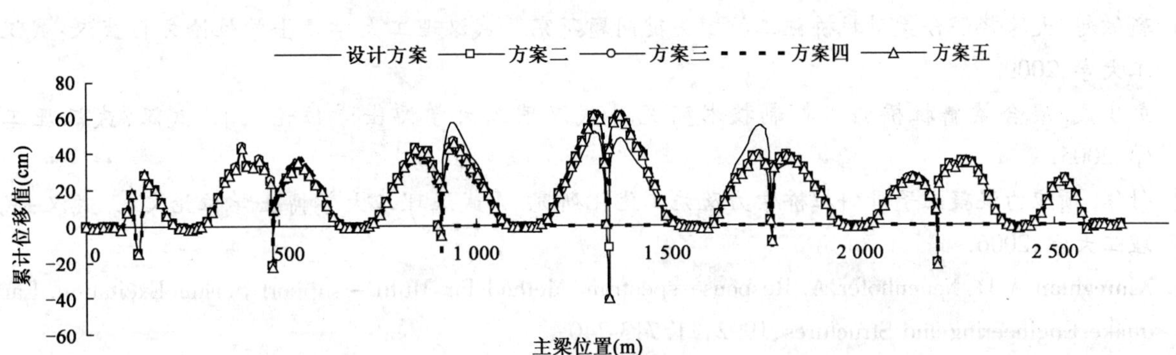

图 12　各合龙方案恒载成桥下主梁累计位移值比较

从表 2 中可以看出,各合龙方案,Z5 塔、Z6 塔在施工阶段中均没有出现拉应力,且最大压应力为 6.9MPa;主梁的最大拉应力也只有 60.3MPa,最大压应力为 160.1MPa,均满足设计要求。同时斜拉索的最大拉应力为 654MPa,小于允许值 667MPa,应力幅值也小于允许的 200MPa。可以看出,五种合龙方案在施工阶段中均满足设计要求。

从表3中可以看出,各合龙方案,Z5塔、Z6塔在运营阶段中最大拉应力为0.8MPa,最大压应力为10.8MPa;主梁的最大拉应力只有76.1MPa,最大压应力为160.1MPa,均满足设计要求,同时斜拉索的最大拉应力为654MPa,小于允许值667MPa,最大应力幅值为179MPa,也小于允许的200MPa。可以看出,五种合龙方案在运营阶段中也均满足设计要求。由此可以得出,上述五种合龙方案均是合理的。

从图12中可知,各合龙方案在恒载成桥下部分主梁截面累计位移相差很大,达到了15cm,可得出,当某一合龙方案一旦被确定,且按方案完成一定梁段施工后,在后续施工中不宜改变。

五、结　　语

(1)在总结以往多种确定斜拉桥合理状态方法的基础上,本文提出了确定合理成桥状态与施工状态合二为一的思想,事先给定成桥状态下控制参数(主梁、主塔截面应力值、主塔塔顶偏位、斜拉索应力值及幅值等)的期望值或容许值范围,利用恒载平衡法初定斜拉索初张力,基于定好的施工工序与索力初值建立考虑施工过程的有限元模型,利用正装迭代法初调索力,使各施工工况内力状态均满足设计要求,然后以上步结果为基础,综合考虑活载以及多塔斜拉桥的结构特点进行成桥状态的调整(主要通过调整索力、压重方式调整),使其在各施工阶段中及运营阶段下的控制参数均达到期望值或在允许值范围之内,从而同时确定合理成桥状态与合理施工状态。该方法成功地将确定合理成桥状态与确定合理施工状态和二为一,且思路清晰、简单方便。利用该方法成功地确定了嘉绍大桥的合理成桥状态与合理施工状态,证明了其是可行的。该方法减少了计算工作量,同时不存在不闭合的问题(可以理解为将不闭合问题完全消除而不是尽量减小),不仅适用多塔斜拉桥,对于普通的独塔以及两塔斜拉桥合理状态的确定同样适用,所得结论可为以后斜拉桥合理状态的确定提供一定的参考价值。

(2)以嘉绍大桥为背景,对其多种合龙方案的可行性进行了研究,证明了除设计方案外,文中提出的另外四种合龙方案,只要采取合理的索力值、压重方案以及临时固结与吊机的拆除顺序,得到的成桥与施工状态同样可以达到设计要求,且采用不同合龙方案得到的成桥内力值相差不大。但部分主梁截面累计位移值相差很大,达到15cm,因此,当主梁就位高程一旦根据合龙顺序确定并实施一定梁段的安装后,合龙方案即不能轻易改变。

参考文献

[1] 颜东煌.斜拉桥合理设计状态确定与施工控制:[湖南大学博士研究生论文].长沙:湖南大学,2001.

[2] 靳敏超.大跨径混合梁斜拉桥施工控制关键问题研究.[武汉理工大学博士学位论文].武汉:武汉理工大学,2009.

[3] 彭少民.混合梁斜拉桥施工控制技术研究.[武汉理工大学博士学位论文].武汉:武汉理工大学,2005.

[4] 付军.预应力混凝土子母斜拉桥索力及施工优化研究.[武汉理工大学博士学位论文].武汉:武汉理工大学,2006.

[5] Kiureghian A D, Neuenhofer A. Response spectrum Method for Multi - support SeismicExcitation. Earthquake Engineering and Structures,1992,21.713-740.

[6] 华有恒.试论香港汀九斜拉桥设计构思的特色和探讨[J].桥梁建设,1997(3).

[7] 刘建,李传习,刘扬,夏桂云,张建仁.岳阳洞庭湖大桥三塔斜拉桥施工控制[J].中外公路,2005,25(4),120-124.

[8] 李传习,邹桂生.法国米约高架桥——7塔斜拉桥的设计与施工[J].世界桥梁,2005(4),18-20.

[9] 金立新,郭慧乾.多塔斜拉桥发展综述[J].公路,2010(7),24-29.

[10] 中交公路规划设计院有限公司.浙江嘉兴至绍兴跨江公路通道嘉绍大桥初步设计文件[R].

62. 南京长江第四大桥南锚碇钢筋混凝土榫锚固系统施工关键技术

何超然 钟永新
(中交二航局第四工程有限公司)

摘 要 南京长江第四大桥南锚碇为钢筋混凝土榫锚固系统结构。钢筋混凝土榫锚固系统由PBL剪力键、锚固钢板及混凝土构成,通过PBL剪力键将锚固钢板与混凝土连接,形成主缆锚固系统。重点介绍锚固钢板安装、定位及钢筋混凝土榫施工技术。

关键词 锚碇 钢筋混凝土榫 锚固钢板 PBL剪力键

一、工 程 概 况

南京长江第四大桥采用双塔三跨悬索桥方案,主桥跨径布置为166 + 409 + 1418 + 364 + 119 = 2476m。南锚碇锚固系统采用改进后锚梁锚固系统,单个锚体共9块锚固板。锚固钢板由锚固梁与锚板组成,索股通过锚固箱与锚固梁连接,锚板通过PBL剪力钢筋与混凝土相连。南锚锚固系统构造如图1所示。

每块锚固钢板高度方向每两根工字梁组合成块单元,在锚板处块单元之间设置法兰栓接连接,在前锚面处工字梁之间设置连接板栓接连接。为方便锚固钢板定位,在板中设置两道连接支架。锚固钢板厚度28mm,采用Q345D钢板[1]。B1锚固钢板结构如图2所示。

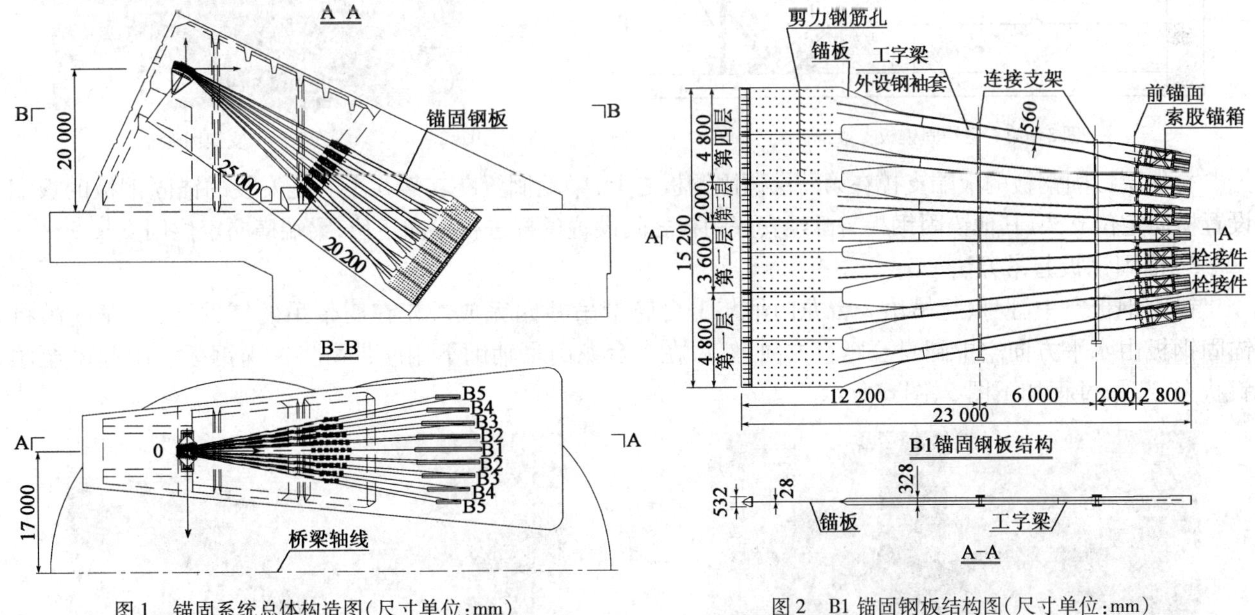

图1 锚固系统总体构造图(尺寸单位:mm)

图2 B1锚固钢板结构图(尺寸单位:mm)

二、工程施工特点

(1)锚固钢板由工字梁及锚板组成,总长23m。工字梁为细长杆件,锚板为大面钢板,整个锚固钢板侧向刚度较弱,容易产生较大侧向弯曲变形。

(2)锚固钢板属于不规则构件,安装起吊过程复杂,对吊装设备配置及吊装工艺要求较高。

(3)锚固钢板分层安装次数多,且空间定位精度要求高,必须设置可靠的支撑系统来进行位置精确调整。

(4)钢筋混凝土榫为锚固系统的关键受力部位,对钢筋的绑扎及混凝土的浇筑工艺与质量要求高。

三、关键施工技术

1. 锚固钢板安装技术

1)支撑方式

锚固钢板分层安装,对应锚体混凝土分层浇筑,其中B1板分4层,B2、B3板各分3层,B4、B5板各分2层。第一层锚固钢板全部依靠临时支架进行精确定位。叠加层锚固钢板与底层锚固钢板在锚板处通过螺栓及匹配槽口连接,锚板顶口依靠临时支架或者已经安装好的锚固板定位,梁端均依靠临时支架定位。

2)支架设计方案

第一层锚固钢板共设置5处定位支架,具体布置如下图3所示。支架1与支架2设置在锚固钢板的板端;支架3与支架4设置在锚固钢板的梁端,并与锚固钢板连接支架底端位置对应;支架5布置在各锚固钢板之间[2]。锚固钢板搁置在支架1、支架2、支架3及支架4的支撑梁上,支架1与支架5可横向固定锚固钢板。支架结构形式如图4所示。

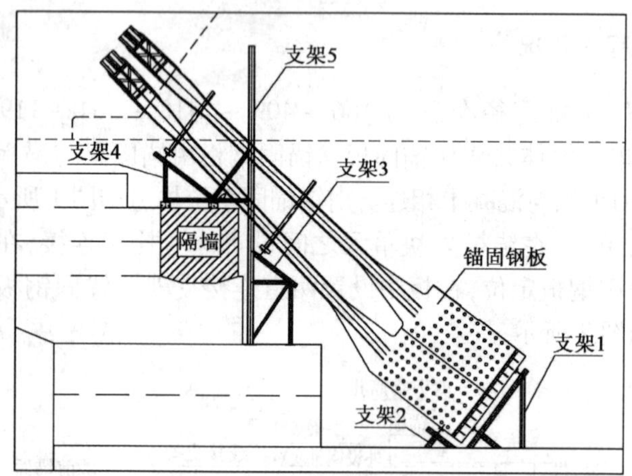

图3　第一层锚固钢板支架布置图

图4　支架图片

叠加层锚固钢板的板端支撑在第一层锚固钢板之上,梁端搁置在支架5上。先安装的锚固钢板的板端设置横向定位支架,其他锚固钢板与已经安好的板之间设置丝杆进行横向定位,梁端横向定位用支架5。

3)锚固钢板起吊方法

锚固钢板空中翻身、起吊由2台龙门吊与1台履带吊共同完成。先在履带吊的辅助下,用龙门吊将锚固钢板由水平方向空中翻身至竖直方向,然后在一台龙门吊辅助下用履带吊将锚固钢板空中起吊至倾斜状态,起吊过程如下图5、图6所示。

图5　锚固钢板空中翻身图片

图6　锚固钢板起吊图片

2. 锚固钢板定位技术

1)锚固钢板测点布置及测量控制技术

(1)锚固钢板监测点布置。单片锚固钢板共设置4排监测点,以前锚面为中心,往前分别在0.3m、2.7m断面上,往后分别在-4.7m,-20.2m断面上,测点布置在工字梁中心处以及锚固板底部中心处。测点布置如图7所示。

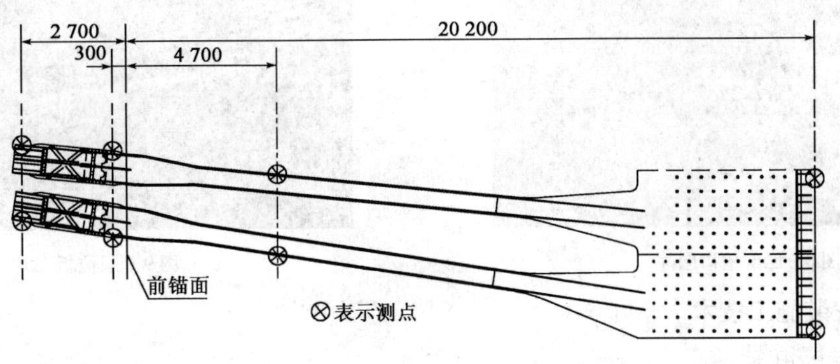

图7 锚固钢板测点布置示意图(尺寸单位:mm)

(2)锚固钢板安装精度及测量手段。前锚面测量定位点容许误差:±5mm[3]。测量手段:全站仪。

与竖直及水平面角度偏差:±0.05°。测量手段:全站仪。

(3)制造误差消除方法[4]。锚固钢板在工厂制造完后进行水平拼装,并标示出各断面上的测点,精确测量处各监测点与锚固钢板轴线之间的位置关系,根据锚固钢板理论安装位置换算出各监测点安装状态下的理论坐标,此坐标作为锚固钢板安装控制坐标。

(4)精度监测方法。图7中0.3m断面点与-20.2m断面点作为锚固钢板安装主控制点,2.7m断面点与-4.7m断面点作为锚固钢板安装辅控制点。各监测点作用如下:

-20.2m断面点:控制各层锚固钢板叠加后的整体位置。

-4.7m断面点:控制工字梁侧向旁弯,并辅助校核工字梁的纵向角度。

+0.3m断面点:控制锚固钢板前锚面位置。

+2.7m断面点:控制工字梁侧向旁弯,并辅助校核工字梁出前锚面后的纵向角度,此角度关系到索股线形及工字梁受力。

2)底层锚固钢板位置调整方法

(1)底层锚固钢板支点布置。底层锚固钢竖向板支撑点共4处,分别位于支架1、支架2、支架3、支架4上。侧向支撑点共2处,板端均位于支架5上,梁端位于支架1或已经安装好的相邻锚固板上。

(2)安装粗定位方法。支撑梁与锚固板接触面已预留5cm空隙,在支撑梁上放样出各支点的平面位置,并用薄钢板将各支点垫至理论高程,同时焊接侧向限位,进行粗定位。

(3)精确定位方法。锚固钢板调整工具为手动千斤顶,先进行板端定位后进行梁端定位,竖向支撑点通过增加或者减少薄钢板的数量来实现精度控制目的,梁端偏位通过丝杆来控制偏差[5]。

3)叠加层锚固钢板位置调整方法

(1)叠加层锚固钢板支点布置。各层锚固钢板在板端通过法兰采用螺栓连接,在梁端前锚面位置通过连接板栓接,连接支架之间通过连接板栓接。叠加层锚固钢板的板端竖向支撑在底层锚固钢板上,横向支撑在支架或已安装完的锚固钢板上;梁端支撑在支架5上。

(2)板端法兰精确匹配方法。上、下层锚固钢板之间设置有匹配槽口,如图8所示,在槽口处安装限位板,如图9所示。安装时先将槽口对准,然后插入定位销,精确定位锚固钢板端部。定位孔利用上下层锚固钢板之间的螺栓连接孔。

(3)梁端调整方法。受板端槽口及法兰的影响,叠加层锚固钢板的板端只能调整角度,因此,先进行板端定位,然后初步调整梁端横向平面位置,再精确调整梁端纵向倾角,最后精确调整梁端横向平面位置。板端采用丝杆进行调整,梁端采用千斤顶调整,辅助用丝杆进行精细定位。

图8　匹配槽口图片

图9　限位板图片

3. 剪力钢筋安装施工技术

1)剪力钢筋定位桁架

为确保剪力连接键钢筋居于钢板开孔中心,设计了剪力钢筋定位桁架,定位桁架由∟40mm×40mm×4mm和∟75mm×75mm×8mm角钢组成网片。剪力钢筋定位桁架分片与锚固钢板分片相对应,桁架与锚固钢板之间通过螺栓连接。各桁架在工厂与锚固钢板进行预拼,检验其制造精度。

2)锚固系统钢筋施工

钢筋绑扎时先通过桁架定位剪力钢筋,使剪力钢筋定位在锚固钢板开孔中心,然后绑扎其他钢筋,剪力钢筋偏位应小于3mm。当其他钢筋与剪力钢筋位置存在冲突时,优先考虑剪力钢筋位置。剪力钢筋施工如图10所示。

4. 榫区混凝土质量控制技术

1)混凝土骨料级配要求

为确保剪力钢筋和锚固钢板ϕ60mm的孔洞形成的PBL剪力键的质量,锚固区混凝土粗骨料选用5~16mm级配,锚固区以外混凝土粗骨料选用5~31.5mm级配。

2)混凝土布料方式

锚固区混凝土采取分区、分层方式进行浇筑。由锚固钢板横桥向分割成若干个区域,如图11所示,以中心处锚固钢板向两侧依次分为*A*~*F*共10个区域,根据不同层混凝土一次取*A*~*F*中相应区域浇筑,混凝土布料按照*A*~*F*的顺序分层浇筑。

图10　剪力钢筋施工图片

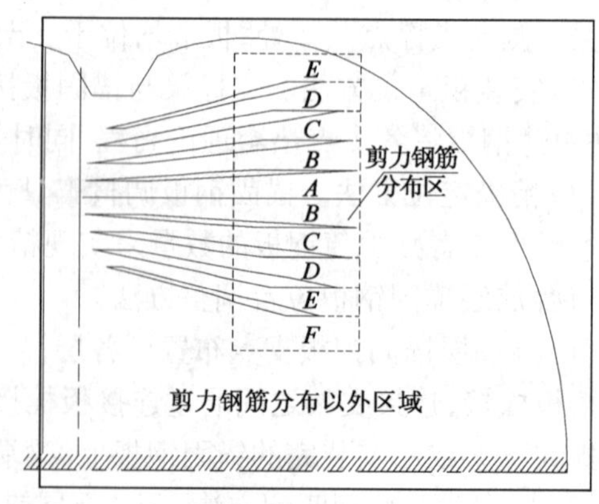

图11　锚固区混凝土分区布料示意图

3)剪力孔的保护及清理

对于处于分层界面上、下方15cm以内的剪力钢筋,包裹土工布进行保护处理,如图12所示,以防水泥浆污染剪力孔,影响剪力键质量。混凝土浇注完后对剪力孔进行清理,将预埋在混凝土内的剪力孔凿出槽孔(图 13),以便混凝土能顺利流过孔洞。

图 12 孔洞封堵图片

图 13 孔洞开槽图片

4)混凝土浇筑

锚固区混凝土采用汽车泵进行布料,每层布料厚度控制在 25~30cm,每层覆盖一排剪力孔,相隔仓面混凝土高差控制在 30cm 左右,通过振捣让混凝土流动,使剪力孔内混凝土密实,并让粗集料流入孔洞[6](图 14)。由于钢板较薄(28mm),混凝土流过剪力孔后,粗集料可以结集在孔口,但细集料及浆体很快流失。在钢板另一侧布料时,需辅助以小型振捣泵振捣密实。每个剪力孔附近都必须振捣。

图 14 剪力孔混凝土浇筑图片

5)混凝土养护及凿毛

混凝土终凝后进行蓄水养护,蓄水厚度 30cm,养护时间为 3 天。混凝土蓄水养护 3 天后采用风镐进行凿毛,凿毛清理完后对面层破碎混凝土进行清理。蓄水养护及尘渣容易污染锚固钢板,混凝土浇筑前必须将要浇入混凝土中的锚固板进行清洗。

四、结　　语

(1)锚固钢板的工厂分块制作现场栓接工艺,实现了全部工厂化制作,有利于质量控制,同时减轻了运输及吊装难度,减少了施工风险。

(2)锚固钢板在工厂采用水平预拼手段进行测点布置,用平面坐标换算成空间坐标后进行安装定位,此预拼方法能保证锚固钢板安装精度,使复杂构件省去了空间整体预拼工艺。

(3)采用桁架进行钢筋定位,确保了剪力钢筋位置;采用细集料混凝土与分区浇筑工艺,确保了混凝土能顺利通过剪力孔,最终保证 PBL 剪力键的质量。

(4)锚固钢板由工字梁及锚板组成,工字梁通过钢袖套与混凝土隔离,锚板通过 PBL 剪力键与混凝土相连,此结构体系锚固钢板应力低,混凝土受力均匀,提高了锚固系统的抗腐蚀能力,有利于延长桥梁使用年限。

参考文献

[1] 中交公路规划设计院有限公司. 南京长江第四大桥南锚碇锚体及锚固系统设计文件[Z]. 2009.

[2] 张志荣,金仓,张雪松等. 润扬大桥悬索桥南锚碇预应力锚固系统施工[J]. 桥梁建设,2004(4):54-56,63.

[3] 中华人民共和国行业标准. 公路桥涵施工技术规范. 北京:人民交通出版社,2000.

[4] 陈光保,杨　彪. 南京长江三桥钢索塔立式匹配预拼装测量技术[J]. 勘察科学技术,2008(1):47-51.

[5] 周俊,刘德朋,陈浩. 某公路大桥锚碇锚固系统预应力钢管精确定位[J]. 施工技术,2005(7):57-58,67.

[6] 胡冬勇,李宗平. 南京长江第三大桥北塔钢—混结合段施工技术[C]//中国公路学会桥梁和结构工程分会,2005年全国桥梁学术会议论文集,2005年.

63. 嘉绍大桥结构安全监测巡检管理系统设计

于长海[1] 叶志龙[2] 李 娜[2] 冯良平[2] 孙小飞[2]

(1. 嘉绍跨江大桥工程建设指挥部;2. 中交公路规划设计院有限公司)

摘 要 本文介绍了嘉绍大桥结构安全监测巡检管理系统,论述了系统的设计理念与思路、构建方法、架构组成和主要功能,重点阐述了针对大桥运营环境特点和结构构造特点及受力特性所需的基础冲刷和刚性铰专项监测。提出了基于桥梁施工监控、成桥荷载试验、结构监测与巡检养护四位一体的系统设计原则和综合自动化监测与人工巡检结果评估结构安全性、耐久性、适用性的桥梁评估思想。

关键词 结构 监测 巡检 系统 评估

一、工程概况

嘉兴至绍兴跨江公路通道嘉绍大桥(以下简称"嘉绍大桥")是嘉兴至绍兴跨江公路通道跨越钱塘江河口段的一座特大型桥梁。嘉绍大桥全长10.137km,分为主航道桥、北副航道桥、水中区引桥、跨堤引桥及陆地区引桥五大部分,其中主航道桥采用主跨428m的六塔四索面分幅钢箱梁斜拉桥,跨中设置刚性铰,跨径布置为70+200+5×428+200+70=2 680m,北副航道桥为70+2×120+70=380m变截面预应力混凝土刚构,而引桥为50m或70m跨径的等截面预应力混凝土连续刚构。大桥总体桥型布置概览见图1。

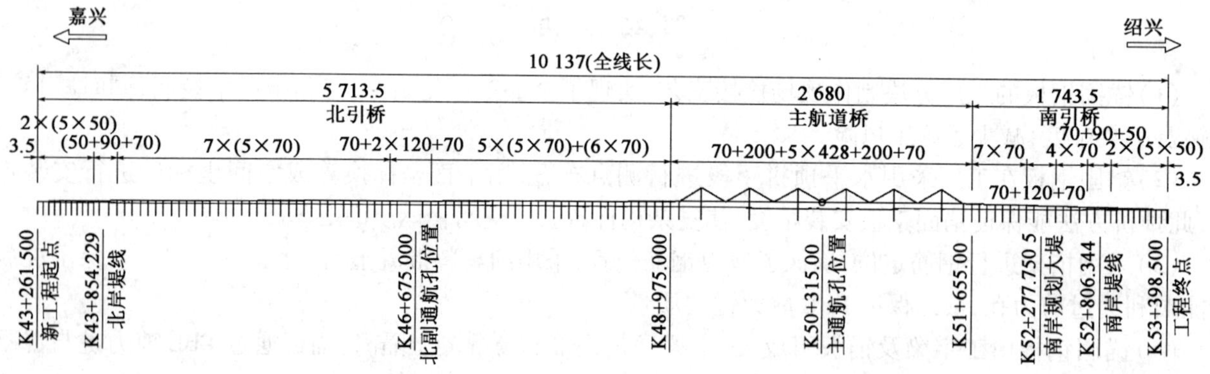

图1 嘉绍大桥总体桥型布置概览(尺寸单位:m)

1. 运营环境特点

1)气象

桥址区气象特点如下:

(1)工程区年均气温16℃左右,极端最高气温40.0℃左右,极端最低气 -12.4℃;

(2)工程区年均降雨量为1485mm,年最大降水1949mm,年最少降水975mm;日最大降水量为217mm,1小时最大降水量为78mm;

(3)桥址区年平均相对湿度约80%;

(4)桥位处离常水位10m高处百年一遇最大风速39.3m/s;

(5)桥位区的主要灾害性天气有热带气旋、台风、冰雹、龙卷风、雾、雷、暴雪、暴雨等。

2)水文

水文方面特点有：

(1)桥址所处的尖山河段河床宽浅、潮强流急、涌潮汹涌、深槽摆幅大。

(2)尖山河段潮流为非正规半日浅海潮流，水流属往复流，但不对称性较明显，涨潮流大于落潮流，水位每日两涨两落。

(3)尖山河段异常高低水位主要原因是台风暴潮、寒潮和洪水的影响。

(4)桥址断面水体含盐度高低随潮汛大小相应发生变化，大潮期断面含盐度最高为7.408‰，中潮期最高为7.225‰，小潮期为6.348‰，环境腐蚀性强。

(5)100 年一遇设计涌潮高度为3.0m，5 年一遇设计涌潮高度为2.5m。涌潮试验得到桥位附近涌潮流速可达9.0～10.0m/s。

(6)在现状江道情况下，推算的桥址处断面上 300 年一遇垂线平均流速最大为7.5 m/s 左右。

(7)尖山河段底质为细粉沙，中值粒径 d_{50}0.02～0.04mm，起动流速低，易冲易淤，冲刷强烈。

3)交通荷载

嘉绍大桥是浙江省公路水运交通规划(2003～2020 年)“两纵、两横、十八连、三绕、三通道”中的第二个通道，也是沈阳至海口高速公路常熟至台州并行线的组成部分，更是嘉荫至南平国家重点公路的重要组成部分。根据本项目工程可行性研究所作的 OD 交通量调查以及预测结果，本桥承担的国家和省际运输过江交通量大，重车比例较高。

2. 结构构造特点

相对于国内外其它大跨斜拉桥，嘉绍大桥主要有以下三大构造特点：

(1)为解决多塔斜拉桥整体竖向刚度小的问题，主航道桥主梁设计采用在索塔纵向两侧间距 46m 设置竖向支座，从而在各个索塔处设置“X”形托架。

(2)嘉绍大桥主航道桥主梁全长达 2 680m，主梁的温度变形对索塔和基础的受力影响大，为解决长主梁温度变形问题，主航道桥跨中设置了刚性铰。刚性铰释放主梁两端的纵向相对位移，约束主梁转角和剪切变形，在满足受力要求的同时保证行车的舒适性。刚性铰上方设有 1360 伸缩缝将主梁分为两联，每联为一个三塔斜拉桥。

(3)由于桥址区钱江涌潮是世界难得的自然奇观，为了减少对其影响，大桥结构的阻水面积需控制在 5% 以内。为此，结合阻水面积的要求及潮强流急、涌潮汹涌的实际水文状况，南、北岸水中区引桥下部结构采用了单桩独柱的结构形式，桩基础采用直径 3.8m 的大直径钻孔灌注桩。

二、系统设计理念与思路

在桥梁设计、施工、运营、养护维修的整个生命周期内，桥梁不可避免地由于各类因素影响或共同作用而导致缺陷或病害，抑或在未来运营期间发生构件破坏，甚至导致灾难性事件。由此，提出将结构的实时监测技术与制度化、专业化的人工巡检(检测)结合起来，构建桥梁结构安全监测巡检管理系统，实现对结构运营期受力状态和表观损伤“由内而外、由表及里”的全面监管，提高桥梁全寿命期内的管理、养护或维修的工作效率与经济效益。

嘉绍大桥桥址区位于近海江面上，工程规模浩大，针对本工程项目的运营环境特点以及结构受力特性，结构所面临的危险源可分为结构损伤和结构状态的不利性改变两大类。依据当前科学技术水平，针对不同的危险源采用相应的监测和巡检养护策略与方法，以服务于本桥设计基准期内的运营、管理和养护。该策略与方法是：

(1)核心结构状态的不利性改变主要通过自动化传感测试子系统进行监测，其目标是保障结构安全承载，重在对桥梁结构整体或局部内力及几何状态变化的实时监控；

(2)大桥运营期不可避免的表观损伤主要通过电子化人工巡检子系统获取，基于风险管理理念，目标性地巡查桥梁主体工程及其附属设施的可视性损伤或病害。其重在按巡检养护软件既定的巡检程序和巡检内容有计划地检查并记录桥梁构件、非结构物(附属构造、设施)的表观损伤,保障其能够得到及时、经济、合理地维护和维修。

三、系统设计特点

嘉绍大桥结构安全监测巡检管理系统的构建设计体现交通运输部《公路水路交通“十一五”科技发展规划》的信息化发展精神及物联网在桥梁中的应用。在总结以往桥梁健康监测技术科研与实践成败得失的基础上,深化“桥梁结构健康监测及安全监控预警系统”的实用性;另外,充分强调本系统与大桥设计基准期内的管理养护需求的结合,升华其在桥梁运营期的关键作用。系统主要特点有:

(1)强调结构安全监测、实时预警、巡检养护与安全评估的相关综合性,不仅包括以往的自动化传感测试监测信息,还包括人工巡检等体系所获得的综合对比信息,使桥梁全寿命期内的管养和安全评估更为系统、全面、合理和客观。

(2)更加强调安全信息的处理和对维修养护行为的指导作用,实用性和经济性强,将过去被动、事(灾)后维修的状况改变为预测危险状态、主动养护的现代桥梁管养理念方法,达到节省全寿命期养护费用、提高桥梁结构运营服务质量的目的。

(3)强调从设计、施工(监控)、荷载试验至运营期管理和维修的系统而科学的“全寿命期桥梁档案”的建立和监管评估理念。重视对所有桥梁信息的记录和管理,强调全寿命期桥梁事件的“可追溯性”和“定位性”。

四、系统设计综述

1.系统架构

嘉绍大桥运营期结构安全监测巡检管理系统核心任务是获得桥梁在设计基准期的环境荷载、交通荷载以及结构静动力响应、局部病害损伤等信息,在对监(检)测信息进行综合评估的基础上获得行车和结构的双重安全状态信息,为结构的安全、高效、经济地运营管养提供成套技术支撑。根据上述功能需求,系统包括以下五大子系统:

(1)自动化传感测试信号采集分析与控制子系统(简称自动化传感测试子系统),其包括以下三大模块:

①传感器模块:通过传感器将各类桥梁运营环境以及结构受力响应信息转换为电信号或光信号。

②数据采集与传输模块:将传感器采集到的信号转换为标准以太网数字信号并完成远程传输。

③数据处理与控制模块:对获得的数据进行预处理及二次处理,以向其他子系统提供可靠、有效的数据,还可根据用户需要实时或历史查询以及修改采集、传输参数等。

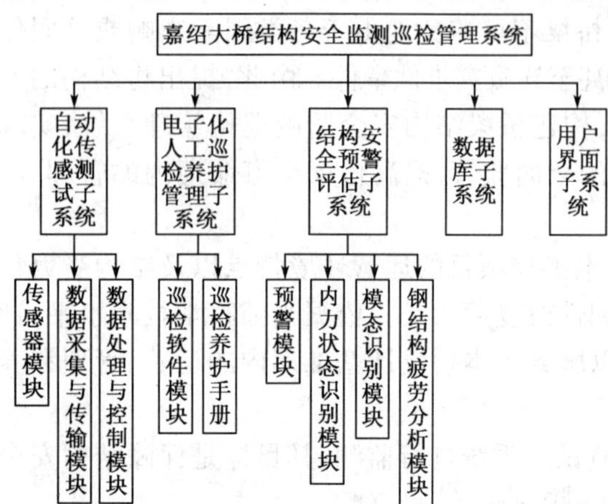

图2 嘉绍大桥结构安全监测巡检管理系统总体架构

(2)电子化人工巡检养护管理子系统

(3)结构安全预警评估子系统

(4)中心数据库子系统

(5)用户界面子系统

嘉绍大桥结构安全监测巡检管理系统总体架构见图2。

2.系统涵盖范围

针对桥址区运营环境特点以及钢箱梁斜拉桥结构和预应力混凝土结构的受力特性,遵循经济性、实用性和代表性的要求,系统涵盖范围如下:

(1)自动化传感测试子系统涵盖的范围:主通航道桥、北副航道桥以及紧连北副航道桥嘉兴侧一联5×70m

跨的高墩区预应力混凝土连续刚构的代表性引桥结构。

(2)电子化人工巡检养护管理范围则涵盖全桥,包括:①主航道桥;②北副航道桥;③水中区引桥;④跨大堤引桥;⑤陆地区引桥。

3. 自动化传感测试子系统

1)监测项目及监测点

本系统设计的监测项目可归类划分为荷载源和结构静动力响应两大部分。

(1)荷载源

①重要的运营交通环境荷载:风速、风向、环境温度、雨量、动态交通荷载、地震(船撞);

②代表性桥墩混凝土耐久性腐蚀进程监测;

③代表性桥墩基础冲刷监测。

(2)结构响应

①主通航孔桥关键代表性斜拉索索结构受力及振动监测;

②主通航孔桥整体空间变位,包括主梁索塔的横桥向、纵桥向及竖向位移;

③主通航孔桥关键代表性控制截面的应变及温度,主塔根部应力、塔"X"形承托固端应力、钢箱梁疲劳应力等;

④主通航孔桥核心构件刚性铰的温湿度、小箱梁轴力、支座累积行程以及支座磨损的视频监测;

⑤主通航孔桥结构整体动力及振动特性监测;

⑥北副航道桥及引桥 5×70m 一联跨的主梁挠度监测;

⑦北副航道桥及引桥 5×70m 一联跨的整体动力及振动特性监测;

主航道桥、北副航道桥及 5×70m 联跨的监测点数分别为 517、24 和 21,共计 562 个,相应的监测点布置见图 3、图 4 及图 5。

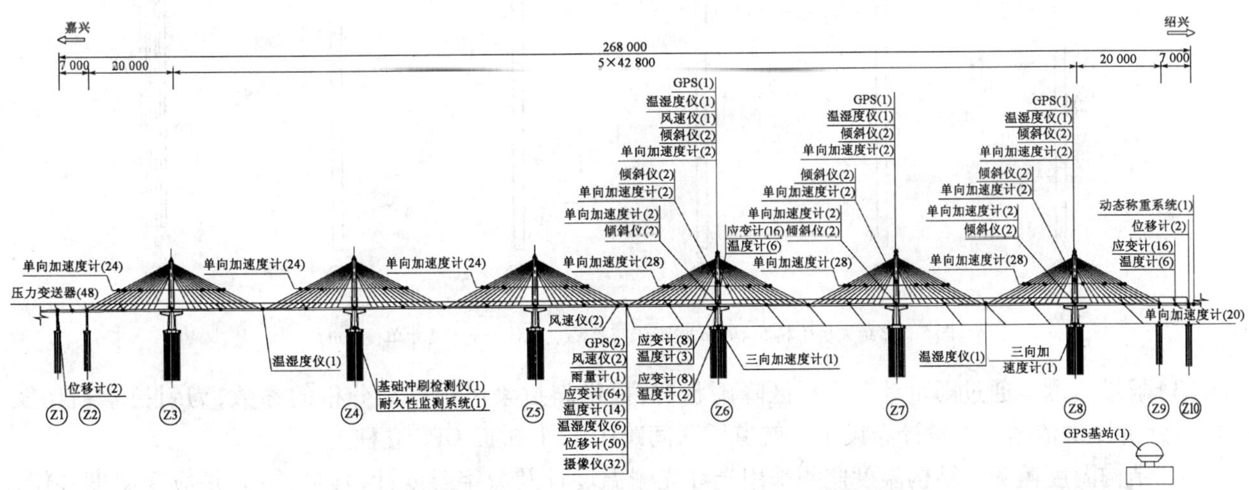

图 3 嘉绍大桥主航道桥传感器测点总体布置(尺寸单位:cm)

2)荷载源监测

(1)风场监测。主要用于风场及风致振动特征分析和保障桥面行车安全,采用三向超声波风速仪和螺旋桨式风速仪。在主航道桥刚性铰 J1-L、J1-R 与 J3 - L、J3-R 梁段上、下游两侧以桁架悬臂外伸 5m 各安装 1 台三向超声波风速仪,而 Z6 塔顶安装 1 台螺旋桨风速仪。

(2)温湿度监测。主要针对结构钢构件所处的环境,监控主航道桥钢箱梁、刚性铰及索塔内空气温湿度状况,辅助指导钢箱梁及刚性铰的养护维修工作,为评估分析结构状态和结构损伤发展状态提供参数指标,同时也实现自动化传感测试子系统自身仪器设备所处工作环境的监测。在主航道桥钢箱梁、刚性铰及索塔钢锚箱区域共布设了 11 个温湿度仪。

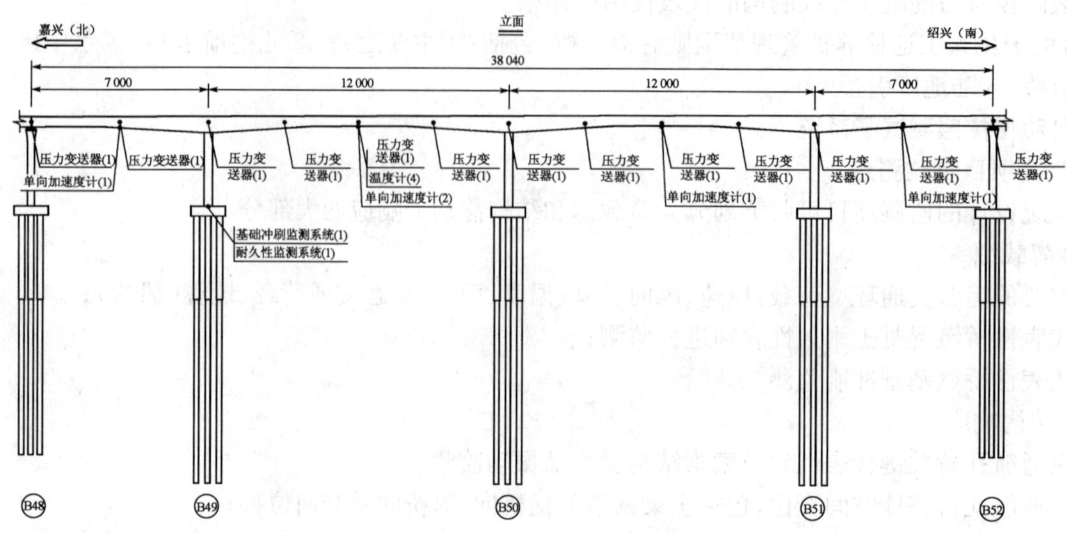

图4 嘉绍大桥北副航道桥传感器测点总体布置(尺寸单位:cm)

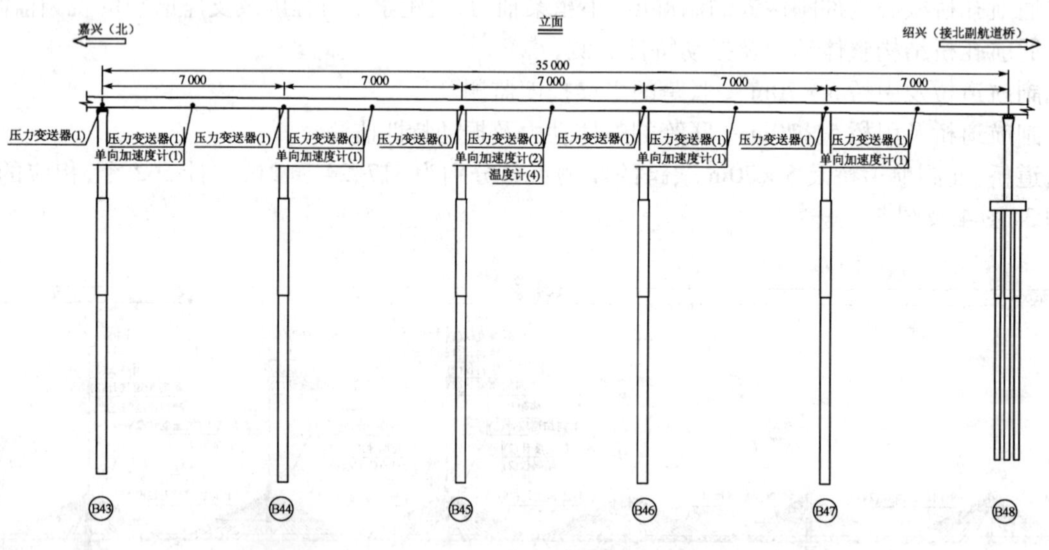

图5 嘉绍大桥引桥5×70m联跨传感器测点总体布置(尺寸单位:cm)

(3)雨量监测。通过雨量计获得桥区降雨状况,提供斜拉索风雨振动分析的参数,为斜拉索损伤发展状态分析提供依据。雨量计布设于主航道桥联间跨中J2-L桥面GPS立柱上。

(4)结构温度监测。结构温度监测采用光纤光栅温度计及数字温度计,其目的:一是应变温度补偿,二是构件截面温度。构件截面温度的分布状况直接影响结构的变形和内力状态分析。在主航道桥、北副航道桥及引桥5×70m联跨共布设了39个温度计。

(5)地震监测。嘉绍大桥地震动及船撞响应监测采用三向加速度传感器,监测地震、船撞等灾害事故,并记录时程曲线。此外,也可为结构灾后评估分析提供依据,为大桥管理部门处理突发事件提供资料。设备安装在Z6墩和Z8墩塔根部塔柱内,共计2台。

(6)动态交通荷载监测。通过动态称重系统(WIM)获取交通流量和交通荷载等行车信息,诸如时间、车速、轴数、轴重、总重、轴距、车道号、车型等,由此建立交通荷载谱,用于正交异性钢桥面板关键结构部位的疲劳损伤分析,也为结构内力状态识别提供活载作用参数。动态称重系统埋置安装于主航道桥绍兴侧距伸缩缝5m处的引桥沥青混凝土铺装层中。

(7)混凝土腐蚀进程监测。嘉绍大桥处于腐蚀性强的海洋性环境,混凝土结构易受Cl^-氯离子海水侵蚀,尤其是浪溅区或水位变动区的钢筋或预应力混凝土结构受干湿交替更是如此。而 cl^- 离子渗入将导致钢筋腐蚀、混凝土碳化、碱集料反应、冻融破坏等病害,造成混凝土结构的胀裂和剥落,导致结构承载力的降低,加剧维修成本。因此,为能及早发现可能出现的腐蚀从而及早采取相应维护和维修措施,保证结构安全性和耐久性,降低大桥全寿命期的养护成本,全桥选择代表性的主通航孔桥 Z4 墩和北副航道桥 B49 墩的水下区、水位变动区及浪溅区混凝土结构进行腐蚀进程监测,设备为丹麦 force 公司 CorroWatch 腐蚀计,见图 6。

CorroWatch安装到钢筋上

ERE 20安装到钢筋上

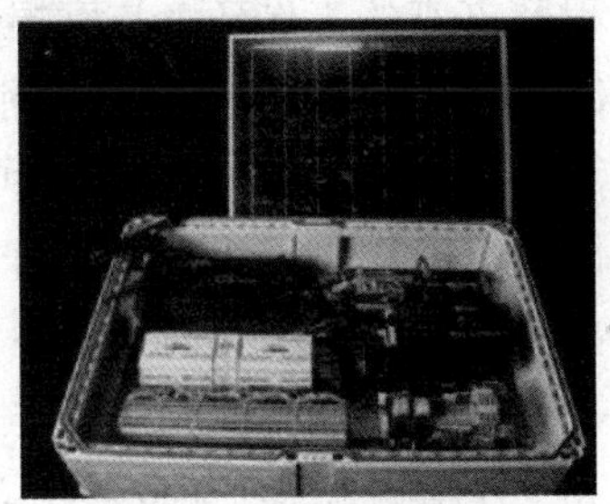

Corrologger控制采集仪

图 6　混凝土腐蚀进程监测设备

3)结构静力特性监测

(1)结构应力监测。根据主航道桥结构危险性分析计算结果,选取主梁、主塔的应力控制截面进行静应力监测,刚性铰和索塔"X"形承托作为本桥的关键受力构件,也进行了重点监测。此外,对正交异性钢桥面板疲劳热点区域布设用于疲劳估算的动应力监测。静应力和动应力均采用光纤光栅应变计进行监测。

(2)结构空间变位监测。嘉绍大桥的空间几何变形,包括梁体的下挠、横移、纵向位移以及索塔偏位是监测预警与结构内力状态识别的重要参数,主梁的线形更是反映当前结构内力状态的重要指标,也是反映行车舒适性和评价桥梁适用性的直接指标,是必须实时监控的结构响应信息。

①梁体下挠:主航道桥钢箱梁、北副航道桥以及 5×70m 联跨均采用压力变送器作为主要监测传感器,监测位置主要设置在主梁线形变化的控制点、变形最大点及支撑位置。由于压力变送器只能测出相对变形,在主航道桥联间跨中桥面还布设了 2 台 GPS 接收机,监测梁体空间坐标变化。

②索塔偏位:根据结构对称性,选取主航道桥 Z6、Z7、Z8 索塔进行监测。在塔顶各布设一台 GPS 接收机监测塔顶偏位,而在塔顶、塔中和塔梁相交处断面各布设 2 台纵横向倾斜仪监测塔柱倾斜。

③梁体整体相对位移:主航道桥主梁在交通、地震、温度及风荷载等的作用下将产生纵向位移。为此,在主航道桥钢箱梁绍兴侧以及嘉兴侧两端部及联间跨中伸缩缝处左右幅各布设 2 个拉绳式位移计,监测主梁整体间相对位移。此举也为评估支座和伸缩缝的安全使用状态提供依据。

(3)斜拉索索力监测。斜拉索是斜拉桥的核心受力构件,斜拉索索力的变化直接反映桥梁结构受力状态的变化,并关系斜拉索的使用寿命和大桥结构安全。为此,通过对运营期索体振动加速度的监测获取索力,为桥梁的安全性提供直接的力学指标预警与评估信息。

嘉绍大桥共有 7 种规格 576 根斜拉索,考虑斜拉索的规格、强度、疲劳应力幅值选取监测 7 种规格 147 根斜拉索布设竖向单向加速度传感器测试索力,而在右幅一联的第 1、2、6 共 9 根索同时布置竖向和横向加速度传感器,单向加速度传感器总数为 156 台。

4)结构动力特性监测

结构动力特性监测可以获得桥梁结构动力特性的基本参数(频率、振型、阻尼比),这可在一定程度上反映出桥梁结构性能的退化,是进行结构评估专项分析——结构整体动力特性分析及损伤评估的重要手段,是系统监测的一个重要内容。

根据本桥动力特性的计算结果,考虑尽可能获取高阶振型,监测截面设在振型曲线的拐点及加密点位置,监测主梁竖向、横向以及索塔横向、纵向振动。斜拉索的振动可有索力监测同时获取。

5)专项监测

(1)刚性铰监测。嘉绍大桥结构体系难点之一是在主航道桥跨中设置了刚性铰。刚性铰受力复杂,在车辆荷载和温度变化等作用下,支座在不停地往复运动,易造成支座的磨损,是相对薄弱的核心构造。刚性铰专用支座的运行是否正常,是刚性铰正常工作与否的重要保证,决定着嘉绍大桥全桥的安全运营。为此,刚性铰监测显得尤为关键,其共有4个监测专项:刚性铰箱梁内温湿度、小箱梁轴力、支座顺桥向累计行程及支座的工作环境与磨损情况的视频监控。

①刚性铰箱梁内温湿度:在刚性铰4个小箱梁内各安装一台温湿度仪,监测其运营环境。

②小箱梁轴力:小箱梁轴力可反映支座运行情况,4个小箱梁轴力大小变化差值可以判断小箱梁固定端侧与自由端侧支座是否自由滑行、抑或受阻或卡死,从而侧面反映支座的工作状态。此外,小箱梁固定端部构造、受力复杂,作为钢性铰核心受力截面监测其应力可反映刚性铰的受力状态。该项监测也采用耐久性好的光纤光栅应变计。

③支座累计位移:支座累计位移是累积磨损里程的直接反映,通过支座累计位移的监测可计算刚性铰专用支座的累积行程,提示大桥管理养护部门对刚性铰专用支座进行检查、维修或更换。每个刚性铰专用支座处均布设一台德国米铱拉绳式位移传感器。

④视频监测:刚性铰内空间狭小,大箱梁和4个小箱梁之间的支座数量较多,为便于信息化实时监控,在刚性铰内设置32台视频监控摄像机,实现监控中心即可通过摄录显示屏以及控制钢性铰内的电灯开关装置直接获得专用支座的工作状态及磨损情况。

通过上述刚性铰的专项监测,在运营期内可实现如下目的:

①监控支座运行累积里程和磨损程度,确定支座寿命,为支座的维护更换提供依据;

②作为运营期间安全性预警的重要指标;

③实时监控支座工作环境及自身状况,以便支座的养护维修。

从而确保运营期间刚性铰均能保持良好的工作性能。

(2)基础冲刷监测。嘉绍大桥位于世界著名的杭州湾强潮涌区域,桥址区所在的尖山河段河床宽浅、潮强流急、涌潮汹涌、潮差很大,涨落潮流速强劲。潮流流速可达8m/s,潮差可达9m以上。钱塘江河口泥沙主要来自海域,一潮进出澉浦的泥沙比上游流域一年的来沙量还大。底沙和悬沙均为细粉砂,一般中值粒径为0.02~0.04mm,抗冲能力低,易冲易淤。基于已有的实测资料和设计标准,有关单位进行了模型试验,主通航孔主墩最大冲刷深度达到27.8m,北副航道桥主墩最大冲刷深度达到21.0m,其余桥墩冲刷深度也在15.2~22.6m之间。试验结果表明:桥墩基础的冲刷严重,并要求"大桥在施工及建成后的运行过程中管理部门要加强基础冲刷的监测"。由此,本系统对桥梁的基础冲深和水体中环境荷载进行代表性监测,其目的:

①获得基础最大冲刷深度以及水流过程和冲刷过程的历时变化,并进行提前预警;

②掌握在水波流荷载的作用下,尤其是特大风暴潮的影响或者海床长期演变过程中,潜在的可能危险;

③掌握基础四周河床的冲淤规律,为养管部门对应措施提供依据。

根据嘉绍大桥桥型以及下部基础布置,结合局部冲刷报告,从三个桥区(主通航孔区、北副通航孔区、引桥桥区)中各选取一个桥墩(主航道桥Z4墩、北副航道桥B49墩及中引桥B72墩)作为典型的监测桥墩,分别布设一套基础冲刷监测系统。该系统由波束测深仪、剖面流速仪和雷达式水位计构成。波束测深仪、剖面流速仪安装于承台钢围堰侧壁或桩基钢护筒侧壁上,每墩根据迎涨、落潮面不同角度设置6个波束测深仪探头和一台剖面流速仪(4探头),而雷达水位计1台共用安装于主墩Z6、Z7跨中钢箱梁底部。基础冲刷监测传感器见图7,其安装布置见图8。

图7 波束测深仪、剖面流速仪和雷达式水位计

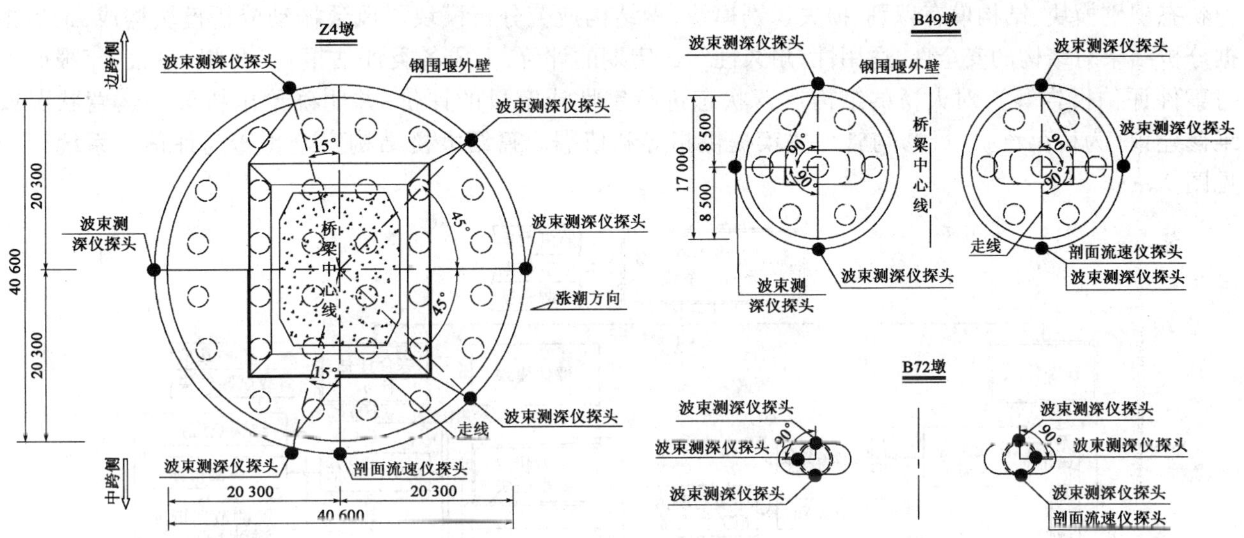

图8 嘉绍大桥基础冲刷监测传感器安装布置(尺寸单位:mm)

4. 电子化人工巡检养护管理子系统

为在嘉绍大桥全面贯彻"大桥全寿命期可达、可检、可维护"及"主动预防式"的巡检养护制度和设计理念,本系统遵循《公路桥涵养护规范》(JTG H11—2004)、交通运输部公路发〔2007〕336号文《公路桥梁养护管理工作制度》以及浙江省交通厅发(浙交[2009]96号)文《浙江省公路桥梁养护与管理办法》的要求,并针对嘉绍大桥具体的运营环境和构造特点,研究开发全新的桥梁巡检养护管理系统。该系统以中国规范和标准为基础,吸纳国内外各种桥梁养护管理系统的优点,技术先进、功能强大、界面友好、操作方便,可实现如下目标:

(1)坚持以"全寿命周期内的监管养护"为目标,针对性地建立全寿命期的桥梁数字化、信息化档案,力求服务桥梁监管养护工作,使大桥及其附属各设施运营期处于较高的服务水平。

(2)定制并规范桥梁全寿命期的养护维修,力求进行主动、预防性管养,辅助大桥管养者制定预防性、高效、经济、合理的养护维修措施,尽可能延长桥梁的安全使用寿命。

为达到上述目标,本子系统包括我国现行养护规范所涵盖的各个级别的检查(日常、定期、特殊、专项巡检)内容、手段、时间间隔、评估标准等。通过本子系统所制订的大桥巡检管理手册以及制度化的巡检管理软件,依据手册设定的结构巡检内容任务,可指导管养公司人员进行标准化、程序化、定时、定量的结构巡检,完成全寿命期数字化、信息化的巡检管理、记录、归档、分析和评估等工作。子系统共划分为6个模块,分别是桥梁管理模块、桥梁巡检模块、桥梁评估模块、桥梁养护与维修模块、系统自定义模块、机构管理模块,具有如下巡检管理功能:①基于WEB - GIS的桥梁地理信息功能;②静态及动态信息管理功能;③巡检计划的制定及管理功能;④技术状况的评估及预测功能;⑤维修决策辅助功能;⑥信息查询、统计和报告报表输出功能；⑦新闻信息发布功能；⑧人员组织管理功能；⑨固定资产管理功能；⑩自定义功能。

5. 结构安全预警评估子系统

结构预警安全评估子系统是嘉绍大桥结构安全监测巡检管理系统的目标核心，其体现了基于桥梁施工监控、成桥荷载试验、结构监测与巡检养护四位一体的系统设计原则。自动化传感测试子系统所采集的监测数据和电子化人工巡检子系统所获取的巡检结果都是为预警与评估子系统服务的，依据上述两者信息进行结构的实时预警，并参考大桥施工监控成桥恒载状态基准与静动荷载试验结果，对桥梁结构进行安全性评估、适用性评估、耐久性评估和综合评估。

本子系统包括预警模块、评估模块。其中预警模块又分为在线预警、离线预警两类，离线预警又包含结构状态预警和趋势预警。预警模块主要利用结构监测数据进行分析，实现其功能。评估模块主要由内力状态识别模块、结构模态识别、损失识别模块、钢结构疲劳分析模块与风致振动分析模块构成，最后根据分析结果对结构的安全性、适用性、耐久性给出定期的评价，生成各类评估报告（月报、季报、年报或临时事件评估报告等），对大桥的结构运营状态进行定性或定量的评价，并明确给出桥梁的运营状况或维修建议，为桥梁维护、维修与管理决策提供指导和依据。嘉绍大桥结构安全预警与评估子系统架构见图9。

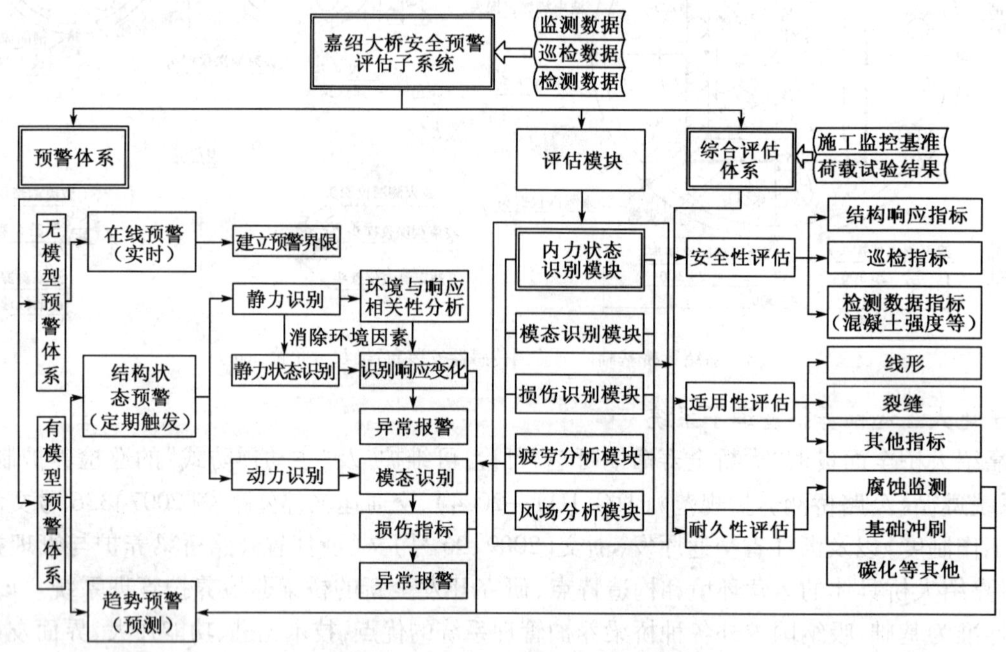

图9 嘉绍大桥结构安全预警评估子系统架构

6. 数据库及用户界面子系统

数据库及用户界面子系统是嘉绍大桥结构安全监测巡检管理系统中的辅助子系统。

数据库子系统是其他子系统的数据支撑，主要基于桥梁全寿命期档案管理理念，完成结构全寿命期所有监（检）测静态、动态的资料、信息、数据的归档、查询、存储、管理和调用等工作。

用户界面子系统以桥梁监测管理养护为核心，将桥梁全寿命期各种监（检）测静态、动态的资料、信息、数据按用户要求分类分级按授权向不同用户展示，并且按授权接受不同用户对系统的控制与输入。

五、结　语

本文较为系统全面地论述了嘉绍大桥结构安全监测巡检管理系统的设计理念、思路、特点、构成及功能，得出如下主要结论：

(1)基于桥梁运营环境以及结构受力特性和构造特点有针对性地设计结构安全监测巡检管理系统，服务于桥梁的设计基准期内的管理和养护。

(2)提出了基于桥梁施工监控、成桥荷载试验、结构监测与巡检养护四位一体的系统设计原则和综合自动化监测与人工巡检结果并参考施工监控成桥恒载状态基准和成桥静动荷载试验结果评估结构安全性、耐久性、适用性的桥梁评估思想。将桥梁上述四大阶段紧密关联，也充分体现了桥梁全寿命监管评估的理念。

(3)嘉绍大桥结构安全监测巡检管理系统设计可为其他桥梁同类系统的设计提供重要参考，也为本行业的发展起到重要的推动和促进作用。

参考文献

[1] 嘉兴至绍兴跨江公路通道嘉绍大桥结构安全监测巡检管理系统－第一册系统设计总体说明. 北京：中交公路规划设计院有限公司,2010.

64. 坝陵河大桥临时铰关键技术研究

彭旭民　钟继卫　陶　路

（中铁大桥局集团武汉桥梁科学研究院有限公司　桥梁结构安全与健康湖北省重点实验室）

摘　要　坝陵河大桥采用桥面吊机由主塔向跨中进行有铰逐次刚接法架设钢桁梁，为国内首次采用。施工过程中，临时铰的数量及设置位置对结构内力及线形影响较大，桥面吊机过铰及临时铰合龙等关键工序实施效果对施工安全及质量有决定意义。本文针对临时铰数量及合理位置设置、桥面吊机过铰、临时铰合龙进行了深入研究，提出了临时铰位置及数量的确定方法、吊机过铰的控制重点及解决方案和临时铰自然合龙方案。结果表明，四铰的设置有效地减小施工过程中结构内力，整个施工过程结构内力均可符合要求；吊机过铰梁段最大坡度控制在5%以内，过铰过程中下弦铰开口量变化控制在150mm左右，可较好保证过铰梁段的平顺性和吊机过铰的平稳性；通过细化分析预测与加密观测结果相校核，采用自然合龙的方案，可保证临时铰合龙口合龙精度。

关键词　悬索桥　钢桁梁　有铰逐次刚结法　临时铰　桥面吊机　合龙

一、引　言

悬索桥钢桁梁采用桥面吊机进行有铰逐次法施工，将钢桁梁分成若干个包含几个段梁段的整体进行架设，其各整体间采用铰连接，各梁段间均为刚接[1]~[2]。架设过程中各整体梁段抗弯、抗扭刚度大，稳定性好，连接方式灵活，不易产生误差，但梁段中某些部位应力及已架设梁段前端吊索内力变化较大[3]~[4]。在加劲梁的适当位置设置不传递弯矩的铰，以减小加劲梁施工过程的内力，改善结构施工内力，但也带来桥面吊机过铰、临时铰合龙等控制难题[5]~[6]。因此，合理的临时铰数量及设置位置、吊机过铰及临时铰合龙方案，对结构控制内力、施工安全及质量有着较大影响。

二、工 程 概 况

坝陵河大桥为一座主跨1 088m的单跨双铰钢桁悬索桥，钢桁加劲梁宽28m，高10m，标准节段长10.8m，全桥共98个标准节间和2个端部节间，标准节段重约110t（含平联）。桥址两岸地势陡峭，峡谷宽约2 000m，深切达600m，桥面距谷底约370m，一般悬索梁主梁架设方法不适用于本桥。根据分析研究，在国内钢桁梁悬索桥架设中首次采用了桥面吊机的有铰逐次刚接法架设方案，因此，钢桁梁的临时铰部关键技术研究成为本工程的难点与重点之一。大桥总体布置见图1,主要构件的材料规格见表1。

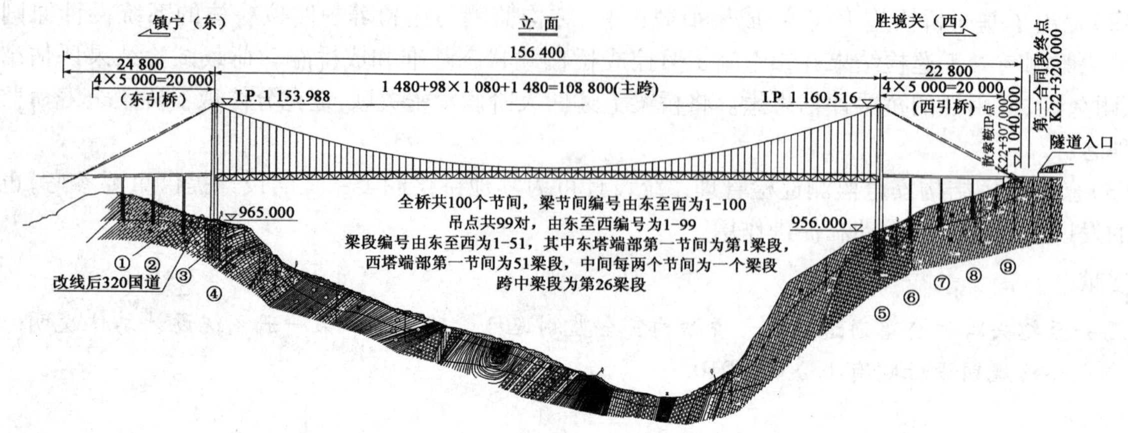

图1 坝陵河大河总体布置图(尺寸单位:cm)

钢桁梁架设由主塔梁端节段向跨中方向推进,每个节段架设两个节间钢桁梁,一个标准安装节段 i 的安装流程为:

(1)桥面吊机位于 $i-1$ 节段前端,依次安装 i 节段两个节间的主纵桁梁、主横桁架、上下平联杆件;

(2)采用牵引提升装置,安装 i 节段两个节间的四对吊索;

(3)铺装 i 节段部分正交异性桥面板;

(4)吊面吊机前移到 i 节段前端,准备安装 $i+1$ 节段,循环安装直至钢桁梁合龙。

在钢桁梁架设过程中,存在桥面吊机过铰、结构内力控制、临时铰合龙等技术难点。

主要构件的材料规格表

表1

缆 索 构 件	直径(mm)	抗拉强度(MPa)	容许拉力(kN)	弹性模量(MPa)	施工控制力(kN)
吊索钢丝绳	4×60	1 770	9 600	1.966×10^5	3 840
加劲梁构件	材料	强度设计值(MPa)	轴力容许值(kN)	弹性模量(MPa)	施工控制力(kN)
上弦杆	Q345D	325	24 461	2.10×10^5	9 784
下弦杆	Q345D	325	24 461	2.10×10^5	9 784

三、临时铰合理数量及设置位置研究

坝陵河特大桥钢桁梁架设过程中,为适应悬索结构的大位移,降低钢桁梁及吊索在安装阶段的内力,需要钢桁梁纵向设置临时铰,且为便于架设过程中桥面吊机行走,临时铰不宜设置过多。

1.梁段间架设铰数量及位置的确定方法

钢桁梁架设过程中设置临铰目的主要为降低钢桁梁及吊索在安装阶段的内力,因此,确定架设铰数量及位置的方法如下:

(1)根据初步拟定的结构尺寸,采用刚结法对大桥进行施工过程分析,结合结构材料特性及安全性要求,在钢桁梁安装至某阶段时,吊索索力及钢桁梁内力接近控制内力时,在此节段设置临时铰。

(2)根据(1)步骤中确定的铰位置,对大桥进行有铰逐次刚结施工过程分析,当施工至某阶段时,吊索索力及钢桁梁内力再次接近容许值时,就在此节段设置第2个临时铰。

(3)根据(1)、(2)步骤确定的铰位置,再次对有铰逐次刚结施工过程进行分析,查看施工过程中结构内力是否超出容许值,超出时再次设置临时铰,不超出则全桥临时架设铰的数量和位置均确定完毕。

2. 坝陵河大桥的临时铰数量及位置的确定

1)临时铰1的设置

根据铰数量及位置的确定方法,对坝陵河大桥进行刚接法施工过程分析,梁段在施工过程中均按刚接处理。施工过程中上、下弦杆轴力及吊索力包络图见图2、图3。根据计算结果,在E11、E90(第11、90节间)架设时,吊索索达3870kN,与施工内力较为接近,此处需设置1临时铰,以释放结构内力。

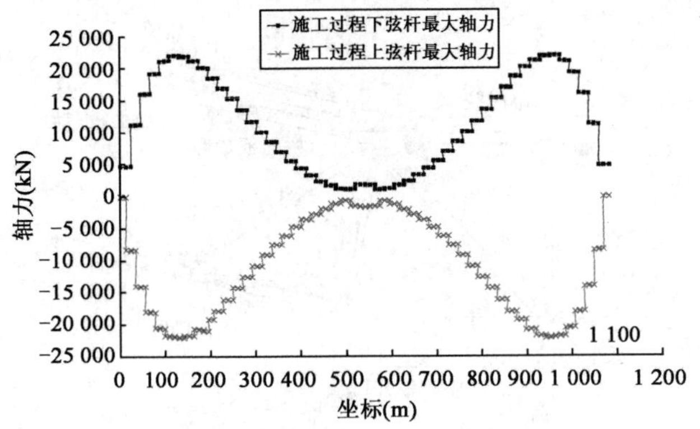

图2 刚接法施工过程中上、下弦杆轴力包络图

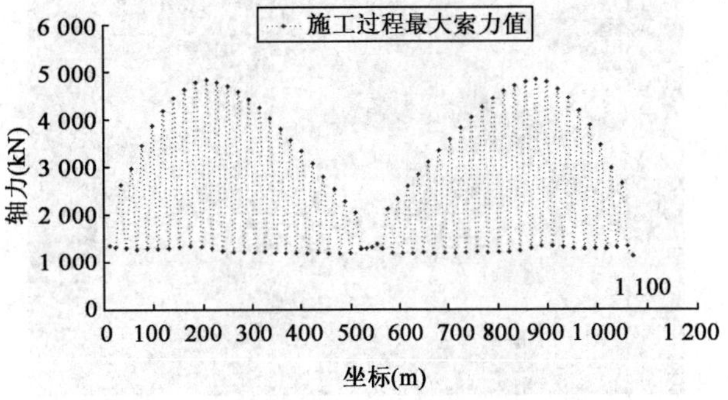

图3 刚接法施工过程中索力包络图

2)临时铰2的设置

根据临时铰1的设置位置,对坝陵河大桥进行有铰逐次刚接施工过程分析。施工过程中上、下弦杆轴力及吊索力包络图见图4、图5。根据计算结果,在E21、E80(第21、80节间)架设时,吊索达3779kN,与施工内力较为接近,此处需设置临时铰,以释放结构内力。

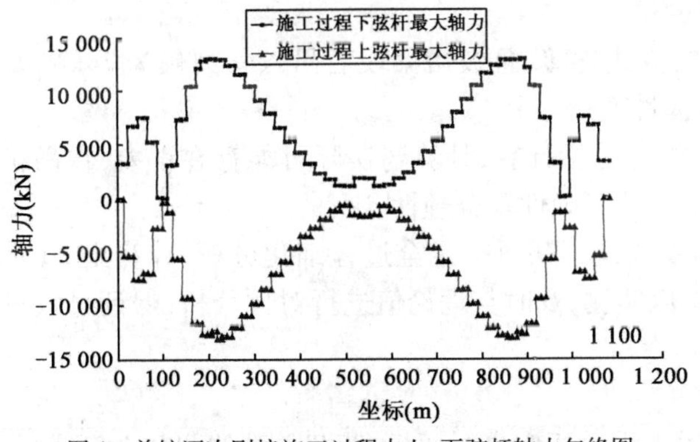

图4 单铰逐次刚接施工过程中上、下弦杆轴力包络图

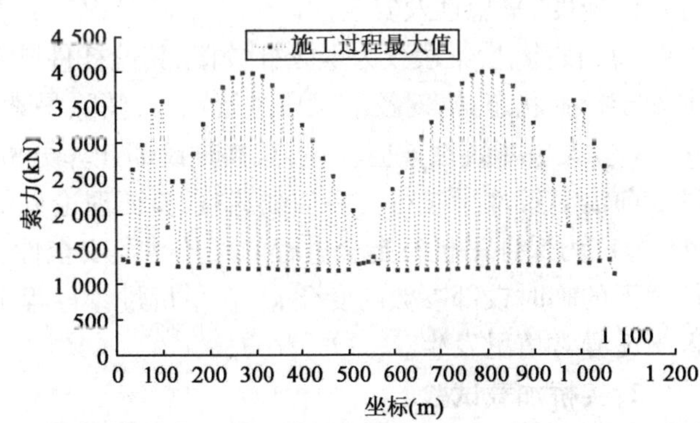

图5 单铰逐次刚接施工过程中索力包络图

3)双铰逐次刚接法分析

根据临时铰1、2的设置位置,对坝陵河大桥进行有铰逐次刚接施工过程分析。施工过程中上、下弦杆轴力及吊索力包络图见图6、图7。根据计算结果,双铰的设置有效地减小施工过程中结构内力,施工过程中上、下弦轴力及吊索索力最大值均不大于施工控制内力,不需在后续阶段设置临时铰。

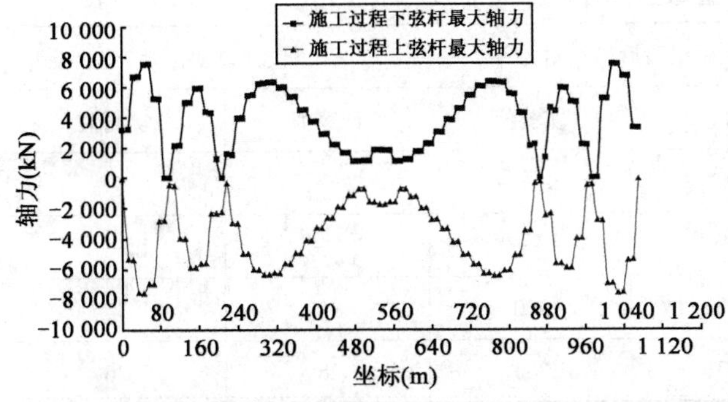

图6 双铰逐次刚接施工过程中上、下弦杆轴力包络图

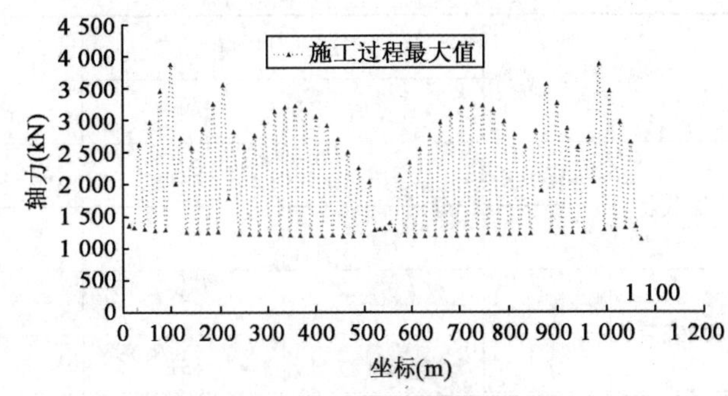

图7 双铰逐次刚接施工过程中索力包络图

四、坝陵河大桥桥面吊机过铰技术研究

由于有4个临时架设铰的存在，部分施工阶段主缆及钢桁梁线形在临时铰处存在不平顺的现象。由于桥面吊机受爬坡能力限制（限制坡10%），且吊机要通过临时铰时，若过铰前、后桥面线形变化较大的情况，将会使得桥面吊机出现不稳定状态。施工过程中临时铰处示意见图8。

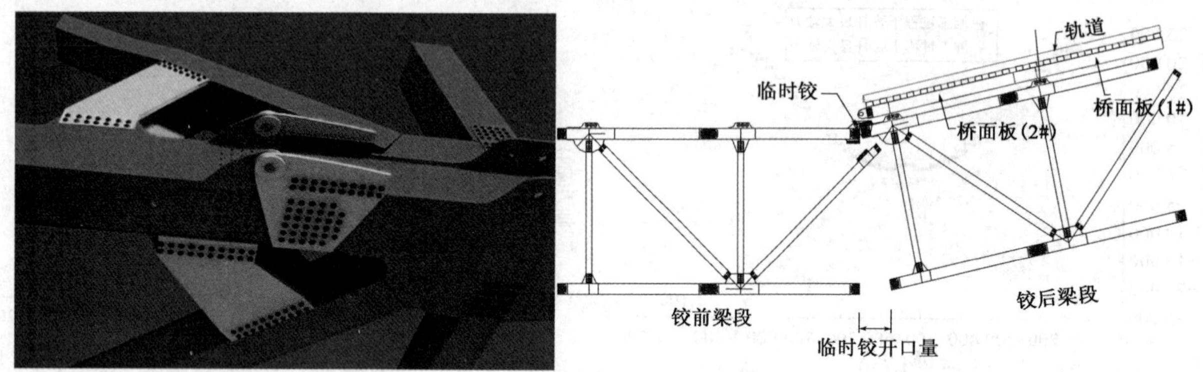

图8　临时铰处梁段连接

1. 吊机过铰难点分析

根据吊机技术参数，并结合过铰前铰部梁段的线形、内力参数，确定桥面吊机过铰存在的主要难点有以下几方面：

(1)铰后梁段坡度较大，最大为10.4%，超出吊机最大行走坡度，且线形不平顺，存在折角，影响吊机行走的速度、平稳性及安全性。

(2)铰前、后梁段仅为上弦杆铰接、其他杆件断开的方式连接，且铰后梁段后吊点索力仅为74kN，基本处于松弛状态，需对铰前梁段进行预压，消除吊索非弹性变形。

(3)大桥非线性效应较强，且临时铰部计算分析为细化分析计算，计算与实际可能存在误差，在吊机过铰前需对铰部梁进行实桥加载试验，验证理论分析结果的正确性及合理性。

(4)为保证吊机行走全过程的可控性及安全性，需事先进行吊机行走全过程细化分析，计算出20个行程下的临时铰部参数的变化，并在吊机过铰过程中予以实测，及时与理论值进行对比分析，保证过铰过程中无异常情况发生。

2. 实桥加载试验

过铰前，对铰1、铰4进行了加载观测。在铰前节段架设大桥中央桥面板，荷载总计约800kN，荷载分布基本为铰前梁段后吊点200kN、铰后梁段前吊点400kN、后吊点200kN。加载前后观测铰开口量变化，加载试验理论计算与实测结果见表2。由试验结果可知，中央侧桥面板加载后铰开口量变化理论与实测能较好吻合，且能有效增加铰后梁段后吊点索力，消除非弹性变形。但由于加载空间限制，不能将全部施加至铰后梁段前端，导致铰开口有所增加，即铰前后梁段相对坡度有所增加。

铰部梁段下弦开口量荷载位置敏感性分析（kN、mm）　　表2

铰号		铰开口量		铰后梁段后吊点索力		铰开口变化量	
		计算值	实测值	计算值	实测值	计算值	实测值
加载前	铰1	810	821	74	—	—	—
	铰4	811	805	74	—	—	—
加载后	铰1	845	851	330	350	35	30
	铰4	839	831	333	366	28	26

注：铰开口变化量为加载后，加载前由于索力太小，吊索基本处于松弛状态无法实测。

3. 过铰实施措施研究

针对桥面吊机过铰存在的难点及吊机过铰控制研究成果，制订了坝陵河大桥桥面吊机过铰方案，主要要点如下：

(1)根据分析结果，针对铰后梁段坡度较大，对吊机行走轨道梁进行支垫，支垫后吊机轨道坡度在3%左右即可，保证桥面吊机过程中爬坡较小，且随梁段转动吊机轨道不会出现处于负坡状态。

(2)过铰前吊装中央侧桥面板，验证理论的正确性，并增加铰后梁端后吊点索力，消除非弹性变形。

(3)加强轨道锚固系统，并在吊机轨道梁前、后设置挡块并临时固定，预防吊机意外滑出。

(4)吊机行走过程中专人负责下弦开口量的观测，每行走一个行程(约1m)观测一次，并与理论值及时对比，发现异常后立即停止后续作业。

4. 吊机过铰实施成果

针对桥面吊机由铰前节间移至铰后节段前端节间(共20个行程)的过铰过程进行了细化分析计算，并对过铰过程中临时铰的下弦开口量进行了监测。铰1、铰4过铰过程中下弦开口量变化理论值与实测值对比见图9、图10。由吊机通过铰1及铰4过程中铰开口量变化量理论与实测对比结果可知，理论计算结果与实测结果能较好吻合，较好地满足了事前制定吊机爬坡坡度不大于5%、过铰过程铰开口量变化不大于150mm的控制指标，较好地指导了吊机过铰实施。

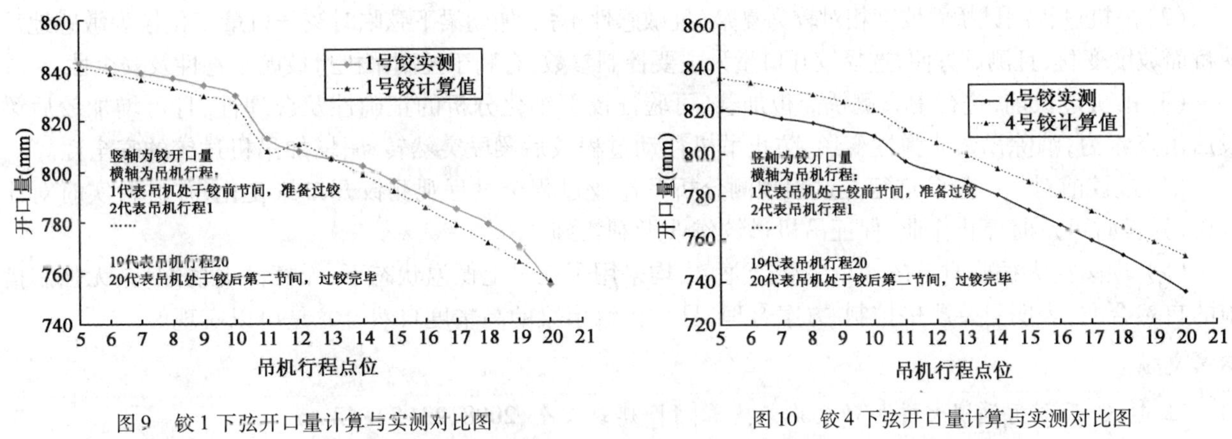

图9 铰1下弦开口量计算与实测对比图　　图10 铰4下弦开口量计算与实测对比图

五、临时铰合龙技术研究

临时铰的设置较为有效地降低了施工过程中结构内力，但其合龙口能否如期合龙较为关键。临时铰闭合工作宜在铰部完全闭合前及加劲梁合龙前完。

1. 临时铰合龙方案研究

通过对临时铰合龙口的研究，确定以下两种合龙方案：

(1)自然合龙，即根据理论计算，临时铰处合龙口长度随钢桁架设不断减小，当加劲梁架设至某节段时铰处开口出现自然闭合，施工阶段对铰部参数进行测试，验证理论计算结果，在预测闭合阶段加密监测，当合龙口自然闭合进行合龙。

(2)强制合龙，即由于施工荷载如期加期或出现施工误差等，理论计算与实测将存在一定的差异，在预测阶段未能只自然闭合，需采用强制对拉措施，进行强制合龙。

根据施工需要，对临时铰处的荷载影响性分析、对拉力分析及温度敏感性计算。计算结果表明，在铰前、后荷载敏感性较高的梁段进行提升或施加配载，对铰处开口量影响均不大，基本为0.3～0.4mm/10t，对拉下弦杆对铰处开口量的影响为2.2mm/10t；铰处温度敏感性较小，基本为4mm/10℃，温度较低时有利于合龙，尽量选择早上进行临时铰闭合工作。因此，考虑强制合龙加载及对拉措施对临时铰开口影响

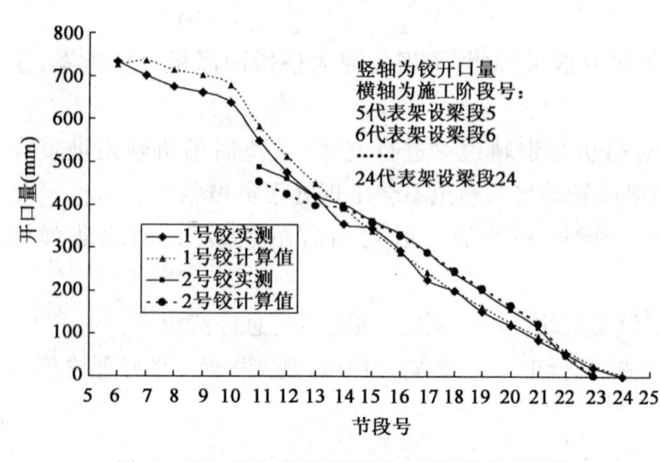

图11 铰1、铰2临开口量计算与实测结果对比图

不大，且加载空间受限，实测与理论吻合较好的条件下，建议采用自然合龙方案。

2. 临时铰合龙实施成果

实施过程对每施工阶段对应的临时铰下弦开口量进行的实测及预测计算，实测与理论结果对比见图11。对比结果表明，理论值与实测值之间总体吻合良好，根据铰开口量变化趋势两铰均在第24号梁段、第28梁段架设期前、后可实现自然闭合，宜采用自然合龙方案。实际实施效果表明，在第23号梁段、第29梁段架设完成后，所有临时铰合龙口均在早上温度较低时自然闭合，实现自然合龙。

六、结　　语

(1)在加劲梁架设过程中，在合理的位置设置释放节段间转动自由度的临时架设铰，可有效减小施工过程中结构内力，提高施工过程中结构的安全性。但施工过程中，存在桥面吊机过铰及临时铰合龙等关键技术问题，将给施工及工期带来一定的影响。

(2)吊机过程测试桥面坡度相对较为复杂，且敏感性不强，加劲梁下弦临时铰开口量变化较为敏感地反映桥面坡度变化，且测试方便，选择铰开口量为主要控制参数，有利于控制吊机过铰的平稳性及安全性。

(3)吊机过铰前，进行中央侧桥面板加载，可验证铰部细化分析的正确性及合理性，且可增加铰后梁段后吊点索力，消除吊索非弹性变形，防止吊机移动过程铰后梁段突然转动，增加吊机过铰的安全性。

(4)过铰前对吊机过铰进行全过程预测分析及作业过程全过程观测铰开口量变化，并进行实时对比分析，异常时可及时停止作业，保证吊机过铰作业顺利实施。

(5) 坝陵河大桥临时铰的4个主要合龙口，均采用了在早上低温状态下，无杆件现场配切、无强制措施的自然合龙，表明只要严格控制、方案合理，悬索桥钢桁梁的高精度自然合龙是可以实现的。

参考文献

[1] 王志杰.西藏角笼坝大桥加劲梁施工技术[J].建筑安全,2008,23(5):42-45.
[2] 王忠彬,沈锐利等.悬索桥钢桁架加劲梁施工方法分析[J].石家庄铁道学院学报,2006 (1):117-121.
[3] 滕小竹.大跨度钢桁梁悬索桥关键问题研究(硕士学位论文)[D].上海:同济大学,2008.
[4]庞颂贤,童育强.贵州坝陵河桥钢桁梁施工架设研究.中国公路学会桥梁学术会议,2006.
[5] 何雨,陶路,彭旭民.坝陵河大桥桥面吊机过铰监控技术[J], 2011(1)27-30.
[6] 蒋永生,陶路,彭旭民.坝陵河大桥钢桁梁架设施工控制[J].世界桥梁,2010 (4)24-37.

65. 嘉绍大桥锚腹板制作工艺研究

刘士儒[2]　钱　鲲[1]　郭　勇[1]　潘丽婷[2]　李　铭[2]
(1. 嘉绍跨江大桥工程建设指挥部;2. 中铁山桥集团有限公司)

摘　要　本文针对嘉绍大桥锚腹板构造特点，为保证精度、控制变形，对锚腹板单元加工、组装工艺等进行全面的研究，确定合理的制作方案，以保证锚腹板质量满足嘉绍大桥专项施工技术规范的要求。

关键词　嘉绍大桥　锚腹板　锚箱　制作方案

一、工 程 概 况

嘉绍大桥主航道为世界上首座六塔独柱四索面分幅钢箱梁斜拉桥，其跨径布置为 70 + 200 + 5 × 428 + 200 + 70 = 2 680m，见图 1。钢箱梁按两个行车道方向分为两幅独立的箱梁，单幅箱梁为非对称结构，内外侧腹板构造不同，单幅箱梁两侧各设有斜拉索锚固点，斜拉索与钢箱梁之间锚固构造采用锚箱形式，见图 2。

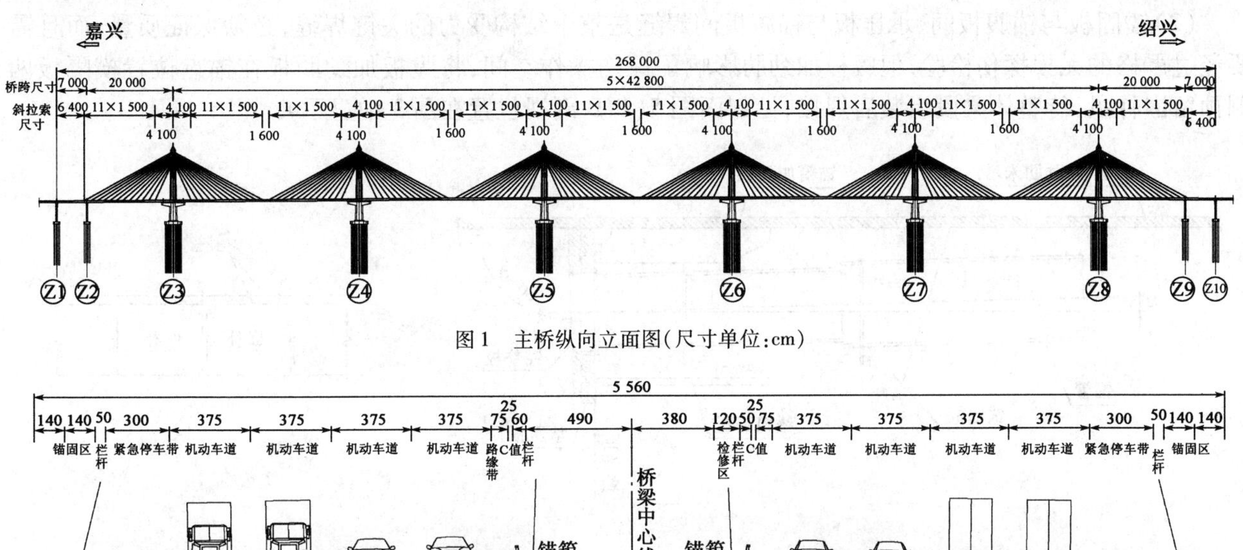

图 1　主桥纵向立面图（尺寸单位：cm）

图 2　主桥横向断面图（尺寸单位：cm）

二、锚腹板制作方案研究

锚箱与腹板焊成一体成为斜拉索锚固区（锚腹板），该区域为本桥受力关键区，因此锚箱角度、锚点位置、锚箱构件之间焊缝、锚箱与腹板间焊缝是整个钢箱梁制造中控制的重点，为保证锚箱精度、控制变形，需综合考虑各方面因素影响，细化到从下料加工到组装的每一个顺序，从而制订合理的工艺方案。锚腹板详细构造见图 3 及剖面图 4。A-A 剖面位置见图 5。

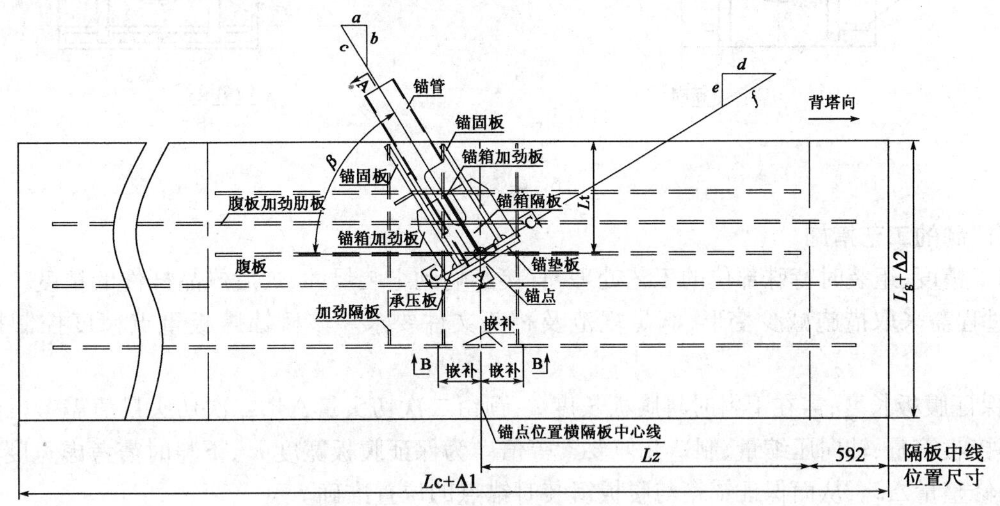

图 3　锚腹板示意图

其中锚箱由锚垫板、承压板、锚固板、锚箱隔板、锚箱加劲板等板件组成。综合考虑各方面因素后，制订了制作过程中的工艺措施，现将重点措施简介如下：

1. 控制组装顺序的工艺措施

在下料前需要统筹考虑焊接空间、探伤空间、运输条件、精度控制等多方面因素对结构的影响，从而决定各个杆件组装顺序的先后。锚腹板单元涉及组装顺序方面的工艺措施如下：

(1)为整体梁段组装时顶板组装顺利，锚管需要单发至拼装场地，待顶板组焊后安装。

(2)锚固板与锚腹板间、承压板与锚腹板间焊缝是整个结构受力的关键焊缝，必须保证质量，而且需要经过严格的无损探伤检验，但腹板加劲肋影响了探伤操作空间，将腹板加劲肋板在锚点位置横隔板两侧预留嵌补段，待整体梁段组装后焊接，见剖面图5(B-B剖视位置在图3中显示)。

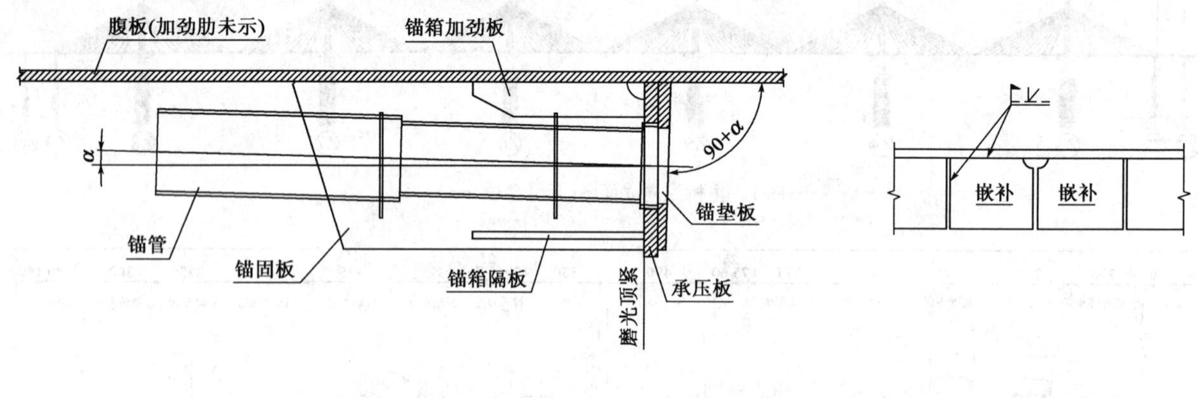

图4 A-A剖面 图5 B-B剖面

(3)锚固板内侧加劲板、锚箱隔板、锚垫板影响锚固板及承压板与腹板之间的重要焊缝的焊接操作空间，为保证锚固板与锚腹板、承压板与锚腹板之间焊缝质量，组焊锚箱时，需先将锚固板与承压板及四个外侧锚固板加劲板组焊成一整体，然后与腹板组焊，探伤合格后才能组装内侧锚箱加劲板、锚箱隔板及锚垫板，见剖面图6(C-C剖面位置在图3中显示)。

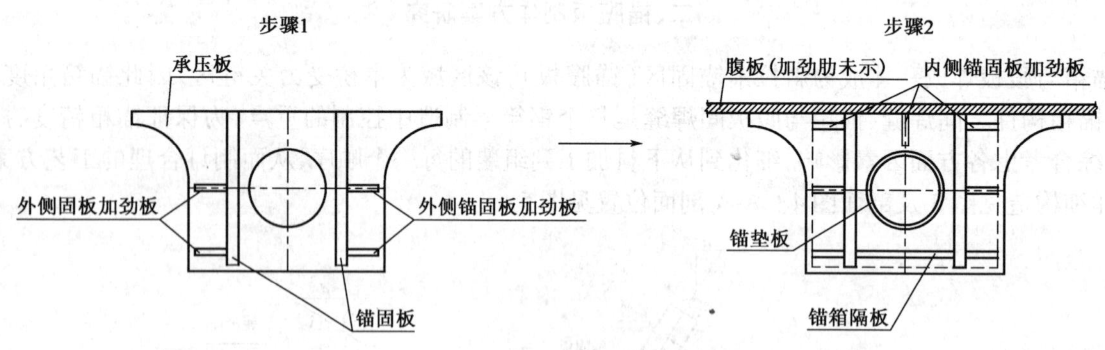

图6 C-C剖面

2. 精度控制的工艺措施

下料加工精度、组装时特殊部位的工艺处理，直接影响到组装尺寸、焊后成品杆件的精度。因此下料加工、组装过程需采取措施减少变形，满足规范及相关文件要求。该桥锚腹板重点精度控制措施简介如下：

(1)为保证腹板长度，需在下料时将腹板长度 L_c 预留二次切头量△1，二次切头量值需考虑整体梁段拼装时的焊接收缩量、轴向压缩量、制造几何要素等值。为保证腹板宽度 L_g，下料时需考虑宽度方向留焊接收缩量及修整量△2。从而保证锚箱与腹板组装时锚点的位置准确。

(2)锚固板、锚箱隔板、锚箱加劲板在下料时必须精确划线保证焊接边垂直后机加工磨光顶紧边。

从而控制锚箱焊后变形，同时保证磨光顶紧要求，见图7。

(3)为保证孔径精度，下料时承压板孔径预留机加工量，承压板孔径待锚箱组焊后整体镗孔至理论孔径。锚垫板孔径下料时预留机加工量，在机加工斜面时同时划线机加工孔径，以保证斜面与孔径垂直，从而保证 α 角的精度，见图8。

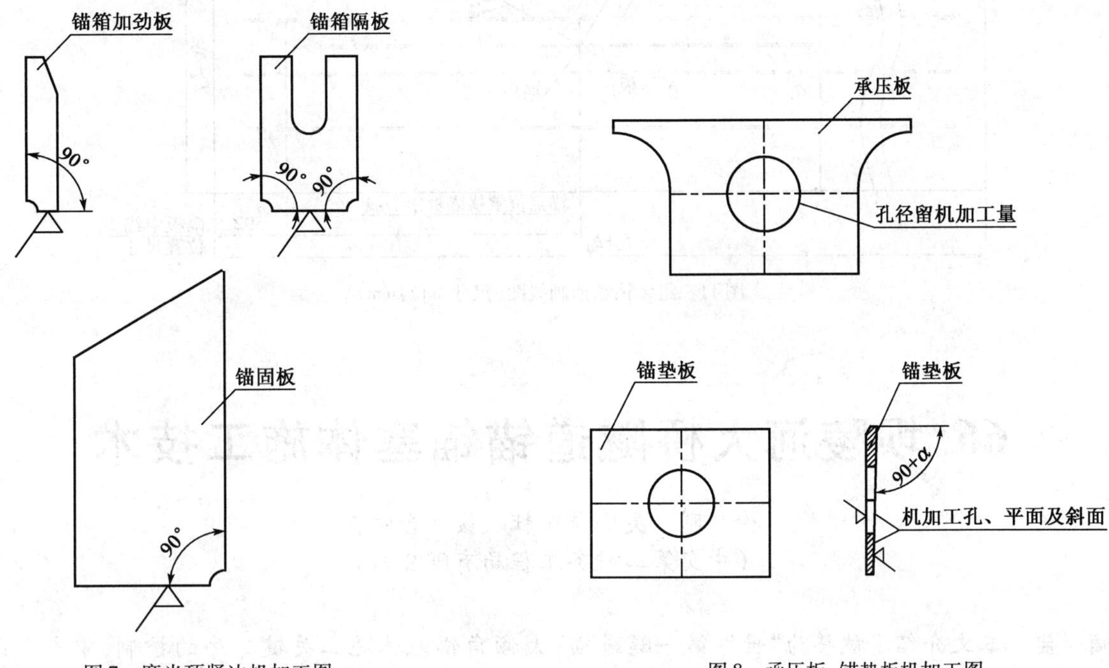

图7 磨光顶紧边机加工图　　图8 承压板、锚垫板机加工图

(4)组装锚固板与锚垫板时，要保证锚固板、承压板与腹板连接边在同一平面上，组焊后整体机加工承压板与锚垫板接触面，以保证承压板与锚垫板密贴，见图9。

(5)锚箱与腹板组装前，在腹板加劲肋预留嵌补段的位置，点焊上一工艺拉板，同时多点焊一条工艺工钢，从而增强刚度，减少变形，见图10。

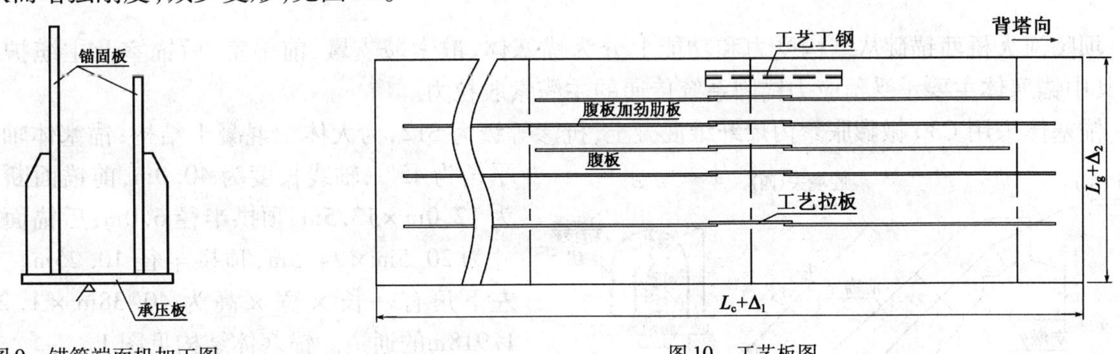

图9 锚箱端面机加工图　　图10 工艺板图

(6)锚箱与腹板组装前，精确画出锚点位置，该位置的横、纵向尺寸 L_t、L_z 均需考虑焊接收缩量，以保证焊接收缩后锚点位置精度，同时精确画出锚箱角度线、相应验证线及承压板和锚固板位置线，组锚箱前检查斜方尺寸及承压板组装位置，经监理确认后方可组对，见图11。

三、结　语

嘉绍大桥钢箱梁锚腹板的制造方案，是总结和改进了以往工厂生产的锚腹板制造经验，对于控制尺寸精度、减小焊接变形、提高板单元生产效率起到了重要作用。通过此桥锚腹板实际生产证明，通过该工艺方案的重点工艺控制措施，使得锚腹板成品质量很好地满足了规范和相关文件的要求，达到了预期目标。

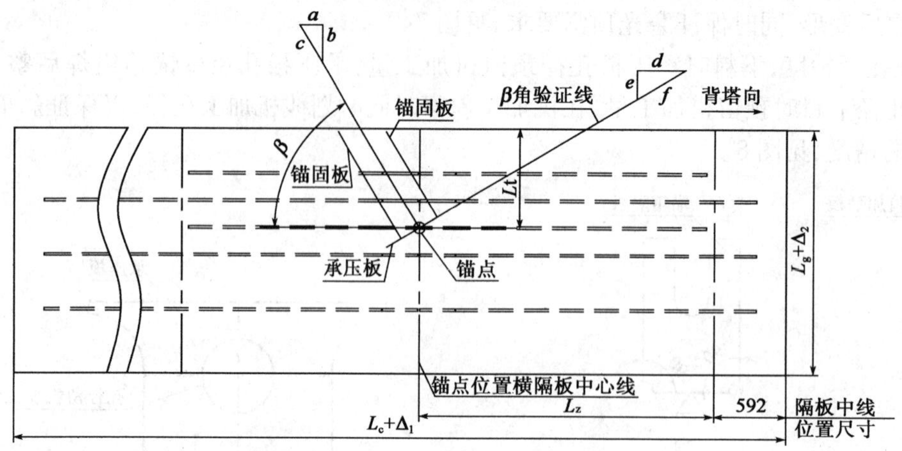

图11　组装锚箱前画线图(尺寸单位:mm)

66. 坝陵河大桥隧道锚锚塞体施工技术

徐　刚　吴小斌　杜　俊　台明森

(中交第二航务工程局有限公司)

摘　要　本文介绍了被誉为“世界第一隧道锚”大倾角锚塞体施工关键工序的控制,重点介绍了模板及支架系统的搭设、定位架的设计及安装、预应力管道的安装、高落差泵送混凝土施工及大体积混凝土的温控措施。

关键词　西锚碇　锚塞体　预应力管道　定位架　模板　高落差　混凝土泵送

一、工 程 概 况

坝陵河大桥西锚碇从结构受力和功能上分为锚塞体、散索鞍支墩、前锚室、后锚室及主缆护室五部分,其中锚塞体主要承受预应力锚固系统传递的主缆索股拉力。

锚塞体采用C30微膨胀聚丙烯纤维混凝土,抗渗等级为S12,为大体积混凝土结构;锚塞体轴线的水平角为45°,轴线长度为40.0m,前锚面断面尺寸为12.0m×13.5m,顶拱半径6.0m;后锚面断面尺寸为20.5m×24.5m,顶拱半径10.25m。锚塞体左下角有一长×宽×高为40.38m×1.218m×1.918m的通道。锚塞体结构见图1。

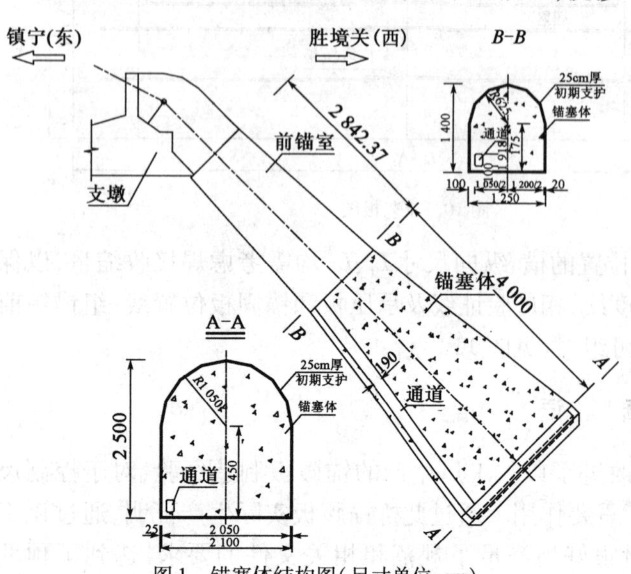

图1　锚塞体结构图(尺寸单位:cm)

二、施工特点及难点

(1)施工现场场地狭窄,地势陡峭,材料运输困难。受场地的限制,仅在锚洞口路基中轴线安装一台塔吊,左、右洞各设置一台简易材料小车,作为施工材料、机具的起吊及运输设备。

(2)隧道锚轴线水平向下倾角达45°,锚洞内、外垂直高差为60.378m,增加了锚塞体后锚面模板支撑体系搭设、定位架拼装、混凝土输送的难度。

(3)受锚洞内地形影响,锚塞体施工机械利用率不高,人工作业劳动强度大。

三、施工关键工序控制

1.模板及支架系统

锚塞体模板由前、后锚面模板、通道模板及前、后锚面槽口模板组成。因前、后锚面的水平夹角为45°,给前、后锚面模板的支设带来了一定的困难。

1)后锚面部分

锚塞体后锚面模板采用组合模板,圆弧段采用木模板。

支撑体系采用满堂脚手架支撑,根据后锚室的具体地形,支架主要采用水平杆、竖杆、斜向受力杆、纵向杆及斜向连接杆搭设而成。模板及支撑体系稳定性验算采用最不利工况,取均布荷载19.9kN/m。后锚面模板支撑体系见图2。

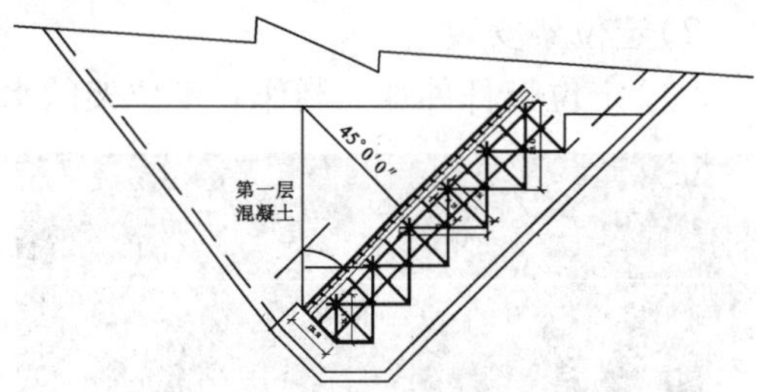

图2 第1层锚塞体后锚面模板支架图

2)前锚面部分

前锚面模板待后锚面混凝土浇筑完成后使用后锚面的模板。前锚面模板验算取最不利工况,均布荷载为41.95kN/m^2,在前锚面下层混凝土内横向每隔90cm、纵向150cm预埋直径22mm的圆钢,作为前锚面模板的拉杆,水平肋及竖肋均采用[10槽钢,间距75cm。

3)检修通道部分

检修通道用厚14mm木胶板作为面板,用5cm×7cm的木方作为环向肋,ϕ48mm×3.5mm的脚手管作为纵向肋,水平向及竖向用脚手管带顶托作为支撑体系。

4)槽口模板

由于四个象限的预应力钢束是关于洞轴线环向对称,每个象限内的钢绞线在空间的位置均不相同,预应力钢绞线的锚固通过设置前、后锚面槽口来保证与承压面垂直,前、后锚面的槽口模板的空间尺寸位置的精度直接关系到预应力管道预埋的准确性。为保证前、后锚面槽口模空间尺寸的精度,特采用6mm钢板加工成定型模板。每个槽口模板的面板尺寸均通过放样后加工成型,同时确保成型后的模板顶面与钢束成90°。锚垫板与槽口模板之间采用螺栓连接。前、后锚面槽口模板固定在前、后锚面的模板上,之间填充“井”字木架,以提高面板刚度。槽口模板见图3、图4。

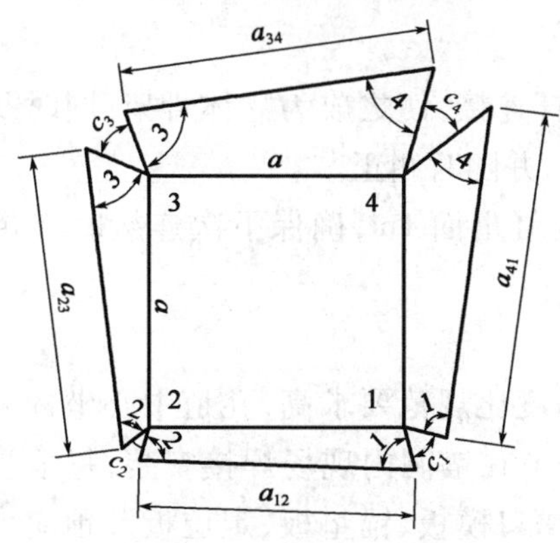

图3 槽口模板加工展开图

图4 槽口模板安装图

2.锚塞体定位架施工

定位架是为了保证预应力管道位置埋设准确,因此定位架的刚度及稳定性必须得到保证。根据锚塞体施工图以及锚塞体混凝土浇筑层的划分,定位架采用洞外杆件加工,洞内杆件分块、分片安装成型。同时考虑到洞内施工主要采用人工搬动,工人的劳动强度大,因此加工的杆件最大重量不大于55kg。

1)定位架的设计

定位架是由角钢组拼成的框架结构,主要由水平杆、水平斜杆、立杆、轴向杆及轴向斜杆组成。水平杆和立杆采用∟100×100×10角钢加工,其余杆件材料采用∟80×80×8角钢。

定位架成型后的轴线长为38.1m,在垂直锚塞体轴线方向上,由12片主骨架组成,每片主骨架由17根水平杆及10根竖杆组成,并加上水平斜杆稳固骨架。每根水平杆及竖杆均由3~3.5m的单杆采用4M12×35mm螺栓拼接而成,主骨架间距3.5m;每片主骨架之间的轴向杆用∟80×80×8角钢作支撑连接,并加设轴向斜杆稳固,轴向杆及轴向斜杆与主骨架采用焊接。

每立方混凝土定位架钢材用量为14.6kg。

2)定位架安装

(1)定位架杆件加工制作。定位架的水平杆、水平斜杆、立杆、轴向杆及轴向斜杆在隧洞外加工场按设计图纸加工成3~3.5m的单杆。杆件采用砂轮切割机下料,确保杆件的尺寸的精确及切割面的平整。杆件上螺栓孔采用钻床钻孔,孔径ϕ14mm,采用M12×35mm的螺栓连接。螺栓孔中心位置的精度直接影响定位架拼装成型后的精度。

图5　定位架拼装

因涉及到的杆件类型较多,每层定位架的各种杆件在加工完后均应打捆做好标识,以免在转运过程中弄混,影响定位架的安装。定位架拼装见图5。

(2)定位架测量定位及拼装。加工好的单件杆通过洞口塔吊及洞内运材料小车运至洞内后,先拼装主骨架,每片主骨架间再用轴向杆及轴向斜杆连接成整体。水平杆及竖杆之间连接采用M12螺栓,其余杆件连接采用焊接。

①安装前,用全站仪测出隧洞中轴线、每片定位架的底部第1根水平杆的平面位置及高程,在底部混凝土面上做上标记;同时也测出每片定位架侧面及环向的平面位置,并在侧墙及拱部做上标记。

②凿出每片定位架在相应初期支护的钢拱架,在上焊接定位架的柱脚及侧墙埋件。

③用水平管定出定位架柱脚高程,并调整、找平到安装的要求,然后将每片定位架的第1根水平杆焊接在柱脚上。第1根水平杆要作为此后水平杆及竖杆的基准,一定要确保此水平杆的平面位置、高程、角度的精确度。

④在基准杆安装到位后,即可一层层安装竖杆、水平杆。

在每片定位架的拼装同时,根据需要,将每片定位架用轴向杆连接,使之成为立体骨架;同时及时焊接附墙杆件。在定位架拼装过程中,应随时检查位置是否有偏差,并随时纠正。

按照混凝土分层要求安装定位架,每根连接杆均要伸出混凝土面1m,确保下次连接时有足够的长度。

3.锚塞体预应力管道定位

锚塞体预应力锚固系统安装精度高,同时设计图纸要求的精度比规范要求高,孔道中心坐标偏差控制在±5mm内,孔道角度控制在±0.1°内。预应力管道按6m一节在锚洞内现场焊接安装,每根管道需接7节管,为将施工中累计误差控制在设计要求范围内,我们对槽口模板、锚垫板、定位板及预应力管道的定位进行了重点控制,最终偏差均控制在允许范围内。

1)槽口模板及锚垫板安装定位

首先在槽口模板及锚垫板上画出轴线,测量定出预应线钢束在后锚面模板上的中心线,在后锚面模板上通过上、下、左、右预应力钢束的中心线连线,定出中间点的设计轴线,并在后锚面模板上画线,安装时将槽口模板所画轴线与模板上所画轴线相重合即可。

2)定位板定位

在定位架安装到位并经检测符合要求后,用全站仪测出每条管道的中心线,现场焊接预应力定位板,同时将管道中心点位置在定位板上标识。在定位框的四条边上做出四点标记,使这四个点的连接线的交点与管道的中心线相重合,以备校核。

3)预应力管道在定位板上定位

测量放出钢束在定位板上的中心位置,以此点为中心,以预应力钢管半径放大5mm作为半径画半圆,同时在半圆的左、右、下端标示出通过圆心的三条直线,并在端点做标记,然后割出半圆,要求切割线要准确、切割面要平整,再将预应力管道放入定位板内,插入到锚垫板内,通过做标记的三条直线端点量取到钢管外壁间距来调整钢管位置,最后测量校核最上端钢管位置,调整至设计规定±5mm内后,调整好锚垫板方向,即可焊接固定钢管及点焊锚垫板。

4. 高落差泵送混凝土施工控制

锚塞体最低点高程为974.772m,洞口拖泵管平台高程为1035.15m,洞内、外垂直高差为60.378m,使混凝土在泵送过程中易出现离析现象;同时由于所使用的机制山砂摩擦角过大,在泵送过程中形成较大的摩阻力,增加了混凝土的输送难度。为此,在施工过程中我们采取了如下措施:

1)原材料的控制

混凝土选用低水化热和含碱性低的水泥;选用坚固耐久、级配合格、粒形良好的洁净集料,粗集料选用粒径5~31.5mm,含泥量小于1%;机制山砂重点控制石粉含量在7%以内,砂率为40%~45%之间;粉煤灰的掺量控制在25%左右,以增加混凝土的和易性;外加剂采用高效减水剂,掺量为2.5%,缓凝时间控制在25h左右,减水率达20%。

2)拖泵管线的合理布设

为避免混凝土在向下输送过程中出现离析现象,管线在洞内采用"之"字形布设,具体为竖向接两根3m管,外接一个90°的弯头,向水平方向再接2根3m管,以此类推,直至洞底。同时在洞底布设的水平管保持一定的长度,见图6拖泵管布置。

图6 拖泵管布置

3)混凝土搅拌质量控制

搅拌时间控制在100~120s之间,使混凝土搅拌充分、均匀;在锚塞体施工前期,混凝土堵管现象时有发生。经过摸索发现,坍落度的大小控制极为重要。坍落度过大时,在浇筑停歇期间,混凝土在管内自流易造成离析,从而造成堵管;过小时混凝土在管内摩阻力增大,也易造成堵管。为在此间寻求一个平衡点,通过多次试验,坍落度控制在140~180mm之间较合理。

5. 大体积混凝土温度控制

1)温控实施控制标准

(1)C30锚塞体混凝土内部最高温度控制低于56℃。

(2)混凝土最大内外温差≤20℃。

(3)混凝土表面养护水温度与混凝土表面温度之差≤15℃。

(4)C30 混凝土最大降温速率≤2.0℃/d。

2)现场温控措施

在锚塞体大体积混凝土施工中,从混凝土的原材料选择、配比设计以及混凝土的拌和、运输、浇筑、振捣到通水、养护、保温等全过程实行有效监控。

(1)混凝土浇筑温度的控制。降低混凝土的浇筑温度对控制混凝土裂缝非常重要。相同混凝土,入模温度高的温升值要比入模温度低的大许多。混凝土的入模温度应视气温而调整。在炎热气候下混凝土入模温度控制不超过28℃,否则应采取相措施,如搭设遮阳棚、用水喷淋骨料、采用夜间浇筑、混凝土输送管用草袋遮阳避免暴晒,并经常洒水降温。

(2)控制混凝土浇筑间歇期及分层厚度。各层混凝土浇筑间歇期控制在7天左右,最长不得超过15天。为降低老混凝土的约束,需做到薄层、短间歇、连续施工。锚塞体混凝土竖向分14层浇筑,各层厚度控制在2.0~3.0m不等。

(3)冷却水管的埋设及控制。根据混凝土内部温度分布特征,每侧锚塞体中布设15层冷却水管,冷却水管为ϕ42.5mm×3.25mm的黑铁管。水管布设在预应力索道管之间,间距1.0m。冷却水管使用前进行压水试验,防止管道漏水。混凝土浇筑到各层冷却水管高程后开始通水,各层混凝土峰值过后立即停止通水,通水流量达到32L/min,使流速达到0.65m/s以上;为防止上层混凝土浇筑后下层混凝土温度的回升,上层混凝土浇筑时下层混凝土冷却水管可同时通水,通水时间根据测温结果确定;控制进出水温度,冷却水与混凝土中心温差在10~25℃之间。

四、结　　语

坝陵河大桥隧道锚被誉为“世界第一隧道锚”,这种45°大倾角锚塞体施工没有现成的经验可供借鉴,在项目部领导及员工的共同努力下,仅用5个月时间即完成锚塞体的施工。受场地及设备约束,塞体定位架只能采用杆件洞内拼装,拼装时的精度不如整体拼装,同时也费时、费工,后通过在锚洞内设置2t卷扬机工效有所提高。高落差向下泵送机制山砂混凝土的成功是锚塞体施工的一大亮点。

参考文献

[1] 王勇,曹化明.悬索桥隧道式锚碇施工技术[J].桥梁建设.2004,(2):53-55.

[2] 铁道部大桥工程局桥梁科学研究所.悬索桥[M].北京:科学技术文献出版社,1996.

[3] 周世忠.中国悬索桥的发展[J].桥梁建设,2003,(5):30-34.

[4] 线登洲,王铁成.大体积混凝土温控制防裂研究[J].建筑科学.2006,(5):68-71.

67. 鄂东长江大桥钢箱梁安装施工技术

王　磊

(中交第二航务工程局第五工程分公司)

摘　要　随着科技的发展,钢箱梁被越来越多的大跨径桥梁主梁所采用。钢箱梁优越的结构性能很大程度上推动了大跨径桥梁的发展,钢箱梁的工厂化生产保证了桥梁高精度高质量施工,同时钢箱梁也缩短了桥梁施工周期。本文对鄂东长江大桥钢混结合段施工、标准梁段安装和边、中跨合龙关键技术进行了详细介绍,并就桥面吊机进行详细说明。合理的施工措施保证了安装过程安全顺利,成桥线形、高程、索力均在预控范围内。

关键词　斜拉桥　钢箱梁安装　合龙　桥面吊机

一、引 言

鄂东长江公路大桥是沪蓉国道主干线和大庆至广州高速公路湖北段的共用过江通道，位于在黄石长江公路大桥上游980m处，其跨径组合为3×67.5m+72.5m+926m+72.5m+3×67.5m的九跨连续半漂浮双塔混合梁斜拉桥，主跨位居同类型桥梁世界第二。主梁钢箱梁采用分离式双箱断面，梁中心线处内轮廓高3.8m，全宽为38.0m（含布索区和风嘴），桥面板设2%双向横坡。钢箱梁梁段工厂制造采用全焊结构，桥面板、底板、下斜底板及中纵腹板纵向主体均采用U形加劲，边纵腹板及顶板、下斜底板的边角部采用板式加劲。鄂东长江大桥钢箱梁共有标准梁段58个，钢混结合段2个，特殊梁段（F1）2个，合龙段1个。其标准横断面见图1。鄂东长江大桥主桥1/2结构图见图2，各节段长度及重量详见表1。

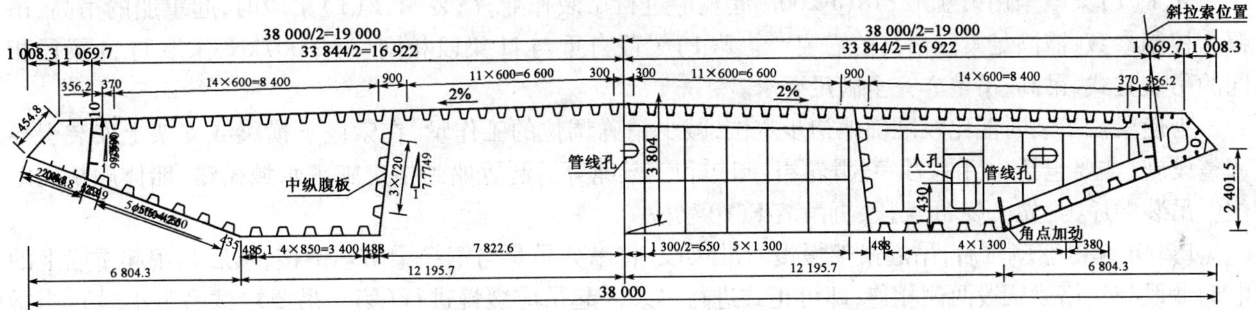

图1 钢箱梁标准横断面图（尺寸单位：mm）

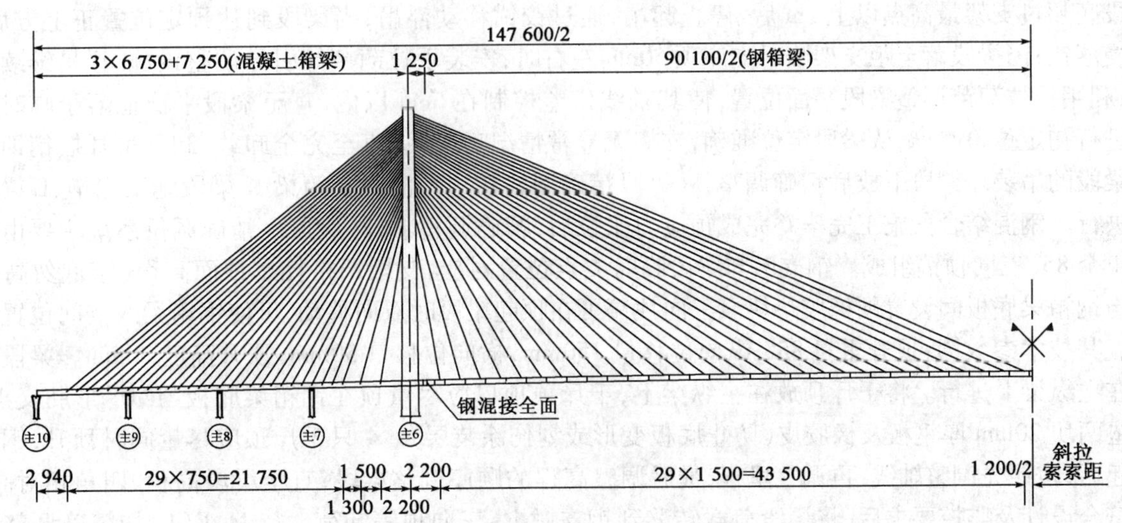

图2 主桥1/2结构图（尺寸单位：mm）

钢箱梁梁段划分 表1

梁段编号	A	B	C	D	E	F	G	M
数量	6	7	7	7	2	1	1	1
梁段重力（kN）	2886	2976	3410	3580	3690	2007	892	2008
梁段长度（m）	15	15	15	15	15	7.7	4.6	5.5
梁段类型	标准梁段						合龙段	钢混结合段

钢箱梁施工拟分为三个部分：①中跨塔区水中临时墩支架搭设、M及F（1）梁段吊装、调整；②桥面吊机改造、组装和标准梁段吊装；③中跨合龙段施工。其中，标准梁段E（2）、E（3）先存放在存梁矮支架上，其余标准梁段由运梁船运输，桥面吊机起吊安装。

二、中跨塔区梁段施工

1.水中临时墩支架设计及施工

水中临时墩支架用于支承M、F(1)梁段,设计时除需满足支架整体刚度的要求外,还需考虑M、F(1)梁段的调位空间和安全距离,并且不影响后续标准梁段的吊装。水中临时墩支架由支架基础、钢立柱、平联及斜撑、支撑梁和主纵梁组成。水中临时墩支架在E(3)梁段安装完毕,A3、J3索完成第二次张拉后拆除。支架拆除采用卷扬机进行,在M及F(1)梁段制作时,在箱梁底板上预留耳板,耳板同时作为箱梁初定位时的调整装置。

2. M、F(1)梁段吊装、调整

M、F(1)梁段采用镇航工818(1 200t)起重船进行吊装作业,吊装M、F(1)梁段时,起重船的吊高、吊幅为控制参数,需满足梁段吊高的需要[1]。F(1)梁段自重与M梁段相同,为2 007kN,采取与M梁段相同的吊装方式,吊高、吊重亦完全满足要求。

为使梁段吊装时能比较准确地初步定位,减少精确调位的工作量,在索塔下横梁或支架上安装引导调整设施,主要包括3t手拉葫芦、滑轮组、卸扣和钢丝绳等。起重船到指定施工水域抛锚、船体顺桥向定位。吊装顺序为:先吊装M梁段,再吊装F(1)梁段。

1 200t起重船就位后,吊起吊架慢慢对准梁段,将吊架吊耳与钢箱梁吊耳销接,然后利用起重船上的电动缆风与钢箱梁梁段两侧相连,即可正式进行吊装。起吊应缓慢进行(第一吊要求试吊半小时),当梁段调离运梁船10cm后,停止起吊,静止15分钟,进行设备、吊索具等构件检查,无异常情况后,缓缓起钩;当梁段底超过支架最高点以上1m后,停止起吊,通过铰锚移动浮吊;当梁段到达预定位置正上方后,浮吊慢慢落钩;当梁段落至距支架临时支座顶50cm左右时,安装手拉葫芦等引导调整设施,浮吊继续缓慢落钩,利用手拉葫芦调整梁段平面位置,使其轴线偏差控制在5cm以内,直至梁段平稳地落于临时支座上。进行初定位检查,确认梁段定位准确,支架无异常情况后,落钩直至完全卸载,卸下吊耳插销即完成一块梁段的吊装。梁段下放后精确调整,M梁段精确调整在边跨混凝土箱梁K梁段施工完毕、L梁段施工前进行。钢混结合段施工完毕并完成预应力张拉后,精确调整F(1)梁段。精确调位系统主要由钢支墩及4个85t三向顶镐组成。钢支墩与梁段临时支点位置对应,支墩严格控制顶面高程(宁低勿高),支墩顶与钢箱梁底板间设置硬橡胶垫块。三向顶镐可在顶起梁段时双向移动,可使钢箱梁的空间位置任意调整。其技术参数为:顶升重量85t,纵向位移量150mm,横向位移量50mm,顶升高度80mm。梁段调整直接在主纵梁上进行。将千斤顶放在主纵梁上,千斤顶顶口应尽量顶在钢箱梁底板与"U"形肋交点处,并加垫两块20mm厚钢板及橡胶皮(防止底板变形或划伤涂装层)。4只千斤顶应尽量同时顶升,钢箱梁被顶起后,按照先调整轴线,再调整里程,最后调整高程的顺序调整梁段,直至梁段高程、四角相对高差、轴线符合设计及监控要求后,将梁段荷载转移到钢支墩上,三向顶镐卸荷。待M、F(1)均精确调整到位后,将梁段与水中临时墩支架进行临时固定。

三、钢混结合段施工

钢混结合段是全桥的关键部位,钢混结合段长8.5m,划分为M、L段。M梁段为钢箱梁,长5.5m,L梁段长3.0m,为混凝土梁。钢箱梁M梁段采用带T形加劲的U肋,梁端部设置多格室结构,且在格室内填充混凝土,并通过剪力键及钢板与混凝土的摩擦力传递轴力、剪力和弯矩。同时在钢隔室腹板上采用PBL剪力键。纵向采用预应力钢束与混凝土箱梁进行紧密结合。M梁段精确调整到位后,即进行钢混结合段L梁段施工。L梁段浇筑工艺同边跨箱梁,整幅一次性浇筑完成。M梁段钢格室内的混凝土与L梁段一起浇筑。

四、E梁段存梁

钢箱梁标准梁段吊装时,考虑到枯水期受长江岸坡的影响不能满足运梁船吃水的要求,需提前将标准梁段E(2)、E(3)梁段置于存梁矮支架上。D(4)梁段直接由运梁船运输,桥面吊机起吊。由于标准钢箱梁检修车轨道向塔侧伸出梁端面70cm,故先吊装E(3)梁段,再吊装E(2)梁段。吊架采取M、F(1)梁段吊架改制而成,钢箱梁吊点横向间距均为18.6m。E(2)、E(3)梁段用镇航工818(1200t)起重船吊装,采用主、副钩同时起吊,以消除梁段偏心的影响。E(2)、E(3)梁段制造时,与M、F(1)梁段一样在梁底增设耳板作为定位引导装置。吊装流程与M、F(1)梁段相同,利用手拉葫芦调整梁段平面位置,使其轴线偏差控制在5cm以内,并平稳地落于支墩上。E(2)、E(3)梁段吊装到位后,将梁底增设的吊耳通过钢板与存梁支架搁置梁焊接,进行梁段临时锚固。

五、标准梁段施工

标准梁段采用桥面双吊机吊装。

1. 桥面吊机简介

1)桥面吊机主体结构

桥面吊机主要由主吊架、连续提升千斤顶及卷线架、轨道梁及行走液压千斤顶、扁担梁、锚固系统及工作平台等组成。桥面吊机主体结构见图3。

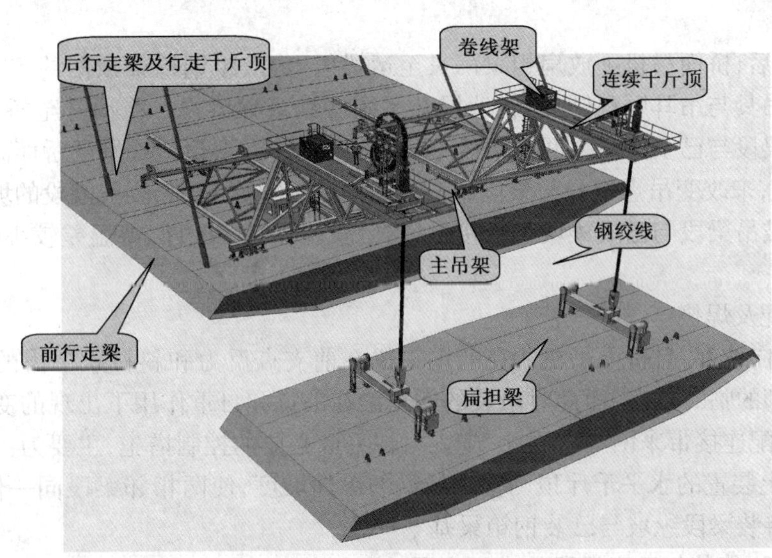

图3 桥面吊机结构图

(1)主吊架。由两个独立的菱形架组成,是支撑连续吊升设备的主桁架。主吊架后部锚点以销接的方式与已装钢箱梁的吊耳连接,前方支点通过千斤顶直接将力传递至桥面上。

(2)连续千斤顶及卷线架。是主要的吊升设备,安装于主吊架前端的支座上。支座与主吊架接触面装有聚四氟板,利用液压千斤顶可调整千斤顶纵、横向位置。

(3)轨道梁。桥面吊机推进时,轨道梁是支撑主吊架的主要构件。轨道梁采用推进主吊架的液压千斤顶进行前移。

(4)扁担梁。扁担梁是连接主吊升设备以及节段的主要构件,由吊钩、主梁、C型夹及支撑架组成。

2)桥面吊机的主要特点

(1)采用钢绞线与液压千斤顶的吊升体系,提升重物安全度高。

(2)钢箱梁节段吊装时,两台连续千斤顶的液压设备由中央控制系统操作,并且通过安装于吊升节段上的监控设备,可控制左右吊点的水平,将左右高低差控制在50cm以内。

(3)吊机在风速20m/s(相当于7级风)的环境中,仍可继续进行吊装工作。

(4)扁担梁与钢箱梁的吊耳以钢缆连接,并非以插销方式连接,可避免因吊耳位置偏差而产生的连接困难,可调整吊升钢梁节段之纵向坡度达3%以上。

(5)连续千斤顶支架可纵向调整±800mm与横向调整±100mm。

(6)吊机设计为自行走式,通过液压千斤顶来推进轨道梁与桥面吊机,操作方便,安全可靠。

3)桥面吊机的空载试验和荷载试验

桥面吊机的主要特点桥面吊机拼装完成就位后,进行空载试验和荷载试验,以检验其主要技术性能。

(1)空载试验

①空载试验目的:检验相关部位的移动是否正常。

②空载试验内容:扁担梁上的吊点位置移动、轨道梁的前后移动、主吊机的前后移动及连续千斤顶支架的前后与左右移动。

(2)荷载试验

①荷载试验目的:检验桥面吊机能否满足本项目最重钢箱梁节段吊装的需要。

②荷载试验时机:桥面吊机在F(1)梁段上就位,吊机后锚点锚固在混凝土箱梁上,且1号索完成第二次张拉。

③试验加载:采取起吊E(2)梁段进行加载(E类梁段为标准梁段中最重),起吊前在钢箱梁上堆载使荷载总量达到E(2)梁段自重力的105%。在主吊架的主要构件处安装力传感器与位移传感器,观测并记录杆件的受力与变位情况,并与设计理论值作比对分析。

4)标准梁段吊装

运梁船初步定位后,桥面吊机下放扁担梁吊具至运梁船上方、距钢箱梁顶面约50cm处,运梁船经过二次精确定位后,将吊具与吊耳顺利销接,启动提升系统将钢箱梁节段平稳提升至桥面高度。为避免梁段间相互碰撞,吊装梁段与已安梁段之间保留约10cm的间隙。当钢箱梁被吊至桥面高度时,通过调整扁担梁上C型夹的位置,来改变吊点中心与梁段重心的相对距离,从而改变被吊梁段的坡度;然后再调节卷线盘撬座的位置,使被吊梁段与已成梁段紧密接触,尔后安装临时匹配件,待温差较小的时段进行梁段精匹配。

5)梁段调位、匹配及焊接

由于桥面设有纵向坡度,且桥面吊机所在的钢箱梁在前支点反力和斜拉索拉力的作用下,钢箱梁出现中间下挠、两边上翘的临时状态,而此时吊装的钢箱梁在吊点和自重作用下出现的变形状态正好相反,给梁段间的调位和匹配连接带来困难。因此,施工时拟采取必要的控制措施,主要为:

(1)利用扁担梁上装置的水平千斤顶调整钢箱梁的纵向坡度,使两相邻梁段同一位置上下接口的缝隙宽度大致相等,使待装梁段纵坡与已装钢箱梁基本一致。

(2)继续提升梁段,使其与已安梁段的表面齐平。

(3)利用装置于连续支架处的千斤顶驱使钢箱梁的纵向移动,同时拉动布置于两梁段间的纵向和斜向手拉葫芦,使梁段向已装钢箱梁靠拢。

(4)根据需要微微起降扁担梁,以方便梁段间的合龙和匹配,就位后,将梁段纵隔板处匹配件通过螺栓连接,锁定主吊千斤顶,并收紧手拉葫芦。

(5)原则上在夜晚日出之前,通过监控监测,根据已标示出的测点检测梁段的平面位置(轴线、里程)及高程(绝对高程、相对高差),并测试相关索的索力。

(6)当所有指标合格后,即可进行匹配件连接。若梁段间因"上、下拱"而产生的高差较大,匹配件连接时由梁中间向两侧进行,两侧的高差则通过千斤顶进行调整。当完成梁段拼缝焊接并对该梁段上的斜拉索进行第一次张拉后,桥面吊机即可前移。

六、中跨合龙段施工

中跨合龙是钢箱梁安装的最后一个重要环节。中跨合龙前对梁段高程、偏位、温度、索力、索塔应力、钢箱梁应力等进行测量。合龙前合龙口两边的线形调整在夜间气温变化不大时进行,以期与合龙时温度状态一致,具体如下:

(1)加强对已成桥线形、索力、塔偏位及应力等方面的监测,对不满足要求的部位及时进行调整。

(2)张拉30号斜拉索,桥面吊机拆换扁担梁后前移,在梁段上架设施工通道。

(3)在合龙口两侧钢箱梁上临时压载,每侧压载重量为合龙梁段自重的一半。压载拟采用水箱加水,水箱置于吊机两侧的腹板附近(可减小跨中挠度)。

(4)按监控要求调整合龙口两侧A(30)梁段技术指标符合要求后,在A(30)梁段的腹板外侧及时焊接劲性骨架,在梁顶挂设手拉葫芦交叉斜向对拉,使两侧箱梁在横向、竖向的位置上相对固定。劲性骨架为桁架结构,为适应合龙口宽度的变化,其一端设计为可伸缩的构造。梁段精确调位前将劲性骨架的固定端先行焊接固定在梁段上。由于受劲性骨架的影响,合龙段的风嘴拟采取现场拼装。

(5)在合龙口两侧梁段上布设测量点,进行连续观测,每间隔两小时测量一次合龙口间距及相邻梁段的高程,同时测量大气温度、钢箱梁内表温度,连续观测1~2昼夜。根据实测数据,确定合龙段实际长度及合龙时间,切割合龙段余量。

(6)合龙口两侧的桥面吊机同步吊装合龙梁段。吊装过程中,对称均匀地移走临时压载(放水),当合龙段接近合龙口时,利用吊机的调位装置使合龙段准确地嵌入合龙口,调整至两侧缝宽满足要求后,立即锁定临时加强件及劲性骨架,然后由钢箱梁制造单位对接缝进行全断面焊接。合龙梁段可在白天起吊至合龙口底部,晚上合适的时候将梁吊入合龙口。

(7)当合龙梁段拼缝施焊完成后,拆除劲性骨架及通道,利用汽车吊吊装风嘴并焊接。

主桥边跨设有压重梁段,全桥合龙且桥面吊架拆除后,进行边跨混凝土箱梁压重。压重材料采用预制混凝土块,塔吊吊至桥面,按设计要求的重量人工搬运摆放在相应位置。

七、结 语

桥梁的施工控制在桥梁施工过程中起着至关重要的作用,若在施工过程中不能对主梁的线形实施有效控制,就可能由于误差的积累导致成桥后结构的整体受力状态和线形严重偏离设计的目标而影响结构的可靠性[2]。鄂东长江大桥的安装历时6个月,整个过程安全、质量均在设计及规范要求内。2010年4月大桥合龙后,全桥进行了复测,整个桥梁的线形及索力均符合设计要求,保证了桥梁设计与施工的高度耦合。

参考文献

[1] 刘齐辉,罗成斌.武汉军山长江公路大桥B标主桥钢箱梁安装及斜拉索张挂施工[J].中国港湾建设,2005,15(6):48-52.

[2] 陈明宪.斜拉桥建造技术.北京:人民交通出版社,2004.

68. 鄂东长江大桥超长斜拉索施工技术

杨培诚

(中交第二航务工程局第五工程分公司)

摘 要 斜拉桥目前的跨度已经跨越千米,随着跨径的不断增大,给斜拉桥的核心受力构件——斜拉索的施工技术难度也带来了新的挑战。超长斜拉索的张挂技术,是大跨径斜拉桥施工的控制性技术。本文就通过鄂东长江大桥超长斜拉索的施工,详细介绍斜拉索施工的工艺及技术要点。

关键词 超长斜拉索 施工工艺 张挂技术

一、引 言

鄂东长江公路大桥是沪蓉国道主干线和大庆至广州高速公路湖北段的共用过江通道,位于在黄石长江公路大桥上游980m处，其跨径组合为3×67.5m+72.5m+926m+72.5m+3×67.5m九跨连续半漂浮双塔混合梁斜拉桥，主跨位居同类型桥梁世界第二。索面按不对称扇形布置，每一扇面由30对斜拉索组成，全桥共设4×30×2=240根斜拉索，中跨标准索距15m，边跨3号～30号索距7.5m，具体见图1。

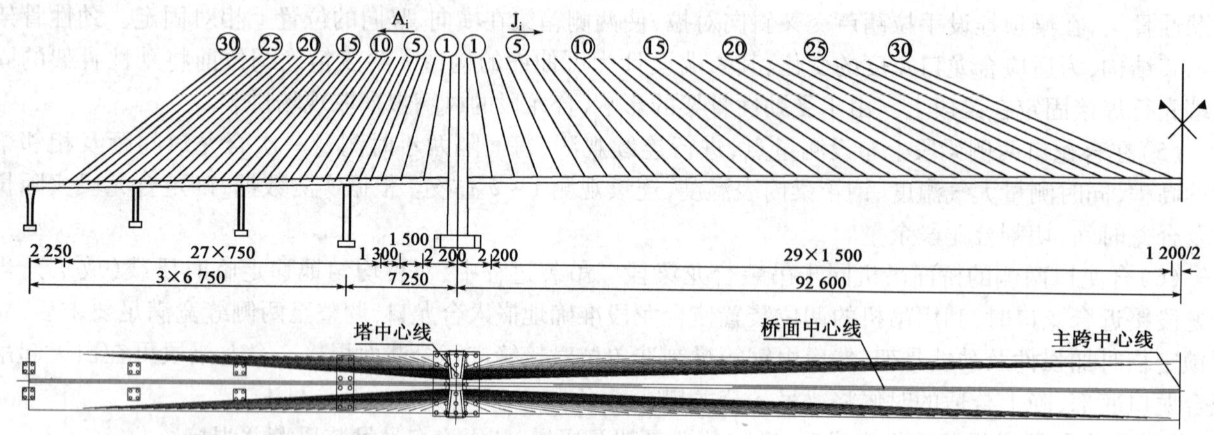

图1　斜拉索总体布置图(尺寸单位:cm)

斜拉索采用双防腐系统(镀锌和高密度聚乙烯外保护层)平行钢丝索，拉索所用钢丝为ϕ7mm镀锌高密度、低松弛钢丝，抗拉强度为1 670MPa。根据索力的不同，本桥斜拉索共分12种规格，即：PES7-283、PES7-265、PES7-253、PES7-241、PES7-223、PES7-211、PES7-199、PES7-187、PES7-163、PES7-151、PES7-139、PES7-121。最长索为494.2m，重38.7t。斜拉索构造见图2。

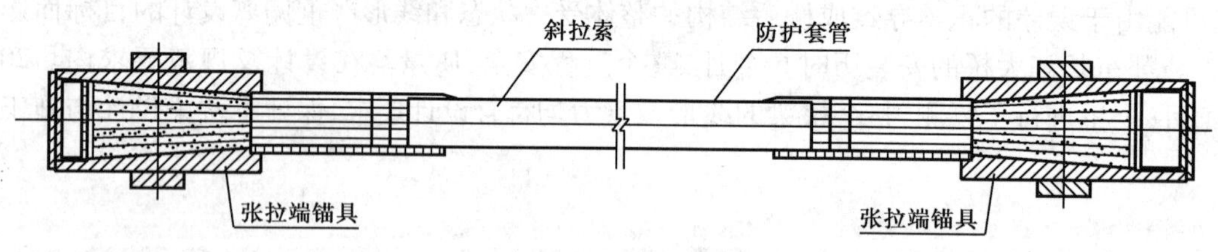

图2　平行钢丝斜拉索构造示意图

二、施工方案及主要设备

1.总体施工方案

斜拉索张挂施工主要包括运输、索上桥面、展索、挂设、张拉、索力检测、调整及减振装置安装等工序。根据斜拉索的重量、锚固牵引力的大小以及张拉施工空间要求，1号～10号和11号～30号索分别采用不同的方法进行施工。

各类索的总体施工方法分别为：

(1)1号～10号索陆上运输至工地，采用50t吊车整体提升上桥面，置于斜拉索生产厂家提供的卧式放索机上；桥面卷扬机牵引至索塔下方，塔顶门架进行塔端挂设(手拉葫芦或塔顶卷扬机辅助)及桥面展开；桥面卷扬机、梁内手拉葫芦牵引梁端锚头入索套管锚固；最后在塔端进行张拉及调索。

(2)11号～30号索水上运输至工地，采用桥面吊索桁车整体提升上桥面置于立式放索机上，卷扬机牵引放索机至钢箱梁中央。A11～A30索采用桥面卷扬机将梁端锚头牵引至边跨混凝土箱梁，完成桥面展索；塔顶门架及塔顶卷扬机进行塔端挂设；桥面卷扬机牵引梁端锚头前移，软、硬组合牵引梁端锚头入索套管锚固；最后在梁端进行张拉，塔端进行调索。J11～J30索利用桥面卷扬机将立式放索机牵引至中跨前端梁并固定；汽车吊卸下塔端锚头，卷扬机牵引塔端锚头至索塔下方，部分展开斜拉索；塔顶门架及塔顶卷扬机提升斜拉索，完成塔端挂设及桥面展索；桥面卷扬机牵引梁端锚头前移，软、硬组合牵引牵引梁端锚头入索套管锚固;最后在梁端进行张拉,塔端进行调索。为满足梁端进行软牵引及张拉的施工空间要求,在斜拉索锚固区风嘴暂不安装,待该节段斜拉索施工再进行安装[1]。

2. 主要施工设施、设备的选用、布置及安装

在桥面上布置的主要设备、设施有:卷扬机、汽车吊、吊索桁车、中跨侧角度调整支架、放索机、梁底施工平台等。在塔上布置的主要设备设施有:卷扬机、塔顶门架起吊系统等。

1)桥面吊索桁车

桥面吊索桁车布置详见图3。

桥面吊索桁车安装完成后,在桥面上安装横移轨道。横向移动轨道用于放索机及斜拉索盘的横向移动,即斜拉索(带索盘)起吊置于立式放索机后,由卷扬机牵引沿横移轨道移动至箱梁中央。为确保放索机、斜拉索横移安全,轨道沿桥面横向做成水平。

2)斜拉索展索设施

斜拉索展索设施主要包括放索机、放索小车。放索机用于舒展索体,放索小车用于斜拉索在桥面移动。动力系统用于牵引锚头前移,采用卷扬机。根据拉索长度及展索施工工艺不同,放索机共设有两种:即卧式和立式,卧式放索机用于1号~10号索,立式放索机用于11号~30号索。

3)牵引锚固及张拉设施

斜拉索牵引锚固及张拉设施主要分为:卷扬机牵引系统、钢绞线软牵引系统及张拉杆硬牵引及张拉系统。

4)斜拉索梁端牵引角度调整及导向设施

岸侧斜拉索角度调整主要由50t汽车吊来完成,江侧斜拉索角度调整则由角度调整支架来完成。角度调整支架依附于江侧桥面吊机外侧,并随桥面吊机移动。角度调整支架由四根同桥面吊机相连的水平主梁、两根立柱以及一个斜向框架组成,框架旁设有手拉葫芦滑移轨道。梁端牵引施工时,用于角度调整的手拉葫芦可沿滑移轨道自由滑动,确保斜拉索前端或张拉杆始终同索套管中心处于同一直线上。

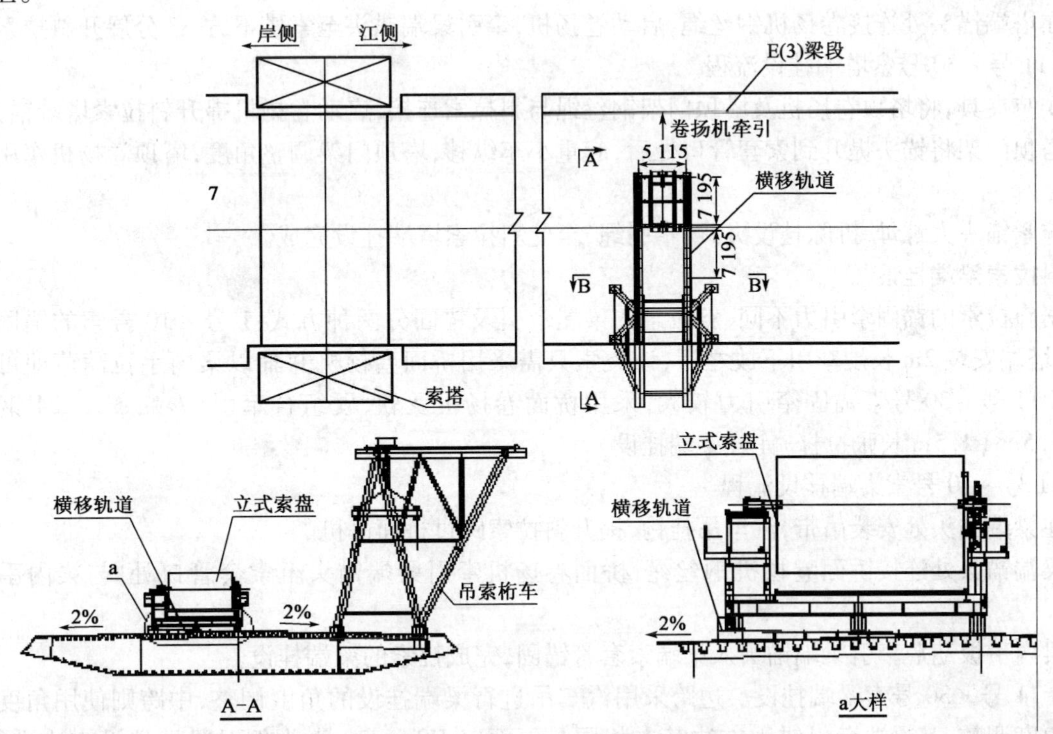

图3 吊索桁车及横移轨道布置图(尺寸单位:mm)

三、斜拉索张挂及施工控制

1. 施工准备

(1)成品索查验。斜拉索制作和装盘时,应采取有效措施,防止拉索扭转。

(2)索套管的处理。斜拉索锚头外径与索套管的内径相差很小,挂索时极易产生位置偏差,从而造成锚头外丝扣和斜拉索PE保护套的损伤,因此斜拉索挂设前应对塔、梁端的索套管再次进行全面检查,清理索套管内的焊渣和毛刺等。

2. 斜拉索运输、起吊上桥面

1号~10号索采取陆运,11号~30号索采取长江水运。对于1号~10号重量较轻的斜拉索(不带钢盘),采用50t吊车在长江大堤上提升上滩桥桥面,并置于卧式放索机上,再将卧式放索机牵引至索塔附近;11号~30号索采用桥面吊索桁车将斜拉索连同钢盘一并提升上桥面置于立式放索机上。

3.1号~10号索塔端挂设及桥面展开

1号~10号索采取先塔端挂设后桥面展开的方法施工,塔端挂设完成后,利用桥面卷扬机一边牵引卧式放索机往前端梁移动,一边旋转放索机的方法将斜拉索全部展开。

4.11号~30号索桥面展开及塔端挂设

(1)A11~A30索桥面展开流程

①启动桥面卷扬机牵引立式放索机及斜拉索横向移至钢箱梁中央。

②启动放索机,汽车吊起吊梁端锚头并将其置于锚头小车上。

③在梁端锚头处连接卷扬机钢丝绳,启动卷扬机,牵引梁端锚头至边跨混凝土箱梁,全部展开斜拉索。

(2)J11~J30索桥面展开流程

①启动桥面卷扬机牵引立式放索机及斜拉索横向移至钢箱梁中央。

②卷扬机牵引放索机至中跨侧前端梁。

③汽车吊起吊塔端锚头,同时启动放索机,当汽车吊提升锚头至一定高度后,将其置于锚头小车上。

④在塔端锚头处连接卷扬机钢丝绳,启动卷扬机,牵引梁端锚头至索塔下方,部分展开斜拉索。

(3)11号~30号索塔端挂设流程

①安装夹具,将塔顶卷扬机及塔顶门架钢丝绳与斜拉索连接,启动卷扬机提升斜拉索塔端锚头。

②塔顶门架将锚头提升到索套管口处后,起重小车纵移,塔顶门架调整角度,塔顶卷扬机牵引塔端锚头就位。

③拧紧锚头大螺母,拆除挂设夹具、牵引绳,至此斜拉索塔端挂设完成。

5. 斜拉索梁端挂设

根据斜拉索的锚固牵引力不同,斜拉索的梁端牵引及锚固分两种方式:1号~10号索的锚固牵引力较小,在塔端安装2m长硬牵引下放之后,该类索只需采用桥面卷扬机并辅以梁内手拉葫芦即可完成梁端挂设。11号~30号索锚固牵引力较大,采用桥面卷扬机及软、硬组合牵引(7束$\phi^j15.24$钢绞线和4.5m+1.5m+1.5m长张拉杆)完成梁端挂设。

(1)1号~10号索梁端挂设流程

①在梁端锚头处安装吊带,汽车吊挂钩,提升斜拉索跨过桥面吊机。

②梁端锚头处连接桥面卷扬机钢丝绳,桥面卷扬机牵引梁端锚头至索套管口处,与梁内手扳葫芦连接。

③梁内手扳葫芦牵引梁端锚头入梁端索套管锚固,完成拉索的梁端挂设。

(2)11号~30号索梁端挂设。边跨采用汽车吊进行梁端挂设的角度调整,中跨则使用角度调整支架进行角度调整,其梁端牵引锚固方法基本相同。下面以J11~J30索为例对梁端挂设方法进行说明,A11~A30索的梁端挂设施工可参照进行。J11~J30索梁端牵引锚固施工步骤为:

①在梁端锚头处安装夹具、吊具，卷扬机牵引梁端锚头前行，前行时梁端锚头由50t汽车吊提起。

②卷扬机牵引梁端锚头至桥面吊机处后，安装组合张拉杆及软牵引装置，安装提升夹具1、2、3，手拉葫芦1连接夹具1，50t汽车吊连接夹具3，5t手拉葫芦连接张拉杆。

③手拉葫芦1提升斜拉索锚头、5t手拉葫芦提升张拉杆、50t汽车吊提升斜拉索调整角度，卷扬机滑车组牵引斜拉索前行，当张拉杆中心线同索套管重合后改换软牵引千斤顶牵引斜拉索。

④解除5t手拉葫芦，连续千斤顶牵引张拉杆出撑脚中间隔板，临时锚固张拉杆，移走50t汽车吊，拆除一级牵引装置，手拉葫芦2在夹具2处提升斜拉索调整角度，拆除软牵引千斤顶，安装张拉千斤顶。

⑤手拉葫芦1、2、3调整角度，穿心千斤顶牵引斜拉索直至所有加长张拉杆出千斤顶面，拆除所有加长张拉杆，至此斜拉索梁端挂设完成。

6. 斜拉索张拉及索力调整

1号~10号索在塔端进行张拉，11号~30号索在梁端进行张拉。斜拉索局部张拉量调整均在塔端进行。所有张拉千斤顶张拉前按规定进行标定，并配备相应的测力传感器。所有张拉机具由专人使用和维护。张拉机具长期不使用时，在使用前应进行全面校验。当千斤顶的使用超过规范规定的使用时间，或使用期间出现异常情况时，均重新进行一次校验。根据施工控制要求，对斜拉索进行分级张拉。

(1)1号~10号索塔端张拉流程

①拆除卷扬机牵引绳，安装牵引螺母1、牵引螺母2，开启油泵用千斤顶牵引斜拉索，直至斜拉索锚头出锚垫板面，临时锚固斜拉索锚头。

②拆除加长张拉杆，安装张拉螺母、压力传感器，开启油泵对称同步张拉斜拉索。边张拉边拧紧锚头大螺母。

③张拉到位后，拆除张拉设备。

塔端张拉(1号~10号)施工图见图4。

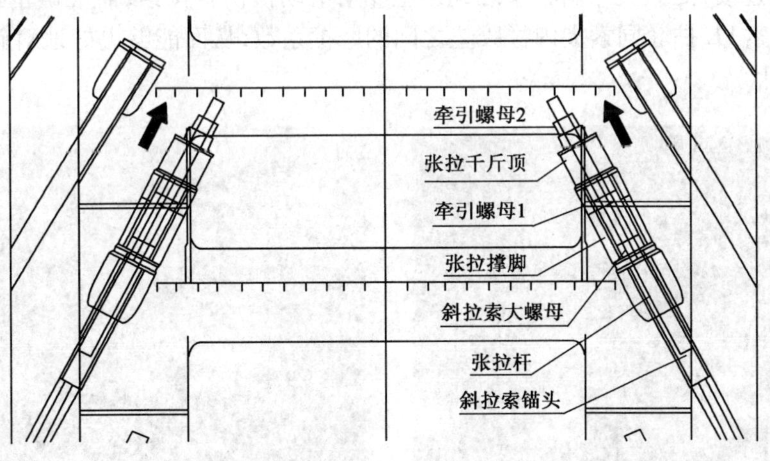

图4 塔端张拉(1号~10号)施工图示

(2)11号~30号索梁端张拉流程。根据11号~30号索张拉控制力，选择YCW650B型千斤顶进行张拉施工。YCW650B型千斤顶截面尺寸为ϕ680mm，已超出梁端锚垫板的横向宽度，为避免偏心作用，拟采取将张拉撑脚加长超出钢箱梁底面。具体张拉步骤为：

①拆除加长张拉杆，安装压力传感器，开启油泵对称同步张拉斜拉索。

②继续张拉斜拉索至监控指定位置，拧紧锚头大螺母。

③张拉工作完成，拆除张拉设备。

梁端张拉施工图见图5。

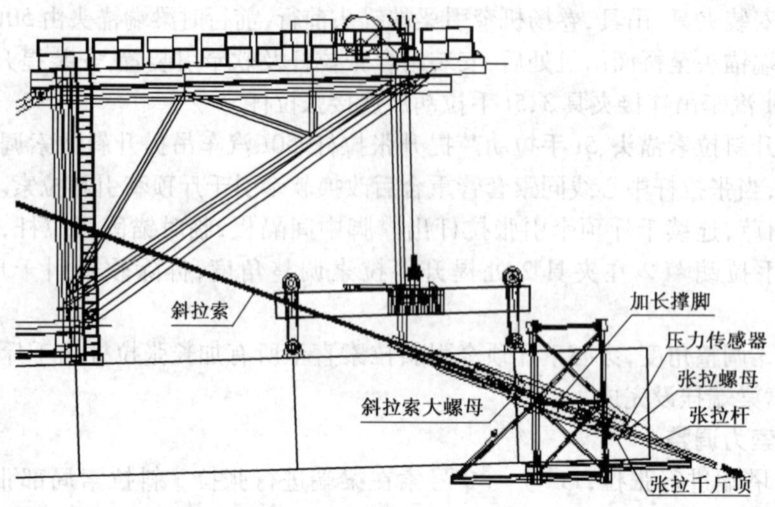

图5 梁端张拉(11号~30号)施工图示

7. 施工期斜拉索的保护措施

1)斜拉索桥面展开过程中的保护

鄂东大桥长索长度大,斜拉索在桥面上完全展开后长度超过300m,斜拉索牵引前移过程中容易出现放索小车翻倒造成PE损伤的情况。采取对托索小车进行改进,将小车高度降低、摆放密度加密等措施,确保桥面展开后的斜拉索更加顺直,对斜拉索保护更为有利。图6为斜拉索桥面展开后的形状。

2)斜拉索挂设过程中的保护

斜拉索挂设的关键点是在不损伤斜拉索的情况下将塔端锚头安全顺利的提升出塔端锚垫板并锚固。长索采用两点配合提升的方式避免了起吊过程中斜拉索出现过度弯折的现象。为保证塔端挂设主吊点(采用索夹同斜拉索连接)处索夹与斜拉索之间产生相对滑动损伤斜拉索,需准确掌握斜拉索PE护套的施工性能,了解斜拉索PE护套同索夹内橡胶垫之间的摩擦系数,从而能够更好地对斜拉索塔端挂设索夹的结构形式进行设计[2]。

图6 斜拉索桥面展开后的形状

为解决上述问题,参考苏通大桥斜拉索的PE抗压、抗拉试验数据,对索夹的夹紧力、每个螺栓的拉拔力与施加扭矩进行确认;同时对索夹内表面进行喷砂、打磨处理,施工时采用扭力扳手对索夹螺栓分级逐个进行施拧,确保斜拉索塔端挂设过程中索夹与斜拉索不产生相对滑动。

3)斜拉索PE护套接触保护

斜拉索张挂过程中,若PE护套直接接触硬性物质容易造成损伤,长索张挂时在拉索与硬性物质接触的地方加垫10mm厚橡胶。斜拉索塔端挂设完成后在斜拉索与塔柱面接触处加垫橡胶垫,利用塔顶手拉葫芦将索套管出口处提起，使斜拉索悬空并且使塔端弯曲半径保持在$25d$以上。

4)斜拉索临时减振布置

对已施工完成的斜拉索采取临时减振措施进行保护。每根斜拉索施工完成后，用临时索将斜拉索同钢箱梁临时连接，见图7，索夹及耳板的位置根据监控要求布置。

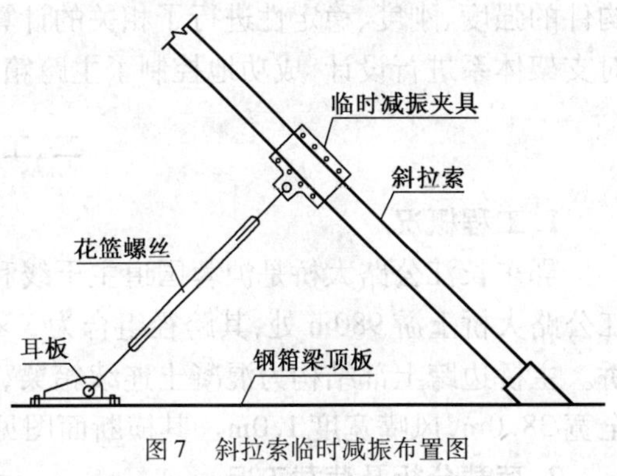

图7 斜拉索临时减振布置图

8.风嘴的后安装

钢箱梁加工时，11号～30号钢箱梁端部斜拉索锚固区4.2m长风嘴未安装，桥面吊索桁车处3号、4号钢箱梁上游侧共计7.8m长风嘴未安装。斜拉索施工期间，对所有未装风嘴需及时进行安装。

四、结　语

斜拉索张挂是斜拉桥施工过程中的一个重要环节，合理高效地张挂施工方案，既可以提高施工周期，也使成桥后的桥梁质量有了保障。鄂东长江大桥按照以上方案，严格地控制了斜拉索的施工质量，施工周期为7天/对。目前大桥即将通车，通过各方试验检测，索力、钢箱梁高程均符合设计要求。

参考文献

[1] 刘齐辉，罗成斌. 武汉军山长江公路大桥B标主桥钢箱梁安装及斜拉索张挂施工[J]. 中国港湾建设，2005，15(6):48-52.

[2] 陈明宪. 斜拉桥建造技术，北京：人民交通出版社，2004.

69.混合梁斜拉桥超宽边跨箱梁支架体系设计

杨培诚　王　磊

（中交第二航务工程局第五工程分公司）

摘　要　钢管桩支架在大跨径斜拉桥箱梁施工中现已普遍采用，如何更好地利用钢管桩支架来有效地控制大跨径斜拉桥主桥线形，保证斜拉桥成桥后的受力状态与设计状态高度符合，是斜拉桥施工控制的重要内容。本文通过MIDAS/Civil建立有限元模型对斜拉桥主桥支架系统作相关分析。

关键词　钢管桩支架　斜拉桥　线形控制　MIDAS/Civil

一、引　言

斜拉桥属于高次超静定结构，其设计与施工高度符合，所采用的施工方法和安装顺序与成桥后的主梁线形和结构内力状态有密切的关系。施工阶段随着斜拉桥结构体系和荷载工况的不断变化，结构内力和变形亦随之不断发生变化，并决定成桥后结构的受力及线形。因此，施工过程中的斜拉桥是一个复杂的多输入多输出高阶时变系统[1]。对于混合梁斜拉桥，其边跨采用混凝土梁，中跨采用钢梁，边中跨的刚度比和恒载重度比相差较大，从而使得边跨具有很好的锚固和压重作用。从它的设计特点来看，尽管造成实际状态与设计状态不一致的原因有诸多，但在主桥边跨混凝土梁的施工过程中其临时工程（支架系统）对主梁线形的控制有重大影响。若在施工过程中不能对主梁的支架系统实施有效的控制，就可能由于误差的积累导致成桥后结构的整体受力状态和线形严重偏离设计的目标而影响结构的可靠性。鄂东长江大桥主桥边跨箱梁施工采用钢管桩支架体系，通过有限元模型模拟支架体系，重点对支架系统所有构件的强度、刚度、稳定性进行了相关的计算。本着安全性、稳定性、经济性等各方面的因素,合理优化的对支架体系进行设计,成功地控制了主跨箱梁线形,优质高效地保证了鄂东长江大桥后续阶段的施工。

二、工程概况及设计荷载工况

1. 工程概况

鄂东长江公路大桥是沪蓉国道主干线和大庆至广州高速公路湖北段的共用过江通道,位于在黄石长江公路大桥上游980m处,其跨径组合为3×67.5m+72.5m+926m+72.5m+3×67.5m的混合梁斜拉桥。主桥边跨上部结构为混凝土连续箱梁,桥面纵坡为2.0%,包括H、I、J、K梁段,箱梁中心高3.80m,全宽38.0m,风嘴宽度1.0m。其横断面图见图1。

2. 荷载分析及荷载工况

根据《鄂东长江公路大桥施工图设计》、《钢结构设计规范(GB 50017—2003)》、《混凝土结构设计规范(GB 50010—2002)》,计算参数取值如下:

混凝土重度:26kN/ m^2;施工荷载:2.5kN/m^2;模板荷载:2.0kN/m^2;

风荷载:风速 $V=18.7$m/s(30年一遇)

按《公路桥涵通用设计规范》(JTG D60-2004)中4.3.7节规定计算横桥向风载:

$F_{wh} = k_0 k_1 k_3 W_d A_{wh}$

矩形:$F_1/A_{wh} = k_0 k_1 k_3 W_d = 0.75 \times 1.3 \times 1.0 \times 0.70 = 0.68\text{kPa}$

圆形:$F_2/A_{wh} = k_0 k_1 k_3 W_d = 0.75 \times 1.2 \times 1.0 \times 0.70 = 0.63\text{kPa}$

注:风荷载计算以上参数详见《公路桥涵通用设计规范》(JTG D60—2004)4.3.7节。

箱梁混凝土自重荷载分区划分见图2。

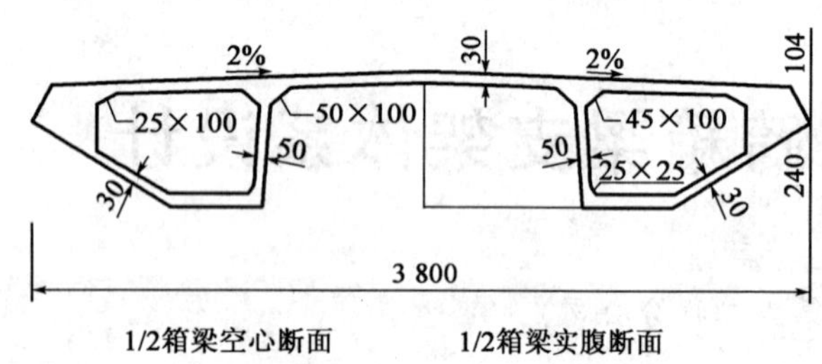

图1 边跨箱梁横断面图示(尺寸单位:cm)

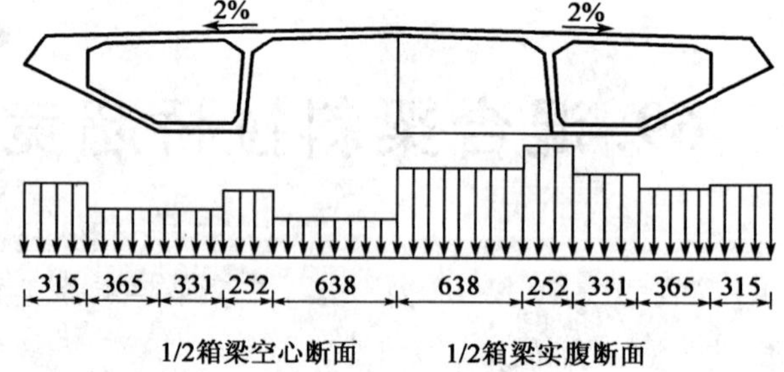

图2 边跨箱梁横断面荷载分布示意图(尺寸单位:cm)

计算工况设定:

工况一:($H \sim L$)梁段支架搭设完毕后,侧向风作用。

工况二:边跨支架堆载预压,预压荷载为1.2倍箱梁自重力。

工况三:箱梁浇筑完毕,侧向风作用。

各个工况荷载组合系数取值见表1。

荷载组合系数 表1

工况	系统自重力	箱梁自重力	模板荷载	风荷载	施工荷载
一	1.0	0	0	1.0	0
二	1.0	1.2	0	1.0	0
三	1.0	1.05	1.0	1.0	1.0

三、支架设计结构原理及其计算模型的建立

在鄂东长江大桥主桥边跨混凝土箱梁的支架系统设计中，必须充分理解混合梁斜拉桥桥型的结构原理及其相关设计原理。根据相关设计文件，主桥边跨箱梁的高程严格控制，并且保证索道管在箱梁浇筑完成后其绝对坐标不变，故线形控制对整个桥梁成桥状态起着关键性的控制作用。

边跨箱梁（$H \sim L$）梁段支架由支架基础、钢立柱及牛腿、平联、卸荷砂箱、主横梁、贝雷梁及分配梁等部分组成。基础采用直径 ϕ1 200mm 和 ϕ1 500mm 的钻孔灌注桩，上设钢筋混凝土承台，承台顶部埋设预埋件与柱底相连。钢立柱采用 ϕ1 200mm × 14mm、ϕ1 020mm × 12mm、ϕ820mm × 10mm 的钢管，主 6 至主 8 号墩之间需保留的钢立柱为 ϕ1 020mm × 12mm 钢管，主 8 至主 10 号墩之间需保留的钢立柱为 ϕ1 200mm × 14mm 钢管。需保留的支撑排架横桥向平联采用 ϕ600mm × 8mm 的钢管，其余排架横桥向采用 2[28a 作平联，纵桥向平联为 2[25a。横桥向采用 2[28a 作为斜撑，纵桥向采用 ϕ25 钢筋对拉。立柱及牛腿上设卸荷砂箱，砂箱上设 2HN800 × 300 的主横梁。主横梁上搁置贝雷梁，贝雷梁上设 I25a 分配梁，间距 750mm，与贝雷梁节点对应（图 3、图 4）。

在整个支架体系计算过程中，选取两跨（H-I）作为计算模型，采用 MIDAS/CiviL 建立有限元模型见图 5。

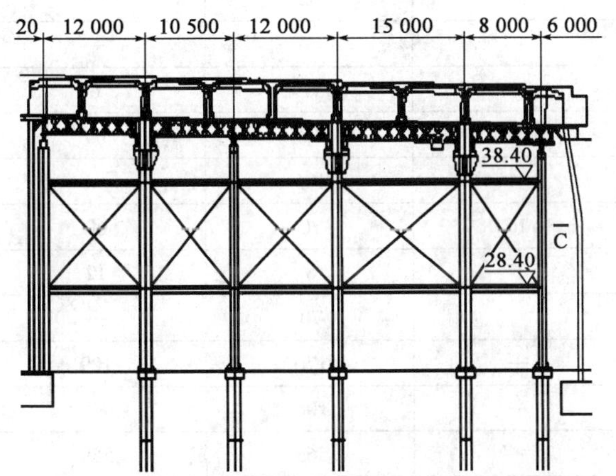

图 3 支架横断面图示（尺寸单位：mm）

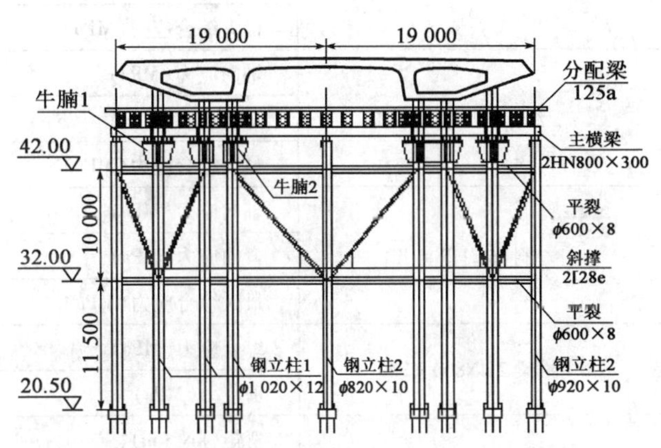

图 4 支架纵断面图示（尺寸单位：mm）

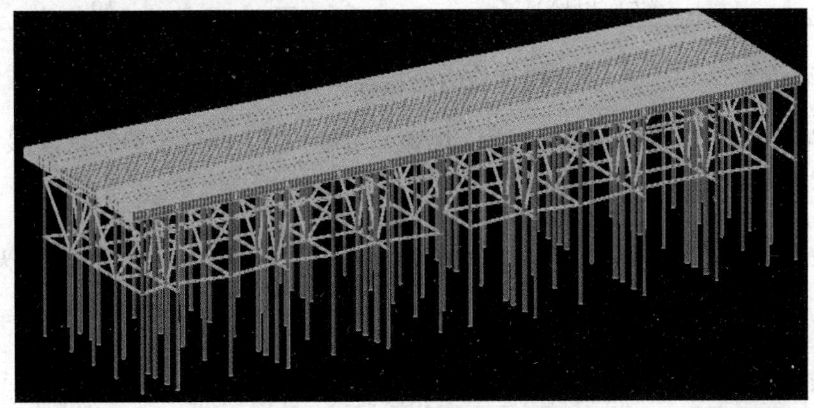

图 5 计算模型

四、支架仿真计算结果

构件应力计算结果见表 2。

构件应力计算　　表2

构　　件	内　　力	工况一	工况二	工况三
钢立柱 φ1 200×14	轴向应力(MPa)	7	79	68
	弯曲应力(MPa)	25	54	50
	最大综合应力(MPa)	—	133	—
钢立柱 φ1 020×12	轴向应力(MPa)	9	112	89
	弯曲应力(MPa)	32	32	33
	最大综合应力(MPa)	—	144	—
钢立柱 φ820×10	轴向应力(MPa)	10	142	105
	弯曲应力(MPa)	28	5	5
	最大综合应力(MPa)	—	147	—
横平联 φ600×8	轴向应力(MPa)	4	27	18
	弯曲应力(MPa)	33	99	86
	最大综合应力(MPa)	—	126	—
横平联 2[28a	轴向应力(MPa)	6	40	41
	弯曲应力(MPa)	36	62	64
	最大综合应力(MPa)	—	76	—
纵平联 2[25a	轴向应力(MPa)	6	8	6
	弯曲应力(MPa)	67	68	64
	最大综合应力(MPa)	—	105	—
斜撑 2[28a	轴向应力(MPa)	16	70	60
	弯曲应力(MPa)	27	8	12
	最大综合应力(MPa)	—	78	—
主横梁 2HN800×300	综合应力(MPa)	—	170	129
	剪应力(MPa)	—	106	87
贝雷	弯矩(kN·m)	—	565	558
	剪力(kN)	—	294	292
分配梁 I25a	综合应力(MPa)	—	119	99
牛腿	最大反力(kN)	—	2 016	1 796

五、支架构件应力分析及其稳定性验算

(1)根据《公路桥涵钢结构及木结构设计规范》(JTJ 025—86),Q235 允许最大综合应力:f = 188MPa[2],Q235 允许最大剪应力:$\tau = 110$MPa。

(2)以 φ1 200mm×14mm 钢立柱为例,对其应力及其稳定性验算过程如下:

①φ1 200mm×14mm 应力验算:根据表二结果 φ1 200mm×14mm 最大综合应力为 133MPa < 145 × 1.3 = 188MPa

应力满足设计及规范要求。

②φ1 200mm×14mm 稳定性验算:

$i = \sqrt{\dfrac{I}{A}} = 0.419\text{m}$;计算长度 $l_0 = 18.6\text{m}$;$\lambda = l_0/i = 18.6/0.419 = 45$

钢管属于 b 类截面,查表得:$\varphi = 0.878$

$$\sigma = \frac{N}{\varphi_X A} + \frac{\beta_{mx} M_x}{\gamma_x W_x (1 - 0.8N/N'_{EX})} = 144\text{MPa} < f = 188\text{MPa}$$

式中：γ_x——截面塑性发展系数[2]，取1.0；

N'_{EX}——欧拉临界力，$N' = \pi^2 EA/(1.1\lambda_X^2)$；

β_{mx}——等效弯矩系数，取1.0。

有上面计算可知：稳定性满足设计及规范要求。

类似以上计算方法及公式对ϕ1 020mm×12mm钢立柱，ϕ820mm×10mm钢立柱，ϕ600mm×8mm钢管平联，2[28a型钢平联，2[25a型钢平联，2[28a斜撑进行应力及稳定性验算，结果均满足设计及规范要求。

(3)贝雷梁及内力验算。贝雷梁容许内力弯矩[3]：

单排单层：$M_{max}=788.2\text{kN}\cdot\text{m}$，剪力$V_{max}=245.3\text{kN}$[2]

双排单层：$M_{max}=1576.4\text{kN}\cdot\text{m}$，剪力$V_{max}=490.5\text{kN}$[2]

由表2可知，贝雷梁内力满足设计及规范要求。

(4)牛腿应力计算。荷载计算按照最危险的情况加载，牛腿一侧荷载2 016kN，另一侧荷载1 500kN，按照面荷载加载。另外两方向荷载很小，不予考虑。根据应力云图(图6)可以看出，牛腿在上述受载和约束的情况下，最大应力154MPa，满足要求。

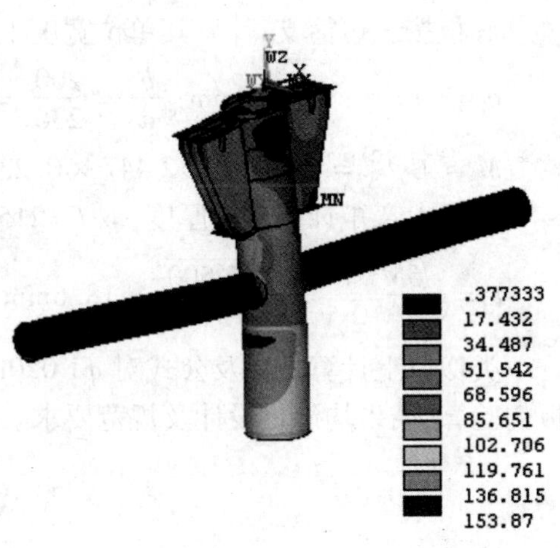

图6 牛腿应力云图

六、支架构件的变形计算

支架部分构件变形量见表3。

支架构件变形计算 表3

相对位移(mm) 构件	工况一	工况二	工况三
分配梁 I25a	—	1.9	1.8
主横梁 2HN800mm×300mm	—	20.3	20.2
贝雷梁	—	25.7	25.8

分配梁最大变形：1.9mm < $L/400$ = 900/400 = 2.25mm

主横梁最大变形：20.3mm < $L/400$ = 8550/400 = 21.4mm

贝雷架最大变形：25.7mm < $L/400$ = 12000/400 = 30mm

以上构件刚度均满足设计及规范要求。

七、柱脚预埋件验算

(1)以ϕ1 200mm×12mm钢立柱为例，来说明预埋钢筋的验算过程：

最不利工况为工况一，荷载设计值：$N=220\text{kN}$，$V=41\text{kN}$，$M=307\text{kN}\cdot\text{m}$

每个锚筋锚固长度$L_a=500\text{mm}$，直径$D=16\text{mm}$，有效面积$A_e=200\text{mm}^2$

采用II级钢筋，$f_y=300\text{MPa}$

按规范，锚筋总截面面积满足以下：

$$A_s \geqslant \frac{M-0.4Nz}{0.4a_r a_b f_y z}$$

式中：a_r——锚筋层数影响系数，为0.85；

a_b——锚板弯曲变形的折减系数，

$$a_b = 0.6 + 0.25\frac{t}{d} = 0.6 + 0.25 \times \frac{20}{16} = 0.81; A_s \geqslant \frac{M-0.4Nz}{0.4a_r a_b f_y z} = 1\,689\text{mm}^2$$

实际值$A_S = 200 \times 16 = 3\,200\text{mm}^2 > 1\,689\text{mm}^2$，满足要求。

(2)以 ϕ1 200mm×12mm 钢立柱为例,来说明锚板的验算过程:

最不利工况为工况二,荷载设计值:$N = 3\ 670\text{kN}$

基础对底板单位面积的压应力:$q = \dfrac{N}{A} = 2\ 447\text{kN/m}^2$

底板按三边简支,计算其单位宽度上的最大弯矩:

$a = 236\text{mm}$;$b = 200\text{mm}$;$\dfrac{b}{a} = \dfrac{200}{236} = 0.85$,查表:$\beta = 0.0917$

$M = \beta q b^2 = 0.091\ 7 \times 2\ 447 \times 0.236^2 = 12.5\text{kN}\cdot\text{m}$

按最大弯矩计算底板厚度,取 $f = 215\text{N/mm}^2$

$t = \sqrt{\dfrac{6M}{f}} = \sqrt{\dfrac{6 \times 12\ 500}{215}} = 18.6\text{mm}$;取板厚 $t = 20\text{mm} > 0.6d$

类似以上计算方法及公式对 ϕ1 020mm×12mm 钢立柱,ϕ820mm×10mm 钢立柱进行预埋钢筋及锚板的验算,结果均满足设计及规范要求。

八、施工过程监控控制分析

在支架体系搭设施工完毕后,需要对支架体系进行堆载预压。预压的方式通常有两种,一是用砂袋按照1.2倍箱梁自重进行堆载预压,二是用用水箱灌水按照1.2倍箱梁自重进行堆载预压。两种方法原理一致,仅施工方式不同。一般倾向于第一种方法,本桥利用方法一。用砂袋堆载特别需要注意荷载的均匀分布,以防止局部荷载过大而导致支架系统局部失稳发生垮塌事故。在堆载预压过程中,需要在支架体系上设置高程观测点,在规定的时间内需要对观测点测量,对测量数据进行分析,参考计算数据来确定支架的变形量。本工程实例通过测量数据分析,支架的变形量基本与支架的弹性形变及非弹性形变之和相一致。在预压卸载后,支架系统已经趋于稳定,浇筑混凝土完毕后,支架体系的变形与计算结果基本一致,很好地控制了箱梁的线形。特别是在部分支架拆除后,在挂索过程中,保留的钢管立柱很好地发挥了作用,成桥箱梁线形完全在设计及规范要求之内。

九、结 论 分 析

对于预应力混凝土斜拉桥,施工中每个工况的受力状态达不到设计所确定的理想目标的重要原因是有限元计算模型中的参数取值,主要是混凝土的弹性模量,材料的密度与徐变系数等与施工中的实际情况有一定差距。要得到比较准确的控制调整量,必须根据施工中的结构反应修正计算模型中的这些值[4]。这些问题都是内因所致,必须通过科学的监控措施、先进的科学理论来分析控制。在特大跨径斜拉桥的施工中,通过正装分析和倒拆分析求得每个施工阶段主梁高程来控制桥梁的成桥状态,主梁高程准确控制又取决于支架系统的工作状态,所以临时工程给施工控制带来的问题是外因所致。随着有限元理论和相关软件的发展,我们可以通过仿真分析对临时工程进行优化设计。在鄂东长江大桥主桥边跨施工中,利用 MIDAS /Civil 结构分析软件,通过合理地选取单元类型,优化处理了边界条件,准确地模拟了荷载分布,成功地对主桥边跨支架系统进行了仿真分析。整个施工过程中,该支架系统安全可靠,实际变形量和理论计算量几乎相等,严格控制了箱梁高程,成功地控制了主桥边跨箱梁的线形,为后续斜拉索及其钢箱梁施工奠定了良好的基础。

参考文献

[1] 陈明宪. 斜拉桥建造技术,北京:人民交通出版社,2004.
[2] 王珊. 钢结构. 北京:中国建材工业出版社,1997.
[3] 黄绍金. 装配式公路钢桥多用途使用手册. 北京:人民交通出版社,2001.
[4] 石雪飞. 斜拉桥施工控制方法的分类分析. 同济大学学报(第29卷1期),2001.

70. 荆岳长江大桥北索塔上横梁施工支架的优化设计

裴宾嘉 聂 东
（四川公路桥梁建设集团有限公司）

摘 要 荆岳长江公路大桥索塔上横梁支架采用主动横撑与斜腿系杆拱架一体化设计，并采用多种方法进行了设计优化，在保证永久和临时结构安全性的基础上，取得良好的经济效益和工期效益，为以后高空中大型构件支架的设计与施工提供了借鉴和参考。

关键词 索塔上横梁支架 优化 设计

一、工 程 概 况

荆岳长江公路大桥北索塔全高265.5m，上下游塔柱间设置有两道横梁，将塔柱分成上、中、下三个部分，其中上横梁位于上、中塔柱的转折处，长×宽×高=29.5m×7.8m×7.6m，距离下横梁净高为129.8m。混凝土箱形横梁断面，顺桥向与索塔塔柱同宽，顶、底板厚1.0m，腹板厚1.0m，内设两道横隔板（厚1.0m），采用预应力混凝土结构，共设置46束22ϕs15.24预应力钢绞线，钢绞线标准强度f_{pk}=1 860MPa。

上横梁施工采用塔、梁异步施工的施工工艺，即将塔柱施工至上塔柱一定高度后，再进行上横梁的施工。横梁分两次浇筑完成，每次浇筑高度为3.8m，第一次浇筑混凝土数量为438m^3，第二次浇筑混凝土数量为423m^3，见图1、图2和表1。

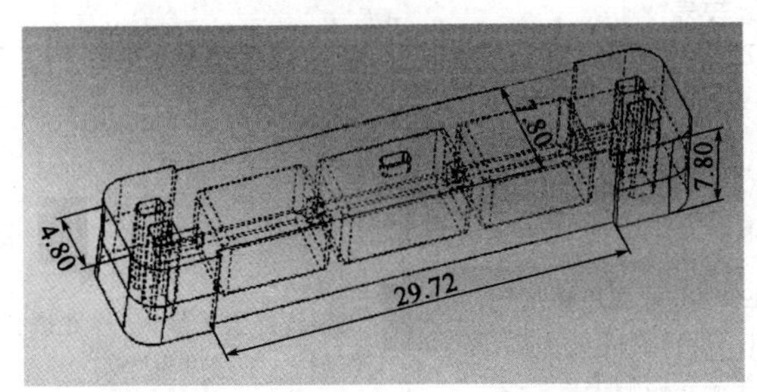

图1 上横梁透视示意图（尺寸单位：m）

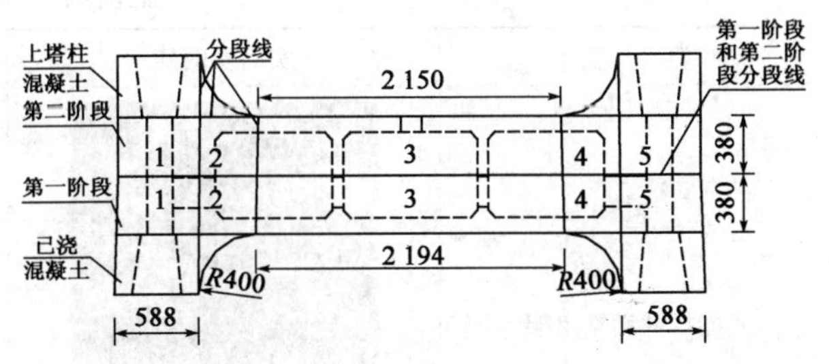

图2 上横梁分段图（尺寸单位：cm）

上横梁混凝土分块数量表 表1

施工阶段	1	2	3	4	5	合计
第一阶段（m^3）	169.77	68.85	300.43	68.85	169.77	777.67
第二阶段（m^3）	170.23	68.84	284.605	69.15	170.22	763.05
总计（m^3）	1 541					

索塔上横梁混凝土的浇筑和张拉方式分步形式主要有表2的几种方式。

上横梁混凝土浇筑和张拉的分布方式[文献1]　表2

施工方法	一次浇筑一次张拉	两次浇筑一次张拉	两次浇筑两次张拉
优点	施工工期短，工序少，工艺简单，手里简单明确，不留施工缝，整体性好	对混凝土连续供应量要求低，模板用量少，混凝土浇筑及振捣比较方便，容易保证浇筑质量，且对横梁温控也有好处，可减轻施工支架的承载能力要求	除具有两次浇筑一次张拉的优点外，同时可避免两次浇筑一次张拉工艺可能会在横梁两端上缘和中部下缘出现裂缝现象。对支承的承载能力要求可减少
缺点	混凝土连续供应量大，横梁混凝土荷载全部作用于施工支架上，对支撑系统承载能力要求高，模板用量大。由于横梁钢筋布置较密，当竖向高度较高时，混凝土浇筑，振捣存在一定困难，质量不易保证	施工工期略长，工序多，受力相对复杂，浇筑横梁第二次混凝土时，第一次浇筑的混凝土横梁因还没有施加预应力，作为普通钢筋混凝土结构，横梁两端上缘和中部下缘有较大的拉应力存在，容易开裂，需对两次浇筑的混凝土界面施工缝作处理	施工工期长，工序较多，受力也比较复杂，需要对两次混凝土浇筑的界面施工缝作处理
施工实例	芜湖长江大桥	汕头海湾大桥、厦门海沧大桥、宜昌长江大桥	江阴长江大桥、润杨长江大桥南汉桥

根据荆岳长江公路大桥下横梁计算的经验[2]，横梁第一次混凝土在适当张拉后，能和支架一起共同承受横梁的第二次混凝土重力，而且支架和第一次混凝土的应力和变形可以精确量化。荆岳长江公路大桥北索塔上横梁经过比较采用两次浇筑两次张拉的工艺，可从概念上使上横梁钢支架重量最轻。

具体工艺为：北索塔上横梁采用塔梁异步施工工艺法施工，即塔柱正常施工至44节段时开始施工上横梁，施工步骤如下：①塔柱正常施工至上塔柱44号节段，即高程为206.01m；②搭设上横梁支架；③浇筑上横梁第一次混凝土并张拉部分预应力；④浇筑上横梁第二次混凝土；⑤浇筑上横梁与上塔柱连接倒角段混凝土；⑥张拉上横梁预应力后，拆除上横梁支架。

二、类似桥的施工方法

作为上横梁支架，在斜拉(悬索)桥施工历史上，曾经出现了前三种类型的上横梁支架，第四种为荆岳长江公路大桥首创的上横梁支架与索塔主动撑一体化设计的系杆斜腿刚构支架(表3)。

上横梁支架类型比较表　表3

类　型	实例及图片	优　点	缺　点
万能杆件满堂支架	 金沙江大桥 涪陵长江大桥	加工件少，可利用桥梁施工常备杆件。杆件连接一般采用错孔连接，受温差影响小	支架杆件重量最大，杆件拼装工作量大，结构可靠度差
钢管立柱满堂式落地支架	 润扬长江大桥 西堠门长江大桥	支承可靠，可兼顾索塔主动横撑	钢管加工数量较大，钢管端面加工平整度要求高，高空拼装较危险，工作量较大。结构受温差影响大

续上表

类 型	实例及图片	优 点	缺 点
钢管少立柱落地式支架	 万州长江大桥	支承可靠,可兼顾索塔主动横撑	如上塔柱较高时,需要大量的钢管立柱,杆件的加工精度要求高,高空进行钢管立柱拼装危险,受温差影响大
系杆斜腿刚构支架	 荆岳长江大桥	支承可靠,上横梁支架结合了主动横撑的设计,支架最节约,同时,巧妙地利用了索塔主动撑平衡了斜腿刚构支架产生的水平推力,结构最轻	对结构的计算要求高,要求对索塔的整体线性及局部应力均应满足施工要求

从表3中可清楚地看到系杆斜腿刚构上横梁支架,有前三种支架无可比拟的优势,因此荆岳长江公路大桥采用了系杆斜腿刚构上横梁支架。

三、系杆斜腿刚构支架的演化过程

无水平推力的支架主要有两种:一种是系杆拱,另一种是系杆斜腿刚构。荆岳长江大桥对两种支架进行了详细的设计和计算,计算比较结果见表4。

上横梁支架实施方案比较表 表4

类 型	计 算 模 型	优 点	缺 点
系杆拱	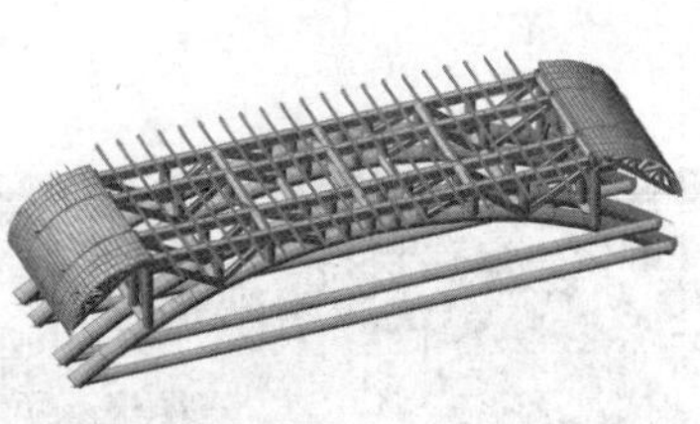	(1)压力线与拱轴线基本重合,拱上结构可做小; (2)在拱轴系数 $m=1.543$ 时(该拱轴系数按双偏心法进行确定,为最优),支架结构重量最轻,为88t	(1)工地无现有材料; (2)需在索塔上安拆一跨径为30m的小拱,高空使用两台塔吊配合抬吊,较困难; (3)拱肋因为拱轴系数预先确定,因此不便周转使用,材料基本为一次性摊销
系杆斜腿刚构		(1)斜腿刚构的结构与中塔柱主动撑相结合,结构的整体性能好; (2)所有材料均可利用工地现有材料; (3)加工非常方便; (4)安装较方便	支架结构重量为106t,比拱架重18t

从表 4 中可以看出采用斜腿刚构支架更适合用于施工临时结构，因为它除重量略重外，不论从加工制造、安装拆卸都有系杆拱支架不可代替的优点。

四、上横梁支架的优化设计内容

结构的优化主要包括以下几方面：

(1)拓扑优化。在给定的空间内寻求最佳的材料分布，主要程序有：ANSYS、ABAQUS。

(2)形貌优化。形状最佳化的方法主要用于薄壁结构的压痕处理，主要程序有：OptiStuct、Tosca。

(3)形状优化。包括边界移动等，主要自动程序有 OptiShape，手动程序可用 SAP2000。

(4)尺寸优化。通过结构的参数来调节结构的特性，主要程序有 MIDAS/CIVIL、HyperMesh。

在荆岳长江公路大桥上横梁支架的设计中，斜腿刚构支架的优化内容主要应用了第(1)、(3)、(4)三种优化方法。

1. 拓扑优化

上横梁支架主要受索塔主动撑的位置和上横梁既有空间位置的约束，因此首先使用 ANSYS 程序对支架的材料空间分布进行拓扑优化。

拓扑优化的目标是寻找承受荷载的物体的最佳材料分配方案。拓扑优化的目标函数是在满足结构约束(V)情况下减少结构的变能。

原理：满足结构体积缩减量的条件下使目标函数结构柔量能量(the enery of structure compliance - SCMP)极小化。

具体实现方法：在 ANSYS 中通过使用设计变量(η_i)给每个有限元单元赋予内部伪密度来实现。伪密度通过 PLNSOL，TOPO 绘制。

(1)基本参数

优化范围：30m × 10m；弹模：2.0×10^{11} Pa；泊松比按 0.3 取值(该值对拓扑运算敏感)；网格尺寸：0.5m；体积减小值设为 89%。

不参与拓扑优化的范围为：顶边以下 1.5m 范围内的单元(为贝雷梁 1.5m 范围内)。

(2)计算模型。采用 Quad 8node 82 单元，梁左右下角设置约束，见图 3。

(3)结果

①节点伪密度分布图如图 4 所示。

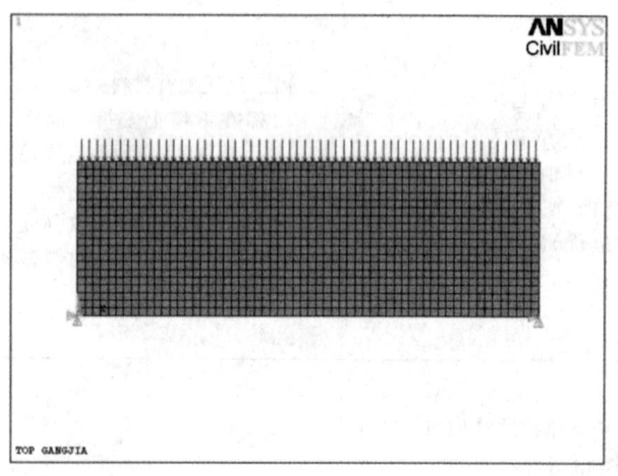

图 3　上横梁现浇支架优化模型图

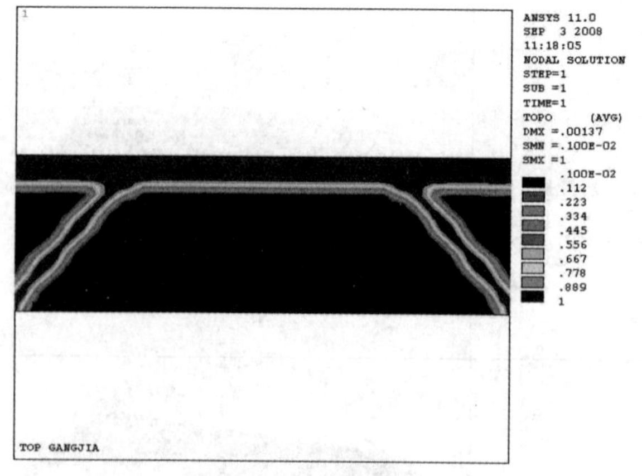

图 4　节点伪密度分布图

②目标函数与迭代次数关系曲线见图 5。

目标函数经过 30 次迭代后收敛。

③程序自动绘制概念设计模型见图 6。

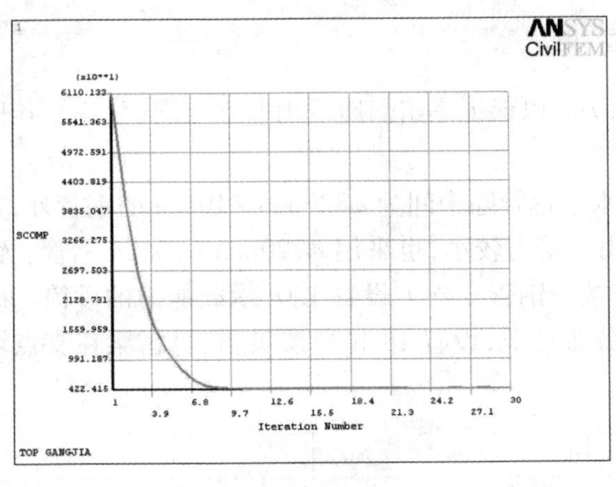

图 5 迭代次数图

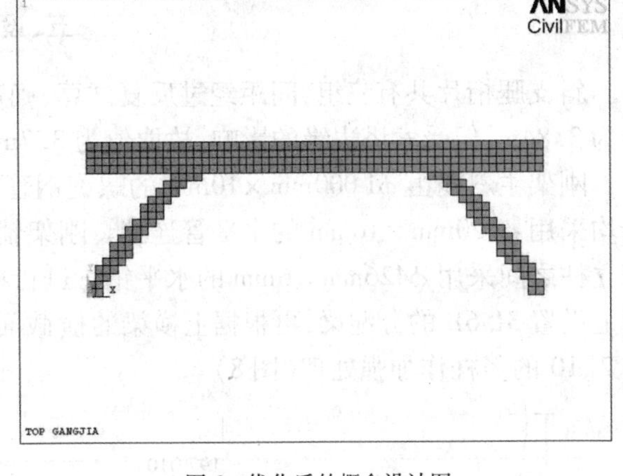

图 6 优化后的概念设计图

④结果修正。从单元的密度看，斜支腿 2 ~ 3 个，主纵梁 4 个，因此斜支腿和主梁的高度比在 0.65 ~ 0.75 之间。主梁高度为 1.5m，斜支腿设为 ϕ920mm × 12mm 的钢管。

从自动绘制的形状中发现，顶边 1.5m 范围未优化部分实际为桁架式的贝雷梁，跨中刚度并不是程序计算模拟的这么大，因此两支腿支点需往跨中进行调整。调整按弹性连续梁弯矩基本平衡进行。

2. 形状优化

斜腿刚构支架是将传统的刚架桥直腿改为斜腿，斜腿不仅分担梁部弯矩，且对中跨梁体提供压力而使其从纯弯构件变为偏心受压构件，故其受力比梁式桥优越；另一方面从结构形态和力学角度看，斜腿和中跨主梁近似成一“折线拱式结构”，其力学性能呈拱的特点：偏心受压。单因其类似折线拱，构件中的压力线（特别是荷载压力线）偏离构件形心较大，截面会产生较大弯矩，因此又类似于梁式结构（图 7）。

系杆斜腿刚构支架大致形状完成后，再进行杆件角度的确定。采用 SAP2000 程序对系杆斜腿刚构支架的支腿角度进行试算，计算结果见表 5。

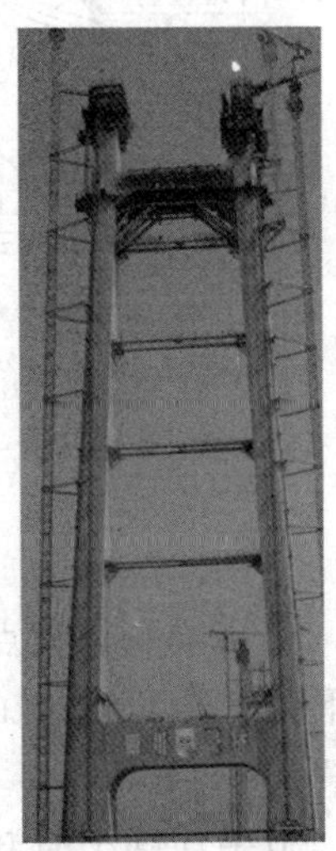

图 7 上横梁支架及主动横撑整体计算图（右图为实景图）

支腿倾角变化时的内力计算表 表 5

序号	倾角（°）	斜杆长（m）	斜杆轴力（kN）	贝雷梁轴力（kN）	贝雷梁弯矩（kN·m）	剪力（kN）	挠度（mm）	反力（kN）
1	31.5	12.4	6 287	6 285	4 209	1 657	20	0/4 958
2	45	14.3	4 741	3 965	2 752	1 660	10	0/4 811
3	60	21.2	4 026	2 332	2 142	1 671	7.8	0/4 957

从表 5 中可看出，支腿倾角在 45°时，内力与倾角与 60°相近，但如采用 60°，则斜支腿的自由长度较长。因此支腿倾角为 45°时，支架受力较好。

3. 参数优化

预先定义最优化设计使用的截面，钢管支腿的截面范围为 ϕ720mm × 10mm ~ ϕ1 200mm × 10mm，输入全部截面数据，并创建截面数据库。再以满足应力设计要求的最轻重量为优化目标，用 MIDAS/CIVIL 对钢管支架进行自动优化，最后结果为采用 1 000mm × 10mm 的螺旋钢管。

五、设 计 成 果

斜支腿桁片共有三组,间距经过反复试算,确定为3.7m,以保证三组斜腿受力基本相同(如完全相同应为3.84m,但受索塔边缘的影响,故取值为3.7m)。

刚架主斜腿由 ϕ1 000mm×10mm 的螺旋钢管构成,水平钢管除中间为 ϕ820mm×10mm 的钢管外,其余均采用 ϕ720mm×10mm 的水平管连接。刚架辅支腿由于受力较小,也采用 ϕ720mm×10mm 钢管。钢管立柱之间采用 ϕ426mm×6mm 的水平钢管进行横向连接。钢管立柱上设置150t 承载能力的砂筒。砂筒上设置3I56B 的分配梁,再根据上横梁的横截面质量分布情况,设置18排单层贝雷,贝雷梁在支点增加2[10 的竖杆作加强处理(图8)。

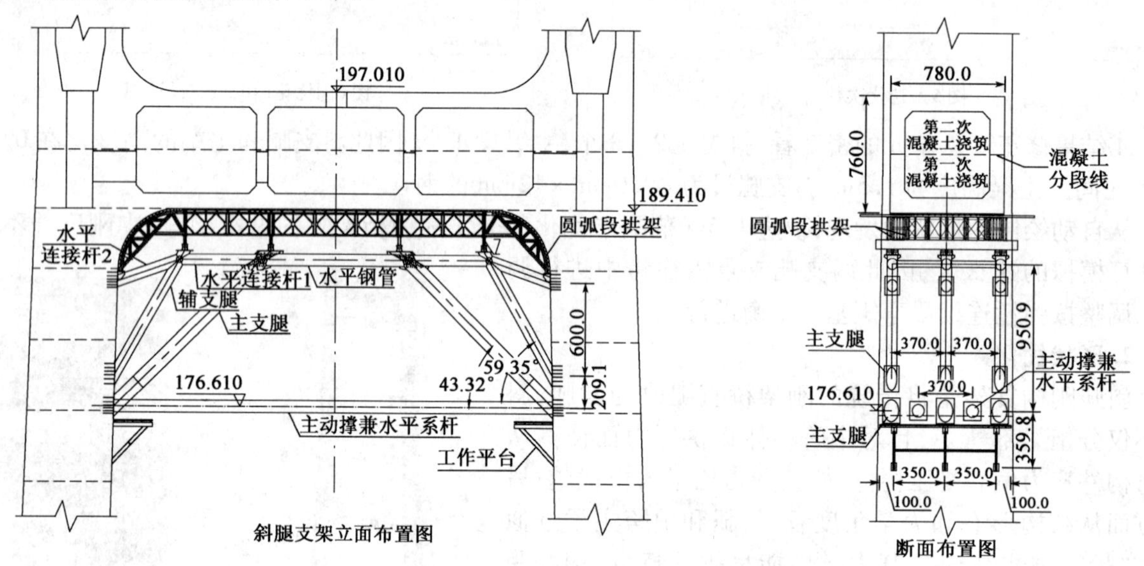

图8 系杆斜腿刚构支架整体布置图(尺寸单位:cm)

贝雷梁间在支点处设置风构,在贝雷梁两端因小圆弧端桁架的影响,不能设置风构,则采用在贝雷梁上下弦上设置[16b 的槽钢作为横向联系。贝雷梁顶设置2I12.6 分配梁,在空腔位置间距75cm,在腹板位置为37.5cm。

由于在施工时和卸架后,横梁会发生一定的下沉和产生一定的挠度,为使下横梁在卸架后,满足设计要求,须在搭设支架时设置预拱度。

预拱度共设置9个点,采用在2I12.6 分配梁与木枋分配梁间支垫钢板的方式。预拱度最高值应为横梁的挠度及支架的变形之和,设置在横梁的中心,其余各点应以中间为最高值,两端点为零,按二次抛物线进行分配。预拱度的计算结果考虑如下条件:①砂筒已在万能实验机上进行了预压;②贝雷梁跨中挠度为16mm;③设计图上横梁预拱度为10mm;④材料非弹性变形考虑2mm。以上共计为28mm。

主动横撑分两个阶段受力:第一阶段:索塔施工过程中,维持索塔的自身平衡和保持索塔线形,功能为中塔柱及部分上塔柱的主动撑。施工时主动撑顶推力680kN。第二阶段:施工横梁时,平衡斜腿刚构支架立柱根部的水平推力,每根受水平拉力2 100kN,拉应力为84.6MPa。根据主动横撑在各阶段的受力情况,将第四道主动横撑由原设计的 ϕ1 000mm×10mm 优化为两根 ϕ800mm×10mm 的钢管。

六、局 部 优 化

1. 索塔局部应力分析

在斜支腿处索塔应力比较集中,单元采用SOLID65,分别输入钢筋的三向配筋率。钢筋按弥散式分布进入混凝土后,按 ANSYS 程序中的整体式计算模型进行计算,单元划分主要采用六面体单元。计算表明索塔钢筋混凝土结构是安全的(图9)。

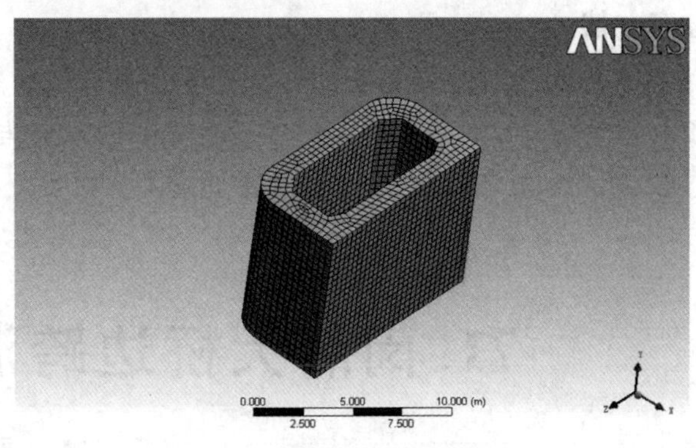

图9 索塔节段计算模型图

2. 钢管局部应力分析

主支腿和水平钢管的交点根据整体模型分析结果受力较大,作局部分析如图 10 和图 11。

由局部分析计算结果可知,钢管在交界处存在局部应力过大的问题,因此将钢管接头交点位置处浇筑成 C30 混凝土,虽然每个接头增重 2.4t,但能有效地解决钢管局部应力过大的问题。同时通过混凝土与钢管的联合作用,解决了钢管壁局部屈曲的问题。

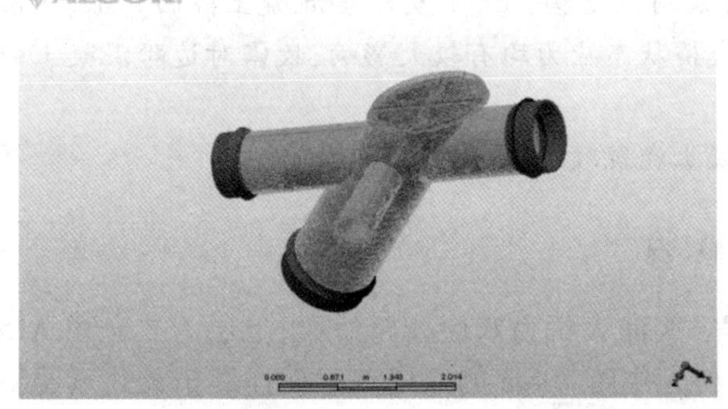

图10 计算模型图

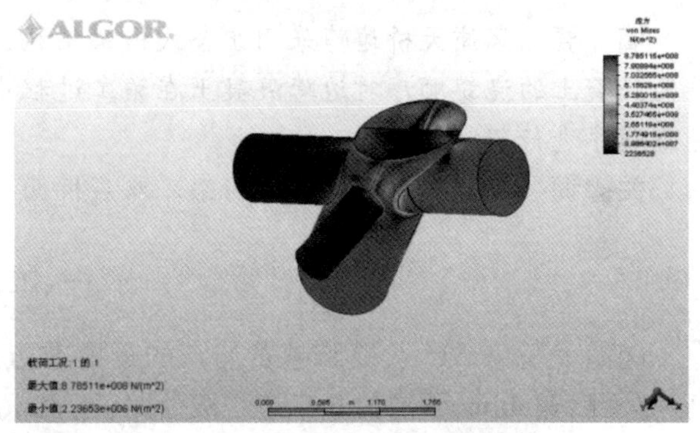

图11 钢管应力等值图

3. 支架安拆施工的优化

上横梁支架距地面接近 200m,评价一个施工临时结构是否合理的标准的一个重要方面,就是安装和拆除是否方便、安全。原设计无水平连接杆 2,后经过与现场作业人员讨论后发现,增加水平连接杆 2 后,整个支架安装非常容易。

支架的水平连接杆 2 和辅支腿构成了第一个安装单元,水平连接杆 1 和主支腿构成了第二个安装单元,中间的水平钢管构成了第三个安装单元。

整个支架的总重量约为 106t,单根支腿的理论重量仅 4t,长度长 14.66m,因此采用上下游塔吊均可进行起吊安装。贝雷梁可以两排整跨(21m 长)安装,吊装重量 3.7t。

支架安装顺序:安装水平连接杆 2→安装辅助斜支腿→安装辅助横梁→安装主斜支腿→安装主横梁→安装桩帽→安装砂筒→安装 I56B 分配梁→安装圆弧端支架及贝雷梁→安装 I12.6 工字钢分配梁→安装木方分配梁→安装竹胶板。

在浇上横梁混凝土前,在对应刚架支腿钢管立柱的柱顶上用 PVC 管预留直径 90mm 的孔。在完成上横梁施工后,吊点钢绳从预留孔中伸出后与贝雷梁或钢管立柱相连,再用塔吊配合,完成支架拆除工作。

支架卸架顺序:先跨中,再逐渐对称往两端。拆除顺序为:拆除竹胶板→拆除木方分配梁→拆除 I12.6工字钢→拆除圆弧端支架及贝雷梁→拆除 I56B 工字钢→拆除钢管主水平撑→拆除钢管主支腿→拆除钢管辅水平撑→拆除钢管辅助钢管立柱。

七、结 语

荆岳长江公路大桥的上横梁支架具有将索塔主动撑和上横梁支架合二为一的特点,钢管支架安装仅 5 天,有效地缩短了上横梁及索塔的施工工期,创造了大型索塔横梁施工的新型工法。

该上横梁支架经过荆岳长江公路大桥的施工使用,证明该支架具有良好的工作性能,并取得了良好的经济性能。该支架具有结构简明、安拆方便的优点,值得类似桥梁推广应用。

参考文献

[1] 吴胜东,主编.润杨长江公路大桥建设第三册悬索桥.人民交通出版,2005.

[2] 裴宾嘉等.荆岳长江大桥下横梁支架的设计与计算.四川省公路学会工程施工专委会.2008年学术交流会论文集.电子科技大学出版社,2008.

71. 闵浦大桥边跨混凝土浇筑顺序研究

李　鹏　马　蟲　邓青儿

(上海市政工程设计研究总院)

摘　要　闵浦大桥边跨采用组合式桁架结构,腹杆采用钢结构,上、下层双层混凝土桥面。上、下层桥面混凝土的浇筑顺序对边跨混凝土在施工过程中及成桥状态应力均有较大影响,故需对边跨混凝土的浇筑顺序进行研究。

关键词　闵浦大桥　组合式桁架　双层桥面　混凝土浇筑顺序

一、工 程 概 况

闵浦大桥为A15公路跨越黄浦江的重要节点工程。闵浦大桥为双层公路桥梁,上层为8车道A15高速公路,宽44m,下层为6车道二级公路,宽30m。主桥为主跨708m的双塔双索面连续桁梁式双层斜拉桥,总体布置见图1。边跨设置四个桥墩,全桥跨径布置为(66.25+3×63)+708+(3×63+66.25)=1 218.5m。闵浦大桥是目前世界上跨度最大、桥面最宽、车道数最多的双层公路斜拉桥。

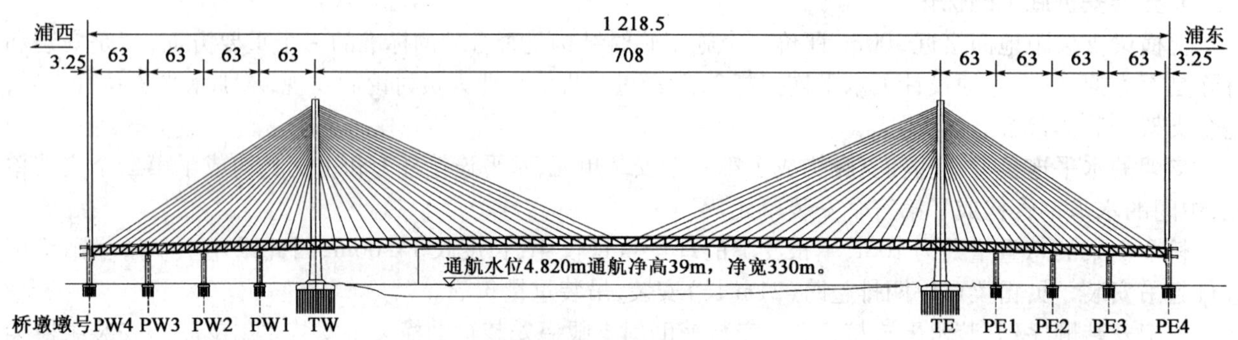

图1　闵浦大桥总体布置图(尺寸单位:m)

边跨主梁采用由钢竖腹杆、钢斜腹杆、钢斜撑杆和以钢弦杆作为劲性骨架的预应力混凝土桥面结构(包括预应力混凝土弦杆、横梁及桥面板)的双层桁架复合梁结构。

由于边跨为双层桥梁,混凝土不同的浇筑顺序与主梁在施工过程中及成桥后的受力状态息息相关,因此,必须对不同的浇筑顺序进行研究,以保证边跨主梁施工过程中及成桥后的受力状态满足规范要求(图2)。

二、混凝土浇筑方案介绍

施工单位经过移动模架、少支点支撑及满堂支撑的多方案支架体系比选之后,最终确定采用满堂支撑的支撑方案。下面就针对满堂支撑体系下,不同的浇筑顺序进行介绍及比选。

1. 先上后下的施工方案

先上后下的施工方案浇筑顺序为:搭设支架至上层桥面板处→浇筑上中弦及中间桥面板并张拉相应的纵、横向预应力束→浇筑对应上边弦及两边桥面板并张拉相应的纵、横向预应力束→拆除满堂支架至下层桥面处→浇筑对应下层混凝土并张拉相应的纵、横向预应力束(图3)。

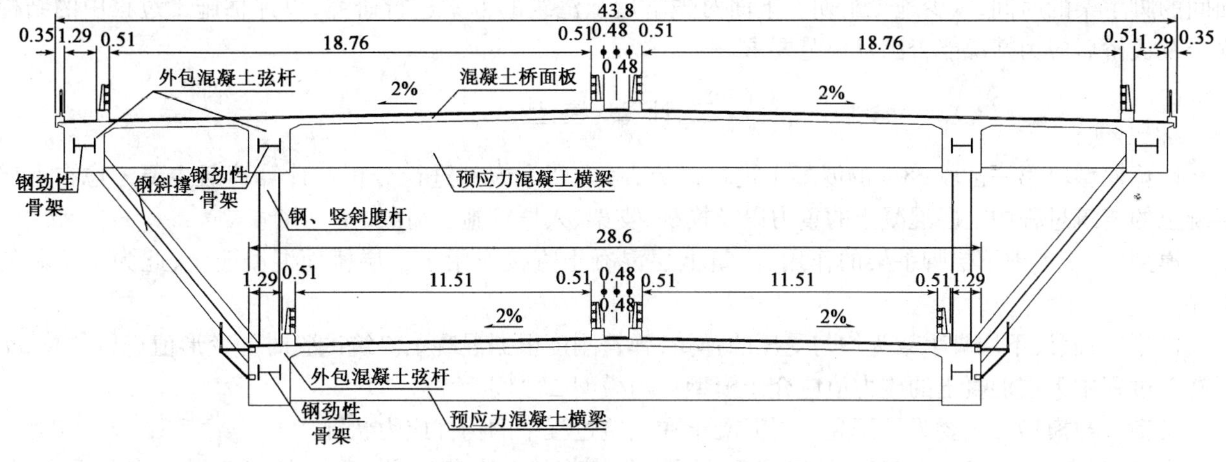

图2 边跨主梁标准断面(尺寸单位:m)

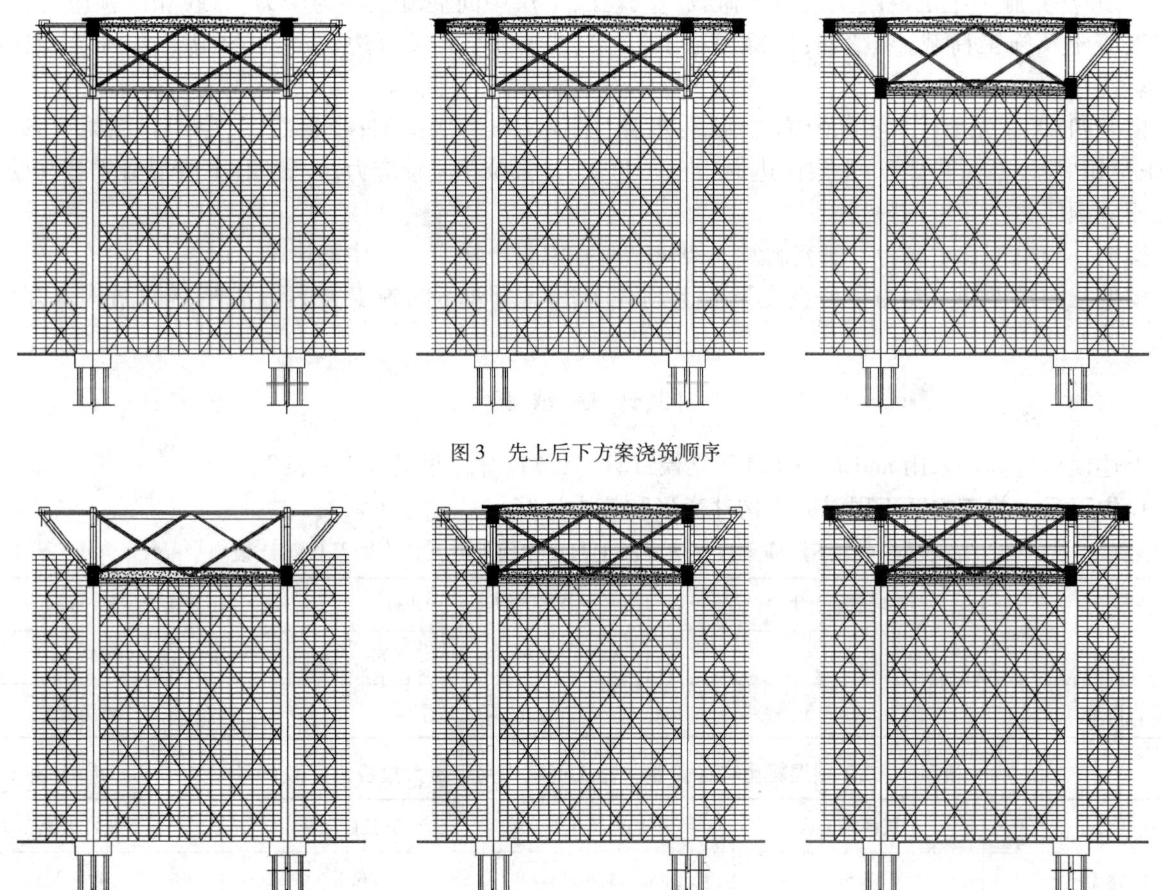

图3 先上后下方案浇筑顺序

图4 先下后上方案浇筑顺序

2. 先下后上的施工方案

先下后上的施工方案的浇筑顺序为:搭设支架至下层桥面板处→浇筑下弦及下层桥面板并张拉相应的纵、横向预应力束→待下层混凝土初凝完成后,在下层桥面混凝土上搭设支架至上层混凝土处→浇筑上中弦及中间桥面板并张拉相应的纵、横向预应力束→浇筑对应上边弦及两边桥面板并张拉相应的纵、横向预应力束。

上述两个方案各有优缺点:采用先上后下的浇筑方案时,混凝土浇筑重量全部作用在满堂支架上,可以减小浇筑荷载对结构的不利影响。采用先下后上的方案可以进行流水施工,能够节约拆除上、下层桥面间的脚手架的时间,减少施工工期。下面对先下后上浇筑的方案进行研究,以评估施工过程中的结构安全及成桥后应力情况能否满足规范要求。

三、计算模型

计算模型以第一区段68m的混凝土进行研究,考虑四个模型进行分析。计算荷载主要考虑在上层混凝土的浇筑过程中上层混凝土的重力以及模板、支架、人群等施工荷载。

模型一:不考虑下层脚手架的作用,浇筑上层混凝土直接作用于下层桥面混凝土上,此为最不利的工况。

模型二:假设下层脚手架为均匀受压的弹簧,弹簧刚度根据混凝土浇筑试验时的变形值进行估算,实际施工过程中下层混凝土的应力值应介于模型一与模型二之间。

模型一与模型二主要为了研究下层混凝土在浇筑过程中的构件应力状况。

模型三:考虑先下后上实际的施工流程:步骤一:钢桁梁一次落架;步骤二:下层混凝土参与受力,张拉相应预应力,施加上层混凝土及施工荷载;步骤三:上层中间混凝土参与受力,张拉相应预应力,钝化上层混凝土及施工荷载;步骤四:拆除下层脚手架;步骤五:上层两边混凝土参与受力,张拉相应预应力。

模型四:考虑先上后下实际的施工流程:步骤一:钢桁梁一次落架;步骤二:上层中间混凝土参与受力,张拉相应预应力;步骤三:上层两边混凝土参与受力,张拉相应预应力;步骤四:下层混凝土参与受力,张拉相应预应力。

模型一与模型二主要为了研究满堂支架对结构在混凝土浇筑过程中的影响。

模型三与模型四主要为了研究先下后上与先上后下两种不同施工方案下成桥后的结构永存应力情况。

四、计算结果

上述模型计算均采用midas civil进行建模计算,具体计算结果见表1~表3。

1.先下后上施工方案下层混凝土构件变形和应力计算

模型一、二下层横梁在上层混凝土自重作用下最大拉应力及位移比较 表1

	下层横梁上缘(MPa)	下层横梁下缘(MPa)	下层横梁位移(mm)
模型一	9.5	3.7	10(相对弦杆下挠)
模型二	4.3	2.5	4.5(相对弦杆下挠)

模型一、二下层混凝土构件自重+施工荷载作用下最大拉应力比较(MPa) 表2

	下层横梁上缘	下层横梁下缘	下弦杆上缘	下弦杆下缘
模型一	7.5	11.4	6.1	4.3
模型二	5.3	3.6	3.8	2.4

模型一、二下层混凝土构件自重+施工荷载作用下最大压应力比较(MPa) 表3

	下层横梁上缘	下层横梁下缘	下弦杆上缘	下弦杆下缘
模型一	6.5	13.8	8.6	11.4
模型二	4.9	11.1	7.2	9

先下后上方案下层混凝土构件在荷载下的位移示如图5。

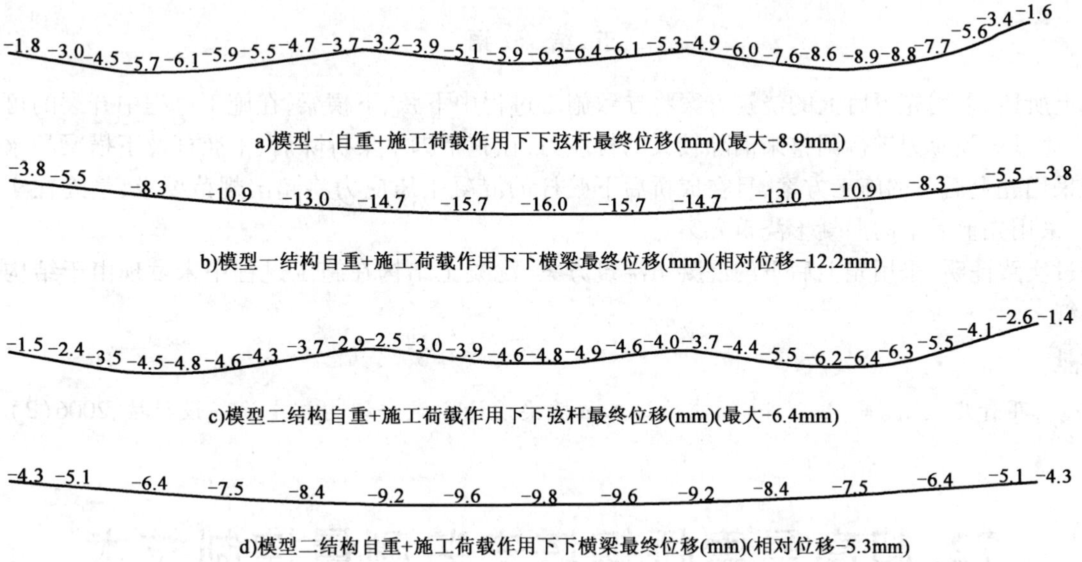

-1.8 -3.0 -4.5 -5.7 -6.1 -5.9 -5.5 -4.7 -3.7 -3.2 -3.9 -5.1 -5.9 -6.3 -6.4 -6.1 -5.3 -4.9 -6.0 -7.6 -8.6 -8.9 -8.8 -7.7 -5.6 -3.4 -1.6

a)模型一自重+施工荷载作用下下弦杆最终位移(mm)(最大-8.9mm)

-3.8 -5.5 -8.3 -10.9 -13.0 -14.7 -15.7 -16.0 -15.7 -14.7 -13.0 -10.9 -8.3 -5.5 -3.8

b)模型一结构自重+施工荷载作用下下横梁最终位移(mm)(相对位移-12.2mm)

-1.5 -2.4 -3.5 -4.5 -4.8 -4.6 -4.3 -3.7 -2.9 -2.5 -3.0 -3.9 -4.6 -4.8 -4.9 -4.6 -4.0 -3.7 -4.4 -5.5 -6.2 -6.4 -6.3 -5.5 -4.1 -2.6 -1.4

c)模型二结构自重+施工荷载作用下下弦杆最终位移(mm)(最大-6.4mm)

-4.3 -5.1 -6.4 -7.5 -8.4 -9.2 -9.6 -9.8 -9.6 -9.2 -8.4 -7.5 -6.4 -5.1 -4.3

d)模型二结构自重+施工荷载作用下下横梁最终位移(mm)(相对位移-5.3mm)

图5 下横梁位移图

由表中可见,就算理想的认为脚手架均匀参与结构受力(模型二),下横梁最大拉应力 5.3MPa,下弦杆最大拉应力 3.8MPa,均不满足规范要求,各混凝土构件均有可能开裂。

在不考虑满堂支架作用工况下,上层混凝土浇筑荷载将使下层横梁下缘拉应力要增加约 9MPa,而对应发生的向下相对位移为 1cm;考虑满堂支架均匀受压工况下,上层混凝土浇筑荷载将使下层横梁下缘拉应力要增加约 4.4MPa,而对应发生的向下相对位移为 4.5mm。由此可知,横梁跨中挠度每增加 1mm,将使下横梁下缘拉应力增加 1MPa。实际施工过程中由于不均匀沉降、脚手钢管之间的缝隙的非弹性变形等影响,必将导致下层混凝土桥面的拉应力比模型二计算结果要大。

因此,如果采用先下后上的浇筑方案,必须要对横梁及弦杆内的预应力进行调整。

2. 先上后下与先上后下施工方案对构件应力、变形影响对比

根据计算结果,在混凝土浇筑完后,采用先下后上与先上后下不同方案导致下层混凝土各构件永存应力影响见表 4、表 5。

先上后下与先下后上浇筑方案混凝土件最大应力比较(MPa) 表 4

位 置	下层横梁上缘	下层横梁下缘	下弦杆上缘	下弦杆下缘
先上后下	0.51	-0.16	1.07	0.27
先下后上	0.99	0.08	2.98	1.81

先上后下与先下后上浇筑方案混凝土件最小应力比较(MPa) 表 5

位 置	下层横梁上缘	下层横梁下缘	下弦杆上缘	下弦杆下缘
先上后下	-4.48	-5.5	-4.75	-4.86
先下后上	-5.68	-6.83	-6.67	-9.02

由表 4、表 5 可知,先下后上比先上后下浇筑方案相比,下层混凝土构件的拉、压应力都有所增大,尤其是弦杆下缘的压应力增加了约 4MPa。而原先上后下方案情况下下弦杆在塔根下的压应力就较大,若再增加 4MPa 的压应力的话,则压应力超出规范要求。

采用先上后下的浇筑方案,上层混凝土浇筑时候的自重主要由下弦钢弦杆承受了,而先下后上的浇筑方案,上层混凝土浇筑时的自重是由下弦杆组合断面承受,故大部分荷载均由混凝土弦杆承担,导致了弦杆的应力在增大。而采用先上后下的浇筑方案时,下层混凝土的浇筑荷载是由上层桥面四根弦杆共同承担,因此产生的永存应力也相应较小。

五、结　　语

综上所述,采用先下后上的浇筑方案将导致施工过程中下弦、下横梁,在施工过程中开裂的可能性较高,需要通过对预应力进行调整来消除较大的拉应力;在施工脚手架拆除后,下弦杆及下横梁的永存应力要大于采用先上后下的施工方案,且在成桥后下弦杆的混凝土压应力将超出规范要求,最终在实际施工过程中,采用先上后下的混凝土浇筑方案。

经过实践证明,采用先上后下的混凝土浇筑方案,混凝土结构在施工过程中未发现由于结构受力引起的裂缝。

参考文献

[1] 马骉,邓青儿,孔德军,岳贵平.闵浦越江工程桥梁设计方案介绍[J].上海建设科技,2006(2):9-11.

72.超高悬索桥钢塔安装测量控制技术

杨银波　刘金平　汪天华
(中交二航局第二工程有限公司)

摘　要　本文主要介绍江苏泰州大桥悬索桥中塔钢结构工程施工特点,分析钢塔安装测量控制技术重点、难点,针对性地采用钢塔安装测量控制技术措施,满足工程建设需要,确保工程建设质量,值得后续类似工程参考借鉴。

关键词　泰州大桥　钢塔　安装测量

一、引　　言

泰州长江公路大桥位于江苏省长江中段,东距江阴长江公路大桥57km,西距润扬长江公路大桥66km,是江苏省"五纵九横五联"高速公路网和国家《长江三角洲地区现代化公路水路交通规划纲要》重要的过江通道工程。泰州长江大桥的建设对完善国、省干线公路网,加强大江南北特别是泰州、镇江、常州等市的交流,促进长江两岸区域经济的均衡发展和沿江开发,改善长江航运条件具有积极的作用。泰州长江公路大桥三塔悬索效果图见图1。

泰州大桥主桥为三塔两跨连续钢箱梁悬索桥,跨度布置为390m+1 080m+1 080m+390m。大桥中塔是国内首座全钢结构索塔。塔顶高程+200.00m,塔底中心高程+8.50m,塔柱高191.5m。中塔设上、下两道横梁。塔身自下而上分为21个节段,均在工厂加工完成,现场安装后,用高强螺栓连接。中塔设计为纵向人字形、横向门式框架结构,下横梁以下有四个塔肢(区别于两个塔肢的一般桥塔),双向内倾,且斜度达1:4。安装过程中,有四个合拢段施工,上游两塔肢D4塔段合拢、下游两塔肢D4塔段合拢、下横梁合拢、上横梁合拢。

图1　泰州长江公路大桥三塔悬索桥效果图

中塔施工区域处于长江下游段,受季风影响,常年为3~4级风,四季气候变化明显,日照温差较大,这些自然因素都给钢塔的施工带来了不利温差影响。中塔位于长江中间,距南、北两岸1km以上,两侧均为主航道,这给安装测量带来了较大的困难。

结构新颖,施工困难,安装精度要求高,光照及风载的影响大,是泰州大桥中塔各塔段安装测量的共同特点。

二、钢塔安装测量技术特点、难点

泰州大桥中塔为国内最高钢塔,加上其复杂的结构形式和施工环境,其安装测量技术难点主要体现在以下几个方面。

(1)钢塔架设离岸远、通视条件差。钢塔处于长江中心,与岸边测量控制点距离达1 000多米,受大气折光等影响,江面宽阔容易起雾,严重影响测量通视效果,增加了测量误差。

(2)钢塔首节段定位精度要求高。钢塔首节段(D0段)在横、纵方向均有倾斜度(横桥向为39/1 920,顺桥向为1/4),且在安装过程中需穿过承压板底部和节段顶板上的34个锚杆孔。该节段定位产生的误差,在后续节段的架设中无法消除,对整个钢塔的整体偏位和后续节段架设安装产生重要影响,是中塔架设的重点,也是测量控制关键点。

(3)钢塔合拢段架设难度大。对于钢塔结构体系,合拢段的架设将实现钢塔下塔肢结构体系的转换,保证合拢段的顺利安装且两节段间不产生错位是测量的难点,永久拼接板连接完成后使结构产生最小的赘余应力是控制的重点。

(4)钢塔横梁架设线形控制难度大。下横梁重496.96t,长34.39m,属于长重构件。下横梁架设把上下游塔肢连为一个整体结构,实现一次体系转换,保证下横梁安装过程中的调位和安装完成后结构不产生较大的扭转等是测量的难点。钢塔上横梁架设为适应起重设备的吊装能力,上横梁分为4个节段进行吊装。上横梁架设过程中,对测量工作的要求是保证4个节段在沿横梁长度方向不产生扭转和错位等现象,顺利实现上横梁合拢。

(5)环境因素及其他临时荷载对测量质量影响大。在日照、温差、风荷载及其他临时荷载作用下,钢塔会产生附加位移值,使测量结果偏离基准状态下的测量值,如何准确分析,并采取技术措施是测量控制的重点。

三、钢塔安装测量控制

1.首节段(D0段)安装测量

D0段安装测量要求相对精度高于绝对精度。D0段安装精度要求绝对偏位小于5mm,相对偏位小于2mm,高程偏差1mm。显然,从岸上直接安装定位测量精度不够,因此,绝对精度控制采用在承台4个轴线点上各加密一个控制点,联合两岸控制点构成控制网,进行严密平差计算,确定绝对位置。相对精度控制采用将承台上的4个控制点组成微型测边网,进行局部平差,控制点相对精度在0.5mm之内。D0安装时采用承台上的控制点直接测量,保证测量的相对精度。承台上高精度微型控制网如图2。图2中最长边为上游控制点到下游控制点,边长约为44m,测量控制点到钢塔距离约为20m。D0段安装时,主要以上、下游控制点对D0段进行测量定位,下游控制点测量1号、2号塔肢、上游控制点测量3号、4号塔肢,上、下游两控制点相互后视,且以南、北两控制点作为校核。

D0段安装控制分为平面控制和高程控制。平面控制主要为单塔绝对坐标、扭转,各塔之间轴线错开量、相对扭转,采用全站仪加小棱镜(10cm棱镜高)测量。高程控制主要为单塔绝对高程,各塔相对高差,采用电子水准仪测量。

D0段精密调位时,先调好一个塔肢的自身姿态,另外三个塔肢以第一个塔肢为目标,调整自身姿态及相对关系。节段顶面测量点位布置见图3。

2.合拢段测量控制

合拢段既是两塔肢的合拢口,又是下横梁合拢口。由于塔身高度限制,承台上加密控制点无法满足合拢口的测量工作,所以,在距承台上、下游各200m处的防撞墩上建立加密控制点,进行安装测量。大风及有大船过境时,防撞墩上控制点受波浪影响有一定的晃动,并影响到测量精度,应停止测量。通过大量数据分析统计,在一般工况下,四个测回的测量精度为3.1mm,能满足塔段绝对定位的要求,但两塔肢的相对精度较低。为此,采用在塔肢顶面自由设站,建立局部坐标系,精密测量四个塔肢的相对位置，并采用钢尺量距法进行校核测量，满足塔肢的相对定位精度要求，其相对测量精度高于1mm。

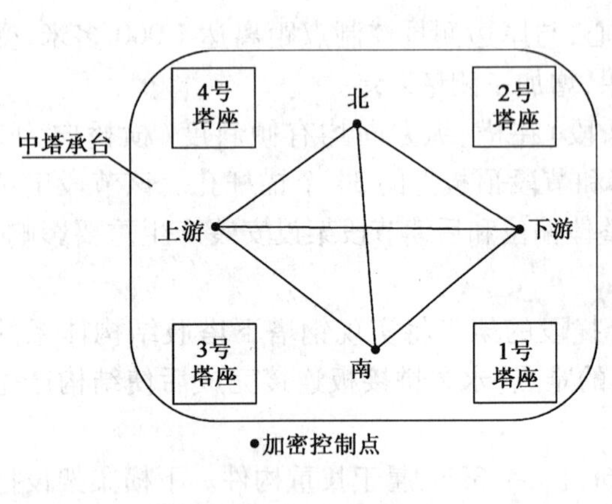

图2　钢塔安装测量微型控制网

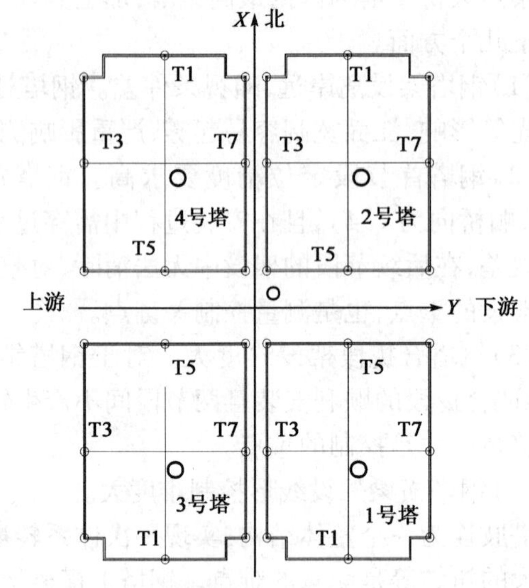

图3　首节(D0节段)顶面测量点位布置示意图

3. 横梁定位测量控制

为适应起重设备的吊装能力，中塔上横梁分为4个节段进行吊装。上横梁架设过程中的主要测量工作有：

(1)采用全站仪自由设站法，精确测量出上、下游塔身合拢面上4个断面间距，以确定合拢口的间距。

(2)监测上、下游塔肢的应力分布，进行塔肢偏心荷载应力释放，使塔肢轴线回到正常状态。

(3)通过上横梁轴线串线测量，确保4个节段在横梁长度方向不产生扭转和错位等问题，顺利实现上横梁合拢。

4. 线形测量与控制

中塔从下横梁到上横梁为长达130m的悬臂段，施工塔吊及电梯附墙均安装在塔身上，塔身受光照、风力、施工设备附加力等多种因素影响，因此，塔身位置变化大。为及时掌握塔身的空间姿态，在各塔段安装后，需在晚间气温稳定、风力小于4级且停止其他施工作业的情况下进行线形测量。

图4　钢塔监测棱镜安装实物图

线形测量采取“全局测量”和“局部测量”相结合的测量方法。“全局测量”基于测量机器人(TCA2003全站仪)，利用研发的自动监测技术，采集监测棱镜的数据；“局部测量”采用电子水准仪，精密测量各塔段顶面高差，同时进行温度和风速测量。测量数据采用专用软件进行控制计算分析，准确识别各项误差，并实时修正。另外，结合在工厂采集的塔段预拼装数据，预测后续塔段安装后的线形，从而实现对塔身安装过程的精度管理，使测量技术和控制技术有机地结合在一起。塔身外侧监测棱镜安装实物图见图4，监测棱镜布置示意图见图5。

四、变形监测

钢塔安装阶段，中塔基础随着自身荷载及施工进程的影响而一直处于缓慢运动的状态，其空间点在大地坐标系中的绝对空间位置是不断变化的，需定期测量承台上加密控制点三维坐标，以修正测量坐标系统，指导钢塔架设。

变形监测分为平面变形监测和高程变形监测。高程变形监测分为绝对高程变形监测和相对高程变形监测。钢塔安装精度受不均匀沉降影响大，相对高程变形监测目的便在于监测基础有无不均匀沉降。

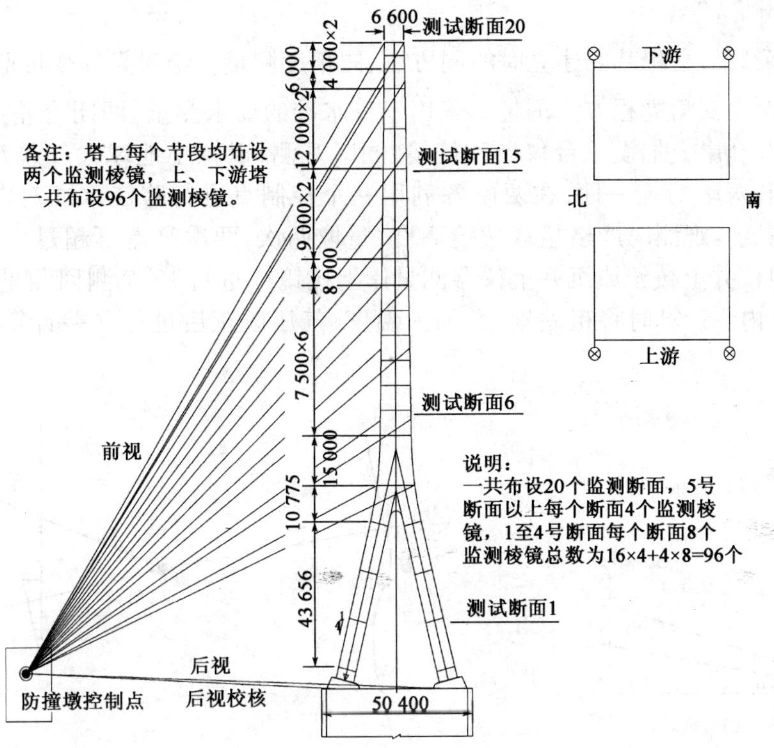

图5　钢塔上监测棱镜布置示意图(尺寸单位：mm)

1. 平面变形监测

在这里定义三个不同施工阶段的坐标系统：

A：锚杆安装时期；

B：钢塔吊装前；

C：钢塔吊装到一定阶段。

在中塔沉井下沉到位，锚杆安装前在沉井上加密了四个测量加密控制点，以此作为锚杆安装时的控制依据，此为A系统。

中塔锚杆安装完成后即进行承台混凝土浇筑，承台浇筑后中塔基础发生一定程度的不均匀沉降，在钢塔D0节段吊装前对沉井上4个加密控制点进行复测，此时得到的平面系统即为B系统。

在钢塔吊装到一定阶段，钢塔有一定高度后，因沉井上4个加密控制点离塔身距离近，利用沉井上4个加密控制点再难以对钢塔吊装起到控制作用，此时在上、下游防撞墩上建立测量控制点，并与中塔上的加密控制点进行联测，此为C系统。

此三系统均为中塔基础沉降等因素所致，承台及塔座混凝土浇筑阶段使用A系统，D0节段吊装时及以后钢塔安装则使用B系统，中塔吊装到一定阶段复测加密得到的C系统，并将C系统改化到B系统中使用。具体操作如下：

在D0段吊装之前，将中塔承台上的4个加密控制点与岸上首级控制网联测，所测的4个加密控制点成果即为B系统，定义为中塔塔柱坐标系统。塔柱特征点的设计坐标也是中塔塔柱坐标系下的坐标，即无论中塔基础是否下沉，我们利用B系统成果为塔柱安装定位，能保证中塔塔柱上所有点的相对位置不变。当塔安装到一定高度后，必须使用另外加密控制点(上、下防撞墩上新加密点)定位，再次用岸上首级控制网联测承台加密控制点，此时加密控制点成果即为C系统，定义为大地坐标系。上、下防撞墩上的控制点也属于C系统，当使用上、下防撞墩上加密控制点为钢塔进行定位时，就必须将其转换到B系统中，其转换即为三维直角坐标变换。

在整个钢塔吊装过程中采用B系统确保钢塔结构的相对关系，同时也用C系统控制钢塔的绝对偏位，使其在允许的偏差之内。坐标系统转换示意图见图6。

2. 高程变形监测

高程变形监测采用与高程基准建立时的同方法、同精度测量。绝对高程变形监测采用两岸3个控制点分别用全站仪对向三角高程方法测量。采用三等水准的要求测量，即闭合差小于$\pm 12\sqrt{L}$(mm)。施测时分别在在沉井和岸上加设一台仪器和棱镜，同时观测，以减小地球大气差对测量精度的影响。为了保证中塔高程和两岸的统一性，在两岸各利用一个控制点进行跨江水准对向观测，进行闭合传高，提高高程传递精度。观测时严格量取棱镜高度，量取两次，两次高差不超过1mm。观测中长边测量(即岸上仪器测量沉井上棱镜或沉井上仪器测量岸上棱镜)，进行12个测回测量，每个测回盘左、盘右各进行4次读数，内业计算时将粗差剔除，加入温度、气压改正后进行平差计算。跨江水准路线示意图见图7。

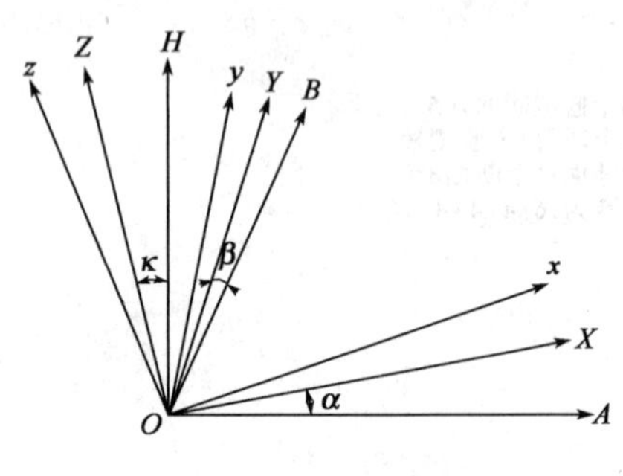

图6　坐标系统转换示意图

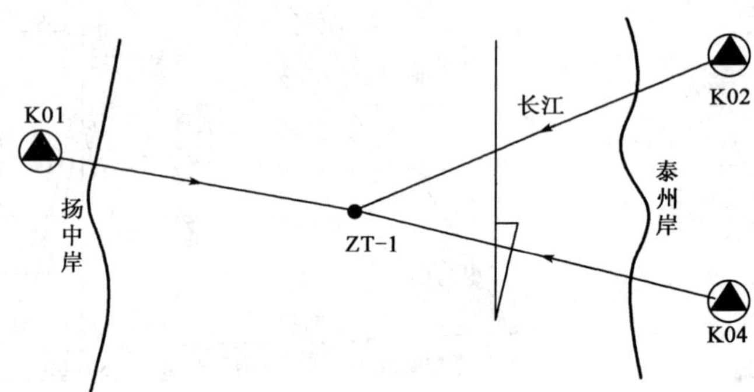

图7　跨河水准路线示意图

相对高程变形监测是将承台上8个不均匀沉降观测点组成闭合水准路线采用电子水准仪按二等水准精度施测，准确测量基础因施工荷载等因素引起的沉降。

高程变形监测每一月至少测量一次。如当月钢塔架设节段超过4节，则每架设4个节段便进行一次高程变形监测。

五、竣工测量

中塔安装完成后，进行竣工测量。竣工测量在夜间气温稳定时开展。塔身垂直度测量采用全站仪三维坐标法；高度测量采用全站仪竖直传高法；塔顶中心间距测量采用全站仪间接测距法。测量工作开始前、后及测量过程中，均同时测量塔身温度和环境温度，以便进行相应的温度改正。测量结果满足《泰州长江公路大桥工程专项质量检验评定标准》。

(1)塔身纵桥向垂直度为1/19 150、横桥向垂直度为1/47 875，满足钢塔垂直度不大于1/4 000精度要求。

(2)上、下游塔顶中心间距偏差+2.3mm，满足塔顶中心间距偏差不大于4mm精度要求。

(3)上游塔柱顶面高程偏差为-17.5mm，下游塔柱顶面高程偏差为-19.0mm，满足塔柱顶面高程偏差不大于20mm精度要求。

六、结　语

通过对泰州大桥中塔安装测量技术难点、重点进行分析，结合安装测量工程实践，经科学总结，得出以下几点经验体会。

(1)科学的测量方法、精良的测量仪器、合适的测量时机，是优质、快速完成超高索塔钢塔安装施工的关键。

(2)安装工程中,钢结构之间相对精度要求远高于绝对精度要求,需建立高精度的微型控制网。

(3)全局测量与局部测量相结合,测量技术与控制技术相结合,能有效地解决大型安装工程中的定位测量控制问题。

(4)安装过程中,应进行基础沉降监测,以便及时掌握基础沉降对钢塔空间姿态的影响,同时进行环境因素测量,并对钢塔空间姿态进行适时修正。

参考文献

[1] 江苏省特大跨径桥梁施工测量规范(试行本),2007.1.

[2] 华锡生,黄腾. 精密工程测量技术及应用. 南京:河海大学出版社,2001.

[3] 樊功瑜. 误差理论与测量平差[M]. 上海:同济大学出版社, 1998.

[4] 刘金平. 苏通大桥超高索塔施工几何测量技术总结. 交通工程建设,2007 (1).

73. 九江长江公路大桥双壁整体式钢吊箱设计关键技术

费伦林[1] 邓江维[2] 江祥林[3]

(1. 江西省高速公路投资集团有限责任公司;2. 江西省高速公路投资集团有限责任公司温沙管理处;3. 江西省交通厅科学研究院)

摘 要 以九江长江公路大桥为工程背景,详细地介绍了北主塔22号主墩承台钢吊箱设计与施工关键技术。为今后同类型桥梁深水基础施工提供参考与借鉴。

关键词 桥梁工程 深水大型承台施工 大型钢吊箱 设计技术

一、引 言

九江长江公路大桥由江西九江市跨越长江,连接湖北黄梅县。桥址位于已建九江公铁大桥上游10.8km处。长江两岸大堤间距2.23km。九江长江公路大桥在同类型斜拉桥中主跨居“世界第六、国内第四”。

九江长江公路大桥为主跨818m双塔混合梁斜拉桥,北塔22号主墩采用哑铃形承台,横桥向总宽度82m,圆形部直径30m,承台高8m,系梁宽度14m。承台的每个圆形部分布置19根桩基,系梁下布置5根,承台下总共布置43根直径2.5m、长88m的钻孔灌注桩。桩基在承台下呈梅花形布置,按摩擦桩设计。北塔基础具体结构见图1。

22号主墩承台采用钢吊箱作为承台施工的止水结构。考虑加工、定位误差,钢吊箱内部尺寸与永久结构尺寸相比,每边各扩大了5cm。

钢吊箱呈“哑铃”形,双壁结构厚度1.4m,吊箱总长84.9m,宽32.9m,双壁部分高16m,起吊重量达1761t。钢吊箱在鄂州光大船业有限公司进行分段加工,整体拼装,气囊下水,拖轮拖带浮运至施工现场,采用3台大型起重船整体吊装。

二、水 文 条 件

本河段长江水位上承上游径流来水,下受鄱阳湖出流影响,汛期为5~10月。

实测水流速:

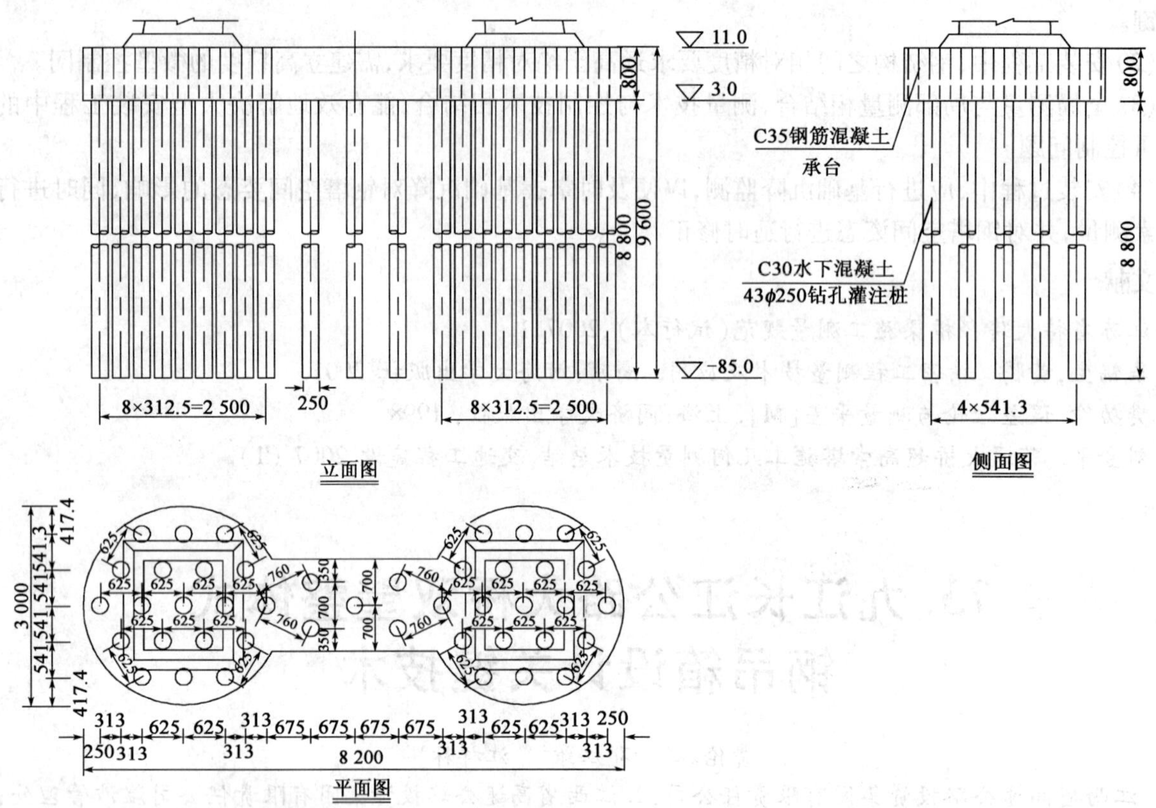

图1 北塔基础一般构造图

注:1.图中尺寸以cm计;2.水位及高程均采用85高程系。

(1)2009年10月10日现场实测表面流速约为1.7m/s。

(2)2009年11月10日现场实测表面流速约为1.8m/s。

(3)2009年12月5日现场实测表面流速约为1.8m/s。

(4)2010年6月20日现场实测表面流速约为2.12m/s。

(5)2010年9月12日现场实测表面流速约为1.87m/s。

近6年长江水位(九江站)统计表见表1。

近6年水位统计表(黄海高程) 表1

年度	2005年		2006年		2007年		2008年		2009年		2010年	
月份	最高	最低	最高	最低	最高	最低	最高	最低	最高	最低	最高	最低
1月	7.97	6.87	8	6.59	7.07	6.17	6.88	6.28	7.0	6.42	7.04	6.53
2月	11.73	7.61	8.49	6.39	7.77	6.19	7.36	6.38	8.31	6.46	7.23	7.15
3月	11.04	8.73	10.13	8.49	9.25	7.77	9.66	6.38	11.4	8.31	10.64	7.20
4月	9.81	9.06	12.34	8.91	9.63	7.5	11.49	9.3	12.86	8.31	14.8	8.94
5月	15.33	9.05	13.46	10.9	10.79	8.19	11.45	9.84	13.71	12.24	14.8	12.63
6月	16.14	15.11	15.03	12.81	14.85	9.2	15.02	10.73	14.11	12.63	18.5	16.5
7月	15.42	14.06	14.79	13.51	16.56	14.27	14.59	13.54	15.51	13.08	18.90	17.4
8月	16.41	14.33	14.16	9.15	17.14	15.02	16.03	13.54	15.96	14.82	18.82	16.33
9月	17.56	13.35	10.19	8.08	15.06	14.24	16.53	14.33	14.93	11.11	15.78	14.7
10月	13.91	11.24	8.83	7.35	14.25	8.79	14.34	8.57	9.75	7.89	14.62	11.53
11月	11.49	9.63	8.86	6.83	8.79	7.01	14.36	8.57	8.01	6.97	11.32	7.63
12月	9.63	6.81	8.42	6.2	7.01	6.13	11.8	6.39	6.9	6.58	9.41	6.89

三、钢吊箱总体施工方案比选

1. 方案比选

本项目在确定钢吊箱设计、施工与吊装方案时参考其他类似工程的施工经验，结合本工程的特点，确定了以下4种钢吊箱比选方案，见表2。

钢吊箱比选方案优、缺点比较　　表2

总体方案	施工方案	优点	缺点
方案一	钢吊箱在加工厂分片加工、整体拼装，浮运至现场，采用多艘起重船抬吊进行安装	(1)在加工厂分段制作，总体拼装，加工精度高； (2)可与钻孔桩同步进行施工，不占用现场资源，现场施工压力小，可缩短工期约2个月； (3)不需现场拼装，可节省施工场地； (4)钢吊箱加工直接成形，采用起重船抬吊，现场施工时间短，工效高	(1)钢吊箱需整体浮运至现场，运输风险大，协调难度大； (2)采用多艘起重船抬吊，设备组织难度大
方案二	钢吊箱在加工厂分片加工，运至现场后，在拼装船上先进行底板拼装，然后进行壁体拼装。拼装完成后采用多艘起重船进行整体抬吊安装	(1)分片在工厂加工，运输方便； (2)采用2艘起重船抬吊整体下放，提前拼装，不影响整体施工工期； (3)大型起重设备组织难度小	(1)现场拼装精度控制难度大； (2)现场拼装工程量大，管理难度大
方案三	钢吊箱在加工厂分片加工，运至现场后，在拼装船上进行首节(10m高度)拼装，采用一艘大型起重船整体吊安首节。首节入水自浮后，在桥位进行第2节6m高的拼装，拼装后注水下沉到位	(1)分片在工厂加工，运输方便； (2)首节10m高采用 艘起重船整体下放，可操作性强； (3)大型起重设备组织难度小	(1)现场拼装精度控制难度大； (2)现场拼装工程量大； (3)第二节接高占用主线工期
方案四	钢吊箱在加工厂分片加工，在拼装船上整体拼成13.4m高度，采用一艘大型起重船整体下放。首节下放到位后进行拉压杆安装，安装底板堵漏，搭设封底平台进行封底混凝土施工，同时进行第2节拼装	(1)分片在工厂加工，运输方便； (2)节约封底施工工期； (3)大型起重设备组织难度小； (4)第二节接高不占用主线工期	(1)现场拼装工程量大； (2)占用主线工期短，存在交叉作业； (3)受施工水位制约大，施工风险大

2. 方案选定

经综合比选，考虑到主塔为项目控制性工程，为确保工程进度、提高经济效益，最终选定方案一，即：钢吊箱在加工厂分段加工、整体拼装，气囊法下水后浮运至现场，采用3艘起重船抬吊进行安装。

四、整体式钢吊箱设计

1. 设计总体思路

钢吊箱结构设计是以钢吊箱施工流程为基础，以钢吊箱施工过程中不同状态为分析对象来对钢吊箱结构加以设计优化。

22号主墩钢吊箱采用后场加工拼装、整体下水、拖带浮运、起重船吊安、现场定位、拉压杆固定、浇筑封底混凝土、抽水、施工承台的施工流程。在这些施工流程中存在可能导致吊箱结构破坏的因素，需要对其加以分析，针对计算结果对相对薄弱的地方进行加强，确保钢吊箱施工过程的安全性。

2. 设计关键点

根据钢吊箱施工流程，从保证钢吊箱结构安全角度出发，在设计过程中主要考虑以下几点：

(1)钢吊箱底板的控制工况为气囊下水工况（刚度及强度）、起吊工况（刚度）以及浇封底工况（强度）。

(2)钢吊箱壁体（刚度及强度）以及封底混凝土（强度及握裹力）的控制工况为抽水工况以及浇承台工况。

(3)抽水时钢护筒的握裹力以及浇承台时桩基抗压都是设计中要考虑的。

3. 吊箱设计基本参数

(1)吊箱双壁顶高程：+16.0m

(2)吊箱单壁顶高程：+17.5m

(3)第一层承台顶高程：+7.00m

(4)承台底高程：+3.00m

(5)首层承台浇筑厚度：4.0m

(6)封底混凝土底高程：+0.00m

(7)封底混凝土厚度：3.0m

(8)钢护筒顶高程：+18.5m

(9)护筒规格：ϕ2 840 mm（外径）

(10)混凝土握裹力（按已实施桥梁经验取值）：150 kN/m^2

(11)封底混凝土强度等级：C25

(12)素混凝土重度：24kN/m^3

(13)钢筋混凝土重度：25kN/m^3

(14)钢材重度：78.5kN/m^3

(15)起吊能力：整体吊装：1 200t、800t、500t 起重船

(16)设计水位：设计高水位（抽水及施工承台）：+17.14m

设计低水位：+13.00m

(17)设计水流流速 2.0m/s

4. 钢吊箱基本尺寸

(1)壁体厚度：1.4m

(2)吊箱高度：17.5m

(3)壁体外周长：218.765m

(4)壁体内周长：210.289m

(5)吊箱外面积：2 048.558m^2

(6)吊箱内面积：1 748.022m^2

(7)夹壁内面积：300.536m^2

(8)护筒的总面积：

$$43(\text{个}) \times \frac{\pi}{4} \times 2.84^2 = 272.392\text{m}^2$$

(9)护筒的总周长：

$$43(\text{个}) \times \pi \times 2.84 = 383.651\text{m}$$

5. 钢吊箱结构布置图

钢吊箱结构布置图见图2、图3、图4。

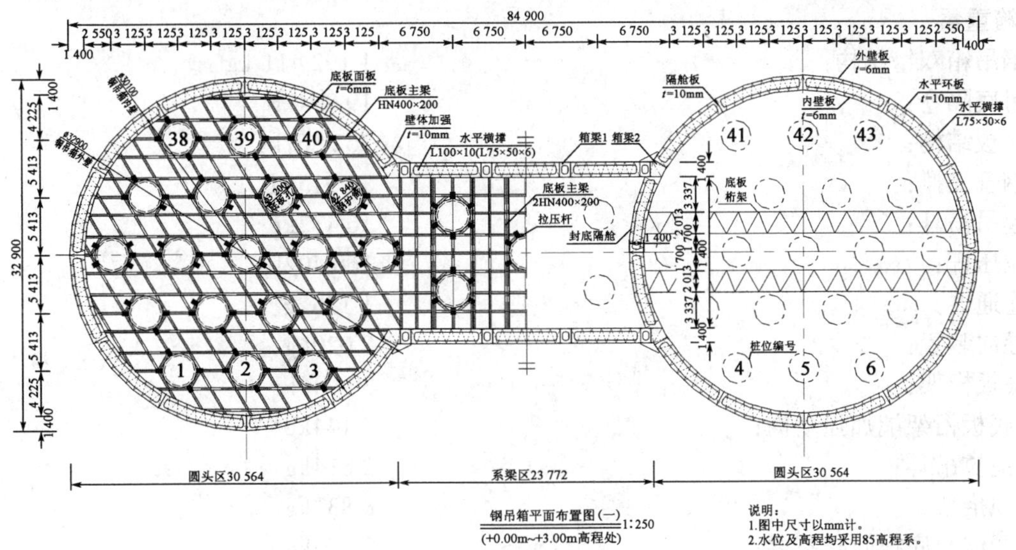

图2 钢吊箱设计平面布置图(一)

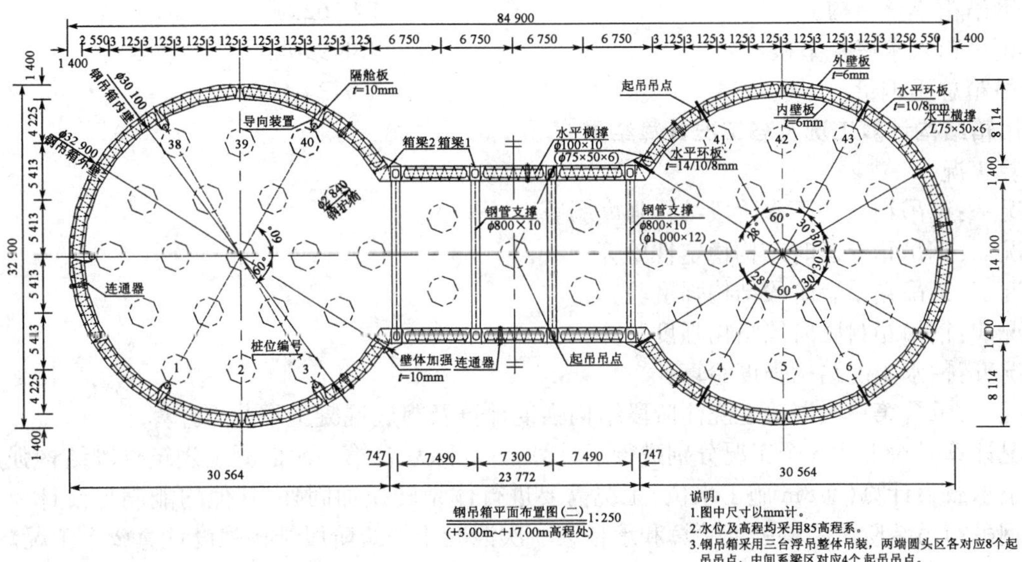

图3 钢吊箱设计平面布置图(二)

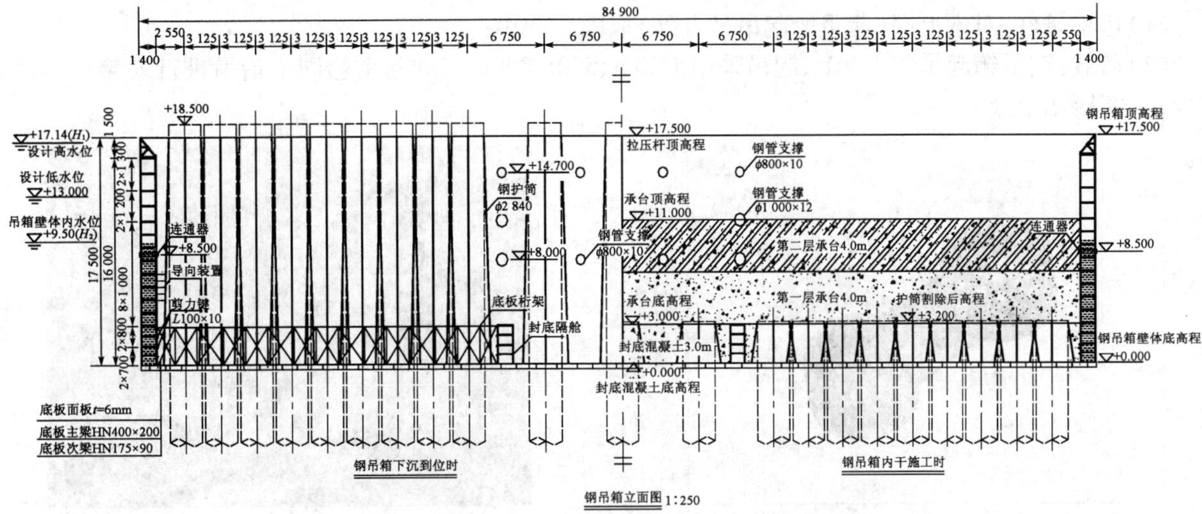

图4 钢吊箱剖面图(尺寸单位:mm)

6. 吊箱重量

(1)钢吊箱双壁结构:	1 192 411 kg
(2)封底隔仓:	19 894kg
(3)底板结构:	262 867kg
(4)钢管支撑:	39 915kg
(5)起吊吊耳:	16 432kg
(6)拉压杆:	160 402kg
(7)连通器:	1 136kg
(8)导向装置:	8 020kg
(9)底板桁架:	39 046kg
(10)底板桁架端加强结构:	5 144kg
(11)拖拉吊耳:	2 814kg
(12)顶推架:	8 832kg
(13)壁体与底板间联系梁:	3 576kg
(14)吊箱起吊重量:	1 760 489kg
(15)钢吊箱单壁结构:	24 162kg
(16)钢吊箱入水底板垫板:	188 990kg
(17)吊箱总用钢量:	1 973 641kg

7. 钢吊箱结构计算工况及各工况计算结果

1)计算工况

①工况一:钢吊箱气囊下水阶段结构强度验算;

②工况二:钢吊箱浮运时结构稳定性验算;

③工况三:钢吊箱吊装阶段结构强度验算;

④工况四:钢吊箱封底阶段结构强度验算;

⑤工况五:抽水工况结构强度验算;

⑥工况六:承台第一次混凝土浇注阶段结构强度计算及封底混凝土承载力计算。

在工况计算时对上述6个工况分别进行了计算,计算除承台第一次混凝土浇筑阶段结构强度计算及封底混凝土承载力计算(+8m施工水位)工况需要进行体系转换加固外,其他均能满足设计要求。此文中仅列举钢吊箱吊装阶段结构强度验算和承台第一次混凝土浇筑阶段结构强度计算2个工况。

2)钢吊箱吊装阶段结构强度验算

本工况计算钢吊箱起吊时结构强度,为便于分析,建模1/2,有限元模型见图5。

(1)边界条件:对索上端(起重船起吊吊点处)取固结约束;

(2)荷载:钢吊箱起吊约1 761t,起吊采用1 200t、500t、800t,三艘起重船同步抬吊进行安装。钢吊箱同步起吊现场见图6。

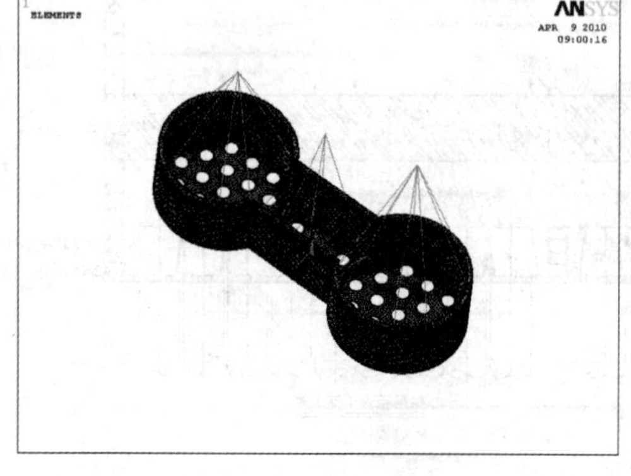

图5 有限元模型

图6 钢吊箱起吊现场照片

(3)计算结果见表3。

计 算 结 果 表　　表3

<table>
<tr><th colspan="2" rowspan="2">名　称</th><th rowspan="2">规格(mm)</th><th colspan="2">钢吊箱吊装阶段结构强度</th></tr>
<tr><th>最大变形(mm)</th><th>最大应力(MPa)</th></tr>
<tr><td rowspan="2">壁体</td><td rowspan="2">钢管支撑</td><td>$\phi800 \times 10$</td><td>—</td><td>36(轴应力)+9(弯应力)</td></tr>
<tr><td>$\phi1000 \times 12$</td><td>—</td><td>15(轴应力)+6(弯应力)</td></tr>
<tr><td rowspan="4">底板</td><td>底板面板</td><td>$t = 6$mm</td><td>40</td><td>48</td></tr>
<tr><td>双拼主梁</td><td>2HN400×200</td><td>37</td><td>17</td></tr>
<tr><td>底板主梁</td><td>HN400×200</td><td>40</td><td>62</td></tr>
<tr><td>底板次梁</td><td>HN175×90</td><td>40</td><td>33</td></tr>
</table>

注:钢丝绳最大拉力1 172kN,最小拉力为870kN。

3)承台混凝土浇筑阶段结构强度计算及封底混凝土承载力计算(+8m施工水位)

在计算时,我们取最不利情况低水位+8.0m,夹壁水位取+2.5m,验算浇注首层承台4.0m时,封底混凝土强度及握裹力。

(1)验算条件。由于施工条件变化,钢吊箱浇筑第一层4.0m承台时验算条件如下:

①封底底高程:　　-0.1m

②封底厚度:　　3.0m

③垫层:　　0.2m

④施工水位:　　+8.0m

(2)验算工况。承台第一层混凝土浇筑阶段。

①施加荷载

a.由于钢吊箱浇筑首层承台时,钢护筒已经切割,钢吊箱重力、钢吊箱夹壁内水的重力(竖直向下)与水对钢吊箱夹壁的浮托力(竖直向上)相互抵消;

b.3.0m封底混凝土自重力(由计算程序自行考虑);

c.0.2m垫层自重力;

d.浇筑首层承台4.0m对封底混凝土的压力;

e.水对封底混凝土浮托力;

f.作用于封底混凝土顶面的压力的合力为:$q(\downarrow) = 25 \times 4 + 24 \times 0.3 - 10 \times [8 - (-0.1)] = 26.2$kPa。

②边界条件。浇筑首层承台时,取封底混凝土与钢护筒的接触面为固结约束。

③计算结果。封底混凝土各向主应力如图7、图8、图9所示。

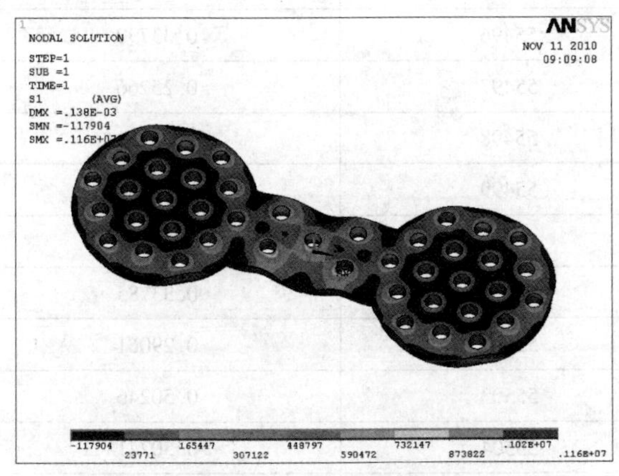

图7 浇筑首层承台时封底混凝土第一向主应力

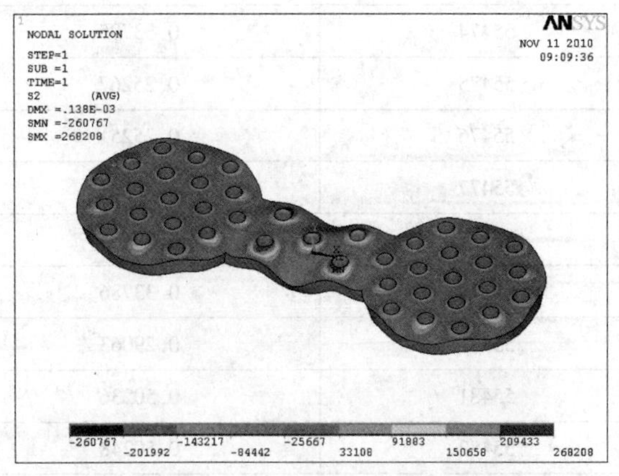

图8 浇筑首层承台时封底混凝土第二向主应力

由图7～图9可以看出，封底混凝土的最大拉应力为1.16MPa，最大压应力为1.12MPa。封底混凝土等级取C25，其轴心抗压强度为11.9MPa，轴心抗拉强度为1.27MPa。故采用厚度为3.0m等级为C25的封底混凝土能满足首次浇筑4.0m承台时封底混凝土抗弯强度要求。

（3）封底混凝土与钢护筒握裹力计算。钢护筒处节点编号见图10所示，各节点（钢护筒）处的握裹力见表4。

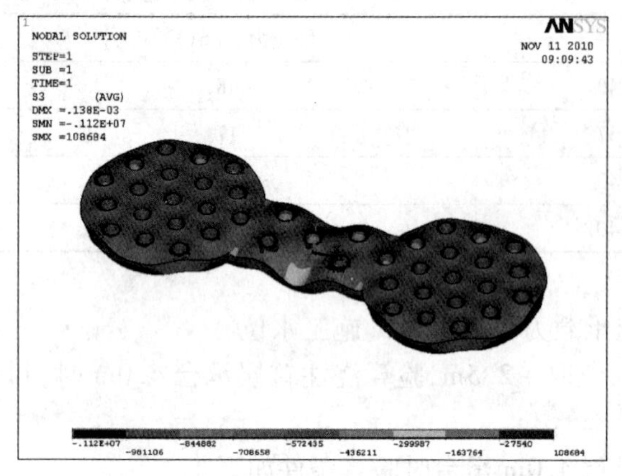

图9　浇筑首层承台时封底混凝土第三向主应力

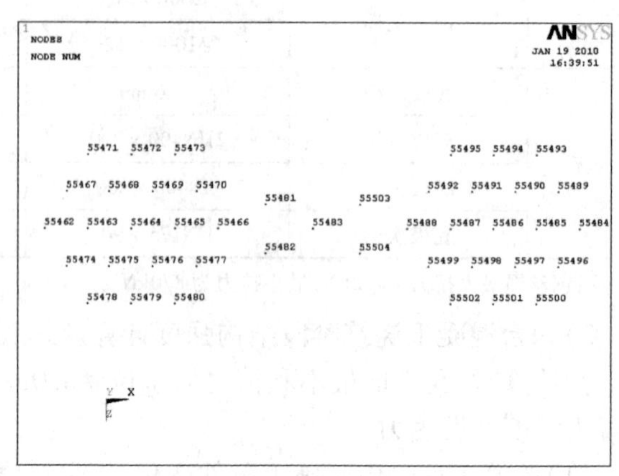

图10　钢护筒处节点编号

各节点（钢护筒）处的握裹力　　表4

节点编号	握裹力(10^7N)	节点编号	握裹力(10^7N)
55462	0.28973	55484	0.28976
55463	0.25267	55485	0.25268
55464	0.25781	55486	0.25781
55465	0.25295	55487	0.25295
55466	0.34676	55488	0.34675
55467	0.33795	55489	0.33795
55468	0.25267	55490	0.25267
55469	0.25253	55491	0.25252
55470	0.35592	55492	0.35592
55471	0.28967	55493	0.28966
55472	0.33779	55494	0.33780
55473	0.29064	55495	0.29065
55474	0.33795	55496	0.33790
55475	0.25267	55497	0.25266
55476	0.25251	55498	0.25251
55477	0.35588	55499	0.35590
55478	0.28962	55500	0.28965
55479	0.33786	55501	0.33785
55480	0.29063	55502	0.29061
55481	0.50236	55503	0.50246
55482	0.50248	55504	0.50241
55483	0.54432	总握裹力(N)	13.822

钢护筒所能承受的最大握裹力：$F = 150 \times A = 150 \times (\pi \times 2.84 \times 2.8) = 3747\mathrm{kN}$

由表 4 可以看出，节点编号为 55481、55482、55483、55503、55504 处的钢护筒握裹力均已超过钢护筒所能承受的最大握裹力；节点编号为 55470、55477、55492 及 55499 处的钢护筒握裹力为 3560kN，与封底混凝土所能承受最大握裹力相差不大；其余钢护筒最大握裹力为 3468kN。故需要对编号 55481、55482、55483、55503、55504 以及 55470、55477、55492、55499 共 9 根护筒上的拉压杆进行体系转换。

实际施工过程中，对所有拉压杆都进行了体系转换，以确保钢吊箱结构安全。拉压杆体系转换后，依靠厚度为 3.0m 等级为 C25 的封底混凝土能满足首次浇筑 4.0m 承台时的钢护筒握裹力设计要求。

8. 关键部件受力结构计算

对多种工况进行计算、分析后，同时也应当对拉压杆结构、支座耳板、体系转换支座强度、起吊吊耳结构强度（容许应力法）等指标进行计算，并根据计算结果对设计进行优化。本设计经过计算后，各项指标满足强度要求。

五、结　语

(1)工程设计、制造和施工中通过加大技术攻关投入，对设计进行了多次优化，很好地解决了九江长江公路大桥主墩承台大型钢吊箱施工中面临的关键技术难题。对施工过程中各不利工况进行受力分析与计算，确定结构合理截面形式，确保了钢吊箱整体强度、刚度及稳定性。

(2)钢吊箱采用船厂分段加工、整体拼装，解决了施工场地狭小的问题，且钢吊箱制作、拼装不占主线工期。

(3)承台钢吊箱施工中首次采用 3 船抬吊整体同步吊装施工工艺，吊装过程中通过对吊耳及绳索受力进行实时监控，确保了钢吊箱吊装安全。

(4)钢吊箱从开始吊装到具备水下混凝土施工条件，仅用了 20d，其中下放到位用了 9h，精确定位用了 8h，哈佛板安装与堵漏 1 个潜水组 1 个潜水员用了 6 个台班，施工方法得当、功效高，有效地缩短了主线施工时间，为项目节约了工期，取得了良好经济和社会效益。

(5)本工程钢吊箱重达 1761t，有 5 层楼高、6 个篮球场大，其吊装成功创造了长江中上游桥梁施工中体积最大、重量最重、浮运距离最远的“三项国内之最”，对后续类似特大型桥梁深水承台施工具有借鉴意义。

参考文献

[1] 江西省高速公路投资集团有限公司. 福银高速公路九江长江公路大桥 1761t 双壁整体式钢吊箱设计与施工关键技术研究课题研究报告[R]. 南昌：江西省高速公路投资集团有限责任公司，2011.

[2] 刘自明. 桥梁深水基础[M]. 北京：人民交通出版社，2003.

[3] 张鸿，刘先鹏. 特大型桥梁深水高桩承台基础施工技术[M]. 北京：建筑工业出版社，2005.

[4] 强士中，周璞. 深水基础的施工技术[M]. 成都：西南交通大学出版社，2000.

[5] 中铁大桥局集团有限公司. 大跨度桥梁设计与施工技术[M]. 北京：人民交通出版社，2002.

[6] 谭萍，徐伟. 双壁钢吊箱施工技术研究[D]. 上海：同济大学土木工程学院，2008(1).

[7] 南京长江第三大桥建设指挥部. 南京长江第三大桥主桥技术总结[M]. 北京：人民交通出版社，2005.

[8] 张雄文，任回兴. 苏通大桥 5800t 钢吊箱整体沉放技术[J]. 中国工程科学. 2010(2).

74. 哑铃形超大钢吊箱浮运研究

徐　刚[1]　张延河[1]　徐双喜[2]　吴小斌[1]
(1. 中交第二航务工程局有限公司;2. 武汉理工大学交通学院)

摘　要　介绍九江长江公路大桥北塔1761t哑铃形超大钢吊箱超长距离浮运关键技术,为同类工程提供借鉴及参考。

关键词　钢吊箱　浮运　阻力　FLUENT

一、工 程 概 况

1. 项目介绍

福银高速公路九江长江公路大桥是主跨为818m双塔混合梁斜拉跨江大桥。主跨居同类型斜拉桥"世界第六,国内第四"。北塔(22号墩)位于长江主航道中,承台为哑铃形,横桥宽82m,圆形部分直径30m,承台高度8m,系梁宽度14m与承台等高。承台下设置43根直径2.5m钻孔灌注桩基础,桩基在承台下呈梅花形布置,见图1。

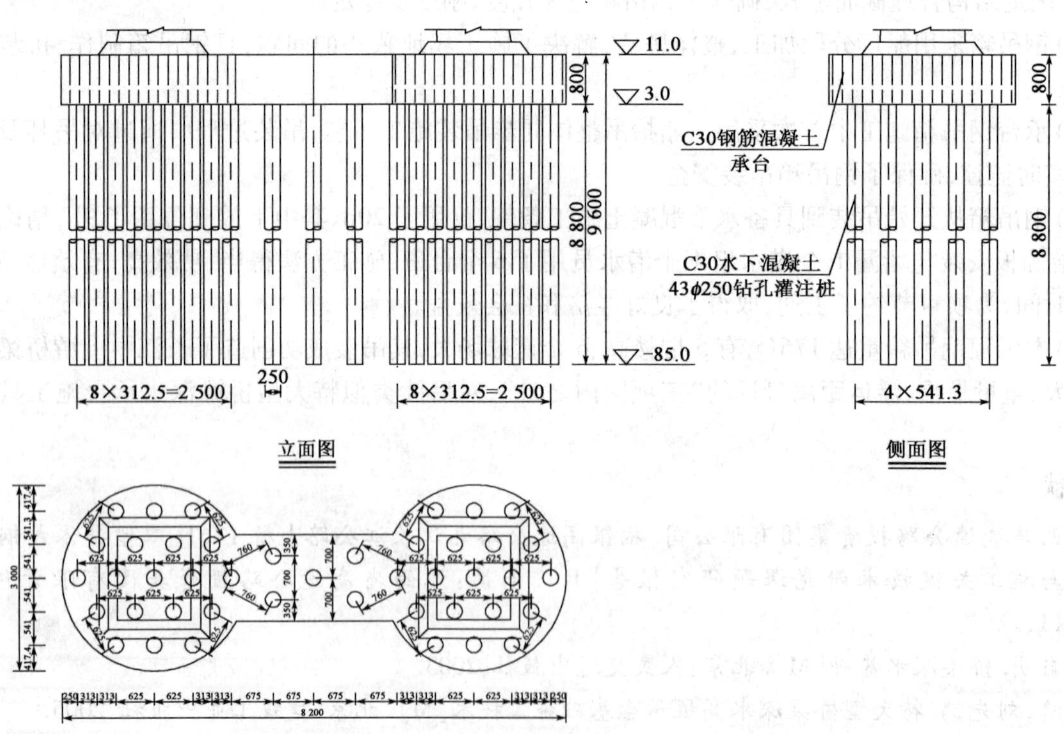

图1　北塔基础一般构造图(尺寸单位:cm)

2. 水文条件

本河段水位上承上游径流来水,下受鄱阳湖出流影响,汛期为5~10月。

2009年10月~2010年9月,施工区域内水流表面流速最大2.12m/s左右,最小1.7m/s左右。

2005年~2010年近5年来,9~12月份最高水位17.56m,最低水位6.2m。

3. 钢吊箱总体施工工艺

22 号主墩承台采用钢吊箱作为承台施工的止水结构。钢吊箱呈“哑铃”形,双壁结构厚度 1.4m,吊箱总长 84.9m,宽 32.9m,内口比承台结构每边大 5cm,双壁部分高 16m,起吊重量达 1761t。钢吊箱结构布置见图 2、图 3。

钢吊箱采用工厂分片加工、整体拼装,气囊法下水,拖轮拖带至现场,浮吊抬吊安装就位的工艺进行施工。

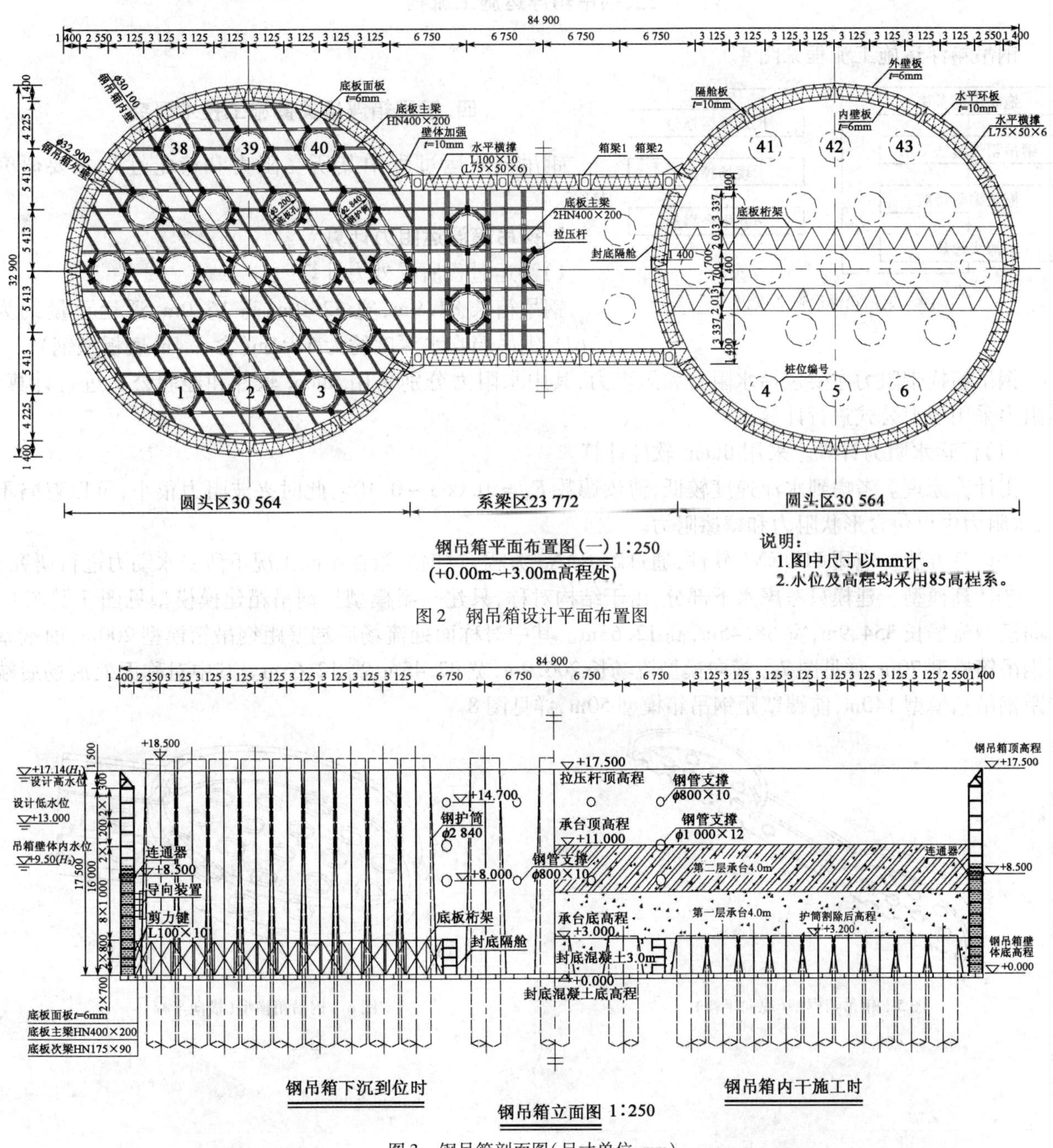

图 2 钢吊箱设计平面布置图

图 3 钢吊箱剖面图(尺寸单位:mm)

二、浮运施工特点及难点

(1)钢吊箱体积大、吊装重量达 1761t、高达 16.0 m。

(2)浮运距离远。船厂对岸大堤里程约为鄂江左K193,九江长江公路大桥桥位大堤里程桩号为鄂江左K27,浮运里程大约166km左右。

(3)航线内通过特大型桥梁多。途经鄂黄大桥、黄石大桥、鄂东大桥三座特大型桥梁,需考虑通航高度、横渡客船及江面上往来船舶的安全。

(4)航道情况复杂。江面较窄,水深流急,江风猛,洪水期水流情况复杂。航道较窄,最小仅100m。

(5)钢吊箱浮运阻力计算工况复杂,浮运难度大。

三、钢吊箱浮运施工流程

钢吊箱浮运施工流程见图4。

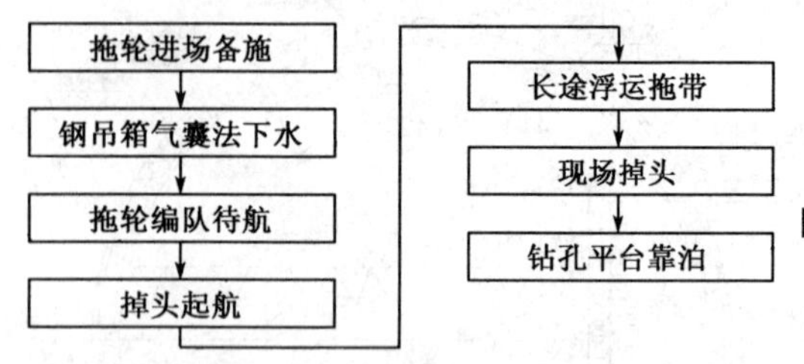

图4　钢吊箱浮运施工流程

四、钢吊箱浮运关键施工技术研究

钢吊箱浮运过程中其所受阻力和稳定性是主要研究内容。

1. 钢吊箱浮运阻力计算

1)浮运过程所受外力计算

钢吊箱长84.9m,宽32.9m,高16.0m,浮运重量约为1 761t。钢吊箱吃水深度约为5.04m(含0.4m底板型钢)。

钢吊箱拖带阻力主要包括水阻力和风阻力,其中水阻力分别采用fluent软件和经验公式进行计算。风阻力采用压力公式进行计算。

(1)浮运水阻力计算。采用fluent软件计算。

①计算原理。考虑到水流速度较低,傅汝德数 $F_n = 0.063 \sim 0.104$,此时兴波阻力很小,可以忽略不计,水阻力中仅包含形状阻力和摩擦阻力。

②计算方法。应用FLUENT软件,通过解RANS方程,对钢吊箱在不同工况下所受水动力进行研究。

③计算模型。建模只考虑水下部分,由于结构对称,只建一半模型。钢吊箱建模模型见图5及图6。纵向模型流场长354.9m,宽58.45m,高12.63m。其中对称面处流场后端壁距钢吊箱模型200m,前端壁距钢吊箱模型70m,详见图7。横向模型流场长206.9m,宽92.45m,高12.63m。其中对称面处流场后端壁距钢吊箱模型140m,前端壁距钢吊箱模型50m,详见图8。

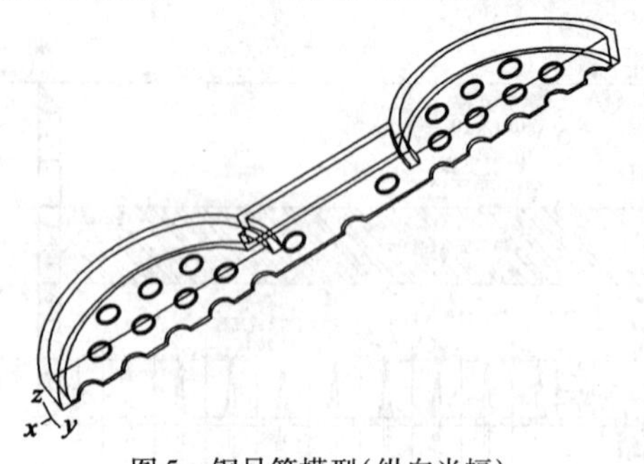

图5　钢吊箱模型(纵向半幅)

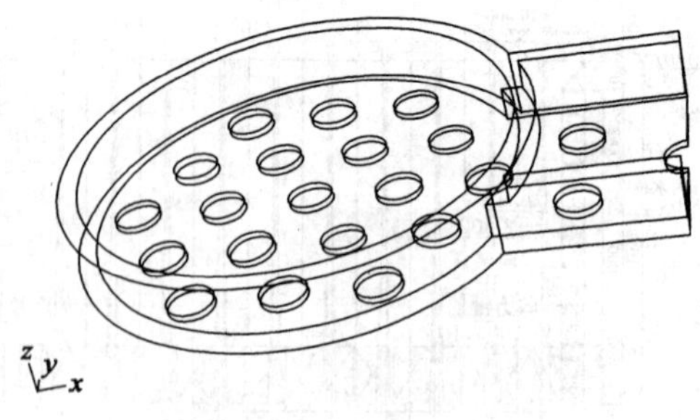

图6　钢吊箱模型(横向半幅)

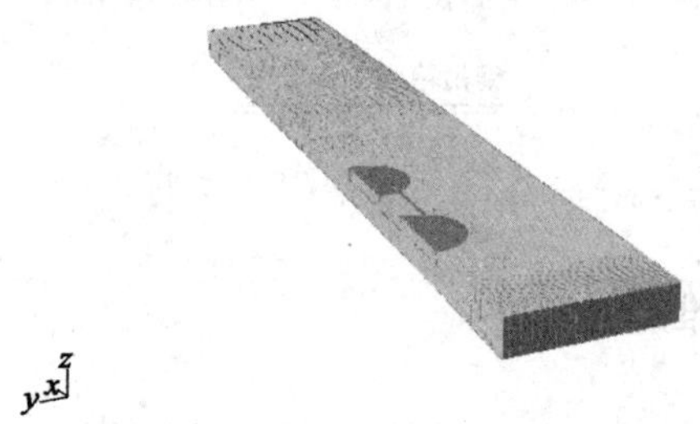

图7　计算流场模型(顺江拖带)

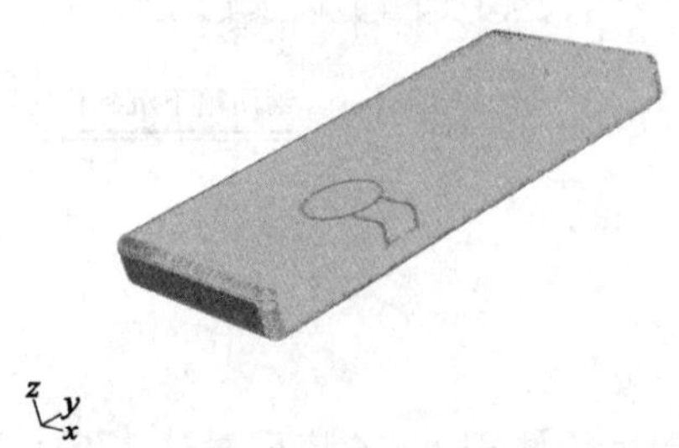

图8　计算流场模型(横江转向)

④计算结果。建模后根据计算流速分别对各种工况进行计算,计算结果详见表1。

主要工况顺水及逆水拖带钢吊箱水动压力分布结果见图9。横江转向工况主要用于计算钢吊箱稳定性,钢吊箱水动压力分布结果见图10。

fluent 计算各种工况下水阻力　　表1

拖带总体工况	拖带工况	水流速(m/s)	航速(m/s)	计算流速(m/s)	水阻力(kN)	备　注
顺江拖带	工况一	0	2.0	2.0	354.3	按静水拖带考虑
	工况二	0	2.2	2.2	425.6	
	工况三	0	2.5	2.5	559.3	
逆江拖带	工况四	2.0	0.3	2.3	471.7	
	工况五	2.2	0.3	2.5	559.3	
	工况六	2.5	0.3	2.8	712.3	
横江转向	工况七	2.0	0	2.0	1907.8	
	工况八	2.2	0	2.2	2371.1	
	工况九	2.5	0	2.5	2985.6	

工况三、五结果分析:压力最大区域主要集中在钢吊箱迎流顶部,最大压力为3 170Pa。

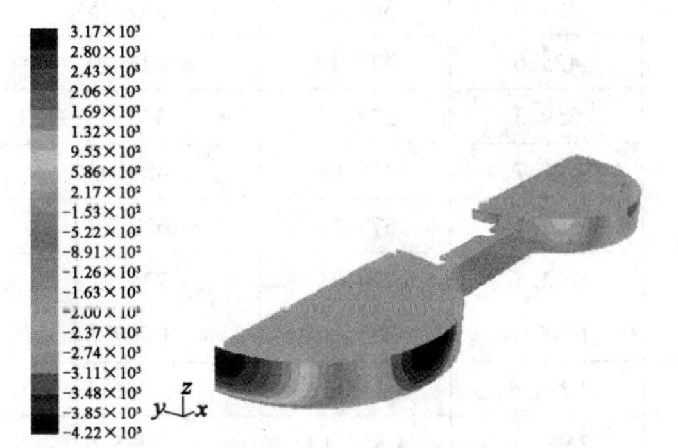

图9　工况三、五(纵向计算流速2.5m/s时)钢吊箱压力分布图

图10　工况七(横向计算流速2.0m/s时)钢吊箱压力分布图

工况七结果分析:压力最大区域主要集中在钢吊箱系梁区域迎流顶部,最大压力为2 280Pa。

⑤采用经验公式计算

$$R_1 = \xi \cdot \gamma \cdot S \cdot \frac{v^2}{2g}$$(公路施工手册《桥涵》上册)

式中:R_1——水下部分受水流冲击力(10N);

ξ——钢吊箱形状系数,

工况一到工况六,取0.75;

工况七到工况九,取1.0;

γ——水的重度,取1 000kg/m^3;

S——钢吊箱挡水面积;

工况一到工况六,$S = 32.9 \times 5.04 + (32.9 - 16.9) \times 5.04 = 246.5\text{m}^2$

工况七到工况九,$S = 84.9 \times 5.04 = 427.9\text{m}^2$

ν——浮运计算流速;

g——重力加速度9.8m/s^2。

计算结果见表2。

经验公式计算各种工况水阻力 表2

拖带总体工况	拖带工况	水流速 (m/s)	航速 (m/s)	计算流速 (m/s)	S m^2	水阻力 (10N)	水阻力 (KN)	备注
顺江拖带	工况一	0	2	2	246.5	37 730	369.75	按静水拖带考虑
	工况二	0	2.2	2.2	246.5	45 653	447.40	
	工况三	0	2.5	2.5	246.5	58 952	577.73	
逆江拖带	工况四	2	0.3	2.3	246.5	49 897	488.99	
	工况五	2.2	0.3	2.5	246.5	58 952	577.73	
	工况六	2.5	0.3	2.8	246.5	73 950	724.71	
横江转向	工况七	2	0	2	427.9	87 327	855.80	
	工况八	2.2	0	2.2	427.9	105 665	1 035.52	
	工况九	2.5	0	2.5	427.9	136 448	1 337.19	

⑥最终水阻力取值。根据以上计算,最终水阻力取值见表3。

各种工况水阻力汇总 表3

拖带总体工况	拖带工况	水流速(m/s)	航速 (m/s)	计算流速 (m/s)	水阻力(kN) Fluent计算	水阻力(kN) 经验公式	水阻力最终取值(kN)
顺江拖带	工况一	0	2.0	2.0	354.3	369.75	369.75
	工况二	0	2.2	2.2	425.6	447.40	447.40
	工况三	0	2.5	2.5	559.3	577.73	577.73
逆江拖带	工况四	2.0	0.3	2.3	471.7	488.99	488.99
	工况五	2.2	0.3	2.5	559.3	577.73	577.73
	工况六	2.5	0.3	2.8	712.3	724.71	724.71
横江转向	工况七	2.0	0	2.0	1 907.8	855.80	1 907.8
	工况八	2.2	0	2.2	2 371.1	1 035.52	2 371.1
	工况九	2.5	0	2.5	2 985.6	1 337.19	2 985.6

(2)风阻力计算

①风压计算。风压就是垂直于气流方向的平面所受到风的压力。根据伯努利方程得出的风-压关系,风的压力为:

$$P = \frac{1}{2}\rho v^2$$

式中:P——风压(kN/㎡);

ρ——空气密度(kg/m^3);

v——风速(m/s)。

此式为标准风压公式。在标准状态下(气压为1 013hPa,温度为15°C),空气重度$\gamma = 0.012\ 25$kN/m^3,重力加速度$g = 9.8 m/s^2$,得到$P = \frac{v^2}{1\ 600}$

5级风风速为(8.0~10.7)m/s,考虑工程安全,取风速为10.7 m/s。

$$P = \frac{10.7^2}{1\ 600} = 0.072 \quad kN/m^2$$

②风阻力计算

计算公式

$$R_2 = K \cdot \Omega \cdot P$$

式中：R_2——水上部分受风力(N)；

K——阻力系数，取1.0；

Ω——钢吊箱挡风面积(m^2)；

纵向：$\Omega_1=32.9\times12+(32.9-16.9)\times12=586.8\ m^2$

横向：$\Omega_2=84.9\times12=1018.8\ m^2$

P——单位面积风压力($10^{-2}kN/m^2$)。

计算结果见表4。

各工况风阻力 表4

拖带总体工况	拖带工况	风阻力	
		(N)	(kN)
顺江拖带	工况一	41 356	41.356
	工况二	41 356	41.356
	工况三	41 356	41.356
逆江拖带	工况四	41 356	41.356
	工况五	41 356	41.356
	工况六	41 356	41.356
横江转向	工况七	71 932	71.932
	工况八	71 932	71.932
	工况九	71 932	71.932

(3)浮运总阻力

浮运总阻力按阻力最大时取值，即水流的方向与风的方向相同时取值，见表5。

各工况总阻力 表5

拖带总体工况	拖带工况	水流速(m/s)	航速(m/s)	计算流速(m/s)	水阻力(kN)	风压力(kN)	总阻力(kN)
顺江拖带	工况一	0	2.0	2.0	369.75	41.356	411.11
	工况二	0	2.2	2.2	447.40	41.356	488.76
	工况三	0	2.5	2.5	577.73	41.356	619.09
逆江拖带	工况四	2.0	0.3	2.3	488.99	41.356	530.35
	工况五	2.2	0.3	2.5	577.73	41.356	619.09
	工况六	2.5	0.3	2.8	724.71	41.356	766.07
横江转向	工况七	2.0	0	2.0	1 907.8	71.932	1 979.73
	工况八	2.2	0	2.2	2 371.1	71.932	2 443.03
	工况九	2.5	0	2.5	2 985.6	71.932	3 057.53

2)浮运稳定性计算

对顺水拖带工况三、逆水拖带工况五和横江转向时工况九进行浮运稳性校核。

(1)浮运稳性计算

①形状稳性力臂计算。吊箱在4.6m吃水(不包括底部H型钢的高度)时，排水量为1 383t。运用船舶静力学计算程序计算钢吊箱在排水量为1 383t时，不同横倾角对应的形状稳性力臂S_z见表6。

不同横倾角下的形状稳性力臂 表6

横倾角(°)	0	5	10	15	20	25
形状稳性力臂 S_z(m)	0	2.35	4.74	7.19	9.23	10.73
横倾角(°)	30	35	40	45	50	55
形状稳性力臂 S_z(m)	11.94	12.82	13.49	13.97	14.07	13.94
横倾角(°)	60	65	70	75	80	
形状稳性力臂 S_z(m)	13.65	13.31	12.61	11.80	10.88	

②横摇角计算。本钢吊箱形状为哑铃形,结构形式为内、外围壁组成的浮体,其中内围壁内部与外界连通,只有内、外壁之间的腔体提供浮力,可视为以纵向中剖面对称的双体形式。因此,采用《内河船舶法定检验技术规则》中双体船横摇角公式对本钢吊箱的横摇角进行计算,见表7。

横摇角计算 表7

项　目	符号及公式	取值/计算值
吃水(m)	T	4.64
船宽(m)	B	32.90
浮心(m)	Z_c	2.30
重心(m)	Z_g	6.10
惯性矩(m^4)	I_x	37 487
排水体积(m^3)	V	1 382.470
初稳心半径(m)	$r = I_x/V$	27.116
初稳性高(m)	$GM_0 = r + Z_c - Z_g$	23.316
横摇周期(s)	$T_\theta = \frac{1.05B}{\sqrt{GM_0}}$	7.154
系数	C_1	0.082
系数	$C_2 = (0.21 + 0.26\frac{Z_g}{d})\left[1 - 0.363(\frac{B}{T_0^2})^2\right]$	0.472
系数	$C_3 = 0.024 f_3 f_4$	0.039
系数	f_3	2.420
系数	f_4	0.680
系数	C_4	1.000
横摇角(°)	$\theta_1 = 11.75 C_1 C_4 \sqrt{\frac{C_2}{C_3}}$	3.33

③静、动稳性力臂计算。依据《船舶静力学》对静稳性力臂 L_j 和动稳性力臂 L_d 进行计算,见表8。钢吊箱重心高度 $Z_g = 6.10$m。

静、动稳性力臂计算表 表8

倾角 θ(°)	θ (rad)	S_z	$\sin\theta$	$Z_g \cdot \sin\theta$	$L_j = S_z - Z_g \cdot \sin\theta$	积分 $\int$	$L_d = \frac{1}{2}10° \frac{\int}{57.3}$
0	0.000	0.000	0.000	0.000	0.000	0.000	0.000
10	0.175	4.74	0.174	1.059	3.678	3.678	0.321
20	0.349	9.23	0.342	2.086	7.145	14.501	1.265
30	0.524	11.94	0.500	3.050	8.895	30.541	2.665
40	0.698	13.49	0.643	3.921	9.570	49.005	4.276
50	0.873	14.07	0.766	4.673	9.394	67.969	5.931
60	1.047	13.65	0.866	5.283	8.371	85.735	7.481
70	1.222	12.61	0.940	5.732	6.874	100.980	8.811
80	1.396	10.88	0.985	6.007	4.873	112.726	9.836

④进水角计算。各工况下钢吊箱吃水均为4.6m(不包括底部H型钢的高度),最大宽度为32.9m,最早进水点位于钢吊箱的最大宽度处。从图11可知,当钢吊箱以吃水面和中纵剖线交点为轴横倾转动时,横倾角达38°时,外壁顶缘开始进水,故吃水均为4.6m时的进水角为38°。

⑤最小倾覆力臂计算。将表8的静稳性力臂和动稳性力臂绘于图12中,钢吊箱横摇角是3.33°,进水角38°。确定减去横摇对动稳性力臂影响的基线,在进水角处从该基线量取动稳性力臂值3.86m,该值即为钢吊箱最小倾覆力臂。

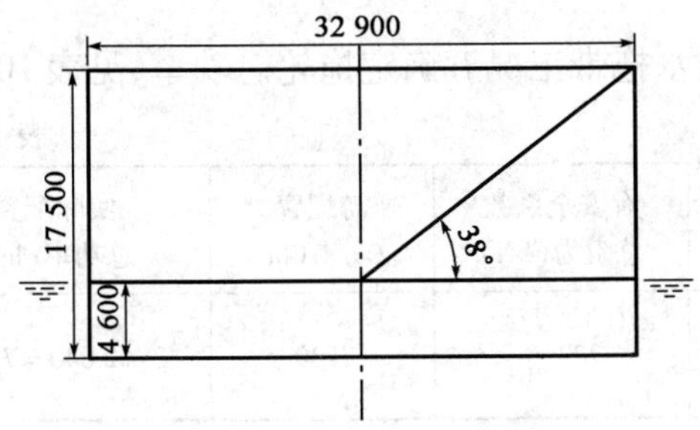

图11 吃水4.6m时进水角(尺寸单位:mm)

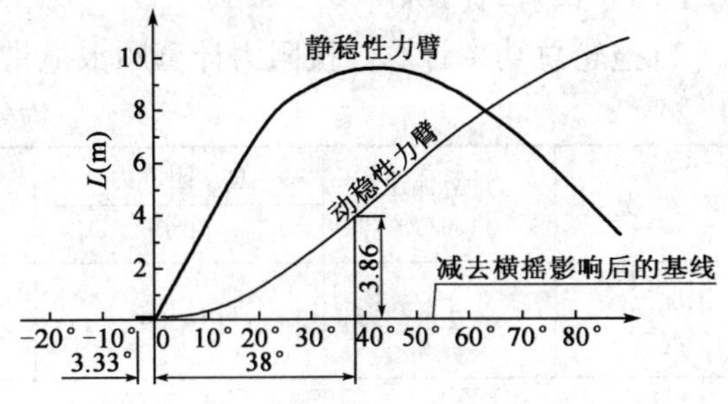

图12 最小倾覆力臂图

(2)浮运稳性校核

①校核标准

当稳性衡准值 $K = \frac{l_q}{l_z} > 1$ 时,稳性满足要求。

其中:l_q——最小倾覆力臂(m);

l_z——总倾覆力臂(m),$l_z = l_f + l_s$;

l_f——风压倾覆力臂(m);

l_s——水流倾覆力臂(m)。

②计算校核见表9。

无突风或突风情况稳性校核 表9

项目	符号	无突风情况		突风情况	
		工况三、五	工况九	工况三、五	工况九
排水量(t)	D	1 383	1 383	1 383	1 383
吃水(m)	T	4.60	4.60	4.60	4.60
受风面积(m^2)	Af	1 018.8	1 018.8	1 018.8	1 018.8
受风面积形心距水面(m)	Zf	6.45	6.45	6.45	6.45
单位风压(Pa)	P	72	72	917.5	917.5
横摇角(°)	θ_1	3.329	3.329	3.329	3.329
入水角(°)	θ_j	38.09	38.09	38.09	38.09
风压倾覆力臂(m)	l_f	0.035	0.035	0.445	0.445
水流作用力(kN)	F	0.000	2 985.6	0.000	2 985.6
水流作用面积形心距水面(m)	Zs	0.000	2.52	0.000	2.52
水流倾覆力臂(m)	l_s	0.000	0.555	0.000	0.555
总倾覆力臂(m)	l_z	0.035	0.590	0.445	1.000
最小倾覆力臂(m)	l_q	3.86	3.86	3.86	3.86
稳性衡准数值	$K=\frac{l_q}{l_z}$	110.645	6.540	8.683	3.860
$K>1$ 稳性满足要求					

3)拖带设备计算

(1)计算方法。根据《航海手册》关于拖力和主机功率估算公式,拖轮发动机指示功率平均每100hp(1hp=745.7W)产生10kN拖力,因此选择拖轮的功率公式:

$$P = \frac{F}{1.0} \times 100\text{hp}$$

式中:P——拖船总功率(hp);

F——总阻力(10kN)。

(2)拖轮总功率计算。按阻力计算顺水拖带工况三和逆水拖带工况五确定拖轮总功率,见表10。

拖轮总功率计算 表10

工　况	计算流速(m/s)	总　阻　力(kN)	安全系数	有安全系数总阻力(kN)	需配置总功率(hp)	实际配置总功率(hp)
工况三 工况五	2.5	619.09	1.25	773.9	7739	3×2 640=7 920

2.浮运实施

钢吊箱浮运配备四艘主机功率均为2 640kW的大型推轮,按一艘主顶、两艘帮拖、一艘备用的形式进行编队,布置如图13、图14。

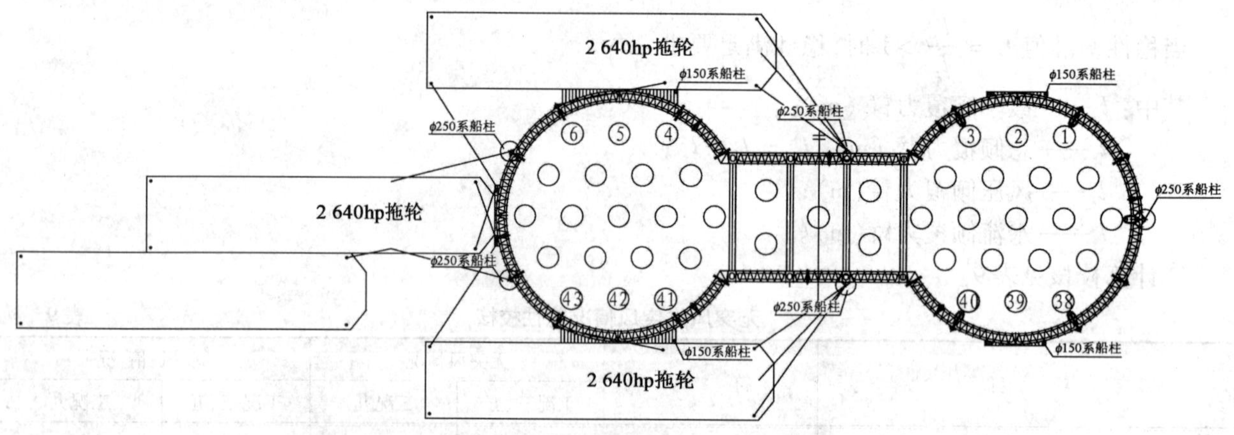

图13 浮运队形布置图

图14 浮运过程照片

钢吊箱于2010年10月4日凌晨5:00起航,10月4日17:00顺利抵达施工现场,历时12小时。钢吊箱到达现场后,完成现场掉头,靠泊在钻孔平台上,拖轮离开,圆满完成拖带任务。钢吊箱浮运过程中,未发生任何碰撞、损伤,结构无任何变形。

五、结 语

通过对浮运阻力的专项研究，本浮运项目根据研究结果合理配置拖轮，备用拖轮没有启用，3 艘拖轮完成了正常拖带工作，为其他类似拖带工作提供了参考。

参考文献

[1] 徐双喜、李晓彬、曹正林、吴卫国. 大型沉井浮运阻力研究. 水运工程，2007(12).
[2] 李发葛. 远距离沉箱拖运. 港口工程，1991(1).

75. 九江长江公路大桥北主墩钢吊箱底板开孔哈佛板封堵施工技术

张延河 徐 刚 付望林 吴小斌
(中交第二航务工程局有限公司)

摘 要 九江长江公路大桥北主墩承台钢吊箱成功完成了封底施工，本文就北主墩钢吊箱底板开孔哈佛板封堵施工的成功经验进行了介绍，为类似工程提供借鉴及参考。

关键词 深水基础 钢吊箱 底板开孔 哈佛板 封堵

一、工 程 概 况

1. 项目概况

福银高速公路九江长江公路大桥为主跨 818m 双塔混合梁斜拉桥，北塔 22 号主墩采用哑铃形承台，横桥向总宽度 82m，圆形直径 30m，承台高 8m，系梁宽度 14m。承台的每个圆形部分布置 19 根桩基，系梁下布置 5 根，承台下总共布置 43 根直径 2.5m、长 88m 的钻孔灌注桩。桩基在承台下呈梅花形布置。

北主墩采用钢吊箱作为止水结构进行承台施工。钢吊箱呈“哑铃”形，横桥向长总宽度 84.9m，圆形直径 32.9m，高 16m，双壁结构厚 1.4m，吊装重量约 1 761t。钢吊箱采用船厂分片制作、整体拼装、气囊法下水、整体浮运、三船抬吊吊安的施工方法。

钢吊箱设 43 个底板开孔，底板开孔采用哈佛板进行封堵。

2. 底板开孔封堵质量的重要性

随着跨江、跨河、跨海湾特大型桥梁建设的快速发展，钢吊箱作为桥梁深水基础临时止水结构越来越常态化，而钢吊箱封底后抽水渗水或漏水是其施工的主要通病。目前，钢吊箱封底完成后，发生渗漏的部位绝大部分为底板开孔处，这样使后期承台施工需增设临时排水设施，甚至使承台无法正常施工，严重影响项目工期，额外增加了施工成本，并使施工单位声誉受损。

为保证九江长江公路大桥北主墩承台钢吊箱施工质量，对钢吊箱底板开孔哈佛板堵缝施工技术进行专项研究。

3. 工艺步骤

(1) 哈佛板采用同槽加工，运输时点焊在底板上，随钢吊箱一起运输至施工现场；

(2) 钢吊箱下沉前哈佛板先搁置在护筒顶；

(3) 钢吊箱下沉到位精确定位后，采用起重设备整体下放；

(4) 哈佛板下放到位后，拧紧板块间螺栓，再采用袋装麻包干拌细石混凝土封堵缝隙。

二、施 工 特 点

哈佛板通过长杆螺栓连接,使哈佛板开口尺寸可调节,方便哈佛板顺利下放。

(1)哈佛板下料及制作不占用钢吊箱加工工期,可穿插进行施工。

(2)哈佛板采用同槽加工,并进行试拼,整体下放,避免了水下对位偏差,减少了水下作业工作量。

(3)哈佛板随钢吊箱一起运输,减少单独运输费用。

(4)哈佛板在钢吊箱下沉前,先临时搁置在护筒顶口,待钢吊箱下沉到位精确定位后再进行整体下放安装。

(5)需要劳动力少,工作强度低。

三、施工工艺流程

施工工艺流程如图1所示。

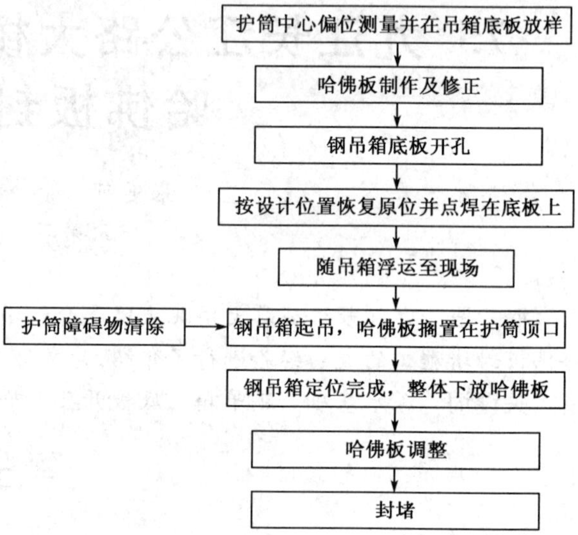

图1　施工工艺流程图

四、主要工序及操作要点

1. 护筒中心偏位测量

在搭设钻孔平台期间护筒沉放到位后和钻孔桩施工完成解除护筒约束后分别精确测量一次护筒顶口及底部(钢吊箱设计底标高位置处)中心偏位情况。第一次测量结果可作为指导钢吊箱设计的参考,避免底板下主梁及加劲梁与开孔位置相矛盾;第二次测量结果作为底板精确开孔的依据。

2. 底板上护筒顶、底口中心精确放样

在钢吊箱底板上精确放样钢护筒顶口中心及钢吊箱底板设计高程的护筒中心,并以 $R+10$cm 为半径画圆,以便底板开孔及哈佛板精确安放、调整。

3. 哈佛板制作

(1)哈佛板为标准件,按护筒外直径为内直径进行工厂集中加工;按1/4圆加工分片,4块为一组。首先采用电脑排版,现场放样,切割加工单元件。

(2)以钢吊箱底板设计高程的护筒圆心为中心,在底板上放样护筒外轮廓线,以轮廓线为基准,在吊箱底板上摆放哈佛板单元件,调整单元件的摆放方向、位置及板间间隙。哈佛板与钢吊箱内腔结构物位置冲突时可根据实际情况直接对哈佛板切割。为哈佛板焊接法兰,采用长杆螺栓 M10×110mm 连接,并将螺栓拧紧;焊接限位块,见图2、图3。

图2　哈佛板试拼图

图3　哈佛板临时固定

4. 钢吊箱底板开孔

根据钢吊箱底板上标识的护筒顶、底部实测中心，按护筒半径 + 10cm 进行画圆，再将两圆的外公切线相连，然后沿图形的外缘切割成孔，完成开孔，见图 4、图 5。

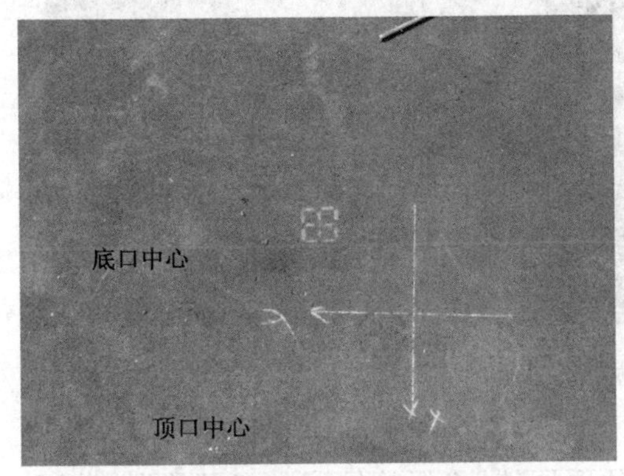

图 4　顶、底口中心放样图

图 5　底板开孔包络线放样

5. 哈佛板临时固定

哈佛板在设计位置加工完善后，在哈佛板上标示方位，将哈佛板移开，进行底板开孔。开孔完成后，将哈佛板按原方位恢复，并点焊在底板上。

6. 护筒障碍物清除

（1）钻孔桩施工完成，拆除钻孔平台，根据钻孔灌注桩施工平台设计图，对每根护筒的连接平联、斜撑、牛腿等障碍物进行气氧切割和潜水员水下切割，不可有遗漏。

（2）护筒表面障碍物清除方法：采用略大于护筒直径的圆筒从护筒顶部一直套放到钢吊箱的设计底部位置，以保证钢吊箱下放过程不受阻挡。

（3）护筒表面清理方法：采用特制钢刷，对护筒表面附着物进行清理，以增大封底混凝土的握裹力（图 6）。

图 6　护筒表面障碍物检查及钢丝刷清理

7. 哈佛板在钢吊箱下沉前搁置护筒顶口

（1）起吊安装钢吊箱，在钢吊箱底板开孔套进护筒前，将哈佛板与底板的点焊撬开。吊箱护筒刚刚套进底板开孔时，采用三根支承钢筋将哈佛板按原方位搁置在护筒顶口（图 7）。

（2）与钢吊箱上部结构有冲突的哈佛板解体后，在护筒顶口标示清楚方位。

图 7　哈佛板搁置护筒顶口

8. 哈佛板下放

钢吊箱下放完成精确定位并固定后，采用专门吊具进行哈佛板的整体下放工作，下放仍按哈佛板标示的原方位进行（图 8）。

图8 哈佛板下放

9. 调整

每下放一套哈佛板，潜水员进行水下探摸，并进行位置调整，确保哈佛板密切摆放在底板上，并将哈佛板间螺栓上紧。

10. 干拌细石混凝土封堵

哈佛板摆放到位后，哈佛板缝隙封堵由1个潜水组进行水下施工。水下封堵采用装干拌砂浆的麻包袋，逐个护筒进行封堵。

另外安排1名潜水员对前面的封堵情况进行检查，保证了封堵的效果。

五、结　语

通过九江长江公路大桥北主塔22号墩承台钢吊箱的成功施工，总结出一套完整的钢吊箱底板开孔封堵哈佛板制作安装施工方法。哈佛板封堵施工效率高，封堵效果好，为钢吊箱成功封底创造了前提条件。43个钢护筒的哈佛板安装与堵漏由1个潜水班组用6个台班完成，施工方法得当、功效高，有效地缩短了主线施工时间，节约钢吊箱施工工期。

76. 象山港公路大桥主桥钢护筒定位新技术

李新彤　姜玉龙　谭冬华
（中交第二公路工程局有限公司）

摘　要　本文主要针对打桩船沉打钢护筒时，平面定位与垂直度控制差的难题，重点介绍钢护筒定位新技术的研究与实施。

关键词　钢护筒　定位　新技术

一、工 程 概 况

1. 桥梁简介

宁波象山港公路大桥及接线工程是浙江省水路交通"十一五"期间规划建设的沿海高速公路（甬台温复线）和宁波市高速公路网的重要组成部分，起于宁波市鄞州区云龙镇，跨越象山港，终止于象山西安戴港，建成后，宁波市至象山县车程将由2小时缩短至35分钟。主桥为双塔双索面钢箱梁斜拉桥，其桥跨布置为82 + 262 + 688 + 262 + 82 = 1 376m，如图1所示，其主跨跨径居世界同类桥梁第9，为浙江省第一大跨径斜拉桥。

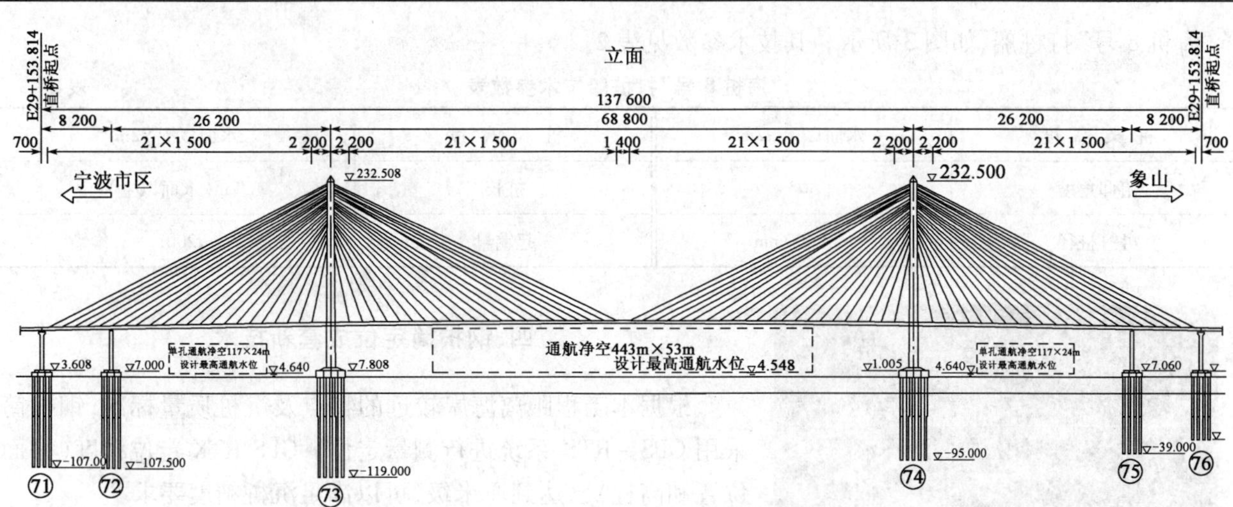

图1 主桥桥型总体布置图(尺寸单位:cm)

2. 钢护筒简介

主桥基础桩共162根,均为变直径钻孔灌注桩,主墩41根 *D*3.0m/*D*2.7m 桩基(钢护筒内直径 *D*3.0m,钻机钻头穿越钢护筒时,两边仅有15cm空隙);过渡墩、辅助墩20根 *D*2.8m/*D*2.5m 桩基,施工区域平均水深20m,单根最大钢护筒长54m,壁厚25mm(端部加强),重102.6t,如图2所示。

图2 钢护筒现场图

二、施 工 难 题

目前,国内打桩船沉打钢护筒定位控制,主要依靠外部建立的GPS参考站与打桩船本身的GPS系统,由于海湾恶劣的风、浪、流的影响,钢护筒的平面偏位与垂直度精度普遍不高。下面为一组国内某桥的技术数据,如表1所示。

国内某桥沉桩数据表 表1

锤形	桩长(m)	桩径(mm)	桩数(根)	沉桩偏位(mm)		
				最大	最小	平均
	73		24	370	51	186
	74		30	380	32	187
	75		34	334	63	175
	76		40	323	39	185
	77		20	359	6	187
D180	78	1 600	48	340	36	180
	79		24	370	23	203
	82		96	388	19	170
	83		88	380	26	211
	84		112	388	24	162
	85		68	129	22	89

由上表可知,平均偏位176mm,约为桩径1/9,最大垂直度为1/194.7。

三、沉 桩 设 备

由于工期紧的原因,主桥钢护筒均采用打桩船沉打。同时,根据钢护筒的直径、长度及重量要求,选择“海桩8号”打桩船，如图3所示。其技术参数见表2。

“海桩8号”打桩船技术参数表　　表2

桩架高度	水面以上92m	桩架高度	水面以上92m
俯仰角度	30°	桩长	77m(水面以上)
可打桩径	≤3 600mm	起重量	200t

图3 “海桩8号”打桩船现场图

四、钢护筒定位成套新技术

根据本工程距离海岸较远的特点及沉桩质量标准，钢护筒采用GPS－RTK系统进行测量定位。GPS-RTK定位精度(平面位置和高程)已达到厘米级，可以满足沉桩精度要求。

1. 基准站的建立

工程前期，业主已在象山港建立统一的GPS RTK测量参考站系统，钢护筒定位以此为基准，不再另设基准站。

2. 打桩船定位系统

打桩船的GPS－RTK系统由桩船平面和状态定位子系统、桩架倾斜子系统、桩顶高程跟踪测量子系统、锤击数、贯入度记录子系统、锤击能量显示子系统等组成。

各子系统通过各种传感器，将信息传入电脑处理，打桩所需的桩顶平面位置、桩架倾斜度及其与桩船纵(横)轴线水平夹角、桩顶高程等输出在显示屏上，最后打桩成果也能自动记录。

具体定位前，将定位桩的设计中心坐标、桩顶高程、桩长、桩径、垂直度等数据输入计算机内，定位时，可在显示屏上显示实时桩位数据与图形，同时也显示设计埋设桩位及偏差。桩船指挥人员根据显示的有关信息指挥桩船正确就位。

3. 全站仪辅助定位系统

通过打桩船定位系统将钢护筒初定位，平面精度控制在30cm左右。收紧打桩船的8根钢缆绳使打桩船大致固定不动，然后通过两台辅助全站仪对钢护筒的平面位置与垂直度观测(应保证两全站仪中心与桩中心的夹角在90°左右)，如图4所示。

通过全站仪的观测数据，计算出钢护筒平面位置及垂直度的偏差值，并将此值通知打桩船操作人员，微调使钢护筒实际中心与设计中心吻合。通过上述步骤反复调整，使钢护筒的垂直度、平面位置达到设计要求。打桩船将钢护筒慢慢下放，待钢护筒下放至海底淤泥层1m左右(这项通过高程控制)，此时钢护筒的垂直度、中心位置基本不会发生大的变化，采用上述方法对钢护筒的平面位置及垂直度进行再次复核和调整，符合要求之后通知打桩船缓慢下打钢护筒，并在下打钢护筒的全过程实施控制，发生异常情况及时通知打桩船调整，确保钢护筒定位后的垂直度和平面位置等技术指标满足要求。在整个定位过程需要随时检查仪器的对中整平的情况及后视瞄准是否正确，以确保定位准确。

图4 全站仪辅助定位图

4. 超声波水深仪

首次采用 SSH 型便携式超声波水深仪(分辨力:0.01m),进行施工处水深测量(图 5)。测深时将超声波换能器置于水面或一定位置,利用超声波在水中的固定声速 VC 和超声波发射到接收的时间 T,仪器自动换算出水深 H。

5. 数字倾角传感器

首次采用 LE 双轴数字倾角传感器,精度 < ±0.01°,对钢护筒各个过程倾斜和俯仰角度进行测量,为钢护筒垂直度调整提供依据(图 6)。

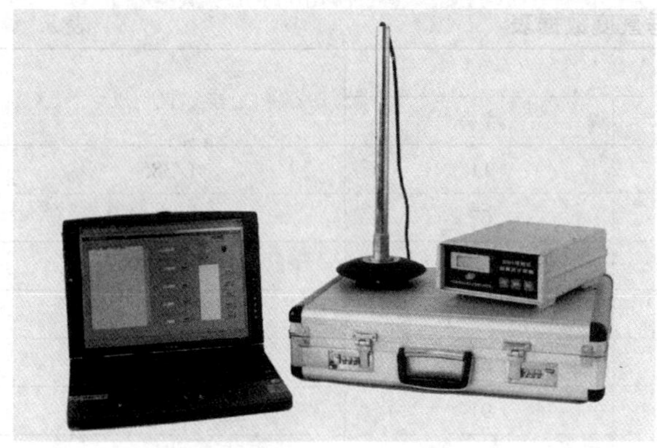

图 5 SSH 型便携式超声波水深仪

图 6 LE 双轴数字倾角传感器控制图

五、钢护筒测量定位流程

(1)钢护筒进入海床地层前,通过打桩船 GPS 打桩定位系统进行初定位。

(2)通过船内抽水调仓,设置桩架前倾量,使纵向垂直度达到设计要求,即钢护筒纵向垂直度前倾 0.1°,定位偏差纵向前倾 6cm(钢护筒进入地层后,由于前段荷载减小,打桩船前段会发生后仰,设置前倾量来抵消此后仰值)。

(3)钢护筒穿越淤泥层,进入黏土层前,采用打桩船 GPS 打桩定位系统、全站仪辅助定位系统与数字倾角传感器对其平面位置与垂直度进行观测并及时调整。

(4)钢护筒在自重作用下,停止下沉后,进行最后平面位置与垂直度调整,然后压锤,开始锤击沉桩。

(5)钢护筒打至设计高程,其平面偏位如图 7 所示(0.009m、0.051m)。

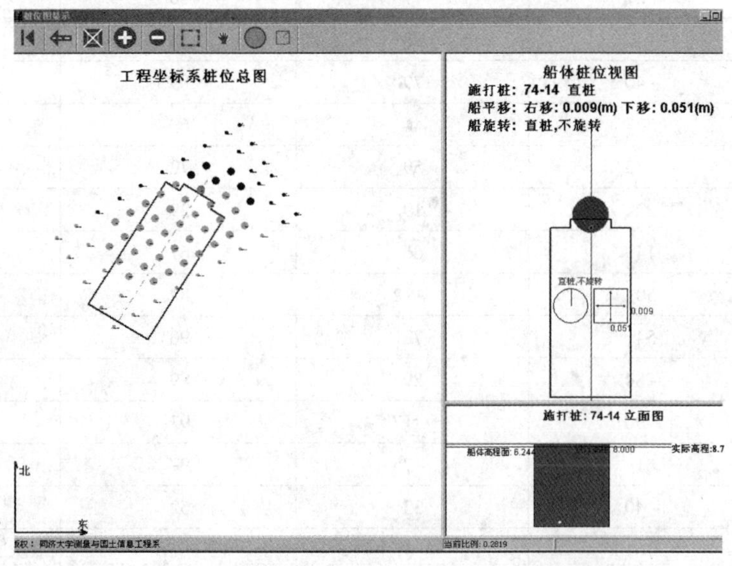

图 7 钢护筒最终偏位图

六、钢护筒定位数据

打桩船沉打钢护筒优点为速度快，P73主墩41根 $\phi3.0$m 钢护筒施工时间为2009.8.16～8.26，平均4根/天。如除去天气、等钢护筒时间，正常时能达到6根/天，沉桩速度远高于定位架结合振动锤沉桩方案。但打桩船浮于水面上，随水位、波浪、风、荷载变化等因素影响，摇摆不定，导致钢护筒定位精度不高。

通过钢护筒定位新技术，很好地解决了这一施工难题，将钢护筒平面偏位与垂直度提升至一个更高精度水平，平面偏差控制在10cm以内，平均垂直度达到1/538，具体数据如表3所示。

钢护筒平面偏位与垂直度数据表 表3

编号	平面偏位(mm)			垂直度
	N	E	综合	
73-1	10	-5	11	1/385
73-2	50	-45	67	1/412
73-3	-28	48	56	1/381
73-4	-52	-60	79	1/570
73-5	-13	-36	38	1/670
73-6	-5	-91	91	1/894
73-7	48	69	84	1/572
73-8	-59	14	61	1/538
73-9	28	25	38	1/374
73-10	17	36	40	1/439
73-11	25	-26	36	1/529
73-12	14	69	70	1/529
73-13	14	3	14	1/1012
73-14	-67	38	77	1/369
73-15	-2	7	7	1/440
73-16	-28	7	29	1/405
73-17	-36	36	51	1/282
73-18	-21	77	80	1/333
73-19	-2	88	88	1/469
73-20	-40	79	89	1/810
73-21	52	46	69	1/405
73-22	-42	59	72	1/556
73-23	22	19	29	1/512
73-24	14	66	67	1/355
73-25	50	-72	88	1/333
73-26	54	72	90	1/301
73-27	-84	29	89	1/368
73-28	-90	-17	92	1/675
73-29	61	-75	97	1/529
73-30	-40	33	52	1/421
73-31	-61	-15	63	1/607
73-32	-27	67	72	1/675

续上表

编　号	平面偏位(mm)			垂 直 度
	N	E	综合	
73-33	17	28	33	1/531
73-34	40	-60	72	1/710
73-35	-48	-16	51	1/427
73-36	-71	-54	89	1/1063
73-37	-17	-88	90	1/349
73-38	-58	70	91	1/447
73-39	61	-9	62	1/640
73-40	35	59	69	1/450
73-41	14	57	59	1/1281

七、结　　语

象山港公路大桥主桥依靠先进的科学技术，创造性地采用了钢护筒定位新技术，严格细致的监控，全桥162根桩基础均顺利成孔，为后续两主墩2个月完成钻孔平台搭设及5个月完成桩基础施工打下良好基础，为单位创造了良好的经济效益与社会效益。

参考文献

[1] 王勇，吕忠达，朱瑶宏等. 杭州湾跨海大桥工程总结. 北京：人民交通出版社，2008.

77. 象山港大桥海中引桥承台完全可拆卸循环利用式钢吊箱施工

冯洛阳

（中交第二航务工程局有限公司）

摘　要　国内首次采用完全可拆卸循环利用式钢吊箱进行承台施工，大大提高了工程进度，降低了施工成本。重点介绍象山港大桥水中钢管桩基础承台钢吊箱的制作安装、完全拆除循环再利用的施工要点和施工工法。

关键词　象山港大桥　钢吊箱　制作安装　循环再利用

一、概　　述

1. 工程概况

宁波象山港公路大桥及接线工程是浙江省水路交通"十一五"期间规划建设的沿海高速公路（甬台温复线）和宁波市高速公路网的重要组成部分，连接宁波市象山县和鄞州区。大桥的建设不仅促进了象山县的经济发展，更使其跨入了桥海时代，对整个宁波的经济建设都有着重要的意义。

宁波象山港公路大桥第6合同段均为钢管桩基础，其中P14～P23、P32～P52号墩为整体哑铃形承台，承台平面尺寸为22.25m×8.5m；P53～P70号墩为整体式矩形承台，平面尺寸为21.6m×9.6m；钢管桩基础顶高程+1.2m（85高程系，下同），承台厚3.0m，顶面高程+3.2m，底面高程+0.2m，承台施工水域水深在8～20m之间，采用单壁钢吊箱方式施工承台基础。

2.水文条件

象山港地处30°N附近,属亚热带海洋性季风气候,四季分明,总的气候特征是温和、湿润、多雨。由于特殊的地理位置和下垫面因素影响,桥位处的风及雨雪强度和频率明显强于内陆,但与海洋上又有明显区别。

1)风速

桥位两岸的横码、西泽年平均风速在2.7~3.9m/s之间。

2)流速

桥位区涨潮流速与落差流速范围分别为0.79~1.27m/s和1.02~1.49m/s。

3)波浪

象山港口门外有六横等岛屿作掩护,桥位区波浪强度不大,平均波高仅0.4m,这在后续的施工过程中也得到了证实。且由于象山港特定的地形条件,外海涌浪对湾内影响极小。

4)高低潮位

桥位区潮汐属非正规半日浅海潮,受地形影响,潮波运动以驻波形式为主。潮汐特征参照西泽潮位站长期资料(1985国家高程基准):

平均高潮位:+1.87m;平均低潮位:-1.17m;平均涨潮历时:6小时50分;平均落潮历时:5小时37分。

二、钢吊箱的制作安装

1.钢吊箱的制作

完全可拆卸循环再利用式钢吊箱主要由壁板、底板、挑梁及其他附属构件组成。为了能够顺利实现钢吊箱的完全拆除,钢吊箱壁板及底板根据钢管桩的分布情况分块制作,挑梁加工完成后整体吊装至拼装好的壁体内安装。

钢吊箱顶高程+4.50m,底高程-0.60m,挑梁下弦杆底面高程+1.20m。

1)钢吊箱制作工艺流程

放样下料→拼装成型→施焊→脱模→面板处理→防锈。

2)侧壁及底板加工

根据钢吊箱设计图制作钢质模板成型胎模架,制作精度与模板质量标准一致,对胎架的结构尺寸、水平度、架面平整度、压边垂直度等技术指标严格把关。面板采用钢板拼焊。钢板在平整度高的钢台面上下料,去除毛刺,检查下料尺寸(对角线、长度、宽度),符合要求后按拼接顺序整齐摆放在胎架上(接缝严禁设于同一个断面)。拼焊前压平并调整好钢板,在垂直两块钢板的接缝跨缝处固定防变形马板,施焊成型,焊缝要求饱满、平整,拼接后再次调整面板平整度,同时在面板内侧面均匀焊接马板,将面板固定在胎架上,防止在加劲肋焊接过程中产生翘曲变形。按照设计要求进行纵横梁放样、点焊成型、焊接等作业。模板每一分块制作完成经检查合格后,从胎架上吊运到存放区并内外作防锈处理(图1)。

分块模板内侧,打磨并清理后涂上脱模剂。外侧则除锈后在外表面、纵横梁和内桁架挑梁上涂刷2~3道防锈漆,底漆为铁红色防锈漆,表层为灰色防锈面漆。模板纵横梁和连接面都焊接,经检验合格后,进入钢吊箱拼接工序。

3)挑梁加工

挑梁加工工序同壁板。考虑到吊装及运输方便,整个挑梁分两段制作,运至码头拼装平台拼装成整体,验收合格后整体起吊至壁体内与壁体焊接。

4)钢吊箱的拼装

钢吊箱箱各分块及组件在后方加工场地加工成型后,运至码头整体拼装,检验合格后再由起重船吊运至现场安装。成品组件运输及起吊全过程均应有专人指挥,避免构件变形。

(1)底板拼装顺序:从中间向两边。

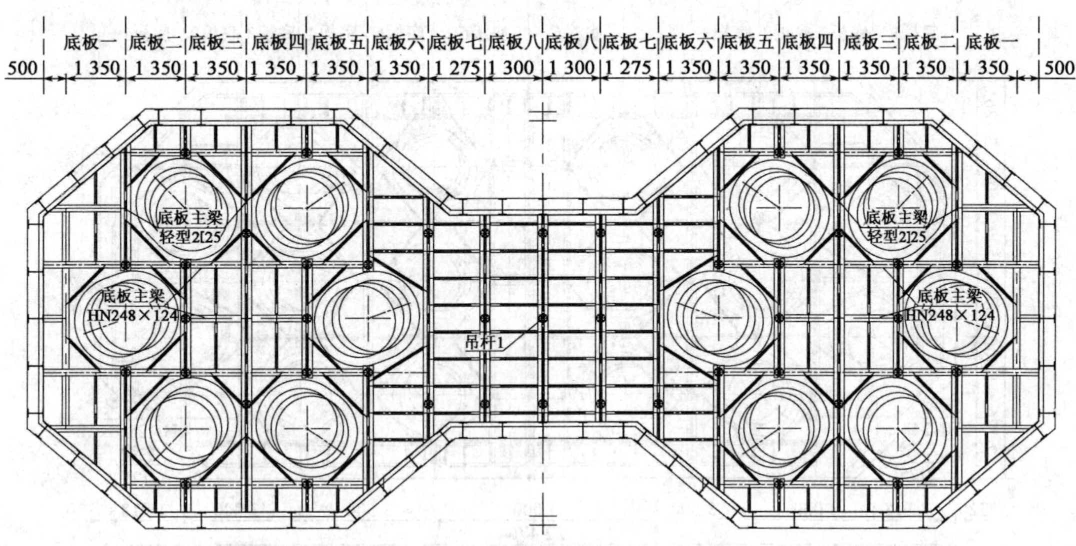

图1 哑铃形承台钢吊箱底板分块布置图(尺寸单位:mm)

每拼接一底板单元块应将背梁下方和底板面板上方的螺母拧紧,然后进行下一底板单元拼装。拼装时底板置于拼装平台上,在底板与侧壁、侧壁与侧壁之间的连接缝处粘贴膨胀止水条。

(2)壁体拼接顺序:从中间向两边,最后在两端侧闭合。

根据设计尺寸,侧壁间拼缝预留5mm间隙,拼装时夹垫5mm厚膨胀止水条。分别吊装侧壁,并辅以手拉葫芦及千斤顶,使侧壁紧贴底板,保证侧壁与底板垂直,相邻侧壁间无错缝。每一单元块与上一单元块及底板用螺栓连接,调整吊箱上口尺寸,合格后安装挑梁。保证挑梁与底板平行及位置精确,以免吊装时吊箱倾斜。安装挑梁时,应使钢筋吊杆对应挑梁竖杆孔位。

钢吊箱拼装完成后首先检查尺寸、连接螺栓,满足要求后,检查接缝,对密封不足处用防水材料密封,其次还必须对壁板和底板进行编号方便拆除后利用。

2. 钢吊箱的安装

(1)钢吊箱的安装施工工艺流程见图2,底板分块见图3。

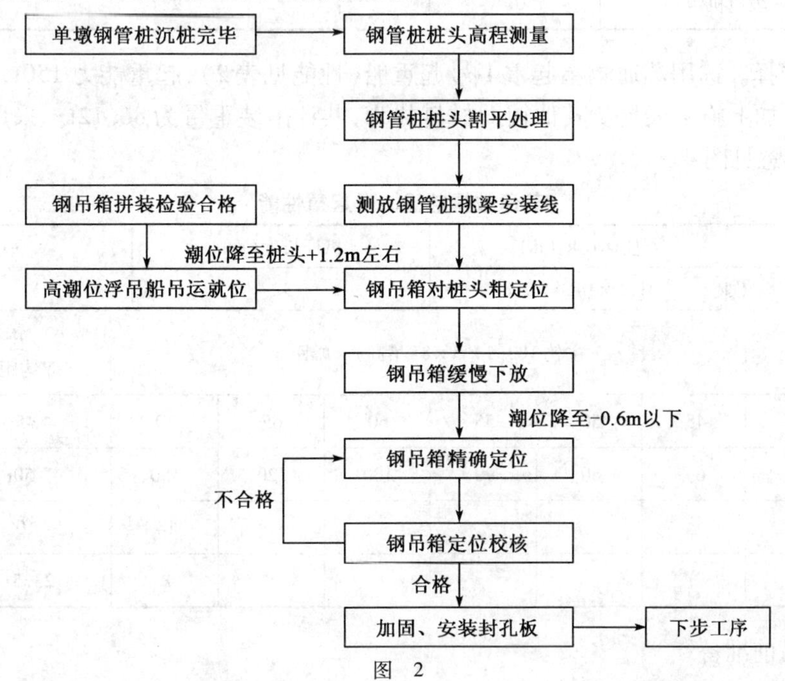

图 2

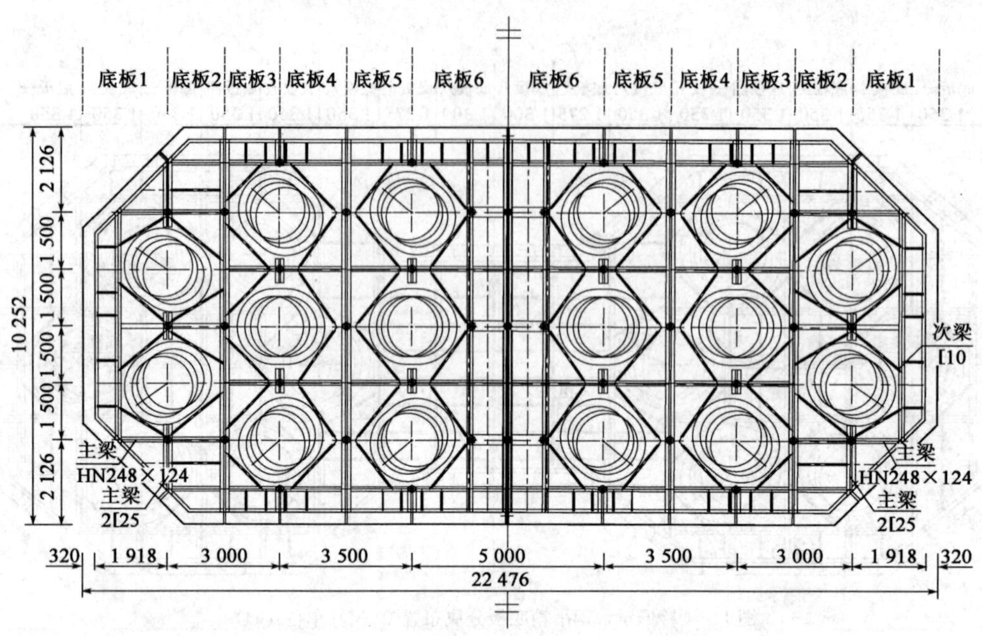

图3　矩形承台钢吊箱底板分块布置图(尺寸单位:mm)

(2)钢吊箱的安装施工主要设备一览表如表1。

钢吊箱的安装施工主要设备　　表1

序　号	名　称	型　号	单　位	数　量	备　注
1	起重船	150t	艘	1	钢吊箱吊运安装
2	拖轮	700hp	艘	1	
3	锚艇	15t	艘	1	
4	电焊机	41kW	台	4	钢吊箱加固
5	手拉葫芦	10t	吊	4	钢吊箱精确定位
6	发电机组	150kW	台	2	一台备用

(3)浮吊设备选择。选用苏通救星起重1号起重船(性能见表2),起重能力150t,满足起吊要求。钢吊箱自重约83.12t,加上施工人员及其他辅助材料共3t,共计吊装重量为86.12t。采用4点吊,钢丝绳等长,均匀受力起吊示意见图4。

苏通救星起重1号起重性能　　表2

船舶名称	船体尺度(m)	扒杆长度(m)	最大起重量(t)
苏通救星1	41.1×14.4×2.8	32	150

项目	单位	主钩180[14.5×8(吊高)×幅距]						中钩(双钩距2.5m)	艏辅钩
臂架仰角	°	45	50	55	60	65	70	45~75	32~70
起重量	t	65	80	90	100	120	150	50t×2	24~40
距艏中距	m						14	10~16	16~28
水面吊高	m						8	23.5(70°)	32(70°)

(4)钢吊箱起吊前准备

①完成对桩位的测量,在钢管桩上放出设计承台轴线中心点,并做好标记。

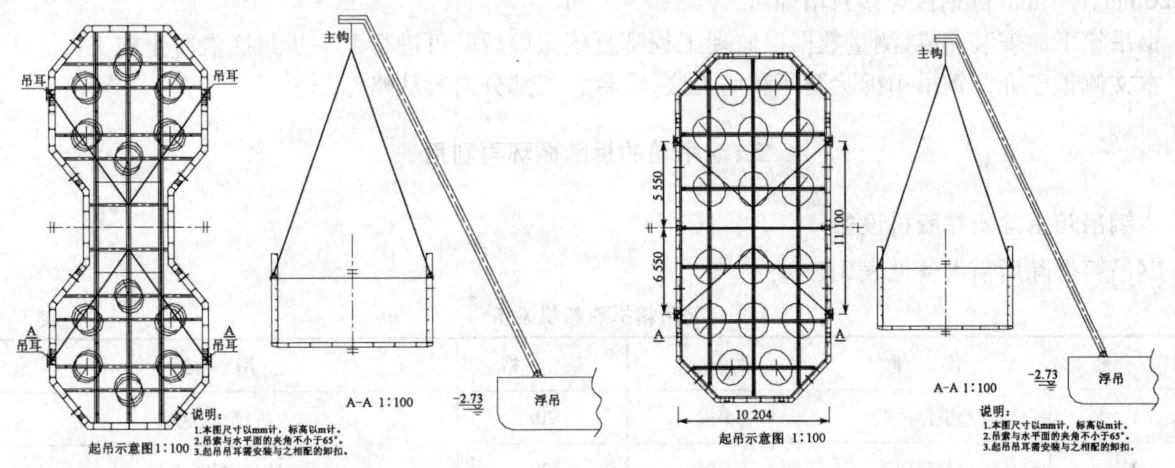

图4 钢吊箱底板起吊示意图

②桩头全部准确平整切割到 +1.2m。

③提前一两天割除钢管桩顶间的夹桩材料。

④在钢吊箱上标明安装方位，在下层挑梁上标出吊箱中心轴线并做好记号。

⑤及时收集近 3 ~5 天的海上天气预报，若遇台风及不适于吊装作业及封底混凝土浇筑的天气，提前通知并推迟吊装。

⑥完成小型机具及辅助材料如电焊机、割具、手拉葫芦、水泵、千斤顶、型钢、焊条的准备及封孔板的加工等。

(5)起吊时间的选择。起吊安排在天气较好、风浪较小、最高潮位时进行。从浮吊就位准备起吊到到达安装现场就位需要 3 ~4 个小时，此时潮水属于低水位，便于钢吊箱安装（图5）。

①吊装就位 。钢吊箱就位前，电焊、起重、测量作业人员进入钢吊箱，检查钢丝绳、吊耳、调整钩位均匀受力。吊钩位于吊箱中心处，吊索与水平夹角不得小于 65°，每个吊索受力不得超过 50t。浮吊通过锚机绞锚慢慢移位，吊箱基本移位到桩顶上方后，由起重工观察指挥，牵动 2 根缆风绳、船机左右移动，垂直吊至箱底高于桩顶约 0.5m 时，指挥船缓移位，调正箱位，使吊箱底板每个开孔基本对准相应桩头，吊箱缓缓下放，必要时可用气割工具扩大底板开孔，以使钢吊箱顺利下放。当吊箱快下至设计高程，即下层挑梁快抵达钢管桩顶时，使用撬棍、手拉葫芦小范围调整钢吊箱中心线与钢管桩上设计承台中心线标记相重合后下放至桩顶，测量校核满足要求后立即加固，吊箱加固好后方可脱钩。

②钢吊箱加固。钢吊箱加固主要包括挑梁及桩顶间的加固焊接，封孔板安装。加固工作按桩分头包干焊接作业。封孔板安装必须在低潮水位完成。桩头与挑梁之间的加固工作同步进行。

封孔板分两块半椭圆，事先根据实际开孔与桩位下料，与底板搭接 10cm，局部缝隙再用小钢板塞焊。在吊装前局部底板梁可能被割断，应根据底板实际情况，在钢吊箱就位后，对底板局部进行加强。

图5 钢吊箱吊运

③钢吊箱连通器安装 。为降低钢吊箱封底混凝土浇筑完成后的浮托力，在钢吊箱左右两侧底板上对称开两个直径为 20cm 圆孔，与 80cm（封底混凝土厚度）ϕ219mm 圆管点焊连接，圆管顶端采用 2 根 ϕ25 钢筋与挑梁连接。当需要封堵连通器时，使用直

径220mm、厚6mm圆钢板焊接封堵即可。

钢吊箱下放安装完成,测量数据报监理工程师复核无误后即可进行下一步封底混凝土施工。

本文侧重于介绍钢吊箱拆除循环利用工法,承台施工部分内容从略。

三、钢吊箱的拆除循环再利用

1. 钢吊箱拆除所需船机设备

钢吊箱拆除所需设备见表3。

钢吊箱拆除船机设备 表3

序号	名称	数量	规格	用途
1	小型浮吊船	1艘	20t	拆壁体、底板
2	材料船	1艘	200t	装运底板、壁体
3	水下割刀	1把		水下切割精扎螺纹钢
4	普通割刀	1把		切割底板各分块连接部分
5	钢丝绳	若干	20mm、12mm	系住底板各分块,防止意外脱落
6	潜水设备	1套		供潜水员水下切割用
7	手拉葫芦	4套	5t	临时固定

2. 钢吊箱壁体的拆除

(1)待承台混凝土养护达设计强度,不受海水侵袭时,一般承台施工完毕养护14天后方可拆除钢吊箱壁体。

(2)在低潮位,为了加快工效,采用小挂篮施工将壁体与底板连接的螺栓直接割除,并在壁体与壁体连接位置靠上部焊接2块临时连接板,然后割除各壁体连接螺栓。

(3)用手拉葫芦暂将待拆除的一块壁体暂时与承台预埋件固定,并用钢丝绳将此壁体挂在浮吊吊钩上,吊钩收紧使钢丝绳初步受力后割除此壁体与相邻壁体的临时连接板,最后吊起壁体放到材料船上用型钢固定运回拼接码头。其余壁体拆除方法相同。

(4)特别注意的是在拆除最后两块壁体时,应采用手拉葫芦将壁体全部临时固定在承台预埋件上,以防止拆除其中一块壁体时最后一块壁体发生倾覆落入海中或造成事故。

3. 钢吊箱底板拆除

(1)潮水位低于-0.6m(底板露出水面)时用钢丝绳将各底板分块系于承台顶面预埋钢筋筋上,防止水下切割时底板意外脱落(图6)。

(2)在高潮位潜水员水下切割精扎螺纹钢吊杆,卸载吊杆受力。

(3)第二个低潮位起吊底板,先将底板一端系于浮吊钩,再将底板两端连于承台钢索解除,底板落入水中,浮吊缓慢退后,材料船上前,然后将底板置于材料船上(图7)。

(4)在钢吊箱拆除的施工过程中,应加强对成品混凝土的保护,不得损伤承台混凝土表面或棱角,并分析拆卸过程中可能碰到钢管桩的底板分块,在钢管桩上绑扎橡胶皮以防止钢管桩防腐涂层破坏。对在施工过程中损坏的钢管桩防腐涂层及时修复。

4. 钢吊箱的循环再利用

1)拆回后的壁体、底板处理

拆回后的壁体和底板均应按新加工壁体底板标准进行预处理后,才可以再次拼装利用。预处理主要包括以下内容:

图6 底板各分块系于承台顶面预埋筋

图7 浮吊吊出底板置于材料船

(1)检查壁体主要受力纵横梁和底板大小背梁弯曲受损情况。若发现再转运过程中造成的主梁弯折等应及时加固补强。

(2)检查壁体面板平整度,单壁钢吊箱壁板兼做承台模板。面板平整度不能保证,则承台施工质量难以保证。故拆卸回来的壁体、底板必须进行打磨并清除垃圾等以保证壁板底板平整度。

(3)将壁体和底板按原编号重新编号,防止拼装出错。

2)拆回后的壁体、底板拼装

拆卸回的壁体、底板处理完成后,则按编号进行拼装。拼装方法同"钢吊箱制作安装"章节,此处不再赘述。

四、完全可拆卸循环利用式钢吊箱与普通单壁钢吊箱优劣分析

目前,国内外桥梁施工技术迅速发展,尤其是国内高速公路、高速铁路事业迅猛发展,桥梁施工技术突飞猛进、日新月异,桥梁引桥乃至主桥承台越来越多地使用钢吊箱围堰提供干施工环境进行施工。

引桥承台一般采用单壁钢吊箱施工,如杭州湾大桥、金塘大桥、平潭大桥等。普通单壁钢吊箱一般情况下壁板是由可拆装组合的多个单元壁板连接构成,单元壁板与底板可拆卸螺栓连接,底板直接与承台连接。底板是不可拆卸的,这样在施工时,钢吊箱的底板不能循环利用,底板材料消耗量大,成本高。目前钢吊箱完全拆除再利用在国内尚属首次。

在完全可拆卸循环利用式钢吊箱设计与施工前,项目部技术部门进行了详尽的拆除可行性分析。

1. 经济性分析

根据以往类似工程施工经验,钢底板重量约为20t。材料价格按4500元/吨,加工费为1000元/吨,则制作一个新底板成本约为11万元。拆除价格按2000元/吨(含船机设备费用),故回收利用一套钢底板可节约成本7万元左右。

2. 工期分析

前期制作供循环使用的钢底板平均工期约7天,钢底板拆除加拼装时间保守估计5天。在后续施工中,底板实际拆除工期为3天,大大加快了钢底板的循环周期,达到了钢底板拆除设计的预期目标。

完全可拆卸循环利用式钢吊箱与普通钢吊箱优劣对比详见表4和图8。

完全可拆卸循环利用式钢吊箱与普通钢吊箱优缺点比较 表4

序号	结构	循环利用式钢吊箱	普通单壁钢吊箱
1	壁体	壁体单元分块循环使用	壁体单元分块循环使用
2	底板	底板按单元分块制作,可拆卸循环使用	底板与承台连接不可拆卸
		底板拆除后,不与钢管桩的接触,对钢管桩阴极保护没有影响	底板与钢管桩的绝缘难以保证
		底板拆除后,承台外观质量较好	裸露的钢底板影响承台美观
		拆除的底板可以多次重复利用,节约材料,经济型较好	一次性投入,成本大
		底板拆卸后经过简单处理,即可拼装,进度快,工效高	重新制作,工期较长

图8 钢吊箱拆除后承台外观

五、几 点 体 会

1. 钢吊箱壁体与底板配吊问题

底板拆卸周期一般为3~5天，考虑2天底板运回码头预处理时间，故底板拆卸循环利用时间比壁体滞后7天。而钢吊箱拼装必须先拼装底板，再拼装壁体，故还需重新配置一吊新的底板，从象山港大桥引桥承台钢吊箱施工来看，一吊壁体配置2吊底板，基本可以满足进度要求。

2. 浮吊问题

钢吊箱下放时，采用的是固定扒杆浮吊，粗定位时必须通过绞锚和移动缆风绳，较为不便。若能直接采用全回转浮吊，有利于钢吊箱下放粗定位和精确定位。

3. 完全可拆卸循环利用式钢吊箱适用环境

(1)从象山港大桥引桥承台施工来看，完全可拆卸循环利用式钢吊箱适用于水文条件较好，风浪较小的施工水域。

(2)若设计承台底高程低于最低潮水位时，底板的拆卸对潜水工人的要求较高，应充分对比底板拆卸与否的工效与成本。

(3)完全可拆卸循环利用式钢吊箱不仅适用于钢管桩基础承台，也同样适用于钻孔灌注桩基础承台，在象山港大桥引桥承台的后续工程中也证实了这一点。钢管桩基础一般为斜桩，而钻孔灌注桩基础为直桩，更利于钢吊箱底板的拆卸。

(4)通过实际操作施工，我们在底板加工、拼装及拆除过程中进行了大量的工艺革新，确保了底板成功回收，使其重复利用，大大节约了材料成本。另外，底板的成功拆卸循环再利用，减少了钢吊箱周转循环周期，缩短了工期，节省了大量的船机设备费用。

78. 宁波象山港大桥北引桥承台施工

杨胜龙 陈 林

（中交第二航务工程局有限公司）

摘 要 结合宁波象山港公路大桥北引桥P14~P23、P32~P70号墩承台施工，从承台钢吊箱设计、钢吊箱封底、承台钢筋混凝土及大体积混凝土养护等方面阐述海上承台施工的关键技术。重点介绍了钢吊箱底板完全拆除并重复利用的施工工艺。

关键词 承台 钢吊箱 底板拆除 大体积混凝土

一、工程概况

1. 简述

宁波象山港公路大桥位于宁波市和象山县之间、横山码头和西泽码头西侧的象山港水域，桥梁全长6.761km。北引桥 P14 ~ P23、P32 ~ P70 号墩（里程桩号：K25 + 733.834 ~ K26 + 273.834 和 K26 + 813.834 ~ K29 + 093.834）均为钢管桩基础。

承台顶面设计高程均为 +3.2m（1985 国家高程基准，以下同），底面高程均为 +0.2m，封底混凝土厚度均为0.8m。其中 P14 ~ P23、P32 ~ P52 号墩承台采用整体哑铃形承台，承台平面尺寸为22.25m × 8.5m，承台倒角为2.4m × 2.0m，厚度为3.0m；系梁平面尺寸4.25m × 4.5m，厚度为2.5m。P53 ~ P70 号墩承台采用整体式矩形承台，平面尺寸为21.60m × 9.6m，承台倒角为2.4m × 2.4m。承台采用 C40 海工耐久混凝土，封底采用 C25 水下混凝土。单个哑铃形承台混凝土量 416.1m^3，封底混凝土量 103.1m^3；单个矩形承台混凝土量 546.3m^3，封底混凝土量 131.0m^3。承台施工水域水深在 8 ~ 20m 之间，采用单壁钢吊箱方式施工承台基础。

2. 水文条件

象山港地处 30°N 附近，属亚热带海洋性季风气候，四季分明，总的气候特征是温和、湿润、多雨。由于特殊的地理位置和下垫面因素影响，桥位处的风及雨雪强度和频率明显强于内陆，但与海洋上又有明显区别。

1）风速

桥位两岸的横码、西泽年平均风速在 2.7 ~ 3.9m/s 之间。

2）流速

桥位区涨潮流速与落差流速范围分别为 0.79 ~ 1.27m/s 和 1.02 ~ 1.49m/s。

3）波浪

象山港口门外有六横等岛屿作掩护，桥位区波浪强度不人，平均波高仅 0.4m，且由于象山港特定的地形条件，外海涌浪对湾内影响极小。

4）高低潮位

桥位区潮汐属非正规半日浅海潮，受地形影响，潮波运动以驻波形式为主。潮汐特征参照西泽潮位站长期资料：

平均高潮位：+1.87m；平均低潮位：-1.17m；平均涨潮历时：6 小时 50 分；平均落潮历时：5 小时 37 分。

3. 工程特点

（1）承台数量多，但结构形式仅两种，钢吊箱可周转使用。

（2）本工程采用钢管桩基础，全部为斜桩，钢吊箱底板较复杂。

（3）象山港水域施工条件在海洋环境中相对较好，且钢吊箱底高程为 -0.6m，比平均低潮位高 0.57m，潮位低于底板历时较长，最长超过了 5 个小时，钢吊箱底板拆除并周转使用有可行性。

（4）承台属于大体积混凝土，需采取温控措施。

二、承台施工技术方案

1. 承台施工工艺流程

承台处于水位变动和浪溅区，采用钢吊箱围堰法以确保进行承台及其封底干施工。所有承台均采取一次性浇筑完成。承台属于大体积混凝土，采取“内降外保”温控措施，淡水冷却循环养护。

承台施工共投入了 2 艘多功能作业船、1 艘混凝土搅拌船，1 艘 150t 起重船，设 2 个工作面平行作业，施工顺序在不影响墩身施工的前提下同沉桩顺序，具体施工工艺流程见图 1。

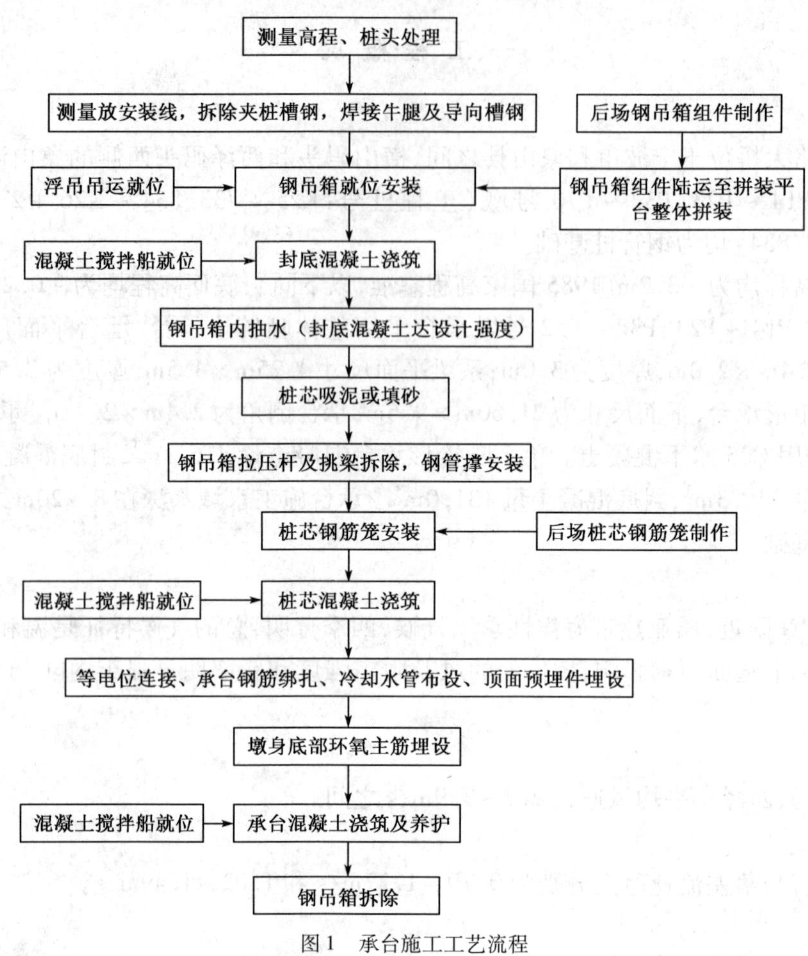

图1 承台施工工艺流程

2. 钢吊箱结构形式及沉放安装

1)钢吊箱结构设计

钢吊箱是为水中承台施工而设计的临时阻水结构,其作用是通过四周壁板以及底部封底混凝土为水中承台提供干施工环境,同时兼作承台施工外模。钢吊箱主要由壁体、底板、挑梁及其他附属构件组成。引桥承台一般采用单壁钢吊箱施工,如杭州湾大桥、金塘大桥、平潭大桥等。单壁钢吊箱一般情况下壁板是由可拆装组合的多个单元壁板连接构成,单元壁板与底板可拆卸螺栓连接,底板直接与承台连接。底板是不可拆卸的,这样在施工时,钢吊箱仅壁体可以周转使用。底板不能循环利用。底板的制作周期较长,材料、人工、设备等施工成本消耗较大;施工中的诸多因素使得钢底板与钢管桩之间绝缘性难以保证。钢底板为裸钢,对钢管桩阴极保护系统影响较大;同时钢吊箱底板的存在也影响了裸露承台的美观。

象山港大桥北引桥承台施工采用完全可拼拆的单壁钢吊箱,主要包括可拆装连接的壁体单元块、桁架挑梁、吊杆、可拆装连接的底板单元块、底板下的支撑梁等。壁体主要由面板、环向梁、封边槽钢、加劲板组成,底板由面板、承重主梁、辅助梁、封边槽钢、拼接槽钢、加劲板组成。底板与挑梁之间由吊杆连接固定,钢吊箱内各构件之间均可拆装组合。使用时,底板依靠壁体、支撑梁和吊杆固定支撑,不直接与承台连接,可以从承台上拆除,重复使用。钢吊箱壁体及底板均分块制作,壁体分块位置考虑现场起吊能力的同时,避开结构受力的不利位置,特别是壁体弯矩较大位置;底板分块位置考虑底板钢管桩的布置方式以及吊杆和挑梁的布置位置。

底板块单元之间的两个端面上设有支撑梁,相邻底板单元之间设5cm间距,吊杆上端与桁架挑梁连接,吊杆下端从底板块单元之间的间隙穿过底板与支撑梁连接,整个支撑梁托起各底板块单元,加强底板各单元块之间的整体性。

吊杆分上吊杆和下吊杆两节,上下节吊杆之间由连接器连接,下吊杆与底板通过螺栓连接。吊杆采用精轧螺纹钢筋与矩形管相结合的方法，一方面可以减少焊接工序，支撑梁底和挑梁顶用螺栓拧紧，简单快速高效，并且吊杆和挑梁是分离的，重复利用率高；另一方面在封底混凝土顶高上方，吊杆上下部分采用连接器连接，就可以使钢吊箱周转使用时仅需配备下部吊杆，上部吊杆和连接器可以重复利用，避免材料损耗。

钢吊箱结构图见图2～图5。

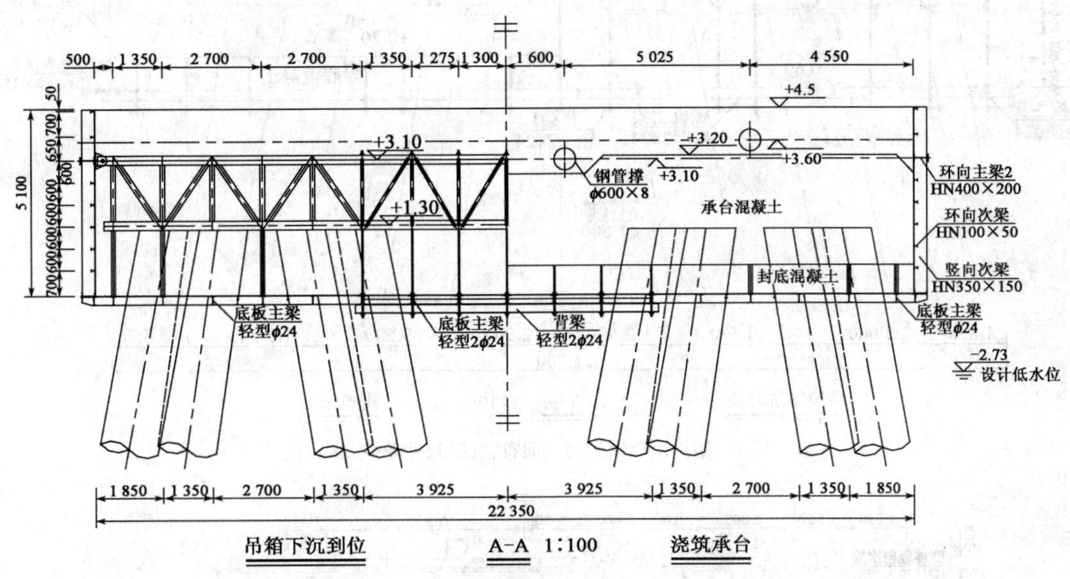

图2 哑铃形承台钢吊箱立面布置图(尺寸单位:mm)

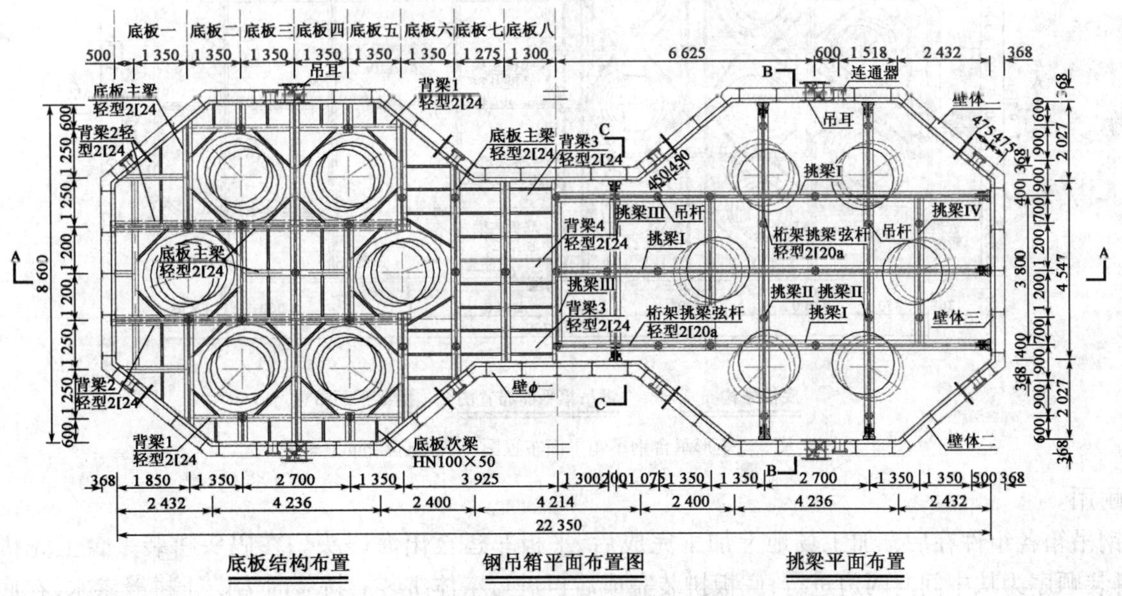

图3 哑铃形承台钢吊箱平面布置图(尺寸单位:mm)

2)钢吊箱加工制作

钢吊箱分壁体、底板和桁架挑梁三部分单独加工，在胎架和平台上制作，25t汽车吊作为起重设备。胎架采用型钢和钢板等材料制作，制作精度与钢吊箱质量标准一致。胎架的加工严格控制结构尺寸、水平度、架面平整度、压边垂直度等技术指标。哑铃形和矩形钢吊箱壁体均分为8块，钢吊箱底板哑铃形分16块，矩形分12块。

钢吊箱构件在加工及倒运过程中避免因焊接及起吊引起的变形。为避免承台侧面出现锈斑、锈迹，影响承台外观质量，以及钢吊箱被海水腐蚀，在壁体及底板内外侧涂刷防锈漆2道、面漆1道，使钢吊箱

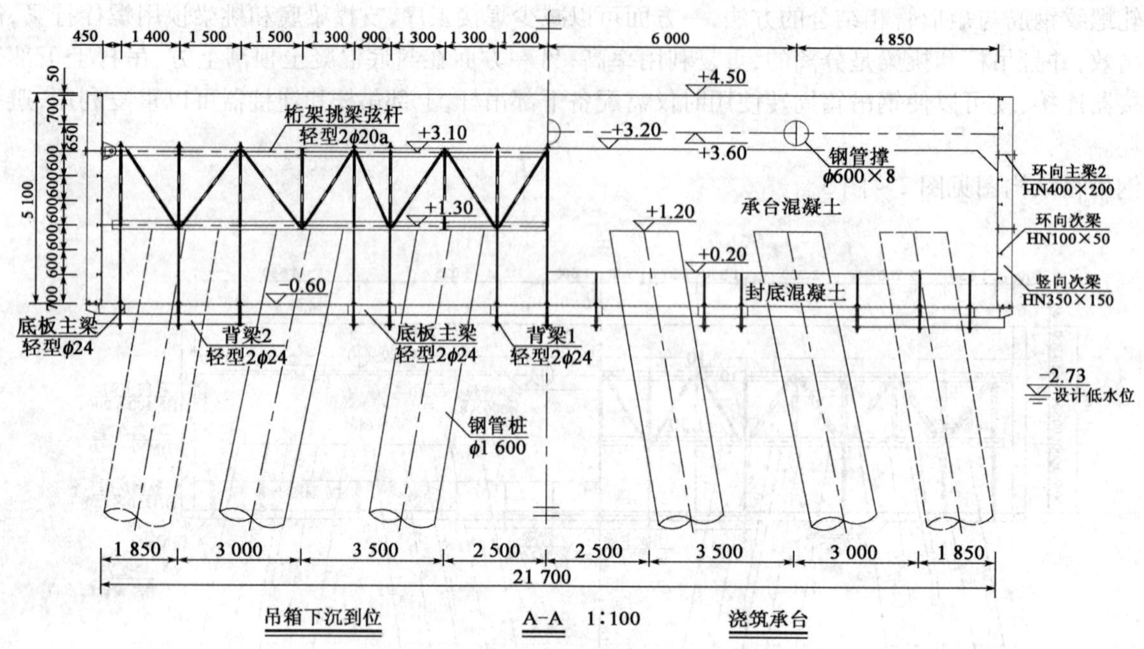

图4　矩形承台钢吊箱立面布置图(尺寸单位:mm)

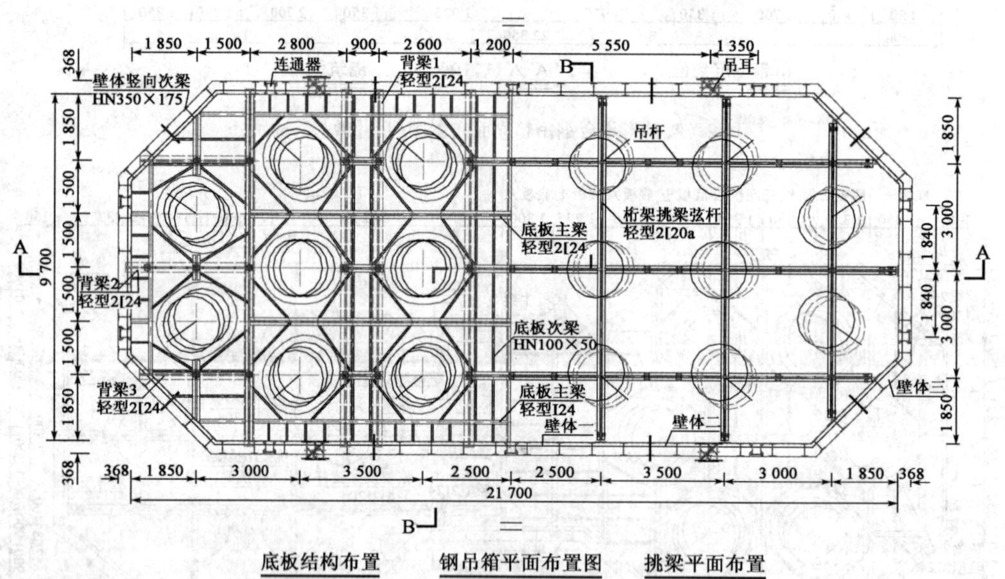

图5　矩形承台钢吊箱平面布置图(尺寸单位:mm)

经久耐用。

钢吊箱各组件在后方加工场地上加工完成后,平板车运至出海码头。在码头拼装平台上先拼装底板,拼装顺序为从中间向两边进行,底板拼装完成后再进行壁体拼装。拼装时为防止拼缝渗水,在底板与侧壁、侧壁与侧壁之间的连接缝处夹垫1cm遇水膨胀橡胶止水条,止水条与接缝同宽。

钢吊箱拼装完成后,在底板上画出钢管桩在桩顶及钢吊箱底板位置的实测及设计桩位投影,按其包络图在底板上放样割孔,孔径较实测大20cm左右。在吊箱侧壁及底板上做出标识,表明墩号及方位。

3)钢吊箱的沉放安装

钢吊箱由浮吊吊运至现场进行安装,沉放安装应选择流速较小且风速小于6级,相对风平浪静的条件下进行。大雨大雾的等恶劣条件,不宜进行沉放安装。由于钢吊箱的安装底高程为-0.6m,所以钢吊箱起吊运输工作及浮吊的抛锚粗定位等工作在潮水退至-0.6m之前全部完成(图6)。钢吊箱的沉放安装是承台施工的关键工序,主要做好以下几点:

(1)拼装完成后首先检查尺寸、连接螺栓,满足要求后,检查接缝,对密封不足处用防水材料密封。

(2)在钢吊箱沉放前完成对桩位的测量,在钢管桩上放出挑梁安装线位置,并做好标记。

(3)在潮水退到标高 -0.6m 以下时,浮吊缓慢定位,直至钢管桩桩顶。

(4)钢吊箱定位测量,主要观测钢吊箱的平面偏位尺寸,并根据偏位是否满足施工规范要求,决定是否进行移位调整。

(5)当钢吊箱定位满足要求后,安装定位器,将挑梁支撑于钢管桩桩顶,对钢吊箱进行限位。

图6 钢吊箱吊运安装

(6)浮吊松钩,进行底板封孔加固及钢管桩周围剪力环焊接。封孔板分两块半圆,事先根据实际开孔与桩位下好料,与底板搭接 10cm,局部缝隙再用小钢板塞焊。封孔板与底板焊接时,应注意焊接部位只能在一块底板上,严禁将两块底板粘连在一起,影响底板拆除。

(7)在一个潮水位完成钢吊箱的沉放安装及加固工作,以防止潮水对钢吊箱的冲击引起钢吊箱的移位。为减小海水对底板的托浮力,底板两端开两个内径为 25cm 孔,焊接连通器钢管。

3. 封底混凝土浇筑

封底混凝土在钢吊箱安装加固后的下一个低潮位进行。采用一艘搅拌能力在 $100m^3/h$ 以上的搅拌船,当潮位退至 -0.6m 时,开始浇筑。混凝土通过布料杆直接输送至钢吊箱内,按每层 40cm 分层浇筑,分层振捣。哑铃形吊箱封底混凝土浇筑时间约在 1.5 小时左右,矩形吊箱封底混凝土浇筑时间约在 2 小时左右。浇筑前检查桩孔是否封堵好,剪力环是否焊牢,减压孔是否打开,底板污水和杂物是否清理干净。

封底混凝土布料顺序:先钢管桩四周浇筑──→中心──→吊箱内侧壁。

浇筑到位后,进行顶面的整平处理,并预留集水坑,以便抽水。待封底混凝土强度达到设计强度后,即可进行吊箱内抽水作业,封堵连通器管口,以便进行后续施工。

4. 桁架挑梁拆除及桩芯混凝土浇注

当封底混凝土达到设计强度后,在低潮位封闭连通器,拆除桁架挑梁,用砂石泵抽取钢管桩内水与泥浆直至设计桩底高程 -11.8m。孔深达不到设计高程时回填砂。

下放安装钢筋笼。钢筋笼自桩顶以下每间隔 2m 沿周边均匀布设 4 ~ 6 个保护层垫块,并与钢筋笼可靠连接。施工过程中注意钢筋保护层的设置,确保钢筋保护层厚度及位置符合设计及规范要求。钢筋笼顶口水平插入 2.5m 长型钢固定在钢管桩上以防上浮。在钢筋笼吊装完成后立即安装钢管内支撑,以避免钢吊箱变形。

混凝土浇筑采用导管法施工。施工过程中,混凝土搅拌船上的布料杆软管直接伸入导管内,导管下口离桩芯底面不大于 2m,随着混凝土浇筑导管逐渐提升,直至浇筑完成。

5. 现浇承台施工

1)承台钢筋制作安装

承台钢筋的下料与弯曲在陆上加工场内进行,然后通过材料船运送至施工现场,进行安装绑扎。底层钢筋网下料长度可利用实测桩位在 CAD 中绘图量测,以保证下料精度。承台钢筋绑扎的过程注意以下几点:

(1)钢筋网片绑扎时不能与钢管桩接触,钢筋接头焊接时,焊渣不能损伤壁体已粘贴好的模板布。

(2)海工混凝土对钢筋保护层要求较高,牢固安装定做的保护层定位块,确保钢筋保护层偏差满足规范要求,扎丝不得伸入保护层范围内,以防形成钢筋的腐蚀通道。

(3)为保证墩身混凝土保护层厚度不出现负偏差,环氧主筋预埋位置适当内缩 5mm。安装过程不得损坏环氧钢筋外层涂料。承台钢筋绑扎时需注意预埋件的位置和数量。

2)承台混凝土浇筑

当承台钢筋绑扎完毕,各种预埋件检查无误后,浇筑承台混凝土。混凝土由海上搅拌船提供,拌和后的混凝土由搅拌船配备的布料管进行一次浇筑完成,不设施工缝。承台混凝土浇筑时要控制以下几点:

(1)浇筑前应检查钢吊箱内积水情况、杂物清理情况、倒角模板加固情况、墩身钢筋预埋情况、预埋件位置和数量和冷却水管有无破损等。

(2)混凝土浇筑时按阶梯式分层布料,每层最大厚度不超过30cm,控制混凝土自由落体高度不大于2m。

(3)承台混凝土浇筑后,对顶层、倒角处进行二次振捣,反复抹面。

3)大体积海工混凝土的施工及养护

承台混凝土强度等级为C40,属大体积海工耐久混凝土,必须有效措施控制氯离子扩散系数、降低水化热,防止裂缝的产生。对此采取以下措施进行控制:

(1)优选原材料,确保质量符合要求,重点是材料氯离子含量不能超标,石料的碱活性必须满足要求。

(2)在保证混凝土配合比性能满足强度和和易性的基础上,对配合比进行优化,适当降低砂率、减少用水量、采用高用量掺和料以及高性能聚羧酸外加剂。承台混凝土配合比优化如下表1。

承台混凝土配合比 表1

水泥(kg)	粉煤灰(kg)	矿粉(kg)	砂(kg)	碎石(kg)	外加剂(kg)	水(kg)
172	172	86	761	1058	4.73	146

(3)严格控制混凝土入模温度,冬季不得低于10℃,夏季不得高于28℃,混凝土内外温差小于20℃。

(4)冷却管通水温控。在承台混凝土中设置2层冷却水管,冷却水管采用外径为ϕ30mm、壁厚为1.8mm的薄壁钢管,其水平间距为1m,离混凝土表面80cm。冷却水管进、出水口应集中布置,以利于统一管理定位架控制。当承台混凝土初凝后表面泛白,通过埋设的冷却水管,采用钢吊箱内蓄30cm淡水的方法进行循环冷却养护。

(5)覆盖式保温养护。桥区所在地,冬季气温较低,极端可达-6.9℃,混凝土浇筑后不仅要内部冷却降温,还要外部保温。在承台混凝土表面覆盖一层透明塑料薄膜,再盖一层气垫薄膜(气泡朝下),用砂袋或其他重物压紧盖严,防止被风吹开,影响养护效果。

6.钢吊箱壁体及底板拆除

拆除壁体时,低水位时作业人员通过小挂篮拧去吊杆与底板背梁处的螺栓。首先卸载吊杆受力,拆除钢吊杆和底模承力梁;然后将底板与侧模、侧模与侧模间的连接螺栓拧下,将钢吊箱壁体分块拆除。底板之间没有连接,底板与混凝土脱离后,按安全操作规程作业拆除底板,用浮吊将底模分块从承台底下拉出放入船上,由模板工人进行清理,校正。底板拆除前,利用钢丝绳拴住底板受力梁,待卸载后,采用浮吊拆除底板受力梁。在钢吊箱拆除的施工过程中,不得损伤承台混凝土表面或棱角。

7.钢吊箱的壁体及底板循环再利用

拆回后的壁体和底板均应按新加工壁体底板标准进行预处理后,才可以再次拼装利用。预处理主要包括以下内容:

(1)检查壁体主要受力纵横梁和底板大小背梁弯曲受损情况。若发现在转运过程中造成的主梁弯折等应及时加固补强。

(2)检查壁体面板平整度,单壁钢吊箱壁板兼做承台模板。面板平整度不能保证,则承台施工质量难以保证。故拆卸回来的壁体、底板必须进行打磨并清除垃圾等以保证壁板底板平整度。

(3)将壁体和底板按原编号重新编号,防止拼装出错。

修整后的壁体和底板在码头的拼装平台上拼装完成后,由浮吊吊运至现场进行安装。

三、可拆卸钢吊箱底板详细介绍

1. 底板的拼装

底板拼装顺序是从中间向两边。每拼接一底板单元块应将背梁下方和底板面板上方的螺母拧紧，然后进行下一底板单元拼装。拼装时底板置于拼装平台上。底板与壁体连接示意图见图7。

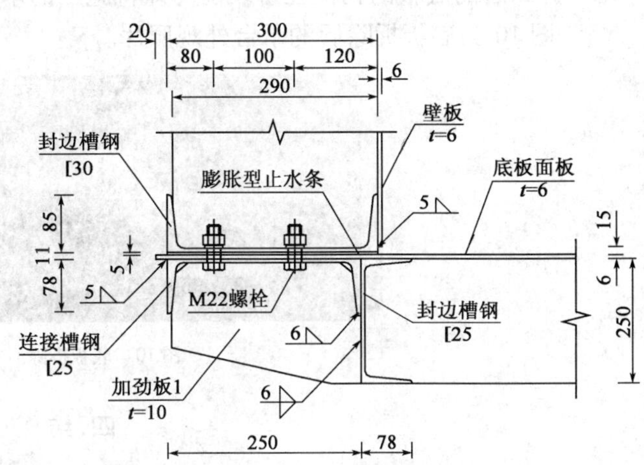

图7 底板与侧壁连接示意图（尺寸单位：mm）

2. 底板的拆除

1）技术准备

（1）承台顶面预埋钢筋为钢索提供附着。

（2）钢箱下水前仔细检查各底板分块间是否焊接，保证底板各分块完全脱离。

（3）分析拆卸过程中可能碰到钢管桩的底板分块，合理安排作业船布置，避免底板拆除破坏钢管桩防腐涂层。

2）船机准备

船机设备见表2。

船机设备表 表2

序号	名称	数量	用途
1	小型浮吊船	1艘	拆壁体、底板
2	材料船	1艘	装运壁体、底板
3	水下割刀	1把	水下切割精扎螺纹钢
4	普通割刀	1把	切割底板各分块连接部分
5	钢丝绳	若干	系住底板各分块，防止意外脱落
6	潜水设备	1套	供潜水员水下切割用
7	手拉葫芦	4套	临时固定

3）拆除的过程

（1）潮水位低于 -0.6m（底板露出水面）时用钢丝绳或白棕绳将各底板分块系于承台顶面预埋钢筋上，防止水下切割时底板意外脱落（图8）。

（2）高水位潜水员水下切割精扎螺纹钢吊杆，卸载吊杆受力。

（3）第二个低水位起吊底板，先将底板一端系于浮吊钩，再将底板两端连于承台钢索解除，底板落入水中，浮吊缓慢退后、材料船上前，然后将底板置于材料船（图9）。

图8 底板各分块系于承台顶面预埋筋

图9 底板拆除

(4)若发现钢管桩防腐涂层损坏,及时修复。

(5)拆卸后的底板的孔位在拼装前与即将施工的承台桩位校核,调整并修补。

图10为底板拆除后的承台外观照片。

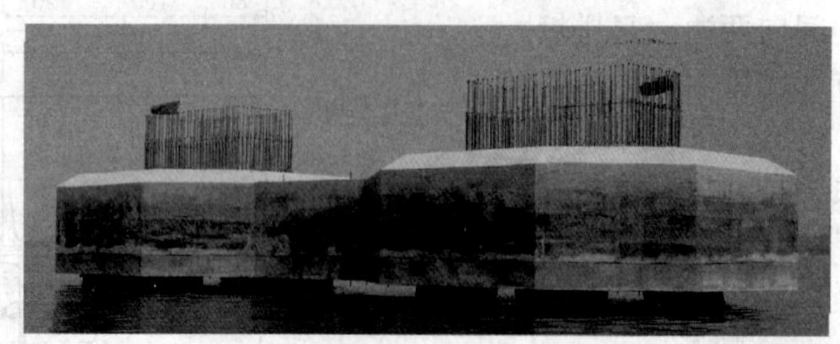

图10　底板拆除后的承台外观

四、结　　语

一套钢底板重量约为20t,制作一套新底板材料费及加工费合计约11万元,拆除价格仅2000元/吨(含运送至拼装码头),故回收利用一套底板可节约成本7万元左右。加工一套底板平均约7天,一套钢底板拆除时间约为3天。象山港大桥北引桥49个承台,通过底板回收再利用,实际仅加工14套底板,节省35套底板,为项目部节省底板材料及加工费共计245万元;另外减少了钢套箱周转循环周期,保守估计缩短工期1个月,减少了船机租赁费用投入,为项目部创造了可观的经济效益,同时也创造了良好的社会效应。

可完全拆装周转使用式单壁钢吊箱可广泛运用于桥梁承台基础施工,一方面底板及壁板的重复利用使得承台施工进入流程化和简单化,特别是对于截面较大的承台;另一方面,底板循环使用,减少钢材用量,减少了底板加工工序,降低成本、缩短工期,保证质量。

参考文献

[1] 周永兴.路桥施工计算手册[M],北京:人民交通出版社,2004.

79.大跨度双肢钢箱系杆提篮拱桥关键施工技术

陈　鸣[1]　彭　强[1]　徐振华[2]　王　瑀[2]

(1.中交二航局二公司;2.宁波通途投资开发有限公司)

摘　要　宁波明州大桥跨越甬江,为主跨450m中承式钢箱系杆提篮拱桥,居同类型桥梁世界第一,大桥建成将成为宁波市标志性建筑之一。大桥除拱座采用钢混组合结构外,其余均为全焊钢结构,具有构件数量众多、体积重量庞大、形态各异,以及构造复杂等特点。加之桥区软土地基、航道狭窄、航空限高150m,且受台风、季风影响频繁等条件,对大桥施工工艺提出了较高要求。本文针对明州大桥主桥关键结构特点,介绍和分析了相关施工工艺比选研究情况。

关键词　大跨度　双肢钢箱　提篮拱　施工　关键技术

一、基 本 情 况

宁波明州大桥主桥为世界第一跨度中承式双肢钢箱系杆提篮拱桥(图1),矢跨比1/5,跨径组合为100m+450m+100m。主桥除拱座采用钢混组合结构外,其余均为全焊钢结构。

1.主体结构

主桥边跨拱肋与中跨拱肋保持在一个平面内,横向倾斜度1:5。两片拱肋之间设置K形风撑及“一”

图1　宁波明州大桥效果图

字撑使其连成整体，形成强大的侧向抗弯刚度。加劲梁通过吊杆或立柱支撑于拱肋之上，中跨加劲梁的两端支撑于中跨拱梁交汇处的横梁上，横向设限位支座，纵向设置阻尼器。边跨加劲梁分别在中跨和边跨的拱梁交汇处与拱肋固结，边墩处端横梁下设双向滑动球形钢支座，过渡孔梁支撑在边跨拱端横梁上。主桥两边跨端横梁之间布置强大的水平拉索，以平衡中跨拱肋恒载和活载下的水平推力。

2. 自然条件

（1）航道。桥区江面宽约340m，航道宽约200m，靠主跨北侧布置，南侧大部分为滩涂区。由于航道狭窄，且通航密集，对水上施工工艺及设备选择有较大限制。

（2）航空限高。桥区位于机场起降区域范围，航空限高150m，对中跨施工临时结构设计及设备选择限制较大。

（3）地质条件。宁波属第四纪全新世中、晚期河、湖积滨海淤积平原，为典型的深厚软土层。桥区上部淤泥厚度超过12m，对施工工艺选择及临时结构设计影响较大。

（4）气象条件。桥区夏季受台风影响频繁，平均每年约3个。20年一遇最大风速为27.6m/s。

二、主 要 结 构

根据结构特点和施工条件，将主桥划分为边跨三角区和中跨2个主要结构区域。

1. 三角区

三角区主要包括下肢拱肋、上肢拱肋、尾端拱梁结合部、加劲梁、中跨拱梁结合部、上肢拱、上立柱，以及K撑、人字撑等，如图2所示。

2. 中跨

中跨主要包括上、下肢拱肋、风撑、加劲梁、吊索及水平拉索等，如图3所示。

图2　三角区三维示意图

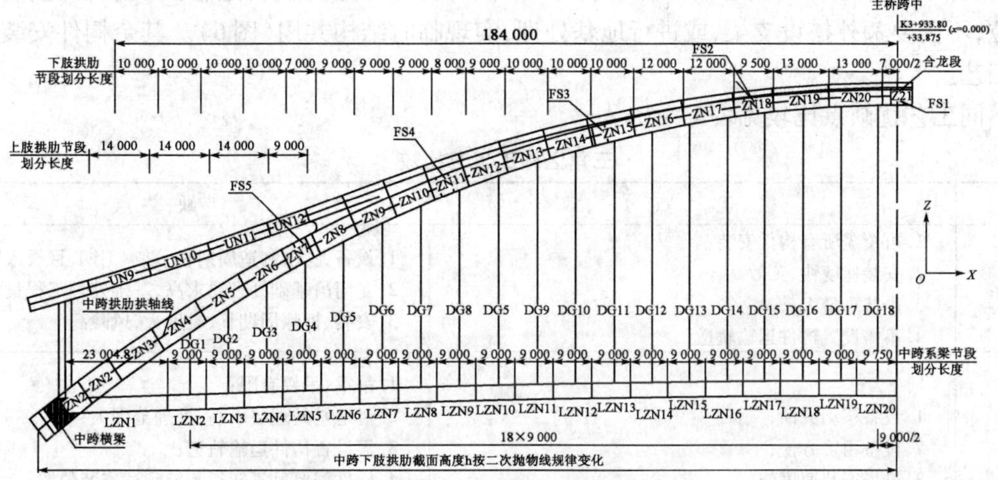

图3　中跨结构布置图（尺寸单位：mm）

三、三 角 区

1. 特点难点

三角区的施工难点在于：

(1)构件形态各异，种类繁多，空间关系交错复杂，临时结构布置及大型起重设备选型。

(2)尾端锚碇、端横梁、中横梁、中跨拱梁结合段为特殊构件，结构重、尺寸大，安装工艺选择。

2. 工艺比选

基于上述特点和难点，比选了三种不同工艺：

(1)履带吊支架法。沿上下游拱肋内侧搭设构件运输栈桥，构件通过栈桥运输至边跨端部，采用400t履带吊转运构件至安装位置，然后起吊安装就位(图4)。加劲梁通过栈桥运输至安装位置，三向千斤顶调整就位。

三角区合龙后，80t履带吊上桥安装上肢拱与上立柱。

(2)龙门吊支架法。沿三角区上下游拱肋外侧搭设龙门吊行走轨道，采用跨墩龙门吊安装三角区所有构件。龙门吊直接从船上起吊构件，不另外设置构件运输通道。龙门吊跨度和高度均超过60m(图5)。

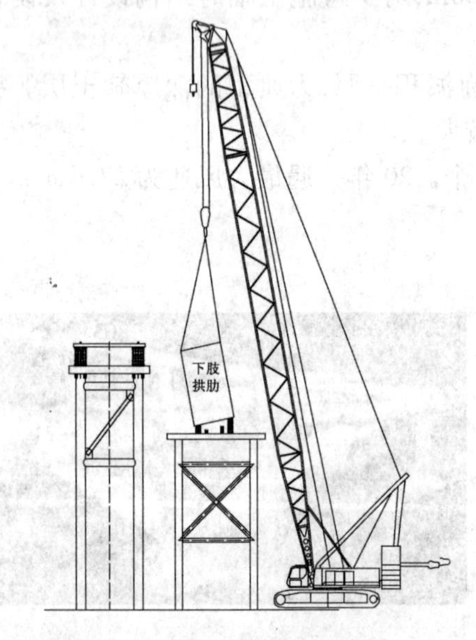

图4 履带吊安装构件示意图

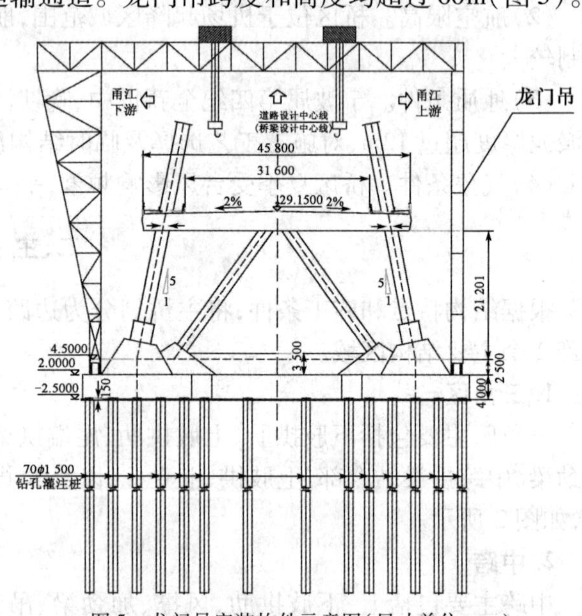

图5 龙门吊安装构件示意图(尺寸单位:mm)

(3)行走吊机支架法。利用运输栈桥布置行走式吊机，构件通过栈桥运输到安装位置，行走吊机起吊安装就位，不需要额外搭设支架，或进行地基处理，实现临时结构共用(图6)。其余构件安装同400t履带吊安装工艺。

三种不同工艺优缺点比较见表1。

三角区施工工艺比较 表1

项 目	优 点	缺 点
跨墩龙门吊	1. 可覆盖所有构件安装； 2. 安装速度快、工效高； 3. 吊装重量大； 4. 不需设置构件运输轨道	1. 设备庞大，制造周期长，影响工期，且投入巨大； 2. 龙门吊基础处理要求高，基础处理工程量大； 3. 安装、拆除周期长，难度大，风险高
履带吊	1. 设备移动灵活； 2. 设备租赁方便； 3. 进场安装速度快	1. 吊重、吊幅有限； 2. 对地基处理要求高，处理范围大； 3. 需设置构件运输轨道； 4. 构件需要反复转运才能到达安装位置； 5. 设备需频繁移动，安装工效低

续上表

项 目	优 点	缺 点
行走吊机	1. 可覆盖大部分构件安装； 2. 安装速度快，工效高； 3. 利用栈桥结构作为行走轨道，不需要额外的支架及基础处理	1. 设备安装需增设拼装平台； 2. 设备吊装能力相对较小； 3. 需采用履带吊安装上肢拱肋及立柱

通过比较，行走吊机结合运输栈桥方案，在投入、工期和安全方面具有综合优势，是较为合理的方案。

3. 临时结构设计

三角区临时结构主要包括高栈桥和拱肋支架两大部分。

(1)高栈桥。高栈桥布置在拱肋内侧，采用双幅结构，单幅宽5m，上下游总宽30m，单幅铺P60双重轨。单侧可运输单侧拱肋、立柱、K撑等节段，双幅可运输端横梁、加劲梁、中横梁。高栈桥前端连成整体，形成拼装和靠船平台。高栈桥既可运输构件，又可作为吊机行走轨道，同时还是加劲梁支撑支架，实现结构共用。

(2)拱肋支架。沿拱肋接缝下方布置支架，采用双柱挑梁+横梁结构，单个拱肋节段采用4点支撑。

临时结构布置见图7所示。

4. 拱肋安装

将拱肋节段重量限制在80t以内，构件顶部设吊耳，底部设搁置、调位支腿。构件采用浮吊卸船至运输小车，运输至安装位置附近，由行走吊机起吊至拱肋支架4点支撑(图8)，然后采用三向千斤顶精确调整拱肋节段空间位置。

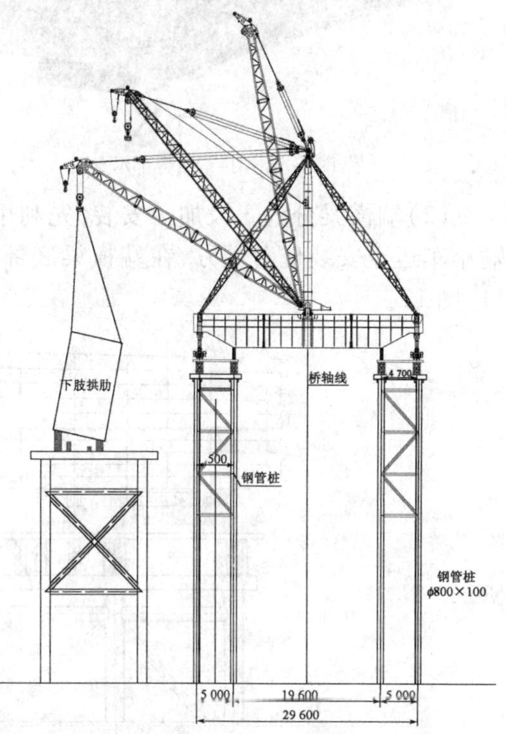

图6 行走吊机安装构件示意图(尺寸单位:mm)

图7 三角区临时支架布置图

图8 行走吊机安装拱肋示意图

5. 边跨加劲梁

构件采用浮吊卸船至运输小车，运输至安装位置上方，采用千斤顶卸车，精确调位后4点支撑于高栈桥上。

6. 尾端拱梁结合部

尾端拱梁结合部主要由尾端拱肋锚碇段和端横梁组成。其中尾端锚碇段重320t，端横梁重380t(图9)。

(1)尾端锚碇节段分为6段加工安装，安装时先向岸侧和外侧分别预偏10cm，以方便端横梁就位，并防止已安拱肋温度伸缩影响。同时，按照从下至上，从里到外的顺序依次安装、焊接6个分段。待端横梁安装就位后，整体顶升回移，与拱肋和端横梁匹配焊接(图10)。

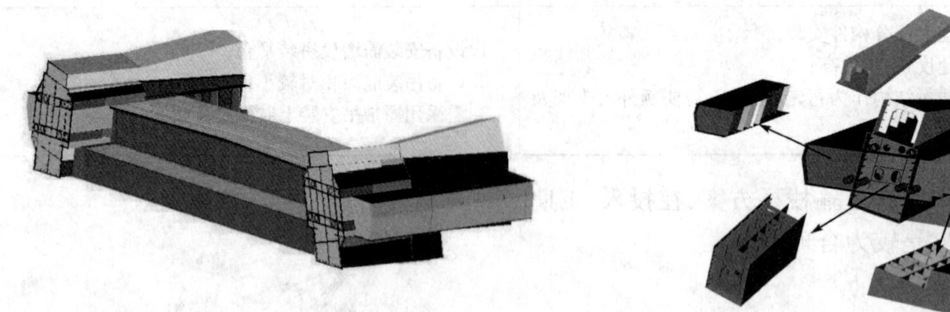

图9 尾端拱梁结合部示意图

图10 尾端锚碇节段分段示意图

(2)端横梁分为3段加工安装，先利用浮吊卸船至高栈桥前端拼装平台上拼焊成整体，再利用运输小车运至安装位置上方，在端横梁底部搭设工具式支墩，采用4台200t普通穿心千斤顶下放见图11、图12。

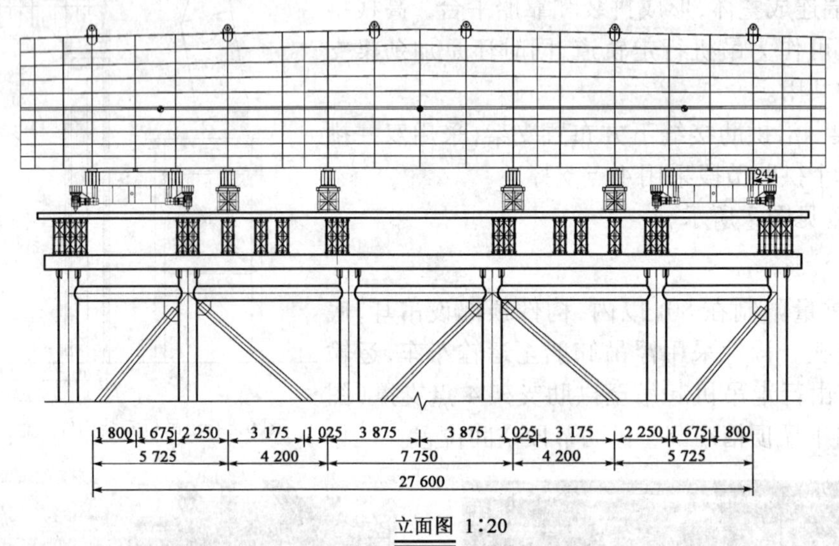

图11 端横梁栈桥前端拼装示意图(尺寸单位:mm)

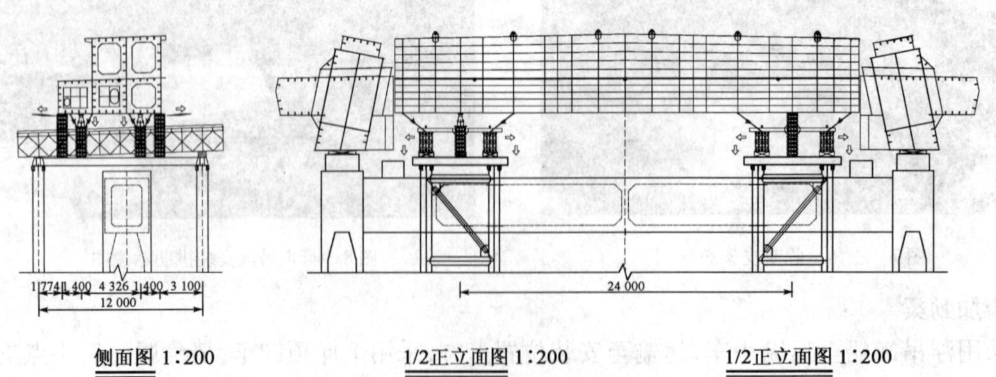

图12 端横梁顶升下放示意图(尺寸单位:mm)

7.中跨拱梁结合部

中跨拱梁结合部由中横梁和中跨拱梁结合段组成。其中中横梁重410t，拱梁结合段重210t。

(1)中横梁分3段加工安装，先利用浮吊卸船至高栈桥前端拼装平台上拼焊成整体，再利用运输小车运至安装位置上方，在加劲梁和栈桥顶面搭设提升门架，采用4台200t连续千斤顶下放，见图13、

图 14。

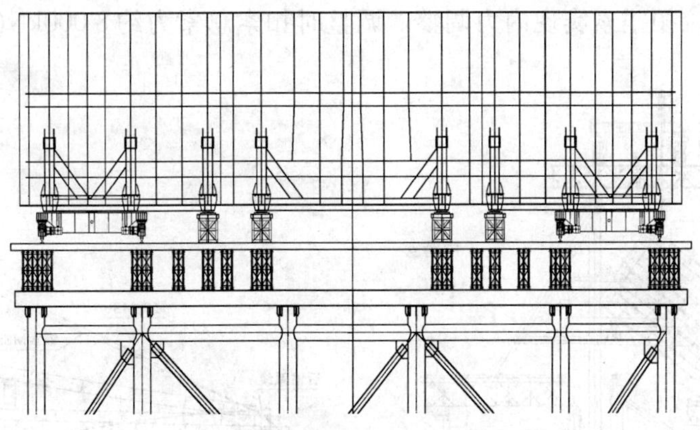

图 13 中横梁栈桥前端拼装示意图

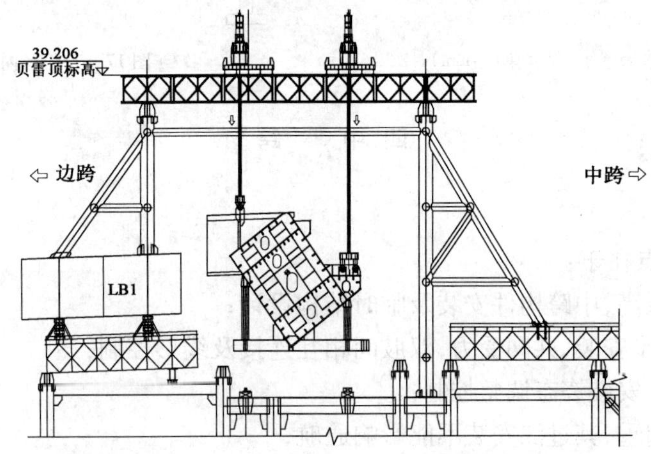

图 14 中横梁提升下放示意图

(2)中跨拱梁结合段(Z2b)。Z2b 采用浮吊吊至运输小车胎架上,运至安装位置附近,整体滑移至外侧平台上临时搁置。待中横梁安装就位后,搭设 Z2b 提升门架,采用 4 台 200t 连续千斤顶空中转体下放就位,见图 15、图 16。

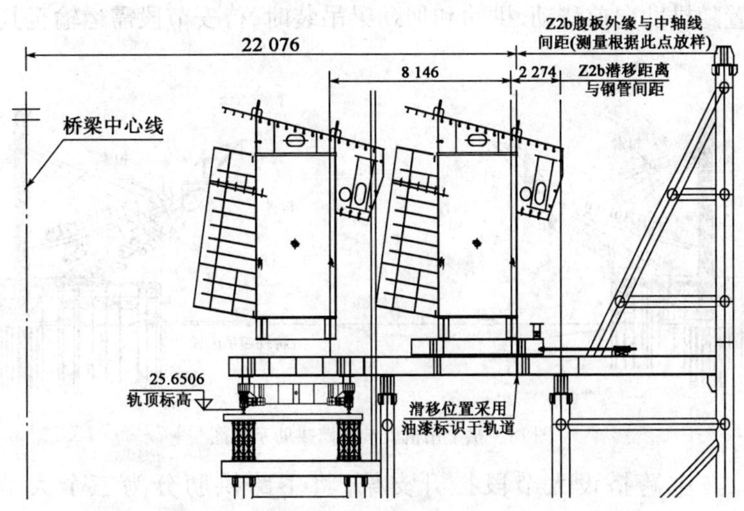

图 15 Z2b 横向滑移示意图(尺寸单位:mm)

8. 三角区内力调整

为减小成桥时主跨拱脚处的负弯矩,在三角区合拢前,需要在主跨侧拱肋拱脚处储备约100 000kN · m

的正弯矩。因此,考虑利用扣塔对称布置钢绞线扣锚索,其中锚索设置在端横梁内,扣索设置在中横梁牛腿上,通过千斤顶同步张拉扣锚索实现内力调整。调整时扣索总索力约8 000kN(图17)。

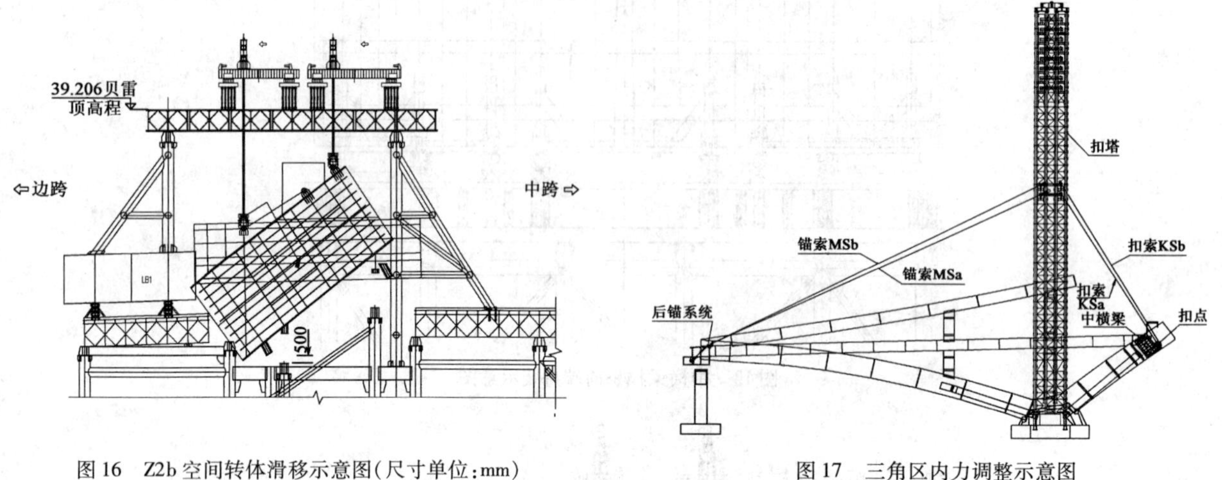

图16　Z2b空间转体滑移示意图(尺寸单位:mm)　　　图17　三角区内力调整示意图

四、中　　跨

1. 特点难点

中跨的施工重点、难点在于:

(1)航道狭窄、航空限高,中跨构件安装及临时结构设计;

(2)上下肢拱要求同步安装,共同受力,双肢间相互连接及线形控制;

(3)拱肋纵横向倾斜,安装姿态调整控制;

(4)水平拉索超长、超重,其过江安装不能影响通航;

(5)加劲梁与拱肋投影面相互影响,如何安装就位。

2. 工艺比选

基于上述特点难点,比选了三种不同工艺:

(1)拱上吊机工艺。在已安三角区拱肋上布置拱上吊机,逐段安装拱肋节段,采用临时扣塔锚固拱肋悬臂。由于吊机位置随拱肋向前移动,拱肋和加劲梁吊装时,待安节段需运输至其正下方,南岸滩涂区需全范围疏浚(图18)。

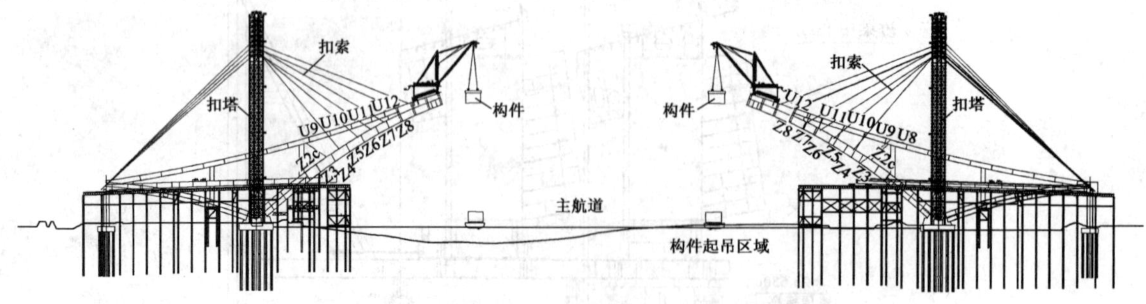

图18　拱上吊机安装主跨拱肋示意图

(2)大节段工艺。在主跨搭设大节段提升支架,将主跨拱肋分为三个大节段(单节段重量近1700t),并在南侧滩涂区搭设大节段拼装平台。拱肋节段在拼装平台组拼装成大节段后,转运至安装位置(南岸部分滩涂区需疏浚),采用钢绞线连续千斤顶系统提升就位。支架顶拱肋节段先行安装到位,见图19。

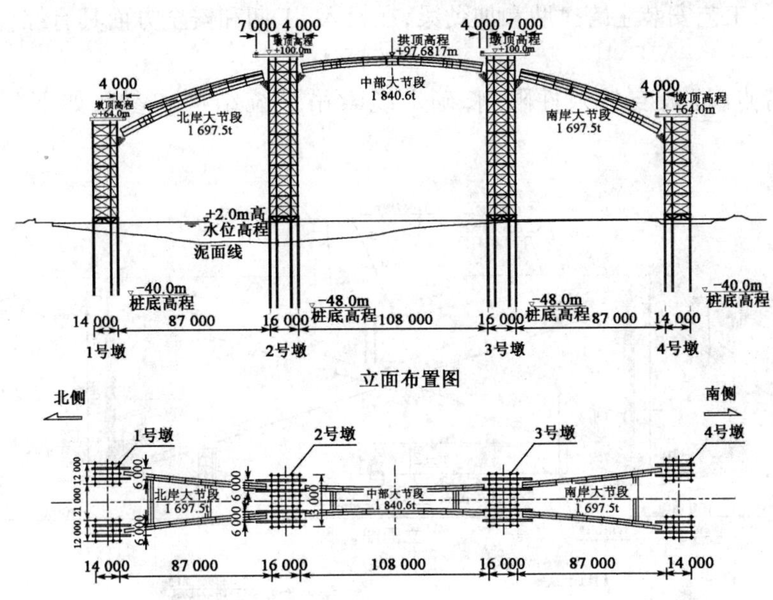

图 19 主跨拱肋大节段安装示意图(尺寸单位:mm)

(3)缆索吊方案。在主墩承台上布置缆索吊系统,采用无支架斜拉扣挂工艺安装拱肋和加劲梁节段(图20)。

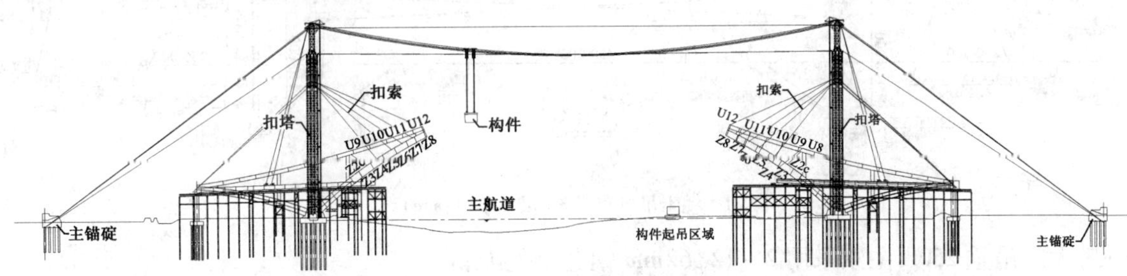

图 20 缆索吊机安装主跨拱肋示意图

三种不通过工艺的优缺点比较见表2。

主跨拱肋、加劲梁施工工艺比较 表2

项 目	优 点	缺 点
大节段	1. 安装速度快,能快速成拱; 2. 高空焊接少,结构整体性好; 3. 抗风安全性好	1. 大节段拼装平台及支架工程量巨大; 2. 航道狭窄,航道疏浚量大,大节段运输困难; 3. 需在航道中设置大节段支架,对通航影响较大,船撞风险高; 4. 大节段内力及线形控制难度大
拱上吊机	1. 能覆盖全部主跨拱肋和加劲梁吊装; 2. 拱肋双榀组合安装,速度快	1. 拱肋需加固,线形控制难度大; 2. 航道需疏浚才能吊装各拱肋和加劲梁节段; 3. 上下拱肢交汇前,拱肋安装难度大; 4. 拱肋空间形态变化大,对拱上吊机要求高,移动定位难度大
缆索吊	1. 能覆盖全部主跨拱肋和加劲梁吊装; 2. 缆扣塔合一,充分利用临时结构; 3. 可定点吊装节段,对航道影响较小	1. 主缆与拱肋平面位置交错,加劲梁吊装难度大; 2. 航空限高,扣塔高度受限,扣锚索索力较大; 3. 深厚淤泥,缆索吊锚碇结构设计难度大

通过比较,缆索吊工艺安装主跨拱肋和加劲梁,在投入、工期和安全方面具有综合优势,较为合理。

3. 缆索吊设计

根据结构自身特点,以及自然条件限制,确定缆索吊系统结构和参数如下(缆索吊结构布置见图21):

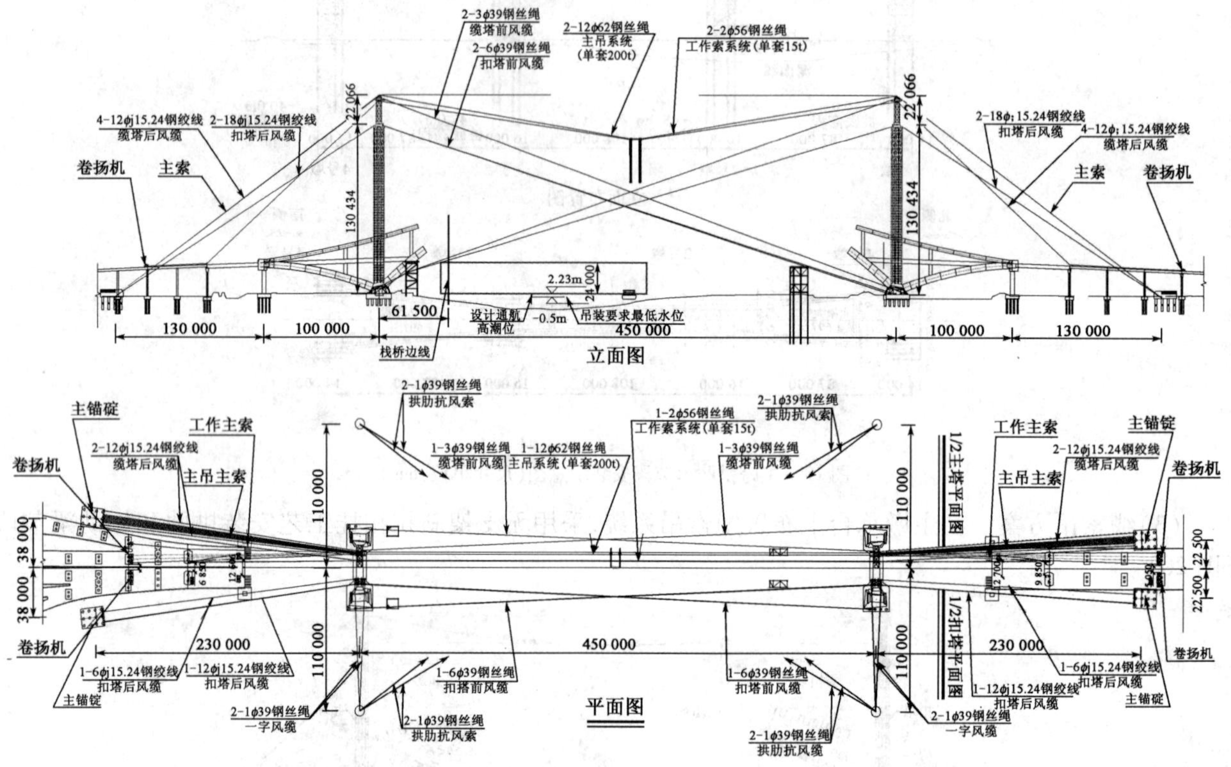

图21 缆索吊机布置图(尺寸单位:mm)

(1)最大净吊重250t,主索采用2-12ϕ62mm钢芯钢丝绳;

(2)缆扣塔合建于主墩承台内侧,扣塔高130m,缆塔高20m,铰接于扣塔顶;

(3)塔架受力巨大,采用工具式钢管,法兰连接;

(4)扣索最小角度8°,锚索利用端横梁锚固,端横梁内设锚索锚箱;

(5)拱肋和加劲梁采用吊具安装,主索鞍不横移;

(6)地质条件差,锚碇采用桩基础+重力式复合结构;

(7)利用主索反置,减小主索对缆塔顶的不平衡力;

(8)采用落地缆风结构,南北岸塔架相对独立。

4. 拱肋安装

由于主索宽度与拱肋宽度不同,考虑采用扁担调整吊点间距(图22)。拱肋安装流程为:构件起吊纵移至安装位置→与已安节段临时连接、焊接→挂设扣锚索并张拉→循环安装至拱肋合拢。

因拱肋向内倾斜,为保证结构横向线形,采用滑轮式吊具起吊(图23),并在拱肋之间设置临时横撑。

上下肢合拢前,扣索锚固于上肢上,上下肢间采用柔性扣挂索连接(图24)。

扣锚索最小为10ϕ15.24mm钢绞线,最大为48ϕ15.24mm钢绞线,群锚体系。锚索采用单根安装,扣索采用整束安装,扣锚索均采用大吨位穿心顶整体张拉。扣锚索布置见图24。

5. 水平系杆索

主桥设2组水平拉索,每组8根,8根位于桥面加劲梁内,8根位于加劲梁以上。锚固于主桥两边跨锚碇节段上,以平衡恒载和活载下的水平推力。水平拉索采用平行钢丝索结构,规格为367ϕ7mm,单根长663m,重80t。拱肋安装完成后,进行上层水平拉索施工,加劲梁安装完成后,进行下层水平拉索施工。

图22 扁担吊装拱肋示意图

图23 上下肢柔性扣挂

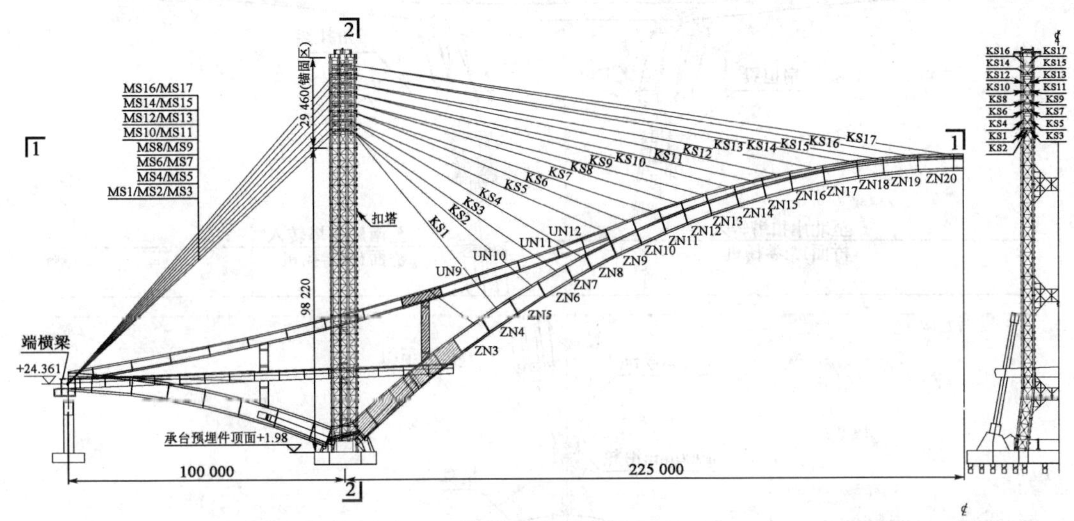

图24 主跨拱肋扣锚索布置图(尺寸单位:mm)

为了保证通航,上层水平拉索施工借助5跨连续猫道牵引过江(图25、图26),下层水平拉索施工通过在加劲梁内安装牵引系统进行施工。

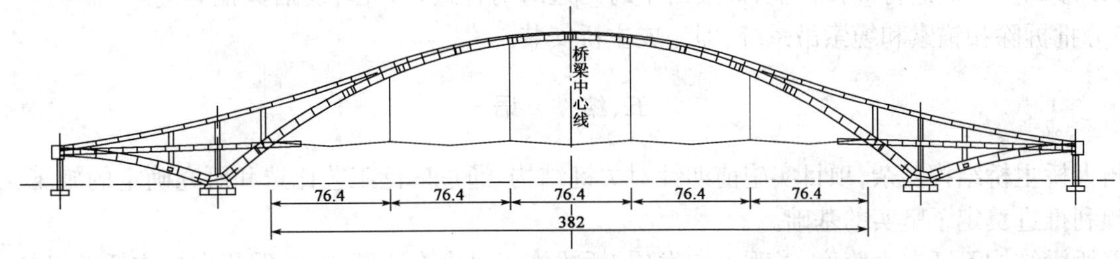

图25 水平拉索过江5跨连续猫道布置图(尺寸单位:m)

6. 中跨加劲梁

中跨加劲梁采用双主梁+工字横梁结构,总宽45.8m,中心处梁高3.2m。加劲梁标准长度9m,共计40个节段,重量最大约180t。

(1)加劲梁由驳船运至南岸疏浚航道起吊区域内,采用缆索吊由两侧向跨中依次进行安装。由于吊索与部分拱肋冲突,将扁担置于拱肋之上,利用扁担上的二级起升装置吊装梁段就位(图27)。

(2)加劲梁合拢后对全桥线形进行调整,利用拱肋内150t千斤顶调整吊杆长度,使桥面轴线及高程符合设计要求。调整由跨中向两侧对称进行,且桥面加劲梁需处于完全自由状态。

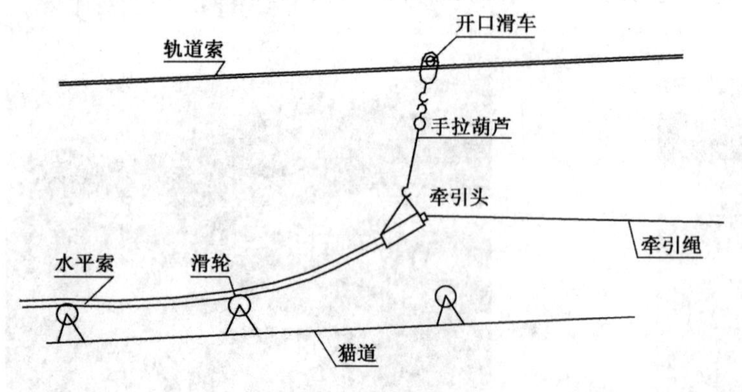

图26　上层水平拉索牵引过江示意图

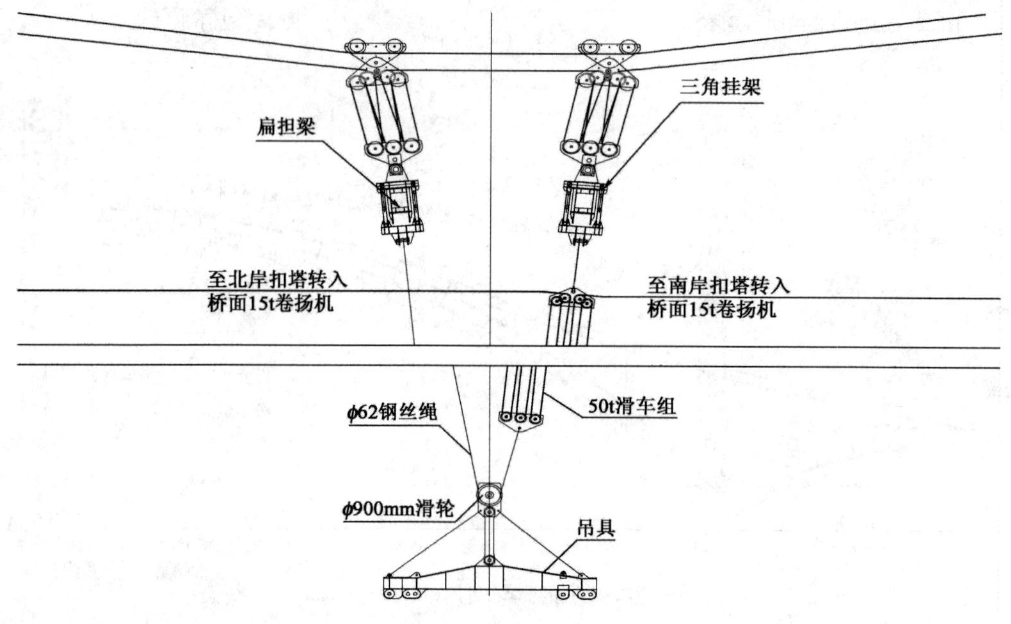

图27　中跨加劲梁安装示意图

(3)线形调整完成进行焊接作业,焊接由中跨向边跨对称进行,先环缝后其他焊缝。

(4)分批拆除扣锚索和缆索吊系统,即完成主桥安装。

五、结　　语

明州大桥主桥结构复杂,项目实施前期针对关键结构,通过广泛工艺比选和研究确定的施工工艺,对于工程顺利推进奠定了坚实的基础。

随着桥梁结构不断向大跨度、景观方向发展,桥梁施工难度在不断增大,明州大桥主桥关键施工技术研究对于其他大跨度桥梁安装具有一定借鉴意义。

参考文献

[1] 严进标. 卢浦大桥主桥中跨桥面吊装施工技术. 公路,2003.6.

[2] 杨宏杰. 卢浦大桥临时索、塔体系的设计与施工. 建筑施工,2003.6.

[3] 颜海欢. 卢浦大桥主桥三角区施工技术研究与应用. 中国技术专家网.

[4] 王东辉. 重庆菜园坝长江大桥4200 kN缆索吊机设计. 铁路标准设计,2008.9.

80.400t 缆索吊扣缆塔安装技术

丁忠诚 陈 鸣 李 宁 张秋虎
（中交二航局第二工程有限公司）

摘 要 本文通过对浙江宁波明州大桥工程中400t缆索吊扣、缆塔的施工工艺、施工特点及施工过程中出现问题的处理方法进行了分析总结，着重介绍了明州大桥缆索吊扣缆塔在施工过程中的技术措施与质量控制。

关键词 明州大桥 缆索吊 扣塔 缆塔 安装 施工 技术

一、概 述

1. 工程概况

明州大桥位于宁波市东部规划中的高教园区及科技园区，是跨越甬江的重要过江桥梁工程。大桥为中承式钢箱系杆拱桥，跨径组合为：100m + 450m + 100m。主跨跨径450m，矢跨比$f/L = 1/5$，主桥桥面宽45.8m。边跨拱肋与中跨拱肋保持在一个平面内，横向倾斜度为1∶5。两片拱肋之间设置“K”形风撑和“一”字横撑使其连成整体。

2. 缆索吊扣、缆塔设计

明州大桥缆索吊机设计集中荷载为4 000kN，额定起重量为2 500kN，跨径布置为230m + 450m + 230m，包括绳索系统、塔架支撑系统、锚固系统、缆风系统、机械和电气控制系统。

大桥中跨构件采用缆索吊系统对称吊装，无支架斜拉扣挂体系，布置见图1所示。钢构件采用缆索吊机起吊，然后斜扣于扣塔的扣锚梁上，其中扣、缆塔为缆索吊机系统和扣锚索系统共用塔架，其结构立面图如图2所示。

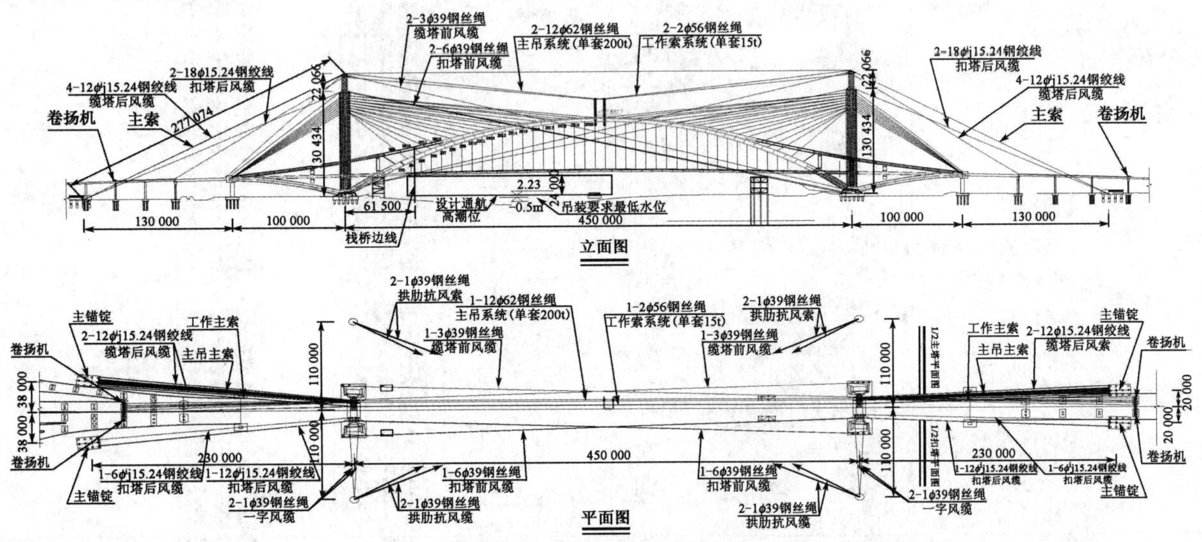

图1 400t缆索吊机布置示意图(尺寸单位:mm)

扣、缆塔位于主墩拱座内侧，塔架横向布置间距4m + 18m + 4m，纵向布置间距2.9m × 3。扣缆塔相对位置见图3所示。扣、缆塔总高度150m，塔顶高程 + 152m，其中扣塔高度130.434m，缆塔高度19.566m。

1/2扣塔正立面图(1-1)
1/2扣塔正立面图(2-2)
扣塔侧面展开图(5-5)
扣塔侧面展开图(6-6)
第四道附着
第四道附着
第三道附着
第三道附着
第二道附着
第二道附着
第二道临时附着
第二道临时附着
第一道附着
第一道附着
第一道临时附着
第一道临时附着
扣塔联结系L1
主桥构件支撑L2
下铰座
铰座下分配梁
塔顶分配梁及
缆风锚固系统
铰座
铰座下
分配梁
主墩
承台系梁
主墩
承台系梁

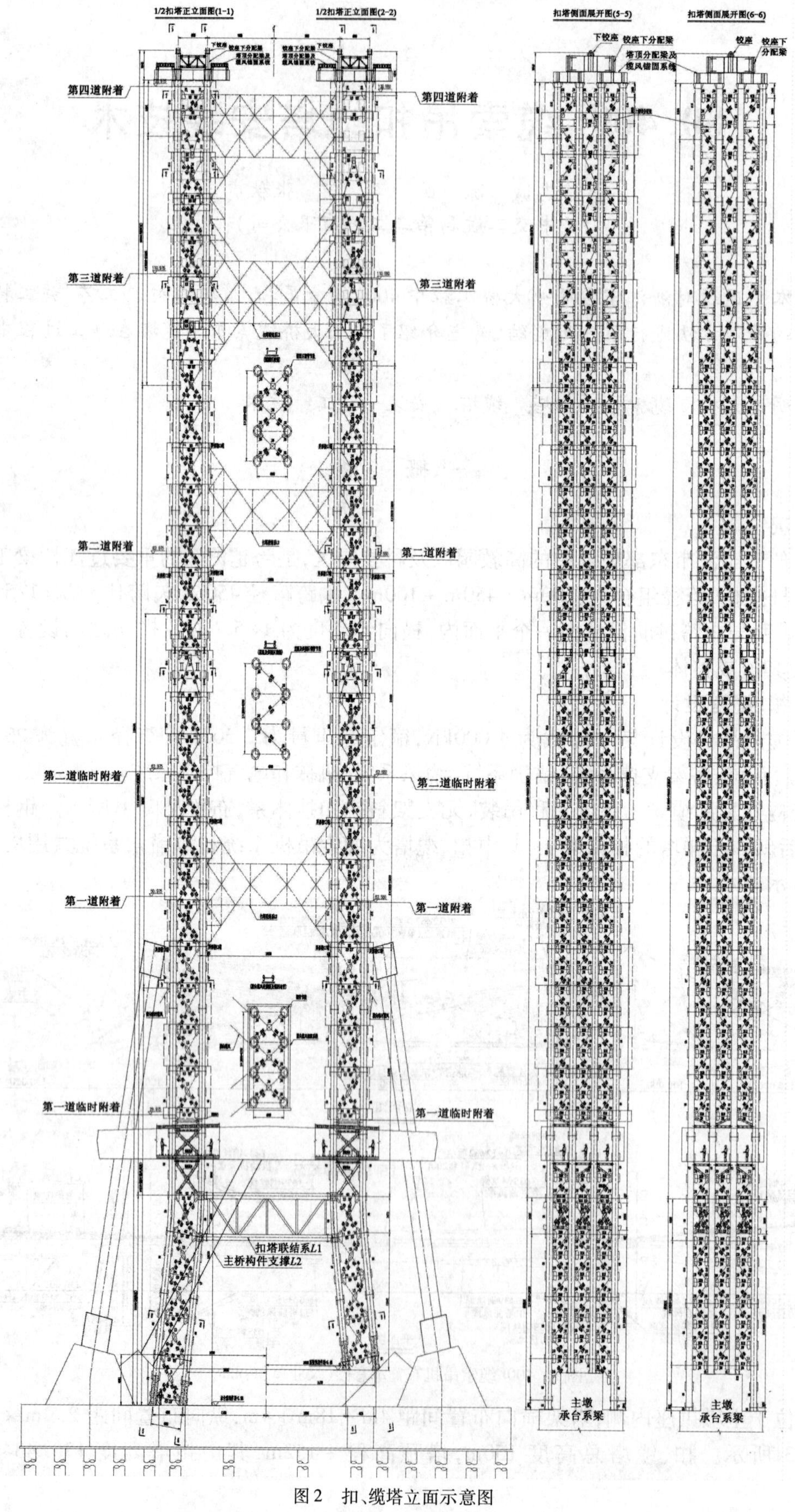

图2 扣、缆塔立面示意图

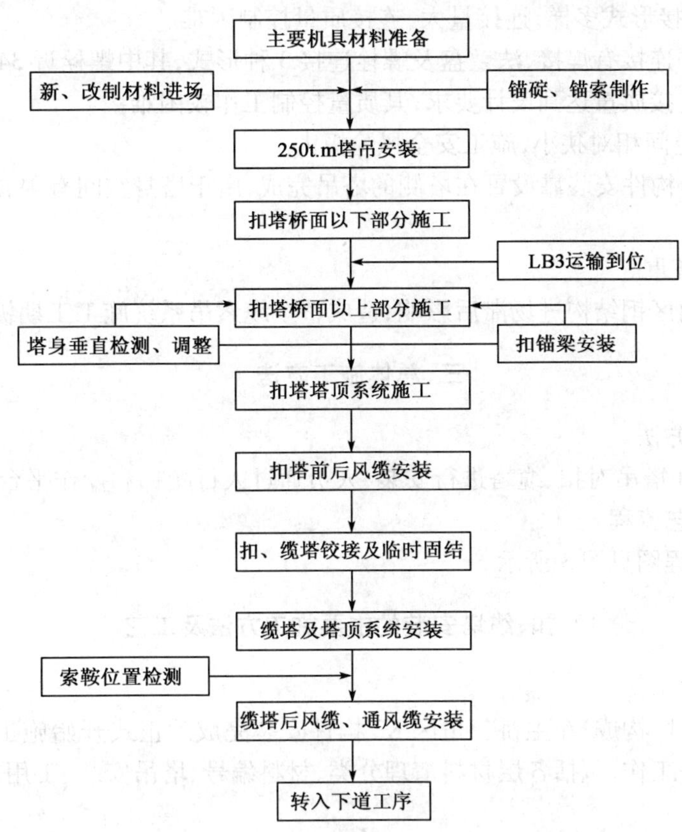

图3　扣、缆塔安装施工流程图

扣塔立柱单肢所受竖向力约50 000kN。为满足主墩承台结构受力要求并错过系梁箱室和墩位处的人撑，立柱底部成“八”字腿，柱脚支承在拱座的异性断面处，纵桥向与拱肋平面平行。当柱脚立柱段升出桥面后与竖向立柱交汇，保证桥面上首层横梁距桥面有6m的净空。扣塔所有管柱从底至上对接底部管柱平面为8根ϕ800mm的钢管。底部弯矩较大的斜腿区节段为壁厚20mm材质Q345c的钢管组成；其余全部为8根ϕ800mm、壁厚16mm材质Q235b的钢管组成（每根管柱外围贴4根角钢加强），直至扣塔顶部。两侧立柱之间设有横向连接系。扣塔塔底与主墩承台为固结。

缆塔利用扣塔塔架作基础，塔底铰接支撑于扣塔塔顶。两岸缆塔塔顶高程相同，缆塔高度为19.566m（至塔顶横梁顶面），塔底各设2组铰座。缆索吊机塔架钢管立柱为4根ϕ800mm、壁厚16mm的钢管（Q235c），钢管平面间距为4×4m。缆塔横梁分为两层，顶层为钢箱梁主梁结构以及强大的水平连接系。

立柱钢管采用设计为6m长标准节段，法兰盘对接，标准节段钢管重量约4t。

二、缆索吊机扣缆塔结构特点及难点

明州大桥缆索吊机扣缆塔施工具有如下特点：

（1）缆索吊额定起重量大，结构受力复杂。

明州大桥缆索吊机设计集中荷载为4 000kN，额定起重量为250t。据可查资料，该级别缆索吊机在国内处领先地位。扣缆塔承受自重、塔吊、风缆、主索、扣锚索、风等多方面荷载，受力比较复杂。

（2）扣缆塔材料数量庞大，来源多。

本扣缆塔使用钢材为导用、改制及新制等不同来源建造，总计近5000t钢材。

（3）材料加工及安装精度要求高，测量控制困难。

扣塔安装控制垂直度在1/1200以内。因扣缆塔钢管间连接采用法兰盘形式，为保障主钢管的受力传接可靠，钢管加工精度要求高，法兰螺栓孔位置误差要控制在1mm内。同时受构件的制造误差、测量自身误差及外界环境如温度、日照、风力、塔吊及测量障碍等诸多因素影响造成测量控制困难。

(4)扣缆塔各结构连接形式多样,连接量大,连接质量控制困难。

扣缆塔各层各构件的连接有焊接、法兰盘及螺栓连接3种形式,其中螺栓近34万套,连接量极大,施工中必须保证每一处的连接质量达到设计要求,其质量控制工作较困难。

(5)扣缆塔高度高,空间相对狭小,施工安全风险极大。

扣缆塔总高为150m,构件安装靠设置在塔侧的塔吊完成,由于塔身空间有限,施工平台较小,施工安全风险极高。

(6)施工工期紧、任务重。

由于前期受大桥三角区钢结构进场滞后影响,造成整个缆索吊系统施工工期极为紧张,施工任务重。

三、总体施工方法

1. 扣、缆塔总体施工方法

本工程主要使用250t塔吊对扣、缆塔进行安装,人员通过人行爬梯和操作平台配合塔吊安装。

2. 扣、缆总体施工工艺流程

扣、缆塔总体施工流程图见图3所示。

四、扣、缆塔安装的主要施工方法及工艺

1. 扣塔安装

扣塔由斜腿区和直腿区构成,在主桥三角区K2构件安装完成后正式开始施工。在扣塔安装前做好扣塔安装的一切施工准备工作,包括各层材料清理分类、材料编号、塔吊安装、工用具准备、技术交底及测量控制数据计算、复核等。

1)斜腿区安装

斜腿区为扣缆塔的基础部分,其安装的精度及质量将对整个扣缆塔产生重要影响。斜腿区安装包括第一层G1~G4安装、标准节G6~G7安装及G8~G9过渡节安装。

(1)斜腿区G1~G4安装。G1~G4管节是扣塔斜腿区的第一节,也是整个扣塔安装的关键。安装时在预埋件上和钢管侧面分别用墨斗弹出安装十字线,并焊制导向挡块如图4所示。为确保侧面耳板空间位置准确和钢管底部精确对中,安装十字线的交叉点坐标必须与扣塔钢管中心线在实测高程处的平面坐标吻合。为消除预埋件安装时的误差,管节底口经精确改制后以控制桩顶坐标为主,兼顾保证桩底与预埋件充分吻合,此过程需要测量人员实时控制。通过工人用手拉葫芦对钢管进行倾斜度调整,同时在顶口四面设置缆风配合调节调整(图5)。

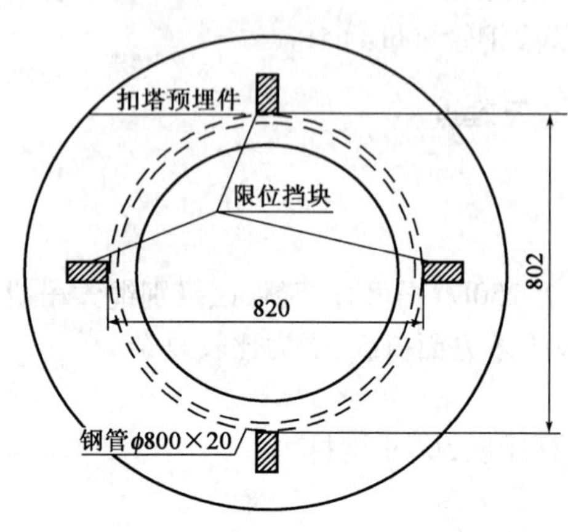

图4 挡块焊制位置(尺寸单位:mm)

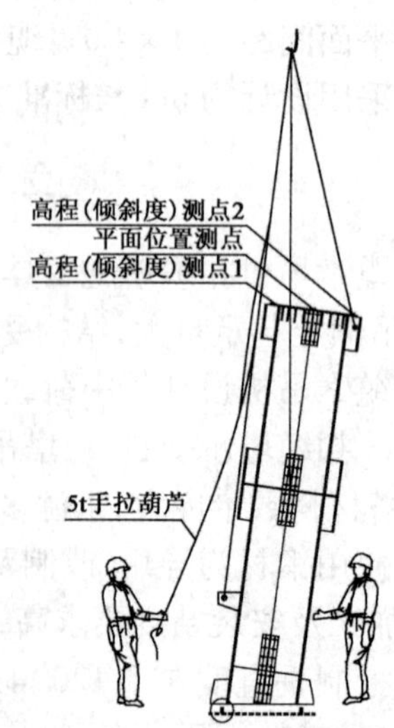

图5 斜腿区首节钢管安装示意图

在将钢管调节好后先点焊固定,再连接钢管间联结系,通过测量无误后实施熔透坡口焊,焊接时要避免局部过热导致混凝土开裂,然后焊接劲板加强(图 6)。

(2)斜腿区标准节段安装。斜腿区标准节段在现场两两组拼后再进行安装。安装时人站在操作平台上,先将法兰粗略对位后即销入冲钉,销入 4 颗定位冲钉后开始上螺栓。冲钉加工图见图 7。斜腿区仅控制与 G8、G9 相连的 G6、G7 顶口中心坐标及顶口斜度,且在安装 G8、G9 前 G8、G9 下部的标准节顶口坐标必须调整到位。调整时在该节 G6、G7 上端横桥向顺偏离桥轴线方向设置手拉葫芦来调整由于斜腿区自重引起的偏位,如图 8 所示。注意与 G9 相连的节段须在顶部向下 40cm 处焊制封板,详见 G9 安装。

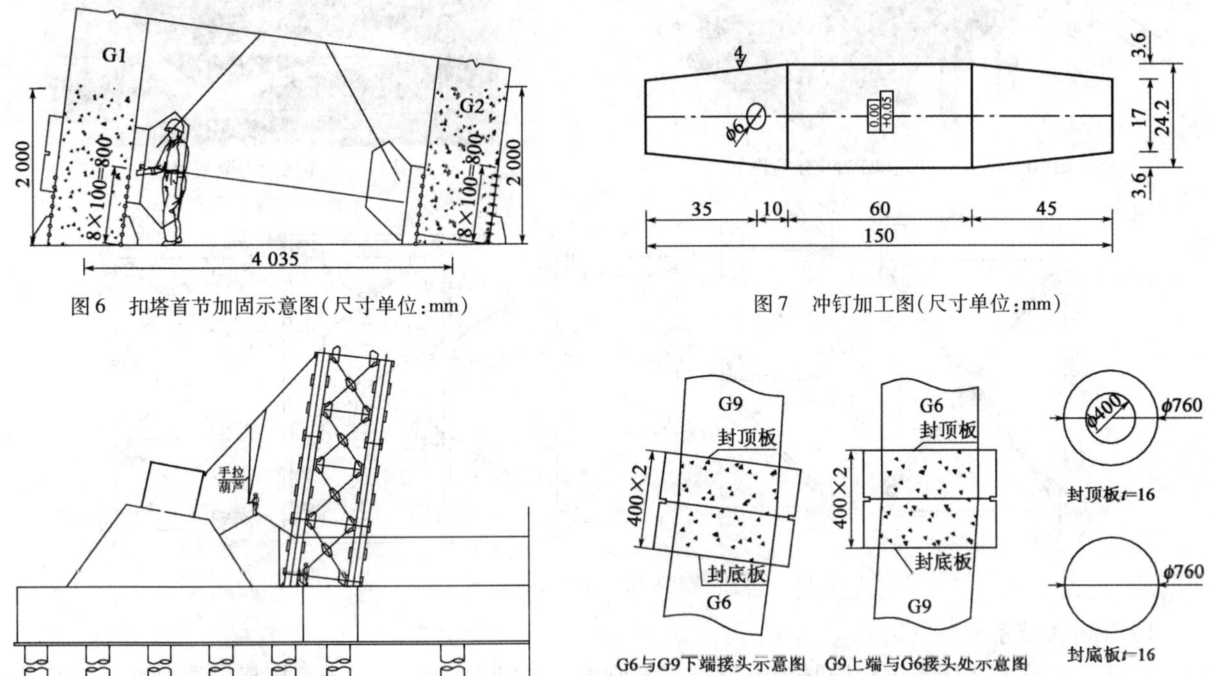

图 6　扣塔首节加固示意图(尺寸单位:mm)

图 7　冲钉加工图(尺寸单位:mm)

图 8　斜腿区调整示意图

图 9　G8、G9 加固示意图(尺寸单位:mm)

(3)斜腿区 G8、G9 安装。G8、G9 安装时底口仍以螺栓连接,以顶口坐标和水平度控制为主。安装时需保证单塔 C8、C9 顶口水平且高差不超过 1mm。其中 G9 是扣塔由斜腿区过度到直腿区的关键节段,上下端头又是扣塔上下游间联结系 L1 的接点,受力较为复杂,故在该处上下 40cm 灌注混凝土,如图 9 所示。

2)直腿区安装

直腿区安装较斜腿区简单,在塔吊配合下,借助于爬梯和操作平台进行安装。直腿区安装以控制垂直度为主,每安装完一层进行钢管顶空间坐标测量,通过测量数值对下一层塞垫调整其垂直度及高程,以满足其垂直度不大于 1/1200,及各钢管间高程差小于 10mm。如遇较大偏差,需查明原因并通过千斤顶或临时风缆进行调整直至其精度满足设计要求。

直腿区附属设施较多,有塔吊附着、临时风缆、扣锚梁、侧向风缆及三角区内力调整所需的构件等,施工到相应位置时参照相应设计图纸及安装方案。

直腿区底部与主桥加劲梁 LB2、LB3 相冲突,如图 10 所示,加劲梁在工厂加工时,应在冲突位置开孔,以保证扣塔及联结系顺利通过加劲梁,同时验算开孔后加劲梁的刚度,采取相应的临时补强措施,以免加劲梁在运输过程中变形。待扣塔拆除后,拆除临时补强结构,按原设计对 LB2、LB3 进行恢复。另外,直腿区安装 70m 高时,如图 11 所示,需安装锚固结构后,借助于扣塔对三角区内力进行调整。

3)钢管间联结系安装

钢管间联结系由角钢和连接板组成,分为标准型和非标准型两种,组合后主要 5 种形状,如图 12 所示,依次为:扣塔钢管 4m 间距联结系,扣塔钢管 2. 9m 间距联结系,扣塔标准节段横隔联结系,临时风缆和塔吊附着处横隔联结系，上下游联结系附近的扣塔钢管联结系。侧向的联结系在后场拼装后整个吊装，水平联结系在操作平台移除后进行安装。

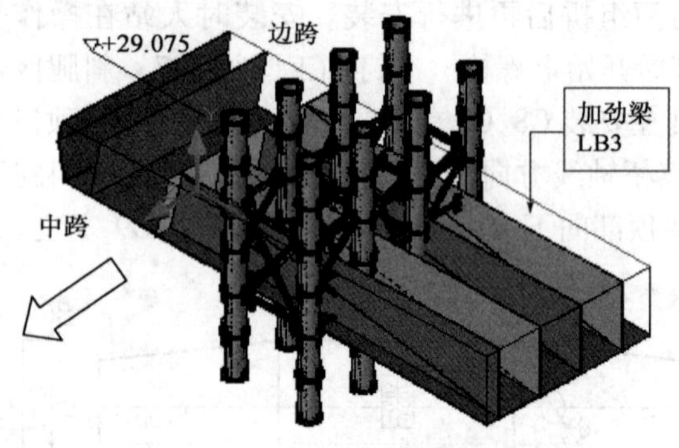

图10　扣塔与LB2、LB3冲突示意图

图11　三角区内力调整示意图

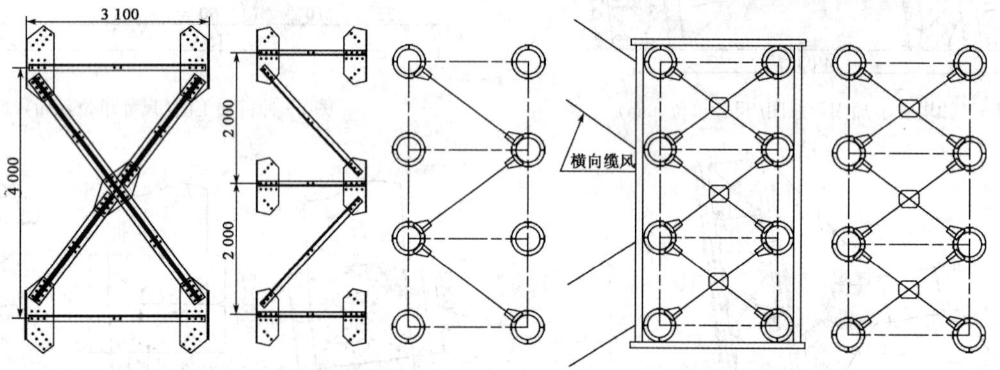

图12　扣塔钢管间联结系形状示意图(尺寸单位:mm)

4)塔间联结系安装

扣塔上下游塔之间通过横向联结系以增强其刚度，扣塔联共设L1～L3三层横向联结系。

L1联结系总重25t左右，是由ϕ600mm×6mm、ϕ219mm×6mm钢管及∟100mm×10mm等组成的全焊接桁架结构。在扣塔开始施工时在主墩系梁附近对L1联结系进行拼装，使用用两台塔吊抬吊安装，抬吊示意图见图13。L1与扣塔钢管之间用哈弗接头进行连接。哈佛接头采用长度为50cm左右的ϕ630mm×8mm钢管。哈佛接头根据图14进行放样加工。由于哈佛接头多处与扣塔钢管的连接法兰冲突，现场需要对哈佛接头进行修割，注意修割时不得损伤扣塔钢管、法兰及劲板。焊接后根据现场技术员要求进行补强，再使用红丹酚醛一底一面涂装防腐。

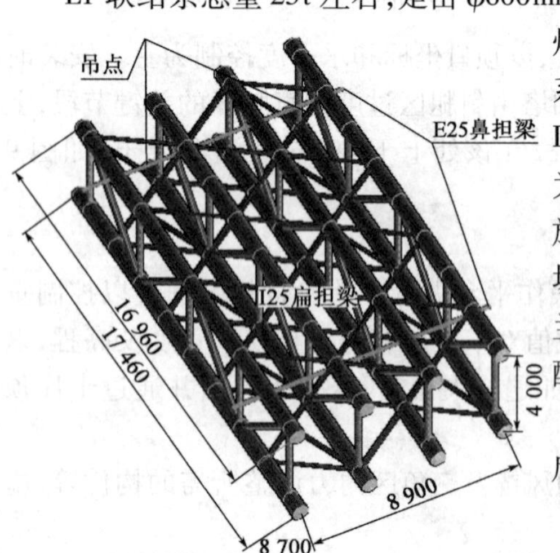

图13　L1联结系安装示意图(尺寸单位:mm)

L2、L3联结系由标准型和异形万能杆件构成，在桥面组拼后采用扁担梁整体吊装，吊装方法与L1安装相同。

5)扣锚梁安装

中跨拱肋吊装扣、锚索张拉端均设置在扣塔塔架之上，在塔身布设8层共17组扣锚梁进行锚固。锚梁采用钢箱形截面，锚梁两端栓接在两层交叉的分配梁之上，底层分配梁的两端与扣塔立柱采用销轴联结。扣锚梁在相应扣塔钢管安装完成后通过塔吊吊装。

6)扣塔塔顶平台安装

单个扣塔塔顶平台总重约60t，如图15所示，由塔顶分配梁、塔顶分配次梁、铰座下分配梁及铰座、缆风分配梁、缆风锚固梁、系杆梁及联结系等构件构成。每个塔顶平台按图16所示分成两部分组合，通过

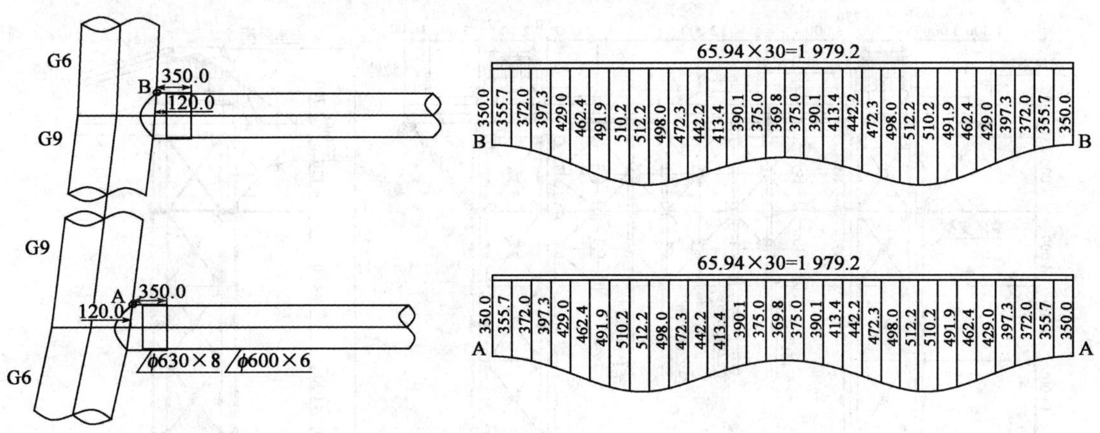

图14 L1与G8连接施工图(尺寸单位:mm)

塔吊整体吊装,安装完成后连接系杆梁,然后再安装铰座下分配梁等构件。

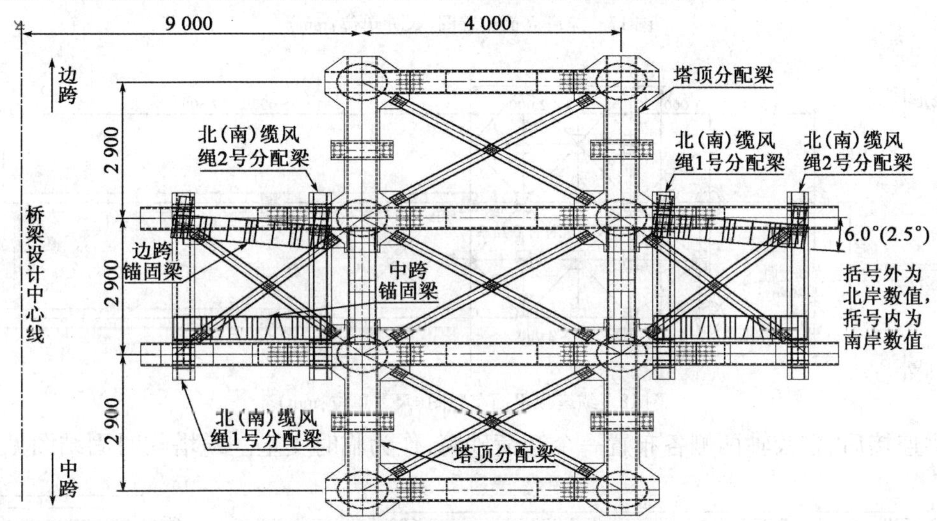

图15 扣塔塔顶平台平面布置图(尺寸单位:mm)

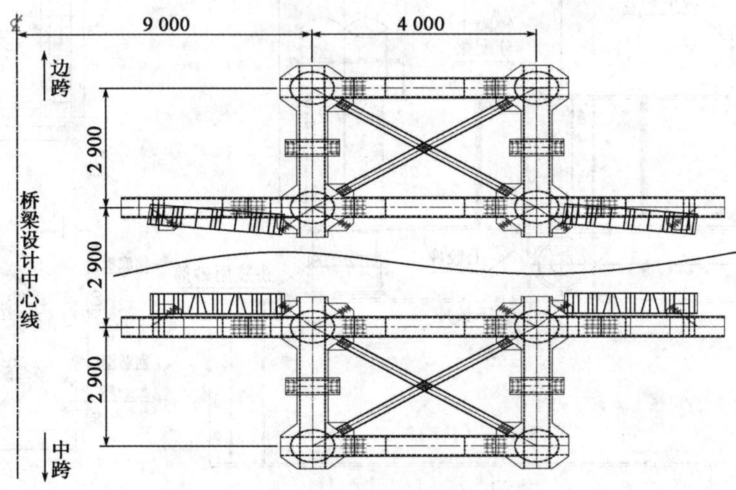

图16 扣塔塔顶平台安装示意图(尺寸单位:mm)

2. 缆塔安装

缆塔在扣塔后风缆、前风缆施工完成后安装。缆塔立面图见图17,平面图见图18。

1)缆塔塔底铰座安装

缆塔采用双铰与扣塔连接,铰轴直径$D=200$mm。为保证缆塔安装的稳定性,塔底分配梁铰座与扣

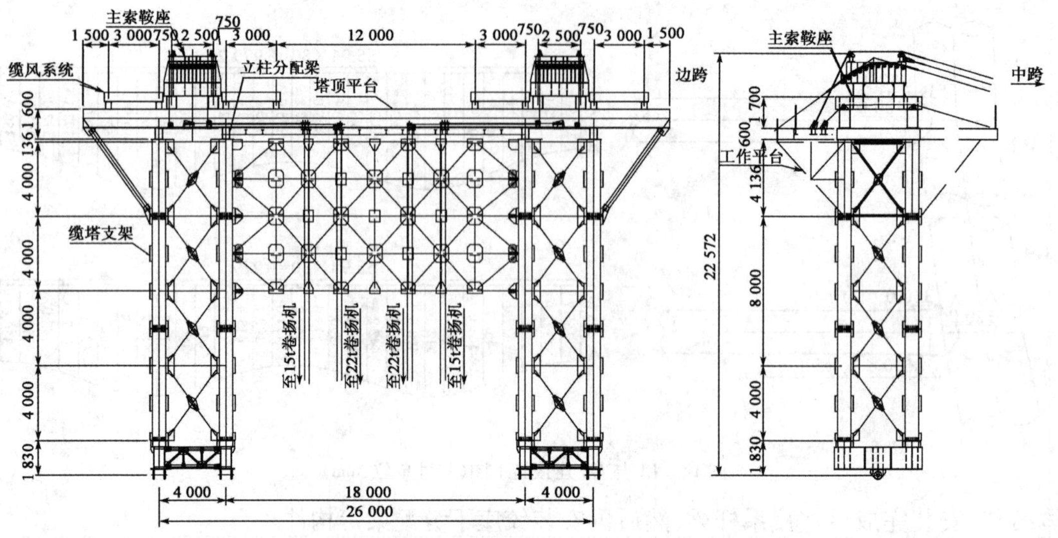

图17 缆塔立面布置图(尺寸单位:mm)

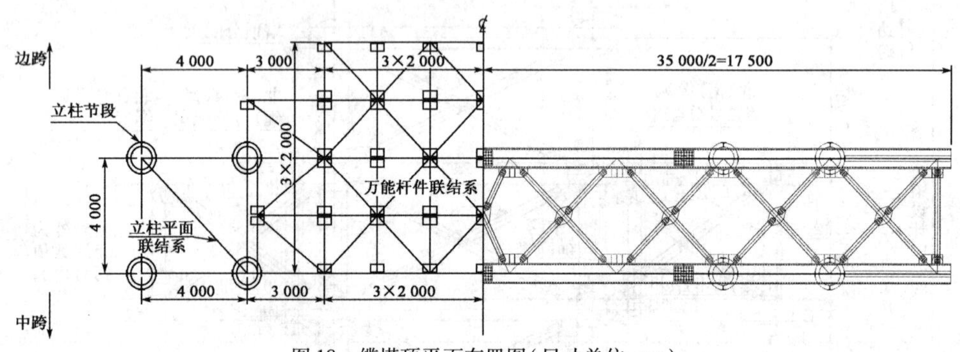

图18 缆塔顶平面布置图(尺寸单位:mm)

塔铰座分配梁连接后,在铰轴两侧各布置一个卸荷砂筒,作为临时支垫。缆塔临时固结图见图19。

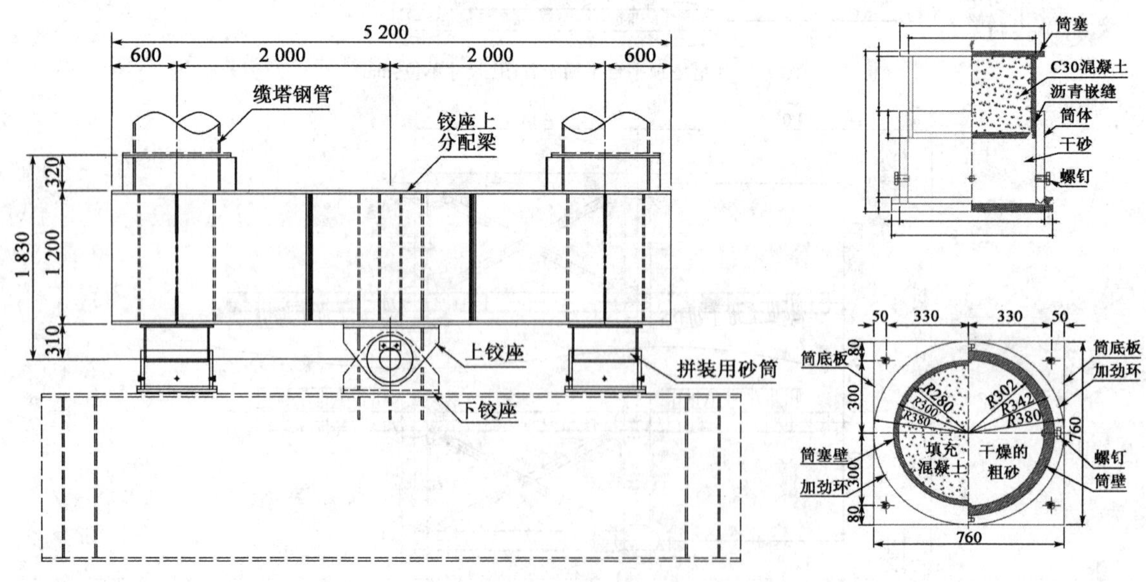

图19 缆塔临时固结图(尺寸单位:mm)

2)塔身安装

采用250t塔吊进行缆塔塔身吊装,与扣塔塔身施工方法相同。

3)缆塔联结系安装

缆塔施工至塔顶后,立即进行塔身上下游联结系施工。在桥面上将联结系拼装成整体单元,吊至安装处连接成整体,完成联结系施工。

4)缆塔塔顶平台安装

缆塔塔顶平台包括立柱分配梁、斜撑腿、塔顶平台、缆风锚固等结构。安装时在相应位置设置挡块导向装置,以利于精确安放。缆塔塔顶平台以组合的形式使用塔吊抬吊安装,缆塔塔顶平台平面图及安装示意图见图20和图21。

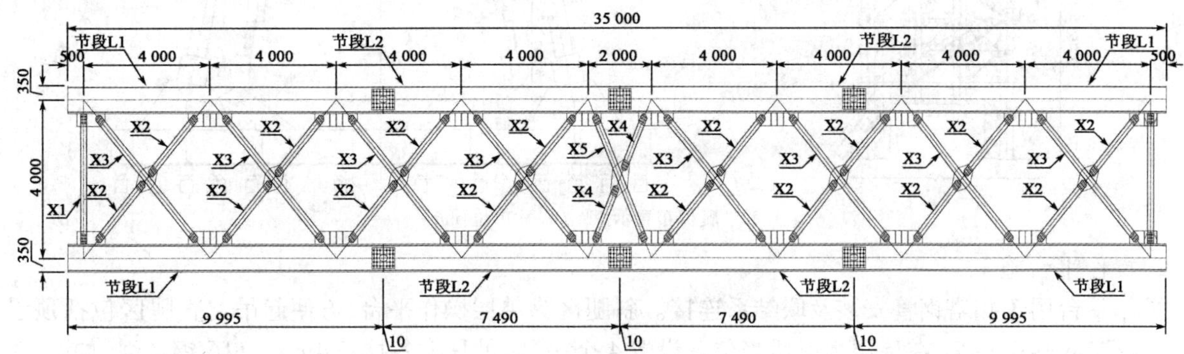

图20 塔顶平台安装示意图(尺寸单位:mm)

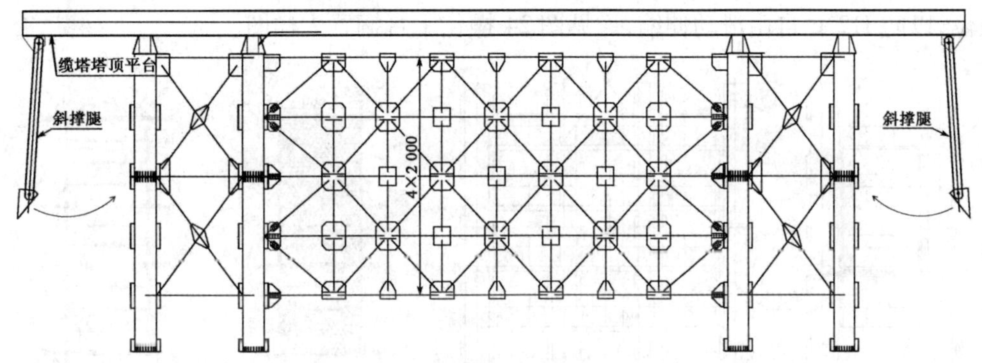

图21 塔顶平台安装示意图

3. 安装质量控制

1)线形、精度控制

扣塔安装控制垂直度在1/1200以内。根据偏位情况设置临时风缆,临时风缆上端锚固在扣塔钢管连接板上,下端作为张拉端。根据锚固端高度布置张拉端位置,张拉处若无牢固建筑物,应施打钢管桩作为地锚。安装后一道临时风缆后,放松第一道临时风缆,依次安装临时风缆至扣塔顶部,待扣塔前缆、后背索及侧向缆风安装完毕后拆除临时风缆。

2)连接质量控制

(1)焊接。现场安装的部分主要以斜腿区G1~G4和L1联结系的焊接为主。应在天气良好时施焊,焊接前对接缝区域除污,焊接时不得烧伤主材,焊后应自然冷却后再清除焊渣,然后及时用红丹酚醛一底一面防腐。严格安装设计图纸要求施焊与检查。

(2)法兰盘。法兰连接用气动扳手按十字交叉顺序安装,保证法兰盘受力平衡。施工时不得用力过猛,分三次拧紧。拧紧后上、下法兰应密贴接触,不得有楔缝。若同层的钢管有高度差时用3~5mm厚的法兰垫片调平。

(3)栓接。螺栓施工分为初拧和终拧,初拧达到终拧的50%左右,用扭力扳手对螺栓施工。扣、缆塔全部安装完成后应全面复拧一次。选用适当规格的螺栓,在里外各垫一个垫片,拧紧后螺栓露丝1~3丝。

4. 辅助及附属结构施工

1)爬梯施工

爬梯安装在扣塔和缆塔的上下游侧,即上游安装在上游侧,下游安装在下游侧,梯步高20cm,宽

25cm，倾角35°，斜腿区爬梯宽度1m，直腿区宽度0.8m（图22）。

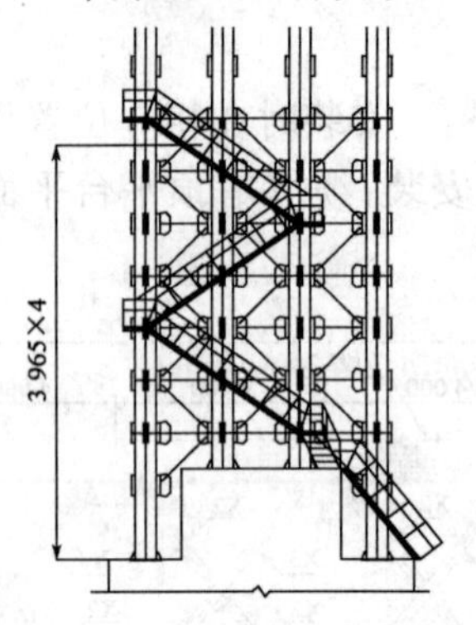

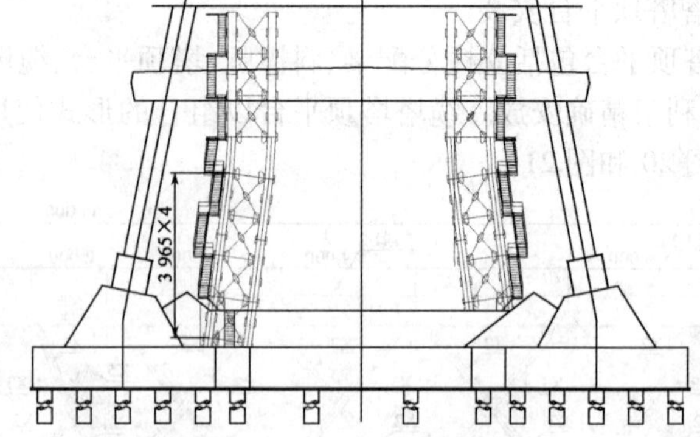

图22　爬梯布置示意图（尺寸单位：mm）

2）操作平台施工

操作平台用于扣塔钢管安装及联结系连接。斜腿区为单层操作平台，方便起吊。直腿区包括顶层共4层，层距2m共6m高，在顶层主梁适当位置设置4个吊耳，吊耳上各挂长4m的ϕ16钢丝绳，如图23所示。起吊时将I12.6插入双[16，待起吊至预定高度，将I12.6抽出搁置在扣塔的连接板上，在连接板上做简单的限位，以防I12.6自由滑动伸缩，详见图24操作平台搁置大样图。

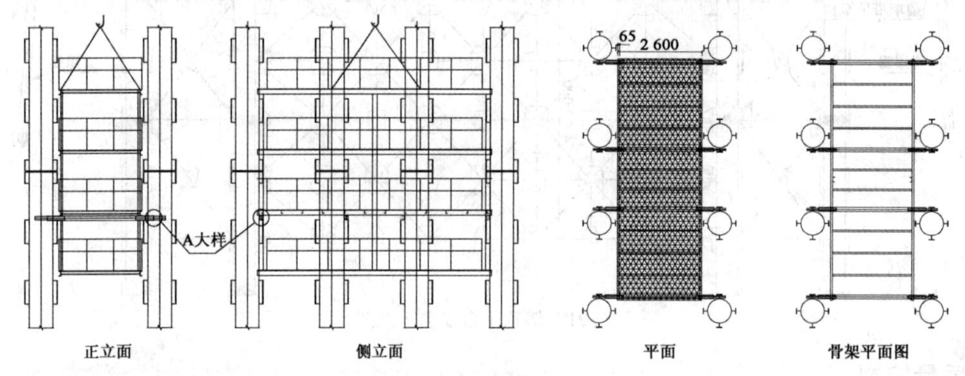

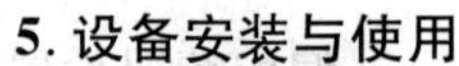
图23　操作平台布置图

5.设备安装与使用

1）250t塔吊

塔吊为扣缆塔安装最重要的机械，其安装与使用注意事项如下：

（1）塔吊中心到扣塔最近距离为14.7m，最远距离为40.9m。上游塔吊靠近边跨，上游侧塔吊靠近中跨布置，相互错开，以保证上下游联结系安装。

（2）上下游塔吊起重臂高度应错开3m以上，且臂长小于50m，以保证上下游塔吊可以同事作业且不相互影响。

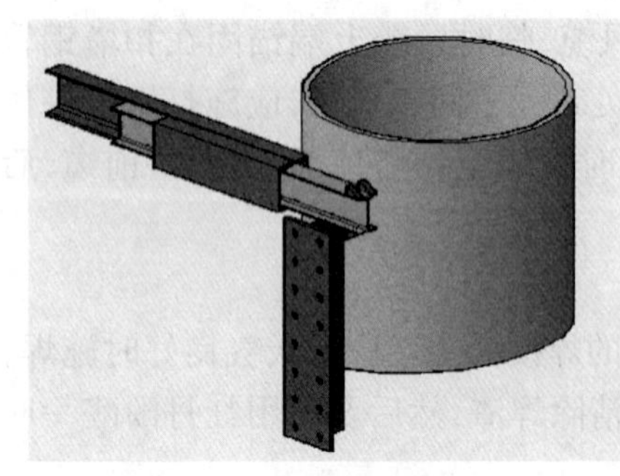
图24　操作平台搁置大样图

（3）塔吊最大附着力为550kN。塔吊附着于扣塔钢管上，附着点设在钢管有联结系的节点部位，附着框直接与钢管连接板栓接，附着长度可调节14cm。附着截面图及调节拉杆示意图如图25所示。

（4）根据扣塔和塔吊受力的要求，首道附着高度为27.5m，次道附着高度为48m，以后每道附着高按27m左右增加。塔吊附着见图25。

（5）塔吊施工时须保证垂直度在1/1500内。

（6）为减小扣塔额外荷载，要求塔机（臂长45m组合）在非工作状态对扣塔基本无附加荷载。此时需要将塔机配平，配平方法为：变幅小车处于40m幅度处，吊载3.0t，让吊载离地面200mm高。此时塔机不

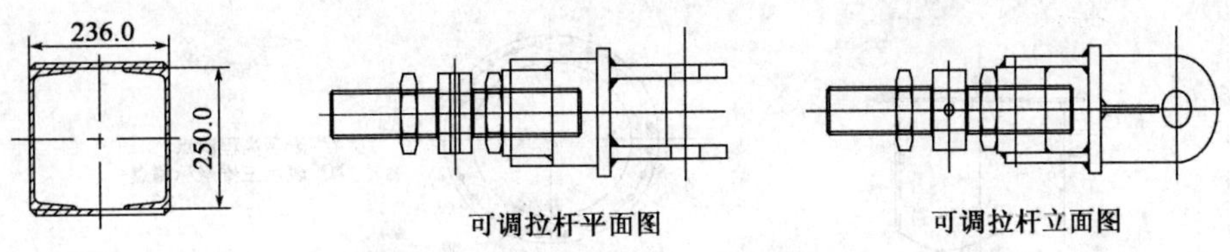

图25 塔吊附着截面图及调节拉杆示意图(尺寸单位:mm)

允许开动回转机构,且吊载一定要固定好,待缆索吊不工作时,再把塔机上的吊载卸除,然后开动起升机构和变幅机构,让小车及吊钩滑轮组处于吊臂臂根节处。

2)电梯

电梯安装与使用注意事项:

(1)电梯每隔2m附着在扣塔钢管上;

(2)电梯轨道高度低于底层扣索高度;

(3)电梯顶设置安全防护顶棚,以防高空坠物。

五、测 量 控 制

1.测量内容

1)扣塔钢管G1~G4节段安装实时测量

扣塔G1~G4节段的安装精度是决定整个扣、缆塔结构的安装精度的关键。扣塔预埋件的预埋误差和斜腿区钢管的不规则性,导致该部分的安装精度极不易控制,安装时需要测量人员进行实时监控。

2)钢管顶口的三维坐标测量

根据安装需要,对已安装的钢管顶口坐标进行测量,高程误差要求同一水平面内的钢管顶端在1mm以内,平面误差以联结系拼装为准。

3)斜腿区钢管顶口法兰斜度测量

对斜腿区的每一节钢管顶口法兰倾斜度进行测量,以控制斜腿区的斜度。

4)直腿区钢管的垂直度测量

根据安装需要随时对直腿区的钢管垂直度进行测量,保证直腿区垂直度在1/1200以内。

2.测量方法

(1)坐标的测量用全站仪三维坐标法,见图26,加工一根辅助测量杆件对钢管顶口中心进行精确定位。

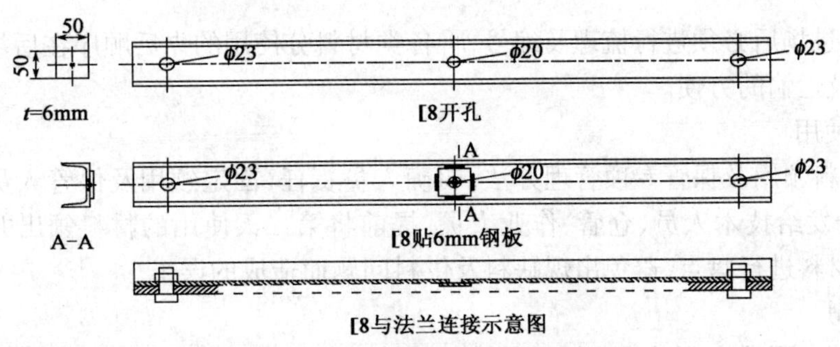

图26 定位槽钢加工图(尺寸单位:mm)

(2)倾斜度的测量以全站仪为主,见图27,在法兰对应位置布点。塔架安装较高时用经纬仪进行粗控,全站仪精测。

3.测量精度保证措施

测量精度的影响因素主要有三个方面:

(1)构件的制造误差;

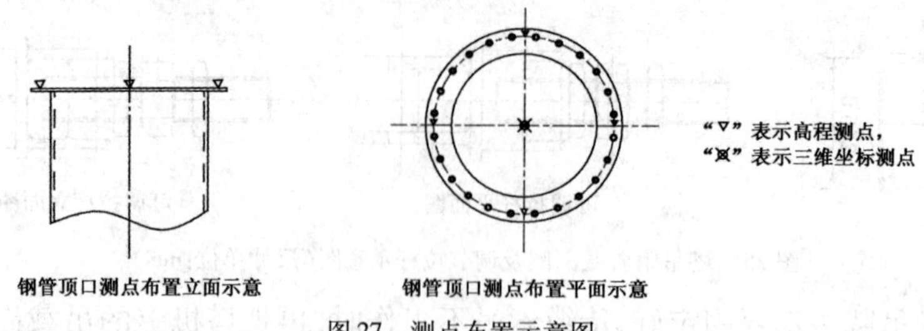

图27 测点布置示意图

(2)测量误差；

(3)外界环境如温度，日照，风力等影响。

为了将这些影响因素减到最小，对每一因素应采取一定的措施进行消除或者减弱。

对于构件的加工误差应严格控制在设计要求范围内，不符合要求的构件不能用于扣、缆塔安装，对于拼装误差应在拼装过程中进行消除。

在进行构件的安装过程中，发现问题及时改进；对测量仪器定期校核；可采用短对中杆、小棱镜等措施减小测量误差；为减小测量误差，应相同的人用同一精度的仪器在相同的控制点上进行测量。

对于外界的环境影响，应尽量在温度较低的早上或傍晚，避免阳光偏晒或直晒，避免大风或雨雪天气。

塔吊附着在扣塔上后，必须对塔吊进行配平再进行测量。

六、扣缆塔安装施工经验总结

1. 扣塔用材料

明州大桥扣、缆塔材料有导用、改制及新制等不同来源，种类繁多，总计近5000t钢材。扣缆塔材料为新旧材料混合使用，为保障安装精度及质量的情况下，必须对材料进行必要的梳理和质量检查。

1)新制材料

本扣、缆塔新加工材料总计2500余吨，新加工材料必须与旧材料相匹配，除检查其制作精度是否满足设计要求外，某些结构必须在厂内做拼装检验。

2)导用及改制材料

针对导用及改制的材料，必须做好质量检测工作，对有破损或变形的材料进行加强处理以保障扣、缆塔使用安全。

3)材料梳理、编号

扣、缆塔材料在进场后必须进行梳理及编号，将各类材料分使用的先后顺序在后场分类堆码并挂牌，同时必须考虑领用及运输的方便。

4)材料领用及使用

建立扣、缆塔材料领用及保管专项管理办法，明确人员责任，固定领用及保管人员。制扣、缆塔各层使用材料列表，并分发给技术人员、仓管、作业人员，提前将第二天使用的材料领出并转运至施工现场。管理人员要定期对材料进行盘点，避免出现缺料及供料问题而造成的误工。

2. 安装精度控制

本扣缆塔安装精度要求高，在施工时必须做好各层精度控制，主要通过以下手段做好安装精度控制：

(1)根据设计及相应规范，制定精度控制要求及目标，并灌输给作业人员。

(2)做好技术交底及技术管理工作。

(3)对使用材料进行精度及质量检查，对不符合要求的材料进行必要的整修，避免因材料加工误差引起的精度偏差。

(4)对测量仪器定期校核，指定人员并选择温度较低的傍晚或早晨在无风或风小的情况下进行数据观测，尽量减小测量误差。

(5)必须在停止塔吊工作并将塔吊配平后才能进行测量观测,避免塔吊对扣、缆塔造成扰动而影响测量数据的准确。

(6)上一层不满足精度要求时,必须在调整满足精度要求后才能进行下一层施工,避免因抢工造成的精度偏差。

(7)加强重点部位,如扣塔斜腿区、两塔横向联结系部位、塔吊附墙框处精度控制。

(8)做好每层测量数据的分析工作,为下一层垂度及平度调整提供最合理的塞垫数据。

(9)督促和监督作业队伍做好各层连接螺栓的拧紧工作,避免因螺栓松动而引起的塔偏。

(10)加强作业人员技术及责任心教育,对不能满足作业要求的作业人员予以更换。

3. 常见问题及处理方法

(1)钢管层与层之间法兰盘有空隙(使用塞尺检查)。

处理办法:使用气动扳手复拧法兰螺栓,对还存在空隙的使用 1 ~2mm 扇形垫板进行塞垫,特别需注意上下层钢管管壁位置的空隙处理。

(2)剪刀撑 T 形连接节点板与钢管耳板间存在着缝隙,缝隙形式有"V"、"K"、"//"形,存在宽度大于 2cm 的缝隙。

处理方法:以 T 形连接节点板与钢管耳板完全贴密实为原则,对于"V"、"//"采取割掉钢管耳板与钢管的连接板,割掉之后先将 T 形连接节点板与钢管耳板用螺栓连接,完全消除缝隙,然后将割开的位置用 2 块 1cm 钢板等强度焊接。在处理的过程中,不允许在钢管壁仰焊。对于"K"形,只需要在 T 形连接节点板与钢管耳板之间垫钢板即可,垫好钢板后,要求将钢板点焊在 T 形连接节点板或者钢管耳板间,防止加荷载后钢板脱落。

(3)横联连接杆件错孔现象,主要表现在联系梁连接板与钢管耳板,只有一侧 8 个孔能安装螺栓,另外一侧 8 个螺栓孔不能安装螺栓。

处理办法:将不能安装的一侧 8 个螺栓孔扩孔,上螺栓。焊接连接板与钢管耳板,按照一个螺栓 10cm 的焊接长度,焊高 10mm。

(4)剪刀撑对于 T 形连接节点板与钢管耳板螺栓孔不能安装螺栓,存在两种形式①:大部分螺栓能安装,存在 1 到 2 颗错孔现象;②孔位对齐,斜撑角钢挡住螺栓孔位,不能安装螺栓。

处理办法:①对于错孔现象,先扩孔,上螺栓,然后焊接扩孔位置的 T 形连接节点板与钢管耳板;②对于斜撑角钢挡住螺栓孔位,可将角钢修掉一部分,上螺栓。

(5)顶层钢管与管顶分配梁存在缝隙。

处理办法:将顶层钢管与顶层分配梁在螺栓拧紧的状态下测量缝隙的厚度,估测出这个宽度的面积,拆除钢管与顶层分配梁的螺栓。将分配梁稍微顶起,将准备好的薄钢板(宽度不小于 10cm)抄垫,落分配梁,拧紧螺栓。抄垫采用厚度最小为 1mm 的钢板。肋板与钢管壁位置必须 100% 贴密实。

(6)顶层分配梁与顶层锚固梁存在缝隙。

处理办法:抄垫锚固梁拉板与分配梁接触位置,100% 密实。

(7)垂直度超出设计要求。

处理办法:① 停止下一层施工,并分析偏差原因;② 查看上层塞垫是否正确,如因塞垫原因引起的调整塞垫;③ 复拧法兰及连接杆件螺栓;④ 使用千斤顶或葫芦向反方向调整;⑤ 设置临时风缆张拉调整。

选择以上方法,并跟踪测量,直至垂直度满足要求。

(8)横向联结系安装困难。

处理方法:一般要提前做好两塔塔偏预控使塔预先向外侧偏斜,如还遇安装困难现象,首先检查联结系长度误差,如无误,设置侧向风缆并张拉以调整塔偏。

用临时缆风调整扣塔垂直度之前应通过计算,确定该高度处扣塔调整至设计位置所需的最大张拉力,张拉予以控制。

(9)塔吊垂直度超出范围。

处理办法:首先停止塔吊工作或降级使用塔吊,请塔吊厂家专业人员一起分析产生原因,再对症下药。分析原因后可通过复拧扣、缆塔螺栓消除由于塔身过大晃动而引起的塔吊偏位,再通过分析计算调整各层塔吊附墙杆直至塔吊垂直度满足使用要求。

七、结　语

宁波明州大桥工程为宁波市重点市政工程同时也是宁波市最大的单体工程,具有科技含量高、技术难度大、任务艰巨、时间紧迫等特点。400t缆索吊机作为明州大桥最重要的临时设施,其施工精度、质量及进度将直接影响整个大桥建设的成败。

明州大桥400t缆索吊机是我公司有史以来建造的最大缆索吊机,同时在国内也是较领先的,它的建造及使用成功无疑将会提高我公司在使用缆索吊机建造钢拱桥领域的技术领先地位,也将为我公司积累下宝贵的技术经验。

大桥缆索吊扣、缆塔在保证了精度及质量的情况下比原计划提前10天完成,体现出二航人不畏艰难、勇攀高峰、攻关克难的精神。我们将继续做好扣、缆塔建造技术总结,扬长避短,为以后同类型施工打下基础。

81.缆索式起重机工作机构的校核计算

曾开全
(中交二航局第二工程有限公司)

摘　要　本文运用缆索式起重机理论,以明州大桥的400t缆索吊为例,对该缆索式起重机的主索、工作索、缆风索、扣索、跑车、驱动机构等工作机构进行了验算,旨在提供缆索式起重机的验算方法。

关键词　缆索　起重机　工作机构　计算

缆索起式重机具有跨度大、速度快、效率高、总体结构简单、造价低廉等突出特点,广泛应用于采矿工业、森林工业、桥梁建筑、水电建筑工程等的施工作业中。缆索起重机主要由主索、工作索、塔架、跑车及锚固装置组成。下面以明州大桥400t缆索起重机的参数为例,对该起重机的工作机构进行校核计算。

一、主索计算

明州大桥主桥为双肢拱中承式钢箱系杆拱桥,跨径组合为:100m+450m+100m,主跨跨径450m,矢跨比$f/L=1/5$,如图1所示。采用缆索起重机吊装,根据桥型,缆索吊机主索的跨径布置为231m+450m+231m。采用各跨连续布置,中间转点支承于塔架的索鞍上,两端固定在锚锭装置上,鞍座顶与锚锭的竖直距离148m。主索分2组,每组由12ϕ60mm(8X36SW+IWR)钢芯钢丝绳组成。缆索吊机的额定吊重为250t,天车及其吊具系统总重量150t,总集中荷载4 000kN。按单组主索吊重均布,每组按200t计算。

(1)首先确定最大垂跨比。最大垂跨比一般在(1/9~1/20)内选取,垂跨比越大,跨中垂度越大,则初张力较小,而所需塔架则较高。而垂跨比越小,则跨中垂度越小,初张力较大,但所需塔架较低。本桥确定主索在施工中的最大垂跨比为1/14,则最大垂度$L/14=32.14$m。主索两端无高差,即$\cos\alpha=1$,$h=0$。

(2)根据经验主索选用24根ϕ60mm的钢丝绳,起重索选用4根ϕ32的钢丝绳,牵引索选用4根ϕ34的钢丝绳,每组主索、起重索、牵引索平均分配。则均布荷载为:

主索:$q_1=(16.6\text{kg/m}\times9.8)\times12/1\,000=1.952\text{kN/m}$

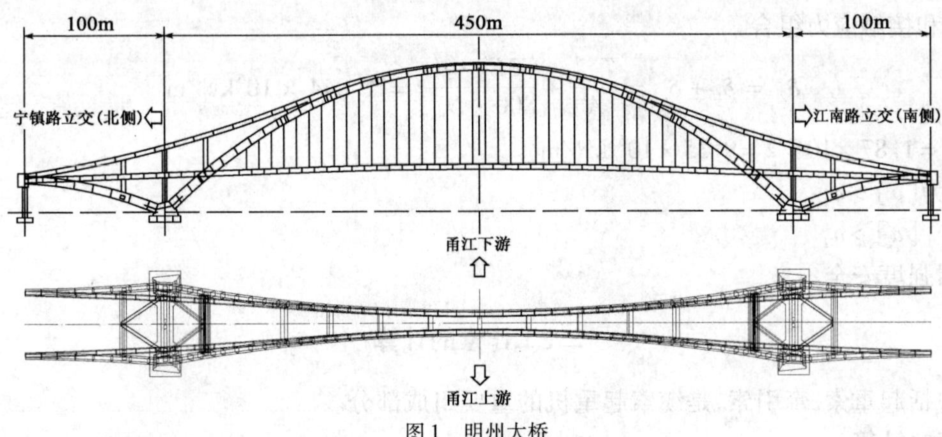

图1 明州大桥

起重索:$q_2 = (3.89\text{kg/m} \times 9.8) \times 2/1\,000 = 0.076\text{kN/m}$

牵引索:$q_3 = (4.39\ \text{kg/m} \times 9.8) \times 2/1\,000 = 0.086\text{kN/m}$

则 $q = q_1 + q_2 + q_3 = 2.114\text{kN/m}$,集中荷载 $Q_{\max} = 2\,000\text{kN}$

(3)最大水平张力

$$H_{\max} = \frac{ql^2 + 2Q_{\max} \cdot l}{8f_{\max}} = 8665.55\text{kN}$$

最大张力

$$T_{\max} = \sqrt{\frac{1}{4}(ql + Q_{\max})^2 + H_{\max}^2} = 8790.30\text{kN}$$

12 根 ϕ60mm 的钢丝绳的破坏拉力:

$$S_{绳} = 12\Psi\Sigma F_0 = 12 \times 0.85 \times 1870 = 19\,074\text{kN}$$

式中:Ψ——钢丝绳破断力换算系数,$\Psi = 0.85$;

ΣF_0——一根钢丝绳中钢丝破断力之和。

安全系数 $n = S_{绳}/T_{\max} = 2.17$

(4)主索的折算弹性模量 $E_k = 1.6 \times 108\text{kPa}$,主索的截面积 $A = 25.3 \times 10^{-2}\text{m}^2$,温度差取 $\pm\Delta t = 15$℃,主索线膨胀数 $\varepsilon = 1\,2 \times 1\,0^{-6}$,将各数据代入下式

$$a = \frac{E_K A\cos^2\alpha}{24H_{\max}^2}\left[3Q\left(Q + \frac{ql}{\cos\alpha}\right) + \frac{q^2l^2}{\cos^2\alpha}\right] - H_{\max} \pm \varepsilon\Delta t E_k A\cos\alpha$$

$$b = \frac{q^2l^2E_kA}{24}$$ 得:

$$a = 4.181 \times 10^5, b = 1.526 \times 10^{12}$$

将 a、b 带入方程

$H_0^3 + aH_0 - b = 0$,得:

$$H_0 = 1.906 \times 103\text{kN}$$

单根绳初拉力为:

$$H_0/12 = 158.83\text{kN}$$

将 H_0 带入 $f_0 = \frac{ql^2}{8H_0\cos\alpha}$,得:

$$f_o = 28.07\text{m}$$

即是说,在安装主索控制垂度在 28m 时,单根主索的初张力为 158.83kN。

(5)拉伸和弯曲应力组合

$$\sigma_1 = \sigma_l + \sigma_w = \frac{T_{\max}}{A} + \frac{R}{A} \cdot \sqrt{\frac{E_k}{\sigma_l}} = 4.033 \times 10^4\text{kN/m}^2$$

(6)拉伸和接触应力组合

$$\delta_2 = \delta_l + \delta_c = \frac{T_{\max}}{A} + \frac{3E_k \cdot d}{800 \cdot D_{min}} = 1.044 \times 10^5 \text{kN/m}^2$$

许用应力$[a] = 1.87 \times 106/2 = 9.35 \times 10^5$ kN/m²

结论:因为$[a] > a_1$

$[a] > a_2$

所以主索强度安全。

二、工作索的计算

工作索包括起重索、牵引索,是缆索起重机的重要组成部分。

1. 起重索的计算

缆索起重机两岸各设一台起重卷扬机,各控制一台载重小车的起重作业。每台卷扬机设一根起重索,起重滑轮组的倍率为 8,起重钢丝绳的穿绕图如图 2 所示。

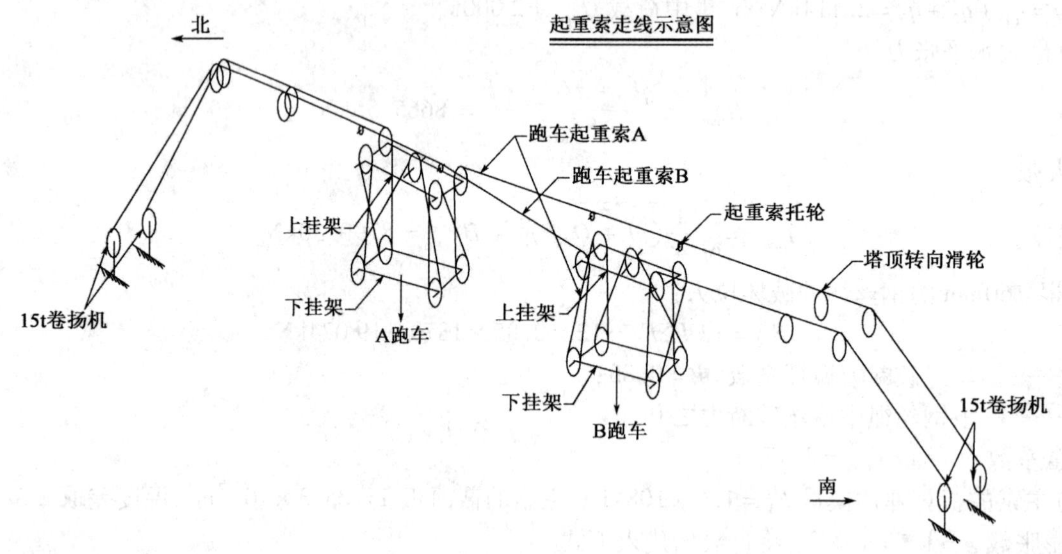

图 2 起重钢丝绳穿绕方式

起重索的最大静荷载为:

$$S_{\max} = Q_{\max}/8 = 125\text{kN}$$

而 $S_{绳} \geqslant n_{绳} \times S_{\max}$

式中:

$S_{绳}$——钢丝绳破断拉力;

$n_{绳}$——安全系数。

选取 ϕ32mm 的钢丝绳,其破断拉力为:631kN

安全系数 $n_{绳} = 631/125 = 5.048 > 5$

故选取 ϕ32mm 的钢丝绳作起重绳是安全的。

2. 牵引索的计算

缆索起重机单线两岸各设二台牵引卷扬机,分别控制一台载重小车的行走。两台载重小车之间由钢丝绳连接,由两岸的卷扬机一收一放实现往复牵引。每两台卷扬机控制一根牵引绳,倍率为 6,牵引索穿绕图如图 3 所示。

牵引索的最大张力 $$T_{\max} = T_0 + T_1 + T_2 \tag{1}$$

式中:T_0——牵引索的初张力;

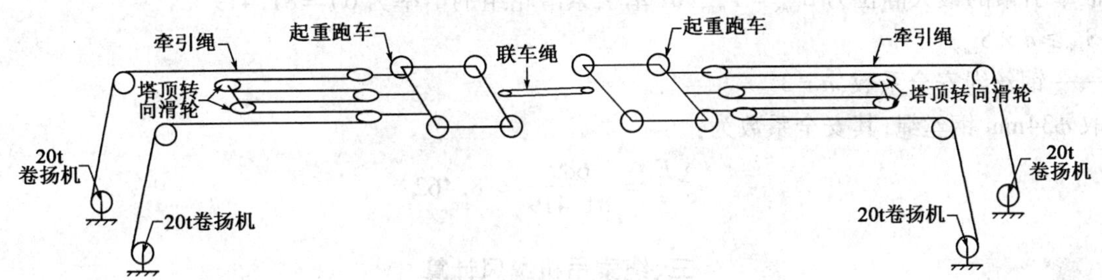

图3 牵引索布置

T_1——载重小车的运行阻力；

T_2——导绕滑车的动阻力。

1)牵引索的初张力计算

$$T_0 = \frac{q_0 \cdot c^2}{8 \cdot f_c} \tag{2}$$

式中：q_0——引索单位长度的质量，$q_0 = 43.9 \times 2\text{N/m}$；

c——支索器间距30m；

f_c——牵引索的挠度0.3m。

代入式(2)得 $T_0 = 32.925\text{kN}$

2)载重小车的运行阻力计算

$$T_1 = (fy_{\cos}\gamma + \sin\gamma) \times Q_{\max} \tag{3}$$

$$f_y = \mu_1 \cdot \left(\frac{r}{R} + \frac{\mu_0}{R}\right) \tag{4}$$

式中：f_y——运行阻力系数；

μ_1——载重小车行走轮轴承摩擦系数，$\mu_1 = 0.01$；

R, r——分别是行走轮及其小轴的半径，$r = 105\text{mm}$，$R = 500\text{mm}$；

μ_0——行走轮对钢索的滚动摩擦系数，$\mu_0 = 0.6$。

$$\tan\gamma = \tan\beta + \frac{\left((1 - 2x)\left(q + \frac{G}{L}\right)\right)}{2H_X} \tag{5}$$

β——两岸缆塔高度差产生的主索倾角（本例为0）；

γ——重物在运输范围内的最大倾角（按距塔顶30m计算）；

x——为运输构件中心至塔顶座滑轮中心的距离；

H_x——为跨间主索水平张力；

G——为吊装重量；

q——为主索单位长度重量；

L——为吊装跨径。

将参数带入式(5)得 $\gamma = 8.192°$

再将数据代入式(4)得，$T_1 = 289.146\text{kN}$

3)导绕滑轮的转动阻力

$$T_2 = (T_0 + T_1)(1 - \eta_{i+j}) \tag{7}$$

式中：η——滑轮的效率，$\eta = 0.98$；

$i+j$——牵引索及起重索绕过的滑轮总数，$i+j = 36$。

将数据代入式(7) $T_2 = 166.442\text{ kN}$

则 $$T_{max} = T_0 + T_1 + T_2 = 488.514\text{kN}$$

每根牵引索的最大静拉力 $S_{max} = T_{max}/6$(牵引索滑轮组的倍率为6) $=81.419$ kN

由 $S_{绳} \geqslant n \times S_{max}$

n——钢丝绳安全系数,$n=3$。

选取 ϕ34mm 钢丝绳,其安全系数为:

$$\frac{\sum F}{S_{max}} = \frac{689}{81.419} = 8.462$$

三、缆索吊机缆风计算

1. 缆索吊机缆风

为控制缆塔顶向跨中的不平衡水平力,并控制塔顶偏位,设置缆风系统。本桥缆索吊机缆风系统包括后缆风和通风缆(图4)。

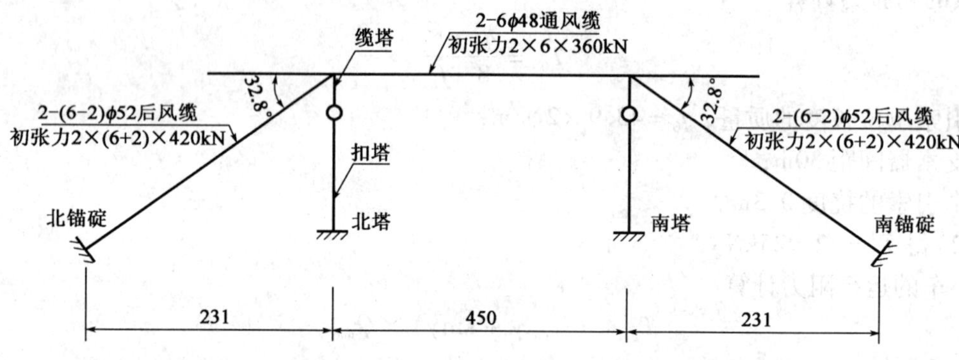

图4 缆塔风缆布置图(尺寸单位:m)

塔顶不平衡力主要有:由于主索倾角的改变而产生的不平衡力、向跨内方向的风力、牵引索不平衡拉力、起重索不平衡拉力。向跨中的不平衡力汇总如表1所示。

缆塔顶(单线)不平衡水平力(kN)汇总表 表1

	项　目	风力	主索不平衡水平力	牵引索拉力	起重索拉力	合计(kN)
工况1	跨中最大吊重	5	1 280	260	300	1 890
工况2	最大吊重,盲区位置	5	830	960	300	2 120

注:缆索吊机盲区距离缆塔中心线30m。

根据试算,后缆风选用 $2\times(6+2)-\phi52$mm 钢丝绳,单根初张力420kN(其中上下游各2根在安装完跑车后再挂设张拉);前缆风为通缆风,采用 $2\times6-\phi48$mm 钢丝绳,单根初张力360kN。

由于塔顶不平衡水平力太大,主索及天车安装后,将天车置于跨中,再张拉缆塔缆风 $2-2\phi52$mm 后缆风,以平衡安装天车造成的塔顶水平力。后缆风索与桥纵轴线方向的夹角很小(约3°),计算时忽略不计。

2. 缆风刚度计算

1)后缆风等效弹性模量

两塔后缆风均为 $10\phi52$mm(6×37S + IWR 钢芯)钢索,每单索:

截面积:$F_K = 1\,003\text{mm}^2$

弹性模量:$E_K = 1.2\times10^{10}\text{kg/m}^2$;

单位长度重量:$q = 10\text{kg/m}$。

考虑垂度的非线性影响后的等效弹性模量分别为:

$$E_1 = \frac{E_K}{1+\frac{(qL_1)^2 F_K E_K}{12T^3}} = \frac{1.2\times10^{10}}{1+\frac{(10\times274.8)^2\times1\,003\times10^{-6}\times1.2\times10^{10}}{12\times45\,000^3}} = 11.1\times10^{10}(\text{N/m}^2)$$

式中：L_1——后缆风长度（$231/\cos32.8° = 274.8$m）；

T——缆风初始张力（450kN）。

2）通风缆等效弹性模量

通风缆 8ϕ48mm（6×37S + FC 麻芯）钢索，单根索金属截面积：$F_K = 843\text{mm}^2$；弹性模量：$E_K = 12\times10^{10}$ N/m²；单位长度重量：$q = 8.76$kg/m。

考虑垂度的非线性影响后的等效弹性模量：

$$E_2 = \frac{E_K}{1+\frac{(qL_2)^2 F_K E_K}{12T^3}} = \frac{1.2\times10^{10}}{1+\frac{(8.76\times450)^2\times843\times10^{-6}\times1.2\times10^{10}}{12\times38\,000^3}} = 9.35\times10^{10}(\text{N/m}^2)$$

式中：L_2——中跨缆风长度（约 450m）；

T——缆风初始张力（380kN）。

3）缆塔顶水平位移计算

后缆风的弹性刚度系数（10 根索合计）：

$$K_1 = \frac{E_1\cdot F\cdot\cos^3\beta}{L} = \frac{1.11\times10^{10}\times10\times1003\times10^{-6}\cdot\cos^3 32.8°}{231}$$

$$=2\,863\times10^3\text{N/m}$$

中跨缆风为通风缆，近似地认为：前缆风的计算长度 L 按通风缆的一半取，因此前缆风的计算长度为 225m。从而，前缆风的弹性刚度系数为：

$$K_2 = \frac{E_2\cdot F\cdot\cos^3\beta}{L} = \frac{0.935\times10^{10}\times8\times843\times10^{-6}\cdot\cos^3 0°}{225}$$

$$=2\,803\times10^3\text{N/m}$$

最大不平衡水平力作用下塔顶最大水平位移为：

$$\delta = \frac{H}{K_1+K_2} = \frac{H}{286.2+280.3} = 1.77\times212 = 375\text{mm}$$

（河心方向）

式中：H——塔顶不平衡水平外力。

3. 缆塔顶水平位移控制

对于塔顶水平位移偏大的缆索吊机，可采取三种方式进行控制：

（1）是增加后缆风数量（二次张拉）；

（2）是初安装时塔顶预偏，使其在工作状态下满足规范要求；

（3）可以采取鞍座预偏方案。

本桥将采用第一和第二种方案相结合的办法，对缆塔进行预偏，使其在工作状态下塔顶位移满足要求。

4. 缆风锚碇受力

缆风施加初拉力后，其垂度很小，可以不考虑其垂度影响。由此，可以采用叠加原理。

假定后缆风初拉力为 T，则缆塔顶受最大不平衡水平力 H 作用后，索力变为 T'：

$$T'\cos\beta = T\cos\beta + H$$

$$T' = T + H/\cos\beta$$

则锚碇受力：

$$R_y = T'\sin\beta = T\sin\beta + H\tan\beta$$

$$R_x = T'\cos\beta = T\cos\beta + H$$

后缆风初拉力为 $T=8\times420\text{kN}$，最大不平衡水平力 $H=2120\text{kN}$，后缆风水平角为32.8°，则得后缆风锚碇的受力为：

上拔力　$R_y = T'\sin\beta = 8\times42\times\sin32.8° + 212\tan32.8° = 3\,190\text{kN}$

水平力　$R_x = T'\cos\beta = 8\times42\times\cos32.8° + 212 = 4\,940\text{kN}$

四、扣 索 计 算

扣索用于拱肋定位，待所有拱肋安装好后再撤除。

根据工程施工需要，扣索采用钢绞线并进行预应力张拉的方式进行精细调整。扣索的计算就是简单的力的分解和合成，这里就不详细介绍计算过程。

五、跑车设计计算

跑车又称为载重小车、行车，是缆索起重机的主要设备之一，起着货物起升和运行的作用。不同的缆索起重机具有不同的载重小车型式，但都具有共同的特征，即都具有运行机械、框架和起升机械三部分。作为拱桥施工用的缆索起重机，其载重小车应满足经济实用、运行可靠、操作方便的要求。

1. 载重小车的参数确定

1）运行轮轮压的计算

当缆索起重机的起重量确定后，跑车小车每个运行轮的轮压 V 是由运行轮的个数决定的，即：

$$V = Q/n$$

式中：Q——跑车、吊具、吊具上的起重索和起重物重力之和（4 000kN）；

n——跑车小车运行轮个数（192个）。

缆索吊的跑车轮压：

$$V=4\,000\text{kN}/192=20.833\text{kN}$$

2）运行轮的布置和直径的确定

当载重小车通过承载索时，将周期性地产生弯曲应力和接触应力，从而使承载索出现疲劳现象。载重小车运行轮轮压的大小，直接反映与承载索的弯曲应力和接触应力的大小，亦即说明承载索耐久性能的好坏。因此，在应用中应以增加载重小车运行轮数目来减小轮压，提高承载索的耐久性。通常，每根承载索的进行轮数为2~8个，运行轮数较多时须考虑均衡布置的问题，尽可能地使两个运行轮受载荷均匀化。运行轮的间距，从钢索磨损观点看，应布置得相互靠近且相等。

运行轮的直径从耐久性和承载性的关系来说是越大越好，但过大就会增加自重，恶化跑车车的运行稳定性。当起重力在50kN以内时，钢制车轮的直径应在250~350m范围内，当起重力大于50kN时，运行轮直径可取350~600mm，同时必须满足以下关系式

$$P = \frac{V}{Dd} \leqslant [P]$$

式中：V——作用在运行轮上的正压力；

D——车轮直径（56cm）；

d——承载索直径（6cm）；

$[P]$——许用压应力　$[P]=50\sim80\text{N/cm}^2$。

$$P = \frac{V}{Dd} = \frac{20833\text{N}}{56\times6} = 62.03\text{N/cm}^2 \leqslant [P]$$

2. 跑车结构

跑车的结构由端板、吊梁、定位轴、吊梁轴、行车轮、行走轮轴、隔板等组成，如图5所示。走行轮间距

为 700mm + 1200mm + 700mm，直径为 560mm，材料为 ZG230—450。

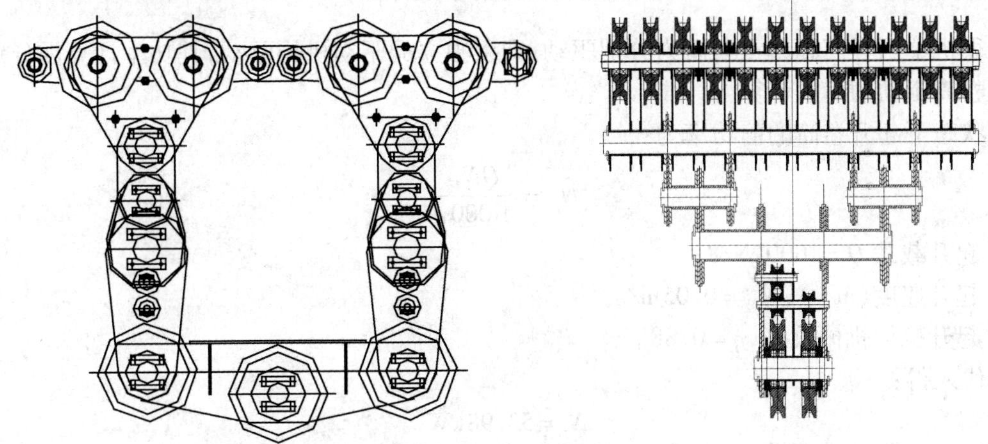

图 5 跑车结构图

3. 跑车轮轴的设计

每台跑小车有 16 组车轮，每组车轮有 12 个，车轮在主索上行走，由行走轮轴连接起来。行走轮轴安装在侧板上部，侧板下部与吊梁轴连接，组成一个整体。行走轮轴通过连接板和吊梁轴连接，可对单个滑轮进行力学分析，建立如图 6 所示的力学模型。

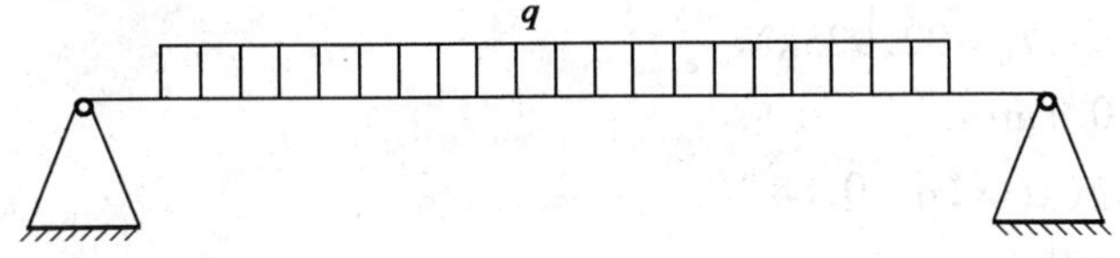

图 6 定滑轮轴的受力简图

行走轮轴跨中最大弯矩：

$$M_{\max} = \frac{ql\tau}{4} - \frac{q\tau^2}{8}$$

轴的抗弯模量：

$$W = \frac{\pi}{32}d^3$$

最大应力：

$$\sigma_{\max} = \frac{M_{\max}}{W} \leqslant [\sigma]$$

则

$$d \geqslant \sqrt{\frac{32M_{\max}}{\pi[\sigma]}}$$

式中：W——截面抗变模量；

$[\sigma]$——许用应力，采用 45 号钢 $[\sigma] = 240\text{MPa}$；

$L = 162\text{mm}$；

$\tau = 90\text{mm}$；

$q = Q/\tau$。

通过计算得：

$d = 29.573\text{mm}$，圆整后得到行走轮轴跨中直径为 30mm。

其他轴的计算和本例类似，这里就不一一列举了。

六、驱动机构功率的计算

缆索起得机牵引卷筒和起重卷筒为分别驱动,即由独立的驱动机构驱动,其功率计算需分别进行。

1. 起重卷筒驱动功率的计算

在稳定状态下起升卷筒的静功率为:

$$N_j = \frac{QN_{起}}{1\,000\eta} \tag{8}$$

式中:Q——起升载载 $Q = 1000\text{kN}/8$;

$N_{起}$——起升速度(m/s),$N_{起} = 0.05\text{m/s}$;

η——起升机构机械效率,$\eta = 0.88$。

将数据代入得:

$$N_j = 53.98\text{kW}$$

2. 牵引卷筒驱动功率的计算

在稳定状态下牵引卷筒的静功率为:

$$N_j = \frac{PV}{1\,000\eta} \tag{9}$$

式中:P——牵引索的牵引力,$P = T_{max} - T_0$;

T_{max}——牵引索的最大张力,$T_{max} = 488.514\text{kN}$;

T_0——牵引索的初张力,$T_0 = 32.925\text{kN}$;

V——牵引速度,$V = 0.1\text{m/s}$;

η——牵引机构的机械效率,$\eta = 0.88$。

将数据代入式(9)后可得:

$$N_j = 51.77\text{kW}$$

82. 大型钢混组合多棱台斜面拱座施工技术

刘小勇　陈　鸣　陈柏町
(中交二航局第二工程有限公司)

摘　要　宁波市明州大桥主桥为双肢钢箱系杆提篮拱桥,主跨450m,居同类型桥梁世界第一。拱座为连接中跨拱肋、边跨拱肋、立柱、风撑以及下部承台、基础的重要节点,是将上部结构荷载由钢结构高应力状态转换为混凝土低应力状态的关键结构,设计不仅考虑了钢混组合、隔仓填芯及纵横预应力等措施,在外观上还采用了多棱台斜面结构,以适应交会节点受力过渡和美观需要。因此,拱座不仅外观奇特,而且体积庞大,内部空间结构复杂,加上施工措施支架系统等,造成拱座内部空间狭小,对施工工艺提出了较高要求。本文介绍了明州大桥主墩大型钢混组合拱座施工主要难点及关键技术。

关键词　钢混组合　多棱台斜面　拱座　安装　施工

一、工 程 概 况

明州大桥是东外环路跨越甬江的过江桥梁,建成后将成为宁波市的标志建筑之一。大桥全长约1.35km,其中主桥长650m,为中承式双肢钢箱系杆提篮拱桥,跨径组合为100m+450m+100m,居世界同类型桥梁第一。

拱座是连接上部结构和下部基础的重要节点,采用钢混组合结构。其上部采用钢结构,下部采用混凝土结构。中跨与边跨拱肋上半部分矩形截面采用钢拱座连接,下半部分矩形截面通过端板直接作用在混凝土拱座上,主要由钢拱座、边、主跨拱肋预留段、斜撑预留段、混凝土拱座、混凝土斜撑脚座和填芯混凝土等几部分组成。

中跨拱肋及边跨拱肋的大部分顺桥向水平分力直接通过钢拱座传递及相互平衡,垂直分力及不平衡的顺桥向水平分力、弯矩则由钢拱座底板、中跨拱肋及边跨拱肋端板传递至混凝土拱座,横桥向水平分力通过承台系梁中的预应力拉索平衡锚固在混凝土拱座上。大立柱的垂直力通过钢拱座传递至混凝土拱座及承台。钢混组合拱座立体图如图 1 所示。

图 1　主墩拱座立体图

二、特点、难点

明州大桥钢—混凝土组合拱座,结构复杂程度国内罕见,可借鉴施工经验少。经归纳,主要有如下特点和难点:

(1)钢拱座尺寸、重量庞大,纵横向倾斜,安装调位控制;

(2)混凝土拱座为 15 面多棱台斜面结构,斜面最小角度达 57°,模板设计及斜面外观质量控制;

(3)混凝土拱座内部结构复杂(各向钢筋、纵横预应力束、K 撑锚固结构、冷却水管、各种支架、钢拱座伸入段、预埋结构、拉杆等空间交错),内部空间狭小,施工顺序要求严格;

(4)混凝土拱座采用 C40 混凝土,近 900m^3,竖向高度近 7m,混凝土模板系统设计、浇筑工艺及温控防裂措施;

(5)钢拱座受力巨大,底部设有复杂的格构式纵横梁、剪力钉和锚固钢筋,钢混结合质量控制;

(6)钢拱座及两侧拱肋预留段内设置了较多隔仓,隔仓内设有纵横肋板、钢筋和剪力钉,施工空间狭小,加之纵横向倾斜,微膨胀填芯混凝土施工密实度控制。

三、总体施工工艺

为保证钢拱座安装精度,保证混凝土拱座施工质量,根据上述结构特点和难点,通过多方案比选,确定拱座采用如下总体施工工艺。

(1)采用支架法分段安装、组焊钢拱座。可解决钢拱座加工、运输和安装问题,保证钢拱座定位精度,防止混凝土浇筑过程中移位。

(2)采用大型钢模板,一次浇筑混凝土拱座及斜撑脚座。由于拱座内结构复杂,空间狭小,若采用分次浇筑,虽然对于混凝土浇筑与温控防裂有利,但分层位置如何设置、模板结构设计及混凝土凿毛和外观质量质量如何保证均很难解决。采取一次浇筑可较好解决上述问题。

(3)采用自密实无收缩混凝土,分仓浇筑填芯混凝土。可解决复杂隔仓填芯混凝土振捣困难问题,保证钢混结合质量。

四、钢拱座安装

1. 施工难点

(1)钢拱座形状奇异,其分段划分及运输;

(2)钢拱座纵横向倾斜,支架上搁置调位;

(3)支架不能影响纵横向预应力管道布置。

2. 钢拱座分段

单个钢拱座重量近 200t,考虑现场施工、加工及运输条件,以及防止拱肋焊接影响钢混结合质量,将钢拱座及两侧拱肋 0 号段重新划分为三段,分段后重量分别为 76t、53.3t、65.5t,如图 2 所示。

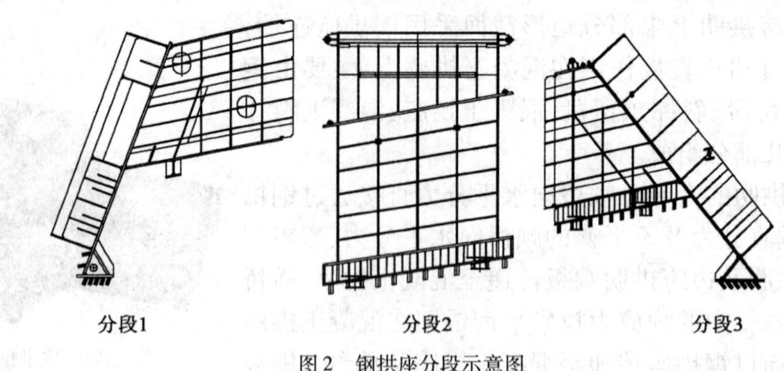

图2 钢拱座分段示意图

3. 钢拱座限位支架

根据钢拱座安装就位后的结构形式布置支架，其中端头段由三个支架支撑，中间段由两个支架支撑，支架之上设置垫块。在支架结构设计时，通过 Autocad 建三维实体模型，分析支架和纵横向预应力管道是否空间影响。

支架如图3所示。

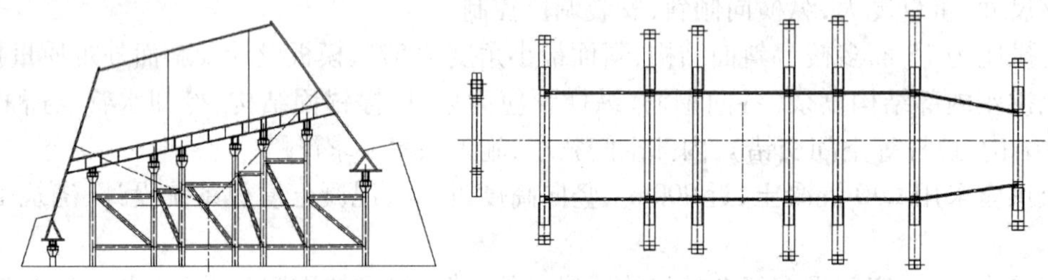
图3 钢拱座支撑架布置图

4. 钢拱座吊装

构件分段运至现场，先采用80t移动式吊机将节段卸船至运输胎架上，通过运梁小车将构件运至指定安装位置，移动式吊机行走至指定的位置，起吊构件至支架上临时搁置，然后采用三向千斤顶精确调位。

1)构件卸船

构件移动式吊机采用卸船，根据构件的姿态分析，采用CAD进行仿真模拟，通过卸扣数量调整绳索长度，保证节段卸船时处于平吊姿态，如图4所示。

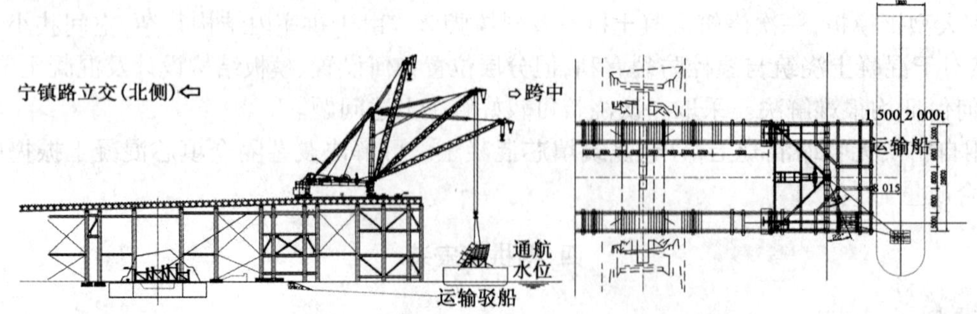

图4 钢拱座节段架梁吊机卸船布置图

2)构件分段吊装

钢拱座按照岸侧至江侧顺序安装，由于钢拱座分段时要求主环缝与肋板焊缝错开30cm，即后安节段需要嵌入已安装节段30cm。因此，节段2、3在下放过程中，先往江心侧移动40cm，待靠近下方支架时，通过20t的手拉葫芦调整吊装构件的姿态，并采用5t手拉葫芦将吊装节段嵌入已安装节段，完成安装。构件吊装示意图如图5所示。

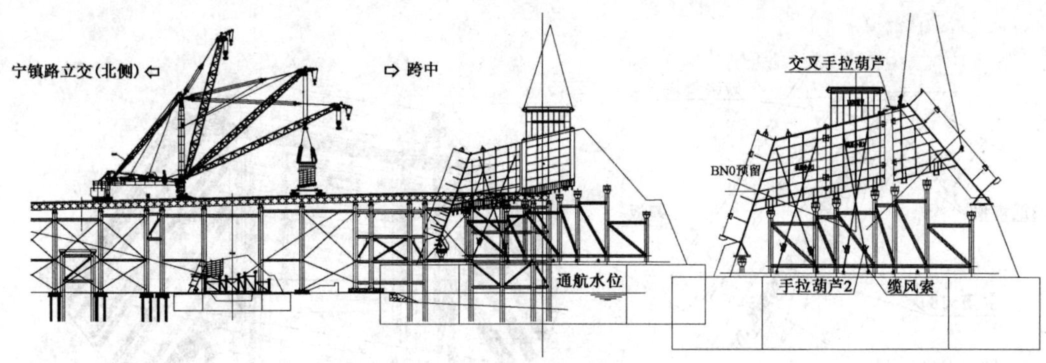

图5 钢拱座节段吊装示意图

5. 构件精确调位

构件吊装完成后,采用三向千斤顶进行精确调位。调位顺序为:先调整节段2再调整两侧节段;调位原则为,先调位高程后调位平面位置;调位精度控制在5mm以内。

构件调位完成后,进行限位并上紧匹配件连接螺栓把三段焊接为整体,如图6所示。

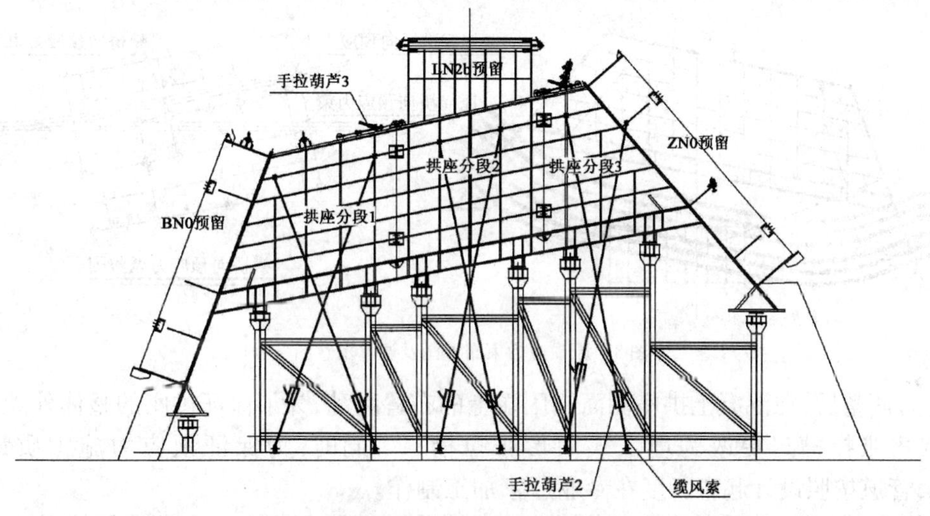

图6 钢拱座整体就位示意图

值得注意的是,调位时需考虑焊接收缩的影响,焊接过程中应严格保证对称施焊,防止焊接完成后,拱座发生偏位。

五、混凝土拱座施工

1. 施工难点

(1)钢筋各向倾斜且复杂,施工顺序及支架设计;

(2)预应力管道纵横弯曲布置,其定位及防堵塞措施;

(3)混凝土拱座空间15面全封闭整体模板设计与施工;

(4)全封闭模板、狭窄仓面、钢混结合混凝土布料与振捣;

(5)大体积高强混凝土、异形多棱台钢混结构温控与防裂。

2. 钢筋、模板支架设计与施工

混凝土拱座为内倾结构,为方便施工,在混凝土拱座内设置了钢筋胎架,同时兼作模板支承架(通过在主筋上设置锥形螺帽实现)。支架依据拱座外形设计,并与钢拱座支架结合,以减少工程量。钢筋及模板搁置形式及总体布置如图7所示。

3. 预应力管道施工

拱座内预应力束纵横交错,根据原设计图通过Autocad三维空间分析,发现存在部分预应力纵横相

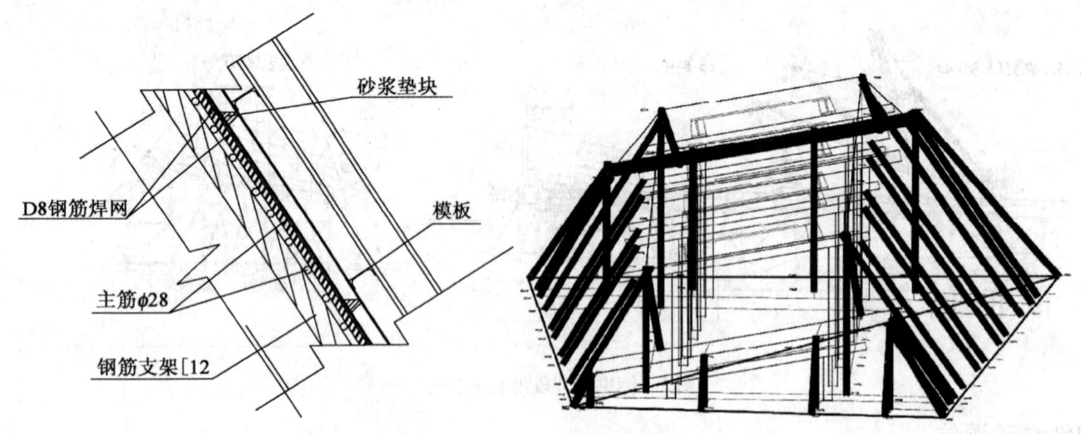

图7　钢筋、模板搁置形式及总体布置图

交情况。考虑到纵向预应力从钢拱座端板穿过,因此按纵向预应力束位置不变原则,将横向预应力束在纵横相交位置按照1∶5的斜度进行调整。原预应力束布置图及调整示意图如图8所示。

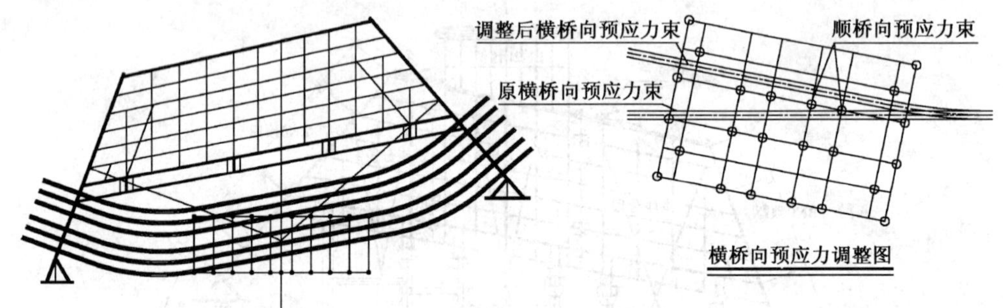

图8　原预应力束布置图及调整示意图

横向预应力调整后,在混凝土拱座侧面锚固端上的布置凌乱,为了保证拱座的整体外观质量,将原设计的普通喇叭式张拉槽口更改为埋入式筒形张拉槽口。同时,为保证预应力施工质量,管道采用ϕ114mm钢管,管道按照设计起弯弧度在专业厂家加工制作。

纵横向预应力管道利用钢拱座支架作为定位托架,通过测量放样特征点,现场安装接长。

4.钢筋施工

拱座钢筋空间交错复杂,加之拱座内各种支架与预应力管道密布,同时工期紧张,对钢筋施工顺序提出了严格的要求。通过多次方案讨论,确定按照钢拱座吊装前先绑扎外围主筋,待钢拱座焊接定位以后,再按照由上至下、由内至外的顺序进行钢筋施工。同时,在钢筋安装遵循避开预应力束,以及与支架冲突时,除主筋外可割断钢筋焊接在支架上连接的原则。

1)外围钢筋施工

拱座外围钢筋在承台施工时已经预埋,上部设有弯头与钢拱座底部纵梁焊接,由于外围钢筋长短均不统一,所以实测现场预埋筋长度定长下料,并编号标识一一对应,采用直螺纹工艺连接。

2)内部钢筋施工

拱座内部钢筋施工顺序如下:

钢拱座底部纵横梁间内嵌钢筋网焊接施工→竖向锚筋焊接施工→加强筋网片从上到下施工→其余混凝土内部构造筋施工,如图9所示。

需要指出的是,在拱座内部钢筋在承台顶面同一层面上网目为30cm×30cm,层间距为60cm;往上,钢拱座底板下1.5m范围加密钢筋层间距和网目大小均缩小,最后至网目大小为15cm×15cm,层间距为15cm。考虑到混凝土施工时,振捣人员进入拱座内部困难,通过与设计单位协商,将除钢拱座底部加密网外的其余内部钢筋全部绑扎成同层60cm×60cm网目,层间距为60cm,未绑扎钢筋摆放到原网目内,当混凝土浇筑至摆放位置时再按设计图纸进行绑扎，示意图如图 10 所示。

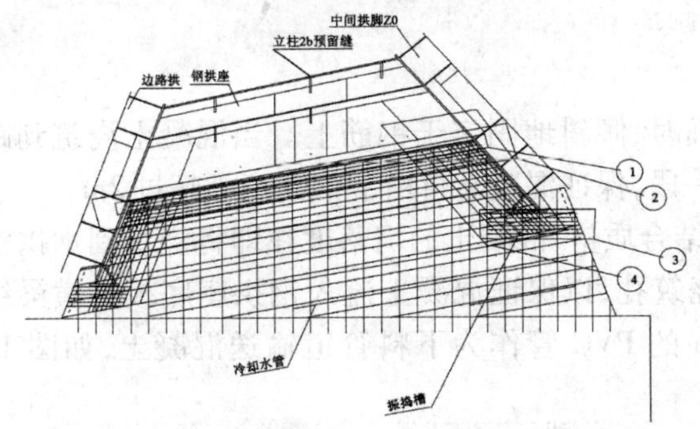

图 9　混凝土拱座内部纵断面钢筋构造示意图

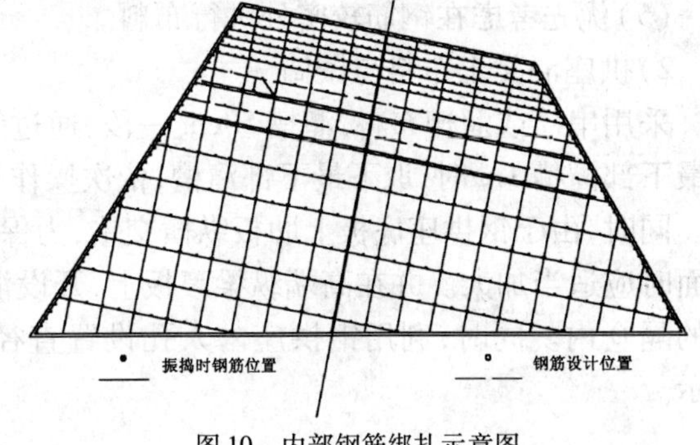

图 10　内部钢筋绑扎示意图

5. 模板设计与施工

混凝土拱座模板设计与施工面临以下几个难点：

(1) 多达 15 面空间全封闭模板结构相关性如何保证；

(2) 不对称拉杆系统如何布置；

(3) 斜面外观质量如何保证；

(4) 模板如何定位安装。

由于浇筑高度近 7m，采用全钢大型模板。为保证 15 面空间模板相关性，采用三维制图软件进行模板设计，实现数字拼装，保证模板设计质量。

为保证混凝土浇筑外观质量，通过缩尺模型浇筑试验对比，在模板内贴透水模板布，可极大减少混凝土外表缺陷。

拉杆系统是模板系统的关键。由于拱座结构异形，拉杆无法采用对称互拉结构，加上内部结构交错，空间狭小，拉杆布置非常困难。通过多种方法比较，采用在承台上植入弯头钢筋，然后预安装模板定位锥形螺帽及短拉杆，最后将拉杆与弯头钢筋和短拉杆焊接。

为保证拉杆位置准确，保证模板安装质量，拉杆先于内部钢筋施工。在拉杆定位后，依次拆除模板，待钢筋施工完毕后，再一次安装模板就位。

拉杆布置图如图 11 所示。

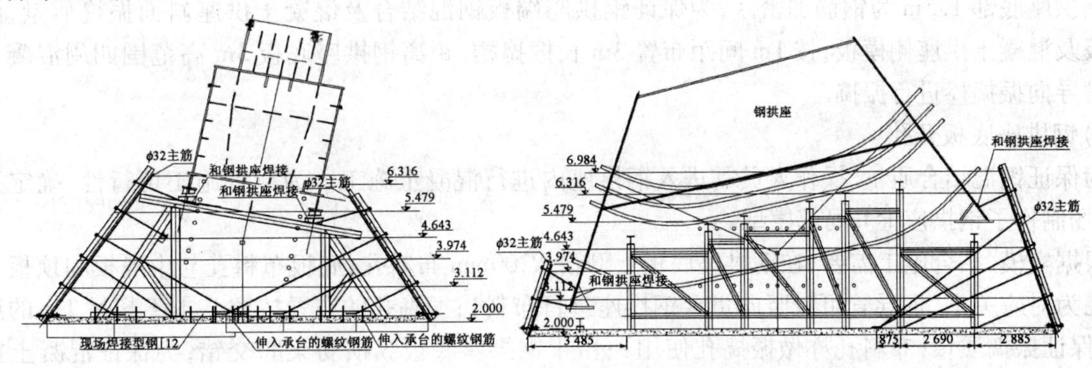

图 11　拉杆立面布置图（尺寸单位：mm）

6. 混凝土施工

由于拱座下宽上窄，采用全封闭模板，混凝土浇筑仓面有限，加上内部空间狭小，混凝土布料及浇筑工艺对于保证混凝土施工质量非常重要。

1）布料原则

(1) 利用钢拱座三角撑及纵梁两侧狭长平台仓面布料，在斜撑脚座模板上开孔布料；

(2) 为保证混凝土外观质量，不在拱座模板上开设布料孔，仅在斜撑脚座顶部高处开设布料孔；

(3) 通过在拱座钢筋上布置溜槽将混凝土输送到拱座的边角位置；

(4)为保证钢拱座下方布料均匀,在钢拱座内底板上开设布料孔;

(5)优先考虑在钢筋较密处进行布料。

2)拱座混凝土布料与振捣

采用串筒或溜槽布料,溜槽50cm一段,通过细铁丝临时、倾斜地固定于钢筋上。当混凝土浇筑到距离最下部溜槽1m时,取下最下部溜槽,依次操作至最上一段,保证混凝土自由下落高度不超过2m。

同时,由于钢拱座底板上肋板纵横交错,为保证钢混结合质量,混凝土的坍落度在即将浇筑到钢拱座底面时应适当加大。并在高端纵梁腹板上,开设混凝土浇筑孔,以保证混凝土流入钢拱座底板纵横梁组成的隔仓内。同时,利用钢拱座内人孔设置直径200mm的PVC管作为下料管道输送混凝土,如图12所示。

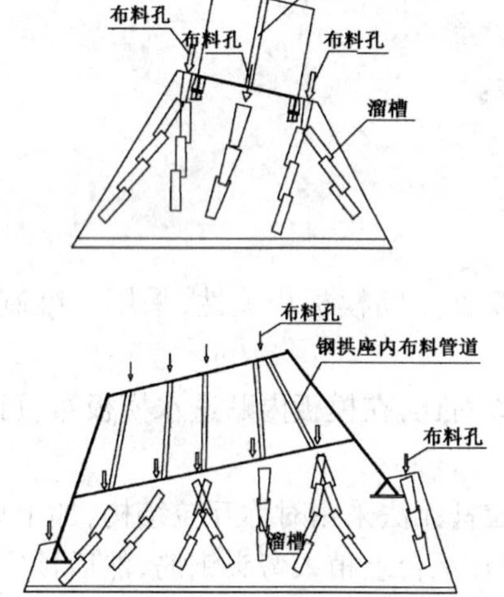

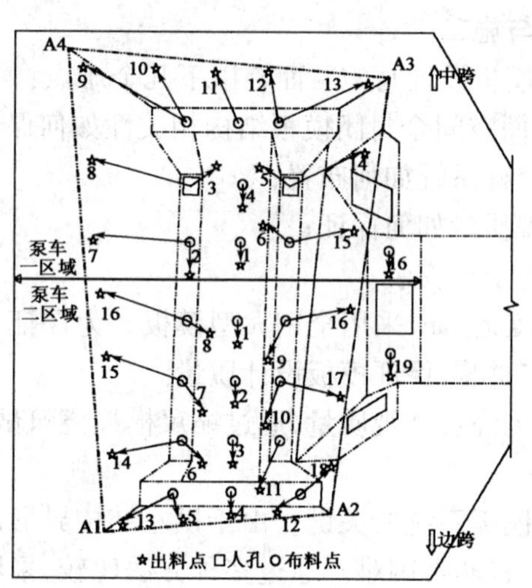

图12 混凝土拱座布料示意图

布料顺序按照先中间后四周,四周按每4m一个布料点顺时针进行布料,保证中间混凝土高于四周。

钢拱座底部1.5m为钢筋加密区,为保证钢拱座端板钢混结合及混凝土拱座斜面振捣质量,沿钢拱座端板及混凝土拱座侧模板,按1m间距布置3m长振捣槽,距离钢拱座底板3m高范围四周混凝土通过振捣槽导向振捣棒进行振捣。

3)钢拱座底板开孔

为保证钢混结合质量,操作人员需进入钢拱座内进行混凝土施工。为检查施工可行性、确定开孔布置,现场制作了钢拱座1:1局部模型。

根据实模,结合施工需要,在钢拱座底板上开设R200mm布料孔,底板布料孔与中隔板和顶板上开设的人孔为对应关系(即导管可以竖向贯穿钢拱座进行布料);振捣孔的布置按照基本不超过1m的原则设置,以保证振捣质量(布料孔亦做振捣孔使用);由于钢拱座底板纵横肋梁肋交错,为保证混凝土拱座与钢拱座结合部位不产生空仓,在振捣孔距离较大的地方,和纵横肋交汇的地方开设R10mm排气孔;并在底板上钢筋焊接肋板处开设R22.5mm振捣孔(此处采用ϕ30mm棒振捣)。钢拱座底板开孔示意图如图13所示。

混凝土浇筑过程中,严格按照按30~40cm左右分层布料,同时注意上下层混凝土间隔时间不得过长,保证接触面不要出现冷缝。

7. 温控防裂

拱座混凝土为C40,一次浇筑近900m^3,温控防裂需解决以下几个主要问题:

(1)大体积、高强度混凝土,水化热高;

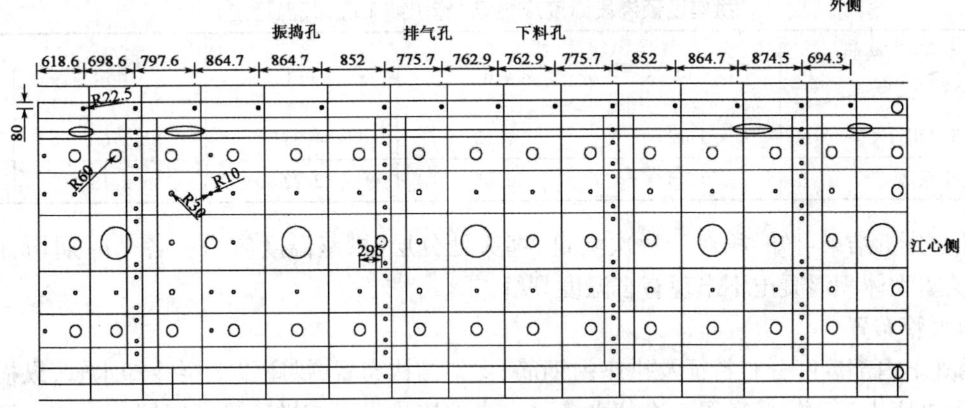

图 13 钢拱座底板开孔示意图(尺寸单位:mm)

(2)内部结构复杂,空间狭小,需采用高流动度混凝土,胶凝材料用量大;

(3)结构为斜面多棱台结构,表面砂浆聚集,且容易应力集中,混凝土容易开裂;

(4)承台与拱座施工间歇期长,界面收缩差大。

1)预浇段设置

根据承台与拱座浇筑间歇期,对比两种浇筑工艺:

(1)一次浇筑。按照浇筑温度按不超过 32℃计算,若拱座一次浇筑,内部最高温度为 71℃,温峰出现时间为 2 天龄期。拱座最高温度包络图见图 14,拱座温度应力计算结果见表 1。

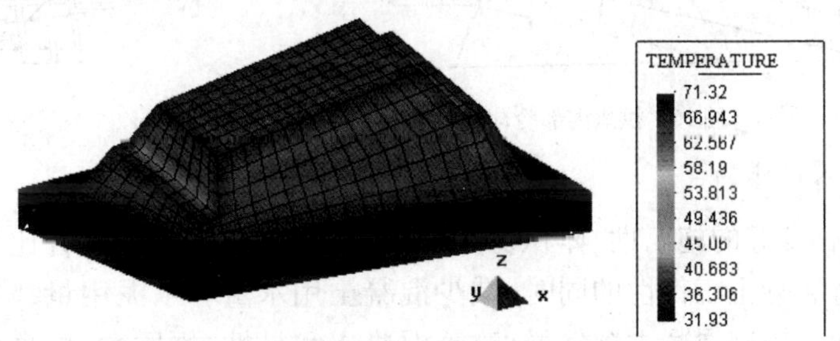

图 14 拱座最高温度包络图

拱座一次浇筑温度应力场(施工期工况,气温稳定) 表 1

部位 \ 龄期	4d	7d	14d	28d	半年
主墩拱座(MPa)	1.57	2.43	2.83	3.28	3.68
安全系数	1.02	1.03	1.06	1.04	1.03

(2)设置预浇段。在拱座 20cm 处分层, 20cm 以下连同承台一次浇筑,20cm 以上同拱座一次浇筑。浇筑温度按不超过 32℃计算,拱座内部最高温度为 70℃,温峰出现时间为 2 天龄期。拱座最高温度包络图见图 15,拱座温度应力计算结果见表 2。

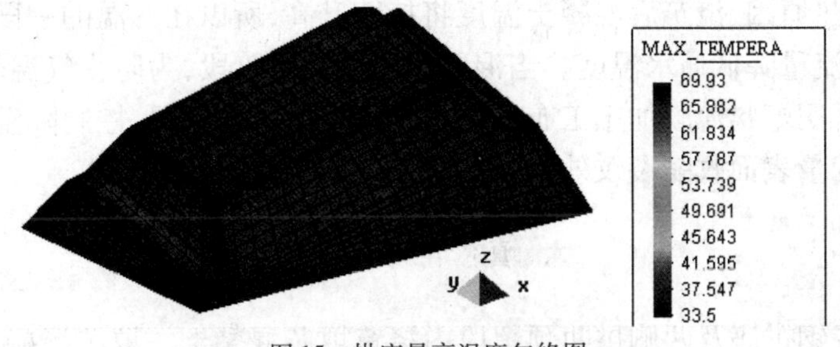

图 15 拱座最高温度包络图

拱座设预浇段温度应力场(施工期工况,气温稳定) 表2

部位 \ 龄期	3d	7d	14d	28d	半年
拱座(MPa)	1.12	1.22	1.34	1.60	1.89
安全系数	1.43	2.05	2.22	2.13	2.01

根据以上分析结果可知,相对于一次浇筑,榫头处分层,拱座温度应力在各个时期均有一定安全系数,可控制拱座大体积混凝土不出现有害温度裂缝。

2)冷却水管布置

根据混凝土内部温度分布特征及拱座内钢筋、支架结构布置,拱座设7层冷却水管,纵横向与拱座同斜度,依托钢拱座支架和钢筋布置。冷却水管进出水位置均设置在拱座最高区域。冷却水管内径48mm,水管层间距为1m,同层管间距为0.6m,如图16所示。

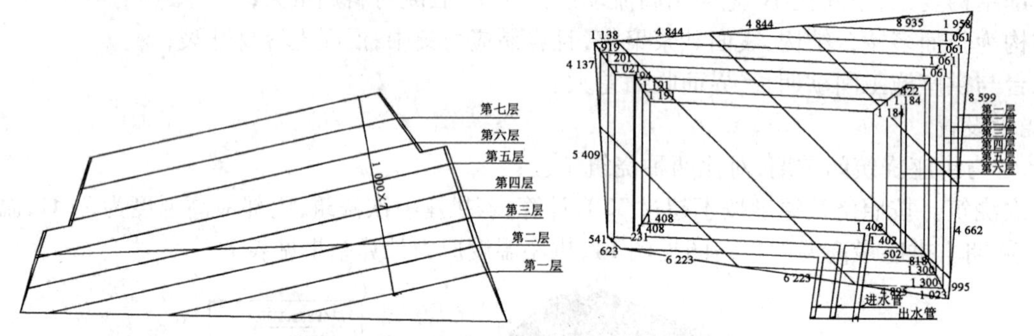

图16 拱座内部冷却水管布置示意图(尺寸单位:mm)

3)水化热分析及配合比设计

为了拱座混凝土具有良好的施工性、体积稳定性和抗裂性能,混凝土配合比设计严格按照低水化热的胶凝材料体系,在保持混凝土工作性的同时,减少混凝土用水量和水泥用量,降低混凝土温升,减小收缩,提高混凝土抗拉强度。控制混凝土含气量,改善混凝土和易性、均质性,提高混凝土变形性能和抗开裂性能力。选用优质骨料,使其体积稳定性好,采用聚羧酸减水剂,降低用水量,减小混凝土的收缩变形。

根据上述原则,拱座混凝土配合比经严格试配确定,具体配合比见表3。

拱座混凝土配合比(单位:kg/m^3) 表3

水泥	粉煤灰	矿渣粉	河砂	碎石	水	外加剂
280	60	90	723	1084	153	3.01
海螺P·O42.5水泥	国华Ⅰ级灰	港新S95级	闽江中砂	郑州5~31.5mm碎石	自来水	聚羧酸

同时,为提高温控仿真计算的准确性,对胶凝材料水化热进行了实测检验。

8.保温降温措施

由于混凝土水化放热原因,浇筑后混凝土温度将持续升高,所以在升温的一段时间内需加强散热,通过加大冷却水管的通水流量降低通水温度。当混凝土处于降温阶段,为防止气温较低或突遇寒潮气温骤降,在侧壁钢模板表面采用塑料薄膜加土工布和保温毛毯进行保温保湿,控制降温速率。通过充分保温、缓慢冷却,拆模后除有少量表面收缩裂纹外,有效控制了有害裂缝的产生。

六、填芯混凝土施工

按照设计要求,需在钢拱座及两侧拱肋预留段内浇筑填芯混凝土。填芯混凝土约200m^3。拱座填芯混凝土如图17所示。

1. 施工难点

(1)钢拱座及预留段内隔舱内设有较多填芯隔仓,隔仓内设有纵横肋板、钢筋、剪力钉和纵向预应力,使得施工空间狭小,加之构件纵横向倾斜、分仓相互封闭,导致填芯混凝土施工困难。

(2)填芯混凝土还要求无收缩微膨胀,对填芯混凝土性能提出了较高要求。

(3)设计不允许在拱肋上开孔浇筑拱肋填芯混凝土。

2. 施工工艺

根据上述特点和难点,采取了以下施工工艺:

(1)通过采用自密实微膨胀混凝土+无收缩灌浆料综合应用来保证填芯混凝土施工性能和密实度。

(2)根据钢拱座填芯混凝土特点,底仓填芯、腹板及顶仓填芯分两次浇筑,隔仓高端埋设压浆排气管,在混凝土浇筑后压浆填实,如图18所示。

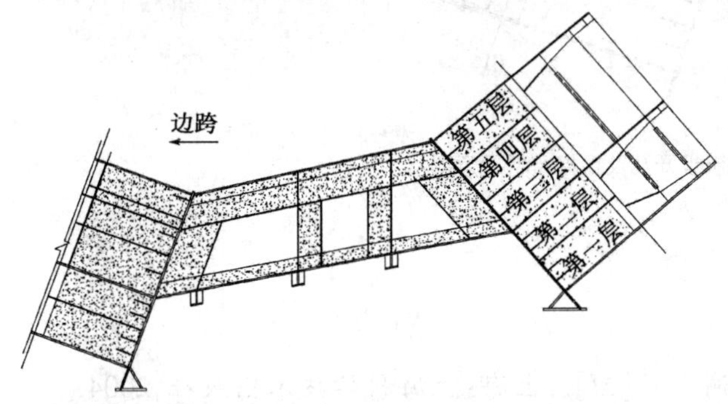

图17 拱座填芯混凝土示意图

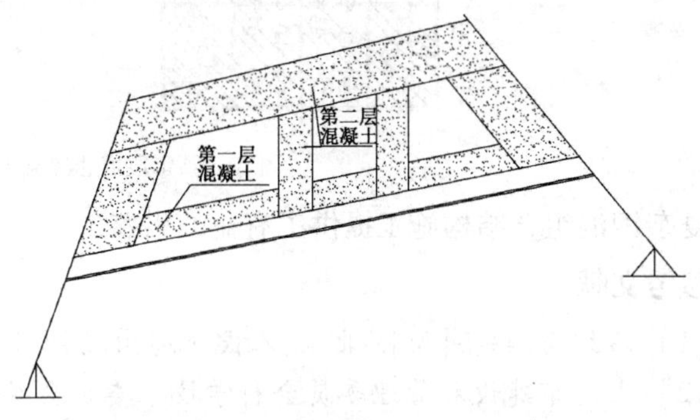

图18 拱座填芯混凝土分次示意图

(3)拱肋预留段填芯采用弯管布料,逐仓一次浇筑。

3. 填芯施工

为方便施工人员进出每个箱室,以及导管进入钢拱座对混凝土拱座浇筑布料,在隔板上开设人孔;同时为保证钢拱座下层填芯混凝土振捣质量,振捣孔布置于钢拱座下层每个需要浇筑混凝土的箱室上方的中隔板上,排气孔布置于钢拱座下层箱室顶部纵横肋交汇所形成的矩形的较高点,以保证填芯混凝土的密实性。隔板开孔布置见图19。

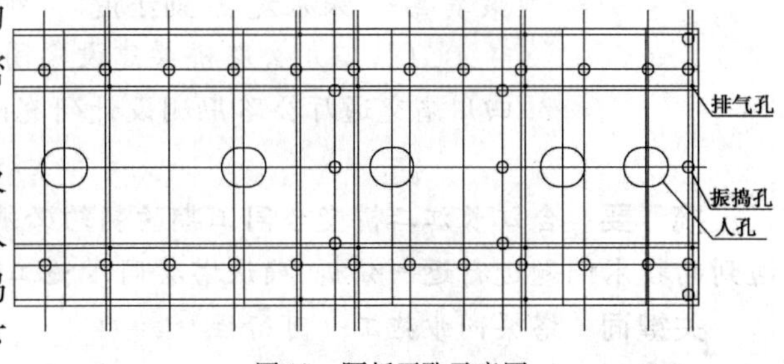

图19 隔板开孔示意图

拱肋预留段内设置了17个小隔仓,内有剪力钉及钢筋,加上预应力管道及锚头布置等影响,造成操作人员无法进入隔仓振捣。因此,填芯混凝土布料与振捣在端头位置,利用自密实混凝土性能,稍加振捣,从下往上依次浇筑。预留段填芯混凝土端头模板开孔及振捣布料示意如图20所示。

七、结 语

(1)本工程结构复杂,内部空间狭小,施工组织难度大,无类似经验可借鉴,施工条理及顺序性强,技术难度大。从钢拱座安装到混凝土浇筑完毕,单个拱座耗时近40天。加上0号段安装及填芯混凝土施工,持续时间超过70天。

(2)为了确保钢混组合拱座的施工质量,施工前进行了多方案的可行性研究、分析、讨论,并通过试验论证最终确定了相关施工工艺。

(3)钢拱座采用分段吊装,三向千斤顶精确调位,混凝土拱座采用大型封闭钢模,一次浇筑成型的施工方法,较好地完成明州大桥拱座的施工,达到了经济、合理的目标。

随着桥梁不断向大跨度、钢结构、景观方向发展,明州大桥钢混组合拱座的成功实施为今后类似大型

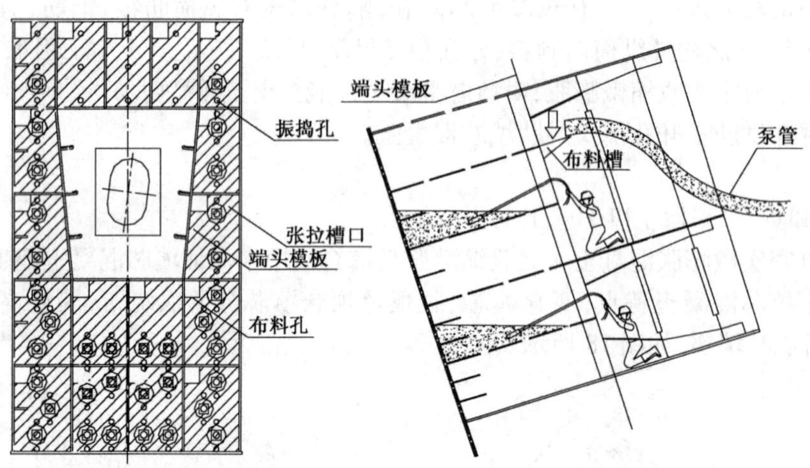

图 20　预留段填芯混凝土端头模板开孔及振捣布料示意图

复杂钢混组合结构施工提供了有益的借鉴。

参考文献

[1] 石绍甫. 拱桥[M]. 北京:人民交通出版社,1997.
[2] 上海市建设和管理委员会科学技术委员会编. 卢浦大桥[M]. 上海:上海科学技术出版社,2004.
[3] 路桥集团第一公路工程局编. 公路桥涵施工技术规范[S]. 北京:人民交通出版社,2004.

83. 合江长江二桥塔梁同步施工可行性分析

裴宾嘉[1]　朱永发[4]　刘小波[1]　刘　扬[2]　殷新峰[2]　谢光辉[3]　蒋建军[3]
(1. 四川公路桥梁建设集团大桥分公司;2. 长沙理工大学;
3. 四川省交通厅公路勘测设计研究院;4. 泸州东南高速公路发展有限公司)

摘　要　合江长江二桥受合同工期的制约必须采用塔梁同步的施工方法,本文通过对塔梁同步可能遇到的技术问题进行逐一分析,确认塔梁同步施工的可行性。该方法可供同类桥梁施工参考。

关键词　塔梁同步施工　可行性

一、工 程 概 况

合江长江二桥为主桥上部结构为 210m + 420m + 210m 预应力混凝土双塔斜拉桥,主梁为预应力混凝土双纵肋主梁,H 形索塔;引桥上部结构为 12 × 50m + 8 × 30m预应力混凝土简支 T 梁。上塔柱共分 13 个节段,主梁共分 35 个节段(图 1)。索塔和主梁均为预应力混凝土,因此每节段索塔和主梁的施工工期受预应力工序对高强度混凝土收缩徐变的时间要求,节段施工时间无法再进行优化(索塔 6 ~ 8 天/节段,主梁 9 ~ 10 天)。根据目前国内已建桥梁(马岭河大桥等)的经验,采用索塔和主梁同步施工,可以缩短施工工期近 4 个月。我部经过初步计算,合江长江二桥采用塔梁同步施工,可取得良好的经济和工期效益,因此拟在合江

图 1　合江长江二桥透视图

长江二桥采用塔梁同步施工。

二、概　　述

合江长江二桥在施工完第一道主动横撑后，利用主动横撑型钢安装防护棚，完成后在 0 号块件上搭设防护棚及安装贝雷梁提升架支腿，并做好安装贝雷梁提升架的准备工作，同时以常规工艺施工中塔柱剩余节段。待施工完中横梁后，利用中横梁上设置的预埋件安装防护棚，完成后安装贝雷梁提升架。贝雷梁提升架用于提升安装挂篮，贝雷梁前端需要挂设临时索，同时进行上塔柱施工。挂篮安装完成后，利用 1 号块件的斜拉索安装前支点挂篮的受力悬挂系统，进行 1 号块件的悬臂浇筑，此时上塔柱已完成第四段混凝土施工。完成后，利用贝雷梁提升架将挂篮前移、并将挂篮第二段用提升架吊至 1 号块件下方与第一段挂篮悬拼组合（此时挂篮挂钩已安装就位），进行 2 号块件的浇筑。浇筑完成后，利用挂篮自身的行走系统结合贝雷梁提升架将挂篮前移 2m 左右，并将挂篮第三段与前两段悬拼组合（此时挂篮全部组装完毕），然后利用挂篮走行系统行走到位，进行 3 号块件的浇筑。挂篮从 3 号块件开始进入正常循环浇筑。在挂篮吊装、悬拼、走行（移动）及块件浇筑时，上塔柱按常规方式利用液压爬模系统正常进行施工。根据计算，为保证上塔柱在受不平衡索力时能有一定的压应力储备，在最外侧的斜拉索锚固节段上至少应有 1 节上塔柱节段（图 2）。

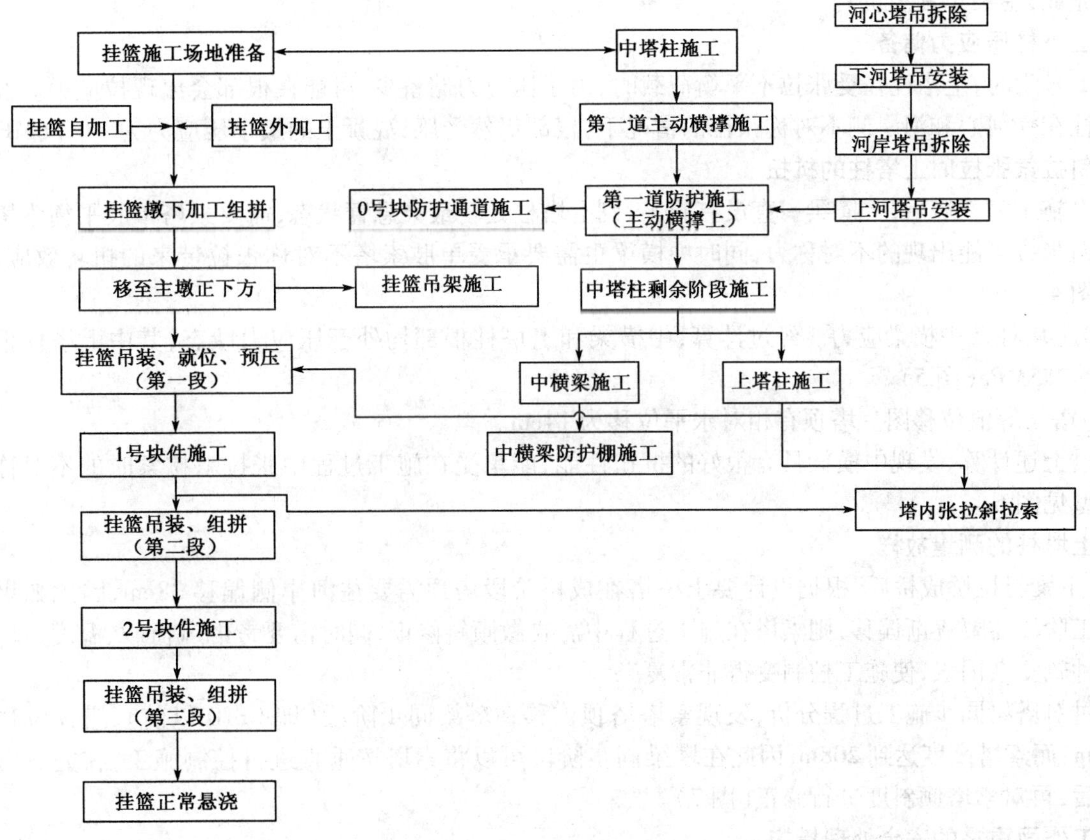

图 2　塔梁同步施工流程图

三、塔梁同步需要解决的技术问题

塔梁同步施工与塔梁异步施工相比，主要需要解决以下技术问题：

(1)上横梁与索塔施工顺序（包括预应力张拉顺序）；

(2)上塔柱压应力储备；

(3)斜拉索张拉时上塔柱抗扭；

(4)上塔柱的测量放样;

(5)塔梁同步施工工作面重叠的安全处理措施;

(6)塔梁同步对永久结构的影响。

1. 塔梁同步施工顺序

根据主桥墩塔梁同步施工顺序,按主梁节段划分各施工工况(图3),同时考虑桥塔同步施工顺序,则各工况具体内容如下:

(1)主塔施工至6号挂索(上塔柱第3个节段)位置完成,主梁施工至1号块,1号斜拉索张拉。

(2)主塔施工至8号挂索(上塔柱第4个节段)位置,主梁施工至2号块,2号斜拉索张拉。

(3)主塔施工至12号挂索(上塔柱第5个节段)位置,主梁施工至3号块,3号斜拉索张拉。

(4)主塔施工至16号挂索(上塔柱第6个节段)位置,主梁施工至4号块,4号斜拉索张拉。

(5)主塔施工至20号挂索(上塔柱第7个节段)位置,主梁施工至5号块,5号斜拉索张拉。

(6)主塔施工至24号挂索(上塔柱第8个节段)位置,主梁施工至6号块,6号斜拉索张拉。

(7)主塔施工至29号挂索(上塔柱第9个节段)位置,主梁施工至7号块,7号斜拉索张拉。

(8)主塔施工至34号挂索位置(上塔柱第10个节段),主梁施工至8号块,8号斜拉索张拉。

(9)主塔施工至塔顶位置,主梁施工至10号块,10号斜拉索张拉;10号块以后为正常施工阶段(即索塔已完成,主梁正常浇筑)。

2. 上塔柱压应力储备

挂1号索时,上塔柱在受张拉不平衡荷载时,由于压应力储备少,可能在根部会出现拉应力。经过计算上塔柱在受河心和河岸侧不对称张拉的情况下,根部仍然受压,混凝土的最小压应力为-0.36MPa。

3. 斜拉索张拉时上塔柱的抗扭

假设施工完索塔后,上横梁一直没有施工,则上塔柱处于最大悬臂状态,需要索塔单肢平衡索塔斜拉索顺桥向张拉可能出现的不对称力,同时中横梁也需要承受单肢索塔不对称张拉带来的扭转效应,计算模型见图4。

(1)上塔柱及中横梁应力。经过计算,中横梁和上塔柱根部均处于压应力状态,其中上塔柱根部压应力为-7.5MPa(图5)。

(2)塔梁等值位移图。塔顶有相对水平位移为14cm。

通过上述计算,发现中横梁具有很好的抗扭性能,能承受在施工过程中张拉斜拉索时的不对称荷载计算模型见图6。

4. 上塔柱的测量放样

PC主梁斜拉桥成桥后,根据设计要求桥塔在成桥阶段塔顶需要往河岸侧偏移38cm,因此如果塔梁同步施工阶段需要逐渐偏移,则索塔在施工过程中需要做倾斜修正,同时需要考虑风荷载、温度、日照、塔吊等各种较复杂因素,使施工控制变得非常复杂。

通过对塔梁同步施工过程分析,发现索塔塔顶位移在塔梁同步阶段(即CS10以前),塔顶位移最大仅2.8cm,而索塔高度达到208m,因此在塔梁同步阶段可以将索塔按垂直进行控制施工,在完成塔梁同步施工后,再对索塔倾斜度进行修正(图7)。

5. 工作面重叠的安全处理措施

1)重叠交叉作业防护措施

第一道防护:上塔柱的液压爬模采用全封闭结构,钢丝网和阻燃密目安全网的双层封闭,确保长于5cm的物体不会下落。

第二道防护:在已施工完的中横梁上设置安全防护棚(图8),防护棚顶面采用1cm厚的钢板上铺竹篾板缓冲,根据计算,能够防止5kg的物体从56.2m高的地方坠落。

第三道防护:在提升挂篮用贝雷梁桁片上设置主动防护网SN-025,上铺竹胶板,用于防止高空碎屑下落。

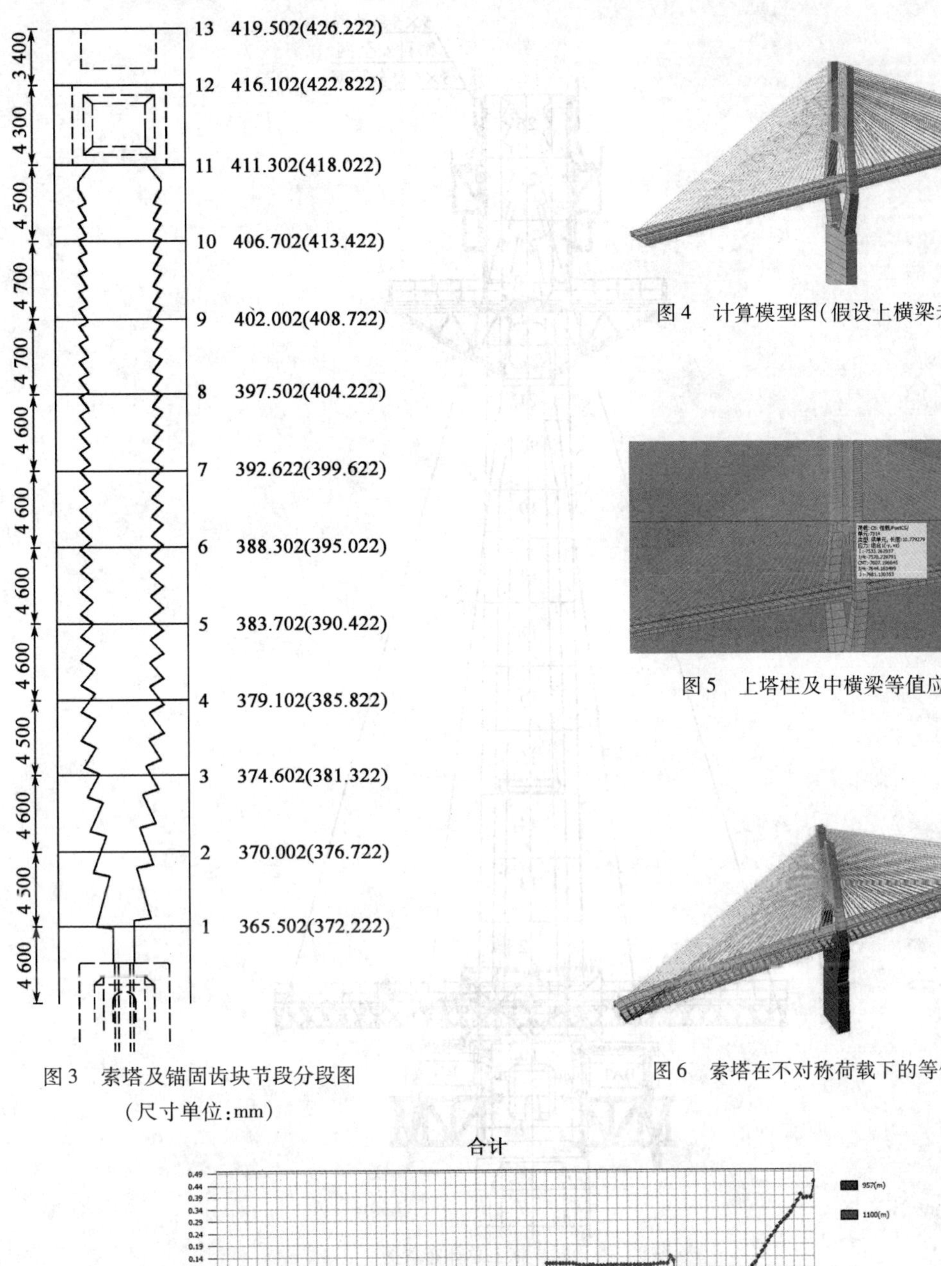

图3　索塔及锚固齿块节段分段图
（尺寸单位:mm）

图4　计算模型图(假设上横梁未浇筑)

图5　上塔柱及中横梁等值应力图

图6　索塔在不对称荷载下的等值位移图

图7　塔顶位移时程曲线

注:957 节点为北岸塔顶,1100 节点为南岸塔顶。

第四道防护:在已浇筑的上塔柱内侧设置防护罩采用钢板网、角钢、防火布,用于塔端张拉过程中防止焊接火花及小件废渣下落。

2)防护棚的防护能力计算

(1)防护钢板的防护能力确定。防护棚的荷载设计能抵御 5kg 的物体从 60m 高的塔顶落下,需要承受的冲击力。

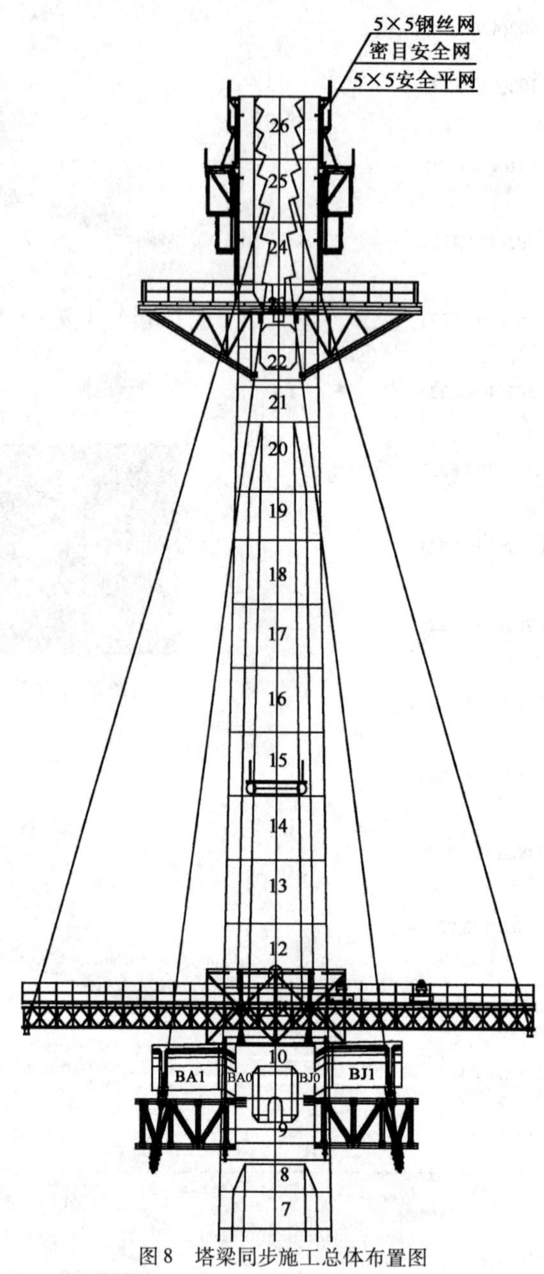

图8 塔梁同步施工总体布置图

$$v=\sqrt{2gh}=\sqrt{2\times9.81\times60}=34.3(\mathrm{m/s})$$

(2)求跌落冲击分析

①设置物体为5kg重的正方形体,边长为0.086m;防护钢板厚度为1cm,最不利为三边固结的板结构;

②跌落高度为59m,初速度为34.5m/s;

③跌落初速度为0;

④采用分析类型:非线性材料MES分析;

⑤设置跌落物为3D Kinematic单元,为不可变形的刚体单元;

⑥接触类型:面面接触,近似按无摩擦接触,接触面刚度为100000N/m;

⑦接触持续时间:0.5s,捕捉速率200。

计算模型见图9。

(3)未设置缓冲装置(碰撞时间为0.05s,则冲击力为34 500N)碰撞应力图见图10。

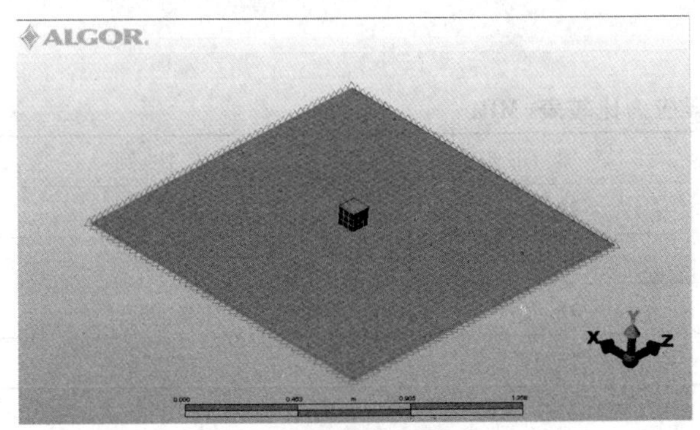

图9 碰撞计算模型图

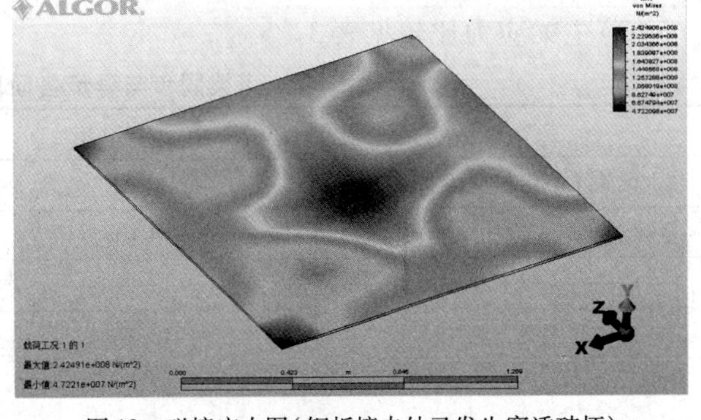

图10 碰撞应力图(钢板撞击处已发生穿透破坏)

(4)上设置缓冲装置(碰撞时间为0.5s,则冲击力为3 450N)撞击应力图见图11。

由计算结果可知,应力满足要求,因此实际防护时采用1cm厚钢板上铺设竹篾板。

6. 塔梁同步对永久结构的影响

(1)主梁和索塔应力。施工顺序改变为塔梁同步施工后,索力和主梁应力变化不大,其中索力相差不到2.67%,均在规范允许范围内;成桥线形大体相近。异、同步施工索力比较见表1。

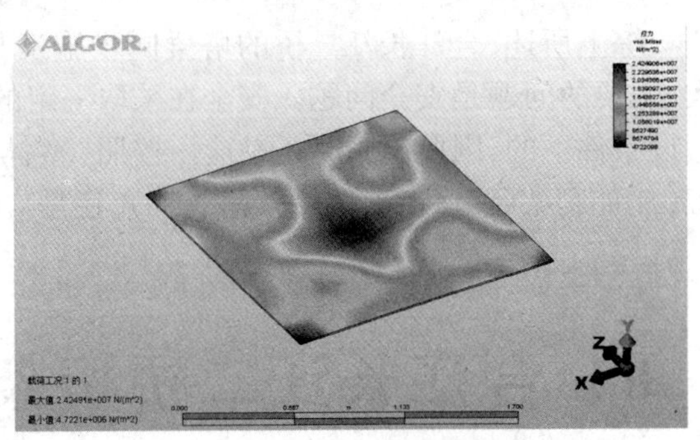

图11 设置缓冲装置后碰撞应力图

异步与同步施工影响索力比较表(kN) 表1

索编号	成桥索力			索编号	成桥索力		
	同步	非同步	差值(%)		同步	非同步	差值(%)
BA1	2 688.892	2 760.807	-2.674 53	NJ1	5 592.229	5 658.789	-1.190 23
BA2	1 850.299	1 891.914	-2.249 13	NJ2	1 789.684	1 826.812	-2.074 59
BA3	1 798.163	1 827.849	-1.650 92	NJ3	1 771.997	1 797.236	-1.424 32
BA4	3 065.287	3 085.512	-0.659 8	NJ4	1 750.897	1 767.055	-0.922 85
BA5	1 863.974	1 876.4	-0.666 61	NJ5	1 730.666	1 739.593	-0.515 83
BA6	2 370.913	2 377.507	-0.278 11	NJ6	3 225.369	3 230.593	-0.161 97
BA7	2 598.884	2 601.365	-0.095 43	NJ7	3 079.161	3 079.665	-0.016 36
BA8	2 714.116	2 714.638	-0.019 23	NJ8	3 334.696	3 333.711	0.029 538
BA10	3 611.456	3 611.114	0.009 463	NJ10	2 228.255	2 227.237	0.045 699

(2)索塔位移比较见表2。

塔梁同步与异步各阶段位移比较表 表2

工况	塔梁异步	塔梁同步	差值比例
施工最大悬臂时	39.02cm	37.18cm	0.047
边跨合拢时主塔偏位	35.32cm	33.63cm	0.048
中跨合拢时主塔偏位	44.22cm	42.28cm	0.044
成桥主塔偏位	20.83cm	19.18cm	0.079

(3)主梁应力比较见表3。

塔梁同步与异步各阶段主梁应力比较表(MPa)　　表3

工　况	塔梁异步	塔梁同步	差值比例
主梁施工下缘压应力包络图	20.25	20.32	-0.003 46
主梁施工时上缘压应力包络图	14.01	14.01	0
成桥时主梁下缘压应力	18.73	18.75	-0.001 07
成桥时主梁上缘压应力	13.16	13.17	-0.000 76

四、结　语

综上所述,合江长江二桥的塔梁同步施工与塔梁异步施工在对结构的线性、内力、应力等影响均不大,主要的问题是安全问题。安全在采取一定的措施后,是可以做到防范的。但安全计算是基于一定的假设条件下的,因此施工时还是应该按照“整体同步,局部错时”的原则,对某些比较危险的重叠交叉施工(比如爬架爬升、上横梁支架吊装等),还是应该错时作业,确保万无一失。

84. 合江长江二桥桁架式前支点挂篮的设计构思

裴宾嘉　周　密　顾剑波　袁华昭　徐显桃
(四川公路桥梁建设集团大桥分公司)

摘　要　合江长江二桥前支点挂篮吸取了传统前支点挂篮的优点,采用桁架式前支点挂篮,该挂篮不仅能适应0号块、1号块、2号块、合龙段等变截面主梁的浇筑,取消掉传统的现浇支架,同时能解决主梁的锚头外露与钢箱主纵梁带来的空间干涉问题,可供同类桥梁施工参考。

关键词　桁架式　前支点挂篮　设计构思

一、引　言

前支点挂篮为PC梁斜拉桥的专用设备,是利用待浇梁段斜拉索最为挂篮前支点支撑力,施工过程中将挂篮后端锚固在已浇梁段上,它能充分发挥拉索的作用,由斜拉索已浇梁段来共同承担待浇梁段的混凝土荷载。待浇混凝土达到所需强度后,拆除斜拉索与挂篮的连接,使节段荷载转换到斜拉索上,再前移挂篮。

二、工程概况

合江长江二桥为主桥上部结构为210m+420m+210m预应力混凝土双塔斜拉桥,主梁为预应力混凝土双纵肋主梁,主梁的特点主要有以下三方面:①主梁顶面距地(水)面垂直高度近100m,因此在1号块、边跨合龙段不适宜采用高支架进行现浇;②主梁主纵肋的宽度范围变化较大:1.8~3.95m,混凝土重量范围为380t~520t;③斜拉索位于主纵肋底的锚头外露近70cm,影响挂篮的反力轮和抗剪块等设置。

三、挂篮的结构体系

根据设计要求,合江长江二桥主梁施工采用前支点挂篮,挂篮需要适应的纵坡为1.6%,需要适应的横坡为2%。

1.前支点挂篮的结构体系及分类

前支点挂篮主要由承重系统、模板系统、牵引系统、锚固系统、止推系统、行走系统几部分构成。前支点挂篮的分类主要是分为长平台和短平台两大类。国内90年代以来，前支点挂篮的主要类型及形式见表1。

前支点挂篮分类
- 平台长短
  - 长平台式前支点挂篮
  - 短平台式前支点挂篮
- 承重方式
  - 桁架式前支点挂篮
  - 钢箱式前支点挂篮

目前国内前支点挂篮的主要情况 表1

桥名	主跨(m)	主梁	挂篮设计	特点
铜陵长江大桥	432	梁板式，顶宽23m，高2m，节段8m，一道横隔，重330t	主体骨架2纵3横，长18.5m，高1.8m，纵梁为钢箱，C形钩，液压顶升调高和牵引，重90t，模板重35t，$K=0.38$	国内第一次
吉林临江门大桥	132.5	半开口双箱断面，顶宽23.5m，高2m，节段长度7.5m，2道横隔板，重330t	主体骨架4纵3横，长20m，高2m，全万能杆件，C形钩，重96t	国内第一次万能杆件桁架，悬浇施工周期10天
重庆大佛寺长江大桥	450	梁板式断面，顶宽30.6m，高2.7m，节段长度8.1m，2道横隔板，重550t	主体骨架采用2纵3横，万能杆件，C形钩，千斤顶推，楔形止推，重210t，$K=0.38$	为国内最重的节段
广东番禺大桥	380	梁板式断面，顶宽37.7m，高2.2m，节段长度6m，一道横隔，重400t	主体骨架2纵3横，型钢和贝雷梁组拼，C形钩，长14.2m，宽41.3m，重160t，模板重80t，$K=0.4$	为国内宽度最宽挂篮，悬浇施工周期9天
巴东长江大桥	388	梁板式主梁，顶宽22m，梁高2.4m，节段长8m，重量542t	主体骨架2纵3横，纵梁高2.14m钢箱，长19.3m，宽22.6m，重182.5t，$K=0.325$	拉索空间索
五河口特大桥	370	双边箱结构，主梁高3.2m，宽37.6m节段540t	主体骨架2纵3横，挂篮含模板重215t，前横梁为1.6m×1m钢箱，中间为ϕ800mm钢管，下部为ϕ800mm弦杆	挂篮宽41.6m
干溪沟大桥	360	梁板式主梁，顶宽27.1m，高2.5m，节段长度8.5m，节段重476t	主体骨架2纵3横，挂篮重160t；主纵梁37t/根，前横梁18.7t钢箱，中横梁工字梁，重7.8t，后横梁万能杆件，并兼作0号1号块的支架	0号1号块采用临时索，挂篮采用竖转安装
中坝大桥	252	改进双主肋结构	主体骨架2纵3横，主纵梁断面1.8×1.7m，中横梁为1.7m高工字梁，后横梁为152mm钢管和L75角钢组成桁架	国内第一次使用钢绞线斜拉索；施工周期开始15天，后优化为6天
巴拿马运河二桥	420	单箱单室主梁，顶宽34.1m，高4m	主体骨架2纵3横，挂钩与中横梁形成框架，前后横梁为桁架	4~7天施工周期
荆州长江大桥	500	板梁式结构，顶宽27m，高2.4m，节段长度8m，标准梁重504t	主梁骨架采用2纵梁四横梁，挂篮长19.4m，宽30.6m，挂篮及模板重195t	挂篮主纵梁为折线形

2. 挂篮设计的原则

衡量挂篮体系优劣的标准主要有三点：安全、经济、方便。短平台挂篮是在传统的后支点挂篮基础上接长斜拉索，将它锚在挂篮底梁上，提供一个端支承，结构的效率不高；长平台挂篮特点是：取消主梁顶面以上的结构，悬浇时由设在主纵梁中部的C形挂钩和主纵梁前端的接长拉索支承。一般情况下长平台挂篮在经济和方便上比短平台挂篮更具有优势，短平台挂篮在宽桥面或单索面斜拉桥时比长平台挂篮更具结构优势。

3. 挂篮体系的设计

1)结构体系的确定

合江长江二桥挂篮经过试算,最后采用桁架式前支点挂篮,各种形式的比较见表2。

挂篮结构形式的比较　　　　表2

名　称	模　型	优　点	缺　点
钢箱主纵梁前支点挂篮(扣件式钢管脚手架平台)		结构简明,钢管脚手架平台可以周转	对带小纵肋的主梁,扣件钢管平台需分多块,操作不便;为适应主梁锚头外露,主纵梁采用钢箱构造复杂
钢箱主纵梁前支点挂篮(系杆拱模板平台)	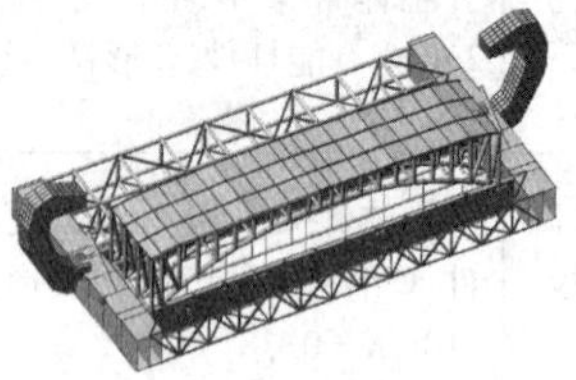	结构较简单,系杆拱整体升降安装底模最快捷	为适应主梁锚头外露,主纵梁采用钢箱构造复杂;自重较大
桁架主纵梁前支点挂篮(挂钩为钢箱,系杆拱平台)		结构较复杂,自重较轻,能适应主梁锚头外露及变宽的需要	钢箱挂钩与主桁连接不便处理
桁架主纵梁前支点挂篮(挂钩为桁架,系杆拱平台)		结构较复杂,自重较轻,能适应主梁锚头外露及变宽的需要;桁架挂钩与主桁连接方便	节点处理比较复杂

经过比较,合江长江二桥主梁施工采用桁架式前支点挂篮(表中第四种)。该方案改变了以往前支点挂篮采用钢箱的形式,采用桁架主纵梁与系杆拱结合的组合体系进行施工,这种方式可有效减轻挂篮重量,使钢结构材料分布更合理,挂篮抗弯刚度更大,方便拆卸等优点。挂篮的主要布置及尺寸见图1和图2。

挂篮设计为长平台牵索式挂篮,挂篮全长17m,全宽33m(不含操作平台宽),自重165t。主梁最重节段重量:520t ,挂篮的效率为0.31。

(1)挂篮的承重系统。由主纵梁桁架及前、中两根横梁桁架、系杆拱共同构成空间桁架体系。

主纵梁为钢桁架,桁架断面计算中心宽1.85m,计算高度为3.2m,上、下弦杆采用HW350×350×12×19的宽翼缘热轧Q345B型钢。主纵梁桁架沿纵向分成三段,前段长8.9m,后段长2m,中段长6.1m,节段间连接采用M22大六角摩擦型高强螺栓(10.9S)进行连接。

前横梁为钢桁梁,桁架中心线宽2.15m,高4.240m,上下弦杆分别采用HW200×200mm×8mm×12mm的宽翼缘型钢和HM194×150mm×6mm×9mm的中翼缘型钢,利用宽翼缘型钢梁顶面作为横隔板底模支承。中横梁为钢桁梁,梁高3.2m,宽1.6m,钢桁架两端设置变宽截面。

前横梁和中横梁之间的支架采用抛物线系杆拱,计算跨径22.56m,计算矢高为2.55m,矢跨比为

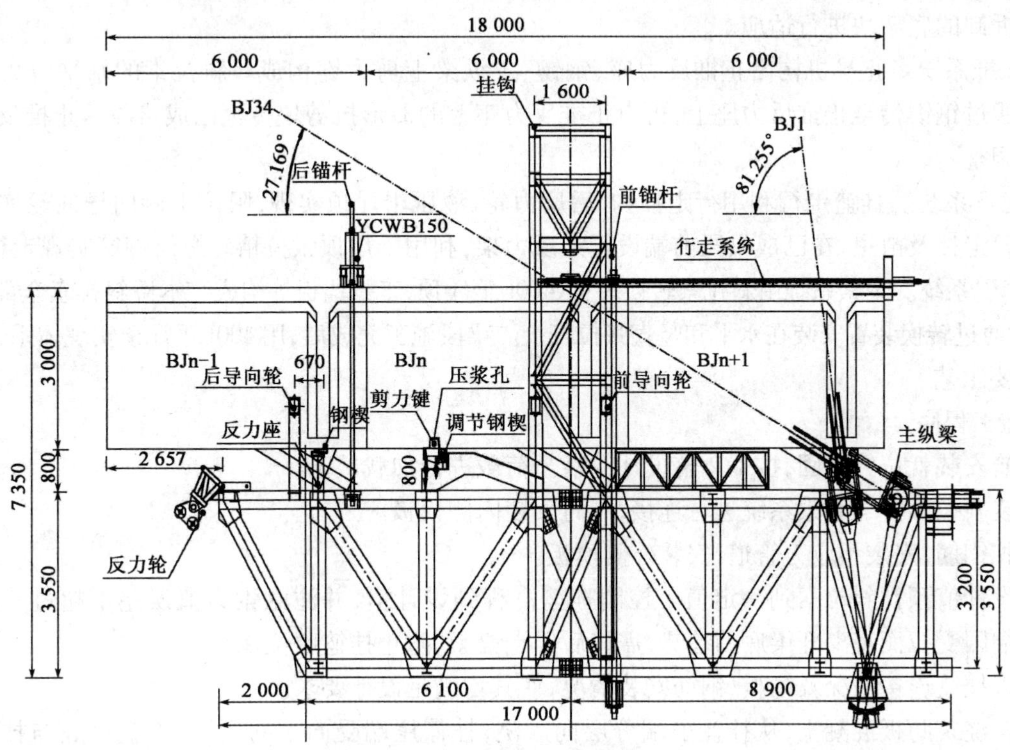

图1　挂篮立面图(尺寸单位:mm)

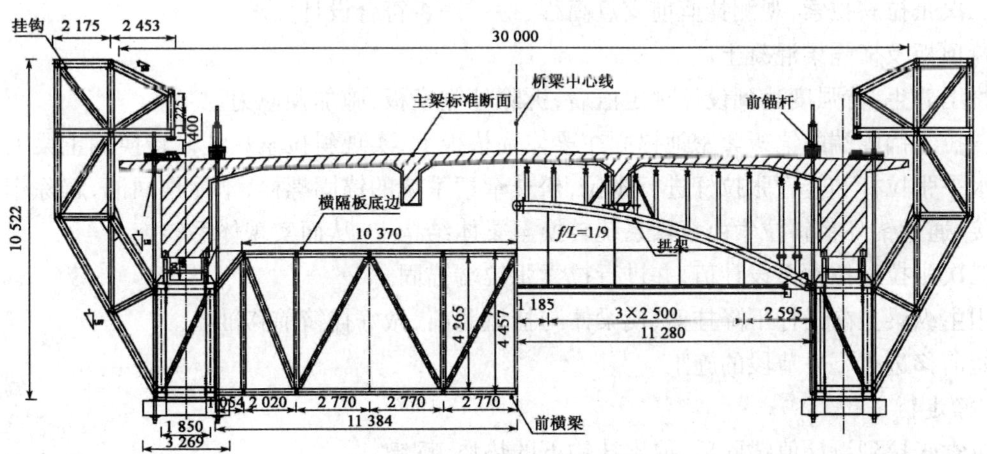

图2　挂篮断面图(尺寸单位:mm)

1/9;拱轴线方程为:$y = -\frac{2\,550}{11\,280^2}x^2 + 2\,550$,拱圈主钢管采用 ϕ299mm × 12mm,拱上立柱有两种规格:ϕ129mm × 6mm 和 ϕ159mm × 8mm。系杆拱之间采用 ϕ102mm × 4.5mm 钢管作为拱间斜撑。系杆拱拉杆采用 ϕ32mm 精轧螺纹钢,预拉力为 250 ~ 320kN。挂篮走行时,系杆拱支架整体下降 3.2m。

(2)提升及锚固系统。锚固系统由前锚杆、行走挂钩、后锚杆组成,前锚杆采用 2ϕ100 锚杆,后锚杆采用 2ϕ80 锚杆,材质均为为 40Cr。其中前锚杆承受挂篮中间支点处的拉力,后锚杆承受挂篮后支点的拉力。

挂篮的升降:挂篮后端通过顶升和转换反力轮实现,前端用千斤顶升降主纵梁上前锚杆实现,调节范围 0 ~ 42cm。

(3)模板系统。模板全部采用索塔施工用液压爬架的大块钢模板,顶板底模直接固定于拱架上的纵向分配梁上。小纵梁的底模系统由纵向 2[20b 型钢上直接铺 14mm 厚 Q235A 钢板,在施工加宽主纵梁段时用可拆卸的底架块进行适应。

(4)止推系统。止推机构由止推反力座、钢锲、主纵梁上剪力键构成。斜拉索的水平分力由主纵梁上剪力键通过钢锲传至止推反力座上,再由止推反力座上的L形抗剪块传至已成梁段。止推反力座横向位置可作调整。

(5)走行系统。挂篮走行利用行走挂钩、后反力轮、液压千斤顶实现,限位由侧向导向轮实现。行走挂钩底面设走板及滑道,在已成梁段前端设行走反力架,利用千斤顶张拉精轧螺纹钢筋实现走行。

(6)牵引系统。牵索系统由斜拉索转换装置、400t千斤顶、工具锚板等构成。本桥斜拉索全部为塔端张拉,斜拉索通过转换装置安装在水平和竖直张拉杆上。梁段施工完成后,用400t千斤顶实现体系转换。

2)主要工艺

(1)施工程序

①挂篮安装就位并锚固,按1.2倍设计混凝土荷载进行加载试验。

②安装斜拉索并与牵索系统进行连接,同时安装内侧模板。

③绑扎钢筋,安装预应力管道,安装外侧模板。

④按设计值预拉斜拉索到一定值。控制挂篮高程到设计值,并注意索力值误差不超过±50kN。此时挂篮尾端因受拉而有离开梁底的趋势,需将后锚点锚紧,防止挂篮脱位。

⑤检查挂篮连接情况及模板、钢筋安装情况,使其均满足设计要求。

⑥悬臂浇筑肋板混凝土,从挂篮前端分层向后浇,挂篮尾端受向上的压力,检查梁底与挂篮间的支垫,以保持挂篮的正确位置。

⑦第二次张拉斜拉索,观测挂篮前支点高程,检查是否符合设计要求。

⑧浇筑顶板及横隔梁混凝土。

⑨混凝土养生,待强度达到设计规定值后,拆除外侧模板,施加预应力。

⑩将斜拉索锚固端的锚板紧密地锚固在梁体锚垫板上,实现斜拉索从挂篮转换到主梁上。

⑪对水平张拉杆和竖直张拉杆进行张拉,松开牵索系统的锚固螺栓,千斤顶回油,解除牵索系统与斜拉索的连接,通过锚环将斜拉索由牵索系统转换至梁体结构上,从而实现体系转换。

⑫第三次张拉斜拉索至设计值,并进行拉索张拉端锚固。

⑬利用主纵梁上前锚杆下降挂篮,使梁体与挂篮脱离,做好挂篮前移准备。

⑭挂篮前移进行下一节段的施工。

(2)挂篮走行

①斜拉索张拉到设计值锚固后,取出挂钩下的垫块、钢锲。

②铺好行走轨道,安装走板到挂钩下。

③通过主纵梁上前锚杆下放挂篮,同时顶升后反力轮。

④利用已浇梁段的前端安装行走反力架,将牵引绳(精轧螺纹钢)一端与走板连接,另一端安装到反力架的千斤顶上,千斤顶反复顶拉使挂篮前移,反向设倒链以保安全,挂篮尾部通过行走滚轮前进。

⑤挂篮前移速度应均匀,左右同步,使方向正直。

⑥挂篮行走就位后,重新对挂篮进行定位锚固。

3)构造细节的处理

(1)主纵梁上下弦杆截面方向由工字形改为H形,使竖斜杆更好地与挂篮主纵梁连接,桁高由3.4m降低为3.2m。

(2)取消弧形首设计(图3),改用纵横向分配梁,使之更能适应主纵梁的桁架结构,利用张拉机构,将主梁上索力转化在竖向和横向的张拉装置上(图4)。待主梁浇筑完成后达到设计强度,再将张拉力转化至主梁上的索力。

四、重要参数的优化与调整

1. 对止推座的优化

1) 止推座的形状优化

止推座为钢板构成的组焊件，图 5 为进行优化前的形状。采用方法为计算材料密度的分布函数作为优化参数，试算后材料保留率取值为 50%，图 6 为优化后的形状。

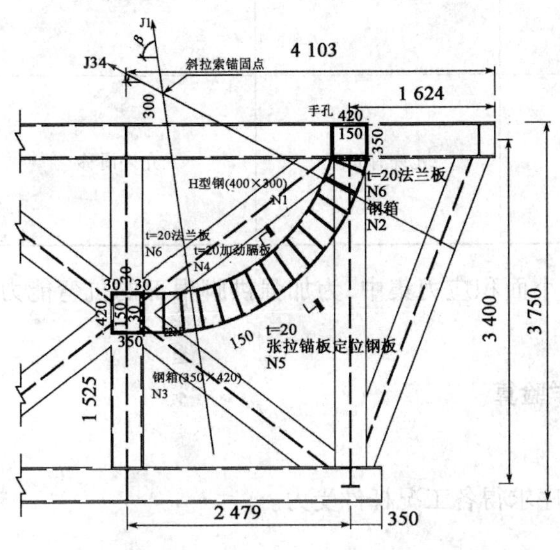

图 3 弧形首设计图（尺寸单位：mm）

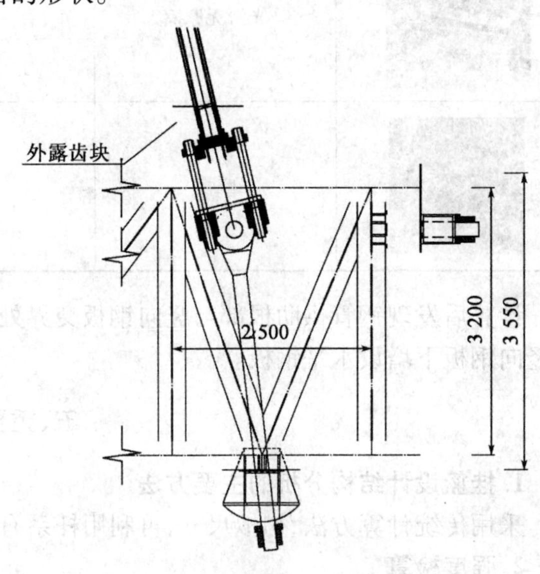

图 4 分力装置设计图（尺寸单位：mm）

拓扑优化对所加荷载以及加载方式非常敏感，因此优化过程中对主纵梁节点处进行分块，便于设置边界条件。

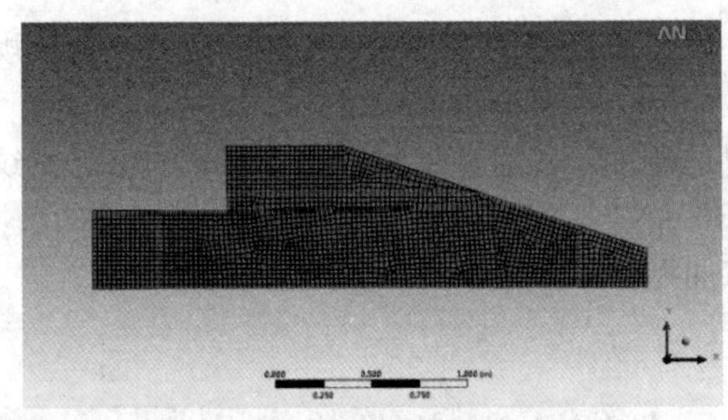

图 5 优化前的网格划分

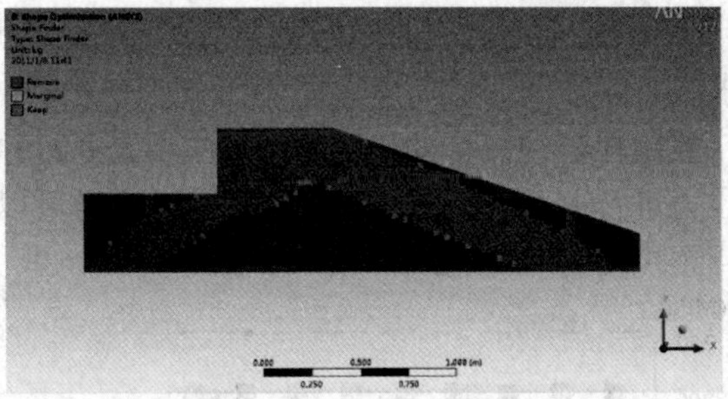

图 6 优化后的材料分布

2) 系杆拱脚的处理

合江长江二桥挂篮的系杆拱与鄂黄长江大桥、中坝金沙江大桥、忠县长江大桥等相比，数量由 4 根减少至 3 根，因此拱脚根部应力大为增加，拱脚与主桁节点构造复杂，销孔之间存在接触应力。图 7 为拱脚计算模型。

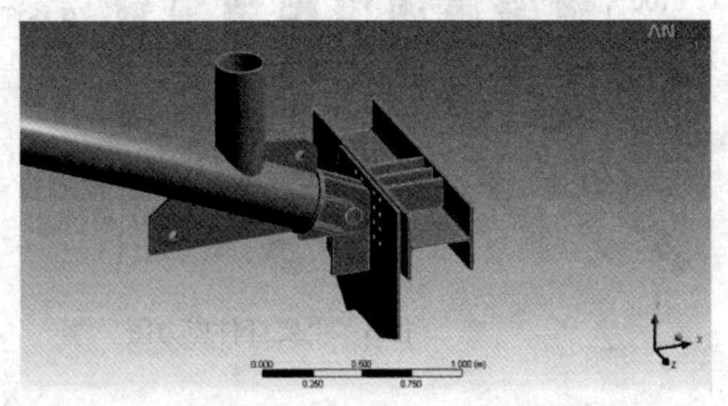

图 7 拱脚局部计算模型

组成系杆拱拱脚系统的零件有三种：拱座、滑道、销轴，三个不同的物体的表面相互接触并互切，处于接触状态。并满足以下假设：

(1) 不同的物体的表面不渗透；

(2) 不同物体间可以传递正压力和切向摩擦力；

(3)不能传递法向拉力。

程序采用强制接触协调进行约束,防止物体间相互穿透,具体设置见表3。

接头处采用的主要接触类型设置 表3

类　型	接触类型	迭代次数	法向分离	切向滑移
	光滑无摩擦	多次	允许有间隙	允许滑移
	摩擦	多次	允许有间隙	允许滑移

计算后发现钢管拱肋根部与竖向钢板交界处出现了小面积应力集中,为加强拱脚根部的抗弯能力,在竖向钢板下增设水平钢板。

五、重要的力学验算

1. 挂篮设计结构分析的主要方法

采用传统计算方法,初拟尺寸,再利用杆系有限元程序求得各工况杆件受力。

2. 强度检算

采用有限元程序对前支点挂篮在:混凝土浇筑状态、挂篮走行状态、张拉杆断裂状态等工况进行计算后主要杆件的结果整理见图8,主要杆件应力满足规范要求。

3. 刚度和稳定检算

1)刚度

经计算,挂篮走行时竖向挠度为5.7cm,浇筑混凝土时竖向挠度为3.0cm < 1/400 = 6cm,满足规范要求。

控制挂篮的变形的最敏感因素主要是系杆拱,系杆拱的刚度可以通过调整直径32mm的精轧螺纹钢预拉力进行调整,原设计为250kN,在必要时可以调整为300kN。

预拱度为双抛物线构成的双曲面(图9),其方程为双曲抛物面方程:

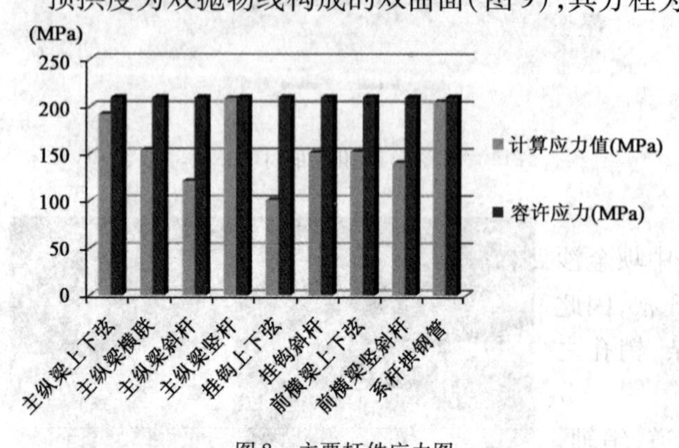

图8 主要杆件应力图

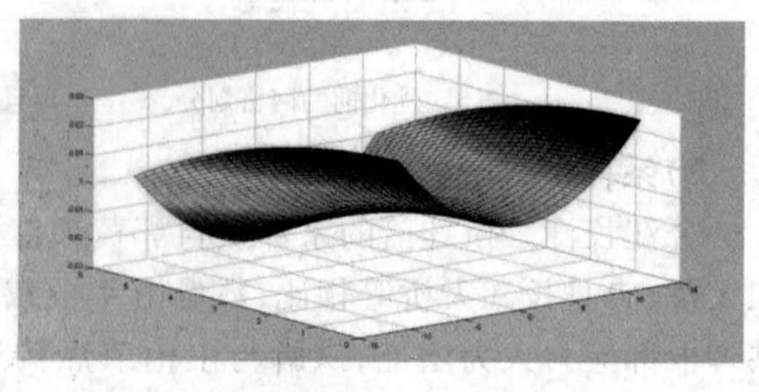

图9 Matlab预拱度曲面模拟透视图

$$\frac{0.24x^2}{22.5^2} - \frac{y^2}{600} = 2z$$

2)整体稳定性

对挂篮进行了整体稳定性的计算,计算主要结果见表4。

挂篮整体稳定计算结果表 表4

序 号	稳定模态描述	稳定系数
第1阶模态	竖向反对称弯曲	4.8
第2阶模态	横向跨中弯曲	6.6
第3阶模态	横向扭曲	7.6
第4阶模态	竖向跨中弯曲	16.9

弹性稳定系数计算表明:整个挂篮在考虑底模的稳定作用下,有良好的稳定性。

4. 动力特性检算

结构固有的动力特性主要指对固有频率、振型、阻尼等的分析,它们取决于结构体系、刚度、质量及其分布、支承条件等。采用兰佐斯(Lanczos)法对挂篮的自振频率进行分析,见表5。

挂篮自振频率计算结果表 表5

序 号	振型描述	周 期 (s)
1	系杆拱面外弯曲	0.23
2	系杆拱面内反向弯曲	0.17
3	系杆拱面内反向弯曲	0.15
4	锚杆受力下,挂钩横向振动	0.13

动力分析的结果表明:首先挂篮系杆拱是整个挂篮刚度较薄弱的环节,在施工中应注意加强对横向联系的处理;其次是整个挂篮的横向刚度。挂篮的扭转模态出现在第三阶模态,说明挂篮具有较强的抗扭转能力。

5. 特殊部位的检算

1)止推座分析

止推座是前支点抗剪的重要构件,针对止推座弹性屈曲模态的薄弱环节(图10、图11),在下面设置临时型钢横联,确保止推座的稳定。

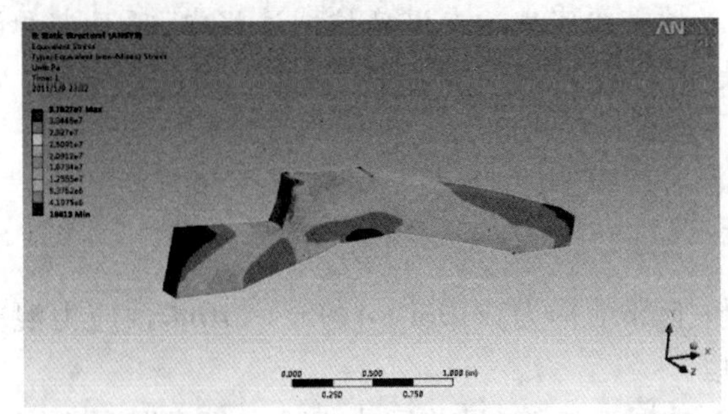

图10 止推座等值应力图

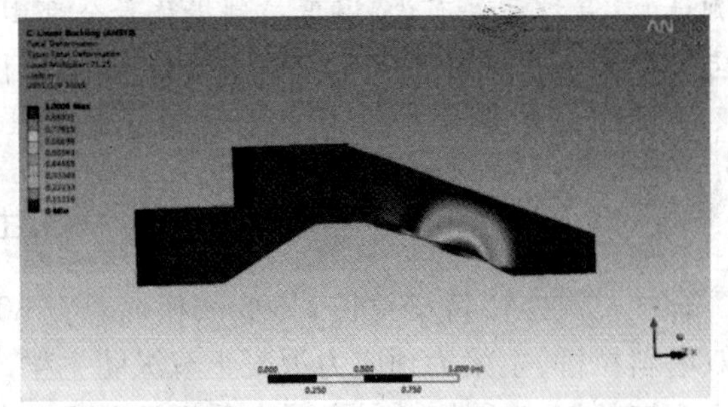

图11 止推座弹性稳定模态图

2)抗剪块分析

L形的抗剪块为整个抗剪装置的关键。分析结论:此处的混凝土根本无法抵御抗剪块处巨大的接触应力,混凝土破坏后,剪力块会出现顺时针转动。解决办法为:在剪力块后方接触处预埋L120mm×120mm×14mm角钢(图12、图13)。

六、结 语

合江长江二桥前支点挂篮的设计,采用桁架式结构,采用带分力装置的牵引装置等新型结构,使挂篮不仅能适应标准梁段的混凝土浇筑,而且能适应变宽较大的主纵梁和梁底的外露锚头,可为同类桥型的施工提供参考。

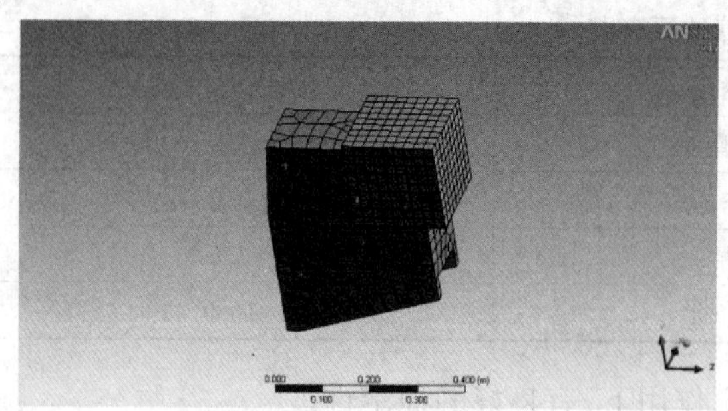

图12 抗剪块计算模型

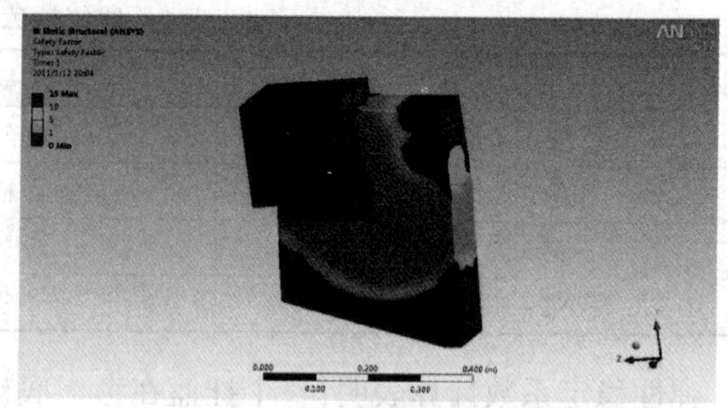

图13 抗剪块安全系数计算图

参考文献

[1] 项海帆等. 桥梁概念设计[M]. 北京:人民交通出版社,2011.4—5.
[2] 林同炎. 结构概念与体系[M]. 高立人,译. 北京:中国建筑工业出版社,1999.
[3] 王伯惠. 斜拉桥结构发展和中国经验[M]. 北京:人民交通出版社,2004.

85. 合江长江二桥大体积无降温管承台C40混凝土温度控制

裴宾嘉[1] 张 蓉[1] 刘小波[1] 丁庆军[2] 牟廷敏[3] 朱云发[4] 何兴智[4]
(1. 四川公路桥梁建设集团大桥分公司;2 武汉理工大学;
3. 四川省交通厅公路勘测设计研究院;4. 泸州东南高速公路发展有限公司)

摘 要 合江长江二桥为波士顿集团投资的BOT项目,大体积混凝土温度控制未设置专门的第三方监控单位,因此合江长江二桥项目部在武汉理工大学的指导下成立了温控小组,从温控元件购买、温度预测计算、温控元件布设、温度控制措施等全部由项目部温控小组完成。在温度控制过程中,项目部积累了宝贵的大体积混凝土温度控制经验,可供类似桥参考使用。

关键词 无降温管 C40大体积承台混凝土 温度 控制

一、工 程 概 况

合江长江二桥桥梁总长1 695m,桥面总宽30m。主桥上部结构为:210m + 420m + 210m预应力混凝土双塔斜拉桥,主梁为预应力混凝土双纵肋主梁,H形索塔。

合江长江二桥的20号墩承台采用无降温水管的C40混凝土浇筑,目前国内C30 ~ C35混凝土有采用无降温管的实例,但C40大体积混凝土采用无降温管国内是首次。本项目的所有大体积混凝土的温度控制均由项目部自已成立的温控小组完成。承台结构尺寸为31.8m × 8.9m × 4m,承台C40混凝土为1 132m³。承台按一次性浇筑,浇筑高度4m。

无降温管低水化热C40混凝土配合比首先按照质量法进行配合比设计,完成强度验证后,再按按照密实骨架堆积法进行了进一步的必选验证,其结果见表1。

合江长江二桥低水化热C40混凝土配合比设计 表1

编号	水泥(kg)	粉煤灰(kg)	砂(kg)	石(kg)	减水剂(kg)	7天抗压强度(MPa)	28天抗压强度(MPa)
1	240	180	789	1113	3.36	40.1	53.5

注:水泥为P.O 42.5海螺牌普通硅酸盐水泥;砂为宜宾南溪中砂;碎石为合江5 ~ 26.5mm连续级配碎石;粉煤灰为重庆华珞Ⅱ级粉煤灰;减水剂为山西运城城北聚羧酸高效减水剂。

二、大体积混凝土温度控制技术的发展

1. 温控技术的发展

1)国内水利行业

丹江口水电站1958年开始建设,出现贯穿性裂纹,1959年被停工,1964~1969年进行了补强作业。该坝的建设教训成为国内的所有规范,并产生了多位水利建设的院士。其中最著名的是朱伯芳,他也是中国有限元计算理论的先驱。

2)国外建设

1938年,美国波尔德大坝首次采用低热水泥和降温管等温控措施,取得了一定的进步。但仍然有较多的裂纹。本案例说明:并不是用了低热水泥和降温管就能避免混凝土开裂。

此后,多个国家的大坝出现了由表面裂纹发展的贯穿性裂纹。其中出名的主要有:1958年日本大森川大头坝、前苏联马马康重力坝等。

1970年后,美国垦务局根据多年大量的工程规范,形成了世界上对大体积混凝土的温度控制计算和施工方法,并有效地指导了工程实施(包括大量军事实施)。

1999年,日本在明石海峡大桥的超大规模大体积混凝土锚碇中,成功对锚碇混凝土进行了温度控制,取得了较好的效果。

3)近代国内的发展

(1)1978年,总结丹江口水电站工程的基础上,进行了大体积混凝土施工的规范(朱伯芳)。

(2)1980~2000年,王铁梦按"抗放理论"和"跳仓法"进行大体积混凝土实施。

(3)国家长大隧道桥梁重大试验室和各重点院校总结前人的经验,利用有限元相结合进行的大体积混凝土温度控制,并和清华大学合编程序《大体积混凝土温度控制程序包》,并应用于国内的主要大桥的大体积混凝土温控。二次开发程序有武汉理工大学利用ANSYS作为平台开发的《大体积混凝土施工期温度场及温度应力场计算程序包》等。

2. 大体积混凝土温度控制的基本思路

目前国内外对大体积混凝土的温度控制从本质从本质上来说有两个途径:一是提高混凝土本身的抗裂性能;二是采取有效措施,降低大体积混凝土施工、养护过程(主要是混凝土的降温过程)中内部及其表面的拉应力(温度应力),本质是控制内外温差。在使用无降温管方法进行混凝土施工时,最重要的是控制混凝土外表面和内表面的温差不宜过大。

3. 混凝土自身的抗拉能力

混凝土自身的抗拉性能主要与以三方面的因素有关:(1)拉压比(拉压比高,抗裂性能就好),本条的实现主要依靠优良的配合比来实现,合江长江二桥无降温管C40大体积混凝土配合比主要在武汉理工大学指导下完成。(2)水泥质量铝酸三钙含量高,抗拉能力弱,本条主要是用于选择水泥厂家。(3)均匀性及配筋的影响 。

混凝土的抗拉性能与抗压性能不同,对混凝土的均质性极为敏感,裂纹经常出现在应力集中区,因此从材料的制备、搅拌和运输应严格按照桥涵施工技术规范进行,并尽量与试验室配合比的混凝土状态相接近。

同时合理配筋和缓慢加载(包括温度等)对混凝土的韧性提高具有重要作用,因此施工时对钢筋位置和养护条件应该重视。合江长江二桥20号墩承台保护层为从混凝土边缘至主筋为7cm,施工时严格按照设计尺寸进行,避免因钢筋保护层过厚而造成的开裂,为此项目部专门对钢筋安装位置和养护落实专人签字检查制度 。

三、温度控制要求

大体积混凝土工程施工过程中,在内部因素(温度收缩、水化收缩、弹性模量增长、抗拉强度增长)、外部环境条件(气温变化、风速、湿度)、基础约束条件及施工工艺的共同影响下,可能产生三类裂缝:表

面裂缝、深层裂缝及贯穿裂缝。因此在施工前必须根据工程的实际情况,准确进行温度预测,合理地制定温控方案,才能避免、防止裂缝的产生。

混凝土温度控制的原则是:

(1)尽量降低混凝土的最高温升,延缓最高温度出现的时间;

(2)降低内外温差,使混凝土内温度分布尽量均匀;

(3)控制基础温差,以防止混凝土可能出现的贯穿性裂缝;

(4)控制上下层温差,以防止可能出现的层间裂缝;

(5)控制表面混凝土与大气之间的温差;

(6)控制混凝土降温速率。

结合类似工程的经验,合江长江二桥20号墩承台的具体指标如下:

(1)C40混凝土绝热温升小于45℃,理论计算为41 ℃;

(2)C40混凝土28天劈裂抗拉强度大于4MPa;

(3)现场材料温度要求:水泥<40°;碎石<25°;砂<23°;

(4)混凝土浇筑温度不宜高于28℃;

(5)承台混凝土内部最高温度控制不超过60℃;内外温差一般不大于25℃;

(6)严格控制混凝土温度的变化速度,使混凝土温度变化率小于3℃/d。

四、温度控制的主要方法

(1)选择中低热水泥,掺加粉煤灰和外加剂,降低水泥用量。水泥在水化过程中将释放大量的热量,这是大体积混凝土内部温升的主要热量来源。而大体积混凝土结构体积庞大,所用水泥总量较大,在断面尺寸较大的情况下散热较慢、内部热量不断积聚导致温升过高。采用中低热水泥和减少水泥用量可以有效地降低混凝土的绝热升温,加入粉煤灰后,后延迟温峰出现的时间。

(2)控制混凝土浇筑温度。混凝土的内部温度是水化热的绝热温升、浇筑温度和结构的散热温度等各种温度的叠加。浇筑温度越高,混凝土的内部温度峰值也越高。因此,施工过程中应严格控制混凝土的浇筑温度。20号墩承台浇筑时温度比较低,气温在8~15℃之间,均在相应的的温度指标内,不需要对原材料等作温度处理。

(3)优化施工工艺。为保证结构的整体性,混凝土应连续浇筑,并在先期浇筑的混凝土初凝前完成全部浇筑工作。混凝土的浇筑方法分层浇筑厚度30cm(必须按照做在钢筋上的刻度线进行),以有效增加散热面积和时间,降低水化热温升。混凝土的收缩值和极限拉伸值,除与水泥用量、骨料品种和级配、水灰比、骨料含泥量等因素有关外,还与施工工艺和养护密切相关。为此,温控小组针对20号墩C40承台混凝土浇筑和养护制定专门的作业指导书。

(4)布置冷却水管及调节冷却水。要尽量选择导温效果的冷却水管,并合理布置冷却水管的长度及间距。缺点主要有:①在大体积混凝土中埋入冷却水管,会存在压浆不实的问题,有导致钢冷却水管及钢筋锈蚀,影响桥梁的承载能力的隐患;②冷却水管用量较大,不仅增大了工程成本,还造成了资源的浪费;③布置冷却水管,不仅需要耗费大量的人力,且影响工期。因此20号墩承台混凝土施工未使用冷却水管。

(5)采取切实有效的保温保湿措施,加强对混凝土表面的养护。为保证承台混凝土施工质量,控制温度裂缝的产生,根据Midas/Civil模拟计算结果在施工前制定适当的方式进行保温养护,现场根据温度监数据和外界温度变化,采取相应的养护措施。当气温较低时,混凝土表面要及时覆盖塑料薄膜和足够厚度的土工布、草垫或麻袋等保温材料;在承台表面蓄水养护,蓄水深度应在20cm以上,直至养护期结束。

(6)对温度场进行科学预测。正式施工前的预测计算——温控方案决策计算。即通过有限元模拟计算,确定总体施工方案(分层或分块浇筑),拟定温度控制指标值,并合理确定应采取的温度控制措施及控制方案。施工过程中的阶段预测计算——温控过程的控制计算。即根据温度监测的实测结果,不断调整计算取用参数,修正计算模型,并预测后续各施工阶段结构温度场及应力的变化趋势,调整、完善温控方案,从而实现施工的信息化及大体积混凝土的防裂。

1. 温度控制流程

为确保合江长江二桥承台大体积混凝土的温度控制工作有序、可靠运行,特制定如图1所示的"大体积混凝土施工温度控制工作流程"。实际施工之前,在全面了解实际工程概况(结构设计、基础地质条件等)、并取得相关资料(混凝土相关物理力学指标、环境气象资料等)的基础上,利用大体积混凝土施工温度控制计算程序(MIDAS/Civil),根据初拟施工方案进行施工各阶段温度场分析及结构应力检算。依据结构应力检算结果,决定施工方案(分层、分块浇筑),拟定温度控制指标值,并合理确定应采取的温度控制措施及控制方案。

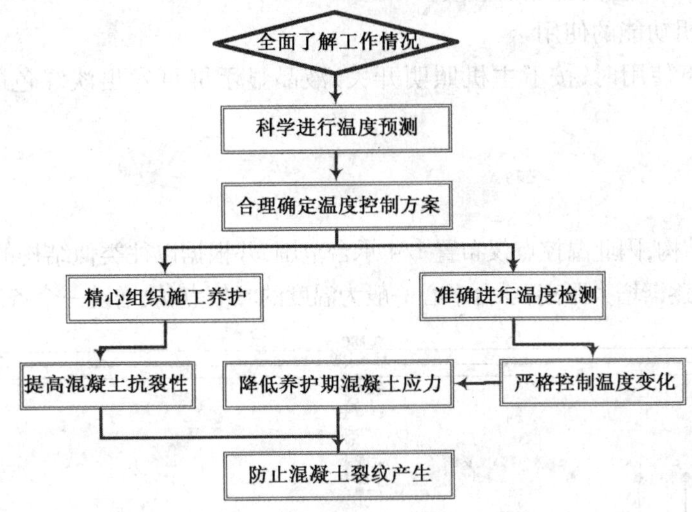

图1　温度控制工作流程

大体积混凝土的施工温度控制主要包含三项内容:计算(预测)—制订温控措施—监测;工作方法上是一个:计算(预测)—验证(调整)—计算(预测)的动态过程。

2. 温控设备

为确保20号墩承台大体积混凝土温度控制措施有效,我部拟采用专业仪器JDC-2进行控制(图2)。

3. 测温仪主要指标

(1)测温范围:-30℃ ~ +130℃

(2)测温误差:≤0.5℃(与测温探头配合);≤1.0°C(与测温线配合)

(3)分辨率:0.1℃

(4)操作环境温度:-20℃ ~ +50℃

(5)显示方式:三位半宽温型液晶显示屏

(6)电源,9V积层电池一枚

(7)重量:200g

(8)主机体积:135mm×72mm×32mm

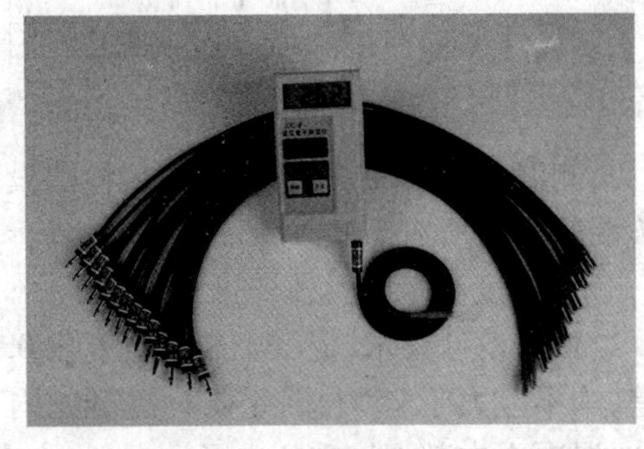

图2　JDC-2测温仪和传感线

4. 测温方法

1)用主机与测温探头测量材料温度

将测温探头的插头插入主机插座,按下电源开关,将测温探头金属杆插入被测物中,插入深度不少于其长度的1/2,两分钟左右在主机上读取温度数据。在测量拌和物温度时,为避免测温探头与拌和物中的硬物过度撞击而影响使用寿命,可先用金属棍在拌和物中预留孔,再将测温探头插入孔中测温。每次用后应将测温探头擦拭干净。

2)用主机与测温线测量大体积混凝土温度

施工测温方案确定后,根据测温点数量和深度选用长度规格合适的测温线,例如:实际测温点深0.2~0.3m,可选用规格为0.5m的测温线;实际测温点深2.5~2.8m,可选用规格为3m的测温线,以此类推。预埋时用钢筋等杆件作支承物,将测温线按照纵向测温点距离绑在支承物上,温度传感器与支承物之间应做隔热处理。在浇筑混凝土时,将绑好测温线的支承物植入混凝土中,温度传感器处于测温点位置,插头留在混凝土外面并用塑料袋罩好,避免潮湿,保持清洁。为便于操作,留在外面的导线长度应大于20cm(因为混凝土表面需要蓄水20cm)。测温时,按下主机电源开关,将测温线插头插入主机插座中,主机显示屏上即可显示相应测温点的温度。

3)夜间测温读数照明功能的使用

在夜间或黑暗环境下使用时,按下主机照明开关,液晶显示屏可发出淡绿色的背景光,使读数清晰醒目。

5. 温控现场布置

1)测温现场布置

20号墩承台为对称结构,因此温控点仅布置1/4承台范围,并根据以往类似结构的温度梯度分布情况,从承台边缘到承台中心距离逐渐增大距离,承台中心一般为温度的峰值点,故增设一个备用点,详见图3。

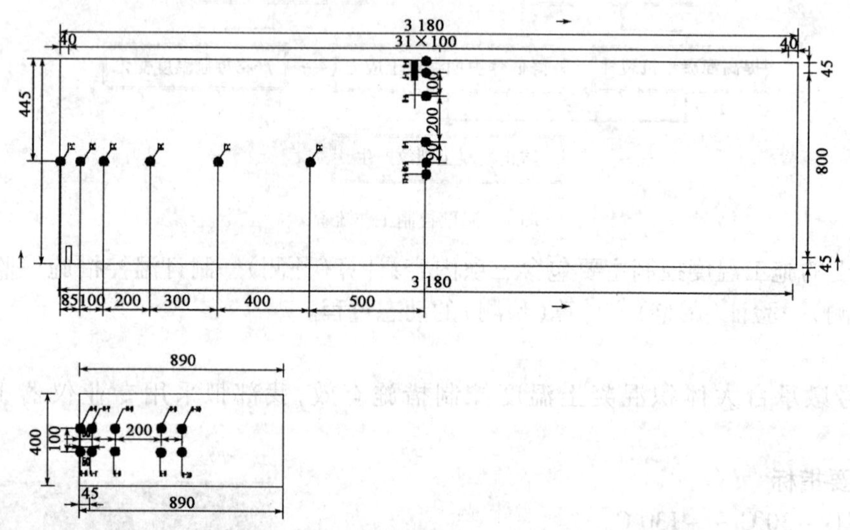

图3 测温元件预埋位置图(尺寸单位:cm)

测温点埋设完成后,用测温仪检测没个测温点是否线路通畅,如有线路故障,及时更换测温线,在浇筑混凝土前所有点必须保证有效。

2)温度测量的具体安排

根据设计要求,混凝土裂缝宽度按0.2mm控制,混凝土中心温度与表面温度及表面温度与大气温度差,均不应大于25℃,因此要对混凝土内部温度、表面温度、大气温度进行检测。气温测量用棒式温度计,混凝土内部温度采用电子测温仪,由专人负责,及时进行记录,确保记录真实无误。

混凝土测温自混凝土入模后开始,在7天内,每2小时测温一次。也可根据温度发展规律和峰值出现的时间调整测温时间,自第7天至第15天内,每4小时测温一次。测温人员要准确记录所有数据,及时反馈给工程处,以便根据温度变化及时调整混凝土的养护措施。

五、温度控制计算

1. 计算程序的特点

温控计算采用韩国有限元桥梁专用程序Midas/Civil进行,该程序用于温控计算主要有以下主要特点:

(1)该程序有专门可以对大体积混凝土施工期的温度场及应力场进行仿真模拟分析的混凝土水化

热计算模块。

(2)能够考虑混凝土分层浇筑方式、入模温度、浇筑层厚度、施工间歇、冷却水管、混凝土强度和弹模变化、外界水温及气温变化、混凝土向各种边界介质进行热量散发及徐变收缩等复杂因素的模拟。

(3)对于有降温管的大体积混凝土,采用 FEA3.0 程序是最能反映降温管周边混凝土的梯度变化的,但本承台无降温管,所以仍采用 MIDAS/CIVIL 程序进行温控计算。

根据承台平面尺寸和冷却水管布置的对称性,承台的水化热计算模型取承台的 1/4 进行分析。

在对承台混凝土的水化热有限元仿真计算中,主要考虑了水泥绝热温升、混凝土的强度和弹模增长曲线、混凝土自身的收缩徐变、冷却水等参数,以及承台上表面及侧面的对流边界、地基固定温度等条件。

2. 主要计算参数的取值

(1)混凝土抗拉强度和弹性模量的取值。项目部现有条件,仅能测定混凝土抗压强度,因此混凝土的抗拉强度和弹性模量采用经验公式进行取值。

(2)模型计算环境温度:8℃。承台混凝土施工期间温度变化范围为:8~15℃,平均为 11.5℃。

(3)地基温度:13.5℃。

(4)水泥绝热温升:41℃(水泥用量 240kg);混凝土成品与原材料在施工期间的实测温度变化见下图。测量仪器采用非接触式测温仪和带探头测温仪分别测量。

3. 主要计算

承台空间尺寸大,形状对称,计算模型按 1/4 进行分析(图 4),单元采用六面体块单元,承台底部固结,在剖分面上设置对称边界条件。

模拟计算结果表明(图 5、图 6),承台内部温度在浇筑后第 3~4 天内将达到最高温度。在施工和养护过程中采取相应的温控措施后,能将承台混凝土的温差和温度应力控制在限值以内,降低混凝土开裂的几率。

图 4　1/4 承台计算模型

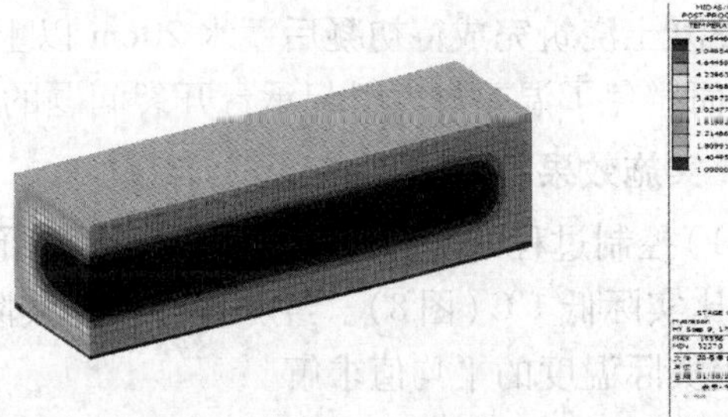

图 5　3~4 天温度分布图(预测最高温度为 54.5℃,计算环境温度 8℃)

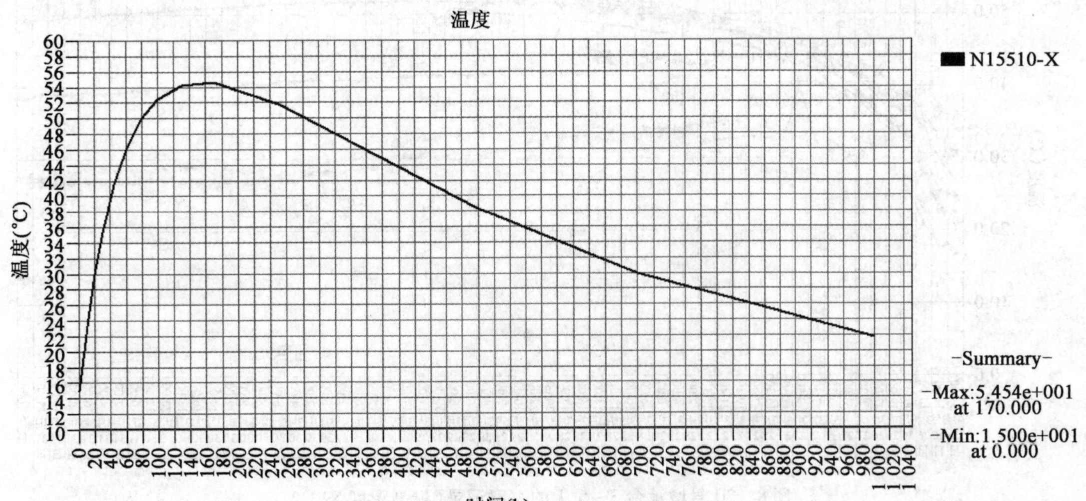

图 6　温度时程变化图(计算环境温度 8℃)

六、温度控制方法及过程

承台浇筑后前三天每两小时检测混凝土温控点温度,并按照外界环境的变化对材料及混凝土入机、出模温度进行了监测,控制了混凝土的浇筑温度并了解了混凝土的温度变化过程(图7),确保了承台内混凝土绝热温升、内外温差满足规范要求。

20号墩承台在刚浇筑后,昼夜温差较大,为控制混凝土内外温差满足要求,采取了用塑料薄膜及不透水土工布覆盖承台外部,并用热的快对水加热,使模板外侧温度较为稳定。

承台侧面采用模板滞后拆除法进行保温、保湿,根据武汉理工大学在雅西路的经验,拆模时间至少不少于5天,于4月1日上午开始拆模板 。拆模后,立即请监理进行验收检查,然后用湿润土回填保温。

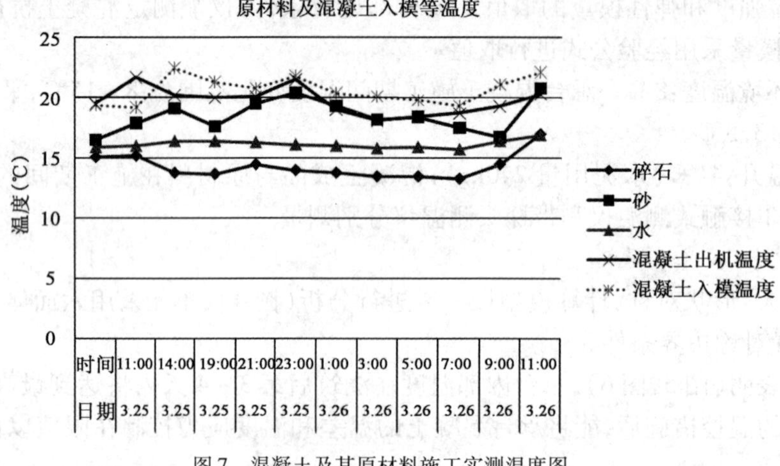

图7 混凝土及其原材料施工实测温度图

混凝土浇筑完成待初凝后蓄水20cm以上进行养生,降低了混凝土的温升,延缓了最高温度出现时间,从而避免了温差过大引起承台开裂问题的发生。

1. 实施效果

(1)控制过程的实测温度。实际承台混凝土最高温度为59℃,预测最高温度为54.5+(11.5-8)=58℃,比实际低1℃(图8)。经分析应该是实际环境温度应采用温度时程曲线带入程序进行分析,而不应该采用实际温度的平均值求解。

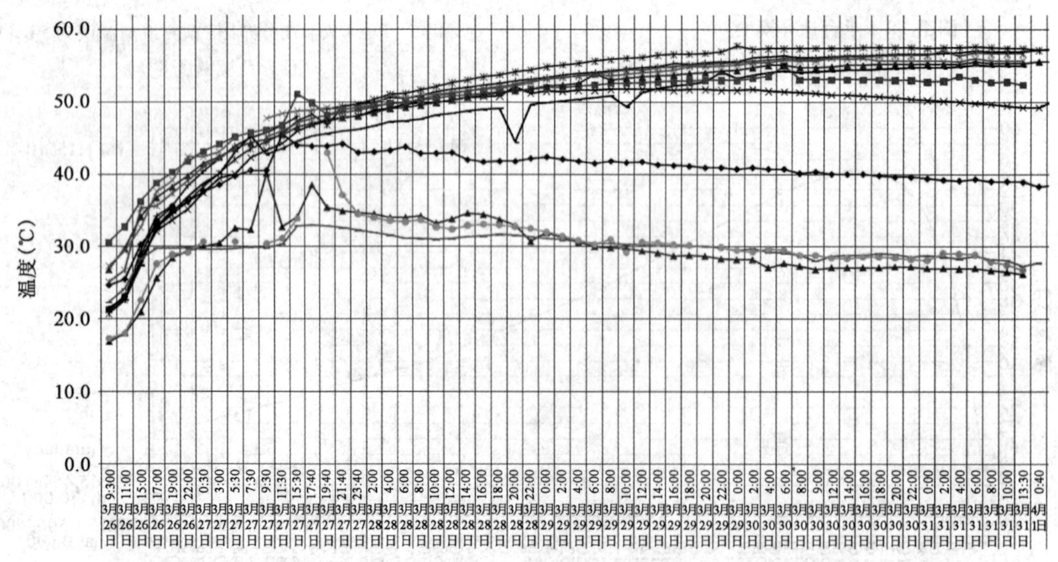

图8 20号墩承台3~5天的温度记录(最高温度59℃)

(2)承台60天强度为56.2MPa,证明了混凝土28天后强度仍持续增长,满足了耐久性要求。

(3)混凝土拆模后外观满足设计及规范要求,表面平整、菱角平直,无明显施工接缝,外露混凝土色泽一致,无蜂窝、局部有少量麻面、未产生温度裂缝及裂纹。

2. 实施过程中的问题

(1)测温过程中离散性的判断。在测温前期出现了局部个别点温度在未到预测的龄期就达到最高温峰的点,经过查找现场记录,主要是由于局部砂浆温升点较快,因此该类型测温点应作为噪声滤除。

(2)蓄水高度。按常规一般是采用建筑施工推荐公式对蓄水高度进行计算确定。但武汉理工大学的实践经验是在采用无降温管进行大体积混凝土施工时,蓄水高度必须不小于20cm。

我们在施工23号墩承台时,因外模板漏水,当蓄水厚度没有20cm时,温度急剧上升;而蓄水达到20cm或以上时,温度上升较为平缓。

(3)探头遇水造成的敏感性下降。在温控过程中,难免有水沾湿探头,探头遇水后,会导致测温仪出现较大读数偏差,需风干后才能正常使用。因此在探头使用完后,需用专用胶布进行密封处理。

七、结　　语

在进行温控前,我们自己的技术人员认为:混凝土温度越低越好,只有冬季才做保暖措施。但通过合江长江二桥20号墩的施工,由于内外温差较大(4月份),仍对承台外侧进行了加热保温处理,成功地进行了C40大体积混凝土在不加降温管条件下的浇筑施工,内外温差符合规范要求,并取得了良好的效果。

本次温控工作按既定温控方案,通过有限元模拟计算,结合现场实际施工、环境条件,实时监测承台混凝土内部温度场的分布情况,判断温度场发展趋势,指导20号承台的大体积混凝土施工养护并及时采取相应的温控措施,把承台大体积混凝土各项温控指标控制在相应的限值以内,有效地防止温度裂缝产生。目前该经验已成功地应用于索塔墩(1 200m^3)的无降温管C40混凝土浇筑,索塔墩根部无任何裂纹发生。

参考文献

[1] 王铁梦.工程裂纹控制.北京:中国建筑工业出版社,2007.

[2] 朱伯芳.有限元原理及应用.北京:水利出版社,1976.

86. 南充市下中坝嘉陵江大桥主桥深水基础施工技术

苟　勇　林　伟　黄金平　姚昌良　倪　红　陈明凯

(四川路桥桥梁工程有限责任公司)

摘　要　本文介绍了四川省南充市下中坝嘉陵江大桥主桥深水基础施工方案的选择、组织及实施情况,包括平台、钢围堰的设计与施工,以及因地制宜的采用水下微差爆破、桩基一批成孔、利用桩基钻孔平台搭设支架安装钢围堰等关键施工技术。

关键词　深水基础　施工　技术

一、引　　言

四川省南充市下中坝嘉陵江大桥是南充市实施"以江为轴、跨江东进、拥江发展"城市发展战略,加快建设川东北区域中心城市的重点工程。工程位于南充市顺庆区和高坪区境内,横跨嘉陵江,工程主线总长为1.502km,其中主桥设计为2×160m下承式钢管混凝土刚架系杆拱桥,主墩处施工期间正常水深为6~8m(图1、图2)。根据业主对工期的要求,主桥3个主墩必须同时进行水中基础的施工,且由于承台设计嵌入岩层,还需进行水下爆破以满足设计要求。针对该工程的实际情况和特点,通过比选,最初确定了先桩基后钢围堰的施工方案。

图1　南充市下中坝嘉陵江大桥主桥效果图

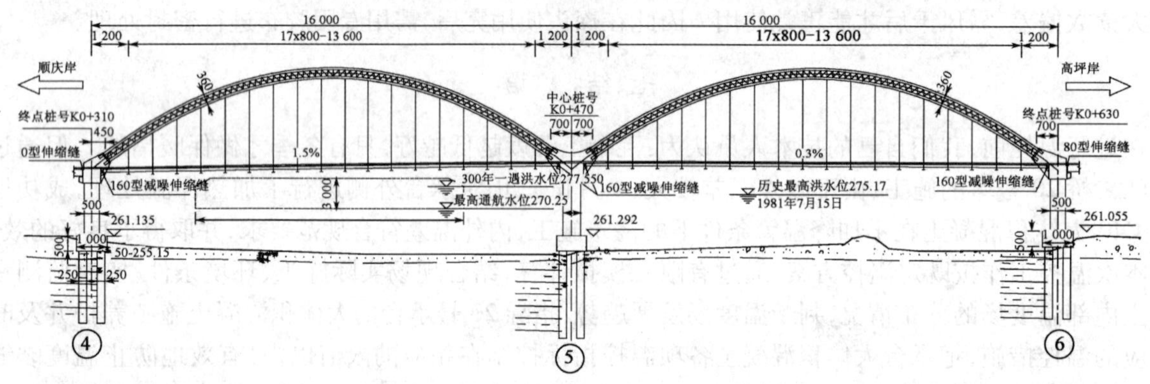

图2　主桥桥型总体布置图(尺寸单位:cm)

二、工 程 概 况

1. 结构设计

主墩基础设计为10根ϕ2.5m钻孔灌注桩,桩基顺桥向布置2排、横桥向布置5排:顺桥向桩中心间距6m、横桥向中心间距5m;各墩桩长均为23.0m,桩身全部嵌入岩层,桩底持力层为中风化砂质泥岩。

承台采用四边形,横桥向总长25m,顺桥向总宽10m。承台顶高程4号墩为261.135m,5号墩为261.292m,6号墩为261.055m,承台厚5m,采用C30混凝土。

2. 水文

桥址区主要地表水系为嘉陵江及清溪河。嘉陵江两岸修建有防洪堤,设计洪水位274.92m,桥址区主流水面宽约500m,常年河床水位深度2~15m。2004~2009年嘉陵江最高及最低水位为:最高洪水位270.82m(2009年9月),最低枯水位260.23m(2004年1月),设计最高通航水位270.25m。

3. 地质

4号墩土层为第四系人工填土及第四系冲洪积成因的砂夹卵石(圆砾),其中素填土厚2.30m,砂夹卵石(圆砾)厚2.00~4.80m。基岩为砂质泥岩,强风化带厚1.40~2.60m。

5号墩土层为第四系冲洪积成因的砂夹卵石(圆砾),砂夹卵石(圆砾)厚1.60~2.60m。基岩为砂质泥岩,强风化带厚1.50~4.50m。

6号墩土层为第四系冲洪积成因的砂夹卵石(圆砾),砂夹卵石(圆砾)厚1.00~3.30m。基岩为砂质泥岩,强风化带厚1.50~4.10m。

三、总体施工方案

由于施工期间实测墩位处水深达6~8m,而承台均嵌岩需先清除覆盖层后进行水下爆破,因此按照清除覆盖层→水下爆破→搭设钻孔平台施工桩基→安装钢围堰→施工承台的顺序组织施工(图3)。

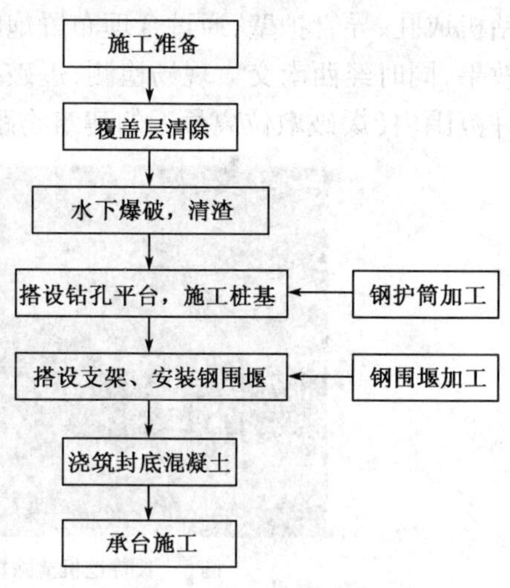

图3 主墩基础施工流程

根据两岸的不同情况，靠近岸边的4号墩采用钢管桩搭设同河堤顶面等标高的施工平台，以满足设备、材料的运输及钻孔平台、钢围堰的安装需要；位于江中心的5号、6号主墩在水下爆破清渣后采用水上浮吊直接安装钢护筒形成钻孔平台，在桩基施工完成后，利用钻孔平台搭设支架悬拼安装钢围堰并浇注封底混凝土，最后抽水施工承台。

四、主要施工技术

1. 水上施工设备的组织

由于桥位区嘉陵江上、下游附近均有电站，大型成套水上设备无法到位，为保证工期计划，按照吊重及吊距需要自行组拼了3套简易水上浮吊(包括两套浮箱平台及一艘汽车轮渡，其上分别布置50t履带吊和25t汽车吊作为起重设备)，其中浮箱平台平面尺寸为16.2m×18.0m和16.0m×18.0m，分别由12个2.7m×9.0m×1.65m和24个3.0m×4.0m×2.0m的浮箱组拼而成，经加固处理后将50t履带吊固定在平台中央；桥位区可用的汽车轮渡由于宽度较小(仅6.0m宽)，横向稳定性差，为保证吊重及吊距，在其左、右两侧各连接2个3.0m×4.0m×2.0m的浮箱形成整体，经加固处理后将25t汽车吊固定在轮渡中央。

经实际施工证明，简易水上浮吊投入成本低且安装迅速、适应性强，为搭设平台、安装钢护筒、桩基施工、搭设钢围堰安装支架、拼装钢围堰及承台施工节约了大量时间，是一种经济有效的施工手段。

2. 4号墩施工平台

设计为钢管桩平台，跨径根据起吊条件及安装钢围堰时吊点位置控制为5～12m，主纵梁为8片贝雷梁，钢管桩采用DZ120型振动锤振动下沉，入土深度采用桩底设计高程和入土深度双控确定。对入土深度≤3.5m的钢管桩在桩内设置锚桩加固(锚桩嵌岩深度≥3.0m)。主纵梁上直接平铺[32b槽钢作为桥面，桥面两侧设置高度为130cm的栏杆。平台考虑50t吊车作业及堆放部分材料、设备，宽度为8.0m，设计承重60t。由于需开挖并清除墩位处覆盖层，导致内侧钢管桩大部分裸露在河床面上，稳定性极差，因此在同排两根钢管桩之间加设一根钢管桩并采用管内锚桩加固，以确保平台的安全(图4)。

图4 4号墩施工平台

3. 覆盖层清除

由于需进行水下爆破，为保证炮眼成孔，根据各墩位处的实际情况分别采用长臂挖机和挖沙船进行覆盖层的清除，清除完成后用测深仪配合测绳等实测基岩面高程，并通过潜水员下水探摸检查(图5、图6)。

4. 水下爆破

根据设计要求，3个主墩处均需进行水下爆破，爆破深度为2～5m。施工采用在钻爆平台上用潜孔钻机成孔、导管护壁，通过合理布置炮眼孔网间距、控制单段最大单响药量的分段微差起爆，达到了爆破效果，同时经西南交大现场检测，爆破振动速度满足国家规定的安全值，对岸边建筑物的影响控制在了允许范围内（爆破墩位离最近的建筑物距离为114m）（图7）。爆破完成后采用长臂挖机清渣。

图5　长臂挖机清除覆盖层

图6　挖沙船清除覆盖层

5. 钻孔平台安装

钻孔平台直接采用钢护筒互相连接加固后形成，顶面高程高出施工水位1.5m。钢护筒内径为ϕ2.7m，用δ=10mm厚Q235A钢板现场卷制而成。安装利用水上浮吊及定位架进行，安装到位经检查合格后，用型钢将各护筒连接加固形成整体，为确保钻孔过程中平台的稳定性，在护筒底部浇注1.0m厚的水下混凝土形成板筏以固定护筒（图8）。

图7　水下爆破施工

图8　浮吊安装钻孔平台

6. 桩基一批成孔

常规的桩基施工每个主墩一般分为二批或者三批成孔，由于本项目各主墩均进行了水下爆破，桩基全部嵌入岩层且岩层完整性较好。综合考虑后采用10根桩基一次性冲击成孔，在施工过程中对相邻孔位钻孔高差进行了适当控制，成孔后孔内均清洗为清水孔进行水下混凝土灌注，经超声波无破损检测，所有桩基均为Ⅰ类桩，质量得到了保证，且每个墩节约工期在10天以上（图9）。

图9　主墩桩基一批成孔

7. 钢围堰设计、安装

1）钢围堰的结构设计

4号（6号）主墩钢围堰设计为27.6m×12.6m的矩形双壁结构，壁厚1.2m，按5.0m+6.0m二层制作，总高度为11.0m，每层平均分成14块，通过隔仓板将围堰平均分成14个互不相通的隔舱，以便注水下沉时调整钢围堰的重心及竖直状态（图10）。

5号主墩位于主河床，水深及流速较大，为保证钢围堰的稳定性和安全性，对其结构做了相应调整，将内撑支撑处改为钢箱结构，同时对环形板及水平桁架根据计算结果进行了加强（图11）。

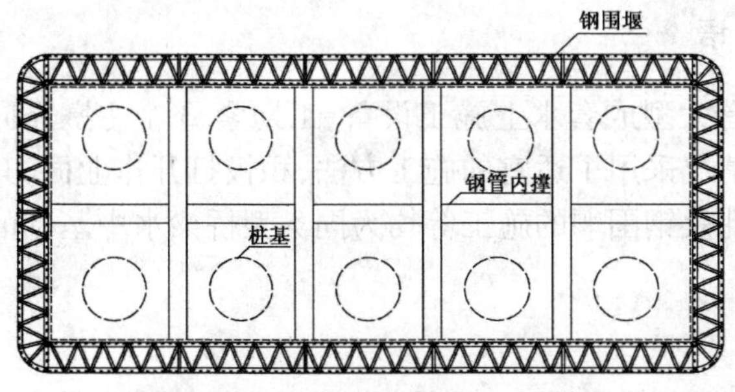

图10　4号(6号)墩钢围堰平面结构图

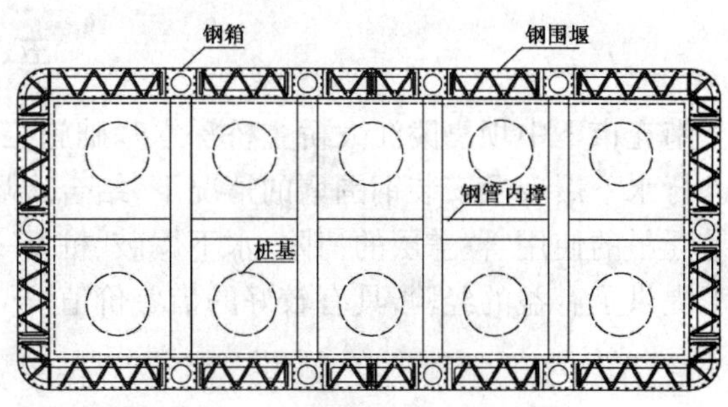

图11　5号墩钢围堰平面结构图

2)钢围堰安装

(1)4号墩。钢围堰采用在有资质的加工厂加工成小块,以方便汽车运输,运至现场后按设计图组拼成大块,再转运至墩位处,用汽车吊逐块吊装到位。安装时利用平台上组拼的贝雷片横梁用手拉葫芦接力后悬挂,调整到位后进行焊接,安装过程中及时将对称的两分块钢围堰用临时内撑焊接固定,避免钢围堰发生较大的扭曲变形。钢围堰制作完成后及现场拼装过程中,采用超声波探伤仪检查主要受力焊缝以保证焊接质量,同时做煤油或着色剂渗透检查,避免发生渗漏(图12)。

完成第一层的组拼后,将吊点改为6组$\phi32$精扎螺纹钢吊点(每组吊点由2根$\phi32$精扎螺纹钢、上下螺母、1台60t液压千斤顶及分配梁等构成),通过6台千斤顶的同步顶升、回油实现钢围堰的整体下放,入水至漂浮状态后松开吊点,通过往各隔仓内对称、均匀、缓慢地注水实现钢围堰的继续下沉。下沉过程中用手拉葫芦调整钢围堰的平面位置,至第一层顶面在水面以上1.5m时停止注水下沉,将钢围堰与平台临时连接稳定后,再通过吊车逐块对称安装、接高上一层钢围堰和内撑,焊接完成后继续注水下沉着床。着床前根据水流情况将钢围堰设置一定的预偏值,以确保钢围堰着床后位置准确,若偏差超过允许范围,通过抽水将钢围堰上浮后再重新着床。

着床后检查各项技术指标,满足规范要求后,在钢围堰内进行吸泥,清除桩基施工过程中淤积的泥渣等,然后根据计算确定钢围堰壁内填仓(配重)混凝土高度并进行浇筑,以防止钢围堰在抽水过程中上浮。填仓混凝土浇筑完成后由潜水员对吸泥情况及钢围堰与基底结合情况进行探摸检查,若钢围堰刃脚与基底的空隙较大则采用混凝土袋进行填塞,随后进行堰内封底混凝土的浇筑。

(2)5、6号墩。由于5、6号墩无外侧施工平台,若采用常规的导向船安装成本投入较大且施工时间长,经综合比较后采用在钻孔平台上直接搭设支架悬拼安装钢围堰的方案(图13)。

图12　4号墩钢围堰安装

图13　5、6号钢围堰安装

支架承重结构采用在局部加强的钢护筒上搭设钢管立柱,再纵、横向安装贝雷梁作为悬拼承重梁,待第一层钢围堰整体拼装成型后,用8组精扎螺纹钢吊点整体下放入水,然后再接高第二层并下沉、着床、浇筑封底混凝土。

8. 承台施工

待封底混凝土达到设计强度后,在堰内进行抽水、剥桩、安装承台钢筋、浇筑承台混凝土,完成承台施工。

五、结　　语

南充市下中坝嘉陵江大桥主桥深水基础施工，在没有大型成套水上施工设备、工期紧、3个主墩需同时进行水下爆破及安装钢围堰的情况下，结合现场实际情况采用了适宜的施工方法，积极打开作业面，其简易浮吊的使用、覆盖层的清除、水下爆破、桩基一批成孔及钢围堰的施工等均为同类型桥梁水中基础的施工提供了有益的经验，具有较好的借鉴价值。

87. 福建樟林大桥主桥蝶形拱桥施工与监控技术

李自刚
（中交第四公路工程局有限公司）

摘　要　樟林大桥主桥为中承式系杆拱桥，拱肋外倾，成蝶翼造型。主桥施工复杂，涉及内容多，特别是进行到上部结构施工时，互相影响因素多，施工中应制订好可靠的施工方案，在实施过程中进行监控，并通过对监控数据的采集分析，验证了主桥结构形式可靠，施工方案切实可行。

关键词　蝶形拱　监控　V形墩　叠合梁　拱肋　应力　主梁变形

一、概　　述

樟林大桥位于福建省莆田市，主桥为40m+100m+40m的蝶形中承式系杆拱桥，跨越木兰溪（图1）。主跨钢箱拱肋为矩形截面，两片拱肋向外倾20°角，构成蝶翼造型，故此桥又名蝶形拱桥（图1）。

1. 主跨主梁结构

主桥主跨为钢箱—混凝土叠合梁形式，边跨为预应力混凝土箱梁，两部分主梁通过牛腿连接，主跨叠合梁横向固定，纵向允许自由伸缩。

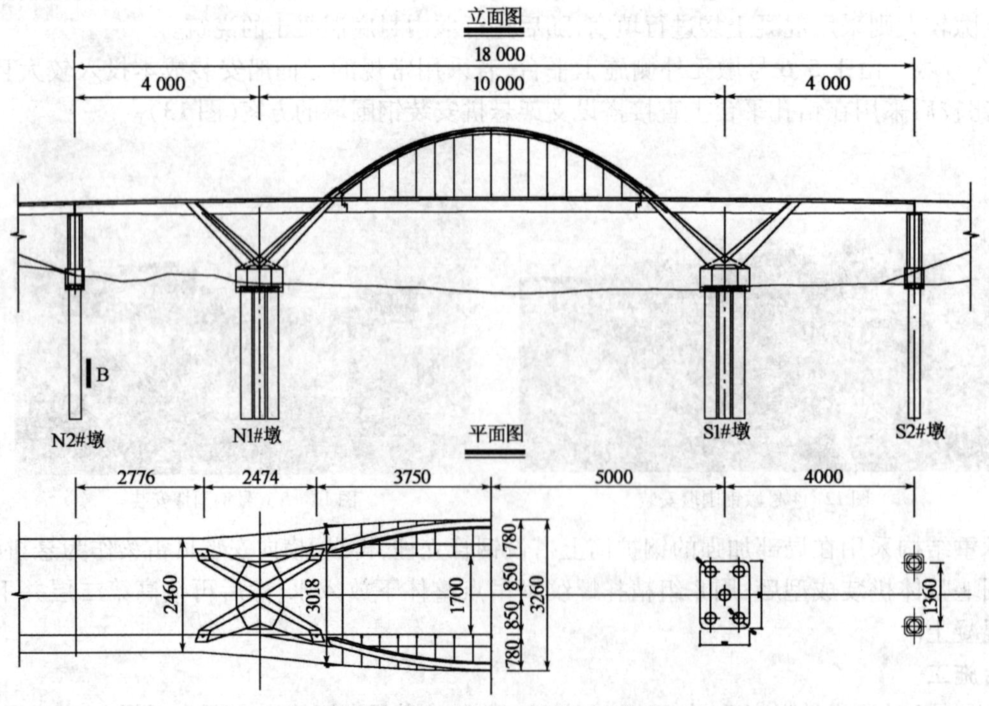

图1　樟林大桥主桥布置示意图（尺寸单位：cm）

主跨叠合梁钢结构部分为开口箱梁、吊点横梁、端横梁、小纵梁组成的双主梁梁格体系。钢梁材质为Q345qD。每个吊点位置设置一道横梁,横梁间距4m。在靠近端横梁处增设一道辅助横梁,间距3m。各横梁采用"工"字形截面,桥梁结构中心线处梁高2.709m,其余高度依横桥向2%坡度渐变。在双主梁外侧,对应横梁位置,设置挑梁支撑由12mm厚钢板构成的钢桥面,布置非机动车和人行道。

钢梁端部设置带牛腿的端横梁,除了加强两个边箱的横向联系外,还用于设置支座。

桥面采用C50钢筋混凝土面板,板厚28cm,通过剪力钉与钢梁连接。桥面板采用分块预制施工。

2. 边跨主梁结构

主桥边跨为单箱双室预应力混凝土变高度箱梁,主墩V撑处梁高3m,边墩处梁高2.2m,箱梁顶板厚280mm,底板厚280mm,腹板厚400mm。箱梁采用C50混凝土。

边跨主梁在边墩墩顶设置一道端横梁。在顺接主跨叠合梁的另一侧,布置带牛腿的端横梁,牛腿设置支座承受主跨荷载。在V撑入梁处设置两道中横梁。

3. 拱肋

拱肋为钢箱拱,两片拱肋向外倾角为20°,不设风撑。拱轴线中心跨度为75m,在拱肋平面内矢高18.75m,矢高比1:4。拱肋为等宽变高度钢箱结构,宽度为1.4m,高度从拱脚的1.2m变至拱顶的0.9m。

4. 吊杆

吊杆间距的布置与横梁布置相匹配,顺桥向主间距为4m,横桥向对称布置两对主吊杆和两对附吊杆。主吊杆采用PES(C)7-055高强钢丝索。拱上固定端采用销铰式锚固,梁上张拉端采用冷铸锚。

5. 系杆

为平衡拱的水平推力,改善结构总体受力,主桥布置了两对四根可更换式水平系杆。系杆为环氧喷涂无黏结钢绞线,系杆在三角区内侧斜腿处张拉锚固。

6. 下部结构及基础

主墩V形墩由对称斜腿构成,单腿为变截面棱柱形钢筋混凝土实体结构,顶部与60m预应力混凝土边跨箱梁形成刚构。

主墩采用10.5m×14.5m×4m矩形低桩承台。边跨为横向分离式双柱式墩,通过承台联系独桩独柱,承台尺寸为4m×4m×3.5m,桩基础均为直径2.5m的钻孔柱桩。

二、主桥施工程序及施工技术

1. 施工程序

樟林大桥主桥施工程序遵循先下后下、先梁后拱再索的顺序,具体流程如下:

钢平台法施工桩基础→钢套箱梁施工承台→V形墩施工→边跨现浇箱梁施工→主跨钢箱梁安装→预制桥面安装,浇筑湿接缝→安装钢拱脚,浇筑拱脚结合段混凝土,张拉拱脚预应力→钢箱拱安装→分级交错张拉吊杆、系杆→第一轮吊杆调索→铺装沥青桥面→吊杆索力调整→成桥。

2. 主要施工技术

(1)主墩5根直径2.5m钻孔桩位于深水中,采用栈桥结平钢平台施工,冲击钻机成孔工艺。

(2)承台设计为低桩承台,采用无底单壁钢套箱围堰施工。由于承台施工时要预埋V形墩钢筋及劲性骨架,故分两节浇筑,每节2m,同时布设水冷管降温。

(3)樟林大桥主桥主墩基础为多方向V形墩,采用自平衡悬吊法施工(图2)。其对称的V腿间产生的水平荷载主要依靠支架系统自平衡消除,竖向荷载传至基础部分。V形墩分四次浇筑成型,每次混凝土浇筑都要求对称进行,不平衡荷载不能超过方案设计允许值。

(4)V形墩施工时应用了两套预应力系统,一套为吊挂模板的精轧螺纹钢筋,另一套为V形墩的临时预应力体系(图3)。临时预应力体系在第三、第四节混凝土浇筑完成且强度达到100%后张拉,张拉顺序同排预应力钢束张拉顺序为从构件中心至两侧对称进行,每次只张拉单根钢束,采用两端张拉。

(5)边跨预应力混凝土箱采用钢管桩、贝雷梁构成膺架法现浇,分三次浇筑,在跨中V形墩间设置合龙段,以使V形墩与箱梁构成的刚构能够在梁体混凝土凝固初期自由收缩变形。

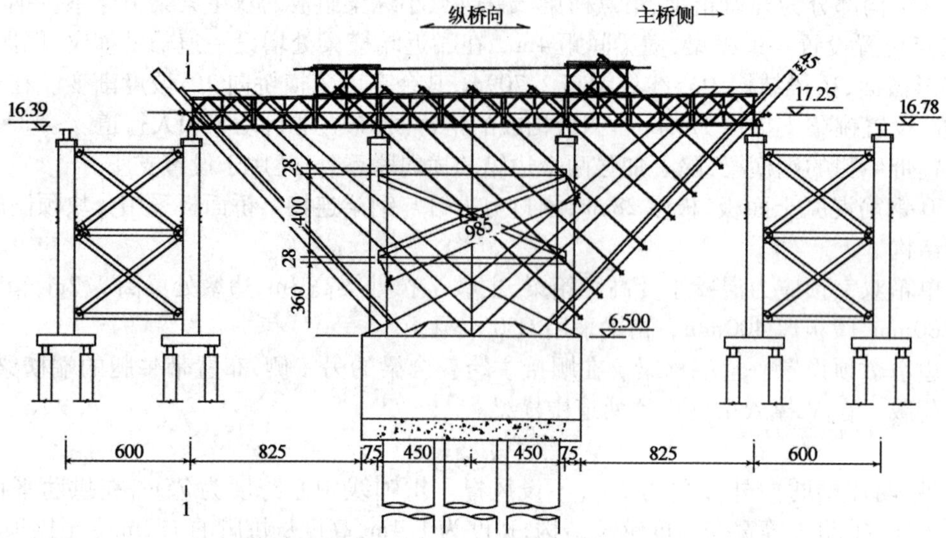

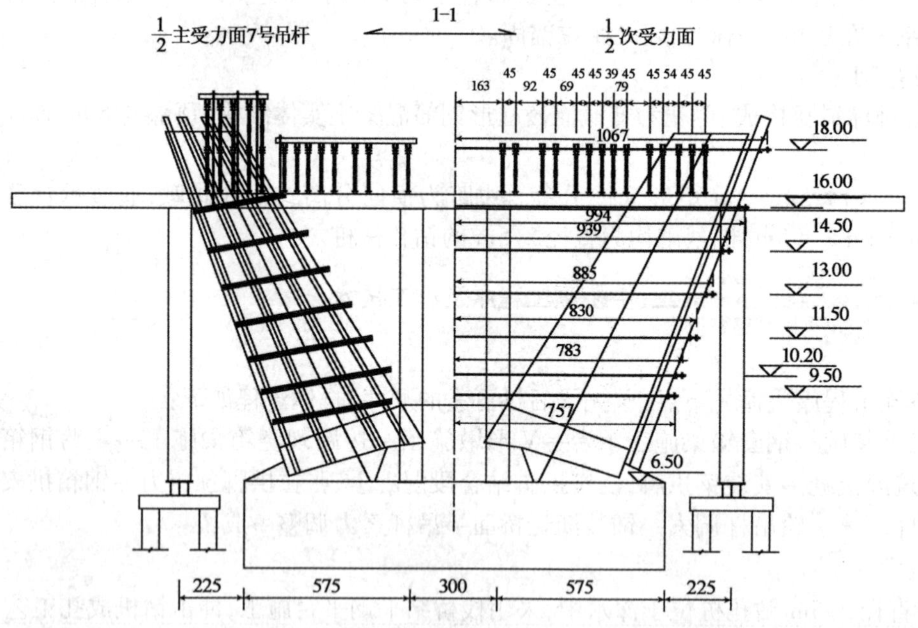

图2 樟林大桥主桥多方向V形墩施工方案图

(6) 钢箱梁、钢箱拱采用工厂加工、现场全支架焊接施工(图4、图5)。钢箱梁、钢箱拱从两岸向跨中对称安装,最后安装合龙段,合龙段施焊在一天中温度最低时进行。桥面板采用汽车吊吊装。

(7) 系杆成桥索力6 400kN,吊杆成桥索力660kN。在保证结构安全的前提下,系杆及吊杆分批次张拉。吊杆采用穿心千斤顶配合张拉杆张拉,系杆采用大吨位穿心千斤顶分次分级,最后一次锚固。

图3 主桥多方向V形墩施工时临时预应力体系

(8) 系杆、吊杆分级张拉顺序及相应的吨位:安装系杆、吊杆→系杆第一级张拉500kN→拆除钢箱拱肋支架→系杆第二级张拉1 400kN→吊杆第一级张拉170kN→系杆第三级张拉1 400kN→吊杆第二级张拉 170kN→系杆第四级张拉 1 400kN→吊杆第三级张拉 170kN→主跨钢箱梁落架→系杆第五级张拉 800kN→施工桥面恒载→第六级张拉 1 000kN。

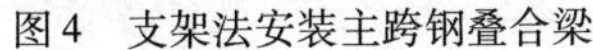
图4　支架法安装主跨钢叠合梁

图5　全支架法安装钢箱拱

三、施 工 监 控

樟林大桥主桥结构形式和施工工艺复杂,设计计算很难考虑所有问题,所以需要结构桥梁的结构设计,进行施工监控,特别是对主桥结构设计中有争议的计算取值和受施工等不确定因素影响的受力部位和受力方向进行监测,进行过程反演分析。

樟林大桥主桥施工监测工况与监测内容汇总见表1。应力测试采用 BGK4200 振弦式混凝土应变计和 BGK4000 振弦式应力计和配套 BGK408 频率接收仪;变形监测采用 SOKKIA SDL30M 电子水准仪;空间变形坐标测量采用 SOKKIA NET05 全站仪;索力测试采用 DH5906 索力测试系统。

樟林大桥主桥施工监测内容汇总表　　表1

主要工况 \ 监测项目	V 腿应力	主梁应力	牛腿应力	拱肋应力	吊杆张力	主梁变形	拱肋变形	桥面线形
主墩 V 形墩施工	√							
边跨箱梁支架预压,箱梁施工	√							
安装主跨钢箱梁并焊接	√	√	√					
安装桥面板,浇筑湿缝	√	√	√					
安装钢箱拱肋,拆除拱肋支架	√	√	√	√				
交替、分级张拉水平系杆与吊杆	√	√	√	√	√	√	√	
吊杆索力第一轮调整	√	√	√	√	√	√	√	
施工桥面附属设施	√	√	√	√	√	√	√	
吊杆索力第二轮调整	√	√	√	√	√	√	√	√

1. 应力监测

V 形墩应力测试仪布置于 V 形墩底部(见图 6 之 1－1 断面)与顶部(下图 6 之 2－2 断面),箱梁主要布置于图 6 之 A、B 断面处,拱肋主要布置于拱脚、拱顶及四分之一跨部位(图 7)。

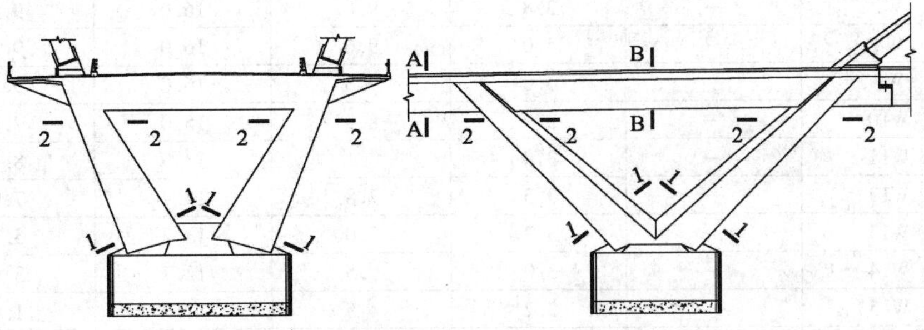

图6　V 撑及混凝土箱梁应力测试截面示意图

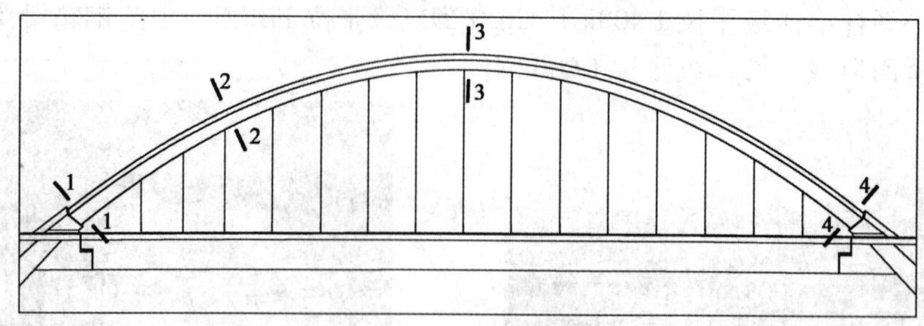

图7 拱肋应力测点布置图

应力监测主要工况如下:

(1)V形墩第三节混凝土浇筑后,V腿达到100%的设计强度后,张拉第一组纵、横向临时预应力过程中。

(2)V形墩第四节混凝土浇筑完。

(3)V形墩第四节混凝土浇筑后,V腿达到100%的设计强度后,张拉第二组纵、横向临时预应力过程中。

(4)放张模板吊挂体系的精轧螺钢后。

(5)边跨混凝土箱梁浇筑后,张拉箱梁预应力前。

(6)边跨混凝土箱梁预应力张拉后,箱梁落架。

(7)拱肋采用全支架施工,在脱架前基本上不受力,因此拱肋应力测试主要在水平系杆和吊杆交替张拉的过程中。

经过实测以上过程V腿拉应力最大值为1.9MPa,出现的工况及位置为箱梁落架后V腿顶部截面应力;V腿压应力最大值为-5.0MPa,出现工况及位置为V形墩第三节混凝土达到100%的设计强度后,张拉完第一组纵、横向临时预应力后的V腿底部截面,箱梁最大压拉力出现在箱梁落架后跨中位置,其值为-6.0MPa。拱肋最大拉应力值为39.7MPa,出现在拱脚外侧上部,最大压应力值为-56.1 MPa,出现在拱脚内侧下部。

在各个工况下,V形墩、边跨箱梁和拱肋应力的变化与结构的受力状态基本上是一致的。

2. 钢主梁变形

钢主梁变形测点布置于车行道与人行道分隔栏杆的基座上,与每根吊杆的位置相对应。变形变化规律随着吊杆张拉过程等变化,变化值见表2。

钢主梁高程测点变化值 表2

测点位置及编号		各工况下钢主梁高程累计变化(mm)					
		吊杆张拉前	第一轮吊杆张拉后	第二轮吊杆张拉后	第三轮吊杆张拉后	桥面沥青铺装后	第二轮吊杆索力调整
上游侧	W1	—	2.4	6.1	11.4	2.1	2.4
	W2	—	2.8	7.2	12.9	4.5	2.7
	W3	—	3.3	7.5	13.6	5.5	3.1
	W4	—	4.2	9.0	14.7	7.4	3.8
	W5	—	4.1	8.0	15.2	7.4	3.0
	W6	—	4.2	9.2	15.5	8.7	4.4
	W7	—	3.8	9.0	16.0	9.1	4.2
	W8	—	4.0	9.6	16.0	9.7	5.0
	W9	—	4.0	9.3	16.0	9.3	5.0
	W10	—	3.5	8.2	15.0	7.8	4.2
	W11	—	3.5	8.1	14.9	8.1	3.8
	W12	—	3.5	7.8	14.7	7.0	3.2
	W13	—	3.2	7.0	13.7	5.1	2.3
	W14	—	3.0	6.5	12.7	3.1	1.4
	W15	—	2.2	4.5	11.0	1.0	0.1
	W16	—	1.3	4.1	9.6	-1.4	-0.7
	W17	—	-0.1	2.2	7.9	-5.1	-2.5

续上表

测点位置及编号		各工况下钢主梁高程累计变化(mm)					
		吊杆张拉前	第一轮吊杆张拉后	第二轮吊杆张拉后	第三轮吊杆张拉后	桥面沥青铺装后	第二轮吊杆索力调整
下游侧	E1	—	2.4	5.7	10.8	8.9	9.7
	E2	—	3.2	6.8	12.4	11.7	12.3
	E3	—	3.6	7.4	13.0	13.9	12.9
	E4	—	3.5	7.4	14.0	14.5	13.5
	E5	—	3.4	7.5	14.5	15.7	14.9
	E6	—	3.7	8.1	15.3	17.6	16.5
	E7	—	4.4	8.2	15.3	18.7	16.9
	E8	—	3.1	7.9	15.9	19.1	17.9
	E9	—	3.3	8.7	16.8	20.1	18.3
	E10	—	3.3	9.0	16.7	19.6	18.4
	E11	—	2.7	8.5	15.7	18.6	17.8
	E12	—	2.5	7.9	15.2	17.1	16.5
	E13	—	2.5	8.0	14.5	15.5	15.5
	E14	—	1.7	7.1	13.4	13.4	14.2
	E15	—	1.5	6.2	12.3	11.3	12.9
	E16	—	1.2	5.3	11.4	9.5	11.6
	E17	—	0.1	3.7	9.9	6.5	9.2

通过水平系杆和吊杆张拉过程中各工况的钢主梁高程变化,可以得出:

(1)每一轮的吊杆张拉,均会使钢主梁有一定量的上挠,跨中每次的上挠量约5mm;

(2)吊杆张拉过程中钢主梁两侧的高程变化基本一致,说明两侧吊杆索力基本对称;

(3)桥面沥青铺装后,主梁出现一定的偏转变形,下游侧上挠,上游侧下挠;

(4)第二轮吊杆索力调整后,钢主梁东侧跨中共上挠18.3mm,西侧跨中共上挠5.0mm;

(5)桥面沥青铺装后出现主梁两侧挠度不一致的情况,其主要原因是铺装前主梁进行了脱架,支架的支承力转移到拱肋,而东侧拱肋横向刚度较大(拱肋变形数据可以反映),且吊杆与拱肋平面存在一定夹角,从而减小了东侧拱肋的下挠量。

3. 吊杆索力

前三轮吊杆张拉以及后续索力调整,均按编号4、8、6、2、5、3、7、1的顺序进行。第一轮对4、8、6、2共4组吊杆索力进行了调整,第二轮对5、3、7、1共4组索力进行了调整。经过第二轮索力调整后,2~8号吊杆索力均在660kN左右,其中最小值为641kN,出现在WN2号索,最大值为677kN,出现在WS4号索。

四、结　　语

樟林大桥主桥为蝶形拱桥,施工工艺复杂,在施工中制订了可行的施工方案,保证了施工安全进行。在施工过程中根据施工工况进行必要施工监控,通过数据可以结论在各个工况下,V形墩、边跨箱梁和钢箱拱肋应力变化与结构的受力状态变化基本一致;桥面竖曲线比较平顺,两侧边缘线的高程基本一致,说明沥青铺装层施工基本上弥补了两侧高程差异。

樟林大桥的施工和监控过程说明,主桥结构形式可靠,施工方案切实可行,效果良好。

88. 高速公路大跨径预应力混凝土箱梁拼宽方案研究

单宏伟[1] 刘成才[1] 韩大章[1] 吴文清[2]

(1. 江苏省交通规划设计院股份有限公司;2. 东南大学交通学院)

摘 要 本文结合京沪高速公路(淮安至江都段)扩建工程可行性,对国内预应力混凝土连续箱梁的横向拼宽方案进行了分析比较,并对三向预应力连续箱梁桥的横向拼宽方案进行了初步探讨。

关键词 公路扩建 大跨径箱梁拼宽 三向预应力

一、引 言

我国随着广佛、沈大、沪杭甬和沪宁等高速公路扩建工程相继完成,已经对高速公路桥梁拼宽技术研究开展了许多工作,尤其是在中小跨径的T梁、空心板梁和预应力混凝土连续箱梁的拼宽技术领域取得了一定经验,拼宽工艺正逐渐成熟。国内高速公路大跨径桥梁(跨径大于50m)的拼宽技术尚未研究成熟,各类拼宽方案还处于尝试阶段,还需要进行更为充分的研究。

二、预应力混凝土连续箱梁拼宽方案分析

目前国内高速公路预应力混凝土连续箱梁主要有以下3种大跨径拼接方式,各自有自身的特点,需要根据各地区桥梁特点进行选用。

1. 新老桥结构不连接

新建桥梁与原桥主梁不连接,新老结构间设置纵向缝,新老桥梁各自受力、互不影响。纵缝的处理主要有以下几种方式:

(1)沥青和木条填充。在长期往复车轮的碾压下,新老桥边缘处很容易出现啃边的现象,同时新老桥在汽车荷载作用下的挠度差异也会在接缝处反映出来,使得沥青和木条的填充失效,导致行车条件变差,加重后期养护维修的任务,因而仅早期一些中小跨径桥梁的拼宽采用该方案。

(2)钢板包边。桥面顶部接缝两侧冀缘采用钢板进行包裹,并浇筑一定宽度的刚性路面。该方法可以解决啃边问题,不过钢板包边并不能解决新老桥挠度差问题,高速行车时还容易导致车轮打滑,降低行车安全性。该方法在市政桥梁拼宽中采用较多,主要原因在于城市桥梁重车比例较小,新老桥梁挠度差不突出,同时城市车辆行驶速度一般较小。高速公路桥梁拼宽中除广州北环高速改造工程采用此方法外,其余实例未见报道。

(3)纵向伸缩缝连接。纵向伸缩缝利用自身构造能适应新老桥间的纵向和竖向变形差,使新老桥变形平顺过渡,伸缩缝表面还可以作防滑处理,保障雨雪天气下的行车安全。但伸缩缝装置造价较高,平时养护工作量大。青银高速银川黄河大桥拼宽采用纵向伸缩缝连接方案,但运营效果不理想。

2. 新旧桥主梁柔性、半刚性连接

首先需要考虑的是桥梁翼缘悬臂端在汽车荷载作用下的最大变形是否能满足正常使用要求,即保证在正常运营条件下新老桥在接缝处的错位不能过大,在上述几种方式不能达到这个目的时,新老桥主梁横向连接就成为一种必然的选择。

公路多片式板梁的铰接构造多为企口式,梁铰接构造多为扣环搭接式,新老桥连接也可以采用类似构造。相对于板梁铰接构造的成熟,箱梁翼缘的连接尚无统一的标准,设计者可以根据连接刚度的不同要求选择不同的构造形式。

图1所示为某桥箱梁翼缘完全铰接的构造,连接处翼缘混凝土浇筑后在其顶面锯缝约深10cm,填塞柔性材料,底部预埋木条或橡胶条,新老桥翼缘内仅有少量钢筋进行连接,形成不能传递弯矩的柔性铰接

构造。考虑到要将铰设置在行车道的中间位置，所以在拼接之前将翼缘切掉一部分，凿除部分混凝土，露出钢筋。新建箱梁现浇时预留部分翼缘不浇筑，待新建箱梁施工完成后3～6个月，收缩、徐变和基础沉降部分完成后，再浇注湿接缝混凝土，湿接缝采用钢纤维补偿收缩混凝土。沪宁高速公路和沪杭涌高速公路的扩建拼宽中采用了这种连接方式。

新老桥主梁柔性连接即铰接，铰接连接方式削弱了新老桥的连接刚度，后期运营中的收缩、徐变和沉降差，以及行车引起的挠度差均以差异变形的方式在铰接构造处释放。柔性连接运营中可能造成铰缝处填塞的木条橡胶条脱落，割缝对应桥面处破损，加大后期养护维修的费用投入。沪宁高速公路陆慕大桥拼宽采用了这种连接方式（图2、图3），运营4年后该拼缝构造状况良好。

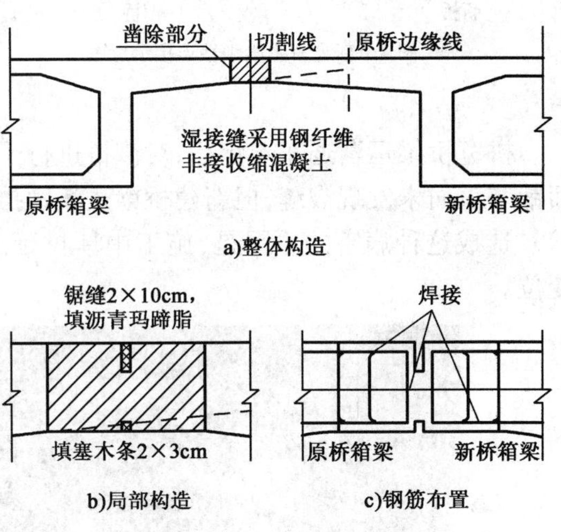

图1　箱梁翼缘铰接连接示意图

半刚性连接构造仅削弱了翼缘下部，不仅能传递剪力还能传递部分的弯矩，能够较好地解决收缩、徐变和基础不均匀沉降引起的开裂，同时也具有相当的刚度，确保运营中在接缝位置不出现挠度差，桥面平顺，保证行车安全。该连接方式已应用于广佛高速公路湖州大桥主桥（40＋2×50＋40）m连续梁的拼宽中，并取得了较好的效果。

3. 新老桥主梁刚性连接

新老桥主梁刚性连接除桥面翼缘板直接拼接外，同时在新老桥之间增设若干道横隔板。刚性连接使得新老桥连接成整体，共同受力，桥面板连接顺畅，确保行车安全（图4）。但在不封闭交通情况下横梁连接施工非常困难，同时刚性连接后，新老桥变形差异对结构局部受力和整体受力的影响较大，新老桥的受力不明确，这种影响随着桥梁跨径的增大、结构形式的复杂而愈加显著。因此目前国内高速公路大跨径桥梁，尤其是跨径大于50m桥梁的拼宽很少采用主梁刚性连接。

高速公路大跨径连续箱梁由于结构变形大、联长长，拼宽后新老桥之间相互影响大、新桥收缩徐变产生内力和变形大，因此，以前高速公路扩建工程中，为了回避大跨径桥梁拼接难题均采用分离式路基，单独建新桥方案。当前，随着桥梁拼宽技术及施工工艺的发展，大跨径桥梁已开始尝试采用纵向伸缩缝装置以及结构直接连接的拼宽方式。但总的来说，大跨径连续梁直接拼宽案例还不是很多，拼宽技术还有待发展。

三、大跨径连续箱梁拼宽实例讨论

以下介绍高速公路扩建中大跨径连续箱梁的典型拼宽做法，分析拼宽中存在的问题以及解决措施。

1. 沪宁高速陆慕大桥

陆慕大桥是沪宁高速公路上一座38.5m＋65m＋38.5m变高度预应力混凝土连续箱梁桥，新老箱梁上部结构连接，下部结构不连，上部结构箱梁翼缘板采用铰接连接。老桥箱梁翼缘切除1.5m，新老箱梁之间预留0.5m的后浇段，通过种植钢筋和锯缝形成铰缝，最后形成双向8车道的桥梁结构，拼接构造示意图见图2、图3。

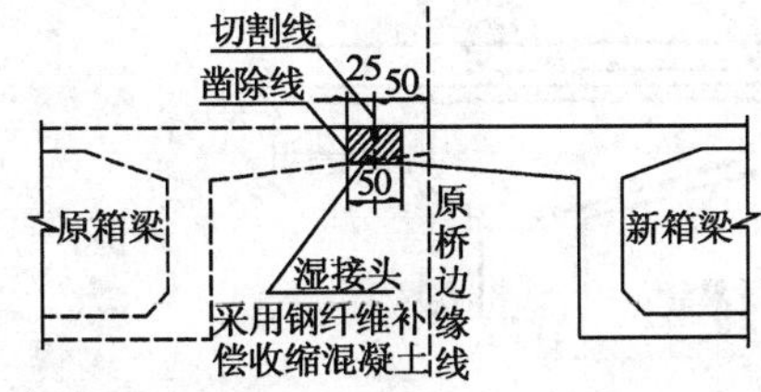

图2　陆慕大桥新老桥拼接示意图（尺寸单位：cm）

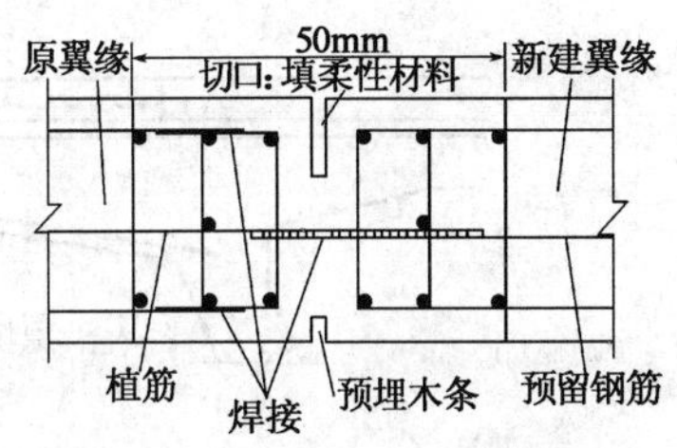

图3　陆慕大桥铰缝连接大样图

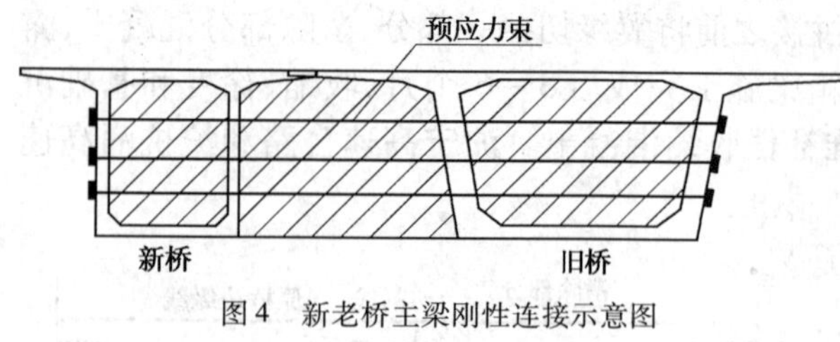

图4 新老桥主梁刚性连接示意图

铰缝连接处翼缘混凝土浇筑后在其顶面锯缝约深10cm，填塞柔性材料，底部预埋木条或橡胶条，新老桥翼缘内仅有少量钢筋进行连接，形成不能传递弯矩的柔性铰接构造。新建箱梁现浇时预留部分翼缘不浇注，待新建箱梁施工完成后3个月，收缩、徐变和基础沉降部分完成后，再浇注湿接缝混凝土，湿接缝采用钢纤维补偿收缩混凝土。

拼宽桥梁运营通车4年后，对该桥进行了详细调研，新老桥拼接缝除部分木条脱落外，构造完好，桥面铺装表面未发现裂缝，但新建桥梁过渡墩挡块被箱梁挤坏(图5)，梁端橡胶支座发生过大剪切变形(图6)。造成这种病害的原因是，施工中新桥延迟拼接时间过短，拼接后新桥收缩徐变产生了较大的平面变位。

图5 陆慕大桥过渡墩挡块破坏

图6 陆慕大桥支座剪切变形

2. 广佛高速湖州大桥

湖州大桥为广佛高速公路上一座特大桥梁，主桥为40m+2×50m+40m等截面连续箱梁，老桥采用顶推法施工，新桥采用悬臂浇筑法施工。1997年首次扩建时，考虑到新老结构的不均匀沉降和混凝土收缩、徐变差异等因素，新老桥梁在结构上采用分离式结构。

扩建通车后3年，发现新老桥连接处出现通长的裂缝，并有啃边现象，造成道路外观不佳，同时新老结构存在明显的挠度差。新老桥连接处出现问题的主要原因是新老结构分离，连接处在荷载作用下产生的挠度差引起剪切变形造成的。

2003年第二次改扩建时，考虑到新桥的沉降及混凝土收缩、徐变等均已大部分完成，将新、老桥梁纵向缝在结构上连成整体。桥面板通过半刚性铰接将新老桥悬臂板连接起来，并将桥面连续，消除新老桥两悬臂的挠度差，解决连接处纵向缝问题及啃边现象。

半刚性铰接(图7)的具体做法是：凿除老桥部分翼缘，新老桥翼缘通过搭接钢筋连接，浇筑拼接处混凝土后，在其底缘人工割缝，填塞橡胶止水带。主梁连接后再在桥面铺装上通过加密铺装层钢筋和采用高性能混凝土材料实现结构的半刚性连接，使其能够传递一定程度的竖向剪力，同时具有一定的转动刚度。

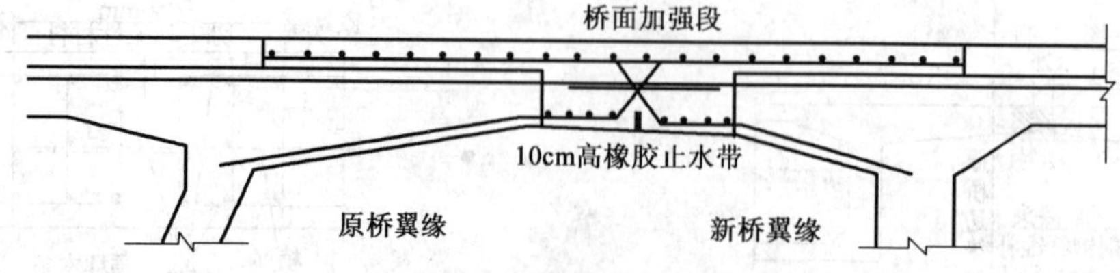

图7 湖州大桥新老桥连接示意图

鉴于广佛高速公路交通量大,混凝土浇筑只能选择在深夜交通量小(时间6左右)的时段进行。为此选用特快硬高性能早强钢纤维混凝土。为了保证新老混凝土结合质量,要求在结合面上喷涂进口界面胶。为了缩短混凝土浇筑时间和减少混凝土收缩对结构的不利影响,在横向预留有湿接缝和在纵向每隔一定距离设置后浇段。

通过拼接桥梁运营后的拼接效果试验评定及全面检查,该拼接构造可靠、效果良好。

3. 青银高速银川黄河大桥

银川黄河大桥桥跨布置为:14×16m+12×30m+(60+5×90+60)m+2×30m,桥梁全长1219.9m。其中主桥为60m+5×90m+60m预应力混凝土T形刚构,挂孔为跨径30m的预应力混凝土T梁,非挂孔部分为变截面三向预应力箱梁。引桥为30m预应力T梁和16m板梁。拼宽桥梁采用与老桥完全相同的桥跨与桥型结构,原有桥梁双幅全宽23m,拼宽后桥梁双幅全宽35m,每幅一侧各加宽6m(图8)。新老桥梁之间预留2cm的缝隙,桥面铺装间通过纵向缝连接,全桥共采用了三种纵向缝装置(分别为弹塑体无缩缝伸缩装置、JFC减振防滑伸缩装置、EMR型钢伸缩装置)。

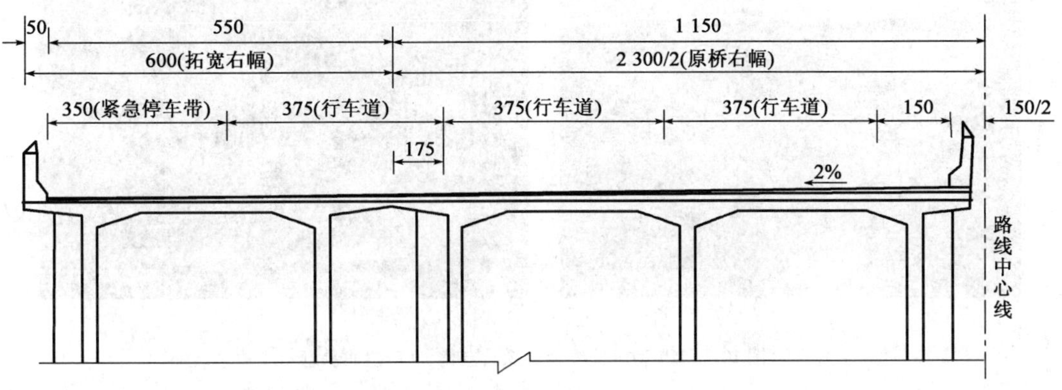

图8 银川黄河大桥横截面拼宽示意(尺寸单位:cm)

银川黄河大桥的左右两幅桥上行线经常有载煤重车通过,下行线则空车返回。上下行线共安装纵向伸缩装置1850m,拼宽运营4年多后,目前损坏975m。其中:上行线弹塑体无缩缝伸缩装置损坏187m(占原有长度的89.5%),EMR型钢伸缩装置损坏317m(占原有长度的58.9%);下行线弹塑体无缩缝伸缩装置损坏125m(占原有长度的59.8%),EMR型钢伸缩装置损坏322m(占原有长度的59.9%);JFC减振防滑伸缩装置总共损坏24m(占总长度的6.7%)。损坏情况主要为伸缩装置本身被损坏、伸缩装置与周边混凝土剥离两种。

弹塑体无缩缝伸缩装置表面的橡胶已经开裂、纵向一些段甚至破碎脱离,上行线侧的情况比较严重,如图9所示。

EMR型钢伸缩装置型钢中间的橡胶老化现象严重,每隔一段老化一段;下行线侧甚至还出现了型钢被扭曲的现象,如图10所示。

JFC减振防滑伸缩装置上下行线只损坏了24m,均发生在主桥挂梁与悬臂箱梁的交接位置处,少量螺栓被拔,因为此处新老桥沉降差异较大。但这种损坏并未破坏伸缩装置的橡胶。

从运营效果总体来看JFC减振防滑伸缩装置较优,具有较强的适应竖向变形差的能力,使用效果良好,如图11所示。

四、三向预应力箱梁拼宽初步设计方案讨论

盐河大桥和苏北灌溉总渠大桥均为京沪高速公路上跨省级航道的重要桥梁。两座桥梁工程规模大,桥梁拼宽方案对整个高速公路扩建工程的投资影响较大。主桥均为42m+65m+42m三跨变截面预应力

图9　弹塑性无缩缝伸缩装置表面开裂示意

图10　EMR型钢伸缩装置橡胶老化、型钢扭曲示意

图11　JFC伸缩装置使用良好示意

混凝土连续梁，箱梁为三向预应力结构。

老桥箱梁悬臂横向预应力增加了桥梁拼接的难度，因此，考虑以下三种方案：

方案一：横向弱连接，采用植筋的悬臂铰接连接方法。处理方案如下，直接在原桥悬臂端植入钢筋，与新建箱梁的预留钢筋对应焊接，由于横向预应力的影响，钢筋纵向植筋较少。对原桥悬臂的上下缘应依据受力计算分析结果进行加固。箱梁连接示意图参见图12。

方案二：采用悬臂刚性连接方式，首先在原桥悬臂端部及下翼缘植入钢筋，与新建箱梁预设钢筋对应焊接，在对应新桥腹板位置的原桥悬臂开孔浇筑新桥（避开原桥横向预应力束），在原桥悬臂根部附近难以浇筑的区域采用喷射混凝土浇筑。待新桥沉降稳定后，再在新老箱梁顶面预留的2cm缝压浆，最后在接缝顶面贴碳纤维布形成连接。拼接方案见图13。

沪宁高速塘河大桥拼宽采用类似方案,该桥运营中发现新老桥翼缘板搭接处有较多横向裂缝、箱内积水等病害。

方案三:采用上部结构分离,桥面铺装通过伸缩缝相连接的方案。

上述各类方案各有特点,方案二为横向强连接,新老桥整体性较好,但内力相互影响较大,施工非常困难。从沪宁路塘河桥拼宽使用的情况来看,在拼接缝处易开裂,后期养护工作量较大。

方案一、三中的连接为横向弱连接,新桥的沉降对原桥箱梁的影响较小,新老桥之间的变形协调性较好,施工较简便。方案一由于横向预应力的影响,接缝处的植筋较少,横向连接刚度较弱,后续运营中拼缝很可能会开裂的。方案三受新老桥沉降差及新老桥收缩徐变差的影响,易造成路面不平整及伸缩缝破坏,从而影响行车安全性。

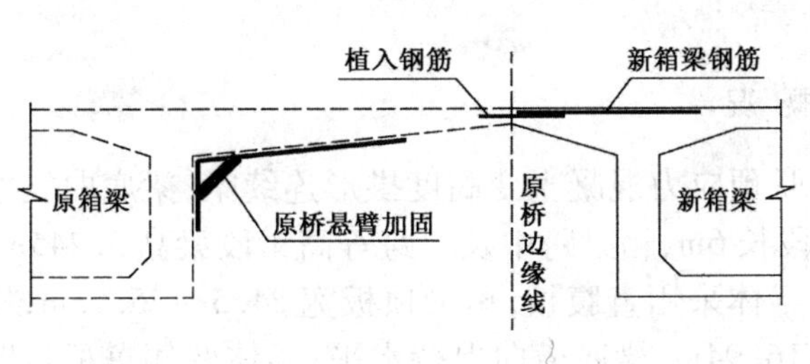

图12 弱连接方式的连续箱梁拼接方案图

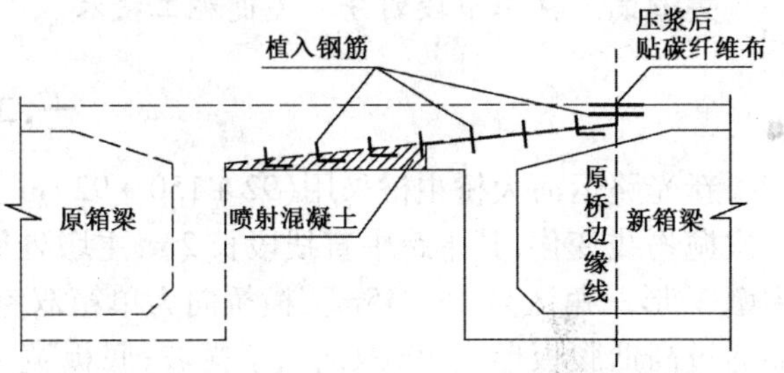

图13 横向刚性连接方式的的连续箱梁拼接方案图

笔者认为方案一与方案三单独使用都不是较优方案,但可以考虑将方案一与方案三组合使用的方案,见图14,即在方案一基础上用伸缩缝代替接缝处桥面铺装层,这样可以解决纵向开裂影响桥面铺装的问题。该方案是目前初步构思方案,下一阶段研究,还需对原桥悬臂受力和纵向伸缩缝装置的受力形态等工况进行重点分析。

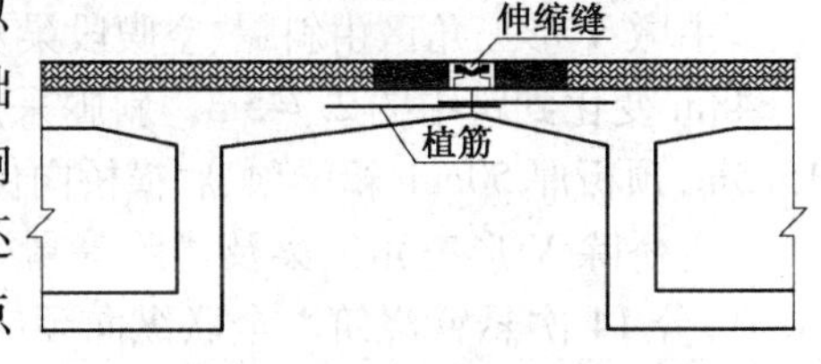

图14 三向预应力箱梁初步构思连接方案

五、结　　语

(1)为了避免新老桥梁之间相互影响,箱梁拼宽一般采用结构分离形式,但容易造成桥面开裂、啃边、行车不安全。

(2)箱梁直接拼宽中,一般将新老桥桥面翼缘板铰接或半刚性连接,既减小沉降及收缩徐变差对结构的影响,同时又保证新老桥梁连接处不错位,保证行车安全。

(3)随着桥梁拼宽技术及施工工艺的发展,大跨径桥梁已开始尝试采用纵向伸缩缝装置以及结构直接连接的拼宽方式。但总的来说,大跨径连续梁直接拼宽案例还不是很多,拼宽技术还有待发展。

(4)三向预应力箱梁由于翼缘板横向预应力的存在增加了拼宽难度,对于京沪高速中两座三向预应力连续梁的横向拼宽,初步选用横向植筋弱连接并配以纵向伸缩缝装置的拼接方案。

参考文献

[1] 预应力混凝土连续箱梁拼宽结构分析.江苏省交通科学研究计划项目 2006.09.

[2] 沪宁高速公路(江苏段)扩建工程 HN-E1、E2 标施工图设计文件.江苏省交通规划设计院 2003.12.

[3] 梁志广,王甲辰,王萍.大跨度连续箱梁拓宽梁体与原梁体的连接[J].公路交通科技,2007.2.

[4] 吴文清,叶见曙.高速公路扩建中桥梁拓宽现状与方案分析[J].中外公路,2007.12.

89. 无锡市新光路运河大桥主桥施工关键技术介绍

蒋　伟　张明庆
（无锡路桥集团股份有限公司）

摘　要　新光路运河大桥主桥结构新颖，跨径较大，现场环境复杂，施工难度大，其关键技术主要集中在主桥V形三角区的施工。本文重点介绍了该部分结构的施工技术。

关键词　施工节段划分　关键施工技术

一、工 程 概 况

新光路运河大桥主桥采用(92+150+92)m三跨一联预应力混凝土变高度拱形连续梁，梁底曲线按三次抛物线变化，其中跨中直线段长2m，主墩处梁底平段长6m，箱梁跨中及边跨等高梁段梁高3.245m，主墩V形三角区高15.245m。横桥向为单箱双室箱梁，梁体采用直腹板，箱梁顶板宽24.5～25.93m，桥面通过高低腹板形成2%双向人字横坡；底板宽15.5～16.94m，梁底横向保持水平；梁体两侧翼板悬臂4.5m。全联顶板厚度均为26cm。底板为变厚度，边支点处为40cm，中支点处为80cm，跨中为28cm。腹板亦为变厚度，边支点处为85cm，中支点处为85cm，跨中处为60cm。

主墩V形三角区由斜腿、空腹段梁及两端连接的上、下横梁构成。空腹段梁跨度为42m，梁高由根部的3.848m变化到跨中的2.745m。斜腿采用单箱双室直腹板截面，箱梁高度为3.3～4.5m。箱梁顶、底板宽15.5m，顶板厚50cm，箱梁顶、底横桥向保持水平。腹板厚度100cm。斜腿内部设一道横梁，厚度60cm。

主桥除V形三角区梁及边跨等高梁采用支架现浇外，其余节段均采用悬臂浇筑施工。每侧有14个节段，分14次悬臂浇筑。全联纵向预应力采用17-ϕ^s15.2预应力钢绞线和15-ϕ^s15.2预应力钢绞线，钢束的锚下张拉控制应力为$0.75f_{pk}$=1 395MPa。纵向钢束除边跨合龙束采用单端张拉外，其余均采用两端张拉。箱梁顶板的横向预应力均为3-ϕ^s15.2钢绞线，锚下最大控制张拉力均为581kN。箱梁横梁预应力为17-ϕ^s15.2钢绞线，锚下控制张拉力为3 296kN。竖向预应力均为JL32精轧螺纹钢筋，锚下最大控制张拉力均为673kN，采用单端张拉。

大桥总造价1.66亿，全桥建筑面积33 388m^2，主桥建筑面积8 196m^2。

主桥立面、横断面图见图1所示。

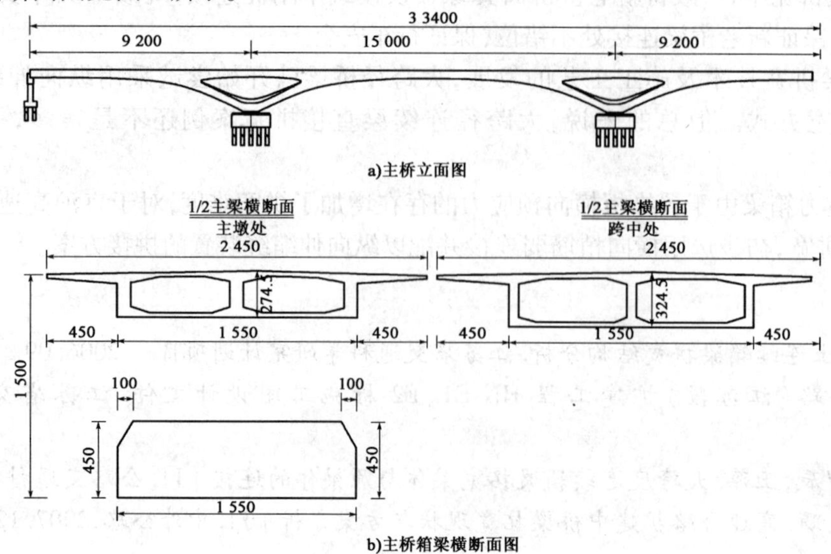

图1　主桥立面、横断面图(尺寸单位:cm)

二、施 工 顺 序

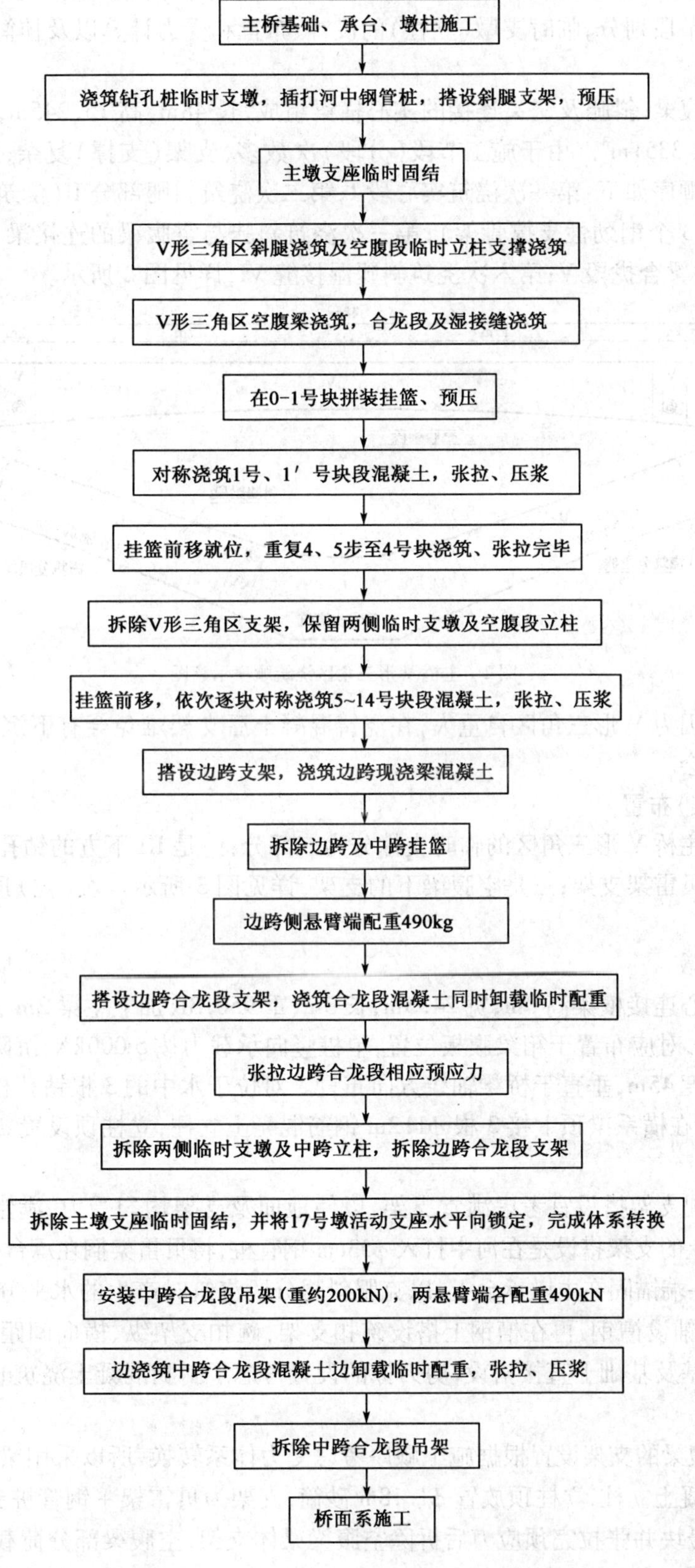
主桥基础、承台、墩柱施工
浇筑钻孔桩临时支墩，插打河中钢管桩，搭设斜腿支架，预压
主墩支座临时固结
V形三角区斜腿浇筑及空腹段临时立柱支撑浇筑
V形三角区空腹梁浇筑，合龙段及湿接缝浇筑
在0-1号块拼装挂篮、预压
对称浇筑1号、1′号块段混凝土，张拉、压浆
挂篮前移就位，重复4、5步至4号块浇筑、张拉完毕
拆除V形三角区支架，保留两侧临时支墩及空腹段立柱
挂篮前移，依次逐块对称浇筑5~14号块段混凝土，张拉、压浆
搭设边跨支架，浇筑边跨现浇梁混凝土
拆除边跨及中跨挂篮
边跨侧悬臂端配重490kg
搭设边跨合龙段支架，浇筑合龙段混凝土同时卸载临时配重
张拉边跨合龙段相应预应力
拆除两侧临时支墩及中跨立柱，拆除边跨合龙段支架
拆除主墩支座临时固结，并将17号墩活动支座水平向锁定，完成体系转换
安装中跨合龙段吊架(重约200kN)，两悬臂端各配重490kN
边浇筑中跨合龙段混凝土边卸载临时配重，张拉、压浆
拆除中跨合龙段吊架
桥面系施工

三、关键施工技术

主桥V形三角区梁段结构施工及悬浇段施工是本桥的重点和难点。其关键施工技术是合理的确定三角区的施工顺序及节段划分,临时支墩(立柱)的设计、布置和受力计算以及挂篮设计和体系转换。

1. 施工节段划分

V形三角区由空腹梁、斜腿及交叉连接的实心横梁组成,长48m,高15.245m,斜腿宽15.5m,主梁宽24.5m,C60混凝土,共3351m^3。由于施工节段(分段)次数多,支架(支撑)复杂,施工周期长,因而施工难度较大。具体施工顺序如下:第一次浇筑实心段I;第二次浇筑斜腿部分II(浇筑第二次前,在I、II块之间的梁体腹板上设置3个钢劲性支撑骨架);第三次浇筑斜腿与空腹梁的连接梁III;第四次浇筑空腹梁IV;第五次浇筑空腹主梁合拢段V;第六次浇筑斜腿湿接缝VI,详见图2所示。

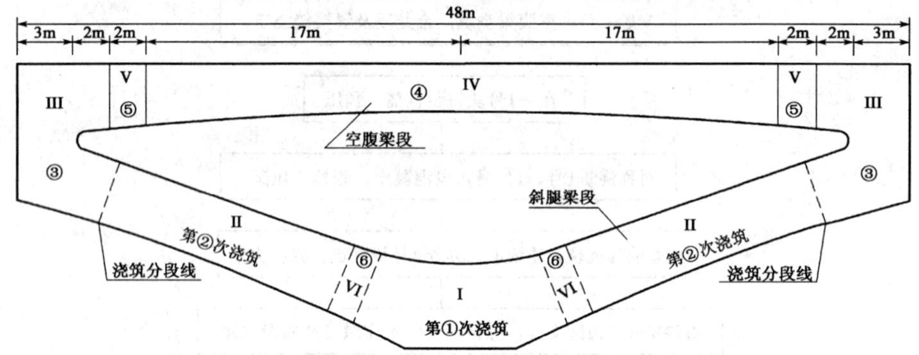

图2 主桥V形三角区浇筑顺序示意图

这样分段主要是因为V形三角区自重大,在浇筑混凝土后支架难免会有下沉及压缩变形,以尽量减少结构裂缝出现的机会。

2. 临时支撑(支架)布置

新光路运河大桥主桥V形三角区的临时支撑分为三部分:一是III下方的钻孔灌注桩临时支墩;二是斜腿下方的钢管桩及贝雷架支架;三是空腹梁下的支架,详见图3所示。墩(柱)顶砂筒安置前均进行预压,并临时锁定。

1)钻孔桩临时支墩

斜腿与主梁的实心连接横梁高8m,宽24.5m,长3m,重950.3t,加上主梁2m长梁段共重1 175t,由3根ϕ1.5m钻孔桩承受,对应布置于箱梁腹板位置,单桩竖向承载力按5 000kN、沉降按1cm考虑。根据地质资料算得桩入土深度45m,垂直于桥梁轴线方向布置。对位于水中的3根钻孔桩间设置一预应力横系梁,梁高1.2m,宽1m,在横系梁顶上接3根ϕ1.2m钢筋混凝土立柱,立柱顶设置ϕ1.18m的砂筒。

2)斜腿支架

V形三角区的斜腿支架搭设宜考虑满堂支架,以使地面及支架均匀受力,满堂支架搭设荷载考虑了空腹梁的自重。运河上的支架搭设是在河中打入ϕ53cm钢管桩,将贝雷架搁在承台、驳岸、钢管桩及钻孔桩横系梁上。贝雷架的一端锚固在主墩承台上,以克服斜腿分段浇筑时产生的水平分力。贝雷桁架带上、下加强弦杆,在上弦杆上铺设槽钢,再在槽钢上搭设碗扣支架,碗扣支架纵、横向间距均为30cm。岸上的支架只要在处理好的地基及基础上直接搭设,剪刀撑的设置考虑了斜腿混凝土浇筑时水平分力的影响。

3)空腹梁支架

V形三角区内空腹梁的支架设置根据施工顺序考虑受力体系转换,所以采用梁式支架,跨中在腹板位置设置ϕ1.2m钢筋混凝土立柱,立柱顶放置ϕ1.18m砂筒,支架为贝雷架+钢管桩支架及部分碗扣支架形式。在挂篮悬浇至4号块并张拉完预应力后拆除空腹梁梁体支架,空腹梁部分荷载传递给立柱承受。

3. 钻孔桩临时墩及立柱受力计算

挂篮等施工荷载取950kN;三角区支架、支座处临时固结、临时墩均模拟成只撑不拉边界,临时墩抗

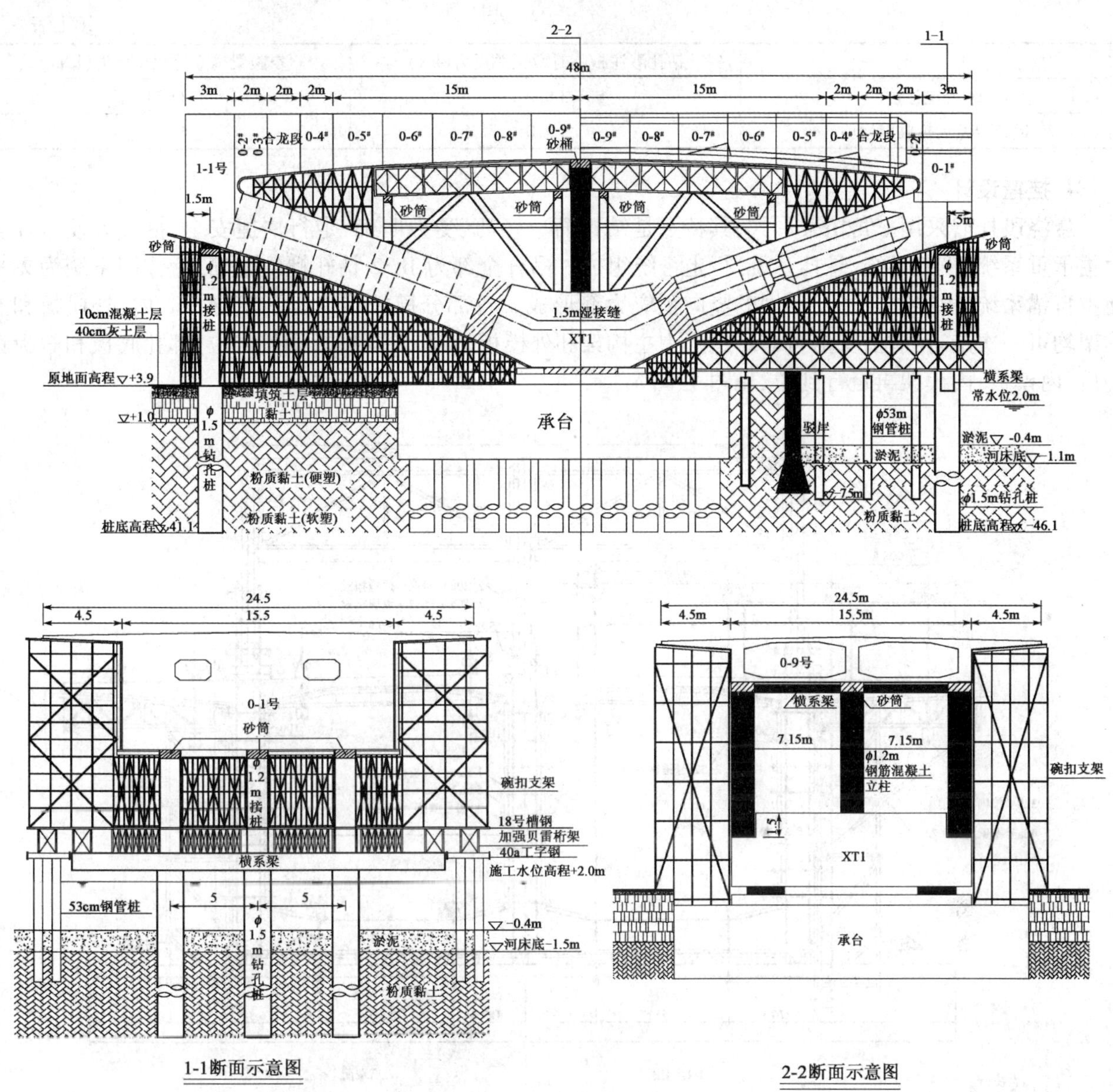

图3 V形三角区支架图

压刚度按1 000kN/mm。临时墩每悬浇块施工时在浇筑混凝土后反力最大，空腹段立柱顶每悬浇块施工时为预应力张拉后反力最大(表1)。

临时支墩(立柱)反力表 表1

工　况	钻孔灌注桩临时墩顶总反力(kN)	空腹梁内立柱顶总反力(kN)
4号施工完拆架后	256	1 007
5号浇注后	3 750	11 090
6号浇注后	3 630	11 110
7号浇注后	3 610	10 930
8号浇注后	3 380	10 610
9号浇注后	3 370	10 030
10号浇注后	3 160	9 190
11号浇注后	3 380	8 140
12号浇注后	3 450	6 860
13号浇注后	3 660	5 380

续上表

工　况	钻孔灌注桩临时墩顶总反力(kN)	空腹梁内立柱顶总反力(kN)
14号浇注后	3 890	3 670
边跨合龙后拆临时墩前	3 910	4 920

4. 挂篮设计

悬浇段挂篮采用三角桁架形式,其特点是结构简单轻巧、受力明确、走行快捷安全、拆装方便。挂篮由主承重系统、模板系统、悬挂系统、行走系统组成。吊杆全部为JL32精轧螺纹钢筋,后锚固系统为无平衡重自锚系统,由梁体自身及预埋的竖向预应力筋形成。各部分模板均为定制钢钢板。内、外模板和主构架均可一次走行到位,安全可靠。施工中主构架和外模板一起走行到位,调整定位,绑扎底板和腹板钢筋后,内模板、内模架再走行到位,见图4、图5。

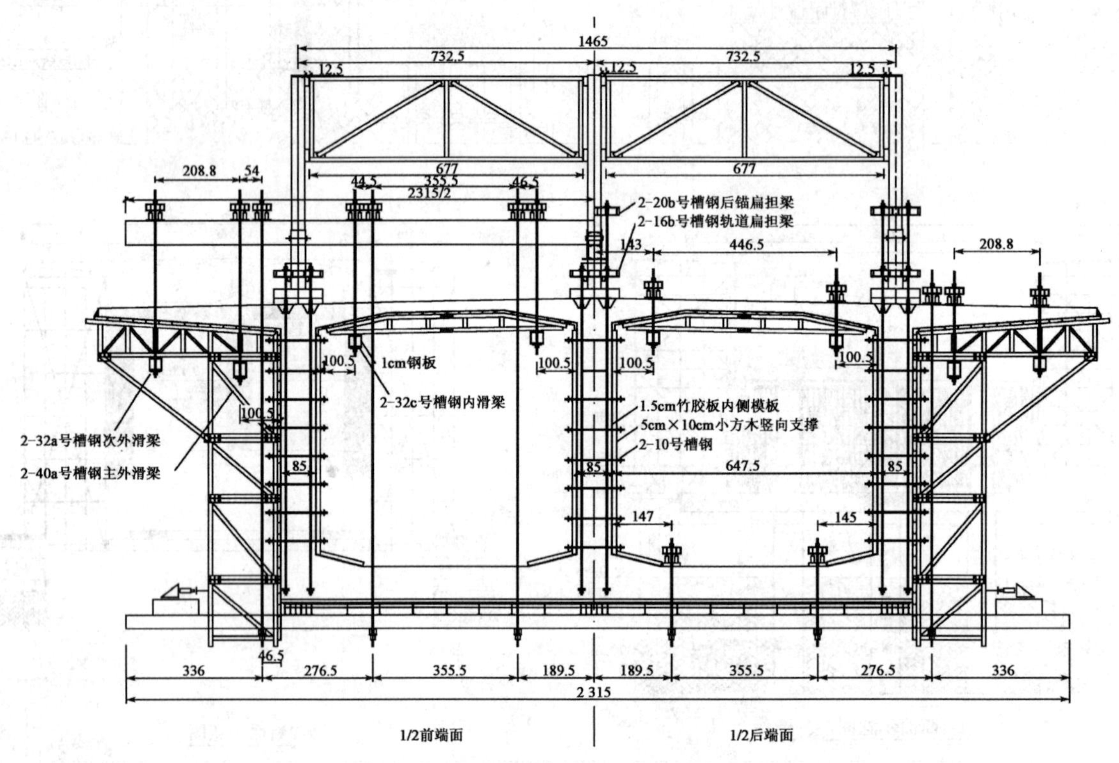

图4　挂篮横断面示意图(尺寸单位:cm)

5. 结构受力体系转换

受力体系转换应严格按确定的施工顺序并结合计算结果进行,以便顺利地实现体系转换。

1)主墩支座临时固结

在V形三角区斜腿浇筑前,将主墩支座进行临时固结锁定。

2)V形三角区支架拆除

4号块悬浇完成并张拉后,可拆除斜腿支架及空腹梁段内梁式支架,保留两侧钻孔桩临时支墩及空腹梁内钢筋混凝土立柱,使空腹梁段部分自重、后续悬浇段梁自重及预应力产生的影响由临时支墩(立柱)承受,由上述表1可见,在悬浇期间的反力最大。

3)临时支墩(立柱)解除

在悬浇完14号块及边跨现浇段箱梁后,拆除悬浇挂篮,搭设浇筑两边跨合龙段混凝土,张拉后拆除两侧临时支墩和空腹段梁内立柱,拆除时做到墩(柱)顶砂筒对称均匀出砂,注意观察结构变形情况。同时拆除其他所有支架,将边跨梁端落到边墩支座上。

4)支座临时固结解除

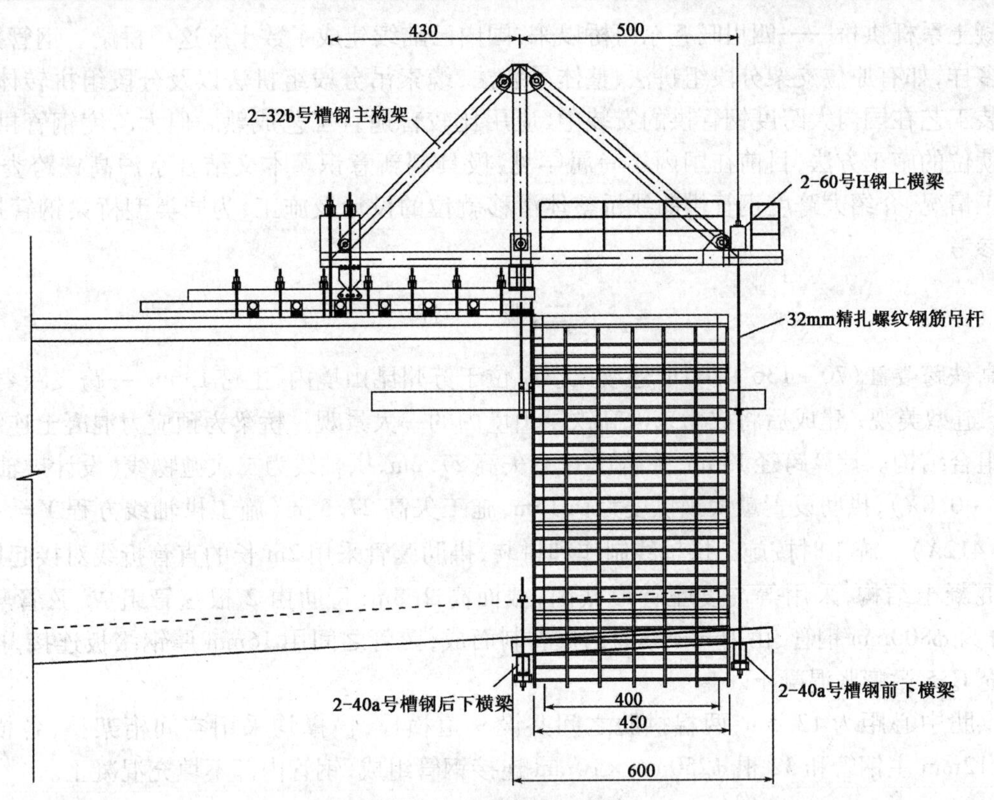

图5 挂篮纵断面示意图(尺寸单位:cm)

解除主墩支座周围临时固结,将梁落到主墩支座上,搭设中跨合龙段支架并浇筑合龙段混凝土,张拉剩余的预应力束后,拆除合龙段支架,完成全桥体系转换。

四、结 语

新光路运河大桥主桥为跨径(92+150+92)m的变高度拱形连续梁,结构新颖,跨径较大,施工难点在于其V形三角区跨径48m,梁体高15.245m,现场环境多样性,支架受力复杂及存在不均匀沉降等因素,线形较难控制。本文介绍在V形三角区跨中、两端设置临时支撑,采用满堂支架的方法能使结构合理的受力,便于结构体系转换及对整个桥梁线形控制,可供其他类似桥型施工时参考。

90. 曲线桥大跨度钢管拱整体滑移技术研究

黎儒国 吴文明 尹玉林 周思锋
(中交第一公路工程局有限公司)

摘 要 京沪高铁跨娄江(70+136+70)m连续梁为全线第二大跨度连续梁桥,跨度136m钢管拱的安装采用异地分段拼装、整体滑移就位的施工工艺,在国内同类型桥梁施工中,尚属首例。本文结合钢管拱整体滑移的施工实际,介绍钢管拱异地分段拼装、焊接,整体落架体系转换、曲线桥整体滑移就位的设计及施工,为同类型桥梁钢管拱的施工提供借鉴和参考。

关键词 钢管拱 异地拼装 落架 曲线桥 整体滑移

一、引 言

系杆拱桥为一种梁拱组合体系桥,以其造型美观、造价低廉备受人们喜爱,继1990年我国建成第一座钢管混凝土系杆拱桥——四川旺苍东河桥以来,国内已陆续建成了数十座这类桥梁。钢管拱的安装工艺亦多种多样,如有原位支架分段组拼法、整体吊装法,缆索吊分段组拼法以及分段组拼转体施工法等,此几种安装工艺在国内大跨度钢管拱的安装中,应用比较普遍且工艺成熟。但大跨度钢管拱异位组拼、整体滑移就位的施工方法,目前在国内还尚属罕见,极具创新意识。本文结合京沪高铁跨娄江136m钢管拱的施工情况,介绍大跨度钢管拱曲线桥整体滑移就位的设计及施工,为同类型桥梁钢管拱的施工提供借鉴和参考。

二、概　　述

京沪高铁跨娄江(70+136+70)m连续梁拱桥位于苏州昆山境内,主跨136m,一跨飞跃娄江主航道,气势宏伟,造型美观,建成后将成为京沪高铁昆山境内的一大景观。桥梁为预应力混凝土连续梁与钢管混凝土拱组合结构。计算跨径136m,矢跨比1/5,矢高27.2m,拱轴线为二次抛物线(设计拱轴线方程$Y=-1/170X^2+0.8X$),拱肋设置最大预拱度为0.15m,施工矢高27.35m(施工拱轴线方程$Y=-0.005915X^2+0.804412X$)。施工时按施工拱轴线制作和拼装,拱肋弦管采用2m长的直管折线对接起拱。拱肋为全焊钢管混凝土结构,采用等高度哑铃形截面,截面高2.8m,每肋由2根弦管组成,弦管竖向中心距2.0m,弦杆为ϕ800mm钢管,由16mm厚的钢板卷制而成,弦管之间用16mm厚钢缀板连接,拱肋弦管及缀板内填充C55微膨胀混凝土。

两榀拱肋中心距为12.5m,两榀拱肋之间共设9道横撑,横撑均采用空间桁架撑,各横撑由4根ϕ450mm×12mm主钢管和32根ϕ250mm×10mm连接钢管组成,钢管内部不填充混凝土。

三、整体滑移施工设计的总体设想

根据京沪高铁的工期要求,该桥钢管拱安装如采用常规桥面支架分段组拼的方案已不能满足工期要求,通过对娄江水域的水文、通航以及实地情况等调查,和对主拱安装的施工方案进行精心的研究和比选,最终选用整体滑移的方案,其施工步骤如下:

(1)将主拱分为三大吊装段,在地面组拼成型,两边段各为55.47 m,中段为33.54 m。

(2)在引桥150m范围处,搭设临时拼拱支架,安装钢管拱滑移、支撑系统,利用大吨位吊机将三大段拱肋吊装就位,组拼成型。

(3)钢管拱焊接完成后,整体落架,利用张拉千斤顶和钢绞线调整拱脚和拱轴线位置。

(4)落架体系转换后,利用连续顶推千斤顶实现在曲线桥面上钢管拱的整体滑移。

(5)钢管拱整体滑移就位后,焊接拱脚调整段,完成钢管拱整体滑移就位。

四、钢管拱整体滑移需解决的关键问题

钢管拱施工采用异地同步拼装、整体滑移就位的工艺,不仅可提前工期,而且可保证施工质量,但必须解决以下几个技术问题:

(1)因该桥主拱为二次抛物线,且跨度大、精度要求高,如何确保该桥拱肋的线形非常关键。因此,无论在地面还是在支架上焊接组拼,必须对拱肋线形进行严格监控。

(2)钢管拱滑移支撑系统、支撑系统与拱肋的连接构造以及支撑系统与走行系统的连接构造的设计和施工,是钢管拱整体滑移系统的关键,关系着整个钢管拱滑移的成败。

(3)钢管拱整体拼装完成后,落架前、后,因钢管拱拱肋自重作用,拱脚和拱轴线的变形测量监控、拱脚向外张力的调整和控制将直接影响整个钢管拱的线形和结构安全,因此在理论上必须经过详细的计算、实际中制订科学、有效的方案,以保证钢管拱的线形和安全。

(4)如何实现大跨度钢管拱在曲线桥面整体滑移,滑道和走行系统的比选和施工,将影响钢管拱整体滑移就位的精度甚至成败。

五、整体滑移施工的设计及实施

1. 搭设拼装支架、地面分段组拼

在引桥简支梁范围搭设拼拱临时支架，支架立柱采用 4ϕ1 000mm × 10mm 及 4ϕ800mm × 10mm 的钢管桩，其中有四根 ϕ800mm × 10mm 钢管桩支撑在简支梁梁面上，另外四根 ϕ1 000mm × 10mm 钢管桩支撑在桥下 1.5m × 2.0m 的混凝土基础上，基础下打入 2 根 ϕ630mm × 8mm 钢管桩基础，每根钢管桩承载力按 500kN 设置，打入深度为 12m，浇筑混凝土基础时，预埋锚固钢板以便于 ϕ1 000mm × 10mm 钢立柱焊接，最后钢立柱接高至拼拱支架的设计高程。

根据钢管桩支架设计位置，在简支梁梁面上的浇筑尺寸 150cm × 150cm × 35cm 的 C30 基础，基础下植入直径 ϕ20mm 锚固钢筋，基础顶面预埋 1 200mm × 1 200mm × 12mm 的锚固钢板，然后安装 ϕ800mm × 10mm 钢管桩立柱。8 根钢管桩之间采用桁架式连接系连接，以增强支架的整体稳定性。主拱共分三大吊装段，在地面现场组拼，具体分段为：第一段长 5 547cm，第二段长 3 354cm，第三段长 5 547cm（图 1）。

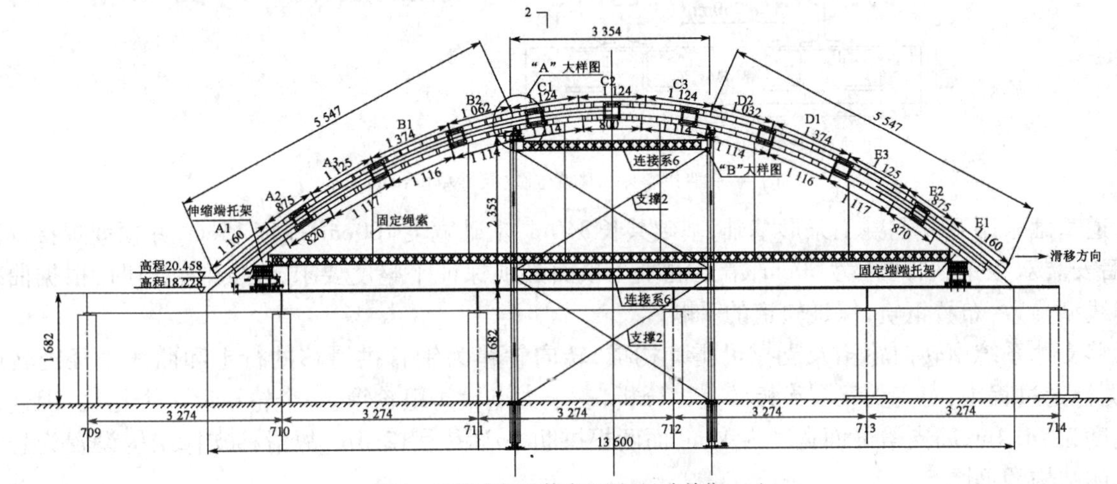

图 1　拼拱支架总体布置图（尺寸单位：cm）

因钢管立柱桁架高度较高，最高达 41.11m，且钢管拱吊装段长度、重量较大，在钢管拱吊装施工中，必须对各工况情况下，拼拱支架的受力进行详细的计算分析，确保支架受力安全。同时根据钢管拱的挠度计算分析，为钢管拱线性监控提供科学依据。

钢管拱安装 6 个工况下的变形及应力图见图 2、图 3。

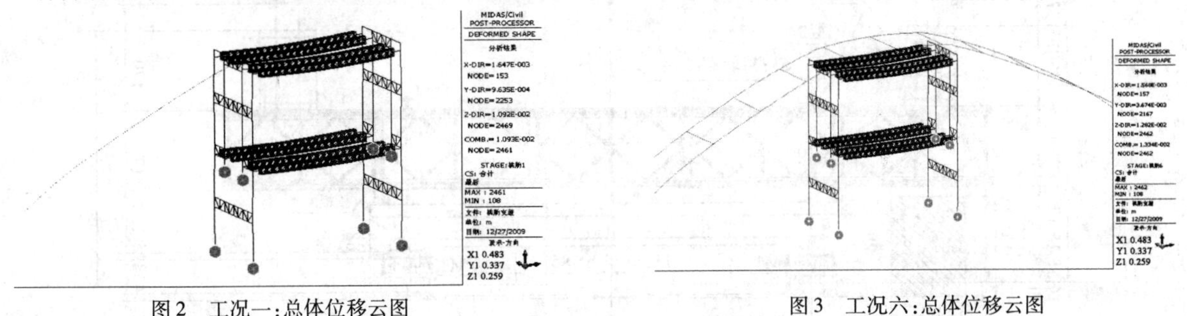

图 2　工况一：总体位移云图　　　　图 3　工况六：总体位移云图

钢管拱安装 6 个工况下的模型综合最大应力：$\sigma_{max} = 115.3$MPa。钢管桩最大应力 $\sigma = 39.7$MPa。贝雷片杆件轴向最大应力 $\sigma = 22$MPa。

钢管支架结构整体最大变形：$f_1 = 13.3$mm，贝雷架非弹性挠度 $f_2 = 0.355\,6 \times 102/8 = 4.4$cm，贝雷架连接系变形 $f_{max} = 13.3 + 44 = 57.3$mm。

2. 滑移、支撑系统的构造

钢管拱滑移系统由混凝土滑道基础、43 号钢轨、转向轮箱以及钢管拱滑移贝雷片支撑组成，因拱脚的高度为 4.48m，钢管拱纵移时无法通过，故拱脚分两次浇筑，第一次浇筑高度 2.13m，待滑移就位后，二

次浇注拱脚混凝土。滑移具体结构图见图4。

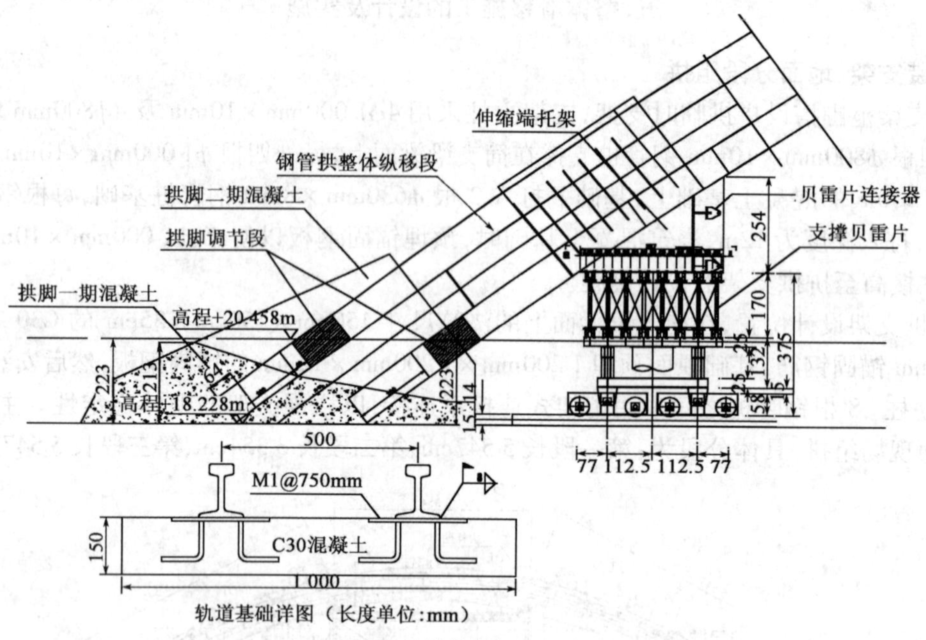

图4　钢管拱整体纵移就位图(尺寸单位:cm)

滑道基础采用C50混凝土条形基础,基础共长340m,基础宽度100cm,厚度15cm,并预埋焊接锚固钢板,然后安装双条钢轨,间距为50cm,滑道混凝土顶面必须保证平整度要求,在安装轨道时,根据曲线桥的控制线型参数,布置钢轨,保证轨道的平顺性。

滑移支撑系统由转向轮箱及支撑贝雷片构成,转向轮箱为钢管拱滑移的行走和曲线半径内转向结构,根据行走过程中,对简支梁翼缘板的受力分析,一个支点设4组轮箱,一个轮箱设4个轮轨,因连续梁桥面宽度为14.4m,简支梁梁面宽度为12m,而两榀拱肋中心距为12.5m,故滑移支撑结构设置为悬臂结构。具体结构图见图5。

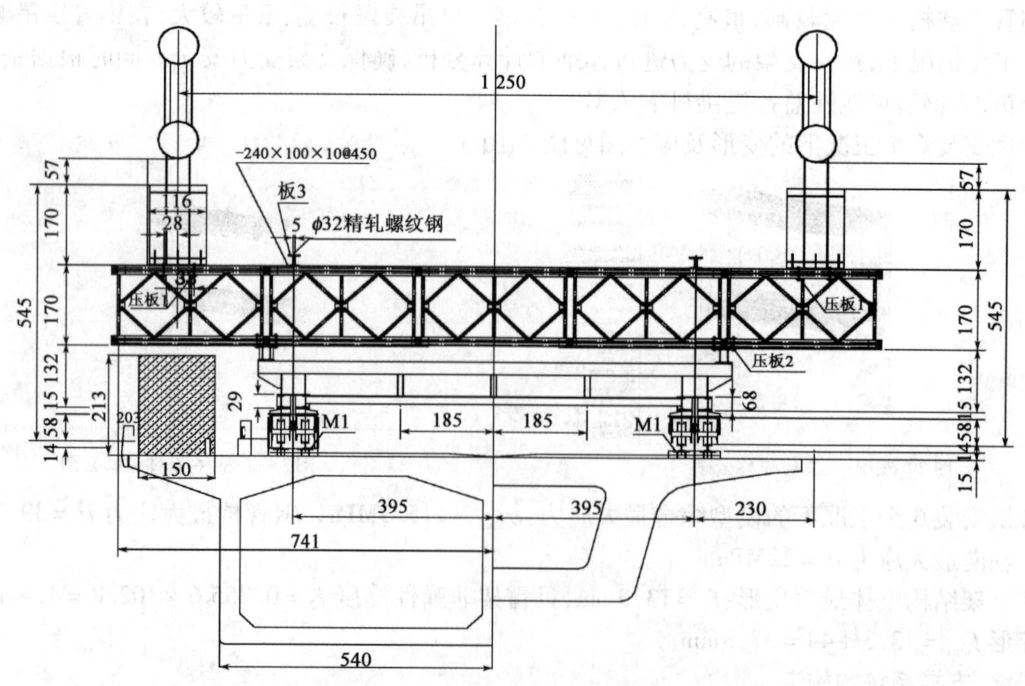

图5　钢管拱整体纵移横断示意图(尺寸单位:cm)

3. 落架体系转换、钢管拱的线形控制

钢管拱拼装、焊接完成后,安装拱脚连接贝雷片及钢绞线,经过计算分析,在拼装支架拆除后,因钢管拱自身重力的影响,贝雷片的弹性变形和销孔之间的非弹性变形为74mm,钢管拱两端有向外延伸的张力为1150kN,采用3组贝雷片和16束钢绞线共同承受。拱脚连接贝雷片跨度126m,共252片,重68t,在吊杆孔位置采用钢绞线作吊杆,与主拱肋连接成整体,这样不仅可以减小贝雷片的挠度,而且可有效降低整体钢管拱的重心位置,增强结构的整体稳定性。采用midas结构分析软件计算拱脚张力;受力模型见图6、图7。

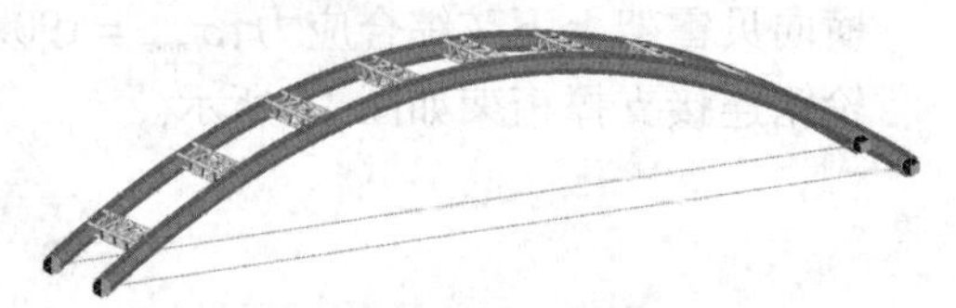
图6 钢管拱拱脚受力模型轴侧图

计算结果:临时拉索采用ϕ15.24mm钢绞线施工,每榀拱肋拱脚张拉力为$P=1150$kN。

拱脚约束钢绞线及贝雷安装完成后,采用两台200t千斤顶、两端同步、对称张拉拱脚钢绞线,张拉时分五级(10%、20%、50%、80%、100%)缓慢进行,直至张拉至1 150kN。拱脚张拉过程中,调节贝雷片端头可伸缩丝杆将贝雷与拱脚抱箍连接,使之形成一个整体,钢绞线与贝雷片共同受力,此时,拱脚将向内收缩。拱脚张拉完成后用四台200t千斤顶在原支架位置将拱顶住,拆除安装用拱肋支座,四台千斤顶同步、缓慢下落,同时观察拱脚水平位移,此时拱脚将向外张移,如与钢管拱理论线型误差较大,则通过调节钢绞线来控制钢管拱的整体线型。在实际施工中,钢绞线张拉至1 150kN后,拱脚往内位移12mm,当落架完成后,拱脚往外位移10mm,与拱脚设计位置基本一致,完全满足钢管拱线形要求(图8、图9)。

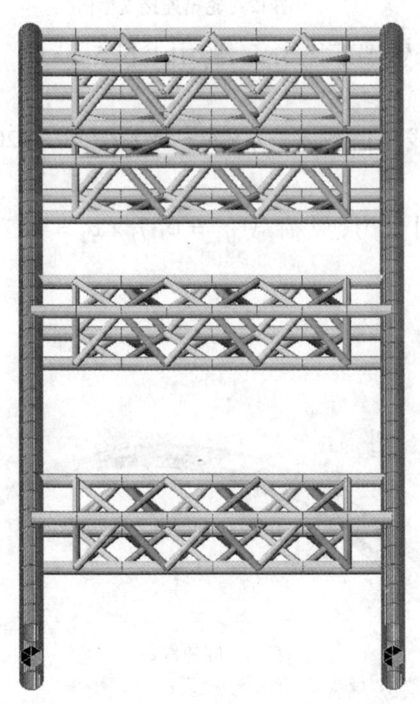
图7 钢管拱拱脚受力模型侧视图

图8 钢管拱落架前施工图

图9 钢管拱落架后施工图

4. 滑移系统整体受力分析计算

滑移系统包括拱脚纵向3组贝雷、横向8列支撑加强贝雷以及轮箱连接支撑桁架,落架后拱肋自重通过横向8列加强贝雷传递到轮箱连接支撑桁架和轮箱及轨道。为减少纵向贝雷架的变形,在拱中心线左右各16m处设置吊杆,每根吊杆初始张拉力为60kN。

计算荷载:包括拱肋、拱肋横撑及贝雷片自重。采用midas结构软件分析见图10。

纵向贝雷架杆件轴向应力:拉应力$\sigma=144.9$MPa,压应力$\sigma=16.4$MPa。

横向支撑贝雷梁位移如图11所示。

最大竖向变形 $f_{max}=4.6mm$,此位移为悬臂端点的变形。拱肋位置的变形 $f=2mm$。

横向贝雷架上下弦综合应力:$\sigma_{max}=190.4MPa$。

轮箱连接支撑桁架如图12所示。

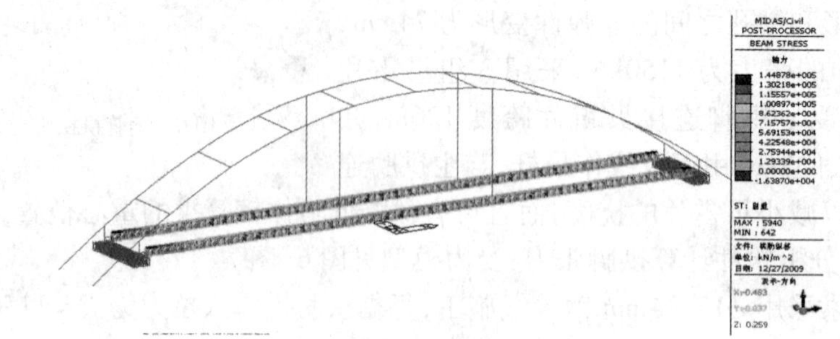

图10　纵向贝雷架杆件轴向应力图

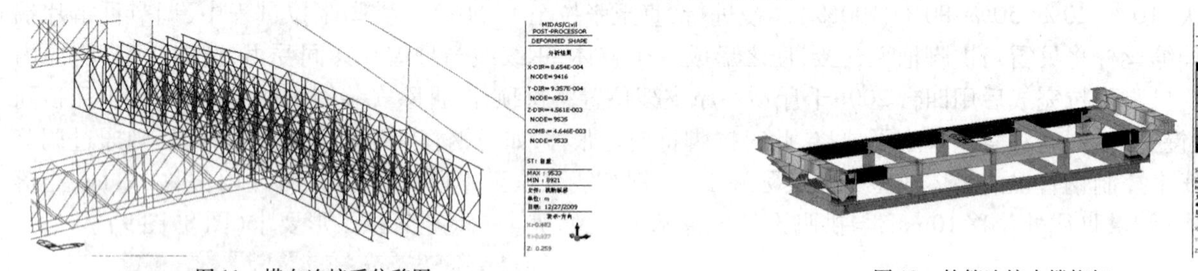

图11　横向连接系位移图　　　图12　轮箱连接支撑桁架

结构最大综合应力 $\sigma_{max}=107.4MPa$。结构的竖向变形:悬臂端下挠3mm,跨中上拱5mm。

5. 整体抗倾覆验算

钢管拱安装完成后,倾覆荷载主要是横向风荷载,拱肋上线风荷载 $q_1=q\times h=150\times2.8=420N/m=0.42kN/m$

两拱肋间距为 $12.5m>4\times h=11.2m$,因此两拱肋共同受力,风荷载 $q_1=0.7\times q_1=0.7\times0.42=0.294kN/m$

其作用点位置见图13。

由计算结果可知(图14),$M_{倾}=2\times762.3=1\,524.6\ kN\cdot m$

抗倾覆荷载为钢管拱重力荷载

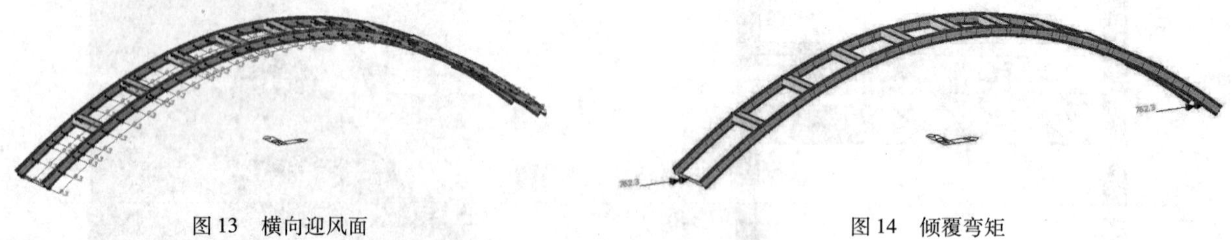

图13　横向迎风面　　　图14　倾覆弯矩

$M_{抗}=3\,930\times3.95=15\,523.5kN\cdot m$

$K=\dfrac{M_{抗}}{M_{倾}}=\dfrac{15\,523.5}{1\,524.6}=10.2\geqslant1.5$　满足规范要求。

6. 钢管拱整体滑移

钢管拱落架体系转换后,在前进方向上海侧的滑道钢轨处固定两台100t液压连续顶推千斤顶,布置在前进方向两端,该液压连续顶推千斤顶一个顶推行程1.0m,顶推速度0.5m/min。顶推过程中,左右两台千斤顶同步、对称顶推。该顶推千斤顶通过夹轨器利用钢轨提供反力,千斤顶推器在钢轨上爬行,钢轨既承受顶推反力,又为顶推导向,轨道钢轨起反力和导向作用。顶推施工过程中,左右两侧顶推千斤顶保持同步、对称进行,滑移过程中,布设全站仪对钢管拱的轴线进行动态监控。连续顶推千斤顶一个行程为100cm。

在实际滑移过程中,钢管拱稳步前进,用时48h,滑移210m,将钢管拱整体滑移就位,与拱脚预埋拱肋横向误差8mm,与桥面预埋吊杆孔位置相差10mm,实现了钢管拱的精确对接(图15、图16)。

图15 连续顶推千斤顶构造图

图16 钢管拱整体滑移就位图

六、结 语

京沪高铁跨娄江136m钢管拱整体滑移的施工设计，在前期策划设计及施工中,对主拱安装、滑移等各种工况进行控制计算分析，对施工方案进行了多次优化，使施工方案技术一流、先进，目前,在国内钢管拱安装施工中,还尚属罕见,此工艺大大提前了工期且操作安全、经济合理,该方案的成功实施，为今后钢管拱桥梁建设中,提供了可靠的参考资料。

参考文献

[1] 黄绍金.装配式公路钢桥多用途使用手册[M].北京:人民交通出版社,2001.
[2] 向中富.桥梁施工控制技术:[M].北京:人民交通出版社,2001.
[3] 曹平周.钢结构[M].北京:科学技术文献出版社,1998.

91.大跨度连续梁悬臂浇筑挂篮的设计及施工

田武平 周思锋
(中交一公局桥隧工程有限公司)

摘 要 沪宁城际铁路跨娄江(85+135+85)m三孔一联连续梁为全线最大跨度连续梁桥,主跨135m,采用菱形挂篮施工。本文主要介绍大跨度连续梁悬臂浇筑挂篮的设计及施工,对挂篮的主要受力杆件进行计算、分析,为同类挂篮悬浇施工提供参考、借鉴。

关键词 大跨度 悬浇 挂篮 设计 施工

一、引 言

挂篮悬臂浇筑施工从20世纪60年代由前联邦德国首先使用以来,发展至今,已成为修建大、中跨径桥梁的一种有效施工手段。我国从20世纪80年代开始使用这种技术以来,已取得了巨大成就。挂篮设计的主要控制指标为:挂篮的总用钢量与最大块件重量之比值K_1,主桁架用钢量与最大块件重量之比值K_2。K_1值愈低,表示整个挂篮的设计愈合理,K_1一般控制在0.3~0.5之内,K_2值愈低,表示挂篮承重构件的受力愈合理,使用材料愈节省。减轻挂篮自重所采用的手段有:优化结构形式、不设平衡重并改善滑移系统、改进力的传递系统等。下面就沪宁城际铁路跨娄江连续梁的施工情况,介绍大跨度连续梁悬臂浇筑挂篮的设计及施工。

二、工 程 概 述

沪宁城际铁路跨娄江特大桥为(85+135+85)m三孔一联连续梁,2号墩“T”构采用挂篮悬浇施工。

箱梁为单箱单室直腹板结构，箱梁顶板宽12.2m，底板宽7.0m，腹板厚度95~45cm，0号块最大梁高10.2m，跨中梁高5.83m。梁高按圆曲线变化，圆曲线半径$R=497.368$m。悬臂浇筑节块长度在4.0~5.0m，悬臂浇筑最大节段混凝土为115m^3，最大悬浇重力3 000kN。针对这种大吨位、大节段挂篮悬浇，必须对挂篮的每个结构进行严格的受力分析，以确保施工安全。同时尽量减轻挂篮自重，优化挂篮滑移系统，以使在施工中操作方便、快捷。

三、挂篮的设计及总体构思

1. 挂篮的组成

挂篮主要由主桁承重系统、底篮和模板系统、走行系统三个系统组成，见图1。

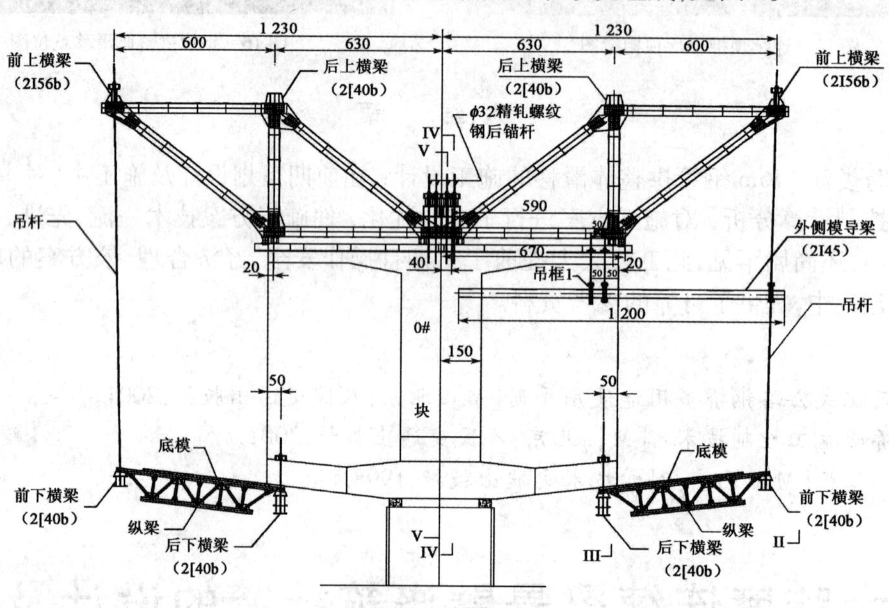

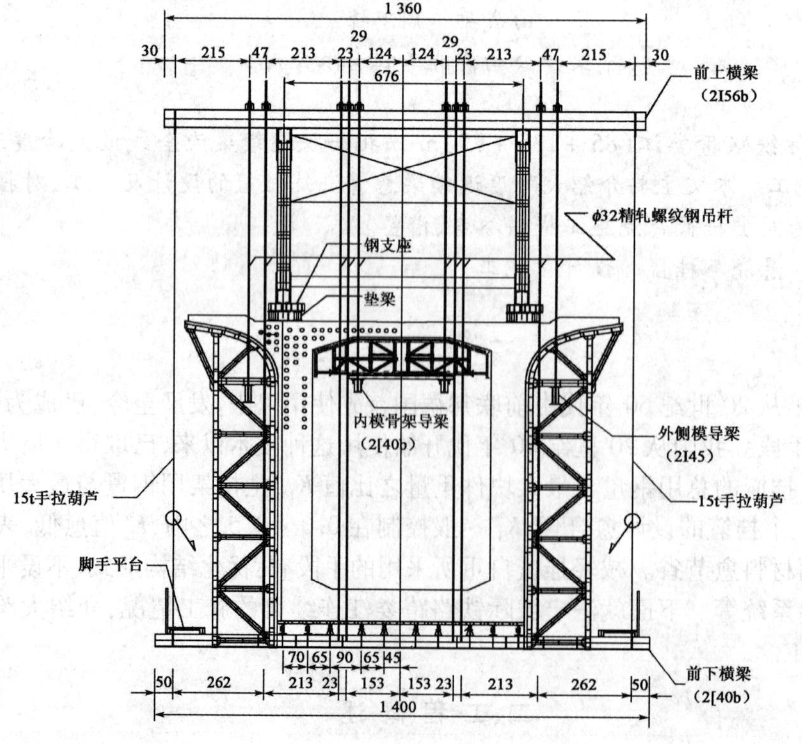

图1　挂篮组成(尺寸单位:cm)

(1)主桁承重系统包括主桁与前后横梁、行走装置、锚固装置、悬吊分配梁等。

(2)底篮和模板系统包括底篮、外模、内模、端模和工作平台等。

(3)走行系统包括行走滑轨、滑梁小车、后锚等。

2. 施工荷载分析

1)荷载传递路径

内顶板荷载→内滑梁→前上横梁→主桁架

翼板荷载→外滑梁→前上横梁→主桁架

腹板荷载→加强型底纵梁→前、后下横梁→前上横梁→主桁架

底板荷载→普通底纵梁→前、后下横梁→主桁架

挂篮的设计顺序也是根据荷载的传递路径,一级一级地确定各级结构。先根据各自的荷载情况对内滑梁、纵梁、前、后下横梁、前、后上横梁等杆件进行设计,再设计主桁架并校核其刚度、前端的下挠度,随后再对锚固系统和走行系统进行设计。

2)基本设计参数

(1)混凝土自重:$G_{混凝土}=26\text{kN/m}^3$;弹性模量:$E_{钢}=2.1\times10^5\text{MPa}$。

(2)材料允许应力:对于Q235材料,$[\tau]=85\text{MPa}$,$[\sigma]=140\text{MPa}$;临时结构容许应力可提高30%,材料容许应力$[\tau]=85\times1.3=110\text{MPa}$,$[\sigma]=140\times1.3=182\text{MPa}$。

(3)挂篮系统设计计算采用midas 7.41专业结构设计软件。计算中考虑到各种系数如下:

考虑箱梁混凝土浇筑时膨胀等的超载系数:1.05

模板、新浇混凝土等自重分项系数:1.2

挂篮空载行走时冲击系数:1.3

施工人员及机具荷载系数:1.4

倾倒混凝土时产生的冲击荷载分项系数:1.4

浇筑混凝土和挂篮行走时的抗倾覆稳定系数:2.0

3)荷载组合

挂篮设计荷载包括:箱梁恒载、超载、挂篮自重、施工荷载、风荷载。风速超过设计条件时停止施工。荷载组合如下:

荷载组合I:混凝土重力+超载+动力附加荷载+挂篮自重+人群和机具荷载

荷载组合II:混凝土重力+动力附加荷载+混凝土偏载+挂篮自重+人群和机具荷载

荷载组合III:挂篮自重+冲击附加荷载

其中荷载组合I、II用于主桁承重系统强度、刚度和稳定性计算,荷载组合III用于挂篮行走计算。

四、挂篮结构分析、计算

1. 计算工况

挂篮受力可能有四种最不利工况如下:

工况1:施工1号节段时,梁长$L=4.0\text{m}$,混凝土重力3 000kN

工况2:施工5号节段时,梁长$L=4.5\text{m}$,混凝土重力2 880kN

工况3:施工7号节段时,梁长$L=5.0\text{m}$。混凝土重力2 590kN

工况4:挂篮走行,挂篮只承受模板及自重荷载。

2. 箱梁断面混凝土分块

箱梁混凝土分块见图2,荷载见表1。

荷载分布表 表1

构件名称	底模支承桁A	底模支承桁B	外导梁	内导梁
各混凝土区域下构件数量	4	6	2	2
构件所在混凝土区域编号	A	B	C	D

续上表

构件名称			底模支承桁A	底模支承桁B	外导梁	内导梁
混凝土荷载	工况一(4.0m长)	每个构件从属宽度(m)	2.32	4.68	5.20	4.97
		从属面积(m^2)	18.53	4.74	2.82	2.93
		加载长度(m)	4.00	4.00	4.00	4.00
		线荷载(kN/m)	120.4	20.5	36.7	38.1
	工况二(4.5m长)	每个构件从属宽度(m)	2.32	4.68	5.20	4.97
		从属面积(m^2)	15.23	3.59	2.82	2.93
		加载长度(m)	4.50	4.50	4.50	4.50
		线荷载(kN/m)	99.0	15.6	36.7	38.1
混凝土荷载	工况三(5.0m长)	每个构件从属宽度(m)	2.32	4.68	5.20	5.60
		从属面积(m^2)	10.77	3.10	2.82	3.17
		加载长度(m)	5.00	5.00	5.00	5.00
		线荷载(kN/m)	70.0	13.4	36.7	41.2

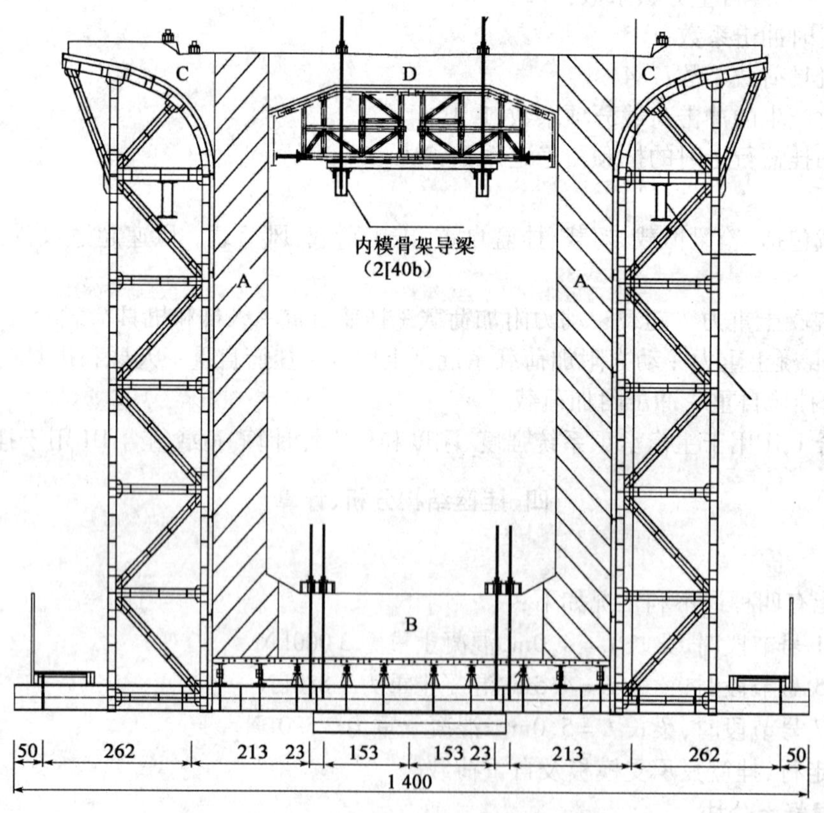

图2 箱梁混凝土分块图(尺寸单位:cm)

3.建模计算分析

采用midas有限元分析软件对挂篮结构进行整体建模、约束边界条件、加载。挂篮悬浇时模型见图3。

各构件受力汇总表见表2、表3。

杆件受力计算表(一) 表2

杆件名称		工况一			工况二			工况三			工况四（仅列出最不利杆件受力）		
		弯矩（kN·m）	剪力（kN）	轴力（kN）	弯矩（kN·m）	剪力（kN）	轴力（kN）	弯矩（kN·m）	剪力（kN）	轴力（kN）	弯矩（kN·m）	剪力（kN）	轴力（kN）
菱形桁架	上弦杆			983			1 022			100.4			
	下弦杆			984			1 023			100.5			
	前腹杆			1 285			1 333			131.2			
	后腹杆			1 289			1 342			131.6			
	竖杆			868			904			88.6			
前上横梁		549	446		568	462		563	456				
后上横梁											202	62	
前下横梁		118	255		120	258		109	223				
后下横梁		192	446		167	386		123	291		96	56	
反压梁1		80	175		86	183		84	180				
反压梁2		91	182		95	189		93	186				
外导梁		272	167		285	172		292	174				
内导梁		211	134		227	139		253	151				
底模桁架A	上弦杆	89	325	383	77	274	3483	57	202	264			
	下弦杆			473			420			315			
	端斜杆			494			432			323			
	斜杆			201			183			140			
底模桁架B	上弦杆	23	61	122	19	51	108	17	46	93			
	下弦杆			96			81			74			
	斜杆			109			92			83			
前吊杆	吊杆1			124			141			158			
	吊杆2			237			239			214			
	吊杆3			175			176			159			
	吊杆4			169			169			154			
	吊杆5			92			108			133			
后吊杆	吊杆1			176			179			183			56
	吊杆2			188			164			124			
	吊杆3			668			574			451			
	吊杆4			142			148			159			
后锚固				809			842			827			222
前支座				1 715			1 782			1 751			605

杆件应力计算表(二) 表3

杆件名称		截面规格	最不利受力			应力(MPa)					结果
			弯矩(kN·m)	剪力(kN)	轴力(kN)	正应力σ	剪应力τ	折算应力σ	[τ]	[σ]	
菱形桁架	上弦杆	2[40b			1 022	686		68.6		170	满足要求
	下弦杆	2[40b			1 023	687		68.7		170	满足要求
	前腹杆	2[40b			1 333	951		95.1		170	满足要求
	后腹杆	2[40b			1 342	954		95.4		170	满足要求
	竖杆	2[40b			904	589		58.9		170	满足要求
前上横梁		2I56b	568	462	0	116.1	33.7	129.9	100	170	满足要求
后上横梁		2[40b	202	62	0	108.4	7.5	109.1	100	170	满足要求
前下横梁		2[40b	120	258	0	64.4	31.2	84.1	100	170	满足要求
后下横梁		2[40b+2[32b	192	446	0	109	53	142.5	100	170	满足要求
反压梁1		2[40b	86	183	0	46.1	22.2	60.0	100	170	满足要求
反压梁2		2[40b	95	189	0	51.0	22.9	64.6	100	170	满足要求
外导梁		2I45b	292	174	0	97.3	16.9	101.6	100	170	满足要求
内导梁		2[40b	253	151	0	135.7	18.3	139.4	100	170	满足要求
底模桁架A	上弦杆	2[32b	89	325	383	133	54.1	162	100	170	满足要求
	下弦杆	2[32b	0	0	473	42.9	0.0	42.9	100	170	满足要求
	端斜杆	4L100×10	0	0	494	64.0		64.0	100	170	满足要求
	斜杆	2L100×10	0	0	201	52.1		52.1	100	170	满足要求
底模桁架B	上弦杆	2[16b	23	61	122	122.8	27.0	131.4	100	170	满足要求
	下弦杆	2[16b	0	0	96	19.1	0.0	19.1	100	170	满足要求
	斜杆	2L75×8	0	0	109	47.4		47.4		785	满足要求
前吊杆	吊杆1	φ32精轧钢	0	0	158	196.5		196.5		785	满足要求
	吊杆2	φ32精轧钢	0	0	239	297.3		297.3		785	满足要求
	吊杆3	φ32精轧钢	0	0	176	218.9		218.9		785	满足要求
	吊杆4	φ32精轧钢	0	0	169	210.2		210.2		785	满足要求
	吊杆5	φ32精轧钢	0	0	133	165.4		165.4		785	满足要求
后吊杆	吊杆1	φ32精轧钢	0	0	183	227.6		227.6		785	满足要求
	吊杆2	φ32精轧钢	0	0	188	233.8		233.8		785	满足要求
	吊杆3	φ32精轧钢	0	0	668	415.4		415.4		785	满足要求
	吊杆4	φ32精轧钢	0	0	159	197.8		197.8		785	满足要求
后锚固		φ32精轧钢	0	0	842	209.5		209.5		785	满足要求

4. 主桁抗倾覆计算

根据计算结果:主桁后锚结构在浇筑5号节段混凝土时锚力最大,每片主桁 $N = 842\text{kN}$,也即倾覆弯矩 $M = P \cdot l_1 = N \cdot l_2 = 5.9 \times 84.2 = 4\,970\text{kN} \cdot \text{m}$

后锚共设5根 $\phi 32$ 精轧螺纹筋,其抗力达到 $N_u = 5 \times 63.1 = 3\,155\text{kN}$,抗倾覆弯矩 $M_r = N_m \cdot l_2 = 5.9 \times 315.5 = 18\,615\text{kN} \cdot \text{m}$

抗倾覆系数为 $K = \dfrac{M_r}{M} = \dfrac{1\,861.5}{497} = 3.7 > 2$,满足规范要求。

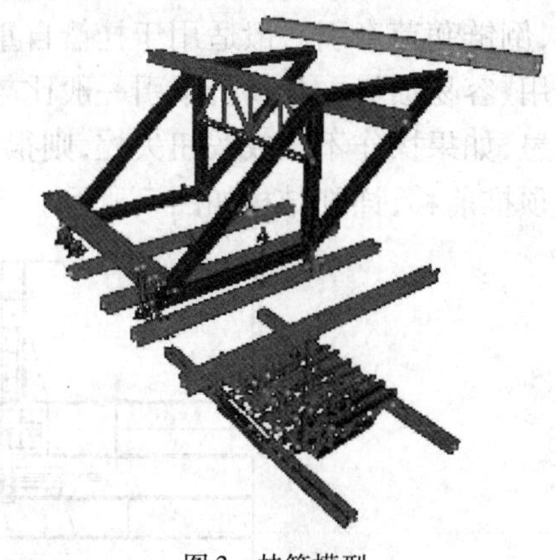

图3　挂篮模型

五、挂篮施工的几点改进措施

1. 对挂篮行走系统进行改进

因挂篮悬浇节块大,且挂篮自重较大(自重约90t),在实际操作中,行走系统是否使用快捷、方便,直接影响挂篮施工的工期。因此,在设计挂篮时,根据挂篮主桁、滑道以及锚固系统的结构形式,优化了该挂篮的行走系统,将贝雷片和贝雷片摇滚装置引入到该挂篮的滑移系统中。详细结构图如图4所示。

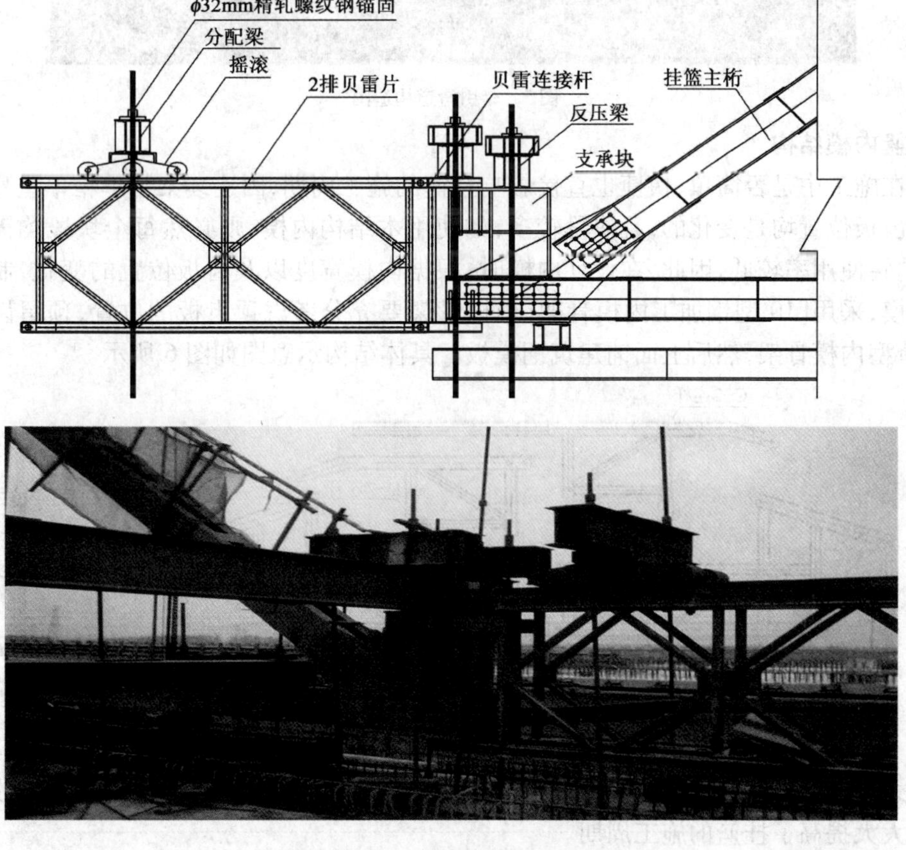

图4　后锚滑移系统构造图

采用贝雷片、摇滚滑移挂篮,充分利用了贝雷片的抗弯能力强、摇滚滑动方便的优势,在实际施工中,不仅简单、安全而且操作方便、快捷缩短了挂篮前移的时间,挂篮前移只需3个小时即可到位,大大提高了工作效率。

2. 对挂篮行走动力系统进行改进

一般挂篮行走的牵引力主要有倒链葫芦法和卷扬机牵引法。根据挂篮结构的大小,采用不同的牵引方式，倒链葫芦牵引一般适用于挂篮自重轻、节块小的悬浇施工，其缺点为人工操作比较费劲，且倒链经常使用、容易损坏。卷扬机牵引一般比较适用大吨位挂篮，且操作亦比较方便，但最大的缺点就是存在安全隐患，如果操作不当或按钮失控，则很容易出现安全事故，经过多种方案比选，该挂篮行走动力采用千斤顶顶推前移，详细结构如图5所示。

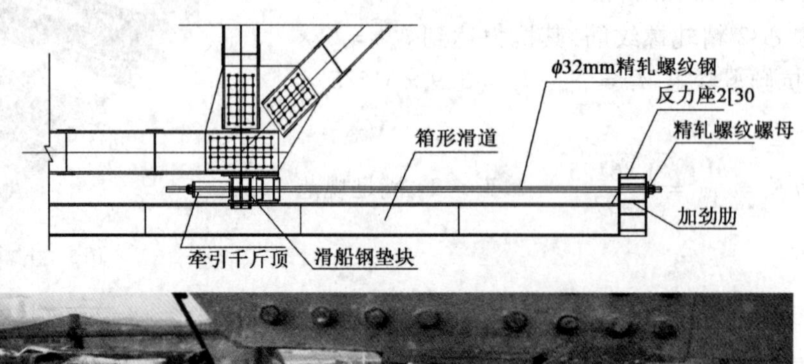

图5　牵引滑道构造图

3. 优化挂篮内模结构

挂篮内模在施工中是否简单、快捷也直接影响挂篮的施工周期，因连续梁为单箱单室变截面连续梁，腹板厚度和顶齿板位置均是变化的，且块段较多，如使用木结构内模，则必然每个块段均需要重新制作、调整，且木模周转使用率较低，因此，在设计内模时，根据内模宽度以及齿板位置的变化，制作成可伸缩、调节变化的钢模，采用[10型钢加工内模骨架，内模骨架要充分考虑顶齿板的位置，预留齿板空间，做成拼装式、可调节型内模骨架，然后上面铺建筑钢模板。具体结构示意图如图6所示。

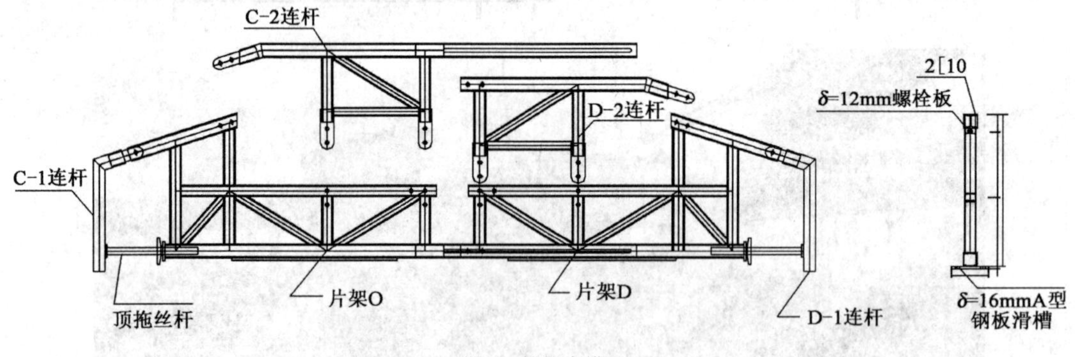

图6　挂篮内模

这种拼装式、可调节型内模可根据各节段的尺寸和齿板位置的变化，随时调整，不需改制模板，不仅操作方便而且大大提高了挂篮的施工周期。

六、结　语

本次设计的挂篮的总重力共900kN，K_1为0.3，K_2为0.033，在同类挂篮中以上两项数据是比较理想的。但在挂篮设计中不要一味地追求轻型化，还需要考虑挂篮的安全型、易操作性、可重复利用性，综合考虑提高挂篮的刚度。挂篮在现场拼装以后通过荷载试验后测得弹性变形为20 mm，与设计值基本吻合。根据实际测量的弹性和非弹性变形绘制曲线用于箱梁施工中设置挂篮预拱度时参考。

该挂篮在实际施工中具有易于组装移动和模板调整简单的特点，挂篮的前移仅需 3 个小时，模板调整 3 个小时。每个节段平均施工周期 7 天，为争取桥梁的总体工期创造了有利条件。

参考文献

[1] 中华人民共和国行业标准. GBJ17—88. 钢结构设计规范. 北京：人民交通出版社，1988.

[2] 中华人民共和国行业标准. JTJ025—86. 公路桥梁钢结构及木结构设计规范. 北京：人民交通出版社，1986.

[3] JTJ041—2000. 公路桥涵施工技术规范. 北京：人民交通出版社，2000.

[4] 雷俊卿. 桥梁悬臂施工与设计. 北京：人民交通出版社，2000.

[5] 陈君驹等. 材料力学. 陕西科学技术出版社，1993.

[6] 龙驭球，包世华. 结构力学教程. 高等教育出版社，1997.

92. 挂篮悬浇与支架现浇组合施工大跨度连续梁的线形控制

周思锋

（中交一公局桥隧工程有限公司）

摘　要　沪宁城际铁路跨娄江(85 + 135 + 85)m 三孔一联连续梁为全线最大跨度连续梁桥，采用挂篮悬浇与支架现浇组合施工。此类大跨度连续梁采用两种不同工艺的组合施工，主梁的线形控制非常关键。本文结合该桥主梁线形控制的施工实际，介绍连续梁的施工方案、线形控制的目的和要点、线形控制的计算分析方法，为同类桥梁的施工提供参考。

关键词　挂篮悬浇　支架现浇　大跨度　连续梁　线形控制

一、引　　言

随着工程技术的发展，挂篮悬浇和支架现浇施工已成为现代桥梁建造的主要施工方法，但挂篮悬浇与支架现浇相结合施工同一大跨度连续梁在国内还尚属罕见，此两种不同支撑体系的施工，在桥梁的合龙精度以及成桥线形控制方面，难度较大，运营一定时间后能否达到设计所要求的高程，施工时预测上部结构在每一施工阶段的挠度，并根据实时监测值来分析、指导施工过程中每个阶段的行为，就非常重要。本文结合沪宁城际跨娄江特大桥的施工情况，介绍挂篮悬浇与支架现浇组合施工大跨度连续梁的线形控制，为同类型桥梁的施工提供参考、借鉴。

二、工 程 概 述

沪宁城际铁路跨娄江特大桥为(85 + 135 + 85)m 三孔一联连续梁，采用挂篮悬浇与支架现浇组合施工，2 号主墩“T”构共划分 13 个节段，其中 1 ~ 8 号块采用挂篮悬浇施工，9 ~ 13 号块采用支架现浇施工，3 号主墩“T”构采用支架现浇施工，箱梁为单箱单室直腹板结构，箱梁顶板宽 12.2m，底板宽 7.0m，腹板厚度 110 ~ 45cm，中支点最大梁高 10.2m，边跨支点及跨中梁高 5.83m，梁高按圆曲线变化，圆曲线半径 R = 497.368m。主梁采用纵、横、竖三向预应力体系，0 号块长 13m，梁高 10.2m，混凝土共 580m^3。悬臂浇筑节块长度在 4.0 ~ 5.0m，悬臂浇筑最大节段混凝土量为 115m^3，最大悬浇重力 3 000kN。支架现浇段长度为 16m、19m、25m，边跨现浇段为 17.25m(图 1)。

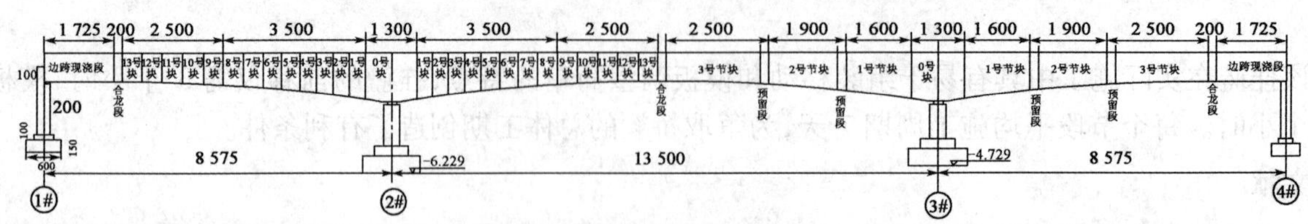

图1　箱梁支架现浇分段布置图(尺寸单位:cm)

三、主梁施工方案

1. 总体施工方案

2号墩"T"构1～8号块采用挂篮悬浇施工,9～13号块(25m)采用支架现浇施工,3号墩"T"构采用满堂支架现浇施工。待2号墩、3号墩两个"T"施工完成后,拆除支架支撑体系,形成两个悬臂"T"构,然后进行边跨合龙,最后拆除0号块临时固结,进行中跨合龙(图2)。

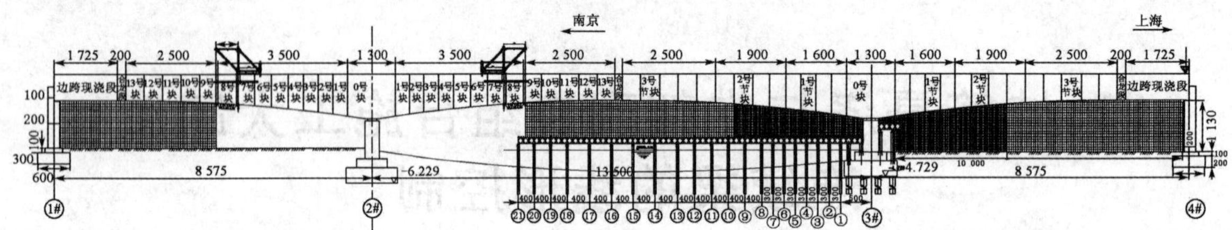

图2　挂篮悬浇+支架现浇总体布置图(尺寸单位:cm)

2. 挂篮悬浇施工

2号墩0号块采用梁柱式支架方法施工,承重立柱在墩身两侧采用8根直径800mm,壁厚16mm的钢管桩和2根直径900mm,壁厚16mm的钢管桩作承重支撑。其中两侧直径900mm的钢管桩用做临时固结支撑。挂篮采用菱形挂篮,主桁架采用双拼[40b,前上横梁采用双拼[56工字钢,前后下横梁采用双拼[40b槽钢,吊带采用直径ϕ32mm精轧螺纹钢,底篮采用桁架式纵梁,挂篮预压后弹性变形为20mm。

3. 支架现浇施工

3号墩"T"构采用满堂支架现浇施工,中跨跨娄江支架采用水中插打直径ϕ630mm×8mm钢管桩,然后钢管桩顶上布置2[45型钢横梁。横梁上面铺设贝雷片纵梁(腹板位置加密,布置4排),贝雷片上设]20分配梁,然后在其上搭设碗扣支架的施工方案。边跨陆地现浇支架采用碗扣满堂支架,对地表层土质进行换填100cm8%的灰土,并碾压密实,承载力须达到250kPa,浇筑20cm厚C30混凝土基础,然后在其上搭设碗扣支架。碗扣支架的间距按梁高荷载的变化布置,中支点两侧各36.5m梁高由10.2m渐变至6.73m。因荷载较大,碗扣支架纵向间距按30cm布置,横向腹板位置按30cm布置,底板按60cm间距布置,翼缘板按90cm间距布置,其余梁段纵向按60cm布置。满堂支架布置图如图3所示。

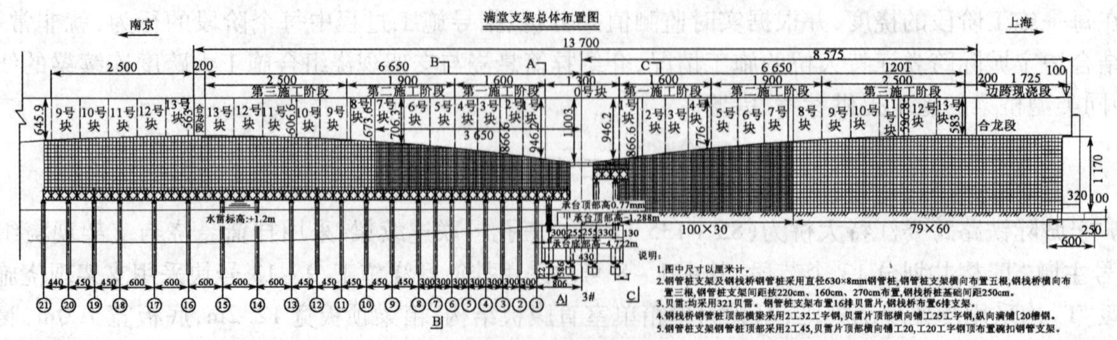

图3　满堂支架总体布置图

四、线形控制的实施

大跨度桥梁的线形控制按施工—量测—识别—修正—预告—施工循环过程。即首先根据结构分析计算，确定箱梁理论立模高程并实施，然后监测已完成梁段的高程及平面位置，将已完梁段的实际高程和预计高程相比较，再对偏差的结果的综合分析的基础上，对待浇梁段的立模高程和平面位置加以调整。

1. 线形控制计算分析

根据连续梁实际施工方案及施工步骤，对施工过程中每个阶段进行详细的变形计算和受力分析，以此来控制施工过程中每个阶段的结构行为，使其最终成桥线型和受力状态满足受力要求。本桥采用 SCDS2008 计算程序和桥梁博士 V3，对施工过程进行仿真分析计算，计算内容考虑块段自重、预应力张拉、移动挂蓝、混凝土收缩徐变、合龙后结构体系转换、二期恒载和活载效应，计算各施工阶段结构变形、测点断面处内力和应力分布状况等，为桥梁施工线形控制提供科学、合理的数据。其成桥结构计算模型如图 4 ~ 图 6。

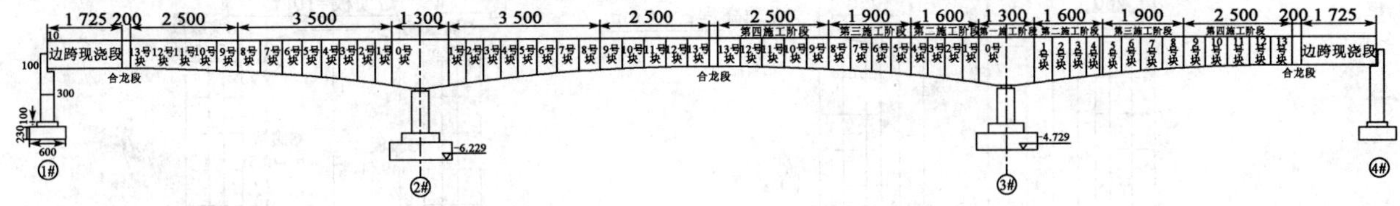

图 4 全桥结构模型图(尺寸单位:cm)

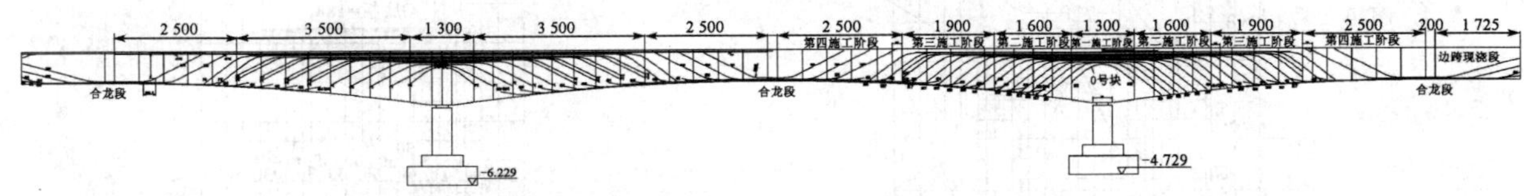

图 5 全桥预应力钢束布置图(尺寸单位:cm)

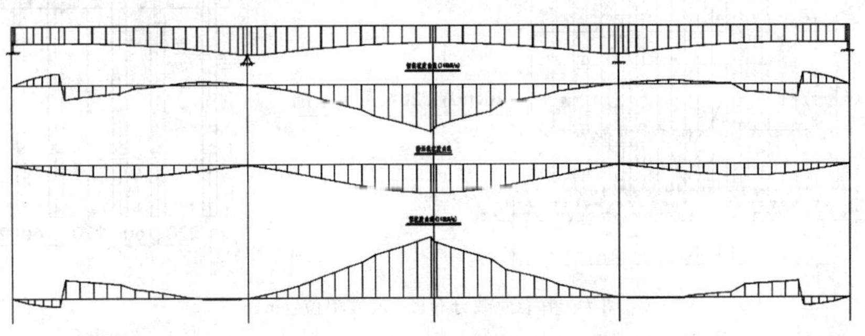

图 6 主梁预拱度曲线图

2. 挂篮预压以及支架预压试验数据的收集、整理

对于挂篮施工与支架现浇组合施工的大跨度连续梁桥，其线形控制计算的最基础、最重要的理论根据就是挂篮的弹性变形和支架的弹性和非弹性变形的试验数据，其直接影响成桥后的桥梁线形。

1) 挂篮预压

挂篮在节段自重及其他施工荷载作用下，将发生变形，这种变形将直接影响成桥后的桥梁线形，因此应在混凝土浇筑前应消除这种影响。在挂篮安装好后，对挂篮进行预压，以消除挂篮非弹性变形，同时测定弹性变形及非弹性变形，为各段箱梁立模的抛高量提供依据。预压试验可采用分级加载方法。加载重量应为最大悬浇节段混凝土自重的 1.2 倍，(即加载 3 600kN 荷载)，加载过程中记录各级压重的荷载和挂篮的变形情况，绘制荷载与挂篮变形曲线，经测量，挂篮最大弹性变形为 20mm，非弹性变形为 5mm。

2) 支架预压

支架在结构自重和其他施工荷载作用下将发生变形。这种变形包括弹性变形和非弹性变形。支架预压的目的：

(1) 消除支架的非弹性变形；

(2) 检验支架的承载力；

(3)实测支架的弹性变形；

(4)减小或消除基础的沉降变形，其中基础的沉降变形的大小直接关系着整个桥梁的结构安全，如果基础沉降量较大，则会导致梁体开裂，所以施工中必须加以重点控制。

因沪宁娄江桥块段大，梁体高，最高达10.2m，腹板厚，最后达110cm，腹板重力集度较大，为真实模拟施工中梁体的荷载分布，所以在支架预压时，根据腹板、顶、底板以及翼缘板荷载分布，采取钢构件与混凝土块混合预压的方式。箱梁荷载分布图如图7所示。

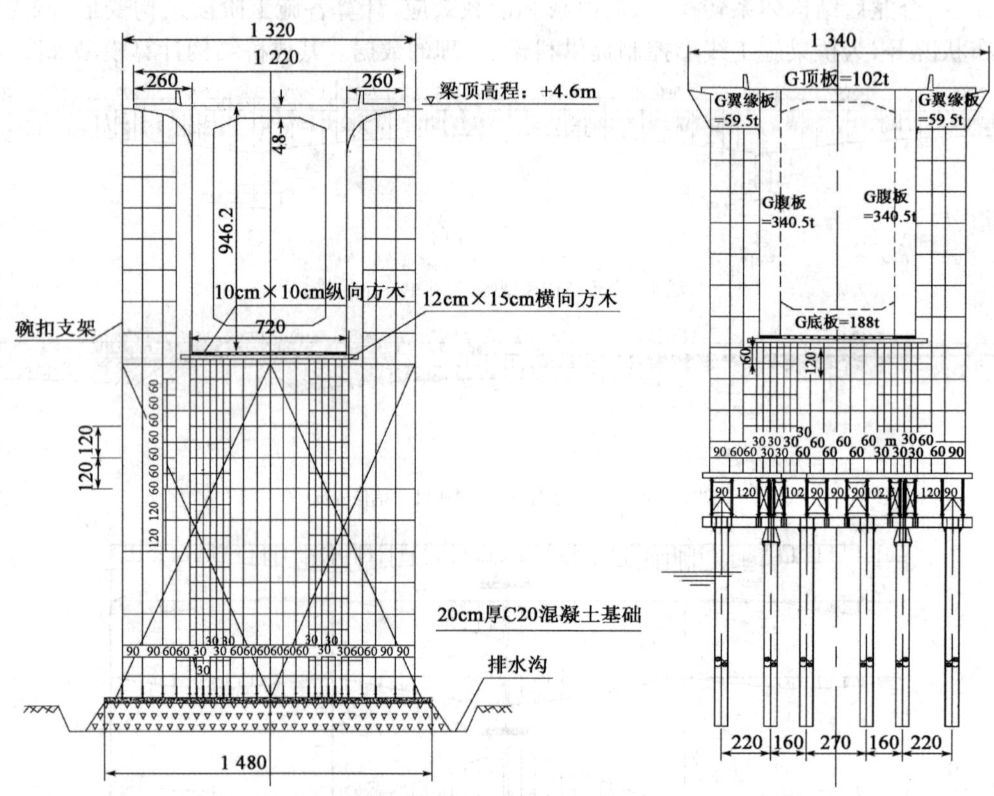

图7　箱梁荷载分布图(尺寸单位：cm)

经对支架分段预压，陆地满堂碗扣支架弹性变形为18mm，非弹性变形为15mm，地基基础沉降变形3mm，水中钢管桩贝雷支架弹性变形为20mm，非弹性变形为15mm，钢管桩基础沉降变形为2mm。

3. 立模高程的确定

通过施工过程结构的仿真计算，并结合现场试验实测影响桥梁施工控制的主要参数，预告箱梁的立模高程。在主梁施工过程中，梁端立模高程的合理确定，是关系到主梁的线型是否平顺，是否符合设计的一个重要问题。如果在确定立模高程时结合施工实际情况调整，再加以正确控制，最终成桥线形较好。

主梁立模高程计算式为：

$$H_{lm} = H_{sj} + f_{ypg} + f_{zj} + \Delta f$$

式中：H_{lm}——主梁立模高程；

H_{sj}——主梁设计高程；

f_{ypg}——计算预拱度；

f_{zj}——支架或挂篮变形值；

Δf——施工误差调整值。

4. 箱梁高程控制点的布设与测控方法

0号块施工完成后，在0号块上布设高程观测基准点，高程控制网依托大桥已建立的控制网点，采用三等水准测量方法。在各主墩0号块梁顶面上各设2个高程控制点,以此作为施工监控过程中高程观测的基准点,定期与高程控制网联测。箱梁0号块梁顶基准点布设见图8,基准点标志可用16mm直径螺纹钢筋制作。钢筋露出顶面混凝土约1.0~2.0cm,露出端上部加工磨圆并涂上红漆。

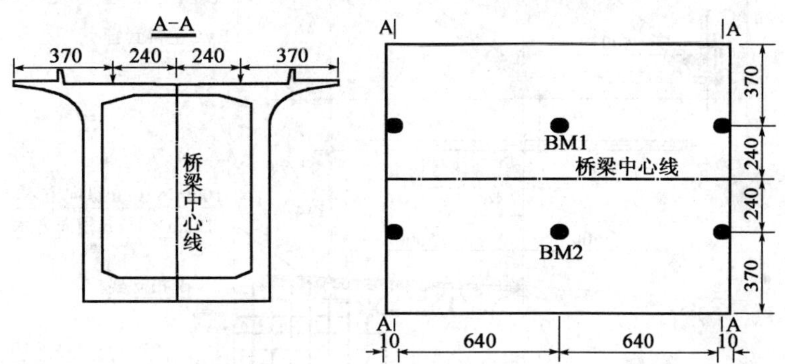

图8　0号块顶部基准点布置图(尺寸单位:cm)

箱梁每一节段施工过程中,应进行以下3个工况的挠度测量和高程控制测量:

(1)浇筑箱梁混凝土前;

(2)浇筑箱梁混凝土后;

(3)纵向预应力钢束张拉后。

箱梁每一节段施工过程中应进行以下2个工况的箱梁轴线偏位监测:

(1)浇筑箱梁混凝土前;

(2)浇筑箱梁混凝土后。

以上测量工况,除对当前施工节段监控测点进行高程测量外,同时对已施工的连续3个节段同时进行高程测量,以得到箱梁节段累计实际变形。

5.施工过程实时控制

在挂篮悬浇施工和支架施工过程中,各种施工误差会不断出现,为此5个基本参数作为实时监控调整参数:混凝土弹性模量E、混凝土重度γ、截面面积A、抗弯惯矩I、收缩徐变调整系数K。通过施工期试验值E、γ及结构变形测量值,对这些基本参数进行跟踪修正,使实际结构状态与修正后的结构理想控制目标相互逼近,并以此为基础预测未来状态。对挂篮前移后,结构悬臂的挠度变化值、混凝土浇注后,对已建结构悬臂段与新浇节段外端的挠度变化值、混凝土截面积A、抗弯惯性矩I、预应力张拉值、混凝土徐变、收缩偏差系数等结构参数修改、计算分析,确定每节段的立模高程。

五、挂篮悬浇与支架现浇结合段施工控制

2号墩挂篮悬浇至8号块后,与9~13号块长25m支架现浇段相连接,此处关键技术就是挂篮悬浇与支架现浇两个不同的支撑体系之间的结合控制,必须保证连续梁的线形美观和梁体的结构安全。根据现场施工实际情况,采取挂篮结构体系不动,利用支架支撑体系将模板顺接的施工方案,不仅节省了工期,而且连续梁线形和结构安全得到了保证,具体施工图如图9所示。

根据连续梁各施工阶段监控、仿真计算分析,计算挂篮悬浇8号块的立模高程,以及支架现浇段与挂篮接头位置的底模高程,施工中跟踪监控挂篮8号块混凝土浇筑前、后、预应力张拉前、后梁体高程的变化并与计算理论相比较,为线形调整提供依据,然后,将挂篮模板与支架现浇模板相顺接,同时将挂篮的前吊杆用PVC塑料套管包裹,为防止挂篮与满堂支架两种不同受力体系的不均匀沉降变形,导致梁体开裂,在挂篮的底桁架以及前下横梁处采用支架加固支撑,保证挂篮结构不受力。在实际施工中,通过对挂篮主桁、后锚以及已悬浇梁面的变形观测,挂篮基本不受力,混凝土浇筑完成后,挂篮主桁变形0mm,梁面变形1mm,保证了挂篮与支架结合处的梁体线形和结构安全。

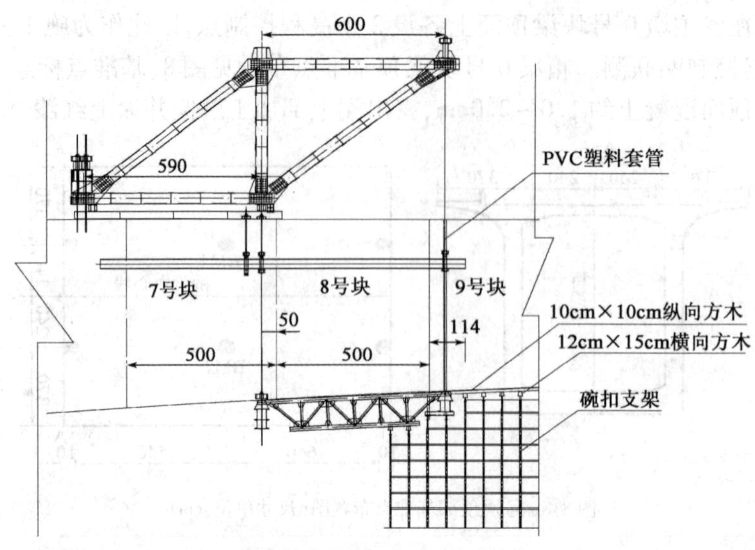

图9 现浇结合段施工方法(尺寸单位:cm)

六、结　　语

挂篮悬浇与支架现浇施工连续梁施工过程中挠度的因素很多,在进行施工模1拟计算时必须充分考虑各种施工因素,施工模拟计算要与实际施工过程严格保持一致。沪宁城际跨娄江连续梁成桥状态的线形美观,合龙段两侧高差3mm,连续梁内力亦满足设计要求,为大跨度连续梁的施工开辟了新的思路。

参考文献

[1] 范立础.桥梁工程[M].人民交通出版社,2001.

[2] 向中富.桥梁施工控制技术[M].人民交通出版社,2001.

[3] 范立础.预应力混凝土连续梁桥[M].人民交通出版社,1998.

[4] 葛耀君.分段施工桥梁分析与控制[M].人民交通出版社.

93. 全体外预应力节段预制梁应用及关键部位设计

曲春升　牟晓光
(中交公路规划设计院有限公司)

摘　要　部分体外预应力技术目前在国内有逐步发展的趋势,从苏通大桥和杭州湾大桥等几座跨海桥梁来看,均采用了体外束来抵抗成桥后活载等效应。目前国内还较少采用全体外预应力,本文以国外某跨海大桥连续梁为例,介绍全体外预应力的节段预制拼装应用和结构的接缝设计,并就全体外预应力结构单一转向部的受力状况复杂的特点,介绍了转向块的简化分析方法。

关键词　全体外预应力　节段拼装　接缝　转向部　简化分析

一、引　　言

节段预制拼装是桥梁工程施工中一种比较有效经济的机械化施工方法,通常有平衡悬臂拼装法和逐跨拼装法。节段拼装法可以有效地降低对环境和交通的影响,同时预制节段可以加快施工速度和节省工期。平衡悬臂拼装法在国内的使用普及比较高,但逐跨拼装法的应用相对较少,上海沪闵高架道路二期工程部分标段就采用了后者。

国外某跨海大桥的引桥为6×55m的等截面连续梁，采用了全体外预应力钢束结构，共7对预应力束（图1），施工采用逐跨拼装法。考虑吊装能力和施工速度，将每跨分为15个节段，每个节段的重量控制在100t。所有预应力束采用单个转向块同时转向，转向块设计为隔墙式。为降低体外索的二次效应和防止束体的自由振动，在跨中设置2道混凝土减振横梁。

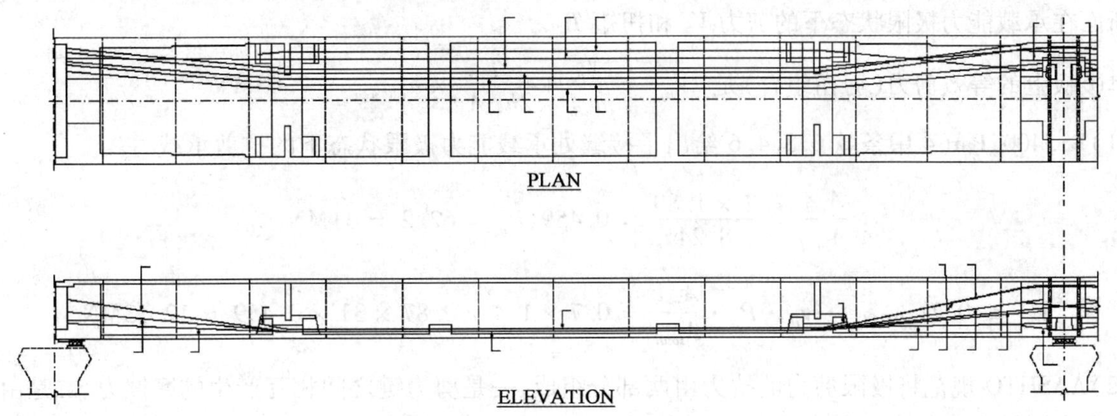

图1　体外预应力束的布置形式

体外预应力钢束与结构仅在锚固和转向部有相互接触，其余部分基本上处于自由状态，因此在锚固区和转向部就产生了较大的竖向力和水平力，导致该处的应力状况复杂，成为体外预应力结构设计的一个控制因素。本文也将介绍转向部的计算方法。

二、节段预制逐跨拼装的工法介绍

结构在设计时依据架桥机吊装能力和节段运输情况划分为多个节段，一般2～4m长。节段长度太短则导致施工烦琐，施工期长；节段长度太长则会受到架桥机的吊装能力限制。节段会采用长线法或短线法在预制场进行预制，同时宜放置三个月以上以降低收缩和徐变的效应。架桥机可分为上行式和下行式，结构的跨度通常由架桥机的承载能力决定，因为在简支状态前结构的自重完成由架桥机来承受。

逐跨节段拼装技术从力学角度讲是先简支后连续的施工工艺，其施工顺序如下：

(1)通过架桥机吊装各节段至设计位置，通常有架桥机后方喂梁和桥下喂梁等方式。

(2)单跨内的节段吊装完后，调整各节段至设计位置并张拉预应力钢束，然后将节段梁放在桥墩上的临时支座形成简支状态。

(3)当架桥机完成一跨的节段梁架设之后，架桥机转移前先要安装下一号墩的辅助牛腿，将$n-1$号墩的支腿翻到$n+1$号墩上，桁架前行转移到$n+1$跨，进行下一跨的节段拼装。

(4)吊装墩顶节段并浇注接缝或现浇墩顶部的混凝土接缝，混凝土达到一定强度后张拉墩顶钢束。简支梁转换成连续梁结构，节段梁施工拼接误差集中到墩顶现浇部分。

依以上顺序完成全桥的节段施工。图2所示为上行式架桥机的节段吊装。

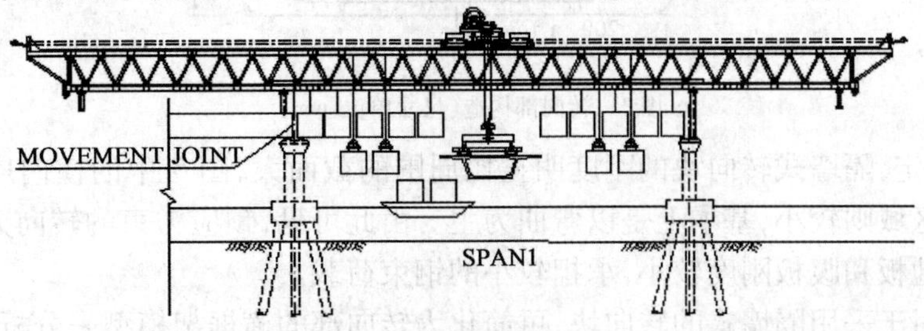

图2　上行式架桥机的节段吊装

全体外预应力设计的优点:施工速度快、可减小截面尺寸、可检测、可更换等。

三、节段接缝的设计

通常断面上设置的剪力键的累加高度不宜超过梁高的70%,如计算能满足抗剪要求,可适当减少剪力键个数。本文将介绍采用BS5400和AASHTO规范来计算剪力键强度的方法。从总体分析中提取出控制断面在承载能力极限状态下的剪力 V_u 和扭矩 T_u。

单腹板上的等效剪力(剪扭组合)是: $V_{u_{eq}} = \frac{V_u}{n_{web}} + \frac{T}{2h_{wo}A_o} \times h_{wo}t_{web} = 7.05\text{MN}$

(1)BS5400,Part 4中条款6.3.4.6给出了接缝处承载能力极限状态下的抗剪承载力。

$$\frac{A_{web}}{A_{total}} = \frac{2 \times 1.89}{8.24} = 0.459, P_h = 62/2 = 31\text{MN}$$

$$V_{u_{eq}} \leqslant 0.7(\tan\alpha_2) \cdot \gamma_{fL} \cdot P_h \cdot \frac{A_{web}}{A_{total}} = 0.7 \times 1.4 \times 0.87 \times 31 \times 0.459 = 12.13\text{MN}$$

(2)AASHTO规范将极限剪力的抗力由两部分组成,一是剪力键之间相互产生的摩擦力,二是由非剪力键的剩余区域产生的摩擦力。

$$V_u = (\mu_s A_s + \mu_{sk} A_{sk}) F_{pa}$$

$$SV_{u_{eq}} \leqslant (\mu_s A_s + \mu_{sk} A_{sk}) F_{pa} = (0.6 \times 1.84 + 1.4 \times 0.05) \times 8 = 9.4\text{MN}$$

通过采用BS5400和AASHTO两种规范计算得到了结构的极限抗剪能力,设计中可保守地取较小值。

四、转向块的简化分析法

转向块的设计是全体外节段拼装结构最复杂的设计点。全体外预应力结构的预应力特点为:索体型号大(一般采用15~27及以上的型号,采用大型号的预应力可以减少索体的数量,便于索体布置),转向角度大,因此作用于转向块的预应力也较大,导致该节段应力状态复杂。本文通过剖析力的传力途径和受力机理来提供一种简化的设计方法,以便在初步设计中使用,提供设计效率。

本文对整体隔墙式转向部的设计进行了研究,图1和图3所示的七对预应力索体均在同一个转向部转向,导致该区域应力复杂。本文研究中利用ANSYS软件建立锚固区的局部模型,在孔道壁上施加面荷载来考虑体外预应力钢束的荷载效应,图4和图5分别为转向块的竖向位移和横桥向应力结果。

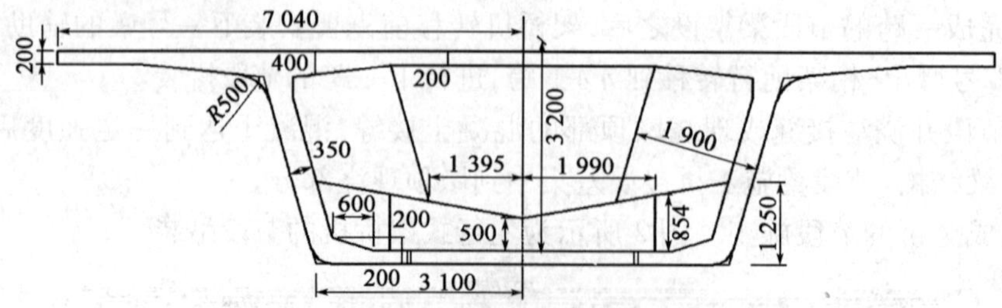

图3 转向部构造(尺寸单位:mm)

从分析结果可判定,隔墙式转向块的刚度明显比周围的截面大,图5中的横向应力在转向块的横肋上数值较大,而周围区域则较小,基本上是以弯曲为主。由此可见,预应力束的转向力大部分由转向部的横肋抵抗,而周围的地板和腹板刚度较小,承担较小的钢束荷载。

依据以上结论,对于采用隔墙式的转向块,可简化为转向部的横框架模型来分析,将体外束的接触作用简化为集中力,不仅节约分析时间,而且能得到较好的结果。

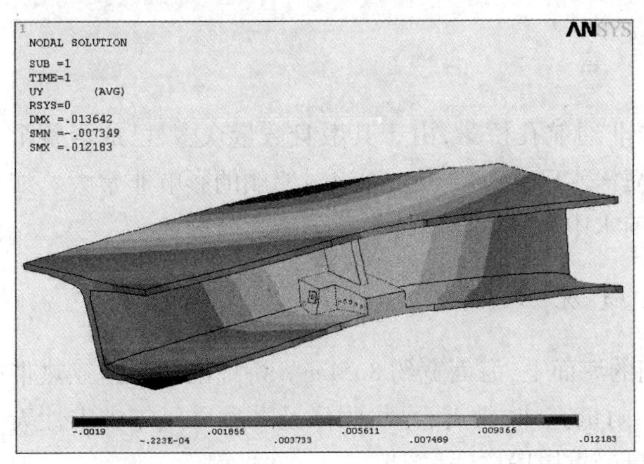

图4 转向块竖向位移图

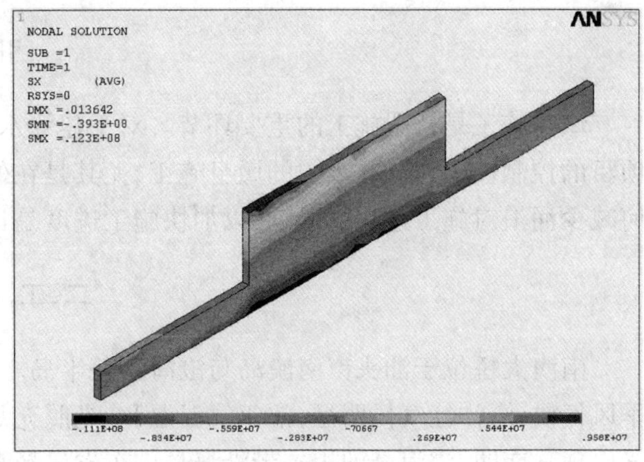

图5 转向块横桥向正应力图

按照预应力钢束在平面和立面的投影,分别得到锚固点和转向点之间的投影长度,如图6所示。通过简化分析得到的 F_V,F_H 均利用U形钢筋来抵抗,以防止局部混凝土拉裂。则索产生的简化竖向和水平分力如下:

$$F_v = \frac{H}{\sqrt{H^2 + L^2 + S^2}}P, F_H = \frac{S}{\sqrt{H^2 + L^2 + S^2}}P \quad (P\text{为预应力索在极限状态下索力})$$

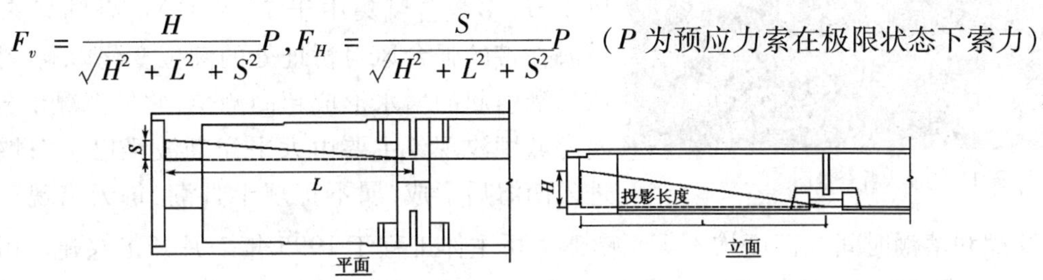

图6 体外预应力钢束投影长度

五、结 语

全体外预应力结构耐久性好,索体方便维修和更换,在国外使用较为广泛;目前国内使用体内、体外结合的较多,全体外必将成为今后桥梁结构的一个发展趋势,本文对全体外的节段拼装的几个关键问题进行了分析探讨,对同类桥梁的设计具有一定参考意义。

参考文献

[1] AASHTO Guide Specifications-Guide Specification for Design and Construction of Segmental Concrete Bridges,1999.

[2] Daniel M. Tassin, P. E. J. Muller International. Design of precast segmental bridges built span by span.

[3] AASHTO Subcommitee on Bridges and Structure- AASHTO LRFD Bridge Design Specification,1994.

94. 外海桥梁墩身施工移动式起重平台研究

汪文霞[1] 李宗平[2] 郭 强[1]
(1. 中交武汉港湾工程设计研究院有限公司;2. 中交二航局第四工程有限公司)

摘 要 鉴于传统工法在墩身施工中遇到的困难,笔者开发出一种使用可移动工作平台的新工艺,并研究设计了用于墩身施工的移动式施工平台。其具有受海况影响小、施工功效高、成本低等特点。该工艺和设备对特定环境条件下的墩身施工具有推广价值。

关键词 墩身施工 移动式起重平台 研究

一、引　言

墩身施工是桥梁施工的重要环节。对于建深水区非通航孔桥梁，由于其墩身数量众多，已成为整个项目的控制性工程。在水中的墩身施工，尤其是在外海深水区，除风以外，涌浪对船舶的影响非常大。如何减少涌浪对施工过程的影响，以加快施工进度是目前水中墩身施工亟待解决的重大问题。

二、工 程 概 况

南澳大桥位于汕头市南澳岛与澄海莱芜半岛之间的海面上，海面宽约8.5km。桥址区属于南亚热带季风气候，海洋性气候明显，常年气温温和，光照充足，雨量充沛，常有台风、强风及冬季季风等灾害性天气出现。南澳、澄海至汕头一带沿海是广东省风暴潮最严重岸段之一(图1)。

图1　南澳大桥全景图

南澳岛附近海面冬季主要受东风季风影响，夏季主要受西南季风和台风影响。冬季海浪以涌浪为主，自10月至次年1月涌浪频率为95%左右，每年5～11月为多台风季节(多数台风集中于7～9月)。登陆粤东及珠江口沿海一带的强台风对桥址处的潮位变化影响特别显著，台风暴潮引起的增水形成超高潮位，此处海况十分恶劣。南澳海域潮汐现象主要由太平洋潮波经巴士海峡巴林海峡进入南海后形成，属不正规半日潮，每天出现2次低潮和2次高潮。涨潮和落潮时间和高度均不等。南澳大桥主体工程于1995年2月开工兴建。由于此处海况恶劣，墩身施工异常困难，致使施工无法进行，最终南澳大桥在建成10个浅海桥墩后，便一直弃置停建。2008年工程再次招标开工，其中深水区非通航孔桥墩为K5+795～K9+710和K10+290～K11+685，共120个桥墩，引桥下部结构(钢管桩基础、承台及墩身)；承台及墩身防腐涂装。该合同段成败的关键即为深水区120个桥墩的施工，水深在8～14m，墩身处的涨潮、落潮水流流速为0.73～1.102m/s。

三、传统施工工艺面临的困难

本工程若采用以往在水中施工墩身时采用的施工工艺，存在的问题主要有：

(1)若采用浅滩区墩身搭设栈桥施工，即在栈桥上采用流动吊机辅助施工墩身，将水上施工变为固定平台上施工。由于本工程的桥墩处远离岸边(乘船需50分钟方能到达)，水位深、潮差大、涌浪高、水流快，搭设栈桥成本极高甚至无法实施。

(2)若采用浮吊施工，则面临以下问题：①风大浪高时无法作业。②施工水域终日涌浪，浮吊和运输船舶无法稳定自身，吊装钢筋和模板时会出现吊钩摆动幅度很大的情况，施工过程困难，甚至无法施工，而且极易发生安全事故。③需要辅助工程船舶参与浮吊的抛锚定位及转场作业。④施工作业船舶租赁费用高。⑤每墩身施工周期长，前期采用浮吊施工，每月只能完成1个墩身的施工，施工进度过慢。⑥墩身上施工作业面狭窄，无材料堆放场地，施工中存在严重安全隐患。⑦施工水域远离岸边基地，施工人员往返时间长，影响施工进度。⑧台风来袭时，所有施工船舶必须回港避风，作业面恢复需要一定时间。

鉴于采用上述传统施工工艺遇到的难以克服的困难，特别是终日涌浪，浮吊无法稳定自身，施工过程十分困难，将施工起吊作业与水脱离开是解决此问题的关键。为此，本工程开发并采用具有针对性的新型施工工艺便成为必然。

四、墩身移动式施工平台新工艺

该新型工艺采用移动式施工平台，该平台置于2跨3个承台上。施工平台上放置旋转式吊机进行作业，吊机对目标墩身施工完成后，在移动平台行走前，须将吊机行走至中间承台上方。移动平台具有自行功能，行走采用电动葫芦牵引或油缸步履式顶推的方式，行走到位后，吊机返回施工区进行作业(图2)。

图2 移动式施工平台总体图

1. 移动式施工平台结构形式

墩身移动式施工平台以承台为基础，在承台上设置支撑支座，移动式施工平台置于支撑支座之上。该平台采用两根主纵梁和若干根横梁组成，纵梁上放置一台旋转式吊机，吊机可在纵梁上作业和行走，以满足施工要求。整个移动式施工平台的行走可采用设置在支撑支座上的电动葫芦拖动，也可采用液压油缸步履式顶推。

支撑支座的顶面标高按百年一遇的波浪高度控制设计，以防止波浪力对纵梁的冲击；支撑支座采用分块设计，法兰连接，以方便拆装；支撑支座在墩身承台上采用锚杆锚固，以平衡移动式施工平台推进时的水平分力；支撑支座与纵梁接触的区域覆盖不锈钢板，以减小推进时的摩擦阻力。

由于吊机的作业区域在墩身附近，纵梁跨中的荷载仅为吊机的自重，相对平台的自重而言，吊机自重对结构设计的影响占次要地位。为减少风力和波浪力对平台结构作用，平台纵梁的主体部分采用空腹箱梁结构。同时考虑推进时下翼板平滑的要求和方便海上安拆装施工的要求，纵梁的分段采用销轴连接。

纵梁的总长应大于连续两跨的最大长度之和，并应有足够的安全长度，以防止系统推进时的纵向倾覆。考虑减少推进过程中前后两端悬臂状态的自重荷载，在纵梁前后两端设置轻巧的导梁，而导梁头部设置圆弧过度段，以方便前端导梁平顺地进入前端支撑和后端导梁平顺地脱离后支撑，避免"突跳"对结构的冲击荷载。

两纵梁间采用桁架横向连接。中后墩间的横向联系桁架采用可折叠的构造设计，推进过程中可开合，从而避免与已施工的中墩墩身的干涉。纵梁间在靠近中墩区设计为材料堆载区和简单生活区，并放置发电机。另外，移动式施工平台在设计上还考虑了完备的防台措施，防止台风袭击时对施工平台的破坏。

2. 移动式施工平台特点

(1)本文开发的新型移动式墩身施工平台能够克服在深水区，特别是海况恶劣的海域进行墩身施工面临的困难。

(2)由于移动式施工平台通过支撑支座直接作用在承台上，而支撑支座的顶面高程按照百年一遇的波浪高度设计，所以移动式施工平台基本不受海况影响，与直接在地面上施工墩身差异不大。而对于本工程若采用浮吊施工，由于此处海况恶劣，风大浪高，浮吊吊装钢筋和模板时吊钩摆动幅度很大，施工十分困难；且施工时需要辅助工程船舶参与浮吊的抛锚定位和转场作业，整体投入大。该移动式施工平台支撑在3个承台上，其上施工场地开阔，施工所用的物料有足够的放置空间。

(3)移动式施工平台上设置了生活区，工人每天施工期间可以在施工平台上休息，无需乘船往返于施工场地和岸边基地，减小了工人的劳动强度。

(4)移动式施工平台具有防台设施，当台风来袭时只需将移动平台锚固在承台上，吊机锁定在移动平台上即可。

(5)移动式施工平台具有横向移动功能，可适应平曲线桥梁墩身的施工，目前在南澳大桥墩身施工中已经应用。

(6)移动式施工平台是自行式,目标墩身施工完成后,可自行至下一施工区域,辅助工作量小。

(7)移动式施工平台在行走过程中须严格控制平台的重心位置,避免平台出现倾翻,行走前须将吊机停在中间墩身处,使移动平台的重心始终在前跨,整个行走过程采用电动葫芦分次牵引到位。

如图3工程照片显示了移动式施工平台作业状态及典型的行走过程。

a)后端刚脱离支撑支座

b)移动平台行走至两承台之间

c)移动平台行走前端最大悬臂状态

d)移动平台行走到位工作状态

图3 移动施工平台工作和行走过程

鉴于以上特点并通过实践证明,本墩身施工新工艺完全克服了采用传统工艺所遇到的问题和困难,满足南澳大桥墩身施工需求,且施工效率高。

3. 移动式施工平台计算

该移动式施工平台在施工过程和行走过程中荷载是在不断变化的,在计算时,笔者充分考虑了施工荷载、吊机轮压、风荷载等。移动式施工平台在施工和行走时安全性十分重要,因此施工平台的主体结构采用Q345B钢材。采用大型有限元软件ANSYS计算时,考虑了9种工况,见表1。

施工平台各工况下内力计算表 表1

序号	名称	工况内容	应力(MPa)	变形(mm)
1	工况1	吊机工作状态,正向起吊重物	180.45	-23.74
2	工况2	吊机工作状态,侧向起吊重物	191.65	-24.76
3	工况3	吊机工作状态,斜向起吊重物	194.45	-25.41
4	工况4	吊机非工作状态,移动施工平台抗击台风	177.46	-21.46
5	工况5	吊机行走状态,吊机行走至两承台跨中	184.81	-33.08
6	工况6	吊机行走状态,吊机行走至承台上方	123.44	-13.84
7	工况7	吊机行走状态,吊机行走到位	124.03	-14.54
8	工况8	平台行走状态,后端刚脱开支座,处于后端悬臂	208.28	-352.41
9	工况9	平台行走状态,前端即将接触支座,处于前端悬臂	179.59	-257.04

限于篇幅原因,只将9中工况的合成应力云图汇总如图4所示。

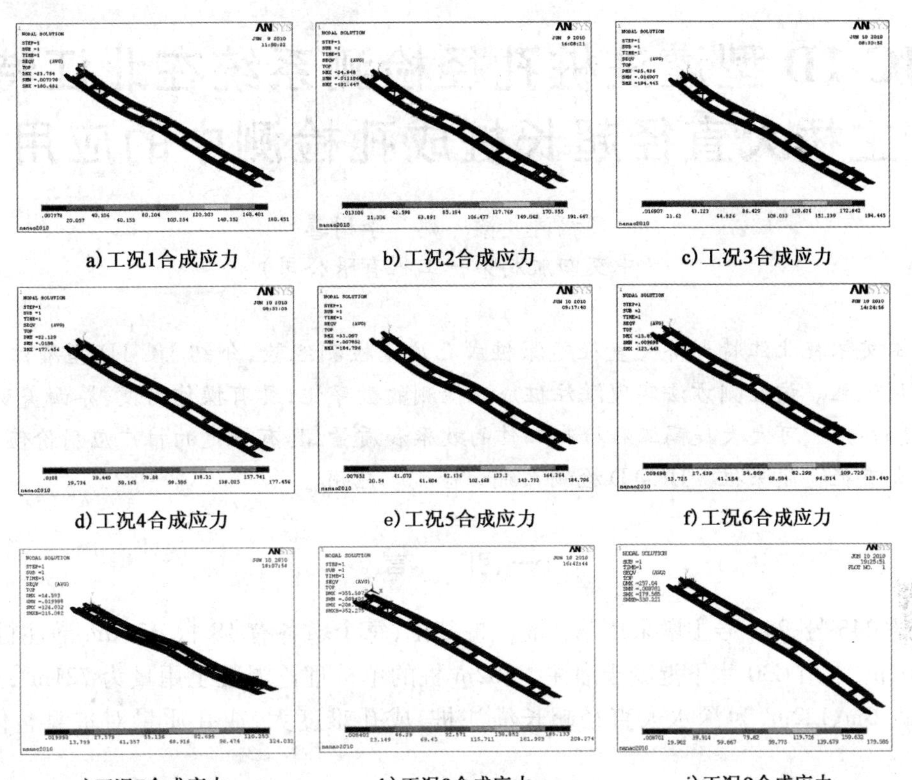

a)工况1合成应力 b)工况2合成应力 c)工况3合成应力

d)工况4合成应力 e)工况5合成应力 f)工况6合成应力

g)工况7合成应力 h)工况8合成应力 i)工况9合成应力

图4 各工况合成应力云图

有限元软件计算结果表明,移动式施工平台的应力和变形均在符合规范要求,施工和行走过程中,各支座处均为压力,无倾覆现象产生,移动式施工平台安全可靠,能够满足施工需要。

五、结 语

本文针对水中墩身施工面临的难题,结合工程实例,研究设计了新型墩身移动式施工平台并应用于工程实际中。该平台是一种新型水中墩身施工设备,克服了此处采用传统水中墩身施工工艺面临的船舶无法定位、施工周期长、成本高等困难,在南澳大桥墩身施工中起到关键性作用。每个墩身施工周期为5~6天,在保证施工质量的同时,加快了施工进度。另外,移动式施工平台若用于水中双幅桥的墩身施工,可将移动式施工平台置于双幅桥双幅承台之间,旋转式吊机一次施工6个墩身,较传统施工工艺,其优点更加明显。

目前在水中的墩身施工,尤其是在海况恶劣、风大浪高的海域,仍是影响施工进度和施工质量的重要因素。本文设计的新型墩身移动式施工平台不仅能够满足墩身施工的要求,而且受施工海况影响小、施工效率高、成本低。新型移动式墩身施工平台的应用,将推动水中墩身施工工法的进步和革新,因此新型墩身移动式施工平台具有很高的推广借鉴价值。

参考文献

[1] 陈诗平,吴汉斌. 孟加拉国帕克西桥承台墩身施工. 世界桥梁,2003,4:18-20.

[2] 黄少文. 东海大桥海上非通航孔墩身施工技术. 世界桥梁,2004,增刊.

[3] 陈秋盛. 高空心薄壁墩墩身的施工及控制措施. 广东公路交通,2007,1:45-46.

[4] 罗园辉,程允武. 杭州湾跨海大桥高墩区引桥墩身的施工. 公路,2006,6:219-220.

[5] 路桥集团第一公路工程局编. 公路桥涵施工技术规范. 北京:人民交通出版社,2000.

95. JJC-1D型灌注桩孔径检测系统在北江特大桥主桥大直径超长桩成孔检测中的应用

吴福涛　梁　鹏　李树喜
（中交四航局第一工程有限公司）

摘　要　本文依托北江特大桥大直径超深桩成孔质量检测经验，介绍JJC-1D型灌注桩孔径检测系统原理及其应用过程。该检测方法实现灌注桩成孔检测的数字化，具有操作简便，界面美观，资料存储和处理方便、快捷的特点，可大大提高工程检测工作的效率和质量，具有一定的推广应用价值。

关键词　大直径　超深桩　JJC-1D检测系统　检测　应用

一、引　言

北江特大桥243号、244号主墩采用钻孔灌注桩基础，每个墩各有18根ϕ3.0m灌注桩，设计桩长分别为95.6m、102m，采用C30水下混凝土灌注。102m桩的单桩理论混凝土用量为721m^3，相应的成孔深度分别达到115.6m、122m，为深水大直径超长灌注桩，成孔难度大，成孔质量对桩身整体质量有重要影响。

根据规范规定，钻孔灌注桩成孔和清孔后，应使用仪器对成孔的轴线偏位、孔径、孔深、竖直度、泥浆稠度、孔底沉淀厚度等指标进行检验，成孔质量符合规范要求，方可进行下一工序施工。其中，孔的轴线偏位通过经纬仪或全站仪检查测得，清孔后的泥浆稠度通过泥浆比重仪测定，以上指标测定较为简单。对于孔径、倾斜度及沉渣厚度等测定按现有方法不甚准确。

传统成孔检测工艺中，孔深一般利用测绳测得，孔底沉渣厚度可通过锥形和平底测具测量后进行比较得出，或采用沉渣盒测量得出。孔径及倾斜度测量则使用专门加工的探笼进行检测。对于倾斜度测量通常是检孔器在孔顶对中下落后，通过在护筒顶观测吊绳相对于放样中心点偏移情况计算得出，结果带有很大的估计性。综上所述，普通检孔器只能粗略看出孔径是否小于设计值、是否有超规范的倾斜，孔径大多少、扩孔系数、倾斜度大小等均无法得出，表象与结果不能一一对应，没有量化功能。

成孔孔径、倾斜度指标等检查方法的选择直接影响水下混凝土的顺利浇注，对于高标准建设贵广铁路北江特大桥主桥超长桩基，传统检孔方法显然不能适用，因此有必要寻找一种简单易行且较为精确的检测手段，完成成孔检测，保证钻孔灌注桩顺利浇注。为此我部特引进JJC-1D型灌注桩孔径检测系统，进行成孔质量检测。

二、JJC-1D型灌注桩孔径检测系统简介

JJC－1D微机检测仪是以PIC系列单片机为核心构成的信号采集和处理装置。它将采集的模拟信号数字化，通过串口与上位机通信，完成测试功能。仪器电路原理图如图1所示。

1. 深度测量

深度测量系统主要由带有光脉冲发生器的井口滑轮和电缆组成，滑轮装在由两条铝合金槽钢组成的井口支架上，电缆每移动1m，滑轮转动三圈。滑轮上装的光电脉冲发生器随着滑轮一起转动，并产生3 600个深度脉冲信号传送到微处理器作采样脉冲同时通过串行接口到上位机作深度显示（图2）。

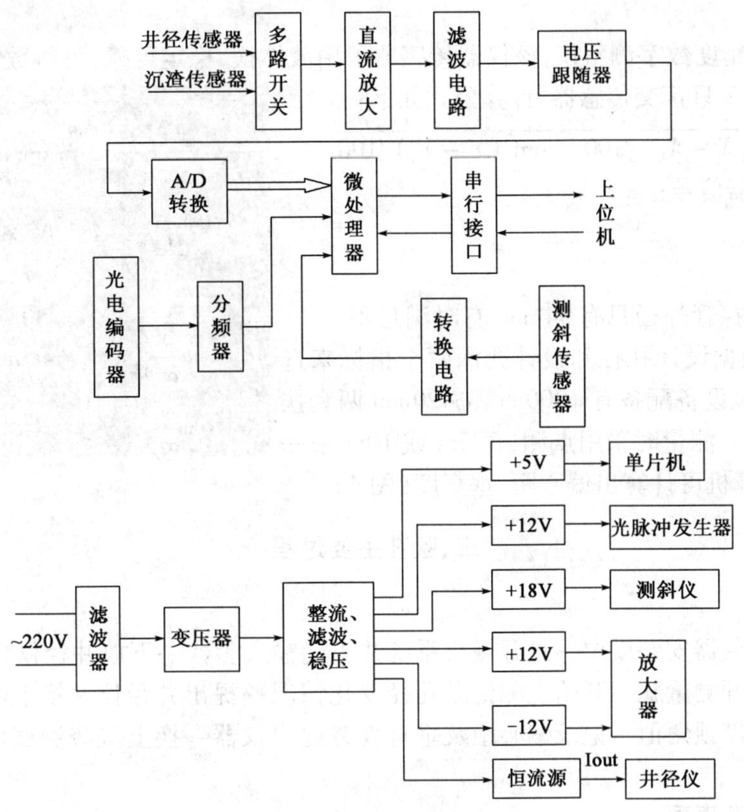

图1 仪器电路原理图

2. 孔径测量

孔径测量采用接触式方法测量，利用四条测量腿紧贴井壁，将两个正交方向上孔径变化的平均值反映出来。测量腿由弹簧支撑着，下放时测量腿置于开腿盘中被束缚住，到了孔底，向上抖动一下电缆，利用泥浆较大的瞬间反力将开腿盘拉下，测量腿在弹簧的作用下弹开直至井壁，测量腿随电缆提升而沿井壁作向上运动，孔壁直径的变化带动测量腿倾角的变化，其变化由传感器变成电信号，电缆每移动2.5cm下位机作一次采样，通过串口送上位机处理(图2)。

3. 沉渣测量

沉渣探管下到孔底后，将绞车减速箱与齿轮脱开，用手摇柄绞上几米，然后松手让探管自由下落，穿过沉渣层抵达原土层，将松弛的电缆收紧，做好测量准备，缓慢地用手柄绞电缆，提速每分钟约1m，采样间隔2.5 mm，在探头通过沉渣界面时，电场会发生畸变，沉渣曲线会跳变，再根据跳变曲线的拐点估算出沉渣厚度(图3)。

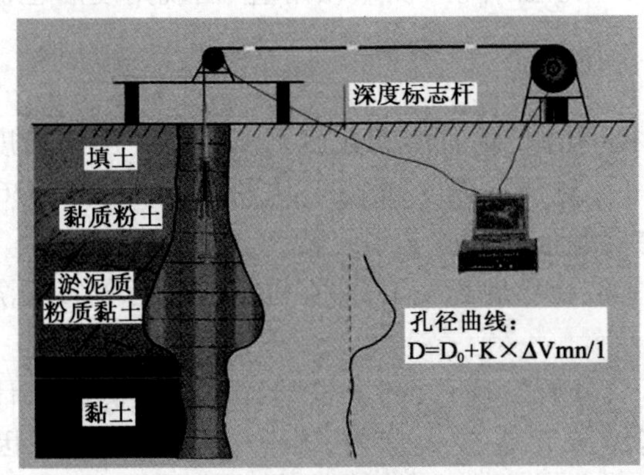

图2 孔径、孔深测量示意图

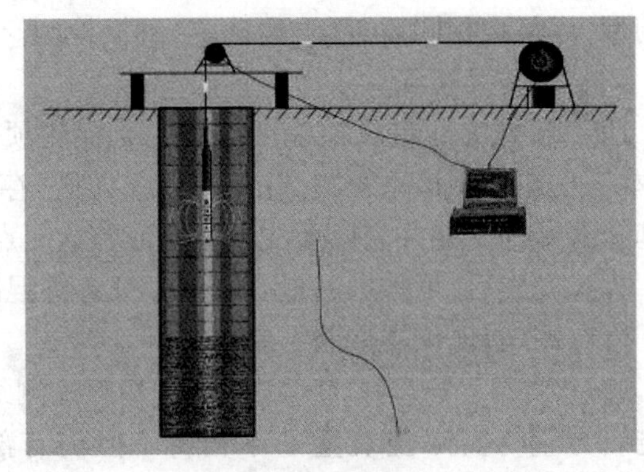

图3 沉渣测量示意图

4. 垂直度测量

采用JJM-1型高精度数字测斜仪，该仪器传感器采用液体摆，稳定可靠，可将数字信号直接上传至计算机。井斜仪内装有2只正交传感器，计算公式如下：

$$\alpha = \tan^{-1}\sqrt{\tan^2(X - X_0)/100 + \tan^2(Y - Y_0)/100}$$

X、Y——二只传感器信号；

X_0、Y_0——仪器常数；

α——顶角值。

由于井下仪器其探管外径只有54mm，有时满足不了1/100的精度要求，可根据设计孔径和设计孔深两个指标来选择扶正圈配套使用（该设备配备有ϕ200mm、ϕ420mm两套扶正圈），提高测量精度。测量时采用点测，每5m或10m采一次样，测量结束后计算机可计算出偏心距、垂直度（图4）。

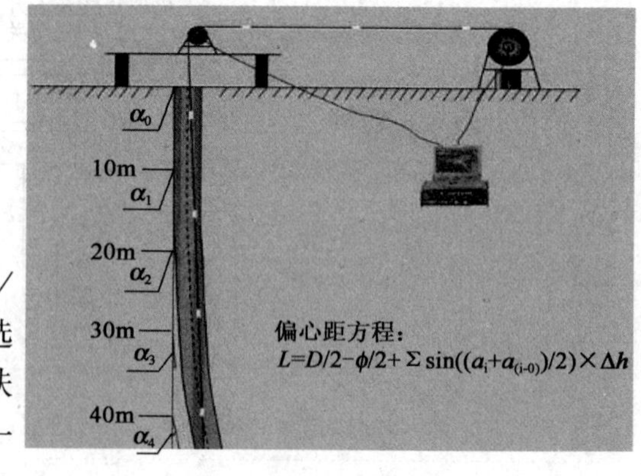

图4　垂直度测量示意图

三、验孔主要过程

1. 验孔流程

施工平台清理→仪器安装就位→打开微机系统并正确输入参数→下放井径仪（至孔底）→点击记录孔深值并提拉电缆打开测量腿→开始上测记录孔径变化情况→提出井径仪并换上测斜仪→下放测斜仪并定距测量桩孔各高度顶角值→记录偏心距及垂直度并提出仪器→换上沉渣测试仪→开始沉渣厚度测量→完成成孔检测。

2. 操作要领及注意事项

（1）绞车应摆放在井口滑轮所在平面延长线上，以保证测试时电缆线顺利下放及回收。

（2）井径仪下放前应确保电缆上标记位置与护筒口处于同一水平面，仪器下放至接近孔底高程时应注意观察电缆，一旦发现电缆变松马上停止下放并保存孔深值，必要时可采用点动下放，确保记录到的孔深刚好为井径仪底部接触孔底时深度，保证所测孔深准确。

（3）井径仪下放到底且保存好对应孔深后，向上快速提拉电缆线打开井径仪测量腿，再向上拨动井口滑轮，同时观察电脑工作界面上孔径值变化情况。若拨动后发现孔径值增大则表明测量腿已打开，否则需重新提拉电缆线，确定打开后缓缓放下井径仪并开始上测，检测孔径情况。

（4）做沉渣检测时若匀速下放发现电阻率曲线没有明显变化，可松开绞车动力装置，装上手柄手动将沉渣测定仪提升至约距孔底2m处，松开手柄使沉渣测定仪自由下落，再观察电阻率曲线变化确定沉渣厚度。

（5）垂直度测量时，由于开机后的第一个测斜角度是随机的，所以要多次选择操作界面上的“开始测量”按钮，直至顶角值每次测量都相同后方可确定并进行下一步操作。“测量顶角值”出现角度后也需多次测量，待每次相同后再点击“确定”继续检测。

3. 检测结果验证

JJC-1D型灌注桩孔径检测系统主要检测项目有：孔径、孔深、垂直度和孔底沉渣。其中由于精度关系，本工程未使用该系统测试沉渣厚度（详见“存在不足”）。对于垂直度，北江特大桥东、西主墩共36根桩基全部顺利下笼并完成灌注已很好证明这一点，本文主要验证孔径检测系统精度。

验孔完成后，可根据测量孔径值预算各桩混凝土浇注量，指导现场施工，并在桩基灌注后与实际浇注量进行对比，验证仪器检测结果。

通过对243号、244号墩36根桩基础检测结果计算及分析发现，大部分桩基础根据检测结果计算的浇筑方量与实际浇筑量基本相符。但仍有部分桩基结果存在较大偏差，产生这种情况的原因主要是：

（1）仪器在使用过程中没有定期进行校正，而是等到发现仪器测量出现偏差后再进行校正，甚至仪器出现偏差后没能及时发现还重复使用。该仪器在多次使用后精度会下降，尤其用于需要外加测量腿的大直径桩基，更容易因为外加测量腿变形而导致测量结果不准，需制订定期校正计划。

(2)局部孔径超出测量腿的测量范围。

(3)操作人员操作不当，下孔前仪器没有进行对中检查等也会导致测量结果不准。

4. 成果分析

通过检测报告，我们不仅能直观了解各桩基成孔后各项指标，如孔深、孔径、竖直度等，还可以结合各桩孔径及地质变化情况在不同地质中扩孔系数变化情况，指导后续冲桩作业等。

将244号-9地质柱状图与验孔报告合并可看出：在同等风化程度及施工条件下，砂岩扩孔系数最小，泥质砂岩次之，泥岩最大；对于同一种岩层，则强风化扩孔系数大于弱风化系数。

四、使 用 小 结

1. 工艺优点

1)操作简单，检测方便快捷

传统检孔器体型庞大，存放搬运不方便，检测过程需汽车吊或龙门吊等起重设备配合方能进行检测，且对检测者要求高，需经验较丰富人员方能胜任，否则容易出现检孔器破坏孔壁、卡孔或得不到有参考意义的结果。

JJC－1D型灌注桩孔径检测系统采用电脑控制，操作界面简单直观，相关人员只需通过短期培训即可胜任仪器操作，检测用时短，无需外接设备配合，且仪器便捷性好，方便搬运存放。

2)检测结果准确度更高，结果显示更直观

传统检孔器通过观察检孔器能否在自重作用下顺利下放至孔底，及至孔底后检孔器吊点处是否偏位从而判断该孔是否出现缩孔及成孔垂直度，对扩孔、具体孔径、是否为垂直度影响下放、垂直度情况等则无法表现，检验结果靠现场全程观察探笼下放过程是否平顺、钢丝绳偏位大小判断得出。检测结果未能直观表现，只能做定性参考。更有可能因为检测过程操作不规范或对中不到位而出现错误判断。

JJC－1D型灌注桩孔径检测系统则能全过程跟踪孔径变化情况，及具体倾斜角度，检测完成后可直接打印各项检测数据，检测结果具有更强参考价值。

3)经济性能好

从表面上看，采用JJC-1D型灌注桩孔径检测系统需投入较多资金作为前期购买设备，但该设备可循环利用，且对于检测范围内其他不同孔径冲孔灌注桩成孔检测，无需另购或另外加工设备，可直接进行检测。传统检孔器(图5)每个只能针对一种桩径桩基进行成孔检测，对于不同孔径桩基检测则需另外加工检孔器方能使用，检孔器体型庞大，在经过多次进出孔后容易发生变形需经常维护或重新加工，且检测过程需外界条件协助(如起重设备)方能进行；综合考虑各项因素，采用JJC－1D型灌注桩孔径检测系统进行成孔检测成本更低，经济性能更好。

图5 普通检孔器

本文以北江特大桥主桥及东引桥工程为例进行成本比较。

综合考虑不同桩径、运输以及探笼合理、充分利用等因素，东西岸主墩(ϕ3.0m)各加工1个探笼，边、辅墩(ϕ2.2m)加工1个，引桥(ϕ1.5m)按每3个墩加工一个。钢筋原材按4 000元/t计，探笼加工费按ϕ3.0m桩基600元/个，边、ϕ2.2m桩基按300元/个，ϕ1.5m桩基按200元/个计，验孔辅助费用(运输及起吊等)按200元/次计，则可得北江特大桥主桥及东引桥工程桩基础使用探笼验孔需要探笼数量及费用如表1、表2所示。

北江特大桥主桥及东引桥需要探笼数量　表1

项　次	墩数(个)	探笼数(个)	备　注
主墩(ϕ3.0m)	2	2	东西岸各1个
边、辅墩(ϕ2.2m)	4	2	东西岸各1个
引桥(ϕ1.5m)	57	19	每3个墩1个

北江特大桥主桥及东引桥探笼费用　表2

部位＼费用	材料费A(元)	回收费用B(元)	加工费C(元)	辅助费用D(元)	小计(A-B+C+D)(元)
主墩(ϕ3.0m)	15 573	7 786	1 200	7 200	16 186
边、辅墩(ϕ2.2m)	8 190	4 095	600	14 400	19 095
引桥(ϕ1.5m)	36 315	18 158	3 800	171 000	192 958
合计	60 077	30 039	5 600	192 600	228 239

从表1、表2的北江特大桥主桥及东引桥若使用传统检孔器进行孔径检测需要费用约22.8万元，买1台JJC-1D型灌注桩孔径检测系统需要约13.9万元，费用明显低于检测器，且1套JJC-1D型灌注桩孔径检测系统通常可循环用于几个工地。

4)有效指导现场作业

利用JJC-1D型灌注桩孔径检测系统检测后直接出具准确平均孔径值及孔径变化曲线。现场可直接利用孔径值估算出对应桩基需要混凝土量，指导混凝土浇筑混凝土方量控制。利用孔径曲线配合相应桩位地质钻探资料可以直观分析各岩层扩孔系数，对同等地质条件下后续其他桩基施工具有较强的指导意义。

2. 存在不足

(1)本仪器测量沉渣厚度采用电阻率法，在泥浆中供一不受土层影响的交变电场，当处于均匀泥浆中时电阻率为一条直线，在沉渣界面上电场会畸变，电阻率会发生变化，从而利用曲线的拐点确定沉渣的厚度。沉渣仪探头为环氧玻璃丝棒制成，在探头上安装4个电极，电极间距0.02m±0.5mm，测量时至少2个电极没入沉淀层方能正常测量，而该仪器探头端部至第2个电极距离接近10cm(图6)，故该套设备沉渣测试仪仅适用于摩擦桩，对于支承桩或其他对沉渣厚度有更高要求的基桩则不能使用。本工程要求清孔后孔底沉渣不得超过5cm，故本工程无法直接利用该仪器测得沉渣厚度，需采用其他方法。

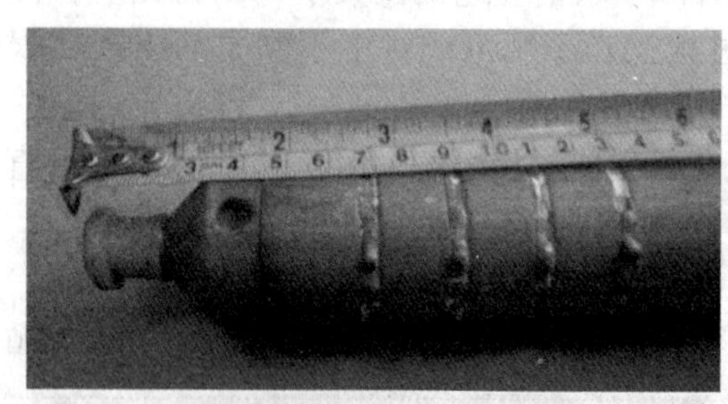

图6　沉渣仪探头

(2)本设备对孔深测量通过光脉冲设备记录井径仪从开始下落至下落到底过程中井径仪拉缆长度从而算出。该测量法容易因为初始长度(井径仪下落前需设定一长度作为初始长度)不准确及捕捉仪器下放到底瞬间不及时，导致得出孔深不准。贵广铁路北江特大桥对桩基成孔质量要求极高，所以在孔深测量方面均另外采用传统测绳进行测量复核，或利用孔径仪测深加复核差值进行调整。

(3)井径仪采用接触式方法测量，利用四条测量腿紧贴井壁，将两个正交方向上孔径变化的平均值反映出来。故只能测得各断面处两个正交方向上孔径平均值，未能反映出整体成孔圆润度，对于梅花孔等情况亦无法反应。同样，垂直度测量锤若在下落过程中未能与孔壁接触，即桩孔向测锤所靠近的桩壁方向倾斜，则无法测量出桩孔垂直度。上述两种情况可通过多次测量孔径和不同位置测量垂直度来优化，测量次数、位置越多，得到的数据越准确。

五、检 测 效 果

北江特大桥主墩桩基础已全部完成，且南京南大工程有限公司对各桩成桩质量检测结果均为Ⅰ类桩基。各桩在终孔后均采用JJC-1D型灌注桩孔径检测系统进行检测,从各桩的下笼、灌注过程及成桩质量检测结果上反映出孔底及冲孔情况与JJC-1D型灌注桩孔径检测系统检测结果基本相符。

六、结　语

JJC-1D型灌注桩孔径检测系统虽然在沉渣及孔深检测方面仍需进一步完善,但它在冲孔灌注桩成孔检测难度最大的孔径及垂直度检测方面有着比较完美的表现,不仅更准确的反映除孔径及垂直度情况,且整个过程比传统检测法更快捷,保证了该工程钻孔灌注桩的连续施工。为后期桩基成桩质量检测"北江特大桥主墩桩基全部为I类桩基"提供了条件。

96. 马来西亚槟城二桥超长嵌岩钻孔桩施工技术

周翰斌
(中交四航局第一工程有限公司)

摘　要　马来西亚槟城二桥主桥为主跨240m的塔、墩、梁固结的双塔门式预应力混凝土斜拉桥,其基础采用ϕ230~200cm的变直径钻孔桩,钻孔深度最大达133.15m,嵌入强度高的微风化花岗岩最大厚度达8m,覆盖层以砂层与粉砂层为主。针对该条件下深长钻孔桩易出现塌孔、斜孔、破岩困难、沉渣超标、断钻、堵管等问题,对施工平台施工、钻机选型及成孔工艺参数、泥浆配比、钢筋笼吊装、水下混凝土灌注等关键技术进行了研究。结果证明,超长超深嵌岩钻孔桩的孔壁垂直精度高、没有塌孔现象,成孔时间较短,成本低,能够保证工程质量,取得了良好的社会效益和经济效益。

关键词　槟城二桥　超深嵌岩　钻孔桩　施工

一、工 程 概 况

马来西亚槟城二桥是目前中国企业在境外实施的最长跨海桥梁项目,在中国海外建桥史上将具有里程碑意义。全桥设计全长22.5km,其中跨海桥梁16.5km,桥面宽28.8m,设计时速80km。

主桥为(117.5+240+117.5)m的三跨塔、墩、梁固结的双塔门式预应力混凝土斜拉桥(图1),其基础为ϕ230~200cm的变直径钻孔灌注桩群桩加整体式承台(图2),其中P025、P026为主墩,每墩布置21根钻孔桩;P024、P027为边墩,每墩布置12根钻孔桩。主墩的桩顶设计高程为-3.245m(当地NGVD高程,下同),边墩的桩顶设计高程为-1.245m,桩顶以下的钢护筒长度为41.5m,护筒长度范围内桩径为230cm,其他部分桩径为200cm。灌注桩桩长为102.115~126.905m,从施工平台面高程+3.0m起计算,最大钻孔深度达133.15m。所有桩基均要求嵌入微风化花岗岩,P024~P027墩桩基设计要求嵌入微风化花岗岩的厚度分别为2m、8m、6.5m、2m。

图1　主桥效果图

二、水文气象及地质条件

工程所处的海峡在一个涨落潮周期内,水流呈往复流态,涨潮向南,落潮向北,近岸的北面300°方位和南面240°方位的波浪为常浪向,其有效波高可分别达2.54 m和2.2 m。大潮期间观测到的最大流速为0.89m/s;小潮期间最大流速为0.75 m/s。桥位处最高高潮水位+1.18m,最低低潮水位-1.72m,海

床面高程约 -9.95m。

桥位所属地区全年正常风速小于5.14m/s,雷阵雨期间15.43m/s的阵风则相当常见,一年中超过18.01m/s阵风的发生小于5d。该地区温度范围取值20~40℃,平均温度为30℃。

主桥建桥地层相对单一,由第四纪地层和花岗岩地层组成,基岩埋置较深。花岗岩为中生代时期侵入形成,而第四纪地层是全新世和更新世时代沉积形成。第四纪地层主要由淤泥、淤泥质黏土、砂性黏土、淤泥质细到粗砂等构成,且浅表地层含有海洋贝壳碎片。钻孔资料显示,主桥桥位处上部为约20m厚的淤泥质覆盖层,该层含有海洋贝壳碎片和粉细砂,为典型的海相沉积。该淤泥质层以下主要为灰色、灰褐色的中密实~密实粉质细到粗砂层和坚硬的砂性黏土层。基岩为坚硬的花岗岩,强风化层的厚度在10m左右。土层具体分布为 -9.95 ~ -18.45m为淤泥, -18.45 ~ -24.45m为淤泥质黏土, -24.45 ~ -31.95m为黏土, -27.75 ~ -74.95m为中粗砂, -72.95 ~ -75.95m为黏土, -74.95 ~ -78.95m为粉细砂, -78.95 ~ -99.95m为中粗砂, -79.95 ~ -96.95m为粉质黏土, -94.95 ~ -114.95m为粉质砂层, -104.45 ~ -119.95m为强风化岩层, -114.25 ~ -119.55m为中风化岩层, -116.55 ~ -131m为微风化岩层。根据地质勘察资料,淤泥层的桩侧极限摩阻力标准值为0kPa,淤泥质黏土层的桩侧极限摩阻力标准值为5kPa,黏土层的极限摩阻力标准值为20~50kPa,中粗砂层及粉细砂层的极限摩阻力标准值为50~85kPa,强风化岩层的桩端极限阻力标准值为5MPa。P024、P025及P026墩的桩底设计高程岩层强度35~38MPa,P027墩的桩底设计高程岩层强度达80MPa。

三、工程特点及技术难点

(1)该工程的设计及施工执行现行的英标BS和马来西亚JKR标准,技术要求高。其要求桩基的钻孔设备不能采用冲击钻机,也不能接受龙门吊机应用于工程施工,要求孔底零沉渣。

(2)桩基钻孔深度达133.15m,对钻机系统性能要求极高,并需采用优质泥浆护壁,钻孔必须确保孔壁垂直精度满足规范要求大于1/200的难度大,终孔后清孔难度大,易引起孔底沉渣超标等质量问题。

(3)该桥基岩强度高,嵌入微风化岩层深度大。P025墩要求嵌入微风化岩8m,但由于业主要求每根桩需现场确定岩样以后才能确定入岩高程,桩基实际入岩深度接近10m;另外,由于岩石强度达35~80MPa,为坚硬的花岗岩,且基岩面不平整,对于回旋钻钻杆长细比大,钻杆易摆动变形大,弯扭组合易引起钻杆疲劳断裂。

(4)覆盖层以砂层及粉砂层为主,孔壁稳定性差。一旦泥浆护壁质量差、易沉淀,钻孔及清孔过程中孔壁易坍塌而引起埋钻,易沉淀将引起桩底沉渣超标[1,2],灌注过程中混凝土上翻包裹顶层沉淀而形成断桩。

(5)桩基要求采用海工高性能混凝土,对混凝土生产供应系统及现场灌注工艺要求较高。因海工混凝土黏度大[3],不利于在泵管内长距离水平输送,在导管内下料缓慢,拔球后导管下端混凝土容易洗澡造成离析而堵管,灌注过程中导管内易形成气堵而下料不畅或堵管。

四、关键施工技术及控制方法

1. 施工平台设计与施工

1)施工平台设计

主桥施工由于位于海上而远离海岸,钻孔施工平台与混凝土拌和平台结合在一起考虑。首先在P025、P026墩的北侧搭设9m×21m的起始平台,作为基础及承台施工期间的工作平台。起始平台边布置混凝土拌和平台与钻孔平台相连,主要用于布置拌和系统及砂石料堆场,每个平台尺寸为30m×40m,各布置2套$120m^3/h$的拌和系统供应全桥混凝土。拌和平台的结构设计中,砂石料堆载高度按照平均2m考虑,水泥罐则单独采用钢管桩作基础。拌和平台钢结构从下到上依次为ϕ820mm×10mm钢管桩、I56a工字钢、贝雷片、[16a槽钢、10mm厚钢板。

钻孔施工平台需要满足大型钻孔施工设备与混凝土灌注设备的布置、履带吊机的行走和作业等功能。由于设计已经考虑将钢护筒作为桩基的永久结构,钢护筒入土深度接近30m,为节约施工成本,减少钢管桩的使用,考虑直接利用桩基的钢护筒作为钻孔平台的支撑桩,平台的面层结构同时作为后续承台施工的钢套箱底板结构,在钻孔桩施工完成后直接在平台面层拼装套箱侧模。主墩平台尺寸为23.1m×53.6m,边墩平台尺寸为14.6m×46 m。钻孔平台的桩间平联采用φ500mm×8mm钢管,桩顶焊接牛腿放置I63a,其上的分配梁采用I36a,面板采用10mm钢板。经验算,钻孔平台的强度、刚度及稳定性满足要求。主墩钻孔平台结构布置如图2所示。为满足边墩混凝土泵送管的铺设及作业人员的行走,在P024~P025墩、P026~P027墩之间布置连接栈桥,栈桥宽2m。所有平台的顶面标高一致,均取为+3.0m,高出最高潮水位1.82m。

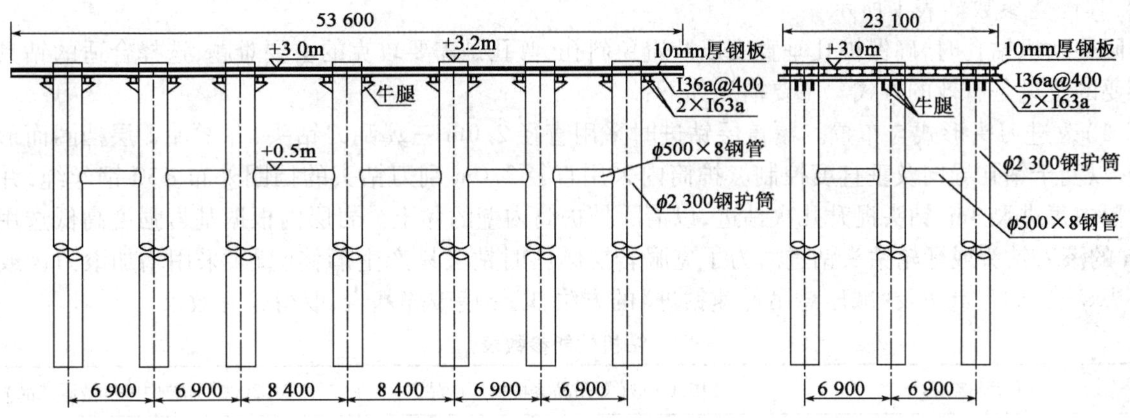

图2 主墩钻孔平台结构布置图(尺寸单位:mm)

2)施工平台搭设及桩基钢护筒施工

首先搭设起始平台和拌和平台,然后搭设钻孔平台。起始平台与拌和平台采用100t履带吊机配2000t方驳组装而成的水上浮吊施工。考虑到起始平台的支撑钢管桩定位精度要求不是很高,在浮吊的2000t驳船侧面预焊开口式定位架沉放钢管桩。钢管桩沉桩采用193kW液压振动锤,钢管桩长度40m,一次起吊振动下沉,下沉过程利用临近墩及测量平台上的2台全站仪,对垂直度进行监控并随时调整垂直度。钢管桩沉放到位后,及时焊安平联钢管及上部梁系、面板。

钻孔平台在起始平台搭设完成后开始施工,钢护筒沉放是其施工重点。钢护筒分2节在专业工厂制作、船运至现场沉放,下节长29.5m,上节长度12m,2节护筒之间预留坡口焊接连接。钢护筒重约48t,采用300t履带吊机上2 000t方驳组装而成的浮吊吊放,振动锤选用1台451kW的PTC100HD型液压振动锤(激振力为2510kN)。由于直接采用钢护筒作为钻孔平台的基础,将钢护筒按设计要求的平面位置及垂直度准确沉放到位施工中的难点,因此专门设计了利用起始平台和已经沉放完成的钢护筒为支撑的移动式悬臂导向架进行钢护筒的沉放定位施工。移动式悬臂导向架为钢桁架结构形式,长20m,高7.725m,宽5m。导向架安装时的锚固尾架直接焊于起始平台或已沉放的护筒顶,并压上配重块,形成牢固的支承体系;导向架的悬臂端设置上下龙口,2个龙口之间的垂直间隔为7.5m,每个龙口设有4个调整液压千斤顶,便于钢护筒的定位和纠偏。沉放钢护筒时,调整上下龙口的液压千斤顶夹住钢护筒,形成上下2层的限位导向装置,能够有效控制钢护筒沉放过程的平面位移和倾斜度(图3)。钢护筒下沉过程利用测量平台或临近墩上的布置2台全站仪,对垂直度进行监控并随时调整垂直度。

图3 钢护筒的定位沉放

2. 成孔设备选型与改进

根据施工计划要求,安排两个主墩全部桩基施工完成后,再施工边墩的桩基。钻孔采用气举反循环回旋钻进工艺，由于本工程的特殊性，选择合适的钻机至关重要，可以说是本工程的决定性因素。钻机选型主要依据桩基的设计情况、地质情况、钻孔工艺和设备情况等多方面因素，但最重要的还是"钻压"和"扭矩"这两项参数，是影响钻进速度的最主要因素，需要考虑孔底的钻压能够对岩石进行有效的破碎；扭矩与钻孔直径、钻压和转速有关，但更主要的应满足钻压和破岩面积的需要。根据以往工程经验，一般每 m^2 破岩面积上需要扭矩约 20 ~ 45kN · m，岩石强度越高、桩径越大，需要扭矩也就越大。经调研工程实例和国内市场调查，选用2台KP3500型及4台ZJD3000型气举反循环钻机，配置大功率空气压缩机OG160F（工作压力为1.25MPa，排气量为19.5m^3/min）和ZX-200泥浆净化装置（处理能力200m^3/h），作为本工程所有桩基施工的主要机具。两种钻机使用效果均满足要求，性能接近，其性能参数如表1所示。

回旋钻机钻孔时，确保桩孔垂直度以及避免斜孔、弯孔是需要攻克的主要难题，选择合适的钻具及进行必要的改进是有效的方式。主要措施如下：

（1）改进刀头形式与布置。覆盖层钻进时采用直径2.0m三翼刮刀钻头，并增加1层挡圈而形成双腰带，以利于钻孔导向及垂直度控制。护筒内采用直径2.0m刮刀钻头的挡圈外布 ϕ30 钢丝绳，并在钻进过程中每进尺3m，钻头提升几次钻进，以清除掉护筒内壁的黏土。岩层内根据基岩强度高低选用直径2.0m的滚刀钻头或牙轮钻头钻进。为了克服岩层倾斜时钻头易产生滑移问题，采用增加滚刀齿或球齿的钻头，通过加配重块及"减压悬吊低速钻进"的方法，以慢慢破碎基岩，取得较好效果。

钻机性能参数表 表1

项 目 名 称	KP3500型（郑州勘察机械厂产品）	ZJD3000（宁波中坚机械厂产品）
钻孔最大直径（m）	3.5	4.2
钻孔最大深度（m）	120	140
最大扭矩（kN · m）	210	210
最大提升力（kN）	1 200	1 500
钻杆直径（mm）	275	426
总功率（kW）	210	230
整机重量（t）	47	35
整机尺寸（m）	7.1×6.4×8.7	4.12×3.98×7.3
排渣方式	气举反循环	气举反循环

（2）增加重型导向。在钻头上方8m左右位置增加重型导向能够较好地保证成孔的垂直度，孔壁不会出现较大的如台阶状的突变，确保钢筋笼和导管顺利下放。

（3）增加配重。通过增加15 ~ 20t配重和悬吊重，而不是增加钻压，使钻杆垂直度得到较好的保证，保证了桩孔的垂直度和钻进效率，经实践证明是一个行之有效的措施。

3. 泥浆制备及控制

按照马来西亚JKR标准要求，泥浆必须采用淡水制备。为满足泥浆在以砂层与粉砂层为主的覆盖层起到稳定孔壁、防止塌孔及携带钻渣作用，经分析采用不分散、低固相、高黏度的优质淡水泥浆。造浆材料选用当地的膨润土、纯碱和PAC。经过不同配比及添加剂对泥浆性能影响的比较研究，最终采用适合本工程成孔工艺要求泥浆的配合比为淡水∶膨润土∶Na_2CO_3∶PAC = 1000∶58∶2∶0.5，新制泥浆的密度1.03g/cm^3、黏度46s、含砂率0.5%、pH值为9、泥皮厚度2.5mm。成孔过程中针对不同地层，实时进行监控及调整。成孔后孔内泥浆在拆钻杆、移钻机、吊装钢筋笼及下导管的60h静置中。孔底沉淀为0 ~ 10mm。混凝土灌注前采用导管进行二次清孔，使孔内泥浆循环混合均匀，以确保钻孔桩质量。

4. 成孔参数控制

为了提高成孔速度，护筒内钻孔采取2 ~ 2.5m/h高钻速、低黏度泥浆正循环钻进，每进尺3m，钻头提升几次。护筒底口以上 1m 至护筒底口以下 5m 范围内,降低钻速,并启动钻机反循环系统,减压慢速钻进以形成稳定孔壁,钻速按 0.5m/h 控制。钻头进入护筒底以下 5m 以上时,采取优质泥浆护壁,方可加速减压钻进,并根据不同的土层选择不同钻速和钻压,对于黏土及粉质黏土层按 1.0 ~ 2.0m / h 控制进尺,砂层及粉砂层,按 0.8 ~ 1.2m/h 控制进尺,当泥浆渗漏不明显时,可加压慢转快速钻进,进尺控制在 1.5 ~ 2.0m/h;强风化层的平均进尺控制在 1.5m /h。钻进中、微风化岩层面时,换用直径 2.0m 的滚刀钻头或牙轮钻头,加配重 15 ~ 20t。考虑到岩面倾斜等因素,开始钻进时轻压慢钻,待找平岩面后再采用减压钻进(15 - 20T 稳压自动钻进)进入正常钻进,按 1.0 ~ 2.0m/d 控制进尺,并观察钻进过程中钻杆摆动情况,据此调整钻进速度,防止由于钻速过快导致桩孔偏斜。该桥在钻进时由于岩面倾斜发现桩孔偏斜,及时进行了修正,修正后继续钻进。

钻进过程中,始终保持护筒内的水头控制在高潮位上 2m 的位置。加接钻杆时,先停止钻进,将钻具提离孔底 1.0 ~ 1.5m,维持泥浆循环 10min 以上,同时每加 1 节钻杆,检查 1 次钻机的水平度和钻杆的垂直度情况。为保证钻孔垂直度,全程实行减压钻进,始终将施加在孔底的钻压小于钻具总重(扣除泥浆浮力)的 80% 以内,其中淤泥、砂层与粉砂层等覆盖层取钻具总重 20% ~ 40% 为钻压,岩层取钻具总重 50% ~ 70% 为钻压。

由于桩孔过深,在气举反循环钻进时,在钻杆的中底部设置中间接力风包,每次风包位置控制在距钻杆底 20 ~ 30m 处,尽量保证风包沉没比控制在 40% 左右时发挥最好作用。钻孔达到设计深度后,采用 JJC - 1D 型灌注桩孔径检测系统进行成孔质量检测,从检测结果来看,成孔质量良好,孔径均满足要求,孔壁倾斜度在 1/400 ~ 1/600。清孔采取气举反循环钻机的出浆管泥浆经过过滤筒预筛处理,预筛处理过的泥浆再通过 ZX - 200 型泥浆净化器进行除砂处理,分离出的钻渣排至钻孔平台侧的接渣船上。二次清孔是在导管内接一根内径 4cm 的钢管,其底部密封,距底部 1m 左右的四周开设若干直径 2 ~ 3mm 的通气孔,导管顶端密封,预留进风管及出浆管,用空压机进行气举清孔,风管底口位置距平台面大约 80m。清孔时摇动导管,改变导管在孔底的位置进行清孔。

5. 钢筋笼制作与安装

钢筋笼重达 55.6t,在钢筋加工车间下料,采用目前较常用的长线台座法分节同槽制作,主筋接长采用镦粗螺纹工艺,钢筋笼接头错开 100cm,标准节笼长 12m,底节笼则根据终孔标高而定。分节制作的钢筋笼由 300t 运输船运输至墩位,边墩桩基钢筋笼由 300t 履带吊机上 2000t 方驳组装而成的浮吊起吊下放,主墩桩基钢筋笼由布置在钻桩平台上的 100t 履带吊机起吊下放就位。为保证吊装时钢筋笼顶口不至于受力变形,利用四方吊架进行起吊。300t 浮吊系统在风浪较大时晃动造成钢筋笼对接困难时,现场采用平台 40t 吊机进行对接,然后转换成 300t 浮吊系统起吊下放。

6. 水下混凝土灌注

桩基采用 C40 海工高性能混凝土,要求混凝土的工作性、强度、电通量、吸水率、干缩率必须严格执行马来西亚 JKR 标准(包括 MS、BS、ASTM 及 EN 标准)。单根桩混凝土最大方量超过 450m^3,混凝土灌注时间控制在 8h 以内,缓凝时间要求在 14 ~ 16h。由于马来西亚的水泥标准中只有 OPC(即 Ordinary Portland Cement)水泥、矿渣水泥和粉煤灰水泥(粉煤灰占 6% ~ 35%)三种,没有强度等级之分,与我国水泥标准相差较大,我国海工高性能混凝土大量使用的粉煤灰[3]在马来西亚市场无单独供应,但有单独的矿粉供应,经比选及混凝土试配后采用马来西亚最大水泥生产商 YTL 生产的内掺 25% 粉煤灰的水泥,掺和料采用 Sika 生产的硅粉,地材采用当地较为丰富的细度模数为 2.6 ~ 2.8 的天然河砂以及 5 ~ 20 连续级配的碎石,外加剂有 Sika、Grace、Basf 等供应商,但外加剂对混凝土工作性影响很大。经配合比正交设计对比试验,确定混凝土主要控制指标为:胶凝材料总用量 430kg/m^3(包括硅灰用量),硅粉掺量 4.65%,水胶比 0.37,砂率 41%,坍落度 180 ~ 220mm,28d 电通量 <1000C。混凝土由海上拌和平台的拌和站集中拌和,混凝土输送泵泵送至灌注桩孔旁的集中料斗,再通过溜槽、小灌注料斗、导管进行灌注。首封混凝土采用拔球法。正常灌注时导管埋深控制在 2 ~ 8m,需特别注意控制混凝土工作性能的稳定性,灌注过程发现混凝土黏度对混凝土的工作性能影响很大。

五、结　　语

大直径深长钻孔桩在深水桥梁中的应用日益增多，但需要嵌入强度高的微风化花岗岩厚度达8m、钻孔深度超过130m的钻孔桩，应用还很少，对其施工技术可以说是相当大的挑战。目前，槟城二桥主桥的所有钻孔桩已经顺利完成，实践证明该钻孔桩施工工艺的选择是成功的。以下经验可为类似条件下的超长超深嵌岩钻孔桩施工提供借鉴。

（1）钻机选型及成孔工艺参数、泥浆配比、钢筋笼吊装、水下混凝土灌注是制约钻孔桩质量、进度的很重要因素。

（2）根据地质情况对钻头进行合适的改进，通过增加配重与悬吊重以及重型导向，而不是增加钻压，采取"减压悬吊低速钻进"的方法，有利于钻头的破岩，克服钻头在倾斜岩层易产生滑移问题，可使钻孔效率得到较大提高，也可使孔壁的垂直精度提高到较高水平。

（3）海工高性能混凝土中掺入硅粉以使其28d电通量满足要求时，容易使混凝土的黏度增加，对水下混凝土的顺利灌注影响很大，应将混凝土黏度作为衡量海工混凝土工作性能的重要指标。

参考文献

[1] 叶俊能.海上大直径超长钻孔灌注桩基础施工技术[J].湖南工业大学学报，2008，22(2).

[2] 李述宝，赵琨鹏.海中球状风化地层大直径超长钻孔桩施工技术[J].桥梁建设.2011，207(3).

[3] 李顺凯，屠柳青，张国志.大掺量粉煤灰海工混凝土在金塘大桥灌注桩中的应用[J].粉煤灰综合利用，2007(6).

97.钢管立柱门吊设计与施工

左孔海　宋辉林　田　炜　廖帮强　冯　轶

（四川川交路桥有限责任公司）

摘　要　在巨大工期压力情况下，我公司自行设计一种钢管立柱龙门吊机安装40mT梁，其中钢管立柱部分委托专业钢结构加工厂家在非关键时间内加工完成。39.9m高的钢管立柱部分拼装在5天内完成，实现了"将拼装时间转移至加工厂"的目的，为完成总体施工进度目标奠定了坚实的基础。

关键词　钢管立柱　设计　施工

一、引　　言

2010年8月中旬，我公司受广陕高速公路广元段指挥部委托，组建LJ12－1项目部，承建沙河特大桥250片40mT梁的预制安装任务。业主要求在12月31日前完成。

该桥的预制场建立在桥侧面，盖梁高度31m。考虑委托专业起重厂家加工龙门吊机时间不能满足工期要求和费用较高的因素，我公司根据现场条件因地制宜地设计了一种钢管立柱做主肢，万能杆件做缀材的钢管立柱门吊。钢管立柱标准长度9m，拼装总高度43m（其中钢管部分39.9m）。方案评审通过后委托专业钢结构加工厂加工完成（图1）。

图1　门吊实景图

二、门吊设计与实测成果

为了满足项目工期不到5个月的总体目标任务，压缩门吊的拼装时间最为关键。因此在门吊设计时对高端一侧采用了长节段整体拼装方案，材料选用易于组织的螺旋焊管和万能杆件，采用全螺栓连接方式连接，现场拼装成型。在基础施工的同时进行钢管立柱加工。

1. 门吊设计

高低门吊立柱低端采（置于地面上）用钢管做主肢，万能杆件做缀材。钢管立柱由底节段、标准节段和顶节段构成。其中标准节段长度9m，底节段长度1.8m，顶节段长度2.1m，采用$\phi377\times8$螺旋钢管加工。高端侧立柱（置于盖梁上）立柱截面尺寸为2m×2m，拼装高度10.8m，主肢为2N1（图2）。

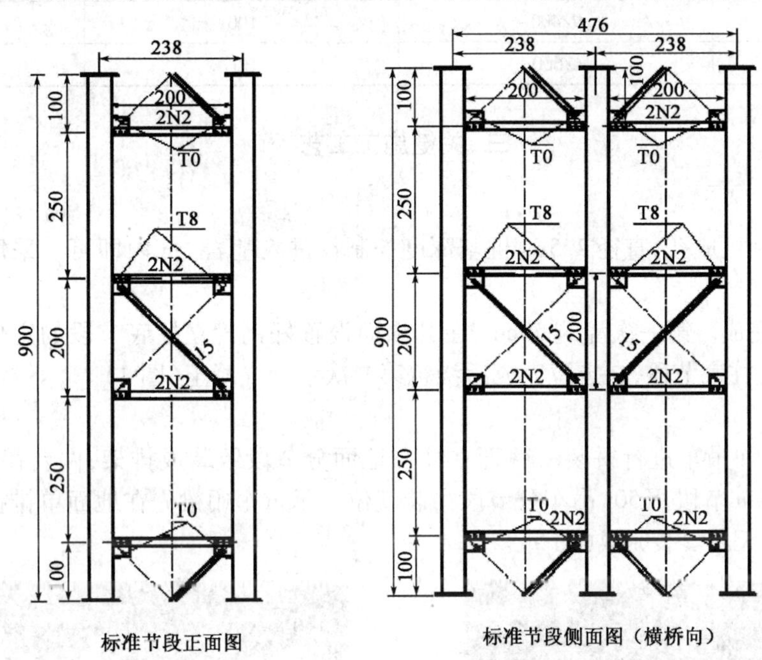

图2 标准节段设计图（尺寸单位：cm）

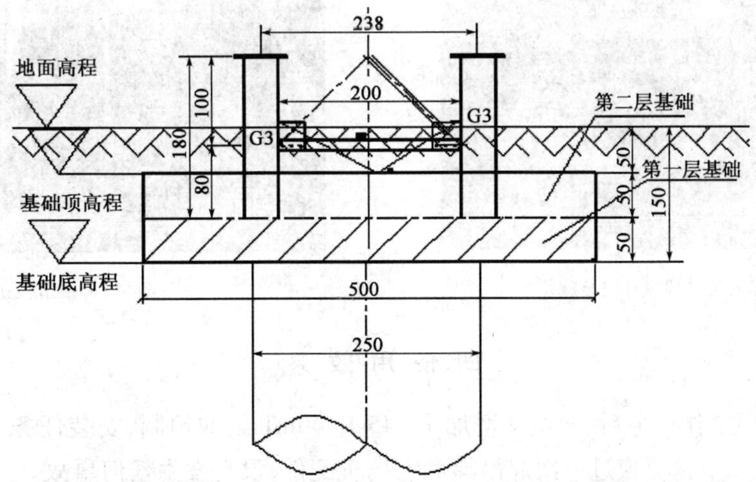

图3 基础设计图（顺桥向）（尺寸单位：cm）

在立柱顶部设置2层分配梁，横梁用2I36b/组，纵梁用2I45b/组。

承重横梁采用六四式军用梁拼装，每侧拼装形式为4排单层，每2排组合成一组，用撑管和螺栓连接。每组之间在端头1米范围内用14号槽钢组合成空间连接。承重横梁计算跨径16m。

顺桥设置抗风绳。抗风绳采用$\phi21.5$钢绳走双线。

天车和起吊系统委托外单位加工，设计吨位160t。

门架最小工作高度8m。

2. 基础设计

门吊基础位置处于高河滩地段，覆盖层9m。采用2.0m直径桩基础，穿越覆盖层即可，采用C25素混凝土浇筑完成。桩顶上1.0m范围内为承台，承台尺寸为500cm×700cm。

3. 实测成果

在实施前进行了110%超载试吊，结果均满足规范要求，数据见表1。

荷载试验数据表 表1

检 测 内 容	规 范 取 值	容许值(mm)	实测值(mm)
立柱偏位	$H/400$	100	9
承重梁挠度	$L/600$	30	13

三、关键施工工艺

1. 基础施工

桩基础采用冲击钻机成孔，直径2.5m，桩基深度控制在进入基岩1m内即可。采用C25水下混凝土浇筑。

承台分2次施工完成。第一次浇筑50cm，在其顶面设置好钢管立柱底节段的定位钢筋。在强度达到50%后，安装钢管立柱底节段，在定位完成后浇筑第二次承台混凝土(图4)。

2. 门架拼装

门架采用25t和50t吊车进行拼装。钢管立柱在地面分节段组装成排架，两台吊车整体吊装就位。万能杆件立柱按最大4m节段用50t吊车分节段吊装就位。承重军用梁先在地面单排拼装，用2台50t吊车抬吊，集中时间在1天内安装完成(图5)。

图4 第一节标准节段整体安装就位

图5 标准节段拼装

四、使 用 效 果

(1)在按时完成原工作任务后，业主又增加了145片40mT梁的预制、安装任务，全部工作在3月31日完成。本门吊在施工中途更换过一次起吊绳和卷扬机配件，没有发生任何事故。

(2)以本门吊的使用情况为基础编写了《钢管立柱装配式高低门吊施工工法》，该工法通过了2010年度省级工法，编号为SCGF 118—2010。

五、结　　语

(1)本钢管龙门吊机的钢管立柱部分总质量仅35t，相对于全万能杆件材料，节省材料30%。除底节段锚入混凝土的50cm不回收外，其余钢管立柱可以回收使用。

(2)钢管的加工利用非关键工作时间在起重设备厂进行，可以大幅度节省工期。钢管部分现场拼装仅用5天时间。

(3)在实施过程中将大量的空中作业转移到地面上，在高空中只进行接头法兰盘螺栓连接和少量缀材拼装，增强了安全性，降低了工人劳动强度。

98.高强预应力混凝土管桩在桥梁工程中的应用

田　川　赵　伟　骆春雨

(天津市市政工程设计研究院道桥分院)

摘　要　本文通过对高强预应力管桩设计及施工特点的介绍与阐述，论述了其在桥梁工程中的应用。

关键词　PHC　锤击打入式　静压式　贯入度　锤击数

一、高强预应力混凝土管桩(简称PHC桩)概述

PHC管桩是一种高强预应力离心管桩，以其结构强度高、可贯性好、耐打性好、结构承载力高等特点在世界各国已广泛应用。PHC桩在20世纪80年代引入我国，而后大量应用于高层建筑、公用工程、高速公路、港口等工程。该桩是采用预应力工艺、经离心成型、蒸压养护工艺在工厂标准化、规模化生产，混凝土强度C80。

经过20几年的发展，PHC桩的生产工艺以及设计、施工、检测方法日臻完善，在基础工程中所占的比重也越来越大(图1)。

图1　PHC管桩

二、PHC桩与传统钻孔灌注桩相比有以下优点

(1)单桩强度高。采用C80混凝土，应用了高速离心成型工艺和二次湿热养护工艺，PHC管桩抗压强度很高。

(2)抗弯、抗拉性能好。由于管桩混凝土强度高，并且使用了高强度、低松弛率的预应力钢筋，使桩身具有较高的有效预压力，因此管桩具有相当大的抗弯和抗拉能力。

(3)耐久性好。由于采用了高速离心成型工艺和高温高压养护工艺，因此桩身混凝土密实性好，其抗渗性、抗腐蚀性均优于普通混凝土桩基。

(4)质量稳定可靠。由于采用工厂预制的生产方式，可利用先进的工艺和设备，产品质量容易控制。

(5)施工速度快。由于采用工厂预制，因此可以规模化生产，能够按施工要求及时快速的供桩，而且施工时无论是采用打入式还是压入式，施工方便快捷。

三、PHC桩与传统钻孔灌注桩相比有以下缺点

(1)PHC有三种施工方法：锤击打入式、静压式。打入式桩的挤土现象会导致周边土体及已沉入桩上涌，造成涌桩，引起桩身拉裂，特别是打入式桩的噪声污染和捶击振动更是不能适应现在社会的环保要求。静压式适应现在社会环保要求，又有直观可靠的压力表控制压力，所以成为桩基施工中最常用的、最

主要的施工方法。但是在静压式桩施工过程中,抱桩力一般为压桩力的2倍左右,桩身侧面部位易产生裂缝;而且静压桩对施工场地要求较为严格,地表不能有十分软弱的淤泥质土,因为淤泥质土会使自重大而与地接触面积相对较小的静压桩机"陷机",而且容易在静压桩机行走时产生水平挤压力对桩顶产生较大剪力,造成管桩上部断裂。

(2)PHC桩水平承载力较低。在高震区、场地类型较差的地区,地震力较大,或者桥台处桩基土压力较大,桩身所受水平力及桩身弯矩很大,PHC桩的应用受到了一定的限制。

(3)工程场地的地质条件对PHC桩的使用有很大的限制:①孤石和障碍物多的地层不宜采用预应力管桩,因为管桩桩尖接触到孤石或地下障碍物时,桩身不是突然偏离原位就是发生倾斜,而且容易发生桩尖破损、桩身折断和桩头打烂的现象。②从软弱层突变到特别坚硬的地层不宜采用预应力管桩,预应力管桩如果桩尖穿过松软土层后直接进入坚硬的中(微)风化岩层,打桩冲击力会全部传向桩尖并有桩尖处岩面再以压力波的形式反射回来,使桩身混凝土破坏。

四、高强预应力管桩在工程中的应用

1. 工程简介

麻奢分离式立交位于广东省佛山市麻奢村附近,上跨狮山至和顺公路主干线工程,桥梁全宽9m,跨径为18m+3m×22m+18m,上部结构采用普通混凝土箱梁,下部结构采用高强预应力混凝土管桩(图2)。荷载标准为公路-I级,地震基本烈度VI,场地类别为II类场地。

2. 工程地质概括

本工程所在区域属华南褶皱系之粤中坳陷(三级构造单元)的花县凹褶断束(四级构造单元)。区域内以街头村断层为界,北东侧主要发育北北西向、北北东向、北东向的褶皱、断层,构造形迹相对复杂,南西侧为三水断陷盆地,构造相对简单。地层岩性及分布见表1。

地层岩性及参数表

表1

层 号	岩 土 名 称	状 态	层厚(m)	标贯击数	桩侧摩阻力 q_{ik} (kPa)	桩端承载力 q_{rk} (kPa)
1	素填土	松散	0.6~3			
2-2	亚黏土	可塑	0.6~4.9	6~10	35	1 000
2-3	细砂	中密	0.9~8	5~11	35	1 150
2-4	亚黏土	可塑	2~8.7	4~12	40	1 000
3-1	中粗砂	中密	0.4~13.7	16~25	50	4 000
4	粗砂	中密	0~16.4	24~29	60	6 000
8-2	石灰岩	强风化	0~2.6		100	
8-3	石灰岩	中风化	0~3.8		150	
8-4	石灰岩	微风化	4.2~10.4		200	

3. 高强预应力混凝土管桩的设计与施工

1)施工方法

由于本工程所在位置较为偏僻,工程附近没有建筑物,不存在噪音扰民以及震动破坏的问题,所以采用锤击打入式,施工方便快捷。

2)桩端持力层的选择

比较理想的桩端持力层应是强风化岩层,这种地质构造能充分发挥捶击管桩桩身强度高、耐施打的优点，入岩深度和最后贯入度容易控制、方便施工。但是根据钻孔柱状图，强风化岩层厚度较小，有的地方甚至缺失，会使部分管桩穿过粗砂层直接进入中风化岩层，形成“上软下硬，软硬突变”，容易造成桩体混凝土的破坏，因此设计采用粗砂层为桩端持力层。

3）基础布置形式及桩基的选型

由于桩端持力层为粗砂，管桩的入土深度25～30m，桩长得以确定。初步决定采用桩径500mm高强预应力管桩，根据地质报告可以计算出单桩竖向承载力容许值，然后根据上部结构荷载情况，设计决定采用3排4列共12根管桩，基础布置如图3所示。

采用“m”法计算后，根据桩身受力情况最终设计采用外经$D=500$mm，壁厚$t=125$mm，型号为AB的高强预应力混凝土管桩。

4）锤击管桩的施工质量控制

（1）最后贯入度和锤击数。对于复杂岩土地基锤击管桩基础工程来说，施工中要解决的关键问题是收锤的标准。影响确定收锤标准的因素有场地工程地质条件、单桩承载力设计值、桩的规格和长短、锤的大小和落距（冲程）等因素，综合考虑最后贯入度、桩入土深度、总锤击数、每米沉桩锤击数、最后1m沉桩锤击数、桩持力层的岩土类型、桩基进入持力层的深度、桩垫弹性压缩量等。上述因素中尤以达到持力层、最后贯入度或最后1 m沉桩的锤击数为主要指标，其他指标可以根据具体情况有选择地作为参考指标。针对本工程的地质情况，确定PHC桩总锤击数不宜超过2 500，最后1m沉桩锤击数不宜超过300，最后三阵贯入度在25～30mm/10击时即可收锤。

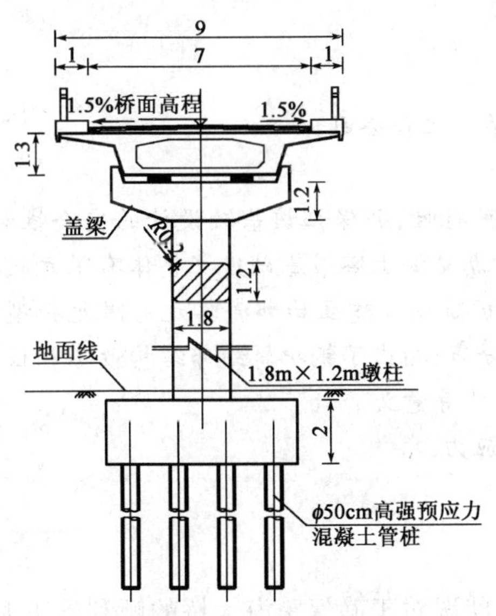

图2 桥梁断面图（尺寸单位：m）

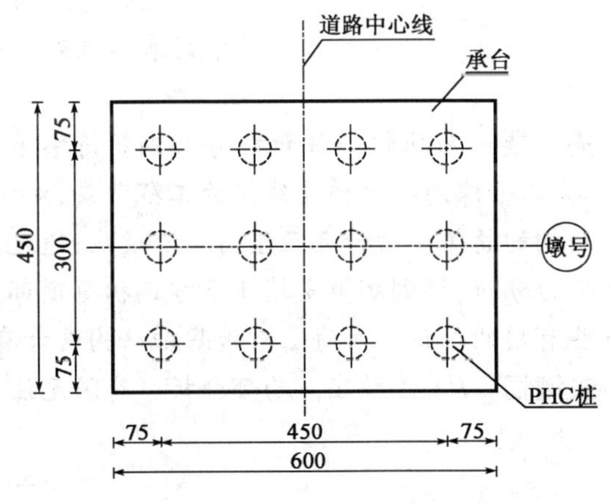

图3 管桩基础布置图（尺寸单位：cm）

（2）管桩的焊接接头。由于接头焊接质量的不合格，容易在锤击过程中造成接头的开裂，因此本工程设计采用单节长度10～15m管桩，尽量减少接头数量，并要求焊接施工人员认真操作，保证焊接质量。

（3）管桩的施打。若桩距周围建筑物较远、施工场地较开阔时，宜从中间向四周进行，避免由于桩的挤土效应对周边已有桩基造成破坏；若桩一侧靠近建筑物，宜从毗邻建筑物的一侧开始由近及远地进行。本工程所处场地开阔，附近没有建筑物，所以先施打基础中间桩，后施打周边桩。

五、结　语

（1）随着我国土木建筑工程的迅速发展，高强预应力混凝土管桩起到了越来越重要的作用，它体现了当代混凝土技术的进步与混凝土制品高新技术水平，与其他桩基相比较，它具有制作工艺简单、质量容易保证、植桩方便、耐打性好、造价便宜、检测方便、施工速度快等优点。

(2)本工程所在地区砂层较厚,施工钻孔灌注桩时曾发生塌孔现象,因此预应力管桩基础在此类地质条件中更适用。

(3)应当指出:采用现行规范设计公式计算确定的管桩单桩竖向承载力往往较单桩实际承载值小很多,这就会造成很大的浪费,体现不出预应力管桩的优越性,也不利于管桩的推广应用。所以设计时不应该仅按现行规范公式计算单桩承载力,而应该通过静载试验来确定单桩承载力。

(4)作为一种相对成熟的工程产品,管桩已得到了广泛的应用,但其应用仍有一定的局限性。预应力混凝土管桩的发展方向是大直径管桩,相信预应力混凝土管桩今后必将在建筑工程中得到更为广阔的应用。

参考文献

[1] 徐至钧.预应力混凝土管桩设计施工及应用实例.中国建筑工业出版社,2009.
[2] 阮起楠.预应力混凝土管桩.中国建材工业出版社,2000.

99.一种新型海上钢护筒塔吊基础的整体及局部受力分析

郭佳嘉 康学云
(中交第二航务工程有限公司第四工程公司)

摘 要 为探讨一种新型海上钢护筒塔吊基础建造的可行性,并保证该基础设计的安全性和经济性,本文以平潭海峡大桥复线桥为工程背景,对该工程的一种新型海上塔吊基础建立整体有限元模型,分析了结构的总体受力情况及重力二阶效应;通过对塔吊下的护筒顶部建立局部壳单元有限元模型,进行局部应力分析,得到塔吊支座正下方钢护筒顶部应力大小及分布,指出了钢护筒细部结构最不利位置,得到一些有用的结论。对海上塔吊基础结构设计有较强的工程指导意义。

关键词 $P-\Delta$效应 局部分析 有限元法 von-mises应力

一、引 言

作为海上作业的重要组成部分,塔吊的布置及健康运营状况对于确保跨海大桥的顺利施工尤为重要。由于受海上潮汐、风浪及台风等恶劣环境影响,目前,跨海大桥海上塔吊基础采用两种结构形式,一种是用钢管桩或PHC桩与型钢梁或桁架搭设成固定的海上平台形式;另一种是采用移动施工平台的方式。

以上两种塔吊基础形式均采用钢平台将海上施工变为陆地施工,但是第一种形式,每一个墩位均要另外搭设施工平台,平台用钢量大,施工周期较长,施工功效低,成本较高;对于第二种结构形式,虽然增强了塔吊的机动性和灵活性,但是需要另行搭设纵向主梁,并且需要铺设轨道,增加了施工成本。而且两者施工后期临时结构的拆除工作量大。

采用新型结构——基于钢护筒平台的新型单钢护筒塔吊基础,既具备传统钢平台的优点,克服了外海恶劣的海况条件,变海上施工为陆地施工;又使得塔吊基础的搭设简单易行,减少了传统钢平台的诸多附属设施及工序,极大地节约了工程造价,极大地提高了施工效率。为探讨该种新型海上钢护筒塔吊基础建造的可行性,并对其做出经济合理的设计,本文以平潭海峡大桥复线桥为工程背景,对该种单钢护筒塔吊基础考虑台风、波浪力，采用大型通用有限元分析软件 ANSYS 对该新型结构进行力学特征分析。

二、工 程 背 景

平潭海峡大桥位于福清市小山东，跨越海坛海峡，经北青屿终点至平潭的娘宫，全长 3 510m。平潭海峡大桥主桥的施工现场处于繁忙的海坛海峡航道之中，处于台风多发地区，实测最大风速 39m/s，设计风速 43.3m/s（百年一遇，海拔 10m 处）；潮汐属于正规半日潮，用小山东与平潭海洋站的高、低潮相关公式进行计算，得到平潭海峡大桥工程海域的设计高水位 +5.26，设计低水位 -4.08；抗台期深槽区最大浪高达 2.89m，对应周期为 5.7s，自然条件及施工环境恶劣。

三、塔吊基础力学特性分析

1. 结构及构件布置

塔吊基础的架设，先以现有钢护筒为依托，利用平联系统将钢护筒两两横向联系固定，形成一个稳定的施工平台，以抵抗水平力作用。再选择该平台上的一根钢护筒作为塔吊基础的直接竖向受力构件（即：单钢护筒塔吊基础），所选钢护筒需综合考虑塔吊作业面和平台的整体稳定性，将该钢护筒筒内灌注混凝土至承台底高程位置，并在护筒顶部安装护筒内支撑管，以保证钢护筒的整体稳定及护筒壁的局部稳定。最后在钢护筒顶部安装十字形肋板、加劲肋板、盖板等构件。

塔吊下方对应的单钢护筒顶部具体结构形式如图 1 所示。

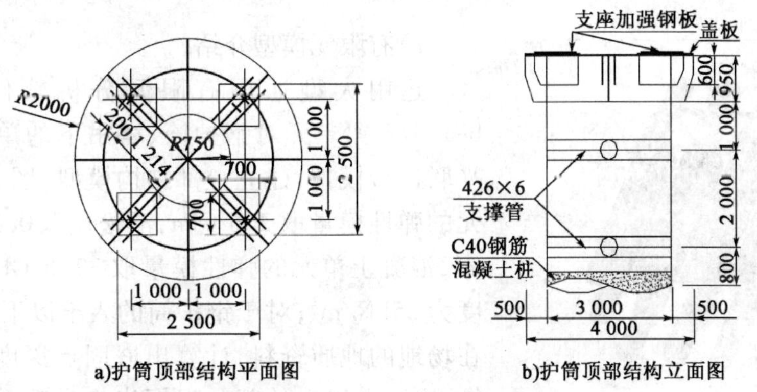

图 1 塔吊支座处护筒顶部结构图（尺寸单位：mm）

2. 荷载工况及荷载组合

本工程采用 2500kN·m 的塔吊。根据塔吊厂商所提供的塔吊支座反力数据，得到作用于塔吊支座的最不利工况有两种，各工况下的支座反力如表 1 所示，其中各个支座的反力编号见图 2。

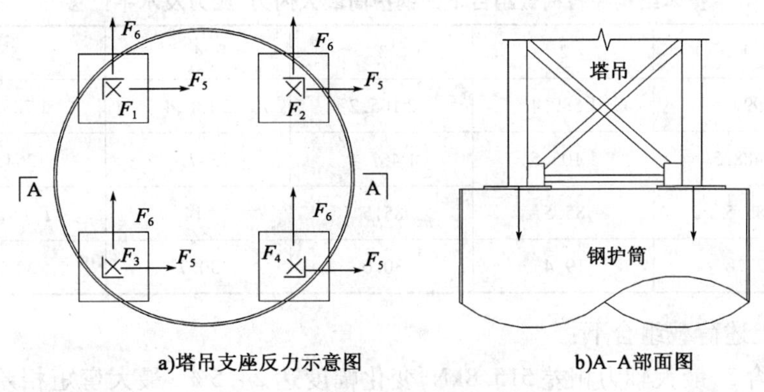

图 2 塔吊支座反力

两种工况下塔吊支座荷载表 表1

荷载(kN)	F_1	F_2	F_3	F_4	F_5	F_6	F_v	F_h	M
工况1	1 008	1 008	-693	-693	0	14.4	630	57.6	6 804
工况2	868	868	-546	-546	20	49	644	196	5 656

注:“F_v”、“F_h”和“M”分别表示结构整体分析时,按照力的平移定理,由 $F_1 \sim F_6$ 六个分力得到的作用于塔吊基础的竖向合力、水平向合力及弯矩合力。

根据该项目所在场地的水文资料,得到塔吊工作期间作用于钢护筒的水流力及波浪力如表2所示。

塔吊工作期间水流力及波浪力表 表2

水位及波高(m) \ 项目	水流力		波浪力	
	F(kN)	作用高程(m)	P(kN)	作用高程(m)
A:高水位+3.29,波高1.52	410	-5.14	86.0	-2.01
B:低水位-2.00,波高1.52	325	-8.67	84.6	-7.56
C:台风水位+4.23,波高2.81	426	-4.51	152	-3.42

按照各工况及各水位波高得到荷载组合如下:

组合	1	2	3	4	5	6
对应工况	工况1+A	工况1+B	工况1+C	工况2+A	工况2+B	工况2+C

3. 整体结构分析

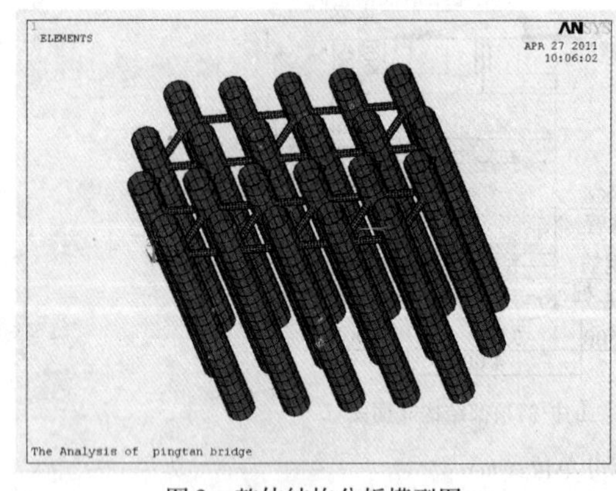

图3 整体结构分析模型图

1)有限元模型介绍

运用大型通用有限元分析软件ANSYS[1~2],采用beam188梁单元对钢护筒、塔吊下的单根灌填混凝土桩及平联进行模拟,建立上部结构模型(图3),钢护筒及平联单元的弹性模量取206 GPa,泊松比取0.30,重度取78.5 kN/m^3,混凝土单元的弹性模量取32.5 GPa,泊松比取0.2,重度为25kN/m^3;对于钢护筒的入土以下部分,根据该项目所在场地的地质资料,计算出嵌固点深度后将嵌固点完全固结,嵌固点以上的部分根据岩土参数采用土弹簧进行模拟分析。

2)塔吊不同工况下的内力及应力

整体结构在各荷载组合下的内力、应力及护筒顶水平位移如表3所示。

整体结构在各荷载组合下的钢护筒最大内力、应力及水平位移 表3

组合	1	2	3	4	5	6
轴力(kN)	1 999.5	1 589.4	2 105.2	2 138.4	1 728.2	2 243.9
弯矩(kN·m)	1 488.5	1 105.5	1 461.4	1547.4	1264.4	1860.3
应力(MPa)	85.5	85.5	85.5	114	114	114
位移(mm)	27.8	19.4	30.0	30.7	22.2	33.2

由表3可知,在上述荷载组合下:

对于组合1~组合3,最大轴力相差515.8kN,变化幅度达24.5%;最大弯矩相差383kN·m,变化幅度为25.7%;最大水平位移相差10.6mm,变化幅度为35.3%;护筒顶最大应力则无变化。

对于组合 4 ~ 组合 6，最大轴力相差 515.7kN，变化幅度达 23.0%；最大弯矩相差 595.9kN · m，变化幅度为 32.0%；最大水平位移相差 11.0mm，变化幅度为 33.2%；护筒顶最大应力同样无变化。

可见，在竖向荷载及其弯矩一定的情况下，波浪力及水流力对钢护筒整体结构的轴力、弯矩及护筒顶水平位移的影响较大，对护筒顶的最大应力则几乎无影响。

3）塔吊在最不利荷载组合下的内力及应力

由表 3 可知，在荷载组合 6 下，整体结构的轴力、弯矩、应力及水平位移均为最大值，因此，本节选用荷载组合 6 进行内力及应力分析，为了反映出整体结构的屈服破坏，给出由 von - mises 屈服准则[3]计算的应力结果：$\sigma = \sqrt{\frac{1}{2}[(\sigma_1 - \sigma_2)^2 + (\sigma_2 - \sigma_3)^2 + (\sigma_3 - \sigma_1)^2]}$，式中，$\sigma_1$、$\sigma_2$、$\sigma_3$ 均为主应力。整体结构在最不利荷载组合下的内力及 von - mises 应力见图 4、图 5。

通过图 4 可以看出：在最不利荷载组合下，弯矩主要集中在塔吊支座下对应的钢护筒处，并且由于塔吊荷载竖向荷载和支座产生的弯矩及流水与波浪力的综合作用，在该钢护筒上出现反弯点，反弯点的位置位于钢护筒顶以下约 2/3h 处；其他位置的钢护筒由于竖向荷载很小，主要为构件自重力，在水流力及波浪力的作用下弯矩最大处位于钢护筒根部，未出现反弯点。这主要是由于当塔吊下钢护筒内灌注混凝土后，其抗侧力刚度相对其他钢护筒而言明显增大，在水平荷载作用下，塔吊下的钢护筒以弯曲型变形为主，该钢护筒离嵌固端越远，位移越大；其他钢护筒以剪切型变形为主，钢护筒截面离嵌固端越远，位移越小，各钢护筒通过平联连接后，平联再其本身平面内的刚度很大，从而迫使塔吊下的钢护筒与其他钢护筒协同工作，在平联高程处产生共同的水平位移。

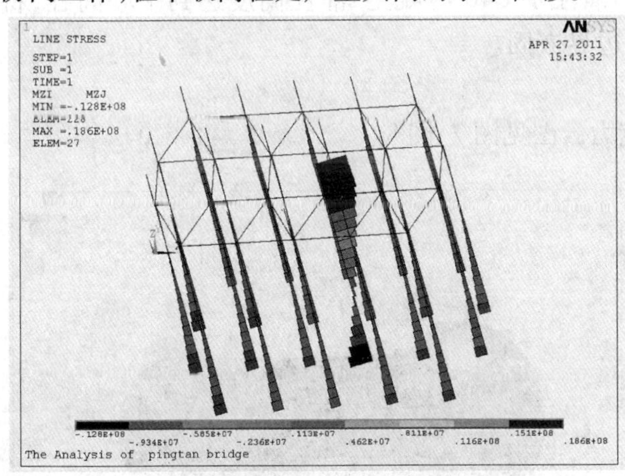

图 4 钢护筒弯矩图

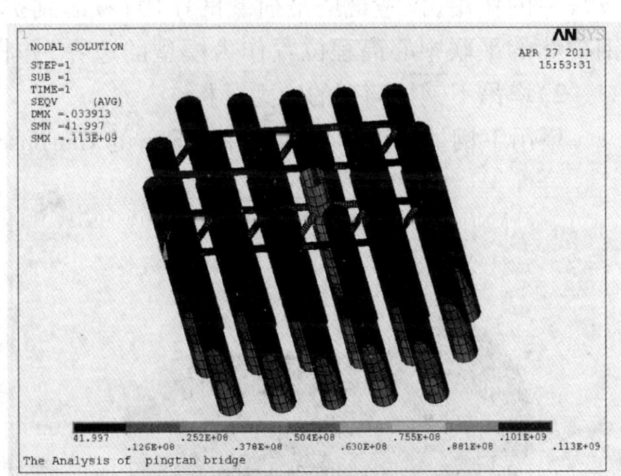

图 5 结构 von-mises 应力图

由图 5 可以看出，由于水平力及塔吊支座荷载的综合作用，整体结构的 von - mises 应力主要集中在钢护筒根部及塔吊支座下对应的钢护筒顶部，其中塔吊支座下方对应的钢护筒顶部应力变化比较剧烈，最大应力为 114MPa，小于钢护筒强度设计值 205MPa，并且由于塔吊下钢护筒根部受到竖向压力、弯矩及水平力的综合作用，其应力明显大于其他钢护筒的应力。

4）重力二阶效应

经上述分析可知：由于水平力与塔吊支座荷载的综合作用，塔吊下的钢护筒的弯矩体现明显的压弯构件的性质，由于压弯构件在水平力作用下产生水平位移后，会产生附加弯矩，从而降低结构的承载能力，为了更深入地研究水平力对结构的影响，需要进一步分析 $P-\Delta$ 效应对结构的影响。

结构侧移及挠曲引起的附加弯矩，及其占自身全部内力的比例如表 4 所列。

整体结构在各荷载组合下的附加弯矩及其所占比例 表 4

组 合	1	2	3	4	5	6
附加弯矩（kN · m）	55.9	30.9	63.3	65.7	38.6	74.5
所占比例（%）	3.76	2.80	4.33	4.25	3.05	4.00

由表4可知，在上述6个荷载组合下，由结构侧移及挠曲引起的最大附加弯矩为74.5kN·m，附加弯矩所占比例最大为4.33%，均不超过结构对应组合最大弯矩的4.5%。

4. 塔吊下钢护筒顶局部分析

由于钢护筒属大直径管，本工程采用的钢护筒直径为3.0m，壁厚为25mm，径厚比为120，属于薄壳结构，相对一般杆件而言，钢护筒的初始缺陷、构造形式、边界条件、材料性能、荷载大小及分布情况要敏感得多[4]，并且采用梁单元建模已不能准确反映出塔吊支座下方护筒顶部结构各个构件的荷载效应，为探讨细部构造设计的合理性，有必要对塔吊下钢护筒顶部进行局部分析。

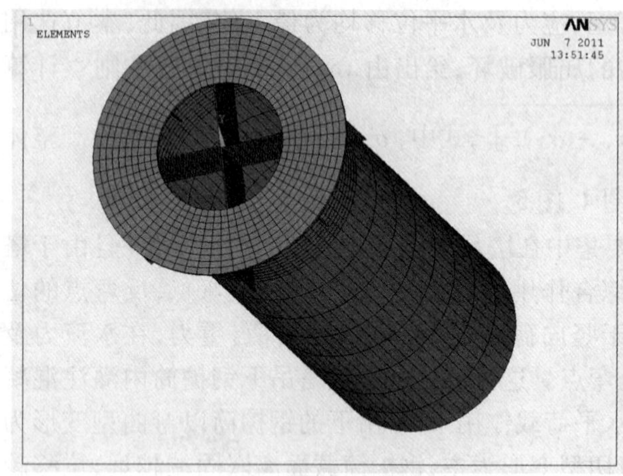

图6 细部结构分析模型图

1）有限元模型介绍

由以上结构整体分析可知，塔吊下方单钢护筒顶的应力及位移均位于线弹性阶段，因此，对于塔吊下方单钢护筒顶的局部受力及局部稳定性分析采用弹性壳单元shell63单元进行建模计算（图6），弹性模量取206GPa，泊松比取0.30，重度取78.5 kN/m^3；并且由于波浪力和水流力对塔吊下方单钢护筒顶部的弯矩及应力影响较小，故本模型未考虑水流力及波浪力的作用，仅考虑塔吊荷载的作用；考虑到护筒内灌注了C40混凝土，灌注高度达到平联高程，将钢护筒的平联中心高程位置作为模型的边界，并将该边界嵌固。

2）塔吊下钢护筒顶的应力分析

塔吊下钢护筒顶在上述两种工况下的von-mises应力云图见图7、图8。

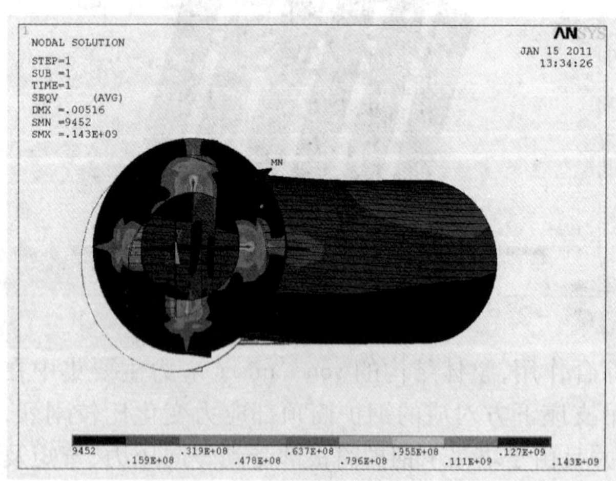

图7 工况1细部结构应力图

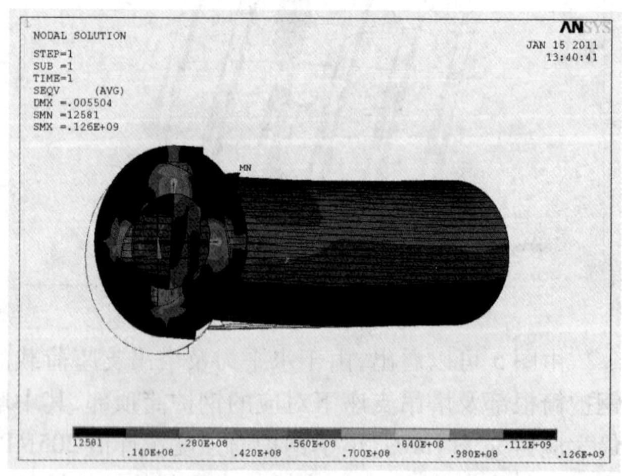

图8 工况2细部结构应力图

由图7、图8两图可知：对于2500kN·m的塔吊，通过比较工况1的竖向荷载和工况2的竖向荷载可知，工况1的最大von-mises应力比工况2要大，可见，决定钢护筒顶极限承载力的荷载工况为工况2；由于支座处盖板的局部承压，在上述结构形式下，钢护筒的最大应力集中在介于塔吊支座与十字肋板之间的盖板部分，最大应力为143.4MPa；由于钢护筒的直径为3.0m，而塔吊支座间的间距为2.5m，因此塔吊荷载主要以剪应力的方式向下传递，分析表明，采用十字肋板的形式能有效地传递剪应力，在最不利工况下，十字肋板的最大应力为113MPa，而在受轴向压力较大部位的十字肋板底部与钢护筒接触部位，由于塔吊支座受力不均再加之截面突变，从而使得钢护筒产生了应力集中，最大应力达到143.1MPa。分析表明，在上述荷载及结构形式下，结构满足承载力要求，是安全的。

四、结　语

(1)在竖向荷载及其弯矩一定的情况下,波浪力及水流力对钢护筒整体结构的轴力、弯矩及护筒顶水平位移的影响较大,对护筒顶的最大应力则几乎无影响。

(2)水平力及塔吊支座荷载的综合作用,整体结构的 von-mises 应力主要集中在钢护筒根部及塔吊支座下对应的钢护筒顶部。

(3)由结构侧移及挠曲引起的附加弯矩所占比例均不超过结构对应组合最大弯矩的4.5%,对结构内力影响较小。

(4)钢护筒顶部的最大应力集中在介于塔吊支座与十字肋板之间的盖板部分,采用十字肋板的形式能有效地传递塔吊支座产生的剪应力。

参考文献

[1] 王新敏. ANSYS 工程结构数值分析. 北京:人民交通出版社,2007.
[2] 王彬. ANSYS 中混凝土结构的计算问题[J]. 工业建筑,2007,37(11):116—118.
[3] 陈惠发,萨里普 A F. 余天庆、王勋文、刘再华译. 弹性与塑性力学[M]. 北京:中国建筑工业出版社,2005.
[4] 陈骥. 钢结构稳定理论与设计. 北京:科学出版社,2003.

100. 完全可拆装式单壁钢吊箱设计

曾　健　杨苏海　袁　灿
(中交武汉港湾工程设计研究院有限公司)

摘　要　完全可拆装式单壁钢吊箱[1]可使钢吊箱具有制作、安装、施工、拆卸简单快捷,节约成本,方便周转,加快施工进度,缩短施工周期等优点,特别是相同类型的承台数量较多时,经济效益显著。本文结合宁波象山港公路大桥及接线工程土建施工第6合同段钢吊箱工程,就完全可拆卸式单壁吊箱设计进行阐述。

关键词　完全　拆装　钢吊箱　设计

一、工 程 概 况

象山港大桥第6合同段北岸引桥 P53 ~ P70 号墩承台采用整体式矩形承台,平面尺寸为21.6m×9.6m,承台倒角为2.4m×2.4m,高度为3.0m。承台顶面设计高程为+3.2m,底面高程为+0.2m。桩基采用16根直径为1.6m的钢管桩,斜率为5:1、6:1,平面角为35°、40°。桩顶伸入承台1.0m。

设计高潮位:+4.19m(20年一遇)

设计低潮位:-2.73m(20年一遇)

波浪:$H=1.5\text{m}$,$T=5\text{s}$(吊箱抽水工况采用)

$H=0.6\text{m}$,$T=3.5\text{s}$

流速:1.5m/s

泥面高程:-16.0m

二、可拆装钢吊箱结构设计思想

钢吊箱作为承台施工的挡水和模板结构,通过吊箱壁体和底板上的封底混凝土为承台施工提供干施工条件。设计考虑钢吊箱外形尺寸比承台每边外扩5cm,封底混凝土按0.8m厚设计。参考西泽潮汐表,每个月水位达到-2.0m以下约有8天时间,有足够的时间和空间去拆卸钢吊箱底板。此类型的承台共有18个,为了节约成本,方便周转使用,故考虑将吊箱壁体和底板均设计成可拆装式。钢吊箱布置图见图1、图2。

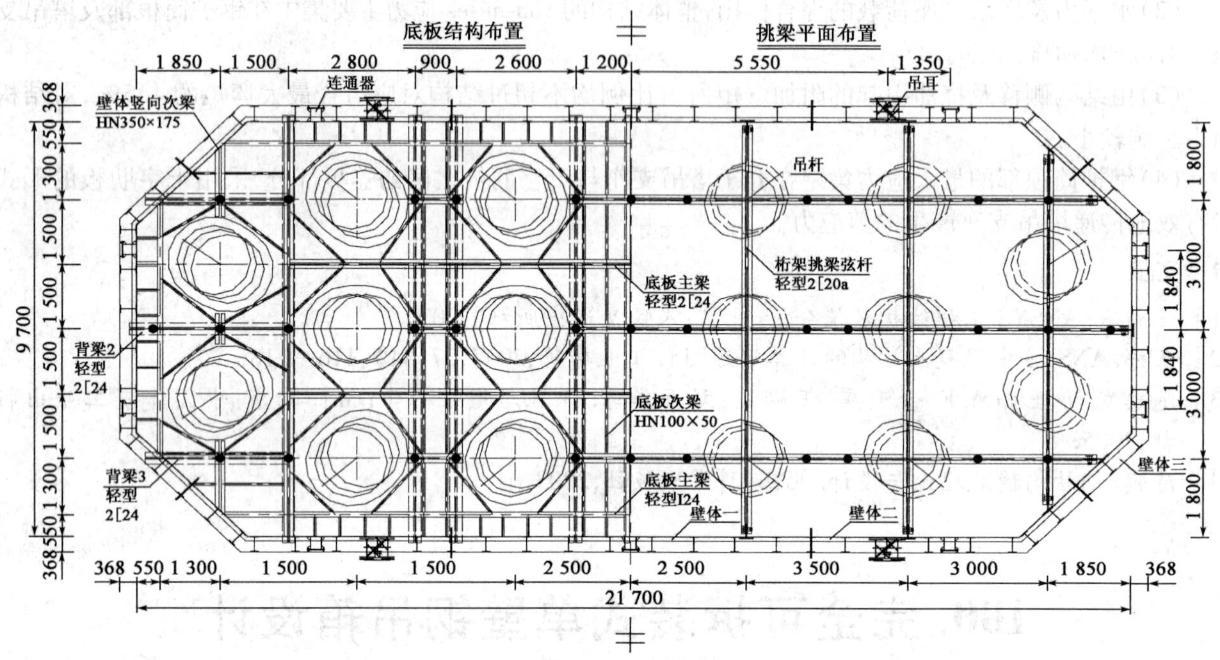

图1　钢吊箱结构平面布置图(尺寸单位:mm)

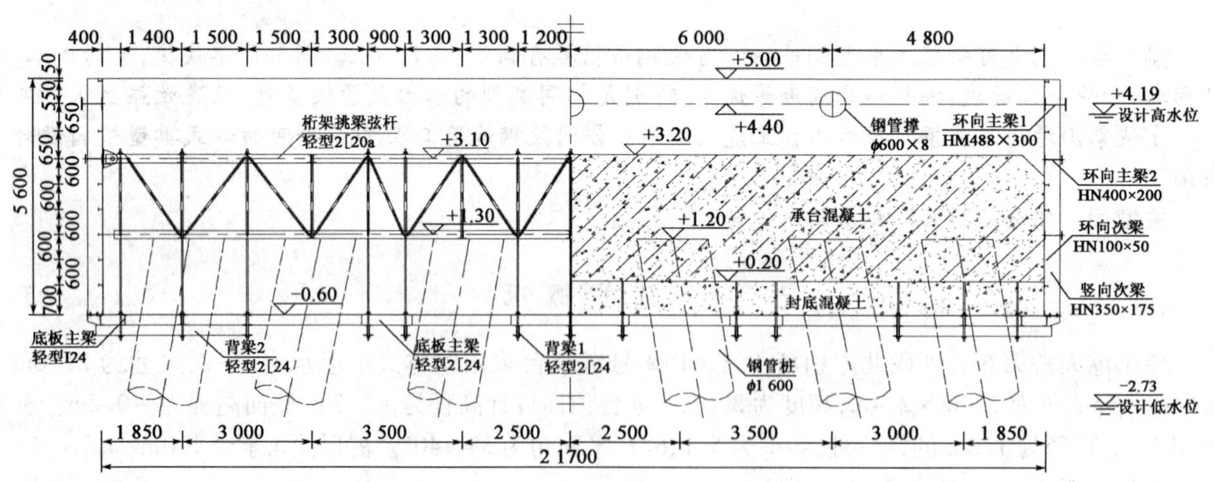

图2　钢吊箱结构剖面图(尺寸单位:mm)

钢吊箱结构分壁体、底板、桁架挑梁及吊杆4个部分。

(1)壁体。壁体由8mm厚壁板、间距约1 000mm的竖向次梁HN350×175、间距500~700mm一道的环向次梁HN100×50、环向主梁HN400×200以及底部和壁体分块间的封边槽钢(轻型[36)组成。壁体总共分为8块,详见图3。壁体与壁体之间采用M22普通螺栓连接,螺栓孔以200mm间距梅花状布置。钢吊箱壁体分块图见图3。

(2)底板。底板由8mm厚底板面板、底板次梁HN100×50、底板主梁轻型I24a,分块处底板主梁轻型[24a,背梁轻型][24a组成。吊杆穿过处底板分块间预留5cm间隙,无吊杆处底板分块间留2cm拼接缝。

钢吊箱底板分块图见图4、图5。

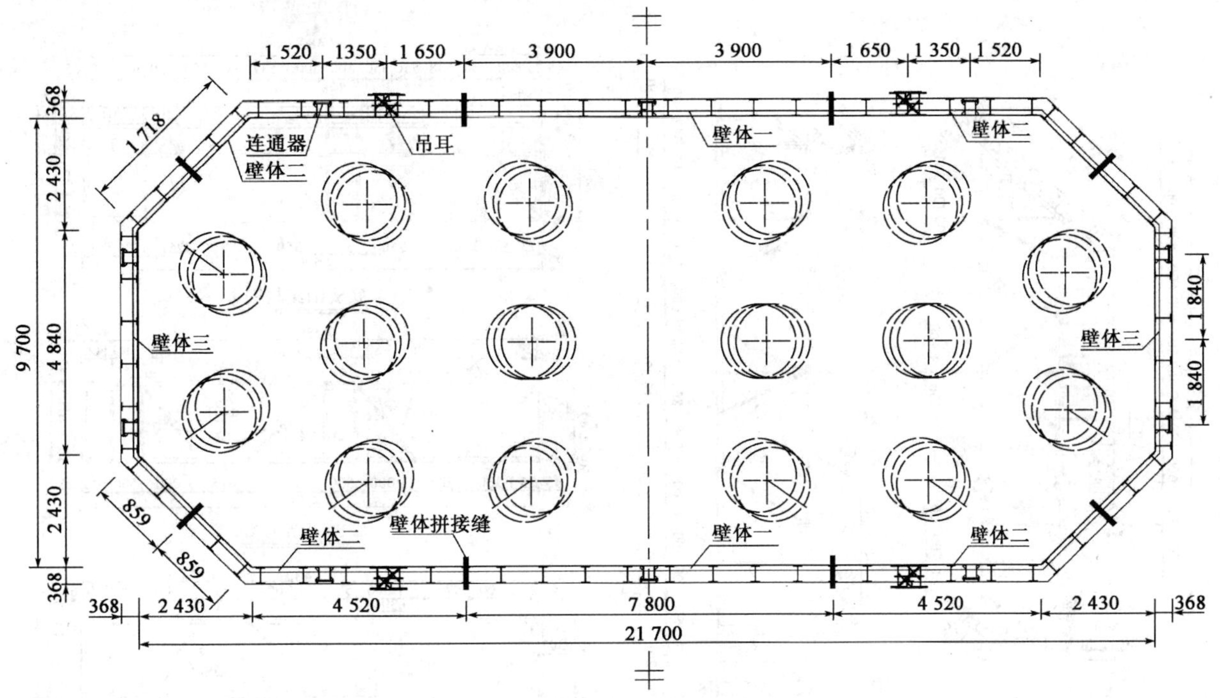

图3 钢吊箱壁体分块图(尺寸单位:mm)

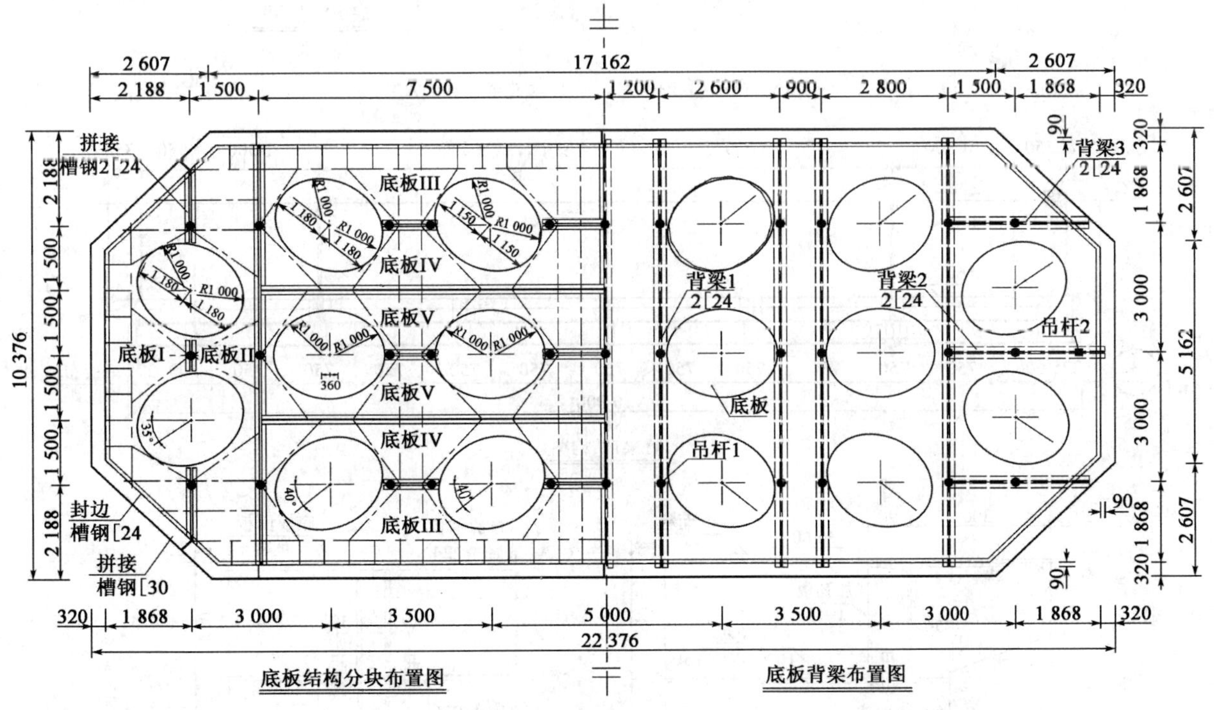

图4 钢吊箱底板分块图(尺寸单位:mm)

背梁在底板主梁下方,除长边对称轴处的背梁与分块处底板主梁2[24a(拼接槽钢)平行外,其余处的背梁与分块处底板主梁2[24a(拼接槽钢)垂直。

钢吊箱底板背梁结构图见图6。

(3)桁架挑梁及吊杆。桁架挑梁上下弦杆均采用轻型2[20a,槽钢背靠背布置,间距5cm;竖杆和斜杆均采用矩形管□70mm×50mm×5mm,吊杆采用ϕ25精轧螺纹钢筋,吊杆由背梁下方、穿过桁架挑梁竖杆伸至挑梁上弦杆顶部,并在背梁下方、底板面板上方、挑梁上弦杆上方设有螺母。为方便施工,挑梁下弦杆与壁体不连接，挑梁上弦杆采用销轴与壁体连接。钢吊箱吊杆结构图见图7。

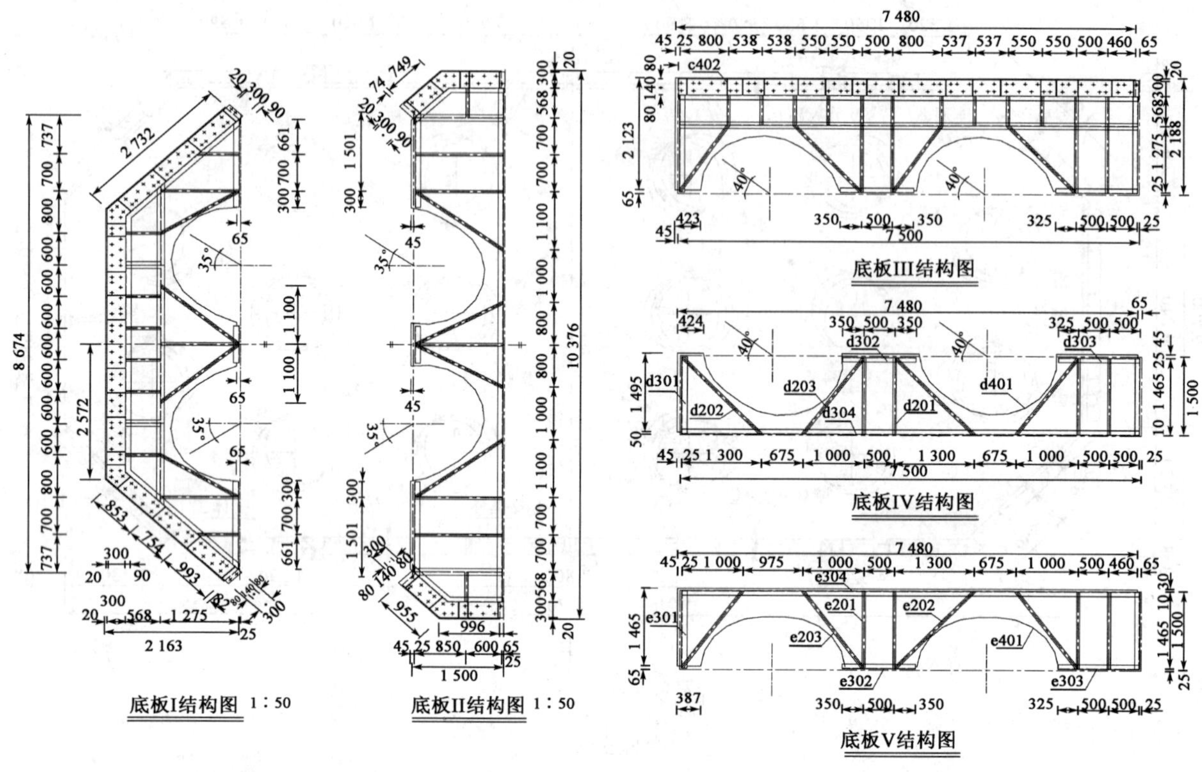

图5 钢吊箱底板分块详图(尺寸单位:mm)

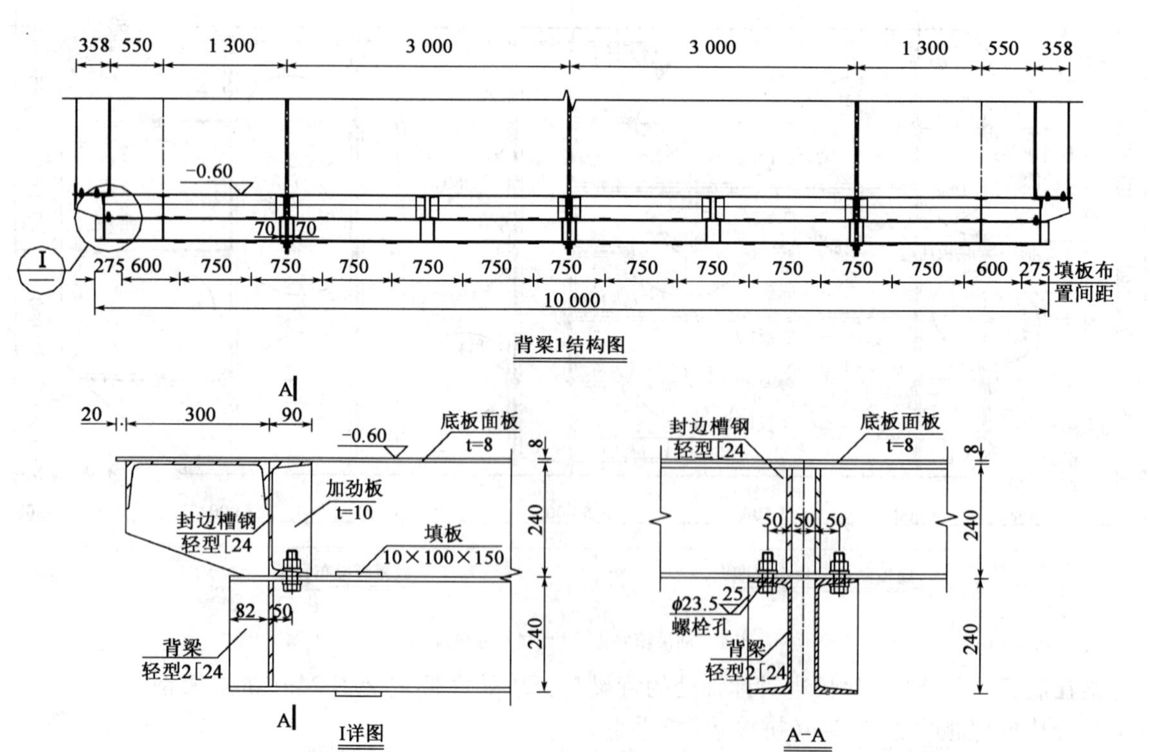

图6 钢吊箱底板背梁结构图(尺寸单位:mm)

安装桁架挑梁时，应使吊杆对应桁架挑梁竖杆孔位，待桁架挑梁上弦杆与吊箱壁体连接完成后，拧紧吊杆在桁架挑梁上弦杆处的螺母。钢吊箱桁架挑梁结构图见图8。

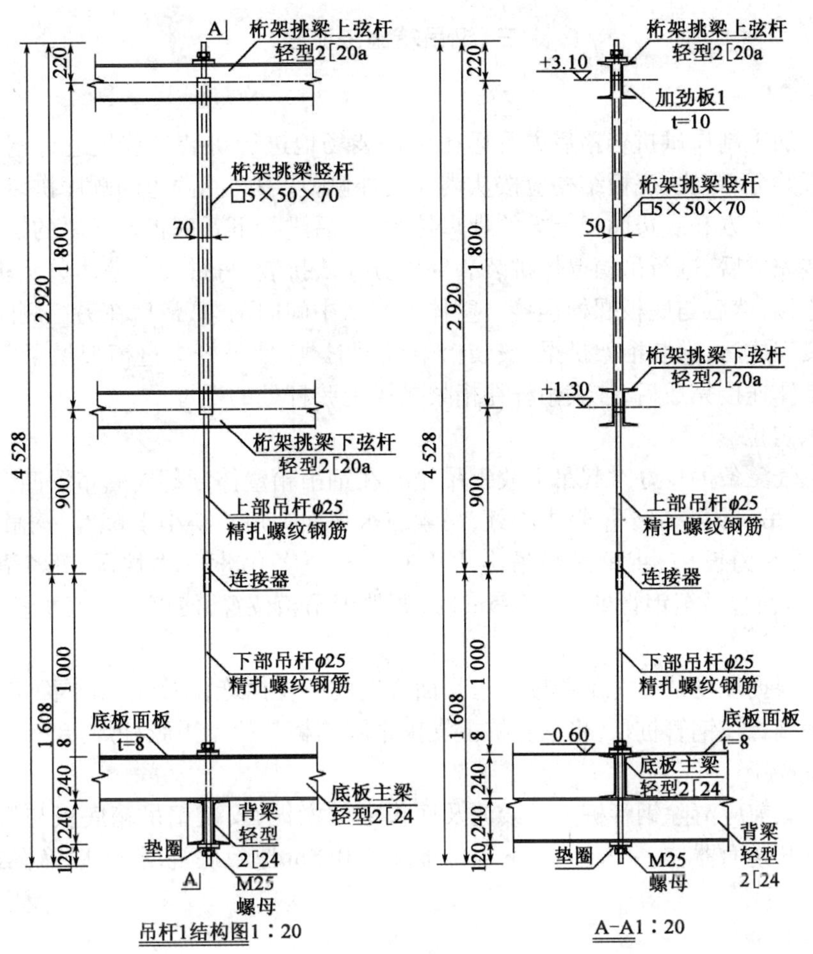

图7 钢吊箱吊杆结构图(尺寸单位:mm)

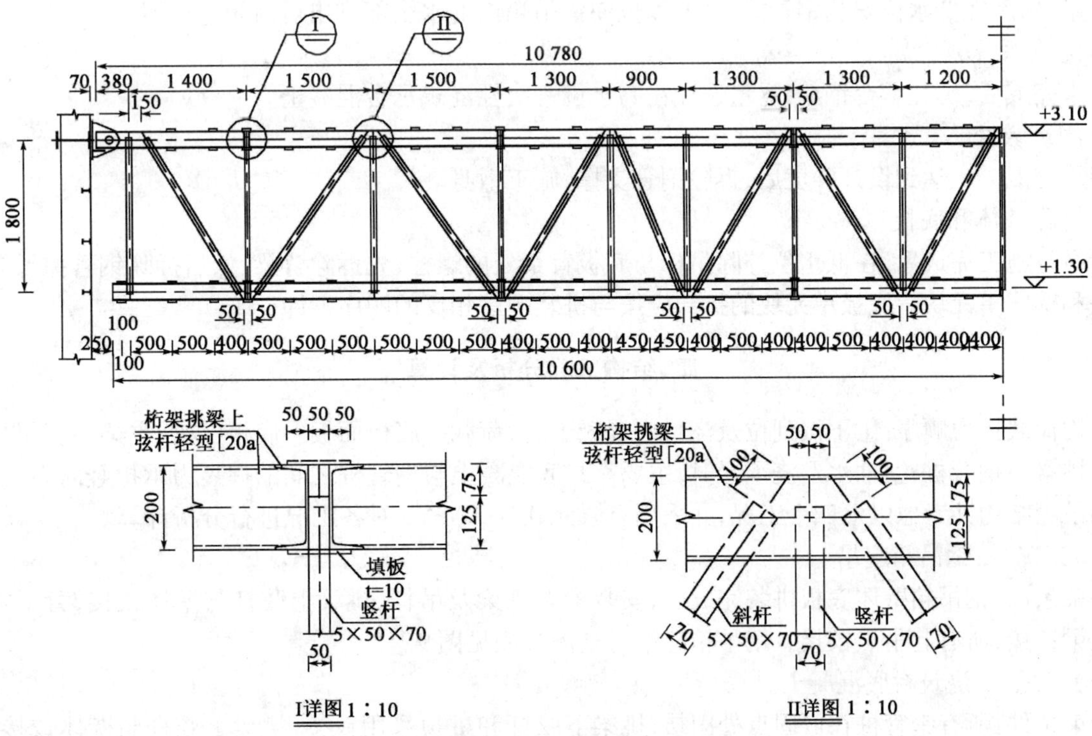

图8 钢吊箱桁架挑梁结构图(尺寸单位:mm)

三、钢吊箱施工流程

1)制作拼装

钢吊箱在工厂加工制作试拼合格后方可运输至拼装场地进行拼装。首先进行钢吊箱底板和吊杆的拼装。钢吊箱底板共分16块,底板结构应按从内侧到外侧,从中间到两边的顺序拼装。每拼装一底板单元块应将吊杆在背梁下方和底边面板上方的螺母拧紧,然后进行下一底板单元块的拼装工作。

吊箱底板拼装完成后,进行吊箱壁体拼装。壁体分8块拼装,每拼装一壁体单元块,应将其与上一壁体单元块用螺栓连接,然后与底板螺栓连接。壁体可按从中间向两边,最后在另一侧闭合的方法拼装。

吊箱壁体拼装完成后,安装桁架挑梁,安装桁架挑梁时,应使吊杆穿过桁架挑梁竖杆孔位,待桁架挑梁上弦杆与吊箱壁体连接完成后,拧紧吊杆在桁架挑梁上弦杆处的螺母。

2)起吊、下放、定位

选择在低潮位气象条件良好时起吊下放钢吊箱。在钢吊箱壁体顶部周圈布置四个吊耳,在吊箱长边侧布置一台浮吊,浮吊吊钩应位于吊箱中心处,吊索与水平面夹角不得小于65°。钢吊箱起吊时应均匀受力,并在吊索上安装测力设施,将钢吊箱吊出水面时应检查各吊索受力情况,每个吊索受力不得超过500kN。垂直将钢吊箱起吊至钢管桩上方0.5m时,调整钢吊箱位置,使钢吊箱底板孔位与钢护筒对正后缓慢下放钢吊箱。

钢吊箱就位后根据现场情况对吊箱进行水平面方向的定位措施,待钢吊箱平面定位后缓慢放下吊箱至桁架挑梁下弦杆搁置在钢管桩顶,将钢管桩上支撑牛腿与桁架挑梁下弦杆焊接。

3)浇筑封底混凝土

浇筑封底混凝土前应清除钢管桩表面淤泥及底板上的淤泥,安装钢吊箱底板与钢管桩间的抱箍,防止混凝土淌漏。打开连通器,在-0.6m以下水位干施工0.8m厚封底混凝土,以确保封底混凝土与钢管桩间的握裹力。

4)抽水

待封底混凝土达到设计强度后,气象良好时在低水位拆除吊杆(ϕ25精轧螺纹钢筋)上半部分,拆除桁架挑梁,然后在低水位安装钢管撑,在低水位使钢吊箱内的水全部排出后封闭连通器。

5)浇筑承台

抽水完成后,绑扎承台钢筋,尽量选择在高水位一次性浇筑承台混凝土。

6)浇筑墩身

待承台混凝土达到设计强度后,拆除钢管支撑,施工墩身。

7)拆除壁体和底板

待墩身施工完成后,在低水位拧除吊杆与底板背梁处的螺栓,先拆除背梁、然后拆除钢管撑及各底板单元块和壁体单元块。底板单元块的拆卸应按与拼装顺序相反的顺序拆卸。

四、结构工况分析及计算

结构荷载传力顺序:①下沉到位及浇封底混凝土时,荷载→底板面板→底板次梁、主梁→背梁→吊杆→桁架挑梁→钢管桩;②抽水及浇承台时,主要靠封底混凝土与钢管桩之间的握裹力承担竖向力。

钢吊箱结构共考虑以下四个工况,并采用有限元软件ANSYS对各工况进行分析计算。

(1)工况一:钢吊箱起吊。

约束条件:钢吊箱壁体底板拼装完成后,安装桁架挑梁及吊杆,挑梁上弦杆与壁体铰接,背梁端部与底板主梁铰接,所有起吊点铰接。钢吊箱起吊时整体模型见图9。

(2)工况二:浇筑封底混凝土。

约束条件:所有钢管桩在嵌固点处固结,挑梁下弦杆和桩顶采用铰接,挑梁上弦杆与壁体铰接,背梁端部与底板主梁铰接。

工况条件：

①水位： −0.6m

②波浪： $H=0.6\text{m}$ $T=3.5\text{s}$ （波吸力）

③流速： $v=1.5\text{m/s}$

浇筑封底混凝土时整体模型见图 10。

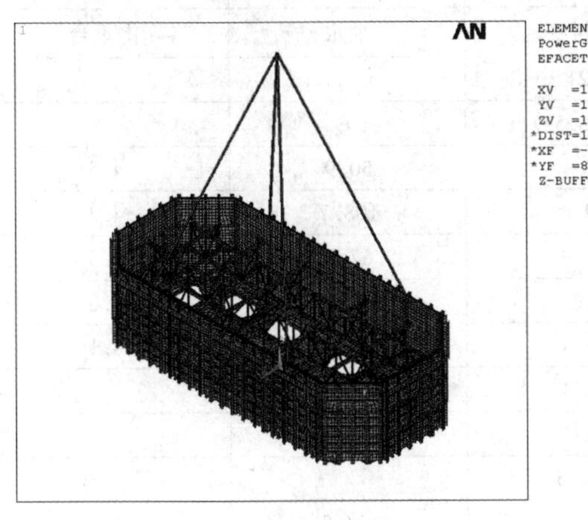

图 9 钢吊箱整体起吊时整体模型

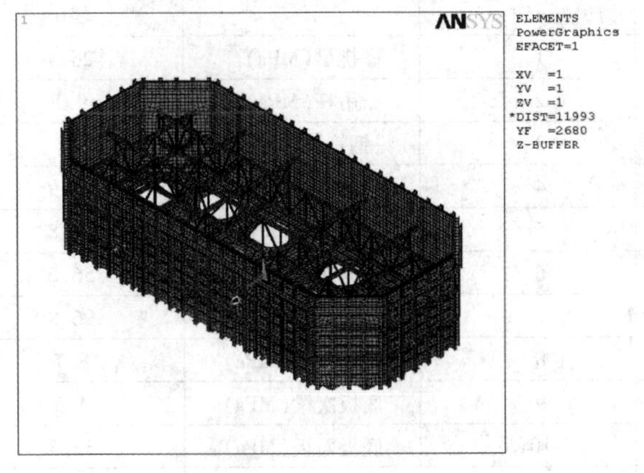

图 10 钢吊箱浇筑封底混凝土时整体模型

(3)工况三:钢吊箱抽水。

待封底混凝土达到强度后,拆除桁架挑梁,拆除封底混凝土以上吊杆,安装钢管支撑。

约束条件:所有钢管桩在嵌固点处固接,封底混凝土与钢管桩固接。

工况条件：

①水位： +4.19m

②波浪： $H=1.5\text{m}$ $T=5\text{s}$ （波吸力）

③流速： $v=1.5\text{m/s}$

抽水时整体模型见图 11。

(4)工况四:浇筑承台。

约束条件:所有钢管桩在嵌固点处固接,封底混凝土与钢管桩固接。

工况条件：

①水位： −0.6m

②波浪： $H=0.6\text{m}$ $T=3.5\text{s}$ （波吸力）

③流速： $v=1.5\text{m/s}$

浇筑承台时整体模型见图 12。

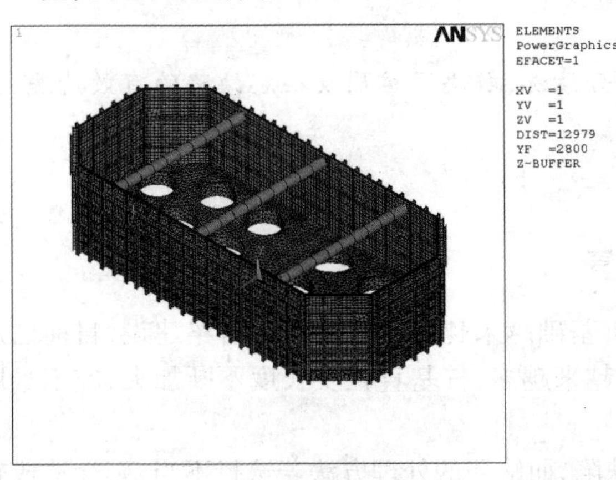

图 11 钢吊箱抽水时整体模型

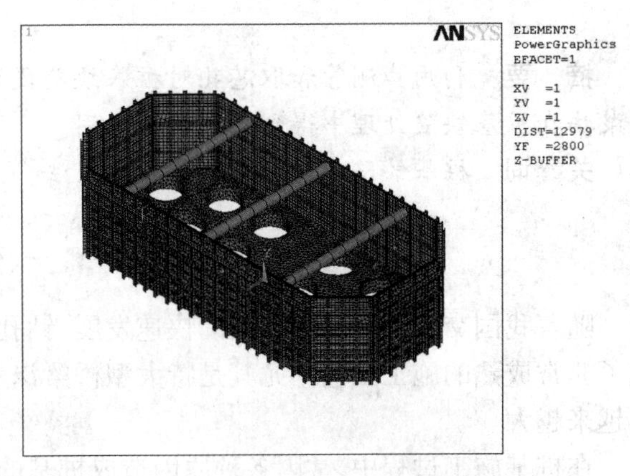

图 12 钢吊箱浇筑承台时整体模型

五、计 算 结 果

各工况计算结果见表1。

计算结果汇总表 表1

序 号	名 称	工况一	工况二	工况三	工况四
		起吊	浇封底	抽水	浇承台
1	挑梁(MPa)	25.4	121		
2	吊杆(MPa)	9.1	128.5		
3	钢管撑(MPa)			50.9	4.5
4	环向主梁(MPa)	32.9	59.8	108.7	4.3
5	环向次梁(MPa)	33.8	15.9	67.8	2.5
6	竖向次梁(MPa)	56.6	39	103.7	4.0
7	壁 板(MPa)	96.8	75.4	151.9	6.1
8	底板主梁(MPa)	8.7	82.4		
9	底板次梁(MPa)	4.3	130.7		
10	底板面板(MPa)	35.3	154.5		
11	握裹力(kPa)			114.3	309
12	最大变形(mm)	5.99	7.43	9.59	0.72

浇筑承台工况时钢管桩与封底混凝土之间的握裹力不足,则考虑在封底混凝土内的钢管桩上焊接抗剪力牛腿解决。

六、结 语

桥梁引桥墩承台施工采用完全可拆卸式单壁钢吊箱进行设计施工,方便周转,大大节约了成本、缩短了工期,取得了显著经济和社会效益。同时也解决了钢吊箱底板不拆除对承台钢管桩和承台的锈蚀影响。宁波象山港大桥完全可拆卸式单壁钢吊箱施工的成功经验也告诉我们,该方案是切实可行的,在其他的工程中也有一定的借鉴。

101. 压浆法处理桩基缺陷的工艺改进

徐 刚 张延河 赵 超
(中交第二航务工程局有限公司)

摘 要 利用声测管和取芯孔对桩基缺陷段进行联合清洗,解决了桩周及桩芯缺陷的有效清洗,使压浆法在桩基缺陷处理中得到更广泛的应用。

关键词 桩基缺陷 切割声测管 压浆法

一、引 言

随着我国交通基础设施建设的快速发展,钻孔灌注桩基础越来越广泛地应用于桥梁建设,目前已形成了非常成熟的施工工艺。尤其是特大型桥梁深水基础越来越多,桩基直径及长度不断加大,施工难度也越来越大。

在桩基施工过程中,常因各种原因造成桩基的质量缺陷,而缺陷的处理方法若选择不当,则会造成较大的经济损失甚至延误工期。下面主要针对压浆法处理桩基缺陷的工艺改进进行介绍。

二、桩基缺陷处理现状

目前桩基质量缺陷常规的处理方法主要有:桩中凿除法[1]、人工混凝土护壁凿除法、冲击钻冲击凿除法、钢护筒护壁定向爆破法[2]、加扁担桩法、追加桩法[3]。常规方法处理桩基缺陷普遍存在施工工期长、成本高、安全隐患大等缺点。凿除法、爆破法还可能对桩身其余部产生不良影响。

与常规方法相比,压浆法处理桩基缺陷的优点在于施工工期较短,成本相对较低,对桩身其余部分无损伤。

三、传统压浆法工艺的介绍及其局限性

1. 压浆法原理

对成桩进行钻芯取样,利用高压泵产生高压水喷射流,对取芯孔内缺陷段进行高压水旋喷清洗,使抽芯孔附近桩身混凝土缺陷部位沉渣、离析松散的碎石、砂等脱落,再采用气举法将被切割剥落的泥砂排出,形成缺陷段内的"空体",然后再采用高压旋喷注浆法或压密注浆法向"空体"内压注高浓度水泥浆液,固结后可改善桩身混凝土的胶结质量,达到补强的目的。[1]

2. 传统压浆法处理工艺的局限性

桩基缺陷一般分为断桩、局部混凝土缺陷,其中局部混凝土缺陷又分为桩中心混凝土缺陷和桩周混凝土缺陷。

压浆法处理桩基缺陷关键在于缺陷段清洗是否彻底,如果能够将缺陷段内沉渣或离析的混凝土彻底清洗干净,然后压入水泥浆,处理后缺陷段强度一般不会低于桩身混凝土强度,可以满足桩基受力要求。但是如果缺陷段清洗不够彻底,将极大影响桩基处理效果,甚至可能导致桩基缺陷处理失败。

对于桩中心混凝土缺陷可以通过钻芯取样到达缺陷段位置,对取芯孔附近缺陷段进行高压水旋喷清洗,气举排渣,然后压浆。桩中心混凝土缺陷段通过这种方式处理后经超声波检测一般可以满足设计要求。

对于断桩及桩周混凝土的缺陷,受到桩周围钢筋笼的限制及超长钻孔桩取芯难度的限制,钻芯取样通常难以到达桩周缺陷的位置。由于桩周缺陷处没有取芯孔,用于高压旋喷清洗的喷头作用半径不能到达桩周缺陷段,无法对桩周缺陷处进行直接清洗,只能通过水流将桩周缺陷段的沉渣、离析松散的碎石、砂等带出,这使得桩周围缺陷段清洗效果大打折扣。缺陷段清洗的不彻底将为桩基处理工作埋下极大的隐患,很多桩基在清洗压浆后进行检测证明桩周仍存在缺陷。

不难看出对桩周缺陷部位的有效清洗已成为制约压浆法处理桩基缺陷的瓶颈。

四、传统压浆法工艺的改进

1. 改进工艺的介绍

通常每根钻孔桩基础都有3到4根声测管,且声测管都布置桩基周围,如果能将缺陷段对应高度的声测管切除,高压旋喷清洗喷头的作用半径就可以直接覆盖到桩周缺陷段,对桩周缺陷段进行直接清洗。

2. 声测管切割工作原理

下放钻杆及喷嘴,以具有一定浓度的粉煤灰溶液为切割介质,使用高压注浆泵将粉煤灰溶液从直径为2.5mm的高压喷嘴喷出,钻杆及喷嘴在声测管内需要切割的断面高度上旋转,通过高速喷出的粉煤灰溶液将声测管切断。声测管切割原理见图1。

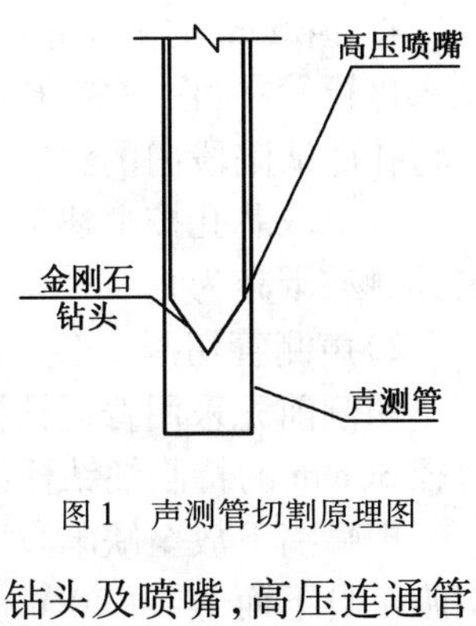

图1 声测管切割原理图

3. 设备配备

声测管切割设备采用XY-1型地质钻机、ϕ42mm钻杆、ϕ45mm金刚石特制钻头及喷嘴,高压连通管,孔口管,阀门等;配备高压注浆泵进行切割。其中45mm金刚石特制钻头喷咀直径为2.5mm,切割压力为28MPa,流量70L/min。设备配备见图2。

4. 声测管切割实验

采用直径60mm、壁厚3mm的声测管进行切割实验,把喷嘴下放至声测管内,顶端钻杆通过高压连通管与高压注浆泵连接,切割泵压为28MPa,金刚石喷头在声测管内低速旋转,15min后声测管被完全切

断。施工照片见图3。

高压喷嘴

高压注浆泵

图2　施工设备

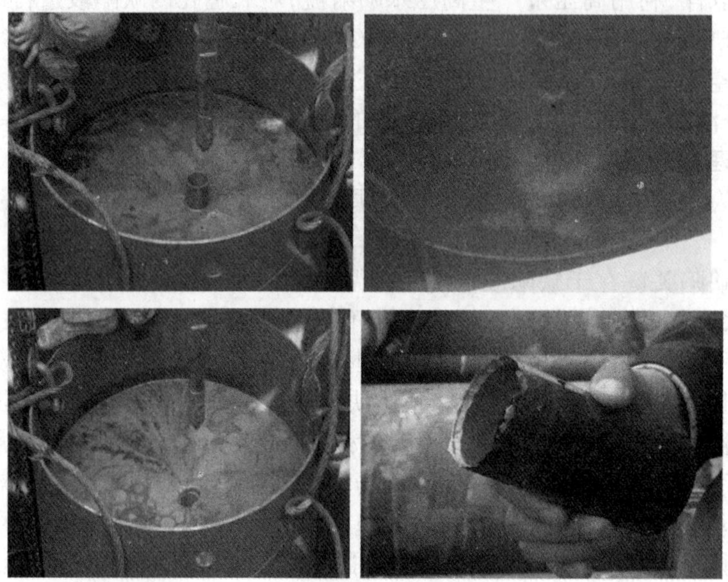

图3　高压水切割工艺照片

5.通过声测管、取芯孔联合清洗桩基缺陷

1)取芯孔高压切割清洗

为使后续的声测管切割能更好地进行,避免沉渣卡钻杆,在声测管切割前先将缺陷段沉渣局部掏空。

4~5个取芯孔完成后,下放高压喷头对缺陷段进行高压切割清洗,直至清理完成。采用ϕ45mm金刚石特制钻头及喷嘴,配备高压泵进行清洗。清洗压力28MPa,流量70L/min。

将ϕ42mm的高压钻杆及金刚石特制喷嘴下至任一取芯孔孔底,并将高压注浆泵与钻杆连接,泵送高压水进行。在另一取芯孔内下放气举反循环清孔管,配备大方量空压机送风,通过气举反循环清孔的方法将孔底缺陷段内的泥浆、粉砂砾或混凝土离析骨料等沉渣物清出。

每个取芯孔按上述工艺依次进行清洗,使所有取芯孔连通,直至孔口返出水清净且无沉渣物,出水均匀、流畅、干净为止。

2)声测管切割

切割前先采用普通钻杆对声测管进行探孔,保证钻杆能够顺利下放至缺陷高度。如果不行,则改用直径30mm的特制细钻杆进行探孔,保证切割顺利进行。

把喷嘴下放至缺陷段底部,顶端钻杆利用高压连通管与高压注浆泵连接,对声测管逐根进行切割,切割施工自下而上、每20cm为一切割单元。为保切割效果,每次切割时间大于30min,直到将缺陷段内的声测管全部切除。

3)缺陷段清洗

声测管切割完毕后,采用高压旋喷喷射对缺陷段进行清洗,清洗压力为28MPa,使声测管与取芯孔连通。同样采用气举反循环法从取芯孔内将孔底沉渣清出。清洗时如果钻杆内出水量无法满足清洗循环水量时,可从另外1~2个取芯孔采用水泵补水,保证水流量,将沉渣导出。

6. 缺陷段注浆

压浆采用无压注入和高压旋喷压浆相结合的工艺进行施工，选取取芯孔底高程最低的一个孔进行注浆，具体步骤如下：

(1)先在孔内下放注浆管，使管口伸至缺陷段底部，采用污水泵向注浆管内注入水泥浆，置换出缺陷段及各取芯孔内的清水。

(2)待其余各孔孔口流出浓浆后，采用预先下放至缺陷段的旋喷钻杆对缺陷段进行自下而上喷浆，喷浆应保证喷头压力并旋转进行，扰动悬浮在缺陷段的较大岩块及骨料，使其重新胶结。

(3)高压旋喷完毕，提出旋喷钻杆。对各取芯孔、声测管管口进行封闭，留一个注浆孔采用高压泵保持压力2~4MPa向孔口内注浆，并憋压，保证注浆密实。稳压达10min后停止压浆，关闭孔口开关等候初凝。

(4)对于不连通的取芯孔应单独注浆，对于串通性较好的孔可多孔联合灌注。

7. 声测管恢复

由于声测管切割后与缺陷段完全连通，在压浆的过程中，声测管也压满了水泥浆。

为了对处理后的质量进行检测，需进行声测管进行恢复，施工原理同取芯施工。

水泥浆初凝后，采用特制的钻杆及钻头，在声测管内钻进，钻出初凝的水泥浆。当钻至距缺陷段8~10m高度时停止钻进，待缺陷段水泥浆强度大于5MPa后方可继续钻进，直到桩底。

钻头及钻杆见图4。

图4 恢复声测管用钻头及钻

五、结　语

现阶段国内没有对桩基缺陷处理的专项研究，没有成熟的工艺和措施，仅依靠经验、采用常规的处理工艺达不到最佳的处理效果。

实践证明，采用切割声测管处理桩基缺陷的工艺对断桩、桩周混凝土缺陷及桩底缺陷处理具有非常明显的效果，处理后的桩基质量优良，满足要求。

参考文献

[1] 袁以堂、覃荣斌、黄启明. 浅谈桥梁桩基缺陷成因及处理措施. 西部交通科技，2010.

[2] 秦瑞. 浅谈钻孔灌注桩的施工及断桩处理. 中国高新技术企业，2009.

[3] 王振峰、翟春霞、韩秦平、胡辉. 谈桥梁桩基缺陷的几种处理方法. 陕西建筑，2006(6).

[4] 陈忠、王洪涛. 断桩处理的原因、预防措施及处理方法. 工程技术.

102. 轨道连续盆式梁施工工艺及施工难点探讨

雍　军　范连东　刘文卓　邵宪森

(中交一公局第六工程有限公司)

摘　要　重庆轨道交通一号线(沙坪坝-大学城段)陈家桥车站和大学城车站及高架区间工程在建设中采用了国内第一次施工的连续盆式梁作为轨道桥梁。本文以该工程中跨杰青大道的35m+48m+35m连续盆式梁为例，介绍连续盆式梁这种城市轨道交通新型桥梁结构的造型、优势、工艺特点，并探讨其主要施工难点及应对措施。

关键词　新型结构　优势　施工工艺　施工难点及应对措施

一、引　　言

城市轨道交通建设中，较多的采用了U形梁作为轨道桥梁，是因为U形梁施工工艺成熟，结构合理，外观优美，在城市景观、降低噪声等方面有明显优势。但是对于跨越大节点、大跨度的部位，由于受结构尺寸和受力等因素限制，难以采用U形梁。而连续盆式梁的出现，则很好地解决了U形梁无法跨越大节点、大跨度的问题。

重庆轨道交通一号线(沙坪坝-大学城段)陈家桥车站和大学城车站及高架区间工程在跨杰青大道路口大学城站后折返线就采用了跨度为35m+48m+35m连续盆式梁。

二、连续盆式梁简介及优点

1. 连续盆式梁简介

连续盆式梁是一种以预应力为主要受力体系的现浇梁，其结构形式是3跨一联，边跨跨度为35m，中跨跨度为48m。它是将传统箱梁和U形梁的优点综合而设计出的一种新型梁体结构，但又不是将箱梁和U形梁简单的叠合，而是利用梁底箱室高度、宽度在空间上不断发生变化，使圆润、顺畅的梁体线形更加轻盈、更具视觉冲击力。

2. 连续盆式梁与U梁、箱梁比较

与U形梁比较，连续盆式梁除具备U形梁的所有优点外，它同时具有以下优势：

(1)满足大节点、大跨度的跨度需求；

(2)在交叉渡线区段，采用连续盆式梁可以满足轨道专业相关要求。

与传统箱梁比较，箱梁在跨大跨度、大节点部位时，为保证结构受力，梁的截面尺寸设计的比较大，使得箱梁看上去稳重而缺乏灵动。而连续盆式梁在跨中最不利点的梁高尺寸仅为1 990mm(板厚为450mm)，因此外形轻盈、更具良好的视觉效果。同时箱梁外形单一，缺乏变化，而连续盆式梁优美流畅的外形线条像是“凝固的音乐”，更好地诠释了“建筑是力与美的结合”这句话。从施工角度考虑，箱梁结构体积大，混凝土浇注时内部温度不容易降低，需采取专门的内部降温措施。而连续盆式梁腹板、底板截面尺寸都比较小，利于混凝土内部温度控制。

作为一种新型城市轨道桥梁，连续盆式梁除上述优势外，还具有其他非常明显的优点：

①解决了轨道交通U形梁不能在交叉渡线区段应用的问题；

②解决了普通轨道交通U形梁无法在双线中部设置接触网立柱的问题；

③上部结构外形和U形梁相似，在跨越大节点位置与U形梁做到了良好的顺接，实现了景观线形的统一；

④降低了轨道高程和桥梁整体高度，减少了对周边环境的影响，防止列车脱轨冲出桥梁等；

⑤外腹板在视线上遮挡了不整洁的道床，只露出整洁的列车车身，为城市添加了一条靓丽的流动风景线，同时，外腹板可安装用于降低噪声的声屏障，有效地减少了噪声污染；

⑥相对于传统箱梁，连续盆式梁跨中实心段的梁体高度小，有效增大了下部空间。

3. 连续盆式梁结构尺寸及主要参数

本工程连续盆式梁结构主要尺寸：梁宽为12.38m，边支点梁高2.24m，中支点梁高4m，边跨梁高$Y=1.99+2.390\,011\,890\times10^{-3}\times(X-4.92)^2$，($X$范围从4.92m至33.92m)，中跨梁高$Y=1.99+4.152\,892\,562\times10^{-3}\times(57.92-X)^2$，($X$范围从35.92m至57.92m)。顶板厚度在直线段为450mm，空心段为320mm。箱室底板厚度由600mm变化至250mm。图1为连续盆式梁1/2立面图和各截面剖面图。

三、连续盆式梁的施工顺序

连续盆式梁采用分段浇筑、分段张拉、整体落架的施工方法。根据施工图纸要求，连续盆式梁施工时先进行两个中墩梁段A施工，梁段A完成N1预应力终张拉、注浆后开始进行梁段B施工，梁段B完成N2预应力终张拉及注浆后再进行梁段C施工，然后张拉N3、N4、N5、N6钢绞线，最后整体落架。施工时保证各梁段对称进行。连续盆式梁施工顺序图见图2。

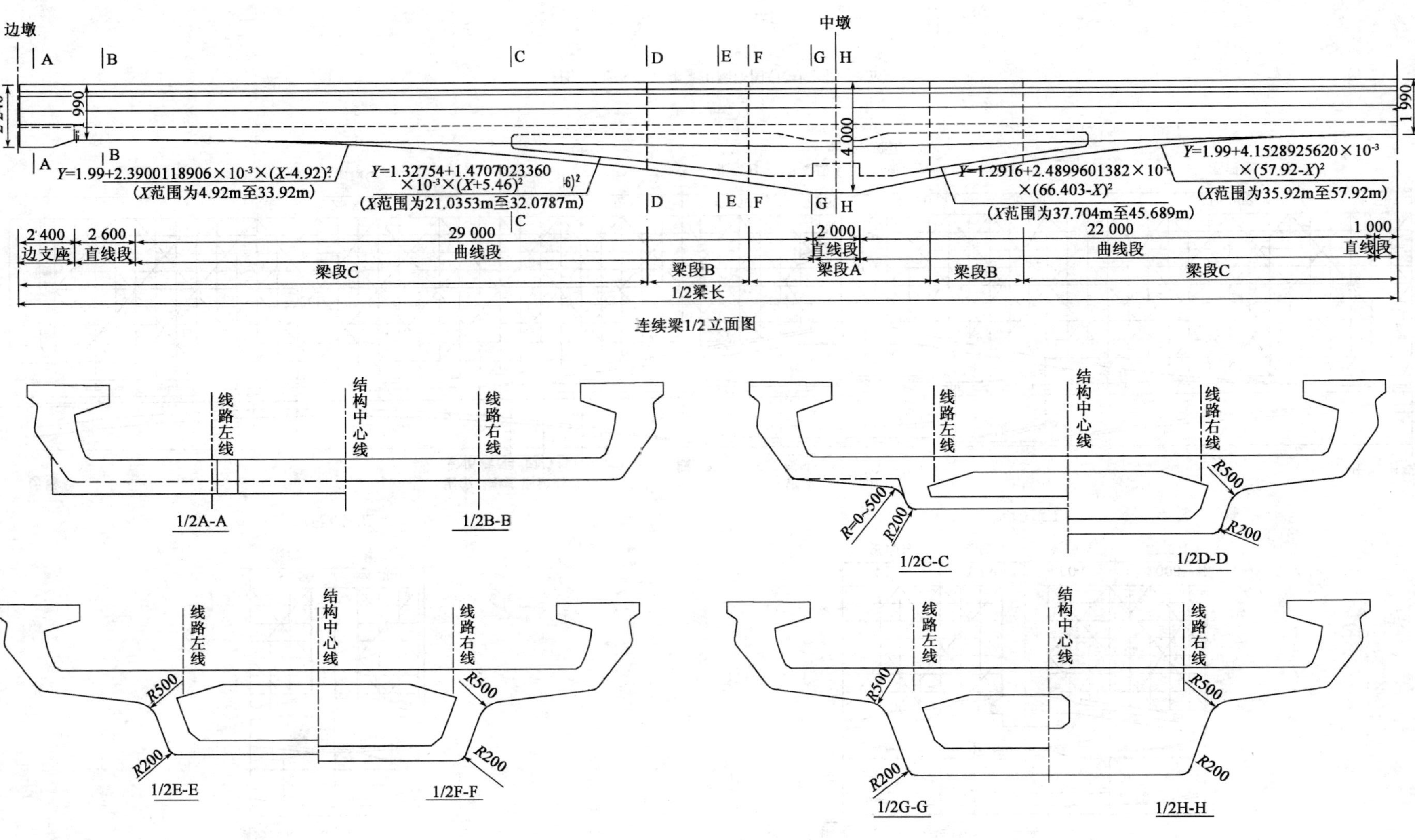

图1 连续盆式梁1/2立面图和各截面剖面图(尺寸单位：mm)

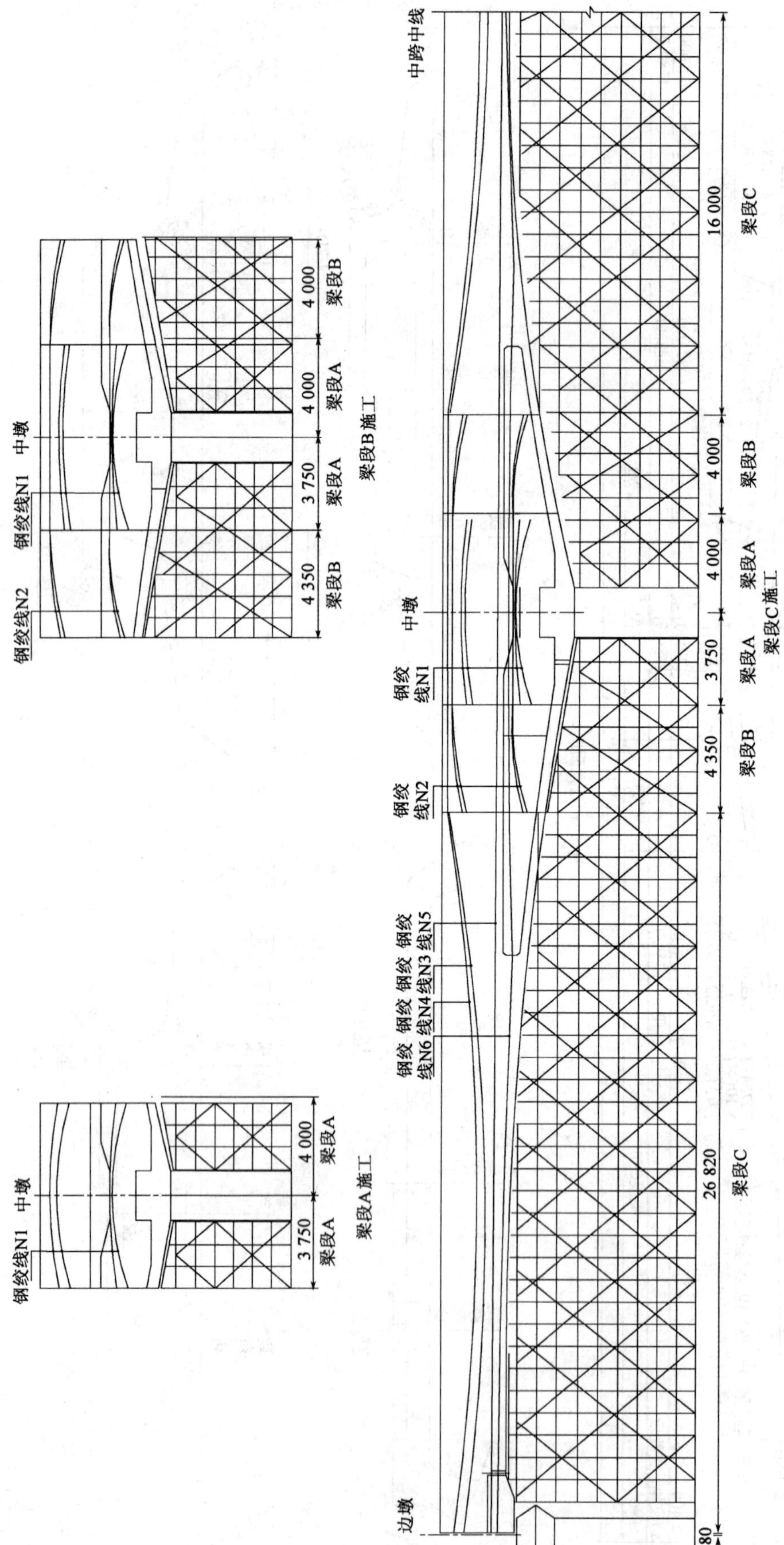

图2 连续盆式梁施工顺序图(尺寸单位：mm)

四、连续盆式梁施工工艺流程、施工难点及应对措施

1. 施工工艺流程(图3)

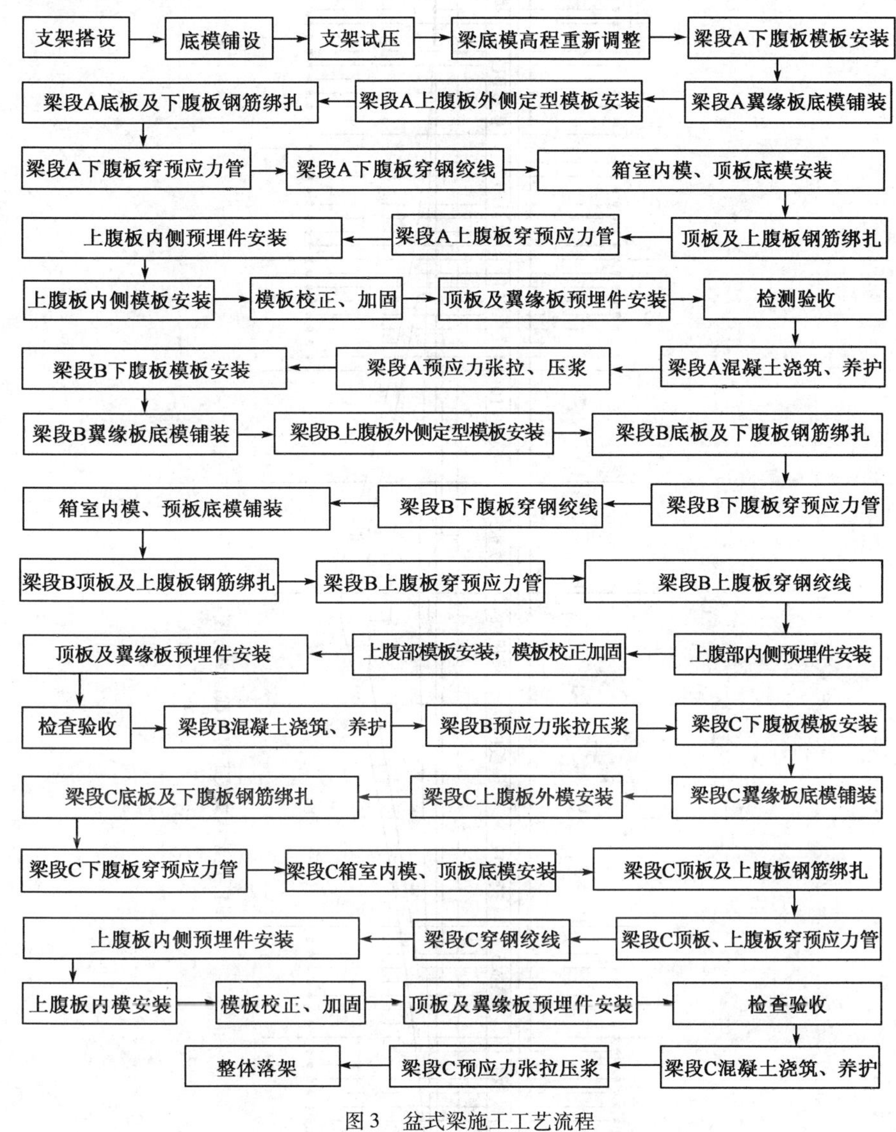

图3 盆式梁施工工艺流程

2. 连续盆式梁施工难点及应对措施

1)钢筋工程

连续盆式梁钢筋类型多达160余种,且多为异形钢筋。有的钢筋虽属同一类型,但是由于在结构上不属于同一部位,因此钢筋尺寸不相同,这就给钢筋下料、制作带来了不小难度。同时,由于结构内纵横钢筋密集,而预应力管道的位置随预拱度、竖曲线变化而变化,造成普通钢筋与预应力位置发生冲突。设计单位明确要求:①预应力管道位置偏差不允许超过5mm;②普通钢筋与预应力管道冲突时应调整普通钢筋位置;③当钢筋与预应力管道冲突时未经设计同意,严禁任意割断钢筋。因此如何避免普通钢筋与预应力波纹管冲突成了另一个需要解决的问题。

在钢筋配料方面,对于弧形钢筋,根据图纸弧度,通过现场放样可以解决。但是对于尺寸渐变的钢筋,如果等距法计算钢筋尺寸,则有一些偏差。因此项目部采用了最原始也最有效的方法,即在模板上按钢筋间距画线定位钢筋,然后实测钢筋尺寸,最后将实测结果经过计算后绘制成钢筋配料单下发班组加工。由于采用了最直接的施工方法,现场加工的钢筋安装后都能满足设计要求,同时也为后续梁段钢筋的制作总结出了经验。

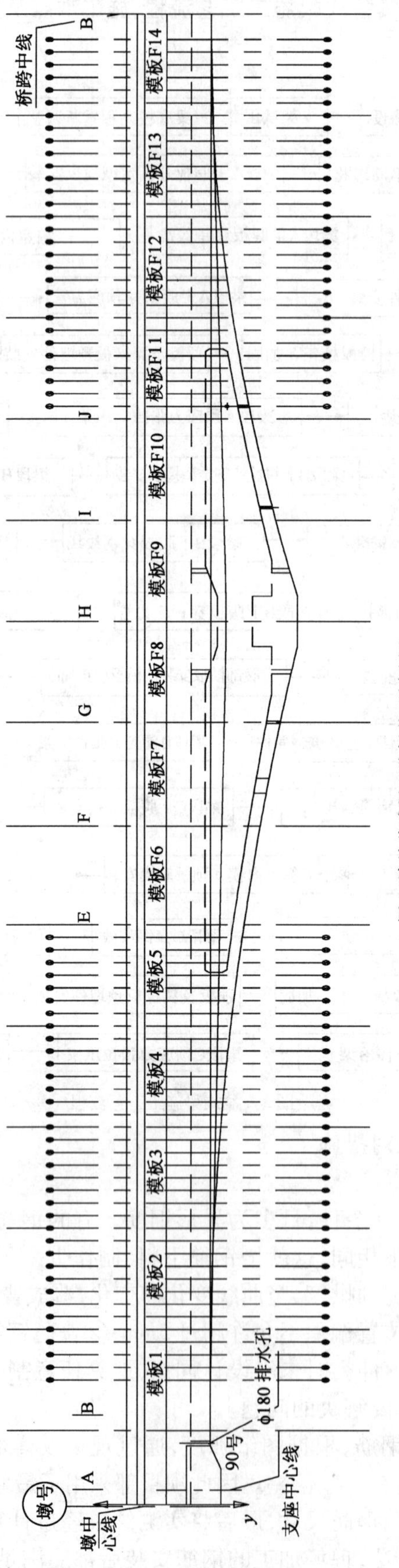

图4　连续盆式梁下腹板截面划分图

对于普通钢筋与预应力波纹管冲突问题，设计建议调整冲突钢筋位置，保证预应力管道位置的准确。但是在实际操作中，由于部分曲线段预应力波纹管在横向、竖向都有变化，且调整钢筋位置后造成部分钢筋太过密集而部分钢筋间距又过大，与设计钢筋间距相差甚远。考虑到结构受力、混凝土振捣等因素，采用设计单位提出的调整钢筋位置的措施不能解决钢筋与预应力波纹管冲突问题。为此，经设计单位同意后，我们对受曲线段预应力波纹管影响的钢筋在与波纹管冲突位置进行适当弯折以保证波纹管位置的准确，同时构造上在弯折钢筋位置增加一根钢筋予以补强。

2）模板工程

连续盆式梁模板采用木模和定型钢模相结合的施工工艺。木模用于梁底和翼缘板底模，钢模用于上下腹板及内模。

连续盆式梁下腹板模板是本工程最大的难点，因为：①梁截面外形弧线变化多；②梁底为一元二次方程，梁高沿线路纵向不断变化；③下腹板宽度从中墩向两边逐渐变宽，高度逐渐变低。腹板弧形倒角从最大值 $R=500$mm 和 $R=200$mm 渐变为零，底板由弧线变为直线。由此可见，连续梁不但有纵桥向的变化，亦有横桥向的变化，其外形非常复杂，对模板加工质量要求非常高。

由于施工图纸提供的模板截面图较少，按照图纸不能加工模板。为此项目部技术人员认真分析图纸后，提出了利用连续盆式梁截面高度、梁底腹板宽度、弧形倒角变化规律，在保证腹板阴阳角弧形圆润、顺畅的前提下，按照50cm间距，将连续盆式梁划分为若干截面，计算每一截面尺寸，绘制每一截面的尺寸图纸。为保证对设计图纸理解无误，我们将截面划分方法、绘制的各截面图纸报设计院审核，经设计单位复核同意后开始加工模板，见图4。

考虑连续盆式梁各梁段长度和现场拼装难易程度，最后确定定型钢模模长度和宽度。本工程定型模板长度为4m，水平投影宽度为1.02m。采用定尺的水平投影宽度可以方便梁底木模宽度尺寸固定，便于木底模铺装，同时也便于控制下腹板垂直度。

通过拆模后对梁体外观的观察，我们采取的模板加工方法很好地贯彻了设计意图，将设计者空间的想象转化成了现实（图5）。

3）混凝土工程

连续盆式梁A、B段混凝土采用C60聚丙烯纤维混凝土，梁段C采用C60聚丙烯纤维、补偿收缩混凝土。

图5　梁段A施工实拍图

连续盆式梁混凝土由于不允许留设施工缝，因此混凝土浇筑难度较大。主要体现在以下几个方面：

（1）上腹板混凝土体积大，如不采取措施，浇筑过程上腹板混凝土可能从内侧吊模涌入顶板，造成上腹板产生麻面、孔洞，影响结构功能。

（2）下腹板截面尺寸较小，内部纵横钢筋、预应力波纹管穿越其中，使得腹板内空间更小，因此混凝土通过下腹板模板进入底板难度较大。

（3）梁段C箱室截面最高处为96cm，最低处为50cm，加上梁底支撑木枋占用的空间，留给施工作业的高度更小。由于不允许留设施工缝，施工人员难以进入箱室进行底板混凝土摊铺、振捣及收面。

针对以上问题，经过项目部技术攻关人员的反复研究，制订了以下方案：

（1）连续盆式梁混凝土浇筑方案。连续盆式梁混凝土浇注时先浇筑底板，再对称浇筑下腹板，然后浇筑顶板，最后浇筑上腹板。

（2）底板混凝土初凝前必须进行腹板混凝土浇筑。浇筑腹板时必须控制好混凝土坍落度。

（3）为防止腹板混凝土涌入底（顶）板，在腹板内侧模板安装混凝土反压板。反压板用1cm钢板制作而成，每段同内侧模板长度，固定在内模水平撑杆上，利用模板自身重量和腹板内混凝土重量压制住上翻的混凝土。为保证反压板下混凝土厚度符合图纸要求，可以通过调节反压板上的螺栓控制反压板的高度程度。拆除内侧模板时，只需旋下拧在上面的螺帽便可以取出反压板，拆除内模，见图6、图7。

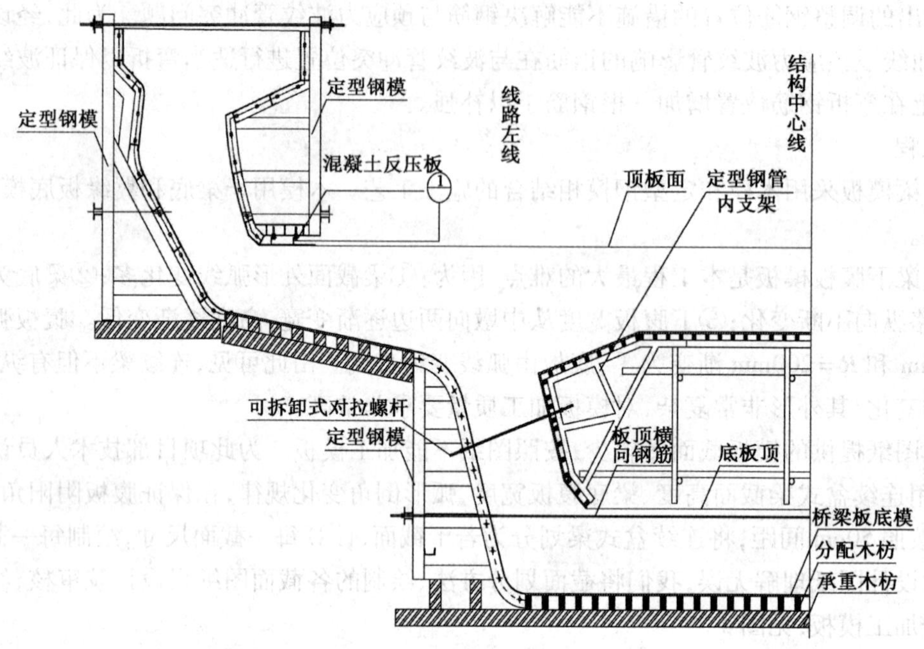

图6　连续盆式梁模板拼装图

(4)梁底板混凝土浇筑时，箱室洞口搭设混凝土滑槽，通过滑槽将混凝土送入底板，然后人工摊铺、振捣、收面。

(5)对于梁段C底板混凝土输送问题，通过以下方法解决：

①在梁段C顶板底模上预留3条宽度为20cm(以保证混凝土输送软管能伸入C段箱室内)的模板后封带，长度为C段箱室长度。通过留设模板后封带使混凝土浇筑时软管能插入箱室内部，详见图8。

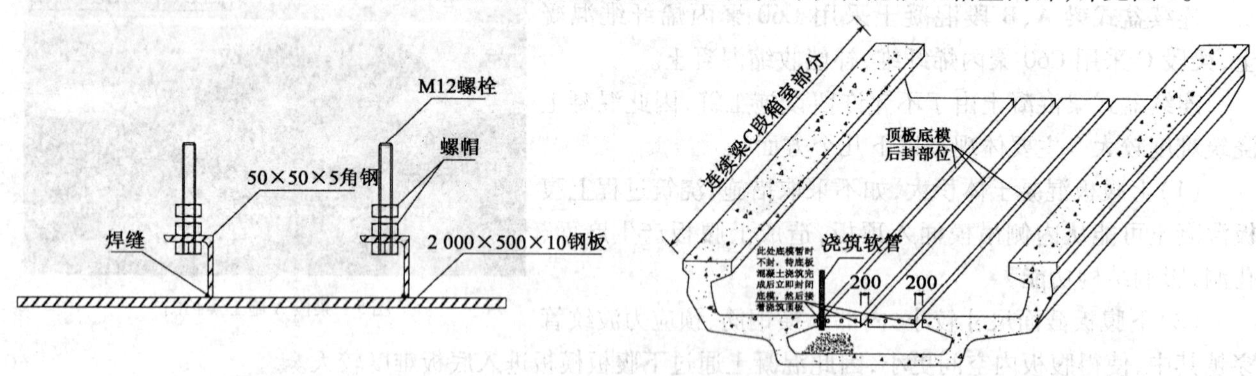

图7　混凝土反压板大样图　　图8　梁段C预留后封带示意图(尺寸单位:mm)

②后封带桥梁板在钢筋绑扎前预先放置在预留缝旁备用。

③由于顶板横向钢筋间距为100mm，为保证浇注软管能下到箱室内模，将局部横桥向钢筋挪动，保证钢筋间距达到200mm。同时为保证结构受力，在挪动的横桥向钢筋两侧各加一根同类型的钢筋(图9)。

④混凝土浇筑时，浇筑软管伸入箱室内模先行底板浇筑。振捣工人从梁段B人孔匍匐进入C段箱室内，对C段混凝土摊铺、振捣、收面。

⑤底板混凝土浇筑完成后，用放置在后封带处的模板封住预留缝，粘贴胶带防止漏浆，然后开始进行

顶板混凝土浇筑。

⑥由于 C 段箱室密闭不透气，为保证作业人员安全，所有进入 C 段箱室的人员必须身着胶皮防水衣，佩戴安全帽和口罩，穿绝缘胶鞋。同时在梁段 B 内放置一台大功率送风机向 C 段送风、换气。

通过采取以上措施，在连续盆式梁施工过程中，我们达到了现浇箱室梁不留设水平施工缝的要求。模板拆除后，混凝土外观质量较好，没有出现蜂窝、麻面、孔洞等质量缺陷。图 10 ~ 图 13 为工程实拍照片。

图 9 梁段 C 箱室预留模板后封带

图 10 梁段 C 钢筋绑扎

图 11 连续盆式 C 段混凝土浇筑

图 12 连续盆式梁下腹板

图 13 连续盆式梁远景

3. 施工工期问题

根据施工图纸要求，连续盆式梁施工采用分段浇筑、分段张拉施工工艺，即在梁段 A、梁段 B 施工完成后，必须待预应力张拉后才能进行下一梁段施工。这样就造成在梁段 A、梁段 B 混凝土浇筑完成至张拉开始有一段时间处于施工停歇期。对于气温较高的季节，施工停歇期可能比较短，但是对于气温较低的季节，比如冬季，施工停歇期的时间可能就比较长（跨杰青大道连续盆式梁施工季节在 12 月份左右，虽然对混凝土采取了保温措施，但是由于气温偏低，混凝土浇注后 14 天以上才能进行预应力张拉），因此大大地延长了施工时间，不利于施工的连续性。

五、结　　语

连续盆式梁作为一种新型梁体结构，在外观造型上独具魅力。但是从施工角度考虑，其设计思路还有许多需要改进的地方。比如说其分段浇筑、分段张拉施工工艺，制约了工程进度的快速推进；C 段箱室空间狭小，又不允许留设施工缝，给施工带来了很大的难度；下腹板变化大，给模板加工制作带来了很大的难度等等。

当然,任何一种新型工艺、新型结构的出现、发展、推广,必然要经历诸多磨砺,我们必须抱有一种宽容的态度看待它。连续盆式梁也不例外,在施工工艺上、在施工质量控制上、施工周期上如何改进还有许多值得我们去研究、去改进的地方。

103. 桥梁潮差区混凝土湿表面固化封闭底漆结合强度的研究

白华栋　姜小刚　徐永祥
(北京航材百慕新材料技术工程股份有限公司)

摘　要　通过对混凝土湿表面底漆固化特点的分析,探讨了混凝土湿表面固化封闭底漆结合强度的影响因素。

关键词　混凝土潮湿表面　封闭底漆　湿固化　结合强度

一、引　言

由于混凝土在水合反应过程中会产生很多微小通道或孔洞,使得外界腐蚀因子很容易渗透进入混凝土内部,引起钢筋产生锈蚀,结果造成混凝土的胀裂,整体结构的耐久性下降[1]。对于处于潮差区部位的桥梁及海港混凝土结构,干湿交替,氧气含量高,腐蚀环境极为恶劣。虽然有多种方法用来进行潮差区混凝土的腐蚀防护,效果都不是很理想,相对而言,表面涂料涂层技术是一种经济而且非常实用的防护技术[2]。

防护涂料的屏蔽性和附着力是其防腐性能的两个重要指标,而附着力能否满足要求,直接决定了防护涂层对基体能否提供长久有效的保护。如果涂层和基体结合不够牢固,无论该涂层具有多么优异的性能,都不可能发挥出来。封闭底漆作为直接与基体相连接的部分,其涂敷性、渗透性的好坏,将决定整个防护涂层和基体的附着性能,从而最终对涂层的整体性能产生影响[3]。

钢筋混凝土表面进行防护涂层施工时,要求其表面含水率不得大于6%[4]。但是对于潮差区混凝土结构来说,由于周期性的潮水浸泡,同时潮涨潮落的时间间隔较短,很难有足够的时间使得混凝土表面的含水率小于6%。通过使用湿固化封闭底漆,解决潮湿表面的涂装,获得优异的附着力,为上层涂膜提供良好的基础。本文就影响湿固化底漆结合强度的几个因素进行了研究。

二、试　验

1. 主要原料

双酚A型环氧树脂:SM618(环氧值0.48~0.54),SM6101(环氧值0.41~0.47),SM601(环氧值0.18~0.22),江苏三木集团公司提供。助剂:毕克化学有限公司提供。溶剂:丙酮,丁酮,乙醇,正丁醇,醋酸丁酯,二甲苯,市售工业品。

2. 试验方法

试验用混凝土块材质为C30,尺寸为100 mm×100 mm×100 mm。成型的混凝土块养护28天后使用,局部孔洞采用环氧砂浆修补。表面处理后浸泡在1% NaCl水中168h后捞出,用湿布抹去涂装表面的水滴,置于标准条件自然停放15min,然后采用刷涂法进行涂装。

3. 测试方法

画格试验法按照国家标准GB/T 9286—1998所要求的试验方法进行。

拉力试验法按照国际标准ISO 4624—2003所要求的试验方法进行,使用的仪器为美国DeFelsko公司 PosiTest AT 附着力测试仪。

三、结果与讨论

1. 成膜物质对结合强度的影响

对于涂料来说，成膜物质对其性能的好坏起着重要的作用。传统的聚酰胺固化剂虽然对干燥混凝土表面具有良好的渗透性和好的耐水性，但对于混凝土潮湿表面来说，其适应性较差。对聚酰胺改性则可以保留聚酰胺所具有的优点，又可以对潮湿混凝土基面产生有效的润湿和渗透。本研究中选用改性聚酰胺作为环氧树脂的固化剂。环氧树脂型号很多，结合施工情况和性能的要求，选用双酚 A 型，环氧值在 190 ~ 700 之间的三种常用树脂进行研究。其结合强度性能测试如表 1 所示。

不同树脂所制封闭底漆湿表面涂装后结合强度　表 1

编　号	树　脂	画格试验	拉力试验	
			结合强度(MPa)	破坏状态
1	SM618	合格	4.9	混凝土破坏
2	SM6101	合格	5.7	混凝土破坏
3	SM601	画格区域内全部脱落	0.7	涂层和混凝土界面处破坏

结合强度试验是在潮湿混凝土基面涂漆后，漆膜固化 7 天后进行性能测试。从试验结果看，E44 的湿态附着力较好，E20 的湿态附着力较差。

2. 溶剂对结合强度的影响

不同的溶剂会对涂料的黏度和润湿性能产生影响，从而对涂层最终的结合强度产生影响。使用 6 种不同的常用溶剂配制封闭底漆，湿表面固化后，测试其结合强度，试验结果如表 2 所示。从表 2 中可以看出，丙酮和丁酮的效果较好，而使用正丁醇和二甲苯无法成膜。

不同溶剂所制封闭底漆湿表面涂装后结合强度　表 2

编　号	助剂类型	画格试验	拉力试验	
			结合强度(MPa)	破坏状态
1	丙酮	合格	5.2	混凝土破坏
2	丁酮	合格	5.1	混凝土破坏
3	乙醇	合格	4.0	混凝土破坏
4	正丁醇	—	—	表面漆膜收缩严重
5	醋丁	合格	4.7	混凝土破坏
6	二甲苯	—	—	涂料无法完全附着于湿表面

3. 助剂对结合强度的影响

涂料在潮湿表面固化，要求其表面张力要小于水。要使环氧树脂涂料满足这个要求，需加入一定的表面活性剂。在封闭底漆中分别加入三种不同类型的流平剂，对结合强度的影响，试验结果如表 3 所示。试验结果表明，加入丙烯酸酯类表面活性剂可以促进结合强度的提高。

不同助剂所制封闭底漆混凝土试样湿表面涂装后结合强度　表 3

编　号	助剂类型	画格试验	拉力试验	
			结合强度(MPa)	破坏状态
1	空白	合格	5.8	混凝土破坏
2	丙烯酸酯类	合格	6.1	混凝土破坏
3	有机硅类	合格	5.5	混凝土破坏
4	氟改性丙烯酸酯类	合格	5.5	混凝土破坏

四、结　语

由于分子结构的差异，不同环氧当量的树脂表现出不同的湿表面固化结合强度，其中树脂E44具有较好的结合强度。溶剂极性和对树脂溶解性的不同，使得在湿表面固化中有不同的表现，丙酮和丁酮效果较好。使用不同的助剂对结合强度也会产生一定的影响。

参考文献

[1] Mcgill R., Humpage M. Prolonging the life of reinforced concrete structures by surface treatments[M]. Protection of Concrete, 1990: 191-200.

[2] 张文忠.海洋环境混凝土结构中钢筋的腐蚀机理和防护实践[J].华南理工大学学报(自然科学版), 27(11):92-97.

[3] 沈肇基.有机涂层湿附着力的研究[J].材料保护,1994,27(2):9-12.

[4] 中华人民共和国标准.JTJ 275—2000 海港工程混凝土结构防腐蚀技术规范[S].北京:人民交通出版社,2000.

III 结构分析与试验研究

104. 嘉绍大桥刚性铰专用支座研究

吕为昱[1] 林道锦[2] 熊劲松[3] 黄 滔[3] 王仁贵[2]
(1. 嘉绍跨江大桥工程建设指挥部;2. 中交公路规划设计院有限公司;
3. 成都市新筑路桥机械股份有限公司)

摘 要 嘉绍大桥为国内外建桥史上首例采用刚性铰结构的六塔独柱四索面钢箱梁斜拉桥,针对刚性铰结构特殊的受力方式,对其专用支座的摩擦副、柔性以及无级调高的设计提出了更高的要求。本文对此特点,设计了刚性铰专用支座。通过对不同滑板材料在刚性铰中的磨耗试验对比,选择了更适合刚性铰结构的滑板材料,提高了该支座的摩擦性能和使用年限;通过增加刚性铰支座的柔性设计,缓冲支座因交变荷载和往复弯矩引起的冲击,减小支座承受的应力峰值,提高刚性铰与支座结构的安全性;通过对几种高度调节方案的对比选择并确定稳定可靠的调高方案,增强了支座对刚性铰结构的适应性。

关键词 刚性铰 球形支座 耐磨 柔性减振 调高

一、概 述

嘉绍大桥主航道桥为 70m + 200m + 5 × 428m + 200m + 70m = 2 680m 的六塔独柱四索面钢箱梁斜拉桥。由于钢箱梁结构受温度变化影响较大,为减少主梁温度变形对外侧索塔受力的影响,同时为了保证了桥面连续性,嘉绍大桥首次提出在两个中塔之间的主梁跨中位置设置刚性铰构造的方式,将主梁在全桥跨中的纵向相对自由度释放,而将其余相对自由度约束。

刚性铰的基本原理是将钢箱梁在跨中位置断开,在一侧钢箱梁内部放置小箱梁,小箱梁一端固定在另一侧钢箱梁上,小箱梁另一端自由。外部大箱梁通过横隔板,在小箱梁两端提供与外侧大箱梁接触的支点,通过这些支点,约束伸缩缝处钢箱梁的竖向弯矩和剪切、侧向弯矩和剪切以及扭转变形,将钢箱梁的弯矩、扭转和剪切受力转换为小箱梁和外侧大箱梁之间的支反力。刚性铰一般构造如图 1 所示。

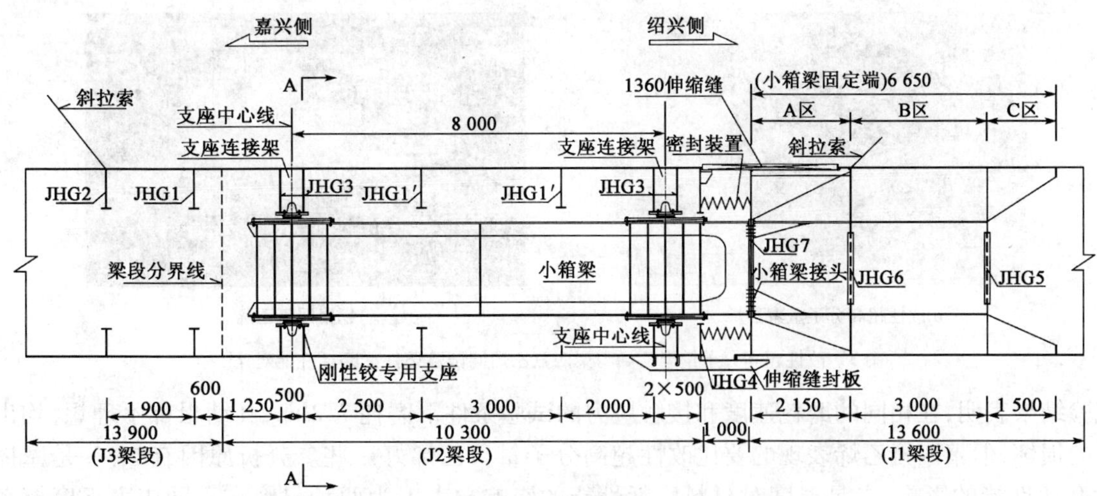

图 1 嘉绍大桥刚性铰一般构造图(尺寸单位:mm)

刚性铰在使用时会受到频繁、往复的弯矩作用,这就要求支座能够承受往复的转动和小范围的往复位移,加之由于温度变化引起的桥梁上部结构变形会导致支座在顺桥向产生较大的往复位移,这对支座的柔性减振、可调高设计以及滑板耐磨方面提出了新的要求。本文结合刚性铰特殊性,针对性地设计出一种具有柔性减振并可调节高度的球形钢支座,以满足刚性铰结构的特殊要求。

二、刚性铰专用支座设计

1. 设计要求

(1)刚性铰专用支座必须满足刚性铰交变荷载和往复弯矩同时作用要求。

(2)在往复荷载作用及温度变化等情况下,刚性铰专用支座反复运动工作性能及其耐磨性必须满足刚性铰的设计要求。

(3)刚性铰专用支座必须考虑设置方便可靠的无级调高装置,以避免刚性铰支座的接触间隙对刚性铰工作性能的影响。

(4)刚性铰专用支座必须具有可靠的结构保护,确保刚性铰专用支座摩擦副材料长期保持润滑状态。

针对以上要求,确定支座结构方案,如图2所示。

2. 摩擦副选择

刚性铰专用支座在实际结构工作环境下的耐磨性能是一个重要的技术指标,因此,耐磨板的选择非常重要。如何找到一种能够在刚性铰这种特殊的结构中往复磨耗20 000次以上,不用更换仍然性能良好的滑板材料显得十分重要。根据普通桥梁支座滑板材料的选材标准,在改性超高分子量聚乙烯和聚四氟乙烯中选择一种作为刚性铰专用支座的滑板材料。为此专门在西南交大做了两种材料的磨耗试验。

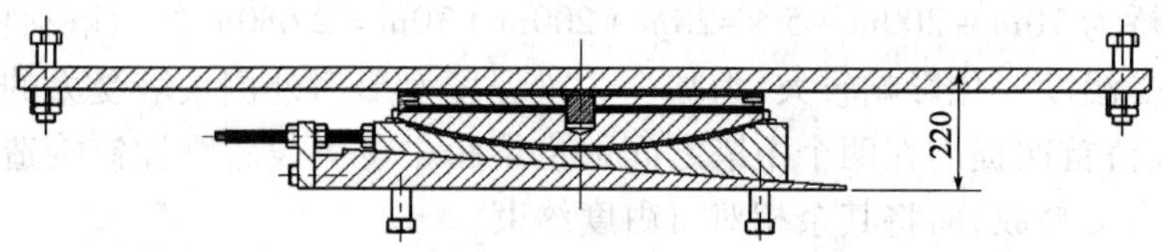

图2 刚性铰专用支座示意图(尺寸单位:mm)

首先在同等条件下(滑动速度 $V=2.4\text{cm/s}$,周期 $T=30\text{s}$,接触应力 $\sigma=12.4\text{MPa}$)就改性超高分子量聚乙烯和聚四氟乙烯做了磨耗试验对比,磨耗次数是10 000次,磨耗行程为7.2km,试验结果如图3所示。

a)改性超高分子量聚乙烯

b)聚四氟乙烯

图3 改性超高分子量聚乙烯与聚四氟乙烯同试验条件下磨耗性能对比

试验结果表明,在相同的磨耗速度和接触应力的试验条件下磨耗7.2km,其结果都不理想,均出现一定程度的损坏,但聚四氟乙烯表现的要比改性超高分子量聚乙烯好一些。分析原因有二:一是摩擦系数大小对磨耗性能的影响,二是温度对材料磨耗性能的影响。表1为两种材料在不同应力下摩擦系数的对比。

由表1可见,相同压应力下改性超高分子量聚乙烯滑板的摩擦系数高于聚四氟乙烯板,且改性超高分子量聚乙烯对温度比较敏感,高温下分子不稳定,在2.4cm/s的滑动速度下,摩擦产生的热量在没有任何降温措施的条件下对滑板的磨耗性能将产生负面影响，故该条件下改性超高分子量聚乙烯的磨耗性能低于聚四氟乙烯。综合考虑，聚四氟乙烯作为刚性铰专用支座的滑板材料更合适。

改性超高分子量聚乙烯与聚四氟乙烯的摩擦系数对比表 表1

压应力(MPa)	改性超高分子量聚乙烯	聚四氟乙烯
15	0.053	0.048
30	0.036	0.030
36	0.031	0.026
45	0.027	0.022
60	0.021	0.017

优化后的试验条件将原来的2.4cm/s的滑动速度改为更接近于实际的0.8cm/s，并且增加了降温措施。优化后的支座结构则是增加了一层橡胶减振垫，缓解支座在试验中受到尖峰应力的作用，另外还增加了高度调节措施，经过60 000次磨耗试验后效果如图4所示。

由图4观察可以知道，在经历60 000次总计14.4km的磨耗后，多数滑板储脂坑还能清晰可见(其中第二排从左往右第二个滑板磨耗情况稍微严重些，是因为在安装的时候，储脂坑的排列方向没有与主位移方向平行而与主位移方向垂直了，导致硅脂分布不均，摩擦系数增大的原因)。可见，磨耗情况良好，可以继续使用。

从图4中可以明确，由于储脂坑原来深度为1mm，故可以判断磨损厚度为0.3mm左右，接触应力14.2MPa，滑动速度8mm/s，且磨耗距离为14.4km的条件下线磨耗率大概为20.8μm/km。20.8μm/km作为刚性铰专用支座滑板的线磨耗率，完全能够满足刚性铰专用支座对滑板耐磨性的要求。

图5为聚四氟乙烯滑板与316L精轧不锈钢板磨耗试验后的情况。其中试件应力$\sigma=30$MPa，相对滑动速度$V=8$mm/s，左边部分为聚四氟乙烯滑板滑动方向与主位移方向平行，右边为聚四氟乙烯滑板滑动方向与主位移方向垂直，聚四氟乙烯滑板表面有明显磨耗的划痕。因此，在支座上使用的聚四氟乙烯滑板组装时，必须注意聚四氟乙烯滑板上储硅脂坑的排列方向。

图4 推拉60 000次时支座的磨损情况

σ=30MPa V=8mm/s
S=±10mm ΣS=5 128m
线磨耗率3.68~7.88μm/km

a)摩擦方向与主位移方向平行

σ=30MPa V=8mm/s
S=±10mm ΣS=2 066m
线磨耗率39.58μm/km

b)摩擦方向与主位移方向垂直

图5 聚四氟乙烯滑板磨耗后的情况

滑板材料的磨耗性能是影响支座使用寿命的一个关键因素，聚四氟乙烯滑板在无硅脂润滑时的线磨耗率远大于有硅脂润滑时的线磨耗率，而且长距离磨耗会加速硅脂的流失。本方案通过球冠衬板外侧设置注硅脂通道，在支座使用到一定周期以后对滑板补充一次硅脂，以进一步改善聚四氟乙烯板的耐磨性能，提高支座的使用寿命；并且在滑板周围设置有一圈橡胶密封圈，不仅可以防尘，还可以让硅脂不至于在往复的摩擦中渗出，并能够防止硅脂的干枯与硬化。详细结构如图6所示。

3. 柔性减振措施设计

分析刚性铰工作状态发现，当活载对支座产生较大冲击时，如果支座刚性太大对支座内部滑板将造成冲击破坏，直接影响支座使用寿命。在刚性铰专用支座滑板磨耗试验中，出现过刚性铰模型抖动厉害，并发出很大的噪声的现象,分析原因除了无调高压紧装置外,该模型支座基本无任何柔性减振措施,刚性接触效果明显,导致最后滑板材料在推拉10 000 次左右就出现严重磨损,可见柔性减振措施的重要性,如图7a)所示。

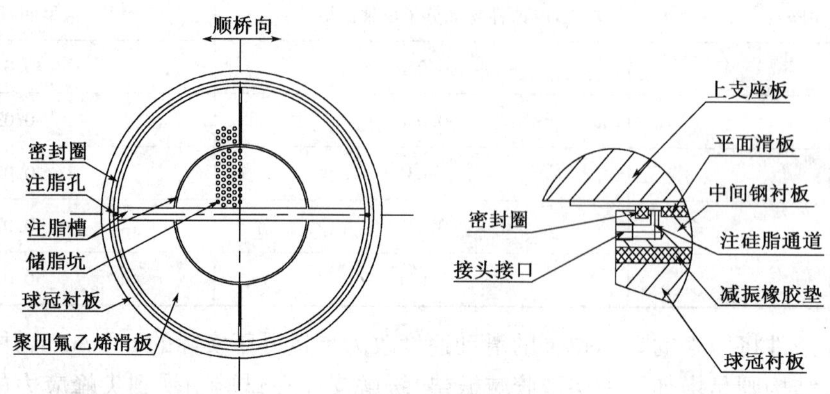

图6 注硅脂孔与密封圈

a)无柔性方案的球铰支座

b)有柔性方案的球铰支座

图7 无柔性方案的球铰支座与有柔性方案的球铰支座磨耗情况

针对试验出现的这种情况,在优化改进支座结构的时候考虑在球冠衬板中间部位硫化薄型橡胶减振垫。由于模型支座球冠衬板比较小没有足够空间再硫化橡胶垫,选择在下支座板上硫化一层减振橡胶垫。优化后支座在试验中刚性铰模型运行平顺,无抖动现象,没有出现不正常的噪声,在推拉10 000 次之后取下观察,如图7b)所示,磨损情况良好。

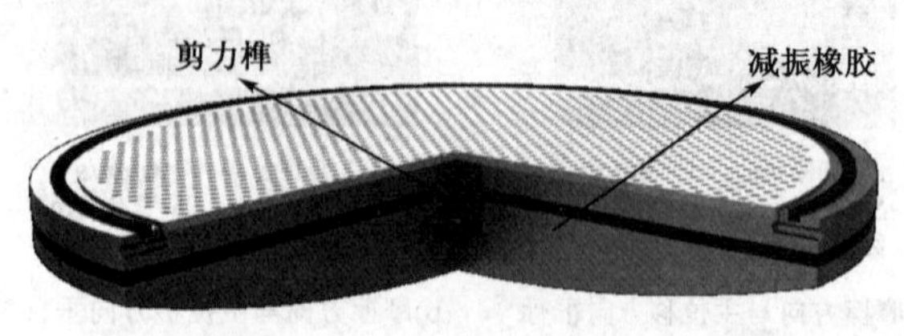

图8 专用支座球冠衬板结构

试验结果表明利用橡胶减振垫的弹性和阻尼,缓冲交变荷载和往复弯矩引起的冲击,减小刚性铰专用支座承受的应力峰值,起到缓冲作用,提高刚性铰与支座结构的安全性,同时也就满足了刚性铰专用支座对于转动需灵活的要求。此外,中间设置剪力棒可有效防止聚四氟乙烯滑板与不锈钢板对磨引起的橡胶剪切变形,如图8所示。

4. 支座的调高方案设计

为避免刚性铰支座的接触间隙对刚性铰工作性能产生负面影响,刚性铰专用支座在设计的时候必须考虑设置方便可靠的无级调高装置。针对支座的调高要求,做了三种方案,并对比了三种方案的优缺点,最终选定楔形板调高方案,以下是三种方案的详细描述。

(1)液压调高。液压调高方案通过向支座内部盆腔填充常温可固化材料,实现支座的高度调节是最近几年在客运专线上已经成功应用的新型调高技术。该调高方式是通过在外部设置一压力泵与支座内部管道连接,用高压将特殊填充材料注射到支座内部盆腔,将嵌入底盆的盆塞(本方案为底座)顶升,填充材料在常温下就可在盆腔内固化成为支座的一承载部件，以此来实现支座的高度调节，如图9所示。这种方案的优点：①支座本身可作为顶升元件，高度调节幅度较大；②结构紧凑，需要操作空间小，顶升力可控。缺点：①液压调高其耐久性不太可靠，容易出现漏油而导致不可调；②只能调高而不能调低；③填充材料需要一定固化时间；④调节次数有限。

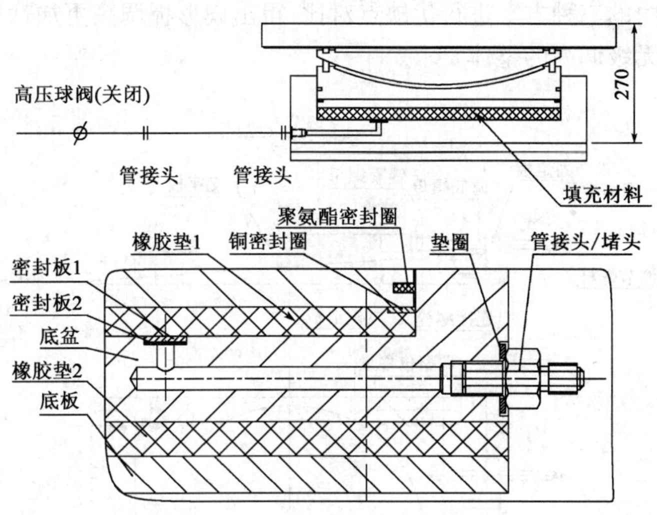

图9 液压填充调高及预紧方案图(尺寸单位:mm)

(2)螺旋机械调高。螺旋机械调高是在支座内部加工出内外螺纹，依靠螺纹的旋合来进行支座的调高或调低。缺点是当支座进行调高以后，所受竖向力由螺纹部分承担，对螺纹强度要求高。因此，螺旋机械调高不能用于承载力大的支座，而且须保证螺纹不会锈蚀，调高难度较大，如图10所示。

(3)楔形板调高。通过将下支座板制作成两块互相配合的楔形面，在一定压力状态下通过调节螺杆带动支座上部结构，使其沿底板楔形面向上爬升或下滑，从而达到对整个支座的调高或调低。当竖向压力过大时，可使用千斤顶将小箱梁顶起，再调节螺杆，达到支座调高或调低的要求，如图11所示。

通过几种调高方式的比较，楔形板调高方式更适于刚性铰结构，操作简单，可无级调高，而且可以实现调低功能，支座结构也得到了简化。具体调高方法如下：

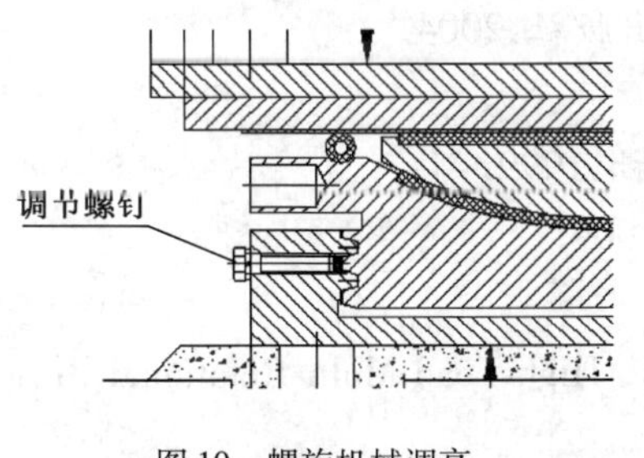

图10 螺旋机械调高

①支座安装时，首先进行粗调，方法是采用在楔形板与大箱梁支座连接架垫板之间增加调高钢垫板进行调高，调高量为0～20mm；之后采用楔形板进行微调，其调节方法是旋紧调高螺母进行调高，调节完成后利用调低螺母进行锁定，反之则完成调低和锁定。

②支座使用期间，如果出现滑板材料磨损等情况需要进行调高时，先松动调低螺母，然后旋紧调高螺母即可调高，调高完成后旋紧调低螺母进行锁定。

楔形板调节支座高度是通过楔形板与下支座板相互的水平位错来实现高度上的无级调整，既可调高也可调低，通过侧面的连接板和锁定螺钉将结构牢固锁住。结构简单，高度可上下无级调整，其结构示意如图12所示。另一方面通过压缩橡胶减振垫，压缩量为0.5mm，起到支座预紧作用。

三、结　　语

(1)为了验证摩擦副材料的适用性，分别研究了改性超高分子量聚乙烯和聚四氟乙烯在相同试验条件下的磨耗性能。结果显示，在刚性铰这种特殊的结构中，改性超高分子量聚乙烯不管是在对温度的敏感程度上，还是在相同压应力下的摩擦系数，都是高于聚四氟乙烯的，这就直接导致相同条件下其磨耗性能次于聚四氟乙烯；同时，研究发现硅脂润滑的持续性对磨耗程度的影响也是相当重要的。

(2)刚性铰专用支座柔性减振方案不仅满足传统球形支座刚度和转动性能的优越性，同时在支座安装预紧，缓解刚性铰特殊结构复杂受力环境下刚性铰专用支座承受的应力峰值和冲击破坏，提高刚性铰结构与刚性铰专用支座的安全性等方面，都起到了决定性的作用。

(3)为了避免刚性铰支座的接触间隙对刚性铰工作性能产生负面影响，方便可靠的调高设计十分必要。分析刚性铰结构以及支座安装过程的需要，分别就包括液压调高、螺旋机械调高以及楔形板调高在内的三种方案进行优缺点对比,得出楔形板调高更加适用,可以完全满足刚性铰特殊结构对支座需具备无级调高的整体要求。

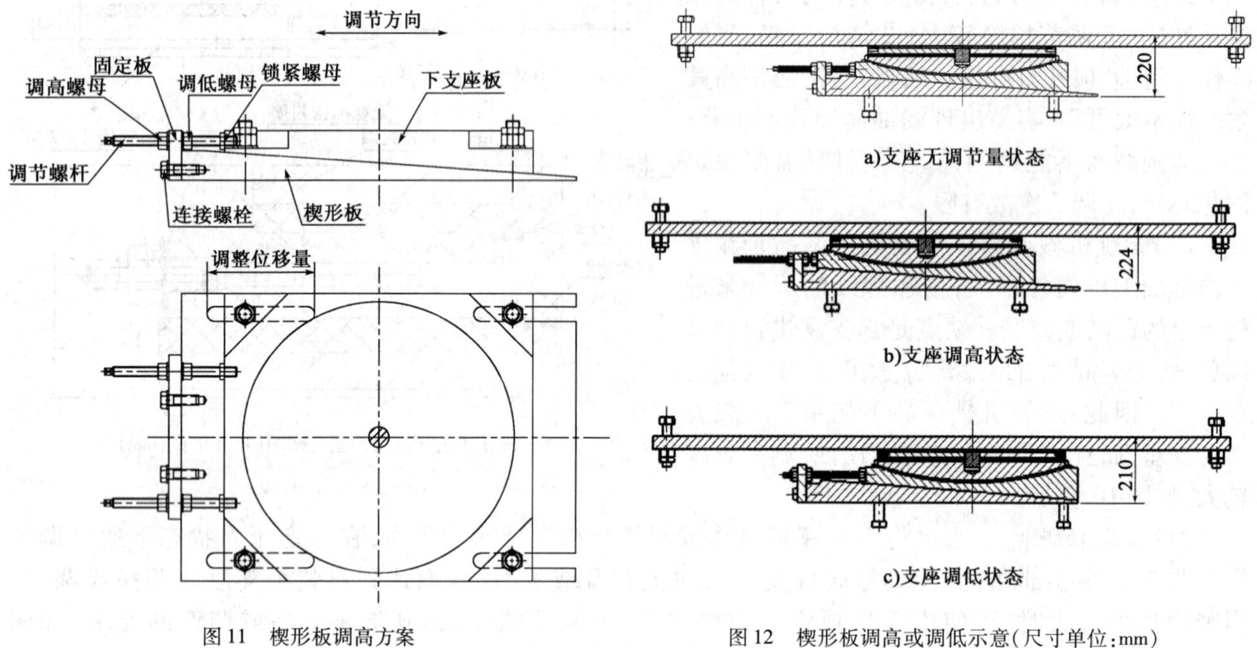

图11　楔形板调高方案　　　　图12　楔形板调高或调低示意(尺寸单位:mm)

参考文献

[1] TB/T 2331—2004　铁路桥梁盆式橡胶支座[S].北京:人民铁道出版社,2004.

[2] 铁路客运专线桥梁盆式橡胶支座暂行技术条件.

[3] JT 391—1999　公路桥梁盆式橡胶支座[S].北京:人民交通出版社,1999.

[4] GB/T 17955—2009　桥梁球型支座[S].北京:中国标准出版社,2009.

[5] EN1337-2 Structural Bearings—Part2:Sliding elements. 2001.

[6] National Cooperative Highway Research Program, NCHRP Report 432, High-Load Multi-Rotational Bridge Bearings, 1999.

105. 嘉绍大桥刚性铰结构设计与力学性能研究

林道锦　王仁贵　孟凡超　林　昱

(中交公路规划设计院有限公司)

摘　要　嘉绍大桥为首例采用刚性铰结构的六塔独柱四索面钢箱梁斜拉桥。刚性铰受力复杂,构造细节设计、制造、安装与检查维护实例少。本文介绍了刚性铰的基本构造,并通过空间杆系有限元程序分析,研究刚性铰传力机理、各部分构造内力状况、支座受力大小以及结构变形特性。

关键词　刚性铰　支座　多塔斜拉桥

一、概　述

嘉绍大桥主航道桥为70m+200m+5×428m+200m+70m=2 680m的六塔独柱四索面钢箱梁斜拉桥,总体布置图如图1所示。嘉绍大桥主梁连续长度达2 680m,主梁的温度变形对索塔及基础的受力影响大。分析表明:若全桥主梁不设置伸缩缝,在最不利荷载组合下,受温度变形影响最外侧塔中塔柱根部应力过大,混凝土配筋无法满足规范要求,同时最外侧塔的塔底内力较大,使得基础规模增大。为科学合理地解决长主梁温度变形问题,嘉绍大桥设计提出两幅主梁在全桥跨中处设刚性铰装置的结构体系。

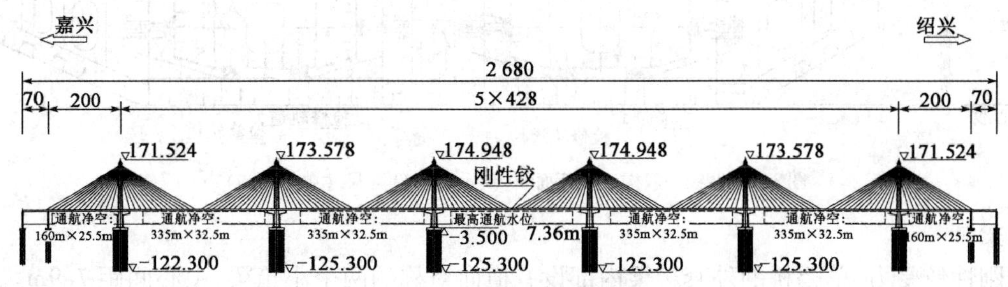

图1 嘉绍大桥主航道桥总体布置图(尺寸单位:m)

刚性铰构造释放两端主梁的纵向相对线位移,约束主梁转角和剪切位移,在满足受力要求的同时又能确保行车的舒适性。刚性铰上方设有1360伸缩缝将主梁分为两联,每联为一个三塔斜拉桥。伸缩缝下方不设过渡墩。

刚性铰是关乎嘉绍大桥主航道桥结构体系安全的极其关键的构造,其受力复杂,构造细节设计、制造、安装与检查维护实例少,在设计过程中开展了以下工作:①进行结构受力分析和仿真计算,研究刚性铰结构的传力机理、受力特性,各板件的应力分布特点等,在此基础上优化刚性铰构造;②通过刚性铰模型试验验证结构受力,考核刚性铰在使用阶段的工作性能;③研究刚性铰的安装施工关键技术;④研究刚性铰的维修养护方案。

本文首先对刚性铰的基本构造进行详细介绍,并通过空间有限元程序进行全桥杆系单元静力分析,研究刚性铰传力机理、各部分构造内力状况、支座受力大小以及结构变形特性。

二、刚性铰基本构造

刚性铰的基本原理是将钢箱梁在跨中位置断开,在一侧钢箱梁内部放置小箱梁,小箱梁一端固定在另一侧钢箱梁上,小箱梁另一端自由。外部大箱梁通过横隔板,在小箱梁两端提供与外侧大箱梁接触的支点,通过这些支点,约束刚性铰位置、钢箱梁的竖向弯矩和剪切、侧向弯矩和剪切以及扭转变形,将钢箱梁的弯矩、扭转和剪切受力转换为小箱梁和外侧大箱梁之间的支反力。刚性铰构造基本组成为:小箱梁、固定端大箱梁、滑动端大箱梁、竖向及侧向支座。刚性铰基本构造如图2、图3所示。

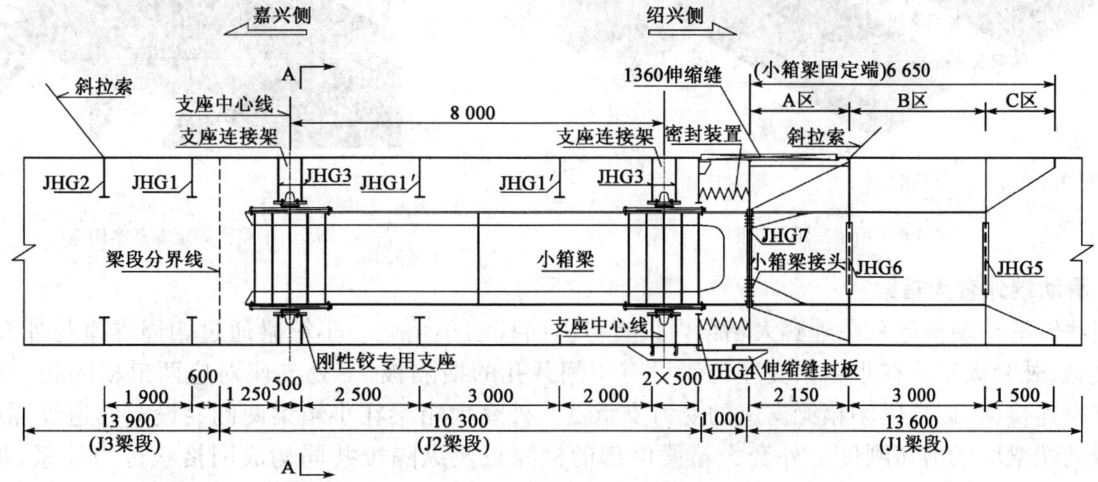

图2 刚性铰一般构造立面图(尺寸单位:mm)

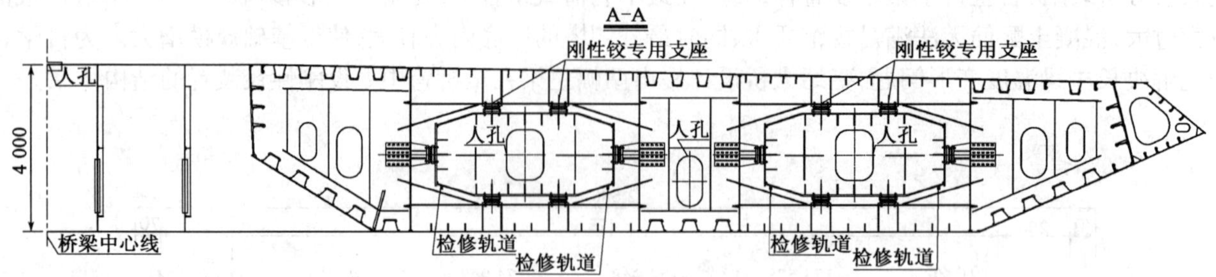

图3 刚性铰一般构造横断面图(仅示意半幅)(尺寸单位:mm)

1. 小箱梁

为分散刚性铰受力,单幅桥的外套箱梁内部设有横向对称的两个小箱梁,中心间距7.9m。分离的两个小箱也有利于刚性铰的整体抗扭。小箱梁全长10.8m,梁高2.0m,一端通过高强螺栓固定在固定端大箱梁横隔板上,另一端自由。小箱梁断面形状为近八边形,顶底板及腹板厚度均为30mm,均设有高260mm、厚20mm的板式加劲肋。小箱梁两端受力点处四周与大箱梁之间设置支座,其中顶底板各两个,侧向各一个。顶底板支座处小箱梁内各设置5道间距375mm的横隔板。小箱梁将固定端梁段的竖向弯矩、横向弯矩以及扭矩转换成四周支座反力并传递给外套大箱梁,以实现力的传递。小箱梁三维示意图如图4所示。

2. 固定端大箱梁

刚性铰固定端的作用是把小箱梁根部的弯矩和剪力传递到大箱梁顶底板上。构造设计的主要思路是将小箱梁的主要受力板件(即顶底板及腹板)延伸至固定端大箱梁内部,小箱梁延伸段内侧设置三角形加劲板与小箱梁加劲肋对应,同时在小箱梁延伸段的顶底板外侧设置梯形加劲板并与大箱梁顶底板相连。腹板外侧设置梯形加劲板并与固定端大箱梁纵隔板相连,这样,小箱梁顶底腹板的应力通过加劲板和纵隔板可顺利传递到大箱梁顶底板,同时又能保证小箱梁和大箱梁的刚度顺利过渡。固定端大箱梁构造划分为A区、B区、C区三个区域,如图5所示。

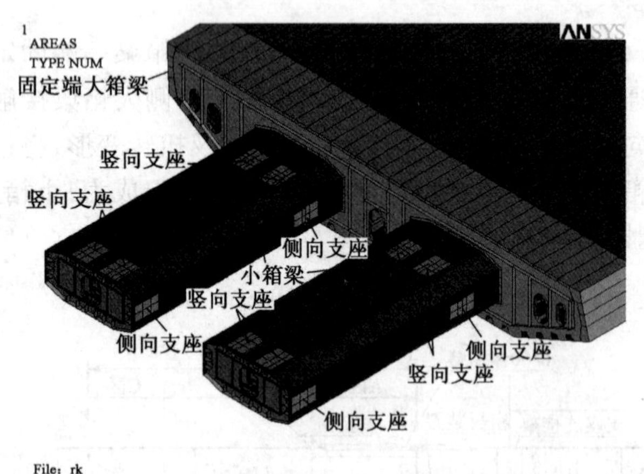

图4 小箱梁三维示意图

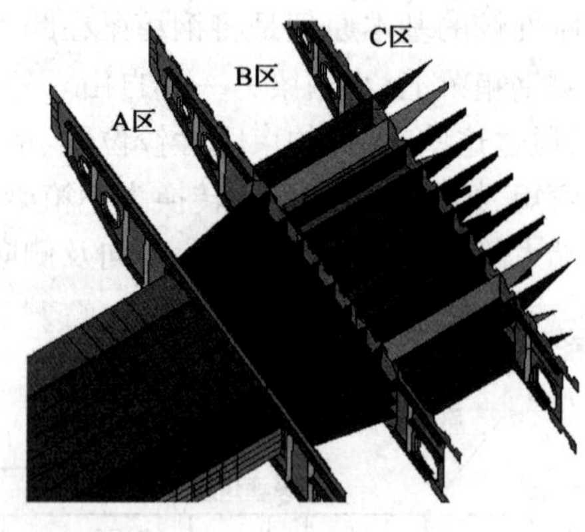

图5 小箱梁固定端基本构造

3. 滑动端外套大箱梁

刚性铰滑动端构造系在外套大箱梁内设置可纵向移动小箱梁。小箱梁通过四周支座与外套大箱梁相接触,外套大箱梁在小箱梁支座位置设有中间开孔的横隔板,一处支座对应两道横隔板,横隔板设有支座连接架,以提供小箱梁支座的受力支承点。外套大箱梁在小箱梁两侧共设有四道纵隔板,以提高滑动端梁段的剪切刚度。外套大箱梁内部的横隔板及纵隔板共同构成网格状传力体系,如图6所示。

4. 刚性铰支座

考虑到嘉绍大桥刚性铰支座的使用条件较恶劣，性能要求高，选用球型支座作为刚性铰支座。在刚性铰支座选型时，为进一步降低支座摩擦面的压应力，提高支座使用寿命，采用较大规格的支座类型。顶底板刚性铰支座选用承载力为8 000kN的支座类型，实际顶底板支座在最不利荷载组合下的支座反力只有3 291kN，对应的摩擦面应力仅为18MPa；侧向支座选用承载力为4 000kN，实际顶底板支座在最不利荷载组合下的支座反力只有1 361kN，对应的摩擦面应力仅为14MPa。以平均日温差为25℃考虑，一天内刚性铰伸缩量约为75cm，刚性铰实际工作要求，支座在30年役使期内的累积滑移距离在8.2km以下，其滑移速度不会超过1mm/s，因此采用传统聚四氟乙烯+不锈钢板作为支座的摩擦副材料，完全可以满足支座使用寿命要求。此外，刚性铰支座还设计具有减振和高度调节装置，刚性铰专用支座柔性减振方案不仅满足传统球形支座刚度和转动性能的优越性，同时在支座安装预紧，缓解刚性铰特殊结构复杂受力环境下刚性铰专用支座承受的应力峰值和冲击破坏，提高刚性铰结构与刚性铰专用支座的安全性等方面都起到了重要的作用。刚性铰专用支座构造示意图如图7所示。

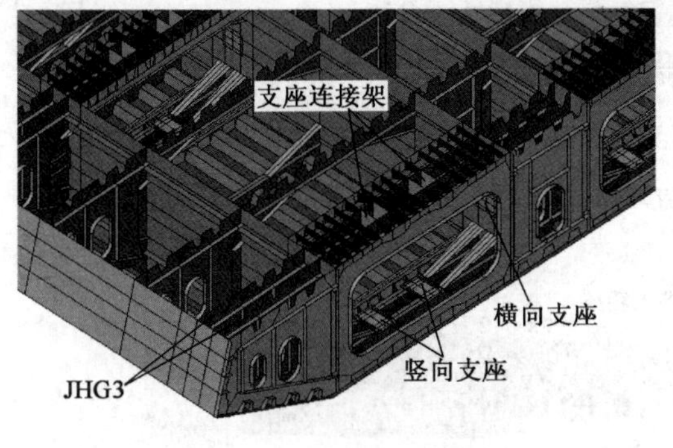

图6 外套大箱梁构造三维图

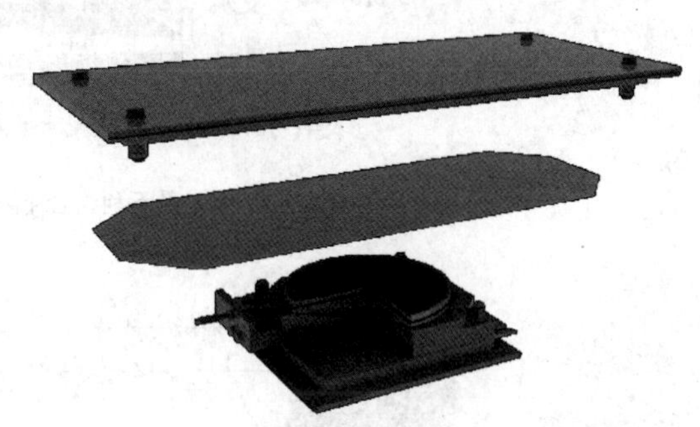

图7 刚性铰专用支座构造示意图

三、刚性铰力学性能

1. 有限元模型

采用杆系有限元模型对刚性铰进行力学分析，小箱梁与固定端大箱梁采用刚性连接以模拟刚性铰接头，小箱梁与滑动端大箱梁之间采用仅设置竖向和横桥向线位移刚度的弹簧连接以模拟刚性铰竖向及横向支座，固定端大箱梁单元与滑动端大箱梁单元之间断开，以保证主梁纵向能够自由滑动。刚性铰总体计算杆系有限元模型如图8所示。

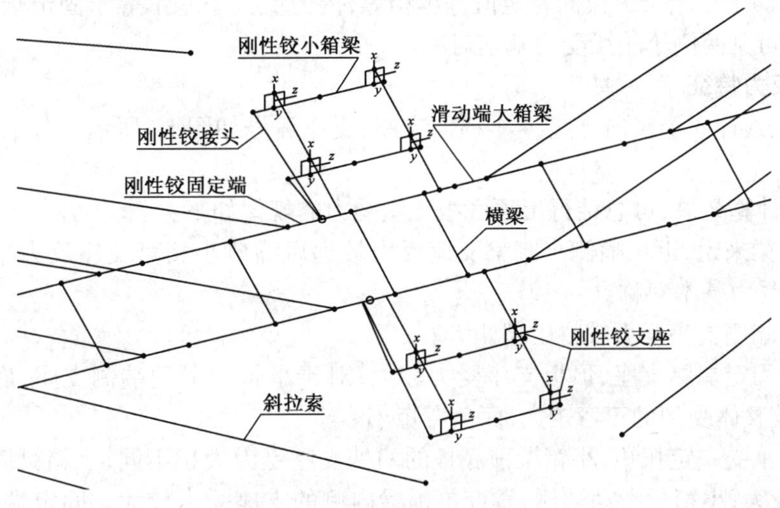

图8 刚性铰杆系有限元总体分析

2. 主要构件内力分布特征

通过杆系单元全桥静力分析，可以得到刚性铰各部分构造内力，其结果如图9～图12所示。

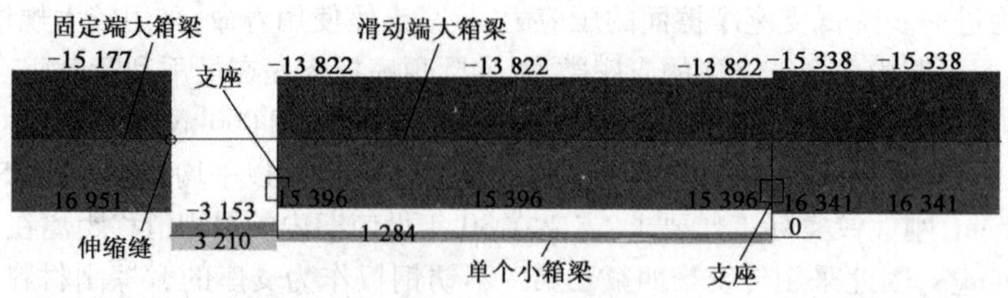

图9　最不利组合下刚性铰扭矩 M_x 图(单位:kN·m)

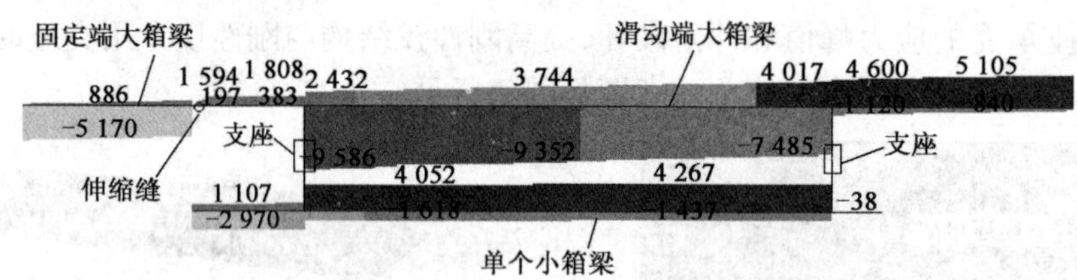

图10　最不利组合下刚性铰竖向剪力 F_z 图(单位:kN)

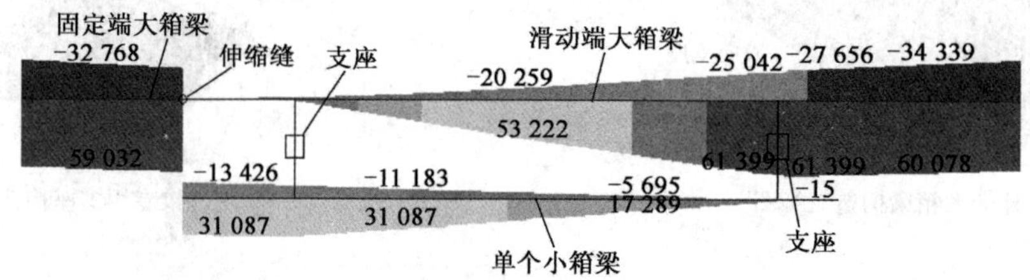

图11　最不利组合下刚性铰纵向弯矩 M_y 图(单位:kN·m)

从图9～图12中刚性铰内力值可以归纳出刚性铰各构件内力分布规律如下：

(1)刚性铰小箱梁与滑动端大箱梁通过支座连接，由支座力逐渐完成刚性铰内力传递，由固定端到滑动端，小箱梁的弯矩内力逐渐较小，滑动端大箱梁弯矩内力逐渐增大。但是这个区段内滑动端大箱梁的剪力比正常梁段大，增大的剪力与小箱梁剪力形成自平衡。

(2)大箱梁的扭矩则主要转换为两个小箱梁的一对竖向剪力，两个小箱梁自身扭矩很小。

(3)单幅梁内的两个小箱梁纵横向弯矩值基本相等，内力值大小基本等于固定端大箱梁的纵向弯矩和横向弯矩的一半，可见两侧小箱梁受力基本对称。

3. 刚性铰支座反力特征

单幅主梁模型上共计8个竖向支座，4个横向支座，支座编号如图13所示。各个支座反力计算结果如图14所示。

由图14的反力计算结果，可总结得出顶底板支座受力的规律如下：

(1)对于单幅主梁来说，近风嘴侧小箱梁支座反力较远风嘴侧小箱梁支座反力略小，但是差距并不明显，内外侧小箱梁受力基本对称。

(2)小箱梁固定端侧支座反力较自由端侧大。

(3)对于小箱梁固定端侧支座，顶板支座受力较大；对于小箱梁滑动端侧支座，底板支座受力较大，这主要原因是刚性铰整体受到的正弯矩大，而负弯矩小。

(4)由于小箱梁承受一定扭矩，小箱梁顶底板的两处支座受力大小不同，小箱梁固定端侧，靠近单幅梁外侧的支座受力较大；小箱梁滑动端侧，靠近单幅梁内侧的支座受力较大。固定端侧顶底板横向两处支座的受力不均匀性大于滑动端侧，尤其是箱梁承受负弯矩时，固定端底板处的支座不均匀性比较明显。

综合以上分析,刚性铰小箱梁竖向支座最大反力值出现在远风嘴侧小箱梁,固定端侧、顶板、靠近单幅梁外侧的位置,支座反力最大值为3 291kN。

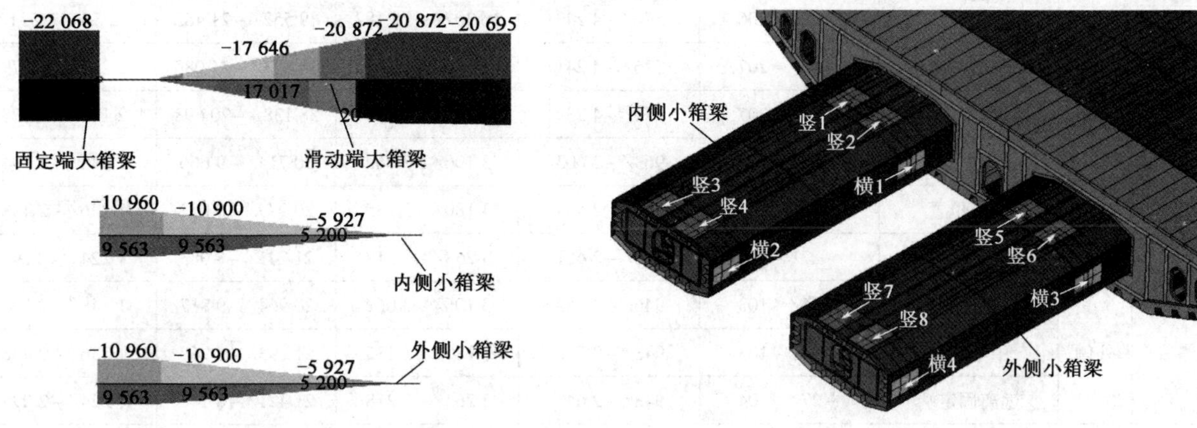

图12 最不利组合下刚性铰横向弯矩 M_z 图(单位:kN·m)　　图13 支座编号示意

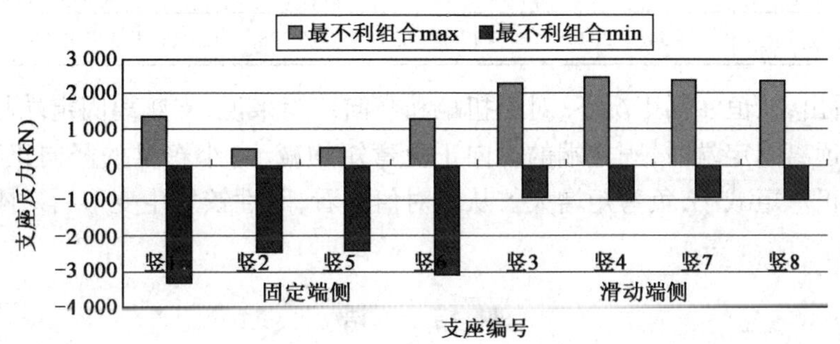

图14 刚性铰支座反力分布图(单位:kN)

4. 刚性铰受力变形下的力学特征

前面分析的刚性铰力学性能是在刚性铰处于支座中点下的力学行为,本节分析刚性铰变形状态下,即刚性铰温度变形到极端位置下对刚性铰受力的影响。考虑支座的三种不同位置:一是主梁在升温作用下伸长至最大值,此时支座向固定端侧移动,即最靠近固定端,以下简称"靠近固定端";二是支座位于设计位置,以下简称"中心位置";三是主梁在降温作用下收缩至最小值时,此时支座向远离固定端侧移动,以下简称"远离固定端"。

(1)对主梁整体刚度的影响

刚性铰发生变形后主梁整体刚度的变化情况见表1。

刚性铰变形后主梁刚度变化表(单位:m)　　表1

支座位置	正位移	负位移	绝对值之和	<L/400
靠近固定端	0.352	-0.545	0.897	L/477
中心位置	0.354	-0.548	0.902	L/475
远离固定端	0.355	-0.551	0.906	L/472

注:L为跨径。

由表1计算结果,从变化趋势上看,随着支座远离固定端,主梁的刚度逐渐下降,结构的总体刚度也随之降低。但是从绝对值上看,这种影响很小,不到1%,因此计算上可以忽略不计刚性铰变形的影响。

(2)对刚性铰内力的影响

刚性铰发生变形后刚性铰运营阶段(恒+活工况)内力的变化情况见表2。

刚性铰变位后刚性铰运营阶段内力变化表　　表2

单　　元		支座位置	横向剪力(kN)	竖向剪力(kN)	扭矩(kN·m)	竖向弯矩(kN·m)	横向弯矩(kN·m)
固定端		靠近固定端	-52/-206	576/-4 243	16 307/-15 182	39 552/-21 482	2 349/-531
		中心位置	-53/-207	576/-4 241	16 140/-15 018	38 827/-21 080	2 231/-5 079
		远离固定端	-54/-207	576/-4 239	15 957/-14 837	38 138/-20 698	2 112/-4 878
小箱梁	内侧	靠近固定端	-26/-103	963/-2 603	3 106/-3 062	20 714/-9 666	1 248/-2 594
		中心位置	-26/-103	961/-2 534	3 180/-3 135	20 979/-8 852	1 236/-2 438
		远离固定端	-27/-104	957/-2 461	3 263/-3 218	21 245/-8 083	1 224/-2 297
	外侧	靠近固定端	-26/-103	946/-2 784	3 106/-3 062	20 964/-9 817	1 248/-2 594
		中心位置	-26/-103	948/-2 716	3 180/-3 135	21 193/-8 960	1 236/-2 438
		远离固定端	-27/-104	948/-2 643	3 263/-3 218	21 421/-8 146	1 224/-2 297
滑动端		靠近固定端	-52/-206	3 839/-970	16 274/-15 359	42 631/-19 201	3 589/-4 271
		中心位置	-53/-207	4 006/-803	16 110/-15 194	41 004/-19 986	3 573/-3 953
		远离固定端	-54/-207	4 174/-635	15 928/-15 013	39 305/-20 900	3 557/-3 663

从表2中可以看出,在恒+活工况下,对于扭矩和横向弯矩来说,支座离固定端越远,弯矩越小;对于竖向弯矩来说,支座远离固定端时,固定端的纵向正负弯矩均减小,小箱梁的竖向正弯矩增大,负弯矩减小;而滑动端的竖向正弯矩减小,负弯矩增大。从绝对值上看,刚性铰发生变形后对刚性铰构件内力的影响幅度均在5%以内。

四、结　　语

嘉绍大桥刚性铰构造的基本组成为:小箱梁、固定端大箱梁、滑动端大箱梁、竖向及侧向支座。外部大箱梁通过横隔板,在小箱梁两端提供与外侧大箱梁接触的支点,通过这些支点,约束刚性铰位置、钢箱梁的竖向弯矩和剪切、侧向弯矩和剪切以及扭转变形,将钢箱梁的弯矩、扭转和剪切受力转换为小箱梁和外侧大箱梁之间的支反力。

通过空间杆系有限元分析,得到了各构件的内力分布规律,刚性铰小箱梁竖向支座最大反力值出现在远风嘴侧小箱梁,固定端侧、顶板、靠近单幅梁外侧的位置。

考虑支座的三种不同位置下刚性铰的力学性能影响:一是主梁在升温作用下伸长至最大值;二是支座位于设计位置;三是主梁在降温作用下收缩至最小值时,此时支座向远离固定端侧移动。分析表明:随着支座远离固定端,主梁的刚度逐渐下降,结构的总体刚度也随之降低。但是从绝对值上看,这种影响很小,不到1%,从结构受力上看,刚性铰发生变形后对刚性铰构件内力的影响幅度均在5%以内,因此计算上可以忽略不计刚性铰变形的影响。

106. 嘉绍大桥 CORS 完备性监测软件研究

张　芯[2]　宋卫国[1]　王明善[2]　范　杰[2]
(1. 浙江嘉绍跨江大桥工程建设指挥部;2. 国家测绘局第三大地测量队)

摘　要　本软件研究的目的在于通过对CORS站的观测数据(适用于常规的GPS测站)分析和处理,图形化显示该站的多项完备性信息。包括卫星天空视图、各类精度因子、噪声水平、码伪距多路径误差、传播路径电离层变化、卫星连续跟踪情况等,以便对GPS数据的各类分析提供可靠、直观的依据。

关键词 完备性 CORS 误差

一、引 言

目前嘉绍大桥在GPS原始数据的质量分析及评价方面稍有欠缺,原始观测数据的各类精度因子如何?电离层误差如何?卫星天空几何分布如何?等等,都无从得知。缺乏这些要素,我们就无法对GPS数据进行完整的分析和评价,即使观测文件出现一些问题(例如,观测条件影响、电离层误差过大的影响、多路径误差影响等等),也无法得知具体是哪一方面的影响所致。

CORS完备性监测软件,可以直接对CORS站和非CORS站数据进行分析,可以只应用一个测站的数据进行L1和C1(或P1)观测量观测精度估计,得到其噪声水平和多路径误差。同时可以图形显示测站的精度因子随时间变化情况,卫星连续跟踪观测情况,每颗卫星的电离层误差随时间的变化情况。提供了多种数据分析方法,综合分析测站受观测卫星天空视图的影响,以及其他各种误差的影响。能进行初步的CORS站数据粗差探测[1],分析GPS观测条件对最终定位精度的影响。

二、完备性监测软件功能模块组成

1.数据处理程序主模块

导入观测数据和已知信息,设置数据处理模式,计算后续各功能模块需要的输入信息;初步计算观测值存在粗差的观测值和观测历元。

2.接收机完备性检测和显示模块

显示接收机连续跟踪观测情况;评估接收机观测值噪声水平和多路径误差大小;显示接收机导航解和相对定位解与已知值差异变化。

3.卫星运行状态显示模块

显示卫星运行轨道;显示卫星信号传播路径上的电离层等误差的变化[2],判断观测质量的好坏;显示卫星相对于观测站的天空视图。

4.观测站精度因子显示模块

绘图显示观测站精度因子在不同观测时刻的值;显示卫星数变化情况。

三、软件主要功能模块及部分算法

1.接收机完备性检测和显示模块

本模块噪声估计采用误差统计[3]规律估计;码伪距多路径误差估计算法同TEQC中采用的算法;码和相位联合,消除几何距离误差[4]、电离层误差、对流层误差、钟差等误差,然后忽略载波相位的多路径误差的影响,估计码的多路径误差。

2.卫星运行状态显示模块

本模块的功能为计算各GPS卫星运行轨道;计算不同坐标系中的GPS位置;显示卫星运行轨道;显示卫星信号传播路径上的电离层等误差的变化,判断观测质量的好坏;显示卫星相对于观测站的天空视图。其中涉及的部分算法如下。

(1)电离层误差计算算法:用不同类型的观测值组合的方法计算历元间电离层误差变化,以反映出电离层误差的变化规律,进而判断观测值在传播路径上的异常变化。

忽略多路径等误差,可得不同类型码伪距的差值表示如下:

$$P_4 = P_1 - P_2 = I_1 - \frac{f_1^2 \cdot I_1}{f_1^2 - f_2^2}$$

于是,可得由伪距直接计算的GPS信号传播路径上P1(C1)所包含的电离层误差为:

$$I_1 = (P_1 - P_2) \cdot \frac{f_2^2}{f_2^2 - f_1^2}$$

同理,可得基于载波相位计算的电离层误差,但是其中包含模糊度部分。

$$L_4 = L_1 - L_2 = -I_1 + I_1 \cdot \frac{f_1^2}{f_2^2} + \lambda_1 \cdot N_1 - \lambda_2 \cdot N_2$$

$$I_1 = (L_1 - L_2) \cdot \frac{f_2^2}{f_1^2 - f_2^2} - (\lambda_1 \cdot N_1 - \lambda_2 \cdot N_2) \cdot \frac{f_2^2}{f_1^2 - f_2^2}$$

采用相位计算的电离层,具有更低噪声水平,只是多了一个模糊度项的偏移。如果相位保持了连续观测,且不发生周跳现象,那么可以采用与首历元做差的方法消除模糊度偏差的影响,从而直观反映电离层误差随着时间发生的变化情况。

(2)卫星高度角计算算法[4]:设卫星S在协议地球坐标系中的坐标为($X^s \quad Y^s \quad Z^s$),测站r在协议地球坐标系中的坐标为($X_r \quad Y_r \quad Z_r$),那么,测站至卫星的向量为:

$$\begin{bmatrix} \Delta X \\ \Delta Y \\ \Delta Y \end{bmatrix}_T = \begin{bmatrix} X^s \\ Y^s \\ Z^s \end{bmatrix}_T - \begin{bmatrix} X_r \\ Y_r \\ Z_r \end{bmatrix}_T$$

由协议地球坐标系(T)转换到站心直角坐标系(R):$\begin{bmatrix} x \\ y \\ z \end{bmatrix}_R = C_T^R \begin{bmatrix} \Delta X \\ \Delta Y \\ \Delta Y \end{bmatrix}_T$,$C_T^R$ 为坐标转换矩阵。

于是,卫星高度角为:

$$E = \arctan\left(\frac{z}{\sqrt{x^2 + y^2}}\right)$$

3. 观测站精度因子显示模块

卫星几何分布好坏取决于几何精度衰减因子(GDOP)、平面精度因子(HDOP)、垂直精度因子(VDOP)、钟差精度因子(TDOP)。在实时绝对定位时,精度因子仅与所观测卫星的空间几何分布有关,故也称精度因子为图形强度因子。

由单点单历元码伪距观测方程的系数阵 A_c 可以推导码伪距定位结果的精度为:

$$\begin{cases} Q_x = (A_c^T A_c)^{-1} \\ D_x = \sigma_0^2 Q_x \\ \sigma_x = \sigma_0 (Q_{11})^{1/2}; \sigma_y = \sigma_0 (Q_{22})^{1/2} \\ \sigma_z = \sigma_0 (Q_{33})^{1/2}; \sigma_t = \sigma_0 (Q_{44})^{1/2} \end{cases}$$

式中,Q_{ii} 为未知参数向量的权逆阵 Q_x 的对角元素值,它是由观测卫星与测站的几何图形的结构所决定,因此系数阵 A_c 又称为结构矩阵。

三维位置的几何精度衰减因子和定位精度为:

$$\text{PDOP} = (Q_{11} + Q_{22} + Q_{33})^{1/2}$$

$$\sigma_p = \text{PDOP} \cdot \sigma_0$$

四、结　语

根据完备性监测的要求,研究了相应的数据处理算法,编写了相关的程序模块。经过模拟数据和现场实测数据验证,设计的算法和研制的软件系统达到了预期目的。

CORS 完备性监测软件系统是 GPS 数据分析的有效工具,可以通过分析双 CORS 站观测数据,定性和定量地评估定位结果的可靠性和可能达到的精度水平。同时,也可分析监测站点的观测卫星的空间分布、精度因子和电离层误差历元变化等因素,研究测站受周围建筑物遮挡的影响,分析接近中午时,卫星观测条件的变化等。

参考文献

[1] 周忠谟,易杰军,周琪. GPS 卫星测量原理与应用[M]. 北京:测绘出版社,2002.
[2] 谢世杰,韩明锋. 论电离层对 GPS 定位的影响[J]. 测绘工程,2003,9(1).
[3] 刘基余,李征航,王越虎,等. 全球定位系统原理及其应用[M]. 北京:测绘出版社,1993.
[4] 李征航,黄劲松. GPS 测量与数据处理[M]. 武汉:武汉大学出版社,2005.

107. 嘉绍大桥斜拉索外置式油阻尼器参数优化及试验研究

汪正兴[1,2]　陈开利[1,2]　王　波[1,2]　吴海涛[1,2]
(1. 中铁大桥局集团武汉桥梁科学研究院有限公司;2. 桥梁结构安全与健康湖北省重点实验室)

摘　要　为抑制嘉绍跨海大桥斜拉索在台风、雨等作用下的大幅风雨振动,采用外置式油阻尼器为斜拉索提供附加阻尼措施。基于复模态分解及满意度优化理论,进行了“斜拉索—阻尼器”系统的最优阻尼系数参数求解计算,并根据计算结果,进行了相应的斜拉索外置式油阻尼器单体性能试验。研究表明,油阻尼器单体试验结果满足理论计算值要求,且阻尼器性能曲线稳定,具有较好的长期稳定性,满足嘉绍大桥斜拉索实桥振动控制需要。

关键词　斜拉索　嘉绍大桥　油阻尼器　参数优化

一、引　言

随着斜拉桥跨径的逐步增大,在斜拉桥的结构设计中,拉索除了满足其在桥梁承受最不利静、动载作用下具有一定的应力储备外,还需考虑其自身在外界环境作用下及索—梁耦合振动引起的拉索大幅振动问题[1-2]。拉索的大幅振动导致拉索结构的断丝损伤、PE 层破裂、锚头端部应力腐蚀及锈蚀,同时也会引起行人和车辆的不安全感,影响桥梁的正常运营[3]。近年来已经肉眼观察到了多座斜拉桥的拉索大幅振动现象,也有多座服役十多年的斜拉桥因为斜拉索的损伤而发生斜拉索换索的工程案例,斜拉索振动问题致使拉索使用寿命大大降低,给国民经济造成了一定的损失[4-7]。

据研究,只要提高斜拉索低阶模态阻尼到一定数值,即可对斜拉索因风、风雨及行车等引起的振动进行控制[5]。工程上常用结构自由振动的对数衰减率 δ 作为衡量结构阻尼的指标。根据现有的研究结果,使 δ 提高到 0.03 以上即可达到理想的减振效果。

斜拉索油阻尼器为常用的斜拉索外置式减振措施之一,其通过环缝、薄壁小孔及细长孔等节流措施,给斜拉索提供附加阻尼作用,为一种速度相关型阻尼器。理论及工程实践表明,该阻尼器通过安装在一定的高度位置,具有较好的作用效果。但是,需要采取必要的构造措施及合理的阻尼作用方式，以保证该阻尼器的耐久性及不同外界环境下的参数稳定性。本文以嘉绍跨海大桥为工程背景，研制了一种新型油阻尼器，通过理论分析及阻尼器单体试验研究，验证了该阻尼器性能的可靠性及耐久性。

二、项 目 概 况

嘉兴至绍兴跨江公路通道嘉绍大桥由主航道桥、北福航道桥、水中区引桥及陆地区引桥组成。其中主航道桥为70m + 200m + 5 × 428m + 200m + 70m = 2 680m 独柱型六塔斜拉桥，采用四索面分离钢梁形式，桥型布置图如图1所示。

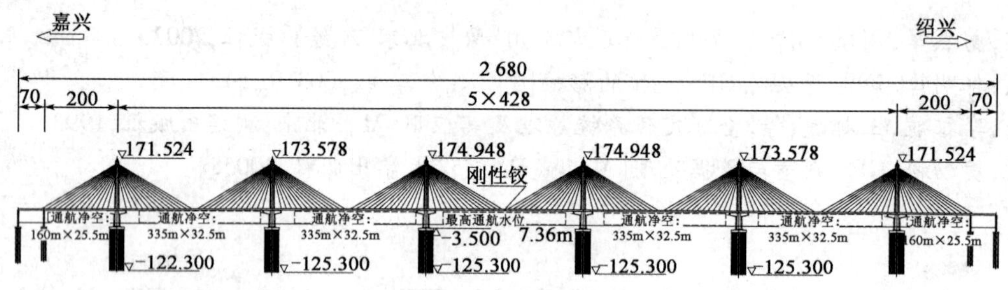

图1 嘉绍大桥桥型布置图(尺寸单位：m)

多重斜拉索索面结构，有可能造成斜拉索的风振、风雨振、尾流涡振等大幅振动，需采用外置式斜拉索减振器进行斜拉索的大幅振动控制。经过理论研究分析，本桥需在每单个索面的4号索至12号索安装斜拉索外置式油阻尼器。计算统计表明，全桥共需安装432套油阻尼器，减振器安装示意图如图2所示。考虑到相邻拉索结构动力特性相差不大，本桥每单个索面的相邻三根拉索均采用同一种参数的斜拉索油阻尼器，全桥共设置三种参数特征的油阻尼器。阻尼器索夹安装高度在考虑减振效果的同时，考虑与桥侧栏杆高度的协调一致，按照拉索索长的3%来考虑。

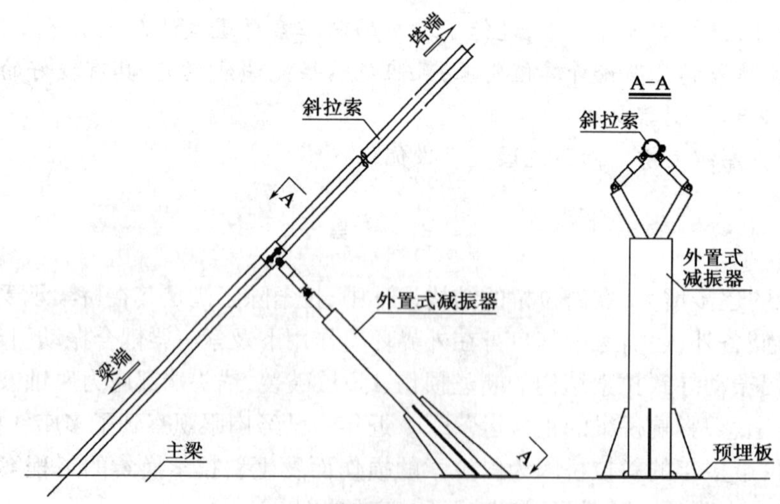

图2 油阻尼器安装布置示意图

考虑到景观效果，在传统黏滞阻尼器支撑形式上进行创新，采用图2所示“Y”形支撑构件，支撑底部设置加劲板，在桥面以上部分预先焊接预埋板，箱梁内部减振器支座位置焊接加劲板，保证结构受力要求。油阻尼器防腐采用重防腐体系，阻尼器所有外露表面防腐采用表面喷砂Sa2.5，喷涂锌基涂镀涂料120μm + 环氧云铁中间漆100μm + 可复涂聚氨酯面漆100μm。

三、"斜拉索—油阻尼器"振动系统阻尼参数优化

1. 基于复模态分解的数值模型

为定量分析油阻尼器的减振效果,采用工程上常用的对数衰减率作为结构阻尼的衡量指标,建立斜拉索—阻尼器数值模型计算减振效果。当对数衰减率达到0.03以上,即可抑制拉索的振动。斜拉索—阻尼器系统振动示意图如图3所示。

定义X-Y平面的振动为面内振动,不计索轴向振动,由牛顿定律得索的自由振动方程为[8]:

$$-\frac{\partial^2}{\partial x^2}\left(EI\frac{\partial^2 v}{\partial x^2}\right)+\frac{\partial}{\partial s}\left[(T+\tau)\left(\frac{\mathrm{d}y}{\mathrm{d}s}+\frac{\partial v}{\partial s}\right)\right]$$

$$=m\frac{\partial^2 v}{\partial t^2}+c_1\frac{\partial v}{\partial t}+F_{\mathrm{dy}}-mg\cos\theta \quad (1)$$

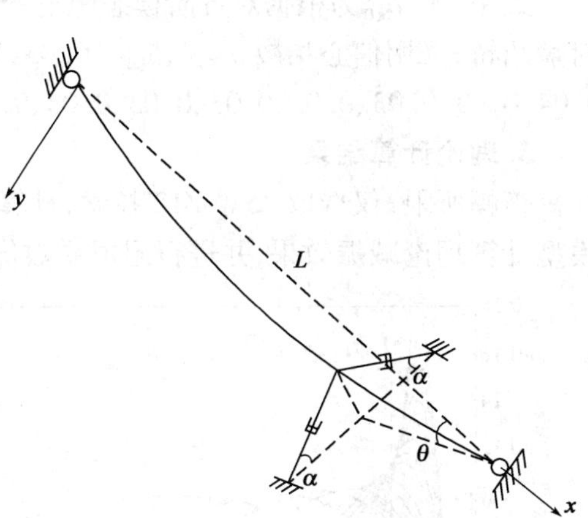

图3 拉索—油阻尼器系统振动示意图

式中,T为拉索的初始切向拉力;τ为拉索振动拉伸而产生的附加切向动拉力;s为弧长坐标;m为索单元长度重量;c_1为单位长索的面内阻尼系数;y_0为拉索由于自重在Y方向产生的垂度曲线;$y_0=mgL\cos\theta(x-x^2/L)/2H$;$\theta$为索轴向与水平向的斜角;$L$为索长(轴向);$F_{\mathrm{dy}}$为阻尼器在$Y$方向产生的被动力;$EI$为索的截面抗弯刚度。

用中心差分法求解,将索均分为$n+1$段,每段长度为$a=L/(n+1)$,将式(1)微分项化为各结点位移形式,化简得出如下特征方程:

$$M\ddot{x}+C\dot{x}+Kx=0 \quad (2)$$

M为对角矩阵,对角元素包括索单位质量与阻尼器提供的等效质量M_{d}/a之和,C为对角矩阵,对角元素包括索内阻尼与阻尼器提供的等效阻尼C_{d}/a之和,$K=K_1+K_2+K_3$,K_1、K_2、K_3分别为抗弯刚度、静态张拉力、动态张拉力提供的等效刚度矩阵,K中对角元素还应计入阻尼器提供的等效阻尼K_{d}/a之和。

油阻尼器采用黏滞耗能原理,以提供阻尼为主,基本不提供刚度,质量也可忽略。单个OD阻尼器提供的阻尼系数为C_0,则在安装阻尼器位置处,阻尼器提供给拉索的等效阻尼$C_{\mathrm{d}}=2C_0\cdot\sin^2\alpha$,其中$\alpha$为两OD阻尼器夹角的一半值。

令$y=\begin{Bmatrix}x\\ \dot{x}\end{Bmatrix}$,可得系统齐次状态方程$\dot{y}=Ay$,$A=\begin{bmatrix}0 & I\\ -M^{-1}K & -M^{-1}C\end{bmatrix}$

求解特征值问题$\lambda Y=AY$的系统各阶特征值λ_i,则系统各阶阻尼比ζ_i及对数衰减率δ_i为:

$$\zeta_i=-\mathrm{real}(\lambda_i)/\mathrm{abs}(\lambda_i),\delta_i=2\pi\zeta_i \quad (3)$$

2. 基于满意度的参数优化

为抑制斜拉索的各种振动,外置式减振器需要使拉索低阶模态的δ提高到0.03以上。通常,难以通过调整减振器的参数使各阶对数衰减率同时达到最低,而斜拉索的振动通常是多阶模态的耦合振动,且随着风速、雨量等的不同,参与振动的模态阶次也不一样,已有的观测结果表明前十几阶模态均有可能参与斜拉索不同类型的振动。因此,对斜拉索采用外置减振器进行振动控制必须使前十几阶模态阻尼均提升到一定的数值,因而斜拉索减振器的参数优化将是针对多阶模态的多目标优化[5]。

针对拉索减振器的多目标参数优化算法可表示为:

$$\max_{x_i}\delta_k(x_i)\quad(k=1,\cdots,n)\quad \mathrm{s.t.}\ g(x_i)\leqslant 0 \quad (4)$$

式中,δ_k为拉索的k阶对数衰减率,x_i则是减振器的特征参数。$g(x_i)\leqslant 0$为约束条件。对油阻尼器,减振器的特征参数为$x_1=C_0$,即单个油阻尼器的阻尼系数。

一般振幅较大的风雨振出现在3~6阶的较低阶模态,需提供较大的附加阻尼,其余模态提供较小附加阻尼即可。采用加权满意度法,对不同阶次模态采用不同的阈值与权重,进行参数优化分析。定义评价函数为:

$$F(x_i) = \sum_{k=1}^{n} w_k \cdot 2/\pi \cdot \mathrm{tg}^{-1}[\delta_k(x_i)/\delta_{k0}]^p \quad (5)$$

式中,w_k、δ_{k0}为根据对各阶模态阻尼的要求不同而取的权重系数与对数衰减率阈值,p为信心指数。对嘉绍桥,采用信心指数$p=2$,$\delta_{k0}=0.03$,1~15阶权重系数分别为0.03、0.04、0.05、0.05、0.05、0.05、0.04、0.03、0.03、0.03、0.03、0.03、0.03、0.03、0.03。

3. 理论计算结果

篇幅所限,仅选取Z5W-Z12拉索,计算一种油阻尼器型号的最优理论参数。采用前述理论建立数值模型计算理论减振效果,并进行阻尼系数优化,计算结果如图4、图5所示。

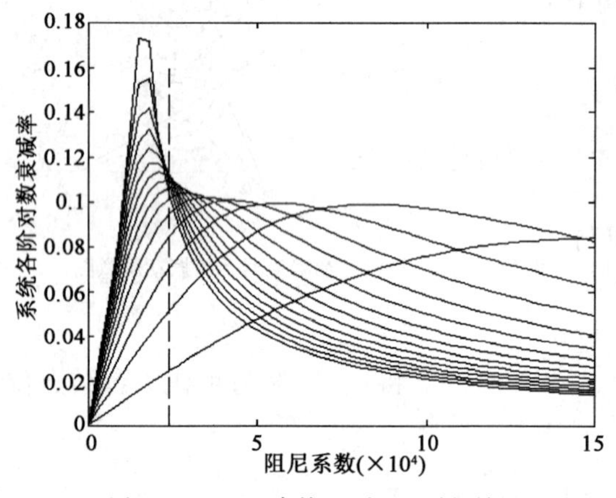

图4 Z5W-Z12索前15阶理论减振效果

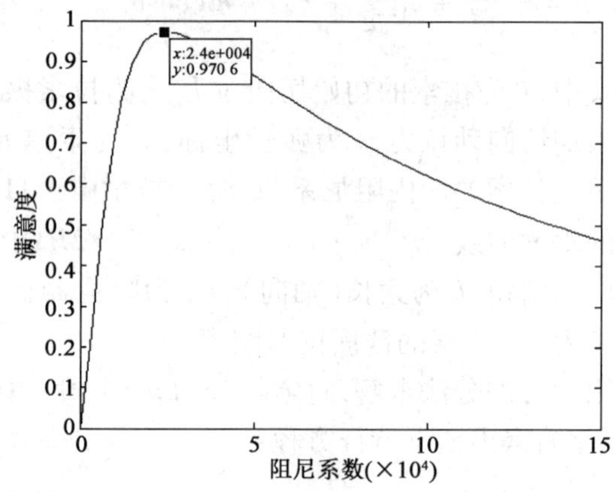

图5 Z5W-Z12索减振效果满意度曲线

由图4,Z5W-Z12索各阶对数衰减率均随阻尼系数的增加呈先上升后下降的趋势,但不能同时达到最优,需要采用满意度理论寻求最优阻尼系数,使斜拉索振动抑振效果达到最优。通过构造满意度函数式(5),计算满意度曲线如图5所示。可知在阻尼系数为24 000N·s/m时,系统减振效果最优。

四、油阻尼器单体性能试验

对上述理论最优参数的油阻尼器进行试验研究,试验的仪器为100kN的MTS试验机,图6为油阻尼器单体试验照片。为测试油阻尼器的性能,试验分为油阻尼器的耗能性能试验及油阻尼器的耐久性试验两个组成部分。

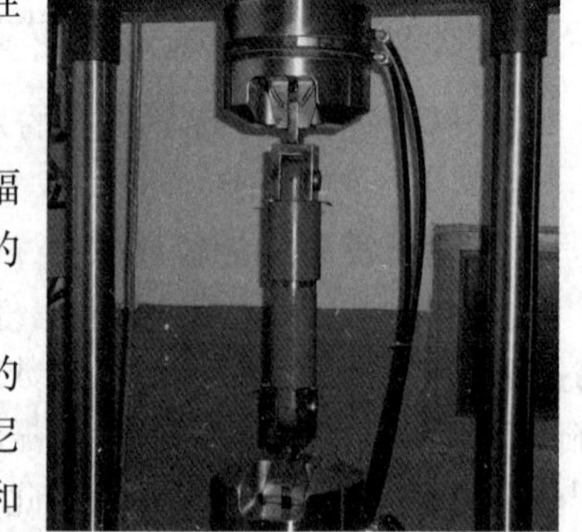

图6 油阻尼器MTS性能试验

1. 油阻尼器的耗能性能试验

为测试油阻尼器的耗能性能,在不同工况[频率(0.5~5Hz)及振幅(1~5mm)]下分别得到油阻尼器的滞回曲线和本构关系曲线(阻尼器的出力和速度之间的关系曲线),如图7~图9所示。

图7所示的工况为振幅$A=2$mm、频率$f=0.5$Hz情况下油阻尼器的滞回曲线。此时,滞回曲线表现出摩擦型阻尼器的特征,其原因是油阻尼器活塞运动较为缓慢,过油孔提供的阻力较小,阻尼力主要体现在活塞和密封件的摩擦上。由图7可知本油阻尼器的摩擦力较小,平均值最大约为0.3kN。

图8为频率$A=1$Hz,振幅f分别为3~5mm情况下油阻尼器的滞回曲线。从图8中可以看出油阻尼器的滞回环曲线饱满,除去位移振幅最大位置的摩擦力外,其滞回曲线近似为椭圆状。从滞回曲线的形状看,此阻尼器为线性阻尼系数的油阻尼器,且形状饱满,耗能能力较强。

油阻尼器的本构关系可拟合为图9所示直线关系，直线的斜率为24 351，表明此阻尼器可视为线性阻尼器，阻尼器的阻尼系数为24 351N·s/m。

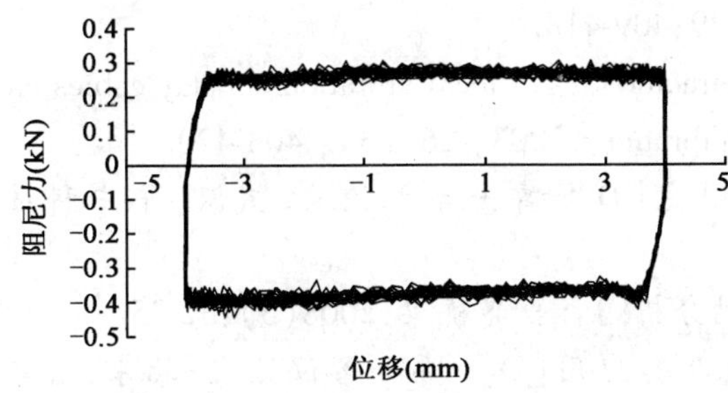

图7 $A=2mm$,$f=0.5Hz$时的滞回曲线

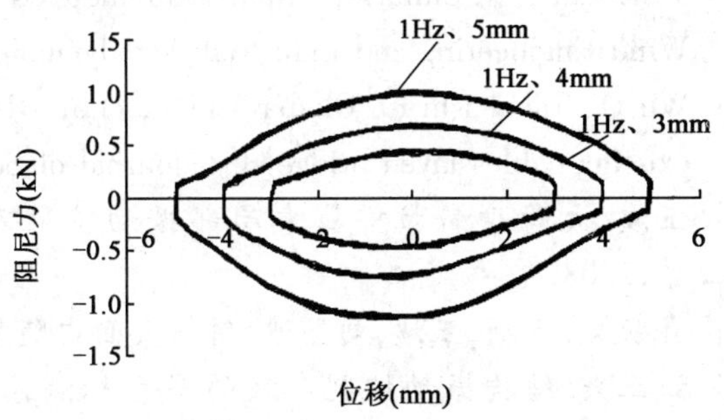

图8 $A=3mm$、$4mm$、$5mm$,$f=1Hz$时油阻尼器滞回曲线

2. 油阻尼器的耐久性试验

为了检验油阻尼器的耐久性能，在100kN的MTS试验机上对此油阻尼器进行了10万次的疲劳拉压试验。试验的工况为频率1Hz、振幅5mm。试验结束后，将第2个滞回环和第99 998个滞回环进行比较，如图10所示。

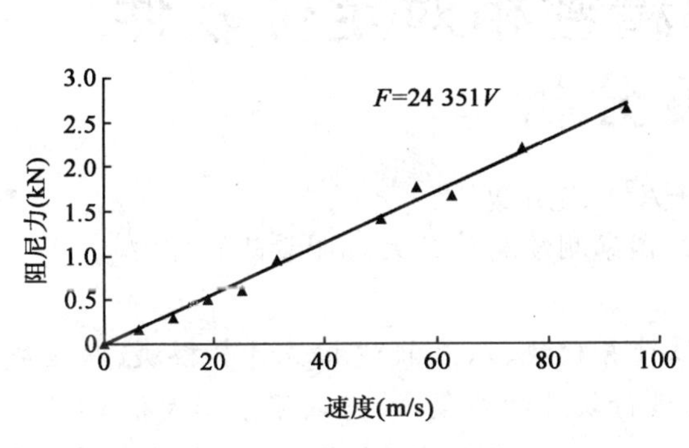

图9 油阻尼器本构关系拟合曲线

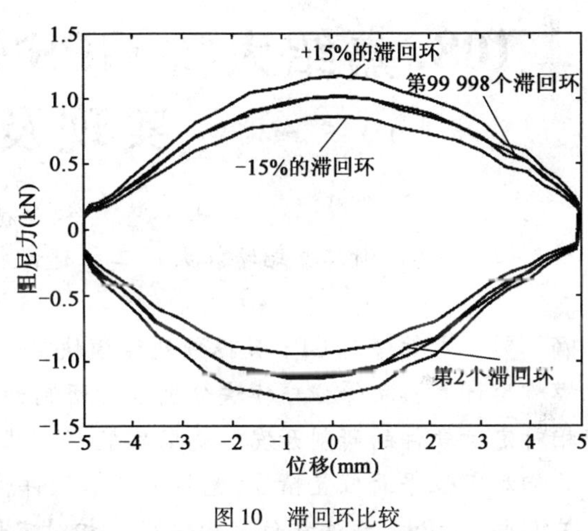

图10 滞回环比较

本油阻尼器耐久性能良好，第2个滞回环和第99 998个滞回环曲线较为接近，相差均在-15%～+15%之内，最大相对误差为5.3%，且密封系统不漏油，满足耐久性能的需要。

通过试验可以得到以下结论：

(1)不同工况下[频率(0.5～5Hz)，振幅(1～5mm)]，本油阻尼器的滞回曲线饱满，耗能性能较强，均能达到设计要求。

(2)油阻尼器提供的阻尼力与速度呈线性关系，因此，本油阻尼器是一个线性阻尼器。

(3)通过100 000次的疲劳拉压试验，本油阻尼器耐久性能良好，第2个滞回环和第99 998个滞回环曲线较为接近，相差均在-15%～+15%之内，最大相对误差为5.3%，且密封系统不漏油，满足耐久性的要求。

五、结 语

嘉绍大桥斜拉索外置式油阻尼器在安装高度、支撑角度以及减振器涂装方案上，尽可能地考虑到与大桥整体结构相一致，综合考虑减振器的减振性能、对桥梁景观的影响及安装维护方面上的和谐统一。理论及试验研究表明，嘉绍大桥斜拉索外置式油阻尼器参数设置合理，能有效提高斜拉索结构的各阶模态阻尼比，满足设计所预期的抑制斜拉索大幅振动模态阻尼要求。

参考文献

[1] Y. Hikam, N. Shiraishi. Rain-wind induced vibrations of cables in cable-stayed bridge[J]. Journal of Wind Engineering and Industrial Aerodynamics, 1988, 29:409-418.

[2] Wu Q, Takahashi K, Okabayashi T, et al. Response characteristics of local vibrations in stay cables on an existing cable-stayed bridge[J]. Journal of Sound and Vibration ,2003, 261(3): 403-420.

[3] 王波.大跨度斜拉桥拉索局部振动特性及其影响研究[D].博士学位论文.武汉:华中科技大学,2008.

[4] 肖跃文,袁刚,王波,刘圣波.斜拉索面内随机参数振动分析[J].世界桥梁,2008(3):32-35.

[5] 汪正兴.结构振动控制参数的多目标满意优化方法及其应用[D].博士学位论文.北京:清华大学,2006.

[6] 顾明,刘慈军,罗国强.斜拉桥拉索的风(雨)激振及控制[J].上海力学,1998,19(4):281-288.

[7] 王修勇,陈政清,倪一清.斜拉桥拉索风雨振观测及其控制[J].土木工程学报,2003,36(6):53-59.

[8] 陈水生.大跨度斜拉桥拉索的振动及被动-半主动控制[D].博士学位论文.杭州:浙江大学,2002.

108.嘉绍大桥GPS快速精密相对定位软件实现及精度分析

张　芯[2]　桂炎德[1]　李开君[2]　倪建夏[1]

(1.浙江嘉绍跨江大桥工程建设指挥部;2.国家测绘局第三大地测量队)

摘　要　本软件对GPS数据预处理模块、码伪距定位计算模块、双差载波相位计算模块、双差载波相位模糊度计算模块等程序模块分别进行研制开发,最后进行软件功能集成,完成了嘉绍大桥GPS快速精密相对定位软件的研制开发。现场实验数据表明,利用1min的观测数据(4个历元)能够实现1.5cm以内的相对定位平面位置精度,也验证了本软件快速、精密、可靠的特点。

关键词　GPS　载波相位　模糊度　相对定位

一、引　　言

嘉绍跨江大桥是继杭州湾跨海大桥后的又一座横跨杭州湾的大桥,大桥桥长达10多公里。为了满足施工测量的需要,在桥的两头布设了两个CORS站,这样就可以利用双CORS站实时测量栈桥和桥墩上的监测点的平面位置,长期优质服务于大桥建设。但是由于受一些无法避免的外界因素影响,比如手机移动信号不稳定、设备初始化故障、观测条件差等等,外业测量受到一定的制约。由于影响因素的存在,会导致外业测量时长时间的等待,有时无法获得快速可靠的定位结果,浪费了作业时间。因此,为了克服这些因素的影响,需要研究可靠性高、定位速度快、精度满足工程应用需要的新数据处理软件系统。

基于工程应用的需要,本项目系统地研究了GPS实时定位中载波相位实时定位[1]的有关算法,研制了嘉绍大桥GPS快速精密相对定位软件系统,联合两个CORS站数据解求坐标并进行组网平差,提供近实时的WGS84坐标系下的三维位置,并与长时间段静态观测定位的结果进行比对,验证了本研究结果的精度和可靠性。

二、软件主要功能模块及部分算法

1.数据预处理模块

该模块对输入的观测数据进行质量控制,探测数据中的粗差和周跳,对粗差进行剔除,修复相位观测值周跳,或设置周跳标志。

(1)码伪距粗差探测和修复

用低阶多项式拟合法探测观测值中粗差的方法如下:

如果是 n 阶多项式,那么至少需要 $n+2$ 个观测值。低阶多项式可选择拉格朗日多项式。

$$y = \sum_{i=1}^{n+2} \frac{y(i)}{\prod_{i \neq j} [x(i) - x(j)]}$$

$$Tst = \sum_{i=1}^{n+2} \left\{ \frac{1.0}{\prod_{i \neq j} [x(i) - x(j)]} \right\}^2, (i,j = 1,2,\cdots,n+2)$$

$$\text{Ratio} = \frac{|y|}{\sigma \sqrt{Tst}} \leqslant \text{threshold}$$

式中,$y(i)$为同一卫星的码观测值;$x(i)$为对应码观测值的时间参数;σ 为预先设定的码观测值的精度指标(RMS);threshold 为预设的限值,一般取 3.0。按历元依次递推地取同一卫星的 $n+2$ 个码观测值,根据其判断最后一个观测值是否存在粗差。如果 Ratio 大于 threshold,那么该观测值被剔除。

该方法的关键是观测值精度指标 σ 和 threshold 的设置,它需要根据码观测值精度预先确定,设置太大,将导致部分粗差不能正确探测出来,设置太小,可能会将不是粗差的观测值也当作粗差处理掉。

(2)载波相位周跳探测和修复[2]

该部分采用卡尔曼滤波法[3]进行载波相位周跳探测和修复。

2. 码伪距定位计算模块

本程序模块用于 10 ~ 100km 基线的差分定位,定位精度为 m 级,为相对定位主模块 readsatobs 调用,为下一步的相位差分定位提供近似坐标。

利用双差观测伪距,采用最小二乘法进行定位解算[4],计算用户的相对位置及精度评定。

本模块输入数据为各跟踪导航卫星的坐标、单差伪距和观测值权阵。输出数据为用户(Slave)位置 xxr(相对于主站坐标 xxm)、伪距中误差、点位中误差。该流程逻辑如图 1 所示。

3. 双差载波相位模糊度计算模块

本模块是通过模糊度的整数搜索[5,6],获得稳定可靠的基线解。输入数据为模糊度协方差矩阵、模糊度浮点解,输出数据为模糊度整数解、Ratio 值。该流程逻辑如图 2 所示。

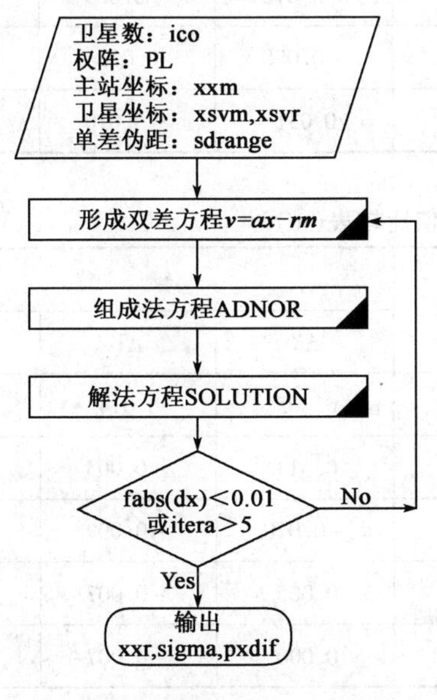

图 1　码伪距定位模块流程图

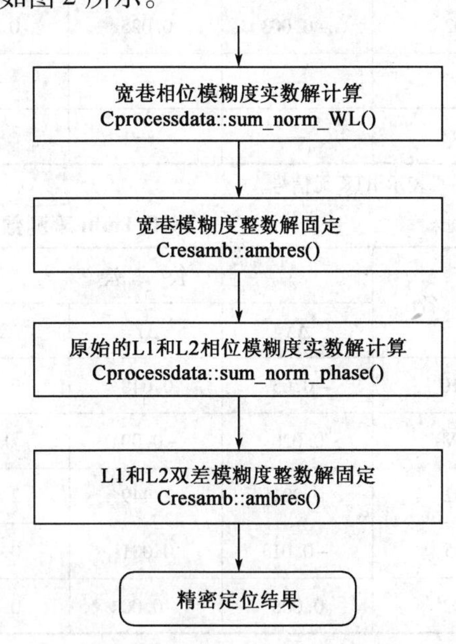

图 2　双差载波相位模糊度模块流程图

三、软 件 实 现

本软件对GPS数据预处理模块、码伪距定位计算模块、双差载波相位计算模块、双差载波相位模糊度计算模块等程序模块分别进行研制开发，最后进行软件功能集成，完成了嘉绍大桥GPS快速精密相对定位软件的研制开发[7]。具体的软件实现流程如图3所示。

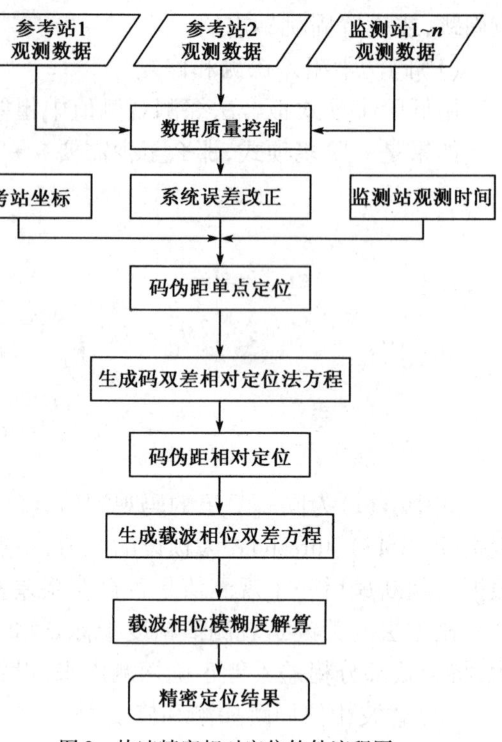

图3 快速精密相对定位软件流程图

四、相对定位结果及精度分析

1. 准备工作

本软件解算出的坐标为WGS84的空间直角坐标，工程应用采用的是工程独立坐标，因此首先需要通过少量已知控制点进行转换参数解算，再利用该参数完成WGS84的空间直角坐标到工程独立坐标的转换。

2. 测试过程

本次测试对大桥沿线的10个已知控制点分别进行了快速精密定位测量及RTK测量，其中快速精密定位对每个点进行了1min的静态观测。

3. 测试结果对比

将RTK测量结果、商业软件TGO 1min计算结果、快速定位1min的计算结果分别与控制点的已知坐标进行比较。具体结果见表1～表3。

RTK 测量值与已知坐标值比较表(m) 表1

点 名	较 差			点 号	较 差		
	ΔX	ΔY	ΔS		ΔX	ΔY	ΔS
CD10	—	—	—	Z6-D	-0.004	-0.022	0.022
JM-N8	-0.030	0.016	0.034	Z6-X	0.028	-0.010	0.030
JS02	-0.003	0.025	0.025	Z7-D	-0.010	-0.009	0.013
JS05	—	—	—	Z7-X	-0.008	0.012	0.014
JY02	—	—	—	Z8-D	0.031	-0.010	0.033

注："—"表示RTK无信号。

TGO 1min 观测数据计算值与已知坐标值比较表(m) 表2

点 名	较 差			点 号	较 差		
	ΔX	ΔY	ΔS		ΔX	ΔY	ΔS
CD10	-0.057	0.048	0.074	Z6-D	0.005	0.014	0.014
JM-N8	0.020	-0.001	0.02	Z6-X	0.013	-0.003	0.013
JS02	0.981	2.449	2.638	Z7-D	-0.010	-0.009	0.013
JS05	-0.013	0.001	0.013	Z7-X	0.005	-0.007	0.008
JY02	0.008	-0.004	0.008	Z8-D	0.000	-0.007	0.006

快速定位 1min 观测数据计算值与已知坐标值比较表(m) 表3

点名	较差			点号	较差		
	ΔX	ΔY	ΔS		ΔX	ΔY	ΔS
CD10	0.011	0.007	0.013	Z6-D	0.012	0.005	0.013
JM-N8	0.004	0.006	0.007	Z6-X	0.013	-0.001	0.013
JS02	-0.011	0.006	0.012	Z7-D	-0.005	-0.009	0.010
JS05	-0.013	0.008	0.015	Z7-X	0.004	-0.004	0.006
JY02	0.008	-0.002	0.008	Z8-D	0.004	0.000	0.004

4. 结果数据分析及结论

(1)RTK 测量是单基站进行差分,不能有效利用现场的两个参考站,且受距离以及网络信号的影响。由表1可以看出:RTK 的定位精度在 2~3cm。

(2)由表2可以看出:商业软件 TGO,对于短时间观测数据的处理存在局限性,部分数据存在一定的偏差甚至错误。这也说明了本软件的优势所在。

(3)快速精密相对定位软件,通过短时间的观测数据、联合两个参考站解基线、组成基线闭合环,使定位结果更加稳定可靠。由表3可以看出,通过快速精密相对定位软件解算的点位精度在 1.5cm 以内,部分点位达到了毫米级的定位精度。

(4)在观测条件好、观测质量好的情况下,本软件利用 1min(15s 采样间隔,4 个历元)的观测数据就能实现精度较高的定位效果。

五、结 语

本软件根据实际要求,研究了相应的数据处理算法,编写了相关的程序模块。经过现场实测数据验证,设计的算法和研制的软件系统达到了预期目的。

首次实现利用双参考站进行双频 GPS 接收机快速定位,实现近实时(1min 观测)的精密相对定位。发展了适用于我国目前技术条件,能够较好满足工程应用要求的 GPS 精密相对定位方法及软件。

在快速高精度定位方面,本项目实现了短时间观测数据间隔(1min 内)双频模糊度可靠固定,进而使定位精度达到了较高的水平。而且这种双参考站系统,采用的是双站组合平差的处理方法,比仅仅利用单参考站的 RTK 系统定位更可靠,获得的精度更高,能为工程应用节约大量的人力物力,有广泛的市场推广应用意义。

参考文献

[1] 叶世榕. GPS 非差相位精密单点定位理论与实现[D]. 武汉:武汉大学,2002.

[2] Rothacher M ,Mervart L. Berness GPS Software Version 4. 0 [R]. Berne:Ast ronomical Institute University of Berne, 1996.

[3] 柴洪洲. 动态 GPS 定位及模糊度参数确定的研究[D]. 解放军测绘学院硕士论文,1999.

[4] P J G Teunissen. On the GPS double difference ambiguities and their partial search spaces. Preceedings IAG symposium. Geodetic Theory Today,2001,(114):234-253.

[5] 李征航,黄劲松. GPS 测量与数据处理[M]. 武汉:武汉大学出版社,2005.

[6] 李淑慧,等. 整周模糊度搜索方法的效率比较和分析[J]. 测绘通报,2003,(10).

[7] 李洪涛,等. GPS 应用程序设计[M]. 北京:科学出版社,2000.

109.嘉绍大桥水下安全监测及预警系统的研究探索

梁森栋[1] 张永良[1] 李 娜[2]
(1.清华大学水沙科学与水利水电工程国家重点实验室;2.中交公路规划设计院有限公司)

摘 要 水毁是桥梁失事的重要原因,进行桥梁水下实时监测和安全预警显得尤为重要。国内外大型桥梁的健康监测及安全评估技术已经有了长足的发展,但对桥梁的水下安全监测及预警技术的研究仍然处于起始阶段。本文介绍了目前桥梁水下安全监测技术的研究现状,针对目前安全监测中监测内容不够完善,且没有足够预警能力的不足,结合嘉兴至绍兴跨江公路通道嘉绍大桥的结构特点和自然条件,完善了强水动力环境中桥梁水下安全监测内容,提出了在强水动力条件下的预警方案,设计了较为完整的桥梁水下安全监测及预警技术方案。

关键词 桥梁 水下安全监测 预警

一、背 景

随着我国经济的快速发展,生产生活对交通的便捷性提出了更高的要求,促使我国交通建设飞速发展,桥梁建设速度也随之加快。截至2006年年底,全国公路桥梁达53.36万座,桥梁长度达2 039.91万延米。其中特大桥梁1 036座,大桥30 982座,中桥12.11万座,小桥38.05万座[1]。截至2007年年底,全国营业线路铁路桥梁46 888座,335.56万延米。其中,特大桥826座,大桥5 459座,中桥13 872座,小桥26 731座[2]。其中,有着许多大型的跨江、跨河、跨海大桥。

近期中国修建的一批公路桥梁,无论是工程规模、建设条件,还是技术难度、科技含量,都是体现世界先进水平,极具挑战性的工程。苏通长江公路大桥,为主跨1 088m的斜拉桥,居世界第一;杭州湾跨海大桥,按双向六车道高速公路标准建设,全长36km,是目前世界上最长的公路跨海大桥[3];舟山连岛工程中的西堠门大桥为主跨1 650m的钢箱梁悬索桥,在世界上仅次于日本明石海峡大桥的悬索桥[4]。

虽然当今桥梁建设集中反映了多年来设计、建造技术上的进展,然而在设计、建造、使用中的疏漏仍有可能使桥梁出现故障,甚至引发严重的事故。尤其当桥梁规模越来越大时,事故带来的损失会更为巨大。

防止桥梁失事,成为一项迫切的需求。桥梁水毁是造成桥梁失事的重要原因,而水毁基本上都是由洪水冲刷引起的。英国工程师Smith分析了1874年~1975年间的143例桥垮事件,发现其中70座桥梁毁于洪水冲刷,占49%[5]。1989年Kanda Samy和Melville统计发现,新西兰60%的水毁是由于桥台及引航道冲刷造成的[6]。1966年~2005年间,美国共垮塌桥梁至少1 502座,其中58%为水毁[7]。Kumalasari等人研究了1989年~2000年超过500起桥梁垮塌事故,发现其中水毁比例为52.9%,基本上是由于洪水冲刷造成的[8]。在我国,1995年统计了155座桥发生的212次水害,基础埋深不足的占20%;其他各种导致水害的原因,也都是以冲刷的形式将桥渡破坏的[9]。

冲刷发生在水下,肉眼难以发现,为了防止桥梁事故的发生,有必要建立桥梁水下安全监测及预警系统,对桥梁的水下安全状况进行实时监测,并针对相应的极端气象状况做出必要的预警。

对桥梁基础进行监测,建立桥梁水下实时监测及安全预警系统,将有助于避免桥梁水毁发生,减少人民生命财产损失;有助于提高对现有结构和材料的认识;有助于评价桥梁养护、维修工作的有效性;有助于提高桥墩基础冲刷的认识深度,提高预测冲刷的准确度;有助于提高我国桥梁工程的设计和养护技术水平,填补国内相关技术上的空白。

二、国内外桥梁水下安全监测及预警工作进展

1. 国外桥梁水下安全监测及预警工作进展

在国外，美国在桥梁水下安全监测方面的工作最有代表性。

1968 年起，美国就建立了国家桥梁检测标准并制订桥梁检测人员培训方案。1987 年 4 月，美国纽约斯科哈里跨河桥在冲刷倒塌前一周还进行了检查，但最终还是发生了水毁，这引起了全世界范围内的专家和学者的关注，并由此对桥墩冲刷开展了大量的理论、实验和现场监测研究，认识到水下检查只能检测到洪水过后或恶劣海况发生后的冲刷深度，而不能测出动态冲刷过程中的最大冲刷深度，但最大冲刷深度却是最重要的，因为这直接影响到桥梁的安全[10]。1988 年 10 月，美国国家桥梁检测标准修订版生效，其中要求列出所有需要水下安全检测的大桥名单，确定水下检测的步骤，并要求所有桥梁至少每五年进行一次水下检测[11]。

美国交通部自从 1988 年开始全国桥梁冲刷评价计划，项目涉及 484 500 座涉水桥梁的冲刷评价。项目分两期，分别于 1991 年 3 月和 1997 年 1 月完成。项目进行很彻底，截至 2003 年 7 月，99.9% 的桥梁完成了冲刷筛选工作，超过 93% 的桥梁完成了冲刷评价工作[12]。其中，涉水桥梁 484 546 座，低风险桥梁 351 538 座，19 333 座桥梁易受冲刷，86 133 座基础不明，26 472 座处于严重冲刷的状态[13]。

到 2005 年为止，美国已对 25 个州的 100 座水上桥梁进行了水下冲刷的监测[7]，发现了冲刷监测是一种有效的、费用低廉的应对选择，另外联邦公路局对现有发生严重冲刷的 26 400 座桥梁建议进行实时监测以确保大桥的安全。

目前美国桥梁上安装的固定式冲刷监测设备，主要是为完成全国桥梁冲刷评价计划中桥梁冲刷分级任务，部分也有着科学研究探索的性质。安装的系统不少有报警功能，即当监测到的冲刷深度、桥梁倾斜度等达到设定的安全限值后，进行报警。但大多数业主并未使用报警功能。当发生报警的时候，报警信息通过电话、电子邮件或者书面报告的形式提交给交管部门或者研究机构，启动相应的安全预案。

日本在铁路桥梁的水下安全监测方面也有一定的进展。为避免桥墩已经倾斜时修复桥梁的高额成本和阻断交通的损失，其在以往主要以测量桥墩的倾斜程度的方案中增加了测量振动的情况来估计桥梁水下结构的安全状况，可以一定程度上降低桥梁维护的成本。

可以看出，国外目前桥梁水下安全监测方面有明显的固定化、自动化趋势，并且有相应的报警机制使大桥的管养部门或者业主了解桥梁水下安全问题。但是在预测桥梁安全隐患方面几乎没有涉及。

2. 我国桥梁水下安全监测及预警工作进展

在我国，桥梁水下冲刷的大规模现场观测可以追溯到 20 世纪 50 年代。1958 年开始，铁一、二、三、四院、大桥局和铁科院以及交通部公路系统和交科院，先后开始进行桥渡冲刷进行洪水观测和研究工作。1960 年，铁道部和交通部将桥渡冲刷列为部颁科研课题，由铁科院和交科院负责，将全国组成四个片区，进行桥渡冲刷的洪水观测和分析研究。直至 1963 年，共观测了 76 座桥梁，建立了 162 个站。60 年代中期，为配合西南铁路网的建设，我国组织有关专家对大颗粒河床桥渡冲刷进行了调查和试验研究。70 ~ 80 年代，还进行了全国性的岩石河床桥台冲刷和黏性土河床桥墩冲刷的调查研究，取得了丰硕成果[9]。

除上述大规模的观测外，我国一些铁路局也长期不间断地对重要桥梁进行汛期桥下河床洪水冲刷观测和桥墩周围局部冲刷观测。比较著名的有：京广铁路黄河大桥，观测自大桥建成至今；包兰铁路黄河三道坎大桥，观测自桥渡建成(1959 年)到 20 世纪 90 年代。这些资料不乏大洪水下河床一般冲刷断面和桥墩局部冲刷坑断面[14]。

我国台湾地区在桥梁冲刷方面也有着较深入的研究。台湾国立中兴大学卢昭尧等人于 2004 年在浊水溪西罗大桥上使用了手动操作的电磁滑圈测深仪(SMC)和滑竿测深装置(steel-rod measurement system)，对洪水期间的墩头冲刷进行了连续观测，测到了两桥墩迎水面处冲刷随洪水过程的发展过程[15]。国立台湾大学的张国镇等人针对台湾河川洪水期漂浮物多、泥沙含量高的情况，研发了一套光栅传感器监测系统来监测桥墩的冲刷情况[16]。该装置在竖直埋入河床中的工字钢上等间距布置一系列的光纤传

感器,当工字钢裸露出来时光纤传感器由于应力和温度的变化会有较为明显的反应,且读数脉动的数值与流速有一定的相关性,取得了不错的效果。但该装置对冲刷深度的测量精度较低,对流速大小只有定性表现,还不足以应对桥梁水下安全监测的需求。

大陆在香港青马大桥建成后,开始学习国外的桥梁安全监测手段,并建立了一套理论比较完备、结构简洁有效的安全监测系统[17,18]。我国近年修建的大型桥梁如徐浦大桥、江阴大桥、润扬大桥等40多座桥梁都安置了健康监测系统。现有的大桥健康监测系统中,主要是针对桥梁的上部结构进行监测,如桥梁的上部荷载和地震荷载监测、几何监测、结构动静力反应监测,通过对相应数据的分析,能识别桥梁上部结构的破损和疲劳。交通运输部在2007年《关于加快发展现代交通业的若干意见》中指出,要继续实施公路交通安全保障工程、危桥改造工程、干线公路灾害防治工程,建立和推行桥梁定期检验制度。目前,我国已经针对桥梁上部结构建立了完善的监测预警系统。

我国在苏通大桥等桥梁应用多波束测深仪、GPS定位等技术对桥墩的防护工程进行过水下检测,但并没有在洪水期间进行过连续监测,也没有监测过冲刷随洪水过程的发展过程。2010年西堠门大桥"跨海悬索桥结构监测、巡检管理关键技术研究"达到了国际领先水平[19],但仍然只针对水上部分进行实时监测和管理,水下安全监测方面仍然处于空白状态。

综合国内外桥梁水下安全监测及预警技术的进展,可以发现目前已有的监测内容以冲刷深度为主,配合一定的水位监测,和冲刷密切相关的流速等信息并未纳入监测的项目中。此外,现有监测技术着力于出现安全问题的报警,而不能切实的提供预警功能,因此还有很大的发展空间。

3. 桥梁水下安全监测系统的发展趋势

从国际上桥梁水下安全监测系统的发展过程,并且参照已有的桥梁上部健康监测系统来看,桥梁水下安全监测的实施有以下的趋势:

(1)监测系统并非仅针对特殊状况进行检查使用,而是固定安装在桥梁上用作长期监测,对桥梁的整体健康状况进行评估。

(2)监测系统的设计强调多目的性,监测的内容更加完善。除去桥墩附近的冲刷情况,还有水位、桥墩倾斜角度等参数,个别情况下还会采集桥梁所处水道的流量或者桥墩周围的流速等参数。以便实现结构整体的安全性评估。

(3)监测系统从起始的手动测量变为自动化、智能化、远距离控制。监测设备可以自动采集监测数据,并通过总线、局域网或者无线网络传输至总控制室,实现桥梁的安全健康评价。

(4)监测系统不满足于实时的监测,对发现的安全问题进行报警,而要预先考虑,对将来可能发生的危险事态进行可靠有效的预警。

三、水下安全监测及预警技术方案

本研究依托嘉兴至绍兴跨江公路通道嘉绍大桥(下边简称嘉绍大桥)的安全监测项目,进行强水动力环境桥梁水下安全监测及预警技术的研究探索。

嘉绍大桥是嘉兴至绍兴跨江公路通道跨越天然屏障钱塘江河口段的一座特大型桥梁,是《国家高速公路网规划(草案)》中沈阳至海口高速公路常熟至台州并行线的组成部分和跨越钱塘江的关键性工程,是嘉荫至南平国家重点公路的重要组成部分;也是浙江省公路水运交通规划(2003年~2020年)"两纵、两横、十八连、三绕、三通道"中的第二个通道。大桥北起海宁凤凰山脚的尖山围垦区,跨越钱塘江水域,到达上虞九六丘围垦区。嘉绍大桥直接连接浙江省嘉兴、绍兴两市以及苏锡常和浙东南地区。大桥全长10.137km,分为主航道桥、北副航道桥、水中区引桥、跨规划堤引桥、跨大堤引桥及陆地区引桥六大部分。

桥址所在的钱塘江河口由于河宽急剧收缩和河床迅速抬高,潮波剧烈变形,使得潮流、潮差和涌潮都十分剧烈。嘉绍大桥桥址区所在的尖山河段河床宽浅、潮强流急、涌潮汹涌、潮差很大,涨落潮流速强劲。潮流流速可达8m/s,潮差可达9m以上。

钱塘江河口受东海传入杭州湾的潮波影响,水位每日两涨两落,属半日潮性质,周期为12h左右。通过对桥址处附近水文气象资料的分析,发现桥址处附近的最高、最低潮位均发生在8月份,由于涨落潮时间长度基本固定,故桥址处的最大流速也发生在这个时段。表1为杭州湾内潮位极值及相应时间。

杭州湾最高、最低潮位及平均高、低潮位 表1

项目＼站名	澉浦	海盐	乍浦	金山咀	芦潮港
最高潮位(m)	6.56	5.91	5.54	4.98	4.09
出现日期	1997.8.19	1997.8.19	1997.8.19	1997.8.19	1997.8.19
最低潮位(m)	-4.36	-4.35	-4.01	-3.46	-0.34
出现日期	1951.8.22	1930.9.24	1930.9.24	1969.4.15	1980.10.25
平均高潮位(m)	3.04	2.66	2.51	2.15	1.82
平均低潮位(m)	-2.56	-2.46	-2.13	-1.82	-1.41
统计年限	1951~1988	与乍浦相关	1930~1998	1952~1988	1977~1982

涌潮作为杭州湾一项特殊的水文现象,潮波在澉浦以上河口段内传播,由于潮峰水深大,传播快,潮谷水深小,传播慢,因而潮波前坡渐陡,后坡渐缓,涨潮历时渐短,落潮历时加长,潮波进一步变形,最终形成涌潮。最大的涌潮一般发生在每年农历的八月十八,一般在公历9月份。

通过对1949年~2000年台风的普查,发现影响杭州湾区域的台风最早出现在5月份,最迟出现在11月份,其中8月份出现最多,其次为7月和9月(表2)。严重影响的台风多在8月和9月。在台风影响下,杭州湾内会产生风暴潮,使湾内出现剧烈的水位流速变化。

严重影响台风时间分布 表2

月　份	7	8	9	10
台风个数(个)	3	7	9	1
频率(%)	15	35	45	5

杭州湾内的海浪以风浪为主,故较大波浪多出现在夏季和秋季,与风暴潮的时间比较同步。

基于已有的实测资料和设计标准,有关单位进行了数值模拟计算和物理模型试验,主通航孔主墩最大冲刷深度达27.8m,北副航道桥主墩最大冲刷深度达21.0m,其余桥墩冲刷深度也在15.2~22.6m之间。试验结果表明,桥墩基础的冲刷严重,需要管理部门在大桥施工及建成后的运行过程中加强基础冲刷的监测。

参照国际上已有的水下安全监测方面的经验,针对嘉绍大桥所处的强水动力环境特点,完善强水动力环境下桥梁的安全监测内容;结合杭州湾夏秋多台风的特殊气象特点,提出桥梁水下安全预警方案,使其成为一个完整的桥梁水下安全监测及预警技术方案。

1.监测项目

对桥梁基础结构冲刷影响最为显著的水文气象因素主要有:潮位、流速(天文潮和涌潮因素)、风暴潮和波浪。桥梁周围环境的实际情况尤为复杂,不同的潮位、流速组合会对桥墩施加不同的荷载,桥墩基础的冲刷情况也会直接影响桥梁墩柱的自由长度,影响承台和群桩的受力特性以及桥墩动力响应和特性。为全面监测桥梁的健康状况,确保大桥运行的安全,必须对桥梁基础的冲深和水体中环境荷载进行实时、高效的监测。

冲刷深度、流速和水位是对桥墩影响最大的三个要素,水文条件随着时间的改变,冲刷深度也相应改变,结构所受的各种力、基础土压力也随之改变,进而影响结构的静力及动力响应和特性。三要素相互关联,并与桥墩结构相互作用,对这三个项目进行监测和分析,便能把握住桥墩基础的冲刷情况,并为判别桥梁的健康状况提供技术依据。

由此,选定典型桥墩的水位、流速和冲刷深度作为监测项目。

2.传感器的选取和布置

为实现桥梁水下结构的安全监测,需要选择合适的传感器。传感器需要结构可靠、价格经济、量程合理、精度适当、耐久性高,易于安装,便于维护。

为测量水位,一般可以使用压力式水位计、浮子式水位计、超声波水位计和雷达式水位计。考虑到仪器的测量精度、通航船舶可能对仪器的影响以及海洋环境中腐蚀作用,选择非接触式测量的雷达式水位传感器。将其安装在桥跨下部,测量水面的高度。当以较高的频率测量水位的时候,可以将波浪成分从其中分离出来,作为桥墩冲刷分析计算的有用资料。

为测量水流流速,一般使用的设备是旋桨流速仪、声学流速仪、电波流速仪和电磁流速仪。其中声学多普勒剖面流速仪利用多普勒效应原理进行流速测量。具有能直接测出断面的剖面流速、不扰动流场、测验历时短、测速范围大等特点,目前被广泛用于海洋、河口的流场结构调查、流速和流量测验等。

为测量桥墩的冲刷深度,自动化测量的手段有波束测深仪、电磁滑圈测深仪、探地雷达、浮筒报警装置和光纤光栅传感器等,其中使用最多的是波束测深仪。波束测深仪利用声波反射的时间差来测量测深仪与床面的距离的一种小型声呐。表3对常见的几种冲刷深度测量仪器的优劣进行了比较。由于本研究中的桥址区桥墩泥沙浓度高,冲淤变化大,采用波束测深仪既能够有较大的量程,还可以有可靠的精度,也不会造成额外的局部冲刷,相对其他仪器有着显著的优越性。

几种常用冲刷深度测量设备的比较　　表3

设　备	优　势	局　限	相对费用
声呐	观测读数连续准确	适于较平缓的河道	中等
探地雷达	观测连续	操作繁琐,解读费力	高
光纤光栅传感器	可连续观测	使用案例少	高
电磁滑圈	易于操作	量程较小,需要开挖河床,维护昂贵	低
滑竿测深仪	易于操作	需要开挖河床,维护昂贵	低

美国现有桥梁的冲刷监测手段主要采用固定式冲刷监测设备,波束测深仪是最常用的(美国有71座桥梁中使用),电磁滑圈测深仪次之(美国有22座桥梁中使用)[7]。这些桥梁的冲刷监测通常水深为3~20m,河床泥沙粗细均有。最早使用波束测深仪的是美国北卡罗来纳州NC-12大桥,于1992年投入使用,至今仍正常工作。通过实践证明:这些冲刷监测仪器总体上是可靠的,并且使用寿命已达10年,有些不工作的主要是由于没有及时更换电池、漂浮物撞击破坏或人为损坏等引起的。图1是截至2008年的美国采取各种监测方式的大桥数量统计图表。

结合本项目的实际情况,确定使用雷达式水位传感器、多普勒剖面流速仪和波束测深仪(图2)进行相关监测。

嘉绍大桥规划堤线间桥梁段长约9km,布设桥墩100个,桥墩结构形式有主通航孔主墩、辅助墩及过渡墩,北副通航孔主墩及过渡墩,非通航孔70m跨中引桥桥墩、南引桥、北引桥桥墩。这些桥墩分别位于主通航孔区、北副通航孔区和引桥桥区。由于引桥区内中引桥桥墩、南引桥桥墩和北引桥桥墩结构的几何尺寸相同,可以选取冲刷深度最深的一个桥墩为典型桥墩;在主通航孔区和北副通航孔区内分别选取一个主通航孔主墩和过渡墩以及一个北副通航孔主墩和过渡墩为典型桥墩。基于安全和经济的考虑,从主通航孔区和北副通航孔区内所选取的典型桥墩中分别筛选出最典型的桥墩进行冲刷监测。而最典型桥墩的确定是基于桥墩冲刷深度的数模计算和物模试验结果。在一般大潮叠加300年一遇潮差频率条件下,主通航孔桥墩中主墩的冲刷深度为最大,达27.8m;北副通航孔桥墩中主墩的冲刷深度为最大,达21.0m;引桥桥墩(包括中引桥桥墩和南、北引桥桥墩)基础的最大冲刷深度为18.0m,发生在中引桥区内的桥墩。故从三个桥区(主通航孔区、北副通航孔区、引桥桥区)中各自选取冲刷深度最大的桥墩为最典型桥墩进行监测。

在主通航孔主墩、北副通航孔主墩和北引桥桥墩(监测桥墩)上分别布置一套冲刷监测系统,两套监测系统共包括18台波束测深仪、3台剖面流速仪和1台雷达式水位传感器。具体布置位置及数量见表4。

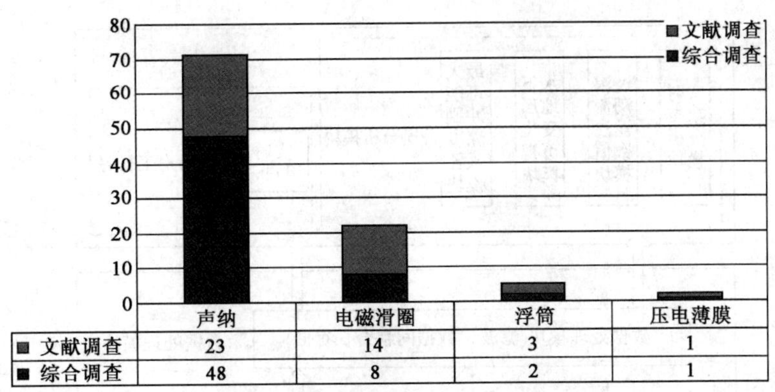

图1 使用几种冲刷监测设备的大桥数

a)雷达式水位传感器

b)多普勒剖面流速仪

c)波束测深仪

图2 几种常用的传感器

传感器布置情况 表4

最典型桥墩	传感器	位置	数量
主通航孔主墩	水位计	主墩桥跨下方	1
	流速仪	主墩承台侧面	1
	测深仪	主墩承台四周	6
北副通航孔主墩	流速仪	主墩承台侧面	1
	测深仪	主墩承台迎涨落潮面及两侧	6
北引桥桥墩	流速仪	主墩承台侧面	1
	测深仪	主墩承台迎涨落潮面及两侧	6

3.数据采集传输系统设计

对于超大跨径桥梁，由于传感器分布距离较远，随着距离的增加，信号强度衰减明显，且相关的信号线缆的成本显著提高，可能需要采用分布式数据采集站。当跨径较小时，传感器的布设较为集中，用较少的数据采集站便可以满足采集数据的需求。由于嘉绍大桥跨径大、线路长，故采用分布式数据采集站。

对于频率较低的传感器信号，一般采用 RS-232 和 RS-485 总线来采集数据。而对于高频数据和大量传感器，采用更高级的总线(如 ISA、CAN、PCI 等)才能适应数据采集的需求。由于水下安全监测使用的传感器采样率相对较低，数据量不大，采用 RS-232 和 RS-485 总线即可。

由于在 7 ~ 9 月份桥址区的水文气象环境最为恶劣，水动力条件最强，是对桥梁基础冲刷影响最为重要的时段，在此期间，需要数据采集频率较高，在相对不重要的时段，数据采集频率可以适当降低。

由此确定在 7 ~ 9 月份，水位、流速、冲刷深度测量频率为 5Hz，连续测量；在其余时段，水位、流速、冲刷深度每 20min 测量一次。所有测量数据保持同步，方便数据处理与分析。

布置的各传感器通过现场采集设备采集数据，并将采集到的数据传输到大桥的 Linux 采集站。数据经初步处理后保存到大桥监测数据库中。利用为嘉绍大桥开发的水下安全监测与预警系统，调用相关数据进行分析和预警，输出相应的成果。

整个安全监测与预警系统方案的结构图如图 3 所示。

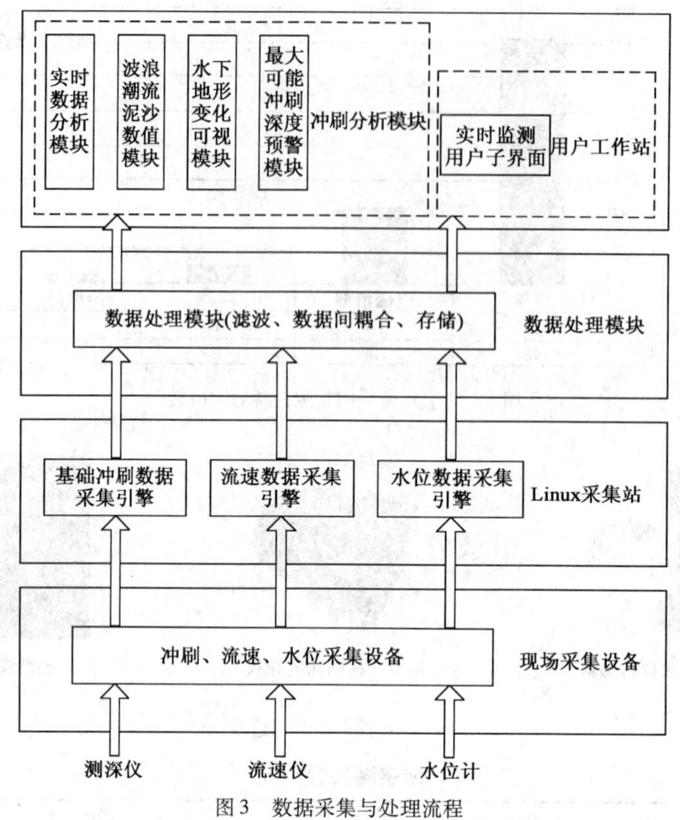

图3 数据采集与处理流程

四、桥梁水下安全评估及预警的实现

桥梁水下安全监测及预警技术方案主要有两项功能。一方面,根据实时监测的结果评估桥墩冲刷的安全状况以及结构的健康状况,显示现有监测桥墩的冲刷情况,并给出相应的管养建议;另一方面,还能依据天气预报的情况,预测风暴潮等突发极端天气可能对桥梁水下安全造成的影响,提供较为可靠的预警,以便提早采取相应的防范措施。

嘉绍大桥水下安全监测及预警系统软件总共分为四个模块,包括实时数据分析模块、潮流泥沙分析模块、水下地形变化可视模块、最大可能冲刷深度预警模块。其技术核心是潮流泥沙分析模块以及最大可能冲刷深度预警模块。

(1)实时数据分析模块:对传感器采集的数据进行初步分析,可输出最典型桥墩基础处冲刷深度的历时变化曲线、桥位处水位的历时变化曲线、桥墩附近流速的历时变化曲线,并可根据依照试验值设定的黄线和设计中考虑安全系数后设定的红线限值进行报警,给出冲刷安全评估指数。

(2)潮流泥沙计算模块:其核心为计算潮流、泥沙、波浪等相关关系的数学模型。该模型以二维浅水方程为原型,考虑波浪的效应,耦合泥沙进行计算。利用实测的流速、水位、波浪等相关数据,采用耦合数学模型对桥墩基础局部冲刷情况进行数值计算,并对所建立的数学模型用实测冲刷深度结果进行验证和修正,为可视化水下冲淤地形和安全预警提供基础。

(3)水下地形变化可视模块:利用实时测得的冲刷深度数据,结合数值模拟结果,给出桥墩周围冲刷坑的深度和范围,输出相应的图和表,并在图上标出黄线和红线,以便于管理部门直观明了地查看桥梁基础冲刷的严重情况。

(4)最大可能冲刷深度预警模块:其核心为修正过的潮流泥沙计算模型与风暴潮模型以及波浪模型进行耦合。通过风暴潮模型可以提供计算域内的风场和气压场,而波浪模型可以转化为辐射应力,将其与潮流泥沙计算模型耦合,便可以利用气象信息对大桥水下安全情况进行预测。利用天气预报台风预警信息中的台风位置、路径、最大风力半径、中心气压等数据信息,由该模块自动计算给出桥梁基础处冲刷深度预测值。管理部门可以根据预测的冲刷深度和安全指数,提前采用工程措施,如抛石防护等措施加固桥墩基础。由于台风等气象灾害可以至少提前48h预报,该模块可以合理地预测台风等可能带来的灾害,并提供充足的时间来应对相应的问题,构成可靠的预警方案。

监测系统所测量到的数据是整个桥梁水下安全评估的基础;在其支持下,可以改进潮流泥沙数学模型,建立准确的关系;在此基础上,利用天气预报的信息便可以对风暴潮作用下桥梁水下安全情况做预警。由此使得桥梁水下安全监测及预警的技术方案更为完善。

五、结　语

本文介绍了目前桥梁水下安全监测及预警技术的研究现状,针对目前安全监测中监测内容不够完善,且没有足够预警能力的不足,结合嘉兴至绍兴跨江公路通道嘉绍大桥的结构特点和自然条件,提出了针对强水动力海洋环境下桥梁水下安全监测及预警技术方案。使其不仅在功能上完善了现有大桥健康监测系统在水下部分的空白点,还结合桥梁所处位置特殊的气象特点创新性地提出了预警措施,使得大桥健康监测系统更为完善,更好地服务于桥梁的管理养护工作。

参考文献

[1] 中华人民共和国交通运输部:交通概况.[2007-10-11].http://www.moc.gov.cn/zhuzhan/jiaotong-gaikuang/fazhanzongshu/jiaotongfazhan_GK/200710/t20071011_431249.html.

[2] 励志:2007年铁道概况.[2008]http://www.china-mor.gov.cn/tdgk/tdgk_2008.html.

[3] 中国新闻网:中国目前在建和新建世界级桥梁数量达历史上最多.[2004-01-25].http://news.sina.com.cn/c/2004-01-25/19121651873s.shtml.

[4] 宋晖,王晓冬.舟山大陆连岛工程西堠门大桥总体设计[J].公路,2009,18-16.

[5] Smith, D. W. Bridge failures [J]. ICE Proceedings. 1976, 60(3): 367-382.

[6] Harrison L J, etc. Bridge Inspections Related to Bridge Scour [J]. Journal of Hydraulic Engineering, 1991:215-220.

[7] Beatrice E. Hunt. Monitoring Scour Critical Bridges [R]. TRB, 2009.

[8] Kumalasari Wardhana and Fabian C. Hadipriono. Analysis of Recent Bridge Failures in the United States [J]. Journal of Performance of Constructed Facilities, 2003, 17(3):144-150.

[9] 阚译,王群,林桂宾.桥渡水害的原因和对策[J].铁道工程学报,1998,58(2):36-42.

[10] Hunt, B. E. (2005), "Scour monitoring programs for bridge health", Proceedings of the Transportation Research Board-6th International Bridge Engineering Conference: Reliability, Security, and Sustainability in Bridge Engineering, 531-536.

[11] Collins Engineers, Inc. Underwater bridge inspection [R]. CEI59, 2007.

[12] King W. Gee. Action: Compliance with the National Bridge Inspection Standards—Scour Evaluations. FHWA, U.S. Department of Transportation, 2003. http://www.fhwa.dot.gov/engineering/hydraulics/policymemo/071603.cfm.

[13] King W. Gee. Action: Compliance with the National Bridge Inspection Standards—Scour Evaluations. FHWA, U.S. Department of Transportation, 2003. http://www.fhwa.dot.gov/engineering/hydraulics/policymemo/scour.cfm.

[14] 阚译.桥渡冲刷[M].北京:中国铁道出版社,2004.

[15] Jau-Yau Lu etc. Field Measurements and Simulation of Bridge Scour Depth Variations during Floods [J]. Journal of Hydraulic Engineering, 2008,6 (134): 810-821.

[16] Y.B. Lin, J.S. Lai, K.C. Chang and L.S. Li. Flood scour monitoring system using fiber brag optical fiber sensors[J]. Smart Material and Structures, 2006, 15: 1950-1959.

[17] 秦权.桥梁结构的健康监测[J].中国公路学报,2000(2):37-42.

[18] 冯良平,李娜,等.中国长大跨桥梁结构安全监测系统研发现状及趋势[J].公路,2009,5:176-181.

[19] 浙江省交通运输厅."跨海悬索桥结构监测、巡检管理关键技术研究"项目成果通过鉴定.2010-04-14. http://2006.moc.gov.cn/06zhejiang/jiaotongxw/201004/t20100414_674978.html.

110. 嘉绍大桥桥面铺装重量对结构响应的敏感性分析

张 鹏 孙才志 杨兴旺

(西南交通大学)

摘 要 嘉绍跨江公路大桥桥面铺装厚度较小,施工过程中会不可避免地出现重量误差,通过考虑嘉绍大桥各跨桥面铺装重量按5%变化,并对引起的结构响应的变化量进行线性组合,分析得出索、塔、梁内力和变形的最不利情况,根据包络图得到对应的桥面铺装重量变化最不利状态,可供实际桥面铺装施工过程参考。

关键词 嘉绍大桥 桥面铺装 结构响应 敏感性

目前,斜拉桥的发展已经日趋成熟,斜拉桥在世界范围内已屡见不鲜。随着其跨度和跨数的增加对施工监控提出了许多新的挑战。由于制造误差、荷载误差、环境因素等的存在,都将不同程度地影响到成桥状态的结构响应。常规在分析主梁弹性模量、主塔弹性模量、主梁重度、斜拉索密度等诸多参数的敏感性的同时,容易忽略桥面铺装的不利影响。对六塔斜拉桥嘉绍大桥的分析可知,各跨增减的线性组合存在着最不利情况,最不利情况的发生对结构极其不利。本文主要针对这一实际情况,给出分析,避免施工过程中不利情况的发生而造成实际成桥状态与设计成桥状态的过大偏差[1]。

一、结 构 概 况

嘉兴至绍兴跨江公路大桥是半漂浮体系的双向八车道的四索面六塔斜拉桥(图1),跨径为70m+200m+5×428m+200m+70m,主梁采用钢箱梁,基本梁高4m,单幅主梁宽24m。主塔采用独柱的形式,塔位于两幅箱梁之间,与箱梁之间有顺桥向和横桥向的约束,最高塔高172.174m。斜拉采用高强平行钢丝,全桥共设288对空间拉索。各塔独立悬臂施工最后合拢。分析过程中认为两侧70m+200m的桥面铺装变化一致,被定义为①跨和⑦跨。

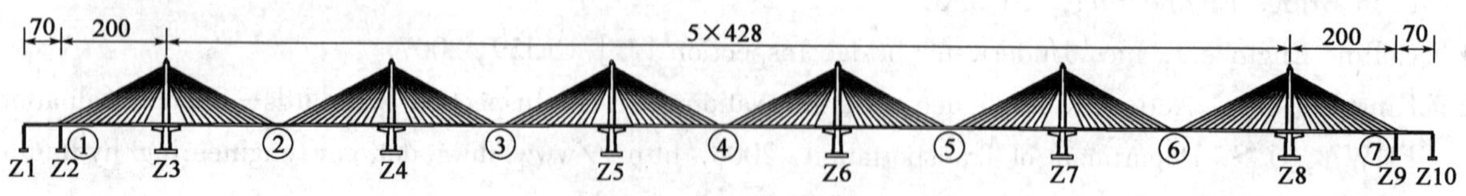

图1 主航道桥结构示意图(尺寸单位:m)

二、计 算 模 型

本文采用平面模型软件NLABS对结构进行分析计算,全桥被划分为1 784个单元、215个施工阶段,主塔和主梁采用梁单元来模拟,斜拉索采用带刚臂单元来模拟;桥塔基础采用群桩基础,所以桥塔底部边界条件模拟为固结;塔梁支座的地方采用主从连接,梁上节点为主节点;施工阶段按照实际的施工步骤进行模拟[2]。本论文在讨论桥面铺装在各跨的不同步变化对成桥状态的影响时,认为其他参数都完全符合参数的设计值。

以桥塔为界将桥面铺装分成七部分，分别将这七部分的重量增大和减小5%进行计算，将得到的塔偏、内力的变化量进行组合，具体分析如下。

三、桥面铺装重量对结构响应的敏感性分析

1. 对塔偏的影响

线性组合得到各塔的最大塔偏值如表1所示，“+”表示从嘉兴侧到绍兴侧，“-”表示从绍兴侧到嘉兴侧。由组合结果可以看出，虽然桥面铺装本身的重量较小，但是在某种组合情况下，可以出现极为不利的塔偏值。而从表1中可以看出，塔偏较大一般都是对应着各跨铺装重量交替增减。因此，在施工过程中应该严格控制好铺装层厚度，进而控制好铺装层重量。

主塔最大偏位及其对应的不利组合 表1

塔偏 索塔	最大(mm)	对应的线性组合	最小(mm)	对应的线性组合
Z3 塔	3.8	2↑	-24.6	1↑,2↓,3↑,4↑,5↓,6↑,7↑
Z4 塔	75	1↑,2↓,3↑,4↓,5↑,6↓,7↑	-4.3	2↑
Z5 塔	34.1	1↑,2↑,3↓,4↑,5↓,6↑,7↑	-15.6	3↑,5↑
Z6 塔	40	1↑,2↓,3↑,4↓,5↑,6↓,7↓	-13.2	5↓
Z7 塔	4.3	5↓,6↑	-75	1↑,2↓,3↑,4↓,5↑,6↓,7↑
Z8 塔	25.9	1↑,2↓,3↓,4↑,5↑,6↓,7↑	-3.6	6↑

2. 对主梁线形的影响

图2为各跨桥面铺装重量增减5%主梁线性相对于基准状态变化的包络图。由图可以明显看出各跨的最大变化幅度出现在各跨跨中，桥面同一节点相对于基准状态竖向位移的最大正差和最大负差的绝对值相等，关于顺桥向中心对称的各桥面节点的包络状况也完全相同。其中，最大的节点位移差为49.6mm，可见桥面铺装重量对主梁线性的影响也是不可忽略的。

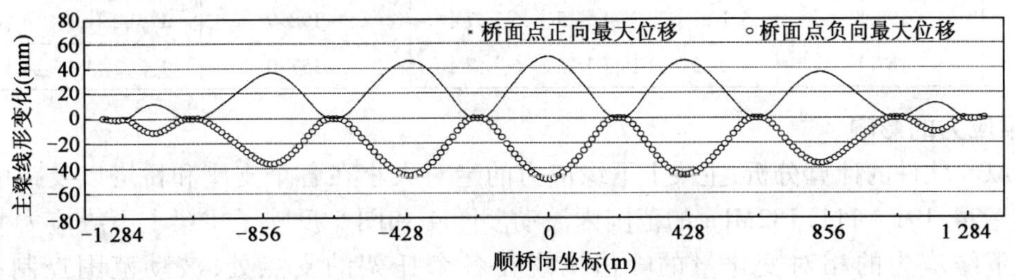

图2 桥面铺装变化5%主梁线形包络图

表2为桥面各跨铺装变化5%线性组合的最不利情况，由表中数据可以看出从桥两端向顺桥向桥面中心，影响依次增大。而各跨前面线形的最不利影响所对应的线性组合有一共同点就是隔跨增减桥面铺装重量。因此，在施工过程中严格控制相邻跨桥面铺装厚度就显得尤为重要。

主梁节点位移最大变化及其对应的最不利组合 表2

各 跨	与基准状态最大正差(mm)	最大正差值对应的线性组合	与基准状态最大负差(mm)	最大负差值对应的线性组合
1跨	11.6	1↓,2↑,3↓,4↑,5↓,6↑,7↑	-11.6	1↑,2↓,3↑,4↓,5↑,6↓
2跨	36.7	1↑,2↓,3↑,4↓,5↑,6↓	-36.7	1↓,2↑,3↓,4↑,5↓,6↑,7↑
3跨	46.1	1↓,2↑,3↓,4↑,5↓,6↑,7↑	-46.1	1↑,2↓,3↑,4↓,5↑,6↓
4跨	49.6	1↑,2↓,3↑,4↓,5↑,6↓	-49.4	1↓,2↑,3↓,4↑,5↓,6↑,7↑
5跨	46.1	1↓,2↑,3↓,4↑,5↓,6↑,7↓	-46.0	1↑,2↓,3↑,4↓,5↑,6↓,7↑
6跨	36.7	1↑,2↓,3↑,4↓,5↑,6↓,7↑	-36.7	1↓,2↑,3↓,4↑,5↓,6↑,7↓
7跨	11.6	1↓,2↑,3↓,4↑,5↓,6↑,7↓	-11.6	1↑,2↓,3↑,4↓,5↑,6↓,7↓

3. 对成桥索力的影响

桥面铺装重量变化后的成桥索力相对于基准状态的变化如图3所示,本文中所提到的"索力"均表示同一索面四根斜拉索的索力之和。计算表明,桥面铺装的变化对拉索索力及其应力影响较小。桥面铺装各跨减小5%和增大5%时,索力相对于基准状态的变化相对值最大为2.2%。由此可见,桥面铺装为成桥索力的敏感参数。

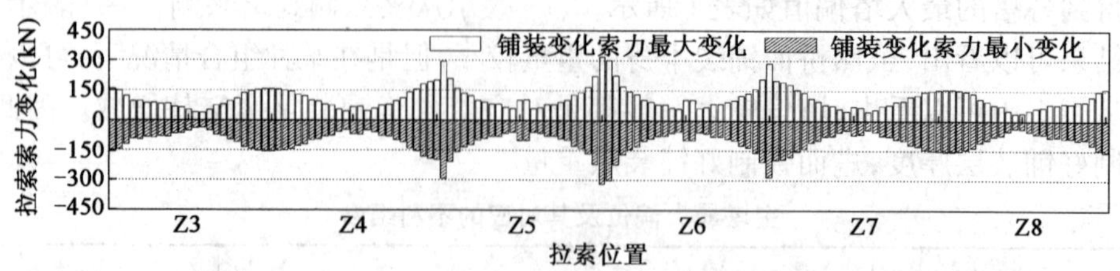

图3 桥面铺装变化5%索力的包络图

表3中给出了桥面铺装变化5%的线性组合对应的各塔周索与基准状态的最大正差和最大负差,及其对应的线性组合。可以看出,越靠近跨中索力的变化越大,但索力发生最大变化对应的线性组合有个共同点:隔跨增大和减小桥面铺装得到的索力与基准状态的差值最大。因此,要控制好索力,尽量控制好相邻跨桥面重量,在控制好桥面重量的基础上,避免出现相邻跨桥面铺装重量交替增减的情况。

成桥索力最大变化及其对应的铺装变化线性组合 表3

各跨	与基准状态最大正差(mm)	最大正差值对应的线性组合	与基准状态最大负差(mm)	最大负差值对应的线性组合
1塔	157.1	1↓,2↑,3↓,4↑,5↓,6↑,7↑	-157.1	1↑,2↓,3↑,4↓,5↑,6↓
2塔	198.6	1↓,2↑,3↑,4↓,5↑,6↓	-198.3	1↑,2↓,3↓,4↑,5↓,6↑,7↑
3塔	317.8	1↑,2↓,3↑,4↑,5↓,6↑,7↑	-319.0	1↓,2↑,3↓,4↓,5↑,6↓
4塔	300.9	1↓,2↑,3↓,4↑,5↑,6↓,7↑	-300.8	1↑,2↓,3↑,4↓,5↓,6↑,7↓
5塔	198.8	1↑,2↓,3↑,4↓,5↑,6↑,7↓	-198.9	1↓,2↑,3↑,4↓,5↑,6↑,7↓
6塔	157.1	1↓,2↑,3↓,4↑,5↓,6↑,7↓	-157.0	1↑,2↓,3↑,4↓,5↑,6↓,7↑

4. 对主梁应力的影响

通过NLABS软件的计算分析,主梁上下缘应力的绝对大小在各个支座和桥塔以及跨中应力出现极值,应力值在-24.191~111.182MPa的范围内波动。图4和图5反映了主梁上下缘应力变化量的包络情况,可见上下缘应力的相对变化量的峰值出现在各个托架的支点处,波动范围控制在-4.471~4.459MPa,变化量的绝对值都比较小。虽然箱梁高度达4m,但相对于主梁的跨度来说很小,且嘉绍桥属于柔性体系,所以可以看出上下缘的应力变化量的包络情况基本类似。

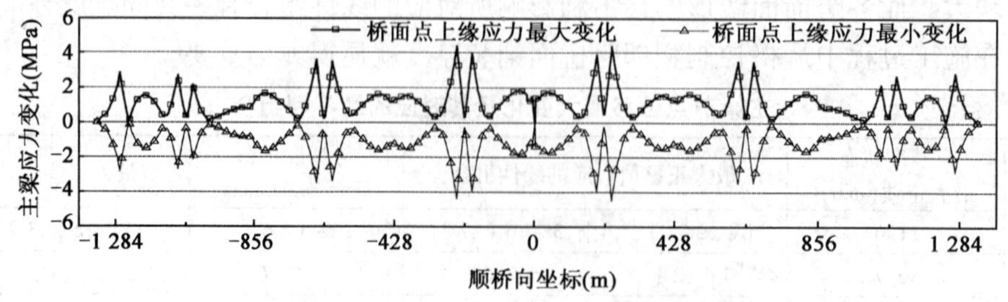

图4 桥面铺装变化5%主梁上缘应力包络图

表4和表5中分别给出了桥面铺装变化5%时托架支座和辅助墩顶处桥面各节点的应力变化量的峰值(在有集中力作用的这些地方发生了应力突变),同时给出了发生此最大值时对应的桥面各跨铺装层的变化情况。总结来看,各跨铺装层重量交替增加和减少造成的桥面节点应力的变化量最大。

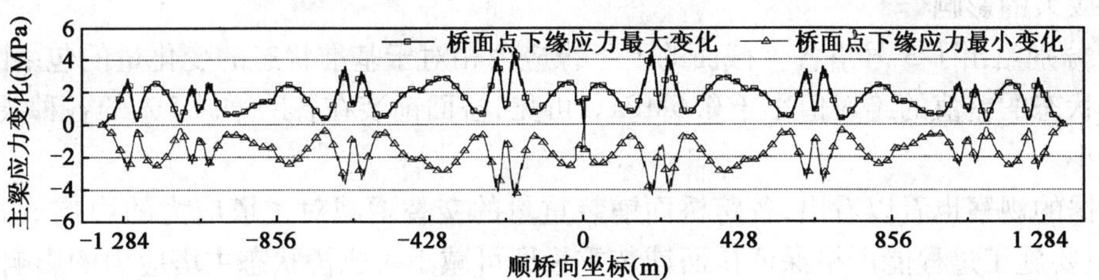

图5 桥面铺装变化5%主梁下缘应力包络图

桥面铺装增减5%时主梁上缘应力增量值 表4

位　　置	最大组合(MPa)	最大组合对应的线性组合	最小组合(MPa)	最小组合对应的线性组合
嘉兴侧辅助墩顶	2.8	1↑,2↓,3↑,4↓,5↑	−2.8	1↑,2↓,3↑,4↓,5↑
3号塔嘉兴侧支座处	2.7	1↑,2↓,3↑,4↓,5↑,6↓,7↑	−2.7	1↑,2↓,3↑,4↓,5↑,6↓,7↑
3号塔绍兴侧支座处	2.2	1↓,2↑,3↓,4↑,5↓,7↑	−2.2	1↓,2↑,3↓,4↑,5↓,7↑
4号塔嘉兴侧支座处	3.6	1↓,2↑,3↓,4↑,5↓,6↑	−3.5	1↓,2↑,3↓,4↑,5↓,6↑
4号塔绍兴侧支座处	3.5	1↑,2↓,3↑,4↓,5↑,6↓	−3.4	1↑,2↓,3↑,4↓,5↑,6↓
5号塔嘉兴侧支座处	4.4	1↑,2↓,3↑,4↓,5↑,6↓	−4.4	1↑,2↓,3↑,4↓,5↑,6↓
5号塔绍兴侧支座处	4.0	1↓,2↑,3↓,4↑,5↓,6↑,7↑	−4.0	1↓,2↑,3↓,4↑,5↓,6↑,7↑
6号塔嘉兴侧支座处	3.9	2↑,3↓,4↑,5↓,6↑,7↓	−4.0	2↑,3↓,4↑,5↓,6↑,7↓
6号塔绍兴侧支座处	4.4	1↑,2↓,3↑,4↓,5↑,6↓,7	−4.5	1↑,2↓,3↑,4↓,5↑,6↓
7号塔嘉兴侧支座处	3.5	2↓,3↑,4↓,5↑,6↓,7↑	−3.5	2↓,3↑,4↓,5↑,6↓,7↑
7号塔绍兴侧支座处	3.5	2↑,3↓,4↑,5↓,6↑,7↓	−3.5	2↑,3↓,4↑,5↓,6↑,7↓
8号塔嘉兴侧支座处	2.1	3↓,4↑,5↓,6↑,7↓	−2.1	3↓,4↑,5↓,6↑,7↓
8号塔绍兴侧支座处	2.7	2↓,3↑,4↓,5↑,6↓,7↑	−2.7	2↓,3↑,4↓,5↑,6↓,7↑
绍兴侧辅助墩顶	2.8	3↑,4↓,5↑,6↓,7↑	−2.8	3↑,4↓,5↑,6↓,7↑

桥面铺装增减5%时主梁下缘应力增量值 表5

位　　置	最大组合(MPa)	最大组合对应的线性组合	最小组合(MPa)	最小组合对应的线性组合
嘉兴侧辅助墩顶	2.8	1↓,2↑,3↓,4↑,5↓	−2.8	1↓,2↑,3↓,4↑,5↓
3号塔嘉兴侧支座处	2.4	1↓,2↑,3↓,4↑,5↓	−2.4	1↓,2↑,3↓,4↑,5↓
3号塔绍兴侧支座处	2.6	1↑,2↓,3↑,4↓,5↑,6↓	−2.6	1↑,2↓,3↑,4↓,5↑,6↓
4号塔嘉兴侧支座处	3.5	2↓,3↑,4↓,5↑,6↓	−3.7	2↓,3↑,4↓,5↑
4号塔绍兴侧支座处	3.2	1↓,2↑,3↓,4↑,5↓,6↑	−3.4	1↓,2↑,3↓,4↑,5↓,6↑
5号塔嘉兴侧支座处	4.1	1↓,2↑,3↓,4↑,5↓,6↑,7↑	−4.1	1↓,2↑,3↓,4↑,5↓,6↑,7↑
5号塔绍兴侧支座处	4.5	1↑,2↓,3↑,4↓,5↑,6↓	−4.5	1↑,2↓,3↑,4↓,5↑,6↓
6号塔嘉兴侧支座处	4.5	1↑,2↓,3↑,4↓,5↑,6↓	−4.4	1↑,2↓,3↑,4↓,5↑,6↓
6号塔绍兴侧支座处	4.2	2↑,3↓,4↑,5↓,6↑,7↓	−4.1	2↑,3↓,4↑,5↓,6↑,7↓
7号塔嘉兴侧支座处	3.4	2↑,3↓,4↑,5↓,6↑,7↓	−3.4	2↑,3↓,4↑,5↓,6↑,7↓
7号塔绍兴侧支座处	3.5	2↓,3↑,4↓,5↑,6↓	−3.5	2↓,3↑,4↓,5↑,6↓,7
8号塔嘉兴侧支座处	2.6	2↓,3↑,4↓,5↑,6↓,7↑	−2.6	2↓,3↑,4↓,5↑,6↓,7↑
8号塔绍兴侧支座处	2.4	3↓,4↑,5↓,6↑,7↓	−2.4	3↓,4↑,5↓,6↑,7↓
绍兴侧辅助墩顶	2.8	3↓,4↑,5↓,6↑,7↓	−2.8	3↓,4↑,5↓,6↑,7↓

5. 对主塔应力的影响

图6、图7分别给出了3号塔各个截面的上下缘应力相对于基准状态的变化量的包络图，可以看出主塔应力与基准状态的差值的绝对值小于0.6MPa。可见，桥面铺装在各跨增减5%的各种线性组合对主塔应力的影响较小。

通过对数据的观察也看以看出，各跨桥面铺装重量的交替增减对主塔应力的影响最大，但影响的绝对差值较小，只要施工过程能严格保证桥面铺装重量即可减小对成桥状态主塔应力的影响。

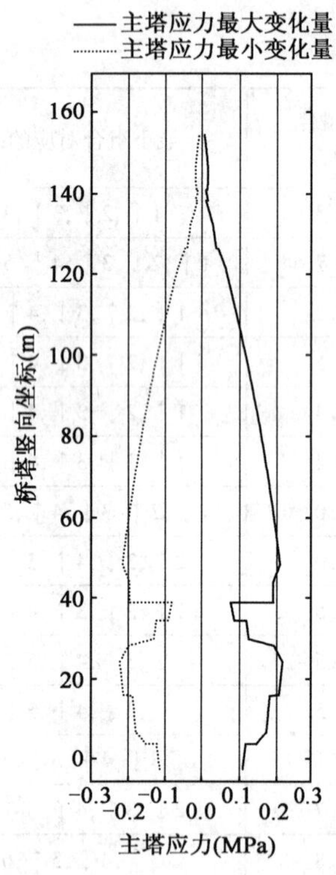

图6 3号塔上缘应力变化包络图

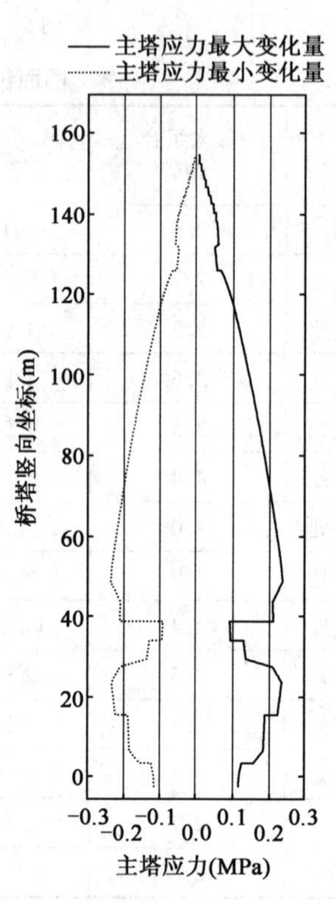

图7 3号塔下缘应力变化包络图

四、结　　语

通过变化各跨桥面铺装重量±5%与基准状态对比，得出各跨铺装重量变化过程中成桥塔偏，主梁线形，成桥索力，主梁主塔应力的变化量，将各种变化量进行线性组合，再与基准状态的情况进行对比，得到以下结论：

(1)桥面铺装重量各跨交替增加和减少对结构的影响最为不利。

(2)铺装重量变化时结构的最不利位置多发生在跨中、支座、中下塔柱交界处。

(3)施工过程中铺装重量直接受到铺装层厚度的影响，铺装层厚度1cm的误差也会引起铺装重量误差大于5%。

(4)桥面铺装施工过程中尽量避免隔跨交替施工，如此会产生类似交替增加桥面铺装重量的不利影响。

参考文献

[1] 向木生. 大跨度预应力混凝土桥梁施工技术[J]. 中国公路学报，2002，15(4)：38-42.

[2] 秦顺全. 分阶段施工桥梁的无应力状态控制法[A]. 第十八届全国桥梁学术会议论文集(下册)[C]. 2008.

[3] 王甫友. 钢桥桥面铺装研究综述[J]. 河北交通科技，2008，4.

[4] 周彦文,石强,连殿云,陈贺功,高志波,季文洪.城际高速铁路连续梁桥施工监控中的敏感性分析[J].四川理工学院学报(自然科学版),2010,(05).

111.公路桥梁设计车辆疲劳荷载谱案例研究

黄李骥 冯 苠 李文杰 裴岷山
(中交公路规划设计院有限公司)

摘 要 公路桥梁设计车辆疲劳荷载是公路桥梁抗疲劳设计的两大要素之一,本文以东南某省两个调查点的实际运行车辆的调查数据为例进行分析研究,给出了不同车道上不同类别车辆分布情况;根据等效损伤原理,按照 Palmgren-Miner 累积损伤律,计算分析了不同车道上的不同类别车辆的等效轴载;然后针对两种不同跨径的简支梁计算了相对损伤度,最终给出了两种最不利设计车辆疲劳荷载谱。

关键词 疲劳荷载谱 等效损伤 公路桥梁 车辆调查

一、背 景

1.公路钢桥疲劳问题现状

改革开放前,由于经济条件所限、钢材匮乏等原因,我国公路钢桥建设很少;改革开放后,大跨度钢桥的建设从规模到跨度不断取得突破。桥梁技术人员不断认识到疲劳问题是钢结构的特有问题和重要问题之一。国外钢桥因疲劳发生破坏的案例触目惊心。美国 I57 公路伊利诺斯州的一座斜交 7 跨连续梁桥,建于 1945 年,1978 年发现第 2 孔挂孔的 3 根梁的销钉链杆断裂。经分析,是由于该链杆锈蚀导致铰接结构成为固接结构,这样在反复弯曲荷载作用下链杆发生疲劳破坏。1990 年荷兰的一座开启式钢桥,在仅运营 7 年之后,就观测到危及结构安全的正交异性板的严重疲劳开裂。1994 年 10 月 21 日,韩国汉江大桥,一座跨度 120m 的悬臂钢桁架桥,由于车辆荷载增加、养护维修不力、材料腐蚀疲劳等原因,第 10 号和第 11 号桥墩之间的悬挂部分发生断裂、坍塌,造成 32 人死亡。近年来,我国公路钢桥也出现了疲劳问题的隐患。

从桥梁设计的角度考虑,解决公路钢桥疲劳问题的两大要素在于疲劳荷载和疲劳抗力。前者是由公路桥梁实际承载的汽车荷载决定的;后者是桥梁结构的性能属性,由结构构造、材料性能和加工制造等多方面决定。疲劳荷载是设计标准问题,是整个设计工作的基准,重要程度不言而喻。

2.国内外公路疲劳荷载现状

鉴于结构疲劳带来的巨大危害性,国际上都对疲劳荷载进行了广泛的研究,研究方向包括荷载的测量与采集、疲劳荷载的制定与评价、疲劳累积损伤理论、疲劳损伤的计算等许多方面,并取得了一定的成果。美国 AASHTO - LRFD 中的疲劳荷载为一辆设计货车或其轴载,轴载分别为 35kN、145kN 和 145kN。日本道路桥示方书中规定的疲劳设计荷载采用一个车轴,轴载 200kN。英国标准 BS5400 中的疲劳荷载有两种,一种是依据英国公路上的货车给出的 25 种不同轴距、轴载货车组成的荷载谱,另一种是由 4 个 80kN 轴组成的总重 320kN 的货车。欧洲规范 Eurocode 提供了 5 种疲劳荷载模型以用于不同情况下的抗疲劳设计。疲劳荷载模型 1 是由车道荷载和集中荷载组成;疲劳荷载模型 2 是由一组理想化的频遇货车组成,每个货车在适当车道单独使用;疲劳荷载模型 3 是单个车辆模型,由 4 个 120kN 的轴组成的货车;疲劳荷载模型 4 是一组等价于公路典型车辆的标准货车谱,给出了车辆轴距、轴载和频数;疲劳荷载模型 5 设定为实际采集到的车辆荷载。欧洲规范中的疲劳荷载最为复杂,其中模型 1 和 2 适用于无限寿命的抗疲劳设计,模型 3、4 和 5 适用于用疲劳强度曲线进行疲劳寿命评估。总体而言,国外就疲劳荷载模型的研究较多,考虑得比较细致,尤其是欧洲规范,考虑了不同需求下的抗疲劳设计。

而我国在这方面仍然缺乏基础支撑研究,研究内容零散且不成系统。《公路桥涵钢结构及木结构设计规范》(JTJ 025—86)中关于疲劳荷载的描述只有第1.2.17条:“验算疲劳强度时,可根据桥梁实际行车情况,选用实际经常发生的荷载组合中的车辆荷载进行计算”。这一规定模糊而不确定,难以让设计人员操作,因此,实际工作中往往凭设计人员经验选取疲劳荷载,或者直接选取国外规范的疲劳荷载,导致了疲劳荷载随意性大,各桥差异大,无可靠依据。殊不知,各国规范疲劳荷载与抗疲劳设计方法紧密挂钩,疲劳荷载必须建立在本国公路上实际车辆的统计分析基础上。

我国近年来也开始对疲劳荷载模型进行研究。童乐为等对上海城市道路桥梁的疲劳荷载谱进行了分析。该研究虽对车辆进行了分类统计,得出了简化模型,但其交通调查手段较落后,收集数据精度不高。交通调查主要采用人工计数法、车辆分类和车重也是依据车型手册确定的,车重简化成空载和满载两种情况与实际有一定差别。王荣辉等对广州城市高架桥实测了车辆荷载频值谱,简化成由2类模型车辆组成的荷载频值谱。以上研究针对的都是城市桥梁疲劳车辆荷载。

我国针对公路桥梁设计汽车荷载进行了大量研究,也为疲劳荷载打下了一定的工作基础,但是仍然需要结合疲劳荷载的研究特点开展进一步的研究。本文以东南某地区公路实际汽车荷载为例,提出了两种最不利公路桥梁用设计疲劳车辆荷载谱,为后续公路桥梁用疲劳荷载研究积累经验。

二、车辆调查与分析方法

本次研究共布置东南某省2个调查点,调查点甲位于高速公路上的特大型桥梁,调查点乙位于国道,均为双向6车道。车辆调查采用高速动态称重系统(Weigh In Motion, WIM)进行,称重系统安置于车辆正常行驶路段,不中断正常交通,待车辆行驶通过后可以得到相应数据。选取连续7d(周一～周日)不间断采集双向行驶全断面通过车辆荷载的所有信息,包括车辆数量、各种车型所占比例、车辆几何信息、车辆载重信息、车辆运行信息等。

(1)车辆几何信息:车型、车长、前悬、后悬、轴数、轴距。

(2)车辆载重信息:轴载、总重。

(3)车辆运行信息:车速、车间距、车辆时间间隔。

按照目前公路上运行的车辆轴载和轴距规格,可把主要车辆类型分为数十种。虽然调查点的车重差异较大,但从轴距、轴比来看,各类车型具有一定相似性,故根据统计数据,把车辆按轴数作简化分类,以方便后面的分析与研究,如表1所示。其中,因为总重小于30kN的小车对桥梁结构的疲劳损伤很小,故单独分为A1,在后续的分析和讨论中忽略。

现场交通调查车辆分类表　　表1

代　号	轴　数	车 辆 布 置
A1	2	总重小于30kN的小车
A2	2	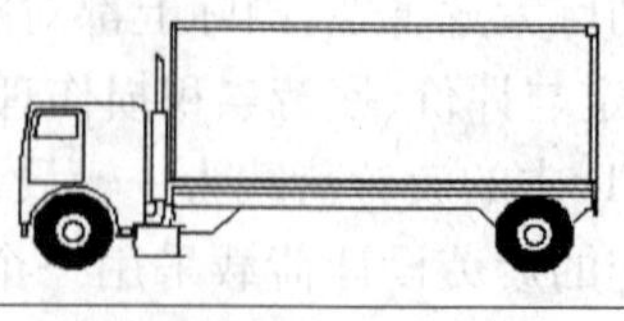
A3	3	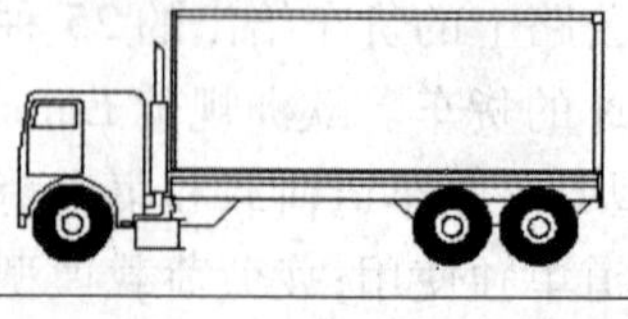
A4	4	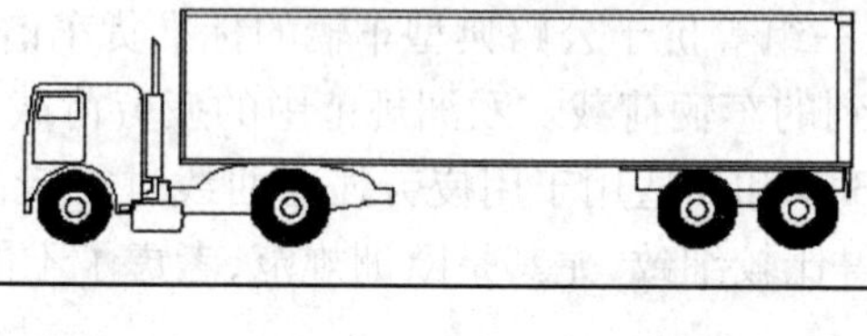

续上表

代　号	轴　数	车辆布置
A5	5	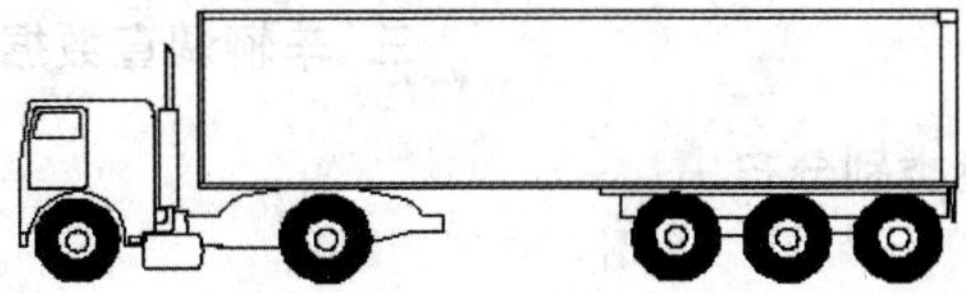
A6	6	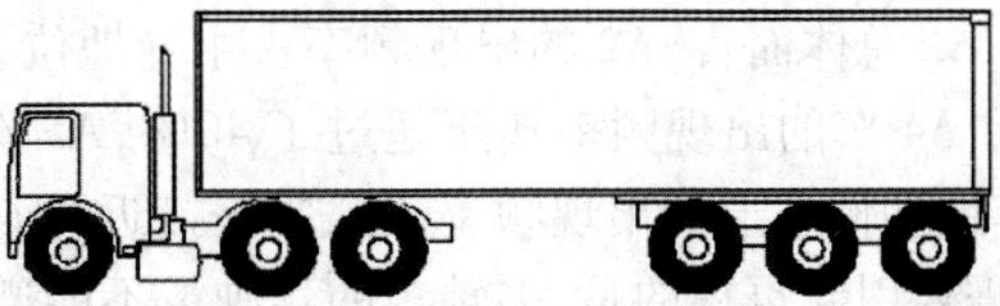

车辆数据中需要着重分析的是各类型车辆的出现频率和对应的等效轴载。等效轴载的计算原理是通过等损伤原理把同类型车辆的各轴载换算成等效轴载，需采用合适的累积损伤准则来确定一个载荷循环产生的损伤度。目前的累积损伤准则有线性疲劳累积损伤准则、非线性疲劳累积损伤准则及概率疲劳累积损伤理论。其中，Palmgren-Miner 线性损伤累积准则简单方便，也常用，认为可以忽略应力循环作用的先后顺序和平均应力的影响，各个应力循环之间相互独立，各应力循环造成的疲劳损伤可线性叠加。本文基于该准则计算疲劳损伤度并据此进行等效换算。

假定某钢结构经历了若干应力循环，应力幅为 $\Delta\sigma_i$，对应的循环次数 n_i，则根据 Palmgren-Miner 损伤累积律，可以定义所受到的实际损伤如下：

$$D = \sum D_i = \sum \frac{n_i}{N_i} \tag{1}$$

其中，N_i 为 $\Delta\sigma_i$ 所对应的应力循环寿命。

根据疲劳抗力方程 $N_i \cdot \Delta\sigma_i^m = C$（一般而言对于普通钢结构及其连接，$m$ 取 3），变形得到：

$$\frac{1}{N_i} = \frac{\Delta\sigma_i^m}{C} \tag{2}$$

代入损伤 D 中，得到：

$$D = \sum \frac{n_i}{N_i} = \sum \frac{n_i \cdot \Delta\sigma_i^m}{C} \tag{3}$$

令等效损伤 $D_0 = \dfrac{n_0}{N_0}$，

其中 $n_0 = \sum n_i$，为应力总循环次数；N_0 为等效应力幅 $\Delta\sigma_0$ 对应的应力循环寿命。

令实际损伤 D = 等效损伤 D_0，得到：

$$\frac{n_0 \cdot \Delta\sigma_0^m}{C} = \sum \frac{n_i \cdot \Delta\sigma_i^m}{C} \tag{4}$$

变形后，得：

$$\Delta\sigma_0^m = \sum \frac{n_i}{\sum n_i} \Delta\sigma_i^m \tag{5}$$

其中，$\dfrac{n_i}{\sum n_i}$可定义为各应力幅 $\Delta\sigma_i$ 的出现频率 f_i。

由于通常钢结构的作用与应力效应呈线性关系，即可认为轴载 W_i 与对应的应力幅 $\Delta\sigma_i$ 满足 $\Delta\sigma_i = kW_i$，代入式(5)得到：

$$W_0 = \sqrt[m]{\sum f_i W_i^m} \tag{6}$$

因此，式(6)可作为换算等效轴载的依据，即 W_0 为等效轴载，W_i 为同类型车中同一编号轴的轴载，f_i

为轴载 W_i 出现的频率。

各类别车辆的等效轴距可按照车辆轴距的算术平均数计算。

三、车辆调查数据分析

1. 各车道车辆类别分布

(1)调查点甲

调查点甲从一个方向的外侧车道到另一方向的外侧车道依次为1车道至6车道，各车道的各类别车辆分布如图1所示。总体而言，A2的出现频率占主导地位，在2轴以上车中A4和A5的出现频率非常突出，以1车道为例，A4车的出现频率甚至超过了40%，A5车的出现频率也超过了10%。在不同车道之间，多轴车在超车道和慢车道的出现频率甚至比较接近，而没有呈现多轴车的频率从超车道到慢车道逐步递减的情况。需要引起重视的是，多轴车的驾驶员不能遵守通行规定，而在桥梁的各车道上随意行驶。

(2)调查点乙

调查点乙的1车道至6车道的定义同调查点甲，各车道的各类别车辆分布如图2所示。总体而言，A2的出现频率占绝对主导地位，A3的频率仅占6%左右，其他类别的车辆出现频率都在3%以下。在不同车道之间，各车辆类别的频率没有显著差异，A4、A5和A6在超车道的出现频率仅略低于慢车道而已。

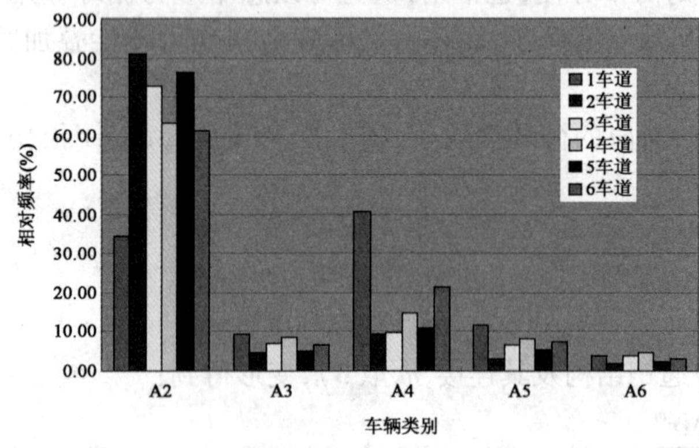

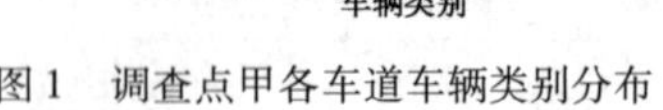
图1　调查点甲各车道车辆类别分布

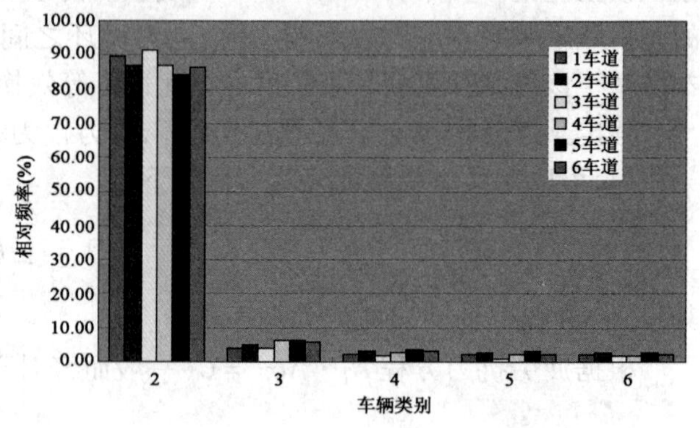

图2　调查点乙各车道车辆类别分布

2. 车辆等效轴载

按照前文描述的方法，选择调查点中车辆荷载较大的车道计算等效轴载，结果见表2～表5。

调查点甲的1车道类别车辆的等效轴载(kN)　　表2

车辆类别	频率(%)	轴载1	轴载2	轴载3	轴载4	轴载5	轴载6
A2	34.50	50	105	—	—	—	—
A3	9.27	65	110	135	—	—	—
A4	40.79	40	80	80	80	—	—
A5	11.64	60	115	90	80	80	—
A6	3.81	60	110	115	120	120	125

调查点甲的6车道各类别车辆的等效轴载(kN)　　表3

车辆类别	频率(%)	轴载1	轴载2	轴载3	轴载4	轴载5	轴载6
A2	61.32	45	90	—	—	—	—
A3	6.49	55	90	110	—	—	—
A4	21.64	35	50	60	55	—	—
A5	7.34	55	100	90	75	75	—
A6	3.21	50	75	75	85	75	85

调查点乙的5车道各类别车辆的等效轴载(kN)　表4

车辆类别	频率(%)	轴载1	轴载2	轴载3	轴载4	轴载5	轴载6
A2	84.37	45	95	—	—	—	—
A3	6.11	80	110	145	—	—	—
A4	3.77	75	110	125	130	—	—
A5	2.95	85	165	130	130	130	—
A6	2.79	85	135	150	135	140	140

调查点乙的6车道各类别车辆的等效轴载(kN)　表5

车辆类别	频率(%)	轴载1	轴载2	轴载3	轴载4	轴载5	轴载6
A2	86.35	45	95	—	—	—	—
A3	5.66	70	100	125	—	—	—
A4	3.18	70	100	110	115	—	—
A5	2.40	70	135	115	110	110	—
A6	2.41	70	115	125	120	120	120

从表2～表5中可以发现,调查点乙的等效轴载显著大于调查点甲,不同调查点的车辆轴载有明显差异;因此,很难用1～2个调查点的数据来代表一个地区甚至全国的不同等级、不同路况、不同收费、不同管理的桥梁上实际运行的汽车荷载。这两个调查点的车辆等效轴载水平很高,已经达到甚至超过公路桥涵通用规范中车辆荷载的重轴120kN和140kN,当然造成的疲劳损伤也会在较高水平。

四、设计车辆疲劳荷载谱

从各个调查点的各车道得出的各类别车辆等效轴载,需要按照等效损伤度原理,计算比较得出用于最不利设计车辆疲劳荷载谱。在计算等效损伤度时,以两个典型跨径的简支梁为考察结构对象,跨径分别取1.2m和30m,前者仅能容纳一个轴,考察影响线较短的情况,记录单个车经过后各个轴产生的最大弯曲应力幅值和循环次数;后者考察影响线较长的情况,可容纳A6类别的所有轴,记录整个车产生的最大弯曲应力幅和循环次数,鉴于车头距较大,不考虑多车同时作用于30m跨简支梁。如表6,按照前文所述的方法,对各调查点轴载较大的车道按各类别车辆的等效轴载和频率计算弯矩幅值和循环次数,然后比较相对损伤度(以弯矩幅值代替弯曲应力幅值),从而判断得出最不利设计车辆疲劳荷载谱。

各调查点疲劳荷载谱的等效损伤度　表6

相对损伤度 / 各调查点	$L=1.2$m		$L=30$m	
	$m=3$	$m=5$	$m=3$	$m=5$
调查点甲的1车道	8.77	11.74	13.77	20.55
调查点甲的6车道	8.21	10.78	13.20	19.58
调查点乙的5车道	8.75	11.86	13.72	20.75
调查点乙的6车道	8.61	11.60	13.51	20.36

比较各调查点的等效损伤度,可以发现调查点甲的1车道和调查点乙的5车道的数据致伤程度很高。这两个车道的荷载数据、车辆类别的频率有显著差异,轴载也有显著差异;对于不同结构类型,即不同的m值,都可以达到最大致伤程度。因此,确定把这两组疲劳荷载谱同时作为设计车辆疲劳荷载谱,具体见表7。

各类别车辆的等效轴距按照车辆轴距的算术平均数计算,由于不同车道的车辆轴距不存在显著差异,故按照调查点进行各类别车辆的平均轴距计算,见表8。

设计车辆疲劳荷载谱(kN) 表7

设计疲劳荷载谱Ⅰ								
车辆类别	频率(%)	轴载1	轴载2	轴载3	轴载4	轴载5	轴载6	总荷载
A2	34.50	50	105	—	—	—	—	155
A3	9.27	65	110	135	—	—	—	310
A4	40.79	40	80	80	80	—	—	280
A5	11.64	60	115	90	80	80	—	425
A6	3.81	60	110	115	120	120	125	650
设计疲劳荷载谱Ⅱ								
车辆类别	频率(%)	轴载1	轴载2	轴载3	轴载4	轴载5	轴载6	总荷载
A2	84.37	45	95	—	—	—	—	140
A3	6.11	80	110	145	—	—	—	335
A4	3.77	75	110	125	130	—	—	440
A5	2.95	85	165	130	130	130	—	640
A6	2.79	85	135	150	135	140	140	785

各类别车辆的平均轴距(m) 表8

车辆类型	轴数	轴距1	轴距2	轴距3	轴距4	轴距5
A2	2	5.0	—	—	—	—
A3	3	4.0	3.0	—	—	—
A4	4	3.3	6.6	1.3	—	—
A5	5	3.2	6.9	1.6	1.3	—
A6	6	2.9	1.5	6.9	1.3	1.3

五、结 语

本文通过对东南某省两个调查点实际运行车辆的调查数据进行分析研究,给出了不同车道上不同类别车辆分布情况;根据等效损伤原理,按照Palmgren-Miner累积损伤律,分析计算了不同车道上的不同类别车辆的等效轴载;然后针对两种不同跨径的简支梁计算了相对损伤度,最终给出了两种最不利设计车辆疲劳荷载谱。本研究得出结论如下:

(1)应该开展实际调查,确定我国的设计车辆疲劳荷载谱。

(2)不同调查点的车辆数据可能存在显著差异,包括各类别车辆的出现频率、轴载、轴距等。

(3)不同车辆荷载谱对不同类型的结构产生不同水平的致伤度。

参考文献

[1] 中华人民共和国交通部. JTJ 025—86 公路桥涵钢结构及木结构设计规范[S]. 北京:人民交通出版社,1987.

[2] Steel, concrete and composite bridges Part10: Code of practice for fatigue. BS5400 Part10:1980, British Standard.

[3] AASHTO LRFD Bridge Design Specifications(SI Units), 2007, American Association of State Highway and Transportation Officials.

[4] Eurocode 1, Actions on Structures, Part 2-Traffic Loads on Bridges. BS EN 1991-2:2003. CEN,Brussels.

[5] 日本道路协会. 道路桥示方书[M]. 平成14.

[6] Mose F. Weigh-In-Motion System Using instrumented Bridges[J]. Transportation Engineering ASCE, 1979,5(TE3): 233-249.

[7] 中华人民共和国交通部. JTG D60—2004 公路桥涵设计通用规范[S]. 北京:人民交通出版

社,2004.

[8] 梅刚,秦权,林道锦.公路桥梁车辆荷载的双峰分布概率模型[J].清华大学学报(自然科学版),2003,(10).

[9] “公路桥梁车辆荷载研究”课题组.公路桥梁车辆荷载研究[J].公路,1997,(03).

[10] Piya Chotickai, Mark D Bowman. Truck model for improved fatigue life predictions of steel bridges[J]. Journal of Bridge Engineering ASCE, 2006, 1: 71-80.

[11] 童乐为,沈祖炎,陈忠延.城市道路桥梁的疲劳荷载谱[J].土木工程学报,1997,(05).

[12] 王荣辉,池春,陈庆中,甄晓霞.广州市高架桥疲劳荷载车辆模型研究[J].华南理工大学学报(自然科学版),2004,(12).

[13] 任剑,赵人达,毛学明.公路桥梁疲劳荷载谱初探[J].四川建筑科学研究,2007,(01).

112. 半飘浮体系斜拉桥索塔的纵向计算长度系数研究

李国亮[1] 熊 俊[2]

(1. 中交公路规划设计院有限公司;2. 中国核电工程有限公司)

摘 要 通过桥例的参数分析,得出半飘浮体系斜拉桥的拉索、主梁对索塔在纵向的约束效应较小,索塔的纵向计算长度系数在1.92~2之间。同时,对于计算长度系数在索塔截面验算中的应用提出建议。

关键词 斜拉桥 半飘浮体系 索塔 纵向计算长度系数

一、前 言

斜拉桥索塔的设计计算一般包括静力范畴的承载能力、正常使用两个极限状态验算,以及动力范畴的屈曲、抗震、抗风验算。静力、动力范畴的计算均与计算长度密切相关。从结构体系而言,拉索对索塔构成弹性支撑,主梁与索塔的支撑关系也对索塔构成一定边界条件。目前,关于这些边界条件对索塔纵向计算长度影响的研究较少,各国规范亦未有明确规定。曾庆元通过解析推导,得出“预应力拉索对立柱不但没有支撑作用,而且加重了立柱的负担”这一结论[1]。熊文对某独塔斜拉桥通过数值模拟手段,推导出其顺桥向、横桥向计算长度系数分别为0.83、0.55[2]。这两篇文献观点有较大差异,从某方面折射出国内对这一领域认识的欠缺。本文采用基于有限元理论的数值模拟技术,较为系统地对半飘浮体系斜拉桥索塔的纵向计算长度进行研究。

二、研 究 方 法

对于标准压杆,其屈曲临界荷载N_{cr}符合欧拉公式:

$$N_{cr}=\frac{\pi^2EI}{l_0^2}=\frac{\pi^2EI}{(\mu l)^2} \tag{1}$$

式中,l_0为塔柱计算长度,l为塔柱的几何长度,E为塔柱材料弹性模量,I为计算方向的抗弯惯性矩,μ为计算长度系数(下文μ默认代表索塔纵向计算长度系数)。由式(1),得:

$$\mu=\sqrt{\frac{\pi^2EI}{N_{cr}l^2}} \tag{2}$$

因此,μ的计算转为屈曲临界荷载N_{cr}的计算。N_{cr}的计算可采用解析法、有限元法。由于超静定次数较高,本文采用大型三维有限元软件进行特征值屈曲分析,以求得N_{cr}。

为系统研究边界条件对索塔计算长度的影响,参考某些既有桥梁工程,确定所研究的桥例参数如下:

跨径布置为(236+458+236)m,梁宽30m,塔高160m,设14对索,拉索间距15m;箱梁为Q345qD材质,索塔为C50混凝土,拉索为1670级平行钢丝,每个桥墩、索塔处设2个竖向支座。截面参数列于表1。桥面计算模型如图1所示。

截面几何特性 表1

几何特性	主梁	索塔塔柱	索塔横梁	拉索
面积A(m^2)	1.657	27.3	18.8	0.007
弯曲惯性矩I_y(m^4)	6.483	97.5	79.1	0
弯曲惯性矩I_z(m^4)	157.54	194.0	65.6	0
扭转惯性矩I_x(m^4)	20.326	212.9	116.0	0

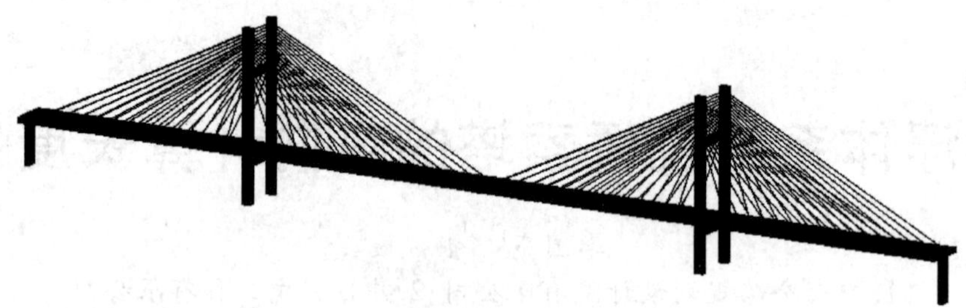

图1 桥例计算模型

三、索塔纵向屈曲模态

分析表明:无论结构各部位的刚度分布如何,在实际工程应用范围内,半飘体系的整体纵向屈曲模态一般表现为如图2所示的索塔纵向屈曲。索塔的屈曲模态近似呈二次抛物线,主梁在纵漂的同时存在竖向弯曲,拉索的长度、角度均有变化。

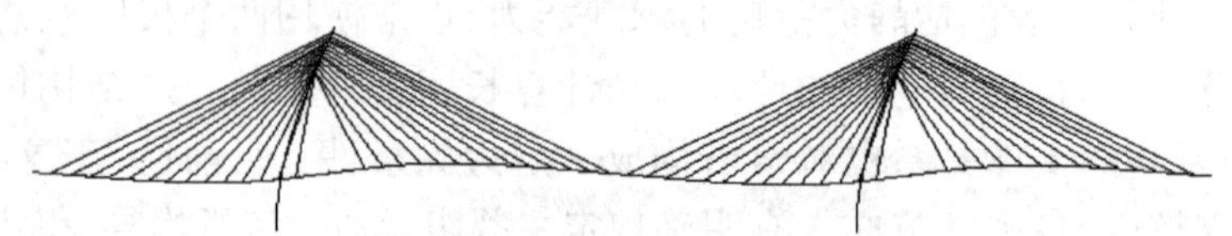

图2 索塔纵向屈曲模态

根据能量法,结构屈曲时满足下式[3]:

$$\delta^2 \Pi = \delta^2 \Pi_0 + \delta^2 \Pi_I = 0 \tag{3}$$

式中,Π为系统的总能量,Π_0为外力位势能,Π_I为内力位势能。由于屈曲模态下主梁、拉索存在变形,故Π_I中必然包括索塔、主梁、拉索的应变能,亦即主梁、拉索对索塔的屈曲临界荷载N_{cr}存在影响。

四、μ的参数影响规律

1.拉索刚度影响规律

定义原始桥例中的拉索截面积为A_c,改变拉索截面积,计算N_{cr}、μ,结果如表2、图3所示。

拉索截面积对索塔纵向计算长度系数μ的影响 表2

拉索截面积	$0.01A_c$	$0.1A_c$	$0.5A_c$	A_c	$2A_c$	$10A_c$	$50A_c$	$100A_c$
索塔N_{cr}(MN)	575	585	600	606	610	616	619	620
索塔μ	2.00	1.98	1.96	1.95	1.94	1.93	1.93	1.93

由表2、图3可知,μ随着拉索截面积的增大而细微减小,并逐步收敛至某一数值;在工程实际的拉索型号范围内,μ的取值在1.94~1.96之间。

此外,考虑索力效应后,索塔的纵向 μ 略有增大,其幅值在 2% 以内。这主要是由于拉索在索塔上的锚固力加大了索塔所承受的竖向压力。

2. 主梁刚度影响规律

以修改弹模的方式考虑钢箱梁的刚度变化,定义原始桥例中的钢箱梁弹模为 E_b,改变钢箱梁弹模,计算 N_{cr}、μ,结果如表 3、图 4 所示。

钢箱梁弹模对索塔纵向计算长度系数 μ 的影响　　表 3

拉索截面积	$0.01E_b$	$0.1E_b$	$0.5E_b$	E_b	$2E_b$	$10E_b$	$50E_b$	$100E_b$
索塔 N_{cr}(MN)	575	578	592	606	625	680	709	715
索塔 μ	2.00	1.99	1.97	1.95	1.92	1.84	1.80	1.79

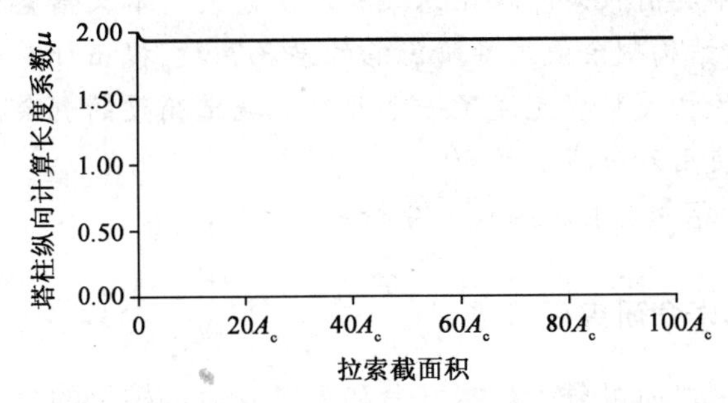

图 3　拉索截面积对索塔纵向计算长度系数 μ 的影响

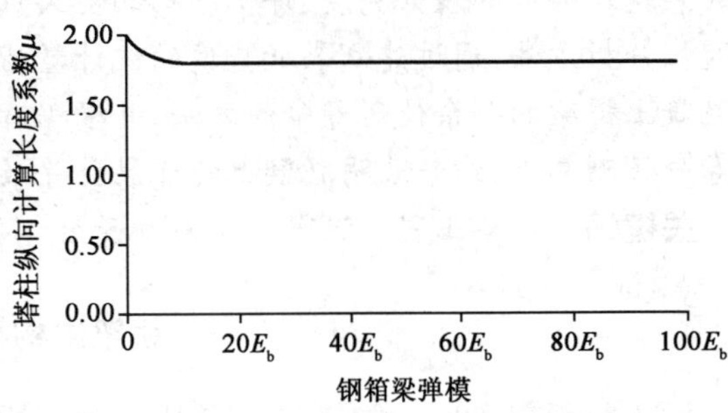

图 4　主梁刚度对索塔纵向计算长度系数 μ 的影响

由表 3、图 4 可知,μ 随着主梁刚度的增大而细微减小,并逐步收敛至某一数值;在工程实际的主梁规格范围内,μ 的取值在 1.92 ~ 1.97 之间。

五、μ 在索塔截面验算中的应用

根据现行的设计规范,对于偏压构件在承载能力、正常使用极限状态下的截面验算,需要考虑偏心距增大系数 η,其中涉及 μ[4]。在 μ 取 2.0 的情况下,根据规范条文所计算的 η 最多可达到 2.5 以上,给设计带来很大难度。因此,本文建议对于大跨径斜拉桥或长细比超过 30 的索塔,宜采用更准确的 P-Δ 分析或非线性分析结构代替规范的 η,且在分析中应考虑混凝土开裂所导致的刚度降低。对于小规模的斜拉桥,从工程实用的角度,本文建议采用规范的 η 考虑偏心距增大效应;在计算 η 时,μ 取 2.0,塔高近似取最上面一对的拉索锚固点至验算截面的距离。

六、结　　语

(1)特征值屈曲分析表明,半飘浮体系斜拉桥的拉索、主梁对索塔的约束效应较小,索塔在纵向基本等同于悬臂柱,其纵向计算长度在 1.92 ~2 范围内,设计时可取 2.0。

(2)由于拉索在索塔上的锚固力加大了索塔所承受的竖向压力,因此考虑索力效应后索塔的 μ 略有增大。

(3)对于大跨径斜拉桥,宜采用更准确的 P – Δ 分析或非线性分析结构代替规范的 η。

参考文献

[1] 曾庆元,朱汉华.斜拉桥稳定问题简介及塔柱与主梁自由长度计算[J].长沙铁道学院学报,1991.9:16-28.

[2] 熊文,金剑,肖汝诚.斜拉桥混凝土桥塔承载能力极限状态计算方法[J].桥梁建设,2008.6:37-40.

[3] 李国豪.桥梁结构稳定与振动[M].北京:中国铁道出版社,1992.

[4] 中华人民共和国交通部.JTG D62—2004 公路钢筋混凝土及预应力混凝土桥涵设计规范[S].北京:人民交通出版社,2004.

113. 开裂混凝土箱梁桥的剩余使用寿命预测

项贻强[1]　徐建武[1]　刘丽思[1]　李新生[2]
（1. 浙江大学土木工程系；2. 苏州科技学院土木工程学院）

摘　要　混凝土结构的裂缝对其耐久性及使用寿命具有较大的影响，且有随机性，如何综合考虑结构的裂缝及裂缝的展开宽度，评价结构的耐久性剩余寿命具有较大的理论意义和现实意义。本文借鉴模糊随机分析方法，通过建立裂缝宽度的统计量，研究其对结构剩余使用寿命影响的隶属函数，提出计算开裂混凝土桥梁的剩余使用寿命的方法，并根据背景桥梁的相关数据完成了一个开裂混凝土箱梁的剩余使用寿命预测算例，结果表明混凝土的开裂会导致结构的使用寿命减小约 30 年。

关键词　桥梁工程　混凝土箱梁　开裂　剩余使用寿命　隶属函数　分析

一、桥梁结构剩余使用寿命研究现状

桥梁与所有产品一样，都具有使用寿命。桥梁的使用寿命可分为自然寿命和无形寿命。桥梁的自然寿命也被称之为结构的使用寿命或耐久年限，是指桥梁在正常使用、正常维护条件下，仍具有其预定使用功能的时间。桥梁的无形寿命是指桥梁在未达到其自然使用寿命之前，由于种种原因终止其原有使用功能的时间。桥梁的剩余使用寿命是指桥梁使用寿命与已使用年限的差值。

根据桥梁使用寿命的定义，在进行结构寿命预测之前，必须明确结构的预定使用功能及功能失效状态。目前在桥梁剩余使用寿命预测中，主要有钢筋初锈寿命准则[1][2]、锈胀开裂寿命准则[3]、裂缝宽度与钢筋锈蚀量限值寿命准则[4]和承载能力寿命准则[5]。桥梁结构各种使用寿命评估准则的关系如图 1 所示。而评估桥梁剩余使用寿命的方法主要可以分为基于经验的预测方法、基于比较的预测方法、加速试验预测方法、数学模型预测方法和随机方法等。

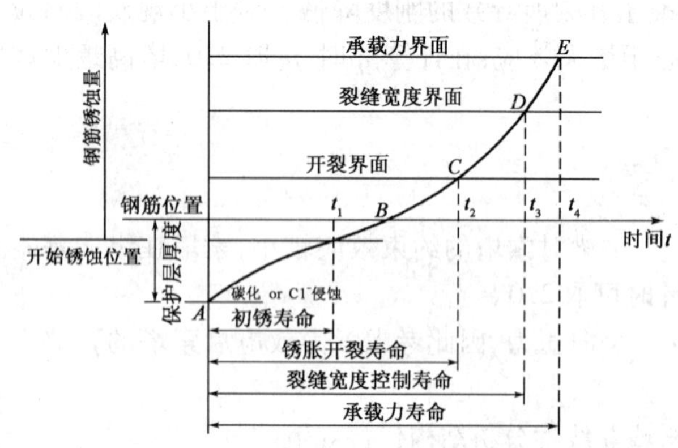

图 1　桥梁结构的各种使用寿命评估准则

目前对于桥梁的剩余使用寿命的研究方兴未艾，国内外学者做了大量的工作。屈文俊[6]提出桥梁的寿命分为技术寿命和经济寿命，前者为随机变量，后者为经济优化的结果。杜江、韩大建[7]采用“预期寿命”代替各种性能指标作为优化的目标，与成本目标共同构成一个双目标优化模型。刘新华[8]针对目前在役桥梁性能日益退化加重、寿命周期维护成本过高而提出的一种全新的设计理念，旨在使桥梁结构的服务水平—性能—成本在寿命周期内达到最优。J. M. van Noortwijk, H. E. Klatter[9]提出了使用威布尔分布（Weibull Distribution）和更新理论（Renewal Theory）来确定混凝土桥梁的寿命分布并计算桥梁的期望维修和重建成本的方法，并用这种方法对荷兰全国公路桥梁和高架桥的维修、重建费用进行了预测。Frangopol 课题组近年来发表了多篇关于结构全寿命及剩余使用寿命预测的论文[10～14]，研究了单座或多座相同的一组桥梁的维护方案的比选时用基于可靠度的寿命周期成本模型，通过建立多线性计算模型来分析各种随机性参数的影响，研究了基于时间控制与基于性能控制的维护方案下时变可靠度和寿命周期成本的关系，并提出了对维护活动方法后劣化结构可靠度的评估方法。

但是上述文献中对于结构的剩余使用寿命的研究大多注重于结构的设计阶段,即将全寿命理念注入桥梁结构的施工设计或桥梁系统的建设、管养方案设计,其预测的假设和结果均比较理想,很少涉及外界各种因素(侵蚀、荷载、裂缝等)对寿命预测的干扰,对在役带裂缝工作混凝土桥梁的剩余使用寿命的研究较少。而混凝土结构裂缝的存在显然会对结构寿命产生影响,本文拟借鉴随机分析方法,通过建立裂缝对结构剩余使用寿命影响的隶属函数的方式,提出计算开裂混凝土桥梁剩余使用寿命的方法。

二、裂缝对混凝箱梁剩余使用寿命的模糊影响

目前各规范对裂缝宽度限值和计算方法要求的不同,反映了目前研究人员就裂缝对于结构耐久性影响的问题上存在较大的分歧与模糊性[15]。实际结构中,裂缝宽度大于允许值,不一定产生结构的耐久性失效,而实际裂缝宽度小于允许值,也不能保证结构的耐久性是可靠的。但是混凝土裂缝的存在对于结构耐久性及剩余使用寿命的影响是显然的,部分文献[16]的调查结果已经证实了这一点。目前只能说,较宽的裂缝对结构剩余使用寿命的影响程度要大一点。

由作用效应引起的裂缝宽度值是一个随机变量,但是,即使知道了裂缝宽度也不能确切地定义出其对剩余使用寿命的影响程度。以 D 表示裂缝对结构剩余使用寿命影响程度的模糊几何,用 $x_D(W)$ 表示裂缝宽度 W 隶属于模糊集合 D 的程度,称之为隶属函数(Subjection Function),$x_D(W)$ 是从 W 到[0,1]的函数(x_D:$W\to[0,1]$)。$x_D(W)$ 的值越接近于1,意味着 W 属于 D 的程度越大,如果 $x_D(W)$ 的值越接近于0,意味着 W 属于 D 的程度越小,也即该裂缝对结构剩余使用寿命的影响很小,这通常是在裂缝很小的情况下出现的。隶属函数应该通过模糊统计的实验来确定,其本质上是主观确定值。

各国规范建议的最大裂缝宽度限值 $W_{max}^{(i)}$ 是根据实验结果或者主观经验认定的裂缝使结构耐久性失效或可靠的体现,是对这样的模糊事件判别实验的实现。本质含义是,规范制定者认为裂缝宽度大于或等于允许值 $W_{max}^{(i)}$ 时,结构耐久性失效,否则,结构耐久性无损。同样,可以根据规范的解释,做出裂缝宽度对结构剩余使用寿命的影响程度的函数表达——$x_D^{(i)}(W)$,可以用如下特征函数表示:

$$x_D^{(i)}(W) - \begin{cases}1 & W \in [W_{max}^{(i)}, \infty] \\ 0 & W \notin [W_{max}^{(i)}, \infty]\end{cases} \tag{1}$$

如果有几个不同规范建议的最大裂缝限值 $W_{max}^{(i)}(i=1,2,\cdots,n)$,可以表示为 n 个式(1)一样的特征函数,利用隶属区间统计法[17],可以得到隶属函数 $x_D(W)$:

$$x_D(W) = \frac{1}{n}\sum_{i=1}^{n} x_D^{(i)}(W) \tag{2}$$

各种规范规定的最大裂缝宽度限值是众多专家关于裂宽与结构耐久性状态的主观认识的体现,利用式(1)、式(2)可以得到 $x_D(W)$ 的近似函数形式:

$$x_D(W) = \begin{cases}0 & W \leqslant 0.15\text{mm} \\ \dfrac{W-0.15}{0.4-0.15} & 0.15\text{mm} < W \leqslant 0.4\text{mm} \\ 1 & W > 0.4\text{mm}\end{cases} \tag{3}$$

这与 Wang Kejian 和 S. P. Shah[18] 所做的反馈—控制劈裂试验的结论类似,即裂缝对混凝土性能(水的渗透性能)影响函数呈现服从一个升半梯形分布,如图2所示。

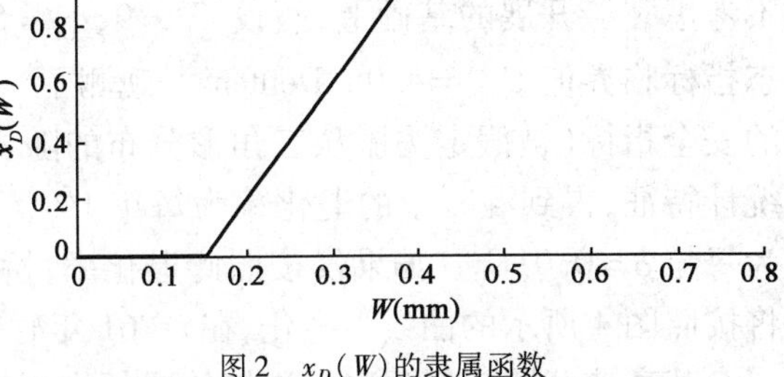

图2 $x_D(W)$ 的隶属函数

三、混凝土箱梁桥的结构裂缝生长特征

混凝土箱梁桥在服役期间,受自然环境和荷载的作用,混凝土中裂缝产生与发展是一个时间过程,且具有随机性。由于自然环境和荷载作用的差异,实际箱梁结构中不同部位的裂缝是不同的:桥跨中部正弯区域的裂缝多于两端区域,直接受太阳辐射和风压影响面的裂缝明显多于反面。

一般的,在役混凝土箱梁桥上,裂缝出现之后其宽度会不断变化。由构造不当或其他因素引起的混

凝土裂缝,如果桥梁上的活荷载对其影响较小,这些裂缝随着时间增长,在混凝土继续水化等有利因素的作用下,有自愈的可能。但是大部分结构裂缝,在自然环境和荷载的作用下,考虑混凝土的徐变、收缩和疲劳特性,裂缝是会逐渐增大,即此后的裂缝宽度是一个时间过程。虽然按文献[23]所述,裂缝宽度给出了新的修正计算方法,但是由于影响裂缝宽度的因素比较多,具有非常强烈的随机性,所以从桥梁服役期的角度来看,可以认为裂缝宽度的开展过程是个随机过程。

裂缝产生、裂缝发生数和裂宽随着时间的变化,使得裂缝对结构耐久性影响的评估也成为动态评估。考虑裂缝宽度不会一直增长下去,且图2表明裂缝宽度到达一定值后,其对结构剩余使用寿命的影响程度将趋于稳定。因此,假设裂缝宽度随时间增长的曲线如式(4)所示:

$$\begin{cases} W(t) = 0 & 0 \leqslant t < T_0 \\ W(t) = m(t - T_0)^{\alpha} & t \geqslant T_0 \end{cases} \tag{4}$$

式中,$W(t)$为t时刻的裂缝宽度,相关数据表明裂缝的宽度近似服从正态分布;m为裂缝生长速度,假设其为具有相同的分布且统计独立的随机变量;T_0为初始裂缝时间;α为一个确定的参数,且$0<\alpha<1$,表明实际的裂缝变化速率先快后慢,随时间增长逐渐趋于稳定,如图3所示。

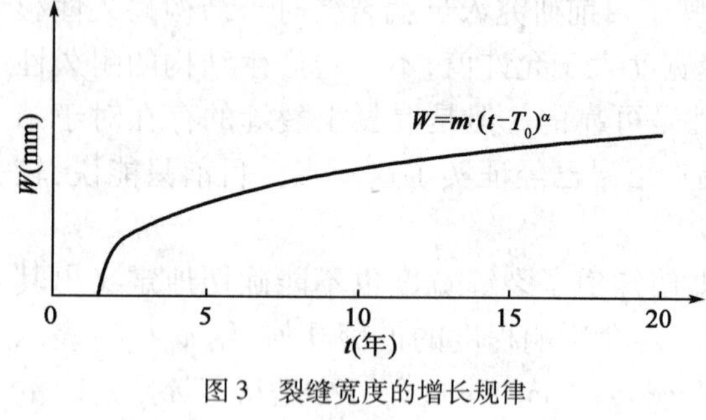

图3　裂缝宽度的增长规律

四、开裂混凝土箱梁的剩余使用寿命

状态指标(State Index)是桥梁在服役过程中表征其外观变化的量。桥梁在使用过程中,桥梁在使用过程中,随着时间推移,在内部或外部或自然的不利因素作用下,将发生材料的老化与结构损伤。这种损伤的积累将导致结构性能劣化,结构内在的可靠性不断的降低,其外观也在相应的发生变化。文献[19]中将桥梁外观划为五种状态,即:①完好状态,混凝土表面完好无损坏;②较好状态,表面损坏面积小于2%;③较差状态,损坏面积小于10%;④差的状态,损坏面积小于20%;⑤差的状态,损坏面积超过25%。为了能够用数学的方法把桥梁在服役期间其外在的变化用模型表达出来,Van Noortwijk用线性模型描述了桥梁状态指标的退化过程[20]。

$$C_{(t)} = \begin{cases} C_0 & 0 \leqslant t < t_{\mathrm{CI}} \\ C_0 - \delta(t - t_{\mathrm{CI}}) & t \geqslant t_{\mathrm{CI}} \end{cases} \tag{5}$$

式中,$C_{(t)}$为t时刻的结构状态指标;C_0为结构起始状态指标,服从对数正态分布;δ为状态裂化率,服从均匀分布;t_{CI}是初始劣化时间。这些参数可以通过相似的桥梁的统计分析及专家经验参考得出。根据文献[8],在不考虑裂缝开展的基础上,假设$C_0=9$,$t_{\mathrm{CI}}=5$年,允许的状态指标临界值$C_{\min}=4.0$。Denton[21]观测了一批混凝土构件的安全指标(被假定为服从三角形分布的随机变量)退化的统计特征,得到混凝土的退化率为每年1%。据此取劣化率为每年$\delta=0.01C_0$。如果仅按照此退化率,桥梁的状况指标将按照图4所示的曲线1劣化,在$t\approx61$年时达到临界值。

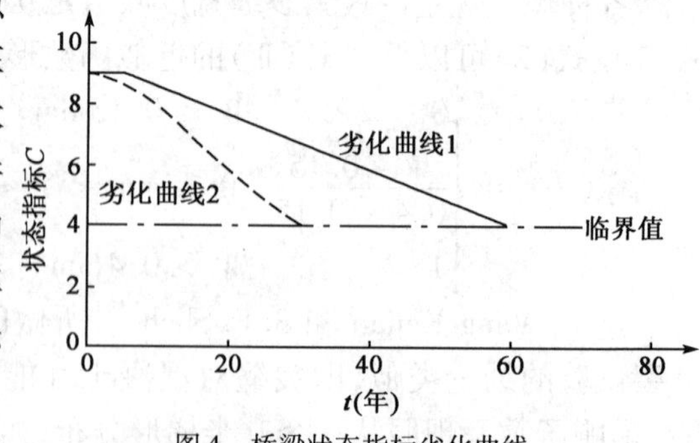

图4　桥梁状态指标劣化曲线

某高速公路钢筋混凝土连续箱梁桥在通车18个月后的桥梁检测中发现了大量的裂缝病害,且相当数量的裂缝宽度超过了规范的限值[15]。以此为背景,考虑到桥梁在通行$T_0=1.5$年(18个月)后即出现了混凝土开裂,需根据现状对桥梁的状态裂化曲线进行修正。在考虑裂缝对混凝土箱梁桥剩余使用寿命的模糊影响后,假设相应的状态劣化公式如下:

$$C_{(t)} = \begin{cases} C_0 & 0 \leqslant t < t_{\mathrm{CI}} \\ C_0 - \delta e^{2x_D(W)}(t - t_{\mathrm{CI}}) & t \geqslant t_{\mathrm{CI}} \end{cases} \tag{6}$$

根据文献[15]的背景桥梁数据,得到裂缝宽度的分布服从 $N(0.136, 0.000\ 74^2)$,参照文献[8]设定 $m = 0.15$,$\alpha = 0.35$。由于开裂,导致结构的退化时间提前,$t_{CI} = T_0 = 1.5$ 年。由此得出新的退化曲线,如图4所示的劣化曲线2。大约在 $t \approx 31$ 年时结构的状态指标下降到临界值,亟须进行加固补强等维修措施。且状态指标下降过程呈现先快后慢的趋势,反映了初始阶段裂缝宽度增大对结构的耐久性影响很大,而当裂缝(数量、宽度)发展达到一定程度后,结构的退化减缓。

值得注意的是,此图仅反映了裂缝对结构的剩余使用寿命的影响,未涉及其他因素,诸如碳化、氯离子侵蚀等的影响,且假设的混凝土结构的退化曲线可以有更新更复杂的选择[22]。

五、结　　语

本文根据结构的全寿命相关理论,分析了裂缝对结构剩余使用寿命的影响,借鉴模糊随机分析方法,建立裂缝对结构剩余使用寿命影响的隶属函数,并以此提出计算开裂混凝土桥梁的剩余使用寿命的方法。根据相关文献背景完成了一个开裂混凝土箱梁桥的剩余使用寿命预测算例,结果表明混凝土的开裂会导致结构的使用寿命减小约30年,说明裂缝的存在及发展会严重缩短桥梁结构的剩余使用寿命,对于背景的开裂混凝土桥梁亟须展开相关裂缝控制和修复工作。

参考文献

[1] 牛荻涛,陈亦奇,于澍.钢筋混凝土结构的碳化模式与碳化寿命分析[J].西安建筑科技大学学报,1995,27(4):365-369.

[2] 刘志勇,孙伟,杨鼎宜,等.基于氯离子渗透的海工混凝土寿命预测模型进展[J].工业建筑,2004,34(6):61-64.

[3] Tuutti, K. Corrosion of Steel in Concrete[M]. CBI Forskning/Research, 1982.

[4] 惠云玲.混凝土结构钢筋锈蚀耐久性损伤评估及寿命预测方法[J].工业建筑,1997,27(6):19-22.

[5] 张跃松,王要武,张钟涛.建筑工程结构可靠度与使用寿命的预测及定量关系分析[J].建筑科学.2001,17(4):35-38.

[6] 屈文俊,车惠民.混凝土桥梁的优化等耐久性设计[J].土木工程学报,1998,31(4):23-30.

[7] 杜江,韩大建.考虑成本和寿命的桥梁维护策略优化方法[J].华南理工大学学报(自然科学版),2008,36(3):140-146.

[8] 刘新华.桥梁性能与维护策略及成本关系研究[D].长沙:湖南大学,2007.

[9] J. M. van Noortwijk, H. E. Klatter. The use of lifetime distributions in bridge maintenance and replacement modeling[J]. Computers and Structures, 2004(82), 1091-1099.

[10] Frangopol, D. M., Liu, M. Life-cycle cost for highways bridges[J]. Accomplishmen and Challenges, ASCE, 2004, 124 (4):21-27.

[11] Dan M. Frangopol, Kai-Yung Lin, Allen C. Estes. Life-cycle cost design of deteriorating structures[J]. Journal of Structural Engineering, 1997 Oct, 1390-1401.

[12] Kong, J. S., Frangopol, D. M. Life-cycle reliability-based maintenance coat optimization of deteriorating structures with emphasis on bridges[J]. Journal of Structural Engineering, ASCE, 2003b, 129(6):818-828.

[13] Kong, J. S, Frangopol, D. M. System approach to bridge management reliability and sensitivity[C]. IABMAS, Barcelona, 2002, (7):14-17.

[14] Frangopol, D. M., Gharaibeh, E. S., Kong, J. S., Miyake, M. Optimal network-level bridge management planning based on minimum expected cost[J]. Journal of Transportation Board, 2000a, 2 (1696):26-33.

[15] 徐建武.混凝土曲线箱梁桥裂缝开展机理及控制研究[D].杭州:浙江大学,2011.

[16] 曹双寅.裂缝对结构耐久性损失程度评估方法的探讨[J].工业建筑,1992,(1):8-12,16.

[17] 王光远.工程软设计理论[M].北京:科学出版社,1992.

[18] Kejian Wang, Daniel C. Jansen, SP Shah. Permeability study of cracked concrete[J]. Cement and Concrete Research, 1997, 27(3): 381-393.

[19] 刘新华. 桥梁性能与维护策略及成本关系研究[D]. 长沙: 湖南大学, 2007.

[20] Van Noortwijk, J. M.. Two probabilistic life-cycle maintenance models for deteriorating civil infrastructures [J]. Probabilistic Engineering Mechanics, 2004, (19): 345-359.

[21] Denton, S. Data estimates for Different Maintenance Options for Reinforced Concrete Cross Heads[M]. Bristol, UK: Parsons Brinckerhoff Ltd, Personal communication, 2002.

[22] 曹明兰. 桥梁维修全寿命经济分析与优化的理论框架研究[D]. 哈尔滨: 哈尔滨工业大学, 2007.

[23] 项贻强, 徐建武, 唐国斌, 朱汉华. 钢筋混凝土构件裂缝宽度计算的修正方法及其实桥试验研究[J]. 公路交通科技, 2011, 28(2): 45-51.

[24] 项贻强, 唐国斌, 等. 混凝土箱梁桥开裂机理及控制[M]. 北京: 中国水利水电出版社, 2010, 8.

114. 部分斜拉桥主塔适宜高度研究

杨 飞[1] 杨 昀[1] 齐铁东[1] 修丕立[2]

(1. 交通运输部公路科学研究所; 2. 江苏省交通规划设计院有限公司)

摘 要 论述了部分斜拉桥的特点,以及塔高度的影响因素,尤其是塔高度与主梁刚度的关系。归纳统计了我国单箱三室单索面部分斜拉桥的塔跨比适用范围,并与日本规范规定的塔跨比做了对比。论述了高塔型部分斜拉桥适宜的塔高度。通过对工程实例的计算,分析了恒载和活载作用下,塔高度变化对曲线部分斜拉桥的影响规律,并提出了曲线部分斜拉桥的塔高取值范围和原则。

关键词 部分斜拉桥 塔高度 主梁刚度 塔跨比 曲线部分斜拉桥

一、引 言

部分斜拉桥在法国诞生以后,在很多国家都得到了一定程度的应用,尤其在日本,至2008年,日本已建成了这种桥梁49座(日本国内有44座,日本企业参与修建的海外部分斜拉桥5座),桥梁跨度从初期的122m发展至275m,桥宽从13m发展到33m,主梁从单纯的预应力混凝土梁发展到波形钢腹板的结合梁。部分斜拉桥在国内发展很快,先后建成了厦门同安银湖大桥、兰州小西湖黄河大桥、惠青黄河公路大桥、江珠高速公路荷麻溪大桥、北京峪道河大桥、辽宁沙河大桥、北京玉带河大桥、北京潮白河大桥、山西神仙河大桥、柳州三门江大桥、柳州静兰大桥等十多座部分斜拉桥,这标志着国内部分斜拉桥达到世界先进水平。

传统箱梁大都采用体内束张拉,当跨度增大时,要求钢束偏心量和截面高度增加,自重随之增加,此时,将钢束转移到箱梁体外是一种思路,当体外索偏心量较小时,恒载和使用荷载由拉索和主梁共同承担,即部分斜拉桥。体外索偏心量很大,恒载和使用荷载主要由拉索承担时,即斜拉桥。

由于体外索的设计思想,这就注定了部分斜拉桥没有必要将塔做的过高,如果塔过高,斜拉索的竖向提升力会显著增加,其受力特性就更像一般斜拉桥了,所以部分斜拉桥也称为矮塔斜拉桥。部分斜拉桥受力特点介于连续刚构桥和一般斜拉桥之间,即兼有梁桥和斜拉桥的优点。

二、塔高度与主梁刚度的关系

索塔高度一般应从桥面以上起开始计算,且不包括由于造型或观光等需要而加高的塔顶高度。索塔的高度效应,一般采用索塔高度 H 与斜拉桥的主跨跨径 L 的比值来表示。

文献[1]规定的普通斜拉桥索塔高度为：双塔、多塔斜拉桥桥面以上索塔的高度与主跨跨径之比宜为0.167～0.25；独塔斜拉桥塔高通过外索控制，桥面以上高度与跨径之比宜为0.27～0.37，外索的水平倾角不宜小于22°。

文献[2]记载的普通斜拉桥索塔高度为：对于双塔三跨式斜拉桥，H/L 的比值宜取0.14～0.25，独塔双跨式斜拉桥的 H/L 宜选用0.30～0.45；外索的水平倾角一般不小于22°。

对于普通斜拉桥而言，通常索塔的高度宜选用高值，以降低斜拉索的用钢量、减小主梁跨中挠度。但在特大跨径斜拉桥中，仅靠增加索塔高度来提高全桥的刚度是不经济的，最好是加强锚索或边跨选用地锚的方式，此时，塔高和主跨比值宜选用低值。

对于部分斜拉桥而言，由于受力以梁为主、索为辅，一般的塔的刚度较小，且不设端锚索，所以塔高取值一定要慎重，不宜取得过高。这也是目前所谓柔塔刚梁类部分斜拉桥较常用的原因。与之相对应的是刚塔柔梁结构，采用这种结构形式的桥并不多，主要用于多塔的斜拉桥（如早期的马拉开波桥、洞庭湖大桥等）和个别部分斜拉桥（如瑞士的 Sunniberg 桥）。

普通斜拉桥，一般主梁的弯曲刚度较小，若忽略主梁弯曲刚度的影响，则主梁的支承刚度将来自于索和塔两方面。在刚性主梁拉索锚固点处荷载 P 的作用下，主梁下挠量见式(1)，计算图式如图1所示。

$$\delta = \frac{Pl}{E_s A_s \sin^2\alpha\cos\alpha} + \frac{Pl^3}{3E_t I_t}\tan\alpha \tag{1}$$

式中，δ 为主梁下挠量；P 为作用在拉索锚点处的荷载；l 为梁上拉索锚固点到塔的距离；E_s、E_t 为分别为斜拉索和塔的弹性模量；A_s 为拉索的面积；α 为拉索的倾斜角度；I_t 为索塔及背索的换算截面惯性矩。

对于相同的主梁锚固位置 l，索对主梁的支承刚度主要取决于索力的竖向分力 V 和拉索的线刚度 E_sA_s/L_s。对塔而言，H_t 越大，则塔抗水平变位的刚度就越弱。

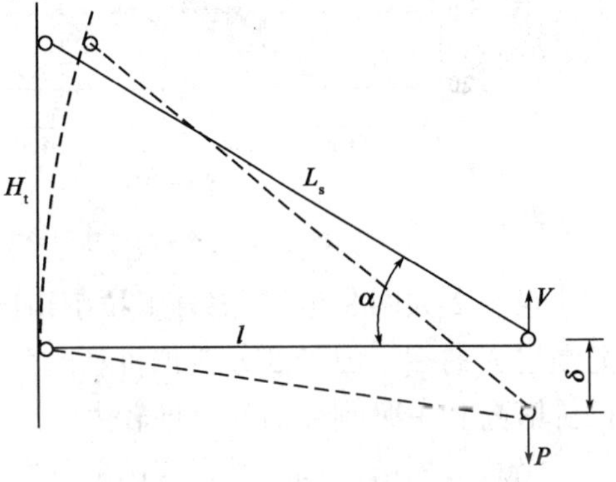

图1　塔高和索长、倾角相互关系

式(1)中，等号右边第一项为拉索伸长引起的挠度，从公式可知，当表达式($\sin^2\alpha\cos\alpha$)的值为最大值时拉索对主梁的支承刚度最大；等号右边第二项为塔位移所引起的挠度，其中 E_tI_t 为综合考虑背索影响的索塔等截面当量刚度，显然 $\tan\alpha$ 越小，即塔越矮则塔对梁的支承刚度就越大。

部分斜拉桥，受力以主梁受弯为主，所以梁的弯曲刚度必须考虑。考虑梁的弯曲刚度后，并将 $H_t = l \cdot \tan\alpha$ 代入，得到式(2)。

$$\delta = \frac{Pl}{E_s A_s \sin^2\alpha\cos\alpha} + \frac{Pl^2 H_t}{3E_t I_t} + \frac{Pl^3}{mE_l I_l} \tag{2}$$

式中，E_l 为主梁的弹性模量；I_l 为主梁的截面惯性矩；m 为与主梁边界条件、主跨跨径及 P 点作用位置相关的系数。

式(2)中，等号右边第三项为荷载 P 作用下梁的弯曲引起的挠度，显然梁的弯曲刚度 E_lI_l 越大，主梁的挠度就越小；由修改后的第二项可知，塔高 H_t 越小，塔变形小，进而对梁的跨中挠度影响就越小。

另一个角度，如果主梁挠度一定的情况下，主梁刚度越大，需要的塔高就越小；反之，主梁刚度越小，需要的塔高就越大。由此看来，主梁刚度和塔高是可以从受力最优和工程造价等角度进行优化的。

索塔高度不仅与斜拉桥的主跨跨径有关，还与拉索的索面形式、拉索的索距和拉索的水平倾角有关。在主跨跨径相同的情况下，索塔高度低，拉索的水平倾角就小，则拉索的垂直分力对主梁的支承作用就小，会导致拉索的用钢梁增加；反之，索塔高度越大，拉索的水平倾角就大，拉索对主梁的支承效果就大，但索塔和拉索的材料用量也增加，而且还会增加施工难度。因此，索塔的高度应由造价来确定。此外，部分斜拉桥的索塔高度还与主梁刚度有关，所以部分斜拉桥的索塔高度应由造价和主梁刚度两方面来确定。

三、部分斜拉桥塔高度的拟定

日本预应力混凝土技术协会于2009年出版的《PC斜拉桥及部分斜拉桥设计施工规范》规定：部分斜拉桥塔高度与斜拉索的配置有密切关系，须考虑斜拉索悬吊的效率或景观后再确定塔的高度。

关于塔的高度，斜拉桥及部分斜拉桥的换算跨度和塔高之间都存在比例关系，根据以往实例，斜拉桥塔高度在 $H = L/3 \sim L/5$ 之间，部分斜拉桥塔高度在 $H = L/8 \sim L/15$ 之间（L 为换算跨度）。

根据日本已建斜拉桥及部分斜拉桥的实际工程，绘制出实际斜拉桥的塔高与换算跨度的关系（图2）及实际部分斜拉桥的塔高与换算跨度的关系（图3）。其中换算跨度 L 的算法：三跨以上的桥，按照最大跨度；两跨以下的桥，按照将主跨长扩大1.8倍换算成三跨主跨。

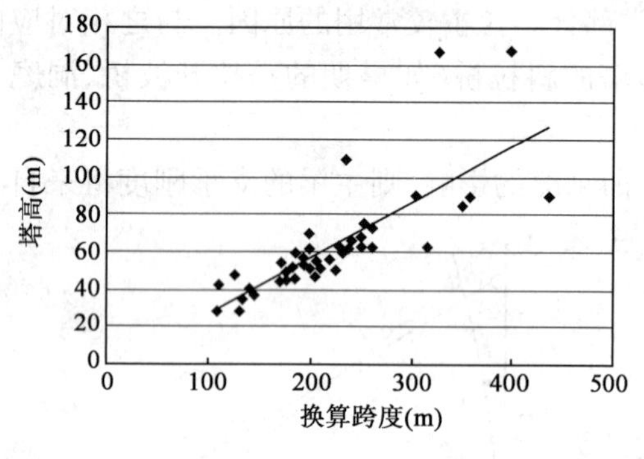

图2　日本斜拉桥的跨度与塔高的关系

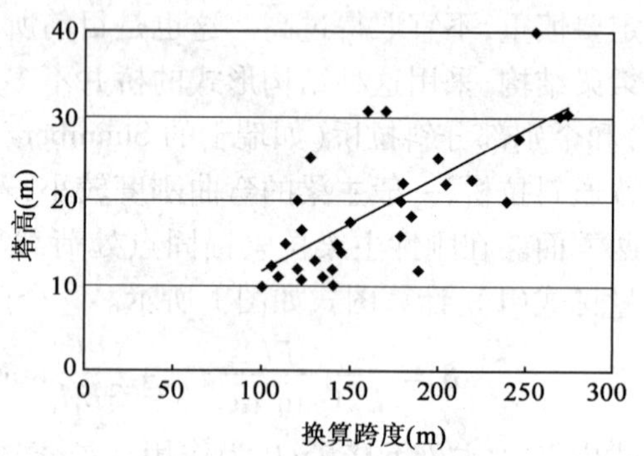

图3　日本部分斜拉桥的跨度与塔高的关系

由图2和图3可知，部分斜拉桥相比斜拉桥，部分斜拉桥塔跨比（H/L）的离散性大得多，即可适用的范围也大的多。由于部分斜拉桥竖向荷载由梁或是索分担的比例随意性较大，所以这就势必造成部分斜拉桥塔高和主梁刚度的随意性较大。

仍然沿用塔跨比来研究我国部分斜拉桥的塔高度，现对我国已建26座部分斜拉桥的塔跨比进行统计，绘制出我国部分斜拉桥的塔高与换算跨度的关系，如图4所示。

通过线性回归，拟定的趋势线斜率为0.098，并由此可以估算出部分斜拉桥的塔高与换算跨度的比值 $H/L = 0.08 \sim 0.17$。鉴于我国所修建的部分斜拉桥大多为单箱三室或多室的整体式箱梁结构，所以，这个塔高的范围，我们也可以认为是整体式箱梁塔高的初步拟定范围。

文献[1]规定的部分斜拉桥桥面以上塔高与跨径之比宜采用1/8～1/12，这个范围包括在我们统计的范围之内，且已有实际工程证明。塔高与跨径之比突破了这个范围，在初拟时仍需根据结构实际情况，灵活采用。

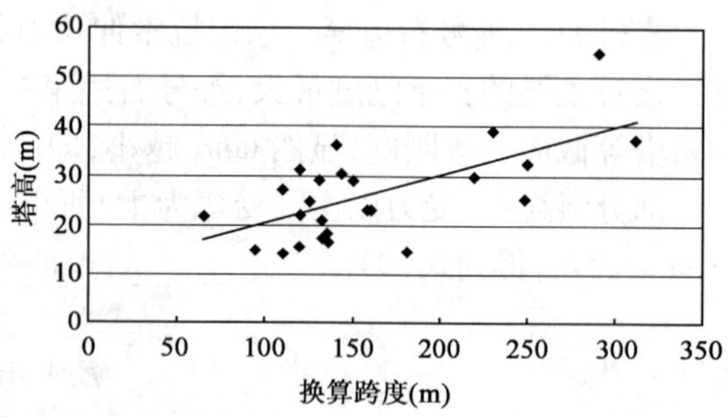

图4　我国已建部分斜拉跨度与塔高的关系

前一节已经分析过一般部分斜拉桥的主塔截面刚度较小，所以塔高不宜过高，而过矮又对结构竖向荷载的分担程度降低，所以在初步拟定后，还需结合整体结构详细计算分析，以求达到最佳的塔高。

四、高塔型部分斜拉桥的塔高

上节已经分析得到部分斜拉桥塔高的拟定范围，明显地看出部分斜拉桥塔高比一般斜拉桥的塔高要矮，这也是之所以部分斜拉桥被称作矮塔斜拉桥的原因。但是工程实际中出于各种原因，修建的高塔型部分斜拉桥，已经难以适用以上矮塔型部分斜拉桥的塔高范围，如澳门澳凼三桥和厦门银湖大桥。

被人们称为高塔型部分斜拉桥的澳凼三桥（图5），为连接澳门与大陆的第三条通道，为珠江三角洲主要城市轨道交通系统衔接的交通要道。其主桥跨径组成为（110+180+110）m。上层车道为双向6车道，下层近期为双向4车道，远期为双线轻轨。在大于8级风的条件下，上层交通及下层轻轨交通关闭，下层通行2车道。横向为双箱、三塔柱、四索面,“m”形的塔柱,中间两索面之间为0.9m。该桥之所以称为部分斜拉桥是因为其主梁高度较高,刚度较大。箱梁梁高6.13m,高跨比为1/29.4。又称为高塔型部分斜拉桥,是因为其塔高较大,其主塔高48m,塔跨比为0.267,相当于普通斜拉桥的塔高。相对主梁刚度而言,主塔刚度较柔。

厦门银湖大桥位于同安东、西溪汇合处的下游。主桥为(80+80)m两跨部分斜拉桥(图6)。主梁采用单箱三室大悬臂截面,中支点梁高3.8m,边支点梁高2.4m,梁高按二次抛物线变化。支点梁高的高跨比为1/21,稍小于连续刚构桥(一般连续刚构桥高跨比为1/16~1/20[3]),远大于一般斜拉桥的高跨比(一般斜拉桥稀索体系梁高为跨径的1/40~1/70[2])。主塔在桥面以上高30.25m,塔跨比为0.378,已符合一般斜拉桥的塔跨比。索在塔顶采用贯通式鞍座形式通过。

图5 澳凼三桥

图6 厦门银湖大桥

以上两桥从受力特性上分析,可以认为都是部分斜拉桥,但是其塔高均较高,已经达到一般斜拉桥的塔高要求。部分斜拉桥塔高增大,主要是由于斜拉索承担竖向荷载比例的需要。但是一般地,塔高不宜高过一般斜拉桥的塔高范围。这是因为,虽然塔高选用高值,可以降低斜拉索的用量、减小主梁跨中挠度,但是一般的部分斜拉桥主梁刚度较大,而相比之下,塔的刚度较小,塔越高,塔顶可能的位移会越大。如果通过增加塔的高度,过多地用塔来承担竖向荷载,对结构整体刚度的贡献不如主梁的贡献明显,即这样做是不经济的。

文献[4]对高塔型部分斜拉桥分析表明,索塔刚度对整体刚度几乎没有多大影响,高塔型部分斜拉桥中索塔只要满足自身的受力要求就可以了,不需要像一般斜拉桥那样将主塔设计得很笨重,以此来提高结构对整体的受力要求。

对于这种塔高度已经相当于一般斜拉桥的部分斜拉桥而言,为了满足自身受力的条件,可以增加塔高,但是从对结构受力的经济性角度讲,塔高最好限制在一般斜拉桥的塔高范围内,其余的竖向荷载和对结构的整体刚度的贡献需由主梁来承担。由于主梁刚度对结构整体刚度影响较大,而塔高在一定程度以后对主梁刚度影响已经不大,所以主梁高度在减小时也应慎重。

五、曲线部分斜拉桥塔高度影响分析

直观地讲,曲线部分斜拉桥塔的高度与直线部分斜拉桥有类似之处,如结构刚度方面塔顶纵向位移,强度方面主梁跨中弯矩等特性应该是类似的;也有不同之处,如结构刚度方面,塔顶横向位移、强度方面主梁扭矩等。本节就着重从这几个方面分析曲线部分斜拉桥的索塔高度对结构受力的影响。

本节以某曲线部分斜拉桥为算例,采用塔梁固结体系模型计算分析。采用的分析软件为MIDAS/Civil 2010。

该桥跨径组成为(75+125+75)m,平曲线半径为850m,该桥采用单箱三室大悬臂变截面PC连续箱梁,箱梁总宽度28m,支点梁高4.2m,跨中梁高2.3m,从支点起25.5m范围内梁高按二次抛物线变化。主塔高24.5m,采用独柱实心矩形截面,顺桥向长3m,横桥向宽2m。塔身上部设鞍座,以便斜拉桥通过。斜拉索为双排单索面,每个塔上设有9对斜拉索,主梁上索距为4m,塔上索距为1m。靠近塔的内侧三对斜拉索采用31Φ^{S}15.2钢绞线,远离塔的外侧三对索采用37Φ^{S}15.2钢绞线,中间三对索采用34Φ^{S}15.2

钢绞线。

通过修改塔高，来分析塔高对结构的影响。本节在不改变斜拉索锚固间距的情况下，通过改变索塔下方的非锚固区高度，来实现索塔高度的变化。采用的桥面以上塔高分别为 13.7m、16.7m、19.7m、22.7m、25.7m、28.7m 六种情况。

1. 恒载作用下塔高影响分析

通过建模计算，在恒载作用下，对塔的纵横向位移、中跨跨中挠度、边中跨纵向弯矩、横向弯矩、扭矩进行统计，并绘制趋势曲线，如图 7 ~ 图 12 所示。

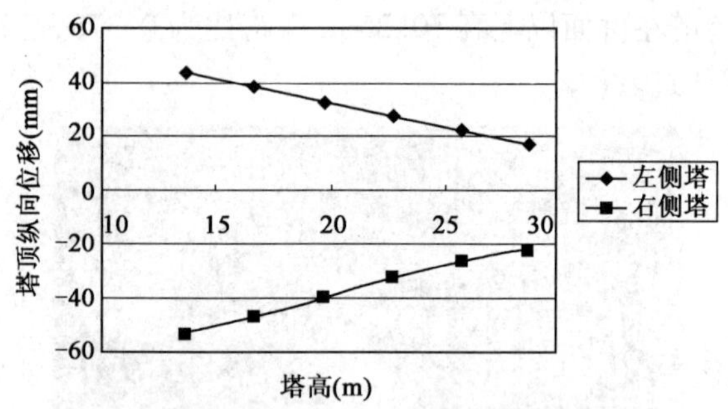

图 7 恒载作用下塔顶纵向位移随塔高变化曲线

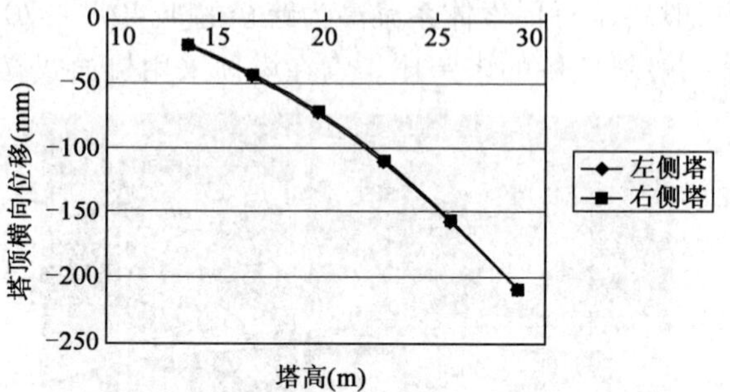

图 8 恒载作用下塔顶横向位移随塔高变化曲线

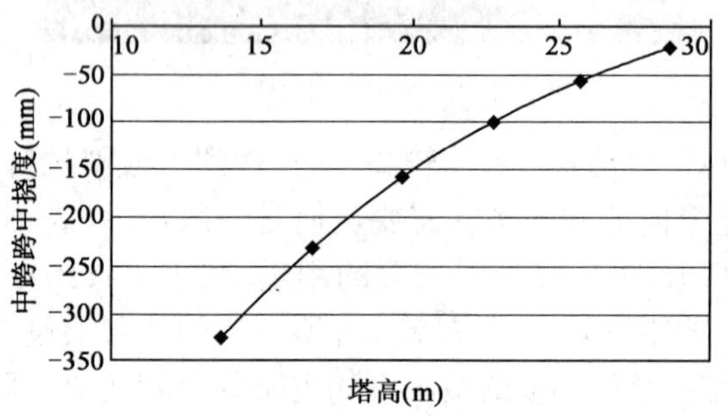

图 9 恒载作用下中跨跨中挠度随塔高变化曲线

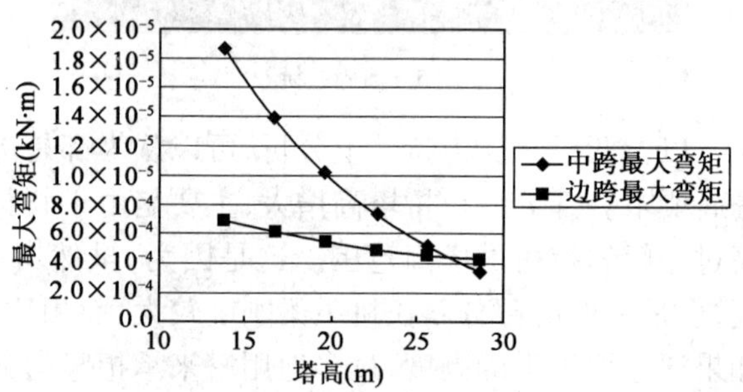

图 10 恒载作用下结构最大弯矩随塔高变化曲线

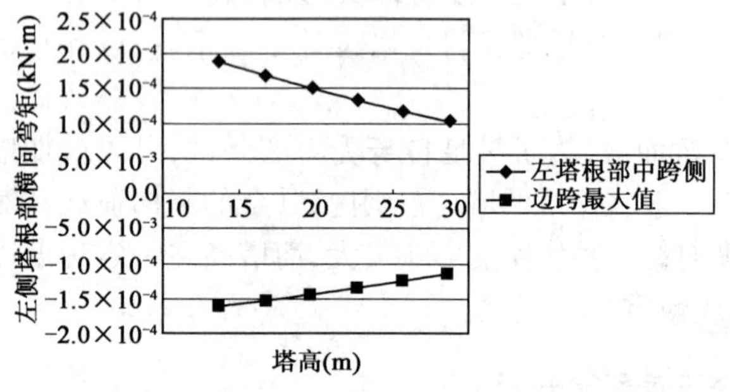

图 11 恒载作用下横向弯矩随塔高变化曲线

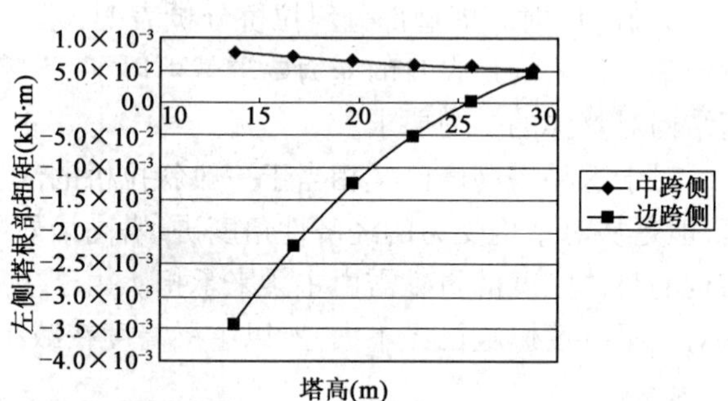

图 12 随载作用下左侧塔根部扭矩随塔高变化曲线

由图 7 可知，随着塔高的增加，恒载作用下，塔顶的纵向位移绝对值在减小。

由图 8 可知，随着塔高的增加，恒载作用下，塔顶的横向位移在增大。

由图 9 可知，随着塔高的增加，恒载作用下，主梁的跨中挠度在减小。

由图 10 可知，随着塔高的增加，恒载作用下，边中跨弯矩都在减小，且中跨弯矩最大值比边跨弯矩最大值减小得快，塔高达到一定高度后，边跨的最大弯矩将大于中跨的最大弯矩。

由图 11 可知，随着塔高的增加，恒载作用下，塔根部横向弯矩的绝对值和边跨横向弯矩最大值的绝对值都在减小。

由图 12 可知，恒载作用下，塔根部中跨侧扭矩绝对值随着塔高的增加而减小，边跨侧扭矩变化较大，随着塔高增加会出现异号现象，边跨扭矩图会发生较大变化。

塔高增加，斜拉索与主梁夹角变大，由索和塔分担的竖向荷载增加，相应的斜拉索水平分力减小，所以塔的纵向位移和跨中挠度都会随着塔高增加而减小。所以此时决定塔纵向变形和主梁挠度的主要因素是斜拉索的竖向分力和水平分力。塔高增加到一定程度，主梁的竖向挠度减小程度趋于缓慢，这说明此时塔高过高，塔的刚度变小，而主梁对结构整体刚度的贡献作用慢慢凸显。

塔高增加，塔顶横向位移急剧增加，这是因为，主梁曲线半径较大，所以斜拉索水平分力的横向分力本身就较小，所以影响塔横向位移的决定因素仍然是塔的刚度，塔高增高，刚度减小，水平位移自然会增大。

结构强度方面，塔高增加，主梁弯矩减小，同样是由于斜拉索分担的竖向力增加的缘故，而相应的横向分力减小，故横向弯矩也在减小。斜拉索水平拉力的偏向也会引起扭矩，随着塔高增加，斜拉索水平拉力减小，相应的引起扭矩也就减小。减小到一定程度，随着塔高的增加，边跨扭矩甚至因此而改变分布状态。因此减小主梁扭矩，适当增加塔高是一个有效措施。

2. 活载作用下塔高影响分析

活载作用下塔高分析，活载加载方式，在平曲线内侧加两列车道（偏载方式），对结构的刚度和内力进行对比分析，绘制出趋势曲线，如图13～图18所示。

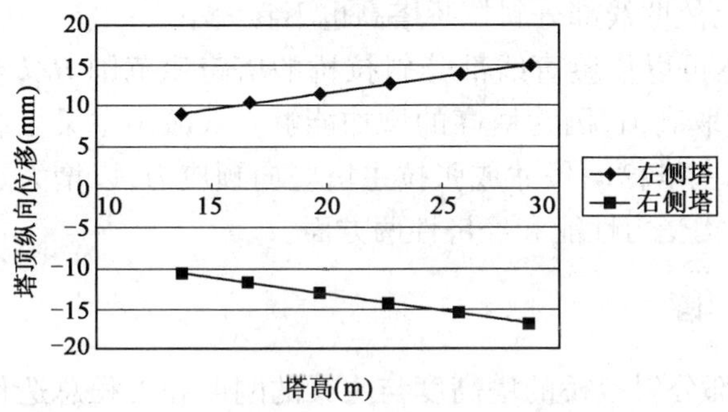

图13 活载作用下塔顶纵向位移随塔高变化曲线

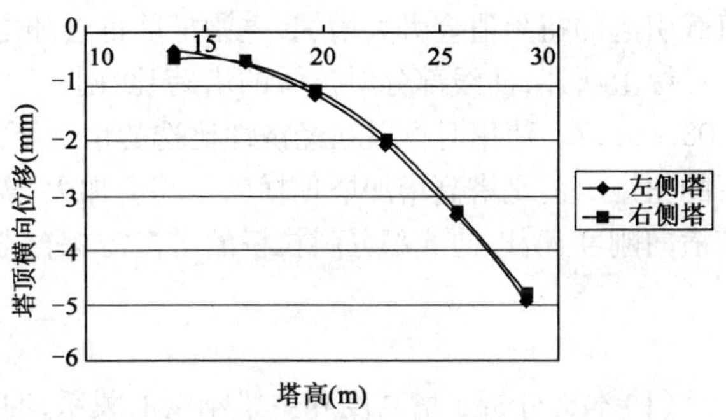

图14 活载作用下塔顶横向位移随塔高变化曲线

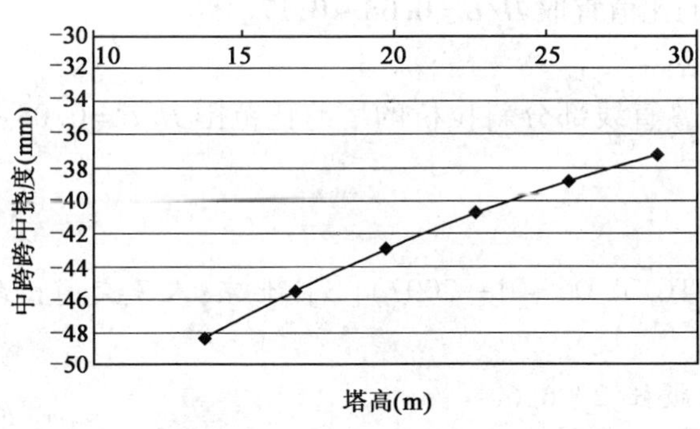

图15 活载作用下中跨跨中挠度随塔高变化曲线

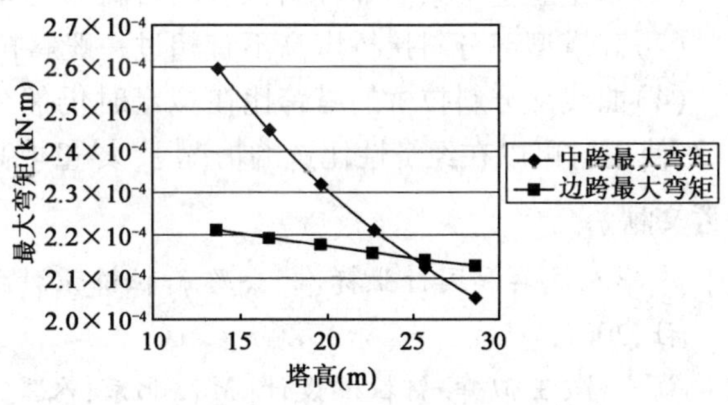

图16 活载作用下结构最大弯矩随塔高变化曲线

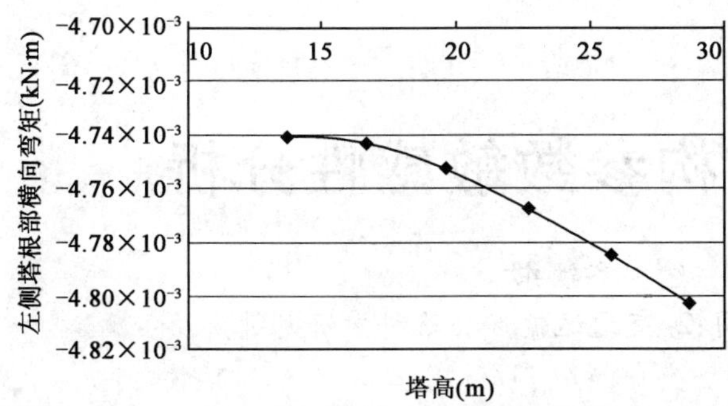

图17 活载作用下左侧塔根部（跨中侧）横向弯矩随塔高变化曲线

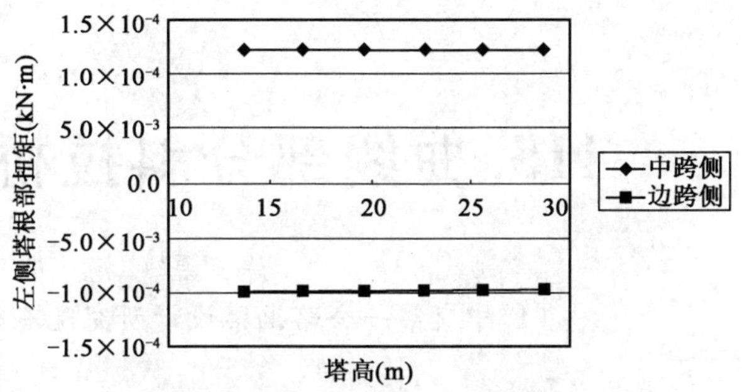

图18 活载作用下左侧塔根部扭矩随塔高变化曲线

由图13可知,活载作用下,塔顶纵向位移绝对值随塔高的增大而增大,这与恒载作用时的趋势不同。

由图14及图15可知,活载作用下,塔顶横向位移与主梁跨中挠度随塔高的变化趋势与恒载作用时的变化趋势基本相似。

由图16可知,在活载作用下的主梁最大弯矩与恒载作用时随塔高的变化趋势基本相似。

由于横向弯矩主要分布在中跨,边跨横向弯矩数值极小,图17只给出中跨侧的横向弯矩。由图17可知,活载作用下,横向弯矩最大值的绝对值随塔高增加而增加,且增加速率有增大的趋势。横向弯矩图恒载与活载的最大值差异较大。

由图18可知,塔高对活载作用下的扭矩影响不大。

活载作用下,塔高增加,塔顶纵向位移增大,这是主塔刚度减小的表现。主梁横向弯矩,与结构体系和边界条件有很大关系,横向弯矩随塔高增加而增大也是由于结构体系刚度减小的原因。活载下,扭矩变化不大,这说明塔高对主梁在活载下的受扭贡献不大,活载下的抗扭仍以主梁为主。

由主梁弯矩图可以看出,当塔高达到25.7m(塔跨比$H/L=0.206$)时,主梁的边中跨弯矩分布已经不是很合理。若要小于这个塔高,那么又接近于直线部分斜拉桥的拟定范围;如果塔高过小,主梁弯矩值和恒载引起的扭矩值会大大增加,主梁配筋也会随之增加,故曲线部分斜拉桥塔高也不宜太小。

综上所述,曲线部分斜拉桥的塔跨比在拟定时仍然可以借鉴直线部分斜拉桥的塔跨比范围$H/L=0.08\sim0.17$。使用时可以在经济性比选的情况下,尽量取高值,因为塔高的增加能够有效减小主梁恒载下的扭矩。但是塔高增加塔顶横向位移会加大,需增加主塔横向尺寸或张拉主塔竖向预应力,以增大主塔横向刚度,所以曲线部分斜拉桥的塔高需综合考虑结构受力性能和经济性两方面。

六、结　　语

(1)本文分析了塔高度和主梁刚度的关系,明确了部分斜拉桥的塔高度与主梁的刚度和工程总造价有密切关系。

(2)单箱三室单索面部分斜拉桥的塔高与换算跨度的比值宜取$H/L=0.08\sim0.17$。

(3)高塔型部分斜拉桥塔高不宜超过一般斜拉桥的塔高。

(4)曲线部分斜拉桥的塔跨比在拟定时仍然可以借鉴直线部分斜拉桥的塔跨比范围$H/L=0.08\sim0.17$,使用时可以在经济性比选的情况下,尽量取高值。

参考文献

[1] 中华人民共和国行业标准.公路斜拉桥设计细则(JTG/T D65-01—2007)[S].北京:人民交通出版社,2007.

[2] 刘士林,王似舜.斜拉桥设计[M].北京:人民交通出版社,2006,6.

[3] 邵旭东.桥梁工程(第二版)[M].北京:人民交通出版社,2007.

[4] 袁钰,吴京.高塔型矮塔斜拉桥初探[J].公路,2008,(1).

115.曲线部分斜拉桥结构参数敏感性分析

许　磊[1]　杨　昀[2]　杨　飞[2]　齐铁东[2]

(1.中交第一公路勘察设计研究院有限公司;2.交通运输部公路科学研究所)

摘　要　本文简要介绍了曲线部分斜拉桥的研究现状和发展状况,对部分斜拉桥的索梁荷载分担比例进行分析探讨,通过修正提出了曲线部分斜拉桥的索梁荷载分担比例公式;以依托工程龙井河大桥为工程背景,建立有限元分析模型,分析了曲线部分斜拉桥索梁荷载分担比例的影响因素,主要选取五个结构参数进行分析,包括主梁刚度、主梁体内预应力、斜拉索截面积、主塔刚度和主塔高度;具体分析了这五种结构参数的变化对曲线部分斜拉桥结构性能的影响,得出了主梁、主塔、斜拉索和主墩对这五种结构参数变化的敏感性规律。

关键词　曲线部分斜拉桥　结构性能　索梁荷载分担比例　结构参数

一、引　　言

部分斜拉桥就是介于斜拉桥和连续梁桥(连续刚构桥)之间的一种组合体系桥型。作为一种新桥型,它造型优美,结构特色鲜明,兼具斜拉桥和梁式桥的双重优点,近二十年来在国内外得到了蓬勃发展和广泛应用[1][3]。

根据国内外部分斜拉桥的研究现状及发展趋势可知,虽然国内外修建了很多部分斜拉桥,但这些已建或在建的部分斜拉桥基本都是直桥,曲线部分斜拉桥极少,从现有文献资料上看,国内还没有关于曲线部分斜拉桥的报道,国外仅查到五例,现具体介绍如下:

(1)法国的 Pont de Saint-Rémy-de-Maurienne Bridge(1996 年),位于曲率半径 $R=500$m 的平曲线上,跨径布置为(52.5+48.5)m,独塔两跨;主梁截面形式为 U 形,梁高 2.15m,桥宽 13.4m,塔高 3.5m。

(2)瑞士的 Sunniburg Bridge(1998 年),位于曲率半径 $R=500$m 的平曲线上,跨径布置为(59+128+140+134+65)m,四塔五跨;主梁为肋板式梁,跨中板高 32cm,塔根部板高 40cm,两个边肋高 80cm。

(3)日本的新唐柜桥[5](1998 年),位于曲率半径 $R=400$m 的平曲线上,跨径布置(74.1+140+69.1)m,双塔三跨;主梁为双室和三室箱梁,塔梁固结体系,双塔双索面;曲线绕陡坡布置,避免开挖不稳定的滑坡区。

(4)韩国的 Kack-Hwa First Bridge(2006 年),位于曲率半径 $R=900$m 的平曲线上,跨径布置为(55+115+100)m,独塔两跨,桥面宽 31.1m,扇形双索面。

(5)韩国的 Pyung-Yeo 2 Bridge(2007 年),位于曲率半径 $R=820$m 的平曲线上,跨径布置为(65+120+65)m,双塔三跨,桥面宽为 23.5m。

由现有的文献资料可知,目前有关部分斜拉桥的研究几乎全是关于直线部分斜拉桥的,而曲线部分斜拉桥方面的研究基本没有发现,国外也很少涉及有关曲线部分斜拉桥的研究资料。因此,开展关于曲线部分斜拉桥结构性能和构造设计方面的研究是很有意义和非常必要的,这将拓展部分斜拉桥的适用范围,也将为曲线部分斜拉桥的设计和施工提供技术支持。

二、依托工程概况与计算模型

1. 依托工程概况

龙井河大桥是交通部西部交通建设科技项目《山区曲线斜拉桥的设计与施工技术研究》的依托工程。拟建的龙井河大桥位于厦蓉高速公路贵州境内织金至纳雍段,大桥为跨越山间"V"形河谷而设。拟采用的全桥布置为(6×30m)T 梁+(86m+160m+86m)部分斜拉桥+(5×30m)T 梁。主桥推荐方案为三跨预应力混凝土曲线部分斜拉桥,跨径布置为:(86+160+86)m,塔墩梁三者固结;主桥平面位于曲率半径 $R=850$m 平曲线上,纵面位于 2.8% 的直线坡上,拟采用悬臂浇注施工方法,如图 1 所示。桥梁全宽 28m,采用分离式双箱,每箱均为单箱单室截面,箱宽 12m,中间 4m 为设置桥塔和斜拉索的空间,两箱之间设置横梁,以锚固斜拉索。塔根部梁高 8.0m,跨中及边支点处梁高 3.6m,采用三向预应力体系。主塔采用独柱型塔柱,截面纵向长 4.5m,横向宽 3.0m,塔高 37.50m,哑铃形实心混凝土截面,塔柱内预埋索鞍。斜拉索采用双排单索面,梁上索间距为 4.0m、4.5m,塔上索间距 2.0m。斜拉索采用低松弛高强度钢绞线,每根索采用 $31\Phi^{s}15.24$ 截面。每个上塔柱上共 6 对拉索,全桥共 12 对拉索。

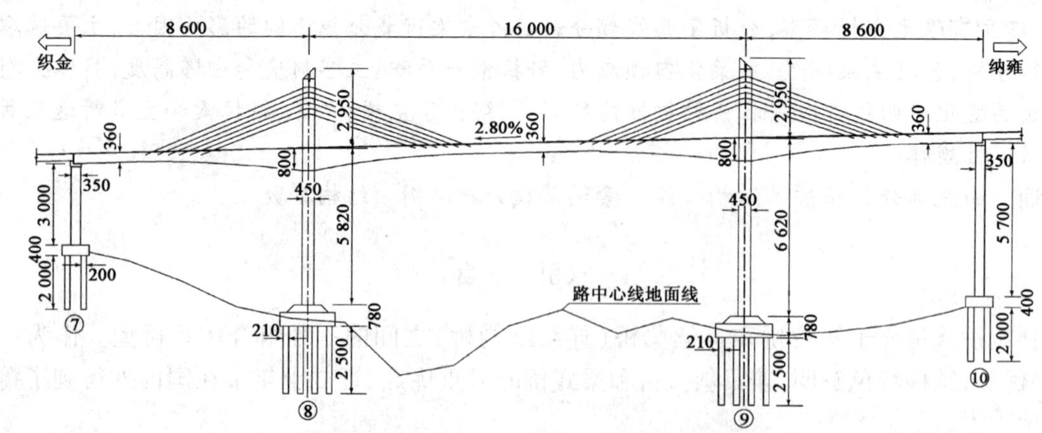

图1 龙井河大桥主桥桥型布置图(尺寸单位:cm)

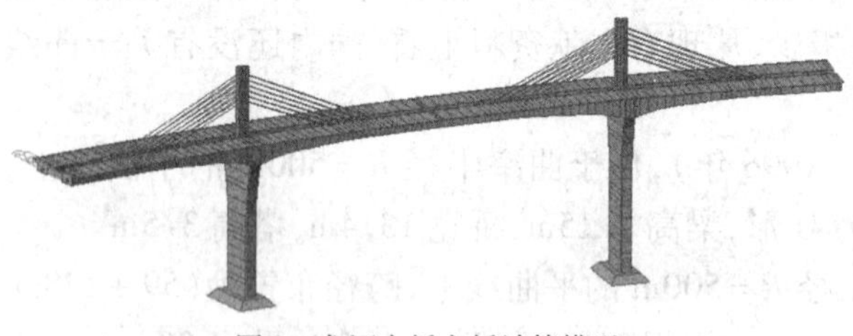

图2 龙河大桥主桥计算模型

2. 有限元计算模型

采用有限元软件对龙井河大桥主桥进行数值仿真分析,结构计算采用空间梁单元模型,主塔、主梁和主墩为空间梁单元,斜拉桥索为平面桁架单元[2][6],边墩按刚性计算;主梁按每个施工节段并兼顾主梁斜拉索锚固位置划分单元,计算参数按桥梁设计的实际参数取值,有限元计算模型如图2所示。

三、曲线部分斜拉桥的索梁荷载分担比例

部分斜拉桥承受外界荷载作用的主要受力构件是主梁和斜拉索,主梁起主要作用,斜拉索起辅助调节作用,两者协同工作形成了部分斜拉桥的受力特性[3]。而每座部分斜拉桥建成后其主梁和斜拉索分担的荷载比例是一定的,这个比例的大小关系到结构的受力是否更合理、造价是否更经济,因此在部分斜拉桥设计阶段最好能明确分析出斜拉索与主梁分担荷载比例的关系,即索梁荷载分担比例。

对于索梁荷载分担比例,根据荷载分类的不同,对应于恒载状态,可以称为索梁恒载分担比例;对应于活载状态,可以称为索梁活载分担比例[7]。关于索梁恒载分担比例,因为恒载状态下的索力是由设计状态确定的,所以只有确定部分斜拉桥的恒载状态,索梁恒载分担比例才是唯一确定的。对于部分斜拉桥,在众多的恒载索力中,必然有一种状态的索力使得上部结构造价最小,称之为经济索力。这个状态下的索梁恒载比称为经济索梁恒载分担比例。经济索梁恒载分担比例有助于研究部分斜拉桥的斜拉索与主梁体内预应力的最佳分配比例问题,这个概念很有意义[7]。

根据现有文献资料,目前有关部分斜拉桥的索梁荷载分担比例的研究主要有以下三个方面:

(1)日本对部分斜拉桥做了较多研究,日本专家山崎淳、山縣敬二等提出了“斜拉索竖向刚度与主梁刚度的比值γ”与“斜拉索的竖直荷载分担比例β”两个指标来描述部分斜拉桥的特征[7],用于界定和研究部分斜拉桥。

斜拉索竖向刚度与主梁刚度的比值γ:

$$\gamma = \frac{\sum_i (1/\delta_{ci})}{(1/\delta_{gmax})} = \frac{\sum_i E_{ci}A_{ci}\sin^2\alpha_i/L_{ci}}{E_g I_g/L_g^3} \qquad (1)$$

式中,δ_{ci}为i号缆索单位张力的伸长量的竖直分量;δ_{gmax}为该缆索处主梁在单位竖向力作用时的竖向位移;E_{ci}、A_{ci}、L_{ci}、α_i分别为第i根索的弹性模量、截面积、长度、角度;E_g、I_g、L_g分别为主梁的弹性模量、截面惯性距、中孔跨度。

斜拉索的竖直荷载分担比例β:

$$\beta = \frac{\text{斜拉索分担的竖直荷载}}{\text{全部竖直荷载}} \times 100\% \qquad (2)$$

(2)兰州交通大学的刘凤奎、蔺鹏臻等提出了部分斜拉桥的“斜拉索荷载效应影响度”与“部分斜拉桥特征参数 α”[4]，并用这些参数来定义和分析研究部分斜拉桥的工程实例。“部分斜拉桥特征参数 α”与山崎淳、山縣敬二等提出了“斜拉索竖向刚度与主梁刚度的比值 γ”的含义基本一样，只是两者对参数的取值有所不同。

(3)同济大学陈从春博士则提出了部分斜拉桥的索梁恒载比和索梁活载比的概念，并研究了索梁荷载比的计算公式及其影响参数，并提出索梁荷载比的概念来研究其力学行为[9]。

索梁荷载比定义为：

$$\eta = \frac{\text{斜拉索分担的竖直荷载}}{\text{主梁分担的竖直荷载}} \tag{3}$$

陈从春博士并根据不同结构体系部分斜拉桥的边界条件，将其分别比拟为梁式结构，根据索梁变形协调推导出索梁荷载比的公式[9]：

$$\gamma = \frac{q_c}{q_g} = \frac{\sum_i E_{ci}A_{ci}\beta_i \sin^2\alpha\cos\alpha}{E_g I_g} \tag{4}$$

式中，E_{ci}、A_{ci}、α_i 分别为第 i 根索的弹性模量、截面积、角度；E_g、I_g 分别为主梁的弹性模量、截面惯性距；β_i 为拉索在主梁上的布置参数，与跨径和支承条件有关。从式(4)可以看出，索梁活载比是由斜拉索面积、间距、倾角 α、主梁刚度及边界条件确定的。

以上这三方面都是关于直线部分斜拉桥的主梁与斜拉索荷载分担比例的研究，直线部分斜拉桥的索梁荷载分担比例对曲线部分斜拉桥有一定的借鉴作用，但是曲线部分斜拉桥的索梁荷载比例又不与直线部分斜拉桥的完全一致，需要考虑斜拉索的空间曲线布置特性。

式(1)~式(4)有一个共同的特点，全部是针对直线部分斜拉桥结构提出的，公式分析涉及的斜拉索都可以认为是在同一个平面内布置的，分析的时候也就按平面布置来处理，公式中也就只考虑了斜拉索在竖直平面内与主梁之间的夹角，主梁也是在竖直平面内的直线结构；但是这些公式对曲线部分斜拉桥却不再适用，因为曲线部分斜拉桥的斜拉索不再是平面内布置的，而是空间曲线布置的，对于这些不但要考虑斜拉索与曲线主梁平面的竖直夹角，还要考虑空间斜拉索在主梁平面内的投影线与主梁锚固点切线的夹角 φ_i；而主梁也不再是直线结构，而变成了曲线梁，这也增加了曲线部分斜拉桥的索梁荷载分担比例的复杂性，因此有必要对直线矮塔斜桥的斜拉索与主梁之间的荷载分担比例的公式进行修正，得出曲线部分斜拉桥的索梁荷载分担比例公式。

曲线部分斜拉桥的索梁荷载分担比例公式：

$$\psi = \frac{\sum_i^n (1/\delta_{ci})}{(1/\delta_{cgmax})} = \frac{\sum_i^n E_{ci}A_{ci}\sin^2\alpha_i\cos\varphi_i/L_{ci}}{E_{cg}I_{cg}/L_{cg}^3} \tag{5}$$

式中，δ_{ci} 为 i 号缆索单位张力的伸长量的竖直分量；δ_{cgmax} 为该缆索处主梁在单位竖向力作用时的竖向位移；E_{ci}、A_{ci}、L_{ci} 分别为第 i 根斜拉索的弹性模量、截面积、长度；α_i 为第 i 根斜拉索与主梁平面的竖直夹角，φ_i 为第 i 根斜拉索在主梁平面内的投影线在与主梁锚固点的切线的夹角；E_{cg}、I_{cg}、L_{cg} 分别为曲线主梁的弹性模量、截面惯性距、中孔计算跨径。

对于式(2)、式(3)中的斜拉索分担的竖直荷载也需要考虑斜拉索的空间曲线布置和曲线梁的特性，计算时应该引入斜拉索在主梁平面内的投影线与主梁锚固点切线的夹角 φ_i，空间斜拉索分担的竖向荷载不同于直线桥斜拉索分担的竖向荷载。

根据不同结构体系部分斜拉桥的边界条件，将其分别比拟为梁式结构[7]，根据索梁变形协调关系推导出来索梁荷载分担比例的公式(4)在用于曲线部分斜拉桥时，同样需要考虑斜拉索的空间布置和曲线梁的特性，计算时应该引入斜拉索在主梁平面内的投影线与主梁锚固点切线的夹角 φ_i，并要考虑曲线主梁计算的特殊性。

四、曲线部分斜拉桥对结构参数变化的敏感性分析

影响曲线部分斜拉桥的索梁荷载分担比例的因素有很多，考察索梁荷载分担比例的影响因素对曲线部分斜拉桥主梁和斜拉索的设计很有意义和必要性，适宜的索梁荷载分担比例会使曲线部分斜拉桥的结构设计更加合理，造价更加经济；对影响曲线部分斜拉桥索梁荷载分担比例的结构参数进行分析，通过对比各种结构参数的变化来分析曲线部分斜拉桥受力和变形的变化规律，可以反映出索梁荷载分担比例的变化对曲线部分斜拉桥的结构性能的影响。根据曲线部分斜拉桥的结构特点，影响索梁荷载分担比例的主要结构参数有以下几项：①主梁刚度；②主梁体内预应力；③斜拉索截面积；④主塔刚度；⑤主塔高度。

曲线部分斜拉桥的结构参数变化会对结构主要构件的受力和变形产生直接影响，进而影响结构整体性能；但是不同的结构参数变化对曲线部分斜拉桥主要构件受力和变形的影响程度大小不同，即敏感性不同，因此分析曲线部分斜拉桥对结构参数变化的敏感性很有必要性；通过分析得到曲线部分斜拉桥对结构参数变化的敏感性规律，将使曲线部分斜拉桥的设计优化更有方向性和针对性。

针对曲线部分斜拉桥的结构参数特点，选取主梁刚度、主梁体内预应力、斜拉索截面积、主塔刚度和主塔高度这五种主要结构参数为变量，来进行曲线部分斜拉桥对结构参数变化的敏感性分析，具体选取以下五种计算模式：

模式一：仅改变主梁刚度，即主梁截面抗弯惯性矩 I_g，结构形式及其余结构参数不变。

模式二：仅改变主梁体内预应力配置量，结构形式及其余结构参数不变。

模式三：仅改变斜拉索截面积 S，结构形式及其余结构参数不变。

模式四：仅改变主塔刚度，即改变主塔截面惯性矩 I_t，结构形式及其余结构参数不变。

模式五：仅改变主塔高度 h，结构形式及其余结构参数不变。

以龙井河大桥推荐方案(86m + 160m + 86m)为工程背景来分析计算，计算荷载包括恒载、车道荷载和温度荷载；曲线部分斜拉桥对结构参数变化的敏感性分析以龙井河大桥为原始模型，在这个原设计模型基础上，分别将选取的目标结构参数减少20%、减少10%、增加10%、增加20%，这样每种计算模式下就会有五种计算模型[8]，以龙井河大桥原设计的某结构参数 ξ 为变量，形成一组五种计算模型的结构参数变化分别为：1.2ξ、1.1ξ、ξ、0.9ξ、0.8ξ。对这五种计算模式下的每个模型进行有限元模拟分析计算，可得到曲线部分斜拉桥对结构参数变化的敏感性对比分析数据，根据这些对比分析数据可以作出曲线部分斜拉桥各主要构件对结构参数变化的敏感性对比图，进而得出曲线部分斜拉桥对结构参数变化的敏感性规律。

1. 主梁对结构参数变化的敏感性

龙井河大桥的主梁是分离式的，由主梁相对于桥梁中心线的内外位置关系，可以将主梁分为外梁和内梁两部分，外梁和内梁之间是通过横梁来连接的，因此主梁对结构参数变化的敏感性分析就对应分为外梁和内梁两种情况。根据计算分析的数据，可得到外梁和内梁对结构参数变化的敏感性有以下几点规律：

(1)外梁和内梁的跨中弯矩对主梁体内预应力的变化最为敏感，其次是主塔高度变化，外梁和内梁的跨中弯矩对主梁刚度、斜拉索截面积和主塔刚度的变化则不是很敏感，如图3a)、图4a)所示。

(2)外梁和内梁的跨中挠度对主梁体内预应力的变化和主塔高度变化最为敏感，外梁和内梁的跨中挠度则对主梁刚度、斜拉索截面积和主塔刚度的变化不是很敏感，如图3b)、图4b)所示。

(3)外梁跨中扭矩对主梁刚度的变化最为敏感，其后依次是主塔高度变化、主梁体内预应力变化，外梁跨中扭矩对斜拉索截面积和主塔刚度的变化则不是很敏感，如图3c)所示；内梁跨中扭矩对主梁体内预应力的变化最为敏感，其后依次是主梁刚度变化、主塔高度变化，内梁跨中扭矩对斜拉索截面积和主塔刚度的变化也不是很敏感，如图4c)所示。

(4)外梁和内梁的墩顶主梁弯矩对主梁刚度的变化最为敏感，其后依次是主塔高度变化、主梁体内预应力变化，外梁和内梁的墩顶主梁弯矩对斜拉索截面积和主塔刚度的变化不是很敏感，如图3d)、图

4d)所示。

(5)外梁和内梁的墩顶主梁轴力对主梁体内预应力的变化和主塔高度的变化最为敏感,外梁和内梁的墩顶主梁轴力对主梁刚度、斜拉索截面积和主塔刚度的变化则不是很敏感,如图3e)、图4e)所示。

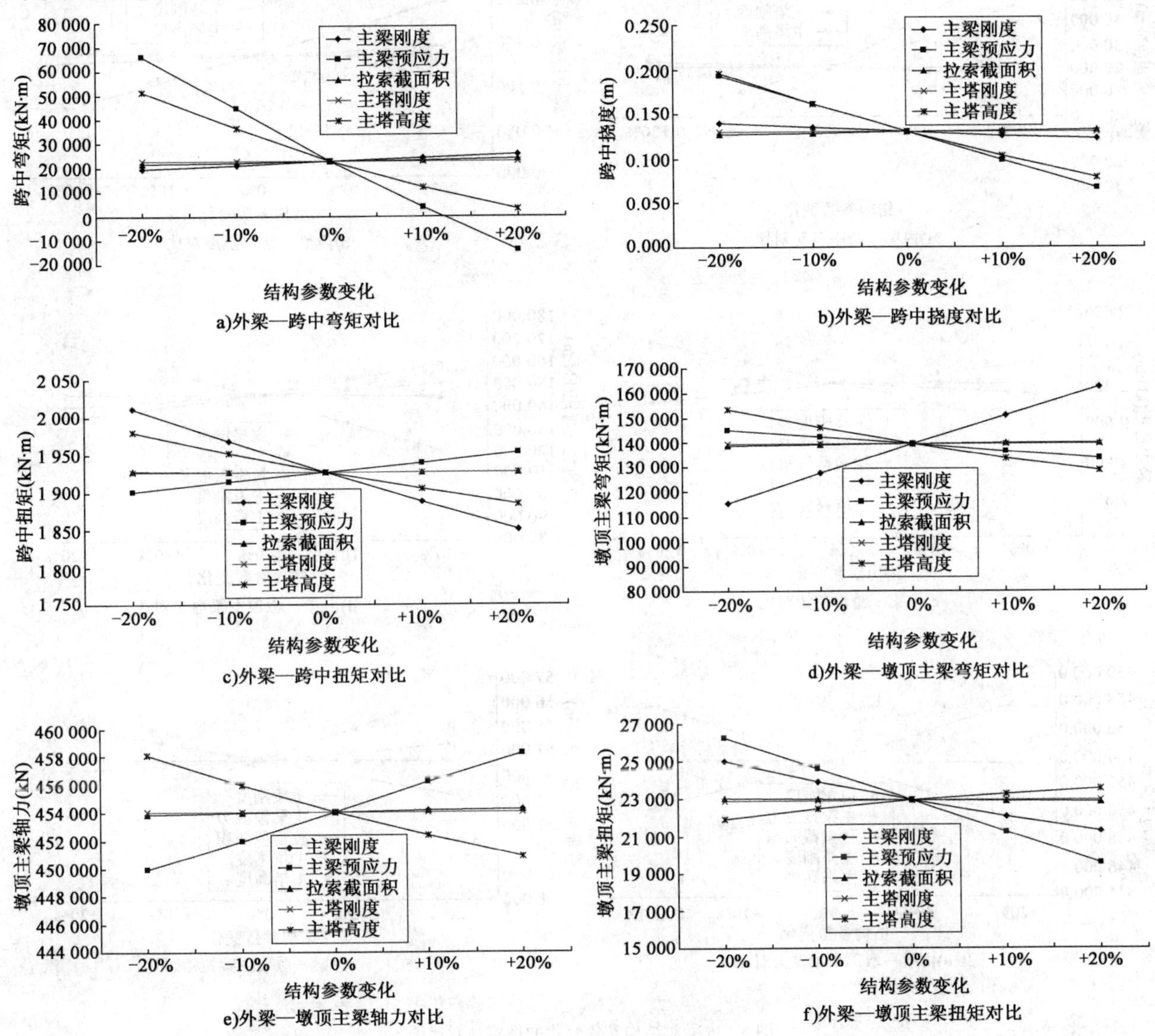

a)外梁—跨中弯矩对比

b)外梁—跨中挠度对比

c)外梁—跨中扭矩对比

d)外梁—墩顶主梁弯矩对比

e)外梁—墩顶主梁轴力对比

f)外梁—墩顶主梁扭矩对比

图3 外梁对结构参数变化的敏感性对比图

(6)外梁的墩顶主梁扭矩对主梁体内预应力的变化最为敏感,其后依次是主梁刚度变化、主塔高度变化,外梁的墩顶主梁扭矩对斜拉索截面积和主塔刚度的变化则不是很敏感,如图3f)所示;内梁的墩顶主梁扭矩对主梁刚度的变化最敏感,其后依次是主梁体内预应力变化、主塔高度变化,内梁的墩顶主梁扭矩对斜拉索截面积和主塔刚度的变化则不是很敏感,如图4f)所示。

2. 主塔对结构参数变化的敏感性

龙井河大桥的主塔是与主墩固结在一起的,位于分离式主梁的两个箱室中间,与主梁不相连;因两个主塔关于桥梁中点对称,选取8号主塔进行敏感性对比分析,根据计算分析的数据,可得到主塔对结构参数变化的敏感性有以下几点规律:

(1)塔根顺桥向弯矩对主梁体内预应力的变化最为敏感,其后依次是主塔高度变化、主梁刚度变化,塔根顺桥向弯矩对斜拉索截面积和主塔刚度的变化则不是很敏感,如图5a)所示。

(2)塔根横桥向弯矩对主塔高度的变化最为敏感,其次是主梁体内预应力变化,塔根横桥向弯矩对主梁刚度、斜拉索截面积和主塔刚度的变化则不是很敏感,如图5b)所示。

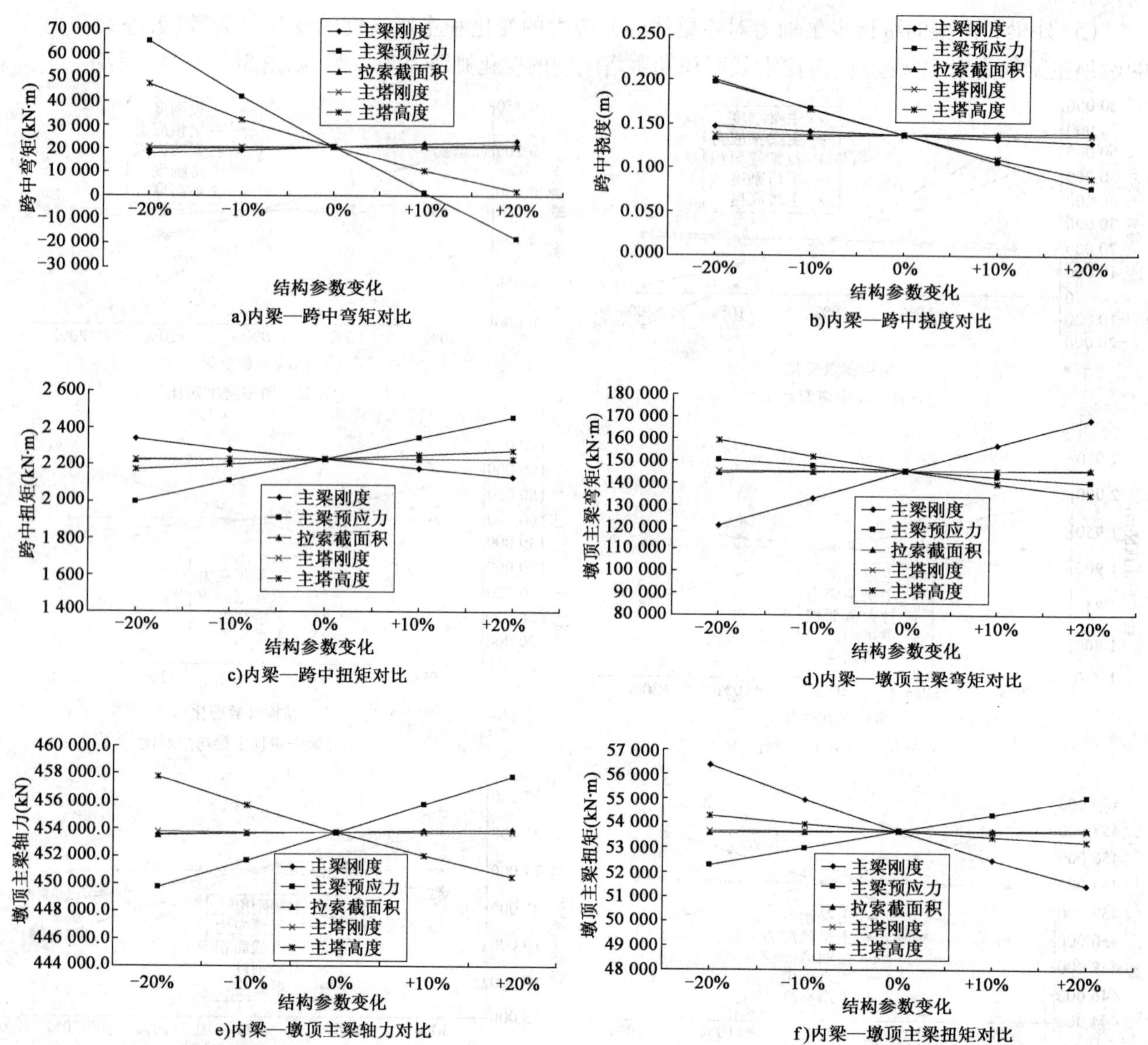

图4 内梁对结构参数变化的敏感性对比图

(3)塔顶X轴方向位移对主梁体内预应力的变化最为敏感,其后依次是主梁刚度变化、主塔高度变化,塔顶X轴方向位移对斜拉索截面积和主塔刚度的变化则不是很敏感,如图5c)所示。

(4)塔顶Y轴方向位移对主塔高度的变化最为敏感,其次是主塔刚度变化,塔顶Y轴方向位移对主梁刚度、主梁体内预应力和斜拉索截面积的变化则不是很敏感,如图5d)所示。

3.斜拉索对结构参数变化的敏感性

龙井河大桥的斜拉索是对称布置的,整个结构关于桥梁中点对称,斜拉索关于主塔对称,选取8号主塔的斜拉索的索力和拉索应力来进行敏感性对比分析。根据计算分析的数据,可得到斜拉索对结构参数变化的敏感性有以下几点规律:

(1)最大索力和最小索力对主梁体内预应力的变化最为敏感,其后依次是主塔高度变化、斜拉索截面积变化,两者对主梁刚度和主塔刚度的变化则不是很敏感,如图6a)、图6b)所示。

(2)最大拉索应力和最小拉索应力对斜拉索截面积的变化最为敏感,其后依次是主梁体内预应力变化、主塔高度变化,两者对主梁刚度和主塔刚度的变化则不是很敏感,如图6c)、图6d)所示。

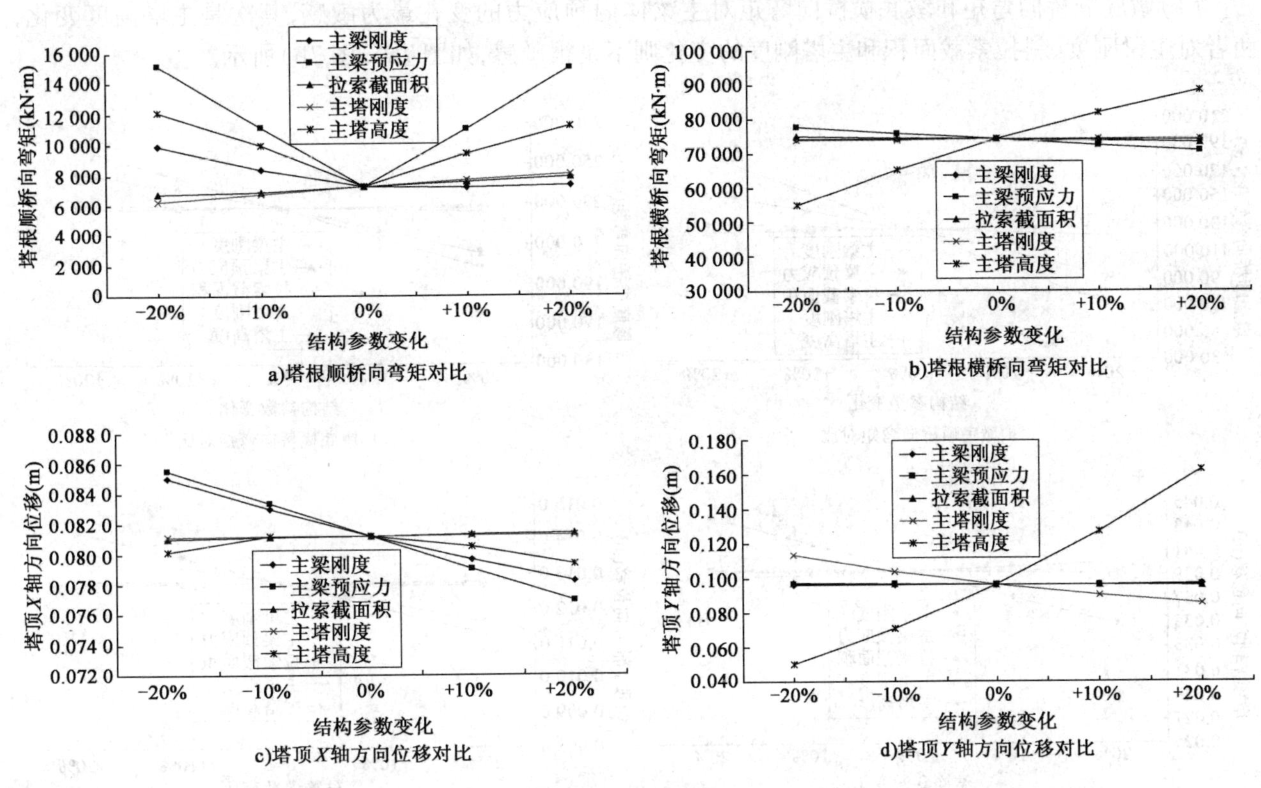

图5　主塔对结构参数变化的敏感性对比图

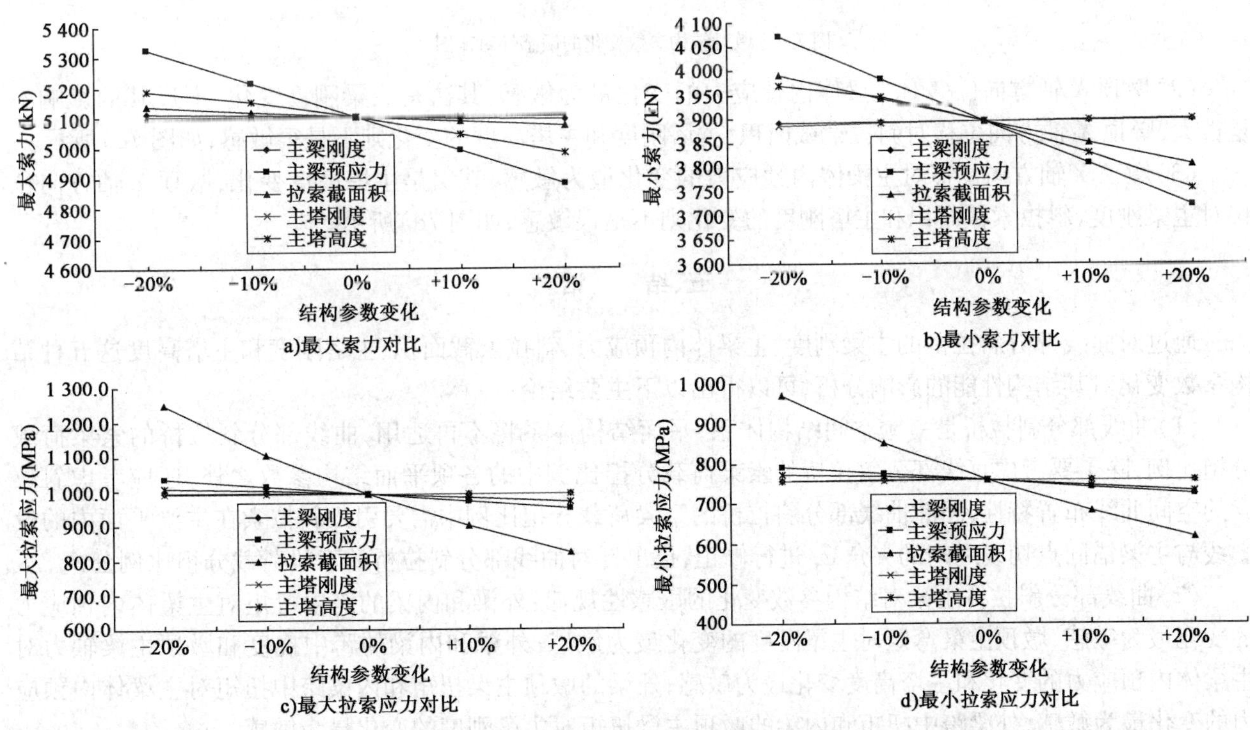

图6　斜拉索对结构参数变化的敏感性对比图

4. 主墩对结构参数变化的敏感性

龙井河大桥的主墩是与分离式主梁固结在一起的，类似于连续刚构桥形式，主墩截面是变化的，选取8号主墩进行敏感性对比分析。根据计算分析的数据，可得到主墩对结构参数变化的敏感性有以下几点规律：

(1)墩底顺桥向弯矩和墩底横桥向弯矩对主梁体内预应力的变化最为敏感,其次是主塔高度变化,两者对主梁刚度、斜拉索截面积和主塔刚度的变化则不是很敏感,如图7a)、图7b)所示。

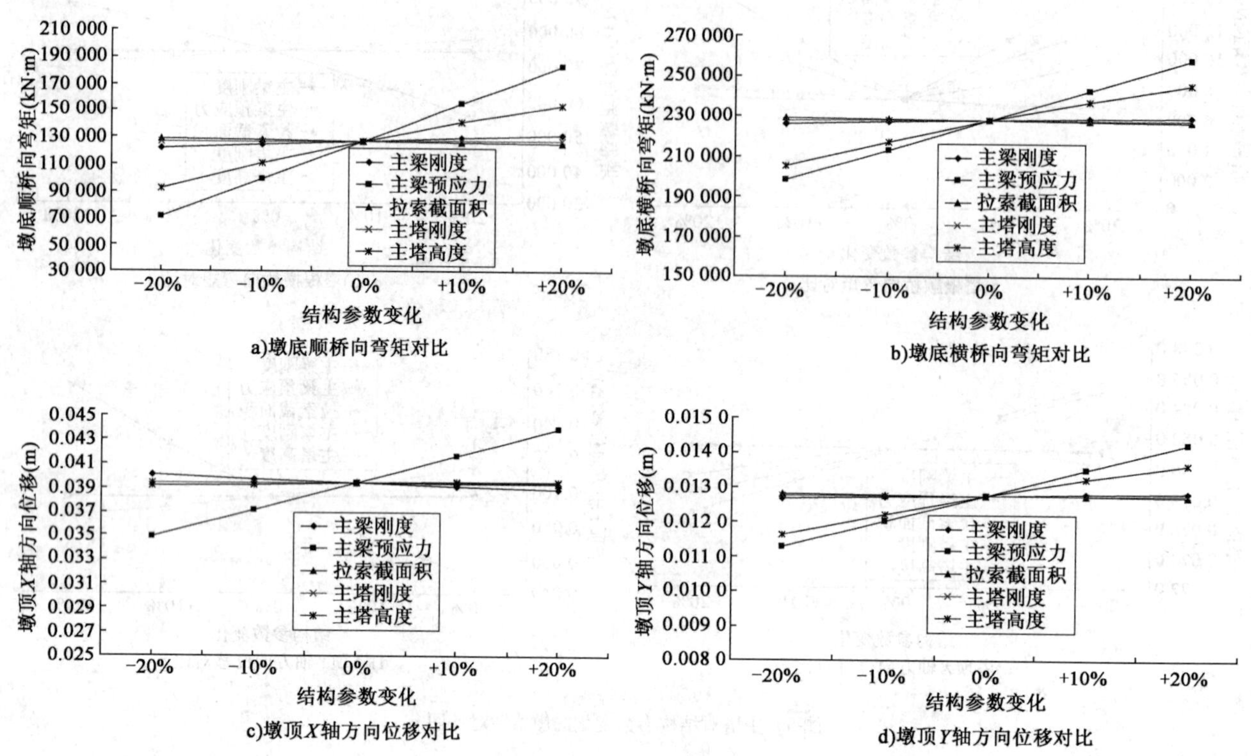

图7 主墩对结构参数变化的敏感性对比图

(2)墩顶 X 轴方向位移对主梁体内预应力的变化最为敏感,其次是主梁刚度变化,不过其的影响不是很大,墩顶 X 轴方向位移对斜拉索截面积、主塔刚度和主塔高度的变化则不是很敏感,如图7c)所示。

(3)墩顶 Y 轴方向位移对主梁体内预应力的变化最为敏感,其次是主塔高度变化,墩顶 Y 轴方向位移对主梁刚度、斜拉索截面积和主塔刚度的变化则不是很敏感,如图7d)所示。

五、结　　语

通过对曲线部分斜拉桥的主梁刚度、主梁体内预应力、斜拉索截面积、主塔刚度和主塔高度这五种结构参数变化对其结构性能的影响分析,可以得出以下主要结论:

(1)曲线部分斜拉桥是一个空间结构体系,平面结构体系将不再适用,曲线部分斜拉桥的索梁荷载分担比例,除了要考虑直线部分斜拉桥的索梁荷载分担比例中的各项平面结构参数之外,还应考虑斜拉索的空间曲线布置特性,因此曲线部分斜拉桥的索梁荷载分担比例中需要引入斜拉索在主梁平面内的投影线与主梁锚固点切线之间的夹角 φ_i 进行修正,提出针对曲线部分斜拉桥的索梁荷载分担比例公式。

(2)曲线部分斜拉桥主梁对结构参数变化的敏感性规律:外梁和内梁的跨中弯矩对主梁体内预应力的变化最为敏感,墩顶主梁弯矩对主梁刚度的变化最为敏感;外梁和内梁的跨中挠度和墩顶主梁轴力对主梁体内预应力的变化和主塔高度变化最为敏感;外梁的墩顶主梁扭矩和内梁跨中扭矩对主梁体内预应力的变化最为敏感,外梁跨中扭矩和内梁的墩顶主梁扭矩对主梁刚度的变化最为敏感。

(3)曲线部分斜拉桥主塔对结构参数变化的敏感性规律:塔根顺桥向弯矩和塔顶顺桥向位移对主梁体内预应力的变化最为敏感,塔根横桥向弯矩和塔顶横桥向位移对主塔高度的变化最为敏感。

(4)曲线部分斜拉桥的斜拉索对结构参数变化的敏感性规律:最大索力和最小索力对主梁体内预应力的变化最为敏感,其次是主塔高度变化;最大拉索应力和最小拉索应力对斜拉索截面积的变化最为敏感,其次是主梁体内预应力变化。

(5)曲线部分斜拉桥主墩对结构参数变化的敏感性规律:墩底顺桥向弯矩和墩底横桥向弯矩对主梁体内预应力的变化最为敏感,其次是主塔高度变化;墩顶顺桥向位移和墩顶横桥向位移对主梁体内预应力的变化最为敏感。

参考文献

[1] 严国敏.试谈"部分斜拉桥"——日本屋带南桥、屋带北桥、小田原港桥[J].国外桥梁,1996(1):47-50.

[2] 申明文.部分斜拉桥静力性能研究[D].同济大学硕士学位论文,2002.

[3] 陈亨锦,王凯,李承根.浅谈部分斜拉桥[J].桥梁建设,2002(1):44-47.

[4] 刘凤奎,蔺鹏臻,陈权,等.矮塔斜拉桥特征参数研究[J].工程力学,2004(4):199-203.

[5] 陈宝春,彭桂瀚.部分矮塔斜拉桥发展综述[J].华东公路,2004(3):89-95.

[6] 刘士林,王似舜.斜拉桥设计[M].北京:人民交通出版社,2006.

[7] 陈从春.矮塔斜拉桥设计理论核心问题研究[D].同济大学博士论文,2005.

[8] 孙振,汪罗英,张伟.部分斜拉桥桥结构性能分析[J].中国市政工程,2007(2):46-51.

[9] 陈从春,周海智,肖汝诚.矮塔斜拉桥研究的新进展[J].世界桥梁,2006(1):70-80.

116. 曲线部分斜拉桥时变效应敏感性对比分析

修丕立[1] 杨 昀[2] 杨 飞[2] 齐铁东[2]

(1.江苏省交通规划设计院有限公司;2.交通运输部公路科学研究所)

摘 要 曲线部分斜拉桥是部分斜拉桥应用与发展的一个重要方向。本文介绍了混凝土收缩徐变对曲线部分斜拉桥的影响问题,通过改变影响收缩徐变的环境平均湿度、混凝土强度等级、张拉控制应力等参数对成桥后的跨中挠度做对比分析,总结了这些因素对结构的影响规律,提出了减少跨中挠度的措施,对部分斜拉桥设计与施工具有一定的指导意义。

关键词 部分斜拉桥 收缩徐变 预应力 梁单元 跨中挠度

一、引 言

部分斜拉桥是一种新型的斜拉—连续梁(刚构)体系。它既不是梁桥也不是传统的斜拉桥,它的力学行为介于两者之间。在梁桥的基础上采用了体外预应力索的构思,把梁体内的一部分预应力索移到桥塔上,索鞍相当于体外预应力索的转向块。这种体系解决了梁体内预应力钢筋配置效率不高和空间不足的问题,还使主梁的截面尺寸减小,有很大的经济意义[1]。受多种因素的影响,成桥后跨中挠度持续增长是目前国内外关注的热点,而最直接的原因是混凝土的收缩徐变[2]。影响收缩徐变的因素很多,可以将其分为外部因素和内部因素,如外部因素主要有:荷载时间、加载预应力、环境湿度、温度、试件尺寸、加载龄期、碳化等;内部因素主要指的是:水泥品种、集料、水灰比、灰浆率、外加剂、水泥用量等[3]。本文主要考虑三个影响因素:环境平均湿度、预应力大小和混凝土强度等级。分析比较这三个因素导致成桥后收缩徐变引起的跨中挠度的敏感性程度。

二、工程背景及计算模型

龙井河大桥位于厦门至成都高速公路贵州境织金至纳雍段,是一座三跨(75+125+75)m曲线部分斜拉桥,边跨与中跨跨径之比为0.6,曲率半径为850m;主桥全宽为28m,塔梁固结,整幅桥布置,采用单索面形式,墩顶设置盆式橡胶支座。主梁采用单箱三室大悬臂变截面PC连续箱梁,塔根部梁高4.2m(图

1)，跨中梁高2.3m(图2)，从支点起25.5m范围内梁高按二次抛物线变化，采用三向预应力体系。主塔高19.7m，采用钢筋混凝土独柱实心矩形截面，顺桥向长3m，横桥向宽2m，布置在中央分隔带上，并与主梁固结。斜拉索布置在桥向呈两排布置，双排横向布置间距为1m，塔上竖向间距为1m。斜拉索在塔顶上连续通过鞍座，两侧对称锚固于主梁。主梁梁段号如图3所示。

本文采用桥梁结构专用分析程序MIDAS/Civil V 2006对本桥主梁结构进行有限元仿真分析，主梁采用悬臂浇筑法施工。主梁悬臂浇筑区段按每个施工阶段并兼顾主梁斜拉索锚固位置划分为118个单元，塔柱划分为24个单元。全桥总共142个梁单元，结构计算模型如图4所示。

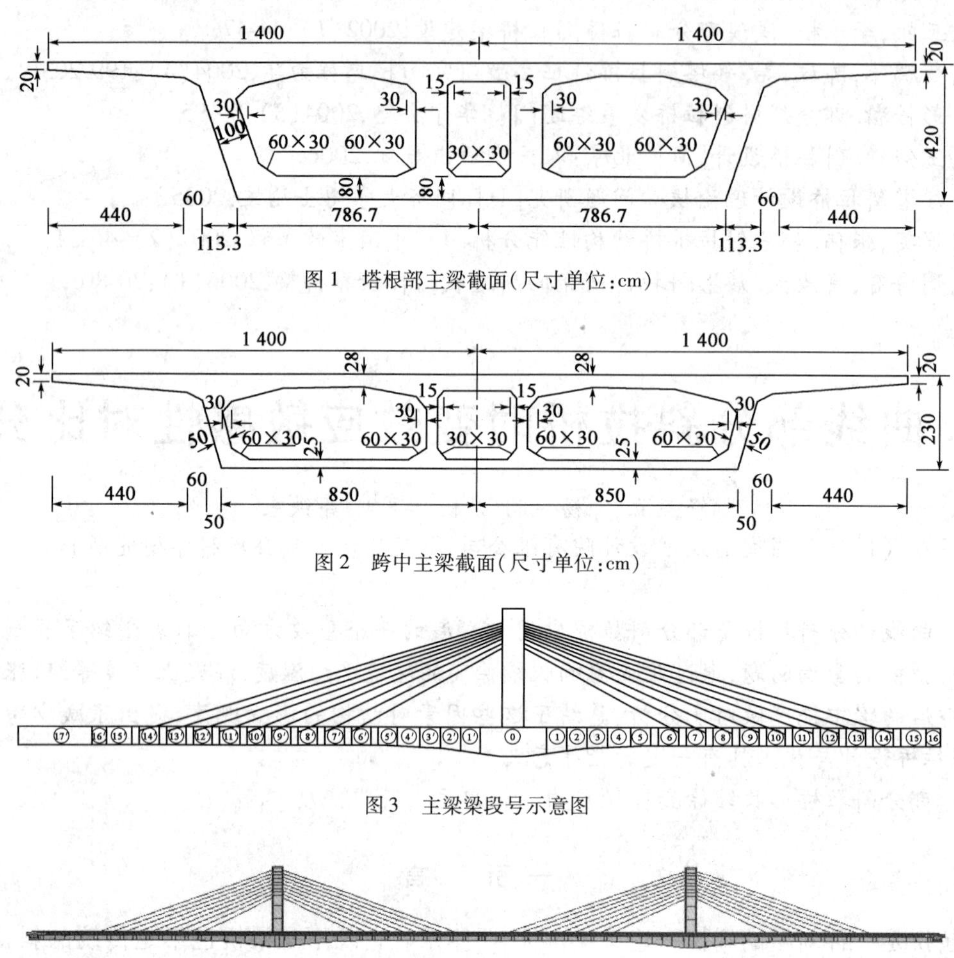

图1　塔根部主梁截面(尺寸单位:cm)

图2　跨中主梁截面(尺寸单位:cm)

图3　主梁梁段号示意图

图4　结构计算模型图

三、成桥后时变效应对比分析

1. 环境平均湿度的影响

由于气候的变化，环境湿度的改变对施工阶段或成桥后的收缩徐变的变形都有影响，下面取时间历程分别为100d、500d、1 000d和3 650d，在环境平均湿度分别为50%、70%、90%时，对桥梁主梁各个节点的挠度作对比，结构混凝土均采用C50混凝土，分析结果如图5所示。

由计算结果可以看出：环境湿度对主梁变形的影响比较大，随着环境平均湿度减小，收缩徐变引起的跨中下挠逐渐变大。对跨中节点在三种环境平均湿度下随时间变化的下挠位移图作对比，如图6所示。

可以看出：随着时间的推移，跨中挠度逐渐增大，而且在前3年之内，跨中下挠非常明显，尤其在成桥初期，跨中挠度非常的显著，在成桥后面一段时间内，跨中下挠变缓了，这种变化趋势也是混凝土的特性所决定的。

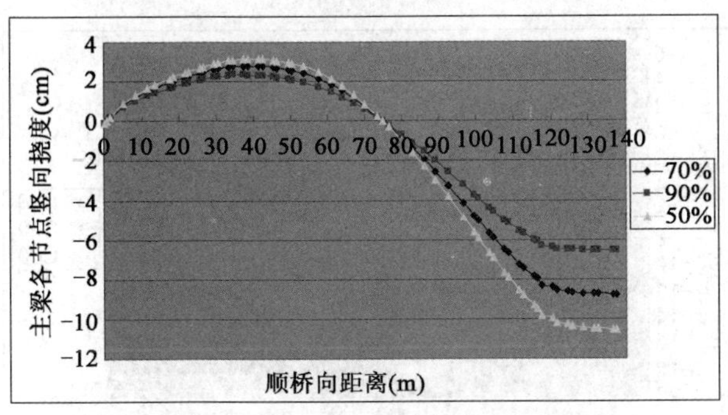

a)成桥100d后不同环境湿度的主梁挠度

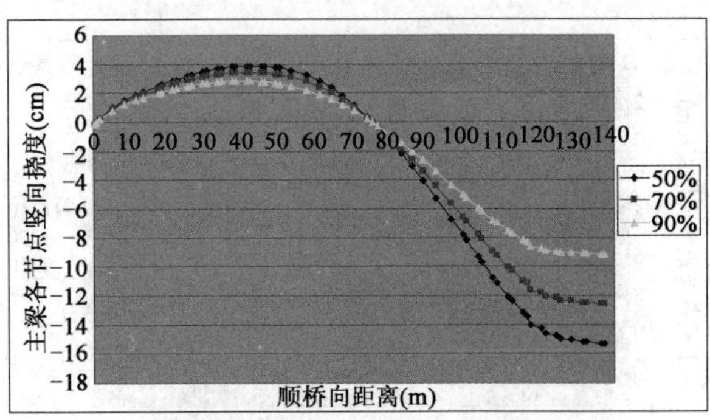

b)成桥500d后不同环境湿度的主梁挠度

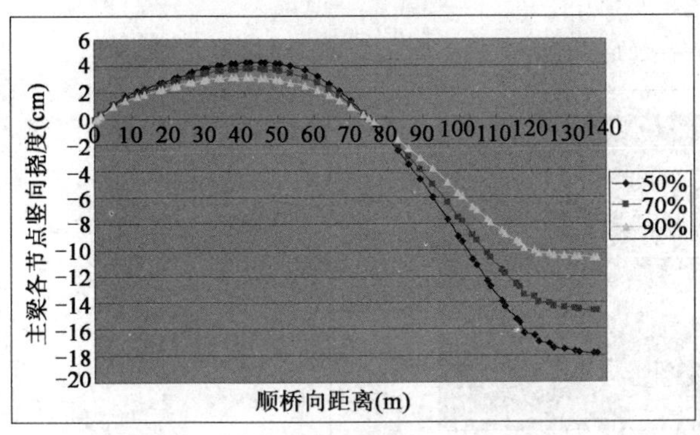

c)成桥1 000d后不同环境湿度的主梁挠度

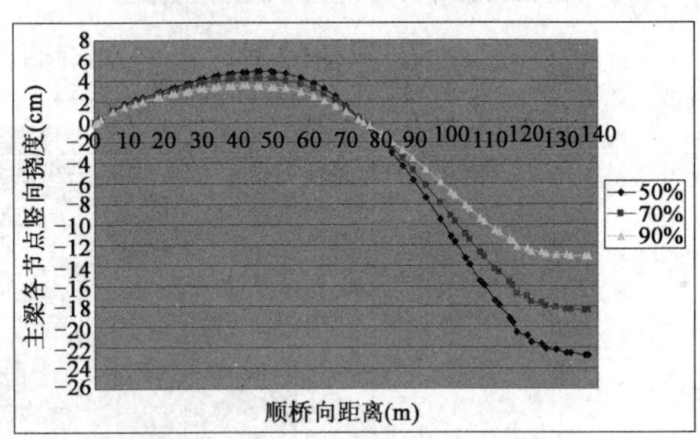

d)成桥3 650d后不同环境湿度的主梁挠度

图5 不同环境湿度的主梁挠度

2. 混凝土强度的影响

不同的混凝土强度等级也会影响收缩徐变，我们在环境平均湿度为70%的情况下，采取不同强度等级的混凝土，来说明混凝土强度对收缩徐变的影响。取混凝土强度等级分别为C40、C50和C60，其他设计参数不变，分析结果如图7～图8所示。

从图7～图8可以看出，混凝土强度等级对混凝土收缩徐变影响不大，强度等级小的模型跨中下挠略大一些。C40混凝土的模型在桥梁龄期为3年时，是C50模型的1.07倍，是C60模型的1.07倍。在桥梁龄期为100d时，C40模型跨中下挠比其他两个模型增大在5%以内。

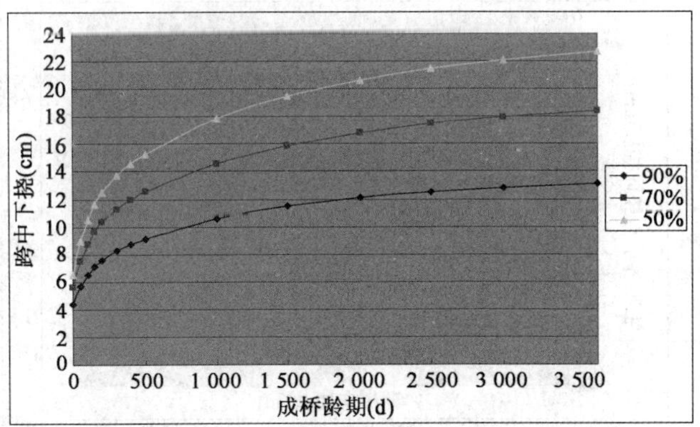

图6 不同环境湿度的跨中挠度变化值

3. 预应力大小的影响

在实际工程中，若预应力长期损失值估计偏低了，会导致混凝土收缩徐变引起的跨中挠度过大。为了研究预应力大小对收缩徐变的影响，可以通过改变预应力张拉控制应力来实现。分别考虑减小纵向钢束张拉控制预应力10%和20%，即张拉控制预应力分别为90% σ_{con}、80% σ_{con}，其他的设计参数都没变，计算结果如图9、图10所示。

从以上计算结果可以看出：跨中挠度随预应力的减小而增大，对成桥初期的挠度值影响较大，随着时间的变化，影响程度逐渐减小；在桥梁龄期300d时，80%控制预应力的跨中挠度是原结构跨中挠度的1.46倍，是90%控制预应力的1.22倍；在桥梁龄期为3 650d时，80%控制预应力的跨中挠度是原结构跨中挠度的1.29倍，是90%控制预应力的1.16倍。

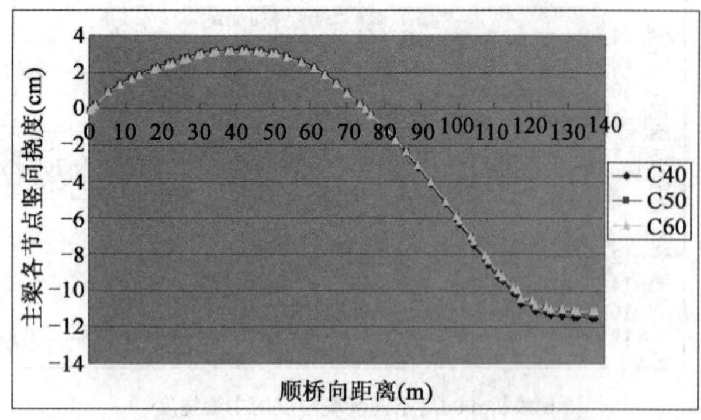

a)成桥300d后不同混凝土强度等级的主梁挠度

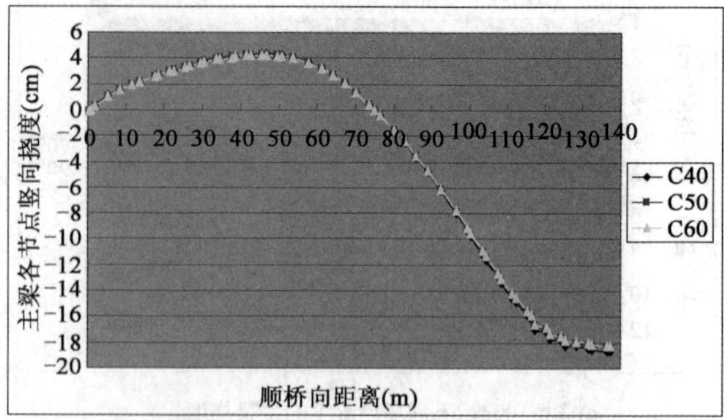

a)成桥3 650d后不同混凝土强度等级的主梁挠度

图7　不同混凝土强度等级的主梁挠度

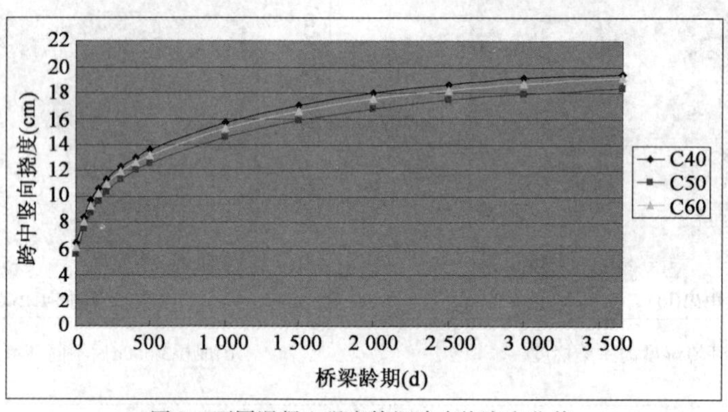

图8　不同混凝土强度等级跨中挠度变化值

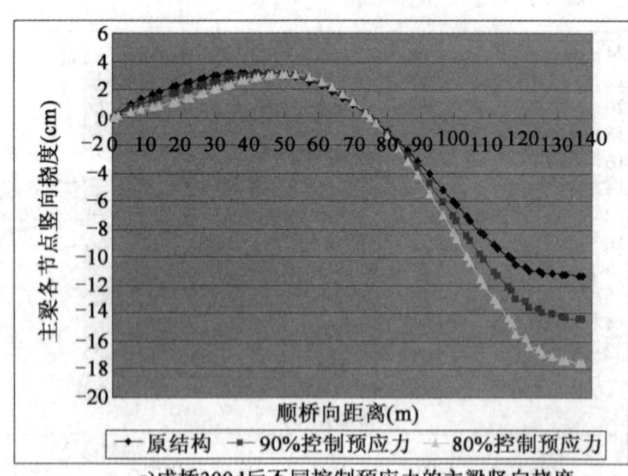

a)成桥300d后不同控制预应力的主梁竖向挠度

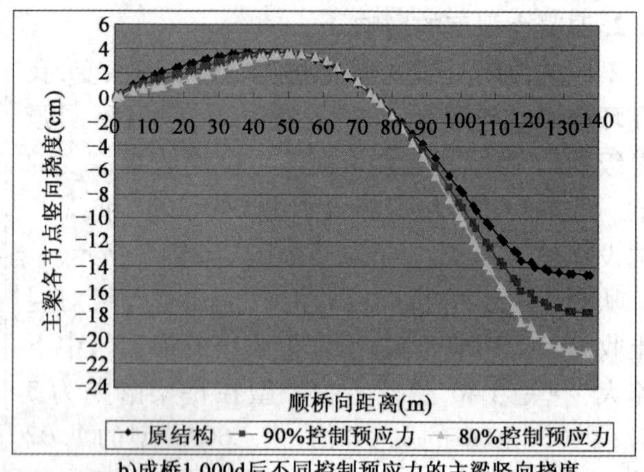

b)成桥1 000d后不同控制预应力的主梁竖向挠度

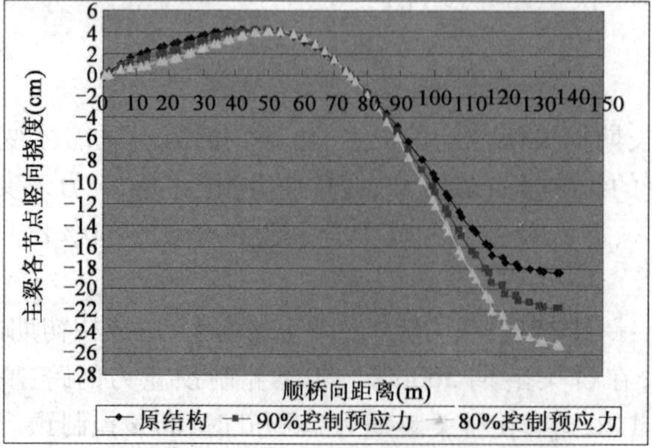

c)成桥3 650d后不同控制预应力的主梁竖向挠度

图9　不同控制预应力的主梁竖向挠度

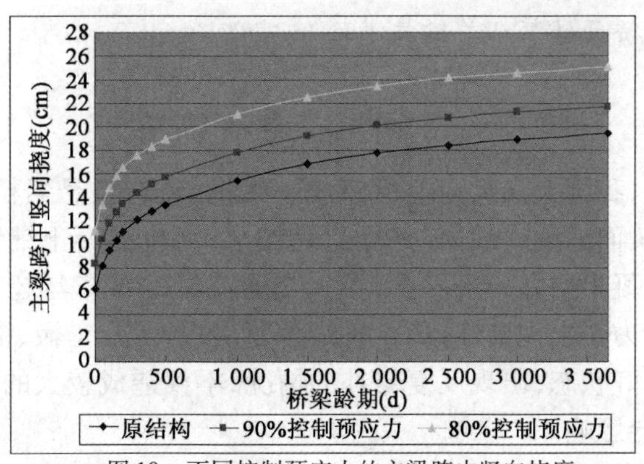

图10 不同控制预应力的主梁跨中竖向挠度

四、减少跨中挠度的措施

在国内外研究的基础上，已有很多学者对收缩徐变的影响提出了相应的措施。从收缩徐变的影响因素上，可以提出相应的措施减低塔顶横向偏位以及跨中挠度。下面分别提出在施工和设计两方面的措施[4]：

1. 施工上的措施

(1)对混凝土的原材料做好检测和配合比设计，尤其在施工过程中，做好施工养护工作，以减少跨中挠度和塔顶横向偏位的影响。

(2)在张拉预应力前，要对预应力管道做好检测工作，比如孔道摩阻实验等，以减少预应力损失；要多次校核预应力损失值，确保有效张拉预应力值的准确性。

(3)适当地提高混凝土的加载龄期，增加混凝土的弹性模量。

(4)目前施工都是悬臂施工作业，可以在作业中采用“跨中预压重”法。

(5)设置预拱度。

2. 设计上的措施

(1)适当地提高跨中箱梁高度。

(2)增加主梁的预应力束。

(3)适当地增加斜拉索。

(4)增加预留预应力管道。

参考文献

[1] 陈从春. 矮塔斜拉桥设计理论核心问题研究[D]. 同济大学学位论文,2005.

[2] 齐宏学. 曲线部分斜拉—连续刚构桥力学行为研究[D]. 长安大学学位论文,2009.

[3] 王斐. 连续刚构桥施工监控与收缩徐变效应分析[D]. 北京交通大学学位论文,2007,12.

[4] 罗春林. 大跨度连续刚构桥跨中下挠问题原因及对策研究[D]. 西南交通大学学位论文,2008,11.

117. 大交通流量下大跨径钢箱梁桥桥面铺装关键技术研究

葛新民 杨 明 李文洋

(湖北省京珠高速公路管理处)

摘 要 本文结合武汉军山长江大桥桥面铺装情况，探讨大交通流量下大跨钢箱梁的桥面铺装关键技术，以供同类桥梁桥面铺装参考。

关键词 大跨径钢箱梁 桥面铺装 关键技术

一、引 言

随着交通事业的快速发展,我国大江大河上已建成一大批斜拉桥、悬索桥,主梁一般为钢箱梁,普遍采用正交异性桥面板结构,其桥面铺装一般由防锈层、黏结层、沥青混凝土铺装层构成,但由于该类桥柔性大,感温性强,钢板与沥青混凝土层黏结难度大,在大交通流量的重车与超重车的作用下,桥面产生较大的弯、拉、剪切及温度变化应力而出现破坏,不少桥梁桥面出现开裂、车辙、推移、脱层及拥包等病害,不少桥面很难保持较长时间的完好状态,出现反复修补的情况,不仅造成较大的经济损失,同时也极大地影响车辆的通行,带来不良的社会影响。

武汉军山长江大桥是我国东西与南北交通大动脉沪渝高速公路与京珠高速公路共用的长江公路大桥,主桥采用48m+204m+460m+204m+48m五跨连续双塔双索面半漂浮体系,主梁为钢箱梁,桥面为双层沥青混凝土结构,厚度为7.5cm。该桥自2002年通车以来,2006年对部分桥面进行了大修,采用的方案为橡胶环氧砂浆加双层沥青混凝土AC结构,从使用效果看,橡胶环氧层较好地起到了黏结钢板与沥青混凝土层铺装层的作用,2010年,在上述方案的基础,进一步对方案进行了修正,按照改进的方案,在通车的情况下,对大桥主桥部分进行了大修,较快地完成了全桥的大修任务,总体效果较好。

本文针对钢箱梁的受力特点,分析了钢桥面病害产生的原因,同时结合武汉军山长江大桥桥面大修方案,提出了在边通车、边施工情况下解决桥面铺装的关键性技术问题。

二、钢桥面沥青混凝土铺装层受力特性及病害成因分析

1. 钢桥面受力特性

大跨径钢箱梁桥面沥青混凝土铺装层不同于普通钢筋混凝土桥及路基上的沥青混凝土路面,它直接铺设在正交异性钢桥面板上,由于正交异性板柔度大,纵横加劲肋与桥面板焊接处应力集中,加之钢箱梁受温度影响变化大,使得桥面铺装层受力出现与一般路面不同的特性。

(1)桥面铺装层受到较大的弯拉应力:因为正交异性板变形大,在重载车辆的作用下产生较在的弯拉应力。

(2)桥面铺装层受到较大的剪切应力:一是大跨径钢箱梁一般位于大江大河上,因为受周边地形制约或考虑通航等因素,桥梁设置高度较高,桥梁线形存在着较大的纵坡,车辆在上下坡时对铺装层产生较大的水平剪切应力;二是桥面钢板位于纵横加劲肋上,由于刚度不一,在车辆重载作用下,不同部位产生不同的形变,使得铺装层产生竖向剪切应力。

(3)铺装层表面产生负弯矩:由于加劲肋的支撑作用,纵向肋、横向肋与钢桥面板结合部位铺装层顶面在车辆荷载的作用下产生负弯矩,铺装层裂缝由表面向底面扩展,而对于普通公路的沥青路面而言,其沥青面层的最大拉应力均出现在铺装层的底面,疲劳裂缝从铺装层的底面向顶面扩展。

(4)铺装层受到较大的温度变化应力:钢结构具有较大的吸热与传递热量性能,在炎热的夏天,桥面铺装层在直接受到太阳的暴晒产生高温外,钢箱桥暴露在外的钢体吸热产生的热量也传递到铺装层上,使得铺装层极端高温比普通路面要高出很多,同时钢箱梁箱体内温度高不易散发,对桥面铺装层起着保温作用,使得桥面铺装层长时间处于高温状态。在低温季节,因为桥上风大,钢桥较之普通桥梁及路基的保温性能差,桥面铺装产生的极端低温比普通路面低。因为温度的极端变化,对桥面铺装造成较大的温度形变应力。

(5)铺装层受到较大的动水压力:在普通路面上,路面渗水会不断向下渗透,而对钢桥面而言,因为水流无法下渗,全积蓄在铺装层内,受车辆高速运行时产生的压力的影响,而对铺装层产生较大的动水压力。

(6)铺装层的动荷载响应幅值较大:据有关分析,当铺装层表面平整度较好时,铺装层的动荷载响应幅值小于静载,当铺装层表面的平整度较差时,动荷载响应幅值明显大于静力计算结果。由于钢桥面存在着上述不利因素,随着桥面铺装层的变形,动力效应会加速铺装层使用性能的衰减。

(7)铺装层反复受力变形的频率高:大跨径桥梁一般处于重要的交通要道,车流量大,重车超重车多,铺装层在车辆荷载频繁作用下而产生疲劳。

2. 桥面病害情况及成因分析

钢箱梁桥沥青混凝土面层出现的病害有推移、裂缝、车辙、拥包、脱层等情况,如在武汉军山长江大桥桥面病害如图1、图2所示。

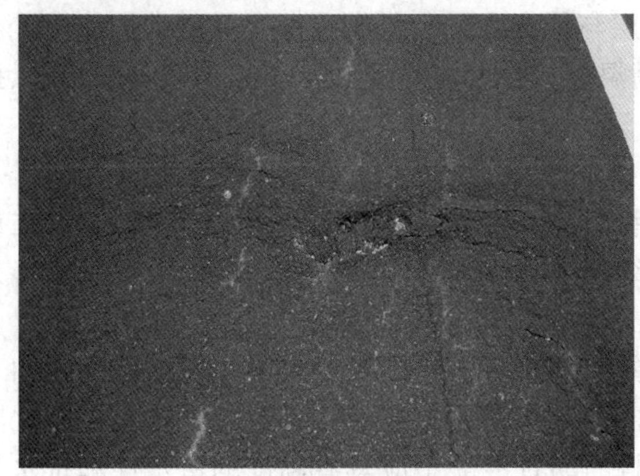

图1 圆弧裂缝

图2 横向裂缝

(1)推移:是钢桥面铺装层最为常见的病害,也是最为严重的病害。由于钢桥面与铺装层之间的黏结层是整个桥面铺装层中最薄弱的环节,车辆在运行过程中产生较大的制动力使得铺装层与黏结层和黏结层与钢板之间产生较大的剪切力,受剪切力的作用使黏结层与钢板或沥青混凝土层之间黏结产生疲劳破坏或者一次性破坏。此外,黏结层与沥青混凝土铺装层和钢板之间的黏结力还受众多因素的影响,高温时沥青混凝土铺装层软化后黏结力极大地削弱,动压水使得铺装层间产生剥离,多个不利因素的叠加,使得钢桥面铺装推移病害易于产生。武汉军山长江大桥桥面铺装出现推移主要发生在高温季节,更多发生在车辆运行时产生制动力最大的上坡或下坡段,特别是上坡段。

(2)裂缝:纵、横裂缝较为常见,一般呈现上宽下窄状态,造成裂缝的主要原因:一是低温季节钢桥面温度低,沥青混凝土收缩产生的收缩裂缝;二是正交异性板桥面使得铺装层表面产生负弯矩,因而出现上宽下窄的裂缝;三是桥面刚度较小,在车辆荷载的反复作用下,铺装层频繁弯拉变形产生的弯拉应力而引起的疲劳破坏。武汉军山长江大桥以纵向裂缝为主,大多出现在行车道上,主要是因为重车、超重车辆一般沿着行车道通行,钢桥面板在纵向加劲肋支撑处变形小,无支撑处变形大,使得桥面出现不同的变形,在反复的弯拉应力作用下而产生疲劳破坏。

(3)车辙:主要发生在高温季节,行车道上表现最为明显,主要是由于钢桥表面温度高使得沥青混凝土层软化,在重车的作用下而发生变形。另外,由于钢箱梁箱体的保温作用,使得铺装层高温状态持续时间长,更是加剧了车辙的发生。

三、钢箱梁桥桥面沥青混凝土铺装应解决的关键技术和问题

(1)足够的强度及良好的变形追从性

足够的强度与变形追从性或变形协调性是钢桥面铺装首先应该具备的性能之一。大跨径钢箱梁桥的主梁变形较大,桥面板局部变形也不一致,对钢板的变形追从性不好,将可能产生铺装层与钢板之间相互错动的剪切或弯曲破坏。如军山长江大桥桥梁主跨为400m,整体结构钢度不大,且桥面顶板厚度薄(12mm),因此要求桥面铺装结构层更适应于钢板较薄的柔性支撑体系,能有效实现与桥体的协同变形。

(2)优良的层间黏结性能

钢板与黏结层、黏结层与沥青混凝土铺装层之间都必须具有良好的黏结力,使各层能够形成牢固的整体。军山长江大桥纵坡大,车流量大,超重车辆多,车辆在行驶中产生较大的剪切应力,要求黏结层与钢板之间及黏结层与沥青混凝土层之间必须有足够的黏结强度。

(3)良好的抗疲劳性能

由于钢桥面刚度小,在车辆荷载的作用下,形成较大弯拉应力,在大车流量情况下,使得桥面反复变形而产生疲劳破坏。

(4)优良的高温稳定性与低温抗裂性

在同样气候条件下,钢桥面铺装的实际温度高于普通沥青路面,而因钢板与铺装之间模量存在较大差距,在载重车辆以及车辆超载的不利因素作用下,铺装层与钢板之间以及铺装层之间的剪切作用十分显著。从我国钢桥面铺装的破坏情况看,因热稳定性及高温抗剪能力较差而导致铺装产生车辙、推挤、拥包等现象较为普遍。

(5)良好的抗裂性能

在车辆荷载作用下,桥面钢板不同部位变形不一致,将对铺装层产生较大的纵竖向拉应力;桥面在低温时,桥面温度较之普通桥梁低,也必须具有良好的抗收缩能力。

(6)良好的防水防渗透性能

保护钢桥面板不被腐蚀,是保证钢结构桥梁功能的首要问题。另外,钢桥面铺装层积水因无法向下渗透,铺装层的积水在车辆荷载作用下产生较大的动水压力,对铺装层层间黏结力及沥青与粗集料之间结合均产生较大的影响。因此,作为铺装层主要结构材料的沥青混凝土应具有高度的密水性和抗水损能力。

(7)满足边通车、边施工的要求

在大交通流量的道路上,要改道施工非常艰难甚至不可能实现,必须占道施工,军山大桥是国家主干线京港澳高速和沪蓉高速公用桥梁,其重要性决定了桥面铺装的养护施工不能中断交通,需一边通行一边进行施工,因此决定了桥面铺装采用的方案在实施过程中,做到施工工艺简单,受通车影响干扰小,对施工环境要求不苛刻,且养生时间不应过长。

四、军山长江大桥大修养护的方案设计

在2010年军山长江大桥大修铺装工程中充分考虑了上述需要解决的技术和问题,经过自2006年~2010年为期四年的试验与研究,采取了以下技术方案,如表1所示。

军山大桥桥面铺装养护方案 表1

上 面 层	表面硅胶封水处理
	4.0cm SMA-13(高弹改性沥青)+0.5%矿物纤维
黏结层	改性乳化沥青黏层(洒布量0.3~0.6kg/m^2)
下面层	3.0cm SMA-10(高弹改性沥青)+0.5%矿物纤维
黏结层	GF-2 防水黏结层(洒布量0.3~0.5kg/m^2)
过渡层	5mm 橡胶改性环氧砂浆过渡层+5~8mm 单级配碎石
黏结层	GF-1 防水黏结层(洒布量0.3~0.5kg/m^2)
钢桥面板	喷砂除锈3.0级,40~80μm

1. 设计结构方案

本次军山大桥大修实施面积为对全桥钢箱梁桥面双向三个主车道以及硬路肩病害路段进行彻底翻修,清除原铺装后,重新铺筑新的橡胶环氧砂浆+双层SMA体系,桥面铺装设计总厚度为7.5cm,如图3所示。

2. 技术指标要求

(1)GF-1 黏结层

GF-1 黏结剂用于橡胶环氧砂浆与喷砂后的桥面面板的黏结,使用的环氧黏结剂为湖北交通工程检测中心开发的新型专用黏结剂,在使用时按比例配置均匀后用高压喷枪喷射或人工涂刷到钢桥面上,用

量0.3~0.5kg/m²。其技术指标如表2所示。

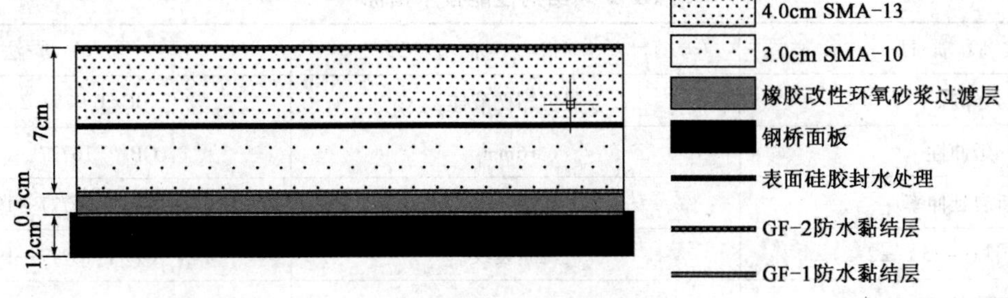

图3 军山大桥桥面摊铺结构图

GF-1 黏结剂性能技术指标 表2

实验项目		单位	技术指标	实验方法
黏结剂外观		—	灰白色	GB 1729
干燥时间	表干	h	1~6	GB 1728
	实干	h	≤24	
黏度(涂-4杯)		s	50≤η≤200	GB 1723
钢板黏结强度	250℃	MPa	≥3.3	GB 9793
	700℃	MPa	≥3.0	
	喷砂板	MPa	≥3.5	
	未喷砂板	MPa	≥3.3	
	水浸泡200h后	MPa	≥3.0	
柔韧性		mm	≤2	GB 1731

由上述技术指标可以明显地看出,通过在250℃和700℃温度条件下,该黏结剂与钢板黏结强度的比较分析可以看出,GF-1在高温条件下黏结强度变化不大,在700℃高温下仍能满足黏结强度要求,并且具有良好的柔韧性和抗水性。通过对比喷砂板和未喷砂板黏结强度效果,可以得出通过喷砂板的施工强度可以提高GF-1与钢板的黏结强度。

(2)橡胶环氧砂浆过渡层

橡胶环氧砂浆过渡层为铺装体系中的重要环节,其组成材料均为化工原料,并采用水泥及砂为填充料。橡胶环氧砂浆技术指标如表3所示。

橡胶环氧砂浆技术指标 表3

温度(℃)	抗压强度(MPa)	断裂应变(με)
-10℃	—	≥5 000
25℃	≥20.0	≥6 000
60℃	≥5.0	—

由表3可以看出,橡胶环氧砂浆的抗压强度受温度影响较大,但是由于该材料本身具有较高的抗压强度,在60℃高温下,其抗压强度仍能满足设计和施工的需求。

(3)GF-2黏结层

GF-2黏结剂为解决桥面铺装中防水层(缓冲层或应力吸收层)与沥青层的黏结问题而开发的防水黏结剂,是由天然沥青混合物中加入树脂活性反应物质而组成的防水黏结材料,可实现砂浆与SMA-10的有效黏结。

本设计方案中GF-2黏结剂主要用于橡胶环氧砂浆与SMA-10之间的黏结,在使用时按设计洒布量(0.3~0.5kg/m²)采用人工涂刷的方式分两次均匀涂刷到养生完毕的橡胶环氧砂浆表面,待其实干后

(一般为12h后)即进行下一道工序SMA-10的施工。其主要技术指标如表4所示。

GF-2黏结剂性能技术指标 表4

实验项目		指标	实验方法
外观		黑色黏稠液体	JC/T 975—2005
延伸性		≥6mm	GB/T 16777—1997
断裂延伸率		≥80%	GB/T 16777—1997
低温柔韧性(-25℃±2℃)		无断裂纹	GB/T 16777—1997
剪切强度(25℃)		≥1.0MPa	参照JC/T 975—2005夹角40°
黏结强度(℃)		≥0.8MPa	参照JC/T 975—2005,拉拔力测试仪
干燥性(25℃)	表干	≤4h	GB/T 16777—1997
	实干	≤12h	GB/T 16777—1997
不透水性,0.3MPa		30min不渗水	GB/T 16777—1997
耐热性		(160±2)℃无流淌和滑动	JC/T 975—2005
剪切强度测试为本设计方案中橡胶环氧砂浆与SMA-10组合件的测试结果			

GF-2防水黏结层处于橡胶环氧砂浆过渡层和SMA-10下面层的中间,它必须具有一定的黏结强度,以满足设计的需求,并且该黏结层受到桥面受力和高温的传递。通过表4可以看出,GF-2具有良好的延伸性能和抗剪切性能,断裂延伸率大于80%,该材料低温柔韧性强,具有高温稳定性,透水性良好,均满足该黏结层的特殊需求。

(4)高弹改性沥青混凝土

为了增强沥青混凝土的抗疲劳、高温稳定性和抗变形能力,在SMA10与SMA13沥青混凝土料中分别采取用了高弹改性沥青。其物理性能如延度、针入度及软化点、弹性恢复率较普通改性沥青有较大提高。

五、结　语

大交通流量大跨径钢箱梁桥广泛存在,其桥面损坏日益严重,已引起国内外专家高度重视。为有效解决铺装层与钢板的黏结力、协同变形等问题,有的采用双层环氧沥青混凝土结构,但由于其施工周期长,施工条件要求高,在通车状况下难以达到。武汉军山长江大桥采用上述方案,其施工期短,施工条件要求低,在边通车的条件可实施,其工程质量满足有关技术指标的要求。2006年已对局部桥面进行了大修,黏结层与桥面钢板和铺装层之间保持状况良好,2010年在原方案上优化后对该桥进行了大修,在连续高温和持续多雨及渠化交通等极端不利条件下经受了考验。自开通以来,桥面状况保持良好。我们认为该桥面铺装技术方案适应于大交通流量下大跨径钢桥的桥面铺装,有一定的参考借鉴作用。

参考文献

[1] 莫玉生,王华中.钢桥面沥青铺装结构病害原因分析[J].中南公路工程,2001.

[2] 杨秀飞,盛赛华,等.虎门大桥钢桥面铺装热稳性病害产生的原因分析与处治[J].广东公路交通,2000,(增刊).

[3] 陈静云,王京元,等.沥青混凝土桥面铺装早期病害原因分析和结构设计方法综述[J].东北公路,2003.

[4] 黄卫,钱振东,等.大跨径钢桥面铺装设计理论与方法.《2008钢结构桥梁论坛》中国建筑金属结构协会建筑钢结构委员会主办.

[5] 黄晓明,王捷,陈仕周.大跨钢桥桥面铺装结构受力分析[J].土木工程学报,1999,32.

[6] 张雷.江阴大桥钢桥面铺装病害研究[D].东南大学硕士学位论文,2004.

118. 超大跨斜拉桥混合梁结合段构造研究

刘玉擎 汪蕊蕊
（同济大学桥梁工程系）

摘 要 介绍了国内已建和在建的三座超大跨混合梁斜拉桥，即主跨926m的鄂东长江大桥、主跨816m的荆岳长江大桥及主跨818m的九江长江大桥主梁结合段，比较分析了结合部位置、结合段构造形式及结合部细部构造特点，并结合节段梁模型现场试验及有限元计算对三座混合梁斜拉桥主梁结合段的传力机理进行了比较分析，总结了结合段构造应用的新特点，可供混合梁斜拉桥设计参考。

关键词 斜拉桥 混合梁 结合段 构造研究

一、引 言

混合梁斜拉桥通过结合段将钢梁与混凝土梁可靠连接，实现主梁整体受力和协调变形。结合段通常包括钢梁加劲过渡段、钢—混凝土结合部和混凝土梁加强过渡段，三部分构造的合理与协调对结合段功能的发挥有重要影响。随着混合梁斜拉桥跨度及桥面宽度的增大，结合段采取了新的应用形式，构造及受力都比较复杂。本文结合国内已建和在建的三座大跨度混合梁斜拉桥，即鄂东长江大桥、荆岳长江大桥及九江长江大桥，拟对结合部位置、结合段构造形式及结合部的细部构造进行比较分析，并通过试验和有限元计算对三座斜拉桥结合部的传力机理进行探讨，得出主要传力构件的轴力分担比例，为今后混合梁斜拉桥的建设提供参考。

二、混合梁结合部位置选取

混合梁斜拉桥增大了边跨的配重，能提高桥梁结构的整体刚度，避免边跨支座可能出现的负反力，在边中跨比例较小的斜拉桥中具有较强的竞争力。但若钢梁与混凝土梁结合位置选择不当，易使得桥塔和主梁受力处于不利状态。可利用斜拉桥索塔只承受轴力、不承担弯矩的理想成桥恒载状态，采用主梁弯曲应变能作为主要指标，同时考虑在运营状态汽车活载下的结合部局部弯矩值、斜拉索索力及在恒载加活载下支墩反力分布等进行综合考虑。表1列出了三座斜拉桥主梁结合部的位置，均位于索塔附近主梁轴力较大处，使结合段主要受轴力作用，保证了钢承压板与混凝土承压面之间的紧密结合。

混合梁结合部位置 表1

桥 名	建成情况	跨径(m)	主梁宽度(m)	主梁形式	结合部位置	距桥塔距离(m)
鄂东长江大桥	2010年	926	38.0	双箱	中跨	12.5
荆岳长江大桥	2010年	816	38.5	双箱	中跨	22.0
九江长江大桥	在建	818	38.9	单箱	中跨	34.5

三、混合梁结合段构造形式

图1所示分别为鄂东长江大桥、荆岳长江大桥及九江长江大桥主梁结合段的构造。鄂东长江大桥为主跨926m的双塔双索面大跨径半漂浮体系混合梁斜拉桥，中跨为PK断面钢箱梁，边跨为同外形的混凝土箱梁。主梁钢—混凝土结合段采用带开孔板和焊钉连接件的钢格室与混凝土横梁浇筑为一体的连接形式，钢格室通过钢箱梁过渡段与钢箱梁连接。在国内，鄂东长江大桥首次将开孔板连接件应用到主梁上，采用复合连接件的有格室后承压板式结合部，解决了传递世界上最大轴力的混合梁斜拉桥钢—混凝

土主梁结合部受力难题。结合部预应力筋锚固在承压板及U肋间设置的加劲上,保证钢—混凝土之间的可靠连接,同时修正截面的偏心,减小附加弯矩的影响。

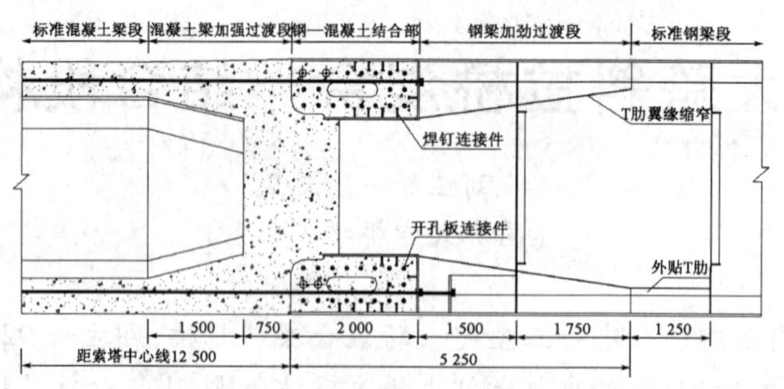

a)鄂东长江大桥

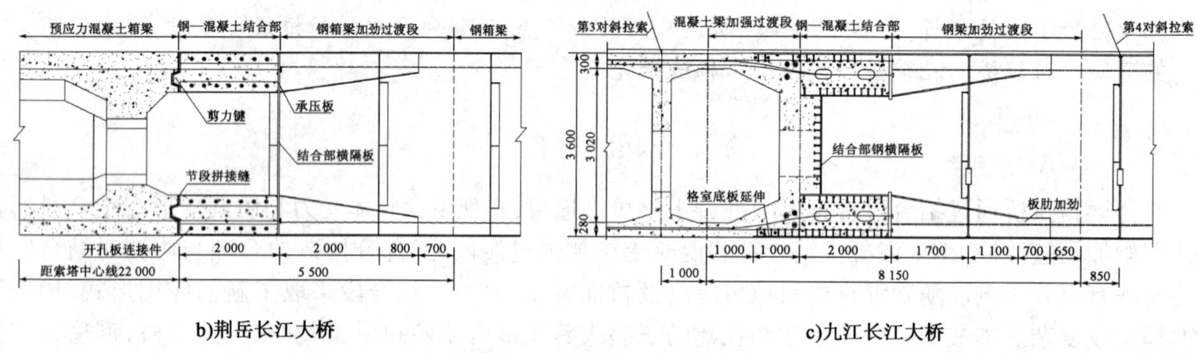

b)荆岳长江大桥　　c)九江长江大桥

图1　三座斜拉桥主梁结合段构造(尺寸单位:mm)

荆岳长江大桥为主跨816m的双塔双索面大跨径单侧混合梁斜拉桥,主梁中跨和跨径较大的边跨采用PK断面钢箱梁,跨径较小的边跨采用同外形的预应力混凝土箱梁。主梁钢—混凝土结合段采用只设置开孔板连接件的有格室后承压板式结合部,通过剪力键以预制拼装的方式与混凝土梁连接,钢格室通过钢梁加劲过渡段与钢箱梁连接。在国内的混合梁斜拉桥中,荆岳长江大桥主梁结合段首次采用全部开孔板连接件的钢—混凝土之间结合形式,并首次采用预制拼装的工法实现结合部与混凝土梁过渡段之间的连接。预应力筋锚固在后承压板上,同时将上格室和下格室的后承压板通过结合部横隔板连接,保证连接及传力可靠。

九江长江大桥是一座主跨818m的双塔双索面大跨径单侧混合梁斜拉桥,主梁中跨和跨径较大的边跨采用扁平流线型钢箱梁,跨径较小的边跨采用同外形的混凝土箱梁。主梁钢—混凝土结合段选用有格室后承压板式结合部,采用带开孔板和焊钉连接件的钢格室与混凝土横梁浇筑为一体的连接形式,钢格室通过钢梁过渡段与钢箱梁连接。与鄂东长江大桥主梁结合部不同,结合部上格室的顶板和下格室的底板延伸至混凝土梁加强过渡段,在上格室的底板和下格室的顶板之间设置了结合部钢横隔板,并将其与结合部混凝土横梁采用焊钉连接件结合,使过渡段混凝土及横梁混凝土处于多向约束状态。结合段预应力筋锚固在后承压板上,抵消钢梁与混凝土梁截面偏心引起的附加弯矩,保证承压板与混凝土承压面的可靠结合。

四、混合梁结合部细部构造

钢—混凝土结合段是混合梁斜拉桥主梁构造和受力最复杂的部位,而结合部是结合段的重要组成部分,通过承压板以承压或者通过连接件以承剪的方式将钢梁较大的应力均匀顺畅地传至混凝土梁。图2示出了三座混合梁斜拉桥主梁结合部钢格室的细部构造,均采用后承压板式。

鄂东长江大桥在格室的顶板、底板和承压板上均设置焊钉;在格室的腹板上开设圆孔并贯穿钢筋形成开孔板连接件;在格室的顶板上设置U形开槽,使格室内部混凝土浇筑质量容易保证。荆岳长江大桥在混凝土梁加强过渡段拼接缝位置设置凹榫，格室内部现浇混凝土形成剪力键。在格室的顶板、底板设置开孔钢板，在腹板上开孔，并在开孔中贯穿钢筋形成开孔板连接件。九江长江大桥在格室的顶板、底板上布置焊钉，在腹板上开孔并贯穿钢筋形成开孔板连接件，并将格室底板向混凝土梁延伸1m。

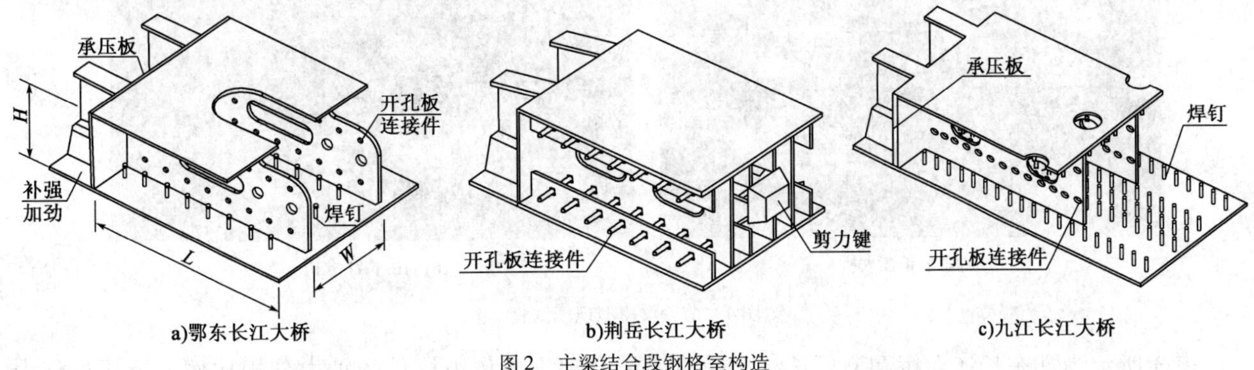

图2　主梁结合段钢格室构造

表2列出了三座混合梁斜拉桥主梁结合部钢格室的细部构造参数，钢格室的长度均为2m，高度均为0.8m，宽度略有差别，但均和格室高度接近。鄂东长江大桥开孔板连接件孔径为60mm，荆岳长江大桥和九江长江大桥孔径为65mm，孔内均贯穿直径为20mm的钢筋，形成开孔板连接件。鄂东长江大桥利用开孔板连接件的特点，设置了较薄的承压板，厚度为30mm。荆岳长江大桥除在格室腹板上开孔形成开孔板连接件，内部顶底板亦布置开孔板连接件，较好限制了钢—混凝土之间的滑移，格室刚度较大，采用了最薄的承压板，为22mm。九江长江大桥结合部预应力全部锚固在承压板上，承压板轴力分担比例较大，采用的承压钢板厚度为60mm。

结合部格室构造参数(mm)　表2

桥　名	构　造	长　度	宽　度	高　度	开孔板孔径	孔中钢筋直径	承压板厚度
鄂东长江大桥	后承压板	2 000	850	800	60	20	30
荆岳长江大桥	后承压板	2 000	780	800	65	20	22
九江长江大桥	后承压板	2 000	800	800	65	20	60

目前，如图3所示的三种钢梁加劲过渡段构造得到工程应用，即：①U肋外接Π肋，即U肋上缘与Π肋下缘焊接，Π肋端部与承压板焊接。舟山桃夭门大桥和汕头礐石大桥采用无格室顶底板后承压板式结合部，过渡加劲选取了该构造。②U肋外接T肋，即U肋上表面与T肋腹板下缘焊接，T肋端部与承压板焊接。武汉白沙洲长江大桥结合部为无格室构造，过渡段选取了该构造。③U肋内插T肋，即部分高度渐变的T形加劲肋穿过U肋与顶(底)板、承压板及U肋焊接。三座混合梁斜拉桥结合部均为有格室构造，钢梁过渡段采用该种构造形式，将T肋腹板与格室腹板对齐，提高了传力的直接性和有效性。

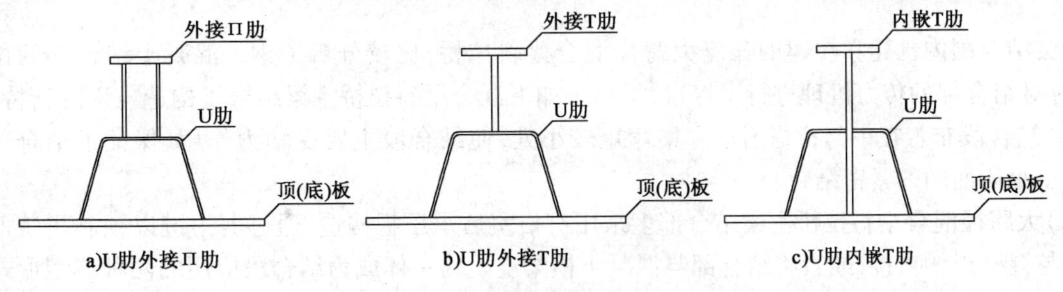

图3　钢梁加劲过渡段构造

五、结合部传力机理研究

三座混合梁斜拉桥均为超大跨结构且桥面宽度大，结合部位于主塔附近，受轴力作用大，同时主梁结合段构造新颖、独特。为此，对鄂东长江大桥和荆岳长江大桥主梁结合段开展了节段梁模型现场试验，如

图4所示，并拟对九江长江大桥主梁结合段进行局部构造模型试验。

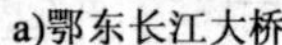
a)鄂东长江大桥

b)荆岳长江大桥

图4　节段梁模型现场试验

表3所示为鄂东长江大桥和荆岳长江大桥主梁结合部主要传力构件的轴力分担比例。承压板传力比例为50%～60%，其余轴力通过开孔板及焊钉连接件逐渐传至混凝土。表4所示为九江长江大桥主梁结合部主要传力构件轴力分担比例，承压板轴力分担比例较大，在无预应力作用下约为68%，有预应力作用下约为76%。预应力主要由承压板分担，而承压板面外刚度较小，在预应力作用下，连接件受力具有对称性，进而使得有预应力作用时，开孔板及格室内部焊钉连接件整体分担比例减小。

鄂东及荆岳长江大桥结合部轴力分担比例(%)　　表3

传力构件	鄂东长江大桥				荆岳长江大桥			
	上格室		下格室		上格室		下格室	
	实测	计算	实测	计算	实测	计算	实测	计算
顶板	26.5	21	14.2	5	20.6	21	5.1	5.8
开孔腹板	14.8	8	18.9	23	7.2	15.9	17.7	17.4
底板	14.3	11	15.4	17	8.3	6.4	23.4	24.9
承压板	44.4	60	51.5	55	63.9	56.7	53.8	51.9

九江长江大桥结合部轴力分担比例(%)　　表4

传力构件	后承压板	结合部横隔板	开孔板	焊钉(格室内部)	焊钉(格室外部)
无预应力作用	67.8	7.3	11.7	6.4	6.8
有预应力作用	75.9	8.7	6.6	0.8	8.1

六、结　语

本文结合国内已建和在建的三座大跨径混合梁斜拉桥，比较分析了钢—混凝土结合部的位置及构造，同时对结合部的传力机理进行了探讨，得出了如下混合梁斜拉桥主梁结合段构造应用的新特点。

(1)结合段布置在中跨桥塔附近主梁弯矩较小处，使结合段主要受轴力作用，保证了结合部承压板与混凝土承压面间的紧密结合。

(2)大跨径混合梁斜拉桥主梁结合部多采用有格室后承压板构造，通过剪力键以预制拼装的方式将结合部与混凝土梁对接，或者将结合部与混凝土横梁浇筑为一体成为结合段应用的两种典型形式。

(3)结合部格室设置开孔板或复合连接件，用以限制钢—混凝土之间滑移，减少格室内部焊钉数量，降低承压板厚度。

(4)格室的长度根据传力的需要一般取2～2.5m，高度根据操作空间等一般取0.8m。对有格室结合部，承压板较薄。

(5)对于有格室结合部，承压板分担轴力占50%以上，传力比例受预应力影响较大，厚度选择需综合考虑。

参考文献

[1] 汪蕊蕊,刘玉擎,刘荣.混合梁结合部格室的长度影响分析[C].组合结构桥梁和顶推技术应用学术会议论文集.北京:人民交通出版社,2010.

[2] 刘玉擎.鄂东长江公路大桥特大跨径混合梁斜拉桥钢混结合段安全、可靠性及耐久性能试验研究[R].同济大学桥梁工程系,2008.

[3] 刘玉擎.荆岳长江公路大桥主梁钢混结合段试验研究[R].同济大学桥梁工程系,2008.

[4] 刘玉擎.九江长江公路大桥大跨径混合梁斜拉桥结合段主梁结构性能研究[R].同济大学桥梁工程系,2011.

119.斜拉索索力影响因素及其计算公式精度分析

沈丹雯[1] 瞿 涛[1] 吉伯海[1] 孙媛媛[1] 姜竹生[2] 史国钢[2]

(1.河海大学土木与交通学院;2.江苏省交通运输厅工程质量监督局)

摘 要 基于对现有的斜拉索索力测试和计算方法的研究,介绍了振动频率法测量索力的原理,分析了斜拉索的抗弯刚度及垂度对索力测试精度的影响,并提出了提高斜拉索索力测试精度的措施。依托斜拉索实际几何参数及实测索力数据,对现有的基于振动频率法得出的索力计算公式进行分析比较,总结了复杂参数下索力计算公式的精确度,得出索力误差产生的原因,为斜拉索索力测试及计算提供参考。

关键词 振动频率法 索力测试 垂度 抗弯刚度 索力计算

一、引 言

随着国民经济的快速发展,斜拉桥被越来越广泛地应用于大跨度桥梁之中。斜拉索是斜拉桥的主要受力构件之一,承担了整座桥梁在施工阶段及成桥后正常运营阶段的大部分荷载,其索力的大小直接影响桥梁上部结构的内力分布及变形。因此,对斜拉索的索力测试和计算方法的研究,对于斜拉桥的设计与施工具有重要意义。

振动频率法测量索力具有操作方便、成本较低等特点,已成为目前实际工程中应用最广泛的索力测试方法之一。目前的斜拉索索力计算,通常将拉索假设成张紧弦或者为考虑抗弯刚度的梁,但实际工程中,拉索的抗弯刚度和垂度均对斜拉索索力有不同的影响,因此有必要对索力的影响因素进行深入研究。对于运用振动频率法计算索力,国内外学者通过试验和数值模拟的方法开展了相关的研究。福州大学的任伟新考虑了拉索垂度和抗弯刚度对基频的影响[1]~[3],提出了由基频计算索力的实用公式,并对索力的精度和适用范围进行了讨论。同济大学的李国强[4]等提出拉索垂度只影响到奇数阶频率,因此在索力测量时选用偶数阶频率,从而可以忽略垂度的影响,推导出索力的计算公式。本文基于现有的索力计算公式,依托工程实际参数,对现有计算索力公式的精度进行比较,分析各公式精度偏差产生的原因。

二、振动频率法测试原理

斜拉索的频率法索力测试是基于弦振动理论,先测定斜拉索的固有频率,再根据索力与固有频率的关系换算得到斜拉索的索力。对于张紧的斜拉索,其自由振动微分方程为[5]:

$$\rho_1 \frac{\partial^2 y}{\partial t^2} + EI \frac{\partial^4 y}{\partial x^4} - T \frac{\partial^2 y}{\partial x^2} = 0 \tag{1}$$

式中:x——沿索长方向坐标;

y——垂直于索长方向坐标;

ρ_1——索的线密度，即索的单位长度质量；

EI——索的抗弯刚度；

T——索力。

假定索的边界条件为两端铰接，可由式(1)解得拉索拉力为：

$$T = 4\rho_1 l^2 \left(\frac{f_n}{n}\right)^2 - \frac{n^2\pi^2 EI}{l^2} \tag{2}$$

式中：n——振动阶数；

f_n——索的第 n 阶自振频率；

l——拉索的计算长度。

假定索两端固接，不考虑拉索抗弯刚度的影响，由式(1)可求出索力为：

$$T = 4\rho_1 l^2 \left(\frac{f_n}{n}\right)^2 \tag{3}$$

从式(3)可以看出，对于同一根拉索，在不考虑抗弯刚度的情况下，索力一定时，f_n/n 是一个常数，频谱图表现为间距完全相等的谱线。

三、斜拉索索力影响因素

1. 拉索抗弯刚度的影响

拉索的抗弯刚度接近于拉索中高强钢丝之间完全黏结时的弯曲刚度，比完全不黏结时的弯曲刚度要大得多[6]。当考虑拉索的抗弯刚度时，由式(2)得：

$$\frac{f_n}{n} = \sqrt{\frac{T + n^2 D}{4l^2\rho_1}} (n = 1,2,3\cdots) \tag{4}$$

式中：$D = \frac{\pi^2 EI}{l^2}$，对于长度和直径相同的拉索，D 为常数。

在索力一定时，f_n/n 随着振动阶数的增加而增大，反映在频谱图上，其频谱间距逐渐加大。对于短索而言，采用简化的式(3)计算索力，其精度不易控制，为了减小计算误差，在测出拉索的频率之后，应尽量采用低阶频率 f_n/n 来计算索力。

2. 拉索垂度的影响

由于拉索自重影响，一般情况下拉索呈悬链线布置。拉索的垂度对索的自振频率有一定影响，拉索的张紧程度决定了垂度对基频的影响程度。在研究索的静力问题时，引入无量纲参数 k，其表达式如下：

$$k = \frac{H}{\beta} \tag{5}$$

$$\beta = \frac{W^2 L^5 EA}{24 L_c^5} \tag{6}$$

式中：H——索力水平分量；

W——沿拉索均匀分布的自重；

L——拉索的水平投影长度；

EA——拉索轴向抗拉刚度；

L_c——拉索的弦长。

文献[6]的静力分析研究表明，当 $k>1.5$ 时，索可视为张紧的索。索力和索的伸长之间存在线性关系，即可不考虑垂度的影响。图1为某桥1～10号索的振动频率 f 随参数 k 变化的分析曲线[7]，纵坐标为考虑垂度影响时的频率 f_1 与不计垂度影响时的频率 f_0 之比。由图可以看出，拉索垂度对基频的影响较大，当 k

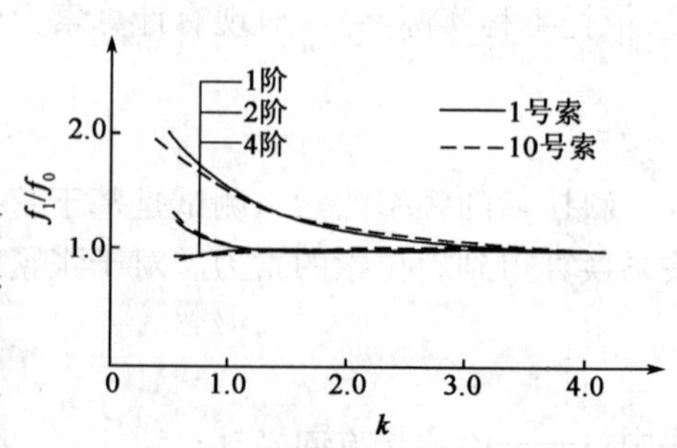

图1 拉索垂度与其频率影响曲线

值应大于2.5时,垂度对基频的影响可控制在5%以内。但拉索垂度对高阶(四阶及以上)频率的影响较小。一般情况下,实际斜拉索成桥的 k 值都大于3,此时无论是动力分析还是静力分析均可忽略垂度的影响。当斜拉桥施工过程中拉索采用分阶段多次张拉时,此时索力可能较小,应考虑垂度对基频的影响。

四、现有公式分析比较

表1列出了4种常用的基于振动频率法提出的索力计算公式以及其相应的适用范围。

现有的4种索力计算公式 表1

<table>
<tr><td colspan="2">公式1:弦理论[8]</td><td>$H = 4ml^2f^2$</td><td rowspan="11">H—拉索拉力;
m—索的线密度;
l—拉索的长度;
f—拉索的第一阶频率,即基频;
f_2—拉索的第二阶频率;
EI—拉索的抗弯刚度;
EA—拉索的轴向刚度;
与抗弯刚度相关的无量纲量 ξ:
$\xi = \sqrt{\frac{H}{EI}}l$;
与垂度相关的无量纲量 λ:
$\lambda^2 = \left[\frac{mgl}{H}\right]^2 \frac{EAl}{HL_e}$</td></tr>
<tr><td colspan="2">公式2:梁理论[9]</td><td>$H = 4ml^2f^2 - \pi^2 EI/ml^2$</td></tr>
<tr><td rowspan="6">公式3[2]</td><td rowspan="3">(a)
考虑垂度</td><td>$H = 4ml^2f^2(\lambda^2 < 0.17)$</td></tr>
<tr><td>$H = \sqrt[3]{ml^2(4f^2H^2 - 7.569mEA)}(0.17 \leqslant \lambda^2 \leqslant 4\pi^2)$</td></tr>
<tr><td>$H = ml^2f^2(4\pi^2 < \lambda^2)$</td></tr>
<tr><td rowspan="3">(b)
考虑抗弯刚度</td><td>$H = 3.432ml^2f^2 - 45.191\frac{EI}{l^2}(0 < \xi < 18)$</td></tr>
<tr><td>$H = m\left(2lf - \frac{2.363}{l}\sqrt{\frac{EI}{m}}\right)^2(18 \leqslant \xi \leqslant 210)$</td></tr>
<tr><td>$H = 4ml^2f^2(210 < \xi)$</td></tr>
<tr><td colspan="2" rowspan="3">公式4[4]</td><td>$H = 0.98ml^2f_2^2 - \frac{75.23EI}{l^2}(0 < \xi < 80)$</td></tr>
<tr><td>$H = 0.96ml^2f_2^2 - \frac{111EI}{l^2}(80 \leqslant \xi \leqslant 200)$</td></tr>
<tr><td>$H = 4ml^2f_2^2(\xi > 200)$</td></tr>
</table>

采用弦理论[8]、梁理论[9]、文献[2]、文献[4]4种现有索力计算公式对实际拉索进行索力计算。本文选取的计算样本为某斜拉桥的斜拉索几何参数及索力实测数据,运用有限差分法计算出成桥索力对应的拉索基频,将计算得到的基频代入以上4套公式算得索力,与成桥索力作对比,判别其精确度。

图2为该斜拉桥斜拉索索力的计算结果与索力实测结果的比较图,中间实线为计算值等于实际值,两根虚线之间代表误差在±10%之内,即工程中允许的索力误差。通过分析比较图2可以看出,公式3a)得到的计算结果是这4套公式中最精确、离散性最小的;公式3b)、公式(4)次之;弦理论和梁理论则相对精度较差,离散性较大。分析其原因:

弦理论利用两端固定的张紧弦模型模拟斜拉索,对垂度和抗弯刚度对索力的影响均没有考虑,显然无法满足一般索力计算精度要求。

梁理论是利用两端铰支的受拉水平直梁模拟斜拉索,公式(2)是在弦理论的基础上考虑了抗弯刚度的影响,对公式(1)进行了修正,因此相对于弦理论更为合理,但其也未考虑到垂度影响。

公式(4)对不同公式给出了抗弯刚度的相应范围,其建立的理论依据是基于垂度只影响到奇数阶频率,在索力计算选用偶数阶频率时,忽略了垂度影响。在分析抗弯刚度对索力的影响时,采用的频率阶数越低,其计算精度越高,而公式(4)中,用二阶频率计算索力时,忽略垂度影响造成了原始误差,同时采用了二阶频率代替一阶频率计算索力也造成了抗弯刚度影响导致的误差较大。

公式3b)考虑了抗弯刚度的影响,也采用一阶频率计算索力,将抗弯刚度对索力影响产生的误差减小到最低,并对应不同公式给出了相应的适用范围。但是其忽略了垂度影响,并且没有考虑到垂度对低阶频率的影响远大于其对于高阶频率。

公式3a)考虑了垂度对索力的影响,并对不同公式给出了相应范围。虽未考虑抗弯刚度对索力的影响,但在计算时采用的是一阶频率计算索力,从而将抗弯刚度影响造成的误差降至最低。另外,基于文献[3]对抗弯刚度影响的研究,抗弯刚度对基频的影响最大为4.4%。抗弯刚度的影响是按照两端固支的假设推出的结论，假设索两端铰支，则抗弯刚度的影响可以忽略不计。而斜拉桥拉索的实际边界条件是介于固支与铰支[10]，所以抗弯刚度对斜拉桥拉索自振频率的影响小于4.4%，对于实际工程，此处可以忽略抗弯刚度的影响。

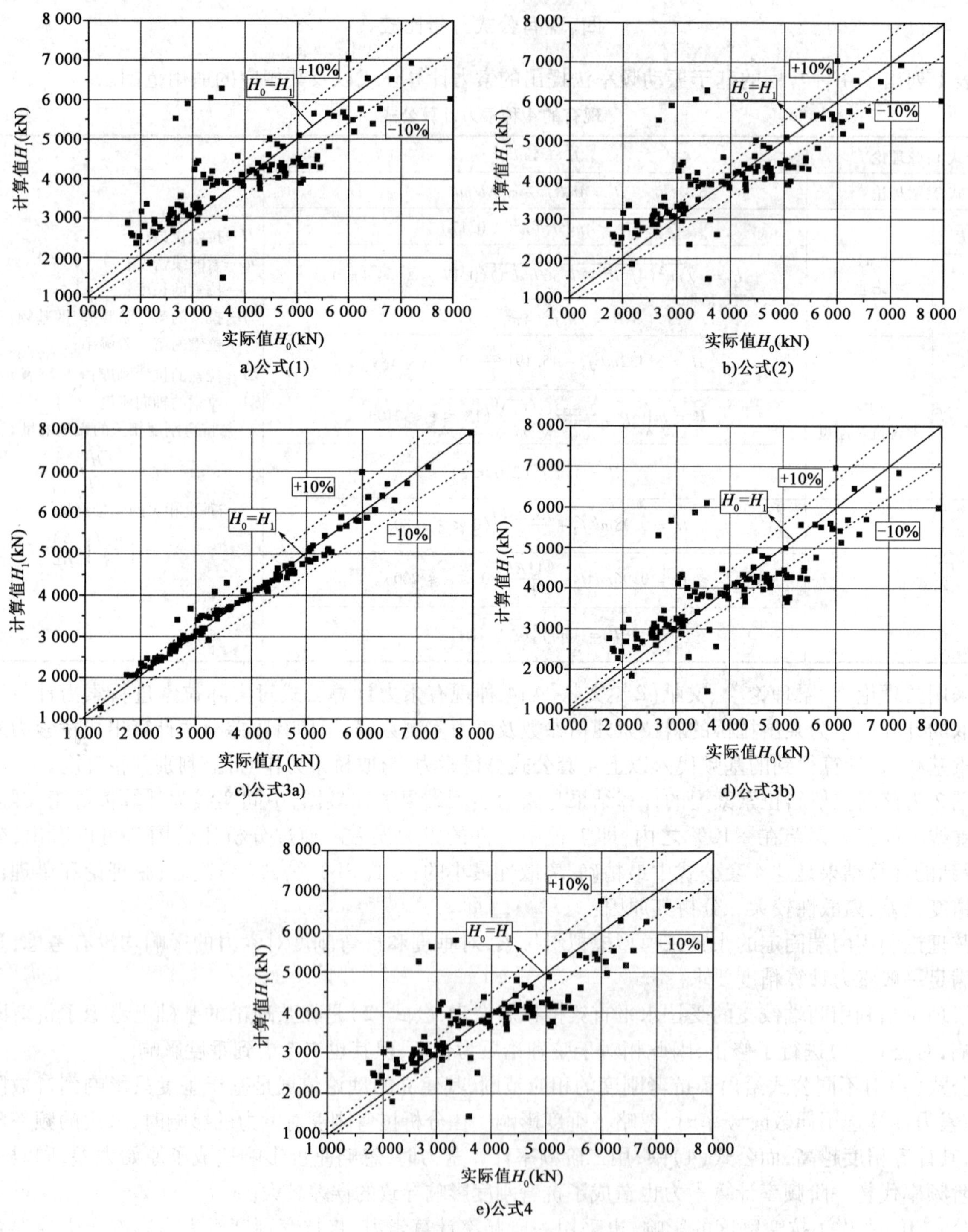

图2　拉索计算索力值与实际索力值比较图

五、结　　语

(1)考虑斜拉索的自身参数，即抗弯刚度和垂度对索力计算的影响，得出结论：考虑抗弯刚度影响，计算采用低阶频率得到的索力计算精度将高于高阶频率；考虑垂度影响，则计算采用四阶以上频率将得到较为精确的计算结果。

(2)根据对现有的索力计算公式的比较分析,依托某斜拉桥的斜拉索几何参数及索力实际数据,计算得到的索力结果与实测索力结果比较,得出同时考虑了抗弯刚度和垂度的公式(3)具有较高的精度。

参考文献

[1] W. X. Ren, G. Chen, Wei Hua Hu. Empirical Formulas to Estimate Cable Tensionby Cablefundamental Frequency[J]. Structural Engineering and Mechanics. 2005, 20(3): 363-380.

[2] 任伟新,陈刚. 由基频计算拉索索力的实用公式[J]. 土木工程学报. 2005, 38(11): 26-31.

[3] 陈刚. 振动法测索力与实用公式[D]. 福州:福州大学, 2003.

[4] 李国强,魏金波,张开莹. 考虑边界弹性约束的索力动力检测理论与试验研究[J]. 建筑结构学报. 2008, 35(2): 26-31.

[5] 王国鼎,袁海庆,陈开利,等. 桥梁检测与加固[M]. 北京:人民交通出版社, 2003.

[6] Hiroshi zui et a1. Practical Formulas for Estimation of Cable Tension by Vibration Method[J]. Journal of Structural Engineering. 1996, 122(6): 651-656.

[7] 王朝华,李国蔚,等. 斜拉索索力测量的影响因素分析[J]. 世界桥梁, 2004, 3: 64-67.

[8] Irvine H M, Caughey T K. The linear theory of Free vibration of asuspended cable. Proc Royal Soc-Landon, Series A. 1974, 341: 299-315.

[9] Zui H, ShinkeT, Namita Y. Practical formulas for estimation of cable tension by vibration method. Journal of Structural Engineering, ASCE. 1996, 122(6): 651-656.

[10] 王卫锋,韩大建. 斜拉桥的索力测试及其参数识别[J]. 华南理工大学学报, 2001, 29(1): 18-21.

120. 湖北鄂东长江公路大桥抗震性能研究

周 岑[1] 谭 文[2]

(1. 中交公路规划设计院有限公司;2. 中铁二院西安勘察设计研究院有限责任公司)

摘 要 本文以湖北鄂东长江大桥为工程背景,应用有限元方法,建立空间动力分析模型,根据桥址场地地震危险性分析得到的地震动参数和地震波对大桥的抗震性能进行分析研究。分析了该桥的动力特性,并采用非线性动力时程分析方法对该桥的地震响应行为进行研究,同时开展减隔震分析和支座摩阻系数取值的讨论。

关键词 桥梁 抗震性能 非线性动力时程分析

一、概 述

湖北鄂东长江公路大桥位于长江黄石水道上游、湖北省黄石市与鄂州市交界区域,下距黄石长江公路大桥约1km,是沪蓉国道主干线湖北省东段(武黄高速公路和黄黄高速公路)和国家高速公路网规划中大庆至广州高速公路跨越长江的共用通道。本项目对进一步完善国家和区域干线公路网络,加强长江经济带的联系,增强东西交流和南北协作,促进湖北省特别是鄂东地区社会经济的协调发展,充分发挥黄石市鄂东经贸中心作用等具有十分重要的意义。主桥为(3×67.5+72.5+926+72.5+3×67.5)m九跨连续半飘浮体系混合梁斜拉桥,跨径居于同类型桥梁中世界第二位。边跨为双边箱断面(PK断面)混凝土箱梁,中跨为PK断面钢箱梁。本桥已于2010年9月通车。

混合梁斜拉桥由于其主跨采用钢梁,所以具有跨越能力大的优点,而边跨采用混凝土梁从而起到了很好的锚固作用且可降低建桥成本。对于受地形、通航等条件限制,主跨和边跨跨径无法采用合理比例的大跨度桥梁，混合梁斜拉桥是具有竞争性的桥型方案[1]。进入21世纪以来，随着大跨度斜拉桥建设在国内的方兴未艾，对于斜拉桥的抗震性能研究也成为桥梁抗震研究的热点。叶爱君[2]等从抗震设计的角度对斜拉桥的各种结构体系进行了分析比较。闫冬等对大跨度斜拉桥的抗震概念设计进行了研究[3]。

二、设 计 概 况

湖北鄂东长江公路大桥主桥采用桥跨布置为(3×67.5+72.5+926+72.5+3×67.5)m的九跨连续半漂浮双塔混合梁斜拉桥，边跨设置3个辅助墩和一个过渡墩，主桥长1 476m，其桥跨布置如图1所示。主梁中跨采用PK断面钢箱梁，边跨采用同外形的混凝土PK箱梁，梁高3.8m；横桥向两根斜拉索在桥面处的中心距为34.4m，包括风嘴箱梁全宽38m；斜拉索采用平行钢丝斜拉索；斜拉索索面为按扇形布置的斜索面，每一扇面由30对斜拉索组成，中跨标准索距15m，边跨标准索距7.5m；主跨主梁1号段和钢混结合梁段采用大块件吊装，其余梁段采用悬臂拼装施工；边跨混凝土梁采用支架现浇施工。采用混凝土倒Y型索塔，北、南塔塔高分别为242.5、236.5m。索塔采用C50混凝土。倒Y型索塔塔柱采用单箱单室断面，两根塔柱在索塔区合二为一。索塔基础采用钻孔灌注桩。主梁采用半飘浮体系，不设纵向刚性约束。全部墩顶及主塔均设置竖向支座，过渡墩顶及主塔设置刚性横向抗风支座，主塔塔梁之间设置2套纵桥向阻尼器(全桥共4套)。

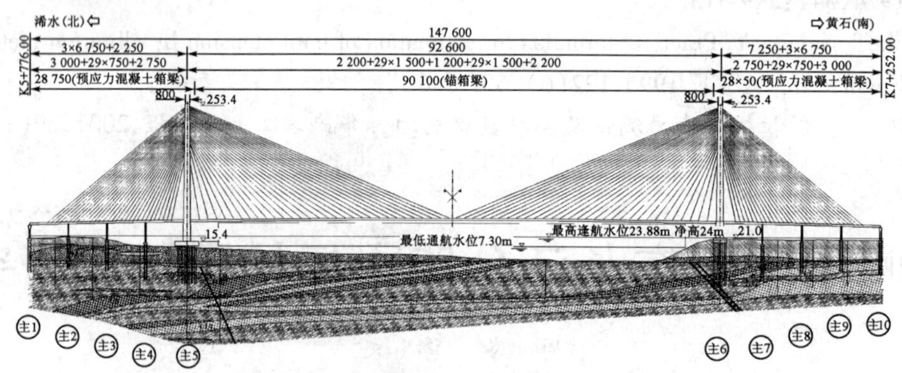

图1　桥型总体布置(尺寸单位:cm)

三、空间动力分析模型

全桥采用三维梁杆单元建立空间模型，进行动力分析。动力特性分析采用空间结构的有限单元方法，有限元计算模型均以顺桥向为x轴，横桥向为y轴，竖向为z轴。考虑到主桥与引桥动力特性的相互影响，因此动力分析模型将主桥、两侧各取一联引桥一起考虑进行结构建模。力学模型主要包括：①索塔与桥墩；②缆索承重系统；③加劲主梁；④基础；⑤边界条件；⑥相邻结构等几部分。其中，主桥主梁、索塔、辅助墩和过渡墩、引桥主梁和桥墩用梁单元模拟；斜拉索采用空间杆单元模拟，均考虑恒载引起的几何刚度的影响；桩基础采用等效的土弹簧单元模拟土—桩基础的相互作用；支座均采用三维支座单元进行模拟，非线性时程分析时滑动支座滑动方向采用非线性单元模拟，考虑支座的摩擦耗能作用；减隔震装置采用能够描述其力学特性的非线性连接单元模拟。全桥动力分析模型的建立(图2)及时程分析采用Midas/Civil，分析模型共包括1 372个单元。

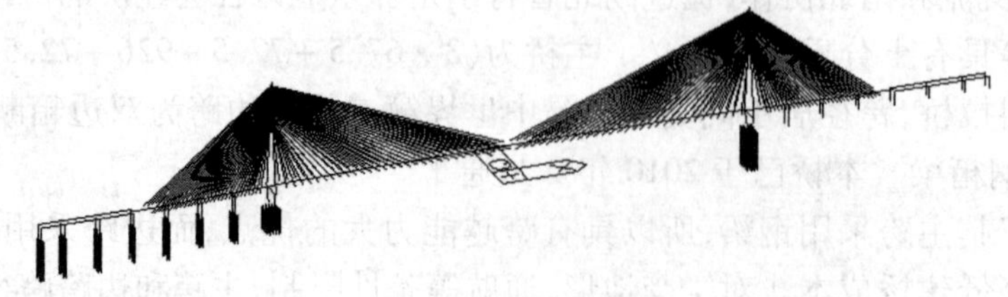

图2　全桥动力分析模型

为验证本分析模型的正确性及精度,与完全独立建模的RM2000静力模型进行刚度校核。主梁在竖向和横桥向100kN/m均布荷载作用下的位移如表1所示,分析结果表明,本研究分析模型面内外刚度均与静力分析模型吻合。

分析模型刚度校核结果　表1

项　目	静力模型(m)	动力模型(m)	误　差
跨中竖向	2.10	2.16	2.8%
跨中横向	4.69	4.93	4.9%

四、动 力 特 性

桥梁动力特性的计算是桥梁抗震分析的基础,只有在正确把握桥梁动力特性的前提下,才能够准确进行桥梁抗震分析。主桥前20阶主要振型的周期及振型描述见表2。为验证本研究结构动力特性的正确性及精度,采用Sap2k软件建模进行了对比分析(表3)。与抗风专题承担单位采用ANSYS建模分析得到的动力特性结果也进行了比较(表4)。对比结果表明,本研究采用不同软件得到结构动力特性分析结果基本相同,且与抗风分析动力特性结果吻合。

主桥主要振型　表2

序　号	振 型 阶 数	频率(Hz)	周期(s)	振 型 特 征
1	1	0.081	12.320	纵飘
2	2	0.158	6.327	L-S-1
3	5	0.243	4.121	V-S-1
4	6	0.267	3.743	左侧桥塔整体侧向弯曲
5	9	0.300	3.337	V-A-1
6	10	0.342	2.924	左侧桥塔纵向弯曲+L-A-1
7	11	0.372	2.687	左侧桥塔基础振动
8	12	0.392	2.553	右侧桥塔侧弯
9	15	0.418	2.390	主梁高阶对称竖弯
10	18	0.459	2.177	L-A-2
11	19	0.493	2.027	左侧桥塔基础振动+主梁高阶反对称竖弯
12	21	0.544	1.837	北④辅助墩顺弯
13	22	0.569	1.757	左侧桥塔基础振动+主梁高阶正对称竖弯
14	23	0.623	1.605	北④辅助墩侧弯
15	24	0.625	1.601	T-S-1
16	25	0.633	1.580	主梁高阶正对称竖弯
17	26	0.650	1.539	T-S-2
18	27	0.668	1.498	主梁高阶正对称竖弯
19	28	0.674	1.484	T-S-3
20	29	0.736	1.359	主梁高阶正对称竖弯

注:L-横向,V-竖向,T-扭转,S-对称,A-反对称。例如,V-S-3表示第三阶对称竖弯。

成桥状态结构动力特性分析结果比较(与Sap2k模型比较)　表3

Sap2k动力分析模型			Midas动力分析模型		
振型阶数	频率(Hz)	振型特征	振型阶数	频率(Hz)	振型特征
1	0.0811	主梁纵飘	1	0.0812	主梁纵飘
2	0.1680	主梁一阶对称侧弯	2	0.1581	主梁一阶对称侧弯
5	0.2424	主梁一阶对称竖弯	5	0.2426	主梁一阶对称竖弯
6	0.2708	左侧桥塔整体侧向弯曲	6	0.2672	左侧桥塔整体侧向弯曲
7	0.2997	主梁一阶反对称竖弯	9	0.2996	主梁一阶反对称竖弯

续上表

Sap2k 动力分析模型			Midas 动力分析模型		
8	0.321 3	左侧桥塔纵向弯曲+主梁二阶反对称竖弯	10	0.342 0	左侧桥塔纵向弯曲+主梁一阶反对称侧弯
9	0.336 8	主梁高阶反对称竖弯	11	0.372 1	左侧桥塔基础振动
10	0.368 7	左侧桥塔纵向弯曲+主梁高阶反对称竖弯	12	0.391 7	右侧桥塔侧弯
11	0.380 0	右侧桥塔侧弯	15	0.418 5	主梁二阶对称竖弯
12	0.433 3	主梁二阶对称竖弯	18	0.459 5	主梁一阶反对称侧弯

成桥状态结构动力特性分析结果比较(与抗风模型比较) 表4

抗风动力分析			抗震动力分析		
振型阶数	频率(Hz)	振型特征	振型阶数	频率(Hz)	振型特征
1	0.085 4	主梁纵飘	1	0.081 2	主梁纵飘
2	0.154 2	主梁一阶对称侧弯	2	0.158 1	主梁一阶对称侧弯
3	0.229 9	主梁一阶对称竖弯	5	0.242 6	主梁一阶对称竖弯
4	0.257 7	左侧桥塔整体侧向弯曲	6	0.267 2	左侧桥塔整体侧向弯曲
5	0.277 3	主梁一阶反对称竖弯	9	0.299 6	主梁一阶反对称竖弯
6	0.327 9	左侧桥塔纵向弯曲+主梁一阶反对称竖弯	10	0.342 0	左侧桥塔纵向弯曲+主梁一阶反对称侧弯
7	0.373 9	左侧桥塔基础振动	11	0.372 1	左侧桥塔基础振动
8	0.385 7	主梁二阶对称竖弯	12	0.391 7	右侧桥塔侧弯
9	0.402 5	右侧桥塔侧弯	15	0.418 5	主梁二阶对称竖弯
10	0.452 9	主梁一阶反对称侧弯	18	0.459 5	主梁一阶反对称侧弯

五、地震动参数、设防水准和性能目标

《湖北鄂东长江公路大桥工程场地土层地震反应分析报告》对本工程场址拟合出了50年超越概率分别为10%、2%和100年超越概率分别为63.2%、10%、3%各3条共15条人工基岩水平加速度时程。本研究中所使用的地震动时程如图3、图4所示。

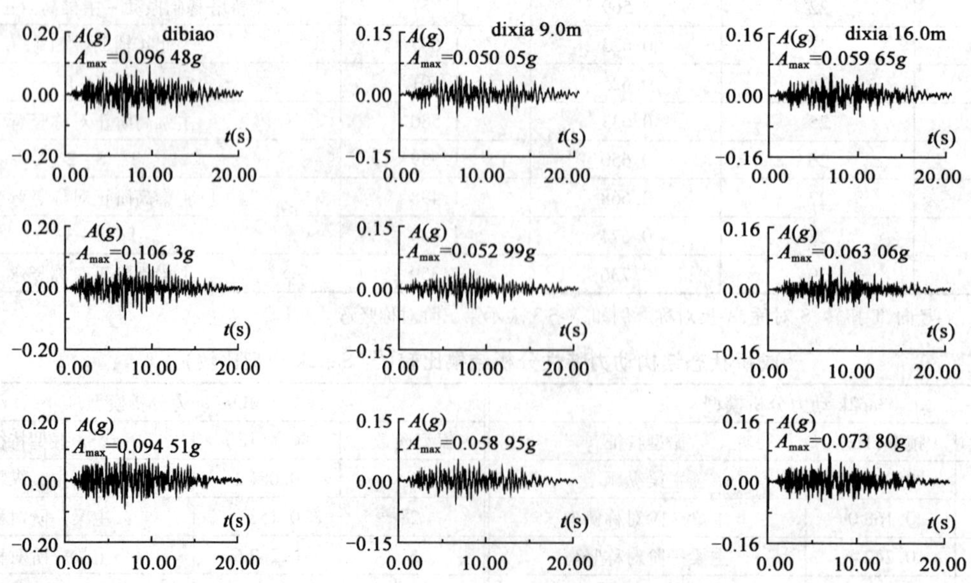

图3 土层100年10%概率水平的地震反应加速度

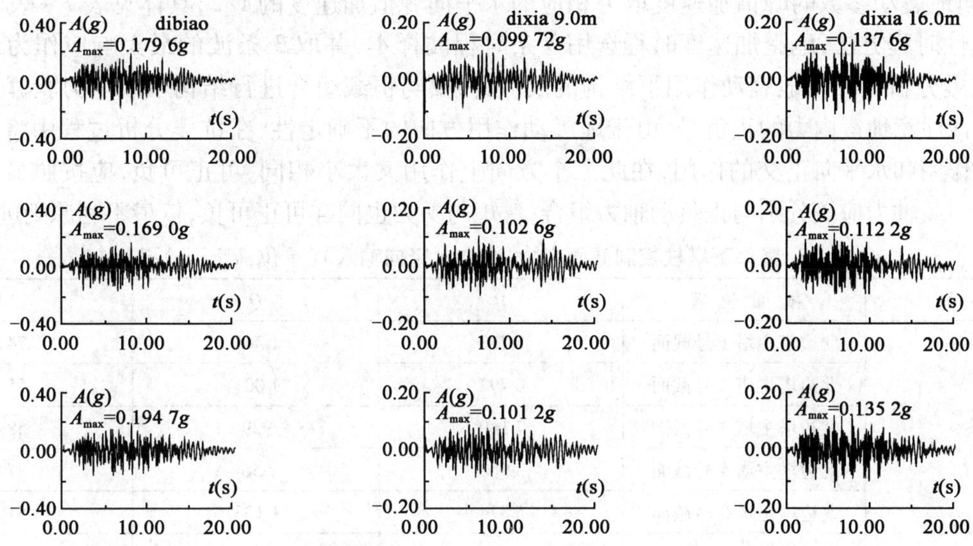

图 4　土层 100 年 3% 概率水平的地震反应加速度

本工程结构抗震性能研究采用二水准设防、二阶段设计的抗震思想，第一水准相当于设计地震，对应于 100 年 10% 超越概率地震；第二水准相当于罕遇地震，对应于 100 年 3% 超越概率地震。依据《公路桥梁抗震设计细则》(JTG/T B02-01—2008）规定并综合考虑工程造价、结构遭遇的地震作用水平、紧急情况下维持交通能力的必要性以及结构的耐久性和修复费用等因素，湖北鄂东长江公路大桥建议的对应于两级设防地震的抗震性能目标如表 5 所示。

湖北鄂东长江公路大桥抗震设防水准　表 5

设防地震概率水平	结构性能要求	结构校核指标	约束装置性能要求	伸缩缝性能要求
P_1：100 年 10%（重现期 950 年）	主要结构接近或刚进入屈服	主要结构校核强度	一般支座正常工作；阻尼装置正常工作	正常工作
P_2：100 年 3%（重现期 3 283 年）	主要结构满足承载能力极限	主要结构校核变形	一般支座允许破坏，但可更换；阻尼装置正常工作	允许破坏，但可更换

六、结构抗震性能研究

1. 地震反应内力典型截面的确定

为方便对结果进行描述，对索塔控制截面进行编号，如表 6 所示。由于索塔横桥向结构都是对称的，地震反应结果也表明，结构左右两侧的地震响应基本对称，差别很小。因此，下述结果中仅给出单侧结构构件的地震反应。

塔柱控制截面编号　表 6

序　号	截 面 编 号	截 面 位 置
1	1-1	下塔柱底
2	2-2	下塔柱顶
3	3-3	中塔柱底
4	4-4	中塔柱顶
5	5-5	上塔柱底

2. 非线性时程分析内力

模型地震作用下非线性时程分析结果如下，结构阻尼比采用 0.02。如前所述，对模型输入前述 100

年10%和100年3%两种超越概率的加速度时程,地震输入方式为:①纵向+竖向;②横向+竖向两种方式,其中竖向地震动参数的峰值加速度取为相应的水平向峰值加速度的1/2,具体见表7~表10。分析方法采用非线性时程方法,地震加速度时程选用3条时程波样本,并取3条波的最大响应作为最终输出结果。结构抗震分析仅计算地震动作用下结构的反应,需要与恒载组合进行结构承载能力验算。在组合过程中尤其应该注意地震内力的正负号,由于地震动作用方向的不确定性,在抗震分析过程中将地震动作用分解为竖向作用和水平向正交的作用,在此三个方向上作用又大小相同,可正可负,应按照最不利进行组合。应注意恒载轴力应该分别与正负动轴力组合,弯矩与剪力也同样可正可负,依最不利原则进行组合。

P_1 概率下塔柱控制截面内力(纵向+竖向输入)(单位:kN·m) 表7

项 目	截面位置	P	Q	M
北塔	北边塔主塔1号截面	8 728	1 365	74 784
	北边塔主塔2号截面	6 792	1 001	55 818
	北边塔主塔3号截面	7 149	929	58 469
	北边塔主塔4号截面	3 968	556	37 821
	北边塔主塔5号截面	5 874	1 133	51 331
南塔	南边塔主塔1号截面	8 258	3 216	108 127
	南边塔主塔2号截面	6 011	1 996	109 737
	南边塔主塔3号截面	6 211	1 983	115 300
	南边塔主塔4号截面	3 512	872	85 655
	南边塔主塔5号截面	5 264	2 326	127 931

P_1 概率下塔柱控制截面内力(横向+竖向输入)(单位:kN·m) 表8

项 目	截面位置	P	Q	M
北塔	北边塔主塔1号截面	15 496	7 552	122 465
	北边塔主塔2号截面	11 976	5 589	52 887
	北边塔主塔3号截面	13 112	1 083	36 471
	北边塔主塔4号截面	11 501	692	23 829
	北边塔主塔5号截面	5 990	2 382	110 782
南塔	南边塔主塔1号截面	23 903	10 695	135 629
	南边塔主塔2号截面	19 599	8 444	111 218
	南边塔主塔3号截面	21 134	2 694	81 293
	南边塔主塔4号截面	19 472	827	59 541
	南边塔主塔5号截面	5 315	3 186	145 928

P_2 概率下塔柱控制截面内力(纵向+竖向输入)(单位:kN·m) 表9

项 目	截面位置	P	Q	M
北塔	北边塔主塔1号截面	19 019	3 130	146 513
	北边塔主塔2号截面	14 479	2 105	107 420
	北边塔主塔3号截面	15 085	1 966	111 802
	北边塔主塔4号截面	8 144	1 323	85 456
	北边塔主塔5号截面	12 353	2 791	128 764
南塔	南边塔主塔1号截面	18 681	6 850	220 655
	南边塔主塔2号截面	13 779	4 199	199 162
	南边塔主塔3号截面	14 410	4 083	211 879
	南边塔主塔4号截面	8 591	1 762	164 801
	南边塔主塔5号截面	12 645	4 217	285 694

P_2 概率下塔柱控制截面内力(横向+竖向输入)(单位:kN·m) 表10

项目	截面位置	P	Q	M
北塔	北边塔主塔1号截面	34 004	16 152	256 283
	北边塔主塔2号截面	25 659	11 697	105 465
	北边塔主塔3号截面	27 854	2 252	64 459
	北边塔主塔4号截面	22 177	1 612	39 559
	北边塔主塔5号截面	11 652	3 600	157 720
南塔	南边塔主塔1号截面	46 896	23 469	281 623
	南边塔主塔2号截面	39 078	17 651	187 368
	南边塔主塔3号截面	41 292	4 567	122 802
	南边塔主塔4号截面	37 017	1 600	101 864
	南边塔主塔5号截面	9 797	6 053	257 810

3. 非线性时程分析内力

为改善结构动力性能,减少地震力、风力、车辆制动力对桥梁结构,尤其是伸缩缝装置的破坏,在主梁与索塔横梁间顺桥向用液体黏滞阻尼器连接(两组共4个)。阻尼器装置要求最大阻尼力≥1 000kN,速度指数 α 建议取0.4,线性阻尼系数 C 建议取1 000kN/(m/s)$^{0.6}$,最大行程≥±600mm。阻尼器最大行程考虑了满足结构在温度、活载等效应的共同作用下的需求。在 P_2 概率作用下,结构关键节点的位移如图5所示。从分析结果可以看出,阻尼器的设置对于减小主梁位移有很好的帮助。

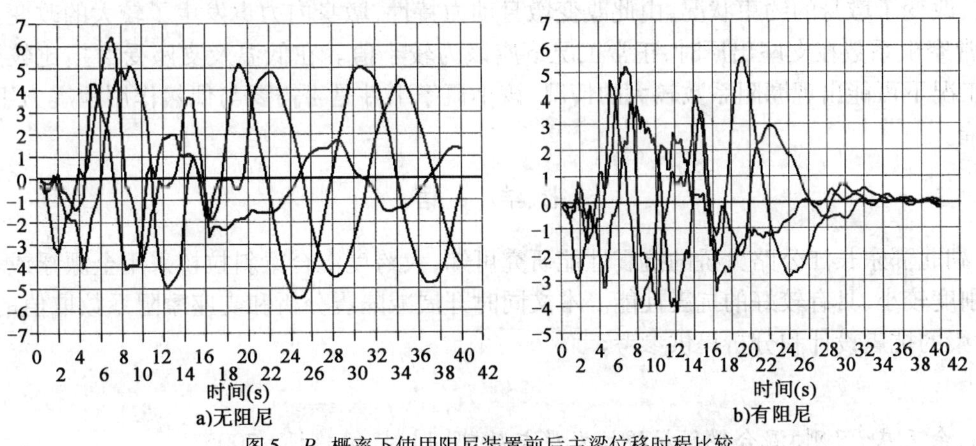

图5 P_2 概率下使用阻尼装置前后主梁位移时程比较

4. 支座摩阻系数影响分析

支座摩阻系数是指支座传递水平剪力与竖向轴力的比值,其与支座承受的轴力、支座使用时间、摩擦面的平滑程度、外界温度、支座剪切位移的相对速度等多种因素有关。目前,一般球形钢支座要求低温摩阻系数小于0.03。在静力分析中,通常将摩阻系数偏保守地取为0.03~0.05。在结构动力分析中,反应谱由于是基于线性模型的分析,很难描述支座摩阻系数的影响。在非线性时程分析中,可以对支座摩阻系数的影响进行讨论。

计算当支座摩阻系数从0.01变为0.05,本桥北1号墩至北5号塔在 P_2 概率下纵向墩(塔)底内力,以摩阻系数为0.00时的结果为100%进行比较,结果如表11所示。

通过表11可以看出,对摩阻系数对墩(塔)身地震动内力的影响做如下讨论。

(1)摩阻系数对于动轴力的影响不大。

(2)在摩阻系数在0.01~0.05时,对于剪力和弯矩,随着摩阻系数的增加,剪力和弯矩逐渐增加,但是各墩增加的大小各不相同。这是由于墩底弯矩由上部摩阻力产生的弯矩和墩身自身产生的弯矩组合而成,而各墩墩高不同导致弯矩增加的大小有区别。

摩阻系数对于墩(塔)底顺桥向地震内力的影响　表 11

墩号	摩阻系数	P	Q	M	摩阻系数	P	Q	M
1	0.00	100%	100%	100%	0.03	100%	88%	105%
2		100%	100%	100%		108%	69%	81%
3		100%	100%	100%		97%	68%	89%
4		100%	100%	100%		96%	109%	121%
5		100%	100%	100%		101%	113%	118%
1	0.01	99%	67%	105%	0.04	101%	94%	108%
2		103%	62%	74%		107%	73%	79%
3		92%	59%	68%		97%	71%	92%
4		93%	82%	90%		97%	121%	138%
5		98%	99%	117%		102%	118%	117%
1	0.02	99%	77%	95%	0.05	102%	103%	109%
2		106%	63%	78%		103%	78%	82%
3		95%	62%	70%		97%	74%	95%
4		94%	104%	115%		93%	133%	152%
5		99%	106%	116%		102%	123%	121%

(3)在已往的分析中,通常认为墩顶纵向滑动支座的墩身地震作用最大值应该是墩身自由振动(即摩阻系数为0)产生的内力,与静墩顶最大摩阻力产生内力组合。但是通过表 11 发现,在墩顶支座存在摩阻的时候,改变了墩身的约束状况,由此改变墩身动力特性,墩身内力也发生了较大的改变。

(4)通常摩阻系数在支座出厂时,正常工况下应该为较小值。在低温及支座受磨损比较严重的条件下,最不利工况下可能出现摩阻系数较大的情况,该小概率事件是否需要与偶然作用地震力组合,如何组合,值得商榷。

七、结　　语

通过对湖北鄂东长江公路大桥的抗震性能研究可知,大跨度混合梁斜拉桥采用全漂浮或者半漂浮体系时,体系刚度较小,具有较好的抗震性能。本文同时开展减隔震分析和支座摩阻系数取值的讨论,旨在为同类型桥梁的抗震设计和分析提供参考。

参考文献

[1] 陈开利,余天庆,习刚. 混合梁斜拉桥的发展与展望[J]. 桥梁建设, 2005.
[2] 叶爱君,胡世德,范立础. 斜拉桥抗震结构体系研究[J]. 桥梁建设, 2002.
[3] 闫冬,袁万城. 大跨度斜拉桥的抗震概念设计[J]. 同济大学学报(自然科学版),2004,32(10).
[4] Priestley M. J. N. , F. Seible. , G. M. Calvi. Seismic Design and Retrofit of Bridges[M], John Wiley & Sons, New York, 1996.
[5] 范立础,王志强. 桥梁减隔震设计[M]. 北京:人民交通出版社,2001.

121. 考虑行波效应的大跨径斜拉桥地震响应分析

仝　腾　龚　俊　李　磊　王景全
(东南大学土木工程学院)

摘　要　行波效应对视波速具有较强的依赖性,而其对大跨度桥梁地震响应的影响还没有较为一致的结论。本文在总结时域内行波效应分析中存在的问题的基础上,分析了不同视波速对于某斜拉桥地震响应的影响，并给出了桥梁关键截面的动力响应和视波速的关系。研究表明，当视波速较低时，桥梁的动力响应呈振荡的趋势，当视波速大于一定数值以后，桥梁动力反应趋于稳定，并随着视波速的增大接近于一致激振的情况。此外，选取不同的地震波对斜拉桥的行波效应分析影响较大。

关键词 斜拉桥 抗震 行波效应 时程分析 视波速

一、引 言

地震多点激励效应对于较大跨度的斜拉桥和悬索桥等不可忽略。地震多点激励主要考虑以下三种效应：地震的行波效应，它由地震波到达不同激振点的时间差产生；局部场地效应，它由不同激振点处局部场地差异造成；部分相干效应，它由地震波在不同介质中的折射、反射和散射以及由一个延伸的震源的地震波到达时间不同而产生。其中，行波效应作为多点激励的一种简单情形，随着桥跨增大作用越来越明显，对于斜拉桥和悬索桥，行波效应是研究桥梁的地震响应的重点[1]~[4]。此外，综合考虑上述三种效应亦在研究之中[5]、[6]。目前，行波效应对大跨度桥梁结构的影响没有定论，对于行波效应对桥梁地震响应的影响，得到的结论不一致。以下为进行行波效应分析中需要考虑的一些问题：

(1)地震输入方式的选取。如顺桥向多个支座，一般认为从一端至另一端依次出现时间滞后；选取不同的起始点计算结果差距较大，结论可能不同。对于连续梁桥、斜拉桥等，一般在所有桥墩底部施加地震激励。

(2)视波速的大小。视波速影响到达各个激振点的地震波相位，对分析的结果有重要的影响[7]。即使针对相同的结构，考虑行波效应时，其结论也可能相反。在有关大跨桥梁行波效应分析的文献中，视波速的取值差异相当大，部分文献系根据地质勘测报告选取，或者选取的视波速范围相当广，更多的情况是不给出具体数值或仅取一种视波速进行行波效应分析[5]、[8]。范立础等在分析南京二桥斜拉桥在非一致地震激励下的响应特征时[9]，其地震动水平视波速从500m/s开始取值，并且认为更小的水平视波速缺少实际意义，此外，考虑行波效应得到的响应值偏于保守。Harichandran认为视波速本质上是S波[10]，在传播过程中波速保持不变，并分别取4 500m/s、3 900m/s、2 800m/s和2 400m/s进行分析。Atesa分析292.8m连续梁桥地震多点激励时[11]，采用的视波速为400m/s、700m/s和1 000m/s。K. Soyluk认为视波速的大小取决于场地土质条件[12]，针对韩国Jindo大桥桥墩位置处不同的土质情况，选取了三种视波速，认为视波速对桥梁的伪静力响应影响不大，但是对于桥梁动力响应有重要的影响，且用常视波速计算的结果偏于不安全。

(3)土—桩—结构相互作用。尽管土—桩—结构相互作用对大跨桥梁起着重要的作用，但为了方便分析，目前大部分有关行波效应的文献没有在考虑土—桩—结构相互作用的基础上分析多点激励的对桥梁地震响应的影响。

二、多点激励动力方程

研究地震多点激励的方法主要包括确定性动力分析法(时域、频域)、随机振动分析法[13]和多点反应谱法[14]。随机振动分析法和多点反应谱法目前处于理论研究阶段，距离工程实践应用尚有待进一步发展。时域内的行波效应分析可以针对特定地震波进行分析，并且能够考虑到结构的非线性行为，故大桥跨度桥梁的行波效应分析多采用此方法。

当采用集中质量模型进行时域内行波效应分析时，对结构动力矩阵方程按支承与非支承自由度进行分块，分别以下标1和0区别，于是结构动力方程为：

$$\begin{bmatrix} M_{00} & M_{01} \\ M_{10} & M_{11} \end{bmatrix}\begin{bmatrix} \ddot{u}_0 \\ \ddot{u}_1 \end{bmatrix} + \begin{bmatrix} C_{00} & C_{01} \\ C_{10} & C_{11} \end{bmatrix}\begin{bmatrix} \dot{u}_0 \\ \dot{u}_1 \end{bmatrix} + \begin{bmatrix} K_{00} & K_{01} \\ K_{10} & K_{11} \end{bmatrix}\begin{bmatrix} u_0 \\ u_1 \end{bmatrix} = \begin{bmatrix} 0 \\ F \end{bmatrix} \tag{1}$$

其中，u_0、$\dot{u}_0$和$\ddot{u}_0$为非支承点响应量，u_1、$\dot{u}_1$和$\ddot{u}_1$为支承点响应量；F为支承点处自由度所受荷载。式(1)的常见求解方法包括直接求解法、相对运动法和大质量法等。

直接求解法在时域内对式(1)直接采取积分求解,采用直接积分法所获得的结果较之其他方法具有较高的精确度。此外,直接积分法可以考虑结构的非线性行为。但是采用直接计分方法需要的计算时间较长,通常不采用这种计算方法。相对运动法适用于在地震作用下结构处于线性的情况。在采用相对运动法时,通常把结构位移响应分解为静力位移响应和动力位移响应。但由于相对运动法只适用于在地震作用下结构处于线性的情况,故限制了其应用范围。大质量法是一种简化的分析方法。其原理为在激励输入处设置一个质量单元,该质量单元质量为结构总质量的 $10^6 \sim 10^8$ 倍。采用时程分析计算时,将支承处加速度转换为荷载时程输入。

在进行时域内的行波效应分析时,Midas、ANSYS 和 SAP2000 通常采用大质量法进行计算,Abaqus 通常采用直接求解法。本文基于 Midas 平台,采用大质量法进行时域内行波效应分析。

三、工 程 实 例

1. 斜拉桥概况

内蒙古鄂尔多斯市某斜拉桥,跨越乌兰木伦河。其总体布置如图1所示。本桥总长800m,桥跨布置为(40m+42m+42m+51m)左边跨+450m中跨+(51m+42m+42m+40m)右边跨。

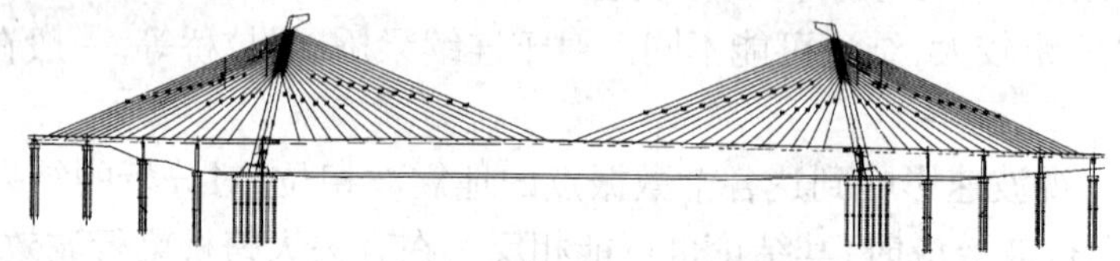

图1 斜拉桥立面简图

本桥主跨为450m的双斜塔斜拉桥,由于在主塔附近设置了辅助墩,取消了通常斜拉桥桥塔中的下横梁。桥塔为A字形钢塔,总高125m,桥面以上高105m,向主跨侧倾斜12°,桥塔顺桥向为变截面,塔身从塔顶5m加大到塔底10m,桥塔伸入承台上的塔靴与之固结。斜拉索采用空间扇形布置,对应每个主塔布置34对斜拉索,共136根。主跨大部分(432m)采用封闭式流线型扁平钢箱梁结构,边跨采用的预应力混凝土箱梁结构与钢梁外形相同。主跨和边跨主梁的横断面如图2所示。

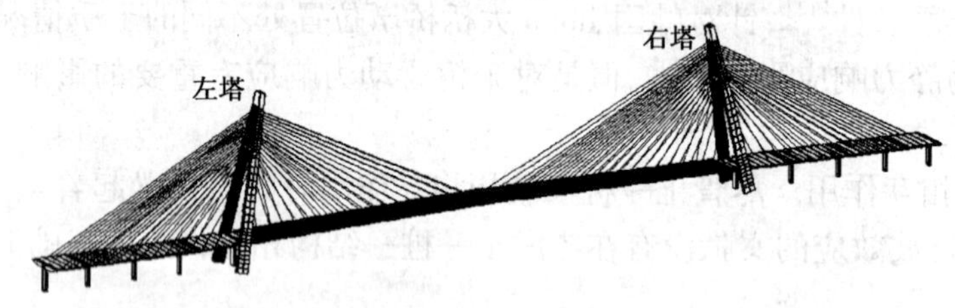

图2 某斜拉桥有限元模型

2. 有限元模型

运用 Midas 建立该桥空间有限元模型,如图2所示。采用空间梁单元模拟主梁和两主塔,索单元模拟斜拉索。忽略土—桩—结构的相互作用,将斜拉桥桥塔底部和辅助墩底部视为与地面完全固接。其中主梁部分颜色较深的为钢箱梁。

边墩与主梁连接的支座采用双曲面球形减隔震支座。在计算中,考虑每个支座总重量15kN,使用质量1.5kN/g,沿桥梁纵向和横向的刚度分别为24 000kN/m。每个边桥墩与主梁连接处均设置该种减隔震支座。此外,为控制纵桥向位移,在边、中塔下横梁与加劲梁交界处设置纵向线性黏滞阻尼器,每个主塔与主梁连接处设置两个阻尼器。该种阻尼器的阻尼力与塔梁之间相对速度的关系为:

$$F = CV^{\alpha} \tag{2}$$

其中,C 为阻尼系数,V 为相对速度,α 为阻尼指数。α 的变化范围通常为0.2~1.0。当 $\alpha=1.0$,则称为线性黏滞阻尼。本文采用线性阻尼,阻尼系数取为3 000kN·s/m。

3. 地震波输入

本文进行时域内的行波效应分析，选取 El-Centro 波和 Taft 波，假定地震波的传播方向为从左到右。为了便于结果对比，El-Centro 波和 Taft 波的峰值加速度已近调整为一致，水平向的峰值加速度均为 0.37g。水平向的地震波沿桥梁纵向输入，同时考虑纵向和竖向地震动组合，其竖向地震按纵向地震的 2/3取值。两种地震波如图 3 所示。

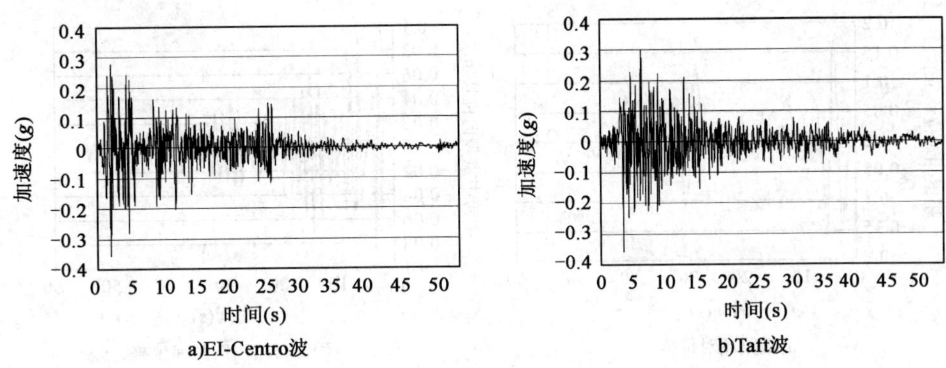

图 3 El-Centro 波和 Taft 波(峰值加速度为 0.37g)

四、地震反应分析

1. 结构动力特性

本文在恒载作用静力分析基础上采用 Lanczos 求解器对本桥进行特征值分析。表 1 给出了前 10 阶自振频率和各个振型的描述，图 4 给出了本桥前 6 阶振型。

桥 梁 振 型 表1

阶次	频率(Hz)	振 型 描 述	阶次	频率(Hz)	振 型 描 述
1	0.545	左侧主塔侧向振动	6	1.090	主梁竖向振动(一个波)
2	0.549	右侧主塔侧向振动	7	1.390	主梁横向振动(一个半波)
3	0.742	主梁侧向振动(半波)	8	1.568	主梁竖向振动(一个半波)
4	0.763	主梁竖向振动(半波)	9	1.855	主塔扭转伴随主梁横向振动(一个半波)
5	0.911	主梁竖向振动(一个波)	10	1.956	主塔扭转伴随主梁竖向振动(两个波)

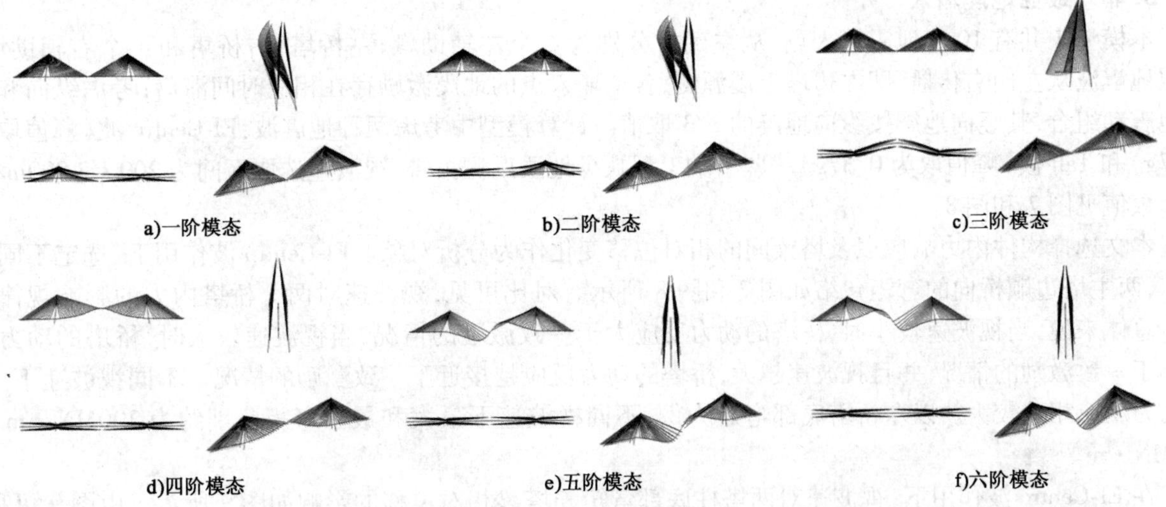

图 4 桥梁振型图

2. 一致性地震输入

为了验证本桥减隔震装置(减隔震支座和线性黏滞性阻尼)的减震效果。图5和图6分别对比了桥梁在地震波(El-Centro波)一致输入情况下,采用与不采用减隔震装置时的桥梁的动力响应。其中图5显示在不采用减隔震装置时,左桥塔在主梁位置处的水平方向塔梁相对位移时程和主跨跨中的竖向位移时程。图6为桥梁设置减隔震装置时,左桥塔的塔梁相对位移时程和主梁中点的竖向位移时程。

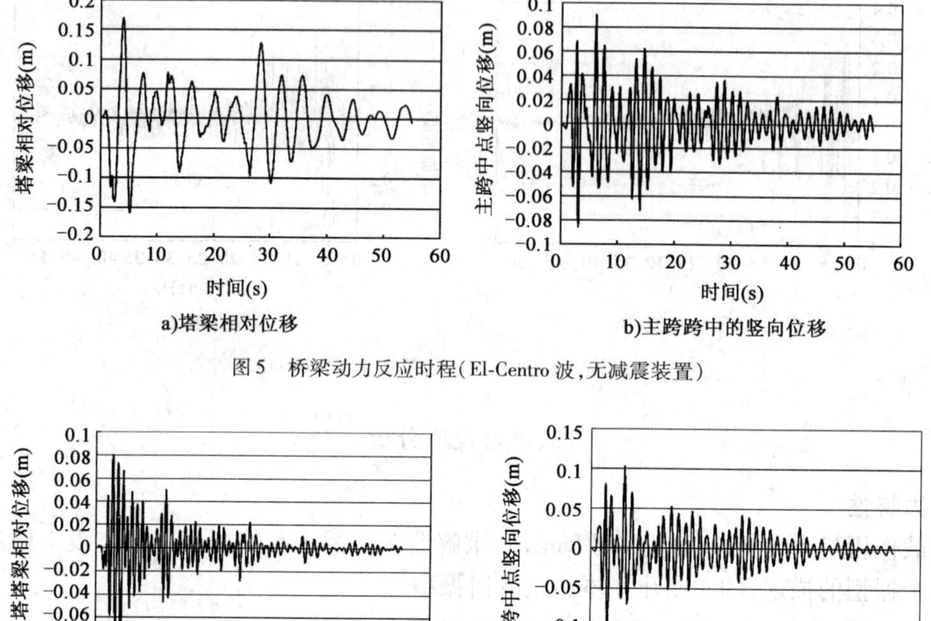

图5 桥梁动力反应时程(El-Centro波,无减震装置)

图6 桥梁动力反应时程(El-Centro波,有减震装置)

对比图5和图6可以发现,当本桥采取合适的减隔震装置后,动力反应峰值得到了有效减小。以塔梁相对位移为例,采用与不采用减隔震装置时相对位移最大值分别为0.081m和0.170m,减小的幅度超过50%。可见,设置合适的减隔震装置对抑制桥梁的地震响应有重要的意义。

3. 非一致性地震输入

本模型中共有10个地震输入点,从左到右分别为4个左辅助墩、左桥塔、右桥塔和4个右辅助墩。假定地震波从左向右传播,即左边塔近震源侧,各个输入点的地震激励存在相应时间滞后;考虑纵向和竖向地震动组合,其竖向地震按纵向地震的2/3取值。计算模型中考虑两种地震波:El-Centro波(峰值取为$0.37g$)和Taft波(峰值取为$0.37g$)。鉴于本工程缺少地质勘测报告,视波速选取区间为200~3 000m/s,具体数值见图7和图8。

本文选择构件内力响应以及塔梁间的相对位移变化作为分析对象。El-Centro波作用下,选定不同视波速,两主塔边顺桥向的弯矩包络如图7和图8所示。对比可见,视波速对两个桥塔内力的影响规律不定。总体来说,当视波速较小时,桥塔的动力反应大于一致激励的情况,当视波速较大时,桥塔的动力反应小于一致激励的情况,并且视波速越大,桥塔的动力反应越接近于一致激励的情况。不同视波速下,桥梁动力反应相差较大。以左桥塔底部弯矩为例,不同视波速下最大和最小弯矩分别约为300MN · m和125MN · m。

在El-Centro波作用下,视波速对两塔柱底部弯矩和塔梁相对位移的影响如图9所示。由图9可见,在视波速较小时,其波动很大、影响不一,桥梁动力反应随视波速的增大而振荡减小,因而仅仅以低视波速下的分析结果评定桥梁地震响应显然不妥当。视波速超过1 500m/s后,桥梁动力反应趋于平稳,塔柱底部弯矩和塔梁相对位移均随其略有增加，可以预见的是，当视波速足够大，桥梁动力响应应接近一致激振的情况。在 Taft 波作用下，视波速对两塔柱底部弯矩和塔梁相对位移的影响如图 10 所示。对比图 9 和图 10，可以得到类似的结论。

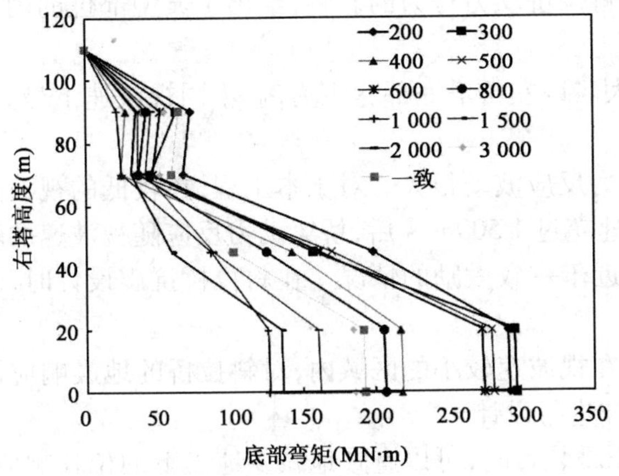

图 7 视波速对左塔弯矩的影响（El-Centro 波）

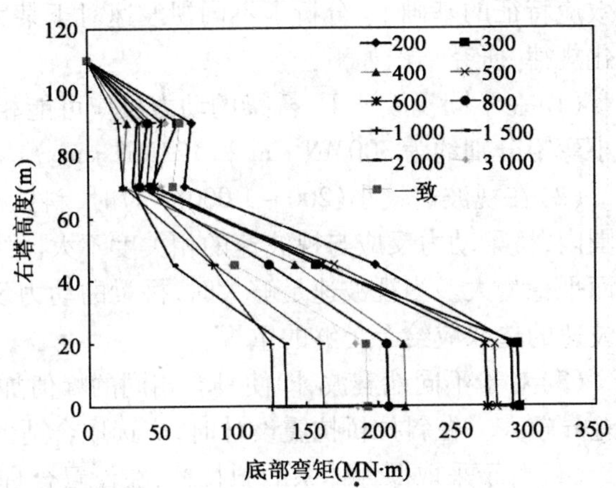

图 8 视波速对右塔柱弯矩的影响（El-Centro 波）

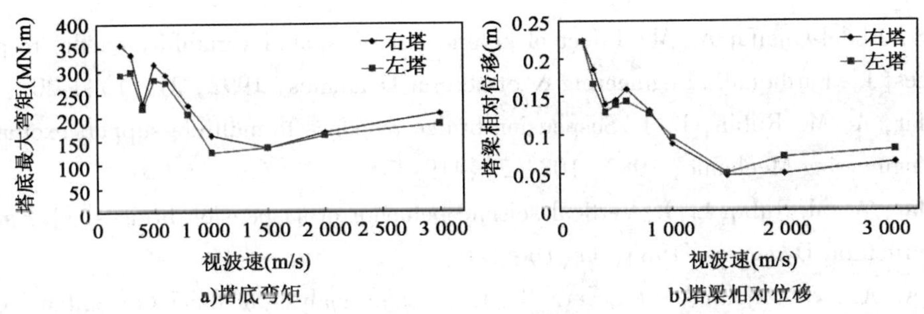

图 9 视波速对塔柱底顺桥向剪力和弯矩的影响（El-Centro 波）

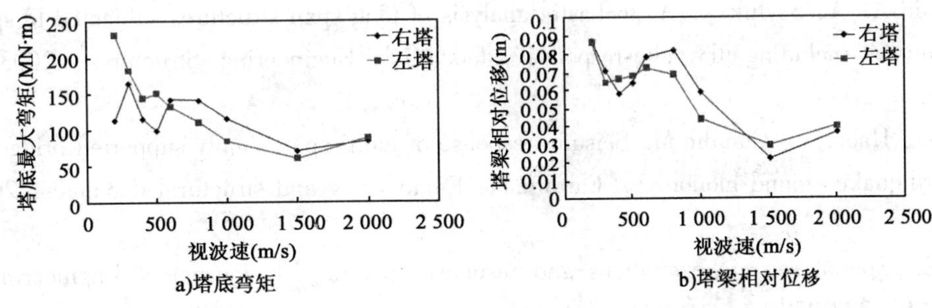

图 10 视波速对塔柱底顺桥向剪力和弯矩的影响（Taft 波）

不同地震波（El-Centro 波和 Taft 波）作用下，桥梁主跨竖向位移最大值与视波速的关系如图 11 所示。图 11 中可见，当视波速较大时，桥梁竖向位移随着视波速的变化趋于平缓。在视波速较小区域，不同的地震波对主梁竖向位移影响较大，在抗震设计时，应选取合适的地震波进行设计。

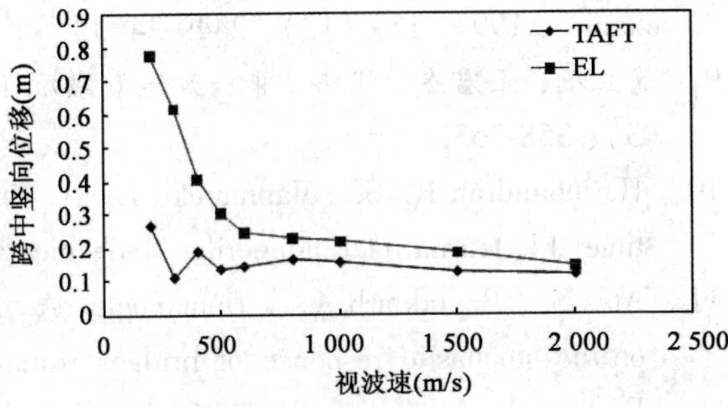

图 11 视波速对跨中竖向位移的影响

五、结 语

地震行波效应对大跨度桥梁的影响不可忽略,视波速度对结构地震响应有重要影响。本文在总结行波效应特征的基础上,分析了不同视波速对于某大跨度斜拉桥动力行为的影响,给出了典型部位的内力变化规律,研究结论如下:

(1)在不同视波速下,桥梁的动力反应可能相差较大。以左桥塔底部弯矩为例,不同视波速下最大、最小弯矩分别约为300MN·m和125MN·m。

(2)在视波速较小(200~1 000m/s)时,斜拉桥的动力反应波动很大。对于本工程,在较低的视波速范围内,桥梁动力反应与视波速的相关度不大。当视波速超过1 500m/s后,桥梁动力反应随视波速的增大而平稳增大。当视波速足够大时,桥梁的动力反应趋近于一致激励的情况。在斜拉桥抗震设计时,对视波速的选取应给予足够的重视。

(3)对于不同地震波,即使具有相同的峰值加速度,在视波速较小的区域内,对斜拉桥的地震响应影响差异较大。在斜拉桥抗震设计时,应选取合适的地震波进行设计。

(4)对于采取漂浮体系的斜拉桥,在设置合理的减隔震装置时,可以有效地减少地震下的位移响应,减小幅度可以达到50%以上。

参考文献

[1] Nazmy A. S, Abdel-Ghaffar A. M. Effect of ground motion spatial variability on the response of cable-stayed bridges[J]. Earthquake Engineering & Structural Dynamics, 1992, 21 (1):1-20.

[2] Abdel-Ghaffar, A. M. Rubin, L. I. Suspension bridge response to multiple-support excitations[J]. Journal of the Engineering Mechanic, 1982, 108 (2):419-435.

[3] Abdel-Ghaffar, A. M. Rubin L. I. Vertical seismic behavior of suspension bridges[J]. Earthquake Engineering & Structural Dynamics, 1983, 11(1): 1-19.

[4] Dumanoglu A. A., Brownjohn J. M. Severn R. T. Seismic analysis of the Fatih Sultan Mehmet (Second Bosporus) suspension bridge [J]. Earthquake Engineering & Structural Dynamics , 1992, 21 (10): 881-906.

[5] Dumanogluid A. A, Soyluk K. A stochastic analysis of long span structures subjected to spatially varying ground motions including the site-response effect [J]. Engineering Structures, 2003, 25 (13): 1301-1310.

[6] Zanardo G., Hao H. , Claudio M. Seismic response of multi-span simply supported bridges to a spatially varying earthquake ground motion[J]. Earthquake Engineering and structural dynamics, 2002, 31 (6): 1325-1345.

[7] Zembaty Z., Spatial seismic excitations and response spectra [J]. Journal of Engineering Technology, 2007, 44 (1):233-258.

[8] Zembaty Z., Krenk, S. Spatial seismic excitations and response spectra[J]. Journal of Engineering Mechanics, 1993, 119 (12): 2449-2460.

[9] 范立础,王君杰,陈玮. 非一致地震激励下大跨度斜拉桥的响应特征[J]. 计算力学学报,2001,18(3): 358-363.

[10] Harichandran R. S., Vanmarcke E. H. Stochastic variation of earthquake ground motion in space and time[J]. Journal of Engineering Mechanics , 1986, 112 (2): 154-174.

[11] Ates S., Bayraktarb A. , Dumanogluc A. A. The effect of spatially varying earthquake ground motions on the stochastic response of bridges isolated with friction pendulum systems [J]. Soil Dynamics and Earthquake Engineering , 2006, 26 (1): 31-44.

[12] Soyluk K., Dumanoglu A. A. The Effects of Local Soil Conditions and Wave Velocities to the Stochastic

Response of Cable-Stayed Bridges, Proc. Of the ECAS2002 International Symposium on Structural and Earthquake Engineering, Ankara, Turkey,2002: 134-141.

[13] Soyluk K. Comparison of random vibration methods for multi-support seismic excitation analysis of long-span bridges[J]. Engineering Structures, 2004, 26 (11): 1573-1583.

[14] Kiureghian A. D., Neuenhofer A. Response spectrum method for multi-support seismic excitations[J]. Earthquake Engineering & Structural Dynamics, 1992, 21 (8): 713-740.

122. 波形钢腹板矮塔斜拉桥地震特性研究

安永日[1] 王 芳[2] 吕成林[3]

(1. 招商局重庆交通科研设计院有限公司;2. 桓台县规划局;3. 重庆交通大学土木建筑学院)

摘 要 采用时程分析方法,分别对小震、中震、大震作用下的PC结构和波形钢腹板结构矮塔斜拉桥进行了地震响应对比分析。通过数值分析结果,对下部结构内力、上部结构内力、跨中位移、塔顶位移进行了比较,分析了PC结构和波形钢腹板结构的顺桥向及横桥向受力特性。

关键词 波形钢腹板 矮塔斜拉桥 地震加速度 地震相应

一、引 言

矮塔斜拉桥是1988年法国工程师Jacgues Mathivat,在设计位于法国西南的阿勒特·达雷高架桥的比较方案时提出的[1]。由于这种桥型比较美观,而且桥型造价比较合理,因此在中小跨径的桥梁中比较有竞争优势。世界上第一座具有真正意的矮塔斜拉桥是1994年在日本修建的主跨122m小田原港桥。我国修建的第一座矮塔斜拉桥是2000年9月建成的主跨312m芜湖长江大桥。随后在国内逐渐兴起,已建造了兰州小西湖大桥和漳州战备大桥等15座矮塔斜拉桥,并且数量持续增加。

组合梁与PC梁比较,具有自重轻、施工方便、避免腹板开裂、缩短工期等优点,是今后的桥梁重要发展方向之一。波形钢腹板组合梁为组合结构梁之一,在国内已建造的有13座,正在建造的有20余座[2]。在日本,波形钢腹板桥已超过了200座[3],侧面证明了该桥型的经济性及可靠性。

日本工程师结合矮塔斜拉桥的受力特性和组合梁优点,建造了波形钢腹板矮塔斜拉桥,如,主跨180m的日见梦大桥、主跨170m的栗东桥等,还建造了波形钢腹板斜拉桥——主跨235m的矢作川桥。

一般矮塔斜拉桥跨径大,在设计中抗震性能是主要考虑因素之一。在国内对矮塔斜拉桥抗震方面的研究有李世光[4]、陈晓栋[5]、蔺鹏臻[6]、陈兴冲[7]等,分别研究了矮塔斜拉桥的混凝土弹性模量对计算结果的影响、实测频率与计算频率的差异、结构振型特征、兰州市小西湖黄河大桥的抗震特性等。

由于PC结构矮塔斜拉桥的发展时间较短,并且建造数量有限,对其抗震特性的研究较少。尤其是波形钢腹板矮塔斜拉桥,虽国内学者也开始研究,但基本处于基础性研究节段,缺乏技术资料。为此,在本研究中,对主跨180m的PC结构及波形腹板结构矮塔斜拉桥进行时程分析,对比了两者的地震相应特性。

二、基 本 模 型

计算模型如图1所示,跨径为(98+180+98)m,桥墩高度为分别98m和95m。桥墩如图2所示,是单向双室截面,其宽度均为15.93m,高度分别为9~11.38m和9~11.30m,壁厚为120cm。

PC结构梁截面尺寸如图3所示,梁高在墩顶处为5.8m,跨中为3.0m,按二次抛物线变化。顶板宽度为27.3m,厚度为28cm,底板宽度为15.9~17.3m,厚度为30~110cm,腹板厚度为60~80cm。波形钢腹板结构的梁截面尺寸,顶底板和梁高与PC结构相同,RC腹板用12~24mm厚波形钢板代替。波形腹板的波长为 1.2m,波高为 22cm。

计算模型的桥墩材料为 C40 混凝土,梁材料为 C60 混凝土,腹板钢板为 Q345,斜拉索为 1 860MPa。其弹性模量[8]分别取 3.35×10^4MPa,3.60×10^4MPa,2.10×10^5MPa,1.95×10^5MPa。

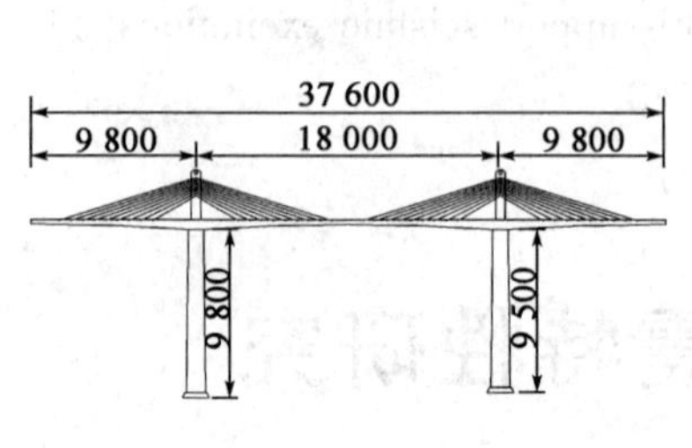

图 1 计算模型主要尺寸(尺寸单位:cm)

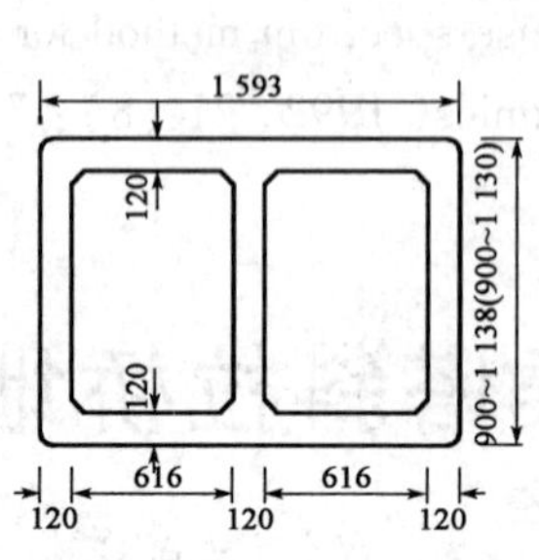

图 2 桥墩主要尺寸(尺寸单位:cm)

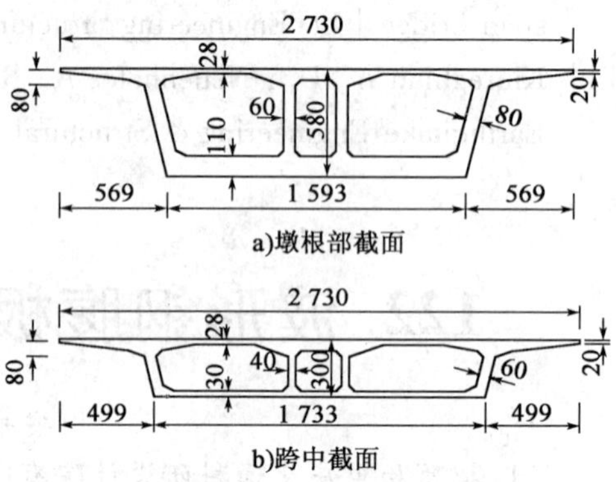

图 3 PC 结构梁主要尺寸(尺寸单位:cm)

PC 及波形钢腹板结构自重比较(kN) 表 1

	上 部 结 构	下 部 结 构	上部 + 下部
PC①	3.87×10^5	5.68×10^5	9.56×10^5
波形钢腹板②	3.16×10^5	5.68×10^5	8.85×10^5
②/①	0.82	1.00	0.93

PC 结构及波形钢腹板结构的自重如表 1 所示,波形腹板结构的上部结构自重为 PC 结构的 0.82 倍,总自重为 PC 结构的 0.93 倍,略显小于 PC 结构。

PC 结构与波形钢腹板结构的梁截面模量如表 2 所示,波形腹板结构桥墩根部的梁截面面积、绕 y 轴惯性矩、绕 z 轴惯性矩为 PC 结构梁截面的 0.65 倍、0.80 倍、0.65 倍,在跨中为 0.69 倍、0.98 倍、0.74 倍。表 2 中,截面弯曲惯性矩横向为 y 轴,竖向为 z 轴。

PC 及波形钢腹板结构梁截面模量比较 表 2

	桥墩根部截面			跨 中 截 面		
	$A(m^2)$	$I_y(m^4)$	$I_z(m^4)$	$A(m^2)$	$I_y(m^4)$	$I_z(m^4)$
PC①	44.8	208.0	1 814.5	24.7	27.2	1 266.6
波形钢腹板②	29.1	167.4	1 183.2	17.1	26.6	943.5
②/①	0.65	0.80	0.65	0.69	0.98	0.74

计算采用 Midas 软件,塔、墩、梁用梁柱单元模拟结构,斜拉索用桁架单元模拟。边界条件为墩底固定全部位移,梁端部固定竖向及顺桥向位移。模型以顺桥向为 x 轴,横桥向为 y 轴,竖向为 z 轴。计算中考虑了二期恒载,忽略了地基的弹簧作用及引桥的影响。

三、结构基本动力特性

PC 结构及波形钢腹板结构的自振频率、振型特征及贡献见表 3。其两种结构第一阶振型均为顺桥向,频率分别为 1.18Hz 和 1.23Hz,振型参与质量均分别为 89.8% 和 87.3%。横桥向第一阶频率分别为 1.59Hz 和 1.61Hz,振型参与质量分别为 79.7% 和 78.8%,两者相差小。竖向第一阶频率分别为 2.08Hz 和 2.54Hz,振型参与质量分别为 14.6% 和 13.1%。

四、结构地震相应特性

1. 地震基本参数

本文中采用了不同的 3 种波形,其波形如图 4 所示,波形 1 为 50 年超越概率为 10%,最大加速度为

75cm/s^2,波形 2 为 100 年超越概率为 10%,最大加速度为 104cm/s^2,波形 3 为 100 年超越概率为 4%,最大加速度为 152cm/s^2。

自振频率及振型参与质量 表 3

阶数	频率(Hz)	PC 结构振型参与质量			振型特征	阶数	频率(Hz)	波形钢腹板结构振型参与质量			振型特征
		x	y	z				x	y	z	
1	1.18	89.8			顺桥向一阶	1	1.23	87.3			顺桥向一阶
2	1.59		79.7		横桥向一阶	2	1.61		78.8		横桥向一阶
3	1.75			14.6	竖向一阶	3	1.67			13.7	竖向一阶
4	2.80	1.9		38.3		4	2.54			51.7	
5	2.81	6.0		12.4		5	2.57	9.7		0.9	
8	5.54		11.6			8	4.86			4.0	
9	7.10			4.7		9	5.77		12.8		
11	8.06			5.5		11	6.21			4.6	
16	15.03			3.9		14	9.98			5.7	
18	16.09			8.3		16	10.45			6.2	
合计		100.0	95.3	88.3		合计		99.9	91.59	83.0	

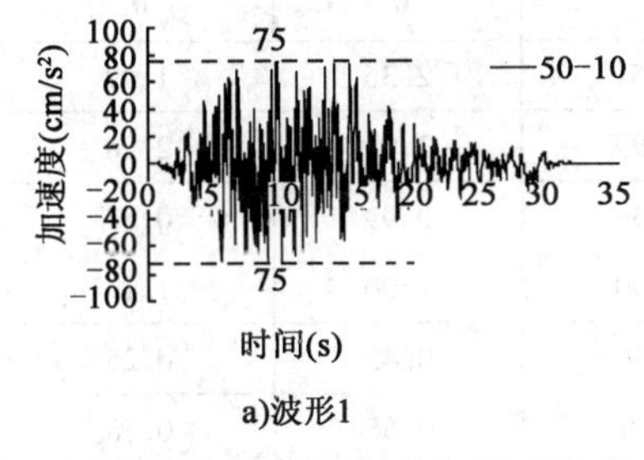

a)波形1

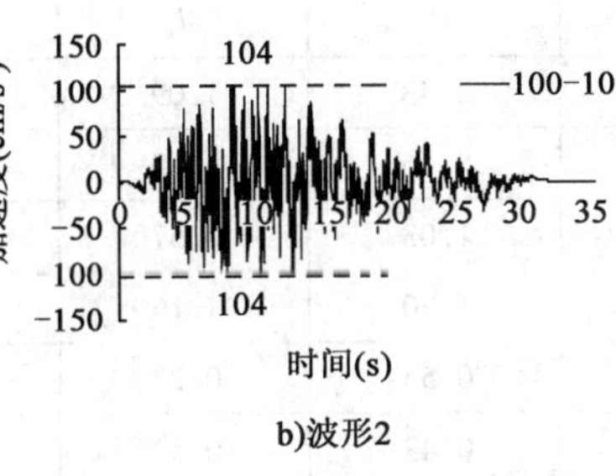

b)波形2

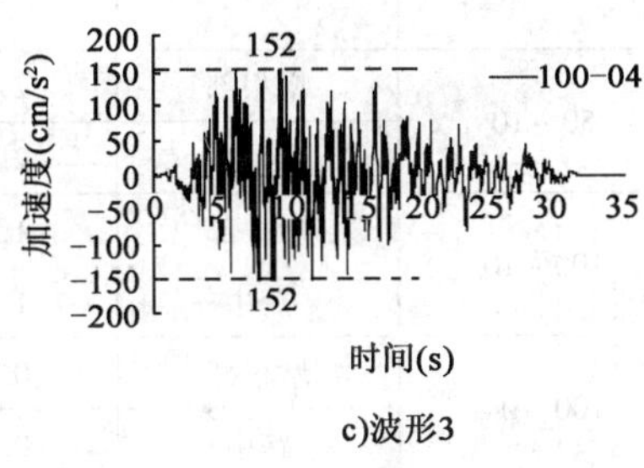

c)波形3

图 4 采用波形

计算方法采用动态时程分析方法进行地震响应时程分析。分析类型采用非线性,积分方法采用振型叠加法,时间步长 Δt 取 0.01s,持续时间为 60s。阻尼矩阵采用振型阻尼,阻尼比取 0.05[9]。计算模型假定各结构都处于弹性阶段,初期条件为桥梁恒载作用下的内力平衡状态。地震波动同时施加于两向(横桥向或纵桥向 + 竖向),分析 PC 结构与波形钢腹板结构矮塔斜拉桥的横桥向、顺桥向的地震特性。其中,竖向地震动分量取水平分量的 0.5 倍。

2. 桥墩最大内力

各种波形作用对桥墩墩底与墩顶产生的内力见表 4。波形作用于 x 轴方向时,小震、中震作用下 PC 结构桥墩轴力为波形钢腹板结构的 1.00 和 1.01 倍,绕 y 轴弯矩为 1.01 和 1.19 倍。大震作用下波形钢腹板结构的 0.91 倍,绕 y 轴弯矩为 0.96 和 1.09 倍。

PC 及波形钢腹板结构桥墩内力比较(PC/波形钢腹板) 表 4

波形	位置	x 轴方向		y 轴方向		
		N	M_y	N	M_y	M_z
50 - 10	墩底	1.00	1.01	0.99	0.88	0.96
	墩顶	1.00	1.04	0.99	0.88	0.91
100 - 10	墩底	1.01	1.03	1.00	0.97	0.97
	墩顶	1.01	1.19	1.00	0.98	0.91
100 - 04	墩底	0.91	0.96	0.88	0.89	0.98
	墩顶	0.91	1.09	0.88	0.93	0.93

波形作用于 y 轴方向时，小震、中震作用下PC结构桥墩轴力为波形钢腹板结构的0.99和1.00倍，大震作用下波形钢腹板结构的0.88倍。绕 y 轴弯矩为波形钢腹板结构的0.88~0.98倍，绕 z 轴弯矩为波形钢腹板结构的0.91~0.98倍，无论是小震、中震、大震，PC结构均小于波形钢腹板结构。

从以上可看出，无论是小震、中震、大震，PC结构桥墩的轴力和绕 z 轴弯矩等于或小于波形钢腹板结构，对PC结构有利。而绕 y 轴弯矩，当波形作用于 x 轴方向时，PC结构大，对波形钢腹板结构有利。当波形作用于 y 轴方向时，波形钢腹板结构大，PC结构有利。

3. 梁内力

各种波形作用对桥墩根部的梁截面及跨中梁截面产生的弯矩见表5。表中最大弯矩表示正弯矩，最小弯矩表示负弯矩。比较最大弯矩，波形作用于 x 轴方向时，PC结构梁的绕 y 轴弯矩为波形钢腹板结构的0.45~2.98倍，小震、中震时对波形钢腹板结构有利，大震时对PC结构有利。波形作用于 y 轴方向时，PC结构的绕 y 轴弯矩为波形钢腹板结构的0.43~2.43倍，小震、中震时对波形钢腹板结构有利，大震时对PC结构有利。绕 z 轴弯矩为波形钢腹板结构的0.27~2.68倍。小震及中震时的跨中截面对波形钢腹板结构有利，中震时的墩根部截面及大震对PC结构有利。

PC及波形钢腹板结构梁力比较（PC/波形钢腹板） 表5

波形	位置	最大			最小		
		x 轴方向	y 轴方向		x 轴方向	y 轴方向	
		M_y	M_y	M_z	M_y	M_y	M_z
50-10	墩根部	2.98	2.43	1.09	2.61	2.36	1.42
	跨中	2.01	2.16	2.68	1.99	2.01	2.28
100-10	墩根部	1.09	1.03	0.57	1.39	0.99	0.57
	跨中	1.25	1.20	1.16	1.00	1.00	1.19
100-04	墩根部	0.60	0.55	0.27	0.46	0.45	0.25
	跨中	0.45	0.43	0.52	0.61	0.56	0.58

最小弯矩具有与最大弯矩同样的趋势。

从以上可看出，小震、中震时，基本对波形钢腹板结构有利，大震时对PC结构有利。

4. 塔内力

各种波形作用对塔底截面产生的弯矩见表6。PC结构的塔底轴力为波形钢腹板结构的0.70~1.03倍，小震、大震时波形钢腹板结构大，中震时PC结构大。

波形作用于 x 轴方向时，PC结构的绕 y 轴弯矩为波形钢腹板结构的0.93~1.02倍。波形作用于 y 轴方向时，波形钢腹板结构的0.66~0.81倍。

从以上可看出，虽有些工况的PC结构弯矩比波形钢腹板结构大，但相差甚小，小震、中震、大震基本都对PC结构有利。

PC及波形钢腹板结构塔底内力比较（PC/波形钢腹板） 表6

波形	x 轴方向		y 轴方向	
	N	M_y	N	M_y
50-10	0.85	1.01	0.76	0.81
100-10	1.02	1.02	1.03	0.76
100-04	0.83	0.93	0.70	0.66

5. 跨中位移及塔顶位移

PC及波形钢腹结构跨中节点的位移—时程关系见图5。图中横坐标为时间，单位为秒，纵坐标为位移，单位为cm。PC结构跨中节点的 x 向最大位移，波形1为2.40cm、波形2为4.01cm、波形3为

5.71cm,分别为波形钢腹板的1.06倍、1.18倍、1.13倍。

y向最大位移,波形1为2.38cm、波形2为3.34cm、波形3为4.87cm,分别为波形钢腹板的1.01倍、1.05倍、1.00倍,相差不大。

从图中可看出,PC及波形钢腹结构跨中节点的位移虽然在峰值大小不同,但两曲线路径基本重叠。

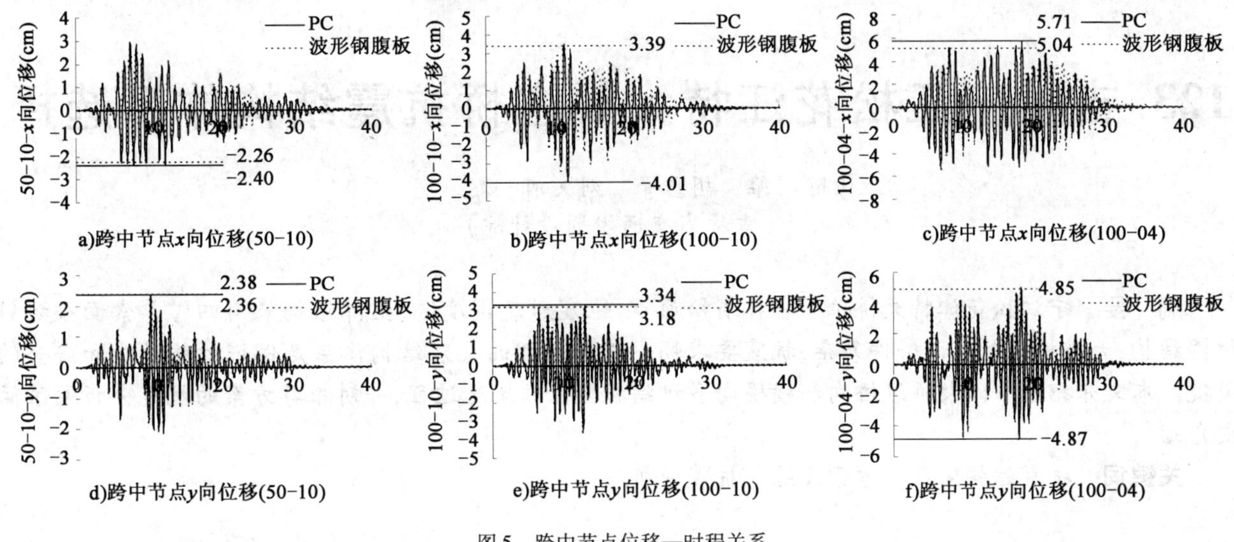

图5　跨中节点位移—时程关系

塔顶位移具有与跨中位移同样趋势。

五、结　语

对主跨180m的PC结构及波形钢腹板结构矮塔斜拉桥,进行50年超越概率为10%,100年超越概率为10%,100年超越概率为4%(最大加速度分别为$75cm/s^2$、$104cm/s^2$、$152cm/s^2$)的三种波形的时程分析,得到了以下结论。

(1)在低频率阶段,两者的振型与振型贡献率相差不大。

(2)无论小震、中震、大震,PC结构桥墩的轴力和绕竖向弯矩都等于或小于波形钢腹板结构,对PC结构有利。

(3)桥墩绕横桥向弯矩,当波形作用于x轴方向时PC结构大,对波形钢腹板结构有利。当波形作用于y轴方向时,波形钢腹板结构大,对PC结构有利。

(4)梁截面弯矩在小震、中震时波形钢腹板结构小,大震时PC结构大。

(5)PC及波形钢腹结构跨中节点的位移虽然在峰值大小不同,但两曲线路径基本重叠。

(6)塔顶位移具有与跨中位移同样的趋势。

参考文献

[1] 何新平. 矮塔斜拉桥的设计[J]. 公路交通科技. 2004,21(4).

[2] 万水. 波形钢腹板PC组合箱梁桥设计与施工. 波形钢腹板PC组合结构桥梁技术研讨会. 成都,2010.11.

[3] 日本高速道路技术中心. 日本波形钢腹板桥设计·施工指南. 2004.

[4] 李世光,颜志华. 部分斜拉桥的动力性能分析[J]. 铁道标准设计,2005,2:41-42.

[5] 陈晓栋. 部分斜拉桥考虑墩梁相互影响的结构动力分析[J]. 上海铁道学报,2006,4:33-34.

[6] 蔺鹏臻,凤奎,张元海. 单索面混凝土矮塔斜拉桥的动力特性[J]. 世界地震工程,2006,22(3):111-115.

[7] 陈兴冲,虞庐松,吴高峰. 兰州市小西湖部分斜拉桥抗震分析[J]. 兰州铁道学院学报,2003,22(3):42-44.

[8] 中华人民共和国行业标准. JTG D62—2004 公路钢钢筋混凝土及预应力混凝土桥涵设计规范[S]. 北京:人民交通出版社,2004.

[9] 中华人民共和国行业标准. JTG/T B02-01—2008 公路桥梁抗震设计细则. 北京:人民交通出版社,2008.

123. 吉林宁江松花江特大桥主桥抗震结构体系选择

陈　维　胡雪峰　刘义河　赵　亮

(吉林省交通规划设计院)

摘　要　宁江松花江特大桥位于吉林省松原市,地震烈度Ⅷ度区,主桥结构采用四塔单索面矮塔斜拉桥结构,大桥桥位处建设条件复杂,抗震要求高。选择合理的抗震结构体系是保证结构功能和安全的关键。本文介绍了宁江大桥纵桥向和横桥向多种结构体系的比选过程,并对推荐方案的抗震分析做了简要介绍。

关键词　抗震结构体系　方案比选　抗震分析

一、工 程 概 况

宁江松花江特大桥位于大庆至广州高速公路吉林省境内解放至二莫段,桥梁全长2 236m,与路线交角90°。主桥采用跨径95m+3×150m+95m四塔单索面预应力混凝土矮塔斜拉桥(图1)。主桥下部结构主墩采用单薄壁式墩,主桥边墩采用柱式墩。基础采用钻孔灌注桩基础,桩顶均设置承台与桥墩连接。引桥起点侧为9×40m装配式预应力混凝土简支转连续T梁,终点侧为28m×40m装配式预应力混凝土简支转连续T梁和30m+48m+30m变截面预应力混凝土连续箱梁,简支转连续T梁连孔形式为3×40m和4×40m一联;桥墩采用圆柱式墩,基础采用钻孔灌注桩基础;桥台采用肋板式台,基础采用钻孔灌注桩基础。桥宽26.5m,设计荷载公路-I级,安全等级为一级,环境类别II类。根据吉林省工程地震研究中心《宁江松花江特大桥工程场地地震安全性评价报告》,历史地震对桥址的最大影响烈度为Ⅷ度,桥址处工程场地为III类场地。

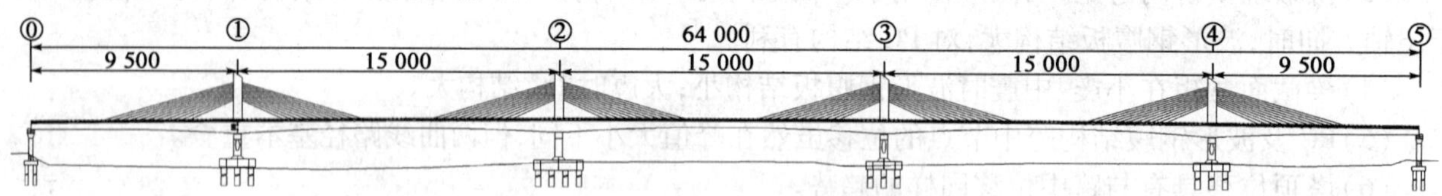

图1　主桥总体布置图(尺寸单位:cm)

二、抗震结构体系与减震措施的选择

对于大跨径桥梁,选择合理的机构体系是保证结构功能和安全的关键。不同的结构体系,会导致桥梁有不同的静力和动力反应,使结构有不同的受力特性[1]。本桥桥位处地震烈度高,场地条件差,抗震要求高,需要选择合理的结构体系。根据本桥的结构特点可考虑的结构体系有以下几种。

1. 纵桥向

(1)一个桥墩设固定支座,其余桥墩设滑动支座。地震剪力基本由固定支座承担,单靠一排固定支座无法承受这样大的剪力,这种结构体系不合适。

(2)一个桥墩与主梁固结,其余桥墩设滑动支座。这种结构纵桥向地震力全部由固结墩承受,E1频遇地震作用下桥墩保持弹性状态,不出现损伤。E2罕遇地震作用下,桥墩局部出现一定程度的延性损伤,但不能发生破坏。本桥可选定固定墩桥,墩上部和下部为塑性铰区。

(3)一个桥墩与主梁固结,其余桥墩设滑动支座及阻尼器。这种结构受力模式基本同体系(2),只是通过阻尼器来起到减震作用,降低固结墩承受的地震作用,同时减小地震作用产生的纵向位移。

2. 横桥向

(1)全部桥墩与主梁固结。这种结构的横桥向刚度极大,因此地震作用下桥墩承受的横桥向剪力和弯矩都很大,从而大幅增大桥墩和桩基础的规模,造成桥梁造价大幅提升。

(2)一个桥墩与主梁固结,其余桥墩与主梁自由滑动。这种结构结构的整体刚度较小,地震作用对墩身产生的剪力和弯矩均较体系(1)有大幅降低,但主梁在两端的横向位移均较大,而且固结墩墩身存在相当大的扭矩作用,固结墩墩身和基础的结构设计较难处理。

(3)一个桥墩与主梁固结,其余桥墩与主梁采用阻尼器连接。通过阻尼器在地震作用下发挥耗能作用,可以减小结构的地震响应,同时使各桥墩共同分担地震力,固结墩承担的地震剪力和扭矩相对减小。同时,两个边墩处的横向位移也得到了有效控制。

综合以上分析,设计中通过大量的计算比较,最终选定主桥 2 号桥墩与主梁固接,其他桥墩梁墩之间采用滑动盆式支座。为使桥墩在横向地震作用下多个桥墩共同承担上部结构的地震力,0 号、1 号、3 号、4 号、5 号桥墩横桥向与主梁采用弹塑性阻尼装置连接。

三、弹塑性抗震阻尼器

弹塑性抗震阻尼器是一个由数块相互平行的 X 形钢板所组成,如图 2 所示。地震作用下,利用钢材的弹塑性变形,耗散地震能量,大量试验表明:弹塑性抗震阻尼器具有能量耗散和变形能力,图 3 试验得到的一典型弹塑性抗震阻尼器的力—位移恢复力滞回曲线。阻尼器在桥梁正常使用条件下相当于桥梁挡块的作用,在罕遇地震作用下发生塑性变形,耗散地震能量。同时,弹塑性阻尼器与液体黏滞性阻尼器相比具有正常使用阶段易于维护,造价低廉等优点。

图 2 弹塑性抗震阻尼器

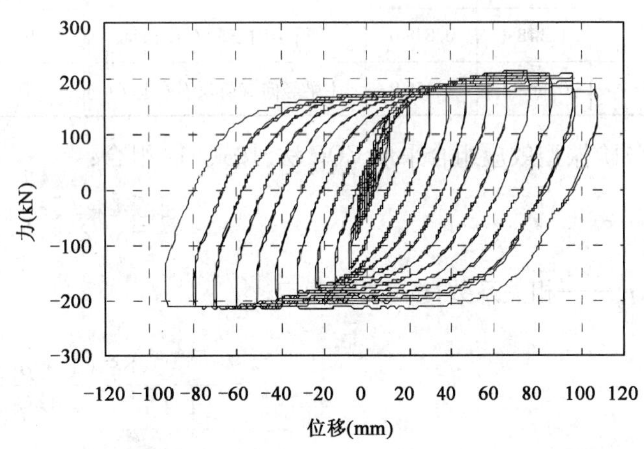

图 3 试验得到的弹塑性抗震震阻尼器力—位移恢复力曲线

四、推荐方案有限元分析

根据《公路桥梁抗震设计细则》,本桥为 B 类非规则桥梁。主桥采用 E1 和 E2 二水平设防,E1 和 E2 地震的重现期分别取 100 年和 2000 年。E1 地震作用下采用多振型反应谱法,E2 地震作用下采用非线性时程法进行抗震分析。动力特性分析采用有限元程序 MidasCivil2006 进行分析,计算模型以顺桥向为 X 轴,横桥向为 Y 轴,竖向为 Z 轴。主梁、桥墩均离散为空间的梁单元;二期恒载采用分布质量模拟;斜拉索采用桁架单元,并考虑拉索垂度效应以及恒载几何刚度的影响;承台采用集中质量进行模拟;各承台底采用集中六向自由度弹簧模型加以模拟。地震的激励采用纵向和横向两种方式,不考虑竖向地震输入。动力计算有限元模型如图 4 所示。

1. E1 地震作用多振型反应谱法分析

依据《公路桥梁抗震设计细则》,E1 地震作用,重现期约为 50~100 年,本次计算取重现期 100 年。根据《工程场地地震安全性评价报告》地表水平向设计地震动参数表,计算中取结构阻尼比 $\zeta = 0.05$,取 $A_{max} = 117\text{cm/s}^2$,$\beta_m = 2.6$,$T_1 = 0.1\text{s}$,$T_g = 0.50\text{s}$,按纵桥向和横桥向分别输入加速度反应谱计算地震响应。根据加速度反应谱曲线函数得加速度曲线图形如图 5 所示。

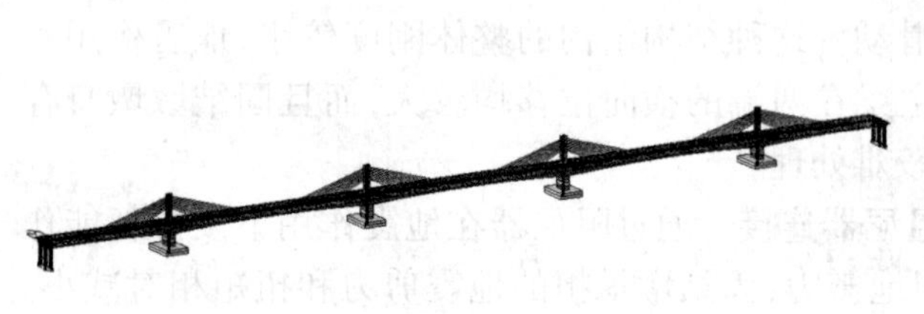

图4 动力分析有限元模型

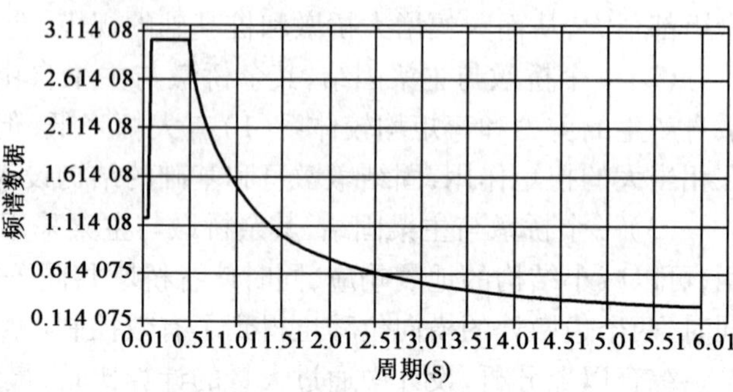

图5 加速度反应谱曲线

分析采用多重里兹向量法,X、Y、Z 各取 25 阶向量,三个方向的累计振型参与质量分别达到了 100%、99.99% 和 93.87%。结构前 10 阶动力特性如表 1 所示。

结构前 10 阶周期与振型 表1

振型阶数	周期(s)	频率(Hz)	关键振型特征描述	振型阶数	周期(s)	频率(Hz)	关键振型特征描述
1	2.610 3	0.383 1	主梁竖向一阶对称振动	6	0.825 0	1.212 0	主梁竖向四阶对称振动
2	1.905 4	0.524 8	主梁竖向一阶反对称振动	7	0.791 7	1.263 2	主塔对称侧向振动
3	1.405 7	0.711 4	主梁竖向二阶对称振动	8	0.744 8	1.342 6	主塔反对称侧向振动
4	1.178 4	0.848 6	主梁竖向三阶对称振动	9	0.724 4	1.380 5	主梁侧向振动
5	0.864 4	1.156 9	主梁竖向二阶反对称振动	10	0.613 7	1.629 5	主梁竖向三阶反对称振动

各阶振型效应组合采用 CQC 法,按式(1)组合:

$$F = \sqrt{\sum\sum S_{i r_{ij}} S_j} \tag{1}$$

式中,r_{ij}——相关系数,按式(2)确定

$$r_{ij} = \frac{8\xi^2(1+\rho_T)\rho_T^{\frac{2}{3}}}{(1+\rho_T^2)^2 + 4\xi^2\rho_T(1+\rho_T)^2} \tag{2}$$

其中,ρ_T——周期比,$\rho_T = \dfrac{T_j}{T_i}$

E1 地震作用效应和永久效应组合后,按弹性阶段验算构件截面的强度。2 号主墩(固结墩)纵桥向组合弯矩 $My = 2.571\text{E}+05\text{kN}\cdot\text{m}$,纵桥向组合剪力 $Qx = 3.11\text{E}+04\text{kN}$,横桥向组合弯矩 $Mx = 1.360\times10^5\text{kN}\cdot\text{m}$,横桥向组合剪力 $Qy = 2.766\text{E}+04\text{kN}$,组合轴力 $N = 1.360\times10^5\text{kN}$。按 E1 地震作用响应结果进行结构配筋设计,各桥墩均为构造配筋控制设计。

2. E2 地震作用非线性时程分析

根据《宁江松花江特大桥工程场地地震安全性评价报告》,一般冲刷线处(约底面下 5m 处)重现期 2000 年地震加速度时程波如图 6 所示。

E2 地震作用下考虑弹塑性阻尼器和滑动支座的边界非线性作用,采用双线性滞后系统单元来模拟。

根据E1计算结果纵桥向地震力作用下选定固结墩墩顶和墩底作为塑性铰区,自由墩按弹性计算考虑不进入塑性状态,选定各主塔底部作为塑性铰区,采用纤维截面单元模拟塑性铰作用。横桥向由于各墩长细比均小于2.5,不能按延性构件考虑,按各桥墩共同承担地震力,并通过弹塑性阻尼器发挥横桥向减震的作用。阻尼采用瑞利阻尼。纤维截面单元材料特征参数按《抗震细则》给定公式取用。表2~表4列出了E2地震作用的主要计算结果。

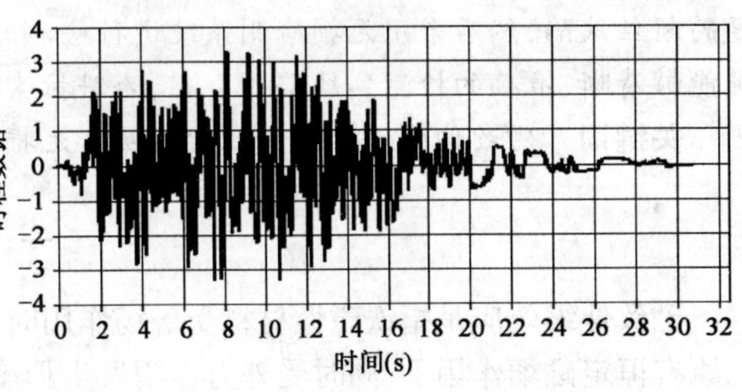

图6 E2地震波时程曲线

2号墩纵桥向延性计算结果 表2

位置	极限曲率	容许曲率	塑性铰剪力(kN)	抗剪能力(kN)
墩顶	4.72×10^{-3}	1.70×10^{-2}	5.52×10^{4}	1.22×10^{5}
墩底	7.25×10^{-3}	1.70×10^{-2}	5.49×10^{4}	1.22×10^{5}

2号墩横桥向内力计算结果 表3

位置	轴力(kN)	剪力(kN)	弯矩(kN·m)	扭矩(kN·m)
墩底	-1.40×10^{5}	5.52×10^{4}	9.55×10^{5}	1.81×10^{5}
墩顶	-1.38×10^{5}	5.33×10^{4}	2.92×10^{5}	4.43×10^{4}

阻尼器能力验算结果 表4

项目	0号墩	1号墩	3号墩	4号墩	5号墩
最大位移(mm)	158	141	129	149	129
容许位移(mm)	300	300	300	300	300

以上分析结果表明,宁江大桥的延性和变形性能指标均能满足抗震设计的需要,结构体系能够实现预定的抗震设防目标。

五、结语

本文通过对宁江松花江特大桥各种结构体系的比较,最终选择了纵桥向一个桥墩固结,其余桥墩设置滑动支座,横桥向一个桥墩固结,其余桥墩设置弹塑性阻尼器的结构体系。使宁江松花江特大桥主桥结构解决了高烈度,场地条件差条件下的抗震技术难题,使桥梁达到了“小震不坏,中震可修、大震不倒”的抗震设防目标。

参考文献

[1] 裴岷山,张喜刚,袁洪,等. 苏通大桥主桥结构体系研究. 公路,2009.5:24-27.

[2] 公路桥梁抗震设计细则. 北京:人民交通出版社,2008.

[3] 彭大波,李建中,范立础. 能力设计法在双层高架桥梁抗震设计中的应用. 世界桥梁,2009.1:12-15.

124. 基于磁致伸缩效应的斜拉索断丝检测试验研究

袁爱民[1] 朱晓文[2] 张宇峰[2]

(1. 河海大学土木与交通学院;2. 江苏省交通科学研究院股份有限公司)

摘 要 针对斜拉桥中斜拉索断丝或缺陷难以检测的问题,开发了一种基于磁致伸缩效应的传感器,建立了一套斜拉索断丝无损检测系统。采用一根长7m的斜拉索,人为地在上面制造7处不同损伤程度的断丝缺陷，然后采用无损检测系统进行检测试验。试验结果表明，基于磁致伸缩效应的无损检测系统能够清晰、准确的检测到缺陷的存在，为斜拉索的腐蚀和断丝检测提供了一种可行的方法。

关键词　磁致伸缩效应　斜拉索断丝　无损检测　传感器

一、引　　言

磁致伸缩效应是指铁磁性材料受磁场作用时，它的尺寸大小、形状会发生变化的效应；或当铁磁物体在原有恒定磁场作用下，同时受外力作用发生形变瞬间，引起内部磁场发生变化的效应。斜拉索的表面一般带有不可拆除的包覆层，压电效应和激光超声方式需要表面接触才能进行，而且斜拉索的检测也要求不得损害原有结构为基础，因此，磁致伸缩方式通过电磁场耦合，直接作用在承载的钢丝上，并且能够透过较厚的包覆层，所以适合斜拉索的导波检测。

王悦民[1~3]对一根钢管采用磁致伸缩效应进行检测，检测结果表明应用这种方法对钢管缺陷进行无损检测是可行的，同时他还对基于磁致伸缩效应的导波模型进行了研究，建立了激励传感器线圈上的电流与接收传感器输出电压之间的定量关系，奠定了检测理论基础。夏立[4]采用新型磁致伸缩效应导波仪MsS3030对高温管道进行腐蚀缺陷导波检测，结果表明该项技术的检测结果是可靠的。刘增华[5]研制一种专用磁致伸缩传感器，用于7芯钢绞线的超声导波检测，结果显示该技术可以用于钢绞线的健康检测。CHEN等[6]利用声发射探头在7芯钢绞线中激励低频纵向模态$L(0,1)$，得到信号中不同周期的时间变化与张紧力之间的关系曲线。该探头为压电式，需接触检测，且钢绞线外表面不规则和工况较为复杂，这些都限制了该类型传感器的应用范围。目前，磁致伸缩传感器也已应用于钢绞线的导波检测。KWUN等[7]研制了一种FFC排线式的磁致伸缩传感器。该传感器的核心元件是FFC排线，安装较为方便，但钢绞线横截面较小，激励能量有限。DI SCALEA等[8]研制了一种直接固定在钢绞线上的简易磁致伸缩传感器，用于低频导波的激励和接收，实现了钢绞线中的应力测量和缺陷检测。但其结构相对简单，安装时一次性直接紧固在钢绞线外壁，应用场合受到较大限制，激励和接收能力也较弱。XU等[9]利用磁致伸缩传感器试验得到钢绞线断丝数和缺陷回波峰峰值之间呈线性关系。尽管目前已有磁致伸缩型传感器应用于钢绞线的检测中，但这些传感器在斜拉桥斜拉索中的断丝检测还没有展开。

本文基于磁致伸缩超声导波检测理论的基础上，针对斜拉索特殊外部结构的特点，设计斜拉索导波检测的专用磁致伸缩传感器，以提高检测信号的信噪比和检测效率，最后，利用检测断丝系统对和一根斜拉索进行断丝检测，研究基于磁致伸缩传感器检测可行性和效果。

二、磁致伸缩效应检测斜拉索断丝基本原理

1. 导波的产生

斜拉索在外磁场中磁化时，其长度和体积均发生变化。当偏置磁场H_0沿轴向施加于钢绞线后，致使磁畴发生了一定的偏转，此时对密绕在斜拉索外面的导线加载一定强度的交流电A_i后，则会在线圈内产生一个沿轴向的交变磁场C_i，交变磁场使得磁畴在偏置磁场的方向上产生来回的偏转，由此在斜拉索内部产生沿轴向的交变应力，进而产生超声波C_0，上述整个过程如图1所示。

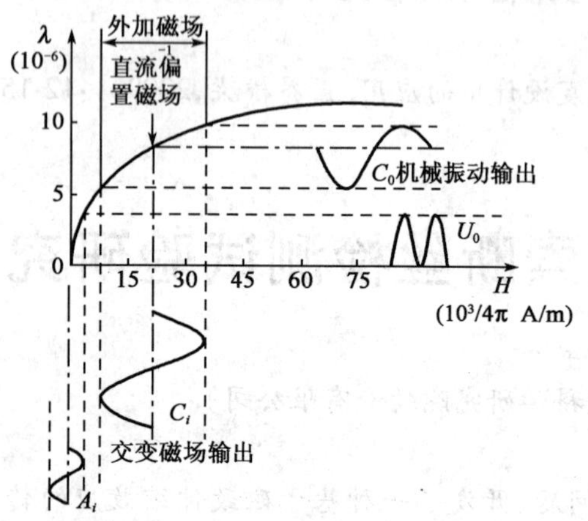

图1　磁致伸缩效应产生导波原理

2. 非接触式纵向导波检测原理

当弹性波沿着斜拉索传播时，其磁性将发生变化，导致了介质中磁感应的变化，而变化的磁感应强度必定引起接收线圈中的电压变化。超声波入射到有边界特征的介质中后，会在介质边界处发生反射、

折射和波型转换，从而形成超声导波。在实际检测中，通过判断超声导波的传播速度来确定相应的模态，再依据波速与传播时间的关系来检测斜拉索的健康状况。为提高磁致伸缩能量转换效率，须在磁致伸缩效应产生区域施加偏置磁场。利用磁致伸缩效应检测斜拉索断丝的基本原理如图2所示。

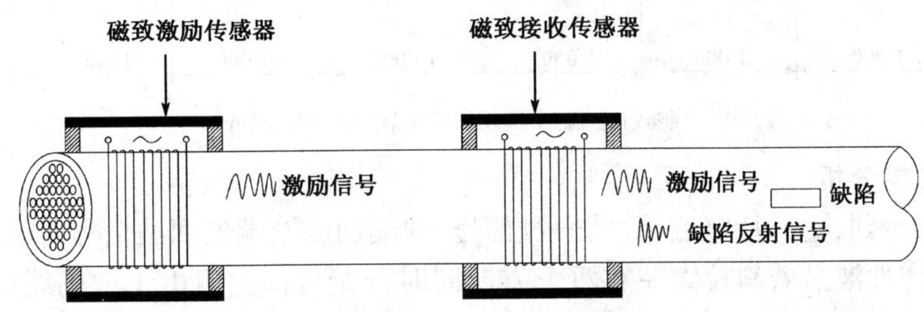

图2 磁致伸缩效应检测斜拉索断丝原理

三、检测硬件系统组成

根据磁致伸缩导波检测原理和信号处理要求，设计的检测系统结构如图3所示。整个检测系统由主机、激励传感器、接收传感器和前置放大器组成，通过弹性波激励和接收，实现构件的检测。

四、试验结果及分析

1. 构件的制作

斜拉索由31ϕ5平行钢丝组成，外面包覆5mm厚PE套管防护，索直径43mm，现场磁致伸缩效应传感器安装位置及缺陷制作如图4所示[10]。

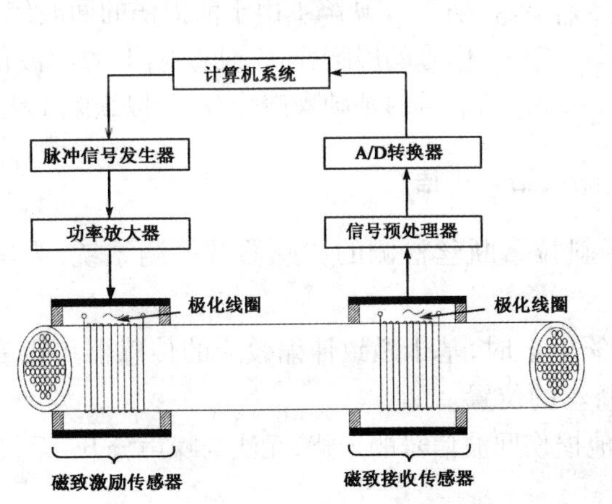

图3 磁致伸缩检测断丝系统

a)传感器安装

b)切割后的钢丝

图4 传感器安装及钢丝缺陷制作

斜拉索共制作了7处缺陷，间隔为1m，这七处缺陷的截面断丝情况如表1所示。利用磁致伸缩无损检测系统对斜拉索缺陷进行检测的传感器布置及缺陷位置如图5所示。

控制截面断丝缺陷参数 表1

缺陷编号	总钢丝数	断丝根数	截面损伤率(%)	断丝长度	分布
1	31	1	3.2	0.5cm	一侧
2	31	2	6.5	0.5cm	一侧
3	31	3	9.7	0.2cm	一侧
4	31	3	9.7	2cm	环向
5	31	3	9.7	0.5cm	一侧
6	31	4	12.9	0.5cm	一侧
7	31	5	16.1	0.5cm	一侧

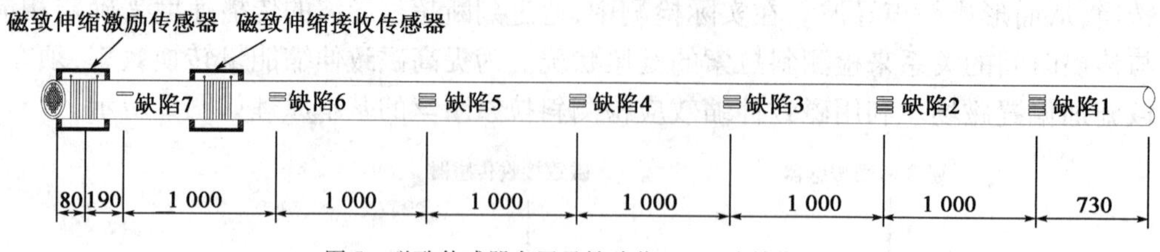

图5 磁致传感器布置及缺陷位置(尺寸单位:mm)

2. 试验测试与结果分析

从检测信号可以看到,它包括电磁脉冲、通过信号、缺陷回波及端波回波信号等。当激励传感器在激励处产生弹性波后,弹性波沿着斜拉索左右两个方向同时开始传播。但由于激励线圈距左端部较近,导致端波回波与向右传播的初始弹性波产生叠加,因此在检测信号中仅看到单方向传播信号。同时,由于电磁脉冲的传播速度接近光速比弹性波在斜拉索中的传播速度快得多,所以检测线圈最先检测到的信号是电磁脉冲信号,然后是向右传播的弹性波。从检测信号可知(图6),弹性波的到达时间为0.2ms,弹性波的传播的距离1 070mm,可得弹性波速度为5 350km/s。利用弹性波的速度,再结合缺陷的回波时间,可以确定缺陷的位置。由于缺陷7位于接收线圈和激励线圈之间,且距端部较近,弹性波在遇到缺陷7发生部分反射,在遇到左端部发生全反射变为向右传播的弹性波,从而使接收线圈接收到缺陷7的缺陷信号。图中可以清楚地看到缺陷6~缺陷2,但缺陷1由于前损伤的回波信号对缺陷1回波信号的屏蔽作用,使缺陷1的回波信号已经较难与信号的基础噪声分开,所以缺陷1无法实现检测。

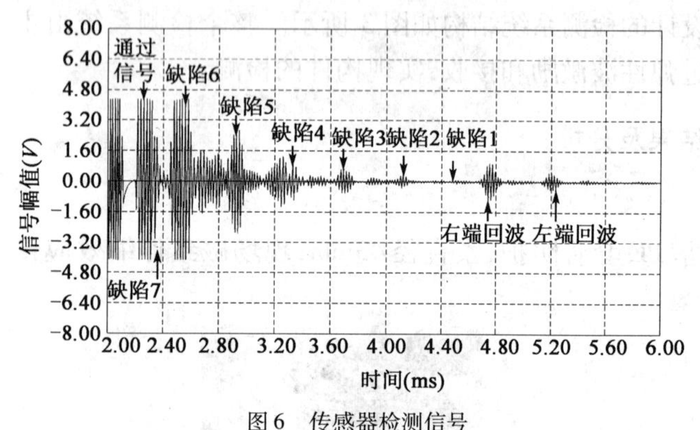

图6 传感器检测信号

五、结　　语

(1)基于磁致伸缩效应,设计了一种用于斜拉索断丝检测的传感器及检测系统,为斜拉索的损伤检测提供了一种方法。

(2)试验证明,当斜拉索的断丝达到6.5%以上时,基于磁致伸缩效应的传感器可以实现斜拉索多处断丝的检测信号,并根据弹性波的速度推断断丝的位置。

(3)缺陷1由于损伤太小,缺陷回波受其他损伤回波信号的干扰,无法与噪声分开,无法实现断丝检测。

参考文献

[1] 王悦华,康宜华,武新军.磁致伸缩效应及其在无损检测中的应用研究[J].华中科技大学学报(自然科学版),2005,33(1):75-77.

[2] 王悦华,康宜华,武新军.基于磁致伸缩效应的钢管缺陷检测实验研究[J].振动、测试与诊断,2004.24(3):210-213.

[3] 王悦华,孙丰瑞,康宜华,武新军.基于磁致伸缩效应的管道检测纵向导波模型[J].华中科技大学学报(自然科学版),2006.34(12):65-67.

[4] 夏立,叶宇峰,张亚彬,顾宏波.基于磁致伸缩效应的导波在高温管道在线腐蚀检测中的应用[J].石油化工设备,2009,38(8)s:39-41.

[5] 刘增华,张易农,张慧昕,何存富.吴斌基于磁致伸缩效应在钢绞线中激励接收纵向导波模态的试验研究[J].机械工程学报,2010.46(6):71-76.

[6] CHEN Hung-Liang, WISSAWAPAISAL K. Measurement of tensile forces in a seven-wire prestressing strand using stress waves[J]. Journal of Engineering Mechanics, 2001, 127(6):599-606.

[7] KWUN H, HANLEY J J, BARTELS K A. Recent development in nondestructive evaluation of steel strands and cables using magnetostrictive sensors[C]. Prospects for the 21st Century' Conference Proceedings, OCEANS96 MTS/IEEE, New York, 1996, 1:144-148.

[8] DI SCALEA F L, RIZZO P, SEIBLE F. Stress measurement and defect detection in steel strands by guided stress waves[J]. Journal of Materials in Civil Engineering, 2003, 15(3):219-227.

[9] XU Jiang, WU Xinjun, WANG Liangyun, et al. Detecting the flaws in prestressing strands using guided waves based on the magnetostrictive effect[J]. Insight, 2007, 49(11):647-650.

[10] 江苏省交通科学研究院,江苏法尔胜等. 桥梁缆索腐蚀、断丝无损检测技术研究[R]. 2010.12.

125. 斜拱塔全钢斜拉桥空间受力分析

乔云强　刘国祥　刘安双

(林同棪国际工程咨询(中国)有限公司)

摘　要　沈北新区蒲河新城孝信桥上部结构采用斜拱塔全钢结构斜拉桥。桥梁全长104m,跨径布置为30m + 50m + 24m。拱塔桥面以上高度约24.3m。该桥宽31m,主梁宽跨比大,表现为板的受力状态,拱塔高宽比小,空间效应明显。本文详细介绍了该桥设计主要技术参数,并对该桥的空间受力进行了计算分析,针对细部构造也做了详细分析。

关键词　斜拱塔　独塔斜拉桥　钢锚箱　空间受力分析　细部分析

一、引　言

拱塔斜拉桥造型富有曲线美和力量感,行车空间给人"拱门"的感受,满足了人的传统审美需求。因此拱塔斜拉桥在城市景观桥中得到越来越广泛的应用。沈北新区蒲河新城孝信桥为斜拱塔全钢结构斜拉桥,其造型和结构受力具有特殊性。

二、工 程 概 况

沈北新区蒲河新城孝信桥工程采用钢拱塔斜拉桥,双索面体系。全长104m,跨径布置为30m + 50m + 24m;主桥桥面全宽31m,其横断面布置为:3m(人行道) + 1m(索区) + 23m(机动车双向六车道) + 1m(索区) + 3m(人行道) = 31m。桥型布置如图1所示。

主塔外观横立面看呈斜伸的网球拍型,与竖直方向立面呈15°的倾斜角,塔高约33m,其中桥面标高以上部分高约24.3m;采用1m × 1m等截面钢箱,拱肋大部采用Q345D钢材,与吊耳连接部分采用$Q345E_{Z\text{-}25}$钢材,板厚均为24mm;主塔钢箱约每5m设置一道横隔板。塔上设置钢吊耳,斜拉索通过吊耳与桥塔连接。

主塔固结于塔座上,与混凝土塔座的连接采用钢混结合段的方式。为增加钢混结合段传力的可靠性,将钢结构段伸入混凝土内约1m,采用PBL剪力键与混凝土相连接。为增强钢塔与混凝土塔座的连接可靠性,在连接部位设置一圈精轧螺纹钢筋。

主梁采用单箱双室等截面钢箱梁,梁高1.45m,钢箱梁主要由顶板、底板、腹板及各自的加劲肋组成,钢箱梁底板宽23m,在钢箱梁中设一道纵向隔板,以增强其整体刚度。钢箱梁部分分为17个制造段,节段长度约2.5m ~ 7m,根据制造及运输需要可适当调整分段长度。顶板采用带U形闭口肋的正交异性板结构,桥面板厚为14mm,U肋厚8mm。腹板30mm,底板12mm,底板加劲肋厚度16mm。箱体及节段间连接全部采用焊接。

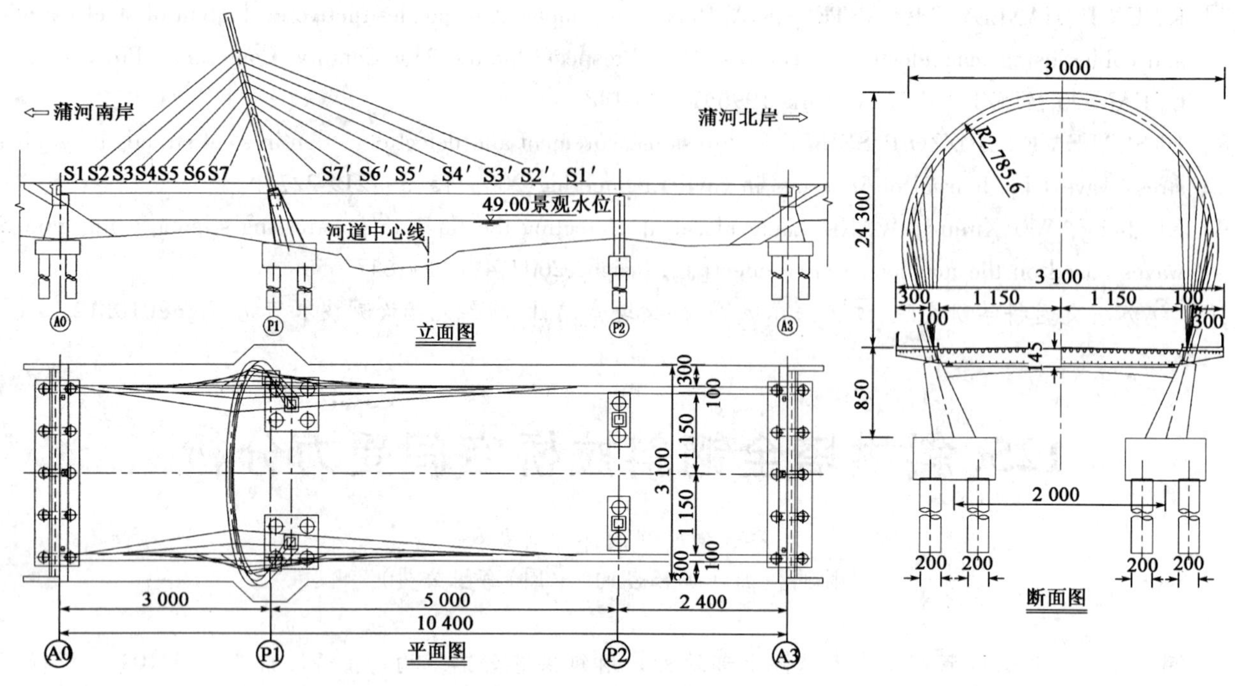

图1 蒲河孝信桥桥型布置图(尺寸单位:cm)

桥台采用肋板式桥台,采用C30钢筋混凝土浇筑,桩基础采用采用钻孔桩,C25混凝土。桥墩及桥塔采用C40混凝土,桩基础采用钻孔桩,C20混凝土,承台采用C30混凝土。

该桥为双索面斜拉桥,斜拉索在梁上锚固于箱梁两侧横肋的边缘位置。全桥共14对斜拉索,斜拉索在梁上的顺桥向间距为3.5m及6m,塔上的竖向间距为1.5m。斜拉索采用单端张拉,在塔上设置吊耳,作为斜拉索的锚固端;在梁上斜拉索锚固位置设置钢锚箱,作为拉索的张拉端。

三、技 术 标 准

孝信桥的设计标准为城市次干路,计算行车速度:50km/h。

桥梁荷载设计标准:

1)可变作用

汽车荷载:公路—I级;人群荷载:3.5kN/m^2;风荷载:桥位地区平均海拔10m高度处,频率1/100的10min平均最大风压为0.6kPa;温度荷载:体系温度(基准温度10℃):混凝土结构整体升温15℃、降温23℃;钢结构整体升温30℃、降温43℃;梯度温度:桥面铺装为75cm的沥青混凝土铺装层,竖向日照正温差按照《公路桥涵设计通用规范》(JTJ D60—2004)表4.3.10-3差值计算;

2)偶然作用

地震作用:沈阳市地震设防烈度为VII度。

四、整体结构分析

整体结构采用桥梁专业计算软件MIDAS/Civil进行分析。对于主梁、钢拱塔等采用板单元模拟,桥塔圆弧段以分段直线板单元模拟,塔座及横梁采用实体单元模拟,斜拉索采用索单元模拟。通过设置刚性连接模拟主梁与斜拉索、斜拉索与钢拱塔、钢拱塔与塔座之间的连接。各个构件钢板厚度按照结构实际尺寸输入。整体计算模型共有节点3 441个,单元3 339个,计算模型示意如图2所示。

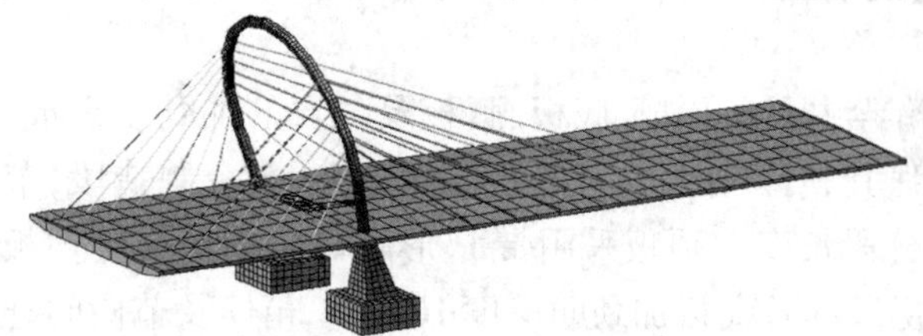

图2 整体静力计算模型示意图

主桥各部位边界条件,根据结构实际情况进行模拟。不考虑桥台、桩基的影响,塔座承台底部采用固接。

1. 支座反力

该桥主梁呈板的受力状态,支座布置示意见图1,竖向支座反力计算结果如表1所示。

竖向支座反力表(单位:kN) 表1

支座位置		支座类型	永久作用效应	可变作用效应				荷载组合	
			恒载	汽车荷载		人群荷载		恒载+活载	
				max	min	max	min	max	min
A0	1	聚四氟乙烯滑板支座	5.7	724.2	-215.6	198.5	-79.1	928.5	-288.9
	2	聚四氟乙烯滑板支座	747.9	1 094.7	-93.4	6.0	-95.1	1 848.6	559.4
	3	聚四氟乙烯滑板支座	1.3	724.2	-217.3	198.7	-79.3	924.2	-295.3
P1	1	单向活动支座(DX)	2 758.2	1 670.8	-19.0	509.5	-50.9	4 964.0	2 713.9
	2	固定支座(GD)	2 783.7	1 666.7	-22.2	509.4	-51.2	4 934.4	2 684.8
P2	1	双向活动支座(SX)	3 213.3	1 759.5	-87.3	558.5	-62.4	5 531.3	3 063.5
	2	单向活动支座(DX)	3 218.8	1 761.6	-87.5	558.5	-62.4	5 539.0	3 068.9
A3	1	聚四氟乙烯滑板支座	372.5	689.4	-178.2	180.6	-57.9	1 242.4	136.4
	2	聚四氟乙烯滑板支座	776.2	1 082.9	-69.1	5.7	-95.7	1 864.8	611.4
	3	聚四氟乙烯滑板支座	372.3	689.4	-178.3	180.6	-57.9	1 242.2	136.1

2. 拉索索力

全桥共14对斜拉索,拉索编号见图1,成桥阶段恒载加活载作用下拉索索力分布值如图3所示。

3. 主梁及拱塔受力分析

主梁钢板有效应力最大值发生在塔座横梁支座处,属于应力集中,可通过加强该处结构来消除。钢拱塔钢板有效应力最大值发生在拱塔折线段(相邻板单元)交接处,实际拱塔为圆弧形构造,不会出现此应力集中。去除应力集中点,大部分有效应力分布值应力水平较低,满足Q345D允许应力值。

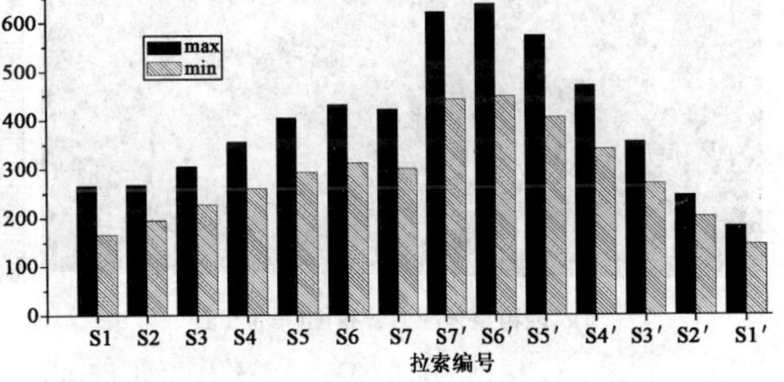

图3 成桥阶段恒载加活载作用下拉索索力分布值

位移计算结果表明主梁和拱塔的结构刚度均满足规范要求(表2)。

成桥阶段全桥分析结果 表2

项目 \ 工况		有效应力(MPa)				位移(mm)			
		恒载	汽车	人群	恒载+活载	恒载	汽车	人群	恒载+活载
主梁	最大值	188.928	130.769	40.833	357.928	-39.8	-26.7	-10.0	-76.6
	最大值(去除应力集中点)	77.463			135.925				
	主要分布值	1.933~36.264			3.425~63.366				
桥塔	最大值	190.911	42.380	12.907	222.634	-15.6	-1.7	0.6	-18.0
	主要分布值	17.365~86.778			20.240~101.197				

五、细部构造特点及受力分析

主梁锚点采用钢锚箱，构造如图4所示。为了解锚箱的受力状况以及锚箱与箱梁腹板的连接性能，需对受力最不利的锚箱结构进行局部分析计算。

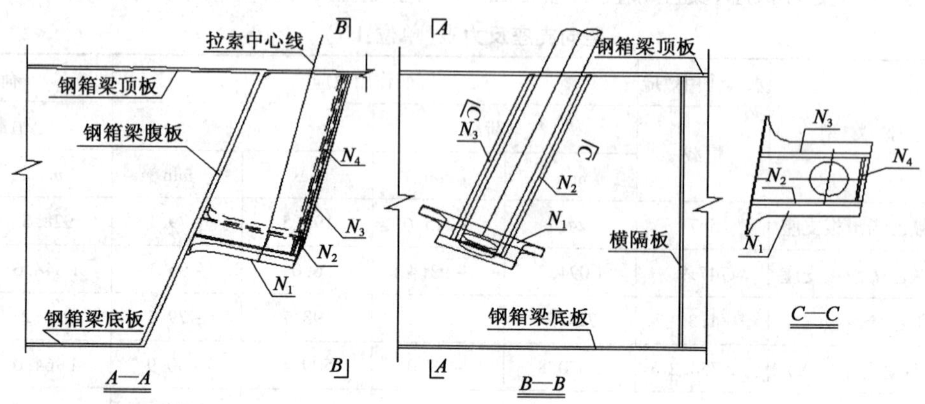

图4 锚箱构造大样图

由拉索内力及锚箱位置，选取受力较不利的 S_1 和 S_7'锚箱进行分析计算。

边界条件：约束箱梁节段两面上的所有自由度。

S_1 和 S_7'锚箱结构及腹板在索力作用下的 Von-Mises 等效应力分布云图（图5）为：

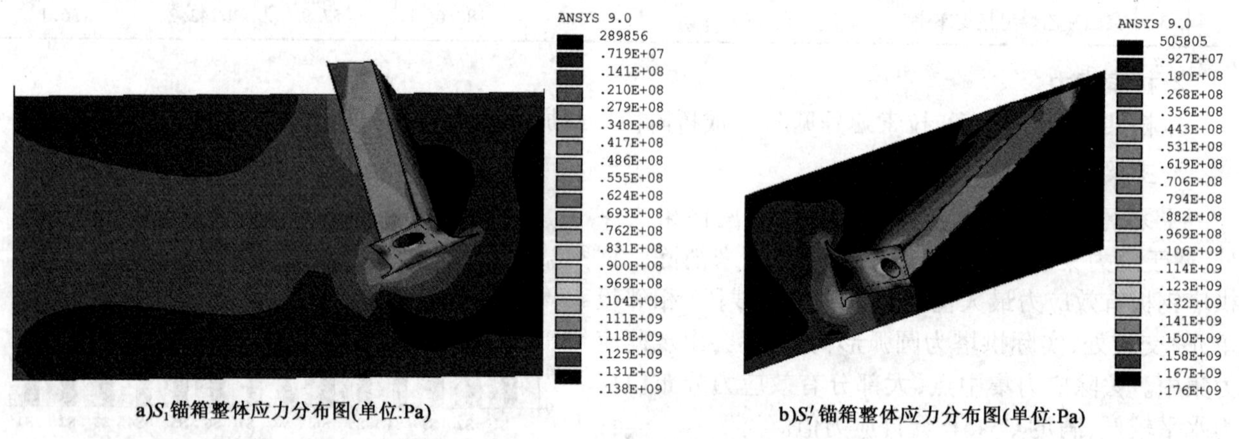

a) S_1 锚箱整体应力分布图(单位:Pa)　　b) S_7' 锚箱整体应力分布图(单位:Pa)

图5 锚箱应力分布图

（1）在文中所列荷载的作用下，钢锚箱侧传力板 N_4 与下传力板 N_2 和上传力板 N_3 相交处受力较大，出现了小范围内的应力水平较高的状况，但整体应力仍处于较低水平；

（2）N_1 与腹板相交处腹板上出现高于其他地方的峰值应力，但应力值均低于100MPa，N_2、N_3 与腹板相连处未出现较大的应力集中的情况；

（3）综合以上两点可知：锚箱结构受力合理，满足结构安全性要求。

六、结　　语

本文以沈北新区蒲河新城孝信桥为例，阐述了斜拱塔全钢结构斜拉桥的受力特点，并分析了此类结构在钢锚箱处的应力分布。另外，钢结构桥梁在强度上的安全储备一般较高，但全钢结构由于焊缝较多，节点处产生的残余应力较大，需要在设计和施工中加以注意。

孝信桥已于2009年建成通车，运行良好，并成为当地标志性景观。该桥的成功经验说明拱塔斜拉桥在材料、结构和造型上都有很强的适用性。对于宽跨比较小的城市桥梁,该桥型是很好的选择。

参考文献

[1] 中华人民共和国行业标准. JTG/T D65-1—2007. 公路斜拉桥设计细则[S]. 北京:人民交通出版社,2007.

[2] 刘士林,王似舜. 斜拉桥设计[M]. 北京:人民交通出版社,2006.

[3] 王安怀,郑凯锋. 横向拱形钢塔斜拉桥桥塔受力分析及其优化. 广东公路交通[M],2008 年,第 3 期.

[4] 马文刚,任远,黄侨. 梁拱组合体系桥梁的受力特点与美学效果. 2010 年全国桥梁学术会议论文集[C]. 北京:人民交通出版社,2010.

126. 钢箱-混凝土组合拱桥的探索与实践

周志祥 范 亮 徐 勇

(重庆交通大学)

摘 要 在国内外钢箱-混凝土组合结构研究的基础上,基于保持混凝土拱桥的主要优势,克服其主要弱点的考虑,提出了根据不同区段受力需要采用与各区段受力相适应的钢箱-混凝土组合截面的拱桥——钢箱-混凝土组合拱桥,介绍了钢箱-混凝土组合拱桥在分区段钢箱-混凝土组合截面及剪力联结构造等结构特点、自上向下竖转施工工艺及相应工程应用。

关键词 拱桥 钢混凝土组合结构 钢箱—混凝土组合拱桥 竖转

一、结构特点

大跨径上承式拱桥的主拱一般受力特点为:跨中区段承受正弯矩和轴向压力作用,最不利作用组合下主拱结构下缘受拉;拱脚区段承受负弯矩和轴向压力作用,最不利作用组合下主拱结构上缘受拉。据此提出根据主拱不同区段受力需要采用与之相适应的钢箱-混凝土组合截面的钢箱-混凝土组合拱桥[1~3],并考虑各区段截面受力和刚度过渡需要,一般钢箱—混凝土组合拱结构如图 1 所示。

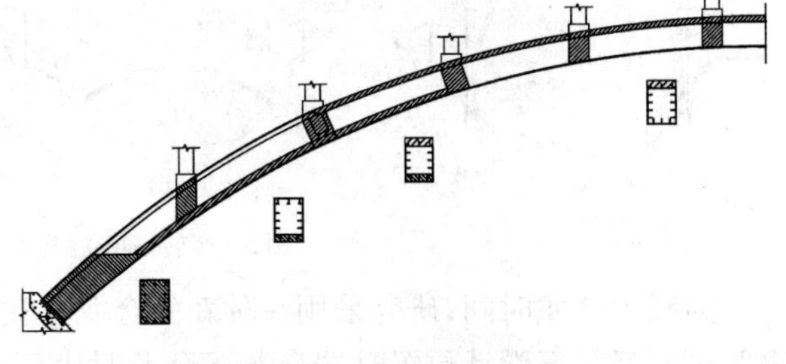

图 1 钢箱—混凝土组合拱结构图

钢箱-混凝土组合拱从拱脚至跨中可一般分为四个区段:

(1)在靠近拱座基础的拱脚局部区段需足够大的抗弯、抗扭刚度,故采用钢箱内满填混凝土[图 2a)];

(2)次拱脚区段通常承受较大受轴力和负弯矩,压力作用点位于截面下方,最不利荷载下截面上缘可能受拉,故采用钢箱内浇注底板混凝土[图 2b)],同时可采用在顶板上设置强化加劲肋的方式作为主拱结构从钢箱内满填混凝土到仅在钢箱内浇注底板混凝土区段的截面刚度过渡;

(3)跨中区段通常承受压力和较大的正弯矩,压力作用点位于截面上方,最不利荷载下截面下缘可能受拉,故采用钢箱顶板上浇注混凝土的组合截面[图 2d)];

(4)跨中区段与次拱脚区段之间为压力和双向弯矩作用,亦考虑截面刚度的逐渐过渡,故采用在钢箱内浇注底板混凝土的同时,也钢箱顶板上浇筑混凝土的组合截面[图 2c)]。

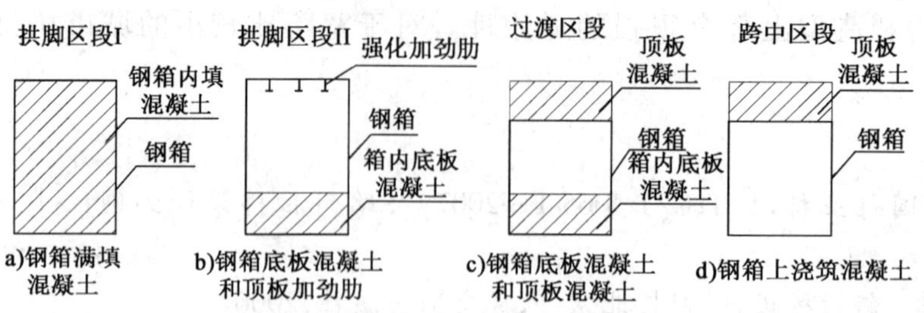

图2　钢箱-混凝土组合拱桥截面形式

根据拱桥跨径和受力的不同，主拱结构可选择性地采用上述2～4种组合截面。如已实施的遂宁市界福路人行桥（$L=40\text{m}$）的主拱结构即由图2a）、d）两种组合截面构成；万盛藻渡大桥（$L=75\text{m}$）的主拱结构即由图2a）、c）、d）三种组合截面构成；江津笋溪河大桥（$L=100\text{m}$）的主拱结构即由图2中三种组合截面构成。

二、施 工 特 点

竖转钢箱-混凝土组合拱桥的施工工艺如图3所示：

第一道主要工序：竖向施工完成钢箱拱肋的分段吊装与焊接（钢箱拱肋分段在工厂内制作完成），其下端与拱座临时固结[图3a）]。这样可大大减少施工现场焊接工作量，工程质量更易得到保证。

第二道主要工序：拆除立柱与基础间的临时固结形成拱脚铰接，使两岸的钢拱肋在竖直平面内由上而下转动设计高程至合龙成拱，然后浇注拱脚封铰混凝土完成拱脚固结[图3b）]。在竖转时是空钢箱转体，转体重量非常轻，因此转体所需的力非常小，转体设备简单，转体施工的可靠性更容易保证；另外在转体中为钢箱受力，钢箱的抗拉强度和抗压强度都非常高，转体中不必像竖转钢筋混凝土拱桥那样设置预应力钢筋。

第三道主要工序：松去扣索，完成体系转换，并对称、均衡浇注拱脚区段箱内混凝土和拱顶区段顶板混凝土[图3c）]。浇筑拱桥区段箱内混凝土不需要模板，而浇筑拱顶区段顶板混凝土时仅需两侧的模板，浇筑工艺简单。

第四道主要工序：完成拱上建筑的施工，成桥运营[图3d）]。拱上建筑的施工与常规拱桥基本相同。

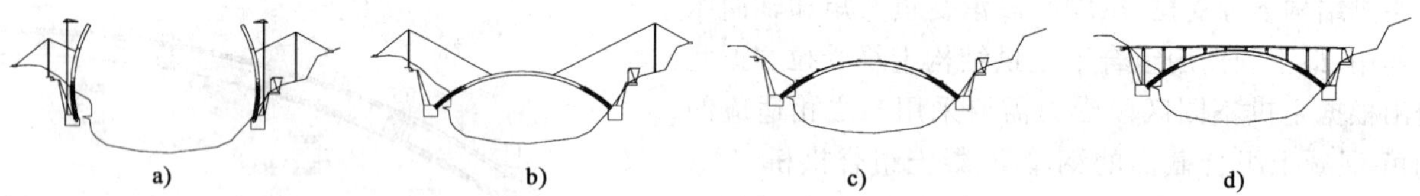

图3　竖转钢箱-混凝土组合拱桥总体施工工艺示意图

为减少合龙时间，研究采用一种新的合龙方式——阴阳接头的合龙方式。这种合龙方式是在两岸的钢箱拱肋竖转至设计位置时端合龙至合龙时由可多肋（肋数≥2）同时合龙，但是由原来的“跨中预留合龙段”方式演变成“阴、阳接头导入式直接合龙”方式。从而大大减少了合龙时所需的时间，确保合龙精度，提高了转体过程的安全性。实践证明，该法大大提高合龙速度，提高合龙精度。

图4　PBH局部构造

三、PBH剪力键联结构造

钢箱与混凝土联结的可靠性是钢箱-混凝土组合拱桥的一个关键技术问题，课题组提出一种箍筋穿过开孔加劲肋剪力联结构造（Perfobond Hoop，以下简写为PBH剪力联结构造，图4）。其具体构造为：在与混凝土相联结的钢箱顶（底）

板的加劲肋按一定间距开孔，将与纵筋共同形成钢筋骨架的箍筋依次穿过加劲肋相应开孔，再浇注混凝土。该联结构造不需要增加专门剪力联结键，并通过“混凝土—钢筋骨架—箍筋—开孔劲肋—钢箱顶（底）板”之间的可靠联结，确保了钢箱与混凝土联结的可靠性，已有的试验和理论研究证明了其联结的可靠性。

四、工 程 应 用

重庆万盛区藻渡大桥采用竖转钢箱-混凝土组合拱桥技术[4]，于 2008 年 9 月建成通车，至今使用正常。

钢箱-混凝土组合拱桥现场施工如图 5 所示。

a)竖向拼装钢箱拱肋

b)双钢箱肋竖转成拱

c)浇筑钢箱顶板混凝土

d)建成后的钢箱-混凝土组合拱桥

图 5　钢箱—混凝土组合拱桥现场施工图片

五、钢箱-混凝土组合拱桥主要优缺点

（1）钢箱-混凝土组合拱桥可以较方便地根据结构不同区段受力需要采用相适宜的组合截面，能充分发挥钢和混凝土两材料的强度优势，减轻结构自重；

（2）钢箱拱肋节段可采用工厂化制作，制作精度及质量均易于保证；

（3）钢箱的竖向拼装及竖转合龙施工简易、安全、快捷。空钢箱拱肋自重小、转体合龙过程易于控制，对设备要求较低；施工过程中的结构整体性、稳定性及可靠性显著提高；

（4）钢箱-混凝土组合拱易于实现量化的质量检查，基本避免了混凝土拱桥因混凝土受拉开裂及预制拱箱节段间纵横向混凝土接缝质量问题引起桥梁结构的后期病害；

（5）钢箱-混凝土组合拱桥比钢拱桥明显节省钢材并具有较大的整体刚度；比混凝土拱桥明显降低了施工风险，缩短施工周期，并具有较强的延性抗震能力；

（6）钢箱-混凝土组合拱桥对施工队伍要求较高。

六、结　　语

(1)在现有拱桥技术研究的基础上,提出了通过工厂制作钢箱节段,竖向拼装钢箱半拱肋,绕拱脚转体合龙成拱,浇注拱脚区段钢箱内和跨中区段钢箱顶板混凝土后形成的具有连续曲线拱轴线的竖转钢箱-混凝土组合拱。

(2)竖转钢箱-混凝土组合拱桥在重庆藻渡大桥中的应用表明,针对其设计的主拱钢箱节段及钢箱-混凝土剪力联结构造等细部构造具有实施性好、施工方便、受力合理等优点,可推广至类似钢箱-混凝土组合结构设计中。

(3)与钢筋混凝土拱桥在经济、受力、结构及抗震性能中的比较可以发现,钢箱-混凝土组合结构具有较明显的施工和受力上的优势。

(4)本文仅介绍了自上而下竖转合龙的施工方法,由于钢箱-混凝土组合拱桥主拱结构合龙前为钢结构,其他诸如吊装拼装、拼装后吊装合龙等方式并适用于本桥型。

参考文献

[1] Zhixiang Zhou, Fang Li, Roy A Imbsen. Vertical erection method of a chorded arch bridge. Structural Engineering International (Journal of IABSE), 2009(5).

[2] 周志祥,徐勇,李祖伟. 钢-混凝土复合结构八字形刚构拱桥的探索. 重庆交通大学学报(自然科学版), 2009(2).

[3] 范亮,周志祥. 钢箱-混凝土组合受弯构件试验研究. 土木建筑与环境学报, 2009(6).

[4] 李帅,周志祥. 藻渡大桥竖向转体施工关键技术. 公路, 2008(12).

127. 拱梁组合结构桁架桥的随机疲劳荷载谱初探

周　良[1]　陈　玮[1]　杨允表[2]

(1. 上海市城市建设设计研究院;2. 合乐中国有限公司)

摘　要　疲劳荷载谱的研究是钢桥疲劳分析的基础。通过对蕴藻浜大桥路段交通情况的实地调查,得到车辆重量及交通流量的一些统计参数值,并利用统计学蒙特卡罗理论及数据拟合的方法得到随机疲劳荷载谱,为分析嘉定蕴藻浜大桥的疲劳应力提供理论基础。

关键词　钢桥　疲劳　荷载谱　统计学理论　蒙特卡罗方法

一、引　　言

钢桥抗疲劳设计采用的荷载不是按最不利情况采用强度设计的标准活荷载,而是采用最经常作用的各种实际的车辆荷载,从而计算它们所引起的各种累积损伤,为此,需要研究活载荷载谱。将设计基准期内的桥梁构件所经历的实际营运荷载按其大小及出现次数全部开列出来即为荷载谱。目前抗疲劳设计中一般都不考虑疲劳荷载顺序对于疲劳损伤的影响。

国际上目前对公路钢桥疲劳验算所用的荷载一般有3种形式:①车辆荷载频值谱,它是通过对公路桥梁的交通调查得出的日常各种典型车辆的荷重和出现的相对频率;②一辆标准疲劳车(由第一种形式简化而来);③采用静力强度设计是标准活载中的一辆重车。其中,以第一种荷载形式更加精确实际。

对于拟建或是在建桥梁,实际交通量无法获取,仅能通过对相近公路的交通量进行调查,近似获取该桥的交通量信息。本文结合蕴藻浜大桥周边道路的车辆资料,在一定的统计分析基础上,得到分析疲劳的随机疲劳荷载谱。

二、相近公路交通量调查

1. 蕴藻浜大桥周边环境

蕴藻浜大桥西起规划一路(桩号 K1 +040),向东上跨百安公路、规划二路、轨道交通 11 号线、蕴藻浜(三级航道)后,在安虹北路西侧(K2 +200.00)落地,道路全长约1.16km(图 1)。

蕴藻浜是上海北部一条重要骨干河道,亦为上海地区市级干线航道之一。蕴藻浜在本工程范围附近的现状河宽 65m,现为内河 V 级航道。蕴藻浜以西桃浦路南侧为正在建设中的轨道交通 11 号线同济大学站,与桃浦路相交处为 11 号线地面区间段,走向与蕴藻浜大致平行;轨道距离蕴藻浜现状岸线的净距约 25m。蕴藻浜大桥位置以及周边主要干道如图 1 所示。

图 1 蕴藻浜大桥位置示意图

桃浦公路以及蕴藻浜大桥都处在建阶段,其实际交通量无法取得,只能通过当前已有资料进行预测。蕴藻浜大桥附近有主要干道三条:曹安公路、嘉松北路以及宝安公路。本项目的方案是实测曹安公路、嘉松北路路口,曹安公路的交通量,作为蕴藻浜大桥的交通量。

2. 交通量调查方法

汽车对桥梁的荷载效应主要体现在其轴数、轴重和轴距等荷载参数,因而与一般交通部门的调查内容有所不同的是除了在一定时间段内记录各类车辆的交通量。本文的交通最调查还涉及车辆的荷载参数。限于目前的客观条件,本文采用现场人工观测加查阅车辆技术手册的简便方法,步骤如下:

(1)正式调查前,在现场做初步的观察,了解即将出现的车辆类型。根据现场观察的结果和参考一些车辆技术手册中的图片及数据,将车辆载重情况了解清楚,对车辆进行分类。

(2)正式调查时,在 21 天的时间内,对桃浦路的车辆进行分类统计,用时共计约 60h 左右,共统计车辆 76 000 余辆,其中用于分析模型的货车统计数量达 2 280 辆、客车车重统计达 73 720 辆。

(3)调查完成后,依据有关车辆技术手册以及相关规范,确定各种车辆的载重。

另外,为了达到简化模型的目的,本文采用车重代替轴重等荷载参数的方法,建立荷载模型。

三、随机车重样本的模拟

根据调查分析的实际车辆状况的数据,可以得到车辆重量及交通流量的一些统计参数值,进而得到分析疲劳的随机疲劳荷载谱;随机荷载谱主要包括随机车重 p 和随机车辆间距 x 两个部分,如图 2 所示。

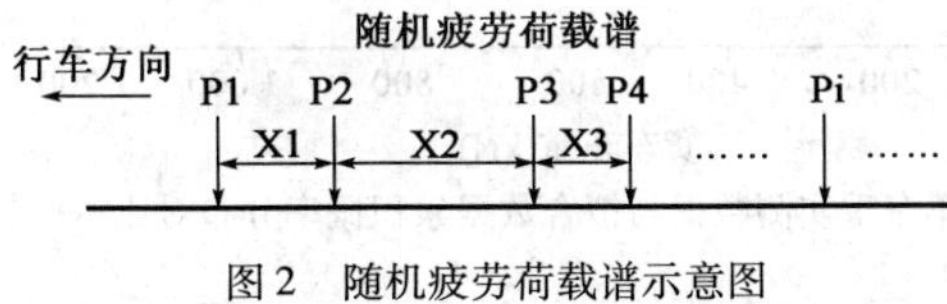

图 2 随机疲劳荷载谱示意图

1. 随机车重样本的模拟方法

假设每个随机车重是独立同分布的随机变量 p 和 p 的概率密度函数为 $f(p)$,则其累积概率分布函数为:

$$F(p) = \int_{-\infty}^{p} f(p)\,\mathrm{d}p \tag{1}$$

求其反函数就可以将随机车重表示成:

$$p = F^{-1}(p) \tag{2}$$

根据前面的车重调查,可以得到不同车重出现的频率,当调查的车辆数足够多时,可以用车重出现的频率分布近似作为车重 p 的概率密度函数 $f(p)$,由式(1)求得车重累积概率分布函数 $F(p)$。

根据蒙特卡罗理论,认为 $F(p)$ 在[0 ~1]区间上服从均匀分布的随机变量,用 ξ 表示。对应于 ξ 的随机车重 p 可以用 $F(p)$ 的反函数 $F^{-1}(p)$ 由式(2)求得。根据该方法,反复产生[0 ~1]区间上服从均匀分布的随机变量 ξ_i,由式(2)可以求得服从概率密度函数为 $f(p)$ 的随机车重样本 p_i。

2. 货车随机车重的模拟

将所有货车车重资料汇总，作出货车车重概率密度图，如图3所示。

鉴于较难准确地找到符合的分布类型，为了很好地模拟随机车重的概率分布，并且考虑到其多峰分布的特点，采用分段多项式拟合货车车重累积分布函数的反函数。式(3)是根据实测的货车车重统计资料拟合得到的货车车重累积分布函数的反函数近似表达式。

$$p_h = F^{-1}(p_h) = \begin{cases} -36\,967\,629 \times \xi_h^4 + 2\,094\,018 \times \xi_h^3 - 31\,836 \times \xi_h^2 + 338 \times \xi_h - 1 & 0 < \xi_h \leqslant 0.028\,590\,519 \\ 482.7 \times \xi_h^5 - 1\,012 \times \xi_h^4 + 819 \times \xi_h^3 - 298 \times \xi_h^2 + 64.53 \times \xi_h + 6.537 & 0.028\,590\,519 < \xi_h \leqslant 0.936\,664\,791 \\ 16\,452\,273 \times \xi_h^4 - 63\,315\,008 \times \xi_h^3 + 91\,371\,348 \times \xi_h^2 - 58\,602\,877 \times \xi_h + 14\,094\,368 & 0.936\,664\,791 < \xi_h \leqslant 0.998\,171\,33 \\ 20\,433\,268\,509 \times \xi_h^3 - 61\,240\,672\,395 \times \xi_h^2 + 61\,181\,596\,542 \times \xi_h - 20\,374\,192\,534 & 0.998\,171\,33 < \xi_h \leqslant 1 \end{cases} \tag{3}$$

式中：$F^{-1}(p_h)$——货车车重累积概率分布函数的反函数，kN。其中 ξ_h 为货车车重的累积分布概率，在区间[0～1]上服从均匀分布。

由式(3)求得的货车车重累积分布函数与实际统计值比较如图4所示，两者偏差很小。由式(3)和蒙特卡罗方法可以很好地模拟货车车重的随机样本。

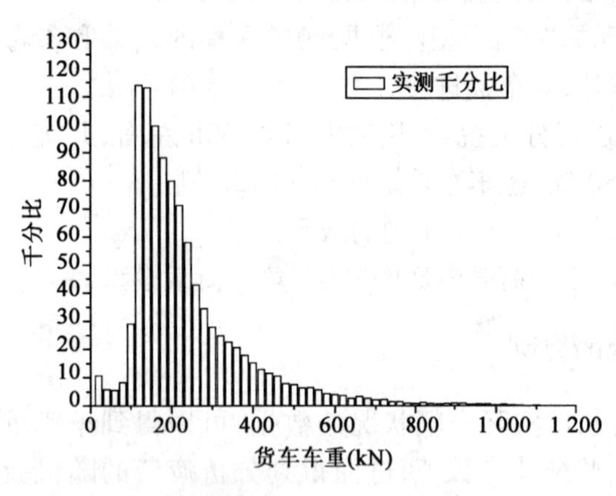

图3 实际调查货车车重概率密度分布图

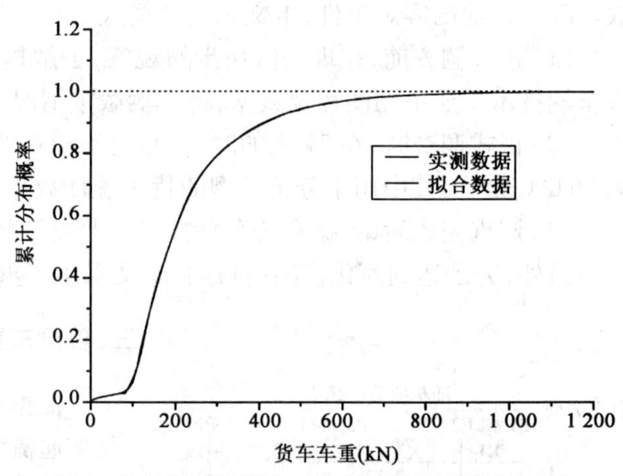

图4 货车车重实测数据与拟合数据累积概率分布对比

3. 客车随机车重的模拟

将所有客车车重资料汇总，根据实测的客车车重，作出客车车重概率密度分布图，如图5所示。

由于较难找到简单的理论概率分布函数，采用与模拟货车车重同样的数值方法来模拟客车车重，表达式如下：

$$p_k = F^{-1}(p_k) = \begin{cases} -0.765 \times \xi_k^2 + 3.711 \times \xi_k - 0.002 & 0 < \xi_k \leqslant 0.618\,429\,32 \\ 35\,220 \times \xi_k^5 - 140\,556 \times \xi_k^4 + 223\,099 \times \xi_k^3 - 176\,049 \times \xi_k^2 + 69\,111 \times \xi_k - 10\,804 & 0.618\,429\,32 < \xi_k \leqslant 0.954\,964\,513 \\ 6\,959\,972 \times \xi_k^4 - 27\,089\,390 \times \xi_k^3 + 39\,549\,788 \times \xi_k^2 - 25\,669\,946 \times \xi_k + 6\,249\,610 & 0.954\,964\,513 < \xi_k \leqslant 0.999\,479\,805 \\ -970\,498\,127\,160 \times \xi_k^3 + 2\,911\,333\,488\,871 \times \xi_k^2 - 2\,911\,172\,512\,632 \times \xi_k + 970\,337\,150\,974 & 0.999\,479\,805 < \xi_k \leqslant 1 \end{cases} \tag{4}$$

式中：$F^{-}1(p_k)$——客车车重累积分布函数的反函数，kN，其中 ξ_k 为客车车重的累积分布概率，在区间[0～1]上服从均匀分布。

由式(4)求得的客车车重累积分布函数与实际统计值比较如图6所示，两者偏差很小。由式(4)和蒙特卡罗方法可以很好地模拟客车车重的随机样本。

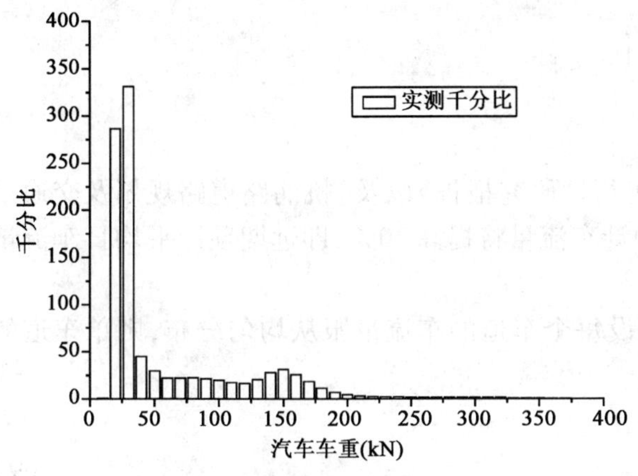

图5　实际调查客车车重概率密度分布图

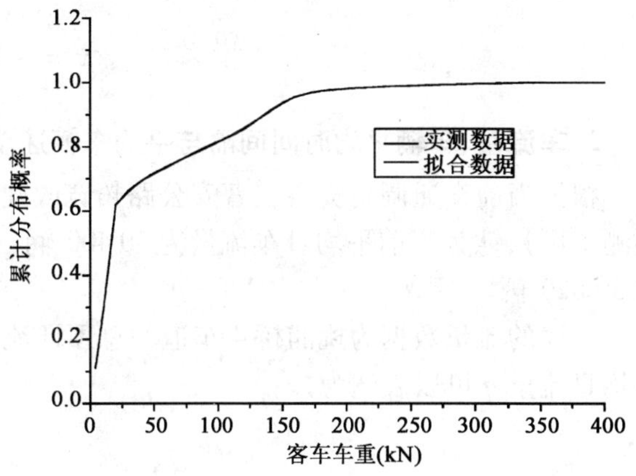

图6　客车车重实测数据与拟合数据累积概率分布对比

4. 货车与客车混合的随机车重的建立

考虑到实际在桥上的车辆应该是货车和客车一起行驶，所以按照实际情况应该建立货车与客车混合的随机车重。为了便于建立混合随机车重，假设货车和客车均为独立的随机变量，货车和客车出现的概率与货车和客车所占的比例相同，即每辆随机车辆出现的概率服从均匀分布。在此假设前提下可以按照实际调查的货车与客车交通流量的比例来建立混合随机车重。

根据前面的假设，如果货车与客车交通流量的比例为β，模拟混合随机车重时先产生[0～1]区间上均匀分布的随机数ξ，当$\xi \leqslant \beta$时，按照货车随机车重的$F^{-1}(p_h)$产生货车随机车重；当$\xi > \beta$时，按照客车车重的$F^{-1}(p_k)$产生客车随机车重。不同货车比例下的荷载谱比较如图7所示。

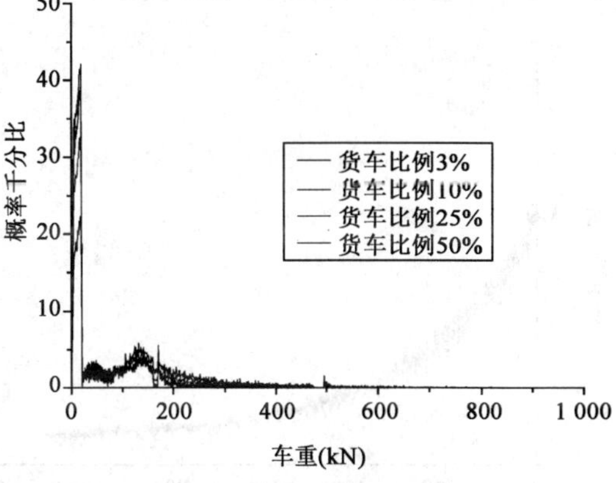

图7　不同货车比例下的荷载谱比较

四、随机车辆间距的模拟

1. 计算方法

假设车辆荷载随机过程可以用 Poisson 过程来描述，当车辆荷载随机过程为滤过复合 Poisson 过程时，车辆出现的时间间隔 t 服从指数分布，其概率密度分布函数为：

$$F(t) = \begin{cases} 0 & t < 0 \\ 1 - e^{-\lambda t} & t \geqslant 0 \end{cases} \tag{5}$$

其中参数为 $\lambda > 0$，$\lambda = \frac{1}{\mu_t}$，$\mu_t$ 为 t 的均值。

由式(5)的反函数求出时间间隔 t 的概率表达式：

$$t = -\lambda^{-1}\ln[1 - F(t)] = -\mu_t \ln[1 - F(t)] \tag{6}$$

假设 $\xi = F(t)$ 为[0～1]区间上服从均匀分布的随机变量，根据蒙特卡罗理论，服从指数分布的时间

间隔 t 的随机样本可以由下式求得：

$$t = -\lambda^{-1}\ln[1-\xi] = -\mu_t\ln[1-\xi] \tag{7}$$

假设车辆速度为 V，由式(7)可以得到车辆间距 x 表达式为：

$$x = -V\mu_t\ln[1-\xi] \tag{8}$$

2. 车流量、车辆平均时间间隔与平均车辆速度

根据当前交通调查资料、《曹安公路拓宽改建工程可行性研究报告》以及《桃浦路道路规划及交通量预测工可》，认为当前平均日车流量为30 400辆，远期预计车流量将提高30%，即远期预计平均日车流量为39 520辆。

上述的流量数据为桃浦桥4车道的总预计流量，假设每个车道的车流量服从均匀分布，则单车道的平均日流量 q 可以表达为

$$q = \frac{Q}{4} \tag{9}$$

式中：Q——通过桥梁的平均日总流量。

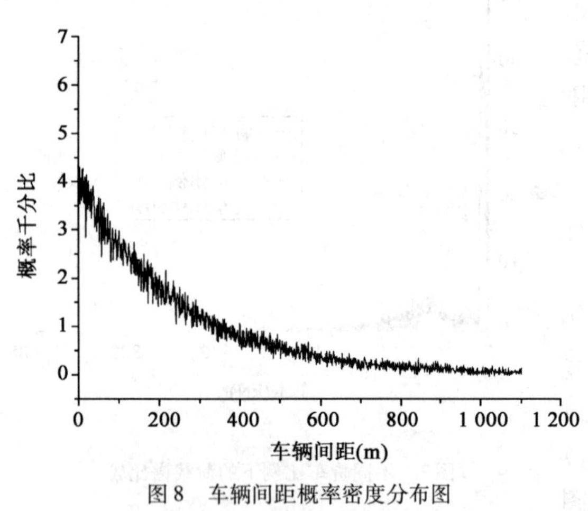

图8 车辆间距概率密度分布图

根据平均日流量 q 可以由式(10)求得车辆平均时间间隔 μ_t(s)

$$\mu_t = (24\times 3\,600)\times\frac{1}{q}(\mathrm{s}) \tag{10}$$

桃浦桥设计车速为80km/h，但随着交通量的增加或是周边交通组织的变化，行车速度会随之降低。

3. 车辆间距分布

当车辆平均时间间距和车速已知时，根据蒙特卡罗理论由式(8)可以求得相应的车辆间距样本，根据实际调查平均日交通量和设计车速计算得到的车辆间距概率密度分布见图8。

根据以上分析，可以得到随机车重 p 和随机车辆间距 x，也即可以得到随机疲劳荷载谱。

五、结 语

通过对蕴藻浜大桥周边地区交通量及汽车载重资料的统计分析，表明利用蒙特卡罗方法模拟概率分布产生随机车辆荷载模型可以得到比较完整的荷载频谱，进而可用于该桥的疲劳分析。

参考文献

[1] 张磊，吴冲. 钢桥面板疲劳荷载谱模拟的一种简化方法[C]. 2008年青岛海湾大桥国际桥梁论坛. 青岛，2008.

[2] 张钰雕. 响螺湾海河开启桥结构性能及疲劳荷载谱研究(硕士学位论文)[D]. 天津：天津大学，2008.

[3] 王荣辉，池春，陈庆中，甄晓霞. 广州市高架桥疲劳荷载车辆模型研究[J]. 华南理工大学学报(自然科学版)，2004，32(12)：94-96.

[4] 嘉定桃浦公路蕴藻浜大桥抗疲劳分析与研究[R]. 上海：上海市城市建设设计研究院，2009.

128. 钢桁架拱桥拱肋形式研究

郭远航 李 映
(同济大学桥梁工程系)

摘 要 钢桁架拱桥由于合理的受力性能和出色的景观效果,在越来越多城市桥梁设计方案中被选用。其拱肋桁架形式多样,常见形式多为N形桁架,而X形桁架拱肋应用较少。本文通过对一座中等跨径的下承式钢桁架拱桥的分析和比较,讨论两种桁架形式拱肋的受力性能和刚度差异,并进行了经济性和景观效果比较。

关键词 钢桁架拱桥 拱肋形式

一、概 述

钢桁架拱桥具有刚度大、稳定性好、用钢量小、跨越能力大等优点,另外,其景观效果十分突出,在目前城市桥梁建设或旧桥改造项目中越来越多地被采用。常见钢桁架拱桥多以帕式桁架,即标准的N形桁架作为拱肋。如悉尼港湾桥、重庆朝天门长江大桥等。帕式桁架在全长均布荷载作用或跨中集中荷载作用下,其斜杆全部产生拉力,竖杆全部产生压力,适用于各种不同跨径的钢桁架拱桥;X形桁架拱肋在同样的荷载作用下,其腹杆交错产生拉压应力,由于腹杆上存在节点,故在构造和受力性能上和前者均有差异。

本文以大同市平城街御河大桥主桥工程为背景,对两拱的拱肋桁架形式进行比较和分析,探讨了不同桁架形式拱肋的受力差异、细部构造特点、经济性及景观效果。

二、设 计 实 例

平城街御河大桥位于大同市主城区北侧平城街延伸段上,属城市主干道桥梁。推荐方案主桥为下承式钢桁架拱桥,跨径140m,下弦拱高28m,矢跨比1/5,桥面全宽44.5m。采用双腹杆X形桁架作为拱肋桁架形式。主桥拱肋由4片桁架组成,每侧2片桁架,采用双吊杆,拱肋拱圈上下弦采用钢箱拱。全桥25个节间,吊杆间距4.61m到6.09m不等。在全桥三分点处各设一道一字形风撑。

比选方案主桥结构同为140m下承式钢桁架拱桥,下弦拱高28m,矢跨比1/5。采用标准的N形桁架作为拱肋。全桥分24个节间,端部节间长5.767m,标准节间长度为5.833m。在靠近全桥1/3的节间设两道一字形风撑。

两方案上下弦都采用圆弧形拱轴线,拱肋上弦杆采用内宽1 000mm、高800mm的箱形截面,下弦采用内宽1 000mm、高1 200mm的钢箱形截面,板厚有16mm、22mm、25mm、30mm、50mm五种。腹杆一般断面为“王”字形截面,顶板宽400mm,腹板高1 000mm,板厚16mm,X形拱肋方案内力较大的拱脚斜杆采用刚度更大的箱形断面。两桥立面布置见图1。

三、结 构 分 析

1. 内力分析

为了比较分析两个方案的受力性能和刚度,采用通用有限元软件Midas Civil建立空间模型,对恒载(包括结构自重、二期恒载以及吊杆张拉力荷载)、温度荷载和汽车活载分别进行计算,如图2所示。

拱梁在拱脚处刚接,全桥一端设固定铰支座,另一端设滑动铰支座,为简支梁受力体系。吊杆张拉力取成桥拉力1 000kN,由于重点在于比较结构受力性能,故整体升温、整体降温大小均取20℃。

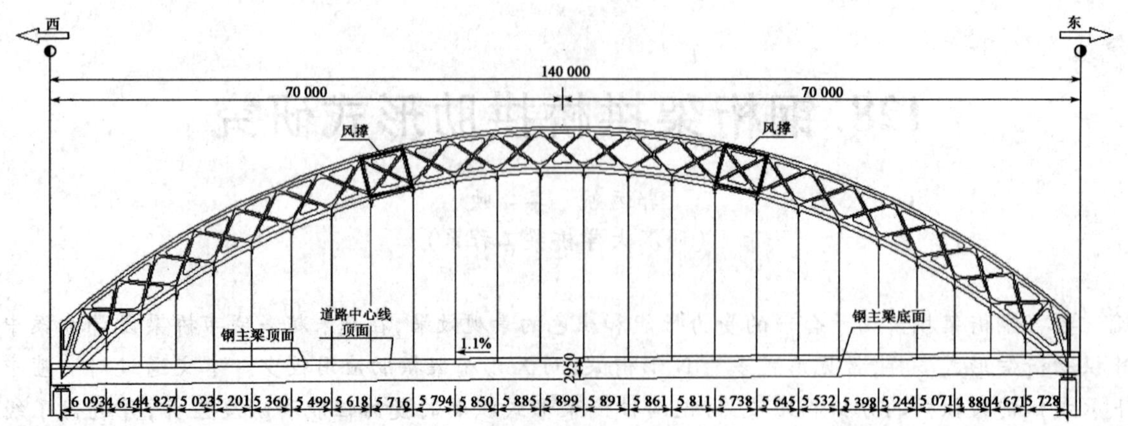

a)X形桁架拱肋方案

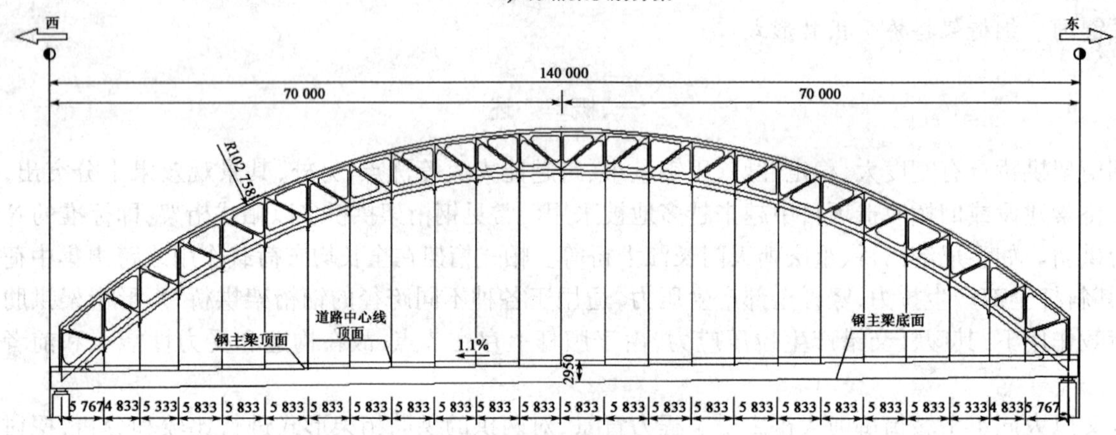

b)N形桁架拱肋方案

图1 两方案立面布置图

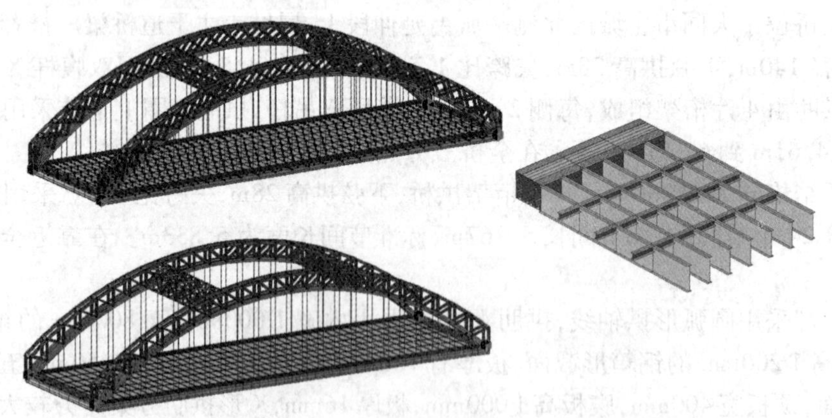

图2 两方案计算模型及桥面构造示意(不含预制桥面板)

结构在恒载作用下应力大小如表 1 所示。拱顶处:X 形拱肋上弦杆应力稍大于 N 形拱肋,其下弦杆应力则比 N 形拱肋小,X 形拱肋腹杆应力比 N 形拱肋腹杆应力大,相比之下,X 形拱肋腹杆拉应力大但腹杆应力较均匀;拱脚处:两方案下弦应力接近,上弦应力相差较大,N 形拱肋腹杆应力相近,分别处于拉、压状态;X 形拱肋方案系梁应力均比 N 形拱肋方案小。

由于 X 形拱肋在拱脚处的斜杆采用刚度较大的箱型截面(图 1),故从表中未能看出内力大小差异,若采用和 N 形拱肋腹杆截面一致的“王”字形截面,则其应力应大于 N 形拱肋腹杆。

两方案在恒载作用下应力 表1

杆件位置		最大应力(MPa)	
		X形拱肋	N形拱肋
拱顶	上弦杆	-114.5	-112.4
	下弦杆	-71.1	-86.2
	竖杆	51.2	17.0
	斜杆		-17.2
拱脚	上弦杆	-49.8	-25.6
	下弦杆	-114.3	-115.6
	竖杆	-37.7	-49.9
	斜杆	-40.5	42.1
系梁	跨中	48.7	52.2
	L/4处	34.7	35.7
	端部	76.4	76.6

结构在温度荷载(整体升温)作用下各杆件应力如表2所示。除了拱顶腹杆应力外,N形方案各杆件总体应力都比X形方案大。

两方案在整体升温作用下应力 表2

杆件位置		最大应力(MPa)	
		X形拱肋	N形拱肋
拱顶	上弦杆	1.2	1.3
	下弦杆	-2.4	-2.6
	竖杆	-0.6	-0.3
	斜杆		-0.3
拱脚	上弦杆	-2.2	-2.2
	下弦杆	-7.4	-7.5
	竖杆	2.3	-5.7
	斜杆	-4.3	3.7
系梁	跨中	-5.9	-6.4
	L/4处	-5.5	-5.2
	端部	-6.4	-6.5

移动荷载按公路I级荷载考虑,设双向8车道。单侧桥面最少加载一个车道,最多4个车道同时加载,取其中最不利情况输出两方案各杆件应力,如表3所示。总体上,N形方案各杆件应力大于X形方案。

两方案在移动荷载作用下应力 表3

杆件位置		最大应力(MPa)	
		X形拱肋	N形拱肋
拱顶	上弦杆	-15.7	-16.3
	下弦杆	-8.5	-11.2
	竖杆	10.3	7.3
	斜杆		-14.0
拱脚	上弦杆	-13.7	-10.6
	下弦杆	-21.5	-24.9
	竖杆	10.7	-18.1
	斜杆	-15.5	15.2

续上表

杆件位置		最大应力(MPa)	
		X形拱肋	N形拱肋
系梁	跨中	20.9	22.8
	L/4处	22.8	25.1
	端部	16.1	14.6

2. 刚度比较

由于采用不同的拱肋形式,两个方案主拱的竖向刚度存在着差异,通过比较两方案在移动荷载下拱顶竖向挠度即可比较两方案的主拱竖向刚度。由表4可知,移动荷载作用下X形拱肋拱顶竖向挠度比N形拱肋拱顶竖向挠度稍小,因此恒载下拱梁内力分配上也有差异,N形方案系梁应力应大于X形方案。同时,移动荷载作用下X形方案应力小,也说明X形拱肋竖向刚度稍大。

移动荷载作用下两方案最大竖向挠度　　表4

方案	拱顶竖向挠度(mm)	方案	拱顶竖向挠度(mm)
X形拱肋	11.9	N形拱肋	13.5

3. 稳定性比较

稳定性计算中采用小位移理论,考虑两个方案结构在成桥初期恒载状态下的初始位移状态,两方案静力稳定系数及屈曲模态如表5示,结构前4阶屈曲模态均为面外屈曲形式。

可以看出,X形拱肋一二阶静力稳定系数稍大于N形拱肋方案,两者三四阶稳定系数几乎相等,且两者的值都控制得较好,满足了规范要求。

两方案静力稳定系数及屈曲模态　　表5

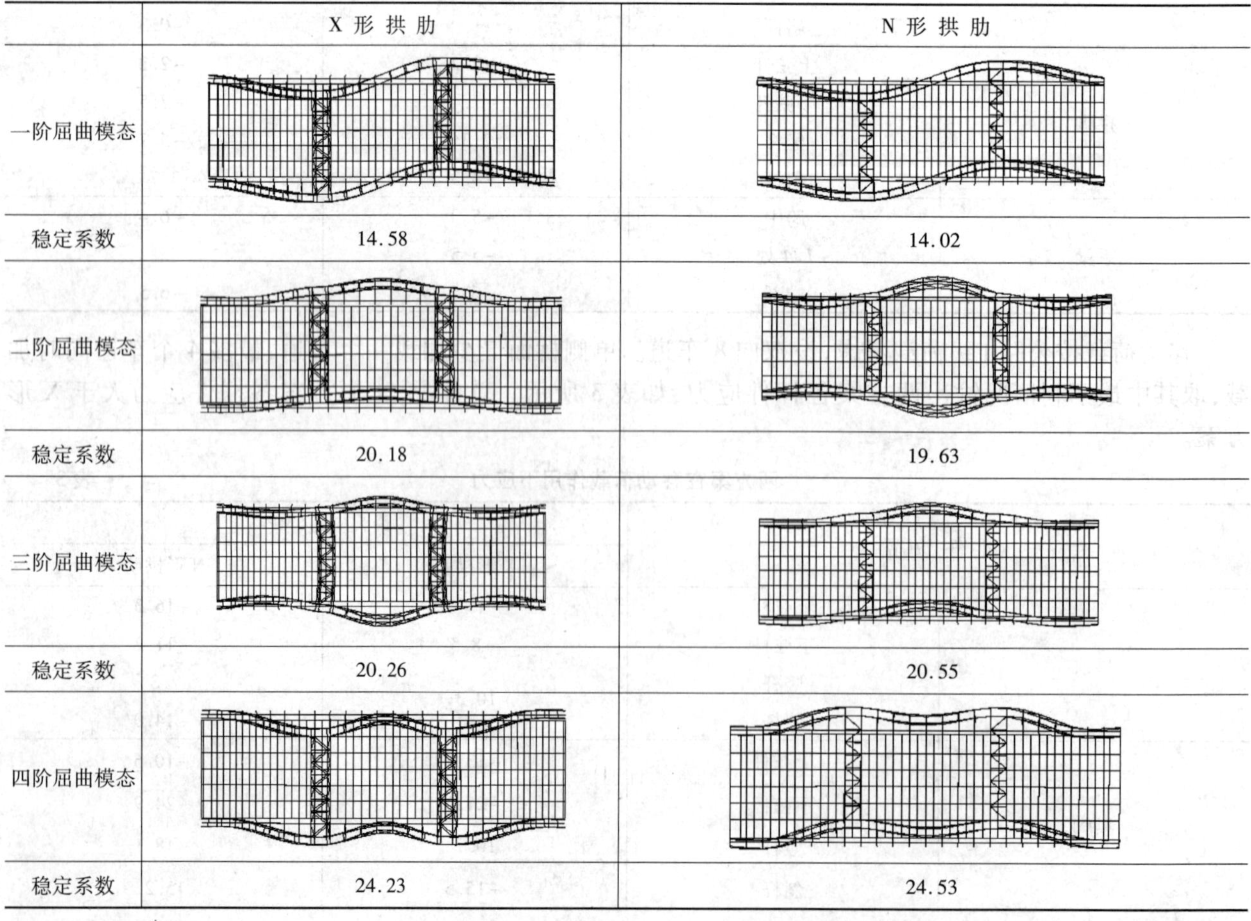

	X形拱肋	N形拱肋
一阶屈曲模态		
稳定系数	14.58	14.02
二阶屈曲模态		
稳定系数	20.18	19.63
三阶屈曲模态		
稳定系数	20.26	20.55
四阶屈曲模态		
稳定系数	24.23	24.53

四、构 造 特 点

钢桁架拱桥中,节点采用的形式主要有拼装节点和整体节点两种。拼装节点中节点板作为外拼接板,与弦杆内拼接板一道将相邻的弦杆通过螺栓拼接起来,并将腹杆栓接起来。而整体节点采用将弦杆连同节点焊接为一个整体的方法,使节点板成为杆件的一部分,工厂制作好之后,进行节点外的现场拼接。两种节点形式的详细比较见表6。

X形桁架拱肋双腹杆相交处的X形节点采用X形节点板焊接构造。而N形拱肋腹杆则没有这一构造。X形拱肋在拱脚处的斜杆应力较大,采用箱形截面。

两种节点形式比较　　表6

	拼 装 节 点	整 体 节 点
焊接工艺	工艺简单,技术成熟	焊接工艺要求较高
工地预拼量	大	小
高强螺栓用量	较多	较少
施工难度	拼接位于节点中心 板件多而空间小 操作难度大	拼接位于节点外侧 板件少 操作难度小
施工工期	较长	较短
施工质量	现场作业条件差 有质量隐患	制造难度在工厂 质量容易控制
焊接应力	不受焊接影响	受焊接影响
节点性能	密封性和整体性较差	密封性和整体性能较好
节点外观	螺栓总量多影响外观	外观简洁

通过比较两种节点形式的优缺点,结合本工程的实际情况,主桁采用的是整体节点、节点外拼接技术。

本工程拱梁在拱脚固结,拱梁结合区、系梁-端主桁-端横梁结合区等节点均为关键受力点。这些锚固区不但受力重要,更由于构造复杂、工艺要求高,应当在分析、构造、加工、安装等环节中严格控制质量。

五、经 济 性

X形拱肋方案腹杆用钢量365.7t,N形方案腹杆用钢量289.1t,另外,X形桁架腹杆节点数量比N形桁架多,施工中焊接工序增多,腹杆施工质量控制成本会升高,但对全桥造价影响不大。总的来说,X形方案经济性不如N形方案突出。

六、景 观 效 果

土木工程是凝固的音乐,人们越来越追求建筑结构在满足使用功能下的造型问题。桥梁结构也是如此,尤其是在城市及近郊,不能只考虑交通上的"温饱",而要注重景观要求,综合考察环境、社会等多方面因素。任何一座桥梁都应该放到实地,和周围环境作为一个整体来评价其美学效果。本桥的设计目标是:以创作艺术作品的手段来设计公共交通构筑物,采用与常见N形桁架不一样的拱肋造型,是一种创新的体现,又是对当地人文情怀的关注,与引桥作为一个整体来看,主桥云冈石窟古建筑尺度比例匀称优美,X形双腹杆正如婀娜的飞天造型,丰富而不繁琐,图3为X形拱肋方案效果图。

图3　平城街御河大桥日间效果图

七、结　　语

(1)中等跨径的下承式钢桁架拱桥采用X形拱肋或N形拱肋,其上下弦杆受力性能并无明显差异,腹杆受力性能有所不同,X形腹杆内力更大;另外,X形拱肋竖向刚度稍大;

(2)X形拱肋腹杆构造和N形桁架腹杆存在差异,施工质量控制成本增高,经济性有所下降;

(3)X形桁架拱肋造型丰富而不烦琐,融合了周边环境,景观效果更为突出,在城市桥梁设计中可以考虑。

参考文献

[1] 程斌,吴斌暄等. 大跨度中承式钢桁架拱桥初步设计的体系优化[J],公路工程,2007(6):112-113.

[2] 同济大学建筑设计研究院. 大同市平城街御河大桥施工图说明[Z]. 上海:同济大学建筑设计研究院,2009.

129. 桥梁预应力混凝土构件设计使用寿命判定准则研究

王仁贵　马军海　黄李骥

(中交公路规划设计院有限公司)

摘　要　桥梁中广泛使用的预应力混凝土构件的寿命期性能及其设计使用寿命对桥梁设计使用寿命影响极大,但对预应力混凝土构件设计使用寿命如何判定和确定目前尚不明确。本文在桥梁预应力混凝土构件使用现状及典型病害分析的基础上,通过预应力混凝土构件使用寿命影响因素、寿命期性能退化规律、性能指标、性能极限状态等的研究,结合设计使用寿命的概念,研究提出了预应力混凝土构件设计使用寿命判定方法与准则。

关键词　预应力混凝土构件　设计使用寿命　性能退化曲线　性能极限状态　判定准则

作为桥梁中广泛使用的主要受力构件,预应力混凝土构件的寿命期性能及其设计使用寿命对桥梁设计使用寿命的实现至关重要。由于结构性能的过早退化以及超出预期的、过大的养护与维修成本,近来越来越关注桥梁的设计使用寿命问题[1]。我国公路桥涵的设计规范至今尚未明确提出设计使用寿命的要求,并一直沿用设计基准期的概念,因而对桥梁及其预应力混凝土构件设计使用寿命如何判定和确定也尚不明确。

本文将在桥梁预应力混凝土构件使用现状及典型病害分析的基础上,通过预应力混凝土构件使用寿命影响因素、寿命期性能退化规律、性能指标、性能极限状态等的研究,结合设计使用寿命的概念,研究提出预应力混凝土构件设计使用寿命判定方法与准则。

一、桥梁预应力混凝土构件使用现状及典型病害

自1928年法国著名工程师Freyssinet经过20年研究使预应力混凝土技术付诸实施后,预应力混凝土桥梁迅速在世界各国桥梁发展起来。预应力混凝土构件也成为预应力混凝土桥梁和大跨度桥梁中广泛采用的主要受力构件。

桥梁预应力混凝土构件有较强的抵御环境侵蚀能力,根据国内外相关调查资料,各国的预应力混凝土桥梁总体上使用状况良好,但由于以前对其使用寿命问题重视不够,自20世纪60年代以来,国内外一些桥梁的预应力混凝土构件都出现了性能退化问题,其中美国联邦公路局(FHWA)支持的研究发现,在美国84 400座预应力混凝土桥梁中,有3 170座存在缺陷,缺陷比例达3.8%[2]。一般来说,桥梁预应力

混凝土构件的典型病害主要表现为[3]：

(1)钢筋腐蚀；

(2)预应力筋腐蚀；

(3)跨中下挠；

(4)混凝土裂缝、剥落等。

对于采用预应力混凝土构件作为主要承重构件的桥梁来说,由于外界环境侵蚀引起的钢筋和预应力筋腐蚀问题,已成为预应力混凝土桥梁性能退化的主要问题,严重时甚至会导致桥梁结构倒塌。

二、桥梁预应力混凝土构件使用寿命影响因素

桥梁预应力混凝土构件主要由预应力筋、钢筋和混凝土等材料组成,其使用寿命受到桥梁规划、勘探、设计、施工、材料、使用、养护等多方面因素的综合影响,并以桥梁预应力混凝土构件寿命性能及病害的形式表现出来,总的来说,这些因素可综合为以下四个方面的因素：

1. 结构因素

结构因素是影响桥梁预应力混凝土构件使用寿命的内因,是决定预应力混凝土构件使用寿命长短的“先天性因素”。

在结构因素中,混凝土的自身品质是决定预应力混凝土构件使用寿命的重要因素,其中混凝土的材料组成和配合比(尤其是水胶比、水泥品种、标号和用量、外加剂类型等)将决定混凝土的强度、密实度和耐久性(包括对于侵蚀性物质的抗渗透性等),从而影响预应力混凝土构件的碳化速度、构件的裂缝形成和发展等,有些因素还与碱—集料反应有关。同时,钢筋的类型(如普通钢筋、环氧涂层钢筋、不锈钢钢筋等)及其保护层厚度大小将决定预应力混凝土构件中钢筋腐蚀的发生时间和锈蚀速度,从而影响预应力混凝土构件的使用寿命。此外,预应力筋的类型(普通预应力筋、环氧涂层预应力筋等)、锚具类型以及预应力筋防护体系(包括预应力筋管道类型、灌浆类型等)将直接决定预应力筋腐蚀发生的可能性和锈蚀速度,从而从根木上决定预应力混凝土构件的使用寿命。

2. 荷载因素

桥梁的主要功能是满足人们和车辆的通行需要。因此,桥梁(尤其是采用预应力混凝土的主梁)将直接承担车辆和行人荷载的作用,同时还要受到风、地震等其他荷载的作用。其中车辆荷载(尤其是超载车辆)的大小及其重复作用将对桥梁的使用寿命产生巨大影响。

3. 环境因素

桥梁所在位置将决定桥梁以后的使用环境,桥梁预应力混凝土构件所处的区域环境条件和局部环境条件是影响预应力混凝土构件使用寿命的外因。我国地域广阔,东西南北气候和地形差异明显,河流分布广,跨越河流的桥梁也就处于不同的自然环境中,因此由于拟建桥梁地理位置的不同,桥梁在使用过程中将会受到不同环境作用的影响。北方冻融循环及除冰盐的影响、西部和南部山区多雨、多雾、潮湿的环境导致二氧化碳及硫化物气体等侵蚀气体的影响、内海和外海环境中的海水及雾气的环境氯离子及海盐对桥梁的侵蚀,可能会发生由于诸如碱—集料反应、氯离子侵蚀、化学性侵蚀、碳化、冻融等退化机理引起的混凝土开裂、剥落、钢筋腐蚀、预应力筋腐蚀等退化现象,从而导致预应力混凝土构件的承载力下降,严重时会危及桥梁安全。

4. 管养因素

桥梁结构是随时间退化的,累积的退化最终可能达到不可接受的水平,从而丧失使用功能,因此必须进行一些养护、维修、甚至更换处理以确保桥梁的正常、安全使用。正如人类在其寿命期内需要医学保健和治疗一样,桥梁的寿命期性能在很大程度上依赖于运营期养护和维修。管养因素对于预应力混凝土构件使用寿命的影响与所用的养护技术、养护时机和养护频率有关。

总的来说,结构因素是影响桥梁预应力混凝土构件使用寿命的内部因素,它决定了预应力混凝土构件所具备的抗力和耐久性;荷载因素和环境因素是桥梁预应力混凝土构件使用寿命的外部因素,它是预

应力混凝土构件性能退化的主要原因;管养因素是影响桥梁预应力混凝土构件使用寿命的重要因素,它将会改变预应力混凝土构件性能退化规律,从而最终改变预应力混凝土构件的使用寿命。

三、桥梁预应力混凝土构件寿命期性能

1. 桥梁预应力混凝土构件寿命期性能曲线

桥梁及其构件的性能是由其结构因素决定的,它也将决定桥梁能承担什么样的荷载和能在特定的环境中正常、安全地使用多久,从而直接决定桥梁及其构件的使用寿命。而在使用过程中,在荷载和环境等的作用下,桥梁及其预应力混凝土构件会随时间退化,从而导致桥梁及其构件性能随时间下降。因此,一个预应力混凝土构件可能有一个如图1所示与时间有关的性能曲线[4]。

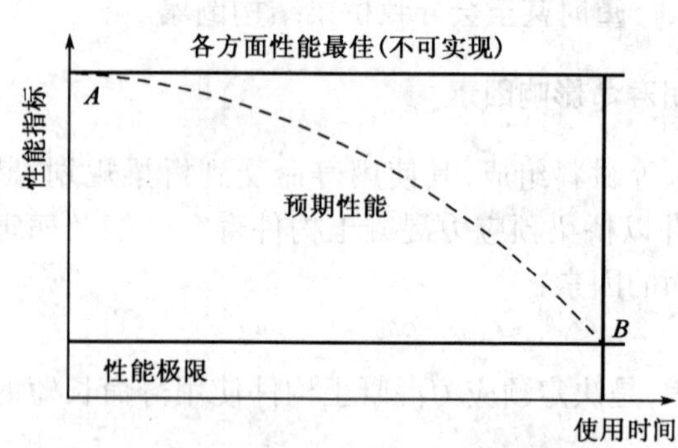

图1 桥梁预应力混凝土构件寿命期性能曲线

这里的性能可以是安全性能、耐久性能、疲劳性能以及其他可以表征其能力的方面(如可靠度)。对于桥梁预应力混凝土构件来说,安全性能是首要的性能,耐久性能和疲劳性能更是直接与使用寿命直接相关。

2. 桥梁预应力混凝土构件性能指标

如图1所示,为了描述时间上任一点的性能,首先需要一个适当的性能指标[5]。对于桥梁预应力混凝土构件来说,可以采用(但不限于)以下的几种性能指标:

(1)安全性能指标。安全性能与荷载因素有关,安全性能水平一般由承载能力表示,安全性能指标可定义为实际活载承载力与要求的活载承载力的比,也可用抗弯能力、抗剪能力或应力等表示。

(2)耐久性能指标。耐久性能与环境因素有关,可定义为桥梁构件抵抗材料退化的能力,并根据构件材料退化的速率确定。耐久性能指标可以用抗碳化性能、抗氯离子渗透性、抗冻融循环次数等表示。

(3)使用性能。使用性能与正常使用要求有关,使用性能指标可通过抗裂性、变形等表示。

(4)疲劳性能指标。疲劳性能与车辆荷载的重复作用有关,可用抗疲劳性能(如标准轴载的作用次数)表示。

(5)可靠度指标。可靠度指标β也可以用作性能指标来量度桥梁的安全水平。它是一个更客观地评价现有结构和构件的途径,可以提供结构和构件荷载的概率性特征和正确模拟其承载能力。可靠度曲线定义为可靠度指标随时间的变化$\beta(t)$。

3. 桥梁预应力混凝土构件性能退化函数和退化速率

一个预应力混凝土构件的时变性能可以表示为初始性能和性能退化函数的乘积[6]:

$$P(t) = P_0 \cdot g(t) \tag{1}$$

式中:$P(t)$——时变性能;

P_0——初始性能;

$g(t)$——性能退化函数。

性能退化函数$g(t)$可以由随机变量k表示为

$$g(t) = 1 - k \cdot t^{\alpha} \tag{2}$$

$$1 - g(t) = k \cdot t^{\alpha} = \frac{P_0 - P(t)}{P_0} \tag{3}$$

式中:t——时间;

α——退化速率。

退化速率 α 决定了预应力混凝土构件性能退化的快慢程度，将直接体现为导致预应力混凝土构件使用寿命缩短的速率。

4. 管养因素对桥梁预应力混凝土构件寿命期性能的影响效应

图 1 的性能曲线反映了桥梁预应力混凝土构件性能的总体变化规律，但图 1 的性能曲线未考虑管养因素的影响效应，实际中，预应力混凝土构件性能将呈现图 2 所示的发展规律。

桥梁预应力混凝土构件的养护工作包括日常养护、维修和加固等，其中维修和加固会影响预应力混凝土构件的承载能力和耐久性能的退化速率，进而影响其使用寿命。养护处理后的退化曲线根据所做的养护处理的不同而不同。在目前的研究中，假定维修只影响耐久性退化曲线，而假定加固只影响承载能力和可靠度退化曲线[7]。因此，如果预应力混凝土构件进行维修，耐久性指标将直线上升；而进行加固的话，承载能力和可靠度退化曲线的斜率（退化速率）将缓慢下降。因此，承载能力和可靠度用作估计加固必要性的指标，耐久性用作估计维修必要性的指标。最终的目标是确保桥梁在其使用寿命周期内的使用性能。桥梁养护管理部门需要时不时进行维修、加固以使预应力混凝土构件恢复到一个较高的性能水平而延长其使用寿命。

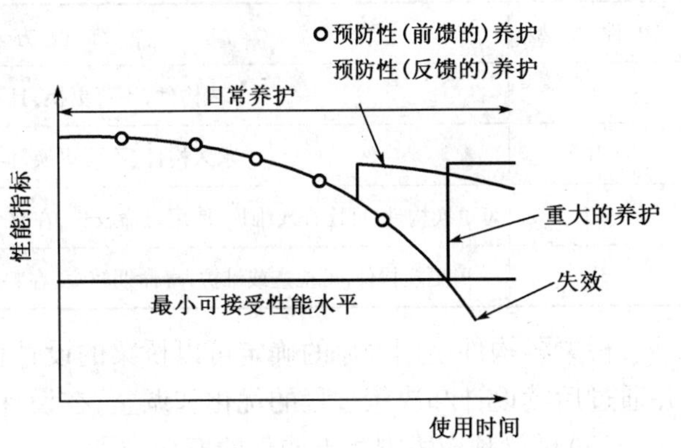

图 2　考虑管养因素的桥梁预应力混凝土构件寿命期性能曲线

四、桥梁预应力混凝土构件设计使用寿命判定

1. 桥梁与构件设计使用寿命的概念

（1）桥梁设计使用寿命。

要定义设计使用寿命，首先要明确使用寿命的概念。根据环境多样性的需求，以及国际统一规格认证推动，ISO 15686 对建筑物使用寿命已经有了相关描述"在建筑物建成后，其本身或任何一部分达到或超过性能要求的时间段"，并已渐被欧、美、日各国在许多与桥梁相关的期刊及研讨会中广泛地引用。现行规范中，许多国家将延长结构物使用寿命的期望，表现在规定设计使用寿命的要求上，以作为结构设计的依据。

欧洲规范——《结构设计基本原则》（EN 1990：2002）[8] 中规定了设计工作寿命（Design Working Life）的定义为结构或其组成部分在预期的养护但不需要大修的情况下将按预期目的使用的假定时间段，它是以需要适当维护管理为前提的一种使用寿命理念，对于桥梁结构，一般规定为 100 年。在美国 AASHTO 桥梁设计规范中规定设计寿命为临时荷载推导所基于的参考时间段，一般取 75 年，其制定依据主要是考虑疲劳与生命周期成本（Life Cycle Cost，LCC）。在澳大利亚桥梁结构设计规范（AS 5100—2004）中设计寿命（Design Life）定义为设计中假定结构或构件需要实现其预定目的而需要更换或大修的时间段，并规定为 100 年。

在中国土木工程学会标准《混凝土结构耐久性设计与施工指南（修订版）》中规定结构的设计使用年限应是具有一定裕度或保证率的目标使用年限，并与结构使用的适用性极限状态相对应，通常是结构使用过程中仅需常规维护而不需要进行大修的期限。而在我国《工程结构可靠性设计统一标准》（GB 50153—2008）中把设计使用年限（Design Working Life）定义为设计规定的结构或结构构件不需进行大修即可按预定目的使用的年限。我国公路桥涵的设计规范至今尚未明确提出设计使用寿命的要求，并一直沿用设计基准期的概念。

综上可见，桥梁设计使用寿命，也称为桥梁设计使用年限，是在桥梁设计时设定的预期使用寿命目标，它的判定与桥梁结构或结构构件进行更换或大修的时间有关。桥梁设计使用寿命包括桥梁整体设计使用寿命和桥梁构件设计使用寿命,是桥梁设计的重要参数[12]。

(2)桥梁构件设计使用寿命。

桥梁是由主梁、桥墩、桥台等构件组成的结构体系。一座桥梁的设计寿命是针对其主体结构的寿命而言的,并不表示各部件都能达到这一要求,桥梁结构的个别构件不一定能达到与主体结构相同的使用寿命。根据桥梁构件的使用寿命及其在寿命期内需要的维护情况,桥梁构件可分为以下四类(表1)。

桥梁构件分类 表1

构件类型	维护方式	寿命特征
I	永久构件,不可更换,且不可检查或维护	同桥梁设计使用寿命
II	永久构件,不可更换,但可检查或维护	同桥梁设计使用寿命
III	可更换构件,可检查或维护,使用寿命较长,在整个寿命期内需要进行1~2次修补或更换	小于桥梁设计使用寿命
IV	可更换构件,可检查或维护,寿命期较短,在整个寿命期内需要进行多次修补或更换	远小于桥梁设计使用寿命

桥梁各构件使用寿命的确定可以桥梁的设计使用寿命作为基准,在桥梁设计使用寿命确定后拟定,并通过后续设计和决策过程的优化和调整,在设计完成时最终确定。

(3)桥梁预应力混凝土构件的寿命类别。

预应力混凝土构件在一般用作预应力混凝土桥梁的主要受力构件,因此大多按II类构件设计,因此其设计使用寿命不宜小于桥梁设计使用寿命。在大跨度桥梁中,根据受力的需要,一些可更换构件也采用预应力混凝土构件时,预应力混凝土构件也可按III类构件设计,其设计使用寿命可小于桥梁设计使用寿命,在桥梁寿命期内将需要进行更换。

2. 桥梁预应力混凝土构件设计使用寿命判定前提条件

与使用寿命不同,设计使用寿命是设计时对于桥梁预应力混凝土构件的使用寿命预期目标值,它的设定通常是根据特定的荷载和环境作用通过对于某一设计方案进行的性能退化分析得到的预测值,而在设计时进行的退化分析显然无法考虑设计失误、施工缺陷和养护不当的情况,因此在对预应力混凝土构件的设计使用寿命进行判定时,通常需要依据"正常设计、正常施工、正常养护"的三个前提条件。

(1)正常设计。正常设计指的是设计要符合现行桥梁设计规范的要求,或在现有桥梁设计技术的基础上,通过理论分析、试验、数值模拟等研究论证后进行的适度超前的设计。

(2)正常施工。正常施工指的是按现行桥梁施工规范的要求进行施工,或在现有桥梁施工技术的基础上,采用通过理论分析、试验等研究论证后适度超前的施工技术进行的施工。

(3)正常养护。正常养护指的是按现行桥梁养护规范的要求进行预定的养护。

3. 桥梁预应力混凝土构件性能极限状态和临界性能指标

如图1和图2所示,要想判定桥梁预应力混凝土构件的设计使用寿命,还需明确其性能极限,可考虑(但不限于)以下几种性能极限状态:

①承载能力极限状态:对应于预应力混凝土构件达到最大承载能力或不适于继续承载的变形。

②耐久性能极限状态:对应于预应力混凝土构件达到耐久性退化的临界状态,或将严重影响受力性能的退化状态。

③正常使用极限状态:对应于预应力混凝土构件达到正常使用的某项规定限值。

④疲劳性能极限状态:对应于预应力混凝土构件达到疲劳破坏的临界状态。

⑤可靠度极限状态:对应于预应力混凝土构件达到最小可靠度限值的临界状态。

4. 桥梁预应力混凝土构件设计使用寿命判定方法与准则

由前分析知,设计使用寿命与桥梁结构或结构构件进行大修的时间有关。而实际上,桥梁结构或结构构件进行大修的依据也是寿命期内某一时刻的性能指标达到其临界性能水平。因此,在桥梁设计时,如果有了桥梁预应力混凝土构件的寿命期性能退化曲线,若能明确预应力混凝土构件的性能极限,则很易确定达到性能极限的时间，如图 3 中的 C 点，从而可以判定并计算出特定使用条件下预应力混凝土构件设计使用寿命。

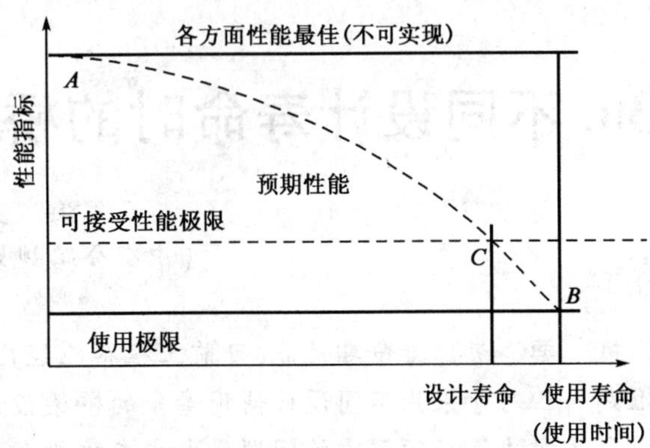

图 3 桥梁预应力混凝土构件性能极限与设计使用寿命

但要注意到，对于特定的构件来说，即使不进行更换或大修，如果进行频繁的小修、中修，也需要耗费大量的资源、能源等，并可能造成频繁的交通中断、堵塞，从而出现其全寿命成本高到还不如更换或大修的情况。

因此，根据全寿命的设计理念，预应力混凝土构件的设计使用寿命判定可依据以下两种准则：

(1)基于性能极限的判定准则。对应于预应力混凝土构件达到各种性能(安全性能、使用性能、耐久性能、疲劳性能、可靠度等)的极限状态(临界水平)的时间可判定为预应力混凝土构件达到设计使用寿命。

(2)基于全寿命成本的判定准则。对应于达到预应力混凝土构件全寿命成本达到全寿命成本临界状态(包括更换或大修的成本)的时间可判定为预应力混凝土构件达到设计使用寿命。

五、结　语

本文以桥梁中广泛使用的预应力混凝土构件为研究对象，通过预应力混凝土构件使用寿命影响因素、寿命期性能退化规律、性能指标、性能极限状态等的研究，研究提出了预应力混凝土构件设计使用寿命判定方法与准则，可为桥梁工程人员进行桥梁设计使用寿命研究提供参考和借鉴。

参考文献

[1] Somerville C. The design life of structures[M]. Edi. Blackie and son Ltd., 1992.

[2] 吴海军. 桥梁结构耐久性设计方法研究[D]. 同济大学博士论文, 2007.

[3] 马军海. 基于全寿命的桥梁设计过程及其在混凝土连续梁桥中的应用[D]. 同济大学博士学位论文, 2007.

[4] Ryall, M. J. Bridge Management[M]. Butterworth Heinemann, 2002.

[5] 马军海, 陈艾荣. 基于全寿命的混凝土连续梁桥使用寿命研究[C], 第十七届全国桥梁学术会议论文集, 2006.5: 709-716.

[6] Enright, M. P. and Frangopol D. M. Reliability-based analysis of degrading reinforced concrete bridges[J]. In Frangopol D. M. and Hearn G. (eds). Structural reliability in bridge engineering: design, inspection, assessment, rehabilitation and management[M]. McGraw Hill, New York, 1996.

[7] Miyamoto A. Development of a bridge management system (J-BMS) in Japan[J]. In: Frangopol DM, Hitoshi Furuta, editor. Life-Cycle Cost Analysis and Design of Civil Infrastructure Systems[M]. Reston, Virginia: ASCE, 2001.

[8] Comité Européen de Normalisation. Eurocode 0, EN 1990:2002 Eurocode 0: Basis of Structural Design[S]. 2002.

[9] American Association of State Highway and Transportation Officials. AASHTO, LRFD Bridge Design Specification[S]. Washington, D. C., 2007.

[10] 中国土木工程学会标准. 混凝土结构耐久性设计与施工指南(修订版)[S]. 中国建筑工业出版社, 2005.

[11] 中华人民共和国国家标准. 工程结构可靠性设计统一标准[S]. 中国建筑工业出版社, 2008.

[12] 陈艾荣. 基于给定结构寿命的桥梁设计过程[M]. 北京: 人民交通出版社, 2009.3.

130. 不同设计寿命时的桥梁全寿命成本分析方法研究

马军海　王仁贵　黄李骥
（中交公路规划设计院有限公司）

摘　要　考虑寿命期性能，目前工程界已经广泛采用最小期望全寿命成本作为新结构体系的设计优化准则。但对于采用不同设计使用寿命的桥梁设计方案来说，如何确定其成本分析期是桥梁全寿命成本分析和方案决策必须解决的问题。本文在桥梁全寿命成本分析概念及成本构成分析的基础上，通过分析设计使用寿命和实际使用寿命等与成本分析期的关系，研究解决了设计使用寿命不同时的成本分析期确定方法，并建立了相应的桥梁全寿命成本分析方法，最后通过实例分析进行了应用验证。

关键词　桥梁全寿命成本分析　设计使用寿命　分析期

在使用寿命、功能性、美学和环境生态要求得到满足后，经济性就成为确定桥梁设计优劣的最重要的原则。桥梁全寿命成本分析（Bridge Life Cycle Cost Analysis, BLCCA）[1]可以实现桥梁设计方案在整个寿命期内经济性的最优，已成为国内外桥梁工程人员的研究热点，考虑寿命期性能，目前工程界已经广泛采用最小期望全寿命成本作为新结构体系的设计优化准则[2,3]。现有的基于全寿命成本的桥梁设计比选和优化多是针对设计使用寿命相同的桥梁设计方案开展的，对于设计使用寿命不同时如何进行桥梁设计方案的全寿命成本分析和比较尚缺乏针对性的研究。因此，本文将针对设计使用寿命不同时成本分析期的确定方法开展研究，并研究提出不同设计使用寿命时桥梁设计方案的全寿命成本分析方法。

一、桥梁全寿命成本分析的概念

桥梁全寿命成本分析是一种确定桥梁结构从最初的规划、设计到使用寿命终结的总成本的分析方法，其目的是为了在现有的货币条件下如净现值（Net Present Value, NPV）对某一桥梁各种成本进行量化，使得可以按照一个简单的投资原理来确定桥梁的全寿命成本，并根据其净现值进行比较。简单地讲，它是为了回答桥梁在其整个寿命过程中要使用多少今天的钱[4,5]。全寿命成本分析方法是进行桥梁不同设计方案比较和选择的有效工具。

要进行桥梁全寿命成本分析，首先需要明确桥梁全寿命成本构成、分析期、折现基年、折现率及各成本构成在分析期内的分布。

二、桥梁全寿命成本构成分析

1. 桥梁全寿命成本构成

一般来说，桥梁是规划、设计、施工、使用和养护期间决策和采取各种措施的产物。因此，桥梁全寿命成本可以定义为在桥梁整个寿命期内所发生的一切与桥梁的规划、设计、建设、维护、管理、拆除等有关的财务成本以及环境影响[4]。

根据桥梁全寿命成本的概念内涵，桥梁全寿命成本有两个特点：

（1）全过程。桥梁全寿命成本指的桥梁整个寿命期内从规划、设计、建设、维护、管理，一直到拆除（或更换）和回收再利用的所有阶段内发生的成本，在计算桥梁全寿命成本时不应漏计任一阶段的成本。

（2）完整性。桥梁全寿命成本是桥梁整个寿命期内不同时段发生的机构成本、用户成本、易损性成本和环境成本等各种成本的总和，在计算桥梁全寿命成本时不应漏计任一种成本。

根据成本发生的时间来分，可分为建设期成本（包括初始建设成本、用户成本、易损性成本和环境成本）、运营期成本（包括监测维护成本、用户成本、易损性成本和环境成本）和拆除期成本（包括拆除及回收再利用成本、用户成本、易损性成本和环境成本）。根据成本类型划分，具体的桥梁全寿命成本包括如图1所示的成本构成[5]。

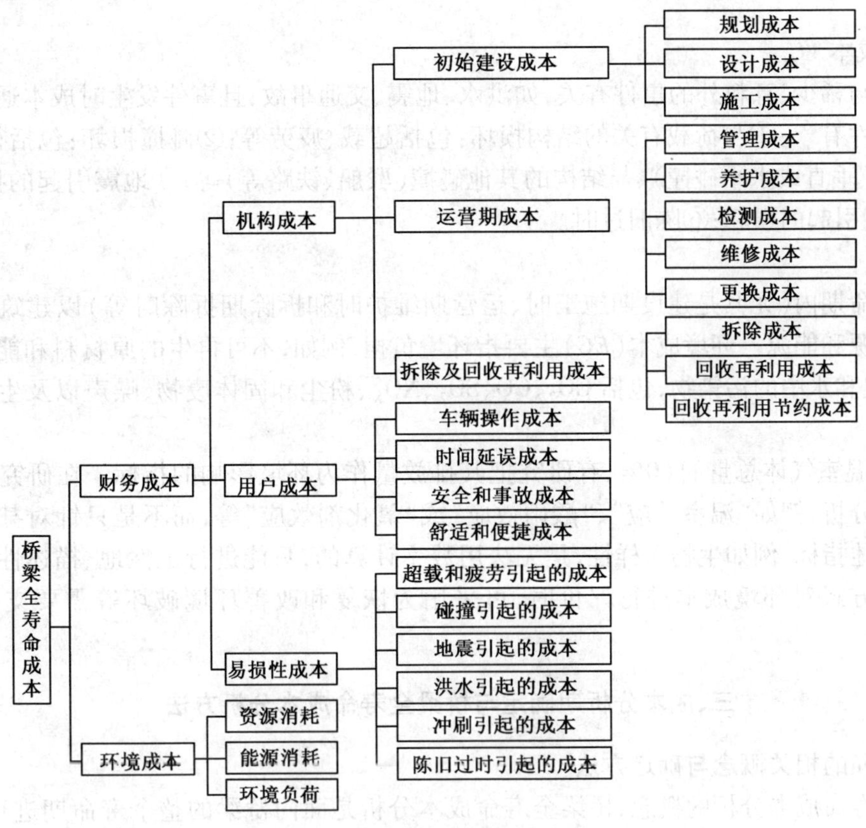

图1 桥梁全寿命成本构成

2. 财务成本

为计算生命周期成本，就必须了解养护、维修、更换的频率。所有这些成本用都折算为现值，或计算为年度成本。

桥梁的全寿命财务成本包括直接的机构成本和间接的用户成本以及易损性成本（有的研究者也称为意外与风险成本）。

$$LCC_F = AC + UC + VC \tag{1}$$

式中：LCC_F——全寿命财务成本；

AC——全寿命机构成本；

UC——全寿命用户成本；

VC——全寿命易损性成本。

(1)机构成本 AC。

全寿命财务成本中的机构成本主要包括：初始建设成本、运营期检测维护（包括管理、检测、养护、维修和更换）成本、拆除及回收再利用成本。全寿命机构成本可计算为：

$$AC = AC_I + AC_{IM} + AC_{DR} \tag{2}$$

式中：AC——全寿命折现机构成本；

AC_I——初始建设成本；

AC_{IM}——检测维护折现成本；

AC_{DR}——拆除和再利用折现成本。

(2)用户成本 UC。

桥梁用户成本一般包括车辆操作成本、时间延误成本、安全和事故成本，舒适和便捷成本，其中时间延误成本和车辆操作成本被认为是桥梁用户成本的主要构成[5]。用户成本一般与车道封闭时间和交通量有关,计算时须考虑交通网、桥址、更新信息(工作区条件、绕道率、交通网的交通能力变化等)等重要因素。

(3)易损性成本 VC。

易损性成本与稀少、意料外的事件有关,如洪水、地震、交通事故;且事件发生时成本通常很高。引发易损性成本的事件有[5]:①与荷载有关的结构损坏:包括超载、疲劳等;②碰撞损坏:包括行车碰撞、机动车与结构的碰撞(垂直或水平碰撞)、与结构的其他碰撞(驳船、铁路等)等;③地震引起的损坏;④洪水引起的损坏;⑤冲刷引起的损坏;⑥陈旧过时。

3. 环境成本

桥梁在其寿命期内(尤其是建设期施工时、运营期维护时和拆除期拆除时等)以建筑材料和设备的形式消耗自然资源和能源。环境成本(EC)主要指环境负担,例如,不可再生的原材料和能源的消耗以及排放进大气、土壤和水中的污染物,包括 CO_2、CO、SO_2、NO_X、粉尘和固体废物、噪声以及生物多样性的损失等。

由于 CO_2 占温室气体总量的60%,有研究把其排放量作为环境影响的指标。在研究中可采用综合的环境问题加以分析,例如"温室效应"、"酸雨效应"或"氧化剂效应"等,而不是只针对某一单个环境影响。还有一些其他指标,例如生物多样性,是无法用数字计算的,只能进行定性地、描述性地评估。在需要通过资金价值方式对环境成本进行评价时,可采用为恢复和改善环境破坏等需要支付的成本加以衡量。

三、成本分析期确定与桥梁全寿命成本分析方法

1. 成本分析期的相关概念与确定方法

根据桥梁全寿命成本分析的概念,桥梁全寿命成本分析是面向桥梁的整个寿命期进行成本分析,因此要进行桥梁全寿命成本分析和决策,首先必须要明确分析期的概念及分析期如何确定[4]。

成本分析期是指从经济角度考虑,要进行成本(或投资)分析的时间段,即要在多长的时间范围内进行成本分析。

桥梁全寿命成本分析的分析期确定通常要考虑以下几个与寿命期有关的概念:

(1)预期使用寿命:根据经验或试验确定的使用寿命预期值。

(2)设计使用寿命:结构或其组成在预期的养护但不需要大修的情况下将按预期功能使用的假定时间段[6]。或设计人员用以作为结构耐久性设计依据并具有足够安全裕度或保证率的目标使用寿命[7]。

(3)实际使用寿命:不需要进行不可接受的养护或维修的真实时间段。或结构建造完成后,在预定的使用与维修条件下,结构所有性能(如安全性、适用性)均能满足原定要求的实际年限[7]。

(4)剩余使用寿命:进行分析和评估时桥梁的预期使用寿命。

根据要进行成本分析时所处桥梁寿命期内的阶段,分析期的确定方法并不相同。

(1)在建设阶段进行全寿命成本分析时,由于桥梁的实际使用寿命无法得知,因此成本分析期一般可考虑采用预期使用寿命和设计使用寿命。

(2)在运营阶段进行全寿命成本分析时,由于桥梁已使用了一段时间,因此需要明确分析时的桥梁剩余使用寿命,再加上已使用时间作为成本分析期。

(3)在桥梁拆除重建或更换时进行全寿命成本分析,由于桥梁实际使用寿命已知,因此可采用实际使用寿命作为成本分析期。

桥梁其实际使用寿命却只有到其拆除或被更换时才能确定,但这时进行桥梁全寿命成本分析往往已经意义不大了。工程实际中需要的是在设计阶段和运营阶段对桥梁进行全寿命成本分析,以确保设计方案或维护方案是最优的可行方案。因此,桥梁全寿命成本分析的分析期通常选取为桥梁的设计使用寿命期或预期使用寿命期。在确定了成本分析期后,利用成本折现率将分析期内各桥梁全寿命成本构成折现

为基年的净现值并累加后,就可以计算得到桥梁全寿命成本。

2. 设计使用寿命相同时的桥梁全寿命成本分析方法

考虑寿命期性能,目前工程界已经广泛采用最小期望全寿命成本作为新结构体系的设计优化准则。

在新建桥梁设计时,往往需要对多个方案进行比选。例如一座拟建桥梁有 n 个可行设计方案 P_1、P_2,$\cdots P_n$,其设计使用寿命分别为 DSL_1、DSL_2、$\cdots$、DSL_n。

目前在实际工程中,通常应用全寿命成本分析对采用相同设计使用寿命的多个可行方案进行比选和决策,即 $DSL_1 = DSL_2 = \cdots = DSL_n$。

对于相同设计使用寿命的情况,成本分析期可取为:

$$T_a = DSL_i \quad i = 1,2,\cdots,n \tag{3}$$

因此,各设计方案的全寿命折现机构成本、全寿命折现用户成本、全寿命折现易损性成本、全寿命折现环境成本可按式(4)~式(7)计算得到。

$$AC_i = AC_{Ii} + \frac{AC_{DRi}}{(1+r)^{T_a}} + \sum_{j=1}^{T_a} \frac{AC_{IMi}(j)}{(1+r)^j} \quad i = 1,2,\cdots n \tag{4}$$

$$UC_i = UC_{Ii} + \frac{UC_{DRi}}{(1+r)^{T_a}} + \sum_{j=1}^{T_a} \frac{UC_{IMi}(j)}{(1+r)^j} \quad i = 1,2,\cdots n \tag{5}$$

$$VC_i = VC_{Ii} + \frac{VC_{DRi}}{(1+r)^{T_a}} + \sum_{j=1}^{T_a} \frac{VC_{IMi}(j)}{(1+r)^j} \quad i = 1,2,\cdots n \tag{6}$$

$$EC_i = EC_{Ii} + \frac{EC_{DRi}}{(1+r)^{T_a}} + \sum_{j=1}^{T_a} \frac{EC_{IMi}(j)}{(1+r)^j} \quad i = 1,2,\cdots n \tag{7}$$

式中:AC_i——第 i 个设计方案的折现全寿命机构成本;

UC_i——第 i 个设计方案的折现全寿命用户成本;

VC_i——第 i 个设计方案的折现全寿命易损性成本;

EC_i——第 i 个设计方案的折现全寿命环境成本;

AC_{Ii}——第 i 个设计方案的初始建设成本;

$AC_{IMi}(j)$——第 i 个设计方案第 j 年的检测维护成本;

AC_{DRi}——第 i 个设计方案的拆除和回收再利用成本;

r——分析期内的平均年折现率;

DSL_i——第 i 个设计使用寿命期的长度;

T_a——分析期。

将各设计方案的全寿命折现机构成本、全寿命折现用户成本、全寿命折现易损性成本、全寿命折现环境成本进行累加,从而可以得到各设计方案的全寿命折现成本,即:

$$LCC_i = AC_i + UC_i + VC_i + EC_i \quad i = 1,2,\cdots n \tag{8}$$

3. 设计使用寿命不同时的桥梁全寿命成本分析方法

需要注意的是,针对设计使用寿命相同的桥梁设计方案采用设计使用寿命进行桥梁全寿命成本分析和比选,只是桥梁全寿命成本分析和决策的一种特例,实际上各方案设计使用寿命不相同则是更常见的情况,即 $DSL_1 \neq DSL_2 \neq \cdots \neq DSL_n$,则通过直接计算各设计方案在其设计使用寿命内的全寿命成本进行方案的比选是不可行的,因为各方案设计使用寿命的不同将导致全寿命成本差别极大。

对于这种情况,需要将各个设计方案置于相同的分析期内进行比较,但是取各设计使用寿命中的最小值、最大值或平均值均是不合适的,因为各设计使用寿命与最小值、最大值或平均值的差别将使得分析期中部分时段的成本未被计入或只计入了某个寿命期的部分成本。因此,基于全寿命成本分析的全过程和完整性思想,建议取 DSL_1、DSL_2、$\cdots DSL_n$ 的最小公倍数作为成本分析期 T_a,即:

$$T_a = LCM(DSL_1, DSL_2, \cdots DSL_n) \tag{9}$$

则各设计方案的全寿命折现机构成本、全寿命折现用户成本、全寿命折现易损性成本和全寿命折现环境成本可按式(10)～式(13)计算：

$$AC_i = \sum_{m=1}^{T_a/DSL_i}\left[\frac{AC_{Ii}(m)}{(1+r)^{(m-1)DSL_i}} + \frac{AC_{DRi}(m)}{(1+r)^{mDSL_i}}\right] + \sum_{j=1}^{T_a}\frac{AC_{IMi}(j)}{(1+r)^j} \quad i=1,2,\cdots n \tag{10}$$

$$UC_i = \sum_{m=1}^{T_a/DSL_i}\left[\frac{UC_{Ii}(m)}{(1+r)^{(m-1)DSL_i}} + \frac{UC_{DRi}(m)}{(1+r)^{mDSL_i}}\right] + \sum_{j=1}^{T_a}\frac{UC_{IMi}}{(1+r)^j} \quad i=1,2,\cdots n \tag{11}$$

$$VC_i = \sum_{m=1}^{T_a/DSL_i}\left[\frac{VC_{Ii}(m)}{(1+r)^{(m-1)DSL_i}} + \frac{VC_{DRi}(m)}{(1+r)^{mDSL_i}}\right] + \sum_{j=1}^{T_a}\frac{VC_{IMi}}{(1+r)^j} \quad i=1,2,\cdots n \tag{12}$$

$$EC_i = \sum_{m=1}^{T_a/DSL_i}\left[\frac{EC_{Ii}(m)}{(1+r)^{(m-1)DSL_i}} + \frac{EC_{DRi}(m)}{(1+r)^{mDSL_i}}\right] + \sum_{j=1}^{T_a}\frac{EC_{IMi}}{(1+r)^j} \quad i=1,2,\cdots n \tag{13}$$

式中：$AC_{Ii}(m)$——第i个设计方案第m个设计使用寿命期的初始建设成本；

$AC_{DRi}(m)$——第i个设计方案第m个设计使用寿命期的拆除和回收再利用成本。其他符号的含义同前。

各设计方案的折现全寿命成本同样可按式(8)计算。

四、实 例 研 究

某桥初步设计有两个方案，相应的寿命期成本构成如表1所示，现要通过全寿命成本分析进行方案比选。

某桥两个比选方案的寿命期成本构成　　表1

方案	设计使用寿命(年)	建设期成本(万元)			运营期成本(万元)			拆除期成本(万元)					
		建设成本	用户成本	易损性成本	环境成本	每年检测维护成本	每年用户成本	每年易损性成本	每年环境成本	拆除及回收再利用成本	用户成本	易损性成本	环境成本
1	75	8 000	1 000	200	1 500	500	600	75	400	800	300	100	150
2	100	10 000	1 500	250	1 800	400	500	60	300	850	450	250	200

(1)分析期确定。两个设计方案的设计使用寿命不相同，其中方案1的设计使用寿命为75年，而方案2的设计使用寿命为100年，因此分析期应取75年和100年的最小公倍数即300年。

(2)折现率。分析期内的年平均折现率取为2.32%。

(3)全寿命成本计算。根据表1的各成本构成，利用式(4)～式(7)可计算得到两个方案的全寿命成本如表2所示。

分析期(300年)内两个方案的全寿命成本计算结果　　表2

方　案	分析期(年)	机构成本(万元)	用户成本(万元)	易损性成本(万元)	环境成本(万元)	全寿命成本(万元)
1	300	31 439	27 118	3 494.6	19 082	81 132
2	300	28 430	23 247	2 889.4	14 940	69 506

可见，在300年的分析期内，方案2(设计使用寿命为100年)的全寿命成本比方案1(设计使用寿命为75年)的全寿命成本高11 626万元。因此相对而言，方案2为全寿命成本最优的设计方案。

五、结　语

成本分析期的确定是桥梁全寿命成本分析的重要内容。对于采用不同设计使用寿命的桥梁方案，需要将其统一到一个相同的分析期进行全寿命成本分析和比较。本文重点针对采用不同设计使用寿命时各设计方案的成本分析方法，建议采用各设计使用寿命的最小公倍数作为分析期进行全寿命成本分析，并建立了相应的全寿命成本计算方法，可为桥梁工程人员进行桥梁全寿命成本分析的研究和应用提供参考和借鉴。

参考文献

[1] Hawk, H. NCHRP Report 483-Bridge Life Cycle Cost Analysis (BLCCA) [R]. U. S. A: Transportation Research Board (TRB), 2003.

[2] Ang, A. H.-S., Frangopol, D. M., Ciampoli, M., Das, P. C., and Kanda, J. Life-cycle cost evaluation and target reliability for design[J]. in: Structural Safety and Reliability, N. Shiraishi, M. Shinozuka, and Y. K. Wen, eds., Balkema, Rotterdam, 1998, 1, 77-78.

[3] Cho, H. N., Kim, J. H., Choi, Y. M. and Lee, K. M. Practical application of life-cycle cost effective design and rehabilitation of civil infrastructures [J]. In: Life-Cycle Performance of deteriorating structutres: Assessment, design and management[M]. Frangopol DM, Brühwiler E., Faber MH, Adey B., eds. Reston, Virginia: ASCE, 2004, 295-311.

[4] 马军海. 基于全寿命的桥梁设计过程及其在混凝土连续梁桥中的应用[D]. 同济大学博士学位论文, 2007.10.

[5] 马军海, 余俊林. 全寿命成本分析在桥梁设计中的应用[J]. 公路, 2009, 第8期:227-231.

[6] Comité Européen de Normalisation (2002). Eurocode 0, EN 1990:2002 Eurocode 0: Basis of Structural Design.

[7] 中国土木工程学会标准. 混凝土结构耐久性设计与施工指南(修订版). 中国建筑工业出版社, 2005.

131. 波形钢腹板连续刚构桥桥墩及墩顶混凝土段设计参数研究

赵 品 叶见曙

(东南大学 桥梁与隧道工程研究所)

摘 要 通过数值分析方法,对波形钢腹板连续刚构桥以墩顶0号块混凝土段设置长度、桥墩截面形式和墩梁线刚度比为独立参数进行结构分析,分别探讨以上几种参数变化对结构控制截面内力和位移的影响。分析结果表明:桥墩截面形式及墩梁线刚度比的变化对主梁内力和位移的影响很小,均在10%以内;0号块混凝土段长度的变化对主梁挠度的影响大于对内力的影响,建议箱梁0号块设置长度与跨径的比值L_0/L应取在0.05~0.10的范围内。

关键词 波形钢腹板连续刚构桥 桥墩截面形式 墩梁线刚度比 0号块混凝土段合理设置长度

一、引 言

波形钢腹板PC连续刚构桥是一种用波形钢腹板代替混凝土腹板,并应用体外索来代替部分或全部体内索的组合结构。节段悬臂浇筑法施工的波形钢腹板连续刚构桥,箱梁0号块的结构形式和设置尺寸对组合梁的控制截面内力及变形有影响。波形钢腹板PC连续刚构桥采用悬浇法施工时,为了保证结构施工阶段的安全性和稳定性,墩顶0号块构造大部分采用完全混凝土构造形式或波形钢腹板内衬混凝土的结构形式。在日本波形钢腹板PC箱梁设计准则中强制性要求在支点附近用一段混凝土里衬,使波形钢腹板与墩上块箱梁混凝土腹板连成一体。国内某些文件也规定波形钢腹板PC箱梁宜在桥墩台顶横隔梁外一定范围内采用波形钢腹板内衬混凝土的组合结构形式[1]。以上标准或规范中只是规定了墩上块的材料要求而疏于对墩上0号块设置尺寸的明确规定和研究。当0号块箱梁采用混凝土段构造形式时，0号块混凝土箱梁段与波形钢腹板箱梁有交界，而混凝土箱梁截面的混凝土腹板置换成波形钢腹板后，截面的纵、横向抗弯刚度、抗剪刚度、抗扭刚度等力学性能指标也出现了不同程度的降低。因此，箱梁0号块混凝土段设置长度对于节段悬臂浇筑法施工的波形钢腹板连续刚构桥的变形和内力变化影响的程度如何有必要进行研究。

另外，对于波形钢腹板连续刚构桥的桥墩截面形式而言，同一般预应力混凝土连续刚构桥的桥墩截面形式一样除了要满足结构以及施工、运营阶段的最小纵、横向刚度要求外，应尽可能使其具有较大的抗弯刚度和较小的抗推刚度[2]；又由于波形钢腹板箱梁的抗扭刚度较小，箱梁容易产生绕桥梁纵向的扭转变形，所以必须考虑桥墩抗弯刚度对上部结构扭转变形的控制[3,4]；其墩梁线刚度比的变化应尽可能改善梁体内力的分布，减小各项不利因素的影响。

基于上述背景，本文拟通过建立有限元数值模型，对波形钢腹板PC连续刚构桥进行参数分析，分别探讨桥墩截面形式、墩梁线刚度比及0号块混凝土段设置长度对波形钢腹板连续刚构桥内力及变形的影响，其结论对波形钢腹板连续波形钢腹板PC连续刚构桥的0号块腹板构造，刚构桥设计参数的合理选取有一定参考意义。

二、背景桥梁及有限元模型的建立

1. 背景桥梁

某跨径布置为70m+3×120m+70m的五跨波形钢腹板预应力连续刚构桥，采用双向四车道高速公路标准，桥面宽度28m，上下行双幅分离布置。单幅上部箱梁为单箱单室断面，箱梁顶宽为13.5m，箱梁底宽6.5m，翼缘悬臂长3.0m，悬臂端部板厚0.20m，悬臂根部板厚0.50m。墩顶根部梁高为7.0m，高跨比为1/17.14；跨中梁高为3.5m，高跨比为1/34.3。梁高按二次抛物线变化。箱梁顶板厚0.30m；底板厚度0.25~0.80m，按二次抛物线变化。波形钢腹板采用Q345c钢材，直腹板，波长1.6m，波高0.22m，水平面板宽0.43m，水平折叠角度为30.7°，内径R为1.20m，钢板厚度10~18mm。桥墩采用横桥向宽a=6.5m，等同于箱梁底板宽度；顺桥向宽b=4.8m，厚度c=1.0m的空心薄壁独墩，其中墩高30.0m。

2. 有限元模型的建立

采用通用有限元分析软件anasys11.0建立该桥的三维有限元模型进行计算，波形钢腹板箱梁的混凝土顶底板、波形钢腹板、预应力钢束及桥墩分别采用不同的单元离散为有限元模型。建立后的模型如图1所示。

图1 连续刚构桥半桥有限元模型

三、墩顶0号块的合理设置长度研究

对于悬臂施工的变截面波形钢腹板连续刚构桥而言：0号块一般为混凝土段（或波形钢腹板内衬混凝土的组合结构形式），中间部分为波形钢腹板段；0号块截面的尺寸与波形钢腹板截面的尺寸存在一定差别，当墩顶混凝土0号块过渡为波形钢腹板梁段时，截面性质会发生显著的变化；混凝土腹板梁段抵抗弯、剪、扭的力学性能高于波形钢腹板梁段[5~8]；所以0号块混凝土段长度的变化对全桥的刚度分布有一定影响进而影响到全桥的内力和位移。通过调整0号块混凝土段的长度，在一定程度上可以改变结构整体的刚度分布和内力分布。

本文以图1的有限元模型为基础，对采用悬臂法施工的波形钢腹板连续刚构桥的墩顶0号块混凝土段设置长度进行了数值分析。在有限元模型中，把0号块的长度进行增减，按照相同的加载工况进行相同控制截面的位移、内力计算。原桥的 0 号块混凝土段长 6.4m,其构造详见图 2。以 0 号块混凝土段设置长度变化为参数进行全桥箱梁受力分析,令 $\alpha = L_a/L$,L_a 为 0 号块混凝土段长度,L 为桥梁跨径,可取 $L = L_1$(70m)或 L_2(120m),其中 L_1 为边跨跨径,L_2 为中跨跨径,因此参数 $\alpha_1 = L_0/L_1$,$\alpha_2 = L_0/L_2$,具体参数变化量见表 1。

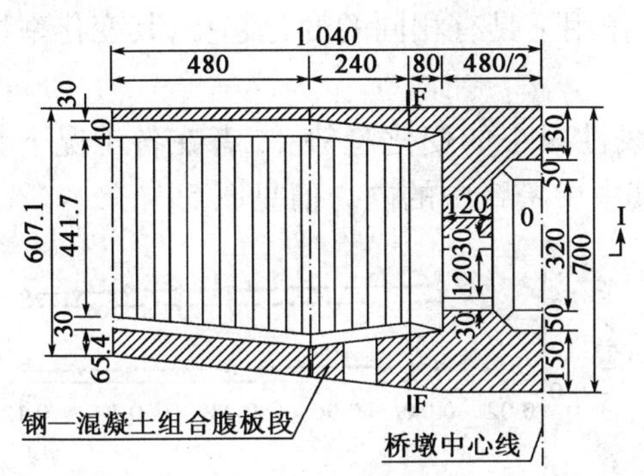

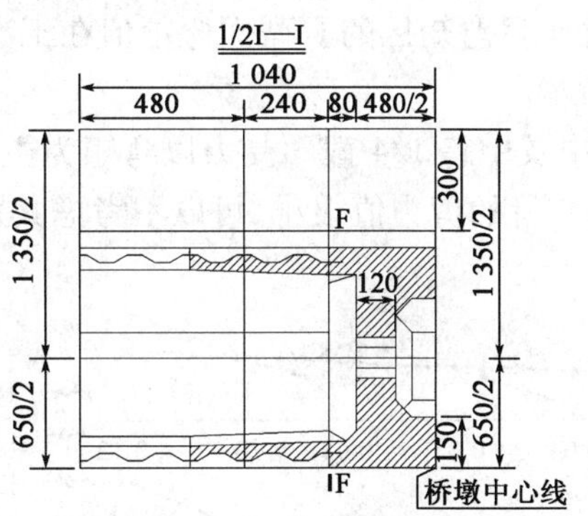

图 2　原桥 0 号块及钢—混凝土组合段构造图(尺寸单位:cm)

0 号块设置长度变化及其相关参数　表 1

L_0(m)	6.4	5.0	9.4	10.4	11.4	12.8	14.4
ΔL_0(m)	0.0	-1.4	3.0	4.0	5.0	6.4	8.0
α_1	0.09	0.07	0.13	0.15	0.16	0.18	0.21
α_2	0.05	0.04	0.08	0.09	0.10	0.11	0.12

1. 墩顶 0 号块混凝土段设置长度对箱梁挠度变形影响分析

以图 1 的有限元模型为基础,根据表 1 所示的七种 0 号块长度分别进行相对应结构的数值模拟和分析,提取七种模型在不同工况下的计算结果。取桥梁中跨跨中截面、中跨 1/4 跨截面和边跨跨中截面作为研究截面,观察 0 号块混凝土段长度 L_0 变化时,以上三个截面在车道荷载作用下的挠度变化趋势,如图 3 所示。

从图 4 可以看出当长跨比 L_0/L_2 逐渐增大即由 0.04 增大到 0.12 时连续梁桥中跨跨中在各种工况下的挠度均呈线性减小的变化趋势;中跨跨中及中跨 1/4 的位移值分别减少了 5.4% 和 7.8%。边跨跨中的挠度值与中跨跨中的挠度值变化趋势相同,表明随着 0 号块混凝土段长度的增加,波形钢腹板箱梁段的长度减小,全桥箱梁的刚度随之增大,且对中跨 1/4 处的挠度变化影响较大。但边跨跨中挠度值及其变化量相对于中跨关键截面的相应数值而言较小,故以中跨两个位置的挠度值及其变化量为准。

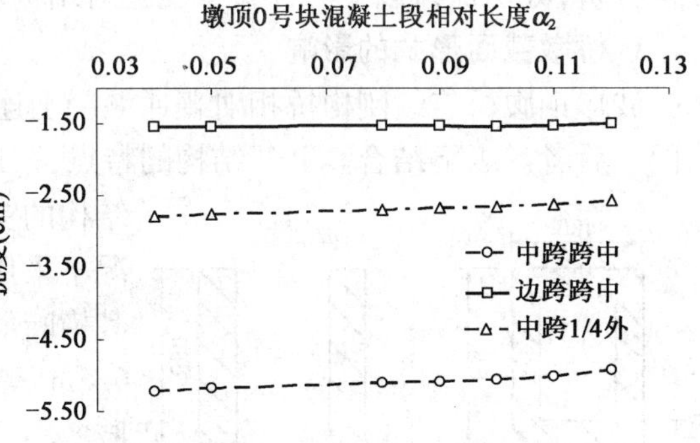

图 3　连续刚构桥控制截面挠度变形情况

2. 墩顶 0 号块混凝土段设置长度对箱梁截面内力影响分析

在计算分析中,0 号块长度的变化通过 0 号块混凝土段与波形钢腹板段的交界断面(以下称之为 F 截面)的移动来实现。由于 F 截面的位置不断变化,F 截面的内力值(包括弯矩值与剪力值)随之变化,则 F 截面的内力值可作为判断 0 号块合理长度的依据之一。内力的控制截面选取 F 截面,中跨跨中截面,中跨 1/4 处截面作为计算截面。有限元分析按以下五个工况进行:

工况 1:最大悬臂施工阶段(箱梁自重与体内预应力作用);

工况 2:合龙施工阶段(箱梁自重与体内预应力作用);

工况 3:成桥施工阶段(体外预应力与二期恒载作用);

工况 4:成桥使用阶段(按规范要求的车辆荷载作用);

工况5:0号块箱梁混凝土收缩徐变影响。

F截面的剪力值呈线性减小的变化趋势，当L_0/L_2由0.05增大到0.12时，在工况1~4作用下分别减小了8.84%，9.41%，12.76%和4.16%，变化率均在10%及以下。F截面在收缩徐变作用下的剪力值很小，其影响可以忽略不计。F截面为0号块混凝土段与波形钢腹板段交界断面，由于0号块处于负弯矩区，所以处于负弯矩区的F截面弯矩值在工况1－5作用下具有相同的变化趋势，其变化率均在10%以上，如图4所示。

中跨跨中及中跨1/4截面受力以弯矩为主，均呈线性减小的变化趋势：二者在各工况下数值变化率在5%以内；二者的剪力值很小，可以不考虑其影响，其中中跨跨中的内力值见图5。

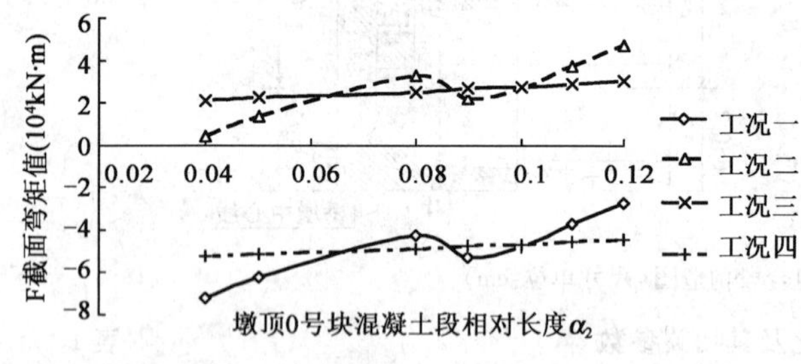

图4　连续刚构桥F截面的弯矩值变化

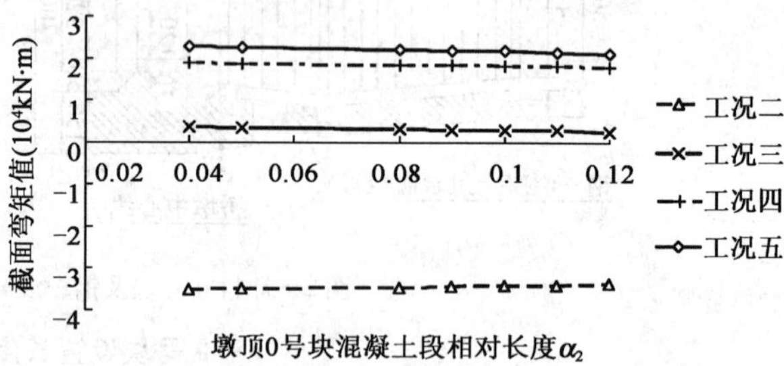

图5　连续刚构桥中跨跨中的弯矩值变化

总之，随着箱梁刚度的增加，0号块长度变化对箱梁挠度的影响大于对内力的影响。其中挠度方面以中跨1/4处的位移影响为最大；内力方面以F截面的内力影响为最大，主要是对弯矩的影响。对于边跨跨中截面的位移及内力影响都很小，故以中跨两个位置的挠度值及其变化量为准。在合龙施工、成桥施工及收缩徐变作用下0号块长度变化对中跨关键截面挠度值的影响比较大；在成桥使用阶段（活载作用）0号块长度变化对中跨关键截面的位移值影响很小。

四、桥墩截面形式及墩梁线刚度比的影响

在0号块长度不变的情况下，以桥墩截面形式和墩梁线刚度比为参数对波形钢腹板连续刚构桥进行结构分析，分别探讨以上两种参数变化对结构关键截面的内力、位移的影响。

1.桥墩截面形式的影响

波形钢腹板连续刚构桥相对普通混凝土连续刚构桥而言仅上部结构不同，其桥墩截面形式等下部结构同于后者。以下结合其上部结构的特点，采用不同的桥墩截面形式对结构进行分析，归纳出这种新型结构的受力及变形特征。在上部构造刚度恒定及墩高H不变的情况下采用不同的桥墩截面形式：单薄壁空心墩和双肢实心薄壁墩，其横断面图和截面参数分别如图6和表2所示，其中横桥向宽$a=6.5\text{m}$，等同于箱梁底板宽度。由表2可看出在单薄壁空心墩和双肢实心薄壁墩的截面积大致相等的情况下两者的顺桥向惯性矩几近相等，而后者的抗推刚度仅为前者相应值的0.06倍[9]。表3列出了采用两种不同类型的桥墩时在恒、活载及收缩徐变作用下的上部结构内力及位移变化情况。

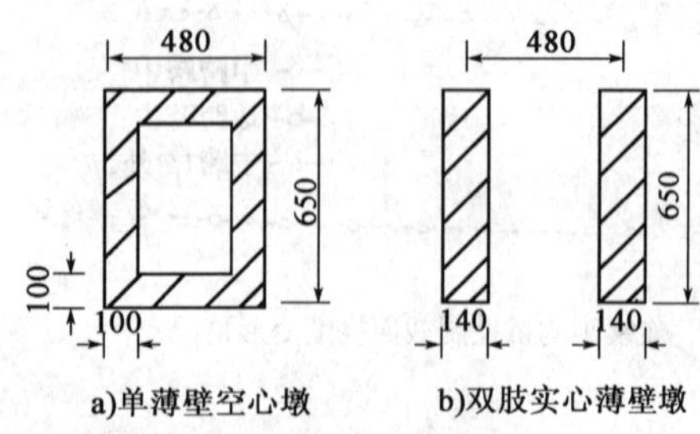

图6　桥墩结构类型（尺寸单位：cm）

两种桥墩截面形式的截面特性参数　　表2

桥墩截面形式	面积$A(\text{m}^2)$	顺桥向抗推刚度K(N/m)	顺桥向惯性矩$I_y(\text{m}^4)$
①	18.6	1.98×10^8	51.7
②	18.2	1.14×10^7	59.8
②/①	0.98	0.06	1.16

注：表2中的①、②分别指单薄壁空心墩和双肢实心薄壁墩。

主要部位弯矩计算值(内力单位:10^3kN·m;位移单位:cm) 表3

截面及工况		边跨1/2		墩顶内力/中跨1/4位移		中跨1/2	
		截面1	截面2	截面1	截面2	截面1	截面2
内力	①	-37.4	-7.13	-16.8	-9.24	-31.4	-39.5
	②	17.3	18.6	-58.4	-42.2	18.7	22.5
	③	-16.5	3.70	39.0	1.73	22.6	18.5
位移	①	-1.04	-2.70	-4.52	-2.44	2.84	4.66
	②	-0.94	-1.00	-1.22	-1.54	-2.44	-3.07
	③	2.81	0.41	-3.73	-1.19	-3.08	-0.94

注:表3中的截面1、2分别指单薄壁空心墩和双肢实心薄壁墩;①、②、③分别指恒载、活载、收缩徐变三种工况。

从表3可以看出,①采用双肢实心薄壁墩可以明显减小墩顶的负弯矩,在恒、活载作用下可分别减小45%、28%,显然是由于双肢实心薄壁墩对墩顶负弯矩的"削峰"作用造成的。②由于双肢实心薄壁墩的抗推刚度较小,能有效减小混凝土收缩徐变的影响,所以在收缩徐变作用下双肢实心薄壁墩波形钢腹板连续刚构桥的内力值不超过单薄壁空心墩波形钢腹板连续刚构桥内力值的80%;前者各关键截面的位移值不超过后者位移值的30%。③双肢实心薄壁墩波形钢腹板连续刚构桥在恒、活载作用下的内力值比单薄壁空心墩波形钢腹板连续刚构桥的内力值大,前者各关键截面位置处的挠度值比后者大即在顺桥向惯性矩相当的情况下单薄壁墩能有效地减小上部结构的内力及位移。

双肢实心薄壁墩可以很有效地减小墩顶内力值及收缩徐变产生的内力值及位移值,由于波形钢腹板连续刚构桥这种桥型本身具有减小收缩徐变影响的优点,所以采用双肢实心薄壁墩的波形钢腹板连续刚构桥可以进一步有效地减小收缩徐变影响。对于双肢实心薄壁墩,随着两墩柱中心距离 L 的增减其顺桥向惯性矩相应的增减,故可在允许范围内通过调整 L 来实现对波形钢腹板扭转变形的有效控制。单薄壁空心墩能有效减小恒、活载对主梁关键截面的内力及位移影响,对于波形钢腹板连续刚构桥这种轻型结构的受力具有有利的影响。综上所述,此两种桥墩截面形式具有各自的优点,应根据具体情况加以采用。

2. 墩梁线刚度比的影响

当桥跨、主梁及墩高均已确定,以单薄壁空心墩截面类型为例将其截面进行变化(即调整墩梁线刚度比)来分析关键截面的位移及内力的变化,现以中跨跨中截面处的位移、内力为例来进行对比分析。

原波形钢腹板连续刚构桥的桥墩采用单薄壁空心墩,见图6a)。桥墩截面顺桥向抗弯惯性矩 $I_y=51.7\text{m}^4$,弹性模量取为 3.45×10^4MPa,桥墩高度 $H=30$m,则原桥桥墩的线刚度 i_2 为59 423MPa·m³。现保持上部结构不变,即保持主梁线刚度 $i_1=4\,279$MPa·m³,调整桥墩线刚度 i_2 由59 423分别增加至64 944和70 466,则墩梁线刚度比 i_2/i_1 由13.9变化至15.2和16.5,分别增加了9.3%和18.6%。以图1的有限元模型为基础,墩梁线刚度比发生上述变化时,对结构控制截面内力和位移的影响,计算结果见表4。

墩梁线刚度比变化对中跨跨中截面的影响 表4

主梁线刚度 i_1(MPa·m³)			4 279	4 279	4 279
桥墩线刚度 i_2(MPa·m³)			59 423	64 944	70 466
墩梁线刚度比 i_2/i_1			13.9	15.2	16.5
位移(cm)	①	数值	2.84	2.80	2.76
		变化量	0.00	-1.41	-2.82
	②	数值	-2.44	-2.40	-2.37
		变化量	0.00	-1.64	-2.87
	③	数值	-3.08	-3.11	-3.14
		变化量	0.00	0.97	1.95

续上表

主梁线刚度 i_1 (MPa·m³)			4 279	4 279	4 279
桥墩线刚度 i_2 (MPa·m³)			59 423	64 944	70 466
墩梁线刚度比 i_2/i_1			13.9	15.2	16.5
弯矩(kN·m)	①	数值	-31 370	-31 126	-30 907
		变化量	0.00	-0.78	-1.48
	②	数值	18 721	18 525	18 357
		变化量	0.00	-1.04	-1.94
	③	数值	22 563	22 660	22 750
		变化量	0.00	0.43	0.83

注:表中①、②、③分别指恒载、活载、收缩徐变三种工况。

通过表中的计算结果可知:当跨径和主梁截面确定以后,即当主梁的线刚度确定后,随着墩梁线刚度比的增加,中跨1/2截面在恒、活载作用下的位移值和内力值逐渐减小,也就是说随着墩的刚度的增大,主梁的位移值和内力值逐渐减小即恒、活载影响减小。因为随着桥墩线刚度的增加,墩梁固结处总分配弯矩值不变,桥墩分配的弯矩值增大,则主梁分配的弯矩值减小,即主梁内力值相应减小。随着桥墩线刚度的增加,即桥墩对主梁的约束增强,主梁的位移值相应减小。而随着墩梁线刚度比的增加,中跨梁体由于主墩的约束产生的收缩徐变效应增加。相同跨径的连续刚构桥,主梁墩梁线刚度比变化对中跨跨中截面的内力和位移影响均在10%以内,即桥墩刚度的变化对波形钢腹板连续刚构桥主梁受力影响比较小。

五、结　　语

(1)通过对波形钢腹板连续刚构桥0号块混凝土段长度与跨径之比 $\alpha(L_a/L)$ 的参数分析可知:当 α 由0.04变化至0.12时,中跨跨中和中跨1/4处车道荷载作用下的挠度呈线性减小趋势,变化率在10%以内;中跨跨中和边跨跨中截面内力呈线性变化,变化范围较小;F截面的内力则呈不规则变化。综合考虑本文研究得到的 α 值与已建桥梁的 α 建议值、施工条件、构造要求等因素,建议波形钢腹板组合箱梁连续梁桥的箱梁0号块采用完全混凝土结构形式时,参数 α 的取值应在在0.05到0.10的范围内。

(2)在上部结构保持不变的条件下,通过对波形钢腹板连续刚构桥采用单薄壁空心墩和双肢实心薄壁墩两种截面形式进行了结构分析,分析结果表明:单薄壁空心墩能有效减小恒、活载对主梁关键截面的内力及位移影响,双肢实心薄壁墩可以很有力地减少墩顶内力值及收缩徐变的影响。进行结构设计时,可视实际要求采用不同的桥墩截面形式。

(3)在上部结构保持不变的条件下,对波形钢腹板连续刚构桥墩梁线刚度比进行了参数分析,计算结果表明:随着墩梁线刚度比值的增加,中跨1/2截面在恒、活载作用下的位移值和内力值逐渐减小;墩梁线刚度比变化对中跨跨中截面的内力和位移影响均在10%以内。

参考文献

[1] 波形钢腹板预应力混凝土桥设计与施工.陈宜言.北京:人民交通出版社,2009.

[2] 大跨径连续刚构桥高墩设计与稳定性.王均利,贺拴海.长安大学学报,2006,26(5).

[3] 高墩大跨连续刚构桥.马保林.北京:人民交通出版社,2001.9.

[4] 波形钢腹板连续刚构与PC连续刚构的对比分析.董晓.重庆:重庆交通大学硕士论文.2010.4.

[5] Local Flange Bulking in Plate Girders with Corrugated Webs . Johnson R P, Cafolla J. Proc Instn Civ Engrs Struts & Bldg, May 1997, 123:148-156.

[6] Girders with Corrugated Webs under Partial Compressive Edge loading. Elgaaly M, Seshadri A. Journal of the Structural Division, ASCE, 1997,122(4):783-791.

[7] 本谷桥的设计与施工—采用悬臂架设施工法的波纹钢腹板预应力混凝土箱梁桥.刘岚,崔铁万(编译).国外桥梁,1999(3).

[8] 波形钢腹板箱梁扭转与畸变的试验研究与分析. 李宏江. 南京:东南大学博士论文. 2003.5.
[9] 组合结构桥梁. 刘玉擎. 北京:人民交通出版社,2005.

132. 预应力混凝土桥梁精细化数值模拟技术

李 正 吴寿昌 韩大章
(江苏省交通规划设计院股份有限公司)

摘 要 传统的桥梁结构分析采用平面梁单元程序,已经不能满足精细化设计、监控的要求。本研究以 ANSYS 为二次开发平台,开发出了预应力混凝土桥梁精细化数值模拟系统。采用以空间实体单元为基础的精细化总体模型,可以在设计或施工验算阶段发现并解决大部分问题,而且具有快速、准确的特点。综合运用精细化总体模型和子模型技术,在保证计算精度的基础上,可以降低模型规模和复杂程度,提高工作效率。以此为基础,运用钢筋混凝土单元进行全过程分析,可以高效地估算裂缝的宽度和严重程度的,评估增加钢筋量等措施对结构的改善效果。本文以一座移动模架逐跨施工的预应力混凝土箱形梁为例,分析了各种措施对底板裂缝控制的效果,结果表明该技术便捷、准确,实用性强。

关键词 ANSYS 二次开发 预应力混凝土桥梁 子模型 钢筋混凝土单元

一、引 言

预应力混凝土箱形梁是最常用桥型之一。然而这类桥梁在施工阶段表现出不同类型、不同程度的病害,如:悬浇箱梁施工期间沿着腹板下弯束出现裂缝、底板崩裂,移动模架逐跨施工在施工缝附近底板出现纵向裂缝。产生病害的原因是多方面的,重要原因之一在于我们没有完全掌握桥梁作为大型空间结构的受力变形行为特性。采用传统的桥梁结构分析方法已经不能满足精细化设计、施工、监控的要求,我们需要采用预应力混凝土桥梁受力精细化数值模拟技术。

如需精确模拟桥梁结构的受力状况,就须采用包含以三维实体单元为基础的大型有限元软件。但通常大型通用有限元软件在处理桥梁结构混凝土材料收缩徐变、预应力模拟、施工过程模拟、活载计算等方面仍显得无能为力。基于 ANSYS 平台,开发出了混凝土箱形梁精细化数值模拟系统,通过 UPFs[1] 来实现混凝土收缩徐变、预应力筋松弛等材料层次的模块开发,预应力系统模块、建模助手、活载加载模块均通过编写 APDL[2] 的宏来实现。

二、精细化数值模拟

1. 总体模型的精细化

传统的桥梁分析软件是以 2D 的梁单元为基础的,这些软件使用简便、技术成熟、与规范配套,而且能抓住结构纵向总体内力、应力、位移等重点要素。但它不能进行桥梁空间受力变形行为的分析。

上面提到的问题能一再重演,除了信息传递不顺,设计、施工人员的结构分析手段的制约也是个重要因素。采用精细化总体模型,可以在计算中发现大部分问题,从而可以事前解决,在出了问题后能快速准确找原因和解决方案。

2. 子模型技术

通常对于受力复杂的部位,需要建立局部模型进行分析。这时就会遇到一个棘手的问题,边界条件如何确定? 如果总体模型采用梁单元,为了使边界条件不影响计算结果[3],局部模型就需要很大。子模型[4]是得到总模型中部分区域更加精确解的一种有限单元技术,又称为切割边界位移法,用整体模型切割边界的计算位移值作为子模型的边界条件。

精细化总体模型是采用子模型技术的基础。目前子模型技术在桥梁结构分析中用的比较少，与缺少能方便地建起精细化总体模型的工具是密切相关的。采用精细化总体模型可以得到更准确的边界条件，从而减小子模型规模，提高计算效率。反过来说采用子模型技术，总体模型也不需要太细，如横隔板上人洞、预应力锚固齿板、支座上尺寸、预应力管道等在总体模型中就不需考虑。在总体模型分析完成后，对需要细化的地方再用子模型进行分析。

总之，精细化总体模型是采用子模型技术的基础，综合运用精细化总体模型和子模型技术，在保证计算精度基础上，可降低模型规模和复杂程度，提高工作效率。

3. 全过程分析

全过程分析不仅指施工过程的仿真分析，还包括混凝土结构非线性（如混凝土开裂）分析。目前绝大部分的桥梁结构分析还是停留在线弹性范围内。不管是钢筋混凝土桥梁还是预应力混凝土桥梁，一旦混凝土开裂，采用线弹性分析，是无法估算裂缝的宽度和严重程度的，也无法评估增加钢筋量等措施对结构的改善效果。这时我们需要用钢筋混凝土单元[5]进行非线性分析。但桥梁病害很多情况是桥梁局部的，其他地方还处于线弹性工作状态（如前面提到的移动模架施工中施工缝处底板开裂）。因此建议总体模型采用混合单元，即预计会开裂的部分采用混凝土单元，子模型中按照混凝土单元详细建模。

三、应用工程概况

1. 结构简介

某50m跨预应力混凝土等截面单箱单室连续箱梁桥，箱顶宽16.4m，底宽6.5m，梁高2.8m，底板厚度为0.25m，横梁处逐渐加厚到0.75m。箱梁为双向预应力混凝土结构，采用C50混凝土，主梁除布置纵向预应力束外（图1），在桥面板内设有横向预应力束。

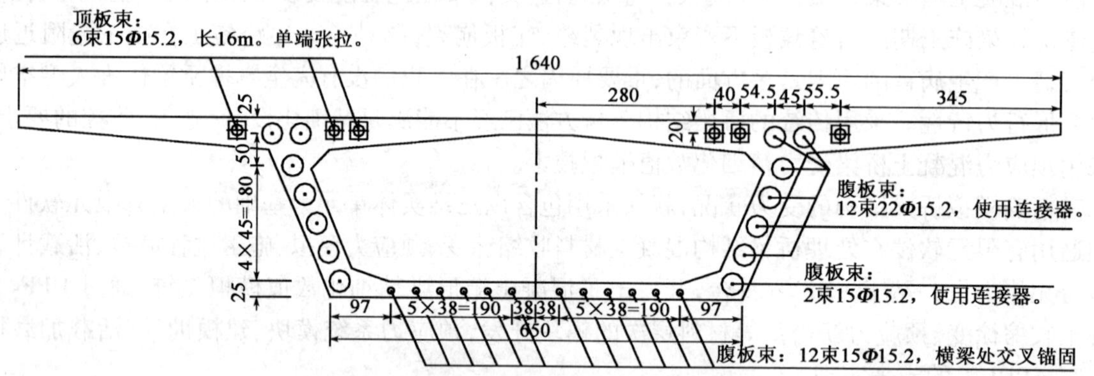

图1 纵向预应力钢束布置图(尺寸单位：cm)

2. 施工及对策简介

采用移动模架逐跨施工（图2），在进行第2现浇段的施工中，在已浇注的悬臂段箱梁底板上发现有裂缝[6~8]，裂缝最长为3.05m，最宽为0.12mm，底板中央裂缝最长，向两边依次缩短，裂缝大致分布在此施工段悬臂端底板预留的波纹管下（图3）。

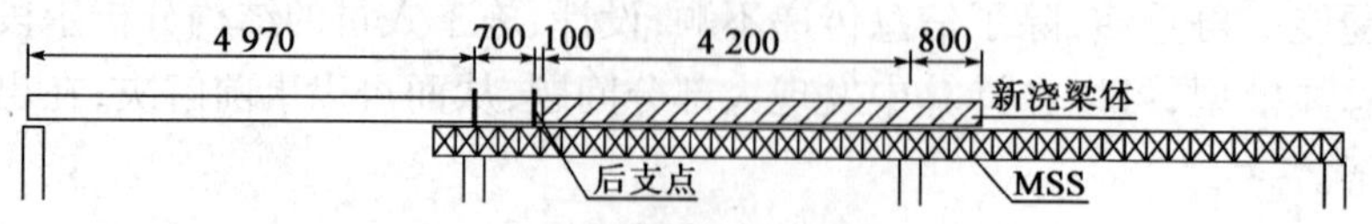

图2 MSS移动模架图

根据对裂缝原因认识的逐步深入，分阶段对箱梁施工进行了如下改进：

第一次采取措施：在第二施工段采取悬臂端底板处增加横向钢筋，底板锚点上移到顶板处。结果悬臂端底板裂缝的数量减少，长度变短，宽度变窄。

第二次采取措施：在第三施工段施工时采取了底板锚点上移、悬臂端部增设横隔板的措施（底板钢筋不增加）。结果悬臂端裂缝长度变短，宽度变窄，但总体改善不明显。

第三次采取措施：结合前三次的改进经验，在第四施工段施工时采取了如下措施：底板锚点上移、底板增加横向钢筋、在箱梁悬臂段增设横隔板、将移动模架后吊点后移到离施工缝3.75m处。结果第四现浇施工段悬臂端底板没有出现裂缝。

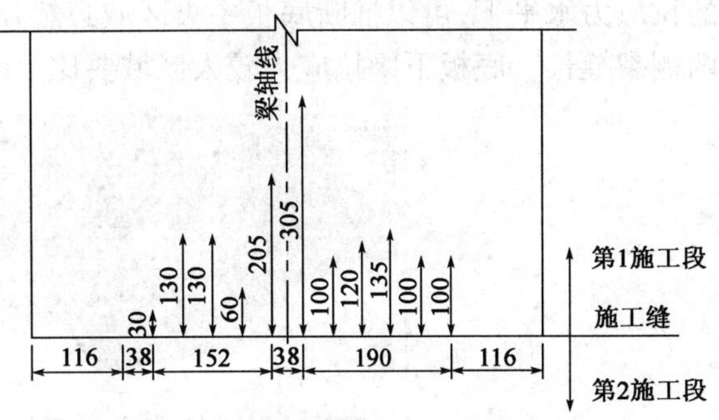

图3 第一施工段裂缝示意图（尺寸单位：cm）

四、精细化分析

1. 计算模型

总体模型为一联5×50m的箱形梁，在划分单元时，纵向、横向和竖向单元尺寸不大于0.5m，板厚方向加密。全桥8节点单元（SOLID45）74 840个，杆单元（link8）21 812个，126 891个节点。预应力钢筋的根数、位置按照实际情况用杆单元模拟，预应力损失按规范由程序自动计算。图4为空间实体模型和预应力系统。虽然本系统可以考虑混凝土收缩徐变的影响，在满足精度的前提下，为减少运算时间，计算过程中没计入这些因素的影响。

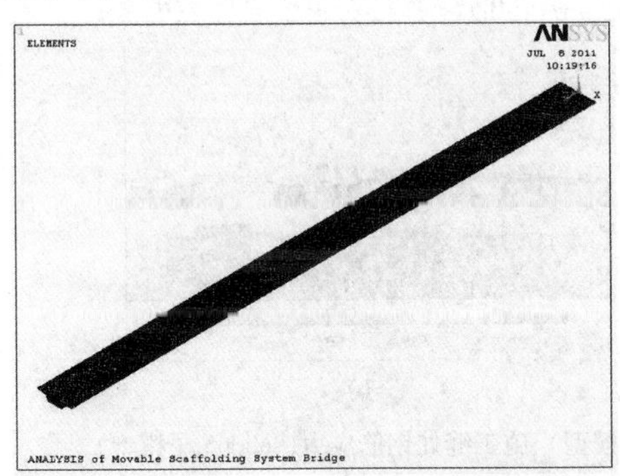

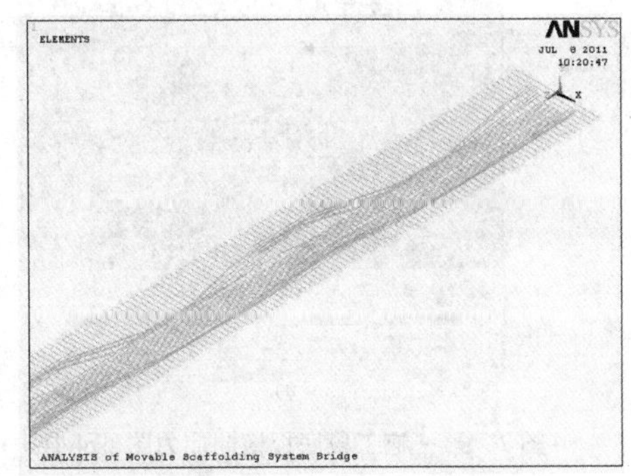

图4 总体模型和预应力系统

在考虑混凝土开裂影响时，总体模型中施工缝处底板采用Solid65单元模拟，钢筋按各个方向含筋率定义。在子模型中底板横向钢筋采用Link8单元按照实际位置及数量定义，横向钢筋与混凝土之间按无滑移模型模拟，以保证钢筋单元和混凝土单元之间的变形协调性，混凝土开裂强度按照3MPa考虑。

2. 主要的施工阶段荷载

施工第二孔时，第一孔箱梁受到的荷载有：（1）作用于箱梁顶面腹板处的模架支反力2×4 000kN；（2）锚固于施工缝截面的纵向预应力；（3）锚固于悬臂端箱梁底板上的底模锚点力4×50kN；（4）悬臂段箱梁体的自重；（5）桥面板横向预应力。其后各阶段所受荷载根据改进措施进行调整。

节段受力简图如图5所示。

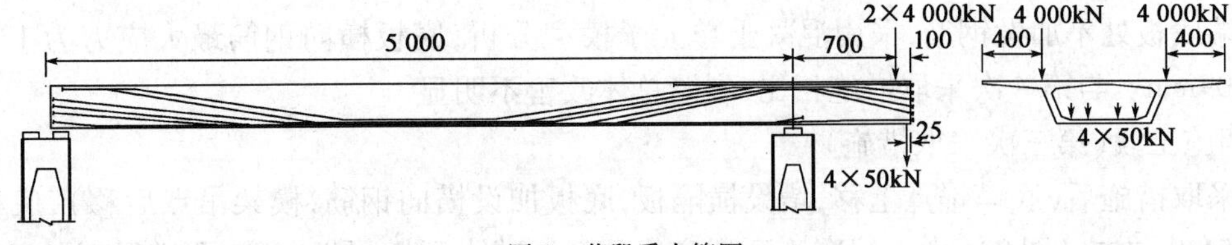

图5 节段受力简图

3. 分析结果

（1）第一施工段

根据弹性总体模型，底板的横向拉应力如图6所示，箱梁底板最大拉应力水平在10MPa左右，在这样的拉应力水平下，可以推断底板中央区域必然开裂，名义拉应力分布形态说明底板中央部位的裂缝要比两侧裂缝长。底板下缘拉应力较大区域要比上缘大，下缘裂缝应比上缘宽。

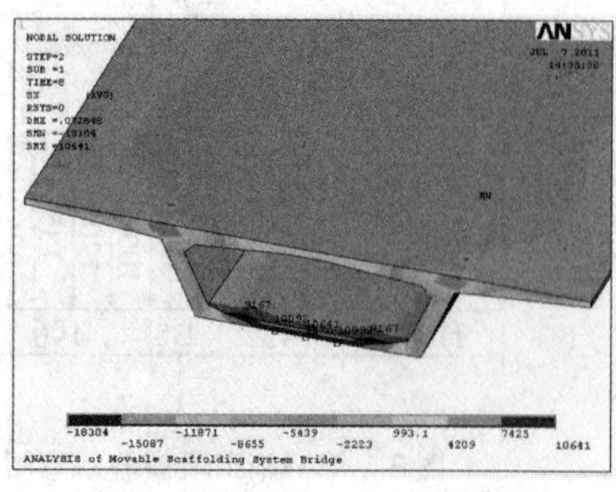

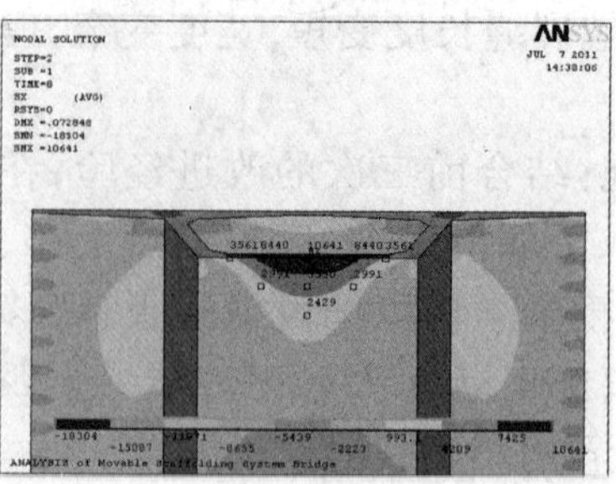

图6　第一施工段底板横向应力图

对应力较大区域应用子模型技术，可以看出受到底板预应力孔道局部削弱的影响，孔道局部拉应力达到22MPa[图7a)]，可以推测裂缝应当首先出现在底板预留孔道的上下侧。

在总体模型中应力较大区域，又采用混凝土单元Solid65模拟，钢筋按各个方向含筋率定义，在对应子模型中底板横向钢筋采用Link8单元按照实际位置定义。底板上下缘各有1层ϕ16@150mm钢筋，施工缝处底板下缘第一排横向钢筋最大应力达到266MPa[图7b)]，参照规范可计算得到最大裂缝宽度约为0.20mm，与现场实测的最大裂缝宽度基本吻合。

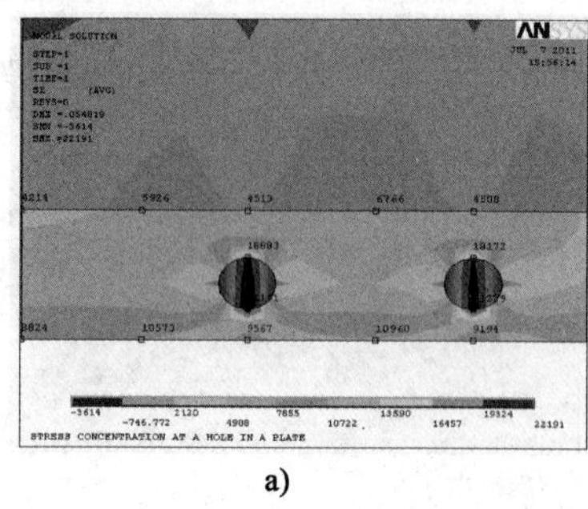

a)

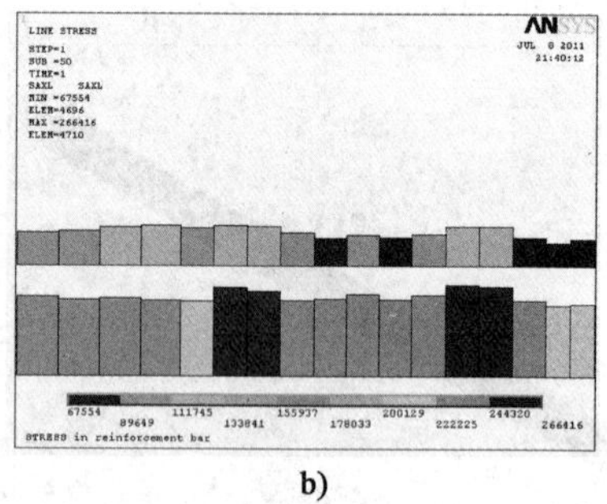

b)

图7　第一施工段底板横向应力图(solid45子模型)、施工缝处钢筋应力(solid65子模型)

(2)第二施工段(第一次采取措施)

第一次采取措施后(锚点上移)，底板的横向最大拉应力由10MPa左右减小到8MPa左右，孔道局部名义拉应力减小到20MPa。

悬臂端底板处加设钢筋，底板钢筋增加一倍，即上下缘各有1层2ϕ16@150mm，底板横向钢筋最大应力可由266MPa降低到156MPa，最大裂缝宽度减小到0.12mm。这与现场观察结果(裂缝的数量减少，长度变短，宽度变窄)一致。

(3)第三施工段(第二次采取措施)

第二次采取措施后(锚点上移，增设横隔板)，底板的横向最大拉应力减小到6MPa左右，孔道局部名义拉应力减小到13MPa。

若悬臂端底板处不加设钢筋，采用混凝土单元子模型分析，底板横向钢筋最大应力为121MPa，最大裂缝宽度0.09mm。与第一次采取措施相比，裂缝总体改善不明显。

(4)第四施工段(第三次采取措施)

第三次采取措施后(底模锚点上移，增设横隔板，底板加设横向钢筋，模架吊点后移)，底板的横向最大减小到4.5MPa左右(图8)，大于混凝土开裂应力的区域减小到横隔板以外，孔道局部名义拉应力减小到9MPa[图9a)]。

根据采用混凝土单元子模型分析结果[图9b)]，底板横向钢筋最大应力降低到57MPa，而且范围很小，对应最大裂缝宽度减小到不到0.04mm。基本可控制可见裂缝的出现。

(5)采取除设置横隔板以外的所有其他措施

为方便施工,不设施工缝处横隔板,其他措施均采用(锚点上移,底板加配钢筋,模架吊点后移),底板的横向最大拉应力减小到6MPa左右,孔道局部名义拉应力减小到12MPa。

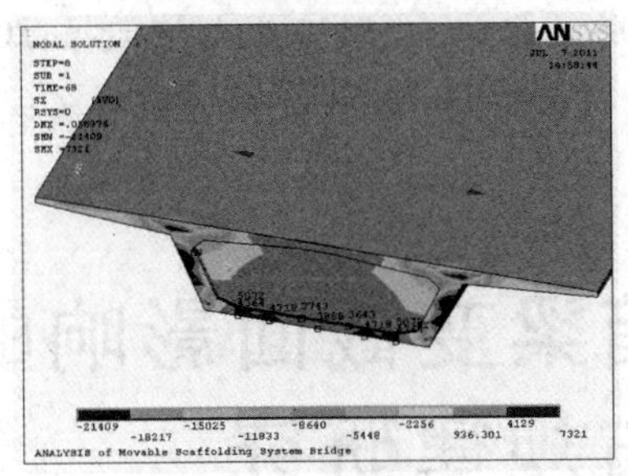
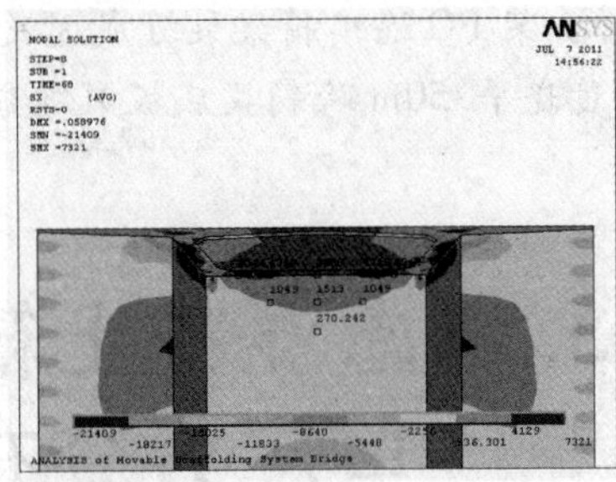

图8 第四施工段底板横向应力图

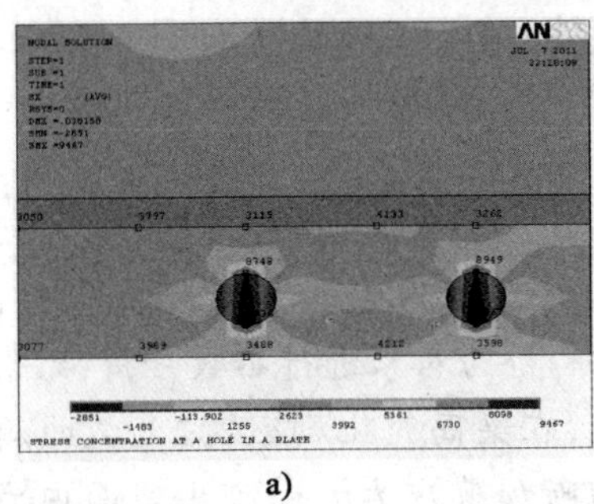
a)
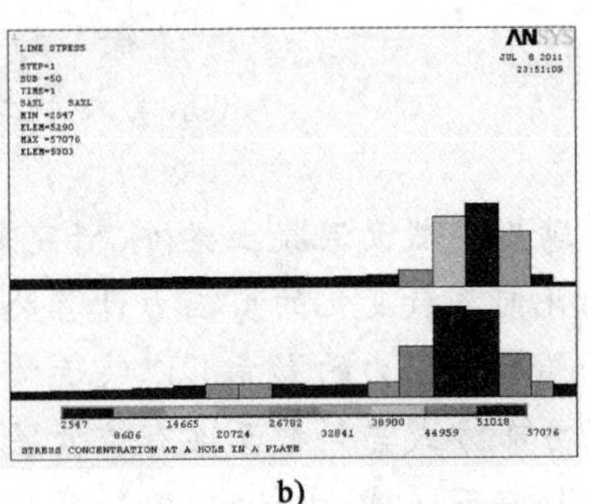
b)

图9 第四施工段底板横向应力图(solid45 子模型)、施工缝处钢筋应力(solid65 子模型)

如果底板上下缘均设置1层2ϕ16@150mm钢筋(配筋率2.1%),底板横向钢筋最大应力降低到111MPa,对应最大裂缝宽度减小到0.08mm。

如果配筋率增加到3.3%(即2ϕ20@150mm),钢筋应力降低到79MPa,裂缝宽度减小到0.06mm。采取除设置横隔板以外的其他措施,特别是加大配筋率,基本可控制可见裂缝的出现。因此,这也是一个可选的解决方案。

如果配筋率进一步增加到4.1%(即2ϕ22@150mm),钢筋应力降低到70MPa,裂缝宽度减小到0.05mm。进一步加大配筋率对控制裂缝宽度效果在减弱。

五、结 语

(1)本文以一座移动模架逐跨施工的预应力混凝土箱形梁为例,分析了各种措施对底板裂缝控制的效果,结果表明该技术便捷、准确,实用性强。

(2)采用精细化总体模型,可以在设计、施工验算阶段发现并解决大部分问题,而且具有快速准确的特点。

(3)综合运用精细化总体模型和子模型技术,在保证计算精度基础上,可降低模型规模和复杂程度,提高工作效率。

(4)在此基础上,运用钢筋混凝土单元进行非线性分析,可以高效地估算裂缝的宽度和严重程度,评估增加钢筋量等措施对结构的改善效果。

参考文献

[1] Programmer's Manual for ANSYS.

[2] ANSYS APDL Programmer's Guide.

[3] 陈启飞,李爱群,赵大亮,王浩.预应力混凝土斜拉桥主梁局部应力子模型分析及试验.东南大学学报;2007,3.

[4] ANSYS Advanced Analysis Techniques Guide.

[5] 江见鲸,陆新征,叶列平.混凝土结构有限元分析.清华大学出版社.2005.
[6] 曹三鹏,刘钊,岳力强.移动模架施工PC连续梁桥悬臂段箱梁空间效应不利影响及其防治措施.公路交通科;2006,12.
[7] 胡成,曹三鹏,吴元.某PC连续箱梁裂缝成因及防治措施.合肥工业大学学报:2006,7.
[8] 石启印,金益桓,黄晓平.50m跨箱梁底板裂缝分析与建议.四川建筑科学研究:2008,4.

133.考虑混凝土箱梁变截面影响的剪应力分布规律研究

徐　舒　刘　钊
(东南大学土木工程学院)

摘　要　针对大跨度变截面混凝土梁桥,研究剪应力的计算及其分布规律。利用微元体平衡关系,得到了考虑箱梁截面几何参数变化的剪应力计算公式。通过单因素分析,研究了梁高、底板厚度及腹板厚度的变化对变截面箱梁剪应力的影响。以某连续刚构桥为对象进行参数分析,结果表明变截面箱梁桥剪应力与主拉应力的分布方式与等截面梁有较大差异,在梁高变化剧烈时,变截面箱梁截面上的最大剪应力发生在箱梁形心轴以下区域,由轴力、弯矩产生的附加剪应力方向可由截面内力判断。本文提出的剪应力计算方法真实反映了变截面剪应力分布特点,提高了对剪切裂缝的预测精度。

关键词　桥梁　变截面箱梁　剪应力　参数分析

一、引　言

变截面箱梁是大跨度预应力混凝土梁桥常用的截面形式,由于桥梁结构受力特点及节段悬臂施工的要求,截面几何参数沿桥梁纵向的变化具有一定的规律性:箱梁的梁高和底板厚度多成抛物线变化,腹板厚度在某些节段线性变化,顶板厚度通常不变。由于初等梁理论给出的剪应力计算公式仅适用于等截面梁[1~2],针对大跨度梁桥的截面变化规律,需要推导变截面梁的剪应力计算公式[3],研究考虑箱梁变截面影响的剪应力分布规律,分析附加剪应力产生的原因并探讨其对腹板主拉应力的影响,具有一定的工程意义。

二、变截面箱梁剪应力计算公式

假想从变截面箱梁中取出长度为 d_x 的梁段,内力状态如图1a)所示,用平行于 x 轴的水平面 ab 截出隔离体 $abcd$,由于隔离体两端正应力合力的大小不同,如图1b)所示,利用静力平衡关系及剪应力互等定理,可以得出变截面箱梁的剪应力计算公式。

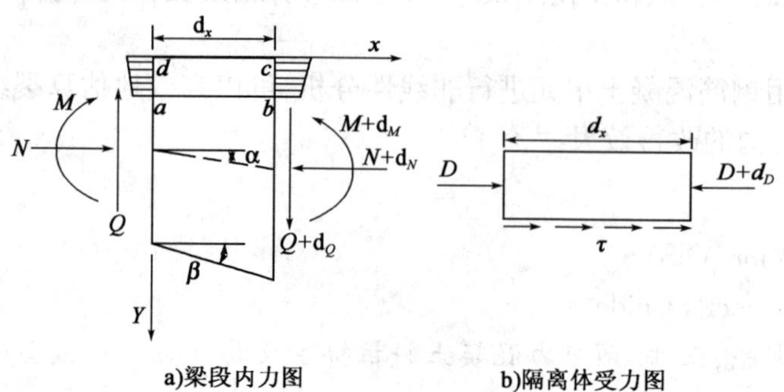

图1　变截面梁微段受力图

在我国公路桥涵设计规范的条文说明中，对变截面桥梁的剪应力计算，仅考虑了底板厚度变化及梁高变化对剪应力分布的影响，对箱梁底板呈二次抛物线变化的梁，给出剪应力计算公式[4~5]：

$$\tau = \tau_0 + c_1 N + c_2 M \tag{1}$$

$$c_1 = \frac{1}{b}\left(\frac{S_c A_l}{AI} - \frac{bA_c}{A^2}\right)\tan\beta + \frac{1}{b}\left(\frac{S_c A_v}{AI} - \frac{b' A_c}{A^2}\right)\tan\beta' \tag{2}$$

$$c_2 = \frac{1}{b}\left(\frac{A_c A_l}{AI} - \frac{2S_c S_l}{I^2}\right)\tan\beta + \frac{1}{b}\left(\frac{A_c A_v}{AI} - \frac{2S_c S_v}{I^2}\right)\tan\beta' \tag{3}$$

式中：A_c、S_c——剪应力计算点以上截面的面积及该面积对重心轴的面积矩；

A_l、S_l——计算截面重心轴以下部分截面积及该面积对重心轴的面积矩；

A_v、S_v——计算截面重心轴以下挖空部分截面面积及该面积对重心轴的面积矩；

A、I——计算截面的面积及惯性矩；

b——所有腹板宽度之和；

b'——扣除所有腹板宽度后的底板净宽度；

$\tan\beta$、$\tan\beta'$——梁高及底板厚度沿桥纵向的变化率。

进一步，在同时考虑梁高、底板厚度及腹板厚度均发生变化时，对隔离体进行受力分析，可以推导出更为通用的变截面剪应力计算公式：

$$\tau = \tau_0 + c_1' N + c_2' M \tag{4}$$

上式在形式上与式(1)相似。但是，由于将腹板厚度作为变化参量，故须针对计算点位置的不同而采用不同的系数计算公式。这里，仅列出顶板及腹板处的系数公式予以比较[6~8]。

当计算点位于顶板内时：

$$c_1' = \frac{1}{b}\left(\frac{S_c A_l}{AI} - \frac{bA_c}{A^2}\right)\tan\beta + \frac{1}{b}\left(\frac{S_c A_v}{AI} - \frac{b' A_c}{A^2}\right)\tan\beta' + \frac{1}{b}\left(\frac{S_c \bar{S}}{AI} - \frac{A_c h_{wn}}{A^2}\right)\tan\beta'' \tag{5}$$

$$c_2' = \frac{1}{b}\left(\frac{A_c A_l}{AI} - \frac{2S_c S_l}{I^2}\right)\tan\beta + \frac{1}{b}\left(\frac{A_c A_v}{AI} - \frac{2S_c S_v}{I^2}\right)\tan\beta' + \frac{1}{b}\left(\frac{A_c \bar{S}}{AI} - \frac{S_c \bar{I}}{I^2}\right)\tan\beta'' \tag{6}$$

式中：$\bar{S}$——单位宽度腹板面积对重心轴的面积矩与单位宽度底板面积对重心轴的面积矩之差；

$\bar{I}$——相应的惯性矩之差；

$\tan\beta''$——腹板厚度纵向的变化率。

当计算点位于腹板内时：

$$c_1' = \frac{1}{b}\left(\frac{S_c A_l}{AI} - \frac{bA_c}{A^2}\right)\tan\beta + \frac{1}{b}\left(\frac{S_c A_v}{AI} - \frac{b' A_c}{A^2}\right)\tan\beta' + \frac{1}{b}\left(\frac{S_c \bar{S}}{AI} + \frac{y - d_1}{A} - \frac{A_c h_{wn}}{A^2}\right)\tan\beta'' \tag{7}$$

$$c_2' = \frac{1}{b}\left(\frac{A_c A_l}{AI} - \frac{2S_c S_l}{I^2}\right)\tan\beta + \frac{1}{b}\left(\frac{A_c A_v}{AI} - \frac{2S_c S_v}{I^2}\right)\tan\beta' + \frac{1}{b}\left(\frac{A_c \bar{S}}{AI} + \frac{\bar{S}_{wa}}{I} - \frac{S_c \bar{I}}{I^2}\right)\tan\beta'' \tag{8}$$

式中：$\bar{S}_{wa}$——剪应力计算点以上单位宽度腹板面积对重心轴的面积矩。

当腹板厚度不变时，即 $\tan\beta'' = 0$ 时，c_1'、c_2'就退化成与 c_1、c_2 一致。

三、变截面箱梁剪应力的变化规律

1. 单因素影响分析

为研究梁高、底板厚度及腹板厚度的变化对变截面箱梁剪应力影响，取典型箱梁截面，在弯矩、剪力及轴力一定的条件下，每次仅变化一个变量，研究截面沿高度的剪应力分布规律[9]，根据式(4)得到剪应力分布如图 2 所示。

(1)箱梁高度变化对剪应力分布的影响

在箱梁截面高度发生变化时，底板剪应力不为零。随梁高变化率的增加，底板剪应力明显增加，腹板上部剪应力略微减小，而下部剪应力显著增加，整体剪应力分布明显不同于等截面初等梁的剪应力分布。

当截面梁高变化较剧烈时，截面剪应力在底板处达到最大值。在箱梁高度发生变化时，箱梁底板剪应力不为零，这与自由表面剪应力为零的结论是不矛盾的，公式所求为箱梁竖直截面上的剪应力，由于变截面箱梁的形心沿梁长方向是变化的，在截面形心变化较为剧烈的区域，轴力的竖向分力不可忽视，竖直截面底部剪应力也不为零。

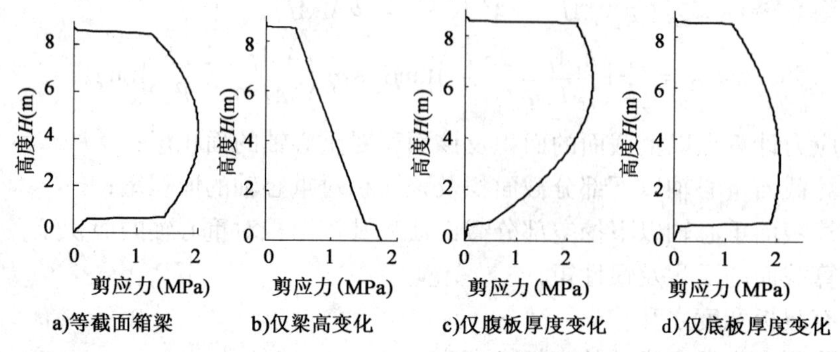

图2　梁高变化对剪应力分布的影响

(2)箱梁腹板厚度变化对剪应力分布的影响

在腹板厚度发生变化时，底板剪应力为零。随腹板厚度变化率的增加，腹板上部剪应力明显增大，下部剪应力相应减小，并且越靠近底板，剪应力减少的越多。整体剪应力分布显不同于等截面初等梁的剪应力分布。截面剪应力分布对腹板厚度变化较为敏感，尤其是腹板上部剪应力值随厚度变化率的增加显著增大，但考虑到实际桥梁中，腹板厚度的变化在若干节段内完成，较为平缓，故认为该项对剪应力分布的影响较小。

(3)箱梁底板厚度变化对剪应力分布的影响

在底板厚度发生变化时，底板剪应力为零。随底板厚度变化率的增加，腹板下部剪应力增大，上部剪应力有所减小。

2. 实桥算例

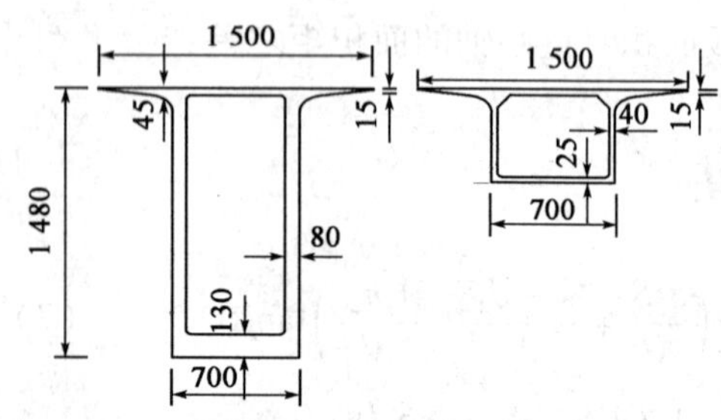

图3　虎门辅航道桥墩顶截面与跨中截面（尺寸单位：cm）

为定量考察变截面箱梁桥沿纵向的剪应力分布规律，以虎门大桥辅航道桥为分析模型进行自重工况及成桥状态下剪应力的相关参数分析。桥跨布置为150m + 270m + 150m，箱梁截面顶板宽15m，底板宽7m，梁高从零号块处的14.8m二次变化至跨中的5m，底板厚度从零号块处的1.3m二次变化至跨中的0.32m，顶板厚度为0.25m，腹板厚度在节段19至21(74m至84m)由0.6m线性变化至0.4m，桥梁关键截面如图3所示。

图4显示了该桥截面A～D的剪应力分布，由变截面剪应力公式得出的数值解与Ansys模型的计算结果具有较好的一致性，并且与等截面公式的数值解相差较大。箱梁截面剪应力分布沿桥纵向具有一定的规律：在靠近墩顶的截面，由于梁高和底板厚度变化较剧烈，腹板上部的剪应力明显小于等截面梁的腹板剪应力，而腹板下部承受的剪应力有显著的增加，底板的剪应力不为零，在桥墩附近区域，箱梁截面的剪应力在底板处达到最大值。随着截面向跨中靠近，变化趋于平缓，腹板上部的剪应力逐渐增加，底板处的剪应力逐渐减小至零，截面剪应力分布规律趋近于等截面剪应力分布。

根据变截面剪应力计算公式，研究成桥状态下，由剪力引起的剪应力τ_0及弯矩、轴力引起的附加剪应力$c_1'N$、$c_2'M$沿桥纵向的分布规律，分析沿桥梁纵向各截面剪应力最值点位置的变化规律。如图5所示，取箱梁截面上距顶面0.2m处的顶板内A点，距顶面0.5m处的腹板内B点，形心处C点，距底板顶面0.3m处的腹板内D点和距底板底面0.2m处E点为剪应力计算点。由成桥状态下桥梁剪应力分布图可以得出以下规律：

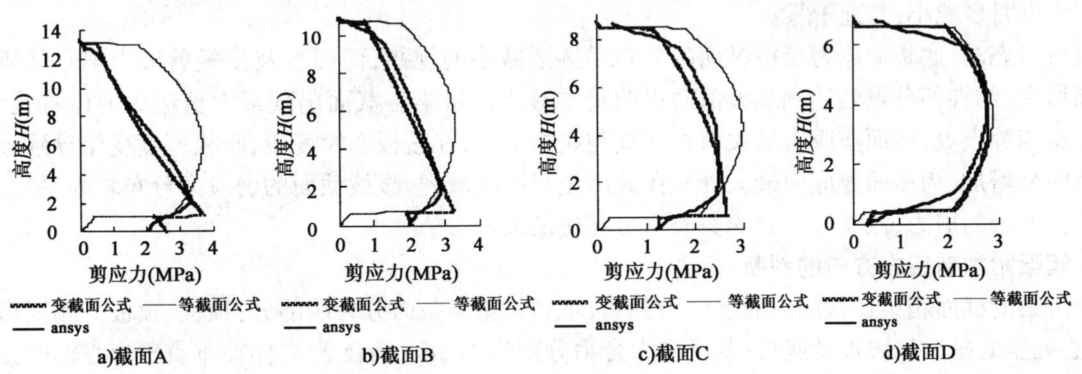

图4 截面沿梁高的剪应力分布

(1)剪力引起的剪应力 τ_0 除腹板厚度变化段外，在纵桥向是逐渐减小的，大小与计算点的位置有关，同一截面的 τ_0 在形心处达到最大值，由于悬臂施工顶板下弯束的布置，在桥墩至四分点处，预应力筋提供的预剪力抵消了恒载引起的部分剪力，τ_0 较自重作用下明显减小，而四分点至跨中区域，预应力提供的预剪力有限，τ_0 与自重作用下分布规律相似，数值略小考虑到墩顶弯起束的预剪力作用及桥墩区域截面抗剪面积较大，成桥状态下 τ_0 的最大值并非在桥墩附近，而是在四分点处。

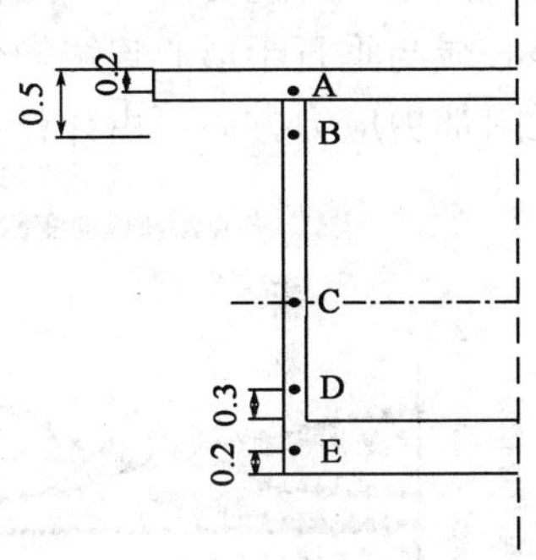

图5 截面剪应力计算点分布图（尺寸单位：m）

(2)成桥状态下，考虑到墩顶区域下弯束较多，轴力从墩顶向跨中逐渐减小，由轴力引起的附加剪应力 $c_1'N$ 在除腹板变厚度段外，也符合这一变化规律。箱梁不同位置处的附加剪应力方向是不同的，相对于底板轴力分量对剪力的平衡作用，顶板及腹板轴力的分量反而增加了截面的剪力，但对墩顶附近的截面而言，梁高变化较剧烈，底板也较厚，底板轴力对剪力的分担作用是十分明显的。

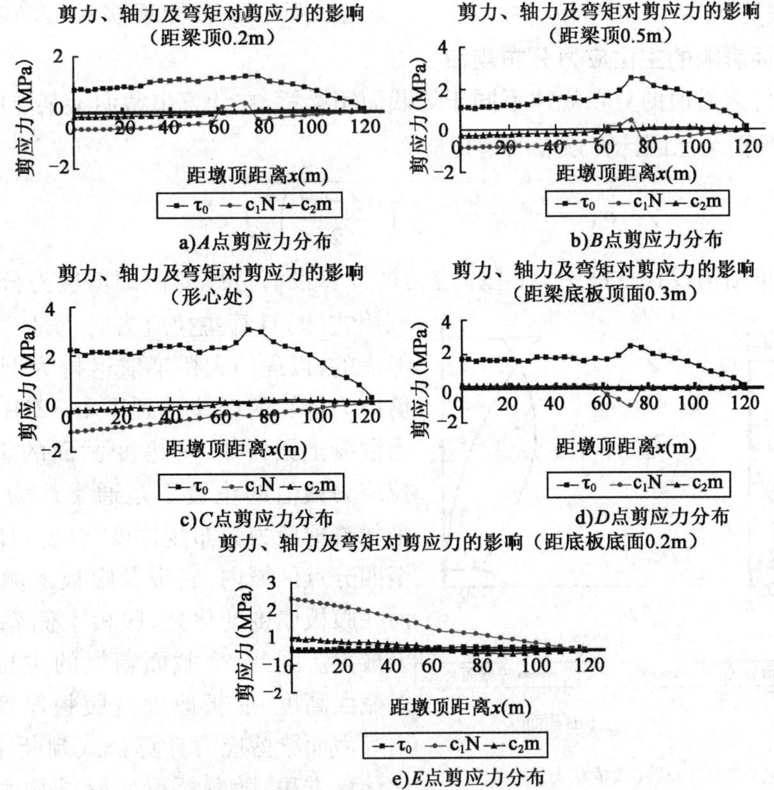

图6 剪力、弯矩和轴力对剪应力的影响沿桥纵向分布图

(3)由于预应力对恒载弯矩的平衡作用,成桥后弯矩较自重作用下大大减小,由弯矩引起的附加剪应力 $c_2'M$ 也明显减小,趋近于零。

成桥状态时,底板剪应力沿桥纵向的分布呈逐渐减小的规律,而腹板及顶板剪应力则是从桥墩至跨中逐渐增大,约在四分点处达到最大值后再向跨中减小。桥梁各截面出现最大剪应力的位置是变化的,从桥墩至四分点处,截面剪应力最大值在底板与腹板下部,在腹板变厚度段,腹板厚度变化导致腹板上部剪应力明显增加,为截面剪应力最大处。在此后至跨中区域内,腹板截面的剪应力分布较为平均,承担了截面上大部分的剪力,截面形心处的剪应力也相应最大。

3. 箱梁附加剪应力方向的判断

为考察变截面箱梁在截面内的剪应力分布,不妨将箱梁截面分为四部分:顶板、顶板下侧至形心处腹板、形心处至底板上侧腹板及底板;其正应力合力分别为 F_1、F_2、F_3 及 F_4 它们在垂直于形心轴的方向上存在一定大小的分力,该分力对剪力起到一定的平衡抵消或增加的作用,产生不可忽略的附加剪应力,使得变截面箱梁剪应力的分布规律不同于等截面梁[10]。以预应力作用下的变截面箱梁为例,将这四个力沿形心线与垂直于形心连线的分解,由图8可以清楚地看出,其垂直分力的方向是不同的,所以,变截面箱梁附加剪应力方向可由计算点的位置及截面的内力状态确定。

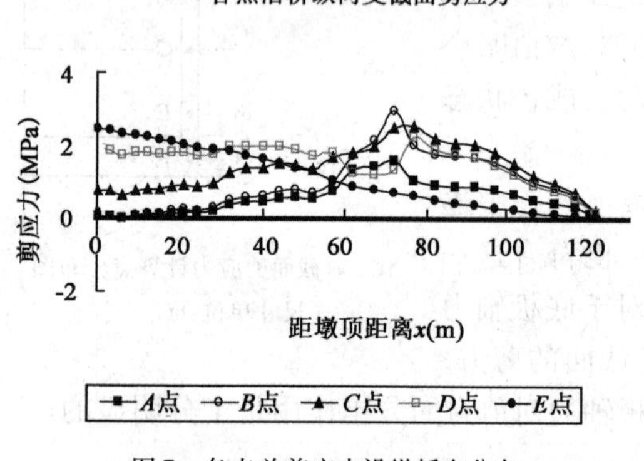

图7　各点总剪应力沿纵桥向分布

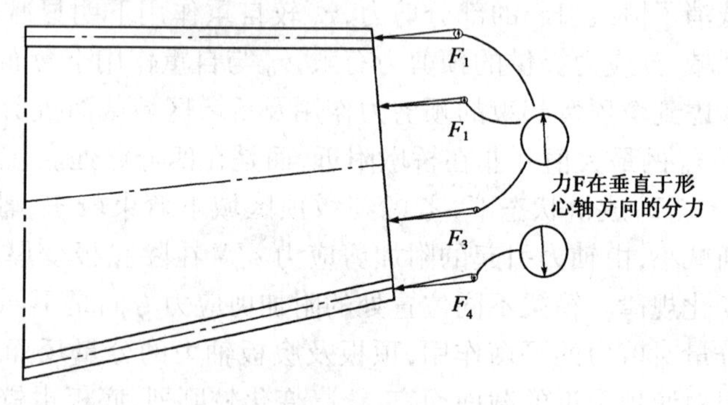

图8　变截面箱梁附加剪应力方向示意图

4. 考虑箱梁变截面影响的主拉应力分布规律

变截面箱梁桥剪应力最值的分布规律不同于等截面箱梁桥,在计算出截面上某点的正应力 σ_x、σ_y 和剪应力 τ_{xy}后,可根据平面摩尔圆计算该点的主拉应力:

$$\sigma_1 = \frac{\sigma_x + \sigma_y}{2} - \sqrt{\left(\frac{\sigma_x - \sigma_y}{2}\right)^2 + \tau_{xy}^2} \tag{9}$$

在目前使用的桥梁结构设计软件中,对主拉应力的计算没有考虑变截面剪应力分布特点的影响,在利用式(9)计算主拉应力时,剪应力均是按等截面梁考虑的,以虎门大桥辅航道桥为例,这种简化方法对剪应力计算的误差达到了1~2MPa。在大跨度预应力混凝土梁桥中,考虑变截面的影响,可以发现,主拉应力最值的位置不是通常认为的截面形心处,而是随着剪应力分布规律变化的。如图9所示,在桥墩至四分点区域内,底板及腹板下侧位主拉应力较大,而在腹板厚度变化处,腹板上侧靠近顶板处,主拉应力最大。因此,变截面箱梁的主拉应力分布需要考虑截面高度、底板厚度及腹板厚度变化的影响。利用等截面梁剪应力计算公式判断主拉应力的这种简化计算方法,随着桥梁实际结构截面特性及受力情

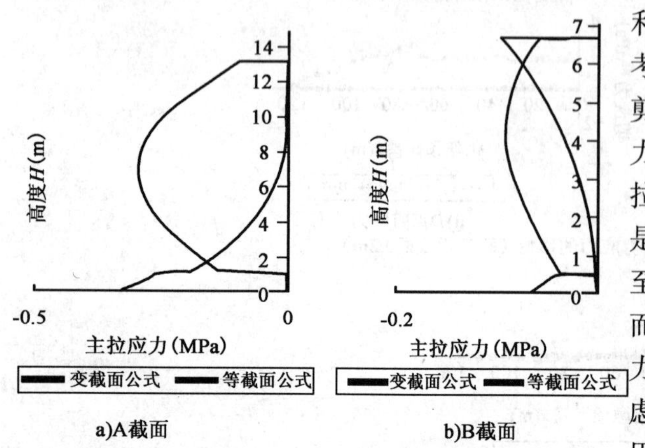

图9　各截面主拉应力分布图(成桥状态)

况的不同,有着很大的不确定性,在某些不利情况下会导致大跨度变截面梁桥在运营后在中跨四分点区域内的腹板下侧裂缝的产生和发展,降低了桥梁的耐久性及长期使用性能。

四、结　语

(1)针对变截面箱梁,给出了考虑腹板厚度、梁高及底板厚度变化的剪应力计算公式,并通过有限元计算加以验证。

(2)通过参数分析研究各变量对剪应力分布的影响规律,探讨了沿桥纵向附加剪应力的分布特点,并从截面不同部位轴力分量的角度,阐述了变截面箱梁不同于等截面梁剪应力分布规律的原因。

(3)变截面箱梁剪应力分布不同于等截面梁,主拉应力最值的位置也相应改变,这在桥梁设计中需引起注意,在拉应力较大处配置足够的抗剪箍筋,抑制剪切裂缝的产生。

参考文献

[1] Timoshenko S P. Strength of materials[M]. New Jersey: D. Van Nosrrand Company,1956.

[2] 孙训方. 材料力学[M]. 高等教育出版社,1993.

[3] Chang S T. Shearing stress due to prestress in variable depth beam[J]. Journal of Structural Division, ASCE,1982,108(7): 1648-1653.

[4] JTG D62—2004. 公路钢筋混凝土及预应力混凝土桥涵设计规范[S]. 2004.

[5] 范家聪. 预应力混凝土变截面梁的剪应力计算[J]. 公路,1983,8:9-14.

[6] 苏俭,刘钊. 变截面波形钢腹板组合箱梁剪应力计算及分布规律研究[J]. 结构工程师,2010,26(6):32-36.

[7] 张元海,李乔. 变截面梁的应力计算及其分布规律研究[J]. 工程力学,2007,24(3):78-82.

[8] 陈亨锦,朱华明. 变截面预应力梁剪应力计算[J]. 桥梁建设,1991,1:59-69.

[9] 刘钊. 桥梁概念设计与分析理论(上)[M]. 人民交通出版社,2010.

[10] Picrre Barras. Prestressed concrete bridges built usind the cantilever method[M]. France. French Public Work Ministry,2008.

134. 预应力混凝土梁后张锚固区的设计计算方法探讨

黄华琪　刘　钊

(东南大学土木工程学院)

摘　要　后张预应力混凝土梁的端部锚区处于复杂的应力状态下,除锚下局部承压以外,尚应关注锚固区应力扩散引起的横向劈裂力及剥裂力。本文介绍了端部锚固区应力分析的一些简化方法,横向劈裂力计算的思路及配筋建议,以及近年发展起来的拉压杆模型法。通过算例,将各种方法得到的锚固区劈裂力、剥裂力等主要结果与有限元计算值进行了对比,分析表明,基于拉压杆模型的端部锚区设计结构概念清晰,拉压区域显示直观,且有较高的计算精度。

关键词　后张预应力混凝土梁　端部锚固区　劈裂力　拉压杆模型

一、引　言

后张预应力混凝土梁的端部锚固区,在强大锚固力的作用下,存在局部承压和应力扩散问题[1]。其端部一倍梁高范围内结构应力状态复杂,称为圣维南应力扰动区,如图1所示。而在我国目前的混凝土桥梁设计规范中,仅有后张锚固区局部承压的定量计算方法[2],对于整个圣维南区的应力分布及其定量计算关注不够。

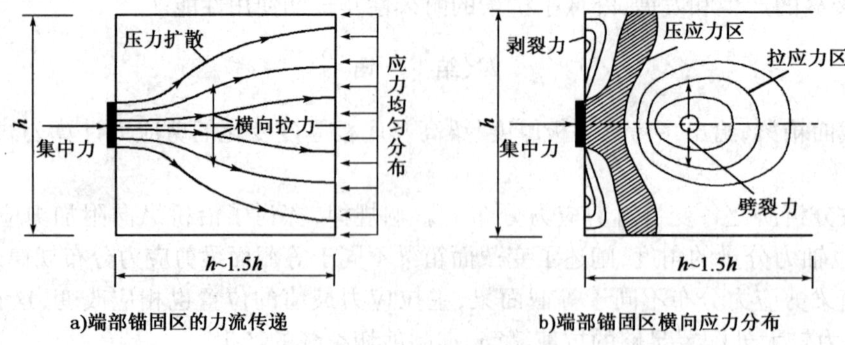

a)端部锚固区的力流传递　　b)端部锚固区横向应力分布

图1　后张端部锚固区受力图示

自预应力混凝土结构诞生以来,国内外学者一直致力于解决后张端部锚固区的设计问题。除了采用弹性理论、有限元分析及试验手段外,还注重提出多种简化分析方法,以方便实用设计。其中,锚下应力扩散引起的横向劈裂力,如图1所示,是研究关注重点的内容。

二战之后,比利时的Magnel、法国的Guyon、英国的Zielinski和Rowe等对该区域的应力计算都提出了各自的定量计算公式。近20年来,国际工程界将后张端部锚固区视为一种典型D区(Discontinuity or disturbance region),并发展了拉压杆模型计算方法[3]。

二、端部锚固区的一些简化设计方法

1.深梁比拟模型法

比利时学者Magnel提出的计算模型[4]是将后张梁的端部锚固区视为一个深梁,现以如图2所示的梁端锚固区为例,来说明该模型的建立与求解方法。

首先,将集中锚固力分解为垂直锚垫板和平行锚垫板作用的分力,在锚固区的另一端,根据平衡原理画出锚固区边界截面上的正应力及剪应力分布,如图2a)所示。接下来,截取图2a)中A点1-1截面之前的区域,逆时针旋转90°,建立如图2b)所示深梁比拟模型,将锚垫板视为深梁下部支承边界,深梁上部承受竖向梯形荷载及水平荷载(竖向梯形荷载为锚固区另一端的等效应力分布f乘以截面宽度,水平荷载为斜向锚固力的竖向分力)。最后,以深梁比拟模型,按结构力学方法计算如图2b)所示2-2截面处的内力M、H、V。图中P代表垂直垫板锚固力分力,H表示竖向锚固分力。

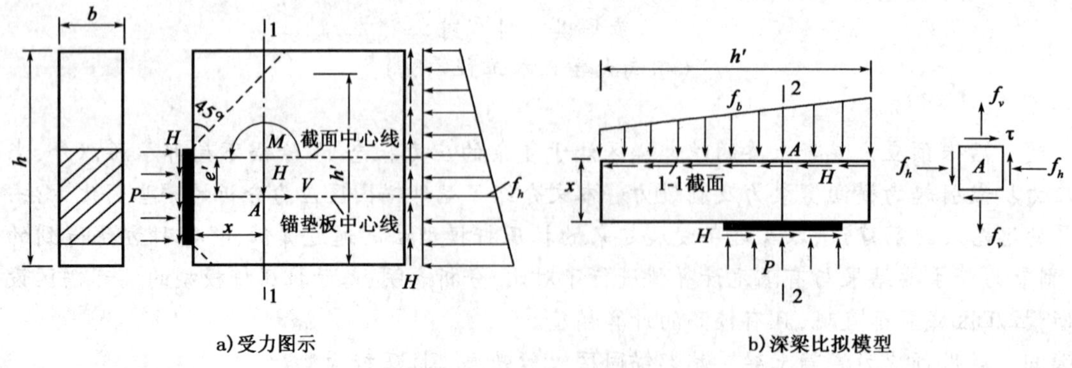

a)受力图示　　b)深梁比拟模型

图2　端部锚固区的深梁比拟模型

在图2b)所示的深梁模型中,由内力表达的A点处正应力和剪应力为:

$$f_v = K_1(M/bh^2) + K_2(H/bh) \tag{1}$$

$$f_h = P/bh(1 + 12e'^2/h'^2) \tag{2}$$

$$\tau = K_3(V/bh) \tag{3}$$

主拉应力为：

$$f_{\max} = (f_v + f_h)/2 + \sqrt{(f_v - f_h)^2 + 4\tau^2} \tag{4}$$

式中：f_v——竖向应力；

f_h——锚垫板中心轴处纵向应力；

τ——剪应力（此时的竖向、纵向皆对应实际结构而言）。

常数 K_1,K_2,K_3 的取值详见文献[4]，其值随计算点距端部的长度 x 而变化。如距端部 $0.5h$ 处，$K_1=-5$,$K_2=2$,$K_3=1.25$。b 为截面宽度，h 为截面高度，$f_{\max}$ 为最大拉应力，e' 为锚固力偏心距，h' 为截面有效高度。在计算纵向应力时，假定集中力按 45°扩散，且计算截面有效高度取扩散轮廓线内高度。

后张端部锚固区在轴心局压状态下，其截面中心线沿纵向的横向应力分布如图 3 所示。Magnel 模型中假定沿锚固力中心线的横向应力分布规律于此相同，并假定锚固区长度为 h，应力零点位于距端部 $0.25h$ 处，最大拉应力距端部 $0.5h$ 处，其值按式(4)计算得到，拉应力按抛物线变化，其劈裂力按式(5)计算：

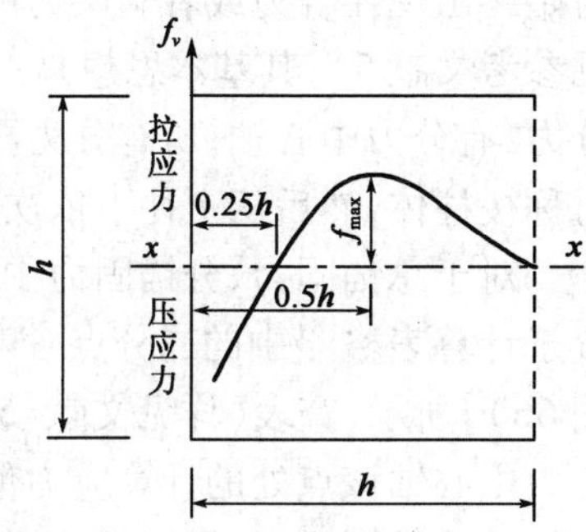

图 3 横向应力沿截面中心线变化曲线

$$F_{bst} = 2/3 f_{\max}(h - 0.25h)b = 0.5 f_{\max} hb \tag{5}$$

Magnel 的深梁比拟模型是以试验为基础，结合材料力学相关经典公式提出的近似计算模型，该模型结构概念清晰，但并未考虑锚垫板宽度与梁高比值的变化对应力零点、最大应力位置的影响。

2. 对称棱柱体法与分层计算法

法国学者 Guyon 对后张端部锚固区的应力分布做了系统的研究[4,5]，通过数值计算和试验研究，制作了用于分析端部锚固区纵向应力、横向应力及剪应力的计算表格，并给出了几种典型荷载状况下，端部锚固区主应力、横向应力的等应力线[5]，直观反映了该区域的应力分布情况。并指出了端部锚固区可能存在的三大拉应力区，如图 4 所示。I 区为力流扩散导致的劈裂力，II 区为多集中力作用下总平衡的拉力区，III 区为边角处的剥裂力。

Guyon 按照锚固力的分布形式，将该区域的应力计算分为两大类：锚固力均匀分布的和锚固力非均匀分布的。该处的均匀分布是指各锚固力对应的端部锚固区外应力的合力位置在各自的锚固力的轴线上，如图 5 所示，此时最大横向拉应力只出现在各自锚固力的轴线上，不满足该条件的为非均匀锚固力。

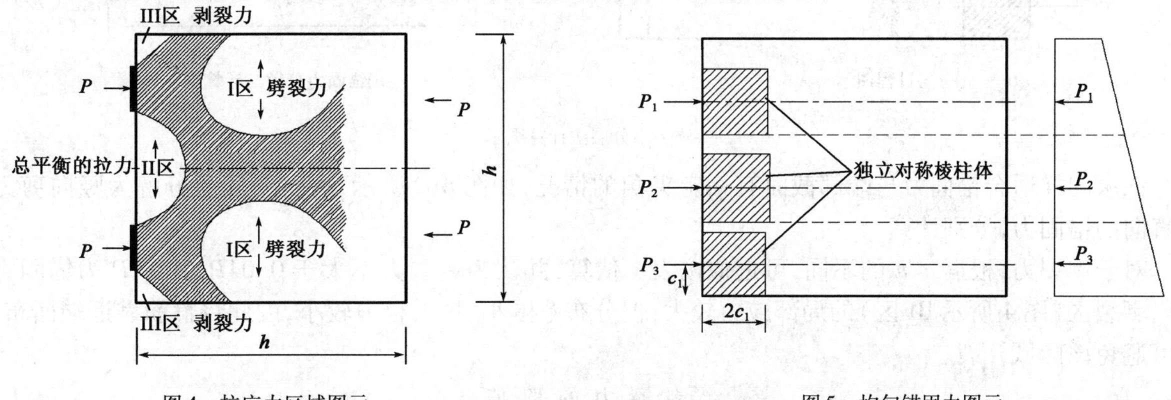

图 4 拉应力区域图示

图 5 均匀锚固力图示

对于均匀锚固力，可采用对称棱柱体法计算。其中棱柱体的高度为锚固力中心与最近自由边距离的两倍；各棱柱体单独计算各自最大拉应力及劈裂力，最大拉应力出现在各对称棱柱体的轴线上，可根据 a/h 值查表[5]得到拉应力零点位置、最大拉应力与平均应力的比值（平均应力 $=P/hb$）及其位置，而对于横向劈裂力则按以下近似拟合公式计算[4]：

$$F_{bst} = 0.3P(1 - a/h)^{0.58} \tag{6}$$

式中：P——锚固力；

a——锚垫板高度；

h——棱柱体高度。

对于非均匀锚固力，可采用分层法计算，如图6所示为该法计算图示。因为端部锚固区的最大拉应力始终出现在合力或者基层力的轴线上，故分层法只计算各轴线上的应力情况（通过查表计算，计算表详见参考文献5），其基本思想是：各个独立的锚固力作为基层力，有其自身中心轴；相邻基层力组合成锚固分力，有分力中心轴；所有分力再组合成总锚固力，得到总锚固力中心轴。再根据各层中心轴确定各层的对称棱柱体，然后从上往下依次计算总锚固力中心轴，分力中心轴及基层力中心轴处的横向应力。

对于总锚固力、分锚固力中心轴上的横向应力按如下方法计算：将各基层锚固力按实际位置分散布置于计算表格[5]中的二分点、四分点和八分点位置（这些点可以直接查表得到合理中心轴处的应力）如图6b）］所示，查表（详见文献［5］）计算各分布力在合力中心轴某计算点上的应力，将这些应力求和即为合力中心轴该点处的计算应力值。对于基层锚固力的横向应力可直接按 a/h 查表计算。

计算劈裂力时，假定拉应力沿纵向按三角形分布，其值按式(7)计算：

$$F_{bst} = 0.5f_{\max}(h - s)b \tag{7}$$

式中：$f_{\max}$——中心轴上最大拉应力；

h——对称棱柱体高度；

s——中心轴上应力零点距端部长度；

b——截面宽度。

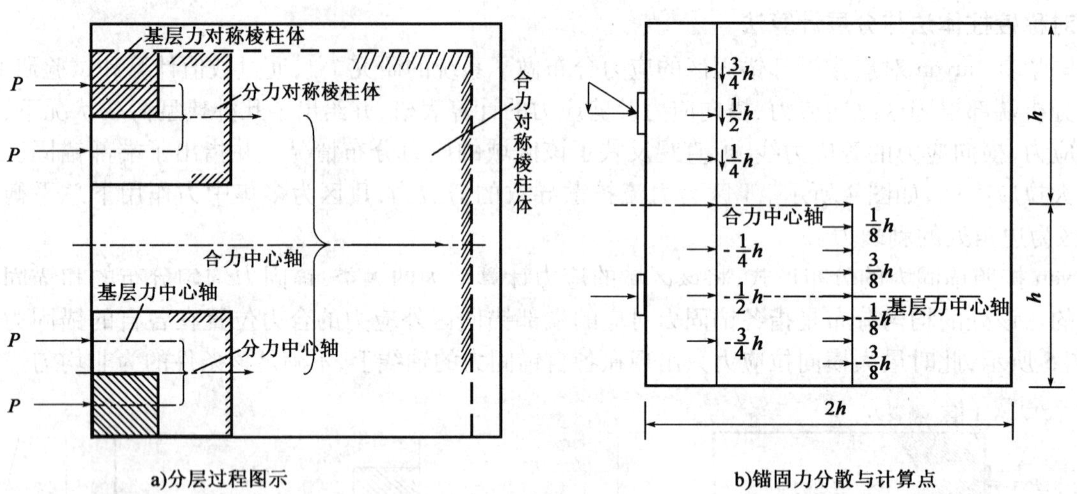

图6　分层法计算图示

该法同样适合锚固力与端部截面有一定夹角的情况，如图6b）所示，可将锚固力分解为竖向剪力和垂直向的锚固力，分别计算。

对于剥裂力，根据 a/h 的不同，可近似按表1估算，并认为剥裂力不大于0.04P，其中 P 为锚固力大小。剥裂区（图4所示III区）的局部应力较大，但分布范围小，拉力合力较小，因此将箍筋靠近端面布置，即可避免该区域开裂。

剥裂力的取值　　表1

a/h	0	0.10	0.25	0.5
剥裂力	0.04P	0.03P	0.025P	0.02P

3. 基于试验的经验公式法

英国学者Zielinski和Rowe采用混凝土棱柱体模拟端部锚固区，研究了锚固区受荷面积与总面积之比、预应力孔道、锚具类型、开裂荷载及极限荷载等因素对端部锚固区应力分布的影响，提出了基于试验研究的最大横向拉应力及劈裂力的经验公式[4]：

$$f_{v(\max)} = f_a[0.98 - 0.825(a/h)] \tag{8}$$

式中：$f_{v(\max)}$——最大横向拉应力；

f_a——平均压应力；

a、h——与前文相同。

该式适用于 a/h 在 0.3～0.7 范围内的情况，此时的劈裂力计算如下：

$$F_{bst} = P[0.48 - 0.4(a/h)] \tag{9}$$

如果考虑混凝土的部分抗拉作用，上式可修正为：

$$F'_{bst} = F_{bst}[1 - (f_t/f_{v(\max)})^2] \tag{10}$$

式中：f_t——混凝土的设计抗拉强度。

Zielinski 和 Rowe 根据试验结果，建议按劈裂力大小计算得到的抗拉分布钢筋应布置于 0.1 倍到 1 倍梁高范围内。

三、基于拉压杆模型的端部锚固区设计

在桁架模型基础上发展而来的拉压杆模型法（strut-and-tie model），被广泛认为是 D 区尺寸拟定和配筋设计的有力工具[3]。美国 AASHTO LRFD 规范将拉压杆模型引入端部锚固区的设计，并将该区域划分为两个区域进行设计[6]：局部区（local zone）和总体区（general zone），如图 7 所示。局部区即为局部承压区，需进行混凝土的局部承压验算；总体区为应力的扩散区，在轴压或小偏心锚固力下，存在劈裂力及剥裂力，在大偏心锚固力下，构件边缘还存在纵向边缘拉力，可以通过构建拉压杆模型计算拉力大小以指导配筋设计。

AASHTO 规范给了劈裂力的简化计算公式为：

$$F_{bst} = 0.25\sum P(1 - a/h) + 0.5\left|\sum P\sin\alpha\right| \tag{11}$$

劈裂力作用点的位置取为：

$$d_{bst} = 0.5(h - 2e) + 5e\sin\alpha \tag{12}$$

式中：e——锚具相对于截面形心的偏心距；

α——锚固力的倾角，其他符号意义同前文相同。

对于剥裂力及纵向边缘拉力的近似算法如下：

(1) 对于中心和小偏心锚固情况，以及对于锚头间距小于截面高度 0.4 倍的多层锚固，剥裂力不应小于预加力的 2%；

(2) 对于大偏心及锚头间距较大的情况下，剥裂力的值需要通过计算分析得到。当所有锚固力的形心位于截面核心以外时，其剥裂力和纵向边缘拉力可按图 8 模型计算。

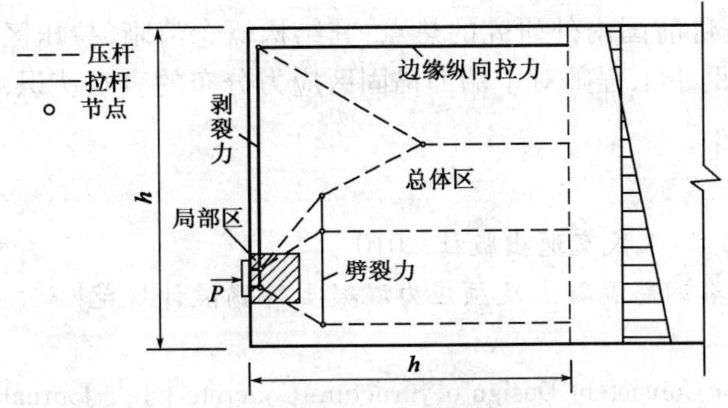

图 7 端部锚固区的拉压杆模型图示

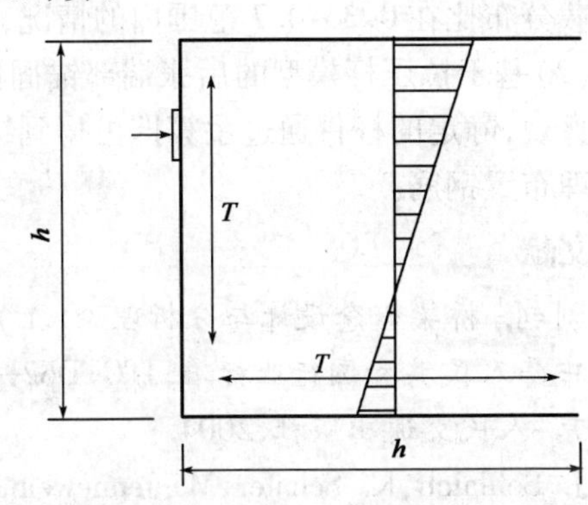

图 8 大偏心锚固时时的计算模型

四、算 例 分 析

某混凝土矩形截面梁的端部受到集中锚固力作用，截面高×宽＝200mm×100mm，100kN的锚固力通过尺寸为100mm×60mm的锚垫板作用于梁端截面中心处。分别采用上述四种分析方法和实体有限元模型，计算端部锚固区的最大劈裂应力f_{max}、中心轴横向应力零点位置s_1、最大劈裂应力位置s_2、劈裂力F_{bst}、剥裂力F_{sp}，将计算结果列于表2。

计 算 结 果　　表2

计算方法	a/h	f_{max}(MPa)	s_1/h	s_2/h	F_{bst}(kN)	F_{sp}(kN)
Magnel法	0.3	2.35	0.25	0.5	23.5	—
Guyon法	0.3	1.65	0.16	0.36	24.4	2.6
Zielinski和Rowe法	0.3	3.66	0.10	0.25	36	—
AASHTO法	0.3	—	—	0.5	17.5	>2
实体有限元	0.3	1.66	0.13	0.33	16.9	1.95

注：有限元结果中的劈裂力及剥裂力由应力积分得到。

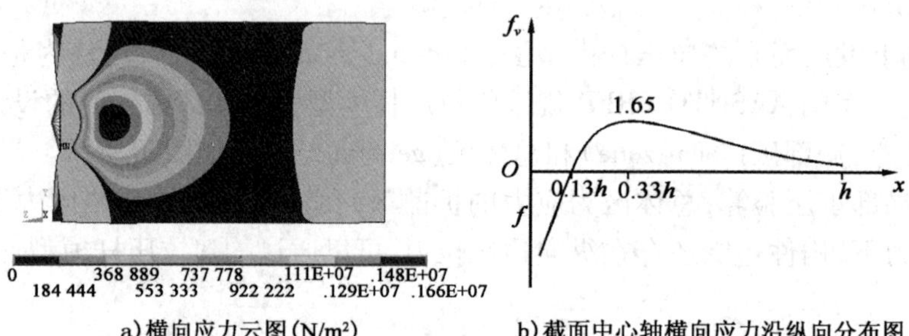

a）横向应力云图（N/m²）　b）截面中心轴横向应力沿纵向分布图

图9　有限元计算结果

分析结果对比表明：Guyon的计算方法对于横向应力零点、最大拉应力及其位置的估算较为准确，但劈裂力与其他早期的设计方法一样过于保守。AASHTO规范基于拉压杆的劈裂力，剥裂力计算结果与有限元结果接近，有较高计算精度，但其劈裂力位置的估算与有限元结果也有一定误差。

五、结　　语

（1）概述了后张端部锚固区的几种简化设计方法及计算过程，并通过算例与AASHTO规范及有限元结果进行对比分析。分析表明，早期基于弹性理论及试验的端部锚固区的简化设计方法有一定的计算精度，但对于劈裂力的计算普遍偏于保守，且在应用上都有其局限性：如Magnel的深梁比拟模型没有认识到荷载分布比对劈裂力的影响；Guyon对于多锚头的计算方法过于烦琐；Zielinski和Rowe的方法仅适用于荷载分布比在0.3～0.7范围内的情况，且计算精度较低。

（2）基于拉压杆模型的后张端部锚固区设计是目前国内外研究的热点，其结构概念清晰，拉压区域显示直观，静定的杆件通过手算即可得到结果。有助于工程师对于端部锚固区应力分布的直观认识，以便合理布置钢筋。

参考文献

［1］刘钊．桥梁概念设计与分析理论（上）［M］．北京：人民交通出版社，2010.

［2］中华人民共和国行业标准．JTG D62—2004公路钢筋混凝土及预应力混凝土桥涵设计规范［S］．北京：人民交通出版社，2004.

［3］J. Schlaich，K. Schafer，M. Jennewein. Toward a Consistent Design of Structure Concrete［J］. Journal of the Prestressed Concrete Institute，1987，32（3）：74-150.

[4] N. Krishna. Prestressed concrete[M]. McGraw Hill,2006.
[5] Y.居易翁著,葛守善译. 预应力混凝土理论与实验研究[M]. 上海:上海科技出版社,1965.
[6] American Association of State Highway and Transportation Officials. AASHTO LRFD bridge design specifications[S]. 4th ed. Washington,D. C. ,2007.

135. 预应力混凝土连续梁桥设计的主要因素分析

张 楠 雷俊卿
(北京交通大学)

摘 要 本论文以京沪高速铁路某预应力混凝土连续桥作为工程背景,以控制桥梁的挠度为标准,对桥梁设计的主要因素进行研究,采用有限元理论对连续梁桥的受力特点进行计算分析。设计主要考虑的因素荷载有:自重、温度梯度、支座沉降、二期荷载(均布荷载)、移动荷载等对桥梁挠度的影响。为同类桥梁的设计提供参考。

关键词 预应力混凝土桥梁 挠度 高速铁路 有限元计算 结构分析 主要影响因素

一、引 言

随着我国的国民经济迅速发展,对于交通运输能力的要求不断提高,许多桥梁的实际承载能力超过了设计能力,桥梁的老化和功能退化呈现加速趋势。为确保桥梁的结构安全,实施经济合理的维修计划,实现安全经济运行,对桥梁进行全寿命设计分析势在必行。而在设计阶段,分析桥梁结构设计的主要影响因素,特别是量大面广的预应力混凝土连续梁桥是非常必要的。本文针对高速铁路的预应力混凝土连续梁桥的主要设计因素进行分析和研究,以其对同类桥梁起到技术参考的作用。

二、依托的工程背景

京沪高速铁路起始北京南站,终到上海虹桥站。线路走行于中国东部沿海经济最发达地区,两端连接我国两个较大的经济带——环渤海经济带和沪宁杭长江三角洲经济带,途经北京、天津、河北、山东、安徽、江苏、上海共7省市,连接北京、天津、济南、徐州、南京、上海,六大铁路枢纽。常用跨度梁桥总长度为956km,占桥梁总长的90% ,对京沪高速铁路桥梁工程以致整体工程建设起到关键作用。针对不同地质条件、施工方法,选择不同梁型、梁跨,对常用跨度桥梁进行综合技术经济比较,京沪高速铁路桥梁形式以预应力混凝土整孔简支箱梁为主,以小跨度连续梁为辅,常用桥梁跨度以32 m跨度为主,辅以24m、20m配跨。为了保证桥上轨道的平顺性,对预应力混凝土梁部结构的徐变上拱度和桥梁基础的工后沉降提出了更加严格的要求。

本次研究的桥梁是5×24m预应力混凝土连续梁桥,它属于小跨度连续梁桥,小跨度连续梁适宜在地质条件较好,基础沉降相对容易控制时采用。主要技术指标包括:

(1)桥梁按直线、平坡设计。

(2)桥梁考虑ZK列车荷载、支点不均匀沉降(相邻支点间0.01m)、温度模式一(梁体整体升温20℃)、温度模式二(桥面板局部升温5℃)。

为了保证桥上轨道的平顺性,对预应力混凝土梁部结构的徐变上拱度和桥梁基础的工后沉降提出了更加严格的要求。

三、研究问题的提出

通过阅读和调研大量相关的科技文献与资料,了解到影响高速铁路预应力混凝土连续梁桥挠度的主要因素,再根据京沪高速铁路的实际情况分析、筛选主要因素进行分析研究。所研究的主要因素包括:自重、温度、支座沉降、移动荷载、二期荷载等。使用桥梁有限元软件 MIDAS 对桥梁建模并分别添加各个因素,得到各个因素分别对桥梁挠度的影响。

桥梁挠度是判定桥梁结构安全稳定的重要参数,也是桥梁安全性评价的一项重要指标。桥梁的挠度与桥梁的承载能力及抵御地震等动荷载的能力有密切的关系。挠度与荷载大小、构件截面尺寸以及构件的材料物理性能有关。挠度过大会影响桥梁的行驶舒适性和安全性,同时对桥梁的景观效果产生危害,进一步影响了桥梁的安全性和使用寿命。在运营阶段都会出现不同程度的跨中下挠现象。究其原因,以下几种为其下挠的主要原因:①钢束预应力损失;②汽车反复作用和汽车超载;③混凝土的收缩徐度;④结构刚度降低。挠度过大会进一步加剧箱梁底板开裂,而箱梁梁体裂缝增多使结构的刚度降低,进一步的加剧了跨中下挠。挠度过大不仅导致养护费用的大幅增加,破坏桥梁的美观,更重要的是造成桥梁交通运营和结构安全度的降低。

四、有限元建模计算分析

有限元法的基本思想最早出现于20世纪40年代初期,但是直到1960年,美国的克拉夫在一篇名为“平面应力分析的有限元法”中首次使用“有限元法”这个名词。20世纪60年代末70年代初,有限元法在理论上已基本成熟,并陆续出现商业化的有限元分析软件。

桥梁结构是一种复杂的空间结构,为了使结构分析更接近其真实工作状况,最好同时考虑桥梁承受荷载的空间三维分布,把它们模拟成由梁、板、壳和三维实体单元等组成的组合结构模型,但若按此模型进行内力计算分析,其工作量是非常浩大的。现代计算机和软件系统的发展,虽然为这种分析工作提供了可行性,但计算时间和费用将是十分可观的,亦无必要。因此,对于实际所需的结构内力分析计算,只要在满足设计需要的精度前提下,对计算模型进行合理的假设和简化是非常必要的。

对于复杂的桥梁空间结构,抓住影响结构设计的主要因素,简化计算图式,以得出较为真实的结构主要内力分布情况,是建立结构计算图式的主导思想。对于桥梁结构而一言,最主要的是结构纵向的受力分析计算,而将纵向分析模型近似地处理成杆件系统,从设计需要的精度出发是完全可行的。

采用杆系结构有限单元法分析时,首先要将结构划分为有限个杆件单元,这些单元在节点上相互联结,构成一个与真实结构等价的计算模型,即将真实的复杂空间结构模拟为平面的杆件系统,这个过程称为结构的离散化。结构离散后计算模型应尽量符合实际结构的构造特点和受力特点,结构关系的确定应尽量反映材料的性质,以保证计算结果的真实性,并遵循以下基本原则:

(1)在合理模拟的前提下,应尽量减少节点数目,减少未知量数量,以缩小计算规模,节省时间和计算机空间。

(2)杆件单元的划分,应根据结构的构造特点、实际问题的需要以及计算精度的要求来决定,用来划分单元的节点应该包括构件的转折点、交接点、截面变化点由于杆系结构有限元程序的计算结果是以节点位移及内力形式输出的,故在进行节点划分时,应该根据设计需要验算的截面以及求算影响线的作用点的要求,来确定所需增加的中间节点。

(3)模型的建立要保证体系的几何不变性,特别是在复杂的体系转化过程中更应注意,同时要避免与实际结构受力不符的多余联结。

本计算的桥梁为:5跨24m高速铁路预应力混凝土桥梁,在1/4跨、1/2跨、变截面关键位置建立节点,其余每2m建立一个节点。5跨24m的预应力混凝土桥共划分了63个节点,62个单元,10个变截面。梁部设为C50混凝土,预应力钢筋选用1860MPa高强度钢绞线。边界条件的选取为:一共有6个支座,其中有一个是固定铰支座。所建立的计算模型如图1所示。

荷载的选取:根据提供的资料要建立自重、单元温度、单元梯度、强制位移、桥面铺装等静力荷载工况。

温度荷载包括单元温度荷载和温度梯度荷载。单元温度荷载是按最终温度和初始温度的差计算的。

根据工程的要求,本设计中的单元温度为20℃。温度梯度分析适用于具有弯曲刚度的单元,梁单元需要输入沿单元局部坐标系 y 轴和 z 轴方向截面边缘间的距离和温度差。

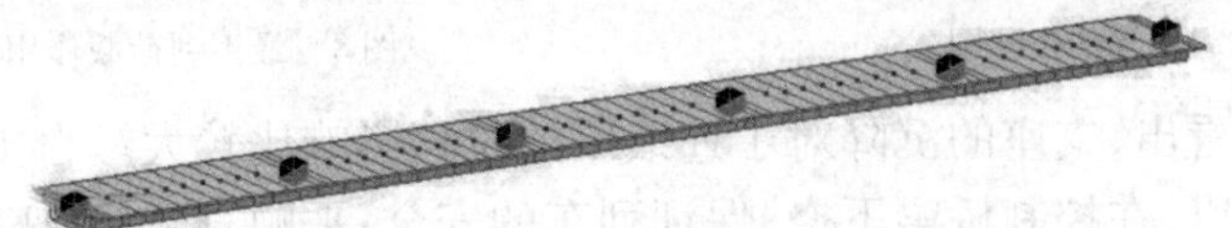

图1 高速铁路5跨24m预应力混凝土连续梁桥有限元计算模型

$$M = \alpha EI\frac{\Delta T}{h} \tag{1}$$

式中:α——线性热膨胀系数;

E——弹性模量;

I——绕梁单元相应中和轴的惯性矩;

ΔT——单元两边缘(最外面)间的温度差;

h——单元截面两边缘间的距离。本设计选择的是梁单元类型,上下表面的温度差是5℃。左右的温度没有在考虑的范围内。

支座节点强制位移是考虑到桥梁在运营中的支座的不均匀的沉降引起的桥梁的内力。考虑到在第三个支座处对桥梁的位移影响最大,所以在第三个支座处设定沉降相对位移为-10mm。

二期荷载是桥面铺装,可以加在单元均布荷载中,荷载大小是16kN/m。

车辆活荷载。根据中国的高铁的设计规范,对高速铁路桥可采用ZK活载(图2)。

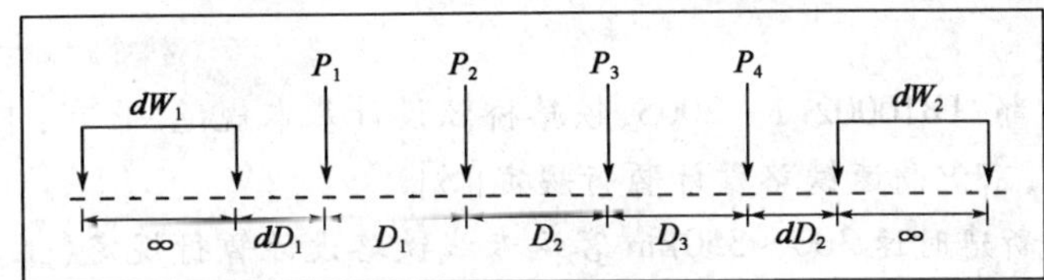

图2 中国高速铁路ZK活载

各个荷载下的位移影响的计算:将建立好的模型运行计算,可以得到各种荷载总用下引起桥梁的位移图。以下是各种荷载引起桥梁的变形位移,即为连续梁的挠度图,见图3~图8。

为了保证桥梁在运营阶段线性的平顺性,在施工过程是通过设置拱度来解决的。设置施工预拱度主要是为了消除在施工过程中各种荷载作用下桥梁产生的变形。温度是影响主梁挠度的主要因素。温度变化包括季节性温变和日温变化两个方面。日温变化比较复杂,尤其是日照作用,会引起箱梁顶,底板温度差,使主梁产生挠曲变形,同时,也会引起墩身偏移。支座沉降桥梁的不均匀沉降量过大会造成线路的平顺性较关差,从而引起列车振动,轮轨动力腹胀增大,导致列车通过时产生巨大的冲击力;在高速行车条件下,列车平稳、舒适、安全性指标方面下降严重,甚至导致列车脱轨。

成桥预拱度的设置是为了消除桥梁在竣工后的后期运营过程中所产生的收缩和徐变,后期的预应力损失以及汽车等活载作用下对桥梁产生的变形。由于混凝土材料本身的非均质和材料特性的不稳定性,桥梁易受到外界温度、湿度、时间等因素的影响,使得箱梁的内力和位移发生变化,偏离设计值,尤其是收缩徐变效应的影响大,持续时间长,可能导致运营阶段结构应力和线形不能满足设计要求。

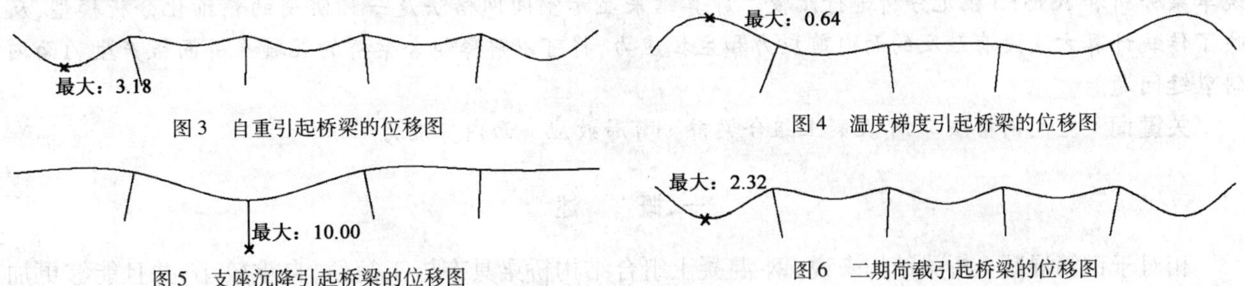

图3 自重引起桥梁的位移图

图4 温度梯度引起桥梁的位移图

图5 支座沉降引起桥梁的位移图

图6 二期荷载引起桥梁的位移图

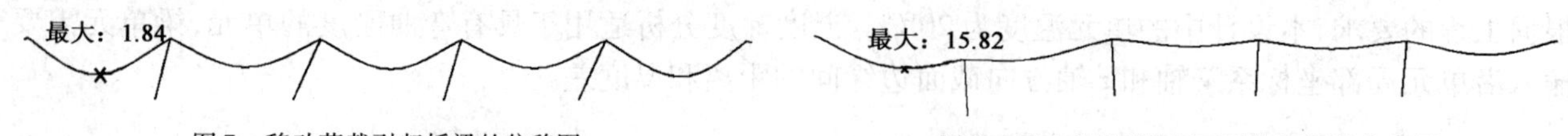

图7　移动荷载引起桥梁的位移图　　图8　最不利荷载作用下引起桥梁的位移图

由上图对比分析可以看出，支座的沉降对于连续梁的位移影响比较大。自重、温度梯度、移动荷载等因素的影响相较次之。所以，在控制桥梁下挠，保证列车的安全、平顺，控制支座的沉降尤为重要。

五、结　　语

通过有限元建立模型模拟计算分析5×24m预应力混凝土连续梁桥，通过各种施加荷载研究桥梁的挠度变化的影响。经过计算分析得出结论：在预应力混凝土连续梁桥设计中，自重、温度、支座沉降、移动荷载、二期荷载对桥梁的挠度都有影响，而其中支座不均匀下沉影响的因素较大。建议在高速铁路连续梁桥的设计和施工中应采取如下措施：

（1）应该严格限制基础和支座不均匀沉降的发生。客运专线无砟轨道的永久变形，通常只能通过扣件进行调整以恢复其正常的几何形状，而扣件的调整量非常有限。目前的要求是在无砟轨道施工完成后，墩台均匀沉降量不超过20mm，相邻墩台的沉降差不超过5mm。

（2）选择早晨太阳出来之前对挠度进行观测，可以有效地消除日照温差的影响。但是考虑到日照温差不可能完全避免，所以在桥上布置测点，适时观测，并分析箱梁日照温差的情况，从而为合龙提供适宜的温度，保证结构的受力和线形满足设计要求。

（3）成桥预拱度的设置要充分考虑到混凝土收缩徐变对于桥梁线形的影响。

参考文献

[1] 中华人民共和国铁道部. TB10002.1—2005. 铁路桥涵设计基本规范. 北京：中国铁道出版社，2005.
[2] 铁建设[2004]157号，京沪高速铁路设计暂行规定[S].
[3] 铁建设[2007]47号，新建时速300～350km客运专线铁路设计暂行规定(上、下)[S].
[4] 孙树礼. 京沪高速铁路桥梁工程[J]. 铁道标准设计，2008(6).
[5] 王召祜. 京沪高速铁路桥梁设计[J]. 铁道科学与工程学报2005(8).
[6] 李义兵. 客运专线铁路桥梁设计新理念[J]. 铁道标准设计，2007(2).
[7] 雷俊卿. 大跨度桥梁结构理论与应用. 北京：清华大学出版社，北京交通大学出版社，2007.

136. 空间网格法分析钢-混凝土组合梁桥

徐志民　徐　栋
（同济大学桥梁工程系）

摘　要　本文针对具有薄壁特性的组合梁桥，应用空间网格法对钢-混凝土组合结构桥梁的剪力滞效应进行分析研究，通过分析纵横向单元不同的内力和应力分布，获得混凝土顶板的剪滞效应，并且与传统单梁分析和ANSYS板元分析进行比较。计算结果显示空间网格法是一种实用的精细化分析模型，反映了传统计算方法没有触及的面内剪应力和主拉应力，将可以解释组合梁桥的混凝土桥面板产生的面内斜裂缝问题。

关键词　空间网格法　钢-混凝土组合梁桥　剪滞效应　面内剪应力

一、概　　述

相对于钢筋混凝土桥梁结构来说，钢-混凝土组合结构桥梁具有施工简便，自重较小，并且能够更加合理的利用钢材与混凝土材料两种材料各自的优势,使其具有跨越能力大,造型优美等特点,在大跨度桥梁中经常被选作主梁的典型截面形式。传统的初等梁理论计算方法大多采用单主梁模型,利用有效分布宽度和换算截面的办法,对组合梁进行分析和设计,但是此种计算方法忽视了主梁内力和应力分布的空间特点,即混凝土桥面板的面内主应力。

采用空间网格方法及块体有限元的方法可以对复杂的桥梁结构进行更加精细化的分析计算。本文针对钢-混凝土组合结构桥梁,分别采用空间网格单元和板壳单元,利用有限元分析软件 WisePlus 和 Ansys 进行分析和研究。

二、剪力滞现象的成因

初等梁理论在分析桥梁弯曲时,其基本假定之一为平截面假定,即不考虑剪切变形对纵向位移的影响,由此计算的正应力沿横桥向是均匀分布的。但在实际受力过程中,薄壁结构在承受剪力和扭矩作用时,剪应力沿薄壁厚度方向是均匀的,而沿周边的分布是不均匀的,产生不均匀的剪力流。弯剪作用时,结构通过腹板向顶板传递横向力和剪力流。由于顶板剪力流横向分布的不均匀性,由此导致顶板产生的剪切变形和纵向位移也不均匀,使得远离腹板的顶板纵向位移滞后于腹板附近的顶板纵向位移,所以正应力的横向分布也呈曲线形状。这种由于翼板的剪切变形造成的弯曲正应力沿横向分布不均匀的现象称为剪力滞现象。

顶板正应力的分布规律与剪应力的变化密切相关,即顶板正应力的分布不是简单的初等梁理论中计算出的均匀分布应力,而是沿横向曲线分布的。

对于剪力滞现象的描述,用到的表征指标为剪力滞系数。假定初等梁理论计算出的应力为 $\bar{\sigma}$,而实际截面上发生的应力为 σ,则定义:$\lambda = \dfrac{\sigma}{\bar{\sigma}}$

式中:λ——剪力滞系数。

沿横向剪力滞系数 λ 是变化的,特别需要关注的是腹板与顶板相交处:$\lambda^e = \dfrac{\sigma_{\max}}{\bar{\sigma}}$。其中,若 $\lambda^e \geqslant 1$,则称为正剪力滞;$\lambda^e < 1$,则称为负剪力滞。

对于窄翼缘的桥梁来说,剪力滞效应不明显,可以根据现有的规范进行有效分布宽度的折减计算。但是对于大型复杂桥梁来说,其腹板之间的距离较宽,剪力滞现象显著,因此其混凝土顶板的正应力分布沿横桥向是不均匀的,设计计算中需要加以注意。同时,以往设计和计算中,只关注了顶板和腹板的正应力及腹板的剪应力,对于顶板的剪应力和剪力流都未加以关注,由此在设计配筋过程中,对于顶板的面内的主应力也未加考虑。由此可能会导致由于主应力超标引起的破坏,在两片腹板之间的混凝土顶板出现由于主拉应力产生的斜向裂缝。这无法由常规的采用有效分布宽度的钢-混凝土组合梁理论进行解释。

三、空间网格法分析剪力滞效应

现在常用的计算方法一般主要是传统的单梁模式建模,即以初等梁理论为基础,将结构简化为平面受力模型;以及实体模型分析方法,通过空间块体的有限元分析,得到所需的内力和应力指标。

以上方法在实际工程和工作中都得到了广泛的应用。其中,单梁模型易于计算和分析结构的整体受力情况,得到的总体内力结果实用,建模过程简单。但是没有考虑结构的空间受力特点和效应,对于复杂桥梁结构,特别是具有明显的薄壁结构效应特点的结构来说,一些关键效应无法显现。块体模型能够完整的显示出结构的空间受力效应,可以得到所关心的各种结构指标。但是此种方法,建模过程复杂繁琐,输出结果往往需要加以处理才能应用到设计工程当中。空间网格法介于上述两种方法之间,综合了两种方法的优点,既能够方便建模和理解,又能够显示出结构的空间受力特点,是一种实用的精细化分析模型。

空间网格法的应用,是基于以下的基本思想的[1]:几乎所有复杂的桥梁结构都可以离散成不同的“板”构成,这些“板”单元的划分更多地依赖于构件的受力类型和计算需要。例如双主梁的组合梁可以离散成混凝土材料的顶板单元和钢材料的腹板单元。而其中每一个板单元又都可以由十字交叉的正交梁格组成,其中各方向的单元的刚度与单元所实际代表的构件部分刚度相同。可以根据实际受力添加特殊单元,例如刚臂单元和虚梁单元。这样一片"板"单元就可以离散成由正交梁格组成的"网格",利用此种离散和组合方法,就可以把复杂的空间桥梁结构用空间网格来表达。

对于双主梁的组合梁来说,通过空间网格法进行划分,混凝土顶板就最终可以离散成网格模型,钢主梁可以采用单梁模拟。钢主梁单元与混凝土顶板纵向单元,通过刚臂单元来进行连接。图1是一个钢-混凝土组合梁节段;图2是对组合梁的空间网格划分示意。

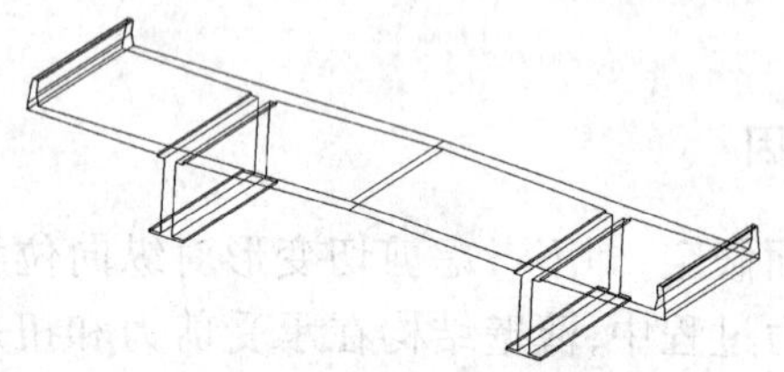

图1　一个钢-混凝土组合梁区段

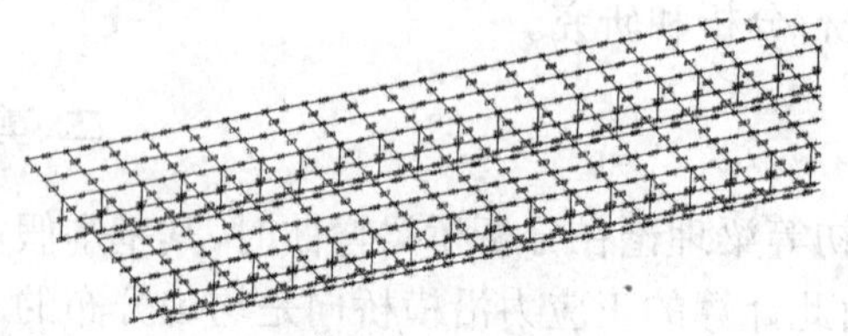

图2　对组合梁空间网格划分示意

在数值积分的过程中,中点积分法思想被广泛的加以应用。实际积分过程中,常采用复合中点积分方法,来近似代替数值积分结果。对于顶板正应力的分布规律,可以采用类似的方法,即以有限的划分单元来模拟整体的分布效果。在空间网格法数据结果的分析过程中,利用复合中点积分法的思想,将曲线划分为若干等分,然后利用等分部分的平均受力情况来模拟曲线分布。可以采用此种方式,将顶板沿横向划分为若干个纵条,然后利用纵向梁单元的截面正应力的分布,来模拟顶板的剪力滞效应。具体应用如图3所示。

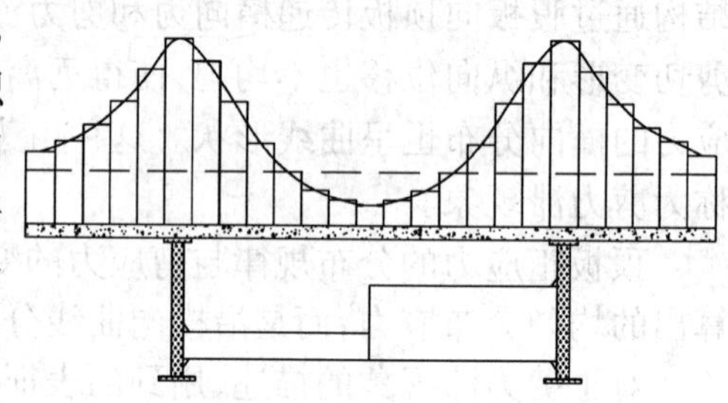

图3　由空间网格表达的钢-混凝土组合截面剪力滞效应

利用此种方法避免了传统计算剪力滞的方法,如能量变分法等方法中繁杂的计算和积分过程,并且可以充分的利用有限元软件的优势,考虑施工过程、混凝土徐变收缩以及活载加载效应等等,是实用的精细化分析方法。

四、模型与计算结果

本文选择了一座跨径为60m的组合简支梁桥。主梁断面为双主梁形式,钢梁采用工字钢梁,其具体断面图如图4所示。

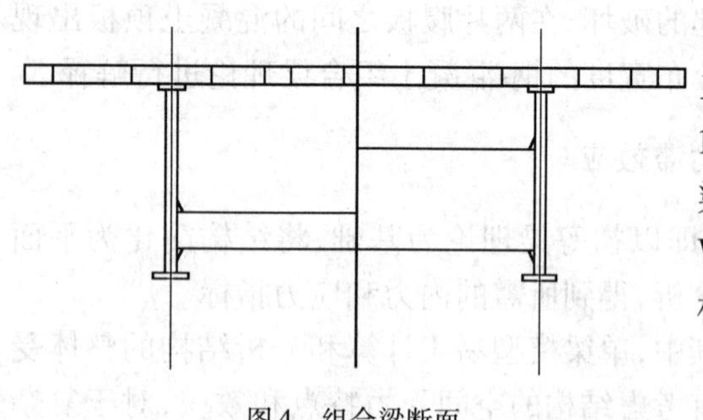

图4　组合梁断面

桥梁结构和材料基本信息如下:计算跨径:60m简支双主梁组合梁桥;混凝土强度等级:C50 弹性模量 $E_b = 3.45 \times 10^4$MPa;钢材:Q345 弹性模量 $Est = 2.06 \times 10^5$MPa。针对此梁,进行恒载作用下桥梁结构的受力分析,使用有限元软件WisePlus建立组合梁桥空间网格模型。利用Ansys软件建立板、梁单元组合模型。

1. 换算截面法计算混凝土顶板正应力

按照初等梁理论,利用换算截面法,计算混凝土顶板中间面层上的平均应力 σ。利用空间网格法,分析混凝土顶板纵向单元的中面层的应力情况。

换算截面法计算混凝土顶板正应力过程如下:假定混凝土顶板和钢梁的连接连续且牢固,组合梁弯曲时,截面符合平面变形假定,材料服从胡克定律,处于弹性受力阶段。

引入两种材料的弹性模量之比: $n_0 = \dfrac{Est}{E_b} = 5.971$;计算时,在相同位置上将混凝土截面换算成等价的钢截面,保证此处应变和总的内力相等,即:

$\varepsilon_c = \frac{\sigma_c}{E_c} = \varepsilon_{st} = \frac{\sigma_{st}}{E_{st}}$ 及 $F_c = \sigma_c \times A_c = F_{st} = \sigma_{st} \times A_{st}$。

得 $A_{st} = \frac{\sigma_c}{\sigma_{st}} \times A_c = \frac{E_c}{E_{st}} \times A_c = \frac{1}{n_0} \times A_c$。经过计算,得到的混凝土顶板换算截面面积为:$A_{st} = \frac{A_c}{n_0} = \frac{22.6 \times 0.3}{5.971} = 1.1355\ \mathrm{m}^2$;组合梁的换算面积为:$A_i = A_{st} + \frac{A_c}{n_0} = 3.9555\mathrm{m}^2$。

组合梁换算截面重心至混凝土顶板和钢梁两个重心的距离分别为 a_c 和 a_{st}:

$$a_c = a \times \frac{A_{st}}{A_i} = 1.2712\mathrm{m};\ a_{st} = \frac{a \times \frac{A_c}{n_0}}{A_i} = 0.5118\mathrm{m}$$

组合梁的截面换算截面惯性矩为:

$$I_i = I_{st} + \frac{I_c}{n_0} + \frac{A_c}{n_0} \times a_c^2 + A_{st}a_{st}^2 = 5.3885\mathrm{m}^4$$

作用在梁上的弯矩 M 可以分解为混凝土顶板和钢梁承担的弯矩 *Mc* 及 *Mst*,以及由分别作用在两者之上的轴向力 *N* 所构成的力偶 *Na*,则有:

$$\left.\begin{aligned} M &= M_b + M_{st} + Na \\ N &= N_{st} = -N_b = M\frac{a_c A_c}{n_0 I_i} \\ M_b &= M\frac{I_b}{n_0 I_i}, M_{st} = M\frac{I_{st}}{I_i} \\ N &= M\frac{A_i a_c a_{st}}{I_i a} \end{aligned}\right\}$$

当组合梁桥弯曲变形时,混凝土顶板的正应力计算值为:$\sigma_c = \frac{n_c}{A_c} + \frac{M_c y_b}{I_b}$;计算得到混凝土顶板中面层的正应力为:

跨中处:$\overline{\sigma_c} = 7.8186\mathrm{MPa}$;l/4 处:$\overline{\sigma_c} = 5.8593\mathrm{MPa}$

2. 空间网格法建模计算结果

以 1/4 跨径位置顶板的中面层正应力分布为例。中面层的正应力平均值 $\overline{\sigma} = 5.8593\mathrm{MPa}$。计算混凝土顶板各纵向单元剪力滞系数如表 1 所示。

1/4 处,剪力滞系数计算 表 1

横向位置	中面层正应力(MPa)	剪力滞系数	横向位置	中面层正应力(MPa)	剪力滞系数
10.825	-5.651	0.964	-0.9	-5.444	0.929
9.9	-5.687	0.971	-1.8	-5.488	0.937
9	-5.753	0.982	-2.7	-5.562	0.949
8.1	-5.849	0.998	-3.6	-5.664	0.967
7.2	-5.969	1.019	-4.5	-5.795	0.989
6.3	-6.065	1.035	-5.4	-5.945	1.015
5.4	-5.945	1.015	-6.3	-6.065	1.035
4.5	-5.795	0.989	-7.2	-5.969	1.019
3.6	-5.664	0.967	-8.1	-5.849	0.998
2.7	-5.562	0.949	-9	-5.753	0.982
1.8	-5.488	0.937	-9.9	-5.687	0.971
0.9	-5.444	0.929	-10.825	-5.651	0.964
0	-5.429	0.927			

混凝土顶板各纵梁正应力横桥向的分布如图5所示。

其中腹板与顶板相交处,剪力滞系数最大为1.035,此处截面处于正剪力滞状态;顶板中间位置剪力滞系数为0.927。

3. 板、梁单元组合建模计算结果

利用Ansys程序对上述例子进行有限元分析,采用Shell63单元模拟混凝土顶板,利用Beam4单元模拟钢主梁,两者之间加刚臂单元进行连接。提取1/4跨径处混凝土顶板中层面位置处节点的正应力。利用程序计算结果与初等梁理论计算的结果相比较,得出剪力滞系数,如表2所示。

1/4处,剪力滞系数计算 表2

横向位置	中面层正应力(MPa)	剪力滞系数	横向位置	中面层正应力(MPa)	剪力滞系数
-11.3	-5.5264	0.943	0.9	-5.4493	0.930
-10.3	-5.5754	0.952	1.8	-5.4942	0.938
-9.3	-5.6606	0.966	2.7	-5.5689	0.950
-8.3	-5.7816	0.987	3.6	-5.6734	0.968
-7.3	-5.9398	1.014	4.5	-5.8076	0.991
-6.3	-6.1513	1.050	5.4	-5.9677	1.018
-5.4	-5.9677	1.018	6.3	-6.1513	1.050
-4.5	-5.8076	0.991	7.3	-5.9398	1.014
-3.6	-5.6734	0.968	8.3	-5.7816	0.987
-2.7	-5.5689	0.950	9.3	-5.6606	0.966
-1.8	-5.4942	0.938	10.3	-5.5754	0.952
-0.9	-5.4493	0.930	11.3	-5.5264	0.943
0	-5.4344	0.927			

剪力滞系数沿横桥向的分布如图6所示。

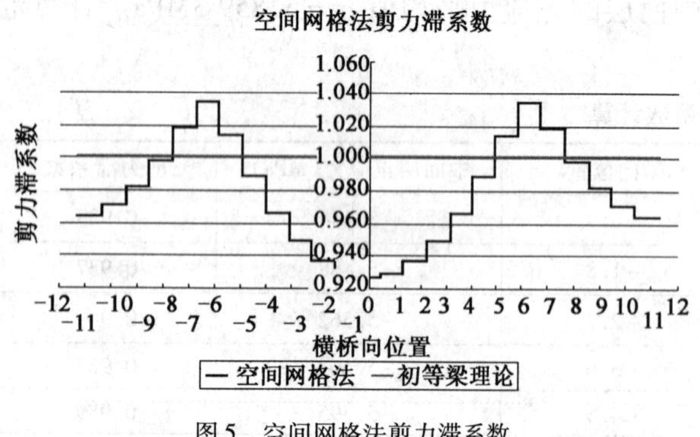

图5 空间网格法剪力滞系数

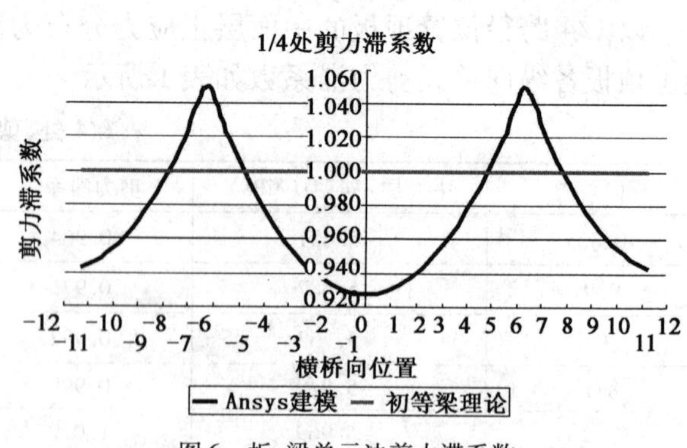

图6 板、梁单元法剪力滞系数

其中腹板与顶板相交处,剪力滞系数最大为1.050,此处截面处于正剪力滞状态;顶板中间位置剪力滞系数为0.927。

4. 两种建模方法的计算结果比较

两种建模方法计算的剪力滞系数结果,以图表的形式显示如图7和图8所示。

比较WisePlus空间网格法建模和Ansys板、梁单元法建模的结果,分别分析跨中和1/4位置处腹板与顶板交接位置λ_1,以及顶板中间位置λ_2处,计算的剪力滞系数的相对误差。

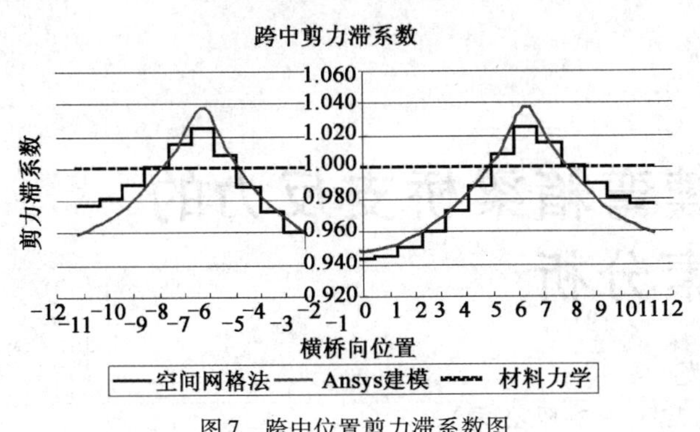

图7 跨中位置剪力滞系数图

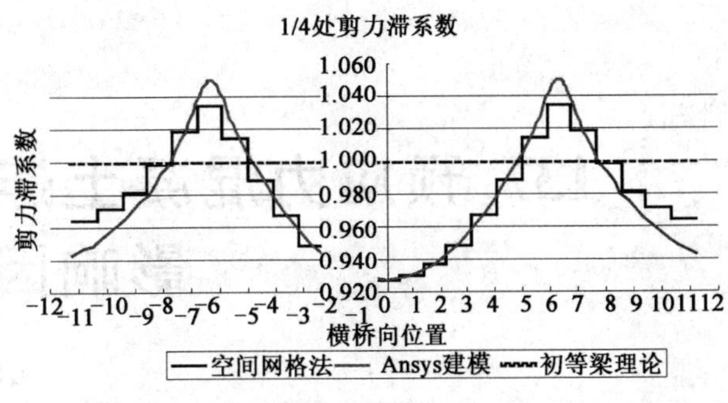

图8 l/4 位置剪力滞系数

剪力滞系数计算结果比较 表3

剪力滞系数		λ_1	λ_2
跨 中	板梁单元	1.038	0.948
	空间网格法	1.026	0.943
	相对误差	1.16%	0.53%
l/4	板梁单元	1.050	0.927
	空间网格法	1.035	0.927
	相对误差	1.43%	0.00%

通过上述比较可以看出,利用空间网格法分析钢－混凝土组合桥梁的混凝土顶板剪力滞效应时,得到的结果在顶板中间位置处,与 Ansys 板梁单元模拟结果接近程度很好。在腹板与顶板交接位置处,存在较小的差别,相对误差在 2% 以内。

五、结 语

空间网格法建立钢-混凝土组合桥梁的空间网格模型,分析具有薄壁效应结构特点的组合结构桥梁,通过分析顶板的剪力滞效应,空间网格建模方法是准确和实用的。

利用空间网格法,对组合桥梁结构进行离散和有限元模拟,可以分解出复杂桥梁结构的空间结构效应和受力特点。分析不同方向梁格的内力和应力情况,可以更好的了解结构内部复杂的传力机理,并且获得所关注的特征量值。

利用同一纵向截面上,m 等分的纵向梁格的应力分布,可以近似模拟应力的曲线分布。根据上述思想,利用空间网格法,可以简单高效的获得组合梁桥混凝土顶板的剪力滞效应。避免了求解复杂的变分关系式,并且能够将结果实用的利用到后续的配筋设计中。

以往的钢-混凝土组合梁设计中,受传统规范以及“有效分布宽度”概念的影响,往往只注重竖向剪应力,而忽视了混凝土顶板面内剪应力以及相关的主拉应力和主压应力,造成出现桥面板斜裂缝而现有计算方法、规范都无法解释的现象。这个问题同样延伸到所有采用钢-混凝土组合梁截面的斜拉桥、拱桥等大跨径桥梁。空间网格模型可以结合施工计算,考虑混凝土徐变收缩效应,结合预应力及影响面加载,可以方便实用地计算钢-混凝土组合梁桥的空间效应,并指导组合梁混凝土桥面板的面内剪切配筋。

参考文献

[1] 徐栋. 桥梁体外预应力设计技术. 北京:人民交通出版社, 2008.

[2] 徐栋. 混凝土桥梁设计中的几个关键问题. 桥梁,《桥梁》杂志社,2009.

[3] 徐栋,刘超,赵瑜. 混凝土桥梁结构分析与配筋设计的精细化. 第十九届全国桥梁学术会议论文集,北京:人民交通出版社, 2010,6.

137. 预应力混凝土连续弯箱梁桥支反力的影响因素分析

王建龙
（江苏省交通规划设计院股份有限公司）

摘　要　预应力混凝土连续弯箱梁桥在恒载、预应力、日照温差、季节温差的作用下的支座反力与预应力混凝土直桥呈现不同的性质。在施工期间护栏非对称施工和运营期间车辆偏载情况下，横桥向支座支反力也不均匀。本文针对这一现象，采用空间有限元建立全桥仿真模型的方法进行分析。通过对比相同跨径，相同支座布置形式，相同受力情况下的支座反力，分析不同因素对支座反力的影响大小。

关键词　弯箱梁桥　支反力　支座脱空

一、概　　述

近些年随着我国交通事业的发展，道路桥梁等基本建设迅速增加。由于受到地形、地貌等因素的影响，道路线形受到各种限制，不得不设置平曲线，因此桥梁不可避免地出现在曲线上。尤其在立交式互通上，弯桥的运用更加普遍。与直线桥相比，弯桥跨越能力强、美观性好，但弯桥是受弯扭耦合作用的复杂的空间受力结构，受力更为复杂。横桥向的扭矩使横桥向内外侧的支座反力可能出现较大的差距。

由于曲率半径的存在：弯梁桥外侧纵桥向的纤维大于内侧，即外侧的重量大于内侧；为提高桥梁纵向跨越能力而布置的预应力钢束，因存在双向曲率对弯梁产生其他的不利效应；温度，即季节温差和日照温差引起的弯箱梁变形尤为复杂；车辆在弯梁桥上行使，还会对梁体产生水平方向的离心力荷载等。

二、分 析 方 法

随着我国弯桥建设的日益兴旺，其结构形式也越趋复杂，对其分析的要求也越来越高。弯梁桥的分析方法多种多样，概括起来这些方法可以分为两大类：解析法和数值法。

1. 解析法

曲梁弹性力学的分析方法，是从平衡方程、几何方程、物理方程出发，推导结构的基本微分方程。通过求解基本微分方程，获得结构任意截面甚至任意点处的位移和内力。

将代入几何关系的物理方程，与平衡方程联列，就可以获得位移与外荷载之间关系的基本微分方程：

$$EI_y\left(v^{\mathrm{V}} + \frac{2}{R^2}v''' + \frac{1}{R^4}v'\right) = \frac{\partial q_x}{\partial z} - \frac{\partial^2 m_y}{\partial z^2} - \frac{q_z}{R} - \frac{m_y}{R^2}$$

$$\frac{EI_\omega}{R}w^{\mathrm{IV}} - \frac{EI_x + GI_d}{R}w'' + EI_\omega\phi^{\mathrm{IV}} - GI_d\phi'' + \frac{EI_x}{R^2}\phi = m_z$$

$$\left(EI_x + \frac{EI_\omega}{R^2}\right)w^{\mathrm{IV}} - \frac{GI_d}{R^2}w'' + \frac{EI_\omega}{R}\phi^{\mathrm{IV}} - \frac{EI_x + GI_d}{R}\phi'' = q_y + \frac{\partial m_x}{\partial z}$$

上式即为符拉索夫开口截面弹性薄壁圆弧曲杆平衡微分方程。

将上述微分方程中的I_ω除以翘曲约束系数μ，则此方程可以适用于闭口截面杆件。其中：

$$\mu = 1 - \frac{I_d}{I_p} \qquad I_p = \oint h^2 t \mathrm{d}s$$

基于上述理论建立的微分方程虽可计算包括翘曲和畸变变形在内的影响，但较难直接应用于桥梁力学分析。这是因为：

(1)很难求得方程闭合解(解析解)的表达式；

(2)很难处理实践上常见的集中荷载、弹性支承、变截面、变半径等情况；

(3)很难准确描述预加力、温度(特别是日照温差)的影响；

(4)很难顾及下部结构的参与工作。

2. 数值法

基于有限单元法理论的数值分析法与解析法相比，有着显著的特点：

(1)方法简单，方便应用；

(2)适用范围广，易于处理工程中常见的多跨连续、变截面、变半径、各种支承条件等复杂构造；

(3)运算速度快，而且能计算出大量解析法不能得到的计算结果。

数值法越来越广泛地应用于弯梁桥的结构分析，但在分析过程中，应根据结构形式、结构特点及其所要解决的问题的不同而选择恰当的单元形式，以获得恰当的分析精度。

本文计算涉及空间预应力、体系温度与日照温差的影响、车辆行驶、二次恒载等，采用解析法，其工作量将是巨大的，也不可能完成。因此结合数值法的优势，采用 midas 计算软件进行计算。

三、计 算 模 型

本文采用 4×30m 连续箱梁桥模型，桥宽 8.5m，梁高 1.8m，截面为等高单箱单室。横截面形式见图 1，支座布置见图 2。

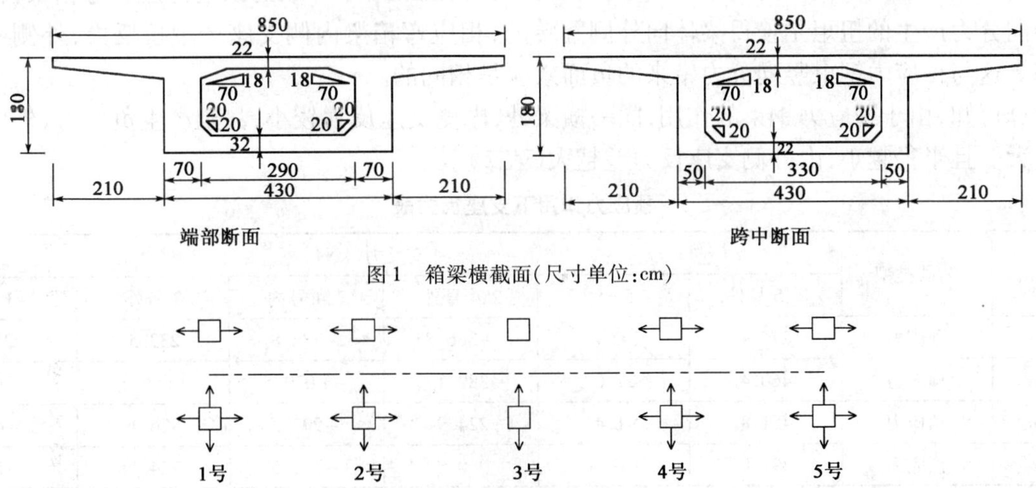

图 1　箱梁横截面(尺寸单位:cm)

图 2　支座布置

本文将相同跨径，相同支座布置形式的直桥与半径分别为 $R_1 = 150\mathrm{m}$，$R_2 = 200\mathrm{m}$，$R_3 = 300\mathrm{m}$ 的曲线梁桥在相同荷载下的支座反力进行比较，分析不同因素对支座反力的影响。

四、预应力连续弯箱梁桥支反力的影响因素

1. 弯梁恒载重心对剪力中心的偏心

对于截面对称的直箱梁桥，其截面形心就是梁的剪力中心。而对于弯梁桥，剪力中心与截面形心存在偏心距，即恒载重心与箱梁剪力中心不重合。由于偏心距的存在，在恒载作用下支座反力并不对称。

实际上弯梁桥在恒载(不考虑预应力钢束产生的预加力)作用下，桥梁中心线的外侧梁体重量大于

内侧，若横向沿桥中心线对称布置两个支座，则内侧支座竖向反力将小于外侧支座反力。

由计算可知，对于四跨一联的连续箱梁桥，支承沿桥中心线对称布置时，直箱梁桥内外侧支座反力相同；弯梁桥跨中内侧支座反力大于外侧，其余跨处内侧支座反力小于外侧。且半径越小，内外侧支座反力差越大（表1）。

恒载作用下支座反力表 表1

梁类型	荷载类型	支反力(kN)					
		1,5号外	1,5号内	2,4号外	2,4号内	3号外	3号内
直桥	自重	745.4	745.4	2 057.3	2 057.3	1 704.2	1 704.2
$R=150$m	自重	873.5	548.1	2 008.0	1 947.4	1 602.9	1 684.5
$R=200$m	自重	831.7	587.1	2 000.0	1 961.9	1 608.2	1 672.0
$R=300$m	自重	791.1	628.0	1 993.5	1 967.9	1 620.4	1 660.3

2. 预应力钢束对弯箱梁的影响

预应力钢束的不同布束方式将会给弯箱梁桥的支座反力带来较大变化，由于预应力钢束的双向曲率，预加力的作用不仅表现在竖向分力方向，还表现在平面径向力的方向，而且两者的作用常常会导致弯箱梁出现内侧支座支反力减小。

预应力钢束平弯时，在梁体截面有沿径向的水平分力，当其作用点位于主梁截面剪切中心以上或以下时，钢束径向力都会对主梁产生扭转作用。位于剪切中心以上、以下的钢束由径向力产生的扭矩方向是相反的，二者之和构成了预应力钢束对梁体的扭转作用。一般连续梁桥预应力钢束的布置首先满足纵向弯矩的要求，而连续梁桥的正弯矩区段远大于负弯矩区段长度，所以相应的预应力钢束重心位于剪切中心以下的长度要远大于位于剪切中心以上的长度。也就是说对于一般的预应力连续弯箱梁桥，预应力钢束的径向分力产生的扭矩是使得梁体向外侧翻转的，相应弯箱梁内侧支座产生拉反力，外侧支座呈压反力状态。这与预应力钢束竖向分力带来的负面效应是相同的。

由计算可知，由于预应力钢束的作用，同一横梁处，内侧支座反力较小，甚至产生负反力，外侧支座反力相对较大。且半径越小，内外侧支座反力差越大（表2）。

预应力作用下支座反力表 表2

梁类型	荷载类型	支反力(kN)					
		1,5号外	1,5号内	2,4号外	2,4号内	3号外	3号内
直桥	预应力	273.4	273.4	-386.8	-386.8	233.5	233.5
$R=150$m	预应力	460.4	27.0	389.1	-1 079.5	1 039.2	-633.3
$R=200$m	预应力	451.8	91.4	224.9	-997.2	926.1	-467.8
$R=300$m	预应力	394.8	151.6	-0.8	-773.5	724.1	-267.9

3. 日照温差（温度梯度）对弯箱梁的影响

混凝土箱梁截面受太阳照射后，其顶板或腹板温度变化幅度较大，其腹板或底板温度变化较小，且沿高度方向各纤维层的温度是不同的，从而产生日照温差（温度梯度）。由于结构材料热胀冷缩的性质，必然产生温度变形，会使箱梁产生竖向挠曲和扭曲变形。

对于连续弯梁桥，日照温差的作用形式不仅表现在梁的纵向也表现在梁的横向和竖向。箱梁顶板或腹板受太阳照射，产生日照温差，会使得弯箱梁产生竖向挠曲和扭转变形。一般的，当梁曲率半径越大，即越接近直桥时，则弯箱梁在日照温差的作用下，越来越表现出纵桥向的变形特征；当弯梁曲率半径越小，则弯箱梁越来越表现出横桥向或竖向的变性特征。

日照温差同样会引起弯箱梁的竖向挠曲和扭转变形。闭合箱形截面的顶板直接受太阳照射时，顶板温度要高于底板及腹板。闭合的箱体在横向是一高次超静定结构，箱梁截面发生顶板上拱的变形。

由计算可知，日照温差对支座支反力和梁体变形的影响与曲率半径有着密切的关系。当曲率半径较小时，箱梁的变形主要表现在横桥向，即梁体发生横桥向的扭转变形，此时同一截面内外侧支座的支反力方向相反；当曲率半径较大或是直桥时，箱梁体的变形将主要表现在纵桥向，即呈现竖向挠曲变形，此时同一截面的支座支反力将是同一方向的，而相邻截面支反力异号。

日照温差（温度梯度）作用下支座反力表 表3

梁类型	荷载类型	支反力(kN)					
		1,5号外	1,5号内	2,4号外	2,4号内	3号外	3号内
直桥	日照升温	-86.5	-86.5	114.8	114.8	-55.1	-55.1
	日照降温	172.9	172.9	-228.1	-228.1	110.3	110.3
R=150m	日照升温	-137.9	-23.7	-164.8	376.2	-340.4	240.8
	日照降温	275.8	47.5	329.5	-752.4	680.9	-481.6
R=200m	日照升温	-123.9	-38.1	-97.0	308.7	-268.3	168.9
	日照降温	247.7	76.2	194.1	-617.5	536.7	-337.7
R=300m	日照升温	-109.7	-52.5	-29.4	241.3	-195.6	96.3
	日照降温	219.5	104.9	58.8	-482.5	391.3	-192.6

4. 季节温差（体系温差）对弯箱梁的影响

由温度变化和混凝土收缩引起的变形属于弧段膨胀或缩短性质，变形后圆心角不变而曲率半径变化。温度变化和收缩在活动支座处引起横桥向的变形，产生一些侧向问题。对于多跨连续弯梁桥，它在季节温差作用下，由于下部结构参与工作，弯梁的变形很复杂，它与弯箱梁的曲率半径、跨径、上下部结构的连接方式（含支座的布置方式）、桥墩的抗推刚度以及下部结构的构造形式等都有关。

季节温差（体系温差）作用下支座反力表 表4

梁类型	荷载类型	支反力(kN)					
		1,5号外	1,5号内	2,4号外	2,4号内	3号外	3号内
直桥	体系升温	0.0	0.0	0.0	0.0	0.0	0.0
	体系降温	0.0	0.0	0.0	0.0	0.0	0.0
R=150m	体系升温	-15.8	16.4	21.0	-22.1	-9.6	10.7
	体系降温	11.8	-12.3	-15.7	16.6	7.2	-8.0
R=200m	体系升温	-11.7	12.0	15.2	-15.8	-6.6	7.2
	体系降温	8.8	-9.0	-11.4	11.9	4.9	-5.4
R=300m	体系升温	-7.8	7.9	9.9	-10.2	-4.1	4.4
	体系降温	5.8	-5.9	-7.4	7.6	3.1	-3.3

对于弯梁桥，尤应控制沿径向的位移。控制弯梁桥的径向位移，一般采用设置较多的单向活动支座或固定支座，这必然会引起支座的平面内支反力，下部结构也会因此而增加横桥向弯矩。也就是说这之间存在一个度的问题，在设计时一方面容许弯箱梁发生适当的平面内变形，另一方面在设计中又要限制其径向位移不能过大，即选择合适的支撑方式，包括支座的布置和下部结构的构造形式等。

5. 车辆行驶对弯箱梁的影响

车辆行驶在弯梁桥上，车辆荷载对梁体有竖向力、切向力（制动力）和径向力（离心力）。对于竖向荷载，车辆的偏心行驶会使得梁体产生扭转。一般的，车辆沿外侧行驶要比沿内侧行驶更为不利，所以计算时可以考虑车辆沿外侧偏心地布置。

车辆离心力会引起弯梁的横桥向位移、使得支座承受附加的径向支反力，特别是对于一些曲率半径较小、跨径较大的桥跨更应如此。

连续弯箱梁在车辆活载作用下,车辆的偏心作用会使横向内外侧支座竖向支反力出现差异。车辆行驶的一侧支座反力较大,另一侧较小。当车辆行驶在弯箱梁外侧时,对箱梁支反力较为不利,外侧支座反力较大而内侧支座反力较小。车辆一般内侧支座的竖向支反力要小于外侧支座,甚至是负反力。

车辆行驶作用下支座反力表 表5

梁类型	荷载类型	支反力(kN)					
		1,5号外	1,5号内	2,4号外	2,4号内	3号外	3号内
直桥	活载(外侧)	882.7	6.1	1 196.4	11.2	1 188.4	1.2
$R=150$m	活载(外侧)	900.3	2.2	1 199.5	11.1	1190.4	0.8
$R=200$m	活载(外侧)	895.9	3.2	1197.8	10.9	1 189.9	0.9
$R=300$m	活载(外侧)	891.0	4.0	1 197.0	10.7	1 188.9	1.0

6. 附属结构对弯箱梁的影响

附属构造作为恒载作用于箱梁上,由于偏心距的存在,对称设置的附属构造对弯箱梁桥引起的支座反力也不对称。在某一施工阶段,由于附属构造的施工进度不完全一致,可能会导致内弯侧恒载存在差别。同一横梁处横向布置的两个支座反力出现差异。施工中若不采取合理的施工顺序,可能导致支座出现负反力,甚至导致工程事故。

附属结构施工时支座反力表 表6

梁类型	荷载类型	支反力(kN)					
		1,5号外	1,5号内	2,4号外	2,4号内	3号外	3号内
直桥	外侧护栏施工	299.6	-180.3	638.9	-298.0	612.0	-332.1
	内侧护栏施工	-180.1	299.8	-298.5	638.4	-331.7	612.4
$R=150$m	外侧护栏施工	310.1	-194.7	640.7	-291.2	601.8	-331.8
	内侧护栏施工	-163.8	287.4	-297.6	630.2	-331.2	618.9
$R=200$m	外侧护栏施工	309.8	-191.3	638.7	-297.4	608.0	-327.8
	内侧护栏施工	-168.7	290.7	-297.5	634.2	-332.6	615.2
$R=300$m	外侧护栏施工	306.6	-187.6	638.7	-298.0	609.7	-329.1
	内侧护栏施工	-172.4	294.0	-298.2	635.4	-332.4	614.8

由表可知,内外侧护栏不同步施工时,由护栏引起的支反力总是先施工的一侧反力为正反力,未施工的一侧为负反力。施工中应避免先施工外侧护栏,或应采取合理的施工措施,保证施工安全。

五、结 语

弯箱梁桥支座反力受多种因素的影响。其施工阶段附属构造施工期间,内外侧构造的施工顺序;使用阶段曲率半径,预应力钢束产生的预加力荷载,日照温差和活载偏载等,均是引起弯箱梁桥内外侧支座反力差异较大的主要因素。这些荷载均使得外侧支座支反力增大,内侧支座支反力减小。在这些因素的综合影响下,内侧支座有可能出现负反力,即支座出现脱空现象。

城市立交或高架桥的总体布置由于受到用地面积、地面道路等多种因素的制约,一般很难改变其曲线半径,故遇有小曲率半径的曲线箱梁时,应采取有效的措施,力求减小内外侧支座的反力差。对于弯箱梁桥,应设置较强的端横梁和中横梁;若布置支座空间允许,可以调整支座偏距,加大支座间距;桥宽不大时,可以适当外延支座,即加长横梁,将支座布置在桥梁外侧,加大抗扭能力。若由于外界因素的限制不能调整支座和立柱位置,又不可避免的会出现负反力时,则需设置拉力支座或采用局部压重的方式来解决。

参考文献

[1] 中华人民共和国行业标准. JTG D62—2004 公路钢筋混凝土及预应力混凝土桥涵设计规范[S]. 北

京:人民交通出版社,2004.
[2] 中华人民共和国行业标准. JTG D60—2004 公路桥涵设计通用规范[S]. 北京:人民交通出版社,2004.
[3] 范立础. 桥梁工程[M]. 北京:人民交通出版社,2001.
[4] 刘钊. 桥梁概念设计与分析理论[M]. 北京:人民交通出版社,2010.
[5] 欧庆宝. 润扬长江公路大桥建设(第六册)[M]. 北京:人民交通出版社,2008.

138. 钢-预应力混凝土组合连续梁桥的结构特点与结构形式

邵吉林[1] 周 平[2] 徐 健[1] 俞宪明[1]
(1. 浙江交通勘察设计有限公司;2. 长兴交通学会)

摘 要 钢-预应力混凝土组合连续梁桥是利用钢材抗拉强度高和混凝土抗压强度高的特点,将常规三跨大跨度预应力混凝土连续梁桥中跨跨中承受正弯矩梁段采用钢混叠合梁替代而形成的一种新桥型。本文分析了钢-预应力混凝土组合连续梁桥的结构特点和钢混结合部构造形式,对比分析与常规三跨预应力混凝土连续梁桥和悬臂梁桥的优缺点,分析探讨了钢-预应力混凝土组合连续梁桥的结构形式,提出了钢-预应力混凝土组合连续梁桥新的应用前景,并介绍了2个实际工程项目。

关键词 钢-预应力混凝土组合连续梁 钢-混叠合梁 综述

一、引 言

近30年来,土木工程界最重大而又引人注目的成就之一,就是预应力混凝土桥梁分段施工方法的形成及其分段施工技术的发展,而且得到了世界各国工程界的广泛承认。[1]预应力混凝土连续箱梁桥具有跨越能力强、变形小、结构刚度好、伸缩缝少、养护简单、可自平衡悬臂对称分段施工工艺适应性强等优点,是迄今为止应用最广泛的大跨径桥型之一。但是预应力混凝土连续箱梁桥由于自身结构受力上的要求,上部箱梁结构高度较大,对于有桥下净空要求的情况下,桥面高程较高,导致引桥较长,桥梁工程规模加大;再者,由于自平衡悬臂施工工艺的要求,下部结构主墩较大,需采用实体墩大承台接群桩基础,增加了下部结构钢筋、混凝土用量;此外,由于上部箱梁节段悬臂施工工艺,导致箱梁预应力配置除满足成桥使用阶段结构受力外,还需满足各悬臂施工阶段的受力要求,使得箱梁配置大量施工阶段预应力束,增加了预应力钢绞线工程用量。针对以上缺点,近年来,在预应力混凝土连续箱梁桥的基础上逐步发展起来一种新的桥型——钢-预应力混凝土组合连续梁桥。

二、钢-预应力混凝土组合连续梁结构特点

1. 结构组成

钢-预应力混凝土组合连续梁结构主体是预应力混凝土梁段和钢混叠合梁段组成。根据三跨预应力混凝土连续梁的受力特点,将主跨跨中承受正弯矩部分梁段用等高度钢混叠合梁[2,3]来替代。这种连续梁结构充分利用混凝土抗压强度高和钢材抗拉强度高的特点,将主跨跨中承受正弯矩梁段采用钢混叠合梁结构,以减轻上部结构自重、降低上部结构建筑高度。

2. 钢箱-预应力混凝土箱梁连接方式

钢梁与预应力混凝土梁之间的结构连续构造通常有两种连接方法:湿接法和干接法。所谓湿接法连接(图1),即在混凝土梁挑臂段设置临时牛腿以临时支撑钢梁,再将牛腿及钢梁一段内空腔(通常为

50cm)一起浇筑无收缩钢纤维混凝土,最后张拉纵向预应力,形成结构连续。该工艺流程较为复杂,首先对所浇注无收缩钢纤维混凝土需通过试验确定,其次需确保钢梁段空内腔浇筑混凝土的密实性,再者需确保张拉纵向精扎螺纹钢的有效永存应力。

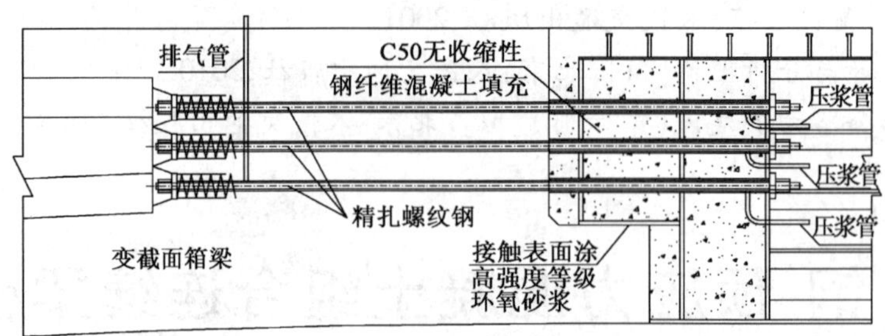

图1 湿接法连接

随着钢结构焊接工艺的提高,钢-混之间的连接形式提出了新的连接方式——干接法连接(图2)。先工厂化制作钢靴子(图3),在混凝土箱梁浇筑时提前将钢靴子预埋入混凝土箱梁挑臂端部,使钢靴子与钢箱梁间直接焊接即可形成结构连续。该工艺使得钢-混之间的连接方式大为简化,同时要求钢结构的焊接工艺较高,具有一定纠偏功能。

图2 干接法钢混连接

图3 干接法预埋钢靴子

3. 施工工艺

钢-预应力混凝土组合连续梁从材料上纵桥向可分为三段:预应力混凝土梁段+钢混叠合梁段+预应力混凝土梁段。其中两侧的预应力混凝土梁段采用满堂支架整体浇筑或分片预制拼装施工工艺,主跨跨中钢箱梁段采用工厂化制作,现场吊运拼装施工工艺。钢箱梁采用工厂化制作,可有效保证钢箱梁的焊接质量,同时采用现场吊运拼装施工,可有效缩短施工工期,同时降低了施工难度。

4. 结构特点

钢-预应力混凝土组合连续梁桥结构由预应力混凝土梁和钢-混叠合梁两部分组成。把主跨跨中承受正弯矩部分采用钢混叠合梁,综合了混凝土梁结构和钢梁结构的特点,不仅克服了跨中混凝土梁自重大,建筑高度高的缺陷,同时解决了钢梁不利承受负弯矩的缺陷。

(1)与变截面预应力混凝土连续箱梁结构比较。

变截面预应力混凝土连续箱梁,采用节段悬臂施工工艺,使得上部结构梁段配筋需满足节段悬臂施工过程中结构自身受力要求,同时由于节段悬臂施工期间上部结构稳定性的要求,须在主墩处设置上部箱梁临时固结体系,通常在实体墩内设置两排竖向精扎螺纹钢或在大承台上设置两个临时支撑架[4]。如此,加大了下部结构尺寸。通常上部箱梁高度设计成抛物线形,主要是根据结构受力需要设置。

相比之下,钢-预应力混凝土组合连续梁桥预应力混凝土箱梁段采用支架整体现浇工艺,减少了因节段施工箱梁受力要求而配置的预应力钢束,同时取消了混凝土箱梁主墩处的临时固结体系,桥墩结构可只按照成桥运营阶段结构受力要求设计即可。主墩高度较矮时可直接采用单排桩柱式墩。主跨跨中采用等截面钢箱梁,不仅减轻上部结构自重,降低对下部结构承载力的要求,还可有效降低上部结构箱梁高度,对于桥下净空有限制的情况,可以有效降低桥面设计高程,缩小桥梁工程规模。

(2)与悬臂梁带挂梁结构比较。

悬臂梁结构[5]，通常由单悬臂锚跨和挂梁组成（图4）。通常挂梁跨度取 $l_x=(0.4\sim0.6)l$，锚孔跨径取 $l_1=(0.6\sim0.8)l$。挂梁直接搁置在悬臂梁端设置的牛腿上，成简支状态。由于中孔挂梁为简支梁，与两侧悬臂梁不连续，使得车辆在牛腿处易产生跳动现象，行车不顺畅，舒适性差。在行车状态下，悬臂梁端牛腿处的车辆跳动，易导致牛腿出现疲劳破损，影响结构的耐久性。

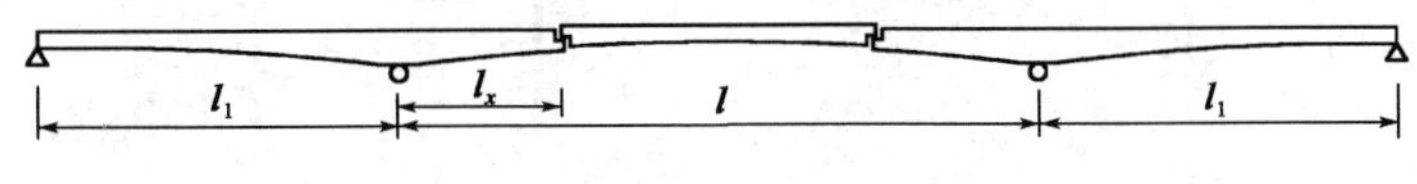

图4 悬臂梁带钢挂梁

将悬臂梁与挂梁之间，通过湿接法或干接法连接起来，形成结构连续体系，即为钢-预应力混凝土组合连续梁结构。悬臂梁与挂梁之间形成结构连续体系后，使得结构整体性加大，在二期恒载和活载作用下为连续梁受力状态，提高了行车舒适性，且克服了悬臂梁牛腿因车辆跳动降低结构耐久性的缺陷。

三、总体结构分析模式

钢-预应力混凝土组合连续梁桥纵桥向由预应力混凝土梁段和钢混叠合梁段组成，其结构受力是一个复杂的空间问题，目前的计算手段可以进行三维空间分析计算，但采用空间分析进行结构设计，不仅结构、预应力及普通钢筋等建模复杂，而且超大量的后处理数据量处理困难，难以进行结构设计；所以钢-预应力混凝土组合连续梁桥总体结构分析采用常规的桥梁结构分析方法，即通过计算各腹板的横向分布系数，将空间设计问题转化为平面设计问题进行分析。

结构某点截面的内力值为 $S=P\cdot\eta(x,y)$［$\eta(x,y)$为该截面面的影响面］，作用于桥上的车辆荷载是沿纵横向都能移动的多个局部荷载，用影响面来计算最不利内力值的工作十分复杂。将空间问题转化成平面问题的实质是将影响面 $\eta(x,y)$ 分离成两个单值函数的乘积，即 $\eta_1(x)\cdot\eta_2(y)$，则结构某点截面的内力值为 $S=P\cdot\eta_2(y)\cdot\eta_1(x)$，式中 $\eta_1(x)$ 为单梁某一截面的内力影响线，$P\cdot\eta_2(y)$ 可视为当 P 作用于 $a(x,y)$ 点时沿横向分布给某梁的荷载，$\eta_2(y)$ 为该片主梁的横向分配系数。[5]

通过通用结构软件对初拟结构进行板单元空间建模，间隔3～6m分别计算出各个断面的每一道腹板的横向分布系数，这样就可将空间问题转化为平面问题进行设计计算；然后利用平面杆系软件分别建立各腹板处工字式结构平面模型分别进行分析计算；将结构分析得到的最不利腹板工字式受力进行全断面构造和配筋；最后对整体桥梁结构进行三维空间分析验算其构造、配筋的合理性。

四、钢-预应力混凝土组合连续梁桥结构形式

按照整体结构型式分类，钢-预应力混凝土组合连续梁桥可以分为以下几种：钢-预应力混凝土组合连续T梁、钢-预应力混凝土组合连续箱梁与钢-预应力混凝土组合连续刚构。

（1）钢-预应力混凝土组合连续T梁。该结构形式的代表为浙江长兴胥昌大桥（图5），这种结构形式的主要特点是预应力混凝土梁段采用T形断面，可采用T梁分片预制，安装工艺。主要缺点是混凝土梁整体刚度较差。钢箱梁与混凝土箱梁间采用湿接法连接，施工工艺较复杂，接头施工质量难以得到保证。

图5 浙江长兴胥昌大桥

（2）钢-预应力混凝土组合连续箱梁。该结构形式的代表为长湖申线航道改建工程318国道长桥大桥（图6）和郭家村大桥，这种结构形式将预应力混凝土梁采用箱形截面，较T形截面梁整体刚度大为加强，结构整体性更好。钢箱梁与混凝土箱梁间采用干接法连续，使钢-混箱梁之间连接工艺更为简单、可靠。

（3）钢-预应力混凝土组合连续刚构。该结构形式的代表为浙江富阳北江桥，结构简图见图7。这种结构形式是在钢-预应力混凝土组合连续梁的基础上将墩梁固结，形成V墩连续刚构桥，避免了主墩后期

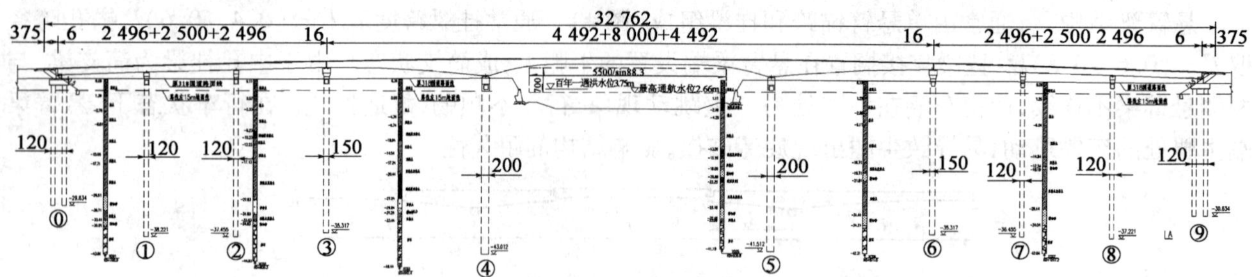

图6　318国道长桥大桥桥型布置图(尺寸单位:cm;高程:m)

养护支座更换的麻烦。

五、工 程 实 例

浙江长兴长湖申线航道改建工程318国道长桥大桥(图6)和郭家村大桥是2座钢-预应力混凝土组合连续梁桥,均采用(45+80+45)m变截面钢-预应力混凝土组合连续箱梁结构跨越Ⅳ级航道,其中主跨跨中40m采用钢混叠合箱梁。较预应力混凝土连续箱梁结构,通航孔位上部结构建筑高度降低1.3m,两侧引桥缩短130m,节省工程造价近20%。318国道长桥大桥和郭家村大桥均已进入实施阶段。其中318国道长桥大桥已于2010年底正式建成通车。

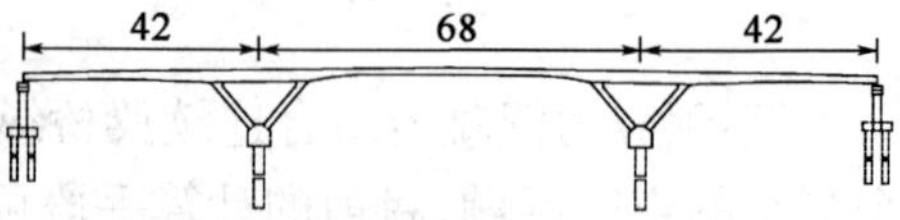

42　68　42

图7　浙江富阳北江桥(尺寸单位:m)

六、结　　语

钢-预应力混凝土组合连续梁桥是在预应力混凝土连续梁桥基础上研究的一种新型桥型。该桥型具有结构建筑高度低、架设方便、施工周期短、工程造价低等特点,在跨越平原区航道、城市道路以及公路、铁路等方面有着极为广阔的应用前景。

参考文献

[1]　石雪飞.斜拉桥结构参数估计及施工控制系统:[博士学位论文].上海:同济大学,1999.

[2]　黄翔,李力,岳磊.某大跨径斜拉桥钢-混结合段PBL剪力键承载力研究[J].桥梁建设,2010,(3):23-27.

[3]　李淑琴,孙天明.钢-混组合箱梁PBL剪力件计算方法研究[J].公路,2010,(8):64-66.

[4]　张继尧,王昌将.悬臂浇筑预应力混凝土连续梁桥[M].北京:人民交通出版社,2003.

[5]　姚玲森.桥梁工程[M].上海:人民交通出版社1996.

139.超高墩大跨连续刚构桥墩梁固结处的局部应力分析

陈冠桦　杨光强

(贵州省交通规划勘察设计研究院)

摘　要　超高墩大跨连续刚构桥墩梁结合部构造和受力复杂。本文以在建的某墩高195m的连续刚构桥为例,运用大型通用有限元程序ANSYS,建立其墩梁结合部局部三维有限元模型,从正应力和主应力的角度分析了该部位的应力分布特征。分析结果可为同类高墩桥梁设计施工提供相关依据和实际参考。

关键词 超高墩 连续刚构桥 墩梁固结处 有限元法 应力分析

一、工 程 概 况

某特大桥位于位于贵州省铜仁至威宁高速公路毕节至威宁段，是一座超高墩大跨连续刚构桥。主桥上部构造为(96 + 2×180 + 96) m 四跨预应力混凝土连续刚构箱梁，主桥的边中跨比为0.533，桥型布置见图1。主桥箱梁跨中梁高为4.0m，为主跨的1/45；箱梁根部梁高为11.5m，为主跨的1/15.65，箱梁的高度按1.6次抛物线变化。箱梁在悬臂端部，墩顶，跨中设横隔板。箱梁采用纵向、横向、竖向三向预应力体系，并预留体外束。10、12 主墩采用双肢薄壁墩，墩高分别为80m和70m。11号主墩墩高195m，采用独柱墩箱型截面，墩顶纵向宽9m，纵向宽度变化坡率为60∶1，墩身横向宽度上下一致，均为17.5m。箱墩壁厚1.2m，中间纵肋厚为0.8m，沿竖向每30m设一道横隔板，横隔板厚0.8m，墩顶、墩底分别设2.0、3.0m实心段。鉴于11号桥墩属于独柱箱形截面超高墩，墩梁结合段结构构造及受力较为复杂，其受载后的应力分布用杆系理论难以给出精确的分析结果，因此有必要采用有限元法对11号桥墩墩梁结合段进行局部应力分析[1~9]，了解墩梁结合处局部空间应力的分布规律和大小。

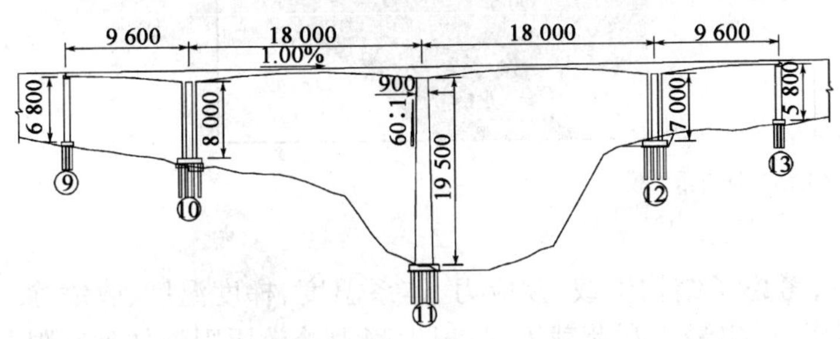

图1 桥型布置(尺寸单位:cm)

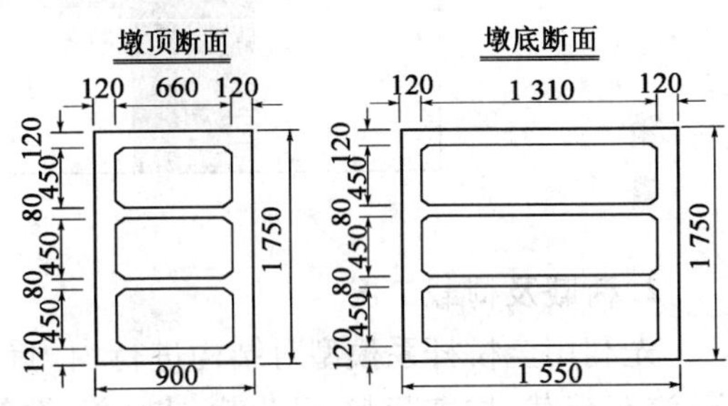

图2 桥墩横断面(尺寸单位:cm)

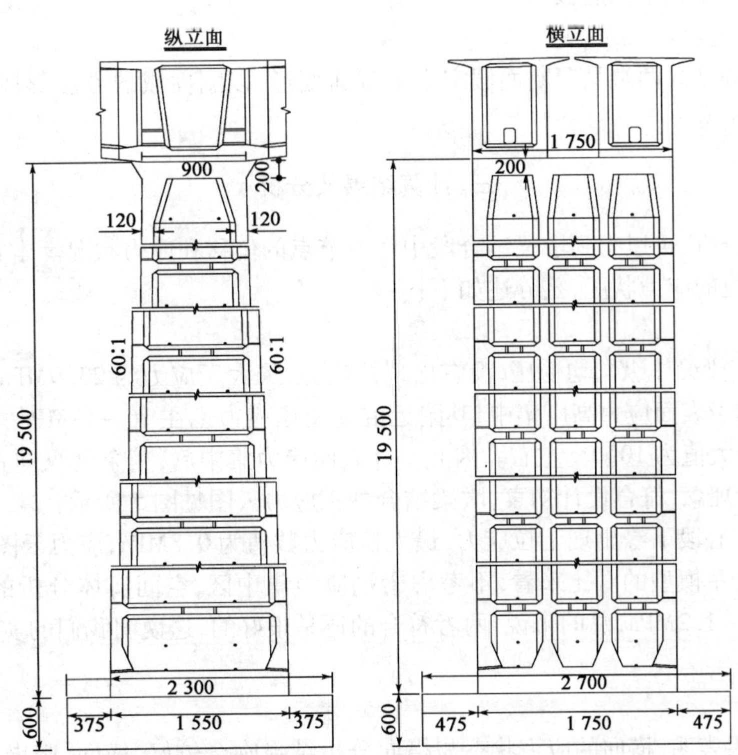

图3 桥墩纵横剖面(尺寸单位:cm)

二、结构有限元模型

1.结构有限元模型的建立

依据圣维南原理,墩梁固结处的应力分布只与其附近区域的应力状态有关,即远离墩梁固结处区域的应力状态对该处的应力分布影响可以忽略不计。故本文在建立有限元模型时仅将11号主墩及其左右各20m箱梁区域纳入分析范围。

结构离散时混凝土部分采用的单元为SOLI45,预应力钢束采用LINK8单元模拟。在建立模型时,对规则几何形状区域采用六面体进行划分,对复杂几何形状区域采用四面体划分,在六面体单元和四面体单元交界处生成金字塔单元保证2种单元协调变形。模型共划分为单元233592个,节点116789个。X为顺桥向坐标,Y为竖向坐标,Z为横桥向坐标,结构有限元模型见图4所示 。

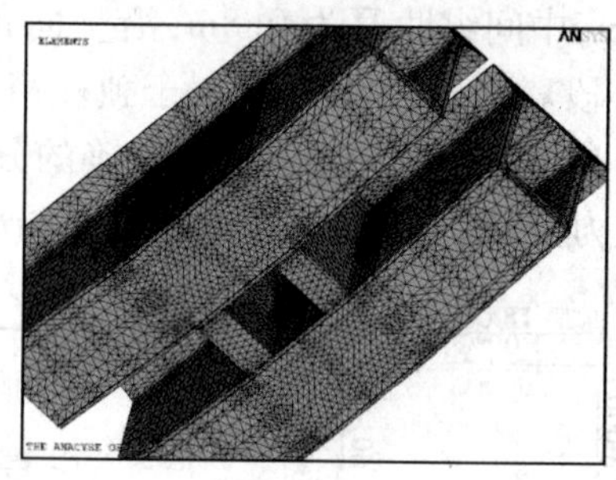

图4　墩梁结合部有限元模型

2.荷载及荷载工况

先利用全桥杆系模型对结构进行内力计算,考虑了结构恒载、预应力、体系温度、梯度温度、收缩徐变、汽车荷载、挂车荷载、风荷载、支座沉降等因素,得出最不利荷载工况,根据静力等效原则施加到有限元模型中:轴力以均布荷载的方式施加到断面上,剪力均分到断面的各节点上,以集中力的形式施加;弯矩则等代为平衡力作用于箱梁顶底板上。

3.边界条件

将桥墩底部边界固结。两端悬臂断面假定为平截面变形,以刚性域的方法形成,并在此断面处施加整体模型中所提取的荷载。

三、计算结果及分析

通过有限元仿真分析,可以得到墩梁结合段中任一节点的位移和应力状况。本文将从正应力与主应力的角度来分析该部位的应力状况,兹分述如下:

1.纵向正应力

(1)整个零号块箱梁梁体纵向均受压,没有出现拉应力,最大压应力为23.9MPa,出现在箱梁底面和桥墩顶面的倒角处,属于表面应力高度集中,其附近混凝土压应力也在16~18MPa之间。箱梁其余处混凝土压应力均较小,最大值为10MPa左右。因此不计表面应力集中后,其余处纵向正应力均满足规范要求,符合全预应力设计理念,符合设计初衷,墩梁结合处正应力云图见图5所示;

(2)桥墩顶面的实心段下缘出现了拉应力,最大拉应力数值为0.8MPa,应力云图见图6所示;

(3)从正应力与杆系模型的对比来看,不考虑梁端应力集中区,空间实体分析的结果比杆系分析结果偏大,偏大值为0.2~1.2MPa,总的来说,两者符合的还是很好的,这说明我们的实体模型简化方法、荷载加载方式是正确的。

2.横向正应力

空间实体分析结果表明,横向的应力状态与横向分析结果吻合较好,横向、竖向拉应力都较小,在纵向预应力作用下箱梁截面受力较为均匀。

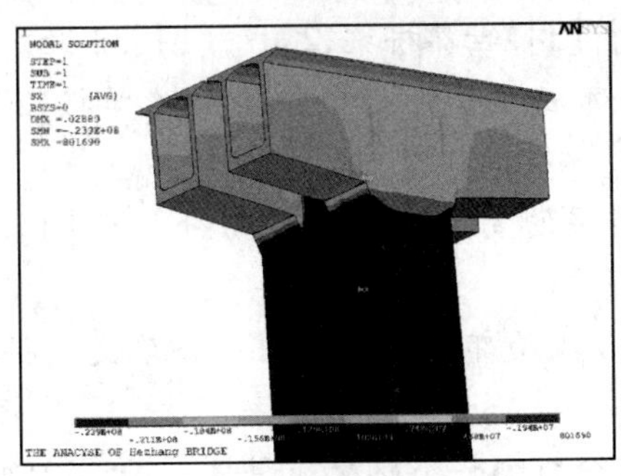
图5 墩梁结合部纵向正应力

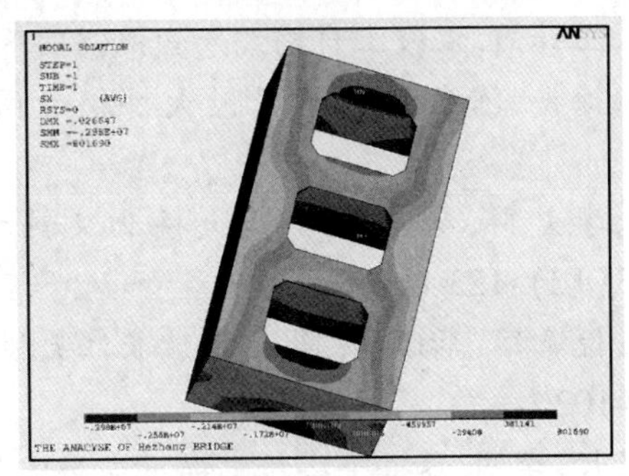
图6 桥墩顶面实心段下缘正应力

3. 主应力

(1)零号块箱梁最大主压应力为28.4MPa,出现在箱梁底面和桥墩顶面的倒角处(图7),属于表面应力高度集中其附近混凝土压应力也在16~18MPa。其余处混凝土主压应力较小。最大主拉应力值为2.95MPa,发生在箱梁横隔板与顶板交接处(图8),其次最大主拉应力为2.3MPa,出现在横隔板与内腹板交接处(图8),其余处混凝土主拉应力较小,满足规范要求。

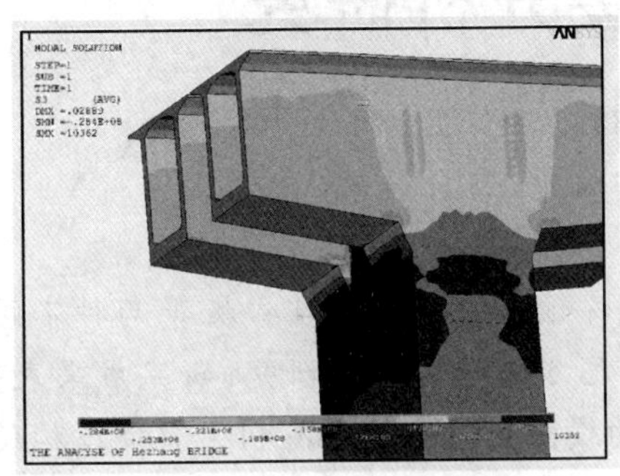
图7 墩梁结合部主压应力

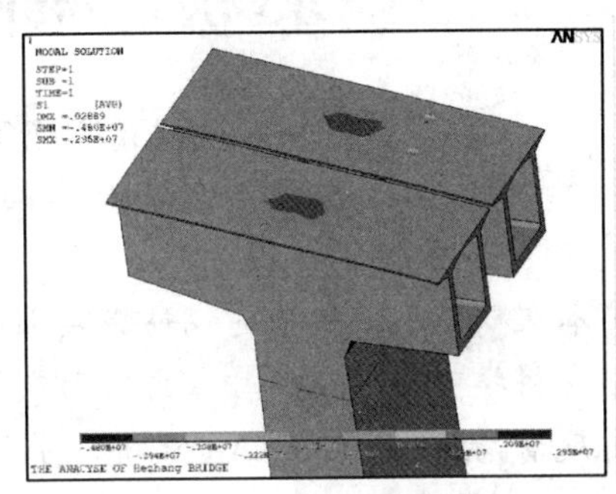
图8 墩梁结合部主拉应力

(2)桥墩顶面与箱梁顶面倒角处最大主拉应力值为2.50MPa。

四、结　　语

通过上述对某桁式组合拱桥新拱脚结点进行实体有限元分析,可以得到以下几点结论:

(1)在墩梁固结点内,上部箱梁纵向受压,没有出现拉应力,结构总体受力合理;箱梁底面和桥墩顶面的倒角处,出现了较大压应力,属于表面应力高度集中,但远小于C55混凝土抗压强度标准值。

(2)在墩梁固结点内,上部箱梁横隔板和顶板交接处主拉应力应力较大,箱梁底面和桥墩顶面倒角处也出现了较大的主拉和主压应力。

(3)在拉应力比较大的区域,笔者推荐在满足施工的条件下,参考已建成的同类桥梁的病害,对应力集中易出现裂缝的薄弱部位配置足够的抗裂构造钢筋;在压应力比较大的区域,适当考虑局部增强。

(4)墩梁结合部为高墩连续刚构桥的关键受力部位,在施工时务必保证箱梁和桥墩尺寸符合要求,同时建议施工时尽量将墩梁结合处结构倒角和转折处做得圆顺平滑,避免尖角出现,使应力集中得以缓和。

(5)鉴于此类桥梁的墩梁固结区域混凝土容易开裂,在此可采用钢纤维混凝土作为加强措施。

参考文献

[1] 裘伯永,盛兴旺,乔建东,等.桥梁工程[M].北京:中国铁道出版社,2001.

[2] 陈冠桦,杜镔,丁作常,等.某桁式组合拱桥新拱脚结点局部应力分析[J].桥梁建设,2009,(6):35-38.

[3] 虞庐松,朱东生.部分斜拉桥塔梁墩固结点局部应力分析[J].桥梁建设,2008,(1):54-57.

[4] 陈毅明,谭永高,吴游宇.四渡河大桥钢桁梁节点板局部应力分析[J].桥梁建设,2008,(1):58-61.

[5] 谢尚英,王锋君.混凝土自锚式悬索桥锚固区应力分析[J].世界桥梁,2007,(1):32-35.
[6] 郑振飞,徐艳,陈宝春.深圳北站大桥拱墩固结点局部应力分析[J].中国公路学报,2000,13(2):69-72.
[7] 丁幼亮,李爱群,赵大亮.润扬大桥北汊斜拉桥钢箱梁的局部应力测试与分析研[J].工程力学,2006,23(12):123-128.
[8] 王军文,倪章军,李建中,等.石板坡长江大桥钢混结合段局部应力分析[J].公路交通科技,2007,24(8):99-102.
[9] 张勇,张哲,李明.琴桥桥塔拉索锚下锚固区局部应力分析[J].公路交通科技,2005,22(4):72-75.

140. 普通钢筋混凝土空心板桥与预应力混凝土空心板桥横向拼接分析研究

吴文清 谢群华 魏海伟 贾 峰
(东南大学交通学院)

摘 要 本文研究了旧桥普通钢筋混凝土空心板与新桥预应力混凝土空心板等两种不同配筋混凝土结构之间横向拼接可行性问题。本文采用空间梁格有限元方法进行分析研究,研究成果表明:从结构内力的分配角度看,预应力混凝土结构与钢筋混凝土结构的横向拼接应该更有利于旧桥结构的内力状态改善,对于旧桥各主梁的内力及结构变形都有一定的卸载作用,因此这种不同配筋种类的空心板桥之间进行横向拼接是可行的,而且旧桥各空心板梁的受力状态可符合原设计规范的要求。研究成果将为今后不同结构形式的空心板梁桥横向扩建设计时提供可参考性的设计建议。

关键词 桥梁拓宽 空心板梁 横向拼接 配筋混凝土结构 可行性研究

一、引 言

近年来随着我国经济的迅猛发展,交通量的日益增长对道路桥梁的通行能力提出了更高的要求,许多早期已建的公路已无法满足道路通行能力的需求,旧路拓宽将成为缓解交通压力的有效方式,其中旧桥拓宽是旧路拓宽过程中的重点和难点之一。

早期修筑的高速公路桥梁以梁式桥为主,特别是高速公路的中小跨径梁桥主要采用普通钢筋混凝土简支空心板梁桥。根据在旧桥横向拓宽时"新旧桥梁结构形式基本维持不变"的拓宽原则,新建桥梁的结构一般也采用简支空心板梁,同时为提高设计标准,希望新拓宽梁体结构采用预应力混凝土空心板梁,便于采用预应力混凝土空心板设计通用图。故此将存在不同配筋种类的空心板桥梁的横向拼接问题,也就是新旧桥梁之间的结构类型不统一可能导致拼接后对旧桥结构受力不利的问题。因为旧桥结构已经存在,其承载能力及其正常使用极限状态是一定的,而新桥结构可以进行一定的调整,所以问题的焦点集中在旧桥结构的受力状态是如何改变的,能否满足设计规范的要求。在目前的高速公路桥梁横向拓宽中,这个问题是很普遍的,因此对于在这种新旧桥结构形式不统一的情况下进行横向拼接的可行性,值得进一步探讨。

本文以某高速公路扩建中桥梁拓宽工程为背景,针对旧桥的普通钢筋混凝土简支空心板与新桥的预应力混凝土简支空心板在横向拼接后,重点研究旧桥空心板的内力和变形规律,以此判断非预应力混凝土结构与预应力混凝土结构之间进行横向拼接的可行性。

二、基本资料

首先对空心板梁横向拼接的形式、结构尺寸以及横向拼接后活载加载方式进行说明。

1. 结构横向拼接方式

为了分析普通钢筋混凝土空心板梁桥与预应力混凝土空心板梁在横向拓宽拼接过程中，旧桥主梁内力及变形的变化趋势，论文将讨论两种横向拼接方式下相应的力学规律，以进行对比说明。

(1)拼接方式1　普通钢筋混凝土空心板与普通钢筋混凝土空心板的横向拼接如图1所示，该图中空心板全部为钢筋混凝土结构；

(2)拼接方式2　普通钢筋混凝空心板与预应力混凝土空心板横向拼接，如图2所示。该图中1号至10号空心板梁为旧桥主梁，11～16号空心板梁为拓宽新桥主梁，旧桥主梁为普通钢筋混凝土空心板梁，新桥主梁为预应力混凝土空心板梁。

拓宽桥梁的计算跨径均为13m，普通钢筋混凝土空心板高0.55m，宽1.24m，预应力混凝土空心板高0.60m，宽1.24m，如图3所示。新旧桥空心板之间采用铰接方式进行拼接。

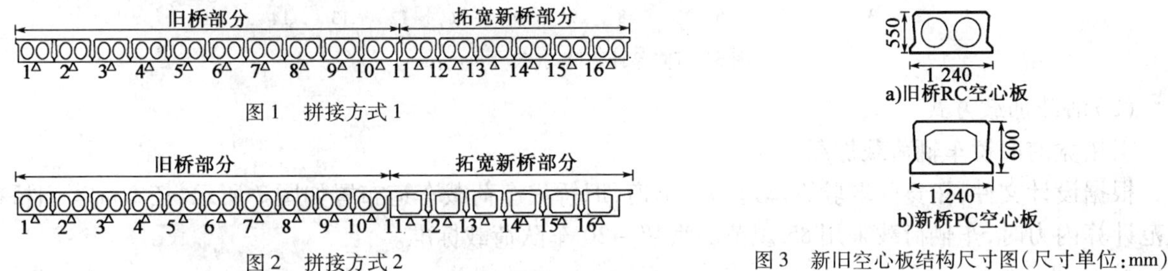

图1　拼接方式1

图2　拼接方式2

图3　新旧空心板结构尺寸图(尺寸单位：mm)

2. 主梁设计标准

(1)跨径：标准跨径 $L_0=13\text{m}$；计算跨径 $L=12.5\text{m}$；

(2)桥宽：旧桥宽12.5（m），拓宽部分新桥宽7.75(m)；

(3)设计规范及荷载标准：对于旧桥部分结构采用(JTJ 023　85)《公路钢筋混凝土及预应力混凝土桥涵设计规范》(简称85规范)进行设计验算，采用汽—超20、挂—120设计荷载标准；而对于新桥部分采用(JTG D62—2004)《公路钢筋混凝土及预应力混凝土桥涵设计规范》(简称2004新规范)进行设计验算，采用公路Ⅰ级的设计荷载标准；

(4)混凝土强度等级：在采用85年规范进行设计验算时，混凝土标号为40号；在采用2004新规范进行设计验算时，混凝土强度等级为C40。

三、力学分析

1. 计算模型

本文以某高速公路扩建中桥梁拓宽工程为背景，采用梁格理论结合有限元软件MIDAS/CIVIL计算程序分别建立有限元模型，计算分析旧桥拓宽后旧桥主梁关键截面在85年规范标准下内力及变形，并进行计算得到内力组合设计值。

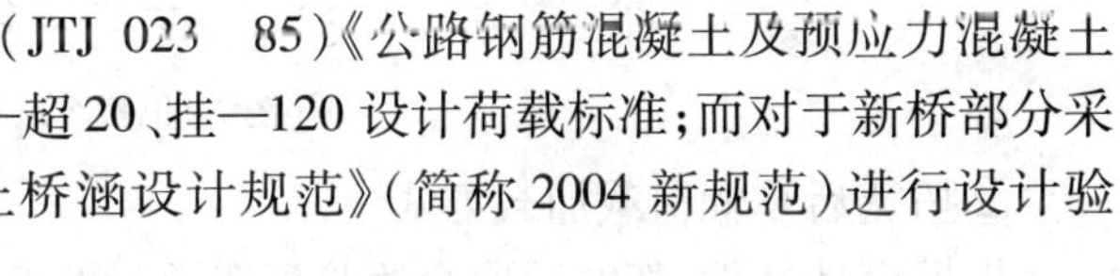

图4　空心板梁划分示意图

由于新桥和旧桥空心板梁的现浇接缝接以及新、旧桥上部结构之间的连接(拼接缝)均为铰接接缝，因此，对现浇接缝及拼接缝采用铰接进行模拟计算。空心板梁之间的每根模拟横梁均划分为2个单元，中间结点采用铰接。拓宽后上部结构整体共划分为652个梁单元，467个节点，其中旧桥单元394个，新桥单元258个，接缝位置单元26个，上部结构的梁格划分参见图4，梁格法有限元模型参见图5。

2. 荷载及工况分析

(1)分析时考虑的上部结构作用荷载

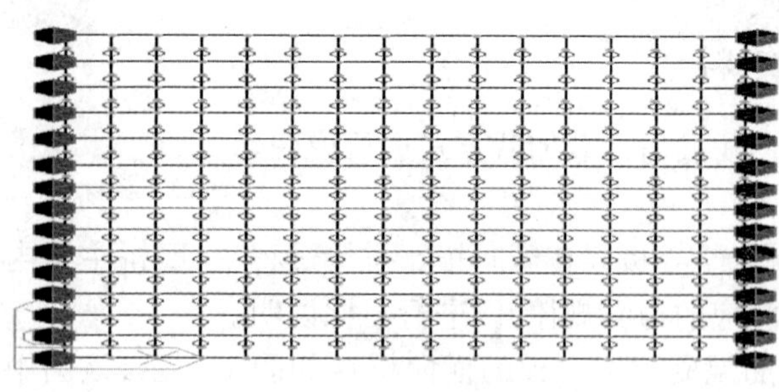

图5 空间梁格模型

拓宽后桥梁整体上部结构计算分析考虑以下荷载作用：

①一期恒载，预制混凝土空心板梁的自重。

②二期恒载，包括现浇铰缝、桥面铺装以及护栏的重量。

③车辆荷载，根据设计规范加载。

④新旧桥沉降差异：旧桥已建成通车几年，基础沉降基本完成，故仅考虑新桥的基础沉降，为安全计按新桥相对旧桥整体沉降5mm考虑，相邻新桥边梁沉降2mm。上部结构空心板梁沉降差影响分析计算采用的沉降差模式如图6所示（以预应力钢筋混凝土板梁桥为例）。

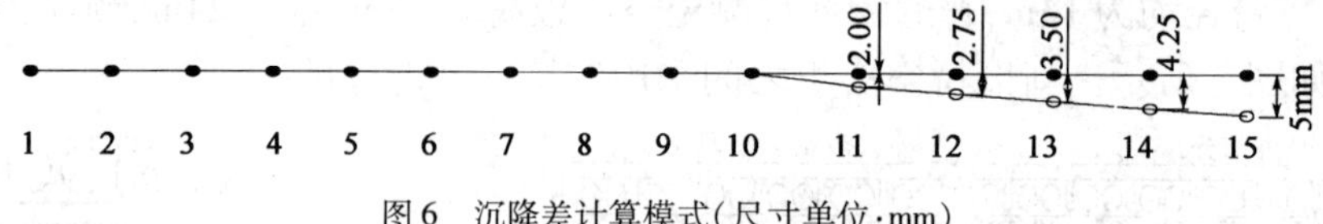

图6 沉降差计算模式（尺寸单位：mm）

（2）活载加载方式

①拓宽前旧桥车辆荷载加载方式

根据设计文件，拓宽前取验算车道为3车道，旧桥汽车荷载车道布置如图7所示，拓宽前当旧桥按85规范计算内力时，车辆荷载采用85规范的汽超-20车队荷载标准。

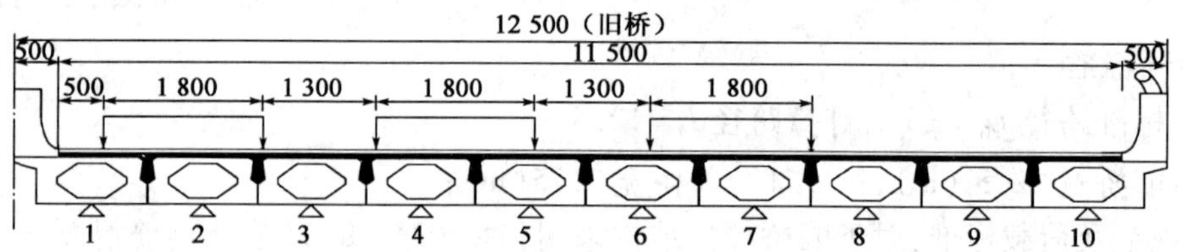

图7 旧桥车道布置图（尺寸单位：cm）

②拓宽后车辆荷载加载方式

根据设计文件，拓宽后取全桥验算车道为5车道，应重点考虑旧桥结构的计算内力，故从旧桥最外侧边梁部分开始布置车道，拓宽后全桥汽车荷载车道布置如图8所示。

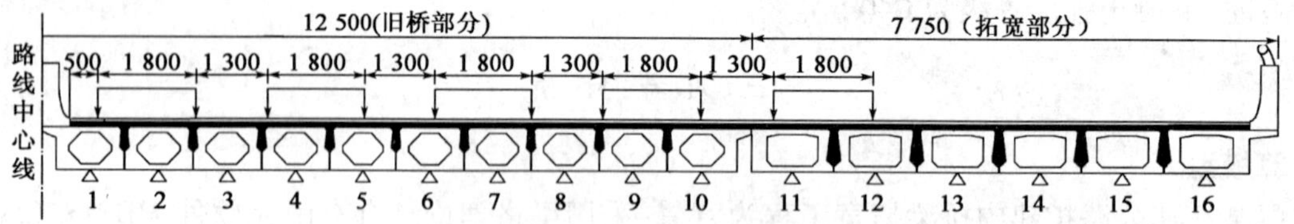

图8 拓宽后全桥车道布置图（尺寸单位：cm）

本论文对于拓宽后旧桥主梁内力计算，重点考虑85规范中车队荷载加载方式，作为对比另外再计算了2004规范中的车道荷载加载方式，因此拓宽后桥面的活载加载方式考虑了两种情况：

a）拓宽后车辆荷载采用1985规范的汽超-20车队荷载标准；

b）拓宽后车辆荷载采用2004规范的公路一级车道荷载标准。

（3）计算工况

为简化计算工况，本文只考虑了一种计算工况，即恒载+活载+新旧桥沉降差异。

3. 空心板截面刚度计算

在正常使用状态下，钢筋混凝土空心板带裂缝工作，故普通钢筋混凝土主梁截面换算刚度按开裂刚度计算，而A类部分预应力混凝土主梁截面换算刚度则按全截面刚度计算。计算结果如表1。

空心板截面换算刚度汇总表 表1

项目	普通钢筋混凝土空心板	预应力混凝土空心板
梁高/梁宽尺寸(cm/cm)	55/124	60/124
换算截面刚度($\times10^{10}$ N·m^2)	0.022 7	0.030 3
相对刚度	1.0	1.335

由上表可以看出,普通钢筋混凝土空心板的高度仅比预应力混凝土空心板矮5cm,但是由于在使用时处于开裂状态,所以预应力混凝土空心板的刚度比钢筋混凝土空心板明显增大,增幅达33.5%。由于两种不同刚度的结构横向拼接在一起工作,刚度大的结构将要承担较大的荷载,对于刚度较小的钢筋混凝土结构而言,结构受力也处于卸载状态,有利于其受力状态;反之,对于刚度较大的预应力混凝土空心板而言,将分担更大的外荷载,这一点对其结构受力是不利的,在设计时需要注意到这个特点。

四、计算成果分析

(1)两种横向拼接方式下旧桥空心板的受力状态对比。

为分析比较旧桥主梁关键截面内力和变形在两种不同拼接方式下的变化情况,特列表示出拼接方式1与拼接方式2两种情况下,旧桥边主梁(10号梁)关键截面控制指标的计算数值,如表2所示。

拼接后旧桥边主梁内力和变形汇总表 表2

梁号	控制截面	拼接方式1				拼接方式2			
		刚度比	内力		变形	刚度比	内力		变形
		B_2/B_1	M(kN·m)	Q(kN)		B_2/B_1	M(kN·m)	Q(kN)	
10号边梁	$L/4$	1.000	664.62	189.83	15.5	1.33	625.16	178.08	15.1
	$L/2$		816.33	82.33	21.1		769.08	95.85	20.6
	$3L/4$		661.48	164.20	15.6		626.10	146.37	15.2

说明:B_1 代表旧桥主梁抗弯刚度,B_2 代表新桥主梁抗弯刚度

由上述表格中的数据分析可知:

①旧桥边梁跨中截面弯矩在拼接方式2下为769.08(kN·m),明显小于拼接方式1下的弯矩值816.33(kN·M),相对比截面弯矩减少5.79%,说明采用刚度较大的新桥主梁与旧桥主梁相拼接,这种拼接方式对旧桥内力有一定的影响,可在一定程度上降低新桥的主梁内力,由此说明对于普通钢筋混凝土与预应力混凝土空心板梁进行横向拼接时,由于新桥主梁刚度增大后,能够分担旧桥所受的部分外荷载,对旧桥结构受力有利。

②同样旧桥主梁跨中截面的变形变化规律与内力变化相似,只是降低幅度较小,仅为2%左右。

③由上节可知,预应力混凝土空心板的刚度比钢筋混凝土空心板明显增大,增幅达33.5%,但是这种拼接方式使旧桥关键截面的内力和变形降低幅度并不明显,与预期值有明显差距。

因此从结构内力的分配角度看,预应力混凝土结构与钢筋混凝土结构的横向拼接应该更有利于旧桥结构的内力状态改善,对于旧桥主梁的内力及结构变形都有一定的降低作用。但是对于这种有利作用比较有限,幅度较小。

(2)持久状况极限承载能力验算。

虽然说拼接方式中预应力混凝土空心板与原结构进行横向拼接,对结构受力更有利,但是还需要对边主梁的实际受力状态进行验算才能说明旧桥结构的受力是否满足横向拼接需要的。

首先进行结构极限承载能力验算。本计算选取边梁作为研究对象,对普通钢筋混凝土的持久状况极限承载能力进行验算,控制内力取为主梁跨中设计计算弯矩。计算过程省略,其结构验算结果如表3所示。

边梁极限承载能力验算汇总表(标准跨径 $L_0=13m$) 表3

序号	项目	单位	拓宽前(85年规范)	拓宽后(85年规范)	拓宽后(2004年新规范)
(1)	控制内力	kN·m	787.79	771.13	816.43
(2)	承载能力	kN·m	967.92	967.92	993.45
(3)	是否满足规范		是	是	是

说明:控制内力及承载能力均指主梁跨中弯矩。

从表3可知,13m跨旧桥普通钢筋混凝土空心板结构与新桥预应力混凝土空心板完成横向拼接时,拓宽前后的旧桥结构在新、旧规范下边主梁极限承载力均满足规范要求。

(3)持久状况正常使用极限状况的验算。

选取旧桥1~10号主梁作为研究对象,分别计算旧桥主梁拓宽前、后在不同规范下的最大裂纹宽度及挠度。具体计算过程不再详述,下面将计算结果列出如表4所示。按设计规范要求,普通钢筋混凝土结构的最大裂纹宽度限值为0.2mm,最大挠度限值为 $L/600=21.7mm$。

持久状况正常使用极限状况结果汇总表 表4

梁号	拓宽前(85年规范)		拓宽后(85年规范)		拓宽后(2004年新规范)	
	最大裂纹宽度(mm)	最大挠度(mm)	最大裂纹宽度(mm)	最大挠度(mm)	最大裂纹宽度(mm)	最大挠度(mm)
1	0.129	21.4	0.127	21.5	0.148	22.3
2	0.136	21.6	0.133	21.7	0.157	22.7
3	0.135	21.4	0.132	21.5	0.157	22.4
4	0.133	21.2	0.129	21.0	0.152	22.0
5	0.132	21.0	0.127	20.8	0.149	21.7
6	0.131	20.7	0.126	20.7	0.147	21.7
7	0.129	20.2	0.125	20.6	0.144	21.6
8	0.125	19.6	0.124	20.6	0.145	21.7
9	0.120	18.9	0.123	20.6	0.142	21.8
10	0.117	18.6	0.122	20.6	0.141	21.5

分析表4可以发现:

①旧桥普通钢筋混凝土空心板梁与预应力混凝土空心板梁拼接时,在拓宽前、后按旧规范验算及拓宽后按新规范验算的最大裂纹宽度均满足规范要求;

②旧桥普通钢筋混凝土空心板梁与预应力混凝土空心板梁拼接时,在拓宽前后的旧规范下的最大挠度均满足规范要求,但是,拓宽后新规范下计算的最大挠度时,大部分主梁如1、2、3、4及9号梁均不满足规范要求;

③接缝处边梁(10号梁)其最大裂纹宽度及最大挠度,自拓宽前旧规范下计算数值到拓宽后新规范下计算数值都是增大趋势,但是都满足规范要求。

五、结 语

基于上述研究,对于旧桥为钢筋混凝土空心板结构,新桥拟采用预应力混凝土空心板结构,与旧桥进行横向拼接完成桥梁横向拓宽时,研究成果总结如下:

(1)从结构内力的分配角度看,预应力混凝土结构与钢筋混凝土结构的横向拼接应该更有利于旧桥结构的内力状态改善,对于旧桥主梁的内力及结构变形都有一定的卸载作用,因此这种不同形式的结构进行横向拼接是可行的;

(2)横向拓宽后如果继续按照85规范进行设计验算,则旧桥各空心板梁的承载能力及正常使用极限状态均可以满足规范要求。

(3)横向拓宽后如果继续按照2004新规范进行设计验算,则旧桥各主空心板梁的承载能力可以满足规范要求,但大部分空心板梁的正常使用极限状态不满足规范要求,说明对于旧桥的结构验算不适宜采用2004新规范。

参考文献

[1] 叶见曙,华斌.鞠金荧.预应力混凝土桥梁拓宽的若干问题探讨[A].高速公路扩建工程技术研讨会论文集[C].2004.

[2] 中华人民共和国行业标准. JTJ 023—85 公路钢筋混凝土及预应力混凝土桥涵设计规范[S].北京:人民交通出版社,1985.

[3] 中华人民共和国行业标准. JTG D60—2004 公路桥涵设计通用规范[S].北京:人民交通出版社,2004.

[4] 中华人民共和国行业标准. JTG D62—2004 公路钢筋混凝土及预应力混凝土桥涵设计规范[S].北京:人民交通出版社,2004.

141.梁式桥跨间横隔板数量对荷载横向分布影响的分析

沈永林
(云南省交通规划设计研究院)

摘　要　多梁式梁桥由纵肋、端横隔板和跨间横隔板构成具有明显受力特性的空间梁格体系。不同梁间距、不同跨间横隔板数量构成的多梁式桥,在汽车荷载作用下,对边、中梁荷载横向分布的传递影响究竟有多大?如何把握调整跨间横隔板数量的度?针对上述问题,本文以实际工程中采用较多的30m跨径装配式简支T形梁作为研究对象,通过空间有限元分析,来讨论上述问题,并给出结论和建议供参考。

关键词　多梁式梁桥　跨间横隔板数量　荷载横向分布均匀度

一、概　述

中等跨径的装配式梁桥是各等级公路上应用较多的桥型之一。由桥梁概念设计知,多梁式梁桥由纵肋、端横隔板和跨间横隔板构成具有明显受力特性的空间梁格体系。荷载作用于不同梁间距、不同跨间横隔梁数的多梁式桥时,每片梁的受力是不均匀的。现行桥梁设计规范规定[1],应在梁式桥跨端和跨间设置横隔板,对于T形、工形等截面的梁式桥,且当梁横向刚性连接时,横隔板间距不应大于10m。但在确定跨间横隔板间距时,如何考虑梁间距的影响未作出具体规定。

近年来,部分工程项目出现了一味强调施工方便和节省材料,忽视跨径、梁间距等因素的影响,轻率减少跨间横隔板数量,而引发的由设计缺陷导致的质量事故,特别在装配式小箱梁上,这一问题尤其显得突出。不同梁间距、不同跨间横隔板数量构成的多梁式桥,在汽车荷载作用下,对边、中梁荷载横向分布的传递影响究竟有多大?如何把握调整跨间横隔板数量的度?针对上述问题,本文以实际工程中采用较多的30m跨径装配式简支T形梁作为研究对象,通过空间有限元分析[2],来讨论上述问题,并给出结论和建议供参考。

二、计 算 模 型

模型选择30m简支T形梁，横向布设5片梁，梁高2.0m，横隔板平均厚度19cm，分别按梁间距160cm、200cm、260cm和跨间分别设置1～4横隔板，考虑汽车2列偏载布置和对称靠中布置。将上述因素进行组合，构建了12个空间多梁格有限元模型进行分析。纵肋和横隔板用实梁格模拟，翼板横向连接用虚拟梁格模拟。支座设于梁底，并用刚臂与纵梁两端节点相连。模型渲染及梁格平面示意见图1和图2。

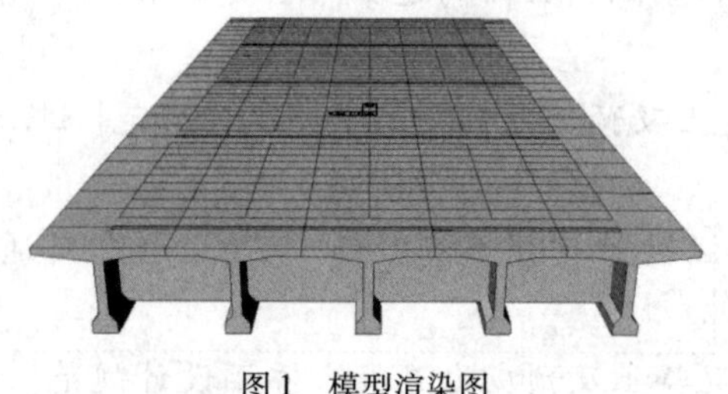

图1 模型渲染图

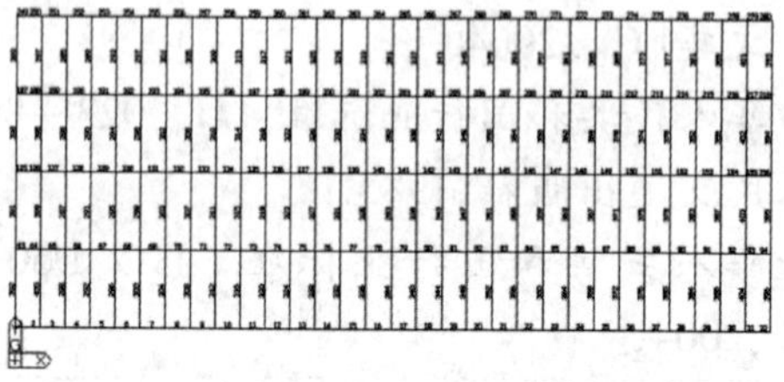

图2 梁格平面示意图

30mT梁跨间横隔板数量对应的横隔板间距，见表1。

跨间横隔板数量对应的横隔板间距 表1

跨间横隔板数量	1	2	3	4
横隔板间距(cm)	1500	1000	750	600

三、汽车荷载横向分布比较

1. 梁间距160cm时的荷载横向分布系数

30mT梁梁间距160cm，跨间横隔板数分别为1、2、3、4道时，汽车荷载横向分布系数见图3和图4。图中横坐标为跨间设置的隔板数量，下同。

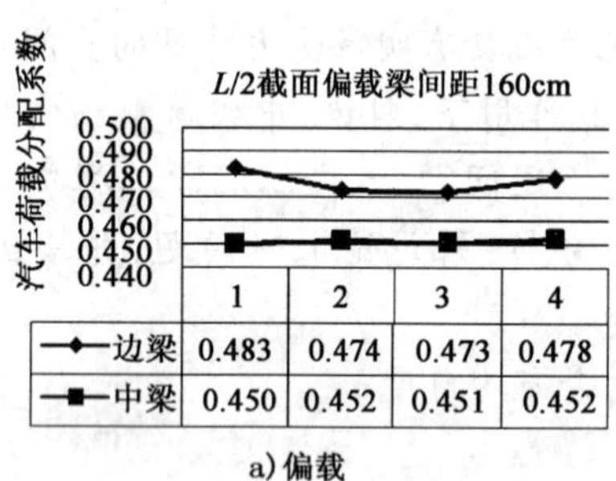

a)偏载

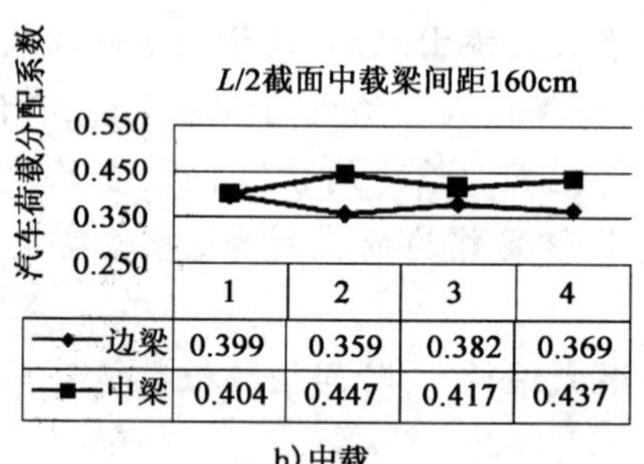

b)中载

图3 L/2截面汽车偏载和中载时横向分布系数

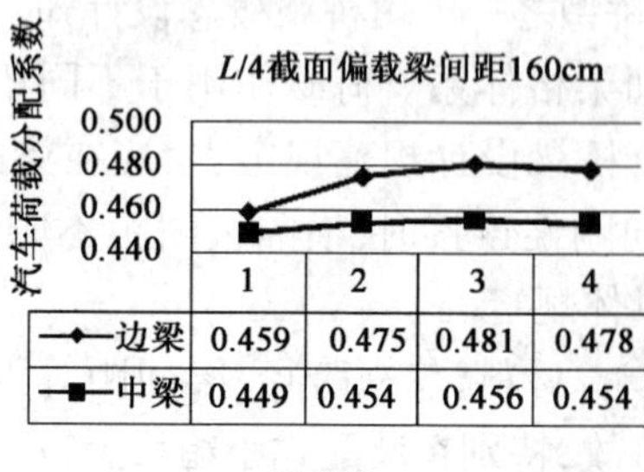

a)偏载

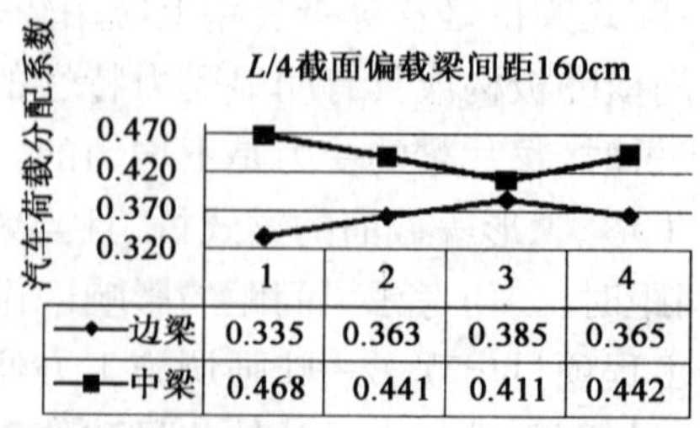

b)中载

图4 L/4截面汽车偏载和中载时横向分布系数

2. 梁间距200cm时的荷载横向分布系数

30mT梁梁间距200cm，跨间横隔板数分别为1、2、3、4道时，汽车荷载横向分布系数见图5和图6。

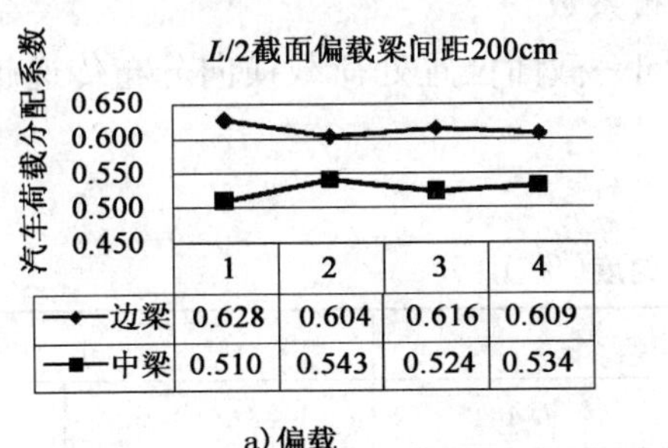

a) 偏载

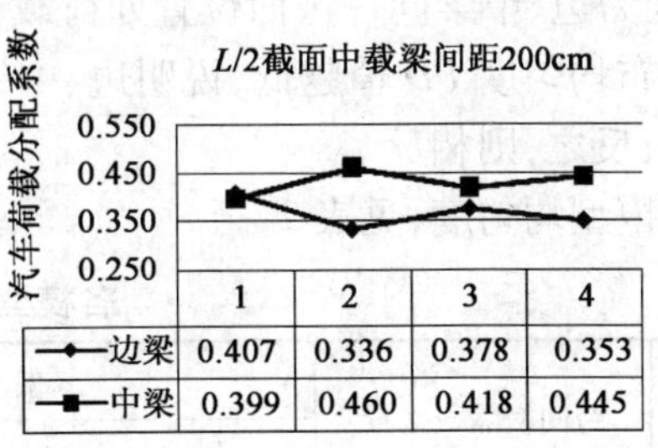

b) 中载

图 5　L/2 截面汽车偏载和中载时横向分布系数

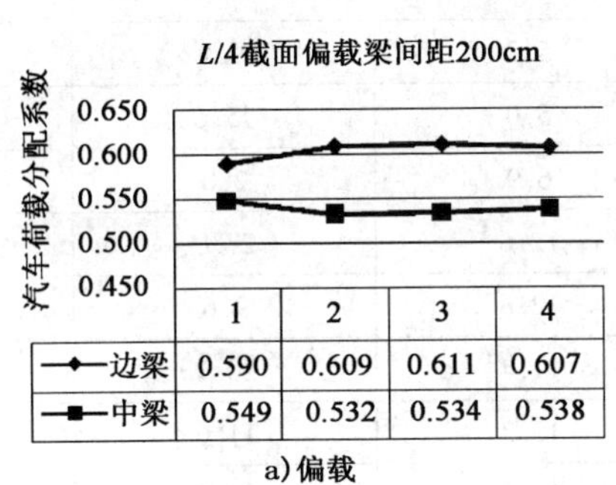

a) 偏载

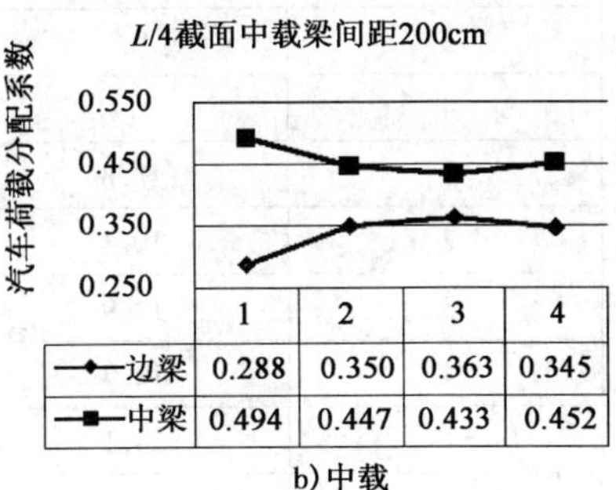

b) 中载

图 6　L/4 截面汽车偏载和中载时横向分布系数

3. 梁间距 260cm 时的荷载横向分布系数

30mT 梁梁间距 260cm，跨间横隔板数分别为 1、2、3、4 道时，汽车荷载横向分布系数见图 7 和图 8。

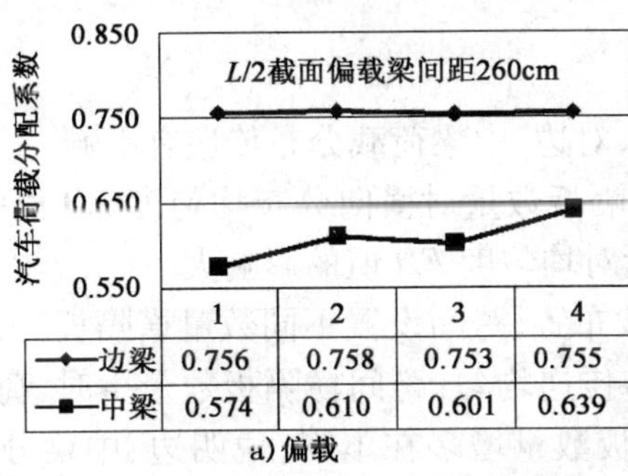

a) 偏载

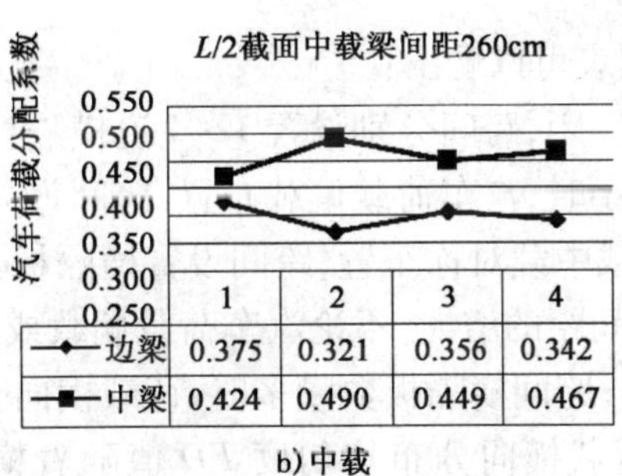

b) 中载

图 7　L/2 截面汽车偏载和中载时横向分布系数

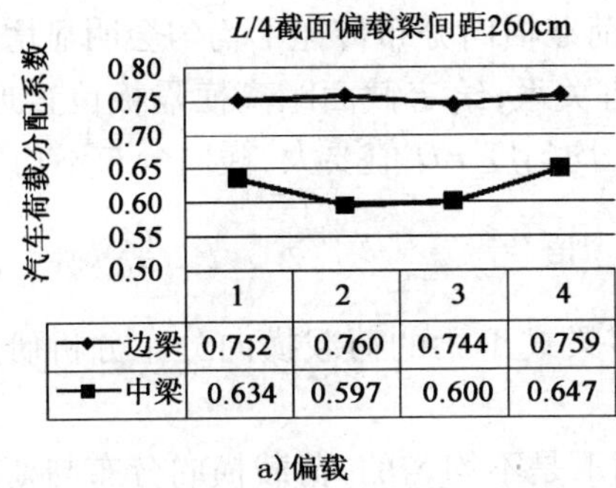

a) 偏载

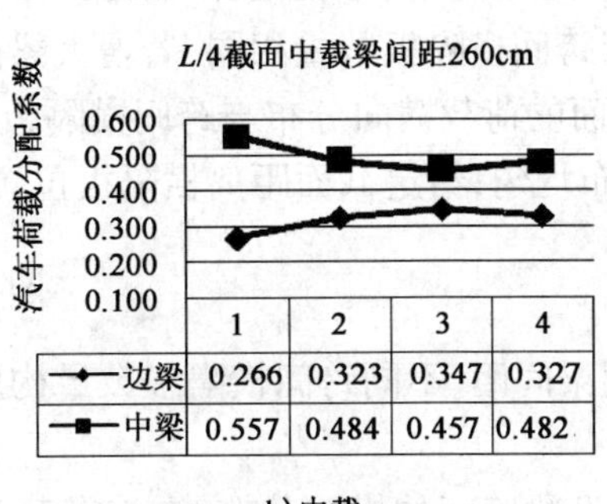

b) 中载

图 8　L/4 截面汽车偏载和中载时横向分布系数

4. 荷载横向分布均匀度

为方便讨论，定义荷载横向分布均匀度为 FD，则：

$$FD = \{\max(m_b, m_z) - \min(m_b, m_z\}/\max(m_b, m_z) \times 100\%$$

式中：m_b、m_z 分别为边、中梁同一截面位置处荷载分布系数。

荷载横向分布均匀度 *FD* 值越低，说明边、中梁同一截面位置处荷载横向分布传递越均匀，相应分担到的荷载也均匀；反之，则相反。

计算得到各模型均匀度，见表2。

各模型均匀度(%) 表2

梁间距(cm)	跨间横隔板数量	偏载		中载	
		L/2	L/4	L/2	L/4
160	1	6.8	2.2	1.2	28.4
	2	4.6	4.4	19.7	17.7
	3	4.7	5.2	8.4	6.3
	4	5.4	5.0	15.6	17.4
200	1	18.8	6.9	2.0	41.7
	2	10.1	12.6	27.0	21.7
	3	14.9	12.6	9.6	16.2
	4	12.3	11.4	20.7	23.7
260	1	24.1	15.7	11.6	52.2
	2	19.5	21.4	34.5	33.3
	3	20.2	19.4	20.7	24.1
	4	15.4	14.8	26.8	32.2

5. 讨论

由上面各图表可以看出：

(1)相同梁间距，跨间分别设置1~4道横隔板时，对边、中梁荷载分布传递有影响。

(2)梁间距小时，汽车荷载偏载布置，跨间设置横隔板数量对横向分布均匀度 *FD* 值的影响小；梁间距小时，汽车荷载中载对称布置，跨间设置横隔板数量对均匀度 *FD* 值的影响大。

(3)随着梁间距的增大，不论汽车荷载偏载或中载布置，跨间设置不同数量横隔板时，荷载横向分布传递有明显差异；跨间横隔板数量多时，荷载横向分布传递均匀；跨间横隔板数量少时，荷载横向分布传递不均匀；即，荷载横向分布均匀度 *FD* 值随着横隔板数量增多在下降，说明边、中梁分担的荷载相对均匀。

(4)跨间横隔板数量相同，随着梁间距增大，不论汽车荷载偏载或中载布置，横向分布均匀度 *FD* 值均在增大。说明跨间横隔板数量相同，若增大梁间距，荷载横向分布传递不均匀会明显增加。

(5)给定截面的荷载横向分布与跨间横隔板位置有关系；给定截面距离横隔板位置近时，均匀度 *FD* 值要小，横向分布均匀；给定截面距离横隔板位置远时，均匀度 *FD* 值要大，横向分布不均匀。

四、结　语

通过对不同梁间距、不同跨间横隔板数量构成的多梁式T梁的荷载横向分布分析研究，可得出如下结论：

(1)多梁式T梁跨间的横向分布，在汽车荷载作用下是不均匀的；荷载横向分布与荷载载位、梁间距及跨间横隔梁数梁有关。

(2)在确定跨间横隔板数量时，应考虑梁间距的影响；梁间距增大，应相应增加横隔板数量，即缩小跨间横隔板间距，尽量使荷载传递均匀。建议现行规范修编时，对跨间横隔板间距做规定时，应考虑梁间距的影响。

(3)在实际工程中，考虑装配式多梁式桥荷载横向传递均匀、横桥向刚度不宜过小以及重型车辆对翼板的局部冲击影响,一般来讲,应控制梁间距不宜过大。

(4)跨间横隔板数量的确定,应综合考虑主梁跨径、梁间距、截面形式以及直线桥还是曲线桥等因素确定。

(5)虽然本文讨论的只是多梁式T梁的荷载横向分布情形,但同样适用于多梁式装配式小箱梁等结构。

参考文献

[1] 中华人民共和国行业标准.JTG D62—2004 公路钢筋混凝土及预应力混凝土桥涵设计规范[S].北京:人民交通出版社,2004.

[2] 沈永林.荷载横向分布系数计算方法比较[J].第二届云南省公路科技创新论坛论文集:2008,100-104.

142.预应力混凝土刚构桥的抗震性能分析

宋力勋 雷俊卿

(北京交通大学 土木建筑工程学院)

摘 要 本文重点研究预应力混凝土刚构桥的抗震性能,以较早修建的一座预应力混凝土T构悬臂梁桥为研究对象,建立了有限元模型,分析了其自振特性,用反应谱法和时程法进行了E1地震作用下的弹性分析,用时程法分析了行波效应对其地震响应的影响,并综合分析了该桥的抗震性能以为同类桥梁的抗震性能评估提供参考。分析结果表明:该桥整体刚度较小,地震时易发生各T构,尤其是二号T构的水平扭转或纵向侧倾;各墩的内力响应分布较为均匀,桥墩的承载能力是足够的;反应谱分析结果和人工波分析结果明显小于三条实际地震波的时程分析结果;考虑行波效应后各种响应均未呈现出随波速的明显变化规律,行波效应在该结构并不显著;挂梁在T构牛腿上的搁置长度不足,建议进行防落梁加固。

关键词 预应力混凝土刚构桥 抗震性能分析 反应谱分析 时程分析 人工波 行波效应

一、引 言

"5·12"汶川地震导致了大量的桥梁受损或破坏,不仅造成了巨大的经济损失,也严重影响了应急救灾工作。其中遭到破坏的桥梁大部分修建于1950~1980年,这使我们不得不重新审视和评估早期旧桥的抗震性能,并对其进行必要的加固维修。

预应力混凝土刚构桥是我国早期应用较多的桥型,T形刚构悬臂梁桥是其中的一种,在我国的代表桥梁有:重庆长江大桥、葛洲坝三江桥、乌龙江桥、佳木斯松花江桥等,绝大多数为20世纪60~80年代建造的。该桥型的主要结构由T形刚构和挂梁组成,为静定结构。相比简支梁桥,其主要优点为:悬臂结构的负弯矩使跨中的正弯矩得到了大幅度减小,从而有效提高了结构的承载能力,这是在当时技术条件下桥梁建造中应用力学原理的典范。但该桥型的悬臂段挠曲线与挂梁挠曲线之间存在折角,容易造成行车不平顺,且牛腿处构造复杂,现在已经很少修建。而对该类桥的抗震性能研究的需求则非常迫切。

二、依托桥梁的工程概况

预应力混凝土刚构桥的抗震性能研究,依托泸州长江第一公路大桥,位于四川省泸州市,于1977年开工建设,1982年完工通车,是一座特大型的T形刚构悬臂梁桥。该桥由四个T形刚构和三孔挂梁组成，单孔跨径达170m。通过对该桥进行抗震分析，可以很好地了解同类桥梁的动力特征和抗震性能。

该大桥主桥为105m+3×170m+105m预应力混凝土T形刚构悬臂梁加挂梁结构，桥宽16m，中间三孔为通航孔，每孔挂梁长40m。T构梁为变截面的单箱双室箱梁，悬臂长65m，箱梁根部高10m，混凝土强度等级为C50。挂梁为5片混凝土T形简支梁，梁高2.44m，边挂梁混凝土强度等级为C50，内挂梁为C40。主桥共有四个桥墩，其中2、3号墩为深水墩，1、4号墩位于岸边河床。各墩均为14.6m×8.0m的矩形截面钢筋混凝土空心墩，混凝土强度等级为C30。四个桥墩的墩身高度分别为33.25m、35.29m、40.3m、29.77m。1号墩基础为扩大基础，2号墩为高承台端承群桩基础，3、4号墩为低承台端承群桩基础。群桩基础均为12根2.3m直径的钻孔灌注桩，混凝土强度等级C30。承台均为厚度6m的圆形承台，混凝土强度等级C30。该大桥的总体布置如图1所示。

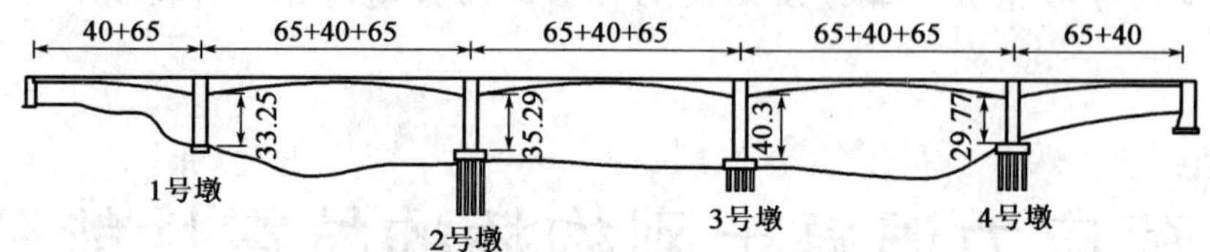

图1 泸州长江一桥的总体布置图(尺寸单位：m)

三、有限元计算模型的建立

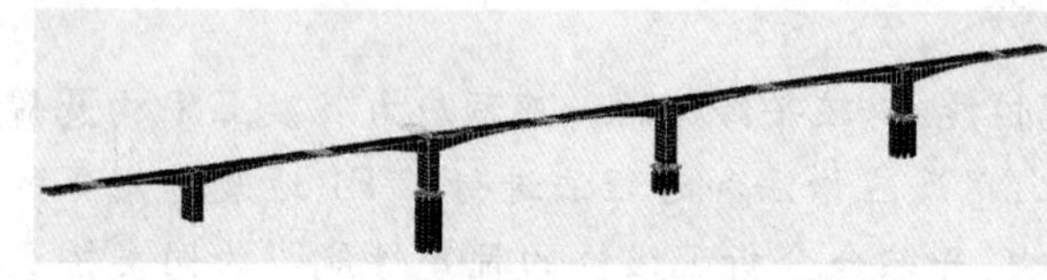

图2 全桥的有限元计算模型

采用有限元进行建模，着重准确模拟结构的质量、刚度和边界条件，全桥的有限元计算模型如图2所示。梁、柱、桩用梁单元模拟，承台用板单元模拟，梁墩之间、T构与挂梁之间、承台与桩之间的连接均采用刚性连接。挂梁的横隔板对五片T梁有很强的连接作用，故用刚性连接模拟；箱梁和桥墩的横隔板对纵向抗弯、抗扭和整体刚度的影响均较小，故仅考虑其自重和质量。此外，将二期恒载转化为质量以考虑二期恒载对结构动力特性的影响。

还考虑了桩侧土对桩的约束作用。本桥的所有桩均为端承桩，故桩底用固定支撑模拟，而桩侧土对桩的水平约束作用用具有一定刚度的土弹簧模拟，即沿桩长每隔一段距离施加一个一般弹性支承，土弹簧的刚度按式(1)计算：

$$k = \frac{p}{xz} = \frac{A\sigma zx}{xz} = \frac{abp \times mzxz}{xz} = abpmz \tag{1}$$

四、自振特性分析

结构的特征值分析采用子空间迭代法，迭代20次。为使累积参与质量超过90%，须考虑前200阶振型。自振特性的计算结果如表1所示。振型如图3所示。

自振特性表(仅列出前十阶)

表1

模态号	频率(Hz)	周期(s)	振型特征	模态号	频率(Hz)	周期(s)	振型特征
1	0.2691	3.7161	2号T构水平转动	6	0.6580	1.5198	4号T构纵向侧倾
2	0.5191	1.9266	2号T构纵向侧倾	7	0.6959	1.4369	3号T构水平转动
3	0.5891	1.6976	3号T构纵向侧倾	8	0.7173	1.3942	1号T构水平转动
4	0.6180	1.6181	1号T构纵向侧倾	9	0.7945	1.2586	4号T构水平转动
5	0.6450	1.5504	2号T构横向侧倾	10	0.7963	1.2558	2号T构纵向飘移

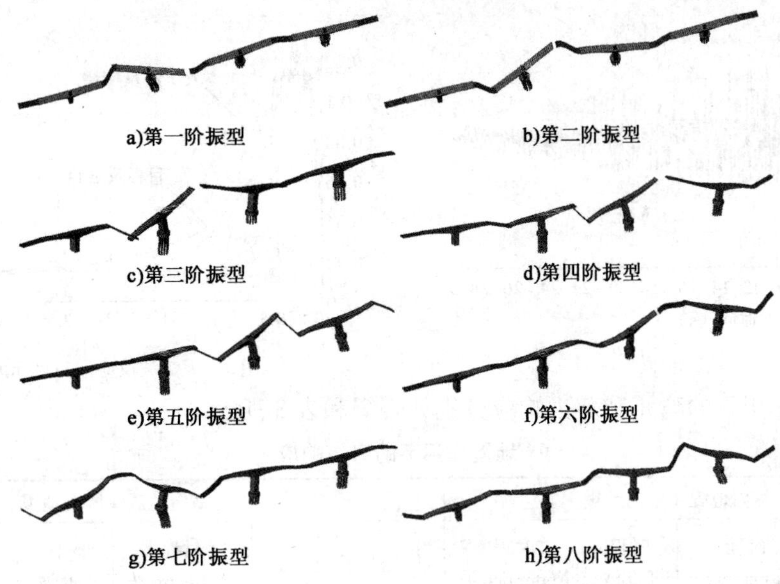

图3 前八阶振型图

根据自振特性分析结果，可以得出以下结论：

(1)该桥的基频偏小，为0.269 1Hz，说明结构整体刚度较小。这是因为本桥为静定结构，各T构之间联系较小，且有三个T构的基础形式为相对较柔的桩基。

(2)该桥的前十阶振型均为各T构的水平转动或侧倾，这也主要是由于各T构之间缺乏联系，且各T构桥墩和桩基的抗扭刚度和抗侧刚度相对较小。

(3)该桥前两阶振型分别为2号T构的水平转动和纵向侧倾，这说明2号T构的刚度相比其他T构更小。这是由于2号T构的基础为高承台桩基，有17.3m的桩基露于冲刷面之上而没有土体的水平约束，故而该T构的基础柔性更大。

五、反应谱分析与线性时程分析

本文采用反应谱法和线性时程法两种方法对该桥进行E1地震作用下的弹性抗震分析。泸州市的抗震设防烈度为6度(0.05g)；本桥单孔跨径超过150m，属A类桥梁；场地覆盖土层为由稍密的碎石土和中密的沙土构成的中硬土，其下为砂页岩互层，属II类场地。

反应谱分析采用《公路桥梁抗震设计细则》(JTG/T B02—01—2008)规范的反应谱。根据相关资料可得：在E1地震作用下，抗震重要性系数 *Ci*、场地系数 *Cs* 和阻尼调整系数 *Cd* 均为1.0。场地特征周期 *Tg* 为0.35s。根据公式：

$$Smax = 2.25C_sC_dC_iA \tag{2}$$

可算得水平设计加速度最大值为0.112 5g。取竖向/水平向谱比函数R值为0.5来计算竖向反应谱。分析的振型组合方式选用CQC法；考虑两种地震作用组合方式：纵向地震+竖向地震，横向地震+竖向地震。

对于时程分析，由于缺乏场地的实际地震记录资料，也缺乏实际场地的地震危险性分析资料，故选择典型的强震记录和人工合成地震波两种方法进行时程输入。本文首先选取了EL-Centro、Taft、Northridge三条典型记录，这三条波均适用于二类场地条件，其主要周期与场地卓越周期接近。三条波的峰值加速度分别为0.356 9g、0.155 7g、0.604 7g，而本桥的设计基本地震峰值加速度为0.05g，得三条波的峰值调整系数分别为0.140 1、0.321 1、0.082 7。

人工合成地震波是以适合工程场地条件的规范反应谱为目标谱，通过三角级数法或小波包变换得到相应的合成地震波。本文拟合所得的人工波时程如图4所示，人工波反应谱与目标谱的拟合情况如图5所示。

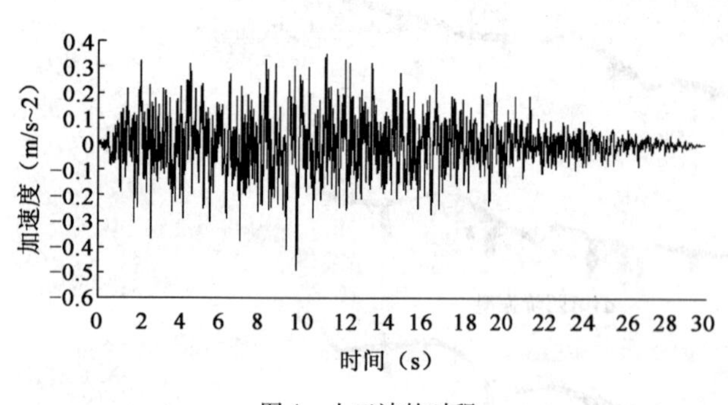

图4　人工波的时程

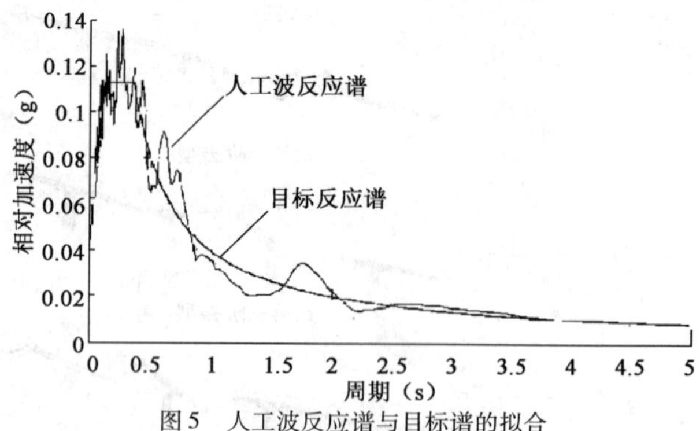

图5　人工波反应谱与目标谱的拟合

各墩在E1地震作用下的弯矩和剪力响应分别如表2和表3所示。

E1地震作用下的弯矩响应　　表2

弯矩值（kN·m）		纵向地震+竖向地震					横向地震+竖向地震				
		反应谱	时程 EL-Centro 波	时程 Taft 波	时程 Northridge 波	人工波	反应谱	时程 EL-Centro 波	时程 Taft 波	时程 Northridge 波	人工波
1号墩	顶部	92 987	86 110	93 532	71 895	80 718	0	0	0	0	0
	底部	160 367	219 953	165 248	200 769	153 348	164 364	225 744	236 289	175 261	137 004
2号墩	顶部	74 104	81 094	112 673	109 227	67 173	0	0	0	0	0
	底部	85 392	109 288	122 743	154 543	99 266	114 295	117 203	156 586	164 895	107 46
3号墩	顶部	81 307	143 615	108 099	92 539	100 649	0	0	0	0	0
	底部	145 450	221 556	224 950	207 150	149 745	173 476	238 518	278 020	252 642	177 712
4号墩	顶部	88 388	110 406	104 059	87 117	64 079	0	0	0	0	0
	底部	146 529	187 861	150 211	179 966	114 994	124 547	173 691	20 3570	162 304	109 349

E1地震作用下的剪力响应　　表3

剪力值（kN）		纵向地震+竖向地震					横向地震+竖向地震				
		反应谱	时程 EL-Centro 波	时程 Taft 波	时程 Northridge 波	人工波	反应谱	时程 EL-Centro 波	时程 Taft 波	时程 Northridge 波	人工波
1号墩	顶部	5 301	7 577	6 131	6 429	4 512	3 811	5 366	5 485	4 791	2 921
	底部	6 908	10 021	8 151	8 601	5 899	5 552	7 463	7 934	5 598	4 860
2号墩	顶部	2125	2637	2429	3147	1891	2705	3422	3641	3853	3099
	底部	2908	3884	4184	4888	2482	3701	4112	5205	5319	3473
3号墩	顶部	4032	7816	5644	5740	3842	3412	4849	5431	5152	3114
	底部	5792	9968	8670	7707	5373	5229	6569	8287	7287	5824
4号墩	顶部	5345	8237	5509	6765	4007	3360	5252	5613	4415	3195
	底部	7276	11634	7099	9718	5287	4949	6591	7684	6478	4365

总的来说，1、3、4号墩处的弯矩和剪力响应较大而墩顶位移较小，2号墩处的墩顶水平位移较大而弯矩剪力响应较小，这是由于1、3、4号墩刚度大而2号墩刚度小造成的。从响应的分布和数值来看，三条实际地震波的响应是较为接近的，相差基本不超过20%；反应谱分析结果和人工波结果是较为接近的，相差也基本不超过20%。而后两者的数值明显小于前三者，大概相差20%～35%，这主要是由于所选实际地震波的频谱结构，尤其是卓越周期不可避免地与该桥的实际场地条件存在一些差别。

六、行波效应的影响分析

研究表明,当结构的跨度达到或超过地震波长的1/4时就不可认为结构的所有地面节点是均匀一致运动的,而必须考虑不同地面节点之间的运动相位差,即行波效应。典型的地震波波长为百余米至数百米,而泸州长江一桥的单孔跨径达170m,主桥全长达720m,故有必要考虑行波效应对结构地震响应的影响。由于行波效应主要作用于纵桥向,故本文只对纵桥向的响应作分析。本文结合实际场地条件,选取400m/s、600m/s、800m/s、1000m/s以及无穷大(即一致激励)五种地震波传播速度,采用人工合成地震波进行了多点激励的时程分析。所得的各墩墩底弯矩、剪力响应随波速的变化情况如图6、图7所示。

从以上曲线可以看出:所考虑的各种响应均未呈现出随波速的明显变化规律;对于2、3号墩的弯矩,3号墩的剪力,采用一致激励分析是偏于不安全的;对于其余内力,采用一致激励是偏于安全的。但总体来看,考虑行波效应的分析结果与一致激励的分析结果相差不大,基本在20%以内。这主要是由于该桥各T构之间联系较小,进而不同支点之间的相位差不会对结构受力造成很大影响。所以,该桥的一致激励法分析结果是较为准确的,可以满足工程要求。

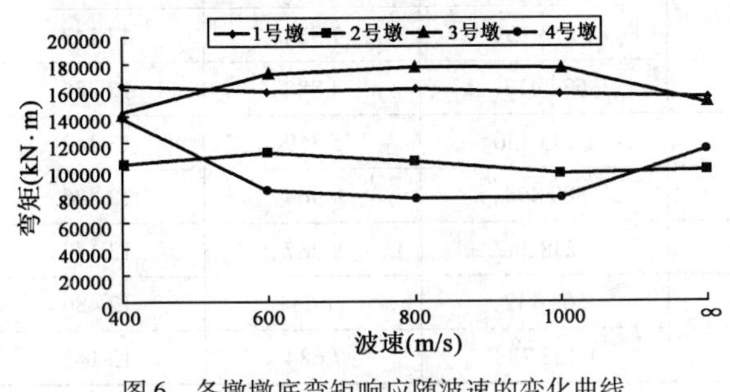

图6 各墩墩底弯矩响应随波速的变化曲线

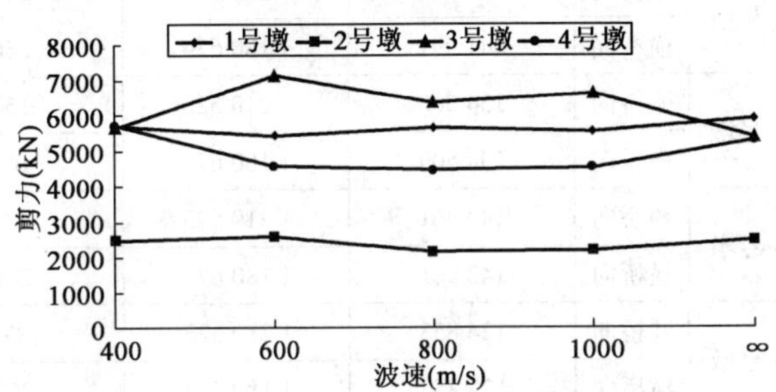

图7 各墩墩底剪力响应随波速的变化曲线

七、桥墩截面强度验算

一般情况下,桥梁梁体在E1地震作用下的强度是足够,抗震设计中一般不需要进行梁体强度的验算。而桥墩一般是地震中的最薄弱部位,须对桥墩的压弯强度和抗剪强度进行验算。桥墩的压弯强度验算采用现行标准规范的相关公式。对于矩形截面钢筋混凝土偏心受压构件,压弯验算公式为:

$$\begin{cases}\gamma_0 Nd \leqslant fcdbx + f'sdA's + (f'pd - \sigma'pd)A'p - \sigma sAs - \sigma pAp \\ \gamma_0 Nde \leqslant fcdbx\left(h_0 - \dfrac{x}{2}\right) + f'sdA's(h_0 - a's) + (f'pd - \sigma'pd)A'p(h_0 - a'p)\end{cases} \tag{3}$$

$$e = \eta e_0 + \frac{h}{2} - as \tag{4}$$

式中:γ_0——桥梁的重要性系数;

e——轴向力作用点至受拉钢筋合力点之间的距离;

e_0——轴向力对截面重心的偏心距,$e_0 = Md/Nd$;

η——轴向力偏心距的增大系数:$\eta = 1 + \dfrac{1}{1\,400\dfrac{e_0}{h_0}}\left(\dfrac{l_0}{h}\right)^2 \xi 1 \xi 2$

其中$\xi_1 = 0.2 + 2.7\dfrac{e_0}{h_0} \leqslant 1.0$,$\xi_2 = 1.15 - 0.01\dfrac{l_0}{h} \leqslant 1.0$。

桥墩的抗剪验算采用《公路桥梁抗震设计细则》规定的公式:

$$V_n = \phi(0.002\,3\sqrt{f'_c} \times A_e + V_s) \tag{5}$$

$$V_s = 0.1\frac{A_k b}{S_k}f_{yh} \leqslant 0.067\sqrt{f'_c} \times A_e \tag{6}$$

式中：Φ——抗剪强度折减系数，取0.85；

A_e——核心混凝土的面积；

A_k——同一截面的箍筋总面积；

S_k——箍筋间距；

b——桥墩在计算方向上的宽度。

各墩柱的压弯验算和抗剪验算结果如表4所示：

桥墩截面强度验算结果 表4

验算位置		压弯验算			抗剪验算		
		轴力设计值（kN）	轴力承载力（kN）	弯矩设计值（kN·m）	抗弯承载力（kN·m）	剪力设计值（kN）	抗剪承载力（kN）
1号墩	顺桥向	141 991	1 210 523	219 953	608 575	10 021	12 486
	横桥向	141 991	1 180 674	236 289	1 253 151	7 934	13 143
2号墩	顺桥向	134 500	1 210 523	154 543	572 413	4 888	12 486
	横桥向	134 500	1 180 674	164 895	1 195 130	5 319	13 143
3号墩	顺桥向	143 961	1 210 523	224 950	589 494	9 968	12 486
	横桥向	143 961	1 180 674	278 020	1 248 347	8 287	13 143
4号墩	顺桥向	124 853	1 210 523	187 V861	563 437	11 634	12 486
	横桥向	124 853	1 180 674	203 570	1 153 788	7 684	13 143

由以上数据可知：在E1地震作用下，桥墩的压弯、抗剪承载能力都是满足的，且压弯承载力具有150%以上的强度储备。

八、结　　语

综上所述，经过计算分析和研究，可以得出如下结论：

(1)由于各T构之间联系较小，且采用相对较柔的深桩基础，该桥整体刚度较小；前十阶振型均为各T构的扭转或侧倾；由于2号墩采用了柔性较大的高承台桩基，其刚度相对最小，其扭转和侧倾振动占据了前两阶振型。

(2)地震作用下，各种内力在各墩中分布相对较为均匀。在地震作用下，1、3、4号墩处的弯矩和剪力响应较大而墩顶位移较小，2号墩处的墩顶水平位移较大而弯矩剪力响应较小。

(3)三条实际地震波的分析结果是较为接近的，反应谱分析结果和人工波结果也是较为接近的；但后两者的数值明显小于前三者，大概相差20%～35%，这主要是由于所选实际地震波的频谱结构与该桥的实际场地条件存在差别。

(4)考虑行波效应后，各种响应均未呈现出随波速的明显变化规律。但总体来看，考虑行波效应的分析结果与一致激励的分析结果相差不大，基本在20%以内，故该桥的一致激励法分析结果可以满足工程要求。

(5)通过桥墩截面强度的验算可知：桥墩的压弯、抗剪承载力都是满足的，且压弯承载力具有150%以上的强度储备。

(6)为了防止落梁破坏，《公路桥梁抗震设计细则》(JTG/T B02—01—2008)规定：对于六度或六度以上地震区，简支梁梁端至墩台帽或盖梁边缘的距离a应满足：$a(cm) \geqslant 70 + 0.5L(m)$，而该桥挂孔简支梁长度为40m，故其在T构牛腿处至少应有90cm的搁置长度，但实际搁置长度仅为50cm左右，且没有任何限位或支挡措施，故建议对该桥进行防落梁的加固处理，以策抗震安全。

参考文献

[1] 中华人民共和国行业标准. JTG/T B02—01—2008 公路桥梁抗震设计细则[S]. 北京：人民交通出版社，2008.

[2] 中华人民共和国行业标准. JTG D62—2004 公路钢筋混凝土及预应力混凝土桥涵设计规范[S]. 北京：人民交通出版社，2004.

[3] 李秀芳，彭大文. 钢筋混凝土多孔双悬臂梁桥加固后的抗震性能研究[C]. 中国公路学会桥梁和结构工程学会2003年全国桥梁学术会议论文集，2003.

[4] 黄渭泉，艾洁君，朱崇俊. 泸州长江大桥[M]. 北京：人民交通出版社. 1985.

[5] 王克海. 桥梁抗震研究[M]. 北京：中国铁道出版社，2007.

[6] 陈天红，张伯艳，谢清荣等. 人工合成地震波研究[J]. 四川建筑科学研究，2010，36(2)：201-203.

[7] 宋丹，田小红，吴辉科. 大跨度刚构桥的行波效应影响分析[J]. 中南公路工程，2007，32(2)：82-85.

[8] 黄小国，胡大琳，张后举. 行波效应对大跨度连续刚构桥地震反应的影响[J]. 长安大学学报，2008，28(1)：72-76.

143. 石家庄滹沱河特大桥主桥抗震性能分析

王燕伟　杨春梅

（中国公路工程咨询总公司）

摘　要　滹沱河特大桥主桥为40m + 200m + 40m的中承式钢管混凝土提篮拱桥，桥宽51.6m，宽跨比为1/3.876，是目前特大桥中最宽的拱桥，仅采用两片桁架拱肋。主拱肋架设采用竖转方法施工。本文结合滹沱河特大桥主桥的抗震设计，从场址地震安全性评价、地震荷载计算、抗震措施等方面研究提篮式拱桥的抗震性能。

关键词　中承式钢管混凝土提篮拱桥　抗震　设计

一、引　言

滹沱河特大桥是石家庄市中华大街北延暨张石高速公路石家庄北出口支线工程重要的组成部分。主桥跨越南水北调中线工程干渠滹沱河倒吸虹工程。

滹沱河特大桥主桥为40m + 200m + 40m三跨中承式拱桥，主拱肋为钢管混凝土桁架。拱肋向桥轴中心线斜倾，倾角为79°34′5″，拱肋为空间曲线形式，以增强结构本身的稳定性和抗震性，从美观方面也取得了良好的效果。拱圈的矢跨比为1/4。拱轴系数为1.347。横向在侧分带内布置两榀拱肋，每榀拱肋为4 - ϕ1200mm钢管壁厚24mm。四根钢管组成平行四边形断面，用缀板（每弦间），腹杆（两弦间）连接，平连缀板厚度16mm，腹杆钢管直径为ϕ610mm，壁厚均为16mm。主钢管和缀板内灌注C50号微膨胀混凝土。边跨混凝土拱肋采用支架法现浇施工；主拱肋钢管在工厂加工，现场在支架上拼装，拱脚铰接，待拱肋合拢连接后浇注拱脚混凝土部分，形成固结结构。

系杆采用OVMXGK15-31可换式钢绞线成品索，两端锚于边拱肋端部，中间支撑在横梁上，用钢箱进行保护。

吊杆采用OVMLZM型平行钢丝成品索，上端锚固在拱肋上弦，下端锚于横梁，上端张拉。

桥面系由横梁和纵梁组成，主跨横梁采用钢箱，拱肋相交处及边跨采用现浇预应力混凝土箱形梁，纵梁主跨采用钢箱，边跨采用混凝土箱梁，钢纵梁采用预制拼装焊接方式与横梁连接，混凝土纵梁采用与横梁一起现浇方式进行连接。

主要设计标准为：

设计车速 100km/h；

设计荷载 公路-Ⅰ级；

抗震烈度 地震动峰值加速度0.10g，基本烈度Ⅶ度。

二、场地地震安全性评价

对路线中滹沱河特大桥工程场地进行了场地工程地质条件勘测，采用了业主提供的两个钻孔。在土层主要层位处提取了原状土样，并给出了土动力学参数。根据抗震规范，确定工程场地属Ⅱ类场地，50年超越概率63%、10%、3%地表水平向设计动峰值加速度及加速度反应谱参数值见表1。

地表加速度峰值及反应谱参数 表1

50年超越概率(%)	地表加速度峰值(cm/s^2)	反应谱最大值	特征周期
63	25	2.35	0.35
10	90	2.29	0.45
3	160	2.33	0.55

由表1可见，对于50年超越概率10%的场址地震峰值水平加速度值取0.1g。

三、结构动力特性计算

由于地震荷载属于偶然荷载，可以仅计算成桥状态的动力特性和地震荷载。

1. 动力计算模式

按桥梁实际结构形式建立空间分析模型，桩底采用固结，桩侧采用土弹簧模拟，钢管混凝土用钢混组合截面进行模拟。单元离散图如图1所示。

图1 滹沱河特大桥主桥有限元离散图

结构的约束条件为：主桥桩基嵌入基岩面处完全固结；边墩与主梁之间保持竖向、侧向和绕纵轴扭转约束；其余自由度均放松。

2. 动力特性计算

结构动力特性采用通用桥梁空间有限元动力分析程序计算，计算考虑了几何刚度的影响，表2列出结构前10阶振型及其相应的频率。前3阶振型见图2～图4。

成桥状态结构固有动力特性 表2

模态号	频率 (Hz)	周期 (s)	振型特点
1	0.011 614	86.105 891	纵桥向漂移(图2)
2	0.366 282	2.730 133	反对称扭转(图3)
3	0.591 569	1.690 420	反对称竖弯(图4)
4	0.678 447	1.473 954	反对称扭转
5	0.758 430	1.318 514	对称扭转
6	0.834 673	1.198 074	对称竖弯
7	0.93 3642	1.071 075	反对称竖弯
8	1.033 926	0.967 188	对称竖弯
9	1.069 284	0.935 205	反对称扭转
10	1.258 450	0.794 628	对称竖弯

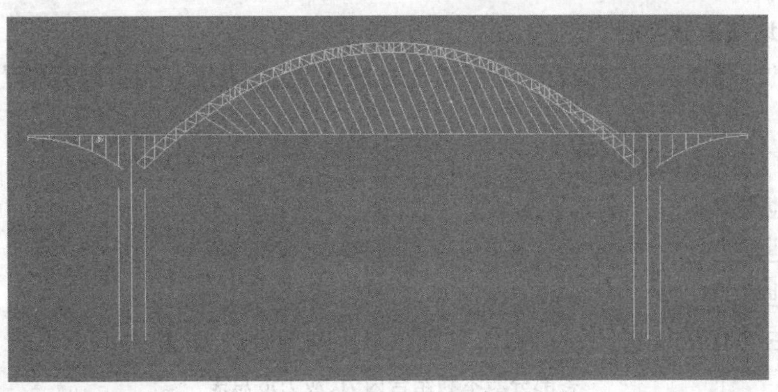

图2　一阶振型:纵桥向漂移

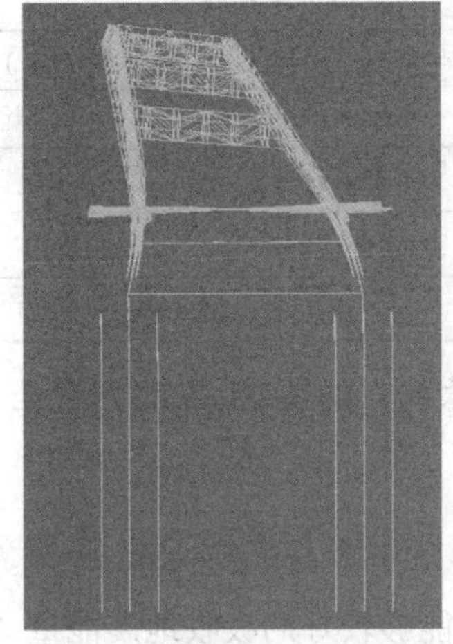

图3　二阶振型:反对称扭转

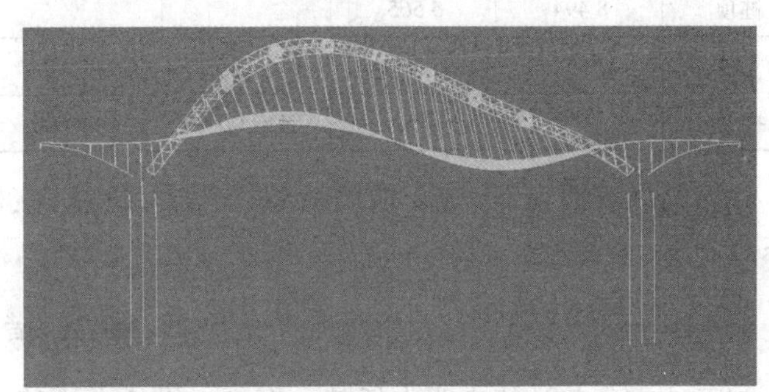

图4　三阶振型:反对称竖弯

三、地震荷载计算

根据《公路桥梁抗震设计细则》地震荷载可采用反应谱计算(图5、图6)。

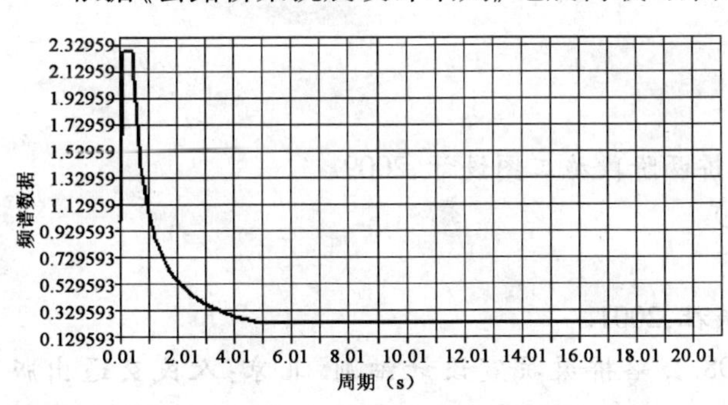

图5　反应谱函数曲线图(E1 地震荷载)

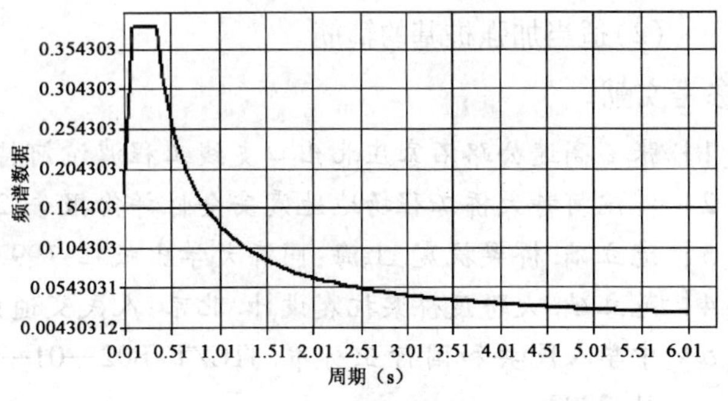

图6　反应谱函数曲线图(E2 地震荷载)

1. 反应谱参数

根据反应谱理论,地震荷载计算公式如下:

水平设计加速度反应谱最大值 S_{max} 由下式确定:

$$S_{max} = 2.25 C_i C_s C_d A$$

式中:C_i——抗震重要性参数,E1 地震荷载取 1.0,E2 地震荷载取 1.7;

C_s——场地系数,取值 1.0;

C_d——阻尼调整系数,取值 1.0;

A——水平向设计基本地震动加速度峰值,取值 0.1g。

2. 反应谱分析、地震荷载组合

根据以上计算的成桥状态结构固有动力特性和反映谱数据，采用空间有限元动力分析程序进行地震力的计算。

对地震力进行了三个方向的组合：

恒载 + 纵向地震力；

恒载 + 横向地震力；

恒载 + 竖向地震力。

计算结果表明主梁地震内力不控制设计，各部位最不利组合内力、应力汇总见表3。

各部分最不利组合内力、应力汇总表　　表3

位置	E1 地震荷载				E2 地震荷载			
	N (kN)	M (kN·m)	应力(kN/m^2)		N (kN)	M (kN·m)	应力(kN/m^2)	
			σ_{max}	Σ_{min}			σ_{max}	Σ_{min}
桩顶	8 494	5 565			11 392	8 529		
立柱	2 872	3 397			3 262	5 148		
拱肋			157 000	−39 600			200 000	−104 000

计算结果表明在E1、E2 地震荷载作用下，桩基、立柱均能满足承载力的要求，拱肋钢管处于弹性状态。

四、抗 震 措 施

前面地震荷载计算表明本桥基本振型为纵桥向漂移，自振周期长，能够较好的吸收地震能量，能有效地减小地震荷载产生的结构内力。为保证在正常营运阶段行车的稳定性，限制地震作用下产生过大的位移，采取如下措施：

（1）在边墩和横梁处设置支座，通过支座的摩阻力保证行车的稳定性，并能适应主梁与拱肋之间的温度变形。

（2）适当加强桩基的箍筋。

参考文献

[1] 张石高速公路石家庄北出口支线工程滹沱河特大桥两阶段施工图设计，2009.

[2] 滹沱河特大桥工程场地地震安全性评价报告. 2009.

[3] 范立础. 桥梁抗震. 上海：同济大学出版社，1997.

[4] 范立础. 大跨度桥梁抗震设计. 北京：人民交通出版社，2001.

[5] 中华人民共和国行业标准. JTG/T B02—01—2008 公路桥梁抗震设计细则. 北京：人民交通出版社，2008.

144. 上承式连续梁拱组合桥减隔震分析研究

李田田

（同济大学土木工程防灾国家重点实验室）

摘　要　近年来，梁拱组合体系桥梁得到了迅速的发展，然而其抗震性能的研究还滞后于工程实践。本文首先阐述了减隔震技术原理，然后以一座三跨连续上承式梁拱组合体系桥为工程实例，研究其地震反应及结构易损部位特点，并依据其桥型特点提出多种减隔震设计方案。最后采用非线性动力时程分析方法分析比较各方案的减隔震效果。研究结果表明，各减隔震设计方案均能有效降低上部结构的地震响应，若考虑到耗能能力和结构震后的使用性能，具有自复位能力的支承体系并联黏滞阻尼器较有优势。

关键词 连续梁拱组合体系桥 减隔震分析 铅芯橡胶支座 黏滞阻尼器 FPS支座

一、引　言

梁拱组合体系桥是对传统拱桥的发展，是梁桥和拱桥的结合体，集合了两者的优点[1]。而且曲线形的拱肋容易塑造出各种形状，增加城市景观；从受力上分析，外力所产生的弯矩不再仅仅依靠拱肋和主梁的材料截面抗弯刚度承担，而是绝大部分由拱肋和主梁的拉压力矩所承担，剪力基本上由拱肋的轴向力竖向分量提供，拱肋和主梁截面的材料抗剪能力很容易满足体系的抗剪要求，从而整个结构基本为拉压构件，材料利用率高，结构相对较轻，跨越能力比较大[2]。通过梁来平衡拱产生的水平力，降低对地基的要求；与梁桥相比，由于拱肋的存在将大大提高结构的刚度；在60～200m跨径范围内，梁拱组合体系桥造价低廉、施工难度小，是最具有竞争力的桥型之一[1]。

近20年来，梁拱组合体系桥作为一种较新的结构形式，在国内得到了迅速的发展，然而其动力特性和抗震性能的研究还滞后于工程实践。巩朝[3]研究了下承式提篮钢箱拱—V形刚构组合体系的地震反应特点，提出墩顶、墩底和拱梁结合部位是拱梁组合体系桥在地震作用下的危险截面，并探讨了桩土效应和材料非线性对拱梁组合体系桥地震反应的影响。黄晓彬[4]等学者采用不同的有限元分析模型（空间杆系模型和仿真分析模型）对采用预应力混凝土连续梁与钢管混凝土拱肋组合形成的下承式铁路连续梁拱桥的动力特性进行了研究，并分析了桩土相互作用、拱肋及横撑截面的不同设计参数等对连续梁拱桥动力特性的影响。曹新建[5]等学者研究了大跨度中承式连续梁拱组合体系桥梁的减震设计，提出采用弹性连接装置或黏滞阻尼器等装置来改善下部结构的地震响应。葛娟娟[6]采用反应谱分析和非线性动力时程分析方法研究了铅销橡胶支座在下承式无风撑钢管混凝土梁拱组合桥中的减隔震效果，得出结论：钢管混凝土梁拱组合桥梁采用铅销橡胶支座能显著的减小地震荷载作用，具有良好的抗震性能。

近40余年，全球发生了许多次大地震，其中多次破坏性地震都集中在城市附近，造成了非常惨重的生命和财产损失。特别是2008年四川发生的里氏8.0级大地震、2010年智利里氏8.8级大地震和2011年东日本大地震（里氏9.0级），汶川大地震由于震中位于汶川县，其周围道路、桥梁受到严重破坏，救灾部队、人员和医疗、生活物资迟迟不能从陆路进入，对灾区救援产生极大的阻碍作用。几次大地震一再显示了桥梁工程破坏产生的严重后果，也一再显示了桥梁工程抗震研究的重要性。这也促使社会和工程设计人员对桥梁结构抗震工作愈加重视。减隔震技术在我国大跨度斜拉桥、悬索桥和拱桥中的应用逐渐增多，这些大桥的抗震研究表明，采用减隔震技术可以显著改善结构的抗震性能。而从国内目前关于梁拱组合体系桥抗震性能及减隔震的研究情况看，已引起研究人员的注意，但尚缺乏系统性的研究。本文首先阐述了减隔震技术的基本原理，随后以国内一座上承式大跨度连续梁拱组合体系桥为工程实例，建立三维空间有限元模型，分析这类桥型的地震反应特点、识别结构易损部位，并采用非线性动力时程分析方法探讨几类可行的减隔震设计方案，分析比较其改善结构抗震性能的有效性和适用性，本文的研究成果可供国内同类桥型设计参考。

二、减隔震技术原理

减隔震的本质和目的就是将结构与可能引起破坏的地面运动尽可能分离开来，其与传统的抗震设计不同，传统的抗震设计允许很大的地震能量传到主体结构，主要依靠增强结构、构件自身具有的强度、延性、耗能能力来抗震[7]。而减隔震技术是通过引入减隔震装置，使结构的主要动力特性避开地震能量集中的频谱范围，从而大大减小传入主体结构的地震能量。其优势在于可以避免或减轻结构构件的损伤，此外，减隔震装置震后更换简单。

图1给出了减隔震技术原理简要示意图，从图1a)可以看出，延长结构的基本周期，可以避开地震能

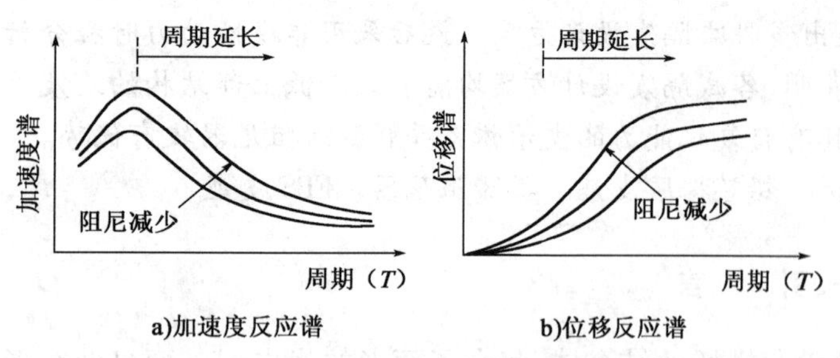

图1　减隔震技术原理示意图

量集中的范围，从而降低地震力。但同时应注意到，图1b）所示，周期的延长必然导致结构体系变柔，结构在地震作用下的位移将显著增大，从而可能造成设计上和正常使用条件下的困难。图1还表明，增加结构的阻尼，可以降低结构的地震力，还可以减低结构位移。因此，减隔震技术的关键是通过引入一种减隔震装置，既能延长结构的基本周期，减小结构地震力，又能耗散能量，控制结构位移在设计允许的范围。根据文献[7,8]，能够延长结构基本周期的柔性支承装置有橡胶支座、滑板、缆索悬吊等，能够耗散地震能量的阻尼装置有金属滞回阻尼、摩擦阻尼、黏滞阻尼、黏弹性阻尼等。通过这些柔性支承装置与耗能装置的不同组合，可以得到具有不同减隔震特性的减隔震方案或体系。因此，需要针对具体的桥梁结构特点和场地地震特性，通过细致的分析研究来探讨各类减隔震体系的优缺点和适用性。

对于上承式大跨度连续梁拱组合体系桥，针对其所需支承的吨位比较大，体系位移也比较大的特点，结合国内各类减隔震装置生产厂家的水平，目前适用于这类桥型的减隔震方案主要为大吨位的摩擦滑动钢支座（平板式或曲面式）与钢阻尼器或黏滞（油）阻尼器等的组合方案。

三、工程实例及减隔震分析

1. 工程概况

图2所示为一座三跨连续上承式梁拱组合体系钢桥的立面布置图，桥跨布置为50m+160m+50m=260m。上部结构采用双幅分离的结构体系，其单幅桥宽为17.75m，双幅桥梁横向间距为1m，全桥总宽度为36.5m。上部结构在主墩处、跨中、过渡墩处的高度分别为14m、5m、4m；中跨拱肋矢跨比1/16。支座采用球形钢支座，P3墩设有纵桥向固定支座，其余各墩设纵桥向滑动支座，为了限制主梁的横桥向滑动，同时消除温度效应的不利影响，在各墩的一侧设横桥向固定支座，另一侧为横桥向滑动支座。大桥抗震设防类别为A类，抗震设防烈度7度区，设计基本地震加速度为0.15g。

2. 地震反应分析

根据大桥的总体布置特点及结构构件关键尺寸的参数，建立了空间动力分析有限元模型，如图3所示。其中，主梁、拱肋、竖杆、横梁，以及桥墩均用梁单元模拟；承台模拟时，将承台质量集中于形心，同时将承台的上下缘分别与桥墩和桩基础主从约束；桩基础的每根单桩通过集中土弹簧模拟桩—土相互作用；各处支座根据其约束特性采用主从约束或适宜的恢复力模型来模拟。

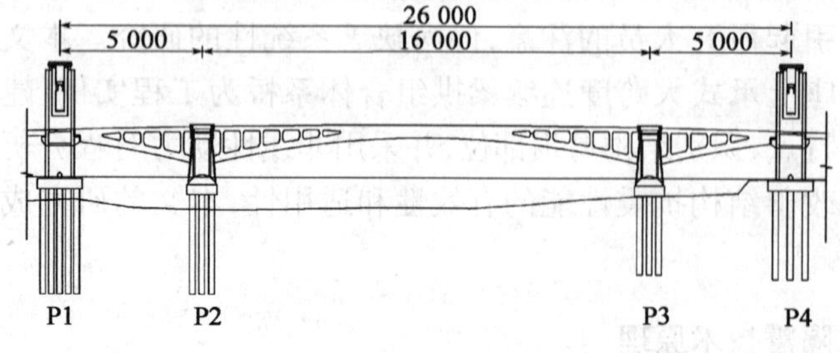

图2　大桥的立面布置图(尺寸单位：cm)

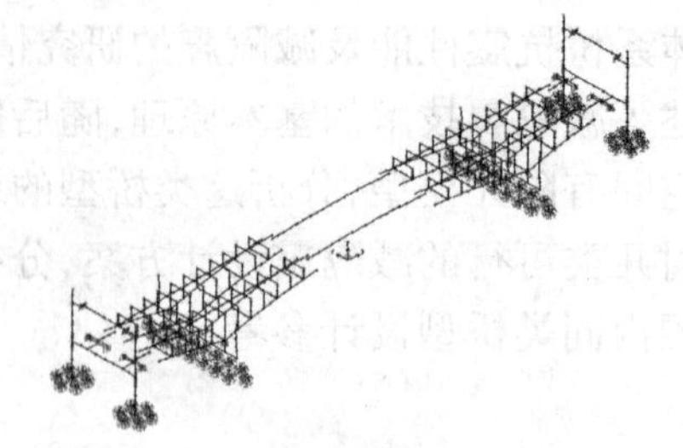
图3　空间动力分析有限元模型

采用反应谱分析方法对建立的空间动力分析有限元模型进行地震反应分析，并进行关键截面的抗震性能检算，可知，该类上承式梁拱组合体系桥的抗震薄弱部位主要集中在拱脚及附近、下部桩基础和支座等部位：(1)在E2地震作用横桥向+竖向组合下，主墩支座附近部分钢横梁、竖杆和近拱脚处拱肋有发生屈服的可能；(2)主墩处的固定支座和过渡墩处的横桥向固定支座在E1地震作用下有发生剪坏的可能；(3)从震后易于检查和修复的角度出发，应尽量避免桩基础损伤严重，分析表明，主墩和过渡墩处桩基础在 E1 地震作用下发生屈服,在 E2 地震作用下屈服严重。

3. 减隔震分析研究

针对识别的大跨度上承式连续梁拱组合体系桥的易损部位特点,开展如表 1 所示的减隔震设计方案和减隔震参数优选的非线性动力时程分析研究,比较各方案改善结构易损部位地震响应的可行性和有效性。由于全桥抗震薄弱部位的关键构件分别由纵桥向 + 竖向和横桥向 + 竖向地震组合控制,因此各减隔震设计方案均为双向(纵桥向和横桥向)减隔震设计。

减隔震设计方案描述 表 1

方 案 编 号	方 案 描 述
方案一	设计方案,该方案作为各种减隔震设计方案的比较标准
方案二	允许桥墩的固定支座在大地震作用下剪力销剪断后发生摩擦滑动
方案三	在方案二的基础上,增设具有一定自复位能力和耗能能力的铅芯橡胶支座
方案四	在方案二的基础上,增设双向布置的黏滞阻尼器
方案五	将设计方案中的球形钢支座更换为具有自复位能力的滑动摩擦钢支座(FPS 支座),并在支座处设置双向黏滞阻尼器

针对上述隔震体系和非隔震体系,进行非线性动力时程分析和参数敏感性分析,采用 E2 地震作用,地震输入组合为纵桥向 + 竖向和横桥向 + 竖向。分析表明,采用上述减隔震设计方案后,上部钢结构均可保持弹性,表明建议的几类减隔震方案可有效降低上部结构的地震响应,进而控制全桥结构体系抗震设计的主要是桩基础内力和减隔震装置处的位移,因此,下面主要探讨各减隔震设计方案下桩基础地震响应和减隔震装置处位移的比较,如图 4 ~ 图 11 所示。

根据对各减隔震方案的特性、参数敏感性分析,以及图 4 ~ 图 11 所示的非线性动力时程分析结果规律,分析比较如下:

(1)方案二,允许固定支座在大地震作用下剪力销剪断后发生摩擦滑动耗能,同时以释放上部结构质量产生的地震力对桥墩和桩基础的作用。计算结果表明,该方案下桩基础的动轴力、剪力和弯矩都有不同程度的减低,部分桩基础弯矩最大可降低 30% ~40%;但支座变形很大,如图 11 所示,横桥向支座变形最大可达 1.24m,实际工程一般难以满足如此大的位移变形要求,一方面支座难以提供足够的位移变形能力,另一方面墩台顶面难以提供足够的支承面。

(2)方案三,即在方案二的基础上,增设铅芯橡胶支座。当地震力超过一定数值,上部结构因固定支座剪力销剪断,允许发生自由滑动后,铅芯橡胶支座能够提供额外的耗能能力和一定的自复位能力,在减低地震响应的同时,控制上部结构的位移在允许的范围内。

由于结构地震响应随着铅芯橡胶隔震支座设计参数如初始刚度、屈服后刚度以及屈服强度的变化而变化,且这种变化是非线性的,因此采用非线性动力时程分析方法对铅芯橡胶支座的设计参数进行优选。依据优选的支座参数进行地震反应分析,计算结果表明,该方案能有效降低下部桩基础内力,部分桩基础弯矩最大可降低 40% ~50%;同时引起较小的支座变形,如图 11 所示,横桥向支座变形最大为 20cm。但是,该方案减隔震措施对过渡墩处桩基础的地震响应影响不明显。

(3)方案四,该方案通过增设双向布置的黏滞阻尼器从而增加了结构体系的阻尼,根据减隔震机理,结构阻尼增加将进一步增强隔震体系的耗能能力,有效控制上部结构位移在允许的范围。计算结果表明,该方案能显著降低下部桩基础内力,部分桩基础弯矩最大可降低 50% ~60%;同时支座处变形较小,如图 11 所示,横桥向支座变形最大为 21cm。此外,该方案下地震力在下部结构中的分布比较均匀。但是,该隔震体系缺乏自复位能力。

(4)方案五,该方案的 FPS 支座与设计方案中球形钢支座不同的是,其不仅可以延长结构周期并摩擦耗能,还可以提供自复位能力。计算结果表明,该方案下桩基础内力响应与方案六相差不多;但是支座变形比方案六显著减小,如图 11 所示,横桥向最大变形为 10.2cm,比方案六减小近一倍。

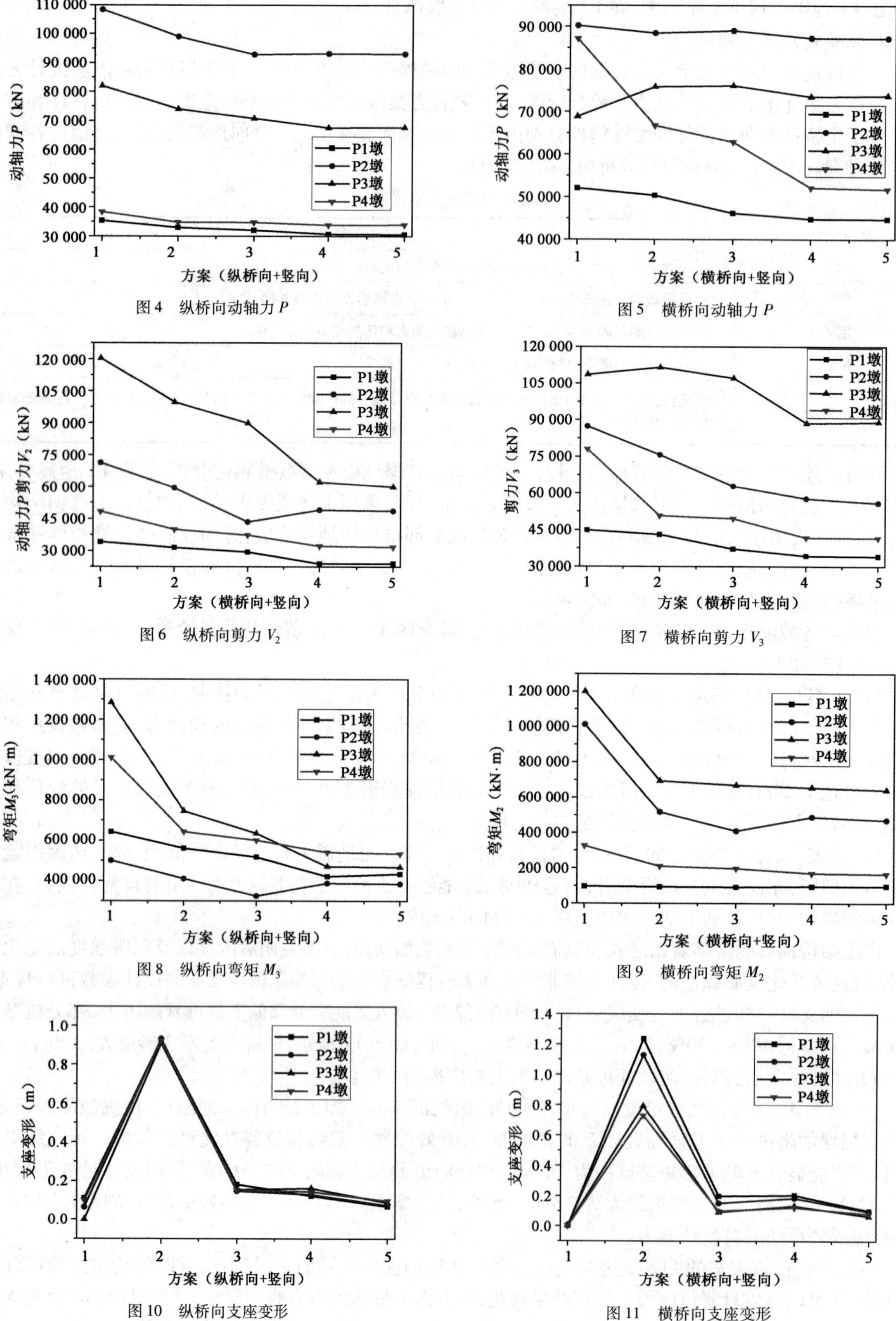

图 4 纵桥向动轴力 P

图 5 横桥向动轴力 P

图 6 纵桥向剪力 V_2

图 7 横桥向剪力 V_3

图 8 纵桥向弯矩 M_3

图 9 横桥向弯矩 M_2

图 10 纵桥向支座变形

图 11 横桥向支座变形

从内力时程曲线、位移时程曲线的变化趋势比较分析各减隔震方案，图 12 所示为各方案 P3 墩处桩基础纵桥向弯矩 M_3 时程比较，图 13 所示为各方案 P1 墩处支座位移时程比较。

(1)从图 12 可以直观的看出，各减隔震方案弯矩时程曲线振幅较设计方案显著减小。其中，方案四和方案五两曲线基本重合，振幅最小；方案三次之；方案二较大。图 13 的位移时程曲线具有相同的规律。由此可知，增设黏滞阻尼器的隔震体系耗能能力以及减隔震效果更好，好于增设铅芯橡胶支座的隔震体系以及单纯依靠支座摩擦耗能的隔震体系。

(2)从图 13 可以看出，方案二、方案四的位移时程曲线明显偏离初始位置，强震结束后，支座的残余变形比较大，方案三、方案五的位移时程曲线在初始位置附近振动，强震结束后，支座的残余变形比较小。由此可知，具有自复位能力的隔震体系在强震结束后残余变形较小，结构不经修复或较小修复即可继续使用，具有更好的震后使用性能。

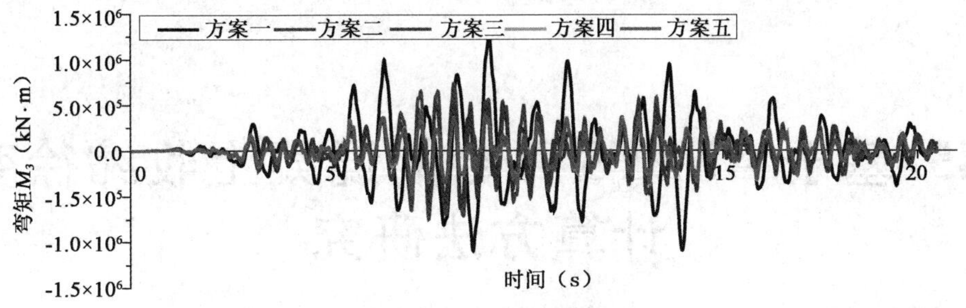

图 12 各方案弯矩时程比较

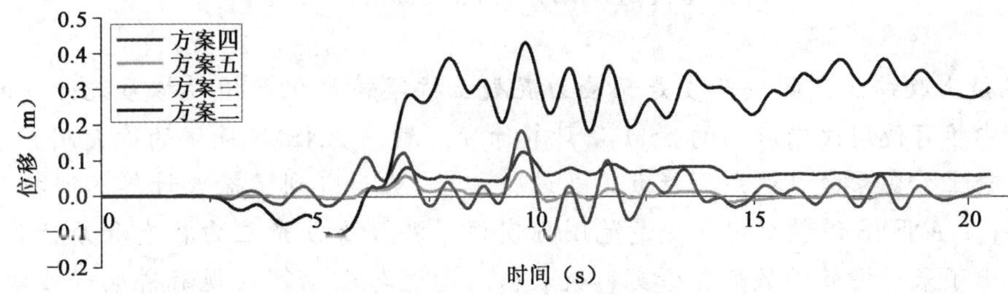

图 13 各方案位移时程比较

四、结 语

通过对一座典型的大跨度上承式连续梁拱组合体系桥的地震反应分析及减隔震分析研究，可以得到以下结论：

(1)地震反应谱分析结果表明，上承式连续梁拱组合体系桥的结构易损部位主要集中在下部桩基础、近拱脚处拱肋、上部钢结构部分横梁、竖杆，以及支座内力、变形等。

(2)对于这类大跨度连续梁拱组合体系桥，在其支座部位引入减隔震装置，可延长结构基本周期并耗能，从而显著降低传到上部梁拱组合部位的地震力，而且合理的减隔震体系，还可以改善地震力在下部结构间的分布，保护基础、墩台等。

(3)对几类可行的减隔震设计方案进行非线性动力时程分析，结果表明，各减隔震方案均可显著降低上部结构的地震响应，上部钢结构关键部位均可保持弹性。考虑到下部结构的减隔震效果，针对本工程实例，增设黏滞阻尼器的隔震体系减隔震效果要比设置铅芯橡胶支座的隔震体系减隔震效果好。

(4)具有自复位能力的隔震体系不仅可以减低结构的地震响应，还可以有效控制支座的震后残余变形，强震结束后，隔震装置及结构体系不经修复或较小修复即可继续使用，具有更好的震后使用性能。

参考文献

[1] 金成棣. 预应力混凝土梁拱组合桥梁[M]. 北京：人民交通出版社，2001.

[2] 易云焜.梁拱组合体系设计理论关键问题研究[D].上海:同济大学土木工程学院,2007.
[3] 巩朝.拱梁组合体系桥梁的地震反应分析[D].湖南:长沙理工大学,2010.
[4] 黄晓彬,李涛,吴定俊.大跨度单线铁路连续梁拱桥动力特性分析[J].铁道标准设计,2009(7).
[5] 曹新建,袁万成,高永,等.大跨度连续梁拱组合体系桥梁减震设计[J].工程抗震与加固改造,2010,32(3).
[6] 葛娟娟.铅销橡胶支座在梁拱组合桥梁中的减隔震应用研究[D].陕西:长安大学,2006.
[7] 范立础,王志强.桥梁减隔震设计[M].北京:人民交通出版社,2001.
[8] Priestley M.J.N., F. Seible., G.M. Calvi. Seismic Design and Retrofit of Bridges [M]. John Wiley & Sons, New York, 1996.
[9] 中华人民共和国行业标准.JTG/T B02—01—2008 公路桥梁抗震设计细则[S].北京:人民交通出版社,2008.

145.基于ANSYS平台的混凝土收缩徐变计算方法研究

李　正　韩大章
(江苏省交通规划设计院股份有限公司)

摘　要　混凝土收缩徐变模块开发是预应力混凝土桥梁精细化数值模拟系统开发的关键点之一。在桥梁结构分析中推荐使用比较准确的SSM法计算徐变。利用ANSYS提供的徐变用户子程序,将桥梁规范中给出的混凝土徐变系数表达式用指数函数进行拟合,从而得到了徐变计算的递推公式,编制了相应的用户子程序,在ANSYS结构框架和变量范围内实现了混凝土复杂应力状态和复杂施工过程的收缩徐变分析。并给出了采用指数函数拟合徐变参数表格。通过与理论解及现有桥梁专业软件计算结果的比较,证实了本文方法的准确性。

关键词　ANSYS　二次开发　混凝土桥梁　收缩徐变

一、引　言

为满足精细化设计、施工、监控的要求,需要采用预应力混凝土桥梁受力全过程精细化数值模拟分析技术。通常大型通用有限元软件在处理桥梁结构混凝土收缩徐变、预应力模拟、施工过程模拟、活载计算等方面仍显得无能为力。近年来,一些大型通用有限元软件提供商也推出了桥梁专业模块,如midas/FEA、ANSYS/CivilFEM。总体来说,这些桥梁专业模块开发是比较成功的。但对于我们所关心的核心问题,如收缩徐变、预应力的解决方案、建模的方便性等方面还是有值得探讨和提升的地方。

利用大型通用有限元软件进行二次开发,混凝土收缩徐变和预应力钢筋松弛这些材料层次的模块开发是预应力混凝土桥梁精细化数值模拟系统开发的关键点之一。

二、开发平台的选择

利用大型通用有限元软件进行二次开发,具有投入人力物力少,工作量省,开发的系统继承了大型通用有限元软件所有优点,性能强大,功能拓展能力强,由熟悉工程的人员开发对应的工程模块,实现优势互补。大型结构分析软件具有友好、开放的二次开发系统为工程人员二次开发提供了可能性。

与其他软件平台相比,ANSYS具有比较齐全的开发工具。ANSYS提供了用户界面设计语言(UIDL)和用户编程特性(UPFS)和参数设计语言(APDL)3种工具,能满足本系统开发的需要。UPFs是ANSYS

提供的功能最为强大的二次开发工具之一，基于 UPFs 二次开发生成的 ANSYS 子程序不仅能扩充用户自定义的算法、材料本构模型、单元类型等功能，而且保留了 ANSYS 原有的所有计算功能，继承了 ANSYS 原有的通用性好、计算快等优点，并能充分利用 ANSYS 的通用核心计算模块进行高效求解和前后处理。混凝土收缩徐变和预应力钢筋松弛这些材料层次的模块开发可以通过 UPFs 来实现。

三、混凝土徐变计算

1. 混凝土徐变计算方法

目前桥梁结构分析中，采用比较多的徐变分析方法是按龄期调整的有效模量法（AEMM 法）和逐步计算法（SSM 法）。AEMM 法（也称 TB 法）一般只适用于梁单元[1]。严格地讲，只有在下列条件之一满足时 AEMM 法才给出准确解：(1)应变变化与徐变系数呈线性关系；(2)应力变化与松弛函数呈线性关系。因此 AEMM 法是一个简化近似方法。基于叠加法的 SSM 法是与实验最为吻合的方法。在特大跨桥梁结构和核反应堆外壳的计算中，推荐使用这种方法[2]。由于需要考虑应力历史，这种方法需要计算机存储空间及计算量需求非常大。因此需要利用指数函数的特点，建立徐变应变增量的递推公式，以避免记录应力历史[3]。

2. 基于 ANSYS 平台的混凝土徐变研究现状

ANSYS 的材料本构关系没有提供混凝土徐变特性，因此需要利用 UPFS 进行二次开发。

ANSYS/CivilFEM 中的徐变计算有两种可选方法[4]：有效模量法和逐步计算法。有效模量法是一个简化方法。逐步计算法本身是一个准确的方法，但为了利用用户徐变子程序 USERCREEP. F，在程序内部人为引入了老化系数，近似于有效模量法，使得结果准确性降低。

研究基于 ANSYS 平台的混凝土徐变计算方法的人很多，但利用 ANSYS 提供的徐变用户子程序按照 SSM 法成功开发的尚未见到。文献[5~7]采用了按龄期调整的有效模量法计算混凝土的徐变收缩效应，从内容来看都是针对梁单元结构的。文献[8~12]利用 ANSYS 的金属蠕变功能，通过指定单位时间间隔内蠕变应变增量来实现混凝土徐变计算，方法虽然简单，但结果准确性不高，通用性差。文献[13~14]利用 ANSYS 提供的 usermat. f 子程序（适用于单元 180 以后），将混凝土徐变的指数函数模型及变应力作用下混凝土徐变方程的隐式解法引入 ANSYS，探讨了基于 ANSYS 的混凝土早期徐变分析方法。

3. 基于 ANSYS 平台的混凝土徐变计算

将时间轴划分为 t_0、t_1、$\cdots t_n$、$t_{n+1}\cdots$时刻，在各时刻作用有应力增量 $\Delta\sigma_0$、$\Delta\sigma_1$、$\cdots\Delta\sigma_n$、$\Delta\sigma_{n+1}$、$\cdots t_n$ 时刻的徐变变形为：

$$\varepsilon^c(t_n)=\frac{\Delta\sigma_0}{D}\varphi(t_n,t_0)+\sum_{i=1}^{n-1}\frac{\Delta\sigma_i}{D}\varphi(t_n,t_i)\tag{1}$$

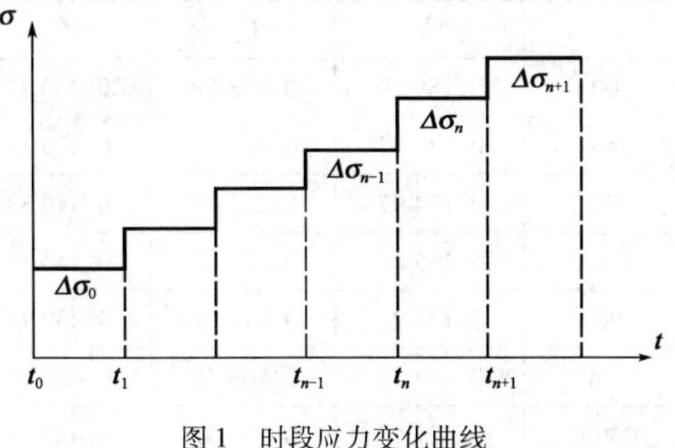

图 1 时段应力变化曲线

按式(1)计算单元的徐变时，需记录单元应力的历史，当计算时步数多且单元数量多时，需保存的数据规模将很大，会严重影响解题的速度和求解结构的规模。因此，有必要寻找递推公式来求解。规范建议的混凝土徐变系数为：

$$\varphi(t,\tau)=\varphi_{RH}\cdot\beta(f_{cm})\cdot\beta(\tau)\cdot\beta_c(t-\tau)\tag{2}$$

$$\beta(\tau)=\frac{1}{0.1+\tau^{0.2}}$$

$$\beta_c(t-\tau)=\left(\frac{t-\tau}{\beta_H+t-\tau}\right)^{0.3}$$

其他系数均是湿度 RH、构件的理论厚度 h、混凝土强度 f 的函数。对混凝土徐变公式进行分析，可以将混凝土徐变公式用以指数型系数表示出来，一般表达式为：

$$C(t,\tau) = \sum_{j=1}^{m}\phi_j(\tau)[1 - e^{-r_j(t-\tau)}]$$

其中 $\phi_j(\tau) = \dfrac{c_j}{0.1 + \tau^{0.2}}$，根据文献[15]当 $m \geqslant 3$ 时，上式有足够的精度，本系统取 $m=4$。混凝土徐变变形增量可计算如下：

$$\Delta\varepsilon_n^c = \varepsilon^c(t_n) - \varepsilon^c(t_{n-1}) = \sum_{j=1}^{m}(1 - e^{-r_j\Delta t_n})\cdot\omega_{j,n} \tag{3}$$

其中

$$\left.\begin{aligned} \omega_{j,n} &= \omega_{j,n-1}e^{-r_j\Delta t_{n-1}} + \frac{\Delta\sigma_{n-1}}{D}\phi_j(t_{n-1}) \\ \omega_{j,1} &= \frac{\Delta\sigma_0}{D}\phi_j(t_0) \end{aligned}\right\}$$

式(3)构成一组递推公式，利用这组递推公式，不必记录整个应力历史，只要储存状态变量 $\{\omega_{j,n}\}$ 就可计算徐变变形增量。ANSYS 提供了显式徐变用户子程序 USERCR.F，在子程序 USERCR.F 结构框架和变量范围内可以实现复杂应力状态和施工过程的徐变分析。

使用用户子程序 USERCR.F，注意 C6 = 100；用 TB 命令输入的材料属性值对应的数组，属性值至少要包括材料对应单元激活时刻、激活时的龄期、指数型徐变系数 C_1、R_1、C_2、R_2、C_3、R_3、C_4、R_4 等参数。显式的徐变方法（The explicit creep method）支持以下单元：LINK1，PLANE2，LINK8，PIPE20，BEAM23，BEAM24，PLANE42，SHELL43，SOLID45，SHELL51，PIPE60，SOLID62，SOLID65，PLANE82，SOLID92 和 SOLID95。预应力混凝土三维实体有限元分析常用的单元有：LINK8，SHELL43，SOLID45，SOLID65 和 SOLID 95。

4. 徐变系数的指数函数拟合

公式(2)中 β_H 为与 RH、h 有关的系数，对徐变系数函数进行指数函数拟合，即采用最小二乘法求出徐变系数 C_1、R_1、C_2、R_2、C_3、R_3、C_4、R_4 与 β_H 的关系，见表 1。最终的 C1、C_2、C_3、C_4 还要乘以 $\varphi_{RH}\cdot\beta(f_{cm})$。

指数函数系数表 表 1

β_H	C_1	C_2	C_3	C_4	R_1	R_2	R_3	R_4
400	0.189 70	0.278 29	0.430 37	0.097 72	1.480 8	0.047 52	0.003 599	0.000 287 4
550	0.177 33	0.260 38	0.435 35	0.121 54	1.480 5	0.047 34	0.003 409	0.000 280 8
700	0.164 97	0.242 47	0.440 33	0.145 36	1.480 2	0.047 16	0.003 220	0.000 274 2
850	0.155 65	0.228 97	0.440 42	0.166 66	1.480 0	0.047 03	0.003 081	0.000 268 2
1 000	0.148 25	0.218 27	0.437 91	0.185 85	1.479 8	0.046 93	0.002 975	0.000 262 7
1 150	0.142 17	0.209 48	0.433 94	0.203 27	1.479 7	0.046 85	0.002 893	0.000 257 7
1 300	0.1370 4	0.202 07	0.429 18	0.219 17	1.479 5	0.046 79	0.002 826	0.000 253 0
1 500	0.1312 9	0.193 75	0.422 22	0.238 35	1.479 4	0.046 72	0.002 755	0.000 247 3

四、混凝土收缩

由于混凝土收缩和结构受力无关，与徐变二次开发相比，混凝土收缩的计算比较简单，可选方法也比较多：

(1)在 APDL 中通过降温模拟实现。

(2)与徐变模块开发一样，利用 ANSYS 提供的用户子程序 USERSW.F，加入用户自己定义的收缩规律。但支持膨胀(swelling)的单元类型要少于支持徐变的单元类型，而混凝土的收缩徐变总是连在一起的。

(3)混凝土收缩在用户徐变子程序 USERCR. F 中一并考虑。

方案 1 需要在计算过程中不断调整，麻烦而且容易出错。与方案 2 相比，方案 3 开发和使用均方便一些。因此本系统开发是采用了方案 3，在用户徐变子程序中增加了 2 个参数：理论厚度系数和最终收缩系数。

五、预应力筋松弛

预应力松弛与混凝土徐变从本质上来说同一种特性，只是描叙方法不同。混凝土徐变是在应力不变的条件下，混凝土应变随时间持续增加的特性。预应力钢筋松弛是在高应力作用下的预应力筋长度(总应变)保持不变的情况下，钢筋的应力(弹性应变)会随时间的增长不断降低的特性。因此也通过对用户徐变子程序 USERCR. F 开发来实现。

六、算　　例

1. 预应力筋松弛算例

一根预应力钢绞线，一次张拉，张拉系数取 $\psi = 1.0$，低松弛钢绞线，钢筋松弛系数 $\xi = 0.3$，强度 $f_{pk} =$ 1 860MPa，张拉应力 $\sigma_{pe} = 0.75 \times 1\,860 = 1\,395$MPa，预应力钢绞线松弛终极值为：

$$\sigma_{l5} = \psi \cdot \xi\left(0.52\frac{\sigma_{pe}}{f_{pk}} - 0.26\right)\sigma_{pe} = 1.0 \times 0.3 \times (0.52 \times 0.75 - 0.26) \times 1\,395 = 54.4\text{MPa}$$

表 2 中钢筋松弛损失中间值与终极值的比值按照规范确定。采用 ANSYS 计算时，钢束单元激活时间为第 7 天。

预应力钢绞线松弛值用公式计算和 ANSYS 计算结果比较表　　表 2

时　间　(d)		7	9	47
公式计算	松弛损失与终极值比值	0	0.5	1.0
	松弛损失 σ_{l5}(MPa)	0	27.2	54.4
	钢筋应力(MPa)	1 395	1 367.8	1 340.6
ANSYS 结果(MPa)		1 395	1 367.80	1 340.59

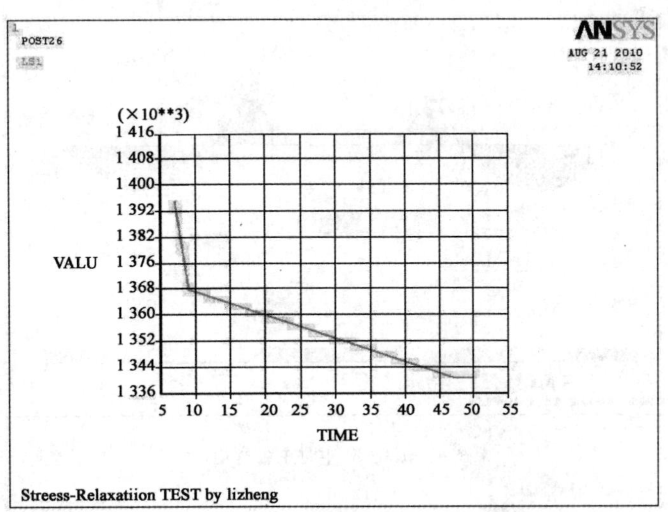

图 2　预应力钢绞线松弛值用公式计算和 ANSYS 计算结果比较表

2. 混凝土收缩徐变算例

一座 3×30m 等截面混凝土连续梁(图 3)，主梁为箱形截面，$B \times H = 3.0\text{m} \times 2.8\text{m}$，壁厚 0.4m。几何特性为：$A = 4\ \text{m}^2$，$I = 4\ \text{m}^4$，$W = 2.857\text{m}^3$。容重 $\gamma = 25\text{kN/m}^3$，弹性模量 $E_c = 3.45 \times 10^4$MPa；混凝土收缩徐变特性按规范计算，梁体理论厚度 $h = 400$mm，$RH = 80\%$，$f_{cm} = 48$MPa，混凝土的初始加载龄期为 7d。

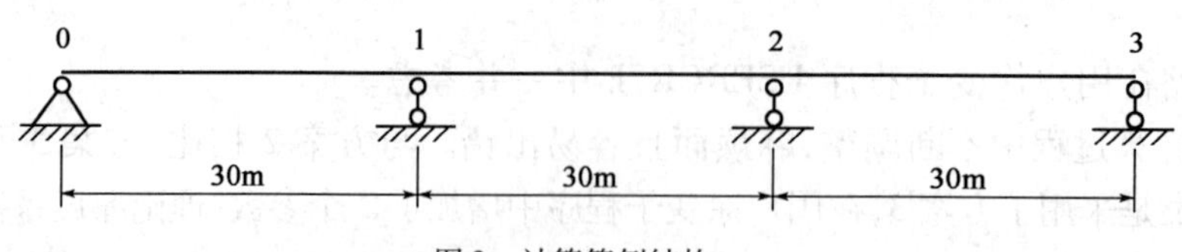

图3 计算简例结构

三跨连续梁在支架上分三次现浇，各梁段依次浇筑后经养护一周后落架，前后梁段落架时间相隔二周。第一段现浇36 m，养生7d后落梁，经7d准备后在支架上浇筑第二段30m，养生7d后落架，再经7d准备后在支架上浇筑最后一段24m，同样养生7 d后落架成桥。将主梁均匀分成45个单元、46个结点。用QJX、MIDAS和本文程序分别按以上工序进行分析，图4为用本系统计算的主梁的弯矩，并与QJX、MIDAS的计算结果进行比较，见表3。

从表中可以看出，不计收缩徐变，按照梁单元各程序计算结果相同。考虑收缩徐变后，由于计算方法有所不同，各截面弯矩也有所不同，但差异极小，说明本文收缩徐变方法的准确性。梁端位移也验证了混凝土收缩的准确性。

弯矩比较（kN·m） 表3

内 容		QJX*	Midas	文献[16]	ANSYS(beam23)
不计徐变	支点1弯矩	-4 940.4	-4 940.4	-4 940	-4 940.4
	支点2弯矩	-7 022.4	-7 022.4	-7 022	-7 022.4
收缩徐变完	支点1弯矩	-8 000.2	-7 967.7	-7 990	-7 999.5
	支点2弯矩	-8 852.6	-8 837.3	-8 838	-8 840.3
	右侧梁端位移	-0.019 3	-0.019 6	—	-0.019 4

*注：QJX的计算结果与插入的时间子步关系比较大。

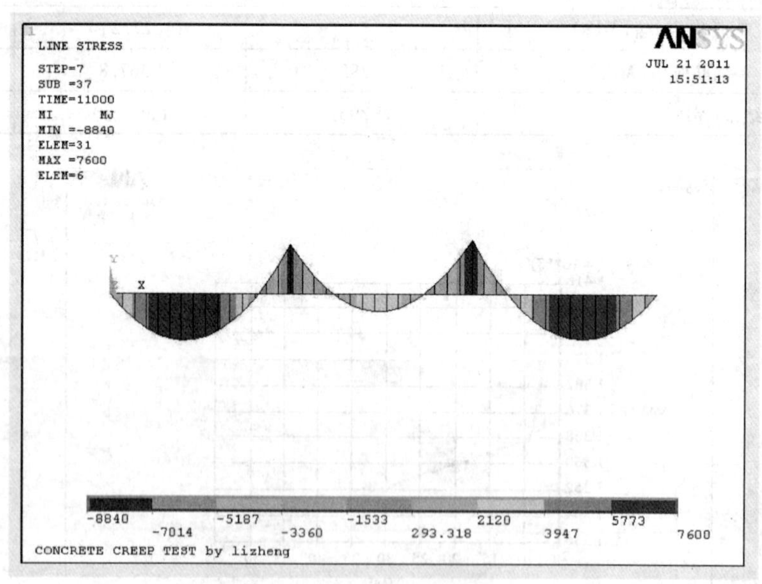

图4 成桥30年时主梁弯矩

七、结 语

（1）本文通过利用ANSYS提供的徐变用户子程序usercr.f进行二次开发，将桥梁规范中给出的混凝土徐变系数表达式用指数函数进行拟合，从而得到了徐变计算的递推公式，编制了相应的用户子程序，在ANSYS结构框架和变量范围内实现了混凝土复杂应力状态和复杂施工过程的收缩徐变分析。

（2）通过与理论解及专业桥梁软件梁的单元计算结果的比较，证实了本文方法的准确性。

参考文献

[1] 葛俊颖,王立友编.基于ANSYS的桥梁结构分析.中国铁道出版社,2007.

[2] 孙海林,叶列平,丁建彤.混凝土徐变计算分析方法.

[3] 朱伯芳.大体积混凝土温度应力与温度控制[M].北京:中国电力出版社,1999.

[4] Ingeciber,S. A 公司 CivilFEM Theory Manual.

[5] 傅木森,曹玉玲.按龄期调整的有效模量法计算混凝土的徐变收缩效应,国防交通工程与技术.2004,4.

[6] 赵品,王新敏.混凝土桥梁徐变计算的有限元分析.国防交通上程与技术.2008,6.

[7] 赵顺吾.节段施工桥梁收缩徐变效应仿真计算.中国水运.2009,5.

[8] 赵曼,王新敏,高静.预应力混凝土结构徐变效应的有限元分析.国防交通上程与技术.2004,1.

[9] 何继访,杨文兵,苏砺锋.基于ANSYS平台的混凝土徐变计算.湖南交通科技.2006,9.

[10] 徐镇凯,余翠英,李北虹,尹晓红.混凝土结构徐变效应的仿真分析方法探讨南昌大学学报.2006,9.

[11] 黄雯.ANSYS二次开发在桥梁病害分析过程中的应用.山西建筑.2009,7.

[12] 胡伟伟.采用ANSYS对混凝土徐变收缩的加载研究.

[13] 李骁春,吴胜兴.基于ANSYS的混凝土早期徐变应力仿真分析.系统仿真学报.2008,8.

[14] 程伟.混凝土徐变在ANSYS中的二次开发应用.贵州水力发电.2009,6.

[15] 李学文,姚康宁,颜东煌.利用最小二乘法实现2004规范徐变系数的指数函数拟合.长沙交通学院学报.2006,9.

[16] 颜东煌,田仲初,李学文,涂光亚.混凝土桥梁收缩徐变计算的有限元方法与应用.中国公路学报.2004,4.

146. 预应力索张拉阶段摩阻损失实用评价方法研究

孙中洋[1,2] 陈 斌[2] 杨 涛[3]

(1. 重庆交通大学;2. 招商局重庆交通科研设计院有限公司桥梁工程结构动力学国家重点实验室;3. 云南省交通规划设计研究院)

摘 要 理论上分析了精确伸长量与预应力损失的关系;对张拉阶段不同的预应力索进行逐级张拉实验,并对实验数据分析,得出在较高锚下应力下,实际预应力损失与锚下应力呈线性变化关系;通过限制线性起始点偏差率的变化范围,来初步确定不同预应力索长的合理线性起始点;通过对张拉实验中获得的实际预应力损失和伸长量的数据与理论计算值的对比分析,说明了伸预率比与索长之间的线性变化规律。

关键词 预应力损失 伸长量偏差率 预应力损失偏差率 伸预率比 线性起始点

一、引 言

在实际工程中一般采用控制张拉应力,同时以伸长量值作为校核的方法来评价预应力索在张拉阶段的预应力损失。预应力索张拉过程中有张拉伸长率超过规范规定的±6%的情况,然而普遍做法是调整初预应力值(σ_0)来使其张拉伸长率满足要求。施工规范中对于σ_0只给了一个10%~15%σ_{con}的取值范围,对于不同的索长的σ_0准确取值未做明确规定,并且对于σ_0以下的伸长量的推算方法没有明确。因此在实际工程中对"预应力索张拉伸长率有±6%的要求"的掌握就不统一了,这导致了对预应力损失偏差评价的缺失。

在实际预应力索张拉过程中存在张拉控制应力误差较大、实际弹性模量与理论弹性模量有差异、不容易实现双控和实际有效预应力检验困难等问题，使得在张拉阶段预应力损失的实用评价方法的研究相对较少。通过对大跨度预应力连续刚构桥的纵向预应力索伸长量测量情况看，其各预应力索伸长率的变化是有规律可循的，通过对其研究可以探索出一条用预应力索伸长率来对预应力索摩阻损失的评价方法。

二、基本原理及分析

(1)预应力索孔道多由直线段和曲线段组成，伸长量应分别计算，然后叠加。伸长量计算公式采用《公路桥涵施工技术规范》提供的公式：$\Delta L = PL/A_pE_g$。其中预应力索的平均张拉力为预应力索与管道壁之间的摩擦所引起的预应力损失后的有效应力为：$\sigma = \sigma_{con}e^{-(kl+\mu\theta)}$ [2]。具体推导过程这里就不在详述，伸长量(ΔL_i)和预应力损失($\Delta\sigma_{li}$)之间的对应关系如下[3]：

①直线段：$\Delta\sigma_{li} = E_g k\Delta L_i$

②圆曲线段：$\Delta\sigma_{li} = E_g\left(k + \mu\dfrac{\theta_i}{L_i}\right)\Delta L_i = E_g\left(k + \dfrac{\mu}{R_i}\right)\Delta L_i$

③一般曲线段：$\Delta\sigma_{li} = E_g\left(k + \mu\dfrac{\theta_i}{L_i}\right)\Delta L_i = E_g\left(k + \dfrac{\mu}{\overline{R}_i}\right)\Delta L_i$

注：σ_i——预应力索端头预应力；$\overline{R}$——一般曲线段的平均半径。

假定一个广义管道偏差影响系数 ξ_i，令 $\xi_i = k+\mu/R_i$，对于直线段半径 R_i 取无限大，圆曲线段就取其为圆曲线半径，一般曲线段可以取其为平均半径 $\overline{R}_i$。这样伸长量(ΔL_i)和预应力损失($\Delta\sigma_{li}$)之间的对应关系可以表示为：

$$\Delta L_i = \frac{\Delta\sigma_{li}}{E_g\xi_i}$$

则总伸长量和总预应力损失之间关系可以表示为：

$$\sum\Delta L_i = \sum_1^m\frac{\Delta\sigma_{li}}{E_g\xi_i} \tag{1}$$

(2)预应力索张拉过程中，在相同的初应力下，在预应力索的长度逐渐变长的过程中，张拉完成后实测的伸长量与理论计算的伸长量存在着偏差，且偏差的变化有一定的规律。而伸长量的大小反应了预应力损失的大小，实测伸长量与理论计算伸长量的偏差，反应了预应力损失的偏差，而且直线预应力索和曲线预应力索中预应力索伸长量的偏差与实际的预应力损失对应关系式是不同的。

三、实验前准备

(1)在实验室中对长度为80cm左右的单根钢绞线进行张拉，在钢绞线的钢丝上粘贴应变片，通过测量仪器测得每一级拉应力状态下的钢丝应变读数。利用数据拟合原理得到钢丝应变 ε 与钢绞线轴向拉应力 $\sigma_{拉}$ 的对应关系式，即 $\sigma_{中} = \sigma_{拉} = f(\varepsilon)$。

(2)在实验室中对长度为80cm左右的单根钢绞线进行张拉，通过张拉设备，分级张拉，测出每一级的钢绞线伸长量，通过钢绞线应力—应变关系，得到钢绞线实际的弹性模量。

(3)工地现场的准备工作有在连续刚构桥的墩顶位置找出要张拉的预应力索，凿除上部混凝土和剥离外部的波纹管；在一束预应力索上选取其中几根钢绞线，在上面粘贴应变片，并连接应变测量仪表，进行初步调试。

四、现场实验及数据分析

1.现场实验

(1)在张拉预应力索前，对张拉力进行分级，计算出每一级张拉力对应的油表读数。

(2)张拉过程中，采用两端同时张拉，在两端张拉力都达到每一级的油表读数，记录每一级的应变仪读数和伸长量。

(3)当两端的张拉力都达到控制应力值,张拉结束,并对所测结果进行整理。

2. 锚下应力与预应力损失值的分析

通过已测得的应变数据以及标定方程 $\sigma_{中}=f(\varepsilon)$,得出测点的有效预应力值,然后得出实测预应力损失值。理论预应力损失采用规范给的公式计算。

由于篇幅原因这里只列出3根预应力索张拉阶段不同锚下应力与预应力损失关系图(图1~图3)。

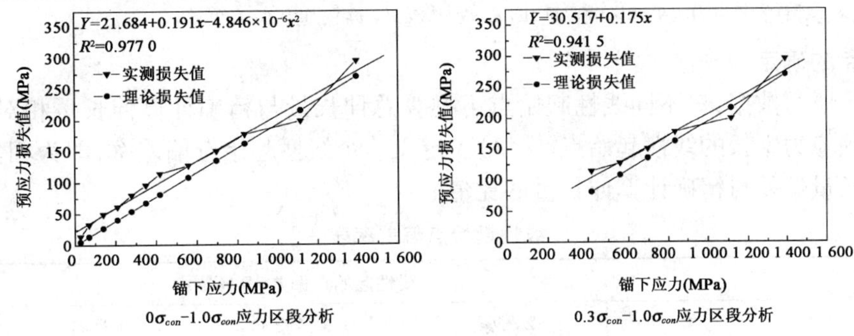

图1 1号索锚下应力与预应力损失关系图

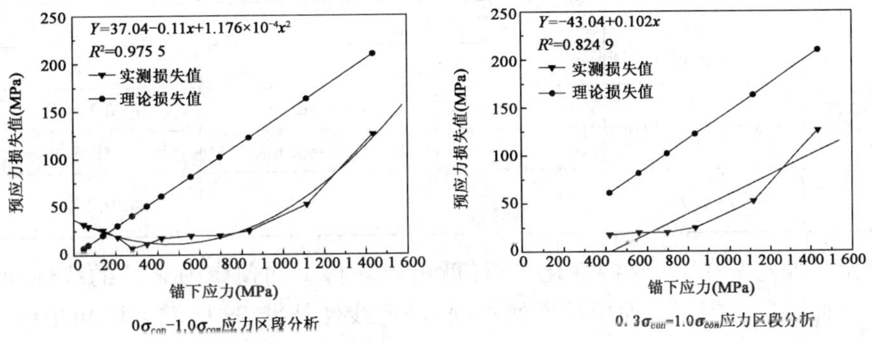

图2 2号索锚下应力与预应力损失关系图

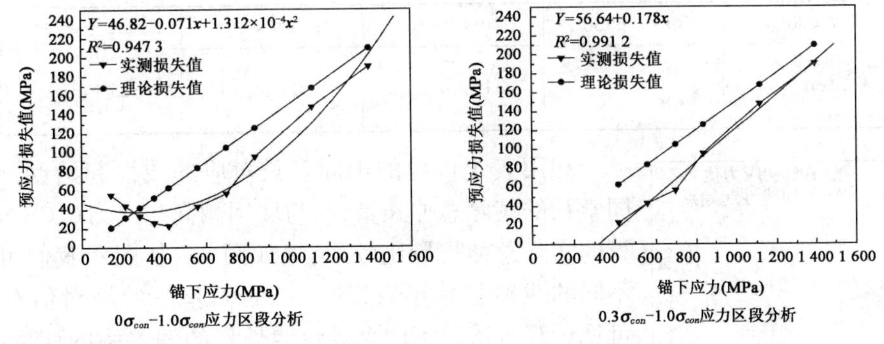

图3 3号索锚下应力与预应力损失关系图

通过图1~图3可以看出在较高锚下应力区段,锚下应力与实测预应力损失值呈线性变化规律。实测预应力损失值与理论计算损失值的吻合情况有所差异,1号索实测预应力损失值与理论计算值吻合较好,而2、3号索差异较大。从表1可以看出几根预应力索参数有所不同,2、3号索的预应力损失中,管道偏差的影响占据了主导作用。由于管道偏差系数 k 离散性大,且索又很长,致使实测预应力损失值与理论计算值有较大的差异。而对于1号预应力索来说,预应力索相对较短、曲线段角度较大,管道偏差的影响并非主导作用,其实测预应力损失值与理论计算损失值比较吻合。分析得出在锚下应力较大和 m 值较小时,理论计算预应力损失值与实测损失值的吻合效果比较好。

预应力索参数表　　表1

预应力索编号	累计弯曲角度和(rad)	$k(m^{-1})$	u	索长L(m)	m(%)
1	0.715	0.0015	0.155	138.96	48.46
2	0.174	0.0015	0.155	174.1	82.88
3	0.092	0.0015	0.225	189.04	87.26
4、5	0.174	0.0015	0.155	198.12	84.64

注：m为累计管道偏差对总的预应力损失的影响比重，即$m=(kl)/(kl+u\theta)$，其中$l=L/2$。

3. 线性起始点的确定

根据几次试验所得数据，对不同线性起始点下推算总伸长量与精确计算伸长量相对误差进行分析，来初步确定不同预应力索长的线性起始点(表2)。定义一个线性起始点偏差率，即为相邻不同线性起始点下推算的总伸长量偏差与精确计算伸长量的比值。

线性起始点偏差率表　　表2

不同的线性起始点	线性起始点偏差率(%)				
	1号索	2号索	3号索	4号索	5号索
5%					
	2.1	-1.1		-3.0	-0.3
10%					
	-0.5	-2.9	2.0	-0.5	-1.7
15%					
	-0.8	-1.2	-1.5	-2.2	-2.2
20%					
	1.2	-0.4	-0.8	0.6	0
25%					
	1.3	1.7	-0.1	-1.5	-0.4
30%					
	-1.3	1.9	1.2	0.1	-1.4
40%					

限制线性起始点偏差率在1.5%内变化，这样就可以获得不同预应力索长的线性起始点，进一步来推算预应力索的总伸长量。根据上面所计算的数据，进行线性外推，这样就可以初步确定不同预应力索长的线性起始点。

线性起始点推算表　　表3

索长(m)	$L<80$	$80\leq L<130$	$130\leq L<160$	$160\leq L<190$	$190\leq L<220$	$220\leq L$
线性起始点(MPa)	$5\%\sigma_{con}$	$10\%\sigma_{con}$	$15\%\sigma_{con}$	$20\%\sigma_{con}$	$25\%\sigma_{con}$	$30\%\sigma_{con}$

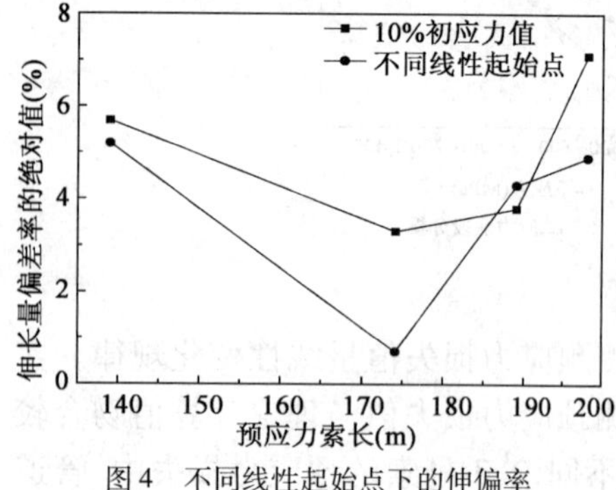

图4　不同线性起始点下的伸偏率

利用表3推导的不同索长对应的线性起始点，来推导计算不同索长的实际总伸长量，并与取用相同初应力($10\%\sigma_{con}$)的推导计算的实际总伸长量比较，结果如图4。从图4我们可以看出，采用不同的线性起始点后，伸长量的偏差率的绝对值有减小的趋势。可见计算方法的不同会导致伸长量的偏差率的计算结果会有所差异，因此对于规范规定的±6%的掌握也就不统一。

4. 伸长量偏差率与预应力损失偏差率之间关系分析

利用推导出的公式(1)计算预应力索的精确伸长量。总的实测伸长量根据现行《公路桥涵施工技术规范》(JTJ 041—2000)提供的公式进行推算。实验张拉初应力值取$10\%\sigma_{con}$，$10\%\sigma_{con}$以下的伸长量计算用$10\%\sigma_{con}$至σ_{con}的总伸长量线性内插推导得到，进而获得预应力索$0\sim\sigma_{con}$应力段的总伸长量[4]。

(1)分析参数定义

$$\Delta_{伸偏率}=\frac{L_{推}-L_{精}}{L_{精}},\sigma_{预偏率}=\frac{\sigma_{实测}-\sigma_{理论}}{\sigma_{理论}},\delta_{伸预率比}=\frac{\Delta_{伸偏率}}{\sigma_{预偏率}}$$

式中：$L_{推}$——10% σ_{con} 初张拉推算的总伸长量（mm）；

$L_{精}$——按精确计算公式计算的伸长量（mm）；

$\sigma_{实测}$——实测预应力损失（MPa）；

$\sigma_{理论}$——理论计算预应力损失（MPa）。

（2）$\delta_{伸预率比}$与预应力索长之间关系探究

从图5、图6我们可以看出，$\delta_{伸预率比}$与预应力索长致上是呈线性规律变化的，大都是随着预应力索长的增大而减小。从表1我们可以看出，对于2、3、4号索来说，累计管道偏差的影响占据了主导作用，弯曲管道的摩擦损失所占比重都较小，可以认为是近似相等的。从图6的数据拟合来看，随着预应力索长的增加 $\delta_{伸预率比}$ 的数值在减小，而其绝对值则是增大了。即在弯曲管道的摩擦损失所占比重较小或者有相同弯曲管道的预应力索来说，随着直线段预应力索长的增加，$\Delta_{伸偏率}$的增加速率要高于 $\sigma_{预偏率}$ 的增加速率。而对于 m 值相对较少的1号索来说，这种规律不是很明显。

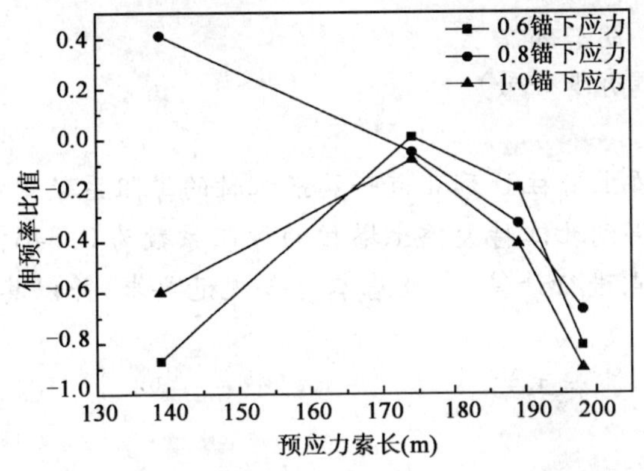

图5　1、2、3、4号索在不同锚下应力下的伸预率比变化

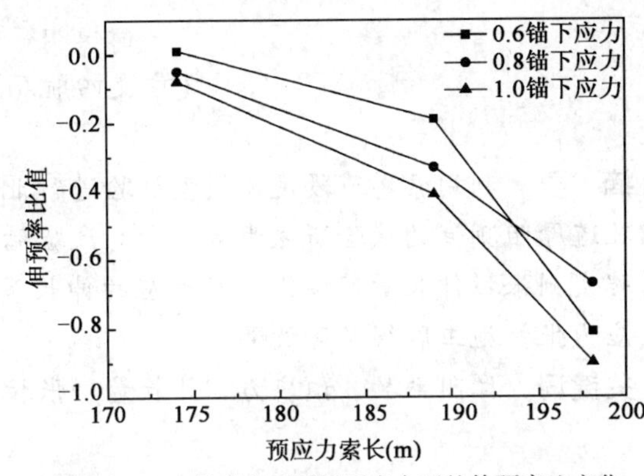

图6　2、3、4号索在不同锚下应力下的伸预率比变化

（3）利用表3推导出的线性起始点，作为预应力索的初应力值。重新计算总实测伸长量和伸预率比。从图7可以看出，当对不同的预应力索长采用不同的线性起始点时，伸长量偏差率的绝对值有所减小，进而引起伸预率比的绝对值减小。也就是说，采用不同的线性起始点后，随着预应力索长的增大，伸长量偏差率的增加速率受到了一定的抑制。

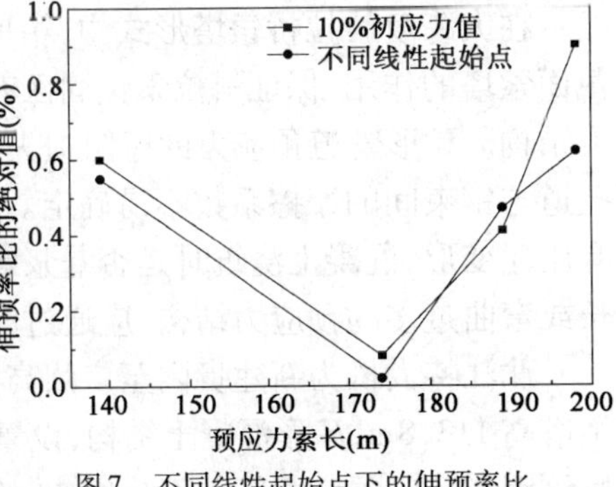

图7　不同线性起始点下的伸预率比

五、结论及展望

（1）在较高预应力区段锚下应力与实测预应力损失值呈线性变化规律；在锚下预应力较大和 m 较小时，理论计算预应力损失公式与实测数据的吻合效果比较好；

（2）利用线性起始点偏差率，初步推定了不同索长的线性起始点；

（3）在较高锚下应力下，对于弯曲管道的摩擦损失所占比重较小或者有相同弯曲管道的预应力索来说，随着直线段预应力索长的增加，$\Delta_{伸偏率}$的增加速率要高于 $\sigma_{预偏率}$ 的增加速率；当对不同的预应力索长采用不同的线性起始点时，伸长量偏差率的增加速率受到了一定的抑制。

本文提出的上面几条结论大都是基于工程现场实验数据分析得出的，与实际的工程结合紧密，能比较真实地反应实际预应力索张拉阶段中预应力损失的变化规律，对实际的预应力损失评价有一定的意义。对于上述结论尚需进一步的理论研究，做更多的工地现场预应力索张拉实验，以进一步验证和修正所得出的结论。

参考文献

[1] 中华人民共和国行业标准. JTG F80/1—2004. 公路工程质量检验评定标准[S]. 北京:人民交通出版社,2004.

[2] 李国平. 预应力混凝土结构设计原理[M]. 北京:人民交通出版社,2000.

[3] 杨涛. 预应力筋张拉阶段应力损失实用评估方法研究[D]. 重庆:土木建筑学院,2008.

[4] 中华人民共和国行业标准. JTG062—2004. 公路钢筋混凝土及预应力混凝土桥涵设计规范[S]. 北京:人民交通出版社,2004.

147. U形预应力束摩阻系数足尺模型试验研究

何锦明　董亚东　胡若邻
(中交四航局第一工程有限公司)

摘　要　利用索塔节段足尺模型试验进行北江特大桥上塔柱U形孔道一端张拉时的摩阻系数测定,介绍孔道摩阻测试的试验研究步骤。由对试验结果分析得到北江特大桥上塔柱的摩阻系数为0.346,钢束两端实测张拉伸长量可按20%P对应的伸长量作为起点进行计算,参数基本符合规范要求,并以其指导预应力张拉施工取得显著效果。

关键词　摩阻系数　预应力　伸长量　张拉控制力　张拉工艺

一、引　言

在大跨度斜拉桥索塔形式中,箱形截面混凝土索塔占据主流。为抵抗斜拉索锚下强大集中力对箱形截面索塔的作用,保证斜拉索锚固区有足够的抗裂性和极限承载力,在混凝土锚固区常布置井字形预应力结构。U形管道预应力的摩阻损失在很大程度上受施工工艺制约,其在张拉时的受力状况错综复杂,孔道与钢束间的摩擦系数不易确定。孔道预埋的是否平顺牢固、孔道接头是否光滑、孔道在施工中是否有压碰变形、混凝土浇筑时是否漏浆等,这些因素都会影响钢束摩阻损失的大小。所以,对于预应力筋过长或弯曲过多的预应力结构,应通过摩阻试验确定摩阻损失的大小[1]。

北江特大桥为新建贵阳至广州高速铁路工程全线关键性控制工程之一,主桥为钢桁梁特大斜拉桥,主塔高113.8m,H形混凝土结构,设置上下两道横梁。上塔柱锚固区构造复杂,由主筋、劲性骨架、精轧螺纹钢和环向预应力筋等部分组成,给预应力设计和施工带来了巨大困难,为精确得到索塔锚固区U形管道的管道摩阻系数和伸长量,进行了与实桥尺寸比例为1:1的足尺模型U形管道预应力张拉试验。通过北江特大桥索塔锚固区预应力足尺模型试验,探索U形预应力束单端张拉施工工艺,对试验结果分析得到预应力束计算参数摩阻系数、伸长量等,为设计和施工提供依据。

二、试验概况

1. 试件设计及材料性能

根据设计图纸,试件模型节段取北江特大桥上塔柱高程自93.702~96.202m的一段,节段长度2.5m,试件见图1、图2。按照一致性原则,模型按照1:1的比例制作,模型几何尺寸、配筋、混凝土配合比(配合比参数见表1)、强度、施工工艺和荷载等参数与原型结构保持一致。为保持作业环境一致性,预应力试件制作选择在北江特大桥附近的混凝土搅拌站施工,场地平整夯实,浇筑混凝土底板并满铺白铁皮,在白铁皮上铺垫油毡底模。试件U预应力钢筋共有9束,沿顺桥向和横桥向布置精轧螺纹钢预应力筋,形成井字形预应力结构体系,预应力束相关参数见表2。

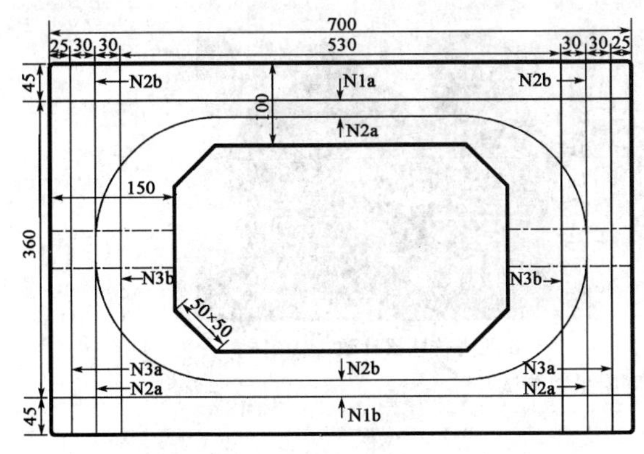

图1 模型预应力体系平面图(尺寸单位:mm)

图2 模型试件

试件混凝土配合比及力学性能 表1

强度等级	水 泥 (kg·m⁻³)	粉煤灰 (kg·m⁻³)	砂 (kg·m⁻³)	水 (kg·m⁻³)	外加剂 (kg·m⁻³)	碎石 (kg·m⁻³)	f_{cu} (MPa)	弹性模量 (MPa)	重度 (kN·m⁻³)
C50	360	120	712	140	4.80	1068	62.0	40.9×10^3	24.0

试件预应力束参数 表2

环向预应力束类型	单根预应力束标准强度(MPa)	张拉控制力 P(MPa)	环向最小曲率半径(mm)	计算长度(m)	孔道类型	孔道材料
15-7Φ5 高强低松弛钢绞线	1 860	1 320	1 500	12.04	U	铁皮管

2. 测点布置及试验步骤

(1)应力测点布置

应力测试采用埋设钢弦式钢筋计及粘贴应变片相结合的方法。根据索塔锚固区预应力特征受力特点,将索塔平面分为 A ~ H 共 8 个区,具体应力测区布置见图 3、图 4 所示。其中,A、C 区各个测点用来测定索塔两短边的应力分布情况;E、D、F 区各个测点分别用来测定索塔长边两拐角和中点处的应力分布情况;H、B、G 区各个测点分别用来测点索塔下游长边两拐角和中点处的应力分布情况。

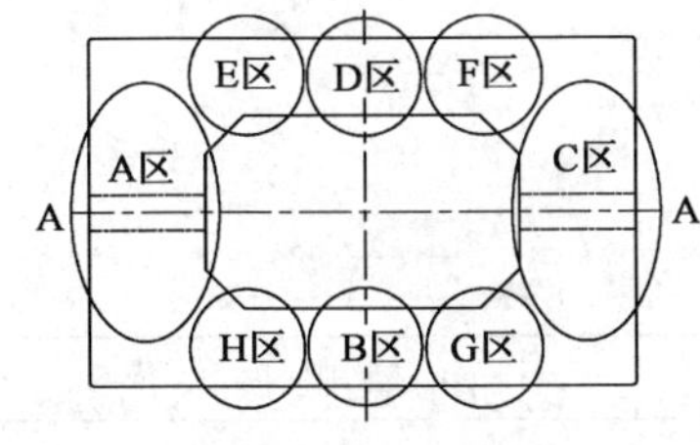

图3 传感器埋设分区图

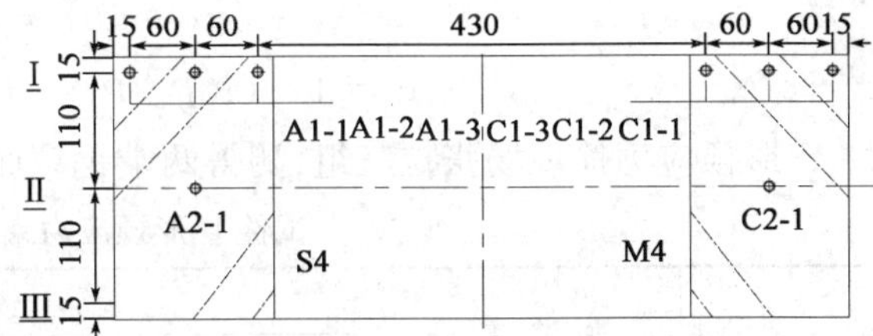

图4 A-A 截面剖面图(尺寸单位:cm)

(2)试验步骤

预应力摩阻系数通过单端张拉方式进行试验,在锚固端安装工作锚(不安装夹片)后穿入锚索计即智能穿心式传感器(JMZX-3102AT 型),最后安装自锁式 24t 液压千斤顶,以传感器读数为准,与精密油表读数相配合的得到预应力张拉力。试件张拉过程钢绞线伸长量采用游标卡尺进行测量,张拉过程中按 10%、20%、50%、80%、100% P(控制张拉力 1 320MPa)进行。

试验采用分级施加预应力张拉荷载,分级荷载为最大试验荷载的 1/10;每级卸载荷载为 2 倍的加载级。具体试验步骤如下:

①预紧 U 形预应力筋,预紧荷载应力为 0.1 倍张拉控制力;

②加载级别按 0.2、0.3、0.4、0.5、0.6、0.7、0.8、0.9、1.0 倍张拉控制力加载,每级荷载持荷时记录两端锚索计及传感器读数;

③张拉到第二级时,钢束上画上伸长量基准线,逐级测量钢束伸长量;

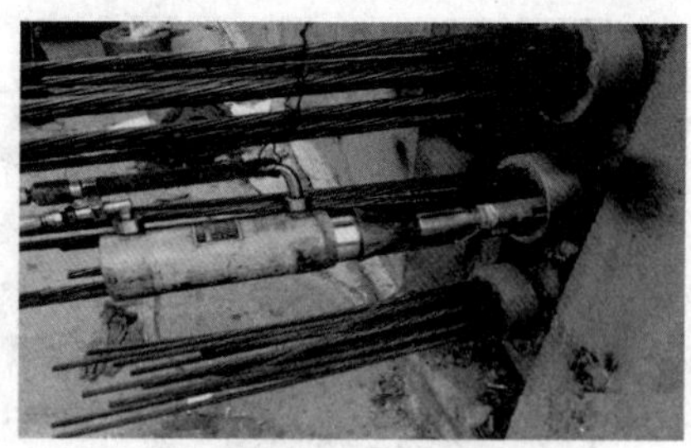
a)张拉端压力传感器布置

b)压力传感器计数

图5 U形预应力钢绞线摩阻系数测试

④卸载到0,拆除试验设备。

三、试验结果及分析

1. U形预应力束摩阻系数

摩阻损失主要由孔道的弯曲和孔道的偏差两部分影响所产生。从理论上,直线孔道无摩擦损失,但由于施工中孔道偏位及孔道不光滑等原因,在实际钢束张拉时与孔壁接触而引起摩阻损失,此项称为孔道偏差影响(长度影响)摩擦损失,其值较小,放在在系数 k 上;对于弯道部分除了孔道偏差影响,还有因孔道弯转,预应力钢筋对弯道内壁的径向压力所引起的摩擦损失,一般称这部分影响为弯道影响摩擦损失,其值较大,并随钢绞线弯曲角度的增加而增大,反映在系数 μ 上[2]。若U形预应力张拉主动端的张拉力值为 P_1,被动端的张拉力值为 P_2,则[3]:

$$P_2 = P_1 e^{-(kx+\mu\theta)} \tag{1}$$

式中:k——预应力孔道每米局部偏差对摩阻的影响系数;

μ——预应力筋与孔壁间的摩阻系数;

x——从张拉端至计算截面的孔道长度,m;

θ——从张拉端至计算截面曲线孔道部分切线夹角之和,rad。

由于 k 值表示每米预应力管道的偏差系数,与波纹管施工安装定位精度有很大关系,数据分散性较大,且对预应力损失值影响不大,故本次试验 k 值按规范取为0.003 0;x 取12.04m,$\theta=\pi$,由式(1)得:

$$-(kx+\mu\theta) = \ln(P_2/P_1) \tag{2}$$

$$\mu = [-\ln(P_2/P_1) - 12.04 \times 0.003]/\pi \tag{3}$$

试件U形预应力筋现场张拉三组,测得两端钢束张拉力见表3。

试件U形预应力束试验张拉力表 表3

钢束编号	加载序号	锚索计读数		摩阻损失	
		张拉端 P_1(kN)	锚固端 P_2(kN)	P_2/P_1	$1-P_2/P_1$
N2a-2	1	27.15	9.6	0.35	0.65
	2	42.65	15	0.35	0.65
	3	63.75	22.65	0.36	0.64
	4	83.05	28.3	0.34	0.66
	5	97.75	31.1	0.32	0.68
	6	114.2	35.4	0.31	0.69
	7	133.45	40.9	0.31	0.69
	8	151.05	46.5	0.31	0.69
	9	170.4	53.2	0.31	0.69
	10	189.05	58.5	0.31	0.69
		平均值		0.33	0.67

续上表

钢束编号	加载序号	锚索计读数		摩阻损失	
		张拉端 P_1(kN)	锚固端 P_2(kN)	P_2/P_1	$1-P_2/P_1$
N2a-4	1	34.3	12.8	0.37	0.63
	2	48.4	17.5	0.36	0.64
	3	61.85	22.7	0.37	0.63
	4	76	27.3	0.36	0.64
	5	89.3	31.5	0.35	0.65
	6	103.65	35.75	0.34	0.66
	7	118.15	40.3	0.34	0.66
	8	132.5	45.6	0.34	0.66
	9	149.4	51.2	0.34	0.66
	10	158.6	53.2	0.33	0.67
		平均值		0.35	0.65
N2b-4	1	28	6.1	0.22	0.78
	2	41	10.3	0.25	0.75
	3	55.5	14.4	0.26	0.74
	4	69.9	20.1	0.29	0.71
	5	84.8	29.4	0.35	0.65
	6	99.2	33.5	0.34	0.66
	7	114.9	38.2	0.33	0.67
	8	129.3	40.9	0.32	0.68
	9	145.5	46	0.32	0.68
	10	159.6	51.3	0.32	0.68
		平均值		0.3	0.7

根据式(3)分别得到三组预应力束钢绞线摩阻系数为：

$N_{2a-2}:\mu_1 = [-\ln(0.33) - 12.04 \times 0.003]/3.14 = 0.342$

$N_{2a-4}:\mu_2 = [-\ln(0.35) - 12.04 \times 0.003]/3.14 = 0.323$

$N_{2b-4}:\mu_3 = [-\ln(0.30) - 12.04 \times 0.003]/3.14 = 0.372$

则U形预应力束管道摩阻系数为：$\mu = (\mu_1 + \mu_2 + \mu_3)/3 = 0.346$。

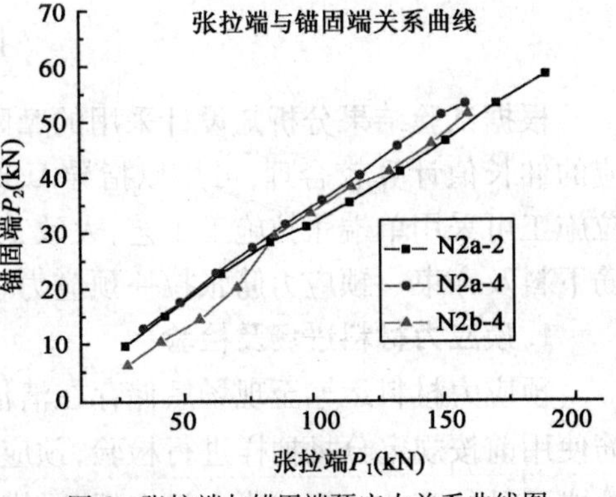

图6 张拉端与锚固端预应力关系曲线图

根据表3绘制U形预应力筋张拉端与锚固端预应力关系曲线，由图6可知，锚固端预应力 P_2 与张拉端力基本呈线性关系，且随着 P_1 增大而增大，斜率大致稳定在1/3左右。根据试验结果，U形预应力束单端张拉时 P_2/P_1 均值为0.33，预应力孔道摩阻损失率($1-P_2/P_1$)约为0.67%，管道的摩阻系数为0.346。

2. U形预应力束伸长量

根据试验测得的孔道摩阻系数 μ、孔道偏差系数 k 可计算各级荷载作用下的钢束伸长量，由铁路桥涵设计规范[4]，预应力束的平均张拉力为：

$$\overline{P} = P[1 - e^{-(kx+\mu\theta)}]/(kx + \mu\theta) \tag{4}$$

将 $\overline{P}$ 代入计算预应力束的弹性伸长量有：

$$\Delta L = \frac{\overline{P}L}{A_S E_S} = \frac{p \times [1 - e^{-(kx+\mu\theta)}] \times L}{(kx + \mu\theta) \times A_S \times E_S} \tag{5}$$

式中：ΔL——预应力筋理论伸长值，mm，ΔL = 两端[(100%伸长量 - 10%伸长量)/0.90]之和—两端千斤顶内钢绞线的伸长量；

P——预应力筋张拉端的张拉力，N；

A_S——预应力筋截面面积，mm^2；

E_S——预应力筋的弹性模量，MPa。

为验证U形预应力单端张拉施工工艺的钢束伸长量可靠性，当千斤顶张拉至各级荷载时，对钢束伸长量采用游标卡尺进行现场实测。根据测量结果和设计文件，可得实测钢束伸长量与设计伸长量结果对比表如下。

由表4知，按20%起点计算的实测伸长量与设计伸长量较吻合，偏差介于-0.1%～3.1%之间，符合伸长量实测值与设计值偏差小于±6%的要求；按10%起点计算的实测伸长量则与设计值偏差较大，普遍大于±6%，主要原因是U形钢束非弹性变形阶段较长。

U形预应力束张拉伸长量结果　　表4

钢束编号	千斤顶内钢束伸长量(cm)	端部伸长量(20%)(cm)		端部伸长量(10%)(cm)		设计伸长量(cm)	偏差1(%)	偏差2(%)
		左端	右端	左端	右端			
N2a3	0.68	4.35	4.55	4.44	4.44	0.41	0.2	0.1
N2a5	0.68	4.44	4.45	4.78	5.22		0.1	13.7
N2a4	0.68	4.25	4.75	4.56	4.89		1.5	6.9
N2a2	0.68	4.53	4.48	5.22	4.22		1.5	6.9
N2a1	0.68	4.13	5.01	4.22	5.56		3.1	10.9
N1a1	0.68	4.53	4.40	4.83	5.00		0.5	11.6
N1a3	0.68	4.63	4.50	5.00	4.67		3.0	9.6
N1a4	0.68	4.50	4.38	4.44	5.00		-0.1	6.9

注：千斤顶内钢束伸长量根据公式(5)计算，其中两端钢束长度去1m，钢绞线弹性模量去195GPa；端部伸长量10%为(100%伸长量-10%伸长量)/0.90对应的伸长量，偏差2为与设计伸长量对应的偏差。

四、U形预应力施工工艺

根据试验结果分析知设计采用的摩阻系数等规范取值和实测结果较为吻合，张拉伸长量以20%P对应的伸长值计算较合理，可用以指导U形管道设计与现场张拉施工。北江特大桥上塔柱U形预应力张拉施工可采用单端张拉施工工艺，大致工艺流程为：预应力材料进场及检验→预应力管道安装→预应力筋下料及穿束→预应力筋张拉→预应力管道压浆及封锚。

1. 预应力材料进场及检验

预应力材料运输至现场后储存在清洁、干燥的地方，加以遮盖，并定期检查有无损坏和腐蚀。预应力筋使用前按规定分批抽样进行检验，预应力筋的表面不得有润滑剂和油渍，允许有轻微的浮锈，但不得锈蚀成可见的麻坑。钢绞线内没有折断、横裂的钢丝。预应力筋直径偏差，不超过规定。

锚具、夹具、连接器和金属波纹管类型符合设计规定，进场后必须对其质量指标进行全面监察并按批进行外观尺寸、硬度及静载锚固系数性能检查和试验。

2. 预应力管道安装

预应力管道安装前，由测量与技术人员按设计规定的管道坐标进行放样，并采用U形或井字形定位钢筋固定法将管道牢固地置于模板内的设计位置，保证管道在混凝土浇筑期间不产生位移，保证预应力管道安装准确。固定各种成孔管道用的定位钢筋的间距为：对于钢管不宜大约1m，弯曲管道处适当加密。预应力管道接长时，应采用大一个直径级别的同类管道做连接管，其长度宜为被连接管道内径的5～

7倍。接头连接管与管道用胶带缠裹紧密，防止水泥浆渗入。

3. 预应力筋下料及穿束

预应力筋的下料长度应经计算确定。计算时应考虑结构的孔道长度、锚夹具厚度、千斤顶长度、镦头预留量、冷拉伸长值、张拉伸长值和外露长度等因素，以预留锚外不少于1m的长度下料。

预应力筋穿束前，清除预应力孔道内的杂物和积水。穿束可在浇筑混凝土之前或之后穿入管道，防止预应力筋锈蚀。对钢绞线，可将一根钢束中的全部钢绞线编束后整体装入管道中，也可逐根将钢绞线穿入管道。

4. 预应力张拉

预应力张拉时必须搭设张拉操作平台，利用爬模装修平台或在主塔施工时预埋钢板焊悬挑三角支架作为平台。预应力筋张拉前，由试验室检查混凝土试件，待混凝土的强度和弹性模量达到设计要求。千斤顶在张拉前必须经过校正，校正系数不得大于1.05。与千斤顶配套使用的压力表应选择防振型产品，表面最大读数应为张拉力的1.5~2.0倍，精度不应低于1.0级，压力表首次使用前必须经过计量部门检定。

上塔柱U形预应力筋张拉在断面上对称单端张拉工艺，预应力筋与精轧螺纹钢由下至上依次进行张拉。张拉控制以张拉力和伸长值双向控制，根据试验结果以张拉力控制为主，伸长值为校核。现场U形预应力张拉表明，采用预应力足尺模型试验结果得到的摩阻系数及伸长量控制对称单端张拉工艺效果显著，满足设计要求。

5. 预应力压浆及封锚

预应力筋张拉完毕后，孔道应及时进行压浆。孔道压浆是确保预应力工程质量和箱梁质量的一个重要因素。孔道压浆采用外购压浆料或按配合比现场配制水泥浆，根据设计要求采用真空辅助压浆，其原理是一端用抽真空机将孔道内80%以上的空气抽出，并保证孔道真空度在80%左右(压力达到-0.06~-0.1MPa)，同时压浆端压入压浆料或水灰比为0.3~0.35的水泥浆，当水泥浆从抽真空端流出且稠度与压浆端基本相同，再经过特定位置的排浆，稳压手段保证孔道内水泥浆体的饱满度和密实性，减少气泡。

真空辅助压浆结束后，及时对需封锚的锚具进行封闭。应先将锚具周围冲洗干净，并对端头混凝土凿毛，然后设置钢筋网浇筑封锚混凝土。

五、结　语

北江特大桥上塔柱U形预应筋构造复杂使其设计与施工较困难，为得到上塔柱锚固区U形预应筋设计与施工施工控制参数，进行了足尺模型试验研究，得到以下主要结论：

(1)试验结果表明，北江特大桥上塔柱锚固区U形预应力束管道的摩阻系数为0.346，管道偏差系数为0.003，符合规范设计取值。

(2)U形钢束两端实测张拉伸长量可按20%P(张拉控制力)对应的伸长量作为起点进行计算，实测值与设计值相符。

(3)简要介绍了北江特大桥U形预应力筋施工工艺，现场实际施工表明采用预应力足尺模型试验结果得到的摩阻系数及伸长量控制对称单端张拉工艺效果显著，满足设计施工要求。

参考文献

[1] 刘全生. 大跨度PC连续梁桥孔道摩阻系数测试研究[J]. 兰州交通大学学报,2008,6.

[2] 陆磊,吴文清. U形预应力束管道摩阻试验研究[J]. 山西建筑,2007,7.

[3] 中华人民共和国行业标准. JTG D62—2004 公路钢筋混凝土及预应力混凝土桥涵设计规范[S]. 北京:人民交通出版社,2004.

[4] 中华人民共和国行业标准. TB/0002.5—2005 铁路桥涵设计规范[S]. 北京:中国铁道出版社,2005.

148. 短精轧螺纹钢筋应力损失试验研究与控制应用

王安民[1]　王清泉[1]　唐嘉琳[1]　孙延成[2]

(1. 同济大学建筑设计研究院(集团);2. 吉林白山市城市建设投资开发有限公司)

摘　要　短精轧螺纹钢筋应力损失很大,如果在设计中没有充分考虑,在施工时不加以控制,将可能危及结构的长期安全。本文结合以往应力损失控制的成功经验和白山市向江大桥桥塔施工的工程实际,采用试验的方法得到了JL32级精轧螺纹钢筋锚固扭矩,并应用到实际施工过程中,进一步印证了该方法的可行性,同时也发现了某些自身特点。希望给将来工程的设计施工提供一些参考。

关键词　预应力损失控制　桥塔预应力结构　精轧螺纹钢筋　锚固扭矩

一、背　景

根据文献[1]的记载,如何控制长度较短的精轧螺纹钢筋的各项损失,尤其是锚固回缩损失,成为设计和施工过程的难点。在短精轧螺纹钢筋锚固过程中,螺母的拧紧程度是影响其锚固回缩损失的重要因素。但在相关规范中并没有明确的要求。

针对目前存在的问题,在文献[1]中提出了采用施加锚固扭矩的方法来控制锚固回缩损失。本文根据文献[1]的成功案例,结合白山市向江大桥的具体工程实践,对直径为32mm的精轧螺纹钢筋进行了试验研究和数据实测,得到了相关结论和经验。

二、工 程 概 况

吉林省白山市向江大桥工程主桥为81.0m + 81.0m混凝土单塔双索面斜拉桥,全桥共采用10对斜拉索,在恒载 + 活载作用下索力最大的10号索拉力为4 300kN。索塔为异型结构,斜拉索锚固于上塔柱的两个Y形分叉上。索锚固区宽2m厚0.8m,顺桥向长度从1号索的4.4m变化到10号索的3.4m,厚度0.5m,如图1所示。

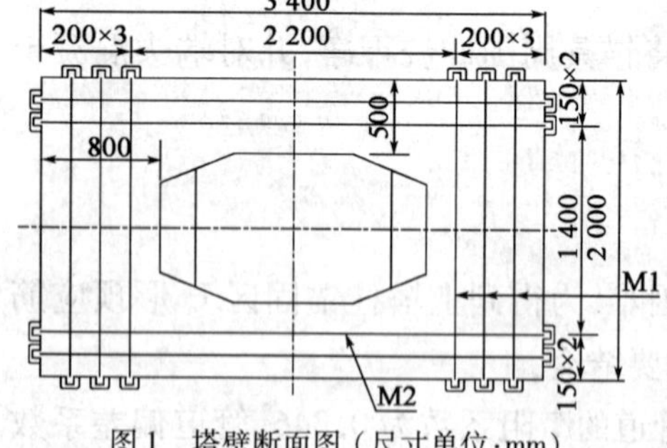

图1　塔壁断面图(尺寸单位:mm)

在上塔柱每0.2m高度沿着顺桥向布设一排JL32级精轧螺纹钢筋,局部锚索区增加到2排;沿着横桥向布设2排JL32级精轧螺纹钢筋,局部锚索区增加到3排。精轧螺纹钢筋设计强度等级为JL785级,张拉控制荷载为539kN,其他技术指标符合相关规范要求。

三、试 验 原 理

精轧螺纹钢筋的锚固回缩损失主要由锚固锚具变形、钢筋回缩和接缝压缩等原因造成,在达到张拉荷载之后,将螺母拧紧可以有效地减小锚固锚具变形、钢筋回缩和接缝压缩的量值,将螺母拧紧的同时也在进行超张拉。通过控制螺母的拧紧程度(锚固扭矩的大小),不但可以减小锚固回缩损失,也可以确保施工安全。

四、试验步骤与过程

试验步骤简述如下:

(1)预置试验台座:试验台座的预制尺寸如图2所示,要求采用塔柱的混凝土配合比和养生方法,试验时强度达到设计要求。其中2.01m长度测试结果适用于塔柱横桥向预应力粗钢筋施工,3.65m长度测试结果适用于顺桥向预应力粗钢筋施工。

(2)将仪器设备调试安装完毕后,按下列方法张拉并记录数据:张拉力0→初始应力→设计控制应力→张拉力0→初始应力→设计控制应力,持荷至读数稳定为止,记录此时压力环1和压力环2的读数→用扭矩扳手将螺母2扭转到相应的扭矩,记录此时的压力环2的读数→放松张拉千斤顶,待压力环2稳定后记录读数→将千斤顶重新张拉至设计控制应力,将螺母2拧松→记录此时的压力环1读数,将锚固扭矩用扭矩扳手拧到下一个量级,再次放张和记录。循环以上步骤,最终到如下两种情况任意一种发生时终止:①放张后压力环2的读数接近施加锚固扭矩前的读数,说明锚固回缩损失已经得到了有效控制;②施加锚固扭矩后(放张前),钢筋应力接近0.9强度标准值,说明已经偏于不安全状态。

(3)整理数据,制定锚固扭矩值,应用于实际施工中。在桥塔施工时,设置压力环进行钢筋内力的观测,并且在桥塔第10节塔壁内埋设混凝土压力传感器,观察混凝土塔壁应力变化。

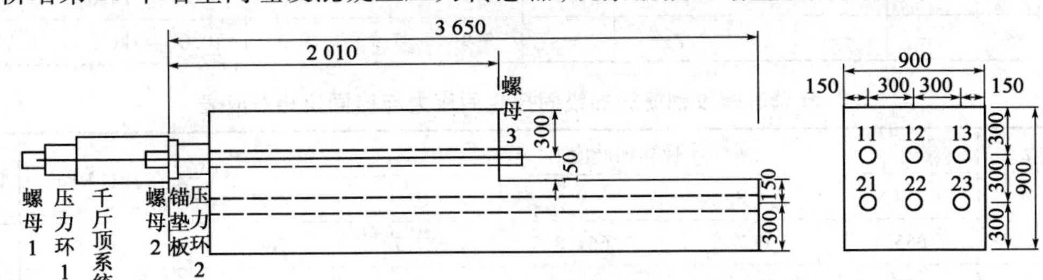

图2 张拉台座和试验布置图(尺寸单位:mm)

五、数据分析与结果

1. 2.01m 精轧螺纹钢筋的数据拟合

根据试验结果,可以得到2.01m精轧螺纹钢筋应力损失(1-锚固后应力/张拉应力)及其均值 Y_1 和锚固扭矩 X_1 的关系,即表1。用 $Y_1 = C_{11}/(X_1 + C_{12})$ 的形式拟合 Y_1 和 X_1,如式(1)所示,其图如图3所示。

$$Y_1 = 9\,370.72/(296.972 + X_1)$$

其中,C_{11} 标准误差为 ±409.9(4.374%),C_{12} 标准误差为 ±17.35(5.841%)。根据试验结果,可以得到施加锚固扭矩后(锚固前)的钢筋应力 Y_2 和锚固扭矩 X_2 的关系,即表2。用 $Y_2 = C_{21} + C_{22}X_2$ 的形式拟合 Y_2 和 X_2,如式(2)所示,其图如图4所示。

$$Y_2 = 664.671 + 0.012\,109\,1X_2$$

其中,C_{21} 标准误差为 ±2.081(0.313%),C_{22} 标准误差为 ±0.003 897(32.18%)。

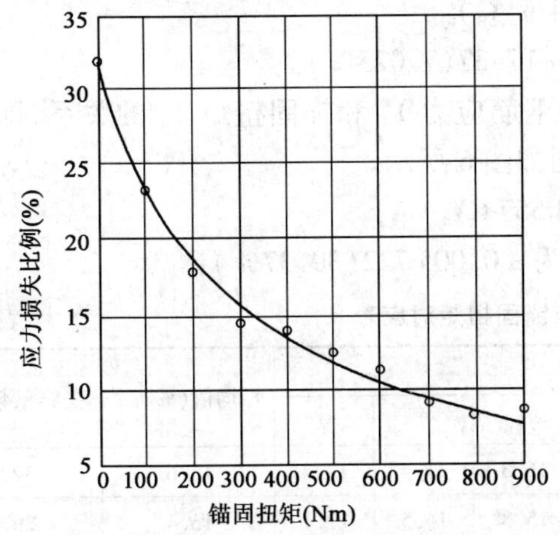

图3 钢筋应力损失与锚固扭矩拟合图

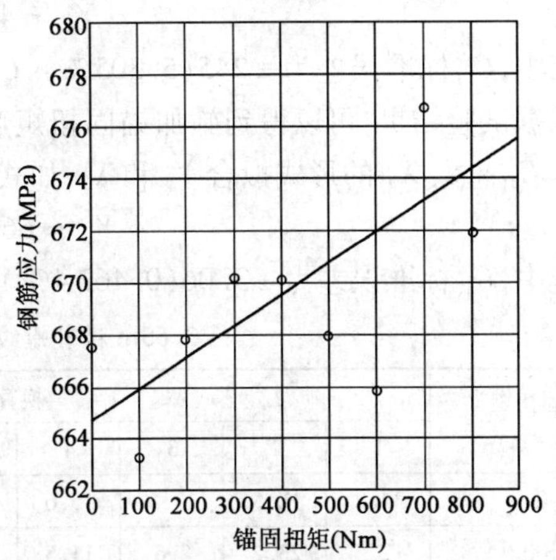

图4 钢筋应力与锚固扭矩拟合图

2.01m 精轧螺纹钢筋应力损失与锚固扭矩对应表　　表1

锚固扭矩（N·m）	应力损失(%)											损失均值(%)	变异系数(%)
	1	2	3	4	5	6	7	8	9	10	11		
0	43.1	26.6	30.4	35.6	26.0	21.3	24.1	36.7	41.2	33.6	33.8	32.0	20.9
100	24.0	22.0	25.5	32.5	20.6	20.0	19.1	20.7	23.3	22.6	27.6	23.4	15.9
200	14.1	17.3	25.5	17.0	15.8	15.8	17.3	14.9	15.3	21.3	22.0	17.9	19.0
300	9.9	9.3	14.8	16.4	13.7	17.7	13.7	13.5	17.6	13.6	19.1	14.5	20.4
400	12.7	9.7	13.7	20.1	15.9	12.0	11.8	11.7	13.2	14.3	17.8	13.9	20.7
500	7.7	7.5	12.2	18.0	15.3	11.5	12.1	11.6	11.4	15.3	14.9	12.5	24.5
600	7.7	3.1	12.6	14.7	15.5	9.2	10.5	11.2	11.6	16.0	13.3	11.4	31.5
700	3.6	8.0	5.6	13.7	13.8	4.0	9.1	7.4	9.8	12.5	12.5	9.1	39.1
800	3.4	0.8	—	11.7	14.2	3.5	9.0	9.0	9.7	9.9	13.0	8.4	49.9
900	—	—	—	—	—	—	5.9	7.1	9.3	10.0	11.2	8.7	22.7

2.01m 精轧螺纹钢筋施加锚固扭矩后应力与锚固扭矩对应表　　表2

换算锚固扭矩（N·m）	换算钢筋应力(MPa)					均值(MPa)	变异系数(%)
	7	8	9	10	11		
0	665.3	667.6	667.8	667.7	669.0	667.5	0.2
100	677.0	668.9	644.4	668.9	657.1	663.3	1.7
200	664.8	673.6	677.3	654.3	669.6	667.9	1.2
300	675.9	666.4	643.9	696.0	668.6	670.2	2.5
400	678.4	663.5	669.8	681.5	657.5	670.1	1.3
500	660.4	662.2	680.3	668.2	668.2	667.9	1.0
600	671.7	654.0	669.2	654.9	679.6	665.9	1.5
700	669.2	674.6	683.5	671.7	684.6	676.7	0.9
800	663.9	661.1	672.6	688.0	673.8	671.9	1.4
900	680.9	672.8	677.3	682.3	685.8	679.8	0.7

2.3.65m 精轧螺纹钢筋的数据拟合

根据试验结果，可以得到3.65m 精轧螺纹钢筋应力损失(1-锚固后应力/张拉应力)及其均值 Y_3 和锚固扭矩 X_3 的关系，即表3。用 $Y_3 = C_{31}/(X_3 + C_{32})$ 的形式拟合 Y_3 和 X_3，如式(3)所示，其图如图5所示。

$$Y_3 = 4\,620/(247.274 + X_3) \tag{3}$$

其中，C_{31}标准误差为 ±245(5.303%)，C_{32}标准误差为 ±17.37(7.025%)。

根据试验结果，可以得到施加锚固扭矩后(锚固前)的钢筋应力 Y_4 和锚固扭矩 X_4 的关系，即表4。用 $Y_4 = C_{41} + C_{42}X_4$ 的形式拟合 Y_4 和 X_4，如式(4)所示，其图如图6所示。

$$Y_4 = 661.709 + 0.014\,557\,6X_4 \tag{4}$$

其中，C_{41}标准误差为 ±3.06(0.462 4%)，C_{42}标准误差为 ±0.005 732(39.37%)。

3.65m 精轧螺纹钢筋应力损失与锚固扭矩对应表　　表3

锚固扭矩（N·m）	换算损失(%)									均值(%)	变异系数(%)
	1	2	3	4	5	6	7	8	9		
0	34.2	17.5	13.5	15.6	13.4	18.0	16.3	21.4	17.4	18.6	32.2
100	12.5	23.2	8.6	11.5	10.7	12.9	15.3	14.5	11.1	13.4	29.6
200	10.9	12.0	11.0	6.8	11.9	11.9	9.9	10.8	7.9	10.4	16.7

续上表

锚固扭矩(N·m)	换算损失(%)									均值(%)	变异系数(%)
	1	2	3	4	5	6	7	8	9		
300	9.7	8.8	8.4	6.3	5.5	5.9	9.6	11.2	6.9	8.0	23.0
400	9.5	9.5	5.4	6.4	7.2	6.7	8.9	10.6	7.8	8.0	20.4
500	8.5	6.3	6.8	3.9	5.1	5.8	8.1	9.1	3.4	6.3	29.5
600	4.1	9.5	5.7	4.7	5.8	4.7	9.7	7.3	3.6	6.1	34.8
700	4.4	6.0	4.6	2.4	4.8	4.3	3.3	7.2	4.6	4.6	28.2
800	—	6.2	6.0	3.3	3.3	2.5	0.8	5.6	2.8	3.4	53.6
900	—	5.7	9.4	—	4.8	1.9	2.9	5.8	2.8	3.7	64.0

长精轧螺纹钢筋施加锚固扭矩后应力与锚固扭矩对应表　表4

锚固扭矩(N·m)	换算钢筋应力(MPa)					均值(%)	变异系数(%)
	5	6	7	8	9		
0	670.2	670.2	666.6	668.9	670.2	669.2	0.2
100	660.8	657.1	655.9	663.6	662.3	659.9	0.5
200	644.4	644.4	673.6	677.0	670.2	661.9	2.2
300	679.5	679.4	658.2	660.4	671.6	669.8	1.4
400	663.1	665.1	660.3	656.3	661.9	661.3	0.4
500	677.4	663.2	660.6	663.5	677.2	668.4	1.1
600	664.2	664.0	644.0	670.3	679.8	664.5	1.8
700	670.6	665.6	687.9	666.8	667.0	671.6	1.2
800	678.8	676.7	700.2	672.1	675.8	680.7	1.5
900	665.7	682.3	681.2	671.9	675.6	675.3	0.9

3. 数据分析

从图3和图5锚固扭矩-应力损失曲线可以看出,在施加锚固扭矩后,精轧螺纹钢锚固回缩损失得到了大幅度的控制,证明了采用施加锚固扭矩的方法来控制锚固回缩损失是成功的。但从图4和图6锚固扭矩-钢筋应力可以看出,虽然施加锚固扭矩的过程会对精轧螺纹钢筋产生超张拉,但数据的离散性较大,并没有呈现较为明显的线性关系。其原因如下:①部分锚固扭矩用于克服锚垫板与螺母2、螺母2与精轧螺纹钢筋的静摩阻力;②静摩阻力峰值大于滑动摩阻力,在产生滑动的瞬间会产生不稳定的惯性力。

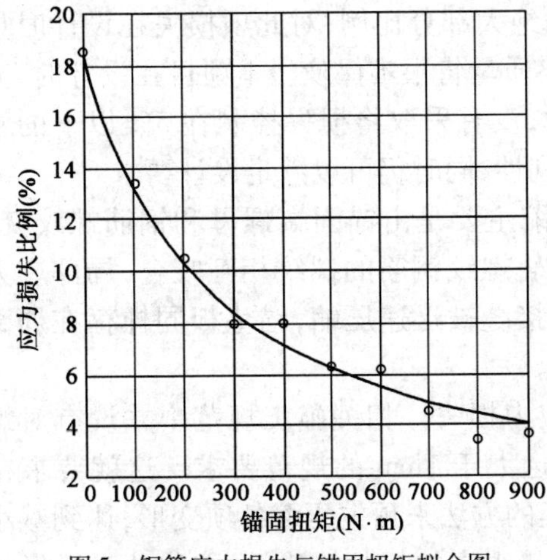

图5　钢筋应力损失与锚固扭矩拟合图

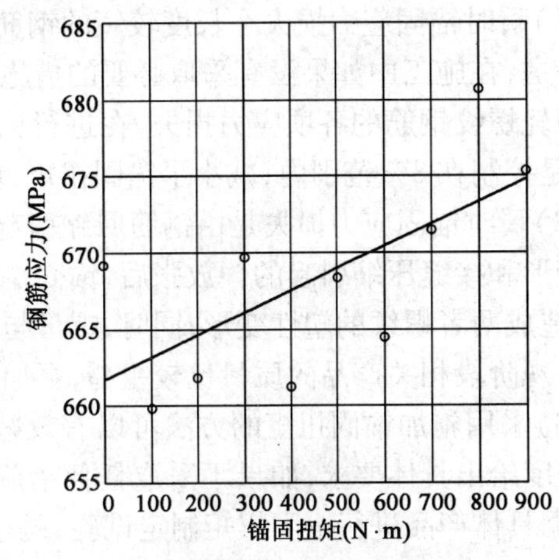

图6　钢筋应力与锚固扭矩拟合图

根据式(1)~(4)的拟合公式,当施加的锚固扭矩在850Nm时,可以控制短钢筋的应力损失在8%以下,长钢筋的应力损失在5%以下,能够达到设计要求,且施加锚固扭矩后的应力仍然处于安全状态,可以确定锚固扭矩为850Nm。

在制定施工方法时,根据试验现场情况,为了消除螺母与垫板之间、螺母螺纹与钢筋齿痕之间的压缩变形和塑性变形,制定了2次锚固的施工方法。同时由于锚固扭矩-钢筋应力关系的离散性较大,在施工中辅助设置了超张拉的环节。具体张拉步骤为:0→设计控制应力的95%→单人用普通扳手拧紧螺母→0→超张拉到1.05设计控制应力→用经过检定的扭矩扳手施加锚固扭矩到850Nm至900Nm之间→锚固完成。

六、实际应用与实测结果

根据制定的施工方法,在桥塔施工时,对一根短精轧螺纹钢筋用压力环进行了瞬间锚固和长期观测,具体观测结果见图7。

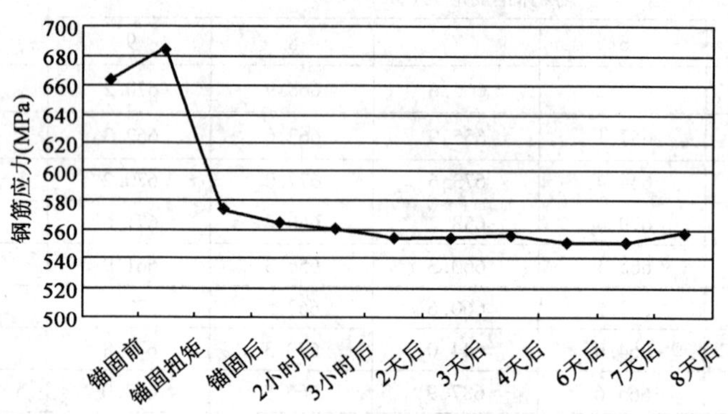

图7 钢筋应力实测结果

从图7可以看出,锚固时的瞬时损失仍然是全部预应力损失中最大的部分。在锚固完成后,由于收缩徐变等因素的影响(张拉时混凝土已经浇筑完成2个月),实测钢筋应力在张拉锚固完成1天内有所降低,但变化不大,其后趋于稳定。

七、结论与建议

针对长度较短的精轧螺纹钢筋应力损失较大的情况,本文根据相关文献的成功经验,进行了JL32级钢筋锚固损失的试验研究和实桥检验,证明了该方法的可行性,同时也发现了一些差异。现将设计和施工过程中的一些体会简述如下,希望给将来类似的工程提供参考。

(1)瞬时锚固应力损失在长度较短的钢筋应力损失中占绝大部分比例,对此项损失在设计时如果不充分考虑,在施工中如果没有采取必要的措施加以控制,最终质量将很难保障。本项目在设计时,充分考虑了精轧螺纹钢筋的各项应力损失,在进行锚固扭矩确定时,没有采取将损失控制在5%以下的常用做法,而是控制在8%范围内,减小了锚固扭矩,增加了施工便利性,同时仍可以满足设计要求。

(2)瞬时锚固应力损失是由钢筋回缩引起的,而钢筋回缩主要是由锚固端螺母和钢筋螺纹变形、锚垫板变形和接缝压缩引起的。放张后,锚固端螺母螺纹与精轧螺纹钢筋的螺纹相互咬合,局部应力迅速增加,造成两者螺纹的塑性变形;同时,螺母与锚垫板之间的接缝被迅速压缩,锚垫板同样存在局部塑性变形。现阶段相关产品的质量比较粗糙,更加剧了这项损失。

(3)采用施加锚固扭矩的方法可以有效减小瞬时锚固应力损失。相关施工规范中并没有对螺母的拧紧程度给出具体要求,如果不采取任何措施,螺纹间隙将远大于1mm的规范要求。这就要求在施工时,根据具体产品进行锚固扭矩制定试验,通过施加锚固扭矩的方法来预先压缩各项变形,达到减小钢筋回缩量的目的。而这些回缩量如果完全通过超张拉弥补,需要很高的超张拉比例,往往此时已经超出了钢筋强度范围。

(4)其他针对设计和施工的建议有:①在进行类似设计时,可以设计较高的钢筋牌号或较保守的钢筋永存应力,在扣除全部应力损失后,认为短钢筋永存应力为钢筋强度标准值的55%以上是可以实现的。②施工时除了采用施加锚固扭矩的措施外,在保障安全的前提下,可以适当超张拉。③在进行施工时可以辅助2次张拉方法:1次张拉锚固使锚固螺母预先受到压缩产生塑性变形,最终锚固时可以减小塑性变形产生的应力损失。此外,适当增加混凝土龄期对应减小钢筋的长期应力损失很有帮助。

参考文献

[1] 杜官民,陈爱萍.混凝土结构竖向预应力筋锚固应力损失的控制[J].桥梁建设.2006,增刊1,94-97.
[2] 夏亚明,游伟,王官磊.精轧螺纹钢筋锚固应力损失控制方法研究[J].建材世界,2010.32(2),94-97.
[3] 余报楚,张哲,张洪金.金马大桥主塔直束预应力筋设计技术与研究分析[J].公路交通科技.2006,22(5),104-107.

149.泰州大桥中塔弹性索对结构静动力特性的影响分析

陈　策[1,2]　陆彩华[3]
(1.河海大学土木与交通学院;2.江苏省长江公路大桥建设指挥部;3.江苏省交通运输厅公路局)

摘　要　以泰州大桥为例,用有限元法分析了三塔悬索桥中塔弹性纵向约束的合理弹性刚度,研究了弹性纵向约束对主塔、加劲梁、主缆以及结构动力特性的影响,研究结果表明,设置弹性索能有效改善三塔悬索桥受力性能。

关键词　泰州大桥　中塔弹性纵向约束　结构特性　有限元分析

一、项 目 概 况

泰州大桥位于江苏省长江的中段,位于江阴大桥和润扬大桥之间。北起自宁通高速公路,向南偏西于永安洲西北跨长江进入镇江扬中境内,沿扬中城区东侧向西南于小泡沙西端跨夹江,于丹徒姚桥折向东南,终于沪宁高速公路,向南连接常州西绕城高速公路,全长约62km。

泰州大桥主桥为双主跨1 080m的三塔悬索桥(图1),桥面为6车道,主缆在设计成桥状态矢跨比为1/9,两根主缆横向间距为35.8m,加劲梁采用封闭式流线型扁平钢箱梁。中塔为变截面钢塔,塔顶高程200m,横桥向为门式框架结构,纵桥向为人字形,中塔与主梁之间采用纵向弹性拉索连接。边塔为门式混凝土塔,塔顶高程180m,中塔基础采用沉井基础,边塔基础采用48根ϕ3.1/ϕ2.8m变截面群桩基础。

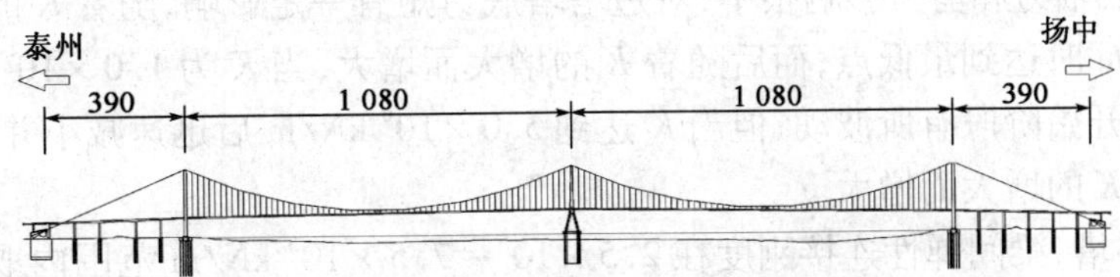

图1　三塔悬索桥总体布置图(尺寸单位:m)

在缆索承重桥体系中,如果主梁梁端的纵向位移过大,就会对桥台结构和伸缩缝产生不利的影响,为阻止桥面系纵向过于漂浮,方法之一是采用纵向弹性索进行约束,即在主塔两侧设置由钢绞线组成的弹性拉索,一端固定在桥塔上,另一端固定在主梁上。这种独特的主梁纵向支承方式首次采用在日本名港西大桥上，日本的多多罗桥也采用了这一技术对主梁纵向位移进行适度约束[1~5]。本文主要论述泰州大桥中塔塔梁纵向弹性约束对结构静动力特性的影响。

二、计算模型

三塔悬索桥的主缆和吊索离散为具有初始轴力的空间缆索单元，加劲梁、桥塔和墩柱均采用空间梁单元模拟。刚度采用加劲梁实际刚度，质量包括所有桥面系的质量，中塔为人字形钢结构、塔柱张开量36m、分叉点高度55m，主缆矢跨比、中塔高度、边塔高度、边塔刚度主梁高度采用设计取值。边界条件为：桥塔底和主缆锚固处采用固结约束，加劲梁和桥塔下横梁采用主从约束，边塔处主从竖向、横向和扭转三个自由度，中塔处主从纵向、竖向、横向和扭转四个自由度。图2为计算模型图。弹性索与主塔主梁的关系如图3所示。

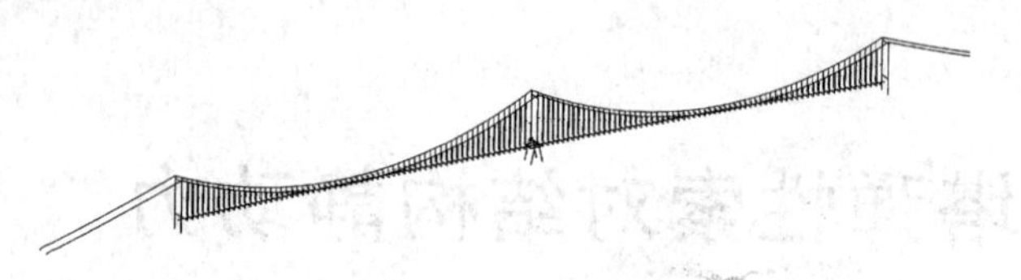

图2 三塔悬索桥纵向弹性索选型分析结构离散图

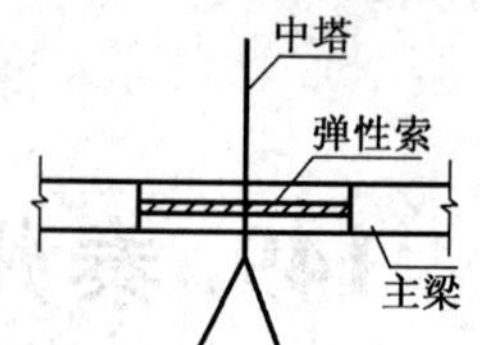

图3 纵向弹性索布置立面图

三、弹性索对三塔悬索桥的影响

1. 弹性索的刚度选择

纵向弹性索的刚度系数K与弹性索的长度和截面面积都有关。在中塔与主梁之间采用弹性约束，弹性约束刚度取值范围为$1.0\times10^0 \sim 1.0\times10^9$ kN/m（其中10^0kN/m代表塔与主梁之间无纵向约束，10^9 kN/m代表塔与主梁之间纵向固定），通过改变弹性约束刚度（共分16级），进行了一系列分析。分析结果表明：

随着K的增大，中塔塔底内力反应总体上不断增大，当K在$1.0\times10^5 \sim 7.5\times10^5$ kN/m中塔塔底剪力和弯矩有一个低谷。（图4）

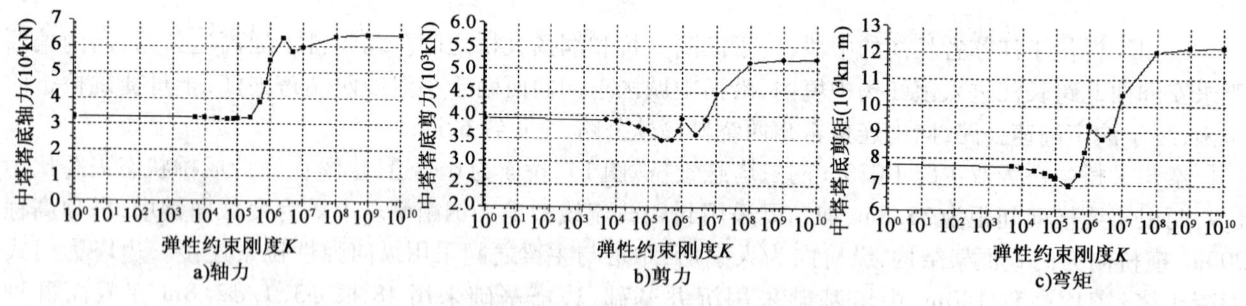

图4 K对中塔塔底内力的影响

K变化对边塔塔底轴力和剪力影响很小；对边塔塔底弯矩有一定影响，随着K的增大开始阶段减小，当K为1.0×10^6 kN/m时达到最低点，而后随着K的增大而增大，当K为1.0×10^7 kN/m趋于稳定。梁端位移随着K的增大开始阶段有所波动，但当K达到5.0×10^6 kN/m后迅速减小并很快趋于稳定。弹性连接内力总体上随着K的增大而增大。

根据分析结果，中塔、梁间弹性连接刚度在$2.5\times10^5 \sim 7.5\times10^5$ kN/m范围内取值时，不仅可以减小中塔内力，而且还可以兼顾边塔的受力，是泰州大桥中塔、梁间弹性连接刚度合理取值范围。以下的静动力分析中取弹性索长20m，截面面积为0.013 008m²，弹性索刚度系数$K=5.2\times10^5$ kN/m。

2. 对结构静力特性的影响

(1)对中主塔影响

表1为加劲梁与中主塔间纵向不同约束条件下，中塔塔顶位移、内力和应力。

弹性索对中主塔影响 表1

项目		中塔处加劲梁纵向连接情况	
		无约束	弹性索约束
中主塔塔顶最大纵向位移(m)		2.1182	1.7395
中塔塔柱底轴力(kN)	最大压力	190 082	186 766
	最小压力	8 013	11 288
中塔截面应力(MPa)	最大压应力	284.28	244.56
	最大拉应力	173.93	134.24

由表1可见，加劲梁与中主塔间纵向设弹性索约束，中塔顶的活载纵向位移减小约18%，中塔截面的应力减小约14%。

(2)对主缆影响

表2为加劲梁与中主塔间纵向采用不同约束条件对主缆抗滑安全系数和主缆最大活载轴力影响。

弹性索对主缆影响 表2

项目		中塔处加劲梁纵向连接情况	
		无约束	弹性索约束
主缆抗滑安全系数 K	$\mu=0.2$	1.6995	2.0197
	$\mu=0.15$	1.2746	1.5148
主缆最大活载轴力增量(kN)		25 499	25 468

从表2可见，加劲梁与中主塔间纵向设弹性索约束，提高主缆与中主鞍座间抗滑移安全系数约19%，对主缆活载轴力基本没有影响。

(3)对加劲梁影响

表3为加劲梁与中主塔间纵向采用不同约束条件下，加劲梁的竖向活载挠度、竖向弯矩及活载应力以及中塔处加劲梁端的最大纵向位移。

弹性索对加劲梁影响 表3

项目		中塔处加劲梁纵向连接情况	
		无约束	弹性索约束
加劲梁竖向活载最大挠度(m)		4.822	4.505
加劲梁活载竖向弯矩(kN·m)	最大弯矩	143 829	143 928
	最小弯矩	-108 616	-108 643
加劲梁活载应力增量(MPa)	最大压应力	114.35	114.29
	最大拉应力	86.69	86.54
加劲梁端活载最大纵向位移(m)		1.177	0.180

注：表中弯矩以加劲梁上缘受拉为正。

从表3可见，加劲梁与中主塔间纵向设弹性索约束，有利于减小加劲梁竖向挠度，减小加劲梁活载纵向位移84.7%，对加劲梁活载下的最大截面弯矩和最大应力基本没有影响。

3.对结构动力特性的影响

设置弹性索对结构动力特性的影响如表4所示。

从表4可以看出，塔梁处设置了弹性索之后：结构一阶侧弯频率增加了17%，结构的一阶竖弯频率增加了16.9%，一阶扭转频率和结构颤振临界风速略有增加。由此可见，设置弹性索可以有效地改善结构的抗震及竖向和侧向抗风性能。

弹性索对结构动力特性的影响 表4

主要一阶振型频率、临界风速	中塔处加劲梁纵向连接情况	
	无约束	弹性索约束
主梁一阶反对称侧弯频率(Hz)	0.061 2	0.071 6
主梁一阶反对称竖弯(Hz)	0.070 5	0.082 4
主梁一阶反对称扭转频率(Hz)	0.318 7	0.320 4
结构颤振临界风速(m/s)	71.1	71.3

(1)对抗风性能的影响

在风荷载作用下,设置弹性索对主梁和桥塔位移、弯矩的影响如表5所示。

风荷载作用下,设置弹性索对主梁、桥塔位移和弯矩的影响 表5

风荷载加载方式	项　　目	中塔处加劲梁纵向连接情况	
		无约束	弹性索约束
顺桥向风荷载	主梁梁端纵向位移(m)	0.29	0.01
	中塔顶水平位移(m)	0.197	0.098
横桥向风荷载	主梁跨中横向位移(m)	0.778	0.778
	中塔顶横向位移(m)	0.249	0.243

从表中可以看出,塔梁处设置了弹性索之后:①在顺桥向风荷载作用下,主梁梁端纵向位移和中塔顶水平位移都显著减小,减幅分别约为96%和50%;②在横桥向风荷载作用下,主梁跨中横向位移基本不变;中塔顶横向位移稍有减小,减幅约为2.7%;主跨跨中主梁横向弯矩减小,减幅约为8.9%;可以看出,设置弹性索对顺桥向风荷载下的梁端和中塔顶纵向位移的限制效果非常显著,而对横桥向风荷载下的梁端和塔顶位移则基本没有影响。

(2)对抗震性能的影响

从表6可以看出,设置弹性索可以减小中塔的最大纵向弯矩81%,减小中塔纵向位移80.5%,减小边塔位移18.7%,对中边塔横向弯矩、中边塔横向位移基本没有影响。

地震荷载作用下,设置弹性索对桥塔位移和弯矩的影响 表6

项　　目	中塔处加劲梁纵向连接情况	
	无约束	弹性索约束
中塔最大纵向弯矩(kN·m)	580 000	112 000
中塔最大横向弯矩(kN·m)	99 000	99 100
中塔纵向位移(m)	0.734	0.143
中塔横向位移(m)	0.253	0.253
边塔最大纵向弯矩(kN·m)	498 000	434 000
边塔最大横向弯矩(kN·m)	585 000	584 000
边塔纵向位移(m)	0.80	0.65
边塔横向位移(m)	0.139	0.139

四、结　　语

通过有限元分析表明,弹性索的设置能有效改善三塔悬索桥受力性能,设置弹性索后,(1)中主塔顶的活载纵向位移减小约18%,中塔最大截面的应力减小约14%;(2)提高主缆与中主鞍座间抗滑移安全系数约19%;(3)加劲梁竖向挠度减小,加劲梁活载纵向位移减小84.7%,对加劲梁活载下的最大截面弯矩和最大应力基本没有影响;(4)结构一阶侧弯频率增加了17%,结构的一阶竖弯频率增加了16.9%,

一阶扭转频率和结构颤振临界风速略有增加,可以有效改善结构的抗震及竖向和侧向抗风性能。

参考文献

[1] 泰州大桥项目设计组. 泰州大桥施工图设计[Z]. 2007.

[2] 陈策,钟建驰. 三塔悬索桥关键设计参数对其结构行为的影响[J]. 世界桥梁,2008,(2): 10-12.

[3] 江苏省长江公路大桥建设指挥部,泰州大桥项目设计组. 三塔悬索桥结构行为研究[R]. 2008.

[4] 陈策,吉林,冯兆祥. 悬索桥主缆与鞍座间摩擦系数的测定[J]. 中外公路,2008,(1):120-123.

[5] 同济大学. 泰州大桥抗震性能研究报告[R]. 2008.

150. 正交异性钢桥面板顶板疲劳裂纹研究

唐　亮　黄李骥　刘　高　吴文明
(中交公路规划设计院有限公司)

摘　要　正交异性钢桥面板的顶板疲劳裂纹,特别是萌生于焊根的顶板裂纹,对桥面系的安全使用危害很大。钢桥面板有限元节段模型计算分析表明,顶板横向应力分布在横隔板截面和跨中部分差别较大,前者类似固端梁,后者类似弹性支承多跨连续梁;顶板-纵肋连接处的应力纵向和横向影响线很短,疲劳验算可不考虑同一车辆轴重间的相互影响及多车效应;横隔板截面处萌生于焊根的顶板裂纹更易发生。参数分析结果还表明,增加顶板厚度可大大降低顶板的应力幅,铺装层的完整性对钢桥面板十分重要。

关键词　正交异性钢桥面板　顶板-纵肋连接接头　顶板　疲劳　有限元方法

一、引　　言

近年来,正交异性钢桥面板(下面简称"钢桥面板")的疲劳问题越来越突出。在钢桥面板出现的各种疲劳病害中,出现最多且危害最大的一类是钢桥面板顶板与纵肋连接处的顶板疲劳裂纹,如图1所示的裂纹1和2分别萌生于焊趾和焊根。顶板疲劳裂纹发展到一定程度可能造成整个桥面系的坍塌,特别是萌生于焊根的顶板裂纹,由于在纵肋内侧不易检查,而且会造成纵肋积水等问题,其危害往往更大。1997年,荷兰 Van Brienenoord 开启桥在仅使用了7年后就出现了这种裂纹,特别是在横隔板附近,随后荷兰、日本等国又有10多座桥出现了类似的病害(表1),也包括我国的部分桥梁。

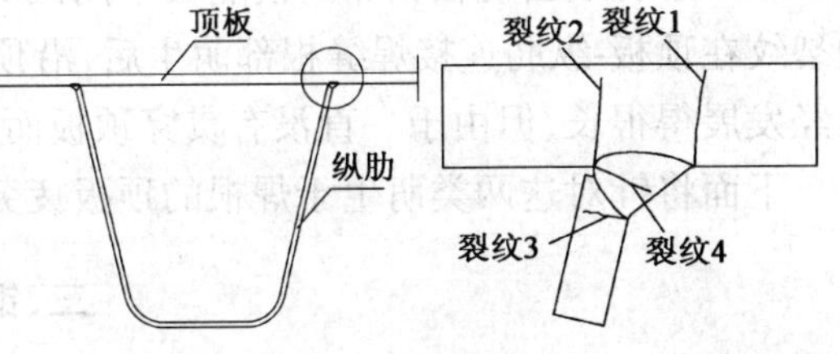

图1　顶板-纵肋连接处的疲劳裂纹

鉴于这类裂纹的严重危害,目前国外、特别是荷兰和日本有关这方面的研究越来越多[1~11],然而国内的相关研究还尚未起步,急需加强。本文通过有限元整体模型分析,对钢桥面板顶板-纵肋连接处附近在轮荷载作用下的应力分布及应力历程特点、主要参数影响等进行了研究。

荷兰已发现顶板开裂的桥梁[1]　表1

序　号	桥　名	类　型	发现裂纹时间	建成时间	使用时间(年)
1	Van Brienenoord 桥	开启	1997	1990	7
2	Ketel 桥	开启	1998	1968	30
3	Caland 桥	开启部分	1998	1969	29
4	Juliana 桥	开启	2001	1966	35

续上表

序 号	桥 名	类 型	发现裂纹时间	建成时间	使用时间(年)
5	Moerdijk 桥	固定	2001	1976	25
6	Scharsterrijn 桥	开启	2002	1972	30
7	Caland 桥	固定部分	2002	1969	33
8	Hagestein 桥	固定	2002	1980	22
9	Galecopper 桥	固定	2002	1971	31
10	Zijkanaal C 桥	开启	2003	1969	34
11	Scharberg 桥	固定	2003	1973	30
12	Schinkel 桥	开启	2004	1970	34
13	Beek 桥	固定	2004	1968	36

二、萌生于焊根的顶板疲劳裂纹分类

根据萌生位置与作用机理的不同，在顶板-纵肋连接处萌生于焊根的顶板裂纹可分为 DPS01 型裂纹和 DPS02 型裂纹两种[1]，如图 2 所示。

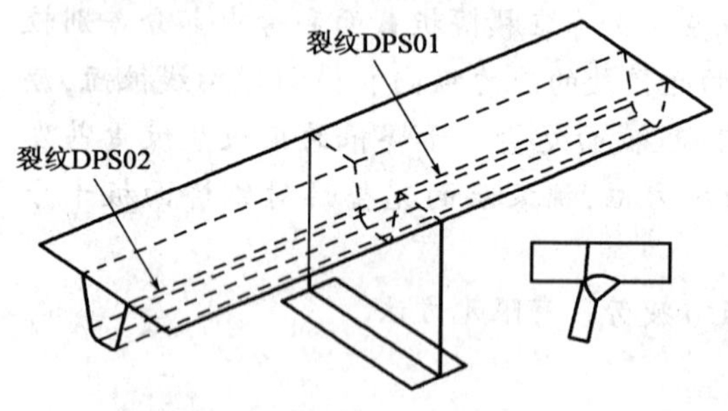

图 2 萌生于焊根的顶板疲劳裂纹分类

DPS01 型裂纹表示在纵肋与横隔板交叉处的顶板裂纹，主要由于顶板在横隔板截面受不连续支承所致。这种裂纹的扩展过程可分为三个阶段：首先在纵肋与横隔板交叉处，裂纹萌生于顶板-纵肋连接焊缝的根部（阶段 1），然后裂纹从顶板的底部向顶部竖向扩展（阶段 2），当裂纹贯穿顶板后，裂纹沿纵桥向扩展（阶段 3）。这种裂纹多呈半椭圆表面，顶板下表面的裂纹长度比上表面的裂纹长度长约顶板厚度的 4 倍。

DPS02 型裂纹与 DPS01 型裂纹类似，差别主要体现在：①DPS02 型裂纹出现在相邻两横隔板中间区域，而 DPS01 型裂纹出现在纵肋与横隔板交叉处；②DPS02 型裂纹在顶板-纵肋连接焊缝根部萌生后，沿顶板厚度方向和纵桥向同时扩展。因此，这类裂纹可能长度已经发展得很长，但由于一直没有贯穿顶板而不可见。

下面将针对这两类萌生于焊根的顶板疲劳裂纹做详细的分析。

三、钢桥面板整体分析

1. 有限元模型

为获得钢桥面板顶板-纵肋连接处附近实际的应力分布，本文采用有限元方法对某典型的钢桥面板节段模型进行了分析，计算模型如图 3 所示。该模型在纵桥向为包括 4 个横隔板的 3 跨结构，在横桥向含 5 个纵肋，主要尺寸如下：横隔板间距 3m，厚度 12mm，其下翼缘截面尺寸为 300mm × 20mm；纵肋尺寸为 U300 × 280 × t_r，其中 t_r 为纵肋厚度；顶板厚度为 t_d。在初步计算中，取 $t_r = 6$mm，$t_d = 12$mm。模型尺寸代表了国内外钢桥面板桥梁的一般尺寸。

钢桥面板整体分析时，采用壳单元对结构进行剖分，计算在通用有限元程序 ANSYS 平台上进行。单元类型采用 4 节点壳单元 SHELL63，有限元网格基本尺寸为 50mm，在所关心截面附近，有限元网格尺寸减小为 10mm，有限元模型如图 4 所示。

为尽可能反映钢桥面板在实际结构中的受力特点，有限元模型边界条件按如下方式施加[2]：在与纵桥向平行的边界上（图 3 中的 *AD* 和 *BC* 边），对顶板约束竖向（*Y* 向）平动自由度，以近似模拟箱梁纵腹板对顶板的竖向约束作用；对横隔板约束竖向（*Y* 向）和横向（*X* 向）平动自由度及绕纵轴（*Z* 向）和横轴（*X*

向)的转动自由度,以近似模拟横隔板连续通过箱梁纵腹板。在与横桥向平行的边界上(图3中的 AB 和 CD 边),约束顶板和横隔板的纵向(Z 向)平动自由度及绕竖轴(Y 向)和横轴(X 向)的转动自由度,以近似反映 AB 和 CD 边的横隔板为桥跨内的横隔板,而不是边界上的支承横隔板。根据 Saint-Venant 原理,采用上述边界条件,只要距边界一定距离(如图3中的目标细节),则与实桥中的钢桥面板不会产生严重偏差。

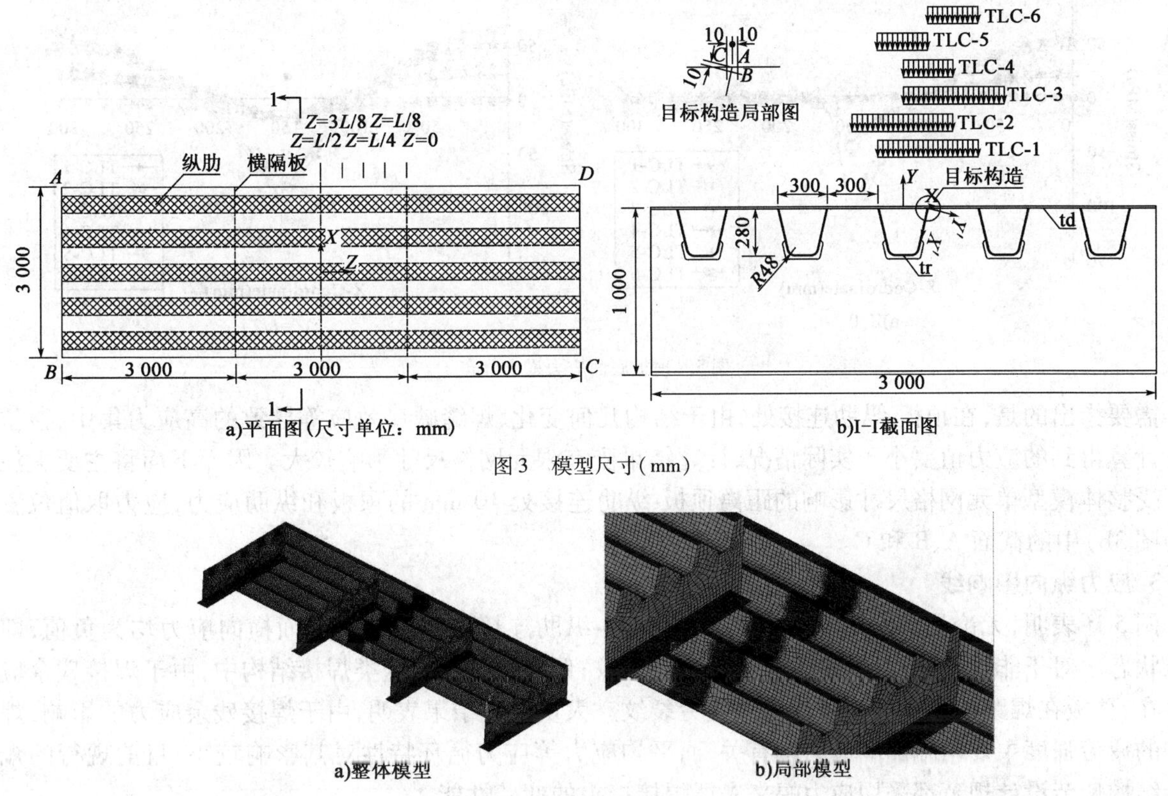

图3　模型尺寸(mm)

图4　钢桥面板有限元模型

由于我国目前尚没有公路桥梁疲劳荷载的相关规定,故本文参考《公路桥涵设计通用规范》(JTG D60—2004)中的车辆荷载进行加载,加载分为双轮胎和单轮胎两种,其中双轮胎轮重70kN,着地宽度和长度为600mm×200mm;单轮胎轮重15kN,着地宽度和长度为300mm×200mm。考虑到桥面铺装层的荷载分布作用,上述着地面积需进行修正。如假设荷载在铺装层内按45°扩散,铺装层厚度为国内钢桥采用较多的50mm,则轮荷载在钢桥面板上的作用面积分别增加为700mm×300mm和400mm×300mm。

分析中,本文所关注的目标细节位于横桥向中央纵肋旁,纵桥向中跨的 $Z=0$、$Z=L/8$、$Z=L/4$、$Z=3L/8$ 和 $Z=L/2$ 截面,如图3a)所示。对于目标细节,轮荷载在横桥向按车轮中心分别为位于纵肋腹部中心、纵肋中心和相邻纵肋中心进行加载,编号分别为 TLC-1 ~ TLC-6,见图3b)。

2. 顶板-纵肋连接处附近的应力分布

当轮荷载正好作用于纵桥向目标细节正上方时,顶板-纵肋连接处附近的顶板应力分布如图5所示,其中横坐标为顶板节点位置坐标,采用 XY 坐标系(顶板-纵肋连接处 $X=150$mm),如图3b)所示;纵坐标为应力,这里示出的是顶板下表面横向应力 Sx。

由图可见,对于纵桥向横隔板处截面 $Z=0$ 和跨中截面 $Z=L/2$,在各横向轮荷载作用下,顶板下表面横向应力分布差别很大,横隔板截面的顶板应力分布类似固端梁,而跨中截面的顶板应力分布类似弹性支承多跨连续梁;两者分布形状受轮荷载位置和轮胎类型控制,由于单轮胎宽度与纵肋腹板间距基本一致,因此其位置变化的影响很大。当轮荷载作用面积能完全覆盖纵肋上方开口时,如工况 TLC-1、TLC-2 和 TLC-5,横隔板截面的顶板应力最大;当轮荷载中心位于纵肋腹部中心时,即工况 TLC-1 和 TLC-4,跨中截面的顶板应力最大。除工况 TLC-6 外,其他工况下的顶板应力,在横隔板截面要明显大于跨中截面,相应的应力比值分别为1.37、1.68、1.28、1.50和2.97,这主要是由于横隔板截面的顶板端部约束更强所致。对于工况TLC-6,由于此时轮荷载中心位于相邻纵肋中心,因而对横隔板截面纵肋上方的顶板应力基本无贡献。跨中部分其他截面 $Z=L/8$、$Z=L/4$ 和 $Z=3L/8$ 的应力分布情况与跨中截面 $Z=L/2$ 基本相同。

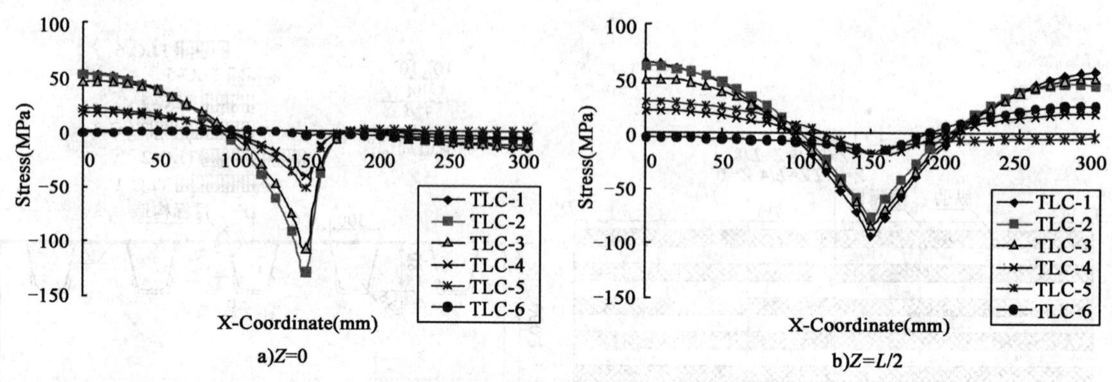

图5 顶板底面应力横向分布

需要指出的是,在顶板-纵肋连接处,由于结构几何变化、焊缝缺口效应等导致的高应力集中,该位置附近计算得到的应力值要小于实际情况,计算结果受有限元网格尺寸影响较大。因而下面将主要关注基本不受整体模型单元网格尺寸影响的距离顶板-纵肋连接处10 mm的顶板和纵肋应力,应力取值位置分别为图3b)中的截面A、B和C。

3.应力纵向影响线

图5还表明,无论是何种横向荷载工况,在顶板-纵肋连接处的顶板下表面横向应力均为负值,即为受压状态。对于非焊接结构,这里不会出现疲劳裂纹;但在钢桥面板这类焊接结构中,由于焊接残余应力的存在,顶板在焊趾或焊根处仍可能萌生疲劳裂纹。大量研究结果表明,由于焊接残余应力的影响,焊接接头的疲劳强度主要与施加的应力幅有关,而平均应力等应力循环特性对其影响较小,目前现行的众多焊接结构疲劳设计规范都采用应力幅来表征焊接接头的疲劳性能。

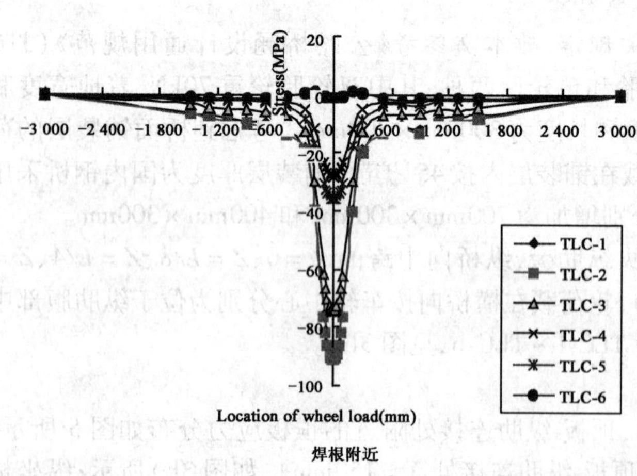

图6 顶板底面应力纵向影响线($Z=0$)

轮荷载作用在不同横桥向位置时,距离目标顶板-纵肋连接处10mm的顶板底面应力纵向影响线如图6和图7所示,其中横坐标零点为目标截面纵向位置。

由图可见,顶板-纵肋连接处的顶板应力纵向影响线形状在横隔板截面与跨中截面不同,轮荷载通过1次,前者只会产生1个应力循环,且应力均为负值,而后者将产生2个应力循环,应力有正有负。对于顶板应力纵向影响线长度,横隔板截面要比跨中截面长,分别长约6m和3m,其中对应力幅计算贡献较大的部分,两者均集中在目标截面纵向前后300mm范围内,顶板-纵肋连接处的顶板有效应力纵向影响线很短。由于日常典型车辆的轴距通常大于600mm(如我国JTG D60—2004中给出的车辆荷载最小轴距为1.4 m),这表明在纵桥向,轴重间的相互影响及多车效应对于顶板-纵肋连接接头影响很小,可忽略。

对于上述计算得到的应力历程,下面采用雨流法计算应力谱,并根据Palmgren-Miner疲劳损伤累积理论,转化为轮荷载通过1次的等效应力幅:

$$\Delta S_{eq}=(\sum \Delta S_i^m n_i)^{\frac{1}{m}}$$

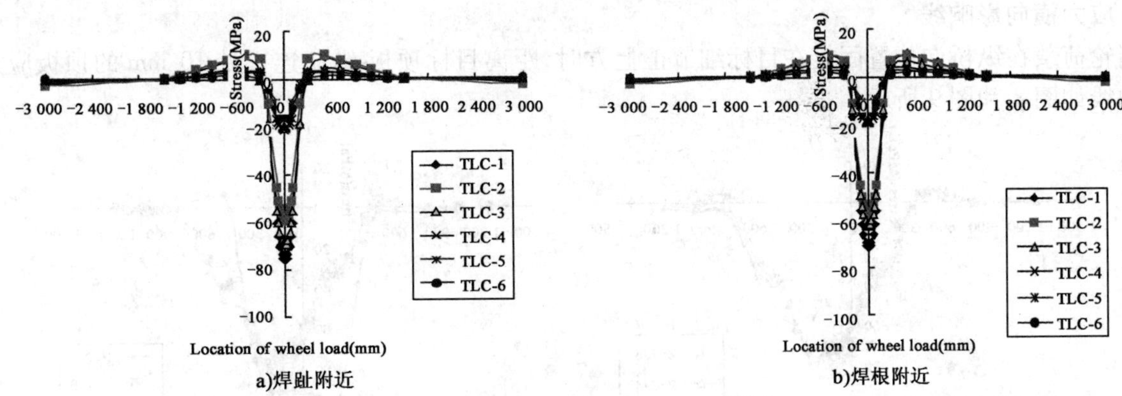

图7 顶板底面应力纵向影响线($Z=L/2$)

式中:ΔS_{eq}——轮荷载通过1次的等效应力幅;

ΔS_i 和 n_i——轮荷载在不同横向位置通过1次所引起的应力幅及作用次数,由雨流法计算得到;

m——S-N曲线斜率的负倒数,对于钢桥面板焊接结构取3。

按上述方法计算,顶板-纵肋连接处钢桥面板的等效应力幅见表2,其中纵肋焊趾位置处的应力为图3b)中的纵肋腹板B截面的外侧应力。由表可见,除 $Z=0$ 截面外,顶板焊根和焊趾处的应力幅基本相同,两者之比在0.913~0.991之间,顶板焊根处应力幅略小于焊趾处;除横向荷载工况TLC-6外,在任一横向荷载工况下,$Z=0$ 截面顶板焊根处的应力幅要大于其他纵向截面顶板焊趾或焊根处的应力幅,两者之比分别为1.04、1.24、1.00、1.06和2.05,特别是轮荷载中心位于纵肋中心时。

如果假设6种轮荷载工况在横桥向的出现频率呈均匀分布,则由式可以计算所有轮荷载横桥向工况下总的等效应力幅 ΔS_{eqt},计算结果见表2。由表可见,对于跨中部分截面,顶板焊根处的应力幅小于相应顶板焊趾处的应力幅,两者之比约为0.96,前者疲劳寿命增加约12%;$Z=0$ 截面顶板焊根处的应力幅与其他纵向截面顶板焊趾或焊根处的应力幅之比在1.10~1.19之间,疲劳寿命将减少25%~40%,横隔板截面顶板焊根更易开裂,这与目前钢桥中已出现的疲劳病害特点一致。此外,表2还显示,纵肋焊趾处的应力幅要远小于顶板焊趾或焊根处的应力幅。

顶板-纵肋连接处钢桥面板等效应力幅(MPa) 表2

应力位置	截面	TCL-1	TCL-2	TCL-3	TCL-4	TCL-5	TCL-6	ΔS_{eqt}
顶板焊趾	$Z=0$	—	—	—	—	—	—	—
	$Z=L/8$	43.7	36.9	37.2	13.3	8.8	8.5	57.4
	$Z=L/4$	42.8	35.9	36.6	12.9	8.5	8.2	56.2
	$Z=3L/8$	42.7	35.4	36.7	12.7	8.3	8.3	55.9
	$Z=L/2$	42.7	34.8	36.9	12.6	8.2	8.4	55.7
顶板焊根	$Z=0$	45.4	45.6	37.4	14.2	18.1	1.3	63.0
	$Z=L/8$	42.1	35.7	35.4	12.7	8.1	8.4	55.1
	$Z=L/4$	41.1	34.8	34.6	12.2	7.7	8.1	53.8
	$Z=3L/8$	41.1	34.4	34.5	12.0	7.6	8.1	53.6
	$Z=L/2$	40.7	33.8	34.4	11.8	7.5	8.1	53.1
纵肋焊趾	$Z=0$	—	—	—	—	—	—	—
	$Z=L/8$	12.2	9.0	14.2	4.6	2.2	8.2	18.3
	$Z=L/4$	12.8	8.9	17.8	5.1	2.9	9.4	21.1
	$Z=3L/8$	12.6	8.7	19.1	5.1	3.4	9.8	22.1
	$Z=L/2$	12.5	9.3	19.7	5.1	3.6	10.0	22.6

4. 应力横向影响线

当轮荷载在纵桥向位置固定在目标细节正上方时，距离目标顶板-纵肋连接处10 mm 的顶板应力横向影响线如图8和图9所示。

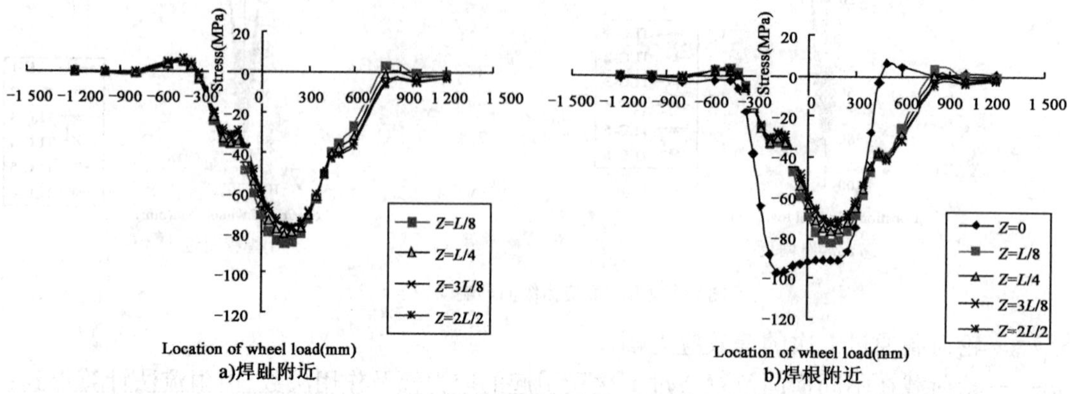

图8　顶板底面应力横向影响线(双轮胎)

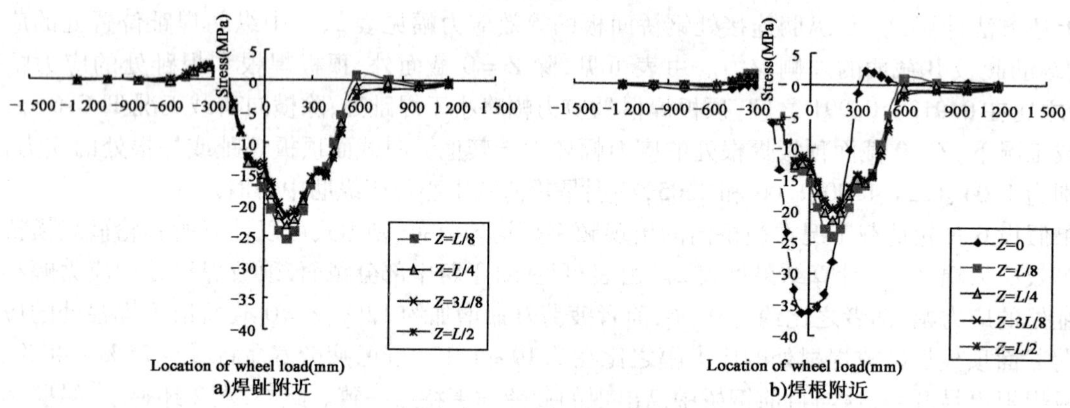

图9　顶板底面应力横向影响线(单轮胎)

由图可见，顶板-纵肋连接处的顶板应力横向影响线不长，在双轮胎作用下，大致在其横向两侧600mm 范围内；在单双轮胎作用下，大致在其横向两侧450mm 范围内。横隔板处截面与跨中部分截面明显不同，其应力影响线更短。特别是在双轮胎作用下，有一平台段，这主要是横隔板截面处、纵肋上方顶板受力类似固端梁，且双轮胎作用面积大于纵肋上方开口2倍所致。由于日常典型车辆的同轴轮距通常大于1200mm(如我国JTG D60—2004中给出的车辆荷载，同轴轮距1.8m，相邻车辆横桥向轮距最小1.3m)，故在横桥向也可忽略轴重间的相互作用及多车效应对于顶板-纵肋连接接头的影响。

5. 参数分析

在以上分析的基础上，本文对顶板厚度、桥面铺装等参数的影响进行了研究，计算结果如图10所示。

由图可见，增加顶板厚度，无论是横隔板截面还是跨中截面，均可大大降低顶板的应力幅，相比12mm厚顶板，顶板厚度增加为14mm、16mm和18mm，顶板应力幅分别降低约28%、47%和60%。增加顶板厚度是抑制顶板疲劳开裂的有效措施。

此外，如无铺装层的荷载分布作用，顶板的应力幅明显增加，对于双轮胎增加约40%，单轮胎增加约20%。因此铺装层的完整性对钢桥面板至关重要。本文分析只考虑了铺装层的荷载扩散作用，实际上铺装层与桥面板间的组合作用也很显著，这将进一步降低桥面板的应力水平。

四、结论和建议

在钢桥面板有限元整体模型分析的基础上，顶板-纵肋连接处附近顶板的受力具有如下特点：

(1)顶板表面横向应力分布在横隔板截面和跨中部分差别较大，前者类似固端梁，而后者类似弹性支承多跨连续梁;两者分布形状受轮荷载位置和轮胎类型控制。

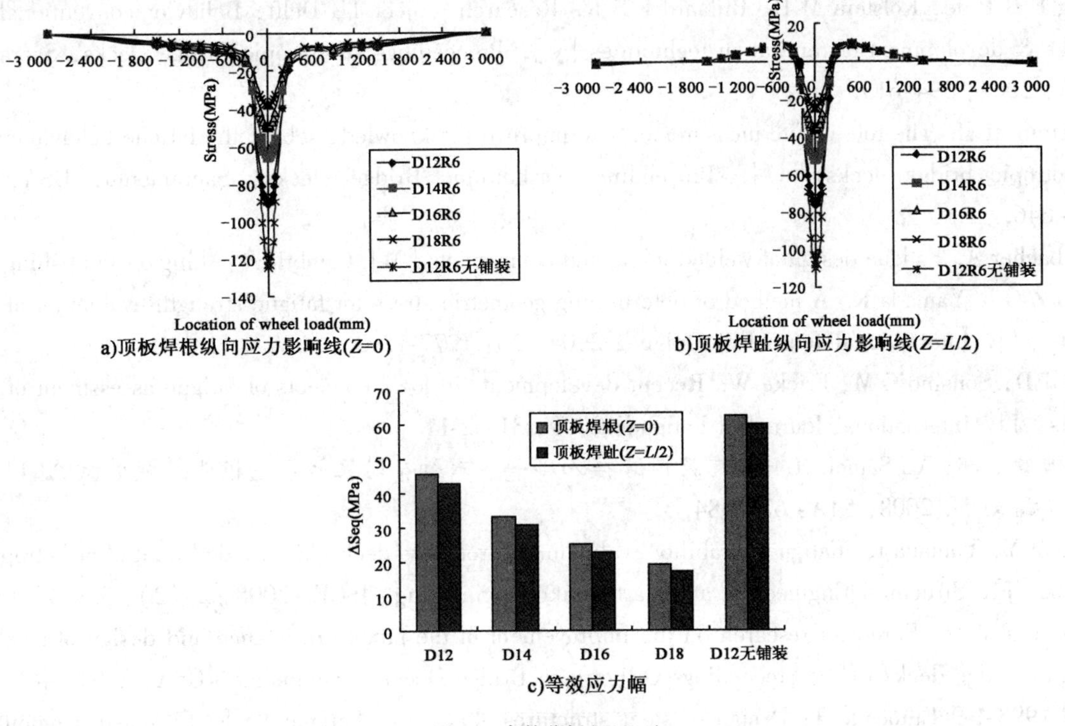

图10 参数分析(TLC-1)

(2)顶板-纵肋连接处的顶板有效应力纵向和横向影响线不长。疲劳验算可不考虑同一车辆轴重间的相互影响及多车效应。

(3)对于跨中部分截面,顶板焊根处的应力幅小于相应顶板焊趾处的应力幅,两者之比约为0.96,前者疲劳寿命增加约12%;横隔板截面顶板焊根处的应力幅与其他纵向截面顶板焊趾或焊根处的应力幅之比在1.10~1.19之间,疲劳寿命将减少25%~40%,横隔板截面顶板焊根更易开裂。此外,纵肋焊趾处的应力幅要远小于顶板焊趾或焊根处的应力幅。

(4)增加顶板厚度,无论是横隔板截面还是跨中截面,均可大大降低顶板的应力幅,相比12mm厚顶板,顶板厚度增加为14mm、16mm和18mm,顶板应力幅分别降低约28%、47%和60%。

(5)如无铺装层的荷载分布作用,顶板-纵肋连接处顶板的等效应力幅会明显增加,对于双轮胎增加约40%,单轮胎增加约20%。因此铺装层的完整性对于钢桥面板至关重要。

在纵肋内设置内隔板并在顶板下紧密贴合,从而避免顶板在横隔板处的不连续性,能有效提高萌生于焊根的顶板裂纹疲劳强度,我国南京三桥即采用了这一构造,但该方法对制造安装要求过高,推广采用较难。增加顶板厚度,并保证寿命期内桥面铺装的完整性是提高顶板疲劳性能的易行方法。建议重车道顶板厚度按欧洲规范Eurocode取:$t_d \geq 14$mm,铺装层≥70mm;$t_d \geq 16$mm,铺装层≥40mm。

参考文献

[1] Jong F B P de. Overview fatigue phenomenon in orthotropic bridge decks in the Netherlands [C]. Proceedings Orthotropic Bridge Decks, Sacramento, USA, 2004: 489-512.

[2] Xiao Z G, Yamada K, Ya S, et al. Stress analyses and fatigue evaluation of rib-to-deck joints in steel orthotropic decks [J]. International Journal of Fatigue, 2008, 30: 1387-1397.

[3] 三木千寿,舘石和雄,奥川淳志,藤井祐司. 鋼床版横リブ・縦リブ交差部の局部応力と疲労強度[J]. 土木学会論文集, 1995, 519(I-32A): 127-137.

[4] Kolstein M H, Wardenier J. Laboratory tests of the deck plate weld at the intersection of the trough and the crossbeam of steel orthotropic bridge decks [C]. Proceedings 2nd Eurosteel Conference, Prague,

Czech, 1999: 411-414.

[5] Jong F B P de, Kolstein M H, Bijlaard F S K. Research project TU Delft; Behavior conventional bridge decks & development of renovation techniques [C]. Proceedings Orthotropic Bridge Decks, Sacramento, USA, 2004: 594-615.

[6] Kolstein M H. The role of site measurements to improve the knowledge about the fatigue behaviour of steel orthotropic bridge decks [C]. Proceedings Orthotropic Bridge Decks, Sacramento, USA, 2004: 626-646.

[7] Hobbacher A. Fatigue design of welded joints and components [M]. Cambridge: Abington Publishing, 1996.

[8] Xiao Z G., Yamada K. A method of determining geometric stress for fatigue strength evaluation of welded joints [J]. International Journal of Fatigue, 2004, 26: 1277-1293.

[9] Radaj D, Sonsino C M, Fricke W. Recent developments in local concepts of fatigue assessment of welded joints [J]. International Journal of Fatigue, 2009, 31: 2-11.

[10] 山田健太郎, Ya Samol. Uリブすみ肉溶接のルートき裂を対象とした板曲げ疲労試験[J]. 構造工学論文集, 2008, 54A: 675-684.

[11] Samol Y, Yamada K. Fatigue durability evaluation of trough to deck plate welded joint of orthotropic steel deck [J]. Structural Engineering and Earthquake Engineering, JSCE, 2008, 25(2): 33s-46s.

[12] Kolstein M H. European research on the improvement of the fatigue resistance and design of steel orthotropic bridge decks [C]. Proceedings Orthotropic Bridge Decks, Sacramento, USA, 2004: 466-488.

[13] EN 1993-1-9 Eurocode 3: Design of steel structures -Part 1-9: Fatigue [S]. European Committee for Standardization, Brussels, Belgium, 2005.

[14] EN 1993-2 Eurocode 3: Design of steel structures-Part 2: Steel bridges [S]. European Committee for Standardization, Brussels, Belgium, 2006.

[15] AASHTO. AASHTO LRFD bridge design specifications [S], 3rd Ed., AASHTO, Washington, D. C., 2004.

151. 长寿长江二桥悬索桥成桥主缆线形计算分析

王 科 邓 宇

(林同棪国际工程咨询(中国)有限公司)

摘 要 悬索桥成桥主缆线型的确定是悬索桥设计计算的关键。在长寿长江二桥计算分析中,利用国际知名桥梁分析软件TDV,使用有限元理论的方法对成桥线形进行了求解,该计算方法快速简洁,且精度较高。

关键词 长寿长江二桥 悬索桥 TDV程序 成桥线形 无应力长度

一、引 言

悬索桥的主缆成桥线形、主缆无应力长度和主缆内力的精确计算是保证悬索桥结构成桥后几何线形满足设计要求的必要条件,也是施工控制的关键。围绕成桥线形的确定和悬索桥的计算分析,目前有数值解析法、非线性有限元法以及两者相结合的方法 。

长寿长江二桥为主跨739m的地锚式单跨双绞简支钢箱梁悬索桥(图1),全桥总体静动力分析采用了在大跨径桥梁中使用较为广泛的专业桥梁分析程序TDV RM2008,成桥状态主缆线形计算利用了程序中支持各种非线性因素的影响矩阵算法(图2),非常快速简洁地得到了精度相当高的成桥状态线形结果。

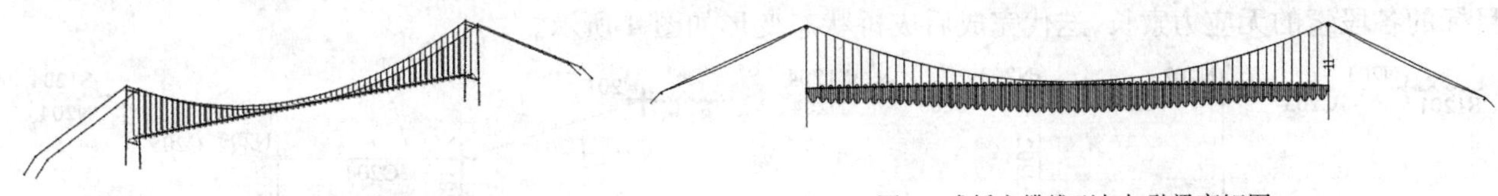

图 1 长寿长江二桥三维空间模型

图 2 成桥主缆线型与加劲梁弯矩图

结合目前加劲梁施工方法和恒载分担特点，较为普遍采用的是一期恒载由主缆承担，二期恒载由主缆和加劲梁承担，对于单跨双铰简支钢箱梁悬索桥，二期恒载会对加劲梁产生下缘受拉的弯矩，相应的成桥后吊索索力沿全桥不再均匀，桥跨中部吊索索力大于端部。在本桥的计算分析中，主缆初始状态直接由直线（边跨）与二次抛物线（跨中）近似给出，计算中直接考虑加劲梁的施工过程，在施工阶段中实现加劲梁由铰接状态向刚接状态的受力变化，经过迭代计算，可快速得到如图 2 的线形与内力结果。

二、主缆线形计算方法比较

采用数值解析法求解主缆线形时，通常将主缆隔离为分析对象，以主索鞍及散鞍处 IP 点作为不动点，将吊索力作为外力作用吊索索夹位置，该法主要的不足在于加载于主缆的吊索索力近似地按拉索均匀承担一、二期恒载确定，不能考虑加劲梁由铰接变为刚接过程后，吊索在二期恒载作用下，受力不再均匀的情况。对于直接采用非线性有限元分析法，由于悬索桥结构几何非线性特征非常明显，计算过程不仅需要大量循环迭代，同时，对于现有大多的有限元分析程序，计算过程是否顺利收敛都非常依赖结构模型初始状态（建模位置）与成桥线形差别大小，直接使用非线性有限元分析方法，虽然概念清晰，过程简明，但非线性迭代计算过程不能成功收敛却成为当前使用该计算方法应用很少的主要原因。数值解析法与非线性有限元法相结合的做法是通过数值解析的方法事先得到一个近似的线形，将线形数据对有限元模型主缆建模坐标进行修正，重新通过非线性有限元程序计算主缆线形与吊索索力，如果主缆变形值不在设定的容许偏差之内，则需再次吊索索力代入数值解析法进行线形计算，通常经过多次主缆线形的修正，也可得到比较理想的计算结果，但该法相对于前面两种做法则略显繁琐。

长寿长江二桥计算分析采用了国际知名的专业桥梁分析程序 TDV RM，该程序具有卓越的非线性计算功能，在悬索桥成桥线形求解过程中，利用上文提到的非线性有限元直接迭代法，将各主缆与吊索单元的无应力索长设为未知量，以成桥状态下需要达到的加劲梁和主缆控制点位置作为求解目标，通过对各主缆与吊索无应力长度的不断迭代修正，非常快速地便能得到满意的线形结果。

根据在长寿长江二桥计算应用表明，加劲梁变形控制在 2 ~ 3mm 以内时，整个计算过程收敛仅需 10min 左右即可完成，使用该方法比较突出的优势有两点，其一在于模型建立时，主缆坐标的设定没有特别的要求，通常中跨线形以抛物线线形给定，无吊索的边跨线形以直线给出，并在有紧固索夹的位置对其离散，线形迭代计算完毕后，在所有恒载设计值及求解得到的各无应长度共同作用下，变形后的主缆坐标连线即为所需求解的成桥主缆线形；其二则是主缆与吊杆中的初始无应力长度可以粗略给定，初始无应力长度的不同通常只会影响最后收敛时迭代循环的次数。

三、简 明 示 例

下面以一个简单的例子说明线形控制目标的设定。如图 3 所示，梁单元编号为 101 ~ 103，自重荷载集度为 21kN/m，梁长为 15m；主缆单元为 203 ~ 205，面积为 0.013 98m^2；吊杆单元编号为 201 ~ 202，面积为 0.008 84m^2，节点 201 与 204 处采用固结，节点 101 与 104 处仅约束竖向变形。在此简单悬索结构中，需要求解的无应力索长的索单元有 5 个，相应的则需找到 5 个成桥状态的变形目标与之对应：为保证加劲梁的线形，成桥时节点 102 与 103 的竖向变形值应为 0；为保证成桥时吊杆处于竖直状态，节点 202 与节点 203 的水平变形值应为 0；同时主缆最低点处的位置在设计之初确定，这里可设定节点 202 向下变形 1.6m。

从建立模型截图可以看出，主缆建模坐标比较随意，经过简单的迭代求解，程序即可得到满足所设定目标的各段索的无应力索长,迭代完成后成桥状态变形如图4所示。

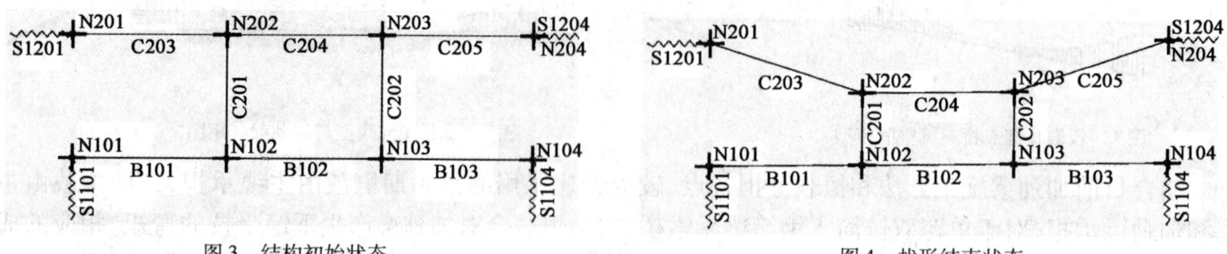

图3　结构初始状态　　　　图4　找形结束状态

程序求解得到的主缆与吊杆过索力大小与各自的无应力索长值如表1所示:到满足所设定目标的各段索的无应力索长,迭代完成后成桥状态变形如表1所示。

主要分析结果　　表1

分析结果 \ 单元编号	201	202	203	204	205
成桥索力(kN)	115.563	115.717	368.923	350.335	368.939
无应力索长(m)	2.350	2.349	5.264	4.999	5.264

在长寿长江二桥成桥状态分析中,主缆按即按上文所示的分段直线索单元进行离散,关于无应力索长的结果,需要说明的是,只要将主缆进行适当的细分,无应力索长的精度是很高的。以跨度为205m的北边跨主缆为例,在程序分析中,在两端封闭索夹及中间的紧固索夹处均设置节点,程序求解得到的边跨无应力索长为224.861 3m。按悬链线方程的理论推导,在已知单根主缆水平分力为101 284.2kN,面积为0.194 586m^2,竖向荷载集度为16.075kN/m时,可通过excel迭代计算得到北散索鞍IP点(815.200,227.994)与北主索鞍IP点(1 020.200,321.928)间无应力长度的数值解为321.860 8m,从结果对比可以看出,在主缆具有较大张力的情况下,按分段直线索单元对悬链线进行替代,得到的无应力长度的精度是很高的。

四、结　语

本简要介绍长寿长江二桥主缆线形分析中使用非线性有限元法迭代计算的过程,可以看到整个过程概念清晰,简单快捷,计算结果精度较高,为后续的静动力和施工控制的准确分析建立了良好的基础。广大工程师能够借助TDV RM2008程序在非线性影响矩阵迭代计算的优异性能,快速准确地得到悬索桥成桥状态线形计算的结果。

参考文献

[1] 沈锐利.悬索桥主缆系统设计及架设计算方法研究[J].土木工程学报.1996.

[2] 肖汝诚.确定大跨径桥梁结构合理设计状态的理论与方法研究[D].同济大学桥梁系.1996.

[3] 张志国.不等高支承柔索索长计算[J].空间钢结构.2003.

152.空间缆索体系悬索桥理想成桥状态分析

张新军　陈　兰

(浙江工业大学建筑工程学院)

摘　要　基于分段悬链线计算理论,建立了空间缆索体系悬索桥理想成桥状态分析的数值迭代求解方法,并进行实例验证。在此基础上,以润扬长江公路大桥南汊桥为工程背景,试设计了三座具有不同空间缆索体系的方案桥,采用该方法分别对其理想成桥状态进行了分析和比较。结果表明:所建立的数值解析法具有很好的计算精度;分段悬链线法和抛物线法都可以有效地确定大跨度空间缆索体系悬索桥成桥状态主缆的竖向线形,但对于横向线形两者偏差比较大,最大偏差出现在桥跨的四分点处;与平行缆索体系悬索桥相比,悬索桥采用空间缆索体系后,主缆和吊杆的索力都有所增大。

关键词 悬索桥 空间缆索体系 理想成桥状态 数值解析法

一、引 言

当跨度超过1 000m时,悬索桥已被公认为是一种具有绝对竞争力的桥梁结构形式。当前,悬索桥最常见的缆索布置方式是平行缆索体系即具有两个由主缆和吊杆形成的竖向平行索面。已有研究表明:传统竖向平行的缆索体系对承受竖向荷载是非常适合的,但是对于横向荷载(主要指风荷载)则不是最佳的[1]。进入21世纪后,大型跨海和越江工程是桥梁工程建设的又一热点。这些建桥区域面临着水域宽广、水深大、且经常遭受强台风等恶劣自然环境的影响,因而对大跨度悬索桥的设计提出了更高的要求。随着悬索桥跨径的不断增大,而必需的桥面使用宽度是有限的,桥梁宽跨比不断减小,导致桥梁的横向刚度及承受横向荷载的能力不断减小,这对跨度大且多修建在风速水平较高的江河海峡处的悬索桥来说非常不利。因此,在提高悬索桥跨越能力的同时,如何保证其足够的横向刚度和稳定性,是当前大跨度悬索桥设计面临的主要问题之一。空间缆索体系悬索桥通过主缆和吊杆形成一个三维的索系,在对竖向承载能力影响不大的情况下,能够大大提高悬索桥的横向刚度及其承载能力[1~2],为大跨度尤其是特大跨度悬索桥的设计提供了一种合理的结构解决方案。空间缆索体系目前主要运用在一些跨度较小的自锚式悬索桥中,在大跨度地锚式悬索桥中迄今尚未有工程实践,但在一些大跨度尤其是特大跨度悬索桥的方案设计中却屡次提出。因此,如何使空间缆索体系悬索桥在实际桥梁工程中得到使用和推广,亟需对空间缆索体系悬索桥的计算理论、设计方法、施工成套技术及工程控制等方面开展深入系统的研究。

悬索桥是一种悬索结构,存在着初始状态确定问题,即悬索桥在恒载作用下结构的几何形状与内力状态,有了这个初始状态,才能确定结构在使用荷载、风及地震等荷载作用下的受力分析,同时也是悬索桥施工控制分析的重要内容之一。在设计成桥状态中,悬索桥除了各索鞍理论交点的坐标、主缆矢跨比、桥面线形等是已知外,主缆线形及索力、吊杆的吊点位置及拉力、主缆和吊杆的无应力长度等都是未知的,必须通过采用恰当的方法精确计算以确保桥梁竣工后达到设计状态要求。目前对传统平行缆索体系悬索桥成桥状态确定开展了系统的分析和研究,并提出了数值解析法和有限元方法两种主要方法[2~3]。数值解析法基于悬链线理论,以设计成桥状态的关键控制点为目标,通过数值迭代求解方法确定出成桥状态的主缆线形和索力以及主缆和吊杆的无应力长度等。该方法概念清楚,具有输入数据少、计算速度快等优点,适用于桥面主梁铰接法施工的悬索桥,但不能全面考虑施工过程结构的几何非线性效应、主梁刚度和吊杆倾斜等因素的影响。相反地,有限元分析方法则能克服此缺陷,能模拟实际的施工方法及过程,并充分地考虑结构的几何非线性和主梁刚度等因素的影响。由于悬索桥成桥状态的不确定性以及结构非线性特征,计算时必须先假定空缆状态,而后通过正装迭代分析确定出符合设计要求的成桥状态,因此计算比较复杂,耗时长。为此,目前对悬索桥成桥状态的确定较多地采用数值解析法。与传统平行缆索体系悬索桥不同,空间缆索悬索桥的主缆在自重和吊索力的共同作用下,两吊点间的索段为与桥轴线有一定夹角的铅垂面上的悬链线,而不同的索段与桥轴线间的夹角也各不相同,整根缆索是不在同一个倾斜平面内的分段悬链线。因此,主缆线形分析必须采用三维模型,计算要比常规平行主缆体系更复杂。目前,国内外学者采用数值解析法对自锚式悬索桥合理成桥状态确定进行了分析研究,取得了有借鉴意义的研究结论,但所研究的桥梁跨度都比较小[4~7]。相比之下,对大跨度地锚式空间缆索体系悬索桥成桥状态的确定研究则非常少。

为此,本文基于分段悬链线计算理论,建立了空间缆索体系悬索桥成桥状态分析的数值迭代求解方法,并进行实例验证。在此基础上,以润扬长江公路大桥南汉悬索桥为例试设计了三座不同缆索布置形式的空间缆索体系悬索桥,并采用该法对其理想成桥状态进行了分析和比较,揭示了空间缆索体系悬索桥成桥状态的特征。

二、空间缆索体系计算的数值解析法

1. 计算假定

(1)主缆为理想柔性索,只承受拉力,截面抗弯刚度对缆形的影响忽略不计;

(2)主缆材料线弹性,符合虎克定律;

(3)主缆仅承受节点集中力和索段自重荷载作用。

2. 计算原理

对于空间缆索而言,如图1所示的两吊点之间的索段,只承受自重作用而在同一个铅垂面内,因此可以采用弹性悬链线的计算公式,只需将索段在铅垂面内的水平力分解为沿桥轴线和垂直于桥轴线两个方向的分力,确定了这两个分力,即确定了索段所在铅垂面的空间走向。若设坐标轴 X 为纵桥向,坐标轴 Z 为横桥向,坐标轴 Y 为竖向,则可写出如下表达式:

$$l_x = \frac{H_x S_0}{EA} + \frac{H_x}{q}[\ln(V + \sqrt{H^2 + V^2}) - \ln(V - qS_0 + \sqrt{H^2 + (V - qS_0)^2})] \tag{1}$$

$$h = \frac{qS_0^2 - 2VS_0}{2EA} - \frac{1}{q}[\sqrt{H^2 + V^2} - \sqrt{H^2 + (V - qS_0)^2}] \tag{2}$$

$$l_z = \frac{H_z S_0}{EA} + \frac{H_z}{q}[\ln(V + \sqrt{H^2 + V^2}) - \ln(V - qS_0 + \sqrt{H^2 + (V - qS_0)^2})] \tag{3}$$

$$H = \sqrt{H_x^2 + H_z^2} \tag{4}$$

式中:l_x, h, l_z——分别为索段在坐标轴 X, Y, Z 的投影长度;

H_x——索段纵桥向水平分力,$H_x = F_{x1}$;

H_z——索段横桥向水平分力,$H_z = F_{z1}$;

V——索段左端竖向分力,$V = F_{y1}$;

S_0——索段无应力长度;

l——缆段在其自身铅垂面内的投影长度;

q——索段自重集度;

E、A——分别为悬索的弹性模量和横截面积。

对于有竖向吊杆的空间缆索,如图2所示,单跨悬索被 $n-1$ 个集中荷载分成 n 个悬索段,每个索段均满足式(1)~式(4),各索段左端的水平力 H_{xi}、H_{zi},竖向力 V_i 满足下列静力平衡条件:

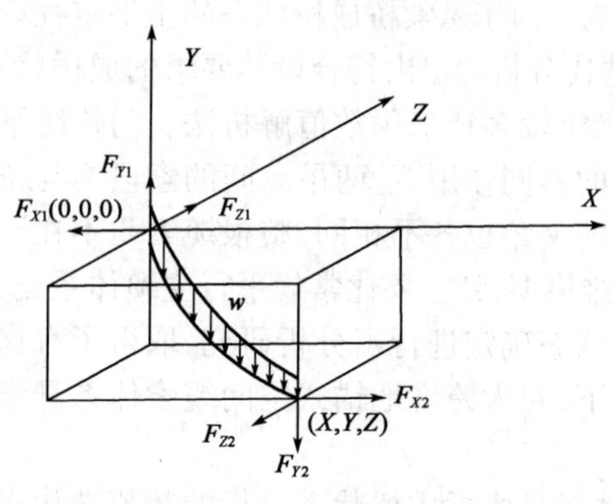

图1 三维柔索单元

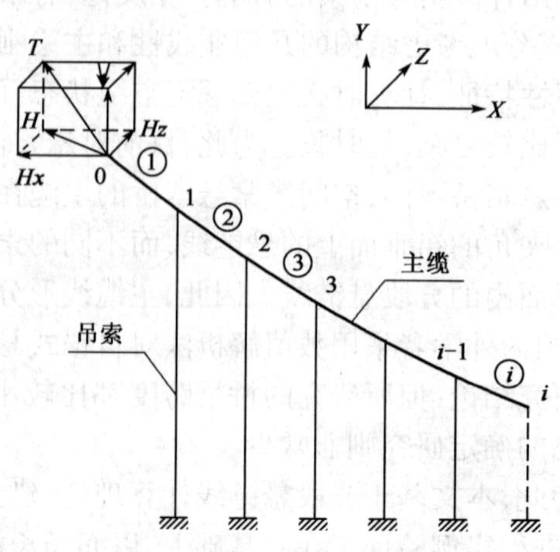

图2 成桥状态主缆计算示意图

$$
\begin{aligned}
H_{xi} &= H_{x,i-1} \\
H_{zi} &= H_{z,i-1} - P_{\mathrm{i}} \frac{Z_{hi} - Z_i}{Y_{hi} - Y_i} \qquad (\mathrm{i} = 1 \sim n) \\
V_i &= V_{i-1} - (qS_{0i} + P_i)
\end{aligned} \tag{5}
$$

式中:P_i——作用于主缆上第 i 点的吊索竖向力;

Z_{hi}、Y_{hi}——分别是第 i 吊索的下端锚固点的横坐标和竖坐标;Z_i、Y_i 分别是第 i 吊索上锚固点的横坐标和竖坐标。

3. 求解方法

成桥状态计算时,首先计算主跨主缆的线形和索力,然后根据沿桥轴线方向的水平力不变的原则计算边跨。以主跨为例,主缆线形具体计算过程如下:

1)根据吊杆间距计算各索段的水平长度 l_{xi}、主缆左右端点的竖向高差 Δy 以及主缆竖向矢高 f_y 和横桥向矢高 f_z;

2)假定主缆左端的三个分力,即沿桥轴线方向的水平力分量为 H_{x0}、横桥向水平力分量为 H_{z0} 以及竖向力为 V_0;

3)对各索段循环计算:$i=0 \sim n-1$

(1)由式(5)计算各索段左端 H_{xi}、H_{zi}、V_i 以及 $H_i=\sqrt{\mathrm{H}_{xi}^2+\mathrm{H}_{zi}^2}$值;

(2)由各索段的水平长度 l_{xi}、H_i 和 V_i 值,利用式(1)计算出各索段的主缆无应力长度 S_{0i},再由式(2)和式(3)计算出该索段的竖向高差 h_i 以及横向坐标差 l_{zi},并计算各吊点的竖向和横向坐标值。

4)判断计算结果是否满足几何边界条件:

$$
\sum_{i=0}^{m-1} h_i = f_y, \sum_{i=0}^{n-1} h_{\mathrm{i}} = \Delta y, \sum_{i=0}^{m-1} l_{zi} = f_z \tag{6}
$$

式中:m,n——左端点到跨中和右端点的主缆分段数。

若满足式(6),则计算结束;否则,修正 $H_{x0}H_{z0}$、和 V_0,返回式(3)重新计算,直到满足预定的计算误差精度为止。

在每一次的迭代计算时,可根据前次计算结果采用影响矩阵法计算 $H_{x0}H_{z0}$ 、和 V_0 的修正值。若前次计算结果不满足式(6),设其误差为:

$$
e_{fy} = \sum_{i=0}^{m-1} h_i - f, e_y = \sum_{i=0}^{n-1} h_i - \Delta y, e_{fz} = \sum_{i=0}^{m-1} l_{zi} - f_z \tag{7}
$$

下一次迭代计算时 H_0 和 V_0 可以按下述方法来修正,具体步骤为:

(1)由式(2)和式(3)可求得各索段左端的 H_x、H_z 及 V 的单位变化对各索段竖向和横桥向坐标差的影响值,即

$$
\left.
\begin{aligned}
\frac{\partial h}{\partial H_x} &= \frac{H}{q}\left(\frac{1}{\sqrt{H^2+V^2}} - \frac{1}{\sqrt{H^2+(V-qS_0)^2}}\right)\cos\alpha \\
\frac{\partial h}{\partial V} &= -\frac{S_0}{EA} + \frac{1}{q}\left(\frac{V}{\sqrt{H^2+V^2}} - \frac{V-qS_0}{\sqrt{H^2+(V-qS_0)^2}}\right) \\
\frac{\partial h}{\partial H_z} &= \frac{H}{q}\left(\frac{1}{\sqrt{H^2+V^2}} - \frac{1}{\sqrt{H^2+(V-qS_0)^2}}\right)\sin\alpha
\end{aligned}
\right\} \tag{8}
$$

式中:α——索段铅垂面与 $x-y$ 竖平面之间的水平夹角。

$$
\left.
\begin{aligned}
\frac{\partial l_z}{\partial H_x} &= \frac{1}{q}\left(-\frac{V}{\sqrt{H^2+V^2}} + \frac{V-qS_0}{\sqrt{H^2+(V-qS_0)^2}}\right)\sin\alpha\cos\alpha \\
\frac{\partial l_z}{\partial V} &= \frac{H}{q}\left(\frac{1}{\sqrt{H^2+V^2}} - \frac{1}{\sqrt{H^2+(V-qS_0)^2}}\right)\sin\alpha \\
\frac{\partial l_z}{\partial H_z} &= \frac{S_0}{EA} + \frac{1}{q}\left(sh^{-1}\left(\frac{V}{H}\right) - sh^{-1}\left(\frac{V-qS_0}{H}\right)\right) + \frac{1}{q}\left(-\frac{V}{\sqrt{H^2+V^2}} + \frac{V-qS_0}{\sqrt{H^2+(V-qS_0)^2}}\right)\sin^2\alpha
\end{aligned}
\right\} \tag{9}
$$

(2)建立索端力对索段竖向高差的影响矩阵：

$$C=\begin{bmatrix} C_{11} & C_{12} & C_{13} \\ C_{21} & C_{22} & C_{23} \\ C_{31} & C_{32} & C_{33} \end{bmatrix}=\begin{bmatrix} \sum_{i=0}^{m-1}\dfrac{\partial h_i}{\partial H_{xi}} & \sum_{i=0}^{m-1}\dfrac{\partial h_i}{\partial V_i} & \sum_{i=0}^{m-1}\dfrac{\partial h_i}{\partial H_{zi}} \\ \sum_{i=0}^{n-1}\dfrac{\partial h_i}{\partial H_{xi}} & \sum_{i=0}^{n-1}\dfrac{\partial h_i}{\partial V_i} & \sum_{i=0}^{n-1}\dfrac{\partial h_i}{\partial H_{zi}} \\ \sum_{i=0}^{m-1}\dfrac{\partial l_{zi}}{\partial H_{xi}} & \sum_{i=0}^{m-1}\dfrac{\partial l_{zi}}{\partial V_i} & \sum_{i=0}^{m-1}\dfrac{\partial l_{zi}}{\partial H_{zi}} \end{bmatrix} \tag{10}$$

(3)建立索端力修正方程组并求解：

$$\begin{bmatrix} C_{11} & C_{12} & C_{13} \\ C_{21} & C_{22} & C_{23} \\ C_{31} & C_{32} & C_{33} \end{bmatrix}\begin{Bmatrix} \Delta H_x \\ \Delta V \\ \Delta H_z \end{Bmatrix}=\begin{Bmatrix} e_{fy} \\ e_y \\ e_{fz} \end{Bmatrix} \tag{11}$$

(4)修正假定的索端力：

$$H_{x0}=H_{x0}+\Delta H_x, V_0=V_0+\Delta V, H_{z0}=H_{z0}+\Delta H_z \tag{12}$$

三、算例分析及程序验证

依据上述计算原理编制了空间缆索体系悬索桥理想成桥状态确定分析程序，并采用文献[7]中韩国永宗大桥(图3)算例来验证本文方法和程序的计算精度和可靠性。该桥是一座双层桥面的公铁两用自锚式悬索桥，桥跨布置为125m+300m+125m，两根主缆从塔顶到跨中呈空间三维曲线，主缆垂跨比为1/5，垂度为60 m。主缆塔顶处横向间距为6.6 m，而在主跨中部则展宽为35 m。程序计算所得的半桥跨(边跨加半个主跨)主缆线形与文献[7]的比较如图4所示。

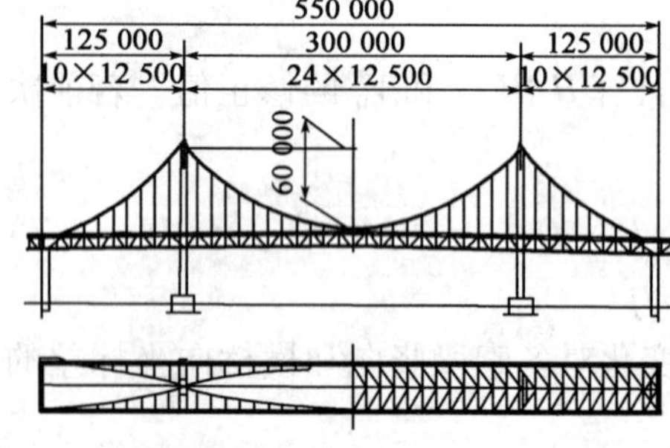

图3 韩国永宗大桥总体布置图(尺寸单位：mm)

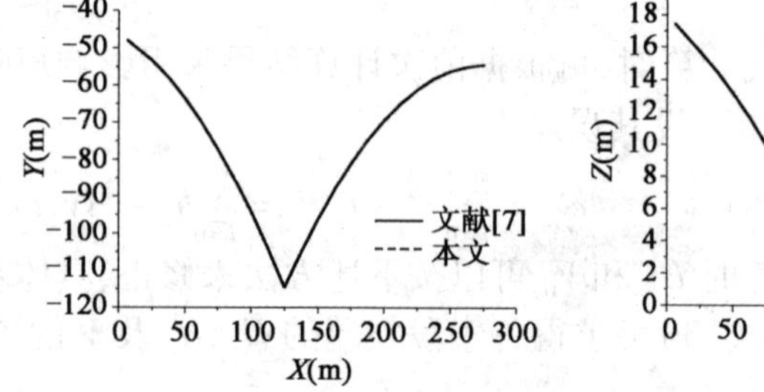

图4 缆索线形计算结果比较(注：Y为竖向，Z为横桥向，以下类同)

从图4的结果比较可见，本文计算结果与文献[7]的结果非常一致，竖向坐标(Y)差最大为2cm，而横向坐标(Z)差最大为3.4cm，说明本文的计算方法和程序是可靠的，而且具有很高的计算精度。

四、空间缆索体系悬索桥成桥状态分析

1.实桥简介

在此以润扬长江公路大桥南汊桥为背景进行分析研究，该桥采用单跨双铰钢箱梁悬索桥，桥跨布置为470m+1 490m+470m，见图5[8]。主缆矢跨比为1/10，横桥向中心距为34.3m；加劲梁采用扁平状流线型钢箱梁，梁宽35.9m，梁高3.0m；桥塔采用混凝土门式框架结构，塔高约209m，中间设3根横梁。

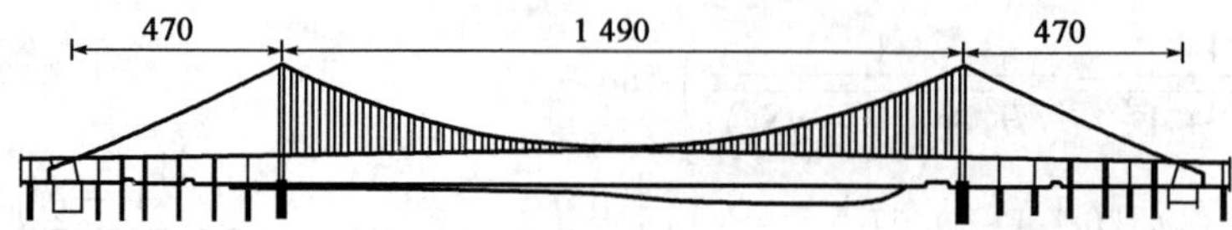

图5 润扬长江公路大桥南汊桥总体布置图(尺寸单位：m)

2. 空间缆索体系方案桥简介

在实桥基础上,试设计了3座不同空间缆索布置方式的方案桥,除缆索体系和桥塔结构形式不同外,其余结构设计参数均相同,各方案桥概述如下:

(1)内倾式1方案桥。如图6a)所示,两根主缆的间距在跨中处最大,然后在向桥塔塔顶过渡的过程中逐渐减小至最小值,主缆在塔顶的横向间距为6m。两个桥塔均为横桥向A形桥塔,桥塔的材料和截面特性均与实桥一致;主缆在立面内投影的矢跨比为1/10,在水平面内投影的矢跨比为14.15/1490。

(2)内倾式2方案桥。如图6b)所示,在内倾式1方案桥的基础上,将主缆在塔顶的横向间距增大为17.15m,刚好为平行缆索体系主缆横向间距的一半,处于内倾式1和平行缆索体系的中间状态。两个桥塔均为横桥向上窄下宽的门形框架形式,桥塔的材料和截面特性均与实桥一致;主缆在立面内投影的矢跨比为1/10,在水平面内投影的矢跨比为8.575/1490。

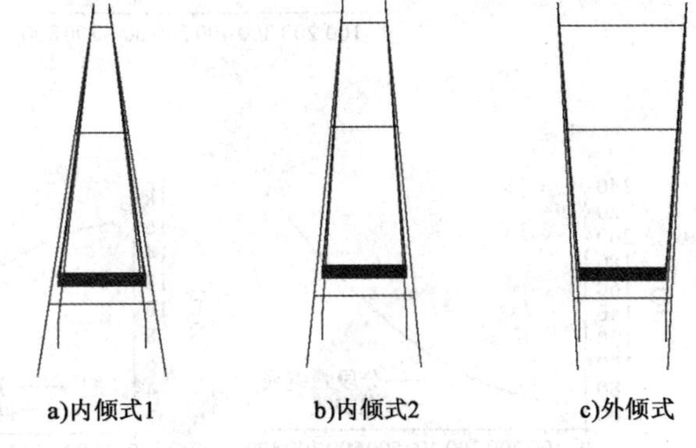

图6　空间缆索体系方案桥侧视图

(3)外倾式方案桥。如图6c)所示,两根主缆的间距从跨中到桥塔逐渐拉大,塔顶处两根主缆的横向间距为51.45m,为平行缆索体系主缆横向间距的1.5倍,因此两个主缆索面自下而上往外倾斜。两个桥塔均为横桥向上宽下窄的门形框架形式,桥塔的材料和截面特性均与实桥一致;主缆在立面内投影的矢跨比为1/10,在水平面内投影的矢跨比为8.575/1490。

3. 空间主缆线形分析

采用本文计算程序,对实桥及3座空间缆索体系方案桥成桥状态的主缆线形进行了计算,并与抛物线线形进行比较,如图7所示。

从图7可以看出,采用分段悬链线法得到的主缆竖向线形与抛物线非常一致,两者偏差甚微,因此在计算大跨度悬索桥成桥状态主缆竖向线形时采用分段悬链线法和抛物线法都是可行的。两种方法计算得到的横向线形偏差相对比较大,因此需要采用分段悬链线法进行精确计算。此外,不论是竖向还是横向线形,偏差最大位置均出现在四分点处。

4. 空间主缆和吊杆索力分析

从图8可以看到,实桥和3座方案桥的主缆索力沿桥跨方向的变化规律非常一致,空间缆索体系悬索桥的主缆索力都比平行缆索体系悬索桥的主缆索力大,两者间的偏差自跨中向着桥塔方向逐渐增大。同样,空间缆索体系悬索桥的吊杆拉力也都比平行缆索体系悬索桥的吊杆拉力大。这是由于空间缆索体系悬索桥主缆除了承受与平行缆索体系悬索桥基本一致的纵桥向水平分力 H_x 和和竖向力 V 外,还承受由于吊杆横向倾斜传来的横桥向水平分力 H_z,因此主缆水平合力($H=\sqrt{H_X^2+H_Z^2}$)要比平行缆索体系悬索桥大,主缆索力因而增大。同理,吊杆除了承受与平行缆索体系悬索桥基本一致的由桥面主梁传来的竖向力 V 外,还承受主缆传来的横桥向水平分力 H_z,吊杆拉力也因此增大。由于内倾式1的索面倾斜度最大,相应的主缆和吊杆拉力也最大,而内倾式2与外倾式索面的倾斜度一致,在横桥向对称于平行索面,因此两者的主缆和吊杆拉力基本一致,但由于两者的倾斜程度都小于内倾式1,相应的主缆和吊杆拉力均小于内倾式1。

五、结　　语

本文基于分段悬链线计算理论,建立了空间缆索体系悬索桥理想成桥状态分析的数值迭代求解方法,并进行实例验证。在此基础上,以润扬长江公路大桥南汊桥为工程背景,试设计了3座具有不同空间缆索体系的方案桥,采用该方法分别对其理想成桥状态进行了分析和比较。计算结果表明:(1)所提出

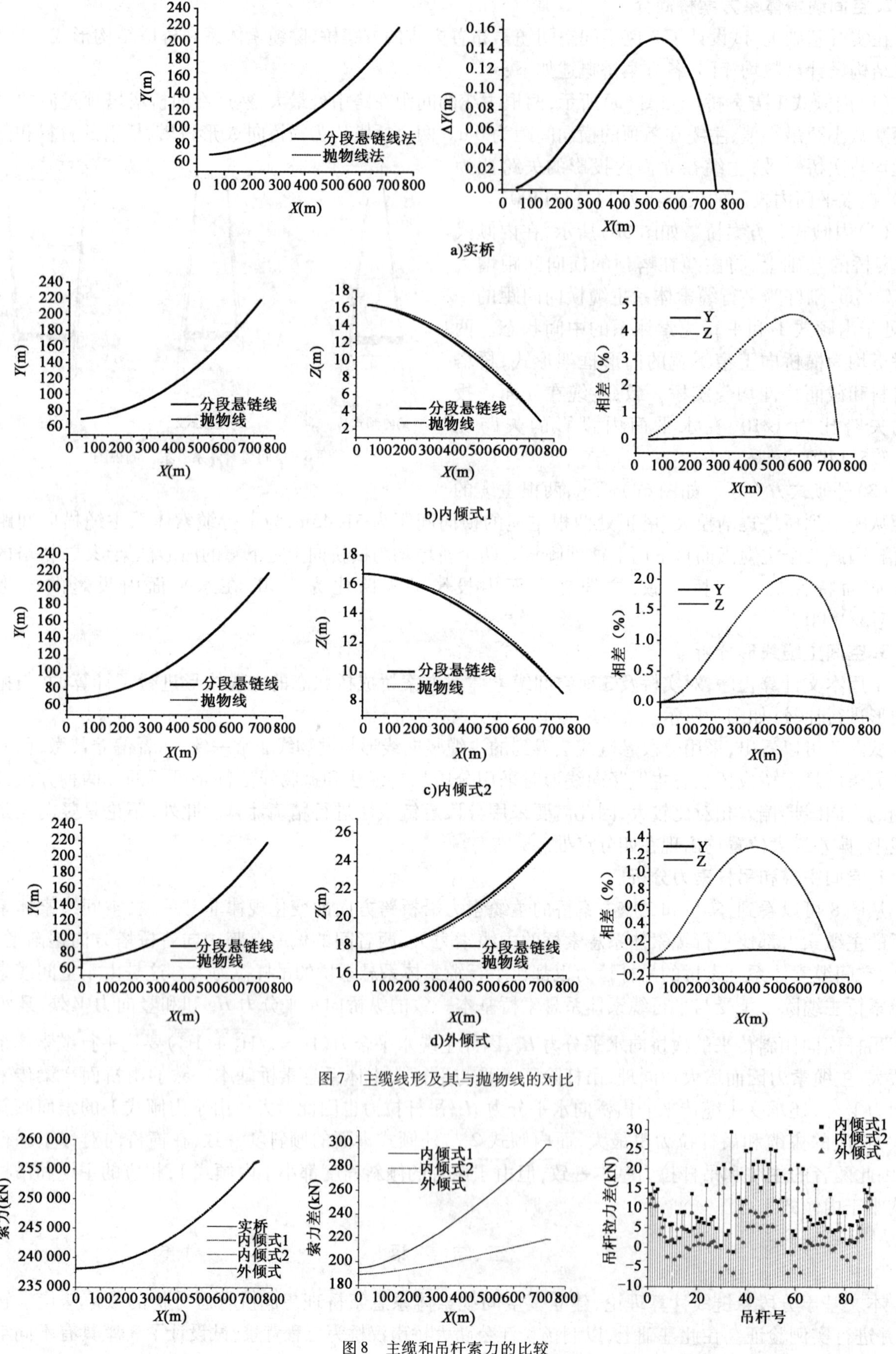

图 7　主缆线形及其与抛物线的对比

图 8　主缆和吊杆索力的比较

的数值解析法具有很好的计算精度;(2)分段悬链线法和抛物线法都可以有效地确定大跨度空间缆索体系悬索桥成桥状态主缆的竖向线形,但对于横向线形两者偏差比较大,最大偏差出现在桥跨的四分点处,建议采用基于分段悬链线的数值解析法来精确确定空间缆索线形;(3)悬索桥采用空间缆索体系后,主缆和吊杆的索力都有所增大。

参考文献

[1] 罗喜恒,肖汝诚,项海帆.空间缆索悬索桥的主缆线形分析[J].同济大学学报(自然科学版).2004,32(10):1349-1354.

[2] 李传习,刘光栋,柯红军.悬索桥主缆系统数值解析法计算的一种收敛算法[J].工程力学,2008,25(7):66-73.

[3] 罗喜恒,肖汝诚,项海帆.悬索桥理想恒载状态的计算方法研究[J].桥梁建设,2008,(4):31-35.

[4] 韩燕,陈政清,罗世东等.自锚式悬索桥空间主缆线形的计算方法[J].湖南大学学报(自然科学版),2007,34(12):20-25.

[5] 谭冬莲.大跨径自锚式悬索桥合理成桥状态的确定方法[J].中国公路学报,2005,18(2):51-55.

[6] 周绪红,武隽,狄谨.大跨径自锚式悬索桥受力分析[J].土木工程学报,2006,39(12):42-45.

[7] KIM H K, LEE M J, CHANG S P. Nonlinear shape - finding analysis of a self - anchored suspension bridge[J]. Engineer Structures, 2002, 24: 1547-1559.

[8] JI Lin, ZHONG Jian - chi. Runyang Suspension Bridge over the Yangtze River[J]. Structural Engineering International, 2006, (3): 194-199.

153. 自锚式悬索桥主缆与钢主梁锚固区受力分析

曾明根　周小苏　苏庆田

(同济大学　桥梁工程系)

摘　要　结合一自锚式悬索桥工程的主缆与箱形钢主梁具体结构,对其主缆与主梁锚固区的受力特性开展相关研究。采用大型通用有限元软件详细模拟了主缆锚固区结构,计算分析了最不利荷载工况下的主缆锚固区受力,得到了锚固区各部分构件的应力分布特点,总结了锚固区板件间的传力途径。计算分析表明在自锚式悬索桥钢主梁与主缆这种复杂结构的锚固区中,结构构件受力复杂,主梁的顶板、底板是主要的传力构件,顶板传递轴向压力,而底板主要受拉。由于锚固区三个方向板件交错布置,锚固区板件的局部稳定性能良好。

关键词　自锚悬索桥　锚固区　局部应力　有限元

一、引　言

自锚式悬索桥不同于常规的地锚式悬索桥,它是主缆直接锚固在加劲梁的两端。自锚式悬索桥将主缆的水平分力直接传递给加劲梁,竖向分力由配重或者桥墩承受(竖向分力通过拉压支座或锚索等传递给桥墩),加劲梁不仅要承受较大的弯矩,而且还要承受相当大的轴力[1]。由于主缆直接锚固在加劲梁上,对于大跨度自锚式悬索桥,主缆拉力巨大,锚固区板件三向交错布置,结构构造和板件应力分布复杂。

主缆与主梁锚固区是自锚式悬索桥的关键部位,其受力性能对全桥的承载能力和跨越能力至关重要。而采用杆系模型方法是无法计算锚固区局部应力的分布规律。因此,为了给锚固区的构造设计提供理论依据,须对锚固区采用三维板壳实体模型进行空间受力分析。

本文结合上海蕰藻浜大桥主桥这一自锚式悬索桥工程，对其主缆与主梁锚固区进行空间有限元分析。详细计算分析了锚固区在最不利荷载工况下的结构受力特点，总结了锚固区板件的传力方式和途径，得到了可用于自锚式悬索桥主缆与钢主梁锚固区结构计算的有意义结论。

二、锚固区构造介绍

上海蕰藻浜大桥工程主桥采用自锚式悬索桥结构形式，其跨径布置为150m＋40m＋40m。该桥的主跨采用了扁平钢箱梁结构，边跨采用混凝土箱梁。悬索桥的两根主缆在主跨分别锚固在钢箱梁端部的两侧。与传统的自锚式悬索桥的锚固结构不同，主缆与主梁的锚固区结构由形状不规则的钢箱结构和填充的混凝土构成，同时主缆传来巨大的拉力通过该锚固区传递到主梁中。锚固区结构形式如图1所示。

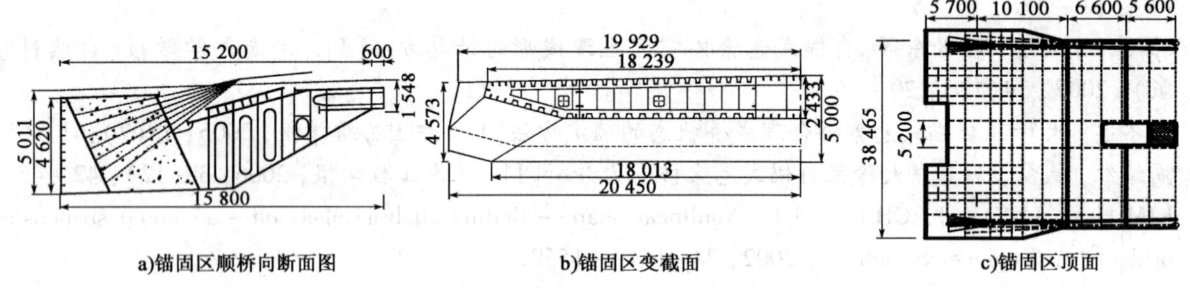

a)锚固区顺桥向断面图　　b)锚固区变截面　　c)锚固区顶面

图1　锚固区布置图(尺寸单位：mm)

该悬索桥是主缆通过索鞍分散穿过混凝土锚块锚固在后锚板上。锚固区还要承担边跨支座的压力，其自身下面的支座也承担一部分压力。按照圣维南原理，对锚固区向主梁延伸端截取时应该选取足够长度，本文所选的主梁段长度为12.2m。

三、锚固区局部模型有限元分析方法

首先建立全桥杆系有限元模型，考虑了不同荷载作用，计算全桥的整体受力，可以方便得到不同构件受力情况及支座反力[2~3]。结合欲研究分析的锚固区局部范围得到相应的构件内力作为外荷载施加到局部模型上。

1. 简化模型

考虑到局部模型的复杂性以及ANSYS分析软件的强大功能，采用ANSYS对其进行仿真模拟。结合结构本身的特性和有限元分析的能力，进行如下简化和模拟。

(1)整个局部模型钢材板件、加劲采用板壳单元shell63模拟；混凝土锚块用实体单元solid45模拟[5]。

(2)混凝土块与钢板间认为无相对滑移，采用固结处理。

(3)由于主缆分散钢束对结构受力影响不大，且对其模拟工作量大，故在模型中未作模拟，只在混凝土锚块中模拟出孔道，钢束作用力以面荷载施加在后锚板开孔圆周上。

得到锚固区的ANSYS有限元分析模型，如图2所示。

2. 材料特性

整个结构有钢材和混凝土两种材料：其中钢材的弹性模量 $Es = 2.06 \times 105$MPa，泊松比 $\upsilon = 0.3$，密度 $\rho = 78.5\text{kN/m}^3$；混凝土的弹性模量 $Es = 3.45 \times 104$MPa，泊松比 $\upsilon = 0.167$，密度 $\rho = 26\text{kN/m}^3$。

图2　ANSYS有限元分析模型

3. 锚固区局部模型边界条件与荷载

(1)梁底在桥墩处的支座位移条件以支座反力代替；

(2)模型中位移边界条件为在模型对称面处所有节点施加对称约束(UZ,ROTX,ROTY)[4];在主梁截断断面上约束顺桥向和竖向位移。

(3)根据整体杆系计算锚固区的主缆拉力为34 387kN;主梁在边支座的支反力为13117kN;引桥作用于锚固区的力为3 965 ×2kN。

四、锚固区局部模型计算结果

1.应力分析

根据圣维南原理为了保证计算结果的准确性,主梁部分距约束截面7.2m的节段不做参考,以下所有应力云图均是除去此主梁节段的部分。图3、图4分别给出整体结构的Mises应力分布。

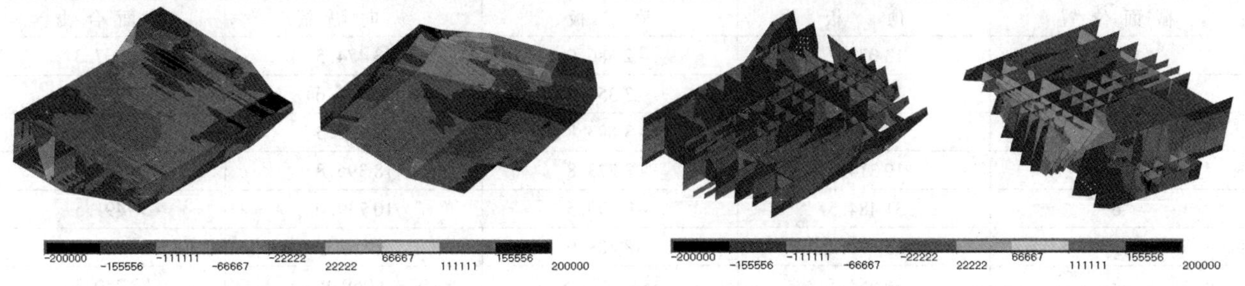

图3　锚固区的Von Mises应力

图4　锚固区隔板的Von Mises应力

由图3可以看出整个锚固区板件的Von Mises应力基本都在200MPa以内,且距主梁索鞍处越远应力水平越低。箱体向主梁缩进的区域,靠近混凝土锚块的区域应力较大,有应力集中现象。由图4可以看出锚固区箱体中横纵隔板应力在200MPa以内,横隔板应力水平较低,基本在40MPa以内,主缆前锚面部分区域应力相对较高,最大应力有120MPa左右。纵向隔板应力较大:索鞍承板下的隔板应力在80MPa左右;向主梁伸进的纵向隔板应力有较大幅度增加,达到200MPa左右。

2.应力传递

图5~图7分别给出顶板、底板、纵向隔板顺桥向(X向)应力分布。

图5　顶板X方向应力分布

图6　底板X方向应力分布

由图5可以看出顶板全部受压,且应力由端部向主梁逐渐增大,由边侧向横向对称约束方向逐渐减小,在锚箱向主梁缩进区域应力水平较大且有应力集中现象。由图6可以看出底板出现较大区域的拉应力,拉应力从箱体上扬底板向主梁方向逐渐扩散,到主梁底板基本是以拉应力为主,但箱体向主梁缩进的部分有应力集中且这一区域是受压的。由图7可以看出锚箱内部纵向隔板以压应力为主,应力水平较低,在50MPa左右,靠近顶板处应力变大,在主缆锚固鞍座区域尤为明显;伸进主梁部分出现了拉应力,靠近底板处应力变大。

为了便于分析锚固区的受力情况,把锚固区的横向分为A、B、C三个区域,每个区域上各有7个截面,具体如图8所示。表1列出顶板、底板、隔板在图8所示各个位置沿顺桥向合力,表2列出了各个构件在不同区域的轴力。

图7 纵向隔板 X 方向应力分布

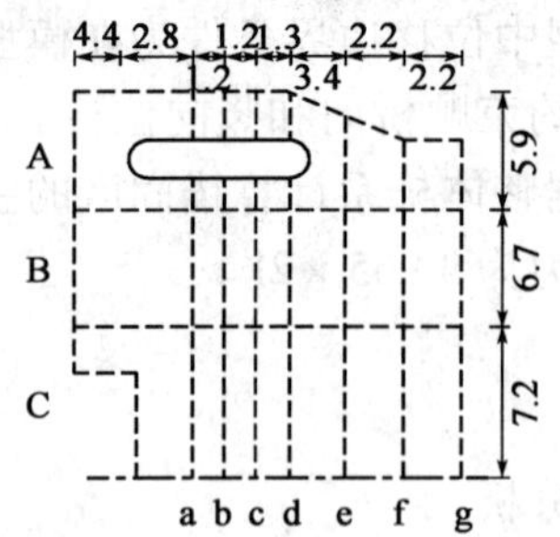

图8 纵向隔板 X 方向应力分布

各构件轴力(单位:kN) 表1

截面位置	顶板	底板	纵向隔板	截面合力
a	13 072.2	-2 586.0	23 474.5	54 207.3
b	15 920.2	-3 352.6	21 021.6	55 706.6
c	18 383.8	-3 693.8	19 737.3	57 726.4
d	19 314.5	-3 273.8	18 395.8	58 802.8
e	31 484.5	-3 190.5	10 739.0	5 7491.5
f	35 478.2	-8 488.9	5 216.5	56 127.8
g	36 654.5	-13 256.5	3 069.9	57 250.3

各构件在不同区域的轴力(单位:kN) 表2

截面位置	顶板			底板			纵隔板		
	A	B	C	A	B	C	A	B	C
a	8 484.8	3 493.9	1 093.5	1 065.7	-982.8	-2 668.9	23 372.2	815.7	-713.4
b	9 138.0	4 910.2	1 872.1	280.9	-1 129.2	-2 504.3	21 460.1	637.2	-1 075.8
c	9 578.2	6331.1	2 474.5	354.0	-1 408.0	-2 639.8	20 693.1	384.4	-1 340.3
d	10 084.0	6 832.6	2 397.9	1 098.7	-1 720.9	-2 651.7	20 045.5	-46.2	-1 603.4
e	15 990.6	1 0301.9	5 192.1	3 235.5	-3 343.4	-30 82.5	13 087.0	0.0	-2 348.0
f	12 572.1	14 049.9	8 856.2	7 039.4	-7 062.9	-8 465.4	5 933.2	0.0	-716.8
g	12 920.7	14 070.8	9 663.0	3 634.2	-7 464.2	-9 426.5	3 439.2	0.0	-369.4

图9~图12给出了不同截面处各个构件传递轴力的比例。由图9可以清晰看出顶板在传递轴力的作用沿着主梁方向逐渐增强,所占比重逐渐加大,在g截面位置达到70%左右;底板则以受拉为主,且拉力也沿着主梁方向逐渐增大,这一点也与整个结构受弯底部受拉相吻合;隔板承受的轴力沿主梁方向逐步减少,伸进主梁后基本承担10%左右轴力,导致隔板轴向力减小的原因是隔板进入主梁后数量减少(箱体内部有7块,主梁内部有3块),且主梁弯矩增大,更多的轴力由顶板承担。

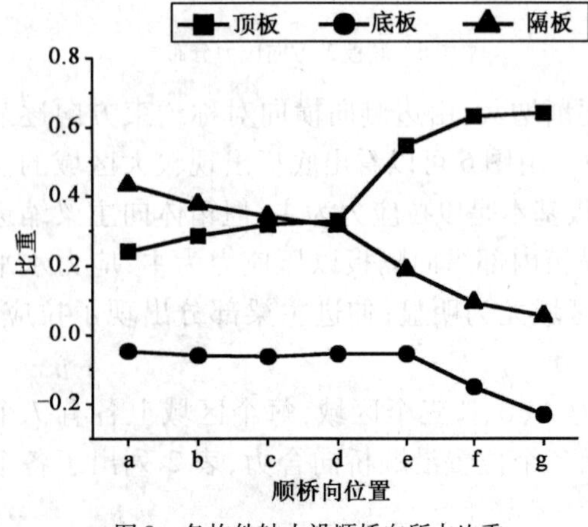

图9 各构件轴力沿顺桥向所占比重

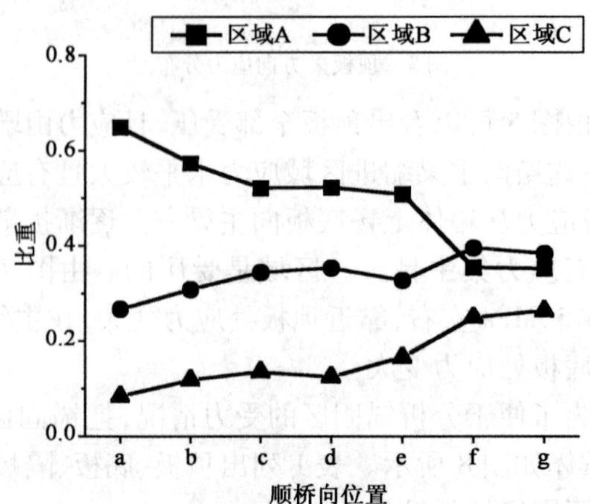

图10 顶板轴力沿顺桥向各区域所占比重

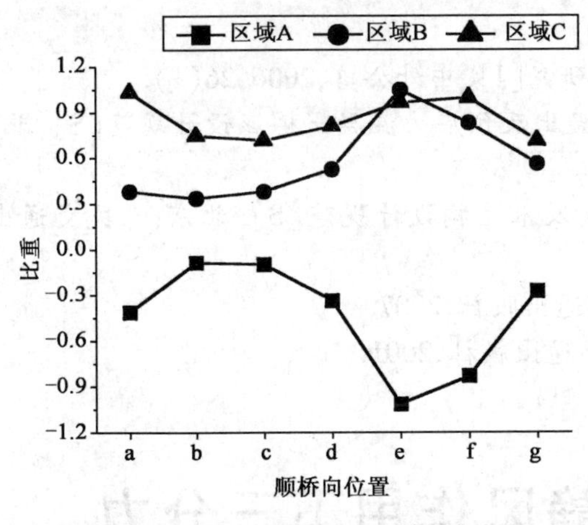

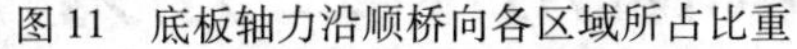

图11 底板轴力沿顺桥向各区域所占比重

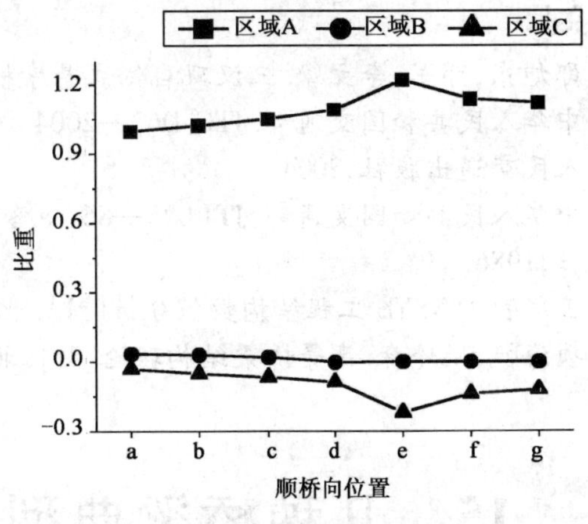

图12 隔板轴力沿顺桥向各区域所占比重

由图10可以看出顶板轴力在区域A沿顺桥向逐渐变小,在区域B、C逐渐增大。因为主梁锚块是在区域A内,所以在箱子内部受力是A>B>C,但沿着顺桥向向主梁过渡应力逐渐分布均匀,三个区域受力也逐渐逼近,各占30%左右。由图11可以看出底板轴力在区域A为负值,这与区域A直接承受主缆压力,而模型整体受弯导致底板受拉相吻合;在e截面处是拐点是由于索鞍承板下的纵向隔板在这个位置,底板更多的参与受力。由图12可以看出区域A隔板基本承担了所有纵向隔板轴向力,而区域C隔板受拉。这是由于主缆锚在箱子一侧,使箱子存在竖向(Z向)弯矩,从而导致区域C隔板受拉。

3. 弹性稳定

结构失稳(屈曲)是指在外力作用下结构的平衡状态开始丧失稳定性,稍有扰动则变形迅速增大,最后使结构遭到破坏。稳定问题一般分为两类:平衡分岔失稳或分支点失稳;极值点失稳[5]。但在工程实际中一般计算第一类稳定,其计算简便且有参考价值,故本模型计算了前三阶的弹性稳定。

图13给出了模型前三阶失稳模态下出现失稳的板件,均是钢箱内部纵向隔板。其屈曲系数为4.18,4.32,4.54。第一、二阶出现失稳的部位是靠近锚块的第一块纵向隔板人孔处;第三阶出现失稳的部位是箱子中间位置的纵向隔板。在实际工程中一般认为结构屈曲系数大于4是安全可靠的。根据本文的计算结构可以认为该结构的稳定满足要求。

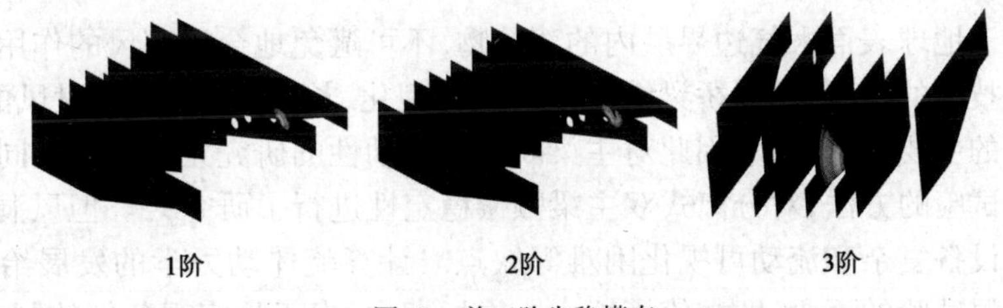

图13 前三阶失稳模态

五、锚固区局部模型计算结果分析及结论

由以上分析,可以得出以下几个结论:

(1)支撑主缆的索鞍区域、锚箱向主梁渐变区域、索鞍承板下横纵向隔板以及伸进主梁的纵向隔板应力水平相对较高,且有应力集中现象。

(2)锚箱顶板、底板、纵向隔板是三大主要传力构件。由于主缆力的作用整个锚固区的受力相当于受到一个弯矩和轴力,顶板出现压力,底板出现拉力。顶板的压应力是沿着顺桥向逐步变大且逐渐均匀分布整个主梁;底板的拉应力沿顺桥向逐渐变大,越远离锚固区主缆的竖向分力使主梁受到的弯矩越大,使得顶底板的压、拉受力越明显。

(3)由于锚固区三个方向板件交错布置,锚固区板件的局部稳定性能良好。

参考文献

[1] 邵旭东,邓军,李立峰.三汊矶自锚式悬索桥锚箱试验研究[J].中外公路,2006,26(1).

[2] 中华人民共和国交通部.JTG D62—2004 公路钢筋混凝土及预应力混凝土桥涵设计规范[S].北京:人民交通出版社,2004.

[3] 中华人民共和国交通部.JTJ 025—86 公路桥涵钢结构及木结构设计规范[S].北京:人民交通出版社,1986.

[4] 王新敏.ANSYS 工程结构数值分析[M].北京:人民交通出版社,2007.

[5] 项海帆,姚玲森.高等桥梁结构理论[M].北京:人民交通出版社,2001.

154.几种桥梁典型断面静风作用下三分力系数的数值模拟分析

戴天帅[1]　陈　斌[2]

(1.重庆交通大学;2.重庆交通科研设计院桥梁工程结构动力学国家重点实验室)

摘　要　本文采用 Fluent 软件数值模拟分析了风对桥梁结构的静风作用,对桥梁常见的四种断面在风攻角(-5°~5°)共11个工况下的静力三分力系数进行对比,并给出0°攻角下的速度和压力场,总结出各种桥梁断面静风三分力系数的差异,总结出流线型箱梁的气动性能比较 P-K 梁的气动性能好,P-K 梁的阻力系数和升力系数对风攻角的变化比较敏感;取0°攻角的阻力系数与规范推荐值进行比较,流线型主梁相差2倍,分离式双主梁和分离式双边梁相差1.5倍,P-K 梁相差0.5倍,差异大的原因是由于本文没有考虑附属设施,同时也说明了规范中推荐值存在一定的安全系数。

关键词　数值模拟　桥梁三分力系数　桥梁断面

一、引　言

由于桥梁是裸露于地球表面大气边界层内的建筑物,不可避免地会受到风的作用。而其随着桥梁理论的不断完善和施工技术的不断提高,桥梁结构形式向轻型化、长大化发展[1],对风的作用很敏感,风荷载逐渐成为桥梁设计的主要控制荷载,因此对主梁断面的气动性的研究尤为重要。同济大学的曹丰产教授采用理论结合风洞试验的方法,对分离式双主梁颤振稳定性进行了研究[2]。但风洞实验研究一般具有周期长、费用高、测试设备复杂和流动可视化困难等缺点。计算流体动力学的发展给风工程研究提供了一种可能替代物理风洞试验的手段,即数值模拟[3]。在短期内,由于受客观条件的制约,还不可能用 CFD 全过程仿真模拟全桥风洞试验。但在目前现有条件下,不但可以用 CFD 技术代替部分风洞试验,为理论分析提供参数和理论分析方法,实现桥梁抗风稳定性研究全过程的数值仿真计算,而且用 CFD 技术便于流场的可视化。本文列举了桥梁中常见的4种断面,利用 CFD 计算分析出4种断面的气动性能,通过三分力以及压力场、速度场的比较,分析其气动力。

二、静风三分力系数

在桥梁风工程研究中,三分力系数是基础,它是抖振响应分析、驰振稳定分析、静风荷载以及稳定性分析中的重要的参数,三分力系数的取值直接影响桥梁抗风的精度[4]。三分力系数的数值试验原理是通过对建立的数学模型离散,将微分方程离散成代数方程的形式,对代数方程求解得到计算区域内各节点的速度和压力,断面上各点的压强及摩擦力的合力即为断面的阻力、升力、升力矩。三分力系数是描述静风荷载的一组无量纲参数[5]。

如图1所示,作用在主梁上的气动三分力可用体轴系中的竖向气动力 F_V、横向气动力 F_H 和绕纵轴的升力矩 M 来表示,也可以用风轴系中的气动阻力 F_D、气动升力 F_L 来表示,其中两者的升力矩是一致。本文中使用风轴系气动三分力系数,风轴气动升力系数、阻力系数、升力矩系数定义如下:

$$C_D = F_D \Big/ \left(\frac{1}{2}\rho U^2 D\right)$$

$$C_L = F_L \Big/ \left(\frac{1}{2}\rho U^2 B\right)$$

$$C_M = F_M \Big/ \left(\frac{1}{2}\rho U^2 B^2\right)$$

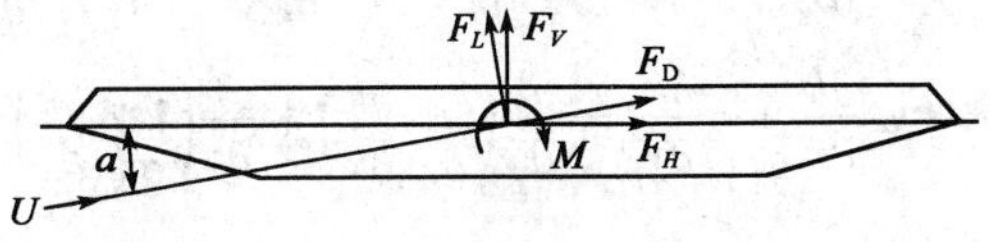

图1　主梁断面静气动力坐标示意

式中,F_D、F_L 和 F_M 分别为桥梁断面单位长度上的升力、阻力、升力矩; U 为风速度;D 和 B 分别为桥梁断面的高和宽;其中空气密度 $\rho = 1.225\text{kg/m}^3$。

风轴系气动三分力系数与体轴系气动三分力系数的转换关系如下:

$$C_D = C_H \cdot \cos\alpha + C_V \cdot \frac{B}{H} \cdot \sin\alpha$$

$$C_L = -C_H \cdot \frac{B}{H} \cdot \sin\alpha + C_V \cdot \cos\alpha$$

其中 C_H 和 C_V 分别为体轴系阻力系数和升力系数;α 为风攻角。

三、三分力系数数值模拟

1. 建模网格划分

桥梁风工程研究的对象几何尺寸往往很大,如果按全模型进行计算,网格的数量将是非常巨大的,求解的收敛速度较慢,因此数值模拟往往采用大缩尺比模型。本文取如图2所示的4种断面形式,计算模型可做二维处理,由于实际桥梁周围空气流动速度低,流体处理为不可压。在建模时为了使湍流边界层内的流场便于识别,在扰流物体周围 1.0m×0.2m 的范围内采用三角形非结构性网格,其他区域采用四边形结构性网格。为了满足 y^+ 要求,根据 Sutherland 公式计算出最小边界层高度为 0.002m。用 Gambit 进行划分有限元网格时,综合考虑了计算机的计算能力以及精度对网格划分的要求,断面周围区域的网格划分比较密;而外边界区域网格划分则适当加粗。为了避免流体产生的分离涡在断面后方打到边界上反射回来,同时也使外边界附近的流场参数分布能够较好的与所提的边界条件相容,确保计算得到很好的收敛结果,计算区域取 $13B \times 30D$ 的矩形区域(B 为断面宽、D 为断面高),图3是流线型主梁的计算网格划分图。流体进口边界条件设为速度边界条件,速度 $U = 10\text{m/s}$;流体出口边界条件设为0压力的出口边界条件;主梁四周则采用无滑移的壁面条件;上下边界取对称边界条件;用 Fluent 进行计算时求解器设置为 Segregated、Steady,气温选择常温,不考虑能量交换,湍流模型选取标准 $k-\varepsilon$ 湍流模型,根据计算取紊流动能为0.15,紊流动能耗散率为0.24。由于桥梁断面属于钝体断面,为了得到较好的计算收敛结果,本文在计算过程中将松弛因子适当的调低,流场采用压力耦合方程的半隐式算法,离散格式采用2阶迎风格式。

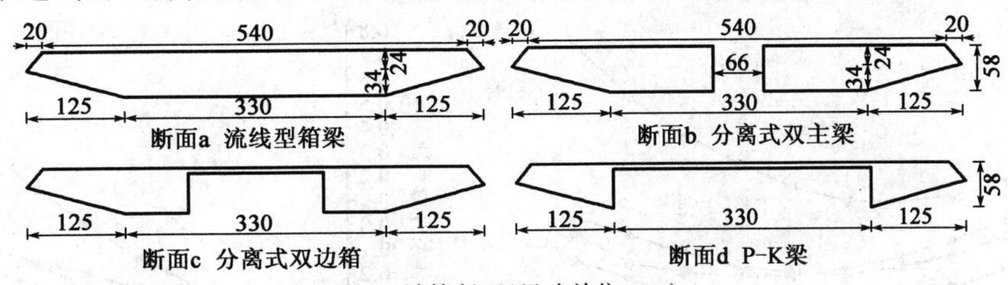

图2　计算断面(尺寸单位:mm)

2. 控制方程

本文选取标准 $k-\varepsilon$ 湍流模型,该模型是典型的双方程模型,是目前使用最广泛的湍流模型。控制方程表示为:

$$\frac{\partial u}{\partial x} + \frac{\partial v}{\partial y} = 0$$

$$u\frac{\partial u}{\partial x}+v\frac{\partial u}{\partial y}=-\frac{1}{\rho}\frac{\partial \rho}{\partial x}+2\frac{\partial}{\partial x}\left(v_{\text{eff}}\frac{\partial u}{\partial x}\right)+\frac{\partial}{\partial}\left(v_{\text{eff}}\left(\frac{\partial u}{\partial y}+\frac{\partial v}{\partial x}\right)\right)$$

$$u\frac{\partial v}{\partial x}+v\frac{\partial v}{\partial y}=-\frac{1}{\rho}\frac{\partial r}{\partial x}+\frac{\partial}{\partial x}\left(v_{\text{eff}}\frac{\partial u}{\partial y}+\frac{\partial v}{\partial x}\right)+2\frac{\partial}{\partial y}\left(v_{\text{eff}}\frac{\partial v}{\partial x}\right)$$

$$u\frac{\partial k}{\partial x}+v\frac{\partial k}{\partial y}=\frac{\partial}{\partial x}\left(\frac{v_{\text{eff}}}{\sigma_{\text{k}}}\frac{\partial k}{\partial x}\right)+\frac{\partial}{\partial y}\left(\frac{v_{\text{eff}}}{\sigma_{\text{k}}}\frac{\partial k}{\partial x}\right)+p_{\text{k}-\varepsilon}$$

$$u\frac{\partial \varepsilon}{\partial x}+v\frac{\partial \varepsilon}{\partial y}=\frac{\partial}{\partial x}\left(\frac{v_{\text{eff}}}{\sigma_{e}}\frac{\partial \varepsilon}{\partial x}\right)+\frac{\partial}{\partial y}\left(\frac{v_{\text{eff}}}{\sigma_{e}}\frac{\partial \varepsilon}{\partial x}\right)+\frac{C_1\varepsilon}{k}p_k-\frac{C_2\varepsilon^2}{k}$$

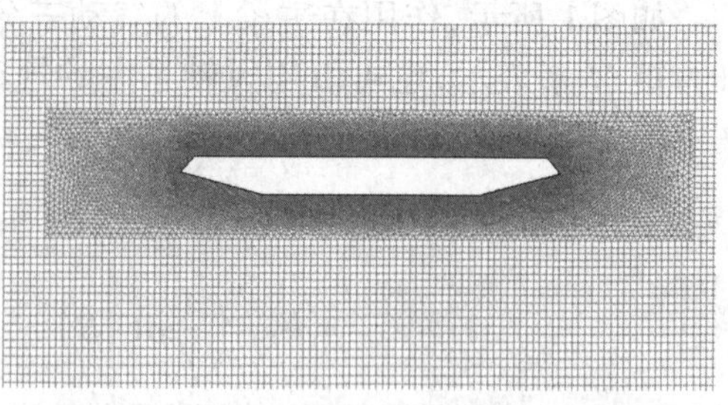
图3　计算网格划分图

其中：u、v 是气流沿 x 轴和 y 轴的速度；k 是湍流动能，ε 是湍流耗散；p_k、ρ 分别表示流场压力和空气密度；$v_{\text{eff}}=v+v_t$ 其中 v_{eff} 表示有效黏性系数，v、v_t 分别为远动黏性系数和湍流黏性系数，$v_t=C_u+\frac{k^2}{\varepsilon}$；$p_k=v_{\text{eff}}\left\{2\left[\left(\frac{\partial u}{\partial x}\right)^2+\left(\frac{\partial v}{\partial y}\right)^2\right]+\left(\frac{\partial u}{\partial x}+\frac{\partial v}{\partial y}\right)^2\right\}$；标准 $k-\varepsilon$ 模型中模型常数根据 Launder 的推荐值取。

四、数值模拟结果

1. 三分力结果的对比

利用 fluent 计算出上述4种桥梁典型断面的三分力系数，根据计算结果绘制出三分力系数随风攻角（－5°～5°）变化的曲线对比图。从图4可以看出：4种断面中 p-k 梁的阻力系数最大，流线型断面阻力系数最小，两者相差30%左右，而分离式双主梁和分离式双边箱结果相差不大，当风攻角小于1°时分离式双主梁的阻力系数略分离式双边箱，然而大于1°时结果相反；从阻力系数随风角变化的幅度方面看，p-k 梁的幅度比较大，其余3种断面的幅度比较大相差不大，说明了 p-k 梁的阻力系数受风攻角的影响比较大。

《公路桥梁抗风设计规范》（JTG/T D60－01—2004）中4.3.2条规定了箱梁断面在0°攻角阻力系数的推荐值为1.3[6]，本文中几种断面的阻力系数均小于规范推荐值；由于本文几种断面只考虑了裸梁，均未考虑附属设施对阻力系数的影响，因此阻力系数与规范推荐值差异大，其中流线型主梁与规范相差2倍，分离式双主梁和分离式双边梁的阻力系数与规范相差1.5倍，p-k 梁的阻力系数与规范相差0.5倍。但是总体而言规范的推荐值存在一定的安全系数。

从图5可以总结出，4种断面的升力系数随风攻角（－5°～5°）变化都由负转正，流线型箱梁的升力系数始终小于其他3种断面；从升力系数随攻角变化的斜率角度来讲，p-k 梁最大，分离式双主梁最小，流线型钢箱梁和分离式双边箱斜率相差不大，说明了 p-k 梁的升力系数受风攻角的影响比较大；攻角由负转正变化中，流线型主梁和分离式双边箱的升力系数差值变化不大，流线型主梁和 p-k 梁的升力系数差值越来越大，攻角5°时相差2倍左右，流线型主梁和分离式双边箱的升力系数差值越来越小，在攻角－5°时相差1倍左右，5°时是相接近。

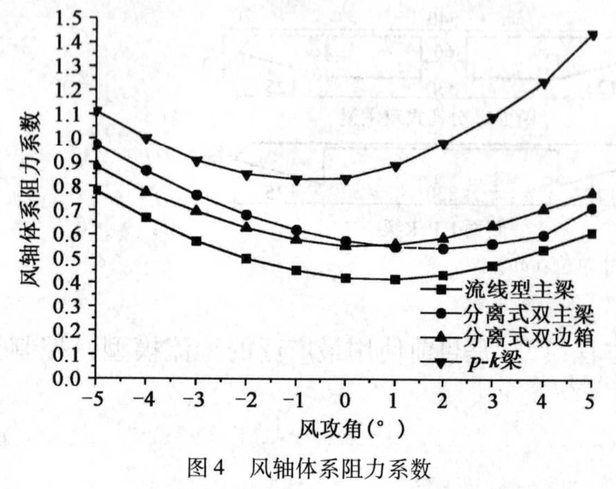

图4　风轴体系阻力系数

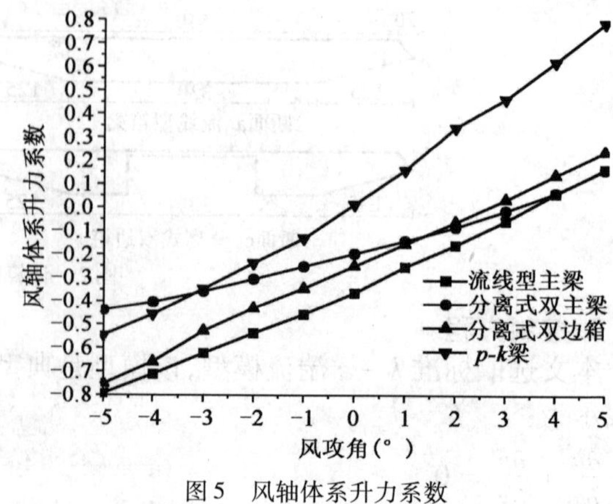

图5　风轴体系升力系数

从图6可以总结出,从升力矩系数随攻角变化的斜率角度来讲,p-k梁、流线型钢箱梁和分离式双边箱斜率相差不大,分离式双主梁最小,说明了分离式双主梁的升力矩系数受风攻角的影响比较小;在攻角(-5°~5°)范围内流线型主梁和p-k梁的升力矩系数差值始终保持在40%左右,流线型主梁和分离式双边箱的升力矩系数相接近,流线型主梁和分离式双主梁的升力矩系数在-5°时相差1倍左右,随着攻角有负转正差值越来越小,5°时是相接近。

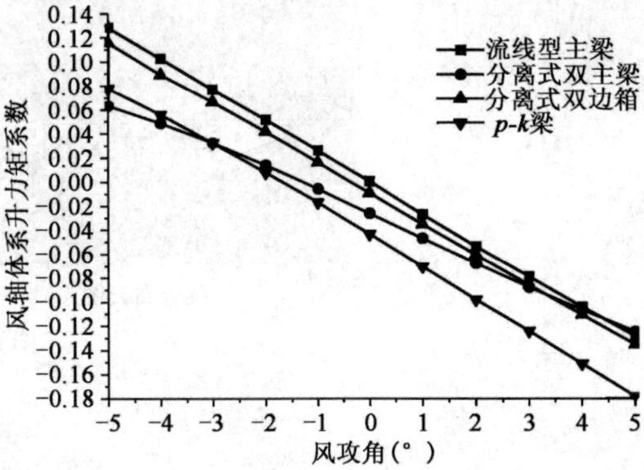

图6 风轴体系升力矩系数

2. 压强和速度分布图

图7~图10是四种断面在攻角为0°情况下的压力、速度分布云图。从图上我们可以明显看出压强分布和速度分布随着截面形式的变化而变化的规律:

(1)p-k梁的左端出现很大范围的正压,其左右端压强差最大,流线型梁的左端正压范围小,其左右端压强差最小。因此从压强的变化规律可以得知其阻力系数的变化规律;

(2)流线型主梁、分离式双边梁和分离式双主梁在下缘都出现负压区,而p-k梁在上缘出现了负压;

(3)流线型主梁上下表面压强差相差最大,p-k梁上下表面压强差相差最小,几种断面压强和速度分布的差异形象地解释了三分力系数产生差别的原因。

压强分布云图

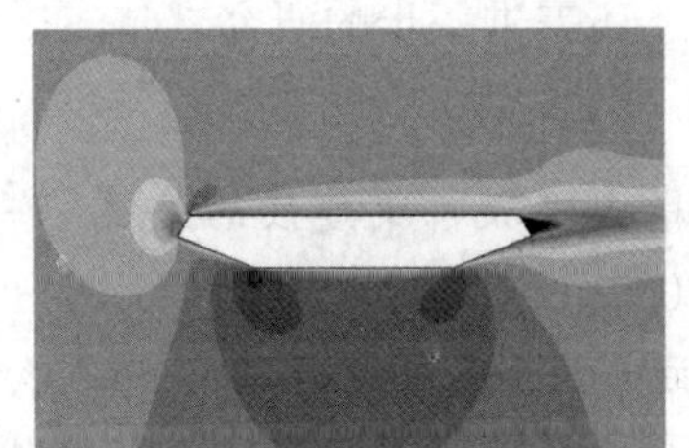
速度分布云图

图7 流线型主梁(0°攻角)

压强分布云图

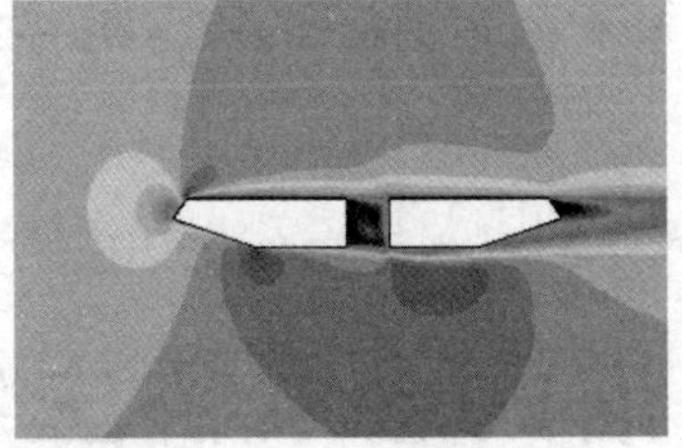
速度分布云图

图8 分离式双主梁(0°攻角)

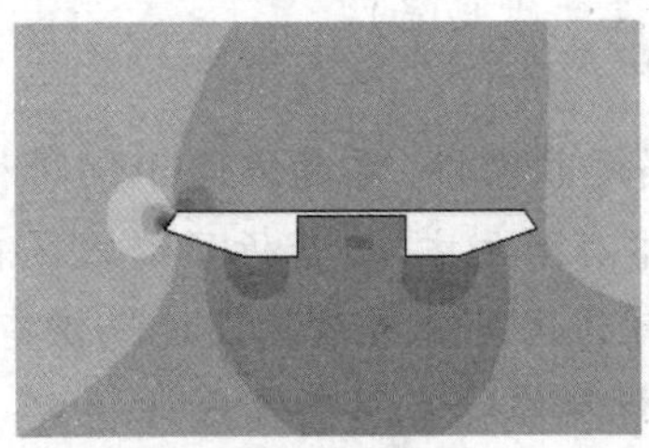
压强分布云图

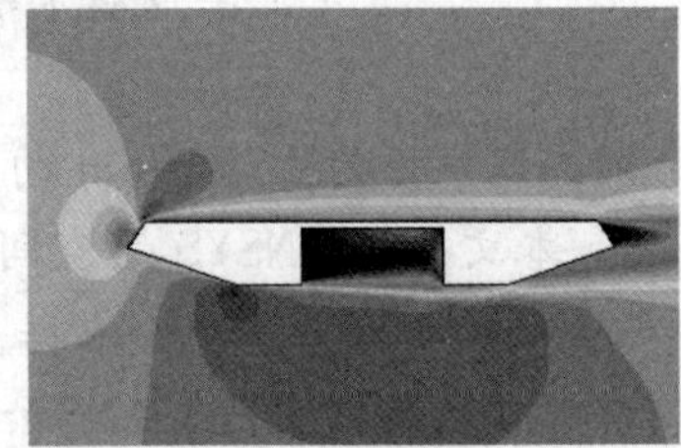
速度分布云图

图9 分离式双边梁(0°攻角)

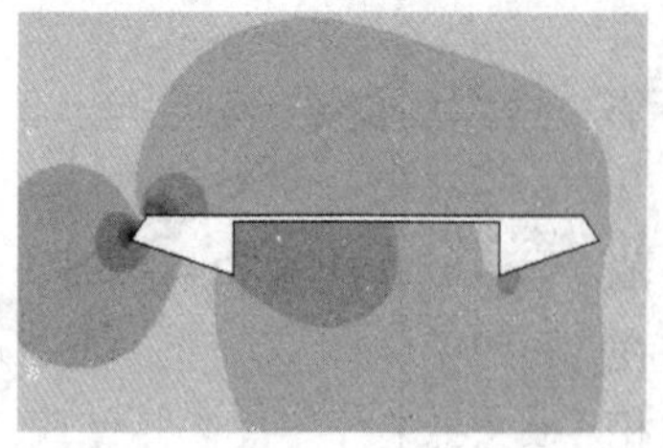

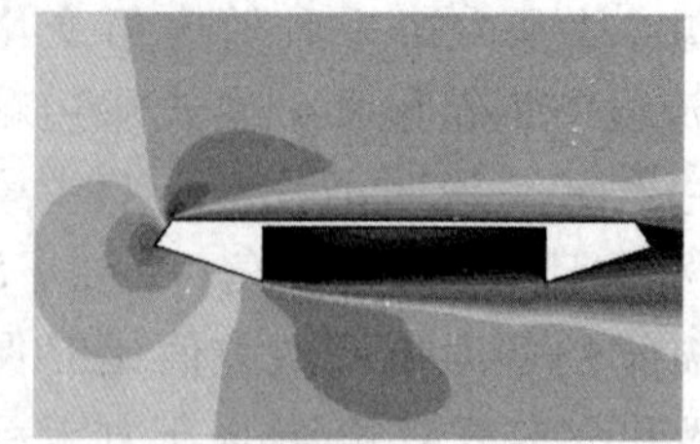

压强分布云图　　速度分布云图

图10　$p\text{-}k$梁(0°攻角)

五、结　　语

桥梁断面静力三分力系数是计算静风荷载的重要参数,本文以大跨径桥梁常见的4种断面为例,对这些断面气动力进行了数值模拟,得出了每个断面在攻角(-5°~5°)共11中工况下的静力三分力系数进行对比,通过流场的压强和速度分布云图分析其三分力系数变化的原因;得出以下结论:

(1)利用CFD数值模拟桥梁断面的静力三分力系数,可以得到比较理想的结果。桥梁断面设计时可以根据CFD数值模拟得出的断面周围的压力和流场图来对设计方案进行改进和优化。

(2)总体而言,流线型箱梁的气动力比$p\text{-}k$梁好,$p\text{-}k$梁的阻力系数和升力系数对风攻角的变化比较敏感。

(3)由于桥梁断面扰流对断面形式的敏感性,本文根据文献选择标准$k-\varepsilon$湍流模型,桥梁断面气动性能识别的湍流模型还还需进一步的研究。

参考文献

[1] 伊藤学,川田忠树.超长大桥梁建设的序幕——技术者的新挑战[M].刘健新译.第一版.北京:人民交通出版社,2002.

[2] 曹丰产.桥梁断面中央开槽对颤振稳定性的影响[J].同济大学学报,2002,30(54).

[3] 项海帆,陈艾荣.特大跨度桥梁抗风研究的新进展[J].土木工程学报,2003,36(4).

[4] 李加武,林志兴,项海帆.扁平箱形桥梁断面静气动力系数雷诺效应研究[J].公路,2004,49(9):43-47.

[5] 邓文,葛耀君,曹丰产.桥梁闭口箱梁三分力系数识别中的湍流模型比选[J].上海公路,2006,(04).

[6] 中华人民共和国行业标准.JTG/T D60-01—2004 公路桥梁抗风设计规范[S].武汉,武汉理工大学出版社,2004.

155.自锚式悬索桥主缆锚固区空间应力分析

周　良　彭　俊

(上海市城市建设设计研究院)

摘　要　松花江大桥南汊主桥为主跨248m的自锚式悬索桥,主缆锚固于锚跨横梁的混凝土锚固块中,锚固区受力比较复杂。本文采用ANSYS的空间实体有限元方法,分析了锚固区在成桥恒载作用下的空间应力分布情况,为实际工程设计提供理论依据,也可为同类桥梁结构设计提供有价值的参考。

关键词　自锚式悬索桥　主缆锚固区　ANSYS分析软件　空间应力分析

一、引　　言

根据已建成、在建和设计的几座自锚式混凝土悬索桥来看,混凝土加劲梁(包括部分钢—混组合梁)

主缆锚固系统主要有 3 种锚固方式[1~2]：

(1)主缆不散开，直接锚固在锚固体上，类似于斜拉桥斜拉索和主梁的锚固。

(2)主缆在散索鞍处散开，分别锚固在锚固体上，锚固体采用的是锚固块或者是锚固梁，保证足够的刚度和强度，以传递主缆的水平分力。大多数混凝土自锚式悬索桥都采用这种锚固方式，加劲梁多采用箱形截面，以方便主缆的散开。

(3)主缆采用单根钢丝绳，连续绕在梁端的锚固跨上，连接为环形。钢丝绳的转向通过转索鞍来实现。

自锚式悬索桥主缆锚固区结构受力复杂，是设计计算中需要重点研究的关键部位，其结构性能可影响到全桥的安全和使用，因此一般都进行专题研究[3~5]。

二、工 程 概 况

松花江大桥南汊主桥工程为五跨双塔钢－混凝土组合梁自锚式悬索桥，跨径组合 46m＋108m＋248m＋108m＋46m，全长 556m。主跨主缆垂跨比为 1/5。主梁在主塔横梁、锚墩、过渡墩上全桥共设置 16 个竖向支承支座，所有支座均为纵向活动；在每个主塔处设置 2 个横向抗风支座，锚墩及过渡墩处设置侧向限位装置。主缆在散索鞍处散开，分别锚固在锚固体上，锚固体采用的是锚固块结构。主桥桥型布置图见图 1。

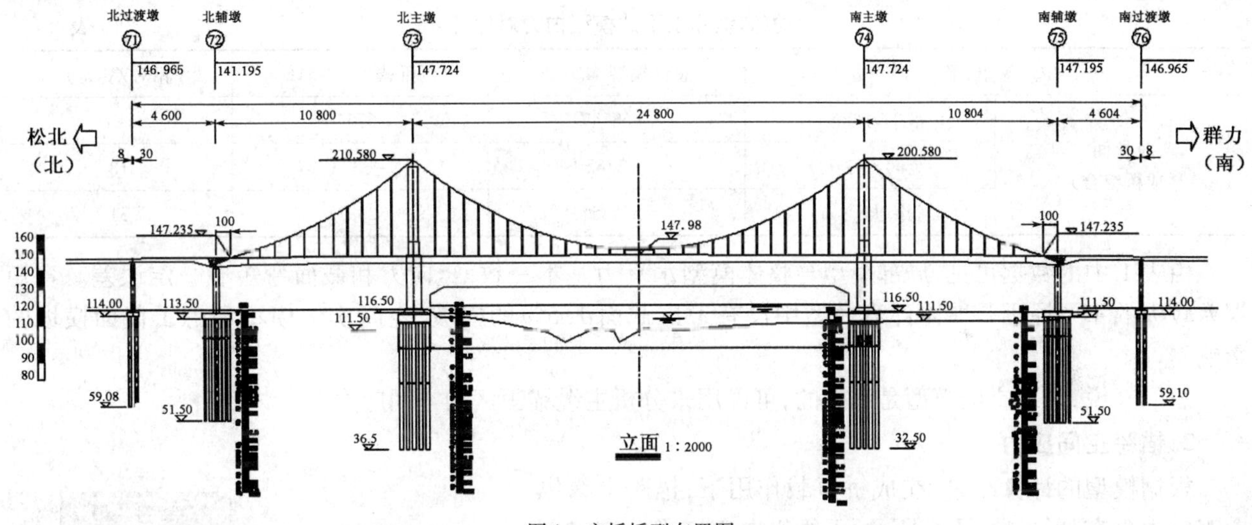

图 1 主桥桥型布置图

本文主要采用 ANSYS 的空间实体有限元方法，分析了锚固区在成桥恒载作用下的空间应力分布情况，为实际工程设计提供理论依据。

三、空间分析模型

锚固区空间受力分析采用 ANSYS 空间实体模型，混凝土采用实体单元 SOLID45，预应力钢束采用连接单元 LINK8。由于结构对称，因此取边跨半幅建立空间模型，横向加对称约束，单元总数为 84 255 个，空间分析模型见图 2。

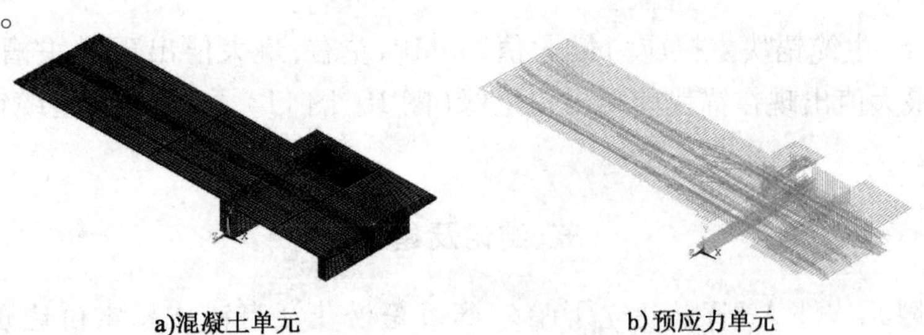

a)混凝土单元　　b)预应力单元

图 2 空间分析模型

模型边界条件示意参考图见图3,主梁钢—混结合面处施加整体模型单元截面位移边界,支座处施加竖向支承约束,由于结构对称取一半结构建模,在对称面施加横向对称约束。

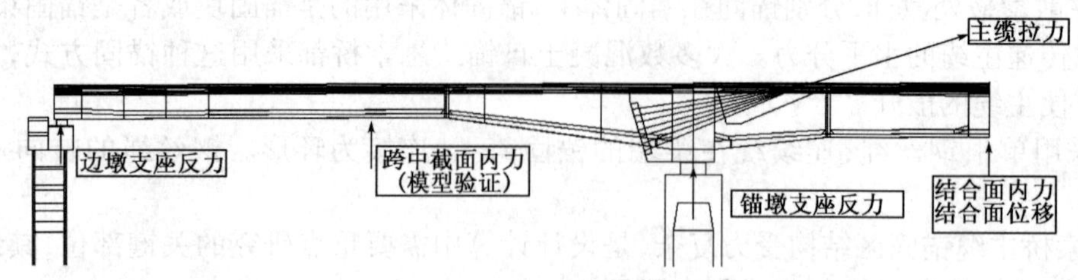

图3 模型边界条件图示

四、锚固区空间应力分析

1. 模型验证

边跨预应力混凝土箱梁及主缆锚固区分析模型采用了位移边界条件,因此,对应关键截面内力可以作为计算模型校核依据之一,以边跨过渡孔跨中截面内力作为校核依据。模型验证以成桥组合工况为基准工况,比较整体模型[6]与局部模型的计算结果。整体坐标系下模型内力对比见如表1所列。

整体坐标系下的模型内力对比 表1

边界位置		总体模型 MIDAS	局部模型 ANSYS	相对差(%)
校核面 (成桥组合)	水平力(kN)	-68147	-67577	-1
	竖向力(kN)	-2862	-3373	18
	弯矩(kN·m)	24485	32033	31

由表1中的数据可见,局部模型与整体模型水平力基本一致,竖向力和截面弯矩有一定误差。弯矩误差较大的主要原因是整体计算模型中没有考虑截面1.5%的横坡,空间实体模型考虑了截面横坡的影响。

总的来说,三维空间模型是有效的,可以用来分析主缆锚固区的空间应力。

2. 锚跨空间应力

根据模型的计算结果,在成桥恒载作用下,锚跨上缘纵向正应力分布如图4~图6所示,下缘纵向正应力分布如图7~图8所示。由图4~图8的应力分布图可以得到,锚跨箱梁上缘压应力最大值12MPa左右,下缘压应力最大值10MPa左右;上、下缘基本不出现拉应力。纵向正应力计算结果与MIDAS计算结果基本吻合[6]。

在成桥恒载作用下,边跨箱梁上缘横向压应力7.0MPa左右,下缘横向拉应力1.5MPa左右(如图9所示)。

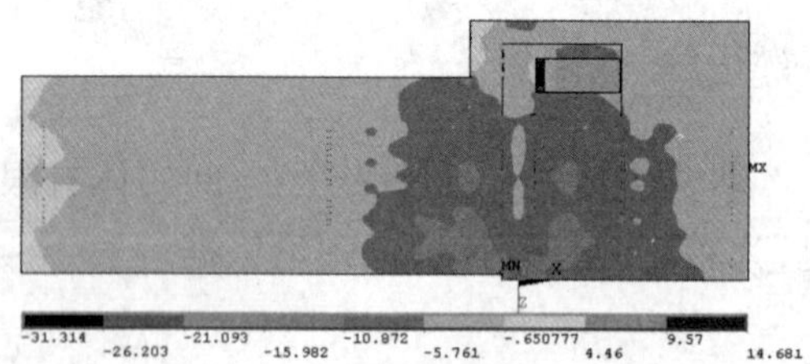

图4 锚跨上缘纵向正应力 S_X 云图(单位:MPa)

3. 锚块空间应力

在成桥恒载作用下,主缆锚块主拉应力最大值2.3MPa左右,最大值出现锚块槽口上边缘;主压应力最大值15MPa左右,最大值出现在锚块前端出口上缘(图10、图11)。总体上,主缆锚块混凝土应力比较小,应力分布比较正常。

五、结论及建议

采用大型通用有限元软件ANSYS,建立了哈尔滨市跨松花江自锚式悬索桥边跨混凝土箱梁及主缆锚固区的全结构空间实体仿真模型,经过严格校核,ANSYS计算结果与整体计算MIDAS模型计算结果完

全吻合。在此基础上进一步分析了成桥恒载作用下的空间应力情况,得出主要结论如下:

(1)在恒载作用下,边跨箱梁上缘压应力最大值12MPa左右,下缘压应力最大值10MPa左右;上、下缘基本不出现拉应力。纵向正应力计算结果与MIDAS计算结果基本吻合。

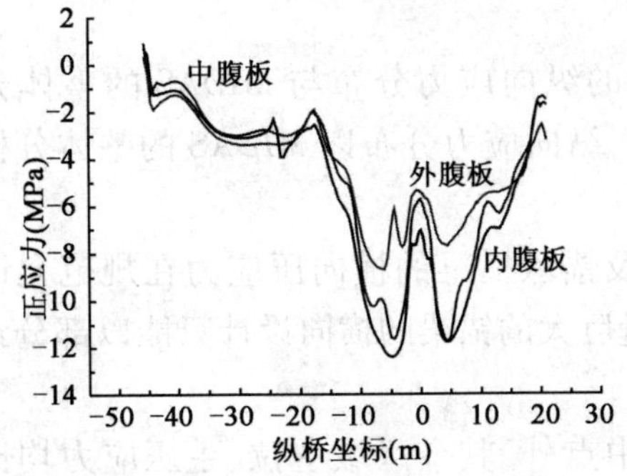

图5　锚跨上缘纵向正应力 S_X 变化图

图6　边跨上缘纵向正应力(MIDAS)(单位:MPa)

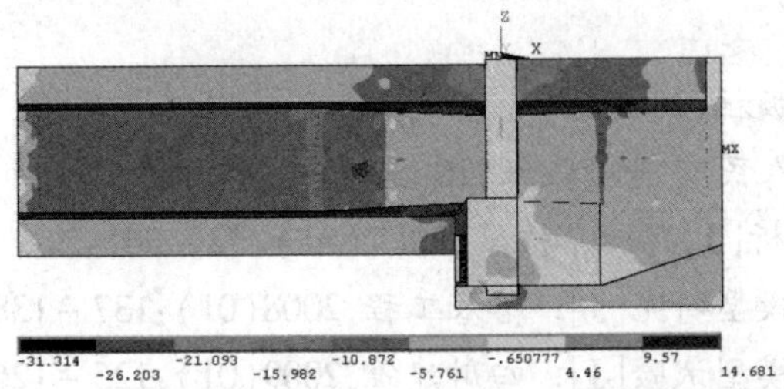

图7　边跨下缘纵向正应力 S_X 应力云图(单位:MPa)

图8　边跨下缘纵向正应力(MIDAS)(单位:MPa)

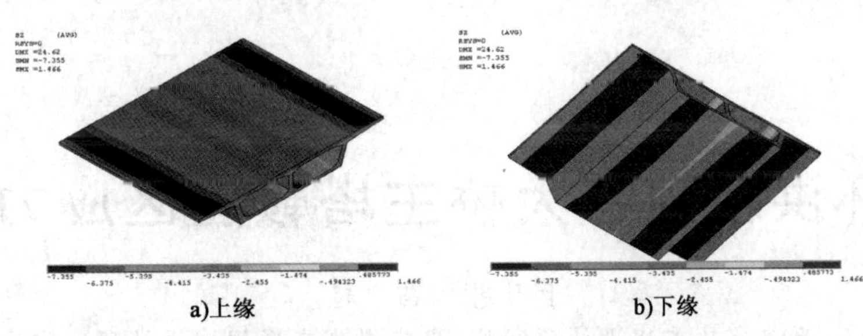

a)上缘　b)下缘

图9　锚跨梁段横向正应力 S_Z 应力云图(单位:MPa)

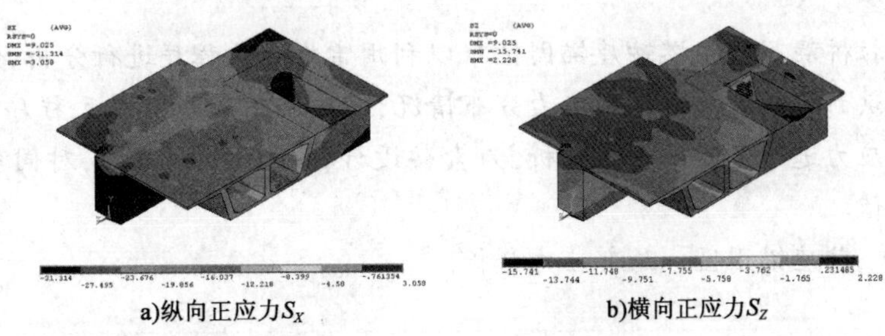

a)纵向正应力 S_X　b)横向正应力 S_Z

图10　锚墩横梁纵向正应力 S_X 云图(单位:MPa)

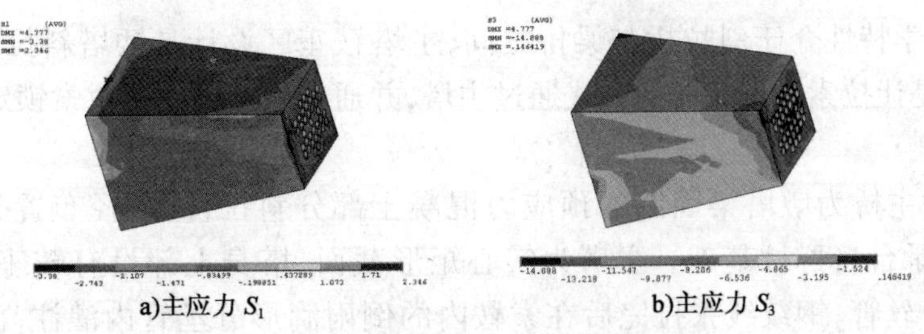

a)主应力 S_1　b)主应力 S_3

图11　锚块混凝土主应力云图(单位:MPa)

(2)在恒载作用下,主缆锚块主拉应力最大值2.3MPa左右,最大值出现锚块槽口上边缘;主压应力最大值15MPa左右,最大值出现在锚块前端出口上缘。

(3)在恒载作用下,边跨箱梁上缘横向压应力7.0MPa左右,下缘横向拉应力1.5MPa左右。

根据分析结论,提出以下几点建议:

(1)通过详细的模型验证,已经得到三维实体分析得到的纵向应力分布与MIDAS的整体分析应力比较接近,由于三维实体分析对最不利荷载组合的局限性,纵向应力分布以MIDAS的整体分析应力为主。

(2)根据三维实体分析的计算结果,边跨混凝土箱梁以及锚墩横梁的横向压应力在规范允许值以内,而拉应力不大但已经超过规范限值;实际上,箱梁以及体量巨大的锚梁的横向设计只能以部分预应力构件来设计,这样的设计会显得经济而有效。

(3)关于主缆锚固块的混凝土应力分布,除局部应力集中点外,其余区域主拉、主压应力均比较正常,设计也相对比较充分,只建议在应力集中区域作合适的构造处理并适当加强配筋。

参考文献

[1] 张哲. 混凝土自锚式悬索桥[M]. 北京:人民交通出版社,2005.

[2] 胡建华. 现代自锚式悬索桥理论与应用[M]. 北京:人民交通出版社,2008.

[3] 谢尚英,王锋君. 混凝土自锚式悬索桥锚固区应力分析[J]. 世界桥梁,2007(01):32-34.

[4] 勾红叶,蒲黔辉,王君明. 混凝土自锚式悬索桥锚固区模型研究[J]. 路基工程,2008(01):137-138.

[5] 武志明,勾红叶,王君明. 混凝土自锚式悬索桥锚固区模型试验[J]. 四川建筑,2009(01):125-126.

[6] 哈尔滨市三环路西线跨松花江大桥工程边跨及主缆锚固区空间分析[R]. 上海:上海市城市建设设计研究院,2010.

156. 怀洪新河特大桥主塔鞍座区应力分析

于西尧[1] 苗 超[2]

(1. 天津市政工程设计研究院;2. 安徽省交通规划设计研究院)

摘 要 矮塔斜拉桥混凝土主塔鞍座锚固区难以利用常规专业程序进行分析,锚固区内应力分布十分复杂。为了获得怀洪新河特大桥该区域应力分布情况,本文利用通用有限元程序Ansys对怀洪新河特大桥主塔鞍座锚固区应力进行了空间受力分析,为索鞍设计提供了理论依据,对同类矮塔斜拉桥的应力分析具有一定参考价值。

关键词 斜拉桥 鞍座锚固区 局部应力分析

一、概 述

矮塔斜拉桥的力学特性介于斜拉桥与梁桥之间,主塔鞍座区设计是矮塔斜拉桥的一个关键技术问题,鞍座区基本功能是让拉索以不间断的方式通过主塔,并通过黏结锚固使拉索锁定,将斜拉索的作用力传至桥塔。

怀洪新河特大桥主桥为墩塔梁固结的预应力混凝土部分斜拉桥,跨径布置为(75+130+75)m,下部结构为薄壁墩、承台接群桩基础。主塔为实心矩形截面,塔身上部设有鞍座,混凝土塔内预埋分丝管。斜拉索穿过分丝管,钢绞线张拉完后在索鞍内的倒雨滴形分丝管内灌注高强砂浆,通过钢绞线与高强砂浆之间的摩擦力来抵抗主塔两侧的不平衡拉力。图1为主塔构造图。为了解主塔鞍座处的受力特点及应力分布，确保主塔鞍座区结构安全性及可靠性，在实体主塔鞍座区选取一节段进行有限元模型分析。

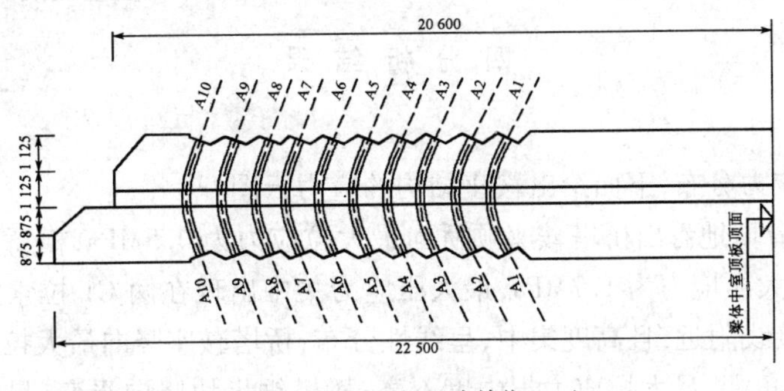

图1 主塔构造图(尺寸单位:mm)

二、有限元模型建立

1. 主塔索鞍

传统的部分斜拉桥主塔索鞍采用双重管(预埋管+内套管)的结构，见图2。外套管(预埋管)埋设于塔内，内套管置于预埋管内，两端设锚固块，钢绞线拉索从内套管中穿过，对称锚固于两侧主梁上。双重管结构的索鞍，由于组成钢绞线拉索的各根钢绞线相互叠压在一起，各根钢绞线拉索受力不均，混凝土的劈裂应力很大。

本桥采用了VSL分丝管索鞍，见图3，解决了双重管结构索鞍的不足，钢绞线各自独立穿过各分丝管并锚固于两侧主梁上，能使各根钢绞线在索鞍内保持平行，受力均匀，混凝土的劈裂应力相对较小，也易于设计计算模拟。

2. 荷载施加

该法向力是主塔两侧拉索索力作用于分丝管，通过分丝管作用传向混凝土，首先在分析中把法向力看做一种线荷载，见图4。根据林同炎老先生的预应力荷载等效原理，均布力q计算公式如下：

$$q = F/R$$

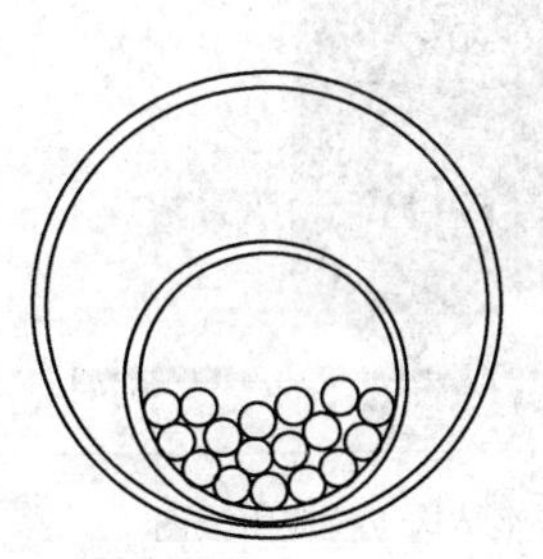

图2 传统双套管剖面图

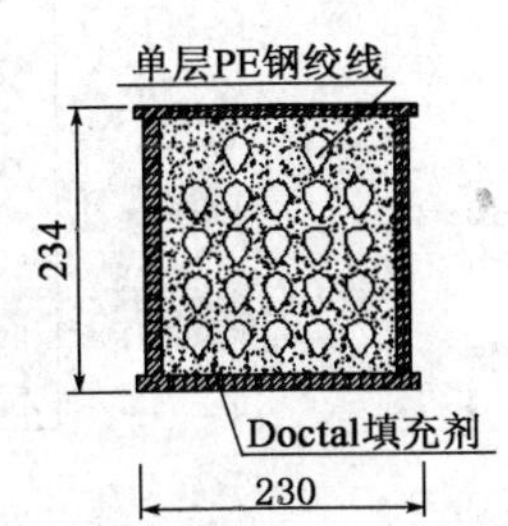

图3 VSL鞍座剖面图(尺寸单位:mm)

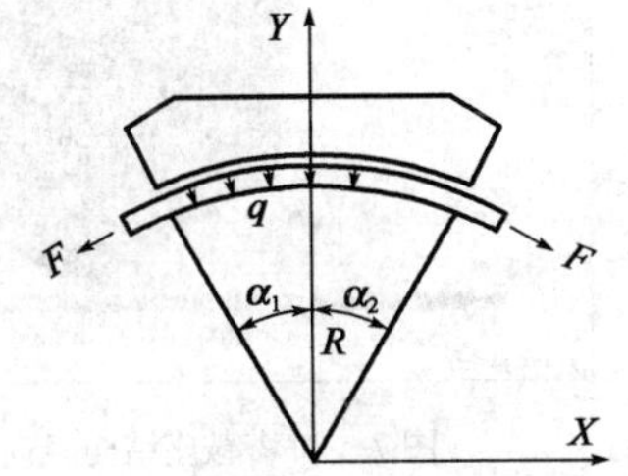

图4 主塔鞍座外管内侧壁法向力分布

忽略拉索圆弧段预应力损失，分布力仅与圆弧半径R及拉索索力F有关，与圆弧长度无关。在分丝管径向，荷载按线形分布的方式传递给塔内混凝土。

根据以上理论和平面杆系计算得到的最不利荷载组合的各组最大索力，在索鞍对应节点处施加荷载。

三、有限元模型建立

桥塔鞍座区分析采用大型通用有限元计算软件ANSYS中的结构分析模块对该桥索鞍节段进行三维有限元分析。采用单元为ANSYS中的SOLID45单元。考虑到建立整个桥塔结构单元数量巨大，为减少计算时长，模型的建立选取了桥塔底部，索力较大的C1~C3号斜拉索所对应的孔道进行分析，为了模拟顶部混凝土及其他拉索竖直力的作用，有限元模型选取了C4索与桥塔轴线相交处截面至C1索与桥轴线相交处向下4m处的截面之间的桥塔建立112 903个单元，图5给出了鞍座处的网格划分图。

四、分 析 结 果

1. 鞍座处应力云图

为研究桥塔鞍座的应力分布，下面给出鞍座结构的应力云图。

从图5～图10可以清晰地看出桥塔鞍座顺桥向最大拉应力为0.5MPa，横桥向最大拉应力1.0MPa，出现在拉索孔道附近；最大压应力为1.7MPa，最大压应力集中出现在两C1拉索进孔中心下部对应的鞍座锯齿块底部与桥塔连接线附近，且高度集中，呈线性分布；桥塔鞍座竖向最大拉应力为0.7MPa，出现在桥塔C1拉索对应锯齿块角隅，最大拉应力集中度不高；桥塔锯齿块竖向受弯，最大压应力为8MPa，出现位置与顺桥向最大压应力位置相同。

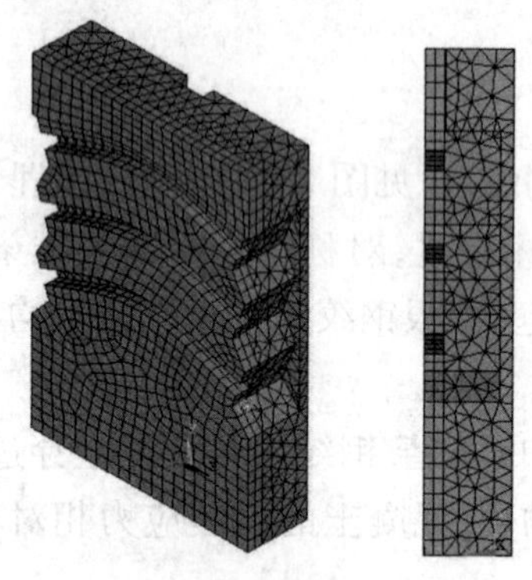

图5 鞍座处网格划分

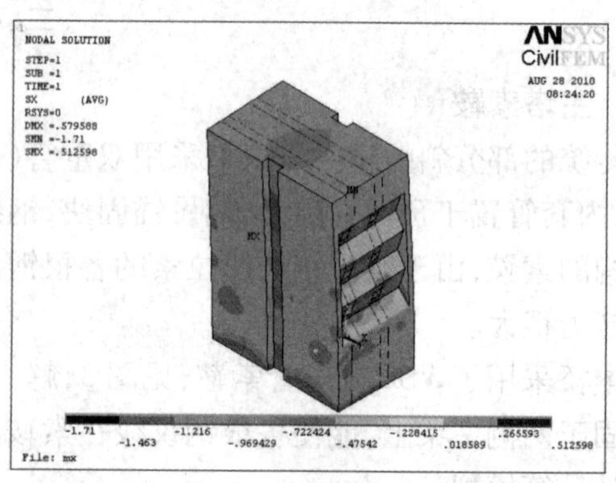

图6 桥塔鞍座结构顺桥向应力云图

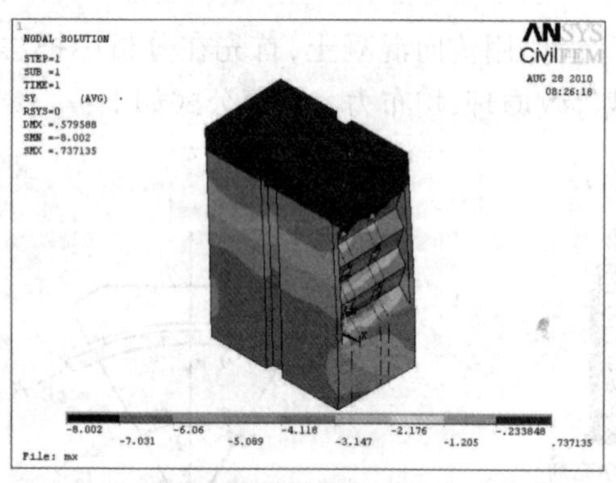

图7 桥塔鞍座结构竖向应力云图

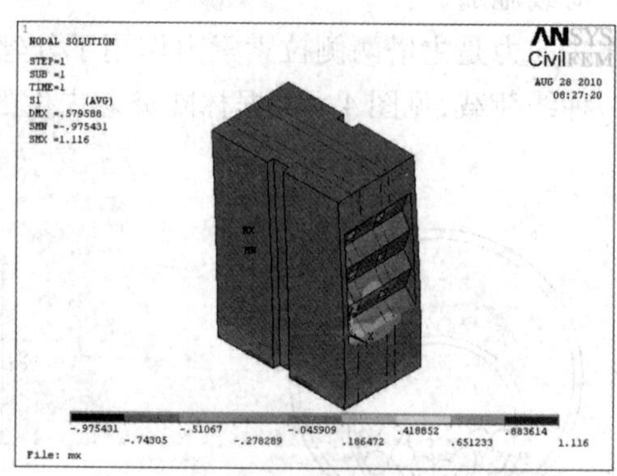

图8 桥塔鞍座结构主拉应力云图

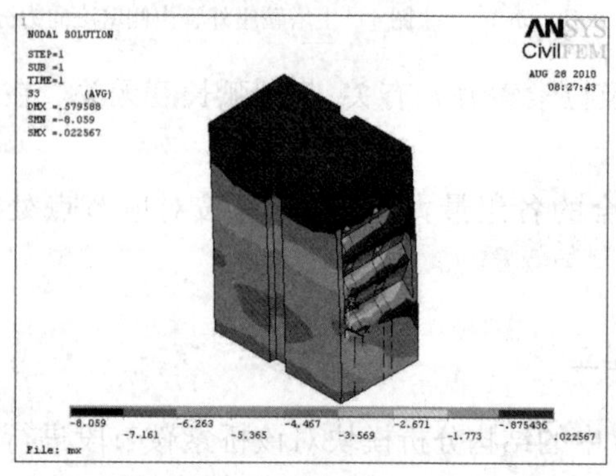

图9 桥塔鞍座结构主压应力云图

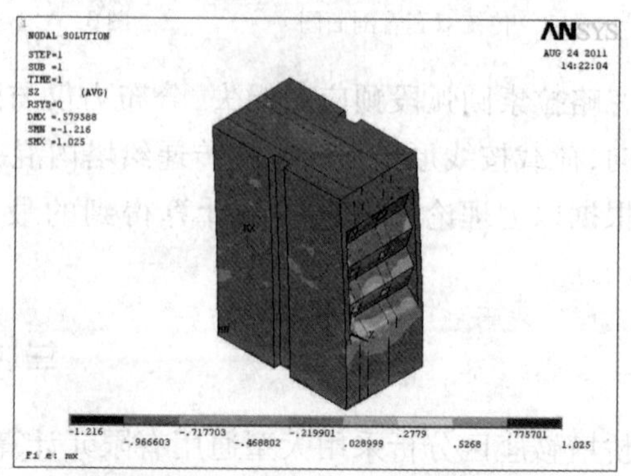

图10 桥塔鞍座结构横桥向应力云图

2.斜拉索孔道局部应力云图

图11～图13给出了桥塔斜拉索孔道处的局部应力图：

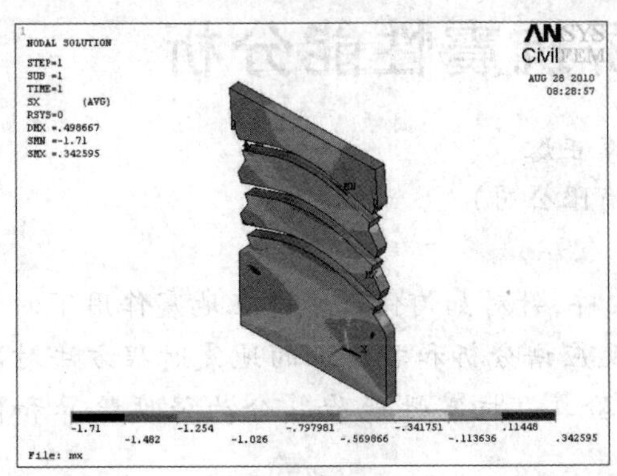

图11　斜拉索孔道处顺桥向应力云图

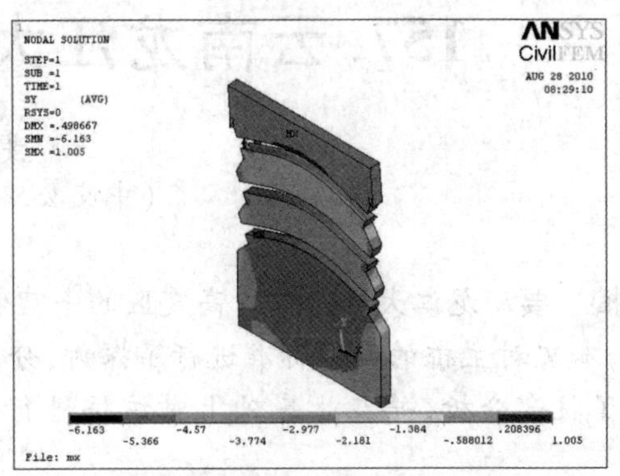

图12　斜拉索孔道处竖向应力云图

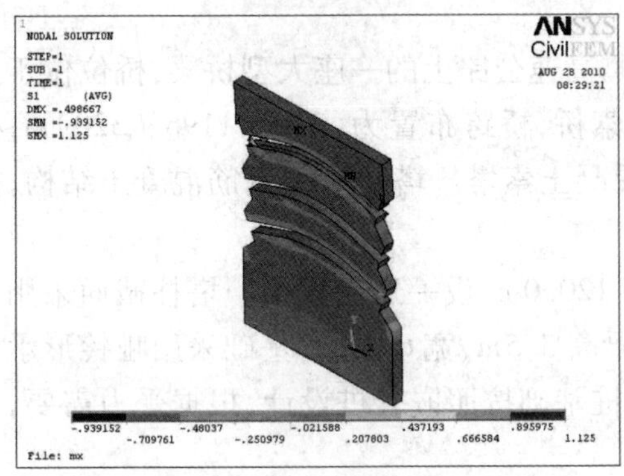

图13　斜拉索孔道处主拉应力云图

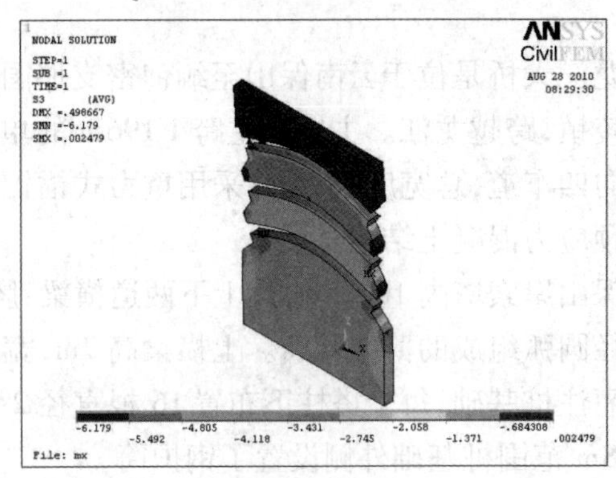

图14　斜拉索孔道处主压应力云图

从图11～图15可以看出斜拉索孔道附近应力分布较均匀。可以认为在自重和孔道压力作用下鞍座顺桥向呈压弯的状态，顺桥向最大拉应力为0.34MPa，横桥向最大拉应力0.68MPa，出现在拉索孔道内壁下缘，靠近拉索进孔处；拉索孔道上下缘主拉应力较大，最大主拉应力1.13MPa；拉索孔道处最大主压应力为6.2MPa。

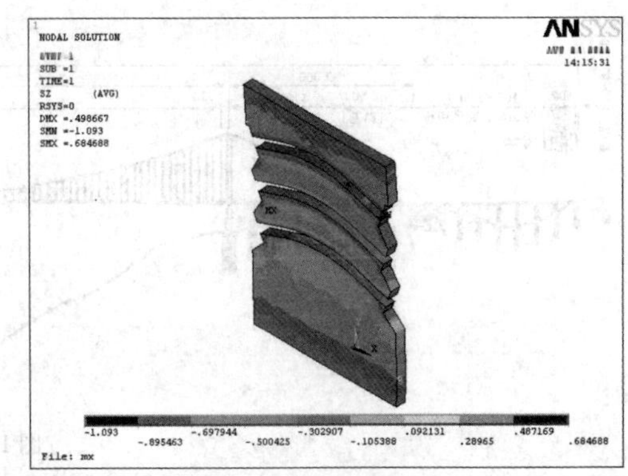

图15　斜拉索孔道处横桥向应力云图

五、结　　语

(1)有限元模型计算结果表明：在拉索法向力均匀分布力作用下，本桥顺桥向、横桥向及竖向应力、主拉应力、主压应力均在规范控制范围内，主塔鞍座区设计安全可靠。

(2)孔道下的横向有较大的横向劈裂应力，此处需布置适量的钢筋以防止开裂，并抵抗斜拉索与孔壁可能出现的不均匀接触引起的局部过大应力。

(3)鞍座和塔柱的交界处受力复杂，应力较大，此处的截面和配筋应适当加强。

(4)建议鞍座锯齿块角隅采用圆弧形倒角，减少应力集中。

参考文献

[1] 蔡晓明，张立明，何欢.矮塔斜拉桥索鞍受力分析.公路交通科技，2006(3).

[2] 刘钊，孟少平，臧华，张宇峰.矮塔斜拉桥索鞍区模型试验及设计探讨.东南大学学报(自然科学版)，2007(3).

[3] 韦华，李小刚，蒋鹰冲，韦中.黄墩大桥索塔锚固区传力途径和受力分析.城市道桥与防洪，2009(12).

157. 云南龙江大桥主桥抗震性能分析

王　斐　谭平荣　李正熔
（中交公路规划设计院有限公司）

摘　要　龙江大桥是位于高震区的一座特大跨径悬索桥，针对如何保证主桥在地震作用下的结构安全，本文对主桥的设防标准进行了探讨，分别采用线性反应谱分析和非线性的地震时程方法对本桥进行了抗震分析，并在此基础上对该桥进行了抗震性能验算。抗震性能验算分为强度验算和位移验算。

关键词　大跨悬索桥　地震反应分析　抗震性能

龙江大桥是位于云南保山至缅甸密支那国际大通道保腾高速公路上的一座大型桥梁，桥位位于腾冲县龙陵镇，跨越龙江。主桥为主跨1 196m的单跨钢箱梁悬索桥，桥跨布置为（320＋1196＋320）m；桥面为双向四车道，总宽度31.5m；采用重力式锚锭、门式框架混凝土索塔。塔柱采用钢筋混凝土结构，横梁采用预应力混凝土结构。

保山岸索塔高160.5m，设上下两道横梁；腾冲岸索塔高120.0m，设一道上横梁。塔柱截面采用4段同半径圆弧组成的薄壁截面。上横梁高7m，宽5.6m，下横梁高5.5m，宽6.5m。基础采用哑铃形承台接钻孔灌注桩基础，每个塔柱下布置16根直径2.5m钻孔桩，桩基础按照嵌岩桩设计，根据受力需要，在承台底8m范围桩基础外侧设置了钢护筒。

塔柱与横梁均采用C55混凝土，承台采用C40混凝土，桩基础采用C30混凝土。

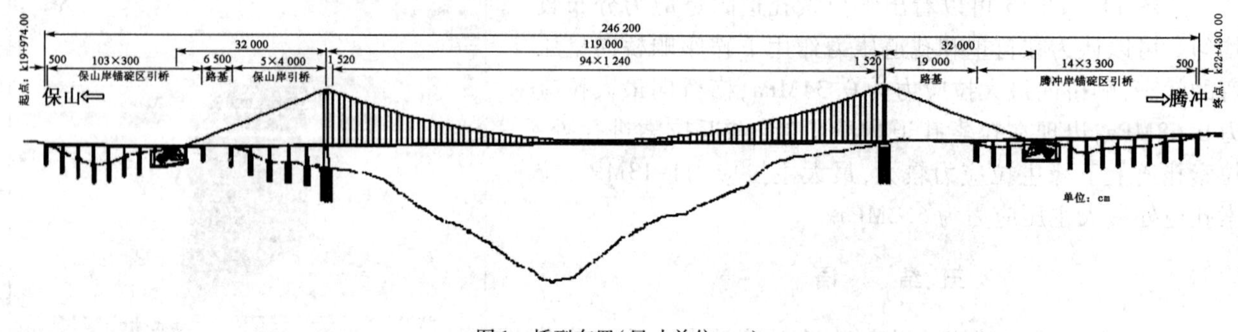

图1　桥型布置（尺寸单位：cm）

一、场地地震安全评价及抗震设防标准

根据《云南省地震动峰值加速度区划图》，桥位处动峰值加速度0.3g，抗震设计是本桥设计需要重点考虑的问题之一。根据《龙江大桥场地地震安全评价报告》，本桥场地土类别为Ⅱ类，可不考虑地基液化的影响。

综合目前国内外抗震设计的发展水平，本桥采用两概率水准进行抗震设防设计。本桥属于位于高速公路上的特大跨径桥梁，如果墩底产生塑性铰，将在塔顶产生较大的水平位移，如此索塔的修复将是非常困难的，所以本桥不考虑在P2水准下在塔底产生塑性铰，而是保证索塔核心混凝土的完整性，这是通过保证地震响应小于索塔的等效屈服强度来实现的。考虑到承台和桩基修复困难，所以采用了比塔柱更高的抗震设防标准。

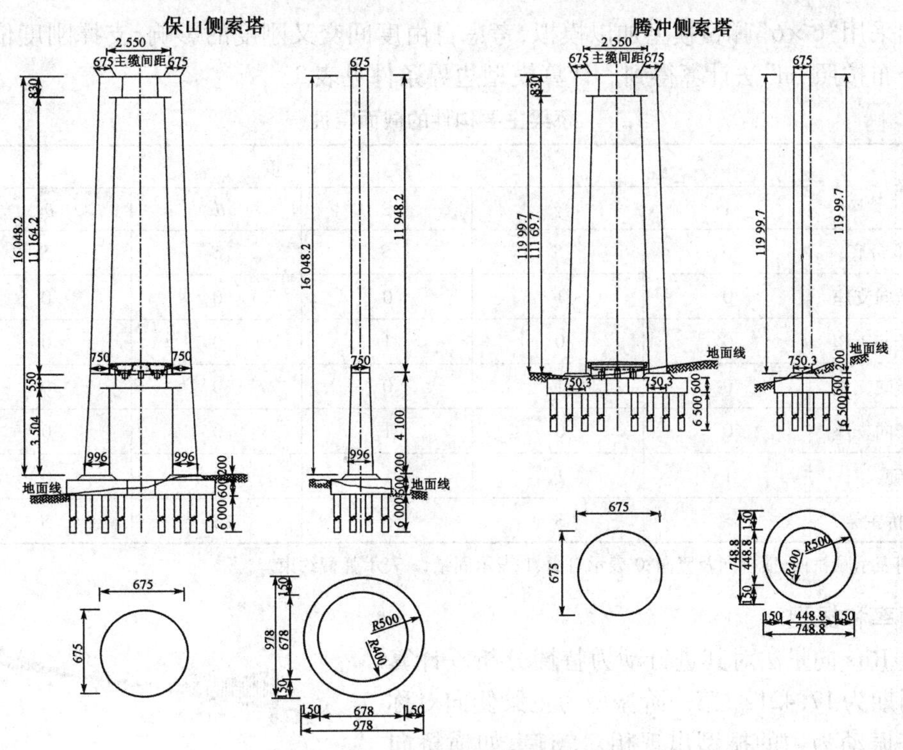

图2　索塔构造(尺寸单位:cm)

基岩加速度峰值及抗震性能目标　表1

设防概率水平	基岩加速度峰值	结构性能要求	结构校核目标
P1:100 年 10%(相当于重现期950 年)	0.355g	塔柱、横梁、桩基在弹性范围内工作,不影响使用	塔柱、横梁、桩基地震反应小于初始屈服弯矩
P2:100 年 4%(相当于重现期2450 年)	0.477g	塔柱、横梁出现可修复的损伤,桩基在弹性范围内工作	塔柱、横梁地震反应小于等效屈服弯矩,桩基地震反应小于初始屈服弯矩

二、动 力 特 性

1. 模型建立

悬索桥的动力特性是进行抗震分析的基础,而计算模型的模拟又直接影响到结构的动力特性。计算模型的模拟应着重于结构的刚度、质量和边界条件的模拟,它们应尽量和实际结构相符。结构刚度模拟主要指杆件的轴向刚度、弯曲刚度、剪切刚度、扭转刚度。结构的质量模拟主要指杆件的平动质量和转动质量的模拟。

主桥主梁采用单梁式力学模型,并通过主从约束同悬索桥吊索形成"鱼骨式"模型;引桥主梁分幅建立单梁式力学模型,通过非线性支座单元与引桥桥墩连接,对阻尼器采用了基于 Maxwell 模型的黏弹性阻尼单元进行模拟。主缆和吊索采用空间桁架单元,并考虑拉索垂度效应以及恒载几何刚度的影响。同时将二期恒载、主索鞍重转换为质量。主要构件的截面特性见表2。

桥梁主要构件的截面特性　表2

构　件	面积 A	抗扭惯矩 I_{xx}	抗弯惯矩 I_{yy}	抗弯惯矩 I_{zz}	弹性模型 E
	(m^2)	(m^4)	(m^4)	(m^4)	(MPa)
主梁	1.120	4.32	1.65	77.60	2.06E5
主缆	0.356	—	—	—	2.0E5
吊索	0.006	—	—	—	1.1E5

各处基础采用“6×6”弹簧模型加以模拟,考虑自由度间交叉刚度的影响,支撑刚度依据桩基础布置和地基土层分布按照“m”法计算得到。计算模型边界条件见表3。

桥梁主要构件的截面特性　　表3

位　置	自由度					
	x	y	z	θx	θy	θz
主塔、引桥墩承台底	S	S	S	S	S	S
主梁和索塔间横向支座	0	1	0	0	0	0
主梁和索塔间竖向支座	0	0	1	0	0	0
主梁和桥台间横向支座	0	1	0	0	0	0
主梁和桥台间竖向支座	0	0	1	0	0	0
主缆与锚碇	1	1	1	0	0	0
引桥桥墩与引桥主梁	S	S	S	S	S	S

注:x、y、z分别表示顺桥向、横桥向及竖向;0表示自由,1表示固结,S表示弹簧约束。

2. 自振频率和振型

采用多重Ritz向量法对其进行动力特性分析。计算得第一自振周期为17.421s,第一阶振型为主梁侧向对称弯曲。以桥塔振动为主的振型出现相对较晚,如横桥向振动出现在第10阶,纵向振动出现在第51阶。表4列出了前10阶振型频率及振型特性。

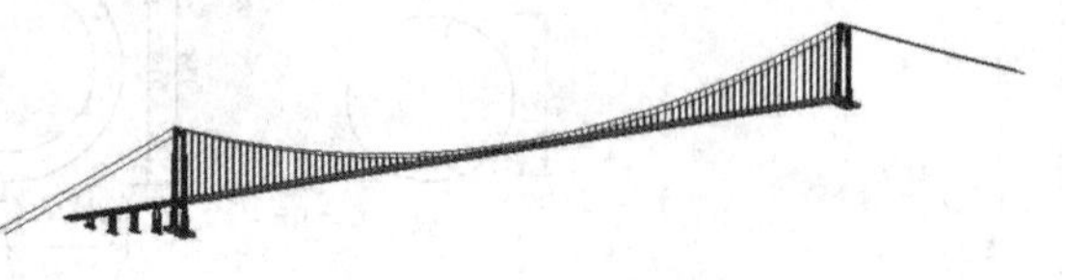

图3　动力计算模型

自振周期及振型特性　　表4

振型阶次	频率(1/s)	周期(s)	振型典型特征
1	0.057	17.421	主梁侧弯
2	0.095	10.512	主梁反对称竖弯+主梁纵飘
3	0.138	7.260	主梁反对称竖弯+主梁纵飘
4	0.144	6.966	主梁对称竖弯
5	0.150	6.673	主梁反对称侧弯
6	0.198	5.046	主梁对称竖弯
7	0.219	4.571	主梁反对称竖弯
8	0.243	4.110	主缆反向对称侧摆
9	0.255	3.922	主缆反向对称侧摆
10	0.256	3.902	主缆同向对称侧摆+主塔侧弯

三、地震反应分析

分别采用线性反应谱法和非线性时程法进行计算,计算中考虑了竖向地震作用,竖向地震的地震反应取水平方向的65%进行计算。根据成桥状态结构的动力特性,分别计算了P_1、P_2这2种概率水准的结构地震反应。每种概率水准又采用了2种地震动输入方式:①纵向+0.3横+0.3竖向;②横向+0.3纵向+0.3竖向。

1. 线性反应谱分析

在进行龙江大桥线性反应谱分析时,利用前述分析动力特性所采用的结构有限元模型,分别输入地震安全性评价报告中100年10%(P_1概率水平)和100年4%(P_2概率水平)超越概率下的加速度反应谱,对结构进行反应谱分析,取前600阶振型,按CQC方法进行组合。

2. 非线性时程分析

在进行龙江大桥非线性时程分析时,利用前述分析动力特性所采用的结构有限元模型,对此模型输入前述100年10%和100年4%两种超越概率下的加速度时程,分析方法采用直接积分法。两种超越概率下的地震加速度时程分别选用6条时程波,并取6条波的平均反应作为最终输出结果。

由于篇幅所限,仅列出非线性时程法计算结果,主要内力计算结果见表5~表8。

P_1概率水准地震动输入下关键截面内力 表5

地震输入方式	部位		恒载轴力—地震轴力 N (kN)	弯矩 M_x (kN·m)	弯矩 M_y (kN·m)
①	保山岸索塔	塔底	188990	190345	1090747
	腾冲岸索塔	塔底	161441	144586	454621
②	保山岸索塔	上横梁	1840	265463	—
		下横梁	-13078	283869	—
		塔底	171423	599879	363052
	腾冲岸索塔	上横梁	1947	265369	—
		塔底	142848	452157	175187

注:横梁内力未考虑预应力效应,下同。

P_2概率水准地震动输入下关键截面内力 表6

地震输入方式	部位		恒载轴力—地震轴力 N (kN)	弯矩 M_x (kN·m)	弯矩 M_y (kN·m)
①	保山岸索塔	塔底	173270	275227	1634186
	腾冲岸索塔	塔底	148391	205561	671679
②	保山岸索塔	上横梁	463	387026	—
		下横梁	-18445	430340	—
		塔底	146814	873455	538892
	腾冲岸索塔	上横梁	824	372611	—
		塔底	124067	647270	253136

P_2概率水准地震动输入下关键位移 表7

部位	竖向位移 U_1(cm)	纵向位移 U_1(cm)	横向位移 U_2(m)
保山岸索塔塔顶	—	15.2	48.3
腾冲岸索塔塔顶		17.5	41.8
主梁梁端	—	20.1	—
主梁跨中	34.4	—	364.2

P_2概率水准地震动输入下阻尼器最大行程和剪力 表8

部位	最大行程(cm)	最大剪力(kN)
保山岸索塔	39	2593
腾冲岸索塔	34	2482

3. 截面验算

为验算截面的初始屈服弯矩和等效屈服弯矩,将截面划分为由表面混凝土、核心混凝土和钢筋组成的纤维单元,分别定义不同的本构关系,考虑箍筋对核心混凝土的约束作用。保山岸索塔塔底截面的纤维单元划分图如图4所示。

根据截面的纤维单元模型，通过固定轴力，弯矩单调递增加载，得到截面的 $M-\Phi$ 曲线，把截面 $M-\Phi$ 曲线等效为双线性所得的弯矩如图4所示。经验算，索塔各截面在两概率水准下的承载能力满足要求。

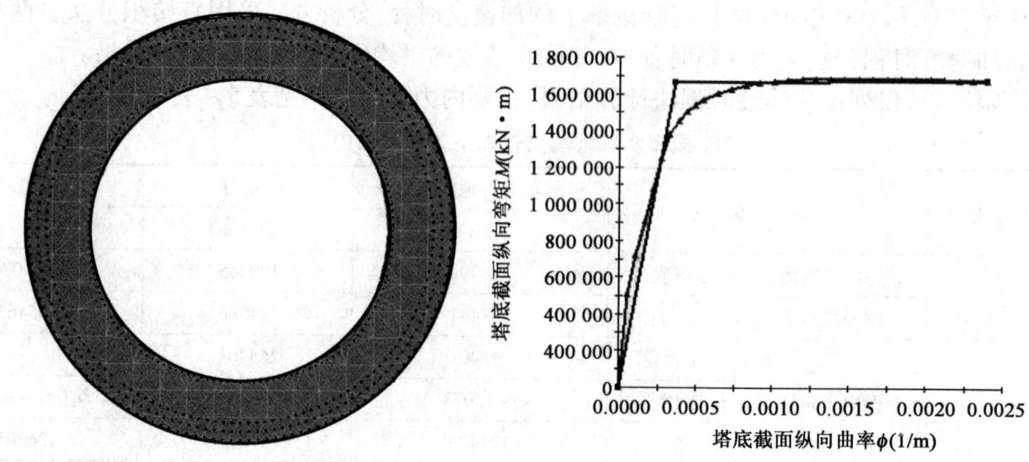

图4　保山岸索塔塔底截面纤维划分图和 $M-\Phi$ 曲线

四、结　　语

本桥采用两阶段概率水准进行抗震评估的同时，采用必要的减、隔震设计和细部构造设计，有力地保障了桥梁抗震性能。

①悬索桥作为一种柔性结构，在抗震方面有着良好的性能；索塔是悬索桥抗震的关键构件，在抗震设计中需要重点考虑。

②与其他位于非高震区的大跨度悬索桥不同的是，本桥的地震作用工况控制了索塔的设计，通过两概率水准进行抗震设防设计，保证桥梁有着良好的抗震性能。

③在抗震设计中需要重点考虑在 P_1 概率地震动作用下，结构仍处于材料弹性工作状态，不会因强度不足而发生破坏。

④在 P_2 概率地震动作用下，主梁跨中最大竖向位移为34.4 cm、最大横向位移为63.8cm，主塔塔顶最大横向位移为18.2 cm，稳定性有保障。

⑤在横向地震作用下，主梁跨中将产生较大的横向位移，这是由大跨悬索桥的特性决定的。

⑥通过参数优化，选取合适的黏滞阻尼器装置，使得本桥控制截面的最大地震反应减小16%。

⑦由于本桥两岸索塔高度不同，两侧索塔的最不利地震组合分别由纵向地震反应和横向地震反应控制。

参考文献

[1] 中华人民共和国行业标准. JTJ 004—89 公路工程抗震设计规范[S]. 北京：人民交通出版社，1989.

[2] 中华人民共和国行业标准. JTJ/T B02-01—2008 公路桥梁抗震设计细则[S]. 北京：人民交通出版社，2008.

[3] 李国豪. 桥梁结构稳定与振动[M]. 北京：中国铁道出版社，1992.

[4] 范立础. 桥梁抗震[M]. 北京：人民交通出版社，2001.

[5] 邱新林，赵人达. 湛江海湾大桥抗震性能分析[J]. 中南公路工程，2006 (4).

[6] 张行，李黎，龙晓鸿. 大跨度悬索桥地震反应分析及其抗震性能评价[J]. 工程抗震与加固改造，2006 (4).

158. 组合梁斜拉桥桥面板横向预应力施加效果分析

陈洪伟[1] 刘玉擎[1] 徐宏光[2]
(1. 同济大学桥梁工程系;2. 安徽省交通规划设计研究院)

摘 要 组合梁斜拉桥的混凝土桥面板由于收缩徐变以及车轮荷载的作用,会引起横桥向应力,容易产生纵向裂缝。为此需采取必要措施使桥面板横桥向获得一定的预压应力。本文介绍了布置横向预应力筋、顶升反拱、预弯反拱三种施加横向预应力的方法,并以某组合梁斜拉桥标准梁段为研究对象建立有限元计算模型,研究比较桥面板横向预应力的施加效果。

关键词 组合梁斜拉桥 桥面板 横向预应力 预弯反拱

一、引 言

组合梁斜拉桥是钢主梁与混凝土桥面板通过剪力连接件形成整体,并共同受力的一种结构形式。由于混凝土桥面板的收缩徐变以及车轮荷载的作用,会引起桥面板横桥向的拉应力,容易产生纵向裂缝,为此需采取必要措施使桥面板横桥向获得一定的预压应力。工程上一般常用千斤顶顶升或者布置横向预应力筋等方法使桥面板获得横向压应力。

针对钢梁与混凝土桥面板结合后整体吊装的组合梁斜拉桥施工方案,本文提出利用钢梁自重预弯反拱,施加桥面板横向预应力的技术措施。并通过某组合梁斜拉桥标准梁段为研究对象建立有限元模型,研究分析混凝土桥面板在布置横向预应力筋、顶升反拱、预弯反拱下的横向预应力施加效果,为同类型组合梁桥面板施加横向预压应力提供施工建议。

二、组合梁桥面板横桥向预应力施加方法

某组合梁斜拉桥标准梁段横断面如图 1 所示。桥面宽 38.3m,主梁采用双槽型箱断面,中间由横隔板连接。主梁中心线处梁高 3.3m,风嘴处梁高 2.932m。标准梁段长度为 10.8m,共设 3 道横隔板,间距为 3.6m。主梁钢结构材质为 Q345,混凝土标号为 C55。

主梁钢结构上翼缘板厚 24mm,横隔板下翼缘板厚 18mm,槽型箱平底板及斜底板厚为 30mm,U 形加劲肋板厚 8mm。边腹板板厚 30mm,中腹板板厚 18mm,三道横隔板的板厚为 12mm。钢主梁腹板以及横隔板的上翼缘宽度均为 0.6m,其上布置直径 22mm,高度 200mm 的圆柱头焊钉。桥面板厚一般为 26cm、在翼缘处加厚至 40cm。

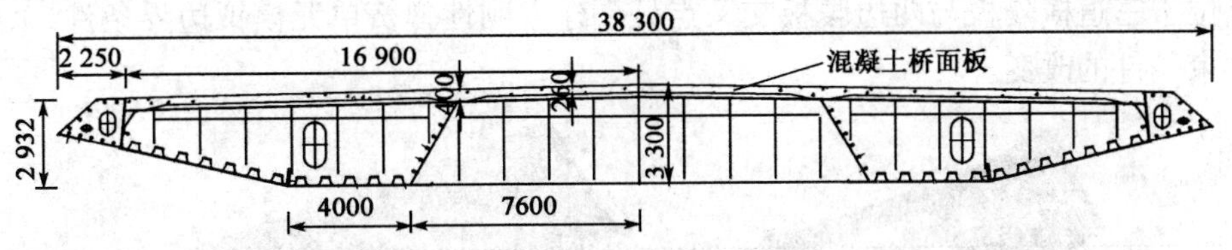

图 1 组合梁标准梁段横断面(尺寸单位:mm)

下面分别介绍针对该桥标准梁段三种施加横向预应力的方法。

(1) 布置横向预应力筋。横向预应力筋的布置如图 2 所示。标准梁段中 T1 及 T2 预应力筋为 ϕ^j15.24低松弛钢绞线,各 9 束。纵桥向间距约 0.56m,横桥向长度约 23.5m。T1 束和 T2 束交替布置,一端布置在边腹板附近混凝土处,另一端锚固在中腹板上翼缘混凝土腋脚处。

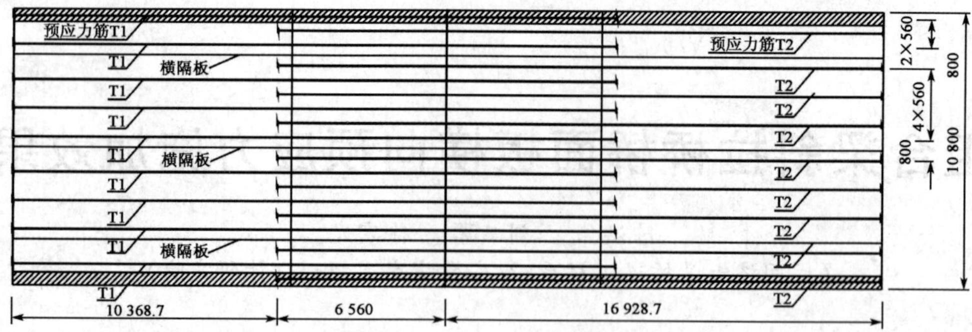

图2　桥面板横向预应力筋布置示意(尺寸单位:mm)

(2)顶升反拱。顶升反拱示意图如图3所示。即在每道横隔板处布置一束临时钢绞线,并通过放置在主梁中心线横隔板下翼缘底部的千斤顶施加竖向力。

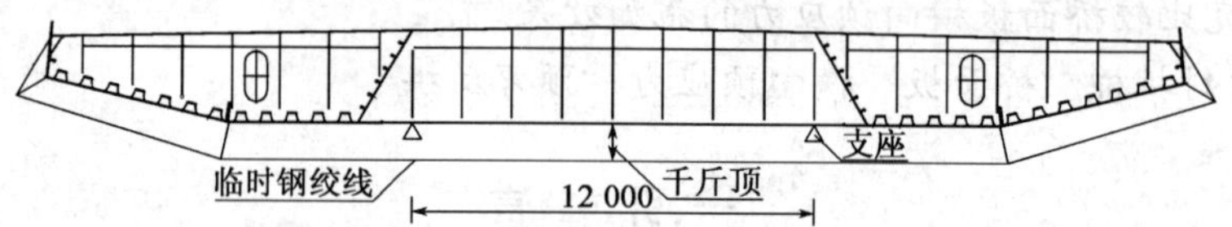

图3　顶升反拱施工示意(尺寸单位:mm)

(3)预弯反拱。针对双槽形箱组合梁断面,提出了两种方案。第一种是钢梁自重下预弯反拱,再安放预制桥面板,现浇湿接缝,如图4所示。第二种是在钢梁和边箱桥面板自重下预弯反拱,再安放横隔板上的预制桥面板,现浇湿接缝,如图5所示。

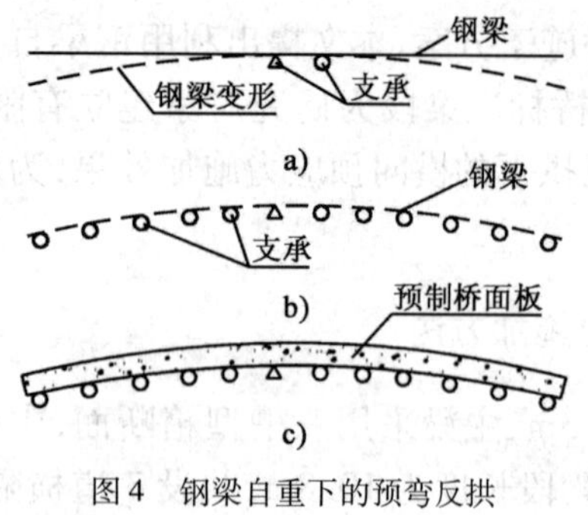

图4　钢梁自重下的预弯反拱

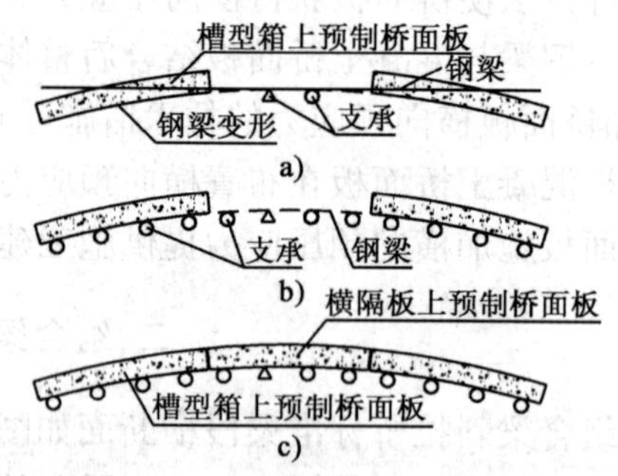

图5　钢梁和边箱桥面板自重下的预弯反拱

三、有限元计算模型

采用通用有限元软件ANSYS建立标准梁段的板壳实体模型如图6所示,其中钢结构主梁采用壳单元模拟,混凝土桥面板采用实体单元模拟,焊钉连接件采用三向弹簧单元来模拟,弹簧刚度取值根据标准推出试验获得。横向预应力筋则采用杆单元模拟,设置初应变模拟预应力,考虑20%的预应力损失。模拟拉索的节点位于三道横隔板与两边腹板交叉点处。建立刚性弹簧单元模拟边界条件,杀死或激活此弹簧单元实现约束条件的改变。

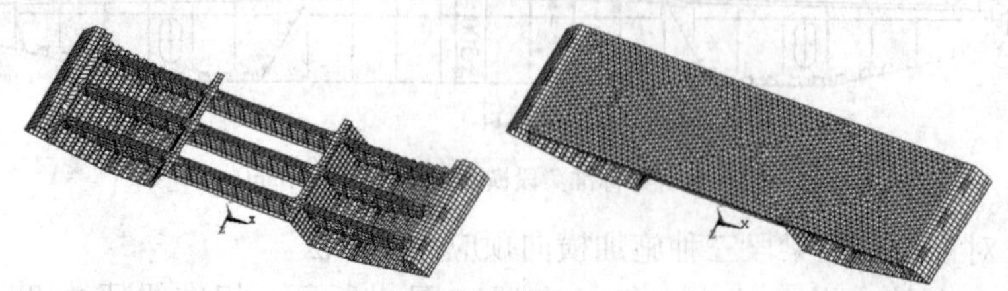

图6　标准梁段的有限元模型

分析计算了四种情况下桥面板横向预压应力的施加效果,即:

(1)配置每束分别含有2、3、4股钢绞线的预应力筋;

(2)顶升力分别为2000kN、3000kN、4000kN的顶升反拱；

(3)钢梁自重下的预弯反拱；

(4)钢梁和边箱桥面板自重下预弯反拱。

四、计算结果及分析

图7所示是上述四种情况下混凝土桥面板的横向应力云图。其中横向预应力筋每束含有3股钢绞线，顶升反拱时其顶升力为3000kN。从图7所示可知，四种情况下桥面板横向处于受压状态。主梁中心线处压应力最大，布置横向预应力筋约为5MPa，顶升反拱约5MPa，钢梁自重预弯反拱约3.5MPa，钢梁及边箱桥面板预弯反拱约7MPa，应力由中间向两侧平缓过渡。

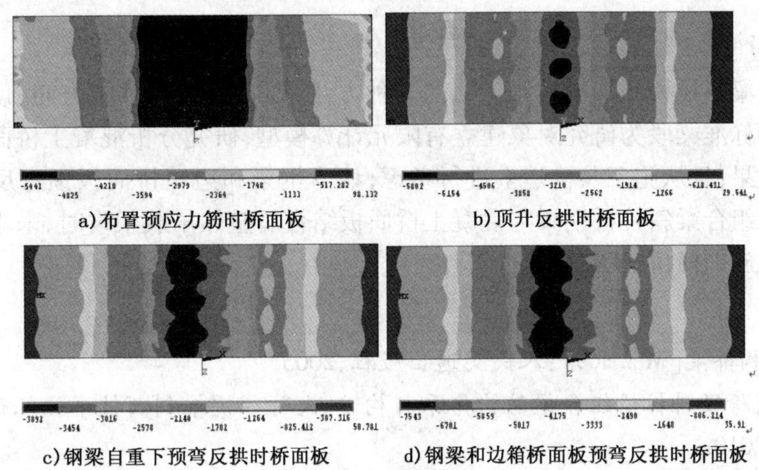

a)布置预应力筋时桥面板　b)顶升反拱时桥面板

c)钢梁自重下预弯反拱时桥面板　d)钢梁和边箱桥面板预弯反拱时桥面板

图7　四种情况下桥面板的横向应力(单位：kPa)

图8、图9分别为四种情况下桥面板沿纵向距端部3.6m处的横断面其上、下表面横向应力分布图。横断面全部处于受压状态，第四种方案即钢梁和边箱桥面板预弯反拱时施加桥面板横向预应力效果较好。布置横向预应力筋的横向压应力稍小，若要进一步提高压应力，需增加钢绞线的股数。顶升反拱时则需增大顶升力，才能提高横向压应力。

图10为预应力筋中含有不同股数(2、3、4股)时桥面板的横向应力。图11为顶升力不同(2000kN、3000kN、4000kN)时桥面板的横向应力。选取的参考点为主梁中心线处的混凝土节点。最大、最小值系参考点断面上最大、最小横向应力数值，平均值系参考点断面上所有节点的横向应力的平均数值。

从图10及图11可知，桥面板横向应力是随着钢绞线股数及顶升力的增加而线性增加。由有限元计算得到钢梁及边箱自重预弯反拱作用下主梁中心线处的桥面板的横向应力最大值、平均值、最小值分别为-5.96MPa、-5.05MPa、-4.04MPa。由此可推测当每束预筋中含有4根钢绞线或者是顶升力约4500kN时才能达到由于梁段自重变形所获得的横向压应力。从施工及构造上考虑，横向预应力筋长度较短，预应力损失大，且使桥面板的配筋构造复杂，张拉施工麻烦。顶升施工时钢梁需增加局部加强构造，采取较多的临时措施。相比于前两种方法，预弯反拱则施工上较为方便简单，且施加横向压应力效果明显。

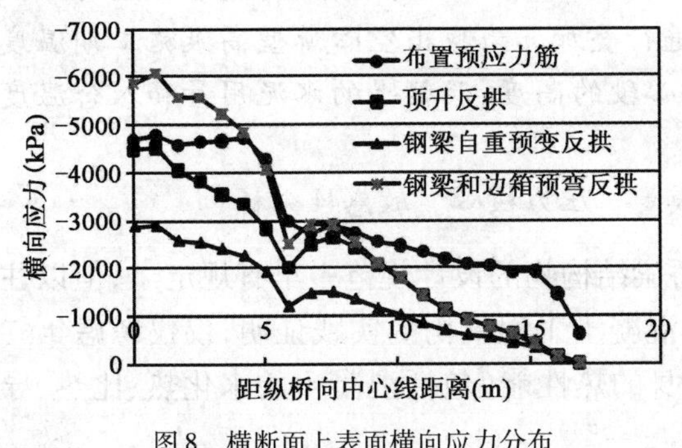

图8　横断面上表面横向应力分布

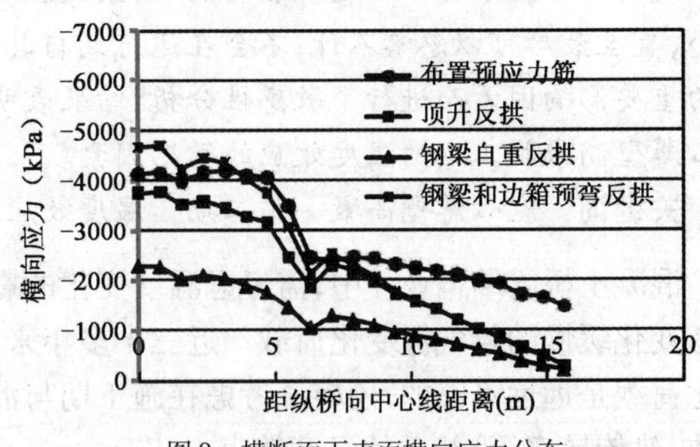

图9　横断面下表面横向应力分布

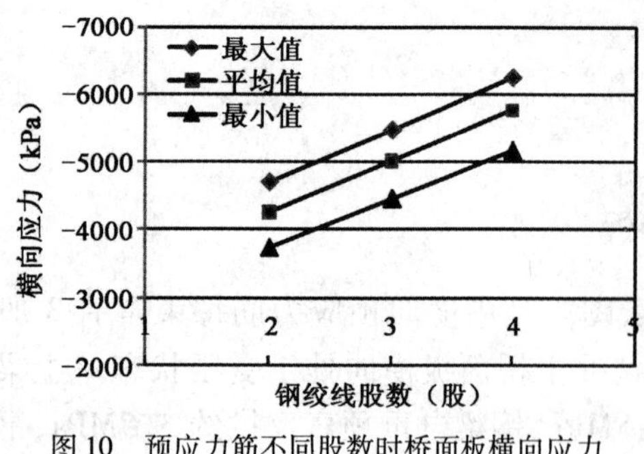

图10 预应力筋不同股数时桥面板横向应力

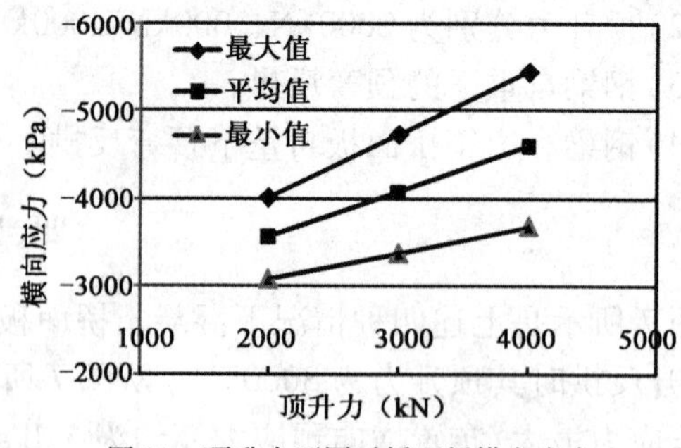

图11 顶升力不同时桥面板横向应力

五、结　语

本文介绍了组合梁斜拉桥施加横向预应力的3种方法,即布置横向预应力筋、顶升反拱、预弯反拱。并以某组合梁斜拉桥标准梁段为研究对象建立有限元计算模型,研究分析混凝土桥面板在此3种方法下施加横向预应力的效果,且从施工及构造上进行考虑,认为钢梁和边箱桥面板预弯反拱施加的横向预应力效果比较明显。在组合梁斜拉桥钢梁与混凝土桥面板结合后整体吊装架设时,采用钢梁横桥向预弯反拱的方法能够有效地施加横桥向预应力。

参考文献

[1] 刘玉擎.组合结构桥梁[M].北京:人民交通出版社,2005.

[2] 罗杰、刘玉擎.大跨径斜拉桥组合梁结构体系与构造.大跨径桥梁创新技术论坛论文集[M].北京:人民交通出版社,2010.

159.空心薄壁高墩施工期温度效应研究

黄修平[1]　朱熙银[2]

(1.中交武汉港湾工程设计研究院有限公司;2.万隆(北京)工程造价咨询有限公司湖北分公司)

摘　要　依托在建的空心薄壁高墩刚构桥工程,利用大型有限元软件ANSYS建立空心薄壁高墩实体模型,考虑混凝土固结过程中的水泥水化过程,合理选择各种热力学参数,充分考虑外界气温条件等各种温度因素,考虑了混凝土弹性模量随龄期的变化,用APDL语言编程对分层浇筑施工过程进行热—结构耦合分析。得出了空心薄壁高墩施工期的温度效应随时间和空间变化的仿真规律:各浇筑层温度在短时间内达到最大值,以后随着龄期的增加而减弱;每个浇筑层的最高温度出现的空间位置不尽相同,空心薄壁高墩下部几个浇筑层受下部沉台的散热影响而使最高温度出现的空间位置偏向沉台,所有浇筑层的温度场几乎都不受下一浇筑层的影响;最大温度应力出现在温差最大的时刻,应力随着温差的降低而减小,直至最后可以忽略不计,不会在运行期与其他荷载进行叠加。为找出空心薄壁高墩施工期温度效应的重要影响因素而进行了敏感性分析,结果表明墩底实心段的高度、混凝土的水泥用量和入仓温度是空心薄壁高墩施工期的温度效应的敏感因素。

关键词　空心薄壁高墩　施工期　温度效应　弹性模量　压力核心　敏感性分析

混凝土桥梁结构设计中,需考虑温度变化的影响,在桥梁结构物的设计规范中早有规定[1],但以往只考虑变化缓慢的年气温变化荷载。近三十多年来,国内外混凝土工程结构的实践证明,仅仅考虑年气温变化荷载是远远不够的,还应该考虑在施工期与混凝土本身的热性能(包括混凝土的水化热、比热、导温系数、热传导率等)相关的温度效应。

混凝土是热的不良导体，具有很大的热延迟性和热惰性，当混凝土浇注后，因水泥水化反应产生的水化热，在新浇注的混凝土结构中不断的积储热量，形成短期的内部温度高、外表面温度低的水化热分布状态。这种温差将产生温度应力，有可能在混凝土表面引起巨大的拉力和出现开裂。从水化热产生温度应力的角度考虑，它与结构形状、尺寸、混凝土的配合比、掺和物、施工工艺、混凝土结构的内外部约束等有关，由此可见由水化热引起的温度场分析是十分复杂的。

本文结合某在建的空心薄壁高墩刚构桥，运用大型有限元程序 ANSYS 来模拟施工期间空心薄壁高墩混凝土的温度场和应力场，并对影响空心薄壁高墩温度效应的因素进行了敏感性分析，得出了一些有益的结论。

一、混凝土桥梁温度效应研究基本理论

1. 温度场计算基本原理

混凝土构件内部和表面的某一点，在某一瞬间的温度界可表示为 $T_i = f(x,y,z,t)$，该点的温度 T_i 不仅与坐标 x、y、z 有关，而且与时间 t 有关。根据 Fourier 热传导理论[2]，对于均质、各向同性的混凝土，按弹性力学的推导可得到下列三维非稳定导热方程

$$\lambda\left(\frac{\partial^2 T}{\partial x^2} + \frac{\partial^2 T}{\partial y^2} \frac{\partial^2 T}{\partial z^2}\right) = c\gamma \frac{\partial T}{\partial t} - q$$

式中：λ——混凝土的导热系数；

c——混凝土的比热；

γ——混凝土的容重；

q——混凝土单位体积内释放出的热量。

当 $T=0$ 时，即为导热方程的初始条件，一般情况下，方程常用的边界条件由以下 3 种方式给出：第一类边界条件：混凝土表面温度 T 是时间的已知函数，即 $T(t) = f(t)$；第二类边界条件：混凝土表面的热流量是时间的已知函数，即 $\lambda \partial T/\partial n = f(t)$；第三类边界条件：当混凝土与空气接触时，假定经过混凝土表面的热流量与混凝土表面温度 T 和气温 T_a 及日辐射关系为 $\lambda \partial T/\partial n = \beta(T - T_a) - \alpha_s S$，其中 β 为总热交换系数，考虑对流与辐射的综合热交换系数。

工程中可以将复杂的边界面上的辐射交换热状况作线性化处理，以牛顿冷却定律计算。第三类边界条件比较符合混凝土结构在自然环境中的热交换状况，但往往需要选择合适的放热系数，才能得到较满意的计算结果。

2. 温度应力计算基本原理

对弹性体的温度应力[3,5]的研究，采用古典弹性力学的几个基本假定：

(1) 物体是连续的、均匀的、各向同性的和完全弹性的；

(2) 对物体的变形状态仍然采用小变形假定，即物体的位移与物体尺寸之比是微小的，正应变和剪应变与 1 之比是微小的。

在外力、边界约束和温度场作用下，物体中的应力、应变和位移满足下列基本条件：

在物体内部：

平衡微分方程：$\sigma_{ij,j} + f_i = 0 \qquad (i,j=1,2,3)$

几何方程：$\varepsilon_{ij} = \dfrac{1}{2}(u_{i,j} + u_{j,i}) \qquad (i,j=1,2,3)$

应力应变关系：$\varepsilon_{ij} = \dfrac{1+\mu}{E}\sigma_{ij} - \dfrac{\mu}{E}\sigma_{kk}\delta_{ij} + \alpha T\delta_{ij} \qquad (i,j = 1,2,3)$

式中：α——物体的热膨胀系数；

T——物体所承受的温度场；

E——物体的弹性模量，其中 $\lambda = \dfrac{E\mu}{(1+\mu)(1-2\mu)}$，$G = \dfrac{E}{2(1+\mu)}$。

在给定应力的表面,应力边界条件为:

$$\sigma_{ij}n_j = \tilde{T}_i(i,j=1,2,3)$$

在给定位移的表面,位移边界条件为:

$$u_i = \tilde{u}_i(i=1,2,3)$$

由此可见,温度应力的基本方程与一般弹性力学问题的基本方程相比,除了应力应变关系式外,其余的完全相同。

二、工程背景及参数取值

1. 工程背景

以在建的某空心薄壁高墩刚构桥为背景,其主桥为85m+2×160m+85m的空心薄壁高墩连续刚构桥。下部结构采用双肢薄壁墩,钻孔灌注桩基础,1号墩高117m,2号墩高127m,3号墩高110m,顶部截面尺寸为3m×6.5m,壁厚70cm,墩顺桥向不放坡,横桥向按1:100放坡;上部结构为双幅单室箱梁,箱梁顶宽10.5m,底宽6.5m,顶板悬臂长度2m,悬臂板端部厚20cm,根部厚65cm。箱梁高度以及箱梁底板厚度均按2次抛物线变化,其中主墩顶部高10.0m,跨中高3.5m。箱梁顶设有2%的横坡,箱梁浇筑分段长度依次分别为:主墩顶14m长0号段+7×3.5m+5×4.0m+4×4.5m+2.5m,合拢段长均采用2m,边跨现浇段长6m。

桥址气候属亚热带云贵高原山地季风湿润气候区,有关气象特征如下:

(1)年平均气温:14.0℃

(2)极端最高气温:36.7℃

(3)极端最低气温:-11.7℃

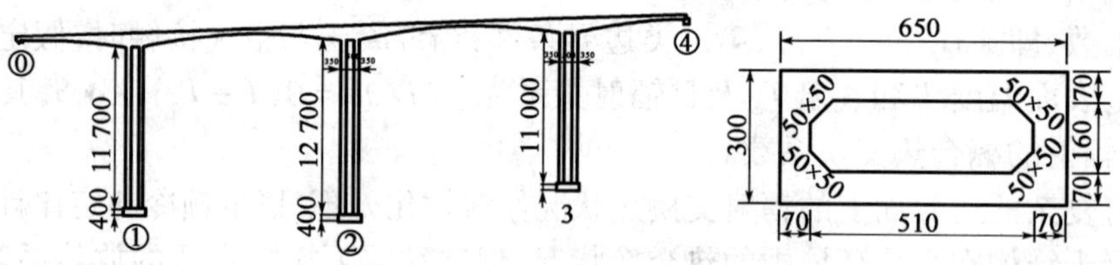

图1 桥梁结构及典型断面(尺寸单位:cm)

2. 参数取值

(1)混凝土导热系数、比热、密度

该桥桥墩采用C40混凝土,每m^3中各成分配合比如下。

计算部位每m^3混凝土的配合比 表1

	水泥	砂	粉煤灰	碎石	水	减水剂	总计
重量(kg)	470	555	60	1150	205	15	2455
百分比(%)	19.14	22.61	2.34	46.84	8.35	0.61	100.00

由于没有进行热性能实验,本文根据混凝土各组成成分的重量百分比进行估算导热系数λ和比热c。文献[4]中给出了常温下混凝土的导热系数和比热,采用加权平均法并乘有关系数计算可得:

$$\lambda = (\lambda_1\gamma_1 + \lambda_2\gamma_2 + \cdots + \lambda_i\gamma_i) = 9.742\ \text{kJ/(m·h·℃)}$$

$$c = 1.05(c_1\gamma_1 + c_2\gamma_2 + \cdots + c_i\gamma_i) = 0.956\ \text{kJ/(m·h·℃)}$$

$$\rho = m_1 + m_2 + \cdots + m_i = 2451\ \text{kg/m}^3$$

(2)混凝土的弹性模量

采用C40混凝土,E_0为3.25×10^{10}Pa,根据文献[4]确定其随龄期的变化规律,取

$$E(\tau) = E_0(1 - e^{-a\tau^b}) = (1 - e^{-0.28\tau^{0.52}}) \times 3.25 \times 10^{10}$$

(3)混凝土的水化热

根据相关文献,取最终水化热 $Q_0 = 330 \times 470$kJ/kg,根据文献[4]给出的参考值,确定其随龄期的变化规律,取

$$Q(\tau) = Q_0(1 - e^{-a\tau^b}) = 330 \times 470(1 - e^{-0.69\tau^{0.56}})$$

(4)与空气的对流系数

对流和热传导的影响在计算中总合为一个数值[4],这里不做研究,取经验值 $\beta = 63$kJ/(m^2·h·℃)。

三、温度效应研究

1.有限元分析方法

施工期温度效应主要是由于混凝土中的水化热引起的。早期混凝土的弹性模量是随时间变化的,采用增量法计算混凝土的温度应力,把时间划分为一系列时间段:Δt_1、Δt_2、…Δt_n,在第 i 时间段 Δt_i($i=1,2,3 \cdots n$)内温度增量为 $\Delta T_i = T(t_i) - T(t_i - 1)$,由温差引起的弹性温度应力增量为 $\Delta\sigma_i^e$,总的应力增量为 $\sigma = \sum_{i=0}^{n} \sigma_i^e$。采用 APDL 编制命令流[6]来完成模型的建立、计算和后处理,其计算框图如下。

选取全桥最高的双肢墩(127m)中的单肢建模进行分析,采用间接耦合的方法进行热——结构分析。首先求解出各个施工过程中混凝土的温度场分布情况,提取出个节点的节点温度荷载,再把温度荷载加在模型上进行结构分析,得出应力场。进行温度场分析时采用 solid70 单元,总共 24633 个节点,19680 个单元,进行应力场分析时将 solid70 单元转化成 solid45 单元,由于结构中配筋率小于 2%,因此在建模中没有考虑钢筋对混凝土导热系数和导热系数的影响。

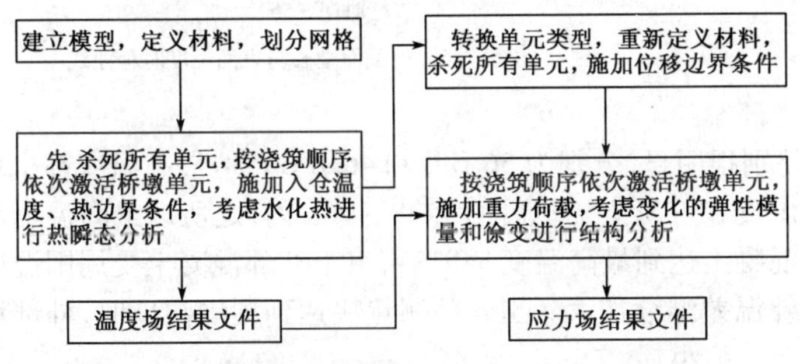

图2 空心薄壁高墩水化热温度应力场有限元计算框图

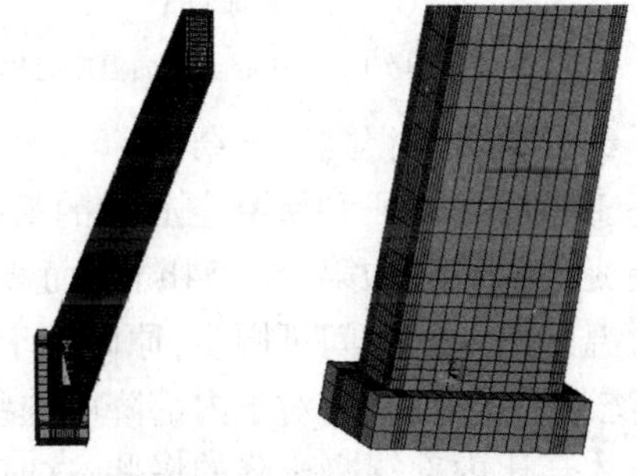

图3 空心薄壁高墩温度应力场有限元模型图

2.温度效应分析结果

(1)温度场一般分析结果

由于总体分析整个墩完整的施工过程时间较长,取 Δt_i 为 1 天进行分析,得出距墩底 1m 和 7.5m 处温度场最具代表性,1m 处和 7.5m 处混凝土内部和表面的温度变化历程曲线如下:

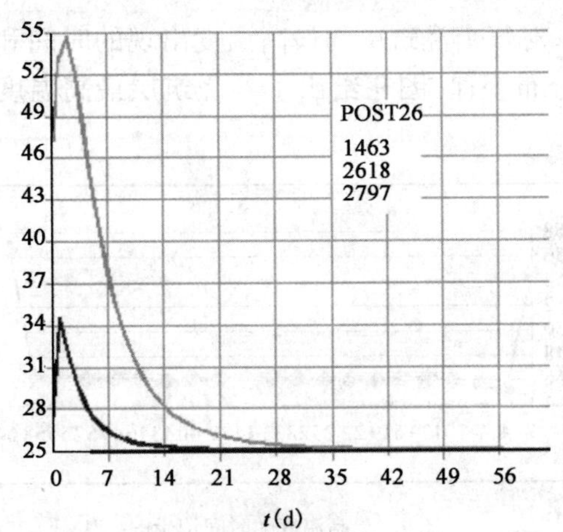

图4 1m 处关键点温度时程曲线

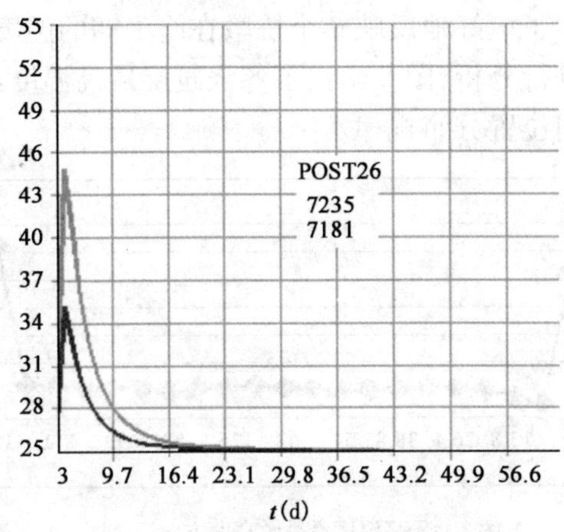

图5 7.5m 处关键点温度时程曲线

从上图分析可知该空心薄壁墩混凝土的水化热影响时间为15天左右,故取施工的前18天进行敏感性分析。为了使温度变化更能反映实际情况,考虑了每天气温的日变化,用正余弦三角函数来表示各个时间点的空气温度。

$$T(t) = \frac{1}{2}(T_{max} + T_{min}) + \frac{1}{2}(T_{max} - T_{min})\sin(wt + \varphi)$$

式中:T_{max}、T_{min}——当天的最高气温和最低气温;

t——取的时间点 w、φ 用来调整相位和所取的时间频率。

这里将计算的时间间隔 Δt_i 取为6h,得出1m处和7.5m处混凝土内部和表面的温度变化历程曲线如下:

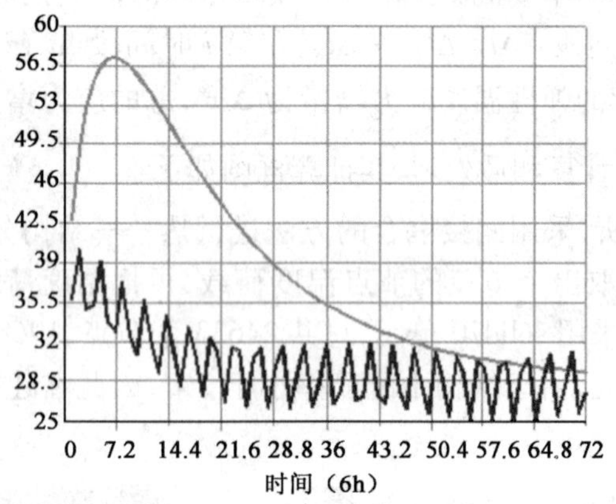

图6　桥墩1m处中心与表面温度时程曲线

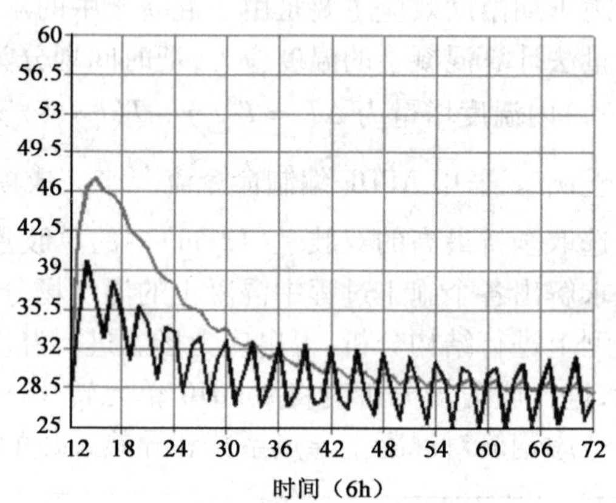

图7　桥墩7.5m处截面中心与表面温度时程曲线

经分析可以得到以下结论:

①墩底实心段和墩身空心段的最高温度差别很明显,分别为56.5℃和46.8℃。但最高温度都出现在混凝土浇筑后的第36~54h内,而最大温差出现在混凝土浇筑后的第48~96h内,之所以最高温度与最大温差出现的时间不同步,原因在于当内部混凝土达到最高温度54℃后,由于外部混凝土受周围温度相对较低的影响会相对于内部降的快些,使内外温差继续加大。当外部测点快达到周围温度时,外部混凝土才会比内部混凝土降的慢些,这时内外温差才缩小。

②在混凝土浇筑后的15~16d内外温度基本达到平衡,内外温差在2℃以内。

③在外界条件相同的情况下,混凝土施工期的最高温度和最大温差与混凝土的形状和体积有关系,墩底实心段与墩身空心段的最高温度有较大差别。

④混凝土内部温度场分布比较均匀,温度梯度不大,不会从内部开始产生裂缝。

(2)温度场的时间和空间特性分析结果

为了更好地反映整个桥墩在施工期的温度场变化情况,对每个浇筑层的最高温度出现的时间和空间位置进行分析,图8给出了各浇筑层最高温度出现的时间分布规律,图9给出了各浇筑层最高温度出现的空间位置分布规律。

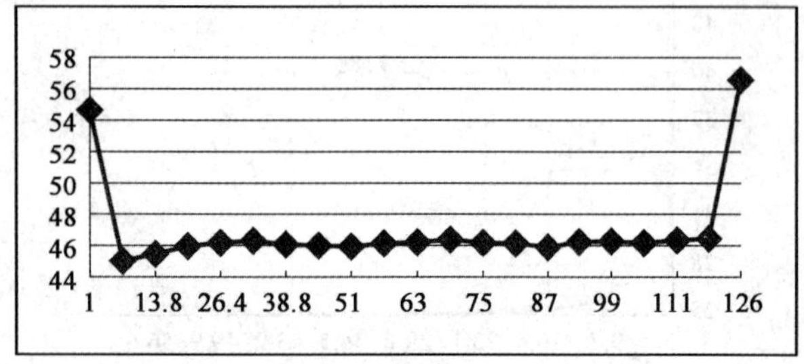

图8　最高温度沿桥墩高度方向记录图

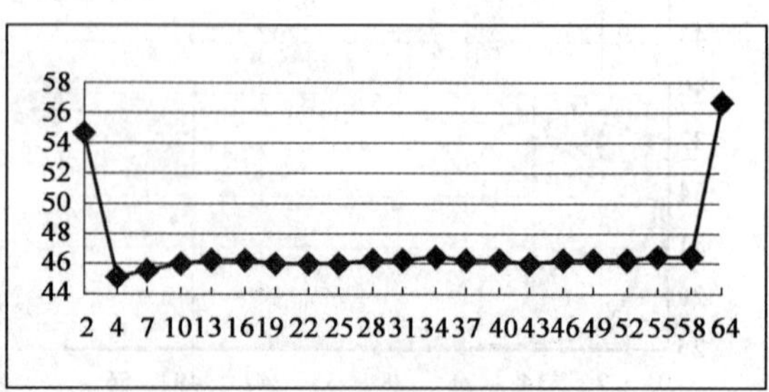

图9　最高温度随时间记录图

经分析可以得到以下结论：

①墩底实心段对最高温度影响较大，墩底实心段最高温度为54℃左右，出现在浇筑后的第2天，而墩身为空心段，最高温度为46℃左右。

②每个浇筑层的最高温度出现的空间位置不尽相同。第1浇筑层的最高温度出现在1m处墩底实心段内，随后浇筑的几段出现在并非每个浇筑层的沿桥墩高度方向的中心处而是稍微偏向桥墩底部，其余浇筑层的最高温度出现在沿桥墩高度方向的中心处。说明下部沉台有分散下部桥墩浇筑层的水化热的作用。

③每个浇筑层的最高温度出现的时间点不尽相同。对于本桥来说，墩底实心段最高温度出现在第1天，而墩身空心段最高温度都出现在浇筑后第2天。说明除了形状之外，基本上不受下一个浇筑层的温度向下传递的影响。

(3)温度应力分析结果

①墩底实心段在浇筑后第3天时温度应力最大，在表面出现2.35MPa的拉应力，该应力的大小远远超过混凝土此时的抗拉强度，很容易产生裂缝。如若处理不当，会使裂缝继续开展的话，将严重影响结构性能，故在设计时需要引起重视。

②墩底实心段的中心区域一直处于受压状态，可看作“压力核心”，在前3天，“压力核心”一直在增大，到第4天，随着第2浇筑层的施工“压力核心”减小。

③墩身空心段在浇筑后的第2天温度应力，在角隅处出现1.16MPa的拉应力。该应力的大小接近或者超过混凝土此时的抗拉强度，并且在角隅处，很容易产生应力集中，容易产生裂缝，如若处理不当会使裂缝继续开展而影响结构性能，故在设计时需要引起重视。

④最后一个浇筑层浇筑10天后，整墩下部的应力场趋于均匀，应力都很小，最大的不过0.008MPa的拉应力。说明水化热引起的温度应力只在施工过程中有较大影响，随着时间的推移，混凝土的温度应力会降低很多，直至可以忽略不计。

(4)温度场与温度应力比较分析结果

通过把应力场与温度场的比较发现：

①墩底实心段和墩身空心段的应力大小差异较大，分别为2.35MPa和1.16MPa，而其最高温度分别为54℃和46℃，说明应力不仅与温度场有关还与结构的形状、尺寸有关。

②墩底实心段和墩身空心段的应力最大值的时间不一样，分别为浇筑后的第3天和浇筑后的第2天，刚好在最大温差出现的时间内，与温度场吻合的很好。

③最终的温度场趋于周围大气的平均气温，而最终的温度应力也很小，说明水化热引起温度效应在施工期表现比较明显，会随时间的推移而消亡，但其施工期的表现必须引起高度重视。

四、影响因素敏感性分析

为了对空心薄壁高墩水化热温度效应（温度场和温度应力）的影响因素进行有效的研究，下面仅从温度场方面做研究，影响因素考虑了墩底实心段的高度、混凝土水泥的用量、混凝土的入仓温度、每层的施工间隔。分别采用墩高1m处和墩身7.5m处代表墩底实心段和墩身空心段，作为典型温度采集点。

1. 墩底实心段高度的影响

图10是墩底实心段增加0.2m的计算结果，典型温度采集点的最高温度分别增加了1.1℃和0.27℃。表明墩底实心段高度平均每增加0.18m墩底实心段的温度就增加1℃。所以在满足受力情况下尽可能减少墩底实心段高度才能降低温度效应的影响。

2. 混凝土水泥用量的影响

图11是每m^3混凝土水泥用量减小10kg的计算结果，典型温度采集点的最高温度分别降低了0.67℃和0.45℃。表明每m^3混凝土水泥用量每减小15kg墩底实心段的最高温度就可减少1℃。所以在满足受力情况下尽可能减少水泥用量才能降低温度效应的影响。

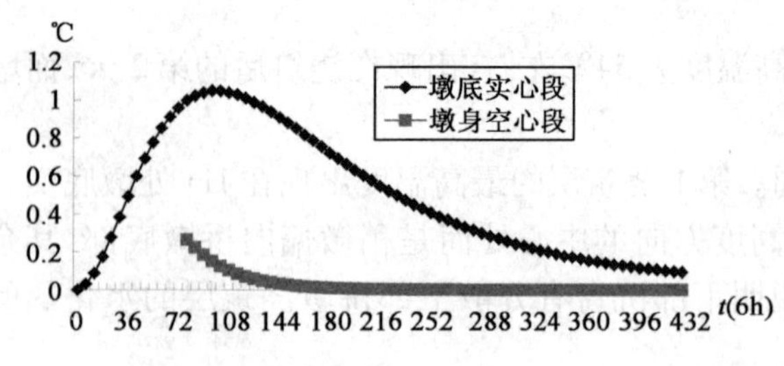

图10 墩底身心段高度对温度效应的影响

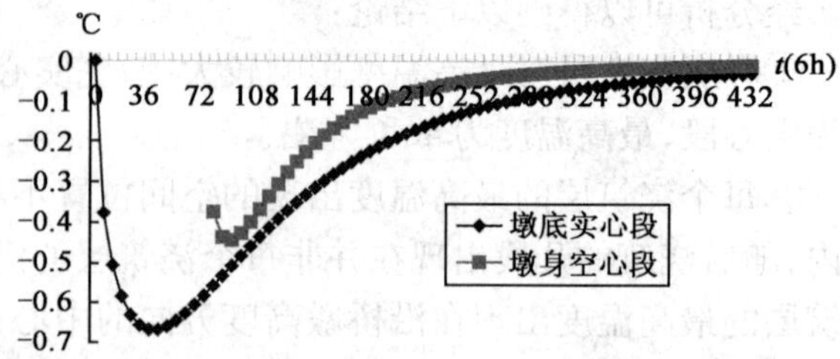

图11 水泥用量对温度效应的影响

3. 混凝土入仓温度的影响

图12是混凝土的入仓温度降低3℃的计算结果，典型温度采集点的最高温度分别降低了3℃和0.45℃。表明混凝土的入仓温度每降低1℃墩底实心段的最高温度就可减少1℃，而墩身空心段的最高温度减少0.15℃。故降低混凝土的入仓温度对降低墩底实心段的温度效应的影响较大。

4. 施工间隔的影响

图13是施工间隔增加1天的计算结果，典型温度采集点的最高温度减少的数量都很少。故减少施工间隔对降低温度效应的影响改善不大。

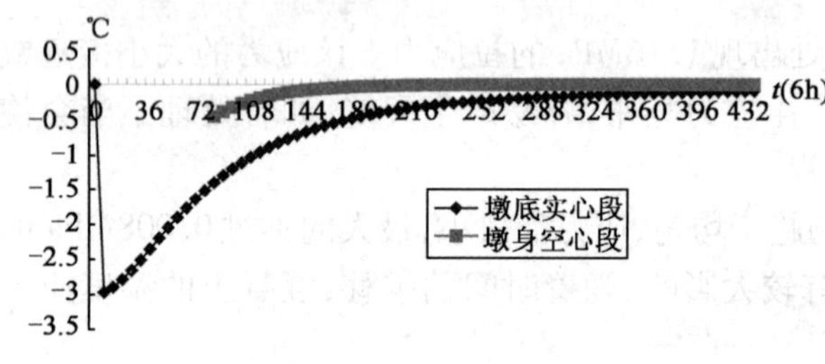

图12 混凝土入仓温度对温度效应的影响

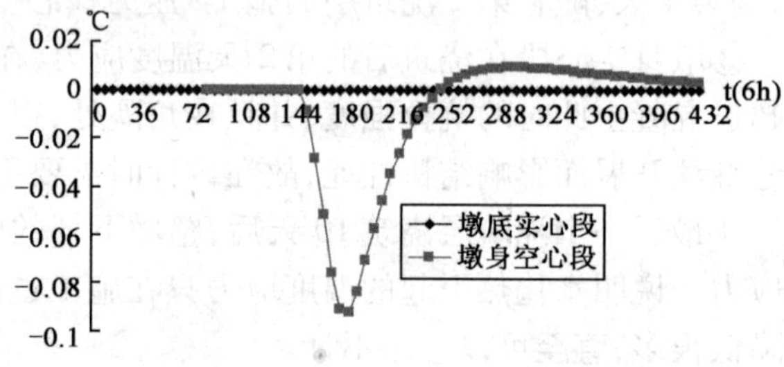

图13 施工间隔对温度效应的影响

从上面的敏感性分析可以看出墩底实心段高度、混凝土水泥的用量和入仓温度对空心薄壁高墩混凝土的温度效应的影响较大。工程上，合理的墩底实心段高度设计、合理的混凝土配合比、合适的原材料、选择合理的施工时间，是空心薄壁高墩混凝土温度控制成功的基础。

五、结论与建议

对大跨度连续刚构桥的空心薄壁高墩施工期温度场和应力场进行了有限元仿真分析研究，并对其影响因素进行敏感性分析研究，得出了以下结论：

(1)混凝土施工期的最高温度、最大温差和散热完成所需时间与混凝土的形状和体积有关系。墩底实心段最高温度为54℃，最大温差约22℃，散热基本完成所需时间约15天；墩身空心段最高温度为46℃，最大温差约18℃，散热基本完成所需时间约12天。

(2)由水化热引起的各浇筑层最高温度在短时间内达到最大值，以后随着龄期的增加而减弱。每个浇筑层的最高温度出现的空间位置不尽相同，桥墩下部几个浇筑层受下部沉台的散热影响而使最高温度出现的空间位置偏向沉台，所有浇筑层的温度场几乎都不受下一浇筑层的影响。

(3)由水化热引起的混凝土空心薄壁高墩内部温度场分布比较均匀，温度梯度不大，不会从内部开始产生裂缝。

(4)最大应力出现在温差最大的时刻，应力随着温差的降低而减小，直至最后可以忽略不计，不会在运行期与其他荷载进行叠加。墩底实心段最大应力为2.35MPa的拉应力，而墩身空心段最大应力为1.16MPa的拉应力，都达到或者超过此时混凝土的抗拉强度，很容易产生裂缝，如若处理不当，会影响结构的性能；施工期结束约10天后，整个空心薄壁高墩的温度应力也很小，但其施工期的表现必须引起高度重视。

(5)墩底实心段的高度、混凝土的水泥用量和入仓温度对桥墩施工期的温度效应的影响较为敏感。仅从温度效应角度考虑时,要尽可能的减小墩底实心段的高度,减少每 m^3 混凝土的水泥用量,降低混凝土的入仓温度。

参考文献

[1] 马保林.空心薄壁高墩大跨连续刚构桥[M].北京:人民交通出版社,2001.

[2] 项海帆.高等桥梁结构理论[M].北京:人民交通出版社,2001.

[3] 刘兴法.混凝土结构的温度应力分析[M].北京:人民交通出版社,1991.

[4] 朱伯芳.大体积混凝土温度应力与温度控制[M].北京:中国电力出版社,1998.

[5] 贺拴海.桥梁结构理论与计算方法[M].北京:人民交通出版社,2003.

[6] 李立峰.基于 ANSYS 的混凝土水化热温度场读取方法[J].山西建筑,2007(1).

[7] 赵均海,王敏强,魏雪英.高等有限元[M].武汉:武汉理工大学出版社,2004.

[8] 陈志军,康文静,李黎.空心薄壁墩水化热温度效应研究[J].华中科技大学学报(自然科学版),2007(5).

[9] 张立明.Algor、Ansys 在桥梁工程中的应用方法与实例[M].北京:人民交通出版社,2003.

[10] 博弈工作室.APDL 参数化有限元分析技术及其应用实例[M].北京:中国水利水电出版社,2004.

160.钢管混凝土组合高墩在大跨径连续刚构桥梁中的应用

汪碧云[1] 杨 君[1] 牟廷敏[2] 万忠金[3] 陈友谊[3]

(1.四川路桥桥梁工程有限责任公司;2.四川省交通厅公路规范勘察设计院;
3.四川雅西高速公路有限责任公司)

摘 要 雅泸高速公路全线多座连续刚构桥梁下部结构创新采用钢管混凝土组合高墩技术,这在桥梁建设史上尚属首次,其中腊八斤特大桥10号主墩高度居同类型桥梁世界之最。本文以腊八斤特大桥为背景,介绍了大跨径连续刚构桥梁采用钢管混凝土组合高墩的设计与施工关键技术。

关键词 大跨径 连续刚构桥 钢管混凝土组合高墩 设计与施工

一、概 述

随着高速公路建设环境日益"山区化",高墩大跨径桥梁(特别是连续刚构)多、地震烈度高、材料资源组织困难、施工环境恶劣、施工条件差等是山区桥梁建设的显著特点。因此,如何从设计技术的角度来提高结构抗震能力、减少结构材料用量、适应恶劣的自然环境施工,桥梁建设者们对此进行了长期研究。特别是在四川雅泸高速公路的建设中,在高墩的设计与施工技术方面取得了新的突破。

二、依托工程概况

1.腊八斤特大桥

腊八斤特大桥(见图1)主桥为105m+2×200m+105m连续刚构桥,引桥为40m简支T梁桥,主桥最高墩高为182.5m(其高度在同类型桥梁中居世界之最),引桥墩高为40~117m。基本地震烈度7.5度。

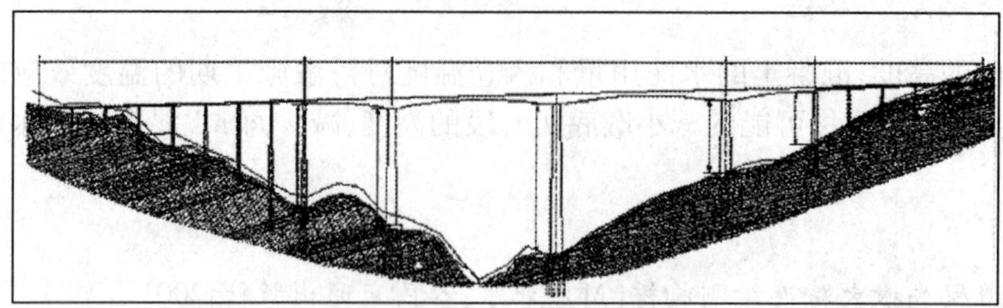

图1 腊八斤特大桥总体布置图(尺寸单位:m)

2. 黑石沟特大桥

黑石沟特大桥(见图2)主桥为60m+115+200m+105m连续刚构桥,引桥为40m简支T梁,主桥最高墩高为157m,引桥墩高为40~107m。基本地震烈度7.5度。

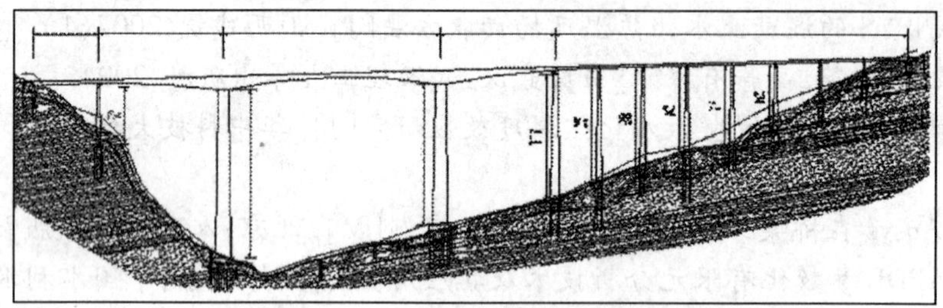

图2 黑石沟特大桥总体布置图(尺寸单位:m)

3. 唐家湾特大桥

唐家湾特大桥(见图3)主桥为114m+114m的T形刚构桥,引桥为30m简支T梁,主桥桥墩墩高为77m。基本地震烈度7.5度。

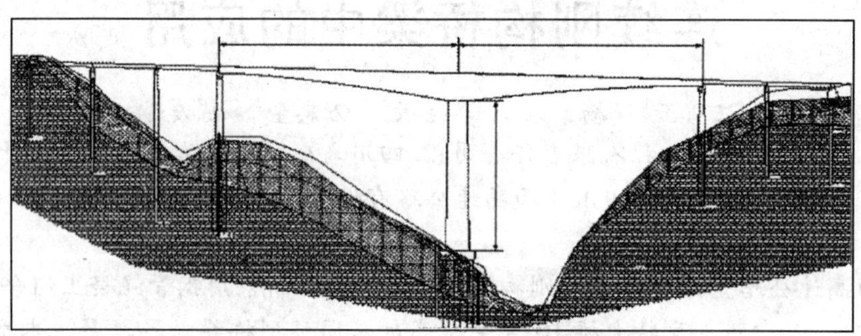

图3 唐家湾特大桥总体布置图(尺寸单位:m)

三、钢管混凝土组合高墩的方案构思与设计

1. 方案构思

目前,连续刚构桥梁常规的钢筋混凝土墩有以下几种结构形式:整体式空心墩、空心双薄壁墩、双薄壁实心墩、空心与双薄壁组合墩等。针对地震荷载作用下结构受力机理及破坏行为,开发强度高、延性好、易于施工的桥梁结构,是技术发展的必然。近年来,在日本等国家研究应用中,有采用钢管混凝土作为高桥墩施工的骨架,但结构破坏行为仍表现为钢筋混凝土受力特点,未充分发挥钢管混凝土结构的优越性。因此,根据工程实际,设计单位提出了钢管混凝土组合高墩这一新型结构的设计构想。

2. 设计思路

(1)根据高层建筑结构设计理念,钢管混凝土组合高墩采用"框架—剪力墙构造"设计思想。(见图4)。

(2)其受力特点为:在正常使用阶段材料处于弹性工作范围,钢管混凝土框架及钢筋混凝土均应满足规范要求;在设计地震荷载作用下,材料处于弹塑性工作阶段,且容许腹板开裂破坏,但钢管混凝土框架结构满足抗震设防的两水准要求。

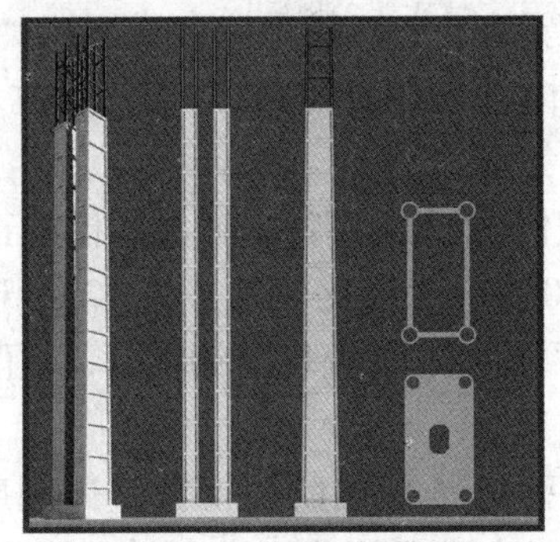
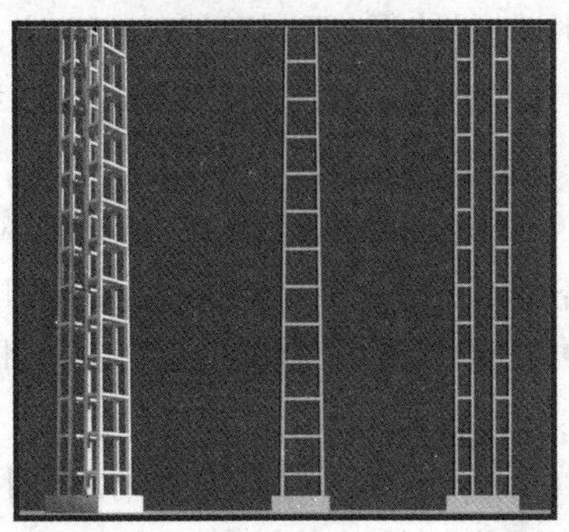

图4 钢管混凝土组合高墩设计模型图

3. 关键设计技术

1)一般构造设计

(1)组合高墩单幅采用分节段安装的4根ϕ1320mm钢管与型钢横撑、斜撑形成骨架。骨架采用型钢构件,与立柱钢管间采用节点板拼接或焊接连接,横桥向设置水平撑,纵桥向设置水平撑和交叉斜撑。(见图3)。

(2)在骨架上浇注钢管内C80混凝土,最后外包C30混凝土和浇注C30腹板,形成正常使用阶段的钢管混凝土组合结构(见图4)。

2)与承台、主梁的连接构造

(1)柱顶和柱脚处钢管分别与箱梁0号块和桩基承台连接,钢管伸入连接长度不小于1.0m,采用PBL抗剪器和钢管底段开孔,形成钢管与承台混凝土的锚固连接(见图5、图6)。

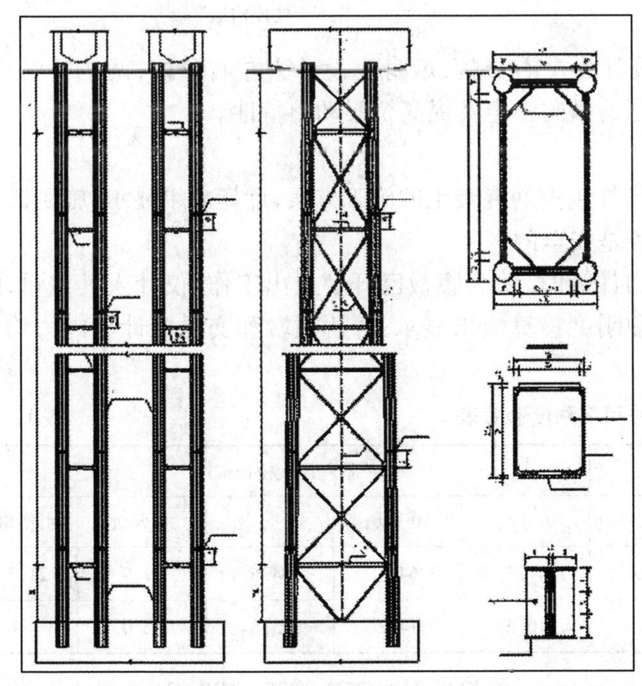
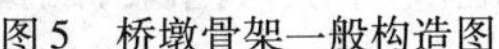

图5 桥墩骨架一般构造图

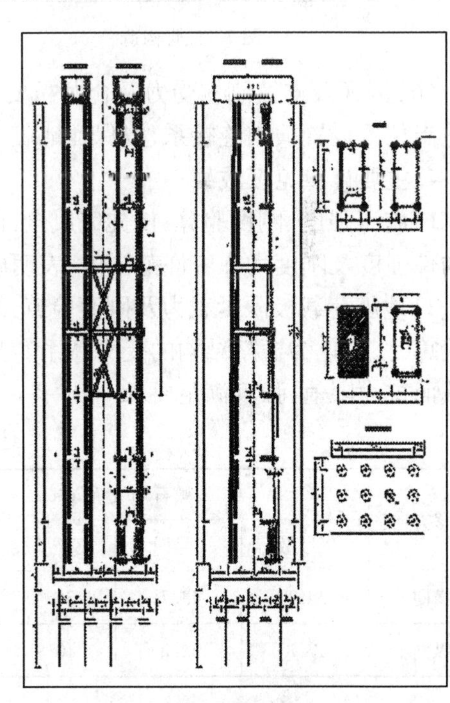

图6 桥墩一般构造图

(2)由于钢管混凝土与预应力水平隔板形成的框架为主要受力构件,桥墩钢管混凝土立柱内力大。为了使承台构造简单,设计将桥墩钢管混凝土柱与桩基上下对齐,使承台受力更明确。

3)有关设计参数的研究

(1)为有利于桥墩与主梁连接和施工,并提高体系刚度,桥墩纵向设置70:1的纵向坡度,横向为竖直。

(2)钢管立柱采用相同外径、不同壁厚,既确保了弯矩变化与截面抗力成正比。同时,又有利于主管对接施焊。钢管径厚比是控制钢管失圆、局部屈曲、结构刚度、套箍系数的重要参数,根据众多工程实践,其径厚比控制在100以内是可行的。

(3)钢管内灌注C80混凝土,提高核心混凝土承载能力、增加刚度,确保了桥梁正常使用的性能。

(4)桥墩水平隔板间距,通过对8m、12m、16m和20m的计算比较。采用12m既有利于施工,又兼顾了长细比指标的要求,发挥了桥墩延性好的特点。水平隔板内设置环向钢束,降低了水平隔板应力峰值,提高桥墩的刚度。

(5)外包混凝土可以降低钢结构养护费用,同时加强正常使用阶段桥墩整体刚度。但为了提高钢管混凝土骨架核心作用,减少钢管外包钢筋混凝土的内力,在满足构造要求和易于施工的条件下,尽量减小外包钢筋混凝土的截面尺寸和混凝土等级,设计为厚度20cm的C30混凝土。

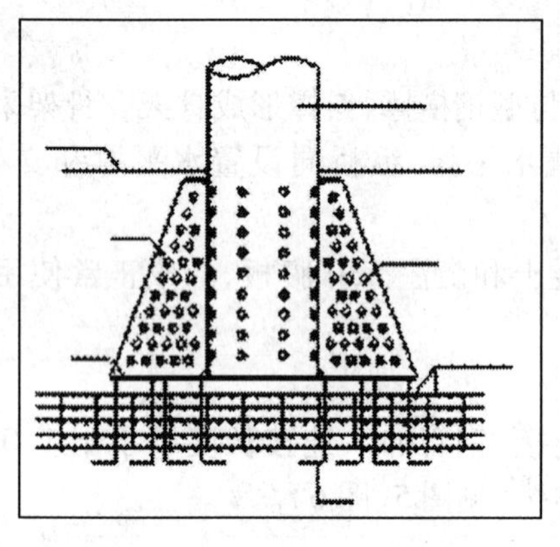

图7 柱脚构造

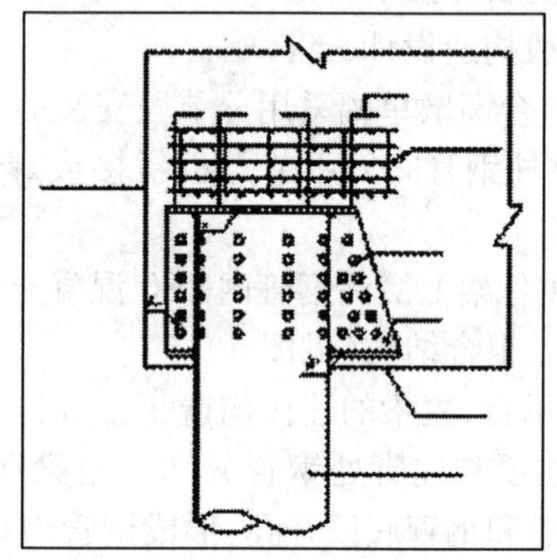

图8 柱顶构造

(6)因顾及连续刚构受力及合龙需要,主梁设计为左右分幅,墩身也设计为左右分幅,两幅桥的墩、梁适当位置设置横向连接系,以保证地震力作用下的横向稳定及提高桥梁动力特性。

4. 主要计算论证成果

1)施工强度、刚度验算:按先完成全部骨架,再外包钢筋混凝土的施工方案,计算成果显示:施工阶段各构件强度及刚度均在容许范围内,表明施工过程是安全的。

2)地震荷载极限承载力及刚度验算:地震内力计算时,认为腹板已开裂退出工作,仅计入其重量,强度验算时,简化为框架结构的受力体系。其强度和刚度检算成果显示:各桥主墩和交界墩计算内力均小于截面抗力限值,强度满足要求。

地震荷载作用下刚度验算表 表1

位移方向	黑石沟大桥(cm)				腊八斤大桥(cm)				
	2号墩	3号墩	交界墩	引桥墩	9号墩	10号墩	11号墩	交界墩	引桥墩
横向	34.1	43.7	36.4	28.9	47.3	64.5	14.6	29.9	21.3
纵向	17.8	22.2	10.9	6.5	10.3	14.2	15.5	12.0	3.9

根据位移量计算确定交界墩和引桥墩顶梁的搁置宽度,确保地震时不会落梁,因此,计算最大位移值满足抗震要求。

3)正常使用阶段强度验算:计算计入了汽车荷载、风荷载、温度荷载、收缩徐变等作用效应。

(1)墩身局部分析:针对隔板内是否设环向钢束,从对桥墩整体刚度的影响、对节点应力的影响和对横隔板刚度的影响三个方面进行了对比计算论证,由计算结果对比可知,隔板内张拉环向钢束对增加桥墩整体刚度、降低横隔板节点处的应力峰值具有显著的作用。

(2)强度验算:如下表2结果所示,钢管混凝土高墩各构件截面计算应力最大值满足有关要求。

表2

部 位	最大应力(MPa)	最大应力(MPa)	纵向剪应力(MPa)	横向剪应力(MPa)
钢管混凝土	-20.79	-6.77	-8.62	-8.62
钢管外包混凝土	-13.32	-4.83	-7.47	-7.43
腹板	-12.72	-1.55	-2.15	-2.07
水平隔板	-1.96	1.96	2.75	0.18

(3)刚度验算:计算结果显示,桥墩刚度为 $\psi=55/182500=1/3318$;$\delta_{max}=11\text{mm}\leqslant 30\text{mm}$,满足要求。

4)线性稳定及动力聚物特性分析报告。

(1)线形稳定计算结果计算表明:钢管混凝土组合高墩一阶稳定安全系数为13.5,失稳模态为横桥向整体失稳,结构稳定性高。

(2)动力特性计算结果

通过计算对比分析可知,两幅桥的桥墩间,由于受桥墩承台和主梁横向联系间接影响,在桥墩中间设置横向撑,既可以节约材料,又可以大幅提高桥梁动力特性。一阶竖向弯曲自振频率为0.209 Hz,一阶扭转自振频率为16.77 Hz,弯扭频率比达80。

四、钢管混凝土组合高墩实施方法

1.施工难点

单节段(12m)钢管叠合柱整体重量达30t,根据施工便道运输能力和现场地形条件,采用整体安装方法施工难度极大。因此采取将钢管叠合柱化整为零的方法,将4根钢管和平撑、斜撑分成若干单元加工成型后,运输至现场单肢安装,最后形成整体。单肢安装最大重量7.1t,采用普通5023塔吊即可实现垂直起吊运输,施工较方便。

2.主要施工工艺

1)加工钢管节段和腹杆。

2)采用塔吊作为提升设备安装钢管立柱和横撑、斜撑。

3)采用高位抛落法灌注主钢管内C80混凝土。

4)施工钢管和腹板外包钢筋混凝土。

5)待混凝土强度达到设计值后,张拉隔板内预应力束。

3.主要施工方法介绍

1)钢管节段和腹杆加工

(1)主要施工流程:钢板进场检验→放样画线→切割(坡口设置)→卷板→校圆→连段→焊接→预拼装→拆除→外观检查、焊缝超声波检测、X射线拍照检测合格→单肢出厂。

(2)施工过程中强化各工序质量控制,以各工序质量来保证半成品、成品质量。制定了钢管加工各工序质量控制的指标和措施,在施工前进行工艺评定试验,合格后方可施工,以此确保钢管加工质量。

(3)钢管加工工艺介绍

①进料:进场钢材应附有质量证明书,并按照要求频率对钢材的质量抽样检验。

②放样和切割:要通过焊接工艺试验来确定具体的放样标准和要求。钢板切割需在专用切割平台上进行,切割平台要求平整牢固,保证切割钢板时的稳定性。

③坡口:卷制钢管前,应根据要求将板端开好坡口。为适应钢管拼接的轴线要求,钢管坡口端应与管轴线严格垂直。

④矫正和弯曲:矫正后的钢材表面不得有明显的凹面和损伤,表面划痕深度、钢材矫正后的偏差,以及零部件在冷矫正和冷弯曲时,其曲率半径和最大弯曲矢高应满足相关规范要求。

⑤卷板:卷管方向应与钢板压延方向一致,采用样板严格控制钢管椭圆度。卷板机为上辊万能式卷

板机,上辊可以作上下、左右移动,这样就可以直接起弧、压弧,实现一次成型,效率高、质量好。

⑥对圆与纵缝焊接:主要控制上、下管口的允许不平度、周长、圆度、对接间隙、错边量。打底焊缝采用分段退焊法,第二、三层可从下向上焊接,正面焊完,背缝清根后再焊接,一次焊完。在焊接过程中要随时用样板检查弧度,随时纠正焊接变形。

⑦钢管拼接组装:根据运输条件和吊装条件确定,把对圆、纵焊缝检验合格后的2m节段钢管拼接组装成12m节段钢管。钢管对接时应严格保持焊后管肢的平直,焊接时除控制几何尺寸外,还应注意焊接变形对肢管的影响,焊接宜采用分段反向顺序,分段施焊应保持对称。

⑧焊接:钢板加工成节段钢管,需要焊纵缝;由2m节段钢管联成设计的节段钢管,需要焊环缝。连段工作完成后,对环缝进行满焊,这项工作在滚焊台车上进行,保证焊接工作顺利进行。焊接人员和焊接工艺必须通过焊接工艺试验评定合格后方可进行作业。

⑨预组装工序:对加工好的12m节段钢管,必须与下一个12m节段中与其连接的管节预组装,并做好记录与编号,以保证钢管安装精度。

图9 W11-30×2000卷板机

图10 滚焊台车

图11 已加工好的首节段钢管

⑩钢管质量检测:单肢钢管出厂前,需进行外观检查、焊缝超声波检测、X射线拍照检测,合格后方可出厂。

(4)腹杆采用型钢加工而成,其加工工艺和质量需满足钢结构加工的相关要求。

2)钢管叠合柱安装

(1)总体施工方法

节段钢管检测合格后,用拖车运输到墩柱底部,采用塔吊(首节段钢管安装采用吊车)垂直和水平运输到设计位置进行安装,定位形成骨架并检测。

(2)施工工艺流程

钢管运输→吊装→底节钢管初步固定(底部套螺栓)→钢管调位,测量满足要求→临时固定钢管,安装并临时固定横撑→精确定位钢管→固定横撑→精确定位钢管检查→调整填板厚度、填满并上紧螺栓(包括横撑螺栓)→按规程满焊钢管接头→解除临时固定装置→复测→焊缝探伤→焊接斜撑与风撑→完成第1节段钢管安装→循环安装下一节段钢管至墩顶。

(3)钢管运输

加工好后的钢管采用拖车运输到现场。在拖车上设置胎膜,把合格钢管吊到胎膜上固定牢固,并平稳的运输到施工现场。

图12 首节钢管吊装

(4)首节钢管起吊

吊装选用两点吊装法。使用2台25t吊车同时水平抬吊钢管至一定高度后,一台吊车保持不动,另一台吊车缓慢松吊,最后交由前一台吊车独自竖直起吊钢管,直至设计安装位置。

(5)首节钢管安装定位

首节钢管的安装就位后,通过导向板定位钢管的下口;上口利用八字形缆风索调整、定位。当上口位置调整到满足设计要求后,焊接临时支撑、拧紧调节螺栓,使钢管临时固定,保证取钩时的稳定性。再采用全站仪进行定位测量,当单柱钢管经调整并满足设计要求后,先调整好定位法兰盘之间填板的厚度、间隙,再对称隔孔拧紧所有螺栓。待所有螺母拧紧,并经测量合格后,再进行对称点焊临时固结。

(6)安装横撑

横撑螺栓孔在厂内预组装时就把节点板与横撑配钻而成并编号,现场安装只要对号入座,便能顺利穿上螺栓,实现水平横撑的安装。横撑安装前在横隔板位置搭设脚手架,作为钢管精确定位及安装水平撑、斜撑及绑扎腹板钢筋的平台。横撑均为螺栓连接,安装好两根钢管后,把横撑加上,并不把螺栓拧紧。横撑随钢管安装逐一加上,形成初步钢管骨架。钢管全面调整定位,待测量满足精度要求后,横撑螺栓逐一上紧。

图13　纵、横桥向缆风

图14　横撑安装完成

(7)焊接斜撑与风撑

再次复测钢管位置,确定准确无误后,焊接斜撑。斜撑分肢利用手拉葫芦悬吊于横撑上,调至安装位置并点焊定位。用同样的方法安装另一根斜撑形成稳定三角形骨架,测量定位后满焊固定好。依次按此方法焊接好上部分肢斜撑,最后完成斜撑的焊接。

(8)对其余空中节段钢管及其构件的施工

①对其余空中节段钢管的施工与首节钢管的施工之间的区别,主要体现在施工平台的设置和钢管调节定位的方法上。

②施工平台应专门设计,做到全封闭施工,实现高空作业平地化。

③钢管平面位置的初调:采取在前一节段钢管顶口四周焊接四块调位钢板(板与钢管外壁间距4cm,板高60cm,其中20cm焊接在前一节段钢管顶口,宽20cm),板宽方向竖直于管壁,在管壁与调位钢板间加垫钢楔,靠松紧钢楔来调整后一节段钢管顶口平面位置;也可采用调节螺杆来进行钢管调节定位。

④钢管平面位置的精调:按上面相同方法安装完成横撑、斜撑后,再精确测量钢管偏位,并通过调整焊接位置、顺序和方法来实现平面位置的精确控制。

(9) 焊接钢管接头

第一道打底焊采用对称、分段、退步的焊接方法同时焊接。每道焊完,均应清除焊渣、清洁焊缝后才能施焊下道焊缝。焊缝接头均要错开100~150mm,而且一次焊完,中间不间断,一旦间断焊接,重新焊接前,要进行预热。在整个焊接过程都要用经纬仪协助观测其变形,及时发现问题、随时纠偏(主要依靠调节焊接位置和顺序来实现)。

(10) 焊缝探伤:焊缝采用超声波探伤检测。

3)钢管内C80混凝土浇筑

(1)由于采取高位抛落免振施工工艺,要求研制的钢管混凝土强度高、工作性能良好,具有优良的黏聚性和自密实性。因此,从原材料的选择、配合比设计等方面对钢管混凝土的工作性能和强度性能进行研究,采用掺入高效减水保塑剂、掺加磨细掺和料、控制强度和膨胀之间的协调发展的技术路线。

(2)管内C80混凝土采取拌和楼集中拌制,灌车运输到墩位处,利用塔吊提升料斗吊装混凝土至管口位置,采取高位抛落免振法进行灌注;当抛落高度不足4m时应辅以插入式振动器振实。管口位置设置操作平台,便于工人操作。混凝土通过漏斗进入钢管。4根钢管内混凝土应交替灌注,混凝土高度差不宜超过4m,在管顶加水进行混凝土养护,管内混凝土采用超声波进行质量检测。

(3)在整节钢管混凝土施工结束前,混凝土要具有良好的工作性和黏聚性。新拌混凝土应保持2h时坍落度无损失,3h时坍落度应能保持在20~21cm,新拌混凝土初凝时间应保持在12~16h。

4)C30外包混凝土施工

(1)由于墩高达182.6m高,要求混凝土在具有良好的抗裂性能的同时,还要具有良好的泵送性能,以满足施工的需要。因此混凝土内掺加了聚丙烯腈纤维、减缩防裂剂和高效减水保塑剂。

(2)外包混凝土施工主要采取液压自爬模法和翻模法两种方案。混凝土采取在拌和楼集中拌制,灌车运输到墩位处,输送泵泵送入模。根据墩柱高度,选用了80型输送泵进行混凝土的垂直运输,确保一次性泵送入模。

(3)主墩左右幅墩身外包混凝土浇筑与钢管安装同时进行,半幅标准单元12m(从横隔板顶至下一个横隔板顶)分3次浇筑,即第一次浇筑6m,第二次浇筑5m,第三次浇筑1m横隔板。

(4)利用已浇筑横隔板上设牛腿作为平台,作为模板存放场地。

(5)翻模施工工艺流程:施工准备→基顶放线定位→绑扎钢筋、立模→灌注一节段墩身混凝土→模板提升→如此循环,墩身施工完成。

(6)液压自爬模施工工艺流程:首次混凝土浇筑完后→ 拆模后移→安装附着装置→ 提升导轨→ 爬升架体→ 绑扎钢筋→ 模板清理、刷脱模剂→ 埋件固定→ 合模→浇筑混凝土→如此循环,墩身施工完成。

图15 腊八斤特大桥10号墩

5)施工监控及效果

(1)在墩底、墩顶等控制截面处埋置传感器,对各控制截面处钢管内混凝土、钢管、外包混凝土的各方向(轴向、横向、纵向)应力的分布规律进行监测。

(2)各墩墩底轴力、应变值的理论值变化趋势如图16所示。在混凝土箱梁悬浇施工中,利用控制截面埋设的振弦式传感元件,对主墩应变进行跟踪测量。通过应变测试误差分析并与理论应变值比较,综合分析该处应变变化趋势及规律,得到的结论为:实测值与理论值较为吻合,结构静力状态良好,桥梁主墩结构安全。

(3)对每个施工工况下主墩的平面线形测量数据表明:每相邻两个工况之间墩顶绝对坐标最大偏差±10mm内;每个墩顶累计最大偏位30mm内,其值均在理论值控制范围之内。根据目前偏位测量结果可判断高墩有较好的稳定性。

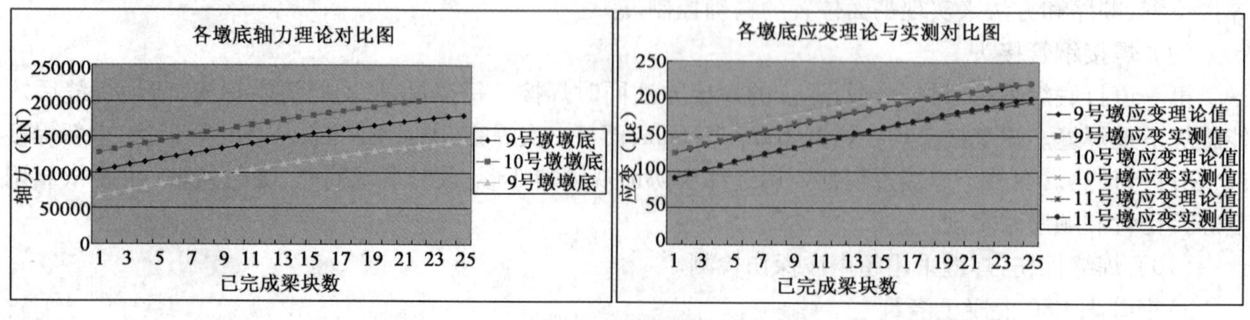

图16 轴力、应变值的理论值变化趋势图

(4)外包C30混凝土内通过掺加聚丙烯腈纤维和减缩防裂剂、优化配合比等措施,经检测,混凝土实体质量较好,表面未出现开裂现象。

(5)2010年12月31日,所有主墩均顺利完工,其施工速度达18m/月,施工质量良好。

五、结　语

(1)钢管混凝土组合主墩具有极大的社会效益。它的成功实施,填补了我国桥梁施工在这一领域的空白,可为今后类似桥梁的设计和施工提供借鉴。

(2)钢管混凝土组合高墩结构材料用量显著降低,其经济效益明显。以黑石沟特大桥为例,按同精度的施工图设计,与相同高度的钢筋混凝土桥墩工程数量的对比结果表明:采用钢管混凝土组合高墩可节约混凝土9139 m^3,节约钢材389073kg,增加钢绞线4576kg;仅主墩节约工程造价约800多万元,若计入桩基、承台节省材料数量,则可节约总投资近1200万元。腊八斤特大桥主墩及基础可节约总投资近1700万元。

(3)钢管混凝土组合高墩施工工艺较钢筋混凝土墩柱复杂,应进一步从结构设计方面加以优化。随着钢管混凝土组合高墩在结构设计方面的不断完善,相信它会得到越来越广泛的应用。

161.上海长江隧桥主墩钢吊箱考虑防撞要求的设计与研究

黄修平[1]　曾　健[1]　朱熙银[2]

(1.中交武汉港湾工程设计研究院有限公司;2.万隆(北京)工程造价咨询有限公司湖北分公司)

摘　要　依托上海长江隧桥主墩承台施工工程,对考虑防撞要求的主墩钢吊箱结构进行设计并进行仿真研究,为类似钢吊箱的设计提供借鉴与参考。

关键词　上海长江隧桥　防撞　施工　钢吊箱

一、工 程 概 况

上海长江隧桥长江大桥起于隧道长兴岛登陆点,沿地面横穿长兴岛,由长兴岛东部偏北跨越长江口东北港水域至崇明岛陈家镇,工程全长16.65km。主桥桥跨布置为:92m+258m+730m+258m+92m=1430m,主塔为“人”字形索塔;主梁为分离式钢箱梁,钢箱梁宽51.5m,其上为公(双向六车道)轨(两侧为轻轨)共面;斜拉索为空间扇形双索面,其主跨730 m。两主墩基础均为60根钻孔灌注桩,钻孔灌注桩直径为3.0~2.5m,桩底高程为-109.85m(南主墩)和-106.85m(北主墩),桩顶高程-2.0m;承台尺寸(长×宽×高)为72.2m×37.2m×6.0m,承台顶高程为+4.0m,承台底高程为-2.0m。

主通航孔远期可满足3万吨级集装箱及5万吨级散货船的通航要求,大桥主墩位于航道深水区,为了解决船舶碰撞对大桥安全的危害,主墩须设置防撞设施。可选择的桥墩防撞保护方案多种多样,本工程采取的保护方案是利用桥墩混凝土浇筑完成后的钢吊箱(模板)结构作为固定防撞保护结构,该结构的设计,除了满足施工结构设计要求外,还满足承受船舶撞击力的要求。

二、钢吊箱防撞设计

主墩防撞钢吊箱按固定消能结构设计。该防撞结构的竖向尺度,应满足在最高和最低通航水位期间均具有防撞功能,即该结构是通过自身的破裂形变来消除船舶的动能,从而达到保护承台、墩柱的目的。

防撞兼施工钢吊箱的设计,首先应合理布置结构构件,根据经验初步选择结构构件尺寸与钢板厚度,参照CCS规范进行结构强度计算，并根据计算结果调整构件尺寸和规格，再采用有限元计算法，对环境荷载与自身承重最不利组合工况进行强度检验，并使整个结构的应力控制在较低水平上，且不出现高应力集中区域。

采用防腐措施、腐蚀余量，保证在正常环境条件下的使用寿命。

设计钢吊箱在自重、施工荷载和环境荷载作用下的强度计算完成后，采用动态非线性有限元法分析船舶撞击时钢吊箱结构的受力、消能和变形情况。

1. 防撞钢吊箱结构组成

防撞钢吊箱结构由内围板、外围壁、底板、上甲板、下甲板、纵横舱壁、主框架、次框架、水平环板、水平桁架等板架构件以及安装牛腿等组成。

2. 钢吊箱按CCS规范的结构计算

主墩防撞钢吊箱在桥墩混凝土未浇筑之前的受力（静水压力、波浪压力）及其使用寿命类似于驳船，故参照中国船级社2009年《钢质海船入级与建造规范》，按沿海航区的规定对设计钢吊箱结构进行计算校核，结构材料为Q235C。

3. 钢吊箱按动态非线性有限元的结构计算概述

采用有限元分析软件MSC/PATRAN、NASTRAN进行分析，主墩防撞钢吊箱在船舶撞击力作用下的结构强度。

(1)有限元离散模型

有限元模型坐标系：X轴指向型宽、Y轴指向高度方向、Z轴指向型长方向。离散模型见图1。

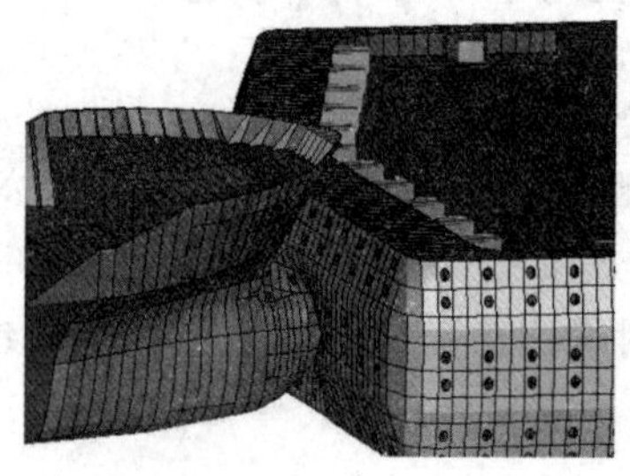
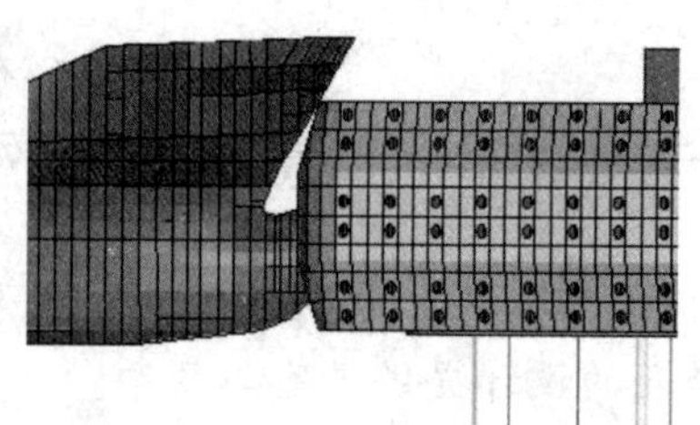

图1　防撞钢吊箱计算模型

有限元模型包括各层平台板，纵横舱壁板，扶强材，桁材等，其中平台板、纵横舱壁板、桁材的腹板等采用板壳单元，扶强材采用梁单元，桁材面板用杆单元。

(2)边界条件

钢吊箱内部桁架结构与预埋件连接处为固定约束。

(3)单元参数

材料弹性模量$E=2.1\times10^{11}$Pa，泊松比0.3，$\sigma_y=235$MPa。

(4)许用应力

参考一般强度船体结构用钢的屈服极限$\sigma_y=235$MPa，剪应力为$\sigma_y/\sqrt{3}=136$MPa。

三、钢吊箱设计

1. 基本条件与总体设计

根据现场水文条件，主墩处施工期设计水流速度取1.86m/s，设计高潮位4.5m（堡镇10%高潮累计频率）。设计高水位高程+4.5m，设计低水位高程+0.52m。钢吊箱安装到位底部高程-5.203m，底板高程为-4.0m。钢吊箱内设置二道支撑，竖向位置高程为+4.000m，横向位置以桥梁纵轴线为对称线两边13.8m各一道。

防撞钢吊箱结构采用Q235C钢，底板主梁、次梁、面板和桁架梁采用Q235B钢，钢管横撑采用Q235B钢。钢的弹性模量取2.1×10^{11} Pa，泊松比取0.3，密度为7.85×10^{3} kg/m^3，主墩承台混凝土浇筑完毕后，仅由钢吊箱的内外壁和两壁间的加劲结构作为防撞设施，其余吊箱内部的桁架、钢管支撑及底板均已拆除。双壁钢吊箱外壁面板和底板采用 10mm 钢板、底板主梁采用 HN400 × 200b 型钢、次梁采用 HN175 × 90 型钢、内壁面板采用 6mm 钢板、桁架上弦杆采用 HN400 × 200b 型钢（近钢吊箱壁 5m 范围内加贴两片高 420mm，厚 14mm 钢板补强）、腹杆采用 200 型钢、横联为 L80 × 8、利用底板主梁作为桁架下弦杆、钢管支撑外直径 720mm 厚 10mm；拉压杆采用 $D = 32$ 精轧螺纹钢筋。

2. 施工计算工况

根据施工阶段的受力特点，计算工况主要分为以下 6 个：

工况一：浮吊起吊钢吊箱就位阶段，此时由浮吊将预制好的钢吊箱整体吊入桩群，主要吊点均匀分布在钢吊箱夹壁上；

工况二：钢吊箱下沉到位阶段，此时将钢吊箱缓慢下沉，下沉的同时向钢吊箱夹壁中注水以稳定钢吊箱平衡同时匀速下沉，下沉到位后连接拉压杆件固定钢吊箱；

工况三：钢吊箱内未抽水浇筑封底混凝土施工阶段；

工况四：钢吊箱抽水阶段；

工况五：浇注第一层承台混凝土阶段；

工况六：拆除横撑，浇注第二层承台混凝土阶段。

3. 钢吊箱计算模型

由于钢吊箱结构的构件数量众多，结构空间效应明显，采用 ANSYS 建立三维有限元模型，对各个施工工况下钢吊箱的受力状况进行分析。钢吊箱结构变形不大，绝大部分构件只发生小变形，只有极少数部分局部构件发生塑性变形从而产生应力重分布，对钢吊箱材料的本构关系采用线弹性本构关系。另外，考虑到计算条件及不同工况下所重点研究的不同部件，本计算模型在满足施工具体边界条件下对钢吊箱壁体与底板分别进行计算分析，以重点考察其挠度与受力状况。

（1）单元的选取

钢吊箱中的主要部分钢吊箱内外壁结构采用壳元模拟，因考虑到板焊有 T 形肋，所以厚度采用等效厚度为 11.5mm。隔仓板、加强板为局部加强结构，采用壳元单元模拟，厚度采用真实尺寸。管支撑选用一般二节点梁元模拟，拉压杆采用只受拉桁架单元模拟。整体钢吊箱单元模型如图 2 所示。

（2）模型坐标定义

方向定义：X 为横桥向，Z 为顺桥向，Y 为垂直方向。

（3）边界约束条件

钢吊箱起吊工况钢吊箱各个工况下的约束情况是复杂的，只能采取相应的简化来模拟真实的约束条件。

①钢吊箱起吊就位时，根据吊点在钢吊箱夹壁上的相应位置采用垂直方向（Y）位移受约束铰支座模拟；

②钢吊箱下沉到位时，拉压杆上端铰支座，采用 X、Y、Z 三方位移受约束的铰支座模拟；

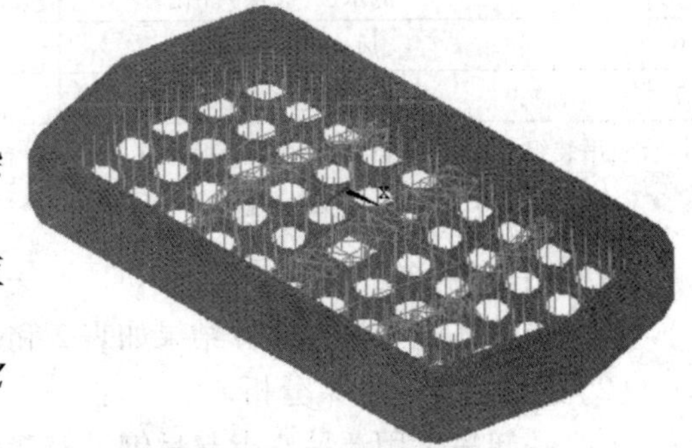

图 2 有限元模型图

③浇筑封底混凝土工况，约束条件同②。封底混凝土达设计强度后，当作良好的单方向水平位移约束（位移方向倾面向承台内时，封底混凝土高度范围内水平方向位移受约束；位移方向背向承台，封底混凝土不作为约束条件）。

④第一层承台混凝土达到设计强度后，第一层承台混凝土当作良好的单方向水平位移约束（位移方向倾面向承台内时，封底混凝土高度范围内水平方向位移受约束；位移方向背向承台，封底混凝土不作为约束条件）。

⑤拆除管支撑，浇筑第二层承台混凝土。

4. 钢吊箱各工况荷载组合

1）施工荷载项

钢吊箱施工中需要考虑的荷载项如下：

(1)自重

(2)混凝土对模板的侧压力

①浇封底混凝土(2m)

②浇注第一层结构承台混凝土(3m)

③浇注第二层结构承台混凝土(3m)

(3)倾倒混凝土产生的冲击荷载(竖向荷载)

(4)单位长度高水位水流力(水平力)

(5)单位长度低水位水流力(水平力)

(6)高水位静水压力(水平力)

(7)低水位静水压力(水平力)

(8)高水位浮托力(静水位,力方向向上)

(9)低水位浮托力(静水位,力方向向上)

2)荷载工况组合

荷载工况组合如表1所列。

荷 载 组 合 表1

序号	荷载 \ 组合		钢吊箱										底板		拉压杆					
			1		2		3		4		5		1	2	1	2	3		4	
1	自重		+	+	+	+	+	+	+	+	+	+	+	+	+	+	+	+	+	+
2	液态混凝土侧压力	封底混凝土			+	+								+		+	+	+	+	+
		第一层承台混凝土							+	+									+	+
		第二层承台混凝土									+	+								
3	水流力	高水位水流力	+		+		+		+		+									
		低水位水流力		+		+		+		+		+								
4	静水压力(波浪力)	高水位静水压(波浪)力	+		+		+		+		+									
		低水位静水压(波浪)力		+		+		+		+		+								
5	浮托力	高水位(波浪)浮托力															+		+	
		低水位(波浪)浮托力																+		+
6	风力		+	+	+	+	+	+	+	+	+	+								
7	混凝土握裹力																+	+	+	+

注:吊装组合:1.25×自重(钢吊箱+底板+拉压杆+横撑)。

5. 钢吊箱计算结果与分析

(1)钢吊箱计算结果

钢吊箱整体施工过程计算结果如表2和表3所示。

(2)钢吊箱计算结果分析

工况一起吊采用浮吊八点起吊钢吊箱就位,钢吊箱底板水平向达到施工全过程的最大水平位移,这是因为钢吊箱壁体在起吊过程中只有8个吊点的约束,造成钢吊箱长边向内压缩而短边向外扩展得使得水平向位移较大。同时位移大也造成钢吊箱壁板应力较大。底板由于基本没有受力所以应力较低,但底板加强桁架由于对底板加劲作用所以应力比较大。

工况二吊杆安装完毕阶段由于底板上拉压杆已经与钢护筒连接,主要受力构件为拉压杆。主梁和底板的应力较小。

工况三封底混凝土施工阶段壁板的应力较小,内支撑的应力也较小。

工况四抽水阶段由于抽水必然造成壁体静水压力增大,壁板应力达到施工过程中的最大,同时使得内支撑应力比第3工况有了明显的提高。此外封底混凝土对钢吊箱内侧板的约束作用也很明显,钢吊箱的水平位移非常小。

壁体计算结果输出　　表2

崇明越江通道主通航孔桥套箱施工设计与计算分析(壁体部分)												
	序号	计算工况	变形	内侧板	外侧板	顶底板	竖向加劲肋	水平加劲肋	内支撑内力			
			最大位移	最大应力	最大应力	最大应力	最大应力	最大应力	最大应力	最小应力	最大轴力	最小轴力
			mm	MPa	MPa	MPa	MPa	MPa	MPa	MPa	×10kN	×10kN
组合工况	1	起吊	100.2	1.25×135.0	1.25×47.2	1.25×114.0	1.25×112.0	1.25×78.2	1.25×113.6	N/A	N/A	N/A
	3	封底混凝土施工	1.2	18.8	5.3	10.1	18.0	10.8	10.5	−1.9	10.7	−4.3
	4	抽水(高水位)	6.9	101.0	45.5	68.8	127.0	70.3	−32.7	17.8	−73.7	30.3
	5	浇注第一层承台混凝土(低水位)	3.7	52.2	19.1	25.5	32.7	35.5	21.7	−6.6	35.8	−14.7
	6	拆除临时支撑(高水位)	1.7	48.0	11.5	15.5	50.3	16.9	N/A	N/A	N/A	N/A
	7	第二层承台混凝土施工(施工保证水位)	2.1	57.9	15.3	19.1	60.6	19.2	N/A	N/A	N/A	N/A

注:1. 设计高水位为: +4.5m;设计低水位为: +0.52m;施工保证水位为: +3.5m。

2. 板应力为 Von Mises 应力。梁应力为最大应力。

3. 1.25 为起吊动力系数。

底板计算结果输出　　表3

崇明越江通道主通航孔桥套箱施工设计与计算分析(底板部分)												
	序号	计算工况	变形	吊杆			底板主次梁		面板	底板桁架		
			变形	吊杆 $D=32$ 精轧螺纹	吊杆 $D=32$ 精轧螺纹	主梁	次梁	面板	上弦杆(补强)	上弦杆	平联	腹杆
			最大位移	最大内力	最大应力	最大应力	最大应力	最大应力	最大应力	最大应力	最大应力	最大应力
			mm	×10kN	MPa	MPa	MPa	MPa	MPa	MPa	MPa	MPa
组合工况	1	起吊	50.6	N/A	N/A	1.25×108	1.25×89.0	1.25×44.3	1.25×117	1.25×92.8	1.25×56	1.25×72
	2	吊杆安装	7.6	1.25×20.3	1.25×79.6	80.6	29.5	10.1	19.7	32.8	14.3	99.9
	3	浇筑2m封底混凝土	10.1	26.4	323	118.3	157.2	97.2	N/A	N/A	N/A	N/A

注:1. 底板应力为 Von Mises 应力。梁应力为最大应力。

2. 1.25 为起吊动力系数。

工况五浇筑第一层承台混凝土,相比于第4工况,由于静水压力对壁体内侧板的作用削弱了浇注的承台混凝土对壁体内侧板的作用,因此壁板应力都比较低,内支撑应力也减小了。

工况六拆除钢管支撑,保证施工水位不低于 +3.500m,浇注第二层3m承台混凝土。已浇封底混凝土与第一层承台混凝土对钢吊箱壁体的约束作用很明显,钢吊箱水平位移很小,壁板应力比较小。

从有限元计算得到的结果来看,按本施工设计的钢吊箱整体的应力状态和位移均满足设计要求。需要注意的是为保证施工安全性,施工方应在施工保证水位以上施工。

四、结　　语

本工程首次将防撞功能与基础施工挡水结构和模板功能进行结合,设计出防撞兼施工钢吊箱,节省了大量投资,是今后防撞钢吊箱设计的一个方向。

参考文献

[1] 中华人民共和国建设部. GB 50017—2003 钢结构设计规范[S]. 北京:中国计划出版社,2003.

[2] 李宗平. 上海长江隧桥主墩钢吊箱施工技术[J]. 交通工程建设,2007(1).

[3] 孙振. 桥梁防船撞设施的比较研究[硕士学位论文]. 上海:同济大学,2007.

162. 持力层在抗压桩承载力中的作用

李靖森[1] 宋春霞[2]

(1. 北京建筑工程学院;2. 交通部公路科学研究院)

摘 要 关于抗压桩承载力的构成,我国有关规范的理念是,由"桩侧摩阻力及持力层的承载力"之和所构成;并机械地把承载力与变形相协调问题剥离开来,不反映承载力与桩沉降、刚度等之间的关系。大量长桩试验证实,这理念是过时的、片面的。本文采用"系统结构"的方法,并用算例以揭示、分析持力层的作用,解读抗压桩工作机理,提出科学利用持力层的方法。

关键词 抗压桩 承载力 持力层 系统结构 抗压刚度结构 有效桩长 超长桩

一、片面的理念

关于抗压桩承载力的构成,普遍的理念是由"桩侧摩阻力和持力层的承载力"构成,即承载力 P 等于桩周极限摩阻力 A 与持力层极限承载力 B 之简单的代数和,安全系数取2。

$$P = \frac{1}{2}(A + B) \tag{1}$$

这一理念把承载力问题,机械地与变形相协调问题剥离开来,应用于设计多年。

我国《公路桥涵地基与基础设计规范》(JTG D63—2007)就按此理念;而1985年的JTJ 024—85老规范,对于支承在基岩上或嵌入基岩内的钻(挖)孔桩等的轴向受压容许承载力,更是突出了持力层的作用,而无视摩阻力 A 的存在 。

新、老规范的理念,仅就持力层来说,实质上是错把持力层所天然固有的支承能力,片面地、不加分析地当作是抗压桩提供出来的贡献,且这一贡献与桩的沉降、长度、刚度……无关,哪怕是一根柔弱的细长桩,也能把岩层的功能百分之百地传递出来支承建筑物。

大量长桩抗压试验,证实了这样的理念与事实不符。试桩反映出的物理现象表明:

(1)桩顶下沉,主要由桩身的压缩和持力层压缩变形所构成,而对于长桩,前者往往还是主要的;

(2)桩的轴向力由桩身和周围的土体向下传递,由于平衡了桩侧摩阻力,桩轴向压力随着深度的增加而逐渐减少;

(3)桩的压缩和沉降使桩周土发生剪切变形,剪切变形到一定程度,桩土间发生滑移;

(4)桩侧摩阻力的大小,不仅与土质、深度、持力层等有关,且与剪切变形密切相关;

(5)随着外力增加,桩顶下沉量加大,桩侧摩阻力相应增长并达到极限值;

(6)对同一土层或不同土层来说,极限摩阻力的出现和扩展范围,一般是由上往下扩展;

(7)当桩周土层摩阻力均达极限后,继续增加的荷载全由持力层承担,且持力层压缩变形加大,桩底压力增长;

(8)试验发现,即使按判别标准已经达到了极限荷载,但桩周土体摩阻力由上至下,只在一定范围达到了极限,而持力层不仅没有达到极限,甚至桩底压力为零;

(9)很多长桩抗压试验,都难以压到规范那样的理念,即桩侧摩阻力和持力层受力都达到了极限值。

以上现象并非个例,证实上述理念与事实不符。规范据此理念,不仅缺失理论依据,还夸大了持力层的作用;同时也难以提供与承载力相应的沉降计算式。

采用"系统结构"的方法。[1],可以科学地认识持力层的作用,解读抗压桩工作机理,更新理念,为建立完善的设计计算理论和方法创造条件。

二、抗压桩承载力是怎样构成的

所谓"系统结构",即组合成系统的各元素间互相结合的构成方式,它可以深刻地揭示事物(系统)内部的联结状态和组织状态。

研究上述试验现象发现,影响抗压桩抗压功能的,主要是桩、桩侧土和持力层三个元素及其组构方式;而体现各元素的抗压和变形功能的物理量就是他们的"刚度"。

分别用符号 K_1、$\overline{K}_1$ 和 K_A^0 表示桩、桩侧土、持力层三要素的刚度。其中,桩的抗压刚度 $K_1 = \dfrac{EA}{L}$,式中 E、A、L 分别代表桩的弹性模量、截面积、桩长;桩侧土剪切刚度 $\overline{K}_1 = \dfrac{T_1}{\overline{\Delta}_{u1}}$,式中 T_1 为桩侧极限摩阻力,$\overline{\Delta}_{u1}$ 为剪切变形临界值;持力层抗压刚度 K_A^0。

将这三个刚度元素有机地结合成"抗压刚度结构",就可揭示抗压承载力构成的特征。

1. 桩在均质土中的抗压刚度结构

图 1c)即在均质土层中用三个要素构建的抗压刚度结构。该结构属于复合型,其特点是桩 K_1 与持力层 K_A^0 相串联,串联后又与桩侧土的剪切刚度 $\overline{K}_1$ 相并联,三者并非简单的叠加。它们的 "集成刚度"K_A^1 为

$$K_A^1 = A = A_1 + A_2 = \frac{K_A^0 K_1}{K_A^0 + K_1} + \overline{K}_1 \qquad (2)$$

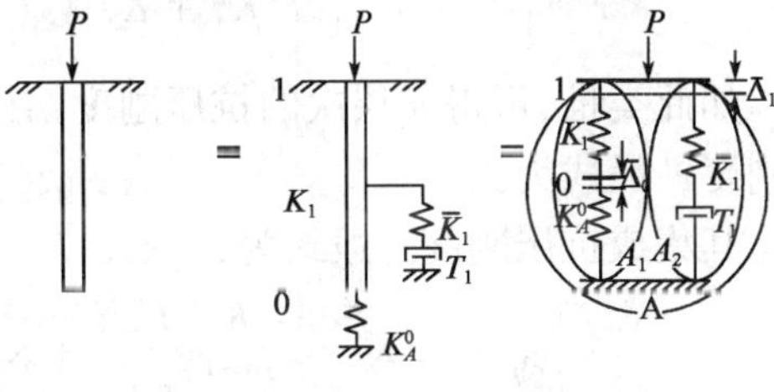

式(2)表明,桩～土弹性系统 A(图 1 c)是由子系统 A_1 和 A_2 并联构成,它是简单的代数和;但结构中揭示的 A_1 是桩 K_1 与持力层 K_A^0 相串联,其特点是刚度越串越衰减,串联值 A_1 不仅小于 K_1 也小于 K_A^0,桩越细长,衰减越快;A_2 则为桩侧土的抗剪切刚度$\overline{K}_1$,桩越长则$\overline{K}_1$ 越大,它与 A_1 共同构成桩的抗压集成刚度 K_A^1。

a)　　b)　　c)

图　1

结构图1c)中各符号的含义:粗线1代表桩顶,粗线0代表桩底,$\overline{\Delta}_1$ 和$\overline{\Delta}_0$ 则分别代表桩顶和持力层的下沉量。结构直观地表明,桩顶下沉与桩侧土剪切变形(包括桩土相对滑移在内)相一致,即为 $\overline{\Delta}_1$;图中 T_1 既代表桩土相对滑移的滑动键也代表桩侧极限摩阻力,且 $T_1 = \overline{K}_1\ \overline{\Delta}_{u1}$,当剪切变形$\overline{\Delta}_1 \leqslant \overline{\Delta}_{u1}$或摩阻力 $\overline{P}_1 = \overline{K}_1\ \overline{\Delta}_1 \leqslant T_1$ 时,土体处于弹性状态,当$\overline{\Delta}_1 > \overline{\Delta}_{u1}$时,则发生滑动,摩阻力不再增加,土处于弹塑性状态。

2. 抗压桩承载力的构成

根据结构图1c)可知,基桩的承载能力就是抗压刚度与沉降量的乘积,即:

$P = \overline{\Delta}_1 K_A^1$　式中桩顶下沉 $\overline{\Delta}_1 = P/K_A^1$

在弹性范围,承载力 P 为

$$P = \overline{\Delta}_1 K_A^1 = \overline{\Delta}_1\left(\overline{K}_1 + \frac{K_A^0 K_1}{K_A^0 + K_1}\right) = \overline{P}_1 + P_1 = \overline{P}_1 + \overline{P}_0 \qquad (3)$$

其中: 摩阻力 $\overline{P}_1 = \overline{\Delta}_1\ \overline{K}_1$; 持力层支承力$\overline{P}_0$,桩传递的力即 P_1,且

$$P_1 = \overline{P}_0 = \overline{\Delta}_1 \frac{K_A^0 K_1}{K_A^0 + K_1} = \overline{\Delta}_1 A_1 \qquad (4)$$

而其中 A_1 代表的就是持力层通过桩所能提供出来的功能。

应该强调,公式(3)表达了基桩承载力是由持力层和土的摩擦力所构成,宏观上它与规范的形式一样,但本质上却不同,不同之处在于它从组成结构方面揭示了基桩承载力构成的内在关系;式(4)突出了作为载体的桩 K_1 对承载力的影响以及桩顶下沉量$\overline{\Delta}_1$ 的重要性。而这一重要信息正是被规范所忽略的。

对于穿过多层土的基桩,其承载力的构成,同样可用刚度结构来揭示。

图2a)～c)所示为二层土的情况。将桩相应分为两段,第一段及其周边土视为子系统 A_1,A_1 的集成刚度即 K_A^1;第二段桩在力 P 及周边土阻力作用下,视为弹性支承在 A_1 系统上并与其串联,又构成系统 A_2;A_2 的刚度结构如图2c)所示,其集成刚度为:

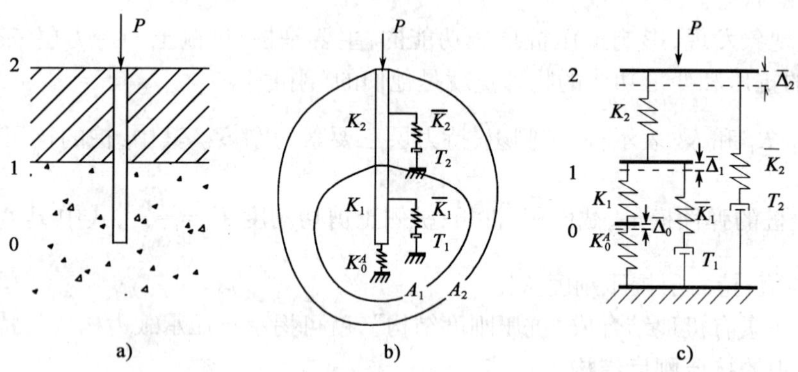

图2　两层土中桩的抗压刚度结构

$$K_A^2 = \frac{K_A^1 K_2}{K_A^1 + K_2} + \overline{K_2} \tag{5}$$

如此类推,可得 n 层次的抗压刚度结构(见图3)[2],其集成抗压刚度一般式为:

其集成抗压刚度一般式为:

$$K_A^n = \frac{K_A^{n-1} K_n}{K_A^{n-1} + K_n} + \overline{K}_n \tag{6}$$

试验证实桩的抗压刚度结构,符合实际,具有普遍性;它揭示了桩的抗压功能的构造特征,同样表达了持力层的抗压功能是如何自下而上逐一迭代传递,以及作用力如何从上往下递推,形象简明地解读了抗压桩试验所发生的物理现象及工作机理。

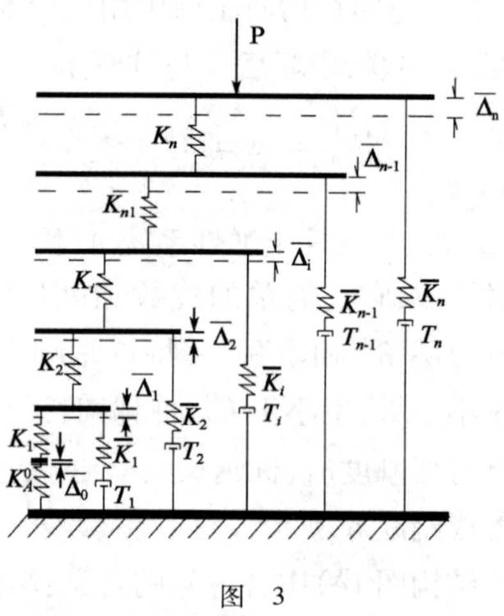

图　3

三、持力层的支承作用

刚度结构[图1c)]反映了持力层 K_A^0 与桩 K_1 和桩侧土$\overline{K}_1$ 三者间既统一又相互制约的内在关系[3],也揭示出在抗压桩承载力的构成中,持力层究竟是怎样在起作用。

1.桩对持力层支承作用的影响

分析图1c)可知,基桩抗压功能由 A_1 和 A_2 并联集成。为突出持力层与桩的关系,我们先撇开系统 A_2,仅就 A_1 系统的串联结构进行分析,以了解串联集成后对持力层作用的影响。

设串联刚度为 A_1,它与持力层原位的抗压刚度 K_A^0的比值为 β_1

$$\beta_1 = \frac{A_1}{K_A^0} \tag{7}$$

β_1 即桩对持力层功能的"传递系数",它表达的是持力层的利用率。

为说明问题,以当前并不少见的100m长桩为例,其弹性模量 $E = 3.15 \times 10^7$kPa,桩的抗压刚度 $K_1 = \frac{EA}{L}$,且设持力层抗压刚度 $K_A^0 = 10^9$kN/m。

由于 $$A_1 = \frac{K_A^0 K_1}{K_A^0 + K_1} \tag{8}$$

利用式(8),将我国百米长桩所用过的直径 2m、2.5m、2.8m、3.0m 代入,同时也用不同的桩长,可得到不同情况下的传递系数,绘制出特定桩长的 $\beta_1 \sim d$ 曲线(图4)。

计算得知,当直径为 2m 时,百米长桩的传递系数 $\beta_1 = 0.000\,99$,即被桩传出的刚度,仅为原位持力层刚度的千分之一;当直径 3m 时,$\beta_1 = 0.002\,2$,传出的仅是千分之二。

在持力层刚度为 $K_A^0 = 10^9\text{kN/m}$ 的条件下,对同一组桩径、不同桩长进行了计算,可得相应的 $\beta_2 \sim L$ 曲线(图5)。对于减短为 30m 长的桩,2m 直径的 $\beta_2 = 0.003\,3$ 而 3m 直径的 $\beta_2 = 0.007\,4$。

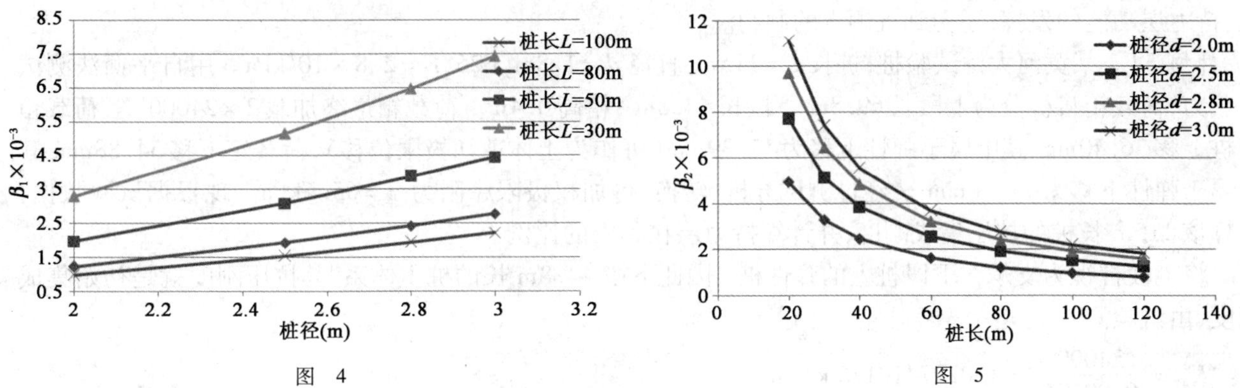

图 4　　　　图 5

要想持力层的功能被传出的更多,必须加大直径。理论上可推证,只要桩的刚度达到无限大,则 $\beta_1 = 1.0$。由此可见,当今规范的理念是建立在桩的刚度为无限大的假设前提下,正如图 6a)所示[3],这与当今的长桩刚度差距太大。

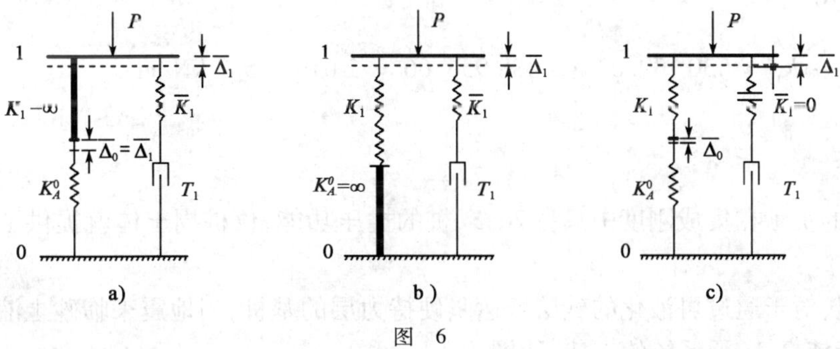

图 6

在应用方面,当选定了持力层,根据设计要求的传递系数 β_1,同样可计算所需的桩径。运用式(7)、式(8)

令 $A_1 = \dfrac{K_A^0 K_1}{K_A^0 + K_1} = \beta_1 K_A^0$

则 $K_A^0 K_1 = \beta_1 K_A^{02} + \beta_1 K_A^0 K_1$

即 $K_1 = \beta_1 K_A^0 + \beta_1 K_1$

可得 $K_1(1 - \beta_1) = \beta_1 K_A^0$

而 $K_1 = \dfrac{EA}{L}$ 　则 $$d = \sqrt{\frac{4L\beta_1 K_A^0}{E\pi(1 - \beta_1)}} \tag{9}$$

[例1] 100m 长桩,持力层的刚度、桩的弹性模量同前述图 4、5 的条件,若要求 $\beta_1 = 0.05$,那么需要多大的桩径?由式(9)计算得知,约需 15m。显然,只好改用直径 15m 的沉井基础方可达到要求的效果。

[例2] 长江某大桥试验桩,桩长 60.5m,桩径 2.8m,弹性模量同上例。经试验测得持力层的刚度 $K_A^0 = 7\,585\,335\text{kN/m}$,试计算该桩的传递系数;当要求传递系数达到 $\beta_1 = 0.50$ 时,需要多大的直径?

计算可得，该60.5m长桩的传递系数$\beta_1 = 0.297$；而要求传递系数达到50%时，桩的直径须加大到4.3m。而目前的长桩，直径用到4m的少见，也就增添了长桩施工的风险。

由上述可见，要想提高持力层的支持率，桩必须有相应的抗压刚度相配合，设计人员不仅要选择好的持力层，更要慎重考虑桩应有的抗压刚度。否则，不仅持力层利用率低，且平添了长桩施工风险，降低了工程的可靠度和耐久性。

2. 桩侧土对持力层支承作用的影响

如前述，桩侧土剪切刚度$\overline{K}_1$是组成集成抗压刚度K_A^1的两项之一。对于紧密的土层，剪切刚度较大，以至于在集成刚度中所占的比例也大，特别是长桩。很多试验表明，长桩桩端的反力极小，甚至为零。可见，持力层功能的发挥，还受到桩侧土的制约。

[**例3**] 某黄河大桥试验桩，桩长$L = 115$m，直径$d = 1.8$m，C25，$E = 2.8 \times 10^7$kPa。用自平衡法测试承载力，荷载箱将桩分为上段长69.8m下段长44.8m，箱高0.4m。荷载箱最终加载2×24000kN，荷载箱处桩上移36.40mm其中属于弹性上移为17.39mm(可作为土体剪切极限位移)，荷载箱下移54.88mm其中属于弹性下移为21.76mm。经过测试分析、转换，得加权极限摩阻力$\tau = 65.6$kPa。现根据试验数据，计算该115m长桩的抗压集成刚度，并计算持力层在其中的比例。

将上段桩视为支承在下段桩上的弹性桩，因此下段44.8m长的桩土体系，其抗压刚度就是初始集成刚度，由试验测得：

$$K_A^0 = \frac{24000}{0.02176} = 11029741.176\ \text{kN/m}$$

$$K_1 = \frac{E\pi d^2}{4L} = \frac{2.8 \times 10^7 \pi \times 1.8^2}{4 \times 69.8} = 1\,020\,792.57\ \text{kN/m}$$

$$\overline{K}_1 = \frac{\tau \pi d \times 69.8}{0.01739} = 1\,488\,956.66\ \text{kN/m}$$

$$K_A^1 = \frac{K_A^0 K_1}{K_A^0 + K_1} + \overline{K}_1 = 530\,139.03 + 1\,488\,956.66 = 2\,019\,095.7\ \text{kN/m}$$

$$\frac{A_1}{K_A^1} = 0.26$$

可见，持力层的贡献在集成刚度中只占26%，桩的抗压功能，仅桩周土体就提供了大部分，而桩的传递系数仅为0.048。

也有特殊情况，对于通过可液化的砂层抵达坚硬持力层的基桩，当地震来临砂土液化时$\overline{K}_1 = 0$，这时桩的抗压功能只能依靠A_1子系统的支持了[图6c)]。

四、超长桩持力层的作用

1. 有效桩长与超长桩

如前述，长桩试验发现，往往加载达到了极限荷载P_u，或者沉降量已达到了限定值，而桩的摩阻力并没有得到充分发挥，甚至下段桩及桩底压力为零。人们提出了“有效桩长”的问题。

但这些现象在滞后的规范理念[5]中解决不了，以至于改革开放以来，由于荷载加大，按旧方法设计，桩长记录一再被打破，超过百米的已不再是少数。

这些长、大桩，较之以往常用的二三十米的短桩来说，就有了“超长”的概念。然而，这个概念是相对的也是模糊的，业内缺少一个力学概念清楚的“超长”定义，且以相对的几何概念居多。“桥梁”2007.1期[4]刊文，提出“超长桩到底有多长”的问题，也提出了一种定义和量化的方法。在弹性范围内，在桩的材料、截面尺寸和形状以及土质情况一定的条件下，利用基桩抗压集成刚度有极限值这一特征，把某一深度下的桩土体系不能再提供刚度支持的深度作为“有效深度”，这个深度的桩长就定义为“有效桩长”，而超出有效桩长的桩就定义为“超长桩”。定义清楚明白，摒弃了单纯含混的几何概念。

假设桩和土体均为弹性体,桩的抗压刚度 K 和土的抗剪刚度$\overline{K}$都是一定量,

则设刚度比为 $\varphi = \frac{K}{\overline{K}}$,由式(6)可得

$$K_A^n = \frac{K_A^{n-1} K_n}{K_A^{n-1} + K_n} + \overline{K_n} = \overline{K} + \frac{\overline{K} X_A^{n-1} \varphi \overline{K}}{\overline{K} X_A^{n-1} + \varphi \overline{K}} = \overline{K}\left(1 + \frac{X_A^{n-1} \varphi}{X_A^{n-1} + \varphi}\right) = \overline{K} X_A^n$$

式中 X_A^n 称为集成系数,且 $$X_A^n = \left(1 + \frac{X_A^{n-1} \varphi}{X_A^{n-1} + \varphi}\right) \tag{10}$$

根据抗压集成刚度一般式可导得集成系数的极限值[4]:

因为 $K_A^{n+1} = \overline{K} + \frac{K_A^n K}{K_A^n + K}$ 设在第 n 次达到极值,即 $K_A^{n+1} = K_A^n$

则 $K_A^n = \overline{K} + \frac{K_A^n K}{K_A^n + K} = \overline{K} + \frac{K_A^n \varphi \overline{K}}{K_A^n + \varphi \overline{K}}$ 得 $(K_A^n)^2 - \overline{K} K_A^n - \varphi \overline{K}^2 = 0$

解得 $K_A^n = \overline{K} \times \frac{1 + \sqrt{1 + 4\varphi}}{2} = \overline{K} X_A$

式中 X_A 即集成系数极限值,且 $$X_A = \frac{1 + \sqrt{1 + 4\varphi}}{2} \tag{11}$$

式(11)表明,极限值的大小,在一定条件下,仅与刚度比 φ 有关,与桩端持力层的性质已无关系。其概念是,当桩和土的刚度已知且为定值,那么桩的长度达到一定深度后,既使再加长,所增加的部分,对桩的抗压功能已经提供不了什么支持,或其支持在桩—土的综合功能中小到可以忽略不计的程度。

有效桩长的实用确定方法,可根据不同的刚度比 φ 值,先算出集成系数的极限值 X_A,再根据集成系数公式(10),连续迭代出对应于极限 X_A 所需要的迭代次数 n。若取桩段长 $L = 1\text{m}$,则有效桩长即为 n 米。用符号 L_n 代表有效桩长,可建立 $X_A \sim L_n$ 的关系曲线供直接查用(见图 7),

或者用 Microsoft、Offrce、Excel 直接快速、方便地计算迭代次数——有效桩长。

理论上,有效桩长有的要长达数百米后,集成刚度才到极限值(精确至小数后 6、7 位)。值得注意的是,集成系数 X_A^n 的变化,往往在前面若干次收敛很快,其后的增量就越亦减少,只要能满足"精度"要求,可忽略那些增量不大的迭代,所以实用的有效桩长大为减短,而其力学性能却与理论的有效桩长相当。如果按 5% 的精度要求,那么就以 $0.95X_A$ 或 $1.05X_A$(当 $X_A^0 > X_A$)作为实用有效长度的衡量标准。

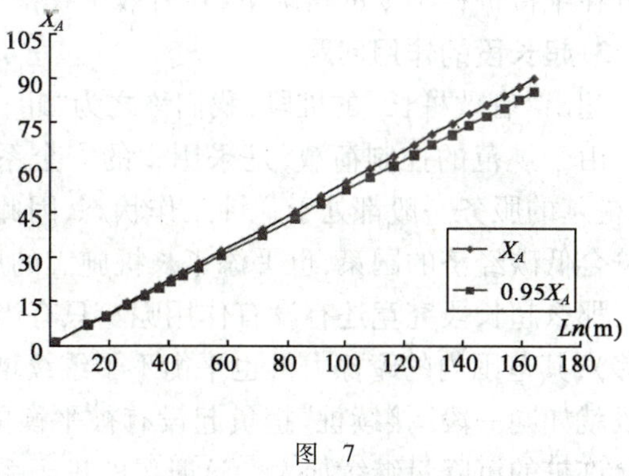

图 7

经分析,集成系数随着迭代次数的增加而趋近于极限,且集成系数增长或减少或不变化,都将取决于初始集成系数 X_A^0。当 $X_A^0 < X_A$ 则 X_A^n 由小逐渐增大至极限;当 $X_A^0 > X_A$ 则 X_A^n 将由大变小直至极限;当 $X_A^0 = X_A$,则 X_A^n 不变化,恒等于 X_A。

具有实用意义的是,"有效桩长"体现的是该桩—土系统固有的物理量,是一个与荷载无关的特征值;它属于"静态"的理念,这一理念为基桩设计提供了方便——以不变应万变,正如同各种型号的弹性材料可供使用者挑选一样。在同一桩位,不同的桩径和材料,就有不同的有效桩长。而用"有效桩长"来判别是否"超长",把模糊的相对的概念具象化,也就突显其实用价值。

2. 持力层的选择

有了"有效桩长"这一参数,就可为持力层的选择,或者说为桩径、桩材的选择增添了理论依据。只要将地质情况和桩的参数科学地结合起来,就能有效地发挥持力层的作用。

桥梁基础设计,目前还处于容许状态范畴,地基基础总体上也限定在弹性范围,因此在同一地点,当

桩径和材料已定,那么处在“有效桩长”以下的持力层就难以提供支持,除非重新调整、加大桩径使有效深度加深,并使桩的传递系数也相应加大,才能发挥所选定的持力层的预设功能。

作为设计者,力求做到“天”“人”合一,既避免大材小用,造成浪费、增加施工难度,也要避免小材大用,不堪重负发生事故。但为安全保险起见,人们往往非科学地加大桩长,也就出现了超长桩的问题。

自改革开放以来,桥梁事业发展迅猛,桩基施工技术提升,长桩的应用也日益增多[5],这些都是我国桥梁桩基工程实践的宝贵财富。那么按照新的理念来重新认识,其中有没有“超长桩”?他们的承载力和沉降量究竟多大?……这些都是值得探讨和评估的课题。

[**例4**]　运用例3的长桩和试验数据,判断该115m长桩是否超长?

取1m作为一段[4],则该段桩的刚度K和桩侧土的剪切刚度$\overline{K}$分别为:

$$K=\frac{E\pi d^2}{4L}=\frac{2.8\times10^7\times\pi\times1.8^2}{4\times1}=71251321.38\ \text{kN/m}$$

$$\overline{K}=\frac{\tau\pi d\times1}{\overline{\Delta}_u}=\frac{65.6\pi\times1.8\times1}{0.01739}=21331.757\ \text{kN/m}$$

刚度比$\varphi=\dfrac{K}{\overline{K}}=3340.152$

根据式(11)得集成系数极限值$X_A=58.296$

若设持力层的刚度为零,即初始集成系数$X_A^0=0$,则集成系数由零趋向极限,则X_A乘以0.95,即$0.95X_A=55.3815$,用Microsoft、Offrce、Excel直接快速得$L_n=106\sim107$m(亦可使用图7);若设持力层刚度为无限大,则集成系数由大减小而趋向极限,则用$1.05X_A=61.211$作为标准,同样也得到$L_n=107$m。

由此可见,该115m长桩属于超长桩,至少超出8m。因为在107m深处,持力层的刚度无论是无限大或是为零,对桩的集成刚度都已起不了作用。若是按规范的理念,持力层能发挥全部作用,而按新理念来说,则是否定的。

因此,该座桥的长桩,持力层没能发挥作用。要想充分利用持力层,应该加大桩径,以加大有效桩长;或者在维持桩径不变的情况下,在有效桩长范围内重新选择持力层。

3.超长段的作用问题

超出“有效桩长”的桩段,我们称之为“超长段”。理论上,“超长段”的轴向力为零,这也被试验所证实。由于规范的控制荷载,是采用2的安全系数,即用极限荷载的一半来限制,荷载已被控制在许可范围,桩基的服务一般都处于弹性工作状态,因此超长桩的超长段是不受力的,是多余的。这样的设计,既不符合低碳经济的国策,也平添了长桩施工的风险,降低了安全度。

那么超长段究竟还有没有作用呢?只有当有效桩长范围的土体大都处于弹塑性状态(桩土发生相对滑移),其范围内的摩擦力再也平衡不了继续增加的外力的时候,这时不平衡的力必然由超长段承担,超长段就如同一段“接续桩”担负起没有被平衡的外力。但这种作用是要付出代价的,那就是上部结构必须允许桩的沉降量继续加大。这时候的桩土系统面临着变形的极限状态甚至已经破坏。

为保证建筑物的安全,规范应该从承载力和变形两个方面来控制。

五、结　语

(1)未经人工处理过的持力层,其承载功能是自然界所固有的,但通过基桩传递出来的功能与原生态的已经不是一个量级,大都被弱化了。特别是抗压刚度相对较小的长桩。

(2)现今执行的规范在基桩承载力的确定方面是不严谨的,它把持力层的功能与被桩传递出来的功能画上了等号,误导了设计。如此落后的理念与我国桥梁工程日渐增大的荷载现状是极不相称的;设计中出现的超长桩现象无不与此有关[4]。

(3)按照本文对超长桩的定义,从设计的视角,亦可认为具有“贬义”,因为它不仅夸大了持力层的作用,浪费了资源,还在设计、施工两个方面,都降低了安全度。

(4)桩径的选择与持力层的选择是桩基设计中同等重要的环节;好的持力层必须有与其相匹配的桩,否则超长而无功。

(5)有效桩长这一物理量,应该作为桩基设计的重要参数,它为科学地设计提供了依据和参考。

(6)抗压桩承载力与变形相协调的科学理念,应该作为待修改的桩基规范的主导思想。

(7)群桩与持力层的关系是一项难度大的课题,也是桩基工程有待深入解决的课题[6]。

参考文献

[1] 李靖森,王健,杨宇.桩的抗压刚度结构.土木工程学报,2008.11.

[2] 李靖森,马晔,宋春霞.用集成抗压刚度计算基桩的新方法.桥梁,2006,6.

[3] 李靖森.抗压桩机理解读——简评规范及自平衡法.桥梁,2008,4.

[4] 李靖森.超长桩到底有多长.桥梁,2007,1.

[5] 李靖森.桩基计算理论滞后的局面应该改变.桥梁,2010,5.

[6] 李靖森.关于有效桩长的再认识.桥梁,2010,1.

163.关于钢护筒参与桩基础受力的探讨

屈 国[1] 吴海英[2]

(1.辽宁省交通规划设计院;2.辽宁省公路勘测设计公司)

摘 要 本文介绍了桥梁钢护筒参与桩基础结构受力理论和工艺方面存在的问题,并提出合理建议。

关键词 桩基础 钢护筒 连接

一、引 言

目前,大跨度深水桥梁基础多采用承台加群桩基础结构,施工期间采用插打钢护筒形成施工平台进而施工桩基础、承台等施工工艺,很多桥梁在桥梁桩基础等施工完成后保留钢护筒作为桥梁结构的永久构件并使钢护筒全部或部分参与桩基础结构受力,本文就此进行探讨。

二、钢护筒参与桩基础受力应考虑因素

对于考虑钢护筒全部或部分参与桩基础结构受力,考虑设计和施工等因素,主要存在如下几方面的影响因素:

(1)钢护筒与承台连接方式和强度;

(2)钢护筒施工工艺和施工质量;

(3)钢护筒与桩基础混凝土之间能在多大程度上组成组合截面共同受力;

(4)钢护筒能否回收再利用和工程造价影响。

三、钢护筒与承台连接方式和强度

钢护筒与承台连接方式,一般有钢护筒拉条法和设置附加连接件法,或者二者组合使用。

1.钢护筒拉条法

桥梁桩基础施工钢护筒材料一般采用Q235或Q345钢板卷制而成,钢板厚度10~25mm之间。钢护筒拉条法一般是在适当时机如施工承台之前把钢护筒切割成宽度50~150mm宽度的钢板条,各个钢板条之间间距0~150mm,然后适当向半径外径向弯曲并伸入承台内部一定高度,以便与承台混凝土形成锚

固连接，作为一个整体结构，参与受力，也有的桥梁在钢护筒拉条之上附焊大直径钢筋形成复合结构。采用拉条法存在如下几个方面的问题：

（1）钢板拉条宽度一般100～150mm，拉条间间距0～100mm，工地切割一般采用手工电焊切割，质量很差，宽度大小不一，拉条切割的周边侧面钢板呈锯齿状，存在应力集中；切割后需要沿钢护筒半径径向外弯，反半径外弯非常困难，容易形成应力集中裂缝；同时，混凝土承台钢筋一般正交垂直布置，对于较大跨度桥梁，承台钢筋往往需要多层设置，拉条筋竖直方向略倾斜，承台钢筋围成的缝隙空间为垂直方向，钢护筒拉条和钢筋束同时穿过承台底层多层普通钢筋很困难；同时为防止钢板拉条不妨碍承台钢筋布置，往往把钢板拉条成束穿过承台底层钢筋，即达不到设计意图，钢护筒拉条与混凝土锚固力效果大打折扣，也很难保证钢护筒和承台连接效果和连接强度，如图1所示。

（2）采用附焊焊接钢筋时，连接钢筋与钢护筒焊接长度短，即使焊接前对接触面进行除锈处理，手工现场除锈效果一般不理想，受泥浆、混凝土等污染严重，难以处理，也很难保证焊接质量；即使抽出部分泥浆，扩大作业空间，钢筋端面围焊施工作业也比较困难，随着混凝土浇筑泥浆顶面高程也随之上涨，重新污染。同时，切割和焊接等多次循环作业对钢护筒钢板的力学性能影响也是不利的。

图1 钢护筒和承台连接

（3）钢护筒与桩基础连接也有的在桩基础顶面沿钢护筒圆周整断面切割钢护筒，在钢护筒端面沿钢护筒圆周方向焊接U形或L形钢筋伸入承台的连接方式。连接钢筋一般选用大直径钢筋如32mm或36mm，此时，钢筋直径几何尺寸比钢护筒钢板还要厚，钢筋还需要适当向钢护筒圆心方向偏心焊接，以便预留钢板腐蚀损耗厚度，否则桥梁使用阶段后期会造成连接失效，因此，焊接连接质量非常难以保证；此方法除存在除锈、焊接质量难以保证的问题外，钢筋的根数由于弯钩部分占用钢护筒圆周方向长度比较大，钢筋有效根数布置比较少，又沿钢护筒圆周半径曲线焊接，考虑钢板和钢筋的弦－弓效应，焊接质量很差，同时，U形或L形钢筋受力模式属于弯拉破坏，试件试验曾出现钢筋弯钩曲线半径外缘首先开裂弯拉破坏现象，尽管试件试验与钢筋实际受力工况存在一定差异，但试件试验仍能说明一定焊接钢筋受力存在一定的缺陷。

2. 钢护筒设置附加连接件法

钢护筒设置附加连接件法一般是在钢护筒外表面设置牛腿等构件，即作为前期施工平台临时支撑构件，又作为后期结构永久连接件使用，同时，在承台底面沿钢护筒圆周方向设置预埋钢筋或钢板，施工承台时二者焊接连接，此法具有连接强度大的特点。问题是可能存在水下焊接作业，拉条法中污染、焊接质量等问题依然存在。在接近充分利用钢护筒钢板强度的情况下，可能需要对钢护筒进行局部加劲或加强。但相比拉条法等此方法对结构受力应更有可靠度保证。

四、钢护筒施工质量和施工工艺

钢护筒施工质量一般包括插打深度和插打质量以及防腐涂层影响等方面问题。

1. 插打深度

一般而言，钢护筒比较适合黏土、亚黏土、砂层等构造地层，卵石层插打深度一般不会超过8～12m，以目前的桥梁建设的技术和设备，钢护筒插打深度不能保证全部钢护筒都达到设计深度，实际上，很多桥梁桩基础钢护筒均存在部分钢护筒插打达不到设计深度高程的情况，桩基础受力控制截面一般在承台底面到河床面下2～3倍桩基础直径范围，地质条件差时控制截面会向下继续延伸，如果考虑钢护筒参与受力，就不得不变更设计，需要变更桩基础钢筋笼子，同时需要调整机械设备甚至增加钢护筒结构尺寸和附属设施，如柴油汽锤、桩帽、减震垫、锁口构造等，如此，即费工费料，又影响工期。

钢护筒插打效果同样也由于地质等原因存在变数，在存在卵石或飘石等特殊地质和施工条件下，钢护筒变形难以避免，处理困难，必要时可能需要潜水切割焊接等高危险作业。

2. 防腐处理

如果钢护筒参与结构受力，就需要保证钢护筒与永久结构同寿命的可靠度，因此钢护筒需要考虑腐蚀厚度并进行防腐处理，防腐处理目前一般是在钢护筒外表面施加涂层，比较多的是环氧涂层，同时结合电化学如阴极保护等措施；钢护筒预留腐蚀厚度由于各个桥位和具体桩位钢护筒不同部位如浪溅区、水下区、泥下区等腐蚀速率情况不尽相同，比较多的一般腐蚀预留厚度在4～10mm，个别桥梁泥下区预留腐蚀厚度也有采用2mm的情况。

对于防腐涂层，虽然环氧涂层黏结强度很高，涂层一般设计也很厚，但是钢护筒的插打作业仍会在一定程度上损伤防腐处理层，只是不同地质层损伤不同而已，软土和黏性土等硬度较小的土层损伤小一些，沙层、卵石等硬度较大的地质层损伤大一些。

另外，当钢护筒插打出现翘曲变形等事故时，如需要切割重焊作业，则此时损伤部分钢护筒将缺少防腐涂层保护，此外，钢护筒切割作业也会损伤切割线附近的防腐涂层，并且难以修复，结构防腐路线从理论上讲不是封闭的，存在漏洞，出现防腐漏点，留下安全和质量隐患。

3. 桥梁运营使用阶段

在桥梁使用阶段中，部分桥梁江、河段水中杂质较多，如国内某跨江大桥，上部地层为粉细砂、中粗砂和卵石地质层组成，且粉细砂、中粗砂层较薄，水样品分析结果表明，河道内物质粒径偏粗，挟裹主要物质为砾石、粗中砂、中细砂、砂质粉砂与粉砂，砾石的直径达1×1～5×8cm，粗中砂的粒径在0.45～0.62mm，中细砂的粒径在0.22～0.35mm，砂质粉砂和粉砂的粒径在0.021～0.044mm。多年平均含沙量达0.54 kg/m^3，含砂率比海水要高，最大流速3.32m/s，冲刷作用强烈，严重磨损涂层。

在桥梁使用阶段中，如果桥梁地质条件比较好，钢护筒插打深度比较小，考虑冲刷作用，钢护筒设计长度施工完成后扣除一般冲刷、局部冲刷深度，运营阶段钢护筒所剩入河床内有效深度很小，很难在钢护筒下缘与桩基础形成有效约束，可利用长度也很有限，因此利用钢护筒参与结构受力意义不大。

五、钢护筒与桩基础混凝土之间能在多大程度上组成组合截面共同受力

钢护筒与桩基础混凝土之间能在多大程度上组成组合截面取决于钢护筒与桩基础混凝土之间摩擦阻力大小、钢护筒端部约束刚度和钢护筒参与结构受力模式等因素。

1. 钢护筒与桩基础混凝土之间摩擦阻力

就结构本身而言，钢护筒与桩基础混凝土结构组合类似于钢管混凝土结构。

国内外部分设计规程给出了钢管混凝土界面抗剪黏结强度的设计值，其中，国内DBJ13-161-2004规定圆形和矩形钢管混凝土界面抗剪黏结强度分别为0.225MPa和0.15MPa，与日本规范AIJ相同；英国规范BS5400规定钢管混凝土界面抗剪黏结强度0.4MPa；欧洲规范EC4规定圆形和矩形钢管混凝土界面抗剪黏结强度分别为0.55MPa和0.4MPa。

有试验室试验数据表明，钢管结构与混凝土之间界面抗剪黏结强度影响因素众多，如混凝土强度与龄期、钢管长细比、钢管径厚比等。部分试验结果表明，钢管结构与混凝土之间界面抗剪黏结强度试验数值一般在0.4～1.0MPa之间，多数试验的结果数值介于0.4～0.8MPa之间。桩基础混凝土为水下混凝土，与一般的钢管混凝土桥梁上部结构混凝土相比很难达到同等级别施工质量，因此，钢护筒与桩基础混凝土之间摩擦阻力试验数值一般会小于上述试验数值，即使上述数值也难以使钢板和混凝土形成共同截面共同受力，很多的钢管混凝土桥梁存在管内混凝土脱空现象既有施工工艺问题，也存在设计理论上的缺陷，虽不足以产生严重后果，但要保证共同受力，在结构材料高应力状态下存在一定的困难。

钢管混凝土桥梁钢管和混凝土组合构件两端结构局部约束刚度往往比较大，接近刚接，而钢护筒上端与承台约束尚存在一定强度，下端约束轴向刚度很小，经过冲刷后基本失去轴向约束，只依靠钢护筒与桩基础混凝土摩擦力形成约束作用，两者之间在受力需要时很可能产生滑移，达不到设计要求两者共同受力的目的。

2. 提高钢护筒与桩基础混凝土之间摩擦阻力措施

如要提高钢护筒与桩基础混凝土之间摩擦阻力，由于桩基础混凝土强度等级考虑经济和水下混凝土灌注施工等因素一般不宜太高，具体措施往往需钢护筒自身加强，一般采用如下几种方法：

(1)钢护筒内部设置钢板加劲剪力环；

(2)钢护筒内部设置剪力栓钉；

(3)钢护筒内部设置加劲剪力键钢筋。

就以上措施而言，设置钢板加劲剪力环、剪力栓钉、加劲剪力键钢筋均占用桩基础内部空间，与桩基础主钢筋位置干扰，降低主钢筋使用效率，同时，施工时下钢筋笼子不方便，一旦卡住处理非常困难。以上措施均使施工复杂化甚至存在施工风险。

3. 钢护筒参与结构受力模式

钢护筒参与结构受力模式，存在不同观点，大致分为桥梁全寿命全工况参与受力和桥梁全寿命特殊工况参与受力两种观点。

对于桥梁全寿命全工况钢护筒参与受力，上述探讨中指出了存在的问题，不再赘述。

对于桥梁全寿命特殊工况钢护筒参与受力，一般指正常使用运营阶段钢护筒不参与桩基础结构受力，在桥梁遭受较大荷载作用、撞击和地震等偶然作用工况时钢护筒参与受力。实际上，钢护筒如果与结构进行连接，则无时不在参与结构受力，钢护筒结构在桩基础截面中处于截面的外边缘，同等工况，理论上钢护筒受力纤维应变变化相对于桩基础混凝土更大一些(轴心受压除外)，因此人为设想分工况设计钢护筒参与受力只是理论上的想法，与实际情况根本不符，只是钢护筒参与受力大小程度不同而已，但是针对此种想法，可以设想钢护筒作为结构受力的安全储备还是可行的。

就结构理论计算分析而言，作为地震等偶然荷载作用组合工况时，如配筋比较经济，桩基础结构钢筋基本进入屈服状态，钢筋应力接近抗拉标准强度上限，此时，钢护筒与承台等联结结构由于上述原因一般会先于桩基础钢筋进入屈服状态，很难保持同等连接强度，作为桥梁结构阻尼消耗能量措施的一部分对结构抗震还是有利的。

六、工 程 造 价

钢护筒施工完毕后，插打深度比较小或整桩摩阻力较小等情况，钢护筒一般容易回收再利用，如在施工需要继续利用钢护筒或钢护筒施工存在变形等难以回收利用情况，钢护筒只能永久保留，但承台底面以上部分还是能够部分回收再利用的，如此，则能够降低一定的施工费用。

针对某大跨度斜拉桥主桥墩桩基础，进行了钢护筒参与结构受力和不参与结构受力两种情况下的配筋计算分析。

桩基础直径280cm，桩基础钢筋采用HRB400，混凝土采用C30；钢护筒采用Q235C钢板，厚度22mm，考虑10mm厚度钢护筒参与结构受力，永久钢护筒长度15m。

经简单换算计算，如果考虑10mm厚度钢护筒参与结构受力，则大约150mm长度钢护筒相当于1根直径36mm的钢筋。

考虑10mm厚度钢护筒参与结构受力与不考虑钢护筒参与结构受力相比，桩基础配筋率分别为2.0%和2.4%满足抗震要求，配筋率相差大约20%，每根桩降低造价大约2万元，如果考虑钢护筒与承台连接的附属构造措施等其他需要增加的费用和承担的施工风险，以及钢护筒回收再利用等因素，考虑钢护筒参与结构受力经济效益并不明显，甚至造价可能是增加的。

七、结　　语

根据以上分析，对于大跨度桥梁基础而言，考虑钢护筒参与桩基础结构受力是存在一定的设计理论缺陷的，同时各个环节的施工质量也难以达到设计要求，存在较大风险。建议在桩基础配筋能够满足构造等要求的情况下，在设计时尽量不要考虑钢护筒参与桩基础结构受力，但是，可以考虑钢护筒与承台进行最大程度连接,作为桩基础结构受力的安全储备是比较合理的设计原则。

参考文献

[1] 中华人民共和国交通部. JTG/T B02-01—2008 公路桥梁抗震设计细则[S]. 人民交通出版社,2008.

[2] 中华人民共和国交通部. JTG D62—2004 公路钢筋混凝土及预应力混凝土桥涵设计规范[S]. 人民交通出版社,2004.

164. 基于能量吸收理论的桥梁船撞动力模拟分析方法

冯清海[1] 吴宏波[1] 周 敉[2] 袁万城[3]

(1. 中交公路规划设计院有限公司;2. 长安大学旧桥检测与加固技术交通行业重点实验室;3. 同济大学土木工程防灾国家重点实验室)

摘 要 针对目前现有的船桥碰撞力计算方法的不足,引入金属薄壁结构能量吸收原理,采用碰撞的内部机理和外部机理相结合的方法,推导了桥梁船撞动力分析方法。该方法考虑了冲击荷载作用下材料应变率的影响,反映了碰撞力的动力特性,并能比规范公式、经验公式计算结果得到更多碰撞过程的信息,提高了船桥碰撞力计算的效率。

关键词 船桥碰撞 能量吸收 动力模拟

随着船舶运输业的迅速发展,以及桥梁工程的大量建设,船舶碰撞桥墩的事故日益增多,桥墩的防撞成为不容忽视的问题。船舶的碰撞荷载也成为桥梁防撞设计的关键。目前,国内外有众多经验公式或简化计算方法计算船撞力,如美国 AASHTO 规范、欧洲 Eurocode1、中国《公路桥涵设计通用规范》、Pedersen 公式、Wosin 公式等。这些规范或公式中,大多数方法是建立在有限的碰撞事故分析或试验分析的基础之上,难以覆盖所有船舶撞击桥墩的情况,各公式计算结果差异较大,甚至相差几倍。也有的公式是基于静力推导得到,但忽略了碰撞过程中材料应变率的影响,难以反映出碰撞问题的动力本质。随着计算机的发展,船桥碰撞力可以通过有限元模拟分析得到,但由于诸多非线性及网格划分等因素影响,使得碰撞过程极为复杂,计算效率低,难以让桥梁工程师所接受[1,2]。

船舶与桥墩的碰撞过程是发生在瞬间而又复杂的过程,其间,碰撞系统表现出强烈的几何非线性、材料非线性和接触非线性,并伴随着能量形式的转换与损耗。鉴于此,为了高效而又快捷地评估桥梁船撞力,引入金属薄壁结构能量吸收原理,结合船桥碰撞中的内部机理与外部机理的作用,建立了桥梁船撞动力模拟分析方法。

一、船桥碰撞机理[3,4]

由于船桥碰撞问题的复杂性,使得此类问题的求解综合性很强,甚至难以用解析解的方式表达出碰撞力的大小。为了避免船桥碰撞整体求解带来的巨大困难,船桥碰撞问题求解通常采用两次求解法,即将船桥碰撞机理分析划分为外部机理和内部机理。在求解时,先按照外部碰撞力学的原理进行分析,后按内部碰撞力学的原理进行求解。

在碰撞发生后,考虑到周围流体介质的作用和相互碰撞力,计算船和桥在运动惯性力和碰撞力共同作用下发生的刚体运动,以及该刚体运动在流体介质中的能量耗散,也即碰撞外部机理分析。通过对外部机理分析,可以建立运动方程得到瞬态平衡关系,并能进一步得到碰撞力和能量的变化关系。

船桥在碰撞时,碰撞接触区在动态碰撞力作用下将发生屈曲、塑性变形、摩擦和撕裂等碰撞损伤。碰撞时发生动能的损失,部分失去的动能消耗于船舶的运动和碰撞冲击时周围水的运动,部分由结构的弹性和塑性变形或结构撕裂所吸收。这个过程即为碰撞的内部机理,包括了弹性和塑性变形,结构的崩溃和破裂,以及迅速改变的边界条件等。

船桥碰撞过程的模拟是碰撞内部机理与外部机理的综合作用,是船舶运动与能量耗散过程的相互交替的过程。

二、金属薄壁结构能量吸收原理[5,6]

能量吸收能力的经典理论预测来自于 Wierzbicki 和 Abramowicz 根据基本单元的思想提出的"超折叠单元"理论,即通过对基本折叠单元的变形模式进行详细描述和分析,得到基本折叠单元的能量耗散,然后根据金属薄壁结构的各种变形所包含基本折叠单元的个数统计总的能量耗散,然后由外力做功与内能增加相等得到各模式的压缩载荷平均值。

在此理论基础上,逐渐形成了金属薄壁结构以基本结构单元,如角钢、T 形截面和十字截面的塑性变形的能量耗散理论,每一结构的破坏荷载是由组成其实际横截面的基本单元来决定。对于每一个单元,折叠长度和破坏荷载则是由在折叠过程中让其所吸收的变形功为最小来决定的。如 Amdahl J. [6,7] 提出了薄壁结构轴向压力作用下的平均强度预测公式:

$$f_{Amd} = 2.42\sigma_0 A\left(\frac{n_{AT}t^2}{A}\right)^{0.67}\left\{0.87 + 1.27\frac{n_x + 0.31n_T}{n_{AT}}\left[\frac{A}{(N_X + 0.31n_T)t^2}\right]^{0.25}\right\}^{0.67} \quad (1)$$

式中:f_{Amd}——结构轴向强度;

σ_0——截面钢材强度(包括应变速率效应在内);

n_L——截面中含 L 形部分个数;

n_T——截面中含 T 形部分个数;

n_X——截面中含 X 形部分个数;

$n_{AT} = n_L + n_T$;

t——截面内钢板的平均厚度;

$A = t \cdot L$——截面内钢材的总面积;

L——截面内所有单元长度之和。

船艏结构即可看成是具有龙骨支撑的金属薄壁结构,船艏横截面即可看成由众多角钢、T 形截面和十字截面组成。船艏薄壁在碰撞作用下,产生纵向压缩从而产生结构屈曲而耗散能量。在冲击载荷作用下,材料的强度、应变率相关性、延性都对结构大变形过程中的作用力有最直接的影响。

在轴向(船体方向)冲击作用下,对于较长的构件发生整体欧拉屈曲,较短是发生局部渐进屈曲。而宽厚比的不同也会导致不同的局部屈曲变形模式。因此,对于不同的船舶,其船艏结构可能具有不同的结构强度和能量耗散能力。

三、基于能量吸收理论的桥梁船撞动力模拟基本原理

船舶与桥墩的碰撞过程中,船艏被挤压崩溃,从而吸收大量的能量。桥梁船撞动力模拟的基本原理应用了切片思想,即把船舶与桥墩接触面到船尾分成多个切片,在每一个切片截面都可以看成是一个多胞或单胞的金属薄壁结构。根据金属薄壁结构轴向挤压崩溃估算强度,以及切片截面积,估算得到切片截面纵向撞击力。进而,根据动能守恒和冲量定理等,分析得到切片与切片截面之间的能量消耗及碰撞时长等信息,从而模拟整个碰撞过程,直至碰撞结束。叠加各切片间发生的所有能量交换信息,撞击时间及撞深便可得到碰撞过程中的船舶纵向变形、桥墩变形能、碰撞时长等值。

整个碰撞过程把碰撞的外机理与内部机理的相互结合,且分步得以应用。动力模拟过程基本流程图如图 1 所示。

四、桥梁船撞动力模拟过程的推导

船舶质量 M,此质量为实际碰撞过程中的等效质量,包括了船舶载重质量、船舶自身质量以及相应的

附连水的质量等。船舶初始速度 V。承台侧向刚度 K。船艏结构参数,即根据公式(1)中要求确定各切片截面的参数,包括板厚、角钢个数、T 形钢个数,以及十字形钢个数等。

碰撞初始状态时的动能为:

$$E = \frac{1}{2} \cdot M \cdot V^2 \tag{2}$$

根据能量守恒原理,当船舶碰撞后,逐渐减速至停止时,船舶纵向力做的功能和船舶当初的动能相等,即:

$$F \cdot L = E \tag{3}$$

式中:L——船舶纵向撞深;F——船舶纵向撞击力。

显而易见,碰撞过程中,F 为变量,以船舶与桥墩开始接触时为起点,沿船舶纵向为正方向,则 F 可以看成是撞击深度 l 的函数。因此,公式(3)更改为如下形式:

$$\int_0^L f(l) \cdot \mathrm{d}l = E \tag{4}$$

式中:$f(l) = \sigma(l) \cdot A(l)$;

$f(l)$——切片撞击力,其计算公式见下面公式推导;

$\sigma(l)$——切片平均崩溃估算强度;

$A(l)$——船舶切片钢材面积。

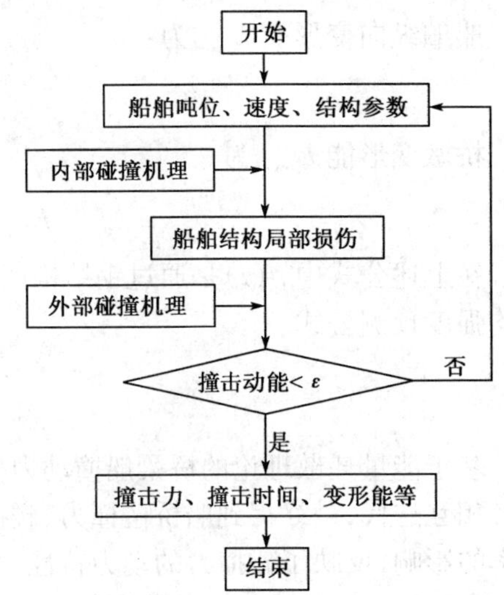

图 1 桥梁船撞动力模拟过程

根据切片间的能量守恒和冲量定律,通过数值分析的方法对上述积分求解,过程如下:

假定第 i 步碰撞时,其碰撞力大小 $f(l_i)$ 为:

$$f(l_i) = \sigma(l_i) \cdot A(l_i) \tag{5}$$

桥墩的侧向位移 Δl_i 为:

$$\Delta l_i = \frac{f(l_i)}{k} \tag{6}$$

拟定碰撞积分步长为 Δl。则在第 i 步的碰撞力做功 ΔE_i 为:

$$\Delta E_i = f(l_i) \cdot (\Delta l + \Delta l_i - \Delta l_{i-1}) \tag{7}$$

第 i 步碰撞初时的船舶动能 E_i 为:

$$E_i = \frac{1}{2} \cdot M \cdot v_i^2 \tag{8}$$

式中:v_i——第 i 步碰撞的初始速度。

则第 i 步碰撞完成后的动能 E'_i 为:

$$E'_i = E_i - \Delta E_i \tag{9}$$

第 i 步碰撞后的船舶速度为 v'_i,也即第 $i+1$ 步碰撞的初始速度,所以,

$$v_{i+1} = v'_i = \left(\frac{2 \cdot E'_i}{M}\right)^{1/2} \tag{10}$$

把公式(5)~式(10)代入公式(4)进行循环求解,便可得到船舶撞击桥墩的最大撞深 L,最大积分步数为 N。根据每一步崩溃强度估算得到的船舶纵向撞力共有 N 个,即 $f(1)$、$f(2)\cdots f(N)$,船舶撞击桥墩的最大撞击力 F_{max} 为:

$$F_{max} = \max(f(1), f(2) \cdots f(N)) \tag{11}$$

根据动量守恒定理,第 i 步内船舶的动量改变量为 P_i:

$$P_i = M(v_{i+1} - v_i) \tag{12}$$

根据冲量定理,第 i 步的碰撞时间 Δt_i 为:

$$\Delta t_i = \frac{P_i}{f(l_i)} \tag{13}$$

则总的碰撞时长 T 为：

$$T = \sum_{i=1}^{N} \Delta t_i \tag{14}$$

船舶纵向变形能 E_{vessel} 为：

$$E_{vessel} = \sum_{i=1}^{N} f(l_i) \cdot \Delta l \tag{15}$$

桥墩变形能 E_{vessel} 为：

$$E_{bridge} = \sum_{i=1}^{N} f(l_i) \cdot (\Delta l_i - \Delta l_{i-1}) \tag{16}$$

在上述公式中，$f(l)$ 是通过钢结构截面崩溃强度估算得到，其估算方法采用上文所提出的 Amdahl J. 平均强度预测公式。

五、结　　语

基于能量耗散理论的桥梁船撞动力模拟分析方法，有机地结合了碰撞的内部机理和外部机理，通过两者相互迭代，最终得到船桥碰撞力、碰撞时间、撞深等分析结果。该方法考虑了冲击荷载作用时材料应变率的影响，反映了碰撞力的动力特性，并能比规范公式、经验公式计算结果得到更多的碰撞过程信息，提高了船桥碰撞力计算的效率。

参考文献

[1] 刘建成，顾永宁. 船－桥碰撞力学问题研究现状及非线性有限元仿真[J]. 船舶工程，2002. 5，pp. 4－9.

[2] 何勇，金伟良，张爱晖，吴剑国. 船桥碰撞动力学过程的非线性数值模拟[J]. 浙江大学学报，2008. 6，vol. 42，No. 6，pp. 1065－1075.

[3] 苏通长江公路大桥船舶撞击数模分析及基础防撞方案研究(上). 上海：上海船舶运输科学研究所，同济大学，2002，9.

[4] 杨渡军. 桥梁的防撞保护系统及其设计[M]. 北京：人民交通出版社，1990，7.

[5] 张雄. 轻质薄壁结构耐撞性分析与设计优化[D]. 大连理工大学：博士学位论文，2007，10.

[6] 吉姆辛(Gimsing，N. J.). 大贝耳特海峡：东桥. 成都：西南交通大学出版社.

[7] Shengming Zhang. The Mechanics of Ship Collisions[D]. Technical university of Denmark，1999.

165. 高填土大跨斜交框架桥结构设计分析

陈智俊　杨彩霞　张晟斌
（中交第二公路勘察设计研究院有限公司）

摘　要　箱形框架桥在公路、铁路等立体交叉工程中被广泛地应用，随着高填土、多孔大跨、斜交、长距离框架桥的大量产生，大型框架桥的力学特性分析变得越来越重要。对于高填土斜交框架结构的分析，关键在于竖向土压力荷载的取值、模型的正确建立与分析，本文结合现有研究资料，对常用几种规范的高填土竖向土压力公式的进行了对比，确定了竖向土压力的取值，并根据工程实例建立斜交框架的空间模型和平面模型，得出了两种模型计算结果的差别，给出了此类结构工程设计的建议。

关键词　高填土压力　大跨度　斜交　框架桥　有限元分析

一、项 目 概 况

框架桥涵是解决道路交叉问题的适用方式之一，但其通常跨度较小，一般在 8～10m 左右。本文通过对高填土大跨斜交框架桥工程实例进行有限元分析,了解其力学行为指标,为以后的工程实践提供参考。

翁角路地道桥是一座箱形框架式地道桥,下穿厦成高速公路,由于规划翁角路与厦成高速公路主线交角为146°9′18″,地道桥进出口设计采用锯齿形洞口布置,施工时将锯齿部分洞顶做绿化,与周围环境相协调。地道桥标准断面设计为4孔C40钢筋混凝土闭合框架,跨径为(6.2+13.1+13.1+6.2)m,在进出口锯齿形洞口位置由4孔框架逐步渐变为1孔。顶底板厚为1m,外、中墙厚为0.8m,全框架宽38.6m、高8.1m,框架上覆土厚度最大为5m。箱涵顶、底板均有通行活载。

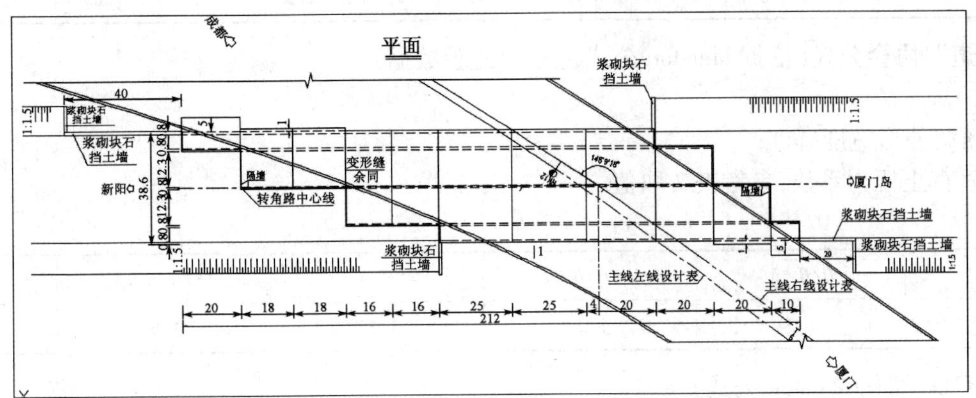

图1 箱形框架平面布置图

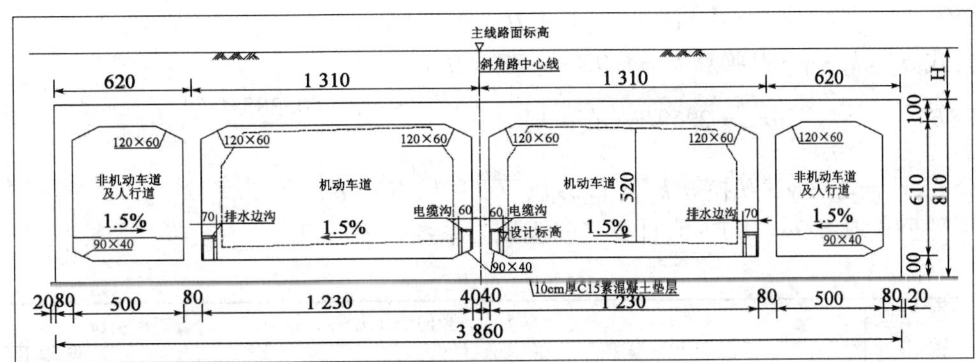

图2 箱形框架标准横断面(尺寸单位:cm)

二、竖向土压力的确定

现有的土压力计算方法主要有卸荷拱法、土柱法、Marston等沉面理论及土压力系数法等。竖向土压力的公式一般为$\sigma_z = k_z \cdot \gamma \cdot H$,式中,$\sigma_z$为涵洞的竖向土压力(kPa);$k_z$为竖向土压力集中系数,无量纲;$\gamma$为土的重度kN/m3;$H$为洞顶以上填土高度(m)。卸荷拱法是假定涵洞顶以上一定填土高度处形成卸荷拱,涵洞竖向土压力仅是卸荷拱以下填土的自重压力,因此$k_z \leqslant 1$。土柱法是假定涵洞的竖向土压力等于洞顶以上土柱自重压力,即$k_z = 1$。这种方法未考虑填土与涵洞在变形性质上的沉降差别而导致的涵顶压力变化。对于刚性结构,计算结果会偏小于实际压力。Marston等沉面理论的基本原理是[1]:由于涵洞的弹性模量比填土的变形模量大得多,外土柱相对于内土柱产生沉降差,从而对内土柱产生向下摩阻力,使涵洞上的土压力大于土柱自重压力,即$k_z > 1$。土压力系数法假定涵洞土压力等于土柱自重压力乘以某一经验常数。这一常数由工程实测结果反算得到。

以下对我国《公路桥涵设计通用规范》(JTG D60—2004)(简称"公规")、《铁路桥涵设计基本规范》(J460—2005)(简称"铁规")以及日本道路协会、美国AASHTO四规范做竖向土压力系数参数比较。

①《公路桥涵设计通用规范》公式(土柱法)

$\sigma_z = k_z \cdot \gamma \cdot H \qquad k_z = 1$

②《铁路桥涵设计基本规范》公式(土压力系数法)

$\sigma_z = k_z \cdot \gamma \cdot H$

B——涵洞外形宽度(m);

k_z——垂直土压力系数,参考表1取值。

表1

H/B	0.1	0.5	1	2	3	4	5	6	7	8	9	10
k_z	1.04	1.2	1.4	1.45	1.5	1.45	1.4	1.35	1.30	1.25	1.20	1.15

③日本道路协会公式(依据 Marston 公式再参考经验数据)

$\sigma_z = k_z \cdot \gamma \cdot H$

B——涵洞外形宽度(m);

k_z——垂直土压力系数,参考表2取值。

表2

H/B	$H/B<1$	$1 \leqslant H/B<2$	$2 \leqslant H/B<3$	$3 \leqslant H/B<4$	$4 \leqslant H/B$
k_z	1.0	1.2	1.35	1.5	1.6

④AASHTO(简化 Marston 公式)

以下式作为土压力计算公式。

$H \geqslant 1.78B$　　　　$\sigma_z = \gamma(1.92H - 0.87B)$

按基本公式 $\sigma_z = k_z \cdot \gamma \cdot H$ 换算 $k_z = 1.92 - 0.87/(H/B)$

$H < 1.78B$　　　　$\sigma_z = 2.59B\gamma(e^k - 1)$　　　　$k = \dfrac{0.385H}{B}$

按基本公式 $\sigma_z = k_z \cdot \gamma \cdot H$ 换算 $k_z = 2.59(e^{\frac{0.385H}{B}} - 1)/(H/B)$

按上述4种公式取 $H/B = 0.1 \sim 5$,计算竖向土压力系数 k_z 见表3。

表3

H/B	竖向土压力系数 k_z			
	公规	铁规	日本道路协会	AASHTO
0.1	1	1.04	1	1.017
0.2	1	1.08	1	1.036
0.3	1	1.12	1	1.057
0.4	1	1.16	1	1.078
0.5	1	1.2	1	1.100
1	1	1.4	1.2	1.216
2	1	1.45	1.35	1.485
3	1	1.5	1.5	1.630
4	1	1.45	1.6	1.703
5	1	1.4	1.6	1.746

根据相关竖向土压力试验资料以及研究指出:

文献[2]通过相似比试验与有限元数值分析得出:上埋式垂直土压力系数 k_z 随 H/B 的增加先升后降,当 $H/B=5$ 时,k_z 达到最大值,当 $H/B>10$ 时,k_z 趋向于 1.1~1.2 之间。

文献[3]通过大量的现场试验得出:当前应用较广的是 Marston(等沉面)理论,由于它的基本假定与实际不符,使得上埋式管道的竖向土压力计算结果与实测值有一定差距,尤其是在埋深较浅和很深的时候。经比较可看出,目前一些方法的计算结果,当埋深较浅时低估了该压力值,而当埋深较大时,则高估了该压力值。

文献[4]"铁规"通过引用文献资料并结合国内实测资料说明:竖向土压力都大于土柱重,证明有"附加压力"存在,系数 k_z 随 H/B 的增大而增大到某一值后,H/B 再增而 k_z 值递减,当 H/B 在 0.5 ~ 2.5 时,实测资料的 k_z 值都较大,这是因为填土低时土压虽小,但洞顶与两侧填土的沉降差要比高填土时为大。鉴于影响竖向土压力的因素很多,各因素又变化复杂,难以确切表达,采用 $\sigma_z = k_z \cdot \gamma \cdot H$ 的形式使公式简单明确,式中 k_z 是大于 1 的系数,用以表达 Marston 理论的一个基本概念。

文献[5]为了找出在现浇混凝土箱涵中的应力作用以及导致涵洞破坏的条件,在两段填土高度为 12m 的新修箱涵中埋设仪器,以找出涵顶土压力分布与路堤高度的关系得出:对较低路堤(填土高度小于涵洞宽度的一半),测得的垂直土压力比 AASHTO 建议的土压力约大 30%,当路堤高度增加,测得的平均垂直土压力约比 AASHTO 建议的土压力约大 20%。

从上述文献结论与表中各规范 k_z 计算值做比较分析,可看出铁规 k_z 系数能够与试验结果相符合。因此本工程箱形框架竖向土压力系数采用铁规参数,4 ~ 1 孔 H/B 计算值分别为:0.130、0.152、0.254、0.758。

三、计算模型的建立与分析

针对本项目进出口均为齿形渐变构造,没有合适的工程经验可以借鉴,因此采用空间分析方法,研究在斜交情况下框架桥的空间荷载效应。用 MIDAS 有限元分析软件(后处理中,能够得到框架各部分的每米的内力结果,方便简算和配筋)和桥梁博士对本框架分别进行空间和平面分析。空间结构计算采用厚板单元模拟,4 孔箱涵纵向长度取值为平面宽度的 2 倍,进口按实际齿状建立模型。平面杆系采用梁单元进行模拟,结构沿纵向按刚架截取单位宽度 1m 计算。按照基础情况,结合本桥,用弹性地基来模拟土对结构的约束。底板和边墙采用不同的弹性地基系数。考虑到本项目填土高达 5m,竖向土压力为主要控制荷载,这里就恒载和土压力作用下 2 种模型的计算结果进行对比分析,通过分析,框架的顶板受力趋势较边墙及底板更能反应斜交框架的受力特点,因此本论文主要论述顶板受力特点。

对上图 4 孔框架弯矩值按控制节点列表如表 4,3 孔 ~ 1 孔略。

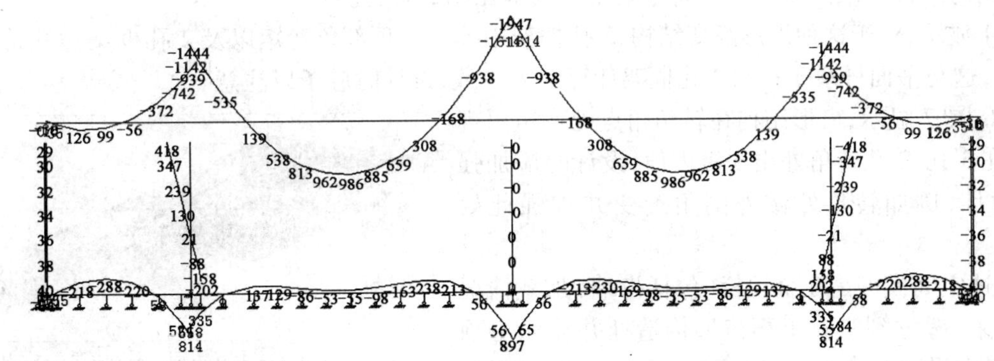

图 3 标准 4 孔截面横向弯矩平面(桥博结果,单位:kN·m)

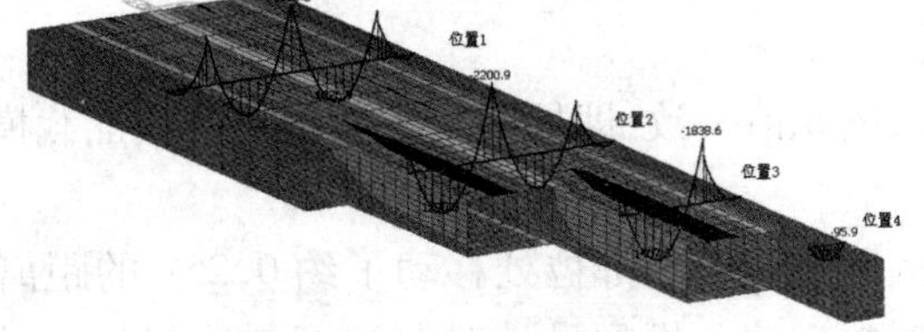

图 4 纵向正常位置处顶板截面横向弯矩

(midas 全顶板加载结果,单位:kN·m)

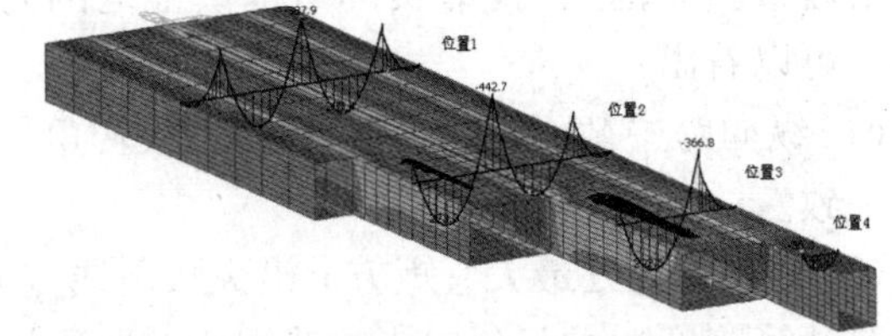

图 5 纵向正常位置处顶板截面纵向弯矩

(midas 全顶板加载结果,单位:kN·m)

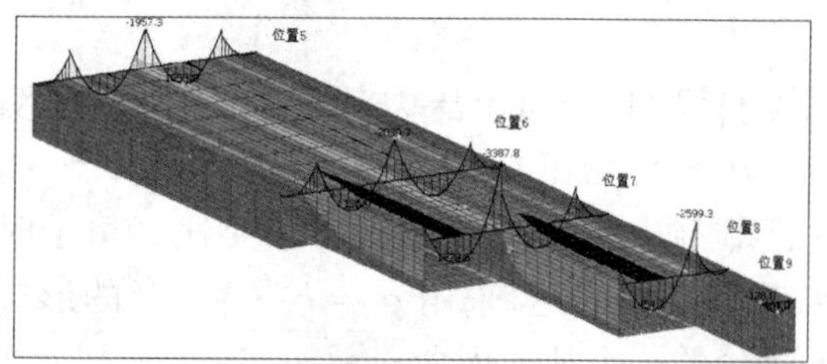

图 6 边界及锯齿折线处顶板截面横向弯矩
(midas 全顶板加载结果,单位:kN·m)

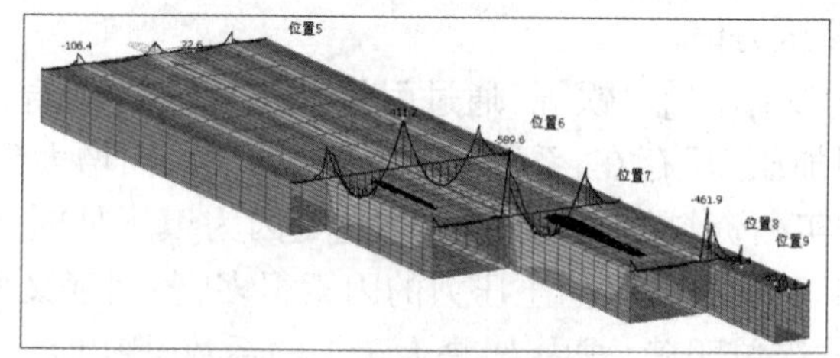

图 7 边界及锯齿折线处顶板截面纵向弯矩
(midas 全顶板加载结果,单位:kN·m)

表 4

位置 \ 弯矩值			边孔中墙顶部	中孔跨中	中孔中墙顶部
平面杆系 4 孔模型		横向弯矩	-1 444	986	-1 947
空间 4 孔框架	位置 1(纵向跨中)	横向弯矩	-1 402.0	1 026.9	-1 938.6
		纵向弯矩	-281.6	205.4	-387.9
		纵/横	0.2	0.2	0.2
	位置 5(边界处)	横向弯矩	-1 419.6	1 053.4	-1 957.3
		纵向弯矩	-106.4	22.6	-100.8
		纵/横	0.075	0.021	0.051
	位置 6(齿形交界处)	横向弯矩	-1 402.8	1 004.0	-2 004.0
		纵向弯矩	-270.3	210.7	-411.2
		纵/横	0.192	0.210	0.205

从以上图、表中可以看出:

(1)平面杆系与空间模型在横向弯矩上计算数值基本一致,在全顶板加载的情况下,端部齿状截面弯矩传递方向基本沿短边传递。

(2)边界截面(自由边)纵向弯矩与横向弯矩比值较小,可以忽略。

(3)纵向跨中部位纵向弯矩与横向弯矩比值基本在 0.2 附近。

(4)图 4 显示,对于这种齿形渐变结构,3 孔框架中孔中墙顶部负弯矩以及 2 孔框架边孔跨中正弯矩为控制位置,这与平面杆系 3 孔和 2 孔框架计算结果一致,设计时应予以注意。

(5)图 6、图 7 显示,齿形结构在转角角点处弯矩出现突变,尤其在 3 孔、2 孔转角处出现极大值,设计时应加强局部构造设计,例如转角处做外倒角渐变并加强此处配筋。

由于上述空间模型是在全顶板(包括齿端)加载情况下的分析结果,考虑到实际工程齿形构造处并非完全顶板覆土,也存在沿路基坡角边线范围内覆土的情况,因此另建立模型(见图 8)分析该情况下荷载的空间效应。

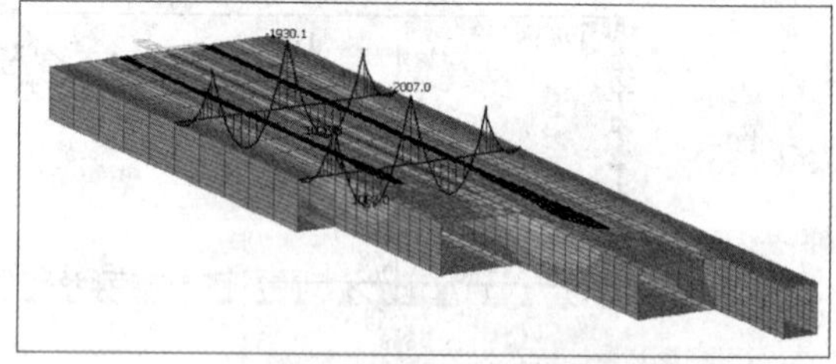

图 8 4 孔纵向跨中及齿板位置处顶板截面横向弯矩
(midas 顶板沿路基边线加载结果,即加载边线为齿板斜线,单位:kN·m)

沿齿板斜线范围内(即实际路基填土范围)加载后,从图 8 可以看出:

(1)纵向跨中截面跟图 4 值一致,齿板转角位置截面跟图 6 值一致,即控制弯矩值跟全顶板加载模型基本一致。

(2)3 孔、2 孔处最大弯矩方向沿齿板斜线方向,位置从跨中向钝角部位处移动了约 0.25L 的距离(L 为中孔计算跨度),并且斜向影响范围要较全顶板加载模型大。按此模型设计时应注意斜线附近钝角钢筋配置,可参考公路设计规范中斜板桥钝角钢筋的配置原则。

(3)由于压力荷载仅仅加载在路基边线范围内,齿形结构在转角点处弯矩未出现突变和极大值,因此实际工程按此模式填土对结构是有利的。

四、设计应考虑的其他因素

(1)钢筋混凝土箱涵结构设计一般应进行持久状况承载能力极限状态验算、正常使用状况裂缝宽度验算和挠度验算,以确定断面尺寸及配筋,考虑到本项目填土高达5m,竖向土压力为主要控制荷载,一般只要截面尺寸合适、受力主筋足够,极限承载能力验算不难通过,难以通过的主要是跨中和节点的裂缝宽度,对于控制裂缝宽度,可以加大关键区域的受力主筋型号,或者对受力主筋间距进行加密。

同时不容忽视的是顶板、底板的抗剪能力验算。当覆土的上覆荷载较大时,在竖墙两端的顶板、底板上容易出现抗剪能力不足。在提高抗剪能力设计中,增加混凝土厚度效果最为显著,当结构设计断面过小时,由于配筋量限制,增加混凝土厚度有可能是唯一办法。设计中分别比较了设置箍筋和弯起筋来提高节点处的抗剪能力,由于空间限制,最终选择增设斜弯起的附加粗钢筋,并且把箱涵倒角尺寸适当加大。

(2)应考虑抗浮安全系数的验算。

(3)由于埋深较大和侧土压力以及水压力的存在,应对结构做抗滑移稳定性和抗倾覆稳定性的验算。在洞口箱涵孔径(4孔→1孔)的渐变过程中,计算发现,抗滑移稳定性系数 Kc 和抗倾覆稳定性系数 Ko 均呈减小的趋势,抗倾覆稳定性系数 Ko 均远大于抗滑移稳定性系数 Kc(箱涵整体性较好),在渐变为1孔箱涵时,抗滑移稳定性系数 $Kc<1.3$,因此对1孔箱涵进行了构造处理,在外侧填土侧增设了悬臂底板,增大底板面积同时增加压重以达到增加抗滑力的目的。

五、结　　语

本文通过对地道框架桥的结构分析,从荷载取值、模型建立到局部构造均做出了详细论述,确定了竖向土压力的取值,得出了斜交框架的空间分析结果与简单平面框架分析存在较大差别,在端部齿状渐变区域,受力复杂,工程设计应尤其关注,希望本文研究结论对同行有所借鉴。

参考文献

[1] 杨锡武.山区公路高填方涵洞土压力计算理论研究综述[J].重庆交通学院学报.2005(4):55~61.
[2] 苗强.沟埋式刚性箱涵土压力研究.太原理工大学硕士文.2006:23~24.
[3] 刘全林,杨敏.上埋式管道上竖向土压力计算的探讨[J].岩土力学.2001(2):214~218.
[4] 中华人民共和国行业标准.J460—2005 铁路桥涵设计基本规范[S].北京:中国铁道出版社,2005.
[5] Tadros, Maher K. Benak, Joseph V. Abdel - karim, Ah - mad. M. Bexten, Karen A. Field testing of a box culvert Transportation Research Record[R]. 1989: 49 - 55.
[6] 林选青.高填土下结构物的竖向土压力及结构设计计算方法.土木工程学报.1989(4):27~37.
[7] 毕见山.大型顶进箱涵施工技术研究.上海交通大学硕文.2008:50~51.
[8] 李慧君,陈建峰.斜交框架桥的有限元分析[J].铁道工程学报.2007(2):58~63.

166.大跨径桥梁结构健康监测系统分析与升级改造

樊叶华　陈雄飞
(江苏扬子大桥股份有限公司)

摘　要　对江阴大桥原结构健康监测系统的使用状况进行了跟踪调查与分析,从系统的工作环境、结构设计特点以及系统维护等方面分析了其不能正常工作的原因。并在此基础上,提出了原系统的升级改造方案,包括原系统的检测与恢复、GPS桥型监测系统、光纤光栅主梁应变与温度监测系统、环境状态监测系统、数据采集与传输系统、结构安全评估软件等。结果表明,改造后的新结构健康监测系统能够实现对桥梁结构响应的长期在线采集与管理,能够为大桥的维护与管理提供科学依据。

关键词 原系统剖析 改造设计 在线实时监测 结构健康评估

目前大跨径桥梁结构健康监测系统在国内外还只是处于研究阶段,涉及的偏于基础性的技术问题很多,许多关键问题远没有解决[1~6]。江阴大桥结构安全监测系统是我国大陆特大型桥梁中第一个引入并建立的桥梁结构安全监测系统,由英国 Jams Scott Limited 公司设计、Strainstall Engineering Services Limited (SES)公司施工。目前,该系统由于部分传感器出现故障,以及数据采集系统硬件损坏,导致系统处于瘫痪状态,这不仅不能为大桥的后期评估和安全运营提供关键的基础数据,也增加了整个监测系统被废弃的可能性。因此,正确地分析导致江阴大桥结构健康监测系统不能正常工作的原因,对于系统的修复以及后期的系统升级与维护管理都有十分重要的意义。本文依据对原结构健康监测系统的使用状况进行的跟踪调查与分析,从系统的工作环境、结构设计特点以及系统维护等方面分析了其不能正常工作的原因。并在此基础上,结合大桥健康监测技术的最新研究成果,对原系统进行了升级与改造。

一、原监测系统使用情况调查与分析

原系统由一个工作站和8个远距离外站通过光纤局域网连接而成,工作站能够控制系统参数及对从分站接收到的数据进行统计、处理及警报数据的存储及显示。外站负责对所有传感器及辅助系统进行监控并把收集的数据传送到工作站之前先对这些数据进行处理。辅助系统共有3个,即两个由磁弹仪及其相关的传感器组成的主缆索力监测系统以及由一个由全站仪及其相关的反射器组成的桥型监测系统。

1. 外站系统

外站主要由 PC 主板、硬盘、调理器、单片机、网络适配器、UPS 及信号面板组成。外站由英国承包商设计的非开放系统,其工作原理是:传感器采集的信号首先由调理器规范,通过主板并行口由 DMA 进入外站 PC 主机,数据处理后由网络适配器送往江阴大桥监控中心工作站。经调查发现:位于北锚室内的1号外站工作正常;位于7号箱梁段2号外站不能正常工作;位于58号箱梁段的3号外站基本损坏;位于85号箱梁段4号外站,外站不能正常工作;位于155号箱梁段5号外站不能正常工作;位于157号箱梁段的6号外站不能正常工作;位于214号箱梁段7号外站,电源损坏,外站不能正常工作;位于南锚室8号外站,电源有电,但外站遭损坏。由此可见,除1号外站外,其余外站均不能正常工作。当外站系统不能正常工作时,监控工作站将不能对外站采集的基础数据进行储存与管理。

2. 传感器系统

原系统中采用的 MTN7200 系列压阻式加速度传感器和剪力销均为4~20mA 输出信号,在回路中串入一个250Ω的电阻,将4~20mA 信号转换成1~5V 电压信号,用16位数据采集器或存储示波器对该电压进行记录和分析,即可进行检测[7]。对原系统中的72只加速度传感器和12只吊索荷载传感器(剪力销)进行电性能检测,存在问题的传感器如表1所示。

存在问题的传感器 表1

编 号	名 称	型 号	问题说明
9	主梁加速度水平传感器	AD13CL	信号输出偏差大,有故障
10	主梁加速度纵向传感器	AD13CT	信号输出偏差大,有故障
14	主梁加速度纵向传感器	AD5CT	无信号、损坏
33	吊索加速度水平传感器	AH3NEL	信号输出偏差大,有故障
34	吊索加速度纵向传感器	AH3NEL	信号输出偏差大,有故障
35	吊索加速度水平传感器	AH3NWT	信号输出偏差大,有故障
37	吊索加速度水平传感器	AH3SEL	信号输出偏差大,有故障
43	吊索加速度水平传感器	AH4NWL	信号输出偏差大,有故障

续上表

编号	名称	型号	问题说明
45	吊索加速度水平传感器	AH4SEL	损坏
66	主缆加速度垂直传感器	AM11EV	信号输出偏差大,有故障
68	主缆加速度垂直传感器	AM2EV	损坏
73	剪力销负载传感器	LH11NE	有电阻、无信号
75	剪力销负载传感器	LH13NE	有电阻、无信号

由于原系统加速度传感器采用国外应变式加速度传感器,其固有频率较低,长期性能较差,随着服务时间的推移,传感器信号会发生漂移。因此,需要对原加速度传感器重新标定,以判定其性能优劣,并获得标定曲线和灵敏度。另外需要强调的是,由于测试主缆索力的磁弹仪由斯洛伐克的一所教育科研机构提供,由于该设备的应用实例很少,其通信协议没有形成稳定的规范,一旦出现故障,在分析和解释其通信协议的工作时往往花费很大的时间和精力仍无法很好地解决。

3. 主梁线形监测系统

原系统采用光学电子距离测量系统(EMD)对主梁的纵向、横向和垂直移动进行测量。其主要设备是瑞士 Leica 提供的全站仪,全站仪进行在线检测是通过机械运动对各个测点进行巡检,这不仅影响了系统的采集速度,并且是采用光学测量方法,系统不能用于有雾状况,在每年预计的 40 天雾天中不能进行任何测量。

4. 软件系统

原软件系统基本为数据采集,没有完整的分析评估功能,并且数据采集用非标准的技术方法集成在一起,造成工作不可靠。主要存在:①数据采集缺乏对相应环境背景(气温、风况、交通荷载)的记录,尤其是主梁结构振动数据采集没有考虑同步性,导致后期无法对结构的整体动力特性进行评价;②缺乏对各监测参数之间相关性的监测分析以及各参数与环境背景相关性的记录;③数据格式及数据库设计的非开放性,一旦故障发生将导致整个系统的联动效应破坏整个系统。

二、系统故障原因剖析

1. 外站系统工作环境

江阴大桥位于长江下游,江苏省中部,属亚热带季风气候类型,夏季梅雨明显,天气炎热,有时超过 38℃高温。图 1 为不同年份极端高温气候条件下,钢箱梁内环境实测最高温度,从中可以看出由于钢箱梁的保温效应,外站系统的工作温度要比环境温度高出 22℃左右,因此,夏季外站系统的工作环境较为严酷。然而,英国承包商进行外站系统设计时没有考虑钢箱梁夏季的高温环境,仍沿用野外施工控制常用的防尘、防水密封机箱,这就进一步恶化了硬件系统的工作条件。事实上,江阴大桥结构健康监测系统 2000 上半年通过验收后,许多外站仅服务了不到半年就面临瘫痪的局面。

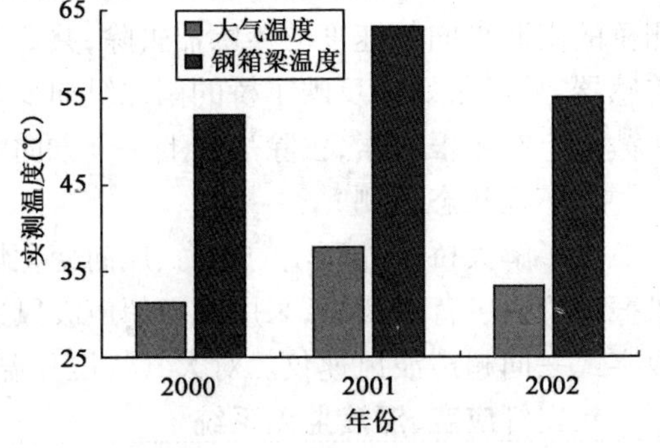

图 1 不同年份极端高温条件下钢箱梁实测温度

2. 结构特点

根据原系统的结构设计特点,造成目前工作站系统故障的主要原因有:

(1)外站硬件散热条件不良,其内部板卡工作产生的热量完全靠机箱表面自然散热。而夏季箱梁中的气温有时会高达 63℃,这会严重妨碍数据采集内部板卡的散热效果,一旦数据采集主板温度过高,主板将停止工作，而外站停止工作后，系统没有自动启动功能。

(2)原系统数据采集系统的硬盘是系统数据存储的唯一载体，系统长期在线工作则硬盘始终处于工作状态硬盘长期在线工作，并且受夏季钢箱梁高温影响，使其运行寿命有限，并直接导致外站可靠性差。

(3)由于原系统的设计人员对系统工作环境的估计不足，外站结构设计不紧凑，硬件的连接易脱落也是导致部分外站不能正常工作的重要原因。

3. 系统维护

由于监测系统采用国外标准，并享有国外专利技术知识产权的保护，出现故障或损坏时只能由英国SES公司派人进行现场检测与维护，导致维护周期比较长；另一方面由于硬件设备大多采用国外产品，国内无配件，导致维护成本过高。更重要的原因是由于英国SES公司在桥梁结构健康监测领域并不具有成熟的设计与施工技术，对于系统故障的诊断缺乏真正的理解，因此，许多关键问题没有办法解决。

三、系统升级改造

系统设计改造的基本要求为恢复系统正常运行，并在此基础上增加光纤应变测试系统监测主梁内力和温度以及GPS位移测试系统监测主梁线形和桥塔位移[8]。为解决系统的同步性问题，采用由控制中心工作站通过网络广播发布时钟校正命令，各外站根据命令调整时钟，时钟同步性误差控制在1秒钟内。

1. 外站系统恢复与升级

1号和8号外站位于锚室之内没有制冷的必要，为改善原系统外站系统的结构设计，采用19寸标准机柜安装以提高硬件结构部分的可靠性、可维护性和技术继承性。

2号~7号外站位于钢箱梁内，夏季温度有时会高达60℃以上，因此，必须考虑控温问题。为避免影响钢箱梁湿度环境和不改动箱梁结构，机柜温度控制的制冷元件采用先进的半导体制冷器。半导体制冷器没有机械部分，因此，使用寿命长、运行可靠性高，比较适合箱梁中无人值守温控机柜的要求。

为延长外站系统硬盘的使用寿命，采用大容量电子盘作为本地数据记录的缓冲器，实际工作中令硬盘处于休眠状态，等到电子盘记录数据足够多时才向硬盘转移数据。以减少硬盘在线运行时间，增加其可靠性和服务寿命。

2. 传感器维护、更换与布点方案

将大桥主缆、主梁及吊索上72个加速度传感器拆下，并送江苏省计量研究所进行校准，经标定发现原有传感器信号不良状况严重的予以更换，从传感器的环境适应能力、工程实际的需要、传感器的体积和重量要求以及价格等方面进行询价与联合采购，原系统的加速度传感器总共有72个，改造后将原系统箱梁3/16、5/16、7/163个截面上的加速度传感器去除，共12个；同时将箱梁各个截面中间位置处，用于检测桥的南北纵向加速度的传感器去除，共5个，因为在桥端已安装有用于检测桥的南北纵向移动的位移传感器，故已很好地反映了桥的南北纵向变化状态。在1/4、1/8、1/16、1/32 4个截面上安装有传感器，同一截面上有4根吊索，去除吊索上一个方向的加速度传感器，共12个加速度传感器。

3. 环境状态监测

为了解大桥所处环境的风力、风向变化情况，为分析桥梁的工作环境、评价行车安全状况及验证桥梁风振理论提供背景依据，采用三向超声波风速仪进行连续监测，采样频率10Hz。采用具有RS232输出的数字式三向超声波风速仪。对大气气压和温、湿度采用气压计和温、湿度变送器进行测量和采集。

4. 光纤应变、温度监测系统

整个光纤光栅监测系统通过光缆串接组网直接远程传送，桥梁监测现场及传输线路无需供电。在中心站，由光纤光栅传感网络分析仪对光缆送来的光信号进行识别并转换为被测量，通过以太网将数据传送给结构安全监测工作站进行终端显示、存储及分析处理。光纤测点布置在大桥箱梁内部，传感器分布在9个截面上，每个截面8个测点，每个测点都布置光纤应变计，其中4个测点上布置光纤温度计。跨中截面上，每个测点布置两个应变计，一个顺桥布置、一个横桥布置。系统中共计80个光纤应变计、36个光纤温度计。

5. GPS 桥型在线监测系统

原系统对大桥桥型的监测主要依赖于全站仪光学测量，由于其测量中点与点之间受通视条件、距离和高差的限制，因此其测量的精度、速度和工作效率均大大低于同精度的 GPS 测量。改造后的 Leica 高端 GPS 桥型在线监测系统由 1 个 GPS 基准站和 8 个流动站构成，通过星型光纤网连接。其中 GPS 基准站设在监控中心大楼楼顶，8 个流动站分别设在南北塔、主梁跨中、1/4 跨和 3/4 跨等关键截面处。通过 GPS RTK 差分系统得到大桥主梁线形和索塔的实时动态三维坐标及位移变化状况，通过监控、分析处理及评价系统设备对监测数据的处理，可以及时生成大桥在各种荷载和天气情况下各测点的位移时程曲线和整桥的扭曲偏转情况报告。其系统示意如图 2 所示。

6. 软件系统设计

(1) 健康监测工作站

安全监测工作站软件完成以下功能：①查询并显示各个外站的工作、供电、温度控制状况；②每秒 5 次查询各个外站和光纤应变测试的数据分析结果（均值、方差、峰值检测），并以图形方式显示；③允许用户选择外站和通道，连续获、显示和存储取原始数据；④根据预先设定的阈值监视各个通道数据，并做出决策；⑤生成日报表和异常状态报表。

(2) 健康分析工作站

分析工作站上安装有专门的结构健康评估软件，可以进行以下工作：①基于实测数据，对江阴大桥的适用性进行评估，包括风速、温度、整体位移、梁端位移、加速度和应变等，计算其相应的适用性评估指标，并与设计规范或经验确定的阈值进行比较，从而评估江阴大桥的适用性。②基于实测的风数据，江阴大桥的风场特性进行分析以及设计验证，分析桥址风场特性，包括平均风特性和脉动风特性等。③基于实测的梁端位移和温度，采用线性回归方法建立两者的相关性模型，对江阴大桥伸缩缝的工作状态进行评估以及异常事故报警。④基于实测的模态频率，采用基于自联想神经网络实现的奇异检测技术对江阴大桥进行损伤检测。⑤基于实测的应变数据，根据疲劳规范对江阴大桥疲劳寿命进行评估。⑥基于实测的应变数据，采用基于可靠度的方法计算构件的安全指标，并进行构件的安全性评价。

(3) 对特殊事件的监测与评估

2005 年 6 月 2 日 20 时左右，江阴大桥发生打桩船撞击主梁的事件，为对该事件发生的时间进行进一步确认，并对该事件对桥体本身产生的后果进行判断和分析，利用江阴大桥结构健康监测系统对本次事件进行记录、分析和评价。图 3 为撞击事件发生时主梁位移计在 6 月 2 日 20:00 ~ 21:00 的实测记录。

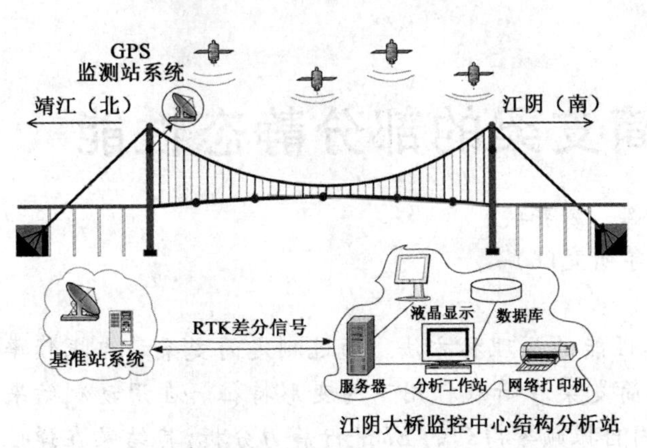

图 2　GPS 桥型监测系统示意图

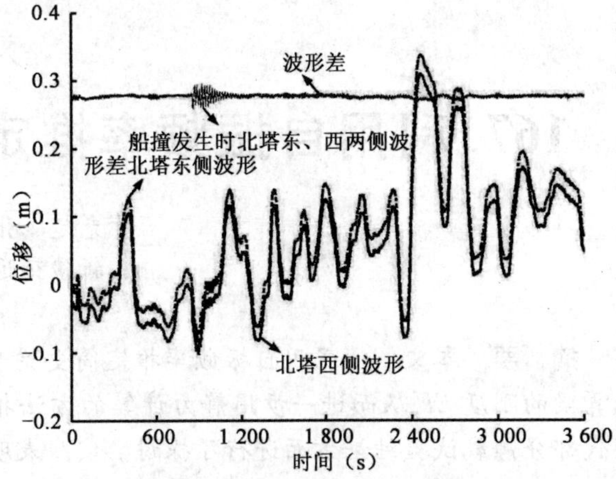

图 3　主梁北塔梁端位移计监测波形

由图 3 可知，突发事件的发生时间为 20 时 14 分左右，因为此时出现信号突变峰值，然后迅速衰减至正常状态。进一步的分析可知在撞击事件发生时，大桥发生较大频率的左右摆动，随着撞击能量的逐步耗散，大桥纵向运动趋于正常。由此可知，本次撞击只对大桥短时间的局部状况发生改变，并没有影响大桥的整体工作状态，因此，此次撞击对大桥产生的冲击较小，总体损伤也较小。

四、结　　语

系统硬件设备损坏与加速度传感器性能故障是江阴大桥结构健康监测系统不能正常工作的主要表现形式。承包商缺乏成熟的设计与施工技术以及严酷的外站工作环境是导致系统故障的主要原因，而后期系统维护的不当和缺乏对系统故障的真正认识是系统在短时间内产生不可逆转破坏的重要原因。在剖析了原系统不足和故障成因的基础上，提出了有针对性的升级改造方案，经过对改造后的新结构健康监测系统的测试与近半年的使用，结果表明新系统能够实现对桥梁结构响应的长期在线采集与管理，能够为大桥的维护与管理提供科学依据。

致谢：感谢江苏省交通科技项目(05Y48)对本研究的支持，参加本项目研究的还有江苏省交通科学研究院张宇锋、承宇等，香港理工大学樊可清、倪一清等。

参考文献

[1] Housner, G. W. Bergman, L. A. Caughey, T. K. et al. Structural control: past, present, and future [J]. Journal of Engineering Mechanics, ASCE, 1997, 123(9).

[2] Zou, Y. , et al. Vibration - based model - dependent damage (delamination) identification and health monitoring for composite structures - a review [J]. Journal of Sound and Vibration. 2000, 230(2):357 - 378.

[3] Qin Quan, Li Huibin, Qian Liangzhong and C. - K. Lau, Modal identification of Tsing Ma bridge by using improved eigensystem realization algorithm[J], Journal of Sound and Vibration, 247(2), 2001, 325 - 341.

[4] Qin Q. and W. Zhang, Damage Detection of Suspension Bridges[C], Proceedings of IMAC XVI, Santa Barbara, USA, Feb. 2 - 5, 1998, 945 - 951.

[5] Ni, Y. Q. , Jiang, S. F. , and Ko, J. M. Application of adaptive probabilistic neural network to damage detection of Tsing Ma Suspension Bridge. Health Monitoring and Management of Civil Infrastructure Systems, S. B. Chase and A. E. Aktan (eds.), SPIE Vol. 4337, 2001, 347 - 356.

[6] 秦权. 桥梁结构的健康监测[J]. 中国公路学报, 13(2), 2000, 37 - 42.

[7] 江苏扬子大桥股份有限公司，江苏省交通科学研究院，香港理工大学. 江阴长江公路大桥上部结构健康监测系统升级改造工程系统测试报告[R]. 南京：江苏扬子大桥股份有限公司, 2004.

[8] 江苏扬子大桥股份有限公司，江苏省交通科学研究院，香港理工大学. 江阴长江公路大桥上部结构健康监测系统升级改造工程联合设计报告[R]. 南京：江苏扬子大桥股份有限公司, 2004.

167. 利用自振频率推定简支梁的部分静态性能

黄克超　张永辉　窦新航

(新疆交通科学研究院)

摘　要　本文阐述了用自振频率推定简支梁静态性能的原理和方法。通过测定简支梁的自振频率计算梁的刚度 EI，从而进一步用静力计算的方法推算简支梁在荷载作用下的变形特征。在用动测结果替代部分静载试验结果方面进行了探讨。实践表明，用自振频率得到的 EI 进行静力分析，其结果在弹性受力阶段具有相当的可靠性。

关键词　简支梁桥　自振频率　刚度　静荷载试验

一、引　　言

自桥梁产生之日起，桥梁的承载能力就成为人们关心的问题。随着科学技术的发展和人们认知水平的提高,桥梁承载能力概念的内容也不断丰富,它不再单纯是桥梁能承受多大荷载的问题,而是包括了安全、适用、耐久性的内涵。桥梁结构静荷载试验是对桥梁进行直接加载测试的工作,目的是通过荷载试验,了解桥梁结构在试验荷载作用下的实际工作状态,判断桥梁的承载能力并评价桥梁的运营质量。对于一些理论上难以计算的部位,也可以通过荷载试验达到了解受力状态的目的。通过荷载试验常常有助于发现在一般性检测中难以发现的隐患,检验桥梁结构的设计与施工质量,确定实际承载能力。并为发展桥梁设计理论,提高桥梁施工工艺和养护水平,不断积累技术数据。

众所周知,桥梁的静荷载试验是将试验荷载按照一定的位置和强度进行布置,通过测定荷载作用下的相应截面的应力和变形对桥梁的性能进行评价。桥梁静载试验一向以费时、费力而著称,如何通过测试桥梁动态性能的方法推断桥梁的静载特性多少年来一直是桥梁检测工作者的一个奢望。在以往的一些研究中,大多都是采用横向激振的方法测定梁的响应,并通过动态数据处理手段得到梁的振动频率、振型、阻尼等动态参数。然而这些动态参数只是反映了梁的一些动态性能,不与梁的静态性能产生联系。

在计算简支梁桥的挠度时,当尺寸、边界和荷载一定,梁的挠度只取决于它的有效刚度 EI,所以挠度的检测实际上就是检测梁的有效刚度。由于梁的刚度是结构的一种固有特征;而在一定的边界条件下结构的自振频率也是结构自身的一个固有特性,它们都不随外界条件的变化而改变。二者之间一定存在着某种必然联系。因此我们试图通过自振频率这个固有特性来找出它和静态性能的关系。

二、用实测固有频率推算抗弯刚度

简支梁属于一个无限自由度体系,它的弯曲自由振动可以用下面的微分方程表示[1]:

$$EI\frac{\partial^4 u}{\partial x^4} + m\frac{\partial^2 u}{\partial t^2} = 0 \tag{1}$$

式中:EI 是梁的静态刚度;$u(\mathrm{x,t})$ 是挠度曲线,是横坐标 x 和时间 t 的函数;m 是梁单位长度的质量。

由(1)式可以解出梁的自振频率为:

$$f = \frac{\lambda^2}{2\pi}\sqrt{\frac{EI}{m}}$$

在不同的边界条件下,具有不同的数值。对于简支梁则有:

$$f = \frac{n^2\pi}{2L^2}\sqrt{\frac{EI}{m}} \tag{2}$$

式中:f 是自振频率;L 是梁长;n 是振型阶数,如果取第一阶竖向自振频率则 $n=1$。

从(2)式可以看出,如果测得了梁的自振频率 f,就可以用(2)反算出梁的抗弯刚度 EI。由于 EI 是用自振频率这个固有特性参数计算出来的,所以它也反映的是梁的静态固有特征即静态刚度 EI,这个推论可以用单自由度质—弹系统的理论和试验结果进行验证。

对于一个无阻尼的单自由度质—弹系统(见图1),假设弹簧刚度为 K,此时质量为 m 的质点自由振动微分方程为:

$$m\frac{\mathrm{d}^2 u}{\mathrm{d}t^2} + Ku = 0$$

或:

$$\frac{\mathrm{d}^2 u}{\mathrm{d}t^2} + \omega^2 u = 0 \tag{3}$$

$$\omega = 2\pi f = \sqrt{\frac{K}{m}}$$

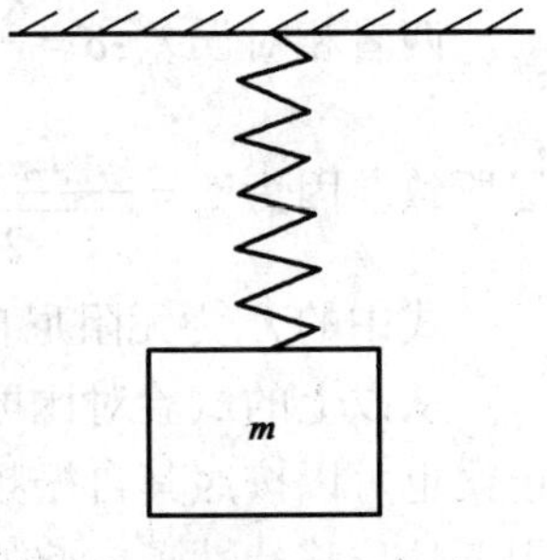

图1 单自由度质—弹系统

方程的通解为:$u(t) = C_1\sin\omega t + C_2\cos\omega t$

设在初始时刻 $t=0$ 时质点 m 有一个初始位移 u_0 和初始速度 v_0,则可以得到:

$$u(t) = u_0\cos\omega t + \frac{\nu_0}{\omega}\sin\omega t$$

或：

$$u(t) = a_0\sin(\omega t + \alpha)$$

$$a = \sqrt{u_0^2 + \frac{\nu_0^2}{\omega^2}} \tag{4}$$

$$\alpha = \tan^{-1}\frac{u_0\omega}{\nu_0}$$

可见单自由度质—弹系统的振动是一个按正弦规律变化的周期自由振动。自振频率为：

$$f = \frac{1}{2\pi}\sqrt{\frac{K}{m}}$$

上式中可以用自振频率f得到弹簧的刚度K_d，同时也可以用静载试验的方法实测弹簧刚度K_s。下面就分别对两种方法得到的刚度值进行分析比较。

(1)用静力试验求质—弹体系的刚度K_s(见表1)

表1中的砝码质量m，弹簧伸长量ΔL，计算公式$K_s = \frac{mg}{\Delta L}$

表1

砝码质量(g)	弹簧伸长(cm)	弹簧刚度(N/m)
51.2	1.62	30.97
101.95	3.24	30.84
151.92	4.88	30.51
202.62	6.54	30.36
平均	—	30.67

(2)用自振频率计算质—弹体系的刚度K_d，计算公式$K_d = (2\pi f)^2\left(m + \frac{1}{3}M\right)$

式中：f为系统自振频率；m为砝码质量；M为弹簧的质量，计算结果见表2：

表2

参振质量(g)	振动次数	所需时间(s)	自振频率(Hz)	计算刚度(N/m)
51.2	100	27.93	3.58	29.43
101.95	100	37.97	2.63	29.82
151.92	100	45.9	2.18	29.77
202.62	100	52.63	1.90	29.87
平均	—	—	—	29.72

注：弹簧质量$M = 20.848$g

两者相对误差：$\delta = \frac{K_s - K_d}{K_s} = 3.1\%$，动测刚度$K_d$之所以比静测刚度$K_s$略小主要是忽略了系统的阻尼所致。因为$f_n = \frac{f_m}{\sqrt{1-2D^2}}$。

式中的f_n为无阻尼自振频率；f_m为有阻尼自振频率；D为阻尼比。

从以上的试验对比可以得到一个结论：用自振频率计算出的刚度值就是系统的静刚度值。同理，对于梁也可以按照其自振频率计算出梁的有效刚度EI，有了EI值就可以用静力学的方法得到梁在荷载作用下的位移特性了。此外，在已知截面惯性矩I的情况下，还可以得到梁的平均弹性模量E。由于混凝土是非线性材料，弹性模量随着自身应力的大小而变化，所以这个弹性模量应是混凝土的“原点弹性模量”。[2]

三、试验结果对比

为了验证上述推论，我们选取了3种不同截面的简支梁和一座实桥进行了试验对比，分别叙述如下：

1. 预应力T梁

该试验梁是40m的预应力简支T形梁，梁的截面形式见图2：

梁的具体参数如下：

梁长$L=40$m；截面惯性矩$I=0.7941\text{m}^4$；截面积$A=0.9729\text{m}^2$。竖向一阶理论自振频率$f_0=3.3$Hz，实测竖向一阶自振频率$f=3.64$Hz。

将实测自振频率f代入式(2)计算出梁的动测刚度为$EI=3.4\times10^{11}$ Nm^2；在已知惯性矩I的情况下，得到梁的动测弹性模量$E=4.2828\times10^{10}$ Pa。有了利用自振频率测的EI值，对于均布荷载作用下的简支梁，它的挠度就可用式(3)直接进行计算，这个计算挠度我们不妨把它称之为"动测挠度"。

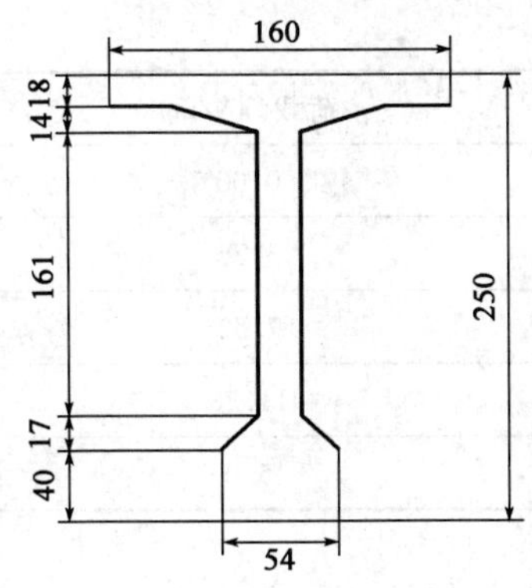

图2　梁截面图(尺寸单位:cm)

$$\Delta=\frac{5qL^4}{384EI}\tag{5}$$

也可直接将测定的抗弯刚度EI输入结构计算软件计算出梁在不同荷载作用下的静态挠度值。为了对"动测挠度"的结果进行验证，我们做完动测之后又采用了均布加载的方式分4级进行了静荷载试验，按照设计荷载要求计算得到最大的荷载集度22.93kN/m，如图3所示。

静载试验挠度和动测静挠度结果见表3和图4。

表3

荷载(kN/m)	动测挠度(mm)	实测挠度(mm)
0.00	0	0
5.73	5.62	5.6
11.47	11.24	11.2
17.20	16.86	18.1
22.93	22.48	25.4

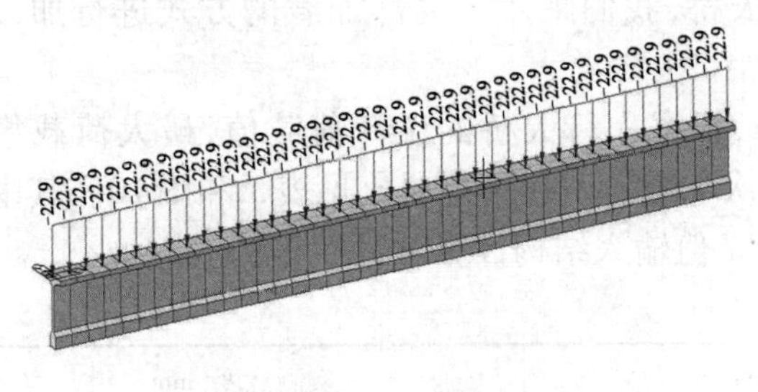

图3　静载试验加载图示

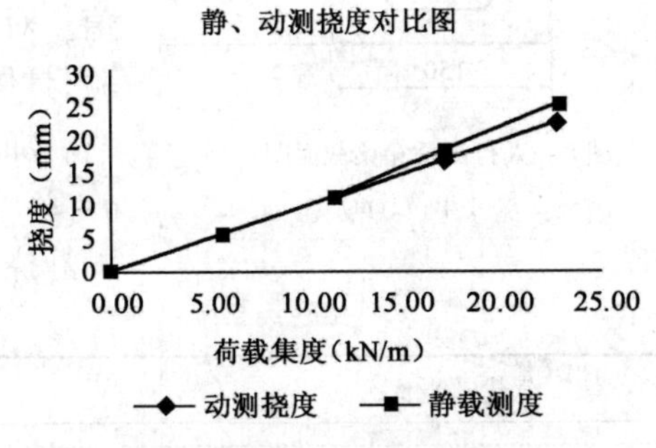

图4　T梁静、动测试验挠度曲线

2. 预应力空心板

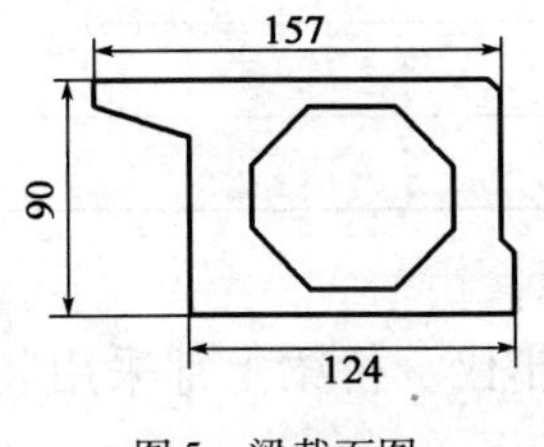

图5　梁截面图

该梁是20m的预应力空心板梁，梁的截面形式见图5：

该空心板梁的截面惯性矩$I=0.067134\text{m}^4$；截面积$A=0.6952\text{m}^2$。竖向一阶理论自振频率$f_0=4.49$Hz，实测一阶竖向自振频率$f=5.16$Hz。

将实测自振频率f代入式(2)计算出梁的动测刚度为$EI=3.06\times109\text{Nm}^2$和梁的动测弹性模量$E=4.56\times10^{10}$Pa。

我们还是采用了均布加载的方式分4级加载，按照设计荷载要求分摊到这片梁的最大荷载集度15.05kN/m，如图6所示。

静载试验挠度和动测静挠度结果见表4和图7。

表4

荷载(kN/m)	动测挠度(mm)	实测挠度(mm)
0.00	0.00	0
3.76	2.56	2.2
7.52	5.12	4.2
11.28	7.68	7.4
15.05	10.24	10.5

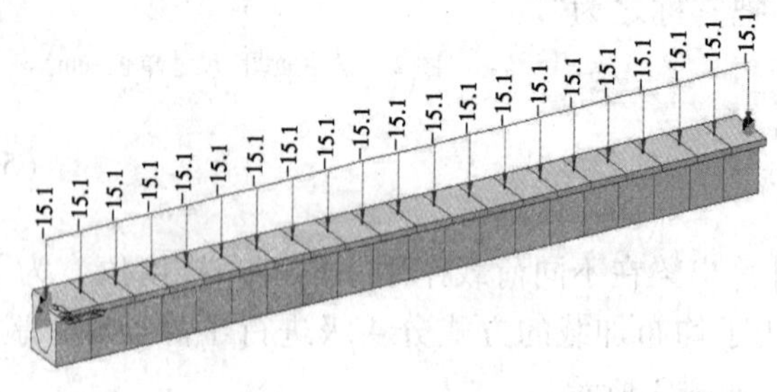

图6 静载试验加载图示

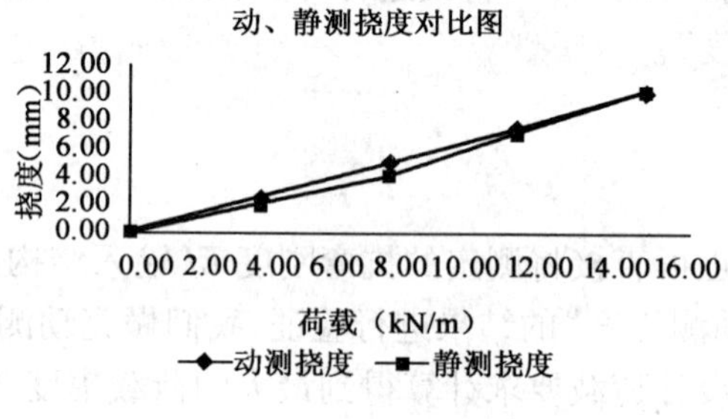

动、静测挠度对比图

挠度(mm)：12.00 10.00 8.00 6.00 4.00 2.00 0.00

荷载(kN/m)：0.00 2.00 4.00 6.00 8.00 10.00 12.00 14.00 16.00

—◆—动测挠度 —■—静测挠度

图7 空心板静、动测试验挠度曲线

图中静载试验曲线中部略有偏移是由于静荷载的加载误差所致。

3. 人行天桥

该人行天桥是一孔预应力混凝土简支梁箱梁桥，梁宽3.2m，长27m。梁的截面形式见图8：

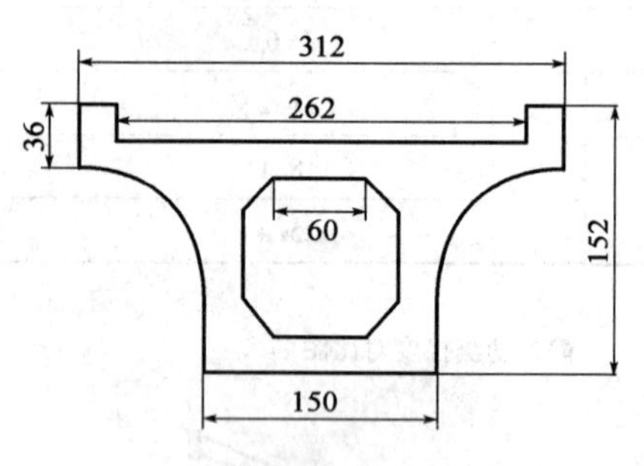

图8 人行天桥箱梁截面图（尺寸单位：cm）

梁截面积$A=1.7103\mathrm{m}^2$；惯性矩$I=0.34012\mathrm{m}^4$；理论竖向一阶自振频率$f_0=3.71\mathrm{Hz}$，实测竖向一阶自振频率$f=4.39\mathrm{Hz}$。

由实测自振频率f计算出该梁的实际刚度为$EI=1.8069\times10^{11}\ \mathrm{Nm}^2$；弹性模量$E=5.228\times10^{10}\mathrm{Pa}$。

同样按上述方式推算出该桥在不同荷载作用下的动测静挠度值。对于这个人行天桥，我们采用了局部加载的方式进行加载试验，具体加载图示见图9：

加载长度为9m，根据人行天桥的设计荷载值，最大荷载集度$q=26.7\mathrm{kN/m}$，分4次加载。两种结果对比见表5和图10。其中动测静挠度是将动测EI值输入结构计算软件后得到。

表5

荷载(kN/m)	动测挠度(mm)	实测挠度(mm)
0	0	0.0
8.88	1.71	1.7
17.76	3.42	3.5
26.66	5.14	5.7

4. 预应力简支T梁桥

该桥是一座13孔25m的预应力钢筋混凝土简支T梁桥，修建于20世纪90年代。桥梁上部采用装配式预应力钢筋混凝土简支T梁，下部构造为柱式墩，扩大基础。主要技术指标如下：

公路等级:高速公路

设计荷载:汽车—超20,挂车—120

桥面净宽:11m(不含防撞护栏)

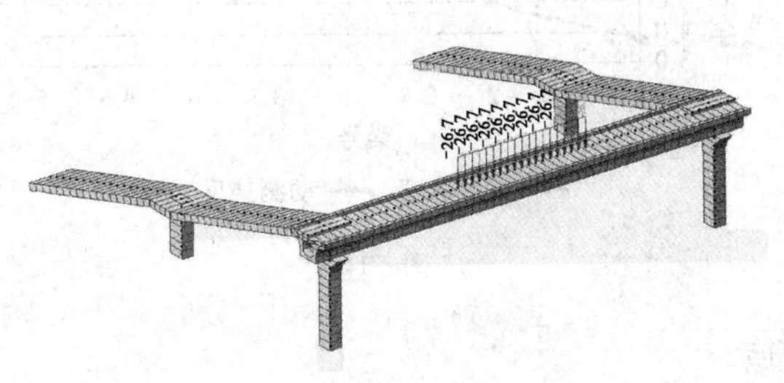

图9 静载试验加载图示

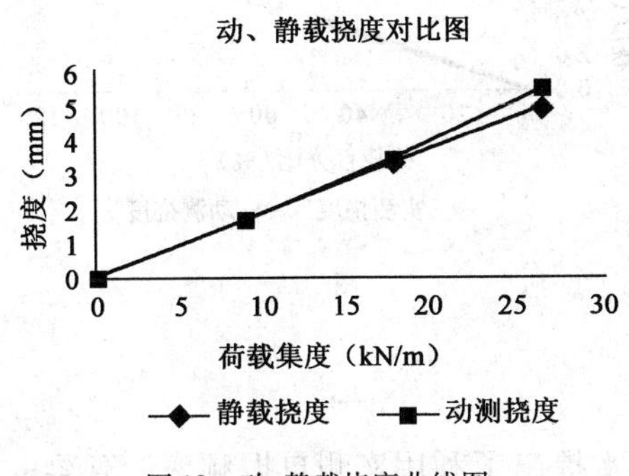

图10 动、静载挠度曲线图

全桥跨中的截面形式见图11。

单梁截面积$A=0.9044\text{m}^2$;惯性矩$I=0.3046\text{m}^4$;理论竖向一阶自振频率$f_0=5.55\text{Hz}$,实测竖向一阶自振频率$f=6.1\text{Hz}$。

由实测自振频率f计算出单梁的实际刚度为$EI=1.77\times10^{10}\text{Nm}^2$;弹性模量$E=5.82\times10^{10}\text{Pa}$。将这个$EI$值输入桥梁计算模型,用结构计算程序对汽车荷载作用下的静态挠度进行分析计算,具体加载图示见图12。

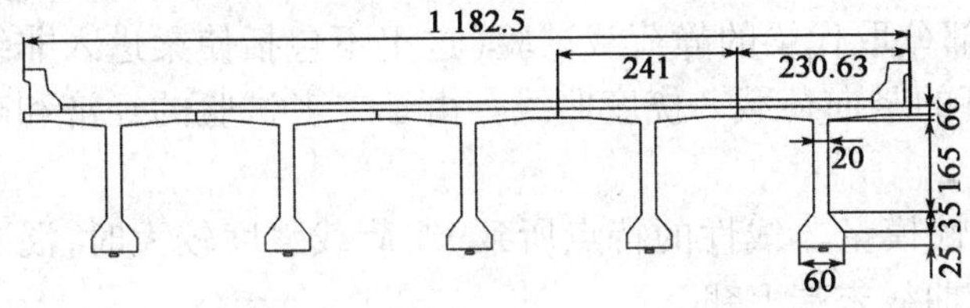

图11 跨中截面应变测点位置图(尺寸单位:cm)

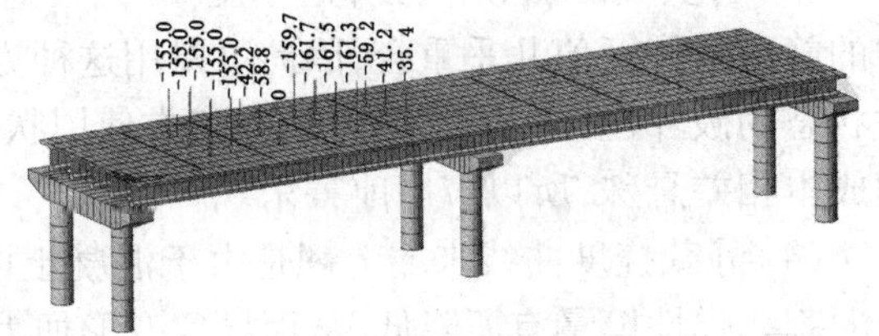

图 12

限于篇幅,这里只列出第三片梁的挠度对比结果(见表6和图13)。

表6

荷 载	动测挠度(mm)	实测挠度(mm)
0%	0.0	0.0
43%	3.3	3.5
61%	4.6	5.0
77%	5.8	6.5
100%	7.5	8.1

汽车荷载作用下全桥跨中横向挠度与实测挠度对比结果见表7和图14。

表7

梁 号	实测值(mm)	频率计算值(mm)
1	3.8	6.59
2	5.1	7.36
3	8.1	7.69
4	7.1	7.38
5	6.7	6.63

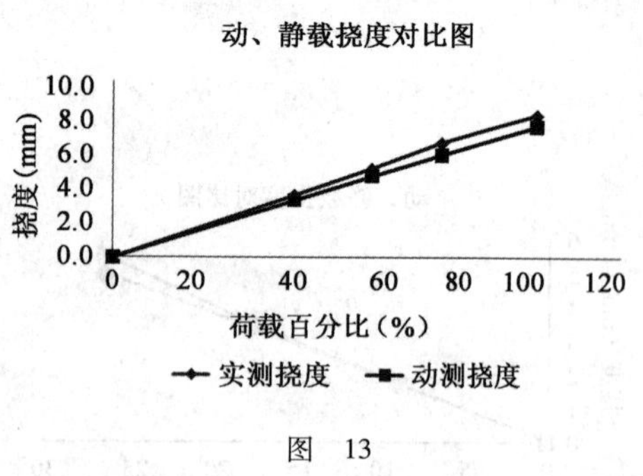

图 13

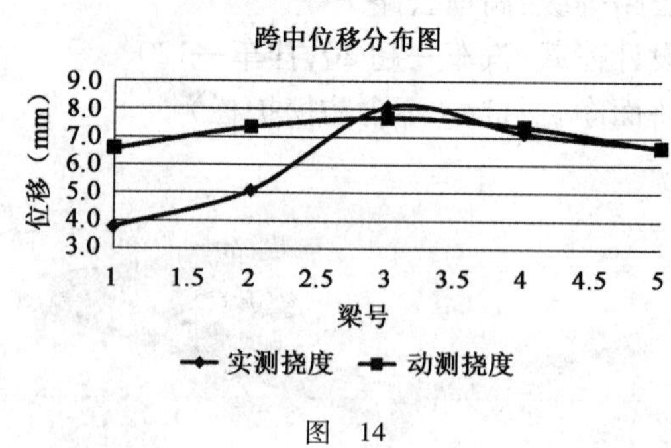

图 14

四、结　语

本文提出了利用实测自振频率计算梁的抗弯刚度 EI,然后用静力学的方法计算简支梁在荷载作用下的位移特征。这种方法经过在没有产生裂缝的预应力混凝土结构和钢结构上验证具有相当的可靠性,并得到以下结论:

(1)从理论分析和实测对比可以看出,应用自振频率计算简支梁的抗弯刚度与梁在静载条件下的抗弯刚度是一致的,由于动测刚度是用自振频率这个结构的固有特征得到,所以两者在概念上没有差异,实测结果也是如此。

(2)在已知截面惯性矩的情况下,可以用这种方法测得混凝土简支梁的平均弹性模量。

(3)将实测自振频率推算的刚度 EI 代入到简支梁挠度计算公式(或软件)中计算的荷载挠度值与实测的静荷载挠度值几乎重合,因此可以用这种方法部分取代梁的静荷载试验(这里不包括使梁进入非线性状态的破坏性试验),得到结构在正常使用状态下的竖向荷载—挠度曲线。由于二者试验的经济和时间成本相差悬殊,所以应用前景乐观。

(4)静载挠度曲线末端上翘是由于混凝土的弹性模量非线性的特点所致,在荷载强度较大时,混凝土的割线弹性模量有所降低,从而导致变形加大,使曲线末端上翘。

以上结论旨在抛砖引玉,希望能有更多的试验验证。

参考文献

[1] 包世华主编.结构力学[M].湖北:武汉工业大学出版社,2002.
[2] 叶见曙主编.结构设计原理[M].北京:人民交通出版社,2006.

168. 大跨度人行桥横向振动研究现状及展望

何文飞　谢　斌　戴少雄
(天津市市政工程设计研究院道桥分院)

摘　要　随着人行桥跨度的不断增大、轻质高强材料的运用以及城市景观方面的追求,现代人行桥越来越朝着轻柔的方向发展。基于现有大跨度人行桥中不断出现的横向振动问题,本文对人行桥的行人荷载特性、横向振动理论以及振动控制方法进行了讨论。提出了人行桥横向振动研究和设计中存在的缺陷和不足,以及当前迫切需要研究的内容与方向。

关键词　人行桥　行人荷载　横向振动　振动控制

一、引　言

人行桥的研究目前远不如车行桥那样受到重视,主要基于如下原因:

(1)人行桥的修建主要是跨越天然屏障和城市道路,一般跨度小规模不大,无法同车行桥作为交通枢纽中的作用相提并论;

(2)较多时候跨越通道多采取车行桥附设人行道的方式,大大减小了人行桥的设计;

(3)单独建造的人行桥跨度比大型公路、铁路桥梁要小得多,主要集中在 20~60m,对于这种跨度较小、刚度较大的人行桥在设计中往往将动力荷载视为静力荷载,采用动力放大系数来考虑动力效应进行简易设计。

近年来随着现代化立体交通概念的发展,各类人行桥发展飞快,数量上已到了难以统计的程度。且由于交通、景观等方面的需要,人行桥不断向大跨、轻盈、纤细化发展,目前的最大跨度已超过 300m,我国在建的四川绵阳会客厅人行桥主跨也达到了 200m。大跨人行桥,对动力荷载(主要是行人荷载)极为敏感,容易发生因行人荷载而引起桥梁过度振动甚至倒塌的事故。现有资料表明,大跨度人行桥的过度振动多为横向振动,相对竖向振动而言,横向振动机理更为复杂。因此,结合国内外人行桥的理论研究和工程背景,开展系统、有针对性的横向振动研究,是一个很有研究价值和实用价值的重要课题。

二、人行桥特点

人行桥最主要的特点就是其所受动力荷载的特殊性。作用于人行桥上的动力荷载主要是行人荷载,由于行人的主观能动性,使得行人荷载具有许多与其他动力荷载不同的特性,最典型的就是行人在桥梁横向振动过大时自动调整脚步使得结构出现横向失稳的“锁定”现象。此外,人行桥一般刚度小,频率低,在外界动荷载的激励下容易引发大幅度的振动,这一特点在大跨人行桥上体现的尤为明显。

三、行人导致的人行桥过度振动或垮塌事件

1. 与行人有关的桥梁垮塌事故

文献[1]在文献[2]的基础上对 19 世纪初到 2000 年发生的与行人有关的 39 例桥梁垮塌事故进行了总结和分析。39 例事故记录中,人行桥占多数,在可以确定桥梁用途的 26 座中占到了 14 座。距今较近的 1981 年美国堪萨斯城希尔顿饭店人行天桥垮塌事故共造成 113 人死亡。

2. 行人导致的人行桥过度振动事件

2000 年英国为庆祝进入 21 世纪在古老的泰晤士河上修建的一座造型新颖的人行桥——伦敦千禧桥,开通当天就因为行人荷载引起过度的横向振动,最终不得不关闭[3]。

不仅是人行桥,就连大跨车行桥也有可能在拥挤的人群作用下发生过度的振动。1957 年 10 月 15 日,我国第一座跨长江的大桥——武汉长江大桥建成通车。在举行通车庆典时由于桥上群众过多,达到了 5 万之众,结果激发了严重的横向摇摆振动。1973 年西班牙博斯普鲁斯大桥(Bosporus Bridge)也发生过类似的情况,开放当天,约有 6 万~10 万人涌至主跨长 1 074m 的悬索桥,同时还有 2 000 人/min 的人流不断从桥两端涌入,最终也引发了桥梁的横向摇摆[1]。

既然以上规模巨大的桥梁都可以在拥挤人群条件下发生过度的振动,那专用于行人通过的人行桥发生振动的几率就更大了。现有研究表明,只要基频低于 5Hz 的桥梁都有可能发生人桥共振现象。文献[4]对 1970~2000 年有资料可查的行人导致人行桥过度振动事件进行了统计,共计 13 个记录。

四、研 究 现 状

虽然存在一些桥梁因人群而垮塌的例子,但现代人行桥垮塌事故往往是设计或施工缺陷造成的。正常设计施工和使用的人行桥主要存在的是使用性能即振动过大的问题,其中又以横向振动最为复杂常见。目前,国内外学者对人行桥横向振动问题的研究主要集中在行人荷载特性、人行桥横向振动理论和振动控制等方面。

1. 行人荷载特性

行人荷载特性研究是进行人行桥振动研究的基础。行进中的人会产生一个动荷载,可分解为竖向、横

向和行走方向的 3 个分量。正常行走和非正常行走(跑步、跳跃、左右摇摆)具有不同的荷载特征。由于非正常行走荷载可以通过制定桥上通行规则来尽量避免,所以研究重点是正常行走的荷载。按行人数量不同,行人荷载又可分为如下 4 种:①单人动荷载,这是研究的基础;②一小群人结伴而行,行人移动速度接近相等(group loading);③行人低密度全桥均布荷载,每个人均可自由行走;④高密度全桥均布行人且长时间维持不变的稳态行人流动荷载(crawd loading)。后 3 种群体性荷载往往是引起人行桥大幅度振动的荷载类型,由于它们具备窄带随机性、行人相互影响和人桥相互影响的性质,研究难度很大,现有研究很少。

行人荷载研究主要包括荷载的测量和数学建模。Harper[5] 采用测力板方法做了最早的行人荷载测量实验。Andriacchi 利用测力板测量了单人荷载在 3 个方向的分量。1996 年美国宾州大学的 Ebrahimpour 等[6] 设计了一个长约 14m、宽约 2m 的固定测力平台对人行荷载进行了较精确的测量,测量了单人、双人或四人时的行人荷载,并用统计方法采用傅立叶级数对单人步行力荷载进行了近似模拟。固定平台上测量脚步力荷载的环境与行人通过人行桥的实际环境有一定差别,无法模拟出"锁定"现象。为此波兰学者 Zoltowski 设计了一个竖向振动平台,在尽量模拟行人过桥的真实环境条件下测量脚步力,同样应用统计分析方法拟合出了单人脚步动荷载的一种时程函数,重点研究了行人与振动平台之间的"锁定(Lock in)"现象。Nakamura 等人设计了一套研究横向振动环境下行人荷载特性的试验装置,并对 5 位受试者进行了测试。

步频对步行力时程具有显著影响,竖向力时程的幅值和波形均有步频有关。步频可根据对行人的观测经统计得到。大量研究统计得出人的步行频率大约介于 1.5 ~ 3.0Hz 之间。Matsumoto 等随机抽取了 505 个行人样本,统计分析表明行人的步频符合 $N(2,0.173)$Hz 的正态分布。Bachmann 提出正常行走的步频平均为 2Hz,标准差约为 0.18。最新的关于步频的统计成果是 Aikaterini (2005)对两座人行桥的行人步频进行了 400 次样本统计,得出步频服从 $N(1.83,0.11)$Hz 的正态分布。我国关于人行桥的研究起步晚,远落后于西方国家。湖南大学陈政清教授在国内第一次对步频的统计特性进行研究,共取得了 12 293个步频样本值。研究表明,步频的平均值为 1.82Hz,方差为 1.82Hz,服从 $N(1.82,0.22)$ 的正态分布。

在充分的测量数据基础上可进一步研究构建行人荷载的数学模型,以便把这些模型引入到人行桥结构振动研究之中。单人步行力荷载的数学模型研究较多,可以分为时域模型和频域模型,时域模型又有确定性模型和概率性模型两大类。确定性模型本质上是用统计平均值建立起来的模型,使用较方便,多用傅立叶级数的形式表示。其中 Young 依据多人的研究成果所提出的荷载模式被众多研究者所接受。很多国家的人行桥设计规范中在确定行人荷载时均采用了这种荷载模式。随机性模型较接近真实,构造方法复杂,目前主要用在科学研究之中。S. Zivanovic 提出了一种基于概率方法的单人步行力荷载模型,分别在频域和时域内对单人步行力荷载进行了模拟。群体荷载模型建立难度大,多采取一些简化的方法由单人动荷载模型扩展而成,Matsumoto 做过这方面的研究,2006 年 10 月法国交通部下属的 Sétra(运输道路桥梁工程和道路安全的技术部门),出版的《人行桥技术指南——人行桥在行人荷载下的动力行为》中也有相关的论述。Fujino 等人对横向失稳(即"锁定")状态下的荷载模型进行了研究。

2. 人行桥横向振动理论

人致桥振动理论的研究,主要是通过建立适当的动力学模型,较准确的估计结构的反应。在行人荷载的作用下,人行桥可能出现竖向或横向的振动,竖向振动机理与其他桥梁结构相似,所不同的仅是其荷载模式,故竖向振动问题主要是建立合理的行人荷载数学模型。相对而言,人行桥的横向振动问题要复杂得多,其失稳机理与以往传统的共振失稳有所不同。目前,关于人行桥横向振动的研究理论主要有:强迫振动理论、自激振动理论和参数振动理论。

(1)强迫振动理论

强迫振动理论认为行人荷载的激励频率正好与人行桥某阶模态的频率相同而引起共振。分析中一般采用步行力的傅立叶模型,并考虑人群的影响。其中比较有代表性的是日本学者 Fujino[13] 对日本 T 桥所进行的研究。

Fujino 根据 T 桥振动录像，引入变量 λ(称之为同步比)来表示某一时刻桥上处于同步的人数占桥上行人总数的比例。应用模态叠加法，求得第 i 阶振型下的模态力 P_i 为：

$$P_i = \lambda \cdot \alpha \cdot Np \cdot m_p \cdot g \cdot \cos(2\pi f_p t) \cdot \int_0^L \varphi(x)\,\mathrm{d}x \tag{1}$$

式中：α 是动荷载因子；N_p 是桥上行人总数；m_p 为行人平均质量；g 为重力加速度；f_p 是行人横向动荷载的频率；$\varphi(x)$ 是模态振型；L 为桥长。

当这 λN_p 个同步行人荷载的圆频率 $2\pi f_p$ 等于桥梁第阶振型的频率 ω_i 时，桥梁发生共振，并求得桥梁横向动挠度为：

$$u(x,t) = \frac{1}{M^*} \cdot \lambda \cdot \alpha \cdot N_p \cdot m_p \cdot g \cdot \frac{1}{2\zeta_i} \cdot \varphi(x) \cdot \int_0^L \varphi(x)\,\mathrm{d}x \cdot \cos\left(\omega_i t - \frac{\pi}{2}\right) \tag{2}$$

式中：M^* 为等效模态质量；ζ_i 为第 i 阶振型下的阻尼比。

当人行桥发生横向动力失稳时，桥上同步行人数因桥型不同而各异，即 λ 并无确定取值，日本 T 桥取为 0.2 是根据该桥现场实测数据进行分析后的结果。但对于一座设计中的桥梁，如何对 λ 进行合理取值，是强迫振动法尚未解决的问题。

(2)自激振动理论

自激振动理论采用考虑人桥相互作用的步行自激力模型进行结构振动分析，比较典型的有 Dallard 等根据伦敦千禧桥现场实验数据经反分析后得到的线性负阻尼模型。Dallard 模型是一个动力失稳判据模型，认为当行人激振力等于结构阻尼力时为横向失稳临界状态，由此导出横向失稳的临界行人数 N：

$$N = \frac{8\pi f_p M^* \zeta}{K} \tag{3}$$

式中：f_p 是行人横向动荷载的频率；M^* 为等效模态质量；ζ 为模态阻尼比；K 为实验参数，单位为 N · s/m。

Dallard 模型无法计算振幅，且参数 K 的取值是否适用于其他人行桥也有待验证。但由于 Dallard 模型使用方便，因此法、德、日等国的人行桥设计均采用了这一公式。Dallard 模型中经验参数 K 对某一具体人行桥是一定值，千禧桥中取为 300N · s/m。这意味着激振力随着模态速度线性增大，亦即人行桥的振幅也将随之增大，这与现有的观测事实不符。实际中，一旦人行桥发生横向摇摆，行人一般会停止或减缓步伐，相当于激振力减少，阻尼增加。考虑这一因素，日本学者 Nakamura 提出的步行侧向力与侧向振动速度相关的非线性模型，并以日本 T 桥为对象进行了参数分析，根据该模型对人行桥横向振动考虑人桥相互作用进行仿真计算，研究表明，非线性模型使得步行力和横向振幅稳定在一定范围内。

以上两种模型均未考虑未同步人群的激振作用，为考虑这一因素，我国学者孙利民教授及其学生袁旭斌博士提出了一种基于实验的人桥相互作用模型。孙 - 袁模型也是一种经验参数模型，其分析结果与参数取值关系很大。

(3)参数振动理论

Blekherman 认为当人行桥竖向和横向振动频率存在倍频关系时，竖向和横向模态因非线性共振而强烈耦合，步行竖向力激起的竖向共振有可能转化为横向参数共振，并采用弹簧系统对竖向共振引起横向参数振动的机理进行了阐述。Huang 对一座浅悬索人行桥进行的有限元程响应分析也表明竖向和横向振动接近倍频关系的振型存在显著的参数振动。

在伦敦千禧桥开放当日的过度横向振动中，中跨振动主要成分之一为 0.48Hz 的一阶模态振动。这一步频与行人横向摆动频率范围 0.7 ~ 1.2Hz 相差甚远。强迫振动理论和自激振动理论都难以对这一现象作出合理解释。为此，Piccardo 提出了一种参数共振分析方法。运用参数振动理论，Piccardo 对伦敦千禧桥过度振动现象进行了分析，得到 0.005、0.007 和 0.01 三种不同阻尼比状态下所对应的临界行人数分别为 127、178 和 254。其中 0.007 为伦敦千禧桥实测阻尼值，其对应的临界人数 178 也正好与 Dallard 在桥上进行的实验吻合。

3. 振动控制研究

控制人行桥的过度振动反应主要有 3 个途径：①控制桥上行人数；②提高结构刚度；③增加结构阻尼。

设计人行桥时,一般应依据当地实际情况确定正常使用条件下的桥上行人密度。目前一般认为1.5人/m^2是可容许的最大密度,在此标准下,中小跨径人行桥一般不会发生过大的导致行人不舒适的振动,但大跨人行桥在这种密度标准下仍有可能发生过量的振动反应。桥梁开放或重大活动时,桥上行人数会激增,桥梁管理者应事先采取预案,控制桥上行人数。

提高结构刚度的目的是提高结构自振的基频,使之避开人桥共振的敏感频率范围,一般要求横向1.3Hz以上,竖向3~5Hz以上。在现有材料水平下,如果不改变结构形式,增加刚度的同时质量也随之增加,自振频率(等于刚度除以质量再开方)提高很有限。因此提高刚度往往是不经济的和效果有限的一种方法,这一点在大跨人行桥上体现的尤为明显。

增加结构阻尼是已发现有过量振动的既有人行桥普遍采用并行之有效的方法。目前在控制人行桥人致振动所采用的阻尼设施主要有:调谐质量阻尼器(TMD)、调谐液体阻尼器(TLD)和黏滞阻尼器。Matsumoto介绍了在日本采用TMD控制人行桥振动的2个实例;Fujino在T桥上安装了大量小的TLD,显著地降低了行人导致的桥梁横向振动;伦敦千禧桥采用加装TMD和黏滞阻尼器的方法,将桥梁的横向阻尼比由0.6%提高到了20%,完全解决了该桥严重的横向振动问题[3]。

五、现行规范对人行桥横向振动的考虑

英国BS5400(1978)规范最早对人行桥在行人荷载作用下的使用性能提出了验算要求,之后许多国家和地区规范均以其为基础不同程度地考虑了人行桥的人致振动使用性问题,如日本道路协会规范《立体横断面施设技术基准·同解说》(1979)、欧洲规范EN 1990、欧洲混凝土委员会规范CEB(1993)、加拿大安大略省规范OHBDC(1991)以及我国《城市人行天桥与人行地道技术规范》(CJJ 69—95)等。

早期大跨度人行桥较少,发生过度横向振动的事件不多,因此各规范考虑的均是竖向振动问题,并无涉及横向振动的内容。直至千禧桥事件后,各国学者才开始有意识的着手填补规范在这一方面的空白,部分规范增加了横向振动使用性要求的建议条文。BS 5400在2001年修订后规定当结构横向基频大于1.5Hz时可不考虑横向振动问题,小于1.5Hz时增加了要求验算横向加速度的规定,但没有给出计算方法。欧洲规范EN 1991规定当结构横向振动基频大于2.5Hz时可不考虑横向振动问题,在1.5~2.5Hz范围内应视具体情况而定,小于1.5Hz时须验算横向振动使用性能。EN1991还增加了横向振动分析的动力响应法。

六、存 在 问 题

大跨人行桥横向振动研究尚处于初期阶段,无论是行人荷载模式,还是横向失稳机理、横向振动理论、振动控制等均存在诸多缺陷,存在的问题至少有以下几个方面:

(1)行人荷载模式存在严重缺陷。行人荷载与多因素有关,并随时间和空间而变化,单纯靠试验室通过试验的方式很难对行人荷载做出真实反映,如现有的固定平台试验等均无法反映出振动对步行力的影响;人群之间的相互影响和人与桥之间的自发同步与协调很难在数学模型中得到较好的体现;行人在桥上移动和在地面移动的感受不相同,一般而言,在桥上的耐受能力要强一些,但大量的行人动荷载的测量却是在固定地面条件下获得的,在移动平台或实桥上行人动荷载的测量研究还不够充分;在研究成果上,各学者所进出的行人荷载数学模型差别较大。

(2)人行桥横向振动理论有待探讨。目前对人行桥横向失稳机理的解释还与实桥实测结果存在不尽相符之处;现有的理论在考虑人桥相互作用方面均存在较大不足,参数选取随意性太大,指导性不强,尚无普遍通用的公式可循。

(3)合理的结构设计方法需进一步研究。我国《城市人行天桥与人行地道技术规范》(CJJ 69—95)中对于人行桥横向振动问题仍处于空白阶段,其他国家或地区虽有相关内容,但均过于简单,且有很多不合理、不统一之处。

七、进一步研究展望

针对研究现状及所存在的问题，关于大跨度人行桥横向振动问题还应做更深入的研究：

(1)对行人荷载的测试应当尽可能地模拟真实环境，条件允许时还可在实桥上进行测试，测试时可按目标群体、步行状态、时间等不同参数分类进行，并做出比较；进一步加强对群体性人行荷载的研究工作；完善建立与不同类型行人荷载相对应的数学模型，使数学模型能够体现人群之间的相互影响和人与桥之间的相互作用。

(2)考虑到不同地区行人的个体差异，有必要开展不同国家和地区行人荷载特性的研究比较工作。

(3)在现有行人荷载数学模型与实际情况相差较大的情况下，可尽可能地运用大型有限元软件进行全仿真分析，积极研究合理的模拟方法，并用以指导设计。

(4)采取多样化的振动控制手段对可能出现的过度振动进行控制，借鉴高耸结构等其他柔性结构所采用的振动控制方案，如质量摆、悬链式阻尼器、黏弹性阻尼器等。

八、结 语

随着我国经济的发展，城市化进程不断加速、人们对美和舒适度的要求也越来越高，各种大跨人行桥必然还会有一个兴建的过程。与此相对应，大跨人行桥的横向振动问题也将会更频繁地出现。因此，认真总结大跨人行桥横向振动理论研究成果，结合其结构特点，进一步开展研究具有重要的科学意义。

参考文献

[1] Woumuth B, Surtees J. Crowd - related failure of bridges[J]. Civil Engineering Proceedings of ICE, 2003, 156(3): 116 - 123.

[2] Wolmuth W M. An Analysis of Structural Failure. PhD thesis, Department of Civil Engineering, University of Leeds, 1980.

[3] Dallard P, Fitzpatrick A, Flint A, et al. The London Millennuim Footbridge[J]. The Structural Engineer, 2001, 79(22): 17 - 33.

[4] Pimentel R L, Pavic A, Waldron P. Evaluation of design requirements for footbridges excited by vertical forces from walking[J]. Canadian Journal of Civil Engineering, 2001, 28(5): 769 - 777.

[5] Harper F C. The mechanics of walking[J]. Research Applied in industry, 1962, 15(1): 23 - 28.

[6] Ebrahimpour A, Hamam A, Sack R L, et al. Measuring and modeling dynamic loads imposed by moving crowds[J]. Journal of Structural Engineering, 1996, 122(12): 1468 - 1474.

[7] Galbraith F, Barton M. Ground loadingfrom footsteps[J]. Journal of the Acoustic Society of America, 1970, 48(5): 1288 - 1292.

[8] Wheeler J E. Prediction and control of pedestrian - induced vibration in footbridges[J]. Journal of the Structural Division, ASCE, 1982, 108(ST - 9): 2045 - 2065.

169. 大跨径连续梁桥双层桥面铺装结构力学分析

吴一鸣[1] 赵岩荆[2] 倪富健[2]

(1. 中交公路规划设计院有限公司；2. 东南大学交通学院)

摘 要 为研究环氧沥青混凝土应用于水泥混凝土连续梁桥双层铺装体系时的力学响应特点，采用ABAQUS有限元分析软件，建立桥梁整体三维有限元模型，在此基础上分析铺装层在桥梁整体结构中所产生的力学响应。分别研究了车辆荷载作用下,不同跨径条件下的桥面铺装层上面层或者下面层材料模量变化时,对相邻层力学响应的影响。研究结果表明:在水泥混凝土桥面双层铺装体系中采用环氧沥青混凝土作为铺装材料,对于抑制相邻层发生开裂破坏具有积极作用;但在应用环氧沥青混凝土的同时,上下面层之间的层间剪应力将显著增大,对层间黏结层抗剪性能提出更高的要求;在较大跨径连续梁桥中,将环氧沥青混凝土作为铺装层上面层材料,对铺装层力学性能的提高效果更为明显。因此,在大跨径水泥混凝土连续梁桥双层铺装体系中建议应用"下层改性沥青混凝土+环氧沥青黏结层+上层环氧沥青混凝土"的结构形式,以在控制工程经济性的基础上,较大幅度的提升铺装层使用性能。

关键词　道路工程　水泥混凝土桥梁　环氧沥青混凝土　双层铺装结构　有限元方法

一、引　　言

铺装层材料的选择以及结构的设计是水泥混凝土桥面铺装性能的主要影响因素[1]。在钢桥面铺装中广泛应用的环氧沥青混凝土[2]也被考虑引进水泥混凝土桥梁铺装层应用之中。由于造价昂贵,全厚度采用环氧沥青混凝土材料将影响工程经济性。东南大学黄卫、李洪涛[3]提出了"下层浇注式沥青混凝土+上层环氧沥青混凝土"的复合式双层铺装体系,取得了丰富的研究成果和使用经验。因此在水泥混凝土桥面铺装中同样考虑双层结构,不同材料的铺装体系。设计一种"下面层环氧沥青混凝土+上面层普通改性沥青(如SBS改性沥青混凝土)"或者是"下面层普通改性沥青混凝土+上面层环氧沥青混凝土"的铺装结构,以期在提高铺装层性能的同时,能够保持合理的经济性。

由于水泥混凝土桥梁铺装层的边界条件明显强于钢桥面铺装,故已经在钢桥面铺装中得到工程验证的环氧沥青混凝土在水泥混凝土桥梁中发生病害的可能性更低。普通改性沥青由于性能的制约,受到路面病害的威胁性要更大。因此本文将普通改性沥青混凝土铺装层作为研究对象,分析其在相邻层材料性质变化时的力学响应特点。双层铺装体系中,某一层材料对相邻层力学响应的影响主要源自其自身的模量变化。同时,桥梁铺装层力学响应受到桥梁跨径的影响。故本文针对三跨连续箱梁桥,建立三维有限元模型,针对不同桥梁跨径及不同模量的铺装层,研究相邻层在车辆荷载作用下的力学响应。最终得出环氧沥青混凝土在水泥混凝土连续梁桥双层桥面铺装体系中的适用性。

目前桥面铺装力学分析中普遍采用的方法是局部梁段法[4,5]或子模型法[5],但前者难以考虑桥梁整体结构特征的影响,后者则建模步骤繁杂。随着计算机软硬件的进步,目前的高性能工作站已足以支持超大型有限元模型的计算,能够提高工作效率,并进一步的提升计算精度[6-8]。因此,本研究采用大型有限元分析软件ABAQUS进行整桥建模,保留了桥梁结构的力学特性,从而提高铺装层力学分析结果的精度和可靠性。

二、计算模型的建立

1. 桥梁有限元模型的建立

本研究对三跨连续箱梁桥进行整体三维建模。以桥面铺装层为主要研究对象,计算其荷载作用下的应力应变响应。在求解过程中,引入如下假设:①模型中所有材料,包括桥体钢筋水泥混凝土以及铺装层所用材料均为连续、完全弹性、均匀、各向同性的;②铺装层、水泥混凝土防水层以及桥面板之间接触完全连续,鉴于黏结层相对铺装层、桥面板的厚度很小,因此计算时直接将其并入铺装层,不对其进行专门处理。为保证计算精度,桥面铺装层及水泥防水层以及箱梁上半部分采用三维20节点单元C3D20,并采用较细的网格密度进行划分。而其他桥梁结构采用三维8节点减缩积分单元C3D8R进行建模[9],以降低计算资源的消耗。网格划分后,单元总数为82万左右,其中二次单元总数约为30万。模型效果如图1所示:

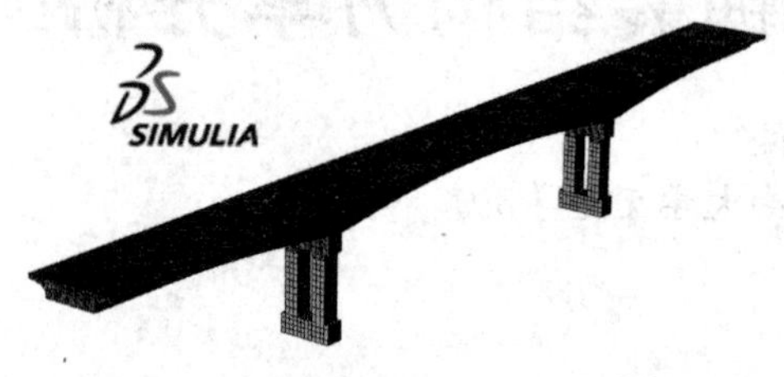

图1　连续梁桥有限元模型

原型桥为三跨连续箱梁桥，跨径为140m，桥宽11.9m，边跨+中跨+边跨长度分别为(40+60+40)m。本文为考虑不同跨径条件下，环氧沥青混凝土应用于桥面铺装的适用性，按照边跨与中跨长度2:3的比例，分别建立了跨径组合为(20+30+20)m、(30+45+30)m、(40+60+40)m以及(50+75+50)m的四座连续梁桥的三维有限元模型，在此基础上，进行数值计算，分析铺装层力学响应。

2. 材料及结构参数

桥梁结构，桥面板等各部件均采用钢筋水泥混凝土建造，本文对钢筋水泥混凝土及改性沥青混凝土的材料参数如不作特殊说明，均按表1中所示参数取值[10]：

材料及结构参数　表1

材　料	模　量	泊　松　比	密度(kg/m³)
钢筋水泥混凝土	36 GPa	0.166 7	2 551
防水混凝土铺装	30 GPa	0.166 7	2 551
改性沥青混凝土	2 500 MPa	0.35	2 300

环氧沥青混凝土模量在常温条件下模量为普通沥青混凝土的3~5倍，一般在10 000MPa以上[11]。本文以2 000MPa为区间，在2 000~10 000MPa之间，取5个不同的模量，计算相邻层在此条件下的力学响应，以研究应用环氧沥青混凝土时由于铺装层模量增大对相邻层力学响应所带来的影响。同时结合工程实践及实际铺装应用，设定桥面铺装层总厚度为6cm，其中上下面层厚度各为3cm。

3. 荷载作用形式

依据《公路桥涵设计通用规范》(JTG D60—2004)[12]规定，采用车辆荷载进行加载，车辆荷载的立面、平面尺寸如图2所示。

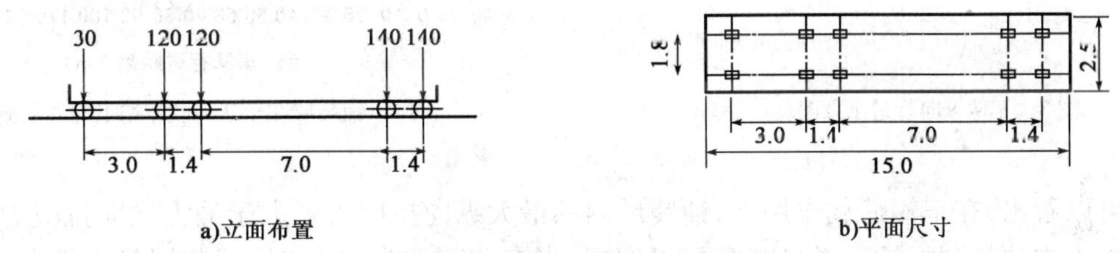

图2　车辆荷载的立面、平面尺寸(尺寸单位:m)

车辆荷载的主要技术指标如表2所示。

车辆荷载主要技术指标　表2

项　目	单　位	技术指标
前轮着地宽度及长度	m	0.3×0.2
前轴重力标准值	kN	30
前轮胎压计算值	MPa	0.25
中、后轮着地宽度及长度	m	0.6×0.2
中轴重力标准值	kN	2×120
后轴重力标准值	kN	2×140
中轮胎压计算值	MPa	0.5
后轮胎压计算值	MPa	0.58

为保持胎压与《公路沥青路面设计规范》(JTG D50—2006)[13]规定的胎压相一致，本研究中各轮胎接地压强均取为0.707MPa[14]。而由于接地压强取值不同而导致的轴重增大，也符合中国道路普遍具有交通量大，重载车辆多的特点[15~16]，并且计算结果偏安全[17]。

三、最不利荷位的确定

车辆荷载作用于不同位置,所引起的铺装层力学响应亦有差异。故在研究中首先必须确定最不利荷位[18]。根据东南大学钱振东等人的研究成果,桥面铺装层的最大拉应力和拉应变是控制铺装层开裂破坏的重要设计指标。在实际情况中,破坏应变的测定较为复杂,试验结果变异性较大,不便于与理论分析的结果相结合进行分析[19]。因此,本文结合已有研究成果,采用铺装层纵向及横向最大拉应力作为控制指标。在最不利荷位确定过程中,本文以桥长(40+60+40)m的连续梁桥为例,计算中铺装层模量均按照2 500MPa取值。其他不同长度桥梁的最不利荷位确定方法与此类似,限于篇幅,本文不再列出。

1. 纵向最不利荷位计算

纵向最不利荷位分析中,采用车队沿车道行进的方式对桥梁进行加载。桥梁跨径为140m,根据车辆荷载尺寸及分布,在整幅桥面上最多能够容纳纵向9排,横向3列总计27辆车的分布。故将车辆荷载按照纵向9排×横向3列的格局组成一车队荷载。以第一排三辆车驶上桥面开始,至其抵达桥梁另外一端为止,如图3所示。

以每5m为一取值点确定最不利荷位的位置,即车队每行进5m就对铺装层力学响应进行一次计算,总计28分析步。有限元计算结果经归纳总结,如图4所示:

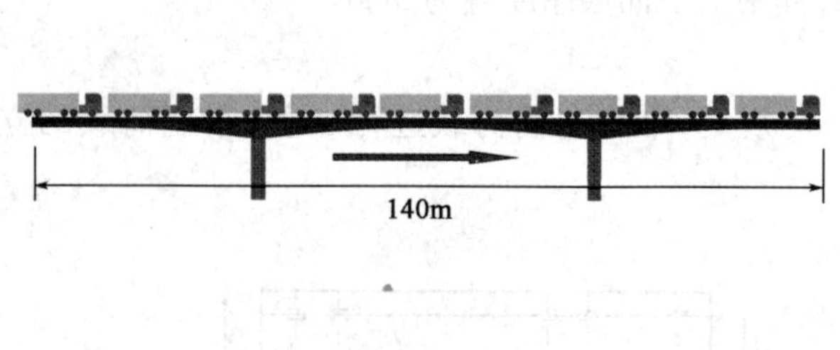

图3 车队纵向行进示意图

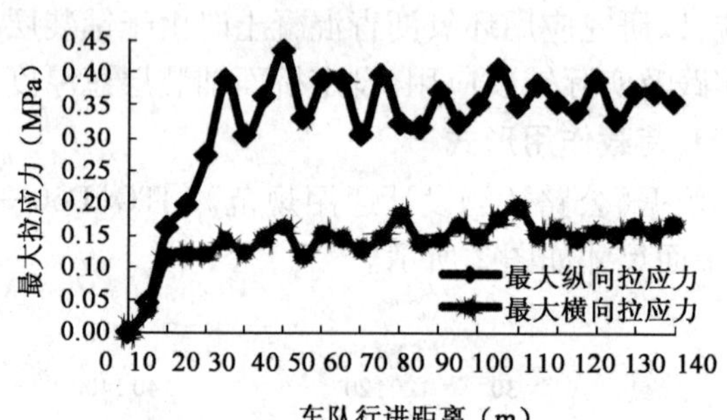

图4 铺装层在车队荷载作用下的力学响应

由图4可以看出,在车辆荷载作用下,铺装层内的最大纵向拉应力要大于最大横向拉应力,故选取最大纵向拉应力为主要控制指标。通过观察可以发现,当车队荷位为40m时,铺装层最大纵向拉应力数值最大。故本文以荷位40m为铺装层受车辆荷载作用时的纵向最不利荷位。

2. 横向最不利荷位计算

在纵向最不利荷位分析结果的基础上,采用车队荷载横向移动的方式,确定荷载横向最不利作用位置,如图5所示。荷载作用位置由车道铺装层最边缘处开始,逐渐向中间移动,至三列车辆荷载对称分布于桥面为止,移动距离为10m。每0.5m对铺装层力学响应取值一次,共计20个分析步。

计算结果如图6所示:

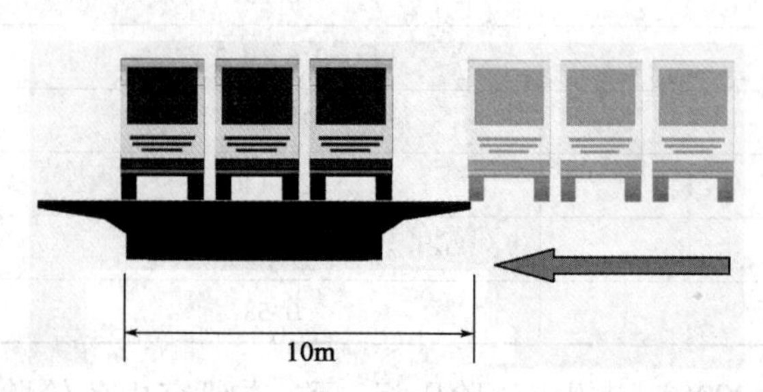

图5 车队荷载横向移动示意图

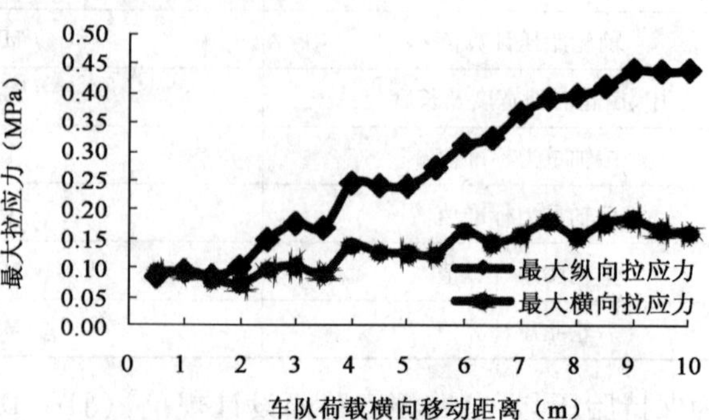

图6 铺装层在车队荷载作用下的力学响应

由图6可知，当车队荷载横向移动时，铺装层内部最大纵向拉应力及最大横向拉应力均呈现出上升趋势。最大纵向拉应力的峰值数据为0.44MPa，而最大横向拉应力的峰值为0.18MPa。故本文采用最大纵向拉应力出现峰值时所处的荷位，即横向荷位10m为铺装层受车辆荷载作用的横向最不利荷位，而此时车队荷载恰巧是以横向对称分布的方式作用于桥面铺装层之上。结合上述分析，本文确定纵向荷位40m，横向荷位10m作为跨径(40+60+40)m连续梁桥铺装层力学分析的最不利荷位。

车辆在行使过程中由于车辆制动，轮胎与路面接触面上将会产生水平应力。水平荷载可由下式决定：

$$T = \varphi P \tag{1}$$

式中：T——水平荷载；

φ——滑动摩阻系数；

P——车辆的垂直荷载。

本文取水平力系数分别为0.3，并在此基础上，对沥青混凝土铺装层力学响应进行分析。

根据已有研究成果，当铺装层材料与结构发生变化时，铺装层竖向剪应力及上下面层层间剪应力也将发生相应的变化[20-21]。因此将最大竖向剪应力以及最大层间剪应力，与最大纵向及横向拉应力一起作为力学计算指标，分析其变化规律。

四、下面层模量变化计算结果

首先分析在铺装层下面层中应用环氧沥青混凝土的可行性。因此分析下面层模量变化时，铺装层上面层力学响应的变化规律。上面层力学响应计算结果如图7所示：

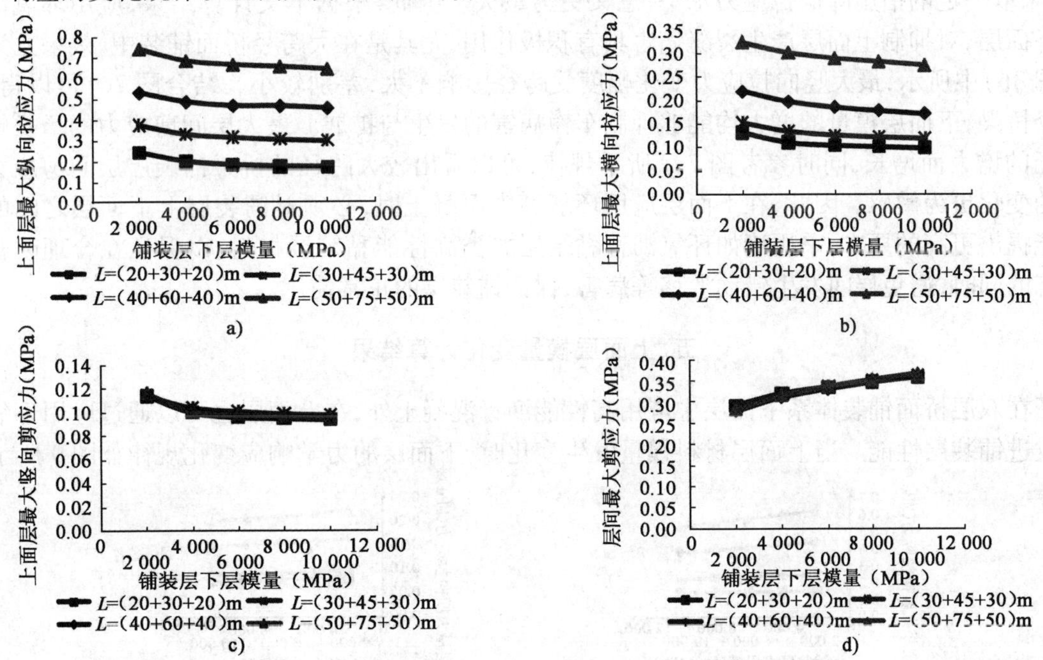

图7 铺装层上面层力学响应

由图7a)~7b)可以看出，铺装层上面层的最大纵向拉应力、最大横向拉应力均随着下面层模量的增长而呈下降趋势，表明下面层模量的提高有利于改善上面层受力状态，能够在一定程度上抑制上面层发生开裂破坏。同时，上面层拉应力水平普遍随着桥梁跨径的增大而上升。

从图7c)反映出上面层内最大竖向剪应力随着下面层模量的增长而减小，因而可以判断出下面层模量的增大对降低上面层发生车辙病害的几率亦有一定助益。与拉应力变化规律最大不同之处在于，上面层最大竖向剪应力受桥梁跨径的影响不大，虽略有差异，但差别并不明显。

而图7d)则反映了铺装层上下面层层间剪应力水平随着铺装层下面层模量的增长而提高，因此下面层模量的增长对层间黏结层抗剪性能提出了更高的要求。

通过观察图7可知,不同跨径桥面铺装层上面层力学响应规律虽趋于一致,但是数值水平却有所不同。因此,为更清晰的对比下面层模量变化对不同跨径桥梁铺装层力学响应所带来的影响,计算上面层各力学指标在下面层模量由2000MPa上升至10000MPa时的变化幅度。如图8所示:

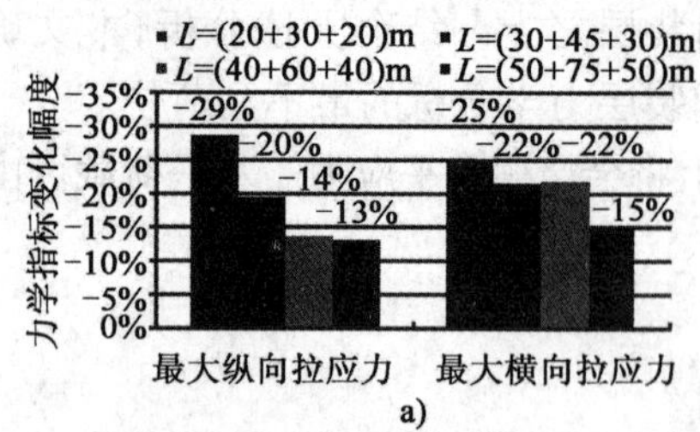

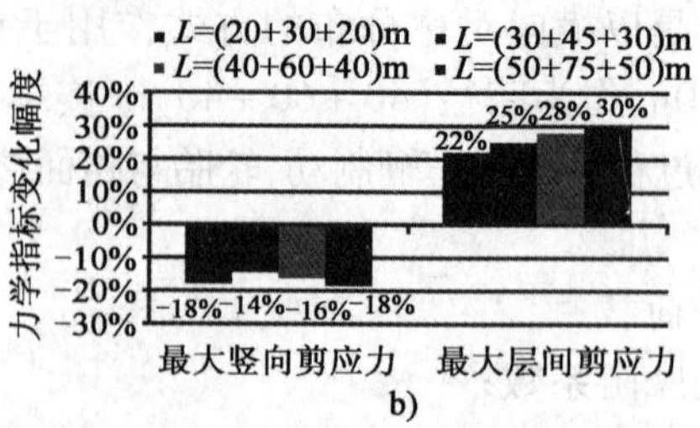

图8　铺装层上面层力学响应变化幅度

由图8a)可知,当下面层模量变化时,上面层最大纵向拉应力及最大横向拉应力变化幅度均随着桥梁跨径的增大而减小。即对于同样的下面层模量增长幅度,较大跨径的桥梁上面层拉应力降低幅度更小。但结合图7a)与图7b)可以看出,各不同跨径桥梁上面层最大拉应力随下面层模量的变化曲线均基本平行。换而言之,无论对于何种跨径的桥梁,在下面层模量增长一定幅度的情况下,上面层最大纵向及横向拉应力降低的绝对值都比较接近。但对于更大跨径的桥梁而言,由于其上面层内部产生的拉应力固有值较大,因此对于相同的下降水平,其相对的下降幅度较小。然而,桥梁跨径的增长使得上面层拉应力水平增长,距离材料极限抗拉强度更为接近,产生开裂破坏的可能性越大。因此,在大跨径桥面铺装设计中,通过采取一定的措施降低拉应力水平,意义更为重大。因此,根据本文计算结果,应用环氧沥青混凝土作为下面层,对抑制上面层产生裂缝病害具有积极作用,尤其是在大跨径桥面铺装中,效果尤为明显。

如图8b)中所示,最大竖向拉应力变化幅度受跨径影响不大,差别较小。结合图7c)可以得出,无论何种跨径桥梁,下面层模量的增大均能够抑制车辙病害的发生与扩展。最大层间剪应力的增长幅度随着桥梁跨径的增大而增长,同时参考图7d)所示规律,可以看出较大跨径的桥梁铺装层层间剪应力对下面层模量的变化更为敏感。因此,在下面层应用环氧沥青混凝土时,必须对铺装层上下面层之间的黏结层抗剪性能提出更高的要求,采用诸如环氧沥青黏结层之类高性能黏结层材料,以保证在合理改善铺装层受力状态的同时,避免层间发生错动滑移等病害,保证铺装层的正常使用。

五、上面层模量变化计算结果

除了在双层桥面铺装体系下面层中应用高性能沥青混凝土外,在上面层也可以通过应用环氧沥青混凝土来改进铺装层性能。当上面层材料模量发生变化时,下面层的力学响应变化规律如图9所示:

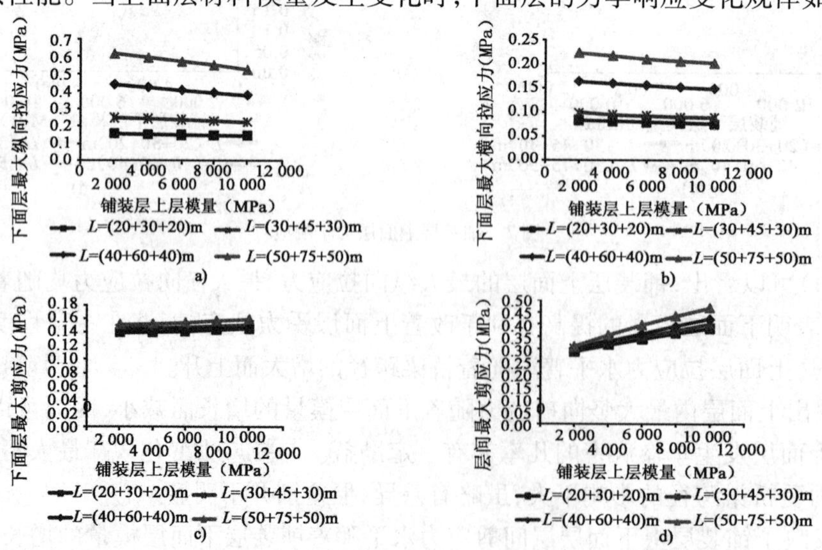

图9　铺装层下面层力学响应

图9显示的结果可以看出,铺装层上面层材料模量变化时,其下面层力学响应指标变化规律与上一节计算中的上面层力学指标变化规律有相似之处。最大纵向及横向拉应力随着另一层模量的增大而降低,且较大跨径桥梁相对于较小跨径的桥梁,拉应力水平更高;而最大层间剪应力亦随着相邻层模量的增大而增长,同时随着跨径的增长而有小幅增长。与第3节中不同之处在于,当上面层模量变化时,下面层最大竖向剪应力随之增大,但增长幅度不是很大,且受桥梁跨径影响较小。

同样为衡量上面层模量变化时,不同桥梁跨径对下面层力学指标变化规律的影响,计算上面层模量由2000MPa上升至10000MPa时下面层力学指标变化幅度,如图10所示:

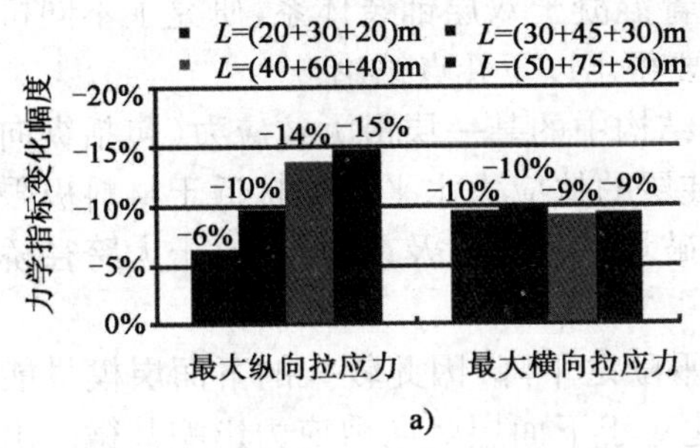

a)

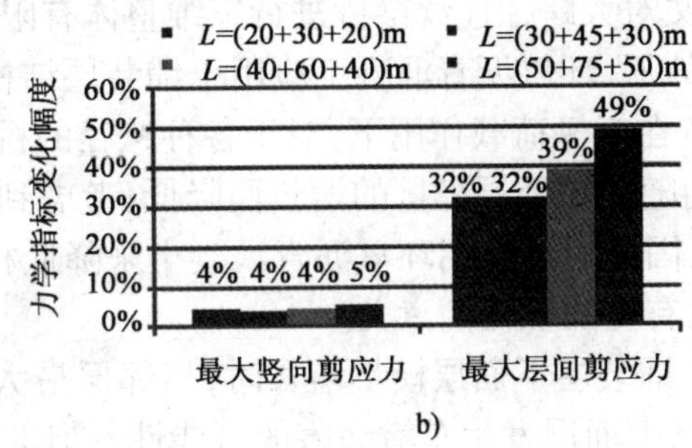

b)

图10 铺装层下面层力学响应变化幅度

图10a)对比图8a)可知,与第3节中上面层拉应力变化规律不同,双层铺装层结构下面层内最大纵向拉应力水平在上面层模量变化一定程度情况下,其下降幅度随着跨径的增长而上升。这是由于下面层相对于上面层,与桥梁结构直接接触,其边界条件受到桥梁结构变化的影响相对更为直接,因此最大纵向拉应力的变化对大跨径桥梁更为敏感。而最大横向拉应力变化幅度受桥梁跨径的影响不大,均下降9%~10%。因此,在双层桥面铺装结构中使用环氧沥青混凝土作为上面层,同样能够降低下面层拉应力水平,避免和延缓开裂破坏的发生。

由图10b)可知,各跨径条件下,最大竖向剪应力的变化幅度均十分接近,且数值有限,均介于4%~5%之间,增长幅度有限。因此在实际工程应用中,上面层模量的增大对于下面层最大竖向剪应力的作用效果可以不作考虑。

与图8b)中最大层间剪应力的变化幅度规律相似,最大层间剪应力变化幅度基本上随着桥梁跨径的增大而变大,并且变化幅度较大,均达到了32%以上。尤其是对于大跨径的桥梁,层间剪应力在上面层模量变化条件下的增长幅度接近50%。因此,当上面层应用环氧沥青混凝土时,同样需要大幅提高层间黏结层的抗剪性能,尤其是在大跨径桥面铺装应用中,尤其需要重视。

六、方案对比

通过前述分析可以看出,无论环氧沥青混凝土应用于上面层或是下面层,均能降低相邻层的拉应力水平;同时又对层间黏结层抗剪性能提出了更高的要求。为对比环氧沥青混凝土两种铺设层位各自的优劣与利弊,结合图7与图9,计算模量为10000MPa的材料分别应用于上面层或下面层时,相邻层内的力学指标平均值,如图11所示。其中,各力学指标平均值是指四种不同跨径条件下相应力学指标的平均值。

由图11可知,当环氧沥青混凝土应用于上面层时,相对于应用于下面层,能够更大程度上的降低相邻层最大拉应力水平,从而抑制相邻层,即普通改性沥青层发生开裂破坏;但同时将导致最大竖向剪应力及最大层间剪应力的增大,对铺装层抗车辙性能不利,并对层间黏结层抗剪性能提出了更大的考验。

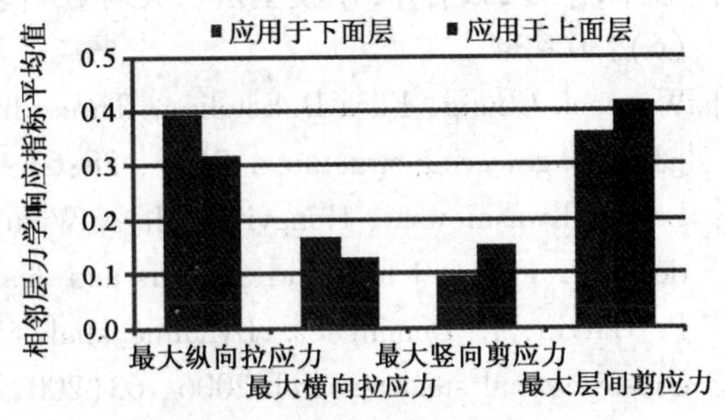

图11 铺装层力学指标平均值

考虑到铺装层最大拉应力值一般处于铺装层表面处,主要病害形式为表面开裂,且大跨径桥梁铺装层拉应力水平明显偏高,且环氧沥青混凝土本身具备良好的抗车辙性能,因此可以考虑将环氧沥青混凝土应用于上面层之中。同时应用高性能的环氧沥青作为黏结层材料,形成“下层改性沥青混凝土+环氧沥青黏结层+上层环氧沥青混凝土”的复合式铺装结构,对于大跨径桥面铺装设计,是一种优异的解决方案。而对于较小跨径的桥梁,或者黏结层性能达不到要求的情况下,可以考虑采用“下面层环氧沥青混凝土+上面层改性沥青混凝土”的结构形式。

七、结　语

本文对大跨径连续梁桥进行三维整体有限元建模,对于沥青混凝土双层铺装体系,研究了不同桥梁跨径条件下,环氧沥青混凝土应用于铺装层结构的适用性。主要得出以下几点结论:

(1)在车辆荷载作用下,对于各种跨径的桥梁,其双层铺装结构中的某一层最大拉应力(包括纵向及横向)均随着相邻层模量的增长而降低;考虑到大跨径桥面铺装层的拉应力水平更加接近于材料极限抗拉强度,因此通过应用环氧沥青混凝土来降低相邻层发生开裂破坏的可能性及严重性,对于大跨径桥梁而言,具有更加积极的意义。

(2)铺装层下面层模量增长时,相邻层最大竖向剪应力水平随之下降,因此较大的下面层模量能够显著降低上面层发生车辙病害的可能性。但上面层模量的变化对于下面层竖向剪应力影响甚微。由于环氧沥青混凝土本身的抗车辙性能便已十分优异,因此对于铺装层结构整体的抗车辙性能而言,依然具有很大的提升作用。

(3)铺装层之间的层间剪应力均随着某一层模量的增长而呈显著增大趋势。因此在铺装层应用环氧沥青混凝土的情况下,必须对层间黏结层性能提出更高的要求,确保铺装层的正常使用。

(4)环氧沥青混凝土应用于上面层是能够更大程度的降低相邻面层的拉应力水平,但同时导致较大的竖向剪应力与层间剪应力;而应用于下面层时的影响则与之相反。

综上所述,对于中小跨径桥梁而言,其铺装层拉应力水平比较低,距离材料极限抗拉强度还有一定的区间,从力学分析角度,结合经济性方面的考虑,可以考虑常规的铺装层材料进行铺装,或采用“下层环氧沥青混凝土+上层改性沥青混凝土”的铺装方案。而对于大跨径桥面铺装而言,推荐采用“下面层环氧沥青混凝土+环氧沥青黏结层+上面层改性沥青混凝土”作为铺装层应用方案,能够改善铺装层受力状况,降低铺装层裂缝病害发生的可能性,抑制车辙病害的发生,在力学上具有很高的可行性。

参考文献

[1] 许涛,黄晓明.桥面铺装材料设计参数对铺装层受力影响[J].公路交通科技.2007,24(9):32-36.
[2] 黄卫.大跨径桥梁钢桥面铺装设计[J].土木工程学报.2007, 40 (9):65-76.
[3] 李洪涛,黄卫.润扬大桥钢桥面铺装实桥试验研究[J].公路交通科技.2005,22(4):76-78.
[4] 邓强民,倪富健,顾兴宇等.大跨钢桥桥面铺装有限元分析合理简化模型[J].交通运输工程学报.2008,8(2):53-58.
[5] David Ferrand, Andrezej S. Nowak, and Maria M. Szerszen. Field test and finite element analysis of isotropic bridge deck[J]. Transportation Research Record: Journal of the transportation research board, CD 11-S, Transportation research board of the National academies, Washington D. C. 2005: 153-158.
[6] 徐伟,李智,张肖宁.子模型法在大跨径斜拉桥桥面结构分析中的应用[J].土木工程学报.2004.37(6):30~34.
[7] Wonseok Chung, Elisa D. Sotelino. Three dimensional finite element modeling of composite girder bridges[J]. Engineering structures. 2006, 28:63-71.
[8] Leslaw Kwasniewski, Hongyi Li, Jerry Wekezer et al. Finite element analysis of vehicle-bridge interaction[J]. Finite elements in analysis and desigh. 2006, 42:950-959.
[9] P. Galvin, J. Dominguez. Dynamic analysis of a cabel-stayed deck steel arch bridge[J]. Journal of constructional steel research 2006, 63(2007): 1024-1035.
[10] Hibbitte, Karlsson & Sorensen. Getting Started with ABAQUS; ABAQUS Analysis User's Manual;

ABAQUS User Subroutines Reference Manual; ABAQUS/Standard User's Manual; ABAQUS/CAE User's Manual; ABAQUS Keywords Manual; ABAQUS Theory Manual[M]. United states of American : HKS INC, 2005.
[11] 于颖.水泥混凝土桥桥面铺装受力机理分析[D].硕士学位论文.重庆:重庆交通大学.2008.
[12] 李兴龙.润扬长江大桥钢桥面铺装试验段研究[D].硕士学位论文.南京:东南大学.2005.
[13] 中华人民共和国行业标准. JTG D60—2004 公路桥涵设计通用规范[S].北京:人民交通出版社.2004.
[14] 中华人民共和国行业标准. JTG D50—2006.公路沥青路面设计规范[S].北京:人民交通出版社.2006.
[15] 许涛,黄晓明,高雪池.移动荷载作用下沥青混凝土桥面铺装层动力响应分析[J].公路交通科技.2007,24(10):6-10.
[16] 曾凡奇,黄晓明.超载对沥青路面的影响[J].交通运输工程学报.2004,4(3):8-10.
[17] Mabsout, M. E., K. M. Tarhini, G. R. Frederic, and etc. Effect of multilane on wheel load distribution in steel girder bridges[J]. Journal of bridge engineering. 1999, 4(2): 99-106.
[18] 吴一鸣.大跨径钢桥桥面铺装力学深入研究[D].硕士学位论文.南京:东南大学.2005.
[19] 钱振东,黄卫,骆俊伟,等.正交异性钢桥面铺装层的力学特性分析[J].交通运输工程学报. 2002,2(3):47-51.
[20] 顾兴宇,吴一鸣.钢桥桥面铺装层间剪应力影响因素及简化计算[J].交通运输工程学报.2007,7(3):70-75.
[21] 徐欧明,韩森,于静涛.层间界面对混凝土桥面铺装结构性能的影响[J].长安大学学报(自然科学版).2009,29(5):17-20.

170. ERS 钢桥面铺装关键技术研究

潘友强[1,2] 张志祥[1] 曹荣吉[1]
(1.江苏省交通科学研究院;2.同济大学交通运输工程学院)

摘 要 当前我国正处于桥梁建设的高峰期,钢桥面铺装是当前桥梁建设面临的难点问题之一。界面安全问题和铺装层的疲劳开裂问题是钢桥面铺装研究的难点,国内高温重载的使用条件加剧了这一难题。ERS 钢桥面铺装是国内自主创新的钢桥面铺装技术,该方案主要由 EBCL 防水防腐黏结层、RA05 整体化层和 SMA10 表面功能层组成。论文从界面安全性、铺装高温性能和疲劳性能三个方面对 ERS 钢桥面铺装进行了研究,研究结果表明 ERS 钢桥面铺装具有优良的综合性能。ERS 钢桥面铺装目前在国内一些桥梁上得到了成功应用,目前使用状况良好,具备较好的推广应用价值。

关键词 钢桥 桥面铺装 ERS 界面安全 高温性能 疲劳性能 工程应用

一、概 述

我国当前正处于钢桥建设的高峰期,嘉绍大桥、泰州大桥、南京四桥等一批世界级大型桥梁正在如火如荼的建设中,钢桥面铺装是困扰我国钢桥建设的一个难点问题。钢桥面铺装是指铺筑于钢板表面的路面结构,起保护钢板提高行车的舒适性的作用,一般厚度较薄,厚度在 3.5~8.5cm 之间。

世界各国在桥梁建设高峰期均投入大量的人力、物力进行钢桥面铺装研究工作,形成了一些适宜于本国国情的钢桥面铺装技术。我国自 1997 年以来对国外的主流钢桥面铺装技术进行了引进和研究工作,但是国内钢桥面铺装的使用条件较国外发生了很大的变化,而国内早期钢箱梁设计变化不大,导致国内引进的一部分铺装技术很快出现了早期病害或者较国外同类型铺装使用寿命大幅缩短,影响了国内钢桥的建设和使用。

钢桥面铺装问题之所以成为一个世界性的难题，主要原因有如下几个方面[1]：

1）界面安全问题：钢板表面非常光滑，而且与水极易生锈，铺装层在光滑的钢板上的黏结、防滑移以及钢板的防水防腐等问题非常困难。

2）铺装层疲劳问题：为了提高钢箱梁的刚度，钢箱梁内设置了大量的纵向和横向加劲肋，铺装使用过程中在钢箱梁 U 肋、横隔板和纵腹板顶面存在较大的负弯矩，要求铺装具有良好的抵抗疲劳开裂的性能。

3）国内高温重载的交通特点：国内桥面铺装的使用条件与国外有较大的区别，在箱梁基本设计参数不变的情况下，高温重载的使用条件增加了钢桥面铺装的技术难度。

二、国内钢桥面铺装发展概况

国内钢桥面铺装历经 10 余年的研究，取得了一些宝贵的经验和教训，到目前为止基本形成了浇注式沥青钢桥面铺装、双层环氧沥青钢桥面铺装和 ERS 钢桥面铺装三种主要铺装形式。

1）高温拌和类[2]

以德国、日本为代表的浇注式沥青钢桥面铺装（Gussasphalt）方案；以英国为代表的沥青玛蹄脂钢桥面铺装（Mastic asphalt）方案，均可以归于高温拌和型钢桥面铺装。

高温拌和浇注式沥青钢桥面铺装主要优点有：浇注式沥青混合料空隙率接近零，具有优良的防水、抗老化性能，无需设置防水层；铺装层抗裂性能强，对钢板的追从性较好。

其主要缺点是：浇注式沥青混合料高温稳定性差，易形成车辙，是否适应国内的高温重载使用条件需要研究。

2）热固性类[3]

以美国环氧沥青、国产环氧沥青（Epoxy asphalt）为代表的铺装方案，环氧沥青混合料铺装层主要优点是：铺装强度高、整体性好、高温和低温性能好，具有优良的抗疲劳性能。

主要缺点是：施环氧沥青混合料施工控制要求严格；施工后需要长时间养生；后期养护技术复杂，修复难度大；环氧沥青铺装工后表面光滑，宏观构造深度小，特别是雨天行车安全性差。该方案在国内应用过程中出现了许多新问题，如环氧沥青铺装层开裂、坑槽等，如何更好地使用需要深入研究。

3）组合式钢桥面铺装方案[4]

以 ERS 钢桥面铺装为代表的铺装方案，ERS 钢桥面铺装主要优点：各层功能明确、造价较低、施工简单、便于后期养护。

国内早期的双层 SMA 钢桥面铺装产生了较为严重的推移、开裂、车辙等早期病害，国内工程人员经过长期的分析研究之后，提出了利用环氧树脂与钢板的强黏结力和树脂沥青混合料的板体特性，解决 SMA 层推移滑动的技术方案，经过一段时间的积累总结，最终形成了 ERS 钢桥面铺装技术。

三、ERS 钢桥面铺装典型结构

ERS 钢桥面铺装主要由 EBCL + RA05 + SMA10 三层组成。EBCL（Epoxy Bonding Chips Layer）作为防水抗滑黏结层；RA05（Resin Asphalt）作为铺装整体化层；SMA10 作为表面功能层，各层分工明确。图 1 和图 2 为 ERS 钢桥面铺装两种主要典型结构。

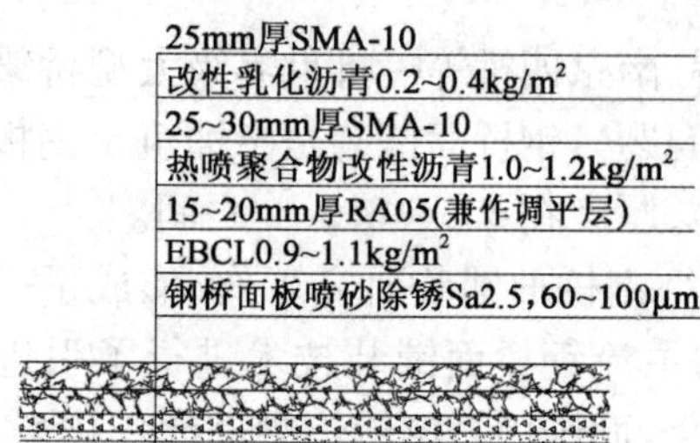

图 1 ERS 桥面铺装典型结构图一

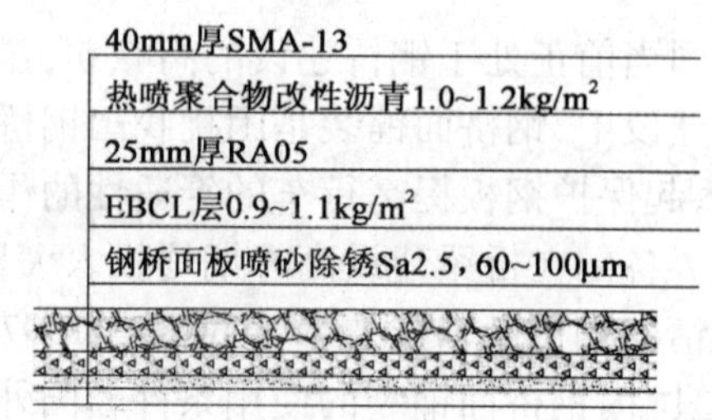

图 2 ERS 桥面铺装典型结构图二

ERS 钢桥面铺装主要技术特点：

(1)ERS 钢桥面铺装是一种组合式铺装体系，它充分发挥各种国产材料的特点，扬长补短，保证了铺装既具有良好的使用性能和寿命，又具有良好的行车舒适性和安全性。

(2)ERS 钢桥面铺装对施工环境条件要求不高，不需要特殊的施工机具、苛刻的工艺要求，铺装层施工及养护时间短，后期维护方便，维护费用低。

(3)ERS 钢桥面铺装属国内自主创新技术，所有材料均为国产，综合造价经济，铺装表面功能层具有良好的可置换性，从全寿命角度考虑费用更为合理。

四、ERS 钢桥面铺装界面性能研究

界面安全是钢桥面铺装成功的关键之一。目前室内评价界面强度的试验主要有拉拔试验和剪切试验。课题通过高温和常温条件下拉拔试验和剪切试验评价了 ERS 钢桥面铺装的界面安全性。

1)拉拔强度试验

参照现场施工工艺，课题分别测试了钢板 + EBCL + RA05 和 RA05 + SMA10 之间的界面黏结强度，试验温度为 20℃ 和 70℃。表 1 为拉拔试验结果。

ERS 钢桥面铺装界面拉拔强度试验 表 1

编号	试验温度(℃)	拉拔强度(MPa)	界面破坏类型	组合结构
1	20	0.891	EBCL 层与 RA05 层间脱离	钢板 + EBCL + RA0520.570
2		0.570	RA05 层与 SMA 层间脱离	EBCL + RA05 + SMA10
3	70	0.707	EBCL 层与 RA05 层间脱离	钢板 + EBCL + RA0540.034
4		0.034	RA05 层与 SMA 层间脱离	EBCL + RA05 + SMA10

从试验结果看，钢板与 EBCL、EBCL 与 RA05 之间在常温和高温条件下均具有较高的拉拔强度。RA05 与 SMA 之间采用的热喷聚合物改性沥青黏结层在常温条件下具有较高的拉拔强度，但是在高温条件下，强度迅速衰减。

2)剪切强度试验

参照现场施工工艺，课题分别测试了钢板 + EBCL + RA05 和 RA05 + SMA10 之间的界面剪切强度，试验温度为 20℃ 和 70℃。表 2 和图 3 为剪切试验结果。

ERS 钢桥面铺装界面剪切强度试验 表 2

编号	试验温度(℃)	剪切强度(MPa)	界面破坏类型	组合结构
1	20	2.1	EBCL 层与 RA05 层间脱开	钢板 + EBCL + RA05
2		0.62	RA05 层与 SMA 层间脱开	EBCL + RA05 + SMA10
3	70	0.7	EBCL 层与 RA05 层间脱开	钢板 + EBCL + RA05
4		0.04	RA05 层与 SMA 层间脱开	EBCL + RA05 + SMA10

图 3 剪切试验照片

从试验结果看,钢板与EBCL、EBCL与RA05之间在常温和高温条件下均具有较高的剪切强度。RA05与SMA之间采用的热喷聚合物改性沥青黏结层在常温条件下具有较高的剪切强度,但是在高温条件下,剪切强度接近于0。

从拉拔和剪切试验结果可以看出,ERS钢桥面铺装中EBCL与钢板,RA05与EBCL界面具有良好的黏结效果,强度满足使用要求。RA05与SMA10之间采用热喷改性沥青黏结层,强度随着温度升高迅速降低,为了改善界面的受力,可考虑适当提高SMA10的厚度,减少界面的剪应力或者采用树脂类防水黏结层,提高界面的抗剪切强度。

五、ERS铺装结构高温性能研究

为了准确的评价ERS钢桥面铺装的高温性能,课题采用法国车辙仪对ERS钢桥面铺装组合结构的高温性能进行了研究。法国车辙仪与国内车辙仪最大的不同在于加载轮。法国车辙仪采用充气轮胎加载(如图4所示),更接近实际行车荷载。

试验温度60℃、接地压强0.707MPa、通过测试加载轮加载30000次的车辙深度评价组合结构的高温性能,试验结果见图5所示。

图4 法国车辙试验机

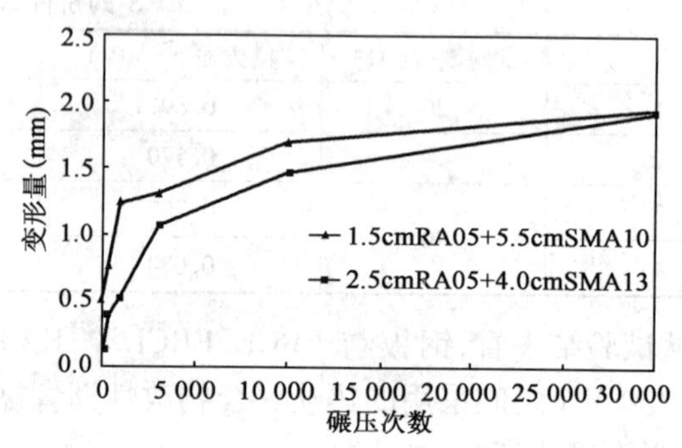

图5 法国车辙试验结果

按照法国高模量沥青混合料车辙试验技术要求,组合结构30000次变形率小于7.5%满足设计要求[5],ERS钢桥面铺装组合结构30000次车辙深度为2.1mm,变形率分别为3.0%和3.5%,组合结构性能达到法国高模量沥青材料高温性能要求,具有良好的高温性能。

根据试验结束后试件横断面图6可以看出,下层RA05层厚度没有变化,试件碾压30000次后变形量主要由沥青混合料SMA-10产生。提高SMA10层的高温性能,有利于提高整个铺装结构的高温性能。

六、铺装结构疲劳性能研究

铺装层材料的疲劳性能是钢桥面铺装研究的又一重点。目前国内外快速评价钢桥面铺装疲劳性能的方法主要有:①试验桥:比如英国TRRL开展的钢桥面铺装试验,润扬大桥开展的冬青桥桥面铺装试验研究[6];②环道或者直道试验:如:厦门海沧大桥开展的环道试验[7];③室内小型的复合件模拟试验:目前比较流行的有带钢板复合件疲劳试验,包括三点式疲劳试验和五点式疲劳试验。

图6 法国车辙试验后ERS钢桥面铺装结构横断面图

课题采用三点式疲劳试验,开展了大应变条件下ERS钢桥面铺装带钢板复合件的疲劳试验。考虑到SMA层是表面功能层,是可以置换的,因此本次试验试件由钢板(钢板厚14mm)+EBCL+1.5cmRA05组成。试验参照国内已有带钢板疲劳试验的研究成果,开展了20℃条件下的疲劳试验,试验控制初始动挠度为0.4mm,具体试验结果见表3,试验照片见图7。

复合件疲劳试验结果 表3

序 号	温度(℃)	荷载(kN)	作用次数(万次)	初始动挠度(mm)	RA05 表面实测应变(με)	破坏类型
1	20	4.5	1 200	0.46~0.48	300	未破坏
2	20	4.5	1 200	0.42~0.46	260	未破坏

图7 疲劳试验

从已有结果可以看出,在大应变条件下 ERS 钢桥面铺装 EBCL + RA05 层表现出较好的疲劳性能,疲劳寿命均超过 1 200 万次,未见铺装层脱开或者铺装层开裂等现象。ERS 钢桥面铺装黏结层和整体化均表现出良好的抗疲劳性能,对于整个铺装结构的耐久性具有重要意义。

七、工 程 应 用

ERS 钢桥面铺装经过几年的推广应用,目前已经完成的主要工程项目如表 7-1 所示,目前各项目总体使用状况良好。

ERS 钢桥面铺装主要工程实例 表4

序 号	桥梁名称	桥梁类型	主跨(m)	实施时间
1	杭州湾跨海大桥海中平台匝道桥	连续梁桥	—	2007 年
2	芜湖临江桥	单塔斜拉桥	190	2007 年
3	杭州江东大桥	悬索桥	420	2008 年
4	宁波庆丰桥	悬索桥	334	2008 年
5	广州猎德桥	悬索桥	386	2008 年
6	宁波青林湾桥	斜拉桥	380	2009 年
7	长兴上莘大桥	连续钢桁架	224	2009 年
8	宜昌大桥	悬索桥	960m	2010 年
9	锦州云飞大桥	拱桥	—	2010 年
10	辽河大桥	斜拉桥	436	2010 年
11	宁波外滩大桥	斜拉桥	225	2010 年
12	宁波明州大桥	拱桥	450	2011 年

八、研 究 结 论

界面安全问题和铺装层疲劳问题是钢桥面铺装两个主要难点,国内高温重载的使用条件增加了国内钢桥面铺装研究的难度。

ERS 钢桥面铺装由 EBCL + RA05 + SMA10 三层组成。EBCL 作为防水抗滑黏结层;RA05(Resin Asphalt)作铺装整体化层;SMA10 作表面功能层,各层分工明确。

界面强度试验结果表明EBCL与钢板,RA05与EBCL层之间在常温和高温条件下均具有较高的强度,SMA10与RA05之间的强度随着温度增加迅速降低。

组合结构高温车辙试验表明,ERS钢桥面铺装具有优良的高温性能,SMA10的高温性能在整个组合结构中起主要作用。

钢板+EBCL+RA05大应变疲劳试验表明,ERS钢桥面铺装具有优良的耐疲劳性能。

ERS钢桥面铺装各层功能明确、施工简单、造价经济,在国内10余个工程项目得到应用,效果良好,具有较好的推广价值。

参考文献

[1] 潘友强,张志祥,白琦峰.我国钢箱梁桥面沥青铺装技术发展分析及探讨[J].第五届全国公路科技创新高层论坛论文集,2010.5.

[2] 东南大学交通学院.江阴大桥钢桥面铺装材料与结构研究[R].1999.

[3] 东南大学交通学院.南京长江第二大桥环氧沥青钢桥面铺装技术及应用[R].2001.

[4] 中交三公局,江苏省交通科学研究院.大纵坡、小半径钢桥面铺装技术研究[R].2007.

[5] Laboratoire central des. ponts ed chaussees, LPC bitumens mixtures design guide, 2007,9.

[6] 吴胜东主编.润扬长江公路大桥建设(第五册)——钢桥面铺装技术研究[M].人民交通出版社,2006.

[7] 潘世建、杨盛福.海沧大桥建设丛书(第八册)——桥路面铺装[M].人民交通出版社,2003.

171.正交异性钢桥面柔性防水黏结材料路用性能试验研究

徐祝庆[1] 樊叶华[2]

(1.江苏东方路桥建设养护有限公司天元分公司;2.江苏扬子大桥股份有限公司)

摘　要　结合江阴大桥钢桥面铺装实桥对比试验研究课题,对热固性环氧沥青柔性防水黏结层的材料组成、技术性能与施工工艺等进行了探讨,对其路用性能进行分析与评价,并对研究的成果进行了工程应用,研究结果表明该防水黏结材料可以满足江阴大桥的实际运营需要,是一种良好的钢桥面防水黏结材料。

关键词　钢桥面铺装　环氧沥青防水黏结层　路用性能　施工工艺

防水黏结层是钢桥面铺装的重要组成部分,尽管防水黏结层比较薄,但对于整个铺装结构体系意义重大,防水黏结层一方面为钢桥面板提供一个水汽无法渗透的保护屏罩,另一方面将沥青铺装层与钢桥面板黏结成一个整体,共同承受车辆荷载的垂直力和水平力的组合作用。此外,当桥面钢板在温度变化或行车荷载作用下发生水平变形时,防水黏结层可以吸收铺装层和钢板之间部分相对位移,从而减小铺装层内的应力。但如果防水黏结层的抗剪强度不足,就会使得钢桥面板与沥青铺装层之间发生"两张皮"现象,使桥面铺装层出现诸如鼓包、脱层与推移等破坏。我国早期修建的钢桥面铺装,由于对防水黏结层的认识不足,就产生过这样的问题。如广东虎门大桥在建成通车3个月后,桥面铺装即产生了横向推移的热稳定性问题与防水黏结胶底部脱层、鼓包等病害;厦门海沧大桥钢桥面铺装自2002年入夏以来,铺装表面迅速出现了开裂、推移及坑洞等病害,经铣刨后发现部分铺装与钢桥面板已完全脱空[1]。国外桥梁如澳大利亚的西门桥(West Gate Bridge),也曾出现过由于黏结层脱空引起铺装层滑移破坏的现象,并直接导致铺装层的重铺[2]。因此,铺装与钢桥面板、铺装上下层之间的黏结是钢桥面铺装技术中需要研究解决的关键技术之一,选择合适的钢桥面铺装防水黏结材料显得十分重要。

一、防水黏结材料的选择

按施工方法与材料特性的不同，钢桥面铺装的黏结层材料可分为热固性黏结材料、热熔性黏结材料、溶剂型黏结材料3种。热熔型黏结材料由沥青掺加树脂和各种聚合物（如EVA、PE、SBR）等组成。这种材料具有一定的变形能力，能够适应在交通荷载下由于局部变形而引起的拉应力的反复作用，也具有良好的防水封闭作用。其最大的缺点是在高温下容易变软，黏结力下降。

溶剂型黏结材料一般多指乳化沥青和可溶性的橡胶沥青。乳化沥青黏结层在国内使用较多，如西陵长江大桥。可溶性沥青橡胶在日本使用较多，明石海峡大桥即采用这种材料。香港青马大桥也都采用了可溶性的橡胶沥青作为黏结底层。这种材料在高温时容易软化，并且材料内部含有热敏性物质，遇摊铺高温时会释放出气体，从而使铺装层产生气泡。这种破坏现象在青马大桥和日本的一些桥梁铺装中都曾出现。

热固性黏结材料指环氧沥青，它通过往沥青中掺入一定比例的环氧树脂及固化剂与催化剂后在加热条件下发生复杂物理化学反应而得到。同前两类材料相比，这种材料无论在黏结能力、变形能力，还是在热稳定性方面，都具有明显优势。德国联邦公路局（BAST）即推荐环氧沥青黏结料为其钢桥面铺装用黏结料。

本研究选用热固性环氧沥青黏结材料，与热熔型黏结材料、黏结剂型材料相比，环氧沥青无论在黏结性能、热稳定性、变形能力等方面都具有明显的优势。环氧沥青材料可抵御酸、碱、盐、柴油等物质的侵袭，是沿海地区大跨径钢桥桥面铺装理想的黏结材料。实测环氧沥青黏结材料的组分A与组分B_{ID}的性能与技术要求如表1、表2所示。

环氧沥青黏结材料组分A实测值与技术要求 表1

试验指标	试验值	技术要求	试验方法
黏度(23℃) (泊)	135	100~160	ASTM D 445
环氧当量(含1克环氧的材料克数)	191	185~192	ASTM D 1 652
颜色(25℃) [加德纳(Gardner)]	2	≤4	ASTM D 1544
含水率 (%)	0.02	≤0.05	ASTM D 1 744
闪点 (℃)	221	≥200	ASTM D 92
比重	1.165	1.16~1.17	ASTM D 1 475
外观	透明琥珀状	透明琥珀状	目视

环氧沥青黏结材料组分B_{ID}实测值与技术指标 表2

试验指标	试验值	技术要求	试验方法
酸值(KOH每克) (mg)	69.8	60~80	ASTM D664
闪点(克立夫兰敞口杯) (℃)	285	≥250	ASTM D92
含水率 (%)	0.02	≤0.05	ASTM D95
黏度(100℃,100r/min) (10^{-3}Pa·s)	1165	≥800	参JTJ052—2000
比重(23℃时)	1.002	0.98~1.02	ASTM D 1475
颜色	黑色	黑色	目视

将环氧沥青黏结材料组分A与组分B_{ID}混合后，防水黏结材料的性能试验值如表3所示。

环氧黏结材料实测性能与技术指标 表3

技术指标	实测结果	技术要求	试验方法
抗拉强度(23℃) (MPa)	7.89	≥6.0	ASTM D 638
断裂时的延伸率(23℃) (%)	247	≥190	ASTM D 638
热固性(300℃)	不熔化	不熔化	
吸水率(7天,23℃) (%)	0.07	≤0.3	ASTM D570
在荷载作用下的热挠曲温度 (℃)	-17.2	-18~-15	ASTM D 648
黏度增至1Pa·s(121℃)耗时 (min)	27	≥20	参JTJ052—2 000

二、防水黏结材料的性能评价

1. 防水黏结材料的性能试验

纯黏结材料性能试验主要包括简单拉伸试验、剪切试验、热稳定性试验等。拉伸试验用以反映黏结材料受拉破坏的应变和应力。测得的主要指标为黏结料的抗拉强度和破坏应变。我国《公路工程沥青及沥青混合料试验规程》(JT J058—2000)中没有拉伸试验的具体要求,本研究采用国标中有关聚氨脂橡胶拉伸试验的做法。试片采用特制模具浇注成型,然后环切成哑铃形,如图1,试件厚度约为3mm,试验加载速率为50±5mm/min。

试验值如表4所示,由表4可知环氧黏结材料断裂延伸率与抗拉强度较高,满足技术要求。

23℃黏结材料拉伸试验结果　　表4

试件编号	断裂延伸率(%)		抗拉强度(MPa)	
	试验值	技术要求	试验值	技术要求
1	220	≥190	8.06	≥6.00
2	230		8.03	
3	240		8.10	
4	220		7.91	
5	220		7.94	
平均值	226		8.01	

环氧黏结材料的剪切试验参考水泥混凝土试验规程的方法进行,试件尺寸为50mm×50mm×100mm,采用特制模具成型,试验加载速度为50mm/min,试件受力面与加载方向成40°夹角。如图2所示。

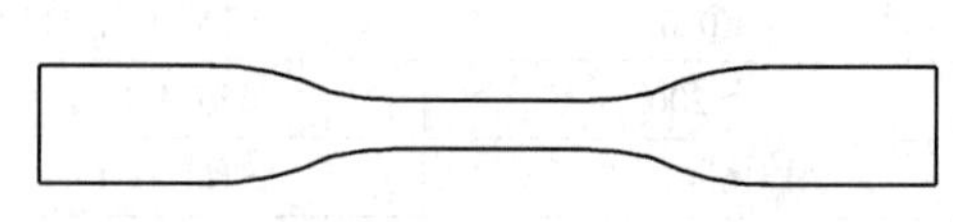

图1　拉伸试验哑铃形试件

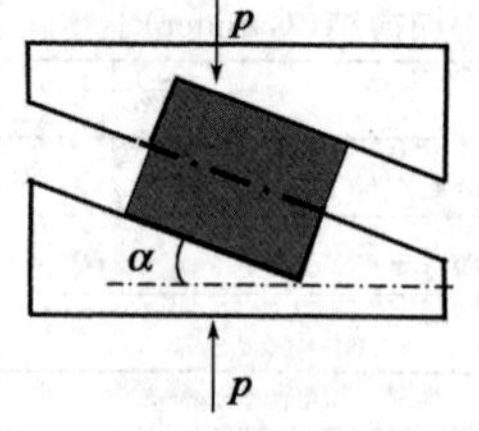

图2　剪切试验示意图

试验值如表5所示,由表5可知环氧黏结材料剪切强度较高,满足技术要求。

环氧防水黏结材料剪切试验结果　　表5

温度(℃)	剪切强度(MPa)	技术要求(MPa)
0	6.75	≥2.75
23	3.06	≥1.75
60	1.03	≥0.60

防水黏结材料能否经受住混合料摊铺高温的影响,是黏结方案成功与否的关键之一,因此必须对黏结材料进行高温稳定性试验。试验时分别按标准方法成型拉伸试件与剪切试验,然后将刚成型完毕的试件置于240℃高温烘箱中养护,60分钟后将试件从烘箱中取出并放在室温环境下冷却。待试件冷却后,观察有无脆化现象,同时对其进行23℃温度下的拉伸试验与剪切试验,对照标准养护条件下试件的拉伸试验与剪切试验结果稳定性试验,求出相应的性能降低百分比。

由表6可见,高温对两种黏结层材料的性能均存在较大影响,材料的抗拉强度与剪切强度等力学指标受温度的影响较大,而变形能力受温度的影响较小。总体说来,仍处于可接受的范围。

2. 防水黏结材料路用性能试验

如何在室内模拟钢桥面防水黏结材料的受力状态,评价防水黏结材料的实际路用性能。国内外科研人员所采用的试验评价方法不尽相同[3]。Ylva Edwards, Pereric Westergven[4]采用拉拔试验、剪切试验和抗流动性试验进行瑞典 High Coast 大桥防水黏结材料的性能检验,黄卫,钱振东等[5]采用剪切试验与拉拔试验进行南京二桥钢桥面防水黏结层的性能评价,余叔藩,陈仕周等[6]采用黏附力指标评价虎门大桥钢桥面防水黏结层的性能。本研究参照上述方法,采用较常用的拉拔试验和剪切试验检验防水黏结材料与钢桥面板以及沥青铺装层之间的路用性能。

环氧黏结材料热稳定性试验结果　表6

技术指标 / 试验条件	断裂延伸率(%)	抗拉强度(MPa)	剪切强度(MPa)
高温养护	203	7.36	2.81
标准养护	226	8.01	3.05
性能降低(%)	10.2	8.2	7.9

拉拔试验可用于检验黏结层与钢桥面及铺装层之间的黏结性能,同时也反映了铺装层的抗拉性能。针对江阴大桥钢桥面铺装实桥对比试验方案采用的3种主要方案,在常温20℃时环氧黏结剂与3种主要方案材料进行了拉拔试验,试验结果见表7。

环氧沥青黏结剂与3种混合料拉拔试验结果　表7

铺装结构	测点	试验温度(℃)	测试结果(MPa)	技术要求	破坏状况
双层环氧沥青混凝土	EP-1	20	4.2	>2.75 MPa	铺装材料内部断裂
	EP-2		3.87		铺装材料内部断裂
	EP-3		3.95		铺装材料内部断裂
单层浇注式沥青混凝土	GU-1		1.91		铺装材料内部断裂
	GU-2		2.06		浇注式与钢板脱开
	GU-3		2.09		铺装材料内部断裂
浇注式沥青混凝土+环氧沥青混凝土	EG-1		2.14		拉头脱开
	EG-2		2.62		浇注式铺装材料断裂
	EG-3		3.96		浇注式与钢板脱开
	EG-4		3.34		浇注式与钢板脱开
	EG-5		2.43		浇注式与环氧脱开

环氧沥青黏结剂与3种混合料拉拔试验结果表明:双层环氧沥青混凝土,采用环氧沥青黏结层方案完全满足钢桥面铺装技术要求,其余两种方案或部分满足,或完全不满足桥面铺装技术要求。

为测试环氧沥青混凝土与环氧沥青黏结剂在不同温度下与桥面钢板的黏结性能,对双层环氧沥青混凝土进行了常温(23℃±2℃)和高温(60℃±2℃)拉拔试验,试验结果见表8。

环氧沥青黏结剂不同温度下拉拔试验结果　表8

试验温度(℃)	编号	黏结强度(MPa)	平均值(MPa)	要求值(MPa)	破坏面位置
23℃±2℃	1	3.9	3.56	2.75	铺装层上面
	2	3.6			铺装层上面
	3	3.2			拉头和黏结剂之间
60℃±2℃	1	1.9	1.86	1.75	铺装层下面
	2	1.9			铺装层下面
	3	1.8			铺装层下面

剪切试验目的是为了检验环氧沥青黏结剂抵抗水平剪切的能力。对于采用无机锌防锈处理的钢板采用抗剪强度必须大于1.0 MPa的标准,试验按常温(23℃±2℃)和高温(60℃±2℃)两种情况进行,试验结果见表9。

环氧沥青黏结剂不同温度下抗剪试验结果 表9

<table>
<tr><th>实测温度（℃）</th><th>防锈漆类型</th><th>固化条件</th><th>试件编号</th><th>破坏荷载（kN）</th><th>剪切强度（MPa）</th><th>破坏面位置</th></tr>
<tr><td rowspan="6">19</td><td rowspan="12">环氧富锌</td><td rowspan="3">自然固化*</td><td>1</td><td>33.2</td><td>6.04</td><td rowspan="12">黏结层与漆膜间</td></tr>
<tr><td>2</td><td>34.8</td><td>5.79</td></tr>
<tr><td>3</td><td>33.9</td><td>5.46</td></tr>
<tr><td rowspan="3">完全固化**</td><td>1</td><td>46.8</td><td>7.47</td></tr>
<tr><td>2</td><td>42.5</td><td>7.11</td></tr>
<tr><td>3</td><td>44.7</td><td>6.93</td></tr>
<tr><td rowspan="3">60</td><td rowspan="3">自然固化</td><td>1</td><td>1.8</td><td>0.30</td></tr>
<tr><td>2</td><td>2.2</td><td>0.41</td></tr>
<tr><td>3</td><td>4.5</td><td>0.76</td></tr>
<tr><td rowspan="3">61</td><td rowspan="3">完全固化</td><td>1</td><td>6.7</td><td>1.08</td></tr>
<tr><td>2</td><td>6.7</td><td>1.09</td></tr>
<tr><td>3</td><td>6.21</td><td>1.06</td></tr>
</table>

注：1. * 为冷模撒布黏结材料，自然固化5天后铺筑环氧沥青混合料，121℃固化4h。

2. * * 为热模撒布黏结材料，即铺筑环氧沥青混合料，121℃固化4h。

根据常温条件下（20℃）江阴大桥钢桥面力学分析结果，在各种最不利荷载作用下，铺装与钢板之间剪应力为[7]：垂直荷载引起的为0.47 MPa，由水平荷载与垂直荷载组合作用产生的为0.73 MPa。由表9可知，环氧沥青常温黏结强度已远超过该值。

三、环氧沥青黏结剂的施工工艺

1. 桥面清理

钢箱梁在拼装现场进行涂装，在铺设防水黏结层开始之前应进行环氧富锌漆补涂和全面清洗。补涂的部位包括易于锈蚀的焊缝部位、局部锈蚀以及施工中出现的机械破损的部位。清洗要干净、彻底，不得破坏防腐层系统本身，不得有残留油污。施工环境要求为，天气晴朗、干燥，气温及桥面钢板温度不小于10℃，相对湿度小于75%。

2. 材料加热温度

组分A加热至82～93℃，组分B加热至150℃，按规定比例混合后，经混合器和喷涂杆撒布在桥面钢板上。钢板与铺装、铺装之间均采用环氧黏结剂。黏结剂的厚度（用量）对于黏结强度较为关键[8]，如果黏结剂用量过大，在荷载作用下容易形成滑移夹层；如果黏结剂用量过少，则可能造成黏结强度的缺失。黏结剂上层用量控制在0.45±0.05L/m^2，下层用量控制在0.68±0.05L/m^2。

3. 撒布集料

为防止桥面铺装施工过程中机具粘轮，而对环氧沥青膜产生破坏，应在环氧沥青黏结层上撒布碎石集料。碎石最大粒径为10mm，撒布量6～8kg/m^2，以不粘轮为宜。为保证撒布的碎石与铺装黏结良好，撒布前将碎石与3‰的沥青热伴冷却后使用。

4. 铺装时间

常温下环氧沥青膜在48h后开始固化，完全固化约96h。因此，环氧沥青防水黏结层施工后48h内应进行环氧沥青混凝土铺装施工。如超过48h进行铺装施工，则应补撒环氧沥青黏结剂。

5. 氧沥青黏结层遇雨

环氧沥青黏结层施工后较短时间内遇雨，雨停后如能充分排干水分，可不补撒环氧沥青黏结剂，但被雨水冲刷露出钢板的部分必须补撒。

四、工 程 应 用

江阴长江公路大桥为我国首座主跨超千米的特大跨径钢结构悬索桥，是连接京沪、同三国道主干线的重要过江通道。江阴大桥钢桥面铺装采用浇注式沥青混凝土,铺装设计厚度为50mm,表面压入最大粒径不大于14mm的红砂岩。尽管江阴大桥浇注式沥青铺装引进了英国先进技术,并精心组织了设计、施工,但是在运营管理过程中未能严格管制重载交通,结果铺装层过早地出现开裂与车辙等破坏。2003年9月在专家论证的基础上,江阴大桥在1999年原配比的基础上做适当微调,对桥面6个行车道进行彻底大修,并在主桥西侧铺设双层环氧、下层浇注+上层环氧、单层改性浇注式沥青等多个实桥对比试验段,实桥使用效果与室内试验分析基本吻合,双层环氧沥青混凝土、浇注式沥青混凝土+环氧沥青混凝土使用情况较好。试验段桥面铺装虽出现过局部破损,但维修时发现下层铺装多数与钢板黏结良好,仅对上层铺装进行修复即可,能够满足江阴大桥的实际运营需要。

五、结　语

钢桥面柔性防水黏结材料的设计与施工技术是我国大跨径钢桥面铺装建设的重要关键技术,系统深入地开展钢桥面防水黏结材料的应用技术研究非常必要。本文对热固性环氧沥青防水黏结层的材料组成、性能评价试验与施工技术进行了较为全面系统的研究,并进行了实桥工程应用,得到以下结论:

(1)环氧沥青黏结剂室内试验及实桥使用情况表明,江阴大桥钢桥桥面铺装采用环氧沥青黏结剂作为防水黏结层,是成功的,有效防止了铺装层与桥面钢板的脱层,避免了桥面铺装的频繁大、中修,降低了桥梁运营成本,技术经济优势明显。

(2)该防水黏结材料具有良好的高温抗剪切推移的能力和低温适应变形的能力,能够满足江阴大桥的实际运营需要,并且其施工工艺并不十分复杂,具有进一步推广应用的价值。

参考文献

[1] 陈先华. 润扬大桥钢桥面铺装结构试验研究[D].[硕士学位论文]. 南京:东南大学交通学院,2003.

[2] 陆庆. 环氧沥青混凝土钢桥面铺装结构和试验研究[D].[硕士学位论文]. 南京:东南大学交通学院,2000.

[3] 李新发. 钢桥面铺装防水黏结层研究[D].[硕士学位论文]. 南京:东南大学交通学院,2004.

[4] Ylva Edwards, Pereric Westergven. Polymer modified waterproofing and pavement system for the High Coast Bridge in Sweden [R]. Swedish National Road and Transport Research Institute, Linköping Sweden, 2001,7-23.

[5] 黄卫,钱振东,程刚,杨军. 大跨径钢桥面环氧沥青混凝土铺装研究[J]. 科学通报,2002,47(24):1894-1895.

[6] 余叔藩,陈仕周,陈献南. 大跨径悬索桥钢桥面沥青铺装技术[J]. 中国公路学报,1998,(3):34-35.

[7] 樊叶华,黄卫,王敬民等. 江阴大桥钢桥面柔性防水黏结层特性分析[J]. 公路交通科技,2007,24(6):33-36.

[8] 樊叶华,王敬民,陈雄飞等. 正交异性钢桥面柔性防水黏结材料应用技术研究[J]. 交通运输工程与信息学报,2007,16(2):57-61.

172. 渗透型硅烷浸渍剂在提升混凝土结构耐久性中的应用研究

戴建才　李建中
(张家港市国泰华荣化工新材料有限公司)

摘　要　混凝土结构除了要有足够的承载能力之外,还要接受周边环境的长期挑战。混凝土建筑铸就了人类的财富,但人类财富的永恒有赖于混凝土结构的耐久性。硅烷浸渍剂技术先进、安全耐久、施工方便,已得到国家权威机构的认可和推荐。江苏省交通科学研究院的第三方检测结果表明,经过硅烷液体 WRL－810 或硅烷膏体 WRG－908 浸渍过的混凝土,具有低吸水率、低氯离子渗透率和高透气性的特点,同时混凝土的抗氯离子渗透、抗冻融、抗碳化能力明显提高。选用硅烷浸渍剂作为混凝土结构防腐蚀附加措施,能够显著提高结构耐久性和使用寿命。

关键词 混凝土耐久性 硅烷液体 硅烷膏体 防水透气

一、引 言

所谓结构耐久性是指在设计确定的环境作用和维修、使用条件下,结构构件在设计使用年限内保持其适用性和安全性的能力[1]。混凝土结构包括素混凝土、钢筋混凝土和预应力混凝土结构,是全球基本建设中应用最广泛的结构形式[2]。混凝土结构的安全性和耐久性问题,事关群众的生命财产安全和巨大投资的效益[3]。混凝土结构耐久性研究不仅关系到当前的国计民生,更会对社会的可持续发展产生不可估量的影响。

混凝土建筑铸就了人类的财富,但人类财富的永恒有赖于混凝土结构的耐久性,如果混凝土耐久性低下,人类文明就将湮灭在混凝土腐蚀反应的耗散中,最后荡然无存[4]。近年来大中型桥梁质量事故多发,有大量混凝土建筑在远没有达到设计使用寿命时因结构耐久性不足而过早大修或被拆除,这已引起全社会的高度关注。坚持全寿命设计理念,即在全寿命期里投资最省,而不仅仅是建设期内投资最省,只有这样才会真正重视耐久性问题,而且愿意为提高耐久性付出经济代价。

混凝土结构除了要有足够的承载能力之外,还要接受周边环境的长期挑战。导致混凝土结构耐久性不足和性能劣化的原因有氯离子腐蚀、碳化腐蚀、钢筋锈蚀、碱－骨料反应、冻融破坏等等,而水和侵蚀性有害物质是导致钢筋锈蚀和混凝土破坏的必要条件[5]。因此,高效防水就成为提高混凝土结构耐久性的重要措施,硅烷浸渍剂凭借优异的防水性能、渗透性和耐久性,能长期有效地抑制水分和水分所携带的有害物质渗入混凝土内部,显著提高混凝土结构的耐久性和使用寿命。

二、硅烷浸渍技术已得到国家权威机构的认可和推荐

提高混凝土结构安全性、耐久性的根本措施是保证混凝土质量,但对于重要混凝土工程中受环境严重影响(D、E 和 F 级)的结构部位,应鼓励基础工作和特殊防腐蚀措施的优化组合运用。混凝土结构常用的防腐蚀附加措施有混凝土表面涂层、混凝土表面硅烷浸渍、环氧涂层钢筋、钢筋阻锈剂和阴极保护。混凝土表面硅烷浸渍是用硅烷材料浸渍混凝土表层,使该表层具有低吸水率、低氯离子渗透率和高透气性的防腐蚀措施。与上述其他方法相比,硅烷浸渍技术先进、经济合理、安全耐久、质量可靠、施工方便,防水透气、不改变混凝土结构外观[6]。

住房和城乡建设部、交通运输部、中国土木工程学会几年前就开始引进国际先进的硅烷防护技术和产品,已将硅烷防护技术和产品作为提高混凝土结构耐久性的防腐蚀附加措施之一写进了有关规范,先后颁布了交通部标准(JTJ 275—2000)《海港工程混凝土结构防腐蚀技术规范》、中国土木工程学会标准(CCES01—2004)《混凝土结构耐久性设计及施工指南》、交通部标准(JTG/T B07-01—2006)《公路工程混凝土结构防腐蚀技术规范》、(GB/T 50476—2008)《混凝土结构耐久性设计规范》、(TB/T 3228—2010)《铁路混凝土结构耐久性修补及防护》。

三、硅烷浸渍剂的防护原理、特点和用途

施工时将硅烷浸渍剂喷涂于混凝土表面,产品能渗透到混凝土内部几毫米深处。

在水和混凝土碱催化作用下,防护原理如图 1 所示,硅烷首先发生水解反应生成硅羟基,然后在硅羟基之间、硅羟基与混凝土表面和毛细孔道中的羟基之间进一步发生缩合反应生成网状有机硅树脂,通过稳定的硅氧化学键,将有机硅分子牢固地附着在混凝土表面和毛细孔道中。长链烷基硅烷分子中的辛基

是憎水基团，它们就如同无数把小雨伞排列在混凝土表面和毛细孔道中，将原来亲水的混凝土表面和毛细孔壁变为憎水型表面。这种斥水性网状硅氧烷分子膜具有很低的表面张力，能均匀的分布在多孔的硅酸盐基材的微孔壁上，而不是封闭其毛细管通道，水在毛细管壁的接触角为 100 ~ 130°，使滴在其上面的水成为小水珠，难以渗入到基材内部，从而有效阻挡水分和水分所携带的有害物质渗入混凝土内部，有效抑制钢筋锈蚀和混凝土腐蚀发生。

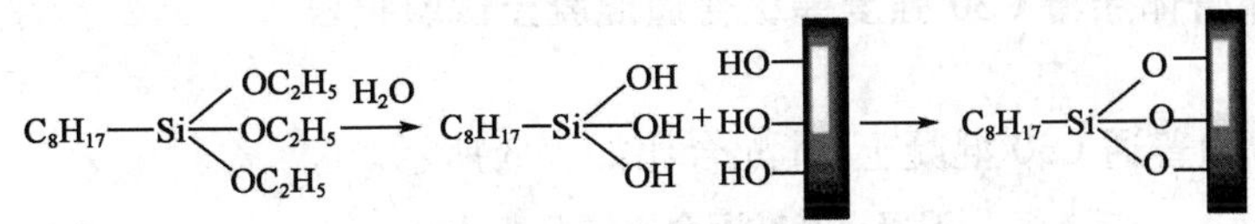

图 1 硅烷防护原理示意图

硅烷浸渍剂具有以下优点：

(1) 优越的防水性能，能使混凝土结构的吸水率下降 90% 以上；

(2) 是真正具有“呼吸性”防水涂层材料，这是其他密封性高分子漆涂膜所不具备的，有机硅涂膜的憎水性使液态水在坡面和立面上难以停留，墙体内部的水分子很容易向外散逸，使涂膜下的墙体保持自然的干湿平衡，而不会造成像全封闭涂膜那样湿气无法散出而引起鼓泡或表层脱皮；

(3) 渗透能力强，特别是膏体产品能较长时间停留在混凝土结构表面，提高了硅烷的渗透深度，能渗透到混凝土表面下 3 ~ 4mm 深度，能有效处理小于 0.2mm 的裂缝，不会因结构表面磨损而失去整体防水能力；

(4) 施工方便，可灵活采用喷涂、刷涂、滚涂等多种方法施工，硅烷膏体特别适合用于垂直立面和天花板面施工，减少了流失损失；

(5) 不改变建筑物原有外观；

(6) 耐久性好，防护寿命达 15 年以上；

(7) 能与普通涂料配合使用，防腐蚀效果和涂装效果更佳；

(8) 与环氧涂层钢筋、钢筋阻锈剂和阴极保护三种防腐蚀附加措施相比，硅烷在经济上更加合理，性价比高。

硅烷浸渍剂既可以用于新建混凝土结构防护，也可用于旧混凝土建筑的加固维修，特别适用于氯化物环境、冻融环境中的混凝土结构保护，如受海水腐蚀的海洋大桥和港口码头，受除冰盐侵蚀的高速公路和城市高架道路、立交桥等，也适用于大型公共建筑、高层建筑、高速铁路、大型港口、大型水利工程、机场、核电站及大规模的城市基础设施保护，能显著提高结构的耐久性和使用寿命。

四、硅烷浸渍剂的第三方检测报告

检测单位：江苏省交通科学研究院股份有限公司

试验选用的混凝土原材料基本情况如表 1 所示，硅烷材料基本情况如表 2 所示。

混凝土原材料基本情况表（kg/m^3） 表 1

水 泥	砂	石 子	外 加 剂	水
安徽海螺 P·II 42.5	嵊州中砂	余姚肖东	江苏博特 PCA	普通自来水

硅烷材料基本情况表 表 2

产 品 名 称	产 品 牌 号	外 观	有效成分含量	硅烷生产单位
硅烷液体	WRL-810	无色透明液体	98%	张家港市国泰华荣化工新材料有限公司
硅烷膏体	WRG-908	白色膏体	80%	

检测依据技术规范：

(1)《混凝土长期性能和耐久性能试验方法标准》(GB/T 50082—2009)。

(2)《公路工程混凝土结构防腐技术规范》(JTG/T B 07-01—2006)。

(3)《海港工程混凝土结构防腐蚀技术规范》(JTJ 275—2000)。

(4)《混凝土耐久性检测标准》(JGJT 193—2009)。

1. WRG－908 硅烷膏体涂覆 C30 强度等级普通混凝土试验报告

(1)混凝土配合比

本试验采用混凝土为普通 C30 混凝土，其配合比如表3所示。

混凝土基准配合比情况表(kg/m³) 表3

编号	设计强度	水泥	砂	石子	水	减水剂
PT-C30	C30	398	687	1120	195	3.2

(2)试验结果

混凝土力学性能试验结果 表4

编号	抗压强度(MPa)	
	7d	28d
PT-C30	33.1	40.8

C30 强度等级混凝土按 200g/m² 用量涂覆硅烷膏体 WRG-908 检测结果 表5

序号	检测项目	指标要求	检测结果	单项判定
1	C30 混凝土吸水率 (mm/min)$^{1/2}$	不大于0.01	0.0023	合格
2	C30 混凝土渗透深度 (mm)	3~4	4.60	合格
3	氯化物吸收量的降低效果 (%)	不小于90%	93.9	合格

抗碱性试验结果 表6

编号	涂覆量 (g/m²)	抗碱性				
		外观	吸水率 (mm/min$^{1/2}$)	吸水率比 (%)	浸渍深度 (mm)	氯离子吸收量降低率(%)
PT-C30	0	良好	0.0103	16.5	—	92.6
	200	良好	0.10017		3.9	

经检测，C30 强度等级混凝土按 200g/m² 用量涂覆硅烷膏体 WRG－908 后，浸渍深度达到4.6mm，吸水率为0.0023mm/min$^{1/2}$，氯化物吸收量降低率为93.9%，各项性能均满足标准要求，且抗碱性能良好。

2. WRL-810 硅烷液体涂覆 C45 强度等级普通混凝土试验报告

(1)混凝土配合比

本试验采用混凝土为普通 C45 混凝土，其配合比如表7所示。硅烷涂覆量为:300g/m²。

混凝土基准配合比情况表(kg/m³) 表7

编号	设计强度	水泥	砂	石子	水	减水剂
PT-C45	C45	462	618	1147	203	2.31

(2)试验结果

混凝土力学性能试验结果 表8

编　号	抗压强度(MPa)	
	7d	28d
PT-C45	42.3	51.4

C45 强度等级混凝土按 300g/m² 用量涂覆硅烷液体 WRL-810 检测结果 表9

序　号	检 测 项 目	指 标 要 求	检 测 结 果	单 项 判 定
1	C45 混凝土吸水率(mm/min$^{1/2}$)	不大于 0.01	0.00245	合格
2	C45 混凝土渗透深度(mm)	3~4	3.55	合格
3	氯化物吸收量的降低效果(%)	不小于 90%	94.1	合格

检测结论:经检测,C45 强度等级普通混凝土涂覆硅烷液体后,浸渍深度达到 3.55mm,吸水率为 0.00245mm/min$^{1/2}$,氯化物吸收量降低率为 94.1%,各项性能均满足标准要求。

3. WRL-810 硅烷液体涂覆 C45 强度等级海工混凝土试验报告

(1)混凝土配合比

本试验采用混凝土为海工 C45 混凝土,其配合比如表 10 所示。硅烷涂覆量为:300g/m²。

硅烷涂层试验海工混凝土配合比情况表(kg/m³) 表10

编　号	设计强度	水　泥	粉煤灰	矿　粉	砂	石　子	水	减水剂
HG-C45	C45	188	117	164	714	1117	150	4.69

(2)试验结果

混凝土力学性能试验结果 表11

编　号	抗压强度(MPa)	
	7d	28d
HG-C45	37.9	54.8

C45 强度等级海工混凝土按 300g/m² 用量涂覆硅烷液体 WRL-810 检测结果 表12

序　号	检 测 项 目	指 标 要 求	检 测 结 果	单 项 判 定
1	C45 混凝土吸水率(mm/min$^{1/2}$)	不大于 0.01	0.00365	合格
2	C45 混凝土渗透深度(mm)	3~4	2.13	合格
3	氯化物吸收量的降低效果(%)	不小于 90%	91.6	合格

经检测,C45 强度等级海工混凝土涂覆硅烷液体后,浸渍深度达到 2.13mm,吸水率为 0.00365 mm/min$^{1/2}$,氯化物吸收量降低率为 91.6%,各项性能均满足标准要求。

4. 硅烷浸渍剂对海工混凝土抗碳化性能影响试验报告

检测硅烷膏体 WRG-908 和硅烷液体 WRL-810,并与一家跨国公司生产的硅烷膏体材料(G)进行对比。

(1)混凝土配合比

本试验采用混凝土为桥梁常用海工混凝土,强度等级分别为 C35、C45、C55,其配合比如表 13 所示。

这三种配合比的海工混凝土分别应用于抗碳化检测、冻融检测和电通量检测。

防腐涂层试验海工混凝土配合比情况表（kg/m^3）　表13

编号	设计强度	水泥	粉煤灰	矿粉	砂	石子	水	减水剂
HG-C35	C35	168	126	126	734	1100	151	3.36
HG-C45	C45	188	117	164	714	1117	150	4.69
HG-C55	C55	288	64	128	724	1133	144	6.72

（2）试验方法

试件标准养护21d后，将碳化试件相对的两个侧面进行硅烷材料涂覆，并在温度为20℃、湿度为60%室中静置7d。试件标准养护28天后在60℃下烘干48h，留下相对的两个侧面，其余面用石蜡密封。然后放入碳化箱内的铁架上，各试件经受碳化的表面之间的间距不小于50mm。测定碳化龄期为3d、7d、14d、28d时的碳化深度，与未进行硅烷涂覆的混凝土进行碳化深度对比，检测并评价硅烷涂层材料对混凝土抗碳化能力的影响。

（3）碳化测试结果

（4）结果讨论及评价

从表14可知，C35强度等级混凝土涂覆硅烷浸渍剂后，抗碳化性能较涂覆硅烷浸渍剂前有明显提高，各龄期碳化深度均下降明显；C45与C55强度等级混凝土涂覆硅烷浸渍剂后与空白试件相比，其抗碳化性能均有一定程度的提高，但提升程度较C35混凝土弱；三种硅烷涂层相比，其对于混凝土抗碳化性能提升效果没有明显差距。

综合以上结果分析可知，WRG－908和WRL－810两种硅烷浸渍剂，均有较好的抗碳化的能力，混凝土表面浸渍硅烷以后对混凝土的抗碳化性能有大幅度提高，对混凝土起较好的保护作用。

混凝土涂覆硅烷与空白试件碳化测试结果　表14

试验项目			混凝土碳化深度（mm）			
			3d	7d	14d	28d
碳化深度	C35	WRG-908	1.8	3.5	5.0	5.6
		WRL-810	1.7	3.4	4.7	5.4
		G	1.5	3.0	4.6	5.2
		空白	2.5	5.4	7.1	7.8
	C45	WRG-908	1.5	2.9	4.3	4.6
		WRL-810	1.3	2.7	4.5	4.4
		G	1.2	2.5	4.1	4.3
		空白	2.5	4.0	6.2	6.9
	C55	WRG-908	1.1	1.9	2.8	3.1
		WRL-810	1.2	1.8	2.7	2.9
		G	1.0	1.6	2.4	2.8
		空白	1.9	3.2	4.1	4.5

5. 硅烷浸渍剂对海工混凝土抗冻性能影响试验报告

（1）试验方法

试件标准养护21d后，将冻融循环试件6个面全部进行硅烷材料涂覆，并在温度为20℃、湿度为

60%室中静置3d,第4天时放入水中浸泡4d。28d时进行快冻法试验,每隔25次循环将试件取出,进行相对动弹性模量和质量损失率的测定,与未进行硅烷涂覆试件测试结果进行对比,检测并评价硅烷涂层材料对混凝土抗冻能力的影响。

(2)冻融循环测试结果

(3)结果讨论及评价

从表15可知,海工混凝土在未涂覆硅烷浸渍剂之前,C35强度等级混凝土动弹性模量较涂覆硅烷浸渍剂后各个龄期均有明显下降,且C35强度等级混凝土动弹性模量一直呈下降趋势;C35强度等级混凝土质量损失较涂覆硅烷浸渍剂后各个龄期均也有明显下降;C45与C55强度等级混凝土动弹性模量较涂覆硅烷浸渍剂后各个龄期均有明显下降,且C45与C55强度等级混凝土动弹性模量呈先上升后下降趋势;3种硅烷涂层相比,并没有明显差距。

混凝土涂覆硅烷与空白试件冻融循环后质量损失与动弹模测试结果 表15

试验项目		冻融循环											
		25次		50次		75次		100次		125次		150次	
		$\Delta\omega$	E_r	$\Delta\omega$	E_r	$\Delta\omega$	E_r	$\Delta\omega$	E_r	$\Delta\omega$	E_r	$\Delta\omega$	E_r
C35	WRG-908	0.04	97	0.13	95	0.17	93	0.35	87	1.04	86.3	1.11	84.5
	WRL-810	0.03	99	0.12	101	0.19	96	0.33	89	0.98	87.4	1.09	85.1
	G	0.03	102	0.10	97	0.18	95	0.28	90	0.89	87.9	1.05	86.1
	空白	0.25	89	1.01	78	1.15	69	1.28	56	1.32	48	1.39	39
C45	WRG-908	0.03	108	0.11	105	0.14	101	0.27	96	0.67	91	0.78	88
	WRL-810	0.03	109	0.10	104	0.13	99	0.25	94	0.64	90	0.77	87.4
	G	0.02	99	0.08	99	0.14	98	0.21	87	0.57	86.3	0.72	99
	空白	0.18	93	0.87	84	0.98	77	1.09	65	1.15	52	1.23	47
C55	WRG-908	0.02	108	0.07	105	0.10	101	0.23	96	0.46	91	0.64	88
	WRL-810	0.02	109	0.05	104	0.08	99	0.25	94	0.47	90	0.62	87.4
	G	0.02	110	0.06	99	0.07	98	0.21	87	0.44	86.3	0.59	99
	空白	0.11	98	0.66	89	0.78	82	0.92	71	1.05	63	1.12	54

注:$\Delta\omega$ 表示质量损失率%,E_r 表示相对动弹性模量

综合以上结果分析可知,WRG-908和WRL-810两种硅烷浸渍剂,均有较好的抗冻的能力,混凝土表面浸渍硅烷以后对混凝土的抗冻性能有大幅度提高;对于相对致密的混凝土而言,硅烷浸渍后抗冻性能提高幅度更大。

6. 硅烷浸渍剂对海工混凝土抗氯离子渗透性影响试验报告

1)试验方法

(1)28d电通量

试件标准养护20d后,将电通量测试试件分别涂覆WRG-908硅烷膏体材料、WRL-810硅烷液体材料以及跨国公司硅烷膏体产品,涂覆量按照300g/m² 执行。将涂覆后的试件放在20℃、湿度为60%室中静置7d后,按规范要求测试28天电通量,比较各种硅烷浸渍剂对海工混凝土抗氯离子渗透性能影响,并与未处理试件电通量进行对比。

(2)28d氯离子扩散系数(RCM)

试件标准养护20d后,将RCM测试试件分别涂覆WRG-908硅烷膏体、WRL-810硅烷液体以及跨国公司膏体产品(G),涂覆量按照300g/m² 执行。将涂覆后的试件放在20℃、湿度为60%室中静置7d后,按照规范要求测试28天氯离子扩散系数DRCM,通过RCM法检测并评价不同硅烷涂层材料对混凝土抗氯离子渗透性能的影响,并与未处理试件进行对比。

2）试验结果

3）结果讨论及评价

从表16可知，海工混凝土在未涂覆硅烷浸渍剂之前，C35强度等级混凝土电通量为632.7C，涂覆硅烷浸渍剂后电通量均有明显下降，其中涂覆WRG-908和WRL-810的混凝土电通量降低率分别达到30.8%和31.2%；未涂覆硅烷浸渍剂之前，C45强度等级混凝土电通量为543.9C，涂覆硅烷浸渍剂后电通量有明显下降，其中涂覆WRG-908和WRL-810的混凝土电通量降低率分别达到25.9%和29.5%；未涂覆硅烷浸渍剂之前，C55强度等级混凝土电通量为543.9C，涂覆硅烷浸渍剂后电通量有明显下降，其中涂覆WRG-908和WRL-810的混凝土电通量降低率分别达到32.5%和28.1%；分别于跨国公司硅烷膏体产品相比，其电通量降低效果没有明显差距，甚至有些测试组性能优于跨国公司硅烷膏体产品。

从表17中可以看出，对于三个强度等级混凝土，涂覆硅烷浸渍剂后抗氯离子扩散性均有明显提高，氯离子扩散系数均有明显降低。综合检测结果，对于WRG-908、WRL-810、跨国公司硅烷膏体产品三种硅烷浸渍剂，其抗氯离子渗透性能均较优，均能达到涂覆效果。

混凝土涂覆硅烷与空白试件电通量测试结果 表16

电通量(C)	WRG-908	WRL-810	G	空　白
HG-C35	437.9	435.2	407.5	632.7
HG-C45	402.9	383.6	394.7	543.9
HG-C55	377.6	402.3	382.6	559.6

混凝土涂覆硅烷与空白试件氯离子扩散系数测试结果 表17

D_{RCM} ($\times 10^{-12} m^2/s$)	WRG-908	WRL-810	G	空　白
HG-C35	2.0	1.3	1.7	3.3
HG-C45	1.1	1.2	0.9	2.1
HG-C55	1.2	0.8	1.0	1.7

综合以上结果分析可知，WRG-908和WRL-810两种硅烷浸渍剂，均有较好的抵抗氯离子渗透性能，对于电通量和氯离子扩散系数降低效果明显，起到较好保护作用。

五、提高基建工程寿命是促进节能减排和建设生态文明的重要途径

中国工程院唐明述院士多次指出，提高基建工程寿命是最大的节约[7]。在全球气候变化的大背景下，重视混凝土结构安全性和耐久性，大力推进节能减排，促进低碳经济发展，这既是救治全球气候变暖的关键性方案，也是实践科学发展观的重要手段。

在今后的工业化和现代化进程中，中国将会面对更大的环境和资源压力，因此大力推进低碳经济和节能减排，减少温室气体排放，努力建设物质文明、精神文明和生态文明，持走可持续发展道路是我国的必然选择。硅烷浸渍剂技术先进、施工方便、安全耐久、经济环保，已得到国家权威机构的认可和推荐。选用硅烷浸渍剂延长混凝土工程寿命就是最大的节约，是实现节能减排和建设生态文明目标的重要途径。

参考文献

[1] 中华人民共和国国家标准. GB/T 50476—2008 混凝土结构耐久性设计规范[S]. 北京：中国建筑工业出版社，2009.

[2] 过镇海，时旭东. 钢筋混凝土原理和分析[M]. 北京：清华大学出版社，2003.

[3] 金伟良，赵羽习主编. 混凝土结构耐久性设计与评估方法[C]. 北京：机械工业出版社，2006.

[4] 冯及谦，刑锋. 混凝土与混凝土结构的耐久性[M]. 北京：机械工业出版社，2009.

[5] 陈肇元主编. 土建结构工程的安全性和耐久性[C]. 北京：中国建筑工业出版社，2003.

[6] 中华人民共和国行业标准. JTJ 275—2000 海港工程混凝土结构防腐蚀技术规范[S]. 北京：人民交通出版社，2000.

[7] 唐明述. 提高基建工程寿命是最大的节约[J]. 北京：机械工业出版社，2006.

173. 火灾后混凝土桥梁性能的可靠度评估研究

方 笑
（中交公路规划设计院有限公司 工程建设管理事业部）

摘 要 针对混凝土桥梁火灾损伤的特点，介绍火灾后的混凝土桥梁力学性能参数的下降，基于随机可靠度理论，研究了火灾后混凝土桥梁可靠度评估方法，并以一公路桥梁为例进行了案例研究。

关键词 火灾 混凝土桥梁 可靠度 评估

一、引 言

改革开放以来，随着我国社会经济的发展、城市人口的集中，导致发生火灾的因素也随之增加，火灾的规模和频率也日趋扩大。我国每年发生约 20 万起火灾。桥梁火灾也时有发生，2004 年 6 月 24 日，乍嘉苏高速公路的小桥头立交桥发生火灾。该分离式立交桥的 14 孔受到了不同程度的损伤，影响了桥梁的正常使用。火灾后为了尽快恢复交通，对桥梁的使用性能和承载能力及安全性进行了检测和评估。2008 年 6 月 2 日凌晨，南京长江大桥南引桥第一桥孔下方的小商品摊位发生火灾，导致引桥受损严重，桥孔的水泥预制拱梁表面水泥剥落，部分钢筋裸露，桥拱轻微变形，所幸无人员伤亡。2008 年 7 月 24 日中午，上海闵浦大桥东引桥工地由于工人违章动用明火所致突发大火，由于这座斜拉索桥梁高达百米，给扑救工作带来较大难度，后经消防抢险人员的努力，4 名被困工人才从大桥百米高处被艰难救下。由此可知，混凝土桥梁在遭受火灾后，建筑材料的物理化学性质在高温下产生变化，构件受到损伤，造成桥梁承载能力下降。桥梁防火减灾与评估加固是非常迫切需要研究的课题。

结构可靠度是指结构在规定的时间内，在规定的条件下，完成预定功能的概率。在可靠度理论中，用可靠度指标 β 来衡量结构的可靠性。由于火灾后桥梁混凝土碳化以及强度和弹性模量下降的不确定性，决定了用可靠度的方法评估灾后桥梁性能是合理可行的。通过实测和统计，应用可靠性方法计算火灾后桥梁的可靠度，运用该方法对桥梁的可靠度进行评定并与混凝土桥梁设计标准相协调，是今后混凝土性能评估的一个重要方向。

二、火灾后结构温度场的确定

1. 火场温度的确定

通常火灾现场温度通常难以直接测定的，为了能够科学而精确地判定火场的温度，我国很多的单位，包括清华大学、中南大学、同济大学防灾科学与安全技术研究所等，进行了多次钢筋混凝土结构构件的耐火实验。提出了一下推定火场温度的方法[1]：

（1）按物品变态温度推定

各种物品变态温度是不同的，如铝合金的软化温度约为 600℃；玻璃软化温度约为 700℃；铜的软化温度约为 900℃，等等。通过火灾现场的各种物品变态情况能够推断出火场温度。

（2）采用火灾温度公式法推定

比较成熟的火灾温度公式为 ISO834 火灾时间——温度标准曲线。它是从大量建筑大火中经过统计分析而得到的升温曲线，符合大多数火灾规律，具有一定的准确度，其公式为：

$$T = T_0 + 345 \times \lg(8t + 1) \tag{1}$$

式中：T——火灾标准温度（℃）；

T_0——自然界温度（℃）；

t——火灾经历的时间（min）。

2. 桥梁结构混凝土受火温度确定

相关研究表明[1]，混凝土受火温度与结构表面颜色及外观特征存在必然联系，其具体的对应关系如表1所示。

火灾温度与混凝土构件外观对应关系

表1

颜　色	表面开裂情况	露 筋 情 况	疏松脱落情况	温 度 范 围
正常颜色	无	无	无	200℃以下
粉红色	无	无	无	200～500℃
灰白色为主、呈浅黄色	表面有贯通裂缝	板底、梁、柱角部混凝土爆裂出现钢筋	角部剥落、表面起鼓、混凝土有疏松状	500～800℃
浅黄色并微显白色	裂缝较多	严重露筋	表面疏松、大块剥落	800～1000℃
浅黄并呈白色	裂缝多	钢筋全部外露	表面疏松、大块剥落	1000～1100℃

受火后混凝土一定厚度内其强度降低较多，混凝土易于凿除，此厚度即为混凝土烧伤层。在混凝土烧伤层表面有一层强度很低的疏松层，即为混凝土烧疏层。不同的受火温度会产生不同的混凝土烧疏层厚度。江苏省建筑科学研究院经过模拟试验，对混凝土构件烧疏层厚度与火灾温度给出了以下关系，如表2所示。

火灾温度与混凝土烧疏厚度对应关系

表2

火灾温度(℃)	烧疏层厚度(mm)	模拟试验喷水冷却后烧疏层厚度(mm)
556	1.3～1.4	1.3～1.4
795	4.3～5.0	6.5～8.0
857	6.0～9.0	10.0～14.0
925	11.0～16.0	18.0～23.0
986	20.0～26.0	23.0～28.0
1030	26.0～30.0	28.0～33.0

三、火灾后混凝土材料性能的确定

混凝土是一种非匀质的复合材料。受到火灾作用后，材料的物理以及力学性能将发生变化，导致其力学性能的下降和混凝土构件承载能力的降低[2]。为了研究高温对混凝土各项性能的影响，国内外许多学者进行了大量的实验研究，主要涵盖了混凝土抗压强度、弹性模量等多方面内容。

1. 混凝土强度的确定

在代表性区域取芯检测受火后混凝土强度。取芯法检测是最直接的定量方法。同时，在桥的典型部位进行取芯，通过对取芯进尺速度、芯样外观等的观测、记录和分析，为间接评估混凝土受火损伤的深度和严重程度提供帮助。为减少对结构损伤，尽量避免在负弯矩预应力束位置取芯，检测时选择了护栏、主梁翼板部位。由于烧伤严重的行车道桥面典型区域在负弯矩段，故取芯仅取至主梁顶面。根据现场情况，从桥面板下部沿桥横向取若干试样进行检测如图1所示。

图1　钻芯取样试验

试验表明[3]混凝土试块都保持了较好的完整性。随着压力的增大，各试块出现裂缝和破坏的情况不同。受热温度低于300℃时，强度有所增加或变化不大。受热温度高于300℃，混凝土开始发生龟裂，强度开始下降；随着温度的升高，混凝土体积急剧膨胀，混凝土裂缝扩展较快，使强度急剧下降。当温度在600～800℃时，强度损失严重；当混凝土构件遇到800℃以上高温时，混凝土强度基本丧失。中南大学防灾科学与安全技术研究所对标准棱柱体试件（150mm×150mm×300mm）进行试验，并分别将C30和C40两种混凝土轴心抗压强度在不同温度时的变化趋势用图2来表示。

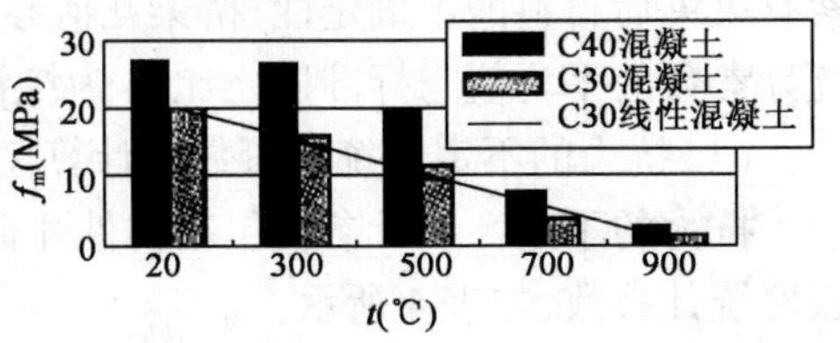

图2 混凝土试块轴心抗压强度

2.弹性模量的确定

在高温情况下混凝土的塑性增加，弹性模量与强度间不再遵从常温下的关系式。根据《规范》弹性模量E_c值的确定：取芯样棱柱体试件，取应力上限重复加载5～10次。由于混凝土的塑性性质，每次卸载为零时，存在有残余变形。但随荷载多次重复，残余变形逐渐减小，当变形趋于稳定后，混凝土的$\sigma-\varepsilon$曲线接近于直线，自原点至$\sigma-\varepsilon$曲线上上限应力对应的点的连线的斜率作为火灾后混凝土的弹性模量E_c。

由于试验条件限制[4]，取应力－应变曲线中$0.4R_b$处的割线模量进行比较，用于反映混凝土在不同温度时弹性模量的变化规律。根据实测情况加以修正，采用三折线进行拟合，得到混凝土弹性模量的变化规律方程表达式：

$$E_c(t)/E_c = 1.00 - 0.00175t \quad t \leqslant 200℃ \tag{2}$$

$$E_c(t)/E_c = 0.92 - 0.000923t \quad 200℃ < t \leqslant 700℃ \tag{3}$$

$$E_c(t)/E_c = 0.25 \quad 700℃ < t \leqslant 800℃ \tag{4}$$

式中：E_c——常温下的混凝土试件的弹性模量；

$E_c(t)$——不同温度时混凝土试件的弹性模量。

试验结果如表3所示。反映了混凝土弹性模量随温度变化的基本趋势，随温度的不断升高，混凝土弹性模量和刚度均不断降低。

不同温度下试件δ处割线模量实测值与理论值 表3

温度(℃)	常温	100	200	300	400	500	600	700	800
弹性模量实测值(MPa)	1.051×10^4	0.873×10^4	0.716×10^4	0.796×10^4	0.515×10^4	0.507×10^4	0.376×10^4	0.290×10^4	0.294×10^4
弹性模量理论值(MPa)	1.031×10^4	0.843×10^4	0.696×10^4	0.679×10^4	0.582×10^4	0.485×10^4	0.388×10^4	0.290×10^4	0.259×10^4

四、火灾后混凝土桥梁的可靠性评估

1.结构可靠度的基本理论和方法

结构可靠度是指结构在规定的时间内，在规定的条件下，完成预定功能的概率。在可靠度理论中，用β来衡量结构的可靠性，假设荷载效应及抗力均为正态分布，则结构功能函数也服从正态分布规律，即$Z=R-S$。令可靠度指标为β（如式5），则β值与失效概率P_f一一对应，其中R,S分别为表示作用的抗力及荷载效应。σ_R,σ_S代表R与S的标准值。

$$\beta = \frac{\mu_Z}{\sigma_Z} = \frac{\mu_R - \mu_S}{\sqrt{\sigma_R^2 - \sigma_S^2}} \tag{5}$$

2. 统计参数的选取

桥梁可靠度是由桥梁的抗力和荷载效应的随机性决定的，影响桥梁抗力和荷载效应随机性的主要因素有火灾后材料的不确定性、桥梁几何参数不定性、计算模式不定性及荷载变异性等。下面阐述中，K 为统计参数的平均值与标准值之比，δ 为统计参数的变异系数。

（1）抗力的不定性统计参数及计算模式

抗力的不定性统计参数包括构件几何参数不定性统计参数、材料性能不定性统计参数和计算模式不定性统计参数，如表4所示[5]。

计算模式的不定性主要来自于抗力计算中的基本假定；材料强度不定性主要指材料强度随时间变化；几何参数在实际结构建成时已经成为定值。于是得到抗力模型：$R = K_p R[f_{ci,a_i}]$

其中，K_p 为计算模式不定性随机变量；$R[\cdot]$为抗力计算值；f_{ci}与 a_i 为第 i 种材料的材料性能和几何参数。

抗力随机变量统计参数表　　表4

类　别	统计参数		
	平均值/标准值	方差 σ	变异系数 δ
计算模式 K_p	1.0700	0.1010	0.0950
混凝土弹性模量 E_c	1.0000	0.2000	0.2000
全截面惯性矩 I_0	1.0000	0.0300	0.0300
构件长 L	1.0000	0.0100	0.0100

（2）荷载的不定性统计参数

在荷载及荷载效应分析时，应按照统一标准[6]所规定的荷载效应组合，取荷载最简单的组合。公路桥梁的汽车荷载可视为主导的可变荷载，它与恒载组成了简单的组合。已建桥梁的自重由于施工过程中的误差、使用中的磨损与设计计算有所差别，可以认为恒载服从正态分布。桥梁结构上的活载效应与使用情况密切相关，涉及车辆的数量、空间的分布等因素。本文认为桥梁荷载的分布也服从正态分布。公路统一标准分析得到的恒载的统计参数如表5所示[5]。

荷载变量统计参数表　　表5

类　别	统计参数		
	平均值/标准值	方差 σ	变异系数 δ
恒荷载 M_G	1.0148	0.0437	0.0431
基本活荷载 M_Q	0.6684	0.2498	0.1994

3. 抗弯能力评估

普通钢筋混凝土梁的正截面抗弯的极限状态有如下两种形式[如式(6)、式(7)]。

当$f_c bh' \geqslant f_s A_s$ 时，中性轴位于翼缘，则

$$f_s A_s\left(h_0 - \frac{f_s A_s}{2bf_c}\right) - K_p(M_G + M_Q) = 0 \tag{6}$$

当$f_c bh' \geqslant f_s A_s$ 时，中性轴位于腹板内，则

$$f_s A_s(h_0 - y) - K_p(M_G + M_Q) = 0 \tag{7}$$

式中：f_c——混凝土抗压强度；

f_s——钢筋强度；

A_s——主钢筋面积；

h_0——有效高度；

b——上翼缘板的宽度；

h'——上翼缘板的高度；

K_p——抗力弯矩的计算不定性系数；

M_G——恒载产生的弯矩；

M_Q——汽车活载产生的弯矩；

y——受压区等效应力块重心到梁顶的距离。

考虑到抗力 R_M 和荷载效应 S_M 都服从正态分布，可得到抗弯可靠指标的计算公式：

$$\beta_M = \frac{\mu_{R_M} - \mu_{S_M}}{\sqrt{\sigma_{R_M}^2 + \sigma_{S_M}^2}} \tag{8}$$

4. 挠度评估

由文献[7]可知，在荷载的标准组合作用下，得到受弯构件挠度计算公式(9)，引入计算模式不定性系数，受弯构件挠度正常使用极限状态方程(10)

$$f = \frac{5}{48}\frac{(M_{G_K} + 0.7M_{Q_K})l^2}{0.67E_cI_0} \times 1.65 \tag{9}$$

$$[f] - K_p\frac{5}{48}\frac{(M_{G_K} + 0.7M_{Q_K})l^2}{0.67E_cI_0} \times 1.65 = 0 \tag{10}$$

令抗力 $R = [f]$，由文献[7]可知$[f]$不应超过计算跨径的1/600。考虑到 S 服从正态分布，可得到挠度可靠指标计算公式：

$$\beta = \frac{[f] - \mu_f}{\sigma_f} \tag{11}$$

五、算 例 分 析

某钢筋混凝土简支T梁，计算跨径 $L = 12.60\text{m}$。混凝土等级C50，$E_c = 3.45 \times 10^4\text{MPa}$，跨中截面主筋面积 $A_s = 4826\text{mm}^2$，$E_s = 2 \times 10^5\text{MPa}$，HRB235钢筋 $f_{sd} = 235\text{MPa}$。主梁截面尺寸如图3所示。该T梁在使用阶段的活载效应 $M_Q = 200.97\text{kN} \cdot \text{m}$，恒载效应 $M_G = 212.74\text{kN} \cdot \text{m}$。火灾之后混凝土抗压强度下降到 $f_c' = 21.5\text{N/mm}^2$，弹性模量 $E_c' = 2.4 \times 10^4\text{MPa}$，钢筋的强度下降15%。试分析该T梁在火灾前后的抗弯以及挠度可靠度指标。

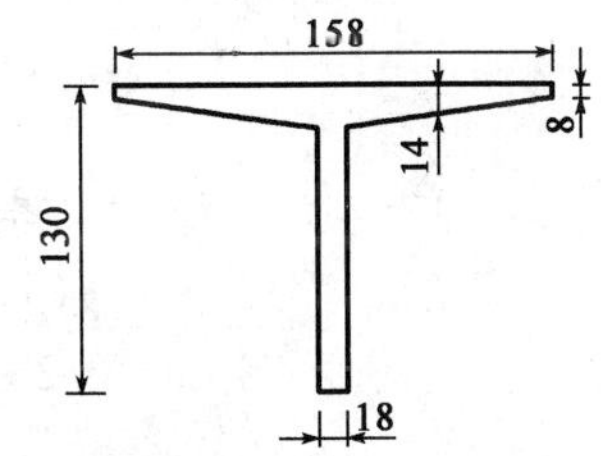

图3　单片主梁横截面(尺寸单位:cm)

通过计算[8]，经对可变荷载当量正态化，并相应对梁正截面抗力进行处理，分析可靠度指标在火灾前后的变化，结果如表6和表7所示。

火灾前后抗弯可靠度指标 β_M　表6

	跨中弯矩(kN·m)	均值μ(kN·m)	方差δ	可靠度指标β_M
荷载效应	536.65	446.53	71.13	
火灾前弯矩抗力	1413.1	1320.7	125.46	6.06
火灾后弯矩抗力	1202.5	1123.8	106.76	5.28

火灾前后抗曲可靠度指标 β_f　表7

	均值μ(m)	方差δ	可靠度指标β_f
允许跨中挠度	0.021	0	
火灾前挠度抗力	6.76×10^{-3}	1.35×10^{-3}	10.5
火灾后挠度抗力	9.7×10^{-3}	1.94×10^{-3}	5.82

六、结语

本文以工程实例说明了桥梁火灾之后可靠度的分析过程，识别了荷载及抗力参数，确切地阐述了全桥极限状态函数，并对桥梁的抗弯、抗曲进行了可靠度分析。得出了火灾后桥梁的可靠性发生了变化。研究表明，桥梁受火后弯矩的可靠度下降比较小，而挠度的可靠度下降比较明显。

由于火灾后影响混凝土碳化的因素很多及统计参数的缺乏，桥梁抗力模型仅仅是一个近似模型，而实际结构的材料、施工工艺及所处的环境条件等的差异很大，因此，要对实际的桥梁受火后可靠度的估计，还有许多问题需要进一步的研究。

参考文献

[1] 吴波.火灾后钢筋混凝土结构的力学性能[M].北京:科学出版社,2003.

[2] 董毓利.混凝土结果的火安全设计[M].北京:科学出版社,2001.

[3] 中华人民共和国建设部.普通混凝土力学性能试验方法标准[S].北京:中国建筑工业出版社,2002.

[4] 钮宏,陆洲导,陈磊.高温下钢筋与混凝土本构关系的试验研究[J].同济大学学报,1990,(3).

[5] 蔡长丰,楼建军.钢筋混凝土桥梁构件正常使用极限状态挠度可靠度分析[J].公路工程,2008,(1).

[6] 中华人民共和国国家标准.GB/T 50283—1999 公路工程结构可靠度设计统一标准[S].北京:人民交通出版社,2004.

[7] 中华人民共和国行业标准.JTG D62—2004 公路钢筋混凝土及预应力混凝土桥涵设计规范[S].北京:人民交通出版社,2004.

[8] 杨伟军,赵传智.土木工程结构可靠度理论与设计[M].北京:人民交通出版社.

174.基于英标体系热带跨海桥梁混凝土耐久性措施研究

刘　松[1,2]　李顺凯[1,2]　刘亚东[2]　李佳圣[2]　李红君[1,2]　邓　珊[1,2]

(1.中交武汉港湾工程设计研究院有限公司;

2.中国港湾马来西亚槟城二桥项目经理部)

摘　要　本文依托马来西亚槟城第二跨海大桥，介绍了大桥建设采用的标准体系，桥址区的环境类别及作用等级，当地原材料的使用情况，结构特点以及英国标准、马来西亚标准对跨海混凝土耐久性指标的要求，最后在此基础上提出了本工程耐久性设计方案的基本思路和相关措施。

关键词　马来西亚槟城二桥　英国标准　耐久性

马来西亚槟城第二跨海大桥是中国和马来西亚两国政府间合作的DB(Design & Build)项目，建设规模巨大，为马来西亚近20年来最大的土建工程项目，是第九大马计划的首要工程，也是目前东南亚地区最大的桥梁工程。

马来西亚槟城第二跨海大桥连接槟岛Bayan Lepas高速和大陆的Hujung Bukit，全桥总长约24km，其中跨越Penang海峡的海上桥长16.37km，陆上引桥6km，主桥为长475m的三跨双塔H形斜拉桥，双向四车道加双向摩托车道，设计时速为80km，桥梁结构设计使用寿命为120年。

本工程设计和施工中主要采用的是英国标准(BS)、马来西亚标准(MS)、马来西亚公共工程局道路工程规范(JKR Specification)，部分还借鉴了美国的ASTM和AASHTO标准。业主对工程质量要求很高，建设管理环境复杂、施工工期较紧、质量控制和质量管理模式必须符合马来西亚工程管理惯例。按照英国标准体系设计,在马来西亚环境中建造和运营的槟城二桥,如何才能保证达到120年的设计使用年限,是本工程设计和施工中的重点和难点。

一、标 准 体 系

马来西亚槟城二桥按英标体系设计,但建设地在马来西亚,很多质量控制标准需遵从马来西亚标准(Malaysian Standard),其中JKR规范是由马来西亚公共工程部(主管马来西亚境内基础设施建设)组织编制,是马来西亚基础设施设计、施工、验收的主要依据。大部分马来西亚标准体系,基本上沿用了英国标准(British Standard)体系,但根据自身的国情作了适当修改,二者并不完全相同,如马来西亚标准规定混凝土标准养护温度为27℃ ±2℃,混凝土浇筑温度≤36℃等等,这些指标异于英国标准甚至是中国标准,却是符合马来西亚当地的自然环境的。

马来西亚执行的标准与最新的英国标准和欧洲标准(EN)存在一定的时间差,标准更新的速度与英标和欧标并不同步。混凝土耐久性评价指标和试验方法也存在差异,如JKR规范中明确规定采用氯离子电通量试验(RCPT: Rapid Chloride Permeability Test)评价混凝土的渗透性,同时需进行(ISAT: Initial Surface Absoption Test)来评价混凝土表面质量的抗渗透性;对体积稳定性方面需完成(IDST: Initial Drying Shrinkage Test)等等,这些耐久性指标在国内目前较少采用。同样JKR规范对混凝土原材料的指标的规定也跟国内有很大差别。对于氯离子电通量试验(RCPT),马来西亚标准马来西亚标准并不要求在测试时对试件进行水浴恒温,这与国内的试验方法有一定的差别。

图1 ISAT评价混凝土渗透性

二、环境类别及作用等级

马来西亚槟城第二跨海大桥桥址区属于热带雨林气候,海洋环境,雨量充沛,日照时间长,平均气温为30℃,早晚温差大,桥址区有潮汐。

环境作用对本工程钢筋混凝土结构产生的破坏形式主要有:

(1)海洋环境侵蚀介质(cl^-)引起的钢筋锈蚀;

(2)高温环境将加剧化学反应作用与侵蚀介质的侵蚀速率,同时对大体积混凝土的施工提出了温度控制要求,以防止温度裂缝和延迟性钙矾石破坏的发生;

(3)高湿度环境中,材料发生各种劣化和腐蚀的风险增大;

(4)强烈的太阳辐射作用将加剧有机类建筑材料的老化;

(5)干湿循环作用对混凝土的耐久性的破坏作用,特别是在浪溅区和水位变动区;

(6)盐雾和CO_2气体的存在将对大气区混凝土产生一定程度的腐蚀作用;

(7)降雨形成的淡水对混凝土材料的溶蚀作用;海水运动对混凝土的冲刷磨蚀作用;

(8)海洋生物对材料的腐蚀作用。

根据BS EN 206-1关于环境作用的暴露等级分类,槟城二桥所处的环境属于XS类别,即海水氯化物引起钢筋锈蚀,并且包含了所有的亚类:XS1:受大气中悬浮盐分作用但不直接接触海水;XS2:永久浸没海水中;XS3:潮汐区、浪溅区、水雾喷射区[1]。

三、原材料特点

1.水泥及矿物掺和料

综合考虑马来西亚的施工环境,桥型的结构特点以及耐久性要求,选择采用粉煤灰水泥,矿粉和硅灰的胶凝材料体系[2],其相关规范及主要技术指标如表1所示。

槟城二桥所用胶材种类，遵循规范及主要技术指标 表1

序号	名称	规范	主要技术指标
1	粉煤灰水泥	MS522:2007 MS1227:2003,JKR	比表面积不低于225m²/kg，抗压强度2d≥10MPa，7d≥16MPa，32.5MPa≤28d≤62.5 MPa
2	矿粉	MS1387:1995，JKR	含水率≤1.0%，细度≥275 m²/kg，抗压强度7d≥12MPa，28d≥32.5MPa
3	硅灰	ASTM C1240-93，JKR	含水率≤3.0%，烧失量≤6.0%，筛余≤10%，比表面积≤15000 m²/g，活性指数≥85%

马来西亚水泥供应商主要有Y.T.L. 和Larfge两家，水泥相关指标需满足MS 522:2007要求。当地的普通硅酸盐水泥(OPC)熟料含量达到95%以上，相当于BS EN197-1中的CEM I型水泥，大致相当于国内的P II水泥。粉煤灰在当地使用不是很普遍，且粉煤灰的生产量很少，质量也不稳定，通常作为水泥掺和料用来生产粉煤灰水泥，不单独作为混凝土的掺和料。水泥中粉煤灰的含量是根据粉煤灰的质量来定，一般粉煤灰占总量的6%~35%，相比国内粉煤灰水泥，马来西亚粉煤灰水泥较粗，且没有具体的强度等级要求。矿粉和硅灰在马来西亚使用较为普遍，马来西亚当地的矿粉几乎是从中国(上海宝钢)和日本进口，硅灰多采用的是Elkem硅灰，需要从新加坡进口，矿粉相关指标需满足MS 1387:1995，硅灰相关指标需满足ASTM C1240-93。

2. 骨料

马来西亚槟城当地的粗骨料多为花岗岩，一般不具有碱活性，母岩强度高，破碎方式多为颚式破碎，因此针状和片状材料相对较多。MS 30: 1995中对骨料级配筛孔的尺寸与国内有一定的差异，连续级配和单级配均可以采用，本工程中采用的粗集料为5~20mm的连续级配碎石，细骨料以天然河砂为主。马来西亚JKR规范与中国《建筑用卵、碎石》(GB 14685: 2001)，《建筑用砂》(GB 14684: 2001)对粗、细集料主要技术指标的规定分别见表2、表3。

JKR规范和GB14685:2001对粗集料主要技术指标规定 表2

技术指标	粗集料			
	JKR规范	GB14685:2001		
		I类	II类	III类
吸水率	≤8.0%	—	—	—
含泥量	—	<0.5%	<1.0%	<1.5%
Cl^-含量	≤0.06%	—	—	—
硫酸盐含量	≤0.44%	<0.5%	<1.0	<1.0%
泥块含量	≤1.0%	0	<0.5%	<0.7%
压碎值	≤40%	<10%	<20%	<30%
坚固性*	≤12%($NaSO_4$)或 ≤18%($MgSO_4$)	<5%	<8%	<12%
有机物含量	—	合格	合格	合格
针状含量 片状含量	≤30% ≤35%	<5%	<15%	<25%

注：* GB14685:2001采用$NaSO_4$溶液进行坚固性试验。

JKR 规范和 GB14684:2001 对细集料主要技术指标规定 表3

技术指标	细集料			
	JKR	GB 14684:2001		
		I类	II类	III类
吸水率	≤8.0%	—	—	—
含泥量	≤3.0%	<1.0%	<3.0%	<5.0%
Cl^-含量	≤0.06%	<0.01%	<0.02%	<0.06%
硫酸盐含量	≤0.44%	<0.5%	<0.5%	<0.5%
泥块含量	—	0	<1.0%	<2.0%
轻物质含量	—	<1.0%	<1.0%	<1.0%
云母含量	—	<1.0%	<2.0%	<2.0%
有机物含量 *	合格	合格	合格	合格
坚固性	—	<8	<8	<10

注:* 有机物含量按 ASTM C40—04 方法评定,GB14684:2001 采用比色法进行判定。

从表2,表3 可以看出,中马两国规范对粗、细集料指标的规定差异明显,这主要是由于原材料的品质和生产工艺存在差异,因此混凝土配合比以及耐久性方案应根据当地材料的具体情况来设计。

3. 外加剂

马来西亚槟城二桥使用的外加剂主要有 SIKA,BASF 和 GRACE 三种品牌,均为聚羧酸减水剂,相关指标需满足 MS 922 和 JKR 要求。

四、结构特点及要求

槟城二桥引桥上部结构全部为预制节段箱梁结构,标准跨距为 55m,下部为承台墩身结构,桩基主要为打入式 Φ1000mm 预应力混凝土管桩(PHC 桩)、Φ1600mm 钢管桩及 Φ1500mm 钻孔灌注桩,引桥承台外悬挂预制混凝土裙板防护。

海上主桥上部结构为斜拉桥结构,塔柱为双塔门式柱,单横梁,主塔高 97m,桥面为预应力钢筋混凝土边主梁结构,斜拉索采用 Φ7mm 的 1860MPa 高强钢绞线,外设 PE 护套。基础部分为 Φ2300mm 的钻孔灌注桩群桩基础,承台为整体式承台,结构尺寸 48.1m × 17.5m × 6m,边墩承台结构尺寸 42.7m × 10.6m × 4m,边墩塔柱高 38m,基础为 12 根直径 Φ2300mm 的灌注桩。

PHC 桩混凝土强度等级为 G80,桩基,裙板,承台,墩身混凝土强度等级均为 G40,主桥塔身混凝土强度等级为 G50,箱梁混凝土强度等级为 G55。马来西亚 JKR 规范中对混凝土的耐久性指标作了明确的规定,具体要求如表 3 所示。其中 JKR 规范采用 ASTM C1202:2009 快速氯离子渗透测试方法(RCPT)和 Initial Surface Absorption Test (ISAT)对混凝土的渗透性进行评价,对于电通量测试方法(RCPT)的指标,JKR 规范中规定不分结构部位不分强度等级,混凝土 28 天的电通量指标必须达到表 4 中的要求。

JKR 规范要求的混凝土耐久性指标参数[3] 表4

渗透性		体积稳定性	
氯离子电通量 (RCPT)(28d)		ISAT	IDST (56d)
现浇混凝土 ≤1000C	预制构件 ≤800C	<0.06%	<0.06%

由于马来西亚日照时间长,白天气温高,早晚温差大,JKR 规范也对混凝土的温度指标作了详细规定,具体参数如表 5 所示。

马来西亚规范对混凝土温度指标的规定　表5

序　号	技术指标	技术要求
1	浇筑温度	≤ 36℃
2	最高温度	≤ 70℃
3	最大温度梯度	≤27.7℃
4	温升速率	≤ 10℃/30min

五、槟城二桥耐久性设计方案及措施

马来西亚槟城二桥的整体耐久性要求很高，所处环境较为恶劣，混凝土结构的耐久性很难通过单一措施保证，因此必须根据具体的环境条件和设计要求，有机组合若干技术措施，以保证整体耐久性达到设计要求[4]。

1. 耐久性设计原则

(1)满足槟城二桥120年设计要求；(2)耐久性技术方案应满足英国标准和马来西亚标准，并符合当地的工程惯例；(3)设计方案应因地制宜，在满足业主要求的同时要保证经济可行。

2. 耐久性技术路线及综合方案

槟城二桥耐久性设计措施包括：选用高性能混凝土，根据混凝土构件所处结构部位及其使用环境条件采用必要的附加措施，如采用混凝土表面防护技术、阴极保护技术和阻锈技术等。在保证施工质量和原材料品质的前提下，混凝土结构的整体耐久性就可以满足设计要求。

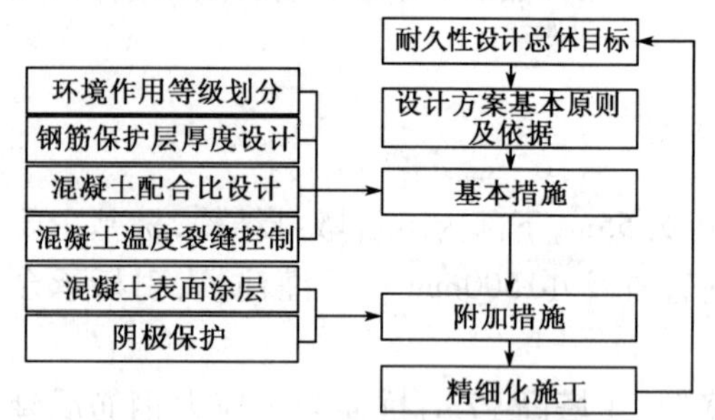

图2　槟城二桥耐久性方案技术路线

槟城二桥耐久性方案的设计还考虑了当地的实际情况，如原材料的可用性、施工应用的可行性和经济合理性。针对槟城二桥的具体情况，提出的耐久性设计方案的技术路线如图2所示。从图2可以看出，本设计方案主要由核心的基本措施(合理的保护层厚度以及高性能混凝土技术)为主，附加两种补充措施(混凝土表面保护与阴极保护技术)形成综合耐久性方案，阻锈剂在马来西亚工程界中没有应用的案例，因此在本方案中没有考虑采用阻锈剂。槟城二桥保护层厚度如表6所示。

槟城二桥钢筋混凝土保护层厚度设计　表6

结构部位	混凝土等级/碎石最大粒径	保护层厚度(mm)
钻孔桩	G40/20	75
混凝土管桩	G80/20	55
承台	G40/20	75(底面及其他面)
主塔	G50/20	50
墩身	G40/20	60
横梁	G40/20	55
桥面板	G55/20	40
支座	G50/20	40

槟城二桥采用的具体耐久性措施有：高性能混凝土采用粉煤灰水泥(粉煤灰掺量27%)、矿粉和硅粉胶凝材料体系，其中混凝土配合比中矿粉掺量30%～40%(占总胶材的比例)，硅灰掺量3%～5%(占总胶材的比例)，一方面可控制胶材的水化热量，另一方面保证了混凝土的抗渗性指标，最大水胶比和最小胶材用量见表7所示；对于混凝土管桩和钢管桩，其所处环境主要为水下区，混凝土管桩采用喷涂硅烷涂层，钢管桩喷涂环氧树脂并辅以牺牲阳极保护；对位于浪溅区和水位变动区等处的海上

承台、墩柱、塔柱下部等所处环境条件恶劣的部位,均采用了喷涂硅烷涂层附加措施。采用骨料遮阳,加冰水等措施降低混凝土的浇筑温度不高于36℃,通过埋设冷却水管,通冷却循环水控制混凝土最高温度以及温度梯度。

槟城二桥混凝土最大水胶比和最小胶材用量 表7

结构部位	混凝土等级	钢筋混凝土/预应力混凝土	
		最大水胶比	最小胶材用量(kg/m^3)
钻孔桩	G40	0.40	400
钢管桩/PHC桩填芯	G40	0.40	405
承台	G40	0.38	390
主塔	G50	0.35	430
墩身	G40	0.38	410
桥面板	G55	0.35	430
支座	G40	0.38	410

六、结　语

(1)马来西亚槟城二桥是由中国建筑企业自主设计、施工的境外最大的桥梁工程,其设计、施工、管理经验对中国建筑企业“走出去”具有重要的借鉴意义;

(2)马来西亚槟城二桥其施工环境,结构要求,标准体系,质量要求等特点鲜明,其技术要求对我国桥梁界具有重要的参考价值;

(3)从目前施工情况来看,槟城二桥所采用的混凝土配合比满足施工要求,力学性能,温度指标和耐久性能指标均满足英标和马标要求;

(4)槟城二桥所采用的耐久性方案和措施均得到咨询工程师和马来西亚业主的认可。

参考文献

[1] 冷发光等.马来西亚槟城第二跨海大桥结构耐久性研究报告[R],北京:中国建筑科学研究院,2008.

[2] 刘松等.大掺量粉煤灰混凝土在荆岳长江公路大桥承台中的应用[J],粉煤灰综合利用,2009(1):41-43.

[3] JKR/SPJ/rev.2005:SECTION 9 - CONCRETE [S].

[4] 刘松等.荆岳长江公路大桥混凝土耐久性设计研究[J],中国港湾建设(已收录).

175.基于养护规范的既有桥梁技术状况评估方法再研究

黄志伟　黄　侨　任　远

(东南大学交通学院)

摘　要　以既有桥梁技术状况评估方法为研究对象,对比研究《公路桥涵养护规范》(JTG H11—2004)及《城市桥梁养护技术规范》(CJJ 99—2003)的评估方法,提出基于程度分析的既有桥梁评估方法,它同时兼顾了《公路桥涵养护规范》中考虑缺损对结构使用功能的影响及缺损的发展变化和《城市桥梁养护技术规范》中分层加权方法。结合算例,分别采用《公路桥涵养护规范》、《城市桥梁养护技术规范》及基于程度分析的评估方法进行算例分析。结果表明,基于程度分析的评估方法得到的评估结果更为合理。

关键词　桥梁　评估方法　养护规范　程度分析

一、引　　言

我国正在从桥梁大国向桥梁强国迈进，既有桥梁量大面广。如何科学合理地评估已经建成桥梁的技术状况，成为所面临的一个重要问题。在国内，被广泛用于既有桥梁技术状况评估的《公路桥涵养护规范》（JTG H11—2004）[1]（下文简称为《公养规》）及《城市桥梁养护技术规范》（CJJ 99—2003）[2]（下文简称为《城养规》）两部规范在评估标度（或评分、扣分）方面存在着差异。由于采用的标度不同，可能得出不同的评估结果和维修决策[3]，因此，很有必要对养护规范中评估标度（或评分、扣分）进行研究。

本文首先对比研究了《公养规》和《城养规》的评估标度，然后结合模糊理论中的程度分析方法，提出新的评估标度方法，最后结合算例验证了基于程度分析评估方法的合理性。

二、两种养护规范比较

由于城市化的进程，许多城市外围的公路桥梁被涵盖到城市范围内。因此，同时采用《公养规》及《城养规》对这些桥梁进行技术状况评估，也不失为一种选择[4]。但是，由于两部规范在评估标度（或评分、扣分）方面存在着差异，有可能导致不一样的评估结果。

1.《公养规》评估标度

在《公养规》中，对于桥梁技术状况评估采用三种方法：

（1）考虑各部件缺损程度、缺损对结构的影响、缺损发展变化的量化评定方法，即考虑桥梁各部件权重的综合评定方法；

（2）以重要部件最差的缺损状况评定；

（3）按技术状况标准的描述凭经验判断。

规范推荐采用第一种方法，它是根据缺损程度（大小、多少或轻重）、缺损对结构使用功能的影响程度（无、小、大）和缺损发展变化状况（趋向稳定、发展缓慢、发展较快）三个方面，以累加评分方法对各部件缺损状况做出等级评定，见表1。

桥梁各部件缺损状况评定方法　　表1

<table>
<tr><td colspan="3">缺损状况及标度</td><td colspan="6">组合评定标度</td></tr>
<tr><td colspan="2" rowspan="4">缺损程度及标度</td><td rowspan="3">程度</td><td colspan="6">小→大</td></tr>
<tr><td colspan="6">少→多</td></tr>
<tr><td colspan="6">轻度→严重</td></tr>
<tr><td>标度</td><td></td><td>0</td><td>1</td><td>2</td><td></td><td></td></tr>
<tr><td rowspan="3">缺损对结构使用功能的影响程度</td><td>无、不重要</td><td>0</td><td></td><td></td><td></td><td>0</td><td>1</td><td>2</td></tr>
<tr><td>小、次要</td><td>+1</td><td></td><td></td><td></td><td>1</td><td>2</td><td>3</td></tr>
<tr><td>大、重要</td><td>+2</td><td></td><td></td><td></td><td>2</td><td>3</td><td>4</td></tr>
<tr><td colspan="3">以上两项评定组合标度</td><td>0</td><td>1</td><td>2</td><td>3</td><td>4</td><td></td></tr>
<tr><td rowspan="3">缺损发展变化状况的修正</td><td>趋向稳定</td><td>-1</td><td></td><td></td><td>0</td><td>1</td><td>2</td><td>3</td></tr>
<tr><td>发展缓慢</td><td>0</td><td></td><td></td><td>1</td><td>2</td><td>3</td><td>4</td></tr>
<tr><td>发展较快</td><td>+1</td><td></td><td>1</td><td>2</td><td>3</td><td>4</td><td>5</td></tr>
<tr><td colspan="3">最终评定结果</td><td>0</td><td>1</td><td>2</td><td>3</td><td>4</td><td>5</td></tr>
<tr><td colspan="3" rowspan="2">桥梁技术状况及分类</td><td>完好</td><td>良好</td><td>较好</td><td>较差</td><td>差的</td><td>危险</td></tr>
<tr><td colspan="2">一类</td><td>二类</td><td>三类</td><td>四类</td><td>五类</td></tr>
</table>

注："0"表示完好状态，或表示没有设置的构造部件。当缺损程度标度为"0"时，不再进行叠加；

"5"表示危险状态，或表示原未设置，而调查表明需要补设的部件。

由表1可知，这种方法考虑缺损程度（小→大，少→多，轻度→严重）时采用0~2的基本标度，然后考虑缺损对结构使用功能的影响程度（分别为"无、不重要"，"小、次要"，"大、重要"，相应的标度依次为0、

+1、+2)及缺损发展变化状况的修正(分别为“趋向稳定”、“发展缓慢”、“发展较快”,相应的标度依次为-1、0、+1),最终得到部件缺损状况0~5的组合标度。

2.《城养规》评分、扣分

在《城养规》中,II~V类养护的城市桥梁采用综合指标BCI表示其损坏状况。采用的BCI计算方法称为分层加权法,即根据观测的损坏状况及其扣分值,逐级、分层加权,最终得到桥梁各部分以及全桥的BCI指标。

这种方法的优点是:

(1)不需要对桥梁各部分的损坏进行现场评分,仅需要对各部分的损坏状况进行现场描述和记录,降低了对检测人员的要求。

(2)考虑不同桥梁类型的特点。

(3)评定方法详细到构件,评定过程可以准确反映具体的损坏部位。

以下部结构中的基础为例,其评分等级、扣分表,如表2(即《城养规》的表D-3)所示。由表2可知,《城养规》在对各构件损坏的扣分基础上进行分层加权。扣分标准及权重的确定对于能否得到科学合理的评估结果是至关重要的。从某种意义上说,《城养规》中的扣分标准可以理解为基于0~100标度(即百分制)基础上的改进标度。

下部结构各构件评分等级、扣分表　　表2

	损坏类型	定义	损坏评价				说明
基础	基础冲刷	桥梁基础被水冲刷的程度	程度	无	轻微	严重	“无”指基础没有出现冲刷损坏;“轻微”指基础有冲刷损坏≤20%;“严重”指基础被冲刷损坏且面积>20%
			扣分值	0	15	30	
	基础掏空	桥梁基础下部被水冲刷形成空洞	程度	无	轻微	严重	“无”指基础没有出现掏空损坏;“轻微”指基础个别位置出现≤20%的掏空破损;“严重”指基础出现面积>20%的掏空破损,严重影响基础结构的完整性
			扣分值	0	35	*	
	混凝土桩	桥梁基础下混凝土桩的情况	程度	完好	直径减小	锈蚀	“完好”指混凝土桩完好无损;“直径减小”指混凝土桩被损坏而使其直径减小,但未露钢筋;“锈蚀”指混凝土桩被损坏露出内嵌的钢筋且钢筋产生锈蚀
			扣分值	0	30	40	
	基础移动	桥梁基础的位置形态	程度	无	倾斜	坍塌变形	“无”指基础没有任何移动;“倾斜”指基础出现轻微倾斜,但还没有出现坍塌变形;“坍塌变形”指基础倾斜严重,出现坍塌变形
			扣分值	0	30	*	

*:II~V类养护的城市桥梁不打分,达到该项损坏程度时,直接将该桥定为D级,I类养护的城市桥梁定为不合格桥梁。

两部规范在描述缺损程度时,都采用三个等级。例如,《公养规》中考虑缺损程度(小→大,少→多,轻度→严重)时采用0~2的基本标度,《城养规》中用“无、轻微、严重;完好、直径减小、锈蚀;无、倾斜、坍塌变形”等语言分别描述基础冲刷、基础掏空、混凝土桩、基础移动等损坏程度。

三、基于程度分析的评估方法

两本养护规范在评估标度(或评分、扣分方法)方面都考虑将指标(包括定性指标及定量指标)进行量化处理。其中,定性指标的量化是重点也是难点。本文研究了基于模糊理论中程度分析方法的既有桥梁定性指标的量化问题,然后从人们生活中描述定性思维的语言出发,结合常规的定量指标标度方法,形成了既有桥梁的新评估标度的雏形。

模糊理论中的程度分析方法可用于判断事物的多寡、主次、大小、优劣等程度。主要思路为,如果被估计的程度必须依赖心理测量,则请有经验的、有代表性的专家或人员,按照心理测量的基本要求进行试验[5]。本文采用程度分析方法评估桥梁缺损状况程度,将缺损程度分为无、轻微和严重三级。为了考察人们关于无、轻微和严重等桥梁缺损状况程度的接受和认可状况,画上[0,1]区间,右端点表示“严重”,左端点表示“无”(如图1所示)。那么,主要问题在于“轻微”如何表示。由于已有的一些描述定性问题的语言,反映了人们日常关于多寡、主次、大小等程度的心理感受。因此,从某种程度上,可以用这些语言所反映的人们日常关于定性问题的定量化方法取代关于程度分析方法中的心理测量试验。

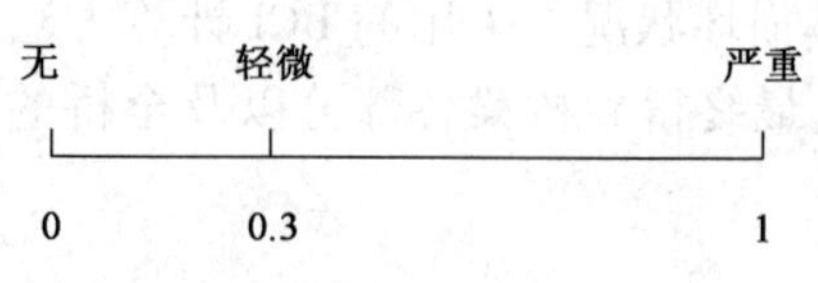

图1 缺损状况的程度分析示意图

中医理论常说的“三分治七分养”、“是药三分毒”及日常生活中常说的“三七开,功七成,过三成”都是一些描述定性问题的语言。可以这么理解,“三分”指小部分,“七分”指大部分。从数值上,7约为3的2.3倍。因此,从某种意义上说,对于定性问题,当“多、主、大”约为“寡、次、小”的两倍量级时,多寡、主次、大小等概念容易被人们所接受和认可。也就是说,日常生活中,人们常采用“三七开”定量化方法来分析关于多寡、主次、大小等程度的定性问题。因此,本文用[0,1]区间中的0.3表示“轻微”(见图1)。

基于模糊理论中的程度分析方法,结合“三七开”定量化方法,并综合《城养规》的扣分及分层加权思想和《公养规》的考虑缺损对结构使用功能影响及缺损发展变化状况的思想,提出如下的评估标度方法(简称为,程度分析评估方法)。

将缺损程度分为三级:无、轻微、严重,由专家组群决策方法确定评估指标“严重”级别的扣分值。“轻微”级别的扣分值利用程度分析方法结合“三七开”定量化方法确定,取为“严重”级别扣分值的0.3倍。“无”级别的扣分值取为0。引入缺损对结构使用功能影响的系数 K_1 及缺损发展变化系数 K_2,两者的取值见表3。

基于程度分析的桥梁缺损状况评定方法 表3

缺损状况	程　　度	无	轻微	严重
	扣分值 P	0	$0.3S$	S
缺损对结构使用功能的影响	程度	无、不重要	小、次要	大、重要
	系数 K_1	0	0.2	0.4
缺损发展变化状况的修正	变化状况	趋向稳定	发展缓慢	发展较快
	系数 K_2	-0.2	0	0.2
最终扣分值 F		$F=(1+K_1+K_2)\times P$		

注:S 为由专家组群决策方法确定的评估指标“严重”级别的扣分值,S 的取值范围为0~100。

表3中的缺损对结构使用功能的影响系数 K_1 及缺损发展变化状况的修正系数 K_2 主要依据表1所取的标度值。《公养规》中综合评定采用下列计算式

$$D_r = 100 - \sum_{i=1}^{n} R_i W_i / 5 \tag{1}$$

式中:R_i——按表1方法对各部件确定的评定标度(0~5);

W_i——各部件权重,$\sum W_i = 100$;

D_r——全桥结构技术状况评分(0~100);评分高表示结构状况好,缺损少。

由式(1)右边求和符号内的 $R_i W_i/5$ 可知,当 R_i 变化值为1时,$R_i W_i/5$ 的数值为 $W_i/5$,即0.2倍权重。基于这样的考虑,表3中 K_1、K_2 的取值与表1中的标度相对应,K_1 分别取0、0.2、0.4,K_2 分别取-0.2、0、0.2。值得注意的是,《公养规》及《城养规》各部件权重是有差别的,并且分级也不一样,这里结合了《城养规》评分、扣分思想及《城养规》考虑缺损对结构使用功能的影响及缺损发展变化状况的方法。

下面结合算例说明基于程度分析的评估方法的计算过程,并比较分析基于程度分析的评估方法、《城养规》和《公养规》三者的计算结果。

为了说明BCI计算方法,《城养规》在条文说明4.5.2小节列举了一个计算示例[2]。算例中,先分别

计算桥面系、上部结构和下部结构的得分值（依次表示为 BCI_m、BCI_k 和 BCI_x），最后结合桥面系、上部结构和下部结构的权重计算得到全桥的得分值 BCI。考虑到《城养规》和《公养规》在部件权重方面存在差异，为了避开部件权重差异的影响，本文仅以该算例中的翼墙为例，采用《城养规》、《公养规》及程度分析评估方法对其技术状况进行计算分析，计算结果列于表 4。

《城养规》、《公养规》及程度分析评估方法比较分析 表 4

<table>
<tr><td rowspan="6">城养规</td><td>翼墙损坏类型</td><td>程度</td><td>单项扣分值 DP_i</td><td>比重 i</td><td>权重 i</td><td>$DP_i \times i$</td><td>评分</td><td>评估等级</td><td>养护对策</td></tr>
<tr><td>剥离脱落</td><td>轻微</td><td>10</td><td>0.15</td><td>0.42</td><td>4.19</td><td rowspan="5">62</td><td rowspan="5">D</td><td rowspan="5">检测后进行中修或大修工程</td></tr>
<tr><td>翼墙前结合处</td><td>开裂</td><td>15</td><td>0.23</td><td>0.55</td><td>8.27</td></tr>
<tr><td>挡土功能</td><td>失去部分</td><td>25</td><td>0.38</td><td>0.70</td><td>17.58</td></tr>
<tr><td>翼墙大贯通缝</td><td>少量</td><td>15</td><td>0.23</td><td>0.55</td><td>8.27</td></tr>
<tr><td colspan="2">合计</td><td>65</td><td></td><td></td><td>38</td></tr>
<tr><td rowspan="5">公养规</td><td>翼墙损坏类型</td><td>程度</td><td>翼墙缺损程度标度</td><td>缺损对结构使用功能的影响程度</td><td>缺损发展变化状况的修正</td><td>部件组合评定标度</td><td>技术状况</td><td>技术状况分类</td><td>养护对策</td></tr>
<tr><td>剥离脱落</td><td>轻微</td><td rowspan="4">1</td><td rowspan="4">+1</td><td>（发展缓慢）0</td><td>2</td><td>较好</td><td>二类</td><td>小修</td></tr>
<tr><td>翼墙前结合处</td><td>开裂</td><td rowspan="3">（发展较快）+1</td><td rowspan="3">3</td><td rowspan="3">较差</td><td rowspan="3">三类</td><td rowspan="3">中修，酌情进行交通管制</td></tr>
<tr><td>挡土功能</td><td>失去部分</td></tr>
<tr><td>翼墙大贯通缝</td><td>少量</td></tr>
<tr><td rowspan="6">程度分析评估方法（缺损发展缓慢）</td><td>翼墙损坏类型</td><td>程度</td><td>单项扣分值 P_i</td><td>缺损对结构使用功能的影响程度 K_1</td><td>缺损发展变化状况的修正 K_2</td><td>最终单项扣分值 F_i</td><td>比重 μ_i</td><td>权重 ω_i</td><td>$F_i \times i$</td><td>评分</td><td>评估等级</td><td>养护对策</td></tr>
<tr><td>剥离脱落</td><td>轻微</td><td>6</td><td rowspan="4">0.2</td><td rowspan="4">0.0</td><td>7</td><td>0.17</td><td>0.46</td><td>3.30</td><td rowspan="5">76</td><td rowspan="10">C</td><td rowspan="10">专项检测后保养、小修</td></tr>
<tr><td>翼墙前结合处</td><td>开裂</td><td>8</td><td>9</td><td>0.22</td><td>0.53</td><td>4.79</td></tr>
<tr><td>挡土功能</td><td>失去部分</td><td>11</td><td>13</td><td>0.30</td><td>0.64</td><td>8.07</td></tr>
<tr><td>翼墙大贯通缝</td><td>少量</td><td>11</td><td>13</td><td>0.30</td><td>0.64</td><td>8.07</td></tr>
<tr><td colspan="2">合计</td><td>35</td><td></td><td></td><td>41</td><td></td><td></td><td>24</td></tr>
<tr><td rowspan="5">程度分析评估方法（缺损发展较快）</td><td>剥离脱落</td><td>轻微</td><td>6</td><td rowspan="4">0.2</td><td rowspan="4">0.2</td><td>8</td><td>0.17</td><td>0.46</td><td>3.85</td><td rowspan="5">72</td></tr>
<tr><td>翼墙前结合处</td><td>开裂</td><td>8</td><td>11</td><td>0.22</td><td>0.53</td><td>5.58</td></tr>
<tr><td>挡土功能</td><td>失去部分</td><td>11</td><td>15</td><td>0.30</td><td>0.64</td><td>9.41</td></tr>
<tr><td>翼墙大贯通缝</td><td>少量</td><td>11</td><td>15</td><td>0.30</td><td>0.64</td><td>9.41</td></tr>
<tr><td colspan="2">合计</td><td>35</td><td></td><td></td><td>48</td><td></td><td></td><td>28</td></tr>
</table>

注：程度分析评估方法中，(1) 部件的缺损“严重”级别扣分值同《城养规》的续表 D－3，“轻微”级别扣分值取“严重”级别扣分值的 0.3 倍；(2) 单项扣分值 P_i 都取的是“轻微”级别；(3) 缺损对结构使用功能的影响程度 K_1 及缺损发展变化状况的修正 K_2 的取值，见本文表 3；(4) 最终单项扣分值 $F_i = (1 + K_1 + K_2) \times P_i$；(5) 比重 μ_i 采用《城养规》的方法确定，即 μ_i 根据某项损坏的扣分值占翼墙所有损坏扣分值的比例计算而得；(6) 权重 ω_i 也采用《城养规》的方法确定，即由式 $\omega_i = 3.0\mu_i^3 - 5.5\mu_i^2 + 3.5u_i$ 计算；(7) 评分由式 $100 - (F_i \times \omega_i$ 计算；(8) 评估等级及养护对策采用《城养规》中的规定。

由表 4 可知，对于同一翼墙，采用《城养规》、《公养规》及程度分析评定标度方法及结合相应规范的权重计算方法，所得到评估结果及养护对策存在差异：从计算结果来看，《城养规》方法最保守，计算的翼墙评估等级为 D，相应的养护对策为检测后进行中修或大修工程；《公养规》方法最简单，计算结果为二类（缺损发展缓慢时）或三类（缺损发展较快时），对应的养护对策分别为小修和中修（酌情进行交通管制）；程度分析评定标度方法均衡性最好，计算的翼墙评估等级为 C，相应的养护对策为专项检测后保养、小修。由表 4 中可见，这样的养护对策介于《城养规》及《公养规》之间，更加合理。

四、分析及建议

这里的程度分析评估方法，主要是利用模糊理论中的程度分析方法和日常生活中关于不确定问题的三七开定量化方法来确定既有桥梁技术状况评估中的评估指标标度问题。结合《城养规》中分层加权思想及评分等级、扣分表和《公养规》中考虑缺损对结构使用功能的影响及缺损发展变化，提出了既考虑缺损扣分又考虑缺损对结构使用功能影响及缺损发展变化的程度分析评估方法。

这种方法着重考虑缺损程度中"轻微"与"严重"之间的关系，简化了"轻微"级别扣分值的确定方法。只依据专家组群决策确定的"严重"级别扣分值就可以确定"轻微"级别扣分值。同时，程度分析评估标度方法结合《公养规》中的关于缺损对结构使用功能的影响及缺损发展变化的标度方法，提出了基于缺损对结构使用功能的影响系数 K_1 及缺损发展变化系数 K_2 的扣分方法。

试算结果表明，程度分析评估标度方法由于既结合扣分思想又考虑缺陷的影响及变化趋势，相比较于《公养规》及《城养规》，其评估结果的均衡性较好。

五、结　　语

针对城市化发展进程中面临的既有桥梁同时采用《公养规》及《城养规》进行评估时，其结果可能存在差异。基于程度分析的思想并吸收两部规范的特点，本文研究提出了程度分析评估方法。主要结论如下：

(1)利用程度分析评估方法较之《公养规》及《城养规》，所做出决策的均衡性更好；

(2)程度分析评估方法着重考虑缺损程度中"轻微"与"严重"之间的关系，简化了"轻微"级别扣分值的确定方法；

(3)程度分析评估方法同时兼顾了《公养规》中考虑缺损对结构使用功能的影响及缺损发展变化和《城养规》中分层加权、评分、扣分方法。

(4)算例结果表明，较之《公养规》的评估方法而言，《城养规》相应的分层加权、评分、扣分方法较为保守。

参考文献

[1] 中华人民共和国交通部. JTG H11—2004 公路桥涵养护规范[S]. 北京：人民交通出版社，2004.

[2] 中华人民共和国建设部. CJJ 99—2003 城市桥梁养护技术规范[S]. 北京：中国建筑工业出版社，2003.

[3] 骆正清，杨善林. 层次分析法中几种标度的比较[J]. 系统工程理论与实践，2004，(9)：51-60.

[4] 严建玮，王立彬. 两种相关桥梁养护规范的比较研究[C]. 第五届全国土木工程研究生学术论坛，长沙，湖南，2007：305-308.

[5] 汪培庄. 模糊集与随机集落影[M]. 北京：北京师范大学出版社，1985.

176. 海南省桥梁混凝土碳化预测模型研究

戴　源[1]　任　远[1]　黄　侨[1]　王成斌[2]　苏继东[2]
(1. 东南大学交通学院；2. 海南省公路勘察设计院)

摘　要　本文基于工程实测数据，综合考虑混凝土碳化深度的影响因素，分析总结已有混凝土碳化预测模型，研究得出适用于海南地区桥梁混凝土碳化深度的预测模型，并考虑了碳化过程随机性。工程应用结果显示，采用此模型进行碳化深度、钢筋锈蚀与混凝土锈胀预测，其结果与海南桥梁现场检测结果较为吻合,表明该模型能较好的适用于海南地区混凝土桥梁结构。

关键词 海南省 碳化 预测 模型

钢筋锈蚀是钢筋混凝土结构耐久性破坏的主要原因,混凝土碳化则是一般大气环境混凝土中钢筋锈蚀的前提条件。因此,研究混凝土碳化深度的预测模型对于混凝土结构耐久性评估有着重要的实际意义。

混凝土碳化是指水泥石中的水化产物与环境中二氧化碳作用,生成碳酸钙或其他物质的现象,这是一个极其复杂的多相物理化学过程,其实质是混凝土的中性化,当 pH 值小于 9 时,埋置于混凝土中的钢筋表面的钝化膜被逐渐破坏,在水分和其他有害介质的影响下,钢筋就会发生腐蚀。

一、国内外混凝土碳化深度预测模型

近年来,混凝土碳化一直是国内外研究的热点问题。国内外学者提出了很多种碳化预测模型,这些模型基本可分为基于扩散理论建立的理论模型和基于碳化实验的经验模型两大类。

1. 国外部分典型的预测混凝土碳化模型

国外的大部分是基于扩散理论的预测模型,考虑 CO_2 浓度、大气温度、湿度等各种环境因素和大量试验数据的基础上分析出来的。目前国外典型的预测混凝土碳化模型参见表 1。

国外部分典型的预测混凝土碳化模型 表 1

编号	提 出 者	模型主要表达式	参 数 说 明
1	Richardson (1988)	$X_c = n_1 n_2 n_3 n_4 n_5 kav\sqrt{t}$	n_1 为碳化表面系数;n_2 为暴露条件;n_3 为混凝土品质系数;n_4 为混凝土表面质量系数;n_5 为 CO_2 浓度系数;kav 为年平均碳化系数;t 为桥梁运营年限
2	Häkkinen (1933)	$X_c = cenv \cdot cair \cdot a \cdot f_{cm} \cdot b \cdot \sqrt{t}$	$cenv$ 为环境条件系数;$cair$ 空气条件系数;a 或 b 为水泥种类参数;f_{cm} 为 28 天混凝土强度
3	Smolczyk	$X_c = 7\left(\frac{100w/c}{\sqrt{R_t}} - 0.75\right)\sqrt{t} - 0.5$	w/c 为水灰比;R_t 为 t 天龄期的混凝土抗压强度
4	Bakker	$X_c = A\sum_{i=1}^{n}\sqrt{t_{di} - [\frac{x_{ci-1}}{B}]^2}$ $A = \sqrt{\frac{2D_c(C_1 - C_2)}{a}}$ $B = \sqrt{\frac{2D_v(C_3 - C_4)}{b}}$	D_c 为 CO_2 扩散系数;D_v 为水蒸气扩散系数;a 为混凝土中水泥含量;b 为混凝土中水蒸气含量;$C_1 - C_2$ 为 CO_2 的相对浓度;$C_3 - C_4$ 为相对湿度
5	The CEB TG	$X_c = \sqrt{\frac{2K_1K_2D_{eff}C_s}{a}}\sqrt{t}\left(\frac{t_0}{t}\right)^n$	D_{eff} 为有效扩散系数;a 为单位体积混凝土的 CO_2 吸收量;C_s 为表面 CO_2 浓度;K_1 为施工影响系数;K_2 为环境影响系数
6	Parrott	$X_c = \frac{a \cdot k^{0.4}t_i^n}{c^{0.5}}$	C 为 CaO 含量;$k = mk_{60}$ $m = 1.6 - 0.001\,15r - 0.0\,001\,475r^2\ (r > 60)$ $m = 1.0\ (r < 60)$
7	阿列克谢耶夫	$X_c = \sqrt{\frac{2D_eC_0}{m_0}}\sqrt{t}$	D_e 为 CO_2 有效扩散系数; C_0 为环境中 CO_2 浓度 M_0 为单位体积混凝土 CO_2 吸收量

续上表

编号	提 出 者	模型主要表达式	参 数 说 明
8	Smolczyk	$X_c = 250\left(\frac{1}{R_c} - \frac{1}{R_g}\right)\sqrt{t}$	R_g 假定不碳化的混凝土极限强度,取625kg/cm^3 R_c 混凝土抗压强度
9	Nagataki	$X_c = \sqrt{(3.65P + 547)}\exp(-0.075R_c)\sqrt{t}$	P 为混合材掺量(%) R_c 为混凝土抗压强度

2. 我国部分典型的预测混凝土碳化模型

我国预测混凝土碳化深度模型主要有:牛荻涛碳化模型、龚洛书碳化模型、邱小坛碳化模型、张誉碳化模型等,各模型的主要形式与参数见表2。

我国部分典型的预测混凝土碳化模型 表2

编号	提 出 者	模型主要表达式	参 数 说 明
1	牛荻涛	$X = 2.56K_{mc}k_jk_{CO_2}k_pk_S\sqrt[4]{T}(1-RH)\cdot RH\cdot\left(\frac{57.94}{f_{cu,k}} - 0.76\right)\sqrt{t}$	K_{mc}为计算模式不定性随机变量;k_j 为角部修正系数;k_{CO_2}为二氧化碳浓度影响系数;k_p 为混凝土浇注面影响系数;k_s 为工作应力影响系数;T 为环境年平均温度;RH 为环境年平均相对湿度;$f_{cu,k}$为混凝土抗压强度标准值;t 为桥梁运营年限
2	龚洛书	$X_c = \eta1\cdot\eta2\cdot\eta3\cdot\eta4\cdot\eta5\cdot\eta6\cdot k\sqrt{t}$	η_1 为水泥用量影响系数;η_2 为水灰比影响系数;η_3 为粉煤灰取代量影响系数;η_4 水泥品种影响系数;η_5 集料品种影响系数;η_6 养护方法影响系数;k 综合影响系数
3	邱小坛	$X_c = \alpha_1\cdot\alpha_2\cdot\alpha_3\left(\frac{60}{f_{cu,k}} - 1.0\right)\sqrt{t}$	$f_{cu,k}$混凝土抗压强度标准值;α_1 为养护条件修正系数;α_2 为水泥品种修正系数;α_3 为环境条件系数
4	张誉	$X_c = k_{RH}k_{CO_2}k_Tk_s\times 839(1-RH)^{1.1}\cdot\sqrt{\frac{\frac{w}{C\gamma_c} - 0.34}{\gamma_{HD}\gamma_C c}}\sqrt{C_{CO_2}}\sqrt{t}$	k_{RH}为环境影响系数;k_{CO_2}为环境 CO_2 浓度影响系数;k_T 环境温度影响系数;γ_{HD} 为水化程度修正系数;k_s 为混凝土应力状态影响系数;RH 为环境湿度;w/c 为混凝土水灰比;c 为环境中 CO_2 浓度;γ_c 为水泥品种修正系数
5	朱安民	$X_c = \alpha_1\alpha_2\alpha_3\left(12.1\frac{W}{C} - 3.2\right)\sqrt{t}$	α_1 为水泥品种影响系数;α_2 为粉煤灰影响系数;α_3 为气象条件系数;w/c 为水灰比

二、海南省混凝土碳化深度预测模型

海南岛属热带季风海洋性气候。年平均气温22.5~25.6℃,年日照时数1 780~2 600h,太阳总辐射量4 500~5 800MJ/m^2,空气湿度大,年平均湿度为77%~86%,含盐分多。按《公路钢筋混凝土及预应力混凝土桥涵设计规范》(JTG D62—2004)第1.0.7条的耐久性环境类别划分原则,海南省国、省道及高速公路上的桥梁多属于II类和III类,即滨海环境和海洋环境。

作者通过现场检测和大量资料调查,得出海南省桥梁的典型病害为:钢筋锈胀引起的裂缝,甚至混凝土保护层大面积隆起、剥落、钢筋裸露。这类桥梁的主要受力构件(如拱、梁、板、墩和台)以及栏杆,均可见保护层大块剥落以及钢筋严重锈蚀。

图1 海南省部分桥梁病害图

1. 海南省混凝土碳化深度检测

在充分考虑海洋环境影响和海南省桥梁结构特点的基础上，共选取15座典型桥梁进行耐久性检查和检测，分别为海南省10座东线高速公路的桥梁及5座西线高速公路的桥梁。包括桥梁概况调查、桥梁环境条件的调查、桥梁表观缺损状况的检查与检测，混凝土保护层厚度及钢筋位置的检测，混凝土钢筋锈蚀电位的检测，混凝土电阻率的检测以及混凝土裂缝的检测以及桥梁混凝土碳化深度的检测等。主要检测结果见表3。

海南省高速公路桥梁耐久性检测桥梁概况 表3

桥梁编号	检测部位	桥梁运营时间	保护层厚度(mm)	碳化深度(mm)	桥梁编号	检测部位	桥梁运营时间	保护层厚度(mm)	碳化深度(mm)
1	墩柱	13年	36.1	33.11	9	T梁腹板	15年	35.3	20.84
2	空心板	13年	45.8	24.75	10	墩柱	9年	48.5	30.65
3	T梁腹板	12年	36.7	17.02	11	墩柱	14年	64.8	15.71
4	箱梁腹板	11年	41.4	15.20	12	墩柱	11年	63.4	17.00
5	桥台	11年	50.3	21.14	13	墩柱	13年	60.3	11.19
6	T梁腹板	13年	46.6	25.69	14	墩柱	1年	45.4	3.02
7	T梁腹板	13年	44.1	21.36	15	墩柱	13年	68.0	35.56
8	空心板	10年	62.3	7.08					

由表3可知，检测桥梁中，大部分桥梁的混凝土碳化深度大于20mm，有的甚至达到30mm以上，而桥梁的运营时间尚不到15年，即海南省桥梁混凝土的碳化速度明显大于内陆地区，对其进行碳化预测，需确立适用于当地的碳化预测模型。

2. 海南省桥梁混凝土碳化预测模型

本文以国内外一直认可的混凝土碳化深度与碳化时间的平方根成正比的模型作为海南地区桥梁结构混凝土构件碳化预测的基本模型，即 $X = k\sqrt{t}$，综合考虑碳化产生机理和各已有模型中的参数，以及搜集与实测的桥梁基本资料，认为海南省桥梁结构混凝土碳化深度跟二氧化碳浓度、混凝土受力状态、桥梁环境以及混凝土强度有关，即其碳化深度可按公式(1)计算：

$$X = K_m K_{CO_2} K_s K_e K_f \sqrt{t} \tag{1}$$

式中：X——混凝土的碳化深度；

K_{CO_2}——环境中 CO_2 浓度影响系数；

K_s——混凝土受力影响系数；

K_e——环境影响系数；

K_f——混凝土强度影响系数；

t——时间(年);

K_m——计算模型不定性随机变量。

参照文献[1]、文献[2]中的实验数据与其模型中的参数,并结合碳化产生机理,公式(1)中各系数取值如下:

环境中CO_2浓度影响系数K_{CO_2}可取值0.8~1.4;混凝土受力影响系数K_s,混凝土受压取1.0,受拉取1.2;环境影响系数K_e主要考虑温度与湿度的影响,按公式(2)计算:

$$K_e = \alpha \sqrt[4]{T}(1 - RH)RH \tag{2}$$

式中:α——影响因子;

RH——环境相对湿度(%);

T——环境年平均温度(℃)。

α的大小反映了环境对该地区碳化深度的影响。参照文献[1]、文献[3]中数据,并结合海南省实测数据,对于海南地区,取$RH=80\%$,$T=25$℃为标准环境,经计算,可取$\alpha=2.795$。

国内外现有模型中的混凝土强度影响系数K_f,主要为针对低品质混凝土的实验数据得出,而检测桥梁中混凝土强度C25以上,故根据海南实测数据计算得出的K_f与混凝土抗压强度$f_{cu,k}$的散点图的趋势,并参考有关文献,选择以下曲线进行回归分析:

$$K_f = Af_{cu,k}^B + C$$

经计算,当$A=62.44$,$B=-0.75$,$C=-0.398$时,曲线拟合的相关性最好,故作为混凝土抗压强度与强度影响系数的表达式,如图2所示,即:

$$K_f = 62.44f_{cu,k}^{-0.75} - 0.398 \tag{3}$$

式中:K_f——混凝土强度影响系数;

$f_{cu,k}$——混凝土抗压强度。

综上,海南地区混凝土桥梁构件预测碳化深度的模型可表示为:

$$X = 2.795K_mK_{CO_2}K_s\sqrt[4]{T}RH(1 - RH)(62.44f_{cu,k}^{-0.75} - 0.398)\sqrt{t} \tag{4}$$

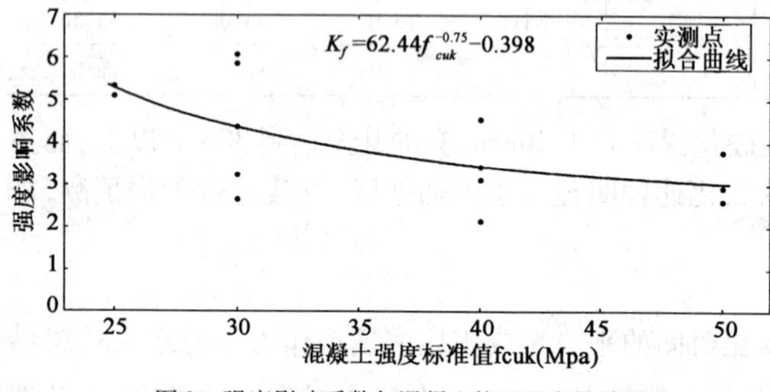

图2 强度影响系数与混凝土抗压强度的关系

式中:X——混凝土的碳化深度;

K_s——混凝土应力影响系数;

K_{CO_2}——环境中CO_2浓度影响系数;

RH——环境相对湿度(%);

T——环境年平均温度(℃);

$f_{cu,k}$——混凝土抗压强度(MPa);

t——时间(年);

K_m——计算模型不定性随机变量。

为了验证模型的适用性与实用性,进行混凝土碳化深度预测以及钢筋锈蚀与混凝土锈胀时间的预测,将结果与现场检测情况对比验证。

根据文献[1]、文献[4]与文献[5],钢筋锈蚀时间可按公式(5)计算:

$$t_i = \left(\frac{c - 4.86(-RH^2 + 1.5RH - 0.45)(c - 5)(\ln f_{cu,k} - 2.30)}{k}\right)^2 \tag{5}$$

式中:c——混凝土保护层厚度(mm),当$c>50$mm时取$c=50$mm;

t_i——钢筋开始锈蚀时间;

k——混凝土碳化系数,海南地区取$k = 2.795K_mK_{CO_2}K_s\sqrt[4]{T}RH(1-RH)(62.44f_{cu,k}^{-0.75}-0.398)$。

混凝土保护层锈胀开裂的时间t_{cr}可按公式(6)计算:

$$t_{cr} = t_0 + \frac{\delta_{cr}}{46k_{cr}k_{ce}e^{0.04T}(RH-0.45)^{\frac{2}{3}}f_{cuk}^{-1.83}c^{-1.36}} \tag{6}$$

式中：k_{cl}——钢筋位置对锈蚀速度的影响系数，角区钢筋取1.6，其他取1.0；

K_{ce}——局部环境系数，根据环境的潮湿状况，K_{ce}在1～4之间变化；

δ_{cr}——混凝土保护层开裂时的锈蚀深度(mm)；

圆钢：
$$\delta_{cr} = k_{crs}\left(0.012\frac{c}{d} + 0.00084f_{cu} + 0.022\right) \tag{7}$$

变形钢筋：
$$\delta_{cr} = k_{crs}\left(0.008\frac{c}{d} + 0.00055f_{cu} + 0.022\right) \tag{8}$$

箍筋及网状配筋：
$$\delta_{cr} = 0.026\frac{c}{d} + 0.0025f_{cu} + 0.068 \tag{9}$$

f_{cu}——混凝土立方体抗压强度(MPa)；

k_{crs}——钢筋位置影响系数，角部钢筋取1.0，非角部钢筋取1.35；

t_{cr}——混凝土保护层锈胀开裂的时间(年)；

t_0——钢筋开始锈蚀时间(年)。

三、模型适用性验证

计算时，参数取值如下：靠近城市的桥梁K_{CO_2}较高，海南岛中部地区及风景区，K_{CO_2}取值较小；由于海南岛日照影响较大，对于桥梁上部结构T的取值高于下部结构；根据检测部位，混凝土受压时，K_s取1.0，受拉时取1.2；环境相对湿度RH，取值78%～85%，其中靠海地区取值较高。海南省桥梁混凝土碳化深度计算结果与实测数据列于表4：

碳化模型验证结果　　表4

编号	k_{CO_2}	k_s	T (℃)	RH	f (MPa)	t (年)	计算碳化深度 (mm)	实测碳化深度 (mm)	实测/计算	文献1模型 实测/计算	文献3模型 实测/计算
1	1.4	1	25	0.78	25	13	33.69	33.11	0.983	3.575	2.499
2	1.4	1.2	35	0.8	40	13	27.89	24.75	0.887	4.971	5.230
3	1.2	1.2	35	0.8	50	12	19.03	17.02	0.894	7.174	9.359
4	1	1.2	35	0.8	50	11	15.18	15.2	1.001	8.031	8.729
5	1	1	25	0.8	25	11	20.64	21.14	1.024	3.726	1.734
6	1	1.2	35	0.8	40	13	19.92	25.69	1.289	7.224	5.429
7	1	1.2	35	0.8	50	13	16.51	21.36	1.294	10.381	11.284
8	1	1.2	35	0.85	40	10	11.60	7.08	0.610	3.418	1.706
9	1	1.2	35	0.8	40	15	21.40	20.84	0.974	5.456	4.100
10	1.4	1	25	0.8	30	9	22.54	30.65	1.360	5.673	3.892
11	0.8	1	25	0.8	30	14	16.07	15.71	0.978	4.080	1.599
12	0.8	1	25	0.8	25	11	16.51	17	1.029	3.745	1.395
13	0.8	1	25	0.8	30	13	15.48	11.19	0.723	3.016	1.182
14	1	1	25	0.8	30	1	5.37	3.2	0.596	2.488	1.219
15	1.4	1	25	0.8	30	13	27.09	35.56	1.312	5.477	3.757

根据表4可知，本文模型实测值与计算值之比的平均值为0.997，标准差为0.241，变异系数为24.2%。文献[1]中模型实测值与计算值之比的平均值为5.229，标准差为2.183，变异系数为41.7%；文

献[3]中模型实测值与计算值之比的平均值为4.208,标准差为3.251,变异系数为77.2%。由此可见,本文模型对海南地区桥梁混凝土碳化深度的预测,较其他典型模型有着较高的精度。

采用式(5)、式(6),对海南省15座桥梁进行由碳化引起钢筋开始锈蚀时间的预测以及混凝土保护层锈胀开裂时间的预测,计算结果见表5。

考虑混凝土碳化的海南省15座桥梁耐久性预测 表5

桥梁编号	钢筋开始锈蚀预测时间(年)	混凝土锈胀开裂预测时间(年)	已运营年限	现场检测情况	桥梁编号	钢筋开始锈蚀预测时间(年)	混凝土锈胀开裂预测时间(年)	已运营年限	现场检测情况
1	5	27	13	钢筋锈蚀	9	5	31	15	严重锈蚀
2	4	47	13	钢筋锈蚀	10	9	42	9	钢筋锈蚀
3	3	54	12	严重锈蚀	11	30	44	14	未锈蚀
4	5	65	11	严重锈蚀	12	31	30	11	未锈蚀
5	20	30	11	未锈蚀	13	30	44	13	未锈蚀
6	8	48	13	钢筋锈蚀	14	16	37	1	未锈蚀
7	5	72	13	钢筋锈蚀	15	10	44	13	钢筋锈蚀
8	27	37	10	钢筋锈蚀					

注:8号桥梁距离海岸线只有1km,经检测与分析得出,氯离子含量较高是导致该桥钢筋锈蚀的主要原因。

根据表5可知,这些预测结果与海南桥梁现场检测结果较为吻合,验证了公式(4)对于海南地区的适用性,此公式对海南省一些国道、省道桥梁进行碳化预测,预测结果与搜集到的资料亦较为吻合。但是,很多海南桥梁在运营十几年后就发生了混凝土锈胀开裂的病害,比预测结果早很多,究其原因,主要是因为在预测时只考虑混凝土碳化对钢筋锈蚀的影响,而实际桥梁结构的环境更为复杂,是多种不利因素同时作用导致钢筋锈蚀严重(如氯离子侵蚀),导致混凝土锈胀开裂时间过早。在环境条件与多种因素综合作用下的混凝土中钢筋锈蚀、甚至锈胀开裂的预测方法现在仍有待进一步研究。

四、结 语

海南省桥梁由于钢筋锈胀引起的裂缝,甚至混凝土保护层大面积隆起、剥落、钢筋裸露的现象严重,经检测,当地碳化深度高于内陆地区是导致此病害的主要原因之一。本文基于海南省典型桥梁碳化深度实测数据,综合考虑了各模型中的参数影响,重点修正了环境因素与混凝土强度的影响系数,确定了适用于海南地区桥梁混凝土碳化深度预测模型。工程应用结果显示,碳化深度、钢筋锈蚀与锈胀预测结果与海南桥梁现场检测结果较为吻合,该模型对海南地区桥梁混凝土结构的适用性较好。

参考文献

[1] 牛荻涛.混凝土结构耐久性与寿命预测[M].北京:科学出版社,2003.
[2] 蒋清野,王洪深,路新瀛.混凝土碳化数据库与混凝土碳化分析[R].西安:西安建筑科技大学,1997.
[3] 邸小坛,周燕.混凝土碳化规律的研究[R].北京:中国建筑科学研究院,1994.
[4] 徐善华.钢筋混凝土结构的碳化耐久性分析[J].建筑技术开发,2002,(8):8-10.
[5] 岸谷孝一.钢筋混凝土耐久性[J].日本建筑学会论文报告集,1979(283):11-15.
[6] 阿列可谢耶夫著,黄可信等译.钢筋混凝土结构中钢筋腐蚀与保护[M].北京:中国建筑工业出版社,1983.
[7] 朱安民.混凝土碳化与钢筋混凝土耐久性[J].混凝土,1992,(6):18-22.
[8] V. G. PaPadakis. Effect of supplementary cementingmaterials on concrete resistance against carbonation and chloride ingress[J]. Cement and Concrete Research,2000,30(2:291-299).
[9] 龚洛书,柳春圃.混凝土的耐久性及其防护修补[M].北京:中国建筑工业出版社,1990.

[10] 王广政.西昌斜拉桥结构耐久性分析[D].哈尔滨工业大学,2006.

[11] 张誉,蒋利学,张伟平等.混凝土结构耐久性概论[M].上海:科学技术出版社,2003.

177.基于光纤传感的索力自感知智能缆索

刘礼华[1] 赵 霞[1,2] 李 盛[2] 吉俊兵[1] 张恩隆[1] 周祝兵[1]

(1.江苏法尔胜泓昇集团有限公司;2.武汉理工大学)

摘 要 内置传感器的智能缆索是目前桥梁结构健康监测领域的热点与难点。对反映缆索内部应力的光纤光栅传感技术进行了研究,通过光纤光栅传感器及信号传输光纤封装防护设计、传感器埋植工艺技术研究及系统标定检测,完成了桥梁用智能型缆索研发工作,并将智能缆索应用于实际桥梁工程。成功开发了可对自身索力进行实时监测的桥梁用智能型缆索产品。

关键词 智能缆索 结构健康监测 光纤光栅 实时监测

一、引 言

随着国内外基础设施建设的发展,桥梁用缆索的需求量不断上升,对其安全性和可靠性的要求也不断提高。由于构造设计、环境腐蚀、疲劳累积,缆索难免出现不同程度的损坏和劣化[1]。若能对缆索系统在施工及运营期间的状态进行有效地在线监测、安全评定和寿命评估,不仅能为桥梁系统的维护、保养提供可靠的依据,而且可以及时处理可能出现的故障,避免事故的发生,同时还可以积累有用的参考依据。将索力作为缆索结构健康状态评估的重要指标,从而实时的监测缆索索力的变化,不仅服务于缆索自身,而且是保证开展桥梁其他结构部件损伤监测的必要前提[2]。

目前在工程中测试缆索索力,普遍采用体外检测方式,常用的索力测试方法有千斤顶压力表测定法、压力传感器测定法、频率法以及磁通量方法[3-4]。智能缆索的理念是将缆索智能化,把温度、应力等特种传感器集成到缆索中,将先进的结构健康监测技术与缆索结构有机结合,使其从一个单纯承力的缆索上升为具有索力自感知能力的智能缆索。

本文开发内置光纤光栅传感器、可对自身索力进行实时监测的智能缆索,并将研发的智能缆索成功地应用于实际桥梁工程中。全文内容主要包括三个方面:(1)内置传感器工艺技术研究;(2)智能缆索制造工艺技术研究;(3)智能缆索于实际桥梁工程中的应用。

二、内置传感器工艺技术研究

1.光纤光栅传感原理

光纤布拉格光栅(Fiber Bragg Grating,简称FBG)是应用最广泛的光纤光栅之一。采用紫外激光对光纤进行直接写入曝光,使光纤在纤芯上形成折射率周期性变化而形成光纤光栅。它的传感原理为[5]:根据光纤模耦合理论,当宽带光在FBG中传输时,光纤光栅可将满足中心反射波长的光反射,其中心反射波长方程为:

$$\lambda_B = 2 \cdot n_{eff} \cdot \Lambda$$

其中,Λ为光栅周期,n_{eff}为有效折射率。Λ和n_{eff}都受外界环境影响而发生变化$\Delta\Lambda$和Δn_{eff},而引起Λ和n_{eff}变化的主要物理量是应变和温度。不考虑温度变化的影响,光纤光栅中心波长与应变的关系为:

$$\frac{\Delta\lambda_B}{\lambda_B} = (1 - P_e)\Delta\varepsilon$$

式中,$P_e = -\frac{1}{n}\frac{dn}{d\varepsilon}$是光纤材料的弹光系数。当材料确定后,光纤光栅对应变的灵敏度系数就是唯一与材料相关的系数。

2. 缆索内置光纤光栅应变传感器

要在缆索制作过程中植入光纤光栅应变传感器，既要保证传感器植入的成活率，也要保证传感器的灵敏度，还要兼顾传感器的长期可靠性，更要保证不影响缆索原有的力学与理化性能、且不影响缆索原有的制造工艺，这些都是设计智能缆索内置传感器所需考虑的问题。

在连接筒部位的外层钢丝上进行传感器的埋植是理想的局部埋植方式，通过测索内单根钢丝的局部应变获得缆索的整体受力情况[6]。

缆索内置光纤光栅应变传感器封装结构示意图如图1所示，传感器实物图如图2所示。

图1 缆索内置光纤光栅应变传感器封装结构示意图

图2 特制的光纤光栅应变传感器实物图

特制的光纤光栅应变传感器封装有如下特点：

(1)采用钢管封装保护光纤光栅，使光纤光栅在缆索的制造工序中免受破坏；

(2)采用紧凑支座设计将传感器与钢丝发生连接，使钢丝上的受力能够传递到光纤光栅上；

(3)采用减敏结构设计，保证光纤光栅传感器的长期工作稳定性。

缆索内置传感器封装结构设计解决以下问题：

(1)光纤光栅能够经受住缆索的各道制造工序最终成活，并能准确的输出传感信号；

(2)光纤光栅传感信号能够准确地反映钢丝受力情况；

(3)保证传感器埋入缆索高应力构件中仍能保证光纤光栅长期监测有效性。

缆索用高强钢丝表面不能进行任何破坏性的操作，因此不能将传感器与钢丝焊接在一起。另外，若将光纤光栅应变传感器与钢丝传统的胶黏结方式连成一体，胶有老化的问题，不能保证其长期稳定性、可靠性。特制抱箍结构，将传感器与钢丝箍紧成一体，保证钢丝上的受力能够有效地传递到光纤光栅上，从而保证测试效果的稳定性、可靠性。

将光纤光栅传感器用抱箍固定于钢丝上，在 REGER T-30 微机控制电子万能试验机上进行拉伸测试，如图3所示，模拟索内单根钢丝的受力情况，对样件进行了3次往返加载，试验结果如图4所示。传

图3 样件拉伸示意图

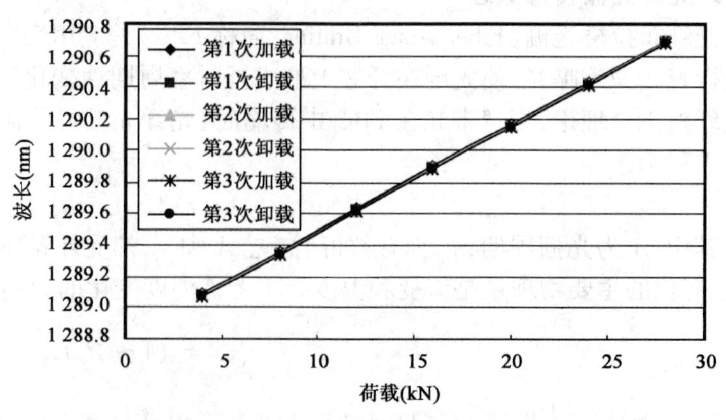

图4 样件拉伸试验结果

感器的线性度、重复性良好。因此,特制的光纤光栅应变传感器可以有效地反映索内单根钢丝的受力情况。

三、智能缆索制作及试验

智能缆索采取在缆索连接筒区域的外层钢丝上局部布置特制的光纤光栅传感器,通过外接光纤光栅解调仪实时获得光栅的中心波长变化,从而实现缆索索力的在线监测。智能缆索结构示意图如图 5 所示。

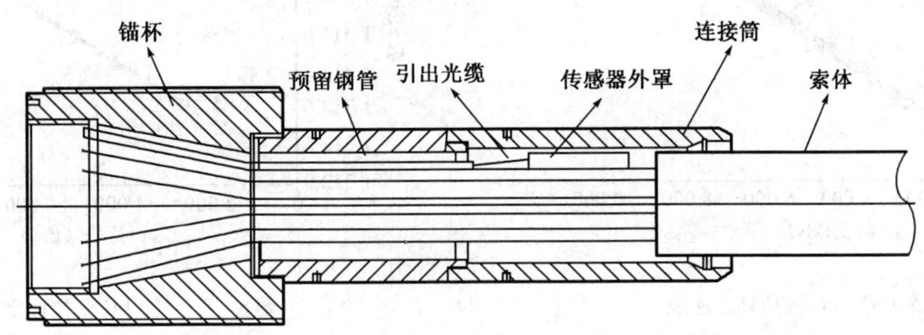

图 5 智能索示意图

将智能缆索制作工艺在智能试验索上进行了验证。智能试验索由 253 根 $\phi 7$ 钢丝组成,钢丝强度 σ_b 为 1 770MPa,索长约 400m。为了保证传感器的存活率,并能够获得缆索截面上的应力分布情况,将特制的编号为 S-1 到 S-6 的 6 个光纤光栅应变传感器沿周向固定于拉索连接筒部位外围钢丝上;同时在该区域布置 2 个光纤光栅温度传感器,以消除温度变化对应变传感器测试结果的影响。传感器于拉索截面的布置情况如图 6 所示。

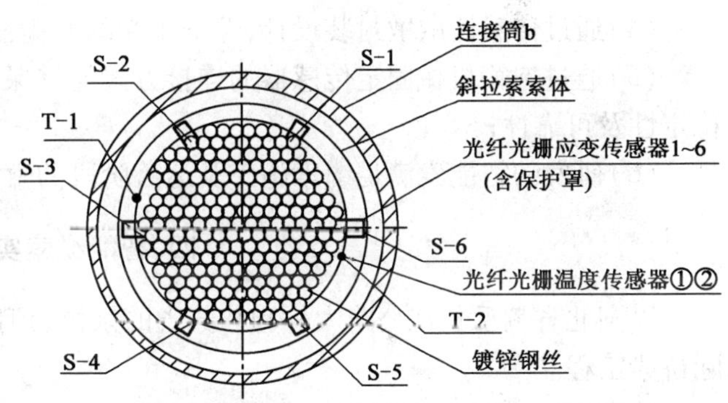

图 6 试验索内传感器截面布置示意图

在拉索的超张拉工序中,对拉索内埋植的光纤光栅传感器进行检测及标定。拉索的最大超张拉力以拉索破断载荷的 55% 张拉,该智能拉索的设计破断载荷为 17 234kN,超张拉力等级荷载如表 1 所示,实际张拉载荷取整,每级载荷持荷时间 2 ~ 3 分钟。整个张拉过程重复往返加卸载三次。在索内埋植的传感器全部存活,图 7、图 8 给出了 S-1 号、S-2 号光纤光栅应变传感器在张拉标定阶段的传感器荷载波长变化曲线,线性度、重复性理想,索内传感器标定的力敏系数可作为缆索上桥后施工及运营阶段索力测试的基础。特制的光纤光栅应变传感器可以实现缆索超张拉工序中的索力测试要求,满足大应力稳定性测试需求。

张拉载荷等级 表 1

加载等级	一级	二级	三级	四级	五级	六级	七级	八级	九级	十级	十一级
占破断载荷百分比	5%	10%	15%	20%	25%	30%	35%	40%	45%	50%	55%
张拉载荷(kN)	850	1 750	2 600	3 450	4 300	5 200	6 050	6 900	7 750	8 650	9 500

通过在长约 400m 的 253 丝实索内局部埋植特制的光纤光栅应变传感器,可对整索索力进行在线监测。经过有效的工艺验证及试验结果,可得到结论如下:

(1)通过在连接筒区域局部布置特制封装的光纤光栅应力传感器,可对整索在施工及运营期间的索力进行有效的监测;

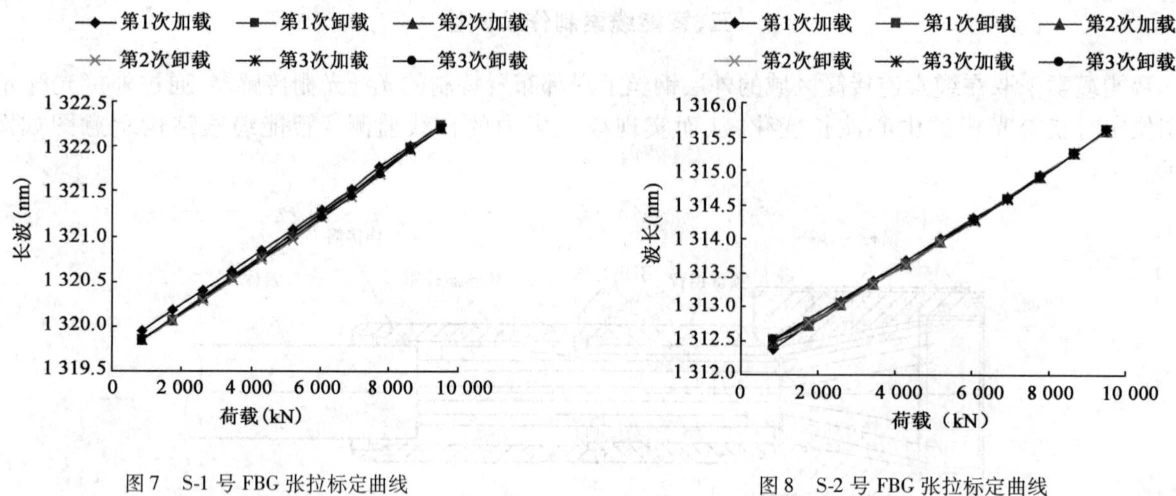

图7 S-1号FBG张拉标定曲线　　图8 S-2号FBG张拉标定曲线

(2)索内安装的光纤光栅应变传感器测试线性度、重复性好、精度高;

(3)索内埋置的光纤光栅传感器存活率高;

(4)通过传感器减敏封装设计,保证了光纤光栅在大应力工作下的长期稳定性;

(5)通过抱箍机械固定传感器的连接方式能够保证钢丝应力的有效传递,大大提高了传感器的长期稳定性及可靠性;

(6)研发的智能索满足缆索施工及运营阶段的索力测试要求。

四、智能缆索实际工程应用

以湖北省荆岳长江公路大桥和江苏省的京杭运河泗阳大桥为项目依托,将研发的智能缆索应用于实际桥梁工程。

1. 荆岳大桥智能索项目

荆岳长江公路大桥位于湖北、湖南两省交界处,是湖北省"六纵五横一环"骨架公路网中随州至岳阳高速公路跨越长江的特大型桥梁工程。主桥采用(100+298)m+816m+(80+2×75)m的双塔不对称混合梁斜拉桥;其主桥跨度位居世界第六,在高低塔斜拉桥中位居世界第一。本桥斜拉索钢丝采用ϕ7mm高强度、低松弛镀锌钢丝,抗拉强度为1 770MPa;护套采用高密度聚乙烯材料;两端锚具采用耐久型全密封热镀锌锚具。全部缆索索体采用"PVF带+螺旋线"的耐久性索体结构,全桥共计208根斜拉索。

选取JB26-S、JB21-X、JN26-S、JS26-S和AB26-S计5根斜拉索布置光纤光栅传感器实现智能缆索。其中JB26、JB21和JN26位于北岸,JS26和AB26位于南岸。除AB26为283ϕ7规格外,其余4根为253ϕ7规格。智能索的位置分布如图9所示。

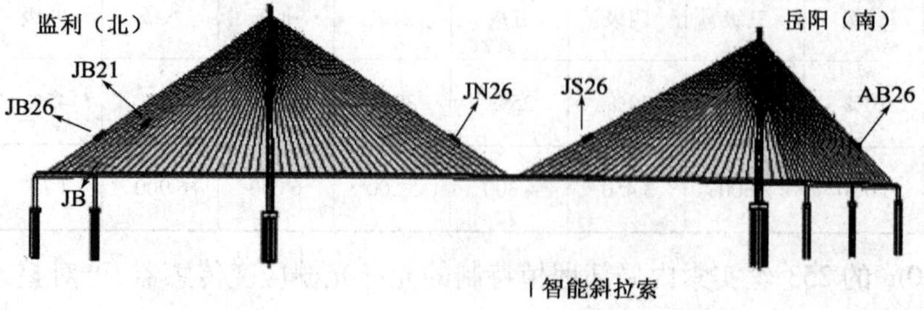

图9 智能斜拉索位置示意图

智能缆索相关的几何参数如表2所示。

智能缆索的基本几何参数 表2

索号	规格	锚固长度(m)	裸索直径(mm)	成品索直径(mm)
JB26-S	253-7	431.16	121.6	143
JB21-X	253-7	368.59	121.6	143
JN26-S	253-7	443.25	121.6	143
JS26-X	253-7	431.78	121.6	143
AB26-S	283-7	290.12	129.0	151

为了测试智能索上桥后测试索力的有效性,5根智能索同时在体外安装了光纤光栅测力环[7-9]进行索力监测,图10为荆岳大桥施工现场图,图11为智能缆索现场监测图,图12为智能索测力环实物图。

图10 荆岳大桥施工现场图

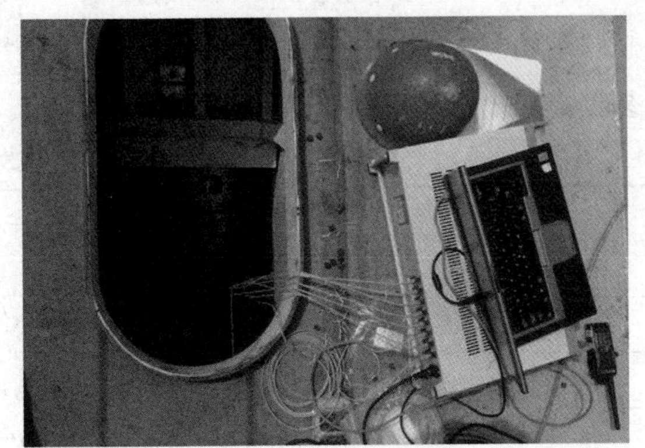

图11 智能缆索现场监测图

图13、图14为JS26-S智能索在施工阶段一张、二张过程中的测力环与智能索实测索力对比图。图15为2011年4月1日6:48分至2011年4月3日14:25分约两天半的时间JS-26号索在运营阶段采集的测力环与智能索测试索力数据对比。在荆岳长江公路大桥项目中,研发的智能索实现了缆索施工及运营阶段的索力数据监测。

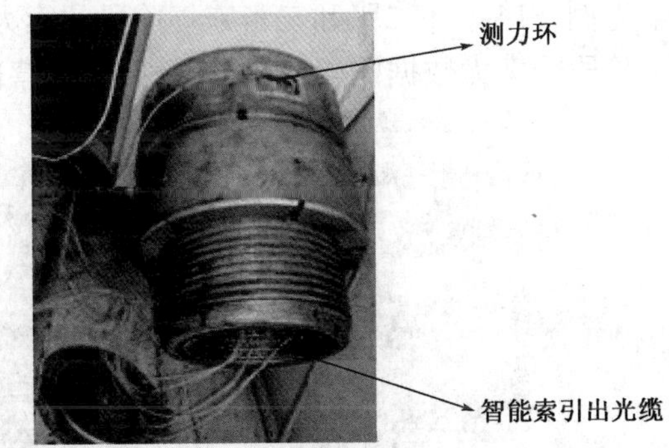

图12 智能索测力环实物图

2. 京杭运河泗阳大桥项目

江苏省泗阳县京杭运河泗阳大桥主桥为独塔双索面斜拉桥,塔、梁、墩固结。缆索采用直径为7mm,强度级别为1670MPa的低松弛高强度镀锌钢丝,缆索共6种规格:PES7-109、PES7-139、PES7-163、PES7-199、PES7-211、PES7-241,全桥共计60根缆索。其中,选取4根缆索布置光纤光栅传感器实现智能监测。具体智能索的位置分布如图16所示。

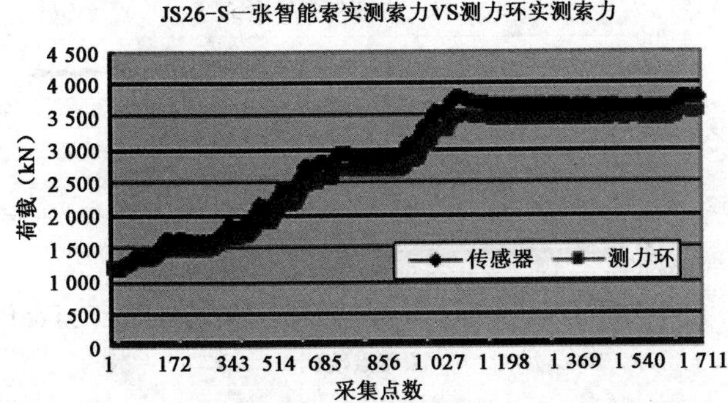

图13 JS26-S一张阶段测力环与智能索实测索力对比图

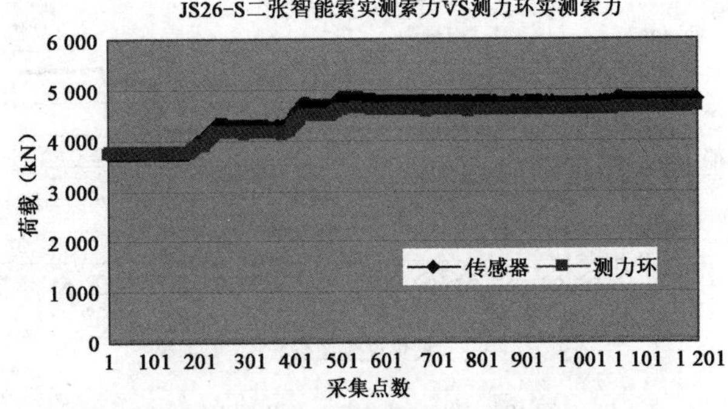

图14 JS26-S二张阶段测力环与智能索实测索力对比图

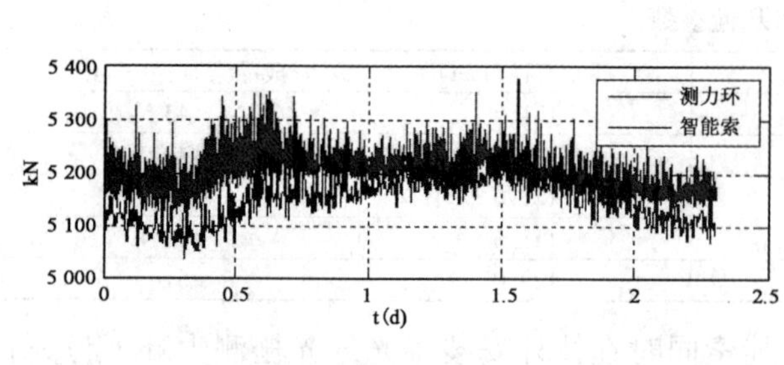

图15　JS26-S运营阶段测力环与智能索实测索力对比图

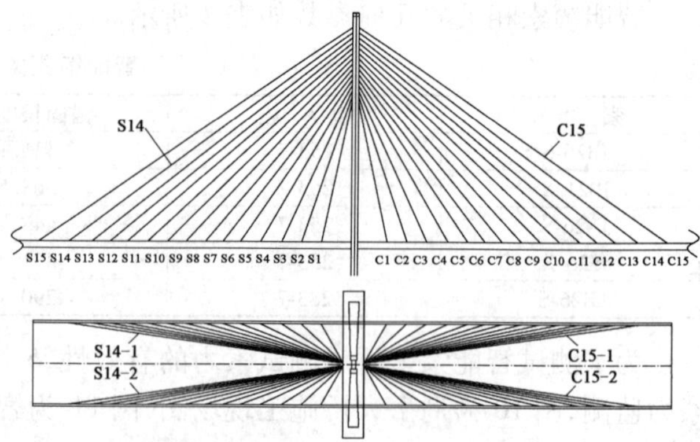

图16　泗阳大桥智能索位置分布图

智能索规格参数如表3所示。

智能缆索的基本几何参数　　表3

索　　号	规　　格	锚固长度(m)	裸索直径(mm)	成品索直径(mm)
S14-1	241-7	101.4 638	119	139
S14-2	241-7	101.4 638		
C15-1	241-7	146.1 439		
C15-2	241-7	146.1 439		

泗阳大桥现场施工图和智能缆索施工阶段现场监测图如图17和图18所示。以索号为S14-1的智能索为例,S14-1在二张和三张施工阶段的索力监测数据如图19和图20所示。智能索实现了泗阳大桥施工阶段的索力数据监测,泗阳大桥即将运营通车。

图17　泗阳大桥现场图

图18　智能索现场监测图

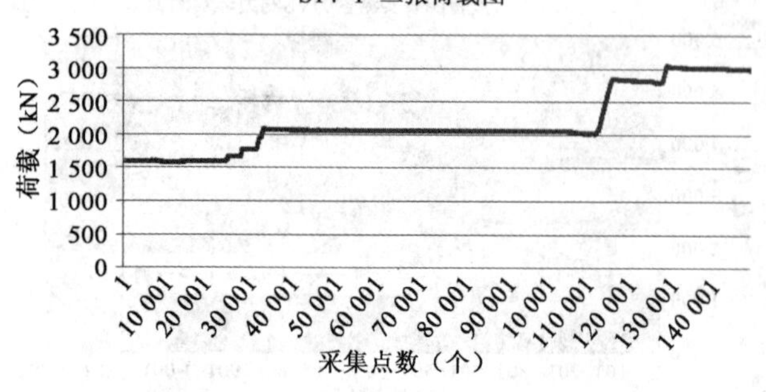

图19　S14-1二张索力监测数据图

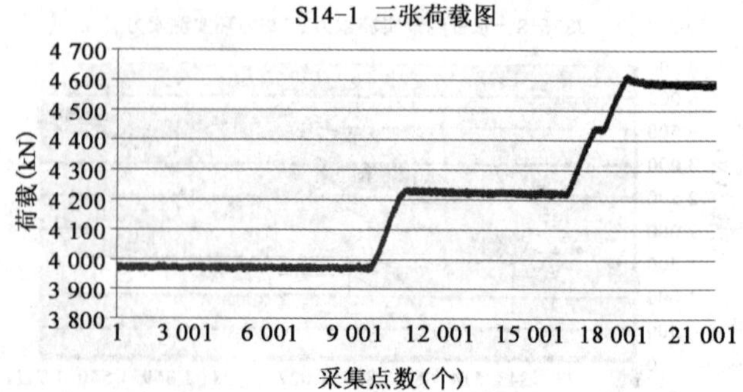

图20　S14-1三张索力监测数据图

五、结　　语

目前对缆索的索力测量普遍采用的是体外监测的方式。国际上尚未有将智能监测技术与缆索结构合二为一的产品。本文旨在研究开发内置传感器、具有自感知能力的智能缆索产品。基于光纤光栅传感原理,特制光纤光栅应变传感器和光纤光栅温度传感器,将传感器与缆索系统有机地集成为一体,实现了自身可测力及测温的智能缆索。

全文的工作概括如下:

(1)特制光纤光栅应变传感器,以缆索用高强钢丝为对象,检测了光纤光栅应变传感器测试索力的有效性;确定了光纤光栅应变传感器和钢丝间机械连接的方式;

(2)将特制的光纤光栅应变传感器和光纤光栅温度传感器局部埋置于缆索连接筒部位外层钢丝上,通过索内钢丝的局部应变反映缆索整体索力,以实现对缆索整体索力的测量。传感器安装工艺操作经过在索内的有效实验测试,工艺方案可靠。通过独特的传感器封装结构设计、特制的机械连接固定方式、埋植过程中可靠的操作工艺,有效地保证了光纤光栅的存活率;有效地保证了传感器在索内大应变测试的有效性。

(3)以湖北省荆岳长江公路大桥和江苏省京杭运河泗阳大桥为项目依托,完成了智能索实索的制作,在国内大跨度桥梁中实现了工程应用情况良好的具有自感知能力的智能长索。研发的智能缆索生产制备流程工艺可靠,传感器存活率高;智能索外观和普通缆索一样,不影响索的正常运输和安装;缆索在制备、现场施工及运营阶段的监测结果表明,智能缆索自身能够可靠感测缆索索力的变化值。索力监测技术由索体外部移植至索内,成功地使感测单元与桥梁结构合为一体,实现了缆索的智能化。

目前智能索正进行进一步产业化的工作。

参考文献

[1] Li Hui, Ou Jinping, Zhou Zhi, Applications of Optical Fibre Bragg Gratings Sensing Technology based Smart Stay Cables[J]. Optics and Lasers in Engineering, 2009, 47(10): 1077-1084.

[2] 李盛.基于光纤光栅传感原理的桥梁索力测试方法研究与应用[D],武汉理工大学,博士学位论文,2009.3.

[3] 刘志勇.斜拉桥斜拉索索力测试方法综述[J],铁道建筑,2007(4):18-20.

[4] 刘胜春.光纤光栅智能材料与桥梁健康监测系统研究[D],武汉理工大学,博士学位论文,2006.11.

[5] 李盛,程健,丁莉,等.高应力状态下的应变传感器的封装研究[J].武汉理工大学学报,2009,31(12):113-115.

[6] LI Sheng, CHEN Jian, DING Li, et al. Research on Encapsulation Technique of FBG Strain Sensor Under High Strain Working Conditon[J], Journal of Wuhan University of Technology, 2009,31(12):113-115.

[7] 刘礼华,赵霞,李盛,等.内置光纤光栅传感器的智能缆索,公路交通科技,2010,27(12):67-71.

[8] 缪芳,陈灵芝,薛花娟,等.基于光纤光栅传感技术的斜拉索智能监测[J].金属制品,2009,35(6):46-48.

MIAO Fang, CHEN Lingzhi, XUE Huajuan, et al. Intelligentmonitoring of pulling cable technology based on Fiber Bragg Grating sensor[J], Steel Wire Products, 2009,35(6):46-48.

[9] 李宏男,任亮.结构健康监测光纤光栅传感技术[M],北京:中国建筑工业出版社,2008.

[10] 姜德生,郝义旭,刘胜春.光纤 Bragg 光栅测力环在系杆拱桥中的应用[J],仪表技术与传感器,2006,(2):43-44.

IV 检测与加固

178. 从最近我国数起桥梁坍塌事故引发的反思及建议

项贻强
（浙江大学交通工程研究所）

摘 要 从2011年7月11～20日，短短的10天先后有江苏盐城通榆河桥、福建武夷山公馆大桥、钱江三桥引桥、宝山寺白河桥等先后在车辆荷载作用下垮塌，这不得不引起我们桥梁工作者的深思。本文针对目前我国桥梁建设速度过快、垮塌桥梁结构设计构造的欠缺、桥梁养护管理的不足及违规超载处罚等方面论述了相关制度的缺失或不完善，提出了相应的改进措施和建议，可供有关公路桥梁养护管理部门参考。

关键词 桥梁工程 空心板梁桥 系杆拱桥 刚架拱桥 超载 坍塌

一、引 言

7月11日，江苏盐城通榆河桥——混凝土系杆拱桥垮塌[1]；7月14日，福建武夷山公馆大桥——混凝土系杆拱桥坍塌[2,3]；7月15日凌晨，杭州钱江三桥引桥——预应力混凝土空心板梁桥桥面右侧车道部分桥面突然塌落，一辆重型半挂车从桥面坠落[4,5]；7月20日，北京宝山寺白河桥——4跨混凝土刚架拱桥被超载车压塌，桥面弯曲成W形[6]。这些桥梁的垮塌再次引起了社会各界包括工程界的震惊。虽然这四座桥梁大多是超载所致，但面对当前桥梁安全养护与事故连发的现状，为什么国外的桥梁超载导致的坍塌相对较少，而我国的桥梁事故频发？在见证现代公路桥梁建设大发展及感叹现代科技进步的同时，也看到了我们的交通基础设施桥梁建设及养护管理水平的如此脆弱。在事故频发的背后，我们究竟应该从中认识到什么，以便在下一步的桥梁建设和管理养护中，进行改进和完善。

图1 江苏盐城通榆河桥垮塌

图2 武夷山公馆大桥坍塌

图3 杭州钱江三桥引桥部分板梁塌落

图4 北京宝山寺白河桥垮塌

二、从桥梁坍塌问题引起的反思

1. 建设速度过快,精品意识不强

目前桥梁从立项到设计施工,有些中小桥只有1年甚至不足1年的时间便要求完工,大桥也只有2~3年的时间,一方面,给工程师进行深入思考分析和仔细检查的时间都没有,工程仓促上马,导致设计存在一定的缺陷;另一方面,我国的桥梁工程建设面铺的太大,优秀的桥梁设计和施工工程师又非常稀缺,一般的工程师限于资历,其设计和施工经验相对较少,导致难以较好把握桥梁的设计和施工质量,更不要说出精品了。这与国外比较通行的做法相差甚远,国外大型工程一般要5~8年,甚至更长;中型工程的建设周期也要在3~5年,因此,给工程师和决策者留出很多的时间和空间进行思考和调整。

2. 结构形式过于照搬照套

对钱江三桥的引桥——预应力混凝土空心板梁桥来说,传统的空心板梁桥设计主要是依靠板梁间有限的铰缝混凝土传递和共同受力的,这一概念来自于前苏联的做法,主要是便于工厂化预制施工,事实上,随着科技的进步及车辆荷载的不断增大,这种结构设计方法暴露出严重的缺陷,即随着车辆荷载的不断加大,桥梁的横向弯曲增大,而这种桥型结构的横向抗弯性能较弱,导致原有的铰缝混凝土易于开裂、断裂或弯剪破坏,不能有效地分布车辆荷载,致使结构单板受力和坍塌;其次,对前面所述的预应力混凝土系杆拱桥(包括有些钢管混凝土拱桥,如四川的宜宾南门桥等),吊杆是支撑桥面的关键,但大多数设计工程师和制造厂商对吊杆的耐久性和抗疲劳特性认识不够,设计构造过于简单化,使早期建设的系杆拱桥的吊杆耐久性较差,加之温度和车辆超载及往复作用,有些寿命在10左右、甚至不到10年的桥梁吊杆便出现了严重的损伤和疲劳裂缝,且由于构造的限制,这些吊杆在与拱的衔接处的损伤或疲劳往往难以探测和检测到,对桥梁的安全运营构成了隐患。

3. 桥梁养护管理投入不足,管理人员的技术素质有待提高

国际上,发达国家对交通基础设施的投入相比我国要重视多,据有关资料的统计,美国纽约州的桥梁管理费用,其每年的正常桥梁养护费用占重建费用的比例约为0.7%~0.9%,而且从国际最近几年的科技发展趋势看,发达国家对交通基础设施的侧重点是管理维护,延长结构寿命或提高其安全使用性能,尤其在主动预防和建立桥梁交通基础设施安全管理体系方面做了大量的工作。我国在桥梁交通基础设施的养护费用,大多在0.2%左右,甚至更少,有"重建轻养"之嫌疑,这与我国的部门政绩考核机制有关。此外,国外及中国香港特区等,对职业的专业土木工程师,每年要进行一定学时的专业培训和参加学术研讨的考核,完成规定的学时及考核,才能继续在这一行业工作,否则来年不能继续从事相关行业的工作,这种培训学习及研讨是一种非常自觉的行为,也是一种职业压力,不但要自觉掏钱参加培训和研讨,而且必须是业余时间。这样,就能让职业工程师在工作的同时,随着科技的进步,不断提高自己对新的科学技术和本行业工作深度的认识,不断提升技术管理的理念和方法,从而带动整个从业人员科技素质的提高和技术进步。

4. 对违规的超载车辆及驾驶人处罚力度不够

我国现有的法规虽有对超载车辆及驾驶人的处罚规定,但查处和处罚的力度却远远不够,建议应像对待酒驾的处罚一样,对违规驾驶超载车辆的驾驶人提高处罚力度,并记入该驾驶人的诚信档案中,使其在今后5年的就业档案中有不良驾驶的记录。对违规生产改装超载车辆的单位或个人,也应加大处罚直至关闭其企业,使其不能继续从事非法生产改装超载车辆行为。

三、改进的措施和建议

针对上述的不足,当务之急就是要加强对违规驾驶超载车辆的驾驶人或企业及违规生产改装超载车辆的单位或个人的处罚力度,加强车辆超载的监控力度,如高速公路及主要的桥梁或道路等出入口设置称重和抓拍系统,对车辆加装超载监测限制行驶装置等,完善法律法规,建立新型的驾驶人诚信档案机制,同时加强交通基础设施及桥梁养护的投入,一方面对现有的钢筋混凝土或预应力混凝土空心板梁桥要通过适当加固和整治改善其横向联系,如增设若干道横向预应力钢绞线,提高结构受力的整体性,加强桥面系的养护，改进现有拱桥吊杆的连接构造，使其成为受力明确，检查和更换方便的构件；对新设计的空心板梁桥应采用大铰缝，并在跨中增设一道横梁、底部预留和设置横向预应力孔道和钢筋，对下承式的混凝土或钢管混凝土拱桥要尽可能少修，确有必要，应对吊杆的耐久性和抗疲劳特性进行专门的设计，提高这类易损性较大的构件的安全系数，同时建议设计成外带销栓的二力杆吊杆；另一方面要充分利用现代科技加强其基本性能的监测，有效分析和预测其使用寿命及安全性，进行科学维护和优化决策，延长其安全使用寿命，发展与经济和社会相适应的新一代桥梁基础设施安全保障的科学和技术，减少灾难性事故的发生。这方面，浙江大学交通工程研究所和桥隧工程学科已在交通基础设施全寿命的监测、养护及评估等关键技术方面做了大量的研究和应用开发工作[7~15]，最近几年有几个国家基金和973项目获得资助，并根据现有桥梁荷载试验检测不能提供完整（超载后）的安全度信息，开发了一整套的预测分析评估其承载力的关键技术及手段，其综合考虑钢筋在荷载与环境共同作用下的变形，构造了荷载与环境共同作用的钢筋时变本构模型，并基于有限元基本方法，建立了混凝土桥梁服役过程中荷载—环境耦合作用效应及性能退化分析的数学模型及有限元分析列式，并编制了程序，具体见图5，这一技术的开发，可为相关的桥梁工程性能退化的承载力评估应用提供坚实的基础。

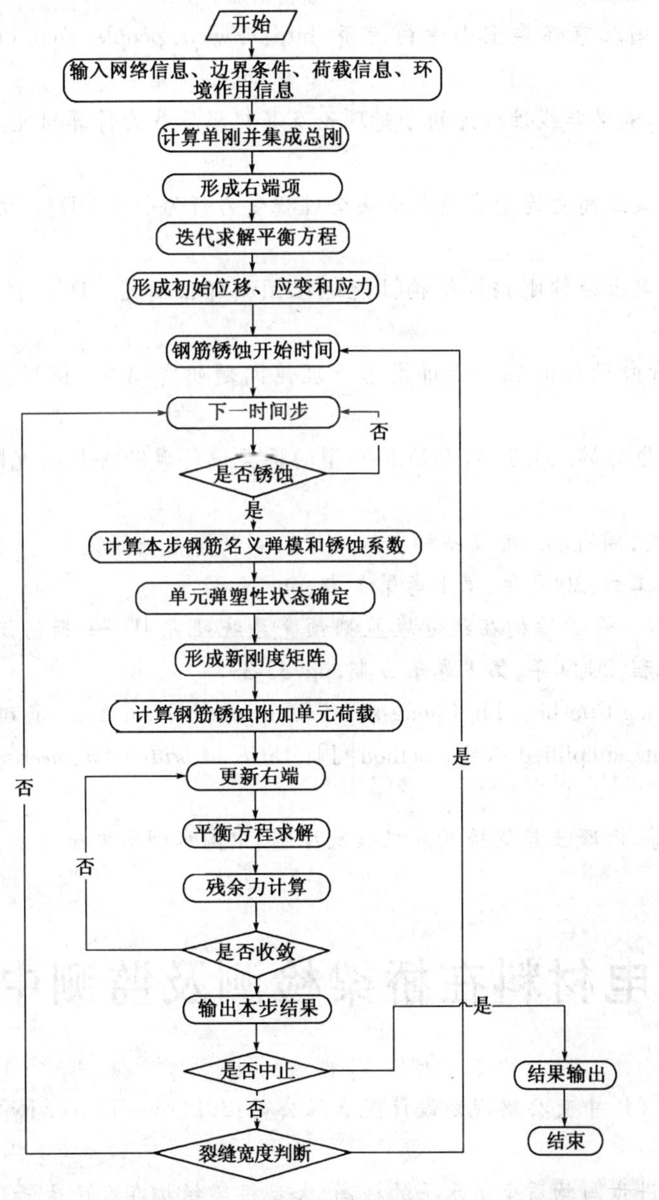

图5　考虑荷载—环境耦合作用效应及性能退化及承载力分析评估程序框图

四、结　语

相信随着科技的进步和交通基础设施管理水平和素质的提高，预防性措施的逐步深入和防范事故风险意识的加强，这样的悲剧不再重演或至少可以减少此类事故的发生。

参考文献

[1] 江苏盐城328省道通榆河桥垮塌 未造成人员伤亡. Society. people. com. cn/GB/41158/15123184. html.

[2] 福建武夷山公馆大桥断裂已致1死22伤. http://news. sina. com. cn/c/p/2011-07-14/121122813208. shtml.

[3] 武夷山大桥垮塌原因疑为吊杆断裂. http://news. qq. com/a/20110716/000025. htm.

[4] 钱江三桥引桥坍塌事故再调查. http://news. xinhuanet. com/society/2011-07/22/c_121708706. htm.

[5] 杭州钱江三桥的货与祸 揭开轰然倒塌的背后. http://zjnews. zjol. com. cn/05zjnews/system/2011/07/16/017684174_02. shtml.

[6] 货车严重超载 压塌北京怀柔宝山寺白河桥. http://www. people. com. cn/h/2011/0719/c25408-1-271492582. html.

[7] 吴光宇. 大跨P. C. 桥梁非线性行为的分析理论及其极限承载力计算研究[D]. 杭州:浙江大学博士学位论文,2006.

[8] 杨万里. 预应力混凝土简支连续多箱式桥梁全过程受力行为研究[D]. 杭州:浙江大学博士学位论文,2008.12.

[9] 薛鹏飞. 预应力混凝土连续刚构桥结构性能退化预测评估研究[D]. 杭州:浙江大学博士学位论文,2009.4.

[10] 唐国斌. 基于全寿命设计的混凝土桥梁若干理论问题研究[D]. 杭州:浙江大学博士学位论文,2011.6.

[11] 项贻强,吴强强,张婷婷. 基于AHP-FCE模型的桥梁设计风险评估研究[J]. 土木工程学报. 2010(6).

[12] 项贻强,李毅,周畅,周逊盛. 桥梁结构在线健康监测预警系统研究I——监测评估预警体系和模块设计,交通科学与工程,2009年,第1卷第1期,pp. 26-31.

[13] 项贻强,周畅,李毅. 桥梁结构在线健康监测预警系统研究II——损伤识别的信号分析及提取方法,交通科学与工程,2009年,第1卷第2期,pp. 33-39.

[14] Xiang Yi-qiang, Tang Guo-bin, Liu Cheng-xi. Crackingmechanism Analysis of bottom plate in P. C. box girder bridge and its simplified designmethod[J]. *ASCE of bridge Engineering*,2011,16(2):267-274.(SCI、EI).

[15] 项贻强,唐国斌,等. 混凝土箱梁桥开裂机理及控制. 中国水利水电出版社,2010年8月.

179. 压电材料在桥梁检测及监测中的应用

郭　瑞[1]　徐群丽[1]　徐　哲[2]
(1. 中交公路规划设计院有限公司;2. Purdue University)

摘　要　随着社会进步与物质生活水平的提高，大型桥梁结构在人民生活和社会发展中的重要性骤增，桥梁的安全受到了广泛关注。现有的检测和监测技术已经越发不能满足桥梁工程发展的需要，亟待研究发展与现代化桥梁相适应的检测和监测手段，而材料科学的进步为此提供了有力的保障。压电材料是性能优异的智能材料，是近年来研究的热点，本文简介了压电材料在桥梁现代化检测和监测技术上的应用研究现状和取得的成就，并指出其需要进一步研究的问题。

关键词 桥梁结构 检测 监测 压电材料

一、引 言

随着我国经济飞速发展，桥梁建设日益增加，各种现代化大型桥梁不仅是交通网络的重要节点，而且为社会进步起着巨大的作用。桥梁服役期一般长达数十年至上百年，其使用情况直接影响着交通枢纽的运行，并同广大人民群众的生命和财产安全紧密联系在一起。由于材料老化、疲劳失效和施工质量问题等各种不利因素的影响，桥梁损伤不可避免，若不能及时发现，很容易导致突发事故。目前传统的桥梁检测及监测手段主要有人工目测法、半破损检测法（如钻芯法、拔出法、射击法等）和无损检测法（如回弹法、超声脉冲法、超声回弹综合法、雷达法、红外成像法、X 射线法等）。所有现有技术手段均存在以下共同缺点：无法进行全面监测；检测缺乏自发性并明显滞后。由此可知，现有的技术手段已难以适应桥梁进行监测及检测发展的要求，必须尽快发展与现代化桥梁规模和功能相适应的现代检测及监测技术，以确保桥梁运行的安全性和可靠性。

近十几年来，智能材料的出现为提高桥梁的检测效率和质量，实现对桥梁进行在线监测提供了一条有效途径。智能材料主要包括光纤、形状记忆合金、电/磁流变体、压电材料、电致和磁致伸缩材料等。在众多的智能材料中，压电材料具有集传感和驱动一体化的优越特性，并且响应速度快、线性关系好，能耗低、造价低廉且易加工成型，因而很适合用于桥梁检测及监测领域。

二、压电效应和压电材料

具有压电效应的材料就是压电材料。压电效应是机械能和电能之间的转换，分为正压电效应和逆压电效应（如图 1 所示）。正压电效应是指当压电材料受到外力作用而形变时，材料内部正负电荷中心发生相对移动而发生极化，从而材料的某些表面上会有符号相反的束缚电荷产生；利用正压电效应 可将压电材料制成传感元件，即通过检测压电元件上电荷的变化来确定压电元件埋入处结构的变形量。而逆压电效应（也称为电致伸缩效应）是指当压电材料置于外电场中，材料发生机械形变，形变量与电场强度成比例。利用逆压电效应可将压电材料制成驱动元件，如将其埋入结构，可使结构产生变形或改变应力状态。

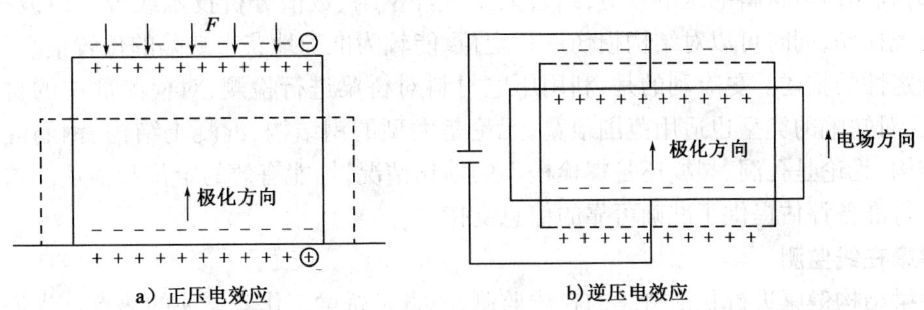

图 1 正/逆压电效应示意图

压电材料一般可以分为无机压电材料，包括压电单晶和压电陶瓷，如钛酸钡、锆钛酸铅等；有机压电材料，如聚二氟乙烯、聚氟乙烯、尼龙偏聚氟乙烯（PVDF）等；及复合压电材料（复合压电材料是在有机聚合物基体材料中嵌入片状、棒状、杆状或粉末状压电材料构成的。）三类。自压电效应被发现的一百多年以来，压电材料以其特有的机电耦合性，作为压电驱动器、压电传感器、压电换能器、压电变压器及声表面波压电滤波器，被广泛应用于各种工程领域[1]。近年来，压电材料在桥梁检测监测研究中也成为研究的热点。

三、压电材料在桥梁检测及监测中的研究进展

压电材料具有很多优点如:成本低、响应快、结构简单、可靠性好;既可作传感器又可做驱动器,也能集成使用;频率响应范围宽($1\sim5\times10^4$Hz);输入输出信号均为电信号,易于测量和控制;功耗低,驱动激励功率小;易加工成薄片状,既可贴在结构表面,又可埋入结构构件中,等等。因此,在桥梁检测监测工程研究中,压电材料成为研究的热点,并取得了显著的成绩。对压电材料在桥梁监测检测中应用的研究方向主要集中在以下几个方面:损伤的位置和程度的检测诊断;桥梁结构健康状况在线监测;桥梁工作动态监测(车流量、车速监测、荷载监测等);作为无线监测系统的供电电源监测。

1. 损伤检测

损伤检测是压电材料在桥梁检测技术研究中最重要的一个方向。压电材料用于桥梁检测中的尝试开始于 Sun 和 Liang[2] 等人提出的基于压电材料的机电阻抗技术。他们将压电传感器粘贴在结构表面或埋入内部,根据压电传感器的机电耦合特性来表征结构缺陷或损伤的存在。常用的压电材料是压电陶瓷锆钛酸铅(PZT)薄片。一般来说,结构损伤前后,压电传感器监测到的响应曲线有明显的差异,如图2所示。

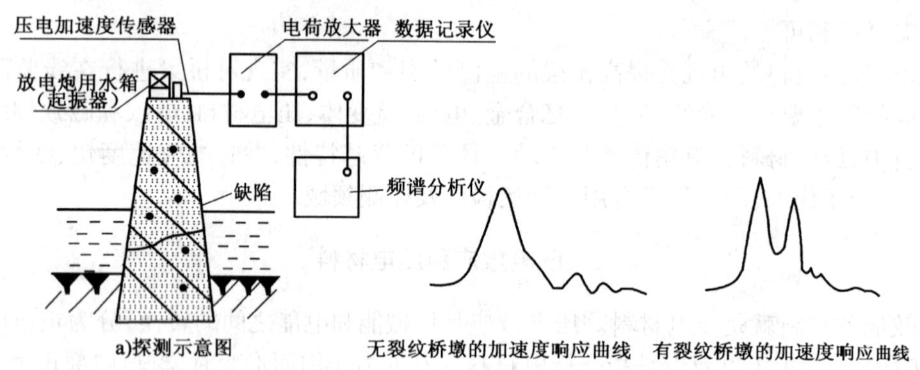

图2 桥墩水下部位裂纹探测[3]

近年来,经过国内外学者的不断努力,使得压电材料在桥梁损伤检测的应用研究中有了重大的进展,利用压电材料对桥梁结构损伤进行检测,不但可以发现损伤的存在,而且能够对损伤位置进行准确的定位、对损伤情况进行定性的描述。大量研究结果表明[4~8],将压电材料做成薄片贴于桥梁的结构表明或埋在结构内部,利用压电材料的压电效应,结合人工神经网络、数值分析技术或者超声波技术,可以在损伤初始阶段发现损伤,同时可以对结构损伤进行定位,能较为准确地获得缺陷的位置信息,并能对结构的损伤程度进行定性的描述。更有利的是,利用压电材料对桥梁进行检测,对检测部位的材料组成和结构大小没有限制,对缺陷的类型也适用范围很宽,无论是大型的钢结构、混凝土结构、钢筋混凝土结构还是细小的螺栓结构,无论是孔洞、裂缝还是螺栓松动的损伤情况,均能有效的定位和描述。这为进一步对桥梁运行安全进行准备评估提供了准确可靠的信息支持。

2. 结构健康在线监测

如何对桥梁结构健康进行长期持续的在线监测,一直是桥梁工作者关注的热点。人们希望在桥梁正常营运状态下能实时对桥梁进行在线测评,并且希望测评系统能对发现的桥梁安全隐患和自主报警。科学工作者对智能材料的深入研究使这一设想成为可能,并从20世纪90年代起,先后在加拿大 Calgary 的 Beddington Trail 大桥、美国佛罗里达州的 Sunshine Skyway 桥、北爱尔兰的 Foyle 桥、丹麦的 Faroe 跨海斜拉大桥、中国香港的青马大桥、汲水门大桥、汀九大桥、重庆大佛寺长江大桥、钱江四桥、南京长江大桥、润扬大桥等多座桥梁上采用光纤传感器对桥梁的性能进行长期监测,并取得了相当的成就。但是光纤传感器有其难以克服的局限性。光纤传感法虽然不受电磁干扰,比较适合混凝土结构的多点测量,但光纤传感器传感频带比较窄,一般只能监测低频或静态的信号,而且光纤质地较脆,容易断裂,同时对测试环境

要求比较严格,使用中需要进行温度补偿。另外,整个监测系统的价格非常昂贵。近年来,研究者将目光转向了压电材料,并取得了可喜的进展。

近来的研究成果表明[9~17],将压电材料制成的压电传感器贴于结构表面或者埋在结构内部形成传感器网络,或者将压电材料粉末制成涂层涂覆在结构表面,通过结合识别算法、兰姆波传播技术或基于高频区域阻抗谱的对比和分类,可以对各种类型的桥梁结构健康状况进行在线分析和智能诊断。这种在线监测手段功能强大,能对混凝土在养护过程中的强度增长情况进行表征;能及时地在损伤初始形成阶段发现损伤,确定损伤的位置并对损伤程度量化分析;能监测地震、大风载荷等作用下结构损伤情况;能监测高速路桥受超载货车撞击后结构的响应情况并主动探测到撞击产生的疲劳损伤;还能监测运营结构的振动状态如振动频率和振动模态。图3是利用压电传感器网络,基于对桥梁一阶振动频率的监测实现对桥梁健康状况在线监测的一个示例。

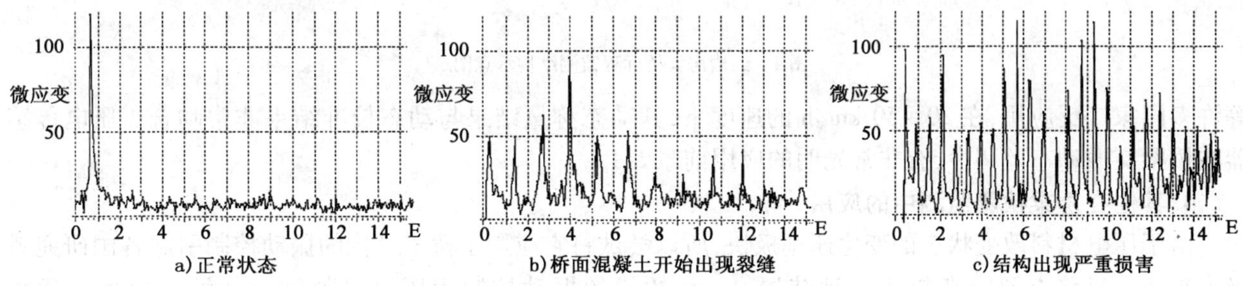

图3 桥梁在动态荷载作用下一阶振动频率的监测[18]

图3a)表明桥梁在正常状态下其自由振动的第一阶频率是0.7Hz。当桥面混凝土开始出现裂缝时,桥梁的自由振动频率偏移至4 .0 Hz[图3b)]。当结构出现严重损害,裂缝扩展至桥梁无法进行安全的运营时,频谱图已经没有主要的波峰,呈现出杂乱无章的现象[图3c)]。由此示例可以看出,压电传感器网络可以清楚的区分桥梁各种不同的运行状态。

3. 交通动态监测

我国交通运输问题非常突出,各种超载、超速等违规行为频发,必须有效地对交通车重、车速、车流量进行监测。现有的动态监测设备在使用中出现了许多缺点,亟须技术革新。例如,电磁感应监测技术成本低、不受气候影响,但破坏路面、可移动性差、容易损坏且寿命短;超声波监测器虽然寿命长、可移动、不受路面变形的影响,但检测精度较差、易受自然条件影响。激光检测技术精度高,但设备成本昂贵且受灰尘、冰雾等环境影响。传统使用的车辆静态称重电子地磅也有设备庞大,破坏路面,效率低而安装不便等诸多缺点。

压电传感器具有体积小、刚度大、固有频率高、灵敏度高等优点,引起了人们的广泛重视并展开多项研究,希望将压电材料用于交通动态监测。利用压电材料对重庆渝长高速公路的红槽房大桥进行远程交通动态监测,取得了很好的效果[19]。如图4所示,在该桥梁的主梁下布置压电片[图4a)]。当车辆以较慢的速度经过大桥时,可绘出每个压电片测得的动态应变曲线[图4b)],对曲线计算可得到桥梁上车辆的行驶速度、车辆的吨位、车流量等信息,从而实现对桥梁动态应变的远程监测和对交通状况的监测。

研究表明[20],将压电传感器用在桥梁交通动态监测中,可以有效地对人流、车速及车辆动态载重进行监测,同时还可以对桥梁结构安全运行状态进行在线监测。不只如此,压电传感器在桥梁交通动态监测中有更广泛的应用[21],比如:美国MEAS公司目前已经研究开发出一种压电薄膜交通传感器,用于检测车轴数、轴距、车速监控、车型分类、动态称重、收费站地磅、闯红灯拍照、停车区域监控、交通信息采集(道路监控)及机场滑行道,可获取精确、具体的数据并能长期反馈交通信息统计数据;瑞士Kistler公司[44]开发出以压电材料石英晶体为敏感元件,可以埋在路面下的工字梁形动态称重传感器,用于公路车辆轴载超载预判,桥梁超载报警,隧道保护和车辆轴载计量,并在美国、英国、德国、澳大利亚、韩国、日本

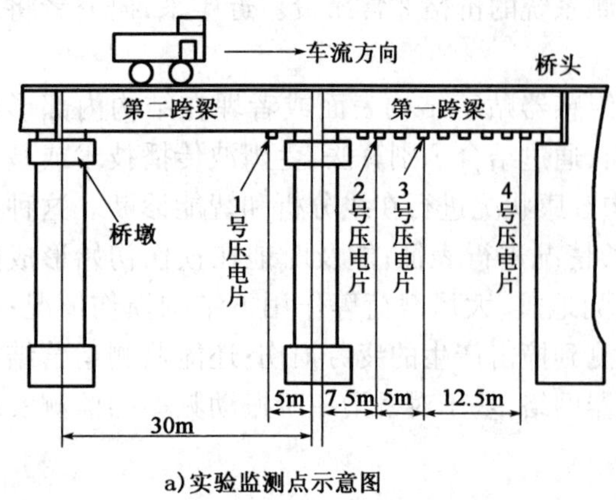

a)实验监测点示意图

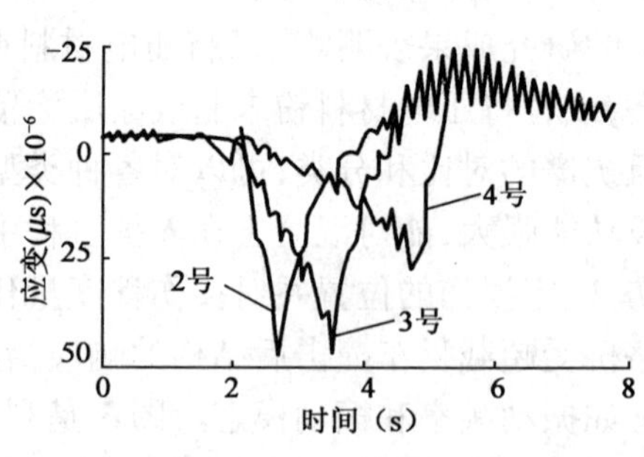

b)2、3、4号压电片测得的动态应变曲线综合图

图4 红槽房大桥远程监测结构示意图

等许多国家广泛应用,在20~50 km/h的速度下,其动态称量结果与动态校准结果非常吻合。压电传感器在桥梁交通动态监测中,有非常光明的应用前景。

4. 其他在桥梁检测监测中的应用

由于压电材料改变状态的变化速率极快,所以尝试将它应用于桥梁结构的振动控制引起各国研究者极大兴趣。目前有研究者提出一种装置[22],在桥梁的振动控制用压电材料结合线性二次型最优化(LQR)算法来控制桥梁的竖向振动,并通过算例分析桥梁在移动荷载作用下的振动控制效果验证了此方法的可行性。但压电材料存在激励应变量小和极限应变量小两个主要弱点,因此很难实际应用于桥梁工程中结构振动的主动控制上。最近日本学者和国内学者都研究发现[23],通过在框架柱两侧加设牛腿,将压电材料放置在牛腿上,可以通过调整压电材料上的电压实现对框架结构地震反应的主动控制,该减振系统能有效降低结构的地震反应,如果将压电材料贴附在梁的受拉和受压区表面,当动应力超过容许限值时施加主动控制力,可以有效地减小梁的动应力,控制梁的结构振动。

除了作为桥梁振动的控制器以外,压电材料还可以作为桥梁无线传感器的能源使用。传统的桥梁监测系统是通过大量的信号传输线把敏感元件或传感器与数据采集联系在一起,系统耗资大,安装困难且信号易受环境的干扰,因此人们提出了无线传感系统。无线传感可实现传感器之间直接通信,安装方便,抗干扰,经济性强。但无线传感模块内置电源体积大、壳体寿命有限、体内化学物质容易污染环境,可取代电池的能量发生器成为研究的热点。能量发生器是将周围环境资源的能量转化为电能的设备。Willims等提出了利用桥梁的振动发电振动电源,但有些桥梁的振动并不明显,容易导致振动发电能量不充足。唐亚鸣等[24]提出利用车辆载荷压力,通过压电片状材料的并联叠加,为桥梁无线监测提供一种有效电源的技术方案。压电材料在压力作用下,在两表面产生电荷,相当于一个电容,电容在两极产生电荷后就存贮了一定的能量。他们通过理论分析和实验测试研究发现,压电陶瓷电源在长储性、耐高冲击、小体积方面比振动发电器具有更好的优势,且对桥梁的振动没有要求,压电电源产生的能量可以满足无线传感器的能量要求,是桥梁无线传感能源的较好选择。

四、需要解决的问题

压电材料作为一种具有相当广阔应用前景的智能材料,正得到越来越多的重视,在桥梁的检测和监测研究中占据重要的地位。基于压电材料的桥梁结构检测与监测技术,克服了传统检测监测手段的不足,对外界环境影响有较强免疫力,使用成本低而稳定可靠,不但能够灵敏地监测到损伤的产生,而且能够准确定位损伤位置并表征损伤程度,同时在桥梁结构健康在线监测、交通动态监测方面有非常广阔的应用前景。但也存在着一些问题,例如:压电材料还未实现桥梁检测监测工程实用化,试验研究多而工程试用少,研究对象以简单的板梁结构较多,而对复杂结构的研究很欠缺。因而,在进行实验研究的同时,还应加强理论研究和工程实用方面的探索,尤其应加强在线实时分析的研究,把数值分析技术与现场测试结合起来,为压电材料在桥梁的检测和监测中进行应用提供有力的支持。

参考文献

[1] 郭瑞.1-3 型锆钛酸铅多孔陶瓷的制备与性能研究[D].清华大学博士学位论文.北京.2011.

[2] Liang C, Sun F P, Rogers C A. Electro-mechanical impedancemodeling of activematerial systems[J]. *J. Intell. Mater. Syst. Struct.*, 1994, 21:232-252.

[3] 洪水棕.现代测试技术[M].上海:上海交通大学出版社,2002.

[4] Song G, Gu H , Mo Y L, et al. Concrete structural healthmonitoring using embedded piezo ceramic transducers[J]. *Smart Mater Struct*, 2007, 16(4):959-968.

[5] Saafi M. Healthmonitoring of concrete structures strengthened with advanced compositematerials using piezoelectric transducers[J]. *Composites Part B (Engineering)* 2001, 32B(4): 333-342.

[6] 赵晓燕,李宏男.基于压电陶瓷的混凝土裂缝损伤监测[J].压电与声光,2009,31(3):437-443.

[7] 高峰,王德俊,江钟伟,等.压电阻抗技术用于螺栓松紧健康诊断[[J].中国机械工程,2001, 12(9): 1048-1049.

[8] 石荣,陈伟民,朱永,等.采用压电片阵列传感进行损伤监测的研究[J].压电与声光,2000, 22(4): 277-280.

[9] Soh C K, Tseng K K H, Bhalla S, et al. Performance of smart piezoceramic patches in healthmonitoring of a RC bridge[J]. *Smart Mater. Struct.*, 2000, 9:533-542.

[10] Bhalla S, Naidu A S K., Ong C W, et al. Practical issues in the implementation of electro-mechanical impedance technique for NDE[C]. Proc. SPIE 2002, SPIE′s International Symposium on Smart Materials, Nano-, and Micro-Smart Systems, Australia, Melbourne, 2002.

[11] Bhalla S, Soh C K. High frequency piezoelectric signatures for diagnosis of seismic/blast induced structural damages[J]. *NDT&E Inter.*, 2004, 37:23-33.

[12] Giurgiutiu V, Zagrai A N. Embedded self-sensing piezoelectric active sensors for online structural identification[J]. *ASME J. Vib. Acoust.*,2002,124:116-125.

[13] Song C X, Olmi C, Gu H. An over height vehicle-bridge collisionmonitoring system using piezoelectric transducers[J]. *Smart Mater. Struct.*,2007,16(2):462-468.

[14] Egusa S. Piezoelectric paints as one approach to smart structuralmaterials with health2monitoring capabilities[J]. *Smart Matls. and Struct* ,1998 ,7 (4) :438-445.

[15] 袁曾燕,芮延年,赵葵,等.基于压电理论的悬索桥工作状况智能监测与诊断方法[J].工程设计学报,2007,14(6): 453-456.

[16] 石荣,陈伟民,朱永,等.采用压电片阵列传感进行损伤检测的研究[J].压电与声光, 2000 ,22 (4) :277-280.

[17] 孙威.利用压电陶瓷的智能混凝土结构健康监测技术[D].大连理工大学.大连.2009.

[18] 郑旭锋,肖沙里,谭霞,姚实颖.压电传感技术在桥梁振动检测中的研究与应用[J].压电与声光, 2003, 25(1):71-74.

[19] 石荣,李在铭,黄尚廉.桥梁动态应变的压电传感和远程监测的研究[J].仪器其仪表学报,2002;23 (4):369- 372.

[20] 徐东宇.水泥基压电传感器的制备、性能及其在土木工程领域的应用研究[D].山东大学.山东.2010.

[21] Doupal E, Calderara R. Remote WIM systems in international conference on virtual and remote weighalpine tunnels[C]. 1 st Stations, Orlando, F L,2004.

[22] 高志.压电智能结构对桥梁的振动控制[D].武汉理工大学.武汉.2007.

[23] 瞿伟廉,李卓球,姜德生,等.智能材料-结构系统在土木工程中的应用[J].地震工程与工程振动,1999,19(3):87-95.

[24] 唐亚鸣,周园.桥梁无线监测压电供能[J].测控技术.2007,26(11):71-76.

180.某连续刚构桥箱梁底板开裂加固处理

毛穗丰　张　义

(中国水电顾问集团成都勘测设计研究院)

摘　要　介绍某连续刚构桥在跨中合龙段两侧附近底板出现开裂后的加固处理,对其开裂原因进行了分析,并通过计算,采用一系列的措施进行了加固处理。根据桥梁荷载试验结果可知,加固处理的效果较好,达到了原设计要求。

关键词　连续刚构　底板开裂　加固

一、工 程 概 况

某连续刚构桥上部结构布置为60.5m+110m+60.5m三跨一联(如图1),采用挂篮施工。下部结构主墩为双肢矩形实体墩,基础为承台加群桩基础。桥梁全长250m,桥面宽为净-12+2×1m,设计荷载:汽车—80级,验算荷载:挂车特—300。

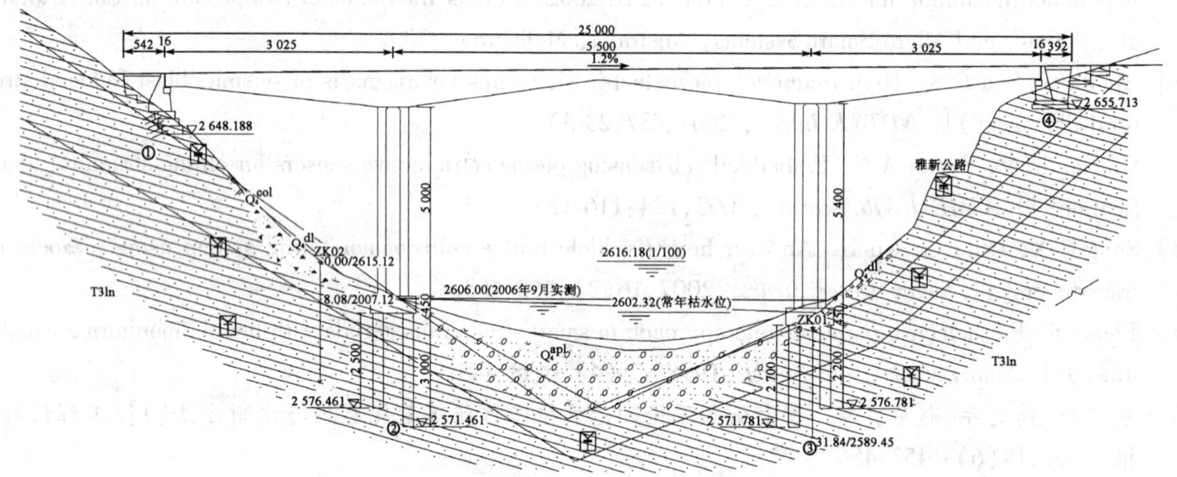

图1　某连续刚构桥总体布置(尺寸单位:cm)

该桥箱梁0号段长11m(包括墩两侧各外伸1.5m),主墩"T"构纵桥向划分14个节段。梁段及梁段长度分别为5×3.0m、5×3.5m、4×4.0m,累计悬臂总长48.5m。全桥共有两个边跨合龙段共计3个合龙段,每个合龙段长2m。

连续刚构采用单箱单室,C50混凝土,三向预应力,箱宽8m,翼板悬臂3.0m,全宽14m。箱梁根部高9.0m,端部及跨中高3.5m。箱梁变高采用1.8次抛物线从箱梁根部高9.0m变化至端部及跨中高3.5m;箱梁底板变高也采用1.8次抛物线从箱梁根部厚1m变化至端部及跨中厚0.3m。箱梁腹板厚度从3.0m节段0.8m变化到4.0m节段0.5m,箱梁节段间腹板厚度变化采用7m(两个箱梁节段)长度渐变过渡。0号块件横隔板内梁段底板厚度为1m、腹板厚度为0.8m。全桥在0号块处共设4道横隔板,其厚度为2m。

合龙段15号节段底板厚度0.3m,14号节段底板厚度0.3~0.305m,13号节段底板厚度0.305~

0.319m,12 号底板厚度 0.319 ~ 0.338m,11 号节段底板厚度 0.338 ~ 0.365m。

二、病害发生情况

1. 梁体施工经过

施工单位完成完成中跨合拢段(15 号节段)的所有预应力张拉后,在拆除中跨挂篮底模时发现 3 号桥墩侧 11 号 ~ 14 号节段箱梁底部出现表面混凝土剥落现象。

2. 崩裂情况描述

箱梁底部混凝土剥落部位主要集中在 3 号桥墩 13 号、14 号节段交界处,11 号、12 号节段交界处也有一处,每处面积 4 ~ $5m^2$,呈现底层钢筋脱落下挠,底面混凝土崩裂,崩裂最大深度 0.17m,预应力波纹管已经外露,变位较明显的是:上游的 D1、D4、D5 号钢束,下游的 D6、D8 号钢束(如图 2)。

a)混凝土凿除前的崩裂情况(一)

b)混凝土凿除前的崩裂情况(二)

c)混凝土凿除后钢筋、波纹管外露情况(一)

d)混凝土凿除后钢筋、波纹管外露情况(二)

图 2 箱梁底板混凝土崩裂图

3. 主要原因分析

对于桥梁出现箱梁底板下缘混凝土崩裂、脱落等现象,通过现场勘察,在排除底板混凝土强度不满足要求等情况下,会同专家组充分讨论,分析主要原因为以下几点:

(1)在中跨合龙束张拉施工中,施工程序未按设计规定的分批张拉压浆执行。底板钢束管道直径为 90mm,中距 160mm,管间净距仅 70mm,张拉后也未及时灌浆,形成底板截面挖空率过大,钢束张拉后产生的径向力对底板下缘混凝土形成拉应力,过大时致裂缝发生,节段间曲率变化也会加大径向力而促成剥落、裂缝的发生。

(2)施工时为了方便,施工人员擅自将连接箱梁底板的箍筋改为了钩筋,且安装质量较差,削弱了顶底板横向钢筋对混凝土的约束能力,对底板下缘混凝土崩裂、脱落的产生也有一定的影响。

(3)浇注底板混凝土时,由于混凝土的重力作用以及振捣棒的振捣,对预应力管道可能产生一定偏差,其也是箱梁底混凝土发生崩裂的原因之一[1]。

三、加固处理方案

1. 主要措施

针对箱梁底板下缘混凝土崩裂、脱落的原因，结合工程经验并参考文献[2]，采取以下的处理措施：

(1)对箱梁底板混凝土崩裂部位凿除后进行修复，破坏程度较大的部位(深度大于30mm)采用聚合物水泥混凝土重新浇筑，破坏程度较小的部位(深度小于30mm)采用聚合物水泥砂浆进行压抹修复。

(2)对箱梁底板混凝土裂缝部位采用压力灌注结构胶(≥0.15mm的裂缝)或表面封闭(<0.15mm的裂缝)进行处理。

(3)3号桥墩11~14号节段箱梁底板纵向粘贴碳纤维补强。

(4)中跨左右岸11号节段之间(含11号节段)采用在箱梁底板间隔粘贴钢板并用螺栓锚固。

2. 主要材料

(1)钢板

加固用钢板应选用符合《碳素结构钢》GB 700—2006规定的Q235-B级钢，钢材表面均应涂20um厚的无机富锌车间底漆。

(2)碳纤维布

采用条束孔隙状编制的12K小丝束碳纤维布，单位面积质量为300g/㎡，厚度为0.167mm的一级碳纤维布。

(3)锚栓

采用M20锚栓，性能等级5.8，抗拉强度≥310MPa，抗剪强度≥180MPa。

(4)裂缝灌注胶

裂缝注射或压力灌注用修补胶的安全性能指标必须符合《公路桥梁加固设计规范》(JTG/T J22—2008)的有关要求。

(5)聚合物水泥混凝土(砂浆)

混凝土缺陷修复用聚合物水泥混凝土(砂浆)，其质量及性能应符合现行相关标准、规范的规定或满足设计要求。

四、加固计算分析

按加固方案中钢板的纵向间距及横向螺栓数量验算是否满足设计要求，即钢板加螺栓是否能约束由预应力钢束产生的法向力(或称径向力)。具体验算如下：

根据文献[3]，按曲线预应力钢束的弯曲应力进行计算。

曲线预应力钢束由于纵向弯曲，通常在位于钢束改变方向处产生法向力 Q，法向力的大小与曲线的曲率半径 R 和预加力 P 有关，方向垂直于钢束轴线的切线，$Q=P/R$。

如果曲线预应力钢束靠近混凝土的内表面，并且混凝土的内表面也为曲线状并与预应力钢束平行，曲线预应力钢束就有从混凝土中崩出的危险(如图3)。

图3所示为一个曲线状混凝土构件，假定预应力钢束孔道的外径 r，孔道处在预加应力时混凝土的压应力为 σ_r。当孔道处内侧的混凝土由于法向力的作用而出现楔形破坏时(图4)，作用在楔形上的纵向力为：

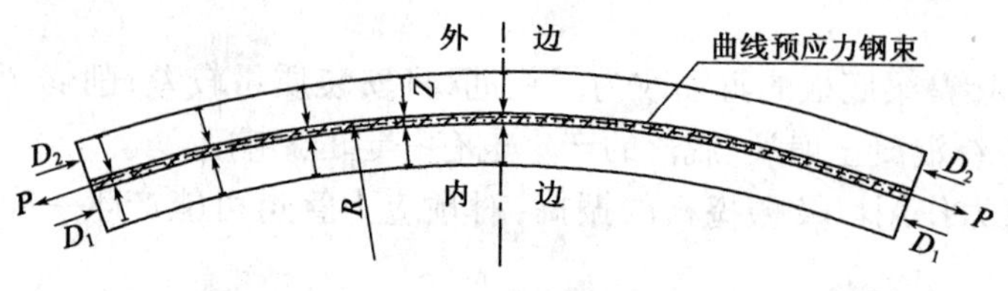

图3 曲线预应力钢束纵断图

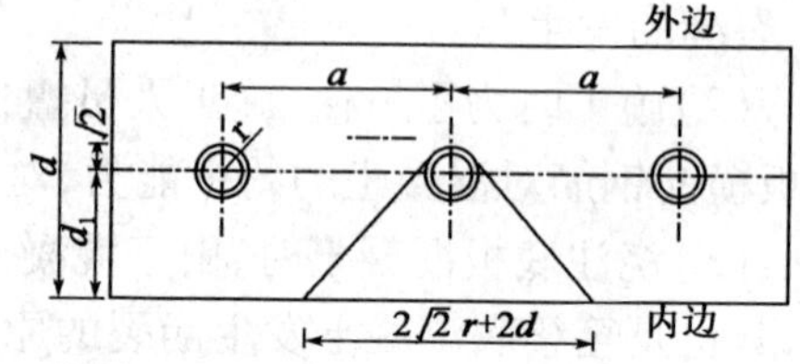

图4 图1的横断面(楔形破坏)

$$D_1 = s_\Delta \cdot \sigma_r = \frac{1}{2}(d_1 + \sqrt{2}r) \times (2\sqrt{2}r + 2d_1)\sigma_r = (d_1 + \sqrt{2}r)^2\sigma_r \tag{1}$$

由 D_1 产生的法向力为(与 P 产生的法向力方向相反):

$$Q_1 = \frac{D_1}{R} = \frac{(d_1 + \sqrt{2}r)^2}{R}\sigma_r \tag{2}$$

作用在楔形体上的法向力 Z(也就是外边混凝土所承受的法向拉力)为:

$$Z = Q - Q_1 = \frac{P}{R} - \frac{D_1}{R} = \frac{P - (d_1 + \sqrt{2}r)^2\sigma_r}{R} \tag{3}$$

对于本桥,预应力钢束线形理论上为 $y = 0.004\,828\,160\,6x^{1.8}$ 的抛物线,按理论计算其曲率半径为:$R = \frac{(1 + y'^2)^{1.5}}{y''}$,若跨中合龙段(一般为2m)也取为抛物线的一部分,则可知此时 $R \to 0$,此时产生法向力 $Q \to \infty$。为了避免此种现象发生,跨中合龙段一般取为直线,该桥跨中合龙段2m也是取的直线。为简单,将跨中箱梁底板(不含跨中直线合龙段)根据箱梁高度拟合成曲线,求得(在CAD图中查得)其近似半径为 $R = 313.65\text{m}$。另外 $d_1 = 0.15\text{m}$,$r = 0.09\text{m}$,$\sigma_r = 0.25\text{MPa}$(计算得到跨中满布汽-80最不利荷载情况下的跨中部位下缘最小压应力),单根钢束($\Phi^s 15.2-15$)的张拉力 $P = 2\,929.5\text{kN}$。

将以上数据代入式(3)可得,

$$Z = \frac{2\,929.5 - (0.15 + \sqrt{2} \times 0.09)^2 \times 0.25 \times 10^3}{313.65} = 9.28\text{kN/m}$$

即每根钢束每延米产生的法向力为9.28kN(未考虑预应力的损失是偏安全的)。所以纵桥向每2m范围内共24根钢束一次张拉完成后产生的法向力为:

$$P_{总} = 9.28 \times 2 \times 24 \times 1.2 = 534.53\text{kN}(为偏于安全考虑1.2的不均匀系数)$$

本桥约束钢束法向力是采用钢板加螺栓的方法进行的。其螺栓分为两种类型,一种为位于腹板上的黏结型,另外一种为底板中间部位的两端锚固型(见图5)。由于腹板上的钢筋密集且混凝土为C50强度很高,所以前种破坏一般不会产生混凝土锥体受拉破坏或其他破坏形式,最可能产生锚栓穿出破坏[4](图中锚固长度为600mm,满足30d的受拉钢筋锚固长度要求);而第二种由于两端都已锚固,所以一般只可能产生螺栓自身抗拉破坏。取以上两种形式的最不利抵抗力(即约束钢束法向力的反力)作为计算依据。

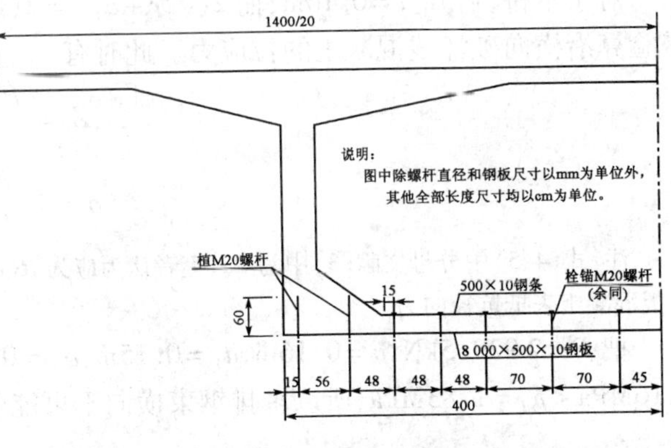

图5 螺栓加固横断面图

黏结型锚栓锚固力的计算采用哈尔滨工业大学潘景龙教授根据实验得出的公式,即

$$N = f_{ac} \cdot \pi \cdot d \cdot (h_{ef} - h_c)$$

其中 $f_{ac} = 13\text{MPa}$,$d = 20\text{mm}$,$h_{ef} = 600\text{mm}$,$h_c = 60\text{mm}$,可得

$$N_1 = 13 \times \pi \times 20 \times (600 - 60) = 441\,079.6\text{N} \approx 441\text{kN}$$

螺栓自身抗拉设计力计算为:

$$N_2 = A \cdot f_{pd} = \frac{1}{4} \times \pi \times d^2 \times f_{pd} = \frac{1}{4} \times \pi \times 20^2 \times 310 \times 0.8 = 77911\text{N} = 77.9\text{kN}$$

可见 $N_2 < N_1$,所以取 N_2 进行计算。

每个横断面(纵桥向2m范围内)有2排共28根螺栓(如图5),其能承受的法向力的总抵抗力为

$$N_d = 28 \times 77.9 = 2181.2\text{kN}$$

综上可知,$N_d = 2181.2\text{kN} > P_{总} = 509.76\text{kN}$,可见按加固方案处理后底板混凝土不会产生如图4所示的楔形破坏。

再验证纵横方向混凝土的拉应力是否超出规范要求。对单根钢束来说,其纵向(曲线)底板混凝土外边缘是否会开裂以及对横向多排钢束来说是否会出现如图6所示的直线形整体破坏,均需进行验算。

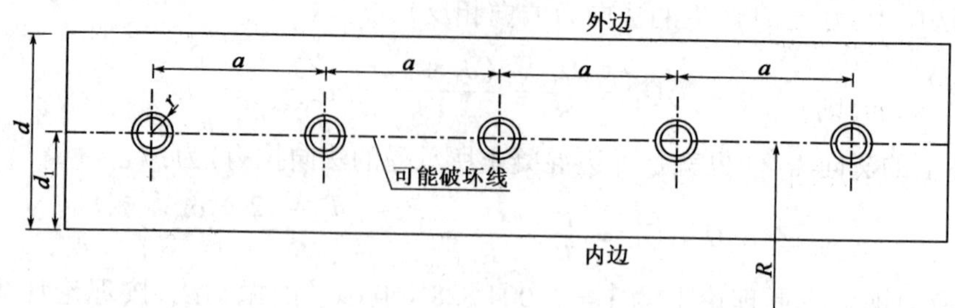

图6 图1的横断面(直线形破坏)

首先验算单根钢束纵向(曲线)底板混凝土外边缘的拉应力,结合图4及公式(4.3),可知沿可能破坏线混凝土的拉应力为:

$$\sigma_Z = \frac{Z}{2(\sqrt{2}r + d_1) - D_{管}} = \frac{P - (d_1 + \sqrt{2}r)^2\sigma_r}{2(\sqrt{2}r + d_1)R - D_{管}} = \frac{9.28\text{kN/m}}{0.4546\text{m}} = 20.41\text{kN/m}^2 \approx 0.02\text{MPa}$$

注:上式中分母文献[3]中为$2(\sqrt{2}r + d_1)$,笔者认为应为$2(\sqrt{2}r + d_1) - D_{管}$,因为波纹管直径宽度范围内无底板混凝土,即此处无底板混凝土来抵抗的径向力。

由于2根钢束距离很小,故相互钢束产生的拉应力存在叠加现象,故$\sigma_{Z\max} = 2 \times 0.02\text{MPa} = 0.04\text{MPa}$,而C50混凝土的抗拉设计强度为$f_{td} = 1.83\text{MPa}$,可知,$\sigma_{Z\max} < f_{td}$,所以单根钢束产生的法向力纵向不可能使混凝土破坏。

如果预应力钢束孔道的距离太小,即$a \leqslant 2(\sqrt{2}r + d_1)$(如图4),破坏线可能沿钢束孔道中心的连线,即横向多排钢束整体破坏。

对于本桥,可知$a = 0.16\text{m}$,而$2(\sqrt{2}r + d_1) = 2(\sqrt{2} \times 0.09 + 0.15) = 0.5546\text{m}$,所以$a < 2(\sqrt{2}r + d_1)$,需验算沿横向破坏线混凝土的拉应力。此时有,

$$Z = \frac{P - ad_1\sigma_r}{R} \tag{4}$$

$$\sigma_z = \frac{P - ad_1\sigma_r}{R(a - D_{管})} \tag{5}$$

注:式(4.5)中分母文献[3]中为Ra,笔者认为应为$R(a - D_{管})$,因为波纹管直径宽度范围内无底板混凝土,即此处无底板混凝土来抵抗径向力。

把$P = 2929.5\text{kN}$,$a = 0.16\text{m}$,$d_1 = 0.15\text{m}$,$\sigma_r = 0.25\text{MPa}$,$R = 313.65\text{m}$代入公式(4.5)中可得到$\sigma_z = 0.16\text{MPa} < f_{td} = 1.83\text{MPa}$,所以多排钢束横向不可能使混凝土沿直线整体破坏。

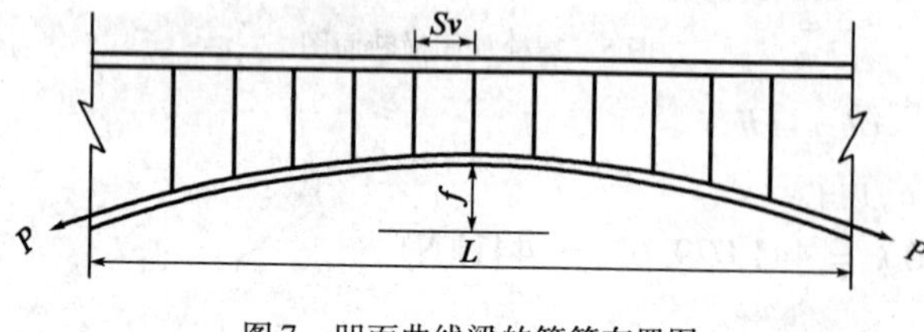

图7 凹面曲线梁的箍筋布置图

以上对混凝土拉应力(法向向下)的计算均未考虑设置的部分钩筋对混凝土的约束作用是偏于安全的。

再按文献[5]第9.3.15条对曲线梁腹的箍筋作构造要求验算(见图7),该条文规定:具有曲线形的梁腹,近凹面的纵向受拉钢筋应用箍筋固定,箍筋间距不应大于所箍主钢筋直径的10倍,箍筋直径不应小于8mm。每单肢箍筋截面积按下列公式计算:

$$A_{svl} \geqslant mA_s \frac{s_v}{2r} \tag{6}$$

$$r = \frac{l}{2}\left(\frac{1}{4\beta} + \beta\right) \tag{7}$$

所箍主钢筋直径为 Φ16mm，所以箍筋间距取 16cm，箍筋一般采用 Φ12mm。由于主钢筋和箍筋均为 HRB335 钢筋，所以式(2.6)中 $m=1.0$；箍筋横桥向一般箍 6 根 Φ16mm 钢筋，所以式(2.6)中 $A_s=6\times201.1\text{mm}^2=1\,206.6\text{mm}^2$；(2.6)中 $S_v=16\text{cm}=160\text{mm}$。对式(3.7)，取 $D_1(D_2)$ 钢束为最不利，则曲线弦长 $l=20\text{m}$，矢高 $f=0.2\text{m}$，则 $\beta=\dfrac{f}{l}=\dfrac{0.2}{20}=0.01$，$r=\dfrac{l}{2}\left(\dfrac{1}{4\beta}+\beta\right)=\dfrac{20}{2}\times\left(\dfrac{1}{4\times0.01}+0.01\right)=250.1\text{m}$，比前面拟合的 $R=313.65\text{m}$ 小，故取最不利 $r=250.1\text{m}$。将以上数据代入式(3.6)中，可得到，

$$A_{svl}\geqslant mA_s\frac{s_v}{2r}=1\times1\,206.6\text{mm}^2\times\frac{160\text{mm}}{2\times250\,100\text{mm}}=0.386\text{mm}^2$$

在横桥向宽 8m、纵桥向长 2m 范围内需要的双肢箍筋量为 $A_{svl}\times\dfrac{800\text{cm}}{20\text{cm}}\times\dfrac{200\text{cm}}{16\text{cm}}\times2=386\text{mm}^2$，而此范围内采用 28 根螺栓其截面积共为：$A=28\times314.2\text{mm}^2=8\,797.6\text{mm}^2>386\text{mm}^2$，而两者的抗拉标准强度相差不大(螺栓为 310MPa，HRB335 为 335MPa)，可见螺栓约束力比按构造要求配筋的箍筋的约束力大得多，因此，从构造上来说，也是满足要求的。

综上所述，按上述方案采取钢板加螺栓的形式对箱梁底板曲线预应力钢束产生的法向力进行约束在理论上是能满足要求的，且在计算中未考虑混凝土自身以及增加碳纤维后的约束力是偏于安全的。

五、加固施工方案及结果

1. 混凝土缺陷修复

桥梁结构加固用聚合物水泥混凝土(砂浆)的强度等级应比原结构构件混凝土强度提高一个等级，其使用性能应符合国家、行业相关标准的规定。

对箱梁底板混凝土崩裂部位凿除后进行修复，破坏程度较大的部位(深度大于 30mm)采用聚合物水泥混凝土重新浇筑，破坏程度较小的部位(深度小于 30mm)采用聚合物水泥砂浆进行压抹修复。具体的技术要求和施工工艺为：①修补表面凿毛处理(必须凿除原混凝土崩裂、脱落部分，去除浮浆、杂质至密实部位)；②修复原构件钢筋并彻底除锈；③充分润湿原结构混凝土并涂刷界面剂；④模板安装；⑤浇筑聚合物水泥混凝土(对深度 <30mm 的缺陷，可用聚合物水泥砂浆按抹灰工艺直接压抹修补)；⑥聚合物水泥混凝土(砂浆)养护。

2. 裂缝处治

裂缝处治应采用《公路桥梁加固设计规范》(JTG/T J22—2008)中所规定的 A 级胶。在对裂缝进行处治前，必须对全桥梁板或墩台等构件已有裂缝进行全面检查治理。施工前，必须将板底沿裂缝两侧 25mm 范围周边劣质层打磨掉，打磨宽度为 50mm，清除表面浮尘。

3. 碳纤维布粘贴

根据碳纤维复合材料大面积施工的工艺特性和与混凝土紧密黏结的技术工艺要求，在碳纤维布选用上，选用条束孔隙状编织的 12K 碳纤维布(碳丝为 T700SC)，以利于在大面积施工时，采用专用金属滚筒滚压，便于气泡排除，避免形成空鼓，同时避免黏结胶在与碳纤维布复合凝胶过程中发生聚热反应散发热量无法排除，形成空鼓。在碳纤维专用胶的选用上，采用高分子化学反应合成的中低触变，中低流挂，乳脂状碳纤维专用胶，以利于施工过程中与碳纤维布的浸润性，减少胶瘤的形成，形成碳纤维复合材料后均匀密实，减少其离散性。

4. 灌注粘贴钢板

根据现场条件，本项目采用压力注胶粘贴钢板，即灌注粘贴钢板加固工艺。具体流程如下：

(1)清理原箱梁底板混凝土基层。

(2)混凝土及钢板界面处理：将须加固面的混凝土凿毛，凿毛深度应达到骨料新面，一般不应低于 2mm，并形成平整的粗糙面，表面不平处应用尖凿轻凿整平，再用钢丝刷刷毛。原构件混凝土截面的棱角应进行缘化打磨，圆化半径应不小于 20mm，在完成上述加工后，应清除松动的骨料、浮渣、尘土，并用清洁

的压力水冲洗干净。待完全干燥后用脱脂棉沾丙酮擦拭表面。若表面严重凹凸不平,可用环氧修补胶进行找平。混凝土表层含水率不宜大于4%。然后将钢板上将与混凝土的黏合面用磨光砂轮机或钢丝刷磨机进行除锈和糙化处理。除锈后的钢材表面应显露出金属光泽:糙化的纹路越大越好,纹路方向应垂直于该构件受力方向。用脱脂棉沾丙酮将钢板表面擦拭干净。

(3)锚栓钻孔定位:根据此桥梁的特殊性,锚栓钻孔所使用的钻机必须具有产品成熟、可导向定位、震动小、不损坏结构表面、成孔快速、孔径孔深准确的特点。不容许冲击钻孔,以免破坏塑料波纹管。

锚栓钻孔前,应按照设计要求在结构表面表示锚栓钻孔位置、型号,并使用钢筋保护层厚度仪对原结构内的钢筋和预应力波纹管道位置进行判定,为保证钻孔不破坏原结构内的钢筋及预应力钢束,钻孔位置可适当调整。

锚栓钻孔直径采用图纸中提供的尺寸,施工时不得随意增大钻孔直径。

锚栓钻孔时,应尽量确保钻孔方位,以防钻穿相邻孔。成孔后应采用刷子及清洁的压缩空气清孔。

(4)钢板安装和焊接:根据加固设计要求和拟粘贴面实际情况进行钢板下料(切割表面光滑,无毛刺、咬口及翘曲等缺陷),在混凝土与钢板中间放置5mm垫片(在灌注粘钢灌注胶前抽出),将钢板套在螺栓上进行调整水平和固定,保证钢板与混凝土表面的间隙在5mm为宜,以确保灌注质量,避免局部脱空、缺胶;焊接钢板接缝,完成钢板安装。

(5)配制结构胶:按照供应商提供的产品说明书要求的比例配制结构胶:将钢板封边胶及粘钢灌注胶,用低速搅拌器,搅拌均匀,应在适用期内用完。

粘钢灌注胶在封边后完成,且钢板封边胶达到完全固化有足够的强度后再进行配制和适用。

(6)注胶施工(钢板封边及灌注结构胶):先封边,即将注入胶嘴黏结在钢板的注入孔上,在钢板边缘插入排气管,在全螺纹螺栓头上罩上盖碗,然后用钢板封边胶封闭钢板边缘,完成封边。注入胶嘴和出气孔布置为1m间隔。待封边胶体达到完全固化(约12小时)具有一定的轻度后,再通气试压易检验钢板的封边头部;当检验封边状况良好,才能进行后续灌注结构胶施工。

(7)用压力泵以0.2~0.4MPa的压力将盛于压力罐中给粘钢灌注胶经塑料导管从注入嘴灌注到钢板和混凝土的空隙中。压力应保持稳定,当排气孔冒出浆液时停止加压,以钢板封边胶堵住排气孔,再以较低压力维持约10分钟,或灌注工作持续到所有排气孔均有胶液流出。在灌注过程中,用橡皮锤敲打钢板以确认是否灌注密实。

(8)养护:注胶施工结束后,应进行72h静置养护。在此期间,被加固的部位不得受到撞击和振动的影响。

(9)钢板表面防腐处理:经检验确认钢板粘贴固化密实效果可靠后,去除所有注入嘴和排气管,并清除钢板表面污垢和锈斑,对外露钢板防腐处理涂装。

5.加固结果

施工单位于2010年9月22日开始对桥梁进行加固,并于10月23日正式完成了加固工作。加固后的箱梁底板如图8。

a)箱梁底板钢板及锚栓加固图(一)

b)箱梁底板钢板及锚栓加固图(二)

图8 箱梁底板加固处理后情况

2010 年 12 月 16 ~ 18 日，该桥进行了荷载试验，并重点对箱梁底板混凝土崩裂部位增贴了应力应变片，根据荷载试验结果，该桥各指标均满足设计要求。

六、结　语

变截面箱梁在预应力张拉后可能出现底板混凝土开裂甚至崩落的现象，要杜绝此现象的发生，可采取如下几种措施：

(1)在设计上可在曲线段设置 U 形防崩钢筋，U 形防崩钢筋托住波纹管上端两侧各伸出一段与底板横向粗钢筋焊接，以抵抗预应力在曲线段产生的反崩力；若觉得 U 形防崩钢筋焊接工作量太大，也可采用顺着波纹管四周增设曲线钢筋，并采用箍筋箍住这 4 根钢筋的方法，来增加波纹管四周混凝土对波纹管的握裹力。

(2)由于当今连续箱梁(刚构)预应力波纹管道大都采用的是塑料波纹管，其容易变形、变位，从而导致箱梁底板曲线段容易开裂，所以可采取一种新型的波纹管如塑钢结构的波纹管，其强度大，耐高温，这样可以减小甚至杜绝箱梁底板曲线段开裂的现象。

(3)箱梁跨中合龙段应设计为直线，即使得箱梁底板曲线起(止)点不位于跨中点，以避免理论上跨中点可能出现反崩力为无穷大的情况。

(4)施工时对预应力的张拉应尽量分批次，张拉一批及时压浆一批，待前一批压浆后的浆液强度至少达到 70% 以上时才进行下一批次预应力的张拉。

(5)在曲线段，应严格按设计要求设置箍筋等，钢筋的保护层厚度等也必须满足规范或设计要求。

参考文献

[1] 俞胜，陈德伟. 预应力混凝土连续箱梁底板崩裂问题研究[C]. 2010 年全国桥梁学术会议论文集，北京：人民交通出版社，2010.

[2] 中华人民共和国行业标准. JTG/T J22—2008 公路桥梁加固设计规范[S]. 北京：人民交通出版社，2008.

[3] 刘效尧，朱新实. 公路桥涵设计手册 预应力技术及材料设备[M]. 北京：人民交通出版社，1998.

[4] 张树仁，王宗林. 桥梁病害诊断与改造加固设计[M]. 北京：人民交通出版社，2006.

[5] 中华人民共和国行业标准. JTG D62—2004 公路钢筋混凝土及预应力混凝土桥涵设计规范[S]. 北京：人民交通出版社，2004.

[6] 中华人民共和国行业标准. JTG/T J23—2008 公路桥梁加固施工技术规范[S]. 北京：人民交通出版社，2008.

181. 某小半径连续弯梁桥偏位成因分析及纠偏设计研究

吕宏奎　王　夷

(中铁大桥局集团武汉桥梁科学研究院有限公司
桥梁结构安全与健康湖北省重点实验室)

摘　要　连续弯梁桥发生偏位原因较多，温度力、离心力、支座偏心、约束状态均可引起梁体横向偏位，不同原因引起的桥梁偏位的处理方式亦不相同，文中针对某小半径连续弯梁桥偏位，正确分析了偏位原因，并提出了针对性较强的、行之有效的纠偏、加固方案，为此类工程提供了实践经验。

关键词　连续弯梁桥　偏移　病因分析　纠偏　加固

一、工 程 概 况

某工程的E、F匝道为绕城线上下高速的"苜蓿叶"双枝，两匝道均位于$R=60\text{m}$的圆曲线上，见图1。两匝道上部构造均采用4×20+4×20(m)两联普通钢筋混凝土连续箱梁，特征断面见图2和图3；在每联端部设置双柱墩，中间三个桥墩为独柱墩，采用肋板式台、桩柱式墩。设计荷载等级为公路—I级。

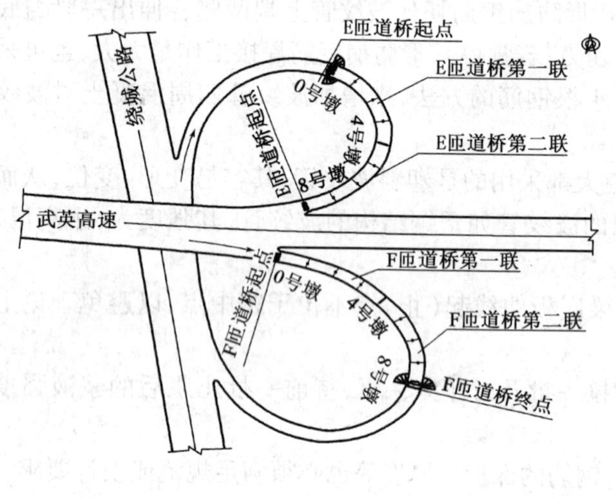

图1　桥梁平面布置图

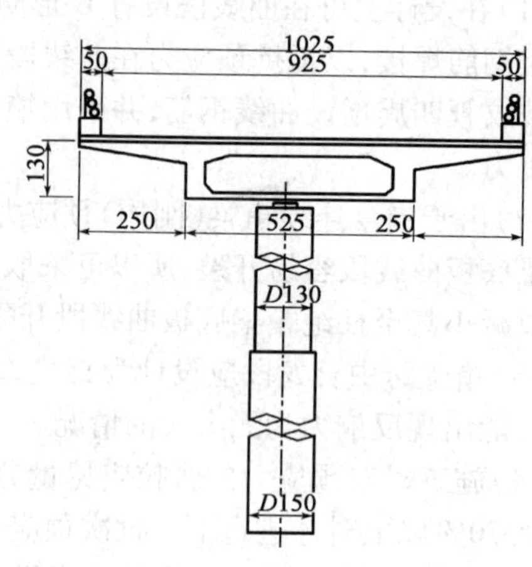

图2　独柱墩处断面(尺寸单位:cm)

二、桥梁病害状况

1.施工阶段病害

在桥梁建成后，施工单位对桥下地面进行了大量的土方开挖，因直接取土导致桩基普遍表露3.5~6m高区间，见图4，虽然施工单位最后恢复了土体，但是以上行为致使桥梁墩台基础桩基周围的土壤扰动及破坏严重，会引桥桩周摩擦力而影响桩基承载力。

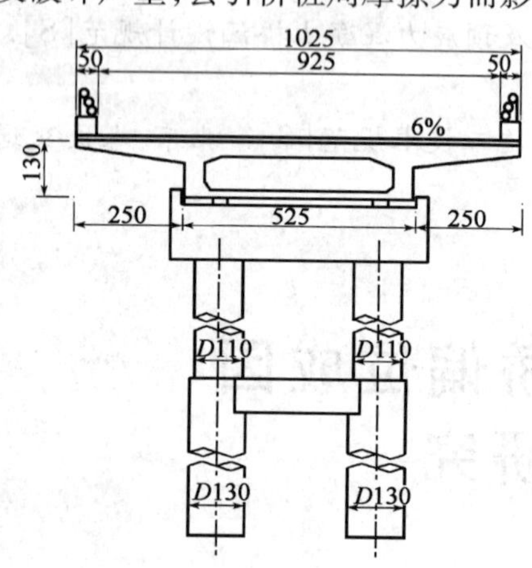

图3　双柱墩断面(尺寸单位:cm)

图4　桥梁施工阶段病害

2.运营阶段病害

该立交在建成试运营半年左右，E匝道第一联、F匝道两联梁体均不同程度地出现了横向偏移，随后业主进行封桥并进行检查，调查分析表明，该匝道的主要病害为：

(1)两条匝道4号墩处盖梁外侧挡块均被挤裂；使E、F匝道4号墩外侧横向挡块撕裂，裂开最宽分别达8cm及4cm。

(2)E、F 匝道梁体均发生了外移,且在 4 号墩处最大;实测支座外偏量,E 匝道最大 80mm,位于第二联 4 号墩处;F 匝道最大 100mm,位于第二联 4 号墩处。

(3)发生偏移的联跨中间固结独柱墩曲线内侧从地面至墩高 1.5m 范围出现环状裂缝;裂缝宽度 0.16 ~0.38mm,间距 35 ~50cm,深度 101 ~152mm。

(4)发生偏移的联跨伸缩缝局部顶死。

三、桥梁病害成因分析

根据上述现象判断,挡块被挤裂的诱因是梁体的外移,导致梁体外移的因素可能是外力或梁体其他部位受约束后限制其正常活动的结果。同样的结构同样的受力状态,个别联并没有出现病害。通过计算,结构设计满足规范要求,在正常运营状态下,结构不存在病害之虞。但实际对照伸缩缝的现状,梁体另一端已经与另一联梁跨(桥台)顶死,推断该系列病害系伸缩缝顶死所为,以下通过模拟计算来进一步验证此结论。

1. 梁体偏位成因分析

分析时根据桥梁目前实际的约束建立有限元模型,由于封桥仅计算结构在温度荷载作用下是否会出现横向位移。根据桥位处温度的变化,取整体升温 40℃(成桥一年气候循环温差)进行计算。为了对计算结果进行校核,对 E 匝道第二联采用 ANSYS 实体有限元模型和桥梁博士梁单元模型计算分析,其余桥跨采用桥梁博士进行计算分析。

(1)E 匝道第二联桥梁博士有限元计算

桥梁博士有限元计算模型中,主梁桥墩均采用梁单元计算分析,整体坐标系建立以顺桥向为 x 轴,横桥向为 y 轴,竖向为 z 轴的坐标系。

约束:5 ~7 号墩与设计相同,为模拟伸缩缝顶死状态,4 号桥墩内侧释放横向约束,增加纵向约束,8 号桥墩内侧增加纵向约束,模型中在均考虑了约束的支撑方向。具体约束状态见表 1 所示。有限元分析模型如图 5 所示。

约 束 状 态　　表 1

4 号外	4 号内	5 号	6 号	7 号	8 号外	8 号内
竖向	竖向 + 纵向	竖向	固结	竖向	竖向	竖向 + 横向 + 纵向

注:表中斜向字体为模拟伸缩缝顶死的约束

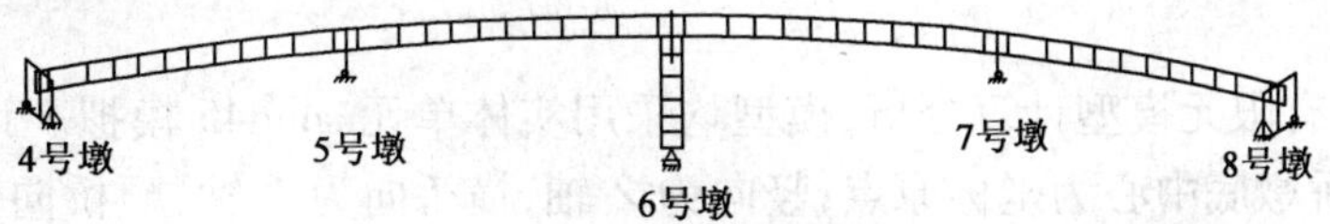

图 5　桥梁博士有限元模型

荷载:整体升温 40℃。

计算结果:4 号墩顶梁体横向位移:6.00cm(向曲线外侧)。6 号墩顶梁体横向位移:3.20cm(向曲线外侧)。

(2)E 匝道第二联 ANSYS 有限元模型

ANSYS 有限元模型中桥梁主梁采用实体单元 solid45 模拟,固定墩采用空间梁单元 beam4 模拟,桥梁曲线形式与设计相同。建模时坐标系的规定、约束状态及荷载与桥梁博士有限元模型相同。

由图 7 可以看出,4 号墩顶梁体横向位移 5.97cm(向曲线外侧),6 号墩顶梁体横向位移 2.70cm(向曲线外侧)。根据检测结果,4 号墩顶梁体横向位移为 8.0cm。同样,F 匝道的计算结果如表 2:

曲线梁桥的滑移并非一个完全可逆的过程,温度升高时,梁体会产生横桥向滑移,当温度降低后,梁体滞于偏位后的位置无法复位。因此,如果桥梁梁体发生横向位移后不及时纠正,在温度荷载作用下,将使得横向偏移不断增大。

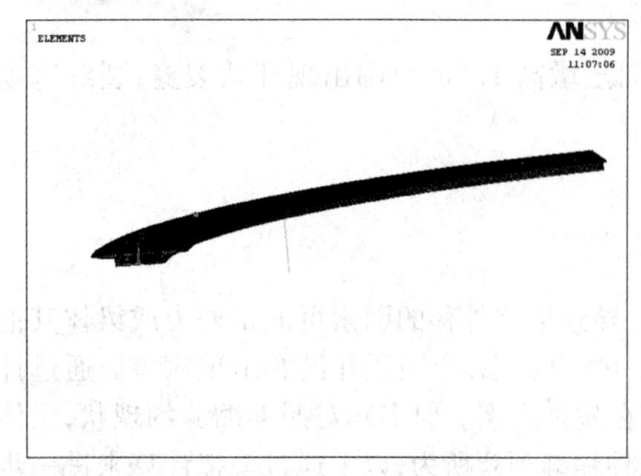

图6 ANSYS有限元模型

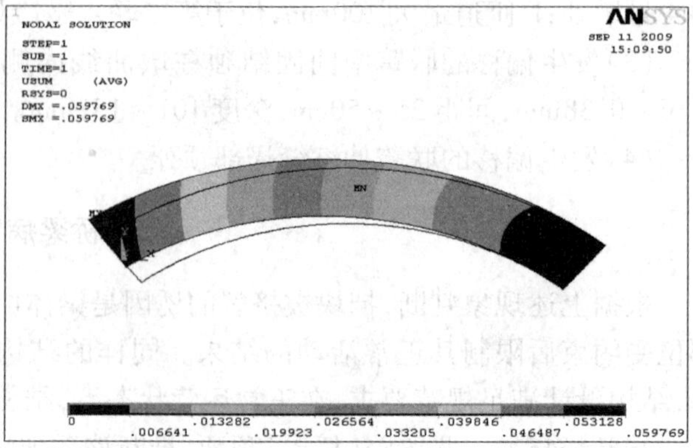

图7 温度荷载作用下梁体横向位移

温度荷载作用下梁体横向位移 表2

	第一联				第二联			
支座	0号外	0号内	4号外	4号内	4号外	4号内	8号外	8号内
F匝道	顶死	顶死	向外4.5cm（实际检测向外7.0cm）		向外9.3cm（实际检测向外10.0cm）		顶死	顶死

2. 梁体偏位对其他病害的诱导作用

结构病害与梁体位移的关系 表3

	病害表现形式	诱发因素	病害发生机理
1	双柱墩墩顶挡块被挤裂	梁体位移	梁体横向位移超过梁体与挡块之间距离，横向力过大使挡块被挤裂
2	墩底出现环状裂缝	梁体位移	梁体发生横向位移引桥桥墩同时发生横向位移，造成桥墩底部弯矩过大，出现裂缝
3	支座侧移量较大	梁体位移	梁体发生横向位移超过了支座横向位移规定值

3. 桥墩开裂原因分析

（1）计算模型

采用ANSYS实体有限元模型计算分析，模型均采用实体单元solid45模拟。计算模型中考虑桩基及桩周土。计算模型以桥墩底中心为坐标原点，竖向为Z轴，横桥向为Y轴，顺桥向为X轴，在桩底及桩底所在面的土体施加固结约束。

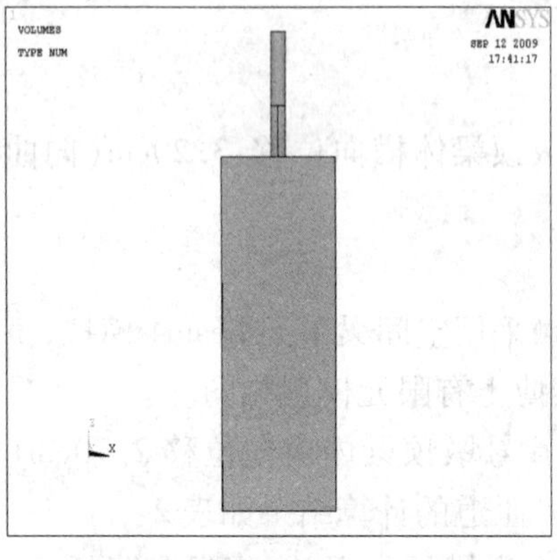

计算荷载：在桥墩顶部施加上部结构竖向反力和在温度作用下桥墩顶部横向位移，同时考虑桥墩、桩基的自重。具体计算荷载见表4，计算模型见图8。

图8 E、F匝道6号桥墩有限元模型

（2）计算结果

由图9和图10可以看出，在温度作用下，E匝道6号桥墩底至墩高5.0m左右范围内出现拉应力，桥墩墩底内侧表面出现最大6.3MPa的拉应力。F匝道6号桥墩墩底部至墩高3.0m左右范围内出现拉应力，桥墩墩底内侧表面出现最大5.5MPa的拉应力。桥墩采用C30普通钢筋混凝土，其抗拉强度设计值为1.39MPa，根据计算结果，桥墩出现裂缝实属必然。

桥墩开裂病因计算荷载 表4

	墩高/直径(m)	桩长/直径(m)	竖向力(kN)	横向位移(m)
E匝道6号桥墩	8.446/1.3	24/1.5	3 880	0.032
F匝道6号桥墩	5.189/1.3	24/1.5	3 690	0.023

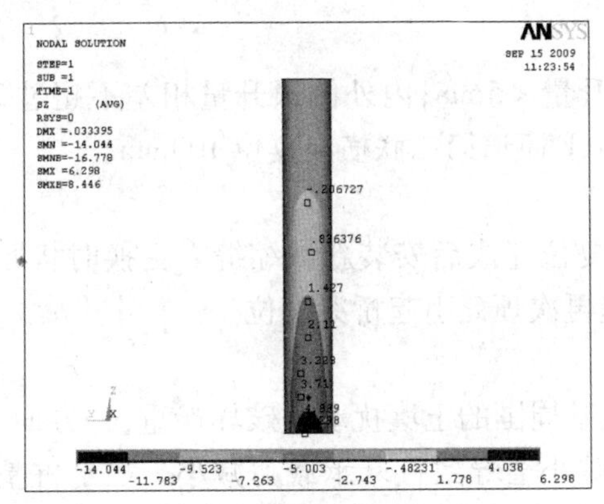

图9 E匝道6号桥墩竖向正应力(MPa)

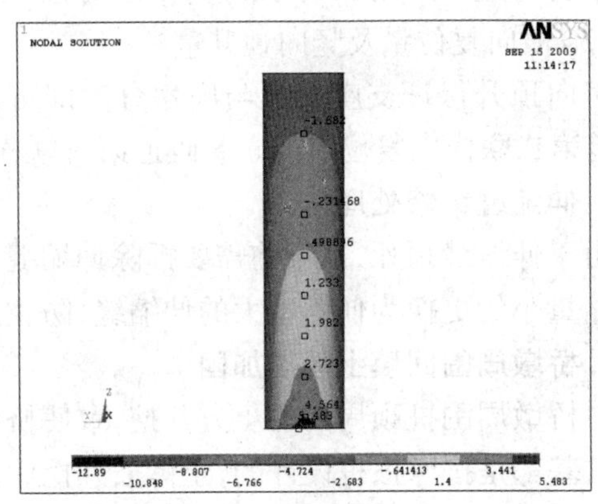

图10 F匝道6号桥墩竖向正应力(MPa)

四、纠 偏 设 计

梁体发生位移后,使得梁体的线形、支撑位置发生了变化,对结构的正常使用会产生不利影响,给桥梁的安全运营埋下了隐患,鉴于梁体位移量大,在中断交通后尽快对梁体进行了复位。梁体复位是本工程的重点与难点。设计中横向复位设计如下:

1.梁体复位系统的设计

(1)顶点设置

针对梁体复位,国内外类似工程均按照全部联跨每个桥墩处设置竖向顶升点和横向复位顶点,这种复位设计方法对直线桥和没有纵坡的曲线桥较为适用,但是对于处于纵坡的弯梁桥上,采用多点顶升复位时,梁体在三维空间中的变形不易控制,具有很大的安全风险,同时这种方式对顶升复位机具要求高,投资大。文中经过该桥充分的技术分析,使用了单点(一个墩位处)顶升和横向复位的方法,克服了以往多点顶升复位存在的缺点,见图11。

在需要复位的桥跨4号墩(双柱墩)处设置一个水平顶点,通过顶点处设置的一台430t自锁式千斤顶将梁体横向顶回设计位置。考虑到在4号墩顶原地横向顶梁水平力比较大,对墩柱不利,在帽梁顶面放置两台150t的自锁式超薄千斤顶(扁顶)将支座反力托换,然后用一顶面放涂硅脂油的四氟板垫块操死,见图12。同时为了防止0号墩(台)或8号墩(台)处梁体发生向外的位移,将0号墩帽梁档块加厚,限制梁体位移,见图12。

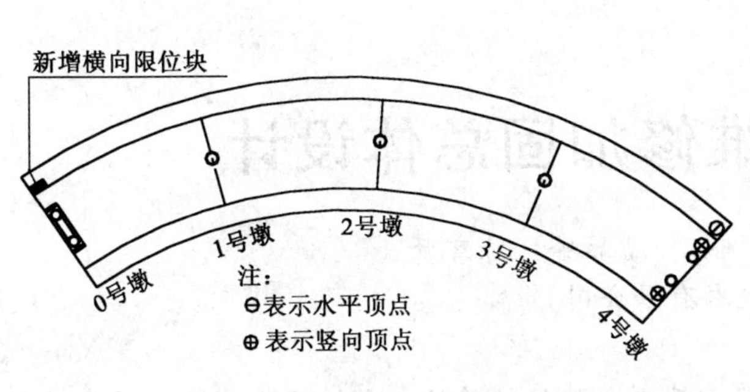

图11 梁体纠偏顶点布置图

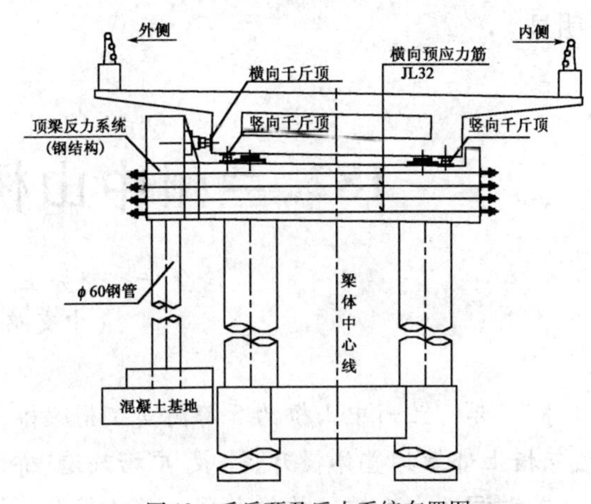

图12 千斤顶及反力系统布置图

(2)横向复位反力系统

夯实桥墩旁地基,在地基上浇注混凝土基础,以此基础作为支撑架的基础;使用Φ600mm钢管(内装细纱)立柱为主要支承结构;在钢管上,紧贴盖梁安装感结构反力平台(先凿除混凝土挡块,保留钢筋),反力平台与盖梁采用JL32预应力钢筋对拉。

(3)横向复位量及竖向顶升量

竖向顶升保证支座顶板与底盆分离即可,竖向最大顶升量<5mm;内外侧顶升量相差不超过2mm。E匝道第二联横向复位80mm,F匝道第一联横向复位70mm,F匝道第二联横向复位100mm。

2. 伸缩缝维修处理

由于伸缩缝顶死,顶梁前需要拆除伸缩缝,待桥梁梁体复位完成后安装新伸缩缝。更换时将原来设置伸缩量小的更换为伸缩量大的伸缩缝,防止运营中伸缩缝再次顶死引起桥梁偏位。

3. 桥墩周围回填土基础加固

对桥墩周围桩顶周围的土方开挖,致使桥梁墩台基础桩基周围的土壤扰动及破坏严重,一方面,由于本桥桩基都是按摩擦桩设计的,土体被开挖后,竖向摩阻力减小会导致桩基承载力减小。二是桩基所处地层中,土体表层为较弱的素填土和淤泥质黏土。当桩基周围为增大水平抗力采取回填措施后,回填土及软弱层的固结沉降将大于桩基沉降,在桩侧产生不利的负摩阻力。三是桥梁偏位后,带动桥墩曲线内侧和外侧土的密实度不一致,对桥墩的侧压力不同。综上,需要对回填体及桩侧剩余土层加固,以消除桩周土方开挖对桩基承载力产生的不利影响。同时为了保证现有基础的稳定,加固时必须以不扰动砂岩层为前提。加固采用静压钻杆灌浆法对桩周未挖土加固。注浆孔位于距离原桩基80cm的圆周上,通过向注浆孔中灌注浆液,对土体进行加固。

4. 设计施工流程

纠偏时施工顺序直接关系到纠偏的效果,根据引桥本桥偏位的原因,总体施工流程为:

拆除伸缩缝、清除伸缩缝槽口内杂物→梁体复位→安装伸缩缝→桥墩基础加固。

五、结　语

(1)小半径连续弯梁桥发生偏位原因较多,文中通过桥梁博士和ANSYS有限元模型,分析出了梁体发生偏位的原因为伸缩缝顶死所为,分析方法和结论对类似工程的类似病害具有借鉴作用。

(2)采用单点顶升、顶推复位(在发生偏移的位置施加竖向和横向千斤顶)的方法,避免了对小半径连续弯梁桥同时进行纵向、横向复位,竖向顶升带来的巨大风险。

(3)设计的横向预应力对拉式钢结构反力系统,施工风险小、易操作、工期短、可反复使用,总体造价低。

(4)加固后经过三年的运营及气候循环温差的检验,梁体未发生横向偏位,伸缩缝工作正常,加固效果明显。

182. 兰州中山桥维修加固总体设计

涂金平　赵井卫　翟　辉　贾界峰　陈客贤

(中交路桥技术有限公司)

摘　要　兰州中山桥为5跨简支钢桁架桥,为国家重点文物保护单位。介绍该桥维修加固的总体设计,包括上部结构整体提升、桥墩、广场改造、桥面系及亮化工程。

关键词　中山桥　维修加固　整体提升　增大截面　重点文物

一、工 程 概 况

中山桥位于兰州城北的白塔山下、金城关前，有“天下黄河第一桥”之称，是兰州市内标志性建筑之一。清光绪 33 年(1907 年)，清政府在兰州道彭英甲建议和甘肃总督升允的赞助下，动用国库白银三十万六千余两，由德商泰来洋行喀佑斯承建，由美国人满宝本、德国人德罗作技术指导，建起了黄河上的第一座铁桥，目的为便于上下行人、往来车马，最初命名“兰州黄河铁桥”。1942 年，为纪念孙中山先生，更名为“中山桥”。兰州中山桥全貌见图 1。

图 1 兰州中山桥全貌

中山桥全长 233.5m，上部结构为 5 跨简支钢桁架桥，跨径布置为 5×46.7(m)，桥宽 9.55m，原结构为平行弦杆桁架体系，钢桁架高 5.7m，上弦杆为两片槽钢上下采用“之”字形小钢板将两片槽钢用铆钉栓接，上横梁采用 4 片角钢和一片钢板用铆钉连接形成“工”字形。下弦杆采用 2 片或 3 片钢板组成，下横梁为工字钢，竖杆为两片槽钢侧面采用“之”字形小钢板将两片槽钢用铆钉栓接；斜杆为两片钢板组合形成。1954 年，在原平行弦杆桁架体系上端增设了拱式桁架，杆件截面形式基本与原桥相同。南北两岸桥台系水泥砂浆条石，中间四个桥墩均用铁芯掺和水泥、石子灌浆砌料石重力式桥墩，沉井基础开挖至基岩层，兰州中山桥总体布置图见图 2。

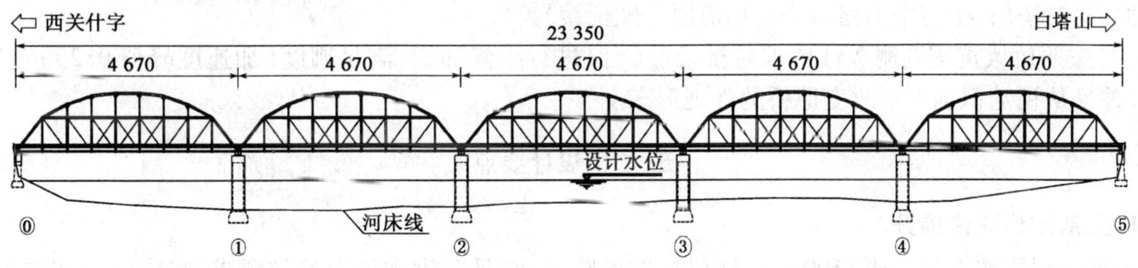

图 2 总体布置图(尺寸单位：cm)

二、加固设计技术标准

(1)桥梁宽度：9.55m

(2)人群荷载：3.5kN/m^2

(3)设计洪水频率：1%(百年一遇)6500m^3/s

(4)地震基本烈度：VIII 度(0.2g)

(5)设计安全等级：I 级

(6)环境类别：II 类。

三、桥位区自然条件

1. 气候

桥位地处内陆中纬地带，属北温带大陆性半干旱季风气候。其气候特点是寒冷干燥，冬季长，温差大。年平均将水量为 315.1mm，大多集中于 7、8、9 三个月，区内昼夜温差大，年最低气温在 1 月中、下旬，历年来最低气温为 -23.1℃，年最高气温为 37.6℃，年平均气温 9.1℃，平均无霜期 154 天，标准冻土深度 1.03m，最大风速 21.4m/s，主导风向为北东，次风向为南西。

2. 水文

黄河是兰州市区内主要河流，自西向东从市区中部穿过，流经市区全长约 42km。黄河流经兰州市区段河道川谷相间，川地段河面较宽，一般在200～300m，最宽处500m；水深一般在1.5～3.0m，流速1m/s左右。黄河兰州段多年平均含砂量为1.17kg/m^3，其中年平均含砂量最大为3.00kg/m^3，最小为0.33kg/m^3。黄河多年平均输沙量为8 312×10^4t。近年来，由于黄河上游大中型水库的调蓄作用，使黄河流量日趋稳定。黄河水利委员会兰州段防洪标准，黄河兰州段按百年一遇6500m^3/s设防。

3.地质

中山桥位于祁连造山带中祁连地块上，大地构造属于祁连造山带东端。桥位位于东岗相对稳定亚区内（Ⅲ1区），区内无深大断裂通过，边界断裂活动性亦表现为西强东弱。场地土上部为第四系全新统（Q4）地层，岩性主要为卵石层，下部为新近系（N）含砾砂岩及加里东期（δ3）闪长岩。桥址区及邻近地带未发现明显的次级断裂构造，桥基工程及构筑物无断层影响，根据目前河曲发育表明，桥址区构造运动处于相对稳定时期，桥位区地形较开阔。

四、加固设计总体原则

（1）中山桥为国家重点文物保护单位，该桥的维修加固设计方案和施工方法，必须以保护文物为前提，确保桥梁结构的安全；

（2）维修加固的目的是为了增强百年老桥的结构抗震和泄洪能力并兼顾旅游功能；同时提高文物的安全性和耐久性，使文物的主要历史信息能保存的更好、更完整、更久远；

（3）文物维修加固必须保持原桥型、桥位及外观等主要历史信息不变，做到"修旧如旧"；

（4）保护桥体本身作为文物的历史信息，确保维修加固后的中山桥与周围景观协调一致（中山桥北与金城关、白塔山，南与中山路桥头广场需要平顺衔接）。

（5）按照桥梁抗震及耐久性要求对桥梁墩（台）进行维修加固，满足Ⅷ度（加速度峰值0.2g）抗震的要求，并且从视觉识别上不改变原桥的外观形态。

五、加固设计要点

1.上部结构整体提升

黄河兰州段按百年一遇6500m^3/s防洪标准设防，为满足防洪和旅游通航要求，将中山桥整体提升，经过多方案比选，最终确定将中山桥整体提升1.2m为推荐方案，并通过了国家文物局的审批。

中山桥上部结构整体提升是本次设计、施工的重点，为确保中山桥的万无一失，桥梁提升采用液压同步提升系统，5跨整体同步提升，采用200t连续提升油缸，全桥设置1个控制柜、6个泵站、12台油缸，通过数字反馈和计算机程序控制提升的速度及同步性，实现整体同步提升1.2m，桥梁整体同步提升施工工艺流程图见图3。

2.桥墩

本桥桥墩采用增大截面加固法，增加桥墩承载能力，凿除原表面带病害的混凝土外包层，保留主要钢筋，在桥墩周围植入直径为16mm的钢筋，间距为40cm，外包厚30cm C40混凝土，并在混凝土表面采用干挂条石进行防面效果处理，维持桥墩原样。在桥墩加固的基础上，桥墩顶整体现浇混凝土提高1.2m。

3.桥面系

本桥桥面改造方案为更换桥面铺装，拆除桥面沥青混凝土，保持原有枕木，重新铺装10cm厚沥青混凝土，沥青混凝土中掺入抗裂纤维，更换人行道防滑垫、伸缩缝和支座。

4.广场改造

本桥南滨广场为中山桥与南滨河路之间的连接段，广场内设置有重要的标志性建筑，包括"黄河第一桥"石碑、"铁桥百年纪念碑"和"将军柱"，南广场改造是本次维修加固工程的重点。南广场靠黄河侧挡墙整体抬高1m与桥面齐平，从0号桥台起由北往南按1.5%放坡，从中山桥桥轴线延长线起，东西方向分别按1%放坡，南滨河路沿广场范围内整体抬高40cm与南广场平顺衔接。

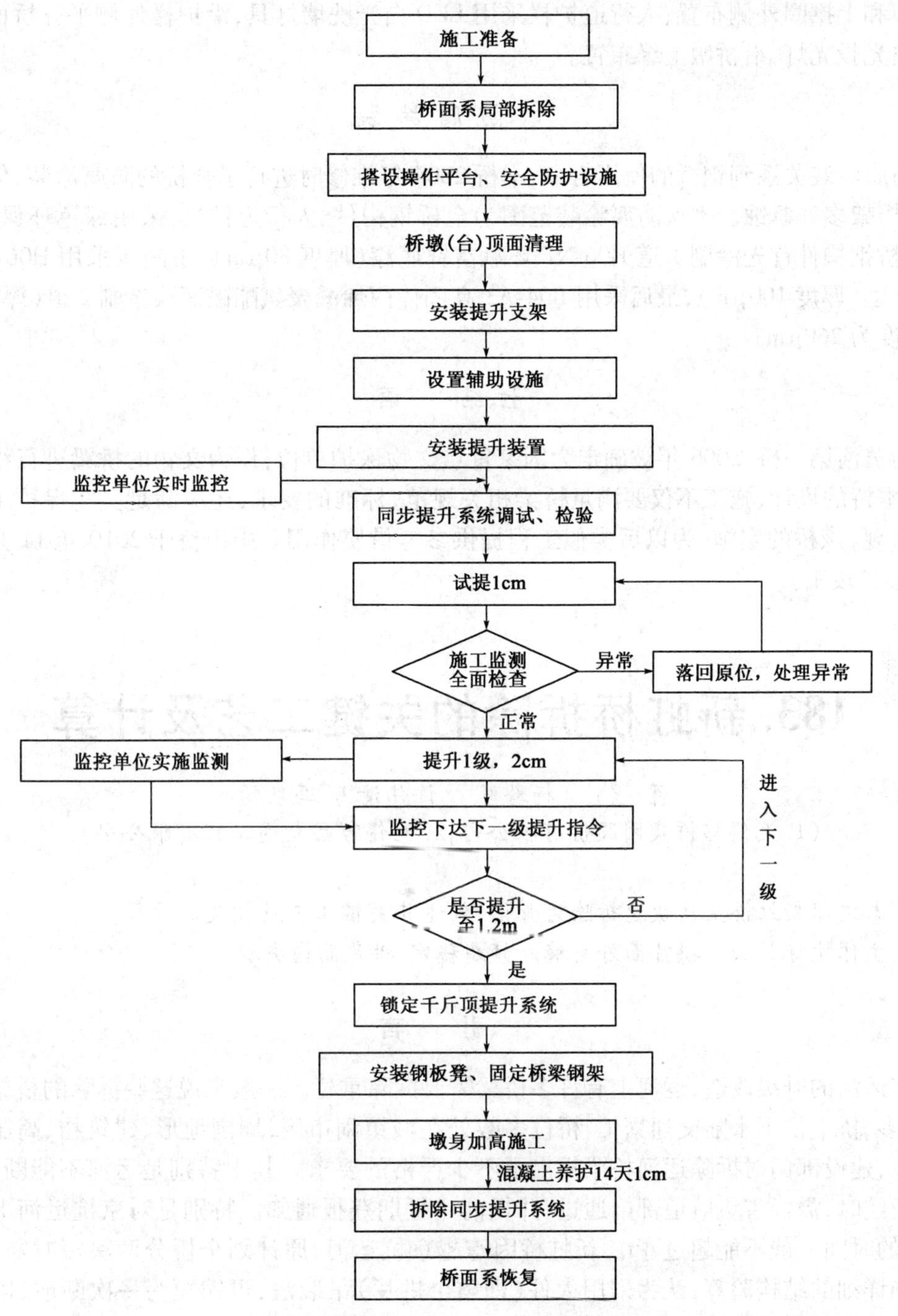

图3 桥梁提升施工工艺流程图

本桥北滨广场为中山桥与北滨河路之间的连接段,观望平台整体抬高1m与桥面平接,北广场路基侧抬高与观景平台齐平,并向北侧按1%放坡与改造后的北滨河路顺接。

5. 亮化工程

中山桥为兰州市内标志性建筑之一,该桥的亮化主要原则如下:

1)灯光效果追求做到玲珑剔透的效果,突出兰州中山桥的钢桁架结构特征;

2)灯光效果追求做到链接现代气息与历史底蕴,凸显中山桥的区域位置特点(南靠繁华的商业街,背面紧邻白塔山景区);

3)灯光效果追求做到拥有厚重大气的神韵,彰显中山桥在整个黄河流域的历史地位。

本桥亮化主要包含大桥钢桁架、人行道护栏、桥墩三部分。大桥钢桁架采用LED全彩投光灯,沿大桥拱脚斜压杆和上拱圈外侧布置;人行道护栏采用LED白光洗墙灯具,沿护栏外侧平齐桥面,连续排置;桥墩采用暖白光投光灯,沿桥墩上缘布置。

六、防腐涂装

钢材的防腐涂装关系到钢桥的使用寿命,本桥2004年维修时进行了全桥的防腐涂装,但是已整体褪色,且整个钢桁架多处锈蚀。本次防腐涂装范围为全桥钢构件、人行道护栏,采用绿色环保、防腐年限较长的涂料,全桥钢构件首先涂刷1道H06-XF环氧富锌底漆(厚度80μm),中间漆采用H06-C3云铁环氧中涂漆涂刷2道(厚度100μm),最后采用B04-A3高固体丙烯酸聚氨酯磁面漆涂刷2道(厚度80μm),共计5道,总厚度为260μm。

七、结　　语

中山桥为黄河第一桥,2006年被确定为国家重点文物保护单位,作为文物的桥梁进行维修加固在国内尚属首例,本桥的设计、施工不仅要满足桥梁相关规范、标准的要求,还应满足文物保护工程管理办法及相关法律法规,该桥的实施,为以后类似工程提供参考借鉴作用。中山桥于2010年11月15日开工,2011年6月1日竣工。

183. 新虹桥拆除的关键工艺及计算

蒋　伟[1]　杨黔军[1]　许伟清[2]　冯泉钧[1]
(1. 无锡路桥集团股份有限公司;2. 无锡万昌交通工程有限公司)

摘　要　本文以新虹桥主体快速拆除为背景,叙述其关键工艺及相关的计算。

关键词　主体快速拆除　拱片面外失稳　倾覆稳定 拱片面内失稳

一、引　　言

随着苏南运河的升级改造,运河上有许多桥梁需要拆除重建。一般来说这些拆除的桥梁大都是跨径大、结构形式多、桥上桥下水陆交通繁忙,桥位多数处在城镇闹市区,周围地形、建筑物、高压线等施工环境复杂。为此,建设部门对拆除运河桥梁提出了不少严格的要求。其中特别是运河不能断航,个别环节需要短时段断航时,需经省级航道部门通过,并提前一星期登报通知。特别是对京杭运河上桥梁的拆除时,短时断航的时间一般不能超过4h。新虹桥因跨越京杭运河,原计划全桥分两次短时断航拆除,后通过周密计划和详细的结构验算,认为采用大件(即整个拱片)吊装法,可缩短为一次断航,以进一步地减少管理和航道压力。最后终于以一次断航5.5h,并在雨中操作顺利完成。首次创造了苏南运河上一次快速拆除系杆拱桥的优异成绩。

新虹桥位于无锡南市区,建于1993年,是一座汽—20的双车道公路桥,主跨为60m的预应力钢筋混凝土系杆拱桥结构,其外貌和结构如图1和图2所示。

二、拆除本桥的关键工艺

这里所指的关键工艺,是指拆除过程中必须实行临时断航(一般不超过4 h),并需要航道部门配合进行交通管制的工艺。例如系杆拱桥的拱片(指一根拱肋、一根系杆和一组吊杆的组合构件)拆除,就是个关键工艺。它的特点是跨径大(计算跨径60m),拱顶高度在常水位以上22m;重量大,一个拱片的起吊重量为327t。为此拱片起吊时,必须考虑以下几个关键工艺。

图1 新虹桥外貌和结构

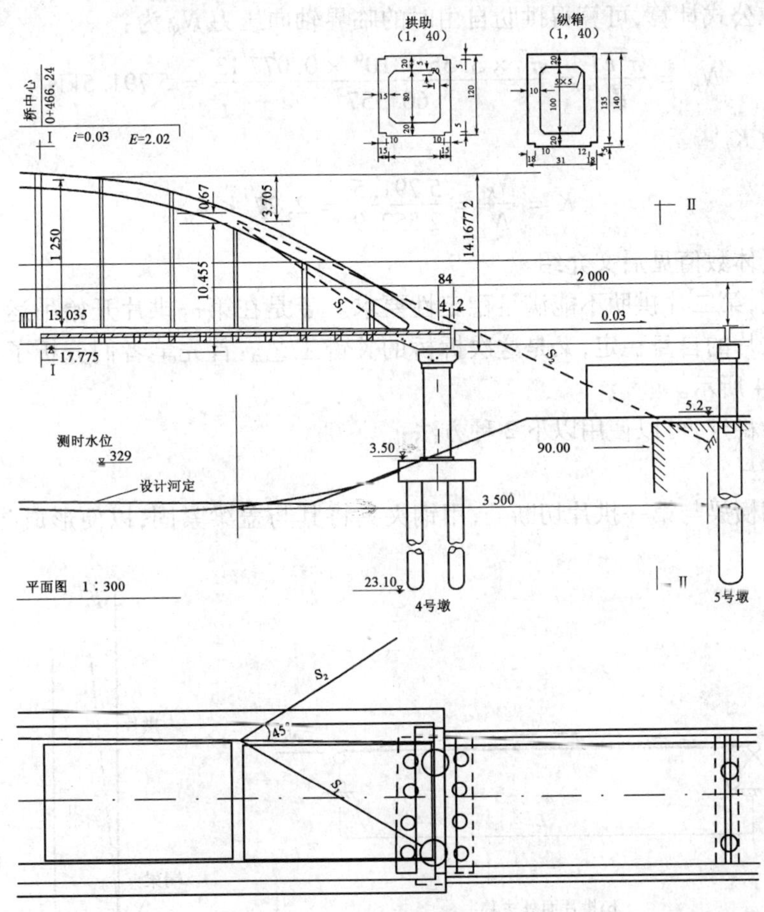

图2 主体结构及缆风索布置图(尺寸单位:m)

1. 必须要有足够的起重能力和工作水面

据了解,无锡境内有起吊能力为300t级浮吊和150t的浮吊。如果利用1台300t级浮吊和2台各150t的浮吊,总计为600t的起吊能力,就足以能起吊327t重的拱片。但三台浮吊在平面上占有水面较大,而且只能布置在同一侧,那么拱片起吊后。能否旋转90°实现顺利卸载呢?经在电脑屏幕模拟旋转的结果认为浮吊行动并无大的障碍,仅需扫清两岸浅滩就能实现顺利卸载。

2. 吊点设置

吊点设置的原则是要基本不改变拱片原来的受力性质,即拱片起吊后拱肋仍然以压杆为主,而吊杆和系杆仍然以受拉为主。经过计算比较认为吊点位置按图3设置为最好,详见拱片起吊后拱片的内力和变形状况,如图3所示。

吊点位置位于拱脚以及吊杆1、4、5、7、8、11处。

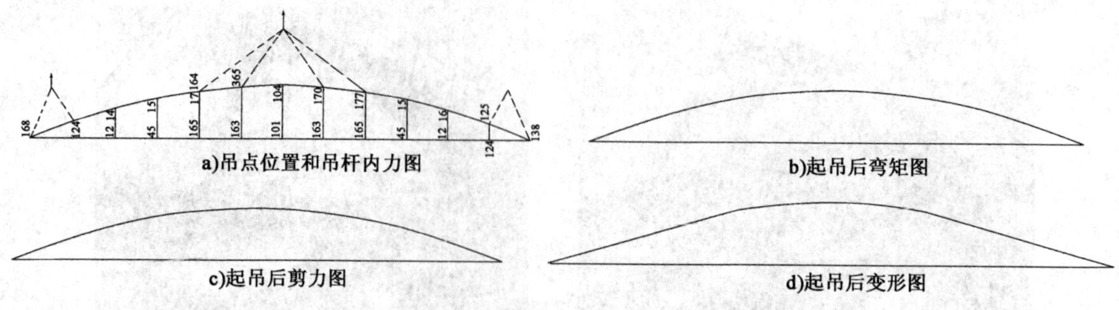

图3 拱片起吊后拱片内力及变形图

3. 维护第二拱片的稳定

利用简单的欧拉公式计算，可算得拱肋自由时的临界轴向压力 N_K 为：

$$N_K = \frac{\pi^2 EI}{l^2} = \frac{\pi^2 \times 3.35 \times 10^6 \times 0.07713}{66.357^2} = 5\,791.5\text{kN}$$

临界力安全系数 K

$$K = \frac{N_K}{N} = \frac{5\,791.5}{2\,552.9} = 2.27 < 4$$

式中各符号的具体数值见后文介绍。

由以上计算可见，第二片拱肋不能满足稳定性要求。于是在第一拱片开始吊运及吊运以后，采取什么方法能保证第二拱片的自身稳定，又是这次拆桥的关键工艺。首先笔者们分析了，第二拱片有两种性质的稳定问题，如图4所示。

为维护上述两种稳定，可以使用以下2种方法：

(1)端横梁固定法

此法意思是在端横梁与第一拱片切断处，用钢夹具将其与盖梁紧固，以便形成防止第二拱片失稳的图式，如图5所示。

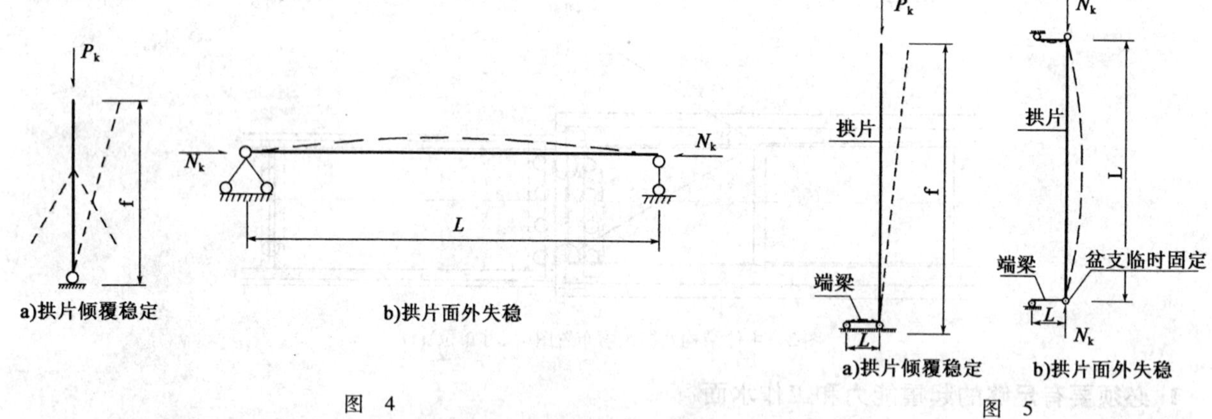

图 4　　　　图 5

图5a)是利用端横梁的竖向刚度维护第二拱片的倾覆稳定。图5b)是利用端横梁的横向刚度维护第二拱片的面外稳定。通过稳定性计算，认为端横梁的横向刚度 EInp(Inp—为钢筋混凝土开裂截面的横向惯性矩)不能满足要求，因而被否定。但如果端横梁配筋面积足够，这是最简单的维护第二拱片稳定的措施，是很有推广意义的。关于预应力混凝土端横梁因难免要割断预应力筋锚头，因而不宜选用。

(2)设缆风索维护第二拱片稳定的方法

设置缆风索维护拱肋的稳定是预制拱肋安装时常用的方法。不过本次是要维护整个拱片的稳定，它的自重大，达327t，比单独一根拱肋的稳定性要求高得多。其次设置缆风索的平面位置受到限制，因为第一片拱片起吊时，不能受第二拱片缆风索的影响。所以第二拱片的缆风索，只能设在狭窄的两个拱片之间，如图2所示。其效果只能依靠稳定性验算来确定。

三、第二拱片的稳定验算

第二拱片能否稳定是实现本桥快速拆除的关键。为此首先要合理的设定好缆风索的位置,特别是如图2中的S_1索,然后再设定S_2索,在初定好缆风钢丝绳的直径为Φ24后,再利用能量法详细验算第二片拱肋的稳定问题。

1.拱片面外稳定的验算

拱片面外稳定的计算原理和方法,已在《桥梁工程与技术》杂志第5期上发表,这里仅将重要参数及相关计算步骤介绍于后。

(1)缆风索在垂直于拱片平面方向的拉伸模量K_1

$$K_1 = \frac{E_1 \cdot F}{S_i}\cos\alpha \cdot \cos\beta$$

式中:α、β——缆风索与拱片法线的交角;

E_1——计入缆风索垂度影响后的弹性模量,可利用Enst公式计算。

计算时首先选定缆风索钢丝绳的规格取6×37+1,其直径取ϕ24,相应的钢丝面积$F=2.109\text{cm}^2$,自重$r=1.982\text{kg/m}$,钢丝的弹性模量为$E=1.95\times10^6\text{kg/cm}^2=1.95\times10^5\text{MPa}$。当选定$S_1$索的初始张拉力为35kN时,可算得$S_1$索内的钢丝初应力为:

$$\sigma_0 = \frac{35}{2.109\times10^{-4}}\times10^{-3} = 165.9\text{MPa}$$

$$E_1 = \frac{35}{1+[(rS_1)^2/12\sigma_0^3]E} = 1.811\times10^6\text{kg/cm}^2$$

$$K_1 = \frac{1.811\times10^6\times2.109}{2\,342.9}\times0.880\,9\times0.597\,7 = 857.6\text{kN/m}$$

关于长索S_2是根据与拱片轴线的交角$\alpha-45°$布置的相应于S_1索3.5t张拉力的对应拉力为2.73t,索长$S_2=52.155\text{m}$,由此可以算得S_2索的拉伸模量$K_2=298.9\text{kN/m}$,所以一个节点上的上下游2条缆风索的拉伸模量K为:

$$K = K_1 + K_2 = 857.6 + 298.9 = 1\,156.5\text{kN/m}$$

(2)拱片的计算长度和稳定验算简图

这里要说明我们是验算拱片中拱肋在受到轴向压力后的稳定问题,因此为偏安全起见应像缀板式肋拱那样,将拱肋弧长布设在平面上计算(见规范JTG D62—2004第151页),按抛物线拱$f/L=1/5$可以算得60m跨径的拱肋弧长$S=66.357\text{m}=L$,将S_1和S_2索设于距拱脚第三根吊杆上,相应的延弧长的距离为$x=17.754\text{m}$。这样就可以得到计算拱片临界力,见图6。

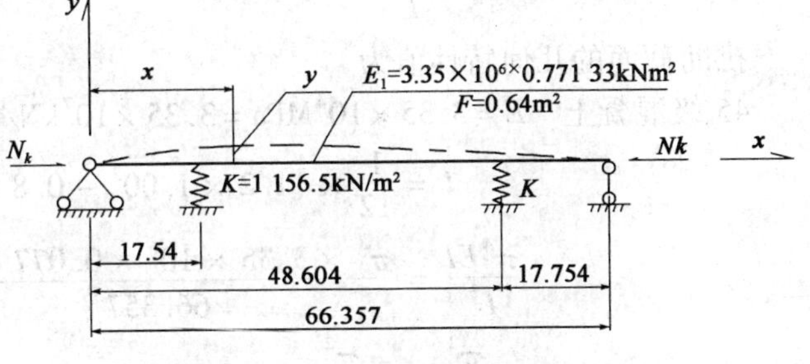

图6 拱片临界力计算简图(尺寸单位:m)

(3)拱肋临界压力的计算

设拱肋在横向屈曲时拱肋偏离原轴线y的方程——屈曲线方程可用下式来表示:

$$y = a_1\cdot\sin\frac{\pi x}{L} + a_2\cdot\sin\frac{2\pi x}{L} + a_3\cdot\sin\frac{3\pi x}{L}$$

(式中a为待定系数)

上述方程一阶和二阶导数为:

$$y' = \frac{\pi\cdot a_1}{L}\cdot\cos\frac{\pi\cdot x}{L} + \frac{2\pi\cdot a_2}{L}\cdot\cos\frac{2\pi x}{L} + \frac{3\pi\cdot a_3}{L}\cdot\cos\frac{3\pi x}{L}$$

$$y'' = -\left(\frac{\pi^2\cdot a_1}{L^2}\cdot\sin\frac{\pi\cdot x}{L} + \frac{4\pi^2\cdot a_2}{L^2}\cdot\sin\frac{2\pi x}{L} + \frac{9\pi^2\cdot a_3}{L^2}\cdot\sin\frac{3\pi x}{L}\right)$$

计算屈曲杆的弯曲应变能 ΔU_1 和弹性支承的拉伸应变能 ΔU_2

$$\Delta U_1 = \frac{EI}{2}\int_0^L \cdot (y'')^2 dx = \frac{\pi^4 \cdot EI}{4L^3}(a_1^2 + 16a_2^2 + 81a_3^2)$$

$$\Delta U_2 = \frac{K}{2}\cdot y^2$$

式中：
$$y^2 = \left(a_1 \cdot \sin\frac{\pi x}{L} + a_2 \cdot \sin\frac{2\pi x}{L} + a_3 \cdot \frac{3\pi x}{L}\right)^2$$

$$= \left(a_1 \cdot \sin\frac{\pi \cdot 17.754}{66.357} + a_2 \cdot \sin\frac{2\pi \cdot 17.754}{66.357} + a_3 \cdot \sin\frac{3\pi \cdot 17.754}{66.357}\right)^2$$

$$+ \left(a_1 \cdot \sin\frac{\pi \cdot 48.604}{66.357} + a_2 \cdot \sin\frac{2\pi \cdot 48.604}{66.357} + a_3 \cdot \sin\frac{3\pi \cdot 48.604}{66.357}\right)^2$$

$$= (0.555a_1^2 + 0.987\,8a_2^2 + 0.337\,7a_3^2 + 0.865\,8a_1a_3)$$

$$\Delta U_2 = \frac{K}{2}\cdot y^2$$

$$= (64.185\,8a_1^2 + 114.239\,1a_2^2 + 39.055a_3^2 + 100.129\,8a_1a_3)$$

计算轴向压力 N_k 所做的功 ΔT

$$\Delta T = \frac{N_k}{2}\int_0^L \cdot (y')^2 dx = \frac{\pi^2 \cdot N_k}{4L}(a_1^2 + 4a_2^2 + 9a_3^2)$$

令 $\Delta U = \Delta U_1 + \Delta U_2 = \Delta T$

$$\frac{\pi^4 \cdot EI}{4L^3}(a_1^2 + 16a_2^2 + 81a_3^2) + 64.185\,8a_1^2 + 114.239\,1a_2^2 + 39.055a_3^2 + 100.129\,8a_1a_3$$

$$= \frac{\pi^2 \cdot N_K}{4L}(a_1^2 + 4a_2^2 + 9a_3^2)$$

令 $\frac{\alpha U}{\alpha a_1} = \frac{\alpha T}{\alpha a_1}, \frac{\alpha U}{\alpha a_2} = \frac{\alpha T}{\alpha a_2}, \frac{\alpha U}{\alpha a_3} = \frac{\alpha T}{\alpha a_3},$

$$\left.\begin{aligned}
&\frac{\pi^4 EI}{4L^3}a_1 + 128.371\,6a_1 - \frac{\pi^2 N_k}{2L}a_1 + 100.129\,8a_3 = 0\\
&\frac{8\pi^4 EI}{L^3}a_2 + 228.478\,2a_2 - \frac{2\pi^2 N_k}{L}a_2 = 0\\
&\frac{40.5\pi^4 EI}{L^3}a_3 + 78.110\,0a_3 - \frac{4.5\pi^2 N_k}{L}a_3 + 100.129\,8a_1 = 0
\end{aligned}\right\} \qquad (1)$$

拱肋截面的几何特性值为

45 级混凝土 $E = 3.35 \times 10^4 \text{MPa} = 3.35 \times 10^7 \text{kN/m}^2$,

$$I = \frac{1}{12} \times (1.2 \times 1.00^3 - 0.8 \times 0.7^3) = 0.077\,133\,33\text{m}^4$$

$$\frac{\pi^4 EI}{L^3} = \frac{\pi^4 \times 3.35 \times 10^6 \times 0.077\,133\,33}{66.357^3} = 86.144\,2$$

$$\frac{\pi^2}{L} = \frac{\pi^2}{66.357} = 0.148\,73$$

代入(1)式中

$$\left.\begin{aligned}
&(171.443\,7 - 0.074\,365N_k)a_1 + 100.129\,8a_3 = 0\\
&(917.631\,8 - 0.297\,46N_k)a_2 = 0\\
&(3\,566.950\,1 - 0.669\,29N_k)a_3 + 100.129\,8a_1 = 0
\end{aligned}\right\} \qquad (2)$$

令(2)式中由 a 组成的列式等于“0”

得
$$\begin{vmatrix}
(171.443\,7 - 0.074\,365N_k) & 0 & 100.129\,8\\
0 & (917.631\,8 - 0.297\,46N_k) & 0\\
100.129\,8 & 0 & (3\,566.950\,1 - 0.669\,29N_k)
\end{vmatrix} = 0$$

展开上式,得:N_k 最小值为2 240.17t = 22 401.7kN

临界力安全因数:

$$K = \frac{N_k}{N} = \frac{22\,401.7}{2\,552.9} = 8.755 > 4(\text{安全})$$

式中:N——拱片自重引起的拱肋实际轴向力。

令 $a_1 = 1$,将 $N_k = 22\,401.7$ 带入(2)式的第一项可得:

$$(171.443\,7 - 0.074\,365 \times 2\,240.17) \times 1 + 100.129\,8 a_2 = 0$$

故 $a_2 = -0.048$

即屈曲线方程为

$$y = \sin\frac{\pi x}{L} - 0.048\sin\frac{3\pi x}{L}$$

说明失稳的形态近似于一个正弦半波。

2. 拱片的倾覆稳定——拱片面内失稳

拱片的倾覆稳定是指拱片平面保持不变,拱片挠盆式支座倾斜失稳的可能性。

为方便且偏于安全的计算,将拱片重量作用在拱顶(而不是在拱片重心处),如图5所示。

令拱片倾斜角度 θ,则可得:

①拱片的倾覆力矩 M_G

$$M_G = G \cdot e = G \cdot f \cdot \theta = 326.8 \times 14.16 \times \theta = 4\,628.34\theta$$

②缆风索的抗力矩 M_k

$$M_k = p \cdot h = \theta \cdot h \cdot K \cdot h = 10.455^2 \times 115.65 \times \theta \times 2 = 25\,282.72\theta$$

所以,抗倾覆稳定安全因素 n 为

$$n = \frac{M_k}{M_G} = 5.46 > 2 \quad (\text{安全})$$

从以上计算可见第二拱片的稳定是有保证的。

四、设置缆风索时要注意以下几点:

(1)缆风索锚固点位移要小。如果缆风索受力后锚固点(地锚)发生较大的位移,则稳定作用减小。因此在吊装前应对可能产生位移的地锚利用船用拉力计试拉。

(2)要有便于操作的收紧装置。一般可先用手链滑车收紧后,再装上花纹螺丝等手动拉紧装置,以便于对拱肋偏移进行微调。

(3)缆风索一定要有安装张力。安装张力越大,在外力作用下的位移越小,因此要时常注意使缆风索保持有一定的安装张力。一般安装张力可根据地锚和缆风索的破断拉力决定(取破断拉力的10% ~20%)。

(4)缆风索布置力求对称,以便于轴线纠偏。

五、结 语

从以上快速拆除两个拱片的有关条件来看,除应有足够的起重能力外,最关键的问题是要有充分的理论能证明,第二拱片有足够的稳定性安全度,否则稳定问题一旦发生,必然是突然倒塌,结果是立即阻塞航道,后果是十分严重的(以前曾有堵塞航道一天,疏通却花了一星期的例子,给管理部门增添了巨大的压力)。为此本次先采用手算的方法,从理性上充分认识稳定计算的过程和原理,而后再用有限元法进行电算验证,虽然有限元法计算中证明以上措施有足够的安全度,维护稳定的方法是可靠的。但统一按图6

计算,各人得出的安全度从表1可见却有较大的离散性,其原因尚待研究,这是今后在电算时应注意的。

表1

手 算	有限元计算	
	甲	乙
$K=8.774$	$K=5.84$	$K=8.30$

但手算的结果也未必是十分精确的,因为能量法计算中,由于假定的屈曲线方程不完全是真实的,所以计算的结果往往是偏大的,这也是在今后计算中值得注意的。

184. 系杆拱桥吊杆损伤加固技术研究

李 靓[1] 王立彬[2] 张 晖[1]

(1. 江苏省交通科学研究院;2. 南京林业大学土木工程学院)

摘 要 对因汽车撞击造成损伤的苏州某系杆拱桥吊杆进行检测加固。通过外观检查和专项检查对吊杆损伤情况进行评估。根据检测结果结合计算分析采用体外加筋法:4根ϕ25精轧螺纹钢筋对受损吊杆进行加固,以保证无论原吊杆是否失效均能很好保持全桥稳定性。该加固方法对同类病害的桥梁具有一定的参考意义。

关键词 吊杆 检测 加固

一、引 言

系杆拱桥因其造型优美、形式多变,而被大量运用于现代桥梁中,吊杆作为其重要的承重构件,其稳定性对于全桥的安全性有着重要的影响,目前对于吊杆病害处理的方法主要采用的是更换吊杆的方法,主要针对的是一些在早期,由于受工艺、设计、施工等条件限制以致出现吊杆防腐性能差、结构疲劳老化问题的吊杆。而对于突发事件的处理并不多见,如因机动车辆碰撞造成的吊杆损伤,由于未知吊杆的损伤情况,盲目地更换吊杆未必是最佳的选择。

本文以苏州某系杆拱桥为背景,介绍了该桥吊杆损伤的情况及不更换吊杆对其进行体外加筋加固的设计与施工步骤。

二、工 程 概 况

苏州某桥建于1994年,全长332m,主跨为70m下承式系杆拱桥,拱肋矢跨比为1/5,工字形肋;当时设计荷载等级为汽—20、挂—100;桥面双向四车道,单幅总宽12.7m;通航要求为净宽70m,净高7m;每根系杆由12束高强度低松弛钢绞线束组成,置于体外;下部结构为柱式桥墩。

一肇事车辆对北幅主桥撞击造成桥梁损伤,该次损伤构件为桥梁主要承重构件吊杆,该吊杆属北幅南侧拱肋7号吊杆(中间根,单排共13根吊杆)。

三、吊杆损伤检测

1. 外观检查

对北幅主桥进行外观检查发现的病害主要有:

(1)桥面系中主要发现护栏(被撞)变形、与防撞墙连接3处断裂、多处撞击擦伤;

(2)上部结构中因交通事故致使北幅北侧拱肋2号、3号吊杆擦伤及南侧拱肋7号吊杆被撞变形;该次被撞吊杆属北幅南侧拱肋7号吊杆,从被撞吊杆外观情况来看,吊杆被车辆撞击后发生弯曲变形,变形位置主要位于吊杆与系杆结合面0~4.5m范围内,其中以距系杆结合面表面1m的位置变形最大。通过测量发现吊杆纵向向西变形最大约为11.5cm,横向向南变形最大约为13.5cm;由于吊杆遭撞击后发生西南向的变形,导致吊杆下部与系杆结合位置包裹的混凝土被挤裂破损,其破损深度34cm,剥除破损混凝土可见系杆预应力钢绞线外露,有少量锈痕。

依据《公路桥涵养护技术规范》(JTG H11—2004)的要求对北幅被撞击桥梁构件进行技术状况等级评定,为三类构件。

为进步了解吊杆内部可能的损伤程度,决定打开吊杆上部锚头观测其锚点有无因撞击作用,造成内部钢绞线变形脱锚情况出现;在打开上部锚头后发现,锚头外露钢绞线长度大于1cm,长度都很均匀未出现长短不一、颈缩变形等现象,且锚具内夹片完整无松动、脱落现象。割开吊杆变形最大处凸凹点外层钢管护筒进行检测,发现管内混凝土密实完好,未发现开裂松散孔洞现象。

2. 专项检测结果

由于发生变形的吊杆处在跨中受力最大的吊杆,其变形程度较大,势必造成吊杆中预应力钢绞线一定的损伤,也可能会造成桥梁结构物发生变形,为了解目前桥梁是否产生较大变形,采用桥面线形检测与拱肋线形检测对比的方法进行分析。桥面线形检测结果:从两幅主桥桥面线形对比可以看出,除个别点出现凸凹现象外,该桥主桥整体线形基本平顺,未见明显下挠等现象;另外,从单幅南北侧桥线形对比来看(图1、图2),北侧的线形平顺程度好于南侧的线形,但整体均未出现相对控制点突变的情况,该桥桥面线形情况基本正常。

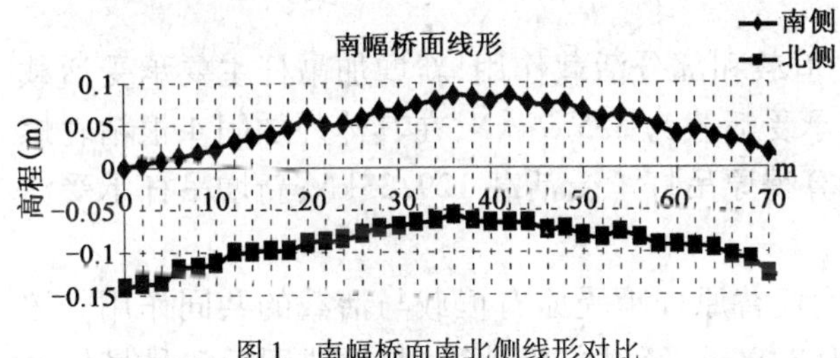

图1　南幅桥面南北侧线形对比

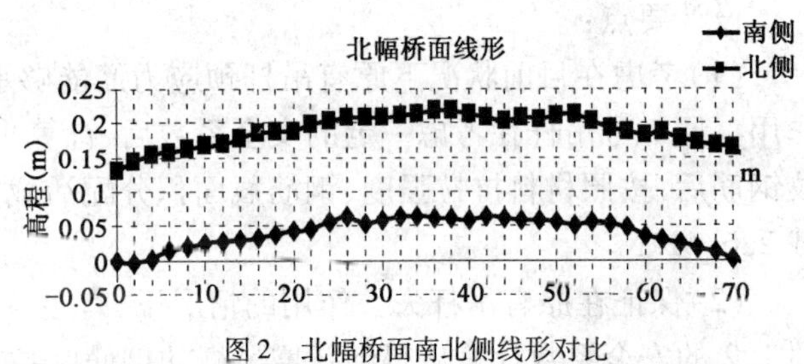

图2　北幅桥面南北侧线形对比

拱肋线形检测对比结果:从主桥拱肋所测线形数据来看,各幅拱肋线性比对拟合线形较好,未见拱肋有明显变形现象,如图3,图4所示。

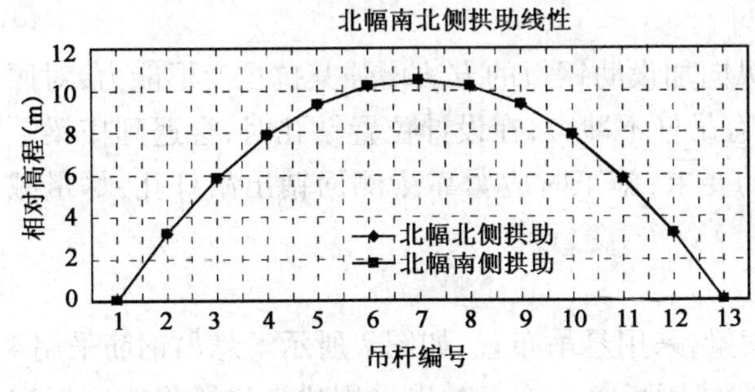

图3　北幅南北侧拱肋实测线形图对比

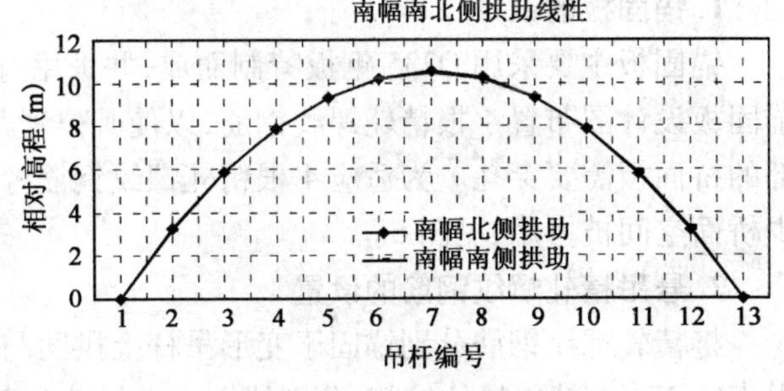

图4　南幅南北侧拱肋实测线形图对比

四、计 算 分 析

运用有限元分析软件Midas civil建立半幅桥模型。计算在恒载和活载作用下的吊杆变形值和内力值,计算模型见图5。

表1所示是拱桥在恒载作用下的吊杆的变形值和内力(仅列出5~9号吊杆),可以看到最大位移发生在跨中即7号吊杆处,此处桥面位移为16.44cm;拱肋位

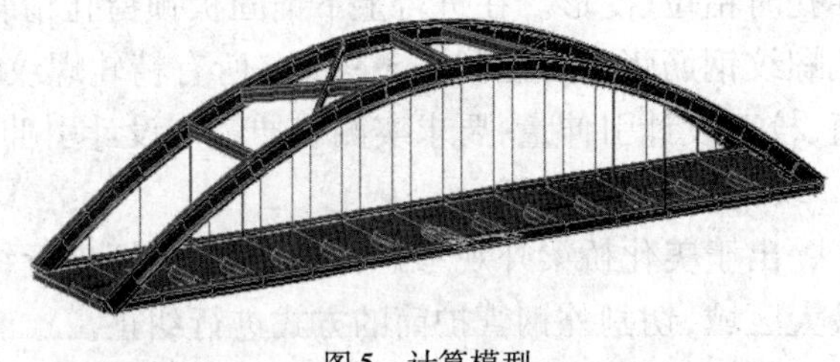

图5　计算模型

移为12.33cm。7号吊杆处内力最大为383.57kN。可为加固设计提供参考。此外对全桥进行结构验算，验算结果满足要求。

恒载作用下的位移与内力 表1

吊杆编号	拱肋位移（cm）	该吊杆处桥面位移（cm）	吊杆内力（kN）	吊杆编号	拱肋位移（cm）	该吊杆处桥面位移（cm）	吊杆内力（kN）
5	-0.1147	-0.15301	371.97	8	-0.1209	-0.16123	380.93
6	-0.1209	-0.16123	380.92	9	-0.1147	-0.15301	371.98
7	-0.1230	-0.16440	383.57				

五、加 固 设 计

检测结果表明被撞7号吊杆预应力筋表面没有明显可见损伤，但是由于吊杆在横向撞击力作用下变形较大，不能完全排除内部预应力筋有损伤的可能，为保证现有桥梁吊杆安全储备，使主要构件满足荷载等级标准要求。在比选更换吊杆重新张拉加固方案与纠正吊杆体外加筋加固方案的基础上，综合考虑技术可行性、施工方便性与经济性的因素，决定采用体外加筋法加固主桥吊杆，采用在7号吊杆周围增加4根直径25mm精轧螺纹钢筋。材料级别PSB830，屈服强度830MPa，抗拉强度1 030MPa。

设计要点：

（1）考虑在目前状况下原有吊杆预应力筋能够承受恒载和部分活载作用，新增加吊杆主要承受活载作用。原7号吊杆在考虑一定的安全系数后，计算出其承受活载为355.74kN，在其体外加固4根精轧螺纹钢筋后，按照材料抗拉强度、钢筋截面积分配活载，计算得原吊杆承受活载129.33kN；新增吊杆承受活载226.41kN。

（2）保证在原有吊杆失去作用的情况下，有足够强度代替原杆承受原有恒载与活载的共同作用。按照1.2的安全系数计算后得到新增吊杆的钢筋张拉力为3.96t。经过分析计算，张拉锚固后7号吊杆处拱肋应力变化不大，其应力值仍处在安全范围内，此外张拉后5号～9号吊杆的内力和位移变化不大，均满足要求。其余吊杆内力和位移几乎没有变化。

1. 锚固板的设计

锚固板主要采用Q235钢板特制而成，并采用有横纵向加设肋钢板的方法增强其抗拉变形能力，对照锚固板设计图布置4根精轧螺纹钢筋，以使其位置与原有吊杆不冲突，在设计位置钻孔时，会遇到横梁上部的桥面板需要穿孔。为适应4根精轧螺纹钢筋穿孔的要求，施工时应紧靠梁侧面钻出吊杆孔，尽量减少桥面空间被占用，见图6。

2. 悬吊精轧螺纹钢筋的设置

将精轧螺纹钢筋分别锚固于变形吊杆上拱肋与下横梁，采用悬吊布置，如图7所示。悬吊钢筋采用4根直径25mm精轧螺纹钢筋，分别锚固在上拱肋与下横梁锚固板上。施工时先采用化学锚栓将锚固板定位（化学螺栓采用级别≥5.8级，锚固率≥100kN，C30混凝土，5.8级螺杆）。再进行上下锚固板预留孔精轧螺纹钢筋穿孔。在进行锚固板定位时，保证上下预留穿孔孔洞对齐，避免出现悬吊精轧螺纹钢筋在穿孔时错位、变形。在进行上下锚固板预留孔精轧螺纹钢筋穿孔锚固后，应进行初次张拉施工，其单根精轧螺纹钢筋张拉力控制在3.96kN，所有精轧螺纹钢筋张拉均要求引伸量与张拉力双控，通过试验测定E值，校正设计引伸量，要求实测引伸量与设计引伸量两者误差满足施工规范要求。

3. 变形吊杆纠正

出于美化桥梁外观考虑，要对变形吊杆进行纠正，针对吊杆变形情况，采用通过机械设备在吊杆变形最大区域，切割外钢管护筒的方式进行纠正。

原有吊杆都是预应力钢绞线张拉后，采用外套钢管护筒进行压浆封闭施工。所以，在进行纠正施工时，不单单要进行钢管外护筒的切割，还要进行内部压浆混凝土的凿除，而且在凿除混凝土时要注意不要破坏波纹管内包裹的钢绞线，以免预应力的损失，造成吊杆承载能力的下降。

在对变形吊杆位置进行纠正恢复后，立即对钢护筒进行焊接修补，并对护筒内进行压浆施工，以保证内部混凝土密实性，避免外界水气进入锈蚀内部钢绞线。

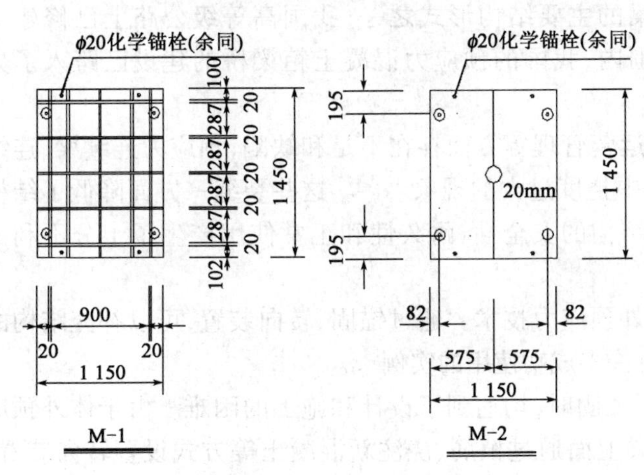

图6 锚固板设计图(尺寸单位:mm)

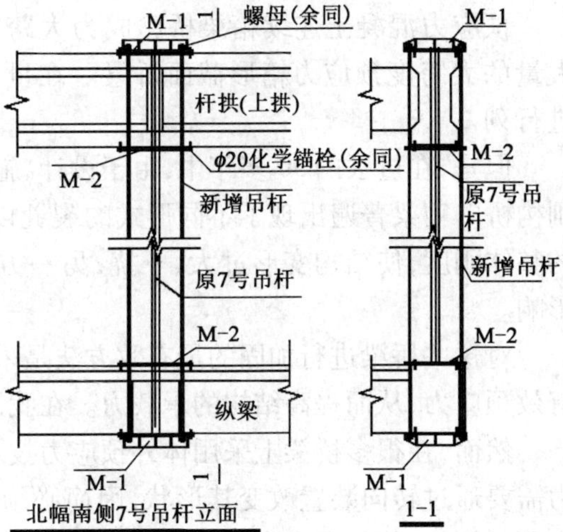

M-1
螺母(余同)
杆拱(上拱)
φ20化学锚栓(余同)
M-2
新增吊杆
原7号吊杆
M-2
纵梁
M-1
北幅南侧7号吊杆立面
M-1
M-2
原7号吊杆
新增吊杆
M-2
M-1
1-1

图7 精轧螺纹钢精布置图

六、结论与建议

(1)体外加筋加固损伤吊杆具有施工简便，经济成本低的特点，可作为吊杆损伤加固的选择。

(2)建议在该桥(北幅主桥)完成相关加固维修后进行一次荷载试验，以便进步了该桥的“健康状况”，为日后养护工作提供科学有效的技术支持。

(3)另外从桥梁养护管理的角度出发，在日常的管养，定期对结构进行常规检测，检测频率可为每年一次，检测内容可包括桥面、拱肋线形和桥面系、上部结构和下部结构的外观检查。

参考文献

[1] 范立础.桥梁工程[M].人民交通出版社，2001.

[2] 纪诚，韦春陆.栖霞大桥病害分析及加固处理[J].江苏建筑，2009(2):40-43.

[3] 冯敏祎，杨兵，赵林强. 系杆拱桥吊杆更换设计[J].城市道桥与防洪，2005(2):60-62.

[4] 余勇. 中承式钢管混凝土拱桥维修加固技术[J].西南公路，2009(3):51-56.

[5] 冷冰峰.浙江某系杆拱桥吊杆更换的施工研究[D].同济大学硕士论文，2009.

185. 预应力混凝土连续刚构桥体外预应力加固方法研究

王潮海[1] 王宗林[2]

(1.吉林省交通运输厅；2.哈尔滨工业大学)

摘 要 预应力连续箱梁桥普遍出现了不同形式的裂缝以及跨中挠度过大的现象，对这些桥梁进行加固的最有效方法是采用体外预应力技术。但由于需要在原梁上通过植筋、浇注新混凝土等方式设置转向装置，给设计和施工造成了不便。本文提出了一种采用转向横梁代替体外束常规转向装置的方法，解决了体外束加固桥梁存在的问题，并且在实际工程上得到了成功应用。

关键词 预应力混凝土连续箱梁 加固 体外预应力 转向装置 锚固装置

一、引　言

预应力混凝土连续箱梁桥已成为大跨径桥梁的主要结构形式之一，我国高等级公路上已修建了大量的大跨度预应力箱形截面桥梁。在世界范围内，我国的预应力混凝土箱梁桥的建设已跨入了先进行列。

但是，在过去的30多年中，由于设计、施工和运营管理等方面存在不足和缺陷，预应力连续梁、连续刚构桥的箱梁普遍出现了不同形式的裂缝以及跨中挠度过大的现象[1~3]。这些裂缝一方面降低了结构的整体刚度，使结构变形过大、下挠；另一方面对结构的安全性、耐久性和正常使用产生了十分不利的影响。

对这些桥梁进行加固的最有效方法是采用体外预应力技术。通过锚固、转向装置，可以补充结构的有效预应力，从而提高结构的承载力。在我国已有许多成功使用的实例[4]。

然而，在很多桥梁上采用体外预应力技术进行加固时，均遇到了设计和施工的困难。由于体外预应力需要通过转向装置改变其形状，因而必须在原梁上面通过植筋、浇注新混凝土等方式设置转向装置。众所周知，大跨径预应力连续箱梁在顶板、腹板和底板内有大量的体内预应力筋，在箱梁的内部还存在较多的锚固齿块，且箱梁的边跨位置空间狭小，这些都为设置体外束的转向装置带来了困难。

针对上述问题，结合某大桥的改造加固实例，本文提出了一种采用转向横梁代替体外束常规转向装置的方法。该方法可避开梁内的预应力束及锚固齿块，根据箱内的实际情况灵活设置，使转向力通过转向横梁直接传递到箱梁腹板上，避免了其他形式的转向装置中体外束离腹板过远、预剪力效率低的缺点。

二、工 程 概 况

1. 桥梁简介

三股线高架桥是绥满公路牡丹江—哈尔滨段高速公路横道河镇附近的一座大型桥梁。该桥为35m + 60m + 90m + 60m + 35m一联的预应力混凝土组合连续刚构桥，全长280m，处在2.2%的纵坡上（图1）。桥面净宽为(10.5 + 2 × 0.75)m，全桥宽12m。桥梁设计荷载为汽车超-20，挂车-120，人群3.5kN/m²。

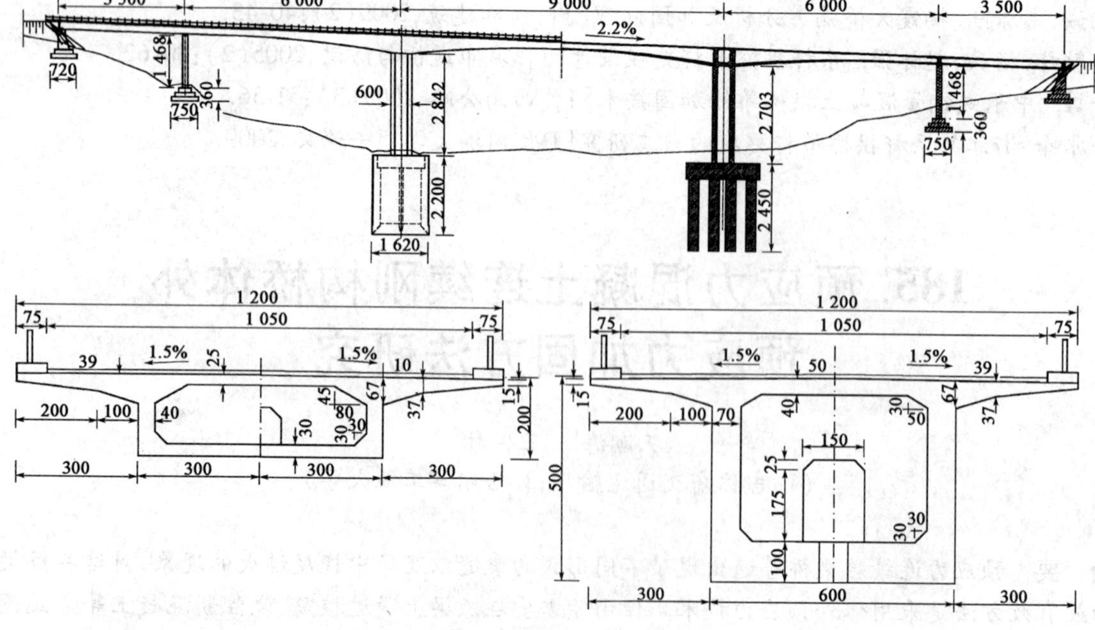

图1 桥梁构造图(尺寸单位:cm)

本桥采用平衡悬臂浇注法施工，全桥共有两个单T，每个单T以墩对称分成10块，墩顶零号块长度为7.0m，1~2号为现浇块，其余8块为悬浇块。

下部结构为两个薄壁双柱式墩，其截面尺寸为1.2m×7.0m，纵向中心距4.8m。

2. 桥梁现状调查

大桥于1997年10月建成通车。在使用了约10年多后，在进行常规检查时，发现桥梁存在如下问题[5]：

(1)桥梁中跨跨中附近出现了较为明显的下挠现象，下挠值为10.8cm，下挠导致栏杆、桥面铺装呈波浪状起伏。

(2)桥梁次边跨、中跨在其四分点12.3m范围内(5~7号块)，各跨的箱梁腹板均出现了大量斜裂缝，裂缝宽度一般介于0.2~0.3mm之间，最大裂缝宽度达到1.5mm，大致沿45°方向。这些裂缝表现为明显的主拉应力开裂的特征。根据设计图纸，箱梁腹板开裂的区域是纵向预应力束取消下弯束的区域，在这些区域设置了竖向预应力筋。

(3)顶板承托附近发现纵向裂缝。沿横向有四道纵向裂缝，间距2m左右，一直延伸到墩顶位置，并穿过墩顶进入次边跨，一直到达次边跨的合龙段端部。

(4)墩顶横隔板在过人洞的角隅处沿竖向发现数道通透性的开裂，一直开裂至顶板，裂缝宽度约0.3mm。跨中横隔板开裂尤为严重，整个横隔板基本呈破碎状态，最大裂缝跨度1.2mm。

根据荷载试验的结果，在相当于汽车—超20级的试验荷载作用下，三股线高架桥的挠度、应变、裂缝均不能满足规范要求，现有桥梁不能满足汽车—超20级荷载的使用要求，承载能力安全储备严重不足。

3. 加固改造要点

根据对桥梁的外观检查以及荷载试验结果，为提高箱梁的整体刚度、提高其承载能力，采用体外预应力、粘贴钢板等措施对该桥进行加固改造。加固设计的要点如下：

1)纵向抗弯加固

(1)体外预应力加固。采用可调可换式体外预应力锚具，并采用具有多重防护功能的体外预应力钢索作为体外束。体外束在箱内布设。

(2)中跨跨中底板正截面抗弯加固。采用在边跨、次边跨及中跨的跨中附近底板的底面粘贴钢板的形式，提高截面的抗弯承载力。

2)腹板斜截面抗剪加固

采用在腹板两侧粘贴竖向钢板条的形式，对斜截面进行加固补强。对出现严重斜裂缝的梁段，首先进行灌缝处理，然后在腹板内外侧粘贴竖向钢板条。对于增设转向横隔板的梁段，先粘贴钢板，后浇注横隔板混凝土。

3)桥面铺装改造

将原桥面铺装彻底凿除，在原梁桥面板上铺设掺有水泥基结晶渗透防水材料的强度等级为C50的聚丙烯纤维防水混凝土铺装层。将主跨下挠段的桥面铺装加厚找平，以使下挠的桥面呈现平顺状态。

4)裂缝灌浆封闭

对桥梁已产生的受力裂缝，包括腹板斜裂缝、顶板纵向裂缝、墩顶横隔梁裂缝等，均进行化学灌浆处理，以防裂缝进一步扩大及有害物质的侵入，造成受力钢筋的锈蚀，影响结构安全。

三、体外预应力加固技术

1. 体外预应力布置形式

体外束所用的光面钢绞线为符合美国ASTMA416-90A标准的高强度、低松弛钢绞线，其标准抗拉强度为1 860MPa，环氧喷涂无黏结钢绞线外加HDPE套管具有良好的抗侵蚀能力，能够适应具有严重侵蚀性的恶劣环境。

边跨、次边跨采用12ϕ^s15.24钢索,配合相应的张拉、锚固锚具,共设8束。中跨采用12ϕ^s15.24钢索,设置8束。体外束控制张拉应力为1 116MPa,为设计强度的60%。

由于增设的体外预应力筋数量较多,采用沿箱梁底板和顶板分散布置的方案(图2):

(1)体外束在一跨内布置,在墩顶处交叉张拉、锚固;桥台处为固定端,在体外束的另侧张拉;

(2)在跨内采用设置在顶板和底板上的转向装置,对体外束进行转向;

(3)边跨墩顶因梁高较小,顶板、底板齿板密布,无法进行交叉锚固,因此,此处采用体外束连续穿过不锚固的方式,即次边跨体外束在此处通过墩顶箱梁,在0号桥台处锚固。

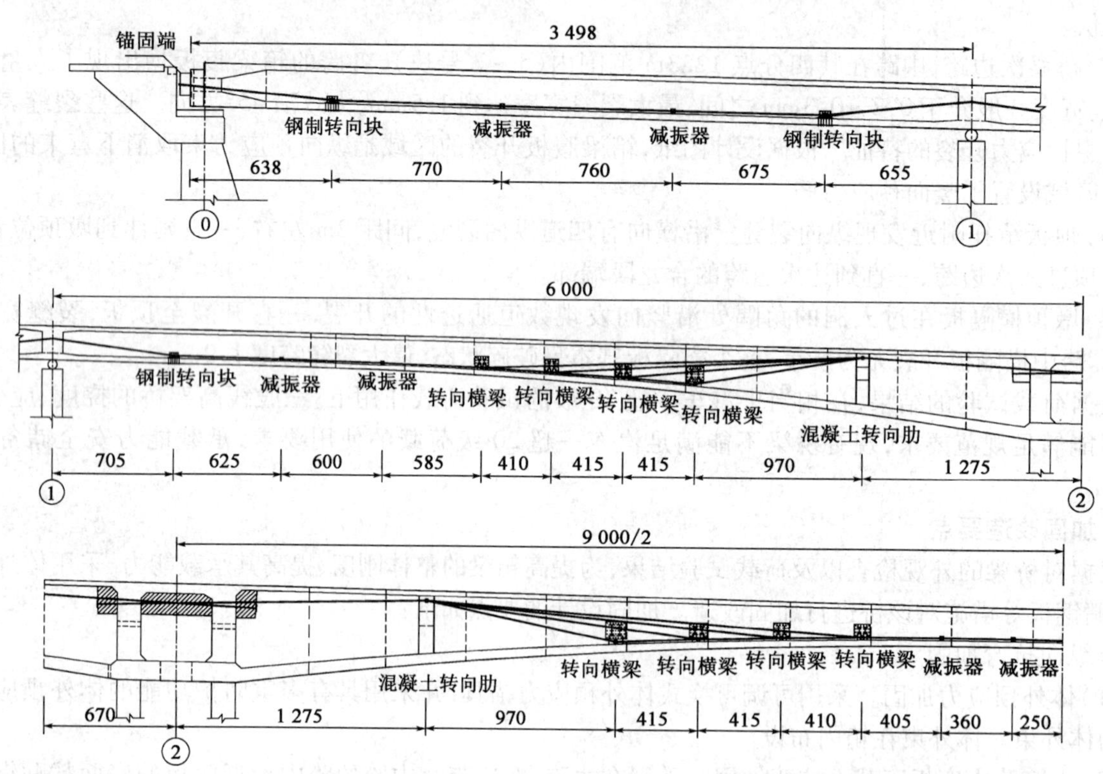

图2　体外预应力束布置(尺寸单位:cm)

2.底板体外预应力转向装置

1)边跨

边跨梁高较小,箱内空间狭小,顶板、底板密布齿板,因此,不适合采用混凝土肋式转向装置。

由于靠近墩顶处的底板体内束较少,因此,采用钢制转向块的方式,采用将底板穿透上下锚栓连接钢板加结构胶黏结技术锚固(图3)。

2)主跨

中跨及次边跨的体外预应力转向装置采用了钢横梁转向的方式。采用将腹板穿透锚栓连接钢板加结构胶黏结技术锚固,钢横梁锚固在两侧腹板的钢板上(图4)。

该布置方式具有以下特点:

(1)底板上有很多齿板,且齿板靠近腹板,无法采用传统的混凝土转向肋或转向块的形式。转向横梁避开了齿板位置,可以很容易布置。

(2)底板上的体内束较多,若采用钢制转向装置或混凝土转向装置,需要在底板上种植大量的钢筋,给施工带来困难。采用钢制横梁时,只需要在腹板上种植锚固钢板,而该处的腹板没有体内束,不影响施工。

(3)体外束转向时,转向力通过钢横梁传递到箱梁腹板上,使得直接作用到腹板上的预剪力大大增加,避免了其他形式的转向肋中体外束离腹板过远、预剪力效率低的缺点。

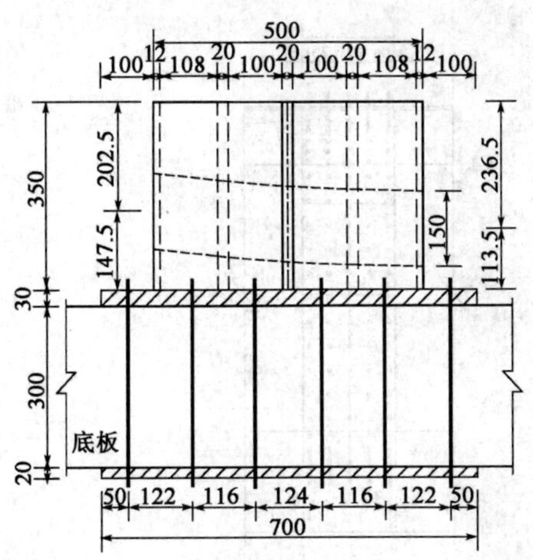

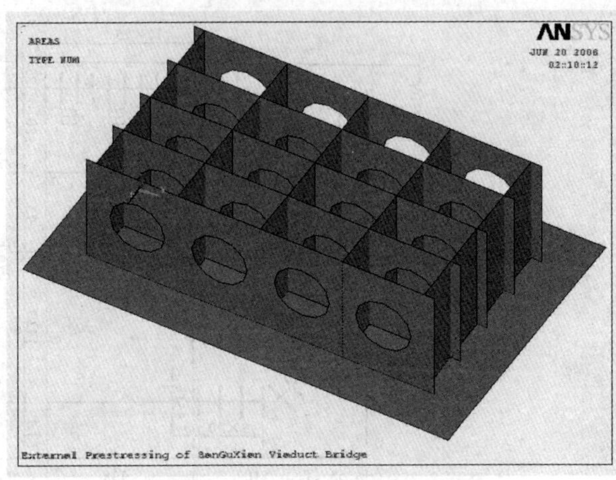

图3 边跨钢制转向块(尺寸单位:mm)

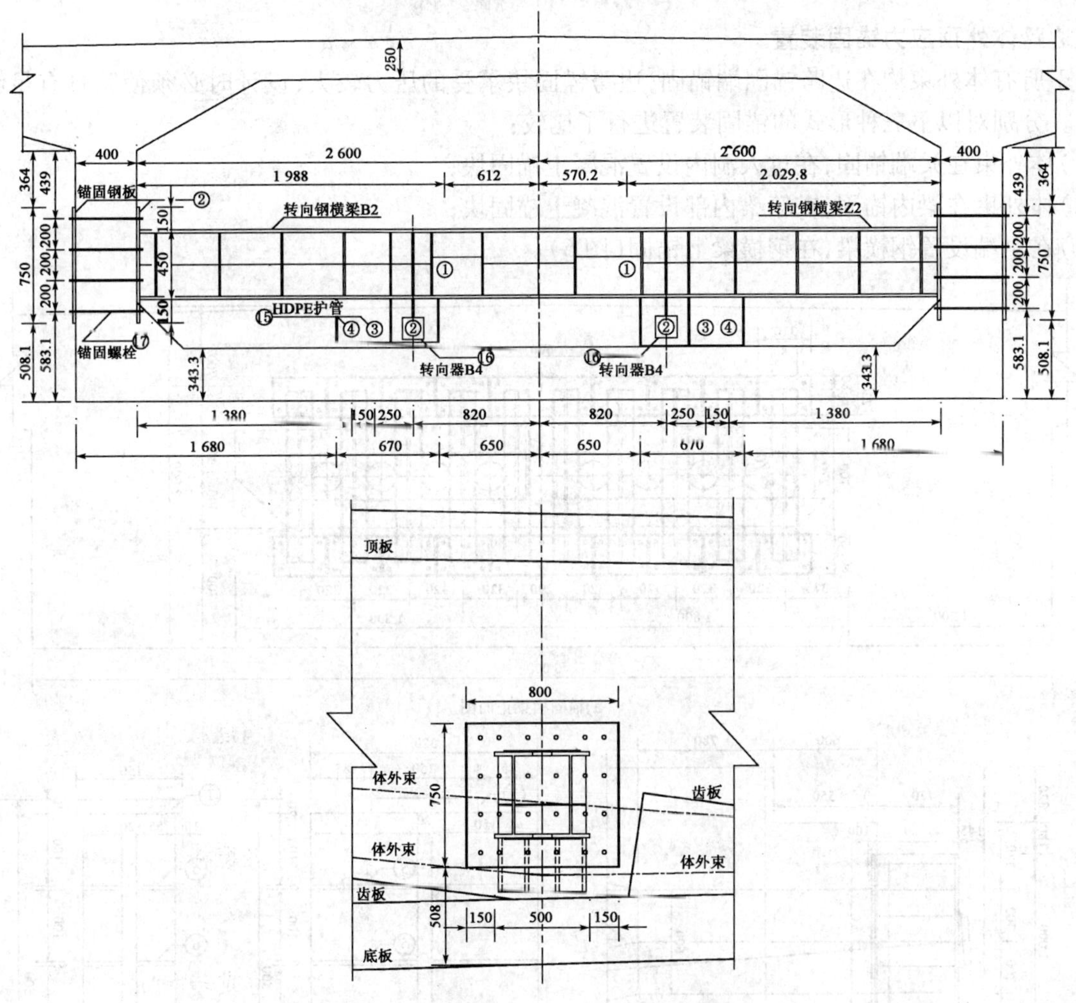

图4 主跨钢制转向横梁构造(尺寸单位:mm)

3. 顶板体外预应力转向装置

顶板转向采用混凝土门式转向肋的形式(图5),钢束分别在主跨及次边跨3号块位置顶板进行集中转向。混凝土门式转向肋厚度为75cm,通过在箱梁的顶板、腹板和底板内植入钢筋,使转向肋混凝土与原梁混凝土成为整体共同受力。

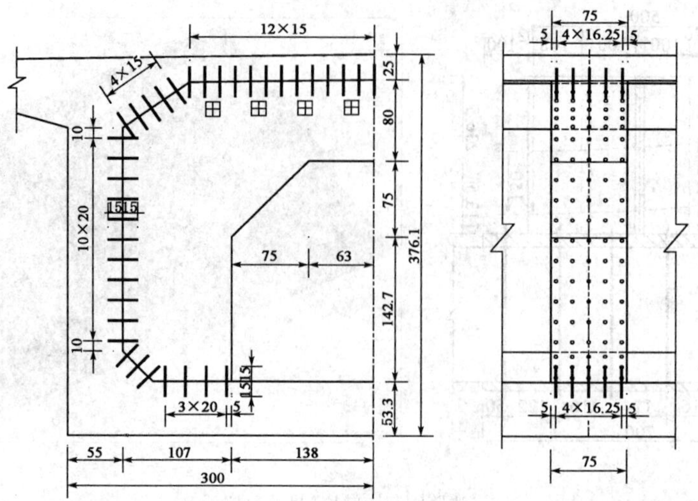

图5 顶板转向肋构造图(尺寸单位:cm)

4.边跨体外预应力锚固装置

由于所有体外束均在边跨锚固端锚固,边跨锚固块承受的压力较大,设计时必须使其具有足够的承载能力。分别对以下三种形式的锚固装置进行了比较:

(1)体外束在梁端锚固,在过人洞内设置混凝土锚固块;

(2)体外束在梁内锚固,在箱梁内部设置混凝土锚固块;

(3)在梁端设置钢横梁,在钢横梁上锚固(图6)。

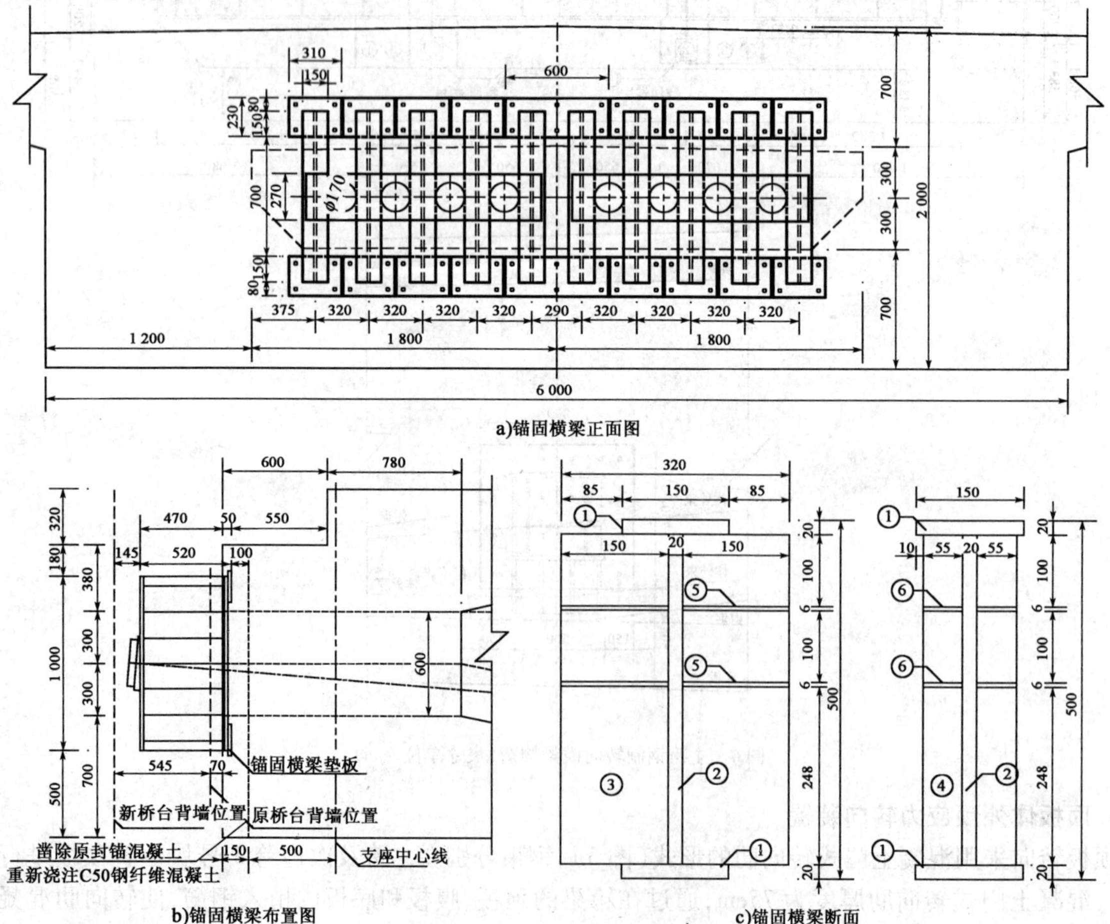

图6 边跨锚固装置(尺寸单位:mm)

经过空间分析，采用(1)、(2)两种形式的混凝土锚固块时，锚固端头范围，与顶板、底板交界处的竖向拉应力、与腹板交界处的横向拉应力均较大，最大达到8MPa左右，无法采用植筋来解决，此处混凝土将开裂。另外，由于空间狭小，给植筋、混凝土浇注等带来了很大的难度，施工质量不易保证。

采用钢横梁形式时，由于钢横梁两端的剪应力较大，因此，设置斜支撑以减小剪应力，同时，也减小了跨中应力。与混凝土方案相比，钢梁安装简单，施工质量容易保证。

四、结 语

(1)体外预应力技术是大跨径预应力混凝土箱梁桥改造加固最有效和最常采用的方法。通过锚固、转向装置，可以补充结构的有效预应力，提高结构的承载力。

(2)合理设置体外束的锚固、转向装置是采用体外预应力进行桥梁加固的关键。由于受到原梁的限制，需要根据实际情况，采取合理的锚固、转向方式。

(3)本文提出的采用转向横梁代替体外束常规转向装置的方法，可避开箱梁的体内预应力束及箱内锚固齿块，根据箱内的实际情况灵活设置，使转向力通过转向横梁直接传递到箱梁腹板上，避免了其他形式的转向装置中体外束离腹板过远、预剪力效率低的缺点。

参考文献

[1] 王永珩等. 我国桥梁建设的成就、现状和存在的问题. 公路，2004年第12期.
[2] 王法武、石雪飞. 大跨径预应力混凝土梁桥长期挠度控制研究. 中外公路，2006年第4期.
[3] 谢峻等. 大跨径预应力混凝土箱梁长期下挠问题的研究现状. 公路交通科技，2007年第1期.
[4] 张树仁，王宗林. 桥梁病害诊断与改造加固设计. 人民交通出版社，2006.
[5] 王宗林. 绥满公路牡丹江-哈尔滨段三股线高架桥检测报告及加固方案，哈尔滨工业大学，2007年10月.

186. 有黏结预应力加固钢筋混凝土梁试验研究及工程应用

王潮海[1] 郑继光[2] 吴红林[3]
(1. 吉林省交通运输厅；2. 吉林省交通科学研究所；3. 哈尔滨工业大学)

摘 要 本文在理论分析基础上，通过6片矩形和3片T形钢筋混凝土小梁抗弯受力试验，模拟桥梁带载加固分阶段受力实际情况，研究了有黏结预应力带载加固试验梁的受力行为，并介绍了将有黏结预应力技术应用于某旧桥加固工程情况。室内试验及实桥加固实践结果表明，6片有黏结加固试验梁的正截面极限承载力平均提高幅度为20%，后加补强砂浆可以延迟被加固梁体的正截面裂缝发展，提高了梁体的开裂荷载，有黏结预应力技术对旧桥加固提载效果显著。

关键词 有黏结 预应力 桥梁 加固

利用锚固于被加固梁体外的小直径预应力筋，对梁体施加预应力，然后喷注具有较高抗拉强度的复合砂浆，将预应力筋与被加固梁体黏结为一体，构成有黏结预应力加固体系。

有黏结预应力加固体系以其预应力筋锚固简单、张拉施工方便、结构耐久性好、建筑高度改变不大、材料利用效率高的技术优势受到国内外土木工程界的重视。这种预应力加固体系特别适用于中、小跨径钢筋混凝土T梁、空心板梁、箱梁桥的加固，其突出优点是：

(1)能最大限度地发挥后加补强材料的作用，提高材料的利用效率；

(2)喷注的高性能抗拉复合砂浆保护层,抗碳化和抗氯离子侵蚀能力强,保护钢筋免于锈蚀,提高结构耐久性,延长结构使用寿命;

(3)靠小型锚具和高性能抗拉复合砂浆黏结的双重作用锚固预应力钢筋,锚固工作更为安全可靠。

有关研究及试验表明,在后喷注高性能复合砂浆形成强度前,有黏结预应力加固梁与体外预应力加固梁受力行为类似,因此这种结构具有体外预应力主动加固的优点,同时具有有黏结预应力体系的受力特点。有黏结预应力加固技术对旧桥极限承载力及截面刚度提高显著,但其承载力计算必须考虑截面分阶段受力特点。

本文介绍利用国产高性能抗拉复合砂浆(HTCM)加固的有黏结预应力梁,在考虑分阶段受力情况下的正截面抗弯受力变形行为,并在理论分析和模拟试验基础上,将该技术进一步应用于实桥加固工程进行检验。本文成果可为类似工作提供参考。

一、加固梁受力分析

1. 受力变形特点

一般情况下,有黏结预应力加固桥梁结构由4部分构成:预应力钢绞线或索、预应力锚固系统、转向装置、体外有黏结补强材料,如图1所示。

有黏结预应力加固梁的受力变形分3个主要阶段:施加预应力阶段、成桥阶段、运营阶段。

(1)施加预应力阶段

本阶段在张拉钢筋施加预应力前,构件自重及先期恒载产生的内力由原梁承担,结构一般已发生挠曲变形和受拉裂缝。通过施加预应力,达到类似于后张法张拉对梁的作用效果:预加力产生反向弯矩使原结构受拉区受压、受压区受拉,裂缝闭合,但预应力筋仍属于体外配筋,与梁变形不协调。

(2)成桥阶段

通过喷射高性能复合砂浆,将预应力筋与梁体全面结合,形成组合截面,砂浆结硬后预应力筋与梁体变形协调,此时,将体外预应力加固的组合体系转化为了有黏结预应力加固体系,砂浆产生的恒载仍由原梁截面承担。

(3)运营阶段

车辆荷载等活载由加固后的组合截面承担,桥梁受力同普通受弯梁基本相同,但原梁裂缝及复合砂浆裂缝的开展具有特殊性。

2. 正截面抗弯承载力

有黏结预应力加固的钢筋混凝土受弯构件正截面抗弯承载力计算图式如图2所示。

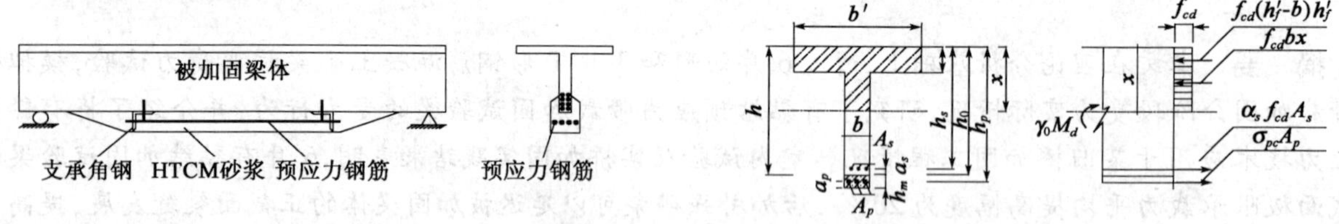

图1　有黏结预应力加固体系　　　　图2　正截面抗弯承载能力计算图式

分析表明,采用有黏结预应力加固的钢筋混凝土受弯构件正截面抗弯承载力计算公式与一般有黏结预应力混凝土构件有大致相同的表达形式。

承载力计算基本方程由力的平衡条件求得(以 $x \geqslant h_f'$ 的T形梁为例):

由 $\sum X = 0$ 得

$$f_{cd}bx + f_{cd}(b_f' - b)h_f' = \alpha_s f_{sd} A_s + \sigma_{pu} A_p \tag{1}$$

由 $\sum M = 0$ 得

$$\gamma_0 M_d \leqslant f_{cd}bx\left(h_0 - \frac{x}{2}\right) + f_{cd}(b_f' - b)h_f'\left(h_0 - \frac{h_f'}{2}\right) \tag{2}$$

式中：M_d——按《桥规》(JTG D62)计算的弯矩组合设计值；

γ_0——结构重要性系数；

f_{cd}——原梁混凝土的抗压强度设计值；

f_{sd}——原梁纵向受拉钢筋的抗拉强度设计值；

α_s——考虑腐蚀钢筋截面面积减小和屈服强度降低影响的原梁受拉钢筋承载力折减系数；

h_0——后加预应力钢筋和原梁受拉钢筋合力作用点至截面受压边缘的距离，$h_0=\dfrac{(\alpha_s f_{sd}A_s h_s+\sigma_{pu}A_p h_p)}{(\alpha_s f_{sd}A_s+\sigma_{pu}A_P)}$；

h_s——原梁受拉钢筋合力作用点至截面受压缘的距离 $h_s=h-a_s$，其中 a_s 为原梁受拉钢筋合力作用点至原梁截面受拉边缘的距离；

h_p——后加预应力钢筋合力作用点至截面受压边缘的距离 $h_p=h+h_m-a_p$，其中 h 为原梁的高度，h_m 为后加砂浆层厚度，a_p 为预应力钢筋合力作用点至加固后截面受拉边缘的距离；

$\xi_{b,s}$——原梁受拉钢筋的混凝土受压区高度界限系数；

σ_{pu}——极限状态下后加预应力钢筋的应力。

上述计算公式适用于有黏结预应力加固混凝土受弯构件的配筋设计和承载力复核两种情况。

3. 预应力筋应力取值

极限状态下后加预应力钢筋的应力 σ_{pu} 可根据变形条件确定，并考虑桥梁加固构件分阶段受力的影响，其数值与混凝土受压区高度有关，σ_{pu} 可按下式计算：

当 $x\leqslant\xi_{b.p}h_p$ 时，取 $\sigma_{pu}=f_{pd}$；

当 $x>\xi_{bp}h_p$ 时，$\sigma_{pu}=\sigma_{pe}+\Delta\varepsilon_p E_p\leqslant f_{pd}$

式中：f_{pd}——预应力钢筋的抗拉强度设计值；

$\Delta\varepsilon_p$——极限状态下预应力钢筋的应变增量；

E_p——预应力钢筋的弹性模量；

σ_{pe}——预应力钢筋的有效预应力 $\sigma_{pe}=\sigma_{con}-\sum\sigma_L$

活载作用后预应力筋的应变增量 $\Delta\varepsilon_p$ 可参照下列形式：

$$\Delta\varepsilon_p=\alpha_h\varepsilon_{cu}\left(\frac{\beta h_s}{x}-1\right)+(\alpha_h-1)\varepsilon_{cu}-\alpha_h\varepsilon_{s1}-(\alpha_h-1)\varepsilon_{c1} \tag{3}$$

$$\varepsilon_{s1}=\frac{1}{E_c}\cdot\frac{\gamma_0 M_{d1}}{J_{cr1}}(h_s-x_{cr1}) \tag{4}$$

$$\varepsilon_{c1}=\frac{1}{E_c}\cdot\frac{\gamma_0 M_{d1}}{J_{cr1}}x_{cr1} \tag{5}$$

式中：ε_{cu}——混凝土的极限压应变，对 C50 及以下混凝土，取 $\varepsilon_{cu}=0.0033$；

β——混凝土受压区矩形应力图高度系数，对 C50 及以下混凝土，取 $\beta=0.8$；

α_h——系数，$\alpha_h=h_p/h_s$；

ε_{s1}——一期荷载作用下原梁受拉钢筋的拉应变；

ε_{c1}——一期荷载作用下原梁受压翼缘顶面混凝土的压应变；

x_{cr1}，J_{cr1}——按开裂的钢筋混凝土构件计算的原梁换算截面重心轴至受压边缘的距离（即混凝土受压区高度）和惯性矩；

M_{d1}——一期荷载引起的弯矩设计值 $M_{d1}=1.2M_{GK}$，此处 M_{GK} 为构件自重及恒载弯矩标准值。

二、室内模拟试验

1. 试验方案设计

本次模拟试验共设计制作 12 片试验验梁：6 片矩形梁和 3 片 T 形梁用于抗弯承载力试验，3 片矩形梁用于疲劳受力试验。

(1)试验梁结构尺寸

抗弯承载力试验梁跨度均为4m,截面高度均为500mm,梁的高跨比 $h/l = 500/4\,000 = 1/8 < 1/5$,满足浅梁的尺寸要求。疲劳试验梁跨度为4m,截面高度为300mm。试验梁的配筋按"强剪弱弯"的原则设计,以确保加固后的构件发生正截面破坏。箍筋采用单肢 $\phi 8$,间距为靠近支点75mm,跨中150mm。矩形试验梁(梁宽200mm)设计成两种配筋率,分别是 $\rho = 0.67\%$,$\rho = 1.005\%$,如图3所示,工字形试验梁(肋宽120mm,上翼缘500mm、下翼缘300mm)设计成一种配筋率,$\rho = 1.07\%$,如图4所示,疲劳试验梁(梁宽200mm)配筋率 $\rho = 1.11\%$,有黏结预应力加固配筋均采用 $2\phi^j 8.6$,试验梁设计参数详见表1。

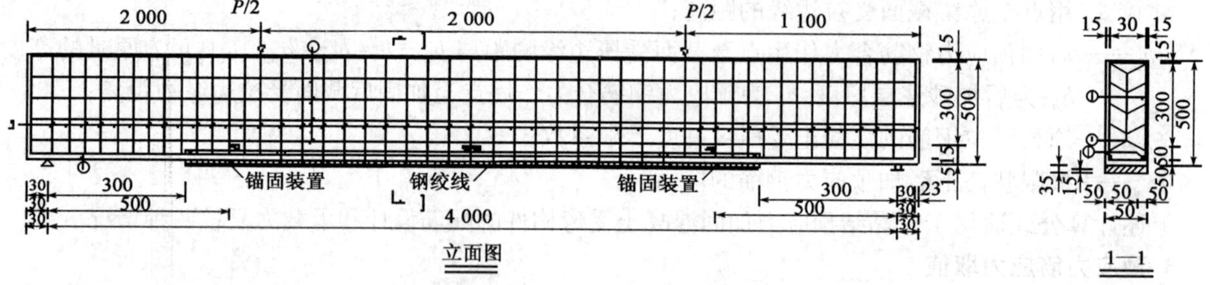

图3　矩形试验梁基本尺寸(尺寸单位:mm)

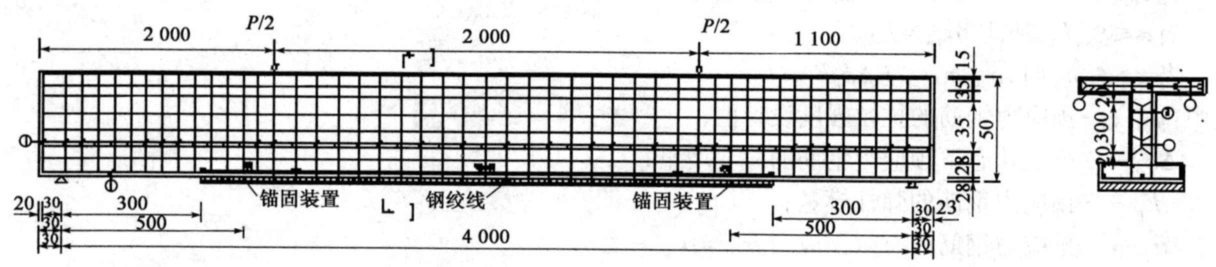

图4　工字形试验梁基本尺寸(尺寸单位:mm)

试验梁设计参数　　表1

试验梁编号		梁底受拉钢筋	配筋率	加固配筋	实际跨长	备　注
矩形	JXKW1-1	$2\phi 20$	$\rho = 0.67\%$		4 000	对比梁
	JXKW1-2	$2\phi 20$		$2\phi^j 8.6$	4 000	二次受力带载加固(5t)
	JXKW1-3	$2\phi 20$		$2\phi^j 8.6$	4 000	二次受力卸载加固(6t)
矩形	JXKW1-1	$3\phi 20$	$\rho = 1.005\%$		4 000	对比梁
	JXKW1-2	$3\phi 20$		$2\phi^j 8.6$	4 000	二次受力带载加固(7t)
	JXKW1-3	$3\phi 20$		$2\phi^j 8.6$	4 000	二次受力卸载加固(7t)
工字形	GZXKW3-1	$3\phi 16$	$\rho = 1.07\%$		4 000	对比梁
	GZXKW3-2	$3\phi 16$		$2\phi^j 8.6$	4 000	无损伤加固
	GZXKW3-3	$3\phi 16$		$2\phi^j 8.6$	4 000	二次受力卸载加固(8t)
疲劳	疲劳5-1	$2\phi 20$	$\rho = 1.11\%$		4 000	对比梁
	疲劳5-2	$2\phi 20$		$2\phi^j 8.6$	4 000	疲劳试验梁
	疲劳5-3	$2\phi 20$		$2\phi^j 8.6$	4 000	疲劳试验梁(备份)

(2)材料参数

采用商品混凝土,设计强度等级为C30,预应力钢材采用钢绞线,非预应力钢筋采用普通二级钢,各试验梁混凝土实测抗压强度、钢筋、钢绞线力学性能结果汇总于表2、表3中。

C30 混凝土的强度(MPa) 表2

试验梁号	1-1	1-2	1-3	2-1	2-2	2-3	3-1	3-2	3-3	5-1	5-2	5-3
f_{cu}	33.1	33.4	33.7	35.2	35.1	34.8	36.1	36.2	36.2	36.5	35.2	36.9
$f_c(0.88\times0.76f_{cu})$	22.1	22.3	22.5	23.5	23.5	23.3	24.1	24.2	24.2	24.4	23.7	24.6

HRB335ϕ^s8.6 钢材材性试验数据 表3

Φ20	试件1	试件2	试件3	均值
f_{sk}(MPa)	378	366	370	371
f_u	525	530	537	530
Φ16	试件1	试件2	试件3	均值
f_{sk}(MPa)	378	380	375	378
f_u	500	490	495	495
ϕ^s8.6	试件1	试件2	试件3	均值(t)
破断力	5.8	5.9	5.8	5.83

高性能抗拉复合砂浆(HTCM)各设计参数取值如表4所示。

高性能抗拉复合砂浆(HTCM)设计参数 表4

项目	设计取值	项目	设计取值
轴心抗压强度标准值	$f_{ck.m}=23$MPa	抗拉强度设计值	$f_{td.m}=5.3$
轴心抗压强度设计值	$f_{cd.m}=15.7$	弹性模量	$E=30\,000$MPa
抗拉强度标准值	$f_{tk.m}=7.7$		

(3)试验加载系统

承载力试验采用两点对称加载方案。图5所示的试验加载系统由混凝土支墩和横跨试验梁的地锚反力架组成。在地锚反力架横梁和试验梁顶面之间设置千斤顶和30t稳压应力环。利用手动钢杠杆顶升千斤顶,通过稳压应力环测量和标定所施加荷载的数值。

疲劳试验采用单点加载方案(图6),在试验梁中点施加疲劳荷载,疲劳荷载由偏心锤的惯性力产生。由于疲劳对比梁5-1的极限荷载约为60kN·m,加固后梁的极限承载力大约在65kN·m,因此本次疲劳试验控制跨中疲劳弯矩在0%~35%P_u之间,即0~2.0kN·m之间,加载次数为200万次。

图5 承载力试验加载系统

图6 疲劳试验加载系统

(4)试验梁带载加固

本试验采用带载加固,即在施加并维持一定的一期荷载作用情况下,对原梁进行正截面补强加固,实际加载时,由于预应力筋张拉必须有梁体的变形发生,所以在张拉过程中,采用适当放松千斤顶的方法来模拟一期恒载,但是在整个张拉过程中,应力环读数保持不变。

本试验采用的一期荷载控制在加固后试验梁极限破坏荷载的40%以内,并综合考虑正截面裂缝与纵向主筋应力情况。

采用自制螺杆张拉预应力筋，在张拉螺杆与锚垫板之间放置压力传感器，通过压力传感器可以读出预应力的张拉吨位（图7），采用张拉螺杆张拉的好处是可以很准确地达到想要张拉的张拉力，同时锚具回缩值很小。

涂抹砂浆前对梁底混凝土表面进行进凿毛处理，高性能抗拉复合砂浆厚30mm（图8）。

图7 张拉螺杆施加纵向预应力

图8 涂抹高性能抗拉复合砂浆

2. 试验现象

（1）正截面抗弯试验

同普通对比梁类似，试验过程中梁的受力依次也经历了弹性工作阶段、带裂缝工作阶段和钢筋屈服3个试验阶段。不同的是加固梁的开裂荷载延迟发生，砂浆和预应力存在限制了原梁裂缝的发展。

在二次加载过程中在后加砂浆层开裂之前，原梁裂缝基本不开展。随着荷载的增加，后加补强砂浆层开裂，开裂的位置基本与原梁一期荷载裂缝相吻合。

在9片小梁试验中都可以发现即使原梁裂缝没有封闭的情况下，预压卸载后一般裂缝宽度在0.08mm左右都有同样一个规律，即只有后加补强砂浆层先开裂到一定程度后，原梁既有裂缝才缓慢开展，试验表明，原梁的开裂弯矩在20～30kN·m，而加固梁的开裂弯矩提高到60～90kN·m（此时砂浆开裂）。

图9 试验梁（1-1）破坏状态

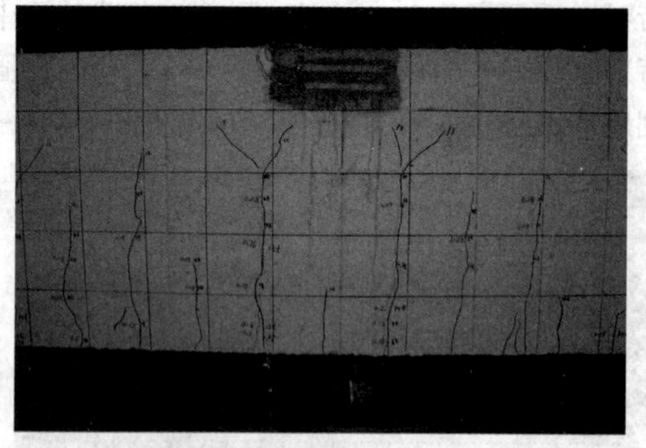

图10 试验梁（1-1）裂缝分布

（2）疲劳试验

5-2梁为疲劳试验梁，梁5-2未进行预压直接进行有黏结预应力加固。疲劳试验的力控制在0－0.4Pu，在完成20万次、40万次、60万次、80万次、100万次、120万次、140万次、160万次、180万次、200万次后分别停机检查加固梁的疲劳破坏特征，经过观察，在达到上述疲劳次数后，后补强砂浆未发生黏结层裂缝脱落现象。

在疲劳试验开始时初期，由于疲劳荷载上限值超过开裂荷载，所有在试验初期，试验有开裂现象，但是裂缝细微，在随后的疲劳试验荷载作用下，初期裂缝并没有明显开展现象。

在20万次测得名义残余挠度为0.2mm，在60万次测得名义残余挠度为0.25mm，在100万次测得的名义残余挠度为0.28mm，在180万次测得的名义残余挠度为0.3mm。所谓名义残余挠度是指，加载到N万次后停机测量跨中挠度与刚按上激振设备的初始挠度的差值。

从残余挠度与加载次数的对应关系可以看出，疲劳荷载作用下加固梁有很小的残余变形，残余变形随疲劳试验次数有所发展，但是发展缓慢。

3. 试验数据及分析

(1)抗弯极限承载力

各试验梁的开裂弯矩、屈服弯矩、极限破坏弯矩等特征弯矩值统计如表5，极限承载力理论与实测对比如表6。

试验梁特征弯矩统计表(kN·m) 表5

试验梁号	开裂弯矩M_{cr}	屈服弯矩M_{dy}	极限破坏弯矩M_{du}	M_{dy}/M_{du}
1-1	20	100	140	0.71
1-2	90	150	180	0.83
1-3	70	140	180	0.78
2-1	30	140	190	0.74
2-2	100	200	230	0.87
2-3	80	200	240	0.83
3-1	30	160	180	0.89
3-2	100	180	200	0.90
3-3	90	210	200	1.05

极限承载力数据对比(kN·m) 表6

试验梁号	理论强度(材料性质+钢绞线实测应力值)	理论强度(材料性质+钢绞线建议取值)	试验实测值
1-1	102.76	102.76	140
1-2	139.42	133.9	180
1-3	139.42	133.9	180
2-1	149.53	149.53	190
2-2	184.08	178.9	230
2-3	184.08	178.9	240
3-1	104.59	104.59	180
3-2	143.99	136.97	200
3-3	143.99	136.97	200

从表中可以看出：

①加固砂浆层的砂浆抗拉强度可以较大幅度影响加固梁的整体开裂弯矩，所以加固后梁的弹性阶段大大延长，说明后加预应力与后加补强砂浆对原梁的裂缝开展具有较强的约束作用。

②加固梁在到达屈服弯矩之前，原梁裂缝发展非常缓慢，过了屈服弯矩之后，原梁裂缝开展迅速。

(2)挠度、裂缝及应力增量

图11为加固梁典型跨中弯矩－钢绞线应力增量实测图(1-3梁)，图12为加固梁典型跨中弯矩—挠度实测曲线图。

预应力筋应力增量统计如表7，表8为实测挠度及裂缝数据。

数据显示，后加补强砂浆对原梁的开裂有牵制作用，在二次加载过程中在后加砂浆层开裂之前，原梁裂缝基本不开展，随着荷载的增加，后加补强砂浆层开裂，开裂的位置基本与原梁一期荷载裂缝相吻合。极限破坏时，后加补强砂浆的裂缝宽度要大于原梁的裂缝宽度，但是对加固梁的极限承载能力没有影响。

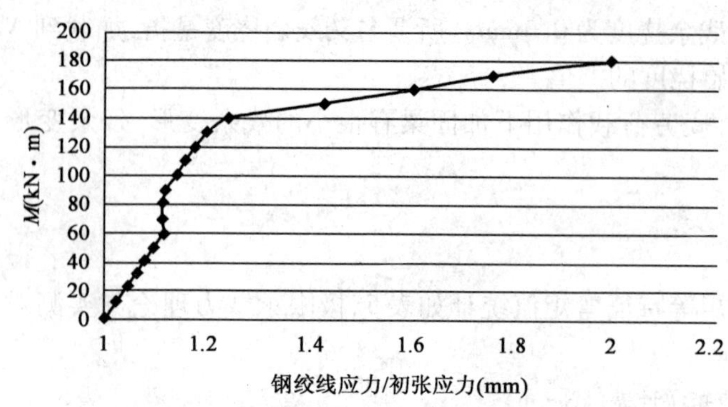

图11　试验梁(1-3)跨中弯矩-应力增量图

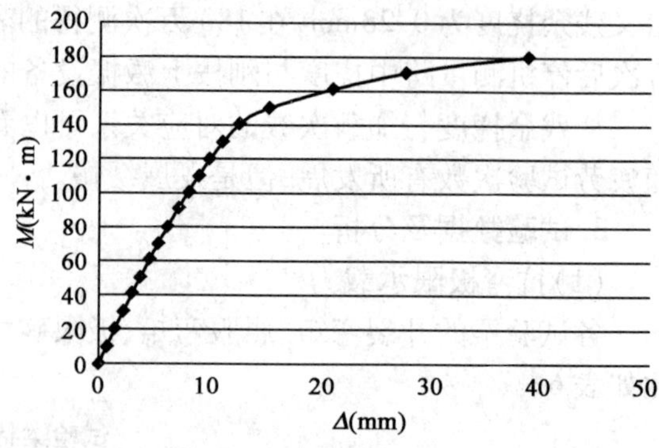

图12　试验梁(1-3)跨中弯矩-挠度曲线图

应力增量数据对比(MPa)　　表7

试 验 梁 号	钢绞线张拉应力	钢绞线极限应力	增 长 比 值
1-2	707	1 187	69%
1-3	707	1 414	100%
2-2	707	1 272	80%
2-3	707	1 095	55%
3-2	707	1 117	58%
3-3	707	1 095	55%

挠曲变形及裂缝实测值(mm)　　表8

试 验 梁 号	挠度实测值	加固梁裂缝	原 梁 裂 缝
1-1	4.0		1.8
1-2	3.0	1.8	0.9
1-3	3.8	1.28	0.8
2-1	41		2.5
2-2	28.4	1.2	0.6
2-3	24	1.3	0.64
3-1	23.8	1.2	
3-2	22.3	1.3	
3-3	22.6	1.3	

(3)试验梁刚度分析

在这里,定义跨中弯矩-挠度曲线的斜率为名义刚度,该曲线上每一点的斜率可以反映出那一时刻试验梁的静力刚度,其中 k_1 为加固前刚度,k_2 为加固后刚度,k 为对比梁刚度,各试验梁名义刚度统计值如表9。

各试验梁名义刚度统计表(kN · m/mm)　　表9

试 验 梁	名义刚度 k	名义刚度 k_1	名义刚度 k_2	刚度提高比例
1－1	8.62			
1-2		8.44	9.87	17%
1-3		9.12	12.04	31%
2-1	14.1			
2-2		11.24	14.44	28.5%
2-3		11.4	12.7	11.5%
3-1	10.8			
3-2			10	
3-3		9.03	11.89	31.7%

数据表明，有黏结预应力加固技术可以较大幅度提高原梁的静力刚度。

三、工 程 应 用

选择通化市红旗大桥作为有黏结预应力加固实体工程，验证其工程应用效果。

1. 桥梁概况

红旗大桥建于1965年，桥梁全长332m，桥面净空：净-13+2×2.25m人行道，设计荷载：汽—13、拖—60、人群—3.5kN/m^2。上部构造为17孔装配式钢筋混凝土简支梁桥，单孔跨径19.46m，下部为三柱式墩身，混凝土扩大基础。

桥梁每孔由9片T梁构成，采用铰接方式，主梁间距160cm，梁高120cm，悬臂端部厚度为8cm，腹板厚为18cm。沿桥纵向设置八道横隔梁加强横向联系以提高结构整体性，高度90cm，间距为270cm，厚度为15cm。

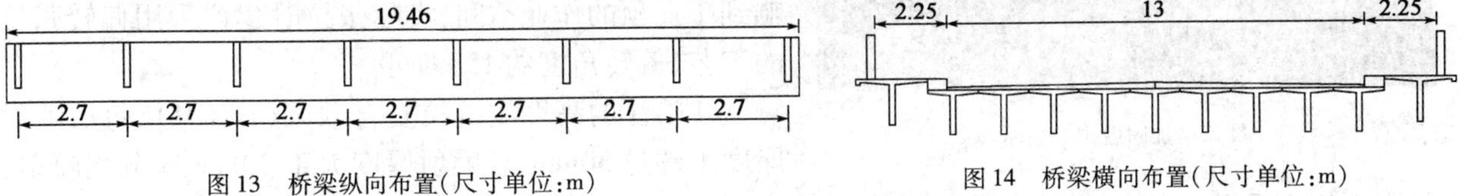

图13 桥梁纵向布置（尺寸单位：m） 图14 桥梁横向布置（尺寸单位：m）

经检测分析，作为城市桥梁的红旗大桥原桥跨中正截面抗弯极限承载力不满足城-B级荷载的要求，根据要求，本次按城市-B级荷载标准对该桥进行加固补强设计。

2. 加固方案及施工工艺

本桥第1孔9片T梁采用有黏结预应力技术进行加固，对横向受力起作用的第3、第6道横隔梁进行加固补强。

（1）正截面加固方案

在梁底水平增设3根$\phi^s15.24$的普通预应力钢绞线。预应力钢绞线先锚固在固定于被加固梁体上的支承钢板上，采用配套单根小型液压千斤顶进行张拉，单根钢筋的张拉力为116kN，$\sigma_k=0.45f_{pk}$。预应力筋张拉、锚固在梁底及腹板两侧布置原梁钢筋骨架的高度范围内（图15、图16）。在整个钢绞线区域内喷注高性能抗拉复合砂浆（HTCM），构成有黏结预应力正截面加固体系。在张拉过程中，通过油表读数全程监控张拉力。

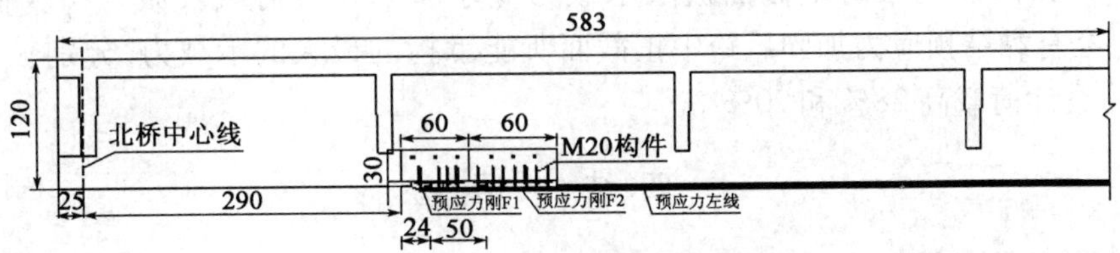

图15 加固梁纵断面图（尺寸单位：cm）

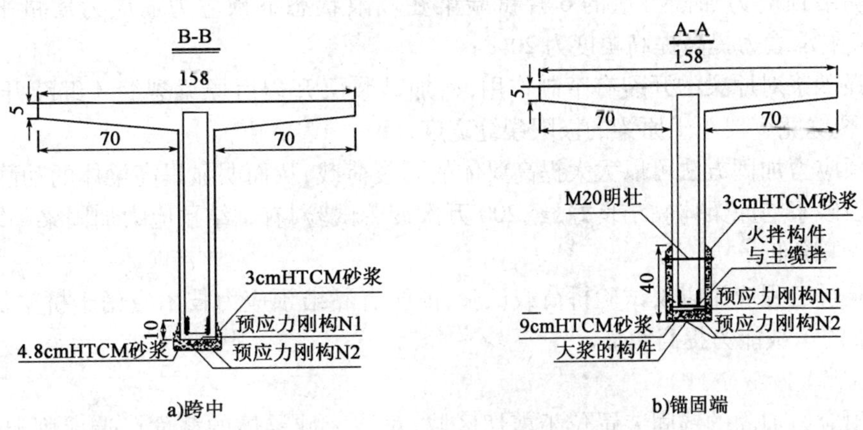

图16 加固梁横断面图（尺寸单位：cm）

(2)施工工艺

①首先在要安装支承钢板的位置敲掉适当混凝土至露出梁体钢筋;同时对要加固的梁底的混凝土表面进行清洗,去除油污杂物。

②支承钢板的安装、锚固及焊接:按设计位置钻孔,并用膨胀螺栓固定支承钢板及和原梁体的纵向主钢筋进行焊接;然后对包住梁体的钢板对接处焊接,高强螺栓的安装应符合植筋工艺。

图17 加固后主梁底面

③梁底预应力钢筋的安装、锚固与张拉:每片梁底部布置3根$\phi^{s}15.24$的预应力钢绞线,采用YM15-1型夹片式锚具,利用小型千斤顶从一端进行张拉。张拉控制应力取抗拉强度标准值的45%,$\sigma_k=0.45f_{pk}$,钢绞线采用采用双控技术、二次张拉。张拉时锚具螺栓可能影响到千斤顶的作业空间,实际张拉时建议采用偏转张拉的工艺,偏转角度约15°即可。

④喷注的高性能抗拉复合砂浆(HTCM),每层喷射厚度不超过30mm;若喷射厚度大于30mm应分层喷射,且间隔大于2h(根据喷注时温度可以适当延长),喷射后应保持表面湿润,喷雾养护48h以上即可完全硬化;最后进行外层喷保护漆层。

3. 成桥试验及承载力验算

对加固后成桥进行了荷载试验,桥梁的整体性及单梁的极限承载力均有明显提高。

经分析计算,加固前主梁跨中截面极限承载力

$$M_{du}=2\,025.9\text{kN}\cdot\text{m}$$
$$<\gamma_0M_d=1.0\times2\,210=2\,210\text{kN}\cdot\text{m}(\text{城}-\text{B级荷载})$$
$$<\gamma_0M_d=1.0\times2\,381=2\,381\text{kN}\cdot\text{m}(\text{城}-\text{A级荷载})$$

加固提载后跨中截面所能承担的最大的承载力

$$M_{du-\max}=f_{cd}b(\xi_bh_{01})\left[h_0-\frac{\xi_bh_{01}}{2}\right]+f_{cd}(b_f'-b)h_f'\left[h_0-\frac{h_f'}{2}\right]=2\,842\text{kN}\cdot\text{m}$$

计算结果表明,加固前主梁跨中截面极限承载力低于城-B级荷载及城-A级荷载要求分别为8.4%和15.0%。经有黏结预应力加固后跨中正截面所能承担的最大的承载力,分别较城-B荷载和城-A荷载作用下的设计荷载高28%和20%。

四、结 语

通过模拟试验研究及工程应用,可以得出如下结论:

(1)采用有黏结预应力加固方法的6片试验梁在极限状态下预应力筋应力增量平均提高幅度为20%,其正截面极限承载力提高提高幅度为20%;

(2)后加补强砂浆对原梁的开裂有牵制作用,后加砂浆层开裂后原梁裂缝才继续开展,有黏结预应力加固梁的最终裂缝宽度要小于原梁的极限裂缝宽度;

(3)有黏结预应力加固方法可以大大提高梁体的开裂荷载,从而明显提高梁体的动静力刚度;

(4)后加补强砂浆与原梁体黏结良好,经200万次疲劳试验,有黏结预应力加固梁黏结层未发生剥落破坏,极限承载力未降低;

(5)通过实验桥工程应用以及试验桥荷载试验,证明有黏结预应力技术应用于桥梁加固工程中是可行的,加固后桥梁的承载能力提高明显。

问题及建议:

(1)有黏结预应力加固的锚固装置位于剪切区域,对该区域梁体的截面已造成削弱,在张拉预应力过程中,由于较大纵向预应力的作用,改变了原梁体的抗剪破坏模式并较大幅度地降低了原梁的抗剪承

载力,这一点需要在实际工程运用中特别注意;

(2)需要对有黏结预应力的锚固装置本身的构造细节进行优化设计并进行详细计算,确保在后加纵向预应力作用下不发生破坏,同时不能发生超过限值的变形(纵向和竖向变形),需要明确该构造细节的控制标准。

参考文献

[1] 李国平.预应力混凝土结构设计原理[M].北京:人民交通出版社,2000.

[2] 张树仁,王宗林.桥梁病害诊断与改造加固设计[M].北京:人民交通出版社,2006.

[3] J. Thorburn and others. Design recommendations for externally restrained highway bridge decks [J]. Journal of bridge engineering ,2001 ,6(4):243-249.

[4] Angel C. Aparicio , Gonzalo Ramos, Juan R. Casas. Testing of externally prestressed concrete beams [J]. Engineering Structures 24 (2002):73-84.

[5] Kianghwee Tan , Chee-Khoon Ng. Effects of deviators and tendon configuration on behavior of externally prestressed beams[J]. ACI Structural Journal ,1997 ,94(1):13-22.

[6] 牛斌.体外预应力混凝土梁极限状态分析[J].土木工程学报,2000 ,33(3):7-15.

[7] 徐栋,项海帆.体外预应力混凝土梁桥非线性分析[J].同济大学学报,2000 ,28(8):402-406.

[8] 高俊亮.有黏结预应力加固体系应用研究[D],河北工业大学,2006.12.

[9] 王彤等.体外预应力结构中收缩徐变产生的预应力损失的计算分析[J].东北公路,2001 ,24(1):53-54.

[10] 刘小燕,颜东煌等.预应力高强混凝土梁极限承载力分析[J].中国公路学报,2006,19(1) :58-61.

187.预应力碳纤维板加固混凝土 T梁桥的设计及应用

赵井卫 涂金平 周泳涛

(中交路桥技术有限公司)

摘 要 预应力碳纤维板加固技术采用涂覆有专用环氧胶的碳纤维板进行预应力张拉,修复构件的变形和闭合裂纹,而后将碳纤维板粘贴、锚固在构件上,与一般面贴碳纤维(CFRP)板的加固方式相比,采用预应力碳纤维板加固混凝土梁可以充分发挥材料的高强特性、改善构件使用阶段的受力性能、防止剥离破坏的发生以及减小应变滞后现象等优点。

关键词 预应力碳纤维板加固技术 充分发挥材料的高强特性 改善构件使用阶段的受力性能

一、预应力碳纤维板加固技术

碳纤维增强复合材料片材是将高强度、高弹性模量的连续碳纤维,单向排列成束,浸渍树脂后在模具内固化并连续拉挤成型(Carbon Fiber Reinforced Plastics ,简称 CFRP)。碳纤维板材是目前建筑材料中耐腐蚀(气候)性能最好的材料之一,已有的研究成果表明:弱酸、强碱、冻融循环和长时间日照等环境作用对碳纤维的力学性能及耐老化性能影响极小,与传统的碳纤维布相比,板材质量性能稳定,不需多层粘贴,施工便捷,避免了层间剥离破坏的发生。

目前常用的非预应力碳纤维板加固技术,是在结构受拉区域用化学胶黏剂粘贴碳纤维板材,使其与构件混凝土及内部钢筋共同承受拉应力,但这种加固工艺对碳纤维强度的利用率极低。预应力碳纤维板加固技术采用涂覆有专用环氧胶的碳纤维板进行预应力张拉,修复构件的变形和闭合裂纹,而后将碳纤维板粘贴、锚固在构件上,与一般面贴碳纤维(CFRP)板的加固方式相比,采用预应力碳纤维板加固混凝土梁可以充分发挥材料的高强特性、改善构件使用阶段的受力性能、防止剥离破坏的发生以及减小应变滞后现象[1]等优点。

二、项目概况及加固方案

云南水麻高速公路第10合同段K307+831简支—连续预应力混凝土T梁,结构形式为18×30m先简支后连续T形梁桥,于2006年施工,其中预制T梁1~4跨、5~18跨由两个桥梁预制场地分别预制。第5~18跨桥梁预制场地在施工期间更换3片T梁(9-5号梁、10-5号梁、15-3号梁),2007年桥梁中间交工检测时,又再次更换5片T梁(10-1号梁、12-3号梁、12-4号梁、12-5号梁、14-1号梁)。2010年11月竣工检测时再次发现9-1号梁、9-2号梁、11-4号梁、13-4号梁、17-2号梁、17-3号梁、1-3号梁、18-4号梁等8片梁出现竖向裂缝,其中除17-2号梁、17-3号梁,在2007年8月交工检测时未发现裂缝外,其余预制T梁均处于带病工作状态,如今裂缝有继续发展、条数增多、宽度加大、长度增长的趋势。

经过病害梁段的有限元分析发现,简支—连续预应力混凝土T梁各项指标能够满足规范的要求,且同一条线其他施工单位施工的同类桥梁未出现类似病害,就K307+831桥而言,1-4跨也未出现问题,因此,可以初步判断,目前出现的病害主要是由于5~18跨预制T梁施工质量差导致。跨中附近裂缝和部分梁体存在表观质量缺陷,影响结构耐久性,需进行维修加固。

通过对更换病害梁、裂缝灌浆封闭、无黏接环氧钢绞线体外束、预应力碳纤维板4种方案的安全性、耐久性、施工难易程度、施工期间积极性及积极性全面比较,确定采用如下加固方案:

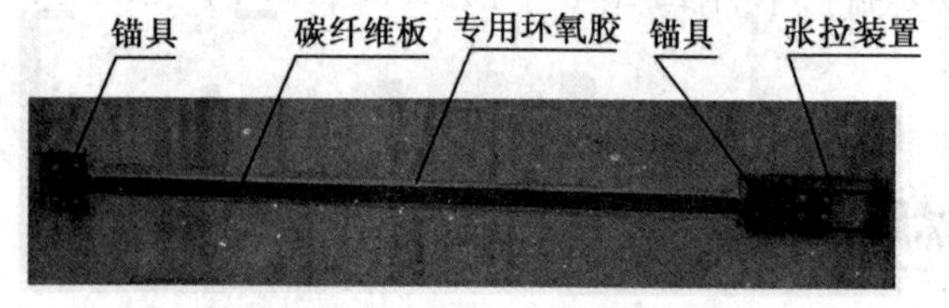

图1 预应力碳纤维板锚固体系组成

(1)顺桥向在T梁马蹄位置张拉单层碳纤维板,碳纤维板设计厚度4mm、宽度为50mm,抗拉强度≥1 600MPa,弹性模量≥1.5×10^4 MPa,极限承载力为320kN,张拉控制力为184.8kN。

(2)预应力碳纤维板锚具采用OVM优质材料制作,锚具分张拉端锚具和固定端锚具,采用产品配套专用锚具CFPM50—40。锚具加工所用钢板为15mm厚Q345钢,锚固螺栓采用M24高强螺栓,张拉螺杆采用8.8级钢制M24螺杆。预应力碳纤维板通过固定端与张拉端钢构件与T梁马蹄侧面连接。

(3)施工完毕后,应在碳纤维板外表面涂抹涂料作为防护。

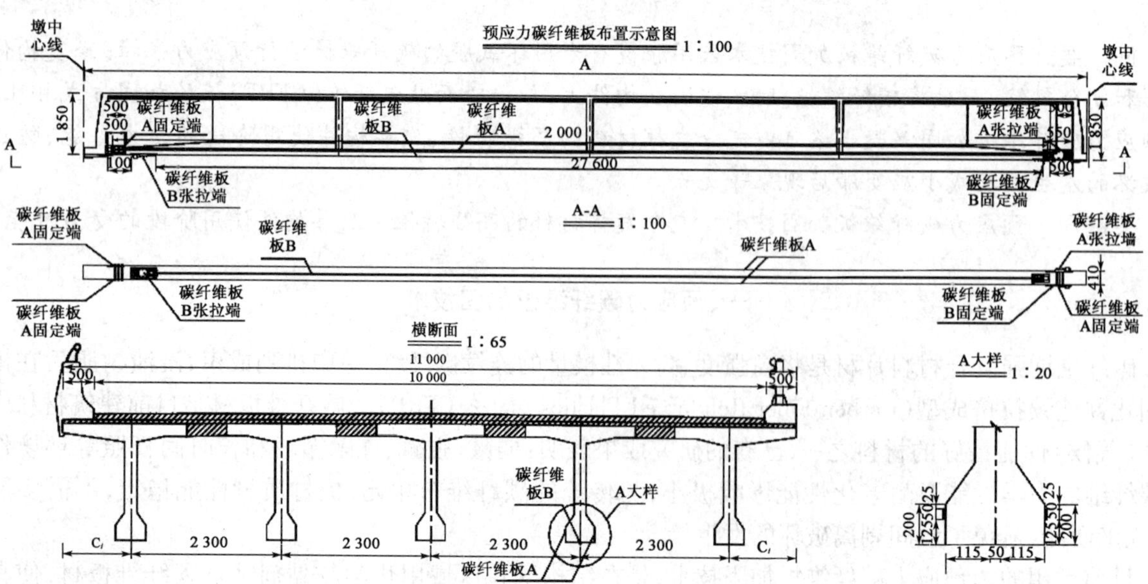

图2 预应力碳纤维板布置(尺寸单位:mm)

三、加固效果分析

计算主要考察在产生裂缝梁段进行预应力碳纤维板的张拉锚固，对病害梁段的加固效果及对其他主梁的影响。按照单元类别分为主梁单元、支撑横梁单元、横隔梁单元，为了最大限度地模拟主梁间的横向联系还设置了模拟桥面板的虚拟横梁以及为有效传递防撞护栏荷载的纵向虚拟梁单元[2]，全桥共划分910 个单元，其中主梁单元为 1－440，计算模型如下图：

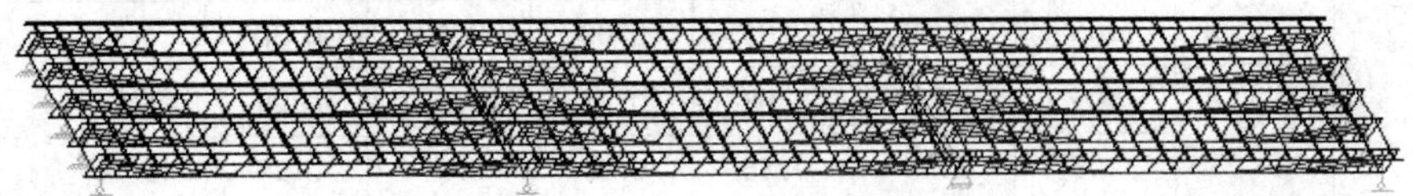

图 3　3×30T 计算模型图

1. 主梁应力计算结果

边跨 1 号梁预应力碳纤维板荷载作用下应力值　　表 1

梁号	位置	单元	节点	原桥成桥应力		$\Delta\sigma_{11}$		$\Delta\sigma_{12}$		$\Delta\sigma_{13}$	
				$\sigma_上$	$\sigma_下$	$\Delta\sigma_上$	$\Delta\sigma_下$	$\sigma_上$	$\sigma_下$	$\Delta\sigma_上$	$\Delta\sigma_下$
边跨 1 号梁	L/4	9	9	3.68	9.38	-0.14	1.44	-0.10	0.04	0.06	-0.05
			10	3.20	10.30	0.00	1.17	-0.40	0.45	-0.32	0.68
		10	10	0.54	7.88	0.30	1.58	0.30	0.88	0.94	0.36
			11	0.51	8.11	0.31	1.55	0.30	0.85	0.93	0.35
		11	11	0.51	8.11	0.31	1.55	0.30	0.85	0.93	0.35
			12	0.62	8.06	0.31	1.55	0.31	0.84	0.91	0.41
	L/2	14	14	1.42	7.35	0.27	1.52	0.30	0.80	0.80	0.52
			15	1.51	7.28	0.28	1.53	0.30	0.77	0.79	0.55
		15	15	1.44	7.29	0.27	1.54	0.32	0.79	0.80	0.56
			16	1.38	7.34	0.28	1.53	0.30	0.80	0.81	0.53
		16	16	1.29	7.24	0.30	1.54	0.33	0.82	0.88	0.52
			17	1.00	7.63	0.30	1.53	0.32	0.84	0.88	0.51
	3L/4	19	19	-0.18	7.28	0.43	1.60	0.50	1.04	1.38	0.29
			20	-0.11	6.90	0.42	1.67	0.50	1.08	1.37	0.36
		20	20	4.45	11.20	-0.21	1.00	-0.57	0.10	-1.01	0.91
			21	4.56	10.70	-0.26	1.14	-0.52	0.08	-1.04	1.05
		21	21	4.56	10.70	-0.26	1.14	-0.52	0.08	-1.04	1.05
			22	4.59	10.70	-0.30	1.27	-0.45	-0.03	-1.03	0.96

边跨 2 号梁预应力碳纤维板荷载作用下应力值　　表 2

梁号	位置	单元	节点	原桥成桥应力		$\Delta\sigma_{11}$		$\Delta\sigma_{12}$		$\Delta\sigma_{13}$	
				$\sigma_上$	$\sigma_下$	$\Delta\sigma_上$	$\Delta\sigma_下$	$\sigma_上$	$\sigma_下$	$\Delta\sigma_上$	$\Delta\sigma_下$
边跨 2 号梁	L/4	97	98	3.36	7.52	-0.11	0.42	0.13	1.37	0.08	-0.07
			99	3.06	8.10	-0.19	-0.02	0.36	1.03	-0.05	0.44
		98	99	2.37	7.42	0.01	0.29	0.39	1.38	0.38	0.40
			100	2.31	7.62	0.02	0.33	0.37	1.40	0.38	0.37
		99	100	2.31	7.62	0.02	0.33	0.37	1.40	0.38	0.37
			101	2.32	7.71	0.03	0.39	0.34	1.44	0.38	0.33

续上表

梁号	位置	单元	节点	原桥成桥应力		$\Delta\sigma_{11}$		$\Delta\sigma_{12}$		$\Delta\sigma_{13}$	
				$\sigma_上$	$\sigma_下$	$\Delta\sigma_上$	$\Delta\sigma_下$	$\sigma_上$	$\sigma_下$	$\Delta\sigma_上$	$\Delta\sigma_下$
边跨2号梁	L/2	102	103	2.73	6.95	0.09	0.48	0.32	1.52	0.46	0.30
			104	2.84	6.85	0.11	0.54	0.30	1.56	0.47	0.25
		103	104	2.85	6.83	0.11	0.54	0.30	1.55	0.46	0.26
			105	2.67	7.05	0.09	0.50	0.30	1.54	0.44	0.31
		104	105	2.70	7.08	0.08	0.50	0.29	1.54	0.42	0.30
			106	2.35	7.56	0.06	0.47	0.29	1.54	0.40	0.34
	3L/4	107	108	2.23	8.14	-0.01	0.37	0.22	1.47	0.23	0.37
			109	2.28	7.95	-0.02	0.34	0.23	1.46	0.21	0.39
		108	109	2.67	8.32	-0.13	0.19	0.20	1.31	0.05	0.44
			110	2.71	8.17	-0.10	0.34	0.12	1.43	0.03	0.36
		109	110	2.71	8.17	-0.10	0.34	0.12	1.43	0.03	0.36
			111	2.71	8.12	-0.08	0.48	0.03	1.54	0.00	0.27

边跨3号梁预应力碳纤维板荷载作用下应力值 表3

梁号	位置	单元	节点	原桥成桥应力		$\Delta\sigma_{31}$		$\Delta\sigma_{32}$		$\Delta\sigma_{33}$	
				$\sigma_上$	$\sigma_下$	$\Delta\sigma_上$	$\Delta\sigma_下$	$\sigma_上$	$\sigma_下$	$\Delta\sigma_上$	$\Delta\sigma_下$
边跨3号梁	L/4	185	187	3.40	7.52	-0.06	0.68	0.03	1.10	0.17	1.63
			188	3.11	8.04	-0.12	0.75	-0.07	1.24	0.41	1.28
		186	188	3.01	7.89	-0.05	0.78	0.06	1.21	0.28	1.38
			189	2.93	8.11	-0.06	0.80	0.05	1.23	0.25	1.43
		187	189	2.93	8.11	-0.06	0.80	0.05	1.23	0.25	1.43
			190	2.90	8.25	-0.08	0.81	0.04	1.23	0.21	1.47
	L/2	190	192	3.25	7.61	-0.05	0.87	0.11	1.26	0.21	1.57
			193	3.32	7.56	-0.05	0.88	0.12	1.25	0.19	1.59
		191	193	3.33	7.54	-0.04	0.88	0.12	1.25	0.20	1.59
			194	3.14	7.78	-0.05	0.89	0.09	1.30	0.17	1.62
		192	194	3.16	7.80	-0.05	0.89	0.08	1.30	0.17	1.61
			195	2.79	8.30	-0.07	0.91	0.04	1.35	0.14	1.65
	3L/4	195	197	2.47	8.77	-0.08	0.91	-0.03	1.42	0.08	1.68
			198	2.50	8.62	-0.09	0.91	-0.05	1.43	0.07	1.68
		196	198	2.49	8.66	-0.10	0.92	-0.07	1.49	0.13	1.67
			199	2.58	8.46	-0.09	0.91	-0.07	1.48	0.07	1.75
		197	199	2.58	8.46	-0.09	0.91	-0.07	1.48	0.07	1.75
			200	2.64	8.33	-0.08	0.89	-0.07	1.48	0.01	1.83

注:1. 本表中所列结果单位均为MPa;

2. 表中应力变化幅度$\Delta\sigma_{31}$表示在1号梁底部张拉碳纤维板对3号主梁的影响。

从以上计算结果可以看出,在受损梁段底部张拉碳纤维板加固不仅使受损梁的应力储备有一定幅度的提高,同样对横桥向其他主梁的受力状况也有所改善,其影响的幅度随与加固梁的距离加大而减小。

2. 使用阶段内力计算

对于预应力碳纤维板加固受弯构件的开裂弯矩计算可以通过分别求取消压弯矩与相同配筋的非预

应力受弯构件的开裂弯矩后，再合并两部分弯矩求的，公式[3]如下：

$$M_{cr} = M_0 + \gamma_m f_{tk} W_0 \tag{1}$$
$$= 1\,018 + 1.25 \times 2.6 \times (0.117 \times 10^{12}/847)/10^6$$
$$= 1\,467(\mathrm{kN \cdot m})$$

式中：M_0——消压弯矩；

γ_m——截面抵抗矩塑性系数，矩形截面取 1.55，其他形状截面取值一般在 1.25 ~ 2.0 之间；

f_{tk}——混凝土抗拉强度；

W_0——换算截面下边缘的截面抵抗矩；

$$M_0 = \sigma_{pc} I_0 / y_0 = \sigma_{pc}/W_0$$
$$= \frac{7.37 \times 0.117 \times 10^{12}}{847} \approx 1\,018(\mathrm{kN \cdot m})(\text{带入式 1}) \tag{2}$$

$$\sigma_{pc} = \frac{\sigma'_{pe} A_{cf}}{A_0} + \frac{\sigma'_{pe} A_{cf} e_{cf} y_0}{I_0} + \sigma_{co}$$
$$= \frac{779.2 \times 50 \times 4 \times 2}{530\,000} + \frac{779.2 \times 50 \times 4 \times 2 \times (847 - 100) \times 847}{0.117 \times 10^{12}} + 5.1$$
$$= 7.37\mathrm{MPa}\ \text{带入式(2)} \tag{3}$$

$$\sigma'_{pc} = \sigma_{con} - \sigma_l$$
$$= (1 - 16\%)\sigma_{con} = 0.84 \times 924 = 779.2MPa\ \text{带入式(3)} \tag{4}$$

式中：σ_{pc}——混凝土截面压应力；

I_0——主梁截面换算混凝土惯性矩；

A_0——主梁截面换算截面面积；

e_{cf}——预应力碳纤维板的偏心矩；

σ_{con}——碳纤维板的张拉控制应力，取 $0.577\,5\sigma_{cfu} = 0.577\,5 \times 1\,600 = 924\mathrm{MPa}$；

σ_l——预应力施加阶段损失，包括张拉过程中装置变形造成的损失 σ_{l1}($2.5\% \sim 4.5\%\sigma_{con}$)、粘贴碳纤维板过程中的损失 σ_{l2}($7\% \sim 8\%\sigma_{con}$)、放张碳纤维板时的损失 σ_{l3}($2\%\sigma_{con}$)，以及材料特性造成的长期损失 σ_{l4}($1.5\%\sigma_{con}$)，括号中的数值是实验研究得出的取值范围，计算时为了充分考虑施加阶段的损失，均取其中的最大值 $\sigma_l = 16\%\sigma_{con}$，将此带入式(4)；

σ_{co}——加固前预应力钢绞线产生的混凝土初始应力应力，取成桥后并考虑收缩徐变后的跨中截面下缘应力 5.1MPa。

对比原结构 1 153kN · m 的开裂弯矩，加固后结构的开裂弯矩提高了 27.2%。

四、结　语

在中国高速公路建设中，装配式预应力混凝土 T 梁被普遍采用，通常由于设计、施工、运营等方面的因素，造成主梁开裂的案例时有发生。本文所采用的预应力碳纤维板加固混凝土 T 结构的设计与施工技术，不仅提高了梁的压应力储备、开裂荷载和承载力，改善了梁的变形性能和裂缝形态，而且安全性强、耐久性好、施工简单、方便、快捷，施工期间桥梁能够维持正常运行通车，同时碳纤维板的强度也得到较充分的利用，这对类似工程具有借鉴意义。

参考文献

[1] Yail J. Kim, Chen Shi, Mark F. Green. Ductility and Cracking Behavior of Prestressed Concrete Beams Strengthened with Prestressed CFRP Sheets[J]. Journal of Composites for Construction, 2008, 12(3): 274-283.

[2] 戴公连，李德建. 桥梁结构空间分析方法与应用[M]. 北京：人民交通出版社，2001: 15-37.

[3] 杨勇新，李庆伟. 预应力碳纤维布加固混凝土结构技术[M]. 北京：化学工业出版社，2010: 198-207.

188. 主动预应力碳纤维板快速加固新工艺及工程应用

卓　静　王福敏
（重庆交通科研设计院）

摘　要　主动预应力碳纤维板加固技术是很有应用前景的一种加固技术。在对国内外不同的碳纤维板预应力张拉工艺的优缺点进行比较总结后，本文在波形齿夹具锚的基础上提出了铰式锚及其纵向张拉碳纤维板的新工艺，该工艺最大的特点是保证碳纤维板受力的均匀性，能更充分发挥碳纤维板的高强度特性；同时该工艺也实现了碳纤维板现场下料、快速夹持、快速张拉等一系列重大改进。铰式锚及其预应力张拉工艺在重庆肖家河桥、重庆莲花河桥的加固工程中进行首批应用，成功实现了对旧桥的快速加固。

关键词　预应力　碳纤维板　铰式锚　快速加固

一、概　　述

由于材料老化、施工质量、自然或人为等因素的影响，现有的很多桥梁亟待修复和加固，世界各国每年都要为此耗费巨资。在我国，由于社会经济的迅猛发展，近年来超载、超限车辆的日益增多，大批桥梁的技术状况，已不能满足行车安全的需要，大量的旧有公路桥梁改造工作也日益突出，我国面临的桥梁维修、加固形势非常严峻。目前，常用的针对桥梁上部结构的加固技术有增大截面和配筋加固技术；锚喷混凝土加固技术；增设纵梁加固技术；粘贴钢板或纤维片材加固技术；改变结构受力体系加固技术；体外预应力筋加固技术，等等，其中用的最多的是粘贴钢板和碳纤维片材。但是这两种加固都是被动加固法，对结构的加固效果并不理想。特别是粘贴碳纤维布加固，由于其厚度薄，对桥梁结构的刚度或裂缝宽度的改善都非常有限。对碳纤维片材进行预应力张拉是解决其加固效果的最好办法，近年来国内外对这方面进行了大量的研究[1]。

图1　Sika公司的预应力碳纤维板加固桥梁结构照片

在国外，比较有代表性的预应力碳纤维板加固技术是Sika公司的StressHead技术（如图1），其最大的特点是其锚头和碳纤维板预制成一个整体，锚固效果能得到保证。这项技术已经在国内外多座桥梁加固中得到应用。但是该技术的知识产权掌握外国公司手里，国内的桥梁加固要应用该技术，必须从国外购买碳纤维板及成套产品，价格昂贵。另一方面，通过我们的研究也发现，该技术也有很多缺点，其一是它的锚头和碳纤维板是一体化的，需要根据现场的情况确定碳纤维板的长度，然后才能向Sika公司定制，再由其加工后发货，这个周期非常长，国内、国外的协调也极其烦琐；其二，其张拉端的构造非常复杂，重量大，使用起来也很不方便；等等。

在国内，研究预应力碳纤维片材加固技术的单位非常多，清华大学、同济大学、重庆大学、东南大学、中国建筑科学研究院，等等，也取得了一些成果，部分成果在实际工程中也有少量的应用。图2是湖南大学的开发的一套碳纤维板预应力加固技术，该技术采用平板型的锚夹具，预应力张拉采用双千斤顶同步顶推，这套技术在湖南的一个桥梁加固工程中得到了应用[2]。

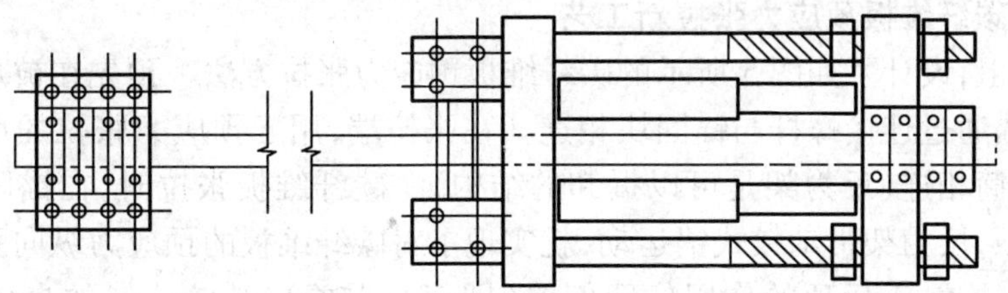

图2 湖南大学开发的碳纤维板预应力张拉工艺[3]

总结国内外的预应力碳纤维板加固技术,其最核心的问题是锚具,其次是对碳纤维板张拉的均匀性控制工艺。锚具必须要有较高的可靠性,平板型的锚具在这方面还有待改进[4]。此外,碳纤维板的宽度远大于其厚度,张拉时其受力的均匀性较难保证,即使在实验室条件下也很难保证精确的对中,何况在施工现场存在更复杂的情况。

为了解决以上问题,笔者提出了铰式锚的概念,它是在波形齿夹具锚(以下简称波形锚)的基础上发展而来的,下面对铰式锚及其张拉碳纤维板的新工艺和工程应用进行介绍。

二、铰式锚及其张拉碳纤维板的新工艺

1. 铰式锚的基本构造

波形锚是专门针对纤维片材开发的一种锚具,经过多年的试验研究,波形锚的锚固能力已经实现120t,锚固的可靠性也非常高。波形锚也是适合于夹持和锚固碳纤维板的,但由于碳纤维板是已经成型固化的,为了避免波形锚对碳纤维板造成强度损失,须将波形锚的夹持面进行了适当的优化,夹持面变得相对比较平缓,一系列的锚固性能试验证明优化后的波形锚不会对碳纤维板造成损伤。

结构加固中常用碳纤维板的宽度为50mm,而其厚度一般在1.0~1.4mm,宽度与厚度的比在30以上。由于碳纤维板是一种线弹性材料,没有钢材那样的屈服台阶,在受拉时最先达到极限拉应变的碳纤维丝会先断裂,从而导致整块碳纤维板的实际张拉强度偏低。文献[4]对纤维片材的不均匀受力的进行了专门的研究,给出了偏心误差造成的强度损失率曲线。

按图3所示的曲线,对50mm宽的碳纤维板,当偏心误差为1%时,即偏心0.5mm,碳纤维板的强度损失率为5.7%,影响是非常显著的。

为了克服偏心误差的影响,笔者提出了基于波形锚改进的铰式锚,如图4。铰式锚由两部分组成,一部分为将波形锚的一端加工成一个凸出的圆弧,即凸头锚;另一部分为凹形承力块,为向内凹的圆弧,即凹形块;凹形块的圆弧半径大于凸头锚的圆弧半径,两者装配在一起时,可以在两个圆弧面上形成一个可自由转动和滑动的铰。对碳纤维板的两端,都用这种铰式锚来进行锚固,在张拉时自然地在碳纤维板的两端形成两个铰,如图5,碳纤维板受力时,两端的两个铰自动地调整始终保持两点一线,确保碳纤维板的受力点的连线与碳纤维板的中心线重合,从而使碳纤维板始终保持受力均匀。

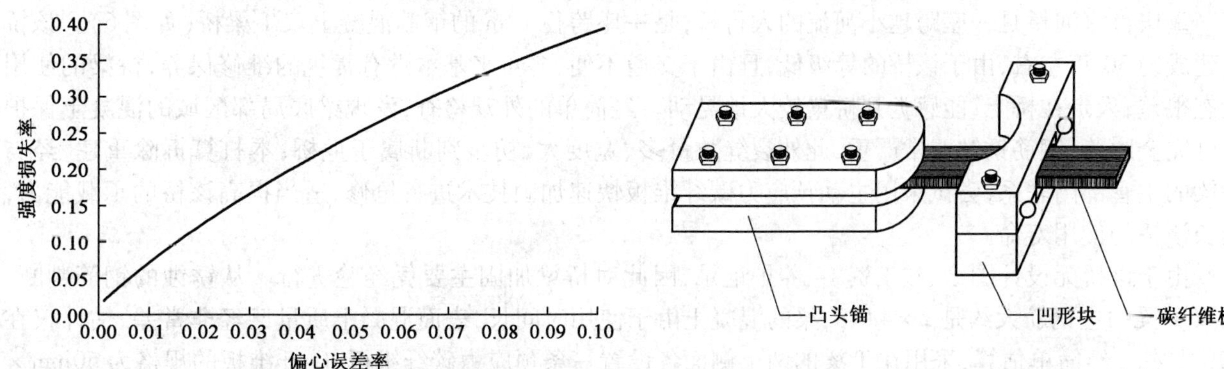

图3 偏心误差对碳纤维板强度损失的影响曲线[5]

图4 铰式锚构造的立体示意图

2. 基于铰式锚的碳纤维板预应力张拉新工艺

在铰式锚的基础上，设计了如图5所示的碳纤维板预应力张拉方法。预先在被加固的梁上设置永久固定的锚固块，铰式锚通过连接螺杆与锚固块相连。在张拉端，用于预应力张拉的反力架与铰式锚上的连接螺杆通过连接套筒相连（反力架是可以拆卸的结构）。碳纤维板张拉时，在锚固块与反力架之间放入千斤顶，驱动千斤顶，反力架带动铰式锚运动，就实现了对碳纤维板的预应力纵向张拉。由于在碳纤维板的两端有预先设置的铰，千斤顶的作用位置偏差（即偏心误差），被铰式锚的自由转动自动地予以修正，能保证碳纤维板张拉的均匀性，试验测试是验证了这一点的。

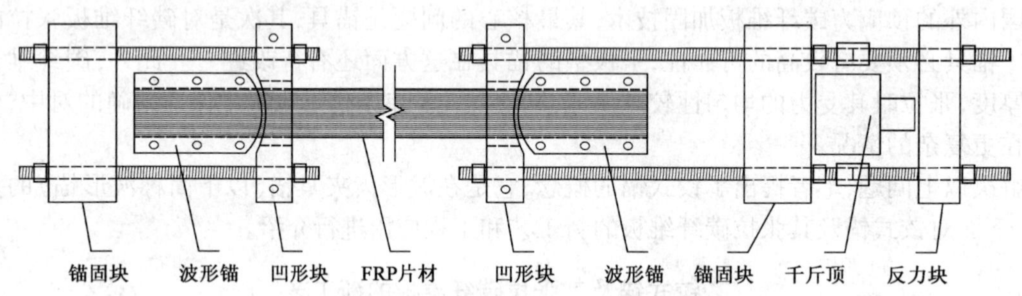

图5　基于铰式锚的碳纤维板预应力张拉工艺示意图

3. 基于铰式锚的碳纤维板预应力张拉工艺的优势

采用基于铰式锚的碳纤维板张拉工艺，具有如下几个重要特点和优势：

(1)铰式锚是由波形锚发展而来的，用波形锚来夹持和锚固碳纤维板，在相同的锚具尺寸下波形锚的锚固性能远远优于平板类的锚具，具有较高的锚固可靠性。

(2)铰式锚由可以相互转动和滑动的两部分组成，在张拉碳纤维板时，自然地在碳纤维板的两端形成两个铰，能保证碳纤维板在两个铰式锚之间自动调节并保持两点一线，确保碳纤维板受拉时的均匀性，提高了其实际张拉强度。

(3)能实现碳纤维板的现场下料、快速夹持和锚固，简化了加固工序，可大大缩短施工工期。

(4)基于铰式锚的碳纤维板张拉工艺为直接张拉法，碳纤维板中的预拉力就是千斤顶的力，可以通过千斤顶的油压表直接读出，非常简单、直观方便；此外，在张拉过程中与碳纤维板的伸长量相互校核和双参数控制，容易精确控制碳纤维板的实际拉力。

(5)波形锚不但可以夹持碳纤维板，也可以夹持其他类型的纤维片材，如芳纶纤维片材、玄武岩纤维片材等，可以根据不同的加固要求及造价进行比较选择，丰富了加固方案的可优选范围。

三、铰式锚张拉碳纤维板的新工艺在桥梁加固中的应用

1. 重庆肖家河桥加固方案

重庆肖家河桥是一座跨越小河流的人行桥，是一座跨径12m的钢筋混凝土双T梁桥（如图6）。该桥已建成约30年左右，由于该桥的等级低，且由于交通不便，多年来基本没有常规的维修保养，桥梁的使用状态很差，人走在桥上，能感觉到桥梁较大地晃动。经简单的外观检查，发现梁底局部区域的混凝土保护层已完全脱落，钢筋锈蚀非常严重，此外裂缝数量多、宽度大，初步判断属于危桥，本打算拆除重建，经与桥梁的主管部门联系，尝试采用主动预应力碳纤维板快速加固技术进行抢修，适当提高该桥的承载能力，延长该桥的使用寿命。

由于该桥无设计图纸、竣工资料、养护记录，因此对桥梁加固主要凭经验进行。从锈蚀的钢筋判断，原双T梁的主钢筋大约是$2\times4\phi18$，梁的混凝土由于使用时间长，表面混凝土质量已经非常差，估计仅在C20左右。经简单估算，采用在T梁的两个侧面各设置一条预应力碳纤维板，碳纤维板的规格为50mm×1.4mm，根据室内的模拟张拉试验，设计极限拉力取140kN，设计预拉力取70kN，基本上相当于为原结构增加了1倍的主要受力钢筋，并提供约280kN的预拉力，能较好地改善结构的挠度和裂缝宽度。由于碳

纤维板的粘贴施工,需要打磨、清洁、修补等,工作量大,考虑到快速施工,节约时间和经费,本次加固中没有将碳纤维板与T梁相粘贴,相当于是体外预应力。当然若能将碳纤维板粘贴,会进一步改善加固效果。

(1)钻孔、植入螺杆、固定锚固块

由于T梁下部的宽度不大,在T梁下部的锚固块区域钻穿透孔,植入300mm长的高强度螺杆,在T梁下部两侧对称地固定两个锚固块。锚固块由钢板焊接而成,通过6根螺杆固定在T梁上(图7)。

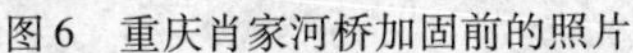

图6 重庆肖家河桥加固前的照片

图7 锚固块安装后的照片

(2)碳纤维板现场下料、快速夹持和锚固

不同于Sika公司的StressHead锚头,笔者开发的波形锚可以实现在工地现场夹持和锚固碳纤维板。现场丈量两个锚固块之间的距离,根据这个距离确定碳纤维板的净长度,然后将碳纤维板锯断,即现场下料。将其两端用丙酮擦洗干净后,用特制的快速黏结胶涂在其端部,迅速合上波形锚的上、下波形齿板,立即用电动扳手对波形锚进行紧固。由于快速黏结胶在大约在1~3min内就会固化,波形锚的紧固必须在这个时间内完成,通过简单的训练,利用电动扳手操作很容易实现。

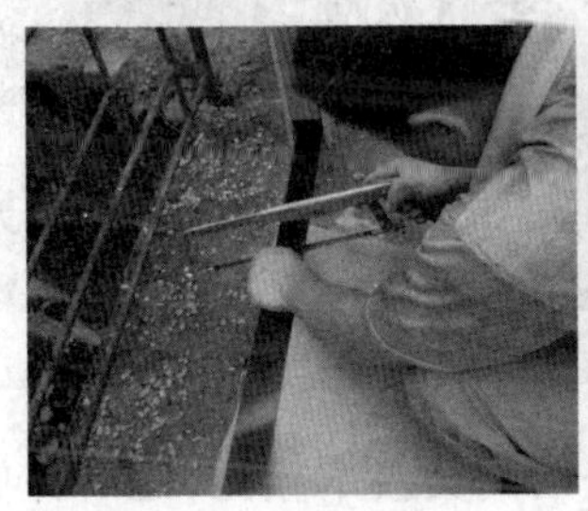

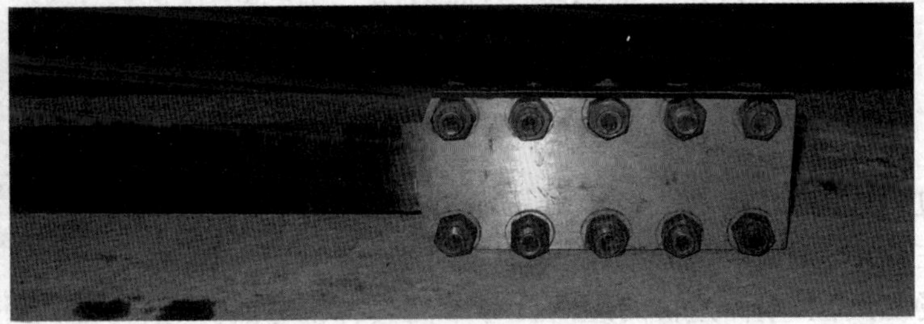

图8 碳纤维板现场下料、夹持和锚固的照片

(3)碳纤维板快速预应力张拉

将第(2)步中现场制作的两端带锚头的碳纤维板安装在锚固块上,简单调整对中后,将千斤顶拉力打到5kN,检查碳纤维板是否拉直,各个部件配合情况,确认没有问题后再将千斤顶拉力打到10kN(见图10),用直尺量千斤顶活塞长度,以此为基准控制碳纤维板的伸长量。张拉过程分三次进行,分别张拉到40kN、60kN、70kN,张拉到位后测量千斤顶活塞长度,与理论伸长值对比。本次加固的4条碳纤维板张拉都比较顺利,拉力和伸长量符合的比较好,误差均在5%以下。

(4)碳纤维板及锚固区防护

待所有的碳纤维板张拉完成后,在锚固块和铰式锚上涂刷一层环氧黏结剂,并用砂浆完全封闭(见图10),主要目的是钢材防腐蚀。碳纤维板表面也涂刷一层碳纤维板黏结胶,用于保护碳纤维板和隔离紫外线。

2. 重庆莲花河桥加固工程

重庆莲花河桥是一座3×40m的预应力混凝土连续箱梁桥,为现浇结构。由于在混凝土浇筑过程中支架发生变形,导致梁底出现较多的裂缝,影响桥梁的正常使用。为提高桥梁的正常使用性能,采用先封闭裂缝,再采用主动预应力碳纤维板进行加固,使已封闭的裂缝受压,提高桥梁结构的耐久性,加固方案为在梁底粘贴主动预应力碳纤维板(如图11),其工艺过程同肖家河桥加固。为了保证波形锚的耐久性,本桥加固用的波形锚、植筋用的螺栓等采用热镀锌防腐。

图9　碳纤维板快速张拉照片

图10　锚固区砂浆封闭照片

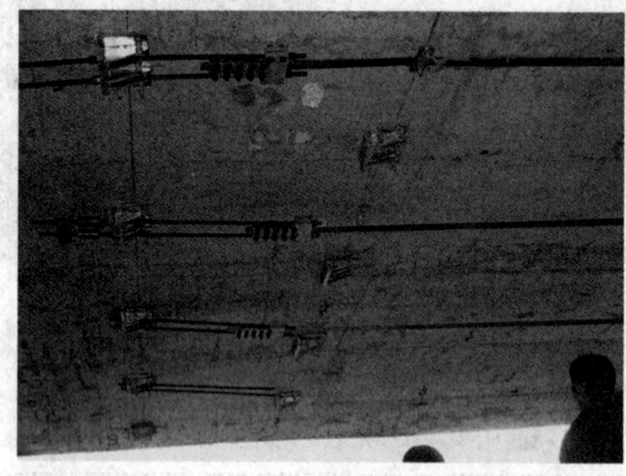

图11　莲花河桥加固施工照片

为了确保碳纤维板与梁底相粘贴，在碳纤维板张拉前，先在碳纤维板的粘贴面涂抹碳纤维板专用黏结胶，待碳纤维板张拉到预定吨位后，锁定锚固螺母，然后按一定间距用卡板（如图12）将碳纤维板紧贴在梁底。

图12　碳纤维板与梁底的紧贴卡板

四、总结及建议

通过前面的介绍，基于铰式锚的碳纤维板张拉新工艺，是一种主动预应力碳纤维板加固技术，在锚具的可靠性、工艺的现场易用性、整体造价的经济性等方面具有较好的优势，与国内外的同类技术相比，是一种更有推广应用价值的加固新技术。

参考文献

[1] 吴智深，岩下健太郎等. PBO纤维片材预应力外黏结加固集成新技术[J]. 中国工程科学，2005年，第7卷第9期：18-24.

[2] 金勇俊，尚守平等. 碳纤维板施加预应力技术在桥梁加固中的应用[J]. 公路与汽运，2007年9月.

[3] 尚守平. 一种纤维板材预应力张拉装置（专利号200520051104.1）[P]. 2006年8月.

[4] 黄竞强，李东彬等. 预应力碳纤维板锚具试验研究[J]. 施工技术，2010年2月，第39卷第2期.

[5] 卓静. 高强度复合材料波形齿夹具锚锚固系统及应用研究[D]. 重庆大学，2005年.

189. 蕲水桥预应力CFRP筋加固提载设计

阮永怀[1]　罗　军[1]　李大桥[2]

（1. 武汉长江加固技术有限责任公司；2. 广州军区某部营房处）

摘　要　对需要加固的旧桥梁进行加固提载设计，是时代赋予现代加固设计市场的重要内容。采用

CFRP 筋作为预应力加固材料也是一种开发性的尝试。文中简述了采用预应力 CFRP 筋加固箱梁式构件桥梁的设计方法，可供相关的研究和运用借鉴参考。

关键词 CFRP 材料 预应力 加固堤载

一、基 本 概 况

蕲水桥位于湖北省蕲春县的主要交通干线上，是蕲春县向外辐射的主要交通桥梁之一。桥面净宽 9m，人行道宽每侧 0.75m，标准跨径 20m；原设计荷载为汽—20、挂—100，人群荷载 3.5kN/m^2。混凝土灌注桩基础，并行双根圆截面钢筋混凝土桥墩，墩顶为钢筋混凝土盖梁，每两盖梁间为 10 根预制的普通钢筋混凝土箱梁(图 1)。

该桥建成通车以来，由于经济的迅猛发展，致使桥上交通量日益增加，且大吨位车辆不断增加，荷载越来越重，充分显示原设计标准偏低；又因多处发现病害，已难以满足日益发展的交通运输需要，遂决定对桥进行加固堤载，由原汽车—20、挂—100 提高至汽车—超 20、挂—120 。

图 1 蕲水桥外观照

二、蕲春桥病害情况

据检测，蕲水桥的病害主要产生在桥体支座以上部分的桥面与箱梁，支座以下部分完好无损。桥面：混凝土局部剥落，砾石外露，并有少许钢筋外露锈蚀，伸缩缝局部破损；箱梁：混凝土强度偏低，混凝土强度原设计为 C35，实际检测值为 C30，且在跨中段有多条宽 0.1 ~ 0.25mm 的横向裂缝，其检测挠度值为 21 ~ 49mm，大于规范值。

三、加固设计方案

根据蕲水桥的病害情况，对桥面局部混凝土破碎部位与伸缩缝破损段进行凿除更换修补；对箱梁在其底部采用体外预应力 CFRP 筋进行加固补强，并在预应力施工完成后的 CFRP 筋面层喷射高强细石混凝土，以消除跨中段横向裂缝与挠度值偏大现象。

箱梁是一中空的梁，其受力特点是梁顶板受压、梁底板受拉，故对箱梁的加固主要就是要提高箱梁底板的抗拉能力和顶板的抗压能力。

根据以上加固设计要求和箱梁的受力特点，确定在箱梁底部直接采用预应力碳纤维筋进行加固补强设计，并增加箱梁顶部现浇板的厚度，在设计上确保现浇板与箱梁整体受力，共同工作。

四、加固设计依据

(1)原蕲水桥设计施工图；

(2)《蕲水桥技术状况检测和承载能力鉴定试验报告》书；

(3)蕲水桥管理处蕲水桥的要求；

(4)《公路桥涵设计通用规范》JTJ 021—89；

(5)《公路砖石及混凝土桥涵设计规范》JTJ 022—85；

(6)《公路钢筋混凝土及预应力混凝土桥涵设计规范》JTJ 023—85；

(7)《公路桥涵设计手册》；

(8)《混凝土结构加固设计规范》GB 50367—2006。

五、预应力加固材料选择与用量确定

传统的预应力材料都是采用高强钢丝或钢绞线，由于 CFRP 筋(碳纤维筋)具有轻质、高强、耐腐蚀、

耐疲劳等优点,系采用CFRP筋作为预应力材料对箱梁进行加固补强。选择$\phi8$的CFRP筋:

极限抗拉强度 2 500MPa, 设计抗拉强度 1 800MPa,

弹性模量 140GPa

极限延伸率 1.79%

参照《预桥规》对预应力钢筋的取值规定,预应力碳纤维筋的应力取值:$\sigma_{cy} \leqslant 0.75R_c^b$,于是一根$\phi8$碳纤维筋的最大预拉力:

$$P = 0.75R_c^bA = 0.75 \times 1\,800 \times 50.3 = 68\text{kN}$$

确定箱梁加固堤载后,要对箱梁进行加固堤载后的内力计算;根据内力计算结果,确定截面的加固材料用量。理论计算应使加固后的构件垮中正截面抗弯强度、支点截面的斜截面抗剪强度和跨中最大挠度都满足规范要求。

六、预应力CFRP筋的端部锚固设计

纤维材料不同于钢材,对其端部进行可靠的锚固难度较大。多年来各国一直在进行纤维筋专用锚具的研究和开发,到目前为止,研发成功的锚具根据其受力工作原理大致可分为机械夹持式和黏结式两类锚具。武汉长江加固技术公司根据自己的施工特点,也研发了自己专用的黏结式锚具。运用实践证明此种黏结式锚具是可靠的(图2b)。

纤维筋端部锚杆是采用Q235钢无缝钢管通长外螺纹制成。纤维筋穿过锚杆的中空后,其端部留长100mm即可;然后将锚杆的中空纤维筋表面之间的缝隙充满黏结胶,待胶体固化后便可进行预应力施工。

由于这种体外预应力的施工方法是采用测力扳手扭动加力螺母后,迫使端部锚杆和纤维筋水平移动,从而使纤维筋被拉长而产生预应力。因此,锚杆的中空内表面与纤维筋表面在黏结胶体的作用下,会产生相互错动的。当这种剪应力超过胶体的黏结抗剪强度时,纤维筋便会脱离锚杆。由《混凝土结构加固设计规范》查得结构胶的黏结抗剪强度为:

A级胶 ≥14MPa

由前计算可知,一根$\phi8$碳纤维筋的最大预拉力为$P = 68\text{kN}$,设取锚杆的黏胶长度$l_1 = 200\text{mm}$,则$A_c = 5\,026\text{mm}^2$,于是纤维筋表面的最大剪应力

$$\tau_c = \frac{p}{A_c} = \frac{68\,000}{5\,026} = 13.5\text{MPa} < 14\text{MPa} \qquad \text{(满足)}$$

锚杆中空$d10$内壁面的最大剪应力

$$\tau_g = \frac{p}{A_g} = \frac{68\,000}{9\,424} = 7.2\text{MPa} < 14\text{MPa} \qquad \text{(满足)}$$

为安全计,碳纤维筋端部锁固锚杆的长度取$l = 1.2l_1 = 240\text{mm}$。

七、预应力支座设计

预应力纤维筋的支座主要由钢垫板焊接角钢及钢板撑组成,并由结构胶和钢锚栓固定(图2)。

一般来说角钢由于有两纤维筋之间钢板撑的作用,其强度是容易满足的。角钢与钢垫板应焊接成整体。钢垫板是靠结构胶和钢锚栓固定在箱梁底部面上的,在预拉力的作用下,钢垫板与箱梁底部的接触面会产生剪应力,所以钢垫板的宽度应由计算确定。

结构胶的黏结抗剪强度远大于混凝土的抗剪强度,故应由混凝土的抗剪强度作为控制值。C25号混凝土的抗剪强度约为$\tau_h = 1.8\text{MPa}$,纤维筋的间距$l = 200\text{mm}$,则钢垫板的宽度

$$b = \frac{p}{l\tau_h} = \frac{75\,450}{200 \times 1.8} = 210\text{mm}$$

于是可取钢垫板的宽度 $b=220\text{mm}$（见图4）。

八、箱梁底部预应力 CFRP 筋的布置

首先采用磨石机或冲砂机将箱梁底部冲磨至硬基面，冲洗干燥后对宽度 $\omega \leqslant 0.2\text{mm}$ 的裂缝采用 A 级封缝胶进行封闭处理；对宽度 $\omega > 0.2\text{mm}$ 的裂缝采用压力灌注法灌胶处理。待全部底面处理完成后，在箱梁底部的两端靠近支座部位画线布置预应力钢支座。

钢支座应根据设计确定的截面尺寸和预应力筋直径与间距预先制作好，每端的钢支座可制成独立单座或多座连续均可。待两端的钢支座固结完成后，便可布置预应力碳纤维筋[图2a)]。

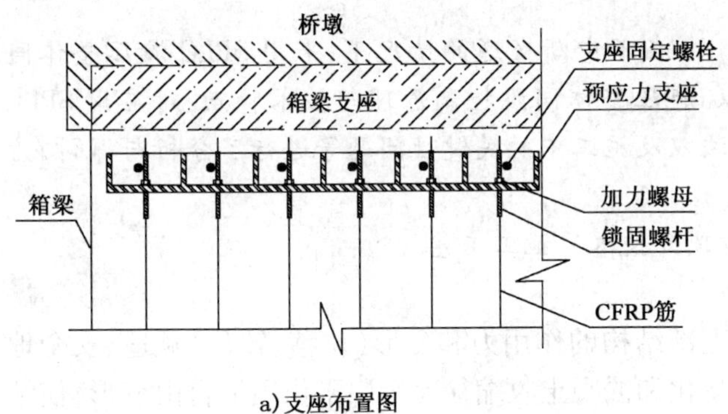

a) 支座布置图

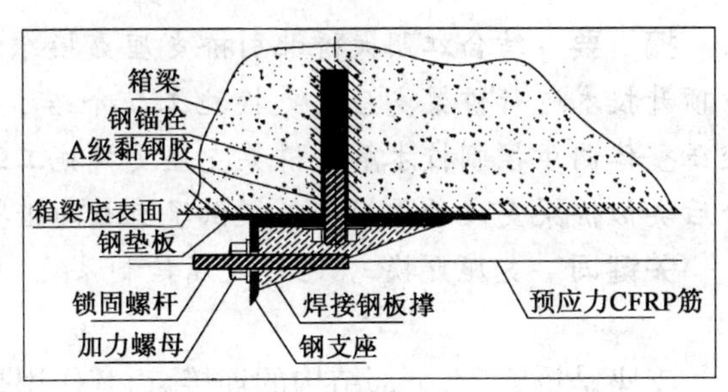

b) 支座固定大样图

图2 预应力 CFRP 筋支座布置与固定大样图

九、构件加固材料用量确定

确定箱梁加固堤载后，根据堤载后的荷载值对箱梁进行内力复核计算，按内力计算结果，综合原结构承载能力确定截面的加固材料用量。加固后的构件垮中正截面抗弯强度、支点截面的斜截面抗剪强度和跨中最大挠度都应满足规范要求。

（1）加固后垮中截面的抗弯能力应大于跨中截面的计算弯矩，即：

$$M_P = \frac{1}{\gamma} R_a A_{ha} \left(h_0 - \frac{x}{2} \right) > M_j$$

（2）因原箱梁无弯起钢筋，故加固后支点截面的斜截面抗剪强度应满足：

$$Q_j \leqslant Q_{hk} \leqslant \frac{0.008(2+p)\sqrt{R}}{m} bh_0 + 0.12\mu_k R_{gk} bh_0$$

（3）加固箱梁跨中最大挠度应满足：

$$f_{max} < \frac{L}{600}$$

十、结　　语

随着时代的发展，在工程设计与施工中，新工艺新材料会不断地涌现出来；CFRP 筋的抗拉强度超过钢材的10倍，将 CFRP 筋利用预应力技术对工程结构构件进行加固，可使结构体更加牢固、轻巧、省资。这种工艺可在房屋、桥梁和水工建筑物的工程施工中广泛的运用。

参考文献

[1] 侯发亮.建筑结构黏结加固的理论与实践.武汉大学出版社,2003.10.
[2] 蒙云,卢波.桥梁加固与改造.人民交通出版社,2004.11.

190. SPLC液压同步顶升技术在桥梁支座更换施工中的应用

樊叶华　陈雄飞

(江苏扬子大桥股份有限公司)

摘　要　结合江阴大桥北引桥支座更换维护项目,在不中断交通的情况下,采用SPLC液压整体同步顶升技术进行桥梁支座的更换施工。介绍了SPLC液压整体同步控制原理与技术特点,对应用SPLC液压整体同步控制技术解决桥梁支座更换施工的方法以及施工中的关键性问题等进行了分析与探讨,为今后类似桥梁支座的更换施工提供了有益的借鉴。

关键词　支座更换　SPLC液压控制系统　同步顶升技术　施工工艺

支座是桥梁上、下部结构的连接点,其作用是将上部结构的作用力和变形(位移、转角)顺适、安全地传递到桥梁墩台上,同时保证上部结构在荷载、温度变化和混凝土收缩徐变等因素作用下自由变形,使结构的实际受力情况符合设计意图,并保护梁端、墩台帽梁不受损伤[1]。近年来随着桥梁建设的飞速发展,橡胶支座作为桥梁支座的一种,得到越来越广泛的应用。然而,在目前重载交通荷载作用下,由于橡胶支座本身老化,钢板支座锈蚀失效等问题,橡胶支座大多受到了不同程度的损伤,有的甚至危及桥梁的安全,必须进行更换[2]。

桥梁支座更换施工工艺复杂、工程量大,往往需要较长的时间,如果完全断交施工,在目前车辆数迅猛增长的背景下,必将会造成交通堵塞、大量车辆滞留,不仅易引起社会负面影响,而且增加巨大的社会成本。在桥梁支座更换过程中不中断通车,最理想的方法之一是采用SPLC液压整体同步顶升技术。

一、SPLC液压同步控制技术

1. 控制原理

SPLC液压整体同步控制系统是由SPLC液压控制室液压泵站、液压千斤顶、位移监控系统等构成。系统的工作是由SPLC液压控制室按照预先编制的控制程序输入液压、位移指令传输给液压泵站和位移监控系统,液压泵站接受指令后,输送相应的液压给液压千斤顶,液压千斤顶根据液压值和顶力会产生相应的位移;位移监控系统根据各液压千斤顶的位移情况,及时反馈给SPLC液压控制室,控制软件程序将根据位移反馈信息及时修整液压、位移指令,通过反复调控形成力与位移的闭环,使各个千斤顶的位移在每个循环内的系统误差控制在1mm以内,从而确保桥梁顶升过程中的安全、稳定。

SPLC液压计算机控制系统是实现同步顶升的关键。它是采用闭环控制系统理论,将大吨位的物体的位移变化信号作为控制参数,同时接受液压缸内的压强变化信号,通过传感器转换成电信号传送到计算机控制器内。计算机控制中心对这些信号进行比较和计算,如果发现其中某一控制点有超差的可能时,计算机发出指令信号,调整二位二通电磁截止球阀动作,关闭液压油流,从而限定该点的液压缸升降;同样,如果发现某一控制点已经停止或落后时,计算机发出指令信号,调整二位二通电磁截止球阀动作,开启液压油流,恢复液压缸升降。调整,通过这样的精确调整,达到控制整个顶升(落梁)过程的同步。

2. 技术特点

桥梁支座更换时,先安装顶升支撑系统然后再安装SPLC液压控制系统,系统安装、调试完成后将桥梁受力体系托换至SPLC液压控制系统上,通过系统的SPLC控制室发布的一等系列位移指令完成对桥梁的顶升;顶升至设计位置后,在保压平衡状态下将更换原有桥梁支座,然后进行落梁就位,从而完成整个更换工作。

SPLC 液压同步顶升是一项细致且重要的工作，除了必须有科学的施工工艺外，还应该需要可靠先进的装备，才能保证桥梁结构在顶升（落梁）施工中的安全。桥梁顶升时，顶升系统的施力和同步对顶升工作至关重要。顶升过程中，严格控制顶升动力和位移，才能保证桥梁结构的安全；严格控制顶升千斤顶的同步才能保证顶升的平稳以及避免顶升过程中出现结构损伤等现象。为确保桥梁顶升过程中结构的安全，同步顶升控制系统应该具有如下特点：

（1）在各顶升点液压缸压力可控的情况下，能够实现位移同步；

（2）顶升系统能够对各液压缸的压力和位移进行实时监测和动态调控；

（3）不需要人工干预，自动化程度高，应具有智能监测和控制的能力；

（4）具有自动报警功能，在达到预先设定的行程或负载限制时自动锁定；

（5）当油缸（千斤顶）和油路发生故障时，能自动锁定，自动保持油缸的压力不变（千斤顶油压不降）；

（6）顶升设备能够实现每 1mm 的级差分级同步顶升和同步落梁的功能；

（7）同一油路的千斤顶位移同步误差须控制在 1mm 以内。

二、SPLC 液压同步顶升技术的工程应用

1. 工程概况

江阴大桥是同江—三亚与北京—上海国家高速主干线的跨江“咽喉”工程，是我国首座主跨超过千米的特大型悬索桥。过桥车流量从开通初期的 1.3 万辆增长到目前的 4.7 万辆，经济效益与社会效应明显[3]。但日益增长的繁重交通量使江阴大桥北引桥的部分支座过早地出现了病害。主要的病害类型有：局部脱空、偏位、波纹状鼓凸、不均匀鼓凸、剪切变形、裂缝、垫石开裂等[4]。因此，需要在不中断交通条件下对支座进行更换。江阴大桥北引桥全长 1518m，桥孔布置：13×30m（预应力简支 T 梁，5 孔 1 联 +8 孔 1 联，桥面连续）+16×50m（预应力简支 T 梁，6 孔 2 联 +4 孔 1 联，桥面连续）+（50m +50m +50m 三孔预应力连续梁）+（50m +75m +50m 三孔预应力连续箱梁），其中北引桥最北边 5 孔为后延工程。30m 和 50m 简支 T 梁桥桥面布置：1.5m（中央分隔带）+2×0.25m（路缘带）+6×3.75m（行车道）+2×2.5m（紧急停靠带）+2×0.4（防撞护栏），桥面全宽 30.3m。下部结构为 5.4m×1.6m 矩形实体墩，在墩身上接双悬臂盖梁[5]。图 1 为江阴大桥北引桥部分上部结构横断面图。

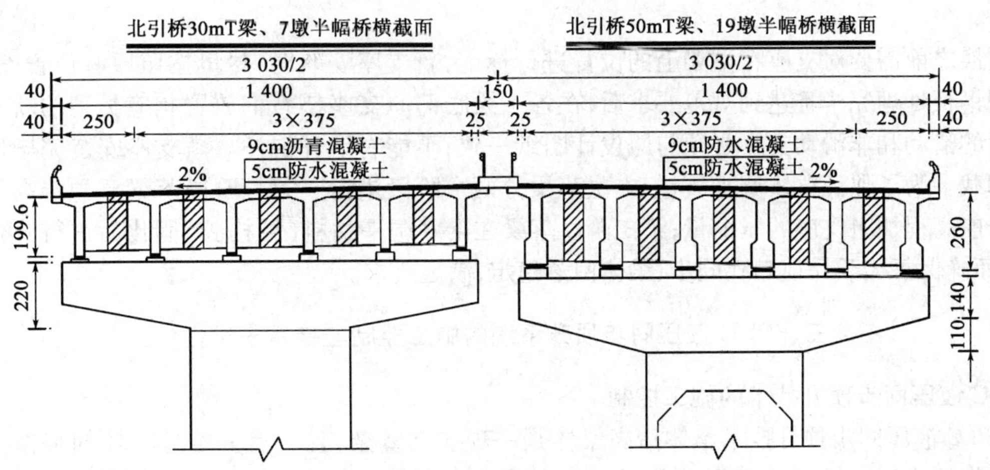

图 1 30m 和 50m 简支 T 梁横断面图（尺寸单位：cm）

2. 施工准备

首先搭设脚手架支架和平台，检查梁，墩柱的外观质量，清理杂物等，清除无关的约束。要求施工平台有足够的强度、刚度和稳定性，能承受竖向和水平推力作用，变形小，稳定度高。平台与梁底保持足够的空间，能确保施工检测人员的可操作性。在贴近盖梁边沿全桥宽搭设平稳、牢固的工作支架，工作平台

面距梁底约100cm,侧面设置施工人员的上下阶梯,平台两侧设置防护围栏以确保安全。其次进行支撑点处局部加强。顶升时由于千斤顶支撑于主梁端部下面的支座垫石上,因此,需要加强此处垫石以及对应位置的梁体底部,为避免应力集中现象,可以采用厚钢板垫块,以分散应力。再次进行端横梁加固。根据桥梁检测情况,判断是否需要加固端横梁,以满足施工过程中结构安全。然后确定千斤顶数量。根据计算,50mT梁的每个支座处各配置2个薄型千斤顶(最大顶升重量为1 500kN),每个墩台须配置24个。另外,还要准备一定数量性能完好的千斤顶以备用。然后预制钢垫块临时支撑。根据千斤顶量程和最终顶升的高度,以及桥墩台上可安放的空间位置,确定主梁临时支撑垫块(即钢垫板)数量和尺寸。最后进行交通管制。为了避免车辆荷载对桥下整个支撑系统的影响以及降低对梁体的冲击作用,出于安全考虑,在更换支座的整个过程中考虑对过桥车辆进行限速40km/h。

3. 顶升施工

本研究针对北引桥左右幅的第3联至第5联(6×50m+6×50m+4×50m)桥跨结构进行更换支座施工。鉴于该桥的结构特点以及交通要道地位,采用“不中断交通,纵向逐墩、横向同步顶升梁体”的方式更换支座。即本次更换支座过程中,沿着纵向逐一对各墩(台)上的支座进行更换,而各墩(台)上所有支座更换必须采用同步顶升(落梁)的方式进行。

为保证更换支座过程中梁体结构以及交通运营安全,桥梁墩台上各支点顶升必须同步,即桥墩(台)上的12(6)个支点必须同步顶升(落梁)。需要强调的是,同非过渡墩一样,过渡墩上各支点也必须同步顶升。特别是在24号墩处,该墩为第5联(4×50m)和第6联之间的过渡墩,本次支座维修时需要现场检查确认该墩上支座病害情况,如果病害不严重,可不更换。如果本次确实需要更换,该墩上所有支点需要同步顶升(落梁),且不可仅顶升第5联一侧的6片主梁,以免施工时在该墩伸缩缝处造成高差,易引起跳车以及伸缩缝内平衡箱损坏,进而影响施工安全和损坏伸缩缝。在此强调的是,该墩(24号墩)上的支座更换需要另行确定顶升方案,避免顶升施工损伤伸缩缝和第6联连续梁。SPLC液压同步顶升过程总体流程图见图2所示。

4. 支座更换

顶升前,须测量各支座处梁底高程;落梁过程中,梁体必须落梁至预定高程;最终落梁后,梁底高程必须与顶升前高程保持一致。梁体顶升就位且支撑于临时支撑后,用水准尺检测垫石顶面和梁底是否水平,若不合规范要求,则需要找平。另外,对个别破裂的支座垫石采用结构胶进行修补,为下一步的落梁做好准备。

支座更换之前需要对支座在盖梁上的位置进行标记,新支座安装时,尽量按照原有位置安放。支座垫石和预埋钢板处理完毕且达到规范要求后,在各主梁底部原支座垫石上放置相应类型的新支座,注意墩台上设置的滑动和非滑动支座必须与原设计图纸一致,不能有误和混淆。新支座安装完毕后,即可进行千斤顶卸载。为了保证梁体调平质量,本次落梁分两个阶段进行。第一阶段落梁至预定高程,该高程为梁底顶升前高程加上支座的压缩量;第二阶段落梁在梁底调平材料(结构胶)固化后进行,落梁至原有高程处,从而确保每天千斤顶卸载同步、梁体回落稳定,满足要求。

三、SPLC液压同步顶升系统的施工控制与技术先进性

1. SPLC液压同步顶升技术的施工控制

采用SPLC液压同步顶升技术整体抬高梁体是一项非常复杂,且带有一定危险性的工作,如何保证整体顶升工作的顺利进行,确保梁体在顶升过程中同步上升、回落是整个工作的关键所在,因此,顶升过程的施工控制较为关键,主要有以下几点:

(1)桥梁同步顶升的安全控制设计与限位措施。由于液压缸安装的误差及顶升过程中其他不利因素的影响,在顶升过程中可能会出现微小的不均匀性,为防止梁体倾覆和滑移,保证桥梁顶升的准确性和安全性,需要采用相应的限位措施。限位装置应该有足够的强度,并应在限位方向有足够的刚度,这是顶升安全控制的重要措施。

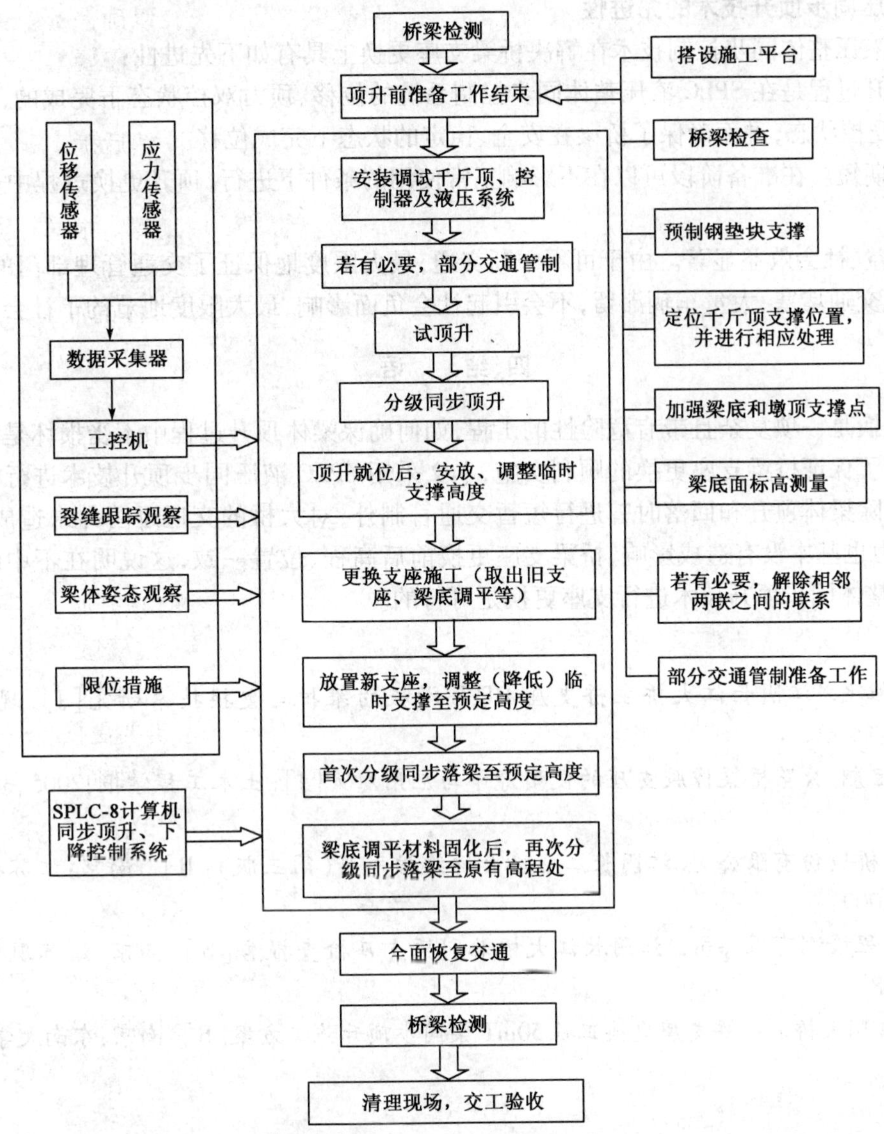

图 2　SPLC 同步顶升施工总体流程图

(2)桥梁同步顶升的临时钢垫块支撑设计。顶升过程应采用分级顶升，每一级行程的最大位移控制在 1mm 以内，在顶升过程中，需要采用不同尺寸类型的钢垫块(临时支撑)来支撑梁体，并保证其可靠和牢固。

(3)桥梁顶升过程的同步监控。桥梁的同步顶升需分级完成，因此对桥梁顶升过程中的整个运动轨迹、整体姿态、结构的内力等监控是关乎桥梁结构安全的重要环节。监控内容包括桥梁整体姿态、位移、结构内力等，监控工作要贯穿于顶升和落梁的整个施工过程中。本次监控对象主要是上部结构构件，根据江阴大桥北引桥的结构特点，主要监控各支点处梁体的竖向及纵横向位移，各主梁端部横梁顶、底的应力。另外，除了桥梁结构自身的监控外，顶升设备的可靠性也需要监控，以保证施工安全、可靠。

(4)各施力点顶升力的有效传递。由于千斤顶顶升力较大，各施力点的反力需要有效地传递至桥梁基础或者临时支撑基础，同时不能造成结构的破坏，因此必须采取可靠的措施予以保证。

(5)落梁后梁底高程控制。对于已建成桥梁，梁体就位后，自重作用下的内力分配已完成，因各主梁间横向有横隔梁联结，纵向有桥面连续，必须保证顶升前后梁体的相对位置不变，除了保证各片梁体在上升阶段位移量一致外，还要确保落梁后，各片主梁底面高程变化量相等。因此，顶升施工前、落梁过程中以及最终落梁后需要测量其高程，保证梁体结构安全。

2. SPLC 液压同步顶升技术的先进性

应用SPLC液压整体同步控制技术在解决桥梁支座更换上具有如下先进性：

（1）整个顶升过程是在SPLC液压整体同步控制系统的位移、顶力双控状态下完成的，做到了结构位移、受力均处于受控状态，进而确保了桥梁在安全、稳定的状态下完成位移。

（2）施工工期短。在准备阶段可以在不影响正常使用的条件下进行，顶升更换过程中单（多）跨分幅进行顶升更换。

（3）经济效益、社会效益显著。由于可不中断交通，最大限度地保证了交通管理部门的通行费收入，同时又不会造成交通堵塞、大量车辆滞留，不会引起社会负面影响，最大限度地节约了社会资源。

四、结　　语

桥梁支座更换是一项复杂且带有危险性的工程，如何确保梁体顶升过程中不受损坏是桥梁支座更换工程的关键。为了保证桥梁支座更换的顺利实施，本文采用SPLC液压同步顶升技术进行桥梁支座的更换施工。施工中除梁体顶升和回落时曾进行短暂交通管制外，对大桥的交通运营并未造成影响，对桥面系结构、整体受力也基本没有造成影响，桥梁支座更换前后高程、位置一致，这说明在不中断交通状态下采用SPLC液压整体同步顶升技术进行支座更换是可行的。

参考文献

[1] 樊叶华，陈雄飞. 江阴长江大桥主桥支座PTFE滑板的维护与更换技术研究[J]. 现代交通技术，2009，6(6)：64-66.

[2] 周明华，葛宝翔. 公路桥梁橡胶支座的使用寿命与应用对策[J]. 土木工程学报，2005，38(6)：92-96.，2010.

[3] 江苏扬子大桥股份有限公司. 江阴长江公路大桥维护手册（第三版）[R]. 南京：江苏扬子大桥股份有限公司，2009.

[4] 江苏现代工程检测有限公司. 江阴长江大桥北引桥支座检查报告[R]. 南京：江苏现代工程检测有限公司，2008.

[5] 东南大学. 江阴大桥北引桥支座更换工程50mT梁同步顶升施工方案[R]. 南京：东南大学交通学院.

191. 现浇连续梁单墩顶升更换盆式支座实例

张　帆

（中交一公局桥隧工程有限公司）

摘　要　本文结合江海高速海安南互通主线跨G204大桥现浇连续梁更换盆式支座的实例，介绍了单墩顶升工艺的施工过程，详细描述了该工艺中顶升过程控制。通过分析与传统的整桥同步顶升进行对比，单墩顶升更加简捷，便于施工，对同类工程有借鉴意义。

关键词　盆式支座　更换　单墩顶升　现浇连续梁

一、概　　况

1. 工程概况

江海高速公路（江都—海安）海安南互通跨老G204大桥建于2009年，桥长642.4m，本桥0号～14号墩上部构造为预应力混凝土现浇连续梁箱梁，左右幅均为变宽桥，顶面宽13.65～20.59m，箱底宽9.5～16.45m，采用单箱多室结构。在例行的检查中发现有三处桥梁盆式支座有破坏、安放错误、支座上盖板发生倾斜等现象，需要进行更换。发生问题的支座均为桥梁盆式橡胶支座 GPZ(Ⅱ)系列支座，如图 1 所示。

a)下盆安放错误

b)下盆开裂

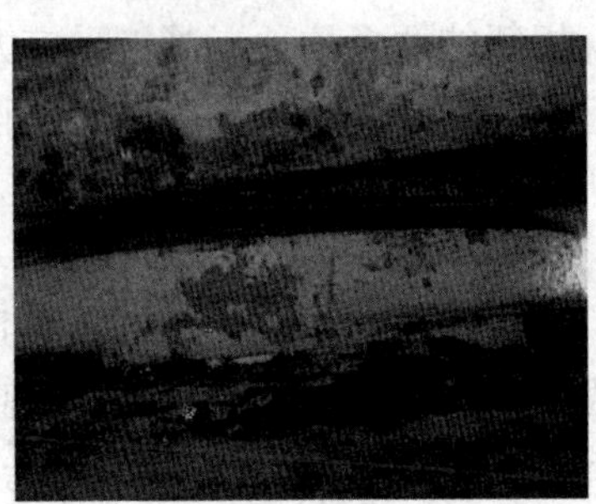
c)上盆倾斜

图 1

2. 施工目的与内容

将 3 号(GPZ(Ⅱ)5.0DX)、4 号(GPZ(Ⅱ)5.0SX)和 6 号(GPZ(Ⅱ)6.0SX)墩的分别进行单墩同时提升，并更换有问题的支座，对 6 号墩的盆式支座的上部垫石进行加固处理，同时将支座进行更换。

二、顶升设备与仪器

1. 千斤顶

根据桥梁立柱剩余位置以及立柱顶至上垫石高度情况，顶升采用 QFB 系列超薄桥梁顶升专用千斤顶，可直接在柱顶设置，不需要单独设置顶升平台，具体参数如下：

型 号	外形尺寸(mm)	最小高度(mm)	提升力(kN)	提升高度(mm)
QFB-15040	190×215	124	1 500	40

2. 位移传感器

在顶升过程中，需采用拉线式位移传感器进行全程监控，确保顶升高度以及立柱间顶升高差。

三、桥梁顶升施工

1. 千斤顶设置位移传感器布置

该桥还未通车，根据桥梁的技术图纸，上部结构对于盆式支座施加的荷载约为支座设计承载力的 60%，上部结构的重量包括一期荷载，预应力混凝土钢筋钢绞线总重，二期荷载包括路面铺张、护栏、沥青路面等。根据图纸设计可计算：

3 号墩上部结构的总重量约为 900t。

其下 3 根立柱共设置千斤顶的总数为 24 台 150t 桥梁顶升专用顶，其总体提升能力为 3 000t 左右。

4 号墩上部结构的总重量约为 900t。

其下 3 根立柱共设置千斤顶的总数为 24 台 150t 桥梁顶升专用顶，其总体提升能力为 3 600t 左右。

6 号墩上部结构的总重量约为 750t。

其下 2 根立柱设置千斤顶的总数为 18 台 150t 桥梁顶升专用顶，其总体提升能力为 2 700t 左右。

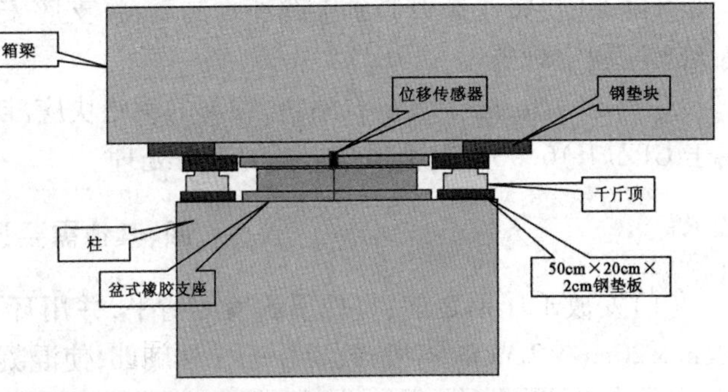

图 2 千斤顶及位移传感器布置

2. 柱顶混凝土应力计算

3 号墩，GPZ(Ⅱ)5.0DX 盆式支座所在柱顶混凝土所受应力大致为：3 000kN/(50cm × 20cm

×3）=10MPa，相邻的两个柱顶混凝土受应力 3 000kN/（50cm×20cm×4）=7.5MPa。

4 号墩，GPZ（II）5.0SX 盆式支座所在柱顶混凝土所受应力大致为：3 000kN/（50cm×20cm×3）=10MPa，相邻的两个柱顶混凝土受应力 3 000kN/（50cm×20cm×4）=7.5MPa。

6 号墩，GPZ（II）6.0SX 盆式支座所在柱顶混凝土所受应力大致为：3 750kN/（50cm×20cm×3）=12.5MPa，相邻的一个柱顶混凝土受应力 3 750kN/（50m×20cm×4）=9.4MPa。

3. 顶升提升量控制

由于箱梁的结构为预应力混凝土连续梁，故在提升单墩过程中要考虑到支座位置受到负弯矩的作用，为避免上部混凝土的开裂，顶升高度的控制非常关键。常规的经验公式单墩顶升极限可按跨径×0.000 6来控制，比如此处顶升的跨老 G204 大桥单跨跨径为 25m，则单墩顶升极限为 1.5cm，即顶升的墩位与相邻墩的高差不得大于 1.5cm。实际施工中为保守起见，此次顶升高度控制目标为 8mm，此高度也满足支座更换所需的操作空间。

采用桥梁专用有限元分析软件 MIDAS-CIVIL 建立该桥空间实体单元模型，然后对墩位处施加 2cm 的强制位移，可以得到连续梁跨中及支座截面的应力，实际验算中，单墩顶升 2cm，几个部位的应力均小于混凝土的抗拉强度标准值 2.64MPa。所以理论上，本次 8mm 的顶升控制高度不会造成梁体的开裂损伤。

顶升加载顺序 表 1

序号	顶升量（mm）	准备工作	备注
1	0		
2	2	观测柱体和梁体的关键部位有无异常	停留 10min
3	4	观测柱体和梁体的关键部位有无异常	停留 10min
4	6	观测柱体和梁体的关键部位有无异常	停留 10min
5	7	观测柱体和梁体的关键部位有无异常	停留 10min
6	8	观测柱体和梁体的关键部位有无异常并更换支座	若在第 4 或第 5 级就能更换支座，顶升即刻停止
7	6	观测柱体和梁体的关键部位有无异常	缓慢卸载
8	4	观测柱体和梁体的关键部位有无异常	缓慢卸载
9	2	观测柱体和梁体的关键部位有无异常	缓慢卸载
10	0 完全卸载	观测柱体和梁体的关键部位有无异常 并检查支座状况是否工作正常	缓慢卸载

4. 盆式橡胶支座更换

当顶升完成后，使用小型的升降车，可调节的高度为 0～100cm。拆卸时，先拧开原有支座的锚固螺栓，将支座拖至小车上，如上图所示，再将支座用葫芦或装载车，将支座运至地面，同样在安装时，将支座运上升降车，再将小车升高到上图所示高度，将支座安装到位。最后落梁就位，检查支座是否均匀变形，有无支座脱空现象。

对于 6 号墩，由于上垫石倾斜，顶部的钢垫块应准备楔形钢板（如图 4 所示），以迎合顶部的坡度，将用于 GPZ（II）6.0SX 支座顶部垫石的调平处理。

四、其他需要说明的问题

（1）安放千斤顶之前，将柱顶的表面凿平，并用环氧水泥进行找平。在柱顶支座三和四面放置 3 块 50cm×20cm×2cm 的钢板，放置在千斤顶底部，使混凝土均匀受力。

（2）千斤顶提升吨位的设置，应考虑足够的安全储备，防止顶升过程中个别油路不畅或千斤顶损坏。

（3）桥梁顶升至预定高度时，首先将原来破坏的支座进行更换。最后落梁就位，还要检查支座是否均匀变形,有无支座脱空现象。

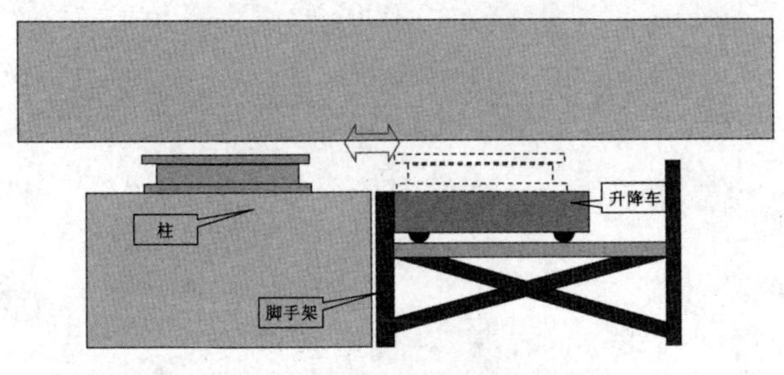

图3 盆式支座的拆卸与安装

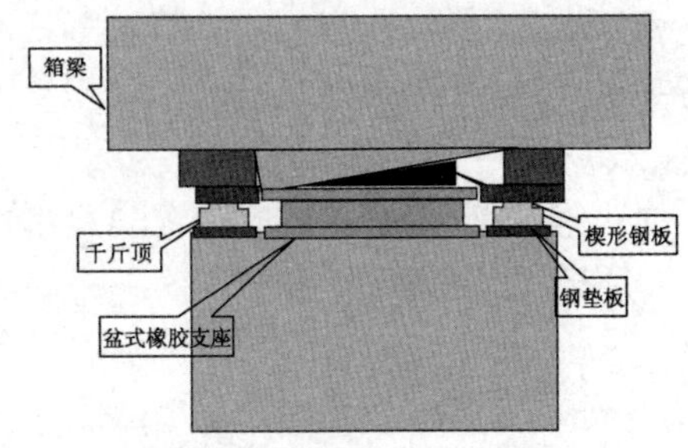

图4 6号墩增加楔形钢板

(4)对于更换过程中桥梁上部是否中断交通的问题,因为本桥顶升时,该桥还未通车,所以不存在该问题。但是根据顶升力与上部荷载来看,汽车的重量相对就很轻了,只要没有重车的突然刹车或冲击,顶升过程中可以不封闭交通。

(5)更换的支座型号、尺寸要与原支座完全一样,保证锚固螺栓的位置能完全适用,便于更换。

五、结　　语

支座在桥梁施工中,是极其重要又是极其容易忽视的部位。此次更换的三个支座,均是由于施工过程中立柱顶不平、提前解锁等原因引起的支座破损、安装错误等质量问题。支座更换只是事后的弥补办法,而且往往会带来极大的经济损失和恶劣的社会影响,所以我们还需在施工中引起注意,避免此类问题的产生。

单墩顶升相对之前整体(一般是整联)同步顶升更换支座的方式,具有操作简单,施工方便,施工时间短等优势。特别对于单个更换的支座,在施工成本、施工进度均有较大优势,但是对单墩顶升的顶升高度需要精确控制,否则容易在顶升过程中引发桥梁结构其他问题的出现。总的来看,单墩顶升工艺具有很好的实用性,相对传统工艺有较大改进,此次更换支座的成功经验也对类似工程有借鉴意义。

参考文献

[1] 中华人民共和国交通部. JTJ 041—89 公路桥涵设计通用规范[S]. 北京:人民交通出版社,1989.
[2] 中华人民共和国交通部. JTJ 041—2000 公路桥涵施工技术规范[S]. 北京:人民交通出版社,2000.
[3] 周水兴,何兆益,邹毅松. 路桥施工计算手册. 北京:人民交通出版社,2001,10.